JURISPRUDENCE GÉNÉRALE.

RÉPERTOIRE

MÉTHODIQUE ET ALPHABÉTIQUE

DE LÉGISLATION,

DE DOCTRINE ET DE JURISPRUDENCE

EN MATIÈRE DE DROIT CIVIL, COMMERCIAL, CRIMINEL, ADMINISTRATIF, DE DROIT DES GENS ET DE DROIT PUBLIC.

TOME XXXIV. — 1re PARTIE.

Tout exemplaire de cet ouvrage dont les tomes 1er et 2me ne porteraient pas la signature du Directeur de la Jurisprudence générale, sera réputé contrefait.

PARIS. — IMPRIMERIE DE PILLET FILS AINE
rue des Grands-Augustins, 5.

JURISPRUDENCE GÉNÉRALE.

RÉPERTOIRE

MÉTHODIQUE ET ALPHABÉTIQUE

DE LÉGISLATION

DE DOCTRINE ET DE JURISPRUDENCE

EN MATIÈRE DE DROIT CIVIL, COMMERCIAL, CRIMINEL, ADMINISTRATIF,
DE DROIT DES GENS ET DE DROIT PUBLIC.

NOUVELLE ÉDITION,

CONSIDÉRABLEMENT AUGMENTÉE ET PRÉCÉDÉE D'UN ESSAI SUR L'HISTOIRE GÉNÉRALE DU DROIT FRANÇAIS

PAR M. D. DALLOZ AINÉ
Ancien Député
Avocat à la Cour d'appel de Paris, ancien Président de l'Ordre des Avocats au Conseil d'État et à la Cour de Cassation
Officier de la Légion d'honneur, Membre de plusieurs Sociétés savantes

avec la collaboration
DE M. ARMAND DALLOZ, SON FRÈRE,
Avocat à la Cour d'appel de Paris, Auteur du Dictionnaire général et raisonné de Législation, de Doctrine et de Jurisprudence
Chevalier de la Légion d'honneur,

et celle de plusieurs jurisconsultes

TOME TRENTE-QUATRIÈME. — 1re PARTIE.

A PARIS
AU BUREAU DE LA JURISPRUDENCE GÉNÉRALE,
RUE DE LILLE, N° 19

1865

JURISPRUDENCE GÉNÉRALE.

RÉPERTOIRE

MÉTHODIQUE ET ALPHABÉTIQUE

DE LÉGISLATION, DE DOCTRINE

ET DE JURISPRUDENCE.

OBSCURITÉ. — Dans les lois, V. Déni de justice, Loi, nos 458 et suiv.; — dans les conventions, V. Obligations, nos 848 et suiv.; — dans les jugements, V. Déni de justice, nos 13-10°; Jugement, nos 333 et suiv.; — dans un acte d'ajournement, V. Exploit, nos 514-2° et suiv.; — dans les actes administratifs, V. Compét. admin., nos 226 et suiv.

OCCUPATION. — **1**. L'occupation, bien que le code Napoléon ne l'ait pas comprise parmi les modes d'acquisition de propriété qu'il énumère (art. 711 et suiv.), doit encore être considérée dans le droit moderne comme une manière légale d'acquérir la propriété; elle consiste dans le fait de prendre possession d'une chose n'appartenant à personne, avec l'intention de s'en rendre propriétaire (V. Propriété, nos 39, 170 et suiv., 177 et suiv.; V. aussi vis Chasse, nos 3, 172 et suiv., 330; Droit rural, nos 118, 121 et suiv.). — Quelques publicistes considèrent l'occupation comme le fait primitif d'où a dû procéder l'établissement du droit de propriété; mais cette opinion paraît aujourd'hui généralement abandonnée (V. Droit naturel, nos 52 et suiv.). — Les nations sont réputées propriétaires des territoires qu'elles occupent (V. *eod.*, no 67; Propriété, no 178). — L'occupation sans droit d'un territoire par une puissance peut-elle conduire à la prescription? — V. Traité internat., no 97. — Quel est l'effet de la conquête ou de l'occupation du territoire d'une nation par une armée ennemie, lorsque ce territoire est rentré sous la domination de son souverain légitime? — V. Souveraineté, no 32. — V. aussi Force maj., no 9.

2. Le mot *occupation* est pris souvent aussi dans un sens bien plus large. Il s'entend alors du simple fait de s'emparer d'une chose, abstraction faite de l'intention de l'occupant et du temps que dure ou peut durer l'occupation. — Ainsi, par exemple, en matière de travaux publics, l'administration a le droit, lorsque cela est nécessaire pour l'exécution des travaux, d'*occuper* temporairement les propriétés voisines, pour y établir des ateliers, y déposer ou en extraire des matériaux. Cette occupation exclut toute idée d'appropriation au profit de l'État; elle pèse sur les propriétés, à titre de servitude légale, et ne peut avoir lieu qu'après l'accomplissement de certaines formalités, à la condition d'une juste indemnité (V. Travaux publics, nos 770 et suiv.; V. aussi vis Expropriat. publ., no 822; Place de guerre, no 130; Voirie par terre, nos 88, 526 et suiv.; Voirie par chem. de fer, nos 155 et suiv., 199). — Les contestations qui peuvent s'élever à cet égard entre les propriétaires et l'administration, ou les entrepreneurs qui la représentent, sont de la compétence de l'autorité administrative (V. vo Trav. publ., nos 1159 et s., 1210 et s.; V. aussi vis Voirie par terre, nos 542 et s.; Voirie par chem. de fer, no 157). — Mais si l'occupation a eu lieu irrégulièrement, c'est-à-dire sans que les formalités prescrites aient été remplies, elle est considérée comme une simple voie de fait de la compétence des tribunaux ordinaires (V. Travaux publ., nos 1224 et suiv.; Voirie par terre, nos 520 et suiv., 527, 560; Voirie par chem. de fer, no 158). — Lorsque l'occupation, au lieu d'être temporaire, devient permanente et définitive, elle équivaut alors à une expropriation pour cause d'utilité publique et est régie par les lois qui gouvernent cette matière (V. Travaux publ., nos 1182 et suiv.; Voirie par terre, no 533; Voirie par chem. de fer, no 138). — Dans ce cas, si les formalités prescrites pour l'expropriation n'ont pas été remplies, les tribunaux peuvent condamner l'administration ou son représentant à des dommages-intérêts (V. Trav. publ., *loc. cit.*), et en outre prescrire la discontinuation des travaux (V. Voirie par terre, nos 309 et s., 521; Voirie par chem. de fer, no 138). — Mais ils ne pourraient, sans excéder leurs pouvoirs, tel est au moins la jurisprudence du conseil d'État, ordonner la destruction des travaux déjà exécutés (V. Voirie par terre, nos 308, 521; Voirie par chem. de fer, no 138).

3. Les héritages situés à proximité des fleuves, rivières et cours d'eau navigables ou flottables servant à l'approvisionnement de Paris, sont aussi grevés d'une servitude légale et permanente pour y effectuer le dépôt des diverses marchandises destinées à approvisionner la capitale : comme dédommagement, une indemnité est accordée aux propriétaires sous le nom de droits d'occupation (V. Bois et charbons, nos 139 et suiv.).

4. L'occupation temporaire des propriétés privées peut encore avoir lieu pour la défense des places de guerre, en cas d'urgence (V. Place de guerre, nos 26, 131 et suiv.).

OCÉANIE (Etablissements français dans l'). — V. Organisation des colonies.

OCTROI. — **1**. On appelle ainsi un impôt établi sur les objets servant à la consommation intérieure des communes, et destiné à subvenir à leurs dépenses en cas d'insuffisance de leurs revenus ordinaires. Un dixième de cet impôt était prélevé au profit du trésor, mais le décret du 17 mars 1852 a fait cesser ce prélèvement. — On a donné pendant un certain temps le nom d'*octroi de navigation* à l'impôt perçu sur la navigation intérieure (L. 30 flor. an 10, art. 4); mais cette expression n'est plus en usage (V. Voirie par eau, no 401).

Division.

Art. 1. — *Historique et législation.*

2. L'impôt municipal, connu sous le nom d'octroi, n'est point d'invention moderne. Son ancienneté est attestée par sa dénomination même qui paraît dérivée d'un mot de basse latinité : OTTROIUM *licentia vassalo data*, dit Ducange. Suivant Ménage, cette dénomination serait tirée de *auctorium, auctoriare*, corrompus d'*auctoritas, auctorisare*. Ducange prétend que dans la basse latinité on a dit *auctorgare*, d'où les Espagnols ont fait *otorgar* et les Français *octroyer* (Encycl. des gens du monde, v° Octroi). — Le mot octroi indiquait, en effet, dans l'ancien langage français, une concession de l'autorité souveraine. Le roi *octroyait* aux villes dont les revenus étaient insuffisants à leurs besoins, la faculté de lever certains droits sur elles-mêmes, et c'est plus particulièrement à cette sorte d'impôt que s'appliqua le nom d'octroi. — L'établissement de ces impôts remontait à une si grande ancienneté, que l'époque en était souvent inconnue. La perception en était réglée alors par l'usage et par les baux précédents (V. Guyot et Merlin, rép., v° Octroi). — On sait que dès 1295, la ville de Lyon fut autorisée à percevoir un impôt sur les marchandises qui y étaient vendues; dans le quatorzième siècle, un grand nombre de villes reçurent la même autorisation, et, par exemple, Amiens, en 1350, Compiègne, en 1352.

3. Ces taxes, toutefois, n'étaient pas levées entièrement au profit des communes. Les rois, en même temps qu'ils faisaient demander des subsides en différentes villes, leur permettaient de retirer une partie des droits pour subvenir à leurs nécessités les plus urgentes. Ainsi, en 1323, des taxes d'octroi furent établies temporairement dans un grand nombre de localités, sauf le prélèvement des deux tiers au profit du gouvernement (V. le dict. d'écon. polit., v° Octroi). Les villes d'Amiens et de Compiègne, dont on vient de parler, étaient tenues de verser le quart des sommes perçues.

4. Une déclaration du 21 déc. 1647 alla plus loin; elle ordonna que la totalité du produit des octrois serait portée à l'épargne; mais l'exécution de cette déclaration ayant été empêchée par les troubles, un édit de déc. 1663 et une ordonnance du 12 juill. 1681 décidèrent que la moitié seulement des octrois serait perçue au profit du roi. Il fut déclaré, en outre, que ces impôts, même ceux dont le temps était limité et expiré, seraient continués à perpétuité. Les octrois restèrent soumis à ce régime jusqu'à la Révolution. — « On sent aisément, dit le répert. de Guyot, v° Octroi, que ces octrois ont été établis suivant les facultés, le commerce, les productions et le territoire de chaque ville : il y en a presque autant d'espèces différentes qu'il y a de villes qui jouissent de pareilles concessions. Ils diffèrent, non-seulement par rapport aux denrées qui y sont assujetties, mais aussi quant à la nature des droits et à la forme de la perception. Dans certains lieux, ils se lèvent à l'entrée; dans plusieurs, à la vente en gros, et dans d'autres enfin, à la vente en détail. Ils diffèrent encore quant aux dénominations sous lesquelles ils sont perçus. »

5. L'assemblée constituante de 1789 n'avait pas de principes bien arrêtés à l'égard de la suppression des impôts indirects. Ses premiers décrets témoignent bien plus du désir de régulariser la perception de ces impôts, de détruire les abus auxquels ils donnaient lieu, que de la volonté de les anéantir (V. les décrets cités v° Impôts ind., p. 401) —Ainsi un décret du 28 janv. 1790 décide que les droits d'octroi continueront à être perçus, mais que les priviléges et exemptions dont jouissaient certaines personnes sont supprimés (V. aussi décr. 11, 23 avr., 15 juin, 4, 10, 24 août, 22 déc. 1790, *infrà*, p. 5). — Tous ces décrets ont pour but de réprimer les atteintes portées à la perception par les refus d'acquitter les droits, par les troubles, émeutes, etc. — Et même un rapport suivi d'un projet de loi fut présenté au nom du comité des impositions par MM. de la Rochefoucauld, Dauchy, d'Allarde, Rœderer, Defermon et Dupont de Nemours, dans le but de procéder à une refonte générale des impôts indirects, et un article du projet permettait aux municipalités de proposer à l'assemblée nationale d'ajouter aux taxes d'octroi perçues au profit de la nation des sous municipaux pour livre. — Mais pressée par les événements du dehors, l'assemblée constituante, peu de jours après le dépôt du rapport et sans s'y arrêter, ordonna la suppression complète des droits perçus à l'entrée des villes (décr. 19 fév. 1791).

6. L'assemblée constituante, dans ses tentatives de réformation radicale, allait trop loin; car, d'une part, les formes de cet impôt sont peu inquisitoriales, et, d'autre part, l'octroi a été généralement reconnu comme répartissant les charges communales le plus également possible, puisqu'il porte sur toutes les consommations. « Il semble de beaucoup préférable, sous ce rapport, à tout autre moyen financier, dit M. Charpillet, préposé en chef de l'octroi de Rennes, dans une brochure publiée en 1838 sur l'administration des octrois municipaux; il est au reste passé en France dans les habitudes du peuple, et n'excite de réclamations que quand les droits ont atteint un taux trop élevé. » — Aussi, les communes elles-mêmes demandèrent-elles le rétablissement de cet impôt, et la loi du 9 germ. an 5 (V. *infrà*, p. 5), expression de la nécessité qui pesait sur elles, autorisa la création de contributions indirectes et locales, sous l'approbation du corps législatif. Néanmoins, les octrois ne se rétablirent que lentement; il semble que les communes reculaient devant l'impopularité de l'impôt. Ce fut seulement le 27 vend. an 7 (V. *eod.*), plus de dix-huit mois après la loi de l'an 5, qu'une loi, faisant droit à la demande de la ville de Paris, l'autorisa à établir des droits d'octroi; et encore pour justifier l'impôt aux yeux des populations, lui donna-t-on la dénomination d'octroi municipal et de *bienfaisance*. La détresse des hospices civils de Paris, l'interruption des distributions à domicile, tels sont les motifs sur lesquels la loi se fonde pour expliquer la résurrection des droits d'octroi. — L'exemple donné par la ville de Paris fut promptement suivi et de nombreuses demandes furent adressées au gouvernement. — Mais il importait de régulariser ces demandes : une loi du 11 frim. an 7, dans ses art. 51 et suiv., détermina les formalités à remplir par les municipalités pour mettre le pouvoir à même d'apprécier le règlement soumis à son approbation (V. p. 5). Un grand nombre de lois, calquées sur celle du 27 vend. an 7, autorisèrent ensuite des octrois dans plusieurs villes (V. notamment les lois des 23 niv. an 7, pour Bordeaux; 9 prair. an 8, pour Nantes; 22 du même mois, pour Rouen; 28 idem, pour Poitiers; 14 mess., pour Versailles; 21 même mois, pour Châlons-sur-Marne; 15 therm., pour Sedan, etc. — V. Merlin, 5e éd., v° Octroi, p. 694).

7. Des modifications furent apportées à la loi de l'an 7 par la loi du 2 vend. an 8 (V. p. 6), modifications qui furent insérées dans les lois postérieures ayant pour objet l'établissement de nouveaux octrois, savoir : à Toulouse, le 2 vend. an 8; à Rennes, le 13 même mois; à Grenoble, Rochefort et Saintes, le 17; à Tours et à Brest, le 24, etc., etc. — Le 19 frim. an 8, une loi fit des additions au règlement de l'octroi de Paris; puis la loi du 27 frim. an 8, commune à plusieurs villes, réglementa la matière à nouveau et voulut que les octrois qui seraient établis à l'avenir fussent organisés conformément à ses dispositions; enfin la loi du 5 vent. an 8, réformant la législation antérieure qui exigeait une loi pour l'établissement de chaque octroi, décida que les octrois pourront être dorénavant établis par des actes du gouvernement (V. p. 6).

8. Toutes ces lois, sauf celle du 5 vent., avaient pour but de déterminer le mode de perception des octrois et d'en assurer le recouvrement aux communes intéressées. « Mais, ainsi que le dit M. Dufour, Droit adm., t. 6, n° 458, p. 408, leurs dispositions incomplètes ne signalent que le point de départ d'un système qui ne s'est constitué qu'avec le temps. » Encore sous l'empire des traditions des anciennes administrations, les municipalités livrèrent l'impôt à des fermiers, et l'on vit se reproduire, dans un cadre plus restreint, il est vrai, les abus que l'assemblée constituante avait cru anéantir. Les vices des tarifs rédigés par les municipalités favorisaient encore le désordre : l'énumération des objets imposés y était faite sans choix ni mesure. — Le mal arriva à un tel degré, qu'il fallut y porter un prompt remède. Ce fut le but du décret du 17 mai 1809 (V. p. 7), qui régularisa la perception de l'impôt en soumettant les octrois à la haute surveillance de la régie des droits réunis, en déterminant les objets sur lesquels les droits pouvaient être établis et les divers modes de perception, et en donnant les règles générales de la comptabilité. « On ne se contenta pas d'offrir aux villes ce régulateur de leur administration, dit M. Charpillet dans la brochure déjà citée; il fut accompagné d'une instruction ministérielle mise en marge de chaque article réglementaire. Cette instruction développa le sens du décret et contint tout ce que l'expérience avait jusque-là dicté de plus certain et de plus sage pour la bonne perception des taxes municipales. On peut assurer que si, dès lors, les autorités locales eussent suffisamment médité le décret du 17 mai 1809, et qu'elles se fussent fait un devoir de se conformer à toutes ses dispositions, on aurait vu disparaître une grande partie des abus existants; mais le règlement général fut peu étudié dans les départements, et malgré l'injonction faite par le gouvernement de régulariser les règlements et les tarifs d'octroi, d'après les bases posées au décret précité, les conseils municipaux agirent avec une lenteur qui approchait d'une complète indifférence. »

9. En effet, que l'impôt fût mis en ferme ou qu'il fût perçu par des régies, dans les deux cas, les abus étaient déplorables. S'agissait-il de l'affermer, la plupart des communes ignoraient la véritable valeur des produits de l'octroi et manquaient de base pour déterminer le produit des baux. L'octroi était-il en régie, le défaut d'intelligence, de conduite et de tenue dans le personnel entretenaient le désordre et la dilapidation (M. Dufour, t. 6, n° 458).—Le décret du 8 fév. 1812 (V. p. 11) mit un terme à un état de choses aussi désastreux pour les communes, en plaçant la perception des octrois dans les attributions exclusives de la régie des droits réunis. Cette mesure, il est vrai, fut vivement critiquée comme portant une grave atteinte à l'indépendance des autorités municipales. Mais le besoin d'une réforme était tellement impérieux et les résultats en furent si rapides, qu'il est impossible aujourd'hui de la blâmer.

10. Le gouvernement de la Restauration trouva cette réforme accomplie. Tout en voulant maintenir les résultats si heureusement acquis, il crut cependant bon et utile de rendre aux communes un peu de leur indépendance. En conséquence, la loi du 8 déc. 1814 et l'ordonnance du lendemain 9 (V. p. 12), restituèrent aux municipalités le service des octrois, en y mettant cependant certaines restrictions destinées à prévenir le retour des anciens désordres. — Néanmoins, malgré toutes ces précautions, le ministre des finances exprimait encore le désir de voir les maires apporter le moins de changement possible au personnel et à la marche du service des octrois. — Enfin, sur les réclamations persistantes des communes, la loi du 28 avr. 1816 (V. p. 16), toujours en vigueur, vint leur rendre toute leur liberté, en attribuant aux conseils municipaux le droit de choisir entre les différents modes de perception, la régie simple, la régie intéressée, le bail à ferme ou l'abonnement avec la régie des contributions indirectes, celui qui leur paraîtrait le plus convenable à leurs intérêts (art. 147). — Mais, comme contre-poids à cette liberté, la loi ajoute que, dans tous les cas, la perception du droit se fera sous la surveillance du maire, du sous-préfet et du préfet. — Du reste, sous ces divers régimes, la gouvernement est toujours resté investi d'un contrôle, par voie d'approbation, sur l'établissement des octrois et la formation des tarifs.

11. L'indépendance que la loi de 1816 a rendue aux municipalités paraît à M. Dufour (t. 6, p. 412), offrir, malgré les règlements généraux qui la limitent, un grand danger pour les communes; il craint que les précautions prises ne garantissent pas suffisamment les finances des villes, puisque, dit-il, elles restent exposées à tomber aux mains soit des traitants, soit de chefs de service inexpérimentés. — On peut dire en outre que la permission accordée aux communes de livrer à la spéculation particulière la perception des contributions locales n'est pas en harmonie avec le régime actuel qui considère la mise en ferme des impôts comme la source d'irrémédiables abus. — Cependant jusqu'ici, on ne voit pas que les craintes exprimées par M. Dufour aient été justifiées. En somme, depuis la loi de 1816, la perception des droits d'octroi ne paraît avoir donné lieu à aucune des plaintes qui s'étaient si fréquemment élevées sous le régime antérieur au décret du 8 fév. 1812.

12. A un autre point de vue encore, les pouvoirs accordés aux communes par la loi de 1816, en ce qui touche l'établissement des octrois et la perception des taxes, peuvent être accusés d'exagération. — On ne peut se dissimuler que les octrois ne forment comme autant de petites douanes intérieures qui, par leur influence sur la consommation réagissent sur la production industrielle et agricole du pays. La taxe peu élevée dans certaines communes atteint dans d'autres d'assez grandes proportions. Ainsi le droit sur les bestiaux qui, dans quelques localités, était de 25 cent. par tête, dans le temps où le droit était ainsi perçu, était à la même époque de 25 fr. à Marseille et de 36 fr. à Paris. L'effet de ces taxes sur l'agriculture est très-sensible. La comparaison des consommations des diverses villes montre que cette consommation, sauf quelques exceptions, décroît assez notablement en raison inverse de l'élévation des droits dans chacune d'elle (V. dans la brochure de M. Barillon, intitulée *De la suppression des octrois*, et publiée à Lyon en 1841, le tableau de la consommation des vins à Paris, à Lyon, Bordeaux, Grenoble et Toulouse, p. 41). Il pourrait même arriver qu'un intérêt local exclusif cherchât à favoriser la consommation d'un produit médiocre récolté ou fabriqué sur les lieux, au détriment de l'intérêt général de l'industrie et de l'agriculture. — Les questions de tarif, quant à leurs conséquences économiques et commerciales, ont donc une très-grande portée, et cependant l'administration peut difficilement y apporter un contrôle efficace; sa mission se borne pour la plupart du temps à veiller au maintien de certains principes généraux. Puisque les droits d'octroi touchent ainsi à l'intérêt général du pays, il semble qu'abandonner à cet égard aux communes une trop grande part de pouvoir, offre, sinon un grave danger, au moins un inconvénient réel qui pourrait être en partie évité, si la perception de cet impôt était ramenée, par sa remise entre les mains de la régie des contributions indirectes, aux principes de centralisation qui nous gouvernent. C'est surtout dans les petites localités que les abus sont le plus à craindre, mais là le gouvernement peut facilement y remédier, puisqu'il lui suffit de refuser son autorisation.

13. Les lois postérieures à la législation que nous venons de faire connaître ont respecté le régime de liberté communale consacrée par la loi de 1816. — Elles y ont apporté quelques modifications de détail, qui bien que peu nombreuses ne laissent pas d'avoir une certaine importance. Nous y reviendrons dans le cours du présent travail; quant à présent, nous nous bornerons à rappeler ici : 1° les lois des 29 mars 1832 et 24 mai 1834 qui ont modifié la pénalité établie par l'art. 28 de l'ord. du 9 déc. 1814 (V. n° 391); — 2° La loi du 11 juin 1842 qui décide que les ordonnances portant établissement des octrois ou modifications aux règlements soient rendues dans la forme des règlements d'administration publique; que les droits sur les boissons ne puissent excéder les droits d'entrée perçus au profit du trésor, si ce n'est en vertu d'une loi, et enfin que les surtaxes antérieurement autorisées cesseront de plein droit au 31 déc. 1832 (V. n°s 34, 126); — 3° La loi du 10 mai 1846 relative à la perception des droits d'octroi sur les bestiaux (V. n° 143); — 4° Le décret législatif du 17 mars 1852 qui a supprimé le dixième prélevé par le trésor sur les droits d'octroi, et qui diminuant de moitié les droits d'entrée sur les boissons, a prorogé de trois ans le délai fixé par la loi du 11 juin 1842, pour la réduction des droits d'octroi au chiffre fixé pour les droits d'entrée (V. nos 127 et suiv.); — 5° Enfin la loi du 22 juin 1854 qui, faisant droit aux réclamations qu'avait soulevées le décret de 1852, décide que les droits d'octroi pourront être portés au double des droits d'entrée (V. n° 127).

14. La législation des octrois composée de nombreux règlements rendus sous des régimes si divers demanderait une révision totale. Cette législation en effet n'a pas été codifiée, comme celle des impôts indirects dans la loi du 28 avr. 1816. L'ord. du 9 déc. 1814, quoiqu'elle reprenne la plupart des dispositions du décret de 1809, et qu'elle semble offrir un règlement complet de la matière, laisse encore beaucoup à reprendre aux actes qui l'ont précédée. — Il a été jugé en effet que l'ord. de 1814, que son préambule annonce comme ayant pour objet de coordonner et rassembler les mesures d'exécution disséminées dans les règlements antérieurs, n'a point abrogé toutes les dispositions qu'elle ne reproduit pas, et notamment le décret du 17 mai 1809, qui lui-même se réfère à la loi du 27 frim. an 8 (Douai, 19 janv. 1833, aff. Octroi de Douai, V. n° 247-1°). — Il serait donc bien désirable qu'un règlement nouveau, mis en rapport avec le système d'indépendance municipale, consacré par la loi de 1816, vînt remplacer ces règlements anciens, dont l'interprétation en certains points offre des difficultés insurmontables. — Du reste, cette révision, sinon totale, au moins partielle, paraît être à l'ordre du jour. — Un projet de loi, dont le corps législatif est en ce moment saisi (1865), sur les conseils de préfecture, apportera une utile modification à l'art. 136 du décret du 17 mai 1809 (V. nos 317 et s.). — On annonce aussi que le conseil d'Etat est également saisi d'un projet de règlement relatif aux octrois; mais nous ne savons quel en est l'objet et la portée.

15. Au point de vue économique, l'impôt de l'octroi a été très-vivement combattu. — Certains publicistes en demandent la suppression totale. « Parce que, dans l'intérêt industriel, commercial et agricole du pays, des citoyens se réunissent et forment des agglomérations urbaines, est-il juste, a-t-on dit, qu'ils payent le vin, la viande, le bois, la farine beaucoup plus cher que ceux réunis en nombre moindre? » (M. Barillon, brochure intitulée *De la suppression des octrois*, publiée à Lyon en 1841, p. 17). Mais cette objection se réfute aisément. L'agglomération des citoyens dans un même lieu développe des intérêts nouveaux et donne naissance à des avantages très-réels. Quoi de plus juste, dès lors, que de compenser ces avantages par des charges particulières! — D'autres objections ont encore été faites contre les taxes d'octroi, mais ces considérations qui portent également sur tous les impôts de consommations, ont été examinées v° Impôts, nos 15 et suiv. — En 1848 on réclamait aussi la suppression des octrois : sous l'influence des idées qui régnaient alors, les droits d'octroi sur la viande de boucherie perçus par la ville de Paris furent supprimés, et le ministre des finances fut autorisé à appliquer la même mesure, dans le plus bref délai, aux villes des départements (décr. 18 avr. 1848, D. P. 48. 4. 72). — Mais cette mesure n'eut aucune suite; elle fut rapportée peu de temps après (L. 30 août 1848, D. P. 48. 4. 177).

16. Quelques détails vont faire connaître l'importance de l'impôt des octrois. — En 1830, les droits d'octroi étaient établis dans 1,508 communes; leur produit total était de 67 millions (M. Chabrol, rapport sur l'admin. des finances, mars 1830). — D'après M. Bocher (rapport à l'ass. législ. en 1851), le produit des octrois était en 1847 de 88,612,209 fr.; les boissons figuraient dans ce chiffre pour plus de 36 millions, et la viande pour environ 24 millions (V. aussi le rapport de M. Lanjuinais au nom de la commission d'enquête législative sur la production et la consommation de la viande de boucherie). Après la Révolution de 1848, ce chiffre a baissé rapidement; mais en 1850, il était remonté à 95,176,602 fr., réparti entre 1,436 octrois. Sur ce chiffre le produit des octrois en régie s'élève à 90 millions. L'octroi de Paris a donné, en 1850, un revenu de 37,293,286 fr. 82 c. — Au 30 oct. 1863, il y avait en France 1,514 octrois, et celui de Paris, en 1862, avait donné 80,764,531 fr.; il est vrai qu'alors la ville de Paris s'était agrandie de toutes les communes comprises dans l'enceinte des fortifications. — On trouve, dans le nombre des communes soumises à l'octroi, une centaine dont le produit ne dépasse pas 500 fr., et il y en a même un petit nombre dont le produit est au-dessous de 100 fr. (V., pour de plus grands détails, Dict. d'éc. polit., v° Octroi; M. Esquirou de Parieu, Tr. des impôts, t. 4, p. 148 et suiv.).

17. Dans tous les pays de l'Europe, les villes sont généralement soumises aux droits d'octroi, ce qui démontre qu'elles ont toutes obéi à une nécessité commune. Cependant depuis quelques années, une tendance vers leur suppression commence à se manifester. — En *Belgique*, les octrois avaient été établis sur des bases analogues à celles du système français. En 1848, une commission spéciale a proposé leur suppression. Cet impôt, en effet, était très-impopulaire dans ce pays, ce qui s'explique du reste par ce motif que les droits portaient sur des objets de première nécessité, notamment sur la farine, et étaient très-élevés; 70 communes seulement étaient, en 1848, soumises aux droits d'octroi et fournissaient un revenu d'environ 9 millions. — Une loi du 18 juill. 1860 en a définitivement prononcé l'abolition. En remplacement, il a été attribué aux communes une part de 40 p. 100 dans le produit brut du service des postes, de 75 p. 100 dans le produit du droit d'entrée sur le café, et de 34 p. 100 dans le produit des droits d'accises fixés par cette même loi sur les vins et eaux-de-vie provenant de l'étranger, sur les eaux-de-vie indigènes, sur les bières et vinaigres et sur les sucres. Ce revenu est réparti chaque année entre les communes, d'après les rôles de l'année précédente, au prorata du principal de la contribution foncière sur les propriétés bâties, du principal de la contribution personnelle et du principal des cotisations des patentes.

18. La *Hollande* va bientôt suivre cet exemple. — En ce pays les octrois sont plus multipliés qu'en Belgique. La loi du reste tendait déjà à les limiter : ils ne pouvaient être établis qu'après le vote d'un certain nombre de centimes additionnels. Le sel, le savon, les pommes de terre, le porc et les moutons ne pouvaient être taxés. — A l'ouverture de la session de 1864, le roi de Hollande a annoncé aux chambres qu'il leur serait présenté un projet de loi pour la suppression des octrois. Le ministre, M. Betz, renouvelant cette annonce dans une séance postérieure, a brièvement expliqué comment il entend subvenir au déficit que cette suppression causera dans les caisses des communes. L'Etat leur abandonnerait la perception de 21 et demi cents additionnels de l'impôt sur les constructions, et élèverait à 50 florins par hectolitre, pour leur en abandonner 15, le chiffre de l'accise sur les boissons distillées. — Quant à l'accise communale des vins, elle serait entièrement supprimée, ce qui permettrait au gouvernement de donner satisfaction aux demandes de la France et de conclure avec elle le traité de commerce dont la négociation est pendante.

19. En *Allemagne*, il paraît qu'il existe aussi une tendance à remplacer les impôts indirects par des impôts sur le revenu. L'impôt progressif a même été établi dans certaines villes de Prusse, mais les droits d'octroi n'en existent pas moins encore dans un grand nombre de villes. — En *Angleterre*, il y a cela de remarquable que les impôts d'intérêt général sont perçus en grande partie sous la forme indirecte, et les taxes locales, au contraire, affectent plutôt le caractère d'impôts directs; cependant quelques villes ont aussi certaines taxes de consommation. Il existe notamment à Londres un droit considérable sur le charbon. — En *Danemark*, il n'y a pas de droits de consommation analogues à ce qui a lieu pour nos octrois, le revenu des villes se composant d'impôts directs sur les personnes, les chiens, les chevaux, l'industrie.

Tableau de la législation relative aux octrois (1).

28-31 janv. 1790. — Décret portant que les droits d'octroi, etc.,

(1) Les lois et règlements d'un intérêt général seuls figurent dans ce tableau. Il nous a paru inutile d'y comprendre les innombrables lois, ordonnances ou décrets portant établissement d'octroi, modification de tarif, autorisation ou prorogation de surtaxe, etc. etc., d'un intérêt tout local et dont l'étendue considérable dépasserait les limites de notre cadre.

continueront d'être perçus jusqu'à ce qu'il en ait été autrement statué, mais sans aucun privilége, exemption ni distinction personnelle.

15-28 mars 1790. — Décret portant suppression des droits féodaux, qui excepte de cette suppression les droits d'octroi (tit. 2, art. 15). — V. Propriété féodale, p. 333.

11-20 avr. 1790. — Décret qui autorise toutes les villes du royaume à continuer de percevoir les droits d'octroi, sans avoir besoin de lettres patentes ni d'autres titres que le présent décret.

6-9 juin 1790. — Décret portant : A compter du jour de la publication du présent décret, tout le territoire que renferme la ligne de l'enceinte des murs de Paris sera soumis aux droits d'entrée dans cette ville; et réciproquement le territoire qui était antérieurement sujet à ces droits, et qui se trouve placé hors de l'enceinte, sera soumis au régime des impositions ou perceptions établies dans la banlieue dont il fera désormais partie. La municipalité de Paris veillera en outre à l'exécution des règlements précédemment rendus sur la distance à observer entre les bâtiments et les murs, et sur tous les objets relatifs à la sûreté de la perception.

4-15 août 1790. — Décret qui ordonne de continuer la perception des octrois dans les lieux où il s'en trouve d'établis.

12-20 août 1790. — Instruction de l'assemblée nationale qui développe la disposition du décret du 15 mars 1790, suivant laquelle les octrois sont exceptés de la suppression des droits féodaux (chap. 3, art. 1). — V. Organis. admin.

22 déc. 1790. — Décret portant que les droits et octrois qui se perçoivent, en totalité ou en partie, au profit des villes, communautés ou hôpitaux continueront d'être perçus en la forme accoutumée jusqu'au moment où l'assemblée aura statué sur les dépenses desdites villes, communautés et hôpitaux.

19-25 fév. 1791. — Décret qui supprime tous les droits perçus à l'entrée des villes, bourgs et villages, à compter du 1er mai suivant.

9 germ. an 5 (29 mars 1797). — Loi relative à la répartition et au recouvrement des contributions foncière et mobilière de l'an 5 (extrait).

Art. 6. En cas d'insuffisance des centimes ou sous additionnels de la contribution personnelle et mobilière pour les dépenses énoncées en l'article précédent (dépenses des administrations municipales et communales), il ne pourra être pourvu à un supplément de revenu jugé nécessaire par l'administration centrale du département, que par des contributions indirectes et locales, dont l'établissement et la perception ne pourront être autorisés que par le corps législatif, à peine de concussion.

27 vend. an 7 (18 oct. 1798). — Loi qui ordonne la perception d'un octroi pour l'acquit des dépenses locales de la commune de Paris.

Le conseil; — ...Considérant que, depuis longtemps, la commune de Paris ne fournit à ses dépenses locales que par les avances successives que lui fait le trésor national; — Qu'un tel emploi des fonds publics est un abus qu'il est instant de réprimer; — Que la loi du 9 germ. an 5, art. 6, ordonne impérieusement qu'en cas d'insuffisance des centimes et sous additionnels de la contribution personnelle, mobilière et somptuaire, pour les dépenses municipales et communales, il y soit pourvu par l'administration centrale du département, uniquement par des contributions indirectes et locales, dont l'établissement et la perception ne pourront être autorisés que par le corps législatif, à peine de concussion; — Que la détresse des hospices civils de la commune de Paris, l'interruption de la distribution des secours à domicile, n'admettent plus aucun délai;

Art. 1. Il sera perçu, par la commune de Paris, un octroi municipal et de bienfaisance, conformément au tarif annexé à la présente loi, spécialement destiné à l'acquit de ses dépenses locales, et de préférence à celles de ses hospices et des secours à domicile.

2. Le directoire exécutif est chargé de faire des règlements généraux et locaux nécessaires pour l'exécution de la perception de l'octroi de bienfaisance établi par l'art. 1.

3. Dans aucun cas les citoyens entrant dans la commune de Paris à pied, à cheval ou en voiture de voyage, ne pourront, sous le prétexte de la perception de la taxe municipale, être arrêtés, questionnés ou visités sur leurs personnes, ni à raison des malles et valises qui les accompagnent. Tous actes contraires à la présente disposition seront réputés actes de violence : les délinquants seront poursuivis par la voie de police correctionnelle; ils seront condamnés à 50 fr. d'amende et à six mois de prison.

4. Il sera établi le nombre de bureaux de recette qui sera jugé nécessaire; le directoire déterminera le nombre des employés, les nommera, réglera leurs traitements, de manière cependant que les frais de perception n'excèdent pas 8 cent. par franc de la recette totale présentée par le tarif.

5. Il sera fourni aux préposés des registres à talon, sur lesquels ils seront tenus de porter, jour par jour, article par article, les recettes qu'ils feront.

6. Tous les employés à la perception de l'octroi recevront une commission du directoire exécutif, et en seront toujours porteurs, ainsi que du tarif et du règlement fait pour assurer son exécution. La présente loi et le tarif qui y est annexé seront affichés en placard à la porte de chaque bureau et dans son intérieur.

7. L'administration centrale du département pourra destituer provisoirement les receveurs, si le cas l'exige, les dénoncer aux tribunaux, et les y poursuivre à la requête des commissaires du pouvoir exécutif.

8. L'administration de l'octroi de bienfaisance fait partie des attributions des administrations municipales de Paris, chacune dans son arrondissement, sous la surveillance de l'administration centrale du département.

9. Les contestations qui pourraient s'élever sur l'application du tarif et sur la quotité du droit exigé par le receveur seront portées devant le tribunal de police, et par lui jugées sommairement et sans frais.

10. Tout porteur ou conducteur d'objets de consommation compris dans le tarif annexé à la présente loi sera tenu d'en faire la déclaration au bureau de la recette, et d'en acquitter le droit avant de pouvoir les faire entrer dans la commune de Paris : toute contravention à cet égard sera punie d'une amende du double droit.

11. Les amendes prononcées en exécution de l'art. 10 seront acquittées sur-le-champ entre les mains du receveur du bureau où la contravention aura été commise : moitié appartiendra aux employés dudit bureau, et moitié sera versée par ledit receveur dans la caisse du comité de bienfaisance de la municipalité.

12. Toute personne qui s'opposera à l'exercice des préposés à la perception de l'octroi sera condamnée à une amende de 50 fr. Dans le cas où il y aurait voies de fait, il en sera dressé procès-verbal, qui sera envoyé au directeur du jury d'accusation, pour en poursuivre les auteurs et leur infliger les peines portées par le code pénal contre ceux qui s'opposent avec violence à l'exercice des fonctions publiques.

13. Si les préposés à la perception de l'octroi reçoivent directement ou indirectement quelque gratification ou présent, ils seront condamnés aux peines portées dans le code pénal contre les fonctionnaires publics prévaricateurs.

14. Les administrations municipales vérifieront et arrêteront, au moins une fois par mois, les registres des recettes des receveurs de leur arrondissement; elles dresseront procès-verbal de cette vérification, et l'adresseront, avec leurs observations, à l'administration centrale.

15. Les receveurs verseront, au moins une fois par décade, le montant de leurs recettes à la caisse du receveur général du département.

16. Il est alloué au receveur général du département, pour toute indemnité et frais de bureau, un dixième de centime par franc de recette brute, conformément à la loi du 17 fruct. an 6.

17. Le receveur général du département remettra, chaque mois, à l'administration centrale du département, et enverra au ministre de l'intérieur le bordereau des versements qui lui auront été faits, sans préjudice du bordereau général de ses recettes, qu'il est tenu de fournir à la trésorerie nationale.

18. Chaque administration municipale du canton de Paris dressera et enverra à l'administration centrale du département : 1° l'état des dépenses administratives; — 2° L'état des dépenses communales particulières à son arrondissement, telles que les frais de la justice de paix, de l'état civil, des cimetières, des écoles primaires, des commissaires de police.

19. Le bureau central adressera également à l'administration centrale l'état : 1° de ses dépenses administratives; — 2° De celles des hospices et secours à domicile; — 3° Des dépenses communales qui intéressent tous les citoyens du canton de Paris.

20. Tous ces états seront examinés par l'administration départementale, discutés, réduits aux dépenses d'absolue nécessité, arrêtés et renvoyés aux autorités ci-dessus désignées, chacune en ce qui la concerne.

21. Lesdites autorités expédieront, mois par mois, les mandats nécessaires pour l'acquit de leurs dépenses, telles qu'elles auront été réglées par l'administration centrale du département : ces mandats, après avoir été visés par l'administration centrale, seront acquittés par le receveur général, tant sur le produit de l'octroi et autres revenus communaux que sur les centimes additionnels destinés par la loi au payement des dépenses communales, en observant de donner toujours la priorité aux dépenses relatives aux hospices.

22. L'administration centrale du département de la Seine fera imprimer et rendra public, dans le mois de vendémiaire de chaque année, le compte des recettes et dépenses tant départementales que municipales et communales.

29 vend. an 7 (20 oct. 1798). — Arrêté du directoire exécutif, rendu pour l'exécution de la loi précédente, et contenant tarif des droits à percevoir par la ville de Paris.

3 brum. an 7 (24 oct. 1798). — Arrêté du directoire exécutif qui établit une régie pour surveiller la perception de l'octroi municipal de la commune de Paris.

11 frim. an 7 (1er déc. 1798). — Loi qui détermine le mode administratif des recettes et dépenses départementales, municipales et communales (extrait).

TIT. 5. — *De l'établissement des taxes municipales dans les communes formant à elles seules un canton.*

Art. 51. Lorsque, dans une commune formant à elle seule un canton ou considérée comme telle, l'état des dépenses municipales et communales réunies, ainsi qu'il est dit en l'art. 10 ci-dessus, aura été arrêté, et qu'il aura été reconnu que les recettes ordinaires, telles qu'elles sont désignées en l'art. 11, sont insuffisantes pour fournir en entier auxdites dépenses, il y sera pourvu par l'établissement de *taxes indirectes ou locales*, lesquelles ne pourront avoir lieu qu'après l'autorisation expresse et spéciale du corps législatif.

52. En conséquence, et avant le 30 thermidor de chaque année, l'administration municipale desdites communes dressera le tableau comparatif des dépenses municipales et communales réunies, telles que l'état en aura été arrêté par l'administration de département, et du montant présumé des recettes municipales et communales également réunies, y compris le produit des centimes additionnels, calculés sur le pied de ceux perçus en l'année précédente. — Elle y joindra l'indication des taxes indirectes et locales qu'elle jugera le plus convenables pour suppléer à l'insuffisance des centimes additionnels.

53. Ce tableau comparatif sera fait, dans les communes au-dessus de cent mille âmes, par l'administration de département, à laquelle le bureau central et les municipalités d'arrondissement fourniront, à cet effet, leurs états de recettes et dépenses particulières, et autres documents nécessaires.

54. L'indication des taxes indirectes et locales, dont il est parlé en l'article précédent, comprendra : — 1° La désignation des objets sur lesquels ces taxes devront porter; — 2° Le tarif de la taxe à établir sur chacun des objets désignés; — 3° L'indication des moyens d'exécution pour la perception desdites taxes; — 4° L'évaluation du produit présumé de diverses taxes projetées; — 5° Enfin l'évaluation des frais que pourra occasionner leur perception.

55. Ne pourront être assujettis auxdites taxes, ni les grains et farines, ni les fruits, beurre, lait, fromages, légumes et autres menues denrées servant habituellement à la nourriture des hommes.

56. Les administrations municipales et bureaux centraux auront égard, dans

leurs projets de taxes municipales : — 1° A ce que le tarif et le produit en soient, le plus qu'il se pourra, proportionnés au montant des sommes reconnues rigoureusement nécessaires; — 2° A ce que le mode de perception entraîne le moins de frais possible et le moins de gêne qu'il se pourra pour la liberté des citoyens, des communications et du commerce; — 3° Aux exceptions et franchises qui pourront être jugées nécessaires au commerce de la commune et à raison de sa position.

57. Le projet de taxes municipales mentionné aux articles précédents sera soumis à l'administration départementale, qui pourra le modifier; elle l'arrêtera et l'adressera, dans le mois de fructidor, avec son avis motivé, au directoire exécutif, qui le transmettra, dans le mois de vendémiaire suivant, au corps législatif, pour être approuvé, s'il y a lieu.

29 frim. an 7 (19 déc. 1798). — Décret qui fixe le nombre des employés de l'octroi de Paris, leur traitement, les remises auxquelles ils ont droit, etc., et qui décide que les receveurs de l'octroi fourniront, dans le délai d'un mois, un cautionnement en immeubles de la quotité spécifiée au tableau annexé au présent arrêté.

29 niv. an 7 (18 janv. 1799). — Arrêté du directoire exécutif, concernant l'exemption du droit d'octroi pour les marchandises et denrées déclarées en transit ou passe-debout par Paris.

2 vend. an 8 (24 sept. 1799). — Loi sur la manière de juger les contestations relatives au payement d'octrois municipaux.

Art. 1. Les contestations civiles qui pourront s'élever sur l'application du tarif ou sur la quotité des droits exigés par les receveurs des octrois municipaux et de bienfaisance créés par les lois existantes, ou qui pourront être créés par les diverses communes de la République, pour l'acquit de leurs dépenses locales, celles des hospices civils et secours à domicile, seront portées devant le juge de paix de l'arrondissement, à quelque somme que le droit contesté puisse s'élever, pour être par lui jugées sommairement et sans frais, soit en dernier ressort, soit à la charge de l'appel, suivant la quotité de la somme.

2. Les amendes encourues en vertu desdites lois seront prononcées par les tribunaux de simple police ou de police correctionnelle, suivant la quotité de la somme.

3. Lorsqu'il y aura lieu à contestation sur l'application du tarif ou sur la quotité du droit exigé par le receveur, tout porteur ou conducteur d'objets compris dans le tarif sera tenu de consigner entre les mains du receveur le droit exigé; il ne pourra être entendu qu'en rapportant au juge qui devra en connaître la quittance de ladite consignation.

4. Toute disposition de lois antérieures contraire à la présente est rapportée.

19 frim. an 8 (10 déc. 1799). — Loi portant extension et augmentation des droits d'octroi établis dans la commune de Paris.

Art. 1. Il est établi un droit d'octroi de 1 fr. par hectolitre de bière, de 3 fr. par hectolitre de poiré, et de 50 cent. par hectolitre d'orge, entrant dans la commune de Paris.

2. Il sera ajouté 2 décimes par franc aux droits d'octroi établis pour l'entretien des hospices de la commune de Paris.

3. Tous les objets soumis au droit d'octroi à leur entrée dans la commune de Paris, et qui ne seront pas déclarés avant leur introduction, seront saisis et mis en dépôt.

4. Les objets saisis et déposés en exécution de l'article précédent ne seront rendus aux propriétaires ou conducteurs qu'après qu'ils auront payé, par forme d'indemnité envers les pauvres, une somme égale à la valeur des objets saisis.

5. En cas de non-payement de l'indemnité dont il est fait mention dans l'article précédent, et après l'expiration d'une décade pour tout délai, les regisseurs de l'octroi feront vendre à l'enchère les objets saisis. Le prix provenant de cette vente, déduction faite des frais, sera partagé entre les hospices et les employés de l'octroi.

27 frim. an 8 (18 déc. 1799). — Loi qui établit des octrois municipaux dans les communes de Courtrai, Reims, Metz, Lille, Calais, Fontenay-le-Peuple, Limoges et Epinal.

Art. 1. Il sera perçu dans les communes de Courtrai, département de la Lys; de Reims, département de la Marne; de Metz, département de la Moselle; de Lille, département du Nord; de Calais, département du Pas-de-Calais; de Fontenay-le-Peuple, département de la Vendée; de Limoges, département de la Haute-Vienne, et d'Epinal, département des Vosges, des octrois municipaux, conformément aux tarifs annexés à la présente loi, et dont le produit servira à l'acquittement de leurs dépenses locales.

Les frais annuels de perception et ceux de premier établissement ne pourront excéder, pour l'octroi de Courtrai, la somme de 5,000 fr.; — Pour celui de Reims, la somme de 18,000 fr.; — Pour celui de Metz, la somme de 7,600 fr.; — Pour celui de Lille, la somme de 27,000 fr.; — Pour celui de Calais, la somme de 5,050 fr; — Pour celui de Fontenay-le Peuple, la somme de 10,000 fr.; — Pour celui de Limoges, la somme de 9,202 fr.; — Et pour celui d'Epinal, le dixième du produit brut.

2. Ces octrois, ainsi que ceux qui seront établis à l'avenir, seront organisés conformément aux dispositions suivantes.

3. Le gouvernement est chargé définitivement, et les administrations centrales de départements par provision, de faire les règlements généraux et locaux pour la perception desdits octrois, de déterminer le nombre nécessaire de bureaux de recette, ou de régler tout autre mode de surveillance et de perception, suivant les localités, et de fixer le nombre des employés, ainsi que le mode et le taux de leur traitement.

4. Dans les communes où il sera nécessaire d'établir un directeur ou préposé en chef à la direction de l'octroi, sa nomination sera faite par le gouvernement. — Les autres employés seront nommés par l'administration de département, sur une liste triple pour chaque employé, qui lui sera présentée par l'administration municipale.

5. Il sera fourni aux préposés aux recettes des registres à souche, sur lesquels ils seront tenus de porter leurs recettes jour par jour, article par article, et de suite, sans y laisser aucun blanc.

6. Les employés à la perception des octrois recevront une commission, savoir : le préposé en chef, s'il y a lieu, de la part du gouvernement, et les autres employés, de la part de l'administration de département. — Les uns et les autres en seront toujours porteurs, ainsi que du tarif, et du règlement fait pour en assurer l'exécution.

7. Avant d'entrer en exercice, ils prêteront serment devant le juge de paix dans l'arrondissement duquel siège l'administration municipale, et il en sera fait mention au pied de leur commission, le tout sans autres frais que les droits d'enregistrement.

8. Leurs procès-verbaux constatant la fraude seront affirmés devant le même juge de paix, dans les vingt-quatre heures de leur date, sous peine de nullité, et ils feront foi en justice jusqu'à l'inscription de faux.

9. La perception de l'octroi fait partie des attributions de l'administration municipale, sous la surveillance de l'administration centrale de département.

10. L'administration centrale de département pourra, si le cas l'exige, destituer les receveurs et autres préposés nommés par elle, les dénoncer aux tribunaux et les y faire poursuivre à la requête du commissaire du gouvernement. — A l'égard du directeur ou préposé en chef, sa destitution ne sera que provisoire et devra être confirmée par le gouvenerment.

11. Tout porteur et conducteur d'objets de consommation compris au tarif de l'octroi sera tenu de faire sa déclaration au bureau de recette le plus voisin, et d'en acquitter les droits avant de les faire entrer dans la commune, sous peine d'une amende égale à la valeur de l'objet soumis au droit d'octroi. — La même demande sera encourue par les fabricants et autres débiteurs des droits d'octroi perceptibles dans l'intérieur de la commune, faute par eux d'avoir fait leur déclaration dans les délais ou à l'époque déterminée par les règlements qui auront été faits en exécution de l'art. 2 de la présente. — Ces amendes, après qu'elles auront été prononcées, seront acquittées entre les mains du receveur du bureau, et sur-le-champ, de la part du condamné; sinon, à l'égard des objets saisis, dans les vingt-quatre heures de la vente. Une moitié appartiendra aux employés de l'octroi; l'autre sera versée par le receveur à la caisse des recettes municipales et communales.

12. Dans aucun cas, les citoyens entrant dans lesdites communes, à pied, à cheval ou en voiture de voyage, ne pourront, sous prétexte de la perception de l'octroi, être arrêtés, questionnés ou visités sur leurs personnes ni à raison des malles qui les accompagnent. — Tous actes contraires à la présente disposition seront réputés actes de violence; les délinquants poursuivis par voie de police correctionnelle, et condamnés à 50 fr. d'amende et à six mois de détention.

13. Les contestations qui pourront s'élever sur l'application du tarif, ou sur la quotité des droits exigés par les receveurs d'octroi, seront portés devant le juge de paix dans l'arrondissement duquel siége l'administration municipale, à quelque somme que le droit contesté puisse s'élever, pour être par lui jugées sommairement et sans frais, soit en dernier ressort, soit à la charge de l'appel, suivant la quotité du droit réclamé.

14. En cas de contestation sur l'application du tarif ou sur la quotité du droit, tout porteur ou conducteur d'objets compris au tarif sera tenu de consigner entre les mains du receveur le droit exigé : il ne pourra être entendu qu'en rapportant au juge qui devra en connaître la quittance de ladite consignation.

15. Toute personne qui s'opposera à l'exercice des fonctions desdits préposés sera condamnée à une amende de 50 fr. En cas de voies de fait, il en sera dressé procès-verbal qui sera envoyé au directeur du jury pour en poursuivre les auteurs et leur faire infliger les peines portées par le code pénal contre ceux qui s'opposent avec violence à l'exercice des fonctions publiques.

16. Tout préposé à l'octroi qui favorisera la fraude, soit en recevant des présents, soit tout autrement, sera condamné aux peines portées par le code pénal contre les fonctionnaires prévaricateurs.

17. Les amendes encourues d'après les dispositions de la présente seront prononcées par les tribunaux de simple police ou de police correctionnelle, suivant la quotité de la somme.

18. Les receveurs particuliers de l'octroi verseront, au moins une fois par décade, le montant de leurs recettes à la caisse du préposé aux recettes municipales et communales.

19. Il est alloué à ce préposé un cinquième de centime pour franc de recette brute de l'octroi, outre le traitement qui lui est accordé pour les autres recettes, en exécution de la loi du 11 frim. an 7.

20. L'administration municipale vérifiera et arrêtera au moins une fois par mois les registres des receveurs particuliers de l'octroi, ainsi que l'état des versements faits par eux à la caisse du préposé spécial aux recettes municipales et communales.

21. Le préposé aux recettes municipales remettra, le 1er de chaque mois, à l'administration centrale, qui en enverra un double au ministre de l'intérieur, le bordereau vérifié et approuvé par l'administration municipale, des versements qui lui auront été faits du produit de l'octroi pendant le mois précédent.

22. Ne sont point sujets aux droits d'octroi les objets non destinées à la consommation desdites communes, et qui n'y entrent que par *transit*, ou pour y être entreposés jusqu'à leur sortie ultérieure. — Le gouvernement est chargé définitivement, et les administrations centrales provisoirement, de régler les formalités et le mode de surveillance auxquels seront assujettis les propriétaires ou conducteurs desdits objets, et ils pourront, suivant les localités, ordonner la consignation du droit d'octroi, pour être restitué à la sortie des objets entreposés.

23. La présente loi et le tarif seront affichés en placard à la porte et dans l'intérieur de chaque bureau de l'octroi.

5 vent. an 8 (24 fév. 1800). — Loi relative à l'établissement d'octrois municipaux.

Art. 1. Il sera établi des octrois municipaux et de bienfaisance sur les objets de consommation locale, dans les villes dont les hospices civils n'ont pas de revenus suffisants pour leurs besoins.

2. Le conseil municipal de chacune de ces villes sera tenu de présenter, dans deux mois, les projets de tarifs et de règlements convenables aux localités; ils seront soumis à l'approbation du gouvernement, et par lui, s'il y a lieu, définitivement arrêtés.

3. La perception et l'emploi se feront conformément aux dispositions générales des lois des 19 et 27 frimaire dernier.

13 therm. an 8 (1er août 1800). — Arrêté relatif au mode d'approbation des tarifs et règlements pour la perception des octrois municipaux.

Les consuls, etc.; — Vu la loi du 11 frim. an 7, celles des 19, 27 frim. et

5 vent. an 8, relatives à l'établissement des octrois municipaux et de bienfaisance; — Vu l'art. 2 de la même loi du 5 ventôse, portant... ; — Considérant que l'examen et l'approbation des tarifs et règlements de perception, s'ils étaient successivement et isolément soumis aux consuls, entraîneraient des lenteurs incompatibles avec les besoins auxquels il est urgent de pourvoir ; — Arrêtent ce qui suit :

Art. 1. Le ministre de l'intérieur approuvera les tarifs et les règlements présentés par les conseils municipaux, avec les modifications qu'il jugera convenables, conformément aux principes déterminés par les susdites lois.

2. Tous les mois, le ministre présentera aux consuls, qui prononceront définitivement, le tarif et les règlements qu'il aura approuvés.

3. En attendant, et provisoirement, l'autorisation du ministre sera considérée comme décision du gouvernement, tout en ce qui concerne tant les octrois précédemment établis que ceux qui le seront par la suite.

24 frim. an 11 (15 déc. 1802). — Arrêté qui affecte une portion du produit des octrois à des distributions de pain aux troupes.

Les consuls ; — Considérant que le droit d'octroi qui se perçoit au profit des villes est sensiblement accru par la consommation que font les militaires qui y sont en garnison ; que les militaires ont obtenu, dans tous les temps, ou une modération, ou une exemption desdits droits ; que ces modérations ou exemptions ont toujours entraîné des abus, et qu'il est nécessaire cependant de rétablir la balance qui a été rompue au détriment de l'armée par la non-exemption ou modération des droits d'octroi; — Le conseil d'Etat entendu ; — Arrêtent :

Art. 1. A dater du 1er vend. an 11, chacune des villes dont la population s'élève au-dessus de quatre mille âmes, et au profit desquelles il est perçu un droit d'octroi, versera au trésor public 5 p. 100 du produit net dudit octroi. Ces versements seront faits ainsi qu'il suit :

2. Le ministre de l'intérieur déterminera la somme qu'en exécution de l'article précédent chaque ville devra verser dans le trésor public pendant le cours de l'an 11 : la somme qu'il aura déterminée y sera versée par douzième et par mois, comme le reste des contributions publiques.

3. Les sommes provenant du remboursement fait par les communes seront uniquement et privativement destinées à fournir, chaque jour, à chaque caporal et soldat d'infanterie, à chaque brigadier et soldat des troupes à cheval, ainsi qu'aux tambours, trompettes, musiciens et enfants de troupe, présents sous les armes et stationnés dans l'intérieur de la République, un demi-quart de kilogramme (ou 4 onces) de pain de pur froment blanc et rassis, pour être taillé en soupe.

4. Le trésor public complétera les sommes nécessaires pour solder la distribution de pain ordonnée par l'article précédent.

5. A dater du 1er germinal, le pain de la soupe sera distribué tous les trois jours. Les conseils d'administration traiteront, pour cette fourniture, avec un ou plusieurs boulangers des lieux où ils seront en garnison ; mais, dans aucun cas, ils ne pourront traiter, pour la fourniture de ce pain, avec des agents directs ou indirects de l'administration des vivres-pain.

6. Le sous-inspecteur déterminera, par un article séparé de sa revue, le nombre des journées pour lesquelles chaque corps devra participer à la susdite distribution. Chacune des journées portées sur la revue sera payée comme la solde, sur le pied de 5 cent. Les jours où les corps auront été en marche et auront touché l'étape ne seront point comptés pour la distribution. — La somme provenant du résultat de la revue sera versée dans la caisse du corps, y formera une masse séparée et absolument distincte, de laquelle on ne fera point de décompte et dont il est expressément défendu au conseil d'administration de faire ou de souffrir qu'il soit fait aucun autre emploi que celui qui est prescrit par l'art. 3, et dans les proportions y indiquées.

7. Les inspecteurs aux revues viseront fréquemment le compte de ladite masse; les inspecteurs généraux et les officiers généraux employés dans les divisions, en surveilleront avec soin l'administration et l'emploi.

8. Tous les corps de l'armée française, en quelque lieu qu'ils soient stationnés, qui, en exécution des lois antérieures, reçoivent une indemnité quelconque au-dessus de la solde accordée à leur arme, seront tenus de faire distribuer la quantité de pain déterminée par l'art. 3 ci-dessus. Les fonds nécessaires à cette distribution seront prélevés, à raison de 5 cent. par jour, sur l'indemnité accordée à chacun de ceux qui ont droit à la distribution. Ces 5 cent. formeront une masse, qui sera administrée ainsi qu'il est prescrit art. 5 et suiv.

9. Les inspecteurs généraux, les inspecteurs aux revues et les chefs de corps veilleront avec le plus grand soin à ce que, sous prétexte de la gratification ci-dessus accordée aux troupes, il ne soit rien conservé, détourné, prélevé ou distribué sur les sommes qui, en exécution des lois, doivent être employées à l'usage de l'ordinaire : en conséquence, les uns et les autres se feront souvent représenter les cahiers sur lesquels, en vertu de l'art. 16 du règlement du 24 juin 1792, les différents articles de recettes ou de dépenses de l'ordinaire doivent être enregistrés; et ils puniront avec sévérité tous ceux qui auront permis ou n'auront point empêché les contraventions aux dispositions ci-dessus, et à celles contenues dans les art. 15 et 16 du règlement précité.

23 niv. an 11 (13 janv. 1803). — Arrêté portant : Les dispositions contenues dans l'arrêté du 24 frimaire, relatif aux octrois des villes, et au pain de la soupe des sous-officiers et soldats dépendant du département de la guerre, sont applicables aux troupes d'artillerie de la marine, quand elles ne sont pas embarquées.

29 therm. an 11 (17 août 1803). — Arrêté portant : Les préfets pourront désormais autoriser la mise en jugement des préposés de l'octroi municipal. — Remplacé par l'art. 244 de la loi du 28 avr. 1816 (V. Imp. ind., p. 418).

4e jour complémentaire an 11 (21 sept. 1803). — Arrêté qui supprime la contribution mobilière de la ville de Paris, et établit en remplacement des droits additionnels à l'octroi. — V. Impôts directs, p. 265.

28 vent. an 12 (19 mars 1804). — Arrêté qui attribue au ministre des finances l'exécution des lois relatives aux octrois municipaux. — V. Organis. admin.

29 germ. an 12 (19 avr. 1804). — Arrêté concernant la révision annuelle des tarifs d'octrois municipaux et des comptes des villes dont le revenu excède un million.

Art. 1. Les tarifs des octrois municipaux et de bienfaisance, arrêtés avant le 1er vend. an 12, seront soumis incessamment à la sanction du gouvernement.

2. Au mois de fructidor de chaque année, les tarifs d'octroi seront régularisés et arrêtés en conseil d'Etat.

3. Les comptes des villes qui ont plus d'un million de revenus seront adressés, au mois de ventôse de chaque année, au ministre de l'intérieur, pour être arrêtés par lui, ou soumis au gouvernement, s'il y a lieu.

4. Les préfets adresseront, au mois de ventôse de chaque année, au ministre de l'intérieur, pour toutes les villes dont les budgets sont arrêtés par le gouvernement, un état conforme au modèle qui leur sera transmis, et contenant les sommes allouées l'année précédente par le gouvernement, pour chaque nature de dépenses, et les sommes effectivement payées.

21 brum. an 13 (12 nov. 1804). — Décret concernant les frais de régie des octrois des villes ayant plus de 20,000 fr. de revenu.

Art. 1. Il sera rendu compte au ministre de l'intérieur par les préfets, et par le ministre à Sa Majesté en son conseil d'Etat, du montant des frais de régie, pendant l'an 13, des octrois des villes ayant plus de 20,000 fr. de revenu, si ces octrois sont en régie, et des conditions des baux, s'ils sont en ferme ou régie intéressée.

2. A compter de l'an 14, le montant des frais de régie et l'état abrégé de leur emploi, ou les conditions des baux à ferme ou régie intéressée, seront joints aux budgets des villes, lorsqu'ils seront proposés par le ministre à l'approbation de Sa Majesté.

24 flor. an 13 (14 mai 1805). — Décret portant création de compagnies de la réserve dont l'art. 16 dispose que la dépense de ces compagnies étant une dépense départementale et communale, il y est pourvu au moyen du versement du vingtième de tous les revenus des communes du département, en biens-fonds, rentes ou octrois. — V. Organisation militaire.

24 avr.-4 mai 1806. — Loi relative au budget de l'Etat pour l'an 14 et 1806 (extrait).

Tit. 13. — *Prélèvement sur les octrois des villes pour le pain de soupe des troupes.*

Art. 73. La retenue qui se fait sur les octrois des villes, pour le pain de soupe des troupes, s'opérera désormais sur les octrois de toutes les villes qui ont plus de 20,000 fr. de revenu, ou au moins 4,000 âmes de population, et sera portée à 10 p. 100 du produit net desdits octrois, à compter du 1er janv. 1806.

11 mai 1807. — Avis du conseil d'Etat sur les tarifs d'octroi.

Le conseil d'Etat, sur le renvoi qui lui a été fait par Sa Majesté, d'un rapport du ministre des finances : — Considérant que les tarifs d'octroi ne peuvent être mis à exécution que lorsqu'ils ont été approuvés par l'autorité supérieure, et que conséquemment ils ne peuvent recevoir aucune modification qu'en vertu des arrêtés de la même autorité; que néanmoins quelques maires ont fait exécuter des modifications apportées aux tarifs, et qui étaient uniquement fondées sur le vote des conseils municipaux; qu'un pareil abus peut entraîner les plus graves inconvénients; — Est d'avis que les ministres des finances et de l'intérieur doivent être chargés de rappeler spécialement les maires à l'exécution des lois et règlements sur cette matière, et de faire connaître à l'avenir à Sa Majesté toutes les contraventions qui pourraient avoir lieu.

30 mars 1808-29 août 1831. — Décret pour la formation d'un marché et d'un entrepôt franc des vins et eaux-de-vie à Paris. — V. Impôts indirects, p. 405.

17 mai 1809. — Règlement relatif aux octrois municipaux et de bienfaisance.

Tit. 1. — *Etablissement des octrois.*

Art. 1. Les octrois sont établis pour subvenir aux dépenses qui sont à la charge des communes.

2. Ils continueront d'être délibérés par les conseils municipaux.

3. La surveillance immédiate de la perception des octrois appartient aux maires, sous l'autorité de l'administration supérieure.

4. Les préfets qui, à l'examen du budget d'une commune, reconnaîtront l'insuffisance de ses revenus ordinaires, pourront provoquer le conseil municipal à délibérer l'établissement d'un octroi, après avoir reçu l'autorisation du ministre de l'intérieur pour les communes dont les revenus sont au-dessus de 20,000 fr.

5. En procédant à la rédaction des projets de règlements et tarifs des octrois, les conseils municipaux appliqueront les dispositions du présent décret, et choisiront celui des modes de perception ci-après indiqués qui paraîtra le mieux convenir à la population, au commerce, à l'industrie, à l'agriculture, aux arrivages par terre ou par eau, à la nature des lieux, et à l'espèce, quantité et qualité des objets qui s'y consomment.

6. Les préfets, après avoir pris les avis des sous-préfets, adresseront à nos ministres des finances et de l'intérieur les projets de règlements et de tarifs délibérés par les conseils municipaux, et y joindront leurs observations et les modifications qu'ils jugeront convenables.

7. Si les conseils municipaux refusent ou négligent de délibérer, s'ils votent négativement, les préfets en feront également leur rapport à nos ministres de l'intérieur et des finances; ce dernier, après avoir pris l'avis de notre ministre de l'intérieur, nous fera, dans le plus court délai, son rapport, pour nous être soumis en conseil d'Etat.

8. Dans tous les cas, les préfets appuieront leurs propositions du tableau comparatif des recettes et dépenses, de l'état des dettes arriérées et des besoins indispensables de la commune, de la déclaration des maires, et de l'avis des sous-préfets.

9. Les banlieues et dépendances des villes, bourgs et villages, et, s'il y a lieu, les portions de banlieue appartenant à un autre territoire, pourront être assujetties à la perception des droits d'octroi, avec les modifications que les circonstances ou les localités pourraient exiger dans l'exécution.

10. Lorsqu'une ville ou commune se trouvera dans le cas de l'article précédent, les préfets provoqueront les conseils municipaux desdites communes à délibérer sur la réunion, ou autre moyen de garantir la perception des droits d'octroi établis ou à établir.

11. Les préfets soumettront à nos ministres des finances et de l'intérieur, avec leurs observations et avis, et ceux des sous-préfets et des maires, les délibérations des conseils municipaux, pour être par nous définitivement statué.

12. Les maires, et même les conseils municipaux ne pourront faire ou permettre aucun changement aux tarifs et règlements d'octroi qui auront été approuvés, qu'il n'ait été délibéré et approuvé de la manière prescrite par les articles précédents.

13. Le produit des amendes et confiscations prononcées pour cause de contraventions aux règlements de l'octroi, soit par jugement, soit par suite de transaction, déduction faite des frais et prélèvements autorisés, sera partagé ainsi qu'il suit : une moitié appartiendra aux préposés de l'octroi, conformément au mode de partage qui sera déterminé, et l'autre moitié sera versée dans la caisse municipale, pour être appliquée soit aux préposés, soit aux pauvres recevant des secours à domicile.

14. L'administration de l'octroi sera tenue d'avoir une comptabilité particulière pour le produit des amendes et pour justifier de l'emploi de la recette.

15. Il sera également tenu par l'administration de l'octroi une comptabilité particulière pour le timbre, les plombs et autres fournitures.

TIT. 2. — *Des tarifs.*

16. Aucun tarif ne pourra porter que sur les objets compris dans les cinq divisions suivantes, savoir : — 1° Boissons et liquides; — 2° Comestibles; — 3° Combustibles; — 4° Fourrages ; — 5° Matériaux.

1re DIVIS. — *Des boissons et liquides.*

17. Sont compris dans la première division, les vins, cidres, poirés, bières, hydromels, eaux-de vie, esprits, liqueurs et eaux spiritueuses.

18. Lorsque les vins, cidres et poirés seront imposés, les fruits servant à la confection de ses boissons seront taxés dans la proportion de ces liquides. Cette proportion sera la même que celle fixée pour les droits réunis.

19. Les règlements détermineront l'espèce de raisins et de fruits susceptible de l'exemption des droits, et la quantité qui pourra jouir de cette exemption.

20. Les eaux-de-vie et esprits de toute espèce pourront être divisés, pour le payement des droits, en deux et même en trois classes, suivant les degrés. — Le droit sera fixé pour chaque classe, sans taxe intermédiaire. Les degrés seront constatés d'après l'aréomètre.

21. Les eaux dites de Cologne, de la reine de Hongrie, de mélisse et autres, dont la base est l'alcool, seront considérées comme esprits, et payeront les droits comme tels.

22. Dans les pays où la bière est la boisson habituelle et générale, la taxe sur la bière importée, quelle que soit sa qualité, ne pourra être au plus portée qu'au quart, en sus du droit sur la bière fabriquée dans l'intérieur.

23. Lorsque les conseils municipaux voudront faire porter les octrois sur les huiles, ils seront tenus de les désigner nominativement, et de fixer la taxe selon leur qualité et leur emploi.

2e DIVIS. — *Des comestibles.*

24. Sont compris dans la deuxième division, et passibles des droits, les objets servant habituellement à la nourriture des hommes, à l'exception toutefois des grains et farines, fruits, beurre, lait, légumes et autres menues denrées.

25. Les exceptions portées à l'article précédent ne sont point applicables aux fruits secs et confits, aux pâtes, aux oranges, limons et citrons, lorsque ces objets seront introduits dans les villes en caisses, tonneaux, barils, paniers et sacs, ni aux beurres et fromages venant de l'étranger.

26. Les bêtes vivantes seront taxées par tête. A l'égard des viandes dépecées, fraîches, séchées ou salées, le droit sera payé par kilogramme, conformément à la taxe qui sera déterminée par le tarif.

27. Dans les communes où l'on élève des bestiaux, et dans celles où il s'en fait commerce sur les marchés publics, il sera accordé par les règlements, aux propriétaires et aux marchands, toutes les facilités compatibles avec la sûreté de la perception.

28. Les coquillages, le poisson de mer frais, sec ou salé, de toute espèce, et celui d'eau douce pourront être assujettis aux droits d'octroi, suivant les usages locaux, soit en raison de leur valeur vénale, soit en raison du nombre ou du poids, soit par panier, baril ou tonneau.

3e DIVIS. — *Des combustibles.*

29. Sont compris dans la troisième division : — 1° Toute espèce de bois à brûler, les charbons de bois, de terre, la houille, la tourbe, et généralement toutes les matières propres au chauffage; — 2° Les suifs, cires et huiles à brûler.

30. Si les localités et la nature des combustibles ne permettent pas d'asseoir le droit par stère, hectolitre, cent ou millier, il sera exactement déterminé par bateau, charge ou voiture.

4e DIVIS. — *Des fourrages.*

31. Sont compris dans la quatrième division, les pailles, avoines, et tous les fourrages, verts et secs, de quelque nature, espèce ou qualité qu'ils soient. — Le droit sur les pailles et fourrages sera réglé par botte et au poids. — Le droit sur l'avoine sera fixé par hectolitre. — Si lesdits droits ne peuvent être perçus ainsi, ils seront réglés par voiture, charge ou bateau.

5e DIVIS. — *Des matériaux.*

32. Sont compris dans la cinquième division, les bois, soit en grume, soit équarris, façonnés ou non, propres aux charpentes, constructions, menuiserie, ébénisterie, tour, tonnellerie, vannerie et charronnage. — Y sont également compris, les pierres de taille, moellons, pavés, marbres, ardoises, tuiles de toute espèce, briques, craies, plâtres.

33. Les droits seront fixés et perçus par stère, hectolitre, mètre cube ou carré, et d'après les fractions du stère, de l'hectolitre ou du cube, par millier ou par cent. —Ils pourront être également perçus, s'il y a lieu, par voiture, par charge ou par bateau.

Dispositions générales pour le tarif.

34. Les mesures décimales seront seules en usage dans la perception des droits d'octroi.

35. Les poids, mesures et jauges, employés par les droits réunis, le seront également par l'octroi.

36. Les préfets veilleront à ce que les objets portés au tarif soient, autant que possible, taxés à la même quotité dans les communes d'un même arrondissement.

TIT. 3. — *Des perceptions.*

§ 1. — *Perception à l'entrée.*

37. Tous les objets assujettis aux droits ne pourront être introduits que par les barrières ou bureaux désignés à cet effet, et après payement des droits, ou soumission valable de les acquitter.

38. Tout porteur ou conducteur d'objets assujettis aux droits d'octroi sera tenu d'en faire la déclaration par écrit au bureau de recette le plus voisin, et d'acquitter les droits avant de les faire entrer, sous les peines énoncées au présent règlement; — S'il ne sait ou ne veut signer, il en sera fait mention au registre.

39. Pour éviter aux redevables toute surprise, relativement aux déclarations, les préposés de chaque bureau d'entrée sont tenus de demander aux conducteurs et voituriers, au moment où ils passent ou s'arrêtent devant le bureau, s'ils ont quelque chose à déclarer.

40. Après cette demande, les préposés pourront faire toutes les recherches, visites et perquisitions nécessaires pour s'assurer de la sincérité et de l'exactitude des déclarations. Les conducteurs sont tenus de souffrir et même de faciliter toutes les opérations nécessaires auxdites vérifications. En cas de fraude, les préposés sont autorisés à arrêter et saisir tous les objets non déclarés ou faussement déclarés. Dans le même cas, il sera fait mention au procès-verbal de l'interpellation prescrite par l'article précédent.

41. Les individus voyageant à pied, à cheval, ou en voiture de voyage, ne pourront être arrêtés, questionnés ou visités sur leurs personnes, ni à raison de leurs malles.

42. Tous actes contraires à la précédente disposition seront réputés actes de violence; les délinquants seront poursuivis correctionnellement, et condamnés aux peines prononcées par l'art. 12 la loi du 27 frim. an 8.

43. Les diligences, fourgons, fiacres, cabriolets et autres voitures de louage sont soumis aux visites des préposés de l'octroi, ainsi que tout ce qui peut servir à transporter et conduire des matières soumises à l'octroi.

44. Les individus soupçonnés de faire la fraude à la faveur de l'exemption prononcée par l'art. 41 pourront être conduits devant un officier de police, ou devant le maire, pour y être interrogés, et la visite de leurs effets autorisée, s'il y a lieu.

45. Les courriers ne pourront être arrêtés à leur passage, sous prétexte de la perception; mais ils seront obligés d'acquitter les droits des objets qui y sont sujets, dont le transport leur aura été confié.

46. Des employés pourront assister à l'arrivée des courriers et à la remise des paquets, pour s'assurer qu'ils n'introduisent rien en fraude.

47. Tous courriers et employés des postes et des administrations publiques convaincus d'avoir fait ou favorisé la fraude seront poursuivis comme fraudeurs; et leur destitution sera prononcée par l'autorité compétente.

§ 2. — *Des perceptions dans l'intérieur d'une commune.*

48. Dans les communes où la perception à l'entrée ne peut avoir lieu sans de trop grands frais, il sera établi un bureau, autant que possible, au centre de la commune; et, en cas d'insuffisance, il en sera établi plusieurs. Les objets venant du dehors devront, avant d'être transportés à domicile, être conduits directement à ce bureau, pour y être déclarés, et les droits y être acquittés, si la déclaration n'a été faite et les droits acquittés préalablement. Les règlements particuliers fixeront, en outre, le nombre nécessaire de préposés ambulants pour la surveillance et la conservation des droits, et pour faciliter la perception dans les pays vignobles au temps des vendanges.

49. Devront également être déclarés et seront passibles des droits, les objets compris au tarif qui seraient fabriqués, préparés ou récoltés dans l'intérieur de leur commune, ainsi que les bestiaux qui n'auraient pas acquitté le droit, et que l'on abattrait pour la consommation.

§ 3. — *Dispositions communes.*

50. Il sera placé au-dessus de la porte extérieure de chaque bureau, un tableau portant ces mots : *bureau de l'octroi.*

51. Toute introduction d'objets soumis à l'octroi par d'autres points que ceux désignés dans le règlement local sera considérée comme frauduleuse, et punie comme telle.

52. Les tarifs et règlements seront affichés dans l'intérieur et à l'extérieur de chaque bureau.

53. Les limites du territoire sujet à l'octroi seront indiquées par des poteaux, sur lesquels seront écrits ces mots : *octroi de.....*

54. Il est défendu aux employés, sous peine de destitution et de tous dommages-intérêts, de faire usage de la sonde dans la visite des malles, caisses et ballots annoncés contenir des étoffes, linges et objets susceptibles d'être endommagés.

55. Dans ce cas, comme dans tous ceux où le contenu des caissons ou ballots serait inconnu, et ne pourrait être vérifié immédiatement, la vérification en sera faite, soit à domicile, soit dans les emplacements à ce destinés.

56. Tous conducteurs ou porteurs d'objets assujettis aux droits seront tenus, outre les déclarations prescrites, d'exhiber aux préposés de l'octroi, les lettres de voiture, connaissements, chartes-parties, acquits-à-caution, congés, passavants, et toutes autres expéditions délivrées par les administrations des droits réunis, des douanes et tous autres.

57. Les expéditeurs qui voudront être exempts des visites des préposés d'octroi établis dans tous les lieux de passage, et qu'à leur arrivée au lieu de la destination, la visite des caisses, malles et ballots ne se fasse qu'en présence du consignataire ou de son représentant, pourront demander que lesdites caisses, malles et ballots soient plombés ou marqués par les préposés du lieu du départ ou du lieu le plus voisin.— Lesdites caisses, malles, ballots et paniers seront déclarés à leur arrivée, soit au bureau de l'octroi, soit à celui des droits réunis, pour être vérifiés en présence des propriétaires ou de leurs représentants, et les droits acquittés, s'il y a lieu. — Les frais de marque ou de plomb seront à la charge des expéditeurs, ainsi que les cordes qui pourront être employées. Ces frais seront déterminés par un règlement particulier.

58. La faculté accordée par l'article précédent ne pourra exempter les expéditeurs de satisfaire à la demande de congés, de passe-debout, de passavants, et autres expéditions qui peuvent être exigées par l'administration des droits réunis, ou par celle des douanes, et des autres formalités prescrites par l'une ou l'autre administration.

59. Les objets arrivant par eau ne pourront être déchargés avant la déclaration préalable qui contiendra la désignation du lieu du déchargement, lequel ne pourra s'effectuer avant le payement des droits, ou soumission valable de les acquitter.

TIT. 4. — *Du passe-debout.*

60. Le passe-debout est le passage non interrompu par une commune, en exemption de droits.— Pour jouir de cette exemption, les propriétaires, conducteurs ou porteurs seront tenus de faire au premier bureau, une déclaration par écrit, indicative du lieu de départ, du nom de l'expéditeur, de sa qualité ou profession, de sa demeure, et des quantités, qualités, nature ou espèce des objets à passer debout, du lieu de leur destination, des noms, professions et domicile des destinataires. Il leur sera remis une ampliation de leur déclaration, qu'ils seront tenus de présenter et faire viser au bureau de sortie dans le délai qui aura été fixé.

61. Les préposés de l'octroi pourront vérifier la sincérité de la déclaration; ils pourront faire accompagner par l'un d'eux les objets introduits en passe-debout.

62. On pourra, au bureau de sortie, faire une nouvelle vérification.

63. Dans les communes où la perception se fait dans l'intérieur, les règlements détermineront les mesures propres à prévenir les abus qui pourraient résulter de la faculté du passe-debout.

64. Si par le résultat des vérifications, la déclaration est trouvée fausse dans la quantité, l'excédant non déclaré sera saisi. Toute fausse déclaration dans l'espèce, et même dans la quantité, lorsque l'excédant non déclaré dépasse du tiers cette quantité, sera punie de la saisie totale.

65. Toute soustraction ou décharge frauduleuse pendant la durée du passe-debout fera encourir la saisie des objets déchargés, ou la confiscation de la valeur des objets soustraits.

66. Ne sont pas considérés comme contrevenants les individus qui justifieront, par une déclaration faite devant les autorités locales, avoir été retenus au delà du délai fixé par accident ou par force majeure. — Dans ce dernier cas, les objets en passe-debout seront mis sous la surveillance des préposés de l'octroi, jusqu'à leur sortie. Les frais de loyer ou de garde, s'il y en a, seront à la charge des déclarants.

TIT. 5. — *Du transit.*

67. Le transit est la faculté de passer dans une commune, et d'y séjourner suivant les besoins des circonstances, mais seulement pendant un délai qui ne peut excéder trois jours, sauf les cas de prolongation, dont l'administration de l'octroi sera juge.

68. Les déclarations prescrites pour les objets en passe-debout auront également lieu pour le transit.

69. Les objets admis en transit resteront sous la surveillance des préposés jusqu'au moment de leur départ; ils ne pourront être ni déchargés ni changés de place, sans déclaration préalable.

70. Les marchandises revêtues des plombs des douanes ou des droits réunis, et accompagnées d'acquits-à-caution, passavants ou autres expéditions, jouiront de la faculté de transit sur le seul visa des expéditions en règle, sans autre vérification que celle des plombs ou marques, et sans qu'il y ait lieu à consignation ou à cautionnement des droits.

TIT. 6. — *De l'entrepôt.*

71. L'entrepôt est la faculté de faire entrer et séjourner en franchise, dans l'intérieur d'une commune, des marchandises sujettes par leur nature à l'octroi, auxquelles le propriétaire veut se réserver de donner une destination ultérieure. — L'entrepôt est réel ou fictif.

§ 1. — *De l'entrepôt réel.*

72. L'entrepôt réel se fait dans un magasin public.

73. L'administration des octrois sera tenue, à peine d'en répondre, de représenter les objets déposés à l'entrepôt réel.

74. La durée de l'entrepôt réel ne sera pas au-dessus de trois ans; l'administration de l'octroi autorisera, s'il y a lieu, des prolongations d'entrepôt.

75. Les personnes qui voudront entreposer réellement représenteront les lettres de voiture, connaissements, chartes-parties, et autres expéditions d'usage (pour ce qui arrivera du dehors), aux préposés de l'octroi. Elles feront en outre une déclaration détaillée des objets contenus dans les pièces, ballots et paquets, et de leur valeur. Les préposés feront la vérification avant l'entrée à l'entrepôt. — A l'égard des objets dont il est parlé aux art. 57 et 70, ils pourront être admis à l'entrepôt sans vérification préalable, si les marques et plombs sont trouvés sains et entiers: mais, dans ce cas, l'administration de l'octroi ne sera tenue de représenter lesdits objets que dans l'état où ils auront été remis.

76. Après la vérification faite des objets entreposés, les pièces seront marquées et rouannées, et les ballots et paquets empreints de marques particulières à l'octroi. Les entreposeurs pourront prendre des échantillons desdits objets: ces échantillons seront cachetés ou marqués par les préposés de l'entrepôt.

77. Les objets reçus en entrepôt réel seront, aussitôt après leur vérification et leur réception, inscrits sur un registre à souche. Une expédition détachée de la souche sera remise à l'entreposeur, dont elle énoncera les nom, prénoms, qualité, profession et demeure, ainsi que la qualité, la quantité, la valeur des objets entreposés, et toutes les autres circonstances propres à les faire reconnaître.

78. La souche du registre sera signée par l'entreposeur: s'il ne sait ou ne veut écrire, il en sera fait mention.

79. Les objets entreposés réellement ne pourront être retirés qu'en représentant l'expédition à l'entrepôt, et après une déclaration préalable, indicative de la destination desdits objets: dans le cas où cette expédition serait adirée, l'entreposeur se pourvoira à l'administration de l'octroi, qui statuera ce qu'il appartiendra.

80. Ceux de ces objets déclarés sortir de la commune seront accompagnés d'une expédition particulière: ceux livrés pour l'intérieur acquitteront les droits avant de sortir de l'entrepôt.

81. Les acheteurs ou cessionnaires d'objets entreposés seront admis à faire reconnaître leurs droits de propriété, et ladite reconnaissance sera constatée en marge de l'enregistrement prescrit par l'art. 77.

82. Il sera établi, pour la sortie des objets entreposés, un registre à souche qui indiquera l'époque des sorties et la destination des objets sortis. — La souche du registre sera signée par l'entreposeur ou son représentant; sa signature opérera la décharge du conservateur de l'entrepôt.

83. Les propriétaires ou leurs fondés de pouvoir pourront, en tout temps, demander l'entrée des entrepôts publics de l'octroi, tant pour y soigner les objets qu'ils y auront déposés que pour y conduire des acheteurs, de la conduite desquels ils répondront.

84. A défaut par les propriétaires ou les fondés de pouvoir de veiller à la conservation des objets entreposés, les régisseurs de l'octroi se feront autoriser par le maire à y pourvoir. — Les dépenses d'entretien et de conservation seront remboursées aux régisseurs par lesdits propriétaires, sur les mémoires et états que ces premiers présenteront réglés par le maire.

85. L'administration de l'octroi sera responsable des altérations ou avaries seront prouvées provenir de la faute de ses préposés.

86. Les rouliers et conducteurs qui entreposeront réellement, faute d'acceptation de la part des destinataires ou de vente, pourront obtenir de l'administration de l'octroi le payement de ce qui leur serait dû pour voiture et déboursés dont ils justifieront.

87. Les marchandises entreposées pour les causes ci-dessus ne seront rendues aux propriétaires qu'après acquittement des avances, des frais de magasinage, et, s'il y a lieu, d'entretien.

88. Il sera fait un règlement des frais de magasinage, qui sera basé sur la dépense de location et d'entretien du magasin général. Ce règlement sera fait sur les avis et observations des chambres de commerce, et ne deviendra exécutoire que par l'approbation de notre ministre des finances.

89. Si, dans les trois mois après le délai fixé pour l'entrepôt, lesdites marchandises n'ont été réclamées et retirées, elles seront vendues publiquement et par ministère d'huissier. Le prix en provenant servira à payer les avances et frais faits par l'administration de l'octroi, les indemnités qui pourront être dues, et enfin 5. p. 100 d'intérêt des sommes avancées. — Cette dernière recette fera partie des produits de l'octroi. — Le surplus du prix de la vente sera déposé dans la caisse municipale, pour être remis au propriétaire ou à leurs fondés de pouvoir, lorsqu'ils se présenteront.

§ 2. — *De l'entrepôt fictif.*

90. L'entrepôt fictif est l'admission en franchise des marchandises dans des magasins, caves et domiciles particuliers, à défaut de magasin public pour l'entrepôt réel.

91. Les propriétaires domiciliés, les négociants, marchands, facteurs et commissionnaires aussi domiciliés, et ayant patentes, pourront seuls être admis à recevoir chez eux et dans leurs magasins, à titre d'entrepôt, et sans acquittement préalable des droits, les marchandises soumises à l'octroi.

92. Les règlements locaux détermineront les objets qui pourront être admis à la faveur de l'entrepôt à domicile. Ils détermineront les quantités qui devront être allouées pour ouillage et coulage.

93. Les conditions pour l'entrepôt fictif ou à domicile sont, de faire une déclaration par écrit au bureau de l'octroi, avant l'entrée des objets à entreposer; de permettre les visites, vérifications et exercices des préposés; de leur ouvrir, en tout temps et à toute réquisition, les caves, magasins et autres lieux de dépôt; de faire, de la manière et dans les formes voulues par les règlements locaux, les déclarations d'expédition pour le dehors ou pour l'intérieur; de remplir les autres conditions imposées par lesdits règlements; de ne faire aucune altération des objets en entrepôt; de les vendre et faire sortir tels qu'ils auront été constatés à l'arrivée; enfin, de payer exactement les droits acquis à l'octroi.

94. Les comptes de charge et décharge des objets entreposés à domicile seront réglés et arrêtés au moins une fois par trimestre.

95. Toute déclaration reconnue infidèle, soit à l'entrée, soit à la sortie, soit lors des vérifications, visites et récolements que feront les préposés, soit dans l'apurement des comptes, privera l'entreposeur du bénéfice de l'entrepôt. Le droit sur les quantités restant en magasin sera de suite exigible, sans préjudice de l'amende pour celles soustraites, introduites en fraude, ou trouvées en contravention de toutes les autres manières.

96. Tout refus de souffrir les visites et vérifications des préposés de l'octroi, de les recevoir lorsqu'ils se présentent pour leurs exercices, entraînera, indépendamment des peines prononcées par la loi, la déchéance de la faculté d'entrepôt, et rendra exigibles les droits sur tous les objets existant en magasin, comme sur ceux qui y seront introduits ultérieurement.

97. La durée de l'entrepôt à domicile sera fixée, selon les circonstances, par les règlements locaux.

TIT. 7. — *Dispositions générales sur les passe-debout, transit et entrepôt.*

98. Il sera établi des registres à souche, pour recevoir les déclarations de passe-debout et de transit.

99. Les marchandises sur bâtiments, navires, bateaux, coches, barques, trains, diligences, et autres servant à la navigation, seront assujettis aux mêmes formalités que celles arrivant par roulage. — Néanmoins, dans les villes où il y a des bureaux spéciaux d'octroi auprès des lieux d'arrivée, elles pourront être conduites à ces bureaux, qui seront considérés, dans ce seul cas, comme point de départ.

100. Les voitures et transports militaires chargés d'objets assujettis aux droits, sont soumis aux conditions ci-dessus prescrites pour le transit et le passe-debout.

TIT. 8. — *Crédits et restitutions.*

101. Il pourra être accordé aux marchands, négociants et autres faisant le commerce en gros, et ayant la patente, s'ils fournissent bonne et valable caution, un crédit plus ou moins long, suivant la nature et l'importance de leur commerce. — Les règlements locaux détermineront les conditions d'après lesquelles le crédit pourra être obtenu et conservé.

TIT. 9. — *De l'administration des octrois.*

§ 1. — *De la régie simple.*

102. La régie simple est la perception de l'octroi, sous l'administration immédiate des maires.

103. Les frais d'exploitation et de premier établissement seront réglés par les autorités locales, et communiqués à l'administration des droits réunis, pour être soumis à l'approbation de notre ministre des finances, qui ne la donnera qu'après avoir pris l'avis de notre ministre de l'intérieur.

§ 2. — *Des régies intéressées.*

104. La régie intéressée consiste à traiter avec un régisseur, à la condition d'un prix fixe et d'une portion déterminée dans les produits excédant le prix principal et la somme abandonnée pour les frais.

105. L'abonnement pour les frais ne pourra excéder, autant que faire se pourra, 12 p. 100 du prix fixe du bail.

106. Le partage des bénéfices sera fait à la fin de chaque année; il ne sera que provisoire : à l'expiration du bail, il sera fait le compte de la totalité des bénéfices, pour établir une année commune, d'après laquelle la répartition sera définitivement arrêtée, conformément aux proportions déterminées par le cahier des charges.

107. Dans le premier mois de la deuxième année de sa jouissance, l'adjudicataire présentera son compte à la vérification et à l'arrêté duquel il sera procédé le plus promptement possible, et au plus tard dans le deuxième mois de cette seconde année, en présence du directeur des droits réunis, ou d'un préposé de cette administration par lui désigné à cet effet; de manière que ledit compte soit apuré avant la fin de ce deuxième mois. — Il en sera de même chaque année pour l'année précédente.

§ 3. — *De la ferme.*

108. La ferme est l'adjudication pure et simple des produits d'un octroi, moyennant un prix convenu, sans partage de bénéfice et sans allocation de frais.

109. L'adjudicataire ne pourra transférer son droit au bail, en tout ou en partie, sans le consentement exprès de l'autorité locale, approuvé par notre ministre des finances. Il ne pourra, en aucun cas, faire aux contribuables les remises des droits, ni consentir aucun abonnement avec eux.

Dispositions communes aux régies intéressées et aux fermes.

110. Les adjudications des octrois des villes ayant une population de 3,000 âmes et au-dessus, seront faites par le maire, sur les lieux mêmes, à l'hôtel de la mairie : dans celle d'une population moindre, elles le seront à la sous-préfecture, par le sous-préfet, en présence du maire.

111. Aucune adjudication ne peut être faite qu'en présence du directeur des droits réunis, ou d'un préposé délégué par ce dernier, lesquels signeront le procès-verbal.

112. Aucune adjudication ne pourra excéder trois ans, sauf les cas où l'on aura à y comprendre ce qui resterait à courir de l'année commencée; et, dans tous les cas, elle devra toujours avoir pour terme le 31 décembre.

113. Les adjudications seront toujours précédées au moins de deux affiches, de quinzaine en quinzaine, lesquelles seront insérées dans les journaux du département; elles seront faites aux enchères publiques, à l'extinction des bougies, au plus offrant et dernier enchérisseur.

114. Ne seront admises aux enchères que les personnes d'une moralité, d'une solvabilité et d'une capacité reconnues par le maire, sauf le recours au préfet.

115. A cet effet, trois mois au moins avant le renouvellement du bail, il en sera donné avis dans les journaux avec invitation à tous ceux qui voudraient concourir, de se présenter au secrétariat de la municipalité, pour satisfaire aux dispositions précédentes.

116. Les adjudicataires feront par écrit, au moment de l'adjudication, avant de la signer, la déclaration indicative des noms, prénoms, professions et demeures de leurs associés, s'il y a lieu : ils joindront au procès-verbal l'acte de société, s'il en existe; sinon, les associés présents signeront, avec les adjudicataires, le procès-verbal.

117. Après l'adjudication, aucune enchère ne sera reçue si elle n'est faite dans les vingt-quatre heures, et signifiée, par le ministère d'un huissier, à l'autorité qui aura procédé à cette adjudication, et s'il n'est offert un douzième en sus du prix auquel cette adjudication aura été portée. Dans ce cas, les enchères seront rouvertes sur la dernière offre.

118. Les adjudicataires se conformeront, pour la perception et pour tout ce qui est relatif à l'octroi, aux tarifs et règlements approuvés. Ils seront également tenus de se conformer, sous peine de dommages-intérêts, et même de résiliement, aux lois et règlements concernant les rapports des administrations d'octroi avec la régie des droits réunis.

119. Les adjudicataires auront le libre choix de leurs préposés, et pourront les révoquer à volonté. Néanmoins, les préfets, sur la demande des sous-préfets, des maires ou des directeurs des droits réunis, et après avoir entendu les régisseurs, pourront donner ordre à ces derniers de destituer ceux des préposés qui auraient donné lieu à des plaintes fondées.

120. Tout préposé qui, étant en fonctions depuis un an, ne sera pas conservé par le fermier au moment de sa mise en jouissance, recevra à titre d'indemnité, aux frais du nouvel adjudicataire, deux mois de son traitement.

121. L'adjudicataire sera tenu, avant d'être mis en possession, de fournir un cautionnement, dont la quotité et l'espèce auront été déterminées dans le cahier des charges.

122. L'administration des droits réunis pourra charger, pour chaque octroi, un de ses préposés d'en surveiller la perception.

123. Le prix de bail sera payé de mois en mois et d'avance : en cas de retard du payement du prix stipulé du bail aux époques fixées, l'adjudicataire pourra être poursuivi par toutes voies de droit, et même par corps.

124. L'adjudicataire sera tenu de donner connaissance aux maires et aux préposés de l'administration des droits réunis de tous les procès-verbaux de contravention. Il ne pourra transiger avec les contrevenants sans l'autorisation du maire : le préposé des droits réunis chargé de la surveillance de l'octroi sera présent à toutes les transactions, et donnera son avis.

125. Dans tous les cas où l'adjudicataire en régie intéressée aura plaidé sans autorisation, les frais seront à sa charge; autrement, ils seront à la charge de la commune. — Le fermier, quoique autorisé, supportera toujours les dépens auxquels il sera condamné.

126. La moitié des produits nets des amendes ainsi que ceux des ventes des objets saisis ou confisqués, soit que ces amendes aient été prononcées par jugement, soit qu'il y ait eu transaction, appartiendra à l'adjudicataire. Il versera l'autre moitié, et le décime par franc, aux époques et de la manière prescrites.

127. Aucune personne attachée à l'administration des droits réunis, aux administrations civiles, ou aux tribunaux ayant une surveillance ou juridiction quelconque sur l'octroi, ne pourra, sous peine de résiliation du bail sans indemnité et de tous dommages-intérêts, être adjudicataire ni associée de l'adjudicataire

128. Le cahier des charges portera la réserve, dans les cas où des changements ou des modifications seraient jugés nécessaires, de réduire ou d'augmenter le prix de bail en raison desdits changements ou modifications. On pourra imposer à l'adjudicataire l'obligation de compter de clerc à maître des augmentations faites aux tarifs.

129. Hors ce cas, l'adjudicataire ne pourra être reçu, sous aucun prétexte que ce soit, à demander à compter de clerc à maître, ni le résiliement, ou des indemnités. — Il est même interdit aux conseils municipaux de délibérer sur les demandes qui pourraient en être faites.

130. Le cahier des charges portera aussi la réserve des cas où le gouvernement ordonnerait le résiliement d'un bail, et fixera l'indemnité qui pourrait être accordée à l'adjudicataire pour le temps de non-jouissance.

131. A défaut d'exécution, de la part de l'adjudicataire, des clauses du cahier des charges, la commune pourra, après une sommation ou commandement à lui fait, provoquer une nouvelle adjudication à la folle enchère.

132. Des copies de baux d'adjudication, des tarifs et règlements, seront remises aux directeurs des droits réunis.

133. Tous les frais résultant de l'adjudication seront à la charge de l'adjudicataire.

134. Les droits d'octroi sur les marchandises mises en entrepôt appartiendront à l'adjudicataire sortant, si le terme de l'entrepôt est expiré avant le terme de sa jouissance; autrement ils appartiendront au nouvel adjudicataire.

135. L'adjudication ne sera définitive et l'adjudicataire mis en possession, qu'après l'approbation de notre ministre des finances.

136. Les contestations qui pourront s'élever sur l'administration ou la perception des octrois en régie intéressée entre les communes et les régisseurs de ces établissements, seront déférées au préfet qui statuera en conseil de préfecture, après avoir entendu les parties, sauf le recours à notre conseil d'État, dans la forme et le délai prescrits par notre décret du 22 juill. 1806. — Il en sera de même des contestations qui pourraient s'élever entre les communes et les fermiers des octrois, sur le sens des clauses des baux. — Toutes autres contestations qui pourront s'élever entre les communes et les fermiers des octrois seront portées devant les tribunaux.

Tit. 10. — *Rapport des octrois avec l'administration des droits réunis.*

137. Les fermiers, les régisseurs intéressés, et tous autre dirigeant les octrois, seront tenus de permettre le concours des employés des droits réunis, dans tous les cas où il doit avoir lieu; de leur laisser faire toutes les vérifications et opérations relatives à leur service, de leur présenter et donner communication de tous états, bordereaux et renseignements dont ils auront besoin. — Ils seront, en outre, tenus de faire concourir au service des droits réunis leurs propres préposés, toutes les fois qu'ils en seront requis, sous les peines de droit, sans pourtant pouvoir les déplacer du lieu ordinaire de leur service.

Tit. 11. — *Du personnel.*

138. Les préposés de l'octroi seront âgés au moins de vingt ans accomplis; ils seront tenus de prêter serment devant le tribunal civil de la ville dans laquelle ils exercent, et, dans les lieux où il n'y a pas de tribunal, devant le juge de paix : ce serment sera enregistré au greffe, et sans qu'il soit nécessaire d'employer le ministère d'avoués. — Il sera payé seulement un droit fixe d'enregistrement de 3 fr.

139. Le cas de changement de résidence ou de grade d'un préposé arrivant, il n'y a pas lieu à une prestation de serment : il lui suffira de faire viser sa commission sans frais par le juge de paix ou le président du tribunal du lieu où il devra exercer.

140. Ne pourront être nommés préposés d'octrois les individus qui ne justifieraient pas avoir satisfait à la conscription, ceux qui ne pourront pas présenter des certificats authentiques de capacité et de bonnes vie et mœurs.

141. La nomination des préposés des octrois en régie simple sera faite par les préfets, sur une liste triple, présentée par les maires pour chaque place. — Les commissions leur seront données par les préfets. — Lorsqu'il s'agira de la nomination du directeur ou préposé en chef, la nomination du préfet sera soumise à l'approbation de notre ministre des finances.

142. Les préposés de l'octroi seront toujours porteurs de leurs commissions, et tenus de les représenter lorsqu'ils en seront requis.

143. Tout préposé de l'octroi qui favorisera la fraude, soit en recevant des présents, soit de toute autre manière, sera poursuivi, et condamné aux peines portées par le code pénal contre les fonctionnaires prévaricateurs.

144. Les préfets pourront autoriser la mise en jugement des simples préposés de l'octroi,

145. Il est défendu aux fermiers, régisseurs ou préposés, de faire commerce des objets compris au tarif.

146. Le port d'armes est accordé aux préposés de l'octroi, dans l'exercice de leur fonctions.

147. Il pourra être établi, sur la demande des communes, une caisse de retraite et de secours. Les fonds de cette caisse seront faits par une retenue sur les appointements fixes et remises, ainsi que sur le produit des amendes.

148. Un règlement particulier déterminera le mode d'administration de cette caisse, et de distribution des pensions et secours auxquels elle sera affectée.

149. Les créanciers des préposés des octrois ne pourront saisir que les sommes déterminées par les lois et décrets, sur les appointements des préposés des droits réunis.

150. Les surnuméraires dans l'administration de l'octroi auront droit aux places vacantes, de préférence à tous autres.

151. Tout préposé destitué ou démissionnaire sera tenu, sous peine d'y être contraint par corps, de remettre de suite sa commission, ainsi que les registres et autres effets dont il aura été chargé, et, s'il est receveur, de rendre ses comptes.

152. Tous les préposés comptables des octrois seront tenus de fournir un cautionnement, soit en immeubles, soit en numéraire, dont l'espèce et la quotité seront déterminées par l'administration municipale, et qui sera versé à la caisse communale.

153. Les préposés de l'octroi sont placés sous la protection de l'autorité publique; il est défendu de les injurier, maltraiter, et même de les troubler dans l'exercice de leurs fonctions, sous les peines de droit.

154. La force armée sera tenue de prêter secours et assistance aux préposés des octrois dans l'exercice de leurs fonctions, toutes les fois qu'elle en sera requise.

155. Tous les préposés à la perception des octrois ayant serment en justice sont

autorisés à dresser procès-verbal des fraudes qu'ils découvriront contre les droits réunis; et de même les préposés de la régie des droits réunis pourront rapporter procès-verbal pour les fraudes qu'ils découvriront contre les octrois.

156. Les préposés de l'octroi concourront, lorsqu'ils en seront requis, à la répression et à la découverte des délits de police.

TIT. 12. — *De la comptabilité.*

§ 1. — *De la tenue des registres.*

157. Tous les registres qui servent à la perception de l'octroi devront être à souche, préalablement cotés et parafés par le maire : tous les actes y seront portés jour par jour, article par article, sans y laisser aucun blanc.

158. L'administration des droits réunis déterminera la forme et le modèle des registres et des expéditions, et prendra les mesures convenables pour s'assurer de leur uniformité. — Il ne pourra être exigé par l'administration de l'octroi, pour toute expédition ou bulletin qu'elle aura délivré, plus de 5 cent., outre le remboursement du timbre de la quittance au-dessus de 10 fr.

159. Les maires vérifieront ou feront vérifier la tenue exacte des registres de perception, et s'assureront du versement des produits à la caisse municipale.

160. Les registres de perception seront arrêtés par le maire le dernier jour de chaque année; ils seront renouvelés tous les ans, et les comptes, tant en quantités qu'en sommes, apurés dans les trois mois qui suivront l'expiration de chaque année.

§ 2.— *Des états de produits.*

161. Tous les états et bordereaux de recettes et de dépenses des octrois seront dressés aux époques déterminées par les instructions, en présence du maire, concurremment avec les préposés principaux des octrois et des droits réunis. — La forme et le modèle des états et bordereaux seront déterminés par l'administration des droits réunis — Un double des états et bordereaux, signé du maire, sera remis aux préposés des droits réunis, pour être transmis au directeur, et par celui-ci à son administration. — Le versement de la retenue des 10 p. 100 sur le produit des octrois en régie simple sera fait à la caisse des droits réunis, par le receveur de la commune, dans les trois premiers jours qui suivront l'expiration de chaque mois. — Pour les octrois en ferme ou régie intéressée, ce versement sera opéré aux époques fixées par les baux pour le payement de chaque douzième du prix de l'adjudication. — Quant au versement de la retenue des 10 p. 100 sur les portions de bénéfices revenant aux communes, aux termes des traités de régie intéressée, il sera fait par les receveurs de la commune, aussitôt après que le montant de ces mêmes portions de bénéfices aura été versé dans la caisse municipale.

162. Le recouvrement de la retenue des 10 p. 100 se poursuivra par la saisie des deniers de l'octroi, et même par voie de contrainte.

163. Les bordereaux dressés et arrêtés conformément aux dispositions du présent décret seront la seule base régulière des comptes du recouvrement de la retenue des 10 p. 100.

TITr 13. — *Du contentieux.*

164. Il sera procédé pour les octrois conformément aux lois des 2 vend. et 27 frim. an 8. — Néanmoins, dans le cas où une contestation, soit sur le fond du droit ou l'application du tarif, soit sur des contraventions, aurait à la fois pour objet des droits d'octroi et des droits réunis, il sera procédé sur le tout conformément aux dispositions du chap. 6 de la loi du 5 vent. an 12, concernant les droits réunis.

TIT. 14. — *Dispositions générales.*

165. La surveillance générale de la perception de tous les octrois de l'empire est exercée, sous l'autorité de notre ministre des finances, par l'administration des droits réunis.

166. Tous les tarifs et règlements seront successivement régularisés conformément aux dispositions du présent, et soumis par notre ministre des finances à notre approbation.

167. Il ne pourra être renouvelé aucune adjudication que les tarifs et règlements n'aient été soumis à notre approbation par notre ministre des finances.

168. Dans les trois mois de la publication du présent, les conseils municipaux des communes dont les octrois sont en régie simple seront tenus de proposer la rectification des dispositions de leurs tarifs et règlements contraires aux dispositions du présent; et, à leur défaut, lesdites rectifications devront être proposées par les préfets.

169. Il sera fait un règlement particulier pour l'octroi de notre bonne ville de Paris, qui sera soumis à notre approbation par notre ministre des finances.

9 sept. 1810. — Décret concernant les déclarations à faire et les droits à payer par ceux qui fabriqueront des vins dans l'intérieur de Paris, et l'exercice des préposés dans les lieux de cette fabrication. — V. Impôts ind., p. 410.

22 oct. 1810. — Décret qui réunit aux revenus des villes la perception, sous le nom *d'indemnité*, sur les boissons ou marchandises en transit ou en entrepôt.

Art. 1. La perception, sous le nom d'*indemnité*, sur les boissons ou marchandises en transit ou en entrepôt, fera partie des revenus des villes, et sera portée dans leurs budgets, lorsque les tarifs qui en règlent la perception auront été délibérés par les conseils municipaux, et arrêtés comme les tarifs d'octroi. — Tout tarif de transit ou entrepôt actuellement existant ne pourra être exécuté, passé le 1er avr. 1811, s'il n'est régularisé en notre conseil d'Etat.

2. Pour jouir de l'entrepôt ou transit, il ne sera pas nécessaire d'être domicilié dans la commune.

15 nov. 1810 — Décret qui règle le mode de recouvrement des droits d'octroi sur les régisseurs, fermiers, receveurs et autres préposés à la recette de ces droits.

N.....; — Vu les art. 125 et 136 du décret du 17 mai 1809, contenant règlement pour les octrois municipaux et de bienfaisance; — Vu pareillement les art. 2063 et 2070 c. nap., etc. ;

Art. 1. Le recouvrement des droits d'octroi sera poursuivi, par voie de contrainte et par corps, contre tous régisseurs, fermiers, receveurs et autres préposés à la recette desdits droits.

2. Les contraintes seront décernées par le receveur municipal, visées par le maire, et rendues exécutoires par le juge de paix du canton où est située la commune : elles seront signifiées à la requête du maire, et exécutées conformément au tit. 15 du liv. 5 de la première partie du code de procédure civile.

25 mars 1811. — Décret portant qu'il sera prélevé 1 p. 100 sur les octrois et revenus des communes de l'empire, pour contribuer à la dotation des invalides (art. 2-7°). — V. Organis. milit.

26 avr. 1811. — Avis du conseil d'Etat relatif aux octrois par abonnement.

Le conseil d'Etat, qui, d'après le renvoi ordonné par Sa Majesté, a entendu le rapport de la section des finances sur ceux du ministre de ce département, qui propose à l'approbation de Sa Majesté les moyens d'organisation de huit octrois, dits *par abonnement*, établis dans des communes rurales ou non fermées, pour subvenir à leurs dépenses municipales obligées; — Vu l'état des octrois, dits *par abonnement*, établis dans quatorze cent deux communes dont la population totale s'élève à un million quatre cent quatre-vingt-un mille quatre cent soixante-huit individus, et le produit desdits octrois à 1,224,599 fr. 87 c. par an ; — Considérant, 1° que les perceptions auxquelles on a donné le nom d'*octrois par abonnement* doivent être recouvrées sur des rôles formés et arrêtés par les maires et adjoints; que les contribuables peuvent, d'après ces rôles, être poursuivis par contrainte au payement de leur taxe ;— 2° Que les arrêtés et décrets des 4 therm. an 10 (1) et 17 mai 1809 n'autorisent point un pareil système ; — 3° Qu'on pourrait seulement admettre comme octrois *par abonnement* les traités passés avec les bouchers et cabaretiers d'une commune à raison de leur débit présumé ;

Est d'avis, — 1° Que les projets d'octrois *par abonnement* doivent être rejetés, toutes les fois que leur perception exige la formation de rôles comme les contributions directes ; — 2° Que toutes perceptions de cette espèce autorisées avant ce jour doivent cesser à compter du 1er janv. 1812 ; — 3° Qu'il n'y a aucun inconvénient à maintenir ou autoriser les octrois *par abonnement* sur les bouchers et cabaretiers à raison de leur débit présumé.

29 juin 1811. — Décret qui proroge au 31 déc. 1812 le délai dans lequel les tarifs et règlements relatifs aux octrois municipaux et de bienfaisance doivent être soumis à l'approbation définitive de l'empereur.

23 juill. 1811. — Décret relatif au mode de perception du prélèvement de 1 p. 100, qui est ordonné sur les octrois et revenus des communes, pour l'hôtel des militaires invalides.

Art. 1. Le prélèvement de 1 p. 100, qui est ordonné par notre décret du 25 mars dernier, à partir du 1er janv., sur les octrois et revenus des communes, et affecté à la dotation des invalides, sera perçu de la même manière que les 5 p. 100 des mêmes revenus, dont le prélèvement a été ordonné par notre décret du 24 flor. an 13 pour les dépenses des compagnies de réserve.

2. Les receveurs généraux tiendront successivement compte à la caisse de service, du montant des recouvrements effectués sur le 1 p. 100 affecté aux invalides ; et la caisse de service en reversera le montant dans la caisse du trésorier des Invalides, sauf la déduction de la commission allouée aux receveurs généraux, qui ne pourra excéder la proportion des taxations accordées sur les contributions directes.

3. Toutes dispositions contraires au présent décret sont abrogées.

8 fév. 1812. — Décret qui charge l'administration des droits réunis de la perception des octrois municipaux.

N...;—Considérant que la surveillance sur les octrois municipaux dont, par nos décrets, nous avons chargé la direction générale de nos droits réunis, n'a pu, jusqu'ici, s'exercer aussi utilement qu'il eût été nécessaire pour l'intérêt des villes et communes de notre empire, à raison de l'organisation distincte et séparée de l'administration de chaque octroi; que pour remédier à cet inconvénient et obtenir une nouvelle garantie de la bonté des services des préposés à la perception des octrois, il convient de les incorporer avec ceux de notre régie des droits réunis; que cette incorporation ne portera aucune atteinte ni au droit des communes ni à l'exercice de l'autorité et de la surveillance attribuées aux préfets, sous-préfets et maires par nos décrets précédents; qu'elle produira un système uniforme de perception et de comptabilité pour tous les octrois, système dont le résultat sera favorable à la fois à l'amélioration des revenus communaux, à la liberté du commerce intérieur et à l'avancement des employés dans la perception des octrois; — Sur le rapport de notre ministre des finances; — Notre conseil d'Etat entendu; — Nous avons, etc. :

SECT. 1. — *De l'incorporation des employés chargés de la perception des octrois avec ceux des droits réunis.*

Art. 1. La perception des octrois des villes sera faite par les droits réunis.

2. Les employés actuels des octrois contre lesquels il n'aura été porté aucune plainte fondée seront portés dans leurs grades dans la régie des droits réunis. Leur service dans les octrois leur comptera, comme celui de la régie, tant pour l'avancement que pour les retraites, selon une assimilation de grades qui sera déterminée.

3. Les fonds de retraite de ces employés, existant dans les caisses des administrations d'octrois ou autres, seront versés à la caisse d'amortissement, et feront partie de ceux appartenant à la caisse de retraite de l'administration des droits réunis.

SECT. 2. — *De la fixation des frais de perception des octrois.*

4. Les frais de perception, fournitures de bureaux, impressions, registre, bordereaux, bois, lumières et corps de garde, seront réglés, pour 1812, d'après ceux qui ont été alloués en 1811.

5. Il sera déduit 5 p. 100 sur la totalité de ces frais en faveur des communes, pour l'économie présumée qui pourra résulter du nouveau système de perception.

6. La régie des droits réunis aura 5 p. 100 sur les augmentations du produit net qui auront lieu en 1812, à compter de son administration, comparativement aux produits de 1811; et ainsi de suite, d'année en années, en déduisant néanmoins celles de ces augmentations qui résulteront d'augmentation au tarif de l'octroi.

7. Le montant de ces 5 p. 100 sera réparti entre les employés qui auront le

---

(1) V. Commune, n° 112.

plus contribué à l'amélioration des produits, et employé à acquitter les dépenses d'inspection extraordinaires.

8. Les frais de perception pourront toujours être réduits par la régie des droits réunis, et ne pourront être augmentés d'ici à cinq ans, qu'au cas de changement dans le tarif ou dans le règlement de l'octroi.

SECT. 3. — *Des obligations imposées aux employés chargés de la perception des octrois.*

9. Les receveurs des droits réunis verseront le montant de leurs recettes dans les caisses communales, savoir : dans notre bonne ville de Paris, comme il se pratique en ce moment, dans les villes qui ont au-dessus de 10,000 fr. de revenu, toutes les semaines, et dans les autres communes, deux fois par mois, déduction faite des frais de perception, et du dixième à prélever pour le trésor impérial, dans les communes passibles de cette retenue. — Le maire visera le reçu de la somme versée au receveur de la commune, ainsi que la quittance du dixième qui aura été prélevé sur le produit net.

10. L'employé de la régie chargé en chef du service de l'octroi fournira, à la fin de chaque mois, au maire de la commune, un bordereau général, par nature de droits, des recettes et des dépenses.

SECT. 4. — *De la tenue des registres de perception, et de la surveillance municipale.*

11. Les registres servant à la perception des octrois seront cotés et parafés, dans notre bonne ville de Paris, par le préfet ou le secrétaire général du département de la Seine, et, dans les autres communes, par le maire ou son adjoint.

12. Le maire ou son adjoint pourra vérifier et arrêter ces registres toutes fois et quantes, et dresser procès-verbal des irrégularités et de tout ce qui serait préjudiciable aux intérêts de la commune.

13. Ces procès-verbaux seront adressés au préfet et au directeur des droits réunis ; et il y sera statué, s'il y a lieu, sur leur avis respectif, par notre ministre des finances, après avoir pris l'avis de notre ministre de l'intérieur.

14. Lors des délibérations des conseils municipaux sur les budgets des villes, ils émettront leur avis sur la manière dont l'octroi est perçu, sur les frais de perception, sur les abus qui pourraient s'être introduits, et sur les moyens de les réprimer.

15. A la fin de chaque année, le compte de la perception de l'octroi sera remis au maire, examiné et discuté en conseil municipal. — Le résultat de ces délibérations sera envoyé en double expédition, par le maire, au préfet et au directeur des droits réunis.

16. Les préfets et sous-préfets exerceront leur surveillance sur la perception des octrois, comme il a été pratiqué jusqu'aujourd'hui.

SECT. 5. — *Dispositions générales.*

17. Les expéditions et quittances relatives aux droits d'octroi seront timbrées dans les mêmes cas et de la même manière que celles relatives aux droits réunis.

18. Les règlements sur les octrois seront exécutés comme par le passé, et notamment en ce qui touche la manière de constater et juger les contraventions, la compétence, le partage des amendes, et en général tout ce à quoi il n'est pas dérogé par le présent décret.

19. Les tarifs et règlements continueront à être délibérés par les conseils municipaux, conformément à notre décret du 17 mai 1809.

20. Ces règlements ne pourront contenir aucunes dispositions contraires à celles de nos décrets relatifs à la perception des droits d'entrée sur les boissons.

4 mai 1812. — Décret qui proroge le délai fixé pour faire cesser le mode de perception des octrois par abonnement.

Art. 1. Le délai fixé par notre décision du 26 juill. 1811, pour faire cesser le mode de perception des octrois par abonnement, est prorogé jusqu'au 1er janv. 1814.

11 avr. 1813-15 avr. 1833. — Extrait d'un décret portant établissement de droits au profit de la ville de Paris.

TIT. 2. — *Droit d'entrepôt à la halle aux vins.*

Art. 7. Les vins, esprits, eaux-de-vie et liqueurs qui seront admis à l'entrepôt général seront assujettis : — 1° A un droit d'admission et de sortie une fois payé de 25 cent. par hectolitre ; — 2° A un droit de magasinage de 25 cent. par mois et par hectolitre.

8. Le droit de magasinage est dû pour un mois entier, lors même que les vins, eaux-de-vie et liqueurs sortiront de l'entrepôt avant l'expiration du mois. — Le mois commencera à dater du jour de l'introduction des boissons à l'entrepôt.

9. En cas de transfert ou de mutation dans l'entrepôt, les vins, eaux-de-vie, esprits et liqueurs seront soumis au droit d'admission et de sortie et au droit de magasinage, à chaque transfert ou à chaque mutation ; ces droits seront acquittés par les nouveaux propriétaires.

10. Les vins qui seront entreposés dans les celliers ou caves de l'entrepôt payeront, indépendamment des droits fixés par l'art. 7 du présent décret, un droit de location, à raison de 1 fr. par mètre linéaire de chantier et par an.

11. Un règlement particulier, concerté entre notre conseiller d'Etat directeur général des droits réunis et le préfet de la Seine, déterminera les formalités d'admission dans l'entrepôt, ainsi que les mesures de police et de service intérieur et extérieur. — Ce règlement nous sera soumis par nos ministres des finances et de l'intérieur, dans le courant du mois de mai prochain.

25 sept. 1813. — Décret qui proroge jusqu'au 1er janv. 1815 divers modes précédemment autorisés ou établis pour la perception des octrois.

11 nov. 1813. — Décret portant qu'il sera perçu 10 cent. par addition aux tarifs des octrois autres que ceux par abonnement et cotisation. — V. Sel, p. 860.

11 déc. 1813. — Avis du conseil d'Etat sur une question relative aux octrois des communes d'une population inférieure à deux mille âmes.

Le conseil d'Etat, après avoir entendu le rapport de la commission des octrois présentant la question de savoir si le décret du 17 mai 1809, portant règlement général pour l'organisation des octrois municipaux et de bienfaisance, est applicable aux communes d'une population agglomérée inférieure à deux mille âmes ; — Considérant : — 1° Que toutes les dispositions étant l'objet de ce règlement ne sont relatives qu'aux octrois réels ou perçus à l'effectif ; — 2° Que, dans la presque totalité des communes ayant une population agglomérée moindre de deux mille âmes, les octrois ne peuvent être perçus à l'effectif, soit par l'absence de clôture, soit par la dissémination des habitations, soit enfin par l'éloignement des employés de l'administration des droits réunis chargés de leur surveillance et perception ;

Est d'avis, — Que la perception des octrois résultant des tarifs et règlements approuvés par les ministres des finances et de l'intérieur, pour les communes d'une population inférieure à deux mille âmes, soit prorogée jusqu'au 1er janv. 1816.

2 janv. 1814-15 avr. 1833. — Décret portant règlement sur le marché et entrepôt franc des vins et eaux-de-vie à Paris. — V. Impôts ind., p. 407.

8-13 déc. 1814. — Loi sur les boissons (extrait).

TIT. 8. — *Des octrois.*

Art. 121. L'administration directe et la perception des octrois, à compter du 1er janv. 1815, rentreront dans les attributions des maires, sous la surveillance immédiate des sous-préfets et sous l'autorité du gouvernement. Dans aucun cas, et jusqu'à ce qu'il ait été statué par une loi sur le mode d'administration des revenus des communes, les octrois ne seront affermés ni confiés à des régies intéressés.

122. Les maires pourront, avec l'autorisation du ministre des finances, traiter de gré à gré avec la régie des impositions indirectes, pour qu'elle se charge de la perception de leurs octrois.

123. Les communes qui voudront supprimer leurs octrois en feront la demande, par l'intermédiaire des sous-préfets et des préfets, au ministre de l'intérieur, qui autorisera la suppression, s'il y a lieu.

124. Les moyens que les communes proposeront en remplacement des octrois ne pourront être admis qu'en vertu d'une autorisation formelle et nécessaire du ministre des finances.

125. Les règlements d'octrois ne devront contenir aucune disposition contraire à celles relatives à la perception du droit d'entrée. — Les préposés des octrois seront tenus, sous peine de révocation immédiate, de percevoir le droit d'entrée pour le compte du trésor public.

126. Le prélèvement de 10 p. 100, autorisé par l'art. 75 de la loi du 24 avr. 1806, sur le produit net des octrois, continuera d'avoir lieu.

127. Les lois, décrets et règlements généraux concernant les octrois continueront à être exécutés, en ce qui n'est pas contraire aux dispositions de la présente.

9-27 déc. 1814. — Ordonnance portant règlement sur les octrois.

Louis, etc. ; — Vu les lois et règlements généraux maintenus par la loi du 8 déc. 1814, pour l'administration et la perception des octrois ; voulant en assurer l'exécution pleine, entière et uniforme, et prévenir toute interprétation fausse ou abusive sur aucune de leurs dispositions, nous avons jugé indispensable de présenter, dans une seule et même ordonnance, toutes les mesures générales d'exécution qui dérivent des lois et règlements ci-dessus rappelés ; — Sur le rapport de notre ministre des finances ; — Nous avons, etc. :

TIT. 1. — *Dispositions transitoires.*

Art. 1. En exécution de l'art. 121 de la loi du 8 déc. 1814, le service des octrois sera remis aux maires, le 1er janv. 1815, par la régie des impositions indirectes. Cette remise et celle des maisons, ustensiles, effets de bureau et autres, servant à la perception des octrois, seront constatées par un procès-verbal rédigé en quadruple expédition, lequel sera signé par le maire et le préposé en chef de la régie dans chaque résidence, ou par des commissaires délégués à cet effet, de part et d'autre, dans les villes où cela sera jugé nécessaire. Un des procès-verbaux sera déposé à la mairie ; un autre sera remis au directeur des impositions indirectes dans le département ; le troisième sera adressé au préfet, et le quatrième à la régie des impositions indirectes.

2. Dans les communes où le maire voudra traiter de gré à gré avec cette régie pour la perception de l'octroi, conformément à l'art. 122 de la loi précitée, la remise du service n'aura pas lieu, moyennant que le maire souscrive une déclaration formelle de cette intention, et que, dans le mois de janvier, pour tout délai, il adresse sa demande au préfet, ainsi qu'il sera statué par l'art. 94. Jusqu'à ce que ce traité ait été conclu, les frais d'administration et de perception seront payés à la régie au *prorata* de ce qu'ils auront été en 1814.

3. La régie des impositions indirectes fera rendre aux communes, par ses receveurs, dans le premier trimestre de 1815, le compte des perceptions de 1814, et verser immédiatement les sommes dont ils seront reliquataires. En cas d'avances de la part de la régie ou de ses préposés, pour quelque cause que ce soit, elle exercera son recours contre le receveur de la commune, par toutes les voies de droit, même par forme de contrainte.

4. Les registres, bordereaux et autres pièces relatives à l'administration ou à la perception des octrois resteront déposés chez les contrôleurs principaux des impositions indirectes. Les maires ou leurs délégués pourront en prendre communication, toutes les fois qu'ils le jugeront convenable, mais sans déplacement.

TIT. 2. — *De l'établissement des octrois.*

5. Les octrois sont établis pour subvenir aux dépenses qui sont à la charge des communes ; ils doivent être délibérés d'office par les conseils municipaux. Cette délibération peut aussi être provoquée par le préfet lorsqu'à l'examen du budget d'une commune il reconnaît l'insuffisance de ses revenus ordinaires, soit pour couvrir les dépenses annuelles, soit pour acquitter les dettes arriérées, ou pourvoir aux besoins extraordinaires de la commune.

6. Les délibérations portant établissement d'un octroi sont adressées par le maire au sous-préfet, et renvoyées par celui-ci, avec des observations, au préfet, qui les transmet également, avec son avis, à notre ministre de l'intérieur, lequel permet, s'il y a lieu, l'établissement de l'octroi demandé, et autorise le conseil municipal à délibérer les tarifs et règlements.

7. Les projets de règlement et de tarif délibérés par les conseils municipaux, en vertu de l'autorisation de notre ministre de l'intérieur, parviennent de même aux préfets, avec l'avis des maires et des sous-préfets ; les préfets les transmettent à notre directeur général des impositions indirectes, pour être soumis à notre minis-

tre des finances, sur le rapport duquel nous accordons notre approbation, s'il y a lieu.

8. Les changements proposés par les maires ou les conseils municipaux, aux tarifs ou règlements en vigueur, et ceux jugés nécessaires par l'autorité supérieure, ne peuvent être exécutés qu'ils n'aient été délibérés et approuvés de la manière prescrite par les articles précédents.

9. Si les conseils municipaux refusent ou négligent de délibérer sur l'établissement d'un octroi reconnu nécessaire, ou sur les changements à apporter aux tarifs et règlements, il nous en sera rendu compte, dans le premier cas, par notre ministre de l'intérieur, et, dans le deuxième, par notre ministre des finances, sur les rapports desquels nous statuerons ce qu'il appartiendra.

10. Les frais de premier établissement, de régie et de perception des octrois des villes sujettes au droit d'entrée seront proposés par le conseil municipal, et soumis, par la régie des impositions indirectes, à l'approbation de notre ministre des finances; dans les autres communes, ces frais seront réglés par les préfets. Dans aucun cas, et sous aucun prétexte, les maires ne pourront excéder les frais alloués, sous peine d'en répondre personnellement.

TIT. 3. — *Des matières qui peuvent être soumises au droit d'octroi.*

11. Aucun tarif d'octroi ne pourra porter que sur des objets destinés à la consommation des habitants du lieu sujet. Ces objets seront toujours compris dans les cinq divisions suivantes, savoir: — 1° Boissons et liquides, — 2° Comestibles, — 3° Combustibles, — 4° Fourrages, — 5° Matériaux.

12. Sont compris dans la première division, les vins, vinaigres, cidres, poirés, bières, hydromels, eaux-de-vie, esprits, liqueurs et eaux spiritueuses. — Les droits d'octroi sur les vins, cidres, poirés, eaux-de-vie et liqueurs ne pourront excéder ceux perçus aux entrées des villes sur les mêmes boissons pour le compte du trésor public (Paris excepté). — Les vendanges ou fruits à cidre ou à poiré seront assujettis aux droits, à raison de 3 hectol. de vendange pour 2 hectol. de vin, et de 5 hectol. de pommes ou de poires pour 2 hectol. de cidre ou de poiré.

13. Les eaux-de-vie et esprits doivent être divisés, pour la perception, d'après les degrés, conformément aux tarifs des droits d'entrée. — Les eaux dites de Cologne, de la reine de Hongrie, de mélisse et autres dont la base est l'alcool doivent être tarifées comme les liqueurs.

14. Dans le pays où la bière est la boisson habituelle et générale, celle importée, quelle que soit sa qualité, ne pourra être, au plus, taxée qu'au quart en sus du droit sur la bière fabriquée dans l'intérieur.

15. Les huiles peuvent aussi, suivant les localités, être imposées; la taxe en est déterminée suivant leur qualité ou leur emploi.

16. Sont compris dans la deuxième division, les objets servant habituellement à la nourriture des hommes, à l'exception toutefois des grains et farines, fruits, beurre, lait, légumes et autres menues denrées.

17. Ne sont point compris dans ces exceptions les fruits secs et confits, les pâtes, les oranges, les limons et citrons lorsque ces objets sont introduits dans les villes en caisses, tonneaux, barils, paniers ou sacs, ni le beurre et les fromages venant de l'étranger.

18. Les bêtes vivantes doivent être taxées par tête. Les bestiaux abattus au dehors, et introduits par quartier, payeront au *prorata* de la taxe par tête. A l'égard des viandes dépecées, fraîches ou salées, elles sont imposées au poids.

19. Les coquillages, le poisson de mer frais, sec ou salé de toute espèce, et celui d'eau douce, peuvent être assujettis aux droits d'octroi, suivant les usages locaux, soit à raison de leur valeur vénale, soit à raison du nombre ou du poids, soit par paniers, barils ou tonneaux.

20. Sont compris dans la troisième division: 1° toute espèce de bois à brûler, les charbons de bois et de terre, la houille, la tourbe, et généralement toutes les matières propres au chauffage; 2° les suifs, cires et huiles à brûler.

21. La quatrième division comprend les pailles, foins et tous les fourrages verts ou secs, de quelque nature, espèce ou qualité qu'ils soient. Le droit doit être réglé par botte ou au poids.

22. Sont compris dans la cinquième division, les bois, soit en grume, soit équarris, façonnés ou non, propres aux charpentes, constructions, menuiserie, ébénisterie, tour, tonnellerie, vannerie et charronnage. — Y sont également compris les pierres de taille, moellons, pavés, ardoises, tuiles de toute espèce, briques, craies et plâtre.

23. Pour toutes les matières désignées au présent titre, les droits doivent être imposés par hectolitre, kilogramme, mètre cube ou carré, ou stère, ou par fractions de ces mesures. Cependant, lorsque les localités ou la nature des objets l'exigent, le droit peut être fixé au cent ou au millier, ou par voiture, charge ou bateau.

24. Les objets récoltés, préparés ou fabriqués dans l'intérieur d'un lieu soumis à l'octroi, ainsi que les bestiaux qui y sont abattus, seront toujours assujettis par le tarif au même droit que ceux introduits de l'extérieur.

TIT. 4. — *De la perception.*

25. Les règlements d'octroi doivent déterminer les limites de la perception, les bureaux où elle doit être opérée, et les obligations et formalités particulières à remplir par les redevables ou les employés en raison des localités, sans toutefois que ces règles particulières puissent déroger aux dispositions de la présente ordonnance.

26. Les droits d'octroi seront toujours perçus dans les faubourgs des lieux sujets; mais les dépendances rurales entièrement détachées du lieu principal en seront affranchies. Les limites du territoire auquel la perception s'étendra seront indiquées par des poteaux, sur lesquels seront inscrits ces mots: *Octroi de...*

27. Il ne pourra être introduit d'objets assujettis à l'octroi que par les barrières ou bureaux désignés à cet effet. Les tarifs et règlements sont affichés dans l'intérieur et à l'extérieur de chaque bureau, lequel sera indiqué par un tableau portant ces mots: *Bureau de l'octroi.*

28. Tout porteur ou conducteur d'objets assujettis à l'octroi sera tenu, avant de les introduire, d'en faire la déclaration au bureau; d'exhiber aux préposés de l'octroi les lettres de voiture, connaissements, chartes-parties, acquits à caution, congés, passe-avants et toutes autres expéditions délivrées par la régie des impositions indirectes, et d'acquitter les droits, sous peine d'une amende égale à la valeur de l'objet soumis au droit. A cet effet, les préposés pourront, après interpellation, faire sur les bateaux, voitures et autres moyens de transport, toutes les visites, recherches et perquisitions nécessaires, soit pour s'assurer qu'il n'y existe rien qui soit sujet aux droits, soit pour reconnaître l'exactitude des déclarations. — Les conducteurs seront tenus de faciliter toutes les opérations nécessaires auxdites vérifications. — La déclaration relative aux objets arrivant par eau contiendra la désignation du lieu du déchargement, lequel ne pourra s'effectuer que les droits n'aient été acquittés, ou au moins valablement soumissionnés.

29. Tout objet sujet à l'octroi qui, nonobstant l'interpellation faite par les préposés, serait introduit sans avoir été déclaré, ou sur une déclaration fausse ou inexacte, sera saisi.

30. Les personnes voyageant à pied, à cheval ou en voiture particulière suspendue ne pourront être arrêtées, questionnées ou visitées sur leurs personnes, ou en raison de leurs malles ou effets. Tout acte contraire à la présente disposition sera réputé acte de violence; et les préposés qui s'en rendront coupables seront poursuivis correctionnellement, et punis des peines prononcées par les lois.

31. Tout individu soupçonné de faire la fraude à la faveur de l'exception ordonnée par l'article précédent pourra être conduit devant un officier de police, ou devant le maire, pour y être interrogé, et la visite de ses effets autorisée, s'il y a lieu.

32. Les diligences, fourgons, fiacres, cabriolets ou autres voitures de louage sont soumis aux visites des préposés de l'octroi.

33. Les courriers ne pourront être arrêtés à leur passage, sous prétexte de la perception; mais ils seront obligés d'acquitter les droits sur les objets soumis à l'octroi qu'ils introduiront dans un lieu sujet. A cet effet, des préposés de l'octroi seront autorisés à assister au déchargement des malles. — Tout courrier, tout employé des postes ou de toute autre administration publique qui serait convaincu d'avoir fait ou favorisé la fraude, outre les peines résultant de la contravention, sera destitué par l'autorité compétente.

34. Dans les communes où la perception ne pourra être opérée à l'entrée, il sera établi au centre, suivant les localités, un ou plusieurs bureaux. Dans ce cas, les conducteurs ne pourront décharger les voitures, ni introduire au domicile des destinataires les objets soumis à l'octroi, avant d'avoir acquitté les droits auxdits bureaux.

35. Il est défendu aux employés, sous peine de destitution et de tous dommages et intérêts, de faire usage de la sonde dans la visite des caisses, malles et ballots annoncés contenir des effets susceptibles d'être endommagés. Dans ce cas, comme dans tous ceux où le contenu des caisses ou ballots sera inconnu, ou ne pourrait être vérifié immédiatement, la vérification en sera faite, soit à domicile, soit dans les emplacements à ce destinés.

36. Toute personne qui récolte, prépare ou fabrique dans l'intérieur d'un lieu sujet des objets compris au tarif est tenue, sous peine de l'amende prononcée par l'art. 28, d'en faire la déclaration, et d'acquitter immédiatement le droit, si elle ne réclame la faculté de l'entrepôt. — Les préposés de l'octroi peuvent reconnaître à domicile les quantités récoltées, préparées ou fabriquées, et faire toutes les vérifications nécessaires pour prévenir la fraude. A défaut de payement du droit, il est décerné, contre les redevables, des contraintes, qui sont exécutoires nonobstant opposition, et sans y préjudicier.

TIT. 5. — *Du passe-debout et du transit.*

37. Le conducteur d'objets soumis à l'octroi qui voudra traverser seulement un lieu sujet, ou y séjourner moins de vingt-quatre heures, sera tenu d'en faire la déclaration au bureau d'entrée, conformément à ce qui est prescrit par l'art. 28, et de se munir d'un permis de passe-debout, qui sera délivré sur le cautionnement ou la consignation des droits. La restitution des sommes consignées, ainsi que la libération de la caution, s'opéreront au bureau de la sortie. — Lorsqu'il sera possible de faire escorter les chargements, le conducteur sera dispensé de consigner ou de faire cautionner les droits.

38. En cas de séjour au delà de vingt-quatre heures dans un lieu sujet à l'octroi, d'objets introduits sur une déclaration de passe-debout, le conducteur sera tenu de faire, dans ce délai, et avant le déchargement, une déclaration de transit, avec indication du lieu où lesdits objets seront déposés, lesquels devront être représentés aux employés à toute réquisition. La consignation ou le cautionnement du droit subsisteront pendant toute la durée du séjour.

39. Les règlements locaux d'octroi pourront désigner des lieux où les conducteurs d'objets en passe-debout ou en transit seront tenus de les déposer pendant la durée du séjour, ainsi que des ports ou quais où les navires, bateaux, coches, barques et diligences devront stationner.

40. Les voitures et transports militaires chargés d'objets assujettis aux droits sont soumis aux règles prescrites par les articles précédents, relativement au transit et au passe-debout.

TIT. 6. — *De l'entrepôt.*

41. L'entrepôt est la faculté donnée à un propriétaire ou à un commerçant de recevoir et d'emmagasiner dans un lieu sujet à l'octroi, sans acquittement du droit, des marchandises qui y sont assujetties, et auxquelles il réserve une destination extérieure. — L'entrepôt peut être réel, ou fictif, c'est-à-dire à domicile; il est toujours illimité. Les règlements locaux doivent déterminer les objets pour lesquels l'entrepôt est accordé, ainsi que les quantités au-dessous desquelles on ne peut l'obtenir.

42. Toute personne qui fait conduire dans un lieu sujet à l'octroi des marchandises comprises au tarif, pour y être entreposées, soit réellement, soit fictivement, est tenue, sous peine de l'amende prononcée par l'art. 28, d'en faire la déclaration préalable au bureau de l'octroi, de s'engager à acquitter le droit sur les quantités qu'elle ne justifierait pas avoir fait sortir de la commune, de se munir d'un bulletin d'entrepôt, et, en outre, si l'entrepôt est fictif, de désigner les magasins, chantiers, caves, celliers ou autres emplacements où elle veut déposer lesdites marchandises.

43. L'entrepositaire est tenu de faire une déclaration, au bureau de l'octroi, des objets entreposés qu'il veut expédier au dehors, et de les représenter aux préposés des portes ou barrières, lesquels, après vérification des quantités et espèces, délivrent un certificat de sortie.

44. Les préposés de l'octroi tiennent un compte d'entrée et de sortie des marchandises entreposées: à cet effet, ils peuvent faire à domicile, dans les magasins, chantiers, caves, celliers des entrepositaires, toutes les vérifications nécessaires pour reconnaître les objets entreposés, constater les quantités restantes, et établir le décompte des droits dus sur celles pour lesquelles il n'est pas représenté de certificat de sortie. Ces droits doivent être acquittés immédiatement par les entrepositaires; et, à défaut, il est décerné contre eux des contraintes, qui sont exécutoires nonobstant opposition et sans y préjudicier.

45. Lors du règlement de compte des entrepositaires, il leur est accordé une déduction sur les marchandises entreposées dont le poids ou la quantité est sus-

ceptible de diminuer. Cette déduction, pour les boissons, est la même que celle fixée par l'art. 38 de la loi du 8 déc. 1814, relativement aux droits d'entrée. La quotité doit en être déterminée, pour les autres objets, par les règlements locaux.

46. Dans les communes où la perception des droits sur les vendanges, pommes ou poires, ne peut être opérée au moment de l'introduction, l'administration de l'octroi accordera l'entrepôt à tous les récoltants, et sera autorisée à faire un recensement général pour constater les quantités de vins, de cidre ou de poiré fabriquées. Les préposés de l'octroi se borneront, dans ce cas, à faire chaque année deux vérifications à domicile chez les propriétaires qui n'entreposent que les seuls produits de leurs crus, l'une avant, l'autre après la récolte.

47. Dans le cas d'entrepôt réel, les marchandises pour lesquelles il est réclamé sont placées dans un magasin public, sous la garde d'un conservateur ou sous la garantie de l'administration de l'octroi, laquelle est responsable des altérations ou avaries qui proviennent du fait de ses préposés.

48. Les objets reçus dans un entrepôt réel sont, après vérification, marqués ou rouanés, et inscrits par le conservateur sur un registre à souche, et avec indication de l'espèce, la qualité et la quantité de l'objet entreposé, des marques et numéros des futailles ou colis, et des noms et demeure du propriétaire : un récépissé détaché de la souche, contenant les mêmes indications, et signé par le conservateur, est remis à l'entrepositaire.

49. Pour retirer de l'entrepôt les marchandises qui y ont été admises, l'entrepositaire est tenu de représenter le récépissé d'admission, de déclarer les objets qu'il veut enlever, et de signer sa déclaration pour opérer la décharge du conservateur : il est tenu, en outre, d'acquitter les droits pour les objets qu'il fait entrer dans la consommation de la commune, de se munir d'une expédition pour ceux destinés à l'extérieur, et de rapporter au dos un certificat de sortie, délivré par les préposés aux portes.

50. Les cessions de marchandises pourront avoir lieu dans l'entrepôt, moyennant une déclaration de la part du vendeur et la remise du récépissé d'admission ; il en sera délivré un autre à l'acheteur, dans la forme prescrite par l'art. 48.

51. L'entrepôt réel sera ouvert en tout temps aux entrepositaires, tant pour y soigner leurs marchandises que pour y conduire les acheteurs.

52. Les rouliers ou conducteurs qui déposeront à l'entrepôt réel des marchandises refusées par les destinataires pourront obtenir de l'administration de l'octroi le payement des frais de transport et des déboursés dûment justifiés.

53. A défaut, par le propriétaire d'objets entreposés, de veiller à leur conservation, le conservateur se fera autoriser par le maire à y pourvoir. Les frais d'entretien et de conservation seront remboursés à l'administration de l'octroi sur les mémoires et états réglés par le maire.

54. Les propriétaires d'objets entreposés sont tenus d'acquitter, tous les mois, les frais de magasinage, lesquels doivent être déterminés par le règlement général de l'octroi, ou par un règlement particulier, approuvé par notre ministre des finances.

55. Si, par suite de dépérissement d'objets entreposés ou par toute autre cause, leur valeur, au dire d'experts appelés d'office par l'administration de l'octroi, n'excède pas moitié en sus des sommes qui peuvent être dues pour frais d'entretien, frais de transport ou magasinage, il sera fait sommation au propriétaire ou à son représentant, de retirer lesdits objets, et, à défaut, ils seront vendus publiquement par ministère d'huissier. Le produit net de la vente, déduction faite des sommes dues, avec intérêts à raison de 5 p. 100 par an, sera déposé dans la caisse municipale, et tenu à la disposition du propriétaire.

TIT. 7. — *Du personnel.*

56. Conformément à l'art. 4 de la loi du 27 frim. an 8, la nomination des préposés d'octroi sera faite de la manière suivante : — Notre directeur général des impositions indirectes est autorisé à établir et à commissionner, lorsqu'il le jugera nécessaire, un préposé en chef auprès de chaque octroi. — Notre ministre des finances est également autorisé à nommer et commissionner, sur la proposition du directeur général des impositions indirectes, un directeur et deux régisseurs pour l'octroi et l'entrepôt de Paris. — Les autres préposés d'octroi sont nommés par les préfets, sur une liste triple présentée par le maire.

57. Les préfets sont tenus de révoquer immédiatement, sur la demande de notre directeur général des impositions indirectes, tout préposé d'octroi signalé comme prévaricateur dans l'exercice de ses fonctions, ou comme ne les remplissant pas convenablement.

58. Les préposés de l'octroi doivent être âgés au moins de vingt-un ans accomplis. Ils sont tenus de prêter serment devant le tribunal civil de la ville dans laquelle ils exerceront, et, dans les lieux où il n'y a pas de tribunal, devant le juge de paix. Ce serment est enregistré au greffe, sans qu'il soit nécessaire d'employer le ministère d'avoué. — Il est dû seulement un droit fixe d'enregistrement de trois francs.

59. Le cas de changement de résidence d'un préposé arrivant, il n'y a pas lieu à une nouvelle prestation de serment : il lui suffit de faire viser sa commission, sans frais, par le juge de paix ou le président du tribunal civil du lieu où il doit exercer.

60. Les préposés d'octroi doivent toujours être porteurs de leur commission, et sont tenus de la représenter lorsqu'ils en seront requis. — Le port d'armes est accordé aux préposés d'octroi dans l'exercice de leurs fonctions, comme aux employés des impositions indirectes.

61. Les créanciers des préposés d'octroi ne pourront saisir, sur les appointements et remises de ces derniers, que les sommes fixes déterminées par la loi du 21 vent. an 9.

62. Tous les préposés comptables des octrois sont tenus de fournir un cautionnement en numéraire ou en 5 p. 100 consolidés, dont la quotité est déterminée par le règlement, et qui ne peut être au-dessous de 1,000 fr. Lorsque ces préposés font en même temps des perceptions pour le compte du trésor public, leur cautionnement est fixé par notre ministre des finances. Ces cautionnements sont versés à la caisse d'amortissement, qui en paye l'intérêt au taux fixé pour les employés des impositions indirectes.

63. Il est défendu à tous les préposés d'octroi, indistinctement, de faire le commerce des objets compris au tarif. — Tout préposé qui favorisera la fraude, soit en recevant des présents, soit de toute autre manière, sera mis en jugement, et condamné aux peines portées par le code pénal contre les fonctionnaires publics prévaricateurs.

64. Tout préposé destitué ou démissionnaire sera tenu, sous peine d'y être contraint par corps, de remettre immédiatement sa commission, ainsi que les registres et autres effets dont il aura été chargé, et, s'il est receveur, de rendre ses comptes.

65. Les préposés de l'octroi sont placés sous la protection de l'autorité publique. Il est défendu de les injurier, maltraiter, et même de les troubler dans l'exercice de leurs fonctions, sous les peines de droit. La force armée est tenue de leur prêter secours et assistance, toutes les fois qu'elle en est requise.

TIT. 8. — *Des écritures et de la comptabilité des octrois.*

66. Tous les registres employés à la perception ou au service de l'octroi seront à souche. Les perceptions ou déclarations y seront inscrites sans interruption ni lacune. Les quittances ou expéditions qui en seront détachées continueront à n'être marquées que du timbre de la régie des impositions indirectes, dont le prix, fixé par la loi à 5 cent., sera acquitté par les redevables, et son produit versé dans les caisses de la régie.

67. Les recettes de l'octroi seront versées à la caisse municipale tous les cinq jours au moins, et plus souvent même dans les villes où les perceptions seront importantes.

68. La régie des impositions indirectes déterminera le mode de comptabilité des octrois, ainsi que la forme et le modèle des registres, expéditions, bordereaux, comptes et autres écritures relatives au service des octrois ; elle fera faire la fourniture de toutes les impressions nécessaires, sur la demande des maires.

69. Tous les registres servant à la perception des droits d'entrée sur les vins, cidres, poirés, esprits et liqueurs, aux déclarations de passe-debout, de transit ; d'entrepôt et de sortie pour les mêmes boissons ; ceux employés pour recevoir les déclarations de mise de feu de la part des brasseurs et distillateurs ; enfin, les registres portatifs tenus pour l'exercice des redevables soumis en même temps aux droits d'octroi et à ceux dus au trésor seront communs aux deux services. La moitié des dépenses relatives à ces registres sera supportée par l'octroi, et payée sur les mémoires dressés par la régie des impositions indirectes, approuvés par notre ministre des finances.

70. Les registres autres que ceux dont l'usage est commun aux octrois et aux droits d'entrée seront cotés et parafés par le maire : ils seront arrêtés par lui le dernier jour de chaque année, déposés à l'administration municipale, et renouvelés tous les ans. A l'égard des autres registres, les maires pourront en prendre communication sans déplacement, et en faire faire des extraits pour ce qui concerne les recettes des octrois.

71. Les états des bordereaux de recettes et de dépenses des octrois seront dressés aux époques qui auront été déterminées par la régie des impositions indirectes. Un double de ces états et bordereaux, signé du maire, sera adressé au préposé supérieur de cette régie, pour être transmis au directeur du département, et par celui-ci à son administration.

72. Les comptes des octrois seront rendus par les receveurs aux maires, et arrêtés par ces derniers dans les trois mois qui suivront l'expiration de chaque année.

73. Le montant des 10 p. 100 du produit net des octrois revenant au trésor royal, conformément à l'art. 126 de la loi du 8 déc. 1814, sera établi sur les recettes brutes de toute nature, déduction faite des frais de perception et autres prélèvements autorisés. Les 10 p. 100 ne seront pas prélevés sur la partie des produits de l'octroi à verser au trésor, en remplacement de la contribution mobilière.

74. Le recouvrement des 10 p. 100 se poursuivra par la saisie des deniers de l'octroi, et même par voie de contrainte à l'égard du receveur municipal.

TIT. 9. — *Du contentieux.*

75. Toutes contraventions aux droits d'octroi seront constatées par des procès-verbaux, lesquels pourront être rédigés par un seul préposé, et auront foi en justice. Ils énonceront la date du jour où ils sont rédigés, la nature de la contravention, et, en cas de saisie, la déclaration qui en aura été faite au prévenu ; les noms, qualités et résidence de l'employé verbalisant et de la personne chargée des poursuites ; l'espèce, poids ou mesure des objets saisis ; leur évaluation approximative ; la présence de la partie à la description, ou la sommation qui lui aura été faite d'y assister ; le nom, la qualité et l'acceptation du gardien ; le lieu de la rédaction du procès-verbal et l'heure de la clôture.

76. Dans le cas où le motif de la saisie portera sur le faux ou l'altération des expéditions, le procès-verbal énoncera le genre de faux, les altérations ou surcharges : lesdites expéditions, signées et parafées du saisissant, *ne varietur*, seront annexées au procès-verbal, qui contiendra la sommation faite à la partie de les parafer, et sa réponse.

77. Si le prévenu est présent à la rédaction du procès-verbal, cet acte énoncera qu'il lui en a été donné lecture et copie : en cas d'absence du prévenu, si celui-ci a domicile ou résidence connue dans le lieu de la saisie, le procès-verbal lui sera signifié dans les vingt-quatre heures de la clôture. Dans le cas contraire, le procès-verbal sera affiché, dans le même délai, à la porte de la maison commune. — Ces procès-verbaux, significations et affiches pourront être faits tous les jours indistinctement.

78. L'action résultant des procès-verbaux en matière d'octroi, et les questions qui pourront naître de la défense du prévenu seront de la compétence exclusive, soit du tribunal de simple police, soit du tribunal correctionnel du lieu de la rédaction du procès-verbal, suivant la quotité de l'amende encourue.

79. Les objets saisis par suite des contraventions aux règlements d'octroi seront déposés au bureau le plus voisin ; et si la partie saisie ne s'est pas présentée dans les dix jours, à l'effet de payer la quotité de l'amende par elle encourue, ou si elle n'a pas formé, dans le même délai, opposition à la vente, la vente desdits objets sera faite par le receveur, cinq jours après l'apposition à la porte de la maison commune et autres lieux accoutumés, d'une affiche signée de lui, et sans aucune autre formalité.

80. Néanmoins, si la vente des objets saisis est retardée, l'opposition pourra être formée jusqu'au jour indiqué pour ladite vente. L'opposition sera motivée, et contiendra assignation à jour fixe devant le tribunal désigné en l'art. 78, suivant la quotité de l'amende encourue, avec élection de domicile dans le lieu où siége le tribunal. Le délai de l'échéance de l'assignation ne pourra excéder trois jours.

81. S'il s'élève une contestation sur l'application du tarif ou sur la quotité du droit réclamé, le porteur ou conducteur sera tenu de consigner, avant tout, le droit exigé, entre les mains du receveur ; faute de quoi, il ne pourra passer outre, ni

introduire dans le lieu sujet l'objet qui aura donné lieu à la contestation, sauf à lui à se pourvoir devant le juge de paix du canton. Il ne pourra être entendu qu'en représentant la quittance de ladite consignation au juge de paix, lequel prononcera sommairement et sans frais, soit en dernier ressort, soit à la charge d'appel, suivant la quotité du droit réclamé.

82. Dans le cas où les objets saisis seraient sujets à dépérissement, la vente pourra en être autorisée avant l'échéance des délais ci-dessus fixés, par une simple ordonnance du juge de paix sur requête.

83. Les maires seront autorisés, sauf l'approbation des préfets, à faire remise, par voie de transaction, de la totalité ou de partie des condamnations encourues, même après le jugement rendu. Ce droit appartient exclusivement à la régie des impositions indirectes, et d'après les règles qui lui sont propres, toutes les fois que la saisie a été opérée dans l'intérêt commun des droits d'octroi et des droits imposés au profit du trésor.

84. Le produit des amendes et confiscations pour contravention aux règlements de l'octroi, déduction faite des frais et prélèvements autorisés, sera attribué, moitié aux employés de l'octroi pour être répartie d'après le mode qui sera arrêté, et moitié à la commune.

TIT. 10. — *Des demandes en suppression ou en remplacement d'octroi.*

85. Les communes qui voudront supprimer leur octroi, ou le remplacer par une autre perception, en feront parvenir la demande, par le maire, au préfet, qui, après en avoir reçu l'autorisation de notre ministre de l'intérieur, autorisera, s'il y a lieu, le conseil municipal à délibérer sur cette demande.

86. La délibération du conseil municipal, accompagnée de l'avis du sous-préfet et du maire, sera adressée par le préfet, avec ses observations et l'état des recettes et des besoins des communes, à notre ministre de l'intérieur, qui statuera provisoirement sur lesdites propositions. Il fera connaître immédiatement sa décision à notre ministre des finances, pour que celui-ci, après avoir soumis le tout à notre approbation, prescrive, tant dans l'intérêt des communes que dans celui du trésor, les mesures convenables d'exécution.

87. Les droits d'octroi continueront à être perçus jusqu'à ce que la suppression de l'octroi ait été autorisée, ou jusqu'à la mise à exécution du mode de remplacement.

TIT. 11. — *De la surveillance attribuée à la régie des impositions indirectes, et des obligations des employés de l'octroi, relativement aux droits du trésor.*

88. La surveillance générale de la perception et de l'administration de tous les octrois du royaume est formellement attribuée à la régie des impositions indirectes; elle l'exercera sous l'autorité du ministre des finances, qui donnera les instructions nécessaires pour assurer l'uniformité et la régularité du service, et régler l'ordre de la comptabilité particulière à ces établissements.

89. Les traitements et les frais de bureau des préposés en chef nommés par le directeur général des impositions indirectes seront à la charge des communes: ils seront proposés par les conseils municipaux, et approuvés par notre ministre des finances, qui pourra les réduire ou les augmenter, s'il y a lieu.

90. Les receveurs d'octroi, dans les communes sujettes au droit d'entrée, seront tenus de faire en même temps la recette de ce droit. Le produit des remises qui seront accordées par la régie des impositions indirectes pour cette perception sera réparti entre tous les préposés d'octroi d'une même commune, dans la proportion qui sera déterminée par le maire.

91. Les employés des impositions indirectes suivront, dans l'intérêt des communes comme dans celui du trésor, les exercices, dans l'intérieur du lieu sujet, chez les entrepositaires de boissons et chez les brasseurs et distillateurs. Il sera tenu compte, par l'octroi, à la régie des impositions indirectes, de partie des dépenses occasionnées pour ces exercices.

92. Les préposés des octrois sont tenus, sous peine de destitution, d'exiger de tout conducteur d'objets soumis aux impôts indirects, comme boissons, tabacs, sels et cartes, la représentation des congés, passavants, acquits-à-caution, lettres de voiture et autres expéditions, de vérifier les chargements, de rapporter procès-verbal des fraudes ou contraventions qu'ils découvriront, de concourir au service des impositions indirectes toutes les fois qu'ils en seront requis, sans toutefois pouvoir être déplacés de leur poste ordinaire; enfin de remettre, chaque jour, à l'employé en chef des impositions indirectes un relevé des objets frappés du droit au profit du trésor, qui auront été introduits. — Les employés des impositions indirectes concourront également au service des octrois, et rapporteront procès-verbal pour les fraudes et contraventions relatives aux droits d'octroi, qu'ils découvriront.

93. Les préposés des octrois se serviront, pour l'exercice de leurs fonctions, des jauges, sondes, rouannes et autres ustensiles dont les employés des impositions indirectes font usage. — La régie leur fera fournir ces ustensiles, dont le prix sera payé par les communes.

TIT. 12. — *De la perception des octrois pour lesquels les communes auront à traiter avec la régie des impositions indirectes.*

94. Les maires qui jugeront de l'intérêt de leur commune de traiter avec la régie des impositions indirectes, pour la perception et la surveillance particulière de leur octroi, adresseront, par l'intermédiaire du sous-préfet, leurs propositions au préfet; celui-ci les communiquera au directeur des impositions indirectes pour donner ses observations, et les soumettra ensuite, avec son avis, à notre directeur général des impositions indirectes, qui proposera, s'il y a lieu, à notre ministre des finances, d'y donner son approbation.

95. Les conventions à faire entre la régie et les communes ne porteront que sur les traitements fixes ou éventuels des préposés: tous les autres frais généralement quelconques seront intégralement acquittés par les communes sur les produits bruts des octrois. — La conséquence de ces conventions sera de remettre la perception et le service de l'octroi entre les mains des employés ordinaires des impositions indirectes. Cependant, dans les villes où il sera nécessaire de conserver des préposés affectés spécialement au service de l'octroi, ces préposés continueront à être nommés par les préfets, sur la proposition des maires, et après avoir pris l'avis des directeurs des impositions indirectes. Leur nombre et leur traitement seront fixés par cette régie: ils seront révocables, soit sur la demande du maire, soit sur celle du directeur. Lorsque le préfet ne jugera pas convenable de déférer à la demande de ce dernier, il fera connaître ses motifs à notre directeur général desdites impositions, qui prononcera définitivement. — Les maires conserveront le droit de surveillance sur les préposés, et celui de transiger sur les contraventions, dans les cas déterminés par la présente ordonnance.

96. Les traités conclus avec les communes subsisteront de plein droit, jusqu'à ce que la commune ou la régie en aient notifié la cessation; cette notification aura toujours lieu, de part ou d'autre, six mois au moins à l'avance.

97. Les receveurs verseront le montant de leurs recettes, pour le compte de l'octroi, dans la caisse municipale, aux époques déterminées par l'art. 67, sous la déduction des frais de perception convenus par le traité, et dont ils compteront comme de leurs autres recettes pour le trésor.

98. La remise du service des octrois pour la perception desquels il aura été conclu un traité avec la régie des impositions indirectes lui sera faite de la manière prescrite par l'art. 1.

TIT. 13. — *Dispositions générales.*

99. Les règlements et tarifs d'octroi, en ce qui concerne les boissons, ne pourront contenir aucune disposition contraire à celles prescrites par les lois et ordonnances pour la perception des impositions indirectes.

100. Les préfets veilleront à ce que les objets portés au tarif des octrois de leur département soient, autant que possible, taxés au même droit dans les communes d'une même population.

101. Tous les tarifs et règlements d'octroi seront successivement revisés et régularisés, conformément aux dispositions de la présente ordonnance, et soumis à notre approbation par notre ministre des finances.

102. Il sera présenté à notre approbation, par notre ministre des finances, avant le 1er janv. prochain, un règlement particulier d'organisation pour l'octroi et l'entrepôt de Paris.

103. Les approvisionnements en vivres destinés pour le service de la marine ne seront soumis dans les ports à aucun droit d'octroi. Ces approvisionnements seront introduits dans les magasins de la marine de la manière prescrite pour les objets admis en entrepôt: le compte en sera suivi par les employés d'octroi, et les droits exigés sur les quantités qui seraient enlevées pour l'intérieur du lieu sujet et à toute autre destination que les bâtiments de l'État.

104. Les matières servant à la confection des poudres ne seront également frappées d'aucun droit d'octroi.

105. Nulle personne, quels que soient ses fonctions, ses dignités ou son emploi, ne pourra prétendre, sous aucun prétexte, à la franchise des droits d'octroi.

23 déc. 1814. — Ordonnance portant règlement particulier d'organisation pour l'octroi de Paris.

Art. 1. La remise du service de l'octroi de Paris à l'autorité municipale, en exécution de l'art. 121 de la loi du 8 déc. 1814, sera constatée par des commissaires délégués par notre directeur général des impositions indirectes, et par le préfet de la Seine, lesquels dresseront procès-verbal de leurs opérations, ainsi qu'il est prescrit par l'art. 1 de notre ordonnance du 9 de ce mois.

2. A dater du 1er janv. prochain, l'octroi de Paris et l'entrepôt général des boissons seront régis et administrés, suivant les règlements qui sont particuliers à chacun de ces établissements, par un directeur et trois régisseurs, sous l'autorité immédiate du préfet de la Seine, et sous la surveillance générale de notre directeur général des impositions indirectes.

3. Les trois régisseurs seront nommés par notre ministre de l'intérieur, sur la proposition du préfet de la Seine, et le directeur par notre ministre des finances, conformément à l'art. 56 de notre ordonnance du 9 de ce mois, qui demeure modifié en ce qui concerne le nombre et le mode de nomination des régisseurs. — Les autres préposés seront nommés par le préfet de la Seine, sur la proposition du directeur de l'octroi. Ils seront révocables sur la demande de notre directeur général des impositions indirectes et par le préfet.

4. Le budget des frais ordinaires de régie et de perception de l'octroi et de l'entrepôt sera délibéré à l'avance chaque année par le conseil municipal. Ce budget sera soumis, par notre directeur général des impositions indirectes, à l'approbation de notre ministre des finances. Les frais extraordinaires d'établissement jugés nécessaires dans le courant de l'année seront proposés, délibérés et approuvés de la même manière.

5. Les dépenses de l'octroi et de l'entrepôt ne seront acquittées que sur des ordonnances du directeur et des régisseurs, lesquels ne pourront, sous leur responsabilité, ordonnancer des sommes plus fortes que celles fixées par chaque article du budget, en suivant les imputations déterminées, et sans qu'il leur soit permis d'y faire aucun changement, si ce n'est en vertu d'une autorisation de notre ministre des finances.

6. Il sera fourni par le directeur de l'octroi, du 1er au 5 de chaque mois, tant à notre directeur général des impositions indirectes qu'au préfet de la Seine, un bordereau détaillé des recettes et des dépenses de l'octroi pendant le mois précédent.

7. A l'expiration de chaque exercice, le directeur et les régisseurs de l'octroi présenteront le compte général de la perception de la dépense de l'octroi et de l'entrepôt, au préfet de la Seine, qui le soumettra au conseil municipal avec ses observations, pour être examiné, discuté et arrêté. — Le directeur de l'octroi adressera en même temps un double de ce compte à notre directeur général des contributions indirectes, auquel il fournira en outre, dans le cours de l'année, tous les renseignements et éclaircissements qu'il croira devoir demander sur le service de l'octroi.

8. Le prélèvement des 10 p. 100 revenant au trésor sur le produit net de l'octroi sera fait conformément à l'art. 126 de la loi du 8 déc. 1814. — L'abonnement consenti précédemment par le ministre des finances cessera d'avoir son effet à dater du 1er janv. prochain.

9. La perception des droits établis aux entrées de Paris, pour le compte du trésor public, pourra être faite, si notre directeur général des impositions indirectes le juge convenable, par les receveurs de l'octroi, lesquels en verseront les produits dans la caisse de cette régie aux époques qu'elle aura déterminées. — Les receveurs et autres préposés de l'octroi seront tenus, sous peine de destitution, d'opérer cette perception et de se conformer à cet égard aux règlements propres aux impositions indirectes, ainsi qu'aux ordres et instructions de notre directeur général desdites impositions.

10. Sur la proposition de notre directeur général des impositions indirectes, notre ministre des finances réglera, au commencement de chaque année, l'indemnité à accorder aux préposés de l'octroi, sur les recettes qu'ils auront à effectuer pour le compte du trésor, ainsi que celles dues à la régie pour les exercices que ses employés sont tenus de suivre dans l'intérieur, aux termes de l'art. 91 de notre

ordonnance du 9 de ce mois, chez les brasseurs, distillateurs et autres qui fabriquent des boissons.

11. Le directeur des impositions indirectes dans le département de la Seine, et les inspecteurs ou contrôleurs sous ses ordres exerceront sur les receveurs et autres préposés de l'octroi une surveillance immédiate. Ils pourront vérifier les caisses, arrêter les registres et provoquer des versemente extraordinaires. Ils référeront au directeur de l'octroi de toutes les fautes qu'ils auront eues à relever.

12. La direction générale des impositions indirectes pourra placer dans l'entrepôt, pour son service, le nombre d'employés qu'elle estimera nécessaire.

13. Les fraudes et contraventions qui ne concernent que l'octroi seront poursuivies par le directeur, au nom du préfet. Le directeur pourra consentir les transactions, sauf l'approbation du préfet, qui seul prononcera sur les demandes en décharge ou en restitution de droit. — A l'égard des fraudes et contraventions communes à l'octroi et aux droits du trésor, et de celles particulières auxdits droits, le directeur des impositions indirectes dans le département de la Seine pourra seul suivre l'effet des procès-verbaux devant les tribunaux, ou consentir des transactions, d'après les règles propres à cette administration. — Lorsque ces transactions devront être soumises à l'approbation du directeur général, elles seront communiquées au préfet, qui donnera son avis.

14. L'emploi du produit des amendes et confiscations, dans le cas de contraventions communes aux deux services, sera fait, pour la portion appartenant à chaque administration, selon les règles qui lui sont propres.

15. Le préfet de la Seine formera et réunira auprès de lui, dans le mois qui suivra l'expiration de chaque trimestre, et plus souvent s'il le juge convenable, une commission consultative composée de deux membres du conseil municipal, du directeur des impositions indirectes et du directeur de l'octroi : les trois régisseurs pourront y être appelés. — Le préfet présidera ladite commission, et, en son absence, le secrétaire général.

16. Les délibérations de la commission instituée par l'article précédent auront uniquement pour objet les mesures à prendre pour améliorer le service de la perception de l'octroi : il lui est défendu de s'immiscer en aucune manière dans l'administration de cet établissement.

17. Les dispositions de notre ordonnance du 9 de ce mois seront observées pour l'octroi de Paris, en tout ce qui n'est pas contraire à la présente.

11 janv.-4 fév. 1815. — Ordonnance portant qu'un directeur général sera chargé, sous l'autorité du ministre de l'intérieur, de l'administration des communes, des hospices et des octrois municipaux, en ce qui concerne les attributions réservées par nos ordonnances des 9 et 25 décembre dernier au ministère de l'intérieur.

10-16 fév. 1815 — Ordonnance qui exempte des droits d'octroi les matériaux destinés à la réparation des ponts, routes et chaussées rompus par suite des derniers événements militaires.

8-11 avr. 1815. — Décret portant que les droits d'octroi sur les boissons, dans les communes de quatre mille âmes et au-dessus, seront réduits d'une somme égale à l'augmentation portée au nouveau tarif des droits d'entrée, sauf à remplacer cette réduction par une augmentation sur les taxes établies ou en imposant de nouveaux objets de consommation locale, sur la proposition des conseils municipaux (art 4, 5, 6).

16 août 1815-5 fév. 1831. — Ordonnance sur l'établissement de diverses taxes locales à Paris (extrait).

Art. 5. A compter du jour de la publication de la présente ordonnance, et jusqu'à la rectification prochaine du tarif de l'octroi, les droits d'octroi municipal de la ville de Paris sur les boissons, tant à l'entrée qu'à la fabrication, seront perçus sur le même taux qu'ils l'étaient avant l'acte du 8 avr. 1815, concurremment avec l'augmentation portée au nouveau tarif des droits d'octroi.

6. A compter du même jour, et jusqu'au 31 dec. 1817 inclusivement, notre bonne ville de Paris est autorisée à percevoir un dixième en sus du montant de chacun des droits perçus, tant à l'entrée de la ville qu'à la fabrication.

11-24 oct. 1815. — Ordonnance qui proroge, jusqu'au 1er janv. 1817, la perception des octrois par voie d'abonnement.

27 mars-22 avr. 1816 — Ordonnance concernant les fonds de retenue et les pensions des employés de l'administration des octrois des villes. — V. Pension, p. 755.

28 avr.-4 mai 1816. — Loi de finances (extrait).

TIT. 2. — *Des octrois.*

Art. 147. Lorsque les revenus d'une commune seront insuffisants pour ses dépenses, il pourra y être établi, sur la demande du conseil municipal, un droit d'octroi sur les consommations. La désignation des objets imposés, le tarif, le mode et les limites de la perception, seront délibérés par le conseil municipal et réglés de la même manière que les dépenses et les revenus communaux. Le conseil municipal décidera si le mode de perception sera la régie simple, la régie intéressée, le bail à ferme ou l'abonnement avec la régie des contributions indirectes : dans tous les cas, la perception du droit se fera sous la surveillance du maire, du sous-préfet et du préfet.

148. Les droits d'octroi continueront à n'être imposés que sur les objets destinés à la consommation locale. Il ne pourra être fait d'exceptions à cette règle que dans les cas extraordinaires et en vertu d'une loi spéciale.

149. Les droits d'octroi qui seront établis à l'avenir sur les boissons ne pourront excéder ceux qui seront perçus aux entrées des villes au profit du trésor. Si une exception à cette règle devenait nécessaire, elle ne pourrait avoir lieu qu'en vertu d'une ordonnance spéciale du roi.

150. Les règlements d'octrois ne pourront contenir aucune disposition contraire à celles des lois et règlements relatifs aux différents droits imposés au profit du trésor.

151. En cas de quelque infraction de la part des conseils municipaux aux règles posées par les articles précédents, le ministre des finances, sur le rapport du directeur général des contributions indirectes, en référera au conseil du roi, lequel statuera ce qu'il appartiendra.

152. Des perceptions pourront être établies dans les banlieues autour des grandes villes, afin de restreindre la fraude; mais les recettes faites dans ces banlieues appartiendront toujours aux communes dont elles seront composées.

153. Le produit net des octrois, dans toutes les communes où il est perçu, sera soumis, au profit du trésor, à un prélèvement de 10 p. 100, à titre de subvention, pendant la durée de la présente loi. — Il sera fait deduction sur les produits passibles de cette retenue, du montant de la contribution mobilière, dans les villes où elle est remplacée par une addition à l'octroi. — Il en sera de même du montant de l'abonnement que la régie pourrait consentir avec les villes, en remplacement du droit de détail en exécution de l'art. 73 de la présente loi. — A compter du 1er juill. 1816, il ne pourra être fait aucun autre prélèvement, soit sur le produit net des octrois, soit sur les autres revenus des communes sous quelque prétexte que ce soit, et en vertu de quelques lois et ordonnances que ce puisse être. Elles sont expressément rapportées en ce qu'elles pourraient avoir de contraire à la présente loi.

154. Les préposés des octrois seront tenus, sous peine de destitution, d'opérer la perception des droits établis aux entrées des villes au profit du tresor, lorsque la régie le jugera convenable; elle fera exercer, relativement à ces perceptions, tel genre de contrôle ou de surveillance qu'elle croira nécessaire d'établir. — Lorsque la régie chargera de la perception des droits d'entrée des préposés commissionnés par elle, les communes seront tenues de les placer avec leurs propres receveurs dans les bureaux établis aux portes des villes.

155. Dans toutes les communes où les produits annuels du droit d'octroi s'élèveront à 20,000 fr. et au-dessus, il pourra être établi un préposé en chef de l'octroi. Ce préposé sera nommé par le ministre des finances, sur la présentation du maire, approuvée par le préfet, et sur le rapport du directeur général des contributions indirectes. — Le traitement du préposé surveillant sera fixé par le ministre des finances, sur la proposition du conseil municipal, et fera partie des frais de perception de l'octroi. — Les dispositions de cet article ne sont point applicables à l'octroi de Paris, dont l'administration reste soumise à des règlements particuliers.

156. Les préposés de tout grade des octrois seront nommés par les préfets, sur la proposition des maires. Le directeur général des contributions indirectes pourra, dans l'intérêt du trésor, faire révoquer ceux de ces préposés qui ne rempliraient pas convenablement leurs fonctions.

157. Les 10 p. 100 du produit net des octrois seront versés dans les caisses de la régie, aux époques qu'elle aura déterminées; le montant de ce prélèvement sera arrêté, tous les trois mois, par des bordereaux de recettes et dépenses, visés et vérifiés par le préposé surveillant de l'octroi; le recouvrement s'en poursuivra par la saisie des deniers de l'octroi, et même par voie de contrainte, à l'egard du receveur municipal.

158. La régie des contributions indirectes sera autorisée à traiter de gré à gré avec les communes pour la perception de leurs octrois : les traités ne seront définitifs qu'après avoir été approuvés par le ministre des finances.

159. Tous les préposés comptables des octrois sont tenus de fournir un cautionnement en numéraire, qui sera fixé par le ministre secrétaire d'Etat des finances, à raison du vingt-cinquième brut de la recette présumée. — Le minimum ne pourra être au-dessous de 200 fr. — Pour les octrois des grandes villes, il sera présenté des fixations particulières. — Ces cautionnements seront versés au trésor, qui en payera l'intérêt au taux fixé pour ceux des employés des contributions indirectes.

8-14 janv. 1817. — Ordonnance qui autorise la perception pendant l'année 1817, de nouveaux droits d'octroi au profit de la ville de Paris.

25-26 mars 1817. — Loi de finances portant que les droits d'octroi qui seront établis à l'avenir sur les huiles ne pourront excéder ceux qui seront perçus aux entrées des villes au profit du trésor (art. 108). — V. Impôts indirects, p. 418.

11-22 juin 1817. — Ordonnance portant établissement de droits d'octroi dans la banlieue de Paris.

Louis, etc.; — Vu l'art. 152 de la loi des finances du 28 avr. 1816 ; — Vu la délibération prise, le 20 sept. 1816, par le conseil général du département de la Seine, faisant fonctions de conseil municipal à Paris ; ensemble les observations et l'arrêté de notre conseiller d'Etat préfet dudit département, en date du 30 du même mois : — Vu aussi les observations de notre conseiller d'Etat directeur général de l'administration des contributions indirectes, et celles de notre ministre secrétaire d'Etat au département de l'intérieur ; — Sur le rapport de notre ministre des finances ; — Notre conseil d'Etat entendu, — Nous avons, etc.

TIT. 1. — *De l'établissement d'une perception de banlieue aux environs de la ville de Paris.*

Art. 1. Il sera établi, autour de notre bonne ville de Paris, une perception de banlieue sur les eaux-de-vie, esprits et liqueurs. — Elle s'étendra à toutes les communes des arrondissements de Sceaux et de Saint-Denis.

2. Dans le rayon assigne à la perception de banlieue, les eaux-de-vie, esprits et liqueurs seront soumis aux droits de consommation réglés par le tarif ci-après, et aux autres dispositions de la présente ordonnance.

DÉSIGNATION des eaux-de-vie, esprits et liqueurs.	MONTANT du droit par hectol.	OBSERVATIONS
Eaux-de-vie en cercles au-dessous de 22 degrés.	15f	Il sera perçu à la distillation des eaux-de-vie de grains, mélasse, vins, marcs, cidres ou autres substances, un droit égal à celui imposé à l'entrée de la banlieue.
Eaux-de-vie en cercles de 22 degrés jusqu'à 28 exclusivement. . .	20	
Eaux-de-vie rectifiées à 28 degrés et au-dessus, esprits, eaux-de-vie de toute espèce en bouteilles. — Eaux de senteur et liqueurs composées d'eau-de-vie et d'esprit, tant en cercles qu'en bouteilles.	30	Les eaux-de-vie ou esprits altérés par quelque mélange que ce soit, sont assujettis aux mêmes droits que les eaux-de-vie ou esprits purs.

3. La direction de l'octroi de Paris sera chargée de la recette et des autres mesures d'exécution, avec le concours et sous la surveillance des maires, des sous-

préfets, et sous l'autorité de notre préfet du département de la Seine et de notre directeur général des contributions indirectes, chacun dans l'ordre de ses attributions.

4. Ladite perception de banlieue ayant pour but de prévenir la fraude aux entrées de Paris, et de procurer aux communes rurales du département de la Seine des revenus dont elles ont besoin, les frais de perception seront supportés par lesdites communes et par l'octroi de Paris. — Le prélèvement sur les recettes à la charge des communes rurales ne pourra excéder 10 p. 100 des produits bruts. La quotité de ce prélèvement sera réglée par notre préfet du département de la Seine, et soumise par notre directeur général des contributions indirectes à l'approbation de notre ministre des finances.

5. La moitié des produits de la perception sera répartie, à la fin de chaque mois, entre les communes situées dans la banlieue, en proportion de leur population respective. — Il sera fait de l'autre moitié un fonds de réserve et de prévoyance, tant pour subvenir au payement des parts et portions qui, à raison de leur intérêt à des dépenses reconnues communes à plusieurs municipalités, pourront leur être assignées par la répartition à faire de ces dépenses dans les formes prescrites par l'art. 46 de la loi du 25 mars dernier, que pour accorder des secours à celles qui éprouveraient des besoins impérieux et auraient à pourvoir à des dépenses extraordinaires.

6. Le fonds de réserve sera versé chaque mois à la caisse des dépôts volontaires, et il ne pourra en être fait emploi que d'après les règles prescrites par notre ord. du 7 mars dernier.

7. Le produit net de la perception sera passible du prélèvement de 10 p. 100 ordonné au profit du trésor par l'art. 153 de la loi du 28 avr. 1816.

8. Le directeur de l'octroi de Paris fera verser dans les caisses des contributions indirectes le montant des 10 p. 100 revenant au trésor, et dans celles du receveur général du département le surplus du produit net. — Ce receveur versera sans retard et en proportion de ses rentrées, dans les caisses des communes, les sommes qui leur seront allouées soit comme fonds ordinaire, soit comme fonds de supplément.

9. A l'expiration de chaque exercice, le directeur et les régisseurs de l'octroi de Paris présenteront le compte général de la perception de banlieue au préfet de la Seine, qui le transmettra avec ses observations au conseil général du département, pour être examiné, discuté et arrêté. — Les doubles de ce compte seront adressés aux sous-préfets des arrondissements de Saint-Denis et de Sceaux, et à notre directeur général des contributions indirectes. — Les sommes allouées aux communes en vertu des articles précédents feront partie de leur comptabilité, qui continuera à être réglée dans la forme ordinaire.

TIT. 2. — *De la perception des droits.*

10. Les limites de la perception, objet de la présente ordonnance, seront déterminées par des poteaux portant ces mots : *Perception de la banlieue de Paris sur les eaux-de-vie, esprits et liqueurs.* — Le placement des bureaux sera déterminé par un arrêté du préfet de la Seine.

11. Tout porteur ou conducteur de boissons spécifiées en l'art. 2 sera tenu, avant d'entrer dans la banlieue, de les déclarer à l'un des bureaux qui seront établis à cet effet sur les limites, et d'exhiber aux préposés les lettres de voiture, passavants, congés, acquits-à-caution ou toutes autres expéditions délivrées pour lesdites boissons par la régie des contributions indirectes.

12. Lorsque les boissons seront destinées pour la banlieue, le porteur ou conducteur sera tenu d'acquitter le droit au moment même de la déclaration et avant l'introduction, à moins qu'étant porteur d'un acquit-à-caution, il ne déclare vouloir l'acquitter au moment de la décharge de cette expédition.

13. Les porteurs ou conducteurs de boissons arrivant en destination de Paris ou de l'entrepôt général de cette ville seront tenus de se munir d'acquits-à-caution au bureau d'entrée de la banlieue, si déjà ces boissons ne sont accompagnées d'une semblable expédition délivrée par l'administration des contributions indirectes. — Il en sera de même à l'égard des eaux-de-vie, esprits et liqueurs qui, ayant pour destination un lieu situé hors de la banlieue, en traverseront le territoire pour y arriver.

14. Les eaux-de-vie, esprits et liqueurs qui sortiront de l'entrepôt général ne pourront être enlevés qu'avec un acquit-à-caution.

15. Les acquits-à-caution délivrés en exécution des articles précédents seront déchargés par les employés de l'octroi de Paris ou des contributions indirectes, soit après l'acquittement des droits aux entrées de Paris, soit après la prise en charge à l'entrepôt général, soit enfin après la vérification, au bureau de la sortie de la banlieue, des eaux-de-vie, esprits et liqueurs qui seront expédiés pour le dehors.

16. Il ne pourra être établi de distilleries dans la banlieue qu'en vertu d'une autorisation donnée par le préfet de la Seine.

17. Il sera fait mention sur les congés ou acquits-à-caution délivrés par les préposés des contributions indirectes, pour les eaux-de-vie, esprits ou liqueurs qui seront enlevés de l'intérieur de la banlieue, que l'expéditeur a justifié de l'acquittement du droit de banlieue.

18. Les eaux-de-vie, esprits et liqueurs circulant dans la banlieue sans acquits-à-caution de l'octroi, ou sans quittance du droit de banlieue, ou sans que les expéditions dont ils seront accompagnés pour les contributions indirectes, présentent la mention voulue par l'article précédent, seront saisis par les préposés de l'octroi ou des contributions indirectes.

19. Conformément à l'art. 53 de la loi du 28 avr. 1816, les débitants de boissons seront tenus de représenter aux employés des contributions indirectes les quittances du droit de banlieue, pour les eaux-de-vie, esprits et liqueurs qu'ils auront introduits dans leur débit; celles de ces boissons pour lesquelles ils ne pourront justifier de l'acquit de ce droit, seront saisies et confisquées.

TIT. 3. — *Dispositions transitoires.*

20. Les eaux-de-vie, esprits et liqueurs qui existeraient en charge, lors de la promulgation de la présente ordonnance, dans les comptes ouverts par les préposés des contributions indirectes aux marchands en gros, commissionnaires, facteurs, dépositaires, courtiers, bouilleurs, distillateurs, débitants et autres faisant un commerce quelconque de ces boissons dans le rayon assigné à ladite perception, seront soumis aux droits de banlieue, si, dans le délai de dix jours, ces boissons ne sont expédiées, soit à l'entrepôt général, soit à l'extérieur.

TIT. 4. — *Dispositions générales.*

21. Les eaux-de-vie, esprits et liqueurs ne pourront être entreposés dans la banlieue; celles desdites boissons qui auront été déclarées lors de l'introduction comme ayant une destination extérieure, et dont le transport serait interrompu par une cause quelconque, devront être conduites à l'entrepôt général de la ville de Paris.

22. Toute contravention aux dispositions de la présente ordonnance sera punie de la confiscation des objets saisis, conformément aux lois en matière d'octroi.

23. Le produit de ces confiscations sera réparti conformément aux règles prescrites pour l'octroi de Paris.

24. Dans tous les cas non prévus par les dispositions qui précèdent, on se conformera, en tout ce qui n'est pas abrogé par les lois en vigueur, aux dispositions de nos ordonnances des 9 et 23 déc. 1814, portant règlement d'octroi.

26-29 déc. 1817. — Ordonnance qui proroge jusqu'au 31 déc. 1818 la perception des taxes additionnelles aux droits d'octroi et des augmentations de remise dans les halles et marchés de la ville de Paris.

15-16 mai 1818. — Loi sur les finances (extrait).

Art. 46. Dans aucun cas et sous aucun prétexte, il ne pourra être fait, au profit du trésor, aucun prélèvement sur les centimes ordinaires, extraordinaires ou facultatifs des communes, ni sur les autres revenus, à l'exception : — 1° Du dixième du produit net des octrois, ordonné par l'art. 153 de la loi du 28 avr. 1816; — 2° Des dépenses du casernement et des lits militaires, qui ne pourront, dans aucun cas, s'élever, par chaque année, au-dessus de 7 fr. par homme, et 3 fr. par cheval pendant la durée de l'occupation : au moyen de quoi les réparations et loyers des casernes et tous autres bâtiments ou établissements militaires, ainsi que l'entretien de la literie et l'occupation des lits militaires, seront à la charge du gouvernement.

47. Il continuera d'être fait déduction, sur le produit net des octrois et avant le prélèvement du dixième ci-dessus, du montant des sommes que les communes auront à payer annuellement en capital et intérêts pour dettes arriérées constituées en 1813, 1814 et 1815, et causées par les levées extraordinaires de troupes ou les charges de l'invasion, pourvu toutefois que pour l'acquittement de ces dettes, il ait été créé des taxes additionnelles d'octroi.

48. Le remplacement du montant de la contribution personnelle et mobilière des villes ayant un octroi, pourra être opéré, en 1818, par une perception sur les consommations d'après la demande qui en sera faite aux préfets par les conseils municipaux. — Le mode de perception, pour remplacement, sera réglé par des ordonnances du roi.

3-15 juin 1818. — Ordonnance qui fixe au 1er janv. 1819 l'époque à compter de laquelle cesseront définitivement les octrois par abonnement établis en vertu de l'arrêté du 4 therm. an 10.

23-31 déc. 1818.—Ordonnance portant qu'à compter du 1er janv. 1819, les droits d'octroi établis au profit de la ville de Paris, seront perçus suivant le tarif y annexé.

23-23 juill. 1820. — Loi relative à la fixation du budget des recettes de 1820 (extrait).

Art. 3. Dans les communes qui, en vertu de l'art. 152 de la loi du 28 avr. 1816, ont été ou seront soumises à un octroi de banlieue, les boissons seront admises en entrepôt, aux mêmes conditions que dans l'intérieur de la ville. — Dans la banlieue de Paris, les entrepositaires et marchands en gros d'eau-de-vie, esprits et liqueurs, seront soumis à l'exercice de détail; mais ils jouiront des déductions portées en l'art. 87 de la loi du 25 mars 1817.

4. Le droit de fabrication sera restitué sur les bières qui seront expédiées à l'étranger ou pour les colonies françaises.

28 mars-5 avr. 1821. — Ordonnance portant suppression du droit proportionnel à la valeur des bestiaux achetés pour la consommation de Paris, et remplacement de ce droit par une perception déterminée.

Art. 1. Le droit établi par l'art. 4 de l'ord. du 22 déc. 1819 (1) et proportionnel à la valeur des bestiaux achetés pour la consommation de Paris, est supprimé à partir de la publication de la présente.

2. En remplacement de ce droit, il sera perçu immédiatement par tête de bestiaux vendus pour la même destination, savoir : — Pour chaque bœuf, 10 fr. ; — Pour chaque vache, 6 fr. ; — Pour chaque veau, 2 fr. 40 cent. ; — Pour chaque mouton, 70 cent.

3. Toutes les dispositions de notre ordonnance ci-dessus rappelée qui ne sont pas contraires à la présente sont confirmées.

17-17 août 1822. — Loi de finances (extrait).

Art. 16. A partir du 1er janv. 1823, le produit des centimes additionnels que les villes ont été ou seront autorisées à ajouter temporairement aux tarifs de leur octroi, pour subvenir à des dépenses d'établissement d'utilité publique, ou pour se libérer d'emprunts, cessera d'être soumis au prélèvement de 10 p. 400, auquel sont assujettis les produits ordinaires des octrois.

25 déc. 1822-1er janv. 1823. — Ordonnance qui autorise, à partir du 1er janv. 1823, une réduction des droits d'octroi perçus, au profit de la ville de Paris, sur les vins et vinaigres, et établit une taxe, à compter de la même époque, sur les huiles destinées à la consommation de cette ville.

24-26 juin 1824. — Loi portant que les droits d'octroi seron perçus par hectolitre d'alcool pur (art. 9). — V. Impôts ind., p. 422.

15-26 juill. 1824. — Ordonnance qui détermine les formes dans lesquelles seront réglés les comptes des receveurs des octrois (abrogée par l'ord. du 23 juill. 1826).

28 déc. 1825-1er janv. 1826. — Ordonnance portant règlement pour le service du bureau central de vérification établi près la direction de l'octroi de Paris (rapportée par l'ord. du 17-28 juill. 1837).

23 juill.-1er août 1826. — Ordonnance relative à la comptabilité des receveurs municipaux.

(1) V. Boucher, n° 105, p. 349 note 2.

Art. 1. Les receveurs municipaux seront désormais comptables de la totalité des recettes et des dépenses des octrois, et en rendront compte aux mêmes époques et dans les mêmes formes que pour les autres recettes et dépenses communales.

2. En conséquence, il ne sera plus établi de comptes particuliers pour cette branche de revenus, et les comptes rendus en vertu de l'article précédent, après avoir été examinés et discutés par les conseils municipaux, seront jugés par notre cour des comptes, pour les communes dont les revenus ordinaires, y compris l'octroi, s'élèvent à 10,000 fr., et par les conseils de préfecture, pour les autres communes.

3. Lorsque l'octroi ne sera *ni affermé ni en régie intéressée*, les receveurs municipaux produiront, à l'appui de leur gestion, les pièces justificatives *du produit brut et des frais de perception*. — Lorsqu'il sera en régie intéressée, ils devront, outre les justifications ordinaires de la recette et des frais, produire, selon les cas, le compte provisoire de fin d'année, ou le compte définitif de fin de bail, des bénéfices partagés avec le régisseur, conformément au décret du 17 mai 1809. — Lorsque l'octroi sera affermé, ces comptables n'auront à justifier que des versements dus et effectués par le fermier, suivant les conditions du bail.

4. Les dispositions qui précèdent seront applicables aux comptes à rendre, en 1827, pour l'année 1826.

5. D'après ces dispositions, l'ordonn. du 15 juill. 1824 est abrogée, et l'art. 72 de l'ordonn. du 9 déc. 1814 se trouve rapporté.

10-23 juill. 1827. — Ordonnance qui modifie le règlement du bureau central de vérification établi près la direction de l'octroi de Paris (rapportée par l'ord. des 17-28 juill. 1837).

17 fév. 1830-29 janv. 1833. — Ordonnance concernant l'annexe de l'entrepôt général des vins à Paris. — V. Impôts ind., p. 425.

4-12 juill. 1830. — Ordonnance portant que désormais les droits d'octroi sur les bestiaux vivants et sur ceux abattus au dehors, introduits par quartier, pourront être établis au poids ou par tête.

22 juill.-29 août 1831. — Ordonnance pour l'organisation et la comptabilité de la régie de l'octroi à Paris.

29-30 mars 1832. — Loi autorisant un emprunt pour la ville de Paris (extrait).

Art. 7. Les voitures particulières suspendues seront, à l'avenir, soumises, aux entrées de Paris, aux mêmes visites que les voitures publiques.

8. Les dispositions des art. 27 et 46 de la loi du 28 avr. 1816 seront applicables à la fraude sur toutes les denrées sujettes aux droits d'octroi à l'entrée dans Paris : toutefois, l'amende ne sera plus que de 100 à 200 fr. pour la fraude dans les voitures particulières suspendues.

9. L'introduction ou la tentative d'introduction dans Paris d'objets soumis aux droits d'octroi, à l'aide d'ustensiles préparés ou de moyens disposés pour la fraude, donnera lieu à l'application des art. 223, 224 et 225 de la même loi.

17-19 avr. 1832. — Loi qui soumet à la contrainte par corps tous redevables, débiteurs et cautions de droits d'octroi (art. 11). — V. Contr. par corps, p. 556.

17-24 août 1832. — Ordonnance portant approbation d'un tarif supplémentaire pour la perception de l'octroi de Paris.

15 sept.-3 oct. 1832. — Ordonnance portant réduction du droit établi sur le verre à vitre en table par le tarif de l'octroi de Paris annexé à l'ordonnance du 17 août 1832.

7 janv.-1er fév. 1833. — Ordonnance contenant des modifications au régime de l'entrepôt des vins à Paris. — V. Impôts ind., p. 424.

22 mars-15 avr. 1833. — Ordonnance sur l'entrepôt général des boissons de la ville de Paris. — V. Impôts ind., p. 424.

24 mai-1er juin 1834. — Loi portant fixation du budget des recettes de l'exercice 1835 (extrait).

Art. 9. Les dispositions des art. 7, 8 et 9 de la loi du 29 mars 1832, relative aux octrois de Paris, sont rendues applicables à toutes les communes du royaume ayant un octroi.

10. Sur la demande des conseils municipaux, il pourra être fait application, dans les villes sujettes à l'octroi, des dispositions de l'art. 10 de la loi du 1er mars 1822, qui prohibe la fabrication et la distillation des eaux-de-vie dans la ville de Paris.

23. A chaque session législative et au moment de la présentation du budget, il sera distribué aux chambres un état indiquant les communes en faveur desquelles il aura été fait usage, dans l'année précédente, de la faculté accordée par l'art. 149 de la loi du 28 avr. 1816. — Toutefois, et par exception, à la session de 1835, ce tableau comprendra le relevé général de toutes les communes soumises aux droits d'entrée, en énonçant en outre, dans une colonne spéciale et par chaque commune, le produit total de l'octroi perçu au profit de cette même commune.

22 mai-2 juin 1836. — Ordonnance qui réduit le droit d'octroi perçu à Paris sur la menuise de bois dur ou de bois blanc.

17-28 juill. 1837. — Ordonnance qui supprime la halle de déchargement ou bureau central de vérification de l'octroi de Paris.

Art. 1. La halle de déchargement ou bureau central de vérification de l'octroi de Paris est supprimée, et les ordonnances du 28 déc. 1825 et 10 juill. 1827 sont rapportées.

2. Les voituriers qui voudront faire vérifier à couvert leurs chargements avant l'introduction dans Paris seront tenus de les conduire à l'une des barrières où la ville aurait fait construire des hangars à ce destinés.

29 juin-21 juill. 1838. — Ordonnance portant : Art. 1. Il sera formé, à Paris, sur un terrain situé en face de l'entrepôt des douanes des Marais, un entrepôt public dans lequel seront admis les articles compris au tarif des droits d'octroi de cette ville, à l'exception toutefois des objets suivants : 1° Les boissons et autres liquides, sauf les essences de térébenthine; 2° les bestiaux et la viande fraîche de boucherie, les bois à brûler, les fagots, les charbons de bois et le poussier, les fourrages secs, tels que foin, sainfoin, luzerne et la paille. Quant aux avoines, elles pourront être reçues en entrepôt dans la partie du local qui sera agréée par l'administration de l'octroi. Le conseil municipal sera ultérieurement appelé à délibérer sur les dispositions réglementaires qui régiront l'entrepôt.

14 août-21 sept. 1838. — Ordonnance qui convertit en entrepôt public le marché à fourrages dit du Mont-Parnasse, situé à Paris.

20 déc. 1838-22 janv. 1839. — Ordonnance portant qu'à partir du 1er janv. 1839, le droit de 50 cent., en principal, auquel est imposé l'hectolitre de charbon de terre par le tarif de l'octroi de Paris, sera réduit à 30 c. par hectolitre, décime non compris.

28 mai-13 juin 1839. — Ordonnance portant : Art. 1. L'entrepôt public des fourrages établi par l'ordonnance du 14 août 1838 dans l'ancien marché à fourrages du Mont-Parnasse, situé boulevard d'Enfer, à Paris, s'étendra aux avoines.

11-20 juin 1842. — Extrait de la loi portant fixation du budget des recettes de l'exercice 1843.

Art. 8. A l'avenir l'établissement des taxes d'octroi votées par les conseils municipaux, la modification de celles qui existent actuellement, ainsi que les règlements relatifs à leur perception, seront autorisés par ordonnances royales rendues dans la forme des règlements d'administration publique.

9. Les droits d'octroi qui seront établis sur les boissons, en vertu de ces ordonnances royales, ne pourront excéder ceux qui seront perçus aux entrées des villes au profit du trésor (le décime non compris). — Dans les communes qui, à raison de leur population, ne sont pas soumises à un droit d'entrée sur les boissons, le droit d'octroi ne pourra dépasser le droit d'entrée déterminé par la loi, pour les villes d'une population de quatre mille âmes. — Il ne pourra être établi aucune taxe d'octroi supérieure au droit d'entrée qu'en vertu d'une loi. — L'art. 149 de la loi du 28 avr. 1816 est abrogé.

10. Les taxes d'octroi actuellement existantes, qui sont supérieures aux limites fixées par l'article précédent, continueront à être perçues pendant toute la durée déterminée par l'ordonnance royale d'autorisation. — Ces surtaxes, ainsi que celles dont la durée est illimitée, cesseront néanmoins de plein droit au 31 déc. 1852, sans préjudice du droit qu'ont les communes d'y renoncer avant ce délai.

10-12 mai 1846. — Loi qui rend obligatoire la perception au poids des droits d'octroi sur les bestiaux.

3-10 juill. 1846. — Loi de finances dont l'art. 11 est relatif à la fabrication des cidres et poirés dans l'intérieur de Paris, et l'art. 12 décide que l'exemption du prélèvement du dixième accordé par l'art. 16 de la loi du 17 août 1822, sera applicable toutes les fois que les taxes additionnelles concerneront des objets d'utilité publique, générale ou locale. — D. P. 46. 3. 115

23 déc. 1846. — Ordonnance qui, d'une part, substitue une taxe unique d'octroi de 10 fr. 34 c. par 100 kilogr., aux droits d'octroi et de caisse de Poissy acquittés par tête, et, d'autre part, dispose que le droit d'abatage établi par tête serait à l'avenir également au poids sur ce taux de 2 fr. par 100 kilogr.

7 juill. 1847-2 juin 1848. — Ordonnance portant abrogation des ordonnance et décret qui ont établi et maintenu la prohibition de bâtir dans un rayon de 50 toises, soit 98 mèt., à partir du mur d'enceinte de la ville de Paris.

Louis-Philippe, etc.; — Sur le rapport de notre ministre secrétaire d'Etat au département de l'intérieur; — Vu la demande de la ville de Paris tendant à obtenir l'abrogation : 1° de l'ordonnance du bureau des finances du 16 janv. 1789, portant défense, sous les peines portées par la déclaration du roi du 10 avr. 1783, d'élever ou de réparer aucun mur de clôture ou bâtiment hors la nouvelle enceinte de Paris, qu'à la distance de 50 toises de la clôture; 2° du décret du 11 janv. 1808 qui, en confirmant la prohibition établie par l'ordonnance de 1789 sus-mentionnée, autorise la ville de Paris à acquérir, comme pour cause d'utilité publique, et à la charge d'une juste et préalable indemnité, les maisons construites à moins de 50 toises de distance du mur de clôture; 3° de l'ordonnance du 1er mai 1822 qui étend, pour la ville, la faculté d'acquérir les maisons comprises dans le rayon exceptionnel de 50 toises, aux constructions autorisées ou tolérées dans cette limite, postérieurement au décret de 1808, de même qu'aux terrains non bâtis et à ceux qui, depuis la publication de ce décret, auraient été bâtis malgré les défenses des agents de la voirie; — Vu lesdits décrets et ordonnances, les délibérations du conseil municipal de Paris, notamment celles en date des 15 juill. 1825, 8 fév. 1826, 10 juill. 1829, 3 fév., 24 mars et 16 déc. 1831; les lettres du préfet de la Seine des 13 août 1825, 19 avr. 1834 et 10 fév. 1845; celles du préfet de police du 23 déc. 1844, du directeur-président du conseil d'administration de l'octroi de Paris, en date du 11 mai 1836, et enfin la lettre du ministre des finances du 5 août 1845; ensemble toutes les autres pièces produites; — Notre conseil d'Etat entendu, etc.

Art. 1. Sont et demeurent abrogés l'ordonnance du bureau des finances du 16 janv. 1789, le décret du 11 janv. 1808 et l'ordonnance royale du 1er mai 1822, qui ont établi et maintenu la prohibition de bâtir dans un rayon de 50 toises, soit 98 mèt., à partir du mur d'enceinte de la ville de Paris.

2. Il sera statué ultérieurement sur tous les alignements auxquels devront être soumis les propriétaires riverains des boulevards extérieurs de Paris.

3. Les terrains que les propriétaires seront contraints de céder à la voie publique, par suite des nouveaux alignements qui leur seront donnés, leur seront payés conformément aux lois et règlements sur la voirie de Paris.

1er-10 août 1847. — Loi qui autorise la ville de Paris à proroger les taxes d'octroi permis actuellement sur les boissons. — D. P. 47. 3. 163.

18-29 avr. 1848. — Décret qui supprime, à Paris, les droits d'octroi sur la viande de boucherie. — D. P. 48. 4. 72.

18-19 avr. 1848. — Décret relatif au droit d'octroi sur les vins — D. P. 48. 4. 72.

24-26 avr. 1848. — Décret concernant les droits à percevoir, à Paris, sur la volaille, le gibier, la marée, le poisson d'eau douce, les huîtres et le beurre. — D. P. 48. 4. 75.

24-26 avr. 1848. — Décret relatif à la perception de la taxe de caisse de Poissy et de celle d'abatage sur les bestiaux livrés vivants à la consommation de Paris. — D. P. 48. 4. 75.

24-26 avr. 1848. — Décret qui supprime les droits d'octroi sur la viande fraîche de porc et sur la charcuterie. — D. P. 48. 4. 76.

17 juin-1er juill. 1848. — Arrêté qui approuve un tarif supplémentaire pour la perception de l'octroi de Paris. — D. P. 48. 4. 116.

30 août-1er sept. 1848. — Décret portant rétablissement des droits qui se percevaient sur les viandes à l'octroi de Paris. — D. P. 48. 4. 177.

9 sept.-3 oct. 1848. — Arrêté qui supprime le droit établi, par l'arrêté du 17 juin 1848, sur les fers et fontes de toute espèce, le cuivre et le zinc introduits à Paris. — D. P. 48. 4. 170.

12-17 oct. 1848. — Arrêté qui modifie le tarif de l'octroi de Paris. — D. P. 48. 4. 179.

4-15 nov. 1848. — Arrêté qui modifie le tarif de l'octroi de Paris. — D. P. 48, 4. 190.

28 déc. 1848-26 janv. 1849. — Arrêté portant prorogation de la perception du second décime extraordinaire établi à l'octroi de Paris par l'arrêté du 17 juin 1848. — D. P. 49. 4. 38.

29 déc. 1849-1er janv. 1850. — Décret portant prorogation de la perception du second décime extraordinaire établi à l'octroi de ladite commune de Paris, département de la Seine, par l'arrêté de la commission du pouvoir exécutif, du 17 juin 1848. — D. P. 50. 4. 4.

31 déc. 1849-1er janv. 1850. — Décret relatif à l'octroi de Paris. — D. P. 50. 4. 4.

31 déc. 1849-1er janv. 1850. — Décret portant prorogation des taxes additionnelle et temporaire établies sur les vins et l'alcool, à l'octroi de la commune de Batignolles-Monceaux. — D. P. 50. 4. 5.

8-28 mars 1850. — Loi relative à la liquidation du dixième revenant au trésor public sur le produit de l'octroi de la ville de Paris. — D. P. 50. 4. 65.

30 sept.-16 oct. 1850. — Décret qui supprime la taxe établie sur le thé à l'octroi de Paris, par le décret du 31 déc. 1849. — D. P. 50. 4. 200.

27 déc. 1850-4 janv. 1851. — Décret portant prorogation de la perception du second décime extraordinaire établi à l'octroi de la commune de Paris par l'arrêté du 17 juin 1848. — D. P. 51. 4. 19.

30 janv.-18 fév. 1852.— Décret sur le conseil d'État dont l'art. 13, n° 17, porte que les établissements ou suppressions de tarifs d'octroi et les modifications à ces tarifs doivent être délibérés en assemblée générale du conseil (D. P. 52. 4. 48). —V. nos 54, 57.

17-20 mars 1852. — Loi de finances qui, d'une part, abaisse les droits d'entrée perçus au profit du trésor et dispose que les tarifs des droits d'octroi devront subir la même réduction dans un délai de trois ans, à partir du 1er janv. 1853 (art. 15), et, d'autre part, supprime le prélèvement du dixième attribué au trésor sur le produit des octrois (art. 25).

1er-1er avr. 1854. — Décret qui approuve un tarif supplémentaire pour la perception de l'octroi de la ville de Paris.—D. P. 54. 4. 40.

3-19 nov. 1855. — Décret concernant le tarif de l'octroi de Paris. — Ce décret a été l'objet d'un errata. — D. P. 58. 4. 33.

9 juin-4 août 1857. — Code de justice militaire pour l'armée de terre, portant que les infractions commises par des militaires aux lois sur les octrois, ne sont pas soumises à la juridiction des conseils de guerre (art. 273). — D. P. 57. 4. 128.

4-13 juin 1858. — Code de justice militaire pour l'armée de mer portant que les contraventions commises par des marins ou militaires aux lois sur les octrois, ne sont pas soumises à la juridiction des tribunaux de la marine. — D. P. 58. 4. 90.

29 juill.-28 août 1858. — Décret approuvant un tarif supplémentaire pour l'octroi de Paris. — D. P. 58. 4. 150.

16 juin-3 nov. 1859. — Loi sur l'extension des limites de Paris, dont les art. 4, 5, 6 et 7 étendent le régime de l'octroi de Paris aux communes annexées, sauf quelques dispositions exceptionnelles transitoirement applicables. — D. P. 59. 4. 84.

10-26 déc. 1859. — Décret fixant le tarif pour la location des caves, celliers et magasins de l'entrepôt des vins, eaux-de-vie, huiles et vinaigres de l'octroi de Paris. — D. P. 59. 4. 132.

19-26 déc. 1859. — Décret portant règlement d'administration publique pour l'exécution des art. 4, 5, 6 et 7 de la loi du 16 juin 1859, en ce qui concerne l'application du régime de l'octroi de Paris aux nouvelles limites de cette ville. — D. P. 59. 4. 90.

29 déc. 1860-14 janv. 1861. — Décret portant prorogation des tarif et règlement des octrois établis dans les départements de la Savoie, de la Haute-Savoie et des Alpes-Maritimes (ancien arrondissement de Nice).

31 août-9 sept. 1863. — Décret sur la boulangerie de Paris, dont les art. 2, 3 et 4 établissent un droit spécial sur le blé, la farine et le pain fabriqué. — D. P. 63. 4. 144.

ART. 2. — *Nature et caractère des droits d'octroi. — Rapports de la régie des contributions indirectes avec les administrations locales.*

20. L'octroi municipal a de l'affinité avec les droits d'entrée; il en diffère néanmoins à plusieurs égards, et d'abord en ce qu'il n'est pas restreint aux seules boissons, mais établi sur diverses classes de denrées et marchandises. D'un autre côté, le droit d'entrée est déterminé par la population, et le droit d'octroi par les besoins de la commune.— Jugé, en ce sens, que le droit d'entrée ne doit pas être confondu avec l'octroi; l'un est purement municipal; l'autre est tout entier dans les intérêts du fisc; en sorte que tel individu peut n'être point assujetti à l'octroi, s'il a son domicile hors du rayon, qui n'en sera pas moins soumis au payement du droit d'entrée (Crim. cass. 6 juin 1822, aff. Daussargues, V. Impôts ind., n° 116). — Enfin, le droit d'entrée ne peut varier; il est le même pour tous, puisqu'il fait partie de l'impôt voté par le pouvoir législatif. Au contraire, l'octroi appartenant à un intérêt purement local, peut être étendu ou restreint, au gré des conseils municipaux; de là vient que chaque octroi est régi par des règlements qui lui sont propres, mais qui jamais ne doivent être en opposition avec les lois générales de la matière, ni surtout avec celles qui sont relatives aux différents droits imposés au profit du trésor. Dès lors, nous avons dû, parmi les arrêts que nous avons recueillis, faire un choix des décisions qui statuaient sur des questions d'une application générale, et négliger la plupart de celles qui se renfermaient dans l'interprétation des termes de quelque règlement local.—Malgré la corrélation existant entre les droits d'entrée et les octrois, il faut conserver à chaque matière la législation qui lui est propre. La cour de cassation a poussé ce principe jusqu'à décider qu'un procès-verbal, rédigé par des employés de l'octroi, et qui constatait à la fois une contravention aux droits réunis, et une autre à l'impôt municipal, devait être apprécié, dans ses formes, suivant les lois particulières à chaque régie (Crim. cass. 14 déc. 1821, aff. Micol, V. n° 371).

21. Il a été jugé aussi : 1° que la perception d'un droit sur les boissons au profit du trésor public par application de la loi du 28 avr. 1816 ne fait pas obstacle à l'établissement d'un droit d'octroi à percevoir au profit des communes sur la vente au détail des boissons; et cet établissement a pu être réglé constitutionnellement dans les communes de la Savoie après l'annexion par décrets impériaux rendus avant le 1er janv. 1861 (Crim. rej. 9 mai 1862, aff. Guennard, D. P. 63. 5. 263, n° 7); — 2° Que la suppression du droit additionnel de gabelle dans les communes annexées de la Savoie, n'a porté aucune atteinte à la perception du droit d'octroi sur les boissons qui a été maintenu par les décrets pris à la suite de l'annexion (même arrêt, *eod.*, n° 6).

22. Un droit d'octroi ne cesse pas d'être tel et ne change pas de nature, par cela seul que le gouvernement a omis d'effectuer sur le montant de ce droit, le prélèvement du dixième qu'il perçoit en général sur les produits des octrois (Req. 22 mars 1832, aff. Bouchers de Paris, V. Boucher, n° 108).

23. Le droit perçu par la caisse de Poissy, au profit de la ville de Paris, sur les bœufs, vaches, veaux et moutons, qui sont achetés sur les marchés de Sceaux et de Poissy, pour l'approvisionnement de Paris, est un véritable droit d'octroi, qui a pu, à ce titre, être établi par ordonnance royale, et non un impôt dont la création n'ait pu s'opérer qu'en vertu d'une loi. La raison en est que le droit dont il s'agit est un droit de consommation sur les bestiaux achetés pour l'approvisionnement de Paris, qu'il est affecté aux dépenses de cette ville, sans qu'il soit possible d'en changer la destination; et qu'un droit présentant ces caractères ne saurait être autre chose qu'un droit d'octroi (Req. 22 mars 1832, aff. Bouchers de Paris, V. Boucher, n° 108).

24. Mais on ne peut considérer comme un octroi municipal le droit de péage établi au profit d'une ville, comme taxe de construction et d'entretien d'un port, *sur l'universalité des marchandises qui y débarquent, ainsi que sur toutes les personnes embarquant ou débarquant dans ce port* : un tel droit diffère essentiellement des droits d'octroi, qui ne peuvent être assis que sur certains objets de *consommation locale*; en conséquence, on ne peut appliquer à ce droit de péage la loi du 2 vend. an 8, qui défère aux juges de paix les contestations civiles relatives à l'application du tarif en matière d'octroi, quel que soit le taux de la demande (Cass. 24 juin 1840; 29 mars 1841) (1).

25. Les communes perçoivent encore d'autres droits qu'il ne faut pas confondre avec les taxes d'octroi. Tels sont notamment : 1° les droits de location des places dans un marché, lors même qu'ils seraient établis à raison de la valeur des marchandises. — Toutefois, des difficultés assez graves peuvent s'élever à cet égard (V. Commune, n°s 497, 755); — 2° Le droit établi pour le dépôt des huîtres dans un parc dont la commune est propriétaire (Crim. cass. 8 nov. 1821, aff. Duhommet, V. Commune, n° 756); — 3° Les droits de pesage, mesurage et jaugeage, bien que la perception en soit assimilée à celle des octrois (arg. Crim. cass. 7 avr. 1837, aff. Vidal, V. Forfait., n° 69).

26. Les droits d'octroi ont pour destination principale de subvenir aux dépenses de la commune, si ses revenus ordinaires sont insuffisants. Dans ce cas, le terme de leur perception n'est pas limité. — D'autres fois, ils servent à faciliter le remboursement d'un emprunt fait par la commune ou l'exécution de travaux publics, la taxe est alors temporaire. — Outre cette destination principale, les taxes d'octroi ont plusieurs affectations particulières; ainsi, sans parler du prélèvement du dixième au profit du trésor aujourd'hui supprimé, il est encore prélevé, sur les produits de l'octroi des villes où il existe des bâtiments militaires, une somme destinée à compenser la dépense qui résulte pour l'Etat des taxes imposées sur les objets consommés par les troupes (L. 15 mai 1818, V. Commune, n°s 436 et suiv., et *infrà*, n°s 293 et suiv.).

27. Dans certaines villes, d'après la loi du 21 avr. 1832, les conseils municipaux peuvent, avec l'autorisation du gouvernement, convertir leur contingent dans la contribution personnelle et mobilière en un prélèvement sur les produits de l'octroi (V. à cet égard Impôt dir., n° 244).—Mais le nombre des villes qui ont profité de cette faculté a été longtemps fort minime ; ainsi, M. Chabrol, dans son rapport sur l'administration des finances en 1830, présentait le tableau de vingt-cinq villes seulement dans lesquelles la contribution mobilière et personnelle était prélevée en tout ou en partie sur l'octroi. En 1837, il était descendu à seize, et, en 1852, il était réduit à neuf (V. Dict. d'économie polit., v° Octroi). — Il paraît cependant que, sous le nouvel empire, le nombre de ces villes tend à s'accroître. D'après une note insérée au Moniteur du 10 mai 1853, le gouvernement serait disposé à favoriser les mesures de ce genre. Parmi les villes qui ont profité de cette faculté, on peut citer Paris, Lyon, Marseille, Bordeaux, Strasbourg, Versailles, Grandville, Lorient, Cherbourg, etc. (V. Dict. gén. d'admin., publié par M. Alfred Blanche, suppl., v° Octroi, p. 294).

28. *Surveillance attribuée à la régie des contributions indirectes.* — La régie des contributions indirectes a, sous l'autorité du ministre des finances, une surveillance générale sur la perception et l'administration de tous les octrois de l'empire (ord. de 1814, art. 88). — Les attributions de la régie à cet égard, sont énumérées dans les art. 89 et suiv. de l'ordonnance. — Les employés de cette régie concourent aussi, en certains cas, à la répression des fraudes en matière d'octroi (ord. de 1814, art. 92). — Ils suivent, dans l'intérêt des communes comme dans celui du trésor, les exercices dans l'intérieur du lieu sujet, chez les entrepositaires de boissons et chez les brasseurs et les distillateurs. Il est tenu compte par l'octroi, à la régie des contributions indirectes, de partie des dépenses occasionnées par ces exercices (ord. de 1814, art. 91). — Il a été jugé, par application de la dernière disposition : 1° qu'une commune doit tenir compte à la régie des dépenses occasionnées par les exercices qui ont eu lieu chez les entrepositaires ou brasseurs situés sur son territoire (cons. d'Et. 14 juill. 1819, M. Bellisle, rap., aff. ville de Bourges); — 2° Que l'interruption des exercices de la régie chez les brasseurs et distillateurs d'une ville n'empêche pas que l'octroi tienne compte à la régie d'une partie des frais occasionnés par les exercices qu'elle a faits chez les entrepositaires (cons. d'Et. 28 juill. 1819, M. de Bellisle, rap., aff. ville de Rochefort *C.* contrib. indir.); — 3° Qu'il est dû indemnité par l'octroi d'une ville à la régie, pour les exercices réclamés sur les boissons introduites sur des gabarres dans un port de mer, lesquelles doivent être assimilées à un entrepôt et non à des voitures en transit (même décision),... que le ministre des finances est compétent pour en fixer le taux (même décision), et que sa décision ne peut être attaquée par la voie contentieuse (cons. d'Et. 3 juin 1820, M. Cormenin, rap., aff. ville de Rennes); — 4° Que cette indemnité ne peut être considérée comme un prélèvement interdit par l'art. 153 de la loi du 28 avr. 1816 (V. *infrà*, n° 280). — L'indemnité se calcule sur la totalité des droits d'octroi payés par les entrepositaires (V. MM. Girard et Fromage, édit. 1860, p. 428, 429).

29. Les différentes dispositions de l'art. 91 de l'ord. de 1814 s'appliquent seulement aux communes qui sont assujetties en même temps au droit d'entrée et au droit d'octroi. Là où il n'existe pas de droit d'entrée, les employés de la régie ne peuvent exercer, pour le compte de l'octroi, que d'après des conventions particulières, et, par conséquent, c'est d'après ces conventions que l'indemnité est due dans ce cas, et non en vertu de l'art. 91 (cod. des octrois, p. 37, §§ 118, 119 et note).

Art. 3. — *Etablissement et suppression des octrois. — Tarifs, règlements.*

30. Le rôle des droits d'octroi dans la répartition des charges publiques, l'influence qu'ils peuvent exercer sur la consommation, et par suite sur l'état du commerce, la concurrence qu'ils apportent à certains revenus du trésor, tout appelait l'intervention de l'autorité supérieure dans l'établissement, le règlement et la fixation de ces droits. — Le décret du 25 mars 1852, sur la décentralisation administrative, n'a apporté aucune modification à la règle d'après laquelle le gouvernement doit intervenir pour l'établissement des octrois.—D'après les lois des 9 germ. an 5, art. 6, 11 frim. an 7, art. 51, les octrois ne pouvaient être autorisés que par un acte du pouvoir législatif. Mais ce régime fut modifié par la loi du 5 vent. an 8 qui exigea seulement l'approbation du gouvernement (art. 2). Bien plus, un arrêté du 13 therm. de la même année, donna au ministre de l'intérieur le pouvoir d'approuver provisoirement les tarifs et règlements d'octroi, et une telle autorisation était considérée comme autorisation du

(1) 1re *Espèce :* — (Labastie *C.* Lavielle.) — La cour ; — Vu l'art. 1 de la loi du 2 vend. an 8 ; — Attendu que la compétence attribuée aux juges de paix par la loi du 2 vend. an 8 sur les contestations civiles relatives à l'application du tarif ou à la quotité des droits en matière d'octrois municipaux, est une compétence exceptionnelle qui doit être restreinte à ses limites légales :—Attendu que le droit de péage réclamé par le fermier représentant la commune de Peyrehorade, et établi, comme taxe de construction et d'entretien du port, sur l'universalité des marchandises qui y débarquent, ainsi que sur toutes les personnes embarquant dans les bateaux ou en débarquant, diffère essentiellement des droits d'octroi que la législation de la matière, et notamment la loi du 28 avr. 1816, permet d'asseoir seulement sur certains objets de consommation locale, et que la circonstance qu'il s'agit d'une taxe perçue au profit de la commune, en échange de certains travaux spéciaux dont cette commune a pris la charge, ne suffit pas pour conférer à ladite taxe le caractère d'un octroi municipal ; — Attendu qu'aucune loi spéciale n'a attribué aux juges de paix la connaissance des contestations relatives à la taxe dont il s'agit dans l'espèce ; — Attendu, en conséquence, que le jugement attaqué, en rejetant l'exception d'incompétence proposée par le demandeur en cassation, a faussement appliqué l'art. 1 de la loi du 2 vend. an 8 ; — Qu'il a, par suite, violé ledit article, méconnu les règles de sa compétence et commis un excès de pouvoir ; — Sans qu'il soit besoin de statuer sur les autres griefs de cassation ; — Casse,

Du 24 juin 1840.-C. C., ch. civ.-MM. Portalis, 1er pr.-Renouard, rap.-Laplagne-Barris, 1er av. gén., c. conf.-Morin et Dufour, av.

2° *Espèce :*—(Labarthe *C.* Lavielle.) — Le sieur Lavielle avait intenté contre les frères Labarthe, maîtres de bateaux, une action semblable à celle qu'il avait formée contre le sieur Labastie. Cette action ayant été accueillie par le tribunal de Dax, par les mêmes motifs, les frères Labarthe se sont pourvus contre le jugement de ce tribunal en invoquant les mêmes moyens.

Du 24 juin 1840, arrêt de cassation conçu en termes tout à fait identiques.-MM. Renouard, rap.-Morin et Dufour, av.

3° et 4° *Espèce :* — (Labastie, Labarthe *C.* Lavielle.) — Du 29 mars 1841, deux arrêts identiques rendus entre les mêmes parties.-MM. Renouard, rap.-Dupin, pr. gén., c. conf

gouvernement. — C'est par application de ces actes qu'il a été jugé qu'un droit d'octroi ne peut être légitimement perçu sans l'approbation du gouvernement ou l'autorisation provisoire du ministre de l'intérieur (Crim. rej. 15 janv. 1820, aff. Collet-Gardien, V. Commune, n° 754; Civ. rej. 4 juin 1823, aff. Pierre, *eod.*, n° 497). — Mais, comme on va le voir, l'approbation seule du ministre de l'intérieur serait maintenant insuffisante pour rendre obligatoire, même provisoirement, un tarif et un règlement d'octroi.

31. Les formalités qui doivent précéder l'établissement d'un octroi sont déterminées aujourd'hui par les art. 5 et suiv. de l'ord. de 1814 et l'art. 147 de la loi de 1816. — L'art. 5 de l'ordonn. du 9 déc. 1814 porte : « Les octrois sont établis pour subvenir aux dépenses qui sont à la charge des communes : ils doivent être délibérés d'office par les conseils municipaux. Cette délibération peut aussi être provoquée par le préfet, lorsqu'à l'examen du budget d'une commune, il reconnaît l'insuffisance de ses revenus ordinaires, soit pour couvrir les dépenses annuelles, soit pour acquitter les dettes arriérées ou pourvoir aux besoins extraordinaires de la commune. » — *Ils doivent être délibérés par les conseils municipaux*, dit cet article; cette règle est en rapport avec le principe posé plus tard par la loi du 18 juill. 1837, art. 19, n° 2, d'après lequel ces conseils sont appelés à délibérer sur les tarifs et règlements de perception de tous les revenus communaux (V. Commune, nos 373 et s.). — L'art. 147 de la loi du 28 avr. 1816 précise les points sur lesquels doit porter la délibération du conseil municipal : il dispose en ces termes : « Lorsque les revenus d'une commune seront insuffisants pour ses dépenses, il pourra y être établi, *sur la demande du conseil municipal*, un droit d'octroi sur les consommations. La désignation des objets imposés, le tarif, le mode et les limites de la perception seront délibérés par le conseil municipal et réglés de la même manière que les dépenses et les revenus communaux. Le conseil municipal décidera si le mode de perception sera la régie simple, la régie intéressée, le bail à ferme ou l'abonnement avec la régie des contributions indirectes : dans tous les cas, la perception du droit se fera sous la surveillance du maire, du sous-préfet et du préfet. »

32. La loi du 5 vent. an 8 autorisait l'établissement des octrois « dans les villes dont les hospices civils n'ont pas de revenus suffisants pour leurs besoins. » On pouvait induire de ces expressions, d'une part, que là seulement où les hospices civils manquaient de ressources, des octrois pouvaient être créés, et d'autre part que le produit de ces taxes devait tourner au profit exclusif de ces établissements. Mais les lois postérieures et surtout les articles précités ont précisé le sens de la loi de l'an 8, en permettant la création des octrois dans le cas d'*insuffisance des revenus de la commune* (V. Hospice, n° 115).

33. Les délibérations du conseil municipal portant établissement d'un octroi, dit l'art. 6 de l'ord. de 1814, sont adressées par le maire au sous-préfet, et renvoyées par celui-ci, avec ses observations, au préfet, qui les transmet également, avec son avis, au ministre de l'intérieur, lequel permet, s'il y a lieu, l'établissement de l'octroi demandé, et autorise le conseil municipal à délibérer les tarifs et règlements. — Les projets de règlement et de tarif délibérés par les conseils municipaux, en vertu de l'autorisation du ministre de l'intérieur, ajoute l'art. 7 de la même ordonnance, parviennent de même aux préfets, avec l'avis des maires et sous-préfets. Les préfets les transmettent au directeur général des contributions indirectes, pour être soumis au ministre des finances, sur le rapport duquel l'approbation est accordée s'il y a lieu. — Ainsi, deux parts d'attributions bien distinctes aux ministres de l'intérieur et des finances résultent de ces articles : le conseil municipal délibère sur la création d'un octroi; cette délibération est envoyée au *ministre de l'intérieur*, qui l'approuve, et autorise le conseil à délibérer les tarifs et règlements; ceux-ci sont, à leur tour, transmis au *ministre des finances*, sur le rapport duquel le chef de l'Etat donne son approbation. — Ces formes d'instruction ont été simplifiées par une circulaire du ministre de l'intérieur, en date du 23 mars 1853, d'après laquelle l'autorisation préalable de ce ministre n'est plus nécessaire pour que les conseils municipaux puissent délibérer sur les tarifs et les règlements (1). Une circulaire du 12 fév. 1848, qui exigeait rigoureusement l'accomplissement de cette formalité, a été rapportée par celle de 1853.

34. D'après l'ord. de 1814, l'approbation des règlements et des tarifs pouvait être donnée par une simple ordonnance royale, cette disposition a été changée par la loi du 11 juin 1842, qui exige que les règlements d'octroi soient soumis à l'examen du conseil d'Etat. A l'avenir, dit l'art. 8 de cette loi, l'établissement des taxes d'octroi votées par les conseils municipaux, la modification de celles qui existent actuellement, ainsi que les règlements relatifs à leur perception, seront autorisés par ordonnances royales rendues *dans la forme des règlements d'ad-*

(1) 23 mars 1853. Circulaire du ministre de l'intérieur contenant l'indication de la marche à suivre dans l'instruction des affaires ayant pour objet la création d'un octroi ou la modification des tarifs et règlements de cette perception.

« Monsieur le préfet, une circulaire du 12 fév. 1848, émanée de l'un de mes prédécesseurs, a tracé, d'après les principes posés par les art. 6, 7 et 8 de l'ordonnance du 9 déc. 1814, la marche à suivre pour l'instruction des affaires en matière d'octroi. — Deux parts d'examen sont faites par cette ordonnance, l'une au ministre de l'intérieur, qui apprécie d'abord les projets au point de vue des besoins de la caisse municipale, l'autre au ministre des finances, qui fait statuer sur les taxes et les règlements d'octrois. Si le département de l'intérieur, auquel revient la priorité d'examen, croit devoir admettre, en principe, la demande du conseil municipal, celui-ci peut voter le tarif et le règlement, qui sont ensuite transmis au département des finances. — Mais il était difficile d'apprécier l'importance des ressources à demander à l'octroi sans que les taxes qui servent de base à l'évaluation des produits eussent été votées. Aussi, dans la pratique, la règle s'est modifiée; les formes de l'instruction ont été simplifiées, sans néanmoins s'écarter des principes posés par l'ordonnance de 1814.

» En ce qui concerne l'autorisation préalable du ministre de l'intérieur pour que les conseils municipaux puissent délibérer les tarifs et règlements d'octroi, on doit reconnaître que cette autorisation n'est plus nécessaire dans l'état actuel de la législation, l'art. 6 de l'ordonnance de 1814, qui exige cette formalité, se trouvant implicitement abrogé par l'art. 19 (n° 2) de la loi du 18 juill. 1837, qui dispose d'une manière générale que le conseil municipal délibère sur les tarifs et règlements de perception de tous les revenus communaux. Rien ne s'oppose donc à ce que les assemblées municipales prennent l'initiative en matière d'octroi, comme en toute autre matière concernant l'établissement ou la modification de taxes locales. — Mais il ne résulte pas de cette faculté accordée aux conseils municipaux que leurs propositions relatives aux octrois puissent être approuvées sans que le ministre de l'intérieur ait été mis à même d'examiner si elles sont justifiées par la situation financière communale, et c'est à tort que quelques préfets, pour hâter l'instruction des affaires, croient pouvoir adresser directement les demandes de cette nature à M. le ministre des finances. Cette marche fait d'ailleurs perdre du temps au lieu d'en faire gagner; car mon collègue ne donne pas suite à ces propositions prématurées, avant de me les avoir communiquées et de connaître mon avis. En conséquence, je crois devoir vous rappeler, monsieur le préfet, que la priorité d'examen appartenant au département de l'intérieur, vous devez me transmettre, avec votre avis en forme d'arrêté, les projets relatifs soit à l'établissement de droits d'octroi, soit à la révision des tarifs et règlements en vigueur, après avoir consulté M. le directeur des contributions indirectes du département.

» Chaque demande doit être accompagnée d'un tableau de l'état financier de la commune établissant : 1° le chiffre exact et complet des recettes ordinaires et extraordinaires, tant pour l'année courante que pour les trois dernières années; 2° le chiffre des centimes extraordinaires et des emprunts avec leur durée et leur objet; 3° le produit brut et le produit net de l'octroi; 4° l'énumération des dépenses urgentes et des travaux dûment autorisés auxquels l'augmentation des taxes d'octroi a pour but de subvenir. Le dossier doit contenir aussi le budget de l'exercice courant et toutes les autres pièces propres à justifier de l'insuffisance des revenus de la commune, y compris le produit des prestations et des centimes spéciaux auxquels la loi permet de recourir pour assurer le service des chemins vicinaux, celui de l'instruction primaire et le payement du salaire du garde champêtre; enfin, un résumé de propositions municipales portant, en regard l'un de l'autre, le tarif en vigueur et le tarif projeté, avec l'indication, en plus ou en moins, de la recette sur chaque article de perception, d'après la moyenne de la consommation pendant les trois dernières années.

» Les projets examinés dans mes bureaux et par la section de l'intérieur du conseil d'Etat sont adressés ensuite, s'il y a lieu, avec mon avis à M. le ministre des finances, qui fait statuer définitivement sur les taxes et les règlements proposés. — Telle est la marche à suivre dans l'intérêt de la prompte expédition de ces affaires. Veuillez vous conformer exactement à ces instructions, dont je vous prie de m'accuser la réception »

ministration publique. — Ces affaires doivent être discutées en assemblée générale du conseil (décr. 30 janv. 1852, art. 13, n° 17, D. P. 52. 4. 48). — L'administration des contributions indirectes a envoyé dans les départements un modèle de règlement qui présente tous les articles d'une application générale et ne laisse qu'à pourvoir aux dispositions locales.

35. Les modifications à apporter aux tarifs et aux règlements sont soumises aux mêmes formalités. C'est ce que décide l'art. 8 de l'ord. de 1814, en ces termes : — « Les changements proposés par les maires ou les conseils municipaux, aux tarifs ou règlements en vigueur, et ceux jugés nécessaires par l'autorité supérieure, ne peuvent être exécutés, qu'ils n'aient été délibérés et approuvés de la manière prescrite par les articles précédents. » — De même que les ordonnances portant établissement de l'octroi, celles qui sont relatives à des modifications à apporter aux tarifs et aux règlements actuellement existant doivent être rendus dans la forme des règlements d'administration publique; c'est ce que dit en termes exprès l'art. 8 de la loi du 11 juin 1842.

36. Les changements aux tarifs peuvent avoir pour objet une réduction comme une augmentation des droits; mais, dans ce dernier cas, le gouvernement n'accorde son approbation que dans le cas de nécessité constatée. — On lit, en effet, dans une circulaire ministérielle : — « Vous devez veiller avec soin, monsieur le préfet, à ce que les droits d'octroi ou autres taxes qui seraient proposés comme moyen de remboursement d'un emprunt ne le soient qu'à titre essentiellement temporaire, et d'ailleurs à ce que les administrations municipales n'aient recours à ce moyen qu'*à défaut de toute autre ressource*, en cas d'*urgence absolue* et à la condition que la durée de cet accroissement de charges, qui pèse plus particulièrement sur les classes nécessiteuses, soit strictement limité aux termes du remboursement » (circ. min. int. 12 août 1840, V. Commune, n° 2501). — C'est ainsi, par exemple, qu'il a été décidé que lorsque les recettes d'une commune excèdent ses dépenses, et qu'il y a lieu de penser que l'excédant des revenus, augmenté de la somme affectée au garde champêtre, laquelle peut être comprise au rôle de la contribution foncière (L. 21 avr. 1832, art. 19) suffirait pour amortir le capital de l'emprunt qui serait nécessaire pour créer divers établissements d'utilité publique, il n'y a pas lieu d'autoriser un octroi sur les comestibles dans cette commune (décis. du min. de l'int. 3 nov. 1837, lettre au préfet du Puy-de-Dôme). — Et, d'après un avis du conseil d'Etat, du 23 déc. 1852, une ville ne peut augmenter les ressources de son octroi qu'après le vote des centimes additionnels ordinaires et des centimes spéciaux affectés par les lois à divers services.

37. Les préfets doivent veiller à ce que les objets portés aux tarifs des octrois de leur département soient, autant que possible, taxés au même droit, dans les communes d'une même population (Ord. 9 déc. 1814, art. 100).

38. Le gouvernement peut-il établir un octroi dans une commune contre le vœu du conseil municipal, ou modifier d'office les tarifs existants? — L'affirmative est formellement consacrée par l'art. 7 du décret du 17 mai 1809 et par l'art. 9 de l'ord. du 9 déc. 1814. — « Si les conseils municipaux, dit ce dernier article, refusent ou négligent de délibérer sur l'établissement d'un octroi reconnu nécessaire, ou sur les changements à apporter aux tarifs et règlements, il nous en sera rendu compte, dans le premier cas, par notre ministre de l'intérieur, et, dans le deuxième, par notre ministre des finances, sur les rapports desquels nous statuerons ce qu'il appartiendra. » — Mais à ces textes, on oppose l'art. 147 de la loi du 28 avr. 1816 portant que, lorsque les revenus d'une commune sont insuffisants pour ses dépenses, il peut être établi, *sur la demande du conseil municipal*, un droit d'octroi sur les consommations. — Or, dit-on, puisque cet article exige pour l'établissement d'un octroi *la demande du conseil municipal*, cette demande se trouve former une condition nécessaire des mesures relatives aux octrois, et par conséquent, là où elle n'existe pas, le gouvernement n'a plus de pouvoirs (V. MM. Vuatrin, v° Octroi, n° 19, au dict. d'admin. de MM. Block; Dufour, t. 6, n°s 471 et suiv.). — Cette opinion a été contestée : cependant, elle nous paraît conforme à l'esprit de la loi de 1816 qui a eu pour objet principal de rendre aux municipalités en matière d'octroi l'indépendance que le gouvernement impérial leur avait ravie et que l'ord. de 1814 leur avait très-imparfaitement restituée. Or, quelle plus grave atteinte pourrait-on porter à cette indépendance que d'assujettir une commune à un impôt qu'elle refuse de subir? — V. en ce sens cons. d'Et. 16 déc. 1842, aff. ville de Troyes, n° 337-1°; 5 juin 1848, aff. ville d'Auch, *eod.*; — V. toutefois cons. d'Et. 25 avr. 1845, aff. ville d'Amboise, au numéro suivant.

39. En admettant, contrairement à l'opinion qu'on vient d'émettre, que l'art. 9 de l'ord. de 1814 soit resté en vigueur, il est à remarquer, en tout cas, que cet article se trouve modifié dans sa disposition finale par l'art. 8 de la loi du 11 juin 1842 précitée. — D'après cette disposition, qui modifiait la règle posée par l'art. 7 du décret du 17 mai 1809, suivant lequel le conseil d'Etat devait être préalablement entendu, les octrois pouvaient être établis contre le vœu des conseils municipaux, par une simple ordonnance royale. — Mais il n'en pourrait plus être ainsi aujourd'hui, l'art. 8 de la loi du 11 juin 1842 exigeant que l'établissement des taxes d'octroi soit autorisé par ordonnances rendues dans la forme des règlements d'administration publics. — Il est évident du reste que cette formalité n'est applicable qu'aux ordonnances rendues postérieurement à la loi de 1842 (à supposer, répéterons-nous, qu'elles ne soient pas en opposition avec l'art. 147 de la loi de 1816); quant à celles qui ont précédé cette loi, rendues sous l'empire de la disposition de la loi de 1814, qui n'obligeait pas le gouvernement à consulter préalablement le conseil d'Etat, elles sont inattaquables pour n'avoir pas été précédées de cette formalité. — Il a été jugé à cet égard que la disposition de l'art. 7 du décret du 17 mai 1809, qui veut que le conseil d'Etat soit entendu lorsque les conseils municipaux refusent ou négligent de délibérer ou votent négativement sur l'établissement d'un octroi reconnu nécessaire, n'a pas été reproduite dans l'art. 9 de l'ordon. du 9 déc. 1814, lequel a remplacé l'art. 7 du décret du 17 mai 1809, et qu'elle n'a été prescrite pour l'établissement des actes d'octroi, les modifications à y apporter ou les règlements relatifs à leur perception, que par l'art. 8 de la loi du 11 juin 1842, qui dispose seulement pour l'avenir (cons. d'Et. 25 avr. 1845) (1).

---

(1) *Espèce :* — (Ville d'Amboise.) — Contrairement à l'avis du conseil municipal de la ville d'Amboise, une ordonnance royale du 24 sept. 1841, portant approbation d'un règlement supplémentaire relatif à l'octroi de cette ville, admit à l'entrepôt à domicile et exempta du droit d'octroi le charbon de terre employé dans certains établissements industriels. — Recours au conseil d'Etat par la ville d'Amboise, fondé sur l'illégalité de cette ordonnance : 1° en ce qu'elle n'aurait pas été délibérée en conseil d'Etat, comme le veulent l'art. 7 du décret du 17 mai 1809 et l'art. 151 de la loi du 28 avr. 1816; — 2° En ce qu'elle affranchissait de la perception du droit le charbon de terre consommé dans certains établissements industriels, d'où il résultait que, contrairement aux art. 148 de la loi du 28 avr. 1816, 11 et 105 de l'ordonnance du 9 déc. 1814, le même objet se trouvait affranchi ou grevé du droit selon l'établissement où il était consommé; — 3° En ce qu'elle autorisait l'admission à l'entrepôt du charbon de terre consommé dans l'intérieur du lieu assujetti, bien que, d'après les art. 71 du décret du 17 mai 1809 et 41 de l'ordonnance du 9 déc. 1814, il n'y eût lieu de faire jouir de l'entrepôt que les objets qui devaient être consommés à l'extérieur.

Le ministre des finances a opposé au pourvoi une fin de non-recevoir tirée de ce qu'aucun recours par la voie contentieuse n'est admissible contre les ordonnances portant règlement des droits d'octroi.

Louis-Philippe, etc.; — Vu le décret du 17 mai 1809, la loi du 8 décembre 1814, l'ordonnance du 9 décembre 1814, la loi du 28 avr. 1816 et l'art. 8 de la loi du 11 juin 1842; — Sur la recevabilité du pourvoi : — Considérant que la ville d'Amboise soutient que les formalités prescrites par les lois, décrets et ordonnances précités, relativement à l'établissement des règlements et tarifs d'octroi, n'ont pas été observés par notre ordonnance du 24 sept. 1841; que, dès lors, le pourvoi de la ville d'Amboise est recevable;

En ce qui touche le moyen tiré de ce que notre ordonnance aurait été rendue sans que notre conseil d'Etat eût été appelé à en délibérer, contrairement aux dispositions de l'art. 7 du décret du 17 mai 1809 et de l'art. 151 de la loi du 28 avr. 1816; — Considérant, d'une part, que si, conformément à l'art. 7 du décret du 17 mai 1809, notre conseil d'Etat devait être entendu, lorsque les conseils municipaux refusaient ou négligeaient de délibérer, ou votaient négativement sur l'établissement

40. Lorsqu'un conseil municipal ayant voté l'établissement d'un octroi dans sa commune, soumet le tarif des droits à percevoir à l'approbation du gouvernement, celui-ci peut-il d'office modifier les articles de ce tarif? — La jurisprudence et la pratique de l'administration sont invariablement fixées dans le sens de l'affirmative. — Ainsi, il a été décidé que le gouvernement est investi du droit de restreindre ou rejeter tout article d'un tarif d'octroi proposé par les conseils municipaux, et qu'aucun recours n'est ouvert par la voie contentieuse contre l'ordonnance qui a ainsi approuvé les tarifs et règlements pour la perception des droits d'octroi (cons. d'Et. 18 juill. 1838, M. du Martroy, rap., aff. ville de Commercy; V. aussi av. cons. d'Et., com. de l'int. 20 août 1818, 5 nov. 1834). — Le conseil d'Etat s'est fondé sur les lois des 11 frim. an 7, 27 frim. et 5 vent. an 8, l'arrêté du gouvernement du 13 therm. suivant; l'avis du cons. d'Et. du 11 mai 1807; le décret réglem. du 17 mai 1809; la loi du 8 déc. 1814; l'ord. réglem. du 9 du même mois et la loi du 28 avr. 1816; —MM. Saillet et Olibo, Codes des contrib. indir., p. 433, citent une ord. du roi du 11 déc. 1814, qui aurait décidé dans le même sens que l'autorité souveraine peut d'office faire subir aux projets de règlement et de tarif délibérés par les conseils municipaux, les modifications nécessaires pour les mettre en harmonie avec les lois et règlements généraux sur la matière; mais nous n'avons pas trouvé cette ordonnance. — De même il a été décidé qu'il n'y a pas lieu de modifier une ordonnance royale approbative des règlements et tarifs d'un octroi, laquelle a accordé d'office l'entrepôt à domicile et l'exemption des droits d'octroi, pour les combustibles employés dans les établissements industriels à la fabrication de produits destinés au commerce général du royaume (av. cons. d'Et. 20 mars 1830; Conf. cons. d'Et. 25 avr. 1845, aff. ville d'Amboise, n° 39), et que si les conseils municipaux sont appelés à proposer les droits qu'ils jugent convenable d'établir au tarif de leur octroi, il appartient toujours au gouvernement d'examiner si l'intérêt général permet de les admettre ou de les modifier (av. cons. d'Et. 4 avr. 1848).

41. Il nous avait paru (V. Commune, n 502) que cette jurisprudence était en opposition avec l'art. 18 de la loi du 18 juill. 1837 qui ne permet pas aux préfets de modifier les délibérations du conseil municipal soumises à son approbation. — Mais nous ne croyons pas devoir persister dans cette opinion. Dans l'art. 18 de la loi de 1837, il s'agit de délibérations portant sur des objets qui touchent à l'administration des biens communaux, et que le conseil municipal a droit de réglementer comme il l'entend, pourvu qu'il se conforme aux lois et règlements de la matière. En matière d'octroi au contraire, le conseil municipal ne fait que des propositions, et c'est du gouvernement seul qu'émanent en définitive l'établissement des taxes, la formation des tarifs, les règlements relatifs à la perception des droits; il est donc impossible de lui refuser le droit de modification. — Toutefois, par les motifs exprimés au numéro précédent, nous pensons avec la plupart des auteurs, que le gouvernement pourrait restreindre les droits proposés, mais non les augmenter, car cette augmentation aurait lieu contre le vœu du conseil municipal, ce qui serait contraire à l'art. 147 de la loi du 28 avr. 1816 (V. dans le même sens MM. Trolley, t. 4, n° 1786; Vuatrin, Dict. d'administr. de M. M. Block, v° Octroi, n° 21; Dufour, t. 6, n° 472, et av. cons. d'Et. 20 août 1818 et 24 août 1836, MM. Girard et Fromage, édit. 1860, p. 401). — Au surplus, la jurisprudence qui précède n'est pas contraire à cette opinion.

42. Quelques communes, dont le budget n'est pas approuvé par le chef de l'Etat, avaient pensé que, par cette raison, elles n'étaient pas soumises à faire sanctionner par le gouvernement leurs délibérations, tant sur l'établissement des octrois que sur les tarifs ou changements de tarifs, les règlements, les limites et le mode de perception. Mais cela ne pouvait être admis; les lois ne font aucune distinction. Cette approbation est nécessaire, d'ailleurs, pour maintenir l'uniformité dans l'assiette et dans le mode de perception de l'impôt, pour régler l'action des tribunaux, pour prévenir toute opposition, et surtout pour empêcher que les taxes municipales ne soient établies au préjudice de l'impôt perçu au profit du trésor (instr. min. fin. 6 nov. 1816).

43. L'établissement de droits d'octroi dans une commune qui en était jusque-là dispensée, ainsi que l'imposition du droit sur des matières qui en étaient antérieurement affranchies, ne peuvent avoir d'effet rétroactif. — Il a été jugé par conséquent que le décret qui soumet une marchandise à un droit d'octroi est inapplicable aux objets introduits dans le lieu assujetti, avant sa promulgation, alors même qu'il s'agirait d'objets non encore livrés à la consommation locale, et qui ne deviennent passibles du droit que par l'effet de cette livraison (Civ. rej. 21 janv. 1857, aff. com. de Saint-Servan, D. P. 57. 1. 54).—V. toutefois *infrà*, n°s 178 et suiv.

44. Mais il a été décidé que lorsqu'un décret a établi des taxes additionnelles au tarif de l'octroi d'une ville (la ville de Paris), et a déclaré exemptés de ces taxes les objets introduits avant la publication du décret, on ne peut avoir droit à cette exemption que pour les objets dont il a été fait déclaration au bureau de la recette où les droits devaient être payés avant d'entrer (Cons. d'Et. 23 avr. 1807, aff. Hélouin, etc.).

45. Les règlements de l'octroi ne peuvent contenir aucune disposition contraire à celle des lois et règlements relatifs aux différents droits imposés au profit du trésor (Loi 28 avr. 1816, art. 150). — Ainsi, ils ne peuvent concéder à l'administration de l'octroi le pouvoir de séquestrer et faire vendre les objets déclarés à l'entrée et pour lesquels le droit ne peut être acquitté, ni prononcer des peines pour des contraventions non prévues par les lois et règlements généraux, ni ajouter des peines à celles portées par les lois, telles que la privation de l'entrepôt, l'exigibilité immédiate du droit sur les boissons en magasin, et le payement d'une amende pour les manquants à l'entrepôt (av. cons. d'Et. 24 août 1836).

46. En cas de quelque infraction de la part des conseils municipaux, dit l'art. 151 de la loi de 1816, aux règles posées par les articles précédents, le ministre des finances, sur le rapport du directeur général des contributions indirectes, en référera au conseil du roi, lequel statuera ce qu'il appartiendra. — V. n° 343.

47. Les ordonnances ou décrets portant approbation des tarifs et des règlements d'octroi sont-ils susceptibles de recours devant le conseil d'Etat par la voie contentieuse soit par les communes, soit par des particuliers. Le recours par la voie contentieuse formé par une commune serait admissible si les actes déférés au conseil d'Etat étaient attaqués pour omission des formalités prescrites par la loi, ou pour excès de pouvoirs, comme si, par exemple, ils portaient atteinte à des droits formellement reconnus (V. les arrêts du conseil d'Etat cités n°s 39, 184, 284, 337); mais, dans tout autre cas, le recours par la voie contentieuse n'est pas recevable. — Le gouvernement, lorsqu'il accorde ou refuse son approbation aux tarifs et règlements proposés par les communes, lorsqu'il supprime un article du tarif ou réduit les taxes, agit dans la limite de ses pouvoirs et dispose

---

d'un octroi reconnu nécessaire, cette disposition n'a pas été reproduite dans l'art. 9 de l'ordonnance du 9 déc. 1814, lequel a remplacé l'art. 7 précité du décret du 17 mai 1809, et qu'elle n'a été prescrite pour l'établissement des taxes d'octroi, les modifications à y ajouter et les règlements relatifs à leur perception que par l'art. 8 de la loi du 11 juin 1842, qui dispose pour l'avenir; — Considérant, d'autre part, qu'aux termes de l'art. 151 de la loi du 28 avr. 1816, notre conseil d'Etat n'est appelé à statuer que dans le cas d'infraction de la part des conseils municipaux aux règles posées par les art. 147, 148, 149 et 150 de ladite loi; qu'il ne s'agissait pas dans l'espèce du cas prévu par l'art. 151 précité; qu'il s'agissait de restreindre l'application de l'un des articles du tarif d'octroi de la ville d'Amboise, et qu'il nous appartenait, le conseil municipal entendu, d'y statuer conformément à l'art. 9 précité de l'ordonnance du 9 déc. 1814;

En ce qui touche les moyens relatifs aux art. 148 de la loi du 28 avr. 1816, 11 et 105 de l'ordonnance du 9 déc. 1814, l'art. 71 du décret du 17 mai 1809 et les art. 41 et 42 de l'ordonnance du 9 déc. 1814;— Considérant qu'il résulte des règlements et lois ci-dessus visés que le gouvernement est investi du droit de rejeter ou restreindre tout article du tarif d'octroi sur lequel les conseils municipaux ont été appelés à délibérer, et qu'aucun recours n'est ouvert par la voie contentieuse contre les ordonnances qui ont réglé lesdits faits;

Art. 1. La requête de la ville d'Amboise est rejetée.

Du 25 avr. 1845.-Ord. cons. d'Et.-M. Boulay de la Meurthe, rap.

souverainement; dès lors, le conseil d'Etat statuant au contentieux est incompétent pour critiquer ses actes (V. les arrêts cités nos 39, 40, 338-4°, 339 et s., et M. Dufour, t. 6, nos 474, 475; Vuatrin, Dict. d'admin. de M. Maurice Block, v° Octroi, n° 24).

48. Quant aux recours formés par les particuliers, ils sont généralement déclarés non recevables. « ...Les dispositions des règlements et tarifs d'octroi, dit M. Dufour, t. 6, n° 476, sont, par rapport aux particuliers soumis à leur application, empreintes de tous les caractères des mesures réglementaires. De même que ces mesures, elles émanent d'un pouvoir régulateur, elles ne règlent que les choses attribuées par les lois au domaine de l'autorité appelée à gouverner la société, elles ne statuent que par voie de prescriptions générales, elles sont appliquées par les mêmes magistrats et dans la même forme que les dispositions législatives. Il faut donc dire que les règlements et tarifs d'octroi participent, en ce qui concerne les particuliers, de la nature de véritables règlements d'administration publique, et que, par conséquent, c'est vainement qu'on songerait à réclamer leur réformation par la voie contentieuse. » (Conf. M. Vuatrin, au Dict. d'admin. de M. Maurice Block, v° Octroi, nos 25 et suiv. V. aussi les décisions du conseil d'Etat, citées nos 171, 185 et s., 338-2° et 4°, 340 et s.). — Seulement les particuliers conservent toujours le droit d'opposer devant les tribunaux l'illégalité du règlement en vertu duquel ils seraient poursuivis; l'autorité judiciaire est incontestablement compétente pour apprécier cette illégalité (V. n° 355, et M. Dufour, *loc. cit.*). — Cependant le conseil d'Etat a admis le recours formé par un particulier contre un décret portant extension des limites de l'octroi sur une commune voisine et fondé sur l'omission des formalités (V. n° 185). — « Par ce dernier arrêt, dit M. Vuatrin (Dict. de l'admin. de M. Maurice Block, v° Octroi, n° 30), le conseil d'Etat nous paraît abandonner la doctrine de ses arrêts précédents; il en résulte, en effet, que les particuliers peuvent attaquer par la voie contentieuse les décrets portant approbation des taxes d'octroi. » — C'est, à notre avis, donner à cet arrêt une portée beaucoup trop grande : il en résulterait seulement que lorsqu'il y a omission des formalités prescrites, les habitants *lésés* par le règlement peuvent le déférer au conseil d'Etat, ce qui serait alors placer les particuliers et les communes sur la même ligne.

49. Les conseils municipaux n'ont pas le droit de modifier ni d'interpréter les règlements de l'octroi, sanctionnés par l'autorité supérieure; et leurs arrêtés, lorsqu'ils n'ont pas été revêtus d'une semblable approbation, ne peuvent être invoqués par les tribunaux pour interpréter les règlements dont il s'agit ou pour en excuser la violation (Crim. cass. 2 juin 1820, aff. octroi de la Ferté, V. n° 154; 22 déc. 1820, aff. octroi de Belfort, V. *eod.*, et sur renvoi, Metz, ch. corr. 31 juill. 1821, M. Colchen, pr.; Rej. 27 juill. 1825, aff. Reiss, V. n° 350). — V. aussi *infrà*, n° 176.

50. Lorsque les formalités prescrites ont été remplies et l'approbation donnée, les tribunaux ne peuvent sous aucun prétexte refuser d'appliquer les règlements relatifs aux octrois (Crim. cass. 9 juill. 1819, MM. Barris, pr., Chasles, rap., aff. hab. de la Pocquinerie; 19 mai 1836, aff. maire de la Brugnière, V. Commune, n° 750), ...ni les modifier (Rej. 27 juill. 1825, aff. Reiss, V. n° 350). — Il a été jugé dans le même sens que lorsqu'un octroi a été établi par une loi, les modifications apportées à cet acte par le pouvoir exécutif, sous la législation qui lui donne ce droit, ont force de loi et doivent recevoir leur exécution; qu'ainsi le jugement qui applique l'amende édictée par la loi de la création au lieu de celle établie par le nouveau règlement doit être annulé (Crim. cass. 8 niv. an 10, M. Rataud, rap., aff. N..., int. de la loi). — Il a même été décidé que le règlement de l'octroi qui est en cours d'exécution a force obligatoire, bien que l'époque de sa publication ne soit pas établie (C. sup. de Bruxelles, 3 avr. 1817) (1).

51. Et réciproquement, si l'approbation manque, le règlement n'est pas obligatoire. — Il a été décidé, en effet, que le règlement d'un maire qui fixe le prix d'entrée d'une voiture de grains en gerbe, n'est pas obligatoire, bien qu'il ait été pris en vertu d'un arrêté du préfet portant que les voitures de grains en gerbes payeraient à l'octroi comme paille, alors que cet arrêté n'a pas été approuvé par l'autorité supérieure (Req. 23 juin 1825 (2); Conf. Crim. cass. 15 janv. 1820, aff. Collet-Gardien, V. Commune, n° 754). — D'un autre côté, un règlement d'octroi, même régulièrement approuvé, ne peut déroger aux lois générales : en pareil cas, la loi doit être observée de préférence au règlement (Req. 23 mai 1842, aff. Montalet, V. n° 213).

52. Il n'appartient pas non plus aux tribunaux de modifier le tarif de l'octroi, sous prétexte de l'interpréter par l'usage. — Ainsi il a été décidé : 1° Que lorsque le tarif fixe à tant par stère le droit à percevoir sur le bois *en grume*, un jugement ne peut déclarer que ce droit est réductible dans la proportion du sixième de la circonférence dudit bois, en se fondant sur l'usage généralement suivi relativement à cette réduction (Cass. 11 mai 1841, aff. Latour, V. Loi, n° 531-10°); — 2° Qu'il ne peut surtout statuer par voie de disposition générale, en décidant qu'à l'avenir le droit sera perçu sous les modifications qu'il indique (même arrêt); — 3° Que l'autorité administrative ayant le droit de faire des règlements pour la perception de l'octroi, ces règlements sont obligatoires pour les tribunaux qui doivent réprimer les contraventions qui y sont commises; qu'ainsi un tribunal ne peut, par exemple, omettre de punir l'infraction à un arrêté qui, pour assurer la perception de l'octroi sur les bêtes tuées, enjoint aux bouchers, avant de mettre en vente des viandes fraîches, de les faire marquer aux quatre quartiers, sous les peines portées par la loi (Crim. cass. 8 vent. an 10) (3).

53. Les règlements sur l'octroi et les baux passés avec les communes sont des actes de gestion municipale distincts des règlements de police; ils ne peuvent imposer aux habitants des obligations qui ne sont pas prescrites par ces derniers règlements; par suite, l'adjudicataire du marché d'une ville ne peut prétendre à des dommages-intérêts contre les habitants de la commune qui ont contrevenu à certaines conditions conte-

(1) (Octroi de Tournay C. Lauwers.) — La cour; — Attendu que le règlement relatif à l'octroi de la ville de Tournay, quoiqu'il ne conste pas de l'époque de sa publication, est cependant en verte observance, et ne contient, d'ailleurs, que les mêmes dispositions que le décret du 17 mai 1809; — Attendu que tant le règlement que le décret précité ordonnent la déclaration de la quantité du liquide que l'on veut introduire, sous les peines y comminées; — Attendu que la déclaration d'une quantité moindre par le fait même constitue la fraude; — Casse, etc.

Du 3 avr. 1817.-C. sup. de Bruxelles.-MM. Wautelée, 1er pr.-Destoop, av. gén., c. conf.

(2) (Isambert C. Valet.) — La cour; — Attendu qu'un arrêté du conseil de préfecture, du 29 oct. 1817, avait, à la vérité, décidé que les grains entrant en gerbes dans la ville de Commercy sont assujettis à l'octroi comme paille; mais qu'il ajoutait : « sauf à faire déterminer par l'autorité supérieure la quantité de gerbes nécessaire pour composer le chargement d'une voiture de paille à deux ou quatre roues, » et quoique cet arrêté n'eût pas été soumis à l'approbation de l'autorité supérieure, le maire de Commercy a néanmoins fait un règlement le 12 août 1820 portant que les voitures de gerbes de blé ne payeront que le tiers du prix fixé par le tarif pour une voiture de paille;—Attendu qu'il n'est point dans les attributions des maires d'établir des impôts; que le règlement fait par celui de Commercy n'était point obligatoire...; — Rejette.

Du 23 juin 1825.-C. C., sect. req.-MM. Henrion, pr.-Lecoutour, r.

(3) (Min. pub. C. Carme.) — Le tribunal; — Vu les art. 3 et 11 de la loi du 27 frim. an 8, et la sixième disposition de l'art. 456 c. des délits et des pein.; — Considérant que, par l'art. 3 de la loi précitée, les administrateurs du département sont chargés non-seulement de faire des règlements provisoires, et le gouvernement des règlements définitifs pour la perception des octrois, mais encore d'établir tout mode de surveillance et de perception, suivant les localités; — Que, par l'art. 6 de son arrêté du 6 mess. an 9, approuvé par le ministre de l'intérieur, le préfet du département du Tarn, pour assurer la perception de l'octroi sur les bêtes tuées dans la commune d'Albi, a ordonné que les bouchers de cette commune seraient tenus, avant de mettre en vente des viandes fraîches, de les faire marquer aux quatre quartiers, sous les peines portées par la loi; qu'ainsi l'arrêté du préfet, en établissant ce mode de surveillance, est entièrement conforme à la loi; — Que cependant Jean-Pierre Carme, boucher dans la commune d'Albi, ayant été pris en contravention à cet arrêté du préfet, le tribunal criminel du Tarn, sous prétexte que la loi ne répute pas délit cette contravention, a pensé qu'il n'y avait pas lieu à appliquer la peine portée par ledit arrêté; — Que, dès lors, le tribunal criminel s'est rendu juge du pouvoir administratif, et qu'il y a, par là, usurpation de pouvoir; — Casse le jugement du tribunal criminel du Tarn, en date du 23 niv. dernier.

Du 8 vent. an 10.-C. C., sect. crim.-MM. Seignette, pr.-Vallée, r.

nues dans le bail et dans le règlement d'octroi, s'il n'existe pas de règlements de police qui les prescrivent (Crim. rej. 14 août 1829, aff. Dartois, V. Commune, n° 1034).—V. cependant *eod.*, n° 756.

54. Toute extension de tarif par analogie est formellement interdite (lett. min. 11 pluv. an 7). — C'est en ce sens qu'il a été jugé que les règlements en matière d'octroi doivent être interprétés d'une manière restrictive (Rej. 17 déc. 1838, aff. octroi de Corbeil, V. Règlem. admin., n° 146).

55. Suivant l'art. 10 de l'ordonnance de 1814, les frais de premier établissement, de régie et de perception des droits des villes sujettes au droit d'entrée, sont proposés par le conseil municipal, et soumis, par la régie des impositions indirectes, à l'approbation du ministre des finances : dans les autres communes, ces frais sont réglés par les préfets. Dans aucun cas et sous aucun prétexte, les maires ne peuvent excéder les frais alloués, sous peine d'en répondre personnellement. — Il a été jugé, par application de cet article et de l'art. 94 de la même ordonnance, que le ministre des finances chargé d'approuver les tarifs des frais d'établissement, de régie et de perception des octrois des villes sujettes aux droits d'entrée, est compétent pour prononcer sur la réclamation faite par une ville contre la perception d'une indemnité exigée par la régie des contributions des impôts indirects pour exercices d'employés (cons. d'Et. 28 juill. 1819, M. de Bellisle, rap., aff. maire de Rochefort *C.* contr. ind.).

56. Les frais de premier établissement sont ceux d'achats des bureaux, construction de portes et barrières, mise en état des lieux, et généralement toutes les fournitures une fois faites pour l'installation du service (instr. min. fin. 25 sept. 1809).— Les frais de perception ou d'exploitation se composent des appointements fixes ou éventuels des préposés, des dépenses de loyer, entretien de bâtiments, achats de meubles, ustensiles et impressions, frais de versement, procédure et autres dépenses non recouvrables par des taxes particulières. Ils doivent être compris dans le buget des communes (même instruction).

57. *Demandes en suppression ou en remplacement d'octroi.* — Ces demandes doivent être formées suivant les formalités prescrites par les art. 85, 86 et 87 de l'ordonnance de 1814 (V. p. 15). Ces formalités ont beaucoup de rapport avec celles relatives à l'établissement des octrois. — Les décrets portant suppression des droits d'octroi doivent être rendus dans la forme des règlements d'administration publique; c'est ce qui résulte virtuellement de l'art. 8 de la loi du 11 juin 1842 (V. n° 34) et du décret du 30 janv. 1852, d'après lequel les établissements ou suppressions de tarifs d'octroi doivent être soumis à l'assemblée générale du conseil d'Etat (art. 13, n° 17, D. P. 52. 4. 48).

Art. 4. — *Modes d'exploitation des octrois. — Adjudications ; droits et obligations des adjudicataires.*

58. Le conseil municipal peut, d'après l'art. 147 de la loi du 28 avr. 1816, choisir entre quatre modes d'exploitation des octrois : la régie simple, la régie intéressée, le bail à ferme, l'abonnement avec l'administration des contributions indirectes. — Quel que soit le mode adopté, la perception se fait sous la surveillance du maire, du sous-préfet et du préfet (même article). — Le conseil municipal devant, aux termes de cet article, *décider* du mode de perception, sa délibération à cet égard n'a pas besoin de la sanction de l'autorité supérieure (décis. min. fin. 26 déc. 1845). Il suit également des expressions dont il se sert que les votes exprimés par les conseils municipaux, quant aux modes d'exploitation des octrois, sont, à la différence de leurs délibérations relatives aux tarifs et aux limites de l'octroi, définitives et à l'abri de tout recours devant l'autorité supérieure (V. M. Bost, Organ. et attrib. des corps municip., t. 2, n° 651).

59. *Régie simple.* — Dans la régie simple, l'octroi est perçu pour le compte et aux frais de la commune, sous l'administration immédiate du maire (décr. 17 mai 1809, art. 102). Le préposé en chef est nommé, sur la présentation du maire, par le ministère des finances. Les autres employés sont nommés par le maire, sous l'approbation des préfets. Le directeur des contributions indirectes peut faire révoquer ces divers agents (Voy. L. 28 avril 1816, art. 154 et suiv.; ord. 9 déc. 1814, art. 56, 57 et 92, V. n° 109). — Les frais de perception sont réglés par les autorités locales, et communiqués à l'administration des contributions indirectes pour être soumis à l'approbation du ministre des finances, qui ne la donne qu'après avoir pris l'avis du ministre de l'intérieur (décr. 17 mai 1809, art. 103). — Devant quelle autorité doivent être portées les contestations qui s'élèvent entre la commune et les préposés? — V. n° 320.

60. *Régie intéressée.* — Elle consiste à traiter avec un régisseur, à la condition d'un prix fixe et d'une portion déterminée dans les produits excédant le prix principal et la somme abandonnée pour les frais (décr. 17 mai 1809, art. 104). — L'abonnement pour les frais ne pourra excéder, autant que faire se pourra, 12 p. 100 du prix fixe du bail (art. 105).

61. Le partage des bénéfices s'opère à la fin de chaque année; mais il n'est que provisoire. A l'expiration du bail, il est fait le compte de la totalité des bénéfices pour établir une année commune, d'après laquelle la répartition est définitivement arrêtée, conformément aux proportions déterminées par le cahier des charges (décr. 17 mai 1809, art. 106). — Il a été décidé que lorsque, d'après le bail, les comptes d'une régie intéressée doivent être réglés et soldés tous les six mois, et qu'il a été procédé au règlement de ces comptes, les régisseurs ne sont pas recevables à demander qu'il soit établi une année commune des bénéfices et pertes pendant toute la durée de leur jouissance (cons. d'Et. 27 août 1823) (1). — L'art. 107 du décret de 1809 règle le mode de la vérification des comptes du régisseur. — La mise en adjudication et les principales règles relatives à la mise à ferme (V. les numéros qui suivent) sont applicables à la régie intéressée.— V. les art. 110 et suiv. du décret du 17 mai 1809.

62. *Mise en ferme.* — La ferme est l'adjudication pure et simple des produits d'un octroi, moyennant un prix convenu, sans partage de bénéfices et sans allocation de frais (décr. 17 mai 1809, art. 108). — Ainsi, d'une part, ici comme dans la régie intéressée, le droit de percevoir les produits est adjugé aux enchères; mais, d'autre part, et c'est ce qui constitue la différence entre la régie intéressée et la mise à ferme, le fermier a droit à tous les produits, et se libère pleinement en payant le prix stipulé; en outre, il doit supporter tous les frais de perception. — On a vu plus haut, n° 8, quels abus étaient résultés de cet abandon des contributions locales à la spéculation privée. Aussi l'on ne doit pas être étonné de la série de précautions minutieuses que le gouvernement apporte dans cette partie de l'administration municipale. — Toutefois, à côté d'inconvénients et d'abus certains, le système de la ferme présente des avantages réels : « Tout dépend, dit le ministre des finances dans une instruction du 6 nov. 1816, d'une juste application des règles établies, de l'attentive surveillance des maires et du bon choix des adjudicataires. »

63. Les formalités relatives à l'adjudication de la ferme sont réglées par le décret du 17 mai 1809, art. 110 à 116 (V. p. 10) : elles ne donnent lieu à aucune difficulté. — Après l'adjudication aucune enchère n'est reçue si elle n'est faite dans les vingt-quatre heures et signifiée par le ministère d'un huissier à l'autorité qui a présidé à cette adjudication, et s'il n'est offert un douzième en sus du prix auquel elle a été portée; dans ce cas les enchères sont ouvertes sur la dernière offre (décr. de 1809, art. 117). — Dans le cas où il y aurait à craindre des collusions ou manœuvres frauduleuses ayant pour but la diminution du prix du bail, il peut être fait usage de sou

(1) (Moyrand, etc. C. ville de Grenoble.) — Louis, etc.; — Considérant, dans la forme, que, par le contrat passé entre les requérants et la ville de Grenoble, et par le décret précité du 17 mai 1809, le conseil de préfecture était compétent pour prononcer sur les contestations relatives à l'application des conditions du bail d'adjudication; — Considérant, au fond, que, d'après l'art. 14 du bail, les comptes de la régie intéressée devaient être réglés et soldés tous les six mois; qu'il a été procédé au règlement de ces comptes, conformément audit article, et que les requérants ne sont pas fondés à demander qu'il soit établi une année commune des bénéfices et pertes de la régie, pendant toute la durée de leur jouissance; — Art. 1. La requête est rejetée.

Du 27 août 1823.-Ord. cons. d'Et.-M. Maillard, rap.

missions cachetées, dûment signées et déposées au secrétariat de la commune (circ. min. 6 nov. 1816).

64. Pour introduire l'uniformité si désirable dans une pareille matière, le ministre des finances a donné son approbation à un modèle de cahier des charges pour les baux à ferme et les régies intéressées. — L'instruction du 6 nov. 1816, qui accompagne l'envoi de ce modèle aux préfets, en présente une analyse sommaire : nous transcrivons ci-dessous ce passage (1). — Cette instruction est rapportée en entier dans l'ouvrage de MM. Saillet et Olibo, p. 486 ; elle offre beaucoup d'intérêt, en ce qu'elle montre que le gouvernement ne se dissimulait pas les dangers de la mise en ferme des octrois, et qu'il cherchait par une surveillance active à empêcher des abus déplorables de renaître. Mais, et c'est ce qui fait voir combien la régularité était difficile à obtenir dans cette matière, une circulaire du même ministre, du 17 août 1827, rappelait déjà à l'observation des règles prescrites par l'instruction de 1816 les municipalités qui s'en écartaient trop souvent, et prescrivait aux agents de l'administration présents à l'adjudication de tenir fortement la main à ce qu'aucune des prescriptions qu'elle contenait ne fût négligée (V. MM. Saillet et Olibo, p. 489).—Le modèle du cahier des charges dont on vient de parler, ainsi que ceux des procès-verbaux d'administration et d'affiche, sont fournis comme papiers de service aux communes par la régie des contributions indirectes, conformément aux dispositions de l'art. 68 de l'ordonnance du 9 déc. 1814 (V. MM. Saillet et Olibo, p. 487, note). — Le modèle du cahier des charges, modifié en plusieurs points par une instruction du 17 août 1837, n° 151, a encore en 1852 reçu de nouvelles modifications qui portent notamment sur les art. 16 et 28.

65. L'adjudication ne peut excéder trois années, non comprise, s'il y a lieu, la fraction de l'année commencée (décr. de 1809, art. 135). — Si des circonstances exceptionnelles exigent des baux à plus longue durée, ils doivent être soumis à la sanction du gouvernement (cahier des charges).

66. Certaines personnes sont déclarées par le décret de 1809, art. 127, incapables d'être adjudicataires, à peine de résiliation du bail sans indemnité et de tous dommages-intérêts. Telles sont les personnes attachées à l'administration des contributions indirectes, aux administrations civiles, ou aux tribunaux ayant une surveillance ou juridiction quelconque sur l'octroi. — Les communes négligeaient souvent l'observation de cet article : la circulaire précitée, du 17 août 1827, a appelé l'attention des agents de la régie sur ce point. — Les femmes ne peuvent devenir adjudicataires, attendu qu'elles ne sont contraignables par corps que pour faits de commerce (décis. du cons. d'admin., n° 588).

67. L'adjudication ne devient définitive et l'adjudicataire mis en possession qu'après l'approbation du ministre des finances (décr. 17 mai 1809, art. 135). — Il a été décidé à cet égard : 1° que lorsque le cahier des charges fixe le point de départ du bail et porte que l'adjudicataire ne pourra entrer en possession qu'après l'approbation du ministre des finances, si cette approbation, donnée postérieurement au jour où le bail a dû commencer à courir, a été revêtue sans restriction ni réserve de l'acceptation de l'adjudicataire, celui-ci est engagé à partir du délai indiqué dans le bail; en conséquence, il est obligé de recevoir de la ville le compte de clerc à maître, depuis l'époque convenue jusqu'à sa mise en possession (cons. d'Et. 22 juin 1825, M. Feutrier, rap., comm. de Mortagne *C.* Barbereau); — 2° Que lorsqu'il n'y a pas d'époque déterminée par le cahier des charges pour l'entrée en jouissance, elle doit commencer au moment de l'approbation ministérielle; qu'en cas de retard, le fermier doit être mis en demeure, et s'il ne prend pas possession, il y a lieu à se pourvoir soit par l'annulation de l'adjudication, soit par une nouvelle adjudication à la folle enchère du fermier, selon que la commune peut avoir intérêt à adopter l'un ou l'autre parti (décis. 3 sept. 1817). — V. n° 87.

68. L'approbation du ministre est-elle purement facultative, en ce sens qu'il puisse la refuser dans le cas où le prix de l'adjudication ne lui paraîtrait pas assez élevé ? — Le conseil d'État paraît s'être prononcé pour l'affirmative dans l'espèce suivante. — Postérieurement à l'adjudication d'un bail d'octroi, l'ancien fermier avait offert un prix supérieur d'un huitième à celui du nouvel adjudicataire. Le ministre refusa alors son approbation, sous le prétexte, d'une part, que l'adjudication était entachée d'un vice de forme, et, d'autre part, que la différence entre le prix offert et le prix de l'adjudication causerait un grave préjudice à la ville et par suite au trésor. — Sur le pourvoi formé par l'adjudicataire, qui soutenait que le prétendu vice de forme n'existait pas, et que dès que l'adjudication était régulière, l'approbation du ministre n'était qu'un simple visa qui ne pouvait être refusé, le conseil d'État, sans s'expliquer sur la valeur de ces moyens, s'est borné à déclarer que le refus par le ministre d'approuver l'adjudication d'un bail à ferme d'un octroi constitue un acte purement administratif contre lequel le recours n'est point ouvert devant le conseil d'État par la voie contentieuse (cons. d'Et. 16 janv. 1828, aff. Pautard, V. n° 342-2°).— C'était virtuellement reconnaître au ministre un pouvoir purement discrétionnaire. — On pourrait objecter contre cette décision que les droits et les intérêts des communes trouvent une protection suffisante dans les formalités minutieuses dont la loi a entouré l'adjudication, et que l'approbation ministérielle doit servir uniquement à garantir l'accomplissement de ces formalités. Comment reconnaître au ministre, peut-on dire encore, le pouvoir de refuser son approbation sous prétexte d'une surenchère faite par un tiers, alors que la loi elle même a fixé les règles de la surenchère, et le délai dans lequel elle doit être admise (V. n° 63)? Le tiers qui a laissé passer ce délai a encouru une déchéance; or aucune disposition de loi ne donne au ministre le pouvoir de le relever de cette déchéance. — A ces observations, on peut répondre que la loi n'a pas non plus déterminé les limites du pouvoir ministériel; qu'elle ne l'oblige pas à donner les motifs de son refus, et que, dès lors, il lui est loisible de se déterminer par telles considérations que bon lui semble. Les fraudes sont tellement faciles en cette matière qu'il faut reconnaître à l'autorité, non pas seulement un simple droit de surveillance, mais encore un pouvoir énergique qui puisse

(1) Extrait de l'instruction du ministre des finances, du 6 nov. 1816 :
..... Les formes et les règles des adjudications ne peuvent être abandonnées au hasard; l'uniformité est non-seulement désirable, elle est nécessaire : de là résulte la nécessité d'un cahier des charges. Il stipule pour le double cas de ferme simple et de régie intéressée. Les notes qui l'accompagnent ont prévu les divers incidents d'une adjudication et pourvu aux principales difficultés qu'elle peut offrir. — Ce modèle est essentiellement fondé sur ce principe que l'adjudicataire d'un octroi étant substitué à tous les droits et avantages de la commune, accepte aussi les obligations qu'elle aurait à remplir elle-même envers l'État et envers les contribuables, si elle n'affermait pas; que cet adjudicataire est tenu d'exécuter avec bonne foi toutes les dispositions législatives et réglementaires qui auraient obligé la commune ; la jouissance d'un fermier est à cette condition. — La publicité, la liberté des enchères sur une mise à prix soigneusement déterminée ; le versement exact du prix du bail, aux époques et de la manière indiquées; le fidèle enregistrement des recettes de toute nature, et la régularité des registres; la ponctuelle exécution des tarifs et des règlements légalement approuvés; la garantie du versement de 10 p. 100.... ; l'entière efficacité du contrôle à exercer par les agents supérieurs des contributions indirectes ; la portion d'influence et d'attribution que l'adjudicataire, la commune et le trésor doivent avoir, selon les divers cas, dans le jugement et la répartition des amendes, ou dans la transaction qui y supplée ; la franchise de passe-debout, de transit et d'entrepôt ; l'interdiction absolue de tout compte de clerc à maître, de toute réclamation d'indemnité ou d'abandon du bail, hors les cas formellement prévus ; l'interdiction de toute cession partielle du bail, de tout abonnement secret, de toute remise de droit ; les divers cas de résiliation forcée ou de résiliation à folle enchère ; les poursuites et peines applicables à la concussion, aux prévarications de toute espèce; le droit général de surveillance attribué au maire, dans l'intérêt de la commune et des contribuables sur la gestion du fermier ; les devoirs des employés de celui-ci, le mode de juger les contestations incidentes sur le sens et l'exécution des clauses du bail ; les frais imposés à l'adjudicataire et ses justes droits, en cas de troubles fortuits dans sa jouissance, ou de privation totale ou partielle des moyens de perception ; la production d'un cautionnement régulier ; les obligations de la caution et des associés : telles sont les stipulations invariables d'un cahier des charges, celles dont les communes ne sauraient être dispensées, et auxquelles je serais forcé, dans leur intérêt même, de suppléer en cas d'omission.

déjouer la fraude sous quelque forme qu'elle se présente. — V. en ce sens une solution analogue v° Louage admin., n° 34.

69. Celui qui se rend adjudicataire de la ferme d'un octroi d'une ville ne fait pas un acte de commerce (V. Acte de com., n°s 76, 338); cependant il est patentable (V. Patente, p. 60, et n° 92).

70. Les adjudicataires sont soumis à plusieurs obligations. Ainsi, d'abord, ils sont tenus de fournir un cautionnement dont la quotité et l'espèce sont déterminées par le cahier des charges (décr. 17 mai 1809, art. 121). — Le cautionnement doit être égal au quart du prix annuel de l'adjudication en immeubles situés dans le département ou dans les départements limitrophes (cah. mod. des ch., art. 28). — L'adjudicataire est tenu de prendre à ses frais une inscription hypothécaire à la requête du maire, pour sûreté dudit cautionnement (même article).—Le cautionnement en immeubles peut être remplacé, au choix de l'adjudicataire, par un cautionnement en argent ou en rentes sur l'État (même article).

71. Dans certains baux, on voit que l'adjudicataire a été astreint à fournir une caution solidaire. — Il a été jugé par application de ces règles particulières : 1° que l'acte d'adjudication souscrit par un fermier d'octroi et par sa caution, étant exécutoire contre l'un et l'autre, le préfet peut faire exécuter l'obligation par contrainte ou voie parée, ...sauf à la caution, si elle veut contester le mérite de son engagement, à se pourvoir ainsi qu'elle avisera, mais sans que l'exécution provisoire du titre paré puisse en éprouver de retard (cons. d'Ét. 26 mars 1812) (1);— 2° Que si le bail a été fait moyennant un prix fixe, plus une portion des bénéfices qui seraient en sus, la caution qui ne s'est obligée que pour une partie du prix fixe ne peut être poursuivie pour la remise des bénéfices éventuels (cons. d'Ét. 4 juin 1815, aff. Léveillé, V. Cautionnement, n° 109).

72. Suivant l'art. 159 de la loi du 28 avr. 1816, tous les préposés comptables des octrois sont astreints à fournir un cautionnement qui doit être fixé par le ministre des finances au vingt-cinquième brut de la recette présumée, sans pouvoir être inférieur à 200 fr. : ce cautionnement doit être versé au trésor. — Le fermier d'octroi étant le seul receveur de l'octroi reconnu officiellement, se trouve, par suite de la disposition qui précède, astreint à fournir un double cautionnement, l'un en vertu du décret de 1809 et du cahier des charges qu'il verse à la commune pour garantie de sa gestion, l'autre en vertu de l'art. 159 de la loi du 28 avr. 1816 et qui doit être versé au trésor (circ. n° 117, 3 déc. 1835; inst. min. 6 nov. 1816; circ. 9 juill. 1817; cah. des ch., art. 28; V. MM. Saillet et Olibo, p. 501; Girard et Fromage, p. 392). — L'art. 28 du modèle de cahier des charges, modifié en 1852, stipule que le cautionnement à verser au trésor par l'adjudicataire sera proportionnel au montant des produits du droit d'entrée ou de taxe unique et, en conséquence, exigible seulement quand la commune est assujettie à ces droits (circ. admin. contr. ind. 29 oct. 1852).

73. Les adjudicataires d'un bail d'octroi doivent se conformer, pour tout ce qui est relatif à l'octroi, aux règlements approuvés (décr. de 1809, art. 118) ; l'affermement ne peut rien changer en effet aux règles de la perception à l'égard des contribuables : c'est sur ce principe qu'est fondé le modèle du cahier des charges (V. instr. 6 nov. 1816, *suprà*, n° 64). — Les adjudicataires sont tenus en outre, sous peine de dommages-intérêts, d'observer les lois et règlements concernant les rapports des administrations des octrois avec la régie des contributions indirectes (décr. de 1809, art. 118). — Tous les frais de l'adjudication sont à leur charge (décr. de 1809, art. 135).

74. Le fermier ne peut effectuer lui-même aucune perception; mais si des circonstances particulières l'exigent, il peut y être autorisé par le préfet, sur l'avis du maire, et en outre sur l'avis du directeur de la régie, lorsque la commune est sujette au droit d'entrée : lorsque le préfet accorde l'autorisation, il délivre au fermier une commission spéciale, et ce dernier est tenu de prêter serment comme les préposés (cah. des ch., art. 38). —Il ne peut non plus employer pour la perception d'autres registres que ceux dont l'emploi est prescrit par les ordonnances ou règlements (ord. 9 déc. 1814, art. 68, 69, 70; L. 28 avr. 1816, art. 241).

75. L'adjudicataire ne peut transférer son droit au bail, en tout ou en partie, sans le consentement exprès de l'autorité locale, approuvé par le ministre des finances; il ne peut en aucun cas faire aux contribuables la remise des droits, ni consentir aucun abonnement avec eux (décr. 17 mai 1809, art. 109),.... ni transiger avec les contrevenants sans l'autorisation du maire et sur l'avis du préposé de la régie des contributions indirectes, qui doit être présent à la transaction (même décr., art. 124). —Il ne peut non plus se faire suppléer par un mandataire, sans l'agrément du préfet, donné sur l'avis du maire, et en outre dans les localités soumises au droit d'entrée au profit du trésor, sur l'avis du directeur des contributions indirectes (cah. des ch., art. 17).

76. Le prix du bail est payable de mois en mois; en cas de retard, l'adjudicataire peut être poursuivi par corps (décr. 17 mai 1809, art. 123). — Il a été décidé que les fermiers des octrois sont, comme comptables publics, soumis à la voie d'exécution par corps, sans qu'il soit besoin à leur égard d'une stipulation expresse dans les actes (cons. d'Ét. 21 fév. 1814, aff. Guiraud).—Toutefois, il a été jugé qu'on ne doit pas considérer comme comptable dans le sens de l'art. 2121 c. nap., et comme tel soumis à une hypothèque légale, le fermier d'un octroi : il n'est que débiteur d'une somme stipulée (Pau, 25 juin 1816, aff. Poque, V. Privil. et hypoth., n° 1075).

77. Le fermier qui accorde des facilités aux redevables de droits d'octroi ne le fait qu'à ses risques et périls, sans dommage possible pour la commune; mais la résiliation du bail n'empêche pas le fermier de poursuivre le recouvrement des droits qui lui étaient dus antérieurement :— « Considérant, quant au recouvrement de cette somme de 85 fr., que la commune de Louroux ne peut être tenue d'y renoncer; que le sieur Guillau n'a pu accorder des facilités à cet égard qu'à ses risques et périls, et qu'il n'est pas privé, par la résiliation de son bail, du droit d'en poursuivre le recouvrement » (cons. d'Ét. 10 fév. 1816, aff. com. de Louroux-Beconnais *C.* Guillau). — En cas de poursuites contre les contrevenants, la moitié des amendes et du produit des ventes d'objets confisqués appartient à l'adjudicataire (décr. de 1809, art. 126). — V. *infrà*, n° 426.

78. Quelques fermiers ont parfois dissimulé les produits réels de l'octroi, dans le but d'obtenir un bail plus avantageux, en tenant des écritures irrégulières ou occultes, et même en n'en tenant aucune. L'administration recommande dans ce cas la plus grande vigilance aux agents de la régie, qui doivent constater cette contravention au cahier des charges par un procès-verbal administratif qui doit être transmis, suivant les cas, au maire ou au directeur des contributions indirectes, afin de donner suite à la plainte, soit pour l'application des peines prononcées par le code pénal, soit à l'égard des dommages-intérêts auxquels le trésor peut prétendre (circ. 17 août 1827, 18 janv. 1828). — V. n° 91.

79. Outre les obligations générales imposées par la loi aux adjudicataires, ils peuvent encore être soumis à de certaines conditions qui résultent des clauses particulières du bail, et ils ne pourraient pas plus s'y soustraire qu'aux obligations qui leur sont imposées par la loi.—Il a été jugé, par exemple, que le fermier

---

(1) (Vincent.) — Napoléon, etc.; — Considérant que le préfet du département de la Loire a prononcé dans les bornes de sa compétence sur l'exécution du bail de l'octroi ; — Que la contrainte qu'il a prononcée est une conséquence nécessaire des engagements contractés par le fermier et sa caution, et de la négligence de ceux-ci à remplir leurs obligations après le commandement qui leur aura été fait ; — Que le préfet n'a pu se dispenser de donner force et exécution à un contrat obligatoire pour ceux qui l'ont régulièrement fourni ; — Que si Joseph Vincent prétend n'être point engagé, ni comme caution solidaire de Gaultier, ni comme principal obligé par sa subrogation volontaire aux engagements de ce fermier, c'est à lui de se pourvoir, ainsi qu'il avisera, pour faire statuer sur la validité des stipulations résultantes des actes par lui souscrits;

Mais que, sans examiner le résultat probable des prétentions qu'il peut réclamer, l'exécution provisoire du bail a dû être ordonnée et doit être maintenue ;

Art. 1. La requête du sieur Vincent est rejetée.

Du 26 mars 1812.-Décr. cons. d'Ét.

de l'octroi qui s'est obligé par son bail, *dans le cas où il y aurait des troupes*, à payer, en outre du prix de son bail, les frais du casernement militaire qui étaient alors exigés de la ville par le département de la guerre, ne peut répéter le prix payé par lui pour lesdits frais, par le motif que le département de la guerre aurait reconnu plus tard que cette charge ne devait pas être supportée par la ville : cette restitution doit avoir lieu au profit de la ville, surtout lorsqu'il est établi que la ville a fait elle-même les frais du casernement en fournissant à ses frais une caserne, la literie et tous les autres objets qui en sont l'accessoire (cons. d'Et. 3 mars 1837, M. Bouchené-Lefer, rap., aff. Fauré-Rouilh *C.* ville de Pamiers).

80. Si, d'un côté, l'adjudicataire est tenu de remplir les conditions auxquelles il s'est assujetti, de l'autre, la commune est obligée de le faire jouir, dans toute leur plénitude, des perceptions dont le prix du bail représente la valeur ; car, ainsi que le disait le ministre des finances dans l'instruct. du 6 nov. 1816, « la ferme est dans son principe et dans ses effets un contrat bilatéral : les deux parties ont donc des droits et des devoirs réciproques. » — Toutefois il ne faudrait pas appliquer ici dans toute leur étendue les principes du droit commun : ils devront être combinés avec les règles particulières de la matière et les clauses du cahier des charges.

81. D'abord les adjudicataires sont obligés de subir les changements et modifications aux tarifs jugés nécessaires, sans pouvoir demander la résiliation du bail. Seulement le prix de ce bail peut être réduit ou augmenté en raison de ces changements et modifications (décr. de 1809, art. 128).—Voici, d'après MM. Girard et Fromage, édit. 1860, p. 394, comment on agit dans la pratique : « Si quelques objets de consommation autres que ceux dénommés au tarif sont assujetis au droit pendant la durée du bail, si le rayon de la perception est étendu, ou s'il est fait une addition à la quotité des droits, l'adjudicataire compte de clerc à maître du produit des nouvelles taxes. Dans les deux premiers cas, il est alloué, s'il y a lieu, à l'adjudicataire pour frais extraordinaires de perception une remise déterminée par le ministre des finances, sur la proposition de l'autorité locale et du préfet. Il est néanmoins facultatif à la commune de traiter avec l'adjudicataire pour que le prix du bail soit augmenté en raison de l'accroissement des droits. Dans ce dernier cas, l'adjudicataire compte gratuitement du produit de ces additions. — Si le gouvernement diminue les droits ou si l'on restreint les limites de la perception, le prix de l'adjudication est réduit, sous l'approbation du ministre des finances, proportionnellement à la diminution de recette qui sera jugée devoir en être la suite, eu égard aux circonstances locales. »

82. Les autres modifications qui pourraient être apportées au bail, si elles portent préjudice au fermier, lui donnent droit à une indemnité, à moins de stipulations contraires dans le cahier de charges ; c'est du moins ce qui a été décidé par le conseil d'État : — « Considérant, sur le fond, que le cahier des charges et le procès-verbal d'adjudication ne contiennent aucune réserve en faveur de la ville d'Amiens, pour le cas où des motifs quelconques détermineraient le maire de cette commune à changer le mode, les jours et les lieux de perception du droit imposé sur les bestiaux mis en vente ; considérant que le bail doit avoir son plein et entier effet, et que, s'il est entré dans les intérêts de la ville d'y apporter quelques modifications préjudiciables au fermier, celui-ci doit en être indemnisé » (cons. d'Et. 17 juin 1818, aff. Accard *C.* ville d'Amiens, et sur opposition, la décision précédente ayant été rendue par défaut, cons. d'Et. 2 juin 1819, M. Tarbé, rap., mêmes parties).

83. Le cahier des charges, dit l'art. 130 du décret de 1809, portera aussi la réserve des cas où le gouvernement ordonnerait le résiliement du bail, et fixera l'indemnité qui pourrait être accordée à l'adjudicataire pour le temps de non-jouissance. — A cet égard, il a été jugé 1° que la ville ne peut se soustraire au payement de l'indemnité stipulée sous le prétexte que la résiliation aurait été demandée par le fermier lui-même, lorsqu'il est constant que celui-ci n'y a conclu que subsidiairement et pour le cas où son bail ne pourrait recevoir d'exécution sans modification et sauf l'indemnité de droit : — « Considérant qu'aux termes de l'art. 27 du cahier des charges, il est dit que, dans le cas où la ville jugerait à propos de résilier le bail de l'octroi, elle serait tenue de donner au fermier une indemnité d'après les bases qui ont servi de calcul à l'arrêté du conseil de préfecture ; — Considérant que la ville ne peut pas prétendre que cette résiliation a eu lieu sur la demande formelle du fermier, puisqu'il résulte des pièces qu'il demandait seulement à ne point être chargé de l'exécution des instructions et règlements qui lui étaient adressés par la régie des droits réunis, et à être autorisé à faire le service et la perception de l'octroi, conformément à son bail ; que ce n'est que subsidiairement, et dans le cas seulement où le conseil municipal ne pourrait pas satisfaire à sa demande, que ledit fermier proposait la résiliation de son bail, mais sauf l'indemnité ainsi que de droit » (cons. d'Et. 8 sept. 1819 M. Bellisle, rap., aff. ville de Dijon *C.* Brunel) ; — 2° Que la résiliation d'un bail d'octroi par la commune, lorsqu'elle porte préjudice au fermier, donne lieu à son égard à une indemnité ; mais que cette indemnité ne doit pas être réglée d'après les bases posées par l'art. 1746 c. nap., relatif aux biens ruraux, le bail de biens ruraux reposant sur des chances de bénéfice plus certaines qu'un bail d'octroi (cons. d'Et. 10 fév. 1816) (1). — D'après l'art. 31 du cahier modèle des charges, l'indemnité en cas de résiliement du bail par la commune est du douzième du prix annuel du bail si le résiliement a lieu dans la première année, du dix-huitième dans la seconde et du trente-sixième dans la troisième.

84. Aux termes de l'art. 129 du décret du 17 mai 1809, hors le cas prévu par l'art. 128, l'adjudicataire ne pourra être reçu, *sous aucun prétexte que ce soit*, à demander le résiliement du bail ou des indemnités. — Cette disposition a été reproduite dans tous les cahiers des charges (cah. mod. art. 31). — Il a été jugé : 1° qu'il n'y a lieu de prononcer la résiliation demandée par l'adjudicataire sous prétexte d'erreur dans la mise à prix et d'entraves apportées par la commune à sa perception, lorsque, d'une part, la faculté de résiliation n'est admise par le cahier de charges dans aucun de ces cas, et que, d'autre part, l'allégation d'entraves n'est pas justifiée (cons. d'Et. 9 mars 1832, aff. Delahaye-Beauruel, V. n° 318) ; — 2° Que la clause du cahier des charges d'après laquelle l'adjudicataire ne peut être reçu sous aucun prétexte à demander le résiliement du bail ou des indemnités, a pour objet de laisser à la charge du fermier d'une manière générale et absolue toutes les causes (spécialement l'oïdium et la gelée des vignes) qui pourraient, en affectant la consommation des objets soumis à la taxe, influer sur les produits de l'octroi (cons. d'Et. 14 juill. 1858, M. du Martroy, rap., aff. Cusset).

85. Toutefois, il est admis que, malgré la généralité des termes de l'art. 129 du décret du 17 mai 1809, les cas de force majeure dûment constatés forment exception à la règle rigoureuse qu'il pose.—Ainsi, il a été décidé : 1° que bien que le cahier des charges porte que les fermiers de l'octroi ne pourront être reçus, sous aucun prétexte, à demander des indemnités, la commune a pu être condamnée à leur payer une indemnité pour

---

(1) (Com. de Louroux-Beconnais *C.* Guillau.)—Louis, etc. ; — Considérant, quant à l'indemnité pour résiliation du bail d'octroi, qu'il est juste d'en accorder une au sieur Guillau, à raison des soins et des engagements onéreux qu'il avait pris sur la foi de cet acte, dans l'espérance d'un bénéfice ; mais que le conseil de préfecture a exagéré cette indemnité, en prenant pour guide l'art. 1746 c. civ., qui concerne les biens ruraux, dont le bail repose sur des chances de bénéfice plus certaines qu'un bail d'octroi ; — Considérant enfin qu'il est plus équitable, pour fixer cette indemnité dans l'espèce, de prendre un terme moyen entre le tiers du prix annuel du bail, qui est accordé au sieur Guillau par le conseil de préfecture, et le douzième de ce même prix, qui est ordinairement accordé à un ex-régisseur de l'octroi, dans le cas où son traité, moins susceptible de chances favorables qu'un bail à ferme, est résilié dès la première année :

Art. 1. L'arrêté du conseil de préfecture du département de Maine-et-Loire du 22 mars 1811, et la décision confirmative du ministre des finances du 13 avr. 1812, concernant l'octroi supprimé de la commune de Louroux-Beconnais, sont annulés.

Art. 2. La somme due par ladite commune au sieur Guillau, ex-fermier de l'octroi, est et demeure fixée ainsi qu'il suit, pour remboursement de ses dépens et indemnité, etc.

Du 10 fév. 1816. Ord. cons. d'Et.

pertes résultant d'un cas de force majeure... dans le cas, par exemple, où ils n'ont pu, sans danger pour leur personne, percevoir les droits d'octroi, et suivre le mouvement des vins admis en entrepôts (cons. d'Et. 27 nov. 1835) (1); — 2° Que l'émeute, qui interrompt pendant plusieurs jours la perception des droits d'octroi, ne donne point au fermier le droit de demander la résiliation de son marché; mais elle lui donne droit à une indemnité contre la ville (cons. d'Et. 22 juin 1836, aff. Delaporte, V. n° 331). — V. Louage, n°s 218 et suiv.

86. Mais il a été décidé 1° que pour que le fermier d'un octroi ait droit à une indemnité pour défaut de perception par suite d'insurrection, il ne suffit pas seulement que l'insurrection soit constante, il faut encore qu'il prouve, à l'aide de procès-verbaux, qu'elle a réellement donné lieu à une cessation de perception (cons. d'Et. 1er sept. 1811) (2); — 2° Que, dès lors, il ne peut réclamer d'indemnité s'il n'a fait dresser aucun procès-verbal établissant la cessation de perception, et qu'ainsi il ne présente aucune base légale d'évaluation (même décision).

87. Il y aurait lieu encore à indemnité si le préjudice éprouvé par le fermier était du fait de l'administration. — Ainsi, d'après un arrêt, l'adjudicataire de l'octroi d'une commune qui, aux termes du cahier des charges, doit entrer en possession à une époque fixe, mais après l'approbation du ministre de l'intérieur, n'est pas responsable des conséquences du retard que peut éprouver cette approbation; et si, par suite du retard indépendant de sa volonté, il est privé de plusieurs mois de jouissance, il a droit à une indemnité (cons. d'Et. 25 janv. 1839) (3). — V. cependant *suprà*, n° 67-1°.

88. Dans les cas exceptionnels où il y a lieu à indemnité, d'après quelles bases cette indemnité devra-t-elle être réglée? — Il a été décidé à cet égard : 1° que l'indemnité due au fermier d'un octroi pour retard mis à son entrée en jouissance, doit être fixée d'après les registres de la perception, et à défaut de ces registres, d'après le taux moyen des recettes que le fermier justifiera avoir faites pendant le trimestre de chacune des années pendant lesquelles il a joui du bail, correspondant à celui que la ville a géré, en ayant égard aux modifications de tarifs (cons. d'Et. 20 juin 1816) (4); — 2° Que lorsque pour fixer la non-jouissance pendant un trimestre du fermier de l'octroi d'une ville, le conseil d'Etat a ordonné de prendre un terme moyen dans les recettes des trimestres correspondants à celui qui est à régler, eu égard aux modifications apportées au tarif, on doit retrancher de la somme prise comme terme moyen, non-seulement les dépenses à la charge du fermier, mais aussi la différence provenant des changements de tarif (cons. d'Et. 23 août 1820, M. de Maleville, rap., aff. Mangin *C.* ville de Bayeux); — 3° Qu'on doit prendre pour base de l'indemnité due au fermier, pour interruption de la perception des droits par suite d'une émeute, la différence entre les recettes moyennes dans la même période de temps avant et après l'émeute, en tenant compte toutefois des accidents locaux qui auraient pu diminuer ces produits (cons. d'Et. 22 juin 1836, aff. Delaporte, V. n° 331).

89. Après avoir obtenu la résiliation de son bail par suite d'événements de force majeure, et après avoir été admis à compter de clerc à maître à partir d'une certaine époque, le fermier n'est pas recevable à demander que cette époque soit reculée, surtout si la perception a eu lieu alors sans trouble (cons. d'Et. 14 juill. 1819, aff. Chosson *C.* contr. indir.).

90. A défaut d'exécution, de la part de l'adjudicataire, des clauses du cahier des charges, la commune peut, après une sommation ou commandement à lui fait, provoquer une nouvelle adjudication à la folle enchère (décr. 17 mai 1809, art. 131). — Le maire peut commettre, aux risques et périls de qui de droit, une ou plusieurs personnes pour assurer la perception jusqu'à la mise en jouissance du nouvel adjudicataire, et sauf les poursuites résultant de la folle enchère (cah. des ch., art.

---

(1) (Commune de Cahors.) — Louis-Philippe, etc.; — Vu le décret du 17 mai 1809; — Considérant qu'il est suffisamment établi par les rapports de l'administration des contributions indirectes et par l'arrêté du préfet, en conseil de préfecture, que les fermiers de l'octroi ont éprouvé des pertes en 1831, par suite de l'impossibilité où ils étaient alors d'exercer avec sécurité pour les employés, et de suivre le mouvement des vins admis en entrepôt; — Qu'ainsi, notre ministre des finances a fait une juste appréciation des circonstances de l'affaire et des droits des fermiers, en approuvant, par la décision attaquée, l'indemnité de 500 fr., à laquelle les dommages qu'ils ont soufferts ont été évalués par le préfet; — Considérant que l'art. 30 du cahier des charges portant que l'adjudicataire de l'octroi ne pourra être reçu, sous aucun prétexte, à demander des indemnités, ne s'applique pas à l'espèce, puisqu'il s'agit d'un cas de force majeure que le cahier des charges n'a pu ni dû prévoir; — Art. 1. La requête du maire et des habitants de la ville de Cahors est rejetée.

Du 27 nov. 1835.-Ord. cons. d'Et.-M. Brière, rap.

(2) (Martin.) — Napoléon, etc.; — Considérant que la demande en indemnité de l'ex-fermier n'est fondée que sur l'existence d'un mouvement populaire, duquel, quoiqu'il soit bien prouvé, on ne peut induire, comme une conséquence nécessaire, que le fermier a éprouvé des pertes dans sa perception, et telles surtout qu'il les annonce dans ses requêtes; — Qu'il ne suffit pas d'établir qu'il a existé une insurrection contre l'établissement des droits d'octroi sur les raisins, puisque le fait n'est point contesté; qu'il faudrait prouver encore que cette insurrection n'ayant pas été réprimée, elle a réellement donné lieu à une cessation de perception, et que cette preuve ne pourrait résulter que des procès-verbaux dressés à la requête du fermier, sur cette circonstance particulière qui l'intéressait personnellement; — Que, bien loin que cette preuve soit fournie, elle est combattue par les déclarations contraires des autorités locales et par leur refus motivé d'accorder aucune indemnité au réclamant, qui ne présente lui-même aucunes bases légales d'évaluation; — Art. 1. La requête du sieur Martin est rejetée.

Du 1er sept. 1811.-Décr. cons. d'Et.

(3) (Ville d'Alais *C.* Martin et Bertrand.) — Louis-Philippe, etc.; — Vu le décret du 17 mai 1809; — Considérant que, aux termes du cahier des charges sur lequel a été passée l'adjudication du 4 oct. 1831, le bail de l'octroi d'Alais devait être exploité par les sieurs Bertrand et Martin depuis le 1er janv. 1832 jusqu'au 31 déc. 1834; — Que l'approbation de notre ministre des finances, sans laquelle les adjudicataires ne pouvaient entrer en possession, n'est intervenue que le 30 mars, et ne leur a été signifiée que le 29 avril, et qu'ils n'ont commencé leur exploitation que le 1er mai, ce qui les a privés de quatre mois de jouissance de leur bail; — Que l'art. 35 dudit cahier des charges, en subordonnant l'exécution de l'adjudication à l'approbation préalable du ministre des finances, n'avait pas mis à la charge des adjudicataires les conséquences du retard que cette approbation pouvait éprouver; — Qu'il est constant et reconnu que les premiers mois de l'année, pendant lesquels les adjudicataires n'ont pu profiter de leur bail, sont les plus productifs et qu'ils n'ont consenti à entrer en jouissance, malgré cette privation, et à payer le prix de leur adjudication pendant les derniers mois de l'année 1832, que sous l'engagement pris par le conseil municipal, avec l'approbation du préfet, de les dédommager de la perte qu'ils avaient éprouvée; — Qu'ainsi c'est avec raison que l'arrêté attaqué leur a alloué, à titre d'indemnité, la somme de 10,000 fr., inférieure à celle qui serait résultée des bases admises par le conseil municipal, mais à laquelle ils ont restreint leur demande; — Rejette.

Du 25 janv. 1839.-Ord. cons. d'Et.-M. Vivien, rap.

(4) (Mangin *C.* ville de Bayeux.) — Louis, etc.; — Considérant qu'il a été reconnu et décidé par les arrêtés du conseil de préfecture, des 22 août et 17 octobre, ainsi que par le décret confirmatif d'iceux, du 11 nov. 1813, qu'une indemnité était due au sieur Mangin, pour le retard apporté à sa mise en jouissance; — Que le règlement de ladite indemnité devait être basé sur les registres de perception; — Que ces registres ont été perdus pendant la gestion provisoire de la ville, et sans qu'il y ait rien du fait du sieur Mangin; — Et qu'ainsi les bases indiquées par les arrêtés et décrets précités venant à manquer, il convient d'y suppléer pour l'avantage commun des parties, en déterminant, d'après l'ancien tarif, le taux moyen des recettes que le fermier justifiera avoir faites pendant le trimestre correspondant à celui que la ville a géré;

Art. 1. Pour établir et régler l'indemnité due, il sera procédé ainsi qu'il suit : 1° Le sieur Mangin dressera un état des recettes par lui effectuées dans les quinze derniers jours d'octobre, les mois de novembre et de décembre, et les quinze premiers jours de janvier de chacune des années pendant lesquelles il a joui du bail des octrois de la ville de Bayeux; — 2° Les recettes faites pendant ledit trimestre seront additionnées, et le total divisé par le nombre d'années de jouissance que le bail a couru, pour le résultat de cette division être pris comme le terme moyen de la recette propre audit trimestre; — 3° On appliquera au terme moyen, ainsi calculé, la modification qui résulte de la comparaison des prix alloués par le tarif ancien et par le nouveau tarif; — 4° Cet état, appuyé de bordereaux, registres et autres pièces justificatives, sera débattu et contredit par toutes les parties intéressées, et, à défaut d'arrangements amiables, soumis au conseil de préfecture, qui statuera sur le montant de ladite indemnité, sauf le recours au conseil d'Etat. — Art. 2. Le surplus de l'arrêté du 4 fév. 1815 sera exécuté suivant sa forme et teneur.

Du 20 juin 1816.-Ord. cons. d'Et.

42).—Il a été jugé que la clause d'un bail d'octroi portant qu'à défaut des conditions d'icelui, le maire pourra avec approbation du préfet, et après sommation ou commandement à l'adjudicataire, provoquer une adjudication à la folle enchère et commettre s'il y a lieu un percepteur provisoire, doit être entendue en ce sens que l'adjudication ne pourra être provoquée, ni la perception provisoire établie qu'autant que le défaut d'exécution aura été préalablement constaté par un jugement ou une décision de l'autorité compétente (cons. d'Et. 3 juin 1820) (1); — Que toutefois, et malgré l'annulation de l'arrêté du maire pour excès de pouvoir, la gestion provisoire peut, s'il y a lieu, être maintenue jusqu'à décision définitive sur le fond de la contestation (même décis.).

91. Le fermier convaincu d'avoir dissimulé une partie des recettes qu'il a opérées en vertu du tarif, en ne les inscrivant pas sur les registres de perception, commet une infraction, qui doit entraîner la résiliation de son bail, sans indemnité (décis. min. fin. 5 juin 1822). — V. n° 78.

92. Lorsque le ministre des finances accorde volontairement et sur sa demande, au fermier d'un octroi, la résiliation de son bail, il a le droit d'en fixer les conditions (cons. d'Et. 21 fév. 1814, aff. Guiraud).

93. Lorsqu'un conseil de préfecture, saisi d'une demande en résiliation d'un bail d'octroi à partir du 1er janvier qui suivra la demande, déclare le bail résilié et ordonne qu'il soit procédé à la liquidation de la ferme, cette décision fait remonter la cessation de bail au jour fixé dans la demande, et non pas seulement au jour de ladite décision (cons. d'Et. 4 fév. 1836, M. Janet, rap., aff. Vallée *C.* com. de Royan).

94. Il a été jugé, par application de diverses clauses du cahier des charges, 1° que, bien qu'aux termes du cahier des charges, le fermier sortant soit tenu de remettre à son successeur le mobilier dans le même état où il l'a reçu, on doit tenir compte à ce fermier de l'accroissement qu'il a pu lui donner, ainsi que des augmentations de registres et de papiers à l'usage de l'octroi; et que la valeur de cet accroissement ne peut être déterminée que par des experts nommés contradictoirement par les parties et non par le conseil de préfecture (cons. d'Et. 8 sept. 1819, M. de Bellisle, rap., aff. ville de Dijon *C.* Brunel);—2° Que si le cahier des charges stipule expressément que la recette sera inscrite sur papier libre, la ville doit être tenue de l'excédant de dépenses résultant de l'obligation imposée par l'administration de l'enregistrement au fermier depuis son entrée en exercice de tenir ses registres sur papier timbré (même décision).

95. *Abonnement avec la régie des contributions indirectes.* — Dans le cas d'abonnement avec l'administration des contributions indirectes, tous les produits de l'octroi sont versés dans la caisse municipale, sous la réserve des frais de perception réglés avec l'administration. — Ce mode de perception n'est pas prévu par le décret de 1809 : il a sa base dans l'art. 122 de la loi du 8 déc. 1814, lequel a été remplacé par l'art. 158 de la loi du 28 avr. 1816, ainsi conçu : — « La régie des contributions indirectes sera autorisée à traiter de gré à gré avec les communes pour la perception de leurs octrois; les traités ne seront définitifs qu'après avoir été approuvés par le ministre des finances. » — Les art. 94 à 98 de l'ordonnance du 9 déc. 1814 présentent les règles auxquelles sont soumises les conventions passées par les communes avec la régie des contributions indirectes. — V. p. 15.

96. *Octrois par abonnement.* — On appelait ainsi des octrois qui se percevaient directement sur le contribuable à l'aide d'un rôle de répartition et en raison de sa consommation présumée : d'indirecte, la perception devenait une véritable contribution directe. Ces octrois ont été supprimés à partir du 1er janv. 1819, par une ordonnance du 3 juin 1818, sur le motif que parmi les modes de perception autorisés par la loi de 1816, l'abonnement ne se trouvant pas indiqué, il devait être considéré comme illégal. — Toutefois, certaines conventions faites dans quelques villes avec les bouchers, et au moyen desquelles ils se rédiment du droit qu'ils auraient à payer à mesure des introductions au moyen d'une somme fixe, ne sont pas atteintes : c'est ici une sorte de ferme partielle plutôt qu'un véritable abonnement (circ. min. fin. 10 sept. 1818; décis. 8 juill. 1818). — Ces abonnements ne peuvent avoir lieu qu'avec l'approbation du ministre des finances : les projets de traités et les délibérations des conseils municipaux y relatives sont adressés à la régie par les préfets avec leur avis (circ. min. fin. 22 fév. 1815).

Art. 5. — *Du personnel.*

97. Les art. 56 à 63 de l'ordonnance du 9 déc. 1814, modifiés en quelques points par la loi du 28 avr. 1816, art. 155 et suiv., sont relatifs aux préposés de l'octroi. Nous allons en présenter une rapide analyse. — D'après l'art. 155 de la loi du 28 avr. 1816, dans toutes les communes dont les revenus de l'octroi s'élèvent à 20,000 fr., il peut être établi un préposé en chef de l'octroi. Ce préposé devait, aux termes du même article, être nommé par le ministre des finances, sur la présentation du maire, approuvée par le préfet, et sur le rapport du directeur général des contributions indirectes. — Depuis le décret de décentralisation administrative du 25 mars 1852, cette nomination appartient au préfet (art. 5-16°). — Mais quant au droit d'instituer un préposé en chef dans les communes où il n'en existe pas encore, il reste toujours dans les attributions du ministre des finances, qui peut même l'instituer d'office (circ. admin. contrib. ind. 17 mai 1852). Seulement, lorsque cette institution aura été ordonnée par le ministre, c'est au préfet qu'il appartiendra de faire la nomination après les formalités prescrites par l'art. 155 précité.

98. Le mode de présentation consiste, suivant l'art. 141 du décret du 17 mai 1809, en une liste de trois candidats présentée par le maire. — Il a été décidé que le ministre peut de son autorité nommer un employé pour l'octroi d'une ville s'il est utile au service, lorsque le maire de la ville ne lui a proposé aucun candidat pour cet emploi, malgré la faculté que l'art. 155 de la loi du 28 avr. 1816 lui en donnait. — « Considérant qu'aux termes de l'art. 155 de la loi du 28 avr. 1816, il pourra être établi un préposé en chef de l'octroi dans toutes les communes où les produits annuels s'élèveront à 20,000 fr. et au-dessus; que cette faculté ne peut être contestée à notre ministre des finances quand il jugera que cette nomination pourrait être utile au bien du service; que le produit de l'octroi de Bourges s'élève à plus de 80,000 fr., et que si la nomination de cet employé n'a pas été faite sur la présentation du maire, c'est que la commune

(1) (Perret C. comm. de Roanne.) — Louis, etc.; — Considérant, sur la compétence : — Qu'aux termes de l'art. 35 du bail de l'octroi, les contestations qui pourraient s'élever entre la commune et l'adjudicataire, sur l'exécution ou le sens des clauses du bail, ainsi que sur la comptabilité, seront portées devant le conseil de préfecture, sauf recours au gouvernement, et que, dans l'espèce, le conseil de préfecture n'a pas été saisi de l'examen des contestations qui ont donné lieu à la résiliation du bail; — Considérant qu'aux termes de l'art. 5, les plaintes pour concussion doivent être déférées aux tribunaux ordinaires; — Considérant qu'aux termes de l'art. 40 dudit bail, à défaut d'exécution des clauses et conditions, le maire pourra, avec l'approbation du préfet, et après sommation ou commandement à l'adjudicataire et à la caution, provoquer une adjudication à la folle enchère, et commettre, s'il y a lieu, une ou plusieurs personnes, pour assurer provisoirement la perception; mais que cet article suppose que le défaut d'exécution aura été préalablement constaté par une décision ou un jugement de l'autorité compétente; que le maire de la ville de Roanne, l'une des parties contractantes, ne pouvait interpréter le contrat sans se rendre juge dans sa propre cause; qu'ainsi il a prématurément fait l'application des dispositions de l'art. 40 du bail, et que, par ce motif, son arrêté n'était pas susceptible de recevoir l'approbation de l'administration supérieure; — Considérant néanmoins que, dans l'état actuel, il y a lieu de maintenir la gestion provisoire, jusqu'à ce qu'il ait été statué définitivement sur le fond de la réclamation;

Art. 1. L'arrêté du maire de Roanne, du 12 sept. 1818, et l'arrêté du préfet du département de la Loire, du 12 oct. suivant, approuvé par notre ministre des finances le 12 mars 1819, sont annulés pour excès de pouvoirs, en ce qui concerne la résiliation du bail des fermiers de l'octroi de Roanne; toutes choses demeurant en l'état, quant à la gestion provisoire.

2. Les parties sont renvoyées devant le conseil de préfecture du département de la Loire, qui statuera sur toutes les contestations qui sont l'objet de l'art. 35 du bail.

Du 3 juin 1820.-Ord. cons. d'Et.-M. Maillard, rap.

a refusé d'y concourir » (cons d'Et. 14 juill. 1819, M. Bellisle, rap., aff. ville de Bourges).

99. Le préposé en chef est chargé, lorsque l'octroi est en régie simple, de la direction du service. Si la perception est affermée, ou en régie intéressée, il remplit les fonctions de commissaire auprès de l'administration du fermier ou du régisseur pour veiller au strict accomplissement des clauses de l'adjudication. — V. Dict. d'admin. de M. Alfred Blanche, v° Octroi, p. 1322.

100. Le traitement du préposé en chef est fixé par le ministre des finances sur la proposition du conseil municipal, et fait partie des frais de perception de l'octroi (L. 28 avr. 1816, art. 155, V. Commune, n° 400 ; circ. n° 39, 1er mai 1852).— Bien que ce traitement soit pris sur les fonds communaux, ce préposé prend rang dans l'administration des contributions indirectes, parmi les contrôleurs ambulants et les contrôleurs de ville, selon l'importance de leur service, et c'est à cette administration qu'ils rendent compte de leurs travaux (V. Dict. d'admin., *loc. cit.*).—Ces dispositions ne s'appliquent pas à l'octroi de Paris qui est régi par des règlements particuliers.

101. Les préposés de tout grade sont nommés par les préfets sur la proposition des maires (L. 28 avr. 1816, art. 156), ou sur celle des adjudicataires, s'il y a ferme ou régie intéressée (décr. 17 mai 1809, art. 119 ; instr. min. fin. 25 sept. 1809), enfin sur la proposition du maire et sur l'avis du directeur des contributions indirectes, si la commune s'est abonnée avec cette administration. — Il a été jugé que le droit de constater les contraventions n'appartient qu'aux préposés de l'octroi nommés par le préfet, et non à ceux qui n'ont été nommés que par le fermier : « Attendu qu'en combinant les art. 147 et 156 de la loi du 28 avr. 1816, il en résulte que, quel que soit le mode de perception de l'octroi, par régie ou par bail à ferme, les préposés doivent nécessairement être nommés par le préfet du département ; attendu que le procès-verbal du 14 avril n'émane que d'un individu nommé par le fermier de l'octroi ; d'où il suit qu'il n'avait pas caractère suffisant pour constater la contravention » (Colmar, 15 mars 1837, M. Poujol, pr., aff. Ruesch *C.* Morand-Rolla).

102. Les préposés doivent être âgés de vingt et un ans (ord. de 1814, art. 58 ; cah. des ch., art. 21), ce qui ne doit toutefois s'entendre que de ceux qui sont employés au service actif. Ils sont tenus de prêter serment devant le tribunal de première instance, ou devant le juge de paix des lieux où il n'y a pas de tribunal de cet ordre, avant d'entrer en fonctions (L. 27 frim. an 8, art. 7 ; ord. 9 déc. 1814, art. 58 ; cah. des ch., art. 21), mais non dans le cas de changement de résidence (ord. art. 59 ; V. Instr. crim., n° 270) ; ils ont le droit de port d'armes (art. 60) ; ils doivent être toujours porteurs de leur commission, et sont tenus de la représenter lorsqu'ils en sont requis (même art.).— Ils sont dégustateurs et appréciateurs jurés pour des marchandises soumises au droit. On ne peut attaquer leurs décisions, qu'en justifiant de la quittance de consignation (instr. min. 25 sept. 1809 ; ord. 9 déc. 1814, art. 81). — Ils peuvent requérir la force publique (L. 1816, art. 245, et ord. de 1814, art. 65).— Il leur est défendu de faire le commerce d'objets compris au tarif (décr. 17 mai 1809, art. 115 ; ord. de 1814, art. 65). — Cette défense est applicable également aux fermiers : il est même interdit aux fermiers ainsi qu'aux préposés de prendre intérêt dans un semblable commerce, soit comme associés, soit comme simples bailleurs de fonds ou commanditaires (instr. min. 25 sept. 1809), ou de se faire suppléer par un fondé de pouvoirs faisant le commerce desdits objets (cah. des ch., art. 59). — S'ils reçoivent des présents pour favoriser la fraude, ils sont poursuivis conformément aux dispositions du code pénal relatives aux fonctionnaires publics prévaricateurs (ord., art. 63). — Il a été jugé que les plaintes pour concussion dans la perception d'un octroi doivent être déférées aux tribunaux et non à l'autorité administrative (cons. d'Et. 5 juin 1820, aff. Perret, V. n° 90).

103. Les employés comptables des octrois sont tenus de fournir un cautionnement fixé par l'art. 159 de la loi du 28 avr. 1816, qui a modifié l'art. 62 de l'ord. de 1814. — V. n° 72.

104. Les préposés des octrois, dans les communes sujettes aux droits d'entrée, sont tenus de faire en même temps la recette de ce droit, si la régie des contributions indirecte le juge convenable ; elle fait exercer, relativement à ces perceptions, tel genre de contrôle ou de surveillance qu'elle croit nécessaire d'établir (ord. de 1814, art. 89 ; loi 28 avr. 1816, art. 154 ; cah. des ch., art. 18 ; V. aussi décr. 1er germ. an 13, art. 53, v° Impôts ind., p. 405). — La régie accorde aux préposés, pour cette perception, des remises, dont le produit est réparti entre tous les préposés d'octroi d'une même commune, dans la proportion déterminée par le maire (ord. de 1814, art. 90). — Cette répartition constitue une opération administrative dont la réformation ne peut appartenir au conseil de préfecture (cons. d'Et. 6 mai 1836, M. Louyer-Villermay, rap., aff. Armynot *C.* Lafond). — La décision du maire pourrait seulement être déférée au préfet, par la voie administrative. — Lorsque la régie charge de la perception des droits d'entrée des préposés commissionnés par elle, le fermier est tenu de confier à ces receveurs la perception des droits d'octroi sur les boissons, et les recettes doivent être portées sur des registres communs (décis. du cons. d'admin., n° 537 ; Mém. des contr. ind., t. 10, p. 414).

105. L'administration des contributions indirectes est civilement responsable des employés de l'octroi, lorsqu'ils sont préposés par elle et agissent dans son intérêt (Req. 30 janv. 1833, aff. Paul, V. Responsab., n° 639).—V. aussi *eod.*, nos 627, 641.

106. Les préposés des octrois sont tenus, sous peine de destitution, d'exiger de tout conducteur d'objets soumis aux impôts indirects, la représentation des congés, passavants, acquits-à-caution, lettres de voitures et autres expéditions, de vérifier les chargements, de rapporter procès-verbal des fraudes ou contraventions qu'ils découvrent, de concourir au service des impositions indirectes, toutes les fois qu'ils en seront requis, sans toutefois pouvoir être déplacés de leur poste ordinaire ; enfin de remettre, chaque jour, à l'employé en chef des impositions indirectes un relevé des objets frappés du droit au profit du trésor, qui auront été introduits (ord. de 1814, art. 92). — Il leur est enjoint de se servir, pour l'exercice de leurs fonctions, des instruments fournis par la régie (art. 93). — Réciproquement, les employés des contributions indirectes concourent également au service des octrois soit pour les exercices (ord. de 1814, art. 91), soit pour la constatation des contraventions (art. 92 ; décr. 1er germ. an 13, art. 53, v° Impôts ind., p. 405). — Il est tenu compte à la régie de partie des dépenses occasionnées par les exercices (ord. de 1814, art. 91, V. n° 28).

107. Suivant un arrêt, les préposés n'ont qualité pour constater les contraventions d'octroi que dans les limites de la commune pour laquelle ils sont commissionnés et assermentés (Crim. rej. 4 juin 1841, aff. Larrieu, V. Impôts ind., n° 485-2°). — Toutefois, il faut remarquer que, dans l'espèce, le préposé qui avait instrumenté hors du ressort de sa commune ne constatait pas alors une contravention aux droits d'octroi ; il assistait un employé des contributions indirectes, et de plus ce n'était pas une contravention au préjudice de sa commune, mais de la commune voisine. Il suit de là que le principe de l'arrêt précité ne doit être entendu qu'avec une certaine restriction. — Aussi a-t-il été jugé, depuis, que les préposés de l'octroi peuvent constater les contraventions sur le territoire même des communes limitrophes, lorsque par suite de la disposition naturelle des lieux, leur surveillance, pour être efficace, doit nécessairement s'étendre au territoire de ces communes (Limoges, 3 déc. 1841, rapporté avec l'arrêt qui suit) ; — Qu'ainsi, les préposés de l'octroi placés en observation sur un point extérieur au rayon de l'octroi de la commune pour laquelle ils sont commissionnés et assermentés, surtout lorsque la commune est bornée par une rivière ou par des clôtures qui en défendent l'accès, n'en doivent pas moins être considérés comme étant à leur poste et dans l'exercice de leurs fonctions ; et par suite, les violences et voies de fait commises à leur égard constituent le crime ou délit de rébellion (Crim. rej. 14 mai 1842, aff. Hyvernaud, V. Rébellion, n° 36-3°).

108. Les préposés de l'octroi ont-ils qualité pour constater : 1° les contraventions en matière de contributions indirectes? V. Impôts ind., n° 485 et Procès-verbal, n° 385 ; — 2° Les contraventions dans le transport des lettres? — La jurisprudence a varié sur ce point. — V. Fonct. publ., n° 89 et Postes, n° 123.

109. Le directeur général des contributions indirectes peut, dans l'intérêt du trésor, faire révoquer ceux de ces préposés qui ne rempliraient pas convenablement leurs fonctions (L. 1816, art. 156). — Tout préposé destitué ou démissionnaire est tenu de remettre immédiatement sa commission, sous peine d'y être contraint par corps, ainsi que les registres et autres effets dont il aura été chargé, et s'il est receveur de rendre ses comptes (ord. 1814, art. 64).

110. Est-il besoin d'autorisation pour poursuivre les préposés de l'octroi, à raison des crimes et délits commis dans l'exercice de leurs fonctions? — Il a été jugé que les employés de l'octroi peuvent être poursuivis pour faits relatifs à leurs fonctions sans l'autorisation du préfet : cette autorisation, qui était requise par l'art. 144 du décret du 17 mai 1809, n'a plus été nécessaire depuis la promulgation de la loi du 28 avr. 1816; en supprimant cette garantie pour les préposés de la régie, l'art. 244 de cette loi l'a supprimée aussi implicitement pour les préposés de l'octroi (Crim. cass. 25 août 1827, aff. Marcel, vº Mise en jugement, nº 113; Conf. Crim. cass. 19 mars 1836, aff. Ruelle, *eod.*).— V. aussi *infrà*, nº 373.

111. Les préposés de l'octroi sont placés sous la protection de l'autorité publique. Il est défendu de les injurier, maltraiter, et même de les troubler dans l'exercice de leurs fonctions, sous les peines de droit (ord. 1814, art. 65).—« Toute personne qui s'opposera à l'exercice des fonctions desdits préposés, sera condamnée, dit l'art. 15 de la loi du 27 frim. an 8, à une amende de 50 fr. En cas de voies de fait, il en sera dressé procès-verbal, qui sera envoyé au tribunal, pour en poursuivre les auteurs, et leur faire infliger les peines portées par le code pénal contre ceux qui s'opposent avec violence à l'exercice des fonctions publiques. » — Il a été jugé que l'opposition à l'exercice des employés de l'octroi est passible de l'amende prononcée par l'art. 15 de la loi du 27 frim. an 8, toujours en vigueur, que cette opposition ait eu lieu avec ou sans violences et voies de fait; et quand il y a eu violence, l'amende encourue peut être cumulée par les tribunaux, nonobstant l'art. 365 c. inst. crim., avec l'emprisonnement infligé au délit de violence, parce que, en matière d'octroi, l'amende est moins une peine qu'une réparation civile du dommage causé, réparation que les parties lésées ont le droit d'obtenir, soit en joignant leur action civile à l'action publique exercée pour la répression des faits de violence, soit en formant une demande séparée devant les tribunaux civils (Crim. rej. 15 oct. 1840, aff. Castets, V. Peine, nº 149).—V. aussi nº 107, *in fine*.

Art. 6. — *Des matières qui peuvent être soumises aux droits d'octroi.*

112. Deux systèmes différents dans leurs vues et dans leurs résultats, relativement aux objets qui peuvent être soumis aux droits d'octroi, se sont partagé la législation depuis l'an 5 jusqu'en 1816, l'un admettant comme imposables *tous* les objets de consommation sauf quelques exceptions; l'autre n'imposant que les objets appartenant à certaines catégories déterminées. —Le premier système a d'abord prévalu. La loi du 9 germ. an 5, qui a formé le point de départ du rétablissement des octrois, ne contenait aucune disposition relative aux objets imposables; elle posait un principe large et absolu d'après lequel les communes pouvaient adopter l'établissement de contributions indirectes et locales, sans autre limite que celle des besoins à satisfaire. — La loi du 11 frim. an 7, rendue dans le même esprit, déclare expressément que les municipalités feront l'indication des taxes indirectes et locales, *qu'elles jugeront les plus convenables* pour suppléer à l'insuffisance des centimes additionnels (art. 52), et que cette indication comprendra aussi *la désignation des objets sur lesquels les taxes doivent porter* (art. 54). Cependant, par intérêt pour les classes nécessiteuses, elle apporte une limite à la latitude qu'elle laissait aux communes, en exceptant des objets qui peuvent être soumis aux taxes municipales les grains et farines, fruits, beurre, lait, fromages, légumes et autres menues denrées, servant à la nourriture des hommes (art. 56). Enfin, elle prescrivait aux administrations municipales d'avoir égard aux exceptions et franchises qui pouvaient être jugées nécessaires au commerce de la commune et à raison de sa position (art. 56), disposition qui démontre bien la généralité du droit accordé aux municipalités. — La loi du 5 vent. an 8 n'a rien changé à ce régime, elle se borne à dire qu'il sera établi des octrois municipaux et de bienfaisance sur les objets de consommation locale, sans désigner les objets sur lesquels le droit pourra porter.

113. Le décret du 17 mai 1809, introductif du second système, apporte au pouvoir facultatif des communes dans la désignation des objets à imposer, une restriction notable : l'impôt dorénavant devra être restreint à des objets spéciaux et classifiés. — « Aucun tarif, dit l'art. 16 de ce décret, ne pourra porter que sur les objets compris dans les cinq divisions suivantes : 1º boissons et liquides; 2º comestibles; 3º combustibles; 4º fourrages; 5º matériaux. » Le décret entre ensuite dans des détails étendus sur les objets compris dans ces cinq divisions et maintient les exceptions établies par la loi du 11 frim. an 7, relativement aux grains et farines, fruits, beurre, lait, légumes et autres menues denrées (art. 17 à 36). — L'ord. du 9 déc. 1814 adopte le régime exceptionnel du décret de 1809 et reproduit à peu près dans les mêmes termes, les dispositions de ce décret. — Enfin, la loi du 28 avr. 1816 dispose : art. 147. « La *désignation des objets imposés*, le tarif, le mode et les limites de la perception seront délibérés par les conseils municipaux et réglés de la même manière que les dépenses et les revenus communaux. » — Art. 148. « Les droits d'octroi continueront à n'être imposés que sur les objets destinés à la *consommation locale*. Il ne pourra être fait d'exceptions à cette règle que dans les cas extraordinaires, et en vertu d'une loi spéciale. »

114. Cette dernière disposition a fait naître une grave difficulté. La loi du 28 avr. 1816 a-t-elle entendu maintenir le régime restrictif du décret de 1809 et de l'ordon. de 1814? A-t-elle voulu au contraire rendre les communes entièrement libres de désigner, sans aucune exception, les objets de consommation locale qui pourront être soumis à l'impôt?— En faveur du maintien des règlements de 1809 et 1814, on a dit : Les termes mêmes de la loi de 1816 ne font nullement supposer de la part du législateur, l'intention d'apporter une modification au système qu'il trouvait en vigueur. L'art. 148 porte en effet : « Les droits d'octroi *continueront* à n'être imposés que sur les objets destinés à la consommation locale. » Le mot *continueront* qui porte évidemment sur l'expression *consommation locale* n'indique aucune pensée d'innovation, d'autant plus que la loi de 1816 n'a touché que quelques points de la législation des octrois, et que son but ne lui imposait pas la nécessité de rappeler les dispositions textuelles des règlements antérieurs. Ainsi l'ord. de 1814 désignait les objets qui pouvait être compris au tarif, mais ne permettait pas d'exception; l'art. 148 de la loi de 1816 vient autoriser cette exception et indiquer l'autorité qui pourra l'accorder ; là est son but, là est sa disposition innovatrice, disposition qui n'exige nullement la reproduction des détails contenus dans l'ord. de 1814 ; par le mot *continueront*, inséré dans le premier membre de l'article, elle s'y réfère virtuellement.

A ces arguments plus spécieux que solides, on a répondu : la disposition du décret de 1809 qui restreignait le pouvoir des municipalités dans la désignation des objets imposables était en relation avec le système général de ce décret. De graves atteintes étaient portées à l'indépendance des communes, la faculté de choisir entre les différents modes d'exploitation des octrois jusque-là suivis leur était enlevée, et en outre le gouvernement s'attribuait le droit d'établir les taxes d'octroi contre le vœu des municipalités. Comme correctif de ces nouvelles dispositions, et pour rassurer les populations contre les abus possibles d'une puissance arbitraire, le décret limitait les objets de consommation sur lesquels les droits pouvaient porter. — L'ord. de 1814 est conçue dans le même système.—Mais celui de la loi de 1816 est tout autre; restituant aux communes toute leur indépendance, elle décide que les taxes d'octroi ne pourront être établies que sur la demande du conseil municipal, et comme conséquence leur rend le droit de désigner librement les objets qui devront être soumis à l'impôt. La restriction du décret de 1809, sous la régime de liberté de la loi de 1816, serait une pure contradiction qui ne saurait se justifier par aucune raison sérieuse.—Le mot *continueront* de l'art. 148 de la loi de 1816 n'a nullement le sens qu'on lui prête : que dit cet article? Que l'octroi portera seulement sur les objets de consommation locale. Mais n'est-ce pas là la règle fondamentale des octrois, depuis la loi de l'an 5? Il n'y a donc rien d'étonnant à ce que la loi dise que cette règle *continuera* d'être observée. — Il faut même aller plus loin. La loi de 1816, en raison de la généralité de ses termes, doit être entendue en ce sens que non-seulement les restrictions résultant des règlements de 1809 et 1814 ont été abrogées, mais encore que les exceptions que contenaient les lois antérieures, relativement aux grains et farines, lait, beurre, etc., sont également effacées, de sorte qu'aujourd'hui les communes n'ont, dans la désignation des objets qui doivent être soumis aux droits d'octroi, d'autres limites que leur propre intérêt, sauf toutefois le droit de surveillance et d'approbation qui n'a jamais cessé d'appartenir au gouvernement.—L'argumentation dont nous venons de présenter la rapide analyse est empruntée aux lumineuses conclusions présentées en 1852 devant la cour de cassation par M. Rouland, alors avocat général. Ces conclusions, qui sont rapportées textuellement D. P. 52. 1. 67, retracent avec un soin et une clarté remarquable, les phases diverses qu'a subies la législation sur la question et font ressortir d'une manière saisissante, l'esprit et la portée de la loi de 1816 comparée à l'ord. de 1814 et aux décrets antérieurs.— Au reste, l'abrogation des catégories établies dans les règlements de 1809 et de 1814, abrogation si complétement démontrée par M. l'avocat général est tenue pour constante par tous les auteurs qui ont écrit sur le droit administratif, et notamment par MM. Davenne, du régime admin., p. 215 ; Girard, Man. des contr. indir., édit. de 1860, p. 401 ; Trolley, Hiér. admin., t. 4, p. 174; Dufour, Droit admin., t. 6, n° 465 ; Lerat de Magnitot et Huart Delamarre, Dict. de dr. publ. et adm., v° Octroi ; Laferrière, Dr. admin., 3e éd., p. 197 ; M. Block, Dict. de l'admin. franç., v° Octroi, n° 35.

115. C'est en ce sens également que se prononce la pratique administrative ; toutefois ce n'est qu'au cas de nécessité impérieuse et seulement comme ressource temporaire que le gouvernement consent à laisser établir des taxes locales sur les grains et farines : c'est ce qui résulte d'une décision ministérielle dont l'analyse est présentée dans le recueil officiel des circulaires du ministre de l'intérieur dans les termes suivants : « La loi du 28 avr. 1816, art. 147, ayant donné aux conseils municipaux, sans restriction, les droits de désigner les objets imposables pour l'octroi, on peut comprendre les farines dans le tarif. Mais il ne faut rien moins qu'une impérieuse nécessité pour déterminer l'administration supérieure à consentir, même à titre de perception temporaire, l'établissement d'un droit qui frappe le premier aliment des classes indigentes. Les communes ne peuvent compter sur une taxe de cette nature, comme sur une ressource permanente. Ce ne peut être qu'une concession faite à l'urgence de besoins auxquels il ne reste aucun autre moyen de satisfaire » (Décis. min. int. 5 nov. 1837 ; lettre au préfet des Bouches-du-Rhône).

116. La jurisprudence des tribunaux est restée longtemps hésitante sur la question. — D'abord, la cour de cassation s'était prononcée en faveur de cette dernière opinion. — Ainsi, elle avait décidé que les grains et farines peuvent être assujettis aux droits d'octroi ; que la loi du 28 avr. 1816 a abrogé, en ne les reproduisant pas, les dispositions exceptionnelles contraires des lois antérieures (Crim. rej. 18 juill. 1834) (1). — V. aussi Civ. cass. 25 janv. 1825, aff. maire de Bourges, n° 256-2°.

117. Mais la cour de cassation abandonnant cette doctrine, décida que l'art. 147 de la loi du 28 avr. 1816, qui confère aux conseils municipaux le pouvoir de désigner les objets imposés au droit d'octroi, n'a point abrogé l'art. 11 de l'ord. du 9 déc. 1814, qui ne permet d'imposer que les objets compris dans les catégories prévues par cette loi ; que cet article n'autorise pas notamment l'établissement d'un droit d'octroi, 1° sur les métiers à filer (Civ. rej. 2 fév. 1848, aff. Maire de Roubaix, D. P. 48. 1. 59 ; Civ. cass. 18 juin 1850, aff. ville de Roubaix, D. P. 50. 1. 185) ; — 2° Sur les matières premières, même destinées à la consommation locale, qui, telles que les soudes, ne sont pas comprises dans ces catégories (Civ. rej. 6 déc. 1848, aff. fabr. de savon de Marseille, D. P. 49. 1. 29).

118. Puis, en 1852, elle revint à sa première jurisprudence, qu'elle a toujours maintenue depuis. — Elle a jugé que l'art. 147 de la loi du 28 avr. 1816, qui confère aux conseils municipaux le pouvoir de désigner les objets de consommation locale imposés au droit d'octroi, a abrogé l'art. 11 de l'ordonnance du 9 déc. 1814 (Civ. rej. 18 fév. 1852, aff. Haney Gayet, D. P. 52. 1. 66 ; civ. cass. 19 juill. 1854, aff. Duvillier-Duriez, D. P. 54. 1. 324) ; — Qu'ainsi un droit d'octroi peut être établi sur des matières premières destinées à la consommation locale, bien que ces matières, par exemple des soudes, ne soient pas comprises dans les catégories déterminées par l'ord. du 9 déc. 1814 (même arrêt du 18 fév. 1852) ; — Qu'il en est de même des fers et fontes bruts, travaillés ou moulés, bien que ces fers et fontes, destinés à la composition de mécaniques pour le service de l'industrie, ne puissent être considérés comme des matériaux (même arrêt du 19 juill. 1854).

119. Ainsi, les tarifs d'octroi peuvent comprendre *tous* les objets de consommation locale : aujourd'hui, cela n'est plus contesté. Mais, que doit-on entendre par *objets de consommation locale?* Par exemple, doit-on considérer comme rentrant dans cette catégorie les objets qui doivent être consommés dans les établissements industriels pour la préparation des produits destinés au commerce général? — La négative a été d'abord admise par la jurisprudence, soit administrative, soit judiciaire. — Ainsi on peut citer 1° un avis du conseil d'Etat du 24 août 1836 qui décide que l'on ne doit pas comprendre dans les tarifs des matières premières telles que les cuirs et métaux qui, par la fabri-

(1) (Gairal C. octroi de Marseille.)—LA COUR (apr. dél. en ch. du cons.); —Sur l'unique moyen de cassation proposé et tiré de la prétendue violation des art. 55, L. 11 frim. an 7 ; 24, décr. 17 mai 1809 ; 16, ord. 9 déc. 1814, et 148, L. 28 avr. 1816 ; — Vu lesdits articles, et encore les art. 147 et 150, L. 28 avr. 1816, tit. 2 sur les octrois ; — Attendu que les art. 147, 148 et 150, tit. 2, L. 28 avr. 1816, qui ne reproduisent plus, à l'égard des grains, farines, etc., les exceptions textuellement portées par les art. 55, L. 11 frim. an 7 ; 24, décr. 17 mai 1809, et 16, ordon. 9 déc. 1814, autorisent les conseils municipaux des communes à demander, pour subvenir à l'insuffisance de leurs revenus, l'établissement d'un droit d'octroi sur les consommations en général ; que ces articles s'en rapportent entièrement à la délibération du conseil municipal (bien à même de concilier les intérêts des habitants avec les besoins de la commune) pour la désignation des objets à imposer, le tarif, le mode et les limites de la perception, et toutefois sous cette double modification, 1° que les droits d'octroi continueront à n'être imposés que sur les objets destinés à la consommation locale ; 2° que les droits imposés au profit du trésor seront sauvegardés ; — Attendu que les dispositions de l'art. 147 de cette loi sont illimitées, absolues, et n'admettent aucune exception ; que la généralité de ses expressions renferme évidemment une abrogation implicite des dispositions, tant des art. 55, L. 11 frim. an 7, 24, décr. 17 mai 1809, et de l'art. 16, ord. 9 déc. 1814 ; —Considérant que, dans cet état de législation, il entrait dans les attributions du conseil municipal de Marseille d'établir un droit d'octroi de 75 c. par 100 kilog. de farine blutée, et de 70 c. par 100 kilog. de farine blutée importées dans cette ville ; — Considérant que les délibérations du conseil municipal de Marseille des 22 déc. 1831, 12 mars et 29 juin 1832, concernant la révision du tarif de l'octroi, approuvée par le préfet du département des Bouches-du-Rhône les 7 fév., 14 avr. et 16 juill. 1832, ont été converties en ordonnance royale le 18 sept. 1832 laquelle ordonnance est devenue exécutoire en vertu de l'arrêté du 15 oct. suivant ; — Et attendu, en fait, que du procès-verbal dressé le 22 nov. de la même année 1832 par trois préposés de l'octroi de Marseille, il résulte que, ledit jour, à deux heures après midi, le sieur Théodore Gairal s'est mis en contravention aux art. 6 et 146 de l'octroi de Marseille en refusant d'acquitter le droit d'entrée de deux sacs de farine blutée, pesant ensemble 185 kilog., chargés sur une voiture publique, et qu'il a déclaré lui appartenir, lesquels deux sacs de farine ont été saisis ; — Que, d'après ces faits ainsi constatés, la chambre des appels de police correctionnelle de la cour royale d'Aix, en faisant application audit Gairal des peines portées par l'art. 146, règlement de l'octroi de la ville de Marseille, n'a violé en aucune sorte les dispositions des art. 55, L. 11 frim. an 7 ; 24, décr. 17 mai 1809 ; 16, ordon. 9 déc. 1814, et 148, L. 28 avr. 1816, et a fait, au contraire, une juste application tant de ce dernier article que des art. 147 et 150, même loi, et encore des art. 6 et 146, règlement de l'octroi de Marseille ; — Par ces motifs, rejette le pourvoi, etc.

Du 18 juill. 1834.-C. C., ch. crim.-M. Meyronnet, rap.

cation et leur amalgame avec d'autres objets, ne pourraient profiter de la faveur de l'entrepôt, attendu l'impossibilité d'en fournir décharge à la sortie; — 2° Un avis du conseil d'État, du 20 mars 1839, dont voici les motifs : « Considérant que l'art. 148 de la loi du 28 avr. 1816, prescrit de n'imposer les droits d'octroi que sur les objets destinés à la consommation locale, et ne permet de faire d'exception à cette règle que dans les cas extraordinaires et en vertu d'une loi spéciale; considérant que les combustibles consommés dans les établissements industriels, pour la préparation des produits destinée au commerce général, ne peuvent pas être rangés dans la classe des objets destinés à la consommation locale; et qu'ainsi l'ordonnance du 21 juin est strictement conforme aux principes de la législation sur la matière; » — 3° Un autre avis du conseil d'État du 4 avr. 1848 qui porte également qu'il n'y aurait pas lieu de donner suite aux demandes en autorisation de percevoir un droit d'octroi sur le charbon de terre employé dans les manufactures et usines à la fabrication de produits destinés au commerce général; et plusieurs fois, le gouvernement a d'office inséré une telle exemption dans les tarifs qui étaient soumis à son approbation (V. ord. cons. d'Et. 18 juill. 1838, aff. ville de Commercy; 25 avr. 1845, aff. ville d'Amboise, V. nos 39 et 40); — 4° Une ordonnance royale du 25 juill. 1841, approbative du tarif de l'octroi de la ville de Douai et de la disposition qui exemptait des droits d'octroi, en vertu de l'art. 148 de la loi de 1816, les combustibles employés à la fabrication des objets destinés au commerce général; toutefois, cette ordonnance avait en même temps *temporairement* suspendu le bénéfice de cette exemption; sur les réclamations que souleva, de la part des fabricants de Douai, la suspension temporaire de l'exemption, le ministre des finances disait devant le conseil d'État : « Dans l'état présent des choses, *et comme il est certain que, en droit, le charbon qui reçoit cette destination doit jouir de la franchise des taxes d'octroi, d'après le principe posé par l'art.* 148 *de la loi du* 28 *avr.* 1816, je ne saurais combattre le pourvoi formé par les fabricants et manufacturiers de la ville de Douai, puisque ce pourvoi est fondé sur le principe même de la loi. » Le ministre rejetait, d'ailleurs, sur la nécessité de subvenir aux besoins financiers de la ville, le motif de la suspension temporaire admise par l'ordonnance royale approbative du tarif, laquelle, comme on va le voir, a été déclarée illégale et inconstitutionnelle par la cour de cassation.

120. La jurisprudence des tribunaux avait également consacré la même opinion. — Ainsi, à l'occasion précisément de l'ord. du 25 juill. 1841 dont on vient de parler, il a été décidé que les objets destinés à la consommation locale, les seuls qui, d'après l'art. 148 de la loi du 28 avr. 1816, puissent être soumis aux droits d'octroi, sont ceux qui sont destinés à satisfaire les besoins des habitants du lieu sujet, et non ceux qui se consomment dans les établissements industriels, pour la préparation des produits destinés au commerce général; qu'en conséquence, l'ordonnance royale (du 25 juill. 1841 précitée) qui, sans contester ce principe, en suspend l'application dans une localité pendant un certain nombre d'années, et donne, pendant le même temps, son approbation au tarif qui soumet de tels objets à la perception d'un droit d'octroi, est illégale et inconstitutionnelle (Req. 27 (et non 26) nov. 1844, aff. Blot, D. P. 45. 1. 38).

121. Décidé pareillement 1° que les objets destinés au commerce général, tels que des sucres employés à la fabrication de liqueurs, pour être exportées hors du lieu de fabrication, sont affranchis des droits d'octroi (Req. 11 fév. 1846, aff. octroi de Cahors, D. P. 46. 1. 168), ...alors même que l'ordonnance approbative du tarif imposerait des conditions particulières aux fabricants qui veulent profiter de ces affranchissements et que ces conditions n'auraient pas été remplies (sol. impl. même arrêt; V. en sens contraire *infrà*, n° 236-2°); — 2° Qu'il en est de même des combustibles destinés à la fabrication des produits du commerce général (Req. 24 août 1846, aff. Maire de Givet, D. P. 46. 1. 323). — On peut encore citer en ce sens trois arrêts d'admission, les deux premiers rendus le 16 fév. 1847, et le troisième le 2 mars 1847 (Conf. just. de paix de Marseille, 15 oct. 1845, aff. Forbin Janson, D. P. 46. 3. 2).

122. Mais l'opinion contraire a fini par prévaloir devant la cour de cassation. On a dit : 1° d'après les lois de l'octroi, nulle personne ne peut prétendre sous aucun prétexte à la franchise du droit; s'il n'y a pas d'exemption pour les personnes, il ne peut y en avoir davantage pour les établissements industriels. — 2° Les seules exceptions admises en matière d'impôts indirects sont celles qui sont expressément accordées par la loi. Or, les règlements des octrois ne contiennent aucune exemption de ce genre; ils autorisent l'établissement de taxes sur les objets de consommation locale, sans distinction de leur emploi; — 3° Ces mots *consommation locale* sont mis par opposition aux *objets de transit* qui ne doivent pas tomber sous l'application du droit d'octroi et non pas dans un sens restreint et comme s'appliquant seulement aux consommations domestiques; — 4° Les seuls objets admis au bénéfice de l'entrepôt sont ceux qui ont été introduits dans une commune sous la condition d'être réexportés *sans altération de leur nature et en même quantité.* Or le principe de cette faculté ainsi que les mesures réglementaires destinées à prévenir la fraude sont exclusives de toute application à des matières premières dont l'emploi dans les usines entraîne l'entière destruction; — 5° Enfin, il est juste que les usines concourent aux dépenses communes en proportion de la part qu'elles prennent dans les avantages que la communauté assure à ses membres (V. en ce sens le réquisit. de M. Dupin, D. P. 47. 1. 105). — En conséquence, il a été jugé : 1° que les charbons consommés dans les établissements industriels, pour la fabrication de produits destinés au commerce général, sont, à moins d'exemption spéciale accordée par les tarifs, soumis au droit d'octroi aussi bien que ceux destinés à la consommation locale (Trib. de Rouen, 7 juin 1845, aff. Sanson, D. P. 45. 3. 145, et sur pourvoi, Civ. rej. 8 mars 1847, D. P. 47. 1. 105; Civ. cass. 30 mai 1848, aff. ville de Dunkerque, D. P. 48. 1. 110); — 2° Que tous objets destinés à la consommation locale, soit personnelle, soit industrielle, peuvent être assujettis aux droits d'octroi; qu'ainsi le droit d'octroi peut être établi sur les matières premières servant à la fabrication des produits destinés au commerce général, et, par exemple, sur les huiles employées à la fabrication du savon; que ces huiles peuvent, d'ailleurs, être soumises au droit d'octroi en vertu de l'art. 23 du décret du 17 mai 1809 et de l'art. 15 de l'ord. du 9 déc. 1814, qui confèrent aux conseils municipaux le pouvoir de faire porter ce droit sur les huiles, d'après leur qualité et leur emploi (Civ. rej. 6 déc. 1848, aff. fab. de savon de Marseille, D. P. 49. 1. 29); ...qu'au surplus, en admettant que le bénéfice d'entrepôt avec exemption de droits, établi à l'égard du trésor public et étendu aux taxes d'octroi, en faveur des huiles employées à la fabrication du savon, soit demeuré en vigueur quant à la perception de ces taxes d'octroi, depuis la suppression du droit d'entrée dû au trésor, ce bénéfice ne peut être invoqué par les fabricants qui ne se sont point soumis à l'entrepôt (même arrêt); — 3° Que les huiles employées au graissage des laines sont soumises aux droits d'octroi (Civ. rej. 5 mars 1849, aff. Marreau, D. P. 49. 1. 139); — 4° Que les métaux destinés à être employés à la confection de métiers à filer, peuvent être assujettis à un droit d'octroi, à la différence de ces métiers ou des pièces qui les composent (Civ. cass. 18 juin 1850, aff. ville de Roubaix, D. P. 50. 1. 183); — 5° Qu'il en est de même des soudes factices consommées dans l'intérieur d'une ville pour la préparation des produits destinés au commerce extérieur (Civ. rej. 18 fév. 1852, aff. Haney-Gayet, D. P. 52. 1. 66; V. *eod.* les conclusions de M. Rouland).

123. Certains règlements exemptent des droits d'octroi le charbon de terre employé dans les établissements industriels de la localité à la préparation de produits destinés au commerce général. — Des difficultés se sont élevées sur le point de savoir si les charbons qu'on prétendait, dans l'espèce, affranchis du droit, rentraient bien dans l'exemption prévue. — Il a été décidé à cet égard 1° que les charbons de terre employés dans les établissements industriels d'une localité, doivent être considérés comme servant à la préparation de produits destinés au commerce général, et, dès lors, comme jouissant de l'exemption du droit d'octroi accordée par le tarif de la ville aux charbons ainsi employés, par cela seul que ces produits, quoiqu'ils ne soient pas l'objet d'un commerce, sont affectés à des besoins extérieurs, et surtout à des besoins d'utilité publique; qu'ainsi, les charbons consommés dans une usine impériale, pour la fabrication des ancres et agrès de la marine, ne sont pas passibles du droit d'octroi (Civ. cass., 18 juill. 1855, aff. préf. de la Nièvre, D. P. 55. 1. 295); — 2° Que l'exemption doit être appliquée au charbon de terre employé à la fabrication d'appareils à vapeur, même faits pour être placés au lieu de leur construction (Req. 10 juill. 1861, aff. ville de Lille, D. P. 62. 1. 84).

124. Mais il a été décidé que l'exemption du droit d'octroi, établie par le règlement d'octroi d'une ville au profit du charbon de terre et du coke employés dans les établissements industriels de cette ville à la préparation de produits destinés au commerce général, est inapplicable au charbon de terre et au coke employés dans l'intérieur du rayon de l'octroi, par une compagnie de chemin de fer, soit pour le service intérieur d'une station, tant par les machines destinées à fournir de l'eau à la gare que par les locomotives de secours (Civ. rej. 7 janv. 1852, aff. chem. de fer du Nord, D. P. 52. 1. 59); — Soit à la réparation de son matériel roulant et à la confection ou à l'entretien de l'outillage de ses ateliers (Civ. rej. 28 avr. 1862, aff. chem. de fer de l'Ouest, D. P. 62. 1. 213.

125. La disposition d'un règlement d'octroi qui exempte des droits le *charbon de terre* employé à la fabrication d'objets de commerce général, s'applique non-seulement à la houille crue, mais encore au *coke*, ce dernier combustible n'étant autre chose que de la houille dégagée par la distillation des substances fluides et gazeuses qu'elle contient (Req., 10 juill. 1861, aff. ville de Lille, D. P. 62. 1. 84).

Nous allons reprendre maintenant les différentes catégories du décret de 1809 et de l'ordonn. de 1814, qui bien qu'elles ne soient plus aujourd'hui obligatoires, continuent cependant à former la base ordinaire des tarifs.

126. *Boissons et liquides.* — D'après l'art. 12, § 1, de l'ordonn. du 9 déc. 1814, « sont compris dans la première division les vins, vinaigres, cidres, poirés, hydromels, eaux-de-vie, esprits, liqueurs et eaux spiritueuses. » — Les détails dans lesquels on est entré v° Imp. ind., n°s 22 et suiv., 105, 145, dispensent de plus amples explications sur ce point. — Le § 2 du même art. 12 continue : « Les droits d'octroi sur les vins, cidres, poirés, eaux-de-vie et liqueurs, ne pourront excéder ceux perçus aux entrées des villes sur les mêmes boissons pour le compte du trésor public (Paris excepté). » — L'art. 149 de la loi du 28 avr. 1816 reproduit cette interdiction ; toutefois il ajoute : « Si une exception à cette règle devenait nécessaire, elle ne pourrait avoir lieu qu'*en vertu d'une ordonnance royale.* » — Mais cette dernière disposition ayant donné lieu à des abus, en facilitant l'établissement, par simple ordonnance, de droits d'octroi souvent exagérés, l'art. 149 précité a été abrogé et remplacé par l'art. 9 de la loi du 11 juin 1842, en ces termes : « Les droits d'octroi qui seront établis sur les boissons, en vertu des ordonnances royales (rendues dans la forme des règlements d'administration publique) ne pourront excéder ceux qui seront perçus aux entrées des villes au profit du trésor (le décime non compris). — Dans les communes qui, à raison de leur population, ne sont pas soumises à un droit d'entrée sur les boissons, le droit d'octroi ne pourra dépasser le droit d'entrée déterminé par la loi pour les villes d'une population de 4,000 âmes. — Il ne pourra être établi aucune taxe d'octroi supérieure au droit d'entrée qu'en vertu d'une loi. — L'art. 149 de la loi du 28 avr. 1816 est abrogé. — Les taxes d'octroi actuellement existantes qui sont supérieures aux limites fixées par l'article précédent, continueront, ajoute l'art. 10, à être perçues pendant toute la durée déterminée par l'ordonnance royale d'autorisation. — Ces surtaxes, ainsi que celles dont la durée est illimitée, cesseront néanmoins de plein droit au 31 déc. 1852, sans préjudice du droit qu'ont les communes d'y renoncer avant ce délai. »

127. Le décret législatif du 17 mars 1852, portant fixation du budget de 1852, vint entraver d'une manière notable, l'exécution de la loi précédente, en réduisant de moitié le droit d'entrée sur les boissons perçu au profit du trésor (art. 14). Le taux de ce droit étant le régulateur nécessaire du droit d'octroi, il s'ensuivait une réduction simultanée de moitié sur tous les droits d'octroi, de sorte que si l'on eût appliqué rigoureusement la loi de 1842, qui voulait que la perception de toutes les surtaxes cessât de plein droit au 1er janv. 1853, la situation financière des communes, qui tombaient sous l'application de cette loi, eût été gravement compromise. Le décret de 1852 ayant égard à cette situation, prorogea de trois ans le délai fixé par la loi de 1842 ; il ajoutait qu'une prolongation de délai pourrait être accordée par décret rendu en la forme des règlements d'administration publique, aux seules communes qui, suivant des stipulations formelles d'emprunts régulièrement contractés, et autorisés avant le décret du 17 mars, auraient affecté exclusivement le produit de leurs taxes actuelles d'octroi sur les boissons au service des intérêts et de l'amortissement de ces emprunts (art. 15). — Ce remaniement des tarifs devait atteindre un grand nombre de communes : « On pense, lit-on dans le Dict. d'écon. pol., v° Octroi, que près de 1200 communes auront avant 1856 à reviser sous ce rapport leurs tarifs. Déjà les dispositions de la loi du 11 juin 1842 atteignent 371 localités.» — La situation était d'autant plus grave que pour un grand nombre de ces communes, les surtaxes formaient la plus forte partie du revenu de l'octroi. Dans certaines communes même, la diminution de ressources, résultant de l'application rigoureuse du décret de 1852, pouvait aller jusqu'à la suppression des 9/10es du revenu primitif de l'octroi. — En conséquence, la loi de finances du 22 juin 1854 abrogeant l'art. 15 du décret de 1852, a décidé que les droits d'octroi sur les boissons ne pourront être supérieurs au *double* des droits d'entrée déterminés par le décret de 1852 ; que dans les communes qui, à raison de leur population, ne sont pas soumises à un droit d'entrée sur les boissons, le droit d'octroi ne pourra dépasser le double du droit d'entrée déterminé par le décret du 17 mars 1852, pour les villes d'une population de 4,000 âmes, et qu'il ne pourra être établi aucune taxe d'octroi supérieure au double du droit d'entrée qu'en vertu d'une loi (art. 18).— Cette loi replace les communes dans la situation que leur avait faite la loi du 11 juin 1842.

128. Toutefois, il est à remarquer que la loi du 22 juin 1854 ne fait pas mention de l'alcool; elle parle seulement des droits d'octrois sur les *vins, cidres, poirés et hydromels*; de là il suit que, pour les alcools, les droits ne peuvent être supérieurs aux droits établis sur ce liquide au profit du trésor, et que, par application de l'art. 9 de la loi de 1842, aucune surtaxe, quel qu'en soit le chiffre, ne peut être établi sur cette boisson qu'en vertu d'une loi (circ. 225, 17 août 1854).

129. Le § 3 de l'art. 12 de l'ord. de 1814 porte : « Les vendanges ou fruits à cidre ou poiré serontassujettis aux droits, à raison de 3 hectol. de vendange pour 2 hectol. de vins, et de 5 hectol. de pommes ou de poires, pour 2 hectol. de cidre ou de poiré. » — Il a été jugé sur ce point que lorsque le tarif comprend les vins en cercles, les vendanges sont nécessairement sujettes au droit d'octroi (Crim. cass. 28 mars 1812 (1); décis. cons. d'admin., n° 299; man. des contr. ind., t. 9, p. 399).

130. Cependant, il a été décidé que les objets et notam-

(1) (Min. pub. C Granat.)— LA COUR ; — Vu l'art. 11 de la loi du 27 frim. an 8, l'art. 1 du règlement fait le 20 mess. an 11, par le préfet de la Haute-Garonne, pour la perception de l'octroi, dans la ville de Verdun, et l'art. 18 du décret du 17 mai 1809 ; — Attendu que, d'après ces lois et règlements, conformes aux anciennes ordonnances, le tribunal de Montauban ne pouvait pas révoquer en doute qu'il suffisait que le vin eût été déclaré sujet à l'octroi de la ville de Verdun, pour que la vendange, qui sert à confectionner le vin, y fût également sujette ; que, s'il en était autrement, le droit établi sur le vin pourrait devenir nul et illusoire ; — Qu'outre l'existence de ces lois, dont l'ignorance ne peut excuser personne, et encore moins les juges, il existait encore plusieurs lettres officielles du préfet, déclaratives que la vendange était sujette à l'octroi de Verdun, comme l'était le vin, et qu'il avait obtenu du directeur général la réduction des droits à moitié pour la vendange ; et qu'enfin, il avait chargé le sous-préfet de faire faire par le maire une proclamation conforme ; que, d'ailleurs, le nouveau bail de l'octroi portait que le droit sur la vendange serait perçu à l'entrée ; — Que, si le préfet a autorisé les fermiers à faire des visites domiciliaires et des inventaires des vins et de la vendange précédemment entrés à Verdun ; si si encore il a prescrit des mesures pour régler les droits des fermiers en-

ment les râpés et vendanges non désignés au tarif joint à l'ordonnance réglementaire de l'octroi d'une commune, ni au bail de cet octroi, lequel a été basé sur le tarif, ne peuvent, si aucune perception n'a été faite à cet égard depuis l'établissement de l'octroi, être soumis au droit, sous prétexte qu'ils ne rentrent pas dans les exceptions prévues par la loi du 28 avr. 1816 (cons. d'Ét. 14 janv. 1839) (1). — V. aussi v° Impôts indir., n°s 26 et 122.

131. Le § 1 de l'art. 13 de l'ord. de 1814, portant que « les eaux-de-vie et esprits doivent être divisés, pour la perception, d'après les degrés, conformément au tarif des droits d'entrée, » a été remplacé par l'art. 9 de la loi du 24 juin 1824, n° 3, ainsi conçu : « Les droits d'octroi sur les eaux-de-vie et esprits seront perçus par hectolitre d'alcool pur. » — Les eaux dites de Cologne, ajoute le § 2 du même article, de la reine d'Hongrie, de mélisse et autres, dont la base est l'alcool, doivent être tarifées comme les liqueurs.—Il a été jugé que la loi du 27 vend. an 7, qui imposait un droit d'entrée dans Paris sur les eaux-de-vie et esprits ne s'appliquait pas aux liqueurs composées ou aux eaux-de-vie infusées de fruits, et notamment à la liqueur cassis, alors qu'elle ne contenait que l'eau-de-vie nécessaire à sa confection : on disait en vain qu'elle ne se composait que d'eau-de-vie, de sucres et de fruits, et que l'eau-de-vie pouvait ensuite être extrait du mélange (Req. 14 flor. an 9, MM. Delacoste, pr., Vasse, rap., aff. octroi de Paris *C.* Mouchotte).— Cette décision ne serait plus suivie aujourd'hui; depuis la loi de 1824, toutes les liqueurs sont soumises à l'impôt; elles payent le droit suivant la quantité d'alcool qu'elles contiennent (V. Impôt indir., n°s 282 et suiv., 369 et suiv.).—En général, les fruits à l'eau-de-vie, et les boissons composées d'un mélange de boisson assujettie sont passibles des mêmes droits que les boissons elles-mêmes. Mais lorsque ces objets sont un article de commerce et non de consommation locale, le droit peut être modifié et même écarté par une disposition du règlement (instr. min. fin. 25 sept. 1809). — Les préparations pharmaceutiques qui ne pourraient servir à l'usage de la table sont affranchies du droit (MM. Girard et Fromage, édit. de 1860, p. 402).

132. Les eaux-de-vie et esprits dénaturés, de manière à ne pouvoir être consommés comme boissons, ont été affranchis par la loi du 24 juill. 1843 de tous droits d'entrée, de consommation et de détail ; toutefois cette même loi autorise le gouvernement à établir, par des règlements d'administration publique au profit du trésor, un droit qui sera perçu comme droit de dénaturation. Ces mêmes règlements peuvent aussi fixer une quotité du même droit que les villes auront la faculté de percevoir à titre d'octroi, sans que cette quotité puisse excéder le tiers du droit du trésor. — Cette quotité a été fixée par l'ord. du 19 août 1845, art. 2. — V. sur ce droit de dénaturation, v° Impôts ind., n°s 284 et suiv.

133. La fabrication et la distillation des eaux-de-vie est prohibée à Paris par la loi du 1er mars 1822, art. 10; la loi du 24 mai 1834, art. 10, permet d'étendre cette prohibition aux villes sujettes à l'octroi qui en feront la demande. — Des ordonnances ont, en effet, interdit cette fabrication dans plusieurs villes (V. l'ord. du 29 déc. 1835, v° Impôts ind., p. 425 et la note). — Les ordonnances qui établissent cette prohibition ne sont pas susceptibles d'être déférées au conseil d'État par la voie contentieuse. — V. n° 340.

134. Les bières sont comprises dans l'expression générale de l'ord. de 1814, *boissons et liquides*, cela ne fait pas de difficulté. — Il a été jugé, à l'égard de cette boisson, avant l'ord. de 1814, qu'un règlement d'octroi qui n'ordonne la perception du droit que sur les bières fabriquées, a pu être entendu en ce sens que les brasseurs sont autorisés à diminuer les quantités déclarées d'après la présomption du déchet à éprouver dans la fabrication; et que la quotité du déchet, dans ce cas, à défaut par les préposés d'avoir constaté le déchet réel, peut être fixée par les juges, et leur décision à cet égard ne donne pas prise à la censure (Crim. rej. 27 brum. an 11, MM. Viellart, pr., Borel, rap., aff. octroi de Besançon *C.* Renaud).

135. Depuis l'ordonnance, il a été décidé : 1° que lorsque le tarif d'un octroi ne fait point de distinction dans la fixation des droits imposés sur la bière, un tribunal ne peut, sans violer ce règlement, juger que cette disposition s'applique exclusivement à la bière forte, et que la petite bière n'est pas comprise dans le tarif et n'est assujettie à aucun droit; la loi du 8 déc. 1814, ayant d'ailleurs assujetti la petite bière à la moitié du droit perçu sur la bière forte, devait, à défaut de règlement spécial, être appliquée par les tribunaux (Cass. 11 mai 1825) (2); — 2° Que le droit d'octroi sur les bières doit être perçu sur les quantités réellement livrées à la consommation locale, sans avoir égard à la tolérance que la loi accorde dans les limites du dixième, lors des prises en charges par les employés des contributions indirectes (Cass. 15 déc. 1846, aff. maire de Douai, D. P. 47. 1. 25, et sur nouveau pourvoi, Ch. réun. cass. 25 janv. 1851, aff. Thouin, D. P. 51. 1. 19).

---

trant et sortant entre eux, on ne peut pas en induire qu'il ait changé d'opinion, sur le point certain que la déclaration et l'acquittement du droit étaient dus à l'entrée, tant sur la vendange que sur le vin, mais seulement qu'il a voulu prévenir des contestations à l'égard du passé ; — Attendu qu'il n'est pas exact de dire que le décret du 29 juin 1811 ait suspendu l'effet de celui du 17 mai 1809 ; qu'il n'a fait que proroger, jusqu'au 31 déc. 1812, le délai qui était prescrit aux communes, pour présenter de nouveaux règlements et tarifs, et qu'il était dans l'ordre de proroger aussi, jusqu'à la même époque, l'exécution des anciens ; ce qui ne portait aucune atteinte à l'art. 18 du décret du 17 mai, relativement à l'assujettissement des fruits de vendange ; — Attendu qu'en infirmant le jugement de première instance, qui avait déclaré la saisie valable, et prononcé l'amende, faute de déclaration et payement de droit à l'entrée sur la vendange saisie, et en renvoyant Pascal Granat de l'action dirigée contre lui, le tribunal de Montauban, par son arrêt du 28 janv. 1812, a violé les lois et règlements précités ; — Casse et annule, etc.

Du 28 mars 1812.-C. C., sect. crim.-MM. Barris, pr.-Chasle, rap.

(1) (Lyonnet *C.* ville de Gien.) — LOUIS-PHILIPPE, etc.; — Vu le tarif des droits d'octroi pour la ville de Gien ; ledit tarif annexé à l'ordonnance royale réglementaire pour cet octroi, rendue le 30 juin 1819, art. 136 ; vu le règlement du 22 juill. 1806 ;—Considérant qu'il s'agissait, dans l'espèce, d'obtenir une interprétation de l'ordonnance royale portant règlement et tarif de l'octroi de Gien, et que c'est devant nous seulement que cette demande devait être portée ; — Considérant que l'affaire étant suffisamment instruite, il y a lieu de statuer au fond ; — Considérant que le tarif joint à l'ordonnance royale du 30 juin 1819, et qui a servi de base au bail du 27 nov. 1829, ne fait aucune mention des râpés et vendanges, et qu'il résulte de l'instruction que, depuis l'établissement de l'octroi de la ville de Gien jusqu'à l'époque de l'adjudication du bail au requérant, ces boissons n'avaient jamais été soumises au droit d'octroi dans ladite ville. — Art. 1. L'arrêté du conseil de préfecture du Loiret, en date du 24 janv. 1837, est annulé pour cause d'incompétence.— Art. 2. Les râpés et vendanges ne sont pas soumis aux droits d'octroi en exécution du tarif annexé à l'ordonnance royale du 30 juin 1819.

Du 14 janv. 1839.-Ord. cons. d'Ét.-M. Fumeron d'Ardeuil, rap.

(2) (Contrib. ind. *C.* Pingaud.) — LA COUR ; — Vu le règlement de l'octroi de la ville de Dijon, approuvé le 22 mai 1812 ; — Vu aussi le tarif annexé audit règlement ; — Attendu que le jugement attaqué reconnait lui-même que le tarif annexé au règlement de l'octroi de la ville de Dijon assujettit la bière à un droit de 6 fr. par hectolitre, sans faire aucune distinction entre la petite bière et la bière forte ; — Qu'au lieu de s'attacher au texte de la loi, pour en faire simplement l'application, le tribunal a induit de cette circonstance qu'on ne fabriquait alors que de la bière forte, tandis que cette disposition trouvait son origine dans la législation existante à cette époque, depuis la loi du 25 nov. 1808, laquelle n'établissait à la fabrication de la bière qu'un droit fixe, quelle qu'en fût l'espèce ou la qualité ; — Que, cette base de perception ayant été changée par la loi du 8 déc. 1814, qui n'assujettit la petite bière qu'à la moitié du droit perçu sur la bière forte, le conseil municipal de la ville de Dijon dut naturellement s'occuper de modifier le tarif en conformité de cette nouvelle base, en demandant la réduction du droit à moitié sur la petite bière ; — Que l'ordonnance royale du 24 mars 1819 ne laisse, par ses termes, aucun doute sur ce point ; qu'il ne s'agissait pas seulement d'établir un droit nouveau sur la petite bière, mais de réduire à 3 fr., pour ce liquide, le droit qui, par le tarif, était fixé à 6 fr. par hectolitre, sans distinction de la qualité de la bière ; — Que ce n'est donc que par une contravention expresse au règlement et au tarif de l'octroi de Dijon, et en y créant une distinction qui ne s'y trouve pas, que le jugement attaqué a condamné la direction générale des contributions indirectes à restituer aux défendeurs les droits par eux consignés pour les petites bières, dont on leur demandait le payement sur le pied réduit : — Par ces motifs, donne défaut contre les défendeurs, et, pour le profit, casse.

Du 11 mai 1825.-C. C., sect. civ.-M. Legonidec, rap.

136. Les bières expédiées au dehors du lieu sujet, sont-elles affranchies de la taxe? et l'expéditeur, s'il a payé le droit, peut-il réclamer la restitution des droits payés? — Il a été jugé dans le sens de la négative, que le droit que l'administration de l'octroi de Paris est autorisée à percevoir sur la bière qui se fabrique dans l'intérieur de Paris n'est pas restituable pour les quantités de bière qui sont exportées au dehors (Cass. 8 juin 1830) (1). — En principe cette solution se justifierait difficilement, car les droits d'octroi ne sont dus que sur les objets destinés à la consommation locale, à moins d'une exception autorisée par une loi spéciale; or, il est certain que les bières expédiées hors barrières ne sont point consommées dans les limites de l'octroi; mais elle s'explique par les dispositions des règlements spéciaux à l'octroi de Paris.

137. Il a encore été jugé que les droits d'octroi sont dus sur la totalité de la bière fabriquée dans l'intérieur de la ville, lorsque les fabricants ne sont ni abonnés, ni entrepositaires; qu'ils ne peuvent obtenir la répétition d'aucuns des droits perçus pour la quantité de bière qu'ils auraient exportées (trib. de Caen, 11 fév. 1846, aff. Boissée, D. P. 46. 3. 93).—Mais dans l'espèce, le réclamant n'avait pas rempli les formalités relatives à l'entrepôt, sa demande n'était donc pas admissible.

138. D'après l'art. 14 de l'ord. de 1814, dans les pays où la bière est la boisson habituelle et générale, celle importée, quelle que soit sa qualité, ne pourra être, au plus, taxée qu'au quart en sus du droit sur la bière fabriquée dans l'intérieur. — V. n° 164.

139. Les huiles peuvent aussi, suivant les localités, être imposées: la taxe en est déterminée suivant leur qualité ou leur emploi (ord. de 1814, art. 15). — D'après une décision du ministre de l'intérieur, les perfectionnements apportés dans la fabrication de l'huile d'œillette permettant de l'introduire en concurrence avec l'huile d'olive, et les entrepositaires pouvant substituer à la sortie l'une à l'autre, il convient de frapper ces deux huiles d'un droit égal dans les tarifs d'octroi (décis. 29 nov. 1837, lettre au préf. de Tarn-et-Garonne). — Les huiles employées à la fabrication de produits destinés au commerce général, du savon par exemple, sont soumises aux droits d'octroi, comme celles destinées à la consommation domestique (V. *suprà*, n° 122-2°). — Mais les huiles réputées médicaments sont affranchies du droit (code des octrois, p. 25 et 81, note 2). Quant aux huiles à brûler, V. n°s 151, 153.

140. Le droit d'octroi sur les liquides, doit être perçu sur la quantité existant au moment de l'entrée dans le lieu sujet, et non sur celle qui pouvait exister au moment du départ: c'est ce qui a été jugé, « attendu que le jugement dénoncé, en décidant que ce droit d'octroi devait être perçu sur la quantité du liquide au moment de l'arrivée, et non sur la quantité au moment du départ, n'a violé aucun règlement; que les demandeurs n'ont cité aucun règlement contraire, et qu'eux-mêmes ont reconnu par leur lettre adressée au maire de Nantes, le 12 mai 1806, que la perception devait avoir lieu ainsi qu'elle a été réglée par le jugement dénoncé; rejette (Req. 3 sept. 1811, MM. Henrion, pr., Chabot, rap., aff. contr. ind. *C.* Lincoln).

141. *Comestibles.* — Les art. 16 et 17 de l'ord. de 1814 étaient ainsi conçus: — « Sont compris, dans la deuxième division, les objets servant habituellement à la nourriture des hommes, à l'exception, toutefois, des grains et farines, fruits, beurre, lait, légumes et autres menues denrées » (art. 16). — « Ne sont point compris dans cette exception les fruits secs et confits, les pâtes, les oranges, les limons et citrons, lorsque ces objets sont introduits dans les villes, en caisses, tonneaux, barils, paniers ou sacs, ni le beurre, et les fromages venant de l'étranger » (art. 17).—Mais la distinction établie par ces articles n'a pas été maintenue par la loi de 1816, dont les art. 147 et 148 permettent en termes généraux de faire porter le droit d'octroi sur *tous* les objets servant à la consommation locale (V. n° 114).

142. Il a été décidé que lorsque le tarif d'un octroi porte que les fromages d'origine française, à la différence des fromages étrangers, ne seront sujets à aucun droit d'entrée, mais à la charge par les introducteurs de justifier de la nationalité par un certificat du maire de la commune où les fromages auront été

---

(1) *Espèce*: — (Le préfet de la Seine *C.* Julliard.) — Julliard, brasseur à Paris, voulant obtenir la restitution du droit d'octroi sur 24 quarts de bière qu'il se proposait d'expédier à Rosny, fit, le 22 janv. 1828, sommation au préfet de la Seine d'être présent à la sortie. Un procès-verbal fut dressé par défaut. Julliard assigna alors la direction des octrois en restitution de 79 fr. 20 cent. pour le droit payé de ces 24 quarts, attendu que le droit sur les bières n'est dû que lorsqu'elles sont consommées dans Paris. — Le 12 mars 1828, jugement du juge de paix du deuxième arrondissement, qui déclare Julliard non-recevable.

Sur l'appel, jugement infirmatif du tribunal de la Seine, du 20 août 1828, en ces termes: — « Considérant qu'encore bien que les lois et règlements sur l'octroi, antérieurs à 1816, autorisassent la perception d'un droit sur la bière fabriquée en ville; que ce droit ait été octroyé en partie en rédemption de la contribution mobilière, aux termes d'une loi du 26 germ. an 11, et qu'il ait été parfois perçu sans réclamation en cas d'exportation, il n'en est pas moins vrai qu'il y a eu abus à cet égard, et que la réclamation actuelle de Julliard est bien fondée; qu'il importe peu qu'il y ait eu ou non entrepôt à Paris pour la bière; les droits d'octroi se percevant à la fabrication par les préposés des contributions indirectes, en même temps que le droit dû à l'Etat, il en résultera toujours que la restitution de ce droit est indispensable, lorsque la bière faite dans Paris s'expédie au dehors; ce qui parait avoir eu lieu sans inconvénient depuis 1818 jusqu'en 1821, d'après deux registres cotés et parafés par le directeur des contributions indirectes, et ce qui, d'ailleurs, a été formellement reconnu par un inspecteur général des droits d'octroi dans une correspondance de 1818, 1819 et 1820, autorisée à cet égard par l'administration; qu'enfin, si le droit de 5 fr. 10 c. en sus, perçu sur chaque hectolitre de bière fabriqué et exporté, doit être rendu, il n'en est pas de même de ce qui a été perçu sur l'orge, le houblon et les autres objets employés à la fabrication, lesquels étant effectivement consommés dans Paris, sont passibles d'un droit; — Par ces motifs, ordonne la restitution, etc. »

Pourvoi. — 1° Pour violation de l'art. 148 de la loi du 28 avr. 1816, et fausse application de l'art. 52, tit. 6 de la même loi; en ce que le tribunal avait ordonné une restitution qu'aucune loi n'autorise; — 2° Pour excès de pouvoir et violation des art. 10, 12 et 13 de la loi du 24 août 1790, et de l'art. 5 c. civ., en ce que le tribunal a consigné dans son jugement une disposition réglementaire. — Arrêt (apr délib. en ch. du cons.).

LA COUR; — Vu la loi du 26 germinal an 11, l'arrêté du gouvernement du 4e complémentaire de la même année, et la loi du 5 vent. an 12; — Vu aussi l'art. 148 de la loi du 28 avr. 1816 sur les contributions indirectes, l'art. 1 de l'ordonnance du 4 mai 1825, et l'art. 5 c. civ.; — Attendu que la loi du 26 germ. an 11, en accordant à la ville de Paris la faculté de subvenir au payement des contributions mobilière et somptuaire, au moyen de l'octroi municipal, autorisa le mode de perception des droits de l'octroi tel qu'il serait proposé par le conseil municipal de Paris, et arrêté par le gouvernement, sauf à le faire approuver ultérieurement par une loi; — Que, suivant le mode de perception réglé et le tarif dressé en conséquence de cette disposition, il dut être perçu à la fabrication un droit sur les bières brassées dans l'enceinte de Paris, sans exception de celles qui seraient portées hors de la ville; — Qu'un arrêté du quatrième complémentaire an 11 confirma purement et simplement ce mode de perception et ce tarif, et qu'ils reçurent définitivement la sanction législative par la loi du 5 vent. an 12; — Que la loi du 28 avr. 1816, loin de déroger au tarif alors en vigueur, l'a expressément maintenu; que si cette loi pose en principe que les droits d'octroi doivent être assis sur les denrées introduites dans les villes et servant à la consommation de leurs habitants, elle reconnaît, en même temps, qu'il peut être dérogé à cette règle dans des cas extraordinaires et en vertu de lois spéciales; que la loi du 5 vent. an 12 satisfait, pleinement, et en tant que de besoin, au vœu de l'art. 148 de la loi du 28 avr. 1816, ainsi que l'a reconnu et déclaré l'ordonnance royale du 4 mai 1825; qu'aucune de ces lois ni aucun de ces règlements n'ont statué que le droit perçu à la fabrication, sur les bières brassées dans l'intérieur de Paris, au profit de l'octroi de cette ville, serait restituable, lorsque ces bières sortiraient des barrières;

Qu'il est même reconnu par le jugement attaqué que c'est dans ce sens qui exclut toute restitution, que les lois et règlements relatifs à l'octroi de Paris ont été exécutés jusqu'à ce jour; — Qu'en matière de perception, la restitution ne se présume pas; qu'elle doit être expressément ordonnée par une loi; — Qu'il suit de là qu'en ordonnant la restitution de 59 fr. 40 c., sur la somme demandée, le tribunal civil de la Seine a violé la législation spéciale qui a autorisé l'établissement et réglé la perception et le tarif de l'octroi de Paris; — Attendu qu'en ordonnant au préfet de prendre des mesures pour qu'à l'avenir semblable restitution ait lieu sans obstacle, désormais, dans la même circonstance, conformément à l'interprétation donnée par son jugement, le tribunal a excédé ses pouvoirs et disposé par voie générale et réglementaire; — Casse.

Du 8 juin 1830.-C. C., ch. civ.-MM. Portalis, 1er pr.-Piet, rap.-Joubert, 1er av. gén., c. conf.-Godart et Odilon-Barrot, av.

fabriqués, si le fermier refuse d'ajouter foi à de pareils certificats qui lui sont présentés, en ce qu'ils ne sont pas légalisés par le préfet, le juge peut faire résulter la preuve de l'origine française des fromages, objet du litige, soit des débats qui se sont engagés en sa présence, soit de certaines annotations écrites en marge des certificats contestés, et une pareille décision, en fait, échappe à toute censure (Req. 31 janv. 1837) (1).

143. L'art. 18 de l'ord. de 1814 portait : « Les bêtes vivantes doivent être taxées par tête. Les bestiaux abattus au dehors et introduits par quartier, payeront au prorata de la taxe par tête. A l'égard des viandes dépecées, fraîches ou salées, elles sont imposées au poids. » — L'ord. du 4 juill. 1830 a modifié cette disposition en ces termes : « Désormais les droits d'octroi sur les bestiaux vivants et sur ceux abattus au dehors, introduits par quartiers, *pourront* être établis au poids ou par tête. » — Cette disposition laissait, comme on voit, un pouvoir facultatif aux municipalités. Mais des plaintes nombreuses ayant été élevées contre le système des droits perçus par tête, la loi du 10 mai 1846 (D. P. 46. 3. 71) a rendu obligatoire, à partir du 1er janv. 1847, et pour toutes les communes, la substitution de la taxe au poids à la taxe par tête. — Une circulaire a expliqué comment devait s'opérer cette substitution. En voici l'analyse : — Pour procéder à la conversion en taxe au poids du droit établi jusqu'ici par tête d'animaux, il convient : 1° de rechercher le poids moyen des animaux soumis à la taxe ; 2° d'établir quelle déduction le poids de l'animal subit à l'abatage, c'est-à-dire quelle est la partie de viande comestible qui reste de l'animal après la distraction des parties qui n'entrent pas dans la consommation alimentaire. — Après la détermination de ces deux éléments, les conseils municipaux doivent opter entre la taxe fixée sur le poids brut ou celle établie sur le poids net, c'est-à-dire après déduction des abats et issues. — Les conseils municipaux doivent aussi opter entre la taxe unique sur l'ensemble des bestiaux, ou des taxes distinctes pour chaque espèce de bétail : la taxe unique offre plus de facilité pour la perception. — Les conseils municipaux ont enfin à proposer une addition au règlement pour déterminer quel sera le montant de la consignation à opérer ou du cautionnement à fournir pour les bestiaux amenés en foire. — Dans les localités où les administrations municipales seraient en retard de fournir les éléments de conversion nécessaires, la conversion serait opérée d'office, et d'après un taux moyen uniforme (circ. min. fin. 11 mai 1846, D. P. 46. 3. 89). — Un règlement relatif à ce nouveau mode de perception pour la ville de Paris a été approuvé par ordonnance du 23 déc. 1846 (V. Boucher, n° 96).

144. En 1848, l'octroi de Paris éprouva d'assez nombreuses modifications (V. n° 15); on alla même jusqu'à supprimer entièrement les droits sur la viande de boucherie (décr. 18 avr. 1848, D. P. 48. 4. 72), sur la viande fraîche de porc et la charcuterie (décr. 24 avr. 1848, D. P. 48. 4. 76). — Mais cet essai ne répondit pas à l'attente de ses auteurs, et quelques mois après, on fut obligé de rétablir l'ancien tarif (décr. 30 août 1848, D. P. 48. 4. 177).

145. L'art. 5 de la loi du 10 mai 1846 porte : « La viande dite *à la main*, ou par quartiers, ne pourra pas être soumise, à l'entrée dans les villes, à un droit supérieur au droit d'abattoir et d'octroi sur les bestiaux de toute espèce. » — Suivant la circulaire du 11 mai 1846 précitée, les viandes à la main introduites en ville par les bouchers *forains* ne sont sujettes qu'au droit d'octroi et non en sus au droit d'abattoir (D. P. 46. 3. 89). — « Il faut entendre cette disposition, dit la circulaire précitée du 11 mai 1846, dans le sens absolu d'interdiction qui lui appartient, et ne pas admettre qu'il puisse être de règle de soumettre la viande introduite à la main par les marchands forains à une taxe égale à la taxe d'octroi sur les bestiaux, réunie au droit d'abattoir. Ce serait consacrer une mesure contraire à l'intérêt des consommateurs, en ce qu'elle les priverait de la concurrence que la boucherie foraine peut faire aux bouchers de l'intérieur pour l'approvisionnement des marchés. Le droit d'abattoir est le prix d'un service rendu, et l'on ne saurait songer à le faire acquitter par le boucher de l'extérieur qui n'abat pas ses bestiaux dans cet établissement. » — Cependant un usage contraire s'est établi à Paris, et, conformément à cet usage, le règlement de l'octroi de cette ville rendu en exécution de la loi du 10 mai 1846 et approuvé par l'ord. du 23 déc. de la même année, a imposé les viandes venant de l'extérieur à un droit d'octroi supérieur à celui auquel est soumise la viande sortant des abattoirs publics. On a contesté la légalité de cette taxe. — Mais il a été décidé que la disposition qui l'établit est légale et obligatoire, alors que cette taxe ne dépasse pas, dans leur ensemble, les droits d'abattoir et d'octroi que paye la viande abattue à l'intérieur ; ... et qu'il en est ainsi même au cas où la viande, venant de l'extérieur, provient d'une commune (spécialement de la commune de Nanterre) où il existe un abattoir public et où la viande a déjà eu à payer un droit d'abattoir avant d'être introduite à Paris (Civ. cass. 13 fév. 1854, aff. Plainchamp, D. P. 54. 1. 111). — La ville de Paris se trouve à cet égard dans des conditions particulières qu'a fait ressortir la discussion dans les deux chambres de la loi du 10 mai 1846 (V. pour la chambre des députés, séance du 26 fév. 1846 (Monit., p. 485 à 487), et à la chambre des pairs le rapport de M. de Flavigny, à la séance du 8 avr. suivant (Mon. du 11, p. 914, col. 3), et le discours de M. Mesnard (Mon. du 15 avr., p. 940, col. 1). — Mais, ainsi que le dit la circulaire du 11 mai 1846, cette exception ne saurait altérer le principe ni motiver de semblables exceptions pour d'autres localités.

146. Dans le doute qui existe sur l'interprétation d'un tarif d'octroi, quant à la question de savoir s'il est dû déclaration et droit pour les bestiaux conduits seulement au marché, un arrêt ne viole pas les règlements en décidant que ces déclaration et droit ne sont pas dus, par le motif qu'ils n'ont pas été exigés dans plusieurs circonstances semblables, par l'adjudicataire des

(1) *Espèce :* — (Rochetin C. Meiffre, etc.) — Rochetin est fermier de l'octroi de la ville d'Avignon. Le tarif de cet octroi assujettit les fromages étrangers à un droit de 2 cent. par kilogramme. Les fromages d'origine française sont, au contraire, affranchis de tout droit. Mais, pour jouir de cet affranchissement, les introducteurs de ces derniers fromages sont tenus d'exhiber des certificats de maire qui constatent le lieu de la fabrication. — Meiffre, Falque et Bellon se présentèrent un jour au bureau de l'octroi, et demandèrent à faire entrer *gratis* dans la ville d'Avignon une certaine quantité de fromages. Ils étaient porteurs de certificats qui constataient que ces comestibles avaient été fabriqués à Chaumont; mais la signature du maire n'était pas légalisée par le préfet. — Cette circonstance ayant paru suffisante à Rochetin pour n'être pas tenu d'ajouter foi aux certificats qui lui étaient présentés, il exigea la taxe imposée par le tarif aux fromages étrangers. — Mais, sur l'assignation de Meiffre, Falque et Bellon, le juge de paix d'Avignon ordonna, par jugement du 18 sept. 1835, la restitution des droits perçus, en se fondant sur les motifs suivants : — « Attendu, en droit, que les fromages sont, en général, exempts de droits d'octroi ; que, d'après le tarif d'octroi de la ville d'Avignon, les fromages étrangers seulement sont soumis à un droit de 2 cent. par kilogramme ; — Attendu, en fait, qu'il est suffisamment prouvé, d'après les débats qui ont eu lieu et les preuves à l'appui de la demande, que les fromages dont il s'agit au procès sont d'origine française ; qu'ils ont été expédiés et fabriqués à Avignon et à Chaumont (Jura), ce qui résulte des certificats délivrés par les maires de ces communes, en marge desquels se trouvent des cotes et chiffres identiques avec ceux apposés sur les caisses de fromages introduits dans la ville ; — Attendu que le sieur Rochetin n'a ni soutenu ni demandé à prouver que lesdits fromages fussent de fabrication étrangère... ; — Attendu que, dès lors, c'est mal à propos que des droits d'entrée ont été perçus pour cette marchandise, et qu'il y a lieu d'ordonner la restitution desdits droits. »

Pourvoi pour excès de pouvoir, en ce que le juge de paix a puisé la justification à faire, conformément au tarif (quant à l'origine des fromages présentés à l'octroi), dans les débats qui ont eu lieu devant lui, alors qu'aux termes du tarif, obligatoire pour toutes les parties et fait par l'autorité compétente, cette justification ne pouvait résulter que d'un certificat délivré par les maires des communes où les fromages avaient été fabriqués ; que, tout au plus, dans la cause, il pouvait s'agir de l'interprétation d'un acte administratif, à savoir si le certificat de maire, exigé par le tarif, devait ou non être légalisé par l'autorité supérieure pour produire l'effet qui y était attaché. — Arrêt

La cour ; — Considérant que, pour décider que les fromages saisis étaient d'origine française et conséquemment affranchis du droit d'octroi, le juge de paix s'est fondé sur ce que ce fait était constaté et résultait des débats de l'affaire et des documents invoqués ; — Que cette décision, en fait, échappe à la censure de la cour ; — Rejette.

Du 31 janv. 1837.-C. C., ch. req.-MM. Zangiacomi, pr.-Lebeau, rap.-Hervé, av. gén., c. contr.-Galisset, av.

droits d'octroi (Crim. rej. 11 déc. 1807) (1). — Mais il a été jugé que l'arrêté municipal prescrivant de conduire directement au marché, pour les exposer et y payer les droits résultant de leur pesage, les bestiaux introduits en ville pour l'alimentation publique, est légal et obligatoire. La contravention à cet arrêté ne saurait être excusée par ce motif que le règlement de l'octroi, adopté par l'autorité supérieure, aurait prescrit l'établissement d'une bascule dans l'intérieur de l'abattoir, ce qui exclurait le droit de règlement ultérieur par l'autorité municipale (Crim. cass. 24 mai 1862) (2).

147. Dans les communes où l'on élève des bestiaux, dit l'art. 27 du décret du 17 mai 1809, et dans celles où il s'en fait commerce sur les marchés publics, il sera accordé par les règlements, aux propriétaires et marchands toutes les facilités compatibles avec la sûreté de la perception. — En exécution de cet article, le chapitre 2, § 4, du modèle de règlement décide : « Les propriétaires de bestiaux entretenus dans le rayon de l'octroi, peuvent obtenir pour ces bestiaux des permis de circulation énonciatifs du nombre et de l'espèce de ces animaux. Ils sont soumis aux visites, aux exercices des employés et à des recensements opérés aux époques fixées par le maire. Enfin ils sont tenus de déclarer les bestiaux livrés aux bouchers ou charcutiers ou abattus pour leur propre consommation, ceux qu'ils font venir pour les remplacer, enfin toute augmentation ou diminution du nombre de ces animaux. Les bestiaux morts naturellement ou exportés ne sont passibles d'aucun droit moyennant déclaration des premiers dans le jour de la mort, des seconds avant l'exportation. A l'époque des recensements, les propriétaires sont tenus d'acquitter les droits sur les bestiaux manquant à leur charge. »

148. Il a été jugé sur ce point que lorsque le règlement de l'octroi exige pour la sortie des bestiaux entretenus à l'intérieur du lieu sujet un permis de circulation et une déclaration d'expédition à l'intérieur, le marchand de bestiaux poursuivi pour avoir été rencontré conduisant dans la ville deux vaches provenant de son entrepôt, sans déclaration préalable d'expédition à l'intérieur et sans permis de circulation, peut bien être acquitté sur le premier chef, si le juge constate que les bestiaux trouvés circulant n'ont été l'objet que d'une simple rencontre dans les rues de la ville, cette rencontre ne pouvant être considérée comme constituant une expédition à l'intérieur dans le sens du règlement; mais il doit être condamné sur le second chef, le règlement prescrivant d'une manière absolue le permis de circulation, sans distinguer entre le cas où les bestiaux sortent du rayon de l'octroi et celui où ils sortent simplement du lieu où ils étaient entreposés (Crim. cass. 24 juill. 1863) (3).

149. Suivant un arrêt, lorsqu'un règlement d'octroi, après avoir déclaré que « les bestiaux existants dans l'enceinte de cet octroi devront, lors de leur introduction, acquitter les droits, et que les propriétaires seront tenus d'en représenter la quittance, lors du recensement, » ajoute que « les *accrus* devront être déclarés dans les quatre jours de leur naissance, et seront également passibles des droits, sauf l'augmentation proportionnelle, lorsqu'ils changeront de classe; » un pareil règlement doit être être considérée comme faisant partie soit du tarif, soit de la perception; qu'une décision de cette nature, essentiellement de police locale, est exclusivement dans les attributions de l'autorité municipale; qu'ainsi le maire de Libourne, en la prenant, n'a ni excédé ses pouvoirs ni violé l'art. 78 dudit règlement d'octroi;—Attendu, dès lors, que le jugement attaqué, en déclarant l'arrêté du 6 février illégal, et lui refusant la sanction de l'art. 471, n° 15, a tout à la fois violé ledit règlement et méconnu les principes de la compétence;—Casse.

Du 24 mai 1862.-C. C., ch. crim.-M. Zangiacomi, rap.

(1) (Min. pub. C. Boglione.) — La cour; — Attendu que le règlement du droit d'octroi de la ville de Bra doit être expliqué par son tarif approuvé par Son Exc. le ministre des finances; — Que, d'après ce tarif, il paraît douteux qu'il soit dû déclaration et droit pour les veaux conduits seulement au marché; et que, dans le doute, la cour de justice criminelle qui a rendu l'arrêt attaqué n'a pu violer ni la loi du 27 frim. an 8 ni le règlement fait en exécution de ses dispositions, en ne déclarant exempt de cette déclaration et de ce droit le veau que Revello conduisait au marché, que d'après le fait par elle reconnu et déclaré, que, dans plusieurs circonstances semblables, l'adjudicataire du droit d'octroi de cette commune n'a exigé ni cette déclaration ni ce droit; — Rejette.

Du 11 déc. 1807.-C. C., sect. crim.-MM. Barris, pr.-Babille, rap.

(2) (Min. publ. C. Giraud.)—Vu les art. 471, n° 15 c. pén., et l'arrêté du maire de Libourne du 6 fév. 1862;—Attendu que trois procès-verbaux réguliers dressés les 8, 9 et 10 mars dernier, par le commissaire de police à la résidence de Libourne, ont constaté à la charge des nommés Giraud, Perrot, Casimajou, Rabaleau, Surt, Dubreuilh, Bigot, Ayrant, Richer, Tissandier, Mondon, Sirey, Bavonnet, Raymond et Dufour, bouchers, demeurant à Libourne, « que ces derniers se sont refusés, lesdits jours, à faire peser leurs bestiaux au marché du bétail, dit le champ de foire de Libourne, et à produire les quittances du droit d'octroi avant d'entrer à l'abattoir, » et que, traduits à raison de ces faits devant le tribunal de simple police de cette ville, ils y ont été relaxés sur le motif que l'arrêté pris par le maire de cette ville, prescrivant lesdites mesures, était illégal et par conséquent non obligatoires; —Attendu que ledit arrêté, en date du 6 fév. 1862, « enjoint, en effet, à tous les conducteurs de bestiaux entrant en ville et destinés à l'alimentation publique, de les conduire directement au marché du bétail pour les y peser et acquitter les droits résultant de leur pesage, » et qu'il ajoute « qu'ils ne seront reçus à l'abattoir que sur la production de la quittance du droit d'octroi; » — Attendu que ces prescriptions rentrent essentiellement dans les termes de l'art. 3, tit. 2 de la loi du 24 août 1790, qui confie à la vigilance de l'autorité municipale, tout à la fois, la police des marchés et l'inspection sur la fidélité du débit des denrées qui y sont exposées en vente; qu'ainsi ledit arrêté, régulièrement pris par le maire de Libourne dans le cercle de ses attributions, était obligatoire pour le juge de police;

Attendu, néanmoins, qu'il s'est refusé à en assurer l'exécution, sur le motif, 1° que le règlement de l'octroi de Libourne, approuvé par un décret impérial du 13 août 1860, portant qu'un bureau serait établi dans l'intérieur de l'abattoir pour le pesage des bestiaux, le maire n'avait pu, par un arrêté, déplacer le lieu déterminé pour cette opération, et 2° que l'art. 78 dudit décret défendait tout changement à ses dispositions, si ce n'est suivant les formes dans lesquelles il avait été rendu; —Attendu, en ce qui concerne l'un et l'autre de ces motifs, que l'approbation donnée par le décret impérial au règlement dont s'agit, ainsi qu'à la défense faite par l'art. 78 d'y apporter aucun changement, ne peuvent s'entendre que des prescriptions qui constituent soit un tarif, soit une perception dudit octroi;—Attendu que la désignation du lieu où doivent s'opérer le pesage des animaux et l'acquit du droit d'octroi ne peut

(3) (Octroi de Saint-Mihiel C. Lévy.)—La cour; — Vu l'art. 11 de la loi du 27 frim. an 8, l'art. 121 de la loi du 8 déc. 1814, les art. 46 et 147 de la loi du 28 avr. 1816, ensemble l'art. 31 du règlement de l'octroi de Saint-Mihiel;—Attendu qu'il résulte d'un procès-verbal régulier que le sieur Créhange-Lévy, marchand de bestiaux, a été rencontré circulant dans la rue Notre-Dame de Saint-Mihiel, et conduisant en laisse deux vaches provenant de son entrepôt, sans avoir fait la déclaration préalable d'expédition à l'intérieur, et sans être muni d'un permis de circulation, comme le veulent les art. 39 et 31 du règlement de l'octroi; — Attendu que le sieur Lévy, ayant été cité en police correctionnelle pour cette double contravention, a été acquitté de l'une et de l'autre par la cour impériale de Nancy; — Attendu, en ce qui concerne le chef d'expédition à l'intérieur sans déclaration préalable, que l'arrêt attaqué, en reconnaissant qu'il n'y avait rien de constaté par le procès-verbal qu'une simple rencontre dans la rue Notre-Dame, et en décidant que cette simple rencontre ne pouvait être considérée comme constituant une expédition à l'intérieur dans le sens de l'art. 39, a sainement interprété cet article, et a pu, par suite, en étendre l'application au fait par elle constaté souverainement;

Mais en ce qui concerne le deuxième chef de prévention, relatif au défaut de permis de circulation :—Attendu que la cour impériale de Nancy a relaxé le prévenu, par le motif que l'art. 31 de ce règlement n'exige le permis de circulation que pour la sortie du rayon de l'octroi, et non pour la sortie de l'étable; — Attendu, néanmoins, que l'art. 31 est général et absolu, et qu'il prescrit le permis de circulation, sans distinction entre le cas où les bestiaux sortent du rayon de l'octroi et celui où ils sortent simplement du lieu où il étaient entreposés;—Que cette exigence particulière s'explique aisément par la nécessité de la surveillance à exercer sur les objets soumis au tarif qui, comme les bestiaux, sont doués de vie et de mouvement, puisque ces animaux, à la différence des chose purement inertes, ne peuvent pas être soumis dans tous les moments aux vérifications des employés dans le lieu même de l'entrepôt; — Attendu qu'en jugeant autrement et en relaxant le prévenu de la poursuite, la cour impériale de Nancy a restreint arbitrairement les termes de l'art. 31 du règlement de l'octroi de Saint-Mihiel, et par suite violé, en ne l'appliquant pas, l'art. 46 de la loi du 28 avril 1816;

Par ces motifs, casse et annule, sur ce chef de prévention seulement, l'arrêt rendu par la cour impériale de Nancy, dans la cause du sieur Sauce et du maire de Saint-Mihiel contre Créhange-Lévy; et, pour être statué sur l'appel interjeté par ces derniers, renvoie la cause et les parties devant la cour impériale de Metz.

Du 24 juill. 1863.-C. C., ch. crim.-M. Guyho, rap.

entendu en ce sens que les *accrus* sont soumis au payement des droits, au moment de la déclaration de leur naissance, sauf l'augmentation proportionnelle, et non pas seulement au moment de leur consommation (Cass. 6 juin 1837) (1).

150. L'art. 19 de l'ord. du 9 déc. 1814 porte : « Les coquillages, les poissons de mer, frais, secs ou salés, de toute espèce, et celui d'eau douce, peuvent être assujettis aux droits d'octroi, suivant les usages locaux, soit à raison de leur valeur vénale, soit à raison du nombre ou du poids, soit par paniers, barils ou tonneaux. »

151. *Combustibles.* — Sont compris dans la troisième division, 1° toute espèce de bois à brûler, les charbons de bois et de terre, la houille, la tourbe, et généralement toutes les matières propres au chauffage; 2° les suifs, cires et huiles à brûler (ord. de 1814, art. 20). — Jugé que lorsque, dans le chapitre de perception sur les combustibles, un règlement d'octroi mentionne seulement comme soumis aux droits les fagots ordinaires et les fagots dits modernes, sans parler des *bourrées*, l'impôt n'atteint pas ce dernier genre de combustible : du moins le jugement qui le décide ainsi, en constatant en fait que les bourrées ne sont pas comprises dans la désignation de fagots ordinaires, ne peut donner lieu à la cassation (Rej. 17 déc. 1838, aff. octroi de Corbeil, v° Règlement adminis., n° 146).

152. Le règlement d'octroi qui soumet au même droit les bougies de toute espèce comprend dans cette classe les bougies connues sous le nom de *bougies stéariques;* celles-ci ne peuvent être considérées comme des chandelles perfectionnées, par cela qu'il entrerait plus de suif dans leur composition que dans celles de cire ou de blanc de baleine : il en serait ainsi, alors même que leur invention serait postérieure au règlement de l'octroi, s'il était constant que ce règlement avait pour objet d'imposer toutes espèces de bougies, quelle que fût la matière première entrant dans leur composition (Crim. cass. 3 avr. 1840) (2).

153. Le droit imposé par le règlement d'un octroi sur toutes les huiles, de quelque nature qu'elles soient, a été déclaré applicable à l'huile de pétrole (Paris, 21 nov. 1863, aff. Codet *C.* octroi de Courbevoie, D. P. 63. 2. 80). — Pour combattre la prétention de l'octroi, on disait : Le produit auquel tout le monde donne improprement la qualification d'*huile de pétrole* n'est pas une huile; ce n'est autre chose qu'un hydrocarbure brut connu sous le nom de *bitume fluide*. C'est sous cette dernière dénomination que ce liquide était reçu en douane, et jusqu'au décret du 16 juill. 1863, qui l'a grevé d'un droit spécial, il entrait en franchise à nos frontières.. La ville de Paris l'assimile aux essences, au droit de 8 fr. 50 c. l'hectolitre, et c'est évidemment à cet usage de l'octroi de Paris que doivent se conformer les communes environnantes qui n'ont pas de règle établie à cet effet. Or les essences entrent en franchise à Courbevoie; il n'y avait donc lieu de percevoir sur le produit dont il s'agit, ni un droit sur les essences qui n'existe pas à Courbevoie, ni le droit sur les huiles proprement dites, parmi lesquelles on ne peut ranger l'huile de pétrole. Et ce qui prouve bien, ajoutait-on, que l'autorité municipale de Courbevoie le comprenait ainsi, c'est qu'en 1863 elle a provoqué d'urgence l'établissement d'un nouveau tarif, dans lequel figurent nominalement les huiles de pétrole. — Ces raisons étaient au moins spécieuses; toutefois elles n'ont pu prévaloir devant la cour de Paris, qui a sanctionné la prétention élevée par l'octroi de Courbevoie.

154. *Fourrages.* — La quatrième division comprend les pailles, foins et tous les fourrages verts ou secs, de quelque nature, espèce ou qualité qu'ils soient : le droit doit être réglé par botte ou poids (ord. de 1814, art. 21).—Il a été décidé : 1° que dans les lieux où les pailles préparées dans l'intérieur sont frappées d'un droit, on doit soumettre à ce droit celles provenant de gerbes de blé battues dans l'intérieur des limites de l'octroi (Crim. cass. 2 juin 1820) (3); — 2° Que les règlements d'octroi

---

(1) (Octroi de Bordeaux *C.* Redeuil.) — La cour (après délib. en ch. du cons.); — Vu l'art. 17 du tarif général et règlement pour la perception de l'octroi de la ville de Bordeaux, dont les dispositions sont rapportées ci-après : — Attendu qu'en règle générale, les droits sont établis aux entrées des villes sur les objets de consommation et en vue de la consommation; — Que, si quelquefois les droits d'octroi sont perçus dans l'intérieur des villes, c'est lorsque les objets qui y sont soumis, naissent, croissent, se récoltent ou se fabriquent dans les limites de l'octroi; mais que cette circonstance ne change rien, ni à la nature du droit, ni au mode de sa perception; — Attendu qu'aux termes de l'art 17 du tarif de l'octroi de Bordeaux, « tous les bestiaux existants dans l'enceinte de cet octroi, doivent, lors de leur introduction, acquitter les droits, et que les propriétaires sont tenus de justifier de la quittance de ces droits lors du recensement...; » — Qu'aux termes du même article, « les *accrus* doivent être déclarés dans les quatre jours de leur naissance et pris en note sur un registre à ce destiné; que ces *accrus* sont également passibles des droits, sauf l'augmentation proportionnelle, lorsqu'ils changent de classe; — Attendu qu'il résulte des dispositions de cet article, que le droit est dû et perçu sans égard au moment de la consommation, puisque le propriétaire est tenu de produire la quittance du droit lors du recensement; qu'il en résulte encore que les propriétaires des *accrus* étant soumis à la même obligation de produire la quittance du droit, ces *accrus* se trouvent naturellement soumis, au payement, au moment de la déclaration de leur naissance, sauf l'augmentation proportionnelle, lorsqu'ils changent de classe : d'où il suit que le tribunal civil de Bordeaux qui, contre les termes et l'esprit de l'art. 17 du tarif de l'octroi de cette ville, a jugé que les *accrus* n'étaient passibles du droit qu'au moment de leur consommation, a ouvertement violé et faussement appliqué ledit article; — Casse et annule le jugement du tribunal de Bordeaux, du 26 août 1835.

Du 6 juin 1837.-C. C., ch. civ.-MM. Portalis, 1er pr.-Bérenger, rap.-Laplagne-Barris, 1er av. gén., c. conf.-Moreau, av

(2) (Min. pub. *C.* Saintoin.) — Vu les art. 4, 5 et 61 du règlement pour la perception de l'octroi municipal de la ville de Boulogne-sur-Mer, ensemble le tarif annexé audit règlement; le tout approuvé par une ordonnance royale du 27 déc. 1838; — Attendu, sur le moyen d'incompétence, qu'il s'agissait moins d'une contestation sur l'application du tarif ou sur la quotité du droit, que de la vérité ou de la fausseté d'une déclaration faite par le messager Saintoin, lequel, suivant les employés de la régie, aurait dû déclarer introduire une caisse de bougies, tandis qu'il avait déclaré introduire une caisse de chandelles; que si la déclaration était fausse, il en résultait une contravention dont les tribunaux correctionnels devaient seuls connaître; que, dès lors, l'allégation que cette déclaration était vraie formait pour le prévenu une exception que le juge naturel de l'action devait nécessairement apprécier; — Attendu, au fond, que, d'après le tarif annexé au règlement pour l'octroi de Boulogne, les bougies de toute espèce sont soumises au même droit, tandis que les chandelles importées sont soumises à un droit infiniment moindre; — Qu'il est impossible, dès lors, de ne pas ranger les moyens d'éclairage connus sous la dénomination générale des bougies stéariques dans la classe des bougies; — Que peu importe qu'il entre plus ou moins de suif dans la composition des bougies stéariques, ce qui les fait désigner dans le jugement attaqué par ces mots : *chandelles perfectionnées*; — Qu'en fait, elles sont dénommées bougies, et qu'un tarif qui a voulu atteindre une autre bougie que la bougie de cire, les bougies de toute espèce, atteint aussi bien la bougie stéarique que la bougie de blanc de baleine; — Que l'époque de l'invention de la bougie stéarique est ici sans importance, puisque le règlement et le tarif aujourd'hui en vigueur à Boulogne-sur-Mer, sont, dans tous les cas, postérieurs à cette époque; — Que la bougie stéarique aurait même été atteinte par les règlements et tarifs antérieurs, puisqu'on voit que les modifications apportées en 1830 et en 1833 au règlement et au tarif de 1826 avaient eu pour objet de comprendre sous la dénomination de bougies toutes espèces de bougies, quelle que fût la matière première qui entrait dans leur composition; — Attendu, dès lors, qu'en tenant pour vraie une déclaration essentiellement fausse, et en refusant d'appliquer la peine attachée à cette contravention, le jugement attaqué a violé les art. 4 et 5 précités du règlement dudit octroi; — Casse.

Du 3 avril 1840.-C. C., ch. cr.-MM. Crouseilhes, pr.-Romiguières, rap.

(3) (Octroi de la Ferté-sous-Jouarre *C.* Guichard.) — La cour; — Vu les art. 6, 15 et 19 du règlement de l'octroi de la Ferté-sous-Jouarre; — Attendu, en droit, que de la paille provenant de gerbes de froment battues dans l'intérieur des limites de l'octroi de la Ferté-sous-Jouarre, est de la paille préparée dans l'intérieur de ces mêmes limites; que, dès lors, elle rentre dans la disposition de l'art. 15 du règlement qui soumet celui qui l'a préparée à en faire la déclaration, et à acquitter le droit, sous peine de l'amende portée en l'art. 6; — Et attendu, en fait, que du procès-verbal des employés de l'octroi de la Ferté-sous-Jouarre, du 30 oct. dernier, non attaqué ni argué de faux, il résulte que les employés s'étant présentés chez le sieur Guichard, maître de poste à la Ferté, pour inventorier les pailles de froment provenant de sa récolte, la dame Guichard avait répondu que son mari était absent; qu'elle se refusait formellement à acquiescer à l'interpellation des employés, et qu'elle ne payerait pas le droit de sesdites pailles, parce qu'à Meaux on ne les payait pas; — Que cette paille, provenant de gerbes de froment battues dans le domicile de Guichard à la Ferté, était soumise à la déclaration prescrite par l'art. 15 du règlement, et au payement

qui tarifent les pailles, comprennent les pailles en grain comme les pailles simples : dès que ces règlements comprennent indéfiniment et génériquement la paille comme faisant partie des fourrages soumis à l'octroi, il n'appartient pas aux tribunaux d'excepter, par une distinction arbitraire, de leur disposition, la paille qui porte encore son grain, car elle n'en conserve pas moins pour cela sa nature de fourrage (Crim. cass. 22 déc. 1820) (1); — 3° Que le foin, nommé *regain*, qui est le produit des deuxième et troisième récoltes, est, comme le foin qui est le produit des prairies naturelles en première pousse, soumis au droit d'octroi établi sur le foin en général (Crim. cass. 22 déc. 1820 (2); et sur renvoi, Metz, 31 juill. 1821, M. Colchen, pr.). — Décision semblable : « Attendu qu'en décidant que le foin provenant de la seconde herbe des prés était soumis au droit d'octroi, comme le

---

du droit fixé par l'art. 19 du tarif, sous peine de l'amende portée par l'art. 6 du règlement ; — Que, néanmoins, le tribunal de Melun, par arrêt du 1er mars 1820, a déclaré le fermier de l'octroi non recevable en son action contre Guichard, sous prétexte que les pailles de Guichard provenaient de gerbes battues dans l'intérieur des limites de l'octroi, ce qui est une violation des art. 6 et 13 du règlement et de l'art. 19 du tarif ; — Que sa décision ne saurait être justifiée par l'arrêté interprétatif du conseil municipal de la Ferté ; que les conseils municipaux n'ont pas le droit de modifier ni d'interpréter les règlements de l'octroi, sanctionnés par l'autorité supérieure : qu'ici, le règlement de l'octroi de la Ferté avait été approuvé par ordonnance de Sa Majesté du 2 sept. 1818, tandis que l'arrêté interprétatif du conseil municipal de la Ferté, postérieur à cette ordonnance, n'a pas été revêtu d'une semblable approbation ; que, dès lors, il ne pouvait être invoqué dans le jugement attaqué, pour interpréter le règlement de l'octroi, ou pour en excuser la violation ; — Casse.

Du 2 juin 1820.— C. C., sect. crim.-MM. Barris, pr.-Ollivier, rap.

(1) (Octroi de Belfort C. Dauphin.) — LA COUR ; — Vu les art. 21, 24, 28 et 29 du titre 3 de l'ord. de 1814, concernant les matières qui peuvent être soumises aux droits d'octroi, lesquelles sont divisées, par l'art. 11, en cinq parties, dont la quatrième comprend les fourrages ; — Vu aussi les art. 5, 6 et 7 du règlement particulier de l'octroi de Belfort ; — Attendu qu'il avait été constaté par le procès-verbal des employés de l'octroi, du 26 juillet 1819, que le domestique du sieur Dauphin, maître de poste à Belfort, conduisant une voiture chargée de paille en grains, avait refusé de faire aucune déclaration, en disant aux employés qu'ils devaient savoir que son maître n'entendait pas en faire ; — Que, quoique ces faits constituassent une contravention formelle aux dispositions législatives ci-dessus rappelées, et notamment au règlement particulier de l'octroi de Belfort, et qu'ils dussent entraîner les peines prescrites, néanmoins les premiers juges, et après eux, la cour de Colmar, qui s'est rendu propre leur jugement, ont déchargé le prévenu de l'action du fermier de l'octroi, par des motifs aussi étrangers à l'espèce qui était à juger, qu'ils sont contraires à la loi ; — Qu'en effet, au lieu d'avoir posé la question que les faits du procès-verbal présentaient à juger, qui était de savoir si les pailles en grains étaient soumises à l'octroi et à une déclaration avant leur introduction dans le lieu de l'octroi, les premiers juges ont posé celle de savoir si les grains en gerbes étaient assujettis au régime de l'octroi par le tarif arrêté pour la ville de Belfort, comme si le fermier avait jamais prétendu percevoir aucun droit sur les grains ; — Que, par suite de cette première erreur, les juges de Belfort, dont la cour de Colmar a adopté les motifs, ont décidé que l'ordonnance du 9 déc. 1814 et le règlement particulier de l'octroi de Belfort ne portaient ni explicitement ni implicitement aucune disposition dont on pût induire que les grains en gerbes, ou les grains séparés de leur paille, fussent soumis à l'octroi, et, au surplus, que le grain en était expressément affranchi par l'art. 16 de ladite ordonnance ; — Attendu que cette décision est au moins oiseuse, puisqu'elle est absolument étrangère à l'espèce, qui ne présentait à juger que la question de savoir si les pailles en grains ou en gerbes étaient soumises à l'octroi, et non de savoir si les grains y étaient assujettis ; — Attendu que, toujours entraînés par la même erreur, les premiers juges se sont étayés de plusieurs délibérations du conseil municipal de Belfort, tant antérieures que postérieures au procès-verbal dont il s'agit, par lesquelles ce conseil a déclaré que son intention n'a jamais été d'assujettir à aucun droit ni formalité les grains conduits dans l'intérieur avec leur paille ; — Qu'arrivant enfin à la véritable question du procès, les premiers juges ont dit que, si le règlement de l'octroi de Belfort tarife les pailles c'est comme comprises dans la division et le terme générique *fourrages*, et comme servant à la nourriture et entretien du bétail ; que, par conséquent, c'est dans ce sens qu'il faut l'interpréter ; que tous les auteurs se réunissent pour en donner la définition suivante : « Paille se dit du tuyau ou de la tige du blé ou autre céréale, lorsque le grain en est séparé, » définition qui, sous aucun rapport, ne peut s'appliquer à des grains en gerbes ;

Attendu, en premier lieu, que la décision de la cour de Colmar ne saurait être justifiée par les prétendues délibérations du conseil municipal de Belfort, prises postérieurement au règlement de l'octroi qui avait été approuvé par l'autorité légitime et supérieure ; que les conseils municipaux n'ont pas le droit de modifier ni d'interpréter les règlements de leur octroi, lorsqu'ils ont été légalement sanctionnés, ou du moins que leurs modifications ou interprétations ne doivent être prises en considération qu'autant qu'elles ont reçu cette sanction ; que, dans l'espèce, on n'a pas dit que les délibérations du conseil municipal de Belfort aient été revêtues d'une semblable approbation, et que, dès lors, elles ne pouvaient pas être invoquées par les premiers juges pour servir d'interprétation du règlement de l'octroi ;

Attendu, en second lieu, qu'on entend généralement par les mots *paille en grains*, ou, ce qui est la même chose, par le mot *gerbe*, un assemblage de la paille et du grain ; que si l'on doit reconnaître, d'après la loi, que le grain ou le blé n'est pas soumis aux droits de l'octroi, on ne peut pas méconnaître que la paille peut y être assujettie, et qu'elle l'y est en effet par le règlement et le tarif de l'octroi de Belfort ; que la paille conserve toujours sa nature de fourrage, soit qu'elle porte encore son grain, soit qu'elle en soit séparée ; que, ledit règlement comprenant indéfiniment et génériquement la paille comme faisant partie des fourrages soumis à l'octroi, il n'appartient pas aux tribunaux de créer des distinctions que la loi n'a pas établies, et qu'on ne peut les y autoriser sans anéantir, ou au moins sans porter une atteinte directe à la perception de l'impôt en cette partie, en ce que, si l'on admettait le système de l'arrêt attaqué, rien n'empêcherait les habitants d'un lieu sujet à l'octroi d'y introduire en franchise leur provision de paille, sous le prétexte qu'elle ne serait pas séparée du grain, tandis, au contraire, que celui qui récolterait du blé dans l'intérieur des limites de l'octroi, serait tenu, aux termes des art. 14 et 15 du règlement, de faire la déclaration des pailles qu'il aurait recueillies, de souffrir les vérifications des employés et d'acquitter les droits ; — Attendu enfin que la cour de Colmar, par son arrêt du 3 déc. 1819, a ouvertement violé et faussement interprété les lois et règlement ci-dessus rappelés, en rejetant les demandes du fermier de l'octroi de Belfort, par des motifs et distinctions que la loi repousse ; — Casse.

Du 22 déc. (et non sept.) 1820.-C. C., sect. crim.-MM. Barris, pr.-Chasle, rap.

(2) (Octroi de Belfort C. Dauphin.)—LA COUR ; —...Vu le tit. 3 de l'ordonnance ci-dessus datée (de 1814), concernant les matières qui peuvent être soumises aux droits d'octroi, lesquelles sont divisées, par l'art. 11, en cinq parties, dont la quatrième comprend les fourrages ; — Vu les art. 21, 24, 28 et 29 de ladite ordonnance ; — Vu aussi les art. 5, 6 et 7 du règlement particulier de l'octroi de Belfort ; — Vu aussi le tarif annexé audit règlement, qui établit dans la troisième division les fourrages, qu'il compose de pailles, foins et avoines ; — Attendu que la distinction faite par le tribunal correctionnel de Belfort, qui a été adoptée par la cour de Colmar, dans son arrêt du 3 déc. 1819, entre le fourrage considéré comme genre et les différentes espèces dont il est composé, pour séparer le foin que produisent les prairies naturelles en première pousse d'avec le foin nommé *regain*, qui est le produit des deuxième ou troisième récoltes, et arriver, à l'aide de cette distinction, au rejet de la demande du fermier de l'octroi de Belfort, est dénuée de tout fondement ; — Attendu que la loi du 8 déc. 1814 et l'ordonnance royale réglementaire du lendemain ont permis de soumettre les fourrages aux droits de l'octroi, et que le règlement particulier de la ville de Belfort, ainsi que le tarif qui y est annexé, ont assujetti les fourrages à ces droits, et nominativement les foins ; — Que les deuxième et troisième herbes des prés, quand elles sont fauchées et séchées, sont du foin comme la première herbe ; que le foin est du fourrage ; que les deuxième et troisième herbes sont donc, dans le genre comme dans l'espèce, spécifiées par le règlement ; — Attendu que le sieur Dauphin, en se refusant à faire la déclaration au bureau de l'octroi de Belfort d'une voiture chargée de fourrages d'herbe sèche nommée *regain*, qu'il fit entrer dans cette ville le 14 août 1819, et d'acquitter les droits, nonobstant les observations et réclamations des employés, avait encouru les peines portées par les lois et règlement ci-devant rappelés, et qu'en ne les lui appliquant pas, et en rejetant la demande du fermier de l'octroi, sous le prétexte que du regain n'est pas du foin, la cour de Colmar a ouvertement violé lesdites lois et règlement ; — Que même en admettant et en appliquant au canton de Belfort le prétendu ancien usage de la Franche-Comté, où l'on regardait, a-t-on dit, le regain ou la seconde herbe des prairies naturelles comme appartenant à la vaine pâture, et où la récolte n'en était autorisée que lorsque la première récolte n'était pas abondante, il n'en serait pas moins vrai que la seconde et la troisième herbe, lorsqu'elle est fauchée et séchée, ne serait pas autre chose que du foin, et qu'il serait indifférent pour la cause que cette espèce de foin fût plus ou moins propre que la première à la nourriture de telle ou telle autre espèce de bétail, ou que sa valeur fût ou plus faible ou plus forte, parce qu'on peut trouver les mêmes différences de qualité, de valeur et de propriété dans les foins de première récolte ; qu'il est même des années où les premiers foins sont surpassés en qualité par les foins de seconde récolte ; — Casse.

Du 22 déc. 1820.-C. C., sect. crim.-MM. Barris, pr.-Chasle, rap.

foin provenant de la première, le jugement attaqué s'est conformé à la lettre et à l'esprit du tarif de l'octroi de Barbezieux ; rejette » (29 mai 1829, ch. crim., MM. Bailly, pr., Mangin, rap., aff. Givert *C.* octroi de Barbezieux); — 4° Que le règlement de l'octroi qui assujettit au droit d'octroi, en vertu de l'art. 21 de l'ordonn. du 9 déc. 1814, les foins et fourrages de toutes espèces, peut, à raison de la généralité de ses termes, être appliqué aux fourrages verts comme à tous autres fourrages, et, en conséquence, le refus d'acquitter les droits pour ces fourrages constitue une contravention à l'art. 46 de la loi du 28 avr. 1816, encore que le règlement aurait toujours été entendu comme ne s'étendant pas aux fourrages verts, et que le fermier de l'octroi aurait même offert une réduction de droits au redevable, la non-perception d'un droit ou l'offre non acceptée d'une transaction régulière autorisée par la loi en matière d'octroi, laissant subsister, dans son intégrité, l'action de la régie (Crim. cass. 16 déc. 1853, aff. Chancelle, D. P. 54. 1. 45).

155. *Matériaux.* — Sont compris, dans la cinquième division, les bois, soit en grume, soit équarris, façonnés ou non, propres aux charpentes, constructions, menuiserie, ébénisterie, tour, tonnellerie, vannerie et charronnage. — Y sont également compris les pierres de taille, moellons, pavés, ardoises, tuiles de toute espèce, briques, craies et plâtres (ordonn. de 1814, art. 22). — Il a été décidé à l'égard des bois : 1° que quand un tarif ne soumet au droit que les bois blancs en planches, auvages et chanlattes, le propriétaire qui, sans déclaration préalable, a fait abattre des peupliers, n'est point en contravention, tant que ces arbres n'ont point été façonnés d'une manière quelconque (Crim. rej. 31 déc. 1825) (1); — 2° Que le règlement qui soumet à un droit d'octroi les bois de construction ayant tant de diamètre, entend parler du diamètre qu'avait le bois dans son état primitif, et non de celui qu'il conserve après l'équarrissage (Crim. cass. 19 juill. 1828) (2); — 3° Que dans le silence du tarif de l'octroi sur ce qu'on doit entendre, par bois dur ou par bois blanc, la décision qui, par analogie de ce qui se pratique dans des localités voisines, et d'après leur apparence extérieure, a classé les planches de sapin parmi le bois blanc, et leur a appliqué les droits relatifs au bois de cette essence (la moitié de ceux payés pour les bois durs), ne peut encourir la cassation (Civ. rej. 15 juill. 1844) (3). — V. aussi *suprà*, n° 52-1°.

156. Ces expressions *bois de service*, employées dans un tarif d'octroi, doivent s'entendre uniquement des bois d'ébénisterie, de tour et de charronnage, etc., et non des matières servant à la confection des teintures, médicaments et préparations analogues (décis. min. fin. 14 mai 1817, octroi d'Avignon).

157. Des bois qui ont payé à l'introduction un droit perçu eu égard à leur état, peuvent être soumis à un nouveau droit à raison de tel ou tel travail d'appropriation qu'on leur fait subir à l'intérieur. — Et c'est à tort que les tribunaux refuseraient de consacrer cette nouvelle perception, sous prétexte qu'elle serait nuisible à l'industrie locale, l'autorité administrative étant seule compétente pour remédier au préjudice qui pourrait résulter des combinaisons du tarif (Crim. cass. 24 avr. 1858, aff. Laville, D. P. 58. 5. 253).

158. Relativement aux pierres et moellons, il a été décidé : 1° que le tarif d'un règlement d'octroi qui impose la pierre de taille calcaire ou de grès, s'applique à toute pierre de taille introduite, brute ou déjà taillée, et le droit se perçoit en entrant, sans qu'il soit besoin d'attendre le résultat d'une suite d'opérations, et par exemple l'achèvement d'un pont, pour déterminer les pierres de taille qui auraient été employées comme moellons et qui, par suite, seraient prétendues affranchies des droits; et qu'à supposer que le mot *pierre de taille* ne comprenne pas le moellon, cela ne s'appliquerait qu'au moellon introduit comme tel, et non à celui produit par le travail auquel serait soumise plus tard la pierre de taille introduite (Crim. cass. 17 déc. 1841, aff. Bénezech, n° 367) ; — 2° Que des matériaux destinés à des travaux publics ou à des travaux exécutés par l'Etat, sont soumis aux droits d'octroi dans la commune, sur le territoire de laquelle ils sont employés (trib. de la Seine, 23 août 1841 (4);

---

(1) (Veuve Jobit *C.* Létourneau.) — LA COUR ; — Attendu que, si les objets récoltés ou fabriqués dans les lieux sujets sont soumis aux droits d'octroi et à déclaration préparatoire de perception de ces droits, lorsqu'ils sont compris dans les tarifs adoptés pour les villes ou communes dans l'enceinte ou dans les banlieues desquelles ils ont été récoltés ou fabriqués, cela n'est point applicable à l'espèce actuelle, où le règlement et le tarif de l'octroi municipal de la ville de Cognac approuvés par ordonnance du roi du 19 nov. 1819 ne comprennent les bois blancs qu'en planches, auvages et chanlattes: — Attendu que le bois dont il s'agit au procès est du bois de peuplier, rangé par son essence sous la dénomination générale de bois blanc ; que ce bois de peuplier n'était façonné ni en planches, ni en auvages, ni en chanlattes ; qu'il n'était pas non plus débité en bûches et sous la forme de bois à brûler, ni équarri pour servir comme bois de charpente et de construction ; qu'il n'entrait dans aucune des catégories indiquées par le tarif de l'octroi de Cognac ; qu'il n'était donc dû aucun droit d'octroi à l'occasion de ce bois ; que, par conséquent, le sieur Létourneau n'était point tenu d'en faire déclaration, et qu'en le jugeant ainsi par son jugement en dernier ressort du 8 juin dernier, qui est l'objet du pourvoi, le tribunal correctionnel d'Angoulême, chef-lieu du département de la Charente, n'a violé ni le règlement de l'octroi de Cognac, ni aucune loi, et s'est conformé aux dispositions des art. 22, 23 et 36, ordonnance du 9 déc. 1814, portant règlement sur les octrois ; — Rejette, etc.

Du 31 déc. 1825.-C. C., sect. crim.-MM. Portalis, pr.-Bailly, rap.

(2) (Octroi de Limoges *C.* Reynaud.) — LA COUR ; — Vu le tarif annexé au règlement de l'octroi de la ville de Limoges ; — Attendu qu'aux termes du tarif précité, les bois de construction, de charronnage, équarris ou non, ayant plus de 30 centim. de diamètre au milieu de la longueur, sont assujettis à un droit d'entrée de 35 cent. par mètre, et ceux ayant de 20 à 30 centim., à un droit de 20 cent.; — Attendu qu'il résulte de ces expressions du tarif que le pourtour des bois de construction et de charronnage équarris doit être supporté comme si ces bois étaient encore, au moment de leur introduction, dans leur état primitif, parce qu'en effet c'est la valeur réelle de ces corps, après qu'ils ont reçu un premier travail, qui a dû être prise en considération pour la fixation du droit ; que c'est évidemment par ce motif que le tarif leur appliquant un mode de mesurage consacré par l'usage, établit la perception selon le diamètre des bois équarris ; — Qu'il résulte d'un procès-verbal régulier, que Reynaud a introduit dans la ville de Limoges des bois dont le diamètre mesuré conformément au tarif les faisait rentrer dans la classe de ceux soumis au droit de 20 cent ; que ce mesurage ne donna lieu à aucune contestation ; que Reynaud ne prétendit pas que son mode fût inexact ; que l'arrêt attaqué, au lieu de le condamner au payement du droit, s'est livré à des calculs sur la manière de mesurer le pourtour des bois équarris ; qu'il a contredit et rejeté le mode déterminé par le tarif ; qu'il y a substitué un calcul, vrai et mathématique, mais que le tarif a précisément voulu exclure, puisqu'il a donné le diamètre d'un corps carré pour base du mode de mesurage qu'il détermine ; d'où résulte que cet arrêt a violé le tarif ; — Par ces motifs, casse l'arrêt de la cour de Limoges, chambre des appels de police correctionnelle, du 28 fév. dernier.

Du 19 juill. 1828.-C. C., ch. crim.-MM. Bailly, pr.-Mangin, rap.

(3) (Guéritault *C.* Monnard.) — LA COUR ; — Attendu que le règlement de l'octroi de Melun, approuvé par ordonnance royale du 15 sept. 1839, établit un tarif distinct quant aux planches, suivant qu'elles proviennent de bois dur ou de bois blanc ; — Attendu que ce règlement ne définit pas ce qu'il entend par bois dur et bois blanc ; — Attendu que, pour déclarer planches de bois blanc les planches de sapin, le jugement attaqué s'est fondé 1° sur leur simple aspect ; 2° sur ce qu'avant la mise en ferme de l'octroi, la ville de Melun avait toujours imposé le sapin comme bois blanc ; 3° sur ce que, dans le règlement et le tarif de l'octroi de la ville de Paris, ce bois est regardé comme bois blanc et soumis en cette qualité à un droit moins élevé que le bois dur ; — Attendu que l'art. 192 c. for., invoqué à l'appui du pourvoi, ne divise pas les arbres en arbres de bois dur et en arbres de bois blanc ; qu'il punit d'amendes différentes la coupe ou l'enlèvement d'arbres suivant leur essence et leur circonférence ; qu'il comprend avec les chênes, hêtres, charmes, érables et autres, les sapins dans la classe de ceux dont l'enlèvement ou la coupe donne lieu à une amende plus forte ; mais que cette disposition, conçue dans un but et ayant un objet tout à fait distinct d'un tarif d'octroi, est sans application dans l'espèce ; — Attendu, au surplus, que le règlement de l'octroi de Melun n'ayant pas expressément compris le sapin dans la classe des bois durs, le jugement attaqué, en le déclarant assujetti seulement à la taxe applicable aux bois blancs, n'a violé ni le règlement précité, ni l'art. 192 c. for., ni aucune autre loi ; — Rejette.

Du 15 juill. 1844.-C. C., ch. civ.-MM. Portalis, 1er pr.-Miller, rap.-De Boissieu, av. gén., c. conf.-Mirabel-Chambaud, av.

(4) (N... C. N...) — LE TRIBUNAL ; — Attendu que le principe sur lequel repose le droit à la perception des taxes d'octroi sur les objets compris dans un tarif d'octroi rendu exécutoire résulte du fait de l'emploi ou de l'usage, dans les limites de cet octroi, des objets compris dans le tarif, quel que soit d'ailleurs le mode d'emploi et l'usage auquel ces objets sont destinés ; — Attendu que de ce principe il résulte qu'au moment de l'entrée dans les limites de l'octroi d'une commune, tout objet

V. nº 170-2º). — Sur le payement des droits d'octroi par les entrepreneurs de travaux publics, V. Travaux publics, nº 435.

159. Mais il a été décidé : 1º que les droits d'octroi imposés sur les moellons et bizets propres à la construction, ne s'appliquent pas à ceux qui, encore confondus avec les terres et débris, ne forment qu'une partie intégrante d'un déblai, et sont, en cet état, impropres à la construction; et que l'interprétation du tarif donnée en ce sens ne peut être considérée comme une violation de la foi due aux procès-verbaux des employés qui avaient déclaré ces moellons assujettis aux droits (Crim. cass. 3 oct. 1845, aff. Mackensie, D. P. 46. 1. 126, Conf. sur renvoi, Caen, ch. corr. 19 déc. 1845, M. de Saint-Pair; pr., Castambide, av. gén., c. conf.); — 2º Que le règlement d'octroi qui assujettit à un droit d'entrée les moellons bruts employés dans le rayon de l'octroi, doit être interprété en ce sens que les seuls moellons assujettis à la perception sont ceux qui sont destinés à des constructions; que par suite, des moellons de la dimension imposable, extraits de déblais opérés dans l'exécution de travaux publics, et destinés à être employés en remblais, sans préparation ni triage, ne sont pas sujets au droit d'octroi (Ch. réun. rej. 19 nov. 1847, aff. octroi d'Abbeville, D. P. 47. 1. 373). — La chambre civile, dans cette dernière affaire, avait émis une opinion contraire (Cass. 2 janv. 1847, *eod.*).

160. Suivant une instruction ministérielle, la chaux fait nécessairement partie du tarif qui assujettit le plâtre; mais il faut distinguer la chaux vive de la chaux éteinte, ainsi que le plâtre pulvérisé du plâtre brut (instr. min. 25 sept. 1809).

161. Les *fers* peuvent être, comme matériaux, soumis à un droit d'octroi, bien qu'ils ne soient pas compris dans l'énumération spéciale de matériaux que contient l'art. 22 de l'ord. du 9 déc. 1814 (Civ. cass. 18 juin 1850, aff. ville de Roubaix, D. P. 50. 1. 185).

162. Les arrêts du conseil du roi, des 6 fév. 1778 et 26 mars 1779, qui établissent un droit de mesurage sur les pierres qui entrent à Paris, n'ayant été abrogés par aucune disposition expresse et formelle, continuent d'être obligatoires (Req. 17 nov. 1810, aff. Guillemette, V. Loi, nº 539-4º). — Le décret du 11 juin 1811, qui soumet à un droit de mesurage les pierres qui entrent à Paris, n'étant pas contraire à la constitution, a également force de loi (même arrêt). — Les moellons sont assujettis, comme les pierres de taille, à ce droit de mesurage (même arrêt).

163. D'après l'art. 25 de l'ord. du 9 déc. 1814, « pour toutes les matières désignées au présent titre, les droits doivent être imposés par hectolitre, kilogramme, mètre, cube ou carré, ou stère, ou par fraction de ces mesures. Cependant, lorsque les localités ou la nature des objets l'exigent, le droit peut être fixé au cent ou au millier, ou par voiture, charge ou bateau. » — Il n'appartient pas aux tribunaux de rejeter un mode de mesurage déterminé par un tarif d'octroi et d'y en substituer un autre (Crim. cass. 19 juill. 1828, aff. octroi de Limoges, V. nº 155-2º). — Quelles que soient les dénominations de mesures employées dans un tarif, les droits ne doivent être perçus que d'après les mesures légales : ainsi, bien qu'un tarif porte que le bois sera soumis au droit de 1 fr. 50 c. par double stère, *moule* ou *corde*, ce droit doit être perçu par *stère*, seule mesure légale, et non par *moule* et par *corde*, mesures anciennes et prohibées, qu'il est nécessaire de réduire en stères pour établir la perception (Cass. 18 juill. 1842, aff. Thibaudet, V. Poids et mesures, nº 14-2º). — Comme les mesures décimales prescrites par les lois et arrêtés sont les seules dont il ait pu être fait usage dans les actes d'administration, et que le décret du 12 fév. 1812 lui-même, en permettant la confection de mesures usuelles d'après un fractionnement des mesures décimales qui se rapprochait des mesures anciennes, a prescrit (art. 5) que le système légal continuerait à être seul employé dans toutes les administrations, dans les halles et marchés et dans toutes les transactions commerciales, les mots *quintal métrique*, employé dans le tarif d'un octroi, ne peuvent être entendus que comme indiquant un poids de 100 kil. (cons. d'Ét. 28 mai 1838, aff. Ginestet, V. Poids et mesures, nº 14-1º).

164. Les objets récoltés, préparés ou fabriqués dans l'intérieur d'un lieu soumis à l'octroi, ainsi que les bestiaux qui y sont abattus, doivent toujours être assujettis, par le tarif, aux mêmes droits que ceux introduits de l'extérieur (ord. de 1814, art. 24; V. aussi l'art. 36 de cette même ordonnance, *infrà*, nº 208). — C'est aussi ce qui avait lieu avant l'ord. du 9 déc. 1814. — Jugé ainsi que les bières fabriquées dans l'intérieur des villes, pour y être consommées, ne sont pas affranchies de l'octroi de bienfaisance établi sur les objets de consommation locale (Cass. 9 mai 1809) (1). — V. nº 158.

165. Il a été décidé, par application des art. 24 et 36 précités : 1º que lorsque le tarif d'un octroi, dûment approuvé, assujettit à un droit d'entrée le suif fondu et non fondu, et à un droit semblable les chandelles fabriquées dans l'intérieur de la ville, le fermier de l'octroi peut demander le droit pour la fabrication dans l'intérieur, aussi bien que pour les chandelles arrivant de l'extérieur, encore que la matière première ait déjà acquitté le droit d'entrée (Rej. 27 juill. 1825, aff. Reiss, V. nº 350); — 2º Que l'ordonnance qui assujettit aux droits le produit préparé ou fabriqué dans le rayon de l'octroi s'applique au cas de transformation d'un objet qui a déjà payé à son entrée sous sa forme primitive, comme l'oléine extraite des résidus d'abattoir (Crim. rej. 23 juill. 1864) (2); — 3º Que le vin fabriqué avec des vendanges introduites en nature doit être taxé comme celui qui vient du dehors, et que par une conséquence toute naturelle, on ne peut s'abstenir de suivre cette fabrication et d'en soumettre les produits à l'impôt, qu'en percevant le droit sur les vendanges

---

compris dans le tarif d'octroi de cette commune doit acquitter le droit porté audit tarif, à moins qu'il ne soit déclaré que ces objets sont destinés au transit; — Attendu que cette règle générale pour le payement du droit ne peut souffrir d'exception que si une disposition spéciale du tarif de la commune ou d'une ordonnance rendue par l'autorité compétente dispensait, dans certains cas, les objets portés du tarif du droit auquel ils sont soumis; — Attendu que Labouret n'excipe d'aucune disposition formelle soit de la loi sur les fortifications, soit du tarif de la commune de Neuilly, soit même de l'adjudication faite à son profit qui exempte les matériaux destinés aux fortifications des droits portés dans les tarifs d'octroi des communes dans l'intérieur desquelles les matériaux doivent être employés; — Attendu qu'il n'est pas contesté par Labouret que les pierres saisies par les procès-verbaux rapportés ne fussent destinées à être employées dans l'intérieur des limites de l'octroi de la commune de Neuilly; — Attendu qu'aux termes du règlement relatif au tarif de l'octroi de la commune de Neuilly, les pierres sont soumises à un droit; que Labouret ne justifie pas qu'il ait payé, sur les pierres saisies le droit d'octroi fixé par ledit tarif; qu'ainsi il a contrevenu aux dispositions des lois sur la matière, invoquées au nom de la régie; — Ordonne la confiscation des objets saisis; condamne, etc.

Du 25 août 1841.-Trib. de la Seine, 8e ch.

(1) (Octroi de Nantes C. Kern, etc.) — La cour; — Vu les art. 1, L. 9 prair. an 7 et 5 vent. an 8, décr. 11 janv. 1808; — Et attendu que les jugements dénoncés, en affranchissant dudit octroi les bières dont il s'agissait, ont contrevenu aux articles précités desdites lois des 9 prair. an 7 et 5 vent. an 8, expliqués par ledit décret du 11 janv. 1808; — Casse.

Du 9 mai 1809.-C. C., sect. civ.-M. Liborel, rap.

(2) (Leroy.) — La cour; — ... Sur le deuxième moyen, pris de la violation de l'art. 18 et la fausse application de l'art. 79 du règlement de l'octroi de Nantes, en ce que l'arrêt attaqué a déclaré assujettie au droit l'oléine fabriquée par le demandeur avec des produits provenant de l'abattoir, bien que ces produits eussent déjà acquitté les droits, lors de leur introduction dans le rayon de l'octroi : — Attendu que l'art. 18 du règlement de la ville de Nantes, qui n'est, à cet égard, que la reproduction de l'art. 36 de l'ordonnance du 27 déc. 1814, porte ce qui suit : — « Toute personne qui récolte, prépare ou fabrique, dans l'intérieur d'un lieu sujet à l'octroi, des objets compris au tarif, est tenue, sous peine d'amende, d'en faire la déclaration et d'acquitter immédiatement les droits; »

Attendu qu'il n'est pas contesté que l'oléine ne soit comprise au tarif et que le seul motif de l'exemption réclamée par le demandeur est tiré de ce que l'oléine par lui fabriquée, provenant de l'intérieur, avait déjà payé les droits à l'entrée; — Mais attendu que l'art. 36 de l'ord. de 1814 et l'art. 18 du règlement de Nantes ne distinguent pas entre le cas où les matières transformées proviennent de l'intérieur et celui où elles viennent du dehors; que les unes et les autres sont frappées du droit, à la seule condition d'être comprises au tarif; — Attendu, dès lors, qu'aux termes de l'art. 36 de l'ord. de 1814, les préposés de l'octroi étaient autorisés à constater la fraude dans les magasins de Leroy, et que c'est sans aucun droit que ce dernier s'est refusé à leur exercice; — Par ces motifs, rejette.

Du 23 juill. 1864.-C. C. ch. crim.-M. Guyho, rap.

à l'entrée, d'après les proportions fixées par l'art. 12 de l'ordonnance (décis., n° 299, 12 fév. 1817). —V. nos 154, 157.

166. Mais il a été jugé que la disposition d'un tarif d'octroi qui assujettit au droit les marchandises venant de l'extérieur, est inapplicable à celles qui viennent de l'intérieur de la ville, et qui, après être sorties du rayon des bureaux, mais non de celui de l'octroi, pour être manipulées et fabriquées, rentrent ensuite dans ce rayon pour être livrées à la consommation locale; et la preuve de la provenance extérieure de ces marchandises est à la charge de la ville, s'agissant d'objets préparés et fabriqués à l'intérieur du rayon de l'octroi, et à ce titre exempts du droit tant qu'il n'est pas établi que les matières ainsi manipulées venaient de l'extérieur (Req. 6 mai 1862, aff. ville de Périgueux, D. P. 62. 1. 482).

167. Il est certaines matières que leur destination soustrait au payement des droits d'octroi. — Ainsi, l'art. 103 de l'ord. de 1814 porte que les approvisionnements en vivres, destinés pour le service de la marine, ne seront soumis, dans les ports, à aucun droit d'octroi. Ces approvisionnements seront introduits dans les magasins de la marine de la manière prescrite pour les objets admis en entrepôt : le compte en sera suivi par les employés d'octroi, et les droits exigés sur les quantités qui seraient enlevées pour l'intérieur du lieu sujet, et à toute autre destination que les bâtiments de l'Etat. C'est ce que décidait déjà un arrêté du 5 germ. an 11, art. 1. — L'exemption résultant de l'art. 103 de l'ord. de 1814 devant profiter uniquement aux vivres destinés au service de la marine, il en résulte que le droit est dû : 1° pour les consommations des hospices maritimes et pour les distributions faites à certaines classes de rationnaires, aux ouvriers et aux forçats ; — 2° Pour les manquants constatés, lorsqu'il n'est pas justifié, relativement aux boissons et aux comestibles, qu'ils ont eu pour cause des livraisons faites pour l'approvisionnement des bâtiments de l'Etat (instr. 9 août 1817). —Il n'y a pas lieu, du reste, d'opérer le remboursement des droits sur les denrées achetées pour le compte de la marine dans l'intérieur du lieu sujet, quoique ces denrées soient réputées avoir acquitté les droits (décis. min. fin. 27 oct. 1807, 26 sept. 1809, 18 sept. 1810, Rec. des lois et règl. sur les octrois, p. 257, 279, 310).

168. Les matières servant à la confection des poudres ne sont également frappées d'aucun droit d'octroi (ord. de 1814, art. 104). — Les conducteurs de matières destinées à la confection de la poudre doivent en faire la déclaration aux préposés de l'octroi, représenter les passe-ports délivrés par la direction générale des poudres et les lettres de voitures indiquant les qualité et quantité des marchandises, certifiées par les autorités du lieu du départ et vérifiées par celle du lieu d'arrivée (circ. min. fin. 20 flor. an 11, § 1). — Les conducteurs sont tenus de donner un cautionnement valable, ou, à défaut de consigner le droit pour les matières qu'ils feront entrer, le montant de la consignation sera remboursé ou le cautionnement annulé, sur la représentation du certificat de réception, délivré par le commissaire des poudres et visé par le préposé principal de l'octroi (même circ., § 3).

169. Sont encore exemptés des droits d'octroi : 1° la morue et ses variétés diverses, telles que les stockfichs, merluches : cette exemption est motivée sur les encouragements de toutes sortes que le gouvernement accorde pour la pêche de la morue (décis. min. fin. 10 juill. 1827);—2° Les médicaments et spécialement les éthers (circ. min. 15 juill. 1835, V. Imp. ind., n° 124); —3° Les papiers imprimés du gouvernement (décis. min. fin. 18 brum. an 10; Rec. des octr., p. 201);—4° Les bois destinés à des constructions mobiles d'artillerie (décis. min. fin. 10 sept. 1811, *eod.*, p. 328).— Le mode d'entrepôt en est réglé par des conditions spéciales (décis. contr. ind. 18 déc. 1816).—Une circulaire ministérielle recommande en outre de ne pas faire porter les droits d'octroi sur les menus objets à l'usage de la classe indigente, par exemple, les ronces, les copeaux, le bois mort, l'herbe fraîche par charge individuelle (circ. min. fin. 25 sept. 1809).

170. Mais ne peuvent être considérés comme affranchis du droit : 1° des boissons distribuées un jour de fête publique : si la commune veut en faire don, elle doit prélever le montant du droit sur les fonds alloués dans son budget pour les fêtes publiques (décis. cons. d'adm. n° 258, mém. des contr. ind., t. 9, p. 380); — 2° Les matériaux de construction bien qu'employés pour le compte du gouvernement (décis. 13 janv. 1807, Rec. des octr., p. 232); — 3° Les bois destinés aux travaux du génie (décis. 2 avr. 1811, Rec. des oct., p. 321); — 4° Les fourrages destinés au service de la gendarmerie (décis. 12 avr. 1808, *eod.* p. 261); — 5° Les objets provenant de réquisitions faites dans des cas extraordinaires par le gouvernement pour un service public (décis. 18 et 25 oct., 8 nov., 20 déc. 1808, *eod.* p. 263, 264, 266, 271); — 6° Les denrées destinées à la subsistance des troupes dont il est fait rassemblement dans un lieu sujet (décis. 4 sept. 1810, *eod.* p. 309); — 7° Les objets de fourniment confectionnés en cuir et destinés à l'usage d'une garnison stationnaire et permanente, lorsque le cuir fabriqué est porté au tarif (décis. 7 mai 1811, *eod.* p. 321); — 8° Les combustibles employés dans les arsenaux (décis. cons. d'admin. nos 178 et 228, Mém. des contr. ind., p. 302 et 370).

ART. 7. — *Lieux où se fait la perception. — Limites de l'octroi.*

171. « Les règlements d'octroi, porte l'art. 25 de l'ord. du 9 déc. 1814, doivent déterminer les limites de la perception, les bureaux où elle doit être opérée, et les obligations et formalités particulières à remplir par les redevables ou les employés, en raison des localités, sans toutefois que ces règles particulières puissent déroger aux dispositions de la présente ordonnance. » — L'art. 26 de l'ord. de 1814 ajoutait : « Les droits d'octroi seront toujours perçus dans les faubourgs des lieux sujets; mais les dépendances rurales, entièrement détachées du lieu principal, en seront affranchies. Les limites du territoire auquel la perception s'étendra, seront indiquées par des poteaux sur lesquels seront inscrits ces mots, *octrois de...* » — Mais la disposition de ce dernier article, qui affranchit des droits les dépendances rurales détachées du lieu principal, a été abrogée par la loi du 28 avr. 1816, dont l'art. 147 accorde aux conseils municipaux, d'une manière absolue et sans restriction, le pouvoir de régler les limites de la perception de l'octroi et les autorise par là à comprendre dans le rayon de l'octroi tout le territoire de la commune (cons. d'Et. 11 fév. 1836 (1); av. cons. d'Et. 20 août 1818, Conf. M. Dufour, t. 6, n° 467). — Il est vrai que, d'après l'art. 21 de la même loi, les habitations éparses et les dépendances rurales, entièrement détachées du lieu principal, sont affranchies du droit d'entrée sur les boissons; mais cet article ne s'applique qu'aux droits perçus au profit de l'Etat, et non aux droits d'octroi qui se perçoivent au profit des communes (Crim. cass. 26 mai 1827 (2); 9 juill. 1819, MM. Barris, pr., Chasle, rap., aff. Min. pub. C. habit. de la Pocquinerie; 19 mai 1836, aff. maire de la Bruguière, V. Commune, n° 750; cons. d'Et. 1er sept. 1819,

(1) *Espèce :* —(Dussart.)—Dussart et consorts, s'appuyant sur l'art. 26 de l'ord. du 9 déc. 1814, qui affranchit des droits d'octroi les dépendances rurales entièrement détachées du lieu principal, demandent la réformation d'une ordonnance qui a compris les lieux qu'ils habitent dans la circonscription de l'octroi de Vervins.

LOUIS-PHILIPPE, etc.; —Vu la loi du 28 avr. 1816 et l'ord. du 9 déc. 1814; — Considérant qu'aux termes de l'art. 147 de la loi du 28 avr. 1816 la désignation des objets imposés à l'octroi, le tarif, le mode, les limites de la perception sont délibérés par les conseils municipaux et réglés de la même manière que les dépenses et revenus communaux; que ladite loi n'a apporté à l'exercice de cette attribution d'autres restrictions que celles qui sont exprimées aux articles 148 à 151; — Que lesdits articles et l'art. 152, invoqués par les requérants, n'interdisent point d'étendre la perception du droit d'octroi aux dépendances rurales des communes où il est établi; — Qu'ainsi la disposition attaquée n'a violé aucun article de loi ou de règlement en vigueur; — La requête du sieur Dussart est rejetée.

Du 11 fév. 1836 -Ord. cons. d'Ét.-M. Bouchené-Lefer, rap.

(2) (Octroi de Rouen C. Miquelard.) — Vu les art. 26 de l'ord. du 9 déc. 1814; 21, 147, 152, chap. 2 de la loi du 28 avr. 1816; 22 du règlement pour la perception de l'octroi de la ville de Rouen, approuvé par ordonnance du roi en date du 5 déc. 1821; — Attendu qu'il résulte d'un procès-verbal régulier, dressé par les employés de l'octroi, que Miquelard a introduit dans son habitation différents objets de con-

M. Bellisle, rap., aff. Ducluseau. — *Contrà*, Paris, 1re ch., 26 juill. 1828, M. Moreau, pr., aff. Miquelard, arrêt rendu sur renvoi prononcé par l'arrêt du 26 mai 1827, qui précède : cet arrêt a été cassé le 27 sept. 1828, mais pour nullité de procédure). — Par suite, les habitations isolées du centre d'une commune peuvent être comprises dans les limites de son octroi, sans qu'il y ait lieu à indemnité pour les propriétaires (même ordon. du 1er sept. 1819).

172. Il a même été jugé que les droits d'octroi doivent être perçus dans toute l'étendue du territoire compris dans les limites fixées par les conseils municipaux, encore bien que cette délimitation ait été faite avant l'ordon. de 1814, si le règlement n'a pas été rapporté par l'autorité supérieure (Req. 8 août 1822, MM. Lasaudade, pr., Pardessus, rap., aff. Michaut *C.* Octroi de Poitiers); — Et que les tribunaux ne peuvent, sans troubler les opérations des corps administratifs, déclarer qu'un hameau, compris dans cette circonscription, ne doit point être assujetti au droit d'octroi : — « Attendu qu'en décidant, contre la teneur du règlement de 1813, que le hameau de la Pocquinerie n'est point assujetti aux droits de l'octroi de Poitiers, et que les commis sont sans qualité pour y exercer, ladite cour a violé les dispositions de l'art. 13 de la loi du 24 août 1790, et autres lois et règlements postérieurs, qui défendent expressément aux juges de troubler, de quelque manière que ce soit, les opérations des corps administratifs; — Casse. » (9 juill. 1819, sect. crim., M. Barris, pr., M. Chasle, rap., aff. min. pub. *C.* habit. de la Pocquinerie). — Du reste, alors même que l'exemption du droit d'octroi, accordée par l'art. 26 précité, en faveur des *habitations rurales détachées du lieu principal*, aurait été maintenue par le traité passé entre une ville et le fermier de l'octroi, cette exemption ne s'applique qu'aux *habitations rurales* proprement dites, et non à un *établissement industriel* dépendant d'un domaine rural situé dans le rayon de l'octroi. Ainsi, le propriétaire d'un tel domaine ne saurait réclamer l'exemption des droits pour les denrées dont l'atelier industriel existant sur ce domaine entraîne la consommation (Crim. cass. 9 fév. 1833) (1).

173. L'arrêté préfectoral qui rejette la demande de plusieurs habitants d'une commune, tendant à ce que leurs habitations éparses et entièrement détachées du lieu principal, ne soient pas comprises dans le rayon de l'octroi, ne fait pas obstacle à ce que les parties portent leurs réclamations devant l'autorité compétente, et par suite n'est pas de nature à être déféré au conseil d'Etat par la voie contentieuse (cons. d'Et. 23 déc. 1845, M. Louyer-Villermay, rap., aff. Cavalier).

174. L'étendue et les limites du rayon de l'octroi sont souverainement appréciées par les juges du fond saisis de la connaissance d'une contravention au règlement de cet octroi. — Spécialement, il a pu être décidé que le rayon de l'octroi qui, dans une ville maritime, comprend, d'après les termes du règlement, *le port dans toutes ses parties*, s'étend même aux portions de la plage qui sont successivement couvertes et découvertes par le flux et le reflux de la mer, sans qu'une telle décision soit sujette à censure : — « Attendu que le jugement attaqué déclare en fait que les bois saisis l'ont été dans le rayon de l'octroi, et que cette décision échappe au légal examen de la cour; — Rejette » (7 nov. 1840, ch. crim., MM. de Bastard, pr., de Ricard, rap., aff. Bourdon *C.* octroi de Calais). — Mais il a été jugé que l'administration de l'octroi d'une ville maritime n'est pas fondée à réclamer la perception des droits sur des charbons consommés pour des travaux de dragage effectués, à proximité de celle-ci, dans une portion de mer encore libre; il n'importe que ces travaux aient pour objet la création d'une darse, annexe de l'arsenal, que le règlement sur l'octroi dûment approuvé comprend dans l'enceinte soumise aux droits, ce règlement n'ayant pu, en statuant par avance, vouloir comprendre dans ladite enceinte la portion de mer où s'effectuent les travaux, qu'à partir du moment où, la darse étant achevée, cette portion de mer sera devenue captive (trib. civ. de Toulon, 20 déc. 1864, aff. octroi de Toulon, D. P. 65. 3. 11).

175. Il a été décidé aussi 1° que le bassin de la Rapée, bien que situé en deçà des barrières, ne peut être considéré comme étant dans l'intérieur de la ville de Paris, par le motif qu'il « se trouve placé avant la patache qui dans cette partie de la rivière, forme la barrière à laquelle le droit doit être acquitté, et les objets qui y sont soumis déclarés » (décr. cons. d'Et. 23 avr. 1807, aff. Hélouin, etc.); — 2° Que la disposition d'un règlement d'octroi qui soumet au droit d'une manière absolue toutes les maisons ayant leur issue sur la ligne de l'octroi, s'applique indistinctement à celles qui n'ont pas une issue immédiate u directe sur cette ligne aussi bien qu'à celles qui ont une issue directe et immédiate sur la même ligne, et par exemple à une maison ayant deux portes sur une prairie fermée de toutes parts et communiquant par une issue sur la ligne d'enceinte de l'octroi (Crim. cass. 14 juill. 1843, M. Mérilhou, rap., aff. octroi de Bordeaux *C.* Guimberteau).

176. Dans le cas où le conseil de préfecture est appelé à fixer l'interprétation contestée du règlement qui a déterminé les limites d'un octroi, l'arrêté qu'il rend à cet égard n'est et ne peut être qu'un jugement, auquel on ne peut, dès lors, attribuer le caractère d'une disposition interprétative qui doive rétroagir à l'époque de la mise en vigueur du règlement interprété : en conséquence, le tribunal saisi d'une prévention de contravention antérieure à cet arrêté n'est pas tenu de prendre celui-ci pour base de son jugement (Crim. rej. 21 mai 1824) (2).

---

sommation sujets à l'octroi, sans en avoir payé les droits ; qu'il est également constaté et avoué que si l'habitation de Miquelard est isolée, elle est néanmoins située dans les limites de l'octroi ; — Attendu que l'art. 26 de l'ordonnance du 9 déc. 1814, qui disposait que les dépendances rurales, entièrement détachées du lieu principal, seraient affranchies de la perception des droits d'octroi, a été modifié par les art. 147 et 152 de la loi du 28 avril 1816, qui autorise à étendre les perceptions sur les banlieues autour des grandes villes, afin de restreindre la fraude, et chargent les conseils municipaux de déterminer les limites de la perception ; — Que si l'art. 21 de la même loi dispose que les habitations éparses et les dépendances rurales, entièrement détachées du lieu principal, sont affranchies du droit d'entrée sur les boissons, cet article ne concerne que les droits qui se perçoivent au profit de l'État, et qu'il est absolument étranger aux droits d'octroi qui sont perçus au profit des communes ; — Attendu que l'art. 22 du règlement pour la perception de l'octroi de la ville de Rouen, approuvé par ordonnance du roi, en date du 5 déc. 1821, soumet à l'octroi tous les habitants domiciliés au delà des barrières, dans les limites de l'octroi ; qu'il n'établit aucune exception en faveur des habitations éparses et détachées ; d'où résulte qu'en décidant que Miquelard n'était point assujetti au droit, sous prétexte que son habitation est isolée, l'arrêt attaqué a violé les art. 22 du règlem. du 5 déc. 1821, les art. 21, 147, 152 de la loi du 28 avr. 1816, et l'art. 26 de l'ord. du 9 déc. 1814 ; — Casse l'arrêt de la cour de Rouen, du 26 janv. 1827.

Du 26 mai 1827.-C. C., ch. crim.-MM. Portalis, pr.-Mangin, rap.

(1) (Ville de Castres C. Barthe.) — LA COUR ; — Sur le moyen du fond tiré de la violation des art. 147 et 152 de la loi du 28 avr. 1816, 13 et 69 du règlement de l'octroi municipal de la ville de Castres, approuvé par ordonnance du 25 fév. 1827, et la fausse application de l'art. 26 de l'ord. du 9 déc. 1814 ; — Attendu qu'il est établi, tant par le procès-verbal dressé le 22 oct. 1831, par deux employés de l'octroi de la ville de Castres, régulier en la forme, et non argué de faux, que par le jugement du tribunal correctionnel d'Alby, que la tuilerie grande de Jean Barthe est tout à la fois une propriété rurale et une propriété industrielle qui, sous ce rapport, restait soumise aux droits d'octroi, et n'était pas comprise dans l'exception apportée par le traité fait entre le maire de Castres et le fermier de l'octroi pour les propriétés rurales entièrement détachées du lieu principal ; — Attendu qu'en cet état des faits, le tribunal correctionnel d'Alby, en déclarant ledit sieur Barthe fondé dans son opposition aux exercices des employés de l'octroi de la ville de Castres, en le relaxant en conséquence de la plainte contre lui portée par le maire dudit Castres, et en condamnant celui-ci, en la qualité qu'il agit, aux dépens, tant d'instance que d'appel, a violé la foi due au procès-verbal du 22 oct. 1831, les art. 147 et 152 de la loi du 28 avr. 1816, et les art. 13 et 69 du règlement de l'octroi de la ville de Castres, approuvé par l'ordonnance royale du 25 fév. 1827, et fait une fausse application de l'art. 26 de l'ordonnance royale du 9 déc. 1814 ; — Par ces motifs, casse.

Du 9 février 1833.-C. C., ch. crim.-MM. Bastard, pr.-Meyronnet, rap.-Parant, av. gén., c. conf.-Dalloz et Crémieux, av.

(2) (Maire de Béziers C. Brun.) — LA COUR (ap. dél. en ch. du cons.) ; — Sur le premier moyen, tiré de ce qu'en déclarant, contre le texte de la décision du conseil de préfecture, du 8 sept. 1823, que, dans le règlement du 12 mai 1812, rien n'indiquait que le canal et le port Notre-Dame à Béziers fussent enclavés dans le rayon de l'octroi, l'arrêt attaqué avait violé les règles de la compétence administrative établies par la loi du 16 fructidor an 5 : — Attendu que l'arrêt attaqué n'a pro-

177. Lorsqu'un port est compris dans l'enceinte d'une ville que doit-on décider à l'égard des navires qui y sont stationnés? — Il a été décidé : 1° que les droits d'octroi ne sont dus pour les marchandises à bord d'un navire, stationné dans un port dépendant d'une ville sujette, qu'à mesure de leur déchargement (Crim. rej. 23 frim. an 14) (1); — 2° Que les provisions de voyage d'un navire en relâche dans un port, quand elles ont été régulièrement déclarées devoir être conservées à bord et y être destinées exclusivement à la consommation de l'équipage pour le cours de sa traversée, ne sont pas sujettes aux droits locaux d'entrée et d'octroi (Civ. rej. 24 juill. 1820) (2); — 3° Mais que les gabarres introduites dans le port d'une ville doivent être considérées comme des entrepôts et non pas assimilées aux voitures en transit; que, par suite, on doit comprendre dans le produit d'un octroi la perception sur les boissons introduites sur ces gabarres (cons. d'Et. 28 avr. 1819, M. Bellisle, rap., aff. ville de Rochefort *C.* contrib. indir.).

178. Si le rayon de l'octroi d'une ville vient à être étendu par une ordonnance, les marchandises placées, dès avant cette ordonnance, dans les lieux que celle-ci fait rentrer dans les limites de l'octroi, sont passibles de l'impôt à partir de la mise à exécution de l'ordonnance, si mieux n'aime le propriétaire des marchandises les soumettre à un entrepôt fictif, pour n'en payer les droits qu'à mesure de leur livraison aux consommateurs. On ne donne point, en le décidant ainsi, d'effet rétroactif à l'ordonnance dont il s'agit; on se borne à déclarer que des marchandises qui n'auraient pu, avant l'ordonnance, être introduites dans la ville sans payer les droits, ne sauraient maintenant qu'elles se trouvent, par l'effet de cette ordonnance, dans le rayon de l'octroi, et, par suite, à la disposition des consommateurs, être affranchies de ces mêmes droits, au profit du propriétaire et au détriment de la ville qui, dans le système contraire, éprouverait une diminution dans ses revenus, au lieu d'une augmentation que l'ordonnance a pour but de lui procurer (Req. 2 juin 1836 (3); Conf. Civ. cass. 3 janv. 1855, aff. ville de Dunkerque, D. P. 55. 1. 39).

---

noncé que relativement à un état de choses antérieur à la décision du conseil de préfecture; que, dès lors, il n'a nullement violé les règles de la compétence administrative prescrites par la loi du 16 fructidor an 3; — Sur le deuxième moyen, tiré de ce que la décision du conseil de préfecture avait un caractère interprétatif de règlement du 12 mai 1812; que, dès lors, elle devait, par sa nature, remonter, dans l'application, jusqu'à l'époque de ce règlement : — Attendu que, d'après l'art. 136 du décret du 17 mai 1809, établissant l'attribution du conseil de préfecture, la décision de cette autorité n'était qu'un simple jugement rendu sur une contestation relative à la perception du droit d'octroi; — Que ce jugement ne pouvait, par sa nature, avoir un effet rétroactif; — Que, par conséquent, devant l'autorité judiciaire, il ne devait pas être appliqué à une prévention de contravention antérieure à l'époque où il avait été rendu, et que, dans l'espèce, le fait imputé était antérieur à la décision du conseil de préfecture; — Sur le troisième moyen, tiré de ce que le prévenu ayant reconnu, lors du procès-verbal, que le port Notre-Dame était dans le rayon de l'octroi, ne pouvait être recevable à soutenir le contraire durant l'instance : — Attendu que, dans le procès-verbal, le prévenu n'a point fait de déclaration expresse sur l'étendue des limites de l'octroi; que, dans son opposition à la saisie, il a soutenu que le port Notre-Dame n'y était pas compris; — Rejette.

Du 21 mai 1824.-C. C., sect. crim.-MM. Bailly, pr.-Ollivier, rap.

(1) *Espèce* :—(Octroi de Granville *C.* Quérette.)—Quérette, capitaine de la goëlette l'Emilie, venue de Saint-Malo dans le port de Granville, vendit son chargement, consistant en ardoises, à Doysnel. Celui-ci introduisit deux voitures de ces ardoises dans les murs de Granville. — Les préposés de l'octroi prétendirent que le capitaine devait faire sa déclaration, et acquitter les droits, avant de commencer le déchargement. Ils rédigèrent un procès-verbal contre Quérette et Doysnel. — Les tribunaux, saisis successivement de cette contestation, ont pensé que les marchandises qui n'avaient point été déchargées n'étaient pas en contravention; ils ont condamné seulement Doysnel à payer la valeur des deux voitures d'ardoises conduites dans la ville.

Pourvoi par Boiton, adjudicataire des droits d'octroi de Granville. — Il a soutenu qu'il suffisait que les marchandises fussent entrées dans le port pour être soumises aux droits; que le port faisait partie de la cité, et que son adjudication lui donnant la perception des droits sur les approvisionnements des navires, barques et bateaux, il serait ridicule d'admettre un système qui le priverait de cet avantage, en exemptant des droits les approvisionnements qui se feraient par mer, sans entrer en ville. — Arrêt.

La cour; — Considérant que le demandeur en cassation ne justifie d'aucun règlement particulier qui assujettisse au droit d'octroi les marchandises en chargement dans le navire, étant dans le port de Granville; et que la plus grande partie des ardoises dont il s'agit étaient encore chargées sur le navire l'Émilie; d'où il suit que l'arrêt attaqué n'est contrevenu à aucune loi, en ne soumettant, à la confiscation prononcée par l'art. 11 de la loi du 27 frim. an 8, que les ardoises déchargées et extraites de ce navire, et introduites dans l'intérieur de la ville; — Rejette.

Du 23 frim. an 14.-C. C., sect. crim.-MM. Viellart, pr.-Babille, r.

(2) *Espèce* :—(Contrib. ind. *C.* Leprince.) — Le pourvoi était fondé dans l'espèce sur la violation des art. 20, 24 et 148 de la loi du 28 avr. 1816, suivant laquelle aucune boisson ne peut être introduite dans un lieu sujet sans acquitter les droits. Ces droits sont dus, disait la régie, sur toutes les boissons destinées *à la consommation du lieu*; donc ils doivent être acquittés par le bâtiment qui a fait relâche dans un port dépendant d'une ville sujette. Elle citait une décision du ministre des finances, du 6 juin 1809, qui distingue formellement les consommations faites en rade et hors des limites de la perception, de celles qui ont lieu dans un port renfermé dans les limites de la ville (V. Impôts ind., n° 125). — La circonstance que les boissons n'ont pas été débarquées ne peut être d'aucune considération; il suffit qu'il soit reconnu qu'elles sont destinées à être consommées dans la ville, dont le port fait partie nécessaire. — La régie faisait, d'ailleurs, observer qu'elle avait offert, pour les provisions du navire de Leprince, la facilité de l'entrepôt, qui est de droit commun, en telle sorte qu'il n'y aurait eu d'assujettie aux droits d'entrée et d'octroi que la quantité de boissons consommée pendant la relâche. — Arrêt (ap. dél. en ch. du cons.).

La cour; — Attendu qu'en matière d'impôts, la loi doit être claire et positive, et que les perceptions ne peuvent être basées sur des analogies, ni sur le simple fondement qu'elles sont dans l'esprit de la législation; que telle est la disposition expresse de l'art 247 de la loi du 28 avr. 1816, qui défend aux tribunaux de prononcer des condamnations qui ne résulteraient pas formellement de la loi; — Attendu que, dans l'espèce, la direction générale elle-même a reconnu qu'elle ne réclamait pas le droit comme dû sur la totalité des provisions de voyage du navire du capitaine Leprince, puisqu'elle avait offert un bulletin d'entrepôt, au moyen duquel il n'y aurait eu d'assujettie à la perception que la consommation qui aurait eu lieu pendant la relâche; mais que cette offre n'est pas praticable, et ne se concilie pas avec la législation sur les entrepôts : d'abord, parce que la loi exige une quantité de boissons (9 hectolitres) qui excède la provision ordinaire des navires, comme il arrive particulièrement dans l'espèce; ensuite, parce qu'elle n'admet à l'entrepôt fictif que les domiciliés patentés, et encore à la charge par eux de fournir une caution suffisante pour répondre du droit; que, sous ce double point de vue, un capitaine, qui est le plus ordinairement étranger au port de la relâche, comme cela se rencontre encore dans l'espèce, se trouvera exclu de cette faveur, dont l'offre devient donc illusoire, en même temps qu'elle est contraire au texte de la loi; d'où il résulte qu'en rejetant les prétentions de la direction, et en décidant que les provisions de voyage d'un navire en relâche dans un port, quand elles ont été régulièrement déclarées devoir être conservées à bord et y être destinées exclusivement à la consommation de l'équipage pour le cours de sa traversée, ne sont pas sujettes aux droits locaux d'entrée et d'octroi, le jugement attaqué n'a formellement violé aucune loi; — Rejette.

Du 24 juill. 1820.-C. C., sect. civ.-MM. Desèze, 1er pr.-Legonidec, rap.-Cahier, av. gén., c. contr.-Cochin et Delagrange, av.

(3) *Espèce* : — (Sorel *C.* ville d'Amiens.) — Les frères Sorel font le commerce du bois de chauffage dans l'île Saint-Maurice, faubourg d'Amiens. — Le 29 mai 1834, cette île qui, jusque-là, était demeurée en dehors du rayon de l'octroi de la ville, y fut réunie par ordonnance royale, dont la mise à exécution fut fixée au 14 juillet. — Dès le jour de l'arrêté, deux employés de l'octroi se présentèrent chez les sieurs Sorel, pour y faire l'inventaire des bois en corde, renfermés dans leurs magasins. Ces derniers déclarèrent qu'ils seraient toujours prêts à payer les droits à partir du 14 juillet, mais ils protestèrent, en même temps, contre l'effet rétroactif qu'on voulait donner à l'ordonnance royale, et soutinrent qu'ils ne devaient rien pour les bois de leur commerce qui se trouvaient chez eux avant l'extension des limites de l'octroi.

27 octobre, action de la ville d'Amiens contre les frères Sorel en payement des droits sur les bois déposés dans leurs chantiers, tant avant qu'après la réunion de l'île Saint-Maurice au rayon intérieur de l'octroi. — Le juge de paix déclara la ville non recevable dans sa demande par jugement du 10 nov. 1834, en se fondant sur ce que l'ordonnance royale ne dispensait pas les habitants *intrà muros* de payer les droits pour les objets qu'ils feraient venir des magasins placés dans l'île Saint-Maurice, mais qu'elle ne les assujettissait pas non plus à payer les droits d'entrée pour les marchandises introduites dans leurs magasins avant sa promulgation, à raison du principe de non-rétroactivité établi même à l'égard d'une loi, et *à fortiori* à l'égard d'une ordonnance.

Appel. — 16 déc. 1834, jugement qui condamne les sieurs Sorel au

179. Mais il n'en est ainsi que des denrées et marchandises qui ont une destination commerciale : dans l'espèce de l'arrêt du 2 juin 1836 qui précède, il s'agissait en effet de marchandises faisant partie du commerce des négociants dans les magasins desquels elles avaient été trouvées. — Peu importerait, du reste, que les marchandises ne fussent pas de celles qui font l'objet habituel du commerce du négociant chez lequel elles ont été saisies (Civ. cass. 3 janv. 1855, aff. ville de Dunkerque, D. P. 55. 1. 39) ; le commerce n'est pas si exactement divisé ou partagé qu'un négociant ne vende jamais que la même espèce de marchandises. — En ce qui concerne au contraire les denrées et autres objets destinés à la consommation domestique, elles ne peuvent être atteintes par l'impôt ; autrement, il faudrait recourir à des perquisitions domiciliaires qui ne seraient pas seulement des dérangements fâcheux, mais qui pourraient amener de sérieux conflits. Non que de telles visites, même chez les particuliers exempts de l'exercice, soient prohibées absolument : l'art. 237 de la loi du 28 avr. 1816 les autorise en certains cas, mais avec des formes et des précautions qui prouvent que dans l'intention du législateur ce ne doit être qu'une exception rare, permise d'ailleurs en cas de fraude seulement, ainsi que l'article prend soin de l'exprimer. Or il faudrait faire de cette mesure exceptionnelle une règle générale, si l'on voulait soumettre à la perception toutes les denrées sans exception, renfermées dans le nouveau rayon de l'octroi. — De là il suit que chez les commerçants eux-mêmes il faut distinguer les denrées et marchandises destinées à être revendues, lesquelles sont soumises aux droits, de celles qui sont destinées à la consommation personnelle du commerçant et de sa famille et qui en sont affranchies (Conf. implic. arrêt précité du 3 janv. 1855). — Les déclarations du juge du fait sur le point de savoir si les denrées trouvées chez un commerçant ont une destination commerciale qui les soumet au droit d'octroi ou sont destinées à la consommation du commerçant et de sa famille, et se trouvent dès lors exemptes de ce droit, sont soumises au contrôle de la cour de cassation (arrêt précité du 3 janv. 1855 ; V. des exemples analogues en matière de contributions indirectes v° Impôts ind., n°s 189 et suiv., 395, 573 et 589).

180. Les principes exposés au numéro qui précède, ont été appliqués par la loi du 16 juin 1859, qui a reporté les limites de la ville de Paris jusqu'aux fortifications, et qui a étendu l'octroi jusqu'à ces nouvelles limites à partir du 1er janv. 1860, et par le décret du 19 déc. 1859, portant règlement d'administration publique pour l'exécution de cette loi. — Tous les objets compris aux tarifs des droits d'octroi de Paris existant *dans le commerce* au 1er janv. 1860 sur le territoire annexé à l'ancien rayon, ont été frappés desdits droits, sous la déduction des taxes qu'ils avaient acquittées avant l'annexion (décr. 19 déc. 1859, art. 5). — Quant aux particuliers, ils ne devaient les droits pour les objets dont ils étaient possesseurs à cette même époque, que s'ils les livraient soit aux commerçants, soit aux consommateurs, sans avoir fait la déclaration prescrite (art. 10). — Des facilités, du reste, ont été accordées au commerce pour le payement des droits auxquels les denrées et marchandises existant au 1er janv. 1860 dans les communes annexées étaient assujetties (V. la loi du 16 juin 1859, art. 5 et s., et le décret du 9 décembre, D. P. 59. 4. 84 et 90. V. aussi v° Ville de Paris, n°s 15, 26).

181. Mais parmi ces facilités ne figure pas le droit que les arrêts de 1836 et 1855 (V. n° 178) reconnaissaient aux commerçants de soumettre les marchandises à un entrepôt fictif pour n'en payer les droits qu'à mesure de leur livraison aux consommateurs. De sorte que les objets tarifés existant dans la partie annexée, au moment de l'extension du rayon de l'octroi, se sont trouvés ainsi tout transportés dans un lieu assujetti et sont devenus par cela seul passibles d'un droit, alors même qu'ils ne devaient pas franchir les anciennes limites de l'octroi. — On a soutenu que le règlement qui entraînait de telles conséquences méconnaissait le principe de la non-rétroactivité écrit dans l'art. 2 c. nap., puisqu'il assujettissait à des droits d'octroi des marchandises introduites dans la commune annexée antérieurement à sa mise en vigueur.

La cour de cassation a proclamé, au contraire, la légalité de cette mesure en décidant que le règlement d'administration publique du 19 déc. 1859, d'après lequel tous les objets existant dans le commerce sur l'un des territoires annexés à l'ancien rayon d'octroi de Paris, au 1er janv. 1860, jour de cette annexion, sont soumis au tarif de l'octroi de Paris, sous déduction des taxes locales déjà acquittées, est légal et obligatoire, soit comme édicté par suite de la délégation résultant de l'art. 11 de la loi d'annexion du 16 juin 1859, soit par application des lois et ordonnances organiques de l'institution des octrois : on dirait vainement que l'ancien rayon d'octroi de Paris n'ayant été supprimé qu'à partir du 1er janv. 1860, le tarif de Paris ne peut être appliqué, sans rétroactivité, à des objets déjà introduits, à la même époque, sur le territoire annexé : la disposition qui ordonne cette application se borne à une assimilation équitable entre des objets introduits d'avance dans l'intérieur de la banlieue de Paris en prévision de l'annexion et ceux qui ne seraient introduits que postérieurement dans le rayon du nouvel octroi (Req. 15 avr. 1863, aff. Alliot, D. P. 63. 1. 401).

Le principe de non-rétroactivité des lois n'est pas une règle constitutionnelle dont la violation doive faire annuler de plein droit la loi ou le règlement entachés du vice de rétroactivité : obéissance est due, malgré un tel vice, à cette loi ou à ce règlement, sauf au législateur à aviser (même arrêt). — Cette partie subsidiaire de l'arrêt suffit à sa justification. Il est constant, en effet, que le législateur, ou le pouvoir qui agit par délégation du législateur, est libre d'imprimer à sa disposition une rétroactivité que les tribunaux seuls ne peuvent pas leur donner (V. Lois, n° 286). — Mais si l'on fait abstraction de la volonté législative à laquelle le juge a dû obéir dans l'espèce, il nous semble que la règle de la non-rétroactivité des lois aurait dû forcément ramener l'administration municipale, soit à la doctrine de l'entrepôt fictif consacrée par les arrêts précités de 1836 et 1855, soit même au système d'exonération complète des marchandises qui seraient transportées dans l'ancien rayon de l'octroi, lorsque cette idée d'entrepôt fictif est demeurée étrangère à la loi d'annexion, laquelle n'aurait parlé, par exemple, de la faculté d'entrepôt que pour l'accorder à certaines classes de commerçants. — Sans doute, comme le dit l'arrêt, l'application du tarif à des marchandises introduites dans une localité avant son annexion au lieu sujet, maintient l'égalité des charges, dans l'intérêt de la caisse municipale, entre les denrées et marchandises qu'on aurait fait

---

payement des droits d'octroi, pour tous les bois qui seraient désignés dans un inventaire dressé par les employés des contributions indirectes, en laissant, toutefois, l'option aux premiers de soumettre, s'ils le préféraient, leurs marchandises à l'entrepôt.

Pourvoi pour violation de l'art. 2 c. civ., et fausse application de l'art. 2 de l'ord. du 29 mai 1834, en ce que cette ordonnance n'a nullement consacré la rétroactivité que le jugement a induit de ses termes : — Arrêt.

La cour ; — Au fond : — Attendu qu'en assujettissant à la perception du droit d'octroi de la ville d'Amiens, les bois des demandeurs, destinés au commerce, et existants dans leurs magasins situés dans l'île Saint-Maurice, faubourg de la ville d'Amiens, au moment de la réunion de ce faubourg au rayon de l'octroi de cette ville, hors duquel il se trouvait avant l'ordonnance du 29 mai 1834, qui étend les limites de l'octroi, si mieux les demandeurs (qui ont la faculté naturelle d'évacuer leurs bois hors des limites de l'octroi) ne préféraient les soumettre à l'entrepôt fictif, pour ne payer les droits qu'au fur et à mesure de leur consommation et de leur livraison aux habitants de la ville, dans les limites de l'ancien rayon, bien entendu, l'arrêt n'a porté aucune atteinte à des droits déjà acquis par les demandeurs, et ne peut aussi encourir le reproche d'avoir donné effet rétroactif à l'ordonnance qui a agrandi le cercle de l'octroi ; au contraire, le jugement attaqué n'a fait autre chose que décider que des bois qui n'auraient pu, avant l'ordonnance, être livrés et introduits par le commerce dans l'intérieur de la ville d'Amiens, pour la consommation de ses habitants, sans acquitter les droits d'octroi, aujourd'hui que, par l'effet de l'ord. du 29 mai 1834, ils se trouvent dans le rayon dont ils étaient en dehors, et, par conséquent, à la disposition des consommateurs, ils ne pouvaient en être affranchis, dans l'intérêt unique et au profit des demandeurs ; le tout au préjudice et détriment de la ville d'Amiens qui éprouverait, si le système des demandeurs eût prévalu, une diminution dans son revenu annuel, lorsque l'ordonnance, au contraire, aurait eu pour but de l'accroître ; — Rejette.

Du 2 (et non 26) juin 1836.-C. C., ch. req.-MM. Zangiacomi, pr.-Gartempe, rap.

entrer d'avance sur ce territoire en prévision de l'extension des limites de l'octroi, et celles qui seraient introduites postérieurement dans le rayon du nouvel octroi. Mais cette considération, qui peut déterminer le législateur à faire fléchir le principe de la non-rétroactivité des lois, ne légitime pas la perception, en l'absence d'une loi qui l'ait formellement autorisée.

182. L'art. 53 du décret du 17 mai 1809 et la disposition finale de l'art. 26 de l'ordonnance de 1814 exigent que les limites de l'octroi soient indiquées par des *poteaux*. — Il a été décidé par application de ces articles : 1° que la disposition qui veut que, dans chaque commune où il existe un octroi, il soit planté des poteaux indicatifs des limites du territoire qui y est assujetti, est une mesure d'ordre public et de police générale, qui n'admet pas d'exception et s'applique indistinctement à tous les octrois, soit qu'ils soient en ferme, soit qu'ils soient en régie (Crim. rej. 22 fév. 1811) (1) ; — 2° Que l'absence de poteaux indicateurs des limites de l'octroi ne permet pas de déclarer en contravention l'individu qui a introduit, sans les déclarer, des objets soumis aux droits dans une partie du territoire de la ville, autre que le lieu principal, fût-ce même dans un faubourg (Crim. cass. 2 mai 1862, aff. Jullien, D. P. 63. 1. 267).

183. Il ne peut être introduit des objets assujettis à l'octroi que par les barrières ou bureaux désignés à cet effet. Les tarifs et règlements doivent être affichés dans l'intérieur et à l'extérieur de chaque bureau, lequel est indiqué par un tableau portant ces mots : *bureau de l'octroi* (ord. 9 déc. 1814, art. 27). — Les règlements locaux doivent désigner non-seulement les barrières ou bureaux de perception, mais encore les heures où la perception aura lieu, les barrières plus spécialement affectées à certaines introductions et les ports de déchargement pour les objets transportés par eau. En général, la perception doit être interdite avant et après le coucher du soleil (instr. min. fin. 25 sept. 1809). — Néanmoins l'ouverture des bureaux peut, si cela est nécessaire, être prolongée, en toute saison, jusqu'à dix heures du soir (lett. min. int. au min. fin. 24 nov. 1837; MM. Girard et Fromage, édit. 1860, p. 406).

184. D'après l'art. 152 de la loi du 28 avr. 1816, des perceptions peuvent être établies dans les banlieues autour des grandes villes, afin de restreindre la fraude ; mais les recettes faites dans ces banlieues appartiennent toujours aux communes dont elles sont composées. — Cet article n'accorde qu'aux *grandes villes* la faculté d'établir des perceptions dans les communes de leurs banlieues. — Aussi a-t-il été jugé que, comme on ne peut réputer grande ville celle qui ne compte pas même quatre mille habitants (3,774), les communes sur lesquelles le rayon de son octroi a été étendu ont le droit de demander à en être distraites, en attaquant devant le conseil d'Etat l'ordonnance qui a prononcé cette extension par erreur sur le chiffre de la population de la ville (cons. d'Et. 23 août 1836) (2).

185. Lorsqu'une ville voudra ainsi étendre les limites de son octroi sur le territoire des communes voisines, le préfet devra préalablement provoquer les conseils municipaux desdites communes à délibérer sur la réunion ou autre moyen de garantir la perception des droits d'octroi (décr. 17 mai 1809, art. 10). — Cette formalité est essentielle ; il a été jugé en effet que le règlement de l'octroi d'une grande ville ne peut être étendu à tout ou partie du territoire d'une commune comprise dans sa banlieue, qu'autant que le conseil municipal de celle-ci a été appelé à en délibérer ; à défaut de cette formalité, le décret qui approuve l'extension donnée à l'application dudit règlement peut être déféré au conseil d'Etat, jugeant au contentieux, par tout habitant

---

(1) (Octroi de Nantes *C.* Bureau.) — La cour ; — Attendu que l'omission qu'avait faite le tribunal de police correctionnelle de Nantes de prononcer sur la question de savoir si, de ce que le voiturier Bureau n'aurait pas réclamé dans la huitaine de la saisie, il résultait qu'il fût non recevable dans son action, n'aurait pu former qu'un grief sur l'appel, et jamais un moyen de cassation, parce que la cour n'a à s'occuper que de l'arrêt attaqué, et non du jugement de première instance ; — Que la cour de justice criminelle a statué sur cette fin de non-recevoir, et qu'en l'écartant par le motif que l'art. 62 du règlement du 14 oct. 1808, concernant l'octroi de Nantes, ne porte pas la déchéance de l'action principale contre ceux qui n'ont pas réclamé dans la semaine de la saisie ; qu'il dispose seulement qu'ils ne pourront être admis à se faire restituer contre la vente des objets saisis, ladite cour s'est conformée à la loi particulière de la matière ;

Attendu que ladite cour ayant déclaré constant, en point de fait, que la saisie dont il s'agit a eu lieu les 24 et 25 juin à midi ; que le voiturier Bureau a réclamé, le 3 juillet, contre cette saisie, et que, le 5, il a mis une opposition formelle à la vente des objets saisis, avant qu'elle eût été consommée, n'a commis aucun acte arbitraire, en condamnant les fermiers de l'octroi à restituer lesdits objets en nature, ou à en payer le prix, suivant l'estimation qu'en avaient faite eux-mêmes les employés, par leur procès-verbal, si mieux lesdits fermiers n'aimaient, à dire d'experts ;

Attendu que la disposition de l'art. 53 du décret du 17 mai 1809, qui veut que, dans chaque commune sujette à l'octroi, il soit planté des poteaux indicatifs de limites du territoire qui y est assujetti, est une mesure d'ordre public et de police générale, qui n'admet pas d'exception ; qu'aucun motif raisonnable, pas même d'intérêt particulier des fermiers de Nantes, n'a pu empêcher d'exécuter cette disposition qui s'applique nécessairement et sans distinction à tous les octrois, soit qu'il soient en ferme, soit qu'il soient en régie ; qu'elle n'a apporté aucun changement, ni à la quotité des droits à percevoir, ni à l'étendue du territoire dans lequel ils doivent être perçus ; qu'ainsi, les fermiers de Nantes n'ont aucun prétexte plausible de se plaindre de l'application qui a été faite de ce décret à la cause, ni d'un prétendu effet rétroactif qui n'existe pas ; — Qu'il est constant au procès qu'il n'a été planté aucuns poteaux pour indiquer les limites du territoire de l'octroi de Nantes ; qu'ainsi le public n'a point été mis en état de les connaître ; qu'il n'a pas été contesté que Bureau, après avoir obtenu un passavant de l'octroi, avait déposé les huiles dont il s'agit dans une maison située sur la grande route de Rennes et au delà des limites fixées par l'arrêté du préfet de Nantes, du 29 mars 1806 ;

Attendu que, quoique la cour de justice criminelle de Nantes ait commis une erreur, en adoptant les motifs des premiers juges, par lesquels ils ont dit que les procès-verbaux des employés ne font foi, jusqu'à inscription de faux, que pour les faits matériels de fraude, et non pour les déclarations qu'ils recueillent de la bouche des parties qui ne les signent pas, et quoique cette doctrine soit réprouvée par la loi, qui, relativement à la foi accordée aux procès-verbaux des employés, n'admet aucune distinction entre les faits matériels de fraude et les dires et déclarations qui peuvent fortifier lesdits faits, néanmois cette erreur de droit ne doit pas opérer la cassation de l'arrêt attaqué, parce qu'il ne s'agit pas ici d'une déclaration faite par Bureau sur lequel a frappé la saisie, mais par une personne tierce, étrangère au procès et à sa poursuite, en l'absence de Bureau, auquel elle ne peut pas être opposée ni préjudicier, puisqu'il n'a pas été en état de la contredire au moment où elle a été faite aux employés, et qu'il l'a déniée au cours du procès ; — Attendu, d'ailleurs, que l'arrêt attaqué est régulier dans sa forme ; — Rejette.

Du 22 fév. 1811.-C. C., sect. cr.-MM. Barris, pr.-Chasle, rap.

(2) *Espèce :* — (Com. de Saint-Pierre et autres *C.* la ville de Mont-de-Marsan.) — Les communes de Saint-Pierre et autres demandaient la nullité d'une ordonnance royale du 19 déc. 1832, qui avait étendu sur leur territoire le rayon de l'octroi de la ville de Mont-de-Marsan, qui ne possédait que 3,774 habitants, comme si elle eût pu être considérée comme une grande ville. — M. le ministre des finances répondait en la forme que l'ordonnance royale était un acte administratif qui ne pouvait être attaqué devant le conseil d'Etat par la voie contentieuse ; au fond, que ces communes de Saint-Pierre et autres ne pouvaient se plaindre puisqu'elles profitaient des bénéfices de l'octroi ; enfin, que la mesure d'extension prise par le gouvernement était la seule utile pour empêcher la fraude.

Louis-Philippe etc. ; — Vu la loi du 28 avr. 1816, art. 147 et 152, le décret du 17 mai 1809, le décret du 22 juill. 1806 ; — Vu le tableau C annexé à notre ordonnance du 11 mai 1832, duquel il résulte que la population totale de la ville de Mont-de-Marsan s'élève à 3,774 habitants ; — Considérant que l'art. 152 de la loi du 28 avr. 1816 sus-visée n'accorde qu'aux grandes villes la faculté d'établir des perceptions dans les communes de leurs banlieues ; — Que la ville de Mont-de-Marsan, qui ne compte que 3,774 habitants ainsi qu'il résulte de notre ordonnance du 11 mai 1832, sus-visée, ne peut être considérée comme grande ville ; — Que, dès lors, c'est par une fausse application de la loi que le rayon de l'octroi de Mont-de-Marsan a été étendu sur le territoire des communes de Saint-Pierre, Saint-Médard et Saint-Jean, et qu'ainsi ces communes sont recevables à former opposition à notre ordonnance du 19 déc. 1832 qui a autorisé cette extension, et à demander à être distraites du rayon d'octroi de ladite ville.

Art. 1. Notre ordon. du 19 déc. 1832 est rapportée en celles de ses dispositions qui ont étendu le rayon d'octroi de la ville de Mont-de-Marsan sur le territoire des communes de Saint-Pierre, Saint-Médard, Saint-Jean-d'Août et Nonères.

Du 23 août 1836.-Ord. c. d'Et.-M. de Caffarelli, rap.

y ayant intérêt (cons. d'Et. 28 déc. 1854, aff. Rousset, D. P. 55. 3. 74).

186. Mais lorsqu'une fraction de commune a été englobée dans le rayon d'octroi d'une ville, *de l'aveu et du consentement du conseil municipal* de ladite commune, les habitants lésés par le règlement de l'octroi n'ont pas qualité pour former devant le conseil d'Etat opposition à l'ordonnance approbative de ce règlement (cons. d'Et. 15 juill. 1835) (1).

187. Dans les communes soumises à l'octroi de banlieue, en vertu de l'art. 152 de la loi de 1816, les boissons sont admises en entrepôt aux mêmes conditions que dans l'intérieur de la ville (L. 23 juill. 1820, art. 3).

188. Disons, en terminant sur ce point, qu'il a été jugé en thèse générale : 1° qu'il n'est pas de l'essence du droit d'octroi d'être perçu dans la commune pour laquelle il est établi ; conséquemment, il appartient à l'autorité administrative de faire percevoir le droit dans une autre commune (Req. 22 mars 1832, aff. bouchers de Paris, V. Boucher, n° 108) ; — 2° Qu'un droit d'octroi peut légalement être divisé, en ce sens que les contribuables se trouvant obligés d'acquitter partie du droit dans un lieu, et partie dans un autre, la perception de chacune de ces parties serve de contrôle à l'autre (même arrêt).

ART. 8. — *Déclaration des objets soumis aux droits.*

189. On a vu, n° 5, que le privilége qui, avant 1790, appartenait à certaines personnes d'être exemptées des droits d'octroi a été aboli par le décret du 28 janv. 1790. De tels priviléges sont trop en opposition avec notre organisation politique actuelle pour qu'on ait pu songer à les rétablir. Aussi l'ord. du 9 déc. 1814, art. 105, a consacré de nouveau le principe du décret de 1790 en ces termes . — « Nulle personne, quels que soient ses fonctions, ses dignités ou son emploi, ne pourra prétendre, sous aucun prétexte, à la franchise des droits d'octroi. »— Ainsi, les consuls étrangers ne peuvent, en cette qualité, réclamer l'exemption de ces droits (lett. min. 7 vent. an 13; Code des octr., p. 258). — De même les hospices civils ou militaires ne peuvent demander à être affranchis des droits (décis. cons. d'admin. 21 fév. 1809, 23 oct. 1810; Rec. des octr., p. 274, 310).—Il a été jugé : 1° qu'en assujettissant le canal du Midi à la contribution foncière, conformément à la loi du 3 flor. an 11, et en déclarant qu'il ne pouvait être assujetti à aucune taxe particulière, le décret du 10 mars 1810, organique de ce canal, n'a entendu parler que des taxes qui lui seraient particulières et hors du droit commun; qu'on ne peut donc y trouver la dispense des droits d'octroi, et que cette dispense, précédemment établie par le décret du 12 août 1807 (art. 196) pour les matériaux destinés aux ouvrages du canal, a été abrogée par l'art. 105 de l'ordonnance du 9 déc. 1814, qui ne permet pas d'exception : la compagnie opposerait en vain que l'application du droit d'octroi porterait atteinte à la faculté accordée pour le transit (cons. d'Et. 2 fév. 1825) (1) ; — 2° Que l'individu prévenu d'inexécution d'un règlement d'octroi ne peut être acquitté par le motif qu'il a été dispensé de l'exécution par le maire (arg. Crim. cass. 30 juin 1832, aff. Lucas, V. Commune, n° 680).

190. « Tout porteur ou conducteur d'objets assujettis à l'octroi, dit l'art. 28 de l'ord. du 9 déc. 1814, sera tenu, avant de les introduire, d'en faire la déclaration au bureau, d'exhiber aux préposés de l'octroi les lettres de voiture, connaissements, chartes-parties, acquits-à-caution, congés, passavants et toutes autres expéditions délivrées par la régie des impositions indirectes, et d'acquitter les droits, sous peine d'une amende égale à la valeur de l'objet soumis au droit. A cet effet, les préposés pourront, après interpellation, faire, sur les bateaux, voitures et autres moyens de transport, toutes les visites, recherches et perquisitions nécessaires, soit pour s'assurer qu'il n'y existe rien qui soit sujet aux droits, soit pour reconnaître l'exactitude des déclarations. — Les conducteurs seront tenus de faciliter toutes les opérations nécessaires auxdites vérifications. — La déclaration relative aux objets arrivant par eau contiendra la désignation du lieu du déchargement, lequel ne pourra s'effectuer que les droits n'aient été acquittés, ou au moins valablement soumissionnés. » — Et l'art. 29 ajoute : « Tout objet soumis à l'octroi, qui, nonobstant l'interpellation faite par les préposés, sera introduit sans avoir été déclaré, ou sur une déclaration fausse ou inexacte, sera saisi. » — La loi du 28 avr. 1816, art. 24, prescrit une pareille déclaration pour les boissons soumises aux droits d'entrée. La plus grande analogie règne donc entre ces deux matières; aussi devra-t-on, pour connaître l'ensemble de la jurisprudence relative aux déclarations, se référer à ce qui a été dit v° Impôts ind., n°s 126 et suiv. — Nous nous bornons à retracer ici les solutions spéciales aux matières d'octroi. Il faut remarquer que l'amende prononcée par l'art. 28 de l'ordonn. de 1814 a été modifiée par les lois des 29 mars 1832 et 24 mai 1834 (V. n° 391).

191. L'art. 28 de l'ord. de 1814 prescrit, ainsi qu'on vient de le voir, l'exhibition aux employés des lettres de voitures, connaissements, chartes-parties; on a demandé si le conducteur d'un chargement ou d'un bateau était *tenu* de cette exhibition comme de celle des expéditions délivrées par la régie. L'administration s'est prononcée pour la négative, attendu qu'aucune loi n'impose aux parties intéressées l'obligation de rédiger ni de produire de pareils actes, lesquels, à la différence des congés et autres expéditions, n'ont pour objet que la garantie réciproque des expéditeurs, destinataires et voituriers (V. MM. Saillet et Olibo, p. 442). — Et c'est en ce sens qu'il a été jugé que la déclaration qui doit être faite par tout conducteur d'objets soumis aux droits au bureau de recettes le plus voisin, avant de les introduire dans le lieu sujet, ne peut être appréciée par les tribunaux que d'après le laissez-passer et l'acquit des droits représentés par le conducteur, et non d'après la *lettre de voiture* accompagnant le chargement : si donc il n'est produit qu'un laissez-passer et un acquit pour une quantité de marchandises inférieure à celle introduite, le contrevenant ne peut être acquitté, sous le prétexte que la lettre de voiture énonçait la véritable quantité des marchandises transportées, que cette lettre a été présentée aux employés, et que ceux-ci ont dès lors à s'imputer de n'avoir pas perçu le droit sur cette quantité (Crim. cass. 27 fév. 1806, aff. Boudrac, V. n° 371).

192. L'obligation de faire les déclarations prescrites par l'art. 28 est absolue, et, sous aucun motif, il n'est permis de s'en dispenser. — C'est ainsi qu'il a été jugé, par application de la loi du 27 frim. an 8, art. 11, qui exigeait aussi la déclaration : 1° qu'en matière d'octroi, la déclaration des objets de consommation doit être faite au bureau de recette le plus voisin avant de les faire entrer dans la commune, qu'ils soient ou non

(1) (Guémy et cons.) — LOUIS-PHILIPPE, etc. ; — Vu la loi du 28 avr. 1816 et le règlement relatif aux octrois municipaux, du 17 mai 1809 ;—Considérant que c'est sur le consentement exprès du conseil municipal d'Orval, consigné dans une délibération spéciale, que le règlement dont il s'agit a compris le hameau du Pont-du-Cher dans le rayon de l'octroi de Saint-Amand ; que les réclamants ont été représentés par ce conseil comme habitants de la commune, lors de ladite délibération, et qu'ils n'ont pas qualité pour former opposition, dans leur intérêt particulier, à l'ordonnance du 21 mars 1830, approbative dudit règlement;

Art. 1. La requête... est rejetée.

Du 15 juill. 1835.-Ordon. c.d'Et.-M. de Jouvencel, rap.

(2) (Canal du Midi C. villes de Carcassonne, etc.) — A l'appui de son recours, la compagnie invoquait les art. 196 et 197 du décret du 12 août 1807, et soutenait que l'ordonnance de 1814 n'avait pu détruire ses franchises ni porter atteinte à ses droits acquis.

CHARLES, etc.; — Considérant que la comp. du canal du Midi est régie par le décret organique du 10 mars 1810 ;—Considérant que l'art. 8 de ce décret, en assujettissant ce canal à la contribution foncière, et en déclarant qu'il ne pourrait être assujetti à aucune taxe particulière, n'a entendu parler que des taxes qui seraient particulières à ce canal et hors du droit commun ; — Sur le premier chef : — Considérant que, par l'art. 105 de l'ordonnance royale du 9 déc. 1814 sur les octrois, toute exception à la perception du droit d'octroi a été interdite, et que, si l'on accordait à la compagnie du canal l'objet de sa demande, ce serait créer en sa faveur un privilége ; — Sur le second chef : — Considérant que l'application du droit d'octroi ne porte pas atteinte aux exercices que nécessite la faculté accordée pour le transit, et qu'ainsi les ministres de l'intérieur et des finances ont justement rejeté la réclamation de la compagnie ;

Art. 1. La requête. . est rejetée. — Art. 2. Les décisions ministérielles des 9 et 23 fév 1821 sont confirmées.

Du 2 fév. 1825.-Ord. cons. d'Et.-M. Tarbé, rap.

destinés pour cette commune (Crim. rej. 16 vend. an 11) (1); — 2° Que le cabaretier qui, contrairement au règlement municipal de l'octroi, opère le débarquement de boissons arrivées par eau, sans en avoir fait la déclaration, ne peut pas être excusé, sous le prétexte qu'une patache servant de bureau qui existait avant d'arriver à sa demeure a été supprimé, dès qu'il en existe une autre un peu plus loin où il aurait dû faire sa déclaration (Crim. cass. 26 juin. 1807) (2).

193. Depuis l'ord. de 1814, il a été décidé pareillement : 1° que celui qui fait entrer chez lui des eaux-de-vie sans en faire la déclaration prescrite et sans acquitter les droits, est passible d'une amende et de la confiscation des marchandises, d'après le règlement local, et c'est à tort qu'un tribunal prononcerait son acquittement sous le prétexte que l'acte du 8 avr. 1815 aurait supprimé les droits de consommation et de circulation sur les boissons, cette suppression étant inapplicable aux octrois (Crim. cass. 8 juill. 1817, MM. Barris, pr., Bailly, rap., aff. maire de Rouen *C.* Malleux, etc.); — 2° Que le refus de déclaration ne peut être excusé par le motif que le contrevenant est en réclamation auprès de l'autorité administrative : « Attendu que le fait matériel de la contravention commise par le sieur Dauphin étant constant, même par les aveux résultant du mode de sa défense devant les juges de première instance et d'appel, il n'appartenait pas à la cour royale d'examiner s'il existait ou non des circonstances qui fussent susceptibles d'excuser, modifier ou atténuer le fait matériel de contravention, qui consistait dans les refus de Dauphin et dans l'introduction par lui faite au mépris des règlements; que, d'après les art. 83 de l'ordonn. royale et 58 du règlement de l'octroi de Belfort, le maire est seul autorisé, sauf l'approbation du préfet, à faire remise, par voie de transaction, de la totalité ou de partie des condamnations encourues, même après le jugement rendu : autorisation qui suppose qu'en matière d'octroi, le maire a, comme les autres administrations, le droit exclusif d'apprécier les circonstances qui peuvent modifier ou atténuer le fait matériel de la contravention, que les règlements ci-dessus rappelés sont absolus ; qu'ils n'admettent aucune exception aux dispositions par lesquelles ils prescrivent les déclarations, le payement du droit de l'octroi, ou au moins la consignation, avant l'introduction des denrées; que la litispendance qui existait alors ne pouvait pas servir de prétexte aux refus du sieur Dauphin; casse » (2 mai 1822, sect. crim., MM. Barris, pr., Chasle, rap., aff. Judice *C.* Dauphin) ; — 3° Qu'il suffit qu'il n'y ait pas eu déclaration aux employés d'un objet soumis aux droits qu'on entrait, pour qu'il y ait contravention non excusable, sous prétexte de bonne foi du contrevenant (Crim. cass. 14 mars 1835) (3). — 4° Que la contravention à un règlement d'octroi résultant de l'introduction d'une quantité de luzerne, sans déclaration, ne peut être excusée sous le prétexte, soit que la luzerne aurait été rentrée depuis peu de jours, soit qu'on aurait été contraint de la rentrer à cause de la pluie, soit enfin que la récolte n'aurait pas encore été terminée; qu'en conséquence, l'arrêt qui autorise la preuve de pareils faits, au lieu de prononcer de suite les peines de la loi, doit être cassé (Crim. cass. 30 déc. 1836) (4); — 5° Que de ce que des mesures de police prises par l'administration des ponts et chaussées, dans l'intérêt de la voirie ou de la navigation, ont défendu le stationnement des voitures d'eau ou de terre à l'entrée des villes, il ne s'ensuit pas que le conducteur d'une de ces voitures puisse exciper de ces mesures comme d'une force majeure qui ne lui a pas permis pas de s'arrêter, pour pénétrer immédiatement en ville et se soustraire aux déclarations d'octroi (Crim. cass. 6 sept. 1845, aff. Grandsire, D. P. 45. 1. 384).

(1) (Lesommier *C.* octroi d'Alençon.) — Le tribunal; — Attendu sur le premier moyen tiré du fond : — 1° Qu'il résulte de l'art. 11 de la loi du 27 frim. an 8, que tout conducteur d'objets de consommation compris au tarif de l'octroi, est tenu d'en faire sa déclaration, avant de les faire entrer dans la commune, soit que ces objets doivent être déchargés dans cette commune, soit qu'ils ne fassent qu'y passer, avec destination pour un autre lieu ; — 2° Que si l'art. 22 de la même loi déclare non sujets aux droits d'octroi, les objets qui ne sont pas destinés à la consommation de la ville et qui n'y entrent que par transit, il ne dispense pas pour cela de la déclaration prescrite par l'art. 11 précité ; que s'il en était autrement, ce serait ouvrir d'une manière étrange la porte à la fraude, en laissant la plus grande facilité à tout voiturier de verser dans une commune sans payer les droits d'octroi, tous les objets qui y sont soumis; — 3° Qu'au cas présent, l'entrée des marchandises dont il s'agit dans la ville d'Alençon, n'a pu être considérée que comme faite en fraude de la loi, d'après la fausse déclaration résultant de la représentation d'une lettre de voiture qui désignait faussement sous le nom de *drogueries* exemptes de payer le droit, des liqueurs comprises au tarif de l'octroi ; — Rejette.

Du 16 vend. an 11.-C. C., sect. cr.-MM. Viellart, pr.-Rupérou, rap.

(2) (Moreau *C.* Hubert.) —La cour; —Vu la loi générale du 27 frim. an 8 sur le droit d'octroi municipal, art 11; — Vu pareillement le règlement sur l'octroi municipal de la commune de Nantes; — Et attendu qu'il est constaté par le procès-verbal des preposés, du 27 nov. dernier, que le nommé Hubert, cabaretier a fait arriver par eau plusieurs pièces de vin vis-à-vis son domicile, et dont on opérait le déchargement lors de l'arrivée des préposés de l'octroi, sans qu'Hubert ait pu leur justifier de la déclaration qu'il aurait du faire ; — Que ce n'était point une excuse proposable que de dire, comme il l'a fait dans l'instruction, que la patache qui existait sur les bords de la Loire avant d'arriver à sa demeure avait été supprimée, dès qu'il en existait une autre un peu plus bas, à laquelle il aurait dû faire sa déclaration; d'où il suit que la cour de justice criminelle a contrevenu à la loi en admettant une pareille excuse, et en confirmant, par son arrêt du 11 mai dernier, le jugement de première instance qui avait rejeté les demandes du fermier; — Casse, etc.

Du 26 juin 1807.-C. C., sect. cr.-MM. Barris, pr.-Vermeil, rap.

(3) *Espèce :* — (Rochetin *C.* Courtois.) — La demoiselle Courtois arrivait en voiture publique à Avignon ; à sa rencontre, vint la demoiselle Fabre. Pendant que les deux amies causent, on déballe les effets des voyageurs, et le commis découvre un jambon. — La demoiselle Courtois annonce que ce jambon est le sien, qu'elle va payer les droits. — Le commis saisit le jambon, mais ne verbalise pas.—La demoiselle Courtois assigne donc le fermier de l'octroi en restitution du jambon.—Le fermier soutient qu'il y a eu entrée en fraude et offre de le prouver.— Jugement qui, déclarant qu'il n'y a pas eu fraude, refuse la preuve offerte, et ordonne la restitution du jambon. — Pourvoi de la part du fermier en ce que le jugement a refusé la preuve offerte. — Arrêt.

La cour; — Vu l'art. 154 c. inst. crim., et les art. 4 et 46 du règlement et tarif pour l'octroi de la ville d'Avignon, approuvé par ordonnance du roi du 11 août 1831 ; — Attendu qu'il est constaté par le jugement attaqué qu'un jambon appartenant à la demoiselle Courtois a été saisi au bureau de la diligence des sieurs Poulain, entrepreneurs de voitures publiques à Avignon ; qu'un rapport du receveur de l'octroi de cette ville, non revêtu des formalités voulues par l'art. 46 du règlement précité, énonce le fait de cette saisie et l'absence de déclaration préalable à l'introduction de l'objet soumis aux droits; et que le jugement attaqué sans méconnaître ce défaut de déclaration, se fonde uniquement, pour en écarter la conséquence légale, sur des considérations de bonne foi résultant de circonstances antérieures à la prévention ; — Attendu que la déclaration d'un objet assujetti aux droits d'octroi doit, aux termes de l'art. 4 du susdit règlement, avoir lieu au bureau d'entrée, avant que cet objet soit introduit; d'où il suit qu'en n'appliquant pas à l'inobservation non déniée de cette disposition la peine de la contravention qui en était la suite, le jugement attaqué a violé ledit article ; — Attendu qu'aux termes de l'art. 154 c. inst. crim., les contraventions doivent être prouvées par témoins, à défaut de procès-verbaux réguliers ; que si, dans l'espèce, le rapport du receveur de l'octroi ne satisfaisait pas au vœu de l'art. 46 du règlement, la preuve supplétive demandée par le sieur Rochetin, ne pouvait lui être refusée; qu'ainsi en rejetant les conclusions du demandeur, tandantes à l'admission de cette preuve, le jugement attaqué a violé ledit art. 154 ; — Par ces motifs, casse.

Du 14 mars 1835.-C. C., ch. cr.-MM. Bastard, pr.-Rocher, rap.

(4) (Min. pub. *C.* Sabran.) — La cour ; — Vu les art. 28 et 36 de l'ordonnance du 9 déc. 1814 ; — Attendu que le procès-verbal dressé le 20 juin 1836, par un employé de l'octroi, établit qu'une certaine quantité de luzerne, récoltée dans l'intérieur du rayon de l'octroi, avait été rentrée dans le domicile du sieur de Sabran, sans déclaration ni acquittement des droits, et sur le refus des femmes Boullaye et Mauguin, se disant ses préposées, d'acquitter lesdits droits; — Attendu que ces faits n'ont pas été contredits, et que ceux dont la preuve a été ordonnée, savoir : 1° que les bottes de luzerne étaient rentrées depuis peu de jours ; 2° qu'on avait été contraint de les rentrer à cause de la pluie ; 3° que la récolte n'était pas encore terminée; ne détruisaient pas la contravention reprochée, et ne faisaient qu'en confirmer l'existence ; — Qu'ainsi en autorisant une telle preuve et en ne prononçant pas les peines portées en l'art. 28, l'arrêt attaqué a violé les disposition ci-dessus, ainsi que les art. 7 et 4 du règlement de l'octroi de Saint-Germain, approuvé par ordonnance royale du 4 août 1832 ; — Par ces motifs, casse l'arrêt de la cour de Paris, du 8 sept. 1836.

Du 30 déc. 1836.-C. C., ch. cr.-MM. Choppin, pr.-Gartempe fils, r.

194. Une déclaration fausse ou inexacte équivaut à l'absence complète de déclaration et entraîne l'application des mêmes peines (V. l'art. 29 de l'ord. de 1814, n° 190). — Il a été jugé par suite : 1° qu'on doit considérer comme frauduleuse l'introduction de marchandises à l'aide d'une fausse désignation, sous le nom de *drogueries* exemptes des droits, des *liqueurs* qui y étaient assujetties (Crim. rej. 16 vend. an 11, aff. Lesommier, V. n° 192); — 2° Que la déclaration d'une quantité moindre au bureau de l'octroi constitue par elle-même la fraude, et ne peut être excusée sur le motif qu'il y a eu erreur et non mauvaise foi (Bruxelles, 3 avr. 1817, aff. octroi de Tournay, V. n° 50; V. aussi Crim. cass. 10 nov. 1842, aff. Cauquil, n° 202); — 3° Que celui qui a fait entrer dans la ville de Bruxelles un chariot de houille dont la vérification a accusé un chargement supérieur à la quantité déclarée doit être condamné tout à la fois à la confiscation de l'excédant non déclaré et à l'amende portée par l'art. 8 ord. 2 août 1819 (spéciale à la Belgique), et que l'allégation de bonne foi n'est pas admissible en matière fiscale, de douane ou de taxe municipale (Bruxelles, 2e ch., 8 nov. 1835, aff. N... C. N...); — 4° Qu'une déclaration insuffisante équivaut à une fausse déclaration et entraîne la même peine, sans que le prévenu puisse être acquitté par le motif de la bonne foi et du prétendu droit qu'il aurait eu de ne faire qu'une déclaration approximative (Crim. cass. 8 mai 1841) (1); — 5° Que le conducteur d'objets assujettis aux droits d'octroi, qui en fait une déclaration inexacte, est passible des peines portées par l'art. 75 de l'ord. du 9 déc. 1814, encore qu'il ignorerait le contenu des colis qu'il était chargé de transporter, et que sa déclaration serait conforme à la lettre de voiture (Crim. cass. 18 nov. 1853, aff. octroi de Bourges, D. P. 53. 5. 327).

195. De même, il a été décidé que la déclaration faite aux octrois doit être aussi exacte quand il s'agit de vendanges que lorsqu'il s'agit de boissons : si donc la quantité de vendanges déclarée est inférieure à celle réellement introduite (par exemple de 5 hectol. sur 24), le contrevenant ne peut être acquitté, sous le prétexte que la loi exige moins d'exactitude dans la déclaration des vendanges que dans celle des boissons (Crim. cass. 23 mai 1828) (2). — Il ne peut pas l'être non plus sur l'allégation *qu'il est possible* que, par suite de la fermentation, les fûts aient paru contenir une quantité de vendanges plus considérable que celle qui s'y trouvait en effet (même arrêt). — V. aussi Crim. cass. 24 juin 1836, aff. Petit-Didier, v° Impôts ind., n° 515.

196. Toutefois, il a été jugé que tout en reconnaissant que les particuliers sans distinction sont tenus de faire leur déclaration au bureau d'octroi et payer les droits pour les denrées qu'ils introduisent, une cour a pu, sans violer la loi, considérer comme une excuse suffisante l'erreur à laquelle a pu donner lieu un acte administratif émané de l'autorité compétente pour l'interprétation du règlement local (Crim. rej. 26 août 1808) (3). — Cela est juste; mais il faut que l'interprétation, invoquée par le prévenu, se déduise naturellement de termes de l'acte administratif et ne soit nullement forcée.

197. La simple tentative en cette matière est-elle punissable? — En d'autres termes, le défaut de déclaration doit-il être puni, bien que l'introduction des objets non déclarés n'ait pas été effectuée? — Il a été jugé, d'une part, et par application de l'art. 11 de la loi du 27 frim. an 8, qu'il n'existe de contravention qu'autant qu'il y a eu, en fraude de la loi, introduction réelle des objets soumis au droit, et non pas simplement tentative d'introduction (Crim. cass. 14 déc. 1821, aff. Micol, V. n° 371).

198. Mais d'autre part, et en sens contraire, il a été jugé que l'individu qui, après avoir déclaré faussement, sur l'interpellation des commis, n'être porteur d'aucun objet soumis au droit, et n'a ensuite rectifié cette déclaration qu'au moment où les commis ont demandé à en vérifier l'exactitude, est en contravention, et ne peut être excusé soit sous le prétexte que les objets soumis à l'octroi ont été déclarés avant toute visite, et que la seconde déclaration a été faite aussitôt après la première, soit sous le prétexte que la contravention, en matière d'octroi, consiste dans l'introduction réelle, et ne résulte pas uniquement de la fausseté de la déclaration (Crim. cass. 21 nov. 1840) (4). — Cette dernière décision paraît plus conforme à la loi. En effet,

(1) (Octroi de Besançon C. Cabuchon.) — La cour; — Vu l'art. 27 de la loi du 28 avr. 1816, relative aux contributions indirectes, appliqué aux octrois par l'art. 8 de la loi du 29 mars 1832, et par l'art. 9 de celle du 24 mai 1834; — Vu aussi les art. 4 et 5 du règlement des octrois de la ville de Besançon, approuvé par ordonnance royale du 5 juin 1835, en exécution des lois précitées; — Attendu qu'il est constaté, en fait, par le procès-verbal des employés que le domestique de Bernard, introduisant dans la ville une voiture de foin non bottelé, a déclaré, sur l'interpellation des employés, la quantité seulement de 5 quintaux; que, malgré les représentations à lui faites, sur l'insuffisance de cette déclaration, il n'a voulu acquitter les droits que sur cette quantité; mais qu'à la vérification requise ultérieurement, il s'est trouvé un excédant de 325 kilogrammes; — Attendu que l'arrêt attaqué, en renvoyant les prévenus de la contravention, sur le motif de la bonne foi du voiturier, et sur le droit qu'aurait eu le redevable de ne faire qu'une déclaration approximative, a, d'une part, créé une excuse que la loi fiscale ne reconnaît pas, et a, d'autre part introduit, dans le règlement de l'octroi, une exception contraire au texte de l'art. 4; qu'une déclaration insuffisante équivaut à une fausse déclaration; que l'obligation de déclarer la nature, la quantité, le poids et le nombre des objets introduits, est imposée aux redevables, et n'a pu être reportée sur les agents de la perception, auxquels les lois n'ont accordé que le contrôle des déclarations; — Casse.

Du 8 mai 1841.-C. C., ch. cr.-MM. Bastard, pr.-Isambert, rap.

(2) (Contr. ind. C. Teutsch.) — La cour; —Vu les art. 23, 24 et 27 de la loi du 28 avr. 1816; — Attendu qu'aux termes de l'art. 23 de cette loi, les vendanges sont, comme les boissons, soumises à un droit d'entrée; que tout conducteur de vendange est soumis aux déclarations imposées par l'art. 24 aux conducteurs de boissons; que les infractions à cet article sont prévues et réprimées par l'art. 27; — Attendu qu'il est constaté, par un procès-verbal régulier, qu'une voiture chargée de trois fûts, contenant des vendanges, appartenant au prévenu, s'est présentée au bureau de l'octroi de la ville de Strasbourg; que le conducteur a déclaré que ces trois fûts ne contenaient que 19 hectolitres; qu'il a même produit, à l'appui de son dire, une déclaration écrite du prévenu qui y était conforme; que, vérification faite, il a été constaté que les trois fûts contenaient 24 hectolitres au lieu de 19; que, cette vérification étant contestée, les employés l'ont renouvelée jusqu'à trois fois; qu'elle a présenté constamment un résultat très-rapproché de 24 hectolitres; en conséquence, ils ont saisi le chargement pour cette même quantité de 24 hectolitres; —Qu'il résultait de ce procès-verbal que le prévenu avait voulu soustraire au droit d'entrée, la quantité de 5 hectolitres de vendanges; — Attendu que l'arrêt attaqué ne pouvait excuser cette contravention, sous prétexte *qu'il était possible* que, par suite de la fermentation, les fûts eussent paru contenir une quantité de vendanges plus considérable que celle qui s'y trouvait réellement; que ce n'est point par des hypothèses que l'on peut détruire des faits matériels légalement constatés, ni détruire la foi due aux procès-verbaux; — Que la contravention pouvait bien moins encore rester impunie, par la considération que la loi exige moins d'exactitude dans la déclaration des vendanges que dans celle des boissons; — Qu'il résulte, au contraire, de l'art. 23 de la loi précitée, que la perception du droit d'entrée doit s'opérer sur la quantité exacte des vendanges que l'on veut introduire; que la base du montant de ce droit est déterminée, non approximativement, mais d'une manière claire et précise; d'où résulte que l'arrêt attaqué a violé les articles de loi précités; — Casse l'arrêt de la cour royale de Colmar, du 7 mars 1827.

Du 23 mai 1828.-C. C., ch. cr.-MM. Bailly, pr.-Mangin, rap.

(3) (Min. pub. C. Ramboz.) — La cour; — Attendu qu'en déclarant par son arrêt que les art. 16, 17 et 18 du règlement de l'octroi de la commune d'Arbois et l'art. 11 de la loi du 27 frim. an 8 imposent à tous les particuliers sans distinction l'obligation de faire leur déclaration et de payer les droits pour les denrées qu'ils introduisent dans la commune, soit pour en faire le débit, soit pour leur consommation personnelle, la cour de justice criminelle du Jura a rendu hommage aux principes; — Et que si, en reconnaissant les principes et le fait matériel de la contravention, cette cour a néanmoins trouvé, à l'égard des prévenus, une excuse suffisante dans un acte administratif émané de l'autorité compétente pour l'interprétation du règlement municipal, et fonder sur l'erreur à laquelle cet acte a pu donner lieu un motif de justification en faveur de Catherine Ramboz, veuve Deby, ladite cour n'a contrevenu à aucune loi; — Rejette.

Du 26 août 1808.-C. C., sect. crim.-MM. Barris, pr.-Guieu, rap.

Du même jour, arrêts conçus dans les mêmes termes : — (Min. pub. C. Bollifraud.) — (Min. pub. C. Pageot.) — (Min. pub. C. Cornu.) — (Min. pub. C. Barbier, dit Batelier.) — Mêmes président et rapporteur.

(4) (Octroi de Rennes C. Marçais.) — La cour; — Vu les art. 4 et 5 du règlement de l'octroi municipal de la ville de Rennes, approuvé par ordonnance royale du 27 déc. 1837; les art. 28 et 29 de l'ordonnance royale du 9 déc. 1814; les art. 154 c. inst. crim. et 8 de la loi du 27 frim. an 8; — Attendu que les procès-verbaux des employés à la perception des droits d'octroi, quand ils sont réguliers et affirmés, font

on n'a qu'à lire avec attention les art. 28 et 29 de l'ord. de 1814, et l'on se convaincra aisément que le défaut ou l'insuffisance de la déclaration constituent par eux-mêmes la contravention; bien plus, et c'est aussi ce qui résulte d'un motif de l'arrêt précité, du 21 nov. 1840, une seconde déclaration ne pourrait rectifier l'inexactitude de la première, quand elle n'est pas spontanée, quand elle ne tend pas à réparer une erreur commise de bonne foi. La doctrine contraire aurait, en outre, un résultat fâcheux pour l'autorité de la loi. Ainsi, un voiturier surpris en contravention par la vigilance des employés, n'aurait qu'à rebrousser chemin pour être à l'abri de toutes poursuites, et il lui serait permis, par conséquent, d'aller tenter par d'autres barrières de nouvelles tentatives d'introduction frauduleuse, jusqu'à ce qu'il pût profiter d'un moment d'inattention des employés.

199. L'introduction effectuée ne soustrait pas davantage les objets fraudés à la surveillance des préposés de l'octroi. — Jugé ainsi : 1° qu'il résulte évidemment de l'art. 29 ci-dessus que, même *après* l'introduction des objets soumis aux droits d'octroi et l'acquittement du droit, sur la déclaration des conducteurs ou porteurs de ces objets, les préposés conservent la faculté de vérifier l'exactitude des déclarations qui ont été faites et de saisir sur la voie publique, dans l'intérieur de la ville, les objets introduits sur une fausse déclaration (Crim. cass. 15 juin 1839) (1); — 2° Que la circonstance que les employés de l'octroi, se contentant d'une déclaration incomplète, auraient laissé introduire des denrées sans en percevoir le droit, n'est pas un obstacle à ce que ces denrées soient saisies plusieurs heures après leur introduction (Crim. rej. 29 avr. 1843, aff. octroi de Foix, V. n° 403). — V. n° 221.

200. De même, lorsqu'il est constaté par un procès-verbal régulier qu'une voiture chargée de fourrages a été introduite et déchargée, sans déclaration préalable au bureau de l'octroi, dans la maison d'un particulier au mépris de la défense faite par le préposé, et qu'en outre ce déchargement a eu lieu sans que l'un des déchargeurs jurés eût été averti, obligation imposée par le règlement local, le prévenu ne peut être acquitté, sous le prétexte que la voiture n'ayant pas été vérifiée au moment de son introduction, ni même depuis, rien n'établit l'identité entre l'objet saisi et celui introduit en fraude (Crim. cass. 11 mars 1808)(2).

201. Mais l'introducteur d'objets soumis aux droits d'octroi n'est pas tenu de réclamer un récépissé de sa déclaration, et de s'assurer qu'elle a été inscrite sur les registres, même dans le cas où il ne produit pas de quittance du droit, s'il résulte que le payement des droits n'a pas suivi immédiatement la déclaration par suite d'un accord fait avec le fermier de l'octroi, en vertu duquel ce payement ne devait avoir lieu qu'à des époques périodiques et après une série d'introductions . il n'y aurait lieu à une déclaration écrite que dans le cas d'introduction et du transit d'objets non destinés à la con-

---

foi en justice jusqu'à l'inscription de faux; — Attendu qu'aux termes des art. 4 et 5 du règlement pour l'octroi municipal de Rennes, qui n'ont fait que reproduire les dispositions des art. 28 et 29 de l'ordonnance royale du 9 déc. 1814, tout conducteur d'objets soumis à l'octroi doit, avant de les introduire, en faire la déclaration au bureau, sous peine d'une amende égale à la valeur de l'objet soumis au droit; que les préposés peuvent, après interpellation, faire les visites nécessaires pour reconnaître l'exactitude de la déclaration, et que tout objet sujet à l'octroi qui, nonobstant l'interpellation, est introduit sans avoir été déclaré, ou sur une déclaration fausse ou inexacte, est saisi; — Attendu qu'il résulte de l'ensemble de ces dispositions que le fait accompli de l'introduction sans déclaration, ou sur une fausse déclaration, n'est pas toujours nécessaire pour constituer la fraude et une contravention; que la loi exige une déclaration préalable à l'introduction; qu'elle n'en exige qu'une; qu'elle la veut exacte; que si surtout elle fait suite à une interpellation, et qu'elle soit fausse, elle ne saurait être rectifiée par une seconde déclaration, quand celle-ci n'est pas spontanée, quand elle ne tend pas à réparer une erreur commise de bonne foi, quand elle n'est que le résulat de l'intention manifestée par les employés de vérifier l'exactitude de la déclaration; — Que cette interprétation de la loi, sans laquelle la déclaration préalable exigée ne serait qu'un jeu, est, d'ailleurs, conforme aux véritables intérêts des consommateurs ou assujettis, puisqu'elle rend moins nécessaires des visites toujours fâcheuses;

Et attendu qu'il résulte du procès-verbal dressé, le 9 avr. 1840, par trois employés de l'octroi de Rennes, par eux affirmé le lendemain, qu'Alphonse Marçais, parvenu devant leur bureau, interpellé s'il avait à déclarer des objets soumis à l'octroi, répondit qu'il n'avait que des fleurs; que, comme son cheval impatient allait franchir le bureau, ils sommèrent ledit Marçais d'ouvrir le coffre de sa voiture, et qu'aussitôt il déclara avoir trois chevreuils dont il avait bien l'intention d'acquitter le droit; — Attendu qu'il est donc établi que, sur l'interpellation qui lui était faite, le prévenu fit une fausse déclaration; qu'il ne la rectifia que quand il fut sommé d'ouvrir le coffre de sa voiture, et qu'il est permis de croire que, sans cette sommation, la fraude aurait été consommée; — Que la contravention n'en était pas moins constante, puisqu'au lieu de la déclaration sincère et préalable dont il était tenu, le prévenu interpellé avait fait une fausse déclaration; que cependant l'arrêt attaqué a annulé la saisie, sous prétexte que les objets soumis à l'octroi avaient été déclarés avant toute visite; ce qui ne suffit pas là où il y a eu première et fausse déclaration après interpellation, et menace de visite avant la seconde déclaration, et encore sous prétexte que cette seconde déclaration aurait été faite aussitôt après la première, ce qui est contraire à la teneur du procès-verbal, qui place entre les deux déclarations la sommation d'ouvrir le coffre de la voiture; et encore sous prétexte que la contravention, en matière d'octroi, consiste dans l'introduction réelle, et ne résulte pas uniquement de la fausseté de la déclaration, ce qui présente une fausse interprétation, et, par suite, une violation des articles de lois précités; — Casse l'arrêt de la cour de Rennes, du 17 juin 1840;

Du 21 nov. 1840.-C. C., ch. cr.-MM. Bastard, pr.-Romiguières, rap.

(1) (Octroi de Blaye C. Tessier) — LA COUR; — Vu les art. 5 et 6 du règlement de la ville de Blaye, approuvé par l'ordonnance royale du 23 août 1835; — Art. 5. « **Tout conducteur ou porteur d'objets assujettis au droit d'octroi sera tenu, avant de les introduire, d'en faire la déclaration au bureau..** .. et d'acquitter les droits, si ces objets sont destinés à la consommation du lieu, sous peine de la confiscation desdits objets, et d'une amende de 100 fr. à 200 fr.; toute déclaration devra indiquer la nature, la quantité, le poids et le nombre des objets introduits. » — Art. 6. « Après la déclaration, les préposés pourront faire toutes les recherches, visites et vérifications nécessaires pour en constater l'exactitude; les conducteurs seront tenus de souffrir et même de faciliter toutes les opérations relatives auxdites vérifications; tout objet soumis à l'octroi, qui, nonobstant l'interpellation faite par les préposés, serait introduit sans avoir été déclaré, ou sur une déclaration fausse, sera saisi. » — Attendu qu'il suit de ces dispositions et notamment de celle qui termine l'art 6, que même après l'introduction des objets soumis aux droits d'octroi et l'acquittement du droit sur la déclaration des conducteurs ou porteur de ces objets, les préposés conservent la faculté de vérifier l'exactitude des déclarations qui ont été faites et de saisir sur la voie publique les objets qui auraient été introduits sur une fausse déclaration; — Attendu que par un procès-verbal régulier et non attaqué du 17 fév. 1838, il est constaté que Tessier avait déclaré à l'entrée un quartier de veau, dont il avait acquitté le droit; que sur l'interpellation des employés, lesquels étaient en surveillance au marché, et sur la représentation faite par Tessier, tant de la quittance qui lui avait été délivrée que du morceau de viande auquel elle s'appliquait, il fut reconnu que ce morceau, déclaré à l'entrée comme quartier était d'une quantité plus considérable; — Qu'il y avait donc eu, de sa part, une fausse déclaration; — Que la saisie opérée par les préposés était valable; — Qu'en la déclarant nulle, et en renvoyant Tessier des poursuites, sous le prétexte qu'aucune disposition du règlement ne donne aux employés l'exercice du droit de recensement sur les denrées qui, après avoir franchi la ligne de l'octroi sans fraude constatée à l'entrée, se trouvent placées sous la présomption du droit acquitté, l'arrêt attaqué qui a infirmé le jugement du tribunal de police correctionnel de Blaye a violé les dispositions ci-dessus transcrites; — Par ces motifs, casse et annule l'arrêt de la cour royale de Bordeaux du 15 mars dernier.

Du 15 juin 1839.-C. C., ch. cr.-MM. Bastard, pr.-Gartempe fils, r.

(2) (Octroi de Tirlemont C. Ponsaerts.) — LA COUR; — Vu l'art. 8, L. 27 frim. an 8; — Et attendu que, par le procès-verbal du 26 août dernier, dressé par le brigadier à la surveillance des droits d'octroi de Tirlemont, il est constaté, indépendamment des mots intercalés, et par la teneur du surplus de ce procès-verbal, qu'il a été introduit dans le domicile de Ponsaerts une voiture chargée de dix-sept sacs renfermant de la semence de trèfle, laquelle y avait été déchargée au mépris de la défense faite par ce brigadier; — Que cette introduction et ce déchargement avaient eu lieu sans déclaration préalable au bureau de l'octroi, et sans acquit du droit en ce cas, conformément à l'art. 2, règlem. local déc. 13 frim. an 9, approuvé le 15 prairial suivant; — Que ce déchargement avait même été fait avant d'avoir averti l'un des déchargeurs jurés, obligation imposée par l'art. 6 de ce règlement; — Que, d'après ces faits, il y avait lieu à infliger à Ponsaerts les peines prononcées en ce cas par ce règlement et par la loi du 27 frim. an 8; — Et qu'en refusant de prononcer ces peines, sous des prétextes démentis par les pièces mêmes de l'instruction, l'arrêt attaqué a violé la disposition de l'art. 8 ci-dessus cité L. 27 frim. an 8; — Par ces motifs, casse.

Du 11 mars 1808.-C. C., sect. cr.-MM. Barris, pr.-Babille, rap.

sommation du lieu ; en conséquence, des moyens de faux tendant à prouver que l'introducteur avait fait une déclaration orale ont pu être déclarés admissibles (Crim. rej. 14 mai 1842, M. Romiguières, rap., aff. octroi de Tonneins *C.* Saboureau).

202. Le payement des droits dus à raison des objets déclarés et la délivrance d'une quittance par les employés de l'octroi, ne mettent pas obstacle non plus à une vérification ultérieure (Crim. cass. 10 nov. 1842) (1).

203. Le règlement de l'octroi de la ville de Sens n'exigeant pas formellement que le droit dû pour les bestiaux soit payé au moment de la déclaration, il a été jugé qu'il peut l'être dans les vingt-quatre heures (règl. 9 avril 1808, art. 14 et 15 ; Crim. rej. 16 fév. 1810) (2).

204. « Dans les communes où la perception ne pourra être opérée à l'entrée, dit l'art. 34 de l'ord. de 1814, il sera établi au centre, suivant les localités, un ou plusieurs bureaux. Dans ce cas, les conducteurs ne pourront décharger les voitures, ni introduire au domicile des destinataires les objets soumis à l'octroi, avant d'avoir acquitté les droits auxdits bureaux. » — Il a été jugé, par application de cette disposition, 1° que l'obligation imposée aux conducteurs d'objets assujettis aux droits d'octroi, de se rendre directement au bureau central pour payer ces droits et se soumettre à les acquitter, ne peut être accomplie au moyen de formalités équivalentes ; que, par suite, le conducteur qui a déchargé les objets à son domicile, avant de faire la déclaration prescrite, commet une contravention dont il ne peut être relevé sous prétexte qu'avant d'effectuer le transport il en aurait donné avis aux employés de l'octroi, et que, d'ailleurs, il n'est excipé contre lui d'aucune intention frauduleuse (Crim. cass. 20 nov. 1845, aff. Fournier, D. P. 46. 4. 378) ; — 2° Que lorsqu'un règlement local, distinguant entre le rayon de l'octroi proprement dit et la limite des bureaux de perception placée à un point plus concentrique, oblige les conducteurs qui transportent à des maisons ou locaux situés dans la zone intermédiaire des objets compris au tarif, d'en faire la déclaration au bureau le plus voisin et d'acquitter les droits avant d'en faire faire la livraison, le déchargement au lieu d'arrivée situé dans cette zone d'une marchandise assujettie aux droits, sans que le conducteur puisse représenter ni passe-debout ni quittance du droit d'octroi, constitue une contravention ; c'est à tort qu'en pareil cas le tribunal acquitterait le prévenu, sous le prétexte que tout objet assujetti qui a été saisi ou arrêté en dedans du rayon de l'octroi est présumé avoir acquitté les droits (Crim. cass. 16 janv. 1864) (3).

205. Lorsque, indépendamment de l'obligation imposée personnellement aux habitants de la banlieue de n'introduire chez eux des objets assujettis qu'après déclaration au bureau le plus voisin, un règlement d'octroi prescrit aux conducteurs ou porteurs de ces objets de ne pas s'écarter des routes conduisant aux bureaux de recettes et d'en faire également la déclaration, le propriétaire auquel de tels objets sont amenés sans déclaration par le voiturier, ne peut se prévaloir de la déclaration qu'il a faite lui-même pour garantir celui-ci des conséquences de son omission, et est avec raison condamné comme responsable, s'il a déclaré prendre le fait et cause du voiturier (Crim. rej. 22 juin 1855, aff. Robert de Massy, D. P. 58. 5. 253).

206. Le payement des droits doit avoir lieu, de même que

---

(1) (Min. pub. *C.* Cauquil.) — LA COUR ; — Vu le règlement et le tarif de l'octroi de la ville de Toulouse, arrêté et approuvé par ordonnance royale du 1er avr. 1836 ; ensemble la loi du 29 mars 1832, art. 7 et 8 et celle du 24 mai 1834, art. 9 et 10 ; — Attendu que l'arrêt attaqué repose uniquement sur une prétendue fin de non-recevoir tirée de la quittance délivrée à Cauquil du montant des droits dus à raison des objets par lui déclarés ; — Attendu que l'art. 5 du règlement municipal autorise les agents de l'octroi à faire toutes les recherches, visites et vérifications nécessaires pour s'assurer de la vérité des déclarations qui leur sont faites, ce qui suppose que la déclaration précède la vérification ; — Attendu que, dès lors, en recevant le droit dû pour la marchandise déclarée, le préposé n'a renoncé ni pu renoncer explicitement ni implicitement à une vérification ultérieure, puisque la quittance ne libère le redevable qu'autant que la somme réellement due a été intégralement payée, et que d'ailleurs la déclaration n'est valable qu'autant qu'elle est véridique ; — Attendu d'un autre côté, que le jugement de première instance confirmé par l'arrêt attaqué déclare que le procès-verbal ne contient pas de fausse déclaration de la part de Cauquil, puisque le nombre des sacs déclarés par lui et l'existence d'un sac ayant le poids par lui indiqué, sont des faits conformes à la vérité ; — Attendu que cette assertion qui se rattache à une partie du procès-verbal des préposés, écarte complétement le surplus du contenu dudit procès-verbal qui établit que le sac auquel Cauquil a fait allusion dans sa déclaration avait un poids moindre que les autres sacs et que c'est de cette inégalité dans le poids des sacs que résulte la fausseté de la déclaration, qui ne serait véridique qu'autant que le poids de chacun des sacs serait égal au poids des autres ; — Attendu que, dès lors, l'arrêt attaqué et le jugement par lui confirmé, ont faussement appliqué et, par suite, violé les dispositions combinées des art. 4 et 5 du règlement de l'octroi de la ville de Toulouse et des art. 7 et 8 de la loi du 29 mars 1832, 9 et 10 de celle du 24 mai 1834 ; — Casse.

Du 10 nov. 1842.-C. C., ch. cr.-MM. Bastard, pr.-Mérilhou, rap.

(2) (Octroi de Sens *C.* Déon.) — LA COUR ; — Attendu qu'il ne résulte pas du procès-verbal des préposés de l'octroi que Déon n'a pas fait la déclaration préalable prescrite par l'art. 10 du règlement du 9 avr. 1808 ; — Considérant que des art. 14 et 15 du même règlement, il ne résulte pas formellement que le droit dû sur les bestiaux doive être acquitté à l'instant même de la déclaration et ne puisse l'être dans les vingt-quatre heures où elle est faite ; qu'ainsi l'arrêt attaqué n'est contrevenu à aucune loi et n'a violé aucune disposition formelle du règlement invoqué ; — Rejette

Du 16 févr. 1810.-C. C. sect. crim.-MM. Barris, pr.-Schwendt, rap.

(3) (Octroi de Périgueux *C.* Hidalgo et Porcher.) — LA COUR ; — Sur le moyen tiré de la violation des art. 5, 12, 14, 24, 26 du règlement de l'octroi de la ville de Périgueux et de la violation de la foi due au procès-verbal, lequel devait être cru jusqu'à inscription de faux, aux termes de l'art. 8 de la loi du 27 frim. an 8 : — Vu les art. 5, 12, 14, 24, 26 dudit règlement de l'octroi de la ville de Périgueux, rendu exécutoire par décret impérial du 19 déc. 1855 ; — Vu l'art. 8 de la loi du 27 frim. an 8 et les art. 408 et 413 c. inst. crim. ; — Attendu qu'il était constaté par le procès-verbal que, le 12 décembre dernier, vers dix heures du matin, l'employé de l'octroi, étant dans l'exercice de ses fonctions au bureau de la Glacière, avait vu, se dirigeant sur la route d'Angoulême, Hidalgo, domestique du sieur Porcher, conduisant une charrette attelée d'un cheval et chargée d'une barrique paraissant contenir de l'huile ; que, depuis cet instant, il l'a attentivement surveillé et l'a aperçu qui prenait la direction des ateliers des sieurs Bernard, situés sur ladite route d'Angoulême, dans le rayon de l'octroi ; que, s'étant transporté à ces ateliers mêmes au moment où le voiturier y arrivait, il l'a interpellé sur la nature de son chargement, et l'a sommé de représenter le passe-debout ou la quittance du droit d'octroi, et que celui-ci a répondu n'en point avoir ; — Attendu que le règlement de l'octroi de la ville de Périgueux distingue entre le rayon de l'octroi proprement dit, tel qu'il est déterminé par les poteaux de circonvallation qui entourent la ville, et la limite des bureaux de perception, placée à un point plus concentrique ; que les art. 12 et 14 de ce règlement ont, par des dispositions spéciales, pourvu au régime de cette zone intermédiaire ; — Attendu que l'art. 12 veut que, pour tous les objets soumis aux droits et destinés à des maisons ou locaux situés en dehors des bureaux de perception, mais compris dans le rayon de l'octroi, les porteurs, conducteurs ou propriétaires ne puissent les faire entrer dans ces maisons ou locaux, sans en avoir fait la déclaration au bureau le plus voisin et sans en avoir acquitté les droits ; que l'art. 14 prescrit pareillement que, pour les denrées et marchandises qui auraient été introduites dans les lieux susrappelés, en dehors des bureaux et dans les limites de l'octroi, après acquit des droits, elles ne puissent être dirigées vers l'intérieur de la ville qu'au moyen d'une autorisation spéciale à échanger contre la quittance des droits ;

Attendu que la voiture conduite par Hidalgo et son chargement, aperçue sur la route d'Angoulême et surveillée et suivie jusqu'à son arrivée dans les ateliers des sieurs Bernard, situés sur cette même route, en dehors du bureau de perception, mais en dedans du rayon de l'octroi, était soumise, si elle venait de l'extérieur, à la déclaration au bureau le plus voisin et au payement des droits, et, si elle sortait de magasins ou locaux placés en dedans du rayon, à l'autorisation spéciale ; — Attendu que l'arrêté attaqué, pour prononcer, dans de telles circonstances, le relaxe des prévenus, s'est fondé sur la présomption que tout objet assujetti qui a été saisi ou arrêté en dedans du rayon de l'octroi est censé avoir acquitté les droits ; que cette présomption est contraire aux principes généraux de la matière, qui n'attachent la preuve de l'acquit des droits qu'à la représentation des quittances ; qu'elle est surtout en opposition directe avec les dispositions spéciales du règlement de l'octroi de Périgueux, en ce qui concerne la zone intermédiaire de son territoire, placée entre la limite extrême du rayon de l'octroi et la limite des bureaux de perception ;

Attendu, dès lors, que l'arrêt attaqué a faussement interprété et, par suite, violé les articles du règlement précité ; qu'il a, de plus, méconnu les faits formellement constatés par le procès-verbal, violé la foi qui lui était due et, par suite, les dispositions de l'art. 8 de la loi du 27 frim. an 8 ; — Par ces motifs, casse l'arrêt de la cour de Bordeaux, du 17 juill. 1863.

Du 16 janv. 1864.-C. C., ch. crim.-M. Bresson, rap.

la déclaration, avant toute introduction (ord. de 1814, art. 28). — C'est ainsi qu'il a été jugé que lorsque la saisie d'un objet entré en fraude a été déclarée, le payement postérieur du droit à un autre bureau ne peut ni atténuer la contravention ni invalider la saisie (Crim. cass. 18 niv. an 10) (1).

207. Toutefois, il n'y a contravention que lorsqu'au défaut de payement se joint le défaut de déclaration, parce qu'alors il y a réellement intention frauduleuse; mais, et c'est ce qui a été jugé, le refus d'acquitter les droits d'objets régulièrement déclarés à l'octroi ne constitue pas une contravention, sauf aux préposés à s'opposer à l'introduction des objets assujettis, ou à poursuivre le recouvrement des droits par voie de contrainte (Crim. cass. 19 sept. 1845, aff. ville de Périgueux, D. P. 46. 1. 34).—V. n° 349.

208. On lit dans l'art. 36 de l'ord. de 1814 :—« Toute personne qui récolte, prépare ou fabrique, dans l'intérieur d'un lieu sujet, des objets compris au tarif, est tenue, sous peine de l'amende prononcée par l'art. 28 (aujourd'hui par la loi du 24 mai 1834, V. n° 391) d'en faire la déclaration et d'acquitter immédiatement le droit, si elle ne réclame la faculté de l'entrepôt. — Les préposés de l'octroi peuvent reconnaître à domicile les quantités récoltées, préparées, fabriquées, et faire toutes les vérifications nécessaires pour prévenir la fraude. »—Il a été jugé : 1° que les pailles provenant de gerbes de blé battues dans l'intérieur des limites de l'octroi, sont soumises à la déclaration (Crim. cass. 2 juin 1820, aff. octroi de la Ferté, V. n° 154-1°);— 2° Que l'art. 36 de l'ord. de 1814 ne fixe pas l'époque à laquelle la déclaration doit être faite; qu'en conséquence, la déclaration faite par un bouilleur du cru peut n'avoir lieu qu'après la distillation, et que l'art. 138 de la loi du 28 avr. 1816, qui soumet les distillateurs et bouilleurs de profession à des déclarations préalables à la distillation, pour mettre les employés de la régie à même d'exercer leur surveillance, n'est pas applicable aux bouilleurs du cru (Crim. rej. 7 oct. 1836) (2); — 3° Que l'entrepreneur de travaux publics autorisé à faire des extractions de matériaux, dont la main-d'œuvre lui est payée une somme plus faible ou plus forte, selon qu'il pourra ou non utiliser dans sa construction les matériaux extraits, est réputé préparer et employer pour son propre compte, et non comme ouvrier de l'Etat, ceux de ces matériaux qui ont servi à la construction par lui faite; qu'en conséquence, si les matériaux dont il s'agit ont été ainsi préparés et employés dans l'intérieur d'un lieu sujet à l'octroi, cet entrepreneur est assujetti, sous peine de confiscation et d'amende, à la déclaration prescrite par l'ordon. du 9 déc. 1814 (Crim. cass. 13 juin 1850, aff. maire de Granville, D. P. 52. 5. 383). — V. n°s 164 et suiv.

Art. 9. — *Visites et exercices.*

209. L'ord. de 1814, art. 30, qui reproduit une disposition des règlements précédents (V. notamment L. 27 frim. an 8, art. 12), est ainsi conçu : — « Les personnes voyageant à pied, à cheval ou en voiture particulière suspendue, ne pourront être arrêtées, questionnées ou visitées sur leurs personnes, ou en raison de leurs malles ou effets. Tout acte contraire à la présente disposition sera réputé acte de violence, et les préposés qui s'en rendront coupables seront poursuivis correctionnellement, et punis des peines prononcées par les lois. » — L'art. 44 de la loi du 28 avr. 1816 contient une disposition semblable (V. Impôts ind., n° 148). — L'art. 30 de l'ord. de 1814 a été modifié par l'art. 7 de la loi du 29 mars 1832, spéciale à la ville de Paris, qui soumit, pour cette ville seulement, les voitures particulières suspendues aux mêmes visites que les voitures publiques. L'art. 9 de la loi du 24 mai 1834, étendit ensuite la disposition de la loi de 1832 à toutes les communes ayant un octroi (V. n°s 391 et s.). — Ainsi, aujourd'hui l'application de l'art. 30 de l'ord. de 1814, est partout restreinte aux personnes voyageant à pied et à cheval.

210. On doit considérer comme *voyageant*, dans le sens de l'art. 30, *toute personne entrant*, à pied ou à cheval, dans une ville, car cet article ne restreint point la dénomination de voyageurs. — Jugé ainsi : 1° qu'un particulier n'est pas obligé de souffrir la visite des employés de l'octroi au moment où il entre dans une ville, et qu'il satisfait à tout ce que l'ordonnance exige de lui en consentant, ainsi que le prescrit l'art. 31, à être conduit devant un officier de police, ou devant le maire, pour être interrogé et visité (Crim. cass. 25 août 1827, aff. Marcel, V. Mise en jugem., n° 113); — 2° Que, de même, ces expressions *les personnes voyageant* s'appliquent à toutes personnes entrant dans les villes, et conséquemment aux habitants mêmes de ces villes, revenant d'une campagne voisine (Crim. cass. 20 juin 1828, aff. Lecomte, V. Impôts ind., n° 148), et cela alors même qu'ils ne seraient sortis que dans la journée et pour une promenade (Crim. cass. 22 mars 1834) (3). — Le mot *voyageur* em-

(1) (Octroi de Caen C. Gauthier.) — Le tribunal; — Vu l'art. 11, L. 27 frim. an 8 et les art. 1 et 9, tit. 3, du règlement du conseil municipal de la commune de Caen, approuvé par le préfet du département;— Considérant, en fait, qu'il est établi, par le procès-verbal des préposés de l'octroi, que la voiture chargée de foin dont il s'agit a été introduite dans la commune, sans que le droit en ait été acquitté à la barrière près de laquelle elle a passé; que le propriétaire n'était muni d'aucune quittance d'acquit, et s'est refusé d'acquitter le droit dû entre les mains des préposés de la même barrière; qu'enfin il a déclaré ne vouloir les acquitter qu'à sa commodité et à un autre bureau; — Considérant, en droit, que la loi et le règlement cités ordonnent que les payements des droits d'octroi soient faits à la barrière par laquelle arrivent les objets qui y sont soumis; que les propriétaires ou conducteurs doivent être porteurs des quittances d'acquit, et tenus de les représenter lorsqu'ils en sont requis; que ce serait laisser un libre cours à la fraude, de tolérer que les propriétaires ou conducteurs puissent, à leur gré, introduire des objets, soumis aux droits, sauf à eux à en acquitter les droits à tel bureau et tel moment qu'il leur conviendrait; — Casse.

Du 18 niv. an 10.-C. C., sect. cr.-MM. Seignette, pr.-Schwendt, r.

(2) (Octroi de Salins et contr. ind. C. Debulle.) — La cour; — Sur le moyen de cassation invoqué à l'appui du pourvoi et tiré de la violation de l'art 8 du règlement de l'octroi de la ville de Salins, 36 de l'ordonnance du 9 déc. 1814, 36 et 138 de la loi du 28 avr. 1816 : — Vu lesdits articles; — Attendu, sur ce moyen, que, si l'art. 36 de l'ordonnance du 9 déc. 1814, dont l'art. 8 du règlement de l'octroi de Salins n'est que la répétition, oblige toute personne qui récolte, prépare ou fabrique dans l'intérieur d'un lieu sujet, des objets compris au tarif, d'en faire la déclaration, ce même article ne fixe en aucune manière l'époque précise où cette déclaration doit être faite; qu'il paraîtrait même résulter tant de ce que ce même article le soumet à payer immédiatement les droits que de ce que l'art. 36 de la loi du 28 avr. 1816, postérieure à cette ordonnance, ne prescrit d'acquitter ces droits que sur l'eau-de-vie provenant de sa distillation, que cette déclaration ne doit être faite qu'après la distillation opérée; — Attendu que, si l'art. 138 de la loi du 28 avr. 1816 soumet les distillateurs et bouilleurs de profession à faire par écrit, avant de commencer à distiller, toutes les déclarations nécessaires pour que les employés puissent surveiller leur fabrication, en constater les résultats et les prendre en charge sur leur portatif, cet article, entièrement restrictif, et uniquement applicable aux distillateurs et bouilleurs de profession, ne saurait, sans excès de pouvoir, être étendu aux bouilleurs de cru; — Et attendu qu'il a été reconnu en fait, par le jugement attaqué, et nullement contesté par l'administration des contributions indirectes, d'une part, que Désiré Debulle n'était pas distillateur ou bouilleur de profession, qu'il s'était borné à distiller les marcs provenant de sa récolte; et, de l'autre, que le payement du droit d'entrée et d'octroi avait eu lieu, et que la quittance en était produite; — Attendu que, dès lors, et dans ces circonstances, en décidant que Désiré Debulle n'était pas obligé, avant de se livrer à la distillation du produit de sa récolte, d'en faire la déclaration aux employés de la régie, et en refusant de lui appliquer l'amende de 2 à 600 fr. portée par l'art. 129 de la loi du 28 avr. 1816, le tribunal correctionnel de Lons-le-Saulnier, loin d'avoir violé les art. 36 de l'ordonnance du 9 déc. 1814, 8 du règlement de l'octroi de Salins, 36 et 138 de la loi du 28 avr. 1816, en a fait, au contraire, une juste et saine application; — Rejette, etc.

Du 7 oct. 1836.-C. C., ch. crim.-M. Meyronnet de Saint-Marc, rap.

(3) (Desfrancs C. l'octroi d'Orléans.) — La cour; — Vu l'art. 30 de l'ordonnance du 9 déc. 1814; — Vu également l'art. 44 de la loi du 28 avr. 1816; — Attendu que l'art. 74 du règlement de l'octroi municipal de la ville d'Orléans n'est que la reproduction de l'art. 30 de l'ordonnance du 9 déc. 1814 et de l'art. 44 de la loi du 28 avr. 1816, et qu'il doit être, conséquemment, entendu de la même manière que le sont ces articles eux-mêmes; — Attendu que ces expressions : les personnes voyageant à pied, à cheval ou en voiture particulière suspendue, ne fixant point la distance qu'il est nécessaire d'avoir parcourue pour être réputé voyageur, toutes les personnes entrant de l'une de ces manières dans les villes sujettes aux droits d'entrée doivent être regardées comme comprises sans distinction dans les prévisions de ces articles; — Attendu qu'en admettant, dans l'interprétation de l'art. 74 du règlement et, par

ployé par l'art. 18 de la loi du 28 avr. 1816, a été interprété dans un sens beaucoup plus restrictif (V. Impôts ind., nos 106 et suiv.) : cela s'explique par le but différent dans lequel cet art. 18 a été édicté.

211. Mais il a été jugé avant l'ordonnance de 1814, et il en serait de même aujourd'hui, que la défense faite aux préposés de l'octroi d'arrêter les citoyens, de les questionner et de les visiter, ne peut s'appliquer au cas où les objets soumis au droit et introduits sans se conformer à la loi sont en évidence (Crim. cass. 18 vend. an 10) (1).

212. Des voyageurs qui rentrent dans la commune de leur domicile ou résidence ordinaire, ayant encore une portion du vin que la loi leur accorde avec exemption d'expéditions et de droits, pour leur usage *pendant leur voyage*, sont, pour cette portion qui leur reste, tenus d'acquitter les droits d'octroi (Crim. cass. 18 nov. 1825, aff. David, V. Impôts ind., n° 108).

213. L'art. 31 porte une exception au principe posé par l'art. 30 qui précède. Il est ainsi conçu : — « Tout individu, soupçonné de faire la fraude, à la faveur de l'exception ordonnée par l'article précédent, pourra être *conduit* devant un officier de police ou devant le maire, pour y être interrogé, et la visite de ses effets autorisée, s'il y a lieu. » — En disant que l'individu soupçonné de fraude pourra être *conduit* devant un officier de police, cet article exige que, dans le trajet de la barrière au domicile de cet officier, il y ait eu concomitance de l'employé au voyageur, de manière que celui-ci puisse être surveillé : ainsi, le voyageur qui, sommé de venir subir la visite du commissaire de police, et après avoir obtenu que l'employé lâchât la bride de son cheval, sur sa promesse de n'aller qu'au pas, a mis aussitôt son cheval au trot, et a échappé ainsi à la surveillance de l'employé qui l'a perdu de vue, doit être déclaré avoir contrevenu à l'art. 31 de l'ordonnance de 1814, encore bien qu'il se soit rendu chez le commissaire de police, mais seul et en l'absence de l'employé qui n'a pu s'y rendre qu'après lui (Crim. cass. 19 juill. 1828) (2). — Suivant MM. Girard et Fromage, édit. 1860, p. 409, l'interrogatoire par l'officier de police a pour objet, non de savoir si l'individu soupçonné est réellement porteur d'objets soumis aux droits, mais d'examiner si cet individu se trouve ou non dans le cas d'exemption prévu par l'article précédent; en un mot, s'il a le droit de refuser de se soumettre à la visite des préposés.

214. Les diligences, fourgons, fiacres, cabriolets et autres voitures de louage sont soumis aux visites des préposés de l'octroi (ord. 9 déc. 1814, art. 32). — Les voitures particulières suspendues ont été pareillement soumises aux visites, ainsi qu'on vient de le dire, par la loi du 24 mai 1834 (V. n° 209). — Il a été décidé, par application de cette dernière loi, que la disposition d'un règlement d'octroi portant que les préposés seront tenus de faire *à domicile* la visite des voitures particulières suspendues, lorsqu'elles séjourneront *quatre heures* au moins dans la ville, ne peut, nonobstant l'approbation de ce règlement par ordonnance royale, avoir pour effet de déroger à la loi générale du 24 mai 1834, qui soumet ces voitures, dans tous les cas, à la visite *à l'entrée des villes*; en conséquence, les employés qui, malgré le règlement dont il s'agit, ont visité une voiture *à l'entrée*, n'ayant fait en cela que se conformer à la loi, ne sont coupables d'aucune faute, et ne sauraient dès lors être passibles de dommages-intérêts; dans ce cas, la demande en dommages-intérêts formée contre eux peut, sans excès de pouvoir, être rejetée par les tribunaux; car toutes les fois que les dispositions d'une ordonnance royale ayant pour objet l'exécution d'une loi préexistante donnent lieu, dans leur rapport avec cette loi, à des difficultés d'interprétation, il est du devoir du juge de recourir à la loi (Req. 23 mai 1842) (3). — On a objecté toutefois contre

---

suite, dans celle de l'art. 30 de l'ordonnance du 9 déc. 1814 et de l'art. 44 de la loi du 28 avr. 1818, une distinction que le législateur n'y a pas mise, l'arrêt attaqué a faussement interprété et, par suite, violé les articles précités de l'ordonnance et de la loi ; — Casse.

Du 22 mars 1834.-C. C., ch. crim.-MM. Bastard, pr.-Fréteau, rap.

(1) (Min. pub. C. Thaler fils.) — Le tribunal; — Vu les art. 9, 11 et 13 L. 6e complément. an 7; — Attendu que, par la disposition dudit art. 13, les citoyens porteurs d'objets de consommation soumis aux droits d'octroi ne sont pas dispensés, à leur entrée dans la commune où ledit droit est établi, de l'obligation imposée par l'art. 9, et restent, en conséquence, assujettis aux peines portées en l'art. 11 en cas de contravention ; que la défense faite aux préposés de l'octroi d'arrêter les citoyens, de les questionner et de les visiter, soit sur leurs personnes, soit à raison de leurs malles et valises, ne peut s'appliquer au cas où les objets soumis au droit et introduits sans se conformer à la loi, sont en évidence ; que, dans l'espèce, la contravention commise par Thaler fils était manifeste, et que, d'ailleurs, les préposés ne se sont permis aucun des actes qui leur sont défendus par la loi ; que le fait d'introduction du baril de bière dont il s'agit, sans déclaration préalable, n'était pas même contesté, et que ce fait se trouvait régulièrement constaté, quoique le procès-verbal n'eût pas été dressé au moment même de l'arrivée dudit Thaler à la barrière, parce que ce particulier ayant été arrêté par la force armée, en vertu d'ordre du commandant de la place, par des motifs de sûreté publique, et ayant été conduit immédiatement à la mairie, où les préposés ont rédigé leur procès-verbal, Thaler était à leur égard toujours dans son état d'arrivée à la porte de la commune; d'où il suit qu'en renvoyant ledit Thaler de la demande formée contre lui par les préposés de l'octroi, sur le motif que, d'un côté, la contravention n'avait pas été constatée au moment même de l'introduction, et que, de l'autre, ce particulier n'avait pu, d'après les dispositions de l'art. 13 loi ci-dessus citée, être recherché pour raison des objets dont il était porteur, le tribunal de police du Havre a fait une fausse application des dispositions de cet article et commis une contravention aux art. 9 et 11 même loi ; — Casse.

Du 18 vend. an 10.-C. C., sect. crim.-M. Rataud, rap.

(2) (Contrib. ind. C. Lecomte.) — La cour (apr. dél. en ch. du cons.) — Vu l'art. 31 de l'ordonnance du roi du 9 déc. 1814 ; — Attendu que si, aux termes de l'art. 30 de l'ordonnance du roi du 9 déc. 1814, les personnes voyageant à pied, à cheval ou dans des voitures particulières suspendues, ne sont point soumises, lors de leur entrée, aux visites des employés de l'octroi, l'art. 31 précité a disposé qu'en cas de *soupçon de fraude*, ces personnes pourront être conduites devant un officier de police qui pourra autoriser la visite, s'il y a lieu ; — Que le but de cet article est, comme il l'exprime formellement, d'*empêcher les fraudes* qui pourraient se pratiquer à la faveur de l'art. 30, et qu'en effet toute fraude deviendrait facile, si l'art. 31 n'était pas exécuté d'après son véritable sens ; — Que, puisqu'il dispose que tout individu soupçonné *pourra être conduit* devant un officier de police, il exige que, dans le trajet de la barrière au domicile de l'officier public, il y ait concomitance de l'employé au voyageur, de façon que celui-ci puisse être surveillé par l'employé ; — Que le voyageur qui se soustrait à cette surveillance, ou la rend par son fait trop difficile pour qu'elle puisse s'exercer utilement, se met nécessairement en contravention à l'art. 31 précité ;

Attendu qu'il résulte d'un procès-verbal régulier et qui fait foi jusqu'à inscription de faux, que Séraphin Lecomte, qui voyageait dans une voiture particulière suspendue, avait été, lors de son entrée dans la ville d'Evreux, sommé d'accompagner un employé de l'octroi chez un commissaire de police; que, sur sa promesse de ne marcher qu'au pas, l'employé avait lâché la bride de son cheval; que cependant ledit Lecomte a immédiatement violé cette promesse, en mettant son cheval au trot, de manière qu'il laissa l'employé loin derrière lui, et que tous les efforts de celui-ci ne lui permirent pas de le suivre ; — Qu'il importe peu que Séraphin Lecomte se soit en effet rendu chez un commissaire de police, qui s'est trouvé absent, puisqu'il s'y est présenté seul; que l'employé n'a pu s'y rendre qu'après lui et après l'avoir perdu de vue; — Qu'en refusant de voir dans ces faits une contravention à l'art. 31 de l'ordonnance du roi du 9 déc. 1814, l'arrêt attaqué a violé cette loi ; — Par ces motifs, casse l'arrêt de la cour royale de Rouen, chambre des appels de police correctionnelle, du 7 septembre dernier.

Du 19 juill. 1828.-C. C., ch. crim.-MM. Bailly, pr.-Mangin, rap.

(3) *Espèce:* — (De Montalet C. Ginoullet et Talon.) — Le règlement de l'octroi d'Alais, approuvé par ordonnance royale du 24 nov. 1840, après avoir soumis, par son art. 33, aux visites des préposés de l'octroi, les voitures particulières suspendues ou non suspendues, ajoute, art. 34 : « Les préposés de l'octroi seront tenus de faire à domicile les visites autorisées par l'article précédent, lorsque ces voitures séjourneront quatre heures au moins dans la ville. Quant à la visite de celles restant moins de quatre heures, elle sera facultative, en ce sens que les employés pourront, à leur gré, se transporter au domicile ou opérer leur visite à la barrière. » — Par l'art. 85, ce règlement se réfère à la loi du 24 mai 1834 pour tous les cas qu'il ne prévoit pas. — M. de Bérard revenait de la campagne en voiture. Arrivé devant le bureau de l'octroi, il représenta aux préposés qui se disposaient à visiter sa voiture sur place, qu'il rentrait dans son domicile où il allait demeurer plus de quatre heures, et qu'ainsi, aux termes du règlement de l'octroi, la visite devait s'opérer chez lui. — Les employés n'ayant eu aucun égard à cette réclamation, Montalet les a cités devant le juge de paix, ainsi que de Villard, fermier de l'octroi, comme civilement responsable, pour se voir condamner à 50 fr. de dommages-intérêts pour infraction au règlement. — Jugement du juge de paix qui rejette cette demande.

cette décision que le règlement de l'octroi dont l'autorité avait été méconnue par les employés, ne renfermant point la dispense d'exécuter la visite prescrite par la loi de 1834, mais se bornant à indiquer le mode suivant lequel la visite serait opérée, n'avait rien d'inconstitutionnel et devait dès lors être exécuté. Mais on peut répondre, ce semble, que le mode de la visite se trouve réglé par les lois de 1832 et 1834, portant que les visites seront faites *aux entrées*, et qu'ainsi ce mode ne saurait être constitutionnellement changé par une ordonnance.

215. Lors de la discussion de la loi du 29 mars 1832, on a demandé si les voitures du roi et celles de la famille royale seraient sujettes à la visite. — Une ordonnance du 15 fév. 1775 soumettait à cette visite tous les équipages, même ceux de la reine, des princes et princesses du sang, et enjoignait aux commis de dresser des rapports contre les seigneurs de la cour et autres personnes, sans exception, qui refuseraient de souffrir la visite de leurs équipages. Mais cette ordonnance est sans force aujourd'hui ; elle a été nécessairement abrogée avec toute l'ancienne législation relative aux octrois. Aujourd'hui, la loi est muette, ainsi que le faisait observer le ministre du commerce. D'ailleurs, ajoutait-il, la visite étant facultative, et ne devant avoir lieu qu'au cas de soupçon de fraude, il n'était pas vraisemblable que les employés se permissent d'arrêter la voiture du roi ou des princes de la famille royale.

216. A Paris, quelques entreprises de messageries ont obtenu de l'administration de l'octroi que leurs voitures ne fussent pas soumises à la visite aux barrières. Tantôt ces voitures sont accompagnées par des employés de l'octroi jusqu'au bureau d'exploitation où a lieu la visite, tantôt un service spécial est attaché au siége même de l'établissement. Les frais occasionnés par ces concessions sont à la charge des entreprises. — L'établissement des chemins de fer a obligé la ville de Paris d'établir aussi de nouveaux bureaux dans l'enceinte de ces nouvelles voies ; mais elle a prétendu que ce nouveau service devait, à l'instar de celui des messageries, être payé par les compagnies. — Cette prétention a été repoussée. — Il a été jugé que les compagnies concessionnaires des chemins de fer ne sont pas tenues de supporter les frais extraordinaires de perception d'octroi auxquels donne lieu l'entrée des chemins de fer dans les villes, lorsqu'elles n'y ont été soumises ni par une disposition de loi ni par une clause des charges de la concession (cons. d'Et. 17 juill. 1843) (1). — V. Voirie par chemin de fer, n° 533.

217. Suivant l'art. 35 de l'ord. de 1814, « les courriers ne pourront être arrêtés à leur passage, sous prétexte de la perception, mais ils seront obligés d'acquitter les droits sur les objets soumis à l'octroi qu'ils introduiront dans un lieu sujet; à cet effet, des préposés de l'octroi sont autorisés à assister au déchargement des malles. » — Aussi a-t-il été jugé, par application de cet article, que les courriers des malles-postes ne sont pas tenus de s'arrêter aux bureaux d'octroi pour y déclarer les objets soumis à l'octroi dont ils sont porteurs, sauf aux préposés à accompagner les malles au lieu du débarquement pour percevoir les droits qui peuvent être dus (Crim. rej. 2 janv. 1841) (2). — Tout courrier, tout employé des postes, ou de toute autre administra-

Pourvoi pour excès de pouvoir, violation de l'ordonnance du 24 nov. 1840, approbative du règlement de l'octroi d'Alais, ainsi que des lois du 24 août 1790 et du 16 fruct. an 3 sur la séparation des pouvoirs administratif et judiciaire; fausse application des lois du 8 déc. 1814 (tit. 8), du 28 avr. 1816 (tit. 2, art. 154 et 156), de celles des 29 mars 1832 et 24 mai 1834, ainsi que des instructions ministérielles des 29 août et 16 sept. 1834, en ce que le jugement attaqué a refusé d'appliquer une ordonnance rendue dans les limites des attributions constitutionnelles du roi. — Arrêt.

La cour ; — Attendu que toutes les fois que les dispositions d'une ordonnance ayant pour objet l'exécution d'une loi préexistante peuvent, dans leur rapprochement avec cette loi, donner lieu à quelques difficultés d'interprétation, il est du devoir des juges de recourir à la loi ; que, dans l'espèce, le juge de paix d'Alais, loin de méconnaître l'autorité du règlement d'octroi particulier à la ville d'Alais et approuvé par une ordonnance royale, s'est efforcé, au contraire, d'en concilier les dispositions avec celles de la loi dont cette ordonnance avait pour but de régler l'exécution ; — Attendu, d'une autre part, que les défendeurs éventuels ne pouvaient être passibles de dommages-intérêts, qu'autant que le fait prétendu dommageable qui leur était imputé eût été le résultat d'une faute quelconque, et qu'on ne saurait voir aucune faute dans l'accomplissement d'un acte conforme aux prescriptions de la loi et aux instructions qui leur étaient adressées en leur qualité de préposés à l'octroi ; — Rejette.

Du 23 mai 1842.-C. C., ch. req.-MM. Zangiacomi, pr.-Mesnard, rap.-Pascalis, av. gén., c. conf.-Béchard, av.

(1) (Chem. de fer de Saint-Germain C. ville de Paris.) — Louis-Philippe, etc.; — Vu la loi du 8 déc. 1814, l'ordonnance du 9 déc. 1814, l'ordonnance du 23 déc même année, la loi du 28 avr. 1816, l'ordonnance du 22 juill. 1831, la loi du 9 juill. 1835, et le cahier des charges y annexé ; — Considérant qu'aux termes de l'art. 2 du cahier des charges annexé à la loi du 9 juillet 1835, le point de départ ou d'arrivée du chemin de fer de Paris à Saint-Germain doit être pris dans l'intérieur de Paris, dans la rue Saint-Lazare ; qu'il résulte de l'instruction que c'est nécessairement à ce point qu'a dû être établi le service organisé par la ville de Paris pour assurer la perception des produits de l'octroi ; qu'aucune disposition de la loi du 9 juill. 1835, ni du cahier des charges y annexé, n'impose à la compagnie concessionnaire du chemin l'obligation de supporter les frais dudit service ; — Qu'ainsi c'est à tort que, par son arrêté attaqué en date du 16 janv. 1841, le conseil de préfecture de la Seine a mis lesdits frais à la charge de la compagnie ;— Art. 1. L'arrêté du conseil de préfecture de la Seine, en date du 16 janv. 1841, est annulé.

Du 17 juill. 1843.-Ord. cons. d'Et.-M. Boulay (de la Meurthe), rap.

Nota. — Le même jour et par les mêmes magistrats, ordonnance identique entre la compagnie du chemin de fer d'Orléans et la ville de Paris.

(2) (Rochetin C. Castel.) — La cour ; — Attendu que, suivant les art. 4 et 5 du règlement de l'octroi municipal d'Avignon, « tout porteur ou conducteur d'objets assujettis aux droits d'octroi est tenu, avant de les introduire, d'en faire la déclaration au bureau, de produire les congés, etc., et d'acquitter les droits; que toute déclaration doit indiquer la nature, la quantité, le poids et le nombre des objets introduits ; — Qu'après la déclaration, les préposés pourront faire toutes recherches... pour en constater l'exactitude...; qu'enfin tout objet... qui, nonobstant l'interpellation faite par les préposés, est introduit sans avoir été déclaré, ou sur une déclaration fausse, est saisi ; » — Mais attendu que, suivant l'art. 35 du même règlement, les courriers ne peuvent être arrêtés à leur passage sous prétexte de la perception ; qu'ils sont néanmoins tenus d'acquitter les droits... ; qu'à cet effet, les préposés sont autorisés à assister au déchargement des malles ; » — Que cette dernière disposition n'a fait que reproduire l'exception introduite en faveur des courriers de malle, par les art. 33 de l'ordonnance royale du 9 déc. 1814, portant règlement sur les octrois, et 45 de la loi du 28 avr. 1816, relative aux droits sur les boissons, lequel peut d'autant mieux servir à expliquer l'étendue de ladite exception, que l'art. 150 de la même loi veut qu'il y ait accord entre les règlements d'octroi et les règlements relatifs aux différents droits imposés au profit du trésor ; — Attendu que ces art. 33 et 45 prononcent la destitution contre tout courrier convaincu d'avoir fait ou favorisé la fraude, et que l'art. 45 autorise les employés à accompagner les malles au lieu du déchargement ; — Attendu que cette exception, modifiée par les précautions propres à garantir la perception des droits, à prévenir les fraudes, a pour but d'assurer l'exécution de l'art. 10 de la loi de juill. 1793, relative à l'organisation des postes, d'après lequel la marche des malles-postes ne doit être interrompue ni jour ni nuit, que le temps nécessaire pour les besoins du service ;

Mais que ce but serait manqué si, comme le prétend le demandeur, les courriers qu'il convient ne pouvoir pas être arrêtés sous prétexte de la perception des droits, devaient s'arrêter eux-mêmes spontanément aux divers bureaux, pour déclarer les objets soumis aux droits, sauf à ne les acquitter qu'au lieu du déchargement ; — Que, s'il fallait ainsi diviser les obligations des courriers porteurs d'objets soumis aux droits d'octroi, si les courriers de la malle restaient soumis comme tous autres aux formalités de la déclaration préalable, ils seraient donc tenus de toutes les conditions, de tous les détails inhérents à cette déclaration préalable, même pour les objets qui ne seraient pas destinés à la consommation dans le lieu que lesdits courriers traverseraient, ce qui entraînerait des longueurs, des retards préjudiciables au service des dépêches, et inconciliables avec les règles spéciales relatives au transport de ces dépêches ; — Que l'argument tiré de l'art. 34 dudit règlement, qui ne veut pas que les « individus voyageant à pied ou à cheval puissent être arrêtés, questionnés ou visités sur leur personne ni à raison de leurs effets, » ne sauraient affaiblir l'interprétation déjà faite de l'art. 35 ; que l'emploi du même mot *arrêtés* dans les deux articles, n'établit aucune analogie entre les deux cas régis par ces mêmes art. 34 et 35 ; que la protection accordée à l'individu soustrait à de semblables recherches ne saurait l'empêcher, s'il est porteur d'objets soumis aux droits d'octroi, de s'arrêter pour les déclarer et en acquitter les droits, ce qui n'a rien de préjudiciable à ses véritables intérêts, tandis que le courrier de la malle, objet d'une exception introduite, non en sa faveur, mais dans l'intérêt du service, ne saurait s'arrêter sans préjudice pour ce même service ; — Qu'ainsi, en renvoyant le courrier de la malle de Lyon à Avignon des poursuites dirigées contre lui par le fermier de l'octroi d'Avignon, sous

tion, qui serait convaincu d'avoir fait ou favorisé la fraude, outre les peines résultant de la contravention, sera destitué par l'autorité compétente (même art. 33 de l'ord. de 1814). — V. aussi l'art. 45 de la loi du 28 avr. 1816, v° Impôts ind., n° 149.

218. Il est défendu aux employés, sous peine de destitution et de tous dommages et intérêts, de faire usage de la sonde dans la visite des caisses, malles et ballots annoncés contenir des effets susceptibles d'être endommagés; dans ce cas, comme dans tous ceux où le contenu des caisses ou ballots sera inconnu, ou ne pourrait être vérifié immédiatement, la vérification en sera faite, soit à son domicile, soit dans les emplacements à ce destinés (ord. de 1814, art. 35). — Malgré les prescriptions formelles de cet article, l'usage de la sonde par les préposés des octrois était tellement répandu que des plaintes nombreuses de tous les points de la France étaient parvenues au ministre des finances, qui, par une circulaire du 4 août 1829, a invité les préfets, d'une manière très-expresse, à exiger des préposés de l'octroi l'observation exacte de l'ordonnance (1).

219. Un bureau central de vérification avait été établi à Paris par l'ord. des 28 déc. 1825-1er janv. 1826. Les conducteurs de marchandises pouvaient se dispenser de la visite à la barrière en se faisant accompagner jusqu'au bureau de vérification, où les marchandises étaient soumises à la visite à couvert, ou conservées en dépôt, si elles étaient destinées à être réexpédiées hors Paris. — Mais ce bureau a été supprimé par ordonnance des 29 juin-17 juill. 1837, et a été remplacé par un entrepôt d'octroi et une halle de déchargement (ord. 21 juill. 1838, V. p. 18).

220. L'art. 237, § 2, de la loi du 28 avr. 1816, portant que les marchandises transportées en fraude qui, au moment d'être saisies, seraient introduites dans une habitation, pour les soustraire aux employés, peuvent y être suivies par eux, sans qu'ils soient tenus, dans ce cas, de requérir l'intervention d'un magistrat, est commun aux fraudes qui se pratiquent contre les octrois et à celles qui attaquent les droits établis sur les boissons : on ne saurait supposer que le législateur a voulu se montrer plus indulgent pour les premières; cela résulte d'ailleurs de l'ensemble de la loi de 1816, dont l'art. 237, placé sous la rubrique : *dispositions générales*, se réfère à tout ce qui précède, aux octrois comme aux boissons (Crim. cass. 5 sept. 1834 (2); 7 mars 1836, aff. Caillaux, D. P. 36. 1. 226), ...Et cette faculté ne cesse point, par cela seul que les employés auraient pu constater la fraude sur la voie publique : elle subsiste tant que la fraude est matériellement flagrante (même arrêt du 7 mars 1836. — *Contrà*, Colmar, 20 juin 1834, aff. octroi de Ribeauvillé, D. P. 35. 2. 253). — Du reste, ils ont aussi le droit de se transporter dans les maisons où ils ont vu entrer ces objets, pour les rechercher en se faisant accompagner d'un officier de police (inst. min. fin. 25 sept. 1809). — V. Impôts ind., n° 417.

221. L'art. 17 de la loi de 1816 enjoint aux conducteurs de boissons d'exhiber à toute réquisition des employés de la régie les expéditions dont ils sont porteurs. L'ord. de 1814 ne contient pas de disposition analogue à l'égard des objets circulant dans les limites de l'octroi; mais cette lacune est comblée par les règlements spéciaux qui exigent, en un tel cas, la représentation d'un laissez-passer. En effet, la fraude eût été rendue trop facile si la simple introduction eût suffi pour affranchir de toute justification du payement des droits. Au surplus, les lois des 29 mars 1832 et 24 mai 1834, en déclarant commune aux matières d'octroi la disposition de l'art. 46 de la loi de 1816 (V. nos 391 et s.), atteindraient de telles contraventions même dans le silence du règlement local (V. Crim. cass. 22 mai 1833, aff. octroi de Salins, n° 223-1°).—C'est ainsi qu'il a été jugé : 1° que des boissons sujettes au droit d'octroi, et trouvées en circulation dans l'intérieur de la ville, sans que le porteur soit muni d'un laissez-passer, sont présumées frauduleusement introduites, et donnent lieu contre celui-ci à l'application d'une amende, lorsque, d'après le règlement de l'octroi, l'unique preuve de l'acquit des droits consiste dans la production du laissez-passer (Crim. cass. 20 août 1846, aff. octroi de Bordeaux, D. P. 46. 1. 350); — 2° Que le brasseur qui a introduit dans ses magasins en ville,

prétexte qu'à son entrée en ville, ledit courrier n'avait pas déclaré les comestibles dont il était porteur, le tribunal de Carpentras n'a ni faussement interprété l'art. 35 ni violé les art. 4 et 5 du règlement dont il s'agit; — Par ces motifs; — Rejette.

Du 2 janv. 1841.-C. C., ch. crim.-MM. Bastard, pr.-Romiguières, r.

(1) Voici cette circulaire : — Monsieur le préfet, aux termes des art. 54 et 56 du décret du 17 mai 1809, il est défendu aux employés des octrois, sous peine de destitution et de dommages-intérêts, de faire usage de la sonde dans la visite des malles, caisses et ballots annoncés contenir des étoffes, linges et objets susceptibles d'être endommagés, et, dans ce cas, comme dans tous ceux où le contenu des caisses et ballots est inconnu et ne peut être vérifié immédiatement, la vérification doit être faite soit à domicile, soit dans les emplacements à ce destinés. — Ces dispositions, textuellement reproduites et confirmées par l'art. 35 de l'ordonnance royale du 9 déc. 1814, sont encore rappelées dans le règlement spécial de l'octroi de chaque commune. — Cependant je reçois de divers points du royaume les plaintes les plus vives contre l'habitude où sont les préposés aux perceptions des villes de percer les malles, caisses ou ballots avec des sondes de fer qui endommagent et quelquefois détruisent les objets, ou qui, tout au moins, en brisant ou déchirant les caisses ou enveloppes, ne laissent aucune sûreté pour les marchandises transportées. — Cette manière d'opérer, qui excite surtout les réclamations du commerce, est non-seulement interdite par les règlements, mais elle n'est pas commandée par l'intérêt du service; car, indépendamment de la faculté qu'ils ont de vérifier à domicile ou dans les emplacements spécialement affectés à cette destination, il existe, pour les agents de la perception, un premier moyen de contrôler les déclarations, lequel consiste à se faire représenter les lettres de voitures et autres documents qui énoncent la nature, la quantité et la destination des objets soumis à cette vérification. La conformité reconnue de ces actes entre eux est une présomption de l'exactitude des déclarations, qui, sans jamais ôter aux préposés des octrois la faculté de vérifier matériellement les objets transportés, peut cependant rendre moins nécessaire une vérification approfondie, lors surtout qu'aucun indice de fraude ne les a avertis qu'ils doivent user rigoureusement de ce droit.

(2) (Octroi de Colmar C. Bauer et Foltz.) — La cour; — Vu les art. 237 de la loi du 28 avr. 1816, 15 de la loi du 27 frim. an 8 et 65 c. pén.; — Attendu que, si le domicile du citoyen doit être, en général, considéré comme un asile inviolable, la loi a cependant prévu des cas où les agents de l'autorité publique peuvent s'y introduire, et déterminé, lorsqu'elle les a jugées nécessaires, les formes dont cette introduction doit être accompagnée; qu'ainsi l'art. 237 de la loi du 28 avr. 1816 dispose que, en cas de soupçon de fraude à l'égard des particuliers non sujets à l'exercice, les employés pourront faire des visites dans l'intérieur de leurs habitations, en se faisant assister du juge de paix, du maire, de l'adjoint ou du commissaire de police, lesquels seront tenus de déférer à la réquisition qui leur en sera faite, et qui sera transcrite en tête du procès-verbal; que ces visites ne pourront avoir lieu que d'après l'ordre d'un employé supérieur, du grade de contrôleur au moins, qui rendra compte des motifs au directeur du département; mais qu'à ces dispositions empruntées de la loi du 8 déc. 1814, art. 134, celle du 28 avr. 1816 a ajouté un second paragraphe qui est ainsi conçu : « Les marchandises transportées en fraude qui, au moment d'être saisies, seraient introduites dans une habitation, pour les soustraire aux employés, pourront y être suivies par eux, sans qu'ils soient tenus, dans ce cas, d'observer les formalités ci-dessus prescrites; » — Attendu que cet article est commun aux fraudes qui se pratiquent contre les octrois et à celles qui attaquent les droits établis sur les boissons; qu'il est impossible de supposer que le législateur aurait voulu se montrer plus indulgent pour les premières, et qu'il n'aurait pas entendu armer contre elles l'autorité publique des mêmes moyens de recherche et de répression; — Que cela résulte, d'ailleurs, de l'ensemble et de toute l'économie de la loi du 28 avr. 1816; — Que l'art. 237 qui se trouve au tit. 7, sous la rubrique des dispositions générales, se réfère à tout ce qui précède, aux octrois comme aux boissons, et qu'il s'applique à toutes les espèces de fraudes; — Attendu, en fait, que deux procès-verbaux des préposés de la ville de Colmar, des 18 et 21 avr. 1834, dûment affirmés, constatent l'introduction, avec toutes les circonstances caractéristiques de la fraude, dans la maison de la veuve Foltz, aubergiste à Colmar, d'objets soumis au tarif de l'octroi; — Qu'il résulte également de ces procès-verbaux qu'à ce moment, les préposés s'étant mis en devoir d'opérer la saisie des objets introduits, ils en ont été empêchés par la veuve Foltz, qui leur a fermé les portes de sa maison; — Que le tribunal correctionnel de Colmar, en légitimant cette résistance et en la déclarant excusable, par le motif que les préposés de l'octroi ne pouvaient s'introduire dans le domicile de la veuve Foltz sans être assistés d'un officier de police, a fait une fausse application de l'art. 237 de la loi du 28 avr. 1816, violé l'art. 15 de la loi du 27 frim. an 8 et l'art. 65 c. pén; — Qu'à son tour, la cour royale de Colmar, chambre correctionnelle, en confirmant cette décision, dont elle a adopté les motifs, s'en est approprié les vices, et qu'elle a commis les mêmes infractions; — Casse, etc.

Du 5 sept. 1834.-C. C., ch. crim.-MM. Bastard, pr.-Bresson, rap.

après avoir payé les droits d'octroi, des bières fabriquées hors de cette ville dans le rayon de l'octroi, reste tenu, jusqu'à la livraison au consommateur, de justifier de l'acquit de ces droits : il prétendrait vainement qu'une fois les bières entrées dans ses magasins, il est, comme le simple consommateur, affranchi de toute vérification; par suite, le brasseur est passible d'amende, si les bières qu'il fait circuler dans la ville ne sont pas accompagnées de quittances concordantes, ou s'il se refuse aux vérifications des préposés (Crim. rej. 6 mai 1848, aff. Greiner, D. P. 48. 1. 251). — On a objecté, contre cette dernière décision, qu'une fois le chargement introduit dans les magasins du brasseur et divisé ensuite suivant les besoins de sa clientèle, il n'y a plus moyen d'exiger que les chargements partiels qu'il fait circuler dans la ville soient accompagnés de quittances conformes, puisqu'il n'en a été délivré qu'une seule pour le chargement unique qu'il y avait introduit. — Mais il existe là une difficulté de fait, plutôt que de droit, laquelle ne peut arrêter l'administration dans sa surveillance qui n'a de limite que la livraison au consommateur : là seulement s'arrête son droit de vérification.

222. Par suite du même principe, les débitants d'objets taxés sont assujettis aux visites et exercices des préposés de l'octroi, et ils doivent, à toute réquisition des employés, représenter les quittances qui ont dû leur être délivrées. — Il a été jugé en ce sens : 1° que les préposés de l'octroi ont le droit de s'introduire dans les bâtiments d'une boucherie publique, pour s'assurer si des objets soumis au droit d'octroi ont été déclarés à l'entrée de la commune et si les droits ont été payés; ceux qui s'opposent à cette vérification se rendent passibles des peines prononcées par l'art. 15 de la loi du 27 frim. an 8 (Crim. rej. 16 vent. an 10) (1); — 2° Que le boucher qui étale de la viande sans pouvoir justifier du payement des droits d'octroi ne peut être déchargé de l'action (Crim. cass. 28 vend. an 10) (2); — 3° Que lorsqu'un règlement d'octroi enjoint aux bouchers et charcutiers de représenter aux employés, lors de leurs exercices, les quittances du droit payé pour le bétail ou la viande qu'ils auront introduit, il y a contravention à ce règlement, si les quittances dont il s'agit ne sont pas représentées *au moment même de la visite* (Crim. cass. 23 nov. 1821, MM. Barris, pr., Ollivier, rap., aff. contrib. ind. *C.* Gourdiat; 10 oct. 1822, MM. Barris, pr., Ollivier, rap., aff. octroi d'Evreux *C.* Leclerc; et sur nouveau pourvoi, Ch. réun. cass. 31 janv. 1829) (3), ...contravention qui ne saurait être couverte par la représentation de la quittance faite postérieurement et durant les poursuites : on ne saurait, en effet, laisser aux bouchers ou charcutiers la liberté de ne pas produire, à chaque exercice, les quittances des droits dus pour les viandes introduites depuis l'exercice précédent, sans leur donner la facilité de faire servir la même quittance pour plusieurs têtes de bétail (même arrêt du 31 janv. 1829), ...et que si la représentation tardive des quittances peut faire naître des présomptions de bonne foi, c'est à l'autorité administrative (et non aux tribunaux) de les apprécier par forme de transaction, après les condamnations prononcées (même arrêt); — 4° Qu'il y a présomption légale que des bestiaux qui ne portent point la marque de l'octroi prescrite par les règlements, et dont le possesseur ne représente pas la quittance des droits auxquels leur entrée est assujettie, ont été introduits frauduleusement; et le contrevenant ne peut être renvoyé des poursuites, sous prétexte que la marque a pu être apposée sur ces bestiaux et s'être ensuite effacée (Crim. cass. 26 mai 1827) (4).

223. Pareillement, il a été jugé 1° que ceux qui ne peuvent

---

(1) (Murie et autres.) — Le tribunal; — Attendu, sur le premier moyen, que la loi en soumettant les porteurs et conducteurs des objets soumis aux droits d'octroi, à en faire la déclaration et en acquitter les droits à l'entrée des communes, il en résulte nécessairement le droit de vérifier si cette déclaration a été faite et si les droits ont été acquittés; — Attendu sur le deuxième moyen, que les réclamants en s'opposant à ce que les préposés de l'octroi pussent s'introduire dans le bâtiment servant de boucherie publique à Vire, pour faire cette vérification, se sont opposés à l'exercice des fonctions de ces préposés et ont encouru la peine portée par l'art. 15 de la loi du 27 frim. an 8; — Attendu, sur le troisième moyen, que cette opposition étant prohibée et punie par la loi, les juges n'ont point commis d'excès de pouvoir en la qualifiant de délit; — Attendu, sur le quatrième moyen, que le procès-verbal étant régulier il ne suffit pas d'alléguer que les faits en sont faux, mais qu'il faut en administrer la preuve; — Rejette.

Du 16 vent. an 10.-C. C., sect. cr.-MM. Viellart, pr.-Sièyes, rap.

(2) (Min. publ. *C.* Hamel.) — Le tribunal; — Vu l'art. 456 c. dél. et pén., 1re disp.; — Attendu que, d'après les art. 1 et 4 du règlement pour la perception de l'octroi établi dans la commune d'Orbec, département du Calvados, tout individu est obligé de passer déclaration au bureau des objets compris dans le tarif annexé audit règlement; que la viande à la main, portée dans les places publiques ou dans les halles, est sujette à la déclaration et au droit, d'après le même tarif; que, dans le fait particulier, Jean Hamel fils, boucher, se trouvait en contravention auxdits règlement et tarif, en posant sur son étal quatre livres de viande qu'il disait tenir du nommé Montargin, tandis que ce dernier l'a méconnu, en ce que cette viande à la main était entrée dans l'enceinte de la commune d'Orbec sans déclaration, Hamel n'ayant pu justifier que le droit eût été payé; qu'alors le tribunal de police devait le condamner à la peine portée en l'art. 8 dudit règlement; qu'en ne le faisant pas et en le déchargeant au contraire de l'action, il est contrevenu à la 1re disp., art. 456 c. dél. et pén.; — Par ces motifs, casse et annule.

Du 28 vend. an 10.-C. C., sect. cr.-MM. Seignette, pr.-Dutocq, rap.

(3) (Octroi d'Evreux *C.* Leclerc.) — La cour (apr. dél. en ch. du cons.); — Vu les art. 19 et 35 du règlement de l'octroi d'Evreux, approuvé par l'ordonnance royale du 17 nov. 1819; — Attendu que l'art. 19 précité impose aux bouchers et charcutiers l'obligation de représenter aux employés, lors de leurs exercices, les quittances du droit par eux payé pour le bétail ou la viande qu'ils introduiraient; — Que l'art. 35 punit de la saisie du bétail, et d'une amende égale à sa valeur, les contraventions aux diverses dispositions du règlement; — Que la disposition de l'art. 19 est générale et absolue; qu'elle est une suite nécessaire du droit accordé aux employés de faire des exercices chez les bouchers et charcutiers, puisque, sans la nécessité de représenter les quittances du droit, l'exercice serait illusoire; — Que l'objet de cette disposition est de prévenir les fraudes que pourraient commettre les bouchers et charcutiers, qui la liberté de ne pas représenter, à chaque exercice, les quittances des droits dus pour le bétail ou les viandes introduits depuis l'exercice précédent, donnerait la facilité de faire servir la même quittance pour plusieurs têtes de bétail; — Que, dès lors, le défaut de représentation de la quittance du droit, au moment de l'exercice, constitue, de la part des bouchers et charcutiers, une contravention formelle à l'art. 19 ci-dessus, et les rend passibles de l'amende portée en l'art. 35; — Que cette contravention ne saurait être couverte par la représentation de la quittance faite postérieurement, et durant les poursuites; — Que si cette représentation tardive pouvait faire naître des présomptions de bonne foi, c'était aux maires, et non aux tribunaux, que l'art. 83 de l'ordonnance du 9 déc. 1814 conférait le droit de les apprécier par forme de transaction, après les condamnations prononcées; — Mais que, dans tous les cas, le défaut de représentation de la quittance, au moment de l'exercice, entraînait nécessairement la condamnation à l'amende;

Et attendu que, dans l'espèce, il est constaté par un procès-verbal régulier, et non attaqué, que le 17 fév. 1822 il fut trouvé chez Leclerc, charcutier à Evreux, un porc dépecé; que Leclerc, sommé de représenter la quittance, répondit qu'il ne l'avait pas, qu'il l'avait laissée à son vendeur, et que le droit avait été payé au bureau de la route d'Evreux à Rouen; que, dès lors, il était en contravention à l'art. 19 du règlement de l'octroi, et avait encouru la condamnation à l'amende portée par l'art. 35;

Que, néanmoins, l'arrêt de la cour royale de Caen du 19 fév. 1824, a confirmé le jugement du tribunal correctionnel d'Evreux qui avait renvoyé Leclerc des poursuites, parce qu'il avait produit, durant l'instance, la quittance du droit; — En quoi cet arrêt a violé la disposition de l'art. 19 du règlement de l'octroi d'Evreux, approuvé par l'ordonnance royale du 17 nov. 1819. — Par ces motifs, casse... l'arrêt de la cour royale de Caen précité... Renvoie les parties et les pièces de la procédure devant la cour royale d'Amiens... Ordonne que, sur la disposition de l'art. 19 précité, il en sera référé au roi, pour être ultérieurement procédé, par ses ordres, à l'interprétation de la loi.

Du 31 janv. 1829.-C. C., ch. réun.-MM. Brisson, pr.-Ollivier, rap.

(4) (Contrib. ind. *C.* Burnel.) — La cour; — Vu les art. 28 de l'ordonnance du 9 déc. 1814, 5, 6, 7, 14 du règlement pour l'octroi de la ville de Cognac, approuvé par ordonnance du roi du 17 nov. 1819; — Attendu qu'il résulte d'un procès-verbal régulier, dressé par les employés de l'octroi, qu'en procédant, conformément à l'art. 14 du règlement précité, au recensement des bestiaux de Pierre-François Fournier-Brunel, ces employés ont trouvé six moutons qui n'étaient revêtus d'aucune marque de l'octroi; que, lui ayant demandé la représentation de la quittance des droits auxquels l'entrée de ces moutons était assujettie, Burnel n'a pu en représenter; qu'ainsi, il ne produisait ni l'une ni l'autre des deux preuves de libération qui étaient à sa charge; que, dès lors, il s'élevait contre lui une présomption légale, que les moutons dont il s'agit avaient été introduits en fraude; — Attendu qu'en renvoyant le prévenu des poursuites dirigées contre lui, sous prétexte que la marque avait pu être établie sur les moutons, et s'être effacée, le jugement attaqué a formellement violé les articles précités du règlement

justifier du payement des droits d'octroi pour les objets saisis à l'intérieur, sont présumés les avoir introduits en fraude, et par suite sont passibles des peines prononcées par l'art. 46 de la loi du 28 avr. 1816, dont la disposition a été déclarée applicable aux octrois par la loi du 24 mai 1834, art. 9 (Crim. cass. 22 mai 1835) (1);— 2° Que le défaut par le propriétaire de bestiaux de justifier immédiatement, lors du recensement fait par les employés, de la quittance des droits, suffit pour le mettre en contravention, malgré la représentation tardive de cette quittance (Crim. cass. 3 avr. 1840) (2); — 3° Que des bestiaux, quoique déjà sortis de l'étable, au moment où ils sont rencontrés par les employés qui viennent les recenser, doivent néanmoins être compris dans ce recensement; et par suite, ils doivent être saisis, à défaut de représentation de la quittance des droits dus pour leur introduction : on dirait en vain que leur saisie n'a pas dû légalement précéder le recensement, lequel ne pouvait avoir lieu que dans l'intérieur de la maison ou des étables du prévenu (même arrêt). — V. aussi Crim. cass. 16 janv. 1864, aff. octroi de Périgueux, *suprà*, n° 204.

224. Lorsqu'un règlement de l'octroi déclare les propriétaires responsables de la fraude chez eux commise, s'ils sont convaincus de l'avoir favorisé ou d'y avoir participé, il suffit, pour qu'il doive être fait application de ce règlement et des peines y portées, qu'au moment de la découverte de la fraude commise dans sa maison, par un tiers, le propriétaire présent tolérât cette fraude, quand même il viendrait à être prouvé que les objets frauduleusement introduits appartenaient à ce tiers, que le propriétaire s'était d'abord opposé à ce que ces objets fussent apportés et laissés chez lui, et qu'enfin il avait, à l'arrivée des employés, fait découvrir lui-même une partie desdits objets, la preuve de ces diverses circonstances ne détruit pas le fait constaté par le procès-verbal, que le propriétaire n'opposait aucune résistance à la fraude au moment où les commis sont entrés dans sa maison, et l'on ne saurait détruire, par des inductions tirées de faits antérieurs ou postérieurs, la force de ce procès-verbal (Crim. cass. 1er mars 1838) (3).

225. C'est ainsi encore qu'il a été jugé que le mot *détenteur* est pris dans un sens matériel et absolu, en sorte que celui-là

---

pour l'octroi, et de l'ordonnance du 9 déc. 1814; — Casse le jugement du tribunal d'Angoulême, du 19 déc. 1826.

Du 26 mai 1827.-C. C., ch. crim.-MM. Portalis, pr.-Mangin, rap.

(1) (Octroi de Salins C. Petot.) — La cour; — Vu les art. 11, L. 27 frim. an 8; 27 et 46, L. 28 avr. 1816; 8, L. 29 mars 1832; et 9, L. 24 mai 1834; — Attendu que si l'art. 11, L. 27 frim. an 8, qui établit la perception d'un droit sur les objets qui se consomment dans le rayon des octrois, punit les contraventions à cette disposition d'une amende égale à la valeur des objets saisis, l'art. 46, L. 28 avr. 1816, rendu applicable à tous les octrois du royaume par la loi du 24 mai 1834, prononce, outre la confiscation des objets saisis, une amende de 100 à 200 fr.; que cette peine est encourue par ceux qui, ne pouvant justifier du payement des droits sur les objets saisis à l'intérieur, sont présumés les avoir introduits en fraude; — Attendu que Petot, boucher, étant soumis aux exercices des employés de l'octroi, et ne pouvant produire les quittances du payement des droits sur les deux veaux trouvés abattus sans son domicile, était dès lors passible de la confiscation des veaux saisis, et de l'amende de 100 à 200 fr.; d'où il suit qu'en refusant de lui faire l'application de cette peine, le jugement attaqué a violé les art. 46, L. 28 avr. 1816, et 9, L. 24 mai 1834; — Casse, etc.

Du 22 mai 1835.-C. C., ch. crim.-MM. Choppin, pr.-Ricard, rap.

(2) (Min. pub. C. Madrières.) — La cour; — Vu les art. 16 et 17 du règlement de l'octroi municipal de Bordeaux, autorisé par une ordonnance royale du 9 juin 1819; les art. 8 et 9 des lois des 29 mars 1832 et 24 mai 1834, et l'article unique de celle du 23 avr. 1836; — Attendu qu'au moment où ils arrivaient chez Madrières pour recenser les bestiaux existants dans ses étables, les employés en virent sortir treize porcs gras qu'un individu conduisait vers l'intérieur de la ville; que, sur la demande qui lui en fut faite, Madrières déclara ne pouvoir pas représenter à l'instant la quittance des droits qui auraient dû être acquittés pour ces treize porcs gras, tout en alléguant que ces droits avaient été payés; qu'arrivés dans l'intérieur de la maison dudit Madrières, les employés interpellèrent la dame Madrières, qui répondit que les treize porcs gras venaient de sortir pour aller en ville, et qu'elle n'avait point de quittance relative à ces treize animaux; qu'il résultait de là une contravention à l'art. 17 dudit règlement, d'après lequel les propriétaires des bestiaux sont tenus de justifier de la quittance des droits aux employés, lors de leur recensement, ainsi qu'aux règles générales de la matière, notamment à la loi du 23 avr. 1836; qu'il importerait peu que plus tard la preuve du payement des droits eût été faite, puisque la contravention consiste à n'en avoir pas représenté la quittance sur-le-champ; que cependant l'arrêt attaqué s'est fondé sur le fait de cette preuve tardive pour relaxer Madrières; qu'il s'est fondé aussi et sur ce que Madrières n'était point entrepositaire de bestiaux, et sur ce que leur saisie avait précédé le recensement qui ne pouvait avoir lieu que dans l'intérieur de la maison ou des étables de Madrières, tandis que les treize porcs gras avaient été trouvés circulant dans l'intérieur de la ville; mais, qu'en premier lieu, la faculté de l'entrepôt n'est point accordée aux éleveurs de bestiaux; qu'en second lieu, s'il n'était point entrepositaire, Madrières était éleveur de bestiaux, ce qui résulte de tous les faits, de tous les aveux consignés au procès-verbal; qu'en troisième lieu, les bestiaux sortant de l'étable où les employés viennen les recenser, et au moment de leur arrivée, peuvent et doivent, sous peine d'intolérables abus, être compris dans ce recensement; — Attendu, dès lors, qu'au lieu d'annuler la saisie des treize porcs gras, l'arrêt attaqué aurait dû la déclarer valable; et qu'en ne le faisant pas, il a violé la disposition réglementaire précitée, ce qui laisse entière la question relative aux dommages-intérêts; — Casse.

Du 3 avr. 1840.-C. C., ch. cr.-MM. Crouseilhes, pr.-Romiguières, r.

(3) (Octroi de Bordeaux C. Arnaud.) — La cour; — Vu l'art. 8 de la loi du 27 frim. an 8, d'après lequel les procès-verbaux des employés de l'octroi font foi en justice jusqu'à l'inscription de faux; — Vu l'art. 104 du règlement de l'octroi de Bordeaux, portant : « Sont également responsables les propriétaires ou principaux locataires relativement à la fraude qui se commettrait dans leurs maisons, clos, jardins et autres lieux par eux personnellement occupés, s'ils sont convaincus de l'avoir favorisée ou d'y avoir participé; — Vu aussi les art. 46 de la loi du 28 avr. 1816, 8 de la loi du 29 mars 1832, et 9 de la loi du 24 mai 1834, d'après lesquels toute fraude en matière d'octroi doit être punie, indépendamment de la confiscation, d'une amende de 100 à 200 fr.; — Attendu que, par un procès-verbal dont la régularité n'est point contestée, les employés de l'octroi de Bordeaux ont constaté que, « dans le courant de la journée du 10 avr. 1837, ils avaient vu entrer un boucher dans la maison du nommé Arnaud, à deux fois différentes; — Que, soupçonnant quelque fraude, ils s'étaient approchés de cette maison, le même jour, vers cinq heures du soir, et auraient aperçu, à travers les vitres, un veau fraîchement écorché et pendu au plancher; qu'ayant requis l'assistance du commissaire de police, ils étaient entrés dans ladite maison et y avaient trouvé la femme Arnaud, puis un individu qui a dit se nommer Fleury, lequel venait d'écorcher un veau qui était suspendu au plancher et était à même d'en écorcher un deuxième; qu'ayant interpellé la femme Arnaud de leur exhiber la quittance justifiant le payement du droit d'octroi desdits veaux, elle avait répondu n'en point avoir, que ces veaux appartenaient à l'individu qui les écorchait; que la même interpellation ayant été adressée audit Fleury, il avait répondu également ne pas avoir de quittance, que c'était d'après l'ordre du sieur Arnaud qu'il avait introduit ces deux veaux en fraude par les derrières de la maison, et qu'il les avait égorgés; »

Attendu que ce procès-verbal constate clairement que deux veaux ont été introduits en fraude; que la fraude a eu lieu dans la maison d'Arnaud, et qu'elle a été favorisée par Arnaud, ou par sa femme qui le représente, en tolérant que les veaux fussent introduits, égorgés et écorchés dans leur habitation; — Qu'ainsi il y avait lieu non-seulement à la confiscation des veaux, mais aussi à la condamnation d'Arnaud à l'amende en vertu des lois et règlements précités; — Que, cependant, la cour royale de Bordeaux a, par l'arrêt attaqué, renvoyé Arnaud des poursuites dirigées contre lui, sur le motif que, s'il n'est pas démontré qu'Arnaud soit resté étranger à la fraude de Fleury, il ne l'est pas non plus qu'il s'y soit associé; qu'elle s'est fondée pour cela sur trois faits résultant de l'enquête à laquelle il a été procédé devant elle, savoir que les veaux avaient été achetés par Fleury; qu'avant l'arrivée des employés la femme Arnaud s'était plainte de l'introduction des veaux dans son domicile et avait ordonné à Fleury de se retirer et de les emporter; qu'enfin après l'arrivée des employés elle les avait elle-même conduits dans l'endroit de sa maison où se trouvait l'un des veaux qui ont été saisis; — Mais que ces faits ne détruisent pas ce qui résulte du procès-verbal, savoir qu'au moment où les employés ont aperçu la fraude et sont entrés dans la maison, il n'y avait aucune résistance, aucune opposition de la femme Arnaud; qu'en détruisant par des inductions tirées de faits antérieurs ou postérieurs, la force de ce procès-verbal, la cour de Bordeaux a violé l'art. 8 de la loi du 27 frim. an 8; — Qu'en se fondant sur la circonstance que les veaux ont été achetés par Fleury, sur une résistance qui avait cessé, et sur les déclarations faites par la femme Arnaud à la charge de Fleury, lorsque les employés sont survenus, pour affranchir Arnaud de la responsabilité qu'il avait encourue, cette cour a violé l'art. 104 du règlement de l'octroi de Bordeaux; — Et qu'en refusant de le condamner à l'amende, elle a violé, outre ledit article du règlement, les art. 46 de la loi du 28 avr. 1816, 8 de celle du 29 mars 1832, et 9 de celle du 24 mai 1834; — Par ces motifs, casse.

Du 1er mars 1838.-C. C., ch. crim.-MM. Bastard, pr.-Vincens, rap.

est puni comme auteur et complice de la fraude, chez qui ou sur qui ont été trouvés les objets prohibés, sans qu'on puisse exiger d'autre preuve de culpabilité (Crim. cass. 15 déc. 1818, aff. messag. royales, V. Douanes, n° 1003-4°).

226. Relativement aux exercices et aux refus d'exercices, V. Impôts dir., n°s 199 et suiv.; aux conditions suivant lesquelles les visites doivent être opérées par les préposés, aux heures où elles sont permises, aux rébellions et voies de fait commises contre les employés, V. Loi 27 frim. an 8, art. 15; ord. 9 déc. 1814, art. 65 et v° Impôts ind., n°s 416 et suiv.— V. aussi n°s 111, 368-2°, 387 et 399.

ART. 10. — *Passe-debout, transit et entrepôt.*

227. Les formalités du transit et du passe-debout ont cela de commun qu'elles s'appliquent l'une comme l'autre à des marchandises qui ne font que traverser le lieu sujet; mais elles diffèrent en ce que le transit ne s'accorde que pour des objets en cours de transport, et qui, après un court séjour, doivent reprendre leur route, tandis que le passe-debout se donne lorsque les marchandises doivent traverser le lieu sans séjourner. Le transit diffère encore de l'entrepôt, en ce que, dans ce dernier cas, les marchandises sont arrivées à leur destination actuelle avec *possibilité* d'une destination ultérieure (décis. 19 nov. 1817). — V. n° 233.

228. On s'est étendu longuement v° Douanes, n°s 534 et suiv., sur les règles générales qui président à la matière du transit. Ces règles, on le conçoit, ont une tout autre importance à l'égard des marchandises arrivant de l'étranger, et qui traversent le territoire de la France, que lorsqu'il s'agit d'objets, compris dans le tarif d'un octroi, ou assujettis aux impôts indirects, qui ne font que passer dans une ville. Néanmoins, et bien que sur une plus petite échelle, les principes exposés v° Douanes peuvent trouver ici leur application. Du reste, les décisions rendues sur ce point de la matière sont fort peu nombreuses. On a déjà retracé v° Impôts ind., n° 134, celles qui se réfèrent à la législation concernant les contributions indirectes : on se borne ici à rapporter quelques décisions spéciales aux matières d'octroi, rapprochées des textes qui y ont donné lieu.

229. *Passe-debout.* — Le passe-debout est le passage non interrompu par une commune en exemption de droits (décr. 17 mai 1809, art. 60). — Pour jouir de cette exemption, les propriétaires d'objets soumis aux droits doivent remplir les formalités prescrites par l'art. 37 de l'ord. de 1814. — « Le conducteur d'objets soumis à l'octroi, qui voudra traverser seulement un lieu sujet, ou y séjourner moins de vingt-quatre heures, porte cet article, sera tenu d'en faire la déclaration au bureau d'entrée, conformément à ce qui est prescrit par l'art. 28, et de se munir d'un permis de *passe-debout,* qui sera délivré sur le cautionnement ou la consignation des droits. La restitution des sommes consignées, ainsi que la libération de la caution, s'opéreront au bureau de la sortie. — Lorsqu'il sera possible de faire escorter les chargements, le conducteur sera dispensé de consigner ou de faire cautionner les droits. » — L'art. 28 de la loi du 28 avr. 1816, est presque conçu dans les mêmes termes (V. Impôts ind., n° 134).—Il a été jugé spécialement en matière d'octroi, 1° que tout porteur et conducteur d'objets de consommation sujets aux droits d'octroi, est dispensé d'acquitter les droits, si les objets n'entrent dans la commune que par transit; mais il est toujours tenu d'en faire la déclaration (Crim. rej. 16 vend. an 11, aff. Lesommier, V. n° 192-1°);—2° Que les vins qui, d'après un règlement particulier, sont dispensés dans le cas où ils arrivent dans la ville en passe debout ou en transit sans séjourner plus de douze heures, du payement, consignation ou cautionnement du droit, n'en sont pas moins assujettis à la déclaration à l'entrée, et le contrevenant ne peut être acquitté, sous le prétexte que les vins en transit ne sont pas soumis à la déclaration, et que d'ailleurs les préposés s'étant présentés au bateau chargé des vins introduits, le conducteur leur a fait connaître le nombre de tonneaux (Crim. cass. 8 fév. 1811) (1); — 3° Que lorsqu'un individu se présente à l'entrée d'une ville pour la traverser, avec des objets sujets au droit d'octroi, il n'est dispensé de la consignation des droits ou de l'obligation de fournir caution, qu'autant qu'il y a possibilité, pour les employés, de faire escorter le chargement; et que cette possibilité manque, dans le cas, par exemple, où le préposé se trouvait seul au bureau de l'octroi (Crim. cass. 25 juill. 1845, aff. ville de Périgueux, D. P. 45. 1. 415);— 4° Que lorsque le règlement porte que le conducteur qui a obtenu un passe-debout pour traverser la ville en transit, ne peut arrêter si c'est par terre ou débarquer si c'est par eau, sous aucun prétexte, à peine de confiscation, celui qui, avant d'arriver à la barrière indiquée dans le passe-debout, a déchargé ses marchandises, ne peut être renvoyé des poursuites sous prétexte que le port où le déchargement a eu lieu, est le seul où se font les chargements des voitures publiques par eau pour la destination de ces marchandises (Crim. cass. 15 pluv. an 11) (2).

230. Les frais de l'escorte, dans le cas où elle est accordée, sont à la charge du conducteur; ces frais ne doivent jamais s'élever au delà de ceux qu'occasionnent réellement le passe-debout et le transit (lett. min. fin. 22 nov. 1808; arr. min. fin. 10 janv. 1809, Mém. des contribut. indir., t. 4, p. 622, et t. 5, p. 112).

231. Si par le résultat des vérifications à la sortie, la déclaration s'est trouvée fausse dans la quantité, l'excédant non déclaré sera saisi. Toute fausse déclaration dans l'espèce et même dans la quantité, lorsque l'excédant non déclaré dépasse du tiers cette quantité, sera punie de la saisie totale (décr. 17 mai 1809, art. 64). — Toute soustraction ou décharge frauduleuse pendant la durée de passe-debout fera encourir la saisie

(1) (Min. pub. C. Desperriès.) — LA COUR; — Vu l'art. 1, arrêté du préfet du département des Landes du 22 fruct. an 11; — Attendu que la disposition de cet article, quant à l'obligation de faire une déclaration au bureau de l'octroi, est générale et absolue pour tous les vins entrant dans la ville de Dax; — Que l'exception établie pour les vins qui y arrivent en passe-debout ou en transit, sans séjourner plus de douze heures, n'est relative qu'au payement du droit, à sa consignation ou cautionnement; — Que ce n'est que de ce payement ou consignation que sont dispensés, dans ces deux cas, les propriétaires ou conducteurs; mais que, par cela même, il est évident qu'ils ne sont pas dispensés de faire au bureau la déclaration ordonnée par ledit arrêté, et prescrite pareillement, dans tous les cas, par les autres lois de la matière, et notamment par les art. 38, 60 et 68, décr. 17 mai 1809; — Attendu qu'il était constaté par le procès-verbal dressé par le fermier de l'octroi et ses préposés, que Desperriès avait introduit et fait passer sur le territoire de la ville de Dax, soumis au droit, les vins dont il s'agit, sans avoir préalablement fait au bureau la déclaration prescrite; qu'ainsi, la contravention se trouvait établie; et qu'en ne prononçant pas les peines encourues par le fait de cette contravention, la cour de justice criminelle du département des Landes a violé l'art. 1 de l'arrêté du préfet; — Casse.

Du 8 fév. 1811.-C. C., sect. crim.-M. Rataud, rap.

(2) (Int. de la loi. — Aff. Velasques.) — LE TRIBUNAL; — Vu l'art. 456 c. brum., 4e et 6e disp.; — Considérant que par le passe-debout accordé par la régie à Velasques sur sa demande, celui-ci s'était expressément soumis à faire sortir, dans le délai y énoncé, de la commune de Lyon par la barrière de Serein, les marchandises qu'il lui avait été permis de faire entrer par celle de la Gare; que, par le règlement du 14 fruct. an 8, rapporté tout au long en marge de ce passe-debout, il est dit que le conducteur propriétaire ne peut arrêter, si c'est par terre, ou aborder, si c'est par eau, sous aucun prétexte, à peine de confiscation; — Considérant que, malgré le texte précis de ce règlement, et l'obligation imposée par le passe-debout, la voiture chargée de ces marchandises n'était point parvenue à la barrière indiquée; qu'elle avait arrêté au port Neuville, et y avait déchargé ses marchandises; que cette contravention avait été dûment constatée par le procès-verbal des préposés; que cependant le tribunal criminel a refusé d'appliquer la peine et de reconnaître la contravention, sous le prétexte que ces marchandises étant destinées pour Châlons, elles pouvaient être embarquées au port Neuville pour cette destination, ce port étant, y est-il dit, le seul où se font les chargements des voitures publiques, par eau, pour cette ville; — Considérant que la route prescrite par le passe-debout était la seule que pût prendre Velasques; que le règlement précité réprouvait ces prétextes, et que s'ils étaient accueillis, la perception de ces droits deviendrait arbitraire et même illusoire : — Par ces motifs, et sur la demande du commissaire du gouvernement près le tribunal, en vertu de l'art. 88, L. 27 vent. an 8, casse et annule, pour excès de pouvoir et fausse application des lois pénales, le jugement du tribunal criminel du département du Rhône, rendu le 22 vend. dernier, en faveur de Velasques, mais seulement pour l'intérêt de la loi.

Du 15 pluv. an 11.-C. C., sect. crim.-M. Sieyès, rap.

des objets déchargés ou la confiscation de la valeur des objets soustraits (art. 65; V. cependant Crim. rej. 28 mars 1818, aff. Bretheau, v° Impôts ind., n° 134).

232. *Transit.* — Le transit est la faculté de passer dans une commune, et d'y séjourner suivant les besoins des circonstances (décr. 17 mai 1809, art. 71). — « En cas de séjour au delà de vingt-quatre heures, dans un lieu sujet à l'octroi, d'objets introduits sur une déclaration de passe-debout, dit l'art. 38 de l'ordonnance de 1814, le conducteur sera tenu de faire, dans ce délai et avant le déchargement, *déclaration de transit*, avec indication du lieu où lesdits objets seront déposés, lesquels devront être représentés aux employés, à toute réquisition. La consignation ou le cautionnement du droit subsisteront pendant toute la durée du séjour; » — et l'art. 39 ajoute : « Les règlements locaux d'octroi pourront désigner des lieux où les conducteurs d'objets en passe-debout ou en transit seront tenus de les déposer pendant la durée du séjour, ainsi que des ports ou quais où les navires, bateaux, coches, barques et diligences devront stationner. »

233. De la distinction que nous avons signalée plus haut, n° 227, entre le transit et l'entrepôt, il suit que le transit doit être limité, puisque, illimité, il ne serait autre que l'entrepôt. D'après l'art. 71 du décret du 17 mai 1809, le délai du séjour ne pouvait excéder trois jours; mais cette disposition n'a pas été reproduite par l'ordonnance du 9 déc. 1814, qui, ainsi qu'on vient de le voir, ne fixe aucune limite pour la durée du transit : cette limite, en effet, peut varier suivant les lieux, les objets imposés et les moyens de transport. Elle est ordinairement fixée par les règlements locaux; mais il a été décidé que leur silence à cet égard ne peut forcer à dévier des principes, et qu'alors on doit se guider, pour les délais à accorder, sur les usages et les besoins du commerce : considérer dans ce cas le transit comme illimité, ce serait accorder l'entrepôt sous un autre nom pour tous les objets indistinctement, lorsque les règlements ne permettent de l'accorder que pour quelques objets seulement (décis. n° 471, du 19 nov. 1817, Mém. des contrib. ind., t. 10, p. 380).

234. Les objets amenés aux foires et marchés sont assujétis à toutes les formalités du transit (Inst. min. fin. 25 sept. 1809). — Vingt-quatre heures après l'expiration du délai fixé par le règlement ou après l'expiration des foires et marchés, les droits consignés sont acquis à l'octroi s'il n'est justifié de la sortie des objets (Modèle du règlem., ch. 2, § 3).

235. Il a été jugé, par application d'un règlement local, que le négociant à qui des marchandises ont été adressées en transit n'est point tenu de faire connaître leur destination au moment de leur entrée en ville; il suffit que cette destination soit déclarée dans le délai de six jours (Req. 11 juin 1807) (1).

236. Enfin, il a été décidé, 1° que lorsqu'il existe un arrêté du préfet qui ordonne que les marchandises en transit ne pourront sortir qu'en même nature, degré et quantité qu'elles seront entrées, cet arrêté doit être exécuté dans ses termes précis : les tribunaux ne peuvent donc, sans un excès de pouvoir, faire remise au prévenu de la contravention, lorsqu'il a présenté à la sortie une quantité d'eau-de-vie différente de celle déclarée en transit, sur le fondement que, cette eau-de-vie étant en quantité plus considérable et d'une qualité supérieure, cette circonstance excluait toute idée de fraude (Crim. cass. 30 frim. an 13) (2); — 2° Qu'un fabricant de draps, qui a introduit dans une ville une certaine quantité d'huile en transit, et qui ne justifie pas de leur sortie, est passible du droit d'octroi dû pour ces huiles, conformément à l'art. 1er de l'ordonnance du 6 mai 1818 : vainement objecterait-il qu'en vertu de l'art. 104 de la loi du 25 mars 1817, les fabricants de tissus de laine peuvent recevoir en entrepôt, sans payer de droit, les huiles nécessaires à leur fabrication, s'il ne peut prouver qu'il n'a rempli les formalités voulues par cette même loi pour entreposer les huiles (Cass. 25 janv. 1825) (3); — 3° Qu'en cas de séjour, pendant plus de vingt-quatre heures, dans un lieu sujet au droit d'octroi, d'objets affranchis de ce droit, par leur destination, le porteur ou conducteur de ces objets ne peut être dispensé de l'obligation de se procurer un passe-debout et de consigner le droit ou de se faire cautionner, sous prétexte que ces matériaux auraient été déposés, pour y recevoir les préparations appropriées à leur emploi, dans un chantier entièrement clos, où la surveillance des employés de l'octroi pouvait s'exercer facilement (Crim. cass. 1er juill. 1853, aff. Destanque, D. P. 53. 1. 319).

237. Les voitures et transports militaires, chargés d'objets assujettis aux droits, sont soumis aux règles prescrites par les articles précédents, relativement au transit et au passe-debout (ord. 9 déc. 1814, art. 40).

238. *Entrepôt.* — Les détails dans lesquels on est entré à l'égard des entrepôts v^is Douanes, n°s 445 et suiv., et Impôts ind., n°s 135 et s., nous dispensent de plus amples explications

---

(1) (Octroi de Rennes C. Lavallée.) — La cour; — Attendu qu'il a été reconnu en jugement par le demandeur que Lavallée, à l'arrivée de chaque bateau, s'est présenté au bureau central de l'octroi; qu'il y a déclaré que les marchandises appartenaient à des négociants de Saint-Malo; qu'il s'en chargeait pour les expédier d'après des ordres...; que cette déclaration était conforme aux connaissements délivrés à Bordeaux indiquant la destination des marchandises pour Saint-Malo, et à ceux délivrés à Redon, qui portent : *en transit pour Rennes*; d'où il suit que Rennes, pour ces marchandises, n'était qu'un lieu de passage indispensable pour se rendre de Redon à Saint-Malo; — Attendu qu'il a été reconnu par les deux tribunaux que les règlements organiques sur la perception du droit d'octroi n'énoncent aucune disposition qui oblige à faire connaître la destination, au moment de l'entrée en la ville de Rennes des marchandises en passe-debout; qu'il suffisait, aux termes du § 1 du règlement du 10 therm. an 13, que cette destination fût déclarée dans le délai de six jours; — Attendu enfin qu'il résulte de ces motifs que le jugement attaqué, loin d'avoir contrevenu aux règlements faits par la municipalité de Rennes pour la perception d'octroi, en a fait une juste application; — Rejette.

Du 11 juin 1807.-C. C., sect. req.-MM. Muraire, pr.-Liger, rap.

(2) (Octroi de Caen C. Bréville.) — La cour; — Vu l'art. 1 de l'arrêté du préfet du département du Calvados, du 15 prair. an 11, approuvé par le gouvernement, le 28 du même mois, et l'art. 456, n° 6, c. 3 brum. an 4; — Attendu qu'il est reconnu, au procès, que, le 30 niv. an 12, une pièce d'eau-de-vie a été présentée à la sortie par la porte Villers, comme étant la même qui avait été déclarée en transit, et était entrée par la porte Bayeux; — Qu'il est constaté, par un procès-verbal en due forme des préposés de la régie de l'octroi, que la pièce présentée à la sortie contenait 324 lit., et que l'eau-de-vie était à 25 degrés, tandis que la pièce entière ne contenait que 290 lit., et que l'eau-de-vie n'était qu'à 22 degr.; que l'eau-de-vie dont il s'agit n'étant sortie ni en même quantité ni en même degré qu'elle était entrée, la contravention à l'arrêté précité était constante; — Que le tribunal de police correctionnelle de Caen n'a pu, sans entreprendre sur l'autorité administrative, et commettre un excès évident de pouvoir, se permettre d'interpréter cet arrêté, et, sous prétexte de se conformer à son esprit, de créer une exception à une disposition qui est générale, et d'établir, en principe, qu'il n'est pas toujours nécessaire que l'eau-de-vie déclarée en transit sorte telle qu'elle est entrée, et qu'elle peut n'être la même ni en degré ni en quantité, pourvu que le degré soit plus fort et la quantité plus considérable; — Qu'en confirmant, par son arrêt du 13 therm. dernier, le jugement de première instance, la cour de justice criminelle du Calvados s'est rendu propre le vice de ce jugement; — Casse

Du 30 frim. an 13.-C. C., sect. crim.-MM. Vermeil, pr.-Aumont, r.

(3) (Maire de Bourges C. Tourangin.) — La cour (apr. délib. en ch. du cons.); — Vu l'art. 42 de l'ordonnance du roi du 9 déc. 1814; l'art. 101 de la loi du 25 mars 1817, et l'art. 1 de l'ordonnance royale du 8 mai 1818; — Attendu que le tribunal civil n'avait pas à juger, dans l'espèce particulière de la cause, si les huiles que les art. 41 de l'ordonnance du 9 déc. 1814 et 104 de la loi du 25 mars 1817, autorisant les fabricants à employer en exemption de l'impôt, sont néanmoins assujetties, comme consommation locale, au payement du droit d'octroi, puisque ces articles n'accordent l'exemption d'impôt qu'aux huiles qui ont été mises en entrepôt et soumises à la surveillance des employés; que la seule question à juger était celle de savoir si les huiles, dont il s'agit dans l'espèce, avaient été mises en entrepôt, et pouvaient, à ce titre, jouir de l'exception; que les art. 41 de ladite ordonnance, et 101 de ladite loi, déterminent les conditions requises pour opérer l'entrepôt; qu'en introduisant ces huiles, Tourangin ne les a pas mises en entrepot, et n'a rempli aucune des conditions requises pour sa validité; qu'il les a introduites en transit, sans avoir pu justifier de la sortie; qu'il suit de là que ces huiles doivent le droit d'octroi conformément à l'art. 1, ordonnance du 6 mai 1818; et que le jugement qui décide le contraire viole les art. 101 de la loi du 25 mars 1817, 42 de l'ordonnance du 7 déc. 1814, 1 de l'ordonnance du 6 mai 1818, et les lois sur lesquelles ces ordonnances sont fondées; — Casse.

Du 25 janv. 1825.-C. C., sect. civ.-MM. Brisson, pr.-Cassaigne, rap.-Marchangy, av. gén., c. conf.-Gueny et Guillemin, av.

sur ce point. Ce paragraphe se renfermera donc dans les limites de l'ordonnance de 1814, art. 41 à 55.

239. Suivant l'art. 41 de cette ordonnance, « l'entrepôt est la faculté donnée à un propriétaire, ou à un commerçant, de recevoir et d'emmagasiner, dans un lieu sujet à l'octroi, sans acquittement du droit, des marchandises qui y sont assujetties, et auxquelles il réserve une destination extérieure. L'entrepôt peut être *réel* ou *fictif*, c'est-à-dire à domicile; il est toujours illimité. Les règlements locaux doivent déterminer les objets pour lesquels l'entrepôt est accordé, ainsi que les quantités au-dessous desquelles on ne peut l'obtenir. » A Paris, l'entrepôt fictif est interdit (L. 28 avril 1816, art. 39). — L'entrepôt n'est accordé qu'aux seuls marchands en gros. Les marchands en détail ne peuvent en profiter que dans le cas où ils font la vente en gros dans un magasin particulier, sans communication avec celui de la vente en détail (Modèle de régl., V. MM. Girard et Fromage, édit. 1860, p. 414).

240. C'est aux conseils municipaux qu'appartient la confection des règlements dont il est question dans le 2e paragraphe de l'art. 41 (Arg. décis., nº 472). Mais il ne faudrait pas conclure de cet article que le droit de ces conseils soit absolu dans la désignation des objets qui peuvent profiter de la faculté de l'entrepôt. Ils doivent seulement déclarer celles des matières imposées qui, dans le lieu sujet, sont ordinairement l'objet d'un commerce d'exportation; par suite, la régie a un droit d'examen sur ces règlements. — Et même, si l'on réclamait l'entrepôt pour des marchandises non désignées, destinées à sortir ultérieurement de la ville, on devrait, en conséquence du principe constitutif des octrois qui ne permet d'imposer que la consommation locale, admettre ces objets en entrepôt réel ou fictif, mais avec toutes les précautions requises pour que l'intérêt de la ville ne puisse être compromis (Décis. nº 472).

241. On ne peut donc poser de règles à l'égard des objets qui peuvent être admis à profiter de la faculté de l'entrepôt. Les règlements locaux sont seuls à considérer sur ce point. Disons seulement qu'il a été jugé, 1º que les éleveurs de bestiaux ne peuvent jouir de la faculté de l'entrepôt (Crim. cass. 3 avril 1840, aff. Madrières, V. nº 223-2º). — Mais il est établi à leur égard, ainsi qu'à celui des bouchers, un mode particulier de surveillance qui leur permet, par analogie de ce qui a lieu pour l'entrepôt, de ne payer les droits qu'à l'instant de l'abatage (Instr. min. fin. 25 sept. 1809, V. nº 147); — 2º Que l'huile de poisson ne peut être considérée comme un liquide, en ce sens du moins qu'un règlement sur les octrois, portant que les boissons et les liquides seront admissibles à l'entrepôt fictif, ne s'applique pas à l'huile de poisson (Civ. rej. 5 avril 1826) (1); — 3º Toutefois, que c'est avec raison qu'un fabricant de bouteilles est autorisé à conserver dans son magasin, à titre d'entrepôt, les bouteilles fabriquées dans sa verrerie, à la charge par lui de se conformer à toutes les obligations que les lois et les règlements imposent aux entrepositaires (cons. d'Et. 15 août 1834, aff. Lafage, V. nº 242-1º).

242. Aux termes de la plupart des règlements locaux, toutes les contestations qui s'élèveraient relativement à l'admission au bénéfice de l'entrepôt à domicile, doivent être portées devant le maire, qui prononce, sauf recours au préfet. — Il a été décidé, 1º que si un commerçant a obtenu du maire la faculté d'entreposer ses marchandises, et que les fermiers de l'octroi réclament, c'est au maire et au préfet à statuer sur leur réclamation, sauf recours au ministre des finances (cons. d'Et. 15 août 1834) (2); — 2º Qu'un préfet n'excède pas ses pouvoirs en annu-

---

(1) *Espèce :* — (L'octroi de Cherbourg C. Henry) — Henry, tanneur à Cherbourg, avait fait, devant les employés de la régie des contributions indirectes, trois déclarations successives d'entrepôt d'huiles de poisson. N'ayant pas justifié que ces huiles avaient été employées dans sa fabrique, les agents des contributions indirectes, à l'expiration du temps fixé pour l'entrepôt, constatèrent sur leurs portatifs le manquant et le restant des huiles déclarées. Alors le maire de Cherbourg fit donner une contrainte à Henry, pour qu'il eût à payer les droits d'octroi sur ces huiles, et cette contrainte fut suivie d'une saisie. Henry forma opposition; il déclara qu'il avait payé les droits de l'octroi lors de l'entrée des huiles, et soutint que la prétention de l'administration des octrois n'était pas fondée, pour deux motifs : 1º parce que l'entrepôt déclaré aux employés des contributions indirectes était étranger à la régie de l'octroi; que celle-ci avait ses agents particuliers, et qu'elle ne pouvait pas se prévaloir des registres et bulletins de la régie des contributions indirectes; 2º que, d'ailleurs, il ne pouvait pas y avoir entrepôt à l'égard de l'administration des octrois; qu'en effet, d'après le règlement général des octrois du 17 mai 1809 et l'art. 53 du règlement local de Cherbourg, les liquides seuls étaient susceptibles d'entrepôt fictif, et que les huiles de poisson n'étaient pas rangées dans la classe des liquides. Le 9 juill. 1825, jugement du tribunal de Cherbourg, qui adopta les moyens présentés par Henry, en se fondant surtout sur ce que les huiles de poisson n'étant pas placées, par le règlement de 1809, dans la catégorie des liquides, ils ne sont pas susceptibles d'entrepôt fictif. — Pourvoi pour violation des art. 42, 44, 69, 91 de l'ordonn. de 1814, 101 de la loi du 25 mars 1817, 242 de la loi du 28 avr. 1816 et pour fausse interprétation du règlement local.—Arrêt (apr. dél. en ch. du cons.).

La cour ; — Attendu que le jugement attaqué est fondé sur deux motifs; le premier, que l'administration de l'octroi n'établit pas qu'il y eût, à son égard, entrepôt des huiles introduites en 1822 dans l'usine du sieur Henry, et qu'en effet, cette administration elle-même reconnait aujourd'hui que le principal bulletin qu'elle produisait, celui qui formait à lui seul la moitié du manquant dont elle réclamait le droit, lui est inapplicable, parce qu'il est textuellement restreint aux contributions indirectes; qu'ainsi, dans cette partie, au moins, le jugement attaqué se trouverait justifié; — Attendu, ensuite, qu'en appréciant, par l'énonciation de ce dernier bulletin, les deux autres qui avaient évidemment le même but, le même objet, celui d'assurer au défendeur, vis-à-vis de la régie des contributions indirectes, l'exemption du droit porté par l'art. 104 de la loi du 25 mars 1817, le tribunal de Cherbourg n'a fait qu'une appréciation d'actes, de faits et de circonstances, qui ne saurait présenter aucune violation précise de la loi; — Que le deuxième motif, donné par le tribunal de Cherbourg, vient encore à l'appui de cette appréciation; qu'il consiste, en effet, à dire que la réalité de l'entrepôt fictif, à l'égard des droits d'octroi, peut d'autant moins être admise dans la cause, que les boissons et les liquides sont textuellement les seuls objets admissibles à l'entrepôt fictif, d'après l'art. 53 du règlement local, ce qui exclut les huiles de poisson;

Qu'on objecte, il est vrai, contre ce motif, que les huiles de poisson sont un liquide, mais que si l'on consulte le règlement général des octrois du 17 mai 1809, qui a servi de modèle au règlement local approuvé en 1812, on voit qu'il dispose en cinq divisions tous les objets qui peuvent être soumis aux droits; — Que l'art. 17 a même pour objet de fixer ce qui, dans la langue fiscale, sera compris dans la première division intitulée, *Boissons et liquides;* et que la nomenclature en est la même que celle qui forme la première classe du tarif de Cherbourg qui ne comprend pas les huiles; qu'on remarque même, dans cette dernière, l'addition du mot *Vinaigre*, qui ne se trouvait pas dans le texte de l'art. 17, mais dut y être ajoutée d'après l'instruction ministérielle du 25 septembre suivant sur les moyens d'exécution; — Que, bien loin que les huiles dussent être réputées comprises dans la classe des liquides, la même instruction, interprétant l'art. 23 du règlement de 1809, disait que l'application du tarif aux huiles exigeait la distinction de leurs espèces, de leur emploi, et qu'il fallait les ranger soit dans la classe des comestibles, soit dans celle des combustibles; — Que c'est évidemment sous l'influence de ces dispositions réglementaires que le tarif de l'octroi de Cherbourg a lui-même porté à la division des comestibles l'huile d'olive et de faîne, etc., et à celle des combustibles l'huile de poisson, en quoi il a encore suivi l'art. 29 du règlement du 17 mai 1809; — Que le jugement attaqué n'a donc fait, dans ce second motif, qu'une interprétation du règlement particulier de l'octroi de Cherbourg, d'après les règlements généraux des 17 mai et 25 sept. 1809, qui lui avaient servi de type, et qu'en procédant ainsi, il n'a violé aucune loi; — Rejette.

Du 5 avr. 1826.-C. C., ch. civ.-MM. Brisson, pr.-Legonidec, rap.-Vatimesnil, av. gén., c. contr.-Cochin, av.

(2) (Lafage et Annet C. Lecourt.) — Louis-Philippe, etc., — Vu l'ordonn. royale du 28 déc. 1825, qui approuve les tarifs et règlements pour la perception de l'octroi de la commune de Cahors; — Vu le règlement de l'octroi annexé à ladite ordonnance royale; — Vu le cahier des charges de l'adjudication du bail à ferme de l'octroi municipal de la ville de Cahors, consentie aux sieurs Lafage et Annet, le 28 déc. 1825; — Vu le décret réglementaire du 17 mai 1809; — Vu l'ord. royale du 9 déc 1814; — Vu la loi du 28 avr. 1816; — Sur la compétence : — « Considérant qu'il ne s'agissait pas, dans l'espèce, d'une contestation relative à l'application du tarif ou à la quotité du droit d'octroi, mais d'une demande adressée au maire de Cahors, par les fermiers de l'octroi, à l'effet d'empêcher que le sieur Lecourt, directeur d'une verrerie située dans un faubourg de cette ville, fût admis à entreposer les bouteilles provenant de sa fabrique, et que le maire et le préfet étaient compétents pour prononcer sur cette demande, aux termes de l'art. 92 du décret réglementaire du 17 mai 1809, appliqué par l'art. 32 du règlement de l'octroi de la commune de Cahors;

Au fond : — Considérant que les arrêtés du maire et du préfet, en décidant que le sieur Lecourt serait admis à conserver dans son magasin, à titre d'entrepôt, les bouteilles fabriquées dans sa verrerie, à la

lant un arrêté du maire qui avait refusé d'admettre à l'entrepôt les charbons nécessaires à la consommation des forges nationales de Cosne, sous prétexte que cet établissement, fabriquant exclusivement des ancres et autres objets pour le service de la marine dans les ports de l'Etat, ne constituait pas un établissement industriel dont les produits sont destinés au commerce général : « Considérant que le préfet, en annulant l'arrêté du maire de Cosne et en admettant au bénéfice de l'entrepôt les charbons destinés aux forges de Cosne, a usé du pouvoir qui lui est attribué par l'art. 38 du règlement de l'octroi approuvé par ordonnance royale du 8 avril 1838; que, dès lors, l'arrêté attaqué n'est entaché ni d'incompétence, ni d'excès de pouvoirs; que, d'ailleurs, ledit arrêté ne fait pas obstacle à ce que la ville de Cosne porte devant l'autorité compétente la question d'application de tarifs et de quotité des droits d'entrée » (cons. d'Et. 22 août 1853, M. Tourangin, rap., aff. Ville de Cosne).

243. Les conditions de l'entrepôt, les devoirs des entrepositaires, les formalités à remplir à la sortie, sont prévues par les art. 42 et suiv. de l'ordonnance de 1814. En outre, les règlements locaux reprennent ces formalités et les complètent, s'il y a lieu. — Mais du silence d'un règlement d'octroi sur les conditions de l'entrepôt et les devoirs des entrepositaires, quelque extraordinaire qu'il paraisse, il ne faudrait pas conclure qu'il puisse avoir l'effet de paralyser l'exécution des lois et règlements qui régissent cette matière (Douai, 19 janv. 1833, aff. Octroi de Douai, V. n° 247-1°).

244. Au premier rang des conditions prescrites, se trouve la déclaration préalable des marchandises qu'on veut soumettre à l'entrepôt. L'art. 42 de l'ordonnance dispose, à cet égard : « Toute personne qui fait conduire, dans un lieu sujet à l'octroi, des marchandises comprises au tarif, pour y être entreposées, soit réellement, soit fictivement, est tenue, sous peine de l'amende prononcée par l'art. 28 (modifiée par la loi du 24 mai 1834, V. n° 391), d'en faire la déclaration préalable au bureau de l'octroi, de s'engager à acquitter le droit sur les quantités qu'elle ne justifierait pas avoir fait sortir de la commune, de se munir d'un bulletin d'entrepôt, et, en outre, si l'entrepôt est fictif, de désigner les magasins, chantiers, caves, celliers, ou autres emplacements où elle veut déposer lesdites marchandises. » — Et il a été jugé que, dans les villes où le règlement de l'octroi admet à l'entrepôt à domicile les bières fabriquées à l'intérieur, ces bières ne peuvent être enlevées ni livrées à la consommation sans déclaration et acquit préalable des droits (Crim. cass. 1er sept. 1848, aff. octroi de Toulon, D. P. 48. 1. 187).

245. Une déclaration est exigée pareillement à la sortie par l'art. 43, ainsi conçu : « L'entrepositaire est tenu de faire une déclaration au bureau de l'octroi, des objets entreposés qu'il veut expédier au dehors, et de les représenter aux préposés des portes ou barrières, lesquels, après vérification des quantités et espèces, délivrent un certificat de sortie. » — L'art. 49 est relatif aux formalités à remplir pour pouvoir effectuer la sortie des marchandises de l'entrepôt (V. p. 14).

246. « Les préposés de l'octroi, porte l'art. 44 de l'ordonnance, tiennent un compte d'entrée et de sortie des marchandises entreposées; à cet effet, ils peuvent faire, à domicile, dans les magasins, chantiers, caves, celliers des entrepositaires, toutes les vérifications nécessaires pour reconnaître les objets entreposés, constater les quantités restantes et établir le décompte des droits dus sur celles pour lesquelles il n'est pas représenté de certificat de sortie. Ces droits doivent être acquittés immédiatement par les entrepositaires; et, à défaut, il est décerné contre eux des contraintes qui sont exécutoires, nonobstant opposition, et sans y préjudicier. »

247. « Toute déclaration, dit l'art. 95 du décret du 17 mai 1809, reconnue infidèle, soit à l'entrée, soit à la sortie, soit lors des vérifications, visites et récolements que feront les préposés, soit dans l'apurement des comptes, privera l'entrepositaire des bénéfices de l'entrepôt. Le droit sur la quantité restant en magasin sera de suite exigible, sans préjudice de l'amende pour celles soustraites, introduites en fraude ou trouvées en contravention de toute autre manière. » — Il a été jugé : 1° que, bien que la substitution d'eau aux liquides dans les recensements ne soit pas formellement défendue en matière d'octroi, comme elle l'est en matière de contributions indirectes (art. 59, L. 28 avr. 1816), cette infraction n'en est pas moins prohibée; et, dans le silence du règlement local, on doit appliquer les art. 95 et suivants, et 164 du décret du 17 mai 1809, qui n'ont pas été abrogés par l'ordonnance du 9 déc. 1814 (Douai, 19 janv. 1833) (1). — 2° Que

---

charge par lui de se conformer à toutes les obligations que les lois et règlements imposent aux entrepositaires, ont fait une juste application de l'art. 7 du règlement précité et de l'art. 148 de la loi du 28 avr. 1816, portant que les droits ne seront imposés que sur les objets destinés à la consommation locale ; — Qu'ainsi, c'est avec raison que le ministre des finances, en approuvant ces arrêtés par la décision attaquée, a rejeté la réclamation des exposants;

Art. 1. La requête est rejetée.

Du 15 août 1834.-Ord. cons. d'Et.-M. Brière, rap.

(1) (Octroi de Douai C. Deloffre.) — LA COUR ; — Attendu, en fait, qu'il résulte d'un procès-verbal régulier, en date du 1er sept. 1832, que lors d'un recensement fait le même jour chez Floride Deloffre, brasseur en cette ville, à l'effet de constater les quantités de bière restant en ses magasins par comparaison à la dernière prise en charge, ledit Deloffre a déclaré en posséder 137 hect. 65 lit., qui ont été en effet inscrits immédiatement au registre de l'octroi ; mais que les préposés ayant voulu ensuite vérifier la sincérité de la déclaration, en dégustant le liquide renfermé dans les futailles, ont reconnu que dix-huit de ces futailles contenaient 28 hect. 50 lit. d'eau au lieu de bière; — Attendu que le résultat du précédent recensement du mois d'août étant de 166 hect. 55 lit., la substitution d'eau à la bière pour une quantité de 28 hect. 50 lit. dans le recensement de septembre, devait diminuer d'autant la perception du droit exigible à cette époque sur les quantités manquantes; — Qu'ainsi, cette substitution, sans la vérification qui en a amené la découverte, aurait eu pour résultat, soit de retarder indéfiniment, à la volonté du redevable, la perception du droit sur les quantités substituées, soit même d'en frustrer l'octroi à l'aide d'excédants qu'on se serait ménagés dans une fabrication ultérieure, pour les placer dans les tonneaux provisoirement remplis d'eau, sans augmenter ainsi la prise en charge ; — Attendu, en droit, que si le règlement particulier de l'octroi de Douai n'a point formellement prévu le cas dont il s'agit, et s'il ne rappelle pas les dispositions diverses des lois et règlements relatifs aux conditions de l'entrepôt, et aux devoirs des entrepositaires, le silence de ce règlement sur ces points importants, quelque extraordinaire qu'il puisse paraître, ne peut produire l'effet de paralyser l'exécution de celles de ces dispositions qui seraient encore en vigueur ; — Que d'ailleurs l'exécution des lois existantes est formellement réservée pour tous les cas non prévus par l'art. 100 dudit règlement ; — Attendu que l'art. 127, L. 8 déc. 1814, a maintenu les lois, décrets et règlements généraux sur les octrois, non contraires à ses dispositions; — Qu'au nombre de ces décrets est celui du 17 mai 1809, invoqué par l'administration de l'octroi ; — Attendu que si le préambule de l'ordonnance réglementaire du 9 déc. 1814 énonce qu'elle a pour objet de coordonner et rassembler les mesures d'exécution disséminées dans les règlements antérieurs, il n'en résulte pas que cette énonciation ait eu pour effet d'abroger toutes les dispositions non reproduites dans l'ordonnance, puisque, d'une part, l'absence de plusieurs de ces dispositions formerait des lacunes dans la législation sur la matière, et que, d'autre part, on ne saurait reconnaître à une simple ordonnance la force de révoquer une disposition de loi; — Attendu que, bien que la substitution d'eau aux liquides dans les recensements ne soit pas formellement défendue en matière d'octroi, comme elle l'est en matière de contributions indirectes par l'art. 59, L. 28 avr. 1816, cette prohibition peut s'induire d'autres dispositions législatives, avec d'autant plus de raison qu'il y a analogie évidente dans les deux cas; — Attendu qu'aux termes des art. 93 et 94, décret précité 17 mai 1809, les entrepositaires ne peuvent faire aucune altération des objets en entrepôt ; qu'ils doivent payer exactement les droits acquis à l'octroi, et à cet effet tenir avec cette administration un compte fidèle de charge et décharge; — Que l'exécution de ces dispositions est d'autant plus rigoureuse, que l'entrepôt est une faveur accordée au commerce, et qu'en l'acceptant, l'entrepositaire est censé s'être de son plein gré soumis aux conditions qui y sont attachées ; — Attendu qu'aux termes de l'art. 95, même décret, toute déclaration infidèle, soit lors des vérifications et récolements des préposés, soit lors de l'apurement des comptes, a pour effet de priver l'entrepositaire du bénéfice de l'entrepôt, de rendre exigible le droit sur les quantités restantes en magasin, sans préjudice de l'amende pour celles soustraites en fraude, ou trouvées en contravention de toute autre manière ; — Attendu qu'il y a eu, dans l'espèce, non-seulement déclaration infidèle de la part de Floride Deloffre, sur la quantité de bière existant en sa possession au 1er sept., mais encore manœuvre frauduleuse par la substitution d'eau à la bière, pour pallier des manquants réels et les soustraire à la perception du droit ; — Que s'il est vrai que l'existence de manquants chez un entrepositaire ne le constitue pas de plein droit en contravention, il n'en est pas de même de

toute manœuvre d'un entrepositaire tendant à masquer un déficit, pour retarder ou éluder le payement des droits devenus exigibles, et, par exemple, la substitution d'une tonne d'eau à une tonne d'huile, est une contravention qui entraîne l'application des peines portées par les lois sur la matière (Crim. rej. 6 juin 1835) (1).

248. Il a été jugé encore : 1° Que la fausse déclaration à la sortie emporte les mêmes peines que la fausse déclaration à l'entrée (Crim. cass. 24 mai 1835) (2); — 2° Qu'ainsi, par exemple, la fausse déclaration résultant de ce qu'un brasseur entrepositaire, et dès lors affranchi de l'impôt pour les bières de sa fabrication qu'il justifie avoir fait sortir du rayon de l'octroi, a présenté à la sortie des tonneaux remplis d'eau pour des tonneaux de bière, le rend passible, outre l'amende, de la saisie totale, non du liquide substitué à celui qui a été déclaré, mais de la saisie fictive d'une valeur égale à celle de ce dernier objet (Crim. rej. 7 janv. 1814) (3); — 3° Que le négociant qui fait extraire de son entrepôt des marchandises soumises aux droits, sans déclaration préalable, sans expédition et sans acquitter les droits d'octroi, doit être frappé des peines de l'art. 46, L. 28 avril 1816 (Crim. cass. 19 août 1836, M. Meyronnet, rap., aff. octroi de Caen *C.* Brazil.)

249. Nul ne peut prétendre à être exempté des formalités relatives à l'entrepôt, pas plus les fermiers de l'octroi que les simples particuliers. — Jugé ainsi que les fermiers de l'octroi qui reçoivent des vins en entrepôt, soit que ces vins se trouvent déposés dans le local spécialement affecté à l'entrepôt de l'octroi, ou dans des caves ou magasins particuliers, sont assimilés aux facteurs et commissionnaires, et, comme tels, assujettis aux exercices, et à l'obligation de représenter des expéditions pour toutes les boissons tenues sous leur garde (Crim. cass. 15 déc. 1808) (4). — Dans l'espèce, la cour dont l'arrêt était attaqué avait rendu un avant faire droit par lequel il était enjoint à la régie de prouver que la cave où avaient été trouvés les vins saisis servait

---

la fraude qui aurait pour objet de dissimuler ces manquants, et que, par conséquent, l'amende réservée par ledit art. 95 est applicable au cas dont il s'agit; — Attendu que le décret du 17 mai 1809 est purement réglementaire et a dû s'en référer pour la fixation de l'amende à une loi préexistante; qu'en effet, l'art. 164 de ce décret renvoie pour le contentieux à la loi du 27 frim. an 8, dont l'art. 11 établit pour toutes les contraventions en matière d'octroi une amende égale à la valeur de l'objet soumis au droit; — Attendu que cette valeur, pour les 28 hect. 50 lit. de bière soustraits au droit, a été arbitrée au procès-verbal à 14 fr. l'hectolitre, en total à 396 fr. 20 c., et que cette évaluation n'a pas été contredite par Floride Deloffre; — Vu l'art. 100 du règlement particulier de l'octroi de Douai, approuvé par ordonnance du roi en date du 9 oct. 1822; les art. 127, L. 8 déc. 1814; 93, 94, 95 et 164, décret 17 mai 1809; 11, L. 27 frim. an 8; 52 c. pén., et 194 c. inst. crim.; — Emendant, condamne Floride Deloffre par corps à l'amende de 396 fr. 20 c., etc.

Du 19 janv. 1835.-C. de Douai, ch. corr.-M. Devinck, f. f. pr.

(1) (Pratviel *C.* min. pub.) — La cour; — Sur le moyen pris tant de la prétendue violation de l'art. 44 de l'ordonn. du 9 déc. 1814, que de la fausse application des art. 127, L. 8 déc. 1814; 93, décr. 17 mai 1809, et 11, L. 27 frim. an 8; — Attendu que le fait, à raison duquel les demandeurs ont été poursuivis, est celui d'avoir, lors du dernier recensement qui avait été fait dans leur entrepôt à domicile, substitué à une futaille remplie d'huile d'olive, de la contenance de 4 hectolit. 50 lit., et prise en charge, une futaille pleine d'eau de la même contenance; — Que cette substitution devait avoir pour résultat de dissimuler des quantités manquantes pour lesquelles les entrepositaires ne représentaient point de certificats de sortie, de retarder indéfiniment le payement des droits qui auraient dû être immédiatement acquittés, et peut-être d'en frustrer totalement l'octroi municipal; — Attendu que les fraudes de ce genre, formellement interdites aux débitants de boissons par l'art. 59, L. 28 avr. 1816, sont implicitement prohibées, en matière d'octroi, par l'art. 93, décr. 17 mai 1809, qui défend aux entrepositaires de faire aucune altération des objets en entrepôt, et par l'art. 95, qui, en cas de déclaration reconnue infidèle, soit à l'entrée soit à la sortie, soit lors des vérifications, visites et récolements que feront les préposés, déclare exigible le droit sur les quantités restant en magasin, sans préjudice de l'amende pour celles soustraites, introduites en fraude, ou trouvées en contravention de toute autre manière; — Que ces dispositions, applicables à l'espèce, se trouvant maintenus par l'art. 127, L. 8 déc. 1814, leur abrogation ne peut s'induire de ce qu'elles n'ont point été textuellement rappelées dans l'ordonnance du lendemain 9 décembre; que si, aux termes de l'art. 44 de cette ordonnance, l'existence des manquants chez un entrepositaire ne suffit pas pour le constituer en contravention, il n'en est pas de même de la fraude qui a pour objet de masquer ce déficit, et d'éluder le payement des droits exigibles; d'où il suit que l'arrêt attaqué, loin de violer l'art. 44 de l'ordonn. du 9 déc. 1814, a fait une juste application des lois et règlements sur la matière : — Rejette.

Du 6 juin 1835.-C. C., ch. crim.-M. Bresson, rap.

(2) (Diemer *C.* Vinkelmann.) — La cour; — Vu l'art. 127 de la loi du 8 déc. 1814, les art. 3 et 11 de la loi du 27 frim. an 8, l'art. 95 du décret du 17 mai 1809, et les art. 51 et 53 du règlement de l'octroi de Mont-Belliard; — Attendu que, d'après l'art. 3 de la loi précitée de l'an 8, les administrations peuvent faire des règlements généraux et locaux pour la perception des octrois; — Qu'en vertu de l'art. 11 de la même loi, les fausses déclarations à la sortie comme à l'entrée sont punies d'une amende égale à la valeur de l'objet soumis à l'octroi; — Que la déclaration à la sortie est également exigée par l'art 95 du décret du 17 mai 1809 et par l'art. 53 du règlement de l'octroi de Mont-Belliard; — Que si l'art. 43 de l'ordonn. du 9 déc. 1814 ne porte pas textuellement la peine de l'amende contre la fausse déclaration à la sortie, cet article se réfère virtuellement à l'article précédent qui la prononce; et que, d'ailleurs, cette sanction pénale a sa base dans l'art. 11 de la loi de l'an 8; — Attendu que l'arrêt attaqué, après avoir reconnu que le prévenu avait fait une fausse déclaration à la sortie, l'a néanmoins renvoyé de la poursuite, sur le motif que ce fait, quelque répréhensible qu'il fût, n'était prévu ni puni par aucune loi; en quoi ledit arrêt a méconnu et violé les dispositions des lois citées ci-dessus; — Par ces motifs, casse.

Du 24 mai 1835.-C. C., ch. crim.-MM. Choppin, f. f. pr.-Ricard, r.

(3) (Beck *C.* cont. ind., etc.) — La cour; — Vu les art. 5, 64 et 65 du décret du 17 mai 1809 (art. 28, 29 et 101 de l'ord du 9 déc. 1814); — Vu les art. 45 et 46 du règlement particulier de l'octroi de Louvain, qui sont conçus dans les mêmes termes que lesdits art. 64 et 65 du règlement général; — Vu aussi l'art. 28 dudit règlement particulier, qui a été approuvé par le ministre des finances, le 21 janv. 1812, lequel article a réservé à déterminer, par un règlement de service intérieur, les formalités nécessaires, tant pour assurer la perception de l'octroi de Louvain, que pour donner la faculté d'en obtenir l'exemption ou la restitution, dans le cas d'exportation; — Considérant que, d'après les termes, tant desdits art. 64 et 65 du décret du 17 mai 1809, que des art. 45 et 46 dudit règlement de l'octroi de Louvain, du 21 janv. 1812, toute fausse déclaration, dans l'espèce, entraîne la saisie totale de l'objet déclaré, et toute soustraction ou décharge frauduleuse, pendant le durée du passe-debout, fait encourir la saisie des objets déchargés, ou une amende égale à leur valeur;

Considérant que ces dispositions sont générales; que, d'après ledit art. 5 du décret du 17 mai 1809, elles ne peuvent être altérées dans aucun règlement particulier ou spécial; et qu'un usage, qui tend à assurer leur exécution et à prévenir leur infraction, n'a rien d'illégal; d'où il suit que lesdites dispositions doivent s'appliquer à toutes les choses soumises à un droit d'octroi, n'importe qu'elles proviennent de l'intérieur ou du dehors du lieu sujet à cet octroi; — Considérant, en fait, que la déclaration faite par le sieur Beek, au bureau central, étant de six poinçons de bière à exporter, et celle faite ensuite au bureau de sortie étant aussi que les six poinçons, dont la voiture présentée à ce second bureau était chargée, contenaient de la bière, tandis qu'au contraire ils renfermaient de l'eau, il en résultait incontestablement, ainsi qu'il a été jugé par la cour, qu'il y avait fausseté, quant à l'espèce, dans la seconde déclaration, et soustraction frauduleuse de la bière au bureau central; ce qui justifie parfaitement les condamnations prononcées par ledit arrêt du 18 juin 1813; — Rejette.

Du 7 janv. 1814.-C. C. sect. crim.-MM. Barris, pr.-Bailly, rap.

(4) (Cont. ind. *C.* l'octroi de Malines.)—La cour; —Vu les art. 26 et 31 de la loi du 24 avr. 1806; —Vu aussi l'art. 26 du décr. du 1er germ. an 13; — Et attendu que, dans l'espèce, il était constaté, par un procès-verbal régulier et non attaqué, que les fermiers de l'octroi avaient à leur garde et en leur possession, dans un local à leur disposition, plusieurs pièces de vin pour lesquelles il n'a pu être représenté de congé; — Que lesdits fermiers, recevant des vins en entrepôt, sont nécessairement assimilés aux facteurs et commissionnaires que la loi assujettit aux exercices des préposés de la régie, et, par conséquent, à l'obligation de représenter les expéditions dont les boissons doivent toujours être accompagnées; — Qu'il était pleinement indifférent que le local, dans lequel les vins dont il s'agit ont été trouvés et saisis, fût ou ne fût pas tenu à loyer par les fermiers de l'octroi, pour lui servir de lieu d'entrepôt; — Qu'il suffisait que ces vins fussent en leur garde et possession, et tenus par eux en entrepôt; — Que ce fait, qui les constituait en contravention, était constaté par le procès-verbal des préposés et par l'instruction; — Que, dès lors, il y avait lieu de prononcer contre lesdits fermiers de l'octroi les peines par eux encourues, et qu'en ne le faisant pas, la cour de justice criminelle des Deux-Nèthes a, par son arrêt du 25 août dernier, formellement contrevenu aux dispositions des lois et décret ci-dessus cités; — Casse.

Du 15 déc. 1808.-C. C., sect. crim.-MM. Barris, pr.-Rataud, rap.

d'entrepôt à l'octroi, ce qui était préjuger que, partout ailleurs que dans le local de l'entrepôt, les fermiers de l'octroi peuvent recevoir des boissons sans être assujettis aux exercices et à l'exhibition des congés. Mais cela paraît trop général ; et nous ne voyons pas en vertu de quelle disposition le fermier de l'octroi qui ferait le commerce de vins, si toutefois cela ne lui est pas interdit par son bail, comme la loi l'interdit aux préposés (V. n° 102), prétendrait à un pareil privilége.

250. Le négociant qui, en cette qualité, déclare que des vins déposés par lui à l'entrepôt le sont pour son compte, est réputé, quant à l'octroi, propriétaire de ces vins et responsable du déficit, lors même que la propriété en serait réclamée par des tiers, cette propriété fût-elle même incontestable (Crim. rej. 12 germ. an 11) (1).

251. Une déduction est accordée pour le coulage des liquides, par l'art. 45 de l'ord. de 1814, en ces termes : « Lors du règlement de compte des entrepositaires, il leur est accordé une déduction sur les marchandises entreposées dont le poids ou la quantité est susceptible de diminuer. Cette déduction, pour les boissons, est la même que celle fixée par l'art. 38 de la loi du 8 déc. 1814, relativement aux droits d'entrée. La quotité doit en être déterminée, pour les autres objets, par les règlements locaux. » — L'art. 38 de la loi de 1814 renvoyait, pour la détermination de cette déduction, à l'art. 90, relatif aux marchands en gros. Ces dispositions furent bientôt remplacées, d'abord par les art. 37 et 103 de la loi de 1816, puis par l'art. 87 de la loi du 25 mars 1817, et les lois du 24 juin 1824, n°s 2 et 3, enfin par la loi du 20 juill. 1837 et l'ordonnance du 21 déc. 1838 (V. Impôts ind., n° 326). — Il a été jugé que la déduction pour ouillage, coulage et affaiblissement de degrés, établie par la loi relative aux contributions indirectes sur les vins, cidres, poirés et autres marchandises susceptibles de diminuer de poids et de quantité, a pu être étendue aux *vinaigres*, par un tribunal qui avait à appliquer un règlement d'octroi, renvoyant, sur ce point, aux règles établies pour la régie des contributions indirectes (Req. 24 mars 1829) (2).

252. Enfin, il a été décidé que la régie de l'octroi ne peut se fonder, pour établir les manquants dans des liquides introduits dans la ville, sur les bulletins de l'administration des contributions indirectes relatifs au recouvrement des droits d'entrepôt dus à cette administration (Rej. 5 avr. 1826, aff. octroi de Cherbourg, V. n° 241-2°).

253. « Dans les communes, porte l'art. 46 de l'ordonnance de 1814, où la perception des droits sur les vendanges, pommes ou poires, ne peut être opérée au moment de l'introduction, l'administration de l'octroi accordera l'entrepôt à tous les récoltants, et sera autorisée à faire faire un recensement général pour constater les quantités de vin, de cidre ou de poiré fabriquées. Les préposés de l'octroi se borneront, dans ce cas, à faire chaque année deux vérifications à domicile, chez les propriétaires qui n'entreposent que les seuls produits de leur cru, l'une avant, l'autre après la récolte. » — Il a été jugé que, si la première visite des employés de l'octroi a eu lieu avant que les vendanges fussent terminées, la présence d'une plus grande quantité de vin à la seconde visite ne peut suffire pour constater la fraude (Crim. rej. 5 prair. an 13) (3).

254. La responsabilité qui pèse sur l'administration de l'octroi, relativement aux marchandises entreposées, est l'objet d'un article spécial. « Dans le cas d'entrepôt réel, porte l'art. 47 de l'ordonnance, les marchandises pour lesquelles il est réclamé sont placées dans un magasin public, sous la garde d'un conservateur et sous la garantie de l'administration de l'octroi, laquelle est *responsable* des altérations ou avaries qui proviennent du fait de ses préposés. » — Ce n'est ici que l'application particulière du principe général des art. 1382 et suiv. c. nap. — On avait été plus loin : on avait prétendu soumettre l'administration de l'octroi aux obligations que les art. 1927 et suiv. font peser sur le dépositaire salarié, en se fondant sur les termes du décret du 30 mars 1808, constitutif de l'entrepôt de Paris.— Mais il a été jugé, contrairement à cette prétention, que l'administration de l'octroi de Paris n'est responsable des marchandises placées dans son entrepôt, et qui en ont disparu ou qui y ont péri, qu'autant qu'il est prouvé qu'elles ont péri par la faute de l'administration ou de ses préposés ; qu'en conséquence, si un certain nombre de pièces d'eau-de-vie ont péri à l'entrepôt, sans qu'il soit constaté que le déficit provienne de la faute de l'administration ou de ses employés, elle a justement été renvoyée de toute action en responsabilité intentée par le propriétaire, dans un tel cas, ce sont les règlements spéciaux de la matière que l'on doit appliquer, et non les art. 1927, 1928, 1932 et 1944 c. nap. (Rej. 12 mai

---

(1) (Chabois et autres.) — LE TRIBUNAL ; — ... En ce qui touche le pourvoi du sieur Michel Chabois, fermier dudit octroi ; — Considérant que la question de propriété des vins saisis élevée par Charmont et Ravier aurait dû demeurer étrangère au procès intenté à Labalme ; que celui-ci ayant déclaré pour son compte les vins par lui entreposés, et ayant fait cette déclaration sous la seule qualité de négociant, lesdits vins doivent, quant à l'octroi, être réputés lui appartenir, et qu'ainsi la propriété de Charmont et Ravier, ne fût-elle pas contestée, et fût-elle incontestable, ne devait point entrer dans les motifs du jugement dont il s'agit ; — Mais considérant que les arrêtés faits en vertu de la loi du 27 frim. an 8, par le préfet du département de Saône-et-Loire, existant au moment de la saisie, n'autorisent cette voie que dans les cas où elle peut s'exercer sur l'objet même de la contravention ; qu'aucune disposition de ces règlements n'admet de saisie préalable pour sûreté d'une amende à requérir ; qu'ainsi, en cas de *déficit* dans un entrepôt, les vins qui s'y trouvent ne peuvent être exposés qu'à saisie-exécution pour sûreté d'une amende prononcée ; que, par conséquent, la saisie dont il s'agit a pu être déclarée nulle, sans contrevenir à aucune loi ni à aucun règlement ; — Rejette.

Du 12 germ. an 11.-C. C., sect. crim.-MM. Viellart, pr.-Liborel, r.

(2) *Espèce :* — (Octroi de Lille C. Stiévenard.) — Le pourvoi du fermier de l'octroi de Lille contre un jugement du tribunal de paix de cette ville, en date du 15 janv. 1828, était fondé sur la fausse interprétation de l'art. 87 de la loi du 25 mars 1817, et de l'art. 31 du règlement de l'octroi, en ce que le juge de paix a appliqué au sieur Stiévenard, entrepositaire de vinaigres, la déduction de 7 p. 100, qui est accordée aux entrepositaires de vins pour frais de coulage, ouillage et affaiblissement.

L'art. 87 de la loi du 25 mars 1817, disait le demandeur, porte : « La déduction sur les vins sera de 7 p. 100. » — Cet article doit donc être restreint au cas spécial qu'il prévoit (celui d'un entrepôt de vin); comment assimiler les vins aux vinaigres? Les premiers sont, dans les lois, qualifiés *boissons*, et on ne saurait donner ce nom aux vinaigres, qui, en effet, n'ont jamais été compris dans cette classe. — Un autre motif rend la loi du 25 mars 1817 inapplicable aux vinaigres ; car la législation, dans cette loi, ne s'occupe que des boissons soumises en même temps aux droits du trésor et de l'octroi, laissant aux règlements locaux le soin de déterminer les formalités à remplir relativement aux objets sujets au droit d'octroi seulement (art. 45, ordon. du 9 déc. 1814) : or, personne n'ignore que les vinaigres sont dans cette dernière catégorie. — Si donc le règlement sur l'octroi de Lille n'établit pas de déduction en faveur des vinaigres, c'est en vain qu'on la chercherait dans la loi du 25 mars 1817. — Arrêt.

LA COUR ; — Sur le moyen résultant d'une fausse interprétation de l'art. 87 de la loi du 25 mars 1817, et de l'art. 31 du règlement pour la perception de l'octroi de la commune de Lille, du 27 nov. 1822 : — Attendu, en droit, que l'art. 31 dudit règlement porte, en termes généraux, que les déductions pour ouillage, coulage et affaiblissement de degrés, seront, pour l'octroi, les mêmes que pour la régie des contributions indirectes ; que cette application d'une déduction pour les mêmes causes est aussi exprimée, en termes généraux, dans l'art. 45 du règlement général pour les octrois, renfermé dans l'ordonnance du roi du 9 déc. 1814, qui l'accorde pour les marchandises entreposées, dont le poids ou la quantité sont susceptibles de diminuer ; que la légalité d'une déduction sur toutes marchandises de ce genre étant une fois établie, il reste à en chercher la proportion légale ; que les lois sur les contributions indirectes, auxquelles renvoient les règlements relatifs aux octrois, quant à la fixation de cette proportion, la déterminent à 7 p. 100 pour les vins, cidres et poirés ; — Attendu qu'à défaut d'une détermination précise, en ce qui concerne les *vinaigres de vin*, le juge de paix de Lille a pu, sans violer aucune loi, appliquer à ces marchandises, également susceptibles de diminuer, la proportion établie pour des marchandises parfaitement analogues ; que, par cette décision, il n'a violé ni faussement appliqué lesdites lois et règlements ; — Rejette.

Du 24 mars 1829.-C. C., ch. req.-MM. Favard, pr.-Borel, rap.-Lebeau, av. gén., c. conf.-Latruffe, av.

(3) (Contrib. ind. C. Schintour.) — LA COUR ; — Attendu que la vendange n'était pas achevée lors de la première visite du préposé de la régie des droits réunis ; qu'ainsi l'on ne peut faire un crime à Nicolas Schintour si, à la seconde visite, il s'est trouvé une plus grande quantité de vin que lors de la première ; — ... Rejette.

Du 5 prair. an 13.-C. C., sect. crim.-MM. Viellart, pr.-Seignette, r.

1830) (1). — Cette décision est juste; car, outre qu'une législation spéciale régit cette matière, l'entrepôt n'est point, comme le défendeur le faisait remarquer, un dépôt salarié, mais un lieu ouvert aux marchands pour y placer leurs marchandises en franchise, moyennant un louage d'emplacement, et non un salaire de garde.

255. Si la faute provient des préposés de l'administration, il n'y a plus de difficulté, la responsabilité est encourue. — Jugé ainsi que l'administration est responsable de la sortie des marchandises de l'entrepôt, si elle n'a pas exigé de celui qui agit au nom de l'entrepositaire la représentation d'un pouvoir régulier (Paris, 20 mai 1828, aff. Cottier, V. Impôts ind., n° 128). —Mais si le mandat, bien que verbal, a été approuvé par le mandant, la responsabilité cesse (Req. 23 mars 1831, aff. Oppermann, V. Mandat, n° 157).

256. Les art. 48 et suiv. de l'ordonnance de 1814 ont trait: 1° aux formalités relatives, soit à la réception des marchandises dans l'entrepôt et à leur inscription par le conservateur (art. 48), soit à leur sortie de l'entrepôt (art. 49), soit à la cession par l'entrepositaire des objets entreposés (art. 50); — 2° Au droit qu'ont les entrepositaires d'entrer à l'entrepôt pour y soigner leurs marchandises et y conduire les acheteurs (art. 51); — 3° Enfin, au dépôt des marchandises refusées par le destinataire et aux frais de magasinage que ce dépôt peut occasionner (art. 52 à 55). — V. plus haut p. 14.

257. L'art. 21 du règlement de l'entrepôt de Paris, du 2 janv. 1814 (rapporté v° Impôts ind., p. 407), porte que les propriétaires ou leurs *fondés de pouvoirs reconnus* pourront seuls demander la sortie de l'entrepôt des boissons à eux appartenant. — Il a été jugé que, de cette disposition, il ne résulte pas que le fondé de pouvoir doive être porteur d'un mandat écrit; il suffit d'un mandat verbal (Req. 23 mars 1831, aff. Oppermann, V. Mandat, n° 157).

258. Si le conseil municipal le demande, les entrepôts à domicile peuvent être supprimés pour les boissons dans les communes sujettes aux droits d'entrée et d'octroi, lorsqu'il y existe un entrepôt public (L. 28 juin 1833, art. 9). — Cette disposition a été déterminée par le motif que les entrepôts à domicile favorisent la fraude, diminuent ainsi les revenus de l'Etat, ceux des communes, et jettent dans la circulation des boissons falsifiées et nuisibles. — V. Impôts ind., n° 140.

259. La suppression des entrepôts fictifs, permise par la loi du 28 juin 1833, peut-elle atteindre ceux qui existaient avant cette loi? — On a soutenu devant le conseil d'Etat que la faculté d'établir un entrepôt à domicile était devenue, pour ceux qui l'avaient obtenue en vertu de la loi de 1816, un droit acquis, une propriété qui ne pouvait leur être enlevée par une loi nouvelle, sans rétroactivité (V. cons. d'Et. 15 août 1834, aff. Anglade, n° 306-4°). — La question n'a pas été résolue; le conseil d'Etat a rejeté la demande par un autre motif. — Nous ne pensons pas que cette prétention soit fondée. C'est là une mesure d'ordre de police intérieure, une simple faculté que l'administration est parfaitement libre de retirer si elle le croit utile à l'intérêt de ses administrés.

260. L'entrepôt de Paris est soumis à un régime spécial déterminé par un assez grand nombre de décrets et d'ordonnances (V. décr. 30 mars 1808, 11 avr. 1813, 5 déc. 1813, 2 janv. 1814; ord. 27 oct. 1819, 17 fév. 1830, 7 janv. 1833, 22 mars 1833). — Ces différents actes, tous relatifs à l'entrepôt des boissons et liquides, ont autant et plus même pour objet les droits d'entrée que les droits d'octroi. C'est pour cette raison qu'ils ont été rapportés v° Impôts ind., p. 403 et suiv. — Un entrepôt spécial pour les objets soumis aux droits d'octroi a été établi par ordonnance des 29 juin-21 juill. 1838 (V. p. 18).

Art. 11. — *Poursuites en payement des droits. — Contrainte. — Restitution de droits indûment perçus. — Ecritures. — Comptabilité.*

261. *Contrainte.* — D'après l'art. 1 du décret du 15 nov. 1810, le recouvrement des droits d'octroi est poursuivi par voie de contrainte contre tous régisseurs, fermiers, receveurs et autres préposés à la recette desdits droits. — De même, il est décerné contrainte, à défaut de payement du droit, contre les personnes

(1) *Espèce:* — (Vassal C. octroi de Paris.) — En 1826, le directeur de l'octroi envoya à la maison Vassal un compte duquel il résultait qu'il restait encore 53 pièces d'eau-de-vie et esprit consignées à l'entrepôt sous son nom. — La maison Vassal fit vérifier ces pièces; mais il ne s'en trouva plus que 13, sans marque ni numéro. Elle assigna alors l'administration en représentation des pièces manquant à l'entrepôt, ou à en payer la valeur. — L'administration répondit qu'elle n'en était pas responsable, attendu qu'il n'était pas prouvé que cette perte provînt de sa faute; qu'elle était, d'ailleurs, le résultat de l'évaporation et du coulage. — Le 6 juill. 1827, jugement du tribunal de la Seine qui: « Attendu, à l'égard des 53 fûts dont aucunes pièces ne constatent la sortie de l'entrepôt, que les entrepositaires sont, par l'art. 14 du règlement, chargés de la conservation des boissons entreposées; que l'administration n'est responsable des pertes et avaries que lorsqu'elles sont prouvées provenir du fait de ses préposés; que rien ne constate que le déficit qui se trouve sur la quantité litigieuse des boissons consignées au nom de la maison Vassal et compagnie, provienne du fait de l'administration ou de ses préposés; la déboute de sa demande, etc. » — Sur l'appel, arrêt de la cour de Paris, du 20 mai 1828, qui confirme.

Pourvoi par la maison Vassal, pour violation du droit commun sur le dépôt, du règlement spécial de l'entrepôt de Paris, et de l'ordonnance royale sur les entrepôts en général. — Aux termes des art. 1927, 1928, 1932 et 1944 c. civ., a-t-on dit pour la maison Vassal et comp., le dépositaire salarié est tenu de garder avec soin la chose déposée, et de la représenter en nature ou valeur, ou de prouver qu'elle a disparu ou péri sans sa faute. Le décret du 30 mars 1808, constitutif de l'entrepôt de Paris, dit que cet entrepôt est un dépôt salarié; par conséquent, l'administration est tenue de représenter les objets qui lui sont confiés ou d'en payer la valeur, ou de prouver que ces objets ont péri sans sa faute ni celle de ses préposés. Le règlement du 2 janv. 1814, particulier à cet entrepôt, loin de déroger à ces principes, les confirme par les art. 14, 16 et 28; ils sont encore consacrés par l'ordonnance du 9 déc. 1814, sur les entrepôts en général. — En fait, l'administration de cet entrepôt étant chargée des 53 pièces d'esprits dont il s'agit, et ne prouvant pas qu'elles eussent disparu ou péri par force majeure et sans sa faute, elle devait en être responsable, sans aucun doute. Cependant l'arrêt attaqué a jugé le contraire. — La défense de l'administration consiste à dire que ces liquides ont péri par l'évaporation, le coulage et le fait des entrepositaires. Mais il est impossible que 53 pièces d'esprits aient péri de la sorte, car, s'il en était ainsi, l'administration représenterait les fûts vides, ce qu'elle n'a jamais fait. Ainsi elle ne peut se soustraire à la responsabilité. En jugeant le contraire, la cour de Paris a donc violé les lois invoquées.

M. le préfet de la Seine a répondu que l'entrepôt de Paris n'était point un dépôt salarié; que, par conséquent, les principes du code civil ne lui étaient pas applicables; — Que, d'après le décret de 1808, ce n'était qu'un lieu ouvert aux marchands pour placer leurs marchandises en franchise, moyennant un louage de l'emplacement, et non un salaire de garde; — Que, d'après les art. 14, 15, 16, 21 et 28 du règlement du 2 janv. 1814, qui régissent cet établissement, le soin de la conservation des marchandises entreposées est à la charge des entrepositaires; que, par suite, l'administration ne peut être responsable des pertes et avaries qu'autant qu'il serait prouvé qu'elles proviennent de sa faute ou de celle de ses préposés; — Qu'une telle preuve n'ayant pas été faite, il n'y avait lieu, dès lors, à aucune responsabilité contre elle; — Qu'au surplus aucune loi n'obligeait l'administration à rendre compte des fûts; que, d'ailleurs, cela serait impossible, parce que les entrepositaires étant chargés de la conservation de leurs marchandises, il leur est permis de faire entrer et sortir librement des fûts vides; qu'ils sont même obligés de les faire sortir, sans quoi l'entrepôt serait encombré; — Que, du reste, l'art. 47 de l'ordonnance du 9 déc. 1814 n'est pas applicable à l'entrepôt de Paris, puisque l'art. 102 porte qu'il sera fait, à son égard, un règlement particulier. — Arrêt (ap. dél. en ch. du cons.)

La cour; — Attendu que l'arrêt n'a pas jugé, en droit, que l'administration de l'octroi ne soit chargée de la garde des eaux-de-vie et esprits régulièrement introduits et reçus dans son entrepôt, ni qu'elle ne soit tenue de les représenter en nature ou d'en payer la valeur, s'ils ont disparu ou péri par sa faute ou par celle de ses préposés; qu'il a seulement décidé que, d'après le règlement spécial de cet entrepôt, les entrepositaires sont chargés de la conservation des boissons entreposées; que l'administraton n'est responsable des pertes et avaries qu'elles éprouvent que lorsqu'elles sont prouvées provenir de son fait ou de celui de ses préposés, et que rien ne prouve que le déficit qui se trouve sur la quantité litigieuse des boissons consignées dont il s'agit soit sorti de l'entrepôt et provienne du fait de l'administration ou de ses préposés; — Qu'ainsi, en déchargeant l'administration de la demande de ce déficit, de même que de la représentation des fûts vides, dont aucune loi ne l'obligeait de rendre compte, l'arrêt n'a contrevenu à aucune loi; — Rejette.

Du 12 mai 1830.-C. C., ch. civ.-MM. Portalis, 1er pr.-Cassaigne, rap.-Joubert, av. gén., c. conf.-Nicod et Latruffe, av.

qui récoltent, préparent ou fabriquent dans l'intérieur d'un lieu sujet des objets compris au tarif (ord. de 1814, art. 36), ou contre les entrepositaires (art. 44). Dans tous les cas, ces contraintes sont exécutoires sans opposition et sans y préjudicier (mêmes articles; loi du 28 avr. 1816, art. 239; circ. de la rég., 13 juill. 1812; V. M. Dareste, Ann. des oct., p. 260). — Les contraintes contre les régisseurs, fermiers, etc., sont décernées par le receveur municipal, visées par le maire et rendues exécutoires par le juge de paix du canton où est située la commune. Elles sont signifiées au nom du maire, et exécutées conformément au tit. 13 du liv. 3, 1re part., c. pr. (décr. 15 nov. 1810, art. 2).

262. Les contraintes contre les redevables sont décernées par les receveurs chargés de la perception de l'octroi, visées soit par le maire ou le préposé en chef de l'octroi et rendues également exécutoires par le juge de paix. Elles sont faites à la requête du maire, si l'octroi est en régie simple; du fermier, s'il est affermé; du maire et du régisseur à la fois, s'il est en régie intéressée; du maire et du directeur des contributions indirectes, si un abonnement a été passé avec cette régie. Dans les trois premiers cas, elles ont lieu poursuite et diligence du préposé en chef ou principal de l'octroi; dans le dernier, poursuite et diligence du directeur seul (circ. 13 juill. 1812; V. M. Dareste, p. 43 et 71). — Elles entraînent la contrainte par corps (V. L. 17 mai 1832, art. 9, 10, 11, vº Contrainte par corps, nos 372 et suiv.; V. aussi décr. 17 mai 1809, art. 123; 15 nov. 1810, art. 1). — On trouvera du reste, vº Contrainte admin., les règles générales relatives à la forme et aux effets de ces actes.—V. aussi vis Enregistr., nos 5643 et suiv.; Impôts ind., nos 144 et suiv.

263. Il a été jugé spécialement, en matière d'octroi : 1º que le droit de décerner des contraintes accordé par l'arrêté du ministre de l'intérieur, du 18 germ. an 11, aux régisseurs intéressés de l'octroi de Paris, ne peut être étendu aux préfets (cons. d'Et. 10 nov. 1807, aff. Lemoine, V. Contr. admin., nº 14); — 2º Que, dans les villes où l'octroi est régi par une administration spéciale et particulière, et spécialement à Caen, les contraintes sont valablement décernées par le receveur de l'octroi avec le visa du maire, et rendues exécutoires par le juge de paix (trib. de Caen, 11 fév. 1846, aff. Boissée, D. P. 46. 3. 93).

264. Le décret du 17 mai 1809, art. 164, n'autorisant qu'une poursuite unique suivant les formes prescrites par la loi du 5 vent. an 12 lorsque la contestation porte à la fois sur des droits d'octroi et des contributions indirectes (V. nos 356, 382), on doit en induire que dans un tel cas une seule contrainte doit être décernée à la requête du directeur des contributions indirectes (circ. 13 juill. 1812).

265. Enfin, il a été décidé que la demande formée par un maire en payement de droits d'octroi doit être rejetée s'il ne produit, pour la justifier, qu'une pièce sur feuille volante, certifiée conforme aux registres seulement par le contrôleur de l'octroi, et signée par le directeur; une pareille pièce ne peut faire la même foi que les registres de l'octroi : — « Attendu, sur le premier moyen, que la pièce produite par le demandeur, pour établir légalement son action, n'a pas pu faire en justice la même foi que les registres, s'ils avaient été représentés; qu'elle n'a aucun caractère d'authenticité; qu'elle n'est même pas certifiée conforme aux registres par des personnes ayant qualité pour cela; qu'elle n'est qu'une feuille volante, et qu'en la rejetant comme insuffisante, et renvoyant le défendeur de l'action du demandeur, comme non légalement justifiée, le tribunal civil de Carcassonne n'a pas violé les art. 1315 et 1317 c. civ.; qu'il s'est, au contraire, conformé à leurs dispositions; rejette » (Ch. civ. 4 août 1828, MM. Brisson, pr., Larivière, rap., aff. maire de Carcassonne C. Cazanave).—V. Obligations, nº 5119-1º.

266. *Prescription*. — A défaut de disposition de la législation spéciale sur délai de la prescription à laquelle les droits d'octroi sont assujettis, on doit décider, avec MM. Girard et Fromage, édit. 1860, p. 426, que les actions de la commune contre les redevables en payement des droits dus par ceux-ci, ne sont éteintes que par la prescription du droit commun, c'est-à-dire la prescription trentenaire. — L'art. 50 de l'arrêté du 1er germ. an 13, portant que la prescription est acquise aux redevables contre la régie pour les droits que ses employés n'auraient pas réclamés dans l'espace d'un an, à compter de l'époque où ils étaient exigibles (V. Impôts ind., nº 453), est spécial aux contributions indirectes, et ne peut, quelle que soit l'analogie, être étendue aux matières d'octroi.

267. *Restitution de droits illégalement perçus*.—Lorsqu'un droit a été indûment perçu, la restitution peut en être réclamée, et la demande doit être formée dans les six mois (L. 28 avr. 1816, art. 247). Ce délai court à dater de la perception. — Il a été jugé par suite : 1º que la restitution des droits d'octroi, illégalement perçus, s'applique non-seulement aux droits perçus à partir de l'action en restitution, mais encore à ceux perçus dans le délai de six mois fixé pour la prescription de cette action (Cass 6 déc. 1848, aff. fabr. de savon de Marseille, D. P. 49. 1. 29); — 2º Qu'on ne saurait refuser la restitution sous prétexte que le fabricant qui a payé indûment les droits s'en est trouvé indemnisé par le prix auquel il a vendu ses produits (même arrêt);—3º Que lorsqu'il s'agit d'objets non destinés à la consommation locale, on peut éviter le payement des droits en réclamant la faculté d'entrepôt, de sorte que lorsque cette faculté n'a pas été réclamée, le droit a été régulièrement perçu, et il n'y a pas lieu à restitution (motif, Rej. 2 fév. 1848, aff. maire de Roubaix, D. P. 48. 1. 59); — 4º Que le jugement qui ordonne la restitution des droits d'octroi indûment perçus par une ville, peut faire défense à cette ville de percevoir les mêmes droits à l'avenir; ce n'est pas là prononcer par voie de disposition générale et réglementaire (Req. 6 mai 1862, aff. ville de Périgueux, D. P. 62. 1. 482). — MM. Girard et Fromage pensent que l'action en restitution de droits indûment perçus n'est soumise qu'à la prescription du droit commun, c'est-à-dire à la prescription trentenaire. Mais cela nous paraît une erreur. L'art. 247 de la loi du 28 avr. 1816, qui fixe le délai de l'action en restitution, se trouve au tit. 7 de la loi de 1816 sous la rubrique *Dispositions générales*, et se réfère, par conséquent, ainsi que le dit un arrêt à l'occasion de l'art. 237 placé sous la même rubrique (Crim. cass. 5 sept. 1834, aff. octroi de Colmar, nº 220), à tout ce qui précède, aux octrois comme aux contributions indirectes.—Sur cette prescription spéciale, V. Imp. ind., nº 453.

268. *Écritures et comptabilité des octrois*.— « Tous les registres employés à la perception ou au service de l'octroi seront à souche. Les perceptions ou déclarations y seront inscrites sans interruption ni lacune. Les quittances ou expéditions qui en seront détachées continueront à n'être marquées que du timbre de la régie des impositions indirectes, dont le prix, fixé par la loi à 5 cent. (à 10 cent. d'après l'art. 243 de la loi de 1816), sera acquitté par les redevables et son produit versé dans les caisse de la régie » (ord. de 1814, art. 66). — Décidé que le droit de 10 cent. réclamé pour les quittances délivrées par un octroi aux contribuables n'est pas un prélèvement interdit par la loi du 28 avr. 1816 (V. nº 280), il n'est que le remboursement des droits dus à l'enregistrement pour droit de quittance (cons. d'Et. 14 juill. 1819, M. de Bellisle, rap., aff. ville de Bourges).

269. Lorsqu'il s'agit d'articles de peu de valeur, la régie des contributions indirectes peut autoriser la délivrance des quittances sur papier non timbré. Ces quittances s'inscrivent sur un registre dit de petit comptant (circ. contr. ind. 4 sept. 1819). — D'après une décision du ministre des finances, en date du 2 avr. 1816, l'exemption du timbre ne serait accordée que pour les articles de perception dont le droit n'excéderait pas 1 fr.

270. Les recettes de l'octroi, dit l'art. 67 de l'ord. de 1814, seront versées à la caisse municipale tous les cinq jours au moins (V. toutefois l'art. 157 de la loi de 1816) et plus souvent même dans les villes où les perceptions seront importantes.

271. La régie des impositions indirectes est chargée de déterminer le mode de comptabilité des octrois, ainsi que la forme et le modèle des registres, expéditions, bordereaux, comptes et autres écritures relatives au service des octrois : elle fait la fourniture de toutes les impressions nécessaires, sur la demande des maires (ord. de 1814, art. 68).— Tous les registres servant à la perception des droits d'entrée sur les vins, cidres, poirés, esprits et liqueurs, aux déclarations de passe-debout, de transit, d'entrepôt et de sortie pour les mêmes boissons; ceux employés pour recevoir les déclarations de mise de feu de la part des brasseurs et distillateurs; enfin, les registres portatifs tenus pour l'exercice des redevables soumis en même temps aux droits d'octroi et à ceux dus au trésor, sont communs aux deux services. La moitié des dépenses relatives à ces registres est supportée par l'octroi et payée sur les mémoires dressés par la régie des impositions indirectes, approuvés par le ministre des finances (ord. de 1814, art. 69).—Il a été jugé que les avances que la régie des contributions est chargée de faire pour l'impression des registres communs avec l'octroi d'une ville n'empêche pas qu'elle ne puisse en réclamer la moitié de l'octroi auquel ils ont servi en commun (cons. d'Et. 14 juill. 1819, M. de Bellisle, rap., aff. ville de Bourges).

272. Les registres autres que ceux dont l'usage est commun aux octrois et aux droits d'entrée doivent être cotés et parafés par le maire : ils sont arrêtés par lui le dernier jour de chaque année, déposés à l'administration municipale et renouvelés tous les ans. A l'égard des autres registres, les maires peuvent en prendre communication sans déplacement, et en faire faire des extraits pour ce qui concerne les recettes des octrois (ord. de 1814, art. 70).

273. Les états et bordereaux de recettes et de dépenses des octrois, porte l'art. 71 de l'ord. du 9 déc. 1814, seront dressés aux époques qui auront été déterminées par la régie des impositions indirectes. Un double de ces états et bordereaux, signé du maire, sera adressé au préposé supérieur de cette régie, pour être transmis au directeur du département, et par celui-ci à son administration.

274. L'art. 72 de l'ordonnance portant : Les comptes d'octroi seront rendus par le receveur aux maires, et arrêtés par ces derniers dans les trois mois qui suivront l'expiration de chaque année, a été rapporté par l'ord. du 23 juill. 1826 (V. p. 17). — Suivant cette dernière ordonnance, les receveurs municipaux sont comptables de la totalité des recettes et des dépenses des octrois et en rendent compte aux mêmes époques et dans les mêmes formes que pour les autres recettes et dépenses communales (art. 1). — En conséquence, il ne sera plus établi de comptes particuliers pour cette branche de revenus (art. 2). — Lorsque l'octroi n'est ni affermé ni en régie intéressée, les receveurs municipaux doivent produire à l'appui de leur gestion les pièces justificatives du produit brut et des frais de perception. — Lorsqu'il est en régie intéressée, ils doivent, outre les justifications ordinaires de la recette et des frais, produire, selon les cas, le compte provisoire de fin d'année ou le compte définitif de fin de bail, des bénéfices partagés avec le régisseur, conformément au décret du 17 mai 1809. — Lorsque l'octroi est affermé, ces comptables n'ont à justifier que des versements dus et effectués par le fermier, suivant les conditions du bail (art. 3).

275. D'après une décision du conseil d'Etat, les comptes de deux exercices, en matière d'octroi, ne peuvent être réunis en une seule comptabilité; ils doivent être établis pour chaque année d'après les recettes effectives qui appartiennent à ladite année . peu importe, d'ailleurs, que le retard éprouvé pour reconnaître le montant des droits exigibles et l'insolvabilité survenue de certains contribuables aient occasionné des pertes au fermier; ces pertes peuvent bien donner lieu de sa part à une demande en indemnité, mais elles n'autorisent pas le conseil de préfecture à intervertir l'ordre de la comptabilité, en ajoutant au chapitre de recette des produits qui n'auraient pas été effectivement réalisés pendant l'année à laquelle ils semblaient appartenir (cons. d'Et. 8 sept. 1819, M. de Bellisle, rap., aff. ville de Dijon C. Brunel). — Les frais de révision des comptes provoqués par la ville et dans son intérêt doivent être supportés par elle lorsque cette révision n'a procuré aucune rectification qui pût faire accuser le fermier de négligence ou d'infidélité dans la reddition de ses comptes (même décision).

276. Le jugement des comptes doit avoir lieu conformément aux règles tracées pour la comptabilité communale. Ainsi, les comptes sont apurés par les conseils de préfecture pour les communes dont les revenus n'excèdent pas 30,000 fr., sauf recours à la cour des comptes, et par cette cour, pour les communes dont le revenu excède cette somme (L. 18 juill. 1837, art. 66, V. Commune, nos 619 et suiv.).

277. Aux termes du décret du 8 fév. 1812, les comptes des octrois de Paris devaient être discutés en conseil municipal avant d'être soumis au directeur général des droits réunis. — Il a été jugé, toutefois, que l'omission de cette formalité n'infirme pas le quitus donné au receveur et approuvé par le directeur général des droits réunis, si le cautionnement a été remboursé et les inscriptions levées, sans réclamation de la ville, et si les pièces justificatives ont été, après leur remise, altérées ou détruites par des événements étrangers au receveur (cons. d'Et. 7 mars 1821, M. de Maleville, rap., aff. Bouglé C. ville de Paris). — Depuis que l'administration des octrois a été rendue à l'autorité municipale, ces formalités ne doivent plus être suivies (V. ord. 23 juill. 1826). — Ainsi, il a été jugé que la loi du 8 déc. 1814 et les règlements postérieurs ont rendu à l'administration municipale, en matière de comptabilité, les attributions données par la législation antérieure au directeur général des droits réunis, réservant seulement à ce dernier un droit de surveillance (cons. d'Et. 7 mars 1821, M. Jauffret, rap., aff. Herbinot C. ville de Paris), et qu'à Paris, par exemple, le conseil municipal est chargé, par l'art. 7 de l'ord. du 23 déc. 1814, de recevoir et d'arrêter les comptes d'octroi, sans distinction (même décision).

278. Jugé enfin qu'un receveur d'octroi dont la caisse présente un déficit ne peut prétendre être déchargé de ce déficit sur le motif que la somme qui le compose aurait disparu par force majeure, qu'autant qu'il justifie de cette force majeure et des précautions qu'il a prises pour empêcher l'enlèvement des deniers à lui confiés (cons. d'Et. 20 avr. 1835, aff. Granville, V. Trésor publ., no 902-4°; 5 déc. 1837, aff. Leramey, *eod.*).

Art. 12. — *Prélèvement du dixième au profit du trésor. Frais de casernement.*

279. *Prélèvement du dixième.* — De tous temps, l'Etat a prélevé à son profit une part des revenus de l'octroi. On a vu, no 4, que ce prélèvement, qui avait varié, était en général de la moitié des produits.—Lors du rétablissement des taxes locales, en l'an 5, le nouveau système d'impôts et les opinions dominantes de cette époque permettaient difficilement de semblables mesures; toutefois les besoins de l'Etat devaient bientôt ramener leur rétablissement. En effet, en l'an 11, et alors que le pouvoir, imbu de tout autres idées que ceux qui l'avaient précédé, était poussé par la force des choses à chercher l'augmentation des revenus publics, un arrêté des consuls, du 24 frimaire, obligea toutes les villes de plus de quatre mille âmes à verser au trésor public un vingtième du produit de leur octroi ; puis la loi du 24 avr. 1806 éleva ce prélèvement au dixième. — La loi du 8 déc. 1814, art. 126, l'ord. du 9 déc. 1814, art. 73, la loi du 28 avr. 1816, art. 153, conservèrent à leur tour ce revenu au trésor. — On motivait cette perception sur le dédommagement qui devait être accordé à l'Etat, dont les recettes se trouvaient souvent atténuées par l'établissement des droits d'octroi (avis cons. d'Et. 12 juill. 1823). — Aujourd'hui ce prélèvement n'existe plus, il a été supprimé par le décret du 17 mars 1852, art. 25 ; nous ne ferons donc que rappeler très-brièvement les décisions auxquelles ce droit a donné lieu.

280. Aux termes de l'art. 153 de la loi du 28 avr. 1816, qui a remplacé l'art. 73 de l'ord. de 1814, « le produit net des octrois, dans toutes les communes où il en est perçu, sera soumis, au profit du trésor, à un prélèvement de 10 p. 100, à titre de subvention, pendant la durée de la présente loi. »—A compter du 1er juill. 1816, ajoutait le dernier paragraphe de cet article, il ne pourra être fait aucun autre prélèvement, soit sur le produit net des octrois, soit sur les autres revenus des communes, sous quelque prétexte que ce soit, et en vertu de quelques lois et ordonnances que ce puisse être. — Mais, il a été jugé que cette interdiction n'empêche pas que la régie prélève le remboursement des frais qu'elle a faits pour les exercices (cons. d'Et. 28 juill. 1819, M. de Bellisle, rap., aff. ville de Rochefort C. contrib. ind.; Conf. cons. d'Et. 14 juill. 1819, M. de Bellisle, rap., aff. ville de Bourges), ... ou ne réclame la moitié des frais des registres qui ont été employés au service commun des impôts indirects et des octrois (V. no 271).—Cette disposition ne s'applique pas non plus aux frais de casernement et des lits militaires, lesquels sont mis à la charge des communes en compensation des droits d'octroi que les communes perçoivent sur les objets servant à la consommation des troupes (V. n° 293).— V. aussi n° 268.

281. Le prélèvement du dixième, au profit du trésor, n'avait lieu que déduction faite : 1° du montant de la contribution mobilière dans les villes où elle est remplacée par une addition à l'octroi (L. 28 avr. 1816, art. 153, V. Impôts dir., n° 244); — 2° De l'abonnement consenti par la régie, en remplacement du droit de détail (même article, V. Imp. ind., n° 260); — 3° De dettes arriérées causées par les événements de 1813, 1814, 1815, pourvu que, pour l'acquittement de ces dettes, il eût été créé des taxes additionnelles à l'octroi (L. 25 mars 1817, art. 47; L. 15 mai 1818, art. 47); — 4° Du produit des centimes additionnels que les villes étaient autorisées à ajouter temporairement aux tarifs de leurs octrois, pour subvenir à des dépenses d'utilité publique ou pour se libérer d'emprunts (L. 17 août 1822, art. 16); — 5° Enfin, et bien que cela ne résulte pas d'un texte de loi, des frais de premier établissement, entretien ou renouvellement de bureaux, pataches, mobilier, clôtures, et ceux de perception et recouvrement de toute espèce (M. Dareste, Annales des contr. ind., t. 2, p. 112). — Mais on ne devait pas déduire du produit brut de l'octroi les frais de casernement payés par la ville pour les troupes qui en forment la garnison (Cass. 25 mars 1840, aff. ville de Besançon, V. Commune, n° 437).

282. L'exemption prononcée par la loi du 17 août 1822 (V. n° 281-4°) ne devait porter que sur toute taxe *additionnelle*, imposée *temporairement* aux octrois, quand elle était destinée à subvenir à des dépenses *temporaires* qui n'étaient pas susceptibles de se renouveler; au contraire, toute taxe dont la durée n'était pas fixée et destinée à subvenir à des charges locales et à des dépenses d'entretien et de réparation ou autres susceptibles de se renouveler, était passible du prélèvement (av. cons. d'Et., com. des fin. 12 juill. 1825). — Il a été décidé en conséquence que la taxe imposée sur un objet (la volaille) qui, jusqu'alors, n'avait pas été compris dans le tarif de l'octroi, est un droit nouveau, qui ne peut être considéré comme centimes additionnels, et, par suite, être exempté du prélèvement du dixième (cons. d'Et. 4 juill. 1827, M. Feutrier, rap., aff. ville de Metz C. contrib. ind.); qu'il en est de même de l'augmentation des droits sur la bière, opérée dans le but de donner des secours aux hospices, ou de favoriser la consommation du vin du département (même ord.).

283. D'après la jurisprudence du conseil d'Etat, l'art. 16 de la loi du 17 août 1822 n'avait entendu affranchir du prélèvement du dixième au profit du trésor que les centimes additionnels temporairement ajoutés par les villes au tarif de leur octroi, pour subvenir à des dépenses d'une utilité publique *générale*, à la différence de ceux affectés à des dépenses d'une utilité publique purement *locale*.—Ainsi, il a été décidé qu'il y avait lieu d'exempter du prélèvement du dixième, conformément à l'art. 16 de la loi du 17 août 1822, le produit des centimes additionnels qu'une ville a été autorisée à ajouter au tarif de son octroi, pour subvenir : 1° au pavage entier et à neuf de cette ville, car c'est là une dépense extraordinaire et temporaire (cons. d'Et. 4 juill. 1827, M. Feutrier, rap., aff. ville de Metz C. contrib. ind.); — 2° Aux dépenses faites pour la construction d'un entrepôt de douanes, d'un champ de manœuvres, d'un chemin de grande communication, et même celles relatives à l'échange d'un hospice et à une subvention pour l'Hôtel-Dieu (cons. d'Et. 8 avr. 1846, M. Marchand, rap., aff. ville d'Orléans); — 3° A la translation d'un marché aux grains d'un local dans un autre, à l'appropriation de certains bâtiments pour l'hôtel de ville et à la reconstruction d'un pont sur une rivière (cons. d'Et. 21 mai 1847, M. Marchand, rap., aff. ville de Melun); — 4° A l'acquisition de deux maisons destinées, l'une à l'école normale primaire, l'autre à servir de succursale à l'école des frères de la doctrine chrétienne (cons. d'Et. 26 juill. 1851, M. Louyer-Villermay, rap., aff. ville de Bourges); — 5° A l'établissement d'une école primaire supérieure, d'une école communale de garçons, d'une école primaire de filles et d'une salle d'asile, à la reconstruction d'une salle d'asile, à l'établissement d'un collége provisoire, à la construction d'un débarcadère provisoire pour le chemin de fer, à l'élargissement d'un pont, à la construction d'une voûte sur un canal (cons. d'Et. 16 fév. 1854, M. Gaslonde, rap., aff. ville de Lille).

284. Mais il en est autrement des taxes destinées : 1° à l'établissement de halles et d'abattoirs (cons. d'Et. 20 nov. 1845, M. Louyer-Villermay, rap., aff. ville de Versailles; 5 fév. 1849, M. Louyer-Villermay, rap., aff. ville de Nancy; 26 juill. 1851, même rap., aff. ville de Bourges), — 2° A la construction d'une serre au jardin des plantes, aux travaux de pavage, de nivellement et d'établissement d'un aqueduc dans l'une des rues de la ville, et aux indemnités à payer aux propriétaires à raison de ces travaux (cons. d'Et. 8 avr. 1846, M. Marchand, rap., aff. ville d'Orléans); — 3° A l'agrandissement d'une salle de spectacle, à un dépôt de pompes à incendie et à l'appropriation d'un nouveau local pour les sapeurs-pompiers, à l'établissement d'une place publique, à la construction d'aqueducs, à l'agrandissement du cimetière et à l'érection d'un calvaire dans ledit cimetière, à la construction d'une fontaine publique..., toutes ces dépenses n'étant pas des dépenses d'utilité publique dans le sens de l'art. 16 de la loi du 17 août 1822 (cons. d'Et. 16 fév. 1854, M. Gaslonde, rap., aff. ville de Lille).

285. Cette interprétation, qui était contraire à la jurisprudence adoptée par le conseil d'Etat en matière de travaux communaux, travaux qu'il n'hésite pas depuis longtemps à assimiler d'une manière complète aux travaux entrepris dans un but d'utilité générale, du moins en ce qui concerne la compétence (V. Travaux publics, n° 1275), n'était justifiée ni par le texte ni par l'esprit de la loi. — Aussi a-t-elle été vivement critiquée. Dans le but de mettre un terme à la distinction si peu fondée que le conseil d'Etat avait fait prévaloir, la chambre des députés inséra, par voie d'amendement, dans le budget de 1847, une disposition par laquelle il fut décidé que l'exemption prononcée par l'art. 16 de la loi de 1822 serait applicable toutes les fois que les taxes additionnelles concerneraient des objets d'utilité publique, *générale* ou *locale*, et qu'elles seraient spécialement affectées à des dépenses temporaires ou accidentelles. — Le conseil d'Etat n'a pas considéré cette loi comme portant interprétation de celle de 1822, et par conséquent comme devant s'appliquer aux taxes votées par les communes antérieurement à cette loi : on voit, en effet, plusieurs décisions rendues par lui postérieurement à 1846 qui maintiennent la jurisprudence antérieure; c'est que, dans ces espèces, il s'agissait de taxes additionnelles établies avant la loi de 1846 (V., par exemple, 5 fév. 1849, aff. ville de Nancy; 26 juill. 1851, aff. ville de Bourges; 16 fév. 1854, aff. ville de Lille, cités aux numéros précedents).

286. Il a été décidé aussi : 1° que lorsque le produit du décime et des taxes additionnelles autorisées au tarif d'octroi d'une ville a été affranchi par une ordonnance royale du prélèvement de 10 p. 100 au profit du trésor, à la condition d'être exclusivement affecté à l'amortissement d'un emprunt spécial, le bénéfice des dispositions de cette ordonnance ne peut être étendu à des emprunts autres que celui qu'elle a formellement désigné (cons. d'Et. 27 mai 1846, M. Villermay, rap., aff. ville de Rennes); — 2° Que l'exemption résultant de la loi de 1822 ne pouvait pas s'appliquer à des taxes additionnelles destinées à pourvoir à une dépense non autorisée (cons. d'Et. 26 juill. 1851, M. Louyer-Villermay, rap., aff. ville de Bourges).

287. L'ordonnance qui approuve l'établissement des taxes d'octroi additionnelles votées par le conseil municipal, sous le bénéfice de l'exemption du dixième réservé au trésor, conformément aux dispositions de l'art. 16 de la loi du 17 août 1822, doit leur conserver le caractère qui leur a été attribué par le vote du conseil municipal. — Dès lors, l'ordonnance qui, en les approuvant, les soumet à la perception du dixième, est susceptible d'être attaquée par la voie contentieuse (cons. d'Et. 16 déc. 1842, aff. ville de Troyes, V. n° 337-1°, et les arrêts cités *eod.*).

288. Le prélèvement du dixième des droits d'octroi d'une commune au profit du trésor public, constitue une véritable imposition, laquelle, à ce titre, ne peut être effectuée qu'en vertu d'une loi; d'où il suit que lorsqu'une surtaxe des droits d'octroi a été perçue par l'octroi d'une ville, sans avoir été régulièrement autorisée, l'Etat n'est pas fondé à réclamer le prélèvement du dixième sur cette surtaxe illégale (Civ. rej. 27 janv. 1834) (1).

(1) (Contrib. ind. C. ville de Voiron.) — La cour (ap. dél. en ch. du cons.);—Attendu qu'il s'agissait dans la cause d'une contestation sur le

289. Les art. 74, ord. 9 déc. 1814, et 157, loi du 28 avr. 1816, sont relatifs au mode de versement du dixième dans les caisses de la régie (V. p. 14, 16).—Il a été jugé, par application des art. 157 et 250 de la loi de 1816 : 1° que le payement du dixième des droits d'octroi réservé à l'Etat doit, alors même que ces droits ont été affermés, être poursuivi par la régie des contributions indirectes contre le receveur municipal, et non point directement et par voie de contrainte, contre le fermier de l'octroi ou sa caution solidaire, qui n'a contracté dans son bail d'obligations qu'envers la municipalité... Il en est ainsi surtout quand, des événements politiques ayant suspendu la perception des droits, il a été rendu contre la municipalité, sur la demande du fermier, un jugement qui a modifié ses obligations et fixé (sauf compte à faire à la fin du bail) les sommes qu'il verserait chaque mois à la caisse municipale (Civ. rej. 20 avr. 1836) (1); — 2° Que, lorsqu'une contrainte a été décernée par la régie contre le fermier d'un octroi, en payement du dixième des sommes perçues, les tribunaux peuvent, sur l'opposition du fermier, qui soutient n'être point obligé au payement de ce dixième, surseoir à l'exécution de la contrainte : ici ne s'applique pas l'art. 239 de la loi du 28 avr. 1816, portant qu'à défaut de payement des droits, il sera décerné contre les redevables des contraintes qui seront *exécutoires nonobstant opposition*, et sans y préjudicier : cette disposition ne concerne que les redevables directs des droits de la régie, comme les débitants, et non pas les redevables du droit du dixième, qui s'opère, au profit de la régie, sur les droits d'octroi (même arrêt).

290. Le budget d'une commune, même approuvé par ordonnance royale, qui réduit le montant du dixième dû au trésor à un taux inférieur aux années précédentes, ne peut être opposé à la régie des contributions indirectes (Cass. 25 mars 1840, aff. ville de Besançon, V. Commune, n° 561).

291. Enfin, il a été jugé que si une ville a été abonnée pour le dixième du produit de son octroi pendant les années 1811, 1812, 1813 et 1814, et qu'une ordonnance réglementaire intervenue pendant la dernière année a décidé que l'abonnement cesserait d'avoir son effet à partir du 1er janv. 1815, il faut décider qu'il a été formellement reconnu et conservé jusqu'à cette époque, encore bien qu'il eût été consenti irrégulièrement (cons. d'Et. 19 mars 1825, M. Tarbé, rap., aff. ville de Paris *C.* min. des fin.).

292. Le décret du 17 mars 1852, art. 25, a, comme on l'a déjà dit, supprimé entièrement ce prélèvement du dixième. Il est ainsi conçu : « A dater du 1er mai prochain, le prélèvement de 10 p. 100 attribué au trésor public sur le produit net des octrois sera supprimé. — Les taxes quelconques d'octroi, autres que les taxes additionnelles et temporaires dont le produit est maintenant affranchi du prélèvement de 10 p. 100, seront simultanément et de plein droit réduits d'un dixième. — Relativement aux octrois affermés, les dispositions qui précèdent ne seront appliquées que lors de l'expiration ou de la résiliation des baux actuellement en vigueur. » — Ce décret aura probablement pour résultat, dit le Dict. d'écon. pol., v° Octroi, de réduire dans une certaine mesure, l'usage assez fréquent des taxes additionnelles à l'octroi précédemment exemptés des prélèvements du dixième.

293. *Frais de casernement.* — La dépense des lits militaires, dans toutes les communes qui reçoivent des droits d'octroi sur les objets de consommation des troupes qui occupent ces lits, est supportée par les communes au profit desquelles ces droits sont perçus (décr. 7 août 1810, art. 3 et 4). — Le législateur, en prescrivant ce prélèvement, n'a pas voulu créer à l'Etat un revenu aux dépens des villes, mais lui procurer un juste remboursement du surcroît de dépenses que lui occasionnent, pour la consommation des troupes, les droits d'octroi perçus par les communes où ces troupes sont casernées (circ. min. int. 7 sept. 1836, V. Commune, n° 438).

294. Aux termes de l'art. 46-2°, loi du 15 mai 1818, les dépenses du casernement et des lits militaires ne peuvent en aucun cas s'élever, par chaque année, au-dessus de 7 fr. par homme et 3 fr. par cheval pendant la durée de l'occupation, au moyen de quoi les réparations et loyers des casernes et de tous autres bâtiments ou établissements militaires, ainsi que l'entretien de la literie et l'occupation des lits militaires, sont à la charge du gouvernement. — Le maximum fixé par cette loi n'est pas absolu et invariable : les communes peuvent convertir le prélèvement en un abonnement fixe, dont la durée est fixée à cinq ans (circ. min. int. 7 sept. 1836, V. Commune, n° 438). — Une ordonnance du 5 août 1818 détermine de quelle manière le prélèvement des fonds d'abonnement pour les lits militaires s'opérera et sera réglé.

295. Le prélèvement s'étend à toutes les troupes composant la garnison des places de guerre, quels que soient leur destination et leur service dans lesdites places (cons. d'Et. 15 sept. 1831, aff. ville de Rochefort, V. Commune, n° 436). — Il s'exerce dans toutes les communes qui, percevant des droits d'octroi, reçoivent garnison, soit pendant toute ou partie de l'année et proportionnellement au temps de séjour des troupes (circ. 89, 20 avr. 1825 ; Code des octrois, p. 499). — Les troupes de l'armée de mer doivent être comprises dans l'effectif sur lequel est calculé le chiffre du prélèvement (av. cons. d'Et., 1er juin 1849 ; Ann. des octr., 1850-51, p. 127).

296. Mais le prélèvement n'a pas lieu : 1° pour les gendarmes, les gardes municipales et les pompiers (lett. minist. guerre, 8 oct. 1818); — 2° Pour les soldats à l'hôpital ou en prison, ou pour les chevaux d'officiers placés hors des casernes (circ. min. com. et trav. publ. 15 juill. 1833); — 3° Pour les officiers et agents militaires à résidence fixe, pendant tout le temps qu'une ville resterait sans garnison (lett. min. guerre 8 oct. 1818); — 4° Pour les soldats logés chez les habitants, ce logement ne pouvant être assimilé au casernement (av. cons. d'Et. 7 mai 1833; circ. 15 juill. 1833 précitée). — V. au surplus v° Commune, n°s 436 et suiv.

Art. 13. — *De la compétence.*

297. Les règles de compétence, en matière d'octroi, présentent dans leurs détails une assez grande complication. Chaque juridiction y a, pour ainsi dire, sa part d'attributions : tribunaux civils, tribunaux de répression, tribunaux administratifs, tous se divisent, non sans difficulté souvent, les contestations que font naître les lois relatives à cette matière. Les règles spé-

---

fond du droit, et que les contestations de cette nature rentrent dans la compétence des tribunaux ;— Et attendu que la perception des contributions établies par une loi peut seule être autorisée ; que le prélèvement du dixième des droits d'octroi d'une commune, au profit du trésor public, constitue une véritable imposition ; qu'aussi l'art. 149 de la loi du 28 avril 1816 a-t-il décidé que les droits d'octroi ne peuvent excéder ceux qui sont perçus aux entrées de villes, ni profiter au trésor public, à moins que cette perception ne soit autorisée en vertu d'une ordonnance royale ;—Que, dans l'espèce, aucune ordonnance royale n'a autorisé, durant les années 1823, 1824 et 1825, la surtaxe des droits d'octroi qui a été perçue ; que, dès lors, l'administration n'était point fondée à réclamer le prélèvement des 10 pour 100 sur les droits perçus par la ville de Voiron au profit du trésor public ; — Qu'en cet état, le tribunal de Grenoble a été compétemment saisi, et qu'il a pu, sans violer aucune loi, renvoyer la ville de Voiron des demandes formées contre elle par l'administration des contributions indirectes ;—Rejette.

Du 27 janv. 1834.-C. C., ch. civ.-MM. Portalis, 1er pr.-Carnot, rap.-De Gartempe fils, av. gén., c. contr.-Latruffe et Jouhaud, av.

(1) Contrib. ind. *C.* Marquet.) — La cour ; — Attendu que Marquet n'était que fermier et même seulement caution solidaire du fermier de l'octroi de la ville d'Aurillac ; — Que, par le traité d'adjudication, le fermier était obligé envers la municipalité ; que c'était entre l'un et l'autre qu'étaient contractées les obligations ;—Qu'après les événements de juillet, la perception des droits d'octroi ayant été interrompue, il fut, sur la demande du fermier de l'octroi contre la municipalité, rendu un jugement contradictoire qui modifia les obligations et fixa (sauf compte à faire à la fin du bail) les sommes que le fermier verserait chaque mois à la caisse municipale ; — Que quel que fût, en pareille position, le droit de la régie pour la perception du dixième des sommes produites par l'octroi, le droit de poursuite et de contrainte ne pouvait s'exercer que contre le receveur municipal, ainsi qu'il résulte de l'art. 157 de la loi de finances du 28 avril 1816 ;—Qu'il n'y avait pas lieu à l'application de l'art. 239 qui ne concerne que les redevables directs des droits envers la régie ; — Qu'en jugeant d'après ces principes et ces motifs, le tribunal d'Aurillac n'a fait qu'une juste application de la loi ; — Rejette, etc.

Du 20 avr. 1836.-C. C, ch. civ.-MM. Dunoyer, f. f. pr.-Bonnet, rap.-Laplagne, 1er av. gén., c. conf.-Latruffe et Mandaroux, av.

ciales établies par ces lois luttent, en outre, avec les principes généraux qui, dans certains cas, cherchent avec peine à reprendre leur empire. Ajoutons des dispositions parfois peu rationnelles, et qui sont loin d'être à l'abri de la critique, et l'on ne sera pas étonné de voir, dans une matière où il s'agit d'intérêts si légers (V. n° 354 une espèce ou la contestation portait sur un droit de 1 fr.), bien des questions débattues se présenter aux yeux du lecteur. — Nous parlerons : 1° des règles générales de compétence en matière d'octroi ; — 2° De la compétence des autorités administratives ; — 3° De la compétence des autorités judiciaires.

§ 1. — *Règles générales de compétence en matière d'octroi.*

298. Ici, comme en matière de contributions indirectes, les contestations relatives à la perception des droits appartiennent aux tribunaux ordinaires, à l'exclusion des tribunaux administratifs : les mêmes motifs déterminent, dans l'un et l'autre cas, les mêmes attributions de compétence. Une différence, toutefois, est à signaler entre les matières d'octroi et les contributions indirectes : celles-ci sont réglées par le pouvoir législatif, tandis que les premières le sont par le chef du pouvoir exécutif, en tant qu'administrateur de l'Etat. Ainsi, l'établissement des octrois, la formation des tarifs ou des limites de la perception, l'affermement des droits, la réception des cautions présentées par les fermiers, etc., etc., tous ces actes ont le caractère d'actes administratifs. Or, suivant la règle générale, les tribunaux ordinaires sont incompétents pour connaître des contestations que ces actes peuvent faire naître, ce qui ne se présente pas, en matière de contributions indirectes, puisque les tribunaux, en cette matière, n'ont jamais que la loi à appliquer. — On a exposé v° Compétence administr., n°s 24 et suiv., les règles générales de la compétence à l'égard des actes administratifs ; on devra suivre ces règles en matière d'octroi, sauf cependant les modifications qui y sont apportées par les lois spéciales et par ce principe que les questions relatives à la perception des taxes qui affectent le caractère d'impôts indirects, sont essentiellement de la compétence des tribunaux.

299. Ainsi, la demande tendant à faire réformer un acte émané de l'administration supérieure, par exemple l'ordonnance qui approuve l'établissement d'un octroi, ou qui fixe soit le tarif du droit, soit les limites de la perception, etc., etc., quelle que soit la qualité du demandeur, commune ou simple particulier, ne peut être portée que devant l'autorité administrative ; les tribunaux ordinaires sont incompétents d'une manière absolue pour en connaître. — Il a été jugé en effet, 1° que l'autorité judiciaire étant incompétente pour réformer les actes administratifs ou en suspendre l'exécution, c'est avec raison qu'un tribunal s'est abstenu de prononcer sur les restrictions apportées par un règlement administratif à la faculté de l'entrepôt en matière d'octroi (cons. d'Et. 27 sept. 1807, aff. Branzon, V. Commune, n° 716) ;—2° Que lorsque la limite de l'octroi a été déterminée conformément à la loi, c'est devant l'autorité administrative que les habitants lésés doivent porter leur recours (Crim. cass. 19 mai 1836, aff. maire de la Brugnière, V. Commune, n° 750 ; V. aussi Crim. cass. 9 juill. 1819, aff. hab. de la Pocquinerie, n° 172).

300. Lorsque des contestations en matière d'octroi tiennent à des mesures de police et d'administration, elles ne peuvent être résolues que par l'autorité administrative : tel est le cas, par exemple, où il s'agit de prononcer sur une demande en restitution d'une somme déposée entre les mains du receveur d'un octroi, comme garantie du droit de consommation pour une cargaison de poissons salés déposés dans un entrepôt et dont la vente a été ensuite prohibée par mesure de police : — « Considérant que le juge de paix n'est appelé à connaître des contestations en matière d'octroi que relativement à l'application du tarif des octrois, qui seule est de la compétence de l'autorité judiciaire ; que, dans l'espèce présente, la question qui est à décider tient à des mesures de police et d'administration, et ne peut, par conséquent, être résolue que par l'autorité administrative ; l'arrêté de conflit est maintenu » (cons. d'Et. 22 janv. 1808, aff. Caminada *C.* octroi de Marseille).

301. En principe, les contestations sur l'interprétation à donner à un acte émané de l'autorité administrative doivent être portées devant cette autorité, elle seule ayant le droit de déterminer le sens et les effets d'un tel acte. — En conséquence, lorsqu'un tiers a été subrogé au lieu et place de l'adjudicataire des droits d'octroi, qui n'avait pas rempli ses engagements, la question de savoir si ce tiers a été purement et simplement subrogé à l'exercice du même bail, ou s'il a été investi d'un bail nouveau et indépendant du premier, appartient exclusivement à l'autorité administrative (Civ. cass. 2 déc. 1806) (1).

302. Le cautionnement donné par un fermier de l'octroi constitue-t-il un acte administratif dont la connaissance est interdite à l'autorité judiciaire? — Il a été jugé dans le sens de l'affirmative : 1° que le cautionnement d'une ferme de barrière étant un acte administratif, c'est à l'autorité administrative et non aux tribunaux civils qu'il appartient de décider sur l'opposition de celui qui décline la question de savoir si l'existence de l'acte de cautionnement est légalement prouvée, et quels en doivent être les effets (cons. d'Et. 24 juin 1808, aff. Thorel, V. Caut. de fonct., n° 131 ; 20 nov. 1822, M. Villemain, rap., aff. Larivière etc. *C.* contr. ind.) ; — 2° Que l'autorité administrative est compétente pour prononcer sur l'exécution d'un bail d'octroi tant au regard de l'adjudicataire que de sa caution (cons. d'Et. 26 mars 1812, aff. Vincent, V. Cautionn. de fonct., n° 131) ; — 3° Que l'autorité administrative est seule compétente pour déterminer quelle est l'étendue de la caution d'un fermier d'octroi (cons. d'Et. 4 juin 1815, aff. Léveillé, V. Cautionnem. n° 109). —V. cependant ce qui est dit v° Cautionn. de fonct., n° 131, et *suprà*, n°s 70 et suiv.

303. Les receveurs de l'octroi sont des comptables communaux et, par conséquent, justiciables de l'autorité administrative pour toute contestation qui s'élève entre eux et la commune relativement à leurs comptes (V. Trésor pub., n°s 1011 et suiv.). — Il a été jugé : 1° que lorsqu'un receveur d'octroi est constitué en débet à la cessation de ses fonctions, et que des oppositions sont faites à son cautionnement, ces actes d'opposition ne sont pas soumis à des formalités que les tribunaux civils aient pouvoir d'apprécier (cons. d'Et. 21 août 1840) (2) ; — 2° Que toute demande qui tend à mettre en question le débet administrativement constaté d'un receveur d'octroi et à obtenir la libé-

(1) (Bigot C. Tixier.)—La cour (ap. dél. en ch. du cons.) — Vu la loi du 16 fruct. an 3 et l'arrêté des consuls du 5 fruct. an ;—Attendu que, dans l'espèce, les débats auxquels a donné lieu l'action des receveurs particuliers de l'octroi de Lyon contre les sieurs Bigot et Guille ont fait naître la question préjudicielle de savoir si le bail consenti à la compagnie Dareste, etc., le 25 vent. an 10, devait ou non être considéré comme résilié par l'autorité administrative, et si les sieurs Bigot et Guille avaient été purement et simplement subrogés par elle à l'exercice de ce même bail, ou investis d'un bail nouveau et indépendant du premier ; — Que l'autorité administrative, de laquelle étaient émanés les actes intervenus à ce sujet, était seule compétente pour, en fixant le sens de ces actes et en déterminant leur étendue et leurs effets, résoudre cette question préjudicielle ; — Qu'ainsi, en prenant l'initiative de cette solution, le tribunal de commerce de Lyon, et après lui la cour d'appel de la même ville, ont commis un excès de pouvoir, usurpé les attributions de l'autorité administrative et violé les loi et arrêté ci-dessus cités ; — Casse.

Du 2 déc. 1806.-C. C., sect. civ.-MM. Viellart, pr.-Boyer, rap.

(2) (Leramey.) — Louis-Philippe, etc. ; — Vu les lois des 22 déc. déc. 1789, 8 janv. 1790, sect. 3, art. 7, 16-24 août 1790, tit. 2, art. 13, et 16 fruct. an 3 ;—Celles des 6 vent. et 23 niv. an 3, et l'arrêté du 24 mess. an 11 ;—La loi du 8 déc. 1814, tit. 8, celle du 28 avr. 1816, tit. 2 ; — Le décret du 17 mai 1809 et les ordonnances royales des 9 et 23 déc. 1814, 14 sept. 1822, 23 avr. 1823, 15 juill. 1824, 23 juill. 1826, l'ordonn. du 22 juill. 1831 ; — Vu l'ordonnance royale du 1er juin 1828 et celle du 12 mars 1831 ;—Considérant que les actes ou déclarations d'opposition dont le sieur Leramey demande la mainlevée, qualifiés saisie-arrêt par le jugement du tribunal de la Seine, du 24 avril 1840, sont des actes administratifs qui ne sont soumis à aucune formalité dont les tribunaux soient chargés d'apprécier le mode ou le défaut d'accomplissement ; — Considérant qu'au fond la demande du sieur Leramey a pour objet de mettre en question l'existence ou le maintien du débet mis à sa charge par actes de l'autorité administrative et d'obtenir la libération de son cautionnement ;— Considérant qu'il n'appartient qu'à l'autorité administrative de statuer sur la gestion et la responsabilité des comptables et sur la libération de leur cautionnement ;—

ration du cautionnement de ce comptable, est essentiellement administrative et placée en dehors des attributions de l'autorité judiciaire (même décision).

304. C'est encore à l'autorité administrative qu'il appartient de statuer : 1° sur les contestations qui pourraient s'élever sur l'administration ou la perception des octrois en régie intéressée, entre les communes et les régisseurs, ainsi que sur les contestations qui pourraient s'élever entre les communes et les fermiers des octrois sur le sens des clauses des baux (décr. 17 mai 1809, art. 136, V. n°s 317 et s.);—2° Sur les demandes d'admission en entrepôt par les négociants de la commune (V. n° 242).

305. Toutes les contestations entre le fermier et la commune autres que celles qui s'élèvent sur le sens des clauses des baux sont de la compétence de l'autorité judiciaire (même article, V. n°s 317 et suiv.). — Mais lorsque dans le cours d'une instance entre le fermier de l'octroi et la commune, instance qui était, par les conclusions primitives des parties, du ressort des tribunaux civils, naît une difficulté sur l'interprétation du bail, et relative, par exemple, au point de savoir si le bail autorisait le fermier à percevoir un droit sur telle boisson en particulier, le tribunal saisi est tenu de surseoir au fond, jusqu'à ce que l'autorité administrative ait fixé le sens du bail (Civ. cass. 7 avr. 1835) (1).

306. Du principe que l'autorité judiciaire est seule compétente pour connaître des questions relatives à la perception des taxes en matière de contributions indirectes (V. Impôts indir., n° 439), il suit que c'est devant cette autorité seule que doivent être portées les difficultés qui naissent de l'application du tarif d'octroi, ou qui s'élèvent sur la quotité des droits, ainsi que les contestations relatives à l'interprétation du bail entre le fermier de l'octroi et les redevables, bien que les tarifs, les baux, soient des actes administratifs (Conf. MM. Serrigny, Compétence admin., t. 1, n°s 554 et suiv.; Dufour, 2e édit., t. 6, p. 491). — Il a été décidé en ce sens que c'est aux tribunaux civils qu'il appartient : 1° d'interpréter les tarifs d'octroi, et, par exemple, de décider ce que l'on doit entendre par l'expression *mélange de bois* de l'art. 2 du décret du 9 juin 1808, spécial à la ville de Paris, et si le bois de menuiserie se trouve compris dans ces termes, et assujetti aux droits d'octroi : — « Considérant, porte la décision, que les contribuables peuvent recourir à l'autorité judiciaire dans toutes les contestations qui viennent à s'élever sur l'application du tarif ou la quotité des droits » (cons. d'Et. 3 nov. 1809, aff. Bourdereau.—Conf. Civ. cass. 13 fév. 1854, aff. Plainchamp, D. P. 54. 1. 111); — ... Alors que la contestation ne porte pas seulement sur le sens du tarif, mais aussi sur sa légalité (même arrêt du 13 fév. 1854, V. *infrà*, n° 355-4°); — 2° De décider si le fermier de l'octroi d'une ville peut réclamer les droits des vins consommés depuis son entrée en jouissance, bien qu'ils aient été introduits avant cette époque (cons. d'Et. 21 nov. 1808, aff. Sibours, V. n° 314); —3° De statuer sur les contestations élevées entre une commune et un fournisseur de viande, relativement au payement des droits d'octroi, dont ce dernier se prétend exempt, d'après les conditions de son marché : les conseils de préfecture sont incompétents pour connaître d'une telle contestation (cons. d'Et. 16 fév. 1825, aff. Chabaud, V. n° 353-4°); — 4° De statuer sur une demande en restitution de droits, motivée sur ce que la suppression des entrepôts à domicile autorisée par la loi du 28 juin 1833 ne pouvait atteindre ceux qui avaient été créés en vertu de la loi du 28 avr. 1816, et qui par suite, étant devenus la propriété irrévocable des particuliers qui les avaient obtenus, ne pouvaient leur être ravis par un acte administratif, et que la loi de 1833 ne pouvait atteindre les entrepôts existants sans porter atteinte aux droits acquis (cons. d'Et. 13 août 1834, M. Macarel, rap., aff. Anglade); — 5° De connaître de la demande en nullité d'un procès-verbal de saisie, fondée sur ce que la maison du saisi n'est pas située dans les limites de l'octroi, bien que par deux arrêtés du préfet il eût été décidé que cette maison était comprise dans le rayon, alors qu'il ne résulte pas du jugement par lequel le tribunal s'est déclaré compétent qu'il ait entendu remettre en question les difficultés jugées par les arrêtés du préfet (cons. d'Et. 18 janv. 1826) (2).

Art. 1. L'arrêté de conflit ci-dessus visé est confirmé. — Art. 2. L'exploit d'assignation, en date du 28 janv. 1840, et ce qui s'en est suivi, notamment le jugement du tribunal de la Seine, en date du 24 avr. 1840, sont considérés comme non avenus.

Du 21 août 1840.-Ord. c. d'Et.-M. Bouchené-Lefer, av.

(1) *Espèce :* — (Lyonnet C. maire de Gien.) — Lyonnet s'était rendu, par bail du 27 nov. 1829, fermier de l'octroi de Gien. En 1830, un soulèvement dans lequel les poteaux furent brisés et les employés mis en fuite, interrompit la perception. — Ce désordre ayant empêché de procéder au recensement et à l'inventaire dans la forme accoutumée, on tâcha d'y suppléer par des déclarations volontaires. Un avis fut publié à cette fin; mais le jour même de cette publication, on fit commandement au fermier de payer le montant de quatre douzièmes échus. — Instance sur la validité de ce commandement. — Lyonnet soutint que la ville était tenue de lui garantir la jouissance pleine et entière des droits, aux termes de l'art. 30 du cahier des charges. Il prétendit ensuite qu'elle lui devait une indemnité à raison des pertes qu'il avait essuyées. — 22 juin 1831, jugement qui condamne la ville à payer au fermier une somme de 900 fr., pour indemnité du préjudice occasionné par le défaut d'inventaire, et déclare exécutoire contre Lyonnet le bail du 27 nov. 1829, etc.

Appel par Lyonnet, qui demanda, en particulier, la réformation sur le chef qui déclarait les râpés et les vendanges exempts du droit. — Le 29 nov. 1831, arrêt de la cour d'Orléans, qui, confirmant la décision des premiers juges et adoptant leurs motifs, ajouta, sur ce grief : « En ce qui touche le chef de demande de la part de Lyonnet, en raison des râpés et vendanges : — Considérant qu'il existe au procès des documents desquels il résulte que, depuis l'établissement d'un octroi dans la ville de Gien, il n'a jamais été perçu de droit sur cette espèce de boisson par aucun des fermiers qui ont précédé le sieur Lyonnet; que même, en 1820, un avis annonçant qu'elle y serait désormais assujettie ayant été publié, l'administration municipale de cette ville prit, le 26 oct., un arrêté portant qu'elle continuerait, comme par le passé, à être exempte des droits d'octroi, et que l'administration des contributions indirectes a respecté cet arrêté ; — Considérant que si, en 1829, ces boissons furent inventoriées chez quelques propriétaires, il y eut réclamation de la part de la municipalité, et qu'elles furent déduites des comptes de ces derniers; d'où il résulte que Lyonnet, qui n'a pas pu ignorer tous ces faits, qui étaient de notoriété publique, est mal fondé à vouloir percevoir un droit d'octroi sur ces mêmes boissons. »

Pourvoi : — 1° Violation de l'art. 136 du décret du 17 mai 1809 et de l'art. 170 c. pr. — 2° Violation des art. 23 et 42 de la loi du 28 avr. 1816, l'arrêt ayant déclaré, contrairement au vœu de ces articles, que les vendanges et les râpés ne devaient subir aucun droit, en se fondant sur ce que le tarif aurait été modifié, sur ce point, par la municipalité de Gien, avant le bail consenti au sieur Lyonnet, tandis que les municipalités n'ont, en cette matière, qu'un simple droit de pétition (décr. 17 mai 1809, art. 12). — Arrêt (apr. délib. en ch. du cons.).

LA COUR; — Vu l'art. 136 du décret du 17 mai 1809 et l'art. 170 c. pr.; — Attendu que si, dans l'état primitif de la contestation, et d'après les demandes respectives des parties, la matière rentrait dans la compétence des tribunaux, la difficulté survenue dans l'évaluation de l'indemnité réclamée par le demandeur, et qui consistait à savoir si le bail, consenti à ce dernier autorisait ou non la perception sur les râpés et les vendanges, ne pouvant être résolue que par l'interprétation du bail, cette interprétation d'un acte administratif n'était plus du ressort de l'autorité judiciaire et n'appartenait qu'à l'autorité administrative supérieure; — Qu'il y avait donc lieu, dans l'espèce, de surseoir jusqu'à la décision administrative sur le véritable sens du bail; d'où il suit que la cour d'Orléans, en statuant au fond sur la difficulté dont il s'agit, a excédé ses pouvoirs et violé les règles de la compétence, établies par les lois et décrets précités; — Par ces motifs, casse, etc.

Du 7 avr. 1835.-C. C., ch. civ.-MM. Boyer, pr.-Bérenger, rap.-De Gartempe fils, av. gén., c. conf.-Nachet et Lacoste, av.

(2) (Millot.) — CHARLES, etc.; — Vu l'art. 78 de l'ord. du 9 déc. 1814; — Considérant qu'il n'a été soumis au tribunal de Neufchâteau que la demande en nullité d'un procès-verbal de saisie, rédigé, en matière d'octroi, au préjudice de Claude Millot; — Que, conformément à l'art. 78 de l'ord. du 9 déc 1814, ci-dessus visé, cette action est du ressort des tribunaux ordinaires; — Considérant qu'il a été statué sur la fixation des limites de l'octroi de la ville de Neufchâteau par deux arrêtés pris par le préfet du département des Vosges, en exécution du décret du 5 fév. 1815, les 20 sept. 1816 et 28 janv. 1823; — Que si, devant le tribunal de Neufchâteau, Claude Millot a allégué que sa maison n'est pas située dans le rayon intérieur de l'octroi, il ne résulte pas cependant du dispositif du jugement ci-dessus visé que le tribunal de Neufchâteau ait entendu remettre en question les difficultés jugées administrativement par ces deux arrêtés du préfet, lesquels ne pourraient être attaqués que devant notre ministre de l'intérieur; — Art. 1. L'arrêté de conflit est annulé.

Du 18 janv. 1826.-Ord. cons. d'Et.-M. de Peyronnet, rap.

307. Décidé pareillement : 1° que si les demandes en admission au bénéfice de l'entrepôt sont de la compétence exclusive de l'autorité administrative (V. n° 242), c'est aux tribunaux qu'il appartient exclusivement de connaître de l'action en restitution des droits dont le redevable attaque la perception comme illégale, cette action laissant entière la faculté réservée à l'administration de refuser ou d'accorder à ce redevable la qualité d'entrepositaire (Civ. cass. 10 avr. 1850, aff. Agombart-Préser, D. P. 50. 1. 123); — 2° Que l'autorité judiciaire, compétente pour connaître de toutes les contestations qui peuvent s'élever entre l'administration de l'octroi et les redevables sur l'application des tarifs et la quotité des droits exigés, est par cela même compétente pour décider si un redevable, qui a obtenu à Paris l'entrepôt à domicile depuis la réunion à cette ville des communes de l'ancienne banlieue, est fondé à réclamer les bénéfices de la réduction accordée par les lois et règlements préexistants pour les denrées et marchandises dont le poids ou la quantité est susceptible de diminuer : vainement on prétendrait que la quotité de cette déduction devait être préalablement fixée par le préfet de la Seine, et que, tant qu'elle ne l'avait pas été, le tribunal saisi de la question de validité des contraintes devait surseoir à statuer (cons. d'Ét. 17 juill. 1862, aff. Trotrot, D. P. 62. 3. 82); — 3° Que l'autorité judiciaire, compétente pour prononcer sur l'application des tarifs d'octroi entre le fermier et les redevables, est également compétente pour reconnaître le sens et la portée des dispositions qu'il s'agit d'appliquer, et spécialement pour décider entre ces parties : 1° quelles sont les limites du périmètre de l'octroi ; 2° quelle portée il faut attribuer à telle ou telle des désignations du tarif, et, par exemple, quelles espèces de briques sont passibles du droit d'octroi d'après le règlement de la commune (cons. d'Ét. 18 déc. 1862, aff. ch. de fer d'Orléans, D. P. 63. 3. 6). — V. aussi *infrà*, n°s 346 et suiv., et cons. d'Ét. 2 déc. 1858 aff. Gascon-Cavalier, D. P. 59. 3. 38; 18 déc. 1862, aff. Roy, D. P. 63. 3. 5.

308. Toutes les fois qu'il s'agit de l'interprétation d'un contrat civil, d'une question de propriété, etc., la compétence des tribunaux ordinaires est également hors de toute contestation (V. Compét. admin., n°s 138 et suiv.). — Il a été jugé par suite : 1° que c'est aux tribunaux qu'il appartient de connaître de l'opposition à une contrainte décernée par la régie contre l caution d'un adjudicataire des droits de barrière, fondée sur l'interprétation d'un *mandat*, et, par exemple, sur ce que le mandataire de cette caution qui avait contracté l'engagement pour elle personnellement, avait outre-passé ses pouvoirs, la procuration n'autorisant qu'un cautionnement en immeubles, et sur ce que le mandataire avait en outre délégué son mandat (cons. d'Ét. 7 mai 1808) (1); — 2° Que la question de savoir à qui, d'une ville ou d'une commune, dont partie du territoire a été compris dans le rayon de l'octroi, autorisé au profit de celle-là, par décisions administratives antérieures à la loi du 28 avr. 1816, doivent appartenir les perceptions de l'octroi, faites avant comme depuis cette loi, est dans les attributions de l'autorité judiciaire,... sauf, s'il y a doute sur l'interprétation à donner aux décisions de l'autorité administrative, à surseoir jusqu'à ce que le sens en ait été fixé par cette autorité (Cass. 15 janv. 1840) (2).

---

(1) Vandennieuwenhuisen C. contrib. ind.) — Napoléon, etc. ; — Considérant que le sieur Vandennieuwenhuisen n'a pas contracté personnellement le cautionnement dont on se prévaut contre lui ; — Que la question de savoir si la procuration qu'il avait donnée au sieur Alexandre Bucquet, le 25 brum. an 8, pouvait ou non autoriser ce dernier à l'obliger personnellement, et si ce même Bucquet avait le droit de déléguer ses pouvoirs, est par sa nature soumise aux tribunaux, puisqu'elle prend naissance dans un contrat civil et privé ; — Art. 1. L'arrêté du préfet du département de l'Oise, du 29 août 1807, est annulé.

Du 27 mai 1888.-Décr. cons. d'Ét.

(2) (Com. de Rouceux C. celle de Neufchâteau.)—Par décision ministérielle du 18 vent. an 9, la ville de Neufchâteau fut autorisée à établir un octroi pour suppléer à l'insuffisance de ses revenus. Cet octroi fut étendu sur une partie des communes environnantes, et notamment de celle de Rouceux. Plus tard, une autre décision ministérielle du mois d'avr. 1806, et un décret du 5 fév. 1813 confirmèrent cet état de choses en approuvant divers règlements de l'octroi établis sur cette base.—La ville de Neufchâteau s'est approprié la totalité des droits perçus jusqu'à la loi du 28 avr. 1816, et même depuis cette loi, dont toutefois l'art. 152 déclarait que les perceptions faites sur les communes comprises dans le rayon d'octroi d'une ville appartiendraient à ces communes.—En 1824, il est intervenu une ordonnance royale qui a réuni à la ville de Neufchâteau la portion de la commune de Rouceux, qui se trouvait dans les limites de l'octroi. — C'est alors que la commune de Rouceux, après autorisation préalable, a assigné la ville de Neufchâteau en restitution des sommes perçues sur son territoire, depuis l'établissement de l'octroi, en l'an 9, jusqu'à l'ordonnance de réunion, du 4 août 1824. — La ville a répondu que les perceptions faites depuis l'an 9 jusqu'à la loi de 1816 étaient régies par les arrêtés et les décrets qui, en autorisant l'établissement de l'octroi, avaient, disait-elle, attribué la totalité de ces perceptions à la ville. Quant aux perceptions postérieures à la loi de 1816, elle a prétendu que cette loi leur était inapplicable, parce qu'elle ne disposait que pour l'avenir. D'où elle concluait, en définitive, que la commune de Rouceux n'avait rien à réclamer. — Par deux jugements des 29 mars et 14 août 1834, le tribunal de Neufchâteau a ordonné la communication des registres de l'octroi à partir de 1816, à peine, pour la ville, de 5 fr. de dommages-intérêts par chaque jour de retard. — Appel principal de la ville de Neufchâteau. — Appel incident de la commune de Rouceux, fondé sur ce que ces jugements semblaient restreindre ses droits aux années postérieures à 1816.

13 fév. 1836, arrêt de la cour royale de Nancy qui, statuant sur les deux appels, infirme en ce que les premiers juges ont connu de la demande, au lieu de renvoyer les parties devant qui de droit, et faisant ce qu'ils auraient dû faire, renvoie la cause et les parties devant l'autorité compétente. — Cet arrêt considère, en substance, que les décisions ministérielles des 18 vent. an 9 et 21 avr. 1806, et le décret impérial du 5 fév. 1813, ont fait entrer dans l'obligation de se soumettre à l'octroi une partie de la commune de Rouceux ; qu'en ordonnant cette extension de limites, l'autorité administrative l'a fait d'une manière pure et simple, dans l'intérêt de la ville de Neufchâteau ; qu'en effet, par une lettre du 28 avr. 1806, le préfet des Vosges a estimé que la ville devait jouir de la totalité des droits, en vertu de la décision ministérielle du 21 avr. précédent ; que, pour revenir contre ces actes administratifs, il faudrait donc les interpréter ; mais qu'une telle interprétation est du ressort exclusif de l'autorité administrative, à laquelle il appartient de décider si, par l'extension des limites de l'octroi qu'elle a autorisée, elle a entendu attribuer à la ville la totalité des perceptions, ou si elle a réservé à la commune de Rouceux celles de ces perceptions qui seraient faites sur le territoire de cette commune compris dans le rayon d'octroi...

Pourvoi de la commune de Rouceux pour déni de justice, violation de l'art. 4 c. civ. et fausse application du principe d'après lequel les tribunaux sont incompétents pour interpréter les actes du pouvoir administratif. — La réclamation de la commune de Rouceux, dit-on, constituait une question de propriété de la compétence des tribunaux. Relativement aux perceptions postérieures à la loi du 28 avr. 1816, cette question devait être résolue d'après les dispositions de cette loi ; aucun acte administratif n'était opposable. Relativement aux perceptions antérieures à 1816, cette même question devait être résolue d'après le droit commun, et sans que l'autorité judiciaire dût s'arrêter à des décisions administratives qui auraient fait une attribution arbitraire à la ville de Neufchâteau, car il n'existait aucune loi qui conférât ce droit au pouvoir administratif et dérogeât, en ce qui concerne les octrois, aux règles ordinaires. —Arrêt (apr. délib. en ch. du cons.).

La cour ; — Vu l'art. 48 de la charte constitutionnelle et l'art. 15, tit. 2, de la loi du 24 août 1790 ; — Attendu, en fait, que la commune de Rouceux a formé, contre la ville de Neufchâteau, une demande en restitution des droits d'octroi perçus par la caisse municipale de la ville de Neufchâteau sur la banlieue dépendant de la commune de Rouceux, pendant l'intervalle qui s'est écoulé depuis l'an 9, époque de l'établissement de l'octroi, jusqu'au 4 août 1824, date de l'ordonnance royale qui a réuni à la ville de Neufchâteau la partie de la commune de Rouceux précédemment comprise dans le rayon de l'octroi ;—Attendu que, d'un côté, la ville de Neufchâteau a prétendu que les produits de ces perceptions lui ont été attribuées par des décisions administratives ; — Que, de son côté, la commune de Rouceux a prétendu que les actes administratifs n'ont rien statué ni pu statuer sur la question de savoir à qui, de Rouceux ou de Neufchâteau, appartiendraient, dans une proportion quelconque, les produits des perceptions qu'ils ont autorisées ; — Attendu, en outre, qu'il y avait litige entre les parties sur la question de savoir si l'art. 152 de la loi du 28 avr. 1816, en ordonnant que les recettes faites dans les banlieues autour des villes appartiendraient aux communes dont ces banlieues seront composées, a, ou non, modifié les actes constitutifs des octrois établis à une époque antérieure ; — Attendu que, dans ces circonstances, il y avait à décider à laquelle des parties contendantes serait attribuée, tant pour l'époque antérieure à la loi de 1816 que postérieurement à cette loi, la propriété d'une partie des sommes perçues par l'octroi établi dans le rayon de la ville de Neufchâteau, et que cette question était de la compétence de l'autorité judiciaire ; — Attendu que la cour royale devait si les actes administratifs intervenus dans l'espèce lui paraissaient obscurs, renvoyer les parties devant l'au-

309. Jugé de même que la circonstance que le budget d'une ville dans lequel le produit net de l'octroi se trouve fixé à une certaine somme, a été approuvé par ordonnance royale, n'enlève pas aux tribunaux le droit d'examiner, sur la demande de la régie des contributions indirectes, si la ville n'a pas fait sur le produit de son octroi des déductions illégales, et dont l'effet est de diminuer le chiffre du dixième, qui appartient à l'Etat sur ce produit. La raison en est que les budgets des communes ne sont que des aperçus des recettes et dépenses, prescrits pour l'ordre de la comptabilité, et qui, dès lors, bien qu'approuvés par ordonnance royale, ne peuvent préjudicier aux droits des tiers (Civ. cass. 25 mars 1840, aff. ville de Besançon, V. Commune, n° 457).

310. Il a été décidé aussi que la question de savoir si une surtaxe *illégalement* perçue par l'octroi d'une ville est, ou non, soumise au prélèvement du dixième, au profit de l'Etat, est une contestation *sur le fond du droit*, et rentre en conséquence dans la compétence des tribunaux (Rej. 27 janv. 1834, aff. ville de Voiron, V. n° 288).

§ 2. — *Compétence des autorités administratives.*

311. Il faut faire une distinction entre les attributions des différents fonctionnaires de l'ordre administratif comme agents du pouvoir central, et leur compétence comme juges, c'est-à-dire entre les actes qui rentrent dans la gestion des intérêts qui leur sont confiés, actes d'administration pure, et les contestations qu'ils sont appelés à décider en qualité de juges. — On a à examiner dans le premier cas les pouvoirs des conseils municipaux, des maires, des préfets, des ministres, et dans le second cas, des préfets en conseil de préfecture, des conseils de préfecture et du conseil d'Etat.

312. 1° Attributions. — *Conseils municipaux.* — On a exposé plus haut les attributions des conseils municipaux relativement à l'établissement des octrois, à la désignation des objets à imposer, à la fixation des taxes (V. n°s 31 et s., 112 et s.), aux limites de la perception (V. n°s 171 et s.), à l'indication du mode de perception (V. n° 58), aux règlements sur les entrepôts (V. n° 240), à la suppression des entrepôts à domicile (V. n° 258), à l'interdiction de la fabrication des eaux-de-vie dans l'intérieur des villes (V. n° 133), à la suppression ou au remplacement des octrois (V. n° 57). — Il est aussi dans leurs attributions d'examiner et de discuter les comptes des recettes et des dépenses (ord. 23 juill. 1826, art. 25).

313. *Maire.* — Le maire est l'administrateur légal des biens et revenus de la commune (L. 18 juill. 1837, art. 10, et comme tel il a de nombreuses attributions, dont on va énumérer les plus importantes. — Lorsque l'octroi est en régie simple, la perception en est placée sous l'administration immédiate du maire (décr. 17 mai 1809, art. 102, V. n° 59). — Si la perception est affermée ou mise en régie intéressée, elle a lieu sous sa surveillance (L. 28 avr. 1816, art. 147, V. n° 31). — D'après l'art. 90 de l'ord. de 1814, le maire est chargé de faire la répartition des remises accordées par la régie aux receveurs de l'octroi, qui sont chargés de faire la recette du droit d'entrée dans les communes où ce droit est établi (V. n° 104). — C'est encore au maire qu'il appartient d'accorder ou de refuser la faculté de l'entrepôt à domicile, sauf recours au préfet (V. n° 242), — De provoquer une adjudication à la folle enchère, dans le cas où le fermier ne remplit pas les clauses du bail (V. n° 90), — De faire remise par voie de transaction de tout ou partie des condamnations encourues (V. n° 409), — Les recours contre les décisions des maires doivent être portés devant le préfet.

314. *Préfet.* — Le préfet est l'intermédiaire légal entre le maire et l'autorité supérieure (V. ord. de 1814, art. 5 et suiv.). — Relativement à l'administration des octrois, les préfets ont peu de droits qui leur appartiennent en propre, ils n'ont le plus souvent qu'un droit d'approbation à l'égard des arrêtés municipaux. — Toutefois c'est à eux qu'appartient la nomination des préposés de l'octroi et même du préposé en chef (V. n° 97); ils règlent les frais de premier établissement et ceux de perception dans les villes qui ne sont pas sujettes aux droits d'entrée (V. n° 55). — La perception des droits est aussi placée sous leur surveillance (L. 28 avr. 1816, art. 147). — Il a été jugé : 1° qu'en matière d'octroi, les préfets ne peuvent ni faire, ni interpréter les règlements ; qu'ainsi ils ne peuvent décider que l'adjudicataire de l'octroi d'une ville a droit à la perception des droits consommés dans la ville depuis son entrée en jouissance du bail, bien qu'ils aient été introduits dans la ville avant cette époque, cette question rentrant dans les attributions de l'autorité judiciaire (cons. d'Et. 21 nov. 1808) (1); — 2° Qu'il n'appartient pas au préfet d'interpréter un tarif d'octroi entre particuliers ; que s'il y a lieu à une telle interprétation, il doit se borner à en référer au ministre des finances (cons. d'Et. 3 nov. 1809, aff. Bourdereau). — Le recours contre les arrêtés du préfet est porté devant le ministre compétent, et en cas d'excès de pouvoir, devant le conseil d'Etat.

315. *Ministres.* — En cette matière, les attributions se divisent entre le ministre de l'intérieur et le ministre des finances. — Celles du ministre de l'intérieur se bornent à ce qui concerne l'établissement de l'octroi (ord, de 1814, art. 6 et 9, V. n° 33). — Le ministre des finances est chargé de l'exécution des lois et arrêtés sur les octrois. C'est à lui qu'il appartient de donner les instructions nécessaires pour assurer l'uniformité et la régularité du service, et régler l'ordre de la comptabilité particulière à ces établissements (arr. 28 vent. an 12, art. 4 ; 5 germ. an 12, art. 1 ; ord. 9 déc. 1814, art. 88). — C'est sur son rapport que l'approbation des règlements et tarifs est donnée par le chef de l'Etat (ord. de 1814, art. 7, V. n° 33). — Il institue les préposés en chef lorsqu'il y a lieu et fixe leur traitement (V. n° 97); il donne son approbation, soit à l'adjudication de la perception à un fermier ou à un régisseur intéressé (V. n° 67), soit à l'abonnement avec la régie des contributions indirectes (V. n° 95). — Il approuve les propositions du conseil municipal relativement aux frais de premier établissement, de régie et de perception dans les communes sujettes aux droits d'entrée (V. n° 55). — Les décisions ministérielles ne peuvent être attaquées devant le conseil d'Etat par la voie contentieuse que pour incompétence ou excès de pouvoirs (V. Cons. d'Et., n°s 138 et suiv.).

316. 2° Contentieux. — Bien qu'en principe la décision des affaires litigieuses n'appartienne, en matière administrative, qu'au conseil de préfecture, juge du premier degré, sauf recours au conseil d'Etat, la loi, en matière d'octroi, par une anomalie qui s'explique difficilement, attribue la connaissance de certaines contestations au *préfet* en conseil de préfecture. — On va donc examiner la compétence : 1° du préfet, 2° du conseil de préfecture, 3° du conseil d'Etat.

317. *Compétence du préfet en conseil de préfecture.* — Cette compétence est réglée par l'art. 136 du décret du 17 mai 1809 qui porte : « Les contestations qui pourront s'élever sur l'administration ou la perception des octrois, en régie intéressée, entre les communes et les régisseurs, seront déférées au préfet, qui statuera en conseil de préfecture après avoir entendu les parties, sauf le recours en notre conseil d'Etat dans la forme et le délai prescrits par le décret du 22 juill. 1806. — Il en sera de même des contestations qui pourraient s'élever entre les communes et les fermiers des octrois sur le sens des clauses de baux. Toutes autres contestations qui pourront s'élever entre les communes et les fermiers des octrois seront portées devant les tribunaux. » — Cet article a donné lieu à de vives critiques. —

torité administrative, seule compétente pour interpréter ces actes, et qu'elle devait surseoir au jugement définitif du litige jusqu'après cette interprétation; mais qu'en se dessaisissant entièrement, au lieu de se borner à un simple sursis, elle a méconnu les règles de sa compétence, et, par suite, violé les lois précitées; — Casse.

Du 15 janv. 1840.-C. C., ch. civ.-MM. Dunoyer, f. f. pr.-Renouard, rap. Tarbé, av. gén., c. conf.-Morin et Galisset, av.

(1) (Sibours C. Roux.) — Napoléon, etc.; — Considérant que les préfets ne peuvent ni faire, ni interpréter les règlements en matière d'octroi; que les questions qui peuvent se présenter, à l'égard d'un règlement dûment approuvé, sur l'application du tarif et la quotité des droits, sont attribuées par les lois à l'autorité judiciaire — Art. 1. L'arrêté du préfet du département des Hautes-Alpes, du 27 sept. 1807, est annulé. — 2. Le tribunal civil d'Embrun passera outre au jugement de l'appel qui lui est soumis.

Du 21 nov. 1808 -Décr. cons. d'Et.

« L'art. 136 du décret du 17 mai 1809 n'est pas très-conforme aux principes, dit M. Serrigny, t. 1, n° 556. Il serait difficile de justifier la compétence donnée au préfet en conseil de préfecture dans une matière évidemment contentieuse et qui ressortit au conseil d'Etat. Il est très-vraisemblable que le décret a voulu parler du conseil de préfecture, que l'on confondait, dans les premiers temps, avec le préfet en conseil. Toutefois, le texte est tellement précis que la jurisprudence n'a pas admis cette correction, et que le conseil de préfecture est considéré comme incompétent pour connaître des attributions que cet article donne au préfet en conseil » (Conf. M. Dufour, t. 6, n° 489 et suiv.). — En effet, il a été décidé fréquemment que le préfet en conseil de préfecture est seul compétent pour juger les contestations sur les clauses d'un bail d'octroi (cons. d'Et. 25 mars 1835, M. Janet, rap., aff. ville de Bourgoin; 22 juin 1825, M. Feutrier, rap., aff. com. de Mortagne C. Barbereau; 12 avr. 1829, aff. Delahaye-Beauruel, V. n° 324-1°; 3 fév. 1830, M. Brière, rap., aff. Autard; 9 déc. 1831, M. Janet, rap., aff. Delaporte C. ville de Saintes; 24 juill. 1845, M. Louyer-Villermay, rap., aff. Poujet C. ville de Privas.) — Les droits de place dans les halles et marchés étant assimilés par la législation aux droits d'octroi, il a été décidé également, par application de l'art. 136 du décret de 1809, que c'est au préfet en conseil de préfecture qu'il appartient d'interpréter un bail des droits de place dans les marchés, lorsqu'il s'élève une contestation entre la commune et le fermier sur le sens de cet acte (cons. d'Et. 8 déc. 1839, M. du Martroy, rap., aff. Poirier).

318. Les communes et l'administration supérieure elle-même ont cherché à éluder la disposition du décret de 1809 et à se replacer sous les véritables règles de la compétence, en insérant dans le cahier des charges une clause d'après laquelle les contestations qui nécessitent l'interprétation des clauses du bail seront portées devant le conseil de préfecture. Dans le principe la validité d'une telle clause avait été reconnue : « Considérant, porte une décision, que d'après l'art. 19 du cahier des charges, le conseil de préfecture est seul compétent pour prononcer sur l'exercice, l'exécution et la résiliation du bail » (cons d'Et. 17 juin 1818, aff. Accart C. ville d'Amiens; Conf. cons. d'Et. 21 fév. 1814, aff. Quiraud; 3 juin 1820, aff. Perret, V. n° 90; 27 août 1823, M. Maillard, rap., aff. Moyrand). — Mais cette jurisprudence n'a pas prévalu; et le conseil d'Etat, se fondant sur la règle que les lois sur la compétence sont d'ordre public, a décidé qu'encore que le cahier des charges de l'adjudication à ferme de l'octroi d'une ville défère les contestations qui pourraient naître entre la commune et l'adjudicataire, tant sur l'exécution ou le sens des clauses du bail que sur la comptabilité, au conseil de préfecture, cependant, il n'appartient qu'au préfet, en conseil de préfecture, de statuer sur une demande en résiliation du bail (cons. d'Et. 22 juin 1825, M. Feutrier, rap., aff. com. de Mortagne C. Barbereau; 9 mars 1832 (1); — Conf. M. Dufour, t. 6, n° 493). — Sans doute, le principe invoqué dans l'espèce est incontestable; mais doit-on mettre sur la même ligne la convention qui attribue à l'autorité administrative une contestation purement civile ou réciproquement, et la clause par laquelle on fait juger par le conseil de préfecture un débat que la loi attribue au préfet en conseil de préfecture? On ne voit pas en quoi l'ordre public se trouve lésé par une telle stipulation. Il semble plutôt qu'on devrait considérer avec faveur un retour à une règle à laquelle une confusion seule a pu faire déroger. — La difficulté, du reste, va être bientôt tranchée par une loi dont le projet est en ce moment soumis au corps législatif. D'après l'art. 8 de ce projet, « à l'avenir seront portées devant le conseil de préfecture les contestations dont le jugement a été attribué au préfet en conseil de préfecture, sauf recours au conseil d'Etat par l'art. 136 du décret du 17 mai 1809 sur les octrois, et par les art. 49, 70 et 78 de la loi du 28 avr. 1816, sur les contributions indirectes. »

319. Le § 1 de l'art. 136 du décret de 1809 relatif aux régies intéressées attribue aux préfets la connaissance des contestations relatives à *l'administration et à la perception* des octrois, tandis que le § 2 qui s'occupe des fermiers ne renvoie devant ce fonctionnaire que les contestations qui s'élèvent sur le *sens des clauses des baux*. — Cette différence de rédaction amène plusieurs observations importantes. — D'abord, on sait que la plus grande analogie règne entre les deux modes d'exploitation prévus par l'art. 136, c'est-à-dire la régie intéressée et le bail à ferme; l'un et l'autre sont donnés en adjudication, et, par suite, nécessitent un bail, un cahier des charges; s'ensuit-il que *l'interprétation* des clauses du bail d'une régie intéressée devra appartenir aux tribunaux, le § 1 de l'art. 136 n'attribuant au préfet que les contestations relatives *à l'administration et à la perception?* Non, sans aucun doute; si le fond du droit appartient à l'autorité administrative, à bien plus forte raison les questions d'interprétation doivent être portées devant cette autorité, puisqu'il s'agit d'un acte administratif.

320. En second lieu, faut-il, comme M. Serrigny, t. 1, n° 555, conclure de la généralité des termes du § 1, *administration et perception* de l'octroi, qu'entre les communes et les régisseurs *simples* ou *intéressés*, toutes les difficultés *de quelque nature qu'elles soient* appartiennent au préfet en conseil de préfecture? — Cette proposition, trop générale suivant nous, fait naître deux questions : 1° les *régies simples* doivent-elles être assimilées aux régies intéressées, bien que l'art. 136 ne les nomme pas? il semble qu'une disposition aussi exceptionnelle que celle de cet article doit plutôt être restreinte qu'étendue, et que l'omission de ces régies doit les laisser sous l'empire des règles ordinaires de la compétence, d'autant plus que lorsque ce mode de perception existe, les préposés de l'octroi sont les

---

(1) *Espèce :* — (Delahaye-Beauruel C. ville de Lille.)—En 1827, adjudication de la ferme de l'octroi de Lille à Delahaye-Beauruel.—En 1829, l'adjudicataire demande la résiliation du bail, se fondant : 1° sur ce que la mise à prix n'aurait pas été déterminée d'après le produit moyen des recettes de l'octroi pendant un certain nombre d'années; 2° sur ce que l'administration municipale aurait entravé la perception des droits, et forcé le fermier à conserver des employés incapables ou inutiles.—C'est devant le conseil de préfecture que le demandeur se pourvut, conformément au cahier des charges.—Arrêté du conseil qui rejette sa demande en résiliation, comme mal fondée.—Recours au conseil d'Etat : Delahaye-Beauruel ajoute à ses premiers moyens celui de l'incompétence de l'administration. — Le maire de Lille oppose de son côté la clause du cahier des charges qui rendait le conseil de préfecture compétent.

Louis-Philippe, etc.;—Vu les art. 9, 30 et 33 du cahier des charges; —Vu le règlement du 17 mai 1809, art. 136;— Sur la compétence : — Considérant qu'aux termes de l'art. 136 du décret réglementaire du 17 mai 1809, ci-dessus visé, les contestations qui pourraient s'élever entre les communes et les fermiers des octrois, sur le sens des clauses des baux, doivent être déférées au préfet, qui statuera en conseil de préfecture; — Considérant, dans l'espèce, qu'il ne peut être statué sur la demande en résiliation formée par le sieur Delahaye-Beauruel, que par l'application des clauses de son marché, et que, dès lors, ladite demande devait être déférée au préfet, en conseil de préfecture; — Considérant qu'on ne peut déroger, par des conventions particulières, aux lois et règlements sur la compétence, qui sont d'ordre public, et qu'ainsi les parties n'ont pu, par l'art. 33 du cahier des charges de l'adjudication du 23 mai 1827, attribuer au conseil de préfecture le jugement des contestations qui pourraient s'élever entre la commune et l'adjudicataire;—Considérant que l'affaire étant suffisamment instruite, il y a lieu de statuer au fond;

Sur la demande en résiliation, fondée : 1° Sur ce qu'il y aurait eu erreur dans la fixation de la mise à prix, laquelle n'aurait pas été déterminée d'après le produit moyen des recettes de l'octroi, pendant un certain nombre d'années; — 2° Sur ce que l'administration municipale entraverait la perception des droits, protégerait la fraude, et forcerait le fermier à conserver des employés incapables ou inutiles, et notamment le receveur central, dont la place a été supprimée par une ordonnance royale;—Considérant que l'art. 30 du cahier des charges porte que, sous aucun prétexte, l'adjudicataire ne pourra être reçu à demander le résiliement ou des indemnités, ou à compter de clerc à maître, hors les cas prévus par l'art. 9 dudit cahier des charges, et que ledit art. 9 ne s'applique à aucun des cas sur lesquels l'adjudicataire base sa demande en résiliation; — Considérant, d'ailleurs, qu'il résulte de l'instruction, que les allégations du sieur Delahaye-Beauruel, concernant les entraves qu'il aurait éprouvées dans son service, de la part de l'administration municipale, ne sont pas justifiées;

Art. 1. L'arrêté du conseil de préfecture du département du Nord, du 6 janv. 1830, est annulé pour cause d'incompétence. — 2. La demande en résiliation de l'adjudication de l'octroi de la ville de Lille, du 23 mai 1827, formée par le sieur Delahaye-Beauruel, est rejetée. — 3. Le sieur Delahaye-Beauruel est condamné aux dépens.

Du 9 mars 1832.-Ord. cons. d'Et.-M. Brière, rap.

employés de la commune, les receveurs sont ses comptables, il n'y a pas de bail, pas de cahier des charges, pas d'actes administratifs à interpréter. Il n'existe aucune analogie entre ces deux modes de perception; comment donc motiver ici l'application d'autres règles que celles auxquelles sont soumis les employés ou comptables ordinaires de la commune? — M. Dufour, t. 6, n° 485, pense, comme M. Serrigny, que le décret de 1809 est applicable en cas de régie simple, et que c'est devant le préfet en conseil de préfecture que le débat entre la commune et son préposé doit être porté. — Toutefois, il a été décidé que l'art. 136 du décret qui exige que le préfet soit assisté du conseil de préfecture ne s'applique qu'autant que l'octroi est en ferme ou en régie intéressée, mais que s'il s'agit d'un compte d'un régisseur simple, le préfet statue seul sans l'assistance du conseil, sauf recours au ministre de l'intérieur (ord. cons. d'Et. 15 déc. 1824) (1). — « J'avoue, dit M. Dufour, *loc. cit.*, que je ne vois pas comment il est possible de justifier la compétence du préfet, dès qu'on abandonne la disposition du décret du 17 mai 1809. » — Cela est vrai; mais il est tout aussi difficile de justifier l'application du décret de 1809 aux régies simples dont il ne parle pas. — On doit, ce semble, revenir, comme on l'a dit, aux principes généraux : il s'agit, dans l'espèce, d'un receveur communal, les débats relatifs à son compte devront donc être portés soit devant le conseil de préfecture, soit devant la cour des comptes, suivant les cas (V, Commune, n° 622).

321. M. Serrigny ajoute : Toutes les difficultés *de quelque nature qu'elles soient* appartiennent au préfet. Cela semble bien absolu au premier abord; cependant on est forcé de reconnaître qu'il n'en peut être autrement; car en présence de ces expressions générales *administration et perception*, il serait bien difficile de poser des limites à la compétence du préfet. Mais cela n'a lieu que relativement aux régies intéressées; pour le bail à ferme, la règle est différente. V. le numéro suivant.

322. Enfin que doit-on entendre par ces mots de l'art. 136 du décret de 1809, *le sens des clauses des baux*, lorsqu'il s'agit de contestations entre le fermier et la commune? Faut-il les étendre et, les expliquant par les expressions qui précèdent, faire rentrer dans la compétence des préfets, à l'égard des fermiers, les actes d'*administration* et de *perception*, comme dans le cas d'une régie intéressée? Ce qui reviendrait à mettre absolument sur la même ligne la régie intéressée et la ferme, malgré les expressions différentes de la loi à l'égard de chacune d'elles. — Faut-il, au contraire, restreindre la compétence du préfet à l'interprétation du bail, à l'exclusion de toutes autres contestations, lesquelles seraient, suivant le paragraphe dernier de l'art. 136, renvoyés devant les tribunaux? — M. Dufour, t. 6, n° 490, penche vers la première opinion; il estime que la disposition de l'art. 136, qui concerne le fermier, doit s'entendre « de toutes les contestations relatives aux rapports que l'adjudication établit entre la commune et le fermier. La raison en est que les actes desquels le fermier et le régisseur intéressés tirent chacun leurs droits et leurs obligations sont de même nature et que, dès lors, il est raisonnable de penser que la loi n'a pas entendu les mettre dans une situation différente; que l'expression d'une réserve au profit des tribunaux de toutes les autres contestations s'est glissée dans la rédaction sans qu'on se soit rendu compte de la signification qu'elle pouvait avoir. »

Cette interprétation est trop forcée pour qu'on puisse l'admettre. Détourner le sens d'une expression fort claire, supprimer la disposition qui ne concorde pas avec l'interprétation qu'on veut absolument donner à l'article; en vérité, cela est trop arbitraire. — Il est impossible de contester que la loi a voulu mettre les régisseurs intéressés et les fermiers sur une ligne différente; or, c'est méconnaître le texte que de vouloir les assimiler l'un à l'autre. D'ailleurs, à un certain point de vue, cette différence peut se justifier. — Dans la régie intéressée, la commune est en quelque sorte associée du régisseur, puisque, entre eux, il y a lieu à un partage de bénéfices. Or, on conçoit que les contestations auxquelles peut donner lieu une association de ce genre ait été déférée à l'autorité administrative. — Mais une pareille association n'existe pas entre la commune et le fermier qui ne doit rien de plus que le prix de son bail : la situation n'est donc pas la même, et le législateur de 1809 a pu sans se contredire renvoyer aux tribunaux les contestations qui s'élèvent entre la commune et le fermier. Seulement le bail de l'octroi émanant de l'administration, ce décret applique la règle d'après laquelle c'est à l'autorité administrative qu'il appartient d'interpréter ses propres actes (V. M. Vuatrin, Dict. d'admin. de M. Maurice Block, v° Octroi, n° 114). C'est en ce sens que paraît se prononcer la jurisprudence la plus récente du conseil d'Etat. — Il a été décidé, par exemple, que de ce que l'art. 136 du décret du 17 mai 1809 réserve au conseil de préfecture la connaissance des contestations existant entre les communes et les fermiers d'octroi sur le sens des clauses des baux, il ne s'ensuit point que le tribunal civil, devant lequel un fermier d'octroi a formé contre une commune une demande fondée sur les principes du droit commun, mais nécessitant l'interprétation d'une clause du bail, soit absolument incompétent pour y statuer; il y a lieu seulement par le tribunal de renvoyer l'interprétation du bail à l'autorité administrative à titre de question préjudicielle, sauf à statuer après cette interprétation (cons. d'Et. 21 fév. 1856, aff. Cusset, D. P. 56. 3. 41). — V. aussi n°s 330, 332.

323. M. Serrigny critique très-vivement ce partage d'attributions à l'autorité administrative et à l'autorité judiciaire. Ou le bail, dit-il, est un contrat civil, et alors les tribunaux civils sont compétents pour le tout, ou c'est un contrat administratif, et on ne voit pas pourquoi on restreint la compétence des tribunaux administratifs à l'interprétation du bail. Un tel partage ne peut qu'amener des tiraillements et des conflits entre les pouvoirs rivaux. — En tout cas, il faut reconnaître avec le même auteur, n° 557, que la disposition de l'art. 136 donne lieu à beaucoup de difficultés dans la pratique. « Quand les fermiers éprouvent du doute sur le sens du tarif annexé au bail, dit M. Serrigny, il dépend d'eux par la manière dont ils engageront la contestation, d'attribuer juridiction aux tribunaux ou au préfet en conseil. » En effet, ils peuvent agir à volonté soit en payement du droit contre les tiers, soit en garantie contre la commune. — Et ce n'est pas tout encore. Si, dans une instance entre le fermier de l'octroi et un tiers, la commune est appelée en garantie et que sa défense porte sur le sens des clauses du bail, le tribunal sera incompétent, cela ne fait pas de doute, pour statuer sur cette interprétation à l'égard de la commune; mais il ne le sera pas à l'égard du redevable; de sorte que le préfet d'un côté, le tribunal de l'autre seront appelés à interpréter la même clause qui pourra, ainsi, et dans la même affaire, avoir deux sens différents, l'un à l'égard de la commune, l'autre à l'égard du tiers. Telle est la remarque de M. Serrigny, n° 558, qui fait encore ressortir cet inconvénient du partage des juridictions établi par le décret de 1809. — V. aussi n° 333.

324. Quoi qu'il en soit de ces inconvénients, la loi doit être appliquée telle qu'elle a été établie. — Ainsi, toute action entre le fermier et la commune qui nécessite l'interprétation des clauses du bail, doit être déférée au préfet en conseil de préfecture, sauf recours au conseil d'Etat. — Par suite, on a considéré comme étant de la compétence du préfet en conseil de préfecture : 1° la question de savoir si, lorsque le cahier des charges porte que le fermier conservera les préposés alors employés dans les mêmes grades et fonctions, l'emploi de receveur central vacant par la retraite de ce fonctionnaire a pu, de la part de l'administration, faire l'objet d'une nomination nouvelle, malgré

(1) (Madinier C. ville de la Palisse.) — Charles, etc.; — Vu les art. 135 et 136 du règlement du 17 mai 1809, relatif aux octrois municipaux et de bienfaisance; — Considérant qu'aux termes de l'art. 136, ci-dessus visé, les préfets ne doivent être assistés des conseils de préfecture, pour statuer sur les contestations qui s'élèvent sur l'administration ou la perception des octrois, qu'autant qu'il existe une régie intéressée ou un bail à ferme; — Considérant que, dans l'espèce, il n'y a eu ni bail à ferme ni régie intéressée; — Que le préfet du département de l'Allier a pu valablement statuer sur la demande formée par le sieur Madinier, contre le maire de la Palisse, sans être assisté du conseil de préfecture; — Et que, dès lors, c'était devant le ministre de l'intérieur que le sieur Madinier devait se pourvoir pour faire réformer l'arrêté du préfet, s'il y avait lieu; — Art. 1. La requête du sieur Madinier est rejetée, sauf à lui à se pourvoir, s'il s'y croit fondé, devant notre ministre de l'intérieur.

Du 15 déc. 1824.-Ord. cons.-d'Et. M. de Rozière, rap.

une ordonnance antérieure au bail qui supprimait cet emploi, et la décision du ministre qui a approuvé la nomination ne fait pas obstacle à la compétence du préfet (Cons. d'Et. 12 avr. 1829 (1); — 2° La demande en résiliation du bail par le fermier, fondée soit sur ce qu'une insurrection dirigée contre la perception avait pendant plusieurs jours interrompu cette perception : « Considérant qu'il ne s'agit dans la contestation que de fixer le sens et d'apprécier les dispositions des art. 9, 30 et 31 du cahier des charges de l'adjudication du 1er oct. 1828, également invoqués par les deux parties; que l'art. 136 du décret du 17 mai 1809 attribue au préfet, en conseil de préfecture, la décision à intervenir sur l'interprétation desdites clauses et conditions » (cons. d'Et. 9 déc. 1831, M. Janet, rap., aff. Delaporte *C.* ville de Saintes); ... soit sur ce qu'il y aurait eu erreur sur la fixation de la mise à prix, ou sur ce que l'administration entraverait la perception des droits, protégerait la fraude et forcerait le fermier à conserver des employés incapables ou inutiles (cons. d'Et. 9 mars 1832, aff. Delahaye-Beauruel, V. n° 318).

325. Mais il a été jugé que la demande en résiliation du bail de l'octroi, formée par le maire contre le fermier pour inexécution des clauses du cahier des charges, n'est pas de la compétence du préfet en conseil de préfecture, alors qu'aucune contestation n'est élevée sur le sens de ses clauses; —... Et cela dans le cas même où, d'après le cahier des charges, « à défaut d'exécution des clauses et conditions imposées à l'adjudicataire le maire pourrait, avec l'approbation du préfet, provoquer une nouvelle adjudication à la folle enchère » (cons. d'Et. 26 août 1858, aff. De Lavit, D. P. 59. 3. 37).

326. Les demandes en indemnités formées par le fermier contre la commune doivent-elles être considérées comme une suite du bail et par suite rentrent-elles dans la compétence du préfet? — Plusieurs distinctions doivent être faites suivant les motifs qui servent de base à la demande. — Ainsi la réclamation est-elle fondée sur les modifications apportées au tarif, postérieurement au bail, on peut dire que, d'après l'art. 128 du décret de 1809, une réserve à cet égard devant être insérée dans le cahier des charges, une telle demande donnera lieu à interpréter le sens de cette clause, et rentrera par conséquent dans la compétence du préfet (arg. tr. des confl. 8 nov. 1851, aff. Lombard, D. P. 52. 3. 10, V. n° 332). — Cependant une telle demande a été portée devant le conseil de préfecture (V. cons. d'Et. 17 juin 1818, aff. Accart, et sur opposition 2 juin 1819, même aff.).

327. La demande en indemnité est-elle fondée sur le retard apporté par la commune à la mise en possession du fermier, sur la privation de jouissance qu'il éprouve par suite d'une approbation tardive du ministre, sur le prétexte d'erreur dans la mise à prix, etc., etc.? Toutes ces réclamations doivent encore être portées devant le préfet : elles donneront presque toujours lieu à interpréter les clauses du bail (V. cons. d'Et. 25 janv. 1839, aff. ville d'Alais, n° 87; 9 mars 1832, aff. Delahaye-Beauruel, V. n° 318. V. cependant cons. d'Et. 20 juin 1816, aff. Mangin, n° 88-1°).

328. Il a encore été jugé, en thèse générale, que c'est à l'autorité administrative et non aux tribunaux, de connaître d'une contestation entre les fermiers d'octroi et la commune, relative à des dommages-intérêts résultant de l'interprétation de dispositions du cahier des charges qui a servi de base à l'adjudication (cons. d'Et. 17 sept. 1838) (2). — Mais la décision ne fait pas connaître quelle était la nature de la contestation.

329. En est-il de même, c'est-à-dire le préfet est-il compétent, si la réclamation est fondée sur un cas de force majeure, et, par exemple, sur une émeute, une insurrection qui ont privé pendant un certain laps de temps le fermier de toute perception? — La question est controversée. Il a été décidé d'une part que le préfet était compétent pour statuer sur de telles demandes (cons. d'Et., 9 déc. 1831, M. Janet, rap., aff. Delaporte *C.* ville de Saintes). — Et tel était l'avis du ministre de l'intérieur lors de la décision du 22 juin 1836, rendue dans la même affaire (V. n° 331). — Cette solution est motivée sur ce que la question se réduit à savoir si une émeute est un cas résolutoire du bail, ou si elle donne seulement ouverture à indemnité, et que pour la résoudre il faut interpréter les clauses du cahier des charges qui prévoient les cas de résiliation ou d'indemnités. — Mais il a été jugé en sens contraire que la demande d'un fermier de l'octroi en indemnité pour cause de non-jouissance, est de la compétence des tribunaux, bien que, dans le cahier des charges, il soit dit qu'il ne pourra en réclamer *sous aucun prétexte*, et que, conformément au décret du 17 mai 1809, toute contestation qui pourrait s'élever sur l'exécution et le sens des clauses du bail, sera dévolue à l'autorité administrative (Bastia, 7 mai 1836) (3).

330. Suivant une décision du conseil d'Etat plus récente, le préfet serait compétent, dans le cas où la demande en indemnité, fondée sur un cas de force majeure, nécessiterait l'interprétation d'une clause du bail, pour donner cette interprétation seulement, les tribunaux restant juges du fond. — C'est ainsi qu'il a été décidé que dans le cas d'une demande en indemnité for-

(1) *Espèce* :—(Delahaye-Beauruel.)—Delahaye-Beauruel, fermier de l'octroi de Lille, dont le bail portait qu'il conserverait les préposés alors employés, dans les mêmes grades et traitements, soutenait, devant le conseil d'Etat, qu'un arrêté de préfecture, confirmé par le ministre des finances, et qui nommait Pouhan receveur central, en remplacement d'un receveur central retraité, était illégal, comme contraire à une ordonnance royale du 25 juill. 1826, antérieure au bail, laquelle supprimait l'emploi du fonctionnaire remplaçant.

CHARLES, etc.; — Vu l'art. 136 du décret du 17 mai 1809; — Considérant qu'il s'agit d'une contestation élevée entre le sieur Delahaye-Beauruel et la ville, sur le sens des clauses d'un bail d'octroi, et qu'aux termes du décret ci-dessus visé, le préfet en conseil de préfecture est seul compétent pour statuer sur les contestations de cette nature; — Considérant que l'instruction de notre ministre des finances, qualifiée de décision par le sieur Delahaye-Beauruel, ne fait point obstacle à ce que la contestation soit portée devant le préfet, en conseil de préfecture;

Art. 1. La requête du sieur Delahaye-Beauruel est rejeté, sauf à lui à se pourvoir devant qui de droit.

Du 12 avr. 1829.-Ord. cons. d'Et.-M. de Rozières, rap.

(2) (Véran, etc., C. ville de Cavaillon.)—LOUIS-PHILIPPE, etc.;—Vu l'art. 137 du décret du 17 mai 1809, l'art. 127 de la loi du 7 déc. 1814 et l'art. 147 de la loi du 28 avr. 1816;—Vu l'art. 13 du titre 2 de la loi des 16-24 août 1790, la loi du 18 fruct. an 5;—Vu les ordonnances du 1er juin 1828 et du 12 mars 1831; — Considérant que, d'après les conclusions par eux prises devant le tribunal de première instance d'Avignon, les fermiers de l'octroi de Cavaillon se prévalaient, pour réclamer des dommages et intérêts, des dispositions du cahier des charges pour le bail qui a été l'objet de leur adjudication, dispositions que la commune soutient n'être pas de nature à justifier leur demande, et qu'aux termes de l'art. 136 du décret du 17 mai 1809, toutes les contestations qui peuvent s'élever entre les communes et les fermiers des octrois sur le sens des clauses des baux doivent être déférées à l'autorité administrative :—Art. 1. L'arrêté du conflit pris par le préfet du département de Vaucluse en date du 25 juil. 1838, dans la contestation pendante entre les fermiers de l'octroi de Cavaillon et le maire de la même ville, est confirmé.—Art. 2. Le jugement du tribunal de première instance d'Avignon en date du 16 juill. 1836 sera considéré comme non avenu.

Du 17 sept. 1838.-Ord. cons. d'Et.-M. de Gérando, rap.

(3) *Espèce* :—(Semidéi C. ville de Bastia.) — Le receveur communal de la ville de Bastia décerne contrainte contre le sieur Semidéi, fermier de l'octroi, pour le payement des termes échus. Celui-ci forme opposition au commandement et demande une indemnité pour cause de non-jouissance, attendu que, par suite de mesure sanitaire, le port de Bastia avait été fermé, pendant plusieurs mois, aux bâtiments provenant des ports du midi de la France et des côtes d'Italie envahies par le choléra.—La commune excipe de la compétence du tribunal, se fondant sur les clauses du cahier des charges, à l'interprétation desquelles elle prétend qu'il faut nécessairement se livrer, et sur les art. 129 et 136 du règlement du 17 mai 1809. — Jugement qui rejette cette exception par les motifs suivants : — « Considérant qu'il ne s'agit pas, dans l'espèce, de l'interprétation des clauses du contrat de bail passé avec l'autorité administrative, mais de statuer sur une question indépendante du contrat, exclusivement relative au fond du droit, par suite d'un événement fortuit et extraordinaire que les parties n'ont point prévu, et qui entre, dès lors, dans la juridiction des tribunaux ordinaires. » — Appel. —Arrêt (ap. dél. en ch. cons.).

LA COUR;—Adoptant les motifs du jugement attaqué, confirme sur la compétence, et, avant de statuer au fond, ordonne, etc.

Du 7 mai 1836.-C. de Bastia.-MM. Colonna-d'Istria, 1er pr.-Bertora, av. gén., c. conf.

mée par un fermier d'octroi contre une commune à raison d'une diminution de revenus résultant d'événements de force majeure (de la maladie de la vigne et de la gelée des vignobles), on doit considérer comme sujette à interprétation de la part de l'autorité administrative, et comme nécessitant, dès lors, de la part de l'autorité judiciaire saisie du litige, un sursis à statuer jusqu'après cette interprétation, la clause du bail portant que la jouissance pleine et entière des droits d'octroi et des moyens de perception étant garantie par la commune, le fermier ne pourra être reçu, sous aucun prétexte, à demander, hors des cas prévus par le cahier des charges, soit une indemnité, soit la résiliation du bail; en conséquence, l'arrêté de conflit intervenu dans un tel débat est valable en tant qu'il revendique pour l'autorité administrative l'interprétation de la clause dont il s'agit (cons. d'Et. 21 fév. 1856, aff. Cusset, D. P. 56. 3. 41).

331. On s'est demandé aussi, dans la supposition que le préfet serait compétent pour décider si une indemnité est due, à quelle autorité il appartiendrait de prononcer sur la quotité de cette indemnité. — Le ministre de l'intérieur, lors de l'affaire du 22 juin 1836 (V. ci-dessous), disait en faveur de la compétence des tribunaux. — « Pour déterminer exactement la quotité de l'indemnité, il faut se livrer à l'investigation de faits, à l'appréciation de dommages, à l'examen d'assertions contradictoires et de détails évidemment étrangers à la question générale de l'interprétation des clauses du bail. Que resterait-il à juger par les tribunaux, si les préfets, après avoir expliqué le sens des articles des baux d'octroi, statuaient, en outre, sur la nature et les conséquences des faits particuliers des contestations? On ne connaît aucun cas où, en procédant ainsi, l'administration ne puisse retenir la connaissance de tout le litige. Cependant, la dernière disposition de l'art. 136 du décret du 17 mai 1809 réserve expressément aux tribunaux le jugement de toutes les contestations, autres que celles qui portent sur le sens des clauses du bail. Ne doit-on pas en inférer que la juridiction des préfets en cette matière est exceptionnelle, limitée à la simple interprétation du contrat, et, dès lors, qu'elle ne comprend pas la connaissance de la partie de litige, qui se trouve en dehors et indépendante de cette interprétation? — Un exemple rendra la distinction plus sensible. Si le fermier eût été d'accord avec la ville sur le sens des clauses du bail, c'est-à-dire s'il avait reconnu que ces clauses lui donnaient droit seulement à une indemnité, et non pas à la résiliation ni au compte de clerc à maître, la contestation aurait alors porté uniquement sur l'étendue des dommages à réparer, ou, en d'autres termes, sur le chiffre à allouer. — Or il est évident que le préfet n'aurait pas eu qualité pour régler cet intérêt, puisque le sens des clauses du bail n'aurait pas été contesté. C'est donc le tribunal civil qui l'aurait jugé, parce que effectivement toute la difficulté serait renfermée dans une appréciation de faits et de prétentions indépendantes du sens des clauses du bail. »

Le ministre des finances, consulté dans la même affaire, était d'un avis contraire : « Comment, a-t-il dit, séparer la décision de doctrine de la décision du fond? Si le préfet juge qu'il n'y a pas lieu à résiliation, que reste-t-il à décider par le tribunal civil, supposé seul juge compétent pour juger la demande du fermier? Ira-t-il se mettre en opposition avec le préfet, en accordant la résiliation, ou se bornera-t-il, en la refusant, à homologuer la décision du préfet? Si le préfet juge que la résiliation doit être accordée, pourquoi ne la prononcerait-il pas, et quel besoin a-t-il pour cela d'un jugement du tribunal? Il faut bien admettre aussi, dans ce cas, que le tribunal, saisi de la demande, serait libre de la repousser; autrement il n'y aurait plus indépendance de la part du tribunal. Quant à l'indemnité, c'est la même chose. Le préfet peut être favorable ou non à la demande, et chacune de ces deux manières de décider comporte deux décisions indépendantes de la part du tribunal. Si le préfet la refuse, le tribunal aurait pu l'accorder, et si le préfet l'accorde seulement en principe, le tribunal réduit à en fixer le chiffre, perdrait donc le droit de juger si une indemnité est due. Ainsi, il y a défaut de conséquence à prétendre que le préfet est compétent pour juger la contestation en principe, mais que le tribunal civil est seul compétent pour la juger au fond. »

Le conseil d'Etat, dans l'espèce, ne s'est pas prononcé positivement sur la question. Il a seulement jugé que lorsqu'il a été contradictoirement décidé par le conseil d'Etat que la demande en résiliation d'un bail d'octroi, formée par le fermier contre la commune, était, non de la compétence du conseil de préfecture, mais du préfet, en conseil de préfecture, l'arrêté préfectoral qui intervient ne peut plus être attaqué pour incompétence (cons. d'Et. 22 juin 1836) (1). — Cette décision se ratta-

(1) *Espèce :* — (Delaporte C. ville de Saintes.) — Delaporte était adjudicataire des droits d'octroi de la ville de Saintes, pour les années 1829, 1830 et 1831, moyennant le prix annuel de 74,800 fr., lorsque l'émeute du 21 sept. 1830 brisa les barrières et les bureaux de l'octroi. La perception suspendue ne put être reprise que le 25 septembre. Le 27, Delaporte écrivit au maire qu'il n'entendait continuer son service que comme mandataire de la commune. Cette demande en résiliation de bail fut rejetée par l'autorité municipale et par le conseil de préfecture de la Charente-Inférieure, qui, toutefois, alloua une indemnité au fermier. Sur le recours, un arrêt du conseil d'Etat annula l'arrêté du conseil de préfecture, pour incompétence, et renvoya les parties devant le préfet, en conseil de préfecture. Le 25 juill. 1832, le préfet de la Charente-Inférieure rejeta la demande en résiliation formée par Delaporte, et fixa l'indemnité à 3,975 fr. 77 c. Recours de Delaporte.

Il soutient d'abord que le préfet était incompétent pour statuer sur la question de résiliation et d'indemnité, parce que son action, à cet égard, s'appuyait non pas sur les clauses et conditions du cahier des charges, mais sur la loi du 10 vend. an 4, concernant la responsabilité des communes, et que l'application de cette loi ne peut appartenir qu'à l'autorité judiciaire.

Au fond, il soutient que la résiliation devait être prononcée, parce que l'interruption de la perception, bien que momentanée, avait changé essentiellement les conditions de l'adjudication; — Que le marché passé avec la commune était un contrat aléatoire dont l'essence est d'être continu et sans interruption, parce que le moment de l'interruption pouvait être celui où se serait réalisé le bénéfice espéré, ou bien encore c'était un bail résolu de plein droit par la perte de la chose louée et par le défaut de garantie de jouissance de la part de la commune. Enfin, en admettant qu'il y eût seulement lieu à indemnité, celle qui a été allouée est tout à fait insuffisante.

M. le ministre de l'intérieur ayant été consulté, a pensé : 1° que la compétence était souverainement jugée par l'arrêt de 1831, du moins quant à l'interprétation des clauses et conditions du cahier des charges; 2° que l'interruption de perception, surtout eu égard à sa brièveté, ne pouvait entraîner la résiliation du bail, mais donner lieu seulement à une indemnité; 3° que le mode adopté par le préfet pour l'appréciation du dommage causé au fermier était équitable. Mais le ministre a pensé que la compétence du préfet, pour fixer le taux de l'indemnité, était fort douteuse (V. ci-dessus).

Louis-Philippe, etc.; — Vu le décret du 17 mai 1809, et notamment l'art. 136; — Vu notre ordonnance du 9 déc. 1831, portant que l'arrêté du conseil de préfecture de la Charente-Inférieure, du 19 nov. 1830, est annulé, et que le sieur Delaporte et la ville de Saintes sont renvoyés devant le préfet dudit département pour faire statuer sur leurs prétentions respectives; — Vu l'arrêté rendu par le préfet de la Charente-Inférieure, en conseil de préfecture, le 25 juill. 1832, attaqué, lequel porte : — « Art. 1. La demande formée par le sieur Delaporte, tendant à ce qu'il soit déclaré que son bail a été résilié de plein droit par la sédition de sept. 1830, et qu'à partir de cette époque il doit être admis à compter de clerc à maître, est rejetée. — Art. 2. L'indemnité de 18,000 fr. par lui demandée est réduite à la somme de 3.975 fr. 77 c., qui lui sera payée par la ville de Saintes; »

Sur la compétence : — Considérant qu'elle a été souverainement fixée par notre ordonnance du 9 déc. 1831 :

Sur le chef des conclusions du sieur Delaporte, tendant à obtenir la résiliation du bail et à compter de clerc à maître : — Considérant que le fermier ne pourrait être admis à réclamer la résiliation que dans le cas où elle serait prévue et autorisée par le bail qui fait la loi des parties, et qu'aucune clause du cahier des charges n'autorise la résiliation pour les cas dont il s'agit; — Considérant que les circonstances qui ont interrompu le recouvrement de l'octroi dans la ville de Saintes, pendant les mois d'août et sept. 1830, constituent un cas de force majeure qui ne rentre pas dans l'application des art. 9, 30, 31 du cahier des charges, et que la ville de Saintes doit indemniser le fermier des pertes qui en sont résultées pour lui;

Sur le chef des conclusions relatives au montant de l'indemnité : — Considérant qu'en établissant, d'une part, le produit de l'année 1829 et des huit premiers mois de 1830, s'élevant à la somme de 142,340 fr. 77 c., et, d'une autre part, le produit des quatre derniers mois de 1830 et l'année 1831, qui donnent celle de 91,118 fr. 64 c., la différence de 22,752 fr. 97 c., qui existe entre les recettes moyennes de seize mois qui ont précédé la sédition et celle de seize mois qui l'ont

che plutôt au principe de l'autorité de la chose jugée qu'aux règles de compétence en matière d'octroi.—En présence de la décision du 21 fév. 1856 qui précède (n° 330), il semble que la solution adoptée par le ministre de l'intérieur est celle qui doit être suivie, c'est-à-dire que le préfet n'étant compétent que pour donner l'interprétation des clauses contestées, cesse de l'être lorsqu'il s'agit uniquement de fixer le chiffre d'une indemnité dont le principe est à l'abri de toute contestation.

332. Du reste, c'est en ce sens que s'est prononcé le tribunal des conflits. — Ainsi, il a décidé que les contestations élevées entre une commune et un fermier de l'octroi doivent être portées devant les tribunaux civils, à l'exception de celles qui s'élèvent sur le sens des clauses du bail, encore que, par le cahier des charges, ce fermier serait soumis d'une manière absolue à la juridiction des préfets, et aurait renoncé à celle des tribunaux; qu'une demande en indemnité formée contre une commune par le fermier de son octroi, à raison d'une modification des tarifs, est, nonobstant une telle renonciation, de la compétence des tribunaux civils, alors que le droit à une indemnité n'est pas contesté, et que le litige porte seulement sur la quotité de cette indemnité (trib. des conflits 8 nov. 1851, aff. Lombard, D. P. 52. 3. 10). — Cette solution nous paraît préférable.

333. Il a été décidé que le litige élevé entre deux fermiers successifs de l'octroi d'une commune, à l'effet de déterminer les droits respectifs de ces deux fermiers, et dans lequel la commune est intervenue, doit être portée devant l'autorité administrative, lorsqu'il y a lieu d'interpréter les cahiers des charges des deux adjudicataires (cons. d'Et. 1er mai 1846) (1). —En serait-il de même si le débat s'agitait seulement entre les fermiers, en dehors de l'intervention de la commune? L'ordonnance précitée semble pencher pour l'affirmative. Cela ne semble exact que dans le cas, tout au plus, où un recours en garantie pourrait atteindre la commune; si elle n'a aucun intérêt dans la contestation, le décret de 1809 ne paraît plus applicable.—C'est encore là une des anomalies de ce décret.

334. Dans le cas où la perception des droits d'octroi aurait été remise à l'administration des contributions indirectes par voie d'abonnement, conformément à la disposition de la loi de 1816, art. 158 (V. n° 95), les contestations qui s'élèveraient entre la commune et la régie doivent, ce semble, être jugées conformément aux dispositions du décr. du 17 mai 1809, art. 136, relatives aux régies intéressées : dans les deux cas, en effet, il y a même raison de décider (Conf. M. Dufour, t. 6, n° 500).

335. *Conseils de préfecture*. — En dehors des hypothèses qu'on vient de parcourir, les règles générales de la compétence, inscrites dans la loi du 28 pluv. an 8, reçoivent leur application, et le conseil de préfecture devient compétent. Mais ses attributions, en cette matière, se trouvent bien restreintes, aussi n'avons-nous que peu de décisions à enregistrer sur ce point. — Ainsi il a été décidé : 1° que lorsqu'une clause du cahier des charges attribue à l'administration la connaissance des contestations qui pourraient s'élever sur le bail, il n'appartient qu'aux conseils de préfecture et non aux tribunaux de statuer sur une contrainte décernée contre le fermier de l'octroi d'une ville (cons. d'Et. 13 mai 1818 (2), mais V. n° 318); —2° Qu'en présence d'une clause de cette nature insérée dans le bail, le maire est incompétent pour, en cas d'inexécution des conditions de l'adjudication, déclarer le bail résilié (cons d'Et. 3 juin 1820, aff. Perret, V. n° 90); — 3° Que le conseil de préfecture qui soumet l'exécution de son arrêté à une condition, peut la rapporter si elle ne peut se réaliser; qu'ainsi le conseil de préfecture qui, en reconnaissant que les droits d'octroi payés par l'adjudicataire de la construction d'une caserne de cavalerie pour l'introduction, dans une ville, des matériaux nécessaires, doivent lui être remboursés, affecte pour ce payement une somme qu'il croyait encore libre, peut, sans excès de pouvoir, rapporter la disposition de son arrêté concernant l'affectation, s'il est constaté que cette somme était épuisée (cons. d'Et. 7 juin 1836, aff. Gleizes, V. Chose jugée, n° 91); —4° Qu'un conseil de préfecture qui décide que les bouchers d'une ville ont le droit d'abattre des bestiaux hors des limites de l'octroi, excède ses pouvoirs, en ce qu'il statue sur des demandes en interprétation de règlement de l'octroi, et par voie de disposition générale et réglementaire (cons. d'Et. 31 janv. 1827) (3); — 5° Que le conseil de préfecture qui prononce la résiliation d'un bail d'octroi et fixe son époque ne peut,

---

suivie, paraîtrait devoir servir de base à l'indemnité à allouer à l'exposant; — Considérant, néanmoins, que la diminution survenue dans le produit de l'octroi, depuis le trouble apporté à la perception, a encore eu pour cause l'absence de la garnison et la médiocrité des récoltes de 1830, et qu'il résulte de l'instruction qu'en fixant à 15,000 fr. l'indemnité à allouer au fermier, il sera fait une juste appréciation de ses droits;

Art. 1. L'arrêté du préfet de la Charente-Inférieure, en conseil de préfecture, du 25 juill. 1832, attaqué, est réformé. — L'indemnité réclamée par le sieur Delaporte est fixée à la somme de 15,000 fr. — Le surplus de ses conclusions est rejeté. — Art. 2. Les dépens sont compensés entre les parties.

Du 22 juin 1836.-Ord. c. d'Et.-M. Brière, rap.

(1) (Pauleau C. Vial, etc.) — LOUIS-PHILIPPE; — Vu les lois des 2 vend. et 27 frim. an 8; le décret du 17 mai 1809; l'ordonnance royale du 9 déc. 1814, et la loi du 28 avr. 1816; — Vu les ordonnances royales des 1er juin et 12 mars 1831; — Considérant que l'action engagée par le sieur Pauleau, ancien fermier de l'octroi de la commune de Maillane, a pour objet de faire décider contre les sieurs Vial et Conillet que les fermiers dudit droit seront tenus, en vertu du cahier des charges de son adjudication, de lui tenir compte des droits perçus sur les vins récoltés et admis en entrepôt pendant la dernière année de sa jouissance; que les sieurs Vial et Conillet opposent à la prétention du sieur Pauleau une disposition du cahier des charges de leur adjudication, et que la commune de Maillane est intervenue pour repousser avec eux la demande de l'ancien fermier; que dès lors, il y a lieu d'interpréter les cahiers de charges des deux adjudicaires, et qu'aux termes des actes susvisés, cette interprétation ne peut être donnée que par l'autorité administrative; — Art. 1. L'arrêté de conflit pris le 27 fév. 1846 par le préfet des Bouches-du-Rhône est confirmé. Sont considérés comme non avenus l'exploit introductif du 23 janv. 1845, le jugement du tribunal civil de l'arrondissement de Tarascon, du 24 août 1843, l'arrêt de notre cour d'Aix, du 14 fév. 1846, et les actes judiciaires qui auraient pu s'ensuivre.

Du 1er mai 1846.-Ord. cons. d'Et.-M. Boulatignier, rap.

(2) (Barthélemi C. ville de Nemours.)—LOUIS, etc.; —.... Considérant que l'art. 21 du cahier des charges précité, attribuant à l'administration la connaissance des contestations qui pourraient s'élever sur le bail de l'octroi de la ville de Nemours, le tribunal de Fontainebleau a incompétemment statué sur les contraintes décernées contre le sieur Barthélemi, par suite de son adjudication, et qu'ainsi le conflit a été bien élevé; — Considérant qu'il résulte du même article que le conseil de préfecture était compétent pour connaître de la difficulté qui lui a été soumise, et qu'au fond ce conseil a bien jugé, puisque la réclamation formée par le sieur Barthélemi ne pouvait pas être suspensive des payements qu'il avait à effectuer comme fermier de l'octroi; — Considérant enfin que, par l'art. 2 du cahier des charges de son adjudication, le sieur Barthélemi était astreint à l'exécution des lois et règlements en vigueur; que, dans son approbation, notre ministre secrétaire d'Etat des finances n'a fait que rappeler les articles de ces lois et règlements applicables à l'adjudication, et que ces articles ne dérogent pas d'une manière réelle aux stipulation du cahier des charges.

Art. 1. Les requêtes du sieur Barthélemi sont rejetées.—Art. 2. L'arrêté de conflit pris par le préfet du département de Seine-et-Marne, le 10 juill. 1817, sur la contestation existante entre la ville de Nemours et le sieur Barthélemi, et portée par ce dernier devant le tribunal de première instance séant à Fontainebleau, est confirmée, et le jugement intervenu est considéré comme non avenu. — Art. 3. L'arrêté du conseil de préfecture du département de Seine-et-Marne, du 13 juin 1817, et les décisions de notre ministre secrétaire d'Etat des finances, des 2 mai et 7 juillet de la même année, seront exécutées selon leur forme et teneur.

Du 13 mai 1818.-Ord. cons. d'Et.

(3) *Espèce :* — (Ovrillard C. ville de Limoges.) — 15 mai et 3 juin 1826, arrêtés du conseil de préfecture de la Haute-Vienne, qui permettent aux bouchers de Limoges d'abattre les bestiaux hors des limites de l'octroi, et soustraient aux droits d'octroi les abats et issues. — Pourvoi au conseil d'Etat contre ces arrêtés de la part des fermiers Ovrillard et Sebilleau. Ils soutiennent l'incompétence du conseil de préfecture, 1° en ce qu'il avait statué sur une contestation existante entre eux et des tiers, alors qu'il ne devait prononcer que sur les différends à naître entre eux et la commune, au sujet du bail; 2° en ce qu'il avait interprété, sans droit, le règlement de l'octroi, approuvé par une ordonnance royale, interprétation qui ne pouvait être donnée que par l'autorité qui l'avait approuvé. Ils invoquent, au fond, les art. 19 et 20 du règlement, qui défendent aux bouchers de tuer hors de la ville.

sans excès de pouvoir, statuer de nouveau et différemment sur les mêmes questions, si ses arrêtés ont acquis l'autorité de la chose jugée (cons. d'Et. 4 fév. 1836, M. Janet, rap., aff. Vallée C. com. de Royan).

336. *Conseil d'Etat.* — Le conseil d'Etat ou, pour parler plus exactement, l'empereur en son conseil d'Etat, est le juge en dernier ressort du contentieux administratif. On a dit v° Conseil d'Etat, n° 107 et suiv., quelles étaient, à cet égard, les limites de la juridiction de ce conseil; les matières d'octroi sont soumises aux règles générales qui y sont retracées (V. aussi v° Compétence admin., n° 323 et suiv.). — Les réclamations que soulèvent les actes rendus par le gouvernement ou par ses divers agents se portent, suivant la nature de ces actes, soit par la voie gracieuse devant l'administration elle-même mieux informée, soit devant le conseil d'Etat par la voie contentieuse. On a montré v° Compétence admin., n° 26 et suiv., comme cette double voie de recours a enfanté de subtilités.—En général, les actes de l'autorité qui peuvent être déférés au conseil d'Etat par la voie contentieuse sont ceux-là seulement qui portent atteinte aux droits du réclamant, à la différence de ceux qui, rendus dans la limite des pouvoirs de l'autorité dont ils émanent, ne font que léser les intérêts des administrés : ces derniers actes ne peuvent donner lieu qu'au recours par la voie gracieuse (V. Compétence admin., n° 26).

337. Il a été décidé conformément à cette règle : 1° que le recours formé contre une ordonnance qui, en autorisant l'établissement d'une taxe additionnelle à l'octroi, a refusé de l'affranchir du prélèvement du dixième au profit du trésor, peut être soumis au conseil d'Etat par la voie contentieuse (cons. d'Et. 16 déc. 1842 (1); 8 avr. 1846, M. Marchand, rap., aff.

Charles, etc.; — Vu l'ordonnance royale du 9 déc. 1814; — Considérant que, par les arrêtés des 15 mai et 3 juin 1826, le conseil de préfecture n'a pas statué sur des questions spéciales, mais sur des demandes en interprétation du règlement de l'octroi de Limoges, qui lui avaient été soumises par le maire et les bouchers de Limoges, et qu'il a prononcé sur ces demandes par voie de dispositions générales et réglementaires; — Art. 1. Les arrêtés du conseil de préfecture de la Haute-Vienne, des 15 mai et 3 juin 1826, sont annulés.

Du 31 janv. 1827.-Ord. cons. d'Et.-M. de Rozière, rap.

(1) *Espèce :* — (Ville de Troyes.) — En 1819, la ville de Troyes fut autorisée à percevoir temporairement des taxes additionnelles aux droits d'octroi, destinées à l'acquit de dettes contractées pendant l'invasion. Ces taxes furent successivement prorogées pour subvenir à des dépenses d'utilité publique. — En présence de ces renouvellements, l'administration des contributions indirectes crut devoir refuser à ces taxes additionnelles le caractère de temporaires, et, en 1840, le conseil municipal en ayant voté le maintien toujours sous le bénéfice de l'exemption du dixième, l'ordonnance d'autorisation les a confondues avec celles qui avaient été votées comme principales, et les a soumises au prélèvement du dixième. — La commune s'est pourvue devant le conseil d'Etat contre cette ordonnance : en faveur de la recevabilité de son pourvoi, elle a dit :

L'art. 147 de la loi du 28 avr. 1816 exige, pour l'établissement d'un octroi, la demande du conseil municipal. Il veut « que la désignation des objets imposés, le tarif, le mode et les limites de la perception soient délibérés par le conseil municipal et réglés de la même manière que les dépenses et revenus communaux. » — La demande, la délibération du conseil municipal sont donc les conditions nécessaires des mesures relatives à des établissements d'octroi; aucun établissement de ce genre ne peut être formé, aucune taxe d'octroi levée, aucune aggravation de taxe introduite, sans le consentement des représentants de la commune. Cette règle n'est que l'application aux octrois de la règle générale du droit administratif relative aux prescriptions municipales.—Cependant le vote de la commune n'est pas obligatoire par lui-même; il a besoin de la sanction de l'autorité publique, et celle-ci à son tour exerce des droits qui se combinent, si on peut ainsi dire, avec ceux du conseil municipal. Les ordonnances du roi qui interviennent sur les délibérations de ce conseil peuvent refuser d'autoriser l'octroi, rejeter certaines taxes, en réduire d'autres : c'est ce que la jurisprudence du conseil d'Etat a consacré. Elles peuvent donc annuler les votes des conseils municipaux, car ils ne valent que par sa sanction; les réduire, car le plus contient le moins; mais non les aggraver d'office, car toute aggravation serait dépourvue du consentement préalable du conseil municipal. — Au moyen de ces pouvoirs respectifs d'initiative et d'autorisation, tous les droits sont entiers et demeurent saufs, celui de la commune aussi bien que celui de l'Etat. La première ne peut être imposée sans son aveu, le second assure aux lois et aux règles de bonne administration leur empire, en refusant l'exécution de tout ce qui y porte atteinte.

L'ordonnance du 22 juin 1840 a méconnu ce partage d'attributions en imposant à la commune de Troyes des charges non consenties par son conseil municipal, en exerçant, au nom de l'autorité publique, un pouvoir de réformation qui ne lui appartient pas. — Le conseil municipal avait voté certaines taxes comme additionnelles; l'ordonnance pouvait ne les point approuver; elle n'avait pas le droit, en les déclarant principales, de changer leur caractère; c'était dénaturer le vote, car le conseil municipal ne votait ces taxes que comme additionnelles, et les aurait peut être rejetées comme principales; aucun article des lois ou des ordonnances n'autorisait le gouvernement à modifier une délibération prise en matière d'octroi.

Pour échapper aux conséquences de cet acte, la ville de Troyes a dû se pourvoir. Il ne serait pas exact de prétendre que l'ordonnance attaquée ne contient qu'une autorisation et que la commune pouvait renoncer au droit que cette ordonnance lui conférait, si elle n'en agréait point les conditions. Les ordonnances portant établissement d'octroi ne sont point des actes de tutelle ordinaire : elles créent plus qu'une faculté, elles emportent obligation. Une commune ne peut renoncer à un octroi établi par ordonnance du roi, comme elle renoncerait à une vente ou à une acquisition qu'elle aurait été autorisée à faire. La loi a pris soin de régler les formes selon lesquelles un octroi est aboli. Le vœu de la commune doit être sanctionné par le gouvernement : le ministre de l'intérieur est consulté, le ministre des finances propose une ordonnance du roi. D'ailleurs, dans l'espèce, certaines taxes étaient établies comme l'avait demandé la commune; elle ne pouvait en suspendre un seul jour la perception, et il lui aurait été impossible de diviser l'ordonnance pour en accepter une partie et rejeter l'autre. Le pourvoi était donc indispensable, à quelque point de vue qu'on se place. — Ainsi l'ordonnance du 22 juin 1840 a excédé les pouvoirs conférés à l'autorité royale par la législation sur les octrois, et à ce titre elle peut être déféré au conseil d'Etat. — Elle le peut encore en vertu des règles du droit commun en matière administrative.

Que l'on conteste le droit de se pourvoir contre certaines dispositions générales d'une ordonnance approuvant un octroi; que l'on considère ces dispositions comme l'exercice des pouvoirs généraux conférés au gouvernement sans que le contentieux puisse y toucher, cela se comprend, bien que cette théorie ait peut-être reçu, en certains cas, une application qui privait les droits privés d'une protection nécessaire; mais il ne s'agit ici de rien de semblable, et il est un principe non contesté en matière administrative, c'est que toute décision par laquelle l'administration condamne une partie privée à lui payer une somme d'argent est susceptible de pourvoi; et cela n'est pas seulement vrai pour des contrats que l'Etat passe avec des entrepreneurs, des fournisseurs, etc.; la même règle est suivie pour tous les impôts. Tout contribuable peut attaquer la décision qui le déclare débiteur de l'Etat; la loi a même accordé à ces sortes de réclamations certaines facilités exceptionnelles de procédure.—Or quelle est la partie de la modification introduite dans le vote du conseil municipal de Troyes par l'ordonnance attaquée? — Cette ordonnance décide implicitement, mais virtuellement et sans équivoque, que les taxes votées comme additionnelles par le conseil municipal de Troyes seront soumises au prélèvement du dixième au profit du trésor, prélèvement dont elles seraient dispensées si elles étaient maintenues à titre additionnel. — C'est-à-dire que les taxes devant produire, dit-on, environ 80,000 fr. par an, l'ordonnance assujettit la ville de Troyes à verser chaque année 8,000 fr. dans les coffres de l'Etat.— C'est un impôt mis à la charge de la commune. Sous ce rapport, son pourvoi ne peut être écarté. — Le conseil d'Etat a déjà admis un recours analogue par une ordonnance du 4 juill. 1827 (V. n° 283) : à la vérité, dans cette espèce, la décision relative au prélèvement du dixième avait été prise par le ministre des finances, mais le caractère contentieux ou non d'une décision résulte, non de l'autorité qui l'a rendue, mais de son objet et de sa nature propre. — En résumé, l'ordonnance attaquée viole le droit d'initiative réservé aux conseils municipaux par la législation des octrois; elle soumet la ville de Troyes à une contribution au profit de l'Etat : sous ces deux rapports, elle peut être attaquée par la voie contentieuse.

Sur le fond, la commune combat la prétention de l'administration des contributions indirectes de ne vouloir admettre comme dépenses d'utilité publique que celles qui intéresseraient l'Etat ou la généralité des citoyens et ne se renfermeraient pas dans l'enceinte de la commune (V. *suprà*, n° 283 et suiv.).

Louis-Philippe, etc.; — Vu la loi du 17 juill. 1857, art. 19 et 31, et la loi du 28 avr. 1816, art. 147; l'ord. du 9 déc. 1814, art. 5, 6 et 7; la loi du 7 août 1822, art. 16; la loi de finances du 11 juin 1842, art. 10; — Considérant que, aux termes de l'art. 19 de la loi du 18 juill. 1837, les conseils municipaux délibèrent sur toutes les recettes et dépenses soit ordinaires, soit extraordinaires des communes; que l'art. 31 de la même loi, § 5, met au nombre des recettes ordinaires le produit des octrois municipaux; — Que, aux termes de l'art. 147 de la loi du 28 avr. 1816 et des art. 6 et 7 de l'ordonn du 9 déc 1814, les règlements et les tarifs pour la perception des droits d'octroi, dont la demande aurait été faite par les conseils municipaux,

ville d'Orléans; 5 juin 1848, M. Louyer-Villermay, rap., aff. ville d'Auch; 5 fév. 1849, même rap., aff. ville de Nancy; 26 juill. 1851, même rap., aff. ville de Bourges); — 2° Que l'ordonnance royale qui étend les rayons de l'octroi d'une ville peut être attaquée devant le conseil d'Etat par les communes intéressées, si c'est par erreur sur la population qu'elle a été rendue (sol. impl., cons. d'Et. 23 août 1836, aff. com. de Saint-Pierre, V. n° 184). — Le ministre prétendait que le recours n'était pas recevable par la voie contentieuse. Le conseil d'Etat a décidé au fond, sans s'expliquer sur l'exception proposée par le ministre.

338. ...Et, d'autre part: 1° que la commune qui veut faire réformer, soit un règlement général sur le prélèvement à exercer par la régie des contributions indirectes dans les revenus de son octroi, soit la décision ministérielle qui a fixé le chiffre à prélever conformément à ce règlement, doit se pourvoir par la voie administrative et non par la voie contentieuse du conseil d'Etat (cons. d'Et. 3 juin 1820, M. Cormenin, rap., aff. ville de Rennes *C.* contr. ind.); — 2° Que les actes d'administration générale ne peuvent être attaqués devant le conseil d'Etat par ceux dont ils lèsent les intérêts, surtout s'il ne leur en a pas été fait application par la voie contentieuse; qu'ainsi un bouilleur auquel l'administration de l'octroi a refusé d'admettre des boissons à la faculté d'entrepôt à son domicile, bien qu'elles fussent nécessaires pour l'exercice de son industrie, ne peut attaquer devant le conseil d'Etat, par la voie contentieuse, l'ordonnance royale qui a supprimé la faculté d'entrepôt à domicile en approuvant l'établissement d'un entrepôt public, en vertu de laquelle le refus de l'administration a eu lieu (cons. d'Et. 30 nov. 1836) (1); — 3° Qu'aucun recours n'est ouvert par la voie contentieuse contre une ordonnance qui, en approuvant les tarifs d'un octroi, en a modifié certains articles (cons. d'Et. 18 juill. 1838, M. du Martroy, rap., aff. ville de Commercy; 25 avr. 1845, aff. ville d'Amboise, V. n° 39); — 4° Que les fabricants d'objets destinés au commerce général ne sont pas recevables à attaquer par la voie contentieuse l'ordonnance royale confirmative d'un tarif d'octroi qui a refusé l'admission en entrepôt, pour un temps déterminé, des charbons destinés à la fabrication, et, par conséquent, les a privés de l'exemption d'octroi accordée par l'art. 148 de la loi du 28 avr. 1816 (cons. d'Et. 15 juill. 1842) (2).

339. Les actes du gouvernement peuvent encore être dé-

---

doivent être délibérés par lesdits conseils, en vertu de l'autorisation de notre ministre de l'intérieur, transmis avec l'avis des maires et des sous-préfets, par l'intermédiaire des préfets, au directeur des impositions indirectes, pour être soumis à notre ministre des finances, sur le rapport duquel nous accordons notre approbation, s'il y a lieu; — Considérant que, par ses délibérations, en date du 27 sept. 1839, 7 et 11 mars 1840, le conseil municipal de la ville de Troyes n'avait voté, par le projet de règlement et de tarif de son octroi, certaines taxes additionnelles que pour faire face à des dépenses spéciales et temporaires et avait fixé la durée du règlement et du tarif, à dater du 1er juill. 1840 au 31 déc. 1842; que si notre approbation pouvait être refusée à l'établissement desdites taxes additionnelles, elles devaient, si elles étaient approuvées, conserver le caractère qui leur avait été attribué par le vote du conseil municipal, et que, dès lors, lesdites taxes additionnelles étaient susceptibles, conformément à l'art. 16 de la loi du 17 août 1822, de jouir de l'exemption du prélèvement de 10 p. 100 réservé au trésor sur le produit net des octrois;

Art. 1. Dans le tarif voté par le conseil municipal de la ville de Troyes pour la perception des octrois de ladite ville, à partir du 1er juill. 1840 au 31 déc. 1842, il sera fait distinction entre les taxes principales et les taxes additionnelles susceptibles d'être exemptées du prélèvement de 10 p. 100 réservé au trésor. — Art. 2. Notre ordonnance en date du 22 juin 1840, approbative du règlement et du tarif pour la perception des droits d'octroi de la ville de Troyes, est réformée en ce qu'elle a de contraire à la présente ordonnance.

Du 16 déc. 1842.-Ord. cons. d'Et.-M. Boulay (de la Meurthe), rap.

(1) (Anglade C. ville de Toulouse.) — Louis-Philippe, etc.; — Considérant que notre ordonnance du 27 août 1834 est un acte d'administration générale dont il n'a été fait aucune application particulière à l'exposant, et qu'ainsi il n'est pas fondé à nous le déférer par la voie contentieuse; — Art. 1. La requête du sieur Anglade est rejetée.

Du 30 nov. 1836.-Ord. cons. d'Et.-M. Brière, rap.

(2) *Espèce :* — (Chartier et autres.) — La ville de Douai avait refusé l'admission en entrepôt des charbons destinés à la fabrication des objets destinés au commerce en général, et avait arrêté un tarif d'octroi suivant lequel ces charbons n'obtenaient leur entrée que sur l'acquit des droits portés. Pour obtenir l'approbation de ce tarif, à peu près exceptionnel pour les villes manufacturières de France, le conseil municipal avait objecté l'embarras de sa situation financière, et l'importance qu'il y avait pour lui à obtenir, ne fût-ce que temporairement, les avantages de la perception des droits d'octroi établis sur les charbons comme sur tous les objets de consommation locale. Ce tarif reçut l'approbation du gouvernement et fut sanctionné par ordonnance royale du 25 juill. 1841, qui ajourna jusqu'en 1847 l'admission des charbons en entrepôt. — Recours au conseil d'Etat de la part du sieur Chartier et d'autres fabricants. — Le recours était-il recevable en la forme? Telle est la question qui s'est d'abord présentée.

Les réclamants ont produit une consultation de M. Vivien, où la recevabilité du pourvoi est ainsi justifiée : « Les manufacturiers réclamants, est-il dit dans cette consultation, auraient pu se pourvoir directement devant les tribunaux en restitution des droits d'octroi par eux payés sur les houilles employées à des fabrications du commerce général. La perception du droit d'octroi n'est autorisée, par la loi de finances annuelle, que conformément aux lois, et dès lors toute somme payée contrairement à ce qu'elles prescrivent est illégalement perçue. Mais leur recours serait soumis à des objections sérieuses. — 1° On leur opposerait l'ordonnance du 25 juill. 1841, qui est un acte administratif devant lequel l'autorité judiciaire croirait peut-être devoir s'arrêter, quoique, en pareille matière, on puisse douter que l'intervention d'un tel acte soit de nature à modifier la compétence judiciaire; il en résulterait, en tout cas, une lutte de compétence qui arrêterait l'action. — 2° La houille destinée à fabriquer des produits du commerce général n'est exemptée du droit que quand il est établi qu'elle a reçu cet emploi. De là les dispositions qui, pour régulariser l'exemption, prescrivent certaines mesures de surveillance et certaines constatations. Or, pour réclamer la restitution du droit perçu, il faudrait prouver l'emploi spécial des houilles qu'on dirait devoir être affranchies; et comment administrer cette preuve, après la consommation effectuée, si l'on n'a pris à l'avance les mesures prescrites? Les réclamants ont voulu le faire, mais l'administration s'y est refusée, et elle en avait le droit en présence de l'ordonnance du 25 juill. 1841. Il est douteux que les tribunaux pussent l'y contraindre, car ils seraient obligés d'assujettir l'administration à des formalités qu'il n'est point dans leurs attributions de lui prescrire. — Ainsi l'intervention de l'autorité judiciaire serait régulière si on la saisissait d'une demande en restitution de l'impôt indûment payé; mais de graves obstacles résulteraient : 1° de l'existence de l'ordonnance du 25 juill. 1841; 2° de l'extrême difficulté de constater les quantités de houille employées à des fabrications du commerce général.

« Dans ces circonstances, les réclamants, sans renoncer à leur droit, pouvaient intenter une autre action. L'ordonnance du 25 juill. 1841 leur cause un double préjudice, d'abord en leur imposant une contribution qu'ils ne doivent pas; en second lieu, en les privant du moyen de constater l'emploi des houilles introduites dans leurs établissements : au lieu de s'adresser aux tribunaux pour obtenir la réparation du dommage éprouvé, ils se sont pourvus contre l'ordonnance même qui le leur cause, ils ont attaqué le mal dans son origine et dans son principe : ils ont pris la voie administrative contentieuse, et, pour le dire en passant, on comprendrait difficilement que l'administration combattit un recours qui, s'il était rejeté par elle, devrait, de toute nécessité, sous une forme ou sous une autre, être remplacé par une action devant l'autorité judiciaire.

» Le pourvoi est d'ailleurs conforme à toutes les règles de la jurisprudence administrative. — En effet, les réclamants allèguent que leur droit a été violé : ils sont fondés à se pourvoir par la voie contentieuse. — Cette violation résulterait d'une ordonnance du roi : c'est devant le conseil d'Etat que le recours a dû être porté. — A la vérité, l'ordonnance qu'ils attaquent est générale et ne les concerne pas nominalement; mais il leur en a été fait une application personnelle, quand le maire de Douai a refusé de les admettre à l'entrepôt à domicile; de ce moment, l'ordonnance leur est devenue propre et les a directement atteints; dès lors, elle a pu être l'objet d'un pourvoi de leur part, ainsi que le conseil d'Etat l'a décidé par arrêt du 30 nov. 1836 (aff. Anglade). — Il n'importe point que la violation d'un droit privé résulte d'une mesure d'administration générale. Tout citoyen est autorisé à se pourvoir dès que son droit est méconnu, quel que soit le caractère de l'acte. C'est là le principe du contentieux administratif : on ne pourrait le contester sans reconnaitre à l'administration une omnipotence qu'elle ne tient d'aucune loi et qui mettrait en question toutes les libertés privées et l'exercice de toutes les facultés consacrées par les lois. Le conseil d'Etat a appliqué ce principe dans la matière même des octrois; un pourvoi analogue à celui des industriels de Douai lui ayant été présenté, il l'a rejeté par arrêt du 11 fév. 1836 par les moyens du fond, la disposition attaquée n'ayant violé aucun article de loi ou de règlement en vigueur (aff. Dussard et cons.); il a ainsi admis le pourvoi en la forme, reconnu implicitement que les réclamants avaient eu qualité pour le former, et prouvé qu'il l'eût aussi accueilli au fond en cas de violation d'un article de loi ou de règlement. — L'objection fondée sur le caractère général de l'ordonnance du 25 juill-

férés au conseil d'Etat par la voie contentieuse, lorsqu'ils n'ont pas été précédés des formalités prescrites par la loi. — C'est ce qui a été jugé : 1° à l'égard d'une ordonnance portant approbation d'un règlement supplémentaire de l'octroi d'une ville qui admettait à l'entrepôt et exemptait du droit d'entrée le charbon de terre employé dans les établissements industriels à la fabrication de produits destinés au commerce (cons. d'Et. 25 avr. 1845, aff. ville d'Amboise, V. n° 39); — 2° A l'égard d'un règlement qui avait étendu l'octroi d'une ville sur le territoire des communes voisines, sans que les conseils municipaux de ces communes eussent été préalablement consultés (cons. d'Et. 28 déc. 1854, aff. Rousset, D. P. 55. 3. 74).

340. Les demandes en interprétation des ordonnances, décrets, règlement rendus par le pouvoir exécutif, doivent être portées devant le conseil d'Etat. — C'est ainsi qu'il a été jugé que c'est à ce conseil et non aux conseils de préfecture qu'il appartient d'interpréter une ordonnance royale portant règlement et tarif d'octroi (cons. d'Et. 14 janv. 1839, aff. Lyonnet, V. n° 130. — Conf. 3 fév. 1830, M. Brière, rap., aff. Autard). — Mais lorsqu'une demande, bien que qualifiée de requête en interprétation, tend réellement à provoquer la réformation d'une ordonnance royale qui a statué par voie réglementaire et dans un intérêt général, et notamment dans le cas où elle a prohibé la fabrication des eaux-de-vie dans l'intérieur des limites de l'octroi d'une ville, cette demande n'est pas admissible devant le conseil d'Etat par la voie contentieuse (cons. d'Et. 28 août 1837) (1).

341. Le recours contre les dispositions d'une ordonnance portant approbation du règlement d'octroi d'une ville doit être formé à peine de déchéance dans les trois mois du jour où ladite ordonnance a été mise à exécution, soit que le recours ait été formé par une commune (cons. d'Et. 27 mai 1846, M. Louyer-Villermay, rap., aff. ville de Rennes)..., soit que la réclamation émane de simples particuliers (cons. d'Et. 9 juin 1849, M. Reverchon, rap., aff. Chaigneau; 18 mai 1854, M. Leviez, rap., aff. Laffargue). — Il a été jugé notamment que lorsqu'une commune a exécuté sans réserve pendant plusieurs années une ordonnance royale qui approuve son tarif d'octroi, elle n'est plus recevable à l'attaquer postérieurement (cons. d'Et. 12 avr. 1843, M. Marchand, rap., aff. com. de la Villette).

342. A l'égard du recours contre des décisions préfectorales ou ministérielles, il a été jugé : 1° que la décision par laquelle le ministre des finances refuse d'approuver l'adjudication du bail à ferme d'un octroi constitue un acte purement administratif contre lequel le recours n'est point ouvert devant le conseil d'Etat par la voie contentieuse; — « Considérant que la décision par laquelle notre ministre des finances a refusé d'aprouver l'adjudication du bail à ferme de l'octroi de la ville de Castres est un acte purement administratif qui n'est pas de nature à nous être déféré par la voie contentieuse. — La requête est rejetée » (cons. d'Et. 16 janv. 1828, M. Feutrier, rap., aff. Paulard; — 2° Que la lettre ministérielle qui retire aux propriétaires de divers établissements industriels situés dans le rayon de l'octroi d'une ville la faculté d'entrepôt, avec franchise du droit d'octroi, n'est pas susceptible de pourvoi devant le conseil d'Etat, cette décision ne faisant pas obstacle à ce que les réclamants fassent statuer par l'autorité compétente sur l'exemption de droit à laquelle ils croient pouvoir prétendre, par application du règlement (cons. d'Et. 27 déc. 1844, M. Bouchené-Lefer, rap., aff. Bauzon, etc); — 3° Qu'il en est de même de la lettre ministérielle portant refus d'exempter du droit d'octroi les charbons employés par les briquetiers et chaufourniers d'une ville (cons. d'Et. 9 mai 1845, M. Portal, rap., aff. Agombard, etc.); — 4° Que le refus fait par le ministre des finances de proposer à l'approbation du chef de l'Etat, sur la demande qui en est faite par des particuliers, des dispositions destinées à modifier une ordonnance royale réglant les tarifs d'octroi d'une ville, ne constitue qu'un acte de pure administration qui n'est pas susceptible d'être déféré au conseil d'Etat par la voie contentieuse (cons. d'Et. 18 mai 1854, M. Leviez, rap., aff. Laffargue, etc. C. ville de Bayonne); — 5° Que la décision ministérielle, qui fixe le taux de la conversion du droit établi par tête d'animaux en taxe au poids, est inattaquable devant le conseil d'Etat par la voie contentieuse (cons. d'Et. 16 août 1859, M. Aucoc, rap., aff. ville de Saint-Dizier).

343. L'art. 151 de la loi du 28 avr. 1816 porte qu'en cas d'infraction aux règles relatives à l'établissement des octrois de la part des conseils municipaux, le ministre des finances, sur le rapport du directeur général des contributions indirectes, en référera au chef de l'Etat. — Il a été décidé à cet égard : 1° que le conseil d'Etat n'est appelé à statuer, aux termes de l'art. 151 de la loi

---

1841 ne serait point sérieuse et reposerait sur une véritable équivoque. Qu'on suppose en effet que cette ordonnance, au lieu de statuer comme elle l'a fait, eût désigné les industriels qu'elle atteint; qu'elle eût dit : « Les sieurs Chartier et autres seront privés jusqu'en 1847 de la faculté d'entrepôt, » il n'est point contesté que leur pourvoi serait recevable; peut-il cesser de l'être parce que la disposition, les frappant d'une manière identique, les atteignant de la même manière dans leurs droits et leur fortune, est conçue en termes généraux? Les résultats ne sont-ils pas les mêmes dès qu'elle leur est appliquée? Comment l'administration aurait-elle sous une forme la faculté de faire ce qui lui serait interdit sous une autre? Comment les parties privées, éprouvant le même dommage, jouiraient-elles dans un cas d'une faculté de recours qui leur serait fermée dans l'autre? Qu'importe qu'elles ne soient pas nommées dans l'ordonnance, si l'ordonnance les atteint? Le fond de la disposition en est-il modifié et ses conséquences ne sont-elles pas semblables? De telles subtilités ne seraient dignes ni de l'administration ni du conseil d'Etat, et l'on ne peut craindre qu'elles obtiennent son approbation. »

M. le ministre des finances a adopté les conclusions du pourvoi, en expliquant en ces termes les causes qui avaient amené de la part du gouvernement l'approbation d'un tarif contraire à l'esprit de la loi de 1816, et en désaccord avec les précédents de l'administration : — « Lorsque j'eus à examiner, l'année dernière, porte l'observation de M. le ministre, les nouveaux tarifs et règlements délibérés par le conseil municipal de Douai, je ne perdis pas de vue et je rappelai à M. le ministre de l'intérieur que l'affranchissement du charbon de terre employé à la fabrication de produits industriels exportés hors du rayon de l'octroi était une conséquence du principe posé par l'art. 147 de la loi du 28 avr. 1816, d'après lequel les tarifs d'octroi ne sont applicables qu'aux objets destinés à la consommation locale. Néanmoins, les représentations qui me furent faites, autant par Votre Excellence que par MM. les ministres de l'instruction publique et de l'intérieur, sur le besoin indispensable qu'éprouvait la ville de Douai des ressources qu'elle retirerait de la taxe du charbon, me déterminèrent à consentir une exception provisoire qui pouvait paraître commandée par la situation financière de la ville. C'est ainsi que, tout en insérant au règlement les art. 62, 63, 64 et 65, qui assurent au charbon de terre employé à la fabrication de produits industriels destinés à l'exportation le bénéfice de l'affranchissement, comme le veut la loi, je crus devoir, déférant au vœu exprimé par Votre Excellence et par MM. les ministres de l'intérieur et de l'instruction publique, insérer dans l'ordonnance approbative des nouveaux tarif et règlement de l'octroi de Douai, la disposition de l'art. 5, but du pourvoi formé devant le conseil d'Etat. — Dans l'état présent des choses, et comme il est certain que, en droit, le charbon qui reçoit cette destination doit jouir de la franchise des taxes d'octroi, d'après le principe posé par l'art 147 de la loi du 28 avr. 1816, je ne saurais combattre le pourvoi formé par les fabricants et manufacturiers de la ville de Douai, puisque ce pourvoi est fondé sur le principe même de la loi. »

M. le commissaire du roi a conclu au rejet du pourvoi en la forme, sans nier toutefois que la réclamation des fabricants fût fondée.

LOUIS-PHILIPPE, etc.; — Vu la loi du 28 avr. 1816, art. 148; — Considérant que le pourvoi des requérants tend à faire révoquer une disposition générale et réglementaire en matière d'octroi, et qu'une telle demande ne peut nous être présentée par la voie contentieuse; — Art. 1. La requête des sieurs Chartier et consorts est rejetée.

Du 15 juill. 1842.-Ord. cons. d'Et.-M. Bouchené-Lefer, rap.

(1) (Anglade C. la ville de Toulouse.) — En vertu de la loi du 24 mai 1834, la ville de Toulouse a demandé la prohibition, dans l'intérieur des limites de son octroi, de la fabrication des eaux-de-vie. — Le 1er juill. 1836, une ordonnance royale a prononcé cette prohibition et autorisé des indemnités pour les engagements justifiés par acte authentique, contractés par les distillateurs envers les *propriétaires* des maisons, terrains et usines où sont maintenant leurs fabriques. — Anglade, bouilleur, dont la maison ne présentait plus pour lui la même valeur, a demandé l'indemnité comme s'il eût été seulement locataire, et, après le rejet de sa demande, il s'est pourvu au conseil d'Etat en interprétation de l'ord. du 1er juill. 1836.

LOUIS-PHILIPPE, etc.; — Considérant que, sous la forme d'une demande en interprétation, le requérant demande réellement la réformation de notre ord. du 1er juill. 1836; que cette ordonnance a statué par voie réglementaire et dans un intérêt général, et qu'un acte de cette nature ne peut être attaqué devant nous par la voie contentieuse; — Art. 1. La requête du sieur Anglade est rejetée.

Du 28 août 1837.-Ord. cons. d'Et.-M. Fumeron d'Ardeuil, rap

du 28 avr. 1816, que dans le cas d'infraction de la part des conseils municipaux aux règles posées par les art. 148, 149 et 150, de ladite loi; qu'en conséquence, lorsqu'il ne s'agit pas du cas prévu par l'art. 151 précité, qu'il s'agit de restreindre l'application de l'un des articles du tarif d'octroi d'une ville, il appartient au roi, le conseil municipal entendu, d'y statuer conformément à l'art. 9 de l'ord. du 9 déc. 1814 (cons. d'Et. 25 avr. 1845, aff. ville d'Amboise, V. nº 39); — 2º Que la demande des habitants d'une ville, en annulation des arrêtés d'un maire et d'un préfet, rendus en matière d'abonnement aux droits d'octroi, ne peut être présentée au conseil d'Etat que par le renvoi ordonné par Sa Majesté sur le rapport du ministre (cons. d'Et. 31 mai 1807)(1).

314. En qualité de juge du contentieux, le conseil d'Etat connait du recours formé contre l'arrêté pris par le préfet en exécution de l'art. 136 du décret du 17 mai 1809 (V. nº 317), ainsi que contre les arrêtés du conseil de préfecture (V. Cons. d'Et. nºs 106 et suiv.; Organis. admin.).

§ 3. — *Compétence des tribunaux de l'ordre judiciaire.*

315. Les contestations de la compétence des tribunaux ordinaires sont de deux sortes : elles ont ou un caractère purement civil ou un caractère délictueux. — Dans le premier cas, elles ont pour objet soit l'application du tarif et la quotité des droits, soit les poursuites en payement exercées par l'administration de l'octroi, soit l'opposition aux contraintes délivrées par elle, soit la restitution de droits indûment perçus; c'est là ce que la loi du 5 vent. an 12 relative aux impôts indirects désigne sous les mots *le fond du droit*. Ces débats appartiennent à la juridiction civile. — Dans le second cas, il s'agit d'une infraction au règlement de l'octroi, un procès-verbal a été dressé; une saisie, déclarée; une peine, une amende, doit être prononcée par le juge; c'est devant un tribunal de répression que l'action doit être portée. — On va présenter d'abord les règles de la compétence des tribunaux civils.

316. 1º *Compétence des tribunaux civils.* — Les lois antérieures à l'ordonn. de 1814 et notamment les lois des 2 vend. an 8, art. 1, 27 frim. an 8, art. 13, décr. 17 mai 1809, art. 164, attribuent au tribunal de paix la connaissance des contestations civiles qui peuvent s'élever sur l'application du tarif et la quotité des droits. L'ordonnance de 1814 n'a rien changé à cet état de choses; elle porte : — « Art. 81. S'il s'élève une contestation sur l'application du tarif, ou sur la quotité du droit réclamé, le porteur ou conducteur sera tenu de consigner, avant tout, le droit exigé, entre les mains du receveur; faute de quoi il ne pourra passer outre, ni introduire dans le lieu sujet l'objet qui aura donné lieu à la contestation, sauf à lui à se pourvoir devant le juge de paix du canton. Il ne pourra être entendu qu'en représentant la quittance de ladite consignation au juge de paix, lequel prononcera sommairement et sans frais, soit en dernier ressort, soit à la charge de l'appel, suivant la quotité du droit réclamé. »

317. La loi du 2 vend. an 8 avait attribué la connaissance de ces questions au tribunal de *police*, et quelques règlements locaux encore en vigueur ont reproduit cette disposition; mais peu de temps après, la loi du 27 frim. an 8 a modifié cette attribution de compétence. Nous n'en parlons ici que parce que quelques ordonnances du conseil d'Etat, quoique bien postérieures aux lois précitées (V. nº 332), ont encore dans leurs décisions fait mention du tribunal de police. — Du reste, il n'y avait pas de doute sur ce point avant la loi de 1814. — Il a été jugé, même en l'an 9, que les contestations qui s'élèvent, tant sur l'application du tarif que sur la quotité des droits à percevoir, sont de la compétence exclusive du *juge de paix* et non du tribunal de police (Crim. cass. 6 prair. an 9, MM. Seignette, pr., Sieyès, rap., aff. Pille *C.* octroi de Paris).

318. L'art. 81 précité ne dit pas, ainsi que les règlements antérieurs, que la demande sera portée devant le juge de paix, *à quelque somme que le droit contesté puisse s'élever*; mais l'ord. de 1814, loin de déroger à ces règlements, y est presque littéralement conforme; elle doit donc s'interpréter par la législation qui l'a précédée. — C'est aussi en ce sens qu'un arrêt s'est prononcé (Rouen, 2 janv. 1819, aff. octroi de Rouen, V. nº 331-3º). — Conf. M. Serrigny, t. 1, qui fait aussi remarquer que cette prorogation, maintenue par l'art. 127, loi du 8 déc. 1814, n'est point abrogé par la loi du 25 mai 1838 sur les justices de paix (V. art. 21 de ladite loi).

319. Dans quels cas le juge de paix peut-il être saisi, ou, en d'autres termes, quand y a-t-il contestation sur le fond du droit? — Quelques observations sont nécessaires. — Si, après avoir fait les déclarations exigées par la loi, l'introducteur prétend ou que les objets dont il est porteur ne sont pas compris dans le tarif, ou que les droits réclamés sont trop élevés, ou que la taxe est illégale, les préposés n'en doivent pas moins s'opposer à l'introduction de ces objets, à moins d'une consignation préalable des droits contestés. — 1º Le porteur fait cette consignation . on se trouve dans les termes de l'art. 81 : le juge de paix est compétent pour statuer sur la demande en restitution. — 2º Le porteur refuse de consigner les droits, sans toutefois passer outre à l'introduction : il n'existe aucune contravention, et la demande tendant à faire déclarer que l'introduction a été refusée à tort doit encore être portée devant le juge de paix. — 3º Les préposés ne s'opposent pas à l'introduction, malgré le refus de consigner (en supposant toujours les déclarations préalablement faites conformément à la loi); le fait frauduleux manque ici comme dans les cas précédents; les préposés n'ont pas usé de leur droit; le contribuable n'est pas en faute; ni procès-verbal ni saisie ne peuvent donc être déclarés. Une seule voie est ouverte aux préposés : c'est de délivrer contrainte en payement des droits qu'ils prétendent être dus, et l'opposition à cette contrainte est de la compétence du juge de paix. — Il a été jugé en ce sens que le propriétaire d'objets assujettis au droit d'octroi, qui, après avoir déclaré au bureau de sortie d'une ville que ces objets avaient traversé en passe-debout, sa volonté de les transporter à son domicile, également situé dans un lieu sujet à l'octroi, et obtenu l'autorisation de faire ce transport, sans que le droit d'octroi ait été alors réclamé, refuse, une fois le transport effectué, d'acquitter le droit exigé pour la première fois à son domicile, en se fondant sur l'illégalité de l'établissement de l'octroi dans la commune où il est domicilié, n'est pas coupable de contravention; par suite, ce refus ne donne lieu ni à la saisie des objets transportés ni à des poursuites correctionnelles (Crim. rej. 26 fév. 1852, aff. Laburthe, D. P. 53. 5. 328; V. aussi Crim. cass. 19 sept. 1845, aff. ville de Périgueux, D. P. 46. 1. 34). — 4º Mais le porteur refuse de consigner, et, malgré l'opposition des employés, veut passer outre à l'introduction, alors il se met en faute : la loi lui a offert un moyen de ne pas être traduit devant les tribunaux de répression, il refuse de s'en servir, il se constitue donc en contravention. Un procès-verbal sera dressé, la saisie des objets qu'on veut introduire sera opérée, et les poursuites en condamnation pénale devront être portées devant le tribunal de répression. — « La consignation forcée, disait M. l'avocat général Pascalis dans l'affaire précitée du 19 sept. 1845, peut sembler une mesure bien rigoureuse, et néanmoins cette mesure concilie tous les intérêts. Si l'administration n'avait qu'une simple action civile contre le redevable, la plupart du temps son droit s'évanouirait aussitôt que le gage aurait disparu. La consignation ne lèse pas l'intérêt du redevable, car ses droits sont réservés; il obtient ainsi la libre disposition de ses marchandises qui devraient être séquestrées. » — Il a été jugé, conformément à ces observations que pour qu'il y ait contestation sur le fond du droit, en matière d'octroi, il faut qu'il n'y ait pas eu de contravention commise ni de procès-verbal dressé sur cette contravention; la juridiction civile n'est saisie qu'après

(1) (Habit. des faub. de Poitiers.) — Le conseil, etc.; — Considérant que la requête des habitants des faubourgs et écarts de Poitiers est irrégulièrement présentée, en ce qu'elle attaque un règlement d'administration publique qui ne saurait être discuté que sur le rapport du ministre dont il émane; — Vu l'avis de la commission du contentieux; — Est d'avis que la requête des habitants des écarts et faubourgs de Poitiers doit être renvoyée au ministre des finances, pour, par lui, être fait un rapport à Sa Majesté s'il y a lieu, etc.

Du 31 mai 1807.-Décr. cons. d'Et. approuvant un avis du conseil d'Etat du 21 avr. 1807.

que le conducteur des objets prétendus passibles de l'octroi a consigné les droits entre les mains du receveur (Crim. cass. 7 mars 1818, aff. Fouquet, V. n° 356-2°. — V. aussi *infrà*, n° 361, et v° Impôts ind., n° 465).

350. Ainsi doivent être considérées comme étant du fond du droit et, par suite, de la compétence du juge de paix : 1° les oppositions aux contraintes décernées en matière d'octroi (cons. d'Et. 10 nov. 1807, aff. Lemoine, V. n° 352 2°; 31 janv. 1834, aff. Couture, V. n° 355-2°). On dirait en vain que l'opposition à la contrainte indique par elle-même que les droits n'ont pas été consignés; on a vu n° 262 que les contraintes sont rendues exécutoires par le juge de paix : c'est donc devant lui que l'opposition doit être portée (Conf. Civ. rej. 27 juill. 1825) (1); — 2° Les contestations relatives au remboursement des sommes payées par suite de ces contraintes (cons. d'Et. 31 janv. 1834, aff. Couture, V. n° 355-2°); — 3° Les demandes en restitution de droits prétendus perçus à tort par l'administration (cons. d'Et. 15 août 1834, M. Macarel, rap., aff. Anglade.—Conf. Req. 3 janv. 1810 (2); trib. de Douai, 21 nov. 1843, aff. Blot, D. P. 45. 1. 38). — Jugé ainsi que c'est devant le juge de paix que doit être porté la demande en restitution fondée sur ce qu'un droit sur les objets fabriqués dans la ville ne peut être réclamé lorsque les matières brutes qui ont servi à la fabrication de ces objets ont déjà payé un droit à l'entrée (Rej. 27 juill. 1825, aff. Reiss, arrêt précité); — 4° L'action en restitution de sommes consignées pour des marchandises introduites en transit (Crim. cass. 24 niv. an 11) (3).

351. Il a été jugé de même : 1° que lorsqu'il s'agit, non pas de savoir s'il y avait eu contravention aux droits dus à la commune, mais si aucun de ces droits était dû, et par exemple si le transport de pommes d'un lieu dans un autre donne lieu à un droit, c'est au juge de paix et non au tribunal de police qu'il appartient de statuer (Crim. cass. 15 déc. 1808) (4). — Conf. MM. Carré, Jurid. des juges de paix, t. 3, n°s 1823 et suiv.; Augier, Encyclop. des juges de paix, n° 23); — 2° Que lorsqu'à l'occasion d'une instruction du directeur des droits réunis, il s'élève des contestations sur les droits d'octroi à percevoir, c'est au juge de paix qu'il appartient d'en connaître (Req. 3 sept. 1811) (5); — 3° Que les contestations qui s'élèvent entre le maire et les brasseurs d'une commune sur la quotité des droits d'octroi qui peuvent être dus sur la fabrication des bières, sont de la compétence de la justice de paix, sauf l'appel, suivant la

---

(1) *Espèce :* — (Reiss C. Bommer) — Le tarif de l'octroi de la commune de Wasselonne (Bas-Rhin), approuvé par le roi, porte parmi les objets soumis au droit d'entrée : « 5 cent. par kilogramme pour le suif fondu ou non fondu, et même droit de 5 cent. pour les chandelles fabriquées dans l'intérieur. L'art. 8 dispose que toute personne qui fabrique ou prépare, dans l'intérieur de la commune, des objets soumis au tarif, est tenue d'en faire la déclaration et d'acquitter immédiatement le droit. — Reiss ayant fabriqué des chandelles dans l'intérieur de la commune, Bommer, adjudicataire de l'octroi, exigea le droit de 5 cent.; et, sur le refus de Reiss, il décerna contre lui une contrainte de 18 fr. 50 c. Opposition par Reiss; il prétendit qu'il avait déjà payé le droit à l'entrée des suifs; qu'il ne pouvait être soumis à une double taxe pour le même objet; il réclama même, dans l'acte d'opposition, 357 fr. 35 c. pour droits qu'il disait avoir indûment payés antérieurement au même fermier. — Le conseil municipal, consulté sur la question, donna son avis en faveur du fabricant, et le juge de paix, se fondant sur la délibération du conseil municipal, démit, par un premier jugement du 6 fév. 1821, le fermier de l'octroi de la demande en payement de 18 fr. 50 c., et le condamna, par un second jugement du 6 mars suivant, à la restitution de la somme de 357 fr. 35 c., réclamée par Reiss comme indûment perçue.

Appel par Bommer. — 15 juin 1822, jugement par lequel, considérant que la délibération du conseil municipal, postérieure au tarif qui a servi de base à l'adjudication de l'octroi, ne peut être opposée au fermier; que, d'ailleurs, cette délibération serait en contradiction manifeste avec l'ordonnance du roi du 9 déc. 1814, qui porte, art. 24, que les objets récoltés, préparés, fabriqués dans l'intérieur d'un lieu soumis à l'octroi, seront assujettis au même droit que ceux introduits de l'extérieur; que c'est pour mettre le tarif en harmonie avec l'ordonnance du 9 déc. que la délibération du conseil municipal dont il s'agit n'a pas été mise dans le tarif qui ne fait aucune distinction entre ce qui est importé dans la commune et ce qu'on y fabrique; — Infirme.

Pourvoi : — 1° Incompétence des tribunaux civils, en ce qu'il s'agissait de l'application de l'art. 78, tit. 9, de l'ordonnance du 9 déc. 1814. — 2° Fausse application de l'art. 8 du tarif local et de l'art. 24 ordonnance du 9 déc. 1814. — Arrêt.

La cour; — Sur le premier moyen : — Attendu qu'il y avait ici contestation civile sur le fond du droit et sur l'application du tarif aux objets fabriqués dans l'intérieur de la commune; que les parties se trouvaient précisément dans le cas prévu par les art. 1 de la loi du 2 vend. et 13 de celle du 27 frim. an 8, et par les autres lois de la matière; que le litige était, dès lors, de la compétence du juge de paix de l'arrondissement; — Que le demandeur n'ayant point excipé, devant le tribunal de Strasbourg, de la prétendue fin de non-recevoir, tirée de ce que le jugement du 6 fév. était rendu en dernier ressort, il ne peut, dès lors, s'en faire un moyen devant la cour; — Que ce moyen, en outre, serait repoussé par la considération que le demandeur n'avait pas conclu simplement, devant le juge de paix, à la nullité de la contrainte décernée contre lui pour un droit de 18 fr, 50 c., mais qu'il avait conclu, en outre, au remboursement d'une somme de 357 fr. 35 c, qu'il prétendait avoir indûment payée antérieurement au fermier de l'octroi, somme qui excédait la compétence du dernier ressort;

Sur le second moyen : — Attendu que le tarif assujettit la chandelle introduite à un droit de 5 cent. par kilogramme; que le règlement local, conforme en ce point à l'art 24 de l'ordonnance royale du 9 déc. 1814, assujettit les objets fabriqués dans l'intérieur au même droit que ceux introduits de l'extérieur; que, s'il résulte de ces dispositions quelque préjudice pour l'industrie locale, c'est à l'autorité administrative supérieure à y remédier; mais que ni les tribunaux ni les conseils municipaux eux-mêmes n'ont pas le droit et ne peuvent se permettre de modifier les règlements de l'octroi, sanctionnés par l'autorité suprême; — Rejette.

Du 27 juill. 1825-C. C., sect. civ.-MM. Brisson, pr.-Legonidec, rap.-Marchangy, av. gén., c. conf.-Guichard fils et Petit-Degatines, av.

(2) *Espèce :* — (Corvi, etc. C. Molla.) — A Plaisance, la paille de *toute espèce* était soumise au droit par le tarif. — Molla actionna les entrepreneurs de l'octroi en restitution de 44 fr. pour droits perçus sur une herbe sèche nommée *lisca*, par le motif que cette production n'était pas comprise dans le tarif et ne pouvait être assimilée à la paille. — 15 nov. 1808, jugement du juge de paix qui accueille cette demande. — Pourvoi pour incompétence *ratione materiæ* et excès de pouvoir, en ce qu'il ne pouvait appartenir au juge de paix de fixer le sens d'un acte administratif, et de l'interpréter dans ses dispositions, au lieu de renvoyer l'affaire devant qui de droit conformément à l'art. 424 c. pr. — Arrêt.

La cour; — En ce qui touche le moyen d'incompétence résultant de la matière : — Attendu que d'après les lois qui la régissent, le juge de paix était compétent pour faire l'application du tarif à l'objet de la contestation; — Rejette.

Du 3 janv. 1810.-C. C., sect. req.-MM. Henrion, pr.-Pajon, rap.

(3) (Octroi de Lyon C. Guy.) — Le tribunal; — Vu les art. 1 et 2 de la loi du 2 vend. an 8; — Vu aussi l'art 168 c. des dél. et pein.; — Et attendu que, sous aucun rapport, il ne pouvait y avoir lieu d'appliquer aucune peine d'amende ni d'emprisonnement dans l'espèce particulière de la cause, et qu'il s'agissait d'une contestation purement civile, qui était de la compétence de la justice de paix, d'après le vœu formellement exprimé en l'art 1 de la loi du 2 vend. an 8; — Que, néanmoins, en contrevenant aux dispositions d'une loi aussi précise, le tribunal civil de Lyon, jugeant correctionnellement, et, par suite, le tribunal criminel du Rhône, se sont conservé la connaissance de l'affaire, et qu'ils l'ont jugéee; — En quoi ils ont violé les règles de compétence; — Casse.

Du 24 niv. an 11.-C. C., sect. crim.-MM. Seignette, pr.-Carnot, r.

(4) (Int. de la loi.—Aff. Ders et Perret)—Le fermier de l'octroi de Ploermel prétendait que les droits de cet octroi avaient été fraudés par les sieurs Ders et Perret en transportant des pommes d'un lieu en un autre.—Les sieurs Ders et Perret ont soutenu qu'il n'était dû aucun droit dans les circonstances de l'espèce.—Le tribunal de police du canton de Ploermel a, par jugement du 21 oct. 1808, condamné le fermier. — Pourvoi dans l'intérêt de la loi.—Arrêt.

La cour; — Vu l'art. 456 c. 3 brum. an 4; — Attendu que, dans l'espèce, il s'agissait de savoir, non pas s'il y avait eu contravention aux droits d'octroi dus à la commune de Ploermel, mais si aucun de ces droits était dû;—Attendu que la loi du 2 vend. an 8 n'attribue pas aux tribunaux de police municipale le pouvoir de connaître d'une question de cette nature, mais aux juges de paix; d'où il suit que le tribunal de police du canton de Ploermel a excédé les bornes de sa compétence; — Par ce motif, casse et annule, dans l'intérêt de la loi seulement, etc.

Du 15 déc. 1808.-C. C., sect. crim.-MM. Barris, pr.-Bauchau, rap.

(5) (Contr. ind. C. Lincoln.) — La cour; — Attendu, sur le premier moyen, que le jugement dénoncé n'a fait autre chose qu'appliquer les instructions données par le directeur général des droits réunis, et l'arrêté de l'administration municipale de Nantes, en ce qui concerne la contenance des barriques bordelaises;—Que l'autorité judiciaire est compétente pour statuer sur cette application dans les affaires où il s'élève des contestations sur la quotité du droit à percevoir, et qu'aussi les demandeurs eux-mêmes ont reconnu la compétence du juge de paix et des juges d'appel; —Rejette.

Du 3 sept. 1811.-C. C., sect. req.-MM Henrion, pr.-Chabot, rap.

quotité de la somme, devant les tribunaux d'arrondissement (Rouen, 2 janv. 1819) (1).

352. Malgré les termes formels des lois et de l'ordonnance précitées, on a contesté dans certains cas la compétence du juge de paix. — On a prétendu d'abord qu'il ne pouvait lui appartenir de déclarer que tel ou tel objet était ou n'était pas soumis à l'impôt; que c'était là fixer le sens d'un acte administratif et l'interpréter, interprétation qui ne pouvait appartenir qu'à l'administration elle-même. Mais cette prétention n'a pas prévalu, et de nombreuses décisions du conseil d'Etat ont renvoyé au juge de paix la connaissance de tels litiges (V. *suprà*, nº 350).— Ainsi il a été décidé : 1º que la contestation relative à la perception des droits d'octroi, et par exemple la question de savoir si le défendeur est ou non assujetti au droit, est de la compétence des juges de paix et non de l'autorité administrative (cons. d'Et. 10 août 1809, aff. habit. de Rocroy, inséré au Bulletin des lois). — Dans l'espèce, la cour de Metz saisie de l'appel d'un jugement de juge de paix avait motivé son incompétence sur ce qu'elle ne pouvait prononcer si c'est à l'autorité administrative ou aux tribunaux à statuer, lorsqu'on soutient n'être pas assujetti au droit. Cet arrêt a été annulé par le conseil d'Etat, comme mettant en question un point décidé par la loi, — 2º Que les tribunaux de police (c'est-à-dire le juge de paix, V. nº 347), sont seuls compétents pour statuer, soit sur l'application du tarif des octrois, soit sur la quotité exigé par les receveurs, comme aussi sur le refus de les acquitter fait par les contribuables (cons. d'Et. 10 nov. 1807) (2);—3º Que lorsque l'autorité administrative a statué sur la continuation de la perception des droits d'octroi d'une ville, c'est aux tribunaux de police (juge de paix) que doivent être portées toutes les questions que soulève cette perception, alors surtout que l'arrêté du gouvernement qui a établi cette perception leur en a conféré le droit (cons. d'Et. 11 janv. 1808, aff. octroi de Nantes);—4º Que le juge de paix peut décider, sans empiéter sur l'autorité administrative, que telle matière n'est pas soumise aux droits d'un octroi municipal ou que tel tarif ne lui est pas applicable (Req. 3 janv. 1810, aff. Corvi, V. nº 350-3º). — Mais ce droit d'interprétation ne va pas jusqu'à leur permettre de modifier ce tarif sous le prétexte de l'usage (Cass. 11 mai 1841, aff. Latour, V. Loi, nº 531-10º), — 5º Que la contestation entre un individu et le fermier d'un octroi municipal sur le point de savoir si des bœufs, par exemple, sont soumis au droit, est de la compétence du juge de paix (Req. 28 mars 1810) (3).

353. Si l'art. 136 du décret du 17 mai 1809 donne au préfet en conseil de préfecture le droit de statuer sur les difficultés qui s'élèvent sur le sens et la portée des clauses des baux (V. nº 317), c'est seulement lorsque la contestation s'agite entre la commune et le fermier; mais si l'action se meut entre le fermier et les redevables, le préfet est manifestement incompétent, même pour donner l'interprétation des clauses contestées du bail.—Il a été décidé en ce sens : 1º que les contestations qui surviennent, relativement à l'application du tarif, entre le fermier des octrois et plusieurs habitants d'une ville, sur la question de savoir, par exemple, si les gerbes de blés d'orge et d'avoine peuvent entrer dans la ville sans payer de droit, sont du domaine exclusif des juges de paix, alors même que l'adjoint du maire serait intervenu pour justifier les prétentions des redevables : les conseils de préfecture ne sont compétents pour statuer sur cette matière qu'autant qu'il s'agit de difficultés élevées entre la commune elle-même et son fermier, sur l'exécution ou le sens des clauses du bail (cons. d'Et. 20 mars 1828) (4);— 2º Que la contestation élevée entre le fermier d'un

(1) (Octroi de Rouen C. Chevalier, etc.) — La cour; — Considérant qu'en matière de contributions, c'est aux lois spéciales et particulières à chaque espèce de contributions qu'il faut avoir recours pour statuer sur les différends auxquels elles donnent lieu; que plusieurs lois ont été rendues pour les octrois, et contiennent des dispositions relatives à la contestation qui s'est élevée entre M. le maire de la ville de Rouen et les fabricants de bière de la même ville; que l'art. 1 de la loi du 2 vend. an 8 et l'art. 13 de celle du 27 frim. de la même année portent que les contestations civiles qui pourront s'élever sur l'application du tarif, ou sur la quotité des droits, seront portées devant le juge de paix de l'arrondissement, à quelque somme que le droit contesté puisse s'élever, pour être par lui jugées sommairement et sans frais, soit en dernier ressort, soit à la charge d'appel, suivant la quotité de la somme; que, conformément à la compétence fixée par ces deux lois, sont intervenus deux décrets, les 10 avr. et 3 nov. 1809, qui ont cassé, l'un, deux arrêts de la cour de Metz qui, sur les appels qui lui avaient été déférés de deux jugements rendus par deux juges de paix de son ressort, avait renvoyé devant le conseil d'Etat, s'étant déclarée incompétente pour prononcer si c'était à l'autorité administrative ou aux tribunaux à statuer, lorsqu'on soutenait que le droit d'octroi n'était pas dû, et l'autre, un arrêté du préfet de la Seine qui avait déclaré applicable au bois de chauffage, dit *de menuise*. les tarifs de l'octroi, et, en conséquence, ces décrets ont renvoyé les parties devant les juges compétents, aux termes des susdites lois; que, par suite de ces mêmes principes, un autre décret, du 15 nov. 1810, a ordonné que le recouvrement des droits d'octroi serait poursuivi, par voie de contrainte et par corps, contre tous les régisseurs, fermiers, receveurs et autres préposés à la recette desdits droits; que ces contraintes seraient décernées par le receveur municipal, visées par le maire et rendues exécutoires par le juge de paix; qu'une loi ne peut être rapportée que par une autre loi (charte constitutionnelle); que les cas prévus par l'art. 81 de l'ordonn. du 9 déc. 1814 se trouvent également consignées dans l'art. 3 de la loi du 2 vend. an 8 et dans l'art. 14 de celle du 27 frim. même année; d'où il suit que cette ordonnance, loin de déroger aux lois prédatés, y est conforme, et qu'on ne peut tirer aucun avantage de ce qu'elle ne s'est pas expliquée sur le cas prévu par l'art. 1 de la loi du 2 vend. an 8 et par l'art. 13 de celle du 27 frim. suivant; qu'on ne peut rien induire de l'art. 88 de la loi du 5 vent. an 12, cette loi étant particulière à la perception des droits réunis, et ne pouvant recevoir son application aux droits d'octroi qu'autant qu'il y a en même temps contestation sur les droits d'octroi et sur ceux des droits réunis, ainsi qu'il résulte de la deuxième partie de l'art. 164 du règlement du 17 mai 1809, puisque la première partie du même art. 164 porte qu'il sera procédé pour les octrois, conformément aux lois des 2 vend. et 27 frim. an 8; que le décret du 1er germ. an 13 n'est relatif qu'à la manière de procéder sur les contraventions en matière de droits réunis, et qu'on ne peut l'invoquer pour servir de règle, quand il s'agit des droits d'octroi qui ont leur législation spéciale, ainsi que s'en est expliqué l'art. 164 du règlement du 17 mai 1809; que, dans cet état de choses, l'on doit assimiler les droits d'octroi à ceux des douanes, qui ont également des lois particulières sur la manière de procéder, et en résultat desquelles il a été jugé par la cour de cassation que les oppositions aux contraintes devaient être portées, en première instance, devant le juge de paix, les juges d'un tribunal de district (aujourd'hui d'arrondissement) étant juges supérieurs et d'appel de la validité de ces mêmes contraintes;

Considérant enfin que le tribunal, dont appel, a jugé comme en matière ordinaire et non comme s'il se fût agi du droit d'enregistrement; — Par ces motifs, dit qu'il a été nullement et incompétemment jugé par le tribunal de première instance de Rouen, renvoie les parties à procéder devant le juge de paix, etc.

Du 2 janv. 1819.-C. de Rouen.

(2) (Lemoine C. octroi de Paris.)—Napoléon, etc.;—...Considérant, sur le second point, qu'il est de règle que les tribunaux connaissent des difficultés relatives au recouvrement de l'impôt indirect; que ce principe est confirmé par les lois particulières aux octrois, puisque l'art. 9 de la loi du 27 vend. an 7 porte que les contestations qui s'élèveront, soit sur l'application du tarif, soit sur la quotité des droits exigés par le receveur, seront portées par-devant le tribunal de police; qu'aux termes de cet article, les tribunaux sont juges de la difficulté élevée par le sieur Lemoine, qui refuse d'acquitter les droits exigés de lui; — La contrainte décernée par le préfet de la Seine, contre le sieur Lemoine, le 20 mai 1806, et l'arrêté, en date du 27 août 1806, par lequel il élève le conflit dans la contestation pendante entre le sieur Lemoine et les anciens régisseurs de l'octroi de Paris, sont annulés.

Du 10 nov. 1807.-Décr. c. d'Etat.

(3) (Letellier C. Monnier.) — La cour; — Attendu que les jugements des justices de paix ne peuvent être cassés que pour incompétence et excès de pouvoir; — Attendu que le juge de paix d'Ernée, d'après l'art. 1 de la loi du 2 vend. an 8, était compétent, puisqu'il s'agissait d'une contestation civile sur le point de savoir si le tarif était ou n'était pas applicable; — Rejette.

Du 28 mars 1810.-C. C., sect. req.-MM. Henrion, pr.-Rupérou, rap.

Nota. Même jour, arrêts semblables (Letellier C. Porteau, Letellier C. Bucher).

(4) *Espèce*: — (Guichard C. Thomas, etc.) — Assignation devant le tribunal de police par Guichard, adjudicataire des droits de l'octroi de la ville de Saint-Dizier, à Thomas, Harras et autres habitants, qui voulaient entrer dans la ville des gerbes de blé, orge et avoine, sans payer de droit. Les habitants motivent leur refus sur une délibération du conseil municipal, et l'adjoint du maire intervient pour justifier leurs prétentions.—Le juge de paix se déclare incompétent, attendu que la contestation existe nécessairement entre l'adjudicataire et la ville, et renvoie

octroi et un redevable sur le point de savoir comment il faut entendre et appliquer les termes employés par le tarif, est de la compétence des tribunaux et non de l'autorité administrative (Rej. 18 juill. 1842) (1); —3° Que le préfet est incompétent pour statuer, en conseil de préfecture, sur une contestation née entre le fermier d'un octroi et un redevable, la loi ne lui attribuant la connaissance que des contestations qui s'élèvent entre les régisseurs d'octroi et les communes, ou entre celles-ci et leurs fermiers (cons. d'Ét. 1er juill. 1839) (2); — 4° Que si l'entrepreneur qui fournit la viande aux troupes stationnées dans une ville a été dispensé de tout droit d'octroi par son marché, et que des contestations s'élèvent entre l'administration de l'octroi et lui par suite de cette clause, c'est aux tribunaux qu'il appartient d'en connaître (cons. d'Ét. 16 fév. 1825) (3); — 5° Que c'est à tort que le juge de paix saisi d'une contestation entre le fermier et les redevables renvoie à l'autorité administrative la question de savoir quelles sont les limites du périmètre de l'octroi, et quelle portée il faut attribuer à telle ou telle désignation du tarif (cons. d'Ét. 18 déc. 1862, aff. ch. de fer d'Orléans, D. P. 63. 3. 6).

334. Il a même été jugé que les contestations sur l'application du tarif ou sur la quotité du droit réclamé étant, aux termes de l'art. 81 ci-dessus, de la compétence du juge de paix, il s'ensuit que c'est à ce magistrat à connaître du différend élevé entre le fermier de l'octroi et le *maire de la commune*, sur le point de savoir si des objets introduits par celui-ci, en sa qualité de maire, pour le compte de la commune, par exemple, pour l'approvisionnement de la mairie, sont ou non soumis au droit d'octroi : ici ne s'applique pas l'art. 136, § 2, du décret du 17 mai 1809, qui attribue au *conseil de préfecture* les contestations élevées entre les *communes et les fermiers* des octrois *sur le sens des clauses des baux*; car il ne s'agit pas, dans l'espèce, d'une difficulté sur le sens des clauses du bail, entre le fermier des octrois et la commune, agissant comme bailleresse, seul cas qui soit prévu et réglé par la disposition précitée du décret de 1809, mais uniquement d'une contestation entre le fermier et le maire sur l'application d'un article du tarif, contestation formellement déférée au juge de paix par l'art. 81 de l'ord. du 9 déc. 1814 (Civ. rej. 20 déc. 1841) (4).

335. Le pouvoir des juges de paix va-t-il jusqu'à leur per-

---

en conséquence les parties devant le conseil de préfecture. — Appel par Guichard devant le tribunal correctionnel de Vassy, où il assigne l'adjoint du maire de Saint-Dizier.—Conflit élevé par le préfet de la Haute-Marne, et fondé tant sur l'art. 35 du cahier des charges, que sur l'art. 136 du décret du 17 mai 1809.

Charles, etc.; — Vu le règlement du 17 mai 1809; — Vu l'ordonnance royale du 9 déc. 1814; — Considérant qu'il ne s'agissait pas, dans l'espèce, de difficultés élevées entre la commune de Saint-Dizier et le fermier de l'octroi de cette ville, sur l'exécution ou le sens des clauses du bail, auquel cas le conseil de préfecture eût été compétent aux termes de l'art. 136 du règlement du 17 mai 1809, ci-dessus visé; mais qu'il s'agissait d'une contestation survenue entre ce fermier et plusieurs habitants de la ville, contestation relative à l'application du tarif, et dont il n'appartient qu'au juge de paix de connaître, d'après les dispositions de l'art. 81 de l'ordonnance royale du 9 déc. 1814; — Art. 1. L'arrêté de conflit pris par le préfet de la Haute-Marne, le 1er déc. 1827, est annulé.

Du 20 mars 1828.-Ord. cons. d'Ét.-M. de Rozière, rap.

(1) (Thibaudet et cons. C. Crestin et comp.) — La cour; — Sur le premier moyen : — Attendu que la loi du 2 vend. an 8 attribue aux juges de paix la connaissance des contestations civiles sur l'application des tarifs d'octroi et sur la quotité des droits; — Attendu qu'il ne s'agissait, dans l'espèce, ni d'une contestation entre un fermier d'octroi et une commune ni d'une interprétation générale et réglementaire à donner au tarif; qu'il s'agissait d'une simple interprétation judiciaire, qui, intervenant dans un litige entre un fermier et un redevable, pour le seul cas du procès, ressortissait nécessairement à la seule autorité compétente pour appliquer le tarif, et pour déclarer en quel sens elle en faisait application; d'où il suit que le tribunal de Gray, en ne se déclarant point, d'office, incompétent pour statuer sur l'appel interjeté et en ne prononçant point un sursis, n'a ni excédé ses pouvoirs ni violé aucune loi; — Rejette ce moyen.

Du 18 (et non 12) juill. 1842.-C. C., ch. civ.-MM. Boyer, pr.-Renouard, rap.-Laplagne-Barris, 1er av. gén., c. conf.-Piet, av.

(2) (Madaule et Anstry.) — Louis-Philippe, etc.; — Vu le décret du 17 mai 1809, la loi du 8 déc. 1814, l'ordonnance royale du lendemain; — Considérant que les contestations dont l'art. 136 du décret du 17 mai 1809 attribue la connaissance aux préfets en conseil de préfecture sont celles qui s'élèvent entre les régisseurs de l'octroi et les communes, ou entre celles-ci et leurs fermiers sur le sens des clauses des baux; — Qu'il ne s'agissait pas, dans l'espèce, d'une contestation de cette nature; — Qu'ainsi le préfet de l'Aude était incompétent pour statuer en conseil de préfecture; — Art. 1. L'arrêté pris par le préfet du département de l'Aude, en conseil de préfecture, le 20 sept. 1837, est annulé pour cause d'incompétence.

Du 1er juill. 1839.-Ord. cons. d'Ét.-M. du Martroy, rap.

(3) (Chabaud C. ville de Carcassonne.) — Charles, etc.; —Vu l'art. 81 de l'ordon. du 8 déc. 1814; — Considérant que l'article ci-dessus visé de l'ordonnance du 8 déc. 1814 attribue à l'autorité judiciaire la connaissance des difficultés qui peuvent s'élever entre l'administration des octrois et les contribuables, sur l'application du tarif et la quotité des sommes dues par ces derniers; d'où il suit que le conseil de préfecture de l'Aude était incompétent; — Considérant qu'il n'existe, dans l'espèce, aucun arrêté qui fasse obstacle à ce que les difficultés qui se sont élevées entre le sieur Chabaud et la ville de Carcassonne soient portées devant les tribunaux; — Art. 1. L'arrêté du conseil de préfecture du département de l'Aude, du 21 avr. 1824, est annulé pour cause d'incompétence.

Du 16 fév. 1825.-Ord. cons. d'Ét.-M. de Peyronnet, rap.

(4) *Espèce :* — (Mourier C. maire d'Alais.) — Mourier est fermier de l'octroi de la ville d'Alais, dont le tarif, dûment approuvé, au chapitre des perceptions, article combustible, frappe d'un droit de 1 fr. par collier (ou charge de tête de somme attelée) les bois de chauffage et les fagots de chêne vert et blanc. — Le 8 fév. 1839, le maire d'Alais ayant voulu faire entrer dans la ville, pour l'approvisionnement de l'hôtel de la mairie, un collier de bois de chauffage de mûrier, olivier et souche de vigne, les employés de l'octroi ont réclamé le droit de 1 fr. fixé par le tarif. — Le maire a déclaré se refuser au payement, sur le motif que ce droit d'entrée ne frappait que le bois de chauffage de chêne vert et blanc; mais, en exécution de l'art. 64 du règlement de l'octroi, il a consigné la somme de 1 fr. entre les mains du receveur; il a cité ensuite le receveur en restitution devant le juge de paix. — Mourier n'a proposé aucune exception d'incompétence, et a soutenu seulement que le tarif de l'octroi s'appliquait à toute espèce de bois de chauffage. — C'est en cet état qu'est intervenu, le 9 fév. 1839, un jugement du juge de paix d'Alais, ainsi conçu : — « Attendu que les bois de chauffage de chêne vert et blanc et fagots de même nature sont les seuls qui soient soumis aux droits d'octroi; que tous les autres bois de chauffage sont affranchis de cette perception; — ... Déclare que le collier de bois de chauffage que le maire fit introduire hier à l'hôtel de ville, composé de mûrier, olivier et souches de vigne, n'est point passible de droits d'entrée; en conséquence, ordonne que le fermier de l'octroi sera tenu de rembourser, dans les vingt-quatre heures, au maire d'Alais, la somme de 1 fr., que ce dernier consigna à cet effet entre les mains du receveur dudit fermier, et condamne le fermier aux dépens. — Pourvoi pour violation des lois du 24 août 1790 (tit. 2, art. 13), et du 16 fruct. an 3, de l'art. 136 du décret du 17 mai 1809, de l'art. 170 c. pr. civ., et fausse application de l'ordonnance royale du 9 déc. 1814, en ce que le juge de paix s'est livré à l'interprétation du tarif de l'octroi, pour laquelle il était incompétent d'une manière absolue, alors que la contestation s'agitait entre le fermier et la commune. — Arrêt.

La cour (apr. délib. en ch. du cons.); — Attendu qu'il ne s'agissait pas dans l'espèce, d'une contestation élevée sur le sens des clauses du bail, entre le fermier des octrois d'Alais et la commune agissant comme bailleresse, seul cas qui soit prévu et réglé par le deuxième paragraphe de l'art. 136 du décret réglementaire du 17 mai 1809; qu'il s'agissait uniquement d'une contestation entre le fermier des octrois et le maire d'Alais, sur l'application d'un tarif à un objet présenté à l'introduction au nom du maire, pour l'approvisionnement de l'hôtel de ville, que le maire soutenait être affranchi du droit, tandis que le fermier prétendait qu'il y était soumis; — Attendu que ce cas est spécialement prévu par les lois de vend. et de frim. an 8, dont les dispositions sont reproduites dans l'art. 81 de l'ordon. du 9 déc. 1814, et dans l'art. 64 du règlement de l'octroi d'Alais; — Attendu que les parties se sont strictement conformées à la marche tracée par lesdites lois, ordonnance et règlement, et que le juge de paix, statuant sommairement et sans frais, aux termes des mêmes lois, s'est borné à ordonner le remboursement de la somme consignée par le maire entre les mains du receveur du fermier; — Que, par conséquent, les parties ne se trouvant pas dans le cas prévu par le deuxième paragraphe de l'art. 136 du décret du 17 mai 1809, mais plutôt dans le cas exprimé par le troisième paragraphe du même décret, et spécialement sous la règle des lois de vend. et de frim. an 8, ainsi que des art. 81 de l'ordon. de 1814 et 64 du règlement local, le jugement attaqué, en statuant dans l'espèce, n'a pas commis d'excès de pouvoir, ni violé les règles de la compétence administrative; — Par ces motifs, rejette.

Du 20 déc. 1841.-C. C., ch. civ.-MM. Rupérou, pr.-Legonidec, rap.-Hello, av. gén., c. conf.-Béchard et Béguin-Billecocq, av.

mettre de prononcer sur la légalité des taxes, et par exemple, de déclarer qu'un règlement approuvé par le gouvernement est contraire à la loi et d'en refuser l'application ?—On a dit pour la négative, que si l'on permettait aux tribunaux de statuer sur des questions de cette nature, on leur donnerait le droit de reviser les tarifs et d'en retrancher successivement les articles; que si des irrégularités ou des illégalités se sont glissées dans le règlement, c'est devant l'autorité qui a délibéré le tarif ou devant celle qui l'a rendu exécutoire par son approbation, que le recours doit être porté.—Mais cette opinion n'a pas prévalu. M. Vivien, dans une délibération reproduite dans l'affaire du 10 mars 1843 qui va suivre, l'a réfutée victorieusement. — Et il a été décidé dans le sens de l'opinion de M. Vivien, qu'il appartient aux tribunaux de statuer, 1° sur une demande en nullité de saisie, demande fondée sur ce que le droit imposé par le tarif sur les farines est contraire à la loi (Aix, 24 mai 1833 (1); cons. d'Ét. 16 août 1833) (2). — Décision semblable à l'égard des soudes (cons. d'Ét. 30 août 1845, aff. Rivalz, D. P. 46. 3. 11); — 2° Sur l'opposition à des contraintes fondée sur l'illégalité d'une ordonnance qui crée un droit sur les bouteilles : — « Considérant, porte la décision, qu'il ne s'agit dans l'espèce que d'une opposition à des contraintes effectuées en matière d'octroi, et en restitution de sommes payées en vertu desdites contraintes; qu'une telle demande est dans les attributions des tribunaux; l'arrêté de conflit est annulé » (cons. d'Ét. 31 janv. 1834, M. Macarel, rap., aff. Conture, etc. C. ville de Bordeaux); — 3° Sur la demande d'admission en franchise des charbons destinés au service d'une usine, demande fondée sur l'illégalité de l'ordonnance qui frappe d'un droit ces matières (cons. d'Ét. 10 mars 1843) (3); — 4° Que les tribunaux

(1 et 2) Espèce : —(Gairal C. ville de Marseille.)—En 1832, saisie par les employés de l'octroi de la ville de Marseille, de deux sacs de farine appartenant au sieur Gairal, comme introduits en fraude des droits portés au tarif. Gairal forme opposition à cette saisie, et assigne le maire devant le tribunal correctionnel pour en voir prononcer la nullité, attendu qu'aux termes des art. 55 de la loi du 11 frim. an 8, et 16 et 24 du décret du 17 mai 1809, reproduits dans l'art. 18 de l'ord. du 9 déc. 1814, les farines sont affranchies du droit d'octroi. Le maire interjette appel. — 24 mai 1833, arrêt de la cour d'Aix, qui confirme en ces termes : — « Attendu que le particulier qui, par action principale, viendrait demander aux tribunaux de juger et annuler un acte administratif, devrait être repoussé, et par défaut de pouvoir dans l'autorité judiciaire, et par défaut de caractère dans le demandeur, car les particuliers n'ayant point les actions publiques, ne peuvent attaquer directement et par action principale les actes de l'autorité; mais quand, en matière pénale, l'acte administratif général est opposé à un particulier dont il restreint les droits et lèse les intérêts, les tribunaux à qui on en demande l'application individuelle, ont non-seulement le droit, mais le devoir d'examiner si l'acte est dans le cercle des attributions de l'autorité dont il émane, s'il est régulier, s'il est conforme à la loi; et s'ils ne le jugent pas tel, ils doivent en repousser l'application, et dans son intérêt privé seulement; car, établis pour juger spécialement l'action résultant des procès-verbaux en matière d'octroi, et toutes les questions qui naissent de la défense des prévenus, ils violeraient leur mandat, s'ils refusaient de les juger, ou si, les jugeant, ils appliquaient le titre sans examiner s'il est ou non conforme à la loi, dont les jugements, surtout en matière d'impôts, ne doivent jamais être que l'expression. » — 8 juin 1833, arrêté de conflit.

Louis-Philippe, etc.; — Vu l'ord. royale du 1er juin 1828; — Considérant qu'il s'agit, dans l'espèce, d'une demande en nullité d'une saisie opérée en matière d'impôts indirects, et en restitution des objets saisis; qu'une telle demande est dans les attributions des tribunaux; que l'application de la loi et de l'ordonnance royale en cette matière est également de leur compétence; et que l'exception de droit opposée par le sieur Gairal ne constitue pas l'une des questions préjudicielles énoncées en l'art. 2 de l'ord. royale du 1er juin 1828; — Art. 1. L'arrêté de conflit est annulé.

Du 16 août 1833.-Ord. cons. d'Ét.-M. Macarel, rap.

(3) Espèce : — (Chartier C. ville de Douai.) — Le tarif de l'octroi de la ville de Douai contenait une exemption de droits pour les charbons destinés au service des usines. — Cette ville, à raison de l'embarras de sa situation financière, présenta à l'approbation du gouvernement un nouveau tarif qui atteignait temporairement ces matières. Une ordonnance du 25 juill. 1841 sanctionna ce tarif et ajourna jusqu'en 1847 l'admission des charbons en entrepôt.—Les réclamations formées devant le conseil d'État contre cette ordonnance furent repoussées (V. n° 357). — Le sieur Chartier, l'un des fabricants dont la demande avait été repoussée, donna à ses prétentions une autre forme. Il a cité le maire de Douai devant le tribunal de première instance, pour voir décider qu'il sera admis à jouir avec franchise de droit de 1,465 hectol. de charbon, introduits en ville pour le service de son usine. — Déclinatoire proposé par le préfet, attendu que la demande mettait en question la légalité de l'ordonnance citée. — Jugement qui retient la cause. — Conflit. — Devant le conseil d'État, le sieur Chartier a produit une consultation de M. Vivien, ainsi conçue : — « Le droit de prononcer sur les contestations relatives à l'application des tarifs et à la quotité des taxes emporte celui de juger de la validité des actes qui les ont établis. Les principes qui régissent les autres matières, si on les appliquait à celle-ci, auraient pour conséquence de retirer toute compétence aux autorités judiciaires; car les tarifs sont tous établis, réglés, autorisés par des ordonnances royales; ils constituent par eux-mêmes des actes administratifs, et les tribunaux ne peuvent juger les débats qu'ils suscitent sans intervenir dans l'appréciation des actes eux-mêmes, ne fût-ce que pour les interpréter, et, par conséquent, sans entrer dans le domaine administratif. » — M. Vivien cite ici les deux décisions du conseil d'État des 16 août 1833 et 31 janv. 1834 qui précèdent. Puis il continue :

« Dira-t-on que, dans ces espèces, il s'agissait soit d'une demande en nullité de saisie, soit d'une opposition à contrainte, et que l'action intentée par M. Chartier n'a ni l'un ni l'autre de ces objets. Cette difficulté ne serait pas sérieuse. S'il était interdit à l'autorité judiciaire de prononcer sur la validité des actes administratifs en matière d'octroi, elle ne le pourrait pas plus sous une forme que sous une autre, pas plus au criminel qu'au civil. Il serait contradictoire et faux que le sieur Chartier, en tentant une introduction subreptice qui le ferait traduire en police correctionnelle ou en provoquant des contraintes, eût le droit de faire juger par les tribunaux des questions qu'il ne pourrait leur soumettre par la voie directe d'une demande en restitution, et que, pour avoir préalablement obéi à la loi, il fût soumis à des entraves dont il eût été affranchi en la violant. — Le système qui veut attirer ces questions à l'administration n'est pas seulement contraire aux lois, il est encore impolitique; la garantie de l'intervention judiciaire a toujours été un des plus sûrs passe-ports, si l'on peut ainsi dire, des contributions indirectes, si souvent onéreuses par leurs tarifs, et rigoureuses dans leur mode de perception. Il ne serait pas sage de retirer ou d'affaiblir cette garantie. L'État aurait plus à perdre qu'à gagner à ce changement, et cette considération doit frapper un corps dont la mission est de se préoccuper toujours, avant tout, des grands intérêts du gouvernement. — Mais nous avons tort de circonscrire le débat dans une seule nature d'impôts et d'invoquer la législation spéciale des octrois. Le conflit de M. le préfet du Nord soulève une question plus générale et plus haute : il touche à un principe constitutionnel de l'ordre le plus élevé.

» En France, aucun impôt ne peut être établi ni perçu s'il n'a pas été consenti par les deux chambres et sanctionné par le roi, c'est-à-dire sans l'intervention de la loi. Ce n'est pas nous qui le disons, c'est l'art. 40 de la charte. — Toutes les fois qu'un citoyen soutient qu'une contribution réclamée n'est pas autorisée par la loi, il a le droit de déférer la question à l'autorité judiciaire. Il doit d'abord s'exécuter; le provisoire, comme de raison, appartient à l'administration, mais ensuite il peut toujours se pourvoir en restitution devant les tribunaux, c'est-à-dire les constituer juges de la question de légalité. C'est le principe consacré par la disposition finale de toutes les lois de finances, principe essentiel, sans lequel l'art. 40 de la charte pourrait être éludé et anéanti. — L'administration ne peut éviter le contrôle des tribunaux en excipant de ses actes, quand même, en matière ordinaire, ils seraient de nature à échapper à leur appréciation. Le droit des tribunaux est absolu, entier et illimité. Sans doute, si la légalité même de la perception est accordée, ils ne peuvent s'immiscer dans les actes administratifs; ainsi, pour ce qui concerne les contributions directes, ils ne pourraient entrer dans les débats que soulèvent les tarifs, l'assiette, l'établissement des cotes, etc.; mais, sur la légalité en elle-même, ils exercent une pleine juridiction. C'est la volonté formelle du dernier article de chaque loi de finances : on a tellement voulu retirer à l'administration tout moyen de se dérober aux tribunaux que, pour ces sortes de demandes, les agents du gouvernement, dépouillés de la garantie ordinaire, peuvent être traduits en justice sans autorisation. La franchise accordée contre les agents existe nécessairement à l'égard des actes, et si l'administration pouvait revendiquer le jugement d'une telle contestation, en vertu du principe qui soustrait ses actes à l'examen des tribunaux, elle pourrait toujours dépouiller ceux-ci de la juridiction qu'ils tiennent de la charte et des lois annuelles de finances. »

Louis-Philippe, etc.; — Vu les lois des 2 vend. et 27 frim. an 8, le décret du 17 mai 1808, et l'ord. du 9 déc. 1814; — Vu l'ord. du 1er juin 1828, et l'ord. du 12 mars 1831; — Considérant qu'aux termes des lois citées, toute contestation civile sur l'application d'un tarif d'octroi est de la compétence des juges de paix; — Art. 1. L'arrêté de conflit pris par le préfet du département du Nord, dans la cause pendante en appel devant le tribunal de première instance de Douai, entre le sieur Chartier et le maire de la ville de Douai, est annulé.

Du 10 mars 1843.-Ord. cons. d'Ét.-M. Mottet, rap.

sont exclusivement compétents pour connaître de l'opposition formée par un particulier à un fait de perception d'octroi, et pour apprécier, à l'effet de faire droit à cette réclamation, la légalité et la force obligatoire des statuts quelconques invoqués pour astreindre les parties au payement d'un impôt (Trib. de Douai, 22 nov. 1843, aff. ville de Douai, D. P. 45. 1. 38; Conf. Civ. cass. 13 fév. 1854, aff. Plainchamp, D. P. 54. 1. 111).

356. L'art. 164 du décret du 17 mai 1809 après avoir renvoyé aux lois précédentes relativement à la compétence du juge de paix, ajoute : « Néanmoins, dans le cas où une contestation, soit sur le fond du droit ou l'application des tarifs, soit sur des contraventions, aurait à la fois pour objet des droits d'octroi et des droits réunis, il sera procédé sur le tout, conformément aux dispositions du chap. 6 de la loi du 5 vent. an 12, concernant les droits réunis. » — Il a été jugé par suite : 1° que l'art. 88 de la loi du 5 vent. an 12, spéciale à la matière des contributions indirectes, ne peut être applicable à l'octroi, qu'autant qu'il y a en même temps contestation sur les droits d'octroi et sur ceux des droits réunis (Rouen, 2 janv. 1819, octr. de Rouen, V. n° 351-3°); —2° Par application d'un règlement qui reproduisait cette même disposition, qu'en matière d'octroi, c'est l'art. 81 de l'ordonnance du 9 déc. 1814, et non l'art. 88 de la loi du 5 vent. an 12, spéciale à la régie des contributions indirectes, qui détermine l'autorité compétente pour statuer sur les contestations qui s'élèvent sur le fond du droit (Crim. cass., 7 mars 1818) (1).

357. Dans les cas où le juge de paix est compétent pour statuer sur les contestations entre le fermier et la commune (V. n° 322), doit-on observer vis-à-vis de la commune les règles prescrites par la loi du 18 juill. 1837? — Il a été décidé dans le sens de la négative, que ces contestations, relatives à l'application d'un tarif d'octroi, peuvent être portées devant le juge de paix, sans dépôt préalable du mémoire exigé par l'art. 51 de la loi du 18 juill. 1837, et sans que la commune ait été autorisée à y défendre (Rej. 2 fév. 1848, aff. maire de Roubaix, D. P. 48. 1. 59).

358. S'il ne s'agit plus de l'application du tarif et de la quotité des droits, si, en un mot, la contestation sort des termes de l'ordonnance de 1814, les règles générales de la compétence doivent reprendre leur empire, et le litige doit être porté, suivant l'importance de la demande, soit devant le juge de paix, soit devant les tribunaux de première instance.

359. 2° *Compétence correctionnelle.*— L'art. 78 de l'ordonnance de 1814 porte : « L'action résultant des procès-verbaux en matière d'octroi, et les questions qui pourront naître de la défense du prévenu, seront de la compétence exclusive, soit du tribunal de simple police, soit du tribunal correctionnel du lieu de la rédaction du procès-verbal, suivant la quotité de l'amende encourue. » — Il a été jugé par application de cet article que c'est devant le tribunal de police, et non devant le juge de paix, que doivent être poursuivies les contraventions en matière d'octroi qui n'entraînent qu'une amende n'excédant pas 15 fr.; l'incompétence du juge de paix à cet égard est absolue, et, par suite, proposable en tout état de cause, même pour la première fois en cassation (Cass. 26 nov. 1810, aff. Pont-Chapelle, V. Peine, n° 777). — Mais la loi du 24 mai 1834, en rendant applicable aux matières d'octroi l'art. 46 de la loi de 1816, a élevé le chiffre de l'amende, laquelle est aujourd'hui de 100 à 200 fr. Il suit de là que, depuis cette loi, l'action résultant d'un procès-verbal constatant l'introduction en fraude d'objets assujettis aux droits d'octroi, est de la compétence exclusive du tribunal correctionnel (Crim. rej. 27 mars 1840) (2).

360. Pour que le tribunal correctionnel soit compétent, il faut qu'il soit appelé à réprimer une contravention, c'est-à-dire qu'il y ait eu saisie ou procès-verbal pour tentative d'intro-

(1) (Contrib. ind. C. Fouquet et Genonville.) — La cour; — Vu l'art. 88 de la loi du 5 vent. an 12; — Vu l'art. 60 du règlement des octrois de Meaux, du 5 déc. 1815, d'après lequel on doit se référer, pour les contestations sur l'application du tarif et la quotité du droit d'octroi, aux lois des 2 vend. et 27 frim. an 8, et pour les contestations sur le fond du droit, quand il s'agit tout à la fois d'octroi et de droits réunis, à l'art. 88 de la loi du 5 vent. an 12; — Attendu que la loi du 5 vent. an 12, au titre des droits réunis, n'est relative qu'aux impositions indirectes établies pour le compte du gouvernement, et non point aux octrois municipaux, dont elle ne fait nullement mention; — Que, dans sa dernière partie, l'art. 60 du règlement de l'octroi de Meaux ne se réfère, pour les contestations sur le fond du droit, à l'art 88 de cette loi, que dans le cas où il s'agit tout à la fois de droits réunis et d'octrois;— Que, dans l'espèce actuelle, il s'agit, non d'octrois et de droits réunis tout à la fois, mais seulement et uniquement d'octrois municipaux; que, dès lors, elle se trouve hors du cas où l'art. 60 de l'octroi se réfère à la loi du 5 vent. an 12, et qu'elle rentre dans l'application soit des lois des 2 vend. et 27 frim. an 8, énoncées dans le même article, soit des autres dispositions législatives concernant les octrois;

Vu l'art. 3 de la loi du 2 vend. an 8;—Vu les art. 13 et 14 de la loi du 27 frim. an 8; — Vu enfin les art. 78 et 81 de l'ordonn. du 9 déc. 1814; — Et attendu que, d'après l'art. 81 de ladite ordonnance, conforme aux art. 3 de la loi du 2 vend. et 14 de celle du 27 frim. an 8, la juridiction civile n'est compétente que dans le cas où il n'y a pas contravention commise, et où, au contraire, le conducteur de l'objet prétendu passible de l'octroi a préalablement consigné le droit, et recouru, après cette consignation, au juge de paix du canton; mais que lorsque le conducteur, au lieu de consigner le droit et de recourir au juge de paix, fait refus de payer, sur quoi est dressé le procès-verbal de contravention, l'action résultant de ce procès-verbal doit être jugée d'après les règles prescrites par l'art. 78; — Que, suivant cet article, les actions résultant des procès-verbaux de contravention, et toutes les questions qui peuvent naître de la défense du prévenu, sont de la compétence exclusive, soit du tribunal correctionnel, soit du tribunal de police, selon la quotité de l'amende;—Et attendu que les prévenus allaient conduire de la place du marché de Meaux, dans leur domicile, un troupeau de bœufs, sorte de bétail soumis à l'octroi, lorsqu'ils ont été rencontrés par les employés de l'octroi; que, sur la demande en payement du droit, ils ne l'ont pas consigné; qu'ils n'ont ni élevé de contestation sur l'existence ou la quotité du droit ou sur l'application du tarif, ni recouru, par ces motifs, à l'autorité du juge de paix; que, dès lors, ils étaient hors du cas prévu par l'art. 81 de l'ordonnance du 9 déc. 1814; qu'au contraire, ils ont déclaré refusé de payer le droit, sous prétexte que les bœufs leur avaient été vendus par le nommé Chauvet, qui, comme il l'avait également affirmé, les avait achetés, francs de droit, d'un officier prussien; que, sur ce refus ainsi motivé, les employés dressèrent procès-verbal de contravention; que, dès lors, l'action résultant soit de ce procès-verbal, soit des défenses des prévenus, devait, aux termes de l'art. 78, être jugé par le tribunal correctionnel;—Que, néanmoins, le tribunal correctionnel de Melun, au lieu de statuer sur l'action résultant du procès-verbal, et de prononcer sur le fait de la contravention, a confirmé le jugement du tribunal correctionnel de Meaux, qui s'était borné à annuler la saisie, en renvoyant, pour le surplus, les parties à se pourvoir devant qui de droit; fondé sur ce qu'il s'agissait d'une contestation sur le fond du droit, dont la connaissance était attribuée aux tribunaux civils par l'art. 88 de la loi du 5 vent. an 12;— En quoi il a violé l'art. 78 de l'ordonnance du 9 déc. 1814, l'art. 3 de la loi du 2 vend. an 8, l'art. 14 de celle du 27 frim. suivant, et fait une fausse application de l'art. 88 de la loi du 5 vent. an 12;—Casse.

Du 7 mars 1818.-C. cass., sect. crim.-MM. Barris, pr.-Ollivier, rap.

(2) (Laporte C. min. pub.) — La cour; — Sur le moyen tiré de la prétendue violation des art. 4 et 29 du règlement de l'octroi de la commune de Montignac, en ce que la juridiction correctionnelle n'était pas compétente pour connaître des contraventions imputées au demandeur: — Attendu que l'art. 29 du règlement de la commune de Montignac, conforme aux dispositions de l'art. 2 de la loi du 2 vend. an 8 et de l'art. 78 de l'ord. du 9 déc. 1814, porte que l'action résultant des procès-verbaux, en matière d'octroi, et les questions qui pourront naître de la défense du prévenu seront de la compétence du tribunal correctionnel, lorsque l'amende ou la valeur des objets de fraude s'élèvera à plus de 15 fr.; — Attendu que l'art. 8 de la loi du 29 mars 1832 déclare applicable à la fraude sur toutes les denrées sujettes aux droits d'octroi à l'entrée dans Paris, les dispositions des art. 27 et 46 de la loi du 28 avr. 1816, et que l'art. 9 de la loi du 24 mai 1834, postérieure au règlement de l'octroi de Montignac, lequel a été approuvé par ordonn. royale du 31 janvier précédent, rend applicables à toutes les communes du royaume ayant un octroi les dispositions des art. 7, 8 et 9 de la loi du 29 mars 1832; — Que l'art. 27 de la loi du 28 avr. 1816 ordonnant la saisie de toute boisson introduite sans déclaration dans un lieu sujet aux droits d'entrée, et l'art. 46 punissant les contraventions d'une amende de 100 à 200 fr., il s'ensuit que les mêmes peines sont encourues par ceux qui auraient introduit en fraude des objets assujettis aux droits d'octroi, dans les communes où ces droits sont établis; — Et, attendu que les procès-verbaux des préposés de l'octroi des 28 et 29 juill. 1838 constatent, et qu'il est reconnu, en fait, par le jugement attaqué, que deux taureaux du poids d'environ 125 kilog. chacun ont été abattus dans la boucherie d'Antoine Laporte, tandis que, d'après la déclaration, les droits n'auraient été perçus que sur 61 kilog. de viande; — Qu'à raison de ces faits, il a été poursuivi et condamné au payement d'une amende de 100 fr., pour chacune de ces contraventions: que le tribunal correc-

duction illégale, pour dissimulation dans une déclaration, etc., etc. (V. n° 349). Une fois le procès-verbal dressé, la contravention existe et la compétence du tribunal correctionnel ne peut plus être déclinée.—C'est ainsi qu'il a été jugé que le prévenu de contravention qui n'a pas usé de la faculté que lui offre l'art. 81 de l'ordonnance de 1814, de porter son action devant le juge de paix en consignant les droits contestés, ne peut arguer devant la cour de cassation de l'incompétence du tribunal correctionnel, légalement saisi par le demandeur, alors surtout qu'il n'a proposé ni renvoi, ni déclinatoire devant ce tribunal (Crim. rej. 22 déc. 1820) (1).

361. Si, après que la saisie a été opérée, le contrevenant, devançant l'action correctionnelle, demande la nullité de cette saisie, devant quelle juridiction devra-t-il agir? — Devant le tribunal correctionnel : à nos yeux cela ne fait pas de doute. D'abord on ne voit pas par quel motif la diligence du défendeur pourrait modifier les règles de la compétence, et ensuite le défaut de consignation oppose devant la justice de paix une barrière insurmontable. C'est en effet ainsi qu'il a été procédé dans deux espèces (V. cons. d'Et. 16 août 1833, aff. Gairal, V. n° 355-1°); 30 août 1845, aff. Rivalz, D. P. 46. 3. 1). — Il est vrai que dans une autre affaire, c'est le tribunal civil qui a été saisi d'une telle demande (V. cons. d'Et. 18 janv. 1826, aff. Millot, n° 306-5°); mais c'est à tort, pensons-nous.

362. Si, après la saisie, le contrevenant venait à consigner les droits, pourrait-il encore appeler l'administration de l'octroi devant le juge de paix? — Il nous semble qu'il ne le pourrait pas davantage. Par le seul fait de l'introduction illégale, la contravention s'est accomplie, et le tribunal correctionnel est devenu compétent. Un fait postérieur, la consignation tardive, ne saurait avoir pour effet de faire disparaître cette contravention, et par suite n'a pas la force de déplacer la compétence.

363. D'après l'art. 78 de l'ordonnance de 1814, les questions qui peuvent naître de la défense du prévenu sont jugées par le tribunal de répression; mais doit-il connaître de *toutes* les exceptions proposées, même de celles qui rentrent dans le fond du droit? La même question s'élève en matière d'impôts indirects (V. ce mot, n° 461), et nous avons pensé, conformément à la jurisprudence la plus accréditée, qu'en cette matière, le principe que le juge de l'action est juge de l'exception doit être suivi. Il en est de même, et à plus forte raison en matière d'octroi, en présence des termes généraux de l'art. 78 et de la disposition de l'art. 81 qui n'attribue compétence au juge de paix qu'autant que les droits ont été préalablement consignés : or, on ne peut admettre que la citation devant le tribunal puisse suppléer à cette consignation (V. Question préjud., n° 222; conf. M. Mangin, n° 227). — Toutefois il a été jugé en sens contraire que le tribunal de répression doit surseoir à statuer dès qu'il s'élève une question préjudicielle placée dans les attributions du juge civil; qu'ainsi, si le prévenu d'avoir introduit des objets en fraude, au lieu de contester ce fait, soutient que les objets dont il s'agit ne sont pas soumis aux droits d'octroi, le tribunal doit surseoir à statuer jusqu'à ce qu'il ait été prononcé sur cette exception civile par le juge de paix (Crim. cass., 18 avr. 1833 (2); conf. implicit. Crim. rej. 22 déc. 1820, aff. octroi de Belfort, V. n° 360). — Un autre arrêt de la cour de cassation semblerait au premier abord confirmer cette doctrine (V. Crim. cass. 19 sept. 1845, aff. ville de Périgueux, D. P. 46. 1. 34).—Mais en l'examinant attentivement, on voit que la question à juger était toute différente de celle que nous examinons ici (V. n° 365).

364. La cour de cassation est revenue sur cette jurisprudence. — Elle a décidé que la juridiction correctionnelle est seule compétente pour connaître d'une question d'application des tarifs soulevée, à titre d'exception, par un redevable poursuivi en vertu d'un procès-verbal pour avoir refusé de payer les droits réclamés sur des objets par lui introduits dans le rayon de l'octroi; que, dès lors, c'est à tort qu'elle renverrait au juge de paix la solution préjudicielle de ladite question, ce magistrat ne pouvant être saisi de difficultés relatives à l'application du tarif que par le recours du redevable, et dans le cas seulement où celui-ci aurait, avant l'introduction, consigné les droits réclamés (Crim. cass. 15 mai 1862, aff. ville de Morlaix, D. P. 64. 1. 53). — On peut citer en ce sens deux affaires dans lesquelles une demande en nullité d'une saisie, et en restitution des objets saisis, fondée sur l'illégalité du règlement, ayant été

---

tionnel était compétent pour en connaître, et qu'ainsi, loin de violer les règles de la compétence, il s'y est exactement conformé; — Rejette.

Du 27 mars 1840.-C. C., ch. crim.-MM. Bastard, pr.-Bresson, rap.

(1) (Octroi de Belfort C. Dauphin.) — La cour; — Statuant, en premier lieu, sur le moyen d'incompétence proposé par le demandeur; — Vu les lois des 27 vend. an 7, 2 vend. an 8, 8 sept. 1814, et l'ordonnance du lendemain, portant règlement pour l'exécution desdites lois sur la perception des droits d'octrois, desquelles il résulte que la connaissance des contestations qui s'élèvent sur les procès-verbaux qui constatent des contraventions en cette matière, appartient, soit aux tribunaux de simple police, soit aux tribunaux de police correctionnelle, selon la quotité de l'amende qui peut être encourue; — Attendu qu'il s'agissait, dans l'espèce, de statuer sur un procès-verbal de contravention, par lequel l'objet de la saisie avait été évalué à la somme de 18 fr.; que, d'après l'art. 5 du règlement de l'octroi de la ville de Belfort, du 15 nov. 1817, dûment approuvé, les amendes encourues doivent être égales à la valeur de l'objet soumis au droit, et que, dès lors, l'amende, qui devait s'élever à 18 fr., rendait le tribunal correctionnel de Belfort exclusivement compétent pour connaître de l'affaire, soit relativement aux demandes du fermier de l'octroi, soit à l'égard de la défense et des exceptions du prévenu, le juge de l'action étant naturellement le juge des exceptions; — Que le demandeur s'est exactement conformé auxdites lois en portant son action devant le tribunal de police correctionnelle de Belfort, et en lui déférant la connaissance du procès-verbal de saisie du 26 juill. 1818; — Attendu que la disposition de l'art. 81 de l'ordonnance réglementaire, ci-dessus datée, qui porte que, s'il s'élève une contestation sur l'application du tarif ou sur la quotité du droit réclamé, le conducteur des objets saisis pourra se pourvoir devant le juge de paix, n'est qu'une faculté accordée en faveur du prévenu, mais à la charge par lui de commencer par consigner le droit réclamé, et d'en représenter la quittance au juge de paix, qui ne peut l'entendre qu'après l'accomplissement de ces préliminaires; — Que cette ordonnance, qui a été rendue en vertu de l'art. 147 de la loi du 8 déc. 1814, et pour en régler l'exécution, ainsi que celle des lois précédentes, doit être exécutée dans toutes ses dispositions; — Que, d'ailleurs, le prévenu n'a point usé de la faculté à lui accordée par ledit art. 81; qu'il n'a proposé ni renvoi devant le juge de paix, ni déclinatoire, et que le tribunal correctionnel de Belfort a été légalement et régulièrement saisi; — Rejette le moyen d'incompétence.

Du 22 déc. 1820.-C. C., sect. crim.-MM. Barris, pr.-Chasles, rap.

Nota. Du même jour, arrêt identique, mêmes parties.

(2) *Espèce :* — (Min. pub. C. L'hernault.) — L'hernault, boucher, était traduit devant le tribunal de simple police de Buchy, pour avoir entré, en contravention au règlement de l'octroi de cette commune, des viandes dépecées, sans payer les droits; il soutint que la plus grande partie des objets qu'il avait introduits étaient des tripes de vaches qui n'étaient soumises à aucun droit par le tarif de l'octroi. Le tribunal de police, sur cette défense, renvoya le prévenu par jugement du 5 fév. 1833, en déclarant que les objets introduits par l'Hernault n'étaient assujettis à aucun droit par le tarif de l'octroi. — Pourvoi par le ministère public. — Arrêt.

La cour; — Vu l'art. 1 de la loi du 2 vend. an 8, l'art. 13 de la loi du 27 frimaire de la même année, et l'art. 81 de l'ordon. du 9 déc. 1814; — Vu le règlement fait pour l'octroi de Buchy; — Attendu qu'il résulte des dispositions de ces lois et ordonnance, que les contestations civiles qui pourront s'élever sur l'application des tarifs ou sur la quotité des droits d'octroi seront portées devant le juge de paix de l'arrondissement; — Attendu que, dans l'espèce, le fonds de la contestation portée devant le tribunal de simple police de Buchy, consistait à rechercher non pas si une simple infraction matérielle avait été commise à une prescription du tarif de l'octroi, précise et certaine (cas auquel l'appréciation de la poursuite et des exceptions par lesquelle on la repoussait aurait été de la compétence du tribunal de police), mais bien si, en thèse générale, la nature du fait incriminé rentrait ou non dans les prévisions du règlement; si certains objets étaient ou non atteints par les tarifs joints à ce règlement; — Attendu, dès lors, qu'il s'agissait d'une contestation civile sur l'application du tarif et sa véritable portée, qui, préalablement au jugement de la poursuite en contravention, devait être évacuée par le juge compétent; — Attendu qu'en l'état, les tribunaux de répression étaient incompétents pour connaître de l'affaire, laquelle, aux termes des lois ci-dessus rappelées, devait être renvoyée devant le juge de paix de l'arrondissement; — Attendu néanmoins que le tribunal de simple police de Buchy a statué sur le fond de la question soulevée par la défense de L'hernault; en quoi il a méconnu les règles de sa compétence, posées par les dispositions déjà citées, et violé les art. 1 de la loi du 2 vend. an 8, et 13 de la loi du 27 frimaire même année; — Casse, etc.

Du 18 avr. 1833.-C. C., ch. cr.-MM. Bastard, pr.-Crouseilhes, rap.

portée devant le tribunal correctionnel, le déclinatoire n'a pas été élevé (V. cons. d'Et. 16 août 1833, aff. Gairal, V. n° 355-1°; 30 août 1845, aff. Rivalz, D. P. 46. 3. 1).

365. Mais le tribunal correctionnel n'est compétent pour connaître des exceptions tirées du fond du droit qu'autant que l'examen de la question préjudicielle soulevée par le prévenu doit nécessairement influer sur le jugement de la contravention. Un juge ne pourrait donc, après avoir, par d'autres motifs, renvoyé le prévenu des poursuites, statuer sur l'exception proposée. — Ainsi, dans une affaire soumise à la cour de cassation, un tribunal, après avoir déclaré que les marchandises saisies avaient été introduites du consentement des préposés, et que dès lors il n'y avait pas contravention, examina cependant le fond du droit, à savoir si le droit était ou n'était pas dû. En cela évidemment il excédait les limites de sa compétence; car, d'après sa déclaration même, la contravention avait disparu; il ne restait dès lors qu'une pure question de droit fiscal, qui n'avait aucune influence sur le jugement à rendre et que par conséquent, le juge correctionnel n'avait pas le pouvoir de résoudre. — Aussi la cour suprême a-t-elle prononcé l'annulation d'un pareil jugement (Crim. cass. 19 sept. 1845, aff ville de Périgueux, D. P. 46. 1. 34).

366. Le tribunal correctionnel dans le cas où il est juge naturel de l'action, en matière de perception des droits d'octroi, est également compétent pour connaître de l'exception que le prévenu prétend faire résulter de la vérité de sa déclaration des objets introduits (Crim. cass. 3 avr. 1840, aff. Saintoin, V. n° 152).

367. Il en est autrement quand les parties ne sont pas d'accord sur le sens et la portée d'un *acte administratif* dont l'exécution est confiée aux tribunaux; ceux-ci doivent nécessairement surseoir à prononcer jusqu'à ce que l'autorité administrative ait expliqué cet acte. Cependant cette règle ne doit pas être entendue d'une manière trop absolue. Ainsi elle ne doit pas recevoir d'application lorsqu'il s'agit de l'exécution d'un acte dont le sens et la portée ne présentent réellement aucune obscurité (V. Compétence administrative, n° 246). Par exemple, lorsqu'un règlement d'octroi soumet au droit *la pierre de taille* calcaire ou de grès, et lorsque, pour justifier son refus de payer le droit, un prévenu prétend que le règlement ne s'applique qu'à la pierre de taille déjà *travaillée*, et non à la pierre de taille brute, telle que celle par lui introduite dans le lieu sujet, il n'y a pas lieu par le tribunal de s'arrêter à cette distinction contraire à la disposition générale et claire du règlement, ni par conséquent de surseoir à prononcer jusqu'à ce qu'il ait été statué par qui de droit sur la valeur de cette distinction (Crim. cass. 17 déc. 1841) (1)

368. Les règles générales du code d'instruction criminelle sont applicables en matière d'octroi, dans le silence de la loi spéciale. — Ainsi, il a été jugé par une juste application de l'art. 192 de ce code : 1° que lorsque, avant la loi de 1834, la contravention en matière d'octroi, qui, à raison de la quotité de l'amende, était de la compétence du tribunal de simple police, avait été soumise, sans réclamation d'aucune des parties, au tribunal correctionnel, le jugement rendu par ce tribunal était en dernier ressort (Crim. cass. 22 juin 1821) (2); — 2° Qu'aux termes de l'art. 102 du règlement des octrois de la ville de Bordeaux, rendu commun à la régie du pesage, par le décret du 22 avr. 1811, l'opposition apportée par un particulier à l'exercice des préposés de cette régie, pouvant être punie d'une amende de 50 fr., n'est point une contravention du ressort du tribunal de simple police, et, par conséquent, le tribunal de police correctionnelle ne peut pas en connaître en dernier ressort (Crim. rej. 5 sept. 1828, aff. Perron, V. n° 387).

369. Enfin il a été décidé que le tribunal correctionnel et la cour saisis sur l'appel sont compétents pour connaître des contraventions aux règlements des octrois des villes; par suite,

---

(1) (Min. pub. C. Bénézech.) — La cour; — Vu les dispositions des lois des 16–24 août 1790, tit. 2, art. 13, et du 16 fruct. an 8, portant défenses aux tribunaux de connaître des actes administratifs; — Vu l'art. 154 c. inst. crim., ainsi que l'art. 84 de la loi du 5 vent. an 12, l'art. 26 du décret du 1er germ. an 13, l'art. 139 de la loi du 8 déc. 1814, et l'art. 8 de la loi du 27 frim. an 8, sur la foi due aux procès-verbaux des préposés à la perception des contributions indirectes et des droits d'octroi; — Vu aussi les art. 408 et 413 dudit code inst. crim.; — Attendu, en droit, que s'il est vrai, en règle générale, que lorsque les parties ne sont pas d'accord sur le sens et la portée d'un acte administratif dont l'exécution est confiée aux tribunaux, ceux-ci doivent surseoir à prononcer jusqu'à ce que l'autorité administrative ait expliqué ledit acte, cette règle ne saurait recevoir d'application, lorsqu'il s'agit de l'exécution d'un acte dont les dispositions sont claires, et dont le sens et la portée ne présentent, en réalité, ni obscurité ni ambiguïté; — Attendu que, suivant l'art. 4 du règlement pour la perception de l'octroi municipal d'Espalion : « Tout porteur ou conducteur d'objets assujettis aux droits est tenu, avant de les déposer ou remiser à domicile, de les conduire directement au bureau pour en faire la déclaration... et d'acquitter les droits, si les objets sont destinés à la consommation du lieu; » — Que, suivant le tarif annexé audit règlement, la pierre de taille calcaire ou de grès est soumise au droit de 40 cent. par mètre cube;

Attendu, en fait, qu'il résulte d'un procès-verbal régulier, rédigé le 22 mars 1841 par deux préposés dudit octroi, que ledit jour le sieur Bénézech, entrepreneur du pont d'Espalion, faisait entrer dans cette commune trois chars chargés de pierre de taille; que, sommé de déclarer cette pierre de taille, Bénézech répondit qu'il ne voulait pas payer encore les droits d'octroi sur ladite pierre de taille, et qu'il ne les acquitterait que quand le pont serait terminé; que, parmi cette pierre de taille il y en avait plusieurs qui ne serviraient que pour moellon, et qu'il n'entendait nullement payer celles-là; — Que, cité devant le tribunal de police correctionnelle, Bénézech s'est borné à prétendre que la pierre de taille dont il s'agissait, n'était point de pierre de taille, mais seulement de pierre de moellon, et que le moellon piqué ou non piqué ne figurait point dans la nomenclature des matériaux passibles des droits d'octroi; — Que cette prétention était contraire à celle émise dans le procès-verbal de saisie, et par laquelle Bénézech, tout en reconnaissant que l'objet introduit était de la pierre de taille, avait soutenu ne devoir en payer les droits qu'après la construction du pont, et ne devoir en payer aucun pour la partie de cette pierre de taille qui n'aurait été employée que comme moellon; — Que cette nouvelle prétention était d'ailleurs évidemment contraire aux dispositions, aux termes du tarif, qui ne distingue point entre la pierre de taille brute et susceptible d'être taillée, ou la pierre de taille déjà taillée; qu'à cet égard, le tarif ne présente ni obscurité, ni ambiguïté; qu'il frappe du droit toute pierre de taille introduite; qu'il ne renvoie pas la fixation et la perception du droit au résultat d'une suite d'opérations qu'il serait si difficile de surveiller et de constater; et, qu'en supposant que le moellon ne soit pas compris dans les mots génériques pierre de taille, qu'il ne soit passible d'aucun droit, cela ne pourrait s'entendre que du moellon introduit comme moellon, et non de moellons que pourrait produire le travail auquel serait soumise plus tard la pierre de taille introduite;

Attendu, néanmoins, que le jugement attaqué a sursis à statuer jusqu'à interprétation, par qui de droit, de la clause du tarif, à l'effet de savoir si, par ces mots pierre de taille, il faut entendre et la pierre de taille ciselée ou ornée, et la pierre de taille dite moellon piqué, distincte de la première sous plusieurs rapports; si le droit doit être perçu en entrant, alors que la pierre introduite est encore brute, ou bien seulement lorsqu'elle est ciselée et travaillée; en un mot, si le tarif a entendu désigner de la pierre de taille préparée et ciselée, ou de la pierre brute susceptible seulement d'être travaillée et ciselée; — Que, par là, ledit jugement a fait une fausse application des dispositions des lois des 24 août 1790 et 16 fruct. an 3, violé les dispositions des autres lois précitées sur la foi due aux procès-verbaux des préposés des octrois, et méconnu les règles de la compétence; — Casse.

Du 17 déc. 1841.-C. C., ch. cr.-MM. Meyronnet, pr.-Romiguières, rap.

(2) (Contrib. ind. C. Pingault.) — La cour; — Vu l'art. 78 de l'ord. sur les octrois, du 9 déc. 1814; — Vu l'art. 192 c. inst. crim.; — Attendu que l'action intentée par la régie, l'était à raison d'une contravention emportant la peine de 10 fr. d'amende; qu'en effet, l'objet saisi avait été estimé 10 fr.; et que, d'après l'art. 28 de l'ord. du 9 déc. 1814, l'amende encourue devait être égale à la valeur de l'objet saisi; — Que, dès lors, cette contravention rentrait, d'après l'art. 137 c. inst. crim., dans la classe des contraventions de police simple; — Que, conséquemment, le tribunal correctionnel se trouvant saisi de la connaissance de cette contravention, sans qu'aucune partie demandât le renvoi devant le tribunal de simple police, devait, conformément à l'art. 192 du même code, statuer en dernier ressort; que, sur l'appel de ce jugement, la cour royale aurait dû apprécier la quotité de l'amende encourue, et, au cas où elle eût reconnu que cette amende n'était que de 10 fr., déclarer l'appel non recevable; — Et attendu que, dans l'espèce, le tribunal correctionnel de Dijon, en prononçant sur la contravention ci-dessus spécifiée, et condamnant le prévenu à l'amende de 10 fr., avait, conformément à l'art. 192 c. inst. crim., statué en dernier ressort; — Que, sur l'appel, la cour royale, en reconnaissant que l'amende n'excédait pas 10 fr., n'a pas néanmoins déclaré l'appel non recevable; en quoi elle a violé l'art. 78 de l'ord. du 9 déc. 1814 sur les octrois, et l'art. 192 c. inst. crim.; — Casse.

Du 22 juin 1821.-C. C., sect. crim.-MM. Barris, pr.-Ollivier, rap.

quels que soient les motifs de l'arrêt, si dans le dispositif, la cour n'a pas excédé les bornes de sa compétence, le préfet ne peut élever le conflit (cons. d'Et. 1er déc. 1819, M. Maillard, rap., aff. habit. de la Poquinerie).

ART. 14. — *Poursuites devant le tribunal correctionnel, procès-verbaux, saisie, action publique et privée, peines, transaction.*

370. *Procès-verbaux.* — Le procès-verbal est le mode légal de constatation des contraventions. C'est aussi le point de départ des poursuites devant le tribunal correctionnel.— Les formalités auxquelles il est assujetti, les énonciations qu'il doit contenir, la signification qui doit en être faite, sont prévues par les art. 75 à 77 de l'ord. du 9 déc. 1814. Les lois des 22 frim. an 7, art. 20; 27 frim. an 8, art. 8, règlent le mode d'affirmation. — Pour éviter de nombreuses répétitions, l'examen de ces points divers a été renvoyé v° Procès-verbal, nos 514 et suiv.—V. aussi *eod.*, nos 42-2°, 148, 151-11°, 385, et quelques décisions *suprà*, nos 101, 107.

371. C'est suivant les règles de la législation que l'on vient de citer que les procès-verbaux doivent être dressés, et nulle raison, nulle analogie ne pourraient faire appliquer ici les règles spéciales qui régissent les procès-verbaux en matière de contributions indirectes.—Il a été jugé en effet, 1° que le décret du 5 germ. an 12, en plaçant les octrois sous la surveillance du directeur général des droits réunis, a laissé subsister, pour chaque espèce de régie, les lois et règlements qui lui sont propres; qu'en conséquence, on ne peut appliquer, en matière d'octroi, les règles prescrites pour la validité des procès-verbaux, par le décret du 1er germ. an 13, lequel ne concerne que les contributions indirectes (Crim. cass. 27 fév. 1806) (1); — 2° Qu'ainsi, quoique les employés de l'octroi aient le droit de constater les contraventions aux lois sur les contributions indirectes; et que, réciproquement, les préposés de la régie aient qualité pour verbaliser, en matière d'octroi; la validité des procès-verbaux doit être jugée suivant la législation spéciale à chaque matière : lors donc qu'un procès-verbal constate une double contravention, dont l'une est relative à l'octroi, et l'autre aux contributions indirectes, ce procès-verbal est nul, en ce qui concerne la première contravention, s'il n'a pas été affirmé dans les vingt-quatre heures, conformément à l'art. 8 de la loi du 27 frim. an 8; mais il conserve tout son effet quant à la seconde, si l'affirmation a eu lieu dans les trois jours, selon le vœu de l'art. 25 du décret du 1er germ. an 13 (Crim. cass. 14 déc. 1821) (2). — Toutefois, il a été jugé que le procès-verbal des préposés de l'octroi, à Paris, constatant une introduction frauduleuse de liquides, constate une double contravention, l'une aux lois sur les contributions indirectes, l'autre à celles sur l'octroi, l'une et l'autre exigeant une affirmation particulière du procès-verbal; mais que, dans ce cas, une double affirmation n'est pas nécessaire; qu'il suffit qu'elle ait eu lieu devant le juge de paix du lieu de la saisie, compétent aux termes de la loi sur les contributions indirectes (Crim. rej. 24 mai 1862) (3). — V. Procès-verbal, n° 523.

372. Mais le procès-verbal n'est pas le seul mode de con-

(1) (Contrib. ind. C. Boudrac.) — LA COUR; — Vu les art. 10 de la loi du 27 vend. an 7, 5 de celle du 19 frim. an 8, 8 et 11 de celle du 27 frim. an 8; — Attendu que tout ce qui est exigé par les lois sur les octrois, pour la validité des procès-verbaux des employés, a été observé; — Attendu que les formalités prescrites par le décret du 1er germ. an 13 ne concernent que les droits réunis, et par conséquent ne sont pas applicables en matière d'octroi; — Attendu que si le décret du 5 germ. an 12 a mis les octrois sous la surveillance du directeur général des droits réunis, il a laissé subsister, pour chaque espèce de régie, les lois et les règlements qui lui sont propres, puisque l'art. 5 de ce même arrêté charge le directeur général des droits réunis de faire exécuter les lois et les règlements sur les octrois; d'où il suit que la cour de justice criminelle de la Seine a fait une fausse application du décret du 1er germ. an 13, en se fondant sur les art. 21, 25 et 26 de ce décret, pour annuler des procès-verbaux en matière d'octroi;

Attendu qu'il résulte des lois ci-dessus rappelées, que tout porteur ou conducteur d'objets soumis au droit d'octroi, est tenu d'en faire sa déclaration au bureau de recette le plus voisin, et d'en acquitter les droits avant de les faire entrer dans la commune, sous les peines portées par ces lois; — Attendu qu'il est constaté, par le procès-verbal des employés au droit d'octroi, à la barrière de Passy, et reconnu au procès, que François Boudrac a introduit dans Paris, par la barrière de Passy, 171 kilog. de viande salée, tandis qu'il ne représentait qu'un laissez-passer et un acquit pour 100 kilogr. — Attendu qu'indépendamment de ce que la loi exige la déclaration et le payement du droit avant d'entrer dans la commune, on ne peut connaître la déclaration qui a été faite au bureau de recette que par le laissez-passer et l'acquit des droits qui sont représentés; — Attendu qu'en ordonnant la restitution des 71 kilog. saisis en contravention, comme excédant la quantité qui avait été déclarée, et dont les droits avaient été acquittés, ladite cour a violé les lois précitées; — Casse.

Du 27 fév. 1806.-C. C., sect. crim.-MM. Barris, pr.-Audier, rap.

(2) (Micol C. Contrib. ind.) — LA COUR; — Vu les art. 8 et 11 de la loi du 27 frim. an 8 (18 déc. 1799), sur les octrois, et l'art. 25 du décret du 1er germ. an 13 (22 mars 1805); — Considérant que, d'après des dispositions législatives formelles, les employés à la perception des octrois ont le droit de constater les contraventions aux lois, en matière de contributions indirectes, et que réciproquement les préposés de la régie des contributions indirectes ont le droit de verbaliser, en matière d'octroi; mais que les formalités prescrites pour la régularité des procès-verbaux, et pour que foi leur soit due jusqu'à inscription de faux, dépendent de la matière à laquelle appartient la contravention; d'où la conséquence que, relativement à tout procès-verbal dressé pour contravention, en matière d'octroi, en même temps que pour contravention, en matière de contributions indirectes, il faut nécessairement consulter, pour chacune de ces contraventions, la législation spéciale qui lui est analogue; — Considérant, d'après ces principes, que le procès-verbal dont il s'agit, ouvrage de neuf employés de l'octroi de Lyon, a été rédigé le 4 nov. 1820, et affirmé par deux de ces employés le 6; — Que cette affirmation ayant été faite dans les trois jours accordés par ledit art. 25 du décret du 1er germ. an 13, mais après le délai fatal de vingt-quatre heures, fixé par l'art. 8 de la loi du 27 frim. an 8, elle était régulière, pour ce qui, dans le procès-verbal, avait trait à la matière des contributions indirectes, et nulle, en ce qui concernait la matière de l'octroi; — Considérant ensuite que le procès-verbal avait pour but de constater deux contraventions distinctes : l'une relative au droit de circulation, qui fait partie de la matière des contributions indirectes; l'autre que les employés faisaient résulter d'une tentative d'introduction, dans Lyon, d'objets sujets au droit d'octroi de cette ville; — Considérant, quant au droit de circulation, que tout enlèvement, sans déclaration préalable, d'une boisson qui y est sujette, constitue une contravention à l'art. 6 de la loi du 28 avr. 1816; d'où il suit que la cour royale de Lyon s'est conformée à la loi, en punissant cette contravention, constatée par ledit procès-verbal, tant de la confiscation des objets saisis que de l'amende de 600 fr. établie par l'art. 19 de la même loi du 28 avril; — Mais, quant au droit d'octroi, considérant, d'une part, la nullité de l'affirmation, comme ayant été faite postérieurement au délai fatal de vingt-quatre heures, fixé par l'art. 8 de la loi du 27 frim. an 8, sur les octrois; et, d'autre part, que l'art. 11 de cette loi spéciale n'érigeant en contravention que l'introduction réelle dans la commune, des objets soumis à l'octroi, l'arrêt de ladite cour, du 19 juill. 1821, a commis une violation formelle dudit art. 8, en déclarant ladite affirmation conforme à cet article, en même temps qu'elle a excédé ses pouvoirs, et faussement appliqué ledit art. 11, en érigeant en contravention à cet art. 11, et, par suite, en punissant d'amende une tentative d'introduction d'objets sujets à l'octroi de Lyon; — Casse la disposition à ce relative dudit arrêt.

Du 14 déc. 1821.-C. C., sect. crim.-MM. Barris, pr.-Bailly, rap.

(3) (Aimé Depay.) — LA COUR; — Sur le premier moyen tiré de la violation des art. 8 de la loi du 27 frim. an 8 et 164 du décret du 17 mai 1809, en ce que le procès-verbal affirmé devant le juge de paix du lieu de la saisie (douzième arrondissement) serait valable relativement à la contravention en matière de contributions indirectes, mais serait nul relativement à la contravention en matière d'octroi, pour n'avoir pas été affirmé devant le juge de paix du lieu où siége l'administration municipale (quatrième arrondissement de la ville de Paris) : — Attendu que la perception des droits d'entrée et d'octroi est confiée par la ville de Paris à un seul et même directeur, et régie par des dispositions spéciales; — Qu'aux termes de l'art 9 de l'ord. du 22 juill. 1831, la perception des droits établis aux entrées de Paris, pour le compte du trésor public, continue d'être faite par les préposés de l'octroi, qui se conformeront, à cet effet, à tous les règlements, ordres et instructions de l'administration des contributions indirectes; — Qu'aux termes des art. 9 et 10 du règlement d'administration publique, décrété le 19 déc. 1859, en exécution de la loi du 16 juin précédent, l'exercice des contributions indirectes dans les magasins en gros de boissons existant au 1er janv. 1859, qui conserveront l'entrepôt à domicile, doit avoir lieu dans l'intérêt commun de l'Etat et de la ville de Paris, ainsi que le prescrit l'art. 91 de l'ord. du 9 déc. 1814; que les boissons que ces entrepôts livreront à la con-

stater les contraventions. S'il était annulé pour vice de forme ou autre, si même il n'avait pas été dressé de procès-verbal, la contravention n'en existerait pas moins, et la preuve testimoniale pourrait suppléer à la preuve écrite (V. Procès-verbal, n° 525). — C'est en ce sens également que s'est prononcé le ministre de la justice dans deux lettres des 7 germ. an 9 et 14 germ. an 12 (V. MM. Girard et Fromage, édit. de 1860, p. 422).

373. Les procès-verbaux des préposés de l'octroi font foi jusqu'à inscription de faux (Loi 27 frim. an 8, art. 8, V. Procès-verbal, n°s 526 et suiv.).— Quant à la procédure relative à l'inscription de faux dont ces procès-verbaux peuvent être l'objet, on suit les règles du code d'instruction criminelle, art. 458 et suiv. (MM. d'Agar, Man. des contr. ind., t. 2, p. 273 ; Mangin, Proc.-verb., n°s 222 et s.; Girard et Fromage, Man. des contr. ind., édit. 1860, p. 383, n° 14).—Nous avons exposé les règles de la matière, v° Faux incid., n° 328. Ajoutons seulement ici qu'avant l'ord. du 9 déc. 1814, les préposés de l'octroi jouissaient de la garantie administrative attribuée aux agents du gouvernement, par l'art. 75 de la constitution de l'an 8. Sous l'empire de cette législation, les préfets pouvaient autoriser la mise en jugement des préposés de l'octroi (arr. 29 therm. an 11). En conséquence il a été jugé que les poursuites en faux principal, dirigées contre un préposé de l'octroi, à raison d'un procès-verbal par lui dressé, devaient être considérées comme nulles et non avenues à défaut d'obtention de cette autorisation préalable (Crim. cass. 5 niv. an 14, M. Minier, rap., aff. Michel Moreau *C.* Martineau). — Cette jurisprudence ne serait plus applicable aujourd'hui. En effet, aux termes de l'art. 88 de l'ord. du 9 déc. 1814, les octrois sont devenus une branche de l'administration des contributions indirectes, et les employés chargés de la perception et de la surveillance dans l'intérêt des villes sont assimilés aux préposés de la régie. Or l'art. 244, L. 28 avr. 1816 (V. Impôts ind., p. 418), a supprimé la garantie administrative dont jouissaient les employés de la régie, et cette suppression a virtuellement atteint les préposés des octrois. V. en ce sens M. Faustin Hélie, Instr. crim., t. 3, p. 401, et *suprà*, n° 110.

374. *Saisie.* — En cas de contravention, les préposés doivent opérer la saisie des objets qu'on veut introduire en fraude (ord. 9 déc. 1814, art. 29; L. 28 avr. 1816, art. 27, rendu commun aux matières d'octroi par la loi du 24 mai 1834). — Cette saisie est indispensable puisque, en cas de condamnation, la confiscation de ces objets doit être prononcée. — Il a été jugé qu'en matière d'octroi la loi ne prescrit pas une saisie réelle et effective des objets en contravention; qu'une saisie de forme les laissant à la charge du prévenu est suffisante; que, d'ailleurs, cette mesure étant favorable au prévenu, il n'est pas fondé à en faire un moyen de cassation (Crim. rej. 24 mai 1862, aff. Aimé Depay, V. n° 371). — La saisie doit porter en outre sur les voitures, chevaux et autres objets servant au transport, mais seulement pour servir de garantie pour le payement de l'amende (V. n° 391).— Ces objets doivent donc être restitués à la partie qui exécute la condamnation prononcée contre elle. — Les art. 79 et suiv. de l'ord. de 1814 sont relatifs à la vente des objets saisis, à l'opposition qui peut y être formée, aux formes de cette opposition, aux délais auxquels elle est assujettie et à la vente des objets saisis sujets à dépérissement (V. p. 14). — V. aussi ce qui est dit v° Impôts ind., n°s 507 et suiv. L'analogie la plus grande règne entre ces deux matières.

375. Il a été jugé avant la loi de 1834, que le prévenu de contravention, en matière d'octroi, ne peut être privé du droit de réclamer la remise des objets saisis, ou leur valeur, tant que la vente n'en a pas été faite, si, d'ailleurs, le règlement particulier, qui fixe un délai de huitaine pour cette revendication, n'y attache aucune déchéance (Crim. rej. 22 fév. 1811, Octroi de Nantes, V. n° 182).

376. En tous cas la saisie ne peut porter que sur les marchandises qui sont l'objet de la fraude. — C'est ainsi qu'il a été jugé 1° que l'administration de l'octroi ne peut, en cas de contravention constatée d'un déficit dans un entrepôt, procéder à une saisie préalable des vins qui y sont déposés, pour sûreté de l'amende à requérir; que ces vins ne sont exposés qu'à une saisie exécution dans le cas où l'amende serait prononcée (Crim. rej. 12 germ. an 11, aff. Chabois, V. n° 250);—2° Que les marchandises ne sont le gage que des droits dus pour leur entrée; qu'en conséquence la régie ne peut, sans l'autorisation de la justice, refuser à un marchand de vins l'entrée de plusieurs futailles et sur son offre d'en payer les droits, sous le prétexte que ce marchand de vins devait une somme plus considérable pour vins entrés précédemment en fraude (Paris, 30 frim. an 13) (1).

377. *Action publique et privée.* — En matière d'octroi,

sommation de Paris doivent acquitter les droits d'octroi avant l'enlèvement, d'après les règles suivies par la régie des contributions indirectes pour ses propres perceptions, et conformément aux art. 18 et 19 du même règlement, en tout ce qui peut concerner l'octroi de Paris ; — Qu'aux termes de l'art. 91 de l'ord. du 9 déc. 1814, les employés des contributions indirectes suivent, dans l'intérêt des communes, comme dans celui du trésor, les exercices dans l'intérieur du lieu sujet, chez les entrepositaires de boissons, etc.; — Attendu que le procès-verbal dressé, le 5 mai 1861, par deux employés de l'octroi de la ville de Paris, à la charge du demandeur, pour contravention à l'art. 19 du décret du 19 déc. 1859, sur les droits d'octroi, et à l'art. 27 de la loi du 28 avr. 1816, sur les droits d'entrée, a été affirmé, dès lors, compétemment devant le juge de paix du lieu de la saisie, conformément à l'art. 25 du décret du 1er germ. an 13, sur les contributions indirectes; — Attendu, au surplus, que cette affirmation a eu lieu dans les vingt-quatre heures, c'est-à-dire dans le délai fixé par la loi du 27 frim. an 8 sur les octrois ;—Que, si elle n'était pas considérée comme suffisante, il en résulterait, pour tous les cas où il s'agirait de contraventions simultanées aux droits d'entrée et aux droits d'octroi, et où le lieu de la saisie serait autre que celui du siége de l'administration municipale, la nécessité d'une seconde affirmation devant un autre juge de paix, relativement aux mêmes constatations contenues dans un seul et même procès-verbal; qu'en effet, si le procès-verbal eût été affirmé devant le juge de paix du quatrième arrondissement, le défaut d'affirmation devant le juge de paix du douzième serait invoqué alors comme cause de nullité, relativement à la contravention en matière de contributions indirectes ; — Que ce serait ainsi méconnaître l'autorité et les effets d'une première affirmation légalement faite, et ajouter aux prescriptions de la loi ;

Sur le deuxième moyen tiré de la violation des art. 7 de la loi du 19 frim. an 8, 21 et 23 du décret du 1er germ. an 13, 29, 75 et 79 de l'ord. du 9 déc. 1814, 27 de la loi du 28 avr. 1816, en ce que 1° la saisie des sept fûts de vin introduits en fraude aurait été fictive et non réelle, 2° la constatation et le mesurage n'auraient pas été opérés réellement en présence de la partie, et que, par suite, la confiscation ordonnée desdits fûts, et, à défaut de remise, la condamnation du demandeur au payement d'une somme de 905 fr. 71 cent., montant de l'estimation arbitraire faite par les employés, ne pouvaient être légalement prononcées : — Attendu que le procès-verbal constate que les sept fûts ont été saisis réellement ; — Attendu, au surplus, qu'il n'importerait nullement que les employés n'eussent pas saisi les sept fûts par mainmise réelle ; qu'il suffit, aux termes de l'art. 21 du décret du 1er germ. an 13, qu'ils en aient déclaré la saisie, et qu'ils aient énoncé, dans leur procès-verbal, la présence de la partie, l'espèce et la mesure des objets saisis, ce qui a été fait; — Attendu que le procès-verbal constate, en outre, l'évaluation des sept fûts de vin, par les employés, à 905 fr. 71 cent., droits d'octroi compris, et leur dépôt dans la cave du demandeur, à sa disposition, toujours en présence de la partie ; — Attendu qu'en déclarant le procès-verbal régulier et en reconnaissant la validité de la saisie, et en ordonnant, par suite, la confiscation des sept fûts saisis et leur remise aux agents de l'administration, sinon en condamnant Depay à payer à l'administration la somme de 905 fr. 71 cent. pour tenir lieu de ladite confiscation, l'arrêt attaqué n'a point violé les dispositions de lois invoquées, et n'a fait, au contraire, qu'une juste application des lois de la matière ; — Attendu, d'ailleurs, que l'arrêt attaqué est régulier en la forme ; — Rejette le pourvoi contre l'arrêt de la cour de Paris, du 13 janv. 1862.

Du 24 mai 1862.-C. C., ch. crim.-M. Sénéca, rap.

(1) (Sancé *C.* la régie.)—LA COUR ;— Attendu que les marchandises ne répondent et ne sont le gage que des droits d'octroi dus pour l'entrée des mêmes marchandises, et qu'elles ne peuvent être retenues par la régie, de sa seule autorité, pour le payement d'anciens droits dus pour d'autres marchandises qu'elle prétendrait n'avoir pas été acquittés ; — Qu'un pareil empêchement par la régie est une véritable saisie et séquestration qui ne pouvait être pratiquée que par l'autorité de la justice; —Attendu, d'ailleurs, que la régie, qui devait être fondée en titre, puisqu'elle prétend avoir droit au payement par provision, n'en rapporte aucun, et au contraire a contre elle plusieurs titres avoués et reconnus par un de ses membres, dans le procès-verbal de compulsoire, notamment les registres de soumission de l'administration des coches d'eau, portant décharge pour l'an 9, et la totalité des laissez-passer dont les

comme pour toute espèce de contributions indirectes, il n'y a pas à distinguer, pour la répression des contraventions, entre l'action publique et l'action privée. — Il a été jugé en conséquence que le fermier de l'octroi a qualité pour poursuivre la répression de ces contraventions (Crim. cass. 26 août 1826, aff. Balleroy, V. Impôt ind., n° 512).

378. Les différentes personnes à la requête desquelles les poursuites doivent être dirigées, sont celles indiquées n° 262, relativement aux contraintes. — Ainsi elles appartiennent selon les cas, au maire, au fermier de l'octroi, à la régie des contributions indirectes. — C'est ainsi qu'il a été jugé que la procédure suivie au nom du fermier, poursuite et diligence du commissaire du gouvernement près l'octroi est valable, cette adjonction n'est que surabondante et ne peut dès lors vicier la procédure, « considérant, porte l'arrêt, qu'il n'existe point de loi qui eût prohibé cette adjonction d'ailleurs surabondante; rejette » (Crim. rej. 12 germ. an 11, MM. Viellart, pr., Liborel, rap., aff. Chabois, etc.). — Toutefois, le fermier ne peut introduire l'instance, qu'avec l'autorisation du maire, et d'après l'avis du préposé en chef : en cas de dissentiment, le préfet est appelé à statuer (Cah. des ch., art. 11).

379. Le ministère public a-t-il le droit de poursuivre d'office les contraventions aux règlements d'octroi? Ce droit lui a été refusé en matière de contributions indirectes (V. Impôts ind., nos 487 et suiv. et 534). — Et s'il en est ainsi pour les contraventions aux lois relatives à ces contributions, on ne voit pas pourquoi il en serait autrement en matière d'octroi. Dans les matières fiscales, l'amende a le caractère de réparation bien plus que de peine (V. n° 392), et d'un autre côté, la faculté de remettre l'amende en matière d'octroi appartient au maire (V. n° 408). — Il a été jugé en ce sens : 1° que la répression des contraventions, soit en matière de contributions indirectes, soit en matière d'octroi, ne peut être poursuivie par le ministère public; ce droit n'appartient qu'à l'administration (Crim. rej. 12 août 1853, aff. Poullain, D. P. 54. 1. 48); — 2° Que le maire, comme représentant de l'administration dans la poursuite des fraudes aux droits d'octroi, non-seulement peut conclure, en outre du payement des droits, à l'application des amendes encourues, mais encore a seul qualité pour le faire, et cela devant le juge d'appel aussi bien que devant le juge de première instance (Crim. rej. 18 janv. 1861, aff. Gaubert, D. P. 61. 1. 143). — V. toutefois l'opinion exprimée par M. l'avocat général Parent, dans l'affaire Terrier, sous le n° 381.

380. Mais nous n'irions pas jusqu'à admettre, avec un arrêt de la cour de Paris du 20 mai 1837 (aff. Thirion, v° Impôts ind., n° 490), que l'administration a qualité pour requérir même la condamnation à l'emprisonnement, car la prononciation de cette peine corporelle par la loi indique que l'infraction ne porte pas seulement atteinte à un intérêt fiscal. Il y a lieu d'étendre, ce nous semble, à la matière des contributions indirectes et de l'octroi, la doctrine d'un arrêt décidant que, en matière de douanes, l'administration n'est admise à exercer l'action publique qu'en tant qu'il s'agit d'obtenir, par la prononciation de la confiscation et de l'amende, la réparation, dans un intérêt public, du dommage causé par la fraude, mais qu'il n'appartient qu'au ministère public de requérir la peine toute personnelle de l'emprisonnement. — V. Crim. rej. 27 nov. 1858, aff. Munier, D. P. 59. 1. 41.

381. De même aussi lorsque le fait incriminé constitue non plus une simple contravention à un intérêt fiscal, mais un délit contre l'ordre public, le ministère public a qualité pour poursuivre d'office. C'est en ce sens, à notre avis, qu'il faut entendre un arrêt qui a décidé que le ministère public a le droit de poursuivre d'office, et sans adjonction ou intervention soit du maire, soit du fermier de l'octroi, le fait d'opposition, même sans violence, aux exercices des employés, ce fait constituant, suivant l'arrêt, un délit contre l'ordre public (Crim. cass. 14 nov. 1833) (1). — La cour d'Orléans, saisie sur renvoi, s'est pronon-

---

différents registres, tant des coches que de l'octroi, supposent et constatent l'existence;

Qu'enfin la régie étant autorisée à retenir les vins en dedans de la barrière intérieure, pratiquée sur le pont à cet effet, jusqu'à ce que les droits aient été acquittés, le seul fait de l'ouverture de la barrière et de l'introduction des vins dans la ville, emporte la présomption légale du payement des droits; — Dit qu'il a été mal jugé par le jugement rendu sur référé, émendant, ordonne que les vins dont il s'agit seront remis à Sancé, en acquittant par lui les droits dus, etc.

Du 30 frim. an 13.-C. de Paris.

(1) (Min. publ. C. Terrier.) — Jugement du tribunal de Blois ainsi conçu : — « Considérant que le procès-verbal rapporté, le 18 mai dernier, par les employés de l'octroi d'Amboise, contre le nommé Terrier, constate qu'il leur a refusé l'entrée de ses bâtiments, en leur disant qu'il n'y avait aucune loi qui les autorisât à y entrer et à visiter les marchandises; que ce refus n'a été accompagné d'aucune violence ou voies de fait; — Que cette conduite de la part de Terrier constitue la contravention d'opposition à l'exercice, prévue par le § 1 de l'art. 15 de la loi du 27 frim. an 8 sur les octrois; — Considérant que cet article prévoit deux cas, celui où l'opposition n'est accompagnée d'aucune circonstance aggravante, et celui où des violences et voies de fait ont lieu; que, dans ce deuxième cas, le renvoi de l'affaire est expressément ordonné, tandis qu'il garde le silence sur le mode de procéder dans le premier; — Considérant que, bien que le fait de l'opposition à l'exercice soit puni d'une amende de 50 fr., et paraisse, par suite, rentrer dans la catégorie des faits qualifiés délits, il doit plutôt être considéré comme une contravention à des règlements d'intérêt privé, que comme une atteinte portée à l'ordre public : qu'il paraît donc conséquent de suivre, pour ce cas, la règle de procédure pratiquée dans les cas analogues, tels que les contraventions aux contributions indirectes, ou tels faits de chasse ou de pêche dans lesquels l'atteinte portée au droit de propriété, peut cependant donner lieu à des amendes de 20 et 40 fr.; — Que le ministère public n'a pas qualité pour poursuivre d'office la répression de ces délits ou contraventions, et que ce n'est que sur la poursuite des administrations ou des particuliers lésés que les tribunaux peuvent être saisis; — Que ces règles doivent, à bien plus forte raison, être appliquées au cas dont s'agit; — Qu'en effet, en matière d'octroi, et d'après les art. 83 et 84 de l'ordonn. du 9 déc. 1814 et l'art. 48 du règlement de l'octroi d'Amboise, lorsqu'il n'y a pas délit accompagnant les contraventions, les amendes appartiennent, soit au maire, si l'octroi n'est pas en régie, soit au fermier, si l'octroi est affermé, sauf la portion qui revient aux employés de l'octroi; — Que le maire ou le fermier ont le droit, en tout état de cause, de transiger, même de faire remise de l'amende en tout ou en partie, soit avant, soit après le jugement; — Qu'un pareil droit est absolument incompatible avec celui qu'aurait le ministère public de suivre d'office; — Qu'en effet, dans tous les cas où le ministère public, aux termes des art. 3 et 4 c. inst. crim., agit au nom d'une partie civile, sa marche, s'il la juge convenable, n'est point arrêtée par le désistement de cette partie; l'action publique subsiste toujours, parce que le fait qui a donné lieu à la plainte est une violation de l'ordre public, et que le droit du ministère public n'est pas susceptible, dans ce cas, de recevoir aucune entrave; — Mais que dans l'espèce, au contraire, la manifestation de la volonté du maire, ou même celle du fermier, peuvent à chaque instant anéantir l'action; — Que même à l'audience, ils peuvent intervenir et renoncer à la poursuite; — Qu'une semblable situation serait incompatible avec la dignité du ministère public, dont les mouvements seraient, pour ainsi dire, à la volonté ou au caprice d'un fermier de l'octroi; qu'il y a donc nécessité d'établir une grande différence entre les contraventions et les délits dont la poursuite est déterminée dans les art. 3 et 4 c. inst. crim., et que si le ministère public peut toujours, en tout état de cause, poursuivre la répression des derniers, on doit abandonner les autres aux soins des parties intéressées, qui, contrairement à toutes les règles ordinaires, profitent des amendes qu'elles font prononcer, de sorte que ces amendes sont beaucoup plus des réparations civiles que la punition d'une atteinte portée à l'ordre public; — Que cette circonstance, que le procureur du roi de Tours avait été invité par le maire d'Amboise à poursuivre les contrevenants, ne peut amener une dérogation aux principes ci-dessus, et que la poursuite devait nécessairement être dirigée à la requête et au nom du maire d'Amboise, sauf l'adjonction du ministère public. »

Pourvoi du ministère public. — M. Parant, avocat général, a soutenu que l'action publique dont l'initiative appartient au parquet étant la règle générale, il faudrait une dérogation formelle dans la loi. Pourrait-on trouver une exception de cette nature dans les arguments invoqués contre le pourvoi? Non. — M. l'avocat-général établit, par le rapprochement de nombreux textes de lois, que la totalité de l'amende n'appartient pas aux communes et aux employés, mais qu'une partie est réservée pour le trésor public; que la faculté de transiger et de remettre l'amende ne saurait modifier le principe général. « En effet, dit ce magistrat, on s'étonne que le maire ou même que le fermier général puisse, par transaction, arrêter l'action publique. Cela, dit-on, porte atteinte à la dignité du ministère public, et l'on en conclut qu'il n'a pas l'initiative en cette matière; on pouvait pousser plus loin la conséquence, car un fermier d'octroi peut transiger, même après jugement, et faire remise de l'amende. Faudrait-il en conclure que les tribunaux n'ont pas le droit de juger, de prononcer une amende? Certainement

cée encore plus nettement sur la question : — « Considérant, a-t-elle dit, qu'il ne s'agit pas dans la cause d'une contravention proprement dite, telle que celles qu'on poursuit ordinairement en matière d'octroi ou de contributions indirectes; qu'il s'agit d'un véritable délit passible de peines correctionnelles ; d'où il suit que le procureur du roi avait qualité pour poursuivre directement et d'office; ainsi que cela résulte non-seulement de l'art. 15, L. 27 frim. an 8, mais encore des art. 1 et 4 c. inst. crim. (Orléans, ch. corr., 8 fév. 1834, aff. min. pub. *C.* Terrier).

382. Si les poursuites ont pour objet une double contravention aux droits d'entrée et aux droits d'octroi, la poursuite appartient à l'administration des contributions indirectes (V. nº 356).—Dans ce cas, un seul procès-verbal doit être dressé à la requête des deux administrations, poursuites et diligences du directeur de la régie (circ. 16 janv. 1817, Code des octrois, p. 284, V. *suprà*, nº 371). — La suite du contentieux relatif à des contraventions communes appartient exclusivement à l'employé supérieur des contributions indirectes à qui les procès-verbaux doivent être remis, et qui seul peut transiger sur l'une et l'autre contravention (décis. min. fin. 10 fév. 1807, V. nº 411). — Mais s'il s'agit de contraventions qui ne concernent que l'octroi, les employés des contributions indirectes n'ont pas qualité pour agir, alors même qu'ils auraient concouru aux saisies (MM. Girard et Fromage, édit. de 1860, p. 423).

383. Lorsque deux instances poursuivies par la régie de l'octroi contre le même individu ont pour objet deux contraventions de même nature, elles peuvent être instruites ensemble et jugées par le même jugement (Crim. rej. 20 flor. an 13, MM. Vielart, pr., Aumont, rap., aff. Dauchot).

384 Avant la loi du 24 mai 1834, qui a modifié la pénalité, les poursuites pouvaient être portées devant le tribunal de police ou le tribunal correctionnel, suivant l'importance des condamnations à obtenir (V. nº 359). Chacune de ces juridictions suivaient les formes générales de procédure tracées par le code d'instruction criminelle, les matières d'octroi n'étant pas soumises à cet égard, comme les contributions indirectes, à des formes spéciales d'instruction : la même règle existe aujourd'hui pour le tribunal correctionnel qui seul peut être saisi. — En conséquence, comme la législation spéciale n'a pas fixé de délai pour la délivrance de l'assignation, il en résulte que les poursuites peuvent, en vertu de l'art. 638 c. inst. crim., être entamées même dans les trois ans de la date du procès-verbal (circ. nº 119, 28 déc. 1835, Code des octrois, p. 401).

385. Le droit d'appel n'appartient qu'aux parties qui ont figuré dans le jugement de première instance. — Ainsi, lorsque l'action a été dirigée par le ministère public seul (V. nº 381), l'administration de l'octroi ne pourrait se substituer à lui, et à défaut du ministère public interjeter appel de la décision des premiers juges. — C'est ainsi qu'il a été jugé que l'administration de l'octroi ne peut interjeter appel d'un jugement rendu sur un délit d'opposition aux exercices en matière d'octroi, lorsqu'elle n'a point été partie dans l'instance poursuivie à la requête du ministère public qui ne déclare point appel de son côté (Crim. cass. 13 mars 1806, aff. Brianseaux, V. Appel crim., nº 165).

386. Mais si une action ayant pour objet une fraude aux droits de l'octroi, a été intentée par la régie des contributions indirectes seule, la commune peut intervenir sur l'appel formé par cette administration. —Ainsi, il a été jugé que la ville soumise à des droits d'octroi ayant intérêt à la perception de ces droits, a qualité pour intervenir, même pour la première fois en appel, par le ministère de son maire, dans le procès correctionnel intenté par la régie des contributions indirectes contre l'individu prévenu d'avoir soustrait certains objets à la taxe (Crim. cass. 18 juill. 1817; 26 mars 1819) (1).

387. Enfin si l'action a été dirigée en première instance par le maire seul, c'est à lui ou, à son défaut, à l'adjoint qu'appartient le droit d'appel. — Il a été jugé en matière de poids public, à laquelle la législation des octrois a été rendue commune, 1º que lorsqu'un individu poursuivi à la requête d'un maire, comme prévenu d'outrages et de rébellion envers les employés de la régie du poids public, a été renvoyé de la plainte par le tribunal de police correctionnelle, le droit d'appeler de ce jugement appartient non-seulement au maire, mais encore à celui de ses adjoints qui a été délégué à la direction de la partie de l'administration municipale dans laquelle était comprise la régie du poids public (Crim. rej. 5 sept. 1828)(2);—2º Que du principe qu'en matière de droits réunis, dont la législation est, aux ter-

---

non; l'objection n'est donc pas fondée.»—Arrêt (ap. dél. en ch. du cons.).

La cour;—Vu les art. 1 et 4 c. inst. crim. et l'art. 15 de la loi du 27 frim. an 8, répété textuellement dans l'art. 53 du règlement de l'octroi de la commune d'Amboise, approuvé par ordonnance royale du 26 oct. 1825; — Reçoit Victor Delachaise fils en son intervention, et prononçant à la fois tant sur ladite intervention que sur le pourvoi du procureur du roi près le tribunal de Blois : — Attendu qu'il s'agit, dans l'espèce, d'une opposition à l'exercice des fonctions des préposés de l'octroi, ce qui constitue un délit contre l'ordre public, prévu par l'art. 15 de la loi du 27 frim. an 8, et puni d'une amende de 50 fr. ; — Que, dès lors et aux termes des art. 1 et 4 c. inst. crim., le ministère public avait qualité pour poursuivre d'office, et qu'en le déclarant non recevable, à défaut de l'intervention du maire ou du fermier de l'octroi d'Amboise, le tribunal correctionnel d'appel de Blois a méconnu l'art. 5 de ladite loi du 27 frim. an 8, violé les art. 1 et 4 c. inst. crim., et commis un excès de pouvoir;—Par ces motifs, casse, etc.

Du 14 nov. 1835.-C. C., ch. cr.-MM. Chantereyne, pr.-Meyronnet, r.

Nota. Le même jour, cinq autres arrêts semblables.

(1) (Contrib. ind. *C.* Malleux.) — La cour ; — En ce qui touche la disposition par laquelle le maire de Rouen a été déclaré non recevable dans son intervention formée seulement en cause d'appel; — Vu les art. 466 et 474 c. pr. civ., qui fait règle pour les procédures non prévues par les lois et les règlements concernant les contributions indirectes et les octrois ; — Considérant que l'octroi qui se perçoit à l'entrée de la ville de Rouen lui appartient pour les neuf dixièmes, d'où il suit qu'elle a intérêt majeur à sa perception, et qu'elle a droit de veiller, par le ministère du chef de son administration municipale, à ce que cette perception se fasse exactement sur tous les objets qui y sont soumis; — Considérant que d'après ledit art. 474 c. proc. civ., le maire de Rouen, qui n'avait été ni partie ni appelé, aurait donc pu former tierce opposition au jugement du 19 août 1815, par lequel le tribunal correctionnel avait dit à tort la saisie du 4 du même mois, opérée pour défaut de représentation d'une quittance qui justifiât que le droit d'octroi avait été acquitté pour les trois fûts d'eau-de-vie qui étaient l'objet de cette saisie ;—Considérant que, par une conséquence ultérieure, il était donc autorisé à intervenir, soit devant le tribunal correctionnel, soit en cause d'appel, dans le procès auquel cette même saisie avait donné lieu, et que son intervention était d'autant plus recevable sur l'appel, qu'elle était formellement autorisée par ledit art. 466 c. pr. civ., qui fait partie du titre spécial de l'appel et de l'instruction sur l'appel; d'où il résulte qu'en déclarant non recevable l'intervention du maire de Rouen, l'arrêt attaqué est contrevenu audit art. 474, et a commis une violation directe dudit art. 466 c. pr. civ. ;—Statuant sur le pourvoi, tant de la régie des contributions indirectes que du maire de la ville de Rouen ; — Casse l'arrêt de la cour de Rouen, du 18 sept. 1815.

Du 18 juill. 1817.-C. C., sect. crim.-MM. Barris, pr.-Bailly, rap.

Nota. Cet arrêt ayant été rendu par défaut, les prévenus y formèrent opposition qui fut rejetée par arrêt du 26 mars 1819.-MM. Bailly, pr.-Barris, rap.

(2) *Espèce:* — (Perron et Moussinac *C.* le maire de Bordeaux.) — 1827, Procès-verbal dressé par les employés de la régie du poids public, qui constate que Perron et Moussinac se sont rendus coupables de rébellion envers ces employés. — Traduits par le maire de Bordeaux devant le tribunal correctionnel, Perron et Moussinac sont déchargés des poursuites. — Appel par Minvielle, adjoint au maire.

30 avr. 1828, arrêt de la cour de Bordeaux, chambre correctionnelle, ainsi conçu : — « Attendu, quant à la fin de non-procéder, prise de ce que l'acte d'appel serait nul pour avoir été fait par un adjoint qui n'en aurait pas eu le pouvoir, que, par arrêté du maire de Bordeaux, en date du 10 déc. 1827, le sieur de Minvielle, l'un de ses adjoints, a été délégué à la direction de la seconde division de l'administration municipale désignée sous le nom de police administrative; que la régie du poids public est comprise dans cette division; que, par l'effet de cette délégation sans réserve, le sieur de Minvielle a été investi, quant à ce qui concerne la police administrative, de toute l'autorité généralement quelconque dont le maire était lui-même revêtu ; qu'ainsi il a eu incontestablement le droit d'appeler d'un jugement qu'il a cru préjudicier aux droits de l'administration dans la division qui lui était confiée ;

» Que c'est avec aussi peu de fondement qu'on attaque l'acte d'appel, sous le prétexte qu'on n'y a point annexé l'arrêté en vertu duquel le sieur de Minvielle avait été délégué à la police administrative; — Qu'en effet, sans examiner la question de savoir si, en règle générale, la formalité d'annexer le mandat, prescrite par l'art. 204 c. inst. crim., est exigée pour l'acte d'appel ; premièrement, on ne saurait se dispenser d'y

mes de l'art. 12 du décret du 22 avr. 1811, applicable à la régie du poids public, l'amende encourue pour contravention étant moins une peine que la réparation du dommage que l'administration a souffert, il résulte que, lorsqu'en matière de délits commis envers des préposés de la régie du poids public, l'administration municipale a interjeté appel d'un jugement qui avait refusé de prononcer contre les prévenus l'amende à laquelle elle avait conclu, ces derniers ne peuvent faire annuler l'appel sur le motif que l'administration était sans intérêt civil pour l'interjeter (même arrêt).

388. Les délais pour l'appel, et généralement les formes de procéder, en matière d'octroi, sont aussi ceux prescrits par le code d'instruction criminelle. — Jugé, en conséquence, que l'appel doit être émis dans les dix jours du prononcé du jugement, et non pas seulement dans la huitaine de la signification, comme le veut l'art. 32 du décret du 1er germ. an 13, spécial à la matière des contributions indirectes, et qui ne peut recevoir d'application que lorsque la contestation concerne tout à la fois l'octroi et les droits réunis (Crim. cass. 26 juin 1824) (1).

389. Le pourvoi en cassation, comme l'appel, appartient à l'administration de l'octroi, en cas de simples contraventions; quant aux délits elle n'a ce droit que si elle a été partie dans l'instance, soit que dans le principe les poursuites aient été dirigées en son nom, soit qu'elle se soit joint au ministère public (arg. Crim. cass. 13 mars 1806, aff. Briansiaux, V. Appel crim., n° 165). — Mais, à la différence de la partie publique et de la régie des contributions indirectes (V. Cassation, n° 663), elle n'est pas dispensée d'accompagner son pourvoi de la consignation d'amende exigée par le règlement de 1738. — C'est ce qui a été jugé (Crim. rej. 8 juin 1809, MM. Barris, pr., Busschop, rap., aff. de Lhaye, 23 nov. 1837) (2). — Il en est de même à l'égard du pourvoi formé soit par le maire (Crim. rej. 13 oct. 1820, MM. Barris, pr., Bailly, rap., aff. maire de Nantes *C.* Houdet; 3 mars 1831, M. Meyronnet, rap., aff. octroi de Mirande; 7 oct. 1836, M. Meyronnet, rap., aff. octroi de Salins *C.* Debulle); — Soit par le fermier de l'octroi (Crim. rej. 23 fév. 1808, MM. Barris, pr., Vermeil, rap., aff. Duvivier; 15 avr. 1819, MM. Barris, pr., Ollivier, rap., aff. Monnier; 5 mars 1831,

---

faire exception, lorsqu'il s'agit d'un appel fait dans l'exercice de fonctions publiques par un magistrat dont nul ne peut méconnaître le caractère; secondement, les juges de paix ne pourraient attacher à l'omission de cette formalité la peine de nullité, puisque la loi ne l'a point prononcée.

» Quant aux fins de non-recevoir, attendu qu'elles ont été proposées et discutées respectivement, dans la supposition que le décret du 22 avr. 1811, duquel l'administration de la mairie de Bordeaux fait résulter la légalité de la régie du poids public, peut encore aujourd'hui recevoir tout son effet; qu'elles doivent être examinées sans qu'on puisse en induire au fond aucun préjugé sur cette question décidée par le premier tribunal en faveur des prévenus, et déférée à la cour;

» Attendu, sur la première fin de non-recevoir, que les prévenus veulent la faire résulter, en droit, de ce qu'il est de principe que la partie civile ne peut appeler qu'en ce qui touche ses intérêts civils uniquement, et qu'en fait, l'administration municipale est sans intérêt civil, puisque, d'après eux, elle n'avait point conclu devant le tribunal correctionnel à des dommages-intérêts; — Attendu que l'assertion des prévenus est inexacte; qu'en effet, indépendamment de la confiscation des objets saisis demandée par l'administration municipale, elle a conclu contre les contrevenants à une amende de 50 fr.; — Attendu qu'en matière de droits réunis dont la législation est, aux termes de l'art. 12 du décret du 22 avr. 1811 applicable à la régie du pesage, jaugeage et mesurage, l'amende encourue pour contravention est moins une peine que la réparation du dommage que l'administration a souffert; qu'ainsi, sous ce rapport, l'administration est recevable dans son appel d'un jugement qui refuse de prononcer cette amende, pourvu que les premiers juges n'aient point prononcé en dernier ressort.

Sur la seconde fin de non-recevoir, résultant de ce que la contravention serait du ressort du tribunal de simple police, et que, par conséquent, le tribunal de police correctionnelle aurait prononcé en dernier ressort, conformément à l'art. 192 c. inst. crim; — Attendu que la compétence des tribunaux de simple police et de police correctionnelle se détermine par la gravité de l'amende et de la peine encourue; qu'aux termes de l'art. 137 c. inst. crim., le tribunal de simple police ne connaît point de faits qui donnent lieu à une amende de plus de 15 fr.; qu'aux termes de l'art. 179 du même code, ces faits sont de la compétence du tribunal de police correctionnelle, — Attendu que l'administration municipale a conclu contre les prévenus, devant le tribunal correctionnel, à une amende de 50 fr., pour cause d'opposition par eux apportée à l'exercice des préposés de la régie du pesage, et a fondé sa demande sur l'art. 102 du règlement des octrois de la ville de Bordeaux, rendu commun à la régie du pesage par le décret du 22 avr. 1811; que, dès lors, le tribunal correctionnel n'a pu statuer sur cette demande qu'à la charge de l'appel; — Que peu importe que le tribunal ait acquitté les prévenus de la prévention de rébellion et d'injures; qu'aux termes de l'art. 102, ci-dessus cité, cette accusation est distincte de celle d'opposition à l'exercice des préposés, et que leur acquittement sur la première ne peut mettre obstacle à ce qu'ils soient condamnés à l'amende de 50 fr., s'ils l'ont encourue; — Par ces motifs, ordonne qu'il sera plaidé au fond. » — Pourvoi. — Arrêt.

La cour; — Attendu, sur le premier moyen, qu'en prononçant le rejet des fins de non-procéder et de non-recevoir présentées par les demandeurs, l'arrêt attaqué n'a violé aucune disposition de la loi;

Attendu, sur le deuxième moyen, que l'arrêt attaqué n'a point déclaré que la cour royale de Bordeaux fût compétente pour connaître de la légalité du droit de pesage; — Qu'on ne peut faire résulter une telle décision du rejet des fins de non-procéder et de non-recevoir, puisque la cour royale a expressément déclaré qu'elle n'entendait induire de l'examen de ces exceptions aucun préjugé sur la question de légalité du droit de pesage; — Qu'on ne peut pas mieux l'induire de la disposition ordonnant qu'il serait plaidé au fond, puisque le fond sur lequel on devait plaider comprenait non-seulement la prévention de contravention, mais encore l'exception d'incompétence relative à la question de légalité du droit de pesage; — Qu'ainsi, sous aucun rapport, la cour royale n'a excédé, dans l'arrêt attaqué, les bornes de ses attributions; — Rejette.

Du 5 sept. 1828.-C. C., ch. crim.-MM. Bailly, f. f. pr.-Ollivier, rap.

(1) (Octroi de Bayeux *C.* Levéel-Decreps.) — Vu l'art. 164 du règlement pour les octrois, du 17 mai 1809; — Vu également l'art. 203 c. inst. crim.; — Attendu que, d'après l'art. 164 du règlement du 17 mai 1809, ce n'est que dans le cas où la contestation sur les contraventions aurait tout à la fois pour objet des droits d'octroi et des droits réunis, qu'on devrait procéder, conformément à la loi du 5 vent. an 12, sur les droits réunis; — Que cette disposition exceptionnelle et dérogatoire au droit commun, sur la forme de procéder en matière d'octroi, doit être restreinte au cas particulier pour lequel le règlement de 1809 l'a établie; — Que, par conséquent, lorsque la contestation sur les contraventions n'a pour objet que des droits d'octrois, ce n'est pas d'après la législation spéciale pour les droits réunis que les formes de procéder, et, parmi elles, le délai de l'appel, doivent être déterminés; — Que, d'ailleurs, ni les lois des 2 vend. et 27 frim. an 8, ni aucune autre loi sur les octrois, ne prescrivent de délai particulier pour la déclaration d'appel; — Que celui qui est prescrit par l'art. 32 du décret du 1er germ. an 13, ne l'ayant été que pour les impositions indirectes, devient, par là même, et d'après l'art. 164 du règlement du 17 mai 1809, inapplicable à une contestation où il ne s'agit que de droits d'octrois; — Que, dès lors, pour une contestation de cette nature, le délai de l'appel ne doit être réglé que d'après la disposition générale de l'art. 203 c. inst. crim., pour les appels en matière correctionnelle;

Et attendu que, dans l'espèce, la contestation sur la contravention était exclusivement relative aux droits d'octrois; — Que, dès lors, l'appel du jugement rendu contradictoirement par le tribunal correctionnel de Bayeux, le 22 juill. 1823, aurait dû, d'après l'art. 203 c. inst. crim., être émis, à peine de déchéance, dans les dix jours après la date de ce jugement; — Que ne l'ayant été que le 30 août suivant, cet appel était non recevable; — Que, néanmoins, la cour de Caen, par son arrêt du 8 janv. dernier, a rejeté cette fin de non-recevoir proposée par le maire de Bayeux, et déclaré l'appel recevable, parce qu'il avait été émis dans la huitaine de la notification du jugement; ce qui est le délai prescrit par l'art. 32 du décret du 1er germ. an 13, en matière de contributions indirectes; — En quoi cette cour a fait une fausse application dudit art. 32 du décret précité, et violé l'art. 203 c. inst. crim.; — Casse.

Du 26 juin 1824.-C. C., sect. cr.-MM. Chantereyne, pr.-Ollivier, r.

(2) (Octroi de Marseille *C.* Gras.) — La cour; — Vu les art. 419 et 420 c. inst. crim.; — Attendu que, par le premier de ces articles, la partie civile qui s'est pourvue en cassation, est tenue, à peine de déchéance, de consigner une amende de 150 fr., et que le deuxième ne dispense de cette consignation que les condamnés en matière criminelle et les agents publics, pour les affaires qui concernent directement l'administration et les domaines ou revenus de l'Etat; — Et attendu, en fait, que l'arrêt de la cour royale d'Aix est rendu en matière correctionnelle; — Que l'affaire dans laquelle il est intervenu intéresse l'administration de l'octroi de Marseille, qui est une administration particulière, qu'elle ne concerne donc directement pas l'administration et les domaines ou revenus de l'Etat; — Attendu que, dès lors, l'administration des octrois de la ville de Marseille devait satisfaire aux dispositions de l'art. 419 c. inst. crim. et consigner l'amende de 150 fr.; — Que, faute par elle de l'avoir fait, elle doit être déclarée déchue de son pourvoi; — Par ces motifs, déclare l'administration des octrois déchue de son pourvoi, etc.

Du 23 nov. 1837.-C.C., ch. crim.-MM. Choppin, pr.-Meyronnet, rap.

M. Meyronnet, rap.; aff. octroi de Mirande). — V. Cassation, nº 642.

390. Toutefois, il a été jugé avec raison que le pourvoi formé par le maire d'une ville, concurremment avec la régie des contributions indirectes, contre un arrêt statuant en matière d'octroi, n'est point nul à défaut de consignation d'amende; la régularité du pourvoi formé par la régie suffit, à cet égard, pour justifier celui du maire (Crim. rej. 26 mars 1819) (1). — V. Cassation, nº 663.

391. *Peines.* — Pour toute peine, l'ord. de 1814, conformément à la législation antérieure (Loi 19 frim. an 8, art. 4), frappait toute introduction frauduleuse d'une amende égale à la valeur de l'objet soumis au droit (art. 28), et il a été jugé sous l'empire de cette législation, que c'est d'après la valeur commerciale de l'objet saisi et non d'après le prix d'achat, que devait être fixée la quotité de l'amende encourue (Crim. cass. 22 germ. an 13, aff. Boitou, V. Peine, nº 802). — Cette disposition a été modifiée d'abord par la loi du 29 mars 1832, art. 8, qui rend applicable à l'octroi de Paris les art. 27 et 46 de la loi de 1816, lesquels ordonnent la saisie des objets introduits sans déclaration, ainsi que celle des voitures, chevaux et autres objets servant au transport, à défaut de consigner le maximum de l'amende ou de donner caution, et punissent de la *confiscation* des boissons saisies et d'une amende de 100 à 200 fr. les contraventions relatives aux droits d'entrée; puis par la loi du 24 mai 1834, art. 9, qui a étendu ces dispositions à toutes les communes ayant un octroi. — Ainsi, aujourd'hui, et bien que la loi de 1816 ne parle que des boissons, la fraude aux droits d'octroi sur tout objet autre que les boissons n'en devra pas moins être frappée des peines prononcées par cette loi.— Il est bien entendu du reste que la confiscation ne porte que sur les objets introduits en fraude et non sur les voitures et moyens de transport, lesquels ne sont frappés de saisie que pour garantie du payement de l'amende : cela ressort avec évidence des termes de l'art. 27 de la loi de 1816. — V. en ce qui concerne la peine de la confiscation, vº Peine, nºs 829 et suiv.

392. En matière d'octroi, de même qu'en matière de douanes et de contributions indirectes, l'amende et la confiscation sont moins des peines que des réparations civiles (V. Crim. rej. 15 oct. 1840, aff. Castets, vº Peines, nº 149; V. cependant Civ. cass. 14 fév. 1832, aff. Teutsch, vº Contrainte par corps, nº 609). — On a indiqué vis Douanes, nº 973; Impôts indir., nº 513, et *suprà*, nº 387, les conséquences de ce principe.

393. La loi du 29 mars 1832 porte . « Les dispositions des art. 27 et 46 de la loi du 28 avr. 1816 seront applicables à la fraude sur toutes les *denrées* sujettes aux droits d'octroi... » — De ce mot *denrées* on avait voulu conclure que l'article ne comprenait pas les autres objets soumis au droit, et par exemple les matériaux. — Mais il a été jugé avec raison que le mot *denrées,* dont se sert la loi du 29 mars 1832, ne s'entend pas seulement des objets destinés à la consommation de l'homme ou des animaux; qu'il comprend tous les objets généralement quelconques soumis au droit d'octroi (Paris, 17 janv. 1839) (2).

394. Ainsi qu'on l'a vu nº 209, les voitures particulières suspendues étaient exemptées de la visite aux barrières par l'ord. de 1814 et par la loi de 1816; par suite, l'art. 46 de cette loi avait élevé à 1,000 fr. l'amende à prononcer contre les fraudes commises à l'aide d'un tel moyen. Mais cette exemption ayant été supprimée par les lois des 29 mars 1832, art. 7, et 24 mai 1834, art. 9, il n'y avait plus de raison de maintenir la peine élevée de l'art. 46 de la loi de 1816; l'art. 8 de la loi du 29 mars 1832 porte en effet : « L'amende ne sera plus que de 100 à 200 fr. pour la fraude dans les voitures particulières suspendues. » — La régie a prétendu que cet article ne devait s'appliquer qu'à la fraude aux droits d'octroi, et que quant aux droits d'entrée, ils se trouvaient toujours protégés par la loi de 1816; mais il a été jugé contrairement à cette prétention que l'art. 8 de la loi du 29 mars 1832 a modifié l'art. 46 de la loi du 28 avr. 1816, en ce sens que l'individu qui a tenté d'introduire en fraude du vin dans une voiture particulière suspendue, ne peut, en sus de l'amende prononcée par la loi de 1832 au profit de l'octroi de Paris, être condamné à l'amende de 1,000 fr. prononcée par la loi de 1816 au profit de l'administration des contributions indirectes (Crim. rej. 21 sept. 1833) (3).

395. L'infraction à l'obligation d'abattre dans les vingt-

(1) (Contrib. ind. et maire de Rouen C. Malleux.) — LA COUR; — En ce qui touche la fin de non-recevoir proposée par les sieurs Malleux, Duchemin et Dupuis, contre le pourvoi du maire de Rouen, en cassation de l'arrêt de la cour de Rouen, du 18 sept. 1815, et prise de ce qu'il ne paraît pas que cet administrateur de l'octroi de ladite ville de Rouen ait consigné l'amende ordinaire de 150 fr., à l'appui de son pourvoi; — Attendu que la régularité du pourvoi de la régie suffit, dans l'espèce, pour justifier celui du maire de Rouen, qui, d'ailleurs, n'est point attaqué, sous le rapport du délai dans lequel il a été déclaré; — Sans avoir égard à la fin de non-recevoir, etc.

Du 26 mars 1819.-C. C., sect. crim.-MM. Barris, pr.-Bailly, rap.

(2) (Commune de Reims C. Hennet, etc.) — LA COUR; — En ce qui touche l'application de la peine;— Considérant que si l'art. 11 de la loi du 27 frim. an 8 punissait seulement d'une amende égale à la valeur de l'objet passible du droit d'octroi tout porteur ou conducteur d'objets de consommation compris au tarif, qui n'avait pas fait sa déclaration au bureau de recettes, et n'en avait pas acquitté les droits, cet article a été virtuellement abrogé par l'art. 8 de la loi du 29 mars 1832, loi concernant la ville de Paris, et dont les dispositions ont été étendues, par la loi du 24 mai 1834, à toutes les communes sujettes à l'octroi; — Qu'en effet cet art. 8 rend désormais applicables à la fraude sur toutes les denrées sujettes aux droits d'octroi à l'entrée de Paris, les art. 27 et 46 de la loi du 28 avril 1816;— Considérant que vainement on voudrait établir une distinction en faveur des objets de consommation dont l'introduction sans déclaration préalable serait restée soumise à l'insuffisante pénalité de l'an 8, tandis que la fraude en matière de denrées (mot auquel on cesserait de donner le sens restreint de marchandises destinées à la nourriture de l'homme ou des animaux) serait frappée d'une peine plus forte par la loi du 29 mars 1832; — Que ce qui prouve la fausseté de cette distinction, c'est que, d'une part, d'après l'art. 11 de l'ordonnance du 9 décembre 1814, sont compris dans les cinq divisions d'objets destinés à la consommation les marchandises qui servent à la nourriture des hommes et des animaux, aussi bien que les combustibles et les matériaux eux-mêmes, d'où il suit qu'on n'a jamais voulu faire, quant à la peine, de différence entre les divers objets soumis aux droits d'octroi; c'est que, d'une autre part, il résulte positivement de la discussion qui a précédé l'adoption de l'art. 8 de la loi du 29 mars 1832, que les mots, toutes les denrées, ont été ajoutés après coup à la première rédaction de cet article, pour répondre à l'objection tirée de ce que les art. 27 et 46 de la loi du 28 avr. 1816 ne concernaient qu'une seule classe de denrées, les boissons, et avec l'intention formelle d'étendre les nouveaux moyens de répression proposés à l'introduction en fraude de tous les objets généralement quelconques sujets aux droits d'octroi; — Que c'est donc à tort que les premiers juges, n'ont prononcé contre Hennet qu'une amende égale à la valeur des objets saisis, au lieu de le condamner tout à la fois à la confiscation de la marchandise et à la nouvelle amende de 100 à 200 fr., aux termes de l'art. 46 de la loi du 28 avr. 1816.

Du 17 janv. 1839.-C. de Paris, ch. corr.-MM. Dupuy, pr.-Glandaz, av. gén., c. conf.-Paillard de Villeneuve et Marsot, av.

(3) *Espèce* :—(Contrib. ind. C. Levert.)—Un procès-verbal des préposés de l'octroi de Paris, du 5 oct. 1833, constate que le sieur Levert avait tenté, à l'aide d'un cabriolet, d'introduire 80 litres de vin blanc en fraude des droits d'entrée et d'octroi. — Jugement du tribunal correctionnel de Paris, du 21 juin, qui condamne le contrevenant à l'amende de 1,000 fr., en conformité de l'art. 46 de la loi du 28 avril 1816. — Appel. — 20 juillet, arrêt infirmatif de la cour de Paris, qui réduit l'amende à 100 fr.

Pourvoi de la régie. — On a dit pour elle : La loi du 29 mars 1832 était une loi toute particulière, et qui n'avait pas eu pour but d'abroger la loi de 1816. Cette loi n'a trait qu'à l'emprunt de 40,000,000 fr. de la ville de Paris, et aux moyens de rembourser cet emprunt; elle ne sort pas des intérêts de la ville de Paris; il suffit de la lire pour s'en convaincre. —Il a été si peu dans l'intention du législateur de porter atteinte aux dispositions de la loi de 1816, qui régit les droits de l'administration des contributions indirectes, que la loi de 1832 ne fait aucune mention des droits d'entrée, et ne contient aucune disposition modificative ou abrogative de la loi de 1816. Le but du législateur a été de faciliter l'emprunt, et, dès lors, pour y parvenir, il a cherché à rendre plus facile la découverte de la fraude, et conséquemment la perception des droits d'octroi. De là, la disposition de l'art. 7 de la loi de 1832, qui assujettit à la visite les voitures particulières suspendues. Il est vrai que l'art. 8 porte que les art. 27 et 46 de la loi de 1816 seront applicables à la fraude sur toutes les denrées sujettes aux droits d'octroi à l'entrée de Paris, et que toutefois l'amende ne sera plus que de 100 à 200 fr. pour les fraudes dans les voitures particulières suspendues;

quatre heures les cochons vivants que des particuliers font entrer, sans les conduire à l'abattoir, dans les communes qui ont un octroi, tombe sous l'application des art. 27 et 46 de la loi du 28 avr. 1816, concernant la fraude sur toutes les denrées sujettes au droit d'octroi; par suite, le contrevenant ne peut être renvoyé de la poursuite, sous prétexte que l'infraction qu'il a commise ne serait punie par aucune loi, et encourt la saisie et l'amende prononcées par les art. 27 et 46 de la loi de 1816 (Crim. cass. 29 nov. 1849, aff. octroi de Toulouse, D. P. 50. 5. 332).

396. Des modifications apportées à l'ord. de 1814, par les lois de 1832 et 1834, il résulte encore : 1° que la fraude par escalade, par souterrain ou à main armée, est punie d'une peine correctionnelle de six mois de prison, outre l'amende et la confiscation (L. de 1816, art. 46). — Suivant un arrêt, l'escalade employée pour faire franchir à une marchandise prohibée l'enceinte de l'octroi, tombe sous l'application de l'art. 46, § 2, de la loi du 28 avr. 1816, encore qu'elle ne réunirait pas les caractères de l'escalade définie par l'art. 397 c. pén. pour le cas de vol (Crim. cass. 28 août 1851, aff. Cami, D. P. 51. 5. 369); — 2° Que l'introduction ou tentative d'introduction d'objets soumis aux droits d'octroi à l'aide d'ustensiles préparés ou de moyens disposés pour la fraude donne lieu à l'application des art. 223, 224, 225 de la loi de 1816, relatifs à la contrebande des tabacs (L. 29 mars 1832, art. 9; L. 24 mai 1834, art. 9, V. Impôts indir., p. 417); c'est-à-dire que les fraudeurs peuvent être constitués prisonniers (L. de 1816, art. 223), sous la condition d'être conduit devant un officier de police judiciaire (art. 224) : néanmoins ils peuvent être mis en liberté provisoire sous caution (même article); — 3° Que la contrainte par corps doit être prononcée contre les contrevenants (L. de 1816, art. 225; V. Imp. ind., n°s 543, 602; Civ. cass. 14 fév. 1834, aff. Teutsch, V. Contr. par corps, n° 609.

397. Des poursuites administratives peuvent en outre être dirigées contre ceux qui, en faisant la fraude par escalade ou par souterrain, auraient commis des dégradations aux clôtures (Inst. min. 25 sept. 1809).

398. Quant aux peines dont sont passibles les contraventions aux dispositions des règlements relatives au passe-debout, au transit et à l'entrepôt, V. *suprà*, n°s 231 et suiv., 247 suiv.

399. L'opposition aux exercices des employés est punie d'une amende de 50 fr. par l'art. 15 de la loi du 27 frim. an 8 toujours en vigueur (Crim. rej. 15 oct. 1840, aff. Castels, V. Peine, n° 149). — V. aussi n°s 111, 368-2°, 387).

400. Enfin, tout préposé de l'octroi qui favorisera la fraude, soit en recevant des présents, soit tout autrement, sera condamné aux peines portées par le code pénal contre les fonctionnaires prévaricateurs (L. 27 frim. an 8, art. 16; ord. 9 déc. 1814, art. 65, c. pén. 177, V. Forfaiture, n°s 100 et suiv.).

401. Dès que le fait matériel de la contravention en matière d'octroi est constant, il n'appartient pas aux tribunaux d'examiner s'il existe, ou non, des circonstances de nature à l'excuser, l'appréciation des circonstances atténuantes étant réservée aux maires. — Ainsi doit être repoussée toute excuse fondée soit sur l'intention et la bonne foi du prévenu (Crim. cass. 14 mars 1835, aff. Rochetin, V. n° 193-3°; 8 mai 1841, aff. Octroi de Besançon, V. n° 194-4°; Bruxelles, 8 nov. 1833, aff. N..., V. n° 194-5°), ...soit sur ce qu'il y a eu erreur et non mauvaise foi (Bruxelles, 3 avr. 1817, aff. Octroi de Tournay, V. n° 50); soit sur ce que le prévenu est en instance devant l'autorité administrative (Crim. cass. 2 mai 1822, aff. Dauphin, V. n° 193-2°). — Jugé ainsi qu'un tribunal ne peut acquitter un prévenu qui a fait passer un troupeau en transit, sans prendre d'acquit à caution, en se fondant sur sa bonne foi et sur ce qu'il n'a pas agi dans l'intention de frauder le droit (Crim. cass. 23 vend. an 11, M. Lachèze, rap., int. de la loi, aff. Aurès). — Mais il a été jugé que les droits d'octroi n'étant dus que lors de l'introduction, dans le rayon, de la marchandise assujettie, le prévenu, fournisseur, qui allègue que sa fourniture a eu lieu en dehors du rayon, et que, si elle a été introduite ultérieurement, ce n'est pas par son fait, doit être admis à faire preuve de son allégation, laquelle serait de nature à enlever au fait poursuivi son caractère de contravention (Crim. rej. 20 nov. 1863) (1).

402. A la charge de qui l'amende, en cas de contravention, doit-elle être prononcée? — Il a été jugé, avant l'ord. de 1814,

---

mais conclure de cette disposition qu'en même temps que la perception des droits d'octroi deviendra plus facile, l'administration des contributions indirectes sera privée de ses droits, c'est arriver à une conséquence qui n'est ni dans le texte ni dans l'esprit de la loi; c'est faire perdre à la loi son caractère de spécialité pour l'octroi de Paris : c'est, d'ailleurs, arriver à cette conséquence bizarre, que l'administration des contributions indirectes percevra pour la fraude faite à Paris, des droits beaucoup moins considérables que pour la fraude faite dans les autres endroits, conséquence non admissible et que pourtant l'arrêt attaqué a sanctionnée. — Une autre considération, c'est que du système adopté par la cour, il résulterait que les voitures publiques suspendues qui étaient soumises à la visite avant la loi du 29 mars 1832, devraient rester assujetties à l'amende de 1,000 fr., puisque leur condition n'étant pas changée, il n'y aurait eu aucun motif de réduire la peine infligée pour le cas de fraude dont elles seraient l'instrument : or, ne serait-il pas injuste de prétendre que ces voitures seront soumises à une pénalité plus sévère que les voitures particulières, lorsque tout devrait placer celles-ci sous un régime plus sévère? Ce serait donc un privilége en faveur de la classe aisée, et on ne peut supposer que la cour royale ait eu l'intention d'en établir un; mais c'est la conséquence de sa décision. — Arrêt.

La cour; — Sur le moyen de cassation invoqué par ladite administration, et tiré de la violation de l'art. 46 de la loi du 28 avril 1816 et de la fausse application des art. 7, 8 et 9 de la loi du 29 mars 1832, qui autorise la ville de Paris à créer pour 40 millions d'obligations municipales; — Vu les art. 28 et 29 de l'ord. du 9 déc. 1814, 27, 44, 46 et 225 de la loi du 28 avr. 1816, 7, 8 et 9 de la loi du 29 mars; — Attendu qu'avant la loi du 29 mars 1832, toutes fraudes aux droits d'octroi établis pour la ville de Paris, comme pour toutes les autres villes du royaume, étaient punies, outre la saisie, d'une amende égale à la valeur de l'objet soumis aux droits; — Attendu que c'est cette dernière loi qui, pour mettre la ville de Paris à même de faire face à ses engagements, et pour mieux assurer la rentrée des droits d'octroi, a rendu applicables aux fraudes sur les droits d'octroi de la ville de Paris, les dispositions des art. 27, 46 et 225 de la loi du 28 avril 1816, relatifs, les deux premiers, aux introductions en fraude des boissons sujettes aux droits d'entrée, et le troisième à la contrebande de tabac, c'est-à-dire la saisie des objets servant au transport; l'amende de 1,000 fr. pour la fraude en voitures suspendues, et, dans certains cas, un emprisonnement qui, dans aucune hypothèse, sauf celle de récidive, ne pourra excéder six mois; que cette même loi a encore été plus loin en faveur des octrois de Paris, en soumettant les voitures particulières suspendues à être visitées aux entrées de Paris comme les voitures publiques, visites dont les exemptait l'art. 44 de la loi du 28 avr. 1816; — Attendu que le privilége accordé par l'art. 44 de cette dernière loi aux voitures suspendues de n'être pas visitées par les commis à l'entrée des villes, avait été pour le législateur un motif suffisant pour faire prononcer une amende de 1,000 fr. contre ceux qui auraient abusé de ce privilége pour frauder les droits d'entrée; — Attendu qu'en abolissant pour la ville de Paris, et pour favoriser la perception des octrois, le privilége accordé par l'art. 44 de la loi du 28 avril 1816 aux voitures particulières suspendues, et en les assujettissant aux visites des commis aux entrées, comme les voitures publiques, la loi du 29 mars 1832 a pu, dès lors, et avec juste raison, réduire de 100 à 200 fr. l'amende jusqu'alors élevée pour elles à 1,000 fr., par l'art. 46 de la même loi, à cause du privilége dont elles jouissaient et de la confiance accordée à leurs propriétaires; — Attendu que cette manière d'interpréter le dernier paragraphe de l'art. 8 de la loi du 29 mars 1832 : « Toutefois, l'amende ne sera plus que de 100 à 200 fr. pour la fraude dans les voitures particulières suspendues, » est d'autant plus conforme à la lettre et à l'esprit de la loi, que cette amende n'est pas la seule peine qu'elle prononce pour les fraudes aux droits d'octroi pour la ville de Paris, punissables auparavant d'une amende égale à la valeur de l'objet soumis au droit, et que, pour mieux assurer le recouvrement des amendes encourues, elle punit les contrevenants de la confiscation des objets soustraits aux droits et des objets ayant servi au transport, et encore, dans certains cas, d'un emprisonnement qui peut être étendu jusqu'à six mois, et, en cas de récidive, jusqu'à un an; — Attendu, dès lors, qu'en réduisant, sur l'appel, à 100 fr. l'amende de 1,000 fr. prononcée contre G. Levert par jugement du tribunal correctionnel de la Seine du 21 juin dernier, en ordonnant la restitution du cabriolet et du cheval saisis sur l'appelant, après qu'il aurait acquitté les condamnations prononcées contre lui, ledit jugement au résidu sortissant son effet, la chambre des appels de police correctionnelle de la cour royale de Paris, loin d'avoir violé ou faussement appliqué la loi du 29 mars 1832 et l'art. 46 de la loi du 28 avril, en a fait, au contraire, une juste application; — Rejette.

Du 21 sept. 1833.-C. C., ch. crim.-MM. de Bastard, pr.-Meyronnet, rap.-Martin, av. gén., c. contr.-Roger et Garnier, av.

(1) (Maire d'Ajaccio C. Pompeani.) — La cour; — Sur le deuxième

que, d'après les dispositions combinées de l'art. 11 de la loi du 27 frim. an 6 et des art. 2 et 19 du règlement local de Quimper, l'amende à laquelle donne lieu le débarquement de vins sans permis préalable et sans payement des droits, est à la charge du capitaine seul et non du commissionnaire à qui les vins sont adressés (Crim. rej. 9 août 1806 (1). — Cette solution serait évidemment la même aujourd'hui. La peine est encourue par celui qui commet la faute ; ainsi elle frappe directement celui qui n'accomplit pas les formalités qui lui sont imposées, le capitaine, comme dans l'espèce, le voiturier ou tout autre conducteur de boissons.

[illegible]. Toutefois, par exception au principe que nul ne peut être déclaré responsable des peines encourues par autrui, on décide, en matière d'octroi, que lorsque la contravention est commise par un domestique, le maître est passible des peines portées par la loi : dans ce cas, il est réputé avoir commis lui-même la contravention (V. des décisions analogues, v[is] Contravention, n°s 112 et suiv., 303 et suiv.; Impôts ind., n° 513; Peine, n° 93; Voirie par terre, n°s 266, 1191; Volonté-intention, n°s 127 et suiv.). — Il a été jugé, en effet, qu'une contravention aux droits d'octroi, commise par un domestique en présence de son maître, qui ne contredit pas les faits sur lesquels elle repose, rend ce dernier responsable des peines pécuniaires attachées à ladite contravention (Crim. rej. 21 juill. 1808, aff. Vangorp, V. Responsabilité, n° 691). — Il en serait ainsi même dans le cas où le maître n'aurait pas été présent. — Ainsi, par exemple, il a été jugé que le maître d'un individu qui a fait à l'octroi une déclaration incomplète, est responsable de la contravention, encore bien qu'il n'ait été présent ni à la déclaration ni à l'introduction des marchandises non déclarées (Crim. rej. 29 avr. 1843) (2). — Mais la condamnation contre le maître ne peut être prononcée qu'autant que les auteurs de la contra-

---

moyen, tiré de la violation des art. 28 et 84 de l'ordonnance du 9 déc. 1814 et des art. 1, 2, 3, 4 du règlement de l'octroi d'Ajaccio, en ce que l'arrêt attaqué a ordonné, par son avant faire droit, une preuve frustratoire, lorsque les contraventions étaient prouvées par l'aveu du prévenu et l'exécution du marché passé entre lui et la marine de l'État : — Attendu que le marché de Pompeani ne le soumet au payement des droits d'octroi qu'autant que les viandes par lui fournies à l'administration de la marine auraient été introduites dans le rayon de l'octroi de la ville d'Ajaccio ; — Que Pompeani a demandé à prouver que les livraisons par lui faites l'avaient été en dehors des limites de ce rayon ; qu'elles avaient été vérifiées et définitivement acceptées au lieu même où elles étaient livrées et que leur introduction ultérieure en rade lui était étrangère ; — Qu'en admettant que Pompeani à fait la preuve de ces faits, et en réservant, d'ailleurs, à l'octroi de la ville d'Ajaccio la preuve contraire et les droits des parties en cause, l'arrêt attaqué n'a violé ni les art. 28 et 84 de l'ordonnance du 9 déc. 1814, ni les art. 1, 2, 3, 4 du règlement de l'octroi d'Ajaccio ; — Par ces motifs, rejette.

Du 20 nov. 1833.-C. C., ch. crim.-M. Fresson, rap.

(1) (Biot.)—La cour ; — Considérant que les dispositions combinées de l'art. 11 de la loi du 27 frim. an 8 et des art. 2 et 19 du règlement local de Quimper défendent bien, sous peine d'une amende égale à la valeur des objets soumis au droit d'octroi, de procéder au débarquement des boissons venues par mer avant de payer le droit, et même sans avoir obtenu un permis de décharge ; — Qu'il paraît bien que les vins à l'occasion desquels les préposés à la perception des droits ont dressé un procès-verbal ont été débarqués sans obtention préalable de ce permis de décharge et avant d'avoir payé ce droit, en sorte que l'amende égale à la valeur des objets soumis au droit était encourue par cela seul au profit des fermiers de ce droit ;—Que ce n'était néanmoins pas une raison pour que Bescond Compons fût condamné au payement de cette amende, ainsi que le fermier y avait conclu, parce que, soit d'après l'art. 11 de la loi du 27 frim. an 8, soit d'après les art. 2 et 5 du règlement local de Quimper, l'obtention du permis de déchargement et le payement du droit avant le débarquement de ces vins étant une obligation et charge purement personnelle au capitaine pour les boissons venues par mer, cette amende ne pouvait pas être poursuivie contre Bescond Compons, simple commissionnaire, relativement à ces vins, ni être prononcée à sa charge ; — Que c'est au reste une vérité à laquelle le fermier du droit avait, en quelque sorte, rendu hommage, puisque lors de la sommation du 18 nivôse, et encore bien qu'il sût que dès la veille les vins en question étaient débarqués en très-grande partie sans obtention de ce permis et sans payement de ce droit, et que l'amende était encourue à son profit, il n'a fait de réserve que pour raison du droit, sans parler en façon quelconque de l'amende, sans doute parce qu'il la regardait comme due exclusivement par le capitaine du navire d'où ces vins avaient été débarqués ; — Qu'il n'a pas même alors ni depuis, et avant leur expédition pour Brest, saisi et arrêté, ainsi qu'il en avait le droit, ces vins entre les mains de ce commissionnaire, pour lui répondre, au besoin, du payement de l'amende, lorsqu'il en aurait obtenu la condamnation contre le capitaine ; — Que, d'après cela, loin de violer ni la loi du 27 frim. an 8, ni le règlement local de Quimper, en affranchissant Compons, simple commissionnaire, pour raison de ces vins, de l'amende reconnue n'être encourue que par le capitaine, qui seul devait demander ce permis de déchargement et payer ce droit avant d'opérer le débarquement de ces vins, l'arrêt attaqué s'est, au contraire, conformé à leur disposition et n'a pu violer, par conséquent, l'art. 8 de cette loi, aux termes duquel foi est due aux procès-verbaux en matière d'octroi, jusqu'à inscription de faux ; — Rejette.

Du 9 août 1806.-C. C., sect. crim.-MM. Barris, pr.-Dabille, rap.

(2) Espèce : — (Octroi de la ville de Foix C. Bosc.) — Le 21 juill. 1842, deux voituriers se présentent au bureau de la ville de Foix, et sur l'interpellation du receveur, déclarent qu'une de leurs voitures contient du vin qu'ils conduisaient au sieur Bosc, concierge des prisons de la ville, et pour lequel le droit est aussitôt acquitté. Sur une nouvelle interpellation s'ils n'ont pas autre chose à déclarer, ils répondent qu'ils ne le pensent pas, et, sur cette réponse, les employés laissent introduire le chargement dans la ville sans en faire la visite. Vers huit heures du matin, les employés virent les voitures qui stationnaient dans la cour du palais de justice, à la proximité de la demeure du sieur Bosc, à qui le chargement appartenait. Ils interpellèrent de nouveau l'un des charretiers pour savoir s'il n'avait aucun objet soumis au droit, et celui-ci répondit n'en rien savoir. Les employés procédèrent à la visite des voitures, et découvrirent sur l'une d'elles environ 200 kilog. de porc salé, qu'ils saisirent malgré l'intervention du sieur Bosc, qui se présenta pour payer le droit. Le sieur Bosc traduit, à raison de ces faits, devant le tribunal correctionnel de Foix, fut renvoyé des faits de la plainte.

Sur l'appel du fermier de l'octroi, ce jugement fut confirmé par arrêt de la cour royale de Toulouse du 15 juin 1842, ainsi conçu : — « Attendu que, d'après l'art. 4 du règlement de la ville de Foix, approuvé par ordonnance royale du 21 mars 1830, tout porteur ou conducteur d'objets assujettis aux droits d'octroi est tenu, avant de les introduire, d'en faire la déclaration et d'acquitter les droits, si les objets sont destinés à la consommation du lieu, sous peine d'une amende égale à la valeur des objets soumis aux droits; c'est donc, d'après cet article, contre les rouliers, si leur déclaration à la barrière était insuffisante, que la saisie aurait dû avoir lieu au moment de l'introduction, et non deux heures après contre le sieur Bosc, absent lors de cette introduction, et qui n'était intervenu au lieu où les charrettes auraient été laissées dételées dans l'intérieur de la ville que pour payer le droit d'octroi réclamé alors pour la première fois par les employés; mais Bosc n'entendait pas se rendre comptable de la déclaration à la barrière, et à laquelle, vu son absence, il n'avait pris ni pu prendre aucune part ;

» Attendu, d'ailleurs, qu'il n'y a point eu, d'après les faits, d'introduction frauduleuse de la part des rouliers, encore moins de la part de Bosc, à qui elle fut étrangère ; il est constaté que, sur l'interpellation qui leur fut adressée par les employés à la barrière, s'ils portaient d'autres effets sujets aux droits, sur leur réponse qu'ils ne le pensaient pas, l'employé les laissa entrer dans la ville, sans autre perquisition, sans s'occuper de vérifier quels étaient les objets transportés, et s'ils étaient sujets à l'octroi, conformément à l'art. 5 du règlement; les rouliers furent donc fondés, d'après la conduite de l'employé, à croire qu'ils avaient satisfait aux exigences de l'octroi ; aussi les voit-on conduire les charrettes dans l'intérieur de la ville; elles y étaient dételées depuis deux heures lorsque les employés sont survenus, pour la première fois, réclamer contre l'introduction de ces denrées, sous prétexte qu'elles n'avaient pas été précédées d'une déclaration assez précise, alors qu'ils s'étaient cependant contentés des réponses des rouliers à leur interpellation. — C'est donc par une fausse application de ce règlement pour l'octroi de Foix qu'a eu lieu contre Bosc la saisie du porc salé que ses rouliers, après avoir répondu aux interpellations des employés, ont introduit en son absence ; eux seuls étaient, d'après l'art. 4 du règlement, responsables de cette introduction, et, d'ailleurs, il n'y eut de leur part ni fraude ni violation du règlement, puisqu'ils ne passèrent la barrière et n'entrèrent dans l'intérieur de la ville qu'avec l'approbation de l'employé. »

Pourvoi : 1° Pour violation des art. 127 de la loi du 8 déc. 1814; 147, 150 de la loi du 28 avr. 1816; 7, 28 et 29 de l'ordonnance du 9 déc. 1814; 4 et 5 du règlement de l'octroi de la ville de Foix, approuvé par l'ordonnance royale du 21 mars 1830, en ce que la cour n'a pas maintenu la saisie faite par les employés de l'octroi, d'objets introduits sans avoir été déclarés, et en ce qu'elle n'a pas prononcé l'amende encourue. — 2° Violation de l'art. 56 du règlement de la ville de Foix et de l'art. 1384 c. civ., dont cet art. 56 reproduit les dispositions et auquel il se réfère, en ce que l'arrêt a refusé d'appliquer au sieur Bosc, propriétaire et maître du chargement des voitures et des objets saisis, la responsabilité qu'il devait supporter. — Arrêt.

La cour; — Attendu que si la cour royale de Toulouse s'est fondée

vention ont été mis en cause (même arrêt). — Toutefois il a été jugé que les contraventions aux règlements d'octroi peuvent être poursuivis contre le propriétaire seul de la marchandise saisie ou contre le conducteur, tous deux étant solidaires (Crim. rej. 11 mess. an 11) (1).

404. Du reste, il a été jugé, et avec beaucoup de raison, que celui qui s'étant refusé au payement des droits d'octroi, a succombé dans sa prétention, ne peut être déclaré civilement responsable envers le fermier de l'octroi des droits que d'autres individus ont refusé d'acquitter durant la contestation; c'est au fermier à s'imputer son défaut de diligence, en ne dressant pas de procès-verbaux contre les contrevenants (Metz, 31 juill. 1821) (2). — Cela est de toute évidence. Par ses mauvaises contestations, la partie qui succombe est sans doute obligée, comme débiteur de mauvaise foi, à toutes les suites qui dérivent immédiatement et directement du contrat judiciaire; mais non aux conséquences médiates et éloignées qu'il a pu faire naître. C'est là une application pure et simple du principe de l'art. 1151 c. nap. — V. Obligations, nos 792 et suiv.

405. Les principes du droit commun relatifs au cumul des peines, à la solidarité, à la condamnation aux frais, sont applicables en matière d'octroi —V. à cet égard vis Frais et dépens, no 1011, Peine, no 163; V. aussi vo Impôts ind., nos 512 et s. — Il a été jugé toutefois que les règles du cumul des peines ne s'appliquent pas au cas d'un délit prévu à la fois par le code pénal et par une loi spéciale prononçant des peines différentes; et spécialement que l'individu condamné à l'emprisonnement pour rébellion envers des employés de l'octroi a pu être plus tard poursuivi à la requête de l'administration, et condamné à l'amende prononcée pour ce fait par les règlements de l'octroi (Bordeaux, 13 mai 1840, M. Dégranges, pr., aff. Castets et Pasquet *C.* octroi de Bordeaux, et sur pourvoi Crim. rej. 15 oct. 1840, V. Peine, no 149).

406. *Répartition des amendes.* — Aux termes de l'art. 126 du décret de 1809, « la moitié des produits nets des amendes, ainsi que ceux des ventes des objets saisis et confisqués, soit que ces amendes aient été prononcées par jugement, soit qu'il y ait eu transaction, appartiendra à l'adjudicataire, » et suivant l'art. 84 de l'ord. de 1814, « le produit des amendes et confiscations pour contraventions aux règlements de l'octroi, déduction faite des frais et prélèvements autorisés, sera attribué, moitié aux employés de l'octroi, pour être réparti d'après le mode qui sera arrêté, et moitié à la commune. » —Voici comment ces deux dispositions paraissent se combiner. Si l'octroi est en régie simple, on suit la règle de l'ordonnance, moitié à la commune, moitié aux employés. — Si l'octroi est affermé, la moitié revenant aux employés est attribuée, conformément au décret de 1809, à l'adjudicataire (cah. des ch., art. 13), lequel en fait tel emploi et telle répartition que bon lui semble (circ. 73, 5 nov. 1852). — Toutefois, il y a des cahiers des charges qui portent que la moitié du produit des amendes et confiscations appartiendra à l'adjudicataire *pour être répartie entre les préposés*, et que l'autre moitié sera versée dans la caisse municipale. — Il a été jugé qu'une telle stipulation n'est pas contraire à l'art. 108 du décret du 17 mai 1809, par lequel les communes sont exclues de toute participation aux bénéfices de l'octroi mis en ferme . on dirait en vain que cette exclusion s'applique aux bénéfices résultant de poursuites judiciaires comme à tous autres (cons. d'Et. 1er déc. 1852, aff. ville de Mulhouse, D. P. 53. 3. 19). — Lorsque les employés de la régie des contributions indirectes ont opéré une saisie ou y ont concouru, ils participent également au produit des amendes et confiscation, en conformité de l'art. 84 de l'ord. de 1814 (V. MM. Girard et Fromage, édit. de 1860, p. 595 et 605). — Quant aux droits de timbre dus à raison des quittances données par les parties prenantes, V. Timbre, no 9.

407. *Prescription.* — La législation spéciale n'indiquant aucun délai pour la prescription des délits et contravention commis en cette matière, il faut se référer aux règles générales posées par les art. 636 et suiv. c. inst. crim. (V. Prescrip. crim., et M. Girard. Tableau des contrav. en mat. de contr. ind., no 654, note 31). — Il a été jugé que la prescription de trois mois édictée en matière de fraudes aux contributions indirectes, n'est pas applicable, malgré l'analogie, aux fraudes aux droits d'octroi; à défaut de disposition spéciale, ces dernières sont régies, quant à la prescription, par les dispositions du droit commun (Crim. rej. 18 janv. 1861, aff. Gaubert, D. P. 61. 1. 143; 21 août 1863, aff. Meissonnier, D. P. 65. 5. 262).

408. *Transactions.* — « Les maires, porte l'art. 83 de l'ord. de 1814, seront autorisés, sauf l'approbation des préfets, à faire remise, par voie de transaction, de la totalité ou de partie des condamnations encourues, même après le jugement rendu. » — Ainsi, et comme on l'a déjà dit, au maire seul appartient le droit d'apprécier l'intention et la bonne foi du prévenu et de faire remise par transaction des peines encourues (Crim. cass. 31 janv. 1829, aff. octroi d'Evreux, V. no 222-3o, 2 mai 1822, aff. Judice, V. no 193-2o).

409. Le fermier ne peut transiger qu'avec l'approbation du maire et en présence du préposé des contributions indirectes, qui donne son avis (décr. 17 mai 1809, art. 124).—Cette condition est habituellement exprimée dans le cahier des charges (V. M. Girard, Man. des contrib. indir., p. 427; lett. min. fin. du 18 août 1836); mais l'omission qui aurait lieu à cet égard dans le cahier des charges, ne modifierait nullement les pouvoirs du fermier. — On doit, par analogie, restreindre de même le droit de transaction à l'égard du régisseur en cas de régie intéressée, et du directeur des contributions indirectes dans le cas d'abonnement avec la régie.

410. Si le maire refuse de donner son autorisation, il semble naturel qu'un recours puisse être porté au préfet, puis au ministre des finances (V. Annales, t. 2, § 165-2o). — Il ne faut pas, en effet, que le mauvais vouloir d'un maire vienne entraver une mesure souvent toute d'équité.

411. En cas de saisie commune à la régie des contributions indirectes et à l'octroi, le directeur de la régie a seul droit de transiger, dans l'intérêt des deux services (ord. 9 déc. 1814, art. 83; cah. des ch., art. 12).—Néanmoins, lorsque ces saisies présentent quelque importance, il doit prendre l'avis du maire ou celui du fermier, si l'octroi est mis en ferme, sans cependant être obligé de céder à cet avis, s'il a de justes motifs d'agir autrement (circ. no 18, 16 janv. 1817, décis. cons. d'adm., no 61; Mém. des contr. ind., t. 8, p. 225). — Une seule transaction suffit pour les deux contraventions (circ. no 14, 17 sept. 1816).

---

mal à propos, pour déclarer la saisie nulle, sur ce qu'elle avait été faite dans l'intérieur de la ville, après une introduction consentie par les employés, qui s'étaient contentés de la déclaration à eux faite; si, d'un autre côté, en affranchissant le propriétaire de toute responsabilité, par cela seul qu'il n'était pas présent à l'introduction, elle a méconnu les règles du droit, d'après lesquelles on est, dans certains cas, responsable du fait d'autrui; toutefois, en renvoyant des poursuites le propriétaire des objets saisis, lorsque le conducteur de ces objets, seul tenu à les déclarer, et par conséquent seul auteur de la contravention, n'était pas en cause, et lorsqu'il n'était pas même dénommé dans le procès-verbal qui, régulièrement, eût dû être dressé contre lui, ladite cour n'a commis aucune violation expresse des lois de la matière; — Rejette.

Du 29 avr. 1843.-C. C., ch. crim.-MM. Crouseilhes, pr.-Vincens, r.

( ) (Lassié.) — Le tribunal; — Considérant, sur le deuxième moyen, qu'il n'est pas proposable, par la raison que la loi rendant le propriétaire de la marchandise solidaire avec le conducteur en cas d'inobservation des obligations qu'elle leur impose, il en résulte par voie de conséquence que le directeur des octrois peut s'adresser, à son choix, au propriétaire ou au conducteur, et n'est pas tenu de s'adresser à tous deux; — Rejette.

Du 11 mess. an 11.-C. C., sect. crim.-MM. Viellart, pr.-Minier, rap.

(2) (Octroi de Belfort C. Dauphin.) — La cour; — Attendu, sur la demande en dommages-intérêts formée par Judice depuis l'appel et qui a pour fondement le préjudice que ce procès lui aurait fait éprouver en l'empêchant de percevoir des droits d'octroi pour les refusans vis-à-vis de plusieurs particuliers, qu'il est de toute évidence que Dauphin ne doit à Judice aucune responsabilité à cet égard, puisque ce dernier n'a à imputer qu'à lui-même son défaut de perception sur les refusans, et la négligence qu'il aurait apportée à ne pas faire dresser des procès-verbaux contre les individus qui se seraient refusés à acquitter ces droits d'octroi; que Dauphin, en soutenant ce procès, n'a fait que défendre ses propres intérêts et n'a nullement porté obstacle par là à ce que Judice fît, de son côté, tout ce qu'il avait à faire, et employât les moyens qui étaient en son pouvoir pour conserver ses droits contre tous autres individus contrevenant à l'octroi.

Du 31 juill. 1821.-C. de Metz, ch. cor.-M. Colchen, pr.

Table sommaire des matières.

Table des articles du décret du 17 mai 1809, de l'ord. du 9 déc. 1814 et de la loi du 28 avril 1816.

Table chronologique des lois, décrets, arrêts, etc.

OEUVRES DE LOI. — V. Privil. et hypoth., nos 27, 47.

OEUVRE PIE. — V. Action, n° 176; Culte, n° 453; Dispositions entre-vifs et testam., nos 3460, 3461; Noblesse, n° 8.

OEUVRES DRAMATIQUES. — V. Propriété artistique et littéraire, nos 160 et s.; Théâtre, nos 48 et s., 73 et s., 253 et s.; Traité international, nos 68, 256 et s.

OFFENSE. — V. Presse-outrage, nos 611 et suiv.

OFFENSE AUX MOEURS. — V. Attentat aux mœurs, Vidanges, n° 44.

OFFICE. — **1.** — L'office a été défini par Loyseau, dans son traité spécial sur cette matière, dignité avec fonction publique. Ainsi entendu, le mot *office* comprenait, et c'était là autrefois sa signification consacrée, toutes les charges de judicature, de finance, celles de notaire, de greffier, procureur, etc. — Aujourd'hui, le nom d'office est particulièrement réservé aux charges de notaire, d'officier ministériel, d'agents de change et autres, en un mot aux charges que Loiseau désignait sous le nom d'*offices à clientèle*.

2. Dans l'ancien droit, l'on nommait *provision* d'un office, l'acte qui conférait cet office à une personne. Cet acte émanait directement ou indirectement du souverain, qui seul pouvait déléguer l'exercice d'une partie de la puissance publique. — On distinguait la *provision* de l'office d'avec la nomination à l'office, laquelle consiste dans le droit de désigner au souverain ceux auxquels l'office doit être conféré. — Dans le nouveau droit on appelle *ordonnance* ou *décret* de nomination, l'acte par lequel le gouvernement confère à vie aux notaires et aux officiers ministériels le droit d'exercer leurs fonctions. — On appelle *droit de présentation*, le droit qu'ont les notaires et autres officiers publics, aux termes de la loi du 28 avr. 1816, de *proposer* un successeur au gouvernement. — V. Fonct. publ., n° 28.

3. On distinguait aussi autrefois l'office de la *commission*. — La commission ne confère des fonctions publiques que temporairement et non à vie. — On trouve dans le nouveau droit l'application de cette distinction, en ce qui concerne les *huissiers audienciers*. Ces officiers sont nommées *huissiers à vie*, ce qui constitue leur office, et ils n'exercent leurs fonctions d'*audienciers*, qu'en vertu d'une désignation temporaire faite par les tribunaux, c'est-à-dire d'une *commission*, aussi n'ont-ils pas le droit de présenter un *successeur* au titre d'audiencier, et le ministère de la justice se refuse toujours à laisser porter dans les traités la valeur de la *commission* d'audiencier (V. n° 66).

Division.

Art. 1. — *Historique et législation.*

4. En remontant aux premières époques de l'empire romain, on rencontre certaines pratiques, que l'on pourrait considérer à bon droit comme marquant l'origine de la vénalité des charges. Tibère, supprimant les formes républicaines qu'Auguste avait toujours respectées, s'attribua le droit de conférer toutes les fonctions publiques, et, alors, commença l'usage de donner des sommes d'argent pour obtenir cette nomination. L'argent ainsi donné recevait le nom de *suffragium*. Il y avait deux sortes de *suffragia* : les uns étaient reçus par les courtisans dont on briguait la faveur: les autres par les empereurs eux-mêmes (V. Nov. 121). Cet usage produisit des résultats déplorables: les fonctionnaires nommés ainsi à prix d'argent ne virent plus dans les fonctions publiques qu'un moyen de fortune, et cherchèrent par des exactions sans nombre à recouvrer les sommes qu'ils avaient déboursées, et même à accroître les produits de leurs charges. Quelques empereurs essayèrent, mais sans succès, de réprimer ce désordre (C. *Theod. De muner. et honor.*, L. *ad hon.*; C. Just., *De præf. dignit.*; L. *un.*). Théodose, bien qu'il ait lui-même vendu à beaux deniers comptants de nouveaux offices qu'il avait créés, défendit aux courtisans de rien exiger de ceux qui se présentaient pour remplir les places de gouverneurs de province, sous peine d'une amende du quadruple de la somme donnée. Pour assurer l'exécution de cette prescription, il voulut que ces fonctionnaires, à leur entrée en fonctions jurassent « qu'ils n'avaient rien donné et qu'ils ne donneraient rien soit par eux-mêmes, soit par personne interposée, en fraude de la loi et de leur serment, ou en cherchant à déguiser le don sous l'apparence d'une vente, d'une donation ou de tout autre contrat » (C. *Ad leg. Jul. repet.*, l. ult.). — Cette formule a servi de modèle au serment de non-achat prêté par nos anciens juges jusqu'à la fin du seizième siècle (V. M. Eug. Durand, des offices considérés au point de vue des transactions privées et des intérêts de l'Etat, 1863, p. 13 et suiv.). — Malgré ces prohibitions renouvelées encore par Honorius et par Justinien (V. Nov. 8, *præf.*, § 1), le trafic des charges publiques n'en continua pas moins comme par le passé.

5. Les *suffragia*, même ceux versés au trésor impérial, n'étaient cependant pas considérés comme un prix de vente. Les fonctionnaires n'avaient pas la propriété de leur charge, et ne la transmettaient pas par voie d'hérédité. — Mais la vénalité et l'hérédité telles qu'on les voit établies de nos jours se rencontrent dans une institution particulière du Bas-Empire connue sous le nom de *milices*. — Ce nom, dit M. Eug. Durand, *loc. cit.*, p. 23, « s'employa d'abord exclusivement pour désigner les places des officiers de la maison de l'empereur. Ce sens primitif ne tarda pas à s'étendre : appliqué, dans la suite aux fonctions remplies auprès des gouverneurs de province par les officiers subalternes, le mot *milices* finit par indiquer des charges purement civiles et particulièrement celle des avocats. On distingua, dès lors, deux classes de milices : la milice armée (*militia armata*), et la milice civile (*militia civilis*). Celle-ci se divisait elle-même en *militia palatina*, en *militia togata seu forensis* et en *militia litterata*. La *militia palatina* comprenait les offices de la maison de l'empereur, c'est-à-dire à peu près les mêmes charges que celles qui étaient désignées sous l'ancien régime, par les noms de vénerie, de fauconnerie, de sommellerie, de panneterie, etc. Dans la *militia togata seu forensis,* on rangeait les jurisconsultes et les avocats. Dans la *militia litterata,* enfin, on trouvait les secrétaires de l'empereur. »

6. Les milices formaient une sorte de corporation (*schola*), divisée en plusieurs compagnies, dont chacune avait son chef. Le droit de nommer à ces offices appartint d'abord au chef de la compagnie, puis à l'empereur. Dans les premiers temps, la collation du titre fut gratuite ; mais, par la suite, quelques titulaires obtinrent le droit de transmettre leur charge à leurs enfants, en ce sens que ceux-ci pouvaient présenter à l'empereur un candidat à la place vacante, puis, enfin, de disposer eux-mêmes de leur charge, soit à titre onéreux, soit à titre gratuit, en usant également du droit de présentation ; car, en définitive, c'était toujours à l'empereur qu'appartenait le droit de nomination. Certaines charges des milices devinrent ainsi héréditaires et vénales, les autres conservèrent leur caractère primitif (V. L. 27, C. *De pign. et hyp.*; L. 11, C. *De prox. sacr. scrin.*; nov. 46, ch. 4, et 53, ch. 5; L. 102, §§ 2 et 3, D. *De legat.*, 3°). — Les règles suivies dans l'empire romain pour la transmission des milices de la première catégorie ont la plus grande analogie avec celles qui régissent aujourd'hui la transmission des offices. — V. du reste pour plus de détails l'ouvrage déjà cité de M. Eugène Durand, p. 22 et suiv.

7. La vénalité des charges n'a été légalement reconnue en France que vers le milieu du quinzième siècle; auparavant, les charges étaient temporaires, révocables et essentiellement intransmissibles. Cependant, on voit par les fréquentes ordonnances qui prohibent la vénalité des charges (V. par exemple ord. 19 mars 1314 ; 15 fév. 1327; 19 nov. 1393, 7 janv. 1407; 25 mai 1413), combien dans la pratique la règle de l'intransmissibilité était peu respectée. Les rois eux-mêmes et notamment Jean le Bon et Charles VI, vendirent des offices de judicature. Mais, malgré ces dérogations accidentelles, la vénalité n'était pas entrée dans le droit commun ; elle était clandestine, et les tribunaux agissaient sévèrement lorsqu'elle était découverte.

8. Quand Loyseau a écrit son Traité des offices, c'est-à-dire sous le règne de Henri IV, après l'édit de la Paulette, les jurisconsultes reconnaissaient en France trois sortes d'offices héréditaires. L'une provenait de l'inféodation des justices ; la seconde de l'aliénation du domaine, avec faculté de rachat ; la troisième de la pure volonté du roi, qui, « sans y apporter de cérémonies, avait voulu attribuer à certains offices qu'ils ne vaqueraient pas par mort, mais seraient héréditaires. » — La première sorte d'offices provenait de ce que les ducs et comtes « qui n'étaient ordinairement que simples officiers, et avaient conjointement l'exercice et des armes et de la justice et des finances, » ont rendu leurs offices accessoires à leurs fiefs. Les offices dès lors ont été faits patrimoniaux comme les fiefs. Leurs inférieurs les ont imités.—Quant aux offices de la seconde espèce, c'est-à-dire les offices domaniaux, voici quelle a été à leur égard l'origine du droit d'hérédité. L'ord. de 1566, qui a érigé en principe fondamental du droit public en France la maxime de l'inaliénabilité du domaine de la couronne, en permettait cependant l'aliénation pour les nécessités de la guerre, mais à deniers comptants et avec faculté perpétuelle de rachat (V. Domaine public, n° 26). En moins de trente ans, disent les auteurs, tout le domaine fut ainsi vendu. On commença, en l'an 1580, « à mettre la main » sur certains offices domaniaux. Ces offices étaient ceux dont le revenu était réputé faire partie du domaine et *revenu ordinaire* de la couronne. Ces offices étaient les greffes, sceaux et « quelque peu d'autres, qu'on a vendus héréditairement à faculté de rachat, tout ainsi que le domaine solide de la couronne. » Auparavant, ils étaient seulement affermés.—Enfin, en 1583, Henri III fit *héréditaires* certains offices qui n'avaient jamais été domaniaux ni donnés à ferme, à savoir la plupart des offices des *forêts*, « sous couleur que les forêts du roi sont du domaine de la couronne. » Ils furent cédés néanmoins sans faculté de rachat. — Tous les autres offices, c'est-à-dire la plus grande partie, tant ceux qui relevaient du roi que ceux qui dépendaient des seigneurs, étaient considérés seulement comme offices *vénaux*. — Il est bien vrai que l'abus des survivances avait, dans la pratique, rendu les offices vénaux transmissibles ; mais ce ne fut qu'après l'édit de 1605, de Paulet, qu'on put les considérer comme héréditaires, et Loyseau ne vit encore là cependant qu'une hérédité imparfaite.

9. Telle est l'origine de l'hérédité des offices. Comment étaient-ils devenus *vénaux?* Nous venons de voir que les revenus des offices domaniaux avaient été, et cela de tout temps, donnés à ferme, mais il paraît que sous saint Louis ou peu de temps avant lui, on donna à ferme l'office, en même temps que les revenus y attachés. C'est donc par les offices domaniaux que la vénalité a commencé. « Bien il est vray, dit Loyseau, que d'ancienneté, il s'estoit glissé un abus en France, que les prévôtées vicomtés, chastellenies et vigueries, qui sont les justices ordinaires et primitives des villes, qui sont ainsi diversement nommées, selon la diversité des provinces, étoient baillées à ferme presque partout, sous prétexte d'affermer les droits domaniaux d'icelles, comme les défauts et amendes, les confiscations, les greffes, les tabellionnes, les seaux; et bailloit-on quant et quant à ferme l'office de prevost, vicomte, chastellain et viguier, qu'on ne séparoit pas alors d'avec les émoluments de la justice. »

10. Avant saint Louis, la prévôté de Paris était réputée vénale. L'abus continua sous ce grand prince, et l'on sait que Boniface VIII fit des difficultés à Philippe le Bel relativement à la canonisation de Louis IX, en se fondant, entre autres raisons, sur ce qu'il avait mis « les bailliages et prévôtés à ferme dont plusieurs étaient déshérités. » — Cet abus a été signalé de tout temps. Aussi le roi Charles VIII, par son ordonnance de 1493, voulut-il que « les droits dépendant des prévôtés fussent baillés à ferme séparément. » Mais, dès lors, le trafic des offices se faisait ouvertement entre particuliers. Nicole Gilles et Gaguin disent que ce fut Louis XII qui, afin de s'acquitter des grandes dettes faites par Charles VIII, son prédécesseur, pour la conquête du Milanais, prit de l'argent des offices, dont il retira *grandes pécunes*, selon l'expression de Nicolle Gilles. On prétend qu'il agit ainsi à l'imitation des Vénitiens, qui, ayant dépensé plus de 5 millions à la guerre qu'ils avaient contre lui, s'avisèrent, pour remplir leur trésor épuisé, de vendre les offices de la République, dont l'histoire dit qu'ils retirèrent 100 millions. Mais Louis XII ne fit pas de la vente des offices un revenu ordinaire, et il ne vendit pas les offices de judicature. Cependant il eut le tort d'accorder à des courtisans des permissions qu'ils donnaient à des officiers de justice, *de tirer commodité* de leurs offices en les résignant; il est vrai qu'il révoqua toutes les dispenses et permissions par l'ordonnance de 1508, aux termes de laquelle il déclara en outre qu'il n'entendait plus déroger aux ordonnances des rois ses prédécesseurs, qui prohibaient la vente des offices.—Le roi François Ier, successeur de Louis XII, pratiqua tout ouvertement et sans restriction, la vénalité publique des offices, qu'il établit comme un nouveau revenu ordinaire au lieu de celui du domaine déjà aliéné, et il érigea, en l'an 1522, le bureau des parties casuelles, « pour servir, dit Loyseau, de boutique à cette nouvelle marchandise. » — V. aussi v° Fonctionn. publ., n°s 21, 24 et suiv.

11. Les *résignations* en faveur furent autorisées par Charles IX en payant la taxe qui en serait faite aux parties casuelles, et, en 1568, il fut permis aux officiers qui payèrent la taxe de la finance de leurs offices, de les résigner, et à leurs héritiers d'en disposer ; il fut aussi réglé que si les officiers résignants survivaient à leurs fils ou gendres résignataires, ils y rentreraient avec pareille faculté de résigner, et que s'ils laissaient un fils mineur, l'office lui serait conservé. Sous Henri III, l'ordonnance de Blois, art. 100, *abolit* la vénalité des charges de judicature ; mais cette vénalité fut bientôt rétablie, de sorte qu'en 1597, peu après l'assemblée tenue à Rouen pour la réformation de la justice, le parlement abolit le *serment* que prêtait tout officier entrant et par lequel il affirmait n'avoir pas acheté son office (V. nº 4). — Enfin, le 12 déc. 1604, fut rendu l'édit de Henri IV appelé *l'édit de Paulet*, parce que Charles Paulet, secrétaire du roi, en avait fourni l'idée.

12. Avant cet édit, la clause suivante était insérée dans toutes les provisions des offices faites sur résignation, « pourvu que le résignant vive *quarante jours* après la date des présentes. » Cette règle des quarante jours avait pour objet d'empêcher la transmission à cause de mort des offices non héréditaires, elle ne résultait d'aucun édit et avait été empruntée à la matière des bénéfices, où toute résignation était déclarée nulle si le collateur décédait avant les vingt jours (De Héricourt, Lois ecclésiast., 2e part., ch. 44, 27). On peut voir dans Patru (plaidoyer 15) quelles difficultés et quel scandale amenait cette règle en matière bénéficiaire. Quant à la règle de quarante jours, en matière d'office, il y était fait exception par des dispenses, qui étaient devenues de forme, puisqu'elles étaient insérées dans toutes les provisions, moyennant finance. — Aux termes de l'édit de 1604, les officiers soit de finance, soit de justice qui payaient au roi, au commencement de chaque année, la soixantième partie du prix ou taxe de leur office, obtinrent la *survivance* dudit office pendant l'année et la modération de moitié de la finance de leur résignation. Ainsi fut supprimée la règle des quarante jours, qui bien qu'on y fit constamment exception, inquiétait toujours les officiers. Cet édit constituait, en réalité, la vénalité et l'hérédité des offices. Aussi en augmenta-t-on considérablement le prix, et vit-on les officiers se hâter de payer la finance qui de leurs offices faisaient une *propriété*. — Loyseau (liv. 2, chap. 10) raconte l'effet produit par l'édit d'une manière très-piquante : — « Au commencement du mois de janvier dernier (1608), dit-il, pendant les gelées, ie m'aduisay, estant à Paris, d'aller vn soir chez le partisan du droict annuel des offices pour conferer avec luy des questions de ce chapitre (celui des hérédités imparfaites). Il estoit lors trop empesché. I'auoys mal choisi le temps. Ie trouuay là dedans vne grande troupe d'officiers se pressans et poussans, à qui le premier lui bailleroit son argent : aucuns d'eux estant encore bottez venans de dehors, qui ne s'estoient donné loisir de se débotter... Contemplant ces façons de faire, il me vint vne poincte en l'esprit, de dire en moy-mesme : Bon Dieu que ne sommes-nous aussi soigneux de sauuer nostre âme que nostre office. *Nonne anima pretiosior quàm esca, et corpus plus quam vestimentum?* L'vn et l'autre court risque par nostre mort, mais auec vn interest bien dissemblable; car après la mort, nous n'auons plus besoin d'office, et au rebours, c'est lors qu'il nous est nécessaire que nostre âme soit sauuée pour l'éternité; et toutefois si pour la sauuer il nous falloit payer annuellement en l'honneur de Dieu le soixantiesme denier des biens qu'il nous a donnez, il y auroit bien à dire, qu'y fussions aussi prompts que sont les officiers à payer le droict annuel, veu que nous reculons et procrastinons tant que nous pouuons à nous réconcilier vers sa diuine Maiesté par vraye pénitence, encor qu'il ne nous en couste rien. Est-ce pas faire comme ceux qui, se hasardant d'aller par eau, font porter par terre leur procez... »

13. Le droit que devaient payer les titulaires, aux termes de l'édit de 1604, fut appelé *annuel* ou *paulette*.—On avait aussi assujetti la plupart des offices au prêt qui était une taxe que chaque officier était tenu de payer dans les trois premières années du renouvellement qu'il faisait de l'annuel tous les neuf ans. — Le prêt et l'annuel furent supprimés par l'ordonnance de février 1771. — Ils furent remplacés par une taxe du centième denier du prix de l'office, et comme il n'avait pas été fait d'évaluation officielle du prix des offices depuis 1604, l'ordonnance disposa que de nouveaux rôles seraient dressés sur lesquels se trouverait fixé le prix des différents offices, d'après la déclaration qui en serait faite par le titulaire. Avant cette ordonnance, de nombreux édits, entre autres ceux de décembre 1743, janvier et février 1745, avaient admis plusieurs officiers royaux à racheter le prêt et l'annuel avec l'attribution de l'hérédité et de la survivance. Pour que tous les offices fussent dans la même catégorie, on dut restituer à ces officiers royaux ce qu'ils avaient payé pour se soustraire à l'annuel et au prêt, et ils furent pour l'avenir taxés comme les autres officiers. Mais le mauvais état des finances fit revenir sur cette mesure, et, par lettres patentes de Louis XVI du 27 fév. 1780, le roi demanda aux officiers sujets au droit du centième denier, le rachat de ce même droit pour huit ans, en payant par eux la valeur de six années avant le 1er oct. 1780. — Les choses étaient en cet état en 1789, lorsque l'assemblée constituante prononça en principe la suppression de la vénalité des offices sans distinguer entre les offices à clientèle et les offices de fonctions administratives, judiciaires, militaires et autres.

14. Nous avons retracé très-rapidement l'histoire de la législation des offices dans l'ancien droit; car il y a là peu de règles à emprunter pour résoudre les difficultés que présente l'exécution des lois nouvelles; mais il nous sera permis de jeter un coup d'œil rétrospectif sur le résumé succinct que nous avons fait de cette partie de l'histoire du droit français, non pour défendre, mais pour expliquer cette grande institution de la vénalité des charges. L'inconvénient des révolutions, quant aux appréciations historiques, est d'ouvrir comme un abîme entre le passé et le présent; tout ce qui s'est écroulé est considéré comme détestable. Cependant il n'est pas douteux que les institutions ont toujours eu leur raison d'être, et parce qu'une loi est devenue mauvaise, il n'en résulte pas qu'elle n'ait pu être à certaines époques bonne au moins relativement. La vénalité des offices est tombée dans un discrédit d'autant plus grand, que son abolition a toujours été un vœu manifesté par les états généraux. Nos rois eux-mêmes ont par de nombreux édits condamné cette vénalité. Ceux-là même qui en ont le plus abusé l'ont flétrie avec énergie. Et cependant la vénalité des charges a duré, et on peut dire qu'elle a marché d'un pas égal avec le développement du tiers état et les progrès de la royauté. Pour qui sait l'histoire, cette réprobation d'une institution manifestée par ceux mêmes qui en profitent n'est pas extraordinaire, et l'hypocrisie est souvent une triste nécessité des partis.

15. Après les États de 1484 qui suivirent le règne de Louis XI, la vénalité des offices se trouva définitivement établie en France. Or quelle était à cette époque la situation du tiers état? M. Augustin Thierry va nous l'apprendre : « Les offices supérieurs de judicature et de finance, dit ce grand historien (Essai sur l'hist. du tiers état, chap. 4), procuraient aux titulaires, outre leurs appointements plus ou moins considérables, des priviléges constituant pour eux une sorte de noblesse non transmissible qui ne les enlevait pas au tiers état. Ils étaient exempts de divers impôts ou péages, et pouvaient acquérir des terres nobles sans payer les droits exigés dans ce cas de tout acheteur roturier; de grands émoluments accumulés par l'économie, grace à la simplicité des mœurs bourgeoises, produisaient des fortunes bientôt réalisées en possessions territoriales. L'héritage du gentilhomme, ruiné par ses prodigalités, passait ainsi entre les mains de l'officier royal enrichi par son emploi. Il y avait deux chemins pour parvenir aux offices : celui de la nomination directe obtenue par le mérite seul ou aidé de faveur, et celui que frayait aux candidats la vénalité des charges, abus passé en coutume par la connivence des rois, mais qui, à cause des conditions de grade et d'examen préalable, ne dispensait pas de tout mérite. »

16. Le premier fruit de la vénalité avait été l'inamovibilité de la magistrature. Dès Louis XI, elle était proclamée. Ce roi avait déclaré en 1467 qu'il ne donnerait aucun office, s'il n'était vacant par mort ou par résignation faite de bon gré et consentement du résignant, ou par forfaiture préalablement jugée. L'ordonnance de Roussillon, rendue sous Henri II, au mois de mai 1554, renferme les mêmes dispositions. — Les états de Blois de 1579 demandèrent l'abrogation de la vénalité des offices, et il fut fait droit à ce grief par l'art. 100 de la célèbre ordonnance de Blois. Mais cette ordonnance ne fut pas exécutée, et Henri IV, par l'édit de Paulet, constitua véritablement l'*hérédité* des offices. Cet édit occupa vivement les états généraux qui se rassemblèrent en 1614 sous la minorité de Louis XIII. Ici nous allons laisser parler un écrivain très-exact : « Le clergé avait à demander la publication du concile de Trente en France, simple déclaration de foi religieuse, suivant lui, mais où les plus défiants croyaient voir l'établissement de l'inquisition. La noblesse, de son côté, entrait plus avant dans les intérêts en demandant que les charges ayant titre d'office ne fussent pas transmissibles par vente ou succession, mais rentrassent dans le domaine du roi qui les distribuerait gratuitement aux plus dignes... Fort disposée à s'attribuer tout ce qui se donne, elle se regardait exclue de ce qui s'achète, soit par fierté, soit par impuissance; elle s'écriait qu'on avait laissé la porte ouverte aux plus grands désordres, *que les charges allaient tomber en démocratie*, être livrées aux fils de riches usuriers engraissés du sang des peuples; que les enfants de bonne famille devaient maintenant s'éloigner de l'étude, puisqu'il n'y avait plus à en tirer parti; qu'il faudrait murer les colléges, pour ne pas peupler la France de savants inutiles et misérables. A ces plaintes on répondait surtout que cette taxe volontaire rapportait 1,400,000 liv., et qu'il ne serait pas facile de les trouver ailleurs aussi innocemment. C'était là depuis vingt ans un grand objet de débats, de dissertations, de railleries. Les bourgeois pauvres, les hommes de lettres et d'étude se trouvaient, sur ce point, de l'avis des gentilshommes, dont le mot était « qu'il fallait décerner les emplois au mérite et à la vertu. » — Le premier vœu émis par la noblesse fut donc la surséance du droit annuel qu'on allait percevoir pour l'année suivante, en attendant qu'on pût délibérer sur la révocation entière de cet établissement... Les offices de justice et de finance étaient en majorité; ils ne voulurent pas s'opposer directement à la demande qui les blessait, mais ils le firent avec adresse en offrant de s'y joindre, pourvu qu'on y ajoutât la suppression des pensions » (Bazin, Hist. de France sous Louis XIII, t. 1, p. 27 et suiv.).

17. Ce récit est curieux, en ce qu'il montre que la noblesse comprit alors que la vénalité des charges avait été favorable au tiers état et qu'elle constituait une de ses forces. « Le premier résultat de cette innovation (l'établissement de la Paulette) fut d'élever à des taux inconnus jusqu'alors la valeur vénale des offices; le second fut d'attirer sur les fonctionnaires civils un nouveau degré de considération, celui qui s'attache aux avantages de l'hérédité. Moins de dix ans après, on voyait des passions et des intérêts de classes soulevés et mis aux prises par les effets de ce simple expédient financier. Le haut prix des charges en écartait la noblesse, dont une partie était pauvre, et dont l'autre était grevée de substitutions, et cela arrivait au moment même où, plus éclairés, les nobles comprenaient la faute que leurs aïeux avaient faite en s'éloignant des offices par aversion pour l'étude, et en les abandonnant au tiers état. De là, entre les deux ordres, de nouvelles causes d'ombrage et de rivalité, l'un s'irritant de voir l'autre grandir d'une façon imprévue dans des positions qu'il regrettait d'avoir autrefois dédaignées; celui-ci commençant à puiser, dans le droit héréditaire qui élevait des familles de robe à côté des familles d'épée, l'esprit d'indépendance et de fierté, la haute opinion de soi-même, qui étaient auparavant le propre des gentilshommes » (Aug. Thierry, Essai sur l'hist. du tiers état, I, chap. 7).

18. La vénalité des charges fut, en effet, utile à la grandeur du tiers état, en ce qu'elle brisa son unité, en créant dans son sein une véritable aristocratie, ce qui lui donna de la fierté et de l'élan. Il est à remarquer qu'une classe ne s'agrandit jamais aux dépens d'une autre, que quand elle lui a emprunté une partie de sa force Il faut toucher ce qu'on veut renverser.—Quoi qu'il en soit, il nous paraît extrêmement curieux de savoir quelle était l'opinion des esprits supérieurs à cette époque sur la vénalité des offices. Or, nous avons à cet égard l'opinion de l'homme de ce temps-là qui avait le plus de grandes vues, nous voulons dire du cardinal de Richelieu; elle est consignée dans son testament politique dont l'authenticité, malgré ce qu'a pu dire Voltaire, est maintenant reconnue. Le passage est remarquable : « ...Bien, dit ce grand ministre, que la suppression de la vénalité et de l'hérédité des offices soit conforme à la raison et à toutes les constitutions du droit; si est-ce, néanmoins, que les abus inévitables qui se commettraient en la distribution des charges, si dépendantes de la simple volonté des rois, en ce qu'elles dépendraient de la faveur et de l'artifice de ceux qui se trouveraient plus puissants auprès d'eux, rendent la façon par laquelle on y pourvoit maintenant, plus tolérable que celle dont on s'est servi par le passé, à cause des grands inconvénients qui l'ont toujours accompagnée. — Il faudrait être aveugle pour ne connaître pas la différence qu'il y a entre ces deux partis, et de ne désirer pas de tout son cœur la suppression de la vénalité et de l'hérédité des offices, supposé qu'en ce cas les charges fussent distribuées par la pure considération de la vertu. Aussi est-il impossible de ne reconnaître pas qu'en tel cas les artifices de la cour pourraient plus que la raison, et la faveur plus que le mérite. — Rien ne donna tant de moyen au duc de Guise de se rendre puissant dans la ligue contre le roi et son Etat, que le grand nombre d'officiers qu'avait introduit son crédit dans les principales charges du royaume, et j'ai appris du duc de Sully que cette considération fut le plus puissant motif qui porta le feu roi à l'établissement du droit annuel (1); que ce grand prince n'eut pas tant d'égard au revenu qu'il en pouvait tirer, qu'au moyen de se garantir, à l'avenir, de pareils inconvénients, et qu'encore que le fisc pût beaucoup sur lui, la raison d'Etat y fut plus puissante à cette occasion... Au lieu que la suppression de la vénalité et de l'hérédité des offices devrait ouvrir la porte à la vertu, elle l'ouvrirait aux brigues et aux factions, et remplirait les charges d'officiers de basse extraction, souvent plus chargés de latin que de biens, dont il arriverait beaucoup d'inconvénients... Il n'y a personne qui ne sache que la faiblesse de notre siècle est telle, qu'on se laisse plutôt aller aux importunités, que conduire par la raison, et qu'au lieu d'être guidé par la justice, on est d'ordinaire emporté par la faveur.— L'expérience du passé nous doit faire craindre l'avenir, tant parce qu'elle nous a toujours fait voir que les plus puissants en crédit gagnent souvent leur cause au préjudice de la vertu, que parce que le prince et les plus confidents ne pouvant connaître le mérite des personnes que par le jugement du tiers et du quart, ils ne sauraient s'empêcher souvent de prendre l'ombre pour le corps.—Une basse naissance produit rarement les parties nécessaires au magistrat, et il est certain que la vertu d'une personne de bon lieu a quelque chose de plus noble que celle qui se trouve en un homme de petite extraction. Les esprits de telles gens sont d'ordinaire difficiles à manier, et beaucoup ont une austérité si épineuse, qu'elle n'est pas seulement fâcheuse, mais préjudiciable. —Il est des premiers au respect des seconds, comme des arbres qui, étant plantés en une bonne terre, portent des fruits et plus beaux et meilleurs que ceux qui sont en une mauvaise; et partant tant s'en faut qu'il faille condamner la vénalité parce qu'elle exclut des charges et des offices beaucoup de gens de basse condition; qu'au contraire c'est un des sujets qui la rend plutôt tolérable.—Le bien est un grand ornement aux dignités, qui sont tellement relevées par le lustre extérieur, qu'on peut dire hardiment que de deux personnes dont le mérite est égal, celle qui est la plus aisée dans ses affaires est préférable à l'autre; étant certain qu'il faut qu'un pauvre magistrat ait l'âme d'une trempe bien forte, si elle ne se laisse quelquefois amollir par la considération de ses intérêts; aussi l'expérience nous apprend que les riches sont moins sujets à concussions que les autres, et que la pauvreté contraint un officier à être fort soigneux du revenu du sac (2)...—Si mon but était de m'acquérir par cet ouvrage l'inclination du peuple plutôt que de mériter sa bienveillance en me rendant utile à l'Etat, je soutiendrais qu'il faut supprimer la vénalité et le droit annuel tout ensemble, chacun s'est tellement persuadé que ce sont deux sources des déréglements du royaume, que la voix publique me donnerait des couronnes sans examiner si je les aurais méritées... Il y a des abus qu'il faut souffrir, de peur de tomber dans des suites de plus dangereuse consé-

(1) Il est curieux de comparer à ce que dit ici le cardinal de Richelieu, le passage suivant de Commines : « Plusieurs de Paris, dit cet historien, estoient adhérens aux Bourguignons, esperans que par leur moyen ils pourroient parvenir à quelques offices ou estats, qui sont plus désirez en ceste ville là, qu'en nulle autre monde. Car ceux qui les ont, les font valoir ce qu'ils veulent, et non pas ce qu'ils doivent; et y a offices sans gages, qui se vendent bien huit cents escus, et d'austres où y a gages bien petits, qui se vendent bien plus que les gages ne valent en quinze ans. »

(2) C'est l'opinion entièrement contraire à celle d'Aristote. « Il est naturel, dit ce philosophe, que ceux qui ont acheté leurs charges cherchent à s'indemniser par elles, quand à force d'argent ils ont atteint le pouvoir; l'absurde est de supposer qu'un homme pauvre, mais honnête, veuille s'enrichir, et qu'un homme dépravé, qui a chèrement payé son emploi, ne le veuille pas » (Politique d'Aristote, liv. 11, chap. 8, t. 1, p. 195, trad. de Barthelemy-Saint-Hilaire).

quence; le temps et les occasions ouvriront les yeux à ceux qui viendront en un autre siècle, pour faire utilement ce qu'on n'oserait entreprendre en celui-ci, sans exposer imprudemment l'Etat à quelque ébranlement... La constitution présente de l'Etat m'oblige à dire déterminément trois choses. La première est que si la vénalité était ôtée, le désordre qui proviendrait des brigues et des menées, par lesquelles on pourvoirait aux offices, serait plus grand que celui qui naît de la liberté de les acheter ou de les vendre. — La seconde, que si la seule hérédité était abolie, outre que la modération que l'on procurerait tous les jours aux prix des offices qui viendraient à vaquer, rendrait les parties casuelles presque du tout infructueuses, et que, par ce moyen, on introduirait un sale commerce qui donnerait lieu à force gens de peu de mérite de partager secrètement les graces que les rois penseraient faire aux officiers, nous retomberions dans le mal dont le feu roi a voulu garantir cet Etat, lorsque, par l'établissement de la Paulette, il priva les grands du royaume du moyen de s'acquérir à ses dépens diverses créatures qui puissent les servir en temps et lieu, au préjudice des intérêts publics. — La troisième est que, puisque la vertu des hommes n'est pas assez forte pour se porter à préférer toujours le mérite à la faveur, il vaut mieux laisser la vénalité et le droit annuel que d'abolir ces deux établissements difficiles à changer tout d'un coup sans ébranler l'Etat... » (Test. polit. du cardinal Richelieu, ch. 4, sect. 1).

19. Lorsque les états généraux se réunirent en 1789, *le temps et les occasions*, pour nous servir des expressions de Richelieu, étaient venus de faire utilement ce qu'on n'osait entreprendre dans son siècle. L'institution devait tomber, elle ne présentait plus d'avantages et renfermait les plus grands abus. La vénalité des offices de judicature devait disparaître, le simple bon sens indiquait que cette réforme était nécessaire. L'assemblée constituante supprima la vénalité des offices de judicatures et de municipalités dans la célèbre déclaration du 4 août 1789; puis elle abolit les offices de finances (décr. 16-29 nov. 1789, art. 3), supprima la vénalité des offices ministériels (décr. 29 janv.-20 mars 1791), et déclara en principe dans la constitution du 3 sept. 1791, qu'il n'y avait plus ni vénalité ni hérédité des offices, et enfin, par le décret des 29 sept.-6 oct. 1791, elle abolit la vénalité et l'hérédité des offices de notaires. — Mais n'alla-t-elle pas trop loin en enveloppant dans une même réprobation les offices de fonctions et les offices à clientèle? Ou plutôt n'aurait-elle pas dû, tout en supprimant la propriété de ces charges, maintenir aux titulaires, ce qu'on leur a accordé plus tard, le droit de présenter un successeur? — L'assemblée constituante avait cette logique trop rigoureuse, apanage des premiers réformateurs. Il est cependant vrai que, dans la pratique, les conséquences sont souvent ennemies des principes dont on les tire. Il n'était pas certain que les charges de notaire, de procureur, d'huissier, etc., dussent être supprimées, parce que celles de juge devaient l'être, et de ce qu'un privilége était devenu inutile et dès lors odieux, il ne fallait pas en conclure qu'un privilége *voisin* de celui-là dût être aboli. Jamais les jurisconsultes français, ennemis nés de la vénalité des charges, n'avaient compris dans leur réprobation les charges des officiers publics. Le vieux Loyseau en a donné la raison avec son bon sens ordinaire : « Les greffiers, notaires et sergents, dit-il, n'ont aucun commandement, ains ont leur pouuoir limité, ou à ce que le iuge leur commande, ou à ce dont les parties s'accordent deuant eux..... (liv. 1, chap. 1, 29). Et, à la vérité, il semble que ceste inuention n'est pas du tout sans raison pour ce que, par le moyen de l'hérédité de ces offices, il y a plus d'asseurance de la foy publique, et du bien d'un chacun en particulier, dont les greffiers et les notaires sont gardiens et dépositaires; et surtout pour ce que par leur continuation en vne même famille, leurs minutes sont plus seurement gardées, plus aisées à trouver, et moins sujettes à estre ou égarées ou diuerties » (liv. 2, chap. 3, 9). — Bourjon (Droit commun de la France, t. 1, p. 375), en ce qui concernait les notaires et les procureurs, reconnaissait aussi à côté de l'office proprement dit émanant de la puissance publique, la pratique qui était l'œuvre du titulaire et qui avait sa nature propre en dehors de l'office. — Les germes de cette distinction se retrouvent dans les lettres patentes du 10 oct. 1370, dans celles du 30 janv. 1407, dans l'édit du 1er déc. 1407. Elle est effectivement fondée sur la nature des choses, et le principe du droit de propriété, au profit de celui qui a créé une valeur quelconque par son travail privé, est heureusement si bien enraciné parmi les hommes que s'il disparaît un moment dans une tourmente révolutionnaire, c'est pour reparaître bientôt et pour reprendre naturellement son empire légitime.

20. Du reste, même à cette époque, les officiers à clientèle furent traités comme des propriétaires expropriés pour cause d'utilité publique, et la loi du 20 mars 1791 décida que le remboursement des offices serait réglé sur le pied de leur valeur marchande. De nombreux décrets, dont on trouvera plus loin l'indication (V. p. 107 et s.), eurent pour objet de régler la liquidation et le remboursement des indemnités allouées aux titulaires des offices supprimés ou dont la vénalité et l'hérédité avaient été abolies. — Plus tard, et dans l'effervescence du mouvement révolutionnaire, certains offices ministériels, conservés par l'assemblée constituante, qui n'avait touché qu'à la vénalité de la charge, furent radicalement supprimés par la Convention (V. Avoué, nos 16 et suiv.; Bourse de comm., nos 101 et suiv.; Commiss. pris., nos 5 et suiv.). — Mais cette suppression ne fut pas de longue durée (V. *iisd.*), et le rétablissement de ces offices ramena, par la force des choses, le rétablissement de la vénalité, si ce n'est en droit, au moins en fait. — Dès l'an 8, après le 18 brumaire, dans un projet soumis aux commissions législatives, on vit insérer un article qui, pour les offices à clientèle permettait aux titulaires *les dispositions en faveur*, et quand les législateurs du code civil écrivaient la loi du 25 vent. an 11, l'orateur du gouvernement put dire à la tribune : « C'est aussi une propriété, sans doute, que cette confiance méritée, que cette clientèle acquise par une vie consacrée à un travail opiniâtre. Si dans la place qu'il occupe, ce fonctionnaire ne peut jamais espérer de pouvoir, en aucune manière, disposer de cette propriété, il se regardera comme un simple usufruitier et il exploitera son emploi comme l'usufruitier exploite la terre dont un autre a la nue propriété. » — Ainsi, à compter de cette époque, le droit de l'officier à clientèle pour la désignation de son successeur exista en fait et fut toléré par le gouvernement.—On avait adopté divers expédients pour échapper à la prohibition de la loi. Par exemple, les notaires s'autorisant de l'art. 59 de la loi du 25 vent. an 11, qui permet la vente des minutes, faisaient réellement entrer dans le prix de cette vente celui de la charge. — En outre, les chambres de discipline, éminemment favorables à l'emploi d'un moyen dont chacun de leurs membres était appelé à recueillir les avantages, ne délivraient le certificat de moralité et de capacité qu'à celui qui avait traité avec l'officier qui restait en fonctions ou, en cas de décès, avec sa veuve ou ses héritiers, et le refusait à tout autre candidat qui pouvait se présenter. — La loi du 28 avr. 1816, qui attribua aux titulaires d'office le droit de présenter leur successeur, ne fit donc que régulariser ce qui se pratiquait depuis plusieurs années, et les lois des 21 avr. 1832 et 25 juin 1841, en soumettant la transmission des offices à un droit de 2 p. 100 comme mutation mobilière (V. Enregistr., nos 37 et 42), n'ont fait qu'appliquer à la matière les véritables principes de la loi fiscale.

21. Loyseau, dans le passage que nous avons rappelé ci-dessus, a résumé par avance les raisons qu'on peut donner pour la conservation du droit de présentation, que la loi de 1816 accorde à certains officiers publics. D'abord, aucun pouvoir en réalité ne leur est délégué par le souverain, ils ne partagent en rien cette puissance que Loyseau, dans son enthousiasme de jurisconsulte du seizième siècle pour la royauté, appelle une *mystique énergie*, et si les notaires ont été appelés fonctionnaires publics, c'est par une politesse législative qui indique seulement l'importance de leurs fonctions. — Or, si d'une part on ne peut assimiler à la délégation du droit de rendre la justice, celui de faire des actes probants et de constater les diverses phases de la procédure devant les tribunaux; de l'autre côté, la *foi publique* paraît intéressée à ce qu'il s'établisse une espèce de succession dans les charges d'officiers ministériels. Les traditions de famille et de corporation sont les véritables garanties de probité et de capacité qu'il faut exiger des officiers dont le nombre a dû recevoir une limite dans l'intérêt de tous.

22. Il est possible que le droit de présentation entrave jusqu'à un certain point l'exercice du droit qu'a le gouvernement de nommer les officiers publics. Un publiciste éminent, M. Rossi (Cours d'écon. pol., 16e leçon), reconnait qu'en principe cette limitation du droit du gouvernement n'est pas mauvaise; il voudrait seulement que ce droit fût limité par des garanties légales, et non par des intérêts particuliers.—Mais qu'importe au fond si les limites que donne l'intérêt particulier au droit du gouvernement, ont pour résultat de protéger les justiciables contre de mauvais choix. Quand il s'agit de la nomination d'un successeur, l'intérêt particulier est d'accord avec l'intérêt général, et veut également que le nouvel officier public soit probe, capable et solvable. Il y a là en effet pour celui qui cède son étude, les seules garanties qui puissent lui assurer que les obligations que son successeur contracte avec lui seront fidèlement remplies. L'intérêt particulier est plus clairvoyant que l'intérêt public. Le gouvernement, quand il nomme à un emploi, est rarement bien renseigné. Il est dans le sentiment public que son investigation ait des bornes et n'aille pas troubler les secrets des familles. Il en est autrement quand il s'agit d'un particulier qui traite d'une affaire grave; on lui reconnait le droit de prendre toutes ses précautions. La délicatesse même exige qu'on lui fasse tout savoir. — Enfin, les corporations, les compagnies exercent aussi une surveillance, qui a pour premier moyen d'action, une agrégation préalable à la corporation, à la compagnie, dans une qualité qui n'est pas définitive, mais qui permet d'étudier l'aptitude du postulant et de faire connaitre sa moralité. Les compagnies sont, en réalité, maîtresses des choix qui les recrutent, et comme ceux qui veulent entrer dans leur sein ne l'ignorent pas, ils prennent d'avance l'esprit de ces compagnies, ils en étudient les devoirs et se préparent à bien faire. Si le gouvernement était seul maître, cette direction ne serait point acceptée, et certainement les intérêts du public en souffriraient. — D'ailleurs, le gouvernement n'a pas aliéné tous ses droits; il reste toujours libre de refuser le titre de l'office à qui ne lui parait pas le mériter, soit en raison de sa personne, soit en raison des stipulations insérées dans le traité de présentation. Le contrôle le plus complet est donc organisé pour apprécier et, au besoin, régulariser le choix fait par le titulaire exerçant son droit de présentation; car le cessionnaire doit obtenir pour sa nomination l'approbation non-seulement de la chambre de discipline, mais encore de toute la hiérarchie administrative, à remonter du procureur impérial jusqu'au ministre. Cette forme de nomination, pour des officiers créés dans l'intérêt du public, dont ils doivent diriger les affaires et connaître les secrets, donne des garanties plus sûres que toute autre forme de nomination directe de la part du gouvernement. La politique et les influences étrangères aux véritables intérêts qu'il s'agit de servir se trouvent avec sagesse écartées.

23. Enfin, les justiciables trouvent encore une garantie dans la forte discipline à laquelle les officiers publics sont généralement soumis. — La pénalité pour ceux qui manquent à leurs devoirs doit être évidemment plus sévère que la pénalité de droit commun. Aussi existe-t-il une échelle de peines qui, indépendamment de celles écrites pour les contraventions, délits ou crimes de tous les citoyens, fournit une légitime répression contre les abus ou méfaits non qualifiés par la loi. Ces peines s'étendent depuis la simple censure jusqu'à la suspension et même la destitution. — La surveillance, la poursuite et la condamnation sont confiées non-seulement aux chambres de discipline, mais encore aux membres du parquet et aux tribunaux. Cette triple action ainsi combinée peut encore être provoquée par toute partie lésée ou se croyant lésée. — C'est une juridiction véritablement exorbitante, car elle livre à la fois à l'entière discrétion du juge et la qualification du fait et le choix de la peine, depuis la censure jusqu'à la destitution; mais elle est très-bonne à maintenir pour assurer en toutes choses une protection légitime aux intérêts privés qui se trouveraient froissés. C'est ainsi que tout citoyen ayant besoin pour ses affaires d'assistance ou de conseil peut s'adresser en France à des personnes autorisées qui sont en assez grand nombre pour que le choix à faire entre elles puisse être aussi libre qu'éclairé et qui deviennent responsables devant l'autorité non-seulement des infractions aux lois pénales, mais encore des infractions aux lois d'une étroite délicatesse et de l'honneur. Si justice n'est point faite de tous les abus, c'est que les parties intéressées ne les dénoncent pas à qui est institué légalement pour les réprimer. — V. Discipline judic., nos 15 et suiv.

TABLEAU DE LA LÉGISLATION RELATIVE AUX OFFICES.

4 août-3 nov. 1789. — Décret qui supprime la vénalité des offices de judicature et de municipalité (art. 7). — V. Propriété féodale, p. 332.

16-29 nov. 1789. — Décret qui abolit l'expédition des provisions d'offices de judicature. — Les offices des apanages des princes, ainsi que les offices des engagistes et des échangistes qui perçoivent un centième denier sont compris dans le présent décret.

28 fév.-21 mars et 28 avr. 1790. — Décret qui déclare que toute vénalité des emplois et charges militaires est supprimée (art. 9).

21 mai-27 juin 1790. — Décret portant suppression de l'ancienne municipalité de Paris et des offices qui en dépendaient (art. 1). Les finances de ces offices seront liquidées et remboursées par la commune ou par l'État, selon qu'elles ont été payées dans les caisses de l'une ou de l'autre (art. 2). — V. Commune, n° 74, p. 174, note 3.

21 (9 et)-26 juill. 1790.— Décret qui supprime les offices de jurés priseurs et ordonne la liquidation de la finance desdits offices.

21 juill.-15 août 1790. — Décret portant suppression de l'office de contrôleur des rentes de la chambre des comptes; des deux offices de garde des registres du contrôle général, et de différents traitements et places. La finance des offices supprimés sera liquidée et remboursée. Jusqu'au remboursement, les intérêts seront payés à 5 pour 100.

16-24 août 1790. — Décret sur l'organisation judiciaire qui déclare que la vénalité des offices de judicature est abolie pour toujours (tit. 2, art. 2). — V. Organisation judiciaire.

7 (6 et)-11 sept. 1790. — Décret dont l'art. 18 est relatif à la remise au comité de judicature des titres nécessaires à la liquidation et au remboursement des offices supprimés.

7 (6, 2 et)-12 sept. 1790. — Décret relatif à la liquidation des offices et aux dettes des compagnies. Les offices de judicature et de municipalités seront liquidés sur le prix de l'évaluation. Ceux qui ne sont pas évalués, sur le pied de leur finance primitive et supplément; à défaut de finance connue, sur le pied des offices de même nature dont la finance sera certaine; les offices non soumis à l'évaluation, sur le pied du dernier contrat authentique d'acquisition; les offices de chancellerie, sur le pied de leur finance, ou, si la finance primitive ne peut être reconnue, sur le pied du dernier contrat authentique d'acquisition. — Les greffiers et huissiers audienciers attachés à chaque tribunal supprimé sont compris dans les dispositions précédentes: l'assemblée se réserve de statuer sur le sort des autres officiers ministériels. — Les dettes des compagnies sont supportées par la nation. — Ce décret est suivi d'une instruction sur la marche à suivre par les compagnies qui voudront se faire liquider.

6-12 oct. 1790 — Décret par lequel l'assemblée constituante, interprétant le décret précédent, déclare qu'aucune compagnie qui se trouve séparée sans avoir formé le tableau de ses dettes actives et passives ne pourra se rassembler sous prétexte de former ledit tableau, lequel sera dressé par les greffiers des tribunaux seuls.

15-23 oct. 1790. — Décret portant que les gages des offices de greffiers des insinuations, de greffiers des domaines, des gens de mainmorte et autres appartenant à des corps ecclésiastiques ou religieux seront éteints et supprimés à dater du 1er janv. 1791.

30 oct.-5 nov. 1790 —Décret relatif au mode d'acquittement des gages et autres émoluments arriérés des offices supprimés, dus par l'Etat, d'après lequel il sera délivré à chaque titulaire liquidé un brevet ou reconnaissance de liquidation, payable en assignats et acceptable pour l'acquisition des domaines nationaux. Avant la liquidation, les officiers supprimés peuvent donner en payement des domaines nationaux par eux acquis le titre authentique de leurs offices pour moitié de sa valeur. Les créanciers sur offices ne pourront exiger leur remboursement qu'autant que leur débiteur aura été lui-même remboursé.

7 (6 et)-16 nov. 1790.—Décret portant que sur les 600 millions d'assignats créés par le décret du 29 sept., il sera prélevé une somme pour le payement à bureau ouvert, à compter du 1er janv. 1791, des offices après leur liquidation. — Le produit des ventes de domaines nationaux sera employé de préférence à rembourser en assignats, sans interruption, les propriétaires d'offices. — Les propriétaires d'offices non comptables supprimés seront admis, même avant la liquidation, à faire recevoir provisoirement pour prix de l'acquisition des domaines nationaux la moitié de leur finance. — Après la liquidation, la valeur entière de l'office sera reçue pour comptant dans l'acquisition des biens nationaux. — Les privilèges et hypothèques qui existaient sur les titres d'offices, seront transportés sur les domaines acquis avec la finance desdits offices, et ils subsisteront sur lesdits domaines sans novation.— Les créanciers privilégiés sur les titres d'offices seront admis à donner le montant de leurs créances en payement des domaines nationaux. — Les brevets de retenue sont exceptés des précédentes dispositions.

11 (12 et)-24 nov. 1790. — Décret qui supprime tous les offices des receveurs généraux, trésoriers généraux et des receveurs particuliers des impositions. Il sera pourvu incessamment à la liquidation et au remboursement de ces offices ; jusque-là, l'intérêt continuera de leur être payé.

22 nov.-1er déc. 1790.—Décret portant : les droits utiles et honorifiques ci-devant appelés régaliens, et notamment ceux qui participent de la nature de l'impôt, comme..., droits de nomination et de casualité des offices sont nuls et en tous cas révoqués par le présent décret (art. 9). — V. Domaine de l'état, p. 89.

24 nov.-10 déc. 1790.—Décret portant suppression des brevets de retenue et fixant le mode de leur remboursement.

27 nov.-1er déc. 1790.—Décret qui supprime l'office de grand chancelier de France (art. 31). — V. Cassation, n° 12.

28 nov.-10 déc. 1790. — Décret relatif à la liquidation des offices supprimés, et au payement des créanciers des titulaires.

2 déc. 1790-30 janv. 1791. — Décret qui supprime différents objets de dépenses publiques relatifs aux offices et droits casuels.

21-25 déc. 1790. — Décret portant que les créanciers sur les offices ministériels ne peuvent jusqu'à la liquidation et remboursement desdits exiger aucun payement sur les capitaux hypothéqués sur les prix d'adieux, n'exercer aucune poursuite à raison desdites créances, si ce n'est pour le payement des intérêts échus.

24 déc. 1790 (21 et)-23 fév. 1791. — Décret relatif au mode de liquidation des offices des officiers ministériels (procureurs, greffiers et huissiers audienciers, commissaires de police, huissiers, gardes et archers, jurés-priseurs).

27 déc. 1790-2 janv. 1791. — Décret qui autorise la caisse de l'extraordinaire à rembourser au 1er janv. 1791 ce qui se trouvera exigible à cette époque, des objets compris dans la suspension de 1788, et déjà liquidés à l'époque de ladite suspension, savoir : les offices supprimés du ci-devant conseil d'Alsace et du parlement de Pau, et les offices supprimés de la maison du roi et dans celle de la reine, par édits des mois de janv. 1788 et mars 1789.

30 déc. 1790-9 janv. 1791. — Décret relatif à la faculté accordée par les décrets des 30 oct. et 7 nov. précédent aux propriétaires d'office d'employer la moitié du prix de leur finance en acquisition de domaines nationaux.

6-19 janvier 1791. — Décret portant que l'état de liquidation des offices de judicature sera renvoyé au commissaire du roi, pour être par lui arrêté sous sa responsabilité, et présenté ensuite par le comité de judicature à la délibération de l'assemblée.

29 janv. (15, 16, 17, 18 déc. 1790 et)-20 mars 1791. — Décret concernant la suppression des offices ministériels et l'établissement des avoués.

Art. 1. La vénalité et l'hérédité des offices ministériels auprès des tribunaux pour le contentieux, sont supprimées.

2. Le ministère des officiers publics sera nécessaire pour les citations, significations et exécutions.

3. Il y aura auprès des tribunaux de district des officiers ministériels ou avoués dont la fonction sera exclusivement de représenter les parties, d'être chargés et responsables des pièces et titres des parties, de faire des actes de forme nécessaires pour la régularité de la procédure, et mettre l'affaire en état. Ces avoués pourront même défendre les parties, soit verbalement, soit par écrit, pourvu qu'ils soient expressément autorisés par les parties, lesquelles auront toujours le droit de se défendre elles-mêmes verbalement et par écrit, ou d'employer le ministère d'un défenseur officieux pour leur défense, soit verbale, soit par écrit.

4. Les ci devant juges des cours supérieures et siéges royaux, les avocats et procureurs du roi, leurs substituts, les juges et procureurs fiscaux des ci-devant justices seigneuriales, gradués avant le 4 août 1789, les ci-devant procureurs des parlements, cours des aides, conseils supérieurs, présidiaux, bailliages et autres siéges royaux supprimés, les ci-devant avocats inscrits sur les tableaux dans les lieux où ils étaient en usage, ou exerçant publiquement près les siéges ci-dessus désignés, seront admis de droit à remplir, près des tribunaux de district où ils jugeront à propos de se fixer, les fonctions d'avoués, en se faisant préalablement inscrire au greffe desdits tribunaux.

5. Les juges, avocats et procureurs fiscaux des ci-devant justices seigneuriales ressortissant nuement aux cours supérieures, les avocats gradués avant le 4 août 1789, et les procureurs en titre d'office ou en vertu de provisions, ayant exercé près lesdites justices, seront admis à remplir les fonctions d'avoués près des nouveaux tribunaux.

6. Les avocats reçus dans les ci-devant cours et siéges royaux avant le 4 août 1789 ; — Ceux qui ont été reçus après cette époque en vertu de grades obtenus sans bénéfice d'âge ni dispense d'âge ni d'étude ; — Les premiers clercs de procureurs dans les cours et siéges royaux, qui sont majeurs de vingt-cinq ans, et qui ont travaillé pendant cinq ans chez un ci-devant procureur, et ceux qui, étant licenciés en droit avant le 4 août 1789, ou l'étant devenus depuis sans bénéfice d'âge, sans dispense d'âge ni d'étude, ont achevé cinq années de cléricature, seront admis à faire les fonctions d'avoués, en s'inscrivant au greffe des tribunaux.

7. Les anciens procureurs de juridictions seigneuriales établies dans les villes où des tribunaux de district sont maintenant fixés, seront reçus comme avoués auprès desdits tribunaux.

8. Tous ceux qui sont admis à s'inscrire au greffe des tribunaux en qualité d'avoués, ne pourront en remplir les fonctions qu'après avoir prêté devant ces tribunaux le serment civique, et celui de remplir leurs fonctions avec exactitude et fidélité.

9. Les avoués seront tenus de fixer leur domicile dans le lieu où sera situé le tribunal de district au greffe duquel ils se seront fait inscrire. Aucun avoué ne pourra exercer ses fonctions en même temps dans plusieurs tribunaux de district, à moins qu'ils ne soient établis dans la même ville.

10. L'assemblée nationale se réserve de déterminer les règles d'après lesquelles les citoyens pourront être par la suite admis aux fonctions d'avoués.

11. Les huissiers-priseurs de Paris, et les huissiers en la prévôté de l'hôtel, continueront provisoirement leurs fonctions, jusqu'à ce que l'assemblée nationale ait statué à leur égard ; néanmoins, les huissiers-priseurs ne pourront exercer leurs fonctions que dans l'étendue du département de Paris, tous droits de suite demeurant dès à présent supprimés.

12. Pourront les huissiers qui seront attachés aux tribunaux de district établis dans la ville de Paris exercer leurs fonctions dans toute l'étendue du département de Paris.

13. Tous les autres huissiers ou sergents royaux, même ceux des ci-devant justices seigneuriales ressortissant immédiatement aux parlements et cours supérieures supprimés, pourront, en vertu de leurs anciennes immatricules, et sans avoir égard aux priviléges et attributions de leurs offices, qui demeurent abolis, continuer d'exercer concurremment entre eux leurs fonctions dans le ressort des tribunaux de district qui auront remplacé celui dans lequel ils étaient immatriculés, et même dans l'étendue de tous les tribunaux de district dont les chefs-lieux seront établis dans le territoire qui composait l'ancien ressort des tribunaux supprimés.

14. Tous les officiers ministériels supprimés sont autorisés à poursuivre leurs recouvrements, en quelque lieu que les parties soient domiciliées, par-devant le tribunal du district dans le ressort duquel était établi le chef-lieu de l'ancien tribunal où ces officiers exerçaient leurs fonctions.

15. Les liquidations, règlements et taxes de dépens en exécution d'arrêts et de jugements définitifs rendus par les ci-devant parlements et autres tribunaux supprimés, seront faits suivant les règlements, et portés devant les juges de district établis dans les lieux où résidaient les anciens tribunaux qui ont jugé en dernier ressort.

29 janv.-1er fév. 1791. — Décret relatif aux avoués, à la taxe des procédures faites dans les anciens tribunaux, et à la forme à observer à l'avenir dans les inventaires, partages et liquidations qui pourraient intéresser les absens.

Art. 1. S'il y a lieu de faire des inventaires, comptes, partages et liquidations, dans lesquels se trouvent intéressés des absents qui ne soient défendus par aucun fondé de procuration, la partie la plus diligente s'adressera au tribunal du district, lequel commettra d'office un notaire, qui procédera à la confection desdits actes.

2. Les avocats reçus dans les ci-devant cours et siéges royaux, avant le 4 août 1789 ; — Ceux qui ont été reçus depuis cette époque, en vertu de grades obtenus, sans bénéfice d'âge, ni dispense d'âge ni d'étude ; — Les premiers clercs de procureurs dans les cours et siéges royaux, qui sont majeurs de vingt-cinq ans, et qui ont travaillé pendant cinq ans chez un ci-devant procureur, et ceux qui, étant licenciés en droit avant le 4 août 1789, ou l'étant devenus depuis, sans bénéfice d'âge, ni dispense d'âge ni d'étude, ont achevé cinq années de cléricature, seront admis à faire les fonctions d'avoués, en s'inscrivant au greffe des tribunaux.

3. Les anciens procureurs de juridictions seigneuriales établies dans les villes où des tribunaux de district sont maintenant fixés, seront reçus comme avoués auprès desdits tribunaux.

4. Tous ceux qui, par le décret antérieur concernant les avoués, ainsi que par le présent décret, sont admis à s'inscrire au greffe des tribunaux en qualité d'avoués, ne pourront en remplir les fonctions qu'après avoir prêté devant ces tribunaux le serment civique, et celui de remplir leurs fonctions avec exactitude et fidélité.

5. Les liquidations, règlements et taxes de dépens en exécutions d'arrêts et de jugements définitifs rendus par les ci-devant parlements et autres tribunaux supprimés, seront faits suivant les règlements, et portés devant les juges de district établis dans les lieux où résidaient les anciens tribunaux qui ont jugé en dernier ressort.

2 (1 et)-11 fév. 1791. — Décret relatif à la liquidation des offices supprimés.

10-18 fév. 1791. — Décret relatif aux oppositions formées sur les titulaires des compagnies de judicature, à raison de dettes communes.

10-18 fév. 1791 — Décret portant exemption du droit d'enregistrement pour les quittances de liquidation et remboursement des offices.

13-18 fév. 1791. — Décret qui ordonne le payement des gages des officiers municipaux supprimés qui sont dans le cas de faire liquider la finance de leurs offices.

17-23 fév. 1791. — Décret relatif à la reddition des comptes des officiers comptables supprimés par le décret des 12-14 nov. 1790.

20-25 fév. 1791. — Décret portant suppression des gouvernements de province et de places de toutes les classes, des lieutenances générales, des lieutenances du roi, des majorités des ci-devant provinces, places et gouvernements qui n'obligeaient point à résidence, dont on était pourvu soit par brevets, soit par provision. Les gouverneurs, lieutenants, majors supprimés qui étaient porteurs de brevets de retenue seront indemnisés ; ceux qui avaient été pourvus en finances continueront à être payés des rentes qui leur ont été assignées à raison de la dite finance. Les secrétaires des gouvernements sont également supprimés. Les gouverneurs, lieutenants majors supprimés auxquels leurs places avaient été données en récompense de leurs services pourront obtenir des pensions.

2-17 mars 1791. — Décret portant suppression des offices de perruquiers-barbiers-baigneurs-étuvistes, ceux des agents de change et tous autres offices pour l'inspection et les travaux des arts et du commerce. Le mode et le taux de remboursement de ces offices sera ultérieurement déterminé (art. 2.).

17-27 mars 1791. — Décret relatif aux vingtièmes et capitations dus par les propriétaires des offices supprimés.

26 mars-1er avril 1791. — Décret qui classe les offices de procureurs des différents tribunaux et détermine la base d'évaluation de leurs offices.

27 mars-1er avril 1791. — Décret qui affecte le montant de la liquidation des offices, pratiques et indemnités accordées aux officiers ministériels, au privilége des vendeurs desdits offices et pratiques.

29 mars-3 avril 1791. — Décret qui accorde aux officiers ministériels supprimés les intérêts de leur remboursement à dater du 1er juill. 1790.

10-15 avril 1791. — Décret qui déclare que celui du 29 mars précédent n'est applicable qu'à ceux des officiers ministériels qui sont dénommés dans le décret des 21 et 24 déc. 1790.

14-17 avril 1791. — Décret qui supprime les offices des avocats au conseil, et admet ceux qui en étaient pourvus à faire les fonctions d'avoués au tribunal de cassation.

21 avril (14, 19 et)-8 mai 1791. — Décret qui supprime les offices et commissions d'agents et courtiers de change, de banque, de commerce et d'assurances. —V. Bourse de com., n° 105, p. 425, note.

25 avril-1er mai 1791. — Décret relatif à la liquidation des états des finances des années 1788 et 1789 et des gages des ci-devant cours souveraines.

26 avril 4 mai 1791. — Décret portant liquidation de l'office de lieutenant général, civil et criminel de l'amirauté d'Arles.

26 avril-4 mai 1791. — Décret portant que les officiers du ci-devant parlement d'Aix, qui ne pourront pas représenter un contrat authentique d'acquisition à eux passé personnellement, seront liquidés sur le pied du prix moyen des offices de la même nature et de leur compagnie.

3-6 mai 1791. — Décret portant que les offices d'agents de change seront liquidés sur le pied des finances par eux versées dans le trésor public, en conformité du rôle arrêté au conseil au mois de mars 1786.

4-8 mai 1791. — Décret additionnel à celui du 25 avril 1791 et concernant le payement des gages des places possédées sans finance ainsi que des offices possédés en finances.

4-15 mai 1791. — Décrets relatifs aux receveurs généraux des finances et impositions, et qui règlent les bases de liquidation de plusieurs offices de même nature.

4-15 mai 1791. — Décret portant que les sommes payées à des officiers de la maison du roi, tels que les premiers médecins, chirurgiens de Sa Majesté et autres pour brevets de commissions étrangères au service du roi et de sa maison, et qui s'exerçaient dans les diverses parties du royaume, ne donneront ouverture à aucune demande à la charge de l'Etat.

5-13 mai 1791. — Décret relatif à diverses liquidations de taxations et augmentations de gages attribuées aux officiers de la chambre des comptes de Paris et aux secrétaires du roi, aux officiers des élections et greniers à sel, etc.

7-15 mai 1791. — Décret qui fixe le mode de remboursement des charges d'avocats au conseil.

21 (19 et)-27 mai 1791. — Décret qui supprime les offices de trésorier général, essayeur général, de juges, gardes et contrôleurs, contre-gardes, de directeurs, trésoriers particuliers, d'essayeurs et graveurs des monnaies, l'office d'inspecteur du monnayage et celui de contrôleur au change de la monnaie de Paris, les offices de changeurs, la commission de graveur général des monnaies et toutes commissions en vertu desquelles quelques personnes exercent, eu égard à la vacance d'aucuns offices des monnaies, les fonctions y attachées. Les officiers comptables ne pourront être liquidés et remboursés qu'après le jugement et l'apuration de leurs comptes. Les officiers supprimés qui occupent des logements dans les hôtels des monnaies sont tenus de se retirer. — V. Monnaie, p. 573.

29 mai (28 et)-3 juin 1791. — Décret relatif au remboursement des charges et offices militaires qui fixe les bases de la liquidation à l'égard des officiers du régiment des gardes françaises, des propriétaires des régiments, des colonels, capitaines en pied, capitaines à réformes des troupes à cheval, des colonels des régiments d'infanterie, des officiers du corps de la gendarmerie, des chevaux-légers et gendarmes de la garde, des charges des régiments d'état-major, des commissaires des guerres, des officiers du point d'honneur, de la connétablie, de la maréchaussée, de la compagnie de la prévôté, des équitations royales.

3-10 juin 1791. — Décret portant qu'il sera sursis à la liquidation et au remboursement de tous les offices municipaux qui n'auraient pas été acquis directement du roi, jusqu'à ce que l'assemblée nationale ait statué sur une loi générale sur le remboursements desdits offices.

8-16 juin 1791. — Décret qui ordonne le remboursement de plusieurs offices de judicature et autres.

16 (9 et)-28 juin 1791. — Décret relatif au remboursement et au mode de liquidation des anciens greffiers et autres possesseurs d'offices domaniaux.

17-19 juin 1791. — Décret portant que les titulaires d'offices de barbiers-perruquiers, baigneurs et étuvistes, qui ont évalué lesdits offices en exécution de l'édit de fév. 1771, en seront remboursés sur le pied de l'évaluation, et ceux qui ont des contrats authentiques d'acquisition, du tiers du prix de ces contrats, en outre, à titre d'indemnité. Ceux qui n'ont pas été évalués seront remboursés sur le pied de la finance avec pareille indemnité que ci-dessus s'ils ont des contrats. Ceux qui n'ont point été soumis à l'évaluation seront remboursés sur le pied du dernier contrat authentique d'acquisition. Ceux qui sont premiers pourvus ou qui ont levé aux parties casuelles seront remboursés sur le prix de la finance.

18 juin 1791. — Proclamation du roi pour la suppression des charges de sa maison et de celle de la reine.

4 juill.-25 août 1791. — Décret qui supprime les offices de procureurs postulants et autres offices ministériels près les chambres des comptes, au remboursement desquels il sera incessamment pourvu suivant les formes et principes décrétés par l'assemblée nationale relativement aux offices de judicature et ministériels (art. 2, 9). — V. Cour des comptes, p. 504.

6-12 juill. 1791. — Décret qui ordonne de liquider l'office du premier président de la ci-devant chambre des comptes de Grenoble, conformément à l'évaluation qui en a été faite en 1771.

9-16 juill. 1791. — Décret portant que les receveurs particuliers de finances ne seront admis à la liquidation définitive de leurs créances qu'au préalable ils n'aient justifié du versement dans les caisses publiques des impôts dont ils étaient chargés.

29 juill.-6 août 1791. — Décret relatif à la liquidation des offices de substituts des procureurs du roi près les justices royales, de jurés crieurs, certificateurs de criées, des tiers référendaires taxateurs-calculateurs des dépens, des solliciteurs des causes du roi.

2-18 août 1791. — Décret qui accorde aux perruquiers-barbiers-étuvistes supprimés l'intérêt du montant de la liquidation de leurs charges à partir du dépôt de leurs titres.

26 août-19 oct. 1791. — Décret portant qu'il n'y a pas lieu à liquider les offices de porteur de sel de Rouen.

30 août-1er sept. 1791. — Décret qui ordonne le remboursement des offices de la ci-devant compagnie des gardes de la porte, et qui ordonne la vente, comme domaines nationaux, des hôtels situés à Versailles et à Fontainebleau, ci-devant occupés par cette compagnie.

31 août-6 sept. 1791. — Décret portant que les procureurs au grand conseil seront remboursés de leurs titres sur le pied de la finance fixée par la déclaration de 1775.

3-14 sept. 1791. — Constitution portant qu'il n'y a plus ni vénalité ni hérédité d'aucun office public, (préambule.) — V. Droit constitutionnel, p. 288.

17-29 sept. 1791. — Décret qui, reproduisant les dispositions de celui du 4 juill. 1791, supprime de nouveau les offices de procureurs postulants et autres offices ministériels près les chambres des comptes, au remboursement desquels il sera incessamment pourvu.

20 sept.-14 oct. 1791. — Décret qui supprime le corps des commissaires des guerres : les pourvus moyennant finance en seront remboursés sur le pied de la liquidation qui sera faite de leurs offices conformément aux décrets précédemment rendus sur cet objet (tit. 1, art. 1).

21 sept.-16 oct. 1791. — Décret concernant les ci-devant titulaires d'offices de judicature et de finances, auxquels il est dû des portions de leurs anciens gages dont le fonds aurait été versé au trésor public, faute par eux d'en avoir réclamé à temps le payement.

21 sept.-16 oct. 1791. — Décret portant qu'il n'y a pas lieu de rembourser les principaux des offices supprimés par le décret du 20 février précédent (lieutenances générales, lieutenances du roi), mais que ceux qui les avaient acquis ou leurs représentants doivent continuer à être payés des rentes qui leur avaient été attribuées pour gages, lesdites rentes faisant partie de la dette constituée de l'Etat.

29 sept.-6 oct. 1791. — Décret qui abolit la vénalité et l'hérédité des offices royaux de notaires, etc. (art. 1), supprime les offices de notaires ou tabellions authentiques, seigneuriaux, apostoliques, etc. (art. 2), et les remplace par des notaires publics (art. 3), et enfin règle la base d'après laquelle sera faite l'évaluation des offices de notaires au ci-devant Châtelet de Paris (tit. 5). —V. Notaire, p. 571.

29 sept. 1791-20 janv. 1792. — Décret portant que les officiers de judicature supprimés qui n'étaient point à finance, mais pourvus à vie et inamovibles, seront remboursés des sommes qu'ils justifieront avoir versées au trésor public, à l'effet d'obtenir leurs provisions.

6 fév. (4, 5 janv. et)-12 fév. 1792. — Décret qui oblige les propriétaires d'offices supprimés qui n'ont pas encore fait connaître leurs titres à les produire avant le 1er mai suivant, à peine de déchéance. — V. Trésor publ., p. 1096.

14-19 fév. 1792. — Décret relatif aux titres à produire par les propriétaires d'offices supprimés ainsi qu'au remboursement des offices.

5-15 avr. 1792. — Décret relatif à la liquidation des procureurs aux chambres des comptes et cours des aides de Rouen.

7-18 avril 1792. — Décret portant qu'il ne sera délivré à aucun employé supprimé, comptable, ni brevet de pension de retraite, ni certificat de liquidation de secours ou indemnité, qu'il n'ait justifié qu'il a entièrement versé les recettes qui lui étaient confiées.

26 juin (18, 29 mai et)-1er juill. 1792. — Décret relatif au mode de liquidation de divers offices militaires.

31 août-18 oct. 1792. — Décret qui fixe le mode de remboursement des offices des justices seigneuriales.

9-14 sept. 1792. — Décret relatif au mode de payement des arrérages dus aux propriétaires de taxations et augmentations de gage.

17-18 sept. 1792. — Décret relatif au mode de liquidation des greffes et autres offices domaniaux.

21-23 déc. 1792. — Décret portant qu'aucun comptable ou dépositaire de deniers publics ne sera admis à compenser avec ses débets le prix de la finance de son office ou de sa charge. — V. Trésor public, p. 1097.

21-23 déc. 1792. — Décret portant que le décret du 22 oct. précédent d'après lequel les créances qui n'excèdent pas 300 liv. seront appelées de préférence à la liquidation, n'est applicable et n'aura d'effet à l'avenir que pour les liquidations des offices de jurés-priseurs, des archers gardes de la connétablie, des huissiers à cheval, des procureurs, des notaires, des perruquiers, des greffes domaniaux, des offices de finances qui peuvent être liquidés individuellement, etc.

16-23 avril 1793. — Décret concernant l'indemnité à accorder aux perruquiers liquidés antérieurement au décret du 30 juill. 1792.

18-24 avril 1793. — Décret concernant les offices remboursables en quittances de finances.

30 mai-8 juin 1793. — Décret concernant la faculté accordée aux officiers comptables supprimés par le décret du 24 nov. 1790, d'employer en payement de domaines nationaux la finance liquidée de leurs offices.

7-7 juin 1793. — Décret relatif au remboursement des capitaines réformés, des capitaines de remplacement et des capitaines dits de réforme.

22 août-2 sept. 1793. — Décret relatif à la liquidation des propriétaires des greffes et autres offices domaniaux.

27-29 août 1793. — Décret concernant le mode de liquidation des offices de la maison du roi.

9 sept. 1793. — Décret qui annule la liquidation de l'office de président au présidial de Villefranche.

1er oct. 1793. — Décret portant qu'il n'y a pas lieu à délibérer sur un projet de décret relatif à la liquidation des offices fieffés et inféodés, et qui sursoit à la liquidation d'offices et à tous remboursements d'offices liquidés.

19 vend. an 2 (10 oct. 1793). — Décret portant que la liquidation des offices sera continuée, en commençant par ceux de la plus petite valeur, et qu'il sera fait une révision des erreurs et injustices qui pourraient avoir été faites, dans la liquidation des offices des cours supérieures.

27-28 brum. an 2 (17-18 nov. 1793). — Décret qui autorise les ci-devant receveurs généraux et particuliers des finances dont l'office a été liquidé à transférer les inscriptions sur le grand-livre à eux remises en payement, pour acquitter le montant des débets reconnus à leur charge.

7 niv. an 2 (27 déc. 1793). — Décret de liquidation d'offices de la prévôté de l'hôtel et autres.

7-12 pluv. an 2 (26-31 janv. 1794). — Décret qui détermine les bases d'après lesquelles il sera procédé à l'avenir aux liquidations des offices de judicature, d'amirauté, de municipalités, ministériels, comptables, des places ou charges de finance, des cautionnements, des charges de perruquiers, de chancellerie, et généralement de tous les offices ou charges du remboursement desquels la nation s'est chargée et qui ne sont pas liquidés. — Les offices qui, étant soumis à l'évaluation n'auront pas été évalués ne seront pas admis à la liquidation. Sont exceptés de cette disposition les titulaires dont la fortune sans y comprendre le prix de l'office n'excède pas 10,000 liv. Le titulaire d'un office à vie qui en a joui pendant 50 ans n'a droit à aucun remboursement. Les propriétaires des greffes et autres offices domaniaux, fieffés et inféodés ne seront plus admis à la liquidation. Même exception que ci-dessus. Tous les titres devront être produits dans un délai déterminé à peine de déchéance.

17 germ.-3 flor. an 2 (6-22 avril 1794). — Décret qui rapporte ceux des 9 juin 1790 et 27 août 1793, concernant les personnes attachées au service de la maison du ci-devant roi et décide que les officiers de la maison du roi qui justifieront d'un versement fait au trésor public seront liquidés sur le montant des quittances de finances, et que ceux qui ne pourront pas faire cette justification ne seront pas admis à la liquidation.

19 therm. an 2 (6 août 1794). — Décret relatif à la production des pièces sous peine de déchéance, pour la liquidation des offices des ci-devant lieutenants des maréchaux de France, conseillers, rapporteurs et secrétaires greffiers du point d'honneur.

7 fruct. an 2 (24 août 1794). — Décret relatif à la liquidation des offices levés aux parties casuelles postérieurement à l'édit de 1771.

12 fruct. an 2 (29 août 1794). — Décret qui enjoint aux ci-devant contrôleurs des finances, des ci-devant apanagistes, faisant les fonctions de gardes des registres du contrôle, à leurs héritiers ou ayant cause de remettre au bureau de la comptabilité les registres du contrôle des droits casuels et de centième denier concernant lesdits offices.

26 frim. an 3 (16 déc. 1794). — Décret portant que les payeurs de rente pourront se libérer envers leurs créanciers ayant hypothèque directe et spéciale sur leurs finances, en leur cédant la totalité ou partie de l'inscription en provenant conformément à l'art. 66 de la loi du 24 août 1793 (art. 4).

11 pluv. an 3 (30 janv. 1795). — Décret additionnel à celui du 17 germ. an 2, d'après lequel, les officiers de la maison du roi qui ne seront point admis à la liquidation pourront prétendre à des pensions ou à des secours.

11 pluv. an 3 (30 janv. 1795). — Décret qui applique à tous les comptables l'art. 4 de celui du 26 frim. au 3, relatif aux ci-devant payeurs de rente.

23 prair. an 3 (11 juin 1795). — Décret qui prononce la déchéance contre les créanciers de l'État qui n'ont point encore formé de réclamations, et dont l'article 7 décide que les ci-devant titulaires d'offices poursuivant leur liquidation qui n'ont point en leur possession les originaux de leurs provisions et les autres lettres nécessaires à leur liquidation, seront liquidés sur les copies ou extraits collationnés pris sur les minutes ou registres constatant lesdites provisions et autres titres. — V. Trésor public, p. 1108.

27 mess. an 3 (15 juill. 1795). — Décret sur le mode de liquidation des offices de la ci-devant Savoie.

17 therm. an 3 (4 août 1795). — Décret qui détermine le mode de liquidation des titulaires d'offices mentionnés en l'art. 7 de celui du 23 prair.

24 frim. an 6 (14 déc. 1797). — Loi relative à la liquidation de l'arriéré de la dette publique, dont les art. 46 et 47 sont spécialement relatifs au mode de liquidation des offices.

9 germ. an 9 (30 mars 1801). — Arrêté portant qu'il n'y a plus lieu à délivrer de certificats de liquidation aux engagistes ou aliénataires de droits et offices domaniaux faites avant leur suppression sans indemnité, lors même que les liquidations auraient été faites et approuvées avant les lois qui ont prononcé cette suppression.

28 avril-4 mai 1816. — Loi sur les finances (extrait).

Art. 91. Les avocats à la cour de cassation, notaires, avoués, greffiers, huissiers, agents de change, courtiers, commissaires priseurs, pourront présenter à l'agrément de sa majesté des successeurs, pourvu qu'ils réunissent les qualités exigées par les lois. Cette faculté n'aura pas lieu pour les titulaires destitués. — Il sera statué par une loi particulière, sur l'exécution de cette disposition, et sur les moyens d'en faire jouir les héritiers ou ayant cause desdits officiers. Cette faculté de présenter des successeurs ne déroge point, au surplus, au droit de sa majesté de réduire le nombre desdits fonctionnaires, notamment celui des notaires, dans les cas prévus par la loi du 25 vent. an 11 sur le notariat.

29 mai-11 juin 1816. — Ordonnance concernant les formalités à observer par les agents de change qui veulent user du droit que leur confère l'art. 91 de la loi de 1816, et par les veuves et enfants des agents de change décédés (art. 4). — V. Bourse de com., n° 120.

3-12 juill. 1816. — Ordonnance qui règle le mode de transmission des fonctions d'agents de change et de courtiers de commerce en cas de démission et de décès. — V. Bourse de com., n° 121.

21-28 avril 1832. — Loi de finances qui assujettit les ordonnances portant nomination d'officiers publics à un droit d'enregistrement (art. 34). — V. Enregistrem., n° 37.

25 juin-10 juill. 1841. — Loi de finances qui règle les droits d'enregistrement à percevoir sur les traités ayant pour objet la transmission des offices (art. 6 et suiv.) — V. Enregistrem., n° 42.

1er-14 déc. 1860. — Décret sur l'organisation des notaires dans le ressort de la cour impériale de Chambéry (D. P. 61. 4. 8).

5-14 déc. 1860. — Décret sur l'organisation des notaires dans le ressort du tribunal de première instance de Nice (D. P. 61. 4. 9).

ART. 2. — *Des offices en général, et avant la loi de 1789 qui les a supprimés.*

24. Les anciens auteurs, et surtout Loyseau, ont cherché à poser des règles générales communes à tous les offices. Leurs doctrines ne doivent plus être accueillies qu'avec circonspection, nos lois nouvelles ayant, comme nous l'avons vu, introduit de grands changements, en ce qui concerne la vénalité, l'hérédité et l'inamovibilité des offices.

25. La portion de puissance publique attachée à chaque office ne lui est pas inhérente, mais provient d'une commission ou délégation spéciale du souverain ; les titulaires n'en ont que l'exercice et non la propriété proprement dite, bien qu'une fois conféré, l'office donne à la personne qui en jouit un droit personnel dont elle peut seule profiter. — Ce droit allait jadis, pour tous les offices, jusqu'à l'inamovibilité. L'inamovibilité existe aujourd'hui, en vertu d'une loi, pour les notaires : mais c'est une question de savoir si les avoués et autres officiers ministériels sont irrévocables leur vie durant, c'est-à-dire s'ils peuvent être destitués par des ordonnances de propre mouvement. — V. *infrà*, art. 11.

26. De la vénalité des offices résultait pour le titulaire le droit de les *vendre, donner, échanger, transmettre héréditairement*; c'était une chose acquise originairement du roi et qui se trouvait dans le commerce. — Toutefois, on faisait une distinction capitale entre la *finance* et le *titre* de l'office. Le titre, c'est-à-dire le droit d'exercer des fonctions publiques, n'appartenait pas à l'officier, il n'appartenait pas même au roi, mais à l'État lui-même; le roi avait seulement le droit de le conférer, quand il venait à vaquer par décès ou démission (Loyseau; Dict. du not., n° 9; M. Eug. Durand, des Offices, n°s 105 et suiv.). — La finance était une créance sur le roi qui avait vendu la fonction, créance représentative des deniers qui avaient été payés par le premier acquéreur de l'office. C'était cette créance qui, entre particuliers, était vénale et pouvait se céder comme un fonds, une rente, une lettre de change (Merlin, Rép., v° Office, n° 2).

27. Le roi n'accordait le titre qu'à celui qui prouvait avoir acquis la finance ou qui présentait le consentement de celui à qui elle appartenait (Merlin, *eod.*). — Toutefois, il ne dépendait pas du titulaire d'un office d'imposer des conditions trop dures au sujet agréé par le roi. Comme nous l'avons vu ci-dessus, des rôles ou états généraux avaient été dressés; ils contenaient l'évaluation du prix des offices : aucun office ne pouvait être vendu au delà de ce prix; les conventions contraires étaient déclarées nulles. — Mais il fallait, pour que le prix d'un office fût légalement fixé, que la déclaration du roi, qui rendait applicable aux offices de l'espèce de celui dont il s'agissait l'édit de 1771 sur l'évaluation des offices en général, eût été enregistrée par le parlement dans le ressort duquel existait l'office. — En conséquence, il a été jugé qu'à défaut d'enregistrement par le parlement de Besançon soit de l'édit de 1771, soit de la déclaration du roi, qui a disposé que cet édit serait applicable à certaines espèces d'office (ceux d'huissier et d'archer garde de la prévôté), l'acheteur ou cessionnaire de l'office n'a pu se refuser à payer le prix porté en son contrat, sous prétexte que l'édit de 1771 fixait un prix bien inférieur à celui qui avait été stipulé (Req. 4 août 1829, MM. Favart, pr., Dunoyer, rap., Joly *C.* Duranzier). — Les notaires de Paris ne permettaient jamais de vente pour un prix supérieur à celui de la finance. De même au Châtelet, dans les adjudications d'office, on ne recevait aucune enchère au-dessus de ce prix (Merlin, v° Office, n° 2).

28. En cas de résignation ou démission, le roi pouvait nommer toute personne pour successeur, à charge par cette personne de rembourser au propriétaire de l'office le montant du prix; le roi pouvait aussi refuser de nommer à l'office, sauf au titulaire à présenter une autre personne.

29. Lorsqu'on vendait un office, il fallait deux actes, l'un pour le titre, qu'on appelait procuration *ad resignandum*; l'autre pour la finance, qu'on appelait vente ou traité. — Par la procuration *ad resignandum*, le titulaire donnait pouvoir de résigner ou remettre l'office entre les mains du roi et du chancelier, ou garde des sceaux, pour en disposer en faveur de la personne désignée. Par le traité, le pourvu et son résignataire réglaient entre eux le prix et les conditions, moyennant lesquels l'un donnait ou s'obligeait de donner sa démission au profit de l'autre (M. Eug. Durand, n° 105). — Si la procuration *ad resignandum* n'était pas présentée, le traité ne produisait qu'une action en dommages-intérêts en faveur de l'acquéreur (Bourjon, et Dict. not., n° 23).

30. La vente transférait à l'acquéreur, non pas l'office lui-même, qui tenait à la puissance publique, mais le droit à l'office (Arr. du cons. 6 juill. 1772; Dict. not., n°s 24, 25, 26; M. Eug. Durand, n° 109). — L'acquéreur devait payer le prix convenu par le traité; il ne pouvait s'en décharger, en se désistant de la vente (M. Eugène Durand, n° 117). — Le vendeur non payé avait un privilége sur l'office (Bourjon, p. 371; Dict. du not., n° 27; Eug. Durand, n°s 117 et suiv.). — L'annotation qu'avait fait faire le vendeur d'un office au dos des provisions de l'acquéreur pour conserver son privilége, profitait au créancier *subrogé* dans ce privilége : « Attendu, dit un arrêt, que les art. 8 et 9 de l'édit de 1728, n'exigeaient pas qu'en pareil cas le créancier fît faire de son chef une annotation pour conserver le privilége dans lequel il avait été subrogé, rejette » (Req., 27 pluv. an 11, MM. Muraire, 1er pr., Porriquet, rap.; aff. Magny *C.* Voyrot). — Mais le vendeur ne pouvait se réserver l'action résolutoire, ni la faculté de rachat (M. Eug. Durand, n° 125). — La *lésion* n'était d'aucune considération dans les ventes d'offices : seulement, il y avait lieu à l'action en réduction, si le prix excédait la fixation portée sur les rôles et états généraux (Dict. not., n° 28; M. Eug. Durand, n° 126).

31. Le vendeur devait exécuter le traité, en remettant à l'acquéreur les pièces nécessaires pour obtenir ses *provisions*. Il était aussi tenu de garantir la vente, c'est-à-dire de faire cesser les prétentions des tiers sur l'office, de faire lever les oppositions formées au sceau des provisions, et de rendre le prix qu'il avait reçu lorsque l'acquéreur ne pouvait se faire pourvoir, par suite d'un vice de la résignation, ce qui ne s'étendait point aux faits postérieurs à la vente, et étrangers au vendeur (Dict. not., n° 29; M. Eug. Durand, n°s 112, 115). — Tant que l'acquéreur n'avait pas reçu ses provisions, le vendeur pouvait faire *résilier* la vente, en signifiant son *regrès*, c'est-à-dire sa rétractation, sauf les dommages-intérêts (Bourjon, p. 372, 373; Dict. not., n° 29; M. Eug. Durand, n°s 115 et s.). — V. n° 84.

32. Les offices étaient réputés *immeubles*, dans les communautés et successions; ils étaient sujets à hypothèque et à saisie-immobilière (V. Priv. et hyp., n°s 32, 757). — L'office que possédait le mari au moment de son mariage, ne tombait pas en *communauté*, parce qu'il était immeuble, et parce que, de sa nature, un office est essentiellement personnel, et non communicable à une femme (Bourjon, p. 373; M. Eug. Durand, n° 135, V. Contrat de mariage, n° 631). — L'office acquis pendant le mariage était un *conquêt* dont le prix, en cas de prédécès du mari, était partagé entre ses héritiers et la femme survivante. Si c'était le mari qui survivait, il pouvait retenir l'office, en payant aux héritiers de la femme moitié du prix tiré de la communauté pour l'acquisition (Bourjon, p. 378, Dict. not., n° 32; M. Eug. Durand, n°s 136 et suiv.).

33. De l'hérédité des offices il résultait que la *veuve* et les *héritiers* avaient le droit de résigner l'office, d'en vendre la finance au taux légal (M. Rolland de Villargues, Rép., v° Office, n° 21). — Il a été jugé que, quand des offices étaient vacants et abandonnés, le roi y pourvoyait *proprio motu*, et dans ce cas ceux qu'il y avait nommés, n'étaient pas tenus des dettes contractées et garanties sur lesdits offices par les précédents titulaires, à moins que les emprunts n'eussent été faits pour l'acquisition de quelques droits utiles ou honorifiques qui eussent suivi l'office et profité aux nouveaux pourvus (Rej. 23 brum. an 4, MM. Bailly, pr., Albarel, rap., aff. Beraud *C.* Deymar).

ART. 3. — *Des offices depuis* 1789 *jusqu'à la loi du* 28 *avr.* 1816.

34. La vénalité et l'hérédité des offices ont été abolis par la loi du 4 août 1789. Depuis cette époque jusqu'à la loi de 1816, nous aurons, sur la matière, peu de décisions judiciaires à recueillir. Il s'est élevé cependant quelques questions sur le point de savoir si tel ou tel emploi constituait ou ne constituait pas un office. — C'est ainsi qu'il a été jugé, par exemple, que dans le pays de Liége, l'office de compteur des houillères, consistant dans le droit de faire chaque quinzaine le calcul des dépenses, la répartition entre les associés dans l'exploitation et de percevoir le centième denier sur les déboursés que nécessite cette exploitation était, en certains cas, un droit de propriété qui, dès lors, n'a pu être atteint par les lois de la révolution sur les offices, sur les servitudes réelles et personnelles et sur la liberté de l'exploitation des mines (Req. 5 mai 1807, MM. Henrion, pr., Lasaudade, rap., aff. X...).

35. Quelle était, par suite de la suppression des offices, la position des acquéreurs vis-à-vis les anciens titulaires qui leur avaient consenti la vente? Pouvaient-ils, lorsque le prix n'avait pas été payé, se refuser au payement?—La négative a été admise: il ne pouvait en être autrement en présence du principe *res perit domino*, et le prix des charges étant remboursé par la nation.— Jugé en ce sens : 1° que l'acquéreur d'un office n'est pas dispensé d'en payer le prix, par cela seul que l'office a été ultérieurement supprimé; mais le vendeur ni ses ayants cause ne peuvent en exiger le payement, avant que la liquidation en ait été faite par le gouvernement (Turin, 11 fév. 1811, aff. Durandi *C.* hérit. Mollo); — 2° Que la rente viagère moyennant laquelle un office a été cédé n'est pas éteinte par la suppression de cet office, alors surtout que la suppression a été compensée par une indemnité pécuniaire (Liége, 2ᵉ sect., 6 août 1806, aff. Demeau *C.* Dehoen).

36. Il a été décidé, à plus forte raison, que l'acquéreur, moyennant une rente, de la survivance d'un office, avec clause que la vente aura son effet, même dans le cas où la survivance n'aurait pas lieu, n'a pu refuser de continuer la rente, après la suppression de l'office dont il était titulaire : — « Attendu que le contrat de cession ayant reçu toute son exécution, l'extinction de ladite charge opérée par la réunion du pays à la république française, par l'abolition de l'ancien régime et par l'organisation des nouveaux tribunaux, s'est faite sur la tête du titulaire de ladite charge et à son préjudice, suivant le principe de droit, *res perit domino* » (Trèves, 1ʳᵉ sect., 26 prair. an 11, aff. Dackweiler *C.* Katz).

37. Toutefois, il a été jugé : 1° que l'obligation imposée à un acquéreur de payer une somme annuelle tant qu'il conservera la charge dont il est pourvu prend fin à la suppression de cette charge, quoique le titulaire ait obtenu une pension de retraite à titre d'indemnité (Cass. 2 germ. an 10, M. Rousseau, rap., aff. Chenevières *C.* Lacaze, et sur opposition, 26 pluv. an 11) (1);— 2° Que la cession de la jouissance d'un office moyennant une redevance annuelle, peut, suivant les circonstances, n'être pas considérée comme emportant vente proprement dite; qu'en conséquence, la suppression ultérieure de l'office fait cesser l'obligation de continuer le service de la rente (Trèves, 17 janv. 1806, aff. Authes *C.* Authes).

38. La loi du 29 janv. 1791, qui a supprimé la vénalité des offices d'huissiers, a permis, par son art. 13, aux huissiers alors existants de continuer à exercer leurs fonctions. Ceux de ces huissiers qui n'avaient pas payé le prix de leurs charges ont-ils pu se refuser à l'acquitter. On disait pour l'affirmative que la finance avait été supprimée; qu'ils ne pouvaient plus transmettre leur office; qu'ils n'exerçaient pas en vertu du traité de cession, mais par le bénéfice de la loi. Mais on a répondu que la règle *res perit domino* leur était applicable, avec d'autant plus de raison, qu'ils restaient pourvus de fonctions rénumérées que la loi ne leur avait continuées ou plutôt conférées qu'en conséquence du traité par suite duquel ils exerçaient lors de sa publication. — Il a été décidé, en ce sens, que bien que la possibilité de la suppression de la charge ait été prévue dans le traité portant transmission d'une charge d'huissier, et une réduction du prix consentie dans ce cas, néanmoins le titulaire est justement condamné à payer le prix fixé dans ce traité (Req. 20 nov. 1821) (2).

39. Que devait-il arriver par suite de la suppression d'un office donné *à bail?* — Le bail de l'office a pris fin immédiatement, comme une obligation sans cause ou avec une cause illicite. — V. Obligation, n° 566.

40. Les offices devaient en principe être remboursés. La loi du 31 août 1792 a obligé les propriétaires *actuels* des seigneuries d'où dépendaient les justices seigneuriales supprimées à rembourser les officiers. Cette loi doit être sainement interprétée et limitée. On ne peut entendre par ces mots : *propriétaires actuels des anciennes seigneuries*, contenus en l'art. 1, ceux qui avaient un droit quelconque sur la propriété d'une seigneurie, et notamment les personnes qui auraient pu avoir à exercer des droits mobiliers sur une seigneurie en vertu d'une substitution à titre particulier (Cass. 27 flor. an 10) (3).

41. Les officiers domaniaux avaient été supprimés par l'assemblée constituante, mais avec indemnité ; la loi du 17 juill. 1793 les a supprimés sans indemnité. Depuis cette loi, les engagistes ou aliénataires d'offices domaniaux n'ont pu exercer leurs créances sur l'Etat, s'ils ne s'étaient fait délivrer leurs certificats de liquidation avant la loi de 1793, quoiqu'à cette époque, leurs offices eussent été liquidés, et que ces liquidations eussent été approuvées par des décrets (arr. des cons. 9 germ. an 9).

---

(1) (Lacaze *C.* Chenevières.) — LE TRIBUNAL ; — Vu le contrat du 16 janv. 1788, par lequel le citoyen Chenevières s'était obligé, tant qu'il vivrait et jouirait de la place de major de la citadelle de Strasbourg, de payer 1,000 fr. de pension viagère à la veuve Lacaze, réductible à 600 fr. sur la tête de Thérèse Lacaze, après le décès de sa mère ; — La loi 7, § 7, ff., *De pactis;* la loi 23, ff., *De reg. juris*, conçue en ces termes : *hoc servabitur quod initio convenit, legem enim contractus dedit;*—Attendu que le citoyen Chenevières ne s'était obligé, par l'acte du 16 janv. 1788, au payement de la pension dont il s'agit envers la dame Lacaze qu'autant qu'il jouirait de la place de major de la citadelle de Strasbourg ; que cependant le jugement l'a condamné à continuer le payement de cette pension, quoiqu'il ne fût pas pourvu de la place ni même d'une pension de retraite équivalente au traitement dont il jouissait ; — Qu'il résulte de cette disposition du jugement une violation formelle de la convention des parties, en condamnant précisément le citoyen Chenevières à payer la pension dans le cas même où la condition portée au contrat ne subsistait plus, savoir, la jouissance de la place, et sans aucun décroissement proportionnel de l'ancien traitement de 3,600 fr. à la pension réduite alors de l'aveu des juges, à 3,000 fr.; qu'ainsi le contrat et les lois ci-dessus citées qui en maintiennent l'exécution sont violés ; — Casse, etc.

Du 26 pluv. an 11.-C. C., sect. civ.-MM. Muraire, pr.-Rousseau, r.

(2) (Jouenne *C.* Floquet.) — LA COUR ; — Attendu que lors du partage de 1790, l'office d'huissier près le bailliage d'Issoudun, estimé alors 6,000 liv. tournois, fut attribué au sieur François Jouenne, avec convention que si dans l'espace de quatre ans il venait à être supprimé et remboursé, la dame Floquet tiendrait compte à son frère de la moitié du déficit qui se rencontrerait dans le remboursement de la finance ; — Attendu que cet office n'a été supprimé que sous le rapport de la vénalité, c'est-à-dire quant au droit de le transmettre à prix d'argent ; que du reste François Jouenne a conservé le titre d'huissier dans le district d'Issoudun ; — Qu'il a continué d'en exercer les fonctions et d'en percevoir les émoluments jusqu'en l'an 4 ; que s'il avait continué de l'exercer il aurait pu jouir de la faculté accordée par la loi du 28 avr. 1816 ; — Attendu que la cour royale a pu ne pas voir dans la loi la suppression absolue de la charge et des fonctions d'huissier dans la personne du sieur Jouenne, telle que les parties l'avaient prévue dans l'acte du 8 sept. 1790 ; que, dans cet état des choses, elle a pu, par suite de l'interprétation dudit acte, sans commettre aucune contravention aux lois, renvoyer la dame Floquet de la demande formée contre elle par le sieur Jouenne en payement de la moitié du déficit éprouvé dans le remboursement de l'office en question ;—Rejette le pourvoi contre l'arrêt de la cour de Bourges, du 26 avr. 1820.

Du 20 nov. 1821.-C. C., sect. req.-MM. Lasaudade, pr.-Favard, r.

(3) (Fernand-Nunès *C.* Mingaut.) — LE TRIBUNAL ; — Vu l'art. 1, loi 31 août 1792 ; — Attendu que cette loi n'impose l'obligation de rembourser les offices seigneuriaux supprimés, qu'aux propriétaires des ci-devant seigneuries, et que le jugement attaqué a condamné au remboursement de l'office de sénéchal à Landernau les mineurs Fernand-Nunès, qui ne sont pas et n'ont jamais été propriétaires de la ci-devant seigneurie de Landernau ni d'aucune partie de cette terre ; — Attendu que la somme de 500,000 fr. que les Fernand-Nunès sont appelés à recueillir en vertu du fidéicommis établi par l'acte du 21 juin 1708, n'est qu'une substitution à titre particulier, et d'un objet mobilier, qui ne peut pas les rendre responsables des charges qui sont affectées aux ci-devant seigneuries qui, en vertu de la même substitution, ont passé en entier sur la tête de Louis-Antoine-Auguste Rohan-Chabot ; — Attendu qu'il était constant au procès, et reconnu par le jugement attaqué, que Louis-Antoine-Auguste Rohan-Chabot était propriétaire des biens substitués dont la ci-devant seigneurie de Landernau faisait partie, et que les biens étaient devenus, dans ses mains, libres, aliénables et saisissables, en vertu des lois des 25 oct. et 14 nov. 1792, qui ont aboli les substitutions ; d'où le tribunal de Rennes a conclu que, pouvant être exproprié d'une partie de ces biens, même par les héritiers Fernand-Nunès, jusqu'à la concurrence de 500,000 fr. qu'ils ont droit de réclamer en vertu de la susdite substitution, les héritiers Fernand-Nunès étaient, par cela seul, responsables des charges affectées sur ces biens, et, par ce moyen, ce tribunal a appliqué à la seule possibilité d'acquérir, par la voie d'expropriation, une portion de la terre de Landernau ou de quelqu'une des terres comprises dans la substitution de 1708, l'obligation de rembourser l'office de sénéchal à Landernau, obligation que la loi n'avait imposée qu'à ceux qui étaient les propriétaires actuels de la ci-devant seigneurie de Landernau, à l'époque de la publication de la loi ; — Casse.

Du 27 flor. an 10.-C. C., sect. civ.-MMʳ. Audier-Massillon, rap.

42. Aux termes de l'art. 66 de la loi du 24 août 1793 (V. Trésor pub. p. 1098), le titulaire d'un office supprimé pouvait après la liquidation qui en avait été faite, rembourser les créanciers ayant hypothèque sur cet office, au moyen du transfert de l'inscription sur le grand-livre, inscription qui représentait le montant de l'indemnité. — Le créancier pour vente d'office était contraint de recevoir ce transfert, et il ne pouvait opposer 1° que le contrat de cession contenait l'indication du payement du prix, l'indication de payement n'opère pas en effet novation, lorsque le créancier en faveur de qui elle est faite n'y a pas adhéré (Cass. 17 fruct. an 12, MM. Maleville, pr., Boyer, rap., Merlin, pr. gén., c. conf., aff. Lacouture, V. Obligation, n° 2496); — 2° Que des payements avaient été faits antérieurement à la loi en numéraire, et que des termes avaient été accordés pour le payement par le titulaire primitif (Req. 13 août 1806, MM. Muraire, pr., Genevois, rap., aff. Cambefort C. Courlet). — Il a été en outre décidé avec raison, que la caution de l'acquéreur avait la faculté d'exercer le droit de transfert, quoique le débiteur n'en eût pas fait usage (arr. précité 17 fruct. an 12); — Et que la loi du 24 août 1793 avait dérogé aux anciennes conventions des parties (Req. 4 juin 1807, MM. Muraire, pr., Poriquet, rap., aff. Vignerard C. Delamarre).

43. Mais il a été jugé que le titulaire d'un office supprimé, qui au lieu de payer son propre créancier ayant hypothèque sur cet office, après sa liquidation, au moyen du transfert d'une inscription sur le grand-livre, avait continué à le payer en numéraire, pouvait être réputé avoir renoncé à ce droit (Civ. rej. 15 mess. an 12, MM. Maleville, pr., Rousseau, rap., aff. Vaudoffet C. Bernardy).

44. La liquidation d'un office supprimé devait être faite au nom du mari titulaire, lors même que cet office avait été acquis solidairement par le mari et la femme; en conséquence le titulaire d'un office ainsi liquidé a pu rembourser, par le transfert d'une inscription sur le grand-livre, les créanciers privilégiés sur l'office, sans le concours des héritiers de la femme (Cass. 4 vend. an 10, M. Vergès, rap., aff. Béhague C. Lépinoy).

45. On comprend les efforts que devaient faire les créanciers pour se refuser à recevoir en payement de leur créance des valeurs dépréciées, de là comme nous venons de le voir de nombreuses contestations. Des créanciers ont été jusqu'à soutenir qu'ils ne devaient pas être tenus à accepter des transferts, lorsque les formalités nécessaires à la validité de ce transfert n'avaient pas été remplies par leur débiteur.—Mais il a été jugé avec raison « que les formalités voulues par les art. 162 et 163 de la loi d'août 1793, portant création du grand-livre de la dette publique, ne sont établies que pour régler la manière dont les transferts et mutations d'inscription de créance sur l'Etat, doivent être justifiés au liquidateur général de la trésorerie, pour le mettre en état de délivrer le certificat d'après lequel le payeur principal doit opérer; d'où il suit que dès l'instant que la nouvelle inscription est faite au profit de celui en faveur duquel la mutation a lieu, celui-ci devient sans intérêt relativement aux formalités préalables, lesquelles n'intéressent que le liquidateur sous le rapport de sa comptabilité personnelle » (Req. 12 brum. an 9, M. Bailly, rap., aff. Lucas C. Lecordier, V. Merlin, Quest. de droit, v° Inscription sur le grand-livre, § 2).

46. En vain les créanciers ont-ils soutenu que le droit des titulaires de se libérer par un transfert, était limité au temps pendant lequel les créanciers pouvaient employer les inscriptions sur le grand livre et les mandats territoriaux, en payement de domaines nationaux, c'est-à-dire pendant un an. — Il a été jugé que la loi du 24 août 1793 n'avait pas entendu poser cette limite au temps pendant lequel l'ancien titulaire pouvait se libérer, et que cette faculté lui appartenait à toute époque (Req. 4 juin 1807, MM. Muraire, pr., Poriquet, rap., aff. Vignerard C. Delamarre).

47. Si les créanciers ont fait tous leurs efforts pour limiter autant que possible les suites désastreuses à leur égard de la loi du 24 août 1793, les débiteurs de leur côté ont souvent voulu étendre d'une manière injuste les effets de cette loi. L'enfant donataire d'un office, et soumis au rapport, a soutenu que ce rapport pouvait être opéré par le transfert de l'inscription représentative de l'indemnité. Cette prétention a été rejetée ainsi que celle de se libérer de toute la dette, moyennant ce transport de l'indemnité, lors même que la dette en excédait le montant: « Attendu que l'art. 66, loi 24 août 1793, applicable seulement au créancier ayant hypothèque et privilége sur les offices supprimés, ne reçoit aucune application aux rapports que les titulaires d'iceux peuvent être dans le cas de faire du prix desdits offices dans les successions auxquelles ils sont appelés; que d'ailleurs cet article n'autorise le mode de libération par la voie de transfert de l'inscription provenant de la liquidation de l'office, que jusqu'à concurrence du montant de ladite inscription, sans libérer pour cela le débiteur du surplus de la dette, si elle excède ce montant » (Cass. 5 juill. 1814, MM. Muraire, pr., Boyer, rap., aff. Chauvet C. Bernard, et sur opposition, Cass. 21 nov. 1815, MM. Brisson, pr., Boyer, rap.; Conf. M. Duranton, t. 7, n° 415).

48. Il a été décidé en outre 1° qu'on ne pourrait offrir au créancier pour cession d'office des inscriptions qui proviendraient de la liquidation non pas de l'office, lequel avait été supprimé en 1788 et remboursé, mais du cautionnement d'un emploi nouvellement créé (Cass. 28 vent. an 12, M. Coffinhal, rap., aff. Micault C. Laborde); — 2° Qu'on ne pouvait se libérer par voie de transfert qu'à l'égard de son créancier direct et personnel (Req. 12 janv. 1825, MM. Henrion, pr., Lasagny, rap., aff. hér. de Courtilleules; V. aussi v° Trésor publ., n° 1155-1°).

49. Dans le cas où une société avait été formée pour l'exploitation d'un office, la personne réputée sociétaire à l'égard du titulaire, a dû supporter la part de perte résultant de la liquidation de l'office, en participant au transfert de rente accordé audit titulaire (Req. 4 vent. an 4, aff. Delormel).

50. Quand, pour exercer un office, il avait été accordé, soit par l'Etat, soit par une administration publique, la jouissance d'un immeuble, l'office venant à être supprimé, le titulaire, cessant d'avoir droit à cette jouissance, ne pouvait obtenir une indemnité qui la représentât (cons. d'Et. 23 fruct. an 8, aff. Desandrouin C. trésor publ.). — Toutefois, il a été décidé que la suppression d'un office municipal auquel un droit d'habitation avait été attaché, n'entraînait pas la déchéance de ce droit au préjudice de l'ancien titulaire, si la commune qui avait reçu le prix de l'office avait conservé la libre disposition des lieux où l'habitation devait être fournie; qu'en conséquence l'ancien titulaire ne pouvait ni être expulsé, ni contraint à payer des loyers (Bruxelles, 1er fév. 1809, aff. Delarue C. maire de Bruges).

51. Le créancier hypothécaire sur un ancien office conservait son droit de préférence par une opposition sur l'inscription au grand-livre. — Jugé que l'hypothèque ne s'éteignait pas par le défaut d'opposition, de la part des créanciers, aux provisions obtenues par le dernier titulaire (Cass. 28 vent an 8, MM. Target, pr., Rataud, rap., aff. Clément C. Couture, V. Trésor pub., nos 1156 et suiv.).—Mais les créanciers qui n'avaient pas hypothèque sur l'office ne pouvaient demander la vente de l'inscription pour participer au prix avec le créancier hypothécaire (Paris, 25 nov. 1814, aff. Chapelin, v° Privil. et hyp., n° 770).— V. Priv. et hyp., nos 768 et suiv.

52. La demande formée contre un particulier, en restitution de la finance d'un ancien office supprimé, en ce que cette finance aurait été indûment reçue, doit être portée devant les tribunaux judiciaires, et le conseil d'Etat doit dans ce cas refuser de statuer sur la propriété du titre (cons. d'Et. 19 déc. 1838, M. Janet, rap., aff. hér. Morin C. hér. Lamothe).

ART. 4. — *Des offices sous la loi du 28 avr. 1816.*

53. La vénalité des offices avait été abolie par les lois de la révolution, mais, nous l'avons déjà dit, la transmission des charges moyennant un prix existait en fait, et le gouvernement les tolérait.—Mais comme en droit, la vénalité des offices restait prohibée, les tribunaux refusaient de reconnaître la validité d'une convention, par laquelle un office avait été acheté et vendu (Paris, 2e sect., 11 fruct. an 13, aff. Delaunay C. Jullien; V. aussi les arrêts cités v° Obligations, nos 565 et s.).— En 1815, l'invasion étrangère avait jeté un grand désordre dans les finances de l'Etat. Il fallait pour le budget de 1816 faire face à des dépenses extraordinaires. On pensa à trouver une ressource pour satisfaire aux besoins du moment, dans l'augmentation du taux des cautionnements des officiers publics. Mais on résolut d'accorder une compensation au sacrifice qu'on leur imposait. On concéda alors à un certain nombre d'officiers et de fonctionnaires publics, une faculté analogue à celle qui appartenait aux titulaires des anciens offices. — L'art. 91 de la loi du 28 avr. 1816 porte : « Les avocats à la cour de cassation, notaires, avoués, greffiers, huissiers, agents de change, courtiers, commissaires-priseurs, pourront présenter à l'agrément de Sa Majesté des successeurs, pourvu qu'ils réunissent les qualités exigées par la loi. Cette faculté n'aura pas lieu pour les destitués. —Il sera statué par une loi particulière sur l'exécution de cette disposition, et sur les moyens d'en faire jouir les héritiers ou ayants cause desdits officiers. — Cette faculté de présenter des successeurs ne déroge point, au surplus, au droit de Sa Majesté de réduire le nombre desdits fonctionnaires, notamment celui des notaires, dans les cas prévus par la loi du 25 vent. an 11 sur le notariat. »

54. Le droit de présentation, tel qu'il résulte de l'art. 91 de la loi du 28 avr. 1816, n'est pas entré dans la législation sans contestation. Dès 1817, le gouvernement songea à répondre par avance aux objections qui pouvaient naître, en annonçant qu'il limiterait autant que possible l'étendue de ce droit. M. Pasquier, alors garde des sceaux, fit une circulaire le 21 fév. 1817, où il considère le droit de présentation comme ne conférant au successeur désigné qu'une *probabilité de préférence*. — Le droit de présentation ne fut attaqué ni sous la restauration ni pendant les premières années de la monarchie de juillet; mais le prix des charges ayant monté d'une manière extraordinaire, des désastres étant survenus dans le notariat de Paris, des réclamations se firent entendre. En 1838, le 3 fév., la chambre des députés, et, le 17 du même mois, la chambre des pairs, renvoyèrent au ministre de la justice des pétitions qui demandaient la suppression de la vénalité des offices. Au mois de septembre de la même année, il fut établi par le garde des sceaux une commission chargée d'examiner *les questions qui se rattachent à la création et à la transmission des offices*. La création de cette commission excita au dernier point l'inquiétude des officiers publics. On crut convenable de faire entrer dans la commission les présidents des diverses compagnies des officiers ministériels. Ce fut une faute. Les officiers ministériels devaient sans doute être entendus dans leurs observations, mais ils ne devaient pas être représentés dans la commission. D'abord, les officiers publics qui y furent appelés n'étaient pas véritablement libres dans leur opinion, car on comprend bien qu'ils avaient reçu des mandats impératifs. D'un autre côté, ils furent inquiets des opinions qu'on émettait en leur présence, et les sollicitudes les plus vives passèrent par eux dans le sein des compagnies qu'ils représentaient. Le roi Louis-Philippe, qui comprenait fort bien que son gouvernement s'appuyait sur la classe moyenne, et qui voyait les officiers ministériels influents partout, dans la garde nationale, dans les élections, dans les chambres, voulut faire cesser ces inquiétudes, par une manifestation de son opinion personnelle. Un député (M. Desmousseaux de Givré) lui présenta une députation des notaires de l'arrondissement de Dreux (Eure-et-Loir), et la réponse du roi, qui fut favorable aux officiers ministériels, hâta la chute du ministère du 1er mai.

55. Les officiers publics ne s'étaient pas contentés de s'adresser au roi ; ils adressèrent une pétition à la chambre des députés, dans laquelle on reprochait au ministre de la justice la création de la commission. Le ministre se défendit en soutenant que plusieurs fois les chambres avaient renvoyé au ministre de la justice des pétitions demandant qu'on s'occupât de la loi qui devait compléter celle de 1816. La chambre passa à l'ordre du jour sur ce point dans la séance du 22 fév. 1840, conformément au rapport de l'un de ses membres, M. Carl, dont nous donnons ci-dessous le texte dans ses parties principales, parce que nous aurons, dans le cours de ce traité, occasion d'y renvoyer plusieurs fois (1). — Le ministère qui succéda à celui du 1er mai comprit qu'il fallait rassurer en même temps les officiers publics,

(1) Rapport présenté par M. Carl, à la chambre des députés, dans la séance du 22 fév. 1840.

« Les notaires de l'arrondissement de Metz, les notaires de Louviers, de Poitiers, ceux de la cour royale d'Angers, des notaires, des avoués et des huissiers de Nantes, s'adressent à la chambre pour réclamer contre les actes récents de M. le garde des sceaux qui, selon eux, aurait, par des mesures arbitraires, porté atteinte à des droits qu'ils tiennent de la loi. (Le rapport donne l'analyse de ces pétitions, puis il continue ainsi :)

» ...Votre commission avait un triple devoir à remplir. Elle devait examiner d'abord quelle est la nature du droit de propriété que les officiers ministériels revendiquent comme leur étant conféré (par la loi de 1816) d'une manière absolue. — Elle devait, en second lieu, se prononcer sur les mesures attribuées au garde des sceaux, mesures qui sont attaquées comme ayant porté le trouble et l'inquiétude parmi vingt mille familles, et que l'on prétend arbitraires et illégales. Cette discussion devait se porter également sur l'opportunité du serment imposé, soit aux vendeurs, soit aux acquéreurs de charges.—Enfin votre commission avait à examiner, avec tout le soin possible, les faits spéciaux signalés par la pétition des notaires de l'arrondissement de Metz.

» Votre commission se plaît à reconnaître et à proclamer le principe que le droit de propriété des offices est consacré par la loi de 1816, et qu'aucune atteinte ne saurait être portée à ce droit. — Mais, d'un autre côté, on ne peut se dissimuler que cette propriété est d'un genre particulier; qu'elle diffère essentiellement de celles dont la transmission est réglée par le droit civil commun ; qu'elle est soumise à des règles spéciales qui en circonscrivent et en limitent l'exercice. — Du moment où le notaire, par exemple, devenait le délégué du pouvoir exécutif, du moment où il recevait son institution de la puissance royale, il ne pouvait se démettre de sa charge en faveur d'un successeur qu'à la condition qu'il avait subi lui-même celle d'être agréé par l'autorité qui l'avait institué. — Ainsi, au titulaire la présentation, au monarque l'investiture du titre, après examen de la capacité, de la moralité du candidat et des clauses du traité. — Douter de ce droit de contrôle que nous reconnaissons au gouvernement, le limiter de telle façon que le successeur muni des justifications exigées par la loi puisse *exiger* la signature du roi et celle des ministres, ce serait oublier qu'à côté de l'intérêt des propriétaires de charges viennent se placer et se lier étroitement avec eux les intérêts tout aussi sérieux, tout aussi respectables du public, et qu'il est dès lors de la logique la plus rigoureuse d'apporter de salutaires restrictions à l'exercice d'une faculté dont l'abus pourrait compromettre d'une manière déplorable et la sécurité des familles et la fortune publique.

» Telle était la pensée du législateur de 1816; et elle a été comprise dans ces limites par les magistrats chargés d'appliquer la loi. Les circulaires de cette époque, émanées du ministre de la justice, notamment celle de M. le baron Pasquier, en date du 21 fév. 1817, en feraient foi au besoin. — La cour royale de Rennes et celle de Paris viennent tout récemment de reconnaître ces principes. Elles ont décidé que la loi n'a entendu ni faire des offices une propriété dont les titulaires pussent disposer à leur gré, ni rien enlever au gouvernement du droit qu'il a soit de refuser les successeurs, soit de surveiller la transmission des offices. Elles ont reconnu, en outre, qu'en matière de vente d'un office ministériel, la convention secrète d'un supplément du prix déclaré à l'autorité est nulle et contraire à l'ordre public.

» Ce point une fois établi, quelles sont donc les mesures nouvelles et vexatoires dont se plaignent les pétitionnaires? — Rappelons d'abord que, parmi les mesures que l'on continue à prendre pour s'assurer de la vérité des énonciations des traités, il en est dont l'origine remonte à la promulgation même de la loi de 1816. Du moment où le gouvernement comptait au nombre de ses devoirs celui de prévenir et de *punir au besoin toutes les collusions qui auraient pour objet des traités simulés* (ce sont les termes mêmes de la circulaire de 1817), ce pouvoir ne devait pas être illusoire entre ses mains; il devait l'exercer et choisir des moyens suffisants pour empêcher de pareilles fraudes.

» L'abus dont nous parlons s'était promptement manifesté après la promulgation de la loi de 1816. Voici en effet ce que nous lisons dans la circulaire que nous avons déjà citée ; l'expérience des magistrats qui siègent sur les bancs de la chambre leur dira si le mal a diminué depuis cette époque. « On se plaint avec raison de ce que le prix des traités que font les officiers ministériels avec les sujets qui se proposent de leur succéder excède de beaucoup les produits de leur état ; les successeurs, qui sont souvent des jeunes gens sans expérience, contractent des engagements dont ils sentent bientôt toute la dureté. Privés, par le surcroît des charges, des moyens honorables d'existence, plusieurs cherchent des ressources dans des opérations étrangères à leurs fonctions, et qui compromettent leur considération personnelle ; d'autres, et le nombre en est assez grand, ne craignent pas d'ajouter à leur profit par des exactions : une cupidité honteuse remplace tous les jours la modération et le désintéressement dont les officiers ministériels devraient faire profession. C'est pour mettre un terme à des désordres aussi déplorables pour la société, et dont la preuve est consignée dans les plaintes mul-

qui craignaient de se voir enlever le droit de présentation, et les justiciables, qu'avaient alarmés les déconfitures de plusieurs notaires de Paris. On donna satisfaction aux justiciables en revisant, par l'ordonnance du 4 janv. 1843, l'arrêté du 2 niv. an 12, relatif à l'organisation des chambres de notaires et à la discipline du notariat; on rassura les officiers ministériels par les dernières phrases du rapport qui précédait l'ordonnance et qui renfermait la pensée du roi. « En réservant dans toute sa plénitude le droit de nomination, disait le ministre de la justice, M. Martin (du Nord), à la fin du rapport, dépendance nécessaire de la puissance publique, et garantie indispensable contre les abus, le gouvernement regarde comme hors d'atteinte le droit de transmission des offices créé par la loi du 28 avr. 1816. A aucune époque, il n'a songé à admettre ni à proposer aucune altération de ce droit, et les inquiétudes qui ont pu se répandre à ce sujet n'ont jamais eu le moindre fondement » (D. P. 43. 3. 8).

56. Après la révolution de 1848, une pétition fut adressée à l'assemblée constituante par un certain nombre de commer-

---

tipliées que je reçois, que je vous en signale une des principales causes...» — Et plus loin : « Il serait bon de surveiller les traités patents ou secrets qui peuvent être faits par tous les officiers. Si vous veniez à découvrir qu'un officier public, pour obtenir son admission, eût produit un traité simulé, vous m'en donneriez avis aussitôt. Un homme qui se serait conduit d'une manière aussi répréhensible ne mériterait pas de conserver son état, et je provoquerais sans aucun ménagement sa destitution. »

» Malgré ces précautions, les abus se sont représentés. Des pétitions furent adressées à la chambre; la discussion chercha à éclairer la question, et presque dans chaque session un ou plusieurs renvois à M. le garde des sceaux furent prononcés. — ...Il est donc bien constaté qu'à différentes époques, des abus ont été révélés, et que la sollicitude du ministre de la justice a été provoquée de façon à lui imposer une sorte d'obligation morale d'y chercher un remède. M. le garde des sceaux actuel a cru de son devoir de répondre à cet appel. Une commission spéciale a été instituée par lui; le résultat de son travail n'est pas connu; la commission n'a donc pas d'opinion à émettre à ce sujet.

» Mais les pétitionnaires allèguent qu'en dehors de cette commission, et sans attendre qu'elle ait terminé ses travaux, des mesures vexatoires et illégales auraient été prises, soit par les magistrats des parquets, soit par le garde des sceaux lui-même. Il devenait nécessaire d'obtenir des renseignements complets à ce sujet. M. le ministre de la justice s'est empressé de satisfaire au désir manifesté à cet égard par la commission ; il s'est rendu dans son sein, et lui a fourni les explications dont nous allons entretenir la chambre.

» M. le garde des sceaux a affirmé que, depuis la promulgation de la loi de 1816, la chancellerie n'a suivi qu'une seule et même jurisprudence : cette jurisprudence, il l'a trouvée établie, et il n'y a rien changé. Les mesures récentes dont parlent les pétitionnaires ne sont autres que celles qui ont été prises de tout temps, et de toutes les circulaires, une seule, celle du 5 février dernier, émane de son ministère. Il est vrai qu'un procureur général l'ayant consulté sur une affaire spéciale, et ayant reçu des instructions qui ne devaient s'appliquer qu'à cette seule affaire, ce magistrat a cru devoir adresser une circulaire à ses substituts, document qui a été publié par un journal et dans lequel on remarque ces mots :— « M. le garde des sceaux veut que les parties contractantes (à chaque mutation d'office de notaire, avoué, greffier, commissaire-priseur et huissier) déclarent devant vous, sous la foi du serment, que le prix stipulé dans le traité est sincère et véritable ... Je vous invite à communiquer mes instructions, qui ont été approuvées le 5 de ce mois par M. le garde des sceaux, à la chambre des notaires de votre arrondissement, et à celle des avoués et des huissiers, en ce qui concerne la prestation du serment seulement. » — M le ministre de la justice a déclaré à la commission qu'il ne désavouait pas en termes généraux les principes établis par cette circulaire, et qu'il l'acceptait définitivement dans les termes de sa circulaire du 5 février dernier.

» Après ce narré exact des faits, nous appellerons l'attention de la chambre sur la discussion sérieuse qui s'est établie dans la commission sur la question du serment. C'est en effet cette mesure, récemment appliquée, qui a soulevé l'opposition la plus vive. Quelques membres de la commission avaient pensé qu'il fallait attribuer à M. le garde des sceaux actuel l'idée première de faire prêter aux titulaires d'offices et à leurs successeurs le serment que le prix porté aux traités était bien le prix véritable. — Ils disaient qu'il était possible que, dans des circonstances rares, on eût fait *affirmer* ce fait sur l'honneur ; mais ils ne croyaient pas que jamais on eût exigé le serment.—Il ne doit plus rester de doute à cet égard. M. le garde des sceaux a trouvé cet usage établi, et il serait injuste de lui reprocher de n'avoir fait que suivre une jurisprudence qui paraît remonter à l'époque même de la promulgation de la loi de 1816.— M. le ministre a communiqué à la commission des relevés qui prouvent que, pour un grand nombre d'affaires spéciales, des instructions avaient été données, soit pour l'*affirmation sur l'honneur*, soit pour le *serment*. Les procès-verbaux existent à la chancellerie ; leurs dates indiquent que cette formalité a été exigée dans des circonstances exceptionnelles, il est vrai, mais assez fréquentes, sous tous les ministères précédents, y compris celui du 15 avril.

» Nonobstant ces renseignements, la commission a cru pouvoir émettre son opinion sur l'opportunité de cette mesure. Ici les esprits se sont partagés. Quelques membres ont pensé que le serment exigé dans des cas rares, comme le prescrit la dernière circulaire de M. le garde des sceaux, pouvait être utile. Si aucune loi ne l'autorise, aucune loi non plus ne le défend. Loin d'avoir quelque chose d'immoral, le serment imposé, lorsque l'on peut soupçonner la fraude, évitera peut-être de honteuses transactions et toutes les suites funestes qui peuvent en résulter. Quoi de plus naturel que de dire aux hommes qui demandent à faire ratifier leur traité : « Affirmez sous serment la sincérité de vos conventions. Nous nous en rapportons à votre parole , nous serons de cette manière à même de vérifier, dans votre intérêt aussi bien que dans celui de la société, si le prix que vous déclarez est en rapport avec les revenus probables de votre charge et avec vos ressources actuelles.»

» Dira-t-on que c'est là encourager le parjure, détruire en le prodiguant la sainteté du serment! Mais qui osera supposer que ceux-là mêmes qui se destinent à devenir les conservateurs de la morale, de l'équité, de la fortune, souvent de l'honneur des familles, consentent, à l'entrée de leur carrière, à se déshonorer par un faux serment ! — Que si, un officier ministériel indigne de ses fonctions s'était oublié à ce point, les tribunaux seraient là pour venger la morale outragée.— Il n'y a rien d'arbitraire à vouloir contrôler, même à l'aide du serment, le prix de la démission du titulaire. L'intérêt privé est toujours ingénieux à se dérober à de pareilles investigations; il est difficile, souvent impossible, de constater l'existence des contre-lettres et de s'assurer si les parties contractantes n'ont pas cherché dans le secret de leurs conventions à conserver un bénéfice exagéré qu'ils auraient craint d'avouer ouvertement, si même elles n'ont pas trompé des tiers. Il serait peu sage, peut-être dangereux, de dépouiller le gouvernement d'un moyen nécessaire, le seul peut être qui soit réellement efficace.

» Cet avis a été combattu par d'autres membres de la commission. Le serment, disent-ils, est une mesure grave qu'un ministre n'a point le droit de prescrire, et que la loi seule peut imposer. Les procureurs du roi et les procureurs-généraux n'ont aucune qualité pour recevoir un pareil serment ou pour donner à sa constatation un caractère d'authenticité.—La loi ne l'autorise pas ;et cependant on se croit le droit de poursuivre en cas de faux serment. Appliqué aux officiers ministériels, il a plus d'un inconvénient. On les place entre leur intérêt privé et leur conscience, et on risque ainsi soit de nécessiter des poursuites toujours fâcheuses, soit de placer, dès l'abord de leur carrière toute d'honneur et de probité, ceux qui demandent à y entrer sous une suspicion qui ne serait pas de nature à leur donner des droits à l'estime et à la confiance de leurs concitoyens. Il y a de l'immoralité à supposer la fraude sur des soupçons qui doivent toujours être vagues et peu déterminés. L'opposition unanime que l'on rencontre chez les officiers ministériels démontre combien ils sentent vivement ce que cette défiance jette sur eux de déconsidération. Que, si, comme cela peut arriver, le ministre découvre que, sous les traités patents, il se cache des conventions particulières, soit pour tromper le gouvernement en dissimulant le prix réel, soit pour nuire à des tiers, le ministre a le droit que la loi lui confère, de refuser le candidat et d'attendre que les conditions qu'il peut exiger se trouvent remplies. Mais non-seulement il ne faut point faire du serment une chose habituelle qui le réduirait bientôt à une de ces formalités banales qui perdent de leur solennité lorsqu'elles sont prodiguées, mais encore, appliqué au prix des offices, il paraîtrait préférable, dans l'intérêt de la dignité des possesseurs, de chercher d'autres moyens plus légaux et moins flétrissants de parvenir à l'application saine et juste des véritables principes qui règlent la matière.

» La commission a été d'avis à l'unanimité, moins une voix, de décider que cette question a une importance telle que l'attention de M. le garde des sceaux doive être appelée sur sa décision. A cet égard elle vous demande le renvoi de cette partie des réclamations des pétitionnaires à ce ministre..... (La partie du rapport consacrée à l'examen des faits spéciaux signalés par les notaires de Metz n'offre plus aujourd'hui d'intérêt.)

» En résumé, dit en terminant le rapport, nous vous proposons l'ordre du jour sur l'ensemble des griefs des officiers ministériels, qui ne nous ont point parus fondés, ou qui n'ont pas été justifiés; l'ordre du jour sur les faits particuliers dont parle la pétition de Metz; le renvoi à M. le garde des sceaux de la question relative au serment; enfin le renvoi au même ministre de la partie des pétitions qui demandent la présentation du projet de loi annoncé par l'art. 91 de la loi du 28 avril 1816. »

Toutes ces conclusions de la commission ont été adoptées après une discussion dans laquelle on a entendu M. le garde des sceaux, MM. de Chasseloup-Laubat, Fould et Lherbette.

Du 22 fév. 1840.-Ch. des dép.

çants de Marseille, qui demandaient la suppression dans cette ville des offices de courtiers de commerce. Le rapport fut fait, le 9 sept. 1848, par M. Randoing, et, conformément à l'opinion du rapporteur, l'ordre du jour fut adopté. — En ce moment, il est de nouveau et sérieusement question de la suppression des courtiers de commerce; mais cette suppression, si elle est prononcée, aura pour motif un intérêt purement commercial, et ne pourra en aucune façon être considérée comme un abandon du principe posé par l'art. 91 de la loi de 1816 (V. pétit. au sénat, séance du 25 mars 1865, Mon. du 26).

57. Lorsque, dans l'assemblée constituante, on discuta les divers articles de la constitution de la république française, il fut déclaré explicitement dans la discussion que l'art. 11, ainsi conçu : *Toutes les propriétés sont inviolables*, protégeait la propriété des offices (D. P. 48. 4. 221, n° 38). — Plus tard, une nouvelle pétition, présentée par les sieurs Malescot, Beaufort, Simon et Bellevue demanda la suppression des offices. L'ordre du jour fut adopté par l'assemblée le 19 oct. 1848, sur le rapport très-développé de M. Aubry.

Il peut être utile de consulter sur la question des offices les documents suivants . — Circulaire du 21 fév. 1817. — Discussions à la chambre des députés relatives à la limitation par voie réglementaire du prix des offices (séances des 18 et 30 sept. 1830, 12 fév. et 24 sept. 1831; *Moniteur* du lendemain). — Résolution de la chambre contraire à cette limitation (séances des 1er et 29 oct. 1831, *ibid.*). — Discussion à la chambre des députés, relative aux offices de création nouvelle (séance du 30 juin 1837). — Discussion à la chambre des députés, sur la propriété et la vénalité des offices (séance du 3 fév. 1838, *Moniteur* 4 fév.). — Discussion à la chambre des pairs, sur la création et la vénalité des offices (séance du 4 avr. 1838). — Création par le garde des sceaux d'une commission chargée d'examiner les questions qui se rattachent à la création et à la transmission des offices (Mon. 5 et 8 sept. 1838; circ. du 21 nov. 1839). — Discussion dans la commission des offices et résumé de ses travaux (Gazette des trib. 11, 18, 25 et 30 nov. 1839; Mon. 30 déc.; Gazette des trib. 4, 14 et 22 déc.; Journal des Débats 24 déc.).— Réponses du ministre de la justice et du roi à la députation des notaires de l'arrondissement de Dreux, Eure-et-Loir (Journal le Siècle, 28 nov., 1 et 2 déc. 1839). — Rapport présenté à l'assemblée constituante sur la propriété des offices, le 9 sept. 1848, par M. Randoing (Mon. du 10). — Rapport du 19 déc. 1848, sur la même question, par M. Aubry (Mon. du 20, D. P. 49. 3. 6). — V. en outre : l'ouvrage de M. Bataillard, sur les offices ministériels; — L'opinion de M. Isambert, sur la vénalité des charges (Recueil des lois et ord., t. 8, p. 126); — Une dissertation sur les offices, par M. Morin, avocat à la cour de cassation (journal le Droit, n° du 18 fév. 1836), et son traité de la Discipline, 2e édit., t. 2, p. 13 et suiv.; — L'ouvrage de M. Jeannest-Saint-Hilaire, intitulé Du notariat et des offices, 1 vol. in-8, 1858; — Celui de M. Eugène Durand, déjà cité, Des offices considérés au point de vue des transactions privées et des intérêts de l'Etat, ouvrage couronné par la faculté de droit de Rennes et par l'académie de législation de Toulouse.

58. On a beaucoup discuté et on discute beaucoup encore sur la question de savoir quelle est la véritable nature du droit que la loi du 28 avr. 1816 a conféré, sur les offices, à ceux qui en sont titulaires. — La loi réglementaire promise n'a pas été rendue, et, pour caractériser la faculté de présentation établie par la loi de 1816, on ne peut que recourir aux termes de cette loi et aux instructions de la chancellerie. — Cependant, il est un point à l'égard duquel aucune difficulté ne saurait s'élever, c'est que la propriété des offices est une propriété d'un genre particulier, puisque la transmission n'en est pas libre, et qu'il est permis à l'Etat de refuser le successeur présenté. Les offices, en effet, ont été créés dans un intérêt social. Le droit d'en désigner les titulaires est une partie de la puissance publique; il appartient, dès lors, exclusivement au souverain qui ne peut déléguer l'exercice de cette puissance. — Mais, ce point une fois accordé, il a fallu se fixer sur les caractères de cette faculté de présentation, sur ses conditions d'exercice, sur la nature des droits qui en résultent, soit au profit de la partie qui présente un successeur, soit au profit du successeur présenté et nommé. — D'abord, il ne serait pas exact de prétendre que la faculté de présentation est dans le patrimoine du titulaire comme ses autres biens. Ainsi, si elle est transmissible à ses héritiers, elle n'est pas susceptible d'être exercée par ses créanciers (V. nos 92 et s.). « Sans doute, dit un arrêt de la cour de cassation qui consacre cette solution, l'art. 91 de la loi du 28 avr. 1816 implique une idée de propriété, mais de propriété de nature exceptionnelle, et soumise à des règles qui en circonscrivent et limitent l'exercice. » — D'où il suit que les offices ne peuvent être vendus aux enchères publiques (V. n° 390); ... que l'association formée pour l'exploitation d'un office est nulle (V. nos 352 et s.),... que l'action résolutoire, l'action en rescision pour lésion, sont inadmissibles en pareille matière (V. nos 168, 209),... qu'en cas de donation entre-vifs d'un office, le donateur ne peut stipuler le droit de retour (V. n° 383), ... que la donation n'est pas soumise aux causes de révocation énumérées dans les art. 953 et suiv. (V. n° 382), etc. — Bien plus, le titulaire, usant de son droit de présentation, n'est pas libre de fixer le prix qu'il juge convenable; il est obligé de se soumettre aux évaluations du gouvernement, et toute contre-lettre qui déroge au prix approuvé est viciée d'une nullité d'ordre public, qui ne peut être couverte par la ratification, par la novation, par la transaction, ni par la prescription décennale (V. nos 212 et s., 260 et s.). — La faculté de présentation est même tellement limitée entre les mains du titulaire qu'un grand nombre de clauses que nous signalerons à l'occasion dans le cours du présent traité, et qui seraient permises dans les conventions ordinaires, sont prohibées par l'administration lorsqu'il s'agit de la transmission des offices. — Enfin, la destitution ou la révocation du titulaire entraîne la déchéance du droit de présentation, et pour les officiers publics autres que les notaires, la révocation peut être prononcée par le gouvernement seul (V. n° 397).

En présence des restrictions ainsi apportées à l'exercice du droit de présentation, à quoi se réduit ce droit? A la faculté, assurément très-précieuse, de stipuler du successeur présenté à la nomination du souverain, un prix de cession. Cette faculté ne fait pas renaître la vénalité des offices, supprimée par le décret des 29 janv.-20 mars 1791, car le gouvernement a, sur le traité et ses conditions, un pouvoir de contrôle qui sépare profondément les offices, tels qu'ils sont institués de nos jours, des offices vénaux de l'ancienne législation. Ces derniers offices, véritable propriété privée soumise aux règles du droit commun, dépendaient du patrimoine du titulaire, qui ne pouvait être destitué qu'en vertu d'un jugement de forfaiture; ils étaient saisissables et cessibles, sauf la provision, c'est-à-dire sauf l'admission, par le roi, de la résignation du titulaire. Et notons que cette provision ne pouvait pas être refusée. Le roi avait primitivement vendu l'office moyennant une certaine somme qui, versée au trésor par le premier acquéreur, constituait, à son profit, ce qu'on appelait la finance. Or, disait Loyseau, des Offices, p. 395 : « Le roy et tout autre collateur ayant vendu un office, ne peut, par puissance ordinaire et selon justice, en refuser par après la résignation faite à temps opportun et à personne capable » (V. aussi Pothier, de la Procédure civile, part. 4, chap. 2, art. 13, § 1; Merlin, Répert., v° Office, n° 2).

Ces prérogatives de l'ancienne vénalité des offices sont incompatibles avec la destination publique des fonctions qui s'y rattachent. La loi de 1816 n'a pas dû les maintenir. — Cependant, la faculté de présentation qu'elle a donnée aux titulaires, est, pour eux, un certain bien que la jurisprudence a dû traiter comme une propriété ordinaire lorsque les exigences de l'ordre public n'y faisaient point obstacle. — C'est ainsi que l'on a admis, en matière de cession d'office, l'application de l'art. 1641, qui donne à l'acquéreur une action en garantie contre le vendeur, à raison des vices cachés de la chose vendue (V. nos 286 et s.), ainsi que l'exercice du privilége du vendeur sur le prix de revente de l'office (V. nos 316 et s.).—En résumé, la propriété des offices est une propriété *sui generis*. D'un côté, le gouvernement intervient non-seulement lorsqu'il s'agit de la *nomination* du successeur présenté par le titulaire, mais encore lorsqu'il y a lieu de régler les *clauses* de la *transmission* de l'office, et l'exercice du droit de présentation se trouve de la sorte pleinement soumis au contrôle de l'autorité. Mais, d'un autre côté, une fois ce droit régulièrement exercé, l'acte de cession produit entre les parties les rapports qui naissent du genre de contrat qu'elles ont passé, c'est-à-dire du mode d'aliénation, vente, donation, etc., qui y a été formulée, en tant qu'ils ne sont pas en opposition avec les règles d'ordre public auxquelles la transmission des offices est assujettie. — La plupart des auteurs admettent le droit de propriété des titulaires d'offices, subordonné toutefois aux nécessités d'ordre public et garanti par les règles du droit commun contre les révocations et destitutions arbitraires et subordonné aux nécessités d'ordre public (V. MM. Favard, Rép., vis Office et Officier minist.; Troplong, de la Vente, sur l'art. 1598, n° 220; Duvergier, des Sociétés, n° 59, p. 85; Morin, Discipl. des cours et trib., t. 2, n° 545; Glandaz, Encycl. du droit, v° Avoué, n° 9; Bioche, Dict. de proc., v° Discipl., n° 346; Bataillard, ch. 2, p. 111 et suiv.; Eug. Durand, nos 208 et suiv. — V. cependant M. Dard, p. 205 et suiv.).

59. Avant 1849, les officiers ministériels et les fonctionnaires désignés dans l'art. 91 de la loi de 1816, ne jouissaient pas, dans les *colonies*, de la faculté de présenter leur successeur. Ils étaient nommés par le gouverneur, qui pouvait les destituer après avoir pris l'avis des tribunaux. — Cet état de choses a été changé par la loi du 19 mai 1849, art. 9 (D. P. 49. 4. 106), qui rend l'art. 91 de la loi de 1816 et la loi du 25 juin 1841 sur les droits de mutation, en matière d'office, applicables aux colonies de la Martinique, de la Guadeloupe et dépendances, de l'île de la Réunion et de la Guyane française. — Mais dans les autres colonies, le régime ancien n'a reçu aucune modification : les officiers ministériels n'ont pas le droit de transmettre leurs offices. Il en est ainsi notamment en Algérie (V. Organis. de l'Algérie; Organis. des colonies, et M. Eug. Durand, *loc. cit.*, n° 360).

60. Il est évident que le droit accordé par la loi de 1816 ne change en rien la position des officiers ministériels quant à leur dignité, et leurs devoirs envers les justiciables et le public. — Ainsi, comme fonctionnaires publics, ils sont tenus de prêter le serment prescrit par la loi, et à défaut ils peuvent être déclarés démissionnaires (V. Serment, nos 45 et s., et *infrà*, nos 81 et s.).

61. Tant que les officiers publics sont en fonctions, il leur est interdit d'aliéner aucun de leurs droits. Ils peuvent bien user du droit de présentation, pour se dessaisir de leur charge en entier, mais il serait contre l'intérêt des justiciables qui demande la concurrence, qu'ils s'abstinssent, moyennant un prix, de remplir une partie de leurs fonctions. — Aussi a-t-il été jugé : 1° que la convention par laquelle un officier ministériel, et, spécialement, un courtier maritime, s'interdit, au profit de ses collègues, de faire certains actes de son ministère, est nulle comme contraire à l'ordre public (Cass. 15 déc. 1845, aff. Ferrière, D. P. 46. 1. 25); — 2° Que les commissaires-priseurs d'une résidence n'ont pu convenir qu'ils n'instrumenteraient qu'alternativement (Angers, 23 avr. 1842, aff. Julien, V. Commissaire-priseur, n° 50). — V. aussi vis Copie de pièces, n° 60; Huissier, nos 52, 82; Obligation, n° 571.

62. Le droit de transmission par voie de présentation d'un successeur ne peut s'appliquer par extension à d'autres officiers que ceux désignés par la loi de 1816. Il est limitatif (V. Décision de la chambre des députés des 1er oct. 1831 ; Dict. du notariat, n° 117; M. Rolland de Villargues, v° Office, nos 47 et suiv.). — Ainsi, le droit de présentation n'appartient pas aux titulaires de places de finance, telles que celles de *percepteur*, de *receveur*. — V. quant à la question de savoir si les avantages résultant de la démission d'un pareil emploi peut être l'objet d'une convention valable, v° Obligation, nos 562 et suiv., et MM. Duvergier, Société, n° 61, Troplong, *eod.*, n° 220.

63. L'art. 91 de la loi de 1816 ne s'applique pas non plus aux brevets d'*imprimeur* ou de *libraire* : ces brevets sont personnels et ne peuvent être l'objet d'une cession (Avis cons. d'Et. 10 mai 1828, approuvé le 2 juin; V. Presse-outr., nos 117 et 202, et MM. Duvergier, Vente, t. 1, n° 209; Troplong, Vente, n° 221; Rolland de Villargues, n° 64, Eug. Durand, des Offices, p. 222, note).

64. Un *débit de tabac* n'est pas un office et n'est pas non plus cessible; mais la gérance de ce débit peut être valablement cédée par le titulaire, à charge par les parties de se munir de l'agrément de la régie (Paris, 6 mars 1845, aff. Delaon, D. P. 45. 4. 495; 23 nov. 1853, aff. Poirier, D. P. 55. 2. 172).

65. Les brevets de *maître de poste* constituent-ils au profit des titulaires, une propriété de même nature que celle des officiers ministériels, c'est-à-dire cessible et transmissible avec l'agrément du gouvernement? — V. Poste, n° 151.

66. Aux termes des décrets des 30 mars 1808 et 14 juin 1813, les cours et tribunaux désignent pour le service intérieur ceux de leurs huissiers qu'ils jugent les plus dignes de leur confiance. Ces officiers prennent le titre d'*huissier-audiencier*. Cette confiance toute personnelle ne peut être transmise : aussi a-t-il été jugé, par ce motif, que le titre d'audiencier près d'une cour ou d'un tribunal ne peut être l'objet d'un traité ni d'un prix vénal (Paris, 30 mai 1843, aff. Bruet, V. n° 167; Rouen, 7 juill. 1846, aff. Hesme, D. P. 46. 2. 203). — Et en cas de cession du titre, moyennant un prix, avec l'office de l'huissier qui en est investi, le cessionnaire, non désigné comme huissier audiencier, est affranchi par là du payement de ce prix, mais il ne peut se fonder sur ce refus de nomination pour réclamer, en outre, une diminution sur le prix de l'office (même arrêt du 7 juill. 1846).

67. Le *greffier en chef de la cour des comptes* dont les fonctions sont définies et fixées par le titre 5 de la loi du 28 sept. 1807, n'a pas le droit de présenter un successeur. Il est assimilé au secrétaire-général du conseil d'Etat, et est nommé sur la présentation du premier président. Il ne fournit pas de cautionnement.

68. Aux termes des ordonnances des 15 juill. 1814, art. 6, et 31 oct. 1830, art. 5 (V. Sceaux, n° 4), il existe près le ministère de la justice des officiers qui prennent le titre de *référendaires au sceau* et qui sont chargés de postuler dans les bureaux pour les affaires relatives aux majorats, aux naturalisations, aux dispenses pour mariage, etc. Le nombre des référendaires a été fixé à dix, sans qu'il puisse être augmenté (Ord. 9 déc. 1815). Bien que l'ordonnance du 31 oct. 1830, art. 5, ait exigé de ces officiers un cautionnement, la chancellerie ne leur a jamais reconnu le droit de présentation. Cependant et par le fait ces charges se transmettent à prix d'argent.

69. Les *agréés*, c'est-à-dire les personnes désignées ou *agréés* par les tribunaux de commerce, à l'effet de représenter habituellement les parties devant cette juridiction, n'ont jamais eu et n'ont pas encore aujourd'hui, à proprement parler, d'existence légale : ils sont nommés par les tribunaux de commerce, d'après les règlements particuliers établis par ces tribunaux eux-mêmes. On ne peut donc les comprendre parmi les officiers ministériels dont parle l'art. 91 de la loi de 1816. Cependant, dans la pratique on a reconnu aux agréés le droit de présenter leur successeur à la nomination du tribunal près duquel ils exercent; de là résulte naturellement pour eux le droit de céder à prix d'argent leur charge, c'est-à-dire leur pratique, leur clientèle, et il a été jugé que ces objets incorporels dont la valeur est parfaitement appréciable, sont dans le commerce et peuvent être légalement la matière d'un contrat de vente (Rouen, 25 juill. 1846, D. P. 46. 2. 192 et sur pourvoi, Req. 14 déc. 1847, aff. Dieutre, D. P. 48. 1. 12. — V. Agréé, nos 28 et suiv., et M. Eug. Durand, des Offices, p. 223, note). — D'un autre côté, comme les agréés ne sont pas soumis à la loi de 1816, il est admis par les règlements pris à cet égard par les tribunaux de commerce que l'agréé, qui, aux termes de ces règlements, a encouru la peine de la destitution, n'est pas dépouillé du droit de transmettre sa charge (V. Agréé, n° 25).

70. Les *gardes du commerce*, officiers ministériels chargés de mettre à exécution à Paris, les jugements et actes emportant contrainte par corps ne sont pas compris dans l'énumération donnée par l'art. 91 de la loi de 1816 et sembleraient dès lors ne pas pouvoir jouir du bénéfice de cette loi, d'autant plus que leur nomination doit, aux termes du décret du 14 mars 1808, art. 2, se faire sur la présentation de deux listes dressées, l'une par le tribunal civil et l'autre par le tribunal de commerce. Cependant, il paraît que l'administration permet aux gardes du commerce de présenter leur successeur. — V. v° Garde de commerce, n° 2.

71. Les *courtiers*, interprètes, conducteurs de navire, peuvent-ils invoquer le bénéfice de l'art. 91 de la loi du 28 avr. 1816? (V. Bourse de comm., n° 453). — En ce qui concerne les agents de change, V. *eod.*, n° 194.

72. L'art. 91 de la loi de 1816 avait disposé *qu'il serait statué par une loi particulière sur l'exécution du droit de présentation et sur les moyens d'en faire jouir les héritiers* ou *ayant cause desdits officiers*. Cette loi n'a pas été rendue. Elle n'était pas désirée par les officiers publics qui craignaient de voir l'espèce de droit de propriété qui leur avait été accordée limitée par le législateur, et le gouvernement a plus d'une fois reculé devant les difficultés que présentait la rédaction de cette loi. Cependant l'absence d'une loi réglementaire n'empêche pas les officiers publics de profiter du droit de présentation.

Art. 5. — *Exercice du droit de présentation : Héritiers, destitution, suppression d'offices.*

73. Il faut pour profiter du droit établi par l'art. 91 de la loi du 28 avr. 1816 avoir versé le cautionnement demandé par cette loi de finance aux officiers ministériels. — Ainsi il a été décidé que les héritiers d'un courtier, qui est décédé sans avoir fourni de cautionnement, ont perdu tout droit à la propriété de la charge de leur auteur et à sa transmission; qu'en conséquence, si le gouvernement, à la considération de la veuve et des enfants mineurs de cet officier ministériel, nomme un successeur désigné par ceux-ci, et qui s'est engagé à leur payer une certaine somme, cette somme devient la propriété personnelle de la veuve et des enfants, et, par suite, est à l'abri des poursuites des créanciers de la succession qui n'y ont aucun droit (Bordeaux, 2 juin 1840) (1). — En ce qui concerne le cautionnement des fonctionnaires publics et ministériels, V. Cautionnem. de fonct.

74. Le droit de présentation conféré aux officiers publics par la loi du 28 avr. 1816, est purement personnel, en ce sens que le titulaire d'un office ne peut céder ce droit à un tiers pour l'exercer en son lieu et place, et ne peut jamais être contraint à donner sa démission. Sous ce rapport, on peut dire, avec un arrêt, que le droit de présentation est inaliénable (Limoges, 17 janv. 1833, aff. Lachaud, vº Responsab., nº 346-4º). — En conséquence, il a été jugé 1º que toute convention qui pourrait avoir pour résultat de forcer le titulaire à se démettre de son office doit rester sans effet; que seulement l'officier public qui a promis de présenter tel successeur à tel moment déterminé et qui manque à sa promesse, est passible de dommages-intérêts (même arrêt, V. nº 145); — 2º Que les créanciers d'un officier public ne peuvent jamais le contraindre à donner sa démission (Colmar, 29 mai 1835, aff. Jacquemoux, V. nº 92); — 3º Que le droit de présentation d'un successeur, en matière d'office, ne peut être exercé par d'autres que par le titulaire cédant ou ses héritiers; que ce droit ne peut être exercé par des tiers et notamment par une maison de commerce qui l'aurait acquis du titulaire (Riom, 10 fév. 1845, aff. Coste, D. P. 45. 2. 190).

75. A un autre point de vue, et c'est celui sous lequel on l'envisage le plus communément, le droit de présentation est dans le commerce et partant aliénable; le titulaire en effet, en cédant son office, transmet en même temps son droit de présentation, qui de sa tête passe sur celle du candidat qu'il a présenté dès que celui-ci a été agréé par l'administration. — Aussi a-t-il été jugé que la finance d'un office et spécialement celle d'un office de commissaire-priseur se trouve placée dans le commerce et est transmissible comme les autres biens du titulaire (Rennes, 24 nov. 1832) (2). — Ce que l'arrêt dit de la *finance* des offices, expression aujourd'hui inexacte, doit s'entendre du droit de présentation. — Seulement les conséquences qui se manifestent dans l'application de cette règle, au lieu d'être réglées par la loi, sont abandonnées dans certains cas à l'appréciation des tribunaux qui doivent se diriger d'après les règles du droit commun, lorsque la matière n'y résiste pas; dans d'autres cas, d'après les décisions de l'administration (Décis. de la ch. des dép., sur la pétition du sieur Lex).

76. Mais il est bien entendu que ce qui est dans le commerce, c'est seulement le *droit de présentation*, et nullement celui d'exercer une fonction publique ou quasi-publique (Conf. MM. Toullier, t. 12, Duvergier, de la vente, t. 1, nº 208).—Il faut donc entendre d'une manière exacte cette proposition souvent répétée que les *offices sont dans le commerce*. La vénalité des charges n'existe plus; il n'y a véritablement dans le commerce, comme nous venons de le dire, que le droit de présentation qui ne peut être exercé qu'en cas de démission ou de décès. — En effet la loi de 1816 n'a pas rétabli l'ancienne vénalité des offices, et le gouvernement est le maître de nommer ou de ne pas nommer celui qu'un titulaire présente pour son successeur. — Ainsi, il a été jugé que, même depuis la loi du 28 avr. 1816, les places pour lesquelles cette loi autorise les titulaires à présenter au gouvernement

---

(1) (Hérit. Avertin C. Lafargue.) — La cour ; — Attendu qu'il est constant, en fait, qu'Avertin Marie, qui fut pourvu d'un office de courtier de marchandises à Bordeaux en 1825, ne réalisa pas le cautionnement de cette charge; — Qu'il est décédé le 25 oct. 1832 ne laissant que des valeurs mobilières bien insuffisantes pour répondre de la dot qu'il avait reçue de son épouse; — Attendu que l'art. 4 de l'ordonnance royale du 3 juill. 1816 dispose que les agents de change ou courtiers de commerce, leurs veuves et enfants, ne pourront jouir du bénéfice de l'art. 91 de la loi du 28 avril de la même année (celui de présenter des successeurs à l'agrément du roi), s'ils ne justifient du versement intégral du cautionnement, tant en principal qu'à titre de supplément; — Que d'après un texte aussi formel, les héritiers d'Avertin Marie n'ont pas trouvé dans sa succession le droit de présenter un successeur; — Que ce droit ne pouvait également leur appartenir; — Que si le sieur Brisson fut nommé courtier en remplacement de Marie, à la sollicitation et sur la demande de la veuve, on ne peut voir dans cette nomination qu'une faveur toute spéciale du gouvernement, à raison de la position fâcheuse et digne d'intérêt de cette veuve et de ses enfants : — Que la saisie-arrêt faite par la dame Lafargue sur les produits du brevet dont Brisson devint titulaire, se trouve dès lors frapper des revenus étrangers à la succession d'Avertin Marie, dont la saisissante est créancière. — Que ces revenus sont la propriété personnelle de la veuve et des enfants Marie, par suite des conventions particulières intervenues entre eux et Brisson, qui a depuis cédé ce même brevet à Sandré fils, tiers saisi; — Emendant, annule la saisie-arrêt, etc.

Du 2 juin 1840.-C. de Bordeaux, 1re ch.-M. Gerbeaud, pr.

(2) *Espèce :* — (Sauvé C. Commissaires-priseurs.) — Sauvé, voulant se faire nommer à la place de commissaire-priseur, à Rennes, restée vacante depuis quelques années par la cession qu'en avait faite Herpin-Lacroix, à ses deux confrères, offrit à ceux-ci les 7,500 fr. qu'ils avaient déboursés et qu'ils refusèrent, voulant eux-mêmes fixer le prix de la vente. Après avoir obtenu sa nomination, Sauvé s'adressa au tribunal de Rennes, qui, sur sa demande en fixation du prix à payer aux commissaires-priseurs, le condamna à payer 12,450 fr —Appel —Arrêt.

La cour ; — Considérant, en droit, qu'en accordant aux officiers ministériels y désignés le droit de présenter des successeurs à l'agrément du roi, l'art. 91 de la loi du 28 avril 1816 leur a nécessairement donné la faculté de faire des traités avec ces successeurs, et de disposer ainsi de la finance de leurs places, dont le titre ou l'institution restent seuls à la disposition du gouvernement; — Considérant que, si, relativement aux héritiers ou ayants cause desdits officiers ministériels, le deuxième alinéa de cet article se borne à dire qu'il sera statué par une loi particulière sur les moyens de les faire jouir du même avantage, la jurisprudence, la doctrine des auteurs et l'usage se réunissent pour faire considérer l'absence de cette loi comme ne pouvant pas nuire à un droit qui, consacré par l'art. 91, n'avait plus besoin que de recevoir des moyens ou règles d'exécution ; — Considérant que, dans cet état de choses, quelque désastreux que puisse être le principe admis par la loi de 1816, on est forcé de reconnaître que la finance des offices dont il s'agit se trouve réellement placée dans le commerce et devient susceptible de se transmettre comme les autres biens du titulaire; — Considérant, en fait, qu'il est démontré par les documents fournis au procès que le sieur Herpin-Lacroix, ancien commissaire-priseur à Rennes, avait cédé à ses deux confrères tous ses droits à la finance de sa charge; — Considérant, en droit, que par là ceux-ci étaient devenus ses ayants cause et auraient pu transporter à d'autres les droits qu'ils tenaient de lui ; — Considérant que, s'ils n'ont pas voulu ou s'ils n'ont pas pu s'entendre avec le sieur Sauvé sur la transmission de ces droits, avant que le roi eût disposé, en faveur de ce dernier, du titre de la charge dont est cas, la mesure prise par le gouvernement de lui accorder préalablement l'institution, sauf au tribunal à fixer l'indemnité due aux acquéreurs de la finance, n'a pas pu dénaturer les droits de ceux-ci ; — Considérant que le possesseur ou propriétaire d'un droit ne peut être contraint à recevoir pour prix de sa transmission le simple remboursement de ce qu'il a dépensé pour l'obtenir; mais que, faute aux parties de s'entendre, l'indemnité de dépossession doit être le montant du prix venal ou la valeur au cours ; — Considérant, en fait, que la fixation faite par les premiers juges à la somme de 12,450 fr. est loin de paraître exagérée, lorsqu'on la rapproche des traités faits à Rennes, tant récemment qu'à diverses époques, pour la transmission de la finance de plusieurs charges de commissaires-priseurs; — Démet de l'appel.

Du 24 (ou 14) nov. 1832.-C. de Rennes, 1re ch.

ment leurs successeurs ne sont pas vénales, ni conséquemment dans le commerce (Pau, 15 juill. 1824, aff. Ross, rap. avec Req. 8 fév. 1826, v° *infrà*, n° 390; Caen, 12 juill. 1827, aff. Dussaulx, V. n° 379; Riom, 10 fév. 1845, aff. Coste, D. P. 45. 2. 190; Amiens, 24 avr. 1845, aff. Crépin, D. P. 45. 2. 107). — M. Eug. Durand semblerait, au premier abord, enseigner une opinion contraire. — « Attribuer aux officiers ministériels, dit-il, n° 213, le droit de présenter des successeurs à l'agrément du chef de l'Etat, ainsi que l'a fait l'art. 91, c'était, abstraction faite de la puissance publique qui y est attachée, du titre, mettre les *offices dans le commerce*; étendre cette faculté aux héritiers des titulaires, c'était rendre ces charges transmissibles par voie de succession. Comme toute propriété privée, les offices sont donc *vénaux et héréditaires*. » — Mais M. Durand a soin d'expliquer plus loin, p. 236 en note, que le mot *office* est pris ici dans le sens *abusif* qu'on lui donne dans le langage ordinaire : qu'en l'employant, il entend désigner seulement le droit de présentation : *la seule chose que la loi de* 1816 *ait mise dans le commerce* et qui peut seule servir de base par suite aux conventions des parties. — Aussi M. Durand, n° 258, reconnait-il qu'un office ne peut être donné en gage. — De même aussi il ne peut être donné à bail (V. Louage, n° 45).

77. Cependant, il a été jugé que la cession de la finance de son office faite par un officier ministériel, avant qu'il se démette, à sa femme, judiciairement séparée de lui, pour la remplir de ses reprises, est licite (Bordeaux, 20 mars 1840, aff. Dumergue, V. Contr. de mar., n° 1828). La position de la femme était très-favorable : il s'agissait, en effet, de lui accorder un privilége pour ses reprises sur le prix de la charge de son mari. Mais il est douteux que l'arrêt soit bien rendu. — En effet, les charges ne sont pas vénales. Le droit de présentation peut seul être aliéné, mais ce droit ne nait qu'à la cessation des fonctions. Jusque-là, il n'y a pas de prix, donc il n'y a rien à céder. — On sent quelles seraient les suites dangereuses de cette jurisprudence. Comme l'office n'est pas le gage des créanciers, comme ils ne peuvent pratiquer sur ce qu'on appelle si improprement la finance ni saisie-exécution, ni acte conservatoire, il en résulte qu'arrivant la cession, ils ne trouveraient plus de prix sur lequel ils pussent faire valoir leurs droits. La dignité et l'indépendance de l'officier public souffrirait aussi de la position qui lui serait faite. Qu'aurait-il cédé d'ailleurs? — Une simple espérance, car il pourrait être destitué, et, dans une autre hypothèse, le gouvernement pourrait exiger une diminution du prix.

78. Il a été décidé aussi que le titulaire d'un office peut en céder la valeur à un tiers, même avant de s'en démettre, à l'effet d'investir ce tiers de la propriété du prix de l'office, pour l'époque où il sera vendu, une telle convention ne portant pas atteinte au droit de présentation du titulaire (Toulouse, 2 déc. 1847, aff. Cabrol, rap. avec Req. 16 janv. 1849, D. P. 49. 1. 55). — Mais nos observations sur cet arrêt, *eod.*, en note et *infrà*, n° 384.

79. Il est évident qu'en thèse générale, outre que le droit de présentation est personnel, il ne peut s'exercer que relativement à l'office dont le titulaire qui veut se démettre est investi. Cependant, il est arrivé quelquefois, dans le cas de création de nouveaux offices, de donner pour indemnité aux titulaires qui voyaient augmenter à leur préjudice le nombre de leurs confrères, le droit de présenter des titulaires aux offices nouvellement créés. — On peut citer, dans ce sens, une ordonnance qui, en augmentant le nombre des courtiers à Marseille, a donné le droit de présentation aux officiers en exercice (Ord. 26 août 1839, art. 2). — M. Eug. Durand, n° 353, dit que cette tradition a été abandonnée et qu'aujourd'hui, l'administration refuse généralement tout dédommagement aux officiers qui ont à souffrir de l'augmentation du nombre (V. aussi v° Notaire, n° 20).

80. Le droit de présentation n'appartient qu'à celui qui est investi de la fonction; par conséquent, le cessionnaire, tant qu'il n'est pas nommé, ne peut exercer lui-même le droit de présentation au profit d'un tiers (décis. min. just. 1er mars 1832; 18 juill. 1836; MM. Rolland de Villargues, v° Office, n° 71; Eug. Durand, n° 265 et p. 370, note 1. — *Contrà* M. Duranton, t. 16, n° 182). — A plus forte raison en serait-il ainsi, s'il était refusé par l'administration. En effet, il ne puiserait ses droits que dans le contrat de vente intervenu entre lui et le titulaire, vente qui est de sa nature conditionnelle (V. n° 139), et doit être considéré comme non avenue, quand la nomination n'a pu avoir lieu (Douai, 26 janv. 1839, aff. Tabary, V. n° 139-1°). — Dans cette hypothèse, le droit de présentation continue de résider dans la personne du titulaire. — Aussi l'administration interdit-elle dans les traités de cessions la clause portant que le cessionnaire sera propriétaire de l'office à partir du jour de la cession et pourra en disposer à son gré dès cette époque (décis. min. 22 déc. 1834, 7 déc. 1840, V. M. Greffier, Cessions et suppressions d'offices, p. 48 et 49).

81. Le cessionnaire acquiert le droit de présentation du jour de sa nomination; mais encore, faut-il qu'il se fasse installer, c'est-à-dire qu'il prête serment dans les délais fixés par la loi ou, à défaut, par l'administration (décis. min. 7 déc. 1840, V. M. Greffier, p. 48). C'est la réception, dit M. Rolland de Villargues, n° 72, qui donne le caractère d'officier, qui donne le droit *en l'office*, tandis que la nomination ne confère que le titre, le droit *à l'office*, c'est-à-dire une simple espérance, une simple action personnelle, qui n'emporte pas le droit de présentation. — Pour les notaires, le délai pour prêter serment est de deux mois, à peine de déchéance de la nomination (L. 25 vent. an 11, art. 47, V. Serment, nos 66 et suiv.). — En conséquence, le cessionnaire d'un office de notaire qui ne s'est point fait installer dans les deux mois de sa nomination, a ainsi encouru la déchéance prononcée par l'art. 47 de la loi du 25 vent. an 11, et, par suite, n'est point habile à présenter un successeur : dans ce cas, le droit de présentation continue de résider dans la personne du titulaire non remplacé, et, après son décès, passe à ses héritiers (décis. min. just. 8 juill. 1835, V. n° 82; 28 fév. 1847). — Toutefois, l'administration n'applique pas toujours cette déchéance avec la même rigueur (V. Serment, *loc. cit.*). — Si le notaire nommé ne veut point se faire installer, un décret peut rapporter celui de nomination et autoriser le prédécesseur à continuer ses fonctions (décis. min. just. 31 janv. 1854, V. M. Greffier, p. 35, 36). — Pour les huissiers, le délai est d'un mois (décr. 14 juin 1813, art. 11, V. Huissier, p. 157). — Quant aux autres officiers ministériels, aucun délai légal ne leur a été imposé pour se faire installer; mais le gouvernement qui a le droit d'apprécier les motifs du retard apporté à leur installation peut, suivant les circonstances, rapporter le décret de nomination (M. Greffier, p. 36). — V. n° 91.

82. Il est bien entendu que le cédant, dans le cas où le cessionnaire refuse ou néglige de prêter serment, ne se dessaisit du droit de présentation que s'il est *integri status*, et si, par exemple, depuis la cession devenue inutile, faute par le successeur de s'être installé dans les délais légaux, il est tombé en faillite, à la suite d'opérations commerciales (V. Faillite, nos 54 et suiv.), l'administration peut refuser d'admettre la présentation faite par le syndic de la masse des créanciers, sans qualité pour cela, et ordonner, à raison du scandale occasionné par la faillite du titulaire, que sa destitution soit poursuivie devant le tribunal (décis. 8 juill. 1835) (1).

---

(1) (P...) — Le sieur P..., nommé par ordonnance royale du 18 mai 1833 aux fonctions de notaire, en remplacement de Me L..., ne s'étant pas présenté pour prêter serment dans les deux mois, est demeuré déchu du bénéfice de sa nomination conformément aux termes de l'art. 47 de la loi du 25 vent. an 11. — Dans l'intervalle, M. L..., qui depuis longtemps se livrait à des opérations de commerce, s'est vu contraint de suspendre ses payements, et l'ouverture de sa faillite a été déclarée. Ne pouvant reprendre lui-même ni l'exercice de ses fonctions, ni disposer de son office, le syndic de sa faillite en fit cession, par acte notarié, au sieur Pich..., et le sieur P..., précédent cessionnaire du même office, donna son adhésion pleine et entière à ce traité, suppliant sa majesté de vouloir bien agréer pour son successeur le sieur Pich.. — Voici comment a été motivé le rejet de cette présentation.

L'ordonnance qui avait nommé le sieur P... n'ayant pas reçu d'exécution, il n'a jamais été titulaire de l'étude, et il n'a pas qualité pour en disposer. Sa renonciation ne peut en conséquence conférer aucun droit au sieur Pich..., elle prouve seulement que son intention n'est pas de demander à être relevé de la déchéance qu'il a encourue. — Le traité que le sieur Pich... a cru devoir faire avec le syndic de la faillite du sieur L..., ne peut pas non plus opérer en sa faveur une transmissi-

83. Toute clause qui ferait commencer la jouissance de l'office avant la prestation de serment est prohibée par l'administration (M. Greffier, p. 47), et réciproquement, est également interdite la clause d'après laquelle la jouissance aurait lieu à une époque postérieure à la prestation de serment (décis. min. 24 juill. 1834, M. Greffier, p. 48). — Dans l'intervalle de la nomination à l'installation, les fonctions sont remplies par le cédant. Quelques auteurs enseignent que, comme les intérêts du prix de cession courent du jour de la *nomination*, les produits de l'office, pendant cet intervalle, appartiennent au cessionnaire (MM. Rolland de Villargues, v° Démission, n° 22; Favard, t. 3, p. 721; Eug. Durand, p. 371, note). — Mais cela est inexact; c'est de l'installation seulement que commence l'entrée en jouissance et, par conséquent, les intérêts ne peuvent courir qu'à partir de cette époque; telle est, en effet, la règle admise par l'administration (V. n° 208, *in fine*); par conséquent, les produits de l'office antérieurs à l'installation du cessionnaire appartiennent au cédant. — Il a été jugé que le cessionnaire d'un office (d'une étude d'avoué), qui gère cette étude jusqu'à sa prestation de serment, sans aucun secours de la part du titulaire, ni même du clerc de l'étude, a droit à une juste rémunération de son travail, lequel doit être apprécié par les tribunaux, eu égard à l'intérêt qu'il y avait lui-même et au profit qu'en retirait le cédant (Bourges, 30 nov. 1853, aff. Chassigna, D. P. 54. 2. 80).

84. La faveur qui s'attachait à la position d'un officier public qui se repentait d'avoir vendu sa charge, avait fait admettre sous l'ancienne législation la faculté exorbitante du *regrès* (V. n° 31), c'est-à-dire que le vendeur avait le droit de se rétracter, en payant à l'acquéreur quelques dommages-intérêts, qui se bornaient au coût du contrat de vente, quand le résiliement se faisait dans les vingt-quatre heures. Telle était la jurisprudence du parlement de Paris, consacrée par l'art. 18 du tarif du contrôle, et par l'art. 2 de la déclaration du 29 avr. 1738. On peut voir au répertoire de Merlin, v° Office, que les jurisconsultes la contestaient, et qu'elle était contraire aux principes posés par Loyseau. Il est évident que le regrès n'est plus admissible (Req. 15 nov. 1823 (1); conf. MM. Rolland, Duvergier, de la vente, n° 208). — Mais en fait, quand le titulaire, avant la nomination faite par le chef du gouvernement, écrit qu'il retire sa démission, il arrive souvent qu'on ne procède pas au remplacement (Décis. min. 5 mai 1834, V. Notaire, n° 558). — Du reste, sur ce point, l'administration n'a pas une jurisprudence bien arrêtée; tantôt elle admet, tantôt elle refuse le retrait de la démission. « Cependant, dit M. Eug. Durand, n° 235, l'administration tendrait plutôt aujourd'hui à faire prévaloir le principe que toute démission donnée lui est acquise. Lorsqu'elle accueille la demande du cédant, elle prend d'ailleurs toujours soin de réserver expressément l'action à fins civiles du cessionnaire. » — V. Notaire, n° 560, et *infrà*, n° 145.

85. La faculté de présenter un successeur appartient-elle aux héritiers du titulaire comme à lui-même? — La raison de douter provient des termes de l'art. 91 de la loi d'avril 1816. Cet article, après avoir établi la faculté de présentation au profit des titulaires, ajoute : « Il sera statué par une loi particulière sur les moyens d'en faire jouir les héritiers ou ayants cause desdits officiers. » — Une cour en a conclu que légalement les héritiers n'ont encore que l'expectative d'un droit promis et non acquis (motif, Caen, 12 juill. 1827, aff. Dussaulx, V. n° 390).—Le ministre de la justice a pensé également (pourvoi formé dans l'intérêt de la loi contre un arrêt de la cour de Paris du 23 août 1852, D. P. 54. 1. 171) que la faculté de présentation n'est textuellement admise qu'en faveur des titulaires personnellement. « Toutefois, a-t-il ajouté, l'usage s'est établi d'admettre les héritiers d'un officier décédé à présenter son successeur. Cet usage, fondé sur l'intérêt des familles, dont toute la fortune a été souvent employée à l'acquisition des offices, doit être et sera respecté. » — Mais la cour de cassation a été plus loin, elle a reconnu le droit des héritiers. Elle a pensé que la faculté accordée aux titulaires est reconnue en même temps à leurs héritiers ou ayants cause, soit par le § 2 de l'art. 91 de la loi du 28 avr. 1816, qui en réservant de pourvoir aux moyens de les en faire jouir, suppose nécessairement l'existence du principe en leur faveur, soit par l'art. 9 de la loi du 25 juin 1841, qui, en statuant dans la prévision expresse des traités à intervenir entre les héritiers du titulaire pour la transmission de l'office à l'un d'eux, implique la légalité de ces traités; soit enfin par deux ordonnances royales des 29 mai et 3 juill. 1816, qui, réglant, en exécution même de l'art. 91 de la loi du 28 avril précédent, le mode de nomination des agents de change ou des courtiers de commerce, et les conditions sur lesquelles ils seront admis à présenter leurs successeurs à l'agrément du chef de l'Etat, attribuent, par les art. 4 de la première ordonnance, 1 et 4 de la seconde, la même faculté aux veuves et enfants des titulaires qui décéderaient dans l'exercice de leurs fonctions (civ. cass. 23 mai 1854, Int. de la loi, aff. Lemaire, D. P. 54. 1. 170; Conf. Besançon, 25 mars 1828, aff. Bugnottet, V. Obligat., n° 485; décis. de la ch. des dép., 10 sept. 1830, V. n° 137).—La véritable raison de décider nous paraît être qu'annoncer le règlement d'un droit, c'est reconnaître son existence (V. du reste le savant rapport de M. le conseiller Laborie qui a précédé l'arrêt du 23 mai 1854 *loc. cit.*, et M. Eug. Durand, des Offices, n°s 207, 303).

86. Dans le projet de loi soumis aux chambres en 1816, on n'avait accordé le droit de présentation qu'aux *veuves* et *enfants* des officiers publics décédés. Ces mots *veuves et enfants* ont été remplacés par ceux-ci *héritiers ou ayants cause*. — Il suit de là que, en cas de décès d'un officier ministériel, le droit de présenter un successeur à l'agrément du chef de l'état appartient à tous les héritiers légitimes du défunt, même dans la ligne collatérale, et non pas seulement aux héritiers directs. — Il est vrai que les ordonnances des 29 mai-11 juin 1816, art. 4, 3-12 juillet même année, art. 1, relatives aux agents de change, n'accordent la faculté de présenter des successeurs qu'à la *veuve* et aux *enfants* de ces officiers; mais, dans la pratique, cette règle n'est pas suivie; et d'ailleurs une simple ordonnance ne peut déroger à la loi (Conf. M. Eug. Durand, n°s 207, 306). — Quant aux droits que la veuve d'un officier public peut exercer sur le prix de l'office, en vertu des conventions matrimoniales, V. Contr. de mar., n°s 631 et suiv.

87. Le droit de présentation est accordé aussi aux *ayants cause* : il faut entendre par là les *donataires* et *légataires* universels ou à titre universel (V. n°s 378 et suiv.). Que décider à l'égard des créanciers? — V. *infrà*, n°s 92, 390 et suiv.

88. Comme les intérêts des justiciables ne peuvent pas souffrir des hésitations des héritiers, le droit de présentation doit être exercé dans un délai très-rapproché. Lorsqu'il s'agit de notaires, les délais semblent fixés par les art. 55, 56, 57 de

---

légale et régulière de l'étude. La loi du 28 avril 1816 n'a pas rétabli *la vénalité des offices*, elle a seulement créé une *faculté de présentation*, qui appartient exclusivement au titulaire, et, après son décès, à ses héritiers ou ayants cause, et qui cesse même entièrement dans le cas de destitution. On ne peut donc, du vivant d'un notaire, pourvoir à son remplacement en vertu d'une présentation ou d'un traité souscrit par un tiers.

La déchéance du sieur P..., ayant eu pour effet de remettre les choses dans l'état où elles étaient avant sa nomination, le sieur L... doit toujours être considéré comme seul titulaire de l'étude, et le droit de présentation qui est inhérent à cette qualité ne peut, en aucune manière, être exercé par le syndic de sa faillite. — Les circonstances particulières dans lesquelles se trouve le sieur L... ne permettent pas, au surplus, d'admettre lui même à l'exercice de la faculté de présentation. En se livrant publiquement à des opérations incompatibles avec ses fonctions, il a gravement compromis le caractère public dont il est revêtu. Le scandale de sa faillite porte en outre à la considération du notariat une atteinte qui exige une solennelle réparation. — La destitution du dit sieur L... devra, en conséquence, être provoquée conformément à l'art. 53 de la loi du 25 vent. an 11.

Du 8 juill. 1835.-Décis. min. de la justice.

(1) (Seguin C. Poisson.) — La cour; — Attendu que le traité qui fixe les conditions de la démission appartient au droit civil; que, sous ce rapport, la connaissance des difficultés auxquels ce traité peut donner lieu est du ressort des tribunaux civils; — Attendu que l'ancienne jurisprudence, qui admettait, dans certains cas, à signifier des *regrès*, a cessé d'avoir aucune influence depuis la promulgation du code civil et de la loi du 28 avr. 1816; — Rejette.

Du 15 nov. 1823.-C. C., sect. req.-MM. Lasaudade, pr.-Liger, rap.-Joubert, av. gén., c. conf.-Jousselin, av.

la loi du 25 vent. an 11 (V. Notaire, n° 579 et suiv.). — Cette indication n'est cependant que comminatoire (V. Ch. des dép., 10 sept. 1830, *infrà*, n° 137). — Mais si les héritiers ne s'entendent pas pour la présentation d'un successeur, ou s'ils s'obstinent à en présenter un qui ne soit pas idoine, le gouvernement remplace directement le titulaire, à la charge de payer une indemnité à la succession. — Voici ce qui se pratique en pareil cas : le ministère public impartit aux héritiers un délai, en les avertissant qu'à l'expiration de ce délai, il sera pourvu d'office à la vacance. Si le délai imparti expire sans que les héritiers aient fait la présentation, le procureur impérial demande à la chambre de discipline de fixer la valeur de l'office ; il invite ensuite le tribunal à donner son avis sur le même objet. La valeur de l'office ainsi fixée, il fait par la publicité appel aux aspirants et, en général, lorsque plusieurs se sont présentés, il choisit les plus dignes, au nombre de trois, transmet, avec toutes les pièces propres à chacun d'eux, les délibérations de la chambre de discipline et du tribunal et la liste de candidats sur laquelle le ministre de la justice propose à l'empereur de désigner le successeur du titulaire décédé, à la charge par celui-ci de verser à la caisse des dépôts et consignations ou aux héritiers, s'ils consentent à recevoir, la somme à laquelle l'office a été évaluée (Décis. min. 30 oct. 1841 ; 30 août 1842 ; V. M. Greffier, des cess. et suppress. d'offices, p. 28). — Suivant un arrêt, c'est à l'administration seule qu'il appartient de régler le mode de payement de l'indemnité ainsi mise à la charge du nouveau titulaire (Rouen, 17 juill. 1826 (1) ; V. aussi Rennes, 23 fév. 1835, aff. Mocudé, n° 95).

89. Les héritiers d'un notaire ne pourraient pas non plus retarder la régularisation de l'état du notariat dans un canton, et si les héritiers d'un notaire dont le titre est à supprimer refusent de traiter, le candidat qui se présente pour un office conservé dans le canton peut y être nommé d'office au moyen du double titre, mais en leur payant une indemnité (ord. roy. 28 juill. 1837) (2).

90. Non-seulement les héritiers ne peuvent, en n'usant pas du droit de présentation, paralyser l'action du gouvernement, mais faute par celui auquel le droit de présentation a été transmis de l'exercer dans un temps rapproché (en supposant toutefois que ce droit puisse être ainsi transmis ; V. n°s 74 et s.), le gouvernement nomme d'office à la place du titulaire qui a cédé. Ainsi deux commissaires-priseurs avaient acheté une troisième étude pour diminuer la concurrence, le gouvernement a nommé d'office à cette étude. Le prix a été fixé par les tribunaux. Quant à cette fixation, il a été jugé avec raison qu'elle devait représenter la valeur de l'office, à l'époque de la nomination du nouveau titulaire, et que celui-ci ne pouvait contraindre ses deux confrères à recevoir seulement le remboursement de ce qu'ils avaient payé pour l'acquisition de la charge (Rennes, 24 nov. 1832, aff. Sauvé, V. n° 75).

91. Le droit de présentation, on l'a vu n° 81, est acquis au cessionnaire à partir de sa nomination, sous la condition de la prestation de serment dans les délais légaux. De là il suit que s'il décède après sa nomination, mais avant que le délai de l'installation soit expiré, et avant par conséquent que la déchéance soit encourue, ses héritiers sont saisis du droit de présentation, de quelque peu de durée que soit le temps pendant lequel il a possédé le titre. — Il est vrai qu'il a été jugé que dans le cas où un officier ministériel meurt *immédiatement* après sa nomination, le vendeur qui n'est pas payé et qui n'a pas de garanties stipulées pour son payement, peut faire résilier le contrat et exercer le droit de présentation (Trib. de la Seine, 19 sept. 1829). — Mais ce jugement dicté par l'équité, est évidemment mal fondé en droit. Le droit de présentation était compris dans la succession, et rien ne pouvait priver les héritiers de ce droit qu'ils avaient trouvé *in bonis*. — Aussi le gouvernement prohibe-t-il dans les traités de cession d'office la clause que le cédant conservera la charge si le cessionnaire nommé décède avant son installation. « En effet, lit-on dans les instructions, par l'ordonnance, l'aspirant est revêtu des fonctions de notaire, le serment lui donne seulement le droit d'exercer, et dans le cas où il viendrait à décéder dans l'intervalle de la nomination à la prestation de serment, ses héritiers ou ayants cause auraient évidemment seuls la faculté de présenter un successeur » (Décis. min. 14 mars 1840 ; 1er avr. 1834). — Cependant, si les héritiers ne revendiquaient pas le bénéfice de la nomination, il semble, comme le dit M. Greffier, p. 48, que par analogie de ce qui a lieu lorsque le cessionnaire nommé refuse de prêter serment, le précédent titulaire pourrait se faire maintenir par décret dans la propriété et jouissance de l'office (Décis. min. 31 janv. 1834).

92. Une question grave est celle de savoir si dans le cas où les héritiers d'un officier public négligent de présenter un suc-

(1) *Espèce* : — (L'Aumond C. hér. Doguet.) — En 1825, décès de Doguet, greffier du tribunal de commerce de Rouen. Ses héritiers usèrent de la faculté que leur accordait la loi du 28 avr. 1816, mais le candidat avec lequel ils avaient traité n'obtint pas l'agrément du tribunal de commerce. Les héritiers Doguet n'ayant pas présenté un autre candidat, et aucune décision ne leur ayant prescrit de faire cette présentation, il intervint, le 10 oct. 1825, une ordonnance royale, ainsi conçue : — « Le sieur J. J. L'Aumond, avoué à Bordeaux, est nommé greffier du tribunal de commerce de Rouen, en remplacement du sieur Doguet, décédé, à charge de payer aux héritiers de celui-ci l'indemnité qui sera fixée, de gré à gré, ou, à défaut, par le tribunal de commerce de Rouen. » — L'Aumond n'ayant pu s'entendre avec les héritiers Doguet, sur la fixation du prix, le tribunal le régla d'office et le porta à 80,000 fr. — Lorsque, après sa prestation de serment, L'Aumond voulut se faire installer par le tribunal de commerce, les héritiers Doguet s'y opposèrent, jusqu'à ce qu'il eût payé le prix ci-dessus fixé. Le tribunal accueillit la demande et ajourna l'installation. — L'Aumond se pourvut alors devant le garde des sceaux, à l'effet d'obtenir un délai pour payer le prix de l'office fixé par le tribunal. Le garde des sceaux lui accorda un délai de six mois. — Malgré cette décision, les héritiers Doguet s'opposent de nouveau à l'installation de L'Aumond. Ils se fondent sur ce que la décision du garde des sceaux n'a pu déroger à l'ordonnance du roi ; que le nouveau greffier ne pouvait se mettre en possession de son office avant d'en avoir acquitté le prix ; que si l'on passait outre à son installation avant ce payement, il ne leur resterait plus aucun moyen d'y parvenir. — Le 11 avr. 1826, jugement qui, accueillant ces moyens d'opposition, ajourne de nouveau l'installation du sieur L'Aumond, jusqu'à ce qu'il eût payé aux héritiers Doguet la somme de 80,000 fr. — L'Aumond se pourvoit par requête devant la cour de Rouen contre les deux décisions du tribunal.

La cour ; — Attendu que les deux décisions avaient été prises en forme arbitrale, en exécution de l'ordonnance royale, dans sa partie relative au règlement de l'indemnité exclusivement attribuée au tribunal de commerce de Rouen ; et que M. le garde des sceaux a déjà été saisi, comme autorité supérieure, des difficultés relatives à ce règlement, — Se déclare incompétente, etc.

Du 17 juill. 1826.-C. de Rouen.

(2) Cette ordonnance a été rendue dans les circonstances suivantes : — Le canton de Libourne comptait cinq notaires en exercice, savoir : quatre à Libourne et un à Saint-Émilion. Ce nombre était conforme à l'ordonnance de fixation du 21 avr. 1824. — Une seconde ordonnance survint le 9 nov. 1830, qui changea les circonscriptions des cantons de Libourne et de Fronsac, en détachant de ce dernier canton les communes de Vayres et d'Ison, pour les réunir au premier. — Il est bon de rappeler que, depuis plusieurs années, une étude de notaire était établie à Vayres, et que, d'après le principe que l'étude suit le sort de la commune, celle-là demeura incorporée de plein droit au canton de Libourne, qui se trouva ainsi posséder six notaires, au lieu de cinq, ce qui, aux termes des art. 31 et 32 de la loi du 25 vent. an 11, rendait une réduction indispensable.

Le sieur A..., titulaire de l'étude de Vayres, était mort quelque temps avant que cette commune fût réunie au canton de Libourne. Ses héritiers s'étaient empressés de présenter à l'agrément du roi le sieur B. D., avec lequel ils avaient traité. — Cependant, le sieur Ch. L., un des notaires de Libourne, avait de son côté donné sa démission en faveur de son fils, par lequel il demandait à être remplacé, en se fondant sur l'ordonnance du 21 avr. 1824, qui maintenait quatre notaires dans le canton de sa résidence. — La première question à décider consistait donc à savoir si, d'après la circonscription du canton de Libourne, quatre études devaient être maintenues au chef-lieu ; ou s'il ne convenait pas plutôt de les réduire à trois, et de conserver le notariat établi à Vayres. Après une vive controverse, il fut décidé que l'ordonnance du 21 avr. 1824 ne serait nullement modifiée, et que la réduction porterait sur la résidence de Vayres. — Le sieur Ch. L. fils a ultérieurement été nommé notaire royal à la résidence de Libourne, sous la condition de payer, ainsi qu'il s'y était obligé, aux héritiers du sieur A..., la valeur de l'étude de Vayres, suivant le traité passé entre eux et le sieur P..., aspirant au notariat, par acte sous seing privé, du 21 avr. 1837, sauf, en cas de contestation, la valeur qui serait réglée sur l'avis de la chambre de discipline et du tribunal de première instance.

Du 28 juill. 1837.-Ord. royale.

cesseur, les créanciers du défunt peuvent se faire judiciairement subroger dans leur droit?—Le ministre de la justice s'est toujours prononcé pour la négative. Il a décidé, par exemple, « que les créanciers d'un notaire décédé ne sont pas ses ayants cause dans le sens de l'art. 91 de la loi du 28 avr. 1816 et admissibles à ce titre à présenter un successeur, même concurremment avec les héritiers du titulaire » (Décis. min. 13 oct. 1843, créanc. L.....; V. aussi la décision du 8 juill. 1835, n° 82). — Cependant des motifs graves semblent appuyer la prétention des créanciers. Si les héritiers n'exercent pas le droit de présentation, et que les créanciers ne puissent pas l'exercer, que devient l'office? Il fait retour à l'Etat. Est-ce là une chose équitable? Le gouvernement peut-il en vertu du principe de la personnalité du droit de présentation, opérer une véritable confiscation au préjudice des créanciers? Lorsqu'un office d'une valeur considérable viendra à vaquer par la mort du titulaire, si les héritiers ne se présentent pas, l'Etat s'en emparera-t-il, non point par droit de deshérence, ce qui l'obligerait à compter avec les créanciers, mais en vertu d'une sorte de retrait domanial qui serait, en réalité, une véritable spoliation? — Il est vrai qu'en réalité cette spoliation n'a jamais lieu. Lorsque l'administration nomme d'office, parce que les héritiers ne se présentent pas ou qu'ils n'exercent pas le droit de présentation, elle impose toujours au nouveau titulaire qu'elle nomme l'obligation de payer à titre d'indemnité, une certaine somme d'argent, sur laquelle les créanciers peuvent exercer leurs droits. — Mais, d'une part, cette jurisprudence peut changer et d'autre part, la fixation de la somme que doit payer le nouveau titulaire est toujours moins élevée que le prix de la charge débattu entre ceux qui exercent ce droit de présentation et l'acquéreur. — Aussi, tous les auteurs sont-ils généralement favorables à la prétention des créanciers (V. notamment MM. Rolland de Villargues, v° Office, n° 100; Dard, des Offices, p. 214; Bataillard, Prop. des offices, p. 306). — La jurisprudence a quelque temps hésité. — Quelques cours impériales ont décidé la question en faveur des créanciers et leur ont reconnu le droit de se faire autoriser par justice à exercer le droit de présentation, faute par les héritiers d'en avoir usé dans le délai qui leur est fixé à cet effet (Colmar, 29 mai 1835; Paris, 17 nov. 1838 (1); Riom, 10 fév. 1845, aff. Coste, D. P. 45. 2. 190; Paris, 23 août 1852, aff. Lemaire, D. P. 53. 2. 19). — Mais sur le pourvoi formé, dans l'intérêt de la loi, contre ce dernier arrêt, la cour suprême en a prononcé la cassation et a décidé que la faculté accordée par l'art. 91 de la loi du 28 avr. 1816 aux titulaires de certains offices, et, implicitement, à leurs héritiers ou ayants cause, de

---

(1) 1re *Espèce :* — (Jacquemoux C. Tamine.) — La cour; — Considérant que le droit conféré par l'art. 91 de la loi du 28 avril 1816 aux titulaires de certains offices, de présenter des successeurs à l'agrément du roi, est réellement personnel, en ce sens que les créanciers de ces titulaires ne pourraient pas les contraindre, de leur vivant et d'une manière directe à vendre leur office; — Que seulement la chambre de laquelle le titulaire est justiciable, et qui est chargée, ainsi que le tribunal dont elle ressort, d'apprécier les faits de charge et de statuer sur les plaintes formées pour cette cause, peut prononcer soit la suspension temporaire, soit même demander, suivant les cas, la révocation de ce titulaire, ce qui est souvent un moyen indirect de le forcer de se démettre d'un office qu'il est indigne ou incapable de remplir; — Considérant que, bien que la loi particulière qui, d'après le § 2 du même art. 91, devait intervenir pour faire jouir les héritiers ou ayants cause de ces officiers de la faculté de présenter des successeurs à l'agrément du roi, n'ait pas encore été rendue, cependant il est constant, en fait, que lesdits héritiers ou ayants cause ont toujours été admis, depuis 1816, à faire ces présentations, c'est-à-dire à traiter avec ceux qui se présentent pour remplir ces offices, sauf à ces derniers à justifier devant qui de droit qu'ils réunissent les conditions nécessaires à cet effet; — Que ce traité n'est autre chose que la fixation de la somme pécuniaire moyennant laquelle la présentation a lieu; que cette somme fait partie de la succession du titulaire que l'on remplace; que, comme telle, elle est mobilière de sa nature et le gage de tous les créanciers de cette succession; — Considérant que l'on ne peut pas prétendre que ce droit de présentation est purement personnel aux héritiers, et que les créanciers ne peuvent pas les contraindre à l'exercer, puisque la loi désigne en même temps les ayants cause; qu'elle les met sur la même ligne que les héritiers, et qu'elle n'a pu désigner sous cette qualification que les créanciers qui, devant percevoir le prix de cet office, sont les premiers intéressés à ce que la vente ait lieu au prix le plus convenable;

Considérant qu'il est constant, en fait, que Jacques-Louis Tamine, le débiteur de l'appelant, et huissier à Dannemarie, est décédé depuis plus de quatre années, et que depuis cette époque ses héritiers n'ont pas présenté de successeurs à l'office d'huissier dont leur auteur était pourvu, ce qui cause un préjudice sensible aux créanciers de cette succession, qui paraissent assez nombreux, d'après l'état des inscriptions; — Que la demande formée par l'appelant Jacquemoux, l'un des créanciers, et tendant soit à contraindre les héritiers Tamine à user du droit de présentation, soit à se faire subroger en leur lieu et place et à l'exercer, en conformité de l'art. 1166 c. civ., est fondée, puisqu'elle ne concerne pas un droit personnel à ses héritiers; qu'elle a pour but l'obtention et le recouvrement d'une valeur mobilière qui appartient à la succession, et qui, comme telle, est le gage de tous les créanciers; — Considérant que ces héritiers ne donnant aucun motif plausible pour justifier le trop long retard qu'ils ont mis à faire un traité et à présenter un successeur à leur auteur, il n'y a lieu de leur accorder qu'un délai assez court pour faire cette présentation; qu'après ce délai révolu, il convient d'autoriser l'appelant, en sa qualité de créancier, à faire cette présentation, ainsi que les conventions y relatives, avec les moyens de concurrence et de publicité que la loi prescrit en matière de succession bénéficiaire; — Par ces motifs, a mis et met l'appellation et ce dont est appel au néant; et faisant droit au principal, dit et ordonne que, dans le mois, à compter de la signification du présent arrêt, les intimés présenteront un successeur à l'office d'huissier dont leur auteur Jacques-Louis Tamine était pourvu, et qu'à cet effet, ils feront, comme cela est d'usage en pareil cas, un traité dont le prix fera partie des valeurs actives de la succession; ordonne que, faute par lesdits héritiers de faire ce traité et cette présentation dans ledit délai, et icelui passé, l'appelant sera et demeurera, en sa qualité de créancier et par le seul fait du présent arrêt, subrogé, quant à ce, aux droits desdits intimés; en conséquence, ledit appelant est, audit cas, dûment autorisé à faire procéder à la vente et à la mise en adjudication dudit office, au plus offrant et dernier enchérisseur, devant Velté, notaire, et ce, suivant les clauses, charges et conditions qui seront réglées par la chambre des huissiers de l'arrondissement de Belfort, etc.

Du 29 mai 1835.-C. de Colmar.-M. Chassan, av. gén., c. conf.

2e *Espèce :* — (Bezont C. Vivier, etc.) — Vivier, huissier à Sens, est décédé laissant pour héritiers sa mère et la dame Métais, sa tante maternelle. — Celles-ci ne s'entendant pas pour exercer le droit de présentation à l'office devenu vacant, Bezont, précédent titulaire de cet office, et encore créancier du prix de la vente, forma contre elles une demande tendant à faire ordonner qu'elles seraient tenues de présenter un successeur dans le délai déterminé, sinon qu'il serait autorisé à le faire à leur place.

Jugement du tribunal de Sens qui rejette cette demande : — « Attendu que le droit de présentation d'un successeur, accordé aux officiers ministériels, par la loi du 28 avr. 1816, est soumis à toutes les modifications qui dérivent de sa nature, et qui peuvent être commandées par l'intérêt; d'où il suit que ce droit ne peut être régi par les règles ordinaires qui doivent être suivies en matière de subrogation, puisque la décision du tribunal, si elle était conforme aux conclusions prises par le demandeur, ne pourrait avoir aucun effet, l'autorité n'étant point enchaînée par cette décision dans le choix qu'il lui conviendrait de faire pour le remplacement d'un titulaire décédé; qu'on ne saurait admettre que les créanciers d'un officier ministériel décédé pussent être saisis du droit de présentation, leurs intérêts étant protégés par la surveillance de l'administration judiciaire, à laquelle ils peuvent s'adresser, soit pour la conservation de leurs droits, soit pour faire ordonner que, dans un délai qui serait déterminé, les héritiers du décédé seront tenus de présenter un successeur, sinon qu'il y sera pourvu, après l'estimation de l'office vacant. » — Appel. — Arrêt.

La cour; — Considérant que, conformément à l'art. 1166 c. civ., le créancier peut exercer le droit de son débiteur à la seule exception de ceux qui sont exclusivement attachés à sa personne; — Considérant qu'il résulte des termes de l'art. 91 de la loi du 28 avr. 1816, que le droit de présentation aux offices vacants est accordé tant aux héritiers du titulaire du défunt qu'à ses ayants cause, puisque l'exercice de ce droit doit être réglé par la loi à intervenir soit à l'égard des uns, soit à l'égard des autres; — Qu'ainsi, ce droit n'étant pas exclusivement attaché à la personne desdits héritiers, peut être exercé par les créanciers, lorsque leurs intérêts sont compromis par le fait des héritiers; — Considérant, en fait, que les retards apportés, de la part des héritiers Vivier, à la présentation pour l'office d'huissier devenu vacant par le décès du sieur Vivier, est préjudiciable à l'appelant dont la qualité de créancier n'est point contestée; — Infirme; au principal, ordonne que, dans le mois qui suivra la prononciation du présent arrêt, les héritiers Vivier seront tenus de présenter le successeur de Vivier à l'agrément du roi, sinon autorise l'appelant à faire cette présentation, tous droits respectivement réservés aux parties à l'effet de se pourvoir en cas de contestation sur les conditions et le prix de la cession d'office dont il s'agit.

Du 17 nov. 1838.-C. de Paris, 3e ch.-MM. Jacquinot-Godard, pr.-Delapalme, av. gén., c. contr.

présenter un successeur à l'agrément de l'autorité publique, a un caractère *essentiellement personnel*, et ne peut, dès lors, être exercée par les créanciers de ceux qui en sont investis : ces créanciers ont action, non sur l'office même ou sur le droit de présentation qui en dépend, mais seulement sur l'indemnité qui forme le prix ou l'équivalent de la valeur attachée à ce droit;— Et spécialement, que lorsque après la mort du titulaire d'un office (d'huissier), ses héritiers négligent de présenter un successeur, le juge ne peut pas subroger à ce droit de présentation, pour le cas où il ne serait exercé dans un délai déterminé, le cédant de l'office non payé de son prix (Cass. 23 mai 1854, aff. Lemaire, D. P. 54.1.171).—M. Eug. Durand, n° 303, approuve cette jurisprudence.

93. L'arrêt de la cour de cassation du 23 mai 1854, que nous venons de citer, a été précédé d'un rapport fort remarquable de M. le conseiller Laborie, dont nous avons donné le texte intégral *loc. cit.*— Ce savant magistrat ne se sert pas, pour repousser la prétention des créanciers, des dispositions du § 2 de l'art. 91 qui semble remettre à une loi postérieure, le soin d'établir et de fixer les droits de ceux que l'art. 91 qualifie d'ayants droit. Il reconnaît que par cela seul que l'art. 91 déclare que le droit sera réglé postérieurement, ce droit est créé (V. n° 85). Mais il soutient, avec le ministre de la justice, que, par le mot *ayants cause* inséré dans l'art. 91, la loi n'entend que les *continuateurs des droits* du titulaire défunt.—Il faut remarquer que dans l'ancien droit, les créanciers ne pouvaient pas présenter un successeur. Il y a là un droit *personnel* au titulaire; on comprend bien que la loi l'ait fait passer à ses héritiers, mais il répugne de le voir transmettre aux créanciers. La raison ne s'oppose pas à ce que la dignité de l'office repose fictivement dans la personne de l'héritier, qui a un intérêt moral à continuer honorablement celui dont il hérite, tandis qu'il n'en est pas ainsi des créanciers qui ne s'occupent nécessairement dans la transmission de la charge que de la question pécuniaire. Quand la loi de 1816 a été discutée aux chambres, le projet de loi portait, comme nous l'avons déjà dit, que le droit de présentation appartiendrait aux *veuves* et *enfants* du titulaire. Sur le rapport de la commission, ces mots furent remplacés par ceux-ci, « *héritiers et ayants cause.* » Par là on a voulu seulement comprendre dans l'article tous les continuateurs du défunt à titre universel : on n'a voulu donner aucun droit aux créanciers. — Ces motifs dont il faut lire le développement dans le rapport de M. le conseiller Laborie ont déterminé l'arrêt de la cour de cassation.

94. Il semble cependant que cette doctrine est susceptible de quelques objections. Ne pourrait-on pas écarter d'abord ce qui a été dit relativement à l'ancien droit; alors l'office était *in bonis*, les créanciers pouvaient en poursuivre la vente sur le titulaire; leur situation était nette et favorable. Maintenant le droit d'exproprier l'office leur est refusé (V. n° 390), et on ne veut point en outre qu'ils aient au moins le droit de présenter un successeur à l'office de leur débiteur. On saisit facilement les raisons qui, sous la législation actuelle, ont fait dénier aux créanciers le droit d'expropriation : la dignité, l'indépendance du titulaire peuvent en souffrir, et l'administration ne peut être forcée, par un créancier, à renvoyer un officier public qui a sa confiance. Mais en cas de décès, en quoi l'exercice du droit de présentation par ces créanciers gênerait-il le gouvernement? N'est-il pas toujours le maître de refuser le candidat proposé; d'en nommer même d'office un autre? Les créanciers nous semblent donc pouvoir demander sous la nouvelle législation, une garantie qui leur était inutile sous l'ancienne. Les arguments qui ont décidé l'arrêt se réduisent en définitive à celui-ci : le droit de présentation est personnel. Il en faudrait conclure qu'il ne peut jamais être transmis. Il peut l'être cependant aux termes du § 2 de l'art. 91 de la loi de 1816, dans lequel la cour de cassation voit écrit le droit des héritiers. Et ici, qu'il soit permis d'examiner si la distinction établie entre les héritiers et les créanciers est d'une parfaite justesse. Pourquoi ce droit de présentation n'est-il pas transmissible? c'est qu'il est la conséquence de la dignité dont est revêtu le titulaire : à lui seul, qui a reçu une délégation du pouvoir public, appartient le droit d'indiquer son successeur; c'est là une conséquence de la délégation qui lui a été faite. C'est donc par une fiction qui se comprend sans doute, mais par une fiction, que les héritiers sont saisis du droit de présentation, et si la loi a été favorable à l'héritier, c'est uniquement par un principe de justice et d'humanité, et non parce que la délégation se continue dans sa personne : et cela est si vrai, qu'il ne lui est pas permis d'exercer un seul acte des fonctions de son auteur. Eh bien! ne peut-on pas croire que dans un intérêt de justice et d'humanité, ce même droit ait été donné aux créanciers du défunt, qui sont compris dans ce mot *ayant cause?* Peut-on puiser une grande autorité dans les modifications de rédaction d'une loi de finances? et ne pourrait-on pas soutenir d'ailleurs que si le mot *ayant cause* a été introduit, c'est pour concéder le droit de présentation aux créanciers; car le mot *héritier* suffisait bien dans le langage du droit pour désigner tous les successeurs à titre universel. N'y a-t-il pas en outre, quand il s'agit de l'interprétation des lois, un véritable danger à emprunter aux décisions des chambres, l'interprétation des termes légaux dont la définition a été fixée par la loi, ou par les jurisconsultes? N'est-il pas de principe qu'il faut s'en tenir aux textes, tels que la science et la loi les expliquent?

La jurisprudence de la chancellerie est peut-être plus rationnelle que celle de la cour de cassation. Le garde des sceaux ne reconnaît pas plus le droit des héritiers que celui des créanciers.—« Aucune loi, dit-il, n'ayant réglementé le droit de présentation, le gouvernement a été libre d'adopter les règles qui lui ont paru convenables, et dont lui seul peut apprécier la portée. Or, il a eu de justes motifs pour refuser aux créanciers ce que *l'équité l'a porté à admettre en faveur des héritiers.* Il suffit, pour établir la qualité de ceux-ci, d'un testament, d'un intitulé d'inventaire ou d'un acte de notoriété, tandis que la qualité de créancier est incertaine et contestable; elle peut faire naître de longs débats judiciaires que l'intervention d'autres créanciers rendrait interminables, et le gouvernement qui, dans l'intérêt du service et des justiciables, doit pourvoir promptement aux vacances, serait évidemment entravé dans l'exercice de sa prérogative, s'il devait attendre pour nommer qu'il eût été statué sur tous les incidents de la procédure et que l'instance eût subi tous les degrés de juridiction. Un tel système ne saurait être soutenu et deviendrait d'ailleurs préjudiciable aux créanciers eux-mêmes en faisant perdre toute valeur à l'office longtemps inoccupé. » — Il faut reconnaître que le système soutenu par le ministre est plus net que celui que la cour de cassation a adopté. Mais nous comprenons très-bien que la cour ait reculé devant la pensée de donner une telle étendue à la prérogative ministérielle.

De pareils dissentiments font sentir combien il est urgent de s'occuper de cette loi depuis si longtemps promise, et qui intéresse à un si haut degré les justiciables et les officiers publics. Ce sont surtout les droits exceptionnels qui ont besoin d'être réglés par des lois, et c'est un grand danger que de laisser l'administration et la jurisprudence rechercher péniblement quelles sont les dispositions du droit commun qui doivent être appliquées à l'exercice du droit de présentation, et celles qu'écartent les nécessités de l'ordre public. Il y a là un arbitraire qu'il semble nécessaire de faire cesser.

95. On a vu *suprà*, n° 88, que lorsque le gouvernement, à défaut par les héritiers du titulaire décédé, d'exercer leur droit de présentation, nomme d'office à la place vacante, il fixe ordinairement la somme qui sera payée aux héritiers par le nouveau titulaire. Mais si l'ordonnance ou le décret de nomination ne contient aucune clause relative à cette indemnité, les héritiers auraient-ils le droit de se pourvoir en justice pour l'obtenir? — Il a été jugé, dans le sens de l'affirmative, que lorsque le gouvernement, après le décès d'un notaire, pourvoit à son remplacement sans présentation, le nouveau titulaire est tenu de payer la valeur de l'office aux héritiers de son prédécesseur avec les intérêts du jour de la demande, et les tribunaux peuvent fixer cette indemnité (Rennes, 23 fév. 1833) (1).

96. Jugé, dans le même sens, que l'héritier d'un notaire qui

(1) (Mocudé C. Joubaire.) — La cour; — Considérant que le droit de présenter leurs successeurs à l'agrément du roi, créé en faveur des

a vendu seulement les minutes et répertoires du défunt, mais a laissé disparaître l'office en ne présentant pas de successeur, a le droit de réclamer une indemnité aux notaires du même ressort qui ont profité de cette suppression, spécialement au notaire qui a obtenu de transférer son étude au lieu où exerçait son collègue décédé, et au notaire nommé ultérieurement par l'administration pour reporter à son chiffre primitif le nombre des notaires du ressort (Riom, 5 juill. 1851, aff. Therme, D. P. 52. 2. 291). — La jurisprudence de l'administration est conforme (lett. min., 27 juill. 1825) (1).

97. Les officiers *destitués* sont privés du droit de présenter leur successeur. Cela résulte formellement des termes de l'art. 91 de la loi du 28 avr. 1816 (V. M. Eug. Durand, nº 339, qui critique très-vivement cette disposition; V. aussi M. Rolland de Villargues, nº 105). Le gouvernement peut donc nommer d'office leur successeur, et rien ne l'oblige à exiger de celui-ci de payer une somme quelconque. En effet, le droit de présentation ayant péri, le gouvernement est rentré dans la liberté entière de son choix. Un arrêt isolé a jugé le contraire. « Attendu, dit-il, que si, aux termes de l'art. 91 de la loi du 28 avr. 1816, l'officier ministériel destitué perd la faculté de présenter un successeur, il n'est pas cependant pour cela dépouillé de la finance ou du prix de l'office qu'il n'a plus le droit d'exercer » (Lyon, 24 janv. 1849, aff. Barbe, D. P. 49. 2. 193; V. aussi nº 100). — Mais cet arrêt ne peut avoir aucune autorité en présence des textes de la loi et de la jurisprudence constante de la cour de cassation et du ministère de la justice.— Du reste, le gouvernement n'use pas d'ordinaire de son droit et ayant égard aux intérêts des tiers, il demande, pour remplacer le destitué, des candidats qui sont désignés d'office par les magistrats et leur impose la condition de payer une somme aux créanciers (décis. min. just. 16 fév. 1835 (2); 20 novembre 1837). — Mais une pareille disposition est, de la part du gouvernement, purement d'équité; elle ne peut, dans l'état actuel de la législation, être exigée comme un droit. — En conséquence, il a été décidé que le décret qui, en cas de révocation d'un officier ministériel, fixe l'indemnité mise à la charge du successeur, constitue un acte de pure administration qui n'est pas susceptible d'être attaqué par la voie contentieuse (cons. d'Ét. 17 fév. 1853, aff. Pons, D. P. 53. 3. 33). — M. Greffier, p. 31, indique, d'après les instructions ministérielles, les formalités qui doivent être suivies pour la présentation d'office par les tribunaux d'un candidat en remplacement de l'officier destitué.

98. De ce qui vient d'être dit, il résulte que le gouvernement auquel il serait loisible de ne pas accorder d'indemnité pourrait déclarer que cette indemnité profiterait avant tout aux créanciers pour faits de charge; mais, dans l'usage constamment suivi, l'administration ordonne seulement la consignation de la somme représentative de l'indemnité, *aux droits de qui il appartiendra* (V. les décisions citées au numéro précédent). Les tribunaux décident.

99. La jurisprudence s'est fixée dans ce sens que l'indemnité que le gouvernement met à la charge du remplaçant d'un officier public destitué n'est pas le prix de la charge, et que, dès lors, elle n'entre pas dans les biens de l'officier destitué. Une première conséquence à tirer de ce principe est que le vendeur originaire n'a pas de privilége sur cette somme (V. *infrà*, nºs 327 et s.). — Une seconde conséquence est, ainsi qu'il a été jugé, que l'officier ministériel destitué ne peut valablement transporter à quelques-uns de ses créanciers, au détriment des autres, la somme déposée par son successeur à la caisse des dépôts et consignations en exécution de l'ordonnance de nomination (Trib. de Rouen, 28 mai 1841 (3); Limoges, 21 mars 1849, et, sur pourvoi, civ. rej. 8 déc. 1852, aff. Dubrac, D. P. 53. 1. 38; Angers, 18 juill. 1855, aff. Garnier, D. P. 55. 2. 32).

100. Cependant il a été jugé que lorsqu'une saisie-arrêt a été pratiquée sur cette somme déposée, et qu'elle a été validée par un jugement rendu entre l'opposant et le notaire destitué ou son représentant légal, les autres créanciers ne peuvent former tierce opposition audit jugement et faire décider que, malgré ce jugement, la somme sera dans son intégralité distribuée aux créanciers au marc le franc (Lyon, 24 janv. 1849, aff. Barbe, D.

---

officiers publics par la loi du 28 avril 1816, existait à l'époque de la mort du notaire Mocudé; que la nomination de Joubaire à la place que ledit Mocudé laissait vacante, faite sans le consentement de ses héritiers, a causé à ceux-ci un préjudice réel; qu'il y aurait injustice à ce que Joubaire jouît gratuitement d'un avantage que la loi leur avait attribué exclusivement; d'où il suit que le tribunal de Montfort a bien jugé en décidant que l'intimé devait tenir compte aux appelants de la valeur de l'office dont il a été pourvu; que le tribunal a de plus apprécié cet office à sa juste valeur; mais que, néanmoins, pour compléter l'indemnité due aux appelants, il est convenable d'ajouter les intérêts de la somme allouée, à partir de la demande; — Par ces motifs, etc.

Du 23 fév. 1833.-C. de Rennes.

(1) (B....) — Cette lettre est ainsi conçue : « Comme il est dû une indemnité au sieur C..., à raison du titre qu'il occupait à P..., avant sa translation à Brest, et que, d'un autre côté, il a été remplacé par le sieur B..., en 1817, sans qu'il y ait de traité entre eux, il semble juste que celui-ci remplisse cette condition, quoiqu'elle ne lui ait pas été imposée par l'ordonnance de nomination. — Vous voudrez bien, en conséquence, inviter le sieur B... à s'entendre avec le sieur C..., en lui faisant sentir que tôt ou tard cette obligation lui sera imposée, puisque jamais il ne pourra disposer de son titre, tant que son prédécesseur n'aura pas été satisfait.

Du 27 juill. 1825.-Lettre du garde des sceaux.

(2) (T....) — Par jugement du 7 janv. 1835, M. T..., notaire, fut révoqué de ses fonctions. Déjà il avait consenti la cession de son office au profit de M. P..., qu'il avait même présenté pour son successeur à l'agrément du roi. — M. T... avait des créanciers qui furent désintéressés par les parents de ce notaire, afin de prévenir les poursuites qu'ils voulaient exercer contre lui. — Après quoi ils sollicitèrent de M. le garde des sceaux le maintien du traité fait avec M. P..., et la nomination de ce dernier. Ils demandèrent que, dans tous les cas, le remplacement de M. T... fût soumis au payement d'une indemnité représentative de la valeur de son office.

Voici en quels termes le ministre a répondu : — « La destitution de M. T... devant avoir pour effet de le priver du bénéfice de l'art. 91 de la loi du 28 avr. 1816, il n'y aura aucune suite à donner à la cession qu'il a consentie au sieur P...; mais, comme la famille de ce notaire paraît avoir fait des avances considérables pour désintéresser les nombreux créanciers, il serait injuste de la priver du prix de l'office, qui paraît être la seule valeur que le sieur M. T... ait conservée. — En conséquence, les candidats qui se présenteront pour le remplacer devront préalablement souscrire l'engagement de consigner, en cas de nomination, au profit de qui de droit, la somme à laquelle la valeur de l'étude sera fixée d'après l'avis de la chambre de discipline et du tribunal de première instance. »

Du 16 fév. 1835.-Décis. du min. de la justice.

(3) (Renard et cons. C. Julienne et cons.) — Le tribunal; — Vu l'art. 91 de la loi du 28 avr. 1816; — Attendu qu'il en résulte qu'un titulaire a la faculté de présenter un successeur à l'agrément du roi, et que le roi a le droit de le nommer; — Qu'il est fait exception par cette loi pour le cas où l'officier ministériel a été destitué, circonstance qui ne lui permet plus de traiter du prix de son office, la loi lui interdisant la présentation d'un successeur lorsqu'il y a révocation; — Attendu que si le ministre de la justice, afin de maintenir le nombre des fonctionnaires reconnu nécessaire pour assurer une partie du service public, présente au roi un successeur à l'officier ministériel destitué; s'il lui fait un rapport des pertes que sa destitution peut causer à des créanciers, qui n'ont souvent d'autres garanties que l'évaluation donnée au titre de leur débiteur, l'ordonnance royale qui intervient, n'a pour objet que de faire jouir ces créanciers d'une indemnité, mais elle n'en transmet point la propriété à celui qui a encouru la peine de la révocation; d'où il suit que celui-ci ne peut, soit directement, soit indirectement, attribuer cette indemnité à quelques créanciers de son choix, quand l'autorité royale n'a imposé cette condition pécuniaire à celui qu'elle a nommé que dans l'intérêt de tous les créanciers du destitué;

Attendu que cette prescription est écrite dans l'ordonnance du 18 sept. 1840, qui a nommé Bosquier en remplacement de Depaux, huissier, à la charge par lui de verser à la caisse des consignations, au profit de qui de droit, et avant sa prestation de serment, la somme de 14,000 fr., arbitrée par le tribunal comme étant la valeur du titre de Depaux, par délibération du jour précédent; — Qu'en ordonnant la consignation de ce capital au profit de qui de droit, le roi a voulu le faire partager entre les créanciers de Depaux, suivant les droits qu'ils avaient à exercer sur la valeur du titre qui était conféré à son remplaçant, et qu'il est incontestable que la disposition de cette ordonnance ne peut s'appliquer à Depaux et l'investir de la propriété de la somme consignée; qu'ainsi, Depaux n'a pu la déléguer à trois de ses créanciers; — Déclare nul et de nul effet le transport fait le 10 octobre dernier par Depaux aux sieurs Renard, etc.

Du 28 mai 1841.-Trib. civ. de Rouen.-M. Letourneur, pr.

P. 49. 2. 193).—Il est vrai que, dans cet arrêt, la cour de Lyon décide que le gouvernement n'a pas le droit de remplacer un officier public même destitué sans que le prix de l'étude soit payé par son successeur, et, dès lors, la somme déposée par le nouveau titulaire est, aux yeux de la cour, non-seulement la représentation du prix, mais le prix lui-même.—L'opinion contraire est maintenant admise par la jurisprudence, et, dès lors, la solution de la cour de Lyon ne peut plus être soutenue. Elle était, au reste, dans l'espèce, très-contraire à l'équité.

101. Un arrêt de la cour de Paris a aussi jugé que le titulaire destitué pouvait transporter la somme payée par son successeur à titre d'indemnité (Paris, 26 juill. 1843, aff. Cochet, V. Saisie-arrêt, n° 427). — Mais cet arrêt ne fait pas plus autorité que celui de Lyon. Dans l'espèce de l'arrêt de la cour de Paris se trouvait cette circonstance que le prix de la charge était dû par l'officier destitué, et que son vendeur avait consenti des transports sur ce prix. La question était de savoir s'ils étaient valables dans ce sens qu'ils eussent régulièrement transporté à des tiers partie de la somme déposée à titre d'indemnité. L'affirmative a été décidée par la cour; mais, en présence d'une jurisprudence maintenant constante, cette solution ne peut pas plus être admise que celle de la cour de Lyon, puisqu'il n'y avait plus de prix et que rien en réalité n'avait été transporté.

102. Il a été jugé, dans le système contraire aux arrêts qui précèdent, 1° que le jugement qui attribue à l'un des créanciers d'un notaire destitué, en l'absence des autres créanciers de ce notaire, le montant total de l'indemnité que le gouvernement a astreint son successeur à déposer à la caisse des dépôts et consignations, pour être distribué à qui de droit, est susceptible de tierce opposition de la part des créanciers qui n'y ont pas été appelés (Limoges, 21 mars 1849, et, sur pourvoi, civ. rej. 8 déc. 1852, aff. Dubrac, D. P. 53. 1. 38); — 2° Que ces créanciers, quoiqu'ils n'aient point, antérieurement à la signification du jugement, formé opposition sur la somme consignée, n'ont encouru ni la forclusion faute de produire ou de prendre communication prononcée par les art. 660 et 664 c. pr. ni aucune autre forclusion ou déchéance, si le créancier qui s'est fait attribuer l'indemnité n'avait point provoqué de distribution par contribution (mêmes arrêts).

103. Les créanciers auxquels doit revenir l'indemnité mise à la charge du successeur de l'officier destitué ont intérêt et, par conséquent, qualité pour poursuivre contre le successeur l'exécution du décret d'institution (Toulouse, 14 déc. (et non sept.) 1853, aff. Naudin, D. P. 54. 2. 62).

104. Le cas s'est présenté où un officier ministériel se sentant coupable d'une faute qui doit entraîner la destitution, s'est hâté d'user du droit de présentation, afin d'éluder le vœu de la loi. Pour obvier à cet abus, l'administration, dès qu'elle est avertie que le titulaire peut être ou a été l'objet d'une plainte, sursoit à admettre le successeur jusqu'à ce que les poursuites soient mises à fin, lorsqu'elles sont commencées, ou jusqu'à ce que les officiers du parquet aient fait savoir qu'il n'y avait pas lieu d'informer soit administrativement soit judiciairement (décis. min. just. 28 oct. 1834; 20 nov. 1837, V. Notaire, n° 337). — Cette proposition semble en opposition avec une autre décision du garde des sceaux de laquelle il résulte que le notaire à qui l'on reproche d'avoir enfreint la résidence peut arrêter les poursuites en donnant sa démission (déc. min. just. 17 oct. 1837) (1). — Mais si l'on compare cette faute purement disciplinaire aux faits criminels imputés au notaire contre lequel est intervenue la décision du 20 nov. 1837 précitée (faux en écriture authentique), on ne sera nullement étonné de la divergence qui, au premier abord, paraît exister dans la jurisprudence de l'administration.

105. Les notaires destitués, s'ils ne peuvent user du droit de présentation, pourraient-ils au moins transmettre leurs minutes? — On a soutenu l'affirmative en prétendant que la loi de 1816 n'était pas applicable dans ce cas, qu'il fallait recourir à celle de l'an 11, aux termes de laquelle tout notaire *remplacé* peut transmettre ses minutes.—Il a été décidé en ce sens que la transmission qu'un notaire destitué a faite de ses minutes doit être maintenue à l'encontre de son successeur, si les dispositions des art. 54 et 55 de la loi du 25 vent an 11 ont été observées (trib. de Barcelonnette, 15 janv. 1841 (2); Conf. ord. du prés. du trib. de Remiremont, 27 juill. 1844, aff. Magnien, D. P. 45.

---

(1) (D...)—« Le parti qu'a pris le sieur D... de donner sa démission, dit le ministre, doit nécessairement faire ajourner les poursuites dont il aurait été l'objet pour infraction à la résidence, puisque ces poursuites, en admettant que l'infraction dont il s'agit fût prouvée, ne pourraient avoir pour résultat que de le faire déclarer démissionnaire, en vertu de l'art. 4, loi du 25 vent. an 11, ce qui lui laisserait la faculté de désigner son successeur. — Le sieur G..., cessionnaire du sieur D..., justifie des conditions légales, mais sa nomination ne peut avoir lieu sur la seule démission de ce notaire. Il reste en effet dans le canton de S... six études qui, aux termes d'une ordonnance du 7 nov. 1821, doivent être réduites à cinq, au moyen de la suppression d'un des deux notariats de P... C'est d'ailleurs sur l'étude du sieur B... que la réduction doit porter exclusivement, car celle de son collègue ayant été consolidée en 1824, au moyen de la réunion d'un second titre, est dispensée désormais de concourir à la réduction. — Si le sieur B... exerce encore ses fonctions, il aura droit, comme notaire menacé de la suppression, à la préférence pour la place vacante à G..., résidence conservée, à la charge toutefois de tenir les conditions du traité fait avec le sieur D..., et dans le cas où il ne profiterait pas de cette faculté, il restera à vérifier s'il consentirait à donner lui-même sa démission, moyennant une indemnité préalable. — Si, au contraire, le sieur B... est décédé, le droit à l'indemnité appartiendra à ses héritiers ou ayants cause. Il faut d'ailleurs remarquer que cette indemnité n'aura pour objet que l'extinction du titre, les minutes et répertoires, ainsi que les recouvrements, devant, aux termes des art. 54, 56 et 59 de la loi précitée, être l'objet d'un arrangement particulier avec le notaire qui restera en exercice à P... — A l'égard du payement de l'indemnité, il paraît juste et convenable de le mettre à la charge des titulaires des études non consolidées, dans la proportion du bénéfice que chacun d'eux devra retirer de la suppression. — Il y aura lieu, en conséquence, dans le cas où le sieur B... serait décédé, ou s'il ne consentait pas à transférer sa résidence à Gr..., de faire engager le sieur G... à s'entendre avec les autres notaires du canton, à l'exception de celui qui a été nommé sur deux titres, pour effectuer en commun l'extinction de la sixième étude, et de lui faire annoncer qu'il ne pourra être donné suite à sa demande que lorsqu'il aura pris l'engagement de payer la portion d'indemnité qui aura été mise à sa charge. — S'il se soumet à cette condition, mais qu'un arrangement amiable devienne impossible par le fait soit des autres notaires, soit du titulaire ou des héritiers à indemniser, la chambre de discipline et le tribunal de première instance devront être invités à donner leur avis sur la valeur du titre à éteindre, ainsi que sur la répartition des charges de cette extinction entre les études non consolidées, et les titulaires de ces études devront être prévenus en même temps qu'aucune mutation ne sera autorisée parmi eux qu'après l'acquittement de la somme pour laquelle ils devront contribuer à l'extinction. »

Du 17 oct. 1837.-Décision de M. le garde des sceaux.

(2) *Espèce*. — (Me R... C. Me D....) — Me F..., notaire, ayant été destitué, déposa ses minutes entre les mains de Me D..., notaire du même canton, qui en fut provisoirement chargé d'après une ordonnance du président. Le 25 janv. 1840, Me F... déclara par acte sous seing privé, enregistré le 30 juill. suivant, vouloir que la remise provisoire de ses minutes entre les mains de Me D... fût définitive.—Me R..., nommé, sur sa demande directe, en remplacement de Me F..., revendique les minutes attribuées à Me D..., se fondant : 1° sur ce qu'un notaire destitué était incapable de disposer de ses minutes; 2° que leur valeur avait été prise en considération dans la fixation de la somme de 6,000 fr. qu'il avait dû consigner comme condition de sa nomination; 3° enfin que le sous seing privé en vertu duquel Me D... se trouvait en possession des minutes, n'ayant acquis date certaine qu'après sa prestation de serment, était nul à son égard. — Jugement.

LE TRIBUNAL; — Attendu que F..., par acte sous seing privé portant la date du 25 janv. 1840, enregistré le 30 juill. suivant, a déclaré vouloir faire remise définitive de ses minutes et répertoires à D..., qui en était déjà saisi en qualité de dépositaire provisoire; — Que cet acte ayant eu pour unique objet d'exprimer une volonté, de faire connaître un choix qu'il appartient à F... de manifester, ne saurait être invalidé pour avoir affecté la forme de la vente ou de la donation, que la loi n'a nullement voulu lui imposer; — Que le tribunal n'a pas à examiner en l'état quelles stipulations ont présidé à la transmission dont s'agit, et si le traité intervenu entre le cédant et le cessionnaire lèse les intérêts de celui-là ou constitue un bénéfice indécent au profit de celui-ci; — Que la seule question à juger est celle de savoir si la déclaration de F... a été faite en conformité des art. 54 et 55 de la loi de vent. an 11, qui règlent l'exercice de la faculté accordée au notaire remplacé;

Attendu que cette formalité n'est assujettie qu'à deux seules conditions; que la première, qui ferait à F... la nécessité de désigner pour dépositaire définitif de ses minutes et répertoires un notaire résidant dans le canton du L..., est évidemment rempli, puisque D... est notaire

4. 360; M. Rolland de Villargues, n° 110). — Cette décision ne nous semble pas devoir être accueillie. — La transmission des minutes est la conséquence du droit de présentation et se confond naturellement avec la transmission de l'office même; le notaire, privé par le fait de la destitution du droit de présenter son successeur, encourt donc en même temps la déchéance du droit parallèle de disposer de ses minutes, d'autant plus que la valeur de celles-ci entre toujours pour une grande part dans l'appréciation de l'indemnité que le ministre de la justice astreint constamment le nouveau titulaire à payer aux créanciers du titulaire destitué (V. Notaire). Il paraît d'ailleurs évident que le droit de transmettre les minutes n'a pas été accordé par la loi de l'an 11 au notaire destitué (Conf. Angers, 11 fév. 1841 (1); trib. de Largentière, 31 mai 1844, aff. Ch...., D. P. 45. 4. 361; M. Eug. Durand, n° 276). — Par suite, la remise de ses minutes qu'un notaire destitué aurait faite entre les mains d'un autre notaire doit être réputée provisoire, sans que le notaire dépositaire puisse être admis à la preuve d'une intention contraire de la part du notaire destitué (même arrêt du 11 fév. 1841). — Et le refus de remettre les minutes soumet le notaire dépositaire à des dommages-intérêts envers le titulaire nommé à l'office vacant, surtout lorsque la nomination de celui-ci a été subordonnée au versement entre les mains des créanciers du destitué d'une somme dans l'évaluation de laquelle la possession des minutes a été prise en considération (même arrêt).

106. Décidé de même que les syndics d'un notaire déclaré en état de faillite ne peuvent traiter des minutes de l'étude, même avec un notaire du même canton, ni en dépouiller le titulaire nommé en remplacement par l'autorité (Bruxelles, 23 mars 1829) (2).

107. Mais les *recouvrements* d'un notaire constituent une

au H... et que la commune de M..., où un seul notaire est établi, dépend du canton de ce nom; — Que la deuxième de ces conditions, qui prescrivait à F... d'effectuer cette désignation dans le mois à compter du jour de la prestation de serment de son successeur, se trouve également accomplie; — Que R... objecte vainement qu'il s'est écoulé plus d'un mois depuis sa prestation de serment jusqu'à la déclaration faite par F... au profit de D...; que ce délai ayant pour point du départ un fait étranger à F..., que, jusqu'à preuve contraire, non rapportée, il est présumé avoir ignoré, ne saurait être fatal et de nature à entraîner, à son préjudice, la déchéance d'un droit qu'il n'a pas été mis en demeure d'exercer;

Qu'en serait-il autrement et l'expiration du délai d'un mois emportât-elle cette déchéance contre laquelle s'élèvent les principes, les auteurs et la jurisprudence, la remise faite à D... ne devrait pas moins être maintenue; il résulte en effet d'un récépissé du secrétaire de la chambre de discipline, à la date du 17 fév. 1840, que déjà à cette époque D... possédait à titre définitif les pièces objet du procès; — Que cette attestation, qui émane d'un officier public, doit avoir tout au moins pour effet de restituer à la déclaration tardive de F... une date autre que celle de son enregistrement, celle du récépissé lui-même, et, par conséquent, une date antérieure au fait de la prestation de serment de R...;

Par tous ces motifs, déclare bonne et valable la déclaration du 25 janv. 1840; dit que D... gardera, à titre de dépôt définitif, les minutes et autres pièces quelconques que F... détenait en qualité de notaire; déboute, en conséquence, R... de sa demande, comme étant irrecevable et mal fondée, et le condamne à tous les dépens.

Du 15 janv. 1841.-Trib. de Barcelonnette.

(1) (Me Boussion C. Mes Trolley et Chevrel.) — LA COUR; — Attendu que la loi du 25 vent. an 11 établit une distinction bien marquée entre les notaires destitués et ceux qui sont remplacés, ou dont la place a été supprimée; après avoir imposé aux uns et aux autres, dans l'art. 52, l'obligation de cesser leurs fonctions aussitôt la notification de la décision qui les concerne, en énumérant les trois catégories des notaires suspendus, destitués ou remplacés, l'art. 54 concernant la transmission des minutes, ne confère qu'au notaire remplacé ou dont la place aura été supprimée le droit de choisir parmi les notaires du canton ou de la commune celui à qui la remise en sera faite; que ce droit est encore une marque de confiance donnée au titulaire qui quitte le notariat d'une manière honorable, mais qu'elle n'est pas accordée et qu'elle ne pouvait pas l'être, à celui qui a encouru la destitution et qui par cela même ne pourrait qu'être présumé devoir faire un mauvais usage de cette faculté; — Attendu que l'art. 91 de la loi du 28 avril 1816 n'a point conféré de nouveaux droits aux notaires destitués, puisqu'au contraire il les exclut expressément de la faculté de présenter un successeur qu'il vient de constituer en termes généraux;

Attendu que dans ces derniers temps, des considérations d'équité ont fait admettre qu'il y avait lieu d'astreindre le titulaire nommé d'office à une indemnité qui tourne presque toujours au bénéfice des créanciers de celui qui a encouru la destitution; mais que, dans l'appréciation de cette indemnité, dont sont chargés les tribunaux sous forme administrative, on fait constamment entrer les avantages attachés à la possession des minutes, et qu'il est certain que le tribunal de Saint-Calais les a pris en grande considération, quand il a fixé à 25,000 fr. la somme que Boussion aurait à fournir aux créanciers de Chevrel; que, dans cet état, le dépôt de minutes fait entre les mains de Trollé ne pouvait être que provisoire, et qu'il résulte de tous les documents de la cause que telle fut l'intention des parties entre lesquelles s'opéra cette remise; — Attendu que les faits articulés par Trollé tendant à établir que Chevrel aurait voulu faire usage en sa faveur d'un droit qu'il n'était point fondé à exercer, sont par cela même non pertinents et inadmissibles; — Attendu que la contestation suivie en appel a nécessairement porté préjudice au nouveau titulaire de l'étude de Jupilles, et que la demande des dommages-intérêts est justifiée; — Sans s'arrêter aux articulations non pertinentes de l'appelant, confirme, au fond, le jugement dont est appel; et néanmoins, en vertu de la loi de 1824, réduit à 20 fr. par mois l'amende de 100 fr. par jour de retard, prononcée par les premiers juges, pour ce qui concerne les minutes inventoriées entre les parties et pour celles qui n'ont pas pu être inventoriées, accorde le délai de deux mois à partir de ce jour, pour en faire la remise sur inventaire lequel délai étant expiré, l'amende courra de plein droit, comme il est dit ci-dessus, sauf plus amples dommages-intérêts encourus jusqu'à ce jour y compris les 100 fr. alloués par ledit jugement, et les émoluments des expéditions délivrées par Trollé, en fixe le montant à 700 fr. que Trollé est condamné de payer à Boussion.

Du 11 fév. 1841.-C. d'Angers.-M. Desmazières, 1er pr.

(2) *Espèce :* — (Jottrand.) — Faillite de J..., notaire. — Ordonnance du président qui charge provisoirement de ses minutes le notaire Brulé. — Nomination de Bruyer en remplacement de J... Sans y avoir égard, les syndics traitent avec Jottrand, notaire, de la remise des minutes et des recouvrements à faire. Celui-ci demande les minutes à M. Brulé, qui les lui refuse, à moins d'une ordonnance du président. Il se pourvoit devant ce magistrat qui rejette sa demande.

12 nov. 1828, jugement du tribunal de Nivelles qui déclare Jottrand non recevable, par ces motifs : — « Attendu que Jottrand fonde sa demande sur une cession ou transmission que lui auraient consentie les syndics de la faillite J... des minutes et répertoires dont il s'agit au procès; que les syndics ne sont que les gérants et administrateurs des biens du failli au profit de la masse des créanciers; que les minutes et répertoires d'un notaire ne sont pas des biens de ce notaire comme tel, et encore moins comme homme privé en état de faillite; qu'il n'a aucun droit de propriété sur ses minutes et répertoires; que ces objets sont au contraire une propriété dont le notaire, selon le texte précis de l'art. 1 de la loi du 25 vent. an 11, et d'après la nature même des choses, n'est que le gardien ou dépositaire public sous la qualification de fonctionnaire public; qu'il suit de là, que la transmission et remise d'une semblable propriété est exclusivement, en règle générale, du domaine de la loi et de l'autorité publique; qu'il s'ensuit ultérieurement que la masse faillie et ses gérants syndics n'ont jamais pu disposer desdites minutes et répertoires, à moins que la loi n'ait en leur faveur distrait quelque portion du droit fondamental et général qu'elle se réserve nécessairement pour la transmission de cette propriété, et qu'elle exerce par l'autorité publique; or les syndics sont à cet égard dépourvus de toute concession et faculté légale, aucune loi ne leur attribuant, dans aucun cas, la transmission des minutes et répertoires du notaire failli; qu'en effet, vainement ils invoqueraient et vainement le demandeur invoque les dispositions de la sect. 4 de la loi du 25 vent. an 11, sur le notariat, puisque cette section, par les simples modifications qu'elle comporte, n'a fait que confirmer davantage ce principe général et fondamental, consacré par l'art. 14, tit. 3 de la loi du 29 sept. 1791; que c'est à la loi seule ou à l'autorité chargée de l'exécuter, qu'appartient le droit de transmettre le dépôt public dont il s'agit; que les art. 54 et suiv. de cette section, ne reconnaissent aucun droit de propriété au notaire sur ses minutes et répertoires; mais que la loi laisse, seulement dans les cas y prévus pour la remise des minutes, une certaine faculté au titulaire ou à ses héritiers, faculté qui doit être restreinte au notaire même remplacé ou à ses héritiers, parce que la loi les dénomme seuls; et que d'ailleurs, cette restriction est dans les principes et l'esprit de la loi;

Qu'en effet cette faculté est non un droit proprement dit, car, s'il en était ainsi, ce droit une fois acquis ne pourrait lui être enlevé par une loi postérieure; mais elle est une sorte de délégation de la loi ou de la puissance publique, à qui seule le droit de transmettre le dépôt appartient, d'où il faut conclure que cette faculté doit se borner au sens strict de la loi, et que les syndics n'étant ni le titulaire démissionné, ni ses héritiers ne sauraient, par analogie, se ranger sous cette dernière qualification pour user d'une faculté de cette nature, non plus que ne le pourraient les créanciers dans le cas où le titulaire démissionné, mais non

propriété privée, distincte de celle de l'office, et, dès lors, ne sont pas compris dans l'indemnité accordée à ce notaire en cas de destitution; par suite, les créanciers du notaire sont fondés à exiger que le successeur leur tienne compte de ces recouvrements, en sus de la somme fixée par l'ordonnance royale (Lyon, 28 juin 1845, aff. Deplace, D. P. 46. 4. 381; Conf. trib. de Lyon, 4 mars 1845, aff. créanc. R..., D. P. 45. 4. 377; MM. Duranton, t. 9, n° 237; Eug. Durand, n° 276, qui cite en ce sens une délibération du conseil d'Etat du 17 mai 1830). — Cependant l'administration a souvent fixé le prix des recouvrements dans les décrets nommant après destitution et mis ce prix à la charge du nouveau titulaire comme faisant partie de l'indemnité (V. n° 231), et il a même été décidé, ce qui serait en opposition avec les arrêts qui précèdent, que c'est au souverain seul en conseil d'Etat qu'il appartient d'interpréter l'ordonnance ou le décret qui a fixé le prix de l'office d'un notaire destitué, et de décider si les recouvrements de l'étude doivent être compris dans ce prix (cons. d'Et. 30 août 1845) (1).

108. Si l'indemnité que le gouvernement a mise à la charge du remplaçant de l'officier destitué est plus que suffisante pour désintéresser les créanciers, le surplus doit être remis à l'ancien titulaire (Conf. M. Durand, n° 341); et, s'il n'a pas de créanciers, elle lui est remise tout entière (M. Greffier, p. 58, n° 4).

109. Que devrait-on décider dans le cas où le décret de nomination à la place d'un officier public destitué ne fixerait aucune indemnité? Nous croyons qu'il faut distinguer. Dans le cas où il ne résulterait d'aucun fait légal que l'intention du gouvernement était de nommer avec indemnité, l'indemnité ne serait pas due. Mais lors même qu'il ne ressortirait pas implicitement du décret que l'indemnité est due, elle le serait dans le cas où il résulterait d'un acte judiciaire ou administratif que le successeur s'est soumis à payer une indemnité. — Il a été jugé, conformément à ces dernières observations, que le notaire destitué a contre son successeur une action en payement du prix de l'office lorsque ce n'est qu'après estimation de cet office et soumission par le candidat d'en payer le prix que le tribunal a été d'avis de sa nomination : cette estimation eût été inutile s'il n'eût rien eu à payer (Lyon 1er mars 1838) (2).

110. Quand le maximum des notaires qui doivent fonctionner dans un canton est excédé, il ne peut être nommé à la place du notaire destitué, et dès lors il ne peut être fixé d'indemnité en sa faveur; mais ne pourait-il pas en demander une aux autres notaires du canton qui profitent de la suppression de son étude? — L'administration paraît avoir hésité sur ce point. Il résulte d'une délibération de la chambre de discipline des notaires de Loche, du 15 juin 1837 (V. *infrà*, n° 121), qu'après la destitution d'un notaire du canton dont l'étude devait être supprimée, l'administration, par égard pour la position de plusieurs créanciers de bonne foi, avait décidé que l'extinction de cette étude aurait lieu au moyen d'une indemnité de 3,000 fr., payable à la première mutation qui surviendrait dans les résidences conservées. — Une décision contraire résulte d'une lettre de garde des sceaux, du 18 avril 1836 (3).—La première décision nous paraît préférable.

111. La peine de la dégradation civique entraînant la destitution ou l'exclusion des condamnés de toutes fonctions, em-

---

failli, refuserait d'exercer cette faculté; qu'il est sensible que le système du demandeur contrarierait au reste, ou mettrait plus ou moins en péril cette sage précaution, qui, dans l'économie de l'art. 23 de la loi de ventôse, assure le secret du contenu de ces dépôts, et que, si elle n'a pas trouvé d'inconvénient à l'égard du titulaire et de ses héritiers, que le législateur favorise ici *solutionis causâ*, ces mêmes motifs ne militaient pas pour étendre cette faculté, soit aux créanciers, soit aux syndics, ou à tout autre ayant cause du titulaire remplacé; que l'art. 59 ne saurait étayer les prétentions du demandeur, car le droit à des honoraires dus, à un bénéfice éventuel sur des expéditions (supposé gratuitement que ce bénéfice puisse être exigé hors les cas prévus par les art. 54, 55 et 56) est un objet d'intérêt privé; tandis que la faculté de transmettre les minutes et répertoires, est, au contraire, comme il vient d'être démontré, une délégation légale et spéciale de la puissance publique, aussi distincte de la créance des honoraires et du bénéfice des expéditions, que le dépôt public qui est l'objet de cette faculté; que l'on peut envisager comme bien du failli, comme étant dans la masse faillie, cette créance des honoraires dus et d'un bénéfice à déterminer pour les expéditions; qu'on peut aussi concevoir l'intervention des syndics et de leur cessionnaire pour l'exercice de cette créance, d'après le mode de l'art. 59, si ce mode est obligatoire hors des cas des art. 54, 55 et 56, ou enfin pour faire valoir et régler cette créance par les voies ordinaires et de droit commun, comme toute autre créance du failli, sans que de là il résulte nécessairement la conséquence que cette intervention des syndics soit admise pour l'exercice du droit, ou de la faculté de transmettre le dépôt public des minutes et répertoires;

» Que, surabondamment, il résulte des pièces du procès, produites par le demandeur même, qu'il a été rendu par le président du tribunal de Nivelles une ordonnance, sous la date du 18 mai 1828, par laquelle ce magistrat, sur les conclusions conformes du ministère public, décide qu'il n'y a pas lieu d'accueillir la demande du sieur Jottrand, relativement à la réclamation des minutes et répertoires dont il s'agit; que cette ordonnance ayant été rendue sur une requête du demandeur, motivée entre autres sur ce que le notaire Brulé, dépositaire, ne croyait pas devoir se dessaisir de ces minutes, a donc été portée pour vider une contestation née; et, par conséquent, cette ordonnance est une ordonnance de juridiction, dont, jusqu'à la réformation, ledit Brulé peut se prévaloir pour conserver le dépôt dont s'agit, réformation qui n'est pas demandée *in terminis*, et qui d'ailleurs n'appartient pas au tribunal. » — Appel. — Arrêt.

La cour; — Déterminée par les motifs repris, tant au jugement qu'à l'ordonnance dont appel; — Met l'appel au néant.

Du 25 mars 1829.-C. de Bruxelles, 3e ch.

(1) (Ducruet C. Deplace.) — Louis-Philippe, etc.; — Vu les lois des 16-24 août 1790, 16 fruct. an 3, 25 vent. an 11 et 28 avr. 1816, art. 91; — Vu les ordonnances royales des 1er juin 1828 et 12 mars 1831; — Considérant que l'action pendante devant notre cour de Lyon, entre les sieurs Ducruet, administrateur séquestre des biens du sieur Rosier, notaire destitué, et le sieur Deplace, nommé en remplacement dudit sieur Rosier, a pour but de faire déclarer que le sieur Deplace, indépendamment des 150,000 fr. versés par lui à la caisse des dépôts et consignations, en vertu de notre ordonnance du 2 octobre 1842, pour tenir lieu du prix de son office, doit payer le montant des recouvrements de l'étude, d'après l'estimation des deux experts nommés par le tribunal de Lyon; que le sieur Deplace soutient que notre ordonnance précitée a compris le montant des recouvrements de l'étude dans la somme de 150,000 fr. dont elle lui a imposé le versement avant la prestation de son serment; que dès lors il y a lieu d'interpréter ladite ordonnance, et qu'il n'appartient qu'à nous d'en donner l'interprétation; — Art. 1. L'arrêté de conflit pris le 8 juillet 1845, par le préfet du Rhône, est confirmé. — Art. 2. Sont considérés comme non avenus, etc.

Du 30 août 1845.-Ord. cons. d'Etat.-M. Boulatignier, rap.

(2) *Espèce*. — (C... C. R...) — Jugement du tribunal de Nantua ainsi conçu : — «Attendu qu'il n'a été procédé à l'évaluation de l'office du sieur C... qu'afin que son successeur lui en payât le montant; — Que ce n'est qu'après cette estimation et la soumission de Me R... de l'acquitter, que le tribunal a été d'avis de sa nomination; — Qu'une évaluation eût été inutile s'il n'eût rien eu à payer; — Qu'au surplus Me R... ne justifie nullement que ni le gouvernement ni Me C... lui aient cédé gratuitement l'office dont il s'agit; — Qu'une telle concession, qui répugnerait à la justice et à l'équité, ne se présume pas; — Que, loin de là, le ministère public, en requérant la révocation de C..., énonça positivement qu'il ne perdrait pas le prix de son office; — Que le décider autrement, ce serait faire revivre la confiscation, proscrite par la loi; — Attendu surabondamment que si l'art. 91 de la loi du 28 avr. 1816 a interdit à un notaire destitué de présenter un successeur, il ne lui enlève pas le droit de réclamer le prix de son office; — Par ces motifs, le tribunal condamne le sieur R... à payer à C..., avec intérêts de droit dès le 6 juillet dernier, jour de la prestation de son serment, la somme principale de 6,500 fr., montant de l'estimation faite par l'assemblée des notaires de l'arrondissement de Nantua, de la valeur de l'office de notaire dudit C... à la résidence de Mornay, somme que ledit R... s'était soumis de payer en cas de nomination audit office. »—Appel. — Arrêt.

La cour, — Attendu qu'il est constant que R... s'est soumis à payer à C... la somme de 6,500 fr., s'il était pourvu de l'office de notaire en remplacement dudit C...; — Attendu qu'il en a été pourvu et qu'il est ainsi tenu, etc.; — Dit qu'il a été bien jugé, etc.

Du 1er mars 1838.-C. de Lyon, 2e ch.-M. Laborie, subst.

(3) (D....) — Par jugement du 21 juill. 1834, le tribunal de première instance séant à G..., a prononcé la destitution du sieur D..., notaire. — Ce jugement étant passé en force de chose jugée, le sieur D... a dû cesser ses fonctions; nul n'a été appelé à le remplacer, car il reste cinq notaires dans son canton, ce qui complète le maximum fixé par la loi du 25 vent. an 11. — Ce notaire, désirant obtenir une indemnité pour l'extinction de son office, s'est pourvu devant M. le garde des sceaux, qui lui a répondu en ces termes : — « Si vos anciens collègues consentent à vous accorder quelques secours, à raison de votre position, je ne pourrai que les approuver; mais je ne saurais les contraindre à vous payer une indemnité pour l'extinction de votre office, puisque

plois ou offices publics (V. Peine, n° 63), emporte nécessairement déchéance du droit de présentation. Il en serait de même de la faillite, bien que cela ait été contesté quelquefois (*Contrà*, M. Rolland de Villargues, n° 80). D'ailleurs à supposer que la faillite n'entraîne pas par elle-même la perte du droit de présentation, elle serait bien certainement une cause de destitution, et le résultat par conséquence en serait identique (Conf. M. Durand, n° 343).

112. Suivant M. Eug. Durand, n° 343, la *révocation* n'est qu'une simple mesure administrative qui n'emporte pas, comme la destitution, déchéance du droit de présentation. « La privation de la faculté de présentation, dit-il, n'est en effet attachée par la loi qu'à la destitution. Les déchéances étant de droit étroit, on ne doit pas les étendre par analogie d'un cas à un autre. » — Mais ce n'est là, suivant nous, qu'une dispute de mots. Le gouvernement, qui peut révoquer, peut aussi bien destituer, et s'il ne s'agissait que de substituer un mot à un autre, il serait bien facile d'éluder la règle posée par M. Durand, s'il était vrai qu'elle existât. — M. Greffier, p. 58, met la révocation sur la même ligne que la destitution sans penser même qu'un doute puisse s'élever à cet égard.

113. L'art. 91 de la loi du 28 avr. 1816 ne prive du droit de présentation que les officiers publics destitués.—Il en résulte : 1° que lorsque, après un changement de gouvernement, on impose aux titulaires en exercice la prestation d'un serment politique, à peine d'être déclarés démissionnaires, les officiers ministériels qui ont refusé de prêter ce serment ne conservent pas moins le droit de présenter leurs successeurs. — Mais si l'officier qui a refusé de prêter le serment imposé laisse écouler le délai qui lui a été départi pour désigner un successeur sans faire cette désignation, il peut être remplacé d'office (Agen, 23 mai 1836, aff. Encausse, V. Serment, n° 45) ;

2° Que la faculté de présenter un successeur n'est pas enlevée au notaire déclaré démissionnaire par l'autorité, pour défaut de résidence dans le lieu qui lui avait été fixé, pourvu cependant qu'il n'ajourne pas indéfiniment son remplacement (circ. min. 2 nov. 1833), ainsi qu'à celui qui n'a pas rétabli son cautionnement entamé par des condamnations (déc. min. just. 19 janv. 1837, V. MM. Rolland de Villargues, n° 81; Eug. Durand, n° 343);

3° Que l'officier public contre lequel la peine disciplinaire de la suspension a été prononcée conserve, même pendant la durée de cette peine, la faculté de présenter son successeur (déc. min. 21 fév. 1817 ; 11 sept. 1837 ; 6 juin 1838 ; 20 août 1840; MM. Rolland de Villargues, n° 77; Greffier, p. 32 ; Durand, n° 344).

114. De même, enfin, lorsqu'il s'agit d'officiers non destitués, on ne doit pas présumer qu'ils aient renoncé à la faculté de présenter un successeur. En conséquence, l'officier qui accepte des fonctions incompatibles avec celles qu'il exerce, n'est pas déchu du droit de présentation (décis. min. 12 déc. 1836 ; MM. Bioche, n° 23 ; Eug. Durand, n° 343).

115. Quand un notaire transfère son étude dans un autre canton, il peut être remplacé d'office dans le canton qu'il quitte; mais, dans ce cas, l'administration oblige le successeur qu'elle lui donne à lui payer une indemnité.—Il a été jugé, à cet égard, que la décision ministérielle qui pose comme condition du droit de présenter un candidat à la charge de notaire, de payer une indemnité au prédécesseur avec lequel le titulaire actuel, nommé directement, n'a jamais traité, ne peut être attaquée devant les tribunaux civils ; ils sont incompétents pour en connaître (trib. de Brest, 16 août 1838) (1).

116. Pour éviter, dans ce cas, toute difficulté, l'administration décide que le notaire déjà en exercice, qui demande à être pourvu d'un office dans une autre résidence, ne peut obtenir cette nomination avant d'avoir donné sa démission pure et simple de l'office qu'il occupe, ou avoir traité lui-même de cet office, de manière qu'on puisse en même temps le nommer à la résidence désignée et nommer son successeur (décis. min. 1er janv. 1846, D. P. 46. 3. 80).

117. « Cette faculté de présenter des successeurs, dit l'art. 91, § 3, de la loi de 1816, ne déroge point au surplus au droit de Sa Majesté de réduire le nombre desdits fonctionnaires, notamment celui des notaires dans les cas prévus par la loi du 25 vent. an 11. » — Cette réserve est utile en ce qu'elle met obstacle à toute réclamation de l'intérêt privé; mais, à vrai dire, elle n'était pas absolument nécessaire, car il allait de soi que le gouvernement, tout en concédant le droit de présentation aux officiers publics, devait rester le maître de réduire le nombre de ces officiers suivant les exigences de l'intérêt public. — De tout temps on a compris que le nombre des officiers publics ne pouvait, sans les plus graves inconvénients, excéder les besoins des populations. En 1791, à la tribune de l'assemblée nationale, le rapporteur de la loi sur le notariat, M. Frochot, déclarait que si l'on multipliait trop les notaires, cette classe de fonctionnaires ne se recruterait plus dans l'élite des citoyens probes et instruits, mais serait un rassemblement d'hommes médiocrement éclairés, se disputant non la confiance, mais le produit de la confiance de

---

cette extinction s'est effectuée de plein droit, par le fait de votre destitution, suivant les dispositions formelles des art. 32 de la loi du 25 vent. an 11 et 91 de la loi du 28 avr. 1816. »

Du 18 avril 1836.-Lettre de M. le garde des sceaux.

(1) *Espèce :* — (Me B... C. Me C...) — En 1817, Me B... fut promu aux fonctions de notaire au Bourg-Blanc, canton de Plabennec, arrondissement de Brest, au lieu et place de Me C..., notaire du même canton, avec lequel il n'avait fait aucun traité préalable, mais qui venait d'obtenir la translation de son étude à Brest. — M. B... a présenté, en 1837, le sieur J... pour le remplacer. — Pendant que la chambre des notaires procédait à l'examen des titres du candidat, est survenue une opposition de M. C..., dans laquelle il a exposé qu'en 1817 il avait, comme aujourd'hui, aux termes de l'art. 91 de la loi du 28 avril 1816, le droit de présenter un successeur pour le canton de Plabennec, par lui abandonné à l'époque précitée ; qu'à la suite de sa réclamation, en 1825, au ministère de la justice, le garde des sceaux fit inviter M. B... à prendre des arrangements avec l'exposant, en le prévenant que tôt ou tard cette obligation lui serait imposée, puisqu'on ne lui permettrait de disposer de son titre qu'après qu'il aurait désintéressé M. C..., son prédécesseur.

La chambre des notaires, sans rien préjuger sur l'indemnité réclamée, crut devoir passer outre, nonobstant l'opposition de M. C..., sauf à lui à se pourvoir ainsi que de droit pour faire statuer sur l'objet de sa réclamation. — Cependant M. B... a adressé au ministre des observations sur les conditions qui lui avaient été imposées en 1825, et il lui a été répondu, comme à cette dernière époque, qu'aucune mutation ne serait autorisée dans son étude, tant que M. C... n'aurait pas obtenu satisfaction, moyennant une indemnité qui, à défaut d'arrangement amiable, serait réglée administrativement, sur l'avis préalable de la chambre des notaires et du tribunal civil. — Alors M. B... ne voyant dans ce différend qu'une question d'intérêt purement civil, a saisi le tribunal de Brest de sa demande en mainlevée de l'opposition, et a réclamé 5,000 fr. de dommages-intérêts contre C... faisant observer que sa nomination n'avait été précédée d'aucun traité avec ce dernier, qui d'ailleurs a conservé toutes ses minutes ; en conséquence, il a demandé que l'autorisation judiciaire fît justice de cet excès de pouvoir administratif. — M. C... a décliné la compétence du tribunal. — Jugement.

Le tribunal ; — Attendu que, suivant décision de M. le garde des sceaux, dûment notifiée au sieur B..., par lettre du 15 janv. 1838, le ministre, confirmant une précédente décision ministérielle du 29 juin 1825, a fait connaître de nouveau au demandeur qu'aucune mutation ne sera autorisée dans son étude, tant que le sieur C... n'aura pas été désintéressé moyennant une indemnité qui, à défaut d'arrangement amiable sera réglée par l'administration, sur l'avis préalable de la chambre de discipline des notaires et du tribunal de première instance ; — Attendu que les lois des 24 août 1790, tit. 2, art. 13, et 16 fruct. an 13, interdisent formellement aux tribunaux de troubler, de quelque manière que ce soit, les opérations administratives, et de connaître desdits actes d'administration, de quelque nature qu'ils soient ; — Attendu que les ministres sont les premiers agents de l'administration ; qu'ils proposent au roi et contre-signent, sous leur responsabilité personnelle, les nominations qui rentrent dans leurs attributions respectives; — Qu'ainsi, dans l'espèce, M. le garde des sceaux s'étant expressément prononcé sur la présentation faite par le sieur B.... d'un successeur dans sa charge de notaire au Bourg-Blanc, canton de Plabennec; et subordonnant ledit remplacement à des conditions déterminées, le tribunal ne pourrait sans s'immiscer, au moins d'une manière indirecte, dans un acte évidemment administratif, statuer sur la légalité des conditions imposées à tort ou à raison par le ministre au sieur B.... ; — Par ces motifs, le tribunal se déclare incompétent, sauf au sieur B..., à porter sa réclamation devant qui de droit.

Du 16 août 1838.-Trib. de Brest.

leurs concitoyens, et tous trop rarement employés pour être satisfaits d'un légitime salaire. — En l'an 11, M. Réal, à la tribune du corps législatif, M. Favard, à celle du tribunat, formulaient la même pensée et les mêmes craintes. Il faut, en effet, que le titulaire d'un office à clientèle soit assez haut placé dans l'estime et dans la hiérarchie sociale pour pouvoir avec la même autorité guider le pauvre dans ses modestes affaires, et le riche et le puissant dans ses importants intérêts, — Il est reconnu, disait M. Favard, que dans les cantons où se trouvent le plus de notaires on voit se répéter journellement une foule d'actes souvent inutiles qui plus souvent encore deviennent, par leur mauvaise rédaction, la source de procès ruineux. Le droit de réduire les offices trop nombreux était donc pour le gouvernement une nécessité de premier ordre.

118. Mais la suppression des offices par suite d'une réduction de leur nombre ne peut avoir le caractère de confiscation : le titulaire de l'office supprimé a droit à une équitable indemnité. —Cependant il a été jugé que le notaire, dont le titre a été supprimé par suite de réduction, n'a droit, non plus que ces héritiers, à aucune indemnité, soit contre le notaire de la commune voisine, soit contre tous les notaires du canton; dès lors, c'est à tort qu'il s'opposerait à la nomination du successeur du notaire voisin, jusqu'au payement de l'indemnité (trib. de Valence, 27 mars 1832) (1). — Cette décision, contraire au droit et à l'équité, est restée isolée dans la jurisprudence. L'administration elle-même n'a jamais contesté aux officiers ministériels supprimés le droit à une indemnité, et cela même avant la loi de 1816 (V. le numéro suivant). — Mais comment devra se régler cette indemnité? A quelles personnes l'obligation de la payer doit-elle être imposée? Telles sont les questions que nous avons à examiner. — Remarquons d'abord, avec un arrêt du conseil d'État, que lorsqu'un notaire a été nommé *gratuitement* dans un canton où le maximum légal se trouvait dépassé, on peut lui refuser ensuite non-seulement l'exercice de la faculté de présentation, mais même tout droit à une indemnité pour l'extinction de son titre (cons. d'Et. 30 juill. 1847, aff. Bayle, D. P. 48. 3. 2).

119. Il y a deux manières de procéder à la réduction des offices : d'abord par la dépossession immédiate des titulaires dont les offices sont supprimés; c'est ce qui eut lieu sous le premier empire, à une époque, il est vrai, où le droit de présentation n'existait pas en faveur des officiers ministériels. Un décret du 1er mars 1808, en réduisant le nombre des avoués près le tribunal de la Seine à cent cinquante, enjoignit aux officiers dont le titre était supprimé de cesser leurs fonctions à partir du 1er juillet de cette année, et obligea les avoués conservés de payer une indemnité aux titulaires dépossédés (décr. 25 mars 1808, art. 3). — La seconde manière consiste à opérer la réduction au fur et à mesure des vacances. Ce second système, plus équitable évidemment que le premier, est consacré à l'égard des notaires par l'art. 32 loi du 25 vent. an 11, suivant lequel les suppressions ne seront effectuées que par mort, démission ou destitution. Ce système est le seul qui ait été suivi depuis la loi de 1816, à l'égard de tous les officiers ministériels.

120. Pour arriver à la réduction, l'administration exigeait, dans le principe, que le candidat fût pourvu de deux titres. Toutes les ordonnances qui, dans les premières années qui suivirent la loi de 1816, prescrivirent la réduction du nombre des officiers ministériels, portaient la disposition suivante : « Jusqu'à la réduction des titres maintenant existants, il ne sera présenté à notre nomination aucun candidat qui ne soit porteur de deux démissions ou présentations, soit de la part des titulaires, soit de la part de leurs ayants cause, aux termes de l'art. 91 de la loi du 28 avr. 1816 » (V. ord. 2-14 fév. 1817; 18-28 août 1819; 19-23 janv. 1820; 11-21 fév. 1820; 23 fév.-16 mars 1820; 2-28 mars 1820; 3 mars-1er avr. 1820; 19 mars-4 avr. 1820; 24 mars-28 avr. 1820; 12-29 mai 1820; 28 juill.-14 août 1820; 2-14 août 1820; 13-22 sept. 1820, etc.).

121. Dans ce système, quel que fût le préjudice qu'ait causé au titulaire ou à ses héritiers la nécessité, pour transmettre sa charge, d'exiger du successeur un second titre, ils ne pouvaient exercer de recours contre les autres notaires du canton qui avaient profité de cette consolidation, sous prétexte que ceux-ci auraient été nommés sur un seul titre (décis. min. 23 avr. 1837). — Ce droit n'appartenait pas davantage au successeur : celui-ci, disait-on, forcé de se pourvoir d'un second titre, a acheté moins cher l'étude qu'il s'agissait de consolider (délib. de la ch. des notaires de Loches, 13 juin 1837) (2). —Il en était de même lorsqu'au lieu de traiter d'un second titre, il avait payé l'in-

---

(1) *Espèce :* — (Faure C. Urtin.) — Me Faure, notaire à Montméraud, décède. Me Urtin, notaire à Chabeuil, décède aussi. — Le sieur Urtin fils demande à être nommé en remplacement de son père. La demoiselle Faure s'oppose à la nomination du sieur Urtin, et le procureur général déclare qu'il n'y sera statué que lorsque les tribunaux auront prononcé sur l'action en dommages-intérêts ou en indemnité réclamée par cette demoiselle, qui prétend que la suppression de l'étude de son père, profitant aux notaires, il lui est dû une indemnité pour la perte d'un titre qui était la propriété du père. Urtin fils demande le démis de cette opposition, et appelle en garantie tous les notaires du canton de Chabeuil, pour contribuer au payement de l'indemnité réclamée s'il y a lieu. Jugement qui rejette l'opposition en ces termes :

LE TRIBUNAL; — Attendu que la loi du 28 avr. 1816, en attribuant aux titulaires des offices des notaires, ou à leurs héritiers, le droit de désigner un successeur, n'a pas érigé d'une manière absolue ces offices en propriétés privées. En effet, la transmission du titre est restée subordonnée pour tous les cas, à la libre investiture du roi; elle est restée subordonnée aussi à la condition que le dernier titulaire n'aurait pas été destitué, ou que le titre ne se serait pas éteint par son décès; — Attendu que la loi du 25 vent. an 11, qui déterminait les cas d'extinction par décès, loin d'avoir été abrogée sous ce rapport par celle du 28 avr. 1816, a été au contraire expressément confirmée; et, s'il est vrai de dire que tous les notaires alors en exercice obtinrent, en échange de l'augmentation de cautionnement qui leur fut imposée, le droit de pouvoir transmettre leur titre, ce droit fut néanmoins soumis à une condition casuelle dans toutes les résidences où le nombre des notaires serait réductible, soit au maximum, soit au minimum fixé par la loi de ventôse; — Attendu que la promesse d'une loi subséquente, que contient la loi d'avril 1816, n'a point été réalisée; que dès lors, les difficultés qui naissent de la transmission des offices dans l'intérêt privé, ne peuvent être jugées que d'après le droit commun; — Attendu que nulle obligation ne peut résulter que d'une loi ou d'une convention; or, il est certain que la loi d'avril 1816 n'a rien stipulé au profit des héritiers d'un notaire dont le titre s'est éteint par sa mort, et il n'est d'ailleurs intervenu aucune convention entre les parties; — Attendu que, si le droit invoqué par la demoiselle Faure résultait de la loi d'avril 1816, ainsi qu'elle le prétend, ce droit eût été ouvert, dès le décès du sieur Faure, contre les autres notaires du canton de Chabeuil, et n'eût été aucunement subordonné au décès de l'un d'eux pour être exercé privativement contre celui qui aspirerait à le remplacer; — Attendu, dès lors, que c'est à tort que la demoiselle Faure a formé opposition à ce que la chambre des notaires délivrât au sieur Urtin, avant qu'il eût traité avec elle, le certificat de moralité et de capacité qu'il demandait; à tort aussi qu'elle aurait porté la même opposition dans les bureaux de la chancellerie; — Déclare que l'extinction du titre de notaire du sieur Faure n'a donné droit à aucune indemnité au profit de son héritière de la part des autres notaires du canton de Chabeuil.

Du 27 mars 1832.-Trib. de Valence.

(2) (L...) Par une ordonnance royale en date du 24 oct. 1821, le nombre des notaires du canton de L... a été fixé à cinq. — En 1835, le sieur L... se présente en remplacement d'un des notaires du chef-lieu; mais il restait dans le canton une sixième étude, dont le titulaire avait été destitué; et l'administration, par égard pour la position de plusieurs créanciers de bonne foi, avait décidé que l'extinction de cette étude aurait lieu au moyen d'une indemnité de 3,000 fr., payable à la première mutation qui surviendrait dans les résidences conservées. — Le sieur L..., tout en se soumettant à cette condition, a néanmoins fait des réserves tendantes à faire valoir ultérieurement ses droits contre les deux notaires du canton nommés l'un et l'autre sur un seul titre. — Le 27 sept. 1835, survient l'ordonnance portant nomination du sieur L..., à la charge par lui de consigner, ainsi qu'il s'y était obligé, au profit de qui de droit, la somme de 3,000 fr., à laquelle la valeur de l'étude du notaire destitué avait été fixée, conformément à l'avis de la chambre de discipline et du tribunal. — Il n'est pas inutile de faire observer que cette ordonnance ne mentionnait aucunement les réserves faites par le sieur L... contre les deux notaires du canton de L... — Plus tard, l'un de ces titulaires s'est démis de son office en faveur d'un candidat qui s'est présenté à la chambre de discipline, qui a déclaré régulières les justifications par lui produites. — C'est dans ces circonstances que Me L... a fait une réclamation tendant à ce que la somme de 1,000 fr., formant le tiers de l'indemnité qu'il avait payée, lui fût remboursée par ce postulant avant son admission, se réservant tous ses droits pour l'autre tiers, lorsqu'il surviendrait une mutation dans l'autre étude non consolidée. — Mais sa demande a été repoussée par la chambre des notaires de Loches, en ces termes :

demnité due aux héritiers d'un notaire du canton dont l'office était supprimé (décis. min. 12 nov. 1835).

122. Il y avait des cas cependant où la présentation de deux titres n'était pas exigée. C'était d'abord lorsque le titulaire renonçait à réclamer toute indemnité pour cette suppression. — Ainsi, il a été décidé que lorsqu'un notaire, dont l'étude doit être supprimée parce qu'elle excède le maximum légal, renonce et à réclamer la préférence à l'effet d'être pourvu d'un office devenu vacant dans le canton, et à toute indemnité tant pour lui que pour ses héritiers, en se réservant toutefois la faculté de continuer, sa vie durant, l'exercice de ses fonctions, la réduction n'en doit pas moins être considérée comme réellement effectuée; en conséquence, il peut être pourvu, sur un seul titre, aux études devenues vacantes dans les résidences conservées (décis. min. 25 juill. 1837) (1).

123. En second lieu, le notaire qui avait été nommé sur la production de deux titres était dispensé désormais de concourir à la réduction; en conséquence, il pouvait transmettre son office, sans que l'aspirant fût tenu d'en produire un second, alors même que des réductions restaient encore à opérer dans le nombre des notaires du canton où le candidat était nommé (Décis. min. 30 déc. 1834, V. n° 134).

124. Mais on ne pouvait considérer comme une consolidation dispensant le titulaire d'une double présentation, la réunion de deux offices dont l'un avait cessé d'exister, parce que le titulaire n'avait pas fourni le supplément de cautionnement exigé par la loi du 28 avr. 1816 (Décis. min. just. 2 déc. 1835; V. aussi lett. min. 30 sept. 1835, n° 131).

125. Cette pratique avait pour conséquence, fort injuste, de faire peser la charge sur un seul, tandis que le bénéfice de la suppression se répartissait sur tous les officiers conservés de la localité. Aussi, l'administration a-t-elle changé de système. — Aujourd'hui, l'indemnité qui doit être payée au titulaire de l'étude supprimée est mise à la charge de tous ses confrères qui sont intéressés à cette suppression. — Ainsi, il a été décidé notamment par le garde de sceaux que l'indemnité due pour l'extinction des offices supprimés dans un canton où le nombre des notaires se trouve réduit par ordonnance, doit être supportée par les titulaires des résidences conservées, dans la proportion du bénéfice que chacun d'eux doit retirer de la réduction (décis. min. 8 fév. 1839 (2); Conf. décis. min. 17 oct. 1837, V. n° 104). — L'indemnité à accorder aux titulaires d'offices supprimés, dit aussi une lettre ministérielle du 30 sept. 1835 (V. n° 131), doit être supportée en commun par les titulaires maintenus. — Mais si parmi les titulaires conservés, il en est qui aient été nommés, sur la présentation de deux titres, comme cela se faisait précédemment, ils sont dispensés de concourir au payement de l'indemnité (décis. min. 17 oct. 1837, V. n° 104).

126. Les notaires d'un canton ne sont, en thèse générale, tenus d'indemniser que les héritiers d'une étude supprimée *dans le canton*, et si à raison d'une circonstance toute spéciale, les notaires d'un canton retirent un profit de l'extinction d'un titre restant à effectuer dans un *canton voisin*, ils ne doivent pas pour cela être tenus de concourir au payement de l'indemnité qui est due au titulaire de l'office supprimé ou à ses héritiers (décis. min. 28 déc. 1838).

127. Dans ce système, la suppression d'un office peut s'opérer par un acte de cession consenti par le titulaire, s'il est encore en exercice, ou après son décès par ses héritiers, à ses confrères ou à l'un de ses confrères conservés. Ce contrat, rédigé sur timbre en la même forme que ceux des cessions ordinaires et enregistré, conformément à la loi du 25 juin 1841, est soumis, par le ministère public, à la chambre de discipline et au tribunal, qui donnent leur avis, puis transmis au gouvernement pour recevoir l'approbation impériale (V. M. Greffier, p. 67 et suiv.).

« Considérant que, lors de son traité avec les héritiers de Me B..., Me L... savait que la réduction nécessaire n'avait point encore été opérée dans le canton de L...; — Que, par conséquent, il se trouvait dans la nécessité de réunir au titre par lui acquis l'étude vacante par suite de destitution, puisque son prédécesseur n'avait jamais été propriétaire que d'un seul titre; — Considérant que Me L..., en traitant de l'étude dont il est pourvu, n'a jamais pu ignorer qu'il lui fallait réunir un autre titre; — Qu'il a dû se prévaloir de cette nécessité auprès des héritiers de Me B..., auxquels il aurait payé le prix des deux titres, s'ils avaient pu les lui transmettre; — Qu'en conséquence, les intérêts de Me L... n'ont jamais pu souffrir de la nécessité où il s'est trouvé de payer une indemnité aux créanciers du notaire destitué; — Est d'avis qu'il n'y a pas lieu de faire partager par l'aspirant ou tous autres l'indemnité payée par Me L... »

Du 15 juin 1837.-Délib. de la chambre des notaires de Loches.

(1) (M...) Les six notaires actuellement résidants dans le canton de C... doivent être réduits à cinq, en vertu des art. 31 et 32 de la loi du 25 vent. an 11. Suivant une ordonnance de fixation et de classement, la réduction devra porter sur l'une des deux études qui sont occupées dans la commune de B... — Le sieur G..., notaire à C..., chef-lieu de canton et résidence conservée, vient à décéder. — Le sieur M... traite de son étude avec ses héritiers, et aussitôt il se met en mesure d'obtenir sa nomination. — Mais on lui fit observer qu'attendu la réduction qui restait à effectuer, sa demande ne pourrait être accueillie que lorsqu'il rapporterait la démission de l'un des deux notaires de B..., sur l'un desquels devra porter la réduction. — Il paraît que M. M... ne put obtenir de ces deux titulaires ni de renoncer actuellement à leurs fonctions, ni d'aller occuper la place vacante au chef-lieu du canton Toutefois, l'un d'eux lui remit un acte sous seing privé portant qu'il renonçait, tant pour lui que pour ses héritiers et ayants cause, et ce en faveur de tous les autres notaires du canton, à toute indemnité qui pourrait être réclamée par lui ou ses ayants cause, lors de l'extinction de son titre, dont il se réservait l'exercice jusqu'à son décès, époque à laquelle il serait définitivement éteint. — Cette renonciation, faite d'avance au bénéfice de l'art. 91 de la loi du 28 avr. 1816, a été admise comme équivalant à une démission actuelle et définitive de l'un des deux notaires menacés de suppression. En conséquence, et par ordonnance royale du mois d'août suivant, le sieur M... a été promu aux fonctions de notaire à C..., sur la seule présentation des héritiers G..., bien que, par suite de cette nomination, il doive y avoir encore, de fait, six notaires en exercice dans le canton. — Mais il est bon de faire observer que cette ordonnance constate les engagements pris par le notaire B..., et déclare que son titre demeurera définitivement éteint, sans indemnité, lors de son décès.

Du 25 juill. 1837.-Décision de M. le garde des sceaux.

(2) (Notaires du D...) — Suivant une ordonnance royale du 3 juin 1829, le canton du D... ne devait avoir désormais que quatre notaires, au lieu de cinq alors en exercice dans cette localité. La réduction devait porter sur l'une des quatre études du chef-lieu. Tels étaient les termes de cette ordonnance. — Le 14 oct. 1836, Me C..., titulaire d'une de ces études, est décédé, et alors on s'est mis en devoir, après une instruction approfondie, de donner sa pleine et entière exécution à l'ordonnance du 3 juin 1829. — En janvier 1838, Me V..., autre notaire de ce même chef-lieu, s'est démis en faveur de son fils. On a saisi cette circonstance pour régler l'indemnité due à la succession de Me C... pour l'extinction de la cinquième étude. On a considéré que cette extinction procurerait aux trois notaires conservés à la résidence du D... des avantages égaux; que le titulaire de la résidence rurale du D... en profiterait aussi, quoique dans une proportion moins forte; qu'ainsi il était juste et convenable de répartir l'indemnité entre tous les notaires maintenus, au lieu de la laisser à la charge de Me V... exclusivement.

Le 9 juin 1838 intervint sur ces points divers une décision ministérielle portant, en outre, qu'à défaut d'arrangement amiable, la quotité et la répartition de l'indemnité seraient fixées administrativement, sur l'avis préalable de la chambre de discipline et du tribunal de première instance, les parties intéressées ouïes en leurs observations. — L'arrangement réclamé par l'administration n'ayant pu avoir lieu, la chambre de discipline et le tribunal ont été consultés sur l'évaluation de l'office, et ensuite a été rendue une ordonnance royale, à la date du 17 janvier 1839, conçue en ces termes : — « L'étude de notaire vacante à la résidence du canton du D..., par le décès du sieur C..., demeurera définitivement éteinte et supprimée, conformément à l'ordonnance de fixation et de classement du 3 juin 1829. — Cette extinction aura lieu moyennant une indemnité qui demeure fixée à 4,000 fr., et qui sera répartie ainsi qu'il suit : 3,500 fr. payables par tiers par les trois notaires qui restent en exercice dans la commune du D..., et 500 fr. payables par le notaire de D... »

La notification de cette ordonnance ayant été faite aux notaires du canton du D..., ils ont demandé s'ils étaient tenus de payer immédiatement la part mise à leur charge dans l'indemnité, ou si les héritiers du sieur C... étaient obligés d'attendre l'époque où il y aurait ouverture au remplacement de chacun d'eux.

M. le garde des sceaux leur a répondu en ces termes : — « En fixant l'indemnité dont il s'agit, l'administration avait entendu qu'elle serait acquittée immédiatement. Si les notaires du D... s'y refusent, aucune mutation ne sera autorisée dans leurs études, tant qu'ils ne justifieront pas du payement de la somme pour laquelle chacun d'eux doit contribuer à l'extinction du cinquième titre. »

Du 8 fév. 1839.-Décision du garde des sceaux.

128. En cas de démission pure et simple, ou de décès du titulaire, si les héritiers ne s'entendent pas avec les officiers conservés pour la fixation de l'indemnité qui leur est due, et enfin, en cas de destitution, la chambre de discipline, le tribunal et même la cour impériale, dans la plupart des cas, sont appelés successivement à donner leur avis sur le montant de l'indemnité et sur le mode de répartition de cette indemnité entre les officiers ministériels intéressés. — Si les officiers qui doivent être chargés du payement de l'indemnité acceptent les conditions ainsi fixées, ils souscrivent un acte sur papier timbré, par lequel ils s'engagent à verser la somme fixée à la caisse des dépôts et consignations, au profit de qui de droit. Toutes les pièces sont transmises au garde des sceaux et alors intervient le décret impérial, qui ordonne la suppression de l'office et admet, s'il y a lieu, la soumission souscrite par les officiers intéressés. Si ceux-ci ont refusé de souscrire une soumission, ou s'ils n'en ont souscrit qu'une insuffisante, le décret, après mise en demeure, fixe le chiffre de l'indemnité et indique quels intéressés devront la payer et dans quelles proportions (V. M. Greffier, p. 69 et suiv.). — Ce décret, au moins d'après la jurisprudence, n'est susceptible de recours au conseil d'Etat par la voie contentieuse ni de la part du titulaire dont l'office est supprimé (cons. d'Et. 15 déc. 1845, M. Portal, rap., aff. Devoix *C.* Ponsard et autres), ni de la part des officiers chargés de payer l'indemnité (*Contrà*, M. Eug. Durand, n° 349).

Mais il en serait autrement de la décision ministérielle qui mettrait à la charge des titulaires conservés une indemnité plus élevée que celle fixée par le décret. — Ainsi jugé que lorsqu'une ordonnance, ordonnant la suppression de deux offices a en même temps réglé tous les droits résultant pour les titulaires de ladite suppression, le ministre ne peut, sans excéder ses pouvoirs, leur allouer ultérieurement une indemnité supérieure à celle fixée par l'ordonnance : « Considérant que l'ordonnance du 7 juill. 1824, qui a réduit à dix le nombre des notaires des cantons d'Aix, a réglé en même temps tous les droits résultant, pour les sieurs Pissin et Béraud de la suppression de leurs offices; que notre garde des sceaux, ministre de la justice, n'a pu, sans excéder ses pouvoirs, modifier les dispositions de ladite ordonnance du 7 juill. 1824, en imposant aux sieurs Bayle et consorts une indemnité qu'elle ne mettait pas à leur charge; — Art. 1. La décision de notre garde des sceaux... est annulée » (cons. d'Et. 30 juill. 1847, M. Janvier, rap., aff. not. d'Aix *C.* Pissin et Béraud).

129. Il est arrivé quelquefois que, dans la prévision de la suppression d'une étude dans un canton, les notaires se sont arrangés entre eux pour fixer d'avance l'indemnité qui sera payée au notaire dont l'étude sera supprimée. Ces conventions doivent recevoir la sanction de l'administration. — Il a été décidé que la convention, consacrée par une délibération de la chambre de discipline qui fixe l'indemnité qui devra être payée par tous les notaires d'un canton, dans le cas de suppression de l'un de leurs offices, par mort ou démission, doit recevoir son exécution quand l'événement prévu arrive, lorsque tous les notaires résidant de ce canton ont été présents à la délibération, ont déclaré y adhérer et y ont apposé leurs signatures; on ne peut plus, dès lors, la réduire à la condition d'un simple projet (décis. min. 12 déc. 1835) (1).

130. L'engagement par lequel les notaires d'un canton, non encore réduits au nombre légal, s'obligent à indemniser, de gré à gré, celui d'entre eux qui donnera volontairement sa démission en faveur de la compagnie, a pu, si cette démission a réellement eu lieu, être déclaré obligatoire et doit être exécuté, alors même que la démission aurait été donnée pour faciliter la transmission d'un autre titre, sans que l'arrêt qui le décide ainsi, par appréciation des conventions et intentions des parties, tombe sous la censure de la cour de cassation : il suffit que la démission opère la réduction du nombre pour que la condition soit accomplie et l'indemnité acquise au démissionnaire. — Un tel engagement ne constitue ni une vente, ni une promesse de vente; c'est une obligation que les lois romaines rangent dans la classe des contrats innomés, *do ut des, do ut facias*; contrats reconnus par le code Napoléon, et d'après lesquels la partie qui a satisfait à son engagement a droit de demander des dommages-intérêts à celle qui n'a pas exécuté le sien ; en conséquence, celle-ci ne peut lui opposer le défaut de fixation de prix qui est exclusivement de l'essence de la vente (Req., 4 juin

---

(1) (Notaires de Saint-P...) — Quatre notaires étaient en exercice dans le canton de Saint-P...; deux (dont M. Cog...) au chef-lieu et les deux autres aux communes rurales. — Dans plusieurs circonstances, la chambre des notaires de l'arrondissement avait fait la proposition de réduire le nombre des études dans le ressort de cette justice de paix. — Le 25 janv. 1826, après avoir appelé et entendu, dans leurs observations, les quatre notaires du canton de Saint-P... cette chambre prit, sur la réquisition du ministère public, une délibération dont voici les termes : — « Sur quoi les notaires, considérant qu'en effet une première délibération avait fixé à trois le nombre des notaires nécessaires au canton de Saint-P... ; que ce nombre, quoique porté aujourd'hui à quatre, était et est encore plus que suffisant, à raison du peu d'affaires qui s'y traitent et de leur minimité ; sont d'avis, à l'unanimité, qu'il ne doit être donné que trois notaires au canton de Saint-P... Toutefois, les notaires réunis, et en particulier ceux du canton de Saint-P..., bien loin de vouloir nuire à celui des notaires existant actuellement audit canton dont la place pourrait à l'avenir être réduite par mort ou démission, sont d'avis qu'audit cas de réduction ou de suppression de l'office de l'un desdits notaires, par sa mort ou démission, ses héritiers ne seront pas admis à présenter de successeur ; les trois autres notaires compteront, à titre d'indemnité au notaire démissionnaire ou à ses héritiers, en cas de décès, la somme unique de 1,800 fr., payable par égales portions entre les trois autres notaires et en deux termes égaux dont le premier écherra dans l'an de la mort ou de la démission, et le deuxième, un an après sans intérêt, sauf, en cas de retard ; *à laquelle dernière condition les notaires du canton de Saint-P... ont formellement et expressément adhéré.* » — En 1831, M. Cog... décède et personne n'est nommé à sa place. — En 1835, le sieur P... demande à être pourvu d'une des études rurales du canton de Saint-P... Alors les héritiers de M. Cog... ont réclamé le rétablissement de l'étude de leur auteur ou sa suppression définitive, moyennant 6,000 fr. d'indemnité. — Le 25 août 1835, nouvelle délibération de la chambre de discipline qui persiste à proposer la suppression de l'étude de Saint-P..., déclarant, en outre, que l'indemnité réclamée par les héritiers Cog... devait rester réglée par la délibération du 25 janv. 1826.

Le tribunal civil de l'arrondissement, consulté administrativement, a fait la réponse suivante : — Considérant que si le gouvernement décide la suppression d'une étude, la justice semble exiger que l'indemnité à payer soit supportée par celui qui en retire le plus de profit et en raison de ce profit; que si l'étude de Me Cog... est supprimée, c'est incontestablement le titulaire de Saint-P... qui hérite de sa clientèle; que la délibération de 1826 ne contient pas un accord spontané et volontaire des notaires intéressés, mais seulement un consentement à une décision prise par la chambre, lequel n'a pas le caractère d'une volonté librement exprimée ; — Par ces motifs, le tribunal est d'avis que le règlement proposé par la délibération de 1826 ne doit être considéré que comme un projet éventuel, et non comme un contrat, parce qu'il n'appartient qu'au gouvernement de créer ou de supprimer des études de notaire, et qu'un pareil résultat ne peut jamais être produit par une convention quelconque des notaires ou de leur chambre; qu'ainsi cet acte est nul, *defectu potestatis*, et n'a pu lier les parties ; que si le gouvernement pense et trouve dans sa haute sollicitude que la suppression d'un office soit nécessaire, l'indemnité devrait être évaluée en raison du nombre des actes reçus et de l'importance de la population, et qu'elle devrait, dans tous les cas, être fixée de gré à gré avec la famille ou à défaut par le gouvernement. »

Les trois notaires du canton de Saint-P... et le sieur P... ont présenté des observations contre la délibération du tribunal de première instance à M. le garde des sceaux qui y a fait droit en ces termes :

« Je me suis fait rendre compte de la réclamation des héritiers du sieur Cog..., contre la délibération du 25 janv. 1826, par laquelle la chambre de discipline a fixé seulement à 1,800 fr. le montant de l'indemnité qui leur est due, en mettant un tiers de cette indemnité à la charge de chacun des titulaires conservés. La fixation de cette indemnité a été le résultat d'un arrangement fait en présence de la chambre de discipline entre le sieur Cog... et les trois autres notaires du canton de Saint-P..., pour le cas où leur nombre viendrait à être réduit. La délibération qui constate cet arrangement a été revêtue de la signature de chacune des parties intéressées ; et comme le cas prévu de réduction s'est réalisé, elle doit recevoir aujourd'hui son exécution. — Les héritiers Cog... devront, en conséquence, être prévenus que leur réclamation n'est pas susceptible d'être accueillie. A l'égard du sieur P..., il ne pourra être donné suite à sa demande tendant à être nommé aux fonctions de notaire dans le canton de Saint-P..., qu'après le payement de 600 fr., dus par son cédant aux héritiers Cog..., en vertu de l'arrangement attesté par la délibération sus-énoncée. »

Du 12 déc. 1835.-Décis. min. just.

1835) (1). — Il est bien entendu, du reste, que l'estimation faite par les notaires d'un canton du prix d'un office à éteindre, ne lie pas l'administration qui peut faire estimer de nouveau l'affaire par le tribunal et adopter cette dernière estimation (Décis. du garde des sc. 24 déc. 1844. notaires de Vaour).

138. Ordinairement le décret qui fixe le chiffre de l'indemnité due pour un office supprimé, porte que le versement à la caisse des dépôts et consignations devra être fait dans tel délai après la notification du décret aux intéressés. Mais souvent, il est impossible d'exiger des officiers qui profitent de l'extinction un payement immédiat. L'administration n'a de prise sur eux que quand ils donnent leur démission; alors elle se refuse à nommer leur successeur, tant qu'ils n'ont pas payé la part d'indemnité mise à leur charge (Décis. min. 8 fév. 1839). — Il en est de même pour le cas de décès; les héritiers ne sont admis à présenter un successeur, qu'après avoir satisfait à la décision qui fixe l'indemnité. Mais cependant pour que les transmissions ne soient pas interrompues, l'administration autorise la vente des études conservées, à la charge par le successeur de payer la portion de l'indemnité due par celui auquel il succède (Lettres minist. 30 sept. 1833 (2); 30 juill. 1838). — Faute par l'officier ministériel d'effectuer le payement de la part d'indemnité mise

---

(1) *Espèce:* — (Hua, etc., C. Paillet, etc.) — Arrêt de la cour d'Amiens, du 31 juill. 1834, en ces termes : — « Considérant que par le traité sous-seing privé du 28 fév. 1824, enregistré à Paris, le 15 avr. 1834, les notaires de Soissons se sont donné une garantie mutuelle contre les effets de la réduction du nombre des offices à celui fixé par la loi, et se sont engagés à indemniser celui d'entre eux qui le premier cesserait ses fonctions pour quelque cause que ce fût; — Que ce contrat n'est point imparfait pour défaut de fixation de l'indemnité au cas de démission volontaire; que la valeur de l'état qui devait former la base de l'indemnité étant incertaine au moment du contrat, tant à cause de la différence de clientèle que des modifications que le temps pouvait apporter à l'état des choses lors existant, cette indemnité a été laissée à régler de gré à gré par les parties; — Que l'obligation d'indemniser au cas de démission, quoique indéterminée dans son étendue, n'existait pas moins comme l'équivalent de la démission éventuelle, et qu'ainsi le lien de droit était formé ;

» Qu'à défaut par les parties de s'accorder sur l'estimation de l'indemnité, il appartient aux tribunaux de le faire, en ramenant ainsi à effet l'intention non équivoque des parties; — Considérant que l'on ne peut pas prétendre non plus que le contrat soit nul comme fait sous une condition potestative; que la faculté de faire naître par une démission l'événement de la condition existe, non au profit de ceux qui s'obligent, mais de celui envers qui l'obligation est contractée; — Considérant que Paillet ayant, le premier des souscripteurs de l'acte de 1824, donné sa démission, l'événement prévu est arrivé et qu'il a droit à une indemnité ;

» Qu'il importe peu qu'il se soit à cet égard concerté avec Petit-de-Reimpré, et qu'il ait agi en vue de son intérêt; que les arrangements qu'il aurait pris avec lui ne peuvent être considérés comme frauduleux, parce qu'il ne peut y avoir de fraude à user de son droit; — Que, si sa démission a facilité à Petit-de-Reimpré la transmission immédiate de son étude à son fils, les autres notaires jouissent également du droit de présenter un successeur, sans lui imposer l'obligation de fournir une deuxième démission pour être investi de ses fonctions de notaire, ce qui était le but principal de l'acte de 1824; — Que les intimés opposent vainement que la démission de Paillet est pure et simple, tandis qu'aux termes du traité, elle devait être donnée à leur profit; — Qu'il appartenait au gouvernement d'exiger qu'elle fût telle pour opérer la réduction dans l'intérêt général, et qu'il a dû laisser aux tribunaux le règlement des intérêts nés des conventions des parties; — Que le but principal du traité est obtenu par la démission de Paillet, et que, dès lors, les intimés ne peuvent pas plus en droit qu'en équité se soustraire à son exécution.

» A l'égard de la fixation de l'indemnité; — Considérant qu'elle doit être arbitrée en estimant l'étude de Paillet comme un titre à peu près nu; — Qu'il est vraisemblable, en effet, que, par suite des arrangements pris par lui avec Petit-de-Reimpré, la majeure partie de ses clients s'attachera à cette étude, sauf ceux qui pourraient être attirés dans une autre étude par la possession des minutes qui y seraient transférées en vertu du traité de 1824; — Par ces motifs, émendant, ordonne que l'acte passé le 28 fév. 1824 sera exécuté selon sa forme et teneur, condamne les notaires Hua, Boulanger et autres à payer à Paillet la somme de 40,000 fr. pour indemnité de sa démission. »

Pourvoi. — Premier moyen. — Violation de l'art. 1134 c. civ. et excès de pouvoirs. — Deuxième moyen. — 1° Violation des art. 1591 et 1592 c. civ. — 2° Violation de l'art. 1174. — Arrêt.

La cour; — Sur le 1er moyen, tiré de la violation de l'art. 1134 c. civ. : — Attendu que, pour décider, dans l'espèce, qu'il y avait lieu, d'après le contrat du 28 février 1824, en faveur de Paillet, à l'indemnité en question, les juges, en appréciant les clauses de ce contrat, la volonté et les faits des contractants, n'ont fait que déterminer ce à quoi les six notaires de Soissons s'étaient réciproquement obligés dans ce contrat, et déterminer aussi ce qu'ils avaient fait, en exécution de ce même contrat, appréciation et détermination que la loi abandonne exclusivement à leur conscience et à leurs lumières;

Sur la première branche du 2e moyen : — Attendu, en droit, que, lorsque plusieurs parties s'obligent réciproquement entre elles à donner ou à faire quelque chose, la partie qui, après avoir obtenu de l'autre l'accomplissement de l'obligation, refuse d'exécuter la sienne, doit être condamnée aux dommages et intérêts; *nonnunquam evenit, ut cessantibus judiciis et vulgaribus actionibus, cum proprium nomen invenire non possumus facile descendamus ad eas, quæ in factum appellantur... in quâ actione id veniet... ut dameris mihi quanti interest mea, illud, de quo convenit, accipere* (LL. 1re et 5, ff. *de Prescript. verb.*);

Attendu que ces obligations appelées par les lois romaines contrats innomés, *do ut des; do ut facias; facio ut des; facio ut facias*, et reconnues par elles *d'urgence sociale*, puisque *natura rerum conditum est ut plura sint negotia quam vocabula* (L. 4, ff. *de Præscript. verb.*), loin d'avoir été abrogées par la législation nouvelle, ont été, au contraire, formellement consacrées par les art. 1136, 1142, 1146, 1149 et 1152 c. civ.; — Et attendu qu'il est constant et reconnu, en fait, par l'arrêt attaqué, 1° que six des sept notaires à Soissons, pour réduire leur compagnie au nombre de cinq, qui était le nombre fixé par la loi du 25 vent. an 11, ont signé, entre autres, l'obligation portant que celui d'entre eux qui donnerait volontairement, au profit de la compagnie, la démission de sa charge, obtiendrait individuellement des autres une indemnité qui serait fixée, de gré à gré, entre le démissionnaire et les cinq autres notaires; 2° que Paillet a volontairement donné sa démission pure et simple dont la compagnie a profité, en réduisant à cinq, et ainsi au minimum, le nombre de ses membres; 3° enfin que, par là, le but du contrat du 28 fév. 1824 a été complétement atteint par les contractants; — Que, dans ces circonstances, en ordonnant que ce même contrat serait exécuté et en allouant, en conséquence, à Paillet l'indemnité y stipulée, l'arrêt attaqué a fait une juste application de la loi;

Sur la 2e branche de ce même moyen : — Attendu, en droit, que la stipulation portant que la quotité de l'indemnité serait fixée de gré à gré, non pas seulement entre quelques-unes, mais entre toutes les parties intéressées, ne faisait que leur confirmer un droit que toutes ces parties étant majeures, tenaient déjà de la loi, sans rien ajouter, ni rien ôter à leurs obligations réciproques; d'où il suit que les mêmes parties n'ayant pu ou n'ayant pas voulu convenir sur cette quotité, il appartenait aux juges de l'établir : *quod si... eo animo negotium gestum fuerit, ut postea tantum mercedis nomine daretur quantum inter nos statutum sit, placet... id factum dandum esse judicium... in qua actione id veniet, ut dameris mihi, quanti interest mea* (LL. 1re et 5, § 1er et 22, ff. *de Prescript. verbis*), art. 1136, 1142, 1146 et 1149 c. civ.; — Et que l'ayant ainsi décidé, l'arrêt attaqué a fait une juste application des principes qui régissent la matière, sans violer les art. 1591, 1592 et 1174 c. civ., invoqués par les demandeurs, dont les deux premiers n'ayant trait qu'à la promesse de vente et à la vente, et le dernier ne s'appliquant qu'à la condition *potestative*, étaient absolument étrangers à l'espèce; — Rejette, etc.

Du 4 juin 1835.-C. C., ch. req.-MM. Borel, f. f. de pr.-Lasagni rap.-Lebeau, cons., f. f. d'av. gén., c. conf.-Bruzard, av.

(2) Cette lettre est ainsi conçue : « Monsieur le procureur général, je vous ai adressé, le 9 février dernier, l'ampliation d'une ordonnance en date du 28 janvier précédent, qui, modifiant celle du 28 juin 1829, maintient définitivement quatre notaires dans le canton de Tauves, arrondissement d'Issoire, savoir : deux à Tauves, un à Saint-Jauves et un à la Rodde. — Il y avait à Tauves trois notaires, dont deux, les sieurs Pierre Guillaume et Bertrand, sont décédés sans avoir fourni le supplément de cautionnement exigé par la loi du 28 avril 1816; et comme le sieur Pierre Guillaume est décédé le premier, la réduction à effectuer doit porter sur son étude, sauf l'indemnité qui reste due à sa succession. — C'est donc aux héritiers du sieur Bertrand qu'appartient le droit de présentation pour l'office auquel il reste à pourvoir à la résidence de Tauves; mais, ainsi que je vous l'ai fait connaître par ma lettre du 9 fév., le candidat avec lequel ses héritiers pourront traiter ne sera admis qu'après avoir pris des arrangements avec la succession du sieur Guillaume, relativement à l'indemnité due pour l'extinction du titre, indemnité qui n'a rien de commun avec le prix des minutes et répertoires dont la remise a été effectuée entre les mains du sieur Jean-Baptiste Guillaume, frère du décédé, et aujourd'hui seul notaire en exercice au chef-lieu.

» Les héritiers Bertrand prétendent, il est vrai, qu'après avoir acquis les minutes et répertoires de son frère, le sieur Jean-Baptiste Guillaume a fait un traité particulier pour la cession du titre; mais ils sont dans l'erreur à cet égard. Il n'y a jamais eu, entre le sieur Jean-Baptiste Guillaume et son neveu, qu'un projet d'arrangement antérieur à la modification de l'ordonnance de fixation, et auquel il ne sera probablement

à sa charge dans le délai fixé, la somme produit intérêt légal jusqu'au jour du payement; c'est ce que porte généralement le décret qui fixe et répartit l'indemnité (Voy. M. Greffier, p. 74).

132. Du reste, la jurisprudence des tribunaux paraît admettre que le titulaire de l'office supprimé ou ses ayants droits auraient action contre ses confrères pour les contraindre au payement de l'indemnité mise à leur charge. — Ainsi, il a été jugé que le décret qui, supprimant un office d'avoué, fixe et répartit l'indemnité à payer par les avoués restant en exercice, constitue contre ceux-ci un titre dont le titulaire de l'office supprimé ou ses ayants droit peuvent poursuivre l'exécution en justice; —L'exigibilité de la somme arbitrée par le gouvernement résulte, dans ce cas, de la disposition du décret portant qu'à défaut de payement dans le mois de la notification du décret la somme produira l'intérêt légal à dater du jour de cette notification (Orléans, 10 janv. 1863, aff. Faucon, D. P. 63. 2. 32; conf. M. Eug. Durand, n° 350). — Dans l'espèce, le tribunal de Chinon avait décidé, de plus, que si l'avoué en exercice qui avait refusé de payer la part d'indemnité mise à sa charge n'en effectuait pas le versement à la caisse des dépôts et consignations dans les trois jours de la notification du décret, le titulaire de l'office supprimé pouvait le contraindre à payer entre ses mains. La cour a pensé avec raison que les termes mêmes du décret et les intérêts des tiers qu'il avait expressément réservés, ne permettaient pas de confirmer cette disposition du jugement. — On a cité dans la discussion un jugement du tribunal de Bellac confirmé par la cour de Limoges, le 2 août 1842 (Journal des Notaires, t. 64, p. 164). La cour de Limoges avait condamné le titulaire de l'office débiteur de l'indemnité à payer cette indemnité, mais seulement au moment de la cession de sa charge ou à son décès, et l'avait astreint jusque-là à payer les intérêts; mais il est à remarquer que, dans cette espèce, l'ordonnance (V. Journal des Notaires, année 1838, p. 243) n'avait pas fixé le délai dans lequel le payement de l'indemnité devrait avoir lieu : il pouvait exister par suite, sur l'exigibilité de la somme, des doutes que, dans l'espèce actuelle, les termes du décret dont on se prévalait ne comportaient pas.

133. Il est à remarquer, du reste, que l'indemnité n'a pour objet que l'*extinction du titre*, et n'a rien de commun avec le prix des minutes et répertoires, dont la remise doit être, aux termes des art. 54, 56 et 59 de la loi du 25 vent. an 11, l'objet d'un arrangement particulier avec le notaire qui reste en exercice dans la localité (Lett. min. 30 sept. 1833, V. n° 131; décis. min. 17 oct. 1837, V. n° 134).—Il a été jugé conformément à cette proposition que les minutes d'un notaire ont, indépendamment des recouvrements et des grosses et expéditions, une valeur particulière dont, en cas de suppression de l'office, le notaire à qui ces minutes ont dû être remises, doit tenir compte au notaire supprimé ou à ses héritiers (Bordeaux, 21 mars 1859, aff. Poumeyrol, D. P. 61. 5. 329).

134. Dans les cantons où il y a des notaires de deux classes, les extinctions de titres qui restent à effectuer, soit dans la ville, chef-lieu d'arrondissement, soit dans les communes rurales, doivent être supportées uniquement par les notaires de la classe à laquelle appartient l'étude à éteindre, lors même que l'un des notaires des communes rurales aurait le droit d'instrumenter dans une partie de la ville (délib. du trib. de C..., 18 nov. 1834) (1). — En conséquence, dans le système qui exigeait la présentation de deux titres pour une nomination, les notaires du chef-lieu qui n'avaient été nommés que sur la production d'un seul titre ne pouvaient pas transmettre leur office en offrant de rapporter la cession du titre d'un notaire d'une des communes rurales du même canton : c'était d'un office même de la ville qu'ils devaient obtenir la cession pour en opérer l'extinction (décis. min. 30 déc. 1834 (2); 28 déc. 1838, décision identique). — Si l'on décidait autrement, il pourrait arriver que les communes rurales

---

donné aucune suite, d'après les changements apportés à l'état du notariat dans le canton de Tauves.

» Les droits de l'héritier du sieur Pierre Guillaume contre le successeur à venir du sieur Bertrand sont donc entiers; seulement, comme l'extinction de la troisième étude de Tauves doit profiter également aux deux notaires maintenus à cette résidence, il serait injuste de la laisser exclusivement à la charge de l'un d'eux. En conséquence, je vous prie de faire inviter les héritiers Bertrand à s'entendre avec le sieur Jean-Baptiste Guillaume, pour effectuer en commun cette extinction moyennant une indemnité qui pourra être réglée à l'amiable, et qui, à défaut, sera fixée par le tribunal de première instance, sur l'avis préalable de la chambre de discipline, à moins que les parties ne préfèrent s'en tenir à la décision d'arbitres choisis suivant le mode prescrit par l'art. 59 de la loi du 25 vent. an 11. — Si le sieur Jean-Baptiste Guillaume ne veut se prêter à aucun arrangement, le candidat présenté par les héritiers Bertrand sera admis en payant la moitié de l'indemnité qui aura été fixée, et ledit sieur Guillaume restera débiteur de l'autre moitié, dont le payement sera effectué lors de sa démission ou de son décès. »

Du 30 sept. 1833.–Lettre du garde des sceaux.

(1) (Notaires de C...) — Le tribunal de première instance de C..., consulté administrativement sur la question, a donné un avis qui a été appuyé de l'opinion conforme du ministère public. Voici sa teneur :

« Le concours forcé des deux notaires *extra muros* à l'extinction de la neuvième étude de C... ne serait fondé ni en droit ni en équité. — En droit : en effet, rendue dans les termes et en exécution de la loi du 25 vent. an 11, dont elle est le complément nécessaire, l'ordonnance du 12 sept. 1821, en fixant qu'il y aurait huit notaires à C... et un *extra muros* pour chacun des deux cantons nord et sud, n'a pas simplement tranché une pure question de résidence. Elle a, par cela même, divisé ces notaires en deux catégories bien distinctes, formant deux classes différentes, avec attribution et émoluments différents. Les uns, ceux de C..., notaires de l'arrondissement, peuvent instrumenter dans toute son étendue; les autres, simples notaires de canton, ne peuvent le faire que dans les limites de leur territoire respectif. Or, du moment que ces notaires forment deux classes distinctes et que leur nombre est fixé séparément pour chacune des deux classes, il ne saurait y avoir un concours entre elles pour les réductions à opérer. Chacune doit être nécessairement restreinte aux droits de réduction qui lui sont propres; autrement l'exécution de l'ordonnance du 12 sept. présenterait des difficultés inextricables.

» C'est ainsi que le gouvernement l'a compris jusqu'ici, car l'un des notaires *extra muros*, depuis leur réduction au nombre voulu, a présenté et fait agréer un successeur, encore bien qu'à C... le nombre des notaires excédât le chiffre prescrit. — C'est ainsi que les notaires de C... l'ont eux-mêmes compris, car ils n'ont pas songé alors à réclamer contre cette nomination. — C'est ainsi que, malgré leur demande, ils le comprennent encore aujourd'hui, puisqu'ils repoussent la proposition qui leur est faite, de se concerter pour que l'un d'eux aille prendre l'étude du canton nord *extra muros*, dont le titulaire annonce l'intention de se retirer. Evidemment l'on ne pourrait concevoir ni admettre leur refus si les notaires *extra muros* doivent concourir à la réduction; car, dans ce cas, un étranger ne pouvant être nommé à cette collocation, il faudrait nécessairement ou qu'un notaire de C... fût astreint à y passer, ou qu'au mépris de l'ordonnance de fixation, elle demeurât frappée d'interdit et en suspens jusqu'à ce que le nombre des notaires à C... se trouvât réduit au chiffre voulu. — Cette conséquence rend encore plus saillante la ligne de séparation tracée par l'ordonnance du 12 sept. entre les notaires de la ville et les notaires *extra muros*. — Or, si les notaires *extra muros* sont en dehors de la réduction qui concerne les études de C..., ils ne sauraient, avec quelque droit, être contraints à contribuer, avec les notaires de cette ville, à l'indemnité stipulée par eux en faveur de celui dont le titre se trouvera éteint.

» En équité : ils ne sauraient davantage y être astreints sous prétexte qu'ils pourraient retirer quelque profit de la réduction. — D'abord, les chances d'augmentation de clientèle qui pourront en résulter pour les notaires de la ville seraient, pour ceux *extra muros*, si faibles, si douteuses, à raison de leur collocation éloignée, qu'on ne saurait raisonnablement les admettre et les prendre en considération. — D'un autre côté, s'il était possible qu'il leur advînt quelque avantage, il y aurait injustice encore à le leur faire payer; car, depuis la loi du 25 vent. an 11, les notaires *extra muros* ont eu à subir aussi leur réduction, et les notaires de C... en ont profité comme eux. — Par tous ces motifs, le tribunal estime qu'il ne serait ni juste ni convenable que les deux notaires ruraux fussent chargés d'une partie quelconque de l'indemnité à allouer à celui des notaires de C... dont l'étude sera éteinte. »

Du 18 nov. 1834.–Délib. du trib. de C..., approuvée par le ministre de la justice.

Nota. En conséquence, le cessionnaire du notariat de Clev... (3e classe) a obtenu sa nomination sans être assujetti à l'extinction intégrale, ni même partielle, de la neuvième étude de C... (2e classe).

(2) (Not. de B...) — B... est le siége d'un tribunal de première instance et d'une justice de paix. D'après une ordonnance royale du 18 sept. 1824, le nombre des résidences de notaires dans le canton se trouve fixé à cinq, savoir : trois dans la ville chef-lieu, et deux dans les communes rurales. — Le chef-lieu comptait alors six notaires. Depuis, il s'opéra deux réductions au moyen de ce que deux titulaires obtinrent leur nomination en produisant chacun deux titres. — Ainsi, une seule réduction restait à opérer entre les deux autres notaires qui, d'ailleurs, n'avaient produit

ou les chefs-lieux fussent dépourvus des offices divers que l'administration, dans un intérêt public bien entendu, a cherché à placer de manière que chaque localité pût avoir à sa disposition un officier public nécessaire pour constater les transactions.

135. Du reste, le notaire dont l'office doit être supprimé a toujours la préférence sur le candidat qui se présente pour être pourvu d'une étude vacante dans une résidence conservée du même canton (Décis. min. 17 oct. 1837, V. n° 104). — Mais cette faculté lui est personnelle et ne passe pas à son héritier, en telle sorte que son fils n'en peut réclamer le bénéfice (Décis. min. 29 oct. 1844, Mollen, D. P. 45. 4. 380). — Ce dernier n'a droit qu'à une indemnité.

136. Lorsque, parmi plusieurs études de notaires sises dans une ville chef-lieu d'arrondissement, une d'entre elles est menacée de suppression sans qu'il y ait encore de désignation expresse, et que, dans une des communes rurales faisant partie de l'arrondissement, une étude conservée vient à vaquer par suite de la démission du titulaire en faveur d'un aspirant au notariat, il y a lieu d'accorder la préférence à celui des notaires dont les titres sont menacés d'extinction, pourvu toutefois qu'il consente à transférer sa résidence dans la commune siége de l'étude cédée et qu'il s'oblige à tenir les conditions du traité fait avec le démissionnaire (délib. précitée du 18 nov. 1834, V. n° 134).

ART. 6. — *Des traités pour vente d'office et de leurs effets. — Résiliation. — Compétence. — Traités passés avant le 24 fév. 1848 et non suivis de nomination à cette époque.*

137. La faculté de présenter un successeur emporte nécessairement le droit d'attacher des conditions à la cession de l'office. Les officiers ministériels peuvent en effet mettre un prix à leur démission, puisqu'elle est une chose placée dans le commerce. On lit ce qui suit dans un rapport dont la chambre des députés a adopté les conclusions le 10 sept. 1830 (1), en pas-

---

qu'un seul titre lors de leur nomination. — Cependant ceux-ci crurent pouvoir se faire remplacer séparément en offrant de joindre à leurs offices deux titres ruraux du même canton, qui devaient être supprimés. — Mais cette prétention a été repoussée en ces termes :

« J'ai examiné, a dit M. le garde des sceaux, les documents que vous m'aviez transmis sur l'état du notariat dans le canton de B..., et j'ai reconnu qu'on ne pourrait sans inconvénient supprimer l'une des deux études affectées aux communes rurales des parties sud et nord de ce canton. — La fixation et le classement arrêtés par une ordonnance du 18 sept. 1824 devant être maintenus en conséquence sans aucune modification, il n'est pas possible d'accueillir les demandes des sieurs M... et C..., qui se présentent pour être nommés aux fonctions de notaires à B..., le premier en remplacement de son père et le second en remplacement du sieur C... — En effet, il existe encore à B... quatre notaires qui doivent être réduits à trois, en vertu de l'ordonnance de fixation, et deux de ces fonctionnaires, les sieurs Ch... et P.., ont consolidé leurs études en réunissant chacun deux titres du chef-lieu, ce qui les dispense désormais de concourir aux charges de la réduction. Elle doit porter exclusivement sur l'une des études occupées par les sieurs M... et C..., qui ont été nommés l'un et l'autre, sur la production d'un seul titre.—A la vérité, les sieurs M... et C... proposent d'effectuer l'extinction, l'un de la seconde étude de S..., l'autre de l'ancien notariat B... Mais si en général la production d'un second titre est un motif d'admission, il ne peut en être ainsi dans la position particulière où se trouve le notariat de B... Autoriser les deux transmissions proposées, ce serait supposer que, dans le chef-lieu, quatre études doivent être conservées, ce qui n'est pas possible, puisque l'ordonnance du 18 sept. 1824 se trouverait violée, et le maximum de cinq notaires pour le canton dépassé. Il n'existe d'ailleurs aucune raison d'accueillir l'une des deux demandes et de repousser l'autre, ce qui ferait porter l'extinction qui doit s'opérer sur la seule étude dont la mutation ne serait pas admise ; en cet état, les transmissions demandées n'étant pas forcées, ce sera le cours du temps qui indiquera quel est celui des deux notariats qui doit supporter la suppression, à moins que les sieurs M... et C... ne prennent des arrangements pour l'effectuer amiablement entre eux. »

Du 30 déc. 1834.-Déc. du min. de la just.

(1) Une pétition du sieur Lex, à la chambre des députés, a donné lieu au rapport et à la décision qui suivent :

« Le sieur Lex, ancien notaire à Strasbourg, dit M. Sapey, rapporteur, présente de nombreuses observations à la chambre sur l'institution du notariat, et demande une loi qui détermine le droit de propriété des offices de notaires. La pétition du sieur Lex intéresse toute la société et soulève des questions importantes à l'égard de l'institution du notariat, qui est essentiellement liée au droit de propriété et au repos des familles.

» Voici la première question que le pétitionnaire soumet à la chambre et sur laquelle il réclame une solution : — « A qui doit appartenir, par suite de l'art. 91 de la loi du 28 avr. 1816, le droit de présenter le successeur d'un notaire à l'agrément du roi? Sera-ce aux veuves et héritiers institués ou présomptifs du titulaire? » — Sur cette question, votre commission a pensé que l'art. 91 de la loi du 28 avr. 1816 donne à tout notaire la faculté de présenter à l'agrément du roi son successeur, pourvu toutefois qu'il ne soit ni dans le cas de destitution ni dans celui de réduction, prévus par la loi du 25 vent. an 11. Tout en reconnaissant lui-même ce droit, le pétitionnaire croit que le second alinéa de l'art. 91 de la loi ne permet pas aux notaires de disposer de leurs offices. Cependant, messieurs, il est évident que, de la faculté accordée à un notaire de présenter son successeur, émane nécessairement le droit de disposer de son office. — La loi particulière dont il est question dans ce second alinéa ne pourrait certainement avoir pour but de déroger aux dispositions contenues dans le premier alinéa de cet article, mais bien de régler l'exercice de ce droit, et de déterminer les formalités à remplir par les veuves et par les héritiers au moment de l'ouverture de la succession. Au reste, toutes les lois antérieures à celle du 6 oct. 1791, sur l'organisation du notariat, ont consacré le principe de l'hérédité et de la vénalité des charges de notaires.

» Quant à la seconde question relative au délai dans lequel la présentation doit être faite, en cas de décès du titulaire, on doit s'en rapporter à l'intérêt particulier des héritiers pour la présentation d'un candidat, et pour la remise des minutes dans un délai très-rapproché.

» Nous passons à la troisième question qui est ainsi posée par le sieur Lex : « La faculté de présenter un successeur emportera-t-elle le droit de stipuler un prix pour la cession de l'office? » — La solution de cette question se trouve aussi dans l'art. 91 de la loi du 28 avr. 1816. Votre commission a pensé que cet article, en rétablissant la propriété des offices, a donné le droit d'en disposer, et par conséquent de stipuler un prix pour la cession qu'on voudrait en faire. — Ne doit-on pas distinguer, ajoute le pétitionnaire, la faculté de présenter d'avec le droit de céder sa charge et d'en fixer le prix? — Nous convenons avec le sieur Lex que la faculté qu'a tout notaire de présenter son successeur n'est pas absolue, puisque l'agrément du roi est nécessaire ; mais le droit du souverain se borne à un refus : le titulaire de l'office, hors le cas de destitution ou de réduction, en sera quitte pour présenter un autre candidat qui réunisse les qualités exigées. — De nombreux arrêts de cours royales, rapportés dans la pétition du sieur Lex, forment, à cet égard, une jurisprudence d'autant plus positive qu'elle a été consacrée par la cour de cassation.

» Nous arrivons à la quatrième question posée en ces termes par le pétitionnaire : « Le prix de l'office sera-t-il déterminé à l'avance et porté sur les rôles généraux de manière qu'il ne puisse être dépassé dans les traités que feront les parties? » Dès le moment qu'il est admis que le titulaire d'une charge en a la propriété, on ne peut lui contester la faculté de la vendre et d'en déterminer le prix en se conformant aux formalités prescrites. L'adoption d'une opinion contraire violerait les principes du droit commun et anéantirait des droits acquis.

» Voici les deux dernières questions soumises à la chambre par le pétitionnaire : « Comment réglera-t-on les droits des vendeurs, des créanciers et des tiers sur le prix de l'office et le mode de les exiger? Enfin, parmi quelle nature de biens rangera-t-on les offices? Seront-ils meubles ou immeubles? seront-ils propres à l'époux qui se mariera en communauté, ou seront-ils conquêts de cette communauté? » — Ces deux questions ont paru à votre commission avoir été résolues déjà par le droit commun. La loi ne distingue que deux sortes de biens, les immeubles et les meubles ; tout ce qui n'est pas immeuble rentre, par conséquent, dans la catégorie des meubles, et les charges des notaires en font partie ; il en est de même, à plus forte raison, du prix des offices. Les droits et les priviléges du vendeur, ceux des créanciers et des tiers sont réglés par le code civil pour les biens meubles, ainsi que pour les vendeurs, comme pour ceux qui ont à exercer sur ces biens des droits de créance ou autres. — Par la même raison, un office acquis avant ou pendant le mariage, doit faire partie de la communauté, si cette communauté est conventionnelle, et s'il a été acheté pendant sa durée; mais la charge appartiendra au mari, si celui-ci la possédant avant le mariage, l'a exceptée de la communauté.

» En résumé, messieurs, sur la première question : Les droits des veuves, des créanciers et des héritiers institués ou présomptifs du titulaire d'un office de notaire sont établis par la loi commune et notamment par le code civil.

» Sur la seconde question : Le délai de présentation est fixé par les art. 54, 55, 56 et 57 de la loi du 25 vent. an 11.

» Sur la troisième question : La faculté de présenter un successeur emporte indubitablement le droit de stipuler un prix pour celui de la charge.

» Sur la quatrième question : Il serait contraire à tous les principes, ainsi qu'à l'intérêt public et particulier, de déterminer à l'avance le prix

sant à l'ordre du jour sur la pétition qui lui était adressée par le sieur Lex, notaire à Strasbourg : « La commission a pensé que l'art. 91 de la loi du 28 avr. 1816, *en rétablissant la propriété des offices*, a donné le droit d'en disposer, et par conséquent de stipuler un prix pour la cession qu'on voudrait en faire. » — Les termes soulignés du rapport sont inexacts : la loi de 1816 n'a pas rétabli, à proprement parler, la propriété des offices, et la décision de la chambre des députés n'a pas l'autorité d'une loi interprétative; mais, abstraction faite de ces expressions, le rapport décide en termes exprès que la faculté de présenter un successeur emporte indubitablement le droit de stipuler un prix pour la cession de l'office. Ce droit, d'ailleurs, n'a jamais été contesté par l'administration, et il est reconnu par les tribunaux. — Quelques arrêts ont formellement décidé que le contrat par lequel le titulaire d'un office ou ses héritiers s'obligent, envers un tiers, moyennant un certain prix, à présenter ce tiers à l'agrément de l'empereur, est valable (V. les arrêts cités v° Obligation, n° 569, et en outre Rennes, 10 déc. 1825, aff. Jézéquel, *infrà*, n° 369; 24 nov. 1832, aff. Sauvé, n° 75; Paris, 11 déc. 1834, aff. Picou, n° 327), et tous les arrêts, d'ailleurs, mentionnés dans le cours du présent traité, supposent virtuellement la validité de ce contrat. — V. aussi M. Dard, Traité des offices, p. 205 et suiv.; Duvergier, de la Vente, t. 1, n° 208; Troplong, *eod.*, n° 220; Bataillard, Propr. et transm. des offices, p. 139 et suiv.; Bellet, des Offices, p. 144 et suiv.; Eug. Durand, des Offices, n° 214.

138. Mais, pour qu'il en soit ainsi, il faut que les traités qui ont une démission pour objet ne soient entachés d'aucune *simulation*. Les traités simulés sont repoussés par l'administration, et donnent même lieu, le cas échéant, à des poursuites disciplinaires (V. n° 272). — Il ne faut pas non plus que le titulaire y prenne l'engagement formel de faire nommer l'acheteur. — Il est évident cependant que dans la plupart des cas cette stipulation doit être interprétée dans le sens de la promesse d'exercer en sa faveur le droit de présentation.

139. Ces stipulations, au reste, sont essentiellement conditionnelles; elles sont subordonnées au consentement du gouvernement qui n'est pas lié par la présentation qui lui est faite (V. v° Enregist., n° 284; Conf. MM. Bellet, p. 262; Eug. Durand, n° 217); s'il refuse, la démission est retirée, et l'officier public a le droit de présenter un autre candidat. — Ainsi, il a été jugé : 1° que la cession d'un office est, nonobstant le silence du contrat à cet égard, censée faite sous la condition suspensive que l'acheteur sera agréé par le gouvernement (Nancy, 12 juill. 1834; Douai, 26 janv. 1839) (1); — 2° Que l'obligation consentie par un officier ministériel, de résigner

---

d'un office, de le porter sur des rôles généraux, de manière qu'il ne puisse être dépassé dans les traités que feraient les parties.

» Sur les deux dernières questions : Tous les droits énoncés dans ces deux questions sont réglés par le droit commun, et principalement par le code civil et par le code de procédure civile.

» Votre commission croit avoir suffisamment démontré que les nouvelles dispositions législatives réclamées par le sieur Lex, pour compléter l'organisation du notariat, ne sont pas nécessaires; l'usage et l'expérience viennent à l'appui de cette opinion. — En conséquence, votre commission m'a chargé de vous proposer de passer à l'ordre du jour sur la pétition du sieur Lex. »

La chambre passe à l'ordre du jour.

Du 10 sept. 1830.-Extr. du Mon., n° 263, p. 1127.

(1) 1re *Espèce* :—(Riche C. N...)—La cour ;—Considérant que si l'art. 91 de la loi du 28 avr. 1816 a permis aux titulaires de certaines fonctions publiques de présenter des successeurs à l'agrément du roi, et que, si de cette faculté dérive le droit de traiter de ces offices, on ne doit pas abuser de la disposition de cette loi de finances pour considérer la vénalité de ces charges comme établie sans restriction et sans le contrôle de l'autorité publique ; — Que le traité de cession de la charge qui intervient entre les parties ne peut être considéré que comme une convention accessoire au droit préexistant du souverain, d'agréer ou de refuser le successeur présenté; — Que, conséquemment, un tel traité ne peut porter aucune atteinte au droit du prince, qui reste absolu et prédominant; — Considérant que la conséquence de ce principe conduit à reconnaître que la cession antérieure qui intervient entre le titulaire et le successeur désigné n'a pas pour objet l'office, qui n'est pas dans le commerce et qui dépend d'un titre à conférer par le roi ; mais que cette cession ne consiste en réalité que dans l'avantage d'être présenté par le titulaire, et dans une chance de succès qui en résulte pour le candidat ; — Qu'ainsi, par sa nature, l'efficacité de la convention privée est subordonnée à l'événement de la nomination qui en est la condition ordinaire ; — Que, pour essayer de se soustraire à ce principe, fondé en justice et en raison il faudrait trouver dans la convention des parties une dérogation expresse et évidente à cette règle d'équité, et y lire en termes formels l'obligation de payer le prix, quand bien même on n'obtiendrait pas la charge ; — Considérant, en fait, sans examiner si un tel traité à forfait serait licite dans la cession du droit à un office public, il est impossible de trouver dans les conventions des parties une semblable dérogation à la condition naturelle de l'engagement ; — Que d'abord l'art 1 du procès-verbal des conditions sous lesquelles l'office dont il s'agit a été mis aux enchères est insuffisant pour établir cette cession à forfait ; —Qu'on y lit d'abord que l'adjudicataire de l'office d'avoué sera aux droits des héritiers ; — Que, dans cette phrase équivoque, erronée et contraire à l'art. 91 de la loi du 28 avril 1816, on ne trouve ni la pensée ni l'engagement de payer le prix de l'office sans en avoir obtenu le titre ;—Qu'en ajoutant immédiatement dans le même article ces mots : sera tenu l'adjudicataire de faire à ses frais, à ses risques et périls, sans aucune réserve, toutes démarches nécessaires pour faire agréer la demande par le gouvernement. cette phrase indique bien que les frais à faire, que les risques et périls de toutes démarches nécessaires, c'est-à-dire, par exemple, de tous voyages, de toutes pièces à produire, ont été mis à la charge de l'adjudicataire ; mais qu'il y a encore loin de là à la stipulation du marché à forfait qui obligerait le successeur désigné à payer le prix en cas de non-succès; — Que, d'ailleurs une telle condition dans un procès-verbal d'enchère n'eût pas été de nature à attirer les amateurs de la charge; — Que, si cet art. 1 pouvait encore laisser du doute, il serait interprété par l'art. 3, portant que l'acquéreur sera tenu de payer le prix de cette charge d'avoué en trois termes égaux ; — Que c'est donc le prix d'une charge d'avoué à obtenir qui a été convenu, et non pas d'une cession de simples droits éventuels à cette charge ;

Considérant d'ailleurs que l'art. 1156 c. civ. prescrit de rechercher plutôt l'intention commune des parties que le sens littéral des termes, déjà peu favorables aux appelants ; — Que cette intention commune peut se connaître non-seulement dans le procès-verbal du 2 juillet, mais encore dans tous les actes postérieurs entre les appelants et l'intimé ; — Que, dans son acte d'office du 15 juill. suivant, fait par-devant notaire, l'intimé a déclaré offrir 10,000 fr. pour prix dudit office ; — Qu'il a ajouté que 2,000 fr. seraient payés comptant dans le mois de l'adjudication, et le surplus en cinq termes égaux d'une année à l'autre, à partir de la nomination du roi; — Que ces expressions présentent une nouvelle preuve que la nomination par le roi n'avait pas cessé d'être la condition de l'intimé, l'époque et l'événement qui rendaient seuls exigible le prix convenu ; — Que dans l'adjudication définitive du 19 juill. les appelants ont accepté les conditions proposées par l'intimé le 15 ; — Qu'ils y déclarent avoir adjugé pour cette somme de 10,000 fr. l'office d'avoué ; et non pas des droits à forfait sur cet office ; — Qu'ainsi il devient donc évident que, dans la pensée commune de toutes les parties, l'obtention du titre était la condition de l'engagement; — Que cette interprétation de toute équité est d'ailleurs légale et conforme aux règles sur l'interprétation des conventions fixées par les art. 1156, 1158 et suiv. c. civ.; — Considérant, d'ailleurs, que le refus de nomination de la part du gouvernement a été motivé sur deux causes imputables aux appelants ; — Que, si la troisième, le défaut de stage suffisant, était un fait personnel à l'intimé, il est justifié au procès que l'intimé avait fait part aux appelants de sa position et de ses doutes à cet égard ; — Que c'est avec connaissance qu'ils ont traité avec l'intimé, en lui inspirant toute sécurité relativement à ce stage, par l'intermédiaire du mandataire commun ; — Par ces motifs, etc.

Du 12 juill. 1834.-C. de Nancy.

2e *Espèce* : (Tabary C. Deloffre.) — En 1835, Tabary, notaire à Cambrai, vend son office à Deloffre, moyennant 62,000 fr., et le désigne pour son successeur au gouvernement. Deloffre n'est point accepté. Tabary prétend que la vente reste néanmoins maintenue et que le prix commun doit lui être payé, sauf à Deloffre à disposer de l'office, ainsi qu'il avisera. — Deloffre répond que la vente d'un office doit toujours être réputée conditionnelle et dépendante de l'acceptation, par le gouvernement, du successeur désigné ; qu'il a fait, d'ailleurs, tous ses efforts pour obtenir sa nomination, et qu'on ne peut lui imputer aucune faute ; il conclut, en conséquence, à ce que Tabary soit tenu de lui restituer les sommes qu'il a déjà reçues sur le prix de la cession.—Tabary conclut subsidiairement à des dommages-intérêts contre Deloffre.

Jugement du tribunal de Cambrai qui déboute Tabary de ses conclusions, le condamne à restituer à Deloffre les sommes qu'il a reçues, aux intérêts du jour de la demande, sauf à lui réclamer des dommages-intérêts, s'il s'y croit fondé; donne acte à Cellier de ses réserves sur les fonds dont Tabary est nanti à raison de la délégation qui lui en aurait été faite. Ce jugement est ainsi motivé : — « Considérant que la vénalité des offices a été abolie par la loi du 6 oct. 1791; que depuis elle n'a pas été rétablie; que la loi du 28 avr. 1816 accorde bien aux notaires

son office et de présenter un candidat pour le remplacer, est un véritable contrat synallagmatique ayant quelques-uns des caractères de la vente, mais différant néanmoins de ce contrat, en ce qu'il ne peut recevoir son accomplissement que par la volonté du gouvernement, sur la preuve de la démission volontaire du titulaire et la présentation d'un candidat apte à le remplacer (Agen, 6 janv. 1836) (1).

140. De ce que les traités intervenus pour la cession d'un office sont essentiellement conditionnels, il en résulte que le contrat est nul si le successeur désigné n'est pas admis par le gouvernement. Par suite, si le prix a été payé, le cessionnaire a le droit de le répéter. — Il est sans difficulté, et c'est ce qui a été jugé, que le droit de répétition appartient aussi à la caution solidaire du cessionnaire qui a payé en l'acquit de celui-ci (Angers, 24 avr. 1844, aff. veuve Garnier, V. Cautionnement, n° 69).

141. Le cédant pourrait-il, dans ce cas, former contre le cessionnaire une demande en dommages-intérêts?—Il a été jugé : 1° que le refus d'admission du candidat présenté par le cédant constitue un cas de force majeure entraînant la résiliation du contrat, sans que le cessionnaire soit tenu d'une indemnité envers le cédant, alors surtout que celui-ci avait connaissance, au moment du traité, des faits d'immoralité qui ont motivé le refus d'admettre le candidat (Angers, 16 déc. 1840 (2). — Conf.

---

et autres officiers ministériels, en indemnité du supplément de cautionnement auquel on les a assujettis, le droit de présenter des successeurs à l'agrément du roi, mais qu'elle n'a pas formellement rétabli la vénalité; — Considérant que du droit de présentation découle bien, à la vérité, naturellement celui de vendre l'office; mais que ce droit est essentiellement conditionnel et lié à la présentation; qu'il s'ensuit que, si le cessionnaire reçoit l'investiture, la cession doit sortir effet et recevoir sa pleine exécution; mais que si la nomination est refusée, elle doit être résolue et considérée comme non avenue; qu'il est en effet évident que le seul droit de l'officier ministériel est de présenter un successeur, et que la nomination ne suivant pas la présentation, le traité dont elle a été l'occasion en devient sans cause; — Considérant qu'il en doit être ainsi, quels que soient les termes dans lesquels le traité a été conçu; que, s'il en était autrement, il en résulterait cette bizarrerie que le cessionnaire serait propriétaire d'un office dont il ne pourrait jouir, et que le cédant pourrait toujours le faire valoir, alors même qu'il s'en serait dessaisi; que tel n'est pas l'esprit de la loi du 28 avr. 1816, au sens de laquelle *tout est conditionnel, cession et démission*; en sorte que, si le candidat n'est point accepté, tout est résolu, le titulaire reste nanti de son office et peut le céder de nouveau, s'il le juge convenable; — Considérant que, depuis la promulgation de la loi du 28 avr. 1816, les officiers ministériels se sont constamment efforcés d'étendre le bénéfice résultant pour eux de cette loi; que ce bénéfice n'est déjà que trop exorbitant; que l'ordre public exige qu'il soit restreint dans les limites tracées par les termes de l'art. 91; que le seul droit qu'il en résulte est celui de présentation; que l'on ne peut en induire que la vénalité des charges soit rétablie d'une manière absolue et indéfinie, sans violenter le texte comme l'esprit de cet article; que l'on ne peut, en effet, supposer qu'en compensation d'une légère charge, qui leur était imposée, on ait voulu accorder aux officiers ministériels, sur leurs offices, un droit de propriété pur et simple et entièrement dégagé du contact de l'autorité publique, lorsque l'unique concession qui leur était faite est de présenter un successeur à l'agrément de Sa Majesté, expression qui indique que le traité qui accompagne la présentation lui est entièrement subordonné et qu'il doit en subir le sort; — Considérant que Tabary a présenté Deloffre pour être son successeur; que ce dernier n'a pu obtenir sa nomination; que le traité est conséquemment résolu, tant à l'égard des parties qu'à l'égard de Tellier, qui a cautionné Deloffre; que, conséquemment, Tabary doit restituer les à-compte qu'il a pu recevoir. » — Appel. — Arrêt.

La cour; — En ce qui touche la résolution du traité : — Considérant que la vente d'un office est, de sa nature, conditionnelle et dépendante de l'investiture du cessionnaire; que le traité fait entre les parties, loin d'apporter une dérogation à ce principe, en confirme l'application dans ses termes et ses diverses stipulations; — Qu'il en résulte évidemment que Tabary, d'une part, et Deloffre, de l'autre, n'ont entendu céder et acquérir la charge, objet du litige, que sous la condition que leur traité serait ratifié par la nomination de ce dernier; — En ce qui concerne la demande en dommages-intérêts : — Considérant qu'il n'est point établi que l'inaccomplissement de la condition procède du fait de Deloffre; — Par ces motifs, et ceux ou surplus des premiers juges, sans s'arrêter aux conclusions subsidiaires, met l'appellation au néant; ordonne que ce dont est appel sortira effet.

Du 26 janv. 1839.-C. de Douai, 2e ch.-M. Farez, pr.

(1) (Lubet C. Dousset.) — La cour; — Attendu que l'obligation consentie par Me Lubet envers le sieur Dousset de lui résigner son office et de le présenter à Sa Majesté avec sa démission, pour qu'il puisse être admis à le remplacer dans ses fonctions, est un véritable contrat synallagmatique, autorisé par la loi et la jurisprudence; que si ce contrat a quelques caractères du contrat de vente, en ce qu'il renferme le consentement, la chose et le prix, il en diffère néanmoins à quelques égards, puisqu'il ne peut recevoir son entier accomplissement que par la volonté suprême du roi; que l'une des principales et indispensables conditions pour obtenir cet agrément est la preuve de la démission volontaire du titulaire et la présentation du candidat apte à le remplacer; que Me Lubet refusant formellement de remettre sa démission et de présenter le sieur Dousset pour candidat, la justice des tribunaux ne peut, sous aucun rapport, donner à ses décisions la force et la valeur d'une réelle démission et présentation; que ce serait introduire dans la loi, qui a autorisé cette sorte de contrats, une disposition qui ne se trouve ni dans son texte ni dans son esprit, disposition qui serait même diamétralement contraire à la libre faculté que le législateur a accordée au titulaire de l'office; que ce serait en quelque sorte empiéter sur l'autorité royale que de tenir pour valablement et régulièrement existantes une démission et une présentation de la part d'un titulaire qui déclare formellement ne vouloir faire ni l'une ni l'autre, lorsque cependant c'est uniquement à sa volonté libre que la loi a accordé ce recours à la justice du souverain; qu'enfin, on ne pourrait tenir pour constantes cette démission et cette présentation qu'autant qu'il serait dans la puissance des tribunaux de mettre le candidat en possession de l'office du titulaire, sans recours au gouvernement; d'où suit qu'il y a lieu de réformer le jugement sur ce chef;

Attendu que la convention passée entre parties étant licite et autorisée par la loi, et le sieur Lubet, qui reconnait l'avoir librement consentie, se refusant aujourd'hui à l'exécuter, doit incontestablement réparer le dommage que son refus d'exécution occasionnerait à celui avec lequel il a contracté; — Attendu que Me Lubet n'a allégué aucun motif, non-seulement légitime, mais même raisonnable de son refus d'exécution; que la justice ne sait apercevoir dans cette étrange conduite qu'un simple caprice dénué de tout fondement, même de tout prétexte; qu'elle aime à ne pas croire qu'elle soit dirigée par un motif d'intérêt quelconque; que le sieur Dousset se présente avec les certificats les plus honorables; que l'exécution du contrat est, à chaque minute de la vie, au pouvoir et à la volonté de Me Lubet; qu'alors la justice, en appréciant le dommage causé au sieur Dousset, doit faire usage des moyens assez efficaces pour ramener Me Lubet aux véritables sentiments de la justice et de l'honneur; — (Suivent les considérations tirées des faits de la cause, qui servent de base à l'évaluation des dommages-intérêts.) — Par ces motifs, disant droit sur l'appel, en ce qu'il aurait été ordonné que le jugement tiendrait lieu de la démission du sieur Lubet et de la présentation du sieur Dousset, réforme le jugement sur ce chef, et néanmoins, statuant sur les dommages-intérêts pour refus d'exécution de la part de Me Lubet, le condamne à payer au sieur Dousset 30,000 fr., à titre de dommages-intérêt, si mieux il n'aime, dans les dix jours de la signification du présent arrêt, remettre ès mains du sieur Dousset sa démission de notaire à Bassones et la présentation au roi dudit Dousset.

Du 6 janv. 1836-C. d'Agen, ch. civ.-M. Tropamer, 1er pr.

(2) *Espèce :* — (Cheux C. Coudray.) — 17 septembre 1839, cession par Me Cheux, notaire à Ambrières, de son office, à Coudray, ci-devant notaire dans la Sarthe, pour le prix apparent de 30,000 fr. et, en réalité, de 35,000 fr. Celui-ci ne peut obtenir le certificat de moralité; après avoir promis de faire cesser l'opposition mise à la délivrance de cette pièce indispensable, il écrit, le 12 avril, à Me Cheux, qu'il y a empêchement insurmontable; il l'autorise à se pourvoir d'un autre successeur, et réclame les 15,000 fr. qu'il lui avait payés d'avance. Cheux veut retenir 2,000 fr. de dommages-intérêts. — Procès sur cet unique objet. — Coudray faisant un cas de force majeure du refus de son admission, soutient qu'il n'en peut être responsable. Son adversaire prétend, au contraire, que le refus d'admission provenant de motifs tirés de sa conduite antérieure, il doit s'imputer l'inexécution du traité. — 24 juin, jugement du tribunal civil de Mayenne, qui par le motif qu'un pareil traité est toujours subordonné à l'approbation du gouvernement; que son refus d'agréer le candidat présenté, est un fait de force majeure qui n'oblige personne; que si, dans l'espèce, le demandeur est l'objet de poursuites ou recherches criminelles, il doit être réputé innocent jusqu'à condamnation, ordonne la restitution des 15,000 fr. avec les intérêts du jour de la demande judiciaire, ceux antérieurs restant, pour tout dédommagement, au défendeur, et le condamne en tous les dépens. — Appel par Me Cheux. Pour prouver qu'il a été trompé sur la véritable position de Coudray; il argumente de l'arrêt de la cour d'assises du Mans, qui vient de condamner son adversaire en dix ans de reclusion pour nombre de faux par lui commis dans l'exercice de son précédent notariat. — Arrêt.

La cour; — Attendu que l'appelant a à se reprocher de la négligence dans le choix qu'il avait fait de son successeur; qu'il ne s'agit point, dans la cause, d'un objet qui puisse être considéré comme la matière d'un commerce; que l'appelant ne justifie point d'un préjudice appréciable au

M. Eug. Durand, n° 241); — Que, toutefois, lorsque le cédant a saisi le tribunal d'une demande d'indemnité, en raison de la résiliation du contrat, les juges, tout en déclarant qu'il n'y a lieu à lui accorder des dommages-intérêts, doivent condamner aux dépens le cessionnaire, dont les méfaits ont causé la résiliation du contrat (même arrêt); — 2° Que l'inexécution de l'obligation imposée au cessionnaire d'un office de demander sa nomination dans un délai fixé par l'acte de cession, ne le rend pas passible de dommages-intérêts envers le cédant, si la demande n'eût pu être utilement formée, dans ce délai, à défaut de l'une des conditions exigées par la loi pour cette nomination, et, par exemple, celle de la condition du stage, et lorsque l'impossibilité où se trouvait le cessionnaire d'exécuter son engagement était connue du cédant (Req. 30 nov. 1863, aff. Darbets, D. P. 64. 1. 34).

142. Il en serait autrement si la cause qui a mis obstacle à la nomination du cessionnaire avait été dissimulée au cédant. — C'est en ce sens, croyons-nous, qu'on doit entendre un arrêt qui a décidé que celui qui achète un office est tenu du payement convenu, si la non-admission provient de *son fait*, par exemple de ce qu'il n'aurait pas le temps de stage exigé par la loi, alors même qu'il aurait été stipulé que le marché serait résilié au cas de non-admission pour quelque cause que ce fût (Rennes, 1er fév. 1834) (1). — Il y aurait lieu aussi à des dommages-intérêts si le défaut de nomination avait pour cause le fait ou la négligence du cessionnaire (V. nos 149 et s.).

143. Si les parties étaient convenues que le cessionnaire de l'office ne pourrait se dispenser d'en payer le prix, quand même il ne pourrait en obtenir les provisions, la convention pourrait-elle être exécutée?—M. Dard, p. 212, pense que cette convention serait licite et devrait recevoir son exécution. « Le cessionnaire, dit-il, ne pourrait se plaindre d'un événement qu'il avait prévu et dont il avait consenti à prendre sur lui la garantie, et le cédant pouvait avoir eu de justes motifs pour exiger que la cession de cet office fût irrévocable, comme, par exemple, si des propositions d'acquérir son office lui étaient faites par une autre personne qui était certaine de se faire agréer ou qui croyait l'être, et s'il les avait refusées pour traiter avec le cessionnaire. » Telle est aussi l'opinion de M. Duranton, t. 16, n° 182. — Cette proposition pourrait se soutenir, si le successeur désigné qui n'a pas pu obtenir sa nomination retenait le droit de présentation; mais il n'en est pas ainsi; comme il a été dit au n° 139, le droit de présentation reste dans ce cas au démissionnaire, qui ne peut évidemment pas garder la chose et demander le prix. « Il n'est pas raison, comme dit Loyseau, que le vendeur ait l'argent et le drap » (Conf. M. Eug. Durand, n° 265).—Un traité qui contiendrait une pareille clause serait d'ailleurs rejeté par l'administration (décis. min. 19 oct. 1836). — En tout cas, une telle stipulation ne peut s'induire de ce que le cessionnaire se serait engagé à faire à ses frais, risques et périls, *sans aucune réserve*, toutes les démarches nécessaires pour faire agréer sa demande par le gouvernement (Nancy, 12 juill. 1834, aff. Riche, V. n° 139; Conf. M. Duranton, t. 16, n° 182).

144. Si le candidat présenté décède avant d'être nommé, le traité passé avec lui devient nul, une convention de ce genre étant, par sa nature, essentiellement personnelle (Dict. du not., n° 87).

145. Nous avons vu plus haut, n° 84, que la faculté exorbitante du *regrès* n'existe plus; mais dans le cas où le titulaire, malgré le traité intervenu, a refusé de donner sa démission, quel recours le successeur désigné peut-il avoir contre son cédant? Peut-il obtenir des tribunaux que le jugement à intervenir tienne lieu de démission?— La négative ne paraît pas douteuse. D'une part, une démission est un fait personnel auquel on ne peut être contraint, et, d'autre part, les jugements qui déclareraient tenir lieu de démission seraient inefficaces, puisque l'administration n'en serait pas moins la maîtresse de ne pas nommer à la place du titulaire celui qui en serait porteur. L'obligation du titulaire est une obligation de faire, dont l'inexécution le rend seulement passible de dommages-intérêts (Conf. MM. Dard, p. 235 et suiv.; Duvergier, Vente, n° 208; Eug. Durand, n° 233; décis. min. just. 5 mai 1834, 9 janv. 1837. — *Contrà*, M. Morin, journal le Droit, du 18 fév. 1836). — Il a été jugé en ce sens : 1° que le refus par un notaire d'exécuter le traité par lequel il a cédé son office, ne peut donner lieu qu'à des dommages-intérêts (Aix, 5 janv. 1830 (2); V. aussi Limoges, 17 janv. 1833, aff. Lachaud, V. Responsabilité, n° 346-4°); — 2° Que les tribunaux ne peuvent, sur le refus d'un officier ministériel de donner la démission de son office et de présenter le candidat avec lequel il a traité, déclarer que leur jugement tiendra lieu de démission et de présentation; mais qu'ils doivent condamner le titulaire de l'office à des dommages-intérêts (Montpellier, 20 juill. 1832; Agen 18 avr. 1836 (3); Agen, 6 janv. 1836, aff. Dubet, V. n° 139; trib. d'A-

---

delà de ce qui a été accordé par les premiers juges; mais que la résiliation du contrat ayant lieu par suite de faits personnels à Coudray, les dépens devaient être mis à sa charge; — Par ces motifs, confirme, au fond, le jugement dont est appel, le réformant quant aux dépens, condamne Coudray, pour supplément de dommages-intérêts, en tous les dépens de première instance et d'appel.

Du 16 déc. 1840.-C. d'Angers, 1re ch.-M. Desmazières, 1er pr.

(1) *Espèce :* — (Veuve Couëdic C. Morel.) — Morel, à qui la veuve Couëdic avait cédé la charge d'avoué que feu son mari occupait près le tribunal de Saint-Brieuc, écrivit à cette dame que le marché était résolu de plein droit, attendu qu'ayant induit en erreur un ancien avoué qui lui avait délivré un certificat de stage, et ayant ensuite fait rectifier cette erreur, il n'avait plus le temps de stage exigé. — 9 juillet 1833, jugement du tribunal de Saint-Brieuc qui prononce la validité de l'obligation. — Appel. — Arrêt.

La cour; — Considérant que, par acte sous seing privé du 10 mars 1833, la dame veuve du Couëdic a cédé au sieur Morel l'office d'avoué de feu M. Marc du Couëdic, son mari, moyennant un prix de 10,000 fr., et qu'il a été stipulé entre les parties que le cessionnaire ferait les démarches nécessaires pour obtenir sa nomination, dès qu'il aurait reçu son certificat de capacité, et qu'en cas de non-admission pour quelque cause que ce fût audit office d'avoué, l'acte serait résilié de plein droit, et sans que le cessionnaire fût tenu de payer aucune indemnité; — Considérant que les premiers juges ont bien interprété cette convention, puisqu'en recherchant la commune intention des parties, ils ont donné à l'acte dont il s'agit le seul sens avec lequel il puisse avoir quelque effet; — Considérant que si l'on adoptait le système de l'appelant, sur l'interprétation de ce même acte de cession, il en résulterait que les stipulations seraient illusoires et sans lien de droit, puisqu'il dépendrait de sa seule volonté de donner par son fait ouverture à la clause résolutoire sans indemnité, en ne remplissant pas les conditions exigées pour son admission aux fonctions d'avoué, ce qui serait également contraire à la loi et aux conventions arrêtées entre les parties; — Adoptant au surplus les motifs des premiers juges, confirme.

Du 1er fév. 1834.-C. de Rennes, 2e ch.-M. Malherbe, pr.

(2) (Sermet C. Rigordy.) — La cour; — Sur les fins incidentes: — Considérant que Rigordy, en souscrivant la convention du 15 déc. 1828, avait principalement pour objet de mettre au plus tôt son industrie à profit, et que Sermet, par ses tergiversations et son refus obstiné d'exécuter cette convention, lui a porté un préjudice notable en paralysant son industrie; qu'il y a donc lieu de faire droit aux fins incidentes de Ricordy en lui accordant 400 fr. à titre de dommages-intérêts; — Condamne, etc.

Du 5 janv. 1830.-C. d'Aix.

(3) 1re *Espèce :* — (Jourdan C. Pailhade.) — La cour; — Attendu que, dans le contrat de mariage de la demoiselle Pailhade avec le sieur Jourdan, le sieur Pailhade père s'oblige de faire incessamment la démission des fonctions d'avoué qu'il exerce auprès du tribunal de Béziers, en faveur dudit Jourdan, son futur gendre; — Attendu qu'on ne saurait voir dans cette obligation une promesse de vente qui vaudrait vente, aux termes de l'art. 1589 c. civ., d'un côté, parce que la démission dont il s'agit est un fait personnel audit Pailhade, et qu'en principe, nul ne peut être contraint à un fait personnel; d'un autre côté, parce que l'intervention du gouvernement étant toujours nécessaire en pareille matière, il n'appartient pas à la cour de rien statuer qui puisse provoquer cette intervention; — Attendu que l'engagement pris par ledit Pailhade a tous les caractères d'une obligation de faire qui, d'après l'art. 1142, doit se résoudre en dommages-intérêts, en cas d'inexécution de sa part; — Attendu que, quoique le prix de la démission que devait faire le sieur Pailhade ait été porté dans le contrat à une somme de 20,000 fr., cette évaluation, faite uniquement pour fixer le montant de la dot de la demoiselle Pailhade, ne constitue pas une obligation alternative imposée à Pailhade père; — Que, de cette clause du contrat de mariage bien entendue, il résulte que Jourdan ne deviendrait responsable du montant de la dot qu'autant qu'il serait pourvu de l'office de son beau-père; d'où il suit que la demande formée par Jourdan, en payement de ladite somme de 20,000 fr., n'est pas fondée et ne saurait être accueillie;

Et en ce qui touche les dommages et intérêts : — Attendu que

miens, 12 août 1844, aff. Camus, D. P. 45. 3. 99); — 3° Que le titulaire d'un office qui cède sa charge à un de ses créanciers pour sûreté de sa créance, en s'obligeant à donner sa démission en faveur du candidat qu'il lui désignera, ne peut être contraint à remplir son obligation, une telle convention étant nulle comme contraire à l'ordre public; que, toutefois, le défaut d'exécution de cette convention le rend passible de dommages-intérêts (Trib. de Cambrai, V. l'arrêt qui suit);...—4° Que, dans ce cas encore, le tiers qui a traité avec le créancier cessionnaire est fondé à répéter le prix par lui payé, bien qu'il se soit interdit, dans l'acte, toute répétition, lors même qu'il ne réussirait pas à se faire nommer en remplacement du titulaire (Douai, 20 janv. 1838) (1).

140. Un arrêt de la cour de Bordeaux a été présenté comme

---

d'après le principe général posé par l'art. 1149, les dommages et intérêts dus à Jourdan doivent être de la perte qu'il a faite et du gain dont il est privé, il convient, dans l'appréciation de ces dommages-intérêts, de prendre en considération et les motifs du refus de Pailhade de donner sa démission, et la position particulière dans laquelle se trouve son gendre; — Attendu que la société convenue dans le contrat n'ayant pu exister, puisque Jourdan n'a pas été investi de l'office d'avoué, il convient aussi de prendre pour base de ces dommages-intérêts l'entier revenu annuel présumé dudit office, revenu que la cour fixe à 1,000 fr., etc.

Du 20 juill. 1832.-C. de Montpellier.

Nota. Cet arrêt, sur le pourvoi dont il a été l'objet, a été cassé, mais seulement en ce qui concerne la fixation des dommages-intérêts (V. Cass. 4 janv. 1837, v° Contrat de mariage, n° 380).

2° *Espèce :* — (Delpech C. Lamémorie.) — La cour; — Attendu que la loi du 28 avr. 1816, en autorisant les greffiers à présenter au gouvernement leurs successeurs, a, par voie de conséquence, autorisé toute convention ayant le caractère de vente, cession ou indemnité en faveur du démissionnaire ou de sa famille; que la jurisprudence des cours et des tribunaux n'offre désormais aucun doute à cet égard; qu'il est bien vrai cependant que le gouvernement s'étant réservé le droit exclusif d'admettre ou de ne pas admettre le successeur présenté, les conventions particulières des parties demeurent subordonnées à l'investiture des fonctions; d'où il suit que des traités de cette espèce sont purement conditionnels, et que le prix de la vente ou de la cession n'est acquis définitivement que lorsque l'intention manifestée par les parties, dans leurs conventions particulières, a été réalisée; — Attendu que le gouvernement ne peut jamais être lié par aucune espèce de convention stipulée entre les parties; qu'à lui seul appartient le droit de vérifier et d'apprécier si elles sont contraires à l'ordre public, et, par suite, d'accorder ou de refuser son agrément; que dès lors les tribunaux ne peuvent être appelés qu'à examiner si les conventions ont été librement et volontairement stipulées, s'il n'est intervenu ni dol ni fraude, ou si elles ne sont prohibées par quelques textes de loi, parce qu'alors elles doivent tenir lieu de loi entre les parties, et qu'il ne peut jamais dépendre de l'une d'elles de s'y dérober par sa seule volonté; — Attendu que le traité du 19 juin 1824 ne présente aucun des vices qui peuvent annuler les conventions arrêtées entre les parties; que les obligations contractées, dans cet acte, par Pierre-Marie-Delpech et Lamémorie, n'ont rien de contraire aux lois et aux bonnes mœurs; que ce n'est qu'à ces conditions que le titulaire a consenti à donner sa démission et à désigner son successeur; que ces conditions ont été acceptées en parfaite connaissance de cause; que Lamémorie peut, à chaque instant, remplir l'obligation qui lui a été imposée; qu'il ne peut s'y refuser qu'en transgressant la loi du contrat, en manquant à l'honneur et à la délicatesse, et en trompant la confiance qu'avaient mise en lui Jean Delpech, premier démissionnaire, mais encore celle de Pierre-Marie Delpech, second démissionnaire; que s'il pouvait penser que le gouvernement ne donnerait pas son assentiment à la nomination de Louis Delpech, il n'en devait pas moins remplir de bonne foi l'obligation qu'il avait contractée, parce que, dans le cas de refus du gouvernement, il devenait, aux termes du traité lui même, définitivement et légitimement investi des fonctions, qu'il ne pouvait, jusque-là, exercer que sous la condition sous laquelle il les avait reçues; — Attendu que le gouvernement ayant seul le droit, dans l'intérêt public, de conférer ou de refuser les fonctions sur la présentation qui lui est faite, et à raison desquelles la loi autorise des traités particuliers, il ne peut appartenir à la justice des tribunaux que d'ordonner l'exécution pure et simple des conventions des parties et, à défaut, de condamner celle qui s'y refuse à des dommages-intérêts proportionnés à la perte éprouvée par celui au préjudice duquel il y a refus d'exécuter le contrat; — Par ces motifs, dit qu'il a été mal jugé, bien appelé contre le jugement du tribunal de Gourdon, en date du 25 mars 1835 : Ordonne que le traité du 19 juin 1824 sera exécuté selon sa forme et teneur; que par suite Lamémorie sera tenu de remettre, dans la quinzaine de la signification du présent, sa démission pure et simple de greffier de la justice de paix de Souillac, avec présentation du dit Louis Delpech pour lui succéder; et, faute par le dit Lamémorie de le faire, dans ledit délai, et par Pierre-Marie-Delpech de procurer ladite démission à présentation, dans le même délai, condamne solidairement les dits Lamémorie et Delpech aîné à payer à Louis Delpech la somme de 10,000 fr. à titre de dommages-intérêts.

Du 18 avr. 1836.-C. d'Agen, ch. civ.-M. Tropamer, 1er p.

(1) *Espèce :* — (Boudry C. de Grammont et Baston.) — Boudry emprunte de Grammont père des deniers à l'effet d'acheter une charge d'huissier. Le 5 oct. 1832, il convient avec Grammont fils, cessionnaire de la créance de son père, de lui vendre sa charge. Il est stipulé que Boudry donnera sa démission au profit du successeur que Grammont lui désignera, mais qu'il gardera encore son office pendant un certain délai. — A l'expiration du délai, Grammont traite avec Baston de sa créance et de ses droits contre Boudry, moyennant 8,000 fr. Ils conviennent que Baston fera, à ses risques et périls, toutes les démarches nécessaires pour arriver à la nomination d'huissier, et qu'il ne pourra répéter le prix payé. — Baston réclame de Boudry la démission de son office. Sur son refus, il l'actionne en justice et appelle de Grammont en cause. Il intente subsidiairement contre ce dernier une demande en répétition du prix.

Jugement du tribunal de Cambray qui annule la convention du 5 oct. 1832, condamne néanmoins Boudry à des dommages-intérêts, et accueille les prétentions de Baston en répétition du prix : — « Considérant qu'il est constant, au procès, que la charge de Boudry a été achetée avec des deniers provenant du père du demandeur; qu'il avait été convenu que le remboursement serait effectué à différentes époques désignées, ainsi que les intérêts; que Boudry, en possession de sa charge depuis 1824, loin de remplir ses obligations, n'a effectué aucun payement, ni même servi les intérêts; que, pressé par le demandeur de remplir un engagement consciencieux, il a cédé sa charge en s'obligeant à donner sa démission et à remplir les formalités nécessaires pour parvenir à la nomination du candidat que présenterait son créancier, et le faire ainsi rentrer dans le capital par lui avancé; — Considérant que, sous la foi de cette promesse, de Grammont a traité avec Baston; qu'au moment de réaliser la convention (laquelle dépendait entièrement de la volonté de Boudry), celui-ci s'est refusé à son exécution, se prévalant de ce qu'il avait fait un traité nul; que, dès lors, sa mauvaise foi est devenue évidente; que cette conduite astucieuse doit être repoussée; que ce défaut d'exécution doit se résoudre en dommages-intérêts; — Considérant, en ce qui concerne Baston, que la vénalité des charges abolie par la loi du 6 oct. 1791, n'a pas été rétablie par la loi du 28 avr. 1816; — Que la seule concession accordée aux titulaires a été de présenter un successeur à l'agrément du roi; — Que, sans doute, ils peuvent tirer finance de leur présentation et doivent en subir l'effet; — Que, hors de ce cas, les offices n'étant pas dans le commerce, ne peuvent être l'objet d'un traité ou d'une convention; — Considérant que le traité fait entre Boudry et de Grammont, n'avait pas pour objet de parvenir au remplacement de l'un par l'autre; — Qu'il ne tendait qu'à procurer une sorte de nantissement pour la sûreté d'une créance; — Qu'une pareille convention est nulle comme contraire à l'ordre public; — Considérant que de Grammont n'a pu transmettre à Baston plus de droits qu'il n'en avait; — Que ce dernier, en traitant, n'a eu en vue qu'une charge d'huissier; — Que rien n'indique qu'il ait voulu acquérir une créance dont il était à même de connaître le peu de valeur; — Considérant que de Grammont n'ayant pu mettre Baston en possession de la charge d'huissier, doit restituer le prix qu'il a reçu, avec les intérêts; — Par ces motifs, annule les conventions faites entre Boudry et de Grammont, ainsi que celles faites entre de Grammont et Baston; condamne Boudry en 10,000 fr. de dommages-intérêts envers de Grammont, si mieux il n'aime exécuter la convention, condamne de Grammont à restituer à Baston les 8,000 fr. par lui payés, etc. »

Appel par toutes les parties; — Grammont soutient, contre Baston, qu'il ne pouvait être condamné à lui restituer les 8,000 fr., car il était convenu qu'il ne les répéterait pas; — Quant à la convention du 5 oct. 1832, il prétend qu'aucun débat ne s'étant élevé à ce sujet, en première instance, entre lui et Boudry, la nullité ne devait pas en être prononcée; — C'est pour ces derniers motifs que Boudry a également interjeté appel. — Arrêt.

La cour; — En ce qui touche l'appel interjeté par de Grammont contre Baston : — Adoptant les motifs des premiers juges; — Attendu au surplus que, dans l'intention des parties, la stipulation par laquelle Baston a pris à son compte les risques et périls de la cession faite par de Grammont, et celle par laquelle il s'est interdit d'exercer la remise, soit totale, soit partielle, du prix de ladite cession, alors même qu'il ne parviendrait pas à se faire nommer huissier, ne doivent s'entendre que du cas où Baston, investi des droits valables en eux-mêmes et muni des titres nécessaires pour parvenir à sa nomination, ne réussirait pas à se faire nommer, et non du cas où les droits à lui céder seraient déclarés nuls, et où il n'obtiendrait pas de Boudry les titres exigés en pareille matière; — Que, par suite, ces stipulations ne font pas obstacle à la répétition dudit Baston; — En ce qui touche l'appel interjeté par

contraire à cette jurisprudence; mais c'est une erreur que fait disparaître une lecture attentive de l'arrêt. Il s'agissait de savoir s'il était oui ou non intervenu un traité entre les parties pour la cession d'une charge de greffier; la cour a pensé l'affirmative et a décidé que, dans les quinze jours, le titulaire serait tenu de passer acte public des conventions dont elle reconnaissait l'existence, et qu'en cas de refus son arrêt tiendrait lieu dudit acte (Bordeaux, 7 mai 1834, aff. Michelot, V. Obligat., n° 4820). — Elle n'a pas ordonné que son arrêt tiendrait lieu de *démission*, mais de *traité*, ce qui est bien différent. — La cour n'engage en rien l'administration : en réalité, elle ne fait que poser des bases pour fixer plus tard des dommages-intérêts.

147. C'est dans le même sens qu'il faut entendre un arrêt de la cour de Paris qui a décidé que le traité de cession d'un office consenti par le titulaire ou par un mandataire investi de ses pouvoirs, peut être maintenu et son exécution ordonnée par justice, dans le cas même où le titulaire déclarerait retirer la démission donnée, mais non encore acceptée, par l'administration, qui d'ailleurs est seule compétente pour régler les effets de cette démission (Paris, 14 janv. 1845, aff. Pouret-Bretteville, D. P. 46. 2. 9; Conf. M. Morin, Discipl., n° 500). — Dans cette espèce, le titulaire avait déjà donné sa démission, et, sur cette démission, le cessionnaire avait été agréé par la compagnie et par la juridiction devant laquelle il devait exercer ses fonctions; il ne manquait plus que l'approbation de l'administration. — En cet état, les choses n'étaient plus entières; c'est donc avec raison que la cour a refusé de prononcer la nullité de la convention, laissant au gouvernement le soin de décider si la démission pouvait ou ne pouvait pas être retirée. — V. n° 84.

148. De tout ce qui précède, il résulte que le traité par lequel le propriétaire d'un office promet, moyennant un prix, de donner sa démission en faveur d'un tiers n'attribue au cessionnaire qu'un droit à l'office, *jus ad rem*, tant que la résignation du vendeur n'a pas été admise et le résignataire nommé à sa place. Si donc, après une première vente de son office, le titulaire en faisait à une autre personne une seconde vente, suivie de l'obtention des provisions au profit du second acheteur, ce dernier traité serait valable, sauf les dommages-intérêts dus au premier acheteur, dommages-intérêts à régler, comme dans les espèces précédentes, suivant les principes généraux du droit en matière d'inexécution d'obligation (MM. Dard, p. 230; Eug. Durand, n° 236). — Il en était de même sous l'ancien droit : « De deux acheteurs du même office royal, le premier qui a plutôt ses provisions, est préféré au second, bien qu'il soit en possession » (Despeisses, Traité des contrats, tit. 1, sect. 5. 25).

149. Nous venons d'examiner le cas où le cédant se refuse à l'exécution du traité; mais le cas contraire peut se présenter, le cessionnaire peut ne pas vouloir se faire nommer. Quel est le recours que pourra exercer contre lui le vendeur? Peut-il poursuivre sur lui la vente de l'office ou le payement du prix? La négative n'est pas douteuse, car il n'y a de vente que lorsque l'approbation du gouvernement est intervenue. Seulement le cessionnaire peut être condamné à payer à son cédant des dommages-intérêts (Douai, 26 janv. 1839, aff. Tabary, V. n° 139; Lyon, 5 juill. 1849, aff. Mazurat, D. P. 50. 2. 106; Conf. M. Eug. Durand, n° 241),... alors surtout que lors de la convention, ces dommages-intérêts, en cas de renonciation au traité ont été déterminés entre les parties (Lyon, 22 mars 1850, aff. Ravet, D. P. 50. 2. 105).

150. Il a été jugé dans le même sens que le cessionnaire d'un office après décès du titulaire qui, ayant laissé un long intervalle de temps sans remplir, suivant l'obligation que lui en imposait le traité, les formalités nécessaires pour obtenir sa nomination, n'a pas été agréé par le gouvernement, lequel a pourvu à la vacance du titre, est passible de dommages-intérêts envers les héritiers de l'ancien titulaire à raison de la diminution de valeur que l'office a subie par suite de l'état de chômage dans lequel il est resté par son fait (Nancy, 10 nov. 1853, aff. Paquin, D. P. 54. 5. 518); — Mais que quant à la dépréciation résultant de ce que le cessionnaire n'a pas été agréé et consistant en ce que le prix fixé par le garde des sceaux est inférieur à celui qui avait été stipulé dans le traité, elle n'engage pas la responsabilité de ce cessionnaire (même arrêt).

151. Il faut bien remarquer que le successeur désigné n'est tenu d'exécuter le traité que si sa nomination à la place du titulaire a eu lieu par suite et en conséquence de la démission donnée. — Ainsi un traité intervient, mais avant la nomination du successeur désigné, le titulaire est révoqué : une ordonnance le remplace d'office par la personne même qu'il avait désignée pour lui succéder : ce successeur n'est pas tenu d'exécuter le traité antérieur; c'est dans l'ordonnance qu'il puise son droit et ses obligations (Paris, 9 fév. 1839, et sur pourvoi Req. 17 juin 1840) (1).

152. Du droit qui appartient au gouvernement de nommer

Boudry contre de Grammont et Baston, et l'appel interjeté par ledit de Grammont :— Attendu, que devant les premiers juges, aucun débat n'existait entre Boudry et ce dernier, sur la validité de la convention intervenue entre eux, et que ledit de Grammont ne réclamait aucune condamnation contre Boudry ;—Que le tribunal ne pouvait, dès lors, ni prononcer contre eux la nullité de ladite renonciation, ni condamner Boudry aux dommages-intérêts envers de Grammont ; — Par ces motifs, etc.

Du 20 janv. 1838.-C. de Douai, 2e ch.

(1) *Espèce :* — (Poisson C. Pantin.) — Par traité sous seing privé du 13 avr. 1838, le sieur Poisson, alors avoué, vendit sa charge avec tous ses accessoires au sieur Pantin, moyennant 200,000 fr. Une clause de cet acte portait que les conventions seraient réalisées par devant notaire. — Le 18 juin suivant, il intervint une ordonnance royale qui déclara révoquer Poisson de ses fonctions et en investir le sieur Pantin, à charge par celui-ci de payer 200,000 fr. aux ayants droit de Poisson. — Nonobstant cette ordonnance, Poisson a assigné Me Pantin pour voir dire que les écriture et signature du traité privé du 13 avr. 1838, que Pantin déniait, seraient reconnues et que le jugement à intervenir tiendrait lieu aux parties de la réalisation des conventions par devant notaire, ainsi qu'il était stipulé dans ledit traité.

22 août 1838, jugement du tribunal de la Seine, qui rejette la demande de Poisson par les motifs suivants : — « En ce qui touche la reconnaissance d'écriture par justice : — Attendu que la reconnaissance d'écriture ne peut avoir pour but que de rendre authentique un acte sous signatures privées;—Qu'en supposant que l'acte du 13 avr. dernier (le traité) pût être par lui-même obligatoire entre les parties, son authenticité serait suffisamment établie par l'ordonnance royale du 18 juin qui le vise, par le serment que Me Pantin a prêté, par les fonctions qu'il a acceptées et qu'il exerce, par les payements enfin qu'il a effectués;

» En ce qui touche la demande à fin de réalisation dudit acte devant notaire : — Attendu que cette réalisation ne pourrait avoir pour effet que de lui donner la force exécutoire; — Qu'un traité de cette nature est essentiellement conditionnel et soumis à l'accomplissement, par le titulaire, de l'obligation de faire usage du droit de présentation et de transmettre son office; — Que Me Poisson a été révoqué de ses fonctions d'avoué, privé du droit de présenter un successeur, et par conséquent de transmettre son office; — Que son successeur a été nommé en son lieu et place, directement et par ordonnance royale, non par suite de démission, mais pour cause de vacance; — Que cependant l'ordonnance qui l'institue lui a imposé la charge de payer à qui de droit une juste indemnité à raison des clientèle, dossiers et mobilier à lui livrés comme accessoires inséparables du titre dont il n'était pas juste de priver les créanciers du cédant, ni lui-même, après l'acquittement des dettes; — Que, pour fixer cette indemnité, l'ordonnance s'en est référée au prix moyennant lequel le traité avait été conclu, comme pouvant assigner à la chose une valeur réelle et amiablement débattue; — Qu'en visant ainsi le traité, et en renvoyant nécessairement à cet acte pour toutes les stipulations relatives au prix et aux époques de payement qui font elles-mêmes partie du prix, l'ordonnance n'a certainement pas entendu conserver à Poisson les droits que la révocation lui faisait perdre; — Que, dès lors, le sieur Pantin, possesseur de la charge et débiteur de l'indemnité par l'ordonnance seule qui le nomme, ne peut plus être astreint à réaliser par devant notaire un acte qui ne peut devenir exécutoire contre lui; — Déclare le demandeur mal fondé dans sa demande..... » — Appel. — 9 fév. 1839, arrêt confirmatif de la cour de Paris, qui adopte ces motifs.

Pourvoi. — 1° Violation de l'art. 194 c. pr., en ce que l'arrêt attaqué a refusé de tenir pour reconnues les écriture et signature du traité du 13 avr. 1838; — 2° Violation de l'art. 1134 c. civ., fausse application de l'art. 91 de la loi du 28 avr. 1816 et de l'ordonnance royale du 18 juin 1838, en ce que le même arrêt a dénié au demandeur le droit de faire exécuter des conventions légalement formées avec lui. — Ces deux moyens n'ont été qu'indiqués sans développement. — Arrêt.

La cour; — Sur les deux moyens : — Considérant que, s'il avait existé un traité entre le sieur Pantin et le sieur Poisson relativement à la charge d'avoué dont celui-ci était pourvu, l'arrêt déclare, en fait, que ce traité n'avait reçu aucune exécution, et était demeuré sans effet depuis

ou de ne pas nommer le successeur désigné, il résulte qu'il peut mettre des conditions même pécuniaires à la nomination du successeur, en dehors du traité. Ainsi, par exemple, à l'époque où l'administration, au cas de suppression d'office, exigeait des candidats la présentation de deux titres, il arrivait quelquefois que, après le décès du titulaire dont l'étude était supprimée, elle ne consentait à nommer le cessionnaire de l'un des offices conservés qu'autant qu'il s'engageait à indemniser les héritiers du titulaire décédé. — Il a été jugé que les tribunaux étaient incompétents pour décider si dans ce cas l'indemnité est ou n'est pas due (Rennes, 29 juin 1833) (1).

153. Dans le cas où le gouvernement met à l'admission du candidat une condition non prévue au contrat et que le successeur désigné refuse d'accomplir, le contrat de cession est résolu, alors surtout que ce contrat a été expressément subordonné par les parties à la nomination par le gouvernement. Il en est ainsi spécialement lorsque, dans le cas où le candidat, après avoir exercé les fonctions d'huissier dans un canton, a vendu sa charge et s'est proposé d'en acheter une autre dans un canton voisin et du ressort du même tribunal, le gouvernement a mis comme condition à sa nomination qu'il obtiendrait le consentement du successeur qui avait acheté de lui, et que celui-ci a exigé une indemnité, ce à quoi le candidat n'a pas voulu accéder (Bordeaux, 18 juill. 1840) (2).—Les auteurs sont d'accord pour reconnaître que si le gouvernement refuse de donner son adhésion aux clauses du traité, les parties sont déliées de leurs engagements (MM. Duranton, t. 16, n° 182; Troplong, Vente, n° 220; Eug. Durand, nos 241, 266, 335).

154. Il a été jugé que le cessionnaire d'un office dont le traité n'a pas été agréé par l'administration, parce qu'il renferme une clause que la chancellerie ne tolère plus (la réserve du privilége du vendeur au profit du cédant), n'est pas fondé à réclamer des dommages-intérêts contre le cédant dont la persistance à maintenir cette clause empêche l'exécution du traité (Poitiers, 1er juill. 1841, aff. L..., V. Obligat., n° 736). — Ainsi le veut la liberté des contrats.

155. Mais, dans une espèce où l'autorité avait exigé la suppression d'une clause d'un traité par laquelle les parties étaient convenues que si la nomination n'était pas faite dans le délai de deux mois la résiliation aurait lieu de plein droit, sans indemnité, le refus fait par le cessionnaire de consentir à la suppression de cette clause a motivé contre lui une condamnation à des dommages-intérêts : le marché a été au reste résolu (Paris, 18 nov. 1843) (3). — L'arrêt constate que la clause refusée par l'administration était stipulée principalement dans l'intérêt du cédant, d'où il conclut que le cédant ayant renoncé à la clause prohibée, le cessionnaire ne pouvait, sans s'exposer à des dommages-intérêts, empêcher l'exécution du contrat en persistant à maintenir cette clause dont la radiation ne pouvait lui causer de préjudice.

156. L'ajournement de la nomination ne peut équivaloir au refus de nomination. Par suite, et à défaut par le cessionnaire de faire dans un certain délai les démarches nécessaires auprès de l'autorité pour être admis, il peut être condamné d'ores et déjà à des dommages-intérêts (Montpellier, 10 mai 1849, aff. Labourmène, D. P. 49. 2. 160). — On comprend cependant qu'un ajournement indéfini ou trop prolongé pourrait être considéré comme un refus, mais il n'est pas probable qu'un semblable ajournement soit jamais prononcé par l'administration.

157. L'exécution d'un traité peut être demandée, alors même qu'il s'est écoulé un long temps depuis la démission du titulaire; on ne peut plus invoquer la prescription d'un an qui autrefois suffisait pour périmer la procuration *ad resignandum* (M. Rolland de Villargues, n° 339). — Cependant il pourrait résulter

---

l'ordonnance royale du 18 juin 1838, qui avait révoqué le sieur Poisson de ses fonctions d'avoué et en avait investi directement le sieur Pantin, à la charge d'acquitter des créances dans une proportion déterminée; — Qu'ainsi il n'y avait pas lieu à la reconnaissance de l'écriture et de la signature apposée au bas du traité, et d'en ordonner l'exécution; — Rejette.

Du 17 juin 1840.-C. C., ch. req.-MM. Zangiacomi, pr.-Lebeau, rap.

(1) (Calvary C. le Bourlis.) — La cour; — Considérant que la loi du 25 vent. an 11, art. 32, a conféré au gouvernement le droit de déterminer le nombre des notaires, et que, pour le canton de Mur, ce nombre qui était en 1810, de deux, fut porté à trois en 1815, et fut de nouveau réduit à deux en 1826, bien qu'il existât encore trois titulaires en ce canton; — Considérant que, d'après l'art. 32 de la même loi, les réductions ne pouvant être effectuées que par la mort, démission ou destitution, ce ne fut qu'au décès de Calvary-Tylan père, arrivé en 1833, que put avoir lieu la réduction ordonnée en 1826, et, qu'ainsi, aucun notaire ne dut être nommé à sa place; — Considérant que l'art. 91 de la loi de 1816, qui, à cause de l'augmentation de cautionnement, a accordé le droit, à chaque notaire ou à ses héritiers, de présenter un successeur à la nomination du roi, a, par cela même, autorisé les possesseurs du titre à en disposer à leur profit en faveur du candidat qu'ils présentent pour leur successeur; — Considérant que si le ministre a pensé que les héritiers Calvary-Tylan doivent être indemnisés de la privation de ce droit individuel par les autres titulaires, en déclarant qu'aucune mutation ne pourra être autorisée dans les deux autres études, tant que les héritiers n'auront pas été désintéressés, il n'appartient pas aux tribunaux de statuer sur la question de savoir si une indemnité est ou n'est pas due à l'étude du premier décédé des notaires, ni, à plus forte raison d'en fixer la quotité, puisque le gouvernement met une condition expresse, non encore accomplie, à la nomination du successeur de l'un des titulaires restant, nomination qui tient à la prérogative royale, et dans laquelle l'autorité judiciaire, pour rester dans la limite de son pouvoir, n'a pas le droit de s'immiscer; — Dit qu'il a été incompétemment jugé, etc.

Du 29 juin 1833.-C. de Rennes.

(2) (Larenaudie C. Bargues.) — La cour; — Attendu que la validité de la cession de son office d'huissier, que Bargues a consentie à Larenaudie, par contrat du 22 janv. 1839, devant le notaire Berdat, a été subordonnée, de l'aveu de toutes parties, à la nomination qui aurait lieu de ce dernier auxdites fonctions; qu'au cas où elle serait refusée, la transmission dont il s'agit devait rester comme non avenue; — Attendu que le gouvernement a voulu que Larenaudie ne pût se présenter pour ledit office qu'avec le consentement formel de Blanc; que ce dernier n'offre de le donner que moyennant 2,000 fr.; que la convention primitive s'évanouit, ne pouvant subsister avec ses conditions essentielles; que, puisqu'on la sort des termes dans lesquelles elle a été souscrite, on ne doit pas y avoir égard; — Emendant, déclare que la vente de l'office d'huissier par Bargues à Larenaudie est et demeure résolue et comme non avenue.

Du 18 juill. 1840.-C. de Bordeaux, 2e ch.-M. Poumeyrol, pr.

(3) *Espèce* :—(Brossard C. veuve Vigneau.)—Le 1er août 1843, Brossard traita avec la veuve Vigneau de l'office de notaire dont le mari de cette dame, récemment décédé, était titulaire à la Ferté-Vidame. Il fut dit dans la convention que, si pour des causes indépendantes de sa volonté, Brossard n'obtenait pas sa nomination dans le délai de deux mois du jour de la signature du traité, le contrat serait résolu de plein droit, sans indemnité de sa part. L'administration demande la suppression de cette clause, comme portant atteinte à la liberté d'action du gouvernement. La veuve Vigneau consentit immédiatement à cette suppression; mais Brossard s'y refusa, et les deux mois s'écoulèrent ainsi sans que la nomination fût obtenue. — La veuve Vigneau demande la résolution du traité, et 10,000 fr. de dommages-intérêts. — Jugement du tribunal de Dreux qui admet cette prétention et pour la fixation des dommages-intérêts renvoie devant la chambre des notaires.

Appel. — Le sieur Brossard soutenait 1° que la clause susmentionnée n'avait rien d'illicite; que, si l'administration avait cru devoir en exiger la suppression, l'appelant avait grand intérêt à ce qu'elle fût maintenue, puisque, devant succéder à un titulaire décédé, il était pour lui de la plus grande importance que la charge demeurât vacante le moins de temps possible : un refus fondé sur un intérêt aussi légitime pouvait entraîner la résolution du contrat, mais non motiver une condamnation en indemnité; 2° que dans tous les cas, la chambre des notaires ne pouvait être investie du droit de fixer la quotité de cette indemnité.—Arrêt.

La cour; — Considérant que la clause relative au délai dans lequel la nomination de Brossard devait avoir lieu était stipulée principalement dans l'intérêt de la veuve Vigneau; — Que, dans les circonstances de la cause, la radiation de cette clause ne pouvait pas causer de préjudice à Brossard; — Que Brossard, en exigeant le maintien de cette clause, malgré le refus de l'autorité, et en refusant également la résolution du traité, a été, par son fait, la cause de la non-exécution du traité et a forcé la veuve Vigneau d'en demander la résolution à la justice; — En ce qui touche les dommages-intérêts : — Adoptant les motifs des premiers juges; — Mais considérant que les premiers juges ont eu tort de renvoyer à la chambre des notaires de Dreux la fixation des dommages-intérêts qu'ils devaient se réserver; — Infirme sur ce chef; renvoie les parties devant la chambre des notaires de Dreux, laquelle donnera son avis sur les dommages-intérêts réclamés, d'après les bases fixées par les premiers juges, pour, ledit avis rapporté à la cour, être statué ce qu'il appartiendra, la sentence, au résidu, sortissant effet.

Du 18 nov. 1843.-C. de Paris.-M. Simonneau, pr.

de circonstances jointes à l'inaction du successeur désigné, une présomption que la démission a été retirée d'un commun consentement.

158. Il faut pour profiter du bénéfice d'une présentation avoir l'âge requis pour remplir les fonctions auxquelles on est appelé. Autrefois l'administration tolérait les traités dans lesquels figurait un *intérimaire*, qui était chargé de céder plus tard l'office à une personne qui n'avait pas encore l'âge compétent. Elle admettait surtout cette sorte de traité quand un père conservait par là sa charge à son fils, et cette convention a été déclarée valable par les tribunaux (Colmar, 3 janv. 1826) (2).— V. dans le même sens Aix, 4 déc. 1840, aff. Florent, v° Notaire, n°s 344 et 785.

159. Mais l'administration rejette maintenant la présentation des intérimaires. Le ministre de la justice pense avec raison que cette position ôte son indépendance à l'officier public et peut donner lieu à de nombreux procès. En effet, il n'existe aucun lien de droit qui puisse forcer l'intérimaire à présenter pour son successeur celui auquel il doit rendre l'office.—Et il a été jugé que la convention par laquelle un individu qui avait acheté un office l'a cédé à un autre particulier, à charge par celui-ci de donner sa démission en faveur d'un neveu du cédant, lorsque ce neveu aurait l'âge voulu par les règlements, est illicite et nulle, et que par suite est nulle aussi la rétrocession ou revente faite par le cédant (ou ses héritiers) et son neveu du même office, ainsi que l'engagement pris par eux d'obtenir la démission du titulaire, leur prête-nom (Caen, 20 mars 1849, aff. Blais, D. P. 50. 2. 184; trib. de Saint-Gaudens, 30 mars 1846, aff. Garravé, D. P. 47. 3. 110; Conf. M. Rolland de Villargues, n° 130).—M. Eug. Durand, n° 269, pense, au contraire, qu'une telle convention est valable, et que si l'intérimaire refuse de remplir ses engagements, il doit être condamné à des dommages-intérêts.

160. Si le traité a lieu avec le candidat lui-même qui n'a pas l'âge requis pour être admis, le traité est-il nul? — Il nous semble qu'il faut distinguer. Si le cédant ignorait que le candidat n'eût pas l'âge requis, le contrat est nul, car il a été fait sous la condition de la nomination et la nomination n'a pas eu lieu faute d'aptitude en ce qui concerne l'âge. Mais si le cédant n'ignorait pas cette circonstance, et surtout si le candidat n'était pas très-éloigné d'atteindre l'âge requis, il nous paraît que le contrat serait valable : l'exécution seule devrait en être retardée (V. Besançon, 25 mars 1828, aff. Bugnottet, v° Obligat., n° 485; V. aussi nos observations, D. P. 55. 1. 450, et M. Rolland de Villargues, v° Office, n° 128).—M. Eug. Durand, n° 231, soutient la validité d'un pareil contrat sans faire la distinction précédente : cependant les explications auxquelles il se livre nous paraissent y conduire nécessairement. — Mais il a été décidé, en sens contraire, que le traité portant cession d'un office, pour l'époque encore éloignée où le cessionnaire réunira les conditions d'aptitude nécessaires, et moyennant un prix immédiatement fixé, est nul, et, dès lors, la clause pénale insérée dans ce traité, afin d'en assurer l'exécution, est frappée de la même nullité; — Que par suite, le cessionnaire qui n'exécute pas un tel traité, lorsqu'il est devenu apte à succéder à son cédant, n'encourt pas les dommages-intérêts stipulés dans cette clause pénale (Orléans, 25 janv. 1855 (et non 1854), aff. Guiet, D. P. 55. 2. 101, et 1. 450).

161. Nous avons vu *suprà*, n° 97, que l'officier public destitué ne peut exercer le droit de présentation, il en résulte que le traité qui est intervenu entre cet officier public avant sa destitution et un successeur désigné par lui doit être considéré comme nul et non avenu (Riom, 10 fév. 1845, aff. Coste, D. P. 45. 2. 190). — L'arrêt relève cette circonstance que le traité n'avait pas été suivi de présentation, mais cela importe peu : que le traité ait été ou non suivi de la présentation par l'officier public destitué, cet acte ne confère aucun droit au successeur à l'égard du gouvernement.

162. Il a été décidé aussi qu'il suffit qu'un notaire, après avoir cédé son titre, ait disparu presque immédiatement, et

---

(1) *Espèce :* — (Laurent C. Bangratz.) — Le 27 oct. 1821 Schwey, notaire à Marmoutier, se démet de son office au profit de Laurent, à la charge par lui de conserver l'office et de le rendre après deux années écoulées à Bangratz qui n'avait pas encore l'âge requis. Dans le cas où Bangratz ne voudrait pas, après le délai fixé, se faire nommer notaire, l'office devait rester à Laurent, moyennant une indemnité de 8,000 fr. qu'il payerait à Bangratz.—Il était stipulé en outre que Laurent payerait 15,000 fr. à Bangratz à titre d'indemnité s'il s'opposait à sa nomination. — En 1825, Bangratz se présenta à la chambre des notaires pour obtenir le certificat de capacité. La chambre, après l'avoir d'abord ajourné, lui délivra plus tard ce certificat, malgré l'opposition de Laurent. — Ce dernier actionna Bangratz devant le tribunal de Saverne, pour faire déclarer que celui-ci ne s'étant pas fait nommer notaire à l'expiration des deux années, lui, Laurent, devait conserver l'étude, en payant l'indemnité de 8,000 fr. — Bangratz soutint que le délai avait été en fait prorogé, et que d'ailleurs les retards apportés à sa nomination était le fait de Laurent. Enfin de la part de Bangratz, demande incidente, par lequel il conclut à ce que Laurent s'étant opposé à sa nomination, lui paye 15,000 fr. de dommages-intérêts, et à ce que lui, Bangratz, soit présenté à l'agrément du roi, pour être nommé notaire à la place de Laurent.

29 juin 1825, jugement du tribunal de Saverne en ces termes : — « Considérant que les conventions légalement formées tiennent lieu de la loi à ceux qui les ont faites, et doivent être exécutées de bonne foi, et que dans leur interprétation on doit chercher quelle a été la commune intention des parties contractantes (art. 1134 et 1156 c. civ.); — Qu'il résulte de l'ensemble des dispositions du traité du 17 oct. 1821, que le sieur Schwey, alors notaire à Marmoutier, ayant cédé son office au défendeur, mais celui-ci n'étant pas encore apte à obtenir sa nomination, parce qu'il n'avait pas l'âge requis, il fut convenu entre ledit sieur Schwey, le défendeur et le demandeur, que ce dernier serait proposé, et après sa nomination gérerait le notariat, jusqu'à ce que le défendeur fût en état de faire usage, pour lui-même, de la cession consentie à son profit; — Que pour sûreté de l'exécution de cette convention le demandeur signa, en blanc, une démission qui fut confiée à une tierce personne, pour être remise au défendeur après l'expiration de deux années, temps fixé pour la durée de la gestion provisoire du demandeur, qui devait en outre rester une troisième année comme clerc et conserver pendant ces trois années, la table et le logement chez le défendeur; — Qu'il est évident que par les dispositions de l'art. 7, les parties n'ont pas entendu stipuler une clause pénale contre le défendeur (Bangratz) en faveur du demandeur (Laurent), mais seulement garantir à ce dernier la possession du notariat pendant deux années, et d'être préféré à toute autre personne pour en obtenir définitivement la propriété dans le cas où, après ce délai, le défendeur n'aurait pu ou voulu se faire proposer; — Que si, dès lors, le défendeur n'a pas, immédiatement après l'expiration des deux années, fait usage de la démission du demandeur, il n'en résulte pas qu'il n'ait plus pu le faire postérieurement, puisqu'aucune déchéance n'avait été stipulée; et comme il justifie que dès le 5 fév. 1825, avant toute interpellation, il s'était adressé à la chambre des notaires, seule autorité compétente pour l'admettre comme candidat; que cette chambre après avoir, non pas refusé, mais ajourné son admission, lui a délivré le 11 mai dernier, le certificat de capacité exigé, et qu'il entend en faire usage pour demander sa nomination, il s'ensuit que le cas prévu par l'art. 7 du traité n'est point arrivé, que conséquemment le demandeur ne saurait se prévaloir des dispositions de cet article, pour se maintenir dans l'office qui, d'après l'intention bien clairement manifestée de tous les contractants, a été cédé au défendeur seul; — Que de tout ce que dessus il suit donc que la demande principale, n'a aucun fondement; — Quant à la demande incidente, tendante 1° à ce qu'il soit dit que nonobstant l'opposition du demandeur le défendeur au principal sera proposé pour être nommé aux fonctions de notaire; 2° à ce que le demandeur au principal soit condamné en 15,000 fr. de dommages-intérêts; que quant au premier chef, il n'appert pas que le demandeur au principal se soit opposé à la présentation du défendeur, si ce n'est par une lettre qu'il doit avoir écrite à la chambre des notaires; mais comme cette chambre n'y a pas eu égard, et a délivré le certificat de capacité; que d'ailleurs la présentation des candidats pour les fonctions de notaire n'est point dans les attributions du tribunal, il s'ensuit qu'il n'y a pas lieu de s'arrêter à ce premier chef; et, quand au second chef, le demandeur au principal a, à la vérité, profité de ce que le défendeur ne s'est point fait présenter à l'expiration des deux années, en restant en fonctions et en jouissance des émoluments de la place une année de plus; mais comme rien ne prouve que le retard provienne de son fait, il n'est passible d'aucuns dommages-intérêts; — Par ces motifs, sans s'arrêter à la demande incidente, a débouté le demandeur au principal de sa demande, et l'a condamné aux dépens. »

Appel principal de la part de Laurent. — Appel incident de Bangratz. — Arrêt.

La cour; — Considérant sur l'appel incident, que l'événement auquel était subordonnée l'indemnité de 15,000 fr., prévue par le traité du 27 oct. 1821, n'ayant pas eu lieu, et qu'à cet égard l'appel incident n'est pas fondé. — Sur l'appel principal, adoptant les motifs des premiers juges, sans s'arrêter à l'appel incident qui est déclaré mal fondé, met l'appellation au néant.

Du 3 janv. 1826.-C. de Colmar.-M. de Chevers, 1er pr.

qu'il ait été déclaré en faillite et destitué, sans avoir rempli les conditions de son traité, en ce qu'il n'a pas mis le cessionnaire à même d'obtenir la nomination et de prendre possession des minutes, pour que celui-ci soit en droit de se considérer comme déchargé de ses engagements et que, par suite, il ne soit pas tenu de dommages-intérêts à raison de la dépréciation du titre vis-à-vis des créanciers qui n'ont pu trouver un acquéreur au prix promis par lui (Paris, 26 déc. 1832) (1).

163. Il y a encore lieu à la résiliation du traité lorsque le titulaire, avant la nomination du successeur désigné, a encouru une peine disciplinaire grave, telle que la suspension, par exemple. Le cessionnaire ne peut être obligé de succéder à un officier dont la considération est perdue, et dont la charge a dû par là être dépréciée. — Ainsi, il a été jugé que la condamnation disciplinaire à la suspension prononcée contre le titulaire d'un office est une cause de résiliation de la cession de cet office avec dommages-intérêts, et que si la suspension n'a été prononcée qu'après l'instance engagée et postérieurement à la décision des premiers juges, la demande en résiliation fondée sur ce fait ne peut être considérée comme une demande nouvelle (Rouen, 2 juill. 1841) (2).

164. L'acte de cession d'un office oblige de plein droit le cédant, et sans qu'il soit besoin d'une stipulation expresse, à ne rien faire qui soit de nature à porter atteinte aux avantages résultant de la clientèle par lui transmise au cessionnaire, son successeur.—Ainsi il a été jugé : 1° que le notaire démissionnaire est passible de dommages-intérêts envers son cessionnaire, s'il a détourné la clientèle de l'étude qu'il a cédée, soit en rédigeant des actes pour la réception desquels il a employé un autre notaire, soit en se livrant, moyennant salaire, à la rédaction d'actes sous seing privé, dans le lieu même de la résidence de son successeur (trib. de Savenay, 25 nov. 1838) (3);—2° Que le successeur d'un officier ministériel (huissier) doit, aussitôt son serment prêté, obtenir de son cédant tous les dossiers, répertoires

---

(1) *Espèce :* — (Bernard C. synd. Chauvot.) — En 1830, Chauvot, notaire à Joigny, cède son titre à Bernard. — Quelques jours après, il disparaît et tombe en faillite. Les scellés sont apposés chez lui, et ses minutes confiées en dépôt à l'un de ses confrères. — Bernard alors regarda son traité comme non avenu. Puis la destitution de Chauvot ayant été prononcée par le gouvernement, ses créanciers obtinrent de présenter un successeur; mais ils ne trouvèrent pas d'acquéreur au prix promis par Bernard. — Les syndics de la faillite assignent celui-ci devant le tribunal de Joigny. — Le titre étant resté aux charges et périls du défendeur, disaient-ils, celui-ci doit payer la différence entre le prix de son acquisition et celui de la vente faite par les créanciers.— Jugement qui accueille cette demande. — Appel. — Arrêt.

La cour ; — Considérant qu'à la date du 3 déc. 1830, jour auquel Chauvot a consenti, par conventions verbales, la vente de son étude à Bernard, Chauvot était déjà en faillite; que c'est par suite de sa faillite et de sa disparition qu'il n'a pu remplir les conditions de son traité avec Bernard; — Que celui-ci n'a jamais été mis en possession des minutes de l'étude, lesquelles, au contraire, ont été déposées par autorité de justice dans celle d'un autre notaire; qu'ainsi, c'est par le fait de Chauvot seul que le traité n'a pas reçu son exécution, et que, dès lors, la dépréciation du prix de l'étude, qui en a été la conséquence, ne saurait être imputée à Bernard, ni donner lieu à des dommages-intérêts contre lui ; — Met l'appellation et ce dont est appel au néant; — Emendant, décharge Bernard des condamnations contre lui prononcées; au principal, déclare résilié le traité verbal du 3 déc. 1830; déboute Haltier, syndic définitif de la faillite Chauvot, de sa demande en dommages-intérêts, etc.

Du 26 déc. 1832.-C. de Paris.

(2) *Espèce :* — (Thomas C. M...)—Thomas venait de traiter de l'office d'huissier de M..., et les pièces n'étaient pas encore transmises à la chancellerie, lorsqu'il apprit que M... s'était rendu coupable envers l'enregistrement de contraventions dont le caractère le plaçait sous le coup de poursuites disciplinaires. Il fonda sur ce motif une demande en résiliation, que le tribunal civil de Rouen a rejetée comme prématurée. — Appel. — Pendant l'instance devant la cour, les poursuites dont il vient d'être parlé ont été suivies d'un jugement qui a condamné disciplinairement le sieur M... à la peine de la suspension. — Devant la cour le sieur Thomas s'est principalement appuyé sur le fait de cette suspension pour obtenir la résiliation de la cession à lui faite. — De son côté, M... a soutenu que cette exception constituait une demande nouvelle, laquelle, aux termes de l'art. 464 c. pr. civ., ne pouvait être formée en cause d'appel. — Arrêt.

La cour ; — Sur la fin de non-recevoir : — Attendu que si les poursuites disciplinaires dont M... était menacé à l'époque de la résiliation formée par Thomas, ont eu lieu depuis le jugement, et si M... a été condamné à une peine de suspension, il l'a été pour des causes qui existaient lors de l'introduction de l'instance, et sur lesquelles cette instance était fondée ; — Qu'ainsi, on ne peut considérer cette suspension comme formant une nouvelle cause de demande, mais seulement comme un moyen nouveau à l'appui de la première demande ; — Au fond, sur la question de résiliation : — Attendu qu'il est établi au procès que c'est par des faits imputables à M... que le traité verbal qu'il a fait avec Thomas, le 4 fév. 1841, n'a pu recevoir jusqu'ici son exécution ; — Que la condamnation disciplinaire dont M... a été frappé, et qui pourrait même être aggravée par le garde des sceaux, forme un nouvel obstacle à ce que le traité reçoive l'agrément du roi, et qu'en tout cas, cette poursuite a changé l'état des choses existant au moment du traité, et qu'il ne serait pas juste d'en faire subir la conséquence à Thomas ; — Sur les dommages-intérêts : — Attendu que les obstacles mis par M... à l'exécution de ce traité ont occasionné à Thomas un préjudice dont il doit obtenir la réparation ; — Rejette la fin de non-recevoir conclue contre l'appel, et, statuant au fond, réforme le jugement de première instance ; en conséquence, déclare résiliée la cession verbale du 4 fév. 1841 ; délie Thomas des engagements qu'il a pris par cette convention à l'égard de M..., condamne celui-ci en 200 fr. de dommages-intérêts.

Du 2 juill. 1841.-C. de Rouen, 2e ch.-MM. Gesbert, pr.-Chassan, av. gén., c. contr.-Deschamps et Senard, av.

(3) (Bossière C. Jeffredo.) — Le tribunal ; — Considérant que la bonne foi est de l'essence des contrats, tant dans la manière de traiter que dans l'exécution de ce qui a été convenu entre parties; qu'il suit de ce principe de sagesse, consacré par notre code civil, dans son art. 1134, qu'il n'y a aucune espèce de convention où il ne soit sous-entendu que les contractants ne se doivent mutuellement cette bonne foi, avec tous les effets qu'elle exige; — Considérant que ces effets ne peuvent être restreints à ce qui est littéralement exprimé dans les actes, qu'ils doivent également s'étendre à tout ce que demande la nature de la convention et à toutes les suites que l'équité, les lois et l'usage donnent à cette convention ; qu'il résulte de ces principes, qui sont ceux de la législation romaine, et qui forment les dispositions spéciales des art. 1135 et 1160 c. civ., que les obligations dérivant des clauses sous-entendues n'ont pas moins de forces que celles qui dérivent des clauses expressément insérées au contrat, parce que les contractants ont dû connaître les obligations accessoires de leur convention et sont censés s'y être formellement soumis, faute d'une stipulation spéciale qui y déroge;

Considérant et faisant application de ces principes, que la bonne foi a dû présider au traité passé le 16 janv. 1834, entre MM. Jeffredo et Bossière, concernant l'office de notaire dudit M. Jeffredo; que cette bonne foi, qu'ils sont censés s'être promise l'un à l'autre en contractant, doit être également et strictement observée dans l'exécution du traité et de ses accessoires, que M. Jeffredo, en se démettant de son étude au profit de M. Bossière, ne s'est pas seulement obligé à livrer ses minutes et répertoires; mais encore à contracter l'obligation ressortant de la nature même de la convention, de se dessaisir de tous les avantages attachés à l'étude; de ne rien faire qui pût porter préjudice à la clientèle transmise, et spécialement d'éviter toute agence d'affaires qui établirait une concurrence rivale et d'autant plus dangereuse qu'elle serait exercée dans le lieu même de la résidence de son successeur; — Considérant que cette obligation tout à la fois morale et légale, comme résultant des art. 1134, 1135, 1156 et 1160 c. civ., reçoit une nouvelle force d'une clause expresse insérée au traité, par laquelle il est défendu au cédant de traiter ou de s'associer pour une autre étude de notaire dans l'arrondissement de Savenay, tant que M. Bossière ou son successeur immédiat sera pourvu de l'office cédé; qu'une pareille clause dénote évidemment l'intention des parties, et ne peut plus laisser de doute sur celle de M. Bossière qui était d'interdire à M. Jeffredo, dont il semblait craindre l'influence et la confiance qu'il pouvait inspirer, toute agence d'affaires qui établirait une concurrence nécessairement nuisible à sa clientèle;

Considérant cependant que divers reproches seraient imputés à M. Jeffredo sur ce que, 1° depuis la cession de son office et la remise des minutes et répertoires, il aurait enlevé de l'étude de son successeur et en son absence des papiers et documents inhérents à cette étude; sur ce que, 2° il aurait, contrairement aux conventions, traité les affaires en concurrence et au préjudice de son successeur; qu'il importe d'examiner ces griefs et d'en peser le mérite;

Considérant, sur le premier grief, que M. Jeffredo, en cédant son office de notaire, a cédé tous les droits qui en résultaient, sans aucune réservation de ce qui pourrait se rattacher à la clientèle transmise, suivant la lettre et le sens des articles déja cités, 1135, 1156 et 1160 ; qu'ainsi il devait être décidé que le notaire cédant aurait de graves reproches à se faire, si les papiers dont ont lui attribue l'enlèvement clandestin lui avaient été confiés comme notaire et pouvaient être considérés comme documents relatifs à l'étude et non comme pièces confidentielles; mais considérant que la nature de ces papiers est restée tout à fait incertaine et qu'on ne prévoit pas même le moyen de pouvoir l'apprécier; qu'on ne peut en conséquence établir à ce sujet une condamnation qui

et actes de l'étude, et, par suite, celui-ci se rend passible envers lui de dommages-intérêts, s'il les enlève, après le serment prêté, même sous prétexte qu'ils lui sont nécessaires pour opérer ses recouvrements (Bourges, 14 mai 1830, aff. Creuzet, D. P. 54. 2. 80); — 3° Que, lorsque le cédant d'un office, à la suite d'une rupture, sans motif, avec son cessionnaire, s'est emparé, sous prétexte de s'en aider pour ses recouvrements, d'une grande quantité de dossiers dépendant de l'étude, et que, dans un esprit malveillant contre son cessionnaire et avec le dessein de lui nuire, il a remis ces dossiers aux titulaires d'études rivales, il devient passible, envers ce cessionnaire, de dommages-intérêts, qu'il appartient au tribunal d'arbitrer, suivant l'étendue du préjudice causé (Bourges, 30 nov. 1853, aff. Chassigna, D. P. 54. 2. 80).

165. Il a été décidé par le ministre de l'agriculture et du commerce que tout traité ayant pour objet la cession, à titre gratuit ou onéreux, d'un office soit d'agent de change, soit de courtier, doit contenir la clause formelle que le cédant remettra au cessionnaire, après sa prestation de serment, tous les livres, minutes et répertoires dépendant de l'office (décis. min. 20 déc. 1861, D. P. 62. 3. 48; V. aussi v° Notaire, n°s 577 et suiv.). — Dans l'usage, dit M. Eug. Durand, n° 222, l'officier déclare simplement céder son office. Dans ces termes, la convention comprend : 1° l'engagement pris par le titulaire de donner sa démission : c'est là l'objet, le but principal du traité; 2° la clientèle; 3° les accessoires de l'office, c'est-à-dire les dossiers, les minutes, les répertoires, les procès-verbaux, les actes imparfaits, les expéditions, et généralement toutes les pièces et notes concernant les clients.

166. En général, la cession du titre comprend la cession de la clientèle. — Cependant la cession de la clientèle, séparée du titre, est valable lorsqu'elle est faite par le titulaire à l'un de ses confrères en exercice, et que le cédant l'a portée à la connaissance de l'autorité supérieure qui l'a approuvée, à l'occasion, par exemple, de la démission adressée par ce cédant au gouvernement, avec demande de nomination d'un successeur, et avertissement qu'il ne s'agissait que d'un titre nu, par suite de l'acte de disposition antérieur de la clientèle (Req. 4 mai 1853, aff. Grelté, D. P. 59. 1. 465).

167. Lorsque le candidat présenté par le titulaire a été nommé, celui-ci ne peut plus demander la résolution du traité : il n'a plus qu'un droit sur le prix de la charge (Paris, 30 mai 1843) (1).

168. Ni l'ancien titulaire ni le cessionnaire ne peuvent demander, pour cause de *lésion*, la rescision du traité. Ce recours aurait été refusé par l'ancien droit, qui cependant assimilait dans divers cas les offices à des immeubles. Loyseau dit en effet, liv. 3, ch. 2, n° 28 : « Il faut tenir pour constant et résolu qu'en vente d'office la rescision pour lésion d'outre moitié du juste prix n'a point de lieu, comme il a été jugé par plusieurs arrêts, tant pour ce que le juste prix des offices est incertain et subjet à changement continuel, comme consistant du tout en l'opinion et affection, voire en la folie des hommes, ainsi que le prix des pierres précieuses : aussi que le droit du résignataire et acheteur ne dépend pas du tout du marché qu'il a fait avec son résignant, ains principalement du collateur. Joint qu'il n'est pas à propos pour le bien public que les offices changent aussi facilement de maître que les autres biens. » — Il ne peut y avoir aucune

---

ne pourrait trouver d'effet que dans la bonne foi et la loyauté du cédant, et pour l'exécution de laquelle toute contrainte resterait inefficace;

Considérant, sur le deuxième grief, que de l'ensemble des faits articulés contre M. Jeffredo, et qui ne sont contestés qu'en partie, il ne peut rester douteux qu'il ne se soit contrairement aux conséquences du traité, livré à des opérations dont il ne pouvait plus s'occuper; que, par exemple, il n'aurait pas dû, depuis la cessation de ces fonctions, rédiger l'acte sous seing privé, contenant partage entre Legorre et Pennegat, acte qui ne peut être regardé comme purement officieux, puisqu'il a perçu des honoraires pour sa rédaction; qu'il a ainsi méconnu les conséquences du fait même de la cession de son office, et a probablement enlevé à son successeur les profits d'un acte qui, passé dans son étude et revêtu des formes authentiques, aurait au moins eu ce caractère de validité que n'a pu lui donner le rédacteur à cause des circonstances;

Considérant que ce fait n'est pas le seul répréhensible de la part de M. Jeffredo, qu'on peut également lui imputer à faute grave d'avoir porté diverses autres affaires qu'il a traitées dans une étude autre que celle qu'il avait transmise; tels seraient : 1° les actes de partage des landes de Millac, de la Bonhonnais et de l'Orgerais en Biain; 2° un autre acte de partage entre Alexandre Lévesque et Jean Thébaud, relativement à des propriétés situées en Gueurouet; qu'évidemment, en rédigeant de sa main et en mettant au rapport de Me Bizeul les minutes de ces différents actes, il a méconnu l'étendue de ses obligations et a détourné les clients d'une étude à la ruine de laquelle il ne pouvait travailler; — Considérant que si rigoureusement il n'était pas tenu d'user de son influence pour maintenir ou améliorer cette étude, du moins les convenances et la délicatesse devaient-elles lui faire un devoir impérieux de garder une position neutre; qu'il est constant, au contraire, qu'en diverses circonstances, il s'est servi de la confiance qui l'entourait pour éloigner les clients de son successeur et les empêcher d'employer son ministère, par exemple dans les affaires de Lalande, du Foué et du Gavre; — Considérant, en un mot, que M. Jeffredo, en utilisant à son profit, après la cession de son étude, les relations qui l'avaient établie et améliorée, est contrevenu à ses engagements, et aux suites qu'ils devaient entraîner; que sa conduite a eu pour résultat fâcheux de retirer à son successeur une partie, de diminuer la valeur de l'étude cédée, et de porter au titulaire un préjudice matériel qui doit être réparé dans la proportion du dommage causé; — Considérant, ces points admis, qu'il n'y a pas lieu d'accueillir la demande reconventionnelle, qui, se trouvant sans fondement, doit être *de plano* rejetée; qu'également il devient inutile de s'occuper de la pertinence des faits articulés et de la preuve que l'on demande à faire;

Par tous ces motifs, en premier lieu, dit que M. Jeffredo a eu tort dans sa position de cédant, de traiter de quelques affaires inhérentes aux fonctions de notaire; qu'en cela il a causé à M. Bossière un préjudice que le tribunal arbitre évalue à la somme de 400 fr.; le condamne, en conséquence, à payer cette somme à Me Bossière; — En deuxième lieu, lui fait défense de s'immiscer à l'avenir dans les affaires de cette nature, rejette les autres chefs de conclusions des parties, etc.

Du 25 nov. 1838.-Trib. de Savenay.

(1) *Espèce* : — (Bruet C. Bruet fils.) — En 1835, Bruet père, huissier audiencier près du tribunal civil de la Seine, vendit sa charge à son fils. Le prix porté au traité qui dut être soumis à la chancellerie s'élevait à 48,000 fr.; mais un supplément de prix de 16,000 fr. fut convenu entre les parties. — Bruet fils servit pendant plusieurs années les intérêts de son prix sur le prix de 64,000 fr.; mais, des difficultés s'étant élevées entre les parties, Bruet fils se refusa au payement des 16,000 fr. qu'il avait promis en dehors du traité officiel. Il soutint en même temps que les intérêts par lui payés jusqu'alors devaient être imputés sur le prix ostensible. — Cette résistance amena de la part de Bruet père une double demande tendant 1° à la résolution de la vente de son office; 2° à la fixation du prix à la somme de 64,000 fr.

Jugement du tribunal civil de la Seine qui statue en ces termes sur la contestation : — « En ce qui touche la demande de Bruet père tendant à la résolution de la vente de son office : — Attendu que le droit du titulaire d'un office, quand il a présenté un successeur au choix de S. M., se résout en un droit sur le prix de la charge;

« En ce qui touche la demande de Bruet père en payement d'une somme principale de 64,000 fr. avec les intérêts : — Attendu que le traité soumis à l'appréciation du gouvernement n'énonçait que le prix de 48,000 fr.; que des motifs d'ordre public ne permettent d'attacher aucune valeur à des contre-lettres qui auraient pour effet d'éluder le contrôle que le ministère doit exercer, dans l'intérêt de la société, sur la transmission des offices; qu'il y a donc lieu de réduire le prix dû par Bruet fils à son père à 48,000 fr., et d'imputer sur ladite somme, en principal et intérêts, les divers payements faits par Bruet fils : — Déboute Bruet père de sa demande en résolution de la vente de son office; fixe le prix de ladite vente à la somme de 48,000 fr.; dit que les sommes payées par Bruet fils seront imputées sur la somme ci-dessus. »

Appel par Bruet père. Il soutenait que la somme de 16,000 fr., objet du litige, n'était pas un supplément de prix de la nature de ceux que la jurisprudence a voulu proscrire. Cette somme formait le prix particulier du titre d'audiencier transmis à Bruet fils, de même que celle de 48,000 fr. déclarée à la chancellerie représentait la valeur de l'office d'huissier. Il ajoutait que, si les 16,000 n'avaient pas été portés au traité officiel, c'est que le titre d'audiencier n'était pas déféré par le ministre, mais par le tribunal près duquel l'huissier exerçait ses fonctions. — Arrêt.

LA COUR; — Considérant que l'huissier tient son titre d'audiencier de la confiance des magistrats, qui peuvent le nommer et révoquer à leur gré, et que, par conséquent, ce titre ne saurait être l'objet d'un traité ni d'un prix vénal; — En ce qui touche les intérêts payés : — Considérant que les payements faits ne peuvent être imputés que sur les sommes réellement dues; — Adoptant, au surplus, etc., confirme.

Du 30 mai 1843.-C. de Paris, 1re ch., MM. Séguier, 1er pr.-Glandaz, av. gén., c. conf.-Capin et Boinvilliers, av.

difficulté à cet égard sous le droit nouveau, qui ne considère ces offices que comme des meubles incorporels (V. n° 316; Conf. M. Eug. Durand, n° 264).—Il a été jugé en ce sens : 1° que l'action en rescision pour lésion d'un traité de cession d'office n'est pas admissible (Req. 17 mai 1832, aff. Métayer, V. Oblig., n° 136-1°);—2° Que les cessionnaires d'un office, dès qu'ils ont été nommés, ne peuvent plus demander la résolution de la cession; leur action se borne à réclamer, s'il y a lieu, des dommages-intérêts, ou la réduction du prix (trib. de Clamecy, 20 janv. 1842, rapporté avec l'arrêt de la cour de Bourges, du 27 janv. 1843, aff. Duprilot, *infrà*, n° 219). — L'administration refuse son adhésion à toute clause du traité par laquelle les parties conviendraient que, dans le cas où l'office viendrait à être supprimé, comme dans celui où, par suite de tarifs nouveaux ou pour toute autre cause, les produits diminueraient dans une proportion déterminée, il sera fait remise de partie ou de la totalité du prix (M. Greffier, p. 46). — Cependant une pareille clause a été déclarée valable par les tribunaux (V. n° 220).

169. Il faut donc considérer comme certain que la rescision pour cause de lésion n'est pas admise en matière d'office; mais ces contrats ne peuvent-ils pas être attaqués pour cause de *dol*, *violence* ou *contrainte*, ou pour cause de *minorité du vendeur?* Il faut d'abord reconnaître que les formalités exigées pour qu'on arrive au remplacement d'un officier public rendent peu probable que ces causes de nullité se trouvent dans les contrats contenant cession d'offices. Par cette raison, dit Loyseau, « la restitution en entier, *ex capite doli, metûs, vis et minoris œtatis* était moins favorable à obtenir ès offices qu'ès autres ventes » (Traité des offices, liv. 3, ch. 2, n° 28).—Il paraîtrait difficile de rejeter en principe les actions fondées sur ces causes de nullité. Mais dans l'application cela offre beaucoup de difficultés. Si les prix du contrat sont connus avant la nomination du successeur désigné, les intéressés peuvent, par des dénonciations aux chambres de discipline et à la chancellerie, empêcher la nomination. Mais si elle est faite, on ne conçoit guère la nullité d'un acte dont l'exécution ne peut être rétractée. Il n'y aurait lieu qu'à des dommages-intérêts.

170. Si la cession de l'office avait été faite à vil prix, ou à titre purement gratuit, dans le but de frauder les créanciers du cédant, il nous semble, ainsi qu'à M. Eug. Durand, n°s 261 et 274, que ces créanciers exerçant les droits que leur confère l'art. 1167 c. nap., pourraient faire résilier le traité, non pas pour déposséder le cessionnaire si le décret de nomination est déjà rendu, mais pour obtenir la somme d'argent dont il leur a été fait préjudice.

171. Quand la révolution de 1848 a éclaté, des démissions avaient été données par des officiers ministériels et des traités produits. Mais le ministre de la justice a écrit aux procureurs généraux qu'il ne donnerait suite à aucun des traités produits avant qu'ils eussent été ratifiés par les acquéreurs : en conséquence de ces lettres, les pièces furent renvoyées aux parquets pour être remises aux parties. — Les cédants ont soutenu que cette décision de la chancellerie ne déliait pas les cessionnaires des engagements qu'ils avaient contractés. Les cédants reconnaissaient bien que la cession d'un office était toujours faite sous une condition suspensive (la nomination par le gouvernement), mais ils soutenaient que c'était par le fait des cessionnaires qui avaient refusé de ratifier les traités que cette condition n'avait pas été accomplie, et ils invoquaient l'application de l'art. 1178 c. nap., ainsi conçu : « La condition est réputée accomplie lorsque c'est le débiteur, obligé sous cette condition, qui en a empêché l'accomplissement. »

172. La jurisprudence a hésité sur la question. — Plusieurs arrêts, se prononçant en faveur des cessionnaires, ont appliqué à l'espèce l'art. 1182 c. nap. aux termes duquel si, *pendente conditione*, la chose est détériorée sans la faute du débiteur, le créancier a le droit de résoudre l'obligation. Or, a-t-on dit, les offices ont été détériorés soit par les menaces de suppression qui résultaient nécessairement de l'événement de février 1848, soit par la perturbation qu'avait amenée la révolution et qui avait paralysé les transactions. — En conséquence, il a été décidé que les cessionnaires n'étaient pas tenus à l'exécution des traités passés avant la révolution de 1848 (trib. de Saint-Omer, 29 juin 1848, aff. Cappe, D. P. 48. 5. 271; trib. de la Seine, 20 août 1848, aff. Ragouleau, D. P. 48. 3. 119; trib. de la Seine, 31 août 1848, D. P. 48. 3. 119, et, sur appel, Paris, 2 fév. 1849, aff. Peaucellier, D. P. 49. 2. 130; trib. d'Amiens, 29 août 1849, aff. Bernard, D. P. 48. 3. 120).

173. Mais le texte et l'esprit de l'art. 1182 résistait à cette interprétation. En effet, il fallait écarter la prétendue détérioration résultant de la perturbation des intérêts et de l'absence des transactions : c'était là un mal passager qui ne pouvait attaquer la substance de la chose objet du contrat. Enfin, si même on considérait la menace de suppression des offices comme affectant la substance de la chose, cette menace n'avait pas duré, elle ne résultait d'aucun acte certain, et, en définitive, la constitution de 1848 l'avait fait disparaître. — Aussi quelques cours et tribunaux, refusant d'appliquer à l'espèce l'art. 1182 c. nap., ont-ils décidé que les cessions d'office antérieures au 24 fév. 1848 devaient être maintenues et qu'il n'appartenait pas au garde des sceaux d'annuler les contrats par une circulaire (trib. de Coulommiers, 6 janv. 1849, aff. Brismoutier, D. P. 49. 2. 130, *ad notam*; Montpellier, 10 mai 1849, aff. Labourmène, D. P. 49. 2. 160; Orléans, 1er mars 1850, aff. Ribrion, D. P. 50. 2. 73; Lyon, 22 mars 1850, aff. Ravet, D. P. 50. 2. 105).

174. La vraie raison de décider reposait sur l'art. 1178 c. nap. — Pour qu'on puisse appliquer cet article, en effet, il ne suffit pas que ce soit par le *fait* du débiteur que la condition n'ait pas été accomplie, il faut encore que ce soit par sa *faute*. Un refus, motivé sur une cause légitime, ne peut pas faire considérer la condition comme accomplie. Or qu'est-il arrivé? Le gouvernement a refusé de nommer les successeurs désignés, en rejetant les traités tels qu'ils étaient présentés; par ce refus, les actes de cession étaient annulés, puisqu'ils étaient faits sous une condition suspensive qui ne s'était point accomplie. Certainement les cessionnaires auraient pu ratifier les actes de cession, c'est-à-dire qu'ils pouvaient conclure une convention nouvelle; mais ils étaient déliés de la première. C'est ce système qui, adopté par quelques cours d'appel, a été consacré en définitive par la cour de cassation (Colmar, 22 juin 1848, D. P. 48. 2. 101, et sur pourvoi, Rej. 14 mai 1851, aff. Commerson *C.* Kuhlman, D. P. 51. 1. 129; trib. de la Seine, 31 août 1848, D. P. 48. 3. 119, et sur appel, Paris, 2 fév. 1849, aff. Peaucellier, D. P. 49. 2. 130 : ce jugement et cet arrêt se fondaient aussi sur l'art. 1182 c. nap., V. n° 172; Paris, 20 août 1849, et sur pourvoi, Rej. 26 mai 1851, aff. Brismoutier, D. P. 51. 1. 133; Cass. 26 mai 1851, aff. Labourmène, D. P. 51. 1. 133; Rej. 26 mai 1851, aff. Houette, D. P. 51. 1. 134; Rej. 26 mai 1851, aff. Berthier, D. P. 51. 1. 134). — Une polémique intéressante s'est engagée sur cette question dans la Revue de droit français et étranger entre MM. Kuhlmann et Ballot. — V. cette revue, t. 5, p. 828, t. 6, p. 157, 554, 828.

175. Cette solution, aux termes où elle se trouve réduite par ces arrêts, était inapplicable aux traités portant transmission des charges d'agent de change et passés avant la révolution de 1848, le ministère du commerce n'ayant pas, comme celui de la justice, refusé de sanctionner ces traités. Vainement a-t-on invoqué l'art. 1182 c. nap. Cet article, nous l'avons dit, était sans application dans l'espèce. — Il a été décidé par ces motifs que les cessionnaires des charges d'agent de change ne pouvaient demander l'annulation des traités intervenus avant le 25 fév. 1848 (trib. de Lyon, 22 août 1848, D. P. 48. 3. 120; sur appel, Lyon, 30 mars 1849, D. P. 49. 2. 131, et sur pourvoi, Rej. 26 mai 1851, aff. Mazeirat, D. P. 51. 1. 134, 135).

176. On n'a jamais soutenu formellement dans le cours des discussions qui se sont engagées à cette occasion que la révolution de février avait, comme cas de force majeure et dans les termes de l'art. 1148 c. nap., rompu par elle-même toutes les cessions d'offices qui étaient soumises à l'agrément du chef de l'Etat au moment où elle a éclaté. « Un tel système, en effet, a dit avec beaucoup de raison M. le premier avocat général Nicias-Gaillard, notre à jamais regrettable ami, un tel système serait insoutenable, et l'on a besoin d'en voir de suite l'évidente fausseté pour se rassurer sur ses dangers qui seraient immenses. Vrai, on serait forcé de l'étendre à toutes les transactions. Si aux maux déjà trop nombreux que produisent les révolutions il fallait ajouter la rupture des contrats, c'en serait fait de la société civile. » — D. P. 51. 1. 130.

177. Dans quelques-unes des affaires sur lesquelles il a été statué, il avait été relevé quelques circonstances à l'aide desquelles on prétendait, dans l'intérêt des cédants, élever des fins de non-recevoir contre les cessionnaires. Dans deux espèces, le successeur désigné avait pris la gestion de l'étude immédiatement après la passation du contrat. On n'a pas vu là, et avec raison, une ratification du traité (Colmar, 22 juin 1848, D. P. 48. 2. 101, et sur pourvoi, Rej. 14 mai 1851, aff. Commerson C. Kulhman, D. P. 51, 1. 129; trib. de la Seine, 31 août 1848, aff. Delorme, D. P. 48. 2. 119).

178. Dans une autre espèce, le cessionnaire n'avait demandé au ministre de la justice qu'un ajournement : on en concluait la ratification. Il est évident que c'était là seulement une demande qu'il avait faite pour avoir le temps de délibérer (Cass. 26 mai 1851, aff. Labourmène, D. P. 51. 1. 132).

179. Une fin de non-recevoir plus grave résultait de ce que la demande en nullité de la convention avait été formée postérieurement à la promulgation de la constitution de 1848 qui devait avoir complétement rassuré les propriétaires d'offices. Sans doute, si le moyen tiré de la prétendue détérioration était admis, le fait que la demande en résiliation serait intervenue à un moment où cette prétendue détérioration n'existait plus aurait de la valeur; mais ce fait devient indifférent, d'après la vraie raison de décider qui se fonde uniquement sur ce qu'il y a eu refus de nommer (Rej. 26 mai 1851, aff. Brismoutier, D. P. 51. 1. 133).

180. Un traité avait été signé à Dunkerque le 25 fév. 1848. On soutenait qu'il avait été passé après la révolution, et que, dès lors, le cessionnaire ne pouvait en demander l'annulation. Cette prétention a été rejetée parce qu'il a été établi que le 25 on ne connaissait point, à Dunkerque, la révolution qui avait eu lieu à Paris le 24 (Douai, 4 août 1849, aff. Houette, D. P. 50. 5. 335; Rej. 26 mai 1851, même affaire, D. P. 51. 1. 134).

181. Dans la même espèce, le titulaire avait voulu faire résulter une fin de non-recevoir contre l'action, de ce qu'après la révolution de février, le cessionnaire s'était présenté devant la chambre des avoués pour obtenir son *admittatur*. Il a été décidé que cette présentation ne pouvait être assimilée à une ratification. En fait, la présentation avait eu lieu avant que le ministre de la justice eût fait connaître sa décision relativement aux traités passés avant le 24 février (mêmes arrêts).

182. Enfin, un titulaire avait fondé une demande en dommages-intérêts sur ce que, se fiant au contrat de cession, il était entré dans une industrie qu'il lui fallait quitter pour reprendre la gestion de son étude. Il lui a été répondu avec raison qu'il avait à se reprocher une imprudence, puisque le contrat qui lui donnait sa liberté comme officier public n'était pas définitif lorsqu'il s'est servi de cette liberté pour prendre d'autres occupations (trib. de la Seine, 31 août 1848, aff. Delorme, D. P. 48. 2. 119).

183. L'art. 59 de la loi du 25 vent. an 11 est ainsi conçu : « Le titulaire ou ses héritiers et le notaire qui recevra les minutes traiteront de gré à gré des *recouvrements*, à raison des actes dont les honoraires sont encore dus et du bénéfice des expéditions. » — La jurisprudence de la chancellerie a varié sur la question de savoir si l'administration exigerait dans tous les traités la cession des recouvrements. Jusqu'en 1843, on a toléré que les vendeurs se réservassent les recouvrements, mais à la condition de donner pouvoir à son successeur de les opérer. — Sous l'empire de cette pratique, il a été décidé que le notaire qui, en cédant son office, se réserve par le traité le droit de se faire délivrer par son successeur toutes les expéditions des actes qu'il a reçus pour en faire le recouvrement à son profit, ne peut exiger de son successeur, devenu titulaire, l'exécution pure et simple d'une telle clause ; que le notaire démissionnaire n'a pas plus qu'un simple particulier le droit de s'immiscer dans la connaissance des actes retenus dans l'étude par lui cédée, et, par suite, il ne peut en obtenir des expéditions que sur autorisation du président du tribunal (Orléans, 12 juin 1839, et sur pourvoi, Req. 12 janv. 1841) (1).

184. En 1843, l'administration interprétant l'art. 59 de la loi de l'an 11 dans un sens restrictif en exigea l'observation rigoureuse et obligea les notaires qui cédaient leurs études à traiter de leurs recouvrements avec leurs successeurs (décis. min. just. 16 sept., 4, 6 oct. 1843; 17 et 23 janv. 1844). — Il a été décidé en ce sens que l'art. 59 de la loi du 25 vent. an 11, en disant que le titulaire et le notaire qui reçoit les minutes *traiteront* de gré à gré des recouvrements, s'exprime d'une manière impérative; d'où il suit que le traité pour les recouvrements est obligatoire

---

(1) *Espèce :* — (Dutard C. Renaud.) — Dutard, notaire, se réserve dans son traité le droit de faire lui-même ses recouvrements, et son successeur s'oblige à lui délivrer toutes les expéditions nécessaires à ce sujet. — Cette convention est d'abord exécutée sans difficulté. — Plus tard, des objections surviennent de la part de Me Renaud, titulaire de l'office et les parties conviennent de s'en rapporter à la décision d'arbitres. — Il ne paraît pas que la sentence arbitrale ait terminé les contestations, car, sur le refus de Me Renaud, de délivrer les expéditions qu'il exigeait en vertu de son traité, il intervint le 11 mars 1839, un jugement du tribunal de Montargis, qui le condamna à délivrer les expéditions demandées, mais sous des conditions énoncées au jugement.

Appel. — 12 juin 1839, arrêt de la cour d'Orléans en ces termes : — « Considérant qu'aux termes de l'art. 59 de la loi du 25 vent. an 11, le titulaire et le notaire qui reçoit les minutes *doivent* traiter de gré à gré des recouvrements à raison des actes dont les honoraires sont encore dus, et du bénéfice des expéditions; que ces mots le *titulaire* et le *notaire* indiquent évidemment que la loi avait en vue les relations d'un notaire démissionnaire avec son successeur; — Considérant que la loi de 1816 qui permet la cession des charges de notaire, n'a rien innové à cet égard; qu'ainsi Dutard devait traiter de ses recouvrements, que les réserves qu'il a faites sont contraires à la loi et ne peuvent être d'aucune influence dans la cause; — Qu'on ne peut exciper non plus de l'autorité de la chose jugée par la sentence arbitrale, parce que, s'agissant d'une question qui touche à l'ordre public, les parties n'avaient pas le droit de compromettre; — Que Dutard, devenu simple particulier depuis l'installation de son successeur, est, pour la délivrance des expéditions, soumis aux prescriptions de l'art. 23 de la loi de vent. an 11, comme ayant un droit indirect qui doit être apprécié par le président du tribunal; — Qu'indépendamment de ces motifs en droit, des raisons d'ordre public repoussent également les prétentions de Dutard, qui, depuis qu'il a cessé d'être notaire, est affranchi de toute responsabilité comme fonctionnaire public; — Considérant enfin que, si les notaires démissionnaires étaient admis à lever des expéditions sans l'autorisation du président du tribunal, il en pourrait résulter de graves inconvénients pour les parties contractantes; qu'on pourrait ainsi éluder les garanties que la loi de vent. an 11 a voulu donner, garanties qui sont autant dans l'intérêt public que dans celui du notariat; — Par ces motifs, etc. »

Pourvoi. — 1° Violation de la chose jugée par la sentence arbitrale. — 2° Fausse interprétation de l'art. 59 de la loi du 25 vent. an 11 en ce que l'arrêt attaqué a refusé effet à la cause litigieuse; — 3° Fausse interprétation de l'art. 23 de la loi du 25 vent. an 11 et de l'art. 839 c. pr. civ., en ce que l'arrêt attaqué a refusé au demandeur, notaire démissionnaire, le droit de se faire délivrer, sans permission du juge, les expéditions des actes par lui reçus, et dont, aux termes du traité de cession de son office, il s'était réservé de faire le recouvrement, sous le prétexte qu'il n'avait qu'un droit indirect dans ses actes. — On soutient que, du moment que Dutard était resté créancier de ses anciens clients à raison de ses déboursés et honoraires, il devait être réputé partie intéressée en nom direct dans les actes qui constataient sa créance. — Arrêt

LA COUR; — Sur le premier et le deuxième moyen : — Attendu que le compromis intervenu entre les parties, touchant à une matière qui intéresse l'ordre public et les parties n'ayant pu compromettre valablement, la sentence arbitrale dont il s'agit n'a pu acquérir l'autorité de la chose jugée; — Attendu que l'art. 59 de la loi du 25 vent. an 11 n'a point été violé, puisque ce traité, passé entre le demandeur et son successeur, a été maintenu par l'arrêt attaqué;

Sur le troisième moyen : — Attendu que l'art. 24 de la loi de vent. an 11, et l'art. 839 c. pr. civ., considérant les notaires non comme propriétaires, mais comme dépositaires des actes reçus dans leurs études; — Attendu que, si l'art. 23 de la loi de ventôse autorise les notaires à délivrer expéditions des actes aux personnes intéressées en nom direct à ces actes, aux héritiers ou ayants droit, il leur défend, en même temps, d'en donner connaissance à toute autre personne, à peine de dommages-intérêts et d'amende; — Attendu qu'un notaire démissionnaire n'est pas, dans le sens de la loi, partie intéressée en nom direct aux actes qu'il a reçus, mais un simple particulier dont le droit, quant à ces actes, ne peut être exercé qu'après avoir été apprécié par le président du tribunal civil; — Attendu qu'en le décidant ainsi, la cour royale loin d'avoir violé ou faussement interprété la loi sur le notariat ou l'art. 839 c. pr., en a fait une juste application à la cause; — Rejette.

Du 12 janv. 1841. — C. C., ch. req. — MM. Zangiacomi, pr. — Jaubert, rap. — Hébert, av. gén., c. conf. — Mandaroux-Vertamy, av.

et forcé (trib. de Lombez, 18 mars 1842, aff. N..., D. P. 46. 3. 128). — « Cette prescription, dit M. Greffier, p. 36, 37, se justifiait par d'excellents motifs. Elle évitait aux parties les discussions que faisaient naître la réserve des débets et surtout les réclamations exercées par l'ancien titulaire contre les clients de l'office. Elle empêchait surtout que cet ancien titulaire ne se perpétuât, pour ainsi dire, dans la possession des minutes, des registres et des pièces de l'étude. »

185. Mais en 1848, la chancellerie est revenue à sa première jurisprudence. Les vendeurs d'office peuvent à présent être autorisés à se réserver les recouvrements, à la charge de donner pouvoir à leurs successeurs de les opérer (circ. pr. gén. de Paris, 21 sept. 1848, D. P. 48. 3. 114). — Il a même été décidé que les anciens titulaires qui n'ont cédé leurs recouvrements que parce qu'ils y étaient contraints par l'administration ancienne, et qui, d'accord avec leurs successeurs, désireraient en reprendre la propriété, pourront en faire la demande (circ. min. just., 3 nov. 1848, D. P. 49. 3. 73).—V. aussi vº Avoué, nº 39.

186. La faculté reconnue aux notaires de conserver ou de céder leurs recouvrements s'étend à tous les officiers publics (circ. 28 juin 1849, § 5, D. P. 49. 3. 62). — Mais le cédant ne peut se réserver, pour faciliter la rentrée des recouvrements, le droit de s'immiscer dans la gestion de son successeur et de compulser ses minutes (même circulaire, § 6).—« Nous nous demandons, dit M. Greffier, p. 17, comment on pourra mettre la pratique en rapport avec la théorie, et si particulièrement pour dresser l'état des recouvrements et même pour en poursuivre judiciairement le payement, il est possible de ne pas compulser les minutes, souvent même de les produire pour la taxe aux magistrats. Nous voyons, quant à nous, ajoute cet honorable magistrat, dans cette clause aujourd'hui autorisée, une source d'abus et de contestations que les anciennes circulaires avaient sagement tarie. » — V. aussi le même auteur, p. 49.

187. Quoi qu'il en soit, il a été décidé, conformément à la nouvelle pratique administrative : 1º que la réserve des recouvrements faite par un notaire dans l'acte de cession de son office, est licite, et que cette réserve, stipulée en termes généraux, comprend notamment les droits éventuels et non encore exigibles à percevoir sur les donations entre époux et les testaments, quelque long que soit l'espace de temps pendant lequel ces droits peuvent être réclamés par le vendeur de l'office : en vain objecterait-on que des raisons d'ordre public s'opposent à ce que celui qui a cédé un office de notaire fasse des recherches dans les minutes de son successeur pour s'assurer du montant des honoraires qui lui seraient acquis : d'ailleurs la difficulté plus ou moins grande de se procurer les moyens de faire exécuter une convention n'en opère pas la nullité (Dijon, 24 nov. 1857, aff. V... *C.* M..., D. P. 58. 2. 36); — 2º Que la cession d'un office de notaire ne comprend pas de plein droit les recouvrements : elle ne s'applique qu'à l'office, la clientèle et la suite des affaires du cédant (Crim. rej. 20 avr. 1858, aff. Chanas, D. P. 58. 1. 197).

188. Le notaire qui, en traitant de son office, s'est réservé le droit de se faire délivrer les expéditions nécessaires à ses recouvrements, n'a pas qualité pour s'opposer à ce que le cessionnaire, en vendant lui-même son office, transmette les minutes des actes réservés à un autre notaire du canton (Riom, 17 juill. 1843) (1). — Du reste, la chancellerie repousse toute convention par laquelle le notaire cédant stipulerait que son successeur lui remettra gratuitement les grosses et expéditions des actes faits antérieurement à sa nomination (décis. min. 21 oct. 1852, 22 janv. 1858. V. M. Greffier, p. 38).

189. Les difficultés qui s'élèvent sur l'exécution des traités portant cession d'un office doivent être soumises aux tribunaux ; seulement ceux-ci ne peuvent pas se mettre en opposition avec les décisions ministérielles (Req. 13 nov. 1823, aff. Seguin, V. nº 84 ; 28 fév. 1828, aff. Chenot, V. Compétence admin., nº 163-10º; Conf. M. Eug. Durand, nº 267). — Le dernier de ces arrêts a jugé une question intéressante. — Deux traités étaient intervenus entre le titulaire et son cessionnaire; le second ne faisait que hâter l'instant où le cessionnaire devait entrer en jouissance, en augmentant le prix de 3,000 fr.—Le gouvernement refusa la nomination en s'appuyant sur la situation qui était faite aux parties par les deux traités. Un procès s'étant engagé entre eux, l'autorité judiciaire valida l'un des traités et considéra l'autre comme non avenu. S'était-elle mise en opposition avec l'autorité administrative? — Le contraire a été jugé parce que l'agrément du prince n'avait été refusé que sur les deux contrats réunis ensemble, tandis que l'autorité judiciaire n'avait maintenu que le premier contrat et avait décidé que c'était uniquement sur ce même contrat que l'agrément du roi pouvait être demandé, et que, dès lors, il n'y avait pas contradiction entre les deux décisions (même arrêt du 28 fév. 1828). — Mais les tribunaux ne sont pas compétents pour connaître de l'irrégularité de l'acte de nomination du cessionnaire et pour en prononcer la nullité (Req. 20 mars 1855, aff. Moreau-Darluc, D. P. 55. 1. 110).

190. Les difficultés qui s'élèvent relativement à l'exécution d'un traité renfermant la cession d'un office de courtier doivent-elles être jugées par le tribunal civil? L'affirmative ne saurait être douteuse (Req. 28 fév. 1828, aff. Chenot, V. Compét. adm., nº 163-10º; Aix, 5 mai 1840, aff. Dusseuil, V. Acte de com., nº 251).

191. Les traités de cession d'office doivent être considérés d'une manière absolue comme intéressant l'ordre public, de telle sorte que les contestations qui en naissent et qui portent sur les conditions de la cession ne peuvent être soumises à des arbitres. — Toutefois il y a exception à cette règle si le débat qui s'élève porte sur un pur intérêt privé. — Ainsi, il a été jugé que les contestations qui, en matière de cession d'office, portent sur un intérêt purement privé, peuvent faire l'objet d'un compromis; que, par exemple, dans le cas où le traité de cession est resté inexécuté, faute de présentation du cessionnaire au gouvernement, la question de savoir à laquelle des deux parties doit être imputée cette inexécution, et la fixation des dommages-intérêts encourus, peut être soumise à des arbitres, un tel débat, complétement étranger à l'exercice du droit de présentation, restant

---

(1) *Espèce :* — (Dubois C. Savelon.) — 31 mars 1841, jugement du tribunal du Puy dans les termes suivants : — « Attendu que l'art. 24 de la loi du 25 vent. an 11 et l'art. 839 c. pr. considèrent les notaires, non comme propriétaires, mais comme dépositaires des minutes des actes reçus dans leurs études ; — Attendu que si l'art. 23 de la loi du 25 vent. an 11 autorise les notaires à délivrer expéditions des actes aux personnes intéressées en nom direct à ces actes, aux héritiers et ayants droit, il leur défend en même temps d'en donner connaissance à toute autre personne, à peine de dommages-intérêts et d'amende; — Attendu qu'un notaire démissionnaire n'est pas, dans le sens de la loi, partie intéressée en nom direct aux actes par lui reçus, mais un simple particulier dont le droit, quant à ces actes, ne peut être exercé qu'après avoir été apprécié par le président du tribunal civil : d'où il suit que la partie de Labatie n'a aucun droit d'intervenir dans la présente instance; que ces principes sont consacrés par un arrêt de la cour de cassation, du 12 janv. 1841 (V. nº 183); — Attendu que, suivant traité produit au ministère de la justice, le 22 avril 1834, les sieurs Savelon et Gallet firent échange de leurs titres de notaires, l'un, celui du sieur Savelon, institué à Roche, l'autre, celui du sieur Gallet, à Vorey; — Attendu que dans ce traité le sieur Savelon s'est expressément réservé les minutes des sieurs Maurin père et fils, anciens notaires à Roche; — Attendu que, suivant traité du 18 avril 1839, produit au ministère de la justice, le sieur Savelon a cédé son titre de notaire à Vorey au sieur Filiol, qui a été agréé par le gouvernement, et lui a également cédé les minutes des sieurs Maurin père et fils, anciens notaires à Roche; — Attendu, aux termes des art. 54 et 56 de la loi du 25 vent. an 11, que le notaire cédataire de son étude a le droit de remettre ses minutes soit au notaire de la commune où il exerce, soit à l'un de ceux du canton; que c'est là une faculté laissée par la loi au notaire, et que des tiers n'ont jamais le droit de venir contester, ainsi qu'il a été dit ci-dessus ; — Par ces motifs, le tribunal reçoit en la forme la partie de Belledent intervenante dans l'instance, au fond la déboute de son intervention et la condamne aux dépens ; — Condamne le sieur Gallet à faire remise au sieur Filiol, notaire à Vorey, successeur du sieur Savelon, dans la huitaine de la signification du présent jugement, des minutes de MM. Maurin père et fils, anciens notaires à Roche, passé lequel délai condamne ledit sieur Gallet à 5 fr. par chaque jour de retard, sauf à régler, conformément aux dispositions de l'art. 59 de la loi du 25 vent. an 11 ; réserve aux parties le surplus de leurs conclusions. » — Appel. — Arrêt.

La cour ; — Adoptant les motifs des premiers juges; met l'appellation au néant, etc.

Du 17 juill. 1843.-C. de Riom, 5e ch.-M. Pagès, pr

soumis aux règles du droit commun (Req. 24 mai 1859, aff. Pichot, D. P. 59. 1. 375). — Il est manifeste que l'ordre public n'est nullement engagé dans un tel différend, étranger au droit de présentation et à ses conditions d'exercice. Cette distinction entre les contestations qui concernent l'exécution, entre les parties, du traité de cession, et celles qui touchent au contrôle et au droit de nomination réservés à l'autorité, est mise en lumière, dans les observations présentées devant la chambre des requêtes, par M. le conseiller Hardoin, dans l'affaire précitée.

122. Les parties pourraient encore moins convenir par avance que les difficultés qui surviendraient à l'occasion du traité seront soumises à l'arbitrage d'un tiers : cette clause est interdite par l'administration (décis. min. 16 mars 1839 ; 9 mai 1840 ; M. Greffier, p. 49, 50).—D'ailleurs, on sait que les clauses compromissoires sont déclarées nulles par la jurisprudence (Cass. 30 juill. 1850, aff. Laurens-Rabier, D. P. 50. 1. 217).— V. Arbitrage, nos 448, 449, 454 et s.; Bourse de com., no 204, et M. Durand, no 268.

123. Les traités de cession d'office peuvent être faits par acte authentique ou sous seing privé : dans ce dernier cas, l'acte étant synallagmatique doit être fait en double original, conformément à l'art. 1325 c. nap. ; une délibération de la chambre de discipline pourrait également, lorsqu'elle est signée des parties intéressées, servir de preuve de la convention (M. Durand, no 219). — La preuve testimoniale pourrait être admise s'il existait un commencement de preuve par écrit (Bordeaux, 7 mai 1834, aff. Michelot, V. Obligat., no 4820-2°). — Dans tous les cas, l'acte de cession doit être enregistré : le droit à percevoir est de 2 p. 100 du prix exprimé dans l'acte de cession et ne peut être inférieur au dixième du cautionnement (L. 25 juin 1841, V. Enreg., nos 1894 et suiv., 4234 et suiv., 4484).

124. Il résulte d'un arrêt qu'un acte sous seing privé portant cession d'un office acquiert l'authenticité par la mention qui en est faite dans l'ordonnance de nomination, par la prestation de serment du nouveau titulaire et par les payements qu'il a effectués; que, par conséquent, cet acte ne peut donner lieu à une vérification d'écriture (Paris, 9 fév. 1839, aff. Poisson, V. no 151). — Mais il a été jugé, en sens contraire, que la transmission au ministère de la justice, lors de la cession d'un office, d'un des doubles d'un traité sous seing privé, la légalisation des signatures apposées à ce double, le visa de cet acte dans les documents judiciaires et administratifs qui précèdent et préparent la nomination, n'ont pas pour effet de conférer à cet acte une authenticité suffisante pour rendre le cédant non recevable à assigner le cessionnaire de cet office en reconnaissance ou en dénégation des écrits et signatures du double du même acte qui se trouve entre ses mains et qui forme son titre (Besançon, 8 déc. 1863, aff. Brocard, D. P. 63. 2. 224). — Les objections présentées contre cette dernière solution ne sont pas sans gravité. Sans doute le bénéficiaire d'un acte obligatoire sous seing privé a toujours le droit d'assigner son débiteur en vérification d'écritures et à prendre une inscription d'hypothèque judiciaire sur les biens de ce dernier, en vertu du jugement qui déclare les écrits et signatures sincères; toutefois cette inscription n'a d'effet, aux termes de la loi du 3 sept. 1807, qu'à partir de l'exigibilité (V. Privil. et hyp., nos 1180 et suiv., 1250 et suiv.; Vérificat. d'écrit., no 34). Mais cette demande en vérification doit avoir en elle-même un intérêt sérieux, et son but exclusif ne saurait être d'obtenir directement en justice une hypothèque qui n'aurait pas été concédée par le contrat originaire. Le point qui faisait difficulté dans l'espèce était donc de savoir si la demande présentait, sous le rapport de la vérification, un intérêt réel et de nature à rendre l'action recevable. Le tribunal de Montbéliard avait pensé qu'il n'y avait pas de vérification possible, parce que le cessionnaire ne pouvait même pas dénier sa signature, s'agissant d'un traité transmis en double au ministère de la justice, avec légalisation des signatures, visé dans une délibération du tribunal et dans le décret de nomination, conservé dans les archives de la chancellerie, et dès lors revêtu d'une authenticité suffisante. L'action ne lui avait donc paru avoir d'autre objet que d'obtenir une hypothèque. La cour a pensé que le double dont le cédant était porteur constituait pour lui un titre personnel et distinct du double transmis à l'autorité supérieure, et que, malgré la quasi-authenticité conférée à ce dernier double, le cessionnaire pouvant encore dénier les écrits et signatures du double représenté par le cédant, la demande de ce dernier était recevable. — Est-il bien vrai de dire, comme l'a décidé la cour de Besançon, qu'il s'agissait d'un acte sous seing privé ordinaire? La convention dont il s'agit ne tenait-elle pas à l'ordre public? Le titre véritable n'était-il pas le double transmis au ministère de la justice? Ce double, entouré de formalités spéciales, de nature à assurer sa sincérité, n'était-il pas la seule base du droit invoqué par l'appelant? Et si le double qui était en sa possession n'était pas conforme à celui qui avait été produit officiellement, s'il contenait des clauses additionnelles ou dérogatoires, pouvait-il l'emporter sur l'acte qui avait préparé et déterminé la nomination du cessionnaire aux fonctions d'avoué? Dans de telles circonstances la vérification d'écritures était-elle admissible? Il est permis de conserver des doutes sérieux sur ces divers points. — V. aussi vo Obligat., no 3032.

125. Deux actes sont essentiels pour la validité de la transmission : le traité et la démission en faveur. Il en était de même dans l'ancien droit (V. no 39). — Il n'est pas nécessaire que la démission soit donnée par acte authentique ; l'administration a même accepté des démissions rédigées dans la forme d'une lettre (V. M. Durand, nos 218, 327, et Req. 8 fév. 1826, aff. Ross, *infrà*, no 379). — Voici, du reste, la nomenclature des pièces à produire à la chancellerie pour l'exercice du droit de présentation : 1° acte de naissance : à défaut d'acte de naissance, il faut un jugement rendu dans les formes prescrites par l'art. 99 c. nap., des certificats et des actes de notoriété ne suffiraient pas (décis. min. 15 juill. 1841); — 2° Certificat de libération du service militaire; — 3° Certificats délivrés par le maire et constatant, l'un que le candidat est de bonne vie et mœurs, et l'autre qu'il jouit de ses droits civils et politiques; — 4° Certificat de stage : les aspirants aux fonctions d'avoué doivent en outre fournir un certificat constatant qu'ils ont suivi les cours de droit exigés par la loi du 22 vent. an 12, art. 26, ou le diplôme de licencié en droit; les greffiers, ce dernier diplôme; — 5° Un certificat de capacité et de moralité, délivré par la chambre de discipline : pour les commissaires-priseurs qui n'ont pas de chambre de discipline, c'est au procureur impérial qu'il appartient de s'éclairer et d'éclairer le gouvernement à l'aide d'investigations concernant la moralité et la capacité du candidat; — 6° Certificat d'*admittatur* délivré par les cours ou les tribunaux près lesquels l'office est établi : ce certificat n'est point exigé des notaires; — 7° Démission du titulaire et présentation du candidat; — 8° Deux exemplaires du traité de cession, l'un sur papier libre et qui est destiné à demeurer au parquet du procureur impérial, l'autre sur papier timbré, soit l'expédition de l'acte authentique, si le traité a été fait devant notaire, soit un exemplaire de l'acte sous seing privé portant la signature des parties et mention de l'enregistrement; — 9° Un état des produits de l'office pendant les cinq dernières années : la forme et le contenu de cet acte varient suivant la nature de l'office; — 10° Présentation et demande du candidat à l'empereur : la présentation est le plus souvent faite par l'acte de démission; dans tous les cas, la présentation et la demande du candidat doivent être séparées et sur timbre; les signatures sont légalisées (V. pour plus de détails la brochure de M. Greffier, des Cessions et suppressions d'office, pleine de renseignements utiles et puisés aux sources mêmes).—Tous ces actes doivent, conformément à l'art. 12 de la loi du 13 brum. an 7, être écrits sur papier timbré (sauf l'exception que nous avons signalée ci-dessus). Ceux de ces actes faits sous seing privé doivent être légalisés. Il faut soumettre à la même formalité les pièces délivrées par les agents de l'autorité publique; quand le visa des fonctionnaires supérieurs est exigé par les règlements, le dossier doit toujours contenir le reçu des droits d'enregistrement perçus, conformément aux art. 7 et suiv. de la loi du 25 juin 1841 (circ. min. just. 28 juin 1849, D. P. 49. 3. 62). — V. vis Avoués, nos 33 et suiv.; Bourse de comm., nos 182 et suiv.; Commissaire-priseur, nos 15 et suiv.; Huissier, nos 14 et suiv.; Notaire, nos 90 et suiv.

126. Dans le cas de décès, l'aspirant doit produire toutes les pièces énoncées au numéro précédent, à l'exception de la démission; mais les héritiers doivent signer l'acte de présentation. — En outre, on joindra aux pièces : 1° une copie de l'acte de décès de l'officier ministériel qu'il s'agit de remplacer; — 2° Un extrait de l'intitulé d'inventaire fait après le décès, afin d'établir la qualité des cédants. — Si l'office est échu à un mineur, l'aspirant doit traiter avec le tuteur (M. Greffier, p. 29). — L'administration exige, dans ce cas, que le conseil de famille soit consulté sur le traité et que sa délibération soit homologuée par le tribunal (Conf. M. Rolland de Villargues, v° Office, n° 92). — Un tribunal avait refusé de statuer sur une demande en homologation d'un traité de cession d'office intéressant un mineur, sous prétexte que le code ne prescrit pas cette formalité pour les ventes de biens meubles appartenant à des mineurs; mais, sur l'appel, il a été décidé que le gouvernement, qui peut refuser d'agréer le candidat présenté, peut imposer à la présentation cette condition qu'il juge utile à l'intérêt public et privé, et que les dispositions du code civil ne peuvent recevoir leur application rigoureuse à une matière qu'il n'a pas eu en vue de régler, puisque le droit de présentation n'existait pas à l'époque de sa promulgation (Nîmes, 3 juill. 1850, aff. Pradon, D. P. 51. 2. 110). — Quant au mineur émancipé, héritier d'un titulaire d'office, il ne peut concourir à l'acte de cession de cet office qu'avec l'assistance de son curateur, spécialement autorisé par le conseil de famille. — Il faut en outre, de même que pour le mineur non émancipé, que le traité soit soumis à l'approbation du même conseil, et que la délibération approbative soit revêtue de l'homologation du tribunal (décis. du proc. gén. de Bordeaux, aff. hérit. G..., D. P. 47. 3. 80).

197. Toutes les pièces sont adressées au procureur impérial qui les examine, vérifie si elles sont complètes et régulières; il y joint son rapport sous forme de lettre non close au ministre de la justice et les transmet au procureur général. Ce magistrat examine de nouveau les pièces, fait toutes observations, demande aux parties ou au procureur impérial toutes modifications, rectifications, suppressions ou additions qui lui paraissent utiles; puis il rédige lui-même son rapport et transmet le tout au garde des sceaux (V. M. Greffier, p. 33). — Lorsqu'il s'agit d'agents de change ou de courtiers, les pièces sont adressées au préfet qui les transmet au ministre du commerce avec l'avis de la chambre de discipline (V. M. Durand, n° 334).

Art. 7. — *De la fixation du prix des offices et des contre-lettres ou traités secrets.*

§ 1. — *Fixation du prix.*

198. Le prix de l'office ou, pour parler plus exactement, la somme qui doit être payée au titulaire pour prix de sa démission et pour l'exercice de son droit de présentation, est, en principe, fixée par les parties elles-mêmes. — Néanmoins, ce prix peut être laissé à l'arbitrage d'un tiers (c. nap. 1592). — Dans le traité de cession d'un office de greffier de la justice de paix, les contractants avaient déterminé une portion du prix et laissé la fixation du surplus aux greffiers de trois autres cantons désignés. Des contestations s'étant élevées avant la fixation totale du prix, le tribunal de Blaye avait renvoyé les parties devant les greffiers indiqués dans la cession, afin qu'ils donnassent leur avis comme experts. La cour de Bordeaux a jugé avec raison que ces greffiers étaient des arbitres dans le sens de l'art. 1592 c. nap., et que leur décision devait servir de base à la condamnation à intervenir (Bordeaux, 12 mai 1840) (1). — L'administration admet aussi que le prix de la cession peut être laissé à l'arbitrage d'un tiers. Mais la fixation de ce prix doit avoir lieu avant la présentation. Dans ce cas, on joint au traité le procès-verbal de la décision des arbitres, ou bien on consigne dans un traité supplémentaire le prix fixé par eux (MM. Coulon, Admiss. au not., p. 283; Eug. Durand, n° 223; Greffier, p. 43). — Si les arbitres refusaient de procéder à l'estimation, le contrat serait nul (M. Durand, *loc. cit.*, V. Vente, n° 376).

199. Suivant un arrêt, la démission d'un office d'avoué en faveur d'une personne déterminée et l'entrée en jouissance de cette personne font présumer une vente valable de l'office, dont le tribunal peut fixer le prix à défaut des parties (Colmar, 26 nov. 1823) (2).

200. Sous l'ancien régime, les offices ne pouvaient être vendus, soit en justice, soit à l'amiable, pour un prix supérieur à la fixation portée dans les rôles de la chancellerie. — Il n'existe plus de rôle au ministère de la justice; mais si les titulaires d'office ont le droit de présenter leur successeur au prince et de fixer le prix de cette présentation, le gouvernement a, par contre, un droit incontestable d'investigation sur les conditions du traité de transmission. — Non-seulement il a le droit d'examiner la moralité et la capacité du candidat, mais comme il importe que le successeur d'un officier public ne contracte pas des obligations trop lourdes, qui le conduiraient à ne pas mettre toute la délicatesse nécessaire dans l'exercice de son emploi, l'administration doit connaître les clauses du traité intervenu entre le titulaire et le futur successeur et s'enquérir du prix et des conditions de la cession de l'office et de réduire le prix s'il lui paraît trop élevé (rapp. de M. Carl, et décis. ch. des dép., 22 fév. 1840, *suprà*, n° 55). — « Ni le cédant ni le cessionnaire, comme le dit un arrêt de la cour d'Orléans, ne sont les maîtres de fixer à leur gré les conditions et le prix de la

(1) (Gellineau C. veuve Chaigneau.) — La cour; — Attendu que l'office de greffier de la justice de paix de Bourg a été vendu pour un prix en partie déterminé et en partie éventuel et conditionnel; — Attendu qu'il a été convenu que cette seconde partie du prix serait estimée par les greffiers des trois autres cantons; qu'il s'agit évidemment d'un cas analogue à celui qui se trouve prévu par l'art. 1592 c. civ.; — Que, dans cette circonstance, on ne peut considérer les greffiers désignés comme de simples experts appelés à donner leur avis, mais qu'ils sont chargés d'arbitrer et de fixer le prix qui servira de base à la condamnation en payement, poursuivie par Gellineau devant le tribunal de Blaye; — Faisant droit de l'appel interjeté par Gellineau du jugement du tribunal civil de Blaye, du 21 juin 1839, dans le chef qui a renvoyé les parties devant les greffiers désignés dans le traité, pour donner leur avis à titre de renseignement et en qualité d'experts, serment par eux préalablement prêté, émendant, quant à ce, ordonne que par lesdits experts qui sont dispensés du serment, il sera procédé à l'estimation et fixation du supplément de prix dû par la veuve Chaigneau, au nom qu'elle agit, conformément au traité du 10 août 1835; pour ledit prix ainsi fixé, être ensuite statué par le tribunal de Blaye, sur la condamnation en payement demandée par l'appelant.

Du 12 mai 1840.-C. de Bordeaux, 1re ch.-M. Roullet, pr.

(2) *Espèce* : —(L'Hoste C. Rey). — Rey fils, en faveur duquel l'Hoste avait donné sa démission, est nommé avoué près le tribunal d'Altkirch. En raison de la démission de l'Hoste, Rey père paye à celui-ci une somme de 300 fr. — Plus tard, l'Hoste assigne Rey père et fils en payement d'une somme de 6,000 fr., prix convenu verbalement, suivant lui, pour la vente de l'office, si mieux n'aimaient à dire d'experts, avec les intérêts, du jour de l'entrée en jouissance dudit office. — Rey père et fils nient l'existence de cette vente et soutiennent avoir rempli tous les engagements qu'ils avaient contractés vis-à-vis de l'Hoste. — Le 24 fév. 1822, jugement qui tient la vente pour constante, attendu que l'engagement contracté au nom de Rey fils se rattache aux principes généraux des contrats de vente, puisqu'on y trouve les trois éléments constitutifs de ces sortes de contrats : *res, pretium, consensus*; que cet engagement, contracté par le père pour le fils, a été ratifié par celui-ci peu de jours après, en acceptant le transfert du cautionnement et en certifiant que le prix en était encore dû nonobstant l'énonciation contraire exprimée en la cession, et enfin en ce que, le 2 av. 1817, il est devenu propriétaire de l'office et en a eu la jouissance. — En conséquence, fixe le prix à 2,000 fr., à défaut par les parties de l'avoir fait, si mieux elles n'aiment s'en rapporter à des experts; adjuge à l'Hoste les intérêts, du jour de sa demande. — Appel principal par Rey fils, et incident par l'Hoste, qui prétend que les intérêts lui étaient dus à partir de sa démission. — Arrêt.

La cour; — Considérant qu'en fixant à 2,000 fr. l'indemnité à laquelle le sieur l'Hoste avait droit pour la transmission de son office au sieur Rey fils, le tribunal a fait une juste appréciation de sa valeur relativement aux temps et aux lieux; — Que le sieur Rey père, ayant satisfait à ses engagements personnels, et la condamnation envers Rey fils étant suffisante, il n'existait pas de motifs de la remettre en cause sur l'appel; — Considérant, en outre, que les intérêts ne sont dus que du jour de la demande, un office ne pouvant être assimilé à un immeuble produisant des fruits matériels; qu'ainsi l'appel incident n'est pas fondé; — Par ces motifs, sans s'arrêter à l'appel incident, met le jugement dont est appel au néant, en ce que les premiers juges ont accordé l'option aux deux parties; — Émendant, infirme le jugement quant à ce.

Du 26 nov. 1823.-C. de Colmar.-MM. Raspieler et Rossée, av.

cession : ils ne font à cet égard qu'une proposition sur laquelle le gouvernement statue en définitive » (Orléans, 31 mars 1833, aff. Jarry, D. P. 33. 2. 223.—Conf., M. Durand, n° 333.—*Contrà*, Toullier, t. 12, n° 112; Jeannest Saint-Hilaire, du Notariat et des offices, p. 123). — Pour arriver à déterminer le plus exactement possible le prix de la cession, l'administration s'entoure de tous les renseignements possibles. Le ministre de la justice prend l'avis des tribunaux sur la valeur des charges dont on lui demande la transmission, il consulte aussi les chambres de discipline sur le prix des offices et il a décidé qu'il n'appartenait pas à ces chambres de refuser de délibérer sur les avis qui lui étaient demandés en pareille matière (V. décis. min. 6 mai et 21 juin 1830, 10 juill. 1841, v° Notaire, n°s 680, 723). — Quand le prix paraît trop élevé à l'administration, ou que le traité contient des conditions qui nuiraient à l'indépendance de l'officier public et compromettraient trop gravement ses intérêts, le ministre de la justice diminue le prix, change les conditions imposées et exige qu'un nouveau traité comprenne les nouvelles conventions qu'il impose.

201. Et il a été jugé que l'acquéreur après décès du titulaire, d'un office dont le prix a été réduit par l'ordonnance de nomination, n'est tenu de payer que la somme fixée par la chancellerie, et non celle convenue au traité passé avec les héritiers (Nîmes, 30 déc. 1841) (1).

202. Le ministère de la justice s'est préoccupé à certaines époques de l'élévation croissante du prix des charges, et moins d'un an après la promulgation de la loi qui accordait le droit de présentation, le garde des sceaux a tenté de tracer des limites à la stipulation des prix dans les traités : « Les procureurs du roi, dit en substance une circ. min. du 21 fév. 1817, doivent surveiller les traités patents ou secrets qui peuvent être faits par les officiers ministériels pour la cession de leurs charges, et apporter encore une attention plus sévère sur les greffiers, parce qu'ils tiennent de plus près à la magistrature, et empêcher surtout les traités scandaleux des greffiers de paix. Ils ne doivent pas souffrir que les greffiers mettent à la présentation de leurs successeurs des conditions trop onéreuses, et ils doivent refuser à ces derniers l'*admittatur*, s'ils en avaient accepté de semblables. Il faut prendre pour base une somme égale au plus au montant du cautionnement ou à une ou deux années du produit du greffe. On peut établir une base un peu plus large pour les autres officiers ministériels qui, à la différence des greffiers, se forment des clientèles; mais cependant il faut veiller avec soin à ce que l'indemnité qu'ils stipulent soit fixée avec discrétion, et concilier la justice due aux titulaires avec l'intérêt public. Si un officier public produisait un traité simulé, il y aurait lieu à provoquer sa destitution sans ménagement, un homme qui se serait conduit d'une manière aussi répréhensible ne méritant pas de conserver son état » (V. M. Gillet, Analyse des circ. et instr. du min. de la just., p. 195).

203. Cette circulaire pouvait servir de guide aux officiers du parquet; mais elle n'avait pas évidemment force de loi, et n'entraînait pas une prohibition obligatoire pour les tribunaux (Conf. Req. 20 juin 1820, aff. Lavalley, V. Obligat., n° 569-1°; Orléans, 15 mai 1825, aff. Aublet *C.* Landry; M. Duvergier, de la Vente, n° 208). — En principe, il n'est pas douteux que les tribunaux, quand ils sont appelés à fixer le prix d'un traité, ne sont pas liés par les règles adoptées par l'administration; mais il est sage à l'autorité judiciaire de les suivre pour maintenir l'unité de jurisprudence.

204. On a trouvé la jurisprudence, qui ne considérait pas la circulaire de 1817 comme obligatoire pour les tribunaux, contradictoire avec celle qui plus tard a annulé les contre-lettres qui contenaient un supplément de prix (MM. Rigaud et Championnière, Contrôl. de l'enreg., cah. d'avr. 1840, p. 123). — C'est une erreur; on conçoit en effet très-bien que la jurisprudence fasse respecter la fixation du prix résultant d'un acte administratif rendu dans une affaire spéciale, et n'ait pas voulu reconnaître dans une circulaire ministérielle un règlement dont il n'aurait été permis ni au ministère ni aux parties de s'écarter. Il n'y a rien là de contradictoire (Conf. M. Duvergier, Revue étr. et franç., t. 7, p. 334).

205. La chancellerie a tracé des règles pour la fixation du prix; elle les fait connaître à l'avance par des instructions aux parquets des procureurs généraux qui ne transmettent que les traités qui ont respecté ces règles. — On a vu n° 202, que dans la circulaire de 1817, le garde des sceaux avait fixé des bases de prix extrêmement étroites; ces bases ne furent jamais en réalité suivies. Jusqu'en 1848, la chancellerie accueillait sans difficulté les traités dans lesquels le prix représentait un capital égal à dix fois le produit moyen de l'office : c'était la base de 10 p. 100; plus tard on l'éleva à 12 p. 100. Mais on reconnut

(1) (Girandy C. Constant.) — Les héritiers de Girandy, notaire à Séguret, avaient fait, avec Constant, un traité par lequel ils s'engageaient à le présenter à l'agrément du roi, comme successeur du titulaire décédé, avec promesse de lui remettre toutes les minutes et tous les papiers relatifs à l'office cédé. Le prix de cession fut fixé à 8,000 fr., et Constant père intervint même au traité pour garantir le payement de ce prix. — Le ministère public, saisi de l'examen des conditions de ce traité et des pièces justificatives de la capacité du cessionnaire, trouva le prix exagéré et en provoqua une nouvelle fixation devant la chambre des notaires de l'arrondissement. Cette chambre réduisit à 2,500 fr. la valeur réelle de la charge; le tribunal la porta à 4,500 fr., et c'est dans cet état que l'ensemble des pièces fut transmis au garde des sceaux. Le 17 juin 1833, une ordonnance royale nomma Constant notaire à Séguret, en remplacement de Girandy, à la charge de payer aux héritiers de celui-ci la somme de 4,500 fr., à laquelle le tribunal avait estimé la valeur de la charge vendue. En exécution de cette ordonnance, les sieurs Constant père et fils offrirent immédiatement la somme ci-dessus aux héritiers Girandy, et sur leur refus de l'accepter, ils la déposèrent à la caisse des consignations

Sur l'instance en validité de ces offres, jugement du tribunal d'Orange, du 8 mai 1839, qui les déclare bonnes et suffisantes par les motifs suivants : — « Attendu que la nature des choses, ainsi que du droit de nomination aux charges de notaires et autres officiers ministériels, tout comme du texte même de l'art. 91 de la loi du 28 avril 1816, il résulte que ces charges et offices ne forment nullement entre les mains des titulaires, et encore moins de leurs héritiers, une propriété absolue et sur laquelle ils aient le *jus utendi et abutendi*. — *De la nature des choses* : car ces charges et offices sont institués uniquement dans l'intérêt des populations, et non pas dans celui des individus appelés à les exercer ; d'où il suit qu'il serait dérisoire de vouloir exercer sur ces charges un droit absolu de propriété, et qui serait celui d'user, d'abuser, et de détruire ou de supprimer; — *Du droit de nomination attribué au pouvoir royal, et du texte de l'art. 91 de la loi du 28 avril 1816* : en effet, du droit de nommer résulte pour le pouvoir celui de rejeter, du droit d'agréer résulte celui de ne point agréer, et lorsque l'art. 91 a permis aux titulaires de présenter leur successeur à l'agrément de Sa Majesté, il a très-expressément maintenu aux charges et offices le caractère d'emplois publics, sur lesquels le pouvoir royal devait conserver, dans l'intérêt général, le droit de surveillance et de disposition suivant son libre arbitre; — Attendu que du droit de rejeter entièrement la présentation faite par les titulaires ou leurs héritiers résulte forcément le droit de surveiller et de modifier les conditions intervenues entre ceux-ci et le candidat qu'ils présentent, principalement à l'égard des offices dont le titulaire est décédé; — Qu'en effet, si à l'égard du titulaire lui-même il est de bonne justice de lui laisser l'option, ou de retirer sa présentation et de conserver sa charge, ou de consentir à la réduction du prix par lui stipulé avec celui qu'il présente, cette même option serait impossible à l'égard des héritiers des titulaires, parce que, si ces héritiers persistaient dans des prétentions, jugées exagérées et contraires aux intérêts généraux de la société, il arriverait alors que des populations entières se trouveraient privées des services qui sont l'unique et nécessaire objet des offices, ou que le pouvoir royal serait contraint de faire des nominations contraires à toutes les lois fondamentales et organiques; — Qu'il résulte de tout ce qui précède : 1° que tout traité intervenu entre le détenteur d'un office et celui qu'il présente à l'agrément du roi est par sa nature même frappé d'une condition suspensive, celle de la ratification du pouvoir royal, qui peut la donner en tout ou en partie, par une nomination pure et simple ou par une nomination modificative des clauses du traité; 2° qu'ainsi, aux termes des lois civiles invoquées par le demandeur lui-même, et qui règlent les obligations résultant des contrats privés, il n'est dû exécution à ces traités qu'autant *et pour autant* que ladite condition suspensive s'est réalisée; — Attendu, en fait, que le pouvoir royal, faisant application des considérations élevées et d'ordre public développées dans la circulaire ministérielle du 21 fév. 1817, a, par l'ordonnance de nomination de Constant, réduit le prix à la somme de 4,500 fr.; — Que, dès lors, la condition suspensive ne s'est point réalisée quant au surplus du prix écrit dans l'acte sous seing privé..... » Appel. — Arrêt.

La cour; — Adoptant les motifs....., confirme.

Du 30 déc. 1841.-C. de Nîmes, 1re ch.-MM. Vignolles, pr.-Rieff, av. gén., c. conf.-Boyer et Greleau, av.

bientôt qu'il était impossible de fixer une base fixe et invariable; en conséquence, on a laissé aux magistrats le soin de rechercher, pour chaque cession, les circonstances de fait et de droit qui peuvent servir à évaluer avec justesse et en parfaite connaissance de cause, le prix moyennant lequel elle peut avoir lieu. Cependant, abstraction faite des circonstances particulières dont l'appréciation est nécessaire, il est des moyennes dont le *minimum* est en quelque sorte fixé par la chancellerie, savoir 15 à 20 p. 100, pour les commissaires priseurs et les huissiers; — 12 p. 100 pour les notaires et les greffiers (décis. min. 29 nov. 1850); — 15 p. 100 pour les avoués (décis. min. 16 et 30 août 1851). — Mais ces moyennes n'ont rien d'invariable, et très-rarement, dit M. Greffier, p. 40, auquel nous empruntons ces détails, on admettra la base de 12 p. 100 pour les notaires. — Sur le mode d'évaluation des produits de l'office cédé, V. circ. min. just. 28 juin 1849, § 3, D. P. 49. 3. 62.

206. Il arrive souvent que le cédant abandonne à son successeur les objets qui garnissent l'étude : les bureaux, les tables, les fauteuils, la bibliothèque, etc.; quelquefois même, il cède son droit au bail, pour éviter que, sous forme de vente de mobilier, on déguise un supplément de prix, l'administration exige que le traité de cession ne contienne que la vente des livres et du mobilier de l'étude : de plus, il faut qu'un prix spécial soit fixé pour l'office et un autre pour le mobilier (MM. Greffier, p. 36; Eug. Durand, nº 222). — Le versement d'une somme à titre de pot-de-vin est prohibé (M. Durand, nº 263).

207. Le prix stipulé dans le traité doit toujours consister en une somme d'argent : autrement, l'administration ne pourrait s'assurer si le prix est en rapport avec la valeur de l'office (MM. Durand, nº 215; Greffier, p. 43). — Ainsi un office ne pourrait être cédé moyennant une rente viagère (décis. min. 6 décis. 1839); ...ou un immeuble (M. Greffier, *loc. cit.*).—Il faut toujours que le prix soit fixe et ferme au moment de la cession sans jamais dépendre d'éventualités ultérieures (circ. min. just. 28 juin 1849, § 4, D. P. 49. 3. 62).

208. Le prix doit être stipulé payable *après* la prestation de serment au plus tôt : toute clause par laquelle il serait convenu que le prix de la cession serait payé *avant* l'installation est rigoureusement prohibée, alors même que le cédant n'aurait pas de créanciers auxquels ce payement pourrait porter préjudice (décis. min. 17 août 1833, 10 janv. 1840, 8 fév. 1854; circ. 28 juin 1849, § 4, D. P. 49. 3. 62; M. Greffier, p. 44; Durand, nº 260). — En conséquence, le mot *payé comptant* ne peut figurer dans le traité (M. Greffier, p. 44). — Par la même raison, on ne peut convenir que le prix se compensera avec pareille somme due au cessionnaire par le cédant (décis. min. 9 mai 1842; circ. 28 juin 1849, § 4, D. P. 49. 3. 62),... ou bien que le prix sera payé en billets à ordre ou autres effets négociables : c'est là un moyen de priver immédiatement les créanciers du cédant d'un gage qui n'a de valeur qu'autant qu'il existe entre les mains du cessionnaire; la remise de valeurs constitue d'ailleurs un payement anticipé (décis. min. 27 fév. 1830, 22 fév. 1833, 10 avr. 1843),... ou bien qu'il est fait délégation de tout ou partie du prix à un tiers (décis. min. 6 août et 19 déc. 1836; 4 et 11 janv. 1842; circ. 28 juin 1849, § 4, D. P. 49. 3. 62, MM. Greffier, p. 43; Durand, nº 260),... même au profit d'un précédent vendeur, bien qu'il puisse prétendre à un privilége (décis. min. 2 août 1841). Mais si, malgré ces prohibitions, le payement a été anticipé ou s'il en a été fait délégation avant l'installation, quel sera l'effet de ce payement ou de cette délégation vis-à-vis des créanciers du cédant? — Cette question est examinée *infrà*, nºs 278 et s. — Il est encore défendu de convenir que le payement du prix aura lieu en espèces d'or et d'argent et non autrement (décis. min. 21 mai 1849; 29 mai 1858; circ. 28 juin 1849, § 4, D. P. 49. 3. 62; V. M. Greffier, p. 47),... ou en lettres de change ou effets de commerce pouvant entraîner l'exercice de la contrainte par corps (même circ. du 28 juin 1849). — Mais les parties peuvent stipuler des termes pour le payement; seulement les intérêts ne doivent pas dépasser 5 p. 100 (M. Greffier, p. 44) et ne peuvent courir que du jour de l'installation, les intérêts ne pouvant avoir d'autre point de départ que le jour de l'entrée en jouissance (décis. min. 18 juill. 1840, 15 juill. et 28 oct. [illegible]).

209. Le cédant ne peut se réserver un privilége sur l'office vendu : les priviléges sont créés par la loi et non par des conventions (décis. min. 14 mars 1840; circ. 28 juin 1849, § 4, D. P. 49. 3. 62),... ni l'action résolutoire à défaut de payement du prix, ni faire une stipulation de rétrocession (décis. min. 21 avr. 1829, 7 juin 1837; MM. Greffier, p. 50, Eug. Durand, nº 263). — Cependant un arrêt qui semble considérer comme valable une stipulation de rétrocession a décidé que la réserve faite par le cédant d'un office, « pour lui ou pour ses héritiers, » du droit de rentrer jusqu'à un temps déterminé dans son office, peut, alors même qu'on la considérerait comme personnelle au cédant, devenir, en cas de faillite de celui-ci, la matière d'une transaction entre ses créanciers et le cessionnaire, et à laquelle il ne peut s'opposer (Amiens, 6 janv. 1842, aff. Fresson, D. P. 45. 2. 41).

210. Le cédant ne pourrait non plus, pour garantir le payement du prix, stipuler que le cessionnaire s'interdit d'user du droit de présentation avant le payement de son prix (M. Durand, nº 265),... ou bien que s'il revend sa charge, il ne pourra rien toucher sur le prix, sans qu'au préalable le cédant ait été complétement désintéressé (décis. min. 29 janv. 1839, 14 août 1840; M. Greffier, p. 46),... ou enfin que si le cessionnaire en revendant sa charge réalise un bénéfice, cette plus-value sera partagée entre lui et le cédant (décis. min. 6 avr. 1840; M. Greffier, p. 50).

211. « Le ministère public, dit M. Greffier, des Cessions et suppressions d'office, p. 42, n'a pas le droit d'*imposer* aux parties des modifications à leurs conventions, il doit seulement les *inviter* à les consentir : c'est au garde des sceaux qu'il appartient de décider en dernier ressort. Quand donc une clause prohibée apparaît dans un traité, quand le prix paraît trop élevé, le procureur impérial doit présenter aux parties des observations convenables, et doit les inviter à modifier les clauses du traité, à diminuer le prix; mais il ne peut exiger ces modifications. Si les parties persistent dans leurs conventions, le ministère public transmet les pièces avec un rapport dans lequel il soumet les difficultés au jugement du garde des sceaux. »

§ 2. — *De la nullité des contre-lettres ou traités secrets.*

212. Malgré les précautions prises par la chancellerie contre les exagérations de prix dans les cessions d'office, la surveillance de l'administration était facilement éludée. — Un prix modéré, des conditions convenables étaient portés au traité dont le ministère de la justice demandait la production, et un autre prix élevé, des conditions plus onéreuses, figuraient dans un traité occulte. Il faut le dire, l'abus était arrivé au comble, et l'on peut assurer qu'il n'y avait pas une seule transmission d'office qui fût sans contre-lettre. — Quels moyens avait le ministre de la justice pour remédier à cet état de choses? — Pendant un temps, l'usage s'était introduit au ministère de la justice de faire prêter aux titulaires et à leurs successeurs le *serment* que le prix porté aux traités était bien le prix véritable. Des plaintes s'élevèrent de la part des officiers publics contre cette mesure administrative. Elles parvinrent jusqu'à la chambre des députés. Une commission fut appelée à s'expliquer à cet égard. Elle pensa à la presque unanimité que, la loi n'autorisant pas ce serment, on ne pourrait en punir la violation; que la mesure, dès lors, n'avait pas de sanction, et qu'elle avait le grave inconvénient de mettre les officiers publics, dès leur entrée en fonctions, dans un état de suspicion qui nuit à la considération qui leur est si nécessaire (V. rapport de M. Carl, *suprà*, nº 55). L'usage d'exiger le serment a donc été abandonné. Ce serment, a dit le garde des sceaux, présente plus d'inconvénients que d'avantages et doit être réservé pour certains cas exceptionnels (circ. min. du 5 fév. 1840, V. Notaire, nº 672). — M. Greffier, p. 34, pense cependant que le procureur général, qui est chargé par les circulaires de s'assurer de la sincérité du prix porté au contrat (V. circ. 28 juin 1849, D. P. 49. 3. 62), peut réclamer le serment des parties. « Toutefois, dit-il, p. 34, les magistrats n'en doivent faire usage qu'avec réserve et dans des cas rares et graves. C'est une mesure dont l'usage est laissé à leur appréciation et à leur sagesse; elle peut épargner aux candidats engagés dans une voie fâcheuse de dissimulation et de fraude d'autres regrets dans l'avenir. » — En tout cas, le serment, comme on le voit, ne peut être considéré que comme une mesure très-exceptionnelle. — Il restait, il est vrai, à l'administration, l'action disciplinaire, mais, d'une part, nous verrons plus bas, nos 272 et s., qu'elle s'exerce difficilement, et, d'un autre côté, il est aisé de comprendre que les poursuites disciplinaires seules ne suffisaient pas pour remédier à l'abus. D'abord le garde des sceaux ne pouvait les ordonner que lorsque, dans le cours d'un procès, le fait de l'existence d'une contre-lettre était révélé au ministère public : ensuite la répression disciplinaire, si elle punissait l'officier public de sa faute, laissait intactes les conventions occultes. L'intérêt privé seul pouvait mettre un terme à l'abus ; il est intervenu. On a soutenu que les contre-lettres contenant un prix différent de celui porté au traité, ou des conditions autres, étaient radicalement nulles, et que la loi ne donnait pas d'action pour assurer leur exécution. La jurisprudence s'est prononcée pour l'affirmative, mais non sans hésitation. En effet, la question était difficile à résoudre.

213. On a soutenu par les considérations suivantes la validité des contre-lettres. La loi de 1816 a accordé aux officiers ministériels le droit de présenter leurs successeurs. C'était le prix du sacrifice qui leur était imposé par l'augmentation de leurs cautionnements. Quels sont les termes de l'art. 91 de la loi de 1816? Il porte que les titulaires d'office pourront présenter à *l'agrément* de Sa Majesté des successeurs pourvu qu'ils réunissent les *qualités* exigées par la loi. Ce mot *agrément*, rapproché du mot *qualités*, signifie que le gouvernement n'admettra le successeur désigné que quand il sera *idoine*, c'est-à-dire lorsqu'il remplira les conditions voulues par la loi pour remplir les fonctions auxquelles il est appelé, et qu'en outre, il donnera des garanties suffisantes de sa moralité. Le gouvernement se dessaisissait du droit de choisir le successeur; il était naturel qu'il se réservât le droit de ne le nommer que s'il était reconnu légalement capable.—S'agit-il ici de question pécuniaire? Nullement. S'agit-il davantage de mille autres conventions étrangères à l'exploitation d'un office, qui peuvent faire l'objet de conventions secrètes? Evidemment non. — Parmi les qualités exigées par la loi pour qu'un citoyen soit notaire et avoué, il ne peut venir à la pensée de personne que l'auteur de la loi ait voulu parler de la fortune personnelle du candidat ou du prix attaché à cette candidature. — Cependant à l'époque de la loi de 1816, il y avait dix ans que l'art. 1321 c. nap. sur les contre-lettres était connu, et il y avait plus de vingt-cinq ans que les offices se transmettaient, presque par habitude, au moyen de traités occultes, c'est-à-dire de traités dont les conditions pécuniaires étaient rarement soumises, dans leur intégrité, au pouvoir qui tolérait la vénalité des offices. Le législateur était donc bien averti ; et, quand il lui était facile de prohiber les contre-lettres, il garde le silence, ou plutôt il promet, comme cela se pratique dans les lois qui contiennent une institution nouvelle, une loi d'organisation qui n'a jamais été rendue.

Dans le silence de la loi on ne pouvait se reporter à la législation antérieure. Nous venons de voir qu'avant la loi de 1816 et sous la loi du 25 vent. an 11, les traités occultes étaient habituels. Avant 1789, des édits de nos rois avaient, il est vrai, déterminé le prix des offices, mais seulement dans le but de faire connaître la finance des offices qui tombaient aux parties casuelles, dans le cas de dépossession. A la vérité, plusieurs édits avaient déclaré que les offices ne pouvaient être vendus soit en justice, soit à l'amiable, pour un prix supérieur à la fixation originaire portée dans les rôles de la chancellerie. Mais outre qu'il est très-douteux que ces dispositions fussent généralement exécutées, il paraît qu'elles s'appliquaient plutôt aux offices de judicature qu'aux offices dont les titulaires ont reçu depuis la qualification d'*officiers ministériels*. A l'égard de ces derniers, on distinguait le titre et la clientèle ; le titre était sujet à la fixation légale, et non la clientèle dont on stipulait le prix séparément. Que faut-il faire, dans le silence de la loi, lorsque les précédents ne peuvent point amener à la solution de la question? Il faut valider les contre-lettres qui, seulement, aux termes de l'art. 1321 c. nap., ne peuvent pas avoir effet à l'égard des tiers. Pour voir un intérêt public lésé par ces traités secrets, il faudrait considérer le gouvernement comme partie : ce serait un véritable abus de mots ; on ne peut considérer le gouvernement qui surveille une convention comme y étant partie, et c'est le pouvoir disciplinaire qui peut seul prévenir l'abus. D'ailleurs, une fin de non-recevoir s'élève contre l'action en nullité des contre-lettres. S'il y a eu fraude, l'acquéreur y a trempé comme le vendeur, et c'est le cas de lui appliquer la maxime : *Nemo auditur propriam turpitudinem allegans*.

Enfin diverses considérations viennent à l'appui des raisonnements qui précèdent. — La cour de cassation a jugé (V. *suprà*, no 205) que les circulaires du ministère de la justice qui fixent les bases d'après lesquelles les prix doivent être fixés dans les traités, n'obligent pas les tribunaux. Il résulte de cette décision que ce n'est point à l'administration à fixer les prix ; que, dès lors, c'est aux parties, et qu'elles le peuvent faire de la manière qui leur conviendra le mieux. — On cite en outre un passage d'une circulaire du garde des sceaux, du 5 fév. 1840 (V. Notaire, no 672), où le ministre semblerait admettre l'existence des contre-lettres comme susceptible de produire un effet légal en se bornant à appeler sur ces conventions la surveillance du parquet. « Il faut veiller avec soin, dit le ministre, sur les traités de cette nature et sur les conditions patentes et occultes. » — A ce document semi-officiel on peut joindre l'argument dans le même sens que fournit l'art. 11 de la loi du 25 juin 1841. Cet article parle des contre-lettres dans les traités d'office, est-ce pour les annuler? Au contraire ; c'est pour les frapper d'un triple droit d'enregistrement, parce qu'apparemment cet article admet qu'elles peuvent produire une certaine efficacité. Il faudrait même, pour attribuer à cet art. 11 un sens quelconque, en faire résulter la validité des conventions occultes ; car, d'après la jurisprudence constante en matière d'enregistrement, des conventions nulles dès l'origine de leur formation ne donnent lieu à l'application d'aucun droit.

214. La jurisprudence s'est prononcée d'abord en faveur de cette doctrine : elle a décidé formellement que l'obligation pour supplément du prix de cession d'un office, consentie en dehors du traité ostensible, est licite (Grenoble, 16 déc. 1837; Toulouse, 22 fév. 1840) (1) ; qu'en conséquence, le cessionnaire qui a ac-

(1) 1re *Espèce :* — (Second C. Brun et Bergeron.) — En 1831, Second, huissier, vend son office à Brun, moyennant un prix ostensible de 10,000 fr.; Bergeron cautionne purement et simplement l'obligation de Brun. Celui-ci, nommé huissier, ne paye pas aux échéances : Second exerce contre lui des poursuites devant le tribunal de Valence. Brun demande alors l'imputation, sur la somme portée dans l'acte, de celle de 1,800 fr. qu'il a payée à Second, en vertu d'un billet souscrit en dehors du traité ; Bergeron demande, de son côté, l'imputation de cette somme sur son cautionnement. — 15 mai 1837, jugement qui admet, tant à l'égard du débiteur principal que de la caution, l'imputation demandée, sur le motif que la convention de payer un prix en dehors de celui qui a été ostensiblement stipulé dans le traité, est illicite comme contraire à l'ordre public. — Arrêt.

La cour ; — Attendu que la loi des finances du 28 avril 1816, en autorisant les titulaires d'office à présenter leurs successeurs à l'agrément du roi, les a autorisés implicitement à vendre ces offices, comme indemnité du supplément de cautionnement que cette loi leur imposait ; — Attendu qu'aucune loi ne fixe le taux auquel les offices peuvent être vendus ; — Que, si bien des circulaires administratives enjoignent aux magistrats du parquet de surveiller les marchés de cette nature, pour que le prix de ces offices ne soit pas porté à un taux trop élevé, ces circulaires ne peuvent, ainsi que l'a décidé la cour de cassation, être considérées que comme instructions et nullement comme prohibitives ; — Attendu que si bien, indépendamment du prix porté dans les conventions destinées à être mises sous les yeux de l'autorité, Brun a consenti un billet à ordre de 1,800 fr., payable dans un terme peu éloigné, il ne peut se prévaloir de cette occultation pour faire retrancher cette somme du prix convenu, alors qu'il avoue que cette somme devait être payée en sus, et que, lors du payement qu'il en a fait, il n'a point élevé la prétention qu'il élève aujourd'hui ; — Que, s'il y a fraude, il y a concouru, et ne peut l'alléguer aujourd'hui, et s'en faire une arme contre son vendeur : *nemo auditur propriam turpitudinem allegans* ; — Attendu, en ce qui concerne Bergeron, la caution, que, si bien son cautionnement ne peut s'étendre que sur le prix porté dans la convention, et qu'on ne puisse lui réclamer que ce prix, il ne peut se prévaloir du payement qui aurait été fait par Brun de la somme de 1,800 fr., au préjudice des sommes cautionnées, qu'autant qu'il aurait existé entre Brun et Second un concert frauduleux pour l'amener à souscrire le cautionnement ; — Que la fraude ne se présume

quitté une somme en dehors du prix stipulé dans l'acte d'acquisition de son office, ne peut ensuite demander qu'il soit fait im-

pas; — Que toutes les circonstances de la cause, et surtout celle que le payement devait avoir lieu à plusieurs échéances, d'année en année, mais dont la première ne devait avoir lieu qu'après trois ans, devaient lui faire penser que ce délai n'avait été accordé que parce que, dans l'intervalle, Brun avait été soumis à faire d'autres payements à Second; — Que toutes les autres circonstances de la cause tendent à prouver qu'il avait connaissance, et de l'engagement pris par Brun et du payement qu'il avait fait, et qu'il n'a songé à élever des réclamations quant à ce, que lorsqu'on l'a mis en demeure d'effectuer le cautionnement qu'il avait souscrit; — Attendu qu'on ne lui réclame que l'exécution de son obligation, à laquelle il s'est soumis sans contrainte ni fraude; — Réformant, condamne, etc.

Du 16 déc. 1837.-C. de Grenoble, 2e ch.-M. de Noailles, pr.

2e *Espèce*: — (Lacombe C. Clarenc.) — Le 25 juin 1835, traité officiel par lequel Clarenc père vend à Clerc son titre d'huissier près le tribunal d'Albi, moyennant la somme de 2,000 fr. Par un traité resté secret, le prix avait été porté à 4,200 fr., dont 1,400 fr. furent payés comptant, et les 2,800 fr. restant au moyen de lettres de change. Les lettres de change ne furent point payées à l'échéance: il y eut protêt et condamnation. Clerc fut destitué avant d'avoir payé le prix: il fut remplacé par le sieur Carbonnel, qui est obligé par l'ordonnance qui le nomme de verser à la caisse des dépôts et consignations une somme de 3,000 fr., prix de l'indemnité due à Clerc, suivant la fixation faite par le tribunal d'Albi. Divers créanciers formèrent opposition sur la somme déposée, entre autres Clarenc et le sieur Lacombe: une distribution par contribution fut ouverte; des contredits furent formés contre Clarenc, qui, en qualité de vendeur, avait demandé à exercer un privilége sur le prix de la charge: les autres créanciers soutinrent qu'il n'existait point de privilége en faveur de Clarenc; que, dans tous les cas, il l'avait perdu par la novation intervenue dans le second traité passé avec Clerc. — 18 mars 1839, jugement du tribunal d'Albi, qui admet la prétention de Clarenc et maintient le procès-verbal du juge-commissaire. — Appel du sieur Lacombe. Devant la cour, il demande, par des conclusions subsidiaires, qu'à supposer que la cour reconnaisse le privilége qu'il conteste, elle déclare qu'à l'égard de lui, Lacombe, le prix de l'office vendu par Clarence à Clerc sera fixé à 2,000 fr. portés dans le traité remis à M. le procureur du roi, et que, imputant sur ces 2,000 fr. la somme de 1,400 fr. reçue en argent, d'après le traité particulier, la cour déclare ce traité nul et de nul effet pour tout ce qui excède la reconnaissance de la réception faite par Clarenc des 1,400 fr., et le privilége de Clarenc réduit à 600, pour lesquels seulement il serait alloué. — Arrêt.

La cour; — Attendu qu'aux termes de l'art. 528 c. civ., les droits incorporels sont des meubles; — Que l'art. 535 comprend sous le nom d'*effets mobiliers* tout ce qui est censé *meubles*; — Qu'il ne peut donc pas être douteux que celui à qui est dû le prix d'une charge d'huissier a droit au privilége qu'assure le § 4 de l'art. 2102, au vendeur d'effets mobiliers non payés; — Que ce privilége ne peut être exercé que sur un meuble qui est en la possession du débiteur; mais qu'un office est un bien d'une nature particulière, que le créancier ne peut, lui, faire saisir ni faire vendre, le titulaire ne pouvant être dépossédé que par un acte de sa volonté ou par l'intervention de l'autorité publique; — Que, dès lors, et pour que le vendeur puisse utiliser le droit que lui donne incontestablement l'art. 2102, il faut qu'il puisse suivre par préférence son payement sur le prix, qui, étant attribué aux créanciers, comme condition de la nomination du successeur, semble leur être en quelque sorte attribué avant que l'office sorte des mains du débiteur; — Attendu que, tandis que l'acte de cession du 25 juillet 1835, présenté à l'autorité, portait le prix de l'office à 2,000 fr., qui devaient être comptés après la nomination de Clerc à la place de Clarenc, par un autre acte du même jour, et resté secret, les parties l'avaient fixé à 4,200 fr., dont 1,400 fr. étaient payés comptant, et les 2,800 fr. restants au moyen de lettres de change; — Que de ces faits l'appelant induit, d'abord, que le vendeur, par la substitution d'une dette nouvelle à l'ancienne, a perdu son privilége; 2° que le traité secret est entaché de nullité; — Que dès lors la dette doit être réduite à ce qui reste dû sur le prix convenu dans l'acte d'abord produit, déduction faite des 1,400 fr. payés à compte;

En ce qui touche la novation: — Attendu que, puisqu'elle ne se présume pas, elle n'existe que lorsque, par l'acte duquel on entend la faire résulter, le créancier a manifesté l'intention certaine de renoncer aux droits qui lui appartenaient, pour en puiser de différents dans la position nouvelle qu'il prend; — Que l'acceptation de billets n'est qu'un mode de libération duquel on ne saurait induire ni que le débiteur a été déchargé de sa première obligation, ni, surtout, que le créancier a consenti à l'extinction de la dette primitive; — Qu'il importe peu qu'en recevant ces effets de commerce, Clarenc ait déclaré faire quittance, puisqu'elle était subordonnée à leur encaissement, et que la condition ayant défailli par le défaut de payement, l'acte reste en entier avec tous les droits qui en résultent pour le vendeur;

En ce qui est relatif à la nullité du traité secret: — Attendu que, lorsque, cédant aux nécessités de sa position financière, le gouvernement imposa aux officiers ministériels une augmentation dans le chiffre de leur cautionnement, il leur accorda, par l'art. 91 de la loi du 28 avr. 1816, le droit de présenter leur successeur à l'agrément de Sa Majesté; — Que cette faculté leur a assuré la propriété des charges qui se transmettent par l'hérédité; mais que la cession de cette propriété, d'un genre particulier, ne peut être faite que sous l'approbation de l'autorité; — Qu'il faut donc concilier le droit acquis à l'officier ministériel au prix d'un sacrifice avec la prérogative royale, dont on méconnaîtrait l'étendue et les obligations, si, par un abus du texte de l'article précité, on entendait que l'investiture est toujours due à celui qui réunit les qualités exigées par les lois; — Que ces nominations peuvent avoir sur la fortune et l'honneur des particuliers une influence qui impose à l'administration l'obligation de l'environner des plus puissantes garanties; — Que de là résulte pour elle le devoir de s'occuper, non-seulement de la moralité du candidat, mais encore de tout ce qui se rattache aux conditions sous lesquelles il doit entrer dans les délicates fonctions qu'il sollicite; — Qu'aussi nul doute ne peut s'élever sur son droit de s'ingérer dans l'examen du traité, de prendre toutes les précautions, de se livrer à toutes les recherches qui peuvent lui faire acquérir la connaissance des conventions qui lient en réalité les parties: — Maintenant autre chose est le droit de l'administration et le devoir des tribunaux; — Que, pour eux, le premier de tous est de se conformer à la loi;

Que l'art. 91 de celle du 28 avr., muette, dans son texte même, sur le droit de vendre les charges, n'a pu faire une distinction entre les conventions relatives aux prix, qui sont soumises à l'autorité, et celles qui ne sont connues que des parties; — Que cet article a promis, il est vrai, une législation destinée à régler le mode de transmission des offices; — Que, si les magistrats peuvent appeler de leurs vœux cette loi, qui met un terme aux abus dont la notoriété a frappé le législateur lui-même, sans qu'il ait appliqué le remède au mal qui lui a été signalé, ils sont, tant qu'elle n'est point intervenue, dans l'obligation de maintenir des actes qui ne contreviennent à aucune prohibition législative; — Qu'en vain, assimilant le droit de présentation à la vénalité des charges sous l'ancienne monarchie, on a voulu puiser dans les lois antérieures à 1789 l'existence du droit que l'analogie de situation devrait faire appliquer à la cause; — Que les édits qui ont été invoqués avaient, il est vrai, déterminé le prix des charges, mais seulement dans le but de faire connaître la finance que le roi devait rembourser aux possesseurs d'offices qui tombaient aux parties casuelles; — Que l'autorité n'en demeurait pas moins étrangère à tout ce qui était relatif à leur cession, dont les conditions étaient débattues entre les contractants; — Qu'elle n'intervenait point davantage, sous la loi du 25 vent. an 11, dans les traités que les parties étaient autorisées à faire de gré à gré pour la transmission de leurs minutes, qui comprenaient celle de leur clientèle; — Que la connaissance des lois antérieures et de leur exécution fournissait donc une raison de plus de ne point puiser dans le silence de la loi actuelle une cause d'annulation d'actes qu'elle n'a point défendus;

Attendu que les contractants, en cachant une partie de leurs conventions, ont manqué sans doute à la haute probité que commande l'emploi dont l'un d'eux veut être investi, et que la dissimulation du véritable prix permet de craindre qu'il ne soit hors de proportion avec les produits légitimes de la charge; mais que le maintien de l'acte ne saurait empêcher que l'action blâmable de l'officier ministériel soit réprimée par d'autres voies; — Que la crainte résultant de l'exagération présumée du prix d'office, qu'un danger incertain, que cette violation des règles d'une délicatesse si rigoureuse, qui peut n'avoir aucune des conséquences que l'on redoute, n'offrent pas une atteinte aux bonnes mœurs et à la sécurité publique assez grave pour opérer l'annulation de stipulations qui ne sont pas défendues par la loi;

Que, pour voir dans ces traités secrets un intérêt d'ordre public, on a été amené à considérer le gouvernement comme ayant été partie dans le contrat; — Que c'est là un abus de mots; que, dans la réalité, tandis que le droit de présentation appartient au titulaire, l'autorité, à qui appartient la nomination, pour qu'elle réside sur un homme digne de sa confiance, a recours à tous les moyens d'investigation et de surveillance que lui commande autant l'intérêt du candidat que celui de la société elle-même; mais que les conventions sont faites entre les parties seules; — Que les actes secrets qui peuvent exister entre elles ont le caractère des contre-lettres, qui, malgré les inconvénients que peuvent présenter les conventions pour lesquelles on redoute la publicité, ne sont pas interdites; — Que l'art. 1321 du code veut seulement qu'elles n'aient pas d'effet à l'égard des tiers; — Que de cet article les appelants pourraient faire résulter leur droit de quereller les titres produits; mais que nul doute ne peut exister relativement à l'acte qui a été soumis au ministre; — Que, quoique sous seing privé, il a acquis de cette circonstance même un caractère d'authenticité, et a constaté à l'égard des tiers la créance de Clarenc, avec le privilége qui y est attaché; — Que les conventions secrètes ne pouvaient ni en modifier la nature ni en atténuer le prix qui y est stipulé, les payements qui ont eu lieu ne devant pas venir en déduction de la somme qu'il énonce; — Qu'ainsi, et dans tous

putation de cette somme sur le prix porté au traité (même arrêt de Grenoble).

215. Des réponses ont été faites aux arguments à l'aide desquels on cherche à établir la validité des contre-lettres. On a d'abord protesté contre cette doctrine, que la loi de 1816 est le prix du sacrifice qui est résulté pour les officiers publics de l'augmentation de leurs cautionnements. Il n'est intervenu aucun contrat entre l'Etat et les officiers; il était certainement le maître d'augmenter les cautionnements, sans prendre une mesure favorable aux titulaires. Si cela a été fait à cette époque, c'est pour des raisons politiques dont la valeur n'est pas à examiner, mais ce n'est pas en tous cas une obligation contractée par l'Etat. D'un autre côté, cette doctrine serait dangereuse; car, si elle était admise, elle conduirait nécessairement à la vénalité des charges. Il faut donc reconnaître que la loi du 28 avr. 1816 est un acte spontané. — Maintenant quel droit a-t-elle créé. On a dit que lorsqu'elle a été rendu, le code Napoléon avait déjà décidé que les contre-lettres étaient valables entre ceux qui les avaient stipulées, et que d'autre part les charges se transmettaient sans que les traités fussent produits, ou au moins sans que toutes les conventions pécuniaires fussent soumises à l'autorité; cependant le législateur averti n'a pas proscrit les contre-lettres; il n'a pas non plus publié la loi réglementaire qu'il avait promise : on est donc resté dans le droit commun. Ensuite on fait ressortir des termes mêmes de la loi qu'elle n'a pas voulu s'occuper de la question pécuniaire, et qu'elle a exigé seulement du successeur désigné qu'il remplit les conditions légales qui le font idoine à être nommé. — Mais il faut laisser de côté la promesse d'une loi réglementaire qui n'a point été faite, et il faut interroger la loi de 1816, dans l'isolement où elle a été laissée. Elle n'a pas rétabli la vénalité des offices; elle n'a donné aucunement le droit de les transmettre; elle a seulement déclaré qu'elle autorisait les titulaires à présenter des successeurs. C'est le droit de présentation qu'elle a créé, et c'est la jurisprudence qui, après quelques hésitations, a pensé que l'exercice de ce droit pouvait être l'objet d'une convention. Mais il n'en est pas moins resté vrai que la nomination est faite par l'empereur, qui nomme à tous les emplois publics. Qu'en résulte-t-il? C'est que le gouvernement doit, là comme ailleurs, être complétement le maître d'imposer telle ou telle condition dans l'intérêt général, au candidat qu'il veut investir d'un emploi.—On répond qu'aux termes de la loi même, il doit nommer le candidat qui est idoine, c'est-à-dire qui a rempli les formalités légales pour arriver à l'emploi, et qui a été déclaré suffisamment capable et honnête. C'est comme si, invoquant les lois sur l'organisation judiciaire, on venait, après avoir atteint la durée de stage voulue par la loi pour être magistrat et l'âge compétent, exiger de l'empereur d'entrer dans la magistrature. Dans ce cas, certainement l'empereur a le droit de demander toutes les garanties qu'il lui convient. Il ne faut sans doute pas pousser trop loin l'assimilation. Quoiqu'il soit certain qu'en principe le gouvernement est maître de nommer ou de ne pas nommer, il doit, dans la sincérité de la loi, nommer celui qui lui est présenté. La concurrence qui ouvre droit à toutes les exigences n'existe pas; mais encore faut-il que le candidat lui paraisse réunir toutes les conditions nécessaires pour remplir ses fonctions, de manière que l'intérêt public n'en souffre jamais. Or, il n'est pas douteux qu'il importe aux justiciables que les titulaires d'offices ne soient pas grevés d'obligations pécuniaires trop lourdes envers leurs prédécesseurs. Cela n'a pas besoin d'être discuté, et qui peut nier que l'abus sur ce point ne fût devenu intolérable? Le gouvernement, usant d'un droit qu'on ne peut lui refuser, a dit que pour protéger les intérêts du public, il ne nommerait le candidat présenté que dans le cas où l'administration aurait connu ou approuvé le prix donné à l'exercice du droit de présentation. Quoi de plus juste? Il faut ajouter que c'est une mesure évidemment prise dans l'intérêt de l'ordre et de la société. Quand on trompe le gouvernement à cet égard, on fait une fraude à la loi, on lèse l'intérêt public, on fait un acte illicite, dès lors cet acte doit être annulé. —On a objecté que pour en arriver là il faudrait que le gouvernement eût été partie. La cour impériale d'Orléans a répondu en décidant qu'en effet *l'autorité supérieure est partie principale et nécessaire dans un pareil contrat* (Orléans, 31 mars 1855, aff. Jarry C. Menard, D. P. 55. 2. 225). —Mais sans aller aussi loin que cette cour, on peut demander s'il n'y a pas de contrats nuls comme contraires aux bonnes mœurs, sans que ceux qui sont chargés d'y veiller soient intervenus à l'acte. La seule chose qu'on puisse conclure de la non-intervention du gouvernement dans le contrat, c'est qu'il ne peut pas le faire annuler par action directe.

Doit-on attacher une grande importance à la circulaire du garde des sceaux de 1840? On ne le pense pas. Il est évident que la rédaction de la circulaire a mal rendu la pensée du ministre. Comment croire qu'il ait chargé les officiers du parquet de veiller sur les stipulations occultes? Cela n'a pas de sens : on ne peut régler ce qu'on ne connaît pas. On fait dire au ministre tout le contraire de ce qu'il a voulu dire; il a imposé au ministère public le soin de veiller à ce qu'aucune stipulation occulte ne vînt altérer les conditions du traité ostensible. — Quant à la loi du 25 juin 1841, il suffit de la lire pour se convaincre qu'on n'en peut pas conclure la validité des contre-lettres. Il s'agit seulement, dans la loi de 1841, du prix porté au traité ostensible, et une amende est prononcée quand il n'a pas été sincère. D'ailleurs des explications ont été données aux chambres par le ministre de la justice, qui a déclaré que ni les poursuites disciplinaires ni les peines de nullité, que la jurisprudence a plusieurs fois imposées aux simulations, n'étaient nullement atteintes par la nouvelle disposition fiscale.

Mais l'action doit-elle être refusée, parce que le cessionnaire de l'office est en faute aussi bien que le cédant? On répond, pour la négative, que l'axiome du droit romain n'est applicable qu'au cas où il n'y aurait aucun intérêt public en cause. On comprend que quand une obligation illicite ne blesse que des intérêts privés, l'action soit refusée; mais quand il s'agit d'une contre-lettre qui change le prix donné à l'exercice du droit de présentation, l'intérêt public intervient pour valider l'action qu'il lui importe de voir réussir.

216. Malgré les deux arrêts de Toulouse et de Grenoble ci-dessus cités, la jurisprudence s'est prononcée contre la validité des contre-lettres. — Ainsi il a été jugé qu'il est conforme au texte et à l'esprit de la loi du 28 avr. 1816 que le gouvernement connaisse les conventions passées entre les parties, afin de s'assurer si, soit par l'exagération du prix, soit par toute autre cause elles ne renferment pas des stipulations contraires à l'ordre public; qu'il suit delà que le traité soumis au gouvernement, et qui a motivé sa détermination, demeure irrévocablement fixé, et ne peut, sans que l'intérêt public soit blessé, être altéré par aucune contre-lettre (Paris, 15 fév. 1840, et sur pourvoi Req. 7 juill. 1841; Metz, 14 fév. 1843 (1); Rennes, 29 nov. 1839, aff. Tessier, V. n° 352-3°; Req. 7 juill. 1841, aff. Poisson, V. n° 264-1°;

les cas, Clarenc a été, à bon droit et par préférence, colloqué pour le capital de 2,000 fr. et les accessoires;

Relativement aux 800 fr. restants :—Attendu qu'indépendamment de ce que la totalité des sommes à distribuer sera absorbée par l'allocation antérieure et les frais de la distribution, les droits de Clarenc avaient été fixés par le jugement du tribunal d'Albi, portant condamnation contre Clerc, bien avant que la dette de celui-ci envers Lacombe frères eût acquis date certaine; — Qu'ainsi, il y a lieu de démettre ce dernier de son appel, sans qu'il soit nécessaire de statuer sur la partie des conclusions de Clarenc, tendant au rejet des demandes que la cour n'accueille point; — Par ces motifs, confirme.

Du 22 fév. 1840.-C. de Toulouse, 2e ch.-M. Martin, pr.-M. Daguillon-Pujol, 1er av. gén., c. contr.-Féral et Mazoyer, av.

(1) 1re Espèce : — (Legrip C. Moreau.)—Le garde du commerce Legrip vend en 1829 sa charge à Moreau. Le prix ostensible était de 28,000 fr., mais il était porté à 110,000 fr par convention secrète. — Des difficultés surviennent entre les traitants, à l'égard du payement de la forte différence stipulée, et une transaction signée en 1833 réduit à 40,000 fr. le prix total de la charge, secrètement fixé à 110,000 fr. Plus tard, Moreau se refuse à payer les 40,000 fr. et veut s'en tenir au chiffre estimé dans son traité ostensible, considérant comme nulles et non avenues toutes conventions tendant à le dénaturer. — Legrip demande l'exécution de la transaction de 1833, et subsidiairement demande que les sommes déjà reçues par lui sur son prix soient imputées sur le supplément, comme obligation volontaire d'une obligation naturelle. — A l'égard de cette dernière prétention, Moreau soutient que les sommes qu'il a payées

l'ont été à titre d'*à-compte* sur le prix de sa charge, et non sur le supplément secret. — 30 août 1839, jugement du tribunal de la Seine qui déclare Legrip mal fondé dans sa demande en exécution de la transaction du 21 mars 1833, ou en payement de 40,000 fr. à titre de dommages-intérêts pour lui en tenir lieu; ordonne que le prix de la charge de garde de commerce, acquise de Legrip par Moreau, est et demeure fixé à la somme de 28,000 fr., etc. »

Appel de Legrip. — Arrêt de la cour de Paris, du 15 fév. 1840, ainsi conçu : « En ce qui touche l'appel de Legrip : — Considérant que la nomination aux offices a toujours été à la libre et entière disposition du gouvernement, qui ne les a créés que dans un but d'utilité publique, pour la sûreté des transactions entre les citoyens et pour la bonne administration de la justice; — Que la seule exception à ce droit exclusif de nomination a été apportée par la loi du 28 avr. 1816, qui a permis aux titulaires de certains offices de présenter leurs successeurs à l'agrément du roi; — Qu'il résulte de cette disposition que le gouvernement, au lieu de nommer aux offices de son propre mouvement, permet aux titulaires de traiter de leur clientèle avec des successeurs qu'ils présentent; mais que la loi n'a entendu ni faire des offices une propriété dont les titulaires pussent disposer à leur gré, ni rien enlever au gouvernement du droit qu'il a, soit de refuser les successeurs, soit de surveiller la transmission des offices, comme il le faisait auparavant; — Que c'est pour continuer d'exercer ce droit de surveillance, qui est en même temps un devoir, que le gouvernement prend des mesures et donne les instructions qu'il juge nécessaires, et que ces mesures, prescrites pour assurer l'exécution des lois, sont obligatoires pour les titulaires des offices comme pour les magistrats chargés de leur application ; — Considérant que la plus efficace de ces mesures est l'obligation imposée aux titulaires de soumettre leurs traités aux chambres de discipline et aux tribunaux, afin de s'assurer que le prix de la cession est dans une juste proportion avec le produit de l'office, et pour que les successeurs ne se trouvent pas dans l'alternative de manquer à leurs engagements ou d'abuser de leur position envers ceux que la loi oblige de recourir à leur ministère; — Que c'est en considération et sous la foi de ces traités, approuvés par l'autorité, et dont la sincérité est affirmée par les parties, que la nomination est accordée; qu'ainsi ils forment avec le gouvernement lui-même un contrat dont la stricte exécution intéresse essentiellement l'ordre public; — — Qu'il résulte de là que toute convention entre les parties, de nature à porter atteinte aux traités, et dont la connaissance a été dérobée à l'autorité, est nulle comme contraire à l'ordre public;

» En ce qui touche la prétendue transaction entre Legrip et Moreau : — Considérant que si le premier traité secret a été remplacé par un second traité moins onéreux, mais stipulant encore un prix bien supérieur au traité moins onéreux remis à l'autorité, ce traité, tout en prouvant l'exagération du premier, n'a fait que placer les parties dans le même état que si le premier n'eût pas existé, et par conséquent ne change rien à l'application des principes posés ci-dessus;

» En ce qui touche la demande de Legrip, tendant à ce que les sommes payées par Moreau soient imputées sur l'excédant du traité de 28,000 fr. : — Considérant que, si les sommes payées volontairement *au delà* du prix d'un traité ne peuvent pas être répétées, parce que ce payement est l'exécution d'une obligation naturelle dont on ne saurait plus être déchargé, il n'en est pas de même des sommes payées par *à-compte* sur un traité qui est annulé pour être remplacé par un autre qui est moins onéreux; que, dans ce cas, les sommes payées *à-compte* doivent être imputées sur le prix du traité maintenu; qu'autrement l'annulation du premier traité serait illusoire; — Adoptant, au surplus, sur ces différents chefs, les motifs des premiers juges; — Confirme, etc. »

Pourvoi : —1° violation de l'art. 91 de la loi du 28 avr. 1816, et fausse application de l'art. 6 c. civ., en ce que la cour de Paris a annulé, comme contraire à l'ordre public, la convention secrète relative à un supplément de prix, sous prétexte que le droit de nomination aux offices, réservé au gouvernement, serait exclusif du droit de libre propriété sur la finance appartenant au titulaire; — 2° violation de l'art. 1321 c. civ., et fausse application de l'art. 6 même code, en ce que l'arrêt attaqué a refusé à une contre-lettre la force qu'un pareil acte doit obtenir entre les parties qui l'ont souscrit; — 3° violation de l'art. 2052 c. civ., en ce que la cour a annulé une transaction faite de bonne foi, en faisant réfléchir sur la transaction la nullité du contrat primitif — Arrêt.

La cour; — Sur les moyens présentés autres que le 3° : — Considérant que la loi de 1816 n'accorde au titulaire d'un office que le droit de présenter au gouvernement son successeur et de solliciter sa nomination; qu'avant de l'accorder, il est sans contredit conforme au texte et à l'esprit de la loi du 28 avr. 1816 que le gouvernement connaisse les conventions passées entre les parties, afin de s'assurer si, soit par l'exagération du prix, soit par toute autre cause, elles ne renferment pas des stipulations contraires à l'ordre public; qu'il suit de là que le prix fixé par le traité soumis au gouvernement, et qui a motivé sa détermination, demeure irrévocablement fixé, et ne pourrait, sans blesser l'intérêt public, être altéré par aucune contre-lettre; — Considérant que l'arrêt attaqué constate en fait, ce qui n'est pas contesté, que, lors dudit accord fait entre Legrip et Moreau, un traité ostensible portant le prix de l'office à 28,000 fr. a été déposé à M. le procureur du roi, avec la déclaration formelle des parties que ce traité était sérieux et contenait le prix réel; — Que c'est sur la transmission à la chancellerie du traité ostensible que Moreau a été nommé; — Considérant que, s'il était intervenu, hors du traité ostensible, un traité secret portant que le prix de l'office était réellement de 110,000 fr., cette contre-lettre, comme l'a déclaré avec raison l'arrêt, contenait une dissimulation coupable, dont les effets désastreux, dans l'intérêt de la société et de la morale, étaient contraires à l'ordre public, et que, par voie de conséquence, cette contre-lettre était radicalement nulle; — Considérant que les articles du code invoqués consacrent des principes incontestables en thèse générale, mais ne peuvent s'appliquer à la cause actuelle; qu'ainsi l'arrêt a fait une juste application de la loi de 1816;

Sur le 3° moyen : — Considérant que si, postérieurement à la nomination du sieur Moreau, sur les difficultés qui s'élevaient entre les parties, elles ont, par un acte qualifié transaction, ramené le prix réel de l'office à une somme de 40,000 fr., au lieu de celle de 28,000 portée au traité ostensible, ou de celle de 110,000 fr. stipulée par la contre-lettre (traité secret), cette transaction, loin d'avoir formé entre les parties une convention nouvelle, n'a été que l'exécution modifiée du traité secret justement frappé de nullité; que cette transaction ne peut être scindée et séparée de ce traité secret, et qu'elle participe nécessairement à la nullité de ce traité, fondée sur des motifs d'ordre public; qu'ainsi l'arrêt n'a point porté atteinte à l'autorité attribuée par la loi aux transactions; — Rejette.

Du 7 juill. 1841.-C. C., ch. req.-MM. Zangiacomi, pr.-Lebeau, rap.-Delangle, av. gén., c. conf.-Bonjean, av.

2e *Espèce :* — (Deschets C. Lecoq et autres.) — La cour; — En ce qui concerne la validité de la contre-lettre du 26 juin 1838 : — Attendu que l'art. 91 de la loi de finance du 28 avril 1816, en accordant aux titulaires de certains offices, la faculté de présenter des successeurs à l'agrément de Sa Majesté, n'a point réglé l'exercice de cette disposition ; que jusqu'à présent la loi particulière, annoncée par le second paragraphe dudit article, n'a point paru, et que de l'absence de cette loi sur un point aussi important sont résultés le vague et l'incertitude qui existent encore sur la nature, l'étendue et la portée de cette regrettable concession ; — Attendu que pendant longtemps les tribunaux ont appliqué aux traités secrets ayant pour but d'augmenter le prix de cession d'un office le principe consacré par l'art. 1321 c. civ., et que ce n'est qu'avec difficulté et lenteur, et à raison des abus qui ont éclaté, que s'est établie la jurisprudence qui proscrit les contre-lettres en matière de cession d'office, comme portant atteinte à l'ordre public;—Attendu que cette jurisprudence est celle de la plupart des cours royales; qu'elle est particulièrement consacrée par les derniers arrêts de la cour de cassation du 7 juill. 1841; — Attendu que, malgré le silence absolu de l'art. 91 de la loi du 28 avr. 1816, il n'est pas possible de dénier au gouvernement le droit d'exiger la remise du traité de cession d'une étude, d'en examiner le taux, et de le réduire à une juste proportion s'il lui paraît exagéré parce que cette exagération peut avoir de funestes résultats, soit en portant le nouveau titulaire à faire des gains illicites, soit en entraînant sa ruine ; que de pareils résultats, en se reproduisant, peuvent altérer la considération dont les officiers ministériels doivent être entourés, et qu'il importe à l'ordre public de le leur conserver; que c'est donc avec raison que le tribunal de Vouziers a déclaré nulle, comme portant atteinte à l'ordre public, la contre-lettre souscrite par Lecoq fils à Deschets le 26 juin 1838 ;

En ce qui touche l'exécution de ladite contre-lettre, et la question de savoir si la somme de 20,000 fr. qui y était portée, ayant été payée volontairement, est sujette à répétition : — Attendu qu'après avoir dit que tout payement suppose une dette, et que ce qui a été payé sans être dû est sujet à répétition, l'art. 1235 c. civ. ajoute que « la répétition n'est pas admise à l'égard des obligations naturelles qui ont été volontairement acquittées; » — Attendu que si le législateur n'a pas défini ce que c'est que l'obligation naturelle c'est que sans doute il a pensé qu'il s'agissait d'une chose hors de son domaine ; qu'il s'agissait d'un sentiment qui a sa source unique dans les intérêts de la conscience, et d'un lien que la morale seule se charge de former et de rompre ; — Attendu que c'est en effet dans ce sens que les jurisconsultes les plus recommandables se sont expliqués au sujet des obligations naturelles non reconnues par la loi civile, mais qui n'engagent pas moins le for intérieur. Ainsi, d'après Pothier, Traité des obligations, n° 195, « le payement fait volontairement est valable, et n'est pas sujet à répétition, quand le débiteur a eu un juste sujet de payer, savoir, celui de décharger sa conscience ; » Domat s'en explique dans les mêmes termes; Toullier, t. 11, n° 87, est plus explicite ; dans son rapport au tribunat sur l'art. 1235, M. Jaubert ne tient pas un autre langage ; — Attendu que ces principes, appliqués à la cause actuelle, repoussent péremptoirement l'action en répétition du supplément de prix volontairement payé par Lecoq à Deschets. Il est ir-

. 373; Rennes, 28 août 1841, aff. N..., V. n° 352-1°; Req. 7 mars 1842, aff. Nicole, V. n° 234; Rouen, 18 fév. 1842, aff. Chedeville, et Cass. 30 juill. 1844, même aff., V. n° 241; Paris, 1re ch., 1er mars 1844, M. Séguier, 1er pr., aff. Quinton *C.* Adhémar, et sur pourvoi Req. 22 juin 1847, D. P. 47. 4. 347; Req. 17 déc. 1845, aff. Peltier, D. P. 45. 4. 374; Rouen, 10 mai 1847, et sur pourvoi Req. 26 déc. 1848, aff. Dupont, D. P. 49. 1. 14; V. aussi les arrêts cités *infrà*, n° 243). — Cette jurisprudence est approuvée par tous les auteurs (V. MM. Morin, Discipl. jud., n° 496; Taulier, Théor. du c. civ., t. 6, p. 56; Duvergier, Revue étrang. 1840, p. 321; Eug. Durand, n° 228; Bedarride, Du dol et de la fraude, t. 3, nos 1301 et s.), et elle est fondée sur une saine interprétation de la loi. Qui peut nier qu'elle ne soit d'une utilité évidente? Si les contre-lettres sont valables, nul frein aux exigences des titulaires, nul remède à la faiblesse des candidats. Des désastres avaient effrayé les justiciables, et l'abus en amenant la déconsidération des officiers publics aurait eu pour résultat inévitable de faire périr le droit de présentation lui-même.

217. Lors même qu'il serait établi que le prix porté à la contre-lettre n'est supérieur à celui que présente le traité ostensible, que parce que cet excédant est une soulte, condition d'un échange avec un autre office, la contre-lettre n'en serait pas moins nulle (Paris, 11 nov. 1839) (1).

218. Tout traité secret qui n'est qu'un arrangement combiné entre les parties pour faire monter le prix de cet office, à tout événement et quelle que soit la fixation faite par le gouvernement, à une certaine somme, est illicite et contraire à l'ordre public. Peu importe, en effet, que les contre-lettres dérogent directement et ouvertement au traité ostensible, en stipulant un supplément de prix, ou que, plus habiles, et par cela même plus dangereuses, elles soient pour les parties un moyen déguisé sous la forme d'un contrat à titre onéreux, d'atteindre le même but; il est manifeste que toute distinction à cet égard serait sans motif et qu'elle énerverait l'application du principe. — En con-

---

dubitable, en effet, que le payement de la somme de 20,000 fr. n'a pas été fait sans cause raisonnable; il a eu pour cause l'acquit d'une promesse nulle, si l'on veut, aux yeux de la loi civile, mais qui n'en constituait pas moins une dette d'honneur, de conscience, puisque Lecoq est censé avoir reçu l'équivalent par la cession de l'étude de Deschets. Et que l'on ne dise pas que le prix en était irrévocablement fixé par l'acte notarié soumis à l'approbation de l'autorité. Non, il n'en est point ainsi. L'étude pouvait, en réalité, valoir plus de 75,000 fr., et il n'est pas le moins du monde démontré que la transmission de ladite étude sur la tête de Lecoq n'eût pas été autorisée, alors même qu'on eût porté dans l'acte public la somme entière de 95,000 fr., puisque, d'une part, il est justifié que le revenu moyen de l'étude, pendant les neuf dernières années de la gestion de Deschets, s'est élevé à 10,500 fr., et que, d'autre part, on tient pour constant que la chancellerie peut fixer le prix de la cession d'une étude de notaire à dix fois la valeur du revenu moyen; — Attendu qu'à la vérité on objecte qu'il faut une sanction à la loi, et que pour paralyser complétement les traits secrets il n'y a qu'un moyen, qui consiste à consacrer l'action en répétition des sommes volontairement payées; que, si le but est louable, le moyen serait illégal et arbitraire, et que le bien qui en résulterait serait trop chèrement acheté; car l'admission de ce moyen ne serait autre chose que la négation formelle de la conscience humaine, et le mépris judiciairement proclamé des engagements exécutés. Ce système est inadmissible. Si les abus dont on se plaint continuent à se faire sentir (et l'on peut déjà espérer que les mesures récemment prises pour ramener le notariat à sa véritable institution les atténueront de beaucoup), que le législateur intervienne, c'est son affaire; que le gouvernement ne diffère pas plus longtemps de donner la loi réglementaire promise dès 1816. Quant aux tribunaux, leur mission, leur devoir, est de faire respecter la loi existante, et d'appliquer en cette matière les principes qui reçoivent journellement leur application dans des espèces absolument identiques, ils ne peuvent ni ne doivent, sous prétexte de donner à une loi une sanction dont elle serait dépourvue, se jeter dans l'arbitraire, et, sortant des règles du droit commun, faire un appel à la convoitise, à la cupidité, et provoquer les cessionnaires d'offices à des actions qui répugnent à la conscience, qu'un homme n'oserait se permettre sans renoncer à sa propre estime;

Sur la question de savoir si Lecoq père a des droits différents à ceux de son fils, et particulièrement s'il peut demander que les 20,000 fr. employés à l'acquit du traité secret soient imputés sur les 65,000 fr. qui au 6 mars 1839, restaient dus à Deschets: — Attendu que tout concourt à établir que Lecoq père n'a rien ignoré de ce qui a été fait, qu'il a connu le traité secret de 20,000 fr., et que c'est lui-même qui a fait les fonds pour l'acquitter, sachant qu'ils devaient avoir cette destination... — Attendu qu'il résulte de tous ces faits que Lecoq père est dans une situation identique à celle où se trouve Lecoq fils; qu'il ne peut pas plus que le pourrait celui-ci répéter la somme de 20,000 fr. employée à l'acquit du supplément de prix, et qu'il n'est pas non plus fondé à demander que cette somme de 20,000 fr. soit imputée sur les 65,000 fr. redus au 6 mars 1835 sur l'obligation notariée: car, d'une part, il a tenu pour bon et véritable le payement de 20,000 fr. opéré sur la contre-lettre, et, d'autre part, il a reconnu que les 65,000 fr. redus faisaient partie des 75,000 fr. portés dans le traité ostensible; — ...Émendant, etc.

Du 14 fév. 1843.-C. de Metz, ch. civ.-MM. Charpentier, 1er pr.

Nota. Cet arrêt a été cassé le 5 janv. 1846, relativement à la question de savoir si les sommes payées en vertu de la contre-lettre peuvent être répétées (D. P. 46. 1. 14).

(1) *Espèce:* — (Raymond C. Rateau.) — 20 mars 1839, jugement du tribunal de la Seine, en ces termes: — « Attendu, en droit, que si la loi du 28 avril 1816 a admis les titulaires de quelques offices à présenter leurs successeurs à l'agrément du roi, leur nomination a été cependant soumise au gouvernement, à qui appartient l'exécution des lois à l'accomplissement préalable de certaines conditions; — Qu'il leur est imposé notamment de soumettre leurs traités à l'examen des chambres de discipline des corporations auxquelles ils appartiennent et à l'approbation de l'autorité judiciaire; — Attendu que le gouvernement du roi, en imposant cette condition, a eu particulièrement pour but d'empêcher que les offices ne fussent cédés à des prix qui ne seraient pas en rapport avec les produits, et qui, par une trop grande élévation, pourraient mettre les titulaires nouveaux dans l'impossibilité de remplir leurs engagements et les entraîner à manquer à leurs devoirs envers le public, obligé par la loi de recourir à leur ministère et de leur accorder sa confiance; — Attendu que cette mesure a été prise dans l'intérêt public, et pour assurer l'exécution de la loi, qui a admis la transmission des charges; que, conséquemment, les conventions particulières qui dérogent aux traités et rendent illusoire la condition à laquelle le gouvernement du roi a soumis la nomination aux offices dont s'agit, sont des conventions contraires à l'ordre public et illégalement formées, qui ne peuvent être sanctionnées par la justice;

» Attendu, en fait, que, dans le traité par lequel Raymond avait cédé sa charge d'huissier à Paris à Rateau, le prix de cette charge avait été fixé à 75,000 fr.; que la chambre de discipline, à l'examen de laquelle ce traité fut soumis, trouva ce prix trop élevé de 10,000 fr.; que les parties adoptèrent cette réduction et fixèrent ce prix à 65,000 fr.; que la chambre, d'après cette modification faite au traité, admit, par sa délibération du 12 mai 1837, Rateau comme candidat pour succéder à Raymond; que sa délibération fut approuvée par l'autorité judiciaire, et que Rateau fut pourvu de sa charge; — Attendu que les parties dérogeant à ce traité ont, par des conventions particulières, maintenu le prix de 75,000 fr., mais que ces conventions étant, par les motifs ci-dessus déduits, contraires à l'ordre public, Raymond ne peut en demander l'exécution, et doit rester soumis au traité d'après lequel Rateau a été agréé pour son successeur;

» Attendu qu'à la vérité il résulte d'une lettre de Rateau, en date du 17 avril 1837, enregistrée, que l'intention des parties avait été de permuter la charge d'huissier à l'Isle-Adam avec celle de Paris moyennant une soulte de 50,000 fr.; qu'elles avaient en conséquence fixé le prix de la première à 25,000 fr., et celui de la deuxième à 75,000 fr., et qu'il y a lieu de penser que, si elles avaient pu prévoir la réduction faite sur cette dernière, elles auraient proportionnellement réduit le prix de la charge de l'IsleAdam; que cette intention peut s'induire des documents de la cause; — Mais attendu que, quelle qu'ait été l'intention des parties, la justice ne peut consacrer des conventions qui dérogent au traité soumis à l'autorité et en considération duquel un candidat a été pourvu d'un office; que ce serait rendre illusoire le contrôle auquel ces traités sont soumis, et encourager, au détriment du public, des conventions faites en dehors des traités;

» Attendu, d'ailleurs, que l'examen des chambres de discipline et l'approbation de l'autorité judiciaire, ayant pour objet d'empêcher que celui qui veut traiter d'un office ne contracte un engagement onéreux. — Le prix de traité de Rateau avec Raymond, pour la charge de Paris, ayant été trouvé trop élevé de 10,000 fr., ce traité n'aurait pas cessé d'être également onéreux pour Rateau, dans le cas où, pour le maintenir, il aurait consenti une réduction sur sa charge de l'Isle-Adam, puisque le prix de 25,000 fr., donné à cette charge, avait été approuvé par l'autorité, et qu'il résulte des documents de la cause qu'il en avait été offert à Rateau un prix bien supérieur, d'où il suit qu'on ne peut invoquer, sous ce rapport, l'intention des parties pour le maintien des conventions dérogeant au traité; — Attendu que les offres faites par Rateau contiennent la totalité des intérêts dus sur le prix, tel qu'il a été fixé dans le traité sur lequel est intervenue la nomination de Rateau. — Déclare Raymond mal fondé dans sa demande. » — Appel. — Arrêt.

LA COUR; — Adoptant les motifs des premiers juges, confirme.

Du 11 nov. 1839.-C. de Paris, 1re ch.-MM. Séguier, 1er pr.-Pécourt, av. gén., c. conf.-Lavaud et Chaix d'Est-Ange, av.

séquence, il a été jugé que la convention secrète par laquelle le titulaire d'un office de notaire vend à son futur successeur, ensemble et cumulativement, sans aucune ventilation, son office et sa maison d'habitation, au prix fixe et invariable de 70,000 fr., non compris les recouvrements, est illicite, et par suite nulle d'une nullité radicale et absolue, en ce que, ne spécifiant pas le prix de vente de la maison et le réduisant à n'être que l'écart ou la différence entre le prix que les parties assignent à l'office et le même prix tel que le fixera la chancellerie, elle n'est qu'un moyen pour les contractants de régler à leur gré le prix dudit office en dehors de l'appréciation et du contrôle du gouvernement (Nancy, 12 mai 1864, aff. Sommellier, D. P. 64. 2. 176). — Le contrat de vente séparé par lequel les parties ont ensuite fixé le prix de la maison à 20,000 fr., et tous autres actes postérieurs au moyen desquels elles essayent de ratifier le traité secret ou d'en assurer l'exécution, sont également frappés de la même nullité radicale et absolue (même arrêt).

219. La contre-lettre doit-elle être déclarée nulle lors même qu'il serait jugé par l'autorité judiciaire que l'excédant stipulé dans cette contre-lettre n'a pas porté le prix de l'office au delà de sa valeur réelle?—La négative a été jugée par la cour de Bourges. Cette cour a pensé que la jurisprudence qui annule les stipulations de prix de cession d'un office en dehors du traité soumis à l'autorité, ne s'applique pas au cas où le prix ostensible joint à celui qui a été dissimulé reste fort au-dessous de la valeur réelle de l'office cédé (Bourges, 5 janv. 1850, aff. Alleli, D. P. 52. 2. 38). — Mais on a objecté contre cette solution que les contre-lettres sont nulles, non pas parce qu'elles contiennent telle ou telle stipulation, mais parce qu'elles ont pour résultat d'empêcher le gouvernement de connaître les véritables conditions du traité et que, dès lors, la distinction que la cour de Bourges a, au reste, assez timidement posée ne peut être admise. Cette décision, dit-on, si elle devenait jurisprudence, enlèverait au gouvernement la fixation du prix des offices pour la transmettre à l'autorité judiciaire. — C'est en se fondant sur ces raisons que la cour de cassation a jugé « que cette distinction arbitraire et dangereuse n'enlèverait pas à la simulation son caractère d'illégalité, abstraction faite du but direct ou indirect de cette simulation » (Cass. 22 fév. 1853, aff. Cressonnier, D. P. 53. 1. 41). — C'est en ce sens que la jurisprudence est fixée. — Ainsi jugé que l'appréciation de la valeur de l'étude n'appartient pas aux tribunaux, mais au ministre de la justice (Cass. 5 janv. 1846, aff. Lecoq, D. P. 46. 1. 14),.... et que, dès lors, ils ne peuvent rechercher si la valeur de cet office est ou non supérieure au prix secrètement stipulé (Dijon, 20 fév. 1845, aff. Collet, D. P. 45. 4. 374; Orléans, 11 fév. 1847, aff. Laisné, D. P. 47. 2. 130). — La cour de Bourges avait jugé elle-même que les contre-lettres étaient nulles lors même qu'elles avaient été rédigées dans l'intérêt du cessionnaire, et qu'ainsi devait être annulée la contre-lettre qui réservait au profit du cessionnaire la faculté de faire vérifier les produits annoncés de l'office par des officiers ministériels du même ordre et que la nullité pouvait être opposée d'office par le ministère public (Bourges, 27 janv. 1843) (1). — Cette application du principe de la nullité absolue des con-

---

(1) *Espèce* :—(Duprilot C. Alban.)—Duprilot avait vendu son office de notaire à Alban au prix de 52,500 fr., et avait garanti un produit moyen annuel de 6,400 fr. pour les six dernières années : il consentait à réduire proportionnellement ce prix, si, par suite d'une vérification, ce produit s'élevait à une somme moindre. Cette clause relative à la vérification du produit de l'étude ayant été rejetée par l'autorité. Alban, par un nouveau traité, reconnut l'exactitude du produit annoncé, et déclara renoncer à la faculté de faire fixer ce produit par une expertise. Mais, par un traité secret, Duprilot consentit à ce que, malgré la renonciation d'Alban, la clause continuât à subsister telle qu'elle avait été établie audit traité.— Quelque temps après, Alban prétendit que le produit moyen n'atteignait pas en réalité 4,300 fr. par an, et, qu'en conséquence, il y avait lieu d'ordonner la vérification autorisée par le traité secret. Il concluait, pour le cas où cette vérification démontrerait le fait allégué, à la résolution du traité, ou tout au moins à la réduction du prix stipulé et à des dommages-intérêts, fondés, comme en matière de vente ordinaire, sur les vices cachés de l'office cédé, et sur les manœuvres frauduleuses employées pour exagérer à ses yeux le produit de cette étude.

20 janv. 1842, jugement du tribunal de Clamecy qui, après avoir écarté l'action en résolution, ordonne la vérification du produit de l'étude. Ce jugement porte ce qui suit sur l'action en résolution : — « ... Attendu qu'après avoir établi qu'aucune règle de procédure n'a été violée, il faut rechercher si, dans l'espèce, les conclusions tendant à la résolution du traité peuvent être utiles, et quelle action pouvait être ouverte à Alban ;— Qu'il est certain que la loi du 28 avril 1816, en permettant aux notaires de présenter leurs successeurs, a classé leurs offices parmi les choses qui sont dans le commerce, et que ces offices pouvant être cédés et vendus, les conventions qui interviennent lors de ces cessions doivent être réglées par les principes du droit commun en matière de vente ; — Que, toutefois, ces principes ne peuvent s'appliquer à de telles transactions que dans la juste mesure qui assure le respect de l'autorité publique ; — Que la nomination royale institue les notaires à vie dans des vues d'intérêt public, et qu'il ne saurait appartenir à l'autorité judiciaire de priver les notaires du bénéfice de cette institution que pour des motifs d'ordre public et dans des cas déterminés par la loi ; — Qu'il ne saurait surtout appartenir aux tribunaux d'intervenir dans les actes de l'autorité royale et d'enchaîner sa liberté, en décidant, par des motifs purement personnels à des parties en procès, que la transmission d'un office sera considérée comme non avenue, et qu'il retournera d'un second titulaire à un premier, depuis longtemps démissionnaire ; — Qu'on ne peut considérer le droit résultant pour les notaires de la loi de 1816, isolément de l'intervention de l'autorité publique, et le soumettre à toutes les vicissitudes des transactions particulières, sans souci de l'influence tutélaire et nécessairement prépondérante de l'autorité publique ; — Qu'il suit de ces principes que l'action en résolution du traité n'est point ouverte à Alban, et que les conclusions tendant à la résolution du prix des dommages-intérêts peuvent seules être admises, etc. »

Appel. — Les deux parties renonçant à discuter la question de résolution, reprennent leurs conclusions de première instance. Aucune d'elles ne provoque la nullité du traité secret renfermant la réserve d'une vérification, nonobstant la renonciation que le procureur du roi avait exigée. Mais, devant la cour, M. l'avocat général, après avoir rappelé d'office sur ce point la jurisprudence qui proscrit toutes contre-lettres en matière de cessions d'office, fait remarquer cependant qu'ici la contre-lettre était tout entière dans l'intérêt du cessionnaire ; qu'elle avait pour objet de le garantir contre un traité ruineux ; qu'admettre la nullité, ce serait aller contre le but de la jurisprudence invoquée, qui, en général, est basée sur la nécessitée de ne pas laisser les prix d'office s'élever à un taux exorbitant par des dissimulations faites au traité ostensible.—Arrêt.

La cour ; — Considérant que l'art. 91 de la loi du 28 avr. 1816, en accordant au titulaire d'un office le droit de présenter son successeur et de solliciter sa nomination, n'a pas entendu concéder à ce titulaire un droit absolu de propriété sur son office ; que, du texte et de l'esprit de la loi, il résulte que, non-seulement il appartient au gouvernement d'agréer ou de refuser les candidats, mais encore de prendre connaissance des conventions passées entre les parties, afin de s'assurer si, par l'exagération du prix, soit par toute autre cause, elles ne renferment pas de stipulations contraires à l'ordre public ; qu'en trompant le pouvoir sur les conditions mêmes de la cession, on se rend coupable d'une simulation qui n'intéresse pas seulement les parties, mais qui porte atteinte au pouvoir même auquel on s'adresse ; que, dès lors, ce traité, tel qu'il a été soumis au gouvernement, et qui a motivé sa détermination, ne peut plus, sans blesser l'ordre public, être altéré par aucune contre-lettre ; qu'il suit de là que la vérification demandée ne peut être ordonnée en vertu du traité du 10 avril 1840, et conformément à ses dispositions ;

Considérant que ce n'est pas uniquement dans la clause insérée dans son traité qu'Alban trouve la base de la demande en réduction de prix et de celle en dommages-intérêts ; qu'il la puise dans les principes spéciaux du contrat de vente et dans les principes qui règlent les conventions en général ; qu'il fonde son droit tout à la fois sur les vices cachés de l'office qui lui a été cédé et sur les manœuvres frauduleuses employées pour exagérer à ses yeux le produit de cette étude ; — Qu'il résulte de tous les faits et circonstances de la cause qu'Alban n'a consenti au payement des 52,500 fr. qui lui étaient demandées que sous la garantie qui était offerte et l'assurance qui lui était donnée que le produit moyen de l'étude avait été, pendant les six dernières années, de 6,400 fr. par an, et la moyenne des actes de six cents au moins par année ; — Qu'Alban soutient et offre de prouver que, pour présenter un pareil produit, Duprilot, lorsqu'il était notaire, multipliait le nombre des actes sans nécessité ; qu'il en faisait trois, quatre et même six là où un seul eût été suffisant ; — Qu'il passait nombre d'actes en brevet, puis les faisait ensuite rapporter dans son étude et en dressait autant d'actes de dépôt ; — Qu'il a été fait le même jour jusqu'à sept dépôts par la même personne ; — Que, par un procédé habile, il exagérait les numéros de son répertoire, et échappait à toute vérification par le soin qu'il prenait de distancer les actes sur les répertoires, d'intercaler entre eux d'autres actes et de transporter et intervertir les prénoms des comparants ; — Qu'enfin, Duprilot ayant retenu et retenant encore illégalement un grand nombre de minutes, tout contrôle devenait impossible ; — Qu'Alban articule encore que, pour porter ses actes à un prix moyen de 12 fr., et faire monter le produit annuel à 6,400 fr., Duprilot les a tarifés d'après un tarif qui n'était qu'un projet portant les droits du notaire à plus d'un tiers en sus

tre-lettres en matière de cession d'office nous a toujours paru excessive (V. notamment nos observations D. P. 53. 1. 41; 56. 1. 377 et 64. 2. 176). — Ici, en effet, l'exécution de la contre-lettre ne devant pas avoir pour résultat d'augmenter le prix de l'office et de rendre, par suite, plus onéreuse la situation du nouveau titulaire, nous n'apercevons plus aussi clairement le rapport prétendu nécessaire que l'on établit entre l'ordre public et la nullité de cette contre-lettre, ni par conséquent la nécessité de restreindre, sous ce rapport, le domaine de la liberté des conventions.

220. Il a été décidé, dans cet ordre d'idées, que la stipulation restée secrète que le prix porté au traité ostensible de cession d'un office subira une diminution au profit du cessionnaire, en cas de perte d'une portion déterminée de la clientèle, n'a rien de contraire à l'ordre public et, par suite, est valable (Paris, 11 déc. 1849, aff. Bonnard, D. P. 50. 2. 114).—Mais V. n° 168.

221. Toute contre-lettre qui contient des dérogations au traité de cession d'office soumis à la chancellerie est nulle, lors même que ces dérogations n'auraient pas directement le prix pour objet, mais seulement les clauses accessoires, si ces clauses touchent à l'ordre public : l'ensemble des clauses et conditions du traité formant un tout indivisible qui a été pris en considération, sans être scindé, par le gouvernement. —Ainsi la contre-lettre qui fixe au jour de la cession l'entrée en jouissance que le traité indique pour le jour de la prestation de serment est frappée de nullité (Cass. 8 janv. 1849, aff. Lainé, D. P. 49. 1. 12; V. aussi Bourges, 27 janv. 1843, aff. Duprilot, n° 219).

222. Mais un acte intervenu entre un titulaire et son successeur en dehors du traité, et qui ne contiendrait aucune dérogation à ce traité, ne serait évidemment pas nul. — Il a été décidé, par exemple, que les conventions qui accompagnent la cession d'un office, de cela seul qu'elles ont été placées en dehors du traité ostensible, ne sont pas nulles de plein droit; si l'intérêt social n'est pas engagé dans le débat, et s'il ne reste en présence que des intérêts purement privés, la validité de ces conventions doit être maintenue et leur exécution ordonnée (Toulouse, 12 déc. 1845, aff. Daliot, D. P. 46. 2. 46) : telle serait, par exemple, le transport du prix effectué avant la nomination du cessionnaire (même arrêt; V. n°s 280, 284).

223. Mais pour qu'il en soit ainsi, il faut que les conventions soient entièrement étrangères au traité produit : si, au contraire, elles influent sur le traité, elles sont nulles. — Ainsi, la convention par laquelle en dehors du traité de cession d'un office et suivant acte passé le même jour que ce traité, le cédant stipule le partage égal des produits bruts de la charge pendant une année en retour de certains avantages consentis, sans prix particulier, au traité ostensible, tels, par exemple, que l'obligation prise par le cédant de prêter son concours au cessionnaire pendant un temps déterminé, et de lui abandonner, durant plusieurs mois, son appartement et ses bureaux, une telle convention, disons-nous, a le caractère d'une contre-lettre, et est, dès lors, frappée de nullité (Cass. 24 juill. 1855, aff. Christin, D. P. 55. 1. 331, et, sur renvoi, Limoges, 10 déc. 1856, D. P. 57. 2. 136). — On doit aussi considérer comme une contre-lettre également frappée de nullité, et non comme une convention distincte, la clause du même traité particulier portant stipulation d'une somme d'argent à payer au cédant, indépendamment de celle fixée au traité ostensible, par suite de l'obligation que le cédant contracte dans ce traité de laisser des capitaux jusqu'à une époque déterminée, et de s'abstenir, dans l'intérêt du fils du cessionnaire, d'élever une maison de banque dans la ville où est situé l'office (mêmes arrêts). — Cette affaire présentait quelques difficultés. Quant à la clause aux termes de laquelle, le cédant avait stipulé le partage égal des produits bruts de la charge pendant une année, il y avait clairement une altération du prix, et cette clause devait être annulée (conf. Douai, 23 avr. 1850, aff. N...., D. P. 54. 5. 523). — Mais en était-il de même des autres clauses? Il avait été stipulé que le cédant laisserait des capitaux aux mains de son cessionnaire jusqu'à une époque déterminée. Il semble qu'il y avait là une convention tout à fait en dehors du traité. Qui aurait empêché, en effet, que postérieurement à la nomination, le cédant ne déclarât au cessionnaire qu'il ne retirerait pas les capitaux qui se trouvaient entre ses mains, jusqu'à une époque fixée. C'eût été là un acte certainement valable et qui aurait pu intervenir entre le cessionnaire et une autre personne que le cédant. — Mais il est à remarquer que le cessionnaire aurait pu ne pas traiter, s'il avait pu craindre que les capitaux engagés dans la charge, lui fussent immédiatement retirés, et cette clause se rattachait dès lors au traité ostensible. — La troisième clause semble rentrer avec plus de difficulté dans le traité produit. Le cédant s'engageait, dans l'intérêt du fils du cessionnaire, à ne pas fonder une maison de banque avant trois ans dans le lieu où était situé l'office. Il résultait, en outre, des faits de la cause, qu'un prix avait été stipulé pour cette promesse d'abstention (50,000 fr.). Ne pouvait-on pas soutenir qu'il y avait là un contrat tout à fait étranger à la cession, qui intervenait même dans l'intérêt d'un tiers, et qui, par son but, ne se rattachait en rien à la transmission de l'office? Le contraire a été décidé cependant, et, selon nous, avec raison. — D'abord il était très-permis de douter que les 50,000 fr. portés comme prix de l'abstention d'établir une maison de banque, ne constituassent pas au moins pour partie un supplément au prix déclaré de l'office. Ensuite, il peut être très-bien soutenu que le cessionnaire n'aurait pas consenti à acquérir la charge du cédant si celui-ci, en se retirant, avait pu fonder une maison de banque dont l'établissement immédiat aurait pu nuire aux intérêts du fils du cessionnaire. L'abstention était donc une condition de la cession de l'office.

224. S'il n'y a pas de prix porté au traité ostensible et qu'un prix ait été stipulé dans une contre-lettre, cette contre-lettre est nulle. — Jugé en conséquence que la convention secrète portant que la cession d'un office faite par un père à son fils, sous forme de démission pure et simple, a lieu en réalité, à titre onéreux, moyennant un prix qui sera ultérieurement fixé, est frappée de la même nullité que la contre-lettre contenant stipulation d'un supplément de prix; et qu'ainsi la sentence arbitrale qui, en exécution de cette convention, détermine le prix de l'office, même d'après sa valeur réelle, ne produit aucune créance en faveur du vendeur ou de ses ayants droit (Cass. 29 nov. 1848, aff. Eichenger, D. P. 49. 1. 15). — Conf. M. Bedarride, Du dol et de la fraude, t. 3, n° 1303.

225. Qu'entend-on précisément par le *prix* porté au contrat ostensible? Le prix de la cession des recouvrements, lorsqu'il figure à l'acte produit, fait-il partie du prix de l'office, de telle façon qu'une contre-lettre portant que les recouvrements ne sont pas cédés, ou contenant leur rétrocession, soit nulle? — La raison de douter est celle-ci. — Il est certain que les recouvrements sont la propriété des titulaires, qu'ils peuvent en fixer le prix sans contrôle, ou même, d'après une nouvelle jurisprudence administrative, ne pas les céder à leurs successeurs. On conclut de là la validité des stipulations relatives aux recouvrements, qui sont portées dans un acte qui n'a pas été produit à l'administration. — Mais il arrive souvent que les contre-lettres en réservant les débets au titulaire, ont pour objet d'augmenter le prix de l'office, tel qu'il est porté dans le traité ostensible. Dans ce cas, que doivent faire les tribunaux? — Réduire, si les parties ne l'ont pas fait elles-mêmes, le prix total porté au traité ostensible de la part de ce prix représentant les recouvrements, et valider la contre-lettre. Ainsi jugé (Orléans, 11 fév. 1847, aff. Laisné, D. P. 47. 2. 130; 13 août 1847, aff. Caudet, D. P. 47. 2. 175; Paris, 8 juin 1850, aff. Duchesne, D. P. 51. 2. 97).

226. La cour de cassation n'a pas admis cette opinion. Elle

des émoluments alloués par le tarif approuvé en assemblée générale; — Que Duprilot lui a présenté ce simple projet comme étant un tarif définitif; que, du reste, il a toujours perçu ses honoraires d'après ces bases erronées;

Considérant que les faits articulés par Alban, s'ils étaient prouvés, constitueraient, de la part de Duprilot, non-seulement un dol et des manœuvres frauduleuses, mais encore des vices cachés pouvant justifier la demande d'Alban et autoriser une réduction du prix de la vente qui lui a été faite; qu'ainsi, c'est avec raison que les premiers juges, en posant en principe la nécessité d'une réparation pécuniaire dans le cas où les faits allégués seraient prouvés, ont ordonné la vérification de ces faits par trois notaires par eux nommés d'office comme experts; — Dit bien jugé, etc.

Du 27 janv. 1843.-C. de Bourges, ch. corr.-M. Dubois, pr.

a pensé que lorsque le traité ostensible contient des stipulations relatives au recouvrement des débets d'un office, ces stipulations sont des conditions essentielles au traité de cession, puisqu'elles sont des éléments du prix de l'office, et que, dès lors, elles ne doivent pas être séparées du traité; que ces stipulations ne sont pas seulement des clauses d'intérêts privés, mais qu'elles deviennent des clauses d'intérêt public que l'autorité doit prendre en considération; et qu'il suit de là que tout traité secret, contenant des clauses de cette nature différentes de celles du traité ostensible, et tendant à augmenter le prix de l'office, ne doit produire aucun effet, soit à l'égard de l'autorité, soit à l'égard des parties entre elles. En conséquence, elle a cassé les arrêts ci-dessus cités de la cour d'Orléans (Cass. 8 janv. 1849, aff. Laisné, D. P. 49. 1. 12; 8 janv. 1849, aff. Caudet, D. P. 49. 1. 14).—Décidé pareillement que la contre-lettre par laquelle il est stipulé que les recouvrements compris dans le traité ostensible sont rétrocédés au cédant est nulle, si cette rétrocession a pour but d'augmenter le prix réel de l'office (Colmar, 1re ch., 22 août 1860, M. Rieff, 1er pr., aff. Gschwind C. Hertzog).

227. La question s'est de nouveau présentée dans des circonstances plus favorables encore à la validité de la contre-lettre. A l'époque où le gouvernement exigeait que les recouvrements fussent cédés en même temps que l'étude, condition qu'il était souvent fort difficile aux parties d'accomplir, les notaires, afin d'éluder les prescriptions excessives des circulaires, cédaient ostensiblement leurs recouvrements à un prix fixé dans le traité produit à la chancellerie, puis par une contre-lettre, stipulaient que ces recouvrements leur étaient rétrocédés pour le même prix. — Ces contre-lettres non-seulement n'augmentaient pas le prix de l'office, mais elles avaient pour effet de le diminuer, aussi la cour de Paris les avait-elle déclarées légales et obligatoires (Paris, 19 janv. 1850, aff. Cressonnier, D. P. 50. 5. 357; 8 juin 1850, aff. Duchesne, D. P. 51. 2. 97). — Cette solution profitait au cessionnaire qui voyait par là la somme de ses engagements réduite. — Néanmoins l'arrêt de la cour de Paris du 9 janv. 1850 a été cassé. La cour suprême a pensé que toutes les clauses d'une cession d'office sont indivisibles; que leur ensemble constitue le contrat soumis à la sanction du gouvernement; que le traité secret qui supprime ou modifie une de ces clauses, ne peut avoir d'autre objet que de surprendre la religion du gouvernement ou de porter atteinte aux droits des tiers, et qu'à ce double point de vue, il est radicalement nul (Cass. 22 fév. 1853, aff. Cressonnier, D. P. 53. 1. 41; Conf. Amiens, 23 août 1853, même aff., arrêt rendu sur renvoi, D. P. 53. 2. 213; Bordeaux, 10 juin 1853, aff. Demontis, D. P. 55. 2. 322; Nancy, 12 mai 1864, aff. Sommelier, D. P. 64. 2. 176), et la cour de Paris elle-même s'est ralliée à la doctrine rigoureuse de la cour de cassation (Paris, 13 janv. 1862, aff. Lubin, D. P. 62. 2. 41). — V. contre cette jurisprudence nos observations, D. P. 53. 1. 41; 64. 2. 176, en note.

228. Mais si le traité ostensible ne fait pas mention des recouvrements, s'il porte uniquement sur l'office, la clientèle et la suite des affaires, la convention non soumise à l'autorité, et par laquelle le cédant se réserve le montant des recouvrements, n'a pas le caractère d'une convention dérogatoire au traité, et échappe dès lors à la nullité d'ordre public qui frappe les contre-lettres stipulées en matière de cession d'office, alors d'ailleurs qu'il est constaté que les recouvrements réservés ont été sans influence sur le prix de cession porté dans le traité approuvé par le gouvernement (Civ. rej. 20 avr. 1858, aff. Chanas, D. P. 58. 1. 197).

229. Nous avons expliqué *suprà*, n° 185, que le ministère de la justice, qui avait toujours exigé que les recouvrements fussent cédés par le titulaire en même temps que l'office, était revenu sur sa jurisprudence, et avait reconnu que les recouvrements pouvaient être le sujet de transactions volontaires. La circulaire du 3 nov. 1848 (D. P. 49. 3. 73) annonçait en outre que les titulaires qui avaient cédé leurs recouvrements uniquement parce qu'on leur en avait imposé l'obligation et qui désiraient, d'accord avec leurs successeurs, en reprendre la propriété, pourraient l'obtenir, et que le garde des sceaux se réservait de statuer spécialement sur chacune des demandes qui lui seraient adressées à cet effet. — On avait conclu de cette circulaire que la contre-lettre contenant rétrocession des recouvrements, malgré une clause expresse du traité ostensible antérieur à 1848 était valide. — La négative a été jugée par la raison que la circulaire de 1848 n'a nullement validé les contre-lettres, contenant cession et rétrocession des recouvrements, contrairement aux stipulations du traité ostensible, qu'elle a seulement consenti à ce que les recouvrements, cédés antérieurement, pussent être rétrocédés, mais du consentement des deux parties et avec l'autorisation spéciale du ministre (Bordeaux, 10 juin 1853, aff. Demontis, D. P. 55. 2. 322).

230. De ce que les conventions secrètes, en matière de cession d'office, sont nulles, il résulte que l'on ne peut être admis à en prouver l'existence. — C'est ce qui a été jugé, dans le cas même où c'était un tiers, poursuivi comme débiteur d'une somme comprise dans les recouvrements, qui demandait à être admis à prouver, tant par titres que par témoins, que la cession qui en avait été consentie dans le traité apparent, n'était pas sincère et que le vendeur en était toujours resté en possession (Cass. 28 mai 1851, aff. Robin, D. P. 51. 1. 165).—Cette décision a été appliquée alors même qu'il ne s'agissait pas des recouvrements dus au vendeur immédiat de l'étude, mais de ceux qui étaient restés dus à son prédécesseur, et qui compris d'abord dans la cession consentie par celui-ci, l'avaient été de même dans le traité fait plus tard avec le titulaire actuel (sol. impl. même arrêt). — Les deux circonstances particulières de la cause, une fois le principe admis, n'en devaient pas contrarier l'application; dès que toute condition non portée au traité ostensible est nulle d'une nullité d'ordre public, elle est nulle absolument, et par rapport à tout le monde; de quelque part que vienne l'offre de preuve, cette offre doit être également rejetée, puisqu'il ne servirait de rien de prouver une convention condamnée d'avance par la loi. D'un autre côté, la circonstance qu'il s'agissait d'une cession antérieure ne changeait rien au droit puisque le premier traité était devenu partie intégrante du second.

231. Lorsqu'à la suite d'une ordonnance qui nomme un officier public (un notaire), en remplacement du titulaire destitué, à charge par le successeur de déposer à la caisse des consignations une certaine somme pour la valeur de l'office et des recouvrements, il est intervenu entre celui-ci et son prédécesseur un acte par lequel ce dernier, tout en acceptant le prix fixé pour l'office, se réserve les recouvrements, cet acte peut être déclaré nul comme contraire à l'ordre public, en ce qu'il n'a pas été soumis à l'appréciation de l'autorité, et qu'il déroge à la condition imposée au candidat nommé : cet acte est encore nul sous un autre point de vue; en effet, il n'a pu appartenir au notaire destitué de critiquer l'estimation donnée aux recouvrements, après qu'il avait accepté la fixation de la somme désignée pour le prix de l'office qui avait été distribuée à ses créanciers (Riom, 12 juill. (ou juin) 1850, aff. B..., D. P. 51. 2. 32).— Dès que l'ordonnance qui avait nommé à la place du notaire destitué avait fixé, en même temps que le prix de l'office, le prix des recouvrements, il est évident que d'après les principes posés par la jurisprudence, la contre-lettre, était radicalement nulle. La difficulté n'était pas là, elle était dans la fixation faite d'office par l'autorité de la valeur des recouvrements; on comprend que lorsqu'il s'agit d'un traité, et que le prix des recouvrements y est porté, ce traité, comme l'a dit la cour de cassation, forme un tout indivisible, et que le ministre de la justice puisse fixer le prix total, sauf au titulaire à retirer sa démission. Quand il s'agit de destitution, on conçoit encore que l'office ayant péri entre les mains de l'officier public destitué, le gouvernement qui aurait le droit de nommer le successeur sans exiger de lui aucun sacrifice, puisse fixer arbitrairement une indemnité représentative du prix de l'office. Mais pour les recouvrements qui sont toujours la propriété de l'officier public destitué, comment l'administration peut-elle en déterminer le prix? Ajoutons que, dans ce cas, elle manque des éléments nécessaires pour la fixation, tandis que lorsqu'il y a un traité tous les renseignements nécessaires lui sont fournis. Nous savons bien que les tribunaux sont incompétents pour connaître d'une pareille ordonnance, et pour la réformer, mais cela ne fait rien quant à la question d'équité. En fait, la fixation du prix des recouvrements dans les décrets nommant après destitution a créé des embarras inextricables, dont l'affaire soumise à la cour de Riom fournit un exemple.

232. Un traité avait été passé entre un notaire et une personne qui n'avait pas encore acquis son temps de stage, mais qui s'engageait à se faire nommer dans le délai de deux ans. Les conditions de la cession étaient portées dans l'acte, et une clause pénale y avait été insérée pour le cas où la convention ne recevrait pas son exécution soit par le décès du futur successeur, soit par toute autre cause qui lui serait personnelle. A l'époque fixée pour la présentation un traité ostensible est rédigé, qui renferme exactement toutes les clauses portées à la première convention, sauf la clause pénale : le prix est le même. Le parquet du procureur général exige une diminution; le cessionnaire ne la trouve pas suffisante, et déclare ne pas persister dans sa demande en nomination. Le cédant demande contre lui l'exécution de la clause pénale portée dans la première convention. Cette demande devait-elle être accueillie? L'affaire n'était pas sans difficulté. Il n'y avait eu aucune dissimulation de prix; la première convention devenue inutile, quant aux clauses reproduites dans l'acte ostensible, stipulait une clause pénale dans un cas, pouvait-on dire, en dehors de la cession elle-même, celui où elle n'aurait pas lieu par la faute d'un des contractants. Des dommages-intérêts étaient dus par le cessionnaire qui se dédisait, cela n'était pas douteux. Qu'y avait-il d'illégal à ce que des dommages-intérêts eussent été, au moyen d'une clause pénale, d'avance fixés par les parties? — Cependant il a été jugé que la clause pénale ne pouvait être invoquée (Orléans, 25 janv. 1855 (et non 1854), aff. Guiet, D. P. 55. 2. 100). — L'arrêt ne prononce nulle part le mot de *contre-lettre*; mais il est manifeste, par les termes dont il se sert, qu'il envisage ainsi le traité originaire. Cela est-il bien exact? La contre-lettre, c'est la convention occulte qui déroge à la convention authentique et officielle, qui, par exemple, stipule un prix plus élevé, réserve au cédant les recouvrements compris dans la cession, modifie les clauses relatives à l'entrée en jouissance, etc. Faut-il mettre sur la même ligne la stipulation par laquelle, en dehors du traité officiel, les parties fixent le chiffre des dommages-intérêts auxquels, en cas d'inexécution de son obligation, sera tenu l'acquéreur? En quoi une pareille convention déroge-t-elle au traité porté à la connaissance de l'autorité? Dans le silence des contractants, l'inexécution de l'obligation de se présenter donne lieu, cela est incontesté, à des dommages-intérêts dont la détermination appartient aux tribunaux. Pourquoi ne serait-il pas permis aux intéressés de se régler eux-mêmes à cet égard? Une pareille stipulation, loin de déroger au traité, semble au contraire tendre à en assurer l'exécution. Sous ce rapport donc l'arrêt que nous rapportons contient, selon nous, une doctrine trop absolue. — Mais la solution qu'il consacre est protégée par un autre principe. La clause qui renferme, en cas de retrait de la candidature, une clause pénale, est nulle comme illicite; car, d'une part, ainsi que le dit l'arrêt, elle peut induire le titulaire à négliger les intérêts dont il est responsable, et, de l'autre, elle enchaîne la liberté du candidat, et le force à provoquer, en quelque sorte malgré lui, sa nomination. C'est donc avec raison que l'arrêt relève ce qu'une sanction de cette nature a de contraire aux règles d'une sage discipline et de la transmission régulière des offices.

233. La cour d'Orléans avait, au reste, condamné le cessionnaire à des dommages-intérêts arbitrés par elle, parce que ce cessionnaire avait été, conformément aux conventions intervenues, logé, nourri et initié aux travaux de l'étude par le titulaire qui l'avait, en outre, présenté au gouvernement comme son successeur. On s'est pourvu de ce chef contre l'arrêt, mais le pourvoi a été rejeté par la cour de cassation, attendu que ce n'était point en vertu de la clause pénale que les dommages-intérêts avaient été prononcés (Req. 6 nov. 1855, aff. Guiet, D. P. 55. 1. 450).

234. Il faut bien comprendre que tout ce qui a été dit ci-dessus s'applique aux contre-lettres intervenues lorsqu'il y a *un acte de cession d'office*. Il ne faut pas étendre trop loin cette règle. Ainsi l'engagement contracté par un huissier envers un autre huissier de lui payer une certaine somme à raison d'un échange de résidence, qui a été autorisé par le tribunal est valable et doit recevoir son exécution, bien qu'il n'en ait été donné connaissance ni au tribunal ni à la chancellerie (Agen, 17 juin 1861, aff. Lafloche, D. P. 62. 2. 51).

235. Il n'est pas douteux que la jurisprudence qui prohibe les contre-lettres ne doive s'appliquer à toutes les cessions d'offices, quels que soient ces offices. Ainsi les contre-lettres intervenues entre le titulaire d'une charge d'agent de change ou de courtier de commerce sont nulles (Cass. 24 juill 1855, aff. Christin, D. P. 55. 1. 331, et sur renvoi, Limoges, 10 déc. 1856, D. P. 57. 2. 136). — Mais il est à remarquer que les contre-lettres ne sont nulles que lorsqu'elles dérogent à un *traité produit* pour arriver à la nomination. Or, jusqu'à la loi du 25 juin 1841, dont l'art. 6 exige que tout traité passé entre le titulaire et son successeur désigné soit constaté par écrit et enregistré au taux de 2 p. 100, les traités relatifs à la cession des offices d'agents de change n'étaient pas produits à l'administration (V. Bourse de comm., n° 202). Il résulte de là que, jusqu'en 1841, les contre-lettres qui dérogeaient aux traités intervenus entre un agent de change et son titulaire, traités qui n'étaient pas produits, ne pouvaient être annulées. Peu importe que les traités dussent être soumis aux chambres syndicales; car ces chambres n'étaient appelées qu'à donner leur avis sur la moralité et la capacité des candidats, et si elles en exigeaient la production, c'était seulement pour s'assurer qu'elles contenaient une clause compromissoire en cas de difficulté sur leur exécution. Ainsi jugé (Req. 24 août 1853, aff. Devaux, D. P. 54. 1. 353).

236. La stipulation d'un supplément de prix porté au traité de cession d'un office constitue un fait de fraude qui peut être prouvé par témoins, même en l'absence d'un commencement de preuve par écrit : ici ne s'applique pas l'art. 1341 c. nap. (trib. de Saint-Etienne, 26 août 1847, M. Dubois, pr., aff. Gounot *C.* Mourgues; Nîmes, 10 mai 1847, aff. G..., D. P. 48. 2. 58; Cass. 9 janv. 1850, aff. Chéramy, D. P. 50. 1. 46; Lyon, 17 nov. 1848, aff. Mourgues, D. P. 49. 2. 164; Paris, 1re ch., 21 juill. 1860, M. Devienne, 1er pr., aff. de Gissay *C.* Robert), ...ou bien à l'aide de présomptions graves, précises et concordantes (Req. 22 nov. 1853, aff. Bodin, D. P. 54. 5. 523; Req. 24 fév. 1863, aff. Prévost, D. P. 63. 1. 236.—Conf. M. Bédarride, du Dol et de la fraude, n° 1310).— Cette preuve peut être établie par tous ceux qui y ont intérêt, et même par l'un des auteurs de la fraude; on ne peut, en effet, lui opposer de fin de non-recevoir tirée de sa participation à l'acte frauduleux, dans une matière où la preuve pourrait même être ordonnée d'office par le tribunal (Agen, 21 mai 1852, aff. N..., D. P. 52. 5. 389).

§ 3. — *Conséquences de la nullité des contre-lettres : — Action en répétition; cautionnement; transport-cession; transaction, etc.; — Peines disciplinaires.*

237. De la jurisprudence qui décide que tout traité secret est frappé d'une nullité d'ordre public, dont les tiers et les parties elles-mêmes peuvent argumenter, résulte-t-il que si ce traité a été exécuté par le payement du prix, l'acquéreur puisse revenir sur cette exécution et *répéter* la somme ainsi payée? — Ne peut-on pas lui opposer les dispositions de l'art. 1235 c. nap. qui dispose que la répétition n'est pas admise à l'égard des obligations naturelles qui ont été volontairement acquittées? — La question a d'abord été résolue dans le sens de l'affirmative. — Ainsi, il a été décidé que les engagements contractés par suite de ces accords secrets, en admettant qu'ils ne produisent pas une obligation parfaite, constituaient au moins une obligation naturelle dont le payement, volontairement opéré, ne peut donner lieu à répétition (Paris, 31 janv. 1840, aff. Poisson, sous Req. 7 juill. 1841, *infrà*, n° 264-1°; 15 fév. 1840, aff. Legrip, V. n° 216; Rouen, 18 fév. 1842, aff. Chedeville, sous Cass. 30 juill. 1844, ci-après, n° 241; Colmar, 16 nov. 1842, aff. Maire *C.* X...; Metz, 14 fév. 1843, aff. Deschels, V. n° 216), ...ni être affecté par imputation sur ce qui reste dû sur le prix du traité ostensible (mêmes arrêts de Rouen, de Colmar et de Metz). — M. l'avocat général Rouland, qui portait la parole devant la cour de Rouen lors de l'arrêt du 18 fév. 1842, et dont les conclusions sont rapportées ci-après en note, était favorable à cette thèse. On ne peut pas poser comme un principe général, disait-il en substance, que les conventions déclarées nulles comme contraires à l'ordre public n'engendrent pas d'obligation naturelle. Il faut distinguer. Parmi les lois dites d'ordre public, il y en a qui sont l'expression de la morale éternelle et qui étaient écrites dans la conscience avant de l'être dans nos codes; quant à ces lois destinées à protéger tous les instincts moraux, il est hors de doute qu'elles ne sauraient se rencontrer en lutte avec les obligations naturelles; mais quand on arrive aux lois dont les prohibitions, qualifiées d'ordre public, tiennent soit à des causes accidentelles, soit à des motifs variables, il est évident qu'on retrouve, malgré elles, toute la liberté et toute l'énergie du for intérieur. La prohibition des traités secrets est de cette dernière espèce; elle repose si peu sur un principe immuable que la jurisprudence hésite encore à la reconnaître.

238. Dans quelques espèces, cependant, la cour de Paris, tout en maintenant sa doctrine relativement à l'application de l'art. 1235 c. nap., avait décidé que les sommes payées en vertu du traité secret devaient être imputées sur le prix du traité ostensible (Paris, 15 fév. 1840, aff. Legrip, V. sous le n° 216; 30 mai 1843, aff. Bruet, V. n° 167). — Il y avait là une contradiction évidente, car l'imputation ainsi accordée équivaut à répétition. — La chambre des requêtes, statuant sur le pourvoi formé contre l'arrêt précité du 15 fév. 1840, avait adopté la doctrine de cet arrêt, et par suite avait rejeté le pourvoi, mais sans s'expliquer sur la question de savoir si l'art. 1235 s'opposait à la demande en répétition du prix payé en exécution d'un traité secret (Req. 7 juill. 1841, aff. Legrip, V. n° 216).

239. La cour de Paris a encore décidé, sans rétracter davantage son opinion relativement à l'application de l'art. 1235 c. nap., que la somme payée par le cessionnaire d'un office pour le supplément de prix stipulé en dehors du traité officiel, doit, *à l'égard des tiers*, être imputée sur le prix ostensible porté dans ce traité (Paris, 25 avr. 1843, M. Séguier, 1er pr., aff. Leclerc C. Bigaut).

240. Plus tard, la chambre des requêtes, sans s'expliquer encore sur la nature de l'obligation acquittée par le cessionnaire, décida, dans le sens des arrêts de Rouen, Metz et Colmar, cités n° 237, mais contrairement à son précédent arrêt du 7 juill. 1841, que lorsqu'un billet souscrit par le cessionnaire d'un office, pour supplément de prix, au delà de celui qu'exprime le traité ostensible, a été volontairement payé, l'imputation n'en peut être exigée par ce cessionnaire sur la portion du prix encore due, alors qu'il n'est pas douteux que l'intention du débiteur en payant était bien d'éteindre l'obligation relative au supplément convenu, et, par suite, d'exécuter le traité secret (Req. 23 août 1842) (1).

241. Bien que ce dernier arrêt paraisse favorable à la thèse soutenue par M. l'avocat général Rouland devant la cour de Rouen, cependant on ne peut pas y voir une adhésion complète, car la cour ne cite pas l'art. 1235 et ne prononce même pas le mot d'*obligation naturelle*; c'est du reste ce qu'avait fait aussi l'arrêt de la cour d'Amiens qui faisait l'objet du pourvoi, et la chambre des requêtes se tient dans la même réserve. La question de savoir si l'art. 1235 c. nap. était applicable aux sommes payées en vertu d'un traité secret restait donc entière. Cependant, lors de l'arrêt du 7 juill. 1841, M. l'avocat général Delangle avait nettement posé la question; il avait soutenu que les conventions auxquelles la loi ne refusait les effets civils que par des considérations particulières pouvaient seules engendrer des obligations naturelles; mais qu'il n'en était point ainsi des conventions qui portent atteinte à l'ordre public; que comme elles ne peuvent jamais cesser d'être défavorables, leur exécution, leur confirmation sont frappées de la même nullité; que quelque rigoureuse que soit cette doctrine, il fallait l'accueillir quand il s'agissait de traités secrets, la loi n'ayant pas d'autre sanction. — La chambre civile de la cour de cassation, saisie enfin de la difficulté, se prononça en faveur du système soutenu par M. Delangle; elle décida que les conventions secrètes qui ont pour objet d'augmenter le prix de cession d'un office étant frappées d'une prohibition absolue, ne peuvent engendrer ni obligation civile ni obligation naturelle; qu'en conséquence les sommes payées au delà du prix déclaré dans le traité patent sont sujettes à répétition (Civ. cass. 30 juill. 1844 (2), et sur renvoi, Caen, 12 fév. 1845, aff. Chedeville, D. P. 45. 4. 373). — La chambre ci-

(1) *Espèce :* — (Gellée C. Peaucelier.) — Le 5 déc. 1835, Peaucelier vendit au sieur Gellée sa charge de commissaire-priseur à Beauvais. Le traité ostensible exprimait que le prix de l'office était de 27,000 fr., mais le même jour un supplément de prix de 18,000 fr., payable en un billet de pareille somme, fut convenu entre les parties. Immédiatement après l'ordonnance de nomination intervenue sur la présentation du traité ostensible, Gellée acquitta volontairement ce billet et le retira; de plus il paya 2,000 fr. à compte sur les 27,000 fr. qui formaient le prix apparent de l'office : 25,000 fr. restaient donc encore dus. Plus tard, Peaucelier poursuivit le payement de ce reliquat contre la veuve de Gellée. Celle-ci revint alors sur le versement fait par son mari des 18,000 fr., montant de l'obligation souscrite en dehors du traité ostensible; elle soutint que cette obligation était frappée d'une nullité d'ordre public; que, par conséquent, le payement qui en avait été la suite était sujet à répétition : elle demanda, par ce motif, que l'imputation des 18,000 fr. fût faite sur ce qui restait dû sur le prix sincère de l'office. — Jugement du tribunal de Beauvais, du 4 fév. 1840, qui ordonne l'imputation à laquelle avait conclu la veuve Gellée.

Appel. — Arrêt infirmatif de la cour d'Amiens, du 12 juin 1840, ainsi motivé : « Considérant qu'il est établi et reconnu entre les parties que les 18,000 fr. payés par Gellée l'ont été pour supplément convenu au traité ostensible relatif à la cession de l'office de commissaire-priseur; que, de quelque manière qu'on envisage cette convention, elle a été volontairement exécutée et ne peut donner lieu à répétition; que l'imputation sur un autre titre équivaudrait à répétition, etc. »

Pourvoi pour violation des art. 1131 et 1133 c. civ. et fausse application de l'art. 1235, § 2, du même code, en ce que l'arrêt attaqué a vu une obligation naturelle valable dans un billet souscrit à titre de supplément de prix convenu entre les parties, au delà du prix ostensible d'un office, et par suite a déclaré non sujette à répétition les sommes payées en vertu d'une semblable convention. — Arrêt.

La cour; — Attendu que l'arrêt attaqué déclare, en fait, que le titre par lequel les auteurs des demandeurs en cassation avaient librement consenti d'ajouter 18,000 fr. au prix du traité ostensible, avait été volontairement exécuté et retiré après payement, de telle sorte que l'imputation faite par les parties, et leur volonté pour l'extinction de ce titre particulier, ne peuvent être douteuses; d'où suit que l'arrêt attaqué a fait à la cause une juste application des lois de la matière, et n'a violé aucune loi; — Rejette.

Du 23 août 1842.-C. C., ch. req.-MM. Zangiacomi, pr.-Joubert, rap.

(2) *Espèce :* — (Chédeville C. Delamotte, etc.) — Le 13 avr. 1838, Chédeville traita de l'office d'avoué de M. Delamotte : le traité patent portait à 85,000 fr. le prix, qu'un traité secret établissait à 116,500 fr. Le payement des 31,500 fr., excédant du prix porté au traité ostensible, fut effectivement réalisé : un an après, 6,000 fr. furent encore payés par Chédeville; il restait donc alors débiteur de Delamotte de 79,000 fr. — Pour acquitter cette somme, ou plutôt pour faire une novation, le 23 janv. 1839, Chédeville emprunta ou fut supposé emprunter des sieurs Hervieu, beau-frère de Delamotte, 30,000 fr. et Renard, ami du même Delamotte, 49,000 fr., pour servir à éteindre la dette de son office, et Chédeville reçut, en effet, quittance définitive. — Il paraît que le produit espéré de l'office par Chédeville ne se réalisa pas, et qu'il sollicita, mais inutilement, de Delamotte et des sieurs Hervieu et Renard, qu'il dit être ses prête-noms, une diminution de prix. L'infériorité des produits de l'étude, et les circonstances qui viennent d'être rapportées sur le moyen dont Delamotte s'était servi pour obtenir le payement du prix stipulé dans son traité, furent alors présentées par Chédeville devant le tribunal de Rouen, comme preuves du dol dont il se trouvait victime. Il prétendait d'ailleurs que les traités secrets étant nuls, ne devaient produire aucun effet, et que dès lors les 31,000 fr. payés en l'acquit du prix convenu dans la contre-lettre devaient du moins être imputés sur le prix total. — 16 juill. 1841, jugement qui repousse la prétention de Chédeville sur la question relative au dol, et, tout en admettant en principe la nullité radicale du traité secret comme contraire à l'ordre public, considère ce traité comme pouvant engendrer une obligation naturelle contre l'exécution de laquelle Chédeville n'était pas restituable; enfin, relativement à la novation, dont se sont prévalus les sieurs Hervieu et Renard, le tribunal en a reconnu l'existence en droit, et a déclaré Chédeville débiteur envers ceux-ci des causes de l'obligation du 23 janv. 1839.

Appel par Chédeville; appel incident par Hervieu qui conclut contre Renard à ce que sa créance à raison de sa nature fût déclarée privilégiée; Renard oppose une fin de non-recevoir tirée de ce qu'Hervieu ne s'étant point porté appelant principal, il n'est pas admissible à prendre en appel et contre son coïntimé, des conclusions qui n'ont pas été proposées en première instance.

M. l'avocat général Rouland, après avoir établi que le dol légal ne pouvait résulter, en faveur de l'acquéreur d'un office, de l'allégation d'un produit supérieur, qu'il était facile de vérifier, ou contre laquelle il existait des moyens efficaces de garantie, s'est exprimé en ces termes sur les effets de l'exécution du traité secret : — « En droit, le traité secret est

vile déclare que les conventions secrètes ne peuvent engendrer une obligation naturelle, parce que cette obligation, étayée sur

frappé d'une nullité d'ordre public, dont les tiers et les parties ellesmêmes peuvent argumenter. Mais s'ensuit-il que si ce traité a été exécuté par le libre et complet payement du prix, l'acquéreur puisse revenir sur cette exécution, et répéter la somme ainsi payée? Est-ce qu'en pareil cas, il n'y a pas une obligation naturelle accomplie et protégée désormais par l'art. 1235 c. civ.? — Qu'est-ce donc qu'une obligation naturelle? La loi civile ne la définit pas, elle n'a pas voulu la définir, parce qu'il s'agit d'une chose hors de son domaine, parce qu'il s'agit d'un sentiment qui a sa source unique dans les instincts de la conscience, et d'un lien que la morale seule se charge de former ou de rompre. Vainement insinue-t-on que ces instincts de conscience sont fugitifs, variables et presque arbitraires ; dès qu'on est forcé d'admettre, néanmoins, la réalité des obligations naturelles, la légalité de leur exécution, et de reconnaître, de plus, que ces obligations appartiennent exclusivement au for intérieur, la difficulté de leur appréciation ne prouve rien contre la légitimité de leur existence. Pourquoi, d'ailleurs, refuser aux pures et spontanées manifestations de la conscience des hommes, le crédit qu'on veut bien accorder à leur raison et à leur jugement? Il y a moins d'erreurs peut-être dans la détermination des obligations morales que dans l'interprétation des lois écrites. Au reste, toute critique est impuissante devant le texte de l'art. 1235, qui admet l'obligation naturelle, et qui, ne la définissant pas, l'abandonne à la conscience des tribunaux. Dans l'espèce, cette obligation existe, non pas seulement parce que Chédeville a signé le traité secret et promis d'en payer le prix, mais parce qu'il a reçu une chose appréciable en échange, parce qu'il a librement discuté et conclu la convention, et que la bonne foi et l'honneur exigent l'accomplissement d'engagements qui ont fait passer dans sa main la propriété d'autrui. La difficulté du procès n'est donc pas dans le point de savoir si l'on est en présence d'une obligation naturelle. L'évidence ne se démontre pas. Aussi, dans toutes les contestations jugées, soit par les cours royales, soit par la cour de cassation, à propos des traités secrets, le principe de cette obligation a été admis, et les doutes ne se sont élevés que sur la force qu'il pouvait conserver ou perdre lorsqu'il entrait en lutte avec une loi d'ordre public. — Le système de l'appelant se réduit donc nécessairement à cette proposition fondamentale : savoir, que l'obligation naturelle, si bien caractérisée qu'elle soit, ne peut jamais être judiciairement invoquée pour légitimer l'exécution d'une convention prohibée par une loi d'ordre public. C'est en ce sens seulement qu'il est permis de dire, pour rendre la pensée plus énergique, qu'alors l'obligation naturelle n'existe pas, *pro nihilo habetur*.

» Mais, pour arriver à la démonstration de cette proposition, il a fallu faire une perpétuelle confusion des choses les plus distinctes; il a fallu mettre sur le même rang, doter de la même origine et de la même puissance toutes les lois dites d'*ordre public*. Certes, parmi ces lois, il y en a qui sont l'expression de la morale éternelle, et qui étaient écrites dans la conscience avant de l'être dans nos codes. Quant à ces lois destinées à protéger tous les instincts moraux, à garantir dans leur sphère la plus élevée la discipline et la constitution de l'Etat, il est hors de doute qu'elles ne sauraient se rencontrer en lutte avec des obligations naturelles. Ce qu'elles défendent, en effet, est défendu et par la loi divine et par le for intérieur. Elles ne sont donc elles-mêmes, en quelque sorte, que la promulgation de certaines obligations naturelles dont l'accomplissement rigoureux importe essentiellement à l'ordre social. Là, il est vrai de dire d'une manière absolue qu'il n'y a pas de droit contre le droit, et qu'il n'y a pas de devoir individuel à opposer au devoir public. Il serait absurde de demander à la conscience de se démentir elle-même, et de vouloir tirer du même principe deux obligations contraires. — Mais quand on arrive aux lois dont les prohibitions, qualifiées d'ordre public, tiennent, soit à des causes accidentelles, soit à des motifs variables, il est évident qu'on retrouve, malgré elles, toute la liberté et toute l'énergie du for intérieur; les règles immuables du juste, les inspirations spontanées ou réfléchies de la conscience humaine n'ont aucun rapport nécessaire avec ces lois, purement conventionnelles, arbitraires, qui s'établissent ou s'abrogent au gré des circonstances. On conçoit très-bien alors que la loi positive, même dans un intérêt général, frappe de nullité une convention dont l'exécution sera pourtant sollicitée par le for intérieur. Le législateur, dans ce cas, en établissant sa règle, ne peut avoir en vue la moralité des actes ou des contrats qu'il proscrit; il considère exclusivement, sous l'impression du moment, soit leur opportunité, soit leurs conséquences, au milieu des intérêts qu'il est chargé de gouverner. Remarquons, en outre, que les prohibitions ou nullités qu'il crée dépendent, pour leur caractère d'ordre public, d'une foule d'appréciations différentes. Les intérêts qui leurs servent de base sont plus ou moins nombreux, plus ou moins légitimes, plus ou moins mobiles ; à tel point que, souvent, les tribunaux et les jurisconsultes s'égarent dans ce dédale de lois, qui sont dites d'ordre public à des titres si divers; on n'en saurait trouver un exemple plus frappant que la nullité même qu'il s'agit d'appliquer dans le procès actuel. Pendant plus de vingt années, personne n'a vu l'ordre public intéressé à l'existence ou à la répulsion des traités secrets. Tout à l'heure encore, la cour de Toulouse vient de prétendre que ces sortes de traités n'ont d'autres chances à courir que celle des contre-lettres ordinaires. Tel est donc le sort des lois auxque''s le caractère d'ordre public n'est imprimé que par l'arbitraire ou la convention ; ce qu'elles prohibent n'est pas nécessairement illicite ou immoral en soi; l'obligation de conscience ou d'honneur peut donc exister en présence de dispositions qui lui refusent la sanction du droit civil, et si elle a été exécutée, tout est irrévocablement consommé.

» Cette distinction, si profonde et si vraie, est avouée par la jurisprudence et les auteurs. — « Les nullités, dit Domat, sont ou naturelles ou dépendantes de la disposition de quelques lois. » Pothier professe la même doctrine. — Quant à Toullier, il y revient souvent dans son Traité des obligations. — « Il faut distinguer, dit-il, entre les choses illicites de leur nature, c'est-à-dire qui sont défendues par le droit naturel, que Domat appelle avec raison le droit immuable, et celles qui ne sont que défendues par le droit civil, par un droit arbitraire et sujet au changement. » — Et plus loin, il ajoute : — « L'obligation naturelle continue d'exister, encore bien que, par des raisons de politique ou d'ordre public, la loi lui retire toute action judiciaire » (t. 2-6, nos 125-582). — C'est ce principe qui a toujours été consacré par la cour de cassation lorsqu'il s'est agi des contrats relatifs aux rentes féodales supprimées. C'est à tort que, pour renverser cette doctrine, on signale l'immense inconvénient de mettre aux prises la conscience humaine avec la règle sociale, la volonté des individus avec la volonté de tous. Ne pourrions-nous pas répondre, d'abord, que le système opposé, sous le prétexte, plus spécieux que vrai, d'une discipline absolue, supprime tous les liens moraux, tous les dogmes primitifs du for intérieur, et qu'il matérialise ainsi la loi? Mais, d'ailleurs, il n'y a pas de lutte, il y a seulement des directions différentes. Il n'est pas au pouvoir d'une loi conventionnelle ou accidentelle de confisquer la conscience, mais il est en son pouvoir de ne pas reconnaître une obligation, de la priver de toute valeur judiciaire. En agissant de la sorte, le législateur fait assez pour l'intérêt public du moment. La règle, pour autant qu'il s'agit du lien civil, existe rigoureuse et respectée. On ne la viole pas quand on ne lui demande rien, quand on se trouve hors du cercle où elle domine, quand il s'agit, enfin, d'un fait d'exécution que personne ne peut précisément empêcher, et qui se détermine par des considérations pures d'honneur ou de probité. Là s'arrête et devait s'arrêter la loi positive par respect pour la moralité humaine. Tel est le motif si sérieux et si puissant qui a forcé le législateur à proclamer dans l'art. 1235 cette maxime d'éternelle équité : « Toute obligation naturelle exécutée n'est plus sujette à restitution. » — Que viendrez-vous faire, vous, interprètes et dépositaires du droit écrit, dans une question où la conscience seule peut juger?

» Ramenons donc la discussion sur le terrain légal où elle se concentre. Notre législation y est d'une simplicité et d'une sagesse admirables. L'art. 1235 ne se préoccupe que d'une seule condition, l'existence de l'obligation naturelle exécutée. Pourquoi donc ne se préoccupe-t-il pas de la nature et du caractère de la loi prohibitive du lien civil? c'est qu'il sait parfaitement que l'existence vraie de l'obligation naturelle est la preuve infaillible que cette loi, qualifiée d'ordre public, est pourtant variable, arbitraire, conventionnelle, malgré toute l'importance des intérêts qu'elle garantit. C'est qu'il fallait choisir entre la négation brutale de la conscience humaine ou le respect absolu de ses engagements exécutés. Dans cet ordre d'idées, il n'y a plus à répondre à l'objection de fraude à la loi. On la frauderait en ratifiant la convention prohibée, car la ratification est un titre qui tire toute sa force du droit civil. Mais ce n'est plus faire fraude à une règle écrite que d'apprécier sous l'empire des liens du for intérieur un acte matériellement et librement consommé. — Nous convenons, au surplus, que la thèse contraire aurait l'immense avantage de paralyser complétement les traités secrets. Mais le juge n'a pas le droit, en vue d'un avantage social, de violer la loi. Les considérations d'intérêt public si éloquemment développées ne sont rien autre chose qu'une provocation à l'arbitraire. C'est aux grands pouvoirs de l'Etat à organiser et à compléter les lois suivant le besoin des circonstances. »

18 fév. 1842, arrêt confirmatif de la cour de Rouen en ces termes . — « Sur la question de dol : — Attendu que le dol reproché par Chédeville à Delamotte n'est pas suffisamment prouvé;

» Sur la nullité du traité secret : — Attendu qu'il est établi et reconnu au procès que, le 13 avr. 1838, Delamotte céda son office d'avoué à Chédeville pour le prix de 116,500 fr., mais que 85,000 fr. seulement furent portés dans le traité ostensible, qui fut seul présenté au gouvernement, et que le reste de la somme totale, 31,500 fr., fut l'objet d'un pacte secret, dont la connaissance fut dissimulée au ministre de la justice; que, sur ce faux exposé, ce traité fut sanctionné et la transmission de l'office autorisée; — Attendu qu'il est de l'intérêt public que le prix de la cession d'un office soit dans une juste proportion avec ses produits légitimes, afin que les officiers ministériels ne se trouvent pas exposés à se ruiner et à manquer à leurs engagements, ou à chercher des bénéfices illicites en abusant d'une position qui oblige le public d'avoir recours à leur ministère; — Qu'ainsi le traité secret dont il s'agit au procès, qui a eu pour but et pour résultat de tromper le gouvernement sur le prix véritable de la cession, constitue une dissimulation et une fraude qui infi-

l'art. 1235 c. nap., « aurait la puissance de soustraire les contre-lettres à la prohibition de la loi..., qu'alors on serait conduit à la choquante inconséquence de supposer que le droit civil qui prohibe le contrat se prêterait en même temps à en protéger l'exécution, en sorte que le payement devient sans cause licite ou illicite et comme tel sujet à répétition » (Conf. Angers, 30 mai 1844, aff. Houillot *C.* Planchenault; 20 juin 1844, aff. Pelletier *C.* Lauthony).—La cour de Paris elle-même se rangea à l'opinion de la chambre civile (Paris, 3e ch., 3 juin 1843, M. Pécourt, pr., aff. Deplace et Grulé *C.* Dehérain; 1er mars 1844, aff. Quinton *C.* Adhémar).

242. L'application de l'art. 1235 c. nap. étant ainsi écartée, on s'étaya pour repousser la demande en répétition de la maxime de droit romain *in pari turpidine, melior est conditio possidentis* (V. Obligat., nos 5531 et s.). — Ainsi, il a été jugé postérieurement à l'arrêt précité de la chambre civile, que si la prohibition des contre-lettres s'oppose à ce qu'il puisse résulter de ces conventions ni obligation civile, ni obligation naturelle, la coopération des parties à la *turpis causa* ne permet pas que le titulaire puisse agir contre son prédécesseur en répétition des sommes payées en vertu d'une contre-lettre, ni ce dernier contre le titulaire pour l'exécution de cette convention (Orléans, 8 fév. 1841) (1).

243. Mais cette doctrine a été repoussée par la chambre des requêtes qui, se ralliant nettement à la jurisprudence de la chambre civile, a décidé que la maxime *in pari causa melior est*

---

cient ce pacte d'une nullité absolue et d'ordre public, qui peut, par conséquent, être invoquée par les parties mêmes qui ont concouru à cet acte ;

» Sur l'exécution du traité secret : — Attendu qu'il est constant que le prix stipulé dans le traité secret, 31,500 fr., a été volontairement payé par Chédeville à Delamotte; — Que, si de pareils traités sont, en principe de droit civil, frappés d'une nullité d'ordre public, cette nullité n'est cependant pas d'une force et d'une nature telles qu'elle puisse pénétrer jusque dans le for intérieur et détruire le principe d'une obligation naturelle; — Qu'ainsi Chédeville, qui a pu se déterminer à payer, par devoir de conscience, une dette à laquelle il n'était tenu par aucun lien civil, ne peut être admis à répéter un prix volontairement versé pour acquitter une obligation naturelle;

« Sur l'imputation : — Attendu qu'il avait été stipulé que le prix du traité secret serait payé avant celui du traité ostensible, et la veille de la prestation du serment de Chédeville; que ce payement a été effectué le 6 août 1838, quelques jours après ce serment, ainsi que cela est reconnu entre les parties; qu'à cette époque le prix du pacte secret était seul exigible, et que le payement s'élève juste au prix de 31,500 fr.; — Qu'il résulte de tous ces faits que les parties ont voulu, l'une payer, et l'autre recevoir le prix du traité secret; qu'elles ont agi en conséquence de cette volonté évidente; que cette obligation spéciale est donc complétement exécutée par le payement, et qu'il est impossible de l'imputer sur la dette principale des 85,000 fr. portés dans le traité officiel;

» En ce qui touche la demande de Chédeville contre Renard et Hervieu : — Attendu que, quoiqu'il soit prouvé que l'acte du 23 janv. 1839, enregistré à Rouen le 20 janv. 1841, est un acte simulé; qu'il n'a pu, par suite, faire novation ni à la dette primitive de Chédeville envers Delamotte, ni aux créances que Hervieu et Renard pouvaient avoir sur Delamotte, Chédeville cependant ne peut obtenir contre ces cessionnaires et ayants cause de Delamotte, des condamnations que, par les motifs ci-dessus déduits, il ne pourrait obtenir contre Delamotte lui-même.

» .... Sur l'appel incident de Hervieu, concernant sa demande en privilége : — Attendu que cet appel, qui a pour but de faire obtenir à Hervieu un privilége contre Renard, question qui ne concerne en rien Chédeville, ne peut être dirigé que contre le premier, et qu'ainsi Hervieu n'ayant pas interjeté d'appel principal, ne peut former d'appel incident contre Renard, intimé comme lui; — Confirme; — Rejette les demandes et appel incidents de Hervieu comme non recevables contre Renard, et comme mal fondés contre Chédeville, etc. »

Pourvoi pour violation des art. 6 et 1131 c. civ. et pour la fausse application de l'art. 1235 du même code, en ce que la nullité de ces sortes de stipulations dérivant d'une prohibition d'ordre public, il ne pouvait en résulter aucune espèce d'obligation, pas plus naturelle que civile. — Arrêt (ap. dél. en ch. du cons.).

La cour; — Vu les art. 6, 1131, 1133, 1235 et 1376 c. civ.; — Attendu que les offices ne sont pas une propriété dont les titulaires peuvent disposer à leur gré et d'une manière absolue; — Attendu que leur transmission intéresse essentiellement l'ordre public; qu'en effet, de ce que les titulaires sont institués pour avoir le privilége exclusif de faire les actes qui entrent dans leurs attributions, il importe à la société qu'ils présentent non-seulement des garanties d'aptitude et de moralité, mais encore que l'exagération du prix des charges, en leur enlevant le moyen d'y trouver une honnête existence, ne les entraîne pas hors de la ligne de leurs devoirs; — Attendu que c'est dans ce but éminemment social que l'art. 91 de la loi du 28 avr. 1816, au lieu de reconnaître que les titulaires auraient la libre disposition des offices, ne leur a conféré que la faculté de présenter des successeurs à l'agrément du roi; — Attendu que l'agrément de l'autorité ne doit intervenir qu'en pleine connaissance, soit des qualités personnelles des successeurs présentés, soit des conditions de la transmission des offices, et, principalement, avec la certitude d'un prix fixe qui ne peut être augmenté par des conventions clandestines; — Qu'en un tel cas, toute contre-lettre ou traité secret blesse ouvertement l'intérêt public, en ce qu'il lui enlève les garanties que la loi avait placées sous la vigilance du pouvoir, et que, dès lors, de tels actes doivent être placés dans le nombre de ces conventions particulières que l'art. 6 c. civ. frappe d'une prohibition absolue, et qui, aux termes de l'art. 1131 du même code, ne peuvent produire aucun effet, comme ayant une cause illicite;

Attendu que, s'il est vrai que les traités secrets en matière de transmission d'office ne peuvent produire l'obligation civile entre les contractants, il doit être également vrai qu'ils ne sauraient engendrer une obligation naturelle dont la puissance serait de les soustraire à la prohibition de la loi; que, pour admettre, en effet, que le payement volontairement fait en exécution d'une semblable obligation naturelle ne pût être répété, il faudrait nécessairement s'étayer de l'art. 1235 c. civ., c'est-à-dire d'une disposition textuelle du droit civil; mais qu'alors on serait conduit à la choquante inconséquence de supposer que le droit civil, qui probibe le contrat, se prêterait, en même temps, à en protéger l'exécution; — — Attendu qu'on objecterait en vain que, dans ce cas, ce n'est pas la convention illicite qui produirait effet, et que l'efficacité ne résulterait que du fait même du payement : car le payement, considéré isolément de la convention, ne pourrait se rattacher à une obligation ni civile, ni naturelle, par conséquent, serait sans cause licite ou illicite, et, comme tel, serait sujet à répétition; — Qu'il faut donc reconnaître que le traité secret, ayant pour objet la vente d'un office, ne peut se soutenir par l'art. 1235 c civ., sous le prétexte d'une obligation naturelle à laquelle l'ordre public résiste ouvertement, et qu'il ne peut pas davantage s'appuyer sur l'art. 1338, qui, mais seulement en matière privée, couvre les vices d'un contrat par la ratificatiom ou l'exécution volontaire; — Et qu'alors encore il faut reconnaître que, par le payement d'un supplément de prix d'office, stipulé dans un traité secret, les parties, auxquelles il est interdit d'alléguer l'ignorance de la loi, surtout d'une loi prohibitive, tombent positivement sous l'application de l'art. 1376 c. civ., qui dispose que celui qui reçoit par erreur ou sciemment ce qui ne lui est pas dû, s'oblige à le restituer à celui de qui il l'a indûment reçu; — Attendu, en conséquence de ce qui précède, que l'arrêt attaqué qui, tout en reconnaissant que les traités secrets faits sur la vente d'un office sont frappés d'une nullité d'ordre public, a néanmoins repoussé la répétition des sommes payées volontairement par suite de leur exécution, a, en cela, faussement appliqué l'art. 1235 c. civ., et violé ouvertement les art. 6, 1131, 1133 et 1376 du même code; — Casse.

Du 30 juill. 1844.-C. c., ch. civ.-MM. Portalis, 1er pr.-Duplan, rapp.-de Boissieu, av. gén., c. conf.-P. Fabre et Ripault, av.

(1) 1re *Espèce :* — (Trollé *C.* Houeau.) — La cour; — En ce qui touche la question de savoir si Trollé est recevable et fondé à répéter les sommes qu'il aurait payées à Houeau en sus du prix porté dans le traité ostensible du 2 fév. 1836 et dans l'acte de vente du même jour : — Considérant que les fonctions de notaire sont une délégation de la puissance publique, qui ne saurait entrer dans le commerce, et dont la collation est expressément et exclusivement réservée au roi, par l'art. 13 de la charte constitutionnelle; — Considérant que, d'accord avec ce principe, l'art. 91 de la loi du 28 avr. 1816 s'est borné à autoriser les notaires et autres officiers ministériels à présenter à l'agrément de Sa Majesté des successeurs, et, par suite, à mettre à prix cette présentation, sans restreindre en rien le droit qu'a le roi d'accorder ou de refuser son agrément, ou de le subordonner à telles conditions qu'il juge utile d'établir; — Considérant qu'au nombre des conditions auxquelles des règlements d'administration publique ont subordonné l'agrément de Sa Majesté est la modération du prix stipulé entre le notaire et le candidat qu'il présente, modération qu'il est réservé au roi d'apprécier et, au besoin, de régler, sur l'avis et l'intermédiaire des tribunaux et du garde des sceaux, auxquels il doit, en conséquence, en être fait déclaration sincère par les parties contractantes; — Considérant que lorsque, par une déclaration mensongère, les parties surprennent l'agrément du roi, elles se rendent coupables de fraude à la loi, et commettent de connivence une sorte d'usurpation de fonctions publiques qui ne saurait servir de base à une obligation civile, ni même naturelle, capable de produire un effet quelconque au profit de l'une ou de l'autre des parties, ainsi que l'établissent les art. 6, 1108, 1131, 1133 et 1172 c. civ.;

Mais considérant que si, à défaut d'obligation même naturelle, Houeau a indûment reçu tout ce que Trollé lui a payé en sus du prix stipulé dans les traités ostensibles, il ne s'ensuit pas que ce dernier soit recevable à se prévaloir des dispositions des art. 1235 et 1378 c. civ. pour répéter

causa possidentis ne peut s'appliquer à la cause, parce que la faute n'est pas égale entre le postulant et le titulaire, puisque c'est ce dernier, fonctionnaire public, ayant en cette qualité des devoirs plus étroits, qui a fait subir la loi d'un prix exagéré au postulant, et parce que c'est précisément le payement de cet excédant de prix qui met en péril l'intérêt public; que le payement étant ainsi entaché du même vice que le traité clandestin dont il est l'exécution, ne peut être validé ni en vertu du droit romain, ni sous le prétexte de l'existence d'une obligation naturelle (Req. 1er août 1844) (1).—Depuis cet arrêt, la jurisprudence consacrée par les deux chambres civiles de la cour de cassation est aujourd'hui suivie par tous les tribunaux (V. Paris, 24 fév. 1843, aff. Pantin, D. P. 45. 2. 71; 26 mai 1843, aff. Langlet, D. P. 45. 4. 376; Req. 11 août 1845, aff. Planchenault, D. P. 45. 1. 342; 17 déc. 1845, aff. Peltier, D. P. 45. 4. 374; Civ. cass. 5 janv. 1846, aff. Lecoq, D. P. 46. 1. 14; Paris, 28 mars 1846, aff. Chevalier, D. P. 46. 4. 382; 5 déc. 1846, aff. Pitois, D. P. 47. 2. 4; Nimes, 10 mai 1847, aff. G..., D. P. 48. 2. 38; Req. 22 juin 1847, aff. Quinton, D. P. 47. 4. 347; 3 janv. 1849, aff. Rivière, D. P. 49. 1. 139; Lyon, 24 août 1849, aff. Saint-Cyr, D. P. 50. 2. 36; Agen, 4 fév. 1852, aff. Périès, D. P. 52. 5. 390; 21 mai 1852, aff. N..., D. P. 52. 5. 389; Civ. rej. 5 nov. 1856, aff. Levreaux, D. P. 56. 1. 397; Metz, 1re ch., 29 mars 1859, M. Woirhaye, 1er pr., aff. Fréal *C.* Roché). — V. dans le même sens une dissertation de M. Duvergier, Rev. franç. et étrang., t. 7, p. 568, et MM. Taulier, Théor. du c. civ., t. 6, p. 56; Eug. Durand, nos 229 et s.; Bédarride, du Dol et de la fraude, t. 3, nos 1304 et suiv.; Larombière, Obligat., sur l'art. 1235, no 11.—*Contrà*, M. Massol, Tr. de l'obligat nat., p. 325. — V. du reste, sur la question générale de savoir si les sommes payées en vertu d'une convention illicite peuvent être répétées vo Obligations, nos 5489, 5531 et suiv.; V. aussi *eod.*, nos 580 et suiv. et nos observations D. P. 59. 1. 289, ainsi que les conclusions de M. l'avocat général Barbier, devant la cour de Paris, D. P. 59. 1. 292.

244. De ce que les sommes payées en vertu d'une contre-lettre peuvent être répétées, il suit que si le prix ou partie du prix ostensible est encore dû, elles doivent être imputées sur ce prix (Paris, 24 fév. et 26 mai 1843; civ. cass. 5 janv. 1846, arrêts précités; conf. trib. de la Seine, 6 juill. 1844, aff. d'Hauterive, D. P. 45. 4. 376, no 27). — C'est ce que la cour de Paris avait déjà décidé avant son changement de jurisprudence (V. no 216).

245. Et la caution qui s'est obligée au payement du prix porté dans le traité ostensible, peut aussi demander l'imputation sur les sommes cautionnées du montant de la somme payée par le cessionnaire en dehors du prix fixé par le traité ostensible. — Cependant il a été jugé que le particulier qui s'est porté caution du prix fixé dans le traité approuvé par le gouvernement ne peut critiquer le payement d'un supplément de prix porté dans une convention secrète avec des fonds par elle mis à la disposition de l'acquéreur de l'office et demander l'imputation sur le prix officiel, alors qu'il est établi qu'elle a connu et approuvé l'imputation sur le prix supplémentaire (Paris, 31 janv. 1840, aff. Poisson, sous Req. 7 juill. 1841, V. no 264-1o; V. aussi Grenoble, 16 déc. 1837, aff. Second, no 214; Metz, 14 fév. 1843, aff. Deschets, no 216). — Mais l'un de ces arrêts (celui de Grenoble) considère la contre-lettre comme valable (V. no 214), et les autres sont rendus dans le système aujourd'hui abandonné qui voit dans le payement du supplément de prix l'acquittement d'une obligation naturelle.

246. Le supplément de prix payé par le cessionnaire d'un office à son cédant en vertu d'un traité secret, est sujet à répétition, quoique le cédant fût mineur à l'époque du traité, sauf son recours contre son tuteur (Civ. rej. 28 mai 1856, aff. Lasserre, D. P. 56. 1. 377, V. no 269). — Toutefois il a été décidé que si

---

cet excédant, alors qu'il a sciemment partagé avec Houeau la fraude dont les conventions secrètes intervenues entre eux sont entachées; qu'en contrevenant également à la loi, qui eût assuré l'inviolabilité d'engagements licites, ces deux parties se sont également aussi privées du droit d'en réclamer la protection, l'une pour obtenir le payement de ce qu'elle prétendait lui être encore dû sur la portion du prix portée dans le traité secret, l'autre pour la répétition de ce qu'elle aurait payé de trop, selon cette maxime du droit romain, passée dans notre jurisprudence : *Si dantis et accipientis causa sit turpis, possessorem priorem esse et ideo repetitionem cessare, tametsi ex stipulatione solutum est,... quia ex hâc stipulatione contrà legem denegandas esse actiones juris auctoritate demonstratur*;—Confirme, etc.

Du 8 fév. 1844.-C. d'Orléans.-M. Travers de Beauvert, 1er pr.

2e *Espèce* : —(Surville C. Reymond et Rochas.) — La cour; — En ce qui touche les deux faits dont la preuve a seule été ordonnée par le tribunal, et portant, le premier, sur l'existence de conventions secrètes, le deuxième, sur le payement de 9,000 fr. fait en sus du prix stipulé dans le traité ostensible : — Considérant en droit que, s'il est vrai de dire que l'accomplissement d'engagements ayant une cause illicite n'est pas l'exécution d'une obligation naturelle, aucune obligation naturelle ne pouvant sortir d'une dissimulation coupable, d'une déclaration mensongère et d'une fraude à la loi, il est vrai de dire aussi que les parties qui ont également et au même degré trempé dans ces dissimulation et mensonge se sont également placées en dehors de la protection de la loi, qu'ils ont fraudée, et se sont rendus également non recevables à invoquer sa sanction, tant pour assurer l'exécution d'engagements entachés d'un tel vice que pour revenir sur leur accomplissement; — Considérant que nul ne peut être entendu en justice pour y alléguer sa propre turpitude et y faire valoir les actions qui y prennent leur source; que la loi, en pareil cas, laisse les parties dans l'état où elle les trouve, selon la maxime *in pari causâ cum sit turpis, potior est causa possidentis*; — Considérant que le cas prévu par l'art. 1967 c. civ. est une exception qui confirme la règle, et que d'ailleurs on ne peut pas dire qu'il y ait parité entre le gagnant au jeu, qui use de dol, et le perdant, qui n'a qu'une infraction à la loi à se reprocher; — Considérant, dès lors, qu'en vain Surville établirait les faits à la preuve desquels il a été admis, puisque, fussent-ils pertinents, il serait non recevable à y puiser une cause de restitution des sommes par lui volontairement, quoique indûment payées en vertu d'engagements illicites;—Déclare Surville non recevable en sa demande.

Du 8 fév. 1844.-C. d'Orléans.-M. Travers de Beauvert, 1er pr.

(1) *Espèce* : — (Marion C. Chabannier.) — Marion, greffier de justice de paix avait vendu son office à Chabannier fils, moyennant un prix apparent de 3,000 fr. qui fut agréé par le gouvernement. Mais par traité secret, ce prix avait été élevé à 8,300 fr. (le produit moyen de l'office, tel qu'il se trouve constaté par la cour royale, était de 384 fr., y compris le traitement fixe attaché aux fonctions de greffier de justice de paix). Le supplément de prix fut payé. Mais plus tard, Chabannier en poursuivit la restitution, qui fut ordonnée par arrêt de la cour d'Aix du 7 mars 1843 infirmatif d'un jugement du tribunal de Tarascon, du 25 janv. précédent. — Pourvoi. — Arrêt.

La cour; — Sur la nullité du traité secret : — Attendu que l'art. 91 de la loi du 28 avril 1816 accorde au titulaire d'un office non pas la propriété dudit office, mais la simple faculté de présenter son successeur; — Que le même article réserve au gouvernement le droit d'agréer et de nommer le candidat proposé; — Que le droit d'agréer et de nommer implique nécessairement celui d'examiner les conditions imposées au postulant et notamment de s'assurer si le prix stipulé pour la transmission de l'office, ne pourrait point par son exagération, entraîner ledit postulant devenu titulaire, à recourir, pour remplir ses obligations envers son cédant, à des actes que désavouerait la délicatesse et dont l'intérêt public aurait à souffrir; — D'où il résulte que tout traité secret ayant pour but de tromper le gouvernement sur le prix réel de l'office, en dissimulant une partie de ce prix, est aux termes de l'art. 1131 c. civ., radicalement nul, comme contraire à la morale, à l'ordre public, et comme ayant une cause illicite;

En ce qui touche la validité du payement de la partie cachée du prix; — Attendu que la maxime *in pari causa melior est causa possidentis*, ne peut s'appliquer à la cause, parce que, dans les hypothèses du droit romain, peu importe à la société à qui des deux complices également en faute doit appartenir la somme, objet du payement consommé : tandis que, dans la cause où il s'agit du prix d'un office public, il en est tout autrement par le double motif : 1o que la faute n'est pas égale entre le postulant et le titulaire, puisque c'est ce dernier, fonctionnaire public, ayant en cette qualité des devoirs plus étroits, qui a fait subir la loi d'un prix exagéré au postulant; 2o parce que c'est précisément le payement de cette partie du prix cachée et exagérée, qui expose le postulant au danger de manquer à ses devoirs, le public à de graves dommages, et qui blesse plus particulièrement l'ordre public; — Que le payement étant ainsi entaché du même vice que le traité clandestin dont il est l'exécution, ne peut être validé ni en vertu du droit romain, ni sous prétexte d'une obligation naturelle que repoussent ici l'intérêt public et la loi; d'où il suit qu'en annulant dans la cause le traité du 24 oct. 1838, avec le payement qui l'a suivi, et en ordonnant la restitution des sommes payées au delà du prix réel stipulé dans l'acte public du 18 fév. 1839, la cour royale d'Aix n'a point violé les articles de loi invoqués à l'appui du pourvoi, et a fait des principes sur la matière une juste application; — Rejette.

Du 1er août 1844.-C. C., ch. req.-MM. Zangiacomi, pr.-F. Faure, Chégaray, av. gén., c. conf.-Béchard, av.

le supplément de prix a été reçu par une mère tutrice tant en son nom personnel qu'au nom de son fils, celui-ci ne peut être contraint avec sa mère à la restitution de la somme indûment payée, s'il n'ait point établi qu'il ait connu le vice du payement ni qu'il en ait profité : « Considérant, en fait, dit l'arrêt, qu'il n'est point établi en appel plus qu'il n'a été prouvé en première instance que Fréal fils ait connu la dissimulation tentée par sa mère, ni même qu'il ait profité de cette dissimulation, en recevant de sa mère une partie quelconque de la somme aujourd'hui répétée » (Metz, 1re ch., 29 mars 1859, M. Woirhaye, 1er pr., aff. Fréal *C.* Roché).

247. A plus forte raison la répétition doit-elle être admise lorsque la contre-lettre est opposée par le cédant à des créanciers du cessionnaire qui, sur l'instance en validité de la saisie-arrêt formée entre les mains d'un second acquéreur par le vendeur, sont intervenus dans la cause pour soutenir que la créance de ce dernier devait être réduite au prix stipulé au traité apparent (Req. 17 déc. 1845, aff. Peltier, D. P. 45. 4. 374). — Les contre-lettres en effet, même lorsqu'elles sont valables entre parties, ne sont pas opposables aux tiers, V. no 213.

248. Les sommes constituant le supplément de prix doivent être restituées quand elles ont été payées. Mais que doit-il être décidé relativement aux *intérêts*? Doivent-ils courir du jour où le supplément de prix a été payé, ou seulement du jour de la demande. — D'après un arrêt, les intérêts ne courraient que du jour de la demande, quand les sommes payées ont été reçues de bonne foi (Paris, 31 janv. 1851, veuve Drappier *C.* Chancerel, D. P. 52. 2. 38). — Mais la jurisprudence s'est fixée dans un sens contraire. On a jugé, par application de l'art. 1378 c. nap., qu'un officier public n'a pu être considéré comme de bonne foi, lorsqu'il a reçu un supplément de prix en vertu d'une contre-lettre illicite, et d'une convention contraire à l'ordre public; qu'en conséquence, les intérêts des sommes payées par le cessionnaire en exécution de la contre-lettre, sont dûs du jour de la réception de chaque somme (Nîmes, 10 mai 1847, aff. G..., D. P. 48. 2. 38; Req. 3 janv. 1849, aff. Rivière, D. P. 49. 1. 139; 3 déc. 1849, aff. Langlet, D. P. 49. 1. 304; Douai, 23 mars 1850, aff. Adam, D. P. 50. 2. 187; Rouen, 26 déc. 1850, aff. Delamotte, D. P. 51. 2. 83; Civ. rej. 19 avr. 1852, aff. Dupuis, D. P. 52. 1. 105; Cass. 31 janv. 1853, aff. Lemaire, D. P. 53. 1. 217; Pau, 14 fév. 1853, aff. S..., D. P. 53. 2. 74; Rej. 22 nov. 1853, aff. Bodin, D. P. 54. 5. 525; Angers, 10 déc. 1853, aff. Boulay, D. P. 54. 2. 149; Toulouse, 1re ch., 27 nov. 1854, M. Piou, 1er pr., et sur pourvoi, Rej. 28 mai 1856, aff. Lasserre, D. P. 56. 1. 377; Paris, 25 nov. 1856, aff. Appay, D. P. 58. 1. 117; Rej. 5 nov. 1856, aff. Levreaux, D. P. 56. 1. 397; Nancy, 12 mai 1864, aff. Sommelier, D. P. 64. 2. 176; Metz, 1re ch., 29 mars 1859, M. Woirhaye, 1er pr., aff. Fréal *C.* Roché; Cass. 8 juin 1864, aff. Ruel, D. P. 64. 1. 273; Paris, 14 janv. 1865, aff. Lesourd *C.* Fleury). — Il a même été jugé que l'héritier de celui qui a reçu le payement de prix stipulé dans un traité secret est tenu, nonobstant sa bonne foi personnelle, des intérêts légaux depuis le jour de l'indue perception, jusqu'au jour de la restitution; qu'ici ne s'applique pas la règle que le possesseur de bonne foi fait les fruits siens, les intérêts courant en vertu d'un quasi-contrat (Req. 10 juin 1857, aff. Appay, D. P. 58. 1. 117). — Cette jurisprudence, qui, considérant le cédant comme étant nécessairement de mauvaise foi, le rend passible, dans tous les cas, de l'application de l'art. 1378 c. nap., est, à notre avis, trop rigoureuse. N'est-il pas possible, en effet, qu'eu égard au temps et aux circonstances le cédant ait reçu les payements de bonne foi, c'est-à-dire avec la croyance plausible qu'il avait le droit de les recevoir, par exemple, si la contre-lettre, en exécution de laquelle ont eu lieu ces payements, remontait, ainsi que lesdits payements eux-mêmes, à une époque où les traités secrets de cette nature, en matière de cession d'office, n'étaient pas prohibés. V. la note critique qui accompagne l'arrêt de la chambre civile, du 28 mai 1856 (D. P. 56. 1. 377).

249. Lorsque le supplément de prix stipulé a été payé avec intérêts, ces intérêts peuvent être également répétés, et si le prix de l'office a été payé en différents termes, ce supplément stipulé doit, pour le calcul des intérêts à restituer, être réparti proportionnellement sur tous ces termes, et non pas en entier, ni sur les premiers, ni sur les derniers (Dijon, 2 juill. 1845, aff. Lalouet, D. P. 45. 4. 375).

250. Il a été jugé en outre que les intérêts payés par le cessionnaire de la partie du prix d'un office qui est déclarée restituable comme excédant la valeur de cet office constituent aux mains du cédant de mauvaise foi, autant de capitaux portant eux-mêmes intérêts à partir de leur réception (Req. 19 fév. 1856, aff. Ménard, D. P. 56. 1. 103; Cass. 8 juin 1864, aff. Ruel, D. P. 64. 1. 273).

251. On sait que déjà avant la loi du 2 juill. 1862 (V. nos 333 et s.) les offices d'agent de change avaient souvent des copropriétaires. Lorsque les vendeurs d'un pareil office étaient condamnés à la restitution du prix porté dans une contre-lettre devaient-ils l'être solidairement ?—Une solution négative a été adoptée par la cour de cassation qui a jugé que l'action formée par l'acquéreur d'un office en restitution du supplément de prix par lui payé à son vendeur, en vertu d'un traité secret, a le caractère d'une *condictio indebiti*, et non pas d'une demande en réparation du préjudice causé par un quasi-délit, et que par suite, en cas de vente d'un office par plusieurs personnes s'en disant copropriétaires, les vendeurs ne peuvent être poursuivis solidairement en restitution de la somme payée en dehors du traité ostensible : chacun d'eux n'est tenu de restituer que ce qu'il a reçu personnellement (Req. 21 déc. 1853, aff. Hygnard, D. P. 54. 1. 170).

252. Le vendeur d'un office d'agent de change ne peut être condamné par corps à la restitution du supplément de prix par lui touché en dehors du traité ostensible, l'obligation de faire cette restitution n'ayant rien de commercial (Req. 21 déc. 1853, aff. Hygnard, D. P. 54. 1. 170).

253. Le *cautionnement* ne pouvant, d'après l'art. 2012 c. nap., exister que sur une obligation valable, il en résulte que le supplément de prix stipulé dans un traité secret ne peut être valablement cautionné (V. Lyon, 21 janv. 1847, aff. Bert, no 257). — Ainsi, il a été décidé que la caution du prix de cession d'un office n'est pas tenue du supplément de prix convenu par contre-lettre, le vendeur s'étant mis dans l'impossibilité de la subroger dans les droits de poursuite dont lui-même ne jouit pas contre le concessionnaire (Rouen, 1re ch., 23 déc. 1840, M. Fercoq, pr., aff. Houache C. d'Aubermesnil et autres). — V. aussi no 245.

254. La créance qui résulte d'une contre-lettre portant un supplément au prix ostensible n'est susceptible ni de *subrogation* ni de *transport*, et en conséquence on doit déclarer nulles la subrogation au profit d'un tiers qui a acquitté le montant de la contre-lettre, et la cession que le subrogé en a lui-même consentie plus tard, soit que le cessionnaire ait connu l'origine de la créance transportée (Req. 7 mars 1842 (1); Paris, 28 mars

---

(1) *Espèce :* — (Nicolle et autres *C.* Cardronnet.) — 4 avr. 1840, jugement du tribunal de la Seine ainsi conçu : — « Attendu, en droit, qu'aucunes stipulations verbales ou écrites, directes ou indirectes, ne peuvent porter atteinte aux stipulations du traité patent et officiel intervenu entre le démissionnaire d'un office et le candidat par lui présenté qui, en vue dudit traité, a été investi de la charge; que l'intérêt général exige impérieusement qu'à aucune époque, par des conventions dérogatoires au contrat formé en face de l'autorité, les parties ne puissent se jouer des conditions ostensibles qui, ayant subi le contrôle et obtenu l'agrément du ministre, font désormais partie de l'ordonnance d'institution, puisqu'à ce pouvoir qui confère et peut refuser le titre, incombe nécessairement le devoir de vérifier et de reconnaître si les obligations imposées au nouveau titulaire ne compromettent pas son avenir, si elles sont en rapport avec les produits légitimes de la charge, si enfin elles permettent à celui qui l'exerce de remplir honorablement les fonctions qui lui sont confiées; — Attendu que la porte serait inévitablement ouverte à tous les abus et à toutes les fraudes; que la tutélaire surveillance de l'autorité deviendrait complétement illusoire, s'il suffisait de faire intervenir des tiers et de créer ou simuler des transports successifs pour rendre valides et exécutoires des conventions occultes, invalides dans leur principe, sans lien de droit entre les contractants, frappées enfin à leur égard d'une nullité d'ordre public; que l'intérêt des tiers ne saurait être invoqué, qu'autant que ceux-ci pourraient se plaindre d'avoir été trompés et se prévaloir de leur bonne foi; mais qu'il ne peut en être ainsi, lorsque, comme dans l'espèce, les tiers n'ont point ignoré l'origine et les causes de la créance à eux transmise, lorsque,

1846, aff. Chevalier, D. P. 46. 4. 382; Cass. 10 mai 1854, aff. Rabourdin, D. P. 54. 1. 218; Rennes, 9 avr. 1851, aff. Rignard, D. P. 53. 2. 208), ...soit qu'il l'ait ignorée : c'est ce qui résulte virtuellement de l'arrêt précité de la cour de Rennes (9 avr. 1851), qui refuse tout effet à la cession, sans parler de la bonne ou de la mauvaise foi du cessionnaire de la créance. Cette doctrine d'ailleurs peut s'appuyer sur un arrêt de la cour de cassation qui, rendu à l'occasion de la cession d'une créance usuraire, a décidé, en principe : « que, sauf les exceptions introduites par la loi commerciale, le cessionnaire d'une créance ne tient de la cession qui lui a été faite que le droit de se mettre au lieu et place du cédant, dont il devient l'ayant cause; qu'il n'a donc à l'égard de cette créance que les mêmes droits qu'avait le cédant; qu'elle lui est transmise avec les avantages, mais aussi *avec les vices* qui pouvaient y être attachés, et que le débiteur n'est tenu envers lui que dans la mesure de son obligation envers le cédant; que décider autrement et décider qu'une créance nulle est valable entre les mains du cessionnaire ce serait donner au créancier de mauvaise foi, le moyen d'assurer le succès du dol et de la fraude par le transport à un tiers de la créance viciée; qu'il importe peu que le débiteur cédé en concourant aux actes constitutifs de la créance, ait contribué à leur donner l'apparence de légalité *qui a pu tromper le cessionnaire.* » (Civ. cass. 2 mai 1853, aff. Chapot, D. P. 53. 1. 144). — V. aussi dans le même sens, un jugement du tribunal d'Angoulême du 7 mars 1863, aff. Winter, D. P. 64. 2. 31. — Cette décision d'ailleurs pouvait seule rendre impossible l'existence des traités secrets en matière de prix d'office; on comprend parfaitement que si le transport des sommes stipulées dans ces traités avait été valable, il aurait toujours été possible d'assurer l'exécution des contre-lettres au moyen de transports fictifs.

255. De là il suit que la cession devrait être réputée nulle et sans effet, bien que la convention ait été déguisée sous la forme d'une obligation civile au porteur, causée pour un prétendu prêt, alors d'ailleurs que, d'après les circonstances de la cause, il est constant que le cessionnaire ne pouvait ignorer la véritable cause de l'obligation (Bordeaux, 9 nov. 1833, aff. Winter, D. P. 64. 2. 31). — On ne pourrait davantage opposer au débiteur cédé la signification à lui faite, sans opposition ni protestation de sa part, du transport de la créance, et le payement des intérêts; d'une part, en effet, la novation ne se présume pas et ne peut résulter du seul fait de la signification du transport, sans opposition ni protestation; d'autre part, la novation même ne purge pas le vice d'une créance annulée pour un motif d'ordre public (Cass. 2 mai 1853, arrêt précité). — Peu

---

dès lors, ils n'ont pas dû méconnaître la loi de la matière, ni par conséquent accepter comme valable tout autre titre que celui qui consistait dans le traité déposé à la chancellerie; — Attendu, en fait, que, suivant traité ostensible en date du 23 fév. 1835, Nicolle fils, alors avoué à Rouen, a vendu sa charge à Cardronnet, devenu, le 11 juill suivant, son successeur; que le prix de la cession a été stipulé de 86,000 fr., dont une partie notable était reconnue payée à l'avance, et dont le surplus devait être soldé postérieurement, à diverses échéances, avec intérêts du jour de la prestation de serment; qu'à la garantie de ces payements futurs et à titre de nantissement, différentes sûretés et valeurs, avec des échéances diverses en rapport avec les termes desdits payements, ont été données et remises aux mains du vendeur; — Que peu doit importer si le 10 juill., veille de l'installation, ou quelques mois plus tard, décompte a été fait entre les parties des à-compte déjà payés et des intérêts par eux produits pour arrêter le solde définitif de ce qui demeurait encore dû; que cet arrêté de compte, nécessairement valable comme reconnaissance de payement, d'imputation et aussi de fournitures, avances et prêts en dehors du prix de la charge, ne peut en aucune façon, quant audit prix, avoir aucune valeur obligatoire et modificative du traité, si, comme on l'articule, ces calculs ont été établis sur un chiffre principal de 100,000 fr., tandis qu'il devait être irrévocablement fixé à 86,000 fr.; — Que, de l'exécution plus ou moins volontaire donnée audit arrêté de compte, si aucune l'a été en effet, on ne saurait induire une ratification, puisque aux yeux de la loi un traité illicite n'est jamais ratifiable; que l'engagement naturel et l'obligation du for intérieur qui peuvent en résulter, mettraient seulement obstacle à l'exercice de la *condictio indebiti*, si tout était consommé, si tout avait été intégralement soldé, et que, par voie d'action, on voulût obtenir une restitution; qu'il suffit qu'un reliquat quelconque à payer existe, pour que, par voie d'exception, le débiteur sur ce reliquat, et en déduction d'icelui, puisse faire imputer dans les termes de droit tout ce qui, en raison de sa dette, a pu lui être payé, à quelque titre que ce puisse être; — Que peu importe également si, par acte authentique du 16 fév. 1836, régulièrement notifié, Nicolle père est devenu ou a paru devenir le cessionnaire de son fils; si, sur des poursuites par lui encommencées, pour en arrêter le cours, Cardronnet a, le 12 déc. 1836, consenti audit Nicolle père, comme surcroît de garantie, une délégation sur le prix à lui dû par Decains, son successeur; si, le 8 janv. 1837, ou à toute autre époque, un décompte a été fait et le solde de la créance porté à un chiffre autre que celui que devait permettre le capital primitif de 86,000 fr.; si enfin Nicolle père, contractant une obligation hypothécaire envers Lemarchand, a cru pouvoir donner en nantissement, à son créancier, sa créance sur Cardronnet; — Que, des termes non équivoques de ces actes divers de transport, délégation et nantissement, il appert de la manière la plus positive que la créance dont il s'agissait n'avait d'autre but que la vente originaire de la charge de Nicolle fils, dont les conditions ne pouvaient être consignées que dans un traité ostensible, devenu officiel en recevant l'agrément de l'autorité; — Qu'à eux seuls les tiers, en cet état, devaient imputer de ne pas s'être fait représenter et remettre, conformément à l'art. 1689 c. civ., ce traité, seule pièce capable de former un titre valable; que si, par négligence ou connivence, ils ne l'ont pas fait, ils ne sauraient se prévaloir d'une simple énonciation, ni même soutenir, avec quelque apparence de raison, qu'ils doivent trouver l'équivalent du titre qui leur manque dans la remise, qui effectivement a été opérée, des pièces et valeurs destinées à la garantie; que ces valeurs peuvent monter au total des 47,000 fr., sans impliquer nécessairement que la créance dont elles forment le gage doive atteindre aujourd'hui le même chiffre; qu'en effet le gage, supérieur d'abord, inférieur ensuite à la créance dont il est destiné à assurer le recouvrement, demeure, entre les mains de ceux qui le détiennent, entièrement subordonné dans son emploi au montant définitif et réel de la dette qu'il s'agit toujours de déterminer par elle-même et en raison d'elle seule;

» Attendu, en conséquence, qu'il résulte de tout ce qui précède que le transport fait à Nicolle père, la délégation par lui obtenue, le nantissement qu'il a consenti à Lemarchand, ne peuvent valoir contre Cardronnet sur le prix Decains et les divers effets délégués et donnés en garantie, que jusqu'à concurrence du reliquat réel de sa dette, uniquement composée de : 1° le prix principal de 86,000 fr., 2° les intérêts courus depuis le 11 janv. 1835, 3° enfin les fournitures, avances, prêts en dehors tels qu'ils pourront être reconnus, et les frais légitimes de mise à exécution, déduction faite, avec imputation telle que de droit, de tout ce qui a été payé, à quelque époque et à quelque titre que ce soit; — Que, pour fixer ce reliquat et par suite déterminer, dès à présent, l'effet des actes susrelatés, le tribunal n'a pas les éléments suffisants et nécessaires; qu'il importe, au préalable, qu'un compte soit établi sur les bases susénoncées; — Par ces motifs, sans avoir aucunement égard aux énonciations contenues aux différents actes invoqués, qui auraient pour objet de faire considérer le prix de la charge vendue par Nicolle fils à Cardronnet comme devant s'élever à 100,000 fr., lesquels actes, à cet égard, sont déclarés nuls et de nul effet, ordonne, avant faire droit, etc... »

Appel. — 14 août 1840, arrêt confirmatif de la cour royale de Paris, qui, aux motifs des premiers juges qu'elle adopte, ajoute le suivant : « Considérant que Nicolle père et Lemarchand, cessionnaires successifs de Nicolle fils, ont connu l'origine de la créance en question; que, par conséquent, ils ont su qu'il y avait, en dehors du traité de l'office d'avoué soumis à l'autorité, une convention qui avait été dissimulée, et qui, dérogeant au traité primitif, ne saurait avoit d'effet. »

Pourvoi pour violation de l'art. 91 de la loi du 28 avr. 1816, fausse application de l'art. 6 c. civ., et, par suite, violation des art. 1321, 1689, 1690 et 1692 du même code, en ce que l'arrêt attaqué a décidé : 1° que le droit de libre transmission d'un office n'appartient pas au titulaire; 2° que toute contre-lettre, par laquelle le titulaire et son cessionnaire ont assigné à la cession de l'office un prix différent de celui qu'ils ont énoncé dans le traité soumis à l'examen de l'autorité, est nulle comme contraire à l'ordre public, et que le prix établi par ce traité est seul légitimement dû; 3° qu'à cet égard, les tiers cessionnaires de la créance du cédant n'ont pas plus de droits que lui, lorsqu'ils ont connu l'origine de cette créance. — Arrêt.

La cour; — Attendu que l'arrêt attaqué, en jugeant que le traité authentique produit à la chancellerie du ministère de la justice avait dû fixer le prix de l'office d'avoué cédé par le sieur Nicolle au sieur Cardronnet, et que ce prix n'avait pu, ni avant, ni après ce traité, être augmenté par une contre-lettre qui, par cela même qu'elle avait pour but de dissimuler le prix réel de la cession et de le soustraire à la connaissance du protecteur de l'intérêt et de l'ordre public, également en cause dans ces sortes d'actes, devait être regardée comme non avenue, n'a fait qu'une saine application à la cause actuelle des lois et principes de la matière; — Rejette.

Du 7 mars 1842.-C. C., ch. req.-MM. Zangiacomi, pr.-Joubert, rap.

importe encore que le débiteur du prix porté dans la contre-lettre se soit engagé par acte séparé vis-à-vis du cessionnaire : on dirait en vain qu'il y a novation dans la dette par substitution de créancier (Paris, 28 mars 1846, aff. Chevalier, D. P. 46. 4. 382).

256. Et comme la cession est viciée d'une nullité d'ordre public, comme le traité lui-même, il en résulte que si le cessionnaire de la créance en a reçu le payement, l'action en répétition peut être exercée contre lui (Bordeaux, 9 nov. 1863, arrêt précité).

257. Par la même raison, la subrogation consentie par le cessionnaire de l'office au profit d'un créancier du cédant, dans les droits qui appartiennent à celui-ci sur le prix fixé par la contre-lettre, est nulle et sans effet (Lyon, 21 janv. 1847) (1).

258. De même, le tiers qui acquitte de lui-même et sans mandat, *mais en connaissance de cause,* le montant d'une contre-lettre ayant pour objet une augmentation du prix déclaré d'un office, ne peut pas répéter contre l'acquéreur de l'office ce qu'il a ainsi payé à sa décharge; ...et il ne le peut pas, encore qu'il y aurait eu ratification de la part de l'acquéreur (Cass. 10 mai 1854, aff. Rabourdin, D. P. 54. 1. 217).

259. Mais il faut bien remarquer que les cessions qui sont viciées de nullité sont celles qui ont pour objet le *prix supplémentaire.* Il est évident que, lors même qu'il existe une contre-lettre, le transport du *prix ostensible* est valable, et que la répétition du supplément de prix payé par un acquéreur d'office, en vertu d'une contre-lettre tenue secrète, ne peut être exercée par voie d'imputation opérée au préjudice d'un cessionnaire de bonne foi du prix porté au traité ostensible (trib. de la Seine, 6 juill. 1844, aff. d'Hauterive, D. P. 45. 4. 376; Lyon, 24 août 1849, aff. Saint-Cyr, D. P. 50. 2. 36; Req. 26 déc. 1848, aff. Dupont, D. P. 49. 1. 14; Bourges, 5 juin 1852, aff. Delaveau, D. P. 54. 2. 125; Paris, 22 mars 1859, D. P. 59. 2. 144, et sur pourvoi, Req. 12 déc. 1859, aff. Ledonné, D. P. 60. 1. 92). — Et il en est surtout ainsi dans le cas où l'acquéreur de l'office n'a fait, lors de la signification du transport, aucune réserve de son droit de compensation, et a opéré dans la suite, entre les mains du cessionnaire ou de ses ayants cause, différents payements tant sur le capital que sur les intérêts de la somme cédée, qu'il reconnaissait par là même devoir dans son intégralité (même arrêt du 12 déc. 1859).

260. La nullité des contre-lettres étant absolue et d'ordre public ne peut être couverte ni par l'*exécution volontaire* (c'est ce qui résulte de la jurisprudence qui admet l'action en répétition), ni par une *ratification expresse* (V. Obligat., nos 4470 et suiv.; Conf. M. Bédarride, du Dol et de la fraude, t. 3, no 1307). — Il a été jugé en ce sens : 1° que les actes d'exécution et de confirmation d'une contre-lettre ayant pour but de dissimuler le prix de vente d'un office sont nuls comme la contre-lettre elle-même, tellement qu'il ne résulte de la cession de l'office ni obligation civile ni obligation naturelle; ...il en est de même du compromis et de l'arbitrage dont cette contre-lettre a été l'objet, en ce sens du moins que l'opposition en nullité formée à l'ordonnance d'*exequatur* et fondée sur le vice d'une telle stipulation doit être accueillie (Lyon, 24 août 1849, aff. Saint-Cyr, D. P. 50. 2. 36); — 2° Que lorsqu'il y a eu par une contre-lettre rétrocession des recouvrements, contrairement aux dispositions formelles du traité ostensible, le fait que l'ancien titulaire a reçu des sommes des débiteurs de l'étude, ne couvre pas la nullité de la contre-lettre; seulement il est tenu de restituer ces sommes à son successeur, mais sans dommages-intérêts (Bordeaux, 10 juin 1853, aff. Demontis, D. P. 55. 2. 322).

261. Par la même raison, on opposerait en vain à l'action en répétition une fin de non-recevoir tirée de ce qu'il y aurait eu de la part du cessionnaire *remise* de la dette contractée par le cédant à raison des payements qu'il a indûment reçus en exécution de la contre-lettre (Rej. 5 nov. 1856, aff. Levraux, D. P. 56. 1. 397).—Jugé pareillement que le cessionnaire d'un office, qui a payé un supplément de prix porté dans un traité secret, peut le répéter, encore bien qu'il aurait depuis déclaré au vendeur ou cédant qu'il n'avait aucune espèce de réclamation à exercer contre lui à l'occasion ou en dehors du traité : on prétendrait en vain que c'est là une remise de dette autorisée par la loi (Rouen, 26 déc. 1850, aff. Delamotte, D. P. 51. 2. 83).

262. La nullité qui frappe la contre-lettre modificative des clauses d'un traité ostensible de cession d'office, étant d'ordre public ne peut pas davantage être couverte par une *transaction* : cette transaction est frappée de la même nullité que le traité secret (Req. 7 juill. 1841, aff. Legrip, V. no 216; 20 juin 1848, aff. Mesnil, D. P. 48. 1. 210; 16 mai 1849, aff. Léotard, D. P. 49. 5. 294; Amiens, 25 août 1853, aff. Cressonnier, D. P. 53. 2. 213; même cour, 17 avr. 1856, et sur pourvoi, Req. 5 nov. 1856, aff. Levraux, D P. 56. 1. 397; Orléans, 31 mars 1855, aff. Jarry, D. P. 55. 2. 223; Conf. M. Bédarride, du Dol et de la fraude, t. 3, no 1307).—En conséquence, les sommes payées en vertu de cette transaction, sont sujettes à répétition, comme celles qui auraient été payées en vertu du traité lui-même (même arrêt du 20 juin 1848).

---

(1) (Veuve Bert C. Girardon et autres.) — Gros, notaire à Saint-Symphorien-de-Lay, cède son étude à Bert, moyennant le prix de 30,000 fr. Bert obtient de sa mère une procuration notariée, à la date du 20 sept. 1838, qui l'autorise à cautionner en son nom, au profit de Gros, le prix de sa charge, et à constituer hypothèque sur différents immeubles à elle appartenant. — Le 6 oct. suivant, Bert, muni de ce pouvoir, signe chez Me Casati, notaire à Lyon, deux actes par lesquels il reconnaît que le prix de vente était réellement de 41,000 fr. au lieu de 30,000 fr., et il subroge aux droits de Gros, qu'il payait : 1° Durozier, prêteur de 20,500 fr.; 2° la dame Girardon et Pancera, bailleurs de fonds, pour l'autre moitié des 41,000 fr. annoncés comme prix réel de la charge.

A l'échéance, Bert n'ayant pas payé, les cessionnaires dirigent des poursuites contre la veuve Bert, en qualité de caution. — Opposition de celle-ci, qui demande la réduction de son cautionnement à la somme de 30,000 fr., indiquée dans le traité officiel. — Les cessionnaires répondent qu'en supposant que le traité secret fût nul, cette nullité ne devait pas profiter à la caution, qui avait garanti d'une manière positive le payement du prix tout entier; que, dans tous les cas, cette nullité ne pouvait leur être opposée parce qu'ils n'étaient pas les ayants cause du cédant, mais des tiers qui avaient stipulé en leur propre nom.

Jugement du tribunal civil de Roanne qui accueille ce système par les motifs suivants :

« Considérant qu'en comparant les termes de la procuration donnée par la veuve Bert à son fils, avec les termes de l'engagement pris pour elle, il demeure évident que l'engagement ne s'étend point au delà des pouvoirs conférés au mandataire; — Considérant que, si, dans l'état actuel de la jurisprudence, on doit tenir pour certain que toute stipulation contenant augmentation du prix d'un office, au pardessus du prix déclaré dans le traité soumis au ministre de la justice, ne produit aucun engagement, il n'est pas moins vrai qu'à l'époque du règlement fait entre Gros et Bert, bien des cours décidèrent que pareille stipulation constituait une obligation naturelle, qui pouvait devenir civile par la volonté des parties;— Considérant aussi que le traité en question comprend une cession ou vente plus étendue que celle contenue dans l'acte produit au ministère, qu'ainsi l'augmentation du prix trouverait en cela un motif légitime; — Considérant d'ailleurs que Bert avait pouvoir de régler avec Gros le prix de l'office et accessoires, et d'engager sa mère jusqu'aux limites du règlement qu'il ferait; que, dans la procuration, celle-ci n'a pas exprimé que son engagement n'irait que jusqu'au prix énoncé dans l'écrit présenté à la chancellerie, et qu'elle s'est donc soumise à exécuter dans son intégralité le règlement que ferait son mandataire; que les tiers n'avaient pas à s'enquérir quel pouvait être le prix légalement obligatoire entre le vendeur et l'acheteur; qu'il ne leur appartenait pas même d'intervenir dans les éléments du règlement; qu'ainsi la veuve Bert n'est nullement fondée à opposer aux parties de Me Vachon (les cessionnaires, la dame Girardon et autres) l'exception qu'elle pourrait déduire de la différence du prix de l'office.... » — Appel. — Arrêt.

La cour; — Attendu que Gros, notaire à Saint-Symphorien, a cédé sa charge à Bert au prix de 30,000 fr., seul prix ostensible stipulé dans un contrat soumis à l'appréciation de la chancellerie; — Attendu qu'aux termes de la procuration passée par la veuve Bert à son fils, celui-ci ne pouvait engager sa mère que pour le traité relatif à l'achat de sa charge, et pour le payement du prix de cette charge, pour lequel seulement elle consentait à se rendre caution; — Attendu que la procuration ainsi limitée ne pouvait s'appliquer qu'au prix approuvé par l'autorité supérieure, que dès lors l'engagement est nul pour tout ce qui excède ce prix; — Qu'il y a lieu par conséquent à réduire la somme réclamée contre la veuve Bert à celle de 30,000 fr., qui doit être répartie entre les prêteurs, dans la proportion des sommes par eux prêtées; — En conséquence, émendant, admet l'opposition de la veuve Bert au commandement, etc.

Du 21 janv. 1847.-C. de Lyon, 4e ch.-M. Rambaud, pr.

263. Toutefois, la nullité de la contre-lettre, et des actes postérieurs au moyen desquels les contractants tenteraient de ratifier le traité secret ou d'en assurer l'exécution, ne met pas obstacle à ce que l'héritier du cédant, en se reconnaissant débiteur de la somme qu'il a indûment reçue, se libère par *compensation* avec d'autres sommes dont il est créancier de son côté (Req. 30 janv. 1860, aff. Dagé, D. P. 60. 1. 306).—La jurisprudence qui frappe d'une nullité d'ordre public, toute contre-lettre portant augmentation du prix déclaré au traité de cession d'un office, et tous autres actes qui auraient pour but de maintenir l'effet de cette contre-lettre, est manifestement sans application à des actes qui, loin d'impliquer l'exécution de la convention secrète, en supposent, au contraire, l'annulation.—Or, le payement, par compensation, dont il s'agissait dans l'espèce, avait ce dernier caractère, puisqu'il n'était autre chose qu'un mode de restitution de la somme illicitement reçue par le cédant. D'ailleurs, le supplément de prix exigé en vertu d'une contre-lettre, n'est-il pas très-souvent compensé jusqu'à due concurrence avec le prix fixé au traité ostensible, si le cessionnaire en est encore débiteur, quand il invoque la nullité du traité secret et de l'exécution qu'il lui a donnée; et jamais, la validité de la compensation n'a été mise en doute dans cette hypothèse. Qu'importe que la compensation s'opère avec d'autres créances. — A la vérité l'art. 1293, § 1 c. nap., déclare qu'il n'y a pas lieu à compensation, en cas de demande en restitution d'une chose dont le propriétaire a été injustement dépouillé. Mais cette disposition, fondée sur la règle *spoliatus ante omnia restituendus*, est édictée contre les voleurs, ou contre les créanciers qui s'empareraient violemment ou par fraude d'une chose appartenant à leur débiteur, pour se payer de leurs propres mains. Elle est complétement étrangère au cas de payement indû. — V. v° Obligations, n° 2718.

264. L'exception de la *chose jugée* peut être opposée à la demande en répétition d'une somme payée en exécution d'un traité secret.— Ainsi il a été jugé 1° que si, après le payement particulier du supplément du prix d'un office stipulé par des accords secrets, il est intervenu des décisions contradictoires passées en force de chose jugée qui ont définitivement fixé la dette du cessionnaire et de sa caution, en exécution du traité ostensible, sans qu'on ait excipé du payement relatif au traité secret, le cessionnaire ou sa caution n'est pas recevable à faire imputer ce payement sur la créance fixée par ces décisions souveraines :— Peu importe, dans ce cas, que la caution ait fourni les fonds qui ont servi à payer le supplément de prix, si elle a connu la destination de ces fonds en les livrant (Rej. 7 juill. 1841) (1);— 2° Que l'acquéreur qui s'est laissé condamner par un jugement passé en force de chose jugée à l'exécution d'une transaction intervenue entre lui et son vendeur sur le prix secret et dissimulé de l'office, sans opposer la nullité de cette transaction, n'est pas recevable à répéter ce qu'il a payé en vertu de

---

(1) *Espèce :* — (Veuve Poisson C. Mure et autres.) — En 1824, Mure céda son office d'avoué près le tribunal de la Seine, à Poisson, sous le cautionnement solidaire de la veuve Poisson mère, moyennant le prix ostensible de 191,000 fr. — Par des accords secrets, Poisson s'était obligé à payer à Mure, à titre de supplément de prix, une somme de 40,000 fr. qu'il lui compta le jour même du traité, avec des deniers appartenant à la veuve Poisson. — Poisson, nommé avoué, ne se libérant pas aux termes convenus, fut actionné par Mure. Les parties se soumirent volontairement à la juridiction du juge de paix, qui, par sentence du 21 juin 1827, condamna solidairement Poisson et sa mère à payer à Mure, en différents termes, la somme principale de 140,000 fr., à laquelle fut fixé le reliquat de la dette. — Il paraît que d'autres condamnations analogues intervinrent dans la suite. Enfin, en 1838, Pantin fut nommé avoué en remplacement de Poisson, à la charge de payer à qui de droit la somme de 200,000 fr.— Pantin, ayant consigné un à-compte de 60,000 fr., un ordre par contribution s'est ouvert sur cette somme. Me Mure a été colloqué avec privilége de vendeur. La dame Poisson contredit cette collocation, non qu'elle conteste le rang et le privilége reconnu à Me Mure, mais elle prétend qu'en matière de transmission d'office, les conventions secrètes étant nulles, il y a lieu d'imputer sur la collocation de Me Mure les 40,000 fr. de supplément qu'il a perçus en vertu de son traité secret.

Le tribunal de la Seine a repoussé sa demande par les motifs suivants : — « En ce qui touche la contestation élevée par la veuve Poisson contre la collocation, et tendant à ce qu'il soit fait imputation sur la créance de Mure d'une somme de 40,000 fr. qui aurait été payée par Poisson au delà des 191,000, prix fixé par le traité portant vente à Poisson, par Louis Mure, de son office d'avoué : — Attendu qu'en admettant que la veuve Poisson soit aujourd'hui recevable à élever cette prétention, après les décisions judiciaires rendues contradictoirement avec elle, qui ont fixé la créance de Mure, et lors desquelles elle n'a point fait valoir cette réclamation, la demande n'en devrait pas moins être repoussée; qu'à la vérité, il est établi par les faits et documents de la cause que ce payement a été opéré, ainsi que l'articule la veuve Poisson, soit entre les mains de Louis Mure, soit, en son acquit, entre celles de Lault, son prédécesseur, et qu'il l'a été avec des deniers et valeurs appartenant à la veuve Poisson, mais qu'il n'en résulte point qu'il y ait lieu d'admettre l'imputation par elle prétendue; — Qu'il est constant, en effet, que ces 40,000 fr. ont été appliqués par Louis Mure et Poisson au payement de pareille somme due par Poisson, à titre de supplément au prix déterminé par traité ostensible; — Attendu que cette imputation ne peut être critiquée par la veuve Poisson; qu'en mettant à la disposition de Poisson les deniers et valeurs destinés à opérer ce payement, elle l'a laissé maître de l'imputer ainsi qu'il aviserait; qu'elle a même nécessairement connu et approuvé l'imputation qui a été faite de ladite somme, puisque ledit payement a eu lieu le jour même du traité d'après lequel les premiers termes du prix y portés n'étaient exigibles qu'au bout de plusieurs mois;

» Attendu que la veuve Poisson n'est pas mieux fondée à vouloir faire reporter l'imputation dudit payement sur le prix stipulé par le traité ostensible, par ce motif que l'accord relatif au supplément de prix n'avait constitué qu'une convention nulle et ne pouvant produire aucun effet; — Attendu qu'à la vérité il est de l'intérêt public que le prix de transmission des offices ministériels ne dépasse point une juste mesure, et soit toujours en rapport avec les bénéfices qu'ils peuvent légitimement produire; que la justice ne saurait donc trop énergiquement flétrir les traités occultes qui ont pour résultat d'éluder sa surveillance salutaire, ainsi que la vigilance des chambres de discipline et de l'autorité publique; — Mais attendu que les engagements contractés par suite de ces accords secrets, en admettant qu'ils ne produisent pas une obligation parfaite, *constituaient au moins une obligation naturelle* dont le payement, volontairement opéré, comme dans l'espèce, ne peut donner lieu à répétition, etc. »

Appel. — 31 janv. 1840, arrêt de la cour qui confirme en adoptant les motifs des premiers juges.

Pourvoi. — 1° Violation des art. 1131, 1165, 1166, 1167, 1235, 1321, 1328, 1338, 1376 et 2036 c. civ., en ce que l'arrêt attaqué, au lieu d'annuler comme illicite le traité secret en vertu duquel le sieur Mure avait touché une somme de 40,000 fr. au delà du prix ostensible de la cession de son office, a validé ce payement comme ayant pour cause une obligation naturelle et a déclaré la veuve Poisson caution solidaire du traité ostensible, non recevable à l'attaquer; — 2° Violation et fausse application des art. 1251, 1253 et 1256, en ce que l'arrêt attaqué n'a pas subrogé la veuve Poisson aux droits du sieur Mure, à raison du payement de la somme de 40,000 fr. qu'elle lui avait fait en l'acquit de son fils, comme caution de ce dernier, et en ce qu'il a refusé d'imputer ce payement sur la dette qu'elle avait contractée comme caution du traité ostensible; — 3° Fausse application des art. 6, 1108, 1133 et 1172 c. civ., en ce que l'arrêt attaqué a maintenu, à l'égard de la demanderesse, le traité secret passé en son absence. — Arrêt.

LA COUR; — Sur le premier et le troisième moyens : — Sans qu'il soit besoin de s'occuper du motif de l'arrêt tiré de l'obligation naturelle; — Considérant, relativement à la nullité proposée, que, loin que l'arrêt ait contesté les principes, dans l'intérêt de l'ordre public, sur la transmission des offices par des traités secrets portant un supplément de prix, il les a, au contraire, proclamés, en déclarant, par un de ses motifs, qu'il est de l'intérêt public que les prix des transmissions d'offices ministériels ne dépassent pas une juste mesure et soient toujours en rapport avec les bénéfices qu'ils peuvent légitimement produire; que la justice ne saurait trop énergiquement flétrir les traités occultes qui ont pour résultat d'éluder une surveillance salutaire, ainsi que la vigilance des chambres de discipline et de l'autorité publique; — Considérant qu'après avoir posé ces principes, dans les circonstances particulières qui se présentaient, d'après les divers jugements et arrêts passés en force de chose jugée, qui avaient fixé définitivement la créance de Mure, l'arrêt a ramené la difficulté qui divisait les parties à la véritable question du procès, celle de savoir si, comme le prétendait la veuve Poisson, l'on devait imputer à son profit les 40,000 fr. qui avaient été payés, lors du traité, au delà du prix stipulé ostensiblement; — Qu'à cet égard, l'arrêt déclare, en fait, que la veuve Poisson avait mis à la disposition de son fils ces 40,000 fr., en laissant celui-ci le maître de les imputer ainsi qu'il aviserait, imputation qu'elle avait nécessairement connue, puisque ce payement avait eu lieu le jour même du traité; — Qu'en se fondant sur les diverses décisions rendues contradictoirement avec la veuve Poisson, qui, sur le compte débattu, avaient fixé le montant de la créance de Mure et l'avaient condamnée solidairement avec son fils au payement, sur ce que, lors du compte et lors des jugements et arrêts, elle

ce jugement (Bourges, 7 mai 1861, aff. Caustier, D. P. 62. 2. 112); — 3° Que l'action en répétition du supplément de prix d'un office doit être écartée par l'exception de la chose jugée, lorsque ce supplément a été payé au moyen d'une collocation définitive obtenue sans contestation par le cédant, en vertu du traité secret lui-même, et notamment pour le solde du prix porté à ce traité sur l'indemnité mise à la charge du successeur du cessionnaire destitué (Paris, 19 juin 1846, D. P. 47. 2. 7, et sur pourvoi, Req. 4 fév. 1850, aff. Gaillardon, D. P. 50. 1. 322).

265. Mais il a été décidé que l'acquéreur d'un office est recevable à répéter contre son vendeur le supplément du prix par lui payé en vertu d'une convention secrète dissimulée sous l'apparence d'un prêt, quoique la créance résultant de ce prêt déguisé ait été l'objet, sur la demande d'un cessionnaire de cette créance, d'une collocation hypothécaire non contredite par le débiteur cédé, et consacrée par une décision passée en force de chose jugée : il n'y a, dans ce cas, entre les deux demandes, ni identité de cause, ni identité de parties (Civ. cass. 8 juin 1864, aff. Ruel, D. P. 64. 1. 273). — V. *eod.*, nos observations sur cet arrêt.

266. Il faut bien remarquer aussi que le cessionnaire du prix porté dans la contre-lettre ne peut opposer aux créanciers légitimes de l'acquéreur exerçant ses droits aux termes de l'art. 1166 c. nap., le jugement rendu en sa faveur contre ledit acquéreur, et qui condamne celui-ci à lui payer le montant de la délégation, lorsque ce jugement a été frappé d'une *tierce opposition* par lesdits créanciers, et quand il est justifié qu'à l'époque de son obtention, la cause illicite de la créance était parfaitement connue du cessionnaire et de l'acquéreur, et qu'elle avait été dissimulée aux juges qui ont rendu la sentence (Rennes, 9 avr. 1851, aff. Hignard, D. P. 53. 2. 208).

267. La prescription de dix ans établie par l'art. 1304 ne peut couvrir la nullité de la convention secrète de payer un supplément du prix déclaré d'un office et, par suite, ne fait pas obstacle à l'exercice de l'action en répétition de ce supplément, laquelle n'est sujette qu'à la prescription trentenaire (Paris, 5 déc. 1846, aff. Pitois, D. P. 47. 2. 4; Req. 3 janv. 1849, aff. Rivière, D. P. 49. 1. 139; Rouen, 26 déc. 1850, aff. Delamotte, D. P. 51. 2. 83).— La raison en est que l'art. 1304 ne s'applique pas aux actes nuls d'une manière absolue et qui sont privés de tout effet (V. Obligation, n°s 2862, 2868 et s. (Conf. MM. Duranton, t. 12, n°s 523 et 550; Troplong, Vente, t. 1, n° 249; Demante, Progr. d'un cours de cod. civ., t. 2, n° 774; Aubry et Rau, 3e éd., t. 3, § 339; Marcadé, art. 1235 et 1304; Ballot, Rev. de droit franç. 1847, p. 21; M. Bédarride, du Dol et de la fraude, t. 3, n° 1311. — *Contrà*, Teyssier Desfarges, Rev. de droit franç., 1846, p. 608; Delvincourt, t. 2, p. 598; Toullier, t. 7, n° 599). — De plus, et par le même motif, la nullité de la contre-lettre peut être opposée indéfiniment par voie d'exception, en vertu de la maxime *quæ sunt temporalia*, etc. (Paris, 26 mai 1845, D. P. 45. 4. 370, et sur pourvoi, Req. 10 fév. 1846, aff. Lenglet, D. P. 46. 4. 385). — V. Obligations, n°s 2935 et suiv.

268. Les intérêts des sommes payées en vertu d'une contre-lettre contenant un supplément de prix sont-ils soumis à la prescription de cinq ans? La négative a été jugée. (Angers, 10 déc. 1853, aff. Boulay, D. P. 54. 2. 149; Rej. 28 mai 1856, aff. Lasserre, D. P. 56. 1. 377; Paris, 25 nov. 1856, aff. Appay, P. P. 58. 1. 117; Metz, 1re ch., 29 mars 1859, M. Woirhaye, 1er pr., aff. Fréal *C.* Roché). — V. Prescription civile, n° 1105.

269. On a cherché à éluder par tous les moyens possibles la jurisprudence si sévère qui prononce la nullité des contre-lettres. — Le vendeur d'un office, actionné en répétition d'un supplément de prix par lui reçu, en dehors du traité ostensible de cession, a conclu reconventionnellement à des dommages-intérêts, pour dol résultant, de la part du cessionnaire, de la stipulation de la contre-lettre et de la demande en répétition, sous prétexte, par exemple, que c'était dans l'intérêt du cessionnaire et pour l'affranchir des droits d'enregistrement, que cette contre-lettre avait été stipulée; mais de telles conclusions n'étant que la reproduction, sous une autre forme, de l'exception mal à propos puisée dans l'art. 1235 c. nap. contre l'action en répétition de ce supplément de prix, n'ont point été admises. — Et il a été jugé spécialement que, le mineur au nom duquel l'office par lui recueilli dans la succession de son auteur, a été cédé par le tuteur, avec stipulation d'une contre-lettre, ne peut demander des dommages-intérêts contre le cessionnaire, pour réparation du préjudice que lui cause la nullité du traité secret ainsi concerté entre ce cessionnaire et son tuteur (Rej. 28 mai 1856, aff. Lasserre, D. P. 56. 1. 377, V. dans le même sens : Bordeaux, 10 juin 1853, aff. Demontis, D. P. 55. 2. 322). — On voit que l'arrêt de la cour de cassation du 26 mai 1856 a jugé que les mineurs ne pouvaient exciper de leur minorité pour se refuser à la demande en nullité de la contre-lettre. C'est en effet la suite du principe que les mineurs sont aussi inhabiles que les majeurs à se prévaloir d'un acte réprouvé par la loi, comme contraire à l'ordre public, sauf leur recours contre leurs tuteurs ou administrateurs (V. n° 246).

270. On a aussi plaidé l'erreur commune, et on a invoqué la maxime *error communis facit jus* ; on soutenait dans l'espèce, que la contre-lettre remontait à une époque où les traités secrets sur les ventes d'offices n'étaient pas considérés comme nuls; et que dans tous les cas l'erreur commune devait donner à l'obligation résultant de la convention litigieuse le caractère d'une obligation naturelle dont l'exécution volontaire ne donne pas lieu à une action en répétition. Ce moyen a été implicitement rejeté par la cour de cassation (Rej. 19 nov. 1856, aff. Levraux, D. P. 56. 1. 397, Rej. 28 mai 1856, aff. Lasserre, D. P. 56. 1. 377).

271. La jurisprudence qui a donné le droit de répéter les sommes payées en vertu des contre-lettres a lésé beaucoup d'intérêts. Elle a été attaquée par une pétition devant les chambres par un sieur Dumonté. On comprend que l'ordre du jour a été prononcé (Ch. des dép. 15 fév. 1845, D. P. 45. 3. 34). — Un autre pétitionnaire, le sieur Fontet, a demandé qu'une loi interdît ces répétitions. C'était proposer une loi qui aurait ici un effet rétroactif. Aussi l'ordre du jour a-t-il été également prononcé (Ch. des dép. 8 mai 1847, D. P. 47. 3. 128.)

272. *Peines disciplinaires.* Non-seulement les tribunaux ont déclaré nuls les traités secrets, mais ils ont jugé que les officiers publics qui avaient stipulé ces actes étaient passibles de peines disciplinaires. — Cette jurisprudence ne s'est point établie sans avoir soulevé de sérieuses objections. — Pouvait-on punir disciplinairement un officier public pour un fait antérieur à ses fonctions. On soutenait que c'était donner un effet rétroactif à la loi que de punir un officier public pour des actes qu'il avait passés avant sa nomination, c'est-à-dire, avant l'époque où il s'est trouvé soumis à l'autorité disciplinaire. — Il fut répondu avec avantage : d'abord, qu'il ne pouvait s'agir de rétroactivité, puisque la loi qui accordait le droit de discipline à l'autorité était antérieure aux actes reprochés; ensuite, que ces actes quoique faits par l'officier public alors qu'il n'était pas nommé, devaient néanmoins être soumis aux lois qui réglaient la discipline par leur destination, par leur but, par leur essence, par leurs effets. C'est en vertu de ces actes, que l'officier public poursuivi disciplinairement allait acquérir et qu'il avait acquis la qualité d'officier public; qu'il allait obtenir et qu'il avait obtenu l'office; qu'il allait en exercer et en avait exercé les fonctions : ce sont ces actes qui avaient fait l'officier public. Les lois disciplinaires lui étaient donc applicables. Sans doute en thèse générale, toute stipulation est réglée par les lois en vigueur au moment où elle est faite, mais si la stipulation est à valoir à une époque postérieure, et par sa destination, et par son but et par son exercice, alors, ce sont les lois de cette époque postérieure qui la régissent : elle est valable, si elle est conforme à ces lois (L. 31, ff. *De Verb. oblig.*; 61 *De contr. empt.*). Elle est nulle si elle est

---

n'avait jamais fait valoir ni même présenté cette prétention d'imputation, l'arrêt en a justement tiré une fin de non-recevoir; qu'ainsi il n'a pas violé les lois invoquées;

Sur le deuxième moyen : — Considérant que, devant la cour royale, la veuve Poisson n'a pas conclu à la subrogation; que, quel que pût être le mérite de ce moyen, il ne peut être invoqué devant la cour; qu'ainsi elle est non recevable à le proposer; — Rejette.

Du 7 juill. 1841.-C. c., ch. req.-MM. Zangiacomi, pr.-Lebeau, rap.

condamnée par les lois de la même époque (L. 83, § 5, ff. *De Verb. oblig.*). — D'ailleurs, il est bien difficile que l'officier public n'ait point eu occasion de se servir de ces actes, depuis sa nomination, et dès lors la question de rétroactivité ne peut se présenter. — V. Discipline, n°s 19 et suiv., 23.

273. Conformément à cette doctrine, il a été jugé 1° que la simulation de prix dans le traité d'acquisition d'un office rend l'officier ministériel passible de peines disciplinaire, et, par exemple, de la censure simple (Rennes, 1er avr. 1840; Rouen, 15 mai et 1er juin 1841) (1),... ou de la censure avec réprimande (Rouen, 27 mai 1845, aff. O..., D. P. 45. 2. 153),... ou de l'interdiction pour trois ans de l'entrée de la chambre (délib. de la ch. des not. de Vic, 17 août 1843) (2),... ou de la suspension pendant trois jours (trib. de Roanne, 5 août 1845, aff. B..., D.

(1) 1re *Espèce*. — (Min. pub. *C.* Girard.) — La cour de Rennes, par un arrêt du 29 nov. 1839 (V. n° 352-3°), avait déclaré nulle, comme contraire à l'ordre public, la simulation de prix faite dans son traité d'acquisition d'office, par le notaire Girard, et avait donné acte au ministère public de ses réserves de poursuivre cet officier ministériel. — Le procureur du roi, donnant suite à ces réserves, traduit Me Girard devant le tribunal correctionnel de Nantes, qui renvoie ce notaire de la plainte portée contre lui. — Appel. — Arrêt.

LA COUR; — Considérant que les abus de confiance et les prévarications sans nombre dont se rendent coupables tant de notaires ont pour cause principale l'énormité du prix de vente des offices; — Considérant que ces offices ne sont point, entre les mains des titulaires, une propriété pleine et entière qu'ils puissent vendre et transmettre comme une propriété ordinaire; que, si la loi leur a conféré le droit de présenter des successeurs, elle a réservé au gouvernement le droit de les agréer ou refuser; que le gouvernement est moralement responsable du choix des fonctionnaires et officiers publics qu'il impose à la société; que, juge de l'idonéité des candidats qui lui sont présentés, il manquerait à la haute mission qui lui est confiée, s'il négligeait de vérifier scrupuleusement toutes les qualités constitutives de cette idonéité; qu'une bonne moralité, une probité sévère ne sont pas moins indispensables dans les fonctions de notaire que l'intelligence des affaires et la bonne rédaction des actes; que le candidat qui achète une étude à un prix excessivement exagéré, qui obère son avenir et se place à l'avance dans un état d'insolvabilité évidente, est trop près des mauvaises inspirations de la détresse et du besoin pour être apte, pour être idoine à des fonctions qui le rendraient dépositaire des secrets, des titres et de la fortune des familles; que le candidat qui dissimule le prix d'achat et trompe la religion du ministre pour lui surprendre un brevet de nomination, commet une mauvaise action, une action qu'il a lui-même jugée mauvaise, puisqu'il s'est cru obligé de la cacher; que cette action, qui n'est encore qu'un projet avant la délivrance du brevet, se consomme au moment de cette délivrance et affecte la qualité de notaire et en est inséparable; que le notaire qui a ainsi entaché son titre à son origine, et qui entre en fonctions sous le patronage de la déception et de la fraude, s'est placé sous l'action disciplinaire attribuée aux tribunaux par l'art. 53 de la loi du 25 vent. an 11; que l'application de cette loi et de l'arrêté du 2 niv. an 12 aux faits de cette espèce n'est point tombée en désuétude; que si cette application a été rare dans les premiers temps, c'est tout à la fois et parce que le mystère qui enveloppe ces faits a rendu leur constatation difficile, et parce que le prix des offices était moins exagéré d'abord qu'aujourd'hui; que la vigilance du ministère public a dû s'accroître avec les abus; — Considérant que du rapprochement de l'art. 53 de la loi du 25 vent. an 11 et de l'arrêté du 2 niv. an 12, il résulte que les peines de l'amende, de la suspension et de la destitution, énoncées par cet article 53, ne sont pas seulement applicables aux art. 6, 23 et 52 de ladite loi, mais à tous les cas qui compromettent plus ou moins gravement la dignité et la probité des notaires; — Considérant que l'exercice de l'action disciplinaire appartient, dans toute sa plénitude, aux tribunaux, surveillants obligés de tout officier ministériel et de tout notaire exerçant dans leur ressort; que, dans l'espèce de la cause, la cour, investie du droit de prononcer les peines établies par l'art. 53 précité, peut, à plus forte raison, prononcer, s'il y a lieu, les peines moindres énoncées dans l'arrêté du 2 niv. an 12;

Considérant qu'il est constant, en fait, que Me Girard a dissimulé le prix d'achat de son étude de notaire, et a surpris la confiance du ministre de la justice; — Considérant, toutefois, qu'il existe dans la cause des circonstances atténuantes; — Dit qu'il a été mal jugé par les premiers juges, infirme leur jugement; et, vu l'art. 10 de l'arrêté du 2 niv. an 12, article ainsi conçu : « La chambre mandera les notaires à ses séances, » prononcera contre eux par forme de discipline, et suivant la gra» vité des cas, soit le rappel à l'ordre, soit la censure avec réprimande » par le président aux notaires en personne, etc., » et dont il a été donné lecture; — Censure Me Girard, et lui enjoint de mieux comprendre à l'avenir la dignité de ses fonctions; — Le condamne aux dépens des causes principale et d'appel.

Du 1er avr. 1840.-C. de Rennes.-M. Dubodan, av. gén., c. conf.

Nota. Du même jour, autre arrêt conforme dans l'affaire *Robert.*

2e *Espèce :* — (Min. pub. *C.* Me C...) — LA COUR; — Attendu qu'il est constant que, dans le traité patent du 15 avr. 1838, dont le prix a été fixé à 85,000 fr., les parties ont usé de dissimulation à l'aide d'une contre-lettre de 31,500 fr., qui élevait le véritable prix de l'office à 116,500 fr.; que, par cette réticence, C..., qui a souscrit ledit traité, a trompé la confiance du gouvernement et a commis une faute disciplinaire punissable de l'une des peines portées par l'art. 102 du décret du 30 mars 1808; — Vu ledit article, faisant droit sur les conclusions du ministère public, prononce contre C... la peine disciplinaire de l'injonction d'être plus circonspect.

Du 15 mai 1841.-C. de Rouen, aud. solenn.-MM. Eude, 1er pr.-Roulland, 1er av. gén., c. conf.-Deschamps, av.

3e *Espèce :* — (Min. pub. *C.* Me O...) — LA COUR; — Attendu qu'il n'est pas établi que Me O... ait violé la loi de sa résidence; — Mais qu'il est prouvé qu'il a dissimulé le véritable prix pour lequel il avait cédé son étude; — Que ce fait constitue un manquement aux devoirs de la profession de notaire; — Qu'il n'y avait pas lieu de prononcer une amende, mais d'y substituer une peine disciplinaire; — Vu les art. 10, 11 et 12 de l'arrêté du 2 niv. an 12; — Réforme, prononce la peine de la censure simple contre Me O... et le condamne aux dépens.

Du 1er juin 1841.-C. de Rouen, 1re ch.-MM. Fercoq, pr.-Chassan, av. gén., c. conf.-Néel, av.

(2) (Me M...) — La délibération de la chambre de discipline des notaires de Vic, fait connaître les circonstances dans lesquelles cette chambre a cru devoir frapper l'un des membres de la compagnie d'une peine disciplinaire très-sévère. Cette délibération est ainsi conçue : —Vu la loi du 25 vent. an 11 et l'ord. du 4 janv. 1843; — Considérant qu'il résulte, tant des aveux faits par Me M... dans son interrogatoire, que des déclarations pleines de franchise qu'il vient de réitérer devant la chambre, que c'est bien pour 50,000 fr. qu'il s'est rendu cessionnaire de l'office du sieur T..., et non pour 40,000 fr., comme l'énonce inexactement le contrat authentique du 26 déc. 1842; — Considérant que la dissimulation de 10,000 fr. non portés en ce contrat a eu des conséquences diverses, dont les plus graves constituent des actes de mauvaise foi et de fraude, que la juridiction disciplinaire ne serait pas suffisante à punir, si Me M... en était reconnu l'auteur; — Considérant qu'il importe donc de rechercher si Me M... a sciemment et volontairement aidé et assisté le sieur T... dans ses moyens de dol, pour échapper au partage du prix de son étude, qu'il avait promis à la famille B..., si ce prix excédait 40,000 fr.; — Considérant qu'au moment où il devenait acquéreur de l'office du sieur T..., Me M... ignorait, comme il l'affirme encore aujourd'hui, que celui-ci eût signé une obligation de cette nature, positive et non équivoque, au lieu d'une simple promesse verbale dont le sieur T... lui avait parlé, à la vérité, mais d'une manière vague, sans en préciser les termes, paraissant même douter qu'on voulût jamais en réclamer l'accomplissement; — Considérant que ce n'est réellement pas dans des vues de dommage, et à la suite d'un coupable concert avec son cédant, que Me M... a consenti au retranchement des 10,000 fr. non exprimés en la convention du 26 décembre, puisqu'en même temps que celle-ci se formulait, il était forcé de fournir son billet pour représenter la somme distraite, de l'importance de laquelle il ne réclamait et ne devait d'ailleurs obtenir aucune remise; — Considérant que l'obstination du sieur T... à refuser la mention du prix de 50,000 fr. pour la vente de sa place, aurait vraisemblablement révélé aux yeux d'un homme ayant l'expérience de l'âge, une pensée de soustraction que la confiance de Me M... ne pouvait et n'osait soupçonner, persuadé que celui-ci devait être de la probité d'un patron sous les auspices duquel il avait étudié la pratique pendant plus de deux ans;

Considérant donc que si, sous le rapport d'une intelligence concertée entre lui et son cédant, pour enlever à la famille B... les moyens de réaliser une créance certaine et légitime, Me M... repousse l'accusation et justifie complétement son innocence, il n'en reste pas moins à sa charge le tort très-grave d'avoir, en signant le traité qui lui ouvrait la carrière du notariat, causé un dommage au trésor public, qu'il frustrait d'une portion des droits d'enregistrement auxquels la transmission se trouvait assujettie, et manqué aux devoirs comme aux principes d'une profession dont le ministère ne doit jamais s'employer que dans des conditions de vérité et en respectant les exigences de la loi; — Considérant cependant, quant à la question fiscale du traité, que Me M..., dès qu'il a connu que son accession aux arrangements du sieur T... inspirait à l'administration de l'enregistrement une demande en supplément de droit, s'est hâté d'acquitter la part qui avait échappé à la perception, lors de la présentation de l'acte à la formalité; — Considérant que de ce qui précède, les faits reprochés à Me M... par l'organe du ministère public, quoique dégagés du caractère de fraude et de mauvaise foi qui leur était imputé, sont encore répréhensibles et restent sous le coup de la répression disciplinaire; — Considérant enfin que, dans cette circonstance, il est équitable de mettre, en regard de la faute, les bons antécédents de l'inculpé, et que Me M..., d'une conduite irréprochable, jouit de l'estime

P. 45. 4. 375, n° 24),... ou pendant un mois (Rennes, 28 août 1841, aff. N..., V. n° 352-1°; Douai, 23 avr. 1850, aff. N..., D. P. 54. 5. 322, n° 20),... ou pendant une année (Req. 6 nov. 1850, aff. Weinsheimer, D. P. 50. 1. 324); — 2° Que le notaire qui s'est fait nommer sur l'exhibition d'un traité ostensible portant cession pure et simple de l'office, et qui, après son entrée en fonctions, a opposé à l'action en payement du prix stipulé par ce traité, un second traité portant qu'il n'a acquis que la jouissance de l'office pendant un temps, moyennant une redevance de 4 fr. par acte reçu, a pu être condamné à la destitution, sans que l'arrêt de condamnation soit sujet à la censure (Req. 20 juill. 1841) (1); — 3° Que la dissimulation dans le traité

---

publique et promet d'honorer un état auquel il a été appelé par une persévérante vocation; — Par tous ces motifs, et après en avoir délibéré, la chambre, faisant application des dispositions de l'art. 14 de l'ord. du 4 janv. 1843, et prononçant à l'unanimité, interdit pour trois ans, à dater d'aujourd'hui, l'entrée de la chambre à Me M...

Du 17 août 1843.-Délib. de la ch. des not. de Vic.

(1) *Espèce:* — (Viel C. proc. gén. de Nimes.) — Le 28 mai 1835, acte sous seing privé portant que le sieur Barnier cédait son office de notaire au sieur Viel, moyennant un prix de 18,000 fr. — Sur le vu de ce traité, le garde des sceaux agréa la présentation du sieur Viel qui fut nommé notaire en remplacement de Barnier par une ordonnance royale du mois de novembre de la même année. — Mais ce traité n'était que fictif. C'est ce que les parties déclarèrent dans un second acte du lendemain, 29 mai 1835, portant que Barnier ne cédait son office que pour dix-sept années à l'expiration desquelles Viel devrait s'en démettre en faveur de la personne que le premier désignerait. Par ce second acte, il était convenu que, pour indemniser Barnier de la cession et jouissance de son office, Viel lui payerait, à titre de prix de cette cession, 4 fr. pour chaque acte qu'il passerait pendant son exercice. — Aussitôt après la nomination de Me Viel, Barnier transporta à la dame Lafont, sa belle-mère, une somme de 15,500 fr. à prendre sur le prix de 18,000 fr. stipulé par le traité ostensible du 28 mai. — Actionné en payement par cette dame, Me Viel opposa le second traité du 29 mai et obtint un jugement qui déclarait la première cession feinte et simulée. — Mais alors le procureur du roi, voyant dans cette simulation un fait de nature à être poursuivi disciplinairement, a fait citer Me Viel pour se voir condamner aux peines portées par l'art. 53 de la loi du 25 vent. an 11. — 15 juin 1840, jugement du tribunal de Nîmes qui déclare n'y avoir lieu de prononcer aucune peine disciplinaire contre Me Viel, attendu qu'il n'était pas encore notaire à l'époque où il s'est rendu coupable du fait indélicat qui lui est reproché. — Appel du procureur du roi. — 20 août 1840, arrêt infirmatif de la cour royale de Nîmes qui destitue Me Viel de ses fonctions de notaire. — « Attendu, en droit, que, sans examiner si le fait d'avoir fait l'exhibition d'un traité simulé et la dissimulation du traité réel surpris à la religion de M. le garde des sceaux, peuvent donner lieu à des poursuites disciplinaires, contre le notaire qui s'en est rendu coupable à l'effet d'obtenir sa nomination, mais antérieurement à cette nomination, il existe dans la cause des circonstances graves qui donnent nécessairement lieu à l'exercice de l'action disciplinaire : — Qu'en effet, d'une part, Viel qui, en vertu du premier traité et de l'agrément du roi, remplissait journellement ses fonctions, se prévalait plus tard d'un acte qui annulait le premier et le déclarait fictif et non réel; qu'en agissant ainsi, il a entaché de la manière la plus grave son caractère d'officier public, car si la sincérité dans les actes consentis par les simples citoyens leur est ordonnée par la morale, elle est de devoir bien plus étroit à l'égard des notaires que la loi charge expressément de constater cette même sincérité; que si, dans leur propre intérêt, ils se livrent à des actes frauduleux et ne craignent pas de faire successivement usage de l'acte simulé et de l'acte réel, il n'est pas permis de croire qu'ils apporteront plus de bonne foi à l'égard des actes qu'ils reçoivent dans l'intérêt des tiers; — Que, d'autre part, Viel pourvu par ordonnance royale d'un office de notaire, s'est placé à l'égard de Barnier dans une situation qui compromettait essentiellement la dignité du caractère dont la loi le revêt; qu'en exécutant le traité du 29 mai 1835, il ne possède plus qu'un titre précaire, il se soumet à rendre journellement compte de ses honoraires, il échange en un mot la qualité de notaire contre celle de locataire ou de gérant; que de l'ensemble de ces circonstances, on doit conclure que Viel a essentiellement manqué aux devoirs de sa profession et a encouru la peine disciplinaire la plus grave que la loi permette de prononcer... »

Pourvoi. — 1° Violation de l'art. 53 de la loi du 25 vent. an 11, en ce que l'arrêt attaqué a prononcé la peine de la destitution hors des cas prévus par la loi. — 2° Violation du même art. 53 de la loi de l'an 11, des règles de la compétence et des art. 2 c. civ. et 4 c. pén., en ce que l'arrêt attaqué a condamné disciplinairement un notaire pour un fait antérieur à sa nomination, ce qu'il ne pouvait faire sans donner à la loi un effet rétroactif; — 3° Violation des principes qui établissent le double degré de juridiction, et de l'art. 464 c. pr., en ce que le fait de s'être prévalu du traité secret du 29 mai 1835 a été dénoncé pour la première fois devant la cour royale, le jugement de première instance n'ayant eu à s'occuper que du seul fait d'avoir signé ledit traité. — Arrêt.

La cour; — Sur la première partie du premier moyen : — Attendu, en droit, que de la combinaison des art. 6, 13, 23 et 53 de la loi du 25 vent. an 11, il résulte que ce n'est pas taxativement, mais bien et seulement démonstrativement, que cette loi y a énoncé les quatre fautes que les notaires peuvent commettre, soit en instrumentant hors de leur ressort, soit en n'observant pas les formes exigées par la loi pour leurs actes, soit en délivrant des expéditions ou en donnant connaissance de ces mêmes actes, soit enfin en ne remplissant pas les conditions de leur cautionnement; — Qu'en effet, à la différence des cas où il s'agit de crimes, délits et contraventions, c'est en général seulement que la même loi a pu s'occuper des fautes imputables aux notaires, non pas comme simples citoyens, mais comme officiers publics dont la conduite, l'honneur, la délicatesse doivent être au niveau de la dignité et de l'importance sociale du ministère qui leur est confié; — Que, par conséquent, dans l'impossibilité de les prévoir toutes et d'en fixer les qualités particulières et les caractères spéciaux, elle a dû s'en rapporter et elle s'en rapporte exclusivement pour cela aux lumières et à la conscience des juges; — Qu'enfin, s'il n'est pas permis aux mêmes juges de prononcer d'autres peines disciplinaires que celles déterminées par la loi elle-même, ils peuvent, ils doivent toujours, parmi celles-ci, choisir la peine qu'ils croient proportionnée à la gravité de la faute qu'ils punissent; — Et attendu qu'il est constant et reconnu, en fait, par l'arrêt attaqué que, le 28 mai 1835, le demandeur en cassation a acheté de Barnier un office de notaire moyennant le prix de 18,000 fr., payable dans dix-sept années; que, le lendemain 29, le traité de la veille fut déclaré fictif, non réel, et remplacé par une simple jouissance de dix-sept ans après lesquels le demandeur en cassation devait se démettre de ses fonctions; que le prix stipulé fut également remplacé par une redevance de 4 fr. par acte reçu; qu'en se soumettant ainsi à rendre journellement compte des honoraires, il ne possédait plus la charge qu'à titre précaire et avait échangé la qualité de notaire contre celle de locataire ou de gérant; que c'est par l'exhibition du traité fictif et par la dissimulation du réel que le demandeur en cassation avait été pourvu de l'office et qu'il en avait pris possession et exercé les fonctions; qu'enfin étant déjà notaire en exercice de ses fonctions, il a fait usage du second acte pour repousser en justice le premier traité simulé; — Qu'en décidant que, d'après l'ensemble de ces faits, le demandeur en cassation avait essentiellement manqué aux devoirs de sa profession, et en le destituant de ses fonctions, l'arrêt attaqué n'a violé ni les art. de la loi du 25 vent. an 11, ni aucune autre loi;

Sur la seconde partie du moyen : — Attendu, en droit, qu'il ne faut pas confondre, de la part des juges, la constatation des faits avec leur qualification; qu'à l'égard de la première, qui est l'œuvre des mêmes juges, ils exercent un pouvoir souverain; — Tandis qu'il ne leur est aucunement permis de méconnaître la seconde, qui est l'œuvre de la loi et en forme partie intégrante; — Mais attendu que, hors les quatre fautes par elle démonstrativement énoncées, pour les autres, sans en fixer aucune qualité particulière ni aucun caractère spécial, la loi en a abandonné la fixation et l'appréciation au pouvoir discrétionnaire des juges; — Qu'ainsi le moyen, en cette partie encore, n'est pas fondé;

Sur le second moyen : — Attendu, en droit, que la loi ne dispose que pour l'avenir, elle n'a point d'effet rétroactif (art. 2 c. civ.); — Que la loi n'a d'effet rétroactif que lorsque l'acte ou le fait qu'elle frappe a été, antérieurement à sa publication, accompli de manière que des droits ont été parfaitement et irrévocablement acquis aux parties, dont elles demeurent dépouillées par la force rétroactive de la même loi; — Mais attendu qu'il est constant et reconnu, en fait, que tous les actes reprochés au demandeur en cassation et faits par lui tant pour acquérir la qualité de notaire que pour agir (ainsi qu'il l'a fait) en cette qualité après l'avoir acquise, sont postérieurs de plusieurs années à la loi du 25 vent. an 11, puisque le plus ancien d'entre eux ne remonte qu'au 28 mai 1835; — Que, par conséquent, en les subordonnant aux dispositions de cette loi, l'arrêt attaqué, loin de lui donner un effet rétroactif, n'a fait que lui soumettre des actes nés, parfaits, consommés et exécutés sous son empire; — Qu'ainsi, loin de violer l'art. 2 c. civ. invoqué par le demandeur, il en a fait une juste application;

Sur la première partie du troisième moyen : — Attendu, en droit, que tout jugement qui statue sur des peines de discipline notariale est soumis à l'appel (art. 53 de la loi du 25 vent. an 11); — Mais attendu, en fait, que le demandeur en cassation, absous en première instance, a été condamné sur l'appel; — Qu'ainsi il y a eu dans la cause les deux degrés de juridiction voulus par la loi;

Sur la seconde partie du moyen : — Attendu, en droit, qu'il n'est permis de former en cause d'appel aucune nouvelle demande (art. 464 c. pr.); — Mais attendu, en fait, qu'en première instance, comme en appel, il s'est toujours agi de la même et unique demande et de la même et unique cause de demande, c'est-à-dire de la condamnation du demandeur en cassation à une peine disciplinaire pour avoir essentielle-

présenté à la chancellerie, par un candidat aux fonctions de notaire, d'une partie du prix de la cession est un fait de charge qui rend le candidat, devenu notaire, passible de peines disciplinaires, et notamment de la destitution... alors surtout 1° qu'il a affirmé sur l'honneur, soit devant la chambre des notaires, soit devant le procureur impérial, qu'il n'a souscrit aucune obligation en dehors du traité officiel; 2° qu'il a apporté de la mauvaise foi dans ses rapports avec la veuve de son prédécesseur, notamment en dissimulant la contre-lettre (Orléans, 7 fév. 1846, aff. L..., D. P. 46. 2. 45); — 4° Que le notaire qui, sur l'action en payement d'un supplément de prix de vente de son office, stipulé par contre-lettre purement verbale, a refusé ce payement non pas en ce qu'il aurait une cause illicite, mais en employant des mensonges et des subterfuges tendant à déguiser l'existence de cette convention, est passible de peines disciplinaires, et peut, notamment, encourir la destitution (Req. 19 août 1847, aff. N..., D. P. 48. 5. 104); — .... Vainement objecterait-on que la fraude est antérieure à la nomination, cette fraude se trouvant consommée par la nomination elle-même et étant réputée se continuer pendant tout le temps de l'exercice des fonctions dont le cessionnaire s'est fait investir par surprise (Req. 20 juill. 1841 et 6 nov. 1850, arrêts précités).

274. Il a même été jugé que le cessionnaire d'un office de notaire qui fait avec son cédant des conventions secrètes se rend passible de peines disciplinaires, alors même que les conventions auraient pour objet, non de dissimuler une partie du prix, mais au contraire de diminuer le prix ostensible (Bordeaux, 23 avr. 1860, aff. A..., D. P. 60. 5. 250). — Dans l'espèce, le cessionnaire a été condamné à huit jours de suspension.

275. On avait élevé contre les poursuites intentées disciplinairement à l'égard des notaires, pour le fait de dissimulation du prix, une fin de non-recevoir tirée de ce que cette faute n'avait été ni prévue ni punie par la loi du 25 vent. an 11. — Mais il a été jugé qu'il résultait de la combinaison des art. 6, 13, 23 et 53 L. 25 vent. an 11 que ce n'est pas *taxativement*, mais bien et seulement *démonstrativement* que cette loi a énoncé les fautes que les notaires peuvent commettre et qui peuvent les rendre passibles de peines disciplinaires (Req. 20 juill. 1841, aff. Viel, V. n° 273; V. aussi Rennes, 1er avr. 1840, aff. Girard, *eod.*; Req. 6 nov. 1850, aff. Weinscheimer, D. P. 50. 1. 324).

276. Il est à remarquer que, d'après ces arrêts, c'est la dissimulation résultant de la contre-lettre qui est considérée comme une faute grave motivant l'application des peines disciplinaires, et non pas le refus par l'officier public d'exécuter les conventions portées au traité secret, ni l'action en répétition du prix indûment payé; car ce n'est là que l'exercice d'un droit, d'une action que la loi confère elle-même (V. en ce sens Cass. 30 juill. 1850, aff. Laurens-Rabier, D. P. 50. 1. 216; 28 août 1854, aff. D..., D. P. 54. 1. 321).

277. On ne peut se dissimuler que la jurisprudence, aux termes de laquelle les officiers ministériels peuvent être poursuivis disciplinairement pour avoir consenti des contre-lettres en dehors du traité ostensible, va directement contre le but que s'était proposé celle qui leur donne le droit de demander la nullité de ces contre-lettres. En effet, ces officiers ne pouvant exercer leur droit qu'en divulguant l'existence du traité secret se trouveront pour ainsi dire contraints d'exécuter des engagements pris en contravention à la loi dans la crainte de s'exposer à des poursuites disciplinaires qui peuvent, comme on l'a vu, aller jusqu'à la destitution. — Il semblerait résulter de quelques-uns des arrêts précités que ce n'est pas le fait seul d'avoir été partie à la contre-lettre dont on demande la nullité qui constitue une infraction disciplinaire, mais les circonstances dans lesquelles est intervenue la contre-lettre, a été produit le traité ostensible, a été intentée l'action en nullité (trib. de la Seine, 28 mai 1846, aff. Ruel, D. P. 46. 3. 158; Req. 19 août 1847, aff. N..., D. P. 48. 5. 104; 6 nov. 1850, aff. Weinscheimer, D. P. 50. 1. 324; Rej. 28 août 1854, aff. D..., D. P. 54. 1. 321; V. Notaire, n° 784). — Pour éviter toute difficulté, il faudrait sans doute que cette distinction fût toujours suivie; mais elle ne l'a pas toujours été et, plusieurs fois, le fait seul d'avoir consenti la contre-lettre a donné lieu à l'application de peines disciplinaires (V. les arrêts cités ci-dessus).

§ 4. — *Des payements et cessions anticipés.*

278. Nous avons vu, nos 139 et s., que le traité qui intervient entre le titulaire d'un office et son successeur est toujours fait sous une condition suspensive. En résulte-t-il que, avant la nomination du postulant, c'est-à-dire avant que la condition ait été accomplie, celui-ci ne puisse valablement se libérer envers son vendeur ou le vendeur valablement céder le prix fixé par le contrat? Cette question a fait quelque temps hésiter la jurisprudence. Pour soutenir la nullité des payements ou de la cession, faits par anticipation on a argumenté du droit spécial et du droit commun. — On a dit d'abord qu'il était de la nature des traités en matière de transmission d'office que le prix stipulé ne pût être payé au cédant par le cessionnaire qu'après l'entrée en fonctions de celui-ci; que le gouvernement ne devait pas, quant à la nomination, perdre quelque chose de son libre arbitre par l'influence de la situation critique où un payement anticipé aurait pu placer le successeur désigné (Angers, 12 août 1840, aff. P..., V. Oblig., n° 1795);... que, jusqu'à cette nomination, la somme stipulée comme condition de la démission ne peut être considérée comme étant dans le commerce (trib. de la Seine, 5 avr. 1843, aff. Belon, V. n° 279-2°; Riom, 10 fév. 1845, aff. Coste, D. P. 45. 2. 190).—On a ajouté enfin que, d'après le droit commun, lorsqu'il s'agissait de l'exécution d'une obligation contractée sous une condition suspensive dépendant d'un événement futur et incertain, le payement ne pouvait être effectué qu'après l'événement (trib. de Marseille, 17 juill. 1840, aff. créanc. Bernard, V. n° 280).

279. En conséquence et spécialement, il a été décidé 1° que le payement fait avant la nomination du cessionnaire, est nul à l'égard des tiers créanciers du cédant (Angers, 12 août 1840, aff. P..., V. Oblig., n° 1795; trib. de Marseille, 17 juill. 1840, aff. créanc. Bernard, rap. avec Req. 8 nov. 1842, n° 280; Riom, 10 fév. 1845, aff. Coste, D. P. 45. 2. 190);...alors surtout qu'il résulte des circonstances que cette anticipation a eu pour motif de soustraire le prix à l'action des créanciers (même arrêt d'Angers); — 2° Que le vendeur d'un office ne peut transporter valablement à l'un de ses créanciers le prix de cession avant l'ordonnance de nomination de son cessionnaire; que, par suite, les autres créanciers du vendeur sont recevables à critiquer une telle cession comme faite en fraude de leurs droits (Trib. de la Seine, 5 avr. 1843, et sur appel, Paris, 23 déc. 1843) (1); — 3° Que la cession du prix d'un office, intervenue après la pré-

---

ment manqué aux devoirs de sa profession; — Qu'ainsi l'art. 464 c. pr. n'a pas été violé; — Rejette.

Du 20 juill. 1841.-C. C., ch. req.-MM. Zangiacomi, pr.-Lasagni, r.

(1) (Goudart et Geniès C. Belon.) — 5 avr. 1843, jugement du tribunal de la Seine, ainsi conçu : « Attendu que le droit consacré au profit des officiers ministériels, sur leurs charges, par la loi du 28 avr. 1816, est un droit d'une nature toute spéciale, soumis à des règles exceptionnelles et en dehors des principes du droit commun; — Que, si l'officier public a la faculté de présenter un successeur à l'agrément du roi, et doit préalablement déterminer avec lui les conditions de la démission qu'il donne en sa faveur, ce traité reste sans valeur tant qu'il n'a pas reçu la sanction de l'autorité royale; que l'ordonnance de nomination constitue le véritable titre de la transmission dont le traité n'est qu'un simple accessoire qui se confond avec ladite ordonnance, et n'a d'existence légale que par elle et à sa date; que dès lors, et jusqu'à ce qu'elle soit rendue, la somme stipulée comme la condition de la démission ne saurait être considérée comme étant dans le commerce et pouvant être l'objet d'une convention valable; — Attendu que, dans l'espèce, Féau avait bien traité avec Dromery le 14 juill. 1840, mais que Dromery n'a été nommé en son lieu et place que le 16 nov. suivant; que dès lors la cession faite dans l'intervalle à Goudard et Geniès, le 27 juill. 1840, ne saurait produire aucun effet au préjudice des créanciers de Féau, et notamment de l'opposition formée par Belon le 29 août 1840; — Que c'est donc à bon droit que Belon demande à Goudard et Geniès le rapport des sommes par eux touchées, en vertu de l'ordonnance de référé du 20 fév. 1841, qui avait ordonné provisoirement à leur profit l'exécution tant de la sentence arbitrale du 28 janv. 1841, que de leurs transports non encore attaqués; — Par ces motifs, déclare

sentation, mais avant la nomination du successeur désigné ne produit pas d'effet translatif de propriété, et ne vaut que comme acte conservatoire, et qu'il en est surtout ainsi dans le cas où la cession, faite avant la nomination, n'a pas été insérée dans le traité soumis à la chancellerie; qu'en conséquence les créanciers opposants postérieurs doivent être admis au partage du prix, en concours avec ce cessionnaire et proportionnellement à leurs créances (Bourges, 11 déc. 1844, aff. Vergne, D. P. 46. 2. 46).— V. dans le sens de cette jurisprudence Bellet, p. 264.

280. Mais il a été décidé en sens contraire et telle est l'opinion qui a été suivie par la cour de cassation : 1° que si le traité de transmission d'office ne constitue, entre les parties, qu'une convention sous condition suspensive, cette convention devient définitive par l'approbation postérieure du chef du gouvernement et que l'ordonnance de nomination du cessionnaire rétroagissant à la date du traité d'acquisition de l'office, valide, par suite, à l'encontre des créanciers opposants, les payements faits sans fraude par l'acquéreur à son vendeur, antérieurement à l'ordonnance et aux saisies-arrêts des créanciers, et encore bien que ces payements soient anticipés (Aix, 8 janv. 1841 et sur pourvoi, Req. 8 nov. 1842) (1); — 2° Que le prix d'un office peut être donné en payement dans l'intervalle qui s'écoule entre

---

bonne et valable l'opposition de Belon du 29 août 1840; ordonne que, lors de la contribution qui s'ouvrira pour la distribution des sommes à payer par Dromery, en vertu de son traité modifié par la sentence arbitrale précitée, à laquelle contribution Belon figurera pour le reliquat actif du compte à établir entre lui et Féau, Goudard et Geniès seront tenus de rapporter fictivement les sommes, en principal et accessoires, par eux touchées en exécution de l'ordonnance de référé précitée, et à faire raison à Belon de la somme dont sa part contributive se trouvera accrue par le résultat de ce rapport fictif, etc. » — Appel. — Arrêt.

La cour; — Considérant que le prix stipulé pour la cession éventuelle d'un office, ne pouvant être dans aucun cas saisi par les créanciers du titulaire avant la nomination du successeur, ne saurait être assimilé à une créance conditionnelle ordinaire, sur laquelle les créanciers peuvent faire valoir leurs droits, même avant l'événement de la condition ; qu'il y aurait donc les plus graves inconvénients à permettre au titulaire de faire disparaître à l'avance une valeur importante qui peut constituer le seul gage de ses créanciers, alors que ceux-ci n'ont aucun moyen de connaître l'état des choses; — Que de pareilles cessions doivent donc être prohibées dans un intérêt d'ordre public, même alors que, comme dans l'espèce, aucun soupçon de dol et de fraude ne peut s'élever à l'égard des cessionnaires; — Adoptant au surplus les motifs, etc.

Du 23 déc. 1843.-C. de Paris, 4e ch.-M. Cauchy, pr.

Nota. Cet arrêt a été cassé le 15 janv. 1845. D. P. 45. 1. 94.

(1) *Espèce* : — (Créanc. Bernard C. de Gasquet.) — Les créanciers du notaire Bernard avaient formé opposition entre les mains de Gasquet, avec lequel il avait traité de son office; celui-ci, dans sa déclaration affirmative, fit connaître qu'une portion de son prix avait été payée par lui à son prédécesseur dès avant l'ordonnance de nomination, et malgré même la clause du traité qui réservait à Gasquet certaines échéances indiquées. Les payements avaient précédé les saisies-arrêts, mais Gasquet n'était porteur que d'une quittance sous seing privé. Aucune fraude n'était alléguée; toutefois les créanciers opposants, se prévalant de l'art. 1328 c. civ., rejetaient ces quittances, comme sans valeur à leur égard. Le sieur de Gasquet répondait par les dispositions de l'art. 1322 c. civ.

17 juill. 1840, jugement du tribunal de Marseille qui adopte le système des créanciers: —« Attendu que les offices étant une espèce de biens toute particulière, extraordinaire, placée, en quelque sorte, hors du commerce, ce n'est pas dans le droit commun, mais bien plutôt dans le droit spécial de la matière, qu'il faut chercher des règles de décision ; — Attendu que parmi ces règles il en est une que l'on doit considérer comme prédominante et fondamentale, dont il n'est permis en aucune manière de s'écarter, c'est que toutes les clauses et conditions stipulées entre le titulaire et son successeur doivent être consignées dans le traité intervenu entre eux et soumis à l'approbation du gouvernement; c'est qu'aucune de ces clauses et conditions ne peut être annulée, modifiée ou éludée par des conventions secrètes en dehors du traité;

» Attendu que le prince intervient toujours dans les traités de cette nature, comme représentant de la société éminemment intéressée à surveiller l'exercice et la transmission d'un privilége, d'un véritable monopole qui se lie essentiellement à la bonne administration de l'Etat; — Qu'il suit de là que le bénéfice de toutes les clauses et conditions insérées dans de pareils traités est irrévocablement acquis aux tiers qui ont fait confiance à un officier public, sur la foi de sa position, d'un office présentant une valeur déterminée, sans qu'ils puissent être dépouillés de ce bénéfice par un fait indépendant de leur volonté; — Que si le système contraire pouvait prévaloir, les créanciers de l'officier public seraient livrés sans défense aux manœuvres frauduleuses pratiquées par leur débiteur au moment de la transmission de son office; — Attendu que ces principes d'une haute moralité ont reçu la sanction de la doctrine et de la jurisprudence; que si quelques arrêts ont cru devoir maintenir quelques contre-lettres intervenues entre le titulaire et son successeur, jamais ces contre-lettres n'ont été maintenues à l'encontre des tiers;

» Attendu, en fait, que, dans le traité officiel passé entre l'ex-notaire et le sieur de Gasquet, son successeur, et soumis à l'approbation du roi, il a été stipulé que le prix de l'office, d'abord porté à 115,000 fr., puis à 90,000 fr., serait payable à la nomination du postulant, sans intérêts jusqu'à cette époque;

» Attendu néanmoins que le sieur de Gasquet aurait payé par anticipation, soit au sieur Bernard, soit à ses créanciers, la somme de 49,000 fr.; —Attendu que ce payement, fait en exécution d'une obligation contractée sous une condition suspensive, dépendante d'un événement futur et incertain, ne pouvait, aux termes de l'art. 1181 c. civ., être effectué qu'après l'événement; — Attendu que si, d'après le droit commun, le débiteur a toujours la faculté de se libérer d'avance à ses risques, périls et fortune, et sans attendre de courir la chance de l'événement, si c'est là le véritable esprit de l'art. 1181 c. civ., combiné avec l'art. 1176, ce principe ne saurait être invoqué, alors qu'il s'agit de payements faits au préjudice de tiers et en violation d'un traité de transmission d'office qui déclarait le prix payable seulement à la nomination d'un successeur, condition sans laquelle peut-être le souverain n'eût pas donné son agrément; — Attendu que si, par des payements anticipés, le notaire Bernard a pu s'approprier une partie du prix de son office et dépouiller ses créanciers, il pouvait, par la même raison, se l'approprier en totalité;

» Attendu, au surplus, que si, pour régulariser sa position, le sieur de Gasquet invoque les principes du droit commun, ses adversaires ont le droit de le combattre par ses armes et de le repousser par les dispositions de l'art. 1328 c. civ., et sont fondés à contester la légalité d'un payement qui ne repose que sur des allégations, que sur un règlement de compte entre lui et son prédécesseur, sur des pièces sous seing privé, sans enregistrement, sans date certaine antérieure aux saisies-arrêts et oppositions des créanciers de Bernard; — Que, tout en reconnaissant la bonne foi du sieur de Gasquet et la réalité de ses payements, il faut reconnaître aussi qu'il doit se reprocher d'avoir, par son imprudence et une confiance excessive, favorisé les manœuvres de Bernard, et préjudicié à des créanciers légitimes; — Par ces motifs, ordonne, etc. »

Sur l'appel, arrêt infirmatif de la cour d'Aix, du 8 janv. 1841 : — « Attendu qu'il faut soigneusement distinguer dans les transmissions d'offices ce qui concerne l'intérêt public, dont le gouvernement est juge, et ce qui est seulement relatif à l'intérêt privé des parties ou de leurs créanciers, qui reste soumis à la juridiction ordinaire des tribunaux; — Attendu que le principe de cette distinction se trouve dans la loi même du 28 avr. 1816, qui attribue, d'une part, aux titulaires d'office le droit de présenter leurs successeurs, et de l'autre, réserve la nomination au roi; — Que le droit de présentation attribué au titulaire renferme l'autorisation de traiter avec celui qui sera l'objet de sa désignation, et qu'à défaut de règles spéciales établies par la loi, cette convention reste soumise, pour tous les effets privés qu'elle est appelée à produire, aux principes généraux du droit; — Que si la désignation faite par le titulaire est de nature à compromettre l'intérêt de la société, le gouvernement a le remède dans les mains, puisqu'il peut refuser la nomination ou la soumettre à la réalisation préalable des garanties qu'il juge convenables; que, du reste, on ne doit jamais perdre de vue que cet exercice du droit du gouvernement se rapporte uniquement à l'intérêt public, dont il est dépositaire; — Que si les conditions dont il a exigé l'accomplissement préalable, influent quelquefois sur les intérêts privés, ce n'est que par leurs conséquences directes et nécessaires; mais qu'il n'est nullement permis d'en faire sortir, par voie d'induction, un droit spécial, que la loi n'a pas établi et auquel on attribuerait, dans le jugement des contestations privées soumises aux tribunaux, la force de déroger à la loi ordinaire; — Que le droit dérivé d'une telle source ne serait autre qu'une déplorable confusion entre les principes du droit public et les effets du droit privé, confusion si justement blâmée par Montesquieu, qui a consacré plusieurs chapitres de son immortel ouvrage de l'Esprit des lois à établir qu'il ne faut pas juger par les règles de l'un ce qui doit l'être par les règles de l'autre, chap. 15 du liv. 26; — Que c'est par suite d'une confusion de ce genre qu'on a prétendu, dans la cause actuelle, que le payement anticipé fait par de Gasquet, d'une partie du prix stipulé en son contrat, était sans valeur, pour n'avoir pas été porté à la connaissance du ministre avant l'ordonnance de nomination; — Que tout le droit spécial de la matière se trouve dans l'art. 91 de la loi du 28 avr. 1816; qu'en combinant cet article avec les principes généraux du droit, seuls applicables, tant qu'une loi spéciale n'aura pas été rendue, il faut dire que la convention intervenue entre le titulaire et son successeur désigné, constitue une obligation soumise à une condition suspensive; que cette convention devient parfaite par l'accomplis-

la cession et l'investiture du cessionnaire, à un créancier du titulaire, et notamment à celui qui a lui-même payé le prix de cet office lors de la cession faite à son débiteur (Req. 16 janv. 1849, aff. Cabrol, D. P. 49. 1. 35); — 3° Que le prix d'un office est cessible de la part du vendeur, et saisissable par ses créanciers, dans l'intervalle du temps qui s'écoule entre la présentation et la nomination du successeur; que cette nomination, lorsqu'elle intervient, rétroagit à l'époque de la cession du prix, et, de conditionnelle qu'elle était, la rend définitive; que par suite, les tiers opposants postérieurs à cette cession de prix sont mal fondés à la critiquer, lorsqu'elle a été faite sans fraude (Civ. cass. 15 janv. 1845, aff. Goudart, D. P. 45. 1. 93, et sur renvoi, Rouen, 14 mai 1845; Toulouse, 12 déc. 1845, aff. Daliot, D. P. 46. 2. 46; Paris, 11 janv. 1851, aff. Tardif, D. P. 51. 2. 64; Civ. cass. 21 juin 1864, aff. Ligier, D. P. 64. 1. 385); — 4° Et qu'il en est ainsi, alors même que l'approbation du gouvernement ne serait intervenue qu'avec une réduction de prix, qui a rendu nécessaire la rédaction d'un nouvel acte portant stipulation du prix réduit (Req. 11 déc. 1855, aff. Lardier, D. P. 55. 1. 464). — Il résulte de cette jurisprudence que les transports ou payements du prix d'un office sont valables, non-seulement lorsqu'ils sont opérés avant la prestation de serment et après la nomination, mais aussi lorsqu'ils ont eu lieu avant la nomination. — V. aussi sur la validité des payements et transports anticipés, MM. Aubry et Rau, t. 3, § 259; Dard, p. 508.

281. Dans une des espèces précitées (Req. 11 déc. 1855) se présentait cette circonstance que le traité produit avant le transport, avait été modifié en ce sens que le prix avait été réduit après le transport. On prétendait que dès lors le transport était nul, ayant été fait avant le traité qui avait contenu une cession définitive de l'étude, mais en réalité ce n'était pas en vertu du second traité que l'office avait été transmis. La cession remonte toujours au premier traité, donc les stipulations étaient soumises aux modifications que l'autorité croyait devoir y apporter et à l'acceptation de ces modifications par les contractants. Ce sont là des éventualités qui forment la condition du premier traité, et opèrent rétroactivement.

282. Il ne faut pas se dissimuler que cette jurisprudence, quoique fondée en droit, ne pût avoir les plus graves inconvénients dans la pratique. La présentation est, en effet, un acte occulte, et un payement, une cession peuvent être faits avant que les créanciers puissent former des saisies-arrêts. Aussi l'administration repousse-t-elle tout traité qui contient une cession du prix, à dater du contrat et exige en outre que le prix soit stipulé payable après l'installation (V. n° 208).

A l'égard des traités ainsi rédigés, les solutions que nous venons de retracer ne peuvent plus être admises, au moins en ce qui touche les payements anticipés; car si le contrat soumis à la chancellerie porte que le prix sera payé *après l'installation*, la convention secrète, d'après laquelle ce prix devra être payé immédiatement, constituera une contre-lettre qui, dérogeant au traité approuvé, ne peut avoir d'effet à l'égard des tiers. — Il a été jugé en ce sens que les payements faits dans l'intervalle de la cession à la nomination du cessionnaire, avec stipulation de délais pour le versement du surplus du prix, *par dérogation au traité ostensible* d'après lequel la totalité de ce prix était payable après l'approbation du traité par le gouvernement, sont nuls, et, par suite, les créanciers du cédant conservent le droit de frapper de saisie-arrêt le prix de la cession, sans qu'on puisse leur opposer ni les payements partiels ainsi opérés, ni les délais consentis en dehors de l'acte de cession (Cass. 2 mars 1864, aff. Fortoul, D. P. 64. 1. 155).

283. Mais quant à la cession faite par acte séparé, malgré les prohibitions administratives, il ne nous semble pas qu'on puisse la considérer ni comme un traité secret frappé de nullité, ni comme une contre-lettre, dans le sens de l'art. 1321 c. nap.; car elle ne porte atteinte à aucune disposition du

---

sement de la condition et forme dès ce moment la loi des parties, qu'il n'est au pouvoir de personne d'annuler, si ce n'est pour les causes que la loi autorise, art. 1134 c. civ.;

» Attendu qu'en appréciant sous l'influence de ces principes le payement anticipé de 49,000 fr. fait par de Gasquet, celui-ci a pu valablement payer avant l'accomplissement de la condition et l'échéance du terme, parce que le terme n'était stipulé qu'en sa faveur, et que l'accomplissement de la condition a fait rétroagir l'engagement au jour auquel il avait été contracté, art. 1179 c. civ.;—Attendu que ce payement anticipé ne suppose pas nécessairement une contre-lettre et ne peut être présenté comme fait en violation des accords précédents; qu'il en est au contraire l'exécution, sous cette modification seule, que le débiteur se départ de l'avantage du terme qu'il aurait pu réclamer; qu'il est certain d'ailleurs que le payement a été exempt de toute fraude envers les créanciers, et que ceux-ci ne sont pas fondés à le critiquer comme leur ayant été préjudiciable, car celui qui use de son droit ne porte pas préjudice à autrui;

» Attendu qu'il ne reste plus à examiner que la question de savoir si les créanciers qui ont saisi et arrêté entre les mains de Me de Gasquet les sommes par lui dues à Bernard, leur débiteur, sont des tiers autorisés par l'art. 1328 c. civ. à méconnaître la date de la quittance de Bernard, produite par de Gasquet; et à cet égard, attendu que l'articulation du fait du payement consigné dans plusieurs actes signifiés par de Gasquet à Bernard, antérieurement aux saisies-arrêts, ne suffit pas pour placer la quittance par lui produite dans l'exception admise par l'art. 1328, en faveur des actes privés dont la substance est constatée dans des actes publics; mais attendu que cet art. 1328 ne doit pas être appliqué à la cause actuelle, parce que les créanciers saisissants ne peuvent se dire des tiers à l'égard de Gasquet; qu'en effet ils n'ont pas d'autres droits envers lui que ceux de Bernard, qu'ils représentent et auxquels ils sont substitués; qu'ils sont donc plus que les ayants cause de Bernard, à l'égard de Gasquet, qu'ils sont Bernard lui-même : d'où la conséquence nécessaire que de Gasquet doit être admis à leur opposer toutes les exceptions qu'il opposerait à Bernard, notamment, la plus péremptoire de toutes, celle du payement; — Qu'on dirait en vain que les créanciers ont un droit propre, à l'égard de Gasquet, parce que la loi les autorise à agir directement contre lui par voie de saisie-arrêt; que la saisie-arrêt, considérée dans le premier acte qui la constitue, n'est qu'une mesure conservatoire, et considérée dans son résultat final, elle n'est qu'un mode de réaliser le droit que le code civil confère aux créanciers par son art. 1166, lequel les autorise à exercer les droits et actions de leur débiteur, à l'effet de recevoir ce qui peut lui être dû; mais aussitôt que la contestation s'engage sur l'existence ou la quotité de la dette, ils ne sont plus évidemment que les représentants de leur débiteur; ils rentrent alors dans la classe de ceux que l'art. 1322 c. civ. désigne par la dénomination générale d'ayant cause, et ne sont pas aptes à réclamer le bénéfice établi en faveur des tiers par l'art. 1328 du même code; qu'il ne pourrait être fait exception à ces principes que dans le cas de fraude, laquelle n'est pas même alléguée dans la cause actuelle; — Par ces motifs, émendant, etc. »

Pourvoi. — 1° Fausse application des art. 1179, 1186, 1187 c. civ.; violation des art. 1181, 1185, 1321, 2092 du même code, et 91 de la loi du 28 avr. 1816, en ce que l'arrêt attaqué a déclaré les payements faits par le successeur désigné d'un notaire à son prédécesseur, antérieurement à l'ordonnance de nomination, et contrairement à la teneur du traité qui déclare le prix payable après cette ordonnance, valables à l'égard des créanciers, qui, avant l'investiture, ont usé de saisie-arrêt ou d'opposition. — 2° Fausse application de l'art. 1322, et violation des art. 1315 et 1328 c. civ., en ce que l'arrêt attaqué a déclaré que les créanciers qui, en vertu d'un droit qu'ils tiennent de la loi, forment une saisie-arrêt sur les biens mobiliers de leur débiteur, sont, d'une manière absolue les ayants cause de ce débiteur, et, que, par conséquent, les quittances sous seing privé invoquées par le tiers saisi et en apparence antérieures à la saisie-arrêt, mais qui n'ont été enregistrées que postérieurement, font foi de leur date contre les opposants, et peuvent valoir un titre libératoire contre eux. — Arrêt.

La cour; — Sur le premier moyen, attendu que, si la convention intervenue entre de Gasquet et Bernard sur la transmission de l'office de notaire à Marseille, dont Bernard était titulaire, était conditionnelle dans son origine et soumise, dans son exécution, à l'agrément du roi, cette convention est devenue définitive par l'approbation postérieure du chef du gouvernement; que, d'après les principes du droit, l'effet de l'accomplissement de la condition a dû rétroagir à la date même du traité du 8 janv. 1841, et, par conséquent, valider des payements faits antérieurement à l'ordonnance de nomination et aux saisies-arrêts des demandeurs en cassation;

Sur le second moyen, attendu que les demandeurs en cassation n'ayant fait autre chose, par leurs oppositions et saisies-arrêts, qu'exercer les droits du sieur de Gasquet, leur débiteur, ils se trouvaient nécessairement soumis aux charges et obligations de ce débiteur, et ne pouvaient réclamer que ce qu'il aurait pu réclamer lui-même; que, dès lors, ils étaient tenus de reconnaître la validité des payements faits entre les mains du vendeur Bernard avant toute opposition régulière et sans fraude, ainsi que l'a reconnu l'arrêt attaqué; — Rejette.

Du 8 nov. 1842.-C. C., ch. req.-MM. Zangiacomi, pr.-Joubert, rap.-Delangle, av. gén., c. conf.-Goudard, av.

traité ostensible. — Il a été décidé en ce sens que la cession du prix d'un office, faite avant la nomination du successeur désigné, est valable et attribue au cessionnaire un droit exclusif à la propriété de ce prix, à l'encontre de saisissants postérieurs, alors même que cette cession ayant été faite dans le traité même de l'office, la chancellerie aurait exigé la présentation d'un nouveau traité, muet sur l'attribution du prix de l'office : on considérerait à tort ce transport, soit comme révoqué par le nouveau traité, dans lequel il n'a pas été maintenu, soit comme constituant une contre-lettre au traité patent, frappée à ce titre de nullité (Toulouse, 12 déc. 1845, aff. Daliot, D. P. 46. 2. 46. V. aussi Civ. cass. 21 juin 1864, aff. Ligier, D. P. 64. 1 385).

284. Que décider à l'égard du transport fait par le titulaire à l'un de ses créanciers, *antérieurement à la cession de l'office*, de partie du prix à provenir de cette cession? — Il a été jugé qu'un pareil transport est radicalement nul (Caen, 27 déc. 1858) (1).— Mais l'acte par lequel le titulaire d'un office autorise l'un de ses créanciers à recevoir la somme qu'il lui doit, des mains de son successeur futur, à valoir sur le prix de vente de son étude, ne renferme pas une cession de ce prix au profit du créancier; il constitue un simple mandat de toucher le prix au lieu et place du cédant de l'office (même arrêt). — Et la signification de ce mandat au nouveau titulaire équivaut à une simple saisie-arrêt (même arrêt).

285. La destitution du titulaire d'un office emporte contre lui déchéance du terme stipulé en sa faveur pour le payement du prix d'acquisition de cet office (Req. 8 août 1854 (2); 21 janv. 1861, aff. Vuillemot, D. P. 61. 1. 170),... et ne fait pas cesser le service de la rente à laquelle il s'est engagé vis-à-vis de son prédécesseur, lorsque cette rente a été stipulée payable jusqu'à la suppression de l'emploi (Rennes, 13 juill. 1840, aff. N..., V. Obligation, n° 563-3°).

§ 5. — *De l'action en réduction de prix.*

286. Nous venons de voir que le prix devait être agréé par le gouvernement, et qu'il devait résulter du traité ostensible. Résulte-t-il de là que ce prix soit définitivement fixé, et qu'il ne puisse pas être réduit postérieurement à la nomination? — La négative n'est pas douteuse, et il est spécialement deux cas où la réduction du prix porté au traité peut être obtenue.

287. Nous avons vu *suprà*, n° 163, que la résiliation du traité peut être demandée si, avant la nomination du successeur, le titulaire s'était rendu passible de peines disciplinaires, ou avait, par suite du mauvais état de ses affaires, déprécié son étude. Quand la nomination est faite, la résiliation n'est plus possible. Mais les tribunaux ont reconnu le droit au cessionnaire de demander une réduction de prix. — Sur quels principes se sont-ils fondés? Plusieurs jugements et arrêts ont décidé que l'acquéreur d'un office était protégé dans ce cas par l'art. 1641 c. nap., qui dispose que l'acheteur doit être garanti des défauts cachés de la chose vendue. — Ainsi, par exemple, il a été jugé : 1° que l'acheteur d'un office de commissaire-priseur, qui n'a pu connaître certains faits de nature à porter un grand préjudice à la clientèle, tels par exemple que la déconfiture du vendeur, est fondé à demander une déduction sur le prix convenu, alors même qu'il n'établirait ni le dol ni la fraude (trib. de la Seine, 22 mai 1830) (3); — 2° Qu'on doit considérer comme vice caché, la circonstance que le titulaire était en état de déconfiture

---

(1) (Leray C. Heuzairie.) — La cour; — Considérant que l'acte du 2 janv. 1855 ne contient qu'une simple reconnaissance de la part de Heuzairie de devoir à Leray une somme de 3,500 fr. pour argent prêté, avec déclaration de l'impossibilité, par le débiteur, de s'acquitter actuellement et l'indication du moyen par lequel il se proposait de s'acquitter plus tard, à savoir par la vente de son office d'huissier; que les termes de cet acte ne révèlent en aucune façon l'intention d'approprier Leray par un transport d'une partie de la somme à provenir de la vente ultérieure de l'office, mais seulement de lui conférer dès à présent un mandat à l'effet de le mettre à portée, le cas échéant, de toucher directement la somme à lui due du nouveau titulaire de cet office, sans être obligé de s'adresser de nouveau à Heuzairie; — Que, sans doute, si, en vertu de ce mandat, il eût reçu de ce nouveau titulaire la somme de 3,500 fr., il en aurait été irrévocablement approprié au moyen de la compensation qui se serait opérée de plein droit, conformément à l'art. 1290 c. nap., entre sa créance comme prêteur et sa dette comme mandataire; mais que tant que le prix de l'office restait entre les mains de l'acquéreur, il continuait, malgré la signification du mandat, d'appartenir à Heuzairie, et restait exposé à l'effet des saisies-arrêts exercées par les créanciers de ce dernier; que la signification de Leray ne vaut elle-même que comme saisie-arrêt; que l'on peut d'autant moins supposer aux parties l'intention de faire un transport ou un autre acte équivalent à transport du prix à provenir de la vente de l'office d'huissier, qu'un pareil acte aurait été nul; qu'en effet, on ne peut valablement transporter qu'un objet dont on a le droit de disposer; qu'une charge d'huissier n'est pas dans le commerce; que ce n'est pas une propriété sur laquelle les créanciers puissent exercer leurs droits, même du consentement du titulaire; que l'on a, il est vrai, accordé à celui-ci, et à ses héritiers en cas de mort, le droit de présenter à l'agrément du gouvernement un successeur avec lequel ils sont autorisés à traiter, moyennant un prix raisonnablement fixé, et qu'une fois que, par un pareil traité, l'office a été converti en une somme d'argent, cette somme d'argent peut être l'objet d'un transport, comme elle peut être l'objet d'une saisie-arrêt; qu'il peut même en être ainsi avant que le traité ait été admis par le gouvernement, parce que, cette admission postérieure ayant nécessairement un effet rétroactif au jour du traité, il y avait réellement à cette époque un objet dont on a pu disposer; mais que tant que l'office n'a pas été, par un acte, converti en argent, il n'y a rien qui puisse faire la matière d'un contrat valable, et comme le traité qui intervient ultérieurement avec le cessionnaire de l'office n'a jamais pu, par l'effet rétroactif de l'approbation du gouvernement, mettre une valeur disponible dans les mains du premier titulaire qu'à la date même de ce traité, il ne peut valider un transport antérieur qui, au moment où il a eu lieu, manquait d'objet; — Considérant qu'un intérêt d'ordre public s'oppose à ce que de pareils transports soient admis; que si les titulaires d'offices ministériels pouvaient, tout en restant en possession de ces offices, céder d'avance à un tiers le prix à provenir, dans un temps plus ou moins reculé, du traité qu'ils feraient avec un successeur, de manière que le transportuaire pût, par une simple signification faite le jour même ou le lendemain du traité, être irrévocablement approprié de ce prix que les cédants auraient pu dissiper d'avance, ceux qui sont obligés d'avoir recours à ces officiers ministériels et souvent de leur confier des sommes plus ou moins importantes, seraient privés des garanties sur lesquelles ils devaient légitimement compter; — Confirme, etc.

Du 27 déc. 1858.-C. de Caen, 4e ch.-M. Binard, pr.

(2) (Gobier C. Ducor.) — La cour; — Sur le deuxième moyen : — Attendu que la décision disciplinaire par laquelle un tribunal de première instance provoque la révocation d'un avoué diminue la valeur de l'office, rend sa transmission plus difficile et compromet le privilége du précédent titulaire; — Qu'il en résulte une diminution certaine des sûretés spéciales données par le contrat de cession; que cette diminution provient du fait du débiteur, et qu'elle suffit dès lors, suivant l'art. 1188 c. nap., pour enlever à ce débiteur le droit de réclamer le bénéfice du terme; que les décisions disciplinaires prononcées contre les officiers ministériels en la chambre du conseil peuvent être imprimées et affichées, et ne sont pas tellement secrètes que les tribunaux n'aient pas le droit d'en faire la base d'un jugement public pour sauvegarder les intérêts des tiers; — Rejette.

Du 8 août 1854.-C.C., ch. req.-MM. Joubert, pr.-Bayle-Mouillard, rap.

(3) (Castels C. Gense.) — Le 10 déc. 1828, jugement du tribunal de la Seine : — « Attendu que, par le contrat du 2 fév. 1826, Gense avait vendu à Castels la charge de commissaire-priseur, comprenant les liasses, procès-verbaux et répertoires en dépendant, ainsi que la clientèle qui y était attachée; — Attendu que, jusqu'à la réception de Castels, Gense devait conserver avec zèle et loyauté la direction de ladite charge; mais que tous les droits et honoraires, ainsi que les répartitions de la bourse commune, devaient appartenir à Castels du jour du contrat; que Gense devait le présenter comme son successeur; — Attendu, au contraire, que Gense ne l'a pas fait connaître à ses clients; que, par le fait de Gense, Castels a été privé de toutes les indications et de tous les renseignements qui pouvaient le mettre en possession de la clientèle; qu'ainsi il y a de la part de Gense inexécution des conventions du contrat en ce point; — Attendu néanmoins que, sous ce rapport seul, la demande de 25,000 fr. serait exagérée, puisque la clientèle n'est entrée dans le prix total de la vente que pour 10,000 fr.; — Mais attendu que, par suite des oppositions nombreuses formées sur Gense, Castels n'a pu toucher sa portion dans les répartitions de la bourse commune; — Attendu que Gense, au lieu de gérer avec zèle et loyauté, a fort mal administré, et qu'il s'est attribué les honoraires (au moins pour une partie) qu'il devait remettre à Castels; que Castels a même été obligé de payer le montant de quelques ventes faites pour lui par Gense, et dont celui-ci n'a pas restitué le prix aux parties intéressées; qu'à ces derniers titres Castels a droit à une indemnité, et qu'il doit être autorisé à en retenir le montant sur ce dont il peut être redevable; mais que le tribunal n'a pas, quant à présent, les bases et documents nécessaires pour fixer la quo-

non connue au moment de la vente; qu'il s'était rendu coupable de nombreux abus de confiance envers ses clients; qu'il a disparu sans avoir mis son successeur en rapport avec les clients, et qu'enfin, par suite de l'apposition des scellés sur les dossiers de l'étude, le successeur s'est trouvé hors d'état de poursuivre les affaires commencées (Caen, 22 juill. 1837 (1). — V. dans le même sens Paris, 28 janv. 1848, aff. Chenard-Fréville, D. P. 48. 2. 20; Lyon, 2 mai 1850 (et non 1849), aff. Lalande, D. P. 50. 2. 115; Bordeaux, 19 nov. 1850, aff. Tornezy, D. P. 51. 2. 159; Paris, 27 fév. 1852, aff. Legendre, D. P. 52. 2. 207; Nancy, 24 mai 1861, aff. Arragon, D. P. 61. 2. 159).—V. dans le sens de cette jurisprudence, MM. Rolland, v° Office, n°s 259 et suiv.; Bataillard, p. 148.

288. Cette action est recevable, bien que le cessionnaire ait payé quelques à-compte sur le prix, s'il restait nanti d'une somme plus que suffisante pour le couvrir (Nancy, 24 mai 1861, aff. Arragon, D. P. 61. 2. 159),... et alors d'ailleurs que les payements ont été accompagnés de réserves (trib. de Fontainebleau, 6 juill. 1843, aff. Adhémar *C.* N...).

289. L'application de l'art. 1641 c. nap. aux ventes d'office entraîne celle de l'art. 1642, d'après lequel le vendeur n'est pas tenu des vices apparents et dont l'acheteur a pu se convaincre lui-même.—En conséquence, il a été jugé: 1° que le cessionnaire d'un office qui, au moment où il a traité, avait *connaissance* des causes de dépréciation de l'office cédé et notamment des opérations illicites qui, depuis, ont, à raison de faits d'abus de confiance, entraîné la faillite et la condamnation du cédant, ne peut en exciper pour demander la réduction du prix de la cession, encore que la dépréciation éventuelle en considération de laquelle ce prix a été fixé, ait dépassé ses prévisions;... alors d'ailleurs que le gouvernement n'a pas été trompé sur le véritable produit de l'office, et sur la sincérité du prix de la cession (Req. 10 fév. 1863, aff. X..., D. P. 63. 1. 223); — 2° Que l'acquéreur n'est pas fondé à se plaindre de la diminution de valeur de l'office, causée par la déconfiture du vendeur survenue depuis la vente, lorsque cette déconfiture a été amenée non par des opérations clandestines, des spéculations ou des faits de charge, mais par de nombreuses dettes civiles notoirement connues avant la vente, et que, d'après les circonstances, l'acquéreur doit être réputé n'avoir pu ignorer (Bordeaux, 22 déc. 1852) (2).

---

tité de cette indemnité; — Avant faire droit, renvoie les parties par-devant la chambre des commissaires-priseurs, pour, etc. »

En exécution de ce jugement, la chambre des commissaires-priseurs a, le 4 fév. suivant, pris une délibération par laquelle elle a été d'avis, 1° qu'il devait être accordé à Castels une déduction de 4,000 fr. seulement sur les 10,000 fr. qui, dans son traité, étaient applicables à la clientèle, papiers, liasses, etc.; 2° qu'il devait lui être tenu compte de 1,688 fr. pour les sommes provenant de la bourse commune, total, 5,698 fr. La chambre a reconnu que si Castels n'avait pas pris possession des minutes et autres papiers, il devait se l'imputer, Gense la lui ayant offerte; qu'on pouvait raisonnablement soutenir pour Gense qu'il avait rempli ses obligations envers Castels en lui donnant ses soins et en maintenant la clientèle autant qu'il était en lui; que, si Castels se fût mis en mesure de la conserver en prêtant serment aussitôt après sa nomination, au lieu d'attendre plusieurs mois, il eût pu élever de justes plaintes; que si la chambre a pensé qu'il y avait lieu à une réduction c'est parce qu'elle a considéré que Castels avait pu ignorer que les affaires de Gense étaient embarrassées, et en concevoir des craintes pour l'avenir de son état, etc.

Le tribunal, par un nouveau jugement, a homologué cette délibération.

Du 22 mai 1830.-Trib. de la Seine.

(1) *Espèce*: — (Faill. Balleroy *C.* Delavande.) — 31 août 1835, jugement du tribunal de Caen, en ces termes : — « Attendu que Balleroy a vendu à son successeur non-seulement son office, c'est-à-dire le droit de présentation qui lui appartenait, mais encore la clientèle et les pratiques, c'est-à-dire les affaires commencées et devant se terminer dans l'étude par l'achalandage que l'assiduité et le mérite du titulaire avaient pu procurer à son étude; que ces trois objets réunis ne formaient, dans l'intention des parties, qu'un seul tout qui servait à déterminer le prix; qu'il est bien constant que si un titre nu, c'est-à-dire dépourvu de clientèle, a de la valeur, il est constant aussi qu'elle est beaucoup moins considérable que celle d'un office environné d'une nombreuse et riche clientèle; qu'ainsi le vice ignoré qui aurait diminué la clientèle attachée au notariat de Balleroy, aurait réellement diminué la valeur de la chose vendue; — Attendu que les offices et clientèles de notaires sont dans le commerce depuis la loi du 28 avr. 1816, et que, sauf le droit du roi de refuser les présentés, les conventions qui interviennent sur ces sortes d'objets sont réglées par le droit commun, et que les règles relatives à la vente leur sont applicables;

» Attendu qu'il est certain que les scellés ont été apposés pendant longtemps sur les minutes de Balleroy, ainsi que sur ses papiers; que les divers dossiers n'ont pas été remis à Me Delavande à temps pour qu'il pût terminer les affaires commencées; que la majeure partie des clients de l'étude, créanciers de l'ancien titulaire, par suite de l'abus de ses fonctions, a quitté l'étude; qu'ainsi la fuite de Balleroy et le détournement qu'il avait fait des sommes que ses clients lui avaient confiées par suite de ses fonctions et pour régler leurs affaires, ont causé un grave préjudice à son successeur; — Attendu que s'il existait au temps du traité des doutes pour quelques personnes sur la solvabilité de Balleroy, ils n'étaient pas généralement répandus dans le public; que surtout on était loin de croire qu'il se fût rendu coupable des nombreux abus de confiance que sa fuite a révélés; que Me Delavande, étranger à la ville et qui n'y résidait que depuis un petit nombre de semaines, ne pouvait connaître l'état des affaires de Balleroy, ignoré des confrères de ce dernier, quoiqu'ils fussent depuis longtemps en rapport avec lui; qu'il n'a donc pas su les vices cachés de la chose vendue, c'est-à-dire les dettes, les abus de confiance de son prédécesseur, qui, diminuant nécessairement la clientèle, donnaient un moindre prix à la chose vendue; qu'il peut donc exiger une réduction de prix, tant à cause de ce vice caché que pour raison de l'inexécution des conventions de la part de Balleroy; que ces exceptions, opposables au débiteur, le sont aux créanciers qui sont ses ayants cause;

» Attendu que l'acheteur, en cas de vice rédhibitoire, a droit d'exécuter le contrat en exigeant une réduction ou d'en demander la résiliation; que Me Delavande, en poursuivant sa nomination, en prêtant serment et se mettant, autant qu'il était en son pouvoir, en possession des notariat et clientèle de Balleroy, n'a fait rien autre chose qu'user du droit qu'il avait d'opter pour l'exécution du marché; qu'il serait, à la vérité, non recevable actuellement à en demander la résiliation, mais qu'il ne l'est pas à réclamer la diminution de prix. » — Appel.—Arrêt.

La cour; — Adoptant les motifs consignés au jugement dont est appel, et considérant que le développement plus grand donné aux faits articulés devant la cour, n'ébranle pas la fin de non-recevoir admise par le premier juge contre l'admission testimoniale, du moment que, comme il l'a décidé, il n'existe pas de commencement de preuve par écrit qui puisse donner passage à cette preuve; — Confirme.

Du 22 juill. 1837.-C. de Caen, 2e ch.-M. Dupont-Longrais, pr.

(2) (Riqueland *C.* Bruneau et autres.) — La cour; — Attendu que, si la clientèle d'un office ne peut être directement vendue, elle forme néanmoins, à raison des chances probables qu'a l'acquéreur de la conserver, un des éléments et souvent l'élément principal du prix de l'office, puisque le prix est en général calculé sur le produit moyen, et que le produit est lui-même déterminé par la clientèle; — Que, particulièrement, en ce qui concerne les offices de notaires, la confiance des clients se transmet facilement de l'ancien titulaire à son successeur, auquel passe, avec l'étude, le dépôt des actes qui les intéressent, et quelquefois le secret de leurs affaires; — Qu'il suit de là que lorsque, par une cause imputable au précédent titulaire, et qui a été cachée au cessionnaire de l'office, celui-ci voit s'éloigner la clientèle et se trouve frustré d'une partie notable des produits sur lesquels il a dû naturellement compter, il a, d'après la disposition générale de l'art. 1641 c. nap. et celles des art. 1644 et suiv., le choix, ou de faire prononcer la nullité de la cession, ou de demander une réduction proportionnelle du prix; — Que cela est vrai surtout quand l'ancien titulaire a, comme dans l'espèce, promis expressément d'employer son influence pour conserver la clientèle à son successeur;

Attendu, en fait, que l'appelant se fonde pour demander la réduction du prix de l'office de notaire à la résidence de Châteauneuf, qu'il a acquis de Rullier le 17 mars 1849, sur ce que, peu de mois après la cession de l'étude, et lorsqu'il venait à peine d'en prendre possession, Rullier est tombé dans un état complet de déconfiture, qui a éclaté par la demande en séparation de biens de sa femme, et qui a été suivie peu après, le 23 déc. 1849, d'une cession amiable de biens à ses créanciers; — Qu'il attribue à cette cause la diminution de la clientèle et la décroissance marquée des produits de l'étude dans les années 1850 et 1851; — Mais attendu que la déconfiture de Rullier n'a été amenée par aucune de ces opérations clandestines, de ces spéculations hasardeuses ou illicites, qui ont signalé la ruine scandaleuse de quelques notaires et attiré sur eux les sévérités de la justice; qu'elle a pour cause des dettes civiles plus nombreuses que considérables, la plupart déjà anciennes, et auxquelles ne paraît mêlé aucun fait de charge; — Que dans la petite ville où Rullier avait sa résidence, une pareille situation ne pouvait être tenue secrète; que tout démontre qu'elle était connue avant la cession faite à l'appelant et que celui-ci ne l'a pas ignorée; qu'il était principal clerc d'une des études de notaires de Cognac, à une petite distance de Châteauneuf; que dans cette dernière ville habitaient deux de ses proches, son père, ancien huissier, son oncle, le sieur Marion, qui était lui-même un des créanciers de Rullier, et qu'il paraît que c'est

—Toutefois, il a été décidé que de ce que les vices cachés d'un office cédé auraient été connus en partie au moment où le successeur a poursuivi sa nomination en remplacement du vendeur, il résulte bien renonciation à la demande en résiliation de la vente, mais non une renonciation à l'indemnité (Caen, 22 juill. 1837, aff. Balleroy, V. n° 287). — V. nos 203 et suiv.

290. Devant la cour de Paris, un cessionnaire a voulu pousser le principe jusqu'à ses dernières conséquences et, s'appuyant sur l'art. 1641 c. nap., ainsi que sur la maxime *facta redhibitione, omnia in integrum restituuntur*, il a soutenu qu'il n'était pas tenu de remettre entre les mains des tiers auxquels le vendeur avait transporté le prix de l'office, une somme excédant celle à laquelle devait être fixé définitivement le prix. Cette prétention a été rejetée par la cour qui a décidé que la réduction de prix accordée au cessionnaire d'un office pour cause de diminution de la valeur de l'office cédé, survenue par suite de la déconfiture du cédant, ne peut porter aucune atteinte aux droits transportés à des tiers, sur le prix encore dû (Paris, 27 fév. 1852, aff. Legendre, D. P. 52. 2. 207),... alors surtout qu'il y a eu acceptation du cessionnaire de l'office et engagement personnel de sa part à verser entre les mains de ces tiers les sommes qui ont fait l'objet de ces transports (même arrêt).—Du reste, cet arrêt paraît avoir fondé le droit à la réduction sur le préjudice causé, et non sur l'art. 1641 c. nap.

291. Mais il a été jugé que l'action en réduction du prix d'un office pour cause de déconfiture du titulaire, antérieure au traité, est recevable, de la part de l'acquéreur, bien qu'il ait accepté le transport du prix fait à un tiers, s'il s'est borné à reconnaître qu'il le considérait comme valablement signifié, sans prendre aucun engagement personnel vis-à-vis du cessionnaire en ce qui touche la nature ou la quotité de la dette (Nancy, 24 mai 1861, aff. Arragon, D. P. 61. 2. 159). — Jugé aussi que l'acheteur peut opposer aux créanciers du vendeur, la réduction de prix pour vices cachés consentis par celui-ci (Civ. cass. 10 janv. 1859, aff. Levilain, D. P. 59. 1. 34).

292. Aux termes de l'art. 1648, l'action en réduction de prix résultant de vices cachés doit être intentée dans un bref délai (V. Vices rédhibit., nos 163 et s.).—Toutefois il a été décidé que l'action est recevable, malgré le retard que l'acquéreur peut avoir mis à l'exercer, si ce retard peut s'expliquer par des motifs qui n'impliquent pas une renonciation à son droit (Nancy, 24 mai 1861, aff. Arragon, D. P. 61. 2. 159).

293. Un second cas se présente où la réduction du prix peut être ordonnée par les tribunaux; c'est celui où le successeur s'aperçoit après sa nomination, que l'office est d'une valeur bien inférieure au prix porté dans le contrat de cession. La jurisprudence s'est prononcée dans ce sens, mais elle a eu plusieurs phases qu'il est intéressant de faire connaître.—Il a d'abord été décidé, comme au cas de déconfiture du cédant, dont nous venons de parler, que l'art. 1641 c. nap., concernant la garantie due par le vendeur, est applicable aux ventes d'offices, et que le prix peut être réduit, lorsqu'il résulte de documents certains que les produits ont été exagérés ou qu'ils provenaient de perceptions indues. Mais pour que cette jurisprudence fût appliquée, il fallait, on le comprend, qu'il s'agît de *vices cachés*. Si donc le cessionnaire a connu, ou s'il a pu *facilement* connaître, avant sa mise en possession, les causes de dépréciation de l'office, il doit être réputé les avoir pris en considération dans la fixation du prix de la cession, et dès lors, il est non recevable à s'en prévaloir pour réclamer la réduction d'un prix qui, en présence des chances aléatoires, auxquelles il s'est soumis, est regardé comme représentant la véritable valeur de l'office. — Il a été jugé en ce sens : 1° que l'avoué qui, en traitant de son office, a *laissé ignorer* à son successeur que les affaires qui lui étaient transmises par un de ses clients ne lui arrivaient que grevées d'un prélèvement de 10 fr. par chaque affaire, et de plus avec condition d'abandon de la moitié des bénéfices restant, doit subir une réduction dans le prix de vente de son office (Aix, 26 juill. 1838) (1); — 2° Que la cession d'un office de notaire doit être réputée entachée de vice rédhibitoire, lorsque le nombre des actes indiqués comme annuellement reçus a été fictivement grossi au moyen d'un dédoublement, pourvu que cette dissimulation

---

par leur entremise que la cession de l'office fut préparée et mise à fin; — Que, d'un autre côté, si l'on examine les produits de l'étude dans les dernières années de l'exercice Rullier, on voit que, dans les quatre années qui précèdent 1848, ils s'élèvent en moyenne à 7,000 fr. environ; qu'en 1848, ils tombent à 3,600 fr.; que cette diminution de près de moitié tient sans doute, pour partie, aux événements politiques; mais que la position obérée de Rullier n'y était pas étrangère, et, lorsqu'on compare le prix de l'office avec ses produits antérieurs, on reconnaît que cette circonstance a été prise en considération; — Que, dans tous les cas, c'était un avertissement de plus pour l'appelant, et qui concourt à démontrer qu'il n'y a eu rien d'inattendu pour lui dans la situation dont il veut se prévaloir pour obtenir la réduction du prix de l'office; — Par ces motifs, met l'appel au néant.

Du 22 déc. 1852.-C. de Bordeaux, 1re ch.-M. de la Seiglière, 1er pr.

(1) (Long C. Pissin.) — La cour; — Attendu que le prix d'un office ne représente pas uniquement la valeur nue du titre que la vente a pour objet de transmettre, mais il renferme de plus, comme élément important, l'appréciation de la clientèle que le successeur désigné a le légitime espoir de conserver, s'il ne démérite pas de la confiance accordée à son prédécesseur; — Attendu que, s'il en était autrement, toutes les ventes d'offices de même nature, dans une même ville, se feraient au même prix, tandis qu'elles présentent au contraire des différences notables, qui ne sont et ne peuvent être que les différences d'estimation de leurs clientèles; — Attendu que nul doute n'est possible à ce sujet, dans l'espèce actuelle, d'après les termes du contrat, où la somme de 30,000 fr. est stipulée et promise par Pissin, comme prix de l'étude de Long et de la clientèle attachée à cette étude; — Attendu qu'il a été d'ailleurs établi : 1° qu'une partie très-importante de la clientèle de Long se composait des affaires qui lui étaient envoyées par Sermet, principal clerc de Me Dessolliers, avoué à Marseille; 2° que ces affaires lui arrivaient grevées d'un prélèvement de 10 fr. au profit dudit sieur Sermet, et sous la charge bien autrement grave d'un abandon de la moitié des bénéfices restants; 3° que l'existence de cette charge de sa clientèle n'a pas été déclarée par Long à Pissin; 4° que Pissin a cessé de recevoir les affaires dont Sermet avait la disposition, et que cette perte a été la suite de son refus de consentir au sacrifice de la moitié de ses honoraires; — Attendu qu'il suit des faits ci-dessus, que la perte éprouvée par Pissin provient du fait de Long, et que celui-ci lui en doit la réparation, soit à titre de dommages-intérêts, soit par réduction du prix stipulé pour la vente de son office; — Qu'il était, en effet, d'obligation étroite pour Long de déclarer à Pissin la charge qu'il avait rendue inhérente à son office, afin que Pissin la prît en considération dans les calculs d'estimation auxquels il devait se livrer pour arriver à la détermination du prix qu'il offrirait à Long; — Qu'il est bien vrai que la vente d'une clientèle n'emporte avec soi nulle obligation d'en garantir la conservation, et que les chances et éventualités d'une pareille vente sont aux risques et périls de l'acquéreur en tout ce qu'elle renferme d'aléatoire; mais il faut remarquer que la réticence de Long a affecté l'estimation de Pissin dans un élément qui, de sa nature, était fixe et certain, à savoir dans la base que lui fournissait le tarif, contenant la fixation des droits et émoluments des avoués, base qui était et devait rester en dehors des éventualités mises à la charge de l'acquéreur; — Attendu d'ailleurs que la cour ne peut que louer Pissin d'avoir refusé de souscrire au sacrifice d'une partie de ses bénéfices légitimes, en même temps que c'est aussi un besoin et un devoir pour la cour d'imprimer une tache éclatante de flétrissure à tous les traités par lesquels un officier ministériel, ou tout autre, trafique de la confiance d'un client, vend à son profit une désignation qu'il ne doit faire que dans l'intérêt de celui qui la lui a confiée, et parvient ainsi à dépouiller un autre officier ministériel d'une partie des émoluments que la loi a voulu lui assurer comme juste rémunération de son travail et de ses soins, pactes honteux qui n'en mériteraient pas moins l'animadversion de la justice, alors même qu'on voudrait les déguiser sous certaines conditions de prétendue réciprocité; — En ce qui touche la demande reconventionnelle : — Attendu que Pissin, en révoquant la procuration donnée à Long, a fait un acte conservatoire dont le présent arrêt justifie l'utilité; — Que, par le même motif, il a pu instruire les notaires de Marseille de ladite révocation; mais qu'il a excédé les besoins de son intérêt réel dans plusieurs passages de sa circulaire, et notamment en présentant Long comme tombé en état de déconfiture; — Attendu qu'il a porté par là atteinte à la réputation de Long et lui a causé un préjudice dont il est juste que celui-ci obtienne réparation.

Par ces motifs; — Ayant tel égard que de raison à l'appel incident, émendant quant à ce, porte à 8,000 fr. la réduction du prix de l'office de Long acquis par Pissin, et ce avec intérêts tels que de droit; ayant aussi tel égard que de raison à l'appel principal, condamne Pissin à payer à Long 5,000 fr. à titre de dommages-intérêts, au moyen de quoi l'adjudication faite ci-dessus à Pissin contre Long d'une somme de 8,000 fr. se trouve réduite par compensation à celle de 3,000; — Confirme la disposition du jugement relative à l'inscription d'hypothèque prise par Pissin contre Long.

Du 26 juill. 1838.-C. d'Aix, 1re ch.-MM. Pataille, 1er pr.

n'ait pu être facilement découverte par l'examen des répertoires (Bourges, 27 janv. 1843, aff. Duprilot, V. n° 219; Conf. trib. de Fontainebleau, 6 juill. 1843, aff. Adhémar *C.* N...); — 3° Que le prix de vente d'un office de notaire, fixé d'après les produits indiqués au répertoire, a pu être réduit, lorsqu'il est établi que ce répertoire contient des dédoublements d'actes, des mentions de délivrance d'expédition non faites ni requises, de perception d'honoraires non dus, ou dus par des débiteurs insolvables, ou reçus pour des causes étrangères à l'exercice du notariat, des inscriptions d'actes faits dans l'intérêt du titulaire vendeur, sous des prête-noms, etc., si ces dissimulations n'étaient pas connues des cessionnaires au moment de la cession (Civ. rej. 2 août 1847, aff. Gravelle, D. P. 47. 1. 316); — 4° Que l'exagération des produits, d'après lesquels le prix de l'office a été fixé, peut donner lieu à une action en réduction de ce prix, lorsqu'elle est le résultat de manœuvres frauduleuses que le cessionnaire n'a pu connaître qu'après sa mise en possession (Req. 6 déc. 1852, aff. Leroy des Plantes, D. P. 53. 1. 118; implic. Paris, 23 déc. 1852, aff. Beaurain, D. P. 53. 2. 195).

294. D'un autre côté, il a été jugé : 1° que l'exagération des produits d'un office n'est pas une cause de réduction du prix de cession, lorsque le cessionnaire a eu à sa disposition les documents propres à lui faire connaître l'importance de ces produits, et spécialement 1° que l'acquéreur d'un office de notaire est non recevable à demander une diminution de prix, en alléguant qu'il a été trompé sur le nombre des actes, le produit de chacun d'eux et celui de l'étude, si les répertoires et registres lui ont été communiqués pendant un temps suffisant pour qu'il pût s'éclairer (Riom, 19 avr. 1847, aff. Jobier, D. P. 47. 2. 174; Conf. Paris, 1re ch., 1er mars 1844, M. Séguier, 1er pr., aff. Quinton *C.* Adhémar; 14 déc. 1832, aff. Hersant, V. Obligat., n° 136-2°; 23 déc. 1852, aff. Beaurain, D. P. 53. 2. 195); — 2° Que le cessionnaire qui a eu à sa disposition les documents propres à lui faire connaître l'importance véritable des produits de l'étude, objecterait en vain, pour faire admettre son action en réduction de prix, que son cédant l'aurait retenu chez lui sous l'apparence de la politesse, et l'aurait empêché de se mettre en communication avec des personnes qui auraient pu l'éclairer sur la valeur de l'étude (Bordeaux, 20 mai 1848, aff. Guillier, D. P. 48. 2. 191); — 3° Que le cessionnaire d'un office n'est pas fondé à demander une réduction du prix de la cession pour exagération dans l'évaluation des produits, lorsque, avant le traité, il a examiné avec soin les répertoires et les registres pouvant le fixer sur la valeur réelle de l'office, qu'il l'a exploité pendant dix ans sans élever aucune plainte, et qu'enfin cet office n'a été discrédité que par sa conduite coupable (Colmar, 1re ch., 22 août 1860, M. Rieff, 1er pr., aff. Gschwind *C.* Hertzog). — V. aussi dans le même sens M. Dard, p. 253.

295. Une autre conséquence de la jurisprudence fondée sur l'application de l'art. 1641 c. nap., est que l'action en réduction doit être intentée dans un bref délai, conformément à l'art. 1648. L'art. 1304 n'est pas applicable. Ainsi jugé (Bordeaux, 19 nov. 1850, aff. Tornezy, D. P. 51. 2. 159). — Mais dans l'espèce, il n'y avait point eu de dol; dans le cas où le contrat serait vicié par suite de manœuvres frauduleuses, l'art. 1304 nous paraîtrait pouvoir être invoqué (V. Oblig., nos 2927 et s.).

296. Enfin, on a jugé qu'on ne peut opposer à l'action en réduction, une fin de non-recevoir tirée de ce que le prix a été payé par fractions, et pendant un intervalle d'environ quatre années, s'il n'est pas établi que le cessionnaire a connu le vice des états de produits, et s'il a pu, par erreur, attribuer la diminution prétendue de l'office à l'influence des événements politiques (Bourges, 28 janv. 1853, D. P. 53. 2. 1, et sur pourvoi, Req. 13 déc. 1853, aff. Moussoir, D. P. 54. 1. 431).

297. Mais la jurisprudence a fait un grand pas : écartant l'application de l'art. 1641 c. nap., elle décide que la fixation du prix des offices étant d'ordre public, lorsqu'il y a eu exagération dans cette fixation, soit par le fait du vendeur, soit par la collusion des deux parties, la réduction du prix peut toujours et dans tous les cas être demandée. — Cette nouvelle jurisprudence est surtout née de cette pensée, que par l'exagération des produits, on peut arriver à une fixation trop élevée du prix des offices, en se passant de contre-lettres. « Le but de la contre-lettre, a dit M. le premier avocat général Lenormant, dans des conclusions très-remarquables qu'il a données devant la cour d'Orléans (D. P. 53. 2. 194), c'est la surélévation frauduleuse du prix; n'arrive-t-on pas au même résultat par la dissimulation des produits? Leur moyenne est la base d'appréciation acceptée par le gouvernement. Les deux parties n'ont qu'à s'entendre pour enfler le revenu, et si elles sont assez habiles pour tromper la vigilance de l'autorité, elles arriveront ainsi le plus facilement du monde à une surélévation, c'est-à-dire à une contre-lettre indirecte. » — C'est ainsi qu'il a été décidé que la stipulation, dans l'acte de cession d'un office, d'un prix supérieur à la valeur réelle de l'office cédé, au moyen d'une exagération frauduleuse de produits, est frappée, à l'exemple des contre-lettres renfermant un prix supplémentaire, d'une nullité d'ordre public qui donne lieu à la répétition de l'excédant de prix, même de la part du cessionnaire qui a participé à la fraude : — On objecterait vainement que l'action en réduction de prix n'est ouverte au cessionnaire d'un office, comme à tout autre acheteur, que pour vice caché (Req. 19 fév. 1856, aff. Ménard, D. P. 56. 1. 104).

298. Les conséquences de cette nouvelle jurisprudence sont très-graves. La première de toutes est qu'*en droit*, la transmission des offices ne saurait être soumise aux règles ordinaires et générales des contrats. — Il a été jugé, en effet, 1° que les traités de transmission, quoiqu'ils aient été soumis au gouvernement, restent attaquables même pour des causes et dans des cas où la loi générale n'accorde pas d'action; qu'en conséquence, le cessionnaire d'un office a le droit, en cas d'exagération du prix, commise même dans les états de produits soumis au gouvernement, de demander une réduction, sans que le cédant puisse lui opposer, comme fin de non-recevoir, soit la règle d'après laquelle le vendeur n'est pas tenu des vices apparents dont l'acheteur a pu se convaincre lui-même... soit celle qui ne permet d'exciper de la lésion que dans les cas prévus par la loi;... soit une ratification expresse ou tacite (Bourges, 28 janv. 1853, aff. Moussoir, D. P. 53. 2. 1, et sur pourvoi, Req. 13 déc. 1853, D. P. 54. 1. 431; Orléans, 17 août 1853, aff. Maria, D. P. 53. 2. 194); — 2° Que la cession d'un office est un contrat *sui generis* dans lequel l'accord des parties sur les conditions et le prix de la transmission n'a que la valeur d'une proposition soumise à la sanction définitive du gouvernement, partie principale dans un tel contrat; qu'il suit de ce principe, par application duquel toute force est refusée aux contre-lettres, que les tribunaux doivent rigoureusement proscrire tout artifice, qu'il vienne du vendeur seul ou des deux parties, tendant à tromper l'autorité supérieure soit sur le nombre des actes, soit sur l'importance de leurs produits; qu'en conséquence, les tribunaux peuvent, sur la demande de l'acquéreur (qu'il ait eu ou non connaissance de la fraude), réduire le prix de cession, lorsque par l'indication frauduleusement énoncée dans l'état de produits, du chiffre total du nombre des actes pour les cinq dernières années, et en outre par la multiplication des numéros, multiplication résultant, par exemple, de la tenue du répertoire sur lequel le notaire pour une seule adjudication ou vente de coupe de bois, porte autant de numéros qu'il y a de parcelles ou de lots, le gouvernement a été induit en erreur sur le nombre des actes, et nécessairement, par suite, sur l'importance des produits (Orléans, 31 mars 1855, aff. Jarry, D. P. 55. 2. 225).

299. Une autre conséquence de cette jurisprudence, c'est que, conformément à ce qui a été décidé en matière de contre-lettres, la *transaction* qui a pour objet une réduction du prix de cession d'un office est nulle, les parties ne pouvant valablement transiger que sur les objets dont elles ont la libre disposition (Req. 6 déc. 1852, aff. Leroy des Plantes, D. P. 53. 1. 118). — C'est le résultat du principe qui place d'une manière absolue, la fixation du prix au-dessus de la volonté des contractants. Si le gouvernement a été trompé dans cette fixation, l'ordre public veut que les tribunaux ramènent ce prix à sa véritable valeur, et que le cessionnaire ait toujours le droit de s'adresser à eux, nonobstant tout acte de renonciation par lui consenti.

300. Toutefois, il a été décidé que la nullité qui atteint les transactions sur l'exécution des traités secrets ayant pour objet de dissimuler au gouvernement le prix de cession d'un office, ne s'étend pas à la transaction sur une action en réduction du prix d'une telle cession, motivée sur le dol et la fraude à l'aide desquels le cédant aurait exagéré les produits de l'office (Paris, 7 mars 1857, aff. Denis, D. P. 57. 2. 100).

301. Notons toutefois que la cour de cassation semble ne prohiber que la renonciation au droit de poursuivre la réduction du prix de l'office. Le cessionnaire qui par suite de cette action aurait fait réduire son prix, pourrait renoncer au bénéfice du jugement. De ce jugement résulte pour lui une simple créance, qu'il est libre d'exercer ou de ne pas exercer (V. dans ce sens, Req. 10 juill. 1849, aff. Jamet, D. P. 49. 1. 327). — Mais il a été jugé que le désistement d'une action en réduction du prix porté au traité ostensible de cession d'un office, et la renonciation à former désormais aucune demande de cette nature, sont nuls comme portant sur une matière qui touche à l'ordre public, et ne font pas obstacle à ce que les tribunaux soient saisis d'une nouvelle action en réduction, alors surtout que ce désistement et cette renonciation tendraient à soustraire à l'examen de la justice un contrat entaché d'une fraude à l'aide de laquelle on a réussi à tromper l'autorité supérieure (Orléans, 31 mars 1855, aff. Jarry, D. P. 55. 2. 225).

302. De ce que, suivant cette nouvelle jurisprudence, l'action en réduction de prix touche à l'intérêt public, il résulte qu'elle ne peut plus être soumise ni au délai des actions rédhibitoires ni au délai de l'art. 1304 c. nap. (V. n° 267). — Il a été décidé, en effet, 1° que l'action en diminution du prix d'un office n'est soumise qu'à la prescription ordinaire et non à celle établie par les art. 1622, 1648 et 1676 c. nap. (Bourges, 28 janv. 1853, aff. Moussoir, D. P. 53. 2. 1); — 2° Que l'action en réduction du prix d'un office pour exagération des produits se prescrit par trente ans : ici ne s'applique pas l'art. 1304 c. nap. : « La cour, quand au deuxième moyen de réduction invoqué par Gschwind et se fondant sur ce que les produits réels de l'office n'auraient pas été en proportion avec le prix de la charge, considérant que Hertzog oppose en vain à ce moyen une fin de non-recevoir qu'il voudrait faire résulter de l'application de l'art. 1304 ; que la cession d'un office n'est pas un contrat civil ordinaire, dans lequel les parties libres de leurs droits puissent régler leurs intérêts ainsi qu'elles le jugent convenable; que l'officier public cédant sa charge et le candidat qui l'acquiert ne sont pas seuls parties au contrat; que l'autorité publique y intervient également; que c'est elle seule même qui peut consacrer le contrat par l'acceptation du candidat présenté, par l'agrément donné aux conditions de la cession, et enfin par la nomination du candidat acquéreur à la place de l'officier public cédant; que, dans une pareille position, il ne peut pas être douteux que toute fraude ou toute dissimulation commise dans les actes soumis à la chancellerie n'entache le contrat d'un vice qui tient à l'ordre public, et qui, dès lors, ne peut être couvert par aucune présomption ou autre moyen de procédure; que c'est donc avec raison que les premiers juges ont repoussé cette exception » (Colmar, 1re ch., 22 août 1860, M. Rieff, 1er pr., aff. Gschwind C. Hertzog).

303. Faisons une première remarque sur cette jurisprudence. Tandis qu'il se manifeste une tendance à ce que les offices, objet de transactions si nombreuses depuis 1816, soient assimilés en tout aux autres biens, les tribunaux, au contraire, restreignent constamment les limites du droit de présentation. Cet antagonisme entre ce que nous appellerons l'assentiment public et les décisions judiciaires, tend à troubler les intérêts les plus respectables et doit faire désirer qu'enfin une règle intervienne. En effet, il n'est pas difficile de voir combien cette nouvelle jurisprudence fera naître de contestations. Quand il s'agit de lésion dans les contrats ordinaires, la loi, pour ne point donner lieu à des procès, pour ne pas laisser des germes d'inquiétude dans les familles, a admis les courtes prescriptions, a accueilli la fin de non-recevoir résultant de la ratification. Mais quand il s'agit de la transmission d'offices, c'est-à-dire du genre de biens dont le prix est le plus difficile à fixer, qui se détériore et s'altère le plus facilement en changeant de mains; d'une part, il n'y a pas de ratification possible du contrat, et, d'autre part, pendant trente années (sans compter les interruptions de droit) la fortune d'un titulaire d'office qui a vendu reste douteuse entre ses mains ou celles de ses enfants. Voilà bien des ouvertures à procès, et comme il faut appliquer nécessairement ici la jurisprudence relative aux contre-lettres, aucune transaction ne pourra intervenir.

D'ailleurs, le principe que la cession d'un office n'est pas soumise à toutes les règles des autres contrats mène-t-il à conclure que cette cession est un contrat *sui generis?* Dans l'ancien, comme dans le nouveau droit, la cession d'un office a toujours été considérée comme une vente faite sous une condition suspensive. Si la condition ne s'accomplit pas, c'est-à-dire si le gouvernement ne veut pas nommer le successeur désigné, il n'y a plus de contrat. Cette théorie si simple de la cession d'office garantit tous les droits. Elle maintient au gouvernement la prérogative si utile de ne nommer que s'il lui convient et après examen. Certainement le contrat de cession d'office n'est pas susceptible de toutes les règles applicables à la vente, et nous en avons eu des exemples; c'est un contrat *anormal*, mais on ne peut pas dire qu'il soit *sui generis*. Il est de principe en droit que dès qu'il est possible de faire rentrer l'exception dans la règle, il le faut faire. L'exception ne doit être maintenue que quand la force des choses le demande, quand l'équité l'exige. Y avait-il donc besoin de sortir du droit commun dans le cas qui nous occupe? non certes. Les produits de l'office vendu ont été exagérés; si l'acquéreur n'a pu se convaincre lui-même de cette exagération qui vicie le contrat, il peut demander la réduction du prix; s'il a connu l'état des produits, s'il a pu se convaincre de l'exagération du prix, il n'est pas juste qu'il puisse revenir sur le contrat. — En matière de transmission d'office, il y a d'ailleurs quelque chose d'aléatoire : le cessionnaire a accepté la situation qui lui a été faite, il doit la subir. Mais, dit-on, l'intérêt public est engagé à ce que le prix des offices ne soit pas élevé trop haut. Cela est vrai, mais il ne faut pas sortir de la réalité des faits. Le gouvernement a de tels moyens de constater la sincérité de l'état des produits que ce n'est qu'exceptionnellement et dans des proportions très-restreintes qu'il peut se tromper dans la fixation du prix. Dans la pratique, le gouvernement n'accepte pas l'état des produits, par cela seul qu'il n'est pas critiqué par l'acquéreur; les parquets interviennent et se font donner toutes les justifications. S'il y a eu collusion, si le ministre de la justice a été trompé, reste l'action disciplinaire qui peut aller jusqu'à la destitution. Il existe donc, sans sortir du droit commun, un moyen légal de remédier à un abus, qu'il est d'ailleurs facile d'éviter.

304. Il est à remarquer toutefois que les déclarations mensongères qui seraient faites au gouvernement par le cédant, de concert avec le cessionnaire, ne sont assimilées à un traité secret, et, à ce titre, n'ouvrent une action même au cessionnaire qui y a participé, qu'autant qu'elles ont eu pour but et pour résultat une augmentation illicite du prix de l'office. Des déclarations frauduleuses, consignées dans les pièces produites à la chancellerie, ne pourraient pas motiver une demande en réduction de prix, s'il était établi que, malgré ces déclarations, le prix fixé ne dépassait pas, en réalité, la valeur de l'office (V. Req. 10 mars 1857, aff. Morel, D. P. 57. 1. 214).

305. Il faut aussi bien examiner quelle est la nature des produits portés aux états fournis pour savoir si la réduction peut être prononcée. Ainsi dans les états de produits destinés à servir de base à la détermination du prix d'un office, le cédant a pu légitimement faire figurer des produits et bénéfices plus ou moins licites, mais accrédités par l'erreur commune et qu'il a toujours perçus ostensiblement; par suite, dans le cas où postérieurement au traité, une loi ou tout autre obstacle mettrait le cessionnaire dans l'impossibilité de continuer à les percevoir, il n'y aurait pas lieu, en faveur de celui-ci, à une diminution de prix (Bourges, 28 janv. 1853, aff. Moussoir, D. P. 53. 2. 1).—Décidé pareillement que la circonstance que le cédant aurait porté au livre des recettes la valeur intégrale d'honoraires sur lesquels il avait accordé des remises ne suffit pas pour justifier une demande en réduction de prix : « Attendu qu'il n'est pas de notaire qui, dans quelques circonstances presque toujours fort rares, ne fasse la remise d'une partie de ses honoraires ; mais qu'il suffit qu'il ait pu le recevoir d'après le tarif pour qu'il ait pu les faire figurer sans fraude dans le chiffre de ses honoraires » (Bordeaux, 20 mai 1848, aff. Guillier, D. P. 48. 2. 191).

306. Il a été jugé aussi que la réduction du prix d'un office de notaire, demandée sous prétexte que les honoraires qui ont servi de base à la fixation de ce prix étaient exagérés, a pu être refusée lorsqu'il a été constaté par les juges que les augmentations d'honoraires articulées sont insignifiantes, et qu'alors même que le cessionnaire les aurait connues, il n'aurait pas donné un prix moindre que celui porté au traité (Rej. 31 janv. 1833, aff. Lemaire, D. P. 53. 1. 217).

307. Il est au reste important de remarquer que les titulaires ne pourraient se protéger contre l'action en réduction en insérant la clause que la cession est faite aux *risques et périls de l'acheteur*. Cette clause est contraire à la loi et doit être réputée non écrite (Lyon, 30 mars 1849, aff. Demoustier, D. P. 49. 2. 131). — L'administration d'ailleurs rejette les traités où cette clause est insérée. — V. n° 143.

308. Toute diminution survenue dans les produits d'un office après le traité n'est pas une cause de réduction.—Ainsi il a été jugé que le cessionnaire d'un office n'a droit à aucune indemnité pour la diminution survenue dans les produits de cet office, dans l'intervalle du traité à la nomination, lorsque cette diminution lui est imputable, en ce que, malgré l'impossibilité où se trouvait le titulaire, à raison de son état de santé, de conserver la clientèle de l'office cédé, ce cessionnaire a longtemps négligé de poursuivre sa nomination obtenue seulement après la perte de la plus grande partie de cette clientèle (Rouen, 7 juill. 1846, aff. Hesme, D. P. 46. 2. 203; V. aussi trib. de la Seine, 22 mai 1850, aff. Castels, n° 287-1°).

309. Il a été jugé aussi que la cession d'un office et de la clientèle qui y est attachée, ne soumet pas le cédant à la garantie de la continuation de cette clientèle; qu'en conséquence, le cédant de l'office ne peut être tenu à des dommages-intérêts envers le cessionnaire à raison d'une diminution de clientèle occasionnée, depuis la cession, par des circonstances indépendantes de sa volonté (Paris, 20 janv. 1855, aff. Pelvey, D. P. 55. 2. 204); — ...Mais il en serait autrement si la diminution de clientèle provenait du fait du cédant (motif du même arrêt). — V. n° 164.

310. Quand les tribunaux pensent qu'ils doivent prononcer une réduction, c'est-à-dire, en d'autres termes, fixer de nouveau le prix de l'office, dans cette appréciation, dont ils sont souverainement maîtres, quelles bases doivent-ils choisir? — Il paraît équitable, et c'est aussi ce qui a été jugé, qu'ils suivent les règles établies par l'administration, et que lorsqu'il s'agit de l'office d'un greffier, par exemple, ils fixent le nouveau prix que devra payer le cessionnaire à un chiffre représentant dix fois la moyenne du véritable rapport annuel de l'office au moment de la cession, d'après la base d'évaluation admise par la chancellerie (Bourges, 28 janv. 1853, aff. Moussoir, D. P. 53. 2. 1).

311. Dans le *prix* porté au contrat ostensible et sur lequel la réduction doit porter, on doit comprendre les sommes remises par le cessionnaire de l'office à son cédant à titre de pot-de-vin ou d'épingles pour sa femme, ces sommes formant des parties constitutives de prix (Paris, 24 janv. 1863, aff. Calmeau, D. P. 63. 2. 100).

312. L'action en réduction, fondée soit sur ce que la valeur de l'office a été dépréciée par la faillite du titulaire, soit sur ce que les produits de l'office ont été exagérés, ne peut plus être admise, lorsqu'après la *destitution* de ce titulaire une indemnité représentative du prix de l'étude a été fixée par le gouvernement, et que le successeur a été nommé après avoir pris l'engagement de payer l'indemnité. Il est évident, en effet, que le successeur savait dans quelles circonstances il traitait. L'indemnité est déterminée d'ailleurs en présence des faits de dépréciation, et est fixée en conséquence. Lors même que le gouvernement se serait trompé dans son appréciation, quant à l'indemnité, les tribunaux ne pourraient pas la réduire; c'est là un acte administratif qui leur échappe. — Il a été jugé en ce sens que le décret portant nomination du successeur d'un officier ministériel destitué, à la charge, par le nouveau titulaire, de payer une certaine indemnité à qui de droit, ne constitue, ni une vente ni un contrat, mais un acte de haute administration, placé en dehors du domaine de l'autorité judiciaire, en vertu du principe de la séparation des pouvoirs; qu'en conséquence, le nouveau titulaire ne peut pas demander, devant les tribunaux, la réduction pour vices cachés, de l'indemnité fixée par ce décret; qu'en tout cas, un tel décret ne présentant point les caractères d'un contrat, échappe, par sa nature même, à toute action fondée soit sur un vice caché, dans le sens de l'art. 1641, soit sur une erreur affectant la substance de la chose, dans le sens de l'art. 1110 même code (Toulouse, 14 déc. (et non sept.) 1853, D. P. 54. 2. 62, et sur pourvoi, Req. 5 fév. 1855, aff. Carla, D. P. 55. 1. 17. V. *cod.* le rapport remarquable de M. le conseiller Bayle-Mouillard). — Il ne faut pas se dissimuler qu'il y a ici cependant une difficulté qu'il serait bien désirable de voir trancher par la législation. Nous venons de voir que l'autorité judiciaire ne pouvait connaître de la demande en réduction de l'indemnité fixée par le gouvernement lors du remplacement d'un officier public destitué. Il peut se faire cependant que, trompé par des évaluations inexactes, le gouvernement ait fixé l'indemnité à un chiffre trop élevé. Devant qui alors porter la réclamation? On a vu, n° 128, que le décret qui a fixé l'indemnité n'est pas susceptible d'être attaqué devant le conseil d'Etat par la voie contentieuse. Reste alors le recours au gouvernement par la voie gracieuse. Mais comme l'indemnité est accordée aux créanciers, le gouvernement ne pourrait évidemment pas diminuer par mesure administrative l'indemnité qui est devenue leur gage. Il n'existe donc pour le nouveau titulaire aucun moyen d'obtenir la réparation du préjudice qu'il éprouve.

313. La question s'est de nouveau présentée dans un cas qui offrait une difficulté très-sérieuse. Un officier public avait traité; postérieurement il est révoqué; on le remplace d'office par le successeur même qu'il avait désigné, mais aux prix et conditions exprimés dans le traité de cession. — Le nouveau titulaire a demandé une réduction de prix. Pouvait-il l'obtenir contre le vendeur? — Il a été jugé, dans le sens de l'affirmative, que, lorsque l'ordonnance de révocation d'un officier ministériel nomme le successeur qu'il a présenté, aux prix et conditions exprimés dans son traité de cession, cet officier ministériel demeure garant de l'office vendu; que, par suite, le prix de cet office a pu être réduit par les tribunaux, s'il est établi que la valeur des produits et des recouvrements a été exagérée au traité (Paris, 24 fév. 1845, D. P. 45. 2. 71, et, sur pourvoi, Req. 2 avr. 1849, aff. Poisson, D. P. 49. 1. 192). — Il est douteux que la solution eût été la même si l'indemnité avait été fixée par le décret de nomination, sans qu'elle se fût référée à un traité antérieur. Comment aurait-on pu rendre le titulaire révoqué garant d'un prix qu'il n'aurait ni débattu ni fixé?

314. La clause compromissoire par laquelle les parties dans un traité de cession d'un office se sont obligées à faire décider toutes leurs contestations par la chambre de discipline de leur compagnie, ne peut point empêcher le cessionnaire de porter son action en réduction du prix devant les tribunaux, cette clause est radicalement nulle comme contraire à l'ordre public (Cass., 30 juill. 1850, aff. Laurens-Rabier, D. P. 50. 1. 217). — V. n° 192.

315. Les manœuvres frauduleuses tendant à exagérer les produits d'un office ont été considérées comme constituant le délit d'escroquerie (Crim. rej. 13 août 1842, aff. Gérard, D. P. 47. 4. 235). — V. Vol, n° 797-6°.

Art. 8. — *Des priviléges sur le prix des offices.*

316. Les offices étant meubles par leur nature ne sont pas susceptibles d'hypothèques (V. à ce sujet v^is Action possess., n° 507; Biens, n° 212; Bourse de comm., n° 198; Privil. et hyp., n°s 32, 757 et les observations de M. Dard, p. 423 et s.). Mais le vendeur d'un office a un privilége pour le payement du prix, par application de l'art. 2102, § 4 c. nap., qui considère comme créance privilégiée *le prix d'effets mobiliers non payés, s'ils sont encore en la possession du débiteur.* — La jurisprudence est fixée depuis longtemps sur ce point que l'expression *effets mobiliers*, employée dans cette disposition de la loi, doit s'entendre non-seulement des meubles corporels, mais encore de meubles incorporels (V. Privilége et hypoth., n°s 337 et suiv.; *contrà* M. Mourlon, Examen critique du commentaire de M. Troplong sur les Privil. et hyp., n° 123). Cette jurisprudence a été appliquée aux offices qui sont en effet des meubles incorporels. — On a objecté contre cette doctrine que l'art. 2102 c. nap., sur lequel elle s'appuie, exige, pour qu'il y ait lieu à l'exercice du privilége du vendeur d'effets mobiliers non payés, que *ces effets soient encore en la possession du débiteur*, et que l'office vendu ne peut plus être considéré comme en la possession du débiteur, lorsque la nomination du successeur a été faite et qu'il a prêté serment. Cette interprétation a été adoptée par des arrêts qui ont décidé que le privilége du vendeur d'un office ne peut s'exercer sur le prix de la revente faite par le cessionnaire (Nancy, 2 mars 1850, aff. Simon Matthieu, D. P. 50. 2. 122), ... alors d'ailleurs que le vendeur qui prétend au privilége n'a fait aucun acte conservatoire dans les mains de son débiteur, ni dans celles de ses héritiers, avant que ceux-ci eussent opéré la revente de l'office (Rouen, 16 avr. 1830) (1). — L'objection est très-sérieuse; elle serait sans réplique si l'office pouvait être saisi entre les mains de l'officier public. Mais nous avons vu qu'il n'en était point ainsi : l'office ne peut avoir de prix sur lequel le privilége s'exerce que quand le titulaire a été remplacé, et comme le précédent titulaire ne pouvait agir avant la cession faite par son successeur, on ne peut lui reprocher de n'avoir point fait ce qui était nécessaire pour conserver le privilége. — « Ce n'est, a fort bien dit M. de Saudbreuil, avocat général, qui portait la parole devant la cour de Nancy, dans l'aff. Simon Matthieu, que par suite d'une revente volontaire que le privilége devient réellement efficace. L'art. 2102 y met-il obstacle? Non, car dans tous les cas possibles, le privilége ne s'exerce qu'à la condition d'une revente, et quand la loi a dit que la chose devait être dans les mains du débiteur, elle n'a voulu qu'appliquer la règle : « *Les meubles n'ont pas de suite par hypothèque* » et faire en sorte que le tiers acquéreur ne fût pas inquiété dans sa possession. Mais l'exercice du privilége sur le prix de revente n'est pas de nature à troubler le tiers acquéreur et l'on peut dire avec certitude qu'ici, dans la pensée de la loi, le prix remplace la chose elle-même. — Du reste, l'arrêt de Nancy a été cassé le 13 juin 1853, V. n° 318-2°.

317. Un arrêt allant dans ses motifs plus loin encore que la cour de Nancy, a décidé que le droit conféré aux officiers ministériels, par l'art. 91 de la loi du 28 avr. 1816, de présenter leur successeur, ne peut être assimilé à un droit de propriété sur l'office, ni l'exercice du droit de présentation à une vente susceptible d'engendrer au profit du vendeur non payé, le privilége de l'art. 2102, § 4, sur le prix de l'office (Rouen, ch. réun., 29 déc. 1847, aff. Lebon, D. P. 48. 2. 1).

318. Sauf ces dissidences peu nombreuses, comme on voit, la jurisprudence se prononce généralement en faveur du privilége. — Ainsi il a été décidé 1° que l'art. 2102, n° 4, qui crée un privilége, en faveur du vendeur d'effets mobiliers non payé, s'applique aux meubles incorporels tels que les offices (Orléans, 12 mai 1829, aff. créanc. A..., V. Privil. et hypoth., n° 338-3°; Lyon, 9 fév. 1830, aff. Crouzat, *cod.*, n° 338-4°; Req. 16 fév. 1831, aff. Bénardeau, *eod.*; Paris, 11 déc. 1834, aff. Picou, V. *infrà*, n° 327; 12 mai 1835, aff. Michau, V. Privil. et hyp., n° 346-3°; 8 juin 1836, aff. Rivière, V. Distrib. par contr., n° 29; Orléans, 31 janv. 1846, aff. Baugé, D. P. 47. 2. 101; Toulouse, 12 juill. 1851, aff. Gros-Cassan, D. P. 52. 2. 33);— 2° Qu'en vain on objecte que l'art. 2102 n'accorde le privilége que si les effets vendus sont encore en la possession du débiteur; qu'il n'y a de prix sur lequel le privilége puisse s'exercer qu'après l'investiture, c'est-à-dire à un moment où la charge n'est plus entre les mains du débiteur, mais est représentée par le prix lui-même, tant qu'il n'est pas sorti des mains de l'officier ministériel nouvellement investi (Colmar, 12 mars 1838, aff. Martha, V. Privil. et hypoth., n° 346-2°), et implicitement sur le pourvoi formé contre cet arrêt, Cass. 23 janv. 1843, aff. Eichinger, V. Priv. et hyp., n° 340; Paris, 23 mai 1838, aff. Leroux, V. n° 324; Caen, 24 juin 1839, aff. Beaumont, V. Privil. et hyp., n° 346-2°; Toulouse, 22 fév. 1840, aff. Lacombe, V. n° 214; Paris, 1er déc. 1840, aff. Marc Deffaux, V. n° 348-2°; Bourges, 1er mars 1844, aff. Lochon, D. P. 47. 2. 180; Amiens, 27 août 1844, aff. L..., D. P. 45. 4. 371; trib. de Lyon, 26 janv. 1848, aff. Couvert, D. P. 48. 3. 16; Cass. 13 juin 1853, aff. Simon et aff. Bastien, D. P. 53. 1. 183, et sur renvoi, Metz, 26 janv. 1854, D. P. 54. 2. 259; Req. 20 janv. 1857, aff. Leduc, D. P. 57. 1. 309; Rouen, 22 janv. 1858, et sur pourvoi, Req. 24 janv. 1859, aff. Caumont, D. P. 59. 1. 262; Cass. 20 juin 1860, aff. Brun, D. P. 60. 1. 262). — V. dans le même sens, MM. Dard, p. 431 et suiv.; Morin, Discipline, n° 483; Pont, Revue crit., t. 1, p. 17, Tr. des priv. et hyp., n° 147; Massé et Vergé sur Zachariæ, t. 5, § 791, note 27; Eug. Durand, n°s 242 et suiv., et les auteurs cités, v° Privil. et hypoth., n° 337; V. aussi nos observations, D. P. 60. 1. 262, 377.

319. De ce que l'art. 2102, n° 4, c. nap., n'accorde le privilége qu'autant que les effets mobiliers sur lesquels il s'exerce sont encore en la possession du débiteur, il en résulte que si le prix de la revente, qui, d'après la jurisprudence précitée, représente la charge vendue, ne se trouve plus en la possession du débiteur, le privilége est éteint; c'est ce qui a lieu, par exemple, lorsque le second vendeur a transporté la créance à un tiers, avec l'accomplissement des formalités qui rendent le transport opposable à tous.— C'est ainsi qu'il a été jugé que le privilége du vendeur non payé d'un office, sur le prix de revente de cet office, cesse d'exister, lorsque le cessionnaire, auteur de la revente, a transporté ce prix à un tiers de bonne foi (trib. de la Seine, 6 juill. 1844, aff. Miger, D. P. 45. 4. 373; Toulouse, 12 juill. 1851, aff. Gros-Cassan, D. P. 52. 2. 33; Cass. 20 juin 1860, aff. Brun, D. P. 60. 1. 262; Rej. 18 juill. 1860, aff. Chavaudon, D. P. 60. 1. 310). — Peu importe que la cession ait été précédée de saisies-arrêts de la part de créanciers du premier acquéreur, si la cession ne porte que sur la somme excédant les causes de ces saisies (Lyon, 11 juill. 1857, rap. avec Civ. cass. 1er mars 1859, aff. Clerc, D. P. 59. 1. 122).

320. Et il en est ainsi alors même que le transport aurait eu lieu avant la prestation de serment (V. n° 280). — Ainsi, il a été décidé que le privilége dont le prix de revente d'un office se trouve grevé au profit du vendeur primitif non payé, est éteint, dans le cas où ce prix a été l'objet d'un transport régulièrement signifié au nouveau titulaire avant toute opposition, alors même qu'au moment du transport ce nouveau titulaire n'aurait pas encore prêté serment, le prix de l'office n'en ayant pas moins été valablement transporté, sous la condition rétroactive de la prestation de serment (Civ. cass. 21 juin 1864, aff. Ligier, D. P. 64. 1. 385).

321. Toutefois, si, avant la signification du transport, le premier vendeur a formé opposition à la transmission du titre, le privilége continue de subsister à l'encontre du tiers auquel le

(1) *Espèce :* — (Alexandre C. Delhomme.) — En **1824**, Alexandre cède à Alleaume son office d'huissier moyennant **12**,000 fr. — Celui-ci décède en **1829**, et sa veuve revend l'office à Bénard au prix de **13**,000 fr. — Après la prestation de serment de Bénard, Alexandre, auquel une somme de 6,400 fr. était encore due, forme saisie-arrêt entre les mains du nouveau titulaire et réclame l'exercice de son privilége. — Delhomme, créancier de la succession d'Alleaume, intervient et conteste l'existence de ce privilége. — **12** janv. **1830**, jugement du tribunal d'Evreux, en ces termes : — « Attendu qu'il est constant, en fait, que la charge d'huissier cédée par Alexandre à Alleaume est maintenant dans les mains de Bénard, second cessionnaire; que, dès lors, Alexandre n'a point de privilége sur le prix de cet office; — Sans s'arrêter à la question de savoir si les charges sont ou non vénales, déclare la saisie-arrêt faite par Alexandre bonne et valable, et, statuant sur l'intervention, reçoit Delhomme partie intervenante; dit à tort la demande d'Alexandre d'être payé en privilége, ordonne qu'il sera payé au marc le franc, concurremment avec les autres créanciers. » — Appel. — Arrêt.

La cour; — Considérant que tout privilége est un droit exorbitant qui doit être restreint, loin d'être étendu; — Considérant que le sieur Bénard, titulaire actuel de l'office d'huissier que le sieur Alexandre avait antérieurement possédé, n'est point le cessionnaire de celui-ci, qui en avait disposé en faveur d'un sieur Alleaume, décédé; — Que le sieur Alexandre n'a aucun titre de créance à faire valoir sur le sieur Bénard, et qu'il n'a fait aucun acte conservatoire dans les mains du sieur Alleaume, son débiteur, ni dans celles de ses héritiers, avant qu'ils eussent fait la cession de l'office d'huissier dont il s'agit au sieur Bénard; — Que, dès lors, ledit Alexandre ne se trouve pas dans l'exception prévue par le § 4 de l'art. 2102 c. civ., et ne peut réclamer en sa faveur le bénéfice de cet article; — Adoptant, au surplus, les motifs des premiers juges; — Confirme.

Du 16 avr. 1830.-C. de Rouen, 5e ch.-M. Carel, pr.

second vendeur a cédé le prix de la revente (Paris, 12 mai 1835, aff. Michau, V. Privil. et hyp., n° 346-3°).

322. Le privilége cesse encore d'exister si la créance qui en est grevée a été payée au rétrocédant et se trouve elle-même éteinte par l'effet de ce payement, à moins cependant que le payement n'eût eu lieu au préjudice d'oppositions régulières. — Il a été jugé, en effet, que le privilége du vendeur d'office continue à subsister, quoique le prix qu'il grève ait été payé par le second cessionnaire à son vendeur, si le payement en a été fait malgré les oppositions formées entre les mains de ce second cessionnaire, pour la conservation des droits du vendeur primitif (Req. 20 janv. 1857, aff. Leduc, D. P. 57. 1. 309).

323. La jurisprudence est donc constante : le privilége du vendeur originaire de l'office frappe le prix entre les mains du successeur du titulaire débiteur. Mais ce privilége frappe-t-il également le prix des *reventes successives?* — On fait remarquer qu'en se prononçant pour la négative, on rend souvent illusoire le privilége du vendeur. D'abord, le vendeur originaire ne peut exiger que son successeur stipule que la charge soit payée comptant, seul cas où il peut exercer le privilége. Il ne peut d'ailleurs ni empêcher ni même connaître les reventes successives, et ne peut dès lors réserver ses droits. — On répond par le texte même de l'art. 2102, n° 4, qui n'accorde le privilége que dans le cas où l'objet mobilier réclamé est dans les mains du débiteur. Il est vrai, ajoute-t-on, que pour arriver à l'application de cet article, il a fallu, par suite de la nature même de l'office qui est insaisissable, assimiler le prix à la chose, mais on ne peut considérer le prix, qui est la représentation de l'office, comme resté en possession de l'acquéreur, lorsqu'il y a eu plusieurs reventes successives. — A cela on objecte que dans l'intérêt du vendeur on a véritablement créé un privilége en dehors des dispositions de l'art. 2102 c. nap., et que l'équité veut que, puisqu'on a accordé ce privilége extraordinaire, on l'étende même aux cas de reventes successives et qu'on n'en marque pas arbitrairement les limites. — Mais d'abord est-il bien certain que ce privilége soit en dehors de la loi? Nous venons de voir que le contraire a été décidé par la jurisprudence et les auteurs. En outre, une première violation de la loi devrait-elle nécessairement en emporter une autre, et peut-on dire que c'est imposer des limites arbitraires à un privilége que de lui donner celles fixées par l'art. 2102 lui-même? Certainement les considérations qu'on fait valoir dans l'intérêt du vendeur sont pleines de force; mais, dans la pratique, il faut reconnaître que son intervention auprès des chambres de discipline et de l'administration protége son privilége. Il n'en est pas moins vrai que cette question prouverait encore, s'il en était besoin, la nécessité d'une loi qui complète et explique celle de 1816.

324. La cour de Caen a reconnu le privilége en cas de reventes successives (Caen, 24 juin 1839, aff. Beaumont, V. Priv. et hyp., n° 346-2°; Conf. trib. de Cosne, 27 avr. 1847) (1), et a décidé que le vendeur primitif est admis à combattre par la preuve testimoniale les actes de libération produits par les acquéreurs successifs et qu'il argue de fraude (même arrêt de Caen). — La cour de Paris a décidé dans le même sens 1° que le vendeur d'un office conserve le privilége résultant de l'art. 2102 c. nap. sur le prix des reventes successives qui s'en opèrent sans son consentement exprès, lorsque la condition de ce consentement a été par lui imposée à son successeur, et qu'à chaque mutation il a fait des actes conservatoires pour assurer, autant qu'il était en son pouvoir, l'exécution de cette condition et le payement du prix (Paris, 23 mai 1838) (2); — 2° Que le vendeur non payé d'un office conserve son privilége sur le prix de la revente de cet of-

---

(1) (Luzy C. Leguay.) — LE TRIBUNAL; — Attendu qu'il est aujourd'hui consacré par la jurisprudence que le prix de l'office encore dû au vendeur est considéré comme l'office lui-même; — Qu'à la vérité, Leguay est cessionnaire de Bourgeot (premier acquéreur de l'office), et prétend à ce titre avoir seul privilége, à l'exclusion de Luzy (vendeur), sur le prix dû par Pierrot (second acquéreur); mais que Leguay ne saurait avoir plus de droits que son cédant, et que si Bourgeot veut prétendre au prix dû par Pierrot, il ne pourrait le faire qu'après avoir désintéressé Luzy; — Qu'en présence des priviléges de deux ou plusieurs vendeurs successifs, les droits des premiers vendeurs ont nécessairement la préférence sur ceux des vendeurs ultérieurs, en sorte que Leguay, aux droits de Bourgeot, ne pourrait exercer celui de ce dernier qu'autant que le prix dû par Pierrot ne serait pas épuisé par le privilége de Luzy; dit que Luzy prélèvera la créance par privilége sur la somme due par Pierrot.

Du 27 avr. 1847.-Trib. de Cosne.

(2) *Espèce :* — (Leroux, etc. C. Guingand.) — En 1825, M. de Guingand, notaire, avait vendu son office à M. Leroux, moyennant 200,000 fr.; il lui avait, en outre, cédé ses recouvrements pour un prix et à des conditions particulières, et, par l'une des clauses du traité, il lui avait interdit formellement le droit de traiter de l'office sans son consentement formel et par écrit. — Néanmoins, en 1830, M. Leroux vendit son étude à M. Bazoche, en se réservant les recouvrements, et sans avertir M. de Guingand, encore créancier de sommes considérables. Celui-ci forma alors des oppositions à la chambre des notaires et entre les mains du sieur Bazoche. Survint la faillite du sieur Leroux, et, peu de temps après, la déconfiture et la destitution du sieur Bazoche. Me Balagny, titulaire actuel de l'office, fut nommé à la charge de payer aux intéressés une somme de 250,000 fr. pour le prix de l'office. C'est sur cette somme qu'une contribution s'est ouverte, et que diverses contestations, tendant au rejet du privilége de M. de Guingand, ont été soulevées par les créanciers des sieurs Leroux et Bazoche.

On opposait à M. de Guingand 1° que, si le vendeur d'un office a, d'après la jurisprudence aujourd'hui constante, un privilége sur le prix de la charge, ce privilége ne peut s'étendre au delà de la première mutation; — Qu'autrement, ce serait accorder à cette nature de créance un droit de suite incompatible avec le texte et l'esprit de la loi; 2° que l'art. 520 c. com. ne plaçait au dehors du concordat que les créanciers hypothécaires inscrits et ceux nantis d'un gage, et nullement ceux ayant droit à un privilége sur les meubles; — Qu'ainsi M. de Guingand, qui n'avait pas fait valoir son privilége à la faillite, devait subir la loi du concordat consentie par la majorité des créanciers de Leroux, et par laquelle il avait été fait remise de 90 pour 100 au débiteur; 3° qu'en tout événement, la créance de M. de Guingand, qui avait pour cause la cession par lui faite de ses recouvrements, ne pourrait être privilégiée que sur le prix même de la chose vendue; or, il était constant, en fait, que Leroux, en vendant l'office à Bazoche, s'était réservé les recouvrements, et que le titulaire actuel n'était, par son titre d'institution, investi d'aucuns recouvrements; — Qu'ainsi le prix à distribuer ne représentait, dans aucune de ses parties, les recouvrements cédés originairement par de Guingand à Leroux. — Le 19 août 1837, jugement qui accueille toutes les prétentions de M. de Guingand. — Appel. — Arrêt.

LA COUR; — En ce qui touche le privilége dont l'exercice est réclamé par de Guingand, pour ce qui lui reste dû sur le prix de l'office de notaire par lui vendu à Leroux; — Attendu que la loi du 28 avr. 1816, en permettant aux officiers ministériels de présenter leurs successeurs, a reconnu l'existence d'une nouvelle espèce de biens mobiliers susceptibles d'être revendus, et dont la transmission doit être régie par les principes généraux du droit, et notamment par les termes de l'art. 2102 c. civ., qui accorde un privilége pour le prix d'effets mobiliers non payés; — Que, toutefois, le titulaire n'ayant qu'un droit de présentation, et la nomination par le roi pouvant seule donner un effet à la transmission, la jurisprudence a dû reconnaître que les charges d'office ne sont pas susceptibles d'être saisies, et qu'il n'y a de prix sur lequel le privilége puisse s'exercer qu'après l'institution royale, c'est-à-dire à un moment où la charge n'est plus entre les mains du débiteur, mais est représentée par le prix lui-même, tant qu'il n'est pas sorti des mains de l'officier ministériel nouvellement investi;

Attendu, en fait, que Leroux est resté débiteur envers de Guingand d'une portion du prix moyennant lequel celui-ci lui a transmis sa charge; — Que le privilége par lui réclamé en conséquence des principes ci-dessus ne saurait lui être refusé, puisque : 1° d'une part, il avait interdit à Leroux le droit de céder sa charge sans son consentement, en sorte que la transmission qui a été faite à son insu, les ventes postérieures et toutes les conséquences qu'elles ont amenées, ne peuvent lui être opposées comme ayant compromis son privilége; 2° que, d'autre part, aussitôt que cette transmission lui a été connue, il a réclamé le payement par privilége de ce qui lui restait dû par des oppositions constamment renouvelées, et dont la péremption n'a pu être encourue, puisque leur existence a été reconnue par le jugement qui a renvoyé à la faillite où elles devaient recevoir leur effet; 3° qu'en outre, et par des significations faites à la chambre des notaires, il s'est opposé, autant qu'il était en lui, à toute transmission de l'office au préjudice de ses droits; 4° qu'enfin la charge de Bazoche, cessionnaire de Leroux, ayant été transmise à Balagny, ce dernier n'a été nommé qu'à la condition de verser le montant de son prix aux créanciers de Bazoche, parmi lesquels de Guingand doit être nécessairement compris à raison de sa créance privilégiée sur le prix dû par ledit Bazoche;

Attendu que le concordat ne saurait également être opposé à de Guingand; — Qu'au contraire, ce concordat a été contracté en vue de la réclamation de son privilége expressément réservé dans le bordereau

fice à un deuxième cessionnaire, même après que celui-ci a revendu l'office à un troisième, lorsque, avant cette troisième cession, le premier vendeur avait assuré l'exercice de son privilége en formant entre les mains du deuxième cessionnaire une saisie-arrêt déclarée bonne et valable (Paris, 1re ch., 22 avr. 1856, M. Delangle, 1er pr., aff. Dub... C. Léc...). — C'est en ce sens que les auteurs se sont généralement prononcé. V. MM. Pont, Priv. et hyp., n° 150; Valette, Privil., n° 116, p. 159; Mourlon, Examen critique, n° 121; Eug. Durand, n° 246; Duvergier, au journ. le Droit, 31 mars et 2 avr. 1852; et la dissertation de notre collaborateur M. Brésillion, insérée D. P. 60. 1. 377.

325. Mais la jurisprudence s'est généralement prononcée en sens contraire; elle décide que le privilége du vendeur d'un office ne s'étend pas au prix des reventes successives (Orléans, 3 juill. 1847, aff. Guerche; D. P. 47. 2. 181; Paris, 28 janv. 1854, aff. Giffard, D. P. 54. 2. 148; 25 fév. 1854, aff. Mac-Mahon, D. P. 55. 2. 295; 24 mai 1854, 2e ch., M. Delahaye, pr., aff. Levassor et autres C. N...; Caen, 1re ch., 8 juill. 1857, M. Mégard, 1er pr., aff. de Cheux C. Delacour; Cass. 8 août 1860, aff. Bonnevay, D. P. 60. 1. 377).—Et il a été jugé, spécialement, que c'est à tort qu'on prétendrait que l'arrêt passé en force de chose jugée, qui reconnaît ce privilége sur la première revente, doit s'étendre aux autres reventes, ou qu'en tous cas il a eu pour effet de subroger le premier vendeur dans le privilége du second sur le prix dû par le cessionnaire de ce dernier; par suite, le transport de partie de son prix, opéré au profit du vendeur originaire par le dernier acquéreur, au mépris de saisies-arrêts formées entre ses mains par les créanciers de l'acquéreur intermédiaire, ne saurait être validé (même arrêt de Paris, 28 janv. 1854).

326. Il a été jugé, en vertu des mêmes principes, que si la transmission par voie d'endossement que le vendeur d'un office fait à un tiers de billets à ordre qui lui ont été souscrits en payement par son acquéreur, a l'effet d'une délégation sur le prix dû par ce dernier, elle ne saurait produire le même effet à l'égard du prix d'une seconde revente; qu'en conséquence, lorsqu'il y a plusieurs porteurs de semblables billets, celui d'entre eux dont l'endossement est le premier en date ne peut prétendre un droit de préférence sur les autres dans la contribution ouverte pour la distribution du prix de la seconde revente; tous doivent être colloqués au marc le franc; il n'en serait autrement que si le premier cessionnaire justifiait de l'accomplissement des formalités nécessaires pour opérer la saisine du transport qui lui aurait été consenti; et la connaissance que les cessionnaires postérieurs auraient eue de ce transport ne saurait suppléer ces formalités (Paris, 25 fév. 1854, aff. Mac-Mahon, D. P. 55. 2. 295). — Mais il a été jugé que dans le cas où de tels billets sont passés par le vendeur de l'office à l'ordre d'un tiers, le privilége sur le prix de revente immédiate existe au profit du cessionnaire comme au profit du cédant (Metz, 26 janv. 1854, aff. Simon et aff. Bastien, D. P. 54. 2. 259).

327. Quand un officier ministériel est destitué, il n'a pas le droit de présenter un successeur. Cela résulte des termes mêmes de la loi de 1816. Le gouvernement, dans ce cas, nomme qui il veut à sa place. Il pourrait même n'imposer aucune obligation au nouveau titulaire nommé par lui. Mais l'administration, d'ordinaire mue par un sentiment d'équité, exige du successeur qu'elle choisit le payement d'une indemnité. Par suite du droit qu'a le ministre de la justice de nommer sans indemnité, il pourrait par le décret de nomination attribuer à qui il voudrait la somme que doit payer le nouveau titulaire. Mais il n'en est pas ainsi dans la pratique; l'indemnité est accordée à *qui de droit*, et, s'il y a difficulté sur l'attribution, ce sont les tribunaux qui statuent (V. nos 98 et s.). Maintenant, le vendeur originaire peut-il exercer son privilége sur les sommes formant l'indemnité? La réponse à la question se puise dans le caractère qu'on donnera à l'indemnité. Si elle est considérée comme le prix de la charge, le vendeur pourra exercer son privilége; si ce n'est qu'une somme d'argent attribuée aux créanciers et ayants droit de l'officier public destitué, le privilége s'évanouit. En effet, la chose à laquelle s'attachait le privilége n'existe plus, et c'est le cas d'appliquer la maxime : *Re corporali extincta hypotheca perit*. — Pour soutenir que cette indemnité est représentative du prix, et le prix même, on se demande ce qu'elle est si elle n'est pas cela? — Sans doute, le gouvernement pourrait, s'il le voulait, confisquer l'office; mais s'il ne le fait pas, s'il veut que le successeur nommé par lui paye la faveur qu'il obtient, n'est-ce pas véritablement le prix de la charge qu'il lui fait payer en se mettant à la place du titulaire déchu du droit de transmettre? Ce qui prouve que c'est en réalité une vente faite par le gouvernement comme remplaçant le titulaire destitué, c'est que la loi du 25 juin 1841 frappe d'un droit de 2 p. 100 l'indemnité fixée par le gouvernement au successeur par lui désigné à un officier ministériel destitué, tout aussi bien que le prix de cession approuvée par lui dans la vente faite par un titulaire en fonctions. Il est si vrai, d'ailleurs, que l'indemnité est représentative du prix, qu'elle est dans les biens de l'officier public destitué; que s'il ne se présentait pas de créanciers, cette indemnité ne pourrait appartenir qu'à lui. A qui irait-elle autrement? Il est certain que le gouvernement pourrait attribuer cette indemnité à qui il voudrait; mais on raisonne dans l'hypothèse où il n'a pas fait cette attribution. D'ailleurs, il ne la fait jamais, et tout indique dans les procédés de l'administration que l'indemnité qu'elle met à la charge du successeur est pour elle le prix de cette charge. En effet, ce n'est point arbitrairement que le ministre de la justice détermine l'indemnité. Il la fixe d'après la valeur de l'étude. Pour connaître cette valeur, il consulte la chambre de discipline, il interroge le tribunal, et c'est après s'être entouré de ces renseignements qu'il indique la somme à payer par le successeur. Tout cela ne montre-t-il pas que le ministre, une fois qu'il a abdiqué son droit de confiscation, veut fixer un prix équitable? Quelle injustice d'ailleurs résulterait, pour le vendeur originaire, du système qui ne voit pas le prix de la charge dans l'indemnité? Son privilége s'évanouit. Et quelle en est la raison? Pourquoi la destitution aurait-elle empiré sa situation et amélioré celle des créanciers? Il y a là quelque chose d'arbitraire qui répugne à l'équité. — Quelques arrêts se sont prononcés dans le sens de ces observations. — Ainsi, il a été jugé que la destitution du titulaire d'un office n'enlève pas au vendeur non payé le droit d'exercer son privilége sur la somme fixée par le gouvernement pour la valeur de la charge et que le nouveau titulaire est tenu d'acquitter à titre d'indemnité (Paris, 11 déc. 1834; Bordeaux, 2 déc. 1842 (1); trib. de la Seine, 7 oct. 1844, aff. synd. Lehon,

---

des créances par lui présentées à la faillite; — Qu'aucune contestation ne s'est élevée sur l'effet de ses réserves; — Qu'au contraire, d'après les termes dans lesquels est conçu le rapport sur lequel le concordat a été signé, et d'après les réductions consenties par les créanciers, il est constant que l'existence du privilége de de Guingand a été reconnue; — Qu'ainsi le concordat ne pouvait être attaqué par lui; — Que l'homologation qui en a été faite ne nuit point à ses droits, et que ses conséquences ne sauraient lui être appliquées;

En ce qui touche le privilége que de Guingand prétend exercer pour les recouvrements; — Considérant que le bénéfice de l'art. 2102 ne peut être exercé par le vendeur non payé que sur l'objet vendu ou du moins sur les deniers qui en représentent expressément la valeur; — Que si de Guingand, par le traité de juin 1825, a cédé à Leroux, son successeur, les recouvrements qui pouvaient lui être dus, cette vente, soumise à des conditions particulières, était distincte de celle de l'office; — Qu'un règlement devait ultérieurement fixer, à cet égard, les droits des parties; — Que de Guingand a négligé de régler et liquider cette portion de ses répétitions durant le long exercice de Leroux; — Considérant que Leroux, lors de la vente de son office à Bazoche, s'est réservé la partie la plus importante de ses recouvrements; — Que, par suite de la destitution de Bazoche, le gouvernement, ayant disposé de l'office en faveur de Balagny, a fixé à 250,000 fr. la somme que ce dernier devait payer aux intéressés; — Considérant que cette somme, sur laquelle de Guingand prétend, après un laps de temps aussi long et diverses mutations, exercer un privilége pour ses recouvrements, représente uniquement le prix de l'office; — Que c'est donc à tort que les premiers juges ont admis à cet égard en faveur de de Guingand une faculté que repoussent les faits de la cause et les principes en matière de privilége.

Du 23 mai 1858.-C. de Paris, 2e ch.-M Hardoin, pr.

(1) 1re *Espèce :* — (Picou C. Fontaine.) — La cour; — Considérant qu'en accordant aux huissiers la faculté de présenter des successeurs à l'agrément du roi, l'art. 91 de la loi du 28 avr. 1816 autorise, par une conséquence obligée, les conventions nécessaires pour l'exercice de cette faculté; qu'ainsi, l'office de Picou a pu être l'objet d'un traité entre cet officier ministériel et Gaillardon; — Considérant que ce traité attribue à Picou les droits qui appartiennent à tout vendeur d'effets

D. P. 45. 4. 371, n° 11, et sur appel, Paris, 3 juin 1845, D. P. 47. 1. 257; Orléans, 31 janv. 1846, aff. Baugé, D. P. 47. 2. 101; Paris, 9 janv. 1851, aff. Prost, D. P. 51. 2. 69; Rennes, 1re ch., 28 juill. 1851, M. Boucly, 1er pr., aff. Merdrignac C. Saint-Meleuc et autres; V. aussi Lyon, 1er mars 1838, aff. C..., n° 109).—V. dans le même sens MM. Rolland de Villargues, Rép. du notariat, v° Office, n° 409; Dard, p. 473; Morin, Discipl., t. 2, p. 15; Duvergier, journ. le Droit, 31 mars et 2 avr. 1853; Genreau, Rev. crit., t. 3, p. 724; Charles Ballot, Rev. de droit franç. et étr., 1848, t. 5, p. 121; Mourlon, Exam. crit. du com. des privil. et hyp. de M. Troplong, n° 125; les conclusions de M. le premier avocat général Pascalis dans l'aff. Lehon, D. P. 47. 1. 259, et celles de M. Salveton, procureur général près la cour de Rouen, D. P. 48. 2. 1.

328. On répond dans l'opinion contraire qu'il est impossible de considérer l'indemnité comme représentative du prix. D'abord elle ne résulte d'aucun contrat; elle n'est pas le prix d'une cession; elle a été accordée à titre de bienfait par le gouvernement. On ne peut sérieusement faire découler l'existence d'un contrat d'une assimilation faite dans un intérêt fiscal, et peut-on considérer comme le prix d'un office une indemnité dont le *quantum* dépend du gouvernement. Elle est, dit-on, dans les biens du titulaire destitué, et la preuve en est que s'il n'existait pas de créanciers, elle lui reviendrait; mais on ne réfléchit pas que l'indemnité ordinairement n'est pas accordée quand il n'y a pas de créanciers ou d'ayants droit, et que l'hypothèse, qu'on tranche avec quelque légèreté, se présente bien rarement. Comment peut-on dire que l'indemnité est dans les biens du titulaire, quand l'administration l'attribue à qui elle veut? Il faut considérer la chose comme elle est réellement. Par le fait de la destitution le droit de présentation a péri. Le gouvernement pourrait supprimer l'office, si l'intérêt des justiciables le voulait; il peut la conférer à qui il veut, il est rentré dans la plénitude de ses droits. S'il trouve juste que le successeur qui va, lui, acquérir le droit de présentation ne fasse pas un profit en présence de créanciers qui ont souffert des malversations de l'officier destitué, il ne fait qu'une concession gracieuse et ne reconnaît pas un droit. On fait remarquer que l'administration s'entoure, pour fixer l'indemnité, de renseignements qui prouvent qu'elle veut l'égaler à la valeur de la charge. Mais ces renseignements sont

---

mobiliers; que l'assimilation de la vente d'un office d'huissier à celle d'une chose mobilière, donnant ouverture à un privilége en cas de non-payement, est fondée sur la nature de cette propriété, d'après la définition que donne la loi des effets mobiliers; — Considérant que, nonobstant la destitution de Gaillardon, la somme de 20,000 fr., versée par Picou en exécution de l'ordonnance qui l'a nommé, n'est pour tous les ayants droit que le prix de l'office; que la preuve que la somme à distribuer est représentative de ce prix, résulte de l'ordonnance de nomination, qui prescrit à Picou le dépôt des 20,000 fr. au profit de qui de droit, et qui prend pour base de la somme à déposer l'évaluation donnée à l'office de Gaillardon par le tribunal de Meaux; qu'ainsi, l'office doit être considéré comme étant encore en la possession du débiteur; — Ordonne que Picou sera colloqué à la distribution par privilége, comme vendeur, pour la somme de 5,000 fr., restant dus sur le prix de la cession de son office, et pour les intérêts tels qu'ils ont été employés par le règlement provisoire.

Du 11 déc. 1834.-C. de Paris, 2e ch.-MM. Hardoin, pr.-Delapalme, av. gén., c. conf.-Paillet et Dupin, av.

2e *Espèce* : — (Boursier et autres C. veuve Jacquet.) — La cour; — Attendu qu'il n'est pas contesté entre les parties que la veuve Jacquet qui a trouvé dans la succession du sieur Jacquet, son fils, dont elle est légataire universelle, une charge de notaire à Bordeaux, a vendu cette charge à Godinet, et qu'il lui est dû par celui-ci, pour solde du prix de cette vente, une somme capitale de 61,558 fr., avec les intérêts légitimes; — Attendu que la nature de la créance de la veuve Jacquet lui donnait droit à un privilége sur l'office dont Godinet était pourvu et dont il a été destitué par jugement du 27 avr. 1840; qu'elle aurait conservé ce privilége sur la chose ou sur le prix, si l'un ou l'autre était resté en la possession de son débiteur; qu'en conséquence, et dans ce cas, elle pouvait l'exercer sur la somme de 60,000 fr. que Me Denucé, successeur dudit Godinet, a versée dans la caisse du receveur des dépôts et consignations, et ce, nonobstant la disposition de l'art. 91 de la loi du 28 avr. 1816 qui, en accordant aux notaires et à leurs héritiers la faculté de présenter des successeurs, ajoute : cette faculté n'aura pas lieu pour les notaires destitués; — Qu'en effet lorsqu'un notaire est destitué, il est bien dépouillé du droit de présenter un successeur, parce que sa charge ou fonction, c'est-à-dire le droit d'instrumenter et de retenir des actes authentiques, est rentrée dans les mains du roi, qui peut en disposer d'une manière absolue; mais que, pour ce qui concerne les minutes et la transmission du droit d'en délivrer des expéditions, il n'est ni juste, ni exact de dire, même alors que le fonctionnaire révoqué n'a plus de qualité pour les conserver, que ce ne soit pas là une propriété personnelle dont la valeur réelle ou présumée, lui doive revenir ou à ses créanciers, s'il en a; — Qu'aussi, et en pareil cas, le tribunal du lieu de l'exercice des fonctions du notaire, est appelé par le gouvernement à déterminer la valeur de son office, indépendamment de celle qu'aurait pu y ajouter le droit par lui perdu de présenter son successeur; que c'est ainsi qu'il a été procédé par le tribunal de première instance de Bordeaux, relativement à la charge de Godinet; que la valeur de cette charge, après avoir été arbitrée par ce tribunal à la somme de 60,000 fr. a été fixée à ce prix par l'ordonnance royale qui a nommé le sieur Denucé, et qui a prescrit en même temps que cette somme serait affectée, à titre d'indemnité, aux créanciers dudit Godinet, sans toutefois rien disposer ni préjuger sur l'ordre ou la distribution qui en serait faite entre eux, pas plus que sur le privilége dont ils pourraient venir à se prévaloir; — Attendu qu'on soutient en vain, dans l'intérêt des appelants, qu'il n'y a pas eu de vente de la part du gouvernement au sieur Denucé, qu'il est bien vrai qu'il n'a pas été passé de contrat de vente proprement dit, entre le gouvernement et Denucé, concernant l'office de notaire dont ce dernier a été pourvu; mais que la transmission de cette charge, moyennant un prix ou une indemnité déterminée, au payement de laquelle ledit Denucé s'est librement et volontairement soumis, équivaut à une véritable vente, et doit en avoir tous les effets en faveur des créanciers de Godinet, qui ont droit à ladite indemnité; qu'il faut donc tenir pour certain, nonobstant la perte du droit de présentation de la part de Godinet, que le prix de son office, tel qu'il a été réglé par le tribunal et fixé par l'ordonnance royale de nomination du sieur Denucé, appartenait à Godinet et devait être le gage de ses créanciers, selon l'ordre de leurs priviléges; que ladite ordonnance, si elle avait voulu que ce prix fût distribué aux créanciers au marc le franc de leurs créances, n'aurait pas manqué de s'en expliquer d'une manière expresse; que, ne l'ayant pas fait, il faut évidemment en conclure qu'elle n'a pas entendu déroger aux règles du droit commun; que, du reste, c'est ainsi que la question a été décidée dans des espèces identiques à celle de la cause actuelle, par plusieurs cours du royaume, et notamment : 1° par un arrêt de la cour royale de Paris du 11 déc. 1834; 2° par un arrêt de la cour royale de Lyon du 1er mars 1838; en telle sorte qu'il ne s'agit plus, pour résoudre définitivement la question du privilége réclamé par la veuve Jacquet, que de savoir si Godinet, son débiteur, était encore en possession de son office, lorsqu'elle a formé sa demande et fait valoir ses droits;

Attendu, sur ce point, que l'art. 2102 c. civ. ne s'explique pas et n'avait pas à s'expliquer sur le mode d'exercice d'un pareil privilége; qu'il n'est pas douteux que le vendeur conserve son privilége, lorsqu'il fait saisir et vendre, au préjudice de son débiteur, l'effet mobilier qu'il avait vendu et dont le prix lui est encore dû, parce qu'alors cet effet mobilier a été mis sous la main de la justice avant de sortir de la possession du débiteur, et que la vente qui en est opérée à la requête du créancier est une suite nécessaire de l'exercice du privilége qui a pour objet le payement; qu'en ce cas, il est évident que le prix obtenu par la voie judiciaire représente la chose vendue; que toutefois le titulaire d'un office n'ayant qu'un droit de présentation, et ce droit se trouvant perdu pour lui lorsqu'il vient à être destitué, la jurisprudence a dû reconnaître, comme elle l'a effectivement reconnu, que les charges d'office ne sont pas susceptibles d'être saisies, et qu'il n'y a de prix sur lequel le privilége puisse s'exercer, qu'après l'institution royale, c'est-à-dire à un moment où la charge n'est plus entre les mains du débiteur, mais est représentée par le prix lui-même, tant qu'il n'est pas sorti des mains de l'officier ministériel nouvellement investi;

Attendu, en fait, qu'ainsi qu'il a été déjà dit, Godinet est resté débiteur envers la veuve Jacquet d'une portion considérable du prix moyennant lequel cette dernière lui avait vendu la charge de feu Jacquet, son fils; que le privilége par elle réclamé pour sa créance à cet égard, en conséquence des principes ci-dessus, ne saurait lui être refusé, puisqu'aussitôt que la nomination du sieur Denucé, en remplacement dudit Godinet, lui a été connue, elle a, avant tout versement de fonds, de même qu'avant la prestation de serment dudit Denucé, dénoncé son droit au procureur du roi, puis demandé le payement, par privilége, de ce qui lui restait dû, par des oppositions et actes conservatoires plusieurs fois réitérés tant dans les mains de ce notaire que dans celles du receveur général du département de la Gironde; qu'enfin, le sieur Denucé n'a été nommé qu'à la condition de verser dans la caisse dudit receveur avant de prêter serment, une indemnité de 60,000 fr. pour être affectée aux créanciers de Godinet, parmi lesquels la veuve Jacquet doit être nécessairement comprise à raison de la créance privilégiée, sur le montant de ladite indemnité, conformément au n° 4 de l'art. 2102 c. civ.; — Met l'appel au néant.

Du 2 déc. 1842.-C. de Bordeaux, 2e ch.-M. Dupont, f. f. de pr.

demandés par le ministre, seulement pour qu'il ne s'égare pas dans la fixation de cette indemnité et n'impose pas une obligation trop lourde au nouveau titulaire, et la preuve en est que l'indemnité est toujours inférieure au prix qu'aurait eu l'office si le titulaire destitué l'avait cédé. On plaint le sort du vendeur originaire qui voit s'évanouir son privilége. Mais comment peut-il se plaindre d'une condition qui lui était faite quand il a traité et qu'il devait connaître? D'ailleurs n'est-il pas utile que le droit de présentation s'exerce avec réflexion, et que le titulaire qui vend se préoccupe moins du prix exorbitant qu'on lui donne de son étude, que de la moralité et de la capacité de son successeur. Son intérêt propre s'unit heureusement à l'intérêt des justiciables. — C'est en ce sens que la jurisprudence s'est définitivement prononcée; elle décide constamment aujourd'hui que le vendeur non payé d'un office n'a pas, en cas de destitution du titulaire, de privilége sur la somme que le gouvernement met à la charge du successeur de l'officier ministériel révoqué (Cass. 7 juill. 1847, aff. Lehon, D. P. 47. 1. 257; Rouen, 29 déc. 1847, même aff., D. P. 48. 2. 1; Cass. 13 fév. 1849, aff. Lavallée, D. P. 49. 1. 40; Cass. 26 mars 1849, aff. Belluot *C.* Baugé, D. P. 49. 1. 83; Req. 23 avr. 1849, aff. Declercq et aff. Lehon, D. P. 49. 1. 102; trib. de la Seine, 26 avr. 1850, aff. P..., D. P. 50. 3. 47; Paris, 3 fév. 1852, aff. Fontaine, D. P. 52. 2. 203; Nîmes, 3e ch., 17 fév. 1852, M. de Clausonne, pr., aff. Boutin *C.* Audon; Paris, 9 mars 1852, aff. créanc. Desbois, D. P. 52. 2. 203, et sur pourvoi, Req. 23 mars 1853, D. P. 53. 1. 61; Orléans, 2 juill. 1852, M. de Vauzelles, 1er pr., aff. Peyrot *C.* Ballet; Cass. 10 août 1853, aff. de Saint-Meleuc, D. P. 53. 1. 325; Paris, 15 déc. 1853, aff. Poisson, D. P. 54. 2. 11; Paris, 4e ch., 17 nov. 1855, M. de Vergès, rap., aff. Beaux *C.* Prevost; Bordeaux, 27 fév. 1856, aff. Loudou-Lasserve, D. P. 56. 5. 303).—MM. Pont, Rev. crit., t. 1, p. 385, t. 2, p. 406, et Comment. des privil. et hyp., no 148; Eug. Durand, no 249, donnent leur approbation à cette jurisprudence.

Malgré de si nombreuses autorités, et en présence, d'ailleurs, de la résistance de la plupart des cours impériales, nous serait-il permis de dire que nous espérons voir triompher l'opinion favorable au privilége et qui, en définitive, a pour elle le sentiment le plus général? La défaveur qui s'attache généralement à la vénalité des offices, vénalité qui n'a pourtant pas (en ce qui concerne les offices ministériels), les inconvénients ni les dangers qu'on lui attribue, cette défaveur fait qu'on leur applique le *strictum jus*. Si la destitution du titulaire d'un office le dépouille *ipso facto* de sa propriété, à quel titre ses créanciers, ou lui, obtiennent-ils de la faveur du gouvernement l'indemnité toujours réservée à leur profit dans l'acte de nomination du successeur? Si c'était un acte de pure munificence, où le gouvernement puiserait-il le droit de disposer ainsi, sans l'aveu du corps législatif, des deniers des contribuables? Si c'était un acte de munificence, l'indemnité serait-elle accordée indifféremment à tous les officiers ministériels révoqués, ayant ou non des créanciers, indignes ou non de cette faveur? Serait-elle uniformément basée sur le prix d'estimation de l'office? Si ce n'est pas, si ce ne peut pas être une libéralité, qu'est-ce donc autre chose que la valeur représentative de cet office? Et qui peut y avoir plus de droits que l'ancien titulaire non payé? Où est le motif de lui faire supporter la peine des malversations qui ont fait destituer son successeur? En quoi pourrait-il être plus responsable d'un mauvais choix que le gouvernement, toujours maître de refuser le candidat présenté, et qui ne le nomme qu'après information? Ou il faut dénier le privilége d'une manière absolue, ou il faut l'accorder en cas de révocation, comme dans le cas contraire; car si l'on argumente judaïquement de la lettre de l'art. 2102, no 4, c. nap., qui ne l'accorde qu'autant que la chose vendue est encore en la possession du débiteur, il n'y a aucune différence, sous ce rapport, entre l'un et l'autre cas. — A l'égard de l'art. 91 de la loi du 28 avr. 1816, qui refuse au titulaire destitué la faculté de présenter un successeur, la déchéance de ce droit n'implique pas virtuellement et nécessairement l'abolition du droit de propriété, qui ressemblerait trop à la confiscation; car, après la privation de cette faculté, il reste encore un droit utile, que le législateur eût pu rigoureusement, sans doute, mais qu'il ne pouvait équitablement supprimer; et la chancellerie, par une pratique constante, témoigne, en accordant l'indemnité dans tous les cas, que telle n'est pas l'interprétation à donner à l'art. 91. Elle ne s'immisce pas et ne saurait s'immiscer, du reste, dans l'attribution à faire de cette indemnité, attribution qui est du ressort exclusif de l'autorité judiciaire; et en obligeant le successeur à la verser au profit de qui de droit, elle réserve les droits de tous et de chacun.—En 1840, la cour d'Angers, dans les observations qu'elle fut appelée à donner sur un projet de réforme hypothécaire, demandait qu'il fût dit dans l'art. 2102 que le prix de cession d'un office serait privilégié sur l'indemnité que les officiers ministériels peuvent avoir à toucher des successeurs par eux présentés et agréés par le roi, *ou que le gouvernement peut juger équitable d'imposer à ses successeurs quand ils sont nommés d'office* (V. M. Durand, no 249). — Il est à regretter que cette disposition n'ait pas reçu la consécration légale.

329. Pour éluder la jurisprudence que nous venons de rapporter et qui refuse au vendeur un privilége sur l'indemnité payée par un successeur en cas de destitution du titulaire, on a prétendu que le vendeur pouvait exercer l'action résolutoire pour défaut d'exécution, et dès lors ressaisir le prix comme représentant la chose. Mais d'une part l'office transmis est une chose qui n'est jamais susceptible d'être rendue en nature, et, d'un autre côté, c'est tourner dans un cercle vicieux; car si la somme pouvait être revendiquée ce serait comme formant le prix de la chose, tandis que la jurisprudence dont on veut éviter l'application considère cette somme comme ne représentant pas le prix de l'office : ainsi jugé (Nîmes, 17 déc. 1852, aff. Boutin, D. P. 53. 5. 329). — V. no 209.

330. Suivant un arrêt, le vendeur d'un office de procureur en Savoie, dont le privilége sur cet office, réputé immeuble par la législation sarde, a été transporté sur l'indemnité allouée aux titulaires par la loi sarde du 3 mai 1857 qui a déclaré libres les fonctions de procureur, doit être considéré comme ayant perdu son privilége, lorsqu'il a touché cette indemnité de son successeur : il ne conserve plus alors, pour le reliquat de sa créance, qu'une action personnelle; par suite, en cas de destitution du cessionnaire, depuis l'annexion de la Savoie à la France, le privilége ainsi perdu avant cette annexion a pu être déclaré sans effet sur la somme à payer à qui de droit par le nouveau titulaire, sans qu'une telle décision rendue, non par application de la loi française relative soit aux effets de la destitution des officiers ministériels en France, soit aux effets de l'annexion, mais en vertu de la loi sarde elle-même, porte aucune atteinte ni au principe de la non-rétroactivité des lois, ni au principe de la séparation des pouvoirs administratif et judiciaire (Req. 26 avr. 1864, aff. Flandin, D. P. 64. 1. 307).

331. Le système adopté aujourd'hui par la jurisprudence conduit à cette conséquence que le privilége devra prendre fin, par identité de raison, à l'égard de l'indemnité due par suite de la suppression d'un office, lorsque cette suppression est spontanée de la part du gouvernement; cette mesure, en effet, fait périr le droit de transmission entre les mains du titulaire qu'elle atteint, anéantit ainsi tout privilége du vendeur et ne laisse que le caractère d'une indemnité équitablement accordée en faveur de qui de droit, aux conditions pécuniaires imposées par le gouvernement à la personne qui profite de la mesure (motif, Rouen, 22 janv. 1858, aff. Caumont, D. P. 59. 1. 262; V. toutefois, trib. de Montbrison, 7 août 1846, aff. R..., D. P. 47. 3. 69).—Mais, et c'est ainsi que cela a été jugé, on ne saurait assimiler à une suppression spontanée du gouvernement la revente faite par l'acquéreur d'un office à sa corporation, bien que cette vente ait pour but d'arriver à la suppression de l'office; en conséquence, le vendeur primitif peut exercer son privilége sur le prix de cette revente (arrêt précité de Rouen, et sur pourvoi, Req. 24 janv. 1859, *eod.*). — Du reste, il est à remarquer que, depuis la loi de 1816, il ne paraît pas que le gouvernement ait jamais eu recours à la mesure de suppression spontanée des offices. Au contraire, lorsqu'il s'agit de réduire le nombre des offices, il procède avec une réserve extrême et de manière à ne pas porter préjudice aux intérêts privés (V. nos 119 et s.).—Jugé encore, mais d'une manière générale et sans distinction entre la suppression spontanée et non spontanée, que le vendeur non payé d'un office a privilége sur l'indemnité moyennant laquelle la corporation ou l'un de ses membres rachète le titre par suite d'une réduction du nombre des offices dont est composée cette corporation (trib. de Tarbes, 15 fév. 1860) (1).

332. Il a été jugé aussi qu'en Savoie, les anciens procureurs ou avoués qui ont vendu leurs offices sous l'empire de la législation sarde, par laquelle leur privilége avait été aboli moyennant rachat de leur patente, n'ont droit à aucune portion de l'indemnité nouvelle attribuée aux mêmes offices, à raison de la suppression complète dont ils ont été frappés, par suite du rétablissement du monopole, après l'annexion de la Savoie à la France : cette indemnité nouvelle, quoique accordée à charge de restitution au trésor du prix de rachat de la patente, n'est pas réputée avoir été, en partie, substituée à ce prix, et attribuée, dès lors, pour une portion à l'ancien titulaire avec qui le rachat a eu lieu; elle représente uniquement la clientèle formant la valeur exclusive de l'office supprimé (Civ. cass. 27 juill. 1864, aff. Delacoste, D. P. 65. 1. 57; Civ. rej. même date, aff. Dufour, D. P. 57. 1. 59); — Qu'en conséquence, elle appartient tout entière au cessionnaire de l'office, sauf l'obligation pour lui de faire au trésor la restitution à laquelle elle est subordonnée (mêmes arrêts); — Et qu'il n'importe que l'acte de cession ne mentionne que la clientèle, cette clientèle, après l'abolition du privilége, constituant l'intégralité des droits attachés aux fonctions de procureur (même arrêt, aff. Delacoste); — Et que la question de savoir à qui appartient l'indemnité que le décret de suppression a ainsi attribuée à l'office, est de la compétence de l'autorité judiciaire, qui n'est pas tenue, en ce cas, de se livrer à l'interprétation du décret, mais qui n'a qu'à en faire l'application à une question réservée (même arrêt, aff. Dufour). — V. nos observations sur ces arrêts en note, *loc. cit.*

333. Il ne faut pas confondre le cas de *démission forcée* avec celui de destitution. Il arrive, en effet, souvent, lorsqu'un officier public donne de légitimes inquiétudes au gouvernement sur

---

(1) (Pêne C. N.....) — Le tribunal; — Attendu qu'aux termes de l'art. 91 de la loi du 28 avr. 1816, les huissiers peuvent présenter à l'agrément du gouvernement des successeurs, pourvu qu'ils réunissent les qualités exigées par la loi; que cette faculté n'a pas lieu pour les titulaires destitués; qu'enfin cette faculté ne déroge pas au droit qu'a le gouvernement de réduire le nombre des fonctionnaires énumérés dans cet art. 91; — Le droit de présentation désigné sous le nom de *finance de l'office*, constitue une véritable propriété, mais une propriété *sui generis*, et certaines restrictions ont dû nécessairement être apportées à son usage absolu; — Ainsi elle n'est pas dans le commerce d'une manière complète, puisque le cessionnaire de ce droit doit être agréé par le gouvernement; — Ainsi la valeur n'est pas entièrement arbitraire, puisqu'elle ne peut dépasser un maximum fixé par le gouvernement; — Enfin elle n'est pas inviolable, puisqu'elle peut être compromise et éteinte par les malversations des titulaires; — Mais, à ces exceptions près, le droit de présentation constitue une propriété aussi sacrée que toute autre et est régie par les principes du droit commun; — Il est aujourd'hui de doctrine et de jurisprudence que, soit le vendeur d'un office, soit son cessionnaire, ont pour le payement du prix le privilége édicté par l'art. 2102, § 4; — Les héritiers Pêne objectent au cessionnaire de ce privilége que l'office de leur auteur a été supprimé par suite de la faculté qu'en avait le gouvernement, aux termes de l'article précité; qu'il n'y a plus eu dès lors la présentation à laquelle seule est attachée la finance de l'office; que l'indemnité imposée à l'huissier Mac ne saurait être assimilée à une cession; qu'il n'y a dès lors qu'un prix de cet office; que la position actuelle est, par suite, identique à celle d'un huissier destitué, et que la jurisprudence de la cour de cassation déclare d'une manière constante que le vendeur d'un office ne peut exercer son privilége sur l'indemnité que le gouvernement est dans l'usage d'imposer au remplaçant du titulaire destitué; — La jurisprudence invoquée, contraire à un grand nombre de décisions des cours impériales et à la doctrine d'auteurs considérables, se justifie sans doute par les termes de l'art. 91 ci-dessus visé, puisque l'huissier destitué est privé du droit de présentation et, de plus, dépouillé de son office; mais cette interprétation ou plutôt cette application de la loi amène les résultats les plus fâcheux; elle fait dépendre d'abord le maintien du privilége d'un fait complétement étranger au créancier et tout personnel au débiteur, à savoir la conduite de ce dernier; de plus elle fait, en définitive, profiter tous les créanciers d'une indemnité qui a pour source unique la propriété exclusive de l'un d'eux; loin de créer des analogies, il ne faut, en aucun cas pareil, les accepter qu'autant que le motif serait rigoureusement identique; admettre que le privilége du vendeur cesse d'exister, au cas de suppression comme au cas de destitution, rendrait (en dehors de l'atteinte la plus grave au droit de propriété) d'une excessive difficulté la transmission des offices; — Il faudrait désormais, contrairement à ce qui se pratique, que le prix attaché à la présentation fût payé comptant en totalité; en effet, aujourd'hui plus que jamais, le vendeur serait privé de toute garantie au cas de suppression, le gouvernement cherchant à en opérer un grand nombre, au double point de vue de l'intérêt des officiers ministériels eux-mêmes et de celui des justiciables; à l'avenir, les titulaires, au lieu de transmettre leurs offices à un tiers, lorsque le moment de prendre leur retraite serait arrivé, attendraient une suppression qui détruirait le caractère privilégié de la créance de leurs vendeurs; dans la cause actuelle même, il est démontré que les héritiers Pêne eussent pu directement traiter avec Mac, pourvu aujourd'hui de cet office, pour le prix même auquel le gouvernement a fixé sa valeur, mais qu'ils ont nécessairement une suppression par leur refus de traiter, espérant ainsi éteindre le privilége du cessionnaire et faire payer à la veuve Pêne le montant de ses reprises; — Quelque regrettables que fussent de pareilles conséquences, elles ne sauraient autoriser le tribunal à ne pas appliquer un texte de loi, même par analogie; mais cette analogie n'existe pas dans la cause; en effet, et quels que soient les termes dont se sert le législateur, le droit de présentation constitue la vente d'un office sous certaines conditions déterminées; au cas de destitution, la vente de l'office n'est pas permise et le prix qui y est attaché est éteint; si, dans les habitudes de la chancellerie, une indemnité est imposée à l'officier ministériel, c'est chose purement facultative et le montant de l'indemnité est arbitraire et peut ne pas représenter la valeur de l'office; un privilége ne peut s'exercer sur un prix qui a cessé d'exister; ces principes constants sont rappelés précisément à l'occasion de la suppression de l'office Pêne par M. le garde des sceaux; s'étant, à cette occasion, agi de l'office d'Espiau, destitué, il est dit dans les dépêches ministérielles que le titre de ce dernier est à la disposition du gouvernement, sous réserve d'indemnité par opposition, alors qu'il est question de l'office de Pêne à supprimer, il est rappelé que le prix doit être fixé, et que le décret du 11 déc. 1858, en prononçant la suppression, porte en termes formels : « A la charge par l'huissier Mac de verser à la caisse des dépôts et consignations, au profit de qui de droit, la somme de 2,000 fr., à laquelle est fixée la valeur de l'office du sieur Pêne; » — Sans doute, au cas de suppression, il ne peut pas y avoir taxativement présentation d'un successeur, puisque l'acquéreur est, ou un huissier déjà pourvu d'un titre, ou la communauté des huissiers, mais il y a transmission de l'office ou à cet huissier déjà pourvu ou à la corporation des huissiers; il y a donc un vendeur et un acquéreur et un prix déterminé; seulement, la valeur de l'office est absorbée ou par le corps tout entier ou par un de ses membres; — Pour qu'il en fût autrement, il faudrait que le gouvernement eût le droit de supprimer les offices sans que la valeur en fût remboursée; — Il n'a jamais soulevé une prétention pareille, et il le pourrait d'autant moins qu'elle serait contraire au principe que nul ne peut être dépouillé de sa propriété sans une indemnité préalable, principe tellement sacré, qu'il est rappelé dans toutes les constitutions politiqnes qui ont successivement régi la France;.

Ces principes furent respectés au moment même où la vénalité des offices fut supprimée; l'Assemblée nationale rendit en effet, en fév. 1791, un décret qui, faisant suite au décret d'abolition, fixa le mode suivant lequel devait être liquidée la valeur des offices supprimés, et, à quelques jours de là, à la date du 27 mars 1791, elle décréta « que le montant de la liquidation des offices, pratiques et indemnités accordées aux officiers ministériels demeurera affecté au privilége des vendeurs desdits offices et pratiques, en rapportant les actes de vente en forme authentique; » — La seule décision qui puisse se rattacher à la cause par une analogie assez directe et dans une espèce moins favorable, est l'arrêt de la cour de Besançon, en date du 14 janv. 1853, qui juge : que le vendeur d'un office ministériel conserve son privilége, même au cas où le gouvernement, tout en forçant son successeur à se démettre, lui a conservé la valeur de sa charge (V. n° 335); — Qu'en vain on objecte les énonciations d'un arrêt de la cour de Rouen, en date du 22 janv. 1858, et de l'arrêt de la cour de cassation, du 24 janv. 1859, qui rejette le pourvoi, desquels il paraîtrait résulter que le privilége cesserait d'exister au cas de suppression spontanée d'un office; — D'abord une simple énonciation qui n'est pas même un motif, puisqu'il n'est pas la raison de décider de la chose jugée, ne saurait jurisprudentiellement être invoquée comme précédent; de plus, il semble que cette énonciation admet un cas qui ne s'est jamais réalisé, celui d'une suppression spontanée; dans la pratique des choses, toute suppression est précédée d'une instruction qui a pour but de faire supporter, à ceux qui doivent profiter de sa suppression, la valeur d'un office dont le remboursement demeurerait, sans cela, à la charge du gouvernement; au fond, les deux décisions viennent en aide à la solution actuelle, puisqu'elles admettent que le privilége continue d'exister, au cas de vente, à une corporation, pour opérer immédiatement la suppression de l'office, et les deux arrêts répondent précisément à l'objection que, dans cette espèce comme dans le cas actuel, consiste à dire qu'il n'y avait pas eu présentation d'un successeur au choix du gouvernement; — Il y a donc lieu de confirmer le travail de M. le juge-commissaire quant à ce, etc.

Du 15 fév. 1860.-Trib. de Tarbes.

la manière dont il exerce son office, sous le rapport de la probité ou de la capacité, qu'on le force à donner sa démission, et qu'on lui nomme d'office un successeur, à la charge par celui-ci de payer une indemnité. — La cour de cassation a jugé que, dans ces circonstances, lors même que le dépôt de l'indemnité a été fait à la caisse des consignations, le privilége du précédent vendeur peut s'exercer sur l'indemnité due par le nouveau titulaire (Besançon, 4 janv. 1853 (1), et sur pourvoi Rej. 30 août 1854, aff. Bouillaud, D. P. 54. 1. 286). Il est vrai que, dans l'espèce, le gouvernement, en acceptant la démission du titulaire, avait déclaré lui conserver la valeur de sa charge. — V., dans le même sens, Nîmes, 13 mars 1851, aff. syndics Martin, D. P. 53. 1. 257; Bourges, 21 mars 1854, aff. créanciers D..., D. P. 55. 2. 134. — Dans les espèces jugées par ces deux derniers arrêts, il ne paraît pas que l'administration eût formellement réservé à l'officier public démissionnaire l'indemnité mise à la charge du successeur. Mais cette circonstance ne nous paraît pas nécessaire pour justifier ces deux arrêts. La double raison de se décider pour l'existence du privilége est : 1° que l'officier public destitué seul est privé du droit de présentation; 2° que le décret qui remplace l'officier public duquel on exige la démission, ne le dessaisit pas de sa charge, qui reste entre ses mains, jusqu'à ce qu'il ait été remplacé (Conf. M. Eug. Durand, n° 249).

334. Le vendeur d'un office peut-il exercer son privilége quand son successeur est tombé en faillite? L'affirmative ne semblait pas faire difficulté avant la nouvelle loi du 8 juin 1838 sur les faillites (Paris, 23 mai 1838, aff. Leroux, V. n° 324; trib. de la Seine, 7 oct. 1844, aff. synd. Lchon, D. P. 45. 4. 372, n° 12). — Mais il ne saurait plus en être de même, depuis la promulgation de cette loi. Aux termes du nouvel art. 550 c. comm., le privilége et le droit de revendication établis par le n° 4 de l'art. 2102 c. civ., au profit du vendeur d'effets mobiliers, ne sont plus admis en cas de faillite. — On sait que le nouvel art. 550 c. com. a été fait pour donner une solution à une jurisprudence contestée et pour enlever au vendeur d'un fonds de commerce un privilége sur le prix de ce fonds. « Dans les relations commerciales, a dit le rapporteur de la loi à la chambre des députés, la confiance des tiers se mesure sur l'actif apparent qui consiste le plus souvent dans les biens mobiliers du débiteur. Cette confiance serait trompée si l'exercice d'une revendication imprévue ou d'un privilége occulte, tel que celui du vendeur d'un fonds de commerce, venait tout à coup absorber un actif que les créanciers étaient fondés à considérer comme leur gage. » — Le tribunal de commerce de Paris, dans un considérant remarquable d'un de ses jugements, a dit : « On ne saurait assimiler la vente d'un office à celle d'un fonds de commerce; si, dans ce dernier cas, le tribunal a longtemps refusé le privilége aux vendeurs, la jurisprudence, que la loi de 1838 a définitivement consacrée, était fondée d'abord sur ce que le § 4 de l'art. 2102 réservait les lois et usages du commerce en matière de revendication, et surtout sur ce que, dans le commerce, le crédit et la confiance sont précisément déterminés par la possession de ce fonds dont le débiteur est le propriétaire apparent; que ce crédit et cette confiance ont été souvent provoqués par le vendeur lui-même, et lui ont profité la plupart du temps pour des payements partiels, quand il réclame par privilége ce qui lui reste dû; mais si la possession d'un fonds de commerce est une cause de crédit, on doit dire qu'en matière d'office ministériel, si la possession commande la confiance de ceux qui ont avec le notaire des rapports civils, elle devrait être une cause d'éloignement pour ceux qui ne craignent pas d'engager avec lui des relations commerciales; d'où il suit que des opérations de commerce réitérées pouvant venir compliquer, par une mise en faillite, la déconfiture d'un notaire, ces opérations de commerce doivent être réglées par les lois et avec les formes qui leur sont propres, sans que pour cela les priviléges stipulés par l'art. 2102 cessent de profiter à ceux auxquels les lois civiles les ont assurés. » — Par suite de ces raisons, le tribunal a accordé le privilége; mais il faut dire que l'espèce avait pris naissance sous l'ancien code de commerce.— Malgré les réflexions judicieuses du tribunal, il n'en pourrait être ainsi sous la loi de 1838. En effet, le texte de cette loi est trop formel, et, en outre, il résulte de la discussion de la loi (Mon. du 24 fév. 1835) qu'on a proposé de déclarer que la disposition de l'art. 550 ne serait pas applicable aux objets mobiliers incorporels tels que les offices, et que cette proposition a été repoussée.— Aussi, la jurisprudence a-t-elle décidé, sans hésitation, que le vendeur d'un office est déchu du privilége en cas de faillite de son successeur, tout aussi bien que s'il s'agissait d'une créance résultant de la vente d'un objet mobilier d'une nature ordinaire (Paris, 16 janv. 1842, aff. Jarre, V. Priv. et hyp., n° 343-1°; Lyon, 9 déc. 1850, aff. Mége, D. P. 51. 2. 9; Cass. 23 août 1853, aff. synd. Martin, D. P. 53. 1. 257; Bourges, 14 août 1855, aff. Dantin C. Delle, D. P. 56. 2. 100, et, sur pourvoi, Civ. rej. 10 fév. 1857, D. P. 57. 1. 87; Paris, 25 fév. 1860, aff. Picot, D. P. 60. 2. 115. — V. cependant Req. 20 janv. 1837, aff. Leduc, D. P. 57. 1. 309; mais il ne paraît pas que, dans cette dernière espèce, on ait excipé de l'extinction du privilége).—On a prétendu que le vendeur ne saurait perdre son privilége par le fait que son cessionnaire, investi de fonctions incompatibles avec le commerce, changerait ultérieurement de position, en devenant commerçant, puis tomberait en faillite. Dans ce système, le privilége serait considéré comme un droit acquis du jour de la cession. Mais outre que l'argument serait sans force à l'égard des offices de courtier et d'agents de change, nous avons vu *suprà* que le privilége du vendeur d'un office est loin de constituer pour lui une garantie à l'abri d'éventualités, puisque, d'après la jurisprudence, il est perdu en cas de destitution du titulaire. De même que cette possibilité d'une destitution a dû entrer dans les prévisions du vendeur, il faut qu'il songe aussi à la possibilité d'une faillite. Le vendeur a été admis à réclamer le privilége établi par l'art. 2102 c. nap., en faveur du vendeur d'effets mobiliers; appelé à participer ainsi au bénéfice du droit commun, il doit en subir les conséquences (Conf. M. Eug. Durand, n° 250; Pont, Priv. et hypoth., n° 148; Goujet et Merger, Dict. de dr. com., v° Faillite, n°s 564 et suiv.; Renouard, des Faillites, t. 2, p. 260; Bédarride, t. 2, n° 950. — *Contrà*, Esnault, Faillites, t. 3, n° 656). — V. Bourse de comm., n° 199; Privil. et hyp., n° 342.

335. De quel acte doit résulter le privilége du vendeur? Il ne paraît pas nécessaire que le traité contienne la réserve du privilége, ce qui serait d'ailleurs impossible, car le ministère de

---

(1) (Bouillaud et autres C. Paliard et autres.) — La cour; — Vu les art. 2102, § 4, c. nap., 130, 470 et 471 c. pr. civ.; — Attendu que Paliard, en 1840, a transmis à Pélot un office d'avoué, et reste aujourd'hui créancier d'une partie du prix; qu'en 1847 Pélot, menacé de poursuites pour faits de charge, a résigné ses fonctions; que le gouvernement, en acceptant sa démission, lui a conservé la valeur de son office; qu'il a ordonné qu'elle fût arbitrée par le tribunal, chargé aussi de présenter des candidats, et le prix d'estimation versé, au profit de qui de droit, dans la caisse des dépôts et consignations; que la charge a été évaluée à 15,000 fr.; — Attendu que, suivant la jurisprudence, l'officier public qui a cédé son office a, dans le cas de revente par le cessionnaire, privilége sur le prix; que ce droit, admis quand la revente est purement volontaire, ne peut s'altérer ou se perdre lorsque le gouvernement, tout en forçant le titulaire à se démettre, lui réserve la valeur de sa charge; que, dans ce dernieer cas, la somme à payer par le successeur, quelque dénomination qu'on lui donne, n'est toujours que la représentation de la chose ou son prix; que la loi du 25 juin 1841, sous le rapport de la perception des droits, l'assimile au prix d'une cession volontaire; que seulement l'autorité publique s'est substituée à l'officier démissionnaire et a stipulé elle-même les conditions auxquelles la charge serait de nouveau transmise; mais que les droits privilégiés subsistent après les ventes forcées comme après les ventes consensuelles; — Qu'un office étant insaisissable et le privilége ne s'exerçant jamais que sur des sommes ou créances représentatives, le débiteur qui se démet n'est ni plus ni moins en possession de la chose que le débiteur qui a volontairement cédé; — Qu'enfin, s'il est juste de frapper le titulaire indigne, il n'y a pas de légitimes motifs pour changer la condition d'un créancier et distribuer son gage à d'autres créanciers qui n'ont pas dû y compter; que la décision du tribunal de Lons-le-Saulnier ne s'écarte donc pas des principes admis en cette matière; qu'elle est éminemment conforme à l'équité qui, dans le silence ou l'obscurité des lois, les complète ou les explique; — Par ces motifs, confirme, etc.

Du 4 janv. 1853.-C. de Besançon, 1re ch.-MM. Jobard, pr.-Alvizet, av. gén., c. contr.-Lamy et Clerc de Landresse, av.

la justice a constamment rejeté la clause par laquelle le vendeur d'un office se réserve soit le privilége de vendeur sur l'office, soit le privilége de vendeur sur la valeur de la charge (circ. pr. gén. de Paris, 27 sept. 1848, D. P. 48. 3. 114, V. *suprà*, nos 154, 209).—Cependant il a été jugé que le privilége accordé par l'art. 2102 c. nap. au vendeur d'un objet mobilier non payé, ne peut appartenir à l'ancien titulaire d'un office, sur le prix de la vente faite par son successeur, qu'autant que la créance de cet ancien titulaire résulte d'un acte écrit antérieur à la cession, et qui en établit régulièrement les conditions, tel par exemple, que le traité qui a été soumis à la chancellerie lors de l'admission (Cass. 23 janv. 1843, aff. Eichinger, V. Privil. et hypoth., n° 340; cet arrêt casse un arrêt de la cour de Colmar, 12 mars 1838, rapporté *eod.*, n° 346-2°). — Mais cette doctrine nous paraît inadmissible, les priviléges en effet sont établis par la loi et non par des conventions.

336. Suivant un arrêt, lorsque les conditions de la cession d'un office ont été arrêtées avant que le cessionnaire eût l'âge requis, au moyen d'un traité demeuré secret, mais qui ne diffère du traité soumis plus tard à la chancellerie que par des clauses transitoires devenues sans objet, ce traité secret est suffisant pour conférer au cédant le privilége de vendeur, et l'autoriser à en transmettre le bénéfice par voie de subrogation consentie, en vertu de cet acte, au tiers qui l'a payé après nomination du cessionnaire (Orléans, 31 janv. 1846, aff. Daugé, D. P. 47. 2. 101). — Cet arrêt du reste décide que les contre-lettres ne sont nulles que lorsqu'elles renferment un supplément de prix ou des stipulations qui, faisant fraude à la loi eussent empêché la nomination du cessionnaire. — Mais V. *suprà*, n° 219.

337. Il a été jugé que le vendeur originaire ne perd pas son privilége, dans le cas 1° où des billets lui ont été souscrits pour représenter le prix (Toulouse, 22 fév. 1840, aff. Lacombe, V. n° 214; Metz, 26 janv. 1854, aff. Simon et aff. Bastien, D. P. 54. 2. 259);—2° Où il aurait accepté du cessionnaire une obligation hypothécaire causée pour prêt (Orléans, 31 janv. 1846, aff. Daugé, D. P. 47. 2. 101). — Il a été décidé par ces arrêts que dans ces circonstances il n'y avait pas eu novation.— Néanmoins pour éviter toute difficulté, il convient que le vendeur d'un office, s'il reçoit en payement soit des billets à ordre causés valeur reçue comptant, soit une obligation avec hypothèque, exprime dans la quittance du prix de l'office que l'acceptation des billets ou de l'obligation n'opère pas novation de la créance, et que le privilége du vendeur est réservé jusqu'au payement de ces billets ou obligations (V. Obligat., nos 2413 et suiv., et M. Eug. Durand, n° 248). — Du reste, dans l'espèce de l'arrêt du 26 janv. 1854, les billets avaient été causés *valeur à valoir sur prix de cession d'office*.

338. Il y aurait évidemment novation, si le vendeur de l'office consentait à ce que le prix fût converti en mise de fonds à titre d'associé, et le privilége serait perdu (Lyon, 9 déc. 1850, aff. Mège, D. P. 51. 2. 9).

339. Nous avons vu ci-dessus n° 69, que les charges d'agréé, bien que non érigées en office, sont susceptibles de transmission par vente. Il a été jugé que leur cession emporte privilége au profit du vendeur (Rouen, 23 juill. 1846, aff. Sallambier, D. P. 46. 2. 192, et sur pourvoi, Req. 14 déc. 1847, aff. Dieutre *C.* Sallambier, D. P. 48. 1. 12).

340. Le privilége du vendeur de l'office s'étend-il au prêteur qui a fourni les deniers employés à l'achat de l'office. La loi ne le dit point (car l'art. 2103 n'attribue privilége qu'à ceux qui ont prêté les fonds pour acquisition d'immeubles), et les priviléges sont de droit étroit. Il ne suffirait donc pas que les prêteurs de deniers destinés à l'achat d'un office fissent constater, dans l'acte authentique du prêt, la destination des deniers prêtés, ni qu'ils fissent énoncer, dans la quittance pareillement authentique du prix de l'office, que le payement a été fait avec les deniers empruntés à cet effet; il est nécessaire qu'en outre ils se fassent subroger par le vendeur dans son privilége (Conf. M. Dard, p. 452 et suiv.; Eug. Durand, n° 248).— Il en serait de même de celui qui a fourni les fonds du cautionnement (M. Eug. Durand, n° 256).—Mais la caution qui a payé, acquiert, par la seule force de la loi, le privilége qui garantissait la créance cautionnée (c. nap. 2029, Conf. M. Eug. Durand, n° 253).

341. Le vendeur ou le bailleur de fonds qui a un privilége sur l'office vendu, peut céder ce privilége en subrogeant dans son droit le tiers qui le paye. Et, de son côté, le débiteur peut, en empruntant, subroger le prêteur à l'ancien créancier, sans le concours ou consentement de ce dernier (Conf. M. Dard, p. 457 et suiv.). — Il a été jugé que dans le cas où le vendeur de l'office ayant reçu de son successeur des billets à ordre causés *valeur à valoir sur le prix de l'office*, les aurait passés à l'ordre d'un tiers, le privilége existerait au profit du cessionnaire comme au profit du cédant (Metz, 26 janv. 1854, aff. Simon et aff. Bastien, D. P. 54. 2. 259).

342. La cession par le vendeur d'un office de son privilége à un tiers ne peut donner lieu contre le cédant à aucune garantie, dans le cas où le privilége aurait été éteint par le payement,... alors que le tiers était lui-même désintéressé, et que la cession du privilége était à la fois simulée et sans cause, en ce qu'elle n'avait pour objet que de faire revivre au profit du tiers, et à l'encontre des créanciers de l'acheteur de l'office, un privilége qui se trouvait éteint : par suite, la créance subrogatoire consentie par le vendeur au tiers qui, dans l'espèce, s'était fait rétrocéder partie de l'office dont il avait payé le prix au titulaire, est nulle, comme simulée et sans cause; et c'est à tort qu'on invoquerait ici le principe que le cédant est tenu de garantir l'existence de la créance (Caen, 13 fév. 1850, aud. sol., M. Jallon, pr., aff. Allard-Grandmaison *C.* Lavallée).—Ainsi précisée, cette solution était sans difficulté réelle, et, dès lors, sans intérêt scientifique; elle ne doit être recueillie que comme l'un de ces cas que la pratique amène assez fréquemment.

343. Le vendeur d'un office n'est pas responsable, vis-à-vis du tiers qu'il a subrogé dans ses droits, de la perte de son privilége, arrivée par un cas de force majeure, tel que la destitution du cessionnaire (Cass. 13 fév. 1849, aff. Lavallée, D. P. 49. 1. 40).

344. Mais, dans le cas où le vendeur d'un office a subrogé le tiers qui l'a payé, dans un privilége dénué d'existence légale, en ce que la créance qui en est l'objet résultait d'un traité secret frappé de nullité, ce vendeur ne peut échapper au recours du subrogé en excipant de la connaissance que ce dernier aurait eue de la simulation; — La preuve de cette connaissance ne pourrait, en tous cas, être faite par témoins qu'avec un commencement de preuve par écrit (Rennes, 21 juill. 1847, aff. Allard, D. P. 48. 2. 72).

345. La cession du prix de vente d'un office étant nulle, comme cette vente elle-même, lorsque le cédant a été destitué avant la nomination de son successeur, il en résulte que le cessionnaire de ce prix ne peut poursuivre l'exécution de la cession, sur la somme que le successeur, directement nommé par le gouvernement au notaire destitué, a été chargé de payer à qui de droit... encore que le choix du gouvernement se serait porté sur le candidat que ce notaire avait présenté (Lyon, 18 fév. 1847, aff. Permézel, D. P. 47. 2. 94).

346. La femme qui a stipulé dans son contrat de mariage que sa dot serait employée au payement de l'office précédemment acquis par son mari, et qu'elle aurait privilége sur cet office, peut-elle exercer ce privilége, lorsqu'il n'est pas authentiquement constaté que les deniers dotaux aient reçu l'emploi stipulé? L'affirmative a été admise par un arrêt du parlement de Paris, du 12 juin 1603. A l'appui de cette décision, M. Dard, p. 456, invoque la maxime : *in ambiguis pro dotibus respondere melius est*, et, en outre, cette considération qu'il n'a pas été au pouvoir de la femme de faire exprimer dans les quittances données par le mari l'énonciation de l'origine des deniers. Ces motifs toutefois ne nous semblent point suffisants pour faire créer un privilége en faveur de la femme.

347. Les créanciers pour faits de charge ont-ils un privilége sur le prix de l'office? Ils l'avaient sous l'ancien droit, et même ils étaient colloqués avant le vendeur. Aujourd'hui il faut se décider pour la négative, malgré l'opinion de M. Dard, dont il faut lire la dissertation dans son Traité, p. 461 et suiv., et de MM. Rolland de Villargues, vis Faits de charge, n° 26; Office, n° 404; Eug. Durand, n° 255.—Il a été décidé en ce sens que les faits de charge d'un officier ministériel, n'engendrent le privilége que sur le cautionnement, et non sur le prix de l'office (Bordeaux, 28 janv. 1864, aff. Féty, D. P. 64. 5. 258, n° 2. Conf. MM. Pont, Priv. et hyp., n° 172; Boileux, Comm. c. nap., sur l'art. 2102; Mollot, Bourses de comm., n° 562; Dict. du notar., v° Office, n° 620). — Les créanciers en effet ne peuvent invoquer en leur faveur les dispositions de l'art. 2102, § 7, c. nap., qui ne peut être étendu, puisque les priviléges sont de droit étroit. Les cautionnements sont la seule garantie offerte dans l'état actuel de la législation, à ceux qui ont des rapports nécessaires d'intérêts avec les officiers publics. Que cet état de choses soit vicieux, que les cautionnements ne soient pas assez élevés pour donner une garantie sérieuse aux créanciers pour faits de charge, cela est hors de doute, mais les tribunaux ne peuvent pas suppléer à la législation.— Ce que celle-ci ne fait pas, du reste, l'administration pourrait le faire. Dans le cas de destitution, le gouvernement a le droit, comme nous l'avons vu plus haut, de nommer directement à l'office vacant, sans même imposer à celui qu'il nomme le payement d'une indemnité. Il en résulte que, maître d'accorder ou de refuser une indemnité, il en pourrait régler l'emploi, et déclarer que les créanciers pour faits de charge seraient payés avant tous autres. Mais le ministère de la justice s'est constamment refusé à s'occuper de la distribution des deniers représentant l'indemnité; il a décidé notamment que c'est aux tribunaux exclusivement qu'est laissé le soin d'admettre ou de rejeter la demande de priviléges formés par des créanciers pour faits de charge (déc. min. just. 27 juill. 1835) (1).— L'administration se contente d'insérer dans l'ordonnance que l'indemnité sera payée aux créanciers du titulaire destitué. — Le ministère des finances paraît être entré dans une autre voie. Une ordonnance du 4 août 1826 a permis aux syndics de la faillite du sieur Royer, agent de change destitué, de présenter un successeur sous la condition que le prix de la charge serait affecté de la même manière que le cautionnement du titulaire, et d'après les mêmes règles, *à la garantie de ses opérations* (V. également une ordonnance du 31 mars 1824).—Quant aux droits des créanciers sur les cautionnements des officiers ministériels et l'ordre dans lequel ils doivent être exercés, V. Caution. de fonct., art. 5.

348. Comment se conservent les priviléges sur les offices? M. Dard fait justement observer qu'en l'absence des lois sur cette matière : « 1° il n'existe aucun moyen légal de conserver les priviléges des créanciers et les droits de propriété que des tiers peuvent avoir sur les offices; 2° que le titulaire d'un office peut en disposer au préjudice de ses plus légitimes créanciers, en recevant comptant le prix de la vente de son office, ou en dissimulant dans son traité une partie du prix; 3° qu'aucune sécurité ne peut être donnée par le titulaire d'un office au créancier avec lequel il traite, et auquel il consentirait à assurer un privilége sur son office. On ne peut, ajoute le même auteur, donner d'autre conseil aux créanciers, que de faire notifier leurs titres de créances aux chambres syndicales, et de former entre leurs mains opposition à ce qu'elles délivrent le certificat de moralité et de capacité réclamé par l'acheteur de l'office sur lequel ils prétendent exercer un privilége. Encore cette mesure ne saurait-elle leur donner une entière sécurité; car si, nonobstant une pareille opposition, même judiciairement notifiée, les chambres syndicales délivraient le certificat requis par le résignataire et si celui-ci obtenait les provisions de l'office, les opposants n'auraient aucun recours contre les chambres syndicales, lesquelles n'ont aucune attribution légale pour recevoir les oppositions. — Cependant il a été jugé : 1° que le vendeur d'un office conserve le privilége résultant de l'art. 2102 c. civ. sur le prix des reventes successives qui s'en opèrent sans son consentement exprès, lorsque la condition de ce consentement a été par lui imposée à son successeur, et qu'à chaque mutation il a fait des actes conservatoires pour assurer, autant qu'il était en son pouvoir, l'exécution de cette condition et le payement du prix (Paris, 23 mai 1838, aff. Leroux, V. n° 324); —2° Que le vendeur d'un office dont le prix est payable à terme, peut, pour la conservation de ce prix, former opposition, avant l'échéance du terme, entre les mains du second acquéreur de cet office (Paris, 1er déc. 1840 (2); Bourges, 1er mars 1844, aff. Lochon, D. P. 47. 2. 180; Amiens, 27 août 1844, aff. L..., D. P. 45. 4. 371; Paris, 26 avr. 1850, aff. Mouton, D. P. 50. 2. 148); — 3° Que le privilége est conservé par cela seul qu'avant que le nouveau titulaire se soit dessaisi du montant de l'indemnité, le vendeur a fait valoir ses droits et réclamé son privilége, par des oppositions et autres actes conservatoires (trib. de la Seine, 2e ch., 21 mars 1843, M. Durantin, pr., aff. Touzard; Req. 20 janv. 1857, aff. Leduc, D. P. 57. 1. 309).

349. Suivant un arrêt, la clause par laquelle un notaire, en cédant son office stipule que, si son cessionnaire vient lui-même à le transmettre à un tiers avant d'en avoir soldé le prix, il sera tenu de charger celui-ci, par son nouveau traité, d'acquitter directement ce qui en restera dû au premier cédant, est licite (Angers, 20 juill. 1843) (3). — Et si cette clause de délégation est supprimée dans le traité de revente, par ordre de la chancellerie,

(1) (Créanc. C...) — Me C..., notaire, destitué par un jugement du 21 mars 1833, a été remplacé par Me G. . L'ordonnance qui nomme ce dernier porte simplement qu'il devra payer une somme de 20,000 fr. aux créanciers de son prédécesseur. Comme on le voit, l'administration n'établissait, par son ordonnance, aucune distinction entre les divers créanciers du titulaire destitué. Le capital du cautionnement étant absorbé et au delà par les faits de charge, les porteurs de créances de cette nature se sont pourvus auprès de M. le garde des sceaux pour obtenir que leur privilége fût étendu à la somme consignée; mais leur réclamation a été rejetée en ces termes :

En mettant à la disposition des créanciers du sieur C... une somme égale à la valeur de son office, l'ordonnance a eu seulement pour objet de réserver à chacun d'eux le légitime exercice de ses droits; c'est aux tribunaux qu'il appartient d'ailleurs de régler la distribution de cette somme, et l'administration ne peut intervenir dans cette opération, en attribuant à certaines classes de créanciers des priviléges qui ne résulteraient pas de la nature de leurs titres.— Si la somme consignée ne suffit pas pour désintéresser ces créanciers, ils seront d'autant moins fondés à se plaindre que par le fait de sa destitution, le sieur C... avait encouru la déchéance de la faculté de présentation accordée par la loi du 28 avril 1816, et qu'on aurait pu, en conséquence, le remplacer sans attacher à la nomination de son successeur aucune condition pécuniaire.

Du 27 juill. 1835.-Décis. min. de la just.

(2) (Marc Deffaux C. Creveux.) — Jugement du tribunal de Nogent-le-Rotrou en ces termes : — « Attendu que les offices sont rangés par la loi dans la classe des biens mobiliers incorporels susceptibles d'être revendus; que leur transmission est régie par les principes généraux du droit; que de la combinaison des art. 529, 535 et 2102, § 4, c. civ., il résulte que le vendeur non payé d'un office a privilége sur le prix de sa revente; que ce privilége se trouve irrévocablement fixé sur le prix de l'office revendu par l'effet de l'investiture royale; qu'en effet, à partir de cette investiture, la charge n'étant plus entre les mains du débiteur est représentée par le prix lui-même, tant qu'il n'est pas sorti des mains de l'officier ministériel nouvellement investi; — Attendu que sur le prix de la vente faite le 1er sept. 1835 à Marc Deffaux, par Creveux, de son office d'huissier, il reste encore dû à ce dernier 25,000 fr. de principal productifs d'intérêts; — Que Marc Deffaux a revendu l'office dont s'agit à Ganivet qui lui redoit 28,000 fr., sur le prix de sa charge; — Que par exploit de Ficher, huissier à la Loupe, du 25 nov. dernier, enregistré, Creveux a déclaré à Ganivet qu'il entendait exercer son privilége sur le prix de la cession de l'office faite par Marc Deffaux, et lui a fait expresse inhibition et défenses de payer les 25,000 fr. et les intérêts en d'autres mains que les siennes; — Attendu que, encore bien que sa créance contre Marc Deffaux ne fût pas exigible, Creveux n'en était pas moins fondé à faire ses diligences et les autres actes utiles pour conserver son privilége, jusqu'à due concurrence, sur les 28,000 fr. dus par Ganivet à Marc Deffaux; — En conséquence, dit à bon droit la déclaration de Creveux, du 25 nov. dernier, contenant opposition sur Marc Deffaux entre les mains de Ganivet; déclare Marc Deffaux non recevable dans sa demande en nullité de ladite opposition. » — Appel. — Arrêt.

La cour; — Adoptant les motifs des premiers juges, confirme.

Du 1er déc 1840.-C. de Paris, 1re ch.-M. Séguier, 1er pr.

(3) (Poissault C. Richard.) — En 1838, cession par Poissault à Richard de son office de notaire à Vaas (Sarthe), moyennant 30,600 fr., payables à différentes époques. Il est fait réserve du privilége de vendeur. Le cessionnaire fournit caution et hypothèque; il s'oblige, en outre, s'il venait à céder le même office, avant son entière libération, à consentir, par son nouveau traité, une délégation au profit de Poissault de la somme qui pourrait rester due à ce dernier. Il est enfin convenu que s'il s'élevait quelque contestation entre les parties, relative à leur traité principal ou additionnel, elles renoncent à se pourvoir devant aucune autorité judiciaire, et déclarent s'en rapporter à la décision des membres de la cham-

le premier vendeur sera recevable à former une saisie-arrêt entre les mains du nouveau titulaire, encore bien que la dette de celui-ci ne soit ni échue, ni exigible, si d'ailleurs le dernier vendeur a consenti à ce que son prédécesseur pratiquât cette saisie conservatoire pour suppléer à la délégation devenue impossible (même arrêt).

350. Le prix des recouvrements vendus distinctement du prix de l'office ne peut être répété par privilége sur le prix de l'office revendu sans les recouvrements (Paris, 23 mai 1838, aff. Leroux, V. n° 324). — Lorsque les recouvrements ont été cédés et que le prix a été payé, il semble que le cédant peut avoir un privilége à exercer sur le prix de la vente de ces mêmes recouvrements, s'ils avaient été recédés par le successeur et s'ils étaient encore dûs, ce qui sera, au reste, d'une application très-rare. — Mais le privilége ne pourrait pas être exercé sur les créances ou recouvrements dûs aux successeurs, qui seraient autres que ceux qui lui ont été cédés (Paris, 8 juin 1836, aff. Rivière; V. Distrib. par contrib., n° 29; MM. Dard, des offices, p. 460, Rolland de Villargues, v° Recouvrement; Eug. Durand, n° 247).

Art. 9. — *De la mise en société des offices.*

351. Un office peut-il être mis en société? — Cette question, qui a donné lieu à de graves controverses entre les auteurs, a été examinée avec étendue v° Société, n°s 160 et suiv. Nous n'y reviendrons ici que pour compléter la jurisprudence.

352. Parmi les auteurs, il s'est élevé des dissidences sur la question de savoir si un office peut être mis en société (V. pour la validité de ces sociétés MM. Dard, Tr. des offices, p. 328 et suiv.; Bioche, Dict., 3e éd., v° Office, n° 93; Mollot, Bourses de com., 3e éd., 1853, n°s 412, 413, 813; Persil fils, Soc. com., n° 74; Malepeyre et Jourdain, Soc. com., p. 5; Alauzet C. com., n° 83; Beaussant, Code marit., t. 1, n° 410, Horson, Gaz. des trib., 30 oct. 1835; Chauveau, Journ. des av., t. 48, p. 19 et 20, année 1836, p. 90; Fremery, le Droit, 2 et 7 fév. 1838.—Contre, MM. Rolland de Villargues, Rép. dunot., v° Assoc. de not., n° 9, et Jurispr. du not., n°s 1838 et 3927; Delangle, des Soc. com., t. 1, n°s 108 et suiv.; Duvergier, Contr. de soc., n°s 59 et s.; Troplong, des Soc., n°s 88 et suiv.; Bedarride, des Soc., n° 25; Jeannotte-Bozérian, la Bourse, n°s 180 et s.; Eug. Durand, n°s 279 et s.); mais, il ne s'en est manifesté aucune dans la jurisprudence. — Les cours et tribunaux se sont unanimement prononcés contre la validité des sociétés formées pour l'exploitation des offices, à l'exception, toutefois, de celles qui ont pour objet l'exploitation des charges d'agents de change, lesquelles, par des raisons particulières, ont donné lieu à des décisions contradictoires. — Ainsi, a été déclarée nulle toute société formée pour l'exploitation 1° d'une charge de notaire (V. Société, n° 162-1°; conf. Rennes, 29 nov. 1839) (1); —

bre de discipline des notaires de l'arrondissement de la Flèche, alors en exercice, et qui jugera en dernier ressort. — Richard est nommé et entre en fonctions. — Le 29 sept. 1842, il cède son office à Gaudin, pour 40,000 fr., avec charge à celui-ci de payer sur son prix les 30,000 fr. dus à l'ancien titulaire Poissault, aux termes des précédents traités. — Le procureur du roi exige, par ordre du ministre, que la délégation contenue dans la dernière cession en soit retranchée. — Le 29 déc. même année, Richard notifie à son prédécesseur le fait du prince qui l'empêche de lui fournir littéralement la délégation qu'il lui avait promise, « le laissant libre de prendre telles mesures que bon lui semblera, et lui déclarant que s'il forme des saisies-arrêts entre les mains de Gaudin, lui, Richard, n'entend pas être passible de tous les frais qui en seraient la suite ou la conséquence. » — Le 2 janvier, Poissault a fait une saisie-arrêt entre les mains de Gaudin, successeur désigné du notaire Richard, pour sûreté des sommes privilégiées qui lui sont dues par celui-ci — La cause portée à l'audience, Richard demande le renvoi à la chambre des notaires, et, en tout cas, la nullité de la saisie-arrêt.—Le 2 mai, jugement qui, à raison du compromis inséré dans le traité de 1838, et aussi parce qu'à la date de ladite saisie, Gaudin n'avait pas encore été nommé notaire, que, par conséquent, il n'était pas débiteur du saisi, annule la saisie, et, en tous les cas, déclare Poissault non recevable.—Appel.— Arrêt.

La cour; — Attendu que Poissault n'avait point par lui-même le droit de former une saisie-arrêt entre les mains du successeur de Richard, étant de principe que cette mesure ne peut pas être employée pour une dette non échue, et qui n'est exigible qu'à un terme éloigné; mais attendu que les parties se sont trouvées placées dans une position exceptionnelle et hors des termes du compromis qu'elles avaient originairement consenti par l'effet de la signification que Richard a faite à Poissault, le 29 déc. 1842, avant la saisie-arrêt, dont le dernier paragraphe est ainsi concu : ... — Que, par là Richard a consenti que la mesure de la saisie-arrêt fût employée, mais aux conditions par lui exprimées; que, par suite, il n'avait plus le droit de contester cette saisie, mais seulement d'exiger que Poissault en payât les frais, ainsi que ceux du jugement de validité; — Que, devant le tribunal de la Flèche, Richard a eu le tort de conclure contre cette validité; que, par suite, il a occasionné une augmentation de frais et donné lieu à l'appel. — Par ces motifs, met ce dont est appel au néant; statuant à nouveau, déclare la saisie-arrêt bonne et valable; ordonne que le tiers-saisi videra ses mains en celles du saisissant, à concurrence de sa créance; — Ordonne que tous les frais, tant de première instance que d'appel, y compris le coût du présent arrêt, feront masse et seront supportés, un tiers par Poissault, et les deux tiers par Richard.

Du 20 juill. 1843.-C. d'Angers.-MM. Desmazières, 1er pr.-Duboys, av. gén., c. cont.-Freslon et Bellanger, av.

(1) (Tessier C. Girard.) — La cour; — Considérant que, par des traités passés sous seings privés entre les parties, les 3 avr. et 17 sept. 1836 et non enregistrés, une association par tiers, à partir du 1er mai de la même année, avait été stipulée entre Tessier, Simonneau et Girard dans les produits d'une étude de notaire à Nantes, dont le premier était titulaire et dont cesssion était consentie au dernier par les mêmes actes; — Qu'il résulte de ces actes, et notamment des clauses 7 et 9 de celui du 3 avr. 1836, non-seulement que, pendant toute la durée de la société, une comptabilité régulière serait tenue par un comptable *ad hoc*, au choix de la majorité des parties, pour éviter, y est-il dit, toutes discussions entre elles, mais encore que les associés s'étaient réservé le droit de vérifier les opérations de l'étude toutes les fois que bon leur semblerait; que de pareilles stipulations avaient pour effet direct d'entraver la liberté et l'indépendance de l'officier public et d'autoriser des étrangers à s'immiscer dans l'exercice de ses fonctions, puisque les associés ne pouvaient pas surveiller efficacement la comptabilité, sans explorer les actes passés par le titulaire de l'office pour s'assurer du montant des honoraires perçus par celui-ci; — Que des conventions de cette nature sont d'ailleurs incompatibles avec les graves et importantes fonctions du notariat, et auraient pour premier résultat de violer l'obligation du secret, si rigoureusement prescrite aux notaires par l'art. 23 de la loi du 25 vent. an 11;

Que si, par suite de la disposition introduite dans la loi du 28 avril 1816, la valeur résultant du droit de présentation et même les produits d'un office peuvent être considérés comme une propriété privée et sont susceptibles de toutes les transactions civiles, ce n'est que lorsque les stipulations relatives à la transmission de ces valeurs excluent toute immixtion, toute participation à l'exercice des fonctions publiques, mais que ces fonctions elles-mêmes sont du domaine public, attachées à la personne et entièrement hors du commerce; qu'elles répugnent donc à tout partage de même qu'à toute association, et que l'ordre public est essentiellement intéressé à proscrire sévèrement des conventions de ce genre;

Considérant que, par les mêmes traités des 3 avr. et 17 sept. 1836, le prix de la cession de l'office a été fixé à 180,000 fr, et même, par l'acte sous seing privé en date du 13 oct. suivant, aussi non enregistré, portant dissolution de cette société à cette époque, et conversion de l'association en une cession pure et simple en faveur de Girard, ce prix a été élevé jusqu'à la somme de 218,500 fr.; — Considérant qu'il est stipulé dans les mêmes actes que les traités particuliers passés entre parties ne devront jamais être présentés au garde des sceaux, et feront seuls loi entre les contractants; mais que, lors de l'examen de Girard, il lui sera remis un autre traité dans la forme voulue pour son admission, lequel n'aura aucune force entre les parties; que cette clause a été exécutée par un acte authentique, en date du 17 sept. 1836, enregistré le même jour, dans lequel le prix de la cession faite par Tessier à Girard a été fixé à 130,000 fr.; qu'enfin, par une clause de l'acte du 13 oct. 1836, il avait été convenu que tous les droits des contractants, relativement à la liquidation de la société qui avait existé entre eux du 1er mai précédent jusqu'à cette époque, demeureraient réservés et feraient l'objet d'un règlement de compte;

Considérant que si l'art. 91 de la loi du 28 avr. 1816 a autorisé les fonctionnaires qui y sont désignés à présenter des successeurs à l'agrément du roi, cette faculté a pu être réglée par le gouvernement, en qui réside le droit de nomination, et soumise à des conditions que réclament les besoins de la société autant que l'intérêt des candidats eux-mêmes; — Que c'est dans ce but que les instructions ministérielles ont prescrit la modération de la fixation de l'indemnité stipulée pour la transmission des offices; que le gouvernement s'est proposé de prévenir des abus préjudiciables à l'intérêt public, en établissant une juste proportion entre le prix des traités et les produits légitimes de l'emploi cédé; que la simulation pratiquée entre Girard, Tessier et Simonneau avait pour effet

2° D'une charge d'avoué (V. *eod.* n° 161; conf. Rennes, 28 août 1841 (1); Nîmes, 7 déc. 1848, aff. Simoneis, D. P. 49. 2. 203;

de soustraire au gouvernement la connaissance du véritable prix de la cession de l'étude de notaire à Nantes, faite au premier; que cette simulation porte atteinte à la prérogative royale, constitue une convention illicite, contraire à l'ordre public, et ne peut être consacrée par les tribunaux;

Considérant que le compromis passé entre parties, le 18 sept. 1837, a eu pour objet le règlement des divers comptes résultant tant de l'association qui a existé entre elles que de la vente de l'étude de notaire faite par Tessier à Girard; que, d'après les art. 1004 et 83 c. pr. civ., on ne peut compromettre sur les contestations qui concernent l'ordre public; que, dès lors, la sentence arbitrale, ainsi que l'ordonnance d'*exequatur* qui l'a suivie, doivent être annulées;

Considérant que M. l'avocat général du roi, par des réquisitions écrites et déposées, a demandé qu'il lui fût décerné acte de ses réserves, afin de poursuites disciplinaires contre le notaire Girard à raison des actes susréférés; — Sans qu'il soit besoin de s'arrêter aux moyens de nullité proposés par l'appelant contre la sentence arbitrale et l'ordonnance d'exequatur;

Réformant, déclare nul l'acte qualifié sentence arbitrale, ainsi que l'ordonnance d'exequatur qui en a été la suite; remet les parties au même état que devant; — Décerne acte à M. l'avocat général du roi de ses réserves à l'effet de poursuivre disciplinairement, à raison des actes susrelatés, le notaire Girard, et ordonne qu'à cet effet lesdits actes seront remis au greffe, de la cour pour y rester à la disposition du ministère public.

Du 29 nov. 1839.–C. de Rennes, 2° ch.–M. le Miniby, f. f. de pr.

(1) (M° N... *C.* L...) — LA COUR; — Considérant, sur l'appel incident formé par L... sur le barreau, que, par un traité en date du 30 mars 1835, L.., céda à N..., moyennant une somme de 15,000 fr., l'office d'avoué qu'il occupait à C..., et s'obligea à le mettre en possession de son étude aussitôt après sa nomination; mais que, par un autre acte portant la date du même jour et qualifié de traité additionnel, il fut stipulé, entre le cédant et le cessionnaire, outre les conventions établies dans le traité apparent, une association dont la durée fut fixée à deux ans, et qu'ils s'engageaient à tenir secrète, laquelle avait pour objet, pendant cet espace de temps, le partage par moitié de tous les profits et produits de l'étude; qu'on remarque dans ce dernier acte que, pendant l'association, l'étude devait continuer à être exercée au domicile du cédant, et qu'à son expiration, celui-ci s'interdisait toute immixtion dans les fonctions d'avoué par lui cédées;

Considérant que la loi du 28 avril 1816, en autorisant, par son art. 91, les fonctionnaires qui y sont désignés, à présenter des successeurs à l'agrément du roi, ne leur a point conféré un droit de propriété absolue sur leurs offices; que le gouvernement, auquel appartient la nomination aux emplois publics, a incontestablement le droit d'admettre ou de rejeter les candidats présentés, s'ils ne réunissent pas les qualités d'idonéité et de probité qui seules peuvent garantir à la société l'exact accomplissement de leurs devoirs, comme de s'assurer si les traités passés entre les parties intéressées ne contiennent pas des conditions trop onéreuses, et pouvant avoir pour effet de nuire à l'intérêt général, en mettant les nouveaux titulaires dans le cas de manquer aux principes de délicatesse et d'honneur qui doivent être la règle de leur conduite; que, par conséquent, tout traité occulte ayant pour objet de dérober un supplément de prix au juste et légitime contrôle du gouvernement, est nul comme contenant des conventions illicites et contraires à l'ordre public; que, d'un autre côté, une association formée pour l'exercice de fonctions publiques constitue une grave atteinte à la loi et à la morale; que ces fonctions sont du domaine public; qu'elles sont inhérentes à la personne; qu'elles confèrent à celui qui en est revêtu un caractère qui n'est susceptible ni de participation, ni de partage; que l'ordre public et l'intérêt de la société exigent donc que de pareilles stipulations soient formellement interdites;

Considérant que l'association formée entre L... et N..., par le traité secret du 30 mars 1835 susréféré, comprenait évidemment, pour le premier, le droit de participer avec son cessionnaire à l'exercice des fonctions d'officier ministériel; puisque, par une clause expresse de cet acte il s'engage à ne plus s'immiscer dans ces fonctions, à l'expiration du terme qui avait été fixé par les parties; que cette convention, outre qu'elle contenait une violation flagrante des dispositions imposées aux officiers ministériels par les lois et règlements, a eu, par la manière dont elle a été exécutée, des résultats essentiellement préjudiciables au public; qu'en effet, les produits de l'étude, que le cédant lui-même reconnaissait, en fév. 1835, n'atteindre que le chiffre de 4,000 fr., ont été portés, pendant les deux années de l'exploitation des deux associés, à la somme de 14,539 fr. 84 c., ce qui doublait, à peu de chose près, le revenu de l'office; que cette augmentation de produits était due, comme il résulte des documents de la cause, à l'exagération des mémoires, et, par conséquent, à des perceptions illicites; que l'association dont il s'agit, également contraire à la morale et à l'ordre public, est encore en opposition avec les lois spéciales relatives à la profession d'avoué; qu'en effet, d'après la loi du 27 vent. an 8, ces officiers ont exclusivement le droit de prendre des conclusions devant les tribunaux pour lesquels ils sont établis; que le fait de postulation a été dans tous les temps réprimé par des peines sévères, qui ont été renouvelées par les dispositions du décret du 19 juill. 1810; et que l'infraction commise par les parties à ces dispositions aggrave encore l'atteinte qu'ils ont portée à l'intérêt social par des stipulations aussi illicites qu'immorales; — Considérant que le règlement de compte, en date du 20 août 1837, intervenu entre N... et L..., en exécution du traité secret du 30 mars 1835, est également nul et irrégulier, puisqu'il ne fait que consacrer les résultats d'une association qui ne saurait produire aucun effet;

Considérant, sur l'appel principal relevé par N..., que l'arrêté de compte susdaté comprend, à la vérité, une somme de 1,100 fr. 60 c., indiquée comme avances personnelles à l'intimé, ainsi qu'une autre somme de 580 fr. 36 c., pour sommes diverses reçues pour lui par l'appelant; que celui-ci ne conteste pas avoir reçu ces valeurs s'élevant ensemble à 1,680 fr. 96 c.; mais qu'il résulte du même règlement que L... avait reçu de N... des sommes se montant en total à 1,981 fr. 59 c.; qu'il ne doit pas en bénéficier, même au cas où elles proviendraient des profits illégitimes d'une association illicite; qu'il y a donc lieu de compenser avec cette somme. jusqu'à due concurrence, le montant de sa créance sur l'appelant; que, par suite de cette compensation, il serait encore redevable, envers N..., d'une somme de 300 fr. 63 c.; que, par conséquent, la saisie-arrêt formalisée par L... a été faite *pro non debito*, et doit être considérée comme nulle et non avenue; qu'il prétend n'avoir point reçu en argent la valeur de N... susmentionnée, mais seulement des pièces de procédure constatant à son profit une créance de 1,981 fr.; mais que cette circonstance serait indifférente, puisqu'aux termes du traité patent du 30 mars 1835, toutes les valeurs de l'étude appartenaient à l'appelant, et qu'un long espace de temps s'étant écoulé depuis cette remise, l'intimé a dû en recevoir le montant; — Considérant qu'aux termes du même traité, l'intimé s'était engagé à remettre à l'appelant, aussitôt qu'il aurait reçu sa nomination, tous les dossiers et papiers qui dépendaient de son étude; que cependant il reconnaît en avoir retenu une partie, et que sa prétention de conserver les procédures antérieures à l'entrée en exercice de N..., ne saurait être admise, puisqu'elle est en opposition formelle avec une convention approuvée par l'autorité, et qui fait la loi des parties; qu'il est donc juste d'ordonner à l'intimé de remettre immédiatement à l'appelant tous les titres et pièces qu'il a jusqu'à présent indûment retenus;

Considérant, relativement aux dommages-intérêts réclamés par l'appelant, pour réparation du préjudice qu'il aurait éprouvé par suite de la saisie, que ce préjudice aurait son origine dans l'association illicite contractée par lui avec l'intimé, et que les torts des parties étant de même nature, il n'y a lieu d'accorder, à ce titre, aucune indemnité à l'appelant; mais que la restitution des deniers étant ordonnée par la cour, il est juste de lui accorder, sous ce rapport seulement, des dommages-intérêts, en cas de retard ou de refus de la part de l'intimé d'opérer cette remise;

Vu au surplus le réquisitoire du ministère public tendant à l'application d'une peine disciplinaire contre M° N...; — Considérant qu'il a contracté, de concert avec L..., pour l'exercice même de ses fonctions, une association également réprouvée par les lois et par la morale; qu'en le faisant, il a manqué essentiellement aux obligations imposées par les règlements aux officiers ministériels que cette association a eu des effets préjudiciables à l'intérêt public, puisque son résultat a été d'augmenter hors de toute mesure les produits de l'étude; que ces produits, évalués en 1835 à 4,000 fr., ont été portés, pendant les deux années d'exploitation commune, à une somme de 14,539 fr. 84 c.; que cet accroissement a été reconnu devoir s'attribuer à des mémoires exagérés de frais, et à des perceptions illégales; que M° N... a participé à ces profits illégitimes, comme le démontre l'arrêté de compte du 20 août 1837, et qu'il a agi sciemment, puisque, au bout de deux ans, il devait connaître les véritables produits de l'étude; que, d'ailleurs, si les mémoires servis au procès et justifiant des habitudes de perceptions illicites, ont été dressés par L..., qui dans sa position actuelle, échappe à la censure de la cour, M° N... s'est approprié ces actes, en présentant les mémoires à la taxe; qu'au surplus, s'il a fait connaître ces faits à la justice, ce n'a été que dans un but d'intérêt personnel et pour se soustraire aux poursuites du sieur L...; que d'ailleurs les explications qu'il a données à l'audience n'atténuent pas les fautes qui lui ont été justement reprochées par le ministère public; — Considérant que les fautes de discipline commises par M° N... ont été découvertes à l'audience de cette chambre, et que, par conséquent, aux termes de l'art. 103 du règlement du 30 mars 1808, elle est compétente pour statuer sur les réquisitions de M. l'avocat général du roi; — Vu l'art. 102 du même règlement ainsi conçu, etc.

Par ces motifs, etc.;—Compense, jusqu'à due concurrence, la somme de 1,680 fr. 96 c., due par N... à L..., avec celle de 1981 fr. 59 c., que celui-ci a reçue du premier; et juge que l'appelant, par suite de l'annulation du règlement de compte du 20 août 1837, et du traité se-

Req. 26 fév. 1851, même aff., D. P. 51. 1. 253; V. aussi v° Avoué, n° 207); — 3° D'une charge d'huissier (V. Société, n° 162-2°). — V. aussi D. P. 60. 2. 89, notes 1 et 2.

353. En ce qui concerne les offices d'agents de change, la question s'est trouvée entourée de plus de difficultés. — Une espèce de notoriété publique protégeait les associations pour l'exploitation des charges d'agent de change, et l'opinion qui blâme les sociétés formées pour l'exploitation d'autres offices ne se révoltait pas contre celles-là. Certains jurisconsultes même, qui reconnaissaient que l'association pour l'exploitation d'un office doit être repoussée lorsqu'il s'agit de tout autre officier public, étaient d'avis de l'admettre quand il s'agissait d'agents de change. Cela provenait de la longue tolérance du gouvernement et de la nécessité, pour l'exploitation de ces offices, de réunir des capitaux considérables. — Aussi la jurisprudence a-t-elle marqué bien plus d'hésitation que lorsqu'il s'agissait de la mise en société des autres offices (V. les arrêts cités v° Société, n°s 165 et 166). — Cependant, la cour de cassation, qui a toujours considéré comme nulles les sociétés formées pour l'exploitation des offices, n'a pas fait d'exception en ce qui touche les agents de change (Req. 15 déc. 1851, aff. synd. Mége, D. P. 52. 1. 71; V. en outre Rej. 24 août 1841, aff. Boullenois, v° Société, n° 178; Paris, 10 mai 1860, aff. Heu, D. P. 60. 2. 89; 27 mai 1862, aff. Barbaut, D. P. 62. 2. 199).

354. En présence de ces divergences et de la contradiction que présentait la jurisprudence de la cour de cassation avec la pratique des agents de change et la tolérance de l'administration, une loi nouvelle était désirée par tout le monde. — Ce vœu a été rempli par la loi des 2-4 juill. 1862 qui a modifié les art. 74, 75 et 90 c. com. (D. P. 62. 4. 71). — Cette loi décide que « les agents de change *près les bourses pourvues d'un parquet* pourront s'adjoindre des bailleurs de fonds intéressés, participant aux bénéfices et aux pertes résultant de l'exploitation de l'office ou de la liquidation de sa valeur. Ces bailleurs de fonds ne seront passibles des pertes que jusqu'à concurrence des capitaux qu'ils auront engagés » (c. com., art. 75 nouveau). — L'exposé des motifs a fait ressortir qu'il n'y avait rien là de contraire aux principes. La situation des agents de change est mixte. Comme certificateurs de l'identité des personnes et de la sincérité des signatures, comme chargés de la constatation officielle du cours des valeurs, ils sont officiers publics; mais ils ont en même temps un caractère commercial, comme intermédiaires de la négociation des effets publics et autres valeurs cotées à la bourse, et qui ressort des art. 632, 84, 89 c. com. et de la loi du 29 germ. an 9. Sous ce dernier point de vue, rien ne repousse la pensée de l'association des capitaux.—D'ailleurs, il était urgent de faire cesser la contradiction que présentait un état de choses toléré avec la jurisprudence des tribunaux et de mettre fin à une controverse dangereuse (Voy. D. P. 62. 4. 72, n° 6 et rapport, *eod.*, p. 73, n° 24).—Mais, comme nous venons de le voir, l'agent de change a le caractère d'officier public. Il fallait donc que ce ne pût être un homme de paille et que sa responsabilité ne pût s'effacer complétement. Aussi la loi dispose-t-elle que le titulaire de l'office doit toujours être propriétaire en son nom personnel du quart au moins de la somme représentant le prix de l'office et le montant du cautionnement (même art. 75 c. com.).

355. Nous venons de dire qu'aux termes de la loi, les bailleurs de fonds ne doivent être passibles des pertes que jusqu'à concurrence des capitaux qu'ils auront engagés. — Mais en serait-il autrement en cas d'immixtion de leur part. Il a été bien expliqué dans la discussion qu'on ne pouvait appliquer à cette société innomée que créait la loi les règles de la commandite; que la responsabilité ne pouvait être jamais encourue par les bailleurs de fonds. Cette interprétation nous paraît, au reste, la seule juridique (Voy. D. P. 62. 4. 76, note 2).

356. Il est évident que cette loi ne porte aucune atteinte au principe qui défend la société formée pour l'exploitation de tout autre office. Elle ne comprend évidemment qu'une exception, elle ne l'applique pas même à tous les agents de change, mais seulement aux agents de change *près les bourses pourvues d'un parquet*. C'est ce qui a été remarqué dans la discussion de la loi.

357. Devant les tribunaux, on a essayé d'établir une distinction et l'on a soutenu que s'il n'était pas permis de mettre en société la valeur vénale d'un office, au moins pouvait-on, en laissant au titulaire l'exercice de la fonction sous sa responsabilité, l'associer pour le partage des produits.— Mais cette distinction n'est pas admissible. Le partage des produits, qu'est-ce autre chose que l'exploitation en commun de la valeur vénale de l'office? L'association pour le partage des produits ne peut se former que par suite de la remise de fonds donnés pour l'acquisition du titre; ces produits sont le résultat aléatoire de la combinaison de l'industrie (c'est-à-dire de la fonction) avec les fonds versés par l'associé du titulaire. C'est donc, en réalité, une association pour l'exploitation de la valeur vénale, avec tous les dangers qu'on a signalés. — Aussi la cour de cassation a-t-elle vu là une société en participation qui, en cette matière, n'est autorisée par aucune loi (Req. 26 fév. 1851, aff. Simonels, D. P. 51. 1. 253; Req. 9 fév. 1852, aff. L...., D. P. 52. 1. 71; V. aussi Paris, 2 janv. 1838, aff. Boullenois, v° Société, n° 165-3°, et MM. Duvergier, Soc., n°s 59 et suiv.; Troplong, n°s 90 et suiv.; Eug. Durand, n° 288.

358. Mais on ne doit pas considérer comme une association illicite la convention par laquelle un titulaire aurait stipulé que son cédant se payerait de son prix par un partage des bénéfices pendant un certain nombre d'années. C'est, dans ce cas, un créancier auquel il est fait une indication de payement et non un associé (V. Société, n° 167).—Il a été décidé en ce sens que la vente ou cession de moitié d'un office (de courtier) moyennant une somme déterminée, et sous la condition que, pour l'autre moitié, le vendeur aura moitié des produits pendant un certain nombre d'années (six années), doit être entendue non en ce sens que le vendeur reste propriétaire pendant ce temps de moitié de l'office, lequel passe, dès lors, dans le domaine exclusif de l'acheteur, mais en ce sens que les produits réservés doivent être réputés faire partie intégrante du prix de vente et non de simples fruits tombant dans l'usufruit légal de la mère des enfants mineurs du cédant (Rouen, 19 juill. 1837) (1). — En tous cas, et en supposant que la clause d'une cession d'of-

---

cret du 30 mars 1835, est devenu créancier du reliquat des sommes perçues par ledit L...; — En conséquence, annule la saisie-arrêt par lui formalisée, comme ayant été faite *pro non debito;* ordonne à l'intimé de remettre immédiatement à N.,. tous les titres et pièces ayant dépendu de son étude; et faute de remise desdits titres et pièces, dans le mois de la notification du présent arrêt, le condamne à 10 fr. de dommages-intérêts par chaque jour de retard;—En troisième lieu, déclare Me N... en contravention aux lois et règlements concernant les officiers ministériels, et, pour réparation des fautes de discipline par lui commises, le condamne, pendant un mois, à la peine de la suspension à temps.

Du 28 août 1841.-C. de Rennes, 2e ch.-M. le Minihy, pr.

(1) *Espèce :* — (Mineurs Fils C. leur mère.) — Le sieur Fils, courtier d'assurances au Havre, a cédé moitié de sa charge, le 2 janv. 1827, au sieur Lahure, moyennant, 1° la somme de 105,000 fr. payables en deux parties; 2° la moitié des produits de la charge pendant six années de paix, lesquels produits étaient représentatifs de l'autre moitié réservée. — Il a été convenu que le sieur Lahure serait titulaire de la charge cédée; — Que les dépenses, frais de bureau et loyers de comptoir seraient supportés par moitié;—Que [illegible] de son travail et de ses conseils; et qu'en cas de mort de l'un ou de l'autre des deux associés, la société continuerait à exister avec la veuve du décédé; — Que, si cette stipulation se réalisait pour la dame Lahure, elle fournirait un titulaire qui se mettrait au lieu et place de son mari; et que, si au contraire, la stipulation se réalisait pour la dame Fils, elle fournirait à son choix un commis, dont elle payerait les appointements. — En janv. 1829, décès du sieur Fils, laissant deux enfants mineurs, et après avoir institué sa femme sa légataire de la portion disponible. — En 1834, la veuve Fils se remarie avec le sieur Mazens; — La tutelle est transférée à la dame Fils mère, aïeule paternelle des mineurs. — Lors de la liquidation de la succession du sieur Fils, la dame Mazens a prétendu que les 73,904 fr. montant des sommes provenant de la société entre M. Lahure et le défunt étaient, non une partie intégrante du prix de la charge, mais des fruits qu'elle avait eu le droit de percevoir, en vertu de l'art. 384 c. civ., comme usufruitière légale des biens de ses enfants. — Pour les mineurs on répondait que les produits de la société devaient être considérés comme une partie intégrante du prix de la charge, et que ce n'était qu'aux intérêts de ces [illegible] produits que la dame Mazens pouvait avoir droit. — Le 19 juin

fice, par laquelle le cédant a stipulé qu'il aurait droit au partage des produits de la charge, constitue un mode de payement illicite, cette clause ne pourrait être attaquée par le cessionnaire comme moyen de nullité de la saisie-arrêt basée sur l'obligation qu'elle contient, lorsqu'il ne l'invoque pas comme cause de nullité du traité lui-même (Bordeaux, 29 mai 1840) (1).

359. Il faut en dire autant de la convention aux termes de laquelle un officier public s'engage à payer les appointements d'un clerc en lui accordant une part déterminée des bénéfices (V. Société, n° 168). — Mais le contrat n'est valable que quand il ne gêne aucunement l'action du titulaire qui doit être le maître de renvoyer quand il lui convient le clerc ainsi rétribué (V. Req. 9 fév. 1852, aff. Lemaire, D. P. 52. 1. 70). — En général, la stipulation de dommages-intérêts à payer, en cas pareil, par le titulaire nous paraît devoir vicier le contrat, parce qu'elle gêne sa liberté. — V. cependant Paris, 10 fév. 1844, aff. veuve Lecordier, v° Bourse de com., n° 293; mais des circonstances particulières semblent avoir déterminé la cour à valider, dans l'espèce, une stipulation de dommages-intérêts.

360. Remarquons ici qu'il faut une convention expresse pour qu'une partie des bénéfices résultant de l'exploitation d'un office soit attribuée à un autre qu'au titulaire. Ainsi, on ne peut être admis à prouver qu'après la cession de son étude le précédent titulaire rédigeait les actes retenus par son successeur, et qu'ainsi c'est à lui que les honoraires étaient dus (Bordeaux, 6 janv. 1834) (2). — En principe, les revenus de l'étude ne peuvent appartenir qu'au titulaire. — Ainsi, il a été décidé que les remises proportionnelles accordées par l'art. 11 de l'ordon. du 10 oct. 1841 aux avoués poursuivant des ventes judiciaires d'immeubles, doivent, si ces avoués cèdent leurs offices dans le

---

1856, le tribunal du Havre accueille la prétention de la dame Mazens. — Appel. — Arrêt.

La cour; — Considérant que, pour faire une juste application de ce dont les sieurs Fils et Lahure sont convenus le 2 janv. 1827, il faut bien se pénétrer de toute la pensée des contractants; — Qu'il est constant que le sieur Fils, quoiqu'il ne déclarât vendre que la moitié de sa place de courtier d'assurances et se conserver l'autre moitié pendant six années de paix, se dessaisissait à l'instant même de l'intégralité de son titre sous la seule condition que l'acquéreur obtiendrait l'investiture royale; — Que le sieur Lahure ne pouvait être nommé qu'en justifiant de la démission du sieur Fils en sa faveur; que, conséquemment, il ne serait pas rationnel de dire qu'un démissionnaire resterait néanmoins propriétaire de tout ou partie d'une place qu'il n'a plus la capacité de pouvoir gérer, puisqu'il ne pourrait le faire qu'en vertu d'un titre qui n'est plus en sa possession; d'où il suit que les parties contractantes, en reconnaissant que le sieur Fils conserverait la moitié de sa place pendant six années de paix, n'ont pas entendu que la propriété de sa moitié reposerait encore pendant six années sur sa tête, mais que pendant ce laps de temps il jouirait de l'avantage de partager avec son cessionnaire la moitié des bénéfices produits par cette place; que, d'ailleurs, il résulte de la lettre et de l'esprit de la convention que le sieur Fils n'aurait pu disposer de cette moitié en faveur de tout autre que le sieur Lahure, ce dernier s'étant obligé de payer les 55,000 fr., restant de son acquisition, à l'expiration des six années de prix; — Considérant que les parties étaient convenues du prix de 105,000 fr. pour la totalité de la charge mais payables en deux fractions, la première de 50,000 fr. aussitôt l'investiture, et la seconde à l'expiration de six années de paix, et en outre que le sieur Fils partagerait pendant ces six années seulement les bénéfices produits par la charge, par moitié; — Que cette stipulation du partage des produits doit être regardée comme une augmentation du prix de la vente, et non comme les intérêts du prix resté dans les mains du cessionnaire; — Vu d'ailleurs qu'il est de notoriété qu'en 1827, le prix des charges de courtier d'assurances au Havre était à un chiffre beaucoup plus élevé qu'à celui de 105,000 fr.; qu'ainsi le sieur Fils n'a stipulé ce chiffre que sous le rapport que les bénéfices qui retourneraient à son profit pendant les six années de paix rétabliraient l'équilibre entre le prix apparent et celui effectif qu'il devait retirer de sa charge au moyen du produit de la moitié des bénéfices; — Que les produits résultant du partage des bénéfices pendant les quatre années qui ont suivi le décès du sieur Fils ne peuvent être regardés comme faisant partie de l'usufruit légal dont la veuve du sieur Fils avait droit de jouir aux termes de l'art. 384 c. civ.

Qu'au contraire les produits devaient être capitalisés chaque année, pour le capital être la propriété des mineurs, et leur mère avoir l'usufruit de ce capital au fur et à mesure qu'il se réaliserait; — Qu'il est donc rationnel de dire que la prétention des époux Mazens est erronée; qu'elle ne résulte ni des termes de la convention bien entendue, et encore moins de l'intention des parties lors que, le 2 janv. 1827, elles ont arrêté les faits qui ont servi de base à leurs conventions;

Faisant droit sur l'appel, — Réformant, déclare qu'il résulte de la convention du 2 janv. 1827, telle qu'elle est reconnue par les parties avoir été faite entre Pasques-Henri Fils et Emar Lahure; que la cession faite par le premier au dernier, de la charge de courtier d'assurances dont était titulaire au Havre Pasques-Henri Fils, a eu lieu moyennant un prix composé de deux éléments, savoir une somme fixe de 105,000 fr., payables en deux fractions, et la moitié des produits pendant six années de paix; — Déclare, en conséquence, que les produits ne sont point des intérêts des fruits civils, mais le complément du prix de la charge, c'est-à-dire des fractions de capital qui, par leur réunion avec la somme de 105,000 fr., représentent le véritable prix de la cession du 2 janv. 1827, et que les 75,904 fr. 55 c., montant de ces fractions capitalisées, appartiennent à la succession de Pasques-Henri Fils; — Ordonne que cette somme sera portée à l'actif de ladite succession, sauf l'attribution à la dame Mazens des intérêts de chaque fraction au fur et à mesure des recouvrements effectués, et ce jusqu'au 10 mai 1834, jour de son second mariage.

Du 19 juill. 1837.-C. de Rouen, 1re ch.-MM. Carel, pr.-Paillard, av. gén., c. conf.-Cheron, Senard, Deschams, et Hennequin, av.

(1) (Rebeyrolles C. Rivoire.) — La cour; — Attendu, au fond, que la clause des conventions stipulées entre Rebeyrolles et Rivoire, dans laquelle ce dernier se réserve de recevoir, pendant deux ans, la moitié du produit de l'étude de notaire vendue à Rebeyrolles, représente le mode de payement d'une partie du prix, et que, fût-elle illicite, Rebeyrolles serait non recevable à se prévaloir de sa nullité, puisqu'il ne demande pas la résolution de la vente et qu'il n'offre point d'indemniser Rivoire de la partie du prix qui en serait l'équivalent; — Attendu que Rebeyrolles ne justifie pas les payements qu'il prétend avoir faits; qu'il ne prouve pas non plus que Rivoire ait perçu des sommes dont il ne lui rendrait pas compte au mépris des conventions passées entre eux; que tout se résout en de simples allégations de la part de l'appelant; — Attendu, quant à l'offre de preuve proposée dans l'intérêt de Rebeyrolles, qu'aujourd'hui, comme devant les premiers juges, les faits sur lesquels on veut la faire porter ne sont pas suffisamment précisés, ce qui rendrait la preuve contraire impossible; — Met l'appel au néant.

Du 29 mai 1840.-C. de Bordeaux, 2e ch.-M. Gouvry, pr.

(2) *Espèce*: —(Dame Poumeau C. Rullier.) — Le 12 fév. 1817, Rullier est nommé notaire en remplacement de son père, qui s'était démis en sa faveur. Il ne fut pas dressé acte du prix et des conditions de cette transmission. Il paraît que le père continua de rédiger les actes, et que son fils leur donna l'authenticité par sa signature. — Après la mort de Rullier père, la dame Poumeau, sa fille, assigna le sieur Toussaint Rullier devant le tribunal de Cognac, pour le faire condamner à rapporter à la masse de la succession : 1° le prix de l'office; 2° le montant des honoraires relatifs aux minutes reçues depuis le 12 fév. 1817. — 25 juill. 1852, jugement par lequel le tribunal adjuge à la dame Poumeau le premier chef de ses conclusions, et rejette le second. — Appel. — Arrêt.

La cour; — Attendu que Rullier fils reconnaît lui-même que l'office de notaire dont son père était titulaire ne lui a point été transmis à titre gratuit; que, dès lors, il doit faire rapport à la succession de son père de la valeur qu'avait cet office au moment de la transmission; — Attendu que les parties n'étant pas d'accord sur le prix ni sur les conditions auxquelles la transmission a été faite, il y avait lieu d'en faire faire l'estimation par des experts; — Attendu que dès l'instant que Rullier a été investi des fonctions de notaire, il a été en droit d'en percevoir les émoluments et de réclamer les sommes que son père aurait reçues à ce titre; que, par conséquent, il a dû être admis à en faire la recherche; que s'il est fondé à se prévaloir des quittances qui auraient été données par son père, les époux Poumeau le sont également à en examiner la sincérité et à faire valoir les exceptions légitimes dont ils rapportent la preuve; — Attendu que Rullier père n'a pas eu qualité, après la cession de son étude, pour rédiger les actes qui étaient retenus par son fils, et que sa fille et son gendre ne peuvent être admis à prouver qu'il a exercé des fonctions dont les lois le rendaient incapable; — Attendu que Rullier, présent à l'audience, déclare reconnaître qu'il ne devait compenser les sommes touchées par son père, et provenant de l'étude, que jusqu'à concurrence du prix estimatif de l'office, et que telle est la décision du tribunal de Cognac; — Attendu, quant aux intérêts du prix de l'étude, que, d'après l'art. 856 c. civ., les fruits et les intérêts des choses sujettes à rapport ne sont dus qu'à dater du jour de l'ouverture de la succession; — Donne acte aux époux Poumeau de ce que Rullier reconnaît que les sommes provenant de son étude, et qu'il justifiera avoir été reçues par son père depuis que celui-ci avait cessé ses fonctions, ne devront entrer en compensation, quel qu'en soit le montant, que jusqu'à concurrence du prix estimatif de l'étude; — Met au néant l'appel interjeté par les époux Poumeau, etc.

Du 6 janv. 1834.-C. de Bordeaux, 1re ch.-M. Roullet, 1er pr.

cours de ces opérations, être attribuées à leurs cessionnaires qui ont fait procéder aux adjudications (Orléans, 12 juin 1851, aff. Vérité, D. P. 52. 2. 25).

361. Il arrive souvent que lorsque le successeur désigné d'un officier public n'a pas atteint l'âge nécessaire pour être nommé, il travaille dans l'étude de celui qu'il doit remplacer. C'est une chose convenable et utile. Mais il faut que le titulaire reste tout à fait maître de sa gestion et que le successeur désigné ne soit que son clerc. Une convention par laquelle une association s'est formée entre un notaire et son successeur désigné, jusqu'à ce que celui-ci ait atteint l'âge exigé pour être nommé, est illicite (trib. de Valenciennes, 4 août 1841) (1). — Une telle convention rend le titulaire passible de peines disciplinaires... susceptibles toutefois d'être modérées à raison de la bonne foi du notaire, lorsque cette clause d'association, au lieu d'avoir été dissimulée, a été portée dans le traité soumis au ministre (même jugement).

362. S'il a été décidé qu'il était contraire à l'ordre public qu'un office fût mis en société, il n'est pas davantage permis à des officiers publics de s'associer entre eux pour l'exploitation de leurs charges. Cette prohibition est ancienne. Un arrêt du parlement de Paris, du 8 fév. 1612, ordonna la dissolution d'une société formée entre les notaires de Beauvais pour mettre en commun leurs gains et émoluments. Des textes précis défendent aussi aux agents de change et courtiers de s'associer entre eux (arrêt du cons. 24 sept. 1724, art. 32; règl. 5 sept. 1784, art. 5, V. Bourse de com., nos 14, 293 et s.).— En effet, les officiers publics doivent être libres, indépendants dans l'exercice de leurs fonctions, et ne relever que de leur conscience. Ces sociétés sont toujours faites dans un intérêt de lucre contraire à celui des justiciables. Le principe a été appliqué aux commissaires-priseurs (Angers, 23 avr. 1842, aff. Jullien, vo Commissaire-priseur, no 50).... et aux huissiers (Riom, 5 août 1841 (2); Montpellier, 28 août 1830, aff. huiss. de L..., vo Huissier, no 128).— Conf. M. Eug. Durand, no 288.

363. En fait, et malgré les prohibitions de la loi, des sociétés ont été formées pour l'exploitation d'offices. Ces sociétés étaient nulles. Quels effets ont-elles produits? — Nous nous sommes expliqué à cet égard vo Société, nos 170 et suiv.; V. aussi *eod.*, nos 862 et suiv., et nos observations D. P. 60. 2. 89 en note (V. aussi vo Distribution par contribution, no 19). — Rappelons seulement quelques arrêts qui ont décidé : 1o que la convention de société pour l'exploitation d'un office étant nulle, le titulaire est tenu de restituer la somme qu'il a reçue de celui avec lequel il avait contracté cette société (Nîmes, 7 déc. 1848, aff. Simoneis, D. P. 49. 2. 203; Req. 26 fév. 1851, même aff., D. P. 51. 1. 253); qu'en conséquence, est valable le transport ayant pour objet la restitution de ces sommes (Civ. cass. 15 janv. 1855, aff. Margotteau, D. P. 55. 1. 5); — Mais que les intérêts n'en sont dus, sauf convention contraire, que du jour de la demande en justice, et non pas à partir de chaque versement (même arrêt); — 2o Que la nullité d'une société formée pour l'exploitation d'une charge d'agent de change laissant subsister certains droits au profit des intéressés, il n'en résulte point une fin de non-recevoir contre toute action relative à ces droits, et spécialement contre l'action de l'un des intéressés tendant à l'annulation de la cession de sa part, consentie en son nom par un tiers auquel il n'en avait pas donné le pouvoir (Paris, 10 mai 1860, aff. Aventurier, D. P. 60. 2. 94); — 3o Qu'en cas d'annulation d'une société contractée pour l'exploitation d'un office d'agent de change, la liquidation et le partage de l'actif et du passif de la communauté de fait qui a existé antérieurement à cette annulation, peuvent avoir lieu d'après les bases établies par l'acte de société annulé, les juges étant libres de rechercher dans cet acte l'intention des parties et l'origine des capitaux communs, pour en induire, comme résultat équitable des constatations auxquelles ils se sont livrés, de quelle manière et dans quelles proportions devront être répartis les bénéfices et les pertes de l'association; — Qu'ainsi les juges peuvent, sans méconnaître les conséquences légales de la nullité de la société, mettre les pertes à la charge de ceux qui eussent recueilli les bénéfices et dans la même proportion, puis répartir le reliquat de l'actif dans la mesure pour laquelle chaque intéressé a contribué à sa formation, et même ordonner le versement, réel ou fictif suivant les résultats des comptes, du complément des mises non intégralement apportées, à l'effet d'assurer aux parties intéressées l'égalité proportionnelle qui doit exister entre elles dans le partage de l'actif et du passif; — Et que les cessionnaires de parts d'intérêts ont pu être admis, de leur chef, au partage des valeurs communes, quoique ces parts leur aient été cédées contrairement aux statuts de la société, s'il est constaté qu'ils ont fait partie, du consentement de tous, de la communauté à liquider, et que leurs capitaux ont contribué à la formation du capital commun; en conséquence, ces cessionnaires n'étant pas de simples créanciers de leurs cédants, ne sont pas passibles des exceptions opposables à ces derniers (Paris, 10 mai 1860, D. P. 60. 2. 89, et, sur pourvoi, Civ. rej. 13 mai 1862, aff. Jobart, D. P. 62. 1. 338); — 4o Que la société formée pour l'exploitation d'un office d'agent de change n'ayant rien de contraire aux principes essentiels de l'ordre public, l'annulation du pacte social laisse subsister pour le passé une communauté de fait qui doit être liquidée conformément à l'intention des parties et aux règles de l'équité; que les créanciers, qui ont traité sur la foi de la constitution de la société, doivent être payés avant tout prélèvement au profit des associés, et que l'associé ne peut s'attribuer la qualité de prêteur pour réclamer la restitution pure et simple des sommes par lui versées au titulaire; mais il doit, proportionnellement à sa mise de fonds, supporter sa part dans les pertes comme il l'eût recueillie dans les bénéfices (Paris, 27 mai 1862, aff. Barbaut, D. P. 62. 2. 199). — Mais V. en sens contraire, Paris 1er mars 1850, aff. Lemaire, D. P. 50. 2. 153; 4 fév. 1854, aff. Montaud, D. P. 54. 2. 150; MM. Duvergier sur Toullier, t. 6, no 127,

(1) *Espèce :* — (Min. pub. *C.* Me Bos...) — Me Bos..., notaire dans l'arrondissement de Valenciennes, avait traité de son office, en 1839, avec l'un de ses clercs, âgé seulement de vingt-trois ans, et il avait été stipulé que jusqu'à l'époque où son successeur désigné aurait atteint l'âge exigé pour être nommé, l'étude continuerait à être gérée par Me Bos..., avec le concours de Me .....; qu'ils partageraient également les bénéfices et contribueraient en commun aux avances, l'association devant finir au jour de la nomination. — Deux ans se passèrent ainsi, et le traité de 1839 fut présenté à la chancellerie. Cette clause d'association fut avec raison blâmée par le ministre, qui enjoignit à Me Bos... de la supprimer, et de présenter un traité purgé du vice d'une telle clause. Me Bos... refusa de faire les modifications exigées et déclara rétracter son projet de vendre. — Le fait de l'association qui avait existé durant deux années provoqua les poursuites du ministère public, qui, par application de l'art. 53 de la loi du 25 vent. an 11, conclut contre Me Bos... à la peine de la suspension. — Jugement.

Le tribunal; — Attendu que la clause insérée au traité passé entre Mes Bos... et ..... contient une association qui, quoique temporaire et faite avec un aspirant et son futur successeur, est contraire à la dignité du notariat et peut engendrer des abus fâcheux; — Attendu, cependant, que son insertion ostensible dans le traité démontre la bonne foi du notaire, qui se recommande encore par vingt années d'exercice de sa profession sans reproches; — Par ces motifs, enjoint à Me Bos... d'être plus circonspect à l'avenir, et le condamne aux dépens.

Du 4 août 1841.-Trib. de Valenciennes.

(2) *Espèce :*—(Benoît *C.* Rolland.)— Une sorte de traité d'association avait été formé entre les sieurs Benoît et Rolland, seuls huissiers du canton d'Allanche, pour l'exploitation en commun de leurs clientèles. Les produits de leur travail devaient être confondus pour être ensuite également partagés entre eux. Cette convention n'ayant pas été exécutée par Rolland, Benoît l'assigna devant le tribunal de Murat. — 19 juill. 1839, jugement qui déclare le traité nul comme contraire à l'ordre public, par les motifs suivants : — « Attendu que les conventions du traité du 9 juin 1838 tendent à détruire la confiance publique, à divulguer la confiance des parties, qui, de sa nature, doit être secrète, et à compromettre dans certains cas, de la manière la plus grave, les intérêts des clients; — Attendu que les conventions insérées dans le traité susénoncé, identifient les deux huissiers de telle manière qu'ils ne font qu'une seule et même personne, et qu'au lieu de deux huissiers que le besoin du service a fait établir à la résidence d'Allanche, il n'y en aurait en réalité qu'un seul, si le traité obtenait la sanction de la justice; — Attendu que les décrets et ordonnances qui déterminent les droits et les devoirs des huissiers sont d'ordre public, et que l'on ne peut y déroger par des conventions particulières; — Attendu que les stipulations du traité, relatives au partage des émoluments, sont contraires au décret de 1813 et à l'ord. de 1822. » — Appel. — Arrêt.

La cour; — Adoptant les motifs, confirme, etc.

Du 5 août 1841.-C. de Riom, 1re ch.-M. Pagès, pr.

note *a*; Bédarride, Sociétés, t. 1, nos 125-127; Molinier, Droit commerc., t. 1, no 233, d'après lesquels il n'y a pas lieu à partage de profits et pertes; Duranton, t. 17, no 327; Pardessus, Droit commerc., no 1007; Troplong, Sociétés, t. 1, nos 102 et 105; Delamarre et Lepoitvin, Contr. de comm., t. 1, no 65, et Droit commerc., t. 1, no 51; Delangle, Soc. commerc., t. 1, no 101; Jeannotte-Bozerian, la Bourse, t. 1, no 201, qui refusent même aux associés toute action en répétition des capitaux par eux versés dans la société.

364. Lorsque le titulaire d'un office d'agent de change abandonne les produits éventuels de sa charge moyennant un émolument fixe, à un tiers qui, de son côté, s'engage à supporter les dépenses d'exploitation de l'office, les juges peuvent, après avoir annulé cette convention comme contraire à la règle prohibitive de toute association pour l'exploitation d'un office ministériel, rejeter la demande formée par l'agent de change, à fin de restitution des bénéfices versés à ce tiers, si, de son côté, celui-ci a remis à l'agent de change, en exécution du contrat et à titre d'émoluments, une somme équivalente aux produits éventuels de la charge, une telle décision ne contenant qu'un simple règlement de compte entre deux personnes respectivement créancières et débitrices l'une de l'autre (Req. 2 juill. 1861, aff. Dierce, D. P. 61. 1. 440).

365. Devant quelle juridiction doivent être portées les contestations qui peuvent surgir des sociétés illicitement formées pour l'exploitation d'un office? La difficulté ne peut s'élever à l'égard des offices autres que ceux d'agent de change et de courtier. La société formée pour l'exploitation de ces offices est purement civile et les tribunaux civils sont seuls compétents (Lyon, 29 juin 1849, aff. Cornuty, D. P. 50. 2. 155).

366. Mais s'il s'agit d'une charge d'agent de change ou de courtier, la question paraît être d'une solution moins facile. On a soutenu, d'une part, que les opérations qui ont lieu entre un agent de change et ses associés ne constituent ni une société régulière, ni un fait industriel ou commercial, mais une simple association de capitaux, fait purement civil et dont les conséquences doivent être appréciées dès lors par la juridiction commune (Paris, 2 janv. 1838, aff. Boullenois, V. Société, no 165-3o; 17 juill. 1843, aff. Chaulin, V. *eod.* no 165-1o). — D'autre part, on prétend que les relations que ces sociétés, quoique illicites, ont établies entre les parties, se rattachant toutes à des actes de commerce, les contestations survenues entre les associés doivent être portées devant la juridiction consulaire (Bordeaux, 8 juin 1853, aff. Constantin, D. P. 53. 2. 209, et les arrêts cités vo Société, no 230). — Il est difficile d'attribuer un caractère commercial à une communauté d'intérêts qu'on ne reconnaît pas comme une société légale. En effet, avant de décider si une réunion d'intérêts constitue une société commerciale ou une société civile, il faut savoir d'abord si elle constitue une société. Si cette réunion ne constitue pas de société, c'est évidemment un fait civil, dont les conséquences doivent être tirées d'après le droit commun. Le droit spécial ne peut régir que des actes formés d'après ses prescriptions (V. Compét. com., no 90). — Il n'est pas douteux, d'un autre côté, que dès que l'on reconnaît comme légale la société formée pour l'exploitation d'une charge d'agent de change ou de courtier, on doit lui reconnaître le caractère commercial (V. Règlement des agents de change de Paris, de nov. 1832).

367. Toutefois, il a été décidé que les contestations qui s'élèvent à l'occasion de la transmission d'une charge d'agent de change sont de la compétence des tribunaux civils et non des tribunaux de commerce (Rennes, 13 avr. 1859, aff. Lepontois, D. P. 60. 2. 95).

Art. 10. — *Des offices dans les successions et communautés. — De leur transmission à titre gratuit. — Comment s'exercent les droits des créanciers. — Les offices ne peuvent être vendus aux enchères.*

368. Le droit de présentation établi par la loi du 28 avr. 1816 entre dans le patrimoine du titulaire qui, comme nous l'avons vu, peut le vendre et le transmettre. Il fait donc partie de sa succession, c'est ce qui résulte des termes mêmes de la loi du 28 avr. 1816 (V. no 85). — On avait voulu entendre cette loi dans un sens beaucoup trop favorable aux héritiers des officiers publics. On pensait que l'art. 91 leur donnait un droit personnel, et qu'après la mort de leur auteur, ils ne trouvaient pas ce droit dans la succession, qu'il leur était acquis en vertu de la loi. Il en serait résulté qu'ils étaient nantis du droit de présentation, sans que les créanciers du défunt puissent considérer ce droit comme leur gage. Cette prétention était évidemment mal fondée. La loi de 1816 a voulu reconnaître seulement que le droit de présentation n'était pas personnel au titulaire et qu'il le transmettait à ses héritiers. — Ainsi il a été jugé que les héritiers bénéficiaires d'un courtier décédé ne peuvent prétendre s'attribuer sa charge au préjudice des créanciers de la succession (Rej. 22 mai 1823) (1). — On pourrait opposer à cette décision un arrêt qui a déclaré que l'indemnité imposée par le gouvernement au successeur d'un courtier appartenait à sa veuve et à ses héritiers, au préjudice des créanciers de la succession (Bordeaux, 2 juin 1840, aff. Avertin, V. no 73). — Mais il est à remarquer que, dans cette espèce, le droit de présentation avait péri entre les mains du titulaire qui n'avait pas versé le cautionnement demandé par la loi de 1816. Il ne s'était donc pas trouvé dans la succession. Dès lors le gouvernement, complétement libre de nommer qui il voulait à la place de l'officier public décédé, a pu attribuer à qui il lui a plu l'indemnité qu'il mettait à la charge du successeur. Les créanciers n'avaient aucun droit et, dès lors, aucune réclamation à faire.

369. L'héritier donataire de l'office en doit le rapport à la succession. Cela était hors de doute sous l'ancien droit (Lebrun, des Success., liv. 1, ch. 6, sect. 3, nos 41 et suiv.; Despeisses, des Success. test. et *ab. intest.*, 3e part., tit. 1, sect. 1, no 42). — Il en est de même sous le code Napoléon (Conf. Rennes, 10 déc. 1823) (2). — Le rapport se fait, non pas en nature, mais de la somme que valait l'office au moment de la donation (V. Success.,

---

(1) (N... C. N...) — La cour; — Attendu que les droits utiles comme les actions qu'on ne peut exercer qu'au nom et en qualité d'héritier d'un défunt, font partie de sa succession, sont par conséquent le gage de ses créanciers, et ne peuvent appartenir aux héritiers bénéficiaires, au préjudice de ceux-là, et avant les dettes de la succession acquittées; — Rejette, etc.

Du 22 mai 1823.-C. C., sect. req.-M. Lebeau, av. gén., c. conf.

(2) (Veuve Jézéquel C. Jézéquel.) — La cour, — Considérant en droit, sur l'appel de la dame veuve Jézéquel fils, que la loi du 28 avr. 1816 (art. 91), en accordant au titulaire des charges de notaires la faculté de présenter à l'agrément du roi des candidats pour leur succéder, a réellement créé à leur profit, comme à celui de leurs héritiers et ayants cause, l'objet d'une transaction profitable, licite et susceptible d'être évaluée à prix d'argent; — Considérant que cette faculté, bien qu'elle ne puisse ni ne doive être assimilée aux droits résultant de l'ancienne vénalité des offices, supprimée par les lois de la révolution, est néanmoins d'une trop grande importance sous le rapport de ses résultats pécuniaires pour qu'il ne soit pas conforme à la loi et à la justice de la considérer, aux termes de l'art. 843 c. civ., comme un avantage indirect et soumis à rapport de la part de l'héritier en faveur duquel elle aurait été exercée utilement, mais à titre gratuit; — Considérant, en fait, qu'il est constant au procès que le feu sieur Jézéquel père s'était démis de sa charge de notaire en faveur de feu Jézéquel, son fils, qu'il avait désigné pour son successeur; qu'une ordonnance du roi avait agréé cette désignation et nommé le fils à la place du père, lorsque la mort est venue les frapper l'un et l'autre; — Qu'il n'appert d'aucune convention écrite passée entre le père et le fils à l'occasion de cette démission; — Que, depuis le décès du fils, sa veuve a usé de la faculté accordée par la loi, en désignant elle-même, pour succéder à son feu mari, un sieur Boucher, dont elle a obtenu, par acte authentique, la somme de 12,000 fr. pour prix de cette désignation; — Qu'il résulte de ces faits que la démission du sieur Jézéquel père, en faveur de son fils, était, relativement à leurs intérêts privés, consommée à l'époque de leurs décès respectifs, et que le bénéfice de cette démission était acquis au fils, bien qu'il ne fût pas encore admis à l'exercice de sa charge; d'où il suit qu'il a été bien jugé par les premiers juges, en déclarant que la démission donnée par le sieur Jézéquel père en faveur de son fils constituait un avantage indirect, et en condamnant sa veuve, aux qualités qu'elle agit, à en faire rapport au profit des sieur et dame le Court; — Considérant en second lieu, sur l'appel de la dame Douein, veuve Jézéquel père, en fait, que l'acte du 30 déc. 1821 ne renferme pas seulement de simples énonciations, mais bien des reconnaissances formelles et positives à l'observation desquelles la

nos 1194 et suiv., 1310 et suiv.; V. aussi Pothier, la Cout. d'Orléans, intr. au tit. 7, § 4; Toullier, t. 12, no 112; M. Eug. Durand, nos 313 et suiv.),..... alors même que l'office aurait été supprimé : le rapport de l'indemnité ne suffirait pas (Conf. M. Eug. Durand, no 318). — Le rapport est dû, même dans le cas où l'héritier a perdu l'office par suite de la destitution (M. Eug. Durand, *eod.*).

370. Jugé que l'héritier d'un officier ministériel qui a été nommé en remplacement du défunt est tenu, bien qu'il n'ait pas été présenté par ses cohéritiers, de rapporter à la masse de la succession la valeur de l'office (Grenoble, 4 fév. 1837) (1).

371. Il y avait sous l'ancien droit une différence notable entre les offices de judicature et les offices auxquels il n'y avait pas de dignité annexée, comme les offices de finance et les pratiques de procureur. Si c'était un office de judicature possédé par le père et qu'il l'eût donné estimé à son fils, quand il s'agissait du rapport, il s'en fallait tenir à l'estimation, pourvu qu'elle fût conforme au prix de l'acquisition ou au-dessus. Les offices de finance et autres qui n'avaient pas de dignité annexée ne pouvaient être donnés par le père que pour leur juste valeur (Rousseaud de la Combe, vo Office, sect. 2, no 6). — Cette jurisprudence prouve, comme nous l'avons remarqué plus haut, que les jurisconsultes avaient accepté plus facilement le principe de la propriété des offices ministériels que le principe de la propriété des offices de judicature. Les offices ministériels étaient dans ce cas-ci parfaitement assimilés aux autres biens. — Aujourd'hui, l'administration exige que, dans les traités portant cession de l'office à titre gratuit, les parties insèrent une estimation de la valeur de l'office donné (décis. min. 22 nov. 1828; 8 juill. 1835, V. M. Greffier, p. 46). Mais il n'est pas douteux que les cohéritiers peuvent être reçus à prouver que le prix pour lequel l'office a été donné est au-dessous de sa juste valeur (Conf. M. Eug. Durand, no 316).

372. Toutefois, il a été jugé que lorsqu'il n'apparaît d'aucun acte que le prix d'un office ait été déterminé avant l'investiture du titulaire, des tiers, fût-ce même des cohéritiers, ne sont pas fondés à demander qu'il soit fixé par les tribunaux, pour arriver, par exemple, à la détermination des lots et de la part afférente à l'héritier investi de l'office du défunt..., alors surtout que les cohéritiers ont laissé écouler près de trente années sans former aucune demande au sujet de cet office, ce qui doit faire supposer que des arrangements ont été passés entre eux à ce sujet (Caen, 22 mars 1851, aff. Gohyer, D. P. 52. 2. 86). — Cet arrêt ne contrarie en rien les principes que nous avons ci-dessus posés, relativement au rapport dû par l'héritier, de la valeur de l'office qui lui a été donné; il est tout en fait et décide que, dans l'espèce, il était présumable qu'il n'y avait pas eu donation, mais transmission à titre onéreux. Cette présomption, que l'arrêt fait prévaloir, résulte surtout de ce que le gouvernement n'a pas dû nommer le successeur sans que des conventions relatives à la transmission lui aient été produites.

373. Si, malgré la prescription de l'administration, le prix n'a pas été fixé dans l'acte, ou si le prix fixé est contesté par les héritiers, comment se déterminera la valeur réelle de l'office? — Il a été jugé à cet égard : 1o que pour déterminer le prix d'un office de notaire à rapporter à la succession par l'un des héritiers nommé en remplacement du défunt, mais sans avoir été présenté par ses cohéritiers, on doit prendre en considération, soit l'éventualité de la suppression d'un office de notaire dans le canton et l'obligation de la translation de résidence à laquelle le nouveau titulaire a été soumis, soit les dépenses faites par cet héritier pour la conservation de l'office dans la famille (Grenoble, 4 fév. 1837, aff. Servant, V. no 370); — 2o Que l'évaluation d'un office de notaire (pour en déterminer le prix dans une succession) a pu être faite d'après le quart du revenu des actes multiplié par 20, c'est-à-dire au taux de 5 p. 100 (Agen, 27 juill. 1843) (2). — On a vu, *suprà*, no 205, que les bases adoptées par l'administration pour l'évaluation des offices est toute différente (V. aussi M. Durand, no 319).

374. Lorsqu'un cohéritier est en possession de l'office de

---

dame Doueín s'est librement obligée; — Considérant, en fait, que la dame Douein n'établit aucun fait de dol, fraude ou violence qui puisse fonder sa demande en restitution; — Considérant d'ailleurs, en droit, que dans la supposition même où la démission faite par le père au profit de son fils dût être considérée, relativement à sa veuve, comme une quotité de mobilier puisée dans la communauté, pour l'établissement du fils commun, les art. 1422 et 1439 c. civ., en autorisant expressément cette disposition du père de famille, la mettent en totalité à la charge de la communauté et astreignent l'épouse à en supporter la moitié sans récompense ou indemnité : d'où il suit qu'il a été bien jugé par les premiers juges en rejetant la demande de rapport formée par la dame Jézéquel mère : — Par ces motifs, dit, etc.

Du 10 déc. 1823.-C. de Rennes, 5e ch.-M. Duporzou, pr.

(1) *Espèce :* — (Me Servant C. les consorts Gallix.) — En 1833, les héritiers Gallix ont fait assigner, devant le tribunal de Valence, Me Servant, notaire, leur frère et beau-frère, pour le faire condamner à rapporter à la masse de la succession de M. Gallix père la somme de 28,000 fr., valeur de l'office de notaire dépendant de la succession de ce dernier, duquel office Me Servant est en possession, sauf à prélever sur cette somme la part revenant à son épouse, comme l'une des cohéritières de M. Gallix père. — 29 juill. 1834, jugement qui condamne, en effet, Me Servant à rapporter à la succession Gallix, du chef de sa femme, la valeur de l'office de notaire du sieur Gallix père, mais ordonne qu'à l'effet de liquider cette indemnité, les parties se retireront devant la chambre de discipline des notaires, pour prendre son avis tant sur la valeur de l'office lui-même que sur les frais qui peuvent être alloués à Me Servant, pour avoir conservé cet office dans la famille. — Les motifs de ce jugement sont : que l'ordonnance qui nomme Me Servant notaire à la résidence de Chanos-Curson porte que c'est en remplacement du sieur Gallix, notaire à Mercurol, décédé; — Qu'il résulte de ce document que l'office du sieur Gallix n'a pas été supprimé, mais qu'il a été transféré de Mercurol à Chanos-Curson, ce que n'empêchait point la loi du 25 vent. an 11, puisque, d'une part, le nombre des notaires de Tain ne dépassant pas le maximum, aucune extinction d'office n'était nécessaire, et que, d'autre part, l'art. 4 de cette loi attribue au gouvernement le droit de fixer la résidence des notaires; — Que, dès lors, la délibération par laquelle il est prétendu que la chambre des notaires avait demandé la réduction des offices du canton de Tain, au nombre de trois, n'avait pas reçu l'homologation du gouvernement, ou du moins que le gouvernement aurait jugé que la réduction ne pouvait s'opérer que sur l'un des offices fixés au chef-lieu du canton; — Qu'aux termes de l'art. 91 de la loi du 28 avr. 1816, les héritiers Gallix avaient le droit de présenter un candidat pour succéder à l'office de leur père, et d'exiger de ce candidat le prix de cette présentation; — Que si le sieur Servant a été nommé sans que les héritiers Gallix aient usé de leur droit, c'est qu'étant lui-même, du chef de sa femme, l'un des cohéritiers, il a formé sa demande à ce titre, et qu'au surplus il serait contraire à l'équité et à la jurisprudence qui s'est établie depuis la loi de 1816, de lui attribuer sans prix une chose qui est dans le commerce, et dont ses cohéritiers n'ont pas eu l'intention de lui faire don; — Que nulle fin de non-recevoir ne saurait résulter, à cet égard, des divers actes de liquidation de succession qui ont eu lieu entre les parties, car le défaut de réserve ne fait pas périmer un droit certain; — Qu'enfin, l'indemnité qui est due à la succession Gallix par le sieur Servant ne peut pas être appréciée en l'état, et qu'il y a lieu d'ordonner que les parties se retireront devant la chambre des notaires, à l'effet de débattre leurs prétentions contraires et prendre son avis, par application de l'art. 2 de l'arrêté du 12 nivôse an 12. — Appel. — Arrêt.

La cour; — Attendu qu'en renvoyant à la chambre des notaires, pour avoir son avis sur le prix de l'office de Gallix, le tribunal lui a donné nécessairement la faculté d'examiner les causes qui devaient déprécier cet office et notamment l'éventualité de la suppression d'un notaire dans le canton et l'obligation de la translation de résidence de Mercurol à Chanos-Curson; qu'il en a été de même de l'appréciation des frais que Servant a faits ou dû faire pour la conservation de l'office de notaire dans sa famille; que ces frais comprennent non-seulement les dépenses, mais encore les sacrifices de tout genre que Servant s'était imposés à cet effet; — Attendu qu'il n'a été question, devant le tribunal, que de l'appréciation de la question de savoir si le prix de l'office serait apporté à la succession et nullement de savoir la part que chacun des héritiers Gallix aurait à prendre sur le prix; que dès lors la question ne peut être de spéculation présente; — Adoptant, au surplus, les motifs du jugement dont est appel, confirme.

Du 4 fév. 1837.-C. de Grenoble, 4e ch.-M. de Noaille, pr.

(2) *Espèce :* — (Lafourcade C. Moulezun.) — Lafourcade, ancien notaire, décédé, avait cédé son office à l'un de ses fils. Des difficultés s'élevèrent entre ses enfants sur la valeur pour laquelle cet office devait entrer dans la succession. Le tribunal de Mirande ordonna une expertise, et les experts établirent ainsi l'évaluation de l'office : — « Pour parvenir autant que possible, disaient-ils, à connaître la valeur de l'office, nous avons pris pour terme moyen le chiffre de deux cent-cinquante actes, que nous avons portés à un produit annuel de 2,500 fr., quoiqu'il y eût toujours des actes de non-valeur. Cela établi, nous avons suivi le mode pratiqué dans les principales villes du royaume, et notam-

l'auteur commun, par suite d'un acte de cession où aucun prix n'est porté, et que rien ne fait présumer que des arrangements eussent eu lieu entre eux, l'office doit être estimé à la valeur qu'il avait à l'époque de la transmission pour le prix être rapporté à la succession, et les intérêts du prix qui sera arbitré devront être rapportés du jour de l'ouverture de la succession (Bordeaux, 6 janv. 1834, aff. Poumeau, V. n° 360).

375. Il importerait peu que le cohéritier eût été nommé à une autre résidence que celle de son auteur, lorsqu'il résulte évidemment de l'ordonnance de nomination que l'étude de l'auteur commun n'a point été supprimée, mais a été transférée dans la résidence où l'héritier a été nommé (Grenoble, 4 fév. 1837, aff. Servant, V. n° 370).

376. Il résulte d'un arrêt que, en cas de contestation sur la valeur d'un office dont le rapport est demandé, le tribunal chargé de fixer cette valeur peut bien prendre l'avis de la chambre de discipline de l'arrondissement, ou ordonner une expertise, mais il ne peut faire dépendre le règlement de cette valeur uniquement de l'appréciation faite par cette chambre (Nancy, 9 mars 1832) (1). — M. Eug. Durand, n° 316, objecte avec raison contre cette décision que, d'après l'art. 868 c. nap., l'évaluation de l'office, à défaut d'estimation dans l'acte de cession, doit être faite par expert, et que c'est la seule manière légale de procéder. Le tribunal ne peut être appelé à faire lui-même cette évaluation que si les héritiers contestent l'appréciation des experts.

377. De ce que les offices sont meubles (V. n° 316), s'ensuit-il qu'ils tombent dans la communauté? et quels sont les droits des époux et des héritiers sur le prix des offices? — V. Contrat de mariage, nos 631 et suiv., 2374 et suiv., 2591. — Il a été jugé sur ce point que lorsqu'un père s'est démis de sa charge en faveur de son fils, l'épouse du père ne peut, lors de la dissolution de la communauté, réclamer la moitié du prix de l'office; mais que ce prix formant une partie du mobilier de la communauté, prise pour l'établissement du fils, doit rester en entier à la charge de la communauté, sans que la mère puisse en réclamer aucune partie (Rennes, 10 déc. 1825, aff. Jézéquel, V. n° 369).

378. Le droit de présentation étant dans le patrimoine du défunt, il semble incontestable qu'on puisse le transférer à titre gratuit. Cela n'a pas été mis en doute par tous les auteurs qui se sont occupés des offices depuis la loi de 1816. — Mais lorsqu'on veut appliquer les dispositions du code Napoléon concernant les donations entre-vifs à la transmission à titre gratuit du droit de présentation, on rencontre des difficultés presque inextricables.

379. Quel sera d'abord *l'instrument* nécessaire pour la validité de la transmission à titre gratuit du droit de présentation. — Le ministre de la justice s'est toujours refusé à nommer sur la production d'une donation faite en la *forme authentique*, en se fondant sur ce qu'il ne doit point admettre un titre irrévocable, qui engage le titulaire envers le successeur désigné, quelle que soit la décision du gouvernement (décis. min. juin 1852, V. M. Rolland de Villargues, Jurispr. du not., t. 25, p. 579). — M. Dard, dans son Traité des offices (p. 357), veut établir une distinction. Selon lui, lorsque la transmission à titre gratuit est suivie immédiatement de l'ordonnance de nomination du successeur par lui désigné, la démission suffit, mais il en est autrement, et un acte formel et authentique de donation est nécessaire quand le donateur, sans se dessaisir actuellement de son office, veut en assurer la propriété à son auteur (Conf. M. Eug. Durand, n° 271). — Cette distinction ne repose sur aucun motif rationnel.— Reste toujours la question de savoir si la transmission du droit de présentation peut, lorsqu'elle est faite à titre gratuit, résulter valablement de la simple démission du titulaire. — Cette forme de donation a été considérée comme valable par la cour de cassation. — Ainsi, il a été jugé que l'art. 91 de la loi du 28 avr. 1816, n'assujettissant les présentations qu'elle autorise à aucune forme déterminée, il s'ensuit qu'elles peuvent être faites par une simple lettre ou de toute autre manière, et spécialement que les héritiers d'un courtier qui, quelques jours avant son décès, a, par une simple lettre, présenté son secrétaire à la nomination du gouvernement, ne sont pas fondés à prétendre que la présentation, emportant le droit de percevoir les émoluments attachés à la place, est un bien appréciable à prix d'argent, et que, par conséquent, pour être valable à leur égard, elle devait être faite dans la forme des actes translatifs de propriété, c'est-à-dire par vente, donation ou testament (Req. 8 fév. 1826) (2). — V. à l'appui de ce système l'art. 8 de la loi du 25 juin 1841. — On comprend quelle est la portée de

---

ment à Paris : c'est de prendre le quart du revenu présumé et d'en former un capital. D'après ce mode, il est évident que, le produit annuel présumé étant de 2,500 fr., le quart est de 625 fr., formant un capital de 12,500 fr., valeur que nous donnons à l'office de M. Lafourcade à l'époque de son décès. » — Ce rapport fut homologué par jugement du 25 janv. 1842, « Attendu que la somme fixée par les experts paraissait être en rapport avec le prix ordinaire des notariats dans l'arrondissement, et avec le nombre d'actes que passait annuellement le sieur Lafourcade, base sur laquelle s'étaient fondés les experts. » — Appel. — Arrêt.

La cour ; — Adoptant les motifs des premiers juges, confirme.

Du 27 juill. 1843.-C. d'Agen.-M. Tropamer, 1er pr.

(1) *Espèce :* — (Devillez C. Barthélemy.) — Décès du sieur Devillez, notaire. Son fils succède à sa charge, sauf à en rapporter le prix à la masse. — Sur les contestations qui s'élèvent pour le fixer, jugement du tribunal de Verdun, qui décide que cette somme sera déterminée par une délibération de la chambre des notaires de l'arrondissement de Verdun. — Appel. — Arrêt.

La cour ; — Attendu que si, pour fixer la valeur de l'office de notaire dont Joseph-Nicolas Devillez était titulaire en 1816, les premiers juges pouvaient ordonner une expertise ou prendre l'avis de la chambre des notaires de l'arrondissement, ils n'ont pu cependant faire dépendre uniquement de son appréciation le règlement de cette valeur, et lui déférer à cet égard une sorte d'arbitrage.

Du 9 mars 1832.-C. de Nancy.

(2) *Espèce :* — (Ross fils C. Duverdier.) — Ross, courtier maritime et d'assurance, interprète des langues du Nord à Bayonne, s'était adjoint, à titre de commis ou secrétaire, le sieur Duverdier fils.—Le 7 juin 1823, Ross présenta à M. le préfet la lettre suivante : « Désirant donner une preuve de ma satisfaction pour les services que m'a rendus le sieur Duverdier, interprète des langues allemande, hollandaise et anglaise, pendant le temps qu'il a travaillé sous mes ordres, en usant du droit que me donne l'art. 91 de la loi du 28 avr. 1816, j'ai l'honneur de vous présenter le sieur Duverdier comme mon successeur, dans la transmission de mon brevet, en le soumettant, toutefois, à remplir les formalités voulues par la loi du 29 germ. an 9, conformément à ce que prescrit l'ordonnance royale du 3 juill. 1816. Daignez, etc. » — Six jours après, Ross décède, laissant un fils, Guillaume Ross, qui, aussitôt, demande au ministre de l'intérieur à être nommé à la place devenue vacante par la mort de son père. Sur cette demande et sur celle de Duverdier, le ministre a renvoyé les deux prétendants devant les tribunaux civils : « Attendu, porte la lettre ministérielle, que la place de courtier maritime est considérée comme une propriété; que le sieur Duverdier se présentant comme cessionnaire, et Guillaume Ross comme héritier de son père, c'est à l'autorité judiciaire qu'appartient le droit de décider sur la validité de leurs prétentions. »

Le 24 mars 1824, jugement du tribunal civil de Bayonne, qui déclare Ross non recevable dans sa demande. Il a considéré que la présentation de Duverdier à la place de courtier de marine avait été faite par Ross père, titulaire de cette place, conformément à l'art. 91 de la loi du 28 avril 1816; que cette présentation avait été régularisée, aux termes et en conformité du prescrit de l'art. 2 de l'ord. du 3 juill. suivant, par l'attestation favorable des juges de commerce; qu'ainsi toutes les formalités écrites dans la loi avaient été remplies, et que Duverdier avait un droit incontestable et acquis pour se présenter à la nomination du gouvernement, en qualité de successeur de Ross père; qu'inutilement Ross fils s'efforce d'attaquer ce titre en prétendant que, son père étant décédé avant que la nomination de Duverdier ait eu lieu, sa présentation doit être considérée comme non avenue, et que le droit ou la faculté de l'exercer, conformément à l'art. 1 de l'ordonnance précitée, retombe dans le domaine de la succession, et qu'en sa qualité de fils du titulaire, il est fondé à user de ce droit; que, pour qu'une pareille prétention pût avoir quelque fondement, il faudrait que Ross père eût révoqué la présentation avant sa mort; que, ne l'ayant pas fait, il demeure certain qu'il avait définitivement usé de la faculté à lui attribuée par l'art. 91 de la loi du 28 avr. 1816.

Appel, et, le 15 juill. 1824, arrêt confirmatif de la cour de Pau qui adopte les motifs des premiers juges, et considère, en outre, quant aux conclusions subsidiaires de Ross, que c'est mal à propos qu'il veut assimiler la place de courtier de marine aux anciennes charges vénales, puisque les lois ne mettent plus dans le commerce les offices de cette espèce en y attachant un prix comme autrefois; qu'enfin Ross père, en disant, dans sa lettre du 7 juin 1823, vouloir donner à Duverdier une preuve de satisfaction pour les services qu'il lui avait rendus pendant

cette décision; elle met la transmission des offices à titre gratuit en dehors des conditions imposées aux donations entre-vifs.

380. Les difficultés ne sont pas moindres lorsqu'il s'agit de l'application des autres dispositions du code. Ainsi, on ne peut considérer la donation d'un office comme *irrévocable*, puisqu'elle ne peut avoir effet: 1° que par un acte dont peut s'abstenir le donateur, à savoir la présentation; 2° que par le consentement d'un tiers, c'est-à-dire le gouvernement qui peut refuser la nomination du donataire. — Cela est si vrai qu'il a été jugé qu'une donation faite en contrat de mariage par un oncle à son neveu est faite sous la condition de la nomination par le gouvernement, et ne peut avoir d'effet si cette nomination n'a pas lieu; que, dans ce cas, c'est aux héritiers du donateur et non au donataire qu'appartient le droit de présentation (Caen, 14 juin 1833) (1). — La donation d'un office, serait-elle faite par voie de simple démission, ne jouirait même pas du caractère d'irrévocabilité que le code Napoléon considère comme étant de l'essence des donations entre-vifs (c. nap. 944); car le titulaire peut retirer sa démission tant que son successeur n'est pas nommé, et il dépend seulement du gouvernement que ce retrait soit ou ne soit pas accordé (V. n° 84).

381. De là il suit que la donation d'un office, de quelque manière quelle ait eu lieu, ne peut constituer autre chose qu'une promesse de démission, promesse qu'il est toujours libre au donateur de remplir ou de ne pas remplir : seulement, dans ce dernier cas, il est passible de dommages-intérêts (Conf. M. Eug. Durand, n° 272). — Ainsi il a été jugé que la donation d'un office, avec promesse de démission à réaliser ultérieurement, ne confère au donataire, jusqu'à sa présentation au gouvernement, aucun droit de propriété sur cet office ni sur sa valeur : elle constitue une simple obligation de faire, donnant lieu seulement à des dommages-intérêts, en cas d'inexécution (Civ. cass. 11 nov. 1857, aff. Bouvier, D. P. 57. 1. 417, et sur renvoi Aix, 31 mars 1859. — Conf. Civ. cass. 4 janv. 1837, aff. Jourdan, V. Contr. de mar., n° 380); — Que par suite, si le droit de présentation est exercé au profit d'un autre que celui à qui la promesse avait été faite, le prix de la cession n'appartient point à ce dernier, mais fait partie du patrimoine du promettant, et est, dès lors, le gage de ses créanciers (même arrêt du 11 nov. 1857). — Dans l'espèce de l'arrêt de 1857, la cour de Nîmes, dont l'arrêt était déféré à la cour de cassation, avait accordé au donataire le prix de l'office; et au premier aspect, cette solution semblerait en tous points conforme aux principes que la jurisprudence a établis en matière de cession d'office. En effet, pourrait-on dire, si les titulaires d'office ne sont pas propriétaires purs et simples de leurs charges, s'ils n'ont pas même le droit d'en régler, à leur gré, la transmission, ils sont, du moins, maîtres de la valeur, ou, en d'autres termes, de la *finance* de cette charge, telle qu'elle a été fixée par le gouvernement. La mesure des droits qu'ils ont sur elle est déterminée par la loi commune. Lorsqu'un traité de cession, revêtu de la sanction de l'autorité, l'a réalisée dans leurs mains, ils peuvent librement disposer de cette valeur, comme de tous leurs autres biens.

---

le temps qu'il avait travaillé sous ses ordres, a suffisamment exprimé le prix qu'il mettait à cette transmission et ses intentions à ce sujet; que, dès lors, Ross est mal fondé à demander que Duverdier soit condamné à lui payer la valeur de la place de courtier maritime.

Pourvoi de Ross: — 1° Violation de l'art. 91 de la loi du 28 avr. 1816 et de l'art. 1 de l'ord. du 3 juill. suivant. Si le droit de présentation, dit-on, forme une propriété véritable, il s'ensuit qu'il doit, quant à sa transmission, subir les mêmes formalités et être assujetti aux mêmes règles que toute autre propriété. Ainsi, la cour de Pau, qui a décidé qu'une simple lettre peut faire acquérir le droit de présentation, a méconnu les principes les plus simples de la matière. — 2° Violation des dispositions du code civil, relatives aux formalités des donations entre-vifs. — Arrêt.

La cour; — Attendu que Ross était autorisé, par l'art. 91 de la loi du 28 avr. 1816 à présenter son successeur à la place qu'il occupait; — Que le demandeur en convient; mais il ajoute, et c'est son unique moyen de cassation, que cette présentation, emportant le droit de percevoir les émoluments attachés à la place de courtier de marine, devait être faite dans la forme des actes translatifs de propriété, c'est-à-dire par vente, par donation entre-vifs ou par testament; — Attendu que la présentation qui fait l'objet du litige n'étant ni un acte bilatéral ni une disposition à cause de mort, les lois qui règlent les formes des ventes, des donations et des testaments, lois sur lesquelles repose la demande en cassation, étaient étrangères à la cause; que, par conséquent, la cour royale ne peut pas les avoir violées; — Attendu que la loi de 1816, qui autorise les fonctionnaires qu'elle désigne à présenter leurs successeurs au gouvernement, n'assujettit ces présentations à aucune forme déterminée, et qu'elle n'attache leur efficacité qu'à une seule condition, celle de l'idonéité du candidat; — Rejette.

Du 8 fév. 1826.-C. C., ch. req.-MM. Henrion, pr.-Vallée, rap.

(1) (Brunest C. Barbé.) — La cour; — Considérant que les appelants ne contestent plus le caractère gratuit de la disposition relative au notariat de Julien Barbé, insérée dans l'art. 14 du contrat de mariage de François Barbé, et qu'ils ne présentent maintenant à l'examen de la cour que le point de savoir si cette disposition est pure et simple, ou subordonnée à la condition que François Barbé pourra être pourvu dudit notariat; — Que dans l'art. 14 précité, Julien Barbé a déclaré vouloir que François Barbé, son neveu, soit son successeur dans son office et place de notaire, et qu'il n'a pas ajouté que, lors même que François Barbé ne pourrait parvenir à se faire nommer, il entendait lui transmettre le droit de présentation du nouveau candidat (a).

Considérant que, si François Barbé n'obtient pas le certificat de capacité requis, et que, par cette raison ou par toute autre, le titre de notaire ne lui soit pas conféré par le gouvernement, le droit de présentation du successeur de Julien Barbé doit rester à sa succession; car de ce qu'il dispose de sa charge au profit de son neveu, pour que celui-ci lui succède et perpétue en quelque sorte son nom dans l'exercice de la fonction de notaire, il ne s'ensuit pas nécessairement qu'il ait voulu donner à ce même neveu la valeur de cette charge, dans le cas où il lui serait impossible de la remplir; — Que, quand les termes de la clause du contrat de mariage, à cet égard, seraient susceptibles de se prêter à quelque argument, tous les doutes seraient levés par l'interprétation que les parties elles-mêmes y donnèrent par leur conduite postérieure; — Qu'en effet, il n'est pas méconnu que François Barbé, ayant payé, ou pris l'obligation de payer une somme de 5,000 fr. à Philippe Contilly, notaire à Brény, pour obtenir la suppression de l'office de ce dernier, afin de rendre plus avantageux le notariat de Julien Barbé, a fait souscrire audit Julien Barbé un acte portant que, pour le cas où, pour une cause quelconque, son neveu ne se trouverait lui succéder, comme notaire, il lui assurait ladite somme de 5,000 fr. sur la valeur de son office, à la cessation de ses fonctions, sans que les autres biens de lui Julien Barbé puissent en être passibles; — Que cet acte suppose évidemment qu'arrivant la circonstance où le neveu ne serait pas admis à remplacer son oncle, la charge de notaire ne cesserait pas de faire partie du domaine de celui-ci, puisqu'il n'y avait que dans cette hypothèse qu'il y eût besoin de l'affecter à l'assurance des 5,000 fr. en question; car, si le droit de présentation était acquis au neveu, l'acte devenait inutile, vu que les 5,000 fr., qui ne pouvaient jamais être pris sur les autres biens de Julien Barbé, devaient rester au compte de François Barbé, comme propriétaire de la valeur de l'office, dans l'intérêt duquel il les avait déboursés; — Que François Barbé n'étant donc fondé à réclamer l'office dont il s'agit qu'à la charge de remplir la condition d'y être nommé, à laquelle il est soumis, il est juste de lui donner les moyens d'y parvenir en lui accordant un délai raisonnable pour se faire délivrer le certificat de capacité requis à cet effet;

Considérant, en ce qui touche l'avantage et le bénéfice des minutes, que Julien Barbé, en déclarant, dans l'art. 14 du contrat de mariage susmentionné, vouloir que son neveu soit son successeur dans son office et place de notaire, c'est-à-dire dans son notariat, a manifesté clairement l'intention de faire passer à François Barbé, non-seulement le titre de notaire, mais encore tout ce qui composait le notariat, c'est-à-dire les minutes, qui en constituent l'un des accessoires les plus importants; qu'il s'ensuit que, si ledit François Barbé est définitivement pourvu de ladite charge, les minutes devront lui être délivrées comme devant en suivre la transmission; — Par ces motifs, déclare que Barbé n'a que le droit d'être présenté personnellement comme successeur au notariat de son oncle, et non celui de présenter un autre titulaire; — Accorde acte aux appelants de leur consentement à la présentation dudit François Barbé; dit que, pour pouvoir en profiter, il sera tenu de représenter, dans le délai de neuf mois, à partir de ce jour, le brevet de capacité à ce nécessaire; — Ordonne que, dans le cas où il obtiendrait sa nomination, les minutes devront lui être remises comme accessoires du notariat, etc.

Du 14 juin 1833.-C. roy. de Caen.

(a) Voici le texte de la clause litigieuse : « La loi permettant aux notaires de désigner leur successeur, Me Julien Barbé, notaire à la résidence de la Chappelle-Urée, ici présent, voulant donner des preuves de son amitié au futur, son neveu, déclare que son intention est que ce dernier soit son successeur dans son office et place de notaire, c'est-à-dire dans son notariat, et, dans le cas où il viendrait à s'en défaire de son vivant, il ne le fera et ne donnera sa démission qu'en faveur dudit sieur François Barbé, son neveu. »

Pourquoi n'auraient-ils pas la faculté de la donner, même avant ce traité? — La cour de cassation n'a pas admis cette doctrine. — A ses yeux, la valeur vénale d'un office reste la propriété du titulaire, et *demeure partie intégrante de ses biens*, tant que le titre repose sur sa tête; s'il en pouvait être autrement, l'indépendance de l'officier serait compromise par les recherches ou poursuites que les simples ayants droit privés seraient autorisés à exercer sur l'office, en même temps que le droit de contrôle exercé par le gouvernement sur la transmission des offices, et les conditions de cette transmission seraient gênées et paralysées au grand préjudice de l'ordre public. — C'est en plaçant ainsi la question sous l'empire des principes d'ordre public dont s'est si fortement inspirée sa jurisprudence antérieure, que la cour a ramené le contrat litigieux à une simple promesse de démission, constitutive d'une obligation de faire. L'inexécution de cette obligation ne pouvait plus, dès lors, donner lieu qu'à une simple créance de dommages-intérêts à exercer contre le promettant et qui se trouvait soumise au concours des autres créanciers de ce dernier (V. n° 145).

382. Supposons maintenant que la nomination faite par le gouvernement en conformité du désir du donateur, ait consolidé la charge entre les mains du donataire. Comment appliquer les dispositions de la loi aux termes desquelles les donations entre-vifs sont en certains cas frappées de *révocation?* Qu'arrivera-t-il par exemple en cas de survenance d'enfant? Le titulaire donataire est saisi du droit de présentation qui ne peut lui être enlevé. — On dit que sur son refus de rétrocéder l'étude, il y aura lieu à des dommages-intérêts (V. M. Eug. Durand, n° 273). Mais voilà le droit de faire annuler l'acte de donation et de *ressaisir la chose* transformé en une simple créance, si le recours en dommages-intérêts est admis. Mais encore quand cette créance pourra-t-elle s'exercer contre le donataire? Nous savons que rien ne peut être fait directement ou indirectement pour contraindre le titulaire d'un office à s'en démettre. Ce sera donc une créance qui sera payée sur le prix de la charge quand l'office sera vendu, et alors quelle sera la position de celui qui exerce le droit prévu par l'art. 960 c. nap. en présence des autres créanciers? où trouvera-t-il un privilége?

383. Enfin, le code Napoléon permet de stipuler dans les donations entre-vifs le *droit de retour*. Or le gouvernement ne consentira jamais à nommer un donataire avec stipulation du droit de retour, car il veut que le droit de présentation, dans l'intérêt de l'indépendance et de la dignité de l'officier public, soit complétement libre entre ses mains, et qu'il puisse le transmettre ainsi qu'il avisera (décis. min. just. 13 juin 1835; M. Eug. Durand, n° 265).—Et si la clause du droit de retour n'est pas connue du gouvernement, elle sera nulle (Conf. Nîmes, 20 mars 1855, et sur pourvoi Req. 27 nov. 1855, aff. Poise, D. P. 56. 1. 28; V. *eod.* nos observations sur cet arrêt.— *Contrà*, trib. de Nîmes, 15 nov. 1854, même aff., D. P. 55. 5. 298).— Mais supposons, par impossible, que le gouvernement ait consenti à la stipulation du droit de retour. Comment s'exercera-t-il? Comment s'appliquera l'art. 952 c. nap.? Les diverses transmissions d'office auront évidemment consolidé le droit de présentation dans les mains des successeurs, et le droit accordé par cet article sera vain. — Aussi un arrêt a-t-il jugé d'une manière absolue que le droit de retour ne peut être stipulé au profit du donateur dans l'acte de donation d'un office (Nîmes, 20 mars 1855, aff. Poise, D. P. 56. 1. 28. — Conf. M. Eug. Durand, n° 272). — Il en sera de même dans le cas de *révocation* par suite d'inexécution des conventions.

384. Mais si le droit de présentation d'un office ne peut être l'objet d'un pacte de retour, au moins pourrait-on stipuler ce retour à l'égard du *prix* à provenir de l'exercice du droit de présentation supposé maintenu au donataire ou à ses héritiers? Ici la stipulation ne frapperait plus que la finance de l'office, isolée de la faculté de présentation; elle laisserait intacte l'application des principes qui concernent la transmission de l'office envisagé en lui-même; en effet, le titulaire, ou ses héritiers et ayants cause conserveraient le droit de présentation, et quant aux tiers qui deviendraient ultérieurement cessionnaires de l'office, ils n'auraient point à s'enquérir d'une condition de retour qui grevant, non l'office cédé, mais une somme d'argent, ne peut attribuer au donateur qu'une simple créance opposable seulement au donataire ou à ses héritiers.— Il a été décidé en ce sens que la réserve stipulée par le donateur d'un office du droit de retour de cet office, en cas de prédécès du donataire, est valable en tant qu'elle s'applique à *l'indemnité* représentant la valeur de l'office; et que cette réserve emporte celle du droit de présentation du successeur du donataire (trib. civ. de Nîmes, 15 nov. 1854, aff. Poise, D. P. 55. 5. 298). — Mais ce jugement a été infirmé sur l'appel (Voy. D. P. 56. 1. 38), et l'arrêt de la cour de cassation, du 11 nov. 1857, paraît être en opposition avec cette doctrine (V. n° 381).

385. Le droit de présentation peut-il être *légué?* L'affirmative ne paraît pas douteuse (Conf. M. Rolland de Villargues, Dict. not., n° 72); seulement, le legs est subordonné à la condition de l'agrément de l'autorité : il ne renferme que l'indication d'un successeur, dont le choix, sans cette disposition du testateur, appartiendrait aux héritiers, d'après la loi du 28 avr. 1816. Si le gouvernement refuse l'investiture au successeur désigné, le legs est nul; l'héritier ne doit pas même l'estimation de l'étude ou de la charge léguée.

386. Mais comment ce legs s'exécutera-t-il? Le légataire d'un office, dit M. Dard, p. 399, pour s'en faire mettre en possession, doit demander aux héritiers ou au légataire universel la délivrance, non de l'office, mais de la procuration *ad resignandum* à l'effet de présenter un successeur au titulaire décédé. — En cas de refus des héritiers, ils devraient être condamnés à remettre cette procuration ou à présenter à l'agrément du roi telle personne désignée par le légataire de l'office, sinon à payer à celui-ci une certaine somme à titre de dommages-intérêts. Le tribunal pourrait même décider que, faute par les héritiers de fournir la procuration ou de faire la présentation dont il s'agit, le jugement tiendra lieu de cette procuration ou présentation. Le gouvernement se conformerait sans doute à cette décision. Ce cas diffère de celui où, l'office n'étant pas vacant, le tribunal prétendrait en dépouiller le titulaire en déclarant que son jugement tiendra lieu de la démission de celui-ci (Conf. M. Eug. Durand, n° 277).—On voit quelles difficultés se présentent encore ici, et comme elles sont incomplétement résolues. Qui pourra contraindre le gouvernement à considérer comme présentation le jugement du tribunal qui déclarerait en tenir lieu. Remarquons bien que le tribunal pourrait ne pas la faire, cette présentation; c'est un acte personnel, et si le tribunal se met au lieu et place du testateur, il faut qu'il examine s'il doit faire la présentation; il ne peut avoir dans ce cas un rôle passif.— En réalité, pour que la disposition testamentaire fût exécutable, il faudrait que le testateur léguât l'office sous condition de nomination, et qu'il déclarât que dans le cas de non-nomination, la valeur de l'office appartiendrait au légataire.

387. L'office dont le testateur était pourvu, ou pour lequel il avait le droit de présenter un successeur, se trouve-t-il compris dans le legs qu'il a fait de *ses biens meubles* ou de *son mobilier*, ou de ses *effets mobiliers?* Nous ne pouvons admettre que s'il ne résulte pas des termes du testament que l'office est légué, on puisse le considérer compris dans les termes ci-dessus. Il serait impossible de croire qu'un notaire dont l'étude vaut 500,000 fr. l'eût transmise sous cette appellation générale. Cependant on objectera que les biens sont meubles ou immeubles, et que si l'office n'est pas compris dans les termes ci-dessus, il faudra donc le considérer comme immeuble (M. Dard, p. 395). A cela on peut répondre que la règle d'interprétation des termes d'une disposition de l'homme, aussi bien que la règle de la distinction des biens, doit céder devant l'intention du testateur, qu'elle soit implicitement ou explicitement exprimée. — M. Eug. Durand, n° 323, pense au contraire que l'office doit être compris dans le legs du mobilier, à moins qu'il ne soit *avéré* que le testateur n'a pas entendu le mot *mobilier* avec toute l'étendue qu'il a dans son sens légal.

388. Le legs de l'office comprend la clientèle et les accessoires (M. Eug. Durand, n° 276).—En conséquence il a été jugé que la clause portant qu'il est dans l'intention du titulaire d'un office qu'un individu désigné soit son successeur *dans son office et place de notaire, c'est-à-dire dans son notariat*, doit être réputée comprendre les minutes de l'étude (Caen, 14 juin 1833, aff. Brunest, V. n° 380). — Mais une telle disposition ne doit pas être réputée comprendre les recouvrements (MM. Duranton, t. 9, n° 237 ; Eug. Durand, *loc. cit.*).

389. Dans les inventaires, on n'estime pas, on mentionne seulement les offices (M. Durand, n° 305), le prix ne pouvant être définitif qu'après que le traité passé entre les héritiers et le candidat présenté par eux a été agréé par le gouvernement. — V. Scellés et inventaire, n° 217.

390. Comment les *créanciers* des officiers ministériels peuvent-ils exercer leurs droits. — Il est évident qu'ils ne peuvent faire procéder à la saisie de l'office et en provoquer la vente. — Un office ministériel ne peut être vendu aux enchères publiques. Il n'en était pas ainsi sous l'ancien droit ; l'office vénal était susceptible d'être saisi et vendu : considéré comme immeuble quand il était saisi, il était vendu avec les solennités du décret. « Mais tout ainsi, dit Loyseau, que l'office est une espèce d'immeuble anomale et impropre, aussi la façon de ces décrets est anomale en quelques rencontres; car lorsque les solennités des décrets ordinaires n'y peuvent être accommodées, il les faut suppléer par d'autres particulières : et peut-on dire que c'est un chef-d'œuvre de pratique, que faire bien le décret d'un office. » Il faut remarquer cependant que l'office ne pouvait pas être vendu en justice au delà de la fixation portée aux rôles généraux (édit. de 1771, art. 16, et arrêt du parlement de Paris, 12 avr. 1782, rapporté par Guyot, Ancien rép., v° Office, p. 319).—Il n'est pas douteux, sous le droit nouveau, que les offices ne peuvent être ni saisis ni vendus à la requête des créanciers (Conf. Caen, 12 juill. 1827 ; Limoges, 10 nov. 1830 (1); Amiens, 24 avr. 1845, aff. Crépin *C.* Flers, D. P. 45. 2. 107). — Les offices ne sont pas dans le commerce; l'intérêt de la société s'oppose à ce que, par suite d'une enchère, un adjudicataire se trouve investi d'une délégation des pouvoirs publics, et d'ailleurs le gouvernement ainsi qu'il en a le droit pourrait, en refusant la nomination, toujours rendre vaine l'adjudication (V. dans ce sens M. Dard, Code des offic. min., 214, 492 et suiv. ; Duvergier, de la Vente, t. 1, n° 208, et des Sociétés, n° 59, *ad notam.*; Bloche et Gouget, v° Office, n° 15; Eug. Durand, n° 259). — On a cité comme contraire à

---

(1) 1re *Espèce :* — (Dussaulx *C.* Tissot.) — La cour; — Considérant que la question à juger dérive de la faculté créée par l'art. 91 de la loi sur les finances du 28 avr. 1816; — Que, suivant cet article, les fonctionnaires y dénommés, et spécialement les huissiers, peuvent présenter à l'agrément de Sa Majesté des successeurs, pourvu qu'ils réunissent les qualités exigées par les lois; — Que cette faculté n'a pas lieu pour les titulaires destitués ; — Qu'il doit être statué, par une loi particulière, sur l'exécution de la disposition autorisée, et sur les moyens d'en faire jouir les héritiers ou ayants cause desdits officiers ; — Que ladite faculté de présenter des successeurs ne déroge point au droit du roi de réduire le nombre des fonctionnaires ; — Que Dussaulx ayant acquitté le supplément de cautionnement auquel il était tenu en sa qualité d'huissier près le tribunal civil de Lisieux, sur le pied de la fixation portée en l'état n° 8, annexé à la loi citée, il a été investi de la faculté créée par l'art. 91 de la loi ; — Mais que, postérieurement et dans l'ordonnance royale du 21 mai 1823, contenant nomination confirmative des huissiers attachés audit tribunal, il ne se trouve point compris au nombre des huissiers conservés ; — Qu'à la faveur de l'art. 3 de cette ordonnance et des dispositions du décret du 14 juin 1813, Dussaulx est resté sans qualité et sans caractère public, et a été tenu de cesser ses fonctions; — Que, par décision de S. G. le garde des sceaux, un délai d'un mois a été accordé à Dussaulx pour disposer de sa commission; que n'ayant pas profité de ce délai, il en obtint un second de pareil durée, dont il n'a pas usé plus que du premier ;—Que les décisions ministérielles ont été signifiées à Dussaulx, à la requête du procureur du roi de Lisieux ; — Que, dans cet état, il paraît que Dussaulx est complétement déchu, quant à présent, de sa commission d'huissier et du droit de présenter un successeur ; — Que cependant, si la déchéance des fonctions semble résulter expressément des termes de la loi et des décrets et ordonnance, il n'y a pas la même certitude sur la révocation de la faculté concédée, attendu que Dussaulx n'a pas été nommément destitué, et que ce n'est pas à la cour à juger si, sous ce rapport, il est incapable d'être relevé de la déchéance ;

Que, d'un autre côté, suivant le § 2 de l'art. 91 cité, il doit être statué par une loi particulière sur l'exécution de cette disposition (le droit de présentation), et sur les moyens d'en faire jouir les héritiers ou ayants causes desdits officiers; mais que cette loi n'a point encore été promulguée ; que, légalement parlant, les héritiers et ayants cause n'ont encore que l'expectative d'un droit promis et non acquis; qu'ils n'en possèdent aucun par eux-mêmes, tant qu'ils n'ont pas fait régulièrement juger que celui du titulaire vivant a passé sur leur tête; — Que, dans l'espèce, Dussaulx n'est point décédé, et qu'il n'a été décidé ni judiciairement ni administrativement que Tissot fût subrogé à son droit ; — Que c'est donc à tort que ce dernier a fait annoncer, par affiches publiques, la vente de la soi-disant charge d'huissier de Dussaulx, et a fait des diligences pour y parvenir; — Qu'en France, les offices ne sont plus vénaux ni héréditaires; — Que les art. 1108, 1128 et 1590 c. civ. résistent aux prétentions de Tissot et les interdisent ; — Qu'aucune place à la nomination du roi n'est dans le commerce ; — Que, dans le fait, si le droit de présentation peut être rendu à Dussaulx, son exercice ne lui appartient plus quant à présent ; — Qu'il appartient encore moins à Tissot; — Qu'il y aurait les plus grands inconvénients à laisser subsister des actes dont l'abus conduirait à voir des ayants droit et des créanciers vrais ou supposés faire afficher et mettre en vente des places d'officiers ministériels qui n'appartiennent point propriétairement aux titulaires, dont le roi ne concède que les fonctions, et qui se réduisent, lorsqu'elles deviennent vacantes, à une simple présentation que le gouvernement est libre d'agréer ou de repousser ; — Confirme.

Du 12 juill. 1827.-C. de Caen, aud. sol.-M. Delorme, pr.

2e *Espèce :* — (Duvignaud *C.* Delavergne, etc.) — En 1828, Duvignaud père donna sa démission de notaire en faveur de son fils, sans stipuler de prix. Après le décès de Duvignaud père, son fils, qui n'avait accepté la succession que sous bénéfice d'inventaire, poursuivait sa nomination; mais les créanciers de son père formèrent opposition entre les mains du syndic de la chambre des notaires, à la délivrance de tout certificat de capacité, et d'autres saisies-arrêts entre les mains de Duvignaud fils ; ils demandèrent enfin la vente aux enchères de l'office de notaire. Le 4 mai 1829, jugement du tribunal de Cambon, qui l'ordonne ainsi.— Arrêt.

La cour ; — Attendu que le droit de présentation d'un successeur, accordé aux officiers ministériels, par la loi du 28 avr. 1816, et celui qui en dérive, de stipuler les conditions de cette présentation, constituent un droit de propriété ; mais que ce genre de propriété, modifié par la loi même qui l'a créé, en ce sens qu'il ne peut se transmettre qu'aux successeurs agréés par le roi et réunissant les qualités requises, et qu'il ne peut être exercé par le fonctionnaire destitué, doit rester, en outre, soumis à toutes les modifications qui dérivent de sa nature, et peuvent être commandées par l'ordre ou l'intérêt public ; — Qu'un droit de propriété, susceptible de telles modifications, ne peut être considéré comme une propriété ordinaire, et se régir en tout par les règles du droit commun ;

Attendu que les créanciers de la succession Duvignaud ont été fondés à saisir-arrêter, entre les mains du fils héritier bénéficiaire, les sommes que celui-ci pouvait devoir à cette succession, et s'opposer à la délivrance du certificat de capacité à toute personne qui pourrait se présenter pour succéder aux fonctions du père, jusqu'à règlement de leurs créances sur le prix dont elle serait reconnue débitrice ; que ces actes, tendant à atteindre le montant de l'indemnité due par le fils ou par tout autre successeur, était essentiellement dans les droits des créanciers ; mais que, dans l'état actuel de la législation, le droit lui-même de présentation ne peut être saisi et mis aux enchères ; que l'art. 91 de la loi de 1816 n'accorde nommément ce droit qu'aux titulaires ; qu'à défaut de la loi qui doit déterminer les moyens d'en faire jouir leurs héritiers ou ayants cause, on conçoit qu'après le décès du titulaire, l'héritier, et même, à son défaut, le créancier, usent d'un droit qui, par cela seul qu'il existe, ne peut pas rester stérile pour eux ; mais que l'ordre public est essentiellement intéressé à ce que le droit de succéder, sauf l'agrément du souverain, à l'exercice d'une partie de la puissance publique, ne devienne pas l'objet d'une concurrence, où la dignité des fonctions serait trop souvent sacrifiée à des considérations d'intérêt ; qu'on ne pourrait, au surplus, l'exposer aux enchères que par le moyen d'une saisie-exécution, dont on ne saurait le considérer comme susceptible, puisque ce mode de saisie ne peut s'exercer que sur des meubles corporels ; que les créanciers du sieur Duvignaud l'ont si bien senti qu'ils n'ont même pas employé ce mode d'exécution ; qu'ils se sont bornés à empêcher l'exercice du droit et à saisir-arrêter l'indemnité ou le prix; que le droit était, au surplus, devenu personnel à Duvignaud ; que, comme donataire, il n'en devait le rapport qu'à ses cohéritiers : que, comme héritier bénéficiaire, la séparation de ses droits d'avec ceux de la succession le protégeait plus efficacement encore contre toute action des créanciers, tendant à ressaisir le droit lui-même ;

Attendu que l'offre faite par lui de leur payer l'indemnité qui serait réglée par la chambre des notaires, dispense d'examiner la question de savoir si, en cette double qualité de donataire et d'héritier bénéficiaire, il pouvait s'affranchir du payement de cette indemnité, et si la démission faite en sa faveur était ou non frauduleuse ;— Attendu que l'estimation de cette indemnité faite par la chambre des notaires présente à toutes parties les garanties nécessaires à la conservation de leurs intérêts ;— Emendant, etc.

Du 10 nov. 1830.-C. de Limoges.-M. Martin-Chantagru, pr.

cette doctrine un arrêt de la cour de Colmar, du 29 mai 1835; mais cet arrêt juge une tout autre question (V. n° 92). — La chambre des députés a été amenée, par suite d'une pétition, à donner son avis sur ce point, et elle a décidé que le gouvernement ne devait pas tolérer qu'un office fût vendu par adjudication publique (ch. des députés 22 fév. 1840, V. *suprà*, n° 55). — Par les mêmes raisons, la remise des minutes d'un notaire ne peut se faire par voie d'adjudication aux enchères.— V. Notaire, n° 376.

391. Si les offices ne peuvent être saisis, il en est autrement des bénéfices qu'ils produisent; ainsi, par exemple, les parts qui, dans certaines corporations d'officiers ministériels, sont attribuées à chacun des membres de la corporation sur les fonds versés dans une caisse commune, peuvent être saisis-arrêtés entre les mains du trésorier chargé de recevoir ces fonds. Pareillement, les frais dus à un officier public peuvent être frappés de saisie-arrêt.

392. Il importe aux créanciers du titulaire d'un office, dès qu'ils ne peuvent contraindre leur débiteur à vendre cet office, d'exercer du moins des actes conservatoires de leurs droits. En conséquence, s'ils craignent que le débiteur ne vende son office à leur préjudice, ils peuvent faire connaître leurs créances à la chambre syndicale et requérir que cette chambre, à laquelle, en cas de vente de l'office, le traité est ordinairement communiqué, interpose ses bons offices pour assurer le payement de leurs créances sur le prix de vente (Conf. M. Eug. Durand, n° 260).— Cette opposition vaut au moins comme avertissement à la chambre syndicale, pour qu'elle impose au successeur l'obligation d'employer au payement de la créance le prix de la vente et pour lui refuser jusque-là un certificat d'admission (Bourges, 31 mai 1826 (1). V. dans le même sens Limoges, 10 nov. 1830, aff. Duvignaud, ci-dessus, n° 390).

393. Nous avons vu, *suprà*, n° 92, que lorsque le titulaire est décédé, ses créanciers ne peuvent pas être subrogés aux héritiers pour présenter un successeur; mais nous avons dit aussi que, dans la pratique, ils pouvaient s'adresser au ministre de la justice pour faire contraindre les héritiers à cette présentation.

ART. 11. — *De la révocation des titulaires d'offices.*

394. Nous avons, dans le cours de ce traité, considéré les officiers publics au point de vue principalement de la transmission des charges; nous avons vu ce que c'était que le droit de présentation, comment ou par qui il pouvait s'exercer, quel prix on y pouvait mettre, comment il pouvait être transmis. — Considérés sous un autre rapport les officiers publics sont des délégataires du pouvoir public : leurs droits et leurs devoirs sous ce dernier point de vue ont été tracés aux divers traités du Répertoire qui leur sont consacrés : nous n'avons pas à nous en occuper. Nous voulons examiner seulement ici leur position relativement à la durée de leurs fonctions, et rechercher si les titulaires d'office peuvent être révoqués et par qui ils peuvent l'être. La raison indique que si des officiers publics, chargés des intérêts des justiciables, trahissent ces intérêts, soit par incapacité, soit par prévarication, leurs fonctions ne doivent pas leur être conservées. Ils sont donc destituables : cela résulte des termes précis de la loi du 28 avr. 1816, qui refuse aux officiers publics destitués le droit de chercher un successeur. — Mais qui peut prononcer leur révocation?— Quant aux notaires, un texte formel attribue aux tribunaux seuls, statuant par jugement, le droit de les destituer (V. Notaire, n°s 728, 852).— Les greffiers sont révocables à la volonté du gouvernement (V. Greffier, n° 127).— Quant aux autres officiers ministériels, aucun texte de loi ne donne aux tribunaux le droit de les destituer, et il résulte clairement de la combinaison des art. 102 et 103 du décret du 30 mars 1808 avec la loi du 28 avr. 1816, que c'est au gouvernement seul qu'appartient le droit de prononcer leur destitution. Cela n'est pas nié; mais la question est de savoir si la destitution peut être prononcée sans qu'elle ait été provoquée par les tribunaux.

395. Il est d'abord nécessaire de constater que le gouvernement n'a jamais prétendu qu'il eût le droit de révoquer les officiers ministériels hors les cas prévus par le décret de 1808, c'est-à-dire qu'il n'a jamais prétendu assimiler les officiers ministériels à ceux de ses agents qu'il peut révoquer à volonté. Il reconnaît qu'il ne peut exercer le droit de révocation que dans le cas où des torts graves leur sont reprochés dans l'exercice de leurs fonctions. C'est ce que le garde des sceaux a formellement reconnu dans la discussion qui s'éleva, en 1822, à la chambre des députés, à l'occasion de la destitution de Comte, avoué à Joigny. Sur ce point aucun doute ne peut s'élever.

396. Maintenant, lorsque des torts graves ont été reprochés aux officiers ministériels, le gouvernement peut-il les destituer sans que la destitution ait été provoquée par les tribunaux? — Pour soutenir que le gouvernement ne peut destituer les officiers ministériels que sur la provocation des tribunaux, ce qui revient à peu près à dire qu'à l'autorité judiciaire seule appartient le droit de destitution, on rappelle que, sous l'ancienne monarchie, le principe de la vénalité des offices avait fait décréter l'inamovibilité des officiers ministériels, lesquels ne pouvaient être privés de leur charge que pour forfaiture préalablement jugée (ord. du 21 oct. 1467, de mars 1672, de juill. 1690 et de déc. 1743), et qu'il en doit être ainsi depuis la loi du 28 avr. 1816, qui a virtuellement rétabli pour ces officiers la vénalité des charges abolie par l'assemblée constituante; — Que le droit de révocation *proprio motu*, dont use le gouvernement, est contraire à toutes nos constitutions, qui déclarent abolie la peine de la confiscation des biens; — Que ce droit de révocation est un droit rigoureux, et qu'il ne saurait résulter que d'un texte formel; qu'en effet, pour que les greffiers fussent révocables, il a fallu que l'art. 92 de la loi du 27 vent. an 8 le dit explicitement; — Qu'il en doit être des officiers ministériels comme des notaires, lesquels ne peuvent être suspendus ni destitués, conformément à l'art. 53 de la loi du 25 vent. an 11, qu'en vertu de jugement; — Que l'art. 103 du décret du 30 mars 1808, où le gouvernement prétend puiser son droit absolu de révocation, porte bien, il est vrai, que les décisions prises par les tribunaux en matière de discipline contre un officier ministériel, seront transmises au garde des sceaux, par l'intermédiaire du procureur général, *pour que la destitution soit prononcée s'il y a lieu*; mais que cet article a une corrélation nécessaire avec l'art. 102, s'explique par lui, et que de la combinaison de ces deux articles, il résulte que la destitution ne peut jamais être prononcée qu'autant qu'elle a été provoquée par les tribunaux.

397. Cette argumentation, toute spécieuse qu'elle est, n'est pas convaincante. Il faut d'abord écarter la raison puisée dans la législation d'avant 1789, qui ne permettait la destitution d'un

(1) *Espèce :* — (Jarry C. Me Binet.) — 28 août 1825, Jarry, créancier du notaire Binet, fait saisie-arrêt, sur le cautionnement de celui-ci, entre les mains du ministre des finances. — 6 septembre suivant, il forme opposition entre les mains du syndic de la chambre des notaires, pour que Me Binet, démissionnaire, ne puisse présenter et faire recevoir son successeur avant de s'être libéré. — Cette opposition est dénoncée à Me Binet, qui est assigné en validité. — 20 janv. 1824, le tribunal de Cosne annule l'opposition. — Appel. — Arrêt.

LA COUR; — Considérant que les notaires étant propriétaires de leurs offices, le prix qui en peut provenir est le gage de leurs créanciers; — Que ce prix se compose, non pas seulement du cautionnement qui est dans les mains du gouvernement, mais de tout celui que l'opinion, la force de l'étude et le cours peuvent produire, et qui, dans certains cas, peut être dix fois, vingt fois plus considérable que le cautionnement; que, si les créanciers étaient réduits à n'avoir pour gage que le cautionnement, son insuffisance serait souvent la cause de leur ruine, tandis que le notaire profiterait, à leur préjudice, de tout l'excédant du prix; que la chambre de discipline est gardienne de l'honneur du corps, et dès lors peut, dans l'intérêt des tiers, mettre obstacle aux abus de tous genres qui peuvent s'y introduire; — Que l'opposition du 6 septembre, entre les mains du syndic de la communauté, n'a pas pour objet d'empêcher Binet de vendre son office, mais seulement est un avertissement donné à la chambre pour imposer, par mesure de discipline, à son successeur, l'obligation d'employer en payement de ses créanciers tout ou portion du prix de la vente, et de lui refuser jusque-là un certificat d'admission; — Emendant, déclare l'opposition valable, etc.

Du 31 mai 1826.-C. de Bourges.-M. Sallé, 1er pr.

officier public que pour forfaiture préalablement jugée. Cette législation n'existe plus. Il était tout simple, lorsque de la vénalité des offices était découlée la propriété héréditaire de ces charges, qu'il fallût un jugement pour dessaisir le titulaire. Maintenant il n'en est pas ainsi ; le droit de présentation seul est accordé aux titulaires des offices, et si la jurisprudence a considéré que ce droit était dans le commerce, il ne s'ensuit pas que la vénalité des charges ait été établie. La législation qui régissait cette vénalité n'est donc pas en vigueur. — On invoque nos constitutions qui s'opposent à la confiscation des biens. Avec cet argument on pourrait soutenir que les condamnations à des amendes considérables et des dommages-intérêts prononcés par les tribunaux criminels sont de véritables confiscations, car elles amènent souvent la vente des biens des condamnés et leur ruine. Il faut bien comprendre la portée du principe constitutionnel en vertu duquel la confiscation a été abolie. Il s'agit seulement de la confiscation comme peine, mais jamais il n'a fallu en conclure que tout jugement, comme toute mesure, qui pourrait causer un tort pécuniaire plus ou moins grand à un justiciable fût entaché de confiscation. D'ailleurs cet argument irait trop loin, car ceux qui s'en servent ne vont pas jusqu'à soutenir que les officiers ministériels ne peuvent pas être destitués; or il y aurait toujours confiscation dans ce système, lors même que les tribunaux prononceraient. — Mais l'art. 92 de la loi du 27 vent. an 13 dit que les greffiers peuvent être révoqués à volonté; elle ne le dit pas des autres officiers ministériels. Outre que les rédactions incomplètes de nos lois sont trop fréquentes pour qu'on puisse tirer toujours des arguments sérieux du rapprochement des textes, il est évident qu'il y avait nécessité pour la loi de s'expliquer nettement à l'égard des greffiers, car les greffiers sont membres des cours et tribunaux. Il était nécessaire d'expliquer qu'ils ne seraient pas protégés, comme les juges, par l'inamovibilité, et de les assimiler, quant à l'amovibilité, aux membres du ministère public. — Mais les notaires, dit-on, ne peuvent être destitués que par des jugements? Cela est vrai, mais il existe une disposition de loi spéciale à cet égard, et il ne faut pas oublier que les notaires sont considérés comme des fonctionnaires publics.

Pour bien comprendre l'argument qu'on veut tirer des art. 102 et 103 du décret du 30 mars 1808, il faut reproduire le texte de ces deux articles : « Art. 102. Les officiers ministériels qui seraient en contravention aux lois et règlements pourront, suivant la gravité des circonstances, être punis par des injonctions d'être plus exacts ou plus circonspects, par des défenses de récidives, par des condamnations de dépens en leur nom personnel, par des suspensions à temps..., et leur destitution pourra être prononcée s'il y a lieu. — Art. 103. Dans les cours et dans les tribunaux de première instance, chaque chambre connaîtra des fautes de discipline qui auraient été commises ou découvertes à son audience. Les mesures de discipline à prendre sur les plaintes des particuliers ou sur les réquisitions du ministère public, pour cause de faits qui ne se seraient point passés ou qui n'auraient pas été découverts à l'audience, seront arrêtées en assemblée générale, à la chambre du conseil, après avoir appelé l'individu inculpé. Ces mesures ne seront point sujettes à l'appel ni au recours en cassation, sauf le cas où la suspension serait l'effet d'une condamnation prononcée en jugement. Notre procureur général impérial rendra compte de tous les actes de discipline à notre grand juge ministre de la justice, en lui transmettant les arrêtés avec ses observations, afin qu'il puisse être statué sur les réclamations, ou que la destitution soit prononcée s'il y a lieu. » — Ces deux articles, dit-on, ont une corrélation nécessaire, et la preuve, c'est que l'art. 103 qui saisit les tribunaux du pouvoir de prononcer des peines de discipline contre les officiers ministériels, ne détermine pas quelles seront ces peines. Où ces peines sont-elles énumérées? Dans l'art. 102. Cet article est donc le complément forcé de l'art. 103 : ces deux articles doivent donc s'expliquer l'un par l'autre. Dans l'un et l'autre, le législateur a prévu le cas possible de la destitution d'un officier ministériel ; mais quand ? Lorsqu'elle a été provoquée par le tribunal, dit l'art. 102. L'art. 103 peut-il avoir un autre sens? Non. Et pourquoi? parce que ce serait transporter au gouvernement le pouvoir disciplinaire qui ne peut appartenir qu'aux tribunaux. Si le gouvernement intervient, ce n'est que comme modérateur, pour atténuer les peines prononcées, lorsqu'elles lui paraissent excessives, mais non pour les aggraver, encore moins pour en prononcer d'office.

Il est en effet difficile d'isoler ces deux articles l'un de l'autre. Les deux articles énoncent les faits pour lesquels les officiers publics peuvent être poursuivis. L'art. 103 fait connaître la compétence et les peines. En les lisant tous deux attentivement, on y voit d'abord, ce qui ne peut être nié, que les tribunaux n'ont point à l'égard des officiers ministériels le droit de destitution. Le texte ne le leur donne pas. Il indique clairement que ce droit appartient au gouvernement. Mais, dit-on, il faut reconnaître au moins qu'il ne peut prononcer cette peine si sévère de la destitution que lorsque le tribunal l'a provoquée. Pour l'établir, on s'empare d'abord des derniers mots de l'art. 102, d'où il résulte que les tribunaux *peuvent* provoquer la destitution. Cela est vrai, mais comment en conclure que le gouvernement ne puisse destituer l'officier public que lorsqu'il aura été provoqué par l'autorité judiciaire? Il est trop facile de voir que le droit de provoquer une mesure n'entraîne pas l'impossibilité que cette mesure soit prise sans provocation. Ainsi nous voyons que le ministère public peut être provoqué par une plainte, ce qui ne l'empêche pas d'agir d'office. Pour répondre à cette objection, on joint aux derniers mots de l'art. 102 les derniers mots de l'art. 103, qui veulent que la transmission des pièces soit faite par le procureur général au garde des sceaux, pour que la destitution soit prononcée *s'il y a lieu*, et l'on en conclut que la destitution ne peut avoir lieu que quand elle est provoquée. D'après cette interprétation, on reconnaît bien au gouvernement le droit de refuser la révocation, même lorsqu'elle est demandée, mais on lui dénie le droit de la prononcer lorsqu'elle n'est pas provoquée.—Si cette interprétation était la véritable, elle ferait au gouvernement une position subordonnée qui ne peut avoir été dans les vœux du législateur à l'époque où elle a été rendue. On comprendrait que les tribunaux fussent restés maîtres de prononcer la destitution des officiers publics; mais il est difficile de concevoir que la loi leur ait accordé de mettre en jeu, pour ainsi dire, le gouvernement et de lui dicter ce qu'il doit décider. — Il y a une explication très-simple de ces deux articles, et qui ressort de leur simple lecture. Aucun des deux textes ne donne aux tribunaux le droit de destituer les officiers publics : cela est d'abord évident. Ils sont si peu maîtres de prononcer la destitution, que les simples arrêtés disciplinaires qu'ils rendent ne sont exécutoires qu'après avoir été approuvés par le ministre de la justice. L'art. 103 veut que les pièces soient transmises au garde des sceaux, pour que la destitution soit prononcée s'il y a lieu, c'est-à-dire lorsqu'il trouve que les faits sont assez graves pour entraîner la destitution de l'officier public. Il est vrai que la loi donne aux tribunaux le droit de provoquer cette destitution; mais elle n'a pas dit que le gouvernement ne pouvait la prononcer que par suite de cette provocation, à moins qu'on ne donne, comme nous venons de le voir, une interprétation forcée aux mots *s'il y a lieu*. — Ce qui est en outre décisif, c'est que l'intervention du gouvernement, telle qu'on veut l'entendre, est bien un correctif contre l'extrême rigueur des tribunaux, mais qu'elle n'offre aucun remède contre leur extrême indulgence : le pouvoir public se trouverait donc désarmé. — Le droit du gouvernement a été reconnu par la cour de cassation, qui a décidé que l'officier ministériel (spécialement un huissier) qui a été l'objet d'une condamnation disciplinaire, peut être destitué par ordonnance royale de propre mouvement, c'est-à-dire sans que cette destitution ait été provoquée par le tribunal (Crim. rej. 11 avr. 1835) (1).

(1) (Choix C. min. pub.) — La cour; — Attendu que, de la combinaison des art. 102 et 103 du décret du 30 mars 1808, il résulte que tout officier ministériel qui a été l'objet d'une condamnation disciplinaire, peut, sur le compte rendu, par le procureur général, au ministre de la justice, de cette condamnation, et sauf les réclamations qu'il est autorisé à présenter, être destitué par ordonnance royale, s'il y a lieu ; que cette disposition est générale; qu'elle confère une attribution ormelle, et que l'exercice n'en est subordonné par la loi à aucune condi-

—Décision semblable à l'égard d'un garde du commerce (Paris, 27 mai 1837, aff. Horliac, V. Garde du comm., n° 12; cons. d'Et. 26 juill. 1837, même aff., *eod.*). — V. sur cette question les conclusions remarquables de M. Flandin, alors procureur du roi près le tribunal de Bourbon-Vendée, dans l'affaire jugée par la cour de cassation, D. P. 35. 1. 281.— V. dans le même sens MM. Merlin, Rép., v° Huissier; Dard, p. 144.

398. On avait prétendu que si le gouvernement pouvait prononcer la destitution d'un officier ministériel sans avoir été provoqué par les tribunaux, il fallait au moins qu'une peine disciplinaire quelconque eût été prononcée par l'autorité judiciaire : le gouvernement a maintenu son droit, même dans le cas où le tribunal n'avait pas pensé qu'il y eût lieu à prononcer une peine disciplinaire (V. cons. d'Et., 10 déc. 1846, aff. Maillard, D. P. 47. 3. 66).

399. L'officier ministériel frappé de révocation par un décret impérial peut-il se pourvoir par voie contentieuse devant le conseil d'Etat pour faire réformer le décret. Le conseil d'Etat a décidé la négative, par la considération qu'il s'agissait là d'un acte purement administratif (cons. d'Et. 20 déc. 1833 (1); 26 juill. 1837, aff. Horliac, V. Garde du comm., n° 12; 10 déc. 1846, aff. Maillard, D. P. 47. 3. 66; 9 avr. 1849, M. Daverne, rap., aff. Corinbert). — Décision semblable à l'égard d'un greffier (cons. d'Et. 8 avr. 1838, M. Gaslonde, rap., aff. Fleury).

400. Le sieur Comte, avoué à Joigny, destitué par ordonnance royale, adressa à la chambre des députés, en 1822, une pétition pour se plaindre de sa révocation. Il y eut une vive discussion, mais le sieur Comte ne fut pas réintégré.—En 1831 le sieur Goyet Sennecourt, avoué à Doullens, destitué, eut recours aux chambres, et sur le rapport de M. Faure, député des Hautes-Alpes, sa pétition fut renvoyée au garde des sceaux. Le gouvernement maintint son droit, et le sieur Goyet de Sennecour ne reprit pas ses fonctions.

401. Les agens de change et courtiers qui ont prévariqué sont destitués par l'empereur, sur le rapport qui lui est fait par le ministre du commerce et des travaux publics (arr. 29 germ. an 9, V. Bourse de comm., n° 35). — Mais c'est aux tribunaux correctionnels et non à l'autorité administrative qu'il appartient de prononcer la destitution des agents de change et courtiers pour contravention aux art. 85 et 86 c. com. (V. *eod.*, n° 429; Ch. réun. cass. 26 janv. 1833, aff. Engaurrau, D. P. 33. 1. 6, et les conclusions remarquables de M. Nicias Gaillard dans cette affaire, *eod.*).

402. La destitution prononcée contre un officier public a non-seulement pour effet de le priver du droit de présentation, mais encore d'entraîner contre lui certaines incapacités politiques. Aux termes de l'art. 15 du décret du 2 fév. 1852, « ne doivent pas être inscrits sur les listes électorales : ...8° les notaires, greffiers et officiers ministériels destitués en vertu de jugements ou décisions judiciaires » (V. Droit polit., n° 114-7°, 8° et 9°). — Par *décisions judiciaires*, il faut entendre ici les décisions de la chambre du conseil approuvées par le garde des sceaux : la rédaction de l'article exclut donc les destitutions prononcées par le gouvernement *proprio motu* (V. discussion au corps législ., 4 mars 1864, discours de M. Sénéca). — La loi du 4 juin 1853 est plus sévère : « Sont incapables d'être jurés, dit l'art. 2 de cette loi, ...8° les notaires, greffiers, officiers ministériels *destitués*, » sans rien ajouter. D'où il suit que les officiers ministériels révoqués par le gouvernement, sans provocation judiciaire, bien qu'électeurs et éligibles en vertu du décret de 1852, sont déclarés par la loi de 1853 incapables d'être jurés : l'incapacité, dans ce cas, est attachée à la destitution, abstraction faite de sa forme et du pouvoir qui la prononce (V. la discussion précitée). — Et la cour de cassation avait jugé que l'officier ministériel destitué par jugement après sa condamnation à une peine afflictive ou infamante ne pouvait, malgré sa *réhabilitation*, exercer les droits électoraux (Rej. 31 mars 1851, aff. C..., D. P. 51. 1. 110). — La loi du 3 juill. 1852, en effet, de même que le code de 1808, laissait en dehors de la réhabilitation les officiers ministériels frappés de destitution : aucun moyen ne leur était offert de se relever jamais de la déchéance qui les avait frappés. La loi du 19 mars 1864 est venue combler cette lacune en étendant aux notaires, aux greffiers et aux officiers ministériels destitués le bénéfice de la loi du 3 juill. 1852 sur la réhabilitation (V. cette loi, ainsi que le rapport dont elle a été accompagnée, D. P. 64. 4. 32).

---

tion; — Attendu que la loi du 28 avr. 1816, loin d'avoir abrogé cette disposition, l'a, au contraire, implicitement reproduite, en réservant le droit de destitution, conformément à la législation en vigueur; — Attendu qu'aux termes de l'art. 197 c. pén., le demandeur, dont la nomination aux fonctions d'huissier avait été révoquée par ordonnance royale, n'a pu, postérieurement à la connaissance officielle qui lui en avait été donnée, faire acte de ses fonctions, sans encourir l'application des peines portées par cet article; d'où il suit qu'en condamnant le demandeur à l'une des peines portées par cet article, le tribunal de Niort n'a fait que se conformer à cet article, et a sainement interprété les art. 102 et 103 du décret du 30 mars 1808; — Rejette le pourvoi formé contre le jugement rendu le 3 janv. 1835 par le tribunal de police correctionnelle de Niort.

Du 11 avr. 1835.-C. C., ch. crim.-MM. Choppin, f. f. pr.-Rocher, rap.-Parent, av. gén., c. conf.-Crémieux, av.

(1) *Espèce :* — (Foucault.) — Foucault, huissier près le tribunal de Lille, fut, après diverses suspensions prononcées par ce tribunal, destitué par ordonnance du ministre en date du 17 avr. 1833. — Foucault demandait le rapport de l'ordonnance, sur le motif que le ministre avait excédé ses pouvoirs, attendu que le tribunal l'ayant seulement suspendu de ses fonctions, il fallait un nouveau jugement qui provoquât sa destitution. Autrement ce serait ouvrir au ministre la voie la plus large de l'arbitraire. — Le ministre, invoquant la loi du 27 vent. an 8 et le décret du 14 juin 1813, et sans examiner le fond, concluait au rejet du pourvoi, comme ne pouvant être introduit par la voie contentieuse.

Louis-Philippe, etc.; — Vu la loi du 20 mars 1791; — Vu celle du 27 vent. an 8; les décrets du 30 mars 1808 et du 14 juin 1813 et la loi de finances du 23 avr. 1816; — Considérant que l'ordonnance qui a révoqué la nomination du sieur Foucault aux fonctions d'huissier du tribunal de première instance séant à Lille, est un acte purement administratif qui ne peut nous être déféré en notre conseil d'Etat par la voie contentieuse; — Art. 1. La requête du sieur Foucault est rejetée.

Du 20 déc. 1833.-Ord. cons. d'Et.-M. Ferri-Pisani, rap.

Table sommaire des matières.

Table des articles du code Napoléon.

Table chronologique des lois, arrêts, etc.

—3 fév. 52, 87.
—17 fév. 54.
—1er mars 109, 327 c.
—12 mars 318-2° c., 335 c.
—4 avr. 57.
—23 mai 318-2° c., 324-1°, 334 c., 350 c.
—6 juin 113-3°.
—26 juill. 295-1°.
—30 juill. 131.
—16 août 115.
—17 nov. 92.
—25 nov. 164-1°.
—19 déc. 52.
—28 déc. 126, 134.
1839. 26 janv. 80 c., 139-1°, 149 c.
—29 janv. 210.
—8 fév. 125, 131.
—9 fév. 131, 194 c.
—16 mars 192.
—12 juin 183.
—24 juin 318-2° c., 324 c.
—11 nov. 217.
—21 nov. 57.
—29 nov. 216 c., 352-1°.
—6 déc. 207.
1840. 10 janv. 208.
—31 janv. 237 c., 245 c., 264-1°.
—5 fév. 212 c., 213 c.
—15 fév. 216, 237 c., 238 c.
—22 fév. 55, 200 c., 212 c., 214, 318-2° c., 337-1° c., 390 c.
—14 mars 91, 209.
—20 mars 77 c.
—1er avr. 273-1°, 275 c.
—6 avr. 210.
—5 mai 190 c.
—9 mai 192.
—12 mai 198.
—29 mai 338.
—2 juin 73, 368 c.
—17 juin 151.
—13 juill. 285 c.
—17 juill. 278 c., 279-1° c., 280-1°.
—18 juill. 153, 208.
—12 août 278 c., 279 c.
—14 août 210, 254.
—20 août 113, 273-2°.
—1er déc. 348-2°, 318-2° c.
—23 déc. 216, 253.
—4 déc. 158 c.
—16 déc. 141-1°.
—7 déc. 80, 81.
1841. 8 janv. 280-1°.
—12 janv. 183.
—15 janv. 105.
—11 fév. 105.
—15 mai 273-1°.
—28 mai 99.
—1er juin 273-1°.
—25 juin 85, 213 s., 235, 379, p. 110.
—1er juill. 134 c.
—2 juill. 163.
—7 juill. 216, 216 c., 237 c., 238 c., 245 c., 262 c., 264-1°.
—10 juill. 200 c.
—15 juill. 195-1°, 208.
—20 juill. 273-2°, 4°, 275 c.
—2 août 208.
—3 août 362.
—4 août 361.
—24 août 353 c.
—28 août 216 c., 273-1° c., 352-2°.
—28 oct. 208.
—30 oct. 88.
—30 déc. 201.
1842. 4 janv. 208.
—6 janv. 209 c.
—11 janv. 208.
—16 janv. 334 c.
—20 janv. 168-2° c., 219.
—18 fév. 216 c., 237 c., 241.
—7 mars 216 c., 254.
—18 mars 184 c.
—23 avr. 61-2° c., 362 c.
—9 mai 208.
—2 août 132.
—13 août 315 c.
—23 août 240.
—30 août 88.
—8 nov. 279 c., 280-1°.
—16 nov. 237.
—2 déc. 327.
1843. 4 janv. 55.
—23 janv. 318-2° c., 335 c.
—27 janv. 168-2° c., 219, 221 c., 293-2° c.
—14 fév. 216, 237 c., 245 c.
—21 mars 348-3°.
—5 avr. 278 c., 279-2°.
—10 avr. 208.
—25 avr. 239.
—30 mai 66 c., 167, 238 c.
—3 juin 241.
—6 juill. 288, 293-2°.
—17 juill. 188, 366 c.
—20 juill. 349.
—26 juill. 101 c.
—27 juill. 373-2°.
—17 août 273-1°.
—16 sept. 184.
—4 oct. 184.
—6 oct. 184.
—13 oct. 92.
—18 nov. 155.
—23 déc. 279-2°.
1844. 17 janv. 184.
—23 janv. 184.
—8 fév. 242.
—10 fév. 359 c.
—1er mars 216 c., 241, 294-1°, 318-2° c., 348 2° c.
—24 avr. 140 c.
—30 mai 241.
—31 mai 103 c.
—20 juin 241.
—6 juill. 244 c., 259 c., 319 c.
—27 juill. 103 c.
—30 juill. 216 c., 241, 237 c.
—1er août 243.
—12 août 145-2° c.
—27 août 318-2° c., 348-2° c.
—7 oct. 327 c., 334 c.
—29 oct. 133 c.
—11 déc. 279-3° c.
—24 déc. 150.
1845. 14 janv. 147 c.
—15 janv. 279-2° note, 280-3° c.
—10 fév. 74-3° c., 76 c., 92 c., 161 c., 278 c., 279-1° c.
—12 fév. 241 c.
—15 fév. 271 c.
—20 fév. 219 c.
—24 fév. 243 c., 244 c., 313 c.
—4 mars 107 c.
—6 mars 64 c.
—24 avr. 76 c., 390 c.
—14 mai 280-3° c.
—26 mai 243 c., 244 c., 267 c.
—27 mai 273-1° c.
—3 juin 327 c.
—28 juin 107 c.
—2 juill. 249 c.
—5 août 273-1° c.
—11 août 343 c.
—30 août 107.
—1er déc. 216 c.
—12 déc. 222 c., 280-3° c., 283 c.
—13 déc. 128.
—15 déc. 61-1° c.
—17 déc. 216 c., 243 c., 247 c.
1846. 1er janv. 116 c.
—5 janv. 219 c., 243 c., 244 c.
—31 janv. 318-1° c., 327 c., 336 c., 337-2° c.
—7 fév. 273-3° c.
—10 fév. 267 c.
—28 mars 243 c., 254 c., 255 c.
—30 mars 159 c.
—28 mai 277 c.
—19 juin 264-3° c.
—7 juill. 308 c., 66 c.
—25 juill. 69 c., 339 c.
—7 août 331 c.
—3 déc. 243 c., 267 c.
—10 déc. 398 c., 399 c.
1847. 21 janv. 253 c., 257.
—11 fév. 219 c., 225 c.
—18 fév. 345 c.
—28 fév. 81.
—19 avr. 294-1° c.
—27 avr. 324.
—8 mai 271 c.
—10 mai 216 c., 236 c., 243 c., 248 c.
—22 juin 216 c., 243 c.
—3 juill. 323 c.
—7 juill. 328 c.
—21 juill. 344 c.
—30 juill. 118 c., 128.
—2 août 293-3° c.
—13 août 225 c.
—19 août 273-4° c., 277 c.
—26 août 236.
—2 déc. 78 c.
—14 déc. 69 c., 339 c.
—29 déc. 317 c., 328 c.
1848. 26 janv. 318-2° c.
—28 janv. 287-2° c.
—20 mai 294-2° c., 305 c.
—20 juin 262 c.
—22 juin 174 c., 177.
—29 juin 172 c.
—20 août 172 c.
—22 août 175 c.
—31 août 172 c., 174 c., 177 c., 182 c.
—9 sept. 57.
—21 sept. 185 c.
—27 sept. 335 c.
—19 oct. 57.
—3 nov. 185 c., 229 c.
—17 nov. 236 c.
—29 nov. 224 c.
—7 déc. 352-2° c., 363-1° c.
—19 déc. 57.
—26 déc. 216 c., 259 c.
1849. 3 janv. 243 c., 248 c., 267 c.
—6 janv. 173 c.
—8 janv. 221 c., 246 c.
—16 janv. 78 c., 280-2° c.
—24 janv. 97 c., 100 c.
—2 fév. 172 c., 174 c.
—13 fév. 328 c., 343 c.
—20 mars 159 c.
—21 mars 99 c., 102 c.
—26 mars 328 c.
—30 mars 175 c., 307 c.
—2 avr. 313 c.
—9 avr. 399.
—23 avr. 328 c.
—2 mai. V. 2 mai 1850.
—10 mai 136 c., 175 c.
—16 mai 262 c.
—19 mai 59.
—21 mai 208 c.
—28 juin 186 c., 195 c., 207 c., 208 c., 209 c., 212 c.
—29 juin 365 c.
—5 juill. 149 c.
—10 juill. 301 c.
—4 août 180 c., 181 c.
—20 août 174 c.
—24 août 245 c., 259 c., 260-1° c.
—29 août 172 c.
—3 déc. 248 c.
—11 déc. 220 c.
1850. 5 janv. 219 c.
—9 janv. 236 c.
—19 janv. 227 c.
—4 fév. 264-3° c.
—13 fév. 342.
—1er mars 173 c., 363-4° c.
—2 mars 316 c.
—22 mars 149 c., 173 c.
—23 mars 248 c.
—23 avr. 223 c., 273-1° c.
—26 avr. 328 c., 348-2° c.
—2 mai 287-2° c.
—14 mai 164-2° c.
—17 mai 107 c.
—8 juin 225 c., 227 c.
—12 juin. V. 12 juill.
—3 juill. 196 c.
—12 juill. 231 c.
—30 juill. 192 c., 276 c., 314 c.
—6 nov. 273-1° c., 4°, 275 c., 277 c.
—19 nov. 287-2° c., 295 c.
—29 nov. 205.
—9 déc. 334 c., 338 c.
—26 déc. 248 c., 261 c., 267 c.
1851. 9 janv. 327 c.
—11 janv. 280-3° c.
—31 janv. 248 c.
—26 fév. 352-2° c., 357 c., 363-1° c.
—13 mars 333 c.
—22 mars 372 c.
—31 mars 402 c.
—9 avr. 254 c., 266 c.
—14 mai 174 c., 177 c.
—26 mai 174 c., 175 c., 178 c., 179 c., 180 c., 181 c.
—28 mai 230 c.
—12 juin 360 c.
—5 juill. 96 c.
—12 juill. 318-1° c., 319 c.
—28 juill. 327.
—16 août 205.
—30 août 205.
—15 déc. 353 c.
1852. 2 fév. 402.
—3 fév. 328 c.
—4 fév. 243 c.
—9 fév. 357 c., 359 c.
—17 fév. 328.
—27 fév. 287-2° c., 290 c.
—9 mars 328 c.
—19 avr. 248 c.
—21 mai 236 c., 243 c.
—3 juin 259 c.
—2 juill. 328 c.
—3 juill. 402.
—23 août 85 c., 92 c.
—21 oct. 188.
—6 déc. 293-4° c., 299 c.
—8 déc. 99 c., 102 c.
—17 déc. 329 c.
—22 déc. 289-2°.
—23 déc. 293-4° c., 294-1° c.
1853. 4 janv. 333.
—26 janv. 401 c.
—28 janv. 296 c., 298-1° c., 302-1° c., 305 c., 310 c.
—31 janv. 248 c., 306 c.
—14 fév. 248 c.
—17 fév. 97 c.
—22 fév. 219 c., 227 c.
—23 mars 328 c.
—2 mai 254 c., 255 c.
—4 juin 402.
—8 juin 366 c.
—10 juin 227 c., 229 c., 260-2° c., 269 c.
—13 juin 316 c., 318-2° c.
—10 août 328 c.
—17 août 298-1° c.
—23 août 334 c.
—24 août 233 c.
—25 août 227 c., 262 c.
—14 sept. V. 14 déc. 1853.
—9 nov. 253 c.
—10 nov. 150 c.
—22 nov. 236 c., 248 c.
—23 nov. 64 c.
—30 nov. 83 c., 164-3° c.
—10 déc. 248 c., 268 c.
—13 déc. 296 c., 298-1° c.
—14 déc. 103, 312 c.
—15 déc. 328 c.
—21 déc. 251 c., 252 c.
1854. 25 janv. V. 25 janv. 1855.
—26 janv. 318-2° c., 326 c., 337-1° c., 341 c.
—28 janv. 325 c.
—31 janv. 81 c., 91.
—4 fév. 363-4° c.
—8 fév. 208.
—25 fév. 325 c., 326 c.
—21 mars 333 c.
—1er avr. 91.
—10 mai 254 c., 258 c.
—23 mai 85 c., 92 c.
—24 mai 325.
—8 août 283.
—28 août 276 c., 277 c.
—30 août 333 c.
—15 nov. 383 c., 384 c.
—27 nov. 248.
1855. 15 janv. 363-1° c.
—20 janv. 309 c.
—25 janv. 160 c., 232 c.
—5 fév. 312 c.
—20 mars 189 c., 383 c.
—31 mars 200 c., 215 c., 262 c., 298-2° c., 301 c.
—18 juill. 99 c.
—24 juill. 223 c., 235 c.
—14 août 334 c.
—6 nov. 233 c.
—17 nov. 328.
—27 nov. 383 c.
—11 déc. 280-4° c.
1856. 19 fév. 250 c., 297 c.
—27 fév. 328 c.
—22 avr. 324-2°.
—28 mai 246 c., 248 c., 268 c., 269 c., 270 c.
—5 nov. 243 c., 248 c., 261 c., 262 c.
—19 nov. 270 c.
—25 nov. 248 c., 268 c.
—10 déc. 223 c., 235 c.
1857. 20 janv. 318-2° c., 322 c., 334 c., 348-3° c.
—10 fév. 334 c.
—7 mars 300 c.
—10 mars 304 c.
—10 juin 248 c.
—8 juill. 325.
—11 juill. 319 c.
—11 nov. 381 c., 384 c.
—24 nov. 187-1° c.
1858. 22 janv. 188, 318-2° c., 331 c.
—8 avr. 399.
—20 avr. 187-2° c., 228 c.
—25 mai 348-1° c.
—29 mai 208.
—27 déc. 284.
1859. 10 janv. 291 c.
—24 janv. 318-2° c., 331 c.
—1er mars 319 c.
—21 mars 133 c.
—22 mars 259 c.
—29 mars 243, 246, 248, 268.
—31 mars 381.
—13 avr. 307 c.
—4 mai 166 c.
—24 mai 191 c.
—12 déc. 259 c.
1860. 30 janv. 263 c.
—13 fév. 331.
—25 fév. 334 c.
—23 avr. 274 c.
—10 mai 353 c., 363-2° c., 3° c.
—20 juin 318-2° c., 319 c.
—18 juill. 319 c.
—21 juill. 236.
—8 août 325 c.
—22 août 226, 294-3°, 302-2°.
—1er déc. p. 110.
—5 déc. p. 110.
1861. 21 janv. 285 c.
—7 mai 264-2° c.
—24 mai 287-2° c., 288 c., 291 c., 292 c.
—17 juin 234 c.
—2 juill. 364 c.
—20 déc. 165 c.
1862. 13 janv. 227 c.
—13 mai 363-3° c.
—27 mai 353 c., 363-4° c.
—2 juill. 354 c.
1863. 10 janv. 132 c.
—24 janv. 311 c.
—10 fév. 289-1° c.
—24 fév. 256 c.
—7 mars 254 c.
—9 nov. 256 c.
—30 nov. 141-2° c.
—8 déc. 194 c.
1864. 28 janv. 347 c.
—2 mars 282 c.
—19 mars 402.
—26 avr. 330 c.
—12 mai 218 c., 227 c., 248 c.
—8 juin 248 c., 250 c., 265 c.
—21 juin 280-3° c., 283 c., 320 c.
—27 juill. 332 c.
1865. 14 janv. 248.

OFFICE DIVIN. — V. Jour férié, nos 69 et s. — V. aussi vo Culte, nos 93 et s.

OFFICIALITÉ. — Juridiction ecclésiastique. — V. Culte, nos 689 et s.; V. aussi Compét. crim., nos 26, 32.

OFFICIER DES ARMÉES DE TERRE ET DE MER. — V. Organis. marit. et Organis. milit. — V. aussi vis Amnistie, nos 28 et s.; Compét. admin., nos 47 et s.; Fonctionn. publ., no 114; Impôts directs, nos 178 et s., 233 et s., 310; Pension, nos 111 et s., 208 et s.; Procès-verbal, no 151-2o; Scellés et invent., nos 16, 293. — En ce qui concerne 1o les officiers majors des bâtiments de commerce, titre sous lequel on comprend le capitaine, V. Droit marit., nos 614, 683 et s., 772 et s., 2262; — 2o Les officiers de la garde nationale, V. ce mot.

OFFICIER DE L'ÉTAT CIVIL. — V. Acte de l'état civil, nos 27 et s.; Amnistie, no 113; Culte, nos 166, 751; Jugement, no 881; Mise en jugement, no 58; Paternité, no 523; Salubrité publ., no 138.

OFFICIER DE GENDARMERIE. — V. Gendarme, nos 11 et s., Instruct. crim., nos 248 et s.

OFFICIER MARINIER. — V. Droit marit., nos 623 et s.

OFFICIER MINISTÉRIEL. — V. Officier public.

OFFICIERS MUNICIPAUX. — V. Commune, nos 395 et s. — V. aussi Acte de l'état civil, no 28; Commiss. de police, nos 11, 15, 18; Compét. admin., nos 103 et s.; Instruct. crim., no 1438; Mat. d'or et d'arg., no 152; Uniforme costume, nos 6, 37.

OFFICIER DE PAIX. — **1.** La loi du 21-29 sept. 1791 (1), a ordonné l'établissement à Paris de vingt-quatre officiers de police sous le nom d'officiers de paix. — L'art. 10 de la loi du 19 vend. an 4 (11 oct. 1795) (V. Organis. admin.), relative à l'organisation des autorités administratives et judiciaires, avait supprimé les officiers de paix; la loi du 23 flor. an 4 (2) a rapporté cet article et les a rétablis. — L'institution des officiers de paix, qui n'a jamais cessé de fonctionner depuis cette époque, a été consacré de nouveau par les décrets des 17 sept. 1854 et 27 déc. 1859 (D. P. 54. 181; 60. 4. 10) relatifs à l'organisation de la police municipale à Paris. Le premier de ces décrets répartit, dans les différents services de la police municipale, les vingt-quatre officiers de paix précédemment créés, et fixe leur traitement, lequel est de nouveau déterminé par le décret de 1859. Ce dernier décret, en raison des nécessités produites par l'extension des limites de Paris, porte le nombre des officiers de paix à trente-deux. — Le service des officiers de paix a été réglé par l'arrêté du préfet de police du 14 avr. 1856, portant règlement du service ordinaire de la police à Paris. — Pour faire comprendre le rôle des officiers de paix dans la police parisienne, il nous paraît nécessaire de faire connaître, avec quelque détail, comment cette police est organisée. Il ne sera pas sans intérêt d'ailleurs de jeter un coup d'œil sur cette organisation si célèbre et si justement admirée.

2. Sous le rapport de la police, la ville de Paris est divisée en vingt divisions de police, correspondant aux vingt arrondissements municipaux. Chaque division est subdivisée en sections, et chaque section comprend un certain nombre d'îlots (arrêté 14 avr. 1856, art. 1). — Dans chaque section, il y a un commissaire et un poste de police (*id.*, art. 2). — Les commissaires de police, dont le service est complétement indépendant de celui de la police municipale, exercent dans les sections qui leur sont confiées les fonctions de police judiciaire et de police administrative qui leur sont attribuées par les lois et les règlements (*id.*, art. 5). — Nous ne nous occuperons pas ici de cette institution qui a déjà été l'objet d'un travail spécial sous la rubrique Commissaire de police (V. aussi le règlem. du 14 avr. 1856, art. 3 et suiv.).

3. Le personnel de la police municipale comprend : — 1 chef de la police municipale, dont le bureau est à la préfecture de police; — 1 chef adjoint; — 1 sous-chef; — 10 commis; — 4 inspecteurs spéciaux; — 32 *officiers de paix*; — 16 inspecteurs principaux; — 78 brigadiers; — 427 sous-brigadiers; — 3,676 sergents de ville; — 321 auxiliaires. — Le personnel de la police municipale comprend en outre un service médical composé de : — 1 médecin chef du service; — 12 médecins d'arrondissement (décr. 27 déc. 1859, tabl. y annexé).

4. Le service de la police municipale se divise en deux parties principales : le service ordinaire et les services spéciaux (arrêté 14 avr. 1856, art. 52). — Le service ordinaire a pour objet la surveillance habituelle de jour et de nuit dans les vingt divisions de police (*id.*, art. 53). — A chacune de ces divisions est attaché un *officier de paix* ayant sous ses ordres trois brigades commandées chacune par un brigadier. Chaque brigade se compose d'autant de sous-brigades qu'il y a de sous-sections dans la division. Chaque sous-brigade est composée de deux sous-brigadiers et d'autant de sergents de ville qu'il y a d'îlots dans la section. — Il y a en outre dans chaque division quelques hommes de réserve et un certain nombre d'auxiliaires (*id.*, art. 54).

5. Les services spéciaux comprennent : 1° le service des résidences impériales. Une brigade est attachée à ce service; elle se compose d'un brigadier, de deux sous-brigadiers et de vingt-six inspecteurs de police, et est placée sous les ordres de l'inspecteur général des résidences impériales : cette brigade est la seule qui ne renferme pas d'officier de paix.

2° Les brigades centrales au nombre de cinq et composées chacune d'un *officier de paix*, d'un brigadier, de quatre sous-brigadiers et de cinquante sergents de ville. Elles forment à la préfecture de police, sous l'autorité du chef de la police municipale, une réserve toujours prête à se porter où il est nécessaire pour le maintien de l'ordre; elles sont chargées du service des théâtres, bals, fêtes publiques, etc. Une d'elles est spécialement affectée à la surveillance des Champs-Elysées et du bois de Boulogne (*id.*, art. 86).

3° Le service des voitures. — Ce service est confié à une seule brigade composée d'un *officier de paix*, d'un brigadier, de quatre sous-brigadiers et de soixante sergents de ville, et qui est chargé de veiller à l'exécution des lois et règlements concernant les voitures publiques et autres. — L'officier de paix de la brigade des voitures a, en outre, sous l'autorité du chef de la police municipale, la direction des agents chargés de la surveillance spéciale des voitures de place et des places désignées pour le stationnement de ces voitures sur la voie publique. Ces agents sont au nombre de quatre-vingt-six, savoir : quatre contrôleurs ambulants, quatre contrôleurs suppléants et soixante-dix huit surveillants (art. 87). Le service permanent de surveillance sur les stations de voitures de place a été organisé par l'arrêté du préfet de police, en date du 15 janv. 1841.

4° Le service de sûreté. Ce service est accompli par une brigade composé d'un *officier de paix*, de cinq brigadiers, de deux sous-brigadiers et de quatre-vingt-seize inspecteurs de police, et qui est chargé de la recherche des malfaiteurs, des libérés en surveillance ou ayant rompu leur ban, de l'exécution des mandats de justice, jugements et arrêts (art. 88).

5° Le service des garnis. Une brigade composée d'un *officier de paix*, de deux brigadiers, de cinq sous-brigadiers et de cent dix inspecteurs de police est chargé de veiller à l'exécution des règlements concernant les hôtels et les maisons garnis; elle a

---

(1) 21-29 sept. 1791.—Décret relatif à l'établissement de vingt-quatre officiers de police, sous le nom d'*officiers de paix*, dans la ville de Paris.

Art. 1er. Il sera établi à Paris vingt-quatre officiers de police, sous le nom d'*officiers de paix*, avec les fonctions ci-après.

2. Les officiers de paix seront chargés de veiller à la tranquillité publique, de se porter dans les endroits où elle sera troublée, d'arrêter les délinquants et de les conduire devant le juge de paix.

3. Ils seront nommés par les officiers municipaux, et leur service durera quatre ans.

4. Ils porteront, pour marque distinctive, un bâton blanc à la main; ils diront à celui qu'ils arrêteront : *Je vous ordonne, au nom de la loi, de me suivre devant le juge de paix.*

5. Les citoyens seront tenus de leur prêter assistance à leur réquisition; et ceux qui refuseront d'obéir aux officiers de paix seront condamnés, pour cela seulement, à trois mois de détention.

6. Les officiers de paix, pendant la nuit, pourront retenir les personnes arrêtées; elles seront conduites, au jour, devant les commissaires de police, s'il s'agit d'objets attribués à la municipalité.

7. S'il s'agit d'objets du ressort de la police correctionnelle ou de la police de sûreté, les officiers de police conduiront les prévenus, soit devant le juge de paix du district, soit devant le bureau central des juges de paix.

8. Les officiers de paix ne pourront être destitués que par trois délibérations successives du bureau central des juges de paix, prises à huit jours de distance l'une de l'autre.

9. Le traitement annuel des officiers de paix sera de 3,000 livres, aux frais de la commune.

10. Les gardes du commerce continueront provisoirement et personnellement à exercer les fonctions qui leur sont attribuées par les lois.

(2) 23 flor. an 4 (12 mai 1796).-Loi qui rétablit les vingt-quatre officiers de police de la commune de Paris.

Art. 1er. L'art. 10 de la loi du 19 vend. dernier, en ce qui concerne la suppression des officiers de paix, est rapporté.

2. Les vingt-quatre officiers de police créés à Paris sous le nom d'*officiers de paix*, sont rétablis avec les fonctions ci-après.

3. Ils seront chargés de veiller à la tranquillité publique, de se porter dans les endroits où elle sera troublée, d'arrêter les délinquants et de les traduire devant le juge de paix.

4. Ils seront nommés par le département de la Seine, sur la présentation qui en sera faite sur une liste triple par le bureau central.

5. Ils porteront pour marque distinctive un bâton blanc, sur lequel seront gravés ces mots : *Force à la loi*; et sur la pomme sera peinte la Surveillance, sous la forme d'un œil. Ils diront à celui qu'ils arrêteront :

Je vous ordonne, au nom de la loi, de me suivre devant le juge de paix.

6. Les citoyens seront tenus de leur prêter assistance à leur réquisition : les refusants seront condamnés à trois mois d'emprisonnement.

7. Ils pourront être destitués par délibération du bureau central, approuvé par le département.

8. Le traitement annuel des officiers de paix sera le même que celui des commissaires de police.

9. Les dispositions de la loi des 21-29 septembre 1791, contraires à celles ci-dessus, sont rapportées.

la surveillance des réfugiés et des étrangers en général; elle est en outre chargée de la recherche des maisons de jeu et loteries clandestines (art. 89).

6° Le service du dispensaire. Une brigade composée d'un *officier de paix*, d'un brigadier, et de trente inspecteurs de police est chargée de la surveillance des maisons de tolérance, de la répression de la prostitution clandestine, et, en général de l'exécution de tous les règlements concernant les filles publiques (art. 90).

7° Les services politiques. Trois brigades sont attachés à ce service; elles se composent chacune d'un *officier de paix*, d'un brigadier et de vingt inspecteurs de police. Le préfet s'est réservé la direction de ce service, et les officiers de paix qui en sont chargés doivent remettre leurs rapports, soit à lui-même, soit à la personne qu'il leur désigne (art. 91).

Soixante hommes et dix auxiliaires restent hors cadres, détachés dans divers services, et par exemple, au ministère de l'intérieur, aux chemins de fer, à l'état-major de la division, etc. (art. 92).

6. En outre, et indépendamment de la police municipale, il existe à la préfecture de police un service particulier, connu sous le nom de *contrôle général*.—Ce service est tout intérieur: nous n'en faisons mention ici que parce qu'un officier de paix y est attaché, ce qui porte à trente-trois en totalité le nombre des officiers de paix de la ville de Paris. — V. du reste pour plus de détails sur les différents points du service ordinaire de la police à Paris, le règlement général du 14 avr. 1856, qui se compose de cent vingt et un articles, et dont les dispositions, fruit d'une sage expérience, sont empreintes d'un esprit d'ordre, de protection et de légalité qu'on ne saurait trop louer.

7. D'après l'art. 4 de la loi du 23 flor. an 4, les officiers de paix étaient nommés par la préfecture de la Seine. L'arrêté des consuls du 12 mess. an 8 (art. 35 et 44, V. ville de Paris, p. 144), attribua implicitement au gouvernement la nomination des officiers de paix. Une ord. du 25 fév. 1822 (non insérée au Bulletin des lois) a conféré cette nomination au ministre de l'intérieur : il en est toujours ainsi (V. règl. 14 avr. 1856, art. 40). — Le traitement annuel des officiers de paix qui, d'après la loi du 23 flor. an 4, art. 8, était le même que celui des commissaires de police, est aujourd'hui déterminé par le décret du 27 nov. 1859. — Aucune loi n'astreint les officiers de paix au serment; mais cette formalité que, dans l'usage, ils ont toujours remplie leur est formellement imposée par le règlement de police du 14 avr. 1856, art. 104.

8. Le costume des officiers de paix avait été déterminé par l'arrêté du gouvernement du 19 niv. an 10 (9 janv. 1802); mais il paraît que cet arrêté était tombé en désuétude; car MM. Elouin et Trébuchet constatent qu'à l'époque où ils écrivaient, en 1835, les officiers de paix n'étaient astreints à aucun costume. Cet état de choses a cessé en 1841. Une ordonnance du préfet de police, en date du 20 fév. de cette année, décide que dorénavant les officiers de paix d'arrondissement, ceux des brigades centrales, et celui qui est chargé du service des voitures, porteront l'uniforme des sergents de ville, moins la patte blanche; en outre, ils ont au collet, aux parements et à la taille, une broderie en argent conforme au modèle arrêté par le préfet; le vaisseau du retroussis est brodé en argent; en hiver, ils ont le pantalon bleu et en été le pantalon blanc; ils portent l'épée et ont la ganse du chapeau en torsade d'argent. Le règlement du 14 avr. 1856, art. 49, maintient cet uniforme, mais seulement pour la grande tenue. Dans la petite tenue, l'habit est remplacé par la capote, et le chapeau par le képi.

9. Les lois de 1791 et de l'an 4 qui n'assujettissait les officiers de paix à aucun costume, déterminait leur marque distinctive : cette marque consistait en un petit bâton blanc sur lequel étaient gravés ces mots : *force à la loi*. Sur la pomme était peint un œil, symbole de la surveillance. — Leur insigne actuel consiste uniquement en une ceinture bleue sur laquelle les armes de la ville sont brodées en or (Elouin et Trébuchet, Dictionnaire de police, v° Officier de paix). — Mais ils ne portent cet insigne que dans les grandes cérémonies. Il suffit, pour l'exercice habituel de leurs fonctions, qu'ils soient revêtus de leur uniforme. Cet uniforme est obligatoire, toutes les fois qu'ils accomplissent des actes qui exigent l'obéissance immédiate des citoyens et qui supposent l'exercice d'un commandement envers le public; autrement, les personnes qui méconnaîtraient leur autorité ne pourraient être punies. — V. la distinction consacrée à cet égard par la jurisprudence pour les actes des fonctionnaires en général, v° Uniforme-Costume, n°s 31 et suiv., et les renvois y indiqués.

10. Les officiers de paix ne sont point des officiers de police judiciaire (V. Instruct. crim., n° 264). — Ils sont essentiellement des agents de la police administrative. — Les officiers de paix, disent le décret du 21 sept. 1791, art. 2, et la loi du 23 flor. an 4, art. 3, sont chargés de veiller à la tranquillité publique, de se porter dans les endroits où elle sera troublée, d'arrêter les délinquants et de les traduire devant le juge de paix. — Les fonctions attribuées aux officiers de paix par ces textes sont encore celles qu'ils exercent aujourd'hui, avec cette différence cependant qu'il ne leur appartiendrait pas de traduire, comme le disent les articles précités, les délinquants devant le juge de paix; ils doivent se borner à les conduire devant le commissaire de police qui, en sa qualité d'officier de police judiciaire, donnera aux procès-verbaux les suites convenables. — La force armée doit obtempérer à toutes les réquisitions des officiers de paix et agents de police porteurs d'une délégation régulière de l'autorité civile (c. pén., art. 154). — D'après les lois de 1791 et de l'an 4, les citoyens étaient tenus de leur prêter main-forte sur leur réquisition, et ceux qui refusaient d'y obéir étaient condamnés à trois mois de prison (L. 21 sept. 1791, art. 7, et 23 flor. an 4, art. 6).— Le code pénal a modifié ces dispositions ainsi qu'il suit : « Toute personne le pouvant doit, sous peine de contravention, prêter main-forte aux agents de police » (c. pén., art. 475, n° 12, V. Contravention, n°s 382 et suiv.). — Les officiers de paix, pendant la nuit, peuvent retenir les personnes arrêtées, lesquelles sont conduites au jour devant le commissaire de police (L. 21 sept. 1791, art. 6 et 7).

11. Cependant ce droit d'arrestation provisoire leur a été vivement contesté. Dans un article publié par la Gazette des tribunaux le 14 sept. 1826, M. Isambert soutient que les officiers de paix ou autres agents de police n'ont aucun caractère public aux yeux des citoyens domiciliés; que, par suite, ils ne peuvent opérer d'arrestations sur la voie publique, et que, hors le cas de *flagrant délit pour crime*, il est permis de leur résister. — L'auteur de cet article ayant été traduit, ainsi que l'éditeur du journal, devant le tribunal de police correctionnelle, une grave et solennelle discussion s'engagea sur le principe posé par M. Isambert, et la cour de Paris, appelée à juger la question, décida : « Que les *officiers de paix*, agents de la force publique, ont, de leur chef et sans mandat de justice, dans les cas déterminés par les lois du 21 sept. 1791 et du 23 flor. an 4, auxquelles le code d'instruction criminelle n'a pas dérogé, le droit de saisir sur la voie publique les délinquants même domiciliés et de les conduire immédiatement devant l'officier de police judiciaire » (Paris, 27 mars 1827, aff. Isambert, V. Gendarme, n° 38; V. aussi v° Liberté individ., n° 22; Conf. M. Mangin, Procès-verb., n° 77).— Quelques auteurs ont pensé aussi, comme M. Isambert, que le code d'instruction criminelle, dans l'énumération qu'il donne des fonctionnaires auxquels le droit d'arrestation est délégué, n'ayant fait aucune mention des officiers de paix, a abrogé virtuellement la législation qui les concerne (V. MM. Coffinières, Tr. de la lib. indiv., t. 2, p. 463 et suiv.; Chauveau et Hélie, Théor. du c. pén., 4e éd., t. 2, p. 213). — M. Mangin, Procès-verb., n° 77, répond avec raison : — « Le code ne contient aucune disposition dont on puisse induire la suppression de ces agents de l'autorité publique, créés par des lois spéciales et chargés d'une mission spéciale. Dès qu'ils ne sont pas compris dans les officiers de police judiciaire, on doit conclure sans doute qu'ils n'ont pas cette qualité, mais voilà tout. Leur compétence est limitée à ce qui concerne le maintien de la tranquillité publique. »

12. Les procès-verbaux des officiers de paix en matière de contravention ne font pas foi en justice; c'est par erreur qu'on a dit v° Fonctionn. publ., n° 243, qu'ils font foi jusqu'à preuve contraire, ils ne valent que comme rapport (Conf. MM. Elouin et Trébuchet, Dict. de pol., v° Officier de paix).—Mais ces rapports doivent être pris en considération par le juge de police, pour entrer dans les éléments de la preuve de la contravention (V. Proc.-verb., nos 239 et suiv.). — Cependant, quoique les officiers de paix n'aient pas le droit de dresser des procès-verbaux faisant foi en justice, ces agents doivent être considérés soit comme agents de la force publique lorsqu'ils prêtent main-forte aux huissiers pour l'exécution des jugements, soit comme agents de l'autorité publique lorsqu'ils exécutent la surveillance à eux confiée par l'autorité municipale (V. Fonctionnaire, nos 59, 143, 149-4°).

13. Les officiers de paix n'agissent que par délégation de l'autorité municipale et administrative, et, comme tels, ils sont couverts évidemment par la garantie des fonctionnaires et ne peuvent être poursuivis à l'occasion de l'exercice de leurs fonctions sans l'autorisation préalable du conseil d'Etat. — V. Mise en jugem., no 80.

OFFICIERS DE POLICE ADMINISTRATIVE. — V. Commissaire de police; Contravent., no 282; Dénonciat. calomn., no 62; Fonctionn. publ., no 59; Garde champêtre, nos 34-11°, 35-2°; Officier de paix; Procès-verb., nos 178 et s.; Théâtre, nos 67, 72.

OFFICIERS DE POLICE JUDICIAIRE. — V. Instruction criminelle, tit. 1, chap. 3, nos 230 et s. — V. aussi *eod.* nos 1467 et s., et vis Acte de l'ét. civ., nos 311; Chasse, nos 368 et s.; Commiss. de police, nos 15, 18; Commune, nos 325, 336 et s.; Compétence crimin., no 69 et s.; Consul, no 74; Dénonc. calomn., nos 61 et s.; Discipline judic., nos 218 et s.; Fonctionn. publ., nos 58 et s.; Frais et dép., nos 1030 et s.; Garde champêtre, nos 13, 54; Garde nation., no 60; Gendarme, no 21; Impôt indir., nos 417 et s.; Mise en jugem., no 265; Pêche fluviale, nos 170, 177 et s.; Pêche marit., no 22; Poids et mesures, nos 68; Procès-verbal, nos 215 et s., 541 et s.; Rébellion, no 25; Récusat., no 38-2°; Salubrité publ., nos 141, 158; Scellés, no 66; Télégraphe, nos 86, 145 et s.; Témoin, nos 134, 145; Transport des émigrants, no 31; Uniforme-costume, no 54; Voirie par ch. de fer, no 641.

OFFICIERS DE PORT. — Officiers préposés, dans les villes maritimes, pour veiller à la liberté et à la sûreté des ports et rades de commerce, et de leur navigation, ainsi qu'à la police sur les quais et chantiers des mêmes ports, au lestage et délestage, à l'enlèvement des cadavres et à l'exécution des lois de police des pêches et du service des pilotes (décr. 9 août 1791, tit. 3, art. 1). — V. Organisat. marit.

OFFICIERS PUBLICS—OFFICIERS MINISTÉRIELS.—

1. On désigne sous le nom d'*officiers publics* les individus munis d'emplois publics dont le concours est nécessaire pour des actes d'un intérêt public ou privé, que ces individus soient ou ne soient pas dépositaires d'une portion de l'autorité publique. Les magistrats étrangers à la police judiciaire ne sont pas compris ordinairement dans cette désignation; au contraire, dans l'ordre administratif, cette désignation est appliquée non-seulement aux fonctionnaires subalternes, tels que ceux qui délivrent les passe-ports et les feuilles de route, mais même aux préfets, notamment pour ce qui concerne l'application de l'art. 1596 c. nap., aux termes duquel les officiers publics ne peuvent se rendre adjudicataires des biens nationaux dont les ventes se font par leur ministère (V. Domaine de l'Etat, no 125, et Vente admin., no 44). — Plusieurs classes d'officiers publics ont reçu une appellation particulière; citons spécialement les officiers de justice, les officiers du ministère public, les officiers municipaux, les officiers de police judiciaire, les officiers de l'état civil, les officiers ministériels, etc.

2. Sous la dénomination d'*officiers ministériels* on comprend seulement cette classe d'officiers publics dont le ministère, obligatoire le plus souvent, n'est établi que pour des actes d'un intérêt *privé*, et qui n'ont aucune part à l'exercice de la puissance publique. Les officiers ministériels sont des officiers publics, par cela seul qu'ils exercent des fonctions publiques auxquelles ils sont nommés par le chef du gouvernement (V. Forfaiture, no 51); mais ils diffèrent des fonctionnaires publics et des agents de l'autorité publique, en ce que leur ministère est purement privé (V. Fonctionn. public, nos 54 et 141).

3. Dans le plus grand nombre des cas, il n'y a aucun intérêt à distinguer les officiers ministériels des autres officiers publics, comme on le verra ci-après. Mais il en est quelques-uns pour lesquels cette distinction a son utilité : ainsi, les officiers ministériels ont seuls le droit d'assigner les parties, pour le règlement de leurs frais, devant le tribunal dans le ressort duquel ils exercent (V. Compétence civ. des trib. d'arrond., nos 157 et suiv.); seuls ils peuvent prêter leur ministère pour la rédaction des conventions privées, et on a dû admettre pour ce motif, que les juges de paix tenant le bureau de conciliation, ne peuvent insérer dans leurs procès-verbaux, pour avoir force d'actes privés, les conventions sur lesquelles les parties n'ont eu à leur soumettre aucune difficulté, et pour lesquelles elles se sont entendues en dehors de leur intervention; en effet, s'ils sont à certains égards des officiers publics, les juges de paix ne sont pas des officiers ministériels (V. Conciliation, no 375).

4. Sont principalement considérés comme officiers ministériels : 1° les notaires (V. Notaire, no 229; Ministère public, no 234, Presse, no 746); 2° les avoués (V. Avoué, nos 50 et s.); 3° les avocats au conseil d'Etat et à la cour de cassation (V. Cassation, no 1140); 4° les huissiers (V. Huissiers, nos 1, 3 et 20), et, par assimilation, les porteurs des contraintes décernées par l'administration des contributions directes, sorte d'huissiers administratifs (V. Fonctionn. public, no 54); 5° les agents de change (V. Bourse, nos 2, 184, 217 et 321); 6° les commissaires-priseurs (V. Commiss.-pris., nos 1 et 17); 7° les courtiers (V. Bourse, nos 3 et 449); la question s'étant présentée à l'égard des courtiers maritimes, dans une espèce où ils revendiquaient pour le règlement de leurs frais, le privilége de la compétence établie par l'art. 60 c. pr., il a été rendu une décision favorable à cette prétention (Rennes, 15 mars 1864, aff. Maillard, D. P. 64. 5. 196, no 4).

5. On a quelquefois contesté le bien fondé de l'application aux notaires de la qualification d'*officiers ministériels* (V. Discipl. jud., nos 241 et s.; Presse, nos 743 et 746). Il est vrai que plusieurs lois relatives à leur institution, les désignent sous le nom de *fonctionnaires publics*; mais cette désignation, d'après ce qui a été dit plus haut n'est pas justifiée. Si les fonctions notariales sont des fonctions publiques, en ce sens, notamment, que l'usurpation de ces fonctions constitue le délit réprimé par l'art. 258 c. pén. (Crim. rej. 7 mai 1858, aff. Lambert, D. P. 58. 1. 260), elles n'impliquent pas l'exercice d'une portion quelconque de la puissance publique; or c'est seulement, ainsi que cela est rappelé en note de l'arrêt précité, aux individus investis de fonctions ayant ce dernier caractère, c'est-à-dire aux agents dépositaires d'une partie de l'autorité publique, que la jurisprudence réserve la qualification de fonctionnaires publics, lorsqu'il s'agit de l'application des lois édictées pour la protection de cette classe de personnes (V. Presse, no 1517). — Et cette jurisprudence nous a paru conforme aux principes. Les notaires font, en effet, un grand nombre d'actes, pour lesquels ils sont en concours avec d'autres classes d'officiers ministériels; cette concurrence s'explique, parce que le caractère des fonctions est le même. Pour ne citer que les cas principaux, ils sont appelés à procéder aux ventes publiques; et ils ont mission, concurremment avec les huissiers, de dresser les protêts (V. Effets de comm., nos 740 et s.). La jurisprudence leur applique donc l'art. 60 c. pr. civ., relatif à la compétence pour le règlement des frais des officiers ministériels (V. Comp. des trib. civ. d'arrond., no 139).

6. Certains emplois publics, à raison des attributions diverses qui y sont attachées, présentent un caractère mixte. On s'est demandé, par exemple, si les greffiers sont des officiers ministériels ou s'ils doivent seulement recevoir la dénomination d'officiers publics. Nous avons répondu à cette question, qu'ils sont plutôt des officiers publics (V. Greffier, nos 37 et 128; Discipl. jud., no 233); un arrêt de la cour de Poitiers, du 28 avr. 1842, reproduit vo Greffier, no 36, applique cependant aux greffiers la désignation d'officiers ministériels.— En réalité, les greffiers pour celles de leurs fonctions qu'ils remplissent près des tribunaux auxquels ils sont attachés, sont seulement des officiers publics, et il convient de remarquer qu'auprès des juridictions supérieures, les greffiers n'ont pas d'autres fonctions; mais lorsqu'ils ont à procéder à des prisées ou à des ventes publiques concurremment avec les notaires, les huissiers ou les commissaires-priseurs, comme c'est le cas pour les greffiers des tribunaux de paix et des tribunaux civils de première instance, ils sont véritablement des officiers ministériels (V. Greffiers, n°s 109 et s.; Vente publ. de meub., n°s 42 et s.; Vente publ. de récoltes, n° 18). — Ce qui a contribué dans la pratique à faire appliquer aux greffiers la qualification d'officiers ministériels, c'est que comme les notaires, avoués, huissiers, etc., et à la différence des fonctionnaires proprement dits, ils ont le droit de présenter leur successeur (V. Greffier, n° 116, et Office), ils sont soumis à l'impôt de la patente (V. Patente, n°s 174, 221 et s.), et sont reconnus aptes à remplir les fonctions de juré (V. Instr. crim., n° 1442). L'art. 60 c. pr. civ. est appliqué aux greffiers, comme aux notaires et aux autres officiers ministériels (V. Compét. des trib. civ. d'arrond., n° 159).

7. Il ne faut pas confondre avec les officiers ministériels une classe de personnes désignée par l'art. 230 c. pén., sous la dénomination assez vague de *citoyens chargés d'un ministère de service public.* — V. Fonctionn. publ., n° 149.

8. Les avocats ne sont pas des officiers ministériels. Par suite, ils n'ont pas le pouvoir d'engager leurs clients par un acquiescement valable s'il n'est pas désavoué (V. Acquiescem., n°s 116 et s.). Ils n'ont pas droit pour le règlement de leurs honoraires, au bénéfice de la compétence établie par l'art. 60 c. pr. civ. (V. Avocat, n° 249; Compét. civ. des trib. d'arrond., n° 160). — Dans le cas même où ces honoraires ont été avancés par l'avoué, le client ne peut être poursuivi en remboursement que suivant les règles ordinaires de la compétence (C. de Chambéry, 11 mars 1863, aff. Laperrière, D. P. 64. 5. 196, n° 2), et sans qu'il y ait lieu à dispense du préliminaire de la conciliation (V. Conciliation, n° 200). La situation est la même pour les agréés, qui ne sont pas, non plus, des officiers ministériels (V. Compét. civ. des trib. d'arrond., n° 161). A la différence des officiers ministériels, les avocats ne sont plus soumis aujourd'hui qu'au serment professionnel (V. Serment, n° 48); de plus, il a été reconnu, sous le bâtonnat de M. Berryer (en 1853), et sur la réclamation de cet honorable représentant de l'ordre, que les avocats n'étant ni des fonctionnaires publics, ni des officiers ministériels, il n'y avait pas lieu de comprendre le conseil de discipline des avocats du barreau de Paris au nombre des corps constitués admis le 1er janvier à présenter leurs hommages au chef du gouvernement (V. le Mon. de l'année 1853, p. 14, 1re col.). — Toutefois, les avocats sont compris parmi les officiers de justice et, comme tels, ont droit, pendant l'exercice de leurs fonctions, à une protection plus efficace que celle qui est assurée aux simples particuliers, surtout lorsqu'ils sont appelés à suppléer des magistrats (V. Presse-outrage, n° 747).

9. Parmi les règles applicables à toutes les classes d'officiers publics, y compris les officiers ministériels, nous devons citer principalement les suivantes : Ils sont soumis, lors de leur entrée en fonctions, à la prestation du serment politique, indépendamment de la prestation du serment professionnel imposé à quelques-uns d'entre eux (décr. 5 avr. 1852; V. Serment, n°s 45 et suiv.). Ils doivent représenter les minutes dont ils sont détenteurs, toutes les fois que cette représentation est régulièrement ordonnée, à peine d'y être contraints par corps (c. pr. civ. 839; V. Contr. par corps, n°s 212 et s., 216 et s.); rappelons néanmoins que la voie du compulsoire n'est ouverte à leur égard que pour les actes qu'ils ont reçus en qualité d'officiers publics et qui ont été pour ce motif compris dans les dépôts dont ils ont la garde (c. pr. civ. 846 et s.; V. Compulsoire, n° 9). — Ils sont tenus de communiquer aux préposés de l'enregistrement les actes contenus dans leurs dépôts (V. Archives, n° 72), et de tenir un répertoire pour l'inscription de ces actes (V. Enregistr., n°s 5268 et s.).

10. Les officiers publics et les officiers ministériels peuvent recevoir des dépôts de sommes comme des dépôts d'actes (V. Enregistr., n° 510). Il y a intérêt à distinguer, pour la perception des droits d'enregistrement, si le dépôt est reçu en qualité d'officier public ou de particulier (V. *eod.*, n° 553); cette distinction est utile également pour l'appréciation du degré de gravité du délit, en cas de détournement de l'objet déposé (c. pén., n° 255; V. Abus de confiance, n°s 141 et s.). — Les officiers publics ont qualité pour délivrer des certificats de propriété; mais ils répondent de l'exactitude du fait qu'ils attestent (V. Certificat de propriété, n°s 1 et 18).

11. Il leur est défendu d'agir en vertu d'actes qui n'ont pas acquitté les droits de timbre et d'enregistrement auxquels ils sont soumis, et de délivrer des expéditions avant l'acquittement des droits exigibles (V. Enregistr., n°s 5193 et suiv.; Timbre, n°s 167 et s.). — Ils doivent exprimer, conformément aux désignations du système décimal, les quantités qu'ils ont à énoncer dans leurs actes (V. Poids et mesures, n°s 168 et s.). — Ils sont incapables d'acquérir les objets vendus par leur ministère (c. nap. 1596; V. Vente, n°s 463 et s.); ils ne peuvent faire le commerce (V. Commerçant, n°s 111 et s.).

12. Le faux dont se rendent coupables les officiers publics et en général les fonctionnaires publics dans la rédaction des actes de leur ministère, est l'objet d'une répression plus sévère que celle qui atteint les faux imputables aux particuliers : pour ce qui concerne les faux commis par les officiers publics chargés de la délivrance des passe-ports et des feuilles de routes, V. Faux, n°s 376 et s. — Disons cependant que la qualité d'officier public n'est pas une circonstance aggravante du délit d'abus de blanc seing (V. Abus de conf., n° 37). — Les détournements commis dans les dépôts publics, par les fonctionnaires ou officiers publics qui en sont dépositaires, sont réprimés comme crimes par l'art. 173 c. pén., article qui est applicable aux officiers ministériels comme aux fonctionnaires proprement dits (V. Abus de confiance, n°s 132 et s.; Vol, n°s 348 et s.). — La perception faite de mauvaise foi par des officiers publics, désignation qui comprend encore ici les officiers ministériels, de droits, salaires ou traitements qui ne sont pas dus ou dont le chiffre a été frauduleusement exagéré, constitue le crime de concussion (c. pén. 174; V. Forfaiture, n° 67).

13. Le faux témoignage devant un officier public, désignation qu'il faut opposer dans le cas particulier à celle d'*officier ministériel*, est-il susceptible d'une répression pénale? Cette question se résout à l'aide de distinctions que nous avons indiquées v° Témoignage faux, n°s 49 et s.

14. Il nous reste à présenter quelques indications spéciales aux officiers ministériels. — Les officiers ministériels ont été soumis, pour la garantie des intérêts qui leur sont confiés, à l'obligation du cautionnement (L. 28 avr. 1816, art. 88 et 91; V. Cassation, n° 31; Cautionn. de fonct., n°s 19, 22, 25 et 41; Serment, n° 65). Cette obligation, toutefois, leur est commune avec quelques classes de fonctionnaires ou officiers publics, parmi lesquels il faut citer principalement les conservateurs des hypothèques (V. la loi du 8 juin 1864, art. 25 et s., D. P. 64. 4. 92). — Les officiers ministériels sont soumis à la patente (V. Patente, n°s 221 et s.). Ils peuvent transmettre leur office à un successeur agréé par le gouvernement (V. Office, n°s 53 et s.; Enreg., n°s 1894 et s., 4234 et s.); et néanmoins ils peuvent être destitués par mesure disciplinaire. — Cette destitution, en ce qui concerne les notaires, est prononcée par les tribunaux (V. Notaire, n°s 728, 852). Il en est de même pour les agents de change, dans le cas prévu par l'art. 87 c. com. (V. Bourse de com., n° 429). Mais il en est autrement à l'égard des autres officiers ministériels; le gouvernement, suivant l'opinion la plus accréditée, peut, en cas de faute grave, prononcer leur révocation, sans même attendre la provocation des tribunaux (V. Office, n°s 396 et s.). Et il résulte de la jurisprudence constante du conseil d'État que le recours par la voie contentieuse, contre la décision qui prononce cette destitution, n'est pas admissible (V. Compét. admin., n° 52, et Office, n° 399). En ce qui concerne les greffiers, qui participent de beaucoup plus près que les notaires, les avoués et les huissiers, à l'action de la justice, et qui sont pour la perception des droits de greffe des receveurs préposés pour le trésor public, il a été décidé que la destitution prononcée par mesure disciplinaire échappe au contrôle du conseil d'État et ne peut être attaquée devant lui, même pour violation de formes (cons. d'Ét. 8 avr. 1858, aff. Fleury, D. P. 59. 3. 19).

15. Les officiers ministériels d'un même ressort forment des corporations ayant à leur tête des chambres syndicales. — Ces chambres syndicales ne peuvent faire des règlements sur la discipline (V. Discipl. judic., nos 53 et s.). Elles ne peuvent provoquer des pétitions au sénat, ayant le caractère de démarches collectives (circ. min. just. 3 juin 1862, D. P. 62. 3. 86). Lorsqu'un membre de la corporation soutient un procès qui soulève une question d'un intérêt général, la corporation ou la chambre syndicale qui la représente n'est pas pour cela en droit d'intervenir (V. Intervention, nos 34 et s.).

16. Les corporations d'officiers ministériels sont placées sous la surveillance de l'autorité judiciaire (V. Discipl. judic., nos 241 et s.). — L'action disciplinaire contre un officier ministériel n'appartient qu'au ministère public (V. *eod.*, no 36). — Sur les formes du jugement, les voies de recours, etc., V. *eod.*, nos 48, 61 et s.; 79 et s.). Lorsque le fait est passible tout à la fois d'une poursuite disciplinaire et d'une poursuite correctionnelle ou criminelle, la décision sur cette dernière n'enchaîne pas, en général, l'appréciation de la juridiction disciplinaire (V. Chose jugée, nos 521 et s.). — Indépendamment de l'action disciplinaire, les officiers ministériels et autres officiers publics sont passibles, pour les contraventions aux lois fiscales, d'amendes prononcées par les tribunaux civils et recouvrées par voie de contraintes (V. Peine, nos 741, 743 et 736). Nous ne faisons qu'indiquer ce dernier objet dont le développement se trouve dans nos traités de l'enregistrement et du timbre.

17. Les officiers ministériels, à raison de leur position privilégiée et du caractère obligatoire de leur ministère, ne peuvent refuser leur concours quand il est requis pour des actes rentrant dans leurs fonctions. Sur la voie à prendre pour triompher de leur résistance, en cas de refus, V. Déni de justice, no 27. — L'individu qui use du ministère d'un officier ministériel ne répond pas, vis-à-vis des tiers, des actes de celui-ci, comme il répondrait des actes d'un préposé (V. Responsabilité, nos 674 et s.).

18. Les officiers publics, et cela s'entend surtout des officiers ministériels (V. Vente publique de meubles, no 42), font seuls les ventes publiques de meubles (V. Enregistr., nos 2920 et s.). Leur ministère est imposé à l'héritier sous bénéfice d'inventaire pour la vente des meubles dépendant de la succession (c. nap. 805; V. Succession, no 832). Des lois spéciales ont désigné ceux des officiers ministériels qui ont qualité pour procéder à la vente publique de telle ou telle sorte de biens meubles.

19. Un officier ministériel est réputé avoir reçu le mandat de s'occuper d'une affaire, quand il a reçu les pièces (V. Mandat, no 173); et son acceptation est suffisamment prouvée à l'égard du client, par la circonstance qu'ayant reçu les pièces il ne les a pas renvoyées (V. *eod.*, no 186). L'officier ministériel a plus que tout autre mandataire le pouvoir d'engager son client (V. notamment Acquiescement, nos 112 et s.). Le remède, en cas d'abus, se trouve pour le client dans l'action en désaveu (V. Désaveu, nos 11 et suiv.). Ordinairement pour les affaires confiées à un officier ministériel, le client élit domicile *en l'étude* de celui-ci. L'élection de domicile ainsi formulée s'étend, en cas de remplacement du titulaire, à l'officier ministériel qui lui succède (V. Domicile élu, no 13). — Sur les difficultés qui naissent du concours de deux officiers ministériels, pour l'exercice du droit de faire des copies de pièces, V. Copies de pièces, nos 57 et suiv.

20. Les officiers ministériels doivent être clairs dans le libellé de leurs actes (V. Instruct. civ., no 28); les exploits et les copies de pièces doivent être d'une écriture lisible (V. Copies de pièces, nos 26 et suiv.; Timbre, no 149). — Ils ne peuvent représenter l'une des parties dans les actes qu'ils reçoivent (V. Mandat, no 65). — Ils sont responsables des nullités commises dans les actes pour lesquels ils ont prêté leur ministère (c. pr. 71 et 1031; V. Responsabilité, nos 302 et s., 452 et s., 469 et s., 488 et suiv.); par exemple, ils répondent de la nullité des protêts dont ils ont été chargés (V. Effets de com., nos 776 et s.). En matière criminelle, les frais de la procédure à recommencer sont à la charge de l'huissier par la faute duquel l'instruction a été entachée de nullité (c. instr. crim. 415; V. Huissier, no 103). — Le principe de la responsabilité des greffiers nous a paru, à raison de la controverse rappelée *suprà*, no 6, devoir être cherché dans les art. 1382 et 1383 c. nap. plutôt que dans l'art. 1031 c. pr. civ.

21. Plusieurs avantages importants ont été assurés aux officiers ministériels. C'est devant le tribunal de leur ressort, avons-nous dit, qu'ils forment leur demande en payement de leurs frais (c. pr. civ. 60; V. Compét. civ. des trib. d'arrond., nos 157 et suiv.), et cette demande est dispensée du préliminaire de la conciliation (décr. supplém. du tarif du 16 fév. 1807, art. 9; V. Conciliation, no 198). Le bénéfice de cette compétence n'est pas restreint aux avoués et aux huissiers; il appartient aussi aux notaires, aux greffiers, aux commissaires-priseurs, aux agents de change, et, ainsi que cela a été dit *suprà*, no 4, aux courtiers.— Pour le payement des frais faits devant le tribunal de commerce, c'est devant le tribunal civil du ressort que l'officier ministériel doit porter sa demande (V. Compét. civ. des trib. d'arrond., no 162, et Compét. comm., nos 374 et suiv.). — La compétence est aussi celle déterminée par l'art. 60, lorsque la demande des frais est formée non contre le client, mais contre l'individu qui s'est porté caution (Req. 10 juin 1856, aff. Legrand, D. P. 56. 1. 424; Rouen, 4 mai 1863, aff. Bourdon, D. P. 64. 5. 196, no 3). Mais on revient à la compétence ordinaire lorsque l'action concerne des frais faits à la demande non d'une partie, mais d'un officier ministériel d'un autre ressort; toutefois la question est controversée (V. Rouen, 30 juin 1856, aff. Chardine, D. P. 58. 2. 71, et la note qui accompagne cet arrêt).—De même, en cas de saisie-arrêt pour sûreté des frais dus à l'officier ministériel, c'est au tribunal du domicile de la partie saisie qu'il appartient de statuer sur la validité (même arrêt de la ch. des req. du 10 juin 1856; V. Saisie-arrêt, no 287). — Pour le recouvrement des frais de timbre et d'enregistrement qu'ils ont avancés, les officiers ministériels ne sont pas admis à agir par voie de contrainte (V. Contrainte admin., no 38). — Sur le recours contre la décision taxant les frais d'un officier ministériel, V. Appel civ., no 340.

22. Les officiers ministériels sont déchargés des pièces du procès qu'ils ont eu mandat de soutenir, cinq ans après le litige terminé (c. nap. 2276; V. Prescription civ., nos 23, 27, 1048 et suiv.). — Dans l'usage, on admet également que l'officier ministériel chargé, comme mandataire habituel, des recouvrements d'un banquier ou d'un commerçant, peut invoquer une présomption de versement des sommes encaissées qui exclut toute idée de comptabilité sujette seulement à la prescription trentenaire, et met à la charge du mandant la preuve du défaut de versement; mais cette doctrine nous a paru contestable (V. Huissier, no 38, et Mandat, no 264).

23. Les officiers ministériels sont protégés contre les actes de rébellion par les art. 209 et suiv. c. pén. (V. Rébellion, nos 21, 26 et 34), et contre les outrages et violences par les art. 224, 230 et suiv. du même code (V. Presse, no 743).

Table sommaire des matières.

Table chronologique des lois, arrêts, etc.

OFFICIER DE SANTÉ. — V. Médecine, nos 17 et s., 139 et s.; Organ. milit. — V. aussi Absent, no 630; Acte de comm., nos 103 et s.; Aliéné, nos 83, 114; Compét. com., no 57; Crimes contre les pers., nos 208, 214; Faux, nos 128, 380; Forfaiture, nos 105 et s.; Instruct. crim., nos 566 et s.; Patente, nos 174, 229 et s.; Procès-verbal, no 42-4o; Témoin, nos 49 et s., 138 et s., 311, 317.

OFFICIER DE L'UNIVERSITÉ. — V. Forfaiture, no 143; Organ. de l'instruct. publ.

OFFRE. — **1**. Ce que l'on propose à l'acceptation d'une autre personne. L'offre, c'est le consentement de la partie qui propose de contracter; l'acceptation, c'est le consentement de la partie à laquelle la proposition est faite. — L'offre, tant qu'elle n'est pas acceptée, ne produit aucun lien de droit et peut toujours être rétractée (V. Enreg., nos 165, 1214 et suiv.; Obligat., no 89; Travaux publ., no 1288; Usage, no 495), ...à moins que le proposant ne se soit engagé à ne pas révoquer son offre avant la réponse de celui auquel elle est faite (V. Obligat., no 94). — Et réciproquement, tant que l'offre n'a pas été rétractée, elle peut être acceptée (V. Obligat., no 90).

2. Dès que l'acceptation intervient, le contrat est formé; les offres ne peuvent plus être retirées (V. Enreg., no 165; Obligat., no 98; Usage, no 497; Vente, nos 86 et suiv.). — Mais pour qu'il en soit ainsi, il faut que l'acceptation soit entièrement conforme aux offres; si elle en diffère, il n'y a rien de fait : l'acceptation qui ne concorde pas avec les offres forme alors une nouvelle proposition qui doit être soumise à l'acceptation du proposant primitif (V. Obligat., nos 103 et suiv.). — Ces différentes règles s'appliquent au contrat judiciaire (V. Contrat judic., nos 5 et s.; Obligat., no 92; Usage, no 514), ... et spécialement au désistement (V. Desistem., nos 5 et s., 97 et s.). — *Quid* à l'égard de l'acquiescement? — V. Acquiescem., nos 26, 45 et s.

3. L'existence de l'offre et celle de l'acceptation sont indispensables pour la formation du contrat; mais il n'est pas nécessaire que l'offre et l'acceptation interviennent au même instant et dans le même acte (V. Enreg., no 165; Obligat., nos 88 et s., 97 et s.). — Aussi est-il de règle que les contrats peuvent se former par lettres missives. Seulement la difficulté est de savoir à quelle époque le contrat obtient alors sa perfection (V. Vente, nos 85 et suiv.).

4. Des règles qui viennent d'être exposées, il suit qu'une offre isolée ne peut être soumise au droit proportionnel d'enregistrement, comme le serait le contrat parfait; elle n'est passible que d'un droit fixe (V. Enreg., nos 166, 1218 et suiv.). — Mais il n'en est pas de même de l'acte d'acceptation qui est présenté isolé à la formalité. Dans ce cas, le droit proportionnel peut quelquefois être exigé. Nous avons indiqué les règles à cet égard vo Enreg., nos 167 et suiv.

5. En matière de voirie, les communes, les particuliers, peuvent offrir de concourir aux dépenses d'ouverture et d'entretien d'une route ou d'un chemin vicinal. Ces offres sont soumises aux règles que nous venons d'exposer; elles ne deviennent obligatoires qu'autant qu'elles ont été acceptées par l'administration et dans les termes mêmes où elles ont été faites (V. à cet égard vo Voirie, nos 79 et s., 1257 et suiv.).

6. En principe, le consentement des parties à la formation des contrats est essentiellement libre : nulle volonté ne peut se substituer à celle des contractants. Toutefois, il est des circonstances où le contrat est obligatoire et forcé : dans ce cas, à défaut d'accord amiable entre les parties, le juge prononce. C'est ce qui se présente en matière d'expropriation pour cause d'utilité publique. Lorsque les parties ne sont pas d'accord sur le chiffre de l'indemnité due à l'exproprié, l'administration est tenue de faire des offres à ce dernier; si ces offres ne sont pas acceptées, l'indemnité est fixée par le juge. La procédure à suivre à cet égard a été tracée par la loi du 3 mai 1841 (V. Expropr. publ., nos 391 et suiv., 486 et suiv., 562, 648, 819).

7. Il peut se faire qu'une offre pure et simple soit susceptible de produire de l'effet, indépendamment de toute acceptation. Ainsi, l'offre de payer une dette, et pareillement l'offre de compenser, l'offre de compter, peuvent être considérées comme une reconnaissance de la dette qui rend celui qui l'a faite non recevable à opposer la prescription (V. Obligat., no 1777; Prescript. civ., nos 72 et suiv.). — De même encore, l'offre d'exécuter un jugement emporte désistement de l'appel ou de l'opposition qui a été formée (V. Désistement, no 81). — A ce point de vue, l'on s'est demandé si l'offre d'exécuter un jugement peut être considérée comme un acte d'exécution de ce jugement (V. Acquiescement, nos 287 et suiv.). — Une offre faite en appel peut-elle être considérée comme une demande nouvelle? — V. Demande nouv., nos 19, 239, 259, 286-2o.

8. Le débiteur doit exécuter la convention telle qu'elle a été consentie; il doit offrir la chose promise et non une autre (V. Obligat., no 712). — Dans les obligations alternatives, l'offre de celui auquel appartient le choix détermine la chose qui doit être donnée (V. *eod.*, no 1327). — En cas d'inexécution de la convention le débiteur est tenu de dommages-intérêts : une offre tardive peut être repoussée par le juge (V. *eod.*, no 712).—Lorsque le juge ne peut faire immédiatement la liquidation des dommages-intérêts, il sursoit jusqu'à la production des preuves faites en conformité de la procédure spéciale tracée pour cette hypothèse (V. Obligat., nos 810 et suiv.). — Dans ce cas, le défendeur est tenu de faire des offres dans le délai et dans les formes prescrites par les art. 524 et suiv. c. pr. (V. *eod.*, nos 815 et suiv.).

9. Lorsque, dans un but déterminé, la loi oblige une partie à faire une chose ou à offrir de faire cette chose, cette partie ne peut se prévaloir d'une offre précédemment faite dans un but différent. Ainsi, lorsqu'une saisie a été indûment faite par la régie des douanes, cette administration doit un intérêt d'indemnité à la partie saisie depuis l'époque de la retenue jusqu'à celle de la remise définitive des marchandises ou des offres de la régie jugées valables et libératoires, et on ne peut pas considérer comme telle l'offre de remise provisoire sous caution faite dans le procès-verbal de saisie (V. Douanes, nos 842 et suiv.).

10. Une offre ne peut être faite que par la partie elle-même ou son fondé de pouvoir spécial. Cette règle est applicable même aux avoués qui sont les représentants forcés des parties en justice. Les avoués ne peuvent faire aucunes offres sans un pouvoir spécial, à peine de désaveu (V. Désaveu, nos 32 et suiv.).

11. Les offres et promesses faites à un fonctionnaire public et agréées par lui constituent le crime de corruption des fonctionnaires publics (V. Forfaiture, nos 114 et s.). — Si les offres et promesses ont été faites, mais non agréées, il y a simple tentative du crime (V. Forfaiture, no 134; Tentative, no 59).

12. Sur la règle d'économie politique que la valeur des choses résulte du rapport entre l'offre et la demande, V. Économie polit., no 10.

OFFRES LABIALES. — On appelle ainsi dans la pratique de simples offres verbales ou même par écrit, mais qui ne consistent que dans des déclarations et ne sont point accompagnées de l'exhibition et de la représentation effective des deniers ou autres choses qu'on offre. En général, ces offres sont insuffisantes pour mettre le créancier en demeure (V. M. Rolland de Villargues, Rép., *hoc vo*).

OFFRES RÉELLES. — On donne ce nom aux offres accompagnées de l'exhibition effective de la chose due avec sommation de l'accepter et dépôt dans le lieu indiqué par la loi. — V. Obligat., nos 2047 et s. — V. aussi *eod.* no 765, 1656 et s.; et vis Appel civ., nos 818, 1192; Cautionn., no 171; Chose jugée, nos 12-2o, 168-8o, 169-4o, 348-4o; Compét. civ. des trib. d'arr., no 195; Compét. comm., no 388; Concession admin., no 111; Conciliation, no 225; Contr. par corps, no 1070; Contr. jud., nos 10 et suiv.; Degré de jurid., nos 106-6o, 114 et s., 435; Désistement, no 234; Domicile, no 138; Domicile élu, no 101; Enregistrem., nos 385, 782 et s., 1634; Except., nos 132, 172, 203-7o; Exploit, nos 38 et s., 109-6o; Faillite, no 474; Frais et dép., nos 738 et s.; Huissier, no 25; Impôt dir., no 528; Jugement, no 434 et s.; Louage, no 766; Papier-monnaie, no 19; Prescript. civ., nos 583 et s.; Référé, no 186, 197, 204; Rente foncière, no 45, 92 et s.; Rentes constituées, nos 145 et s., 156, 170, 178; Saisie-arrêt, nos 300, 341 et s.; Saisie exécut., no 266; Significat., no 44; Vente, nos 1498 et s.; Vente publ. d'imm., nos 171-2o, 221-3o, 359 s., 684, 1331, 1418, 1503, 1834.

OLIGARCHIE. — Gouvernement politique où l'autorité souveraine est entre les mains d'un petit nombre de personnes. — V. Droit constitut., nos 9 et s.

OLIM. — On a donné ce nom à la plus ancienne des séries de registres du parlement de Paris conservés à la section judiciaire des archives impériales. — V. Organisat. judic.

OMISSION. — **1**: Manquement à une chose de devoir ou d'usage. — En général, l'omission a le caractère d'une faute. Lorsqu'elle est la suite de la négligence, de l'ignorance ou de l'impéritie, à l'égard des choses que l'on pouvait ou que l'on devait savoir, elle devient une cause de responsabilité. Ainsi, est responsable celui qui, par une omission de ce genre, n'a pas empêché le mal qu'il pouvait prévenir (V. Responsabilité, n° 87); par exemple, le médecin qui, après avoir fait une grave opération à un malade, l'abandonne avant la guérison, manque à son devoir et dès lors est responsable des suites de cet abandon (V. *eod.* n° 129-2°). — Cette règle toutefois ne s'étend pas à l'omission d'un devoir purement moral (V. *eod.* n° 87).

2. La faute de pure omission, dit Proudhon, Usufruit, n° 1489, consiste à négliger de mettre en usage, quand on le peut, les moyens propres à prévenir ou à empêcher la perte de la chose d'autrui, lorsqu'une loi, un contrat ou un quasi-contrat nous imposent l'obligation de veiller à sa conservation. L'usufruitier qui omet de faire réparer en temps utile la chose soumise à l'usufruit commet une faute de ce genre, car la loi le charge des réparations d'entretien et, par suite, il est responsable des dégradations qui sont le résultat de sa négligence (V. Usufruit, n° 502). — De même, le locataire est responsable de l'incendie de la chose louée, bien que la cause lui en soit étrangère, si, étant présent, il n'a pas mis tous ses soins à en arrêter les progrès (Proudhon, *loc. cit.*, n° 1490; V. Louage, n° 142).

3. La faute d'omission (*culpa in omittendo*) au point de vue de la responsabilité, doit être appréciée avec moins de sévérité que celle qui dérive d'un fait (*culpa in committendo*), à moins toutefois que l'omission ne soit entachée de fraude. Dans certains cas de cette nature, la loi a elle-même déterminé l'étendue de la responsabilité. C'est ce qui a lieu notamment à l'égard de l'omission volontaire, dans un inventaire, d'un effet de la communauté ou de la succession (V. Contr. de mar., nos 1678, 2193 et s.; Succession, nos 625 et s., 720, 961 et s.). — Mais, pour que la peine soit encourue, il faut que cette omission ait eu lieu dans une pensée de fraude. Et la fraude ne se présumant jamais, l'omission doit, jusqu'à preuve contraire, être réputée faite de bonne foi (V. Scellés et invent., nos 220, 259). — Dans le même ordre d'idées, on décide que la simple omission, dans un partage, d'un objet de la succession, ne donne pas lieu à une action en rescision, mais seulement à un supplément de l'acte de partage (V. Succession, n° 2206). — Les omissions ou erreurs que contiendraient un procès-verbal d'apposition de scellés ne sauraient avoir le même effet que si elles se trouvaient dans un inventaire. — V. Scellés et invent., n° 57.

4. L'omission dans un procès-verbal de saisie de quelques immeubles faisant partie de l'exploitation n'entraîne pas la nullité du procès-verbal. Cette omission n'a d'autre effet que de laisser ces immeubles à la disposition du saisi. Mais il en serait autrement si cette séparation avait pour objet, ou même seulement pour effet de faire perdre aux immeubles saisis une partie de leur valeur. — V. Vente publ. d'imm., n° 521.

5. L'omission volontaire, la réticence, dans une police d'assurance, de faits de nature à augmenter les risques de l'assureur, constitue aussi une faute grave qui met obstacle à ce que l'assuré qui a payé la prime réclame le bénéfice du contrat (V. Droit maritime, nos 1678 et s.; Assur. terr., nos 166 et s.). — Mais ici encore, la bonne foi des parties exclut l'application de la peine. En conséquence, on a décidé qu'une compagnie d'assurances contre l'incendie ne peut se prévaloir de l'omission involontaire, dans la police, d'un objet qui est l'annexe des choses assurées. — V. Assur. terr., n° 160.

6. L'omission de la part d'un officier ministériel de remplir la mission qu'il a acceptée, engage sa responsabilité, mais ne peut fournir contre lui une cause de désaveu. — V. Désaveu, n° 35.

7. L'omission de faire peut, mais dans des cas fort rares, prendre le caractère d'un fait délictueux et tomber sous l'application de la loi pénale. C'est ainsi que l'omission par les personnes qui ont assisté à un accouchement de déclarer, dans les délais légaux, la naissance de l'enfant est punie de peines correctionnelles (V. Acte de l'ét. civ., nos 215 et suiv.; Crimes et délits contre les personnes, nos 256 et suiv.). — De même, l'omission des mesures de précaution prescrites par le règlement devient passible de peines de même nature, lorsqu'un homicide, ou seulement des coups et blessures, ont été le résultat de cette négligence. — V. Crim. contre les pres., nos 200 et s., 215 et s.

8. Mais en dehors des cas expressément prévus par la loi, la simple omission d'un devoir légal ne saurait motiver l'application d'aucune peine. — Par exemple, on a décidé que l'omission par une compagnie de chemin de fer d'exécuter une disposition impérative du cahier des charges n'est pas punissable.—V. Concess. admin., n. 106.

9. A plus forte raison en est-il ainsi si l'omission porte sur une obligation qui n'est pas imposée par la loi ou par les règlements, lors même qu'un accident funeste serait résulté de cette omission. — En conséquence, on ne peut, en cas d'homicide par suite d'un accident de chemin de fer, frapper d'une condamnation pénale, le chef de gare auquel on reproche seulement d'avoir omis de provoquer des mesures plus efficaces de la part de l'administration de laquelle il dépend. — V. Voirie par chem. de fer, n° 554.

10. Au point de vue des formalités prescrites par les lois, les omissions produisent différents effets que nous allons signaler très-brièvement. — Lorsqu'il s'agit d'une formalité ayant pour objet la conservation d'un droit, l'omission de cette formalité peut entraîner la perte du droit lui-même. Ainsi, le créancier hypothécaire qui omet de prendre inscription perd son droit de préférence vis-à-vis des tiers; et il en est de même s'il omet de renouveler l'inscription qu'il a prise (V. Privil. et hyp., nos 1370, 1630). — En outre, si la dette est cautionnée, il perd son recours contre la caution qu'il ne peut plus subroger dans ses droits et priviléges (V. Cautionn., nos 337 et suiv.).

11. Si l'acte omis a pour objet de provoquer une déchéance, l'omission de la formalité empêchera la plupart du temps cette déchéance de s'accomplir (V. Ordre, n° 721; Vente publ. d'imm., n° 1190). — D'autres fois l'omission d'une formalité, si elle est essentielle, sera une cause de nullité comme serait, par exemple, l'omission des formalités prescrites pour la vente des biens de mineurs.

12. L'omission dans les actes des mentions et énonciations exigées par la loi produit aussi des résultats différents. Tantôt elle transforme le caractère de l'acte; ainsi, la lettre de change dépourvue des énonciations qu'elle doit contenir ne vaut plus que comme une simple obligation commerciale ou civile (V. Effets de comm., n° 125), ainsi encore l'endossement qui ne contient pas les formalités prescrites par la loi ne vaut que comme simple procuration (V. *eod.*, nos 366 et s., 385 et s., 448 et s., 431 et s., 473 et s.). — Tantôt l'omission emporte nullité de l'acte irrégulier, comme cela a lieu à l'égard des formalités prescrites pour les testaments, les exploits, les inscriptions hypothécaires, etc. — D'autres fois, l'omission reste sans effet, alors qu'il s'agit d'une formalité qui n'a rien d'essentiel. — Ces différentes règles ont reçu des applications si nombreuses qu'il est impossible de les relever ici avec détail. Ce serait d'ailleurs sans utilité, car nous ne ferions que répéter les notions répandues avec profusion dans les différents traités du répertoire. — V. notamment en ce qui concerne les actes de l'état civil, v° Acte de l'état civ.; — Les testaments, v° Disposit. entre-vifs et test.; — Les actes authentiques et sous seing privé, v° Obligation; — Les inscriptions hypothécaires, v° Privil. et hypoth.; — Les exploits, v° Exploit, etc., etc.

13. L'art. 141 c. pr. détermine les formes des jugements. On a beaucoup discuté sur le point de savoir si ces formes sont essentielles et si l'omission de l'une d'elles emporte nullité du jugement (V. Jugement, nos 262 et suiv.). — En tout cas, il est évident que l'omission de certaines énonciations que contiennent d'ordinaire les jugements, sans que la loi les ait impérieusement prescrites, ne saurait produire aucun effet : telle est, par exemple, l'omission de la qualification du ressort : une pareille omission est sans influence sur la validité du jugement, ou sur la recevabilité de l'appel (V. Appel civ., nos 216, 1253).

14. Lorsque les juges ont omis de prononcer sur un des chefs de la demande, le jugement peut être attaqué par la voie de la requête civile (c. pr. 480-5°. V. Requête civ., nos 92 et suiv., 270 et suiv.). — V. aussi, en ce qui concerne l'omission de prononcer, vis Appel incid., n° 75; Arbitrage, nos 1038 et suiv., 1286; Cassation, nos 323, 1489; Chose jugée, nos 12 et suiv., 30, 153, 165, 176, 344-3°; Conclusions, nos 2-2°, 58; Contrainte par corps, nos 58 et suiv.; Défense, n° 118; Demande nouv., nos 10, 74 et suiv., 160; Frais et dép., nos 4, 32 et suiv., 986; Garde nat., n° 675; Impôt dir., n° 479, 533; Jugement, nos 157, 166 et suiv., 747 et suiv., 911, 931, 960, 968 et suiv., 1057; Responsab., n° 77; Saisie-arrêt, n° 383; Sépar. de corps, n° 275; Vente, n° 1618; Voirie par terre, nos 1120, 1489, 2381 et suiv.

15. En général, un jugement est acquis aux parties dès qu'il est prononcé; le juge ne peut plus, sous aucun prétexte, le modifier, le réformer ou même le compléter s'il contient des omissions. Cependant il s'élève quelquefois des difficultés. Ainsi, on se demande si les juges de commerce qui omettent de prononcer l'exécution provisoire de leur jugement, dans le cas où elle est autorisée, peuvent réparer cette omission par un jugement postérieur (V. Appel civ., nos 1262 et suiv.); — Si le juge correctionnel qui a omis de fixer la durée de la contrainte par corps peut également réparer cette omission par un second jugement (V. Contr. par corps, nos 681 et s.). — Même question à l'égard du jugement d'un tribunal de répression qui renvoie à fins civiles et qui a omis de fixer le délai dans lequel le tribunal compétent devra être saisi de la question préjudicielle (V. Question préjud., n° 169).

16. L'omission des énonciations prescrites à peine de nullité peuvent presque toujours être suppléées par des équivalents, pourvu qu'ils soient puisés dans l'acte lui-même (V. Exploit, nos 57 et suiv., 67 et suiv., 104, 135, 175, 342, 524, 640-3° et 4°; Termes sacram., nos 7 et suiv. et les renvois y indiqués). — Mais c'est une question de savoir si l'irrégularité résultant de l'omission peut être réparée par un acte postérieur (V. Exploit, nos 401 et suiv., 515).

17. Un compte une fois réglé ne peut plus être revisé; mais il peut être rectifié pour cause d'erreurs, omissions, faux ou doubles emplois (V. Compte, nos 150 et suiv.). — Cette règle est applicable en matière de travaux publics aux comptes des entrepreneurs (V. Trav. publ., nos 607 et suiv.). — Mais elle ne l'est pas aux devis et marchés consentis par eux. Sous aucun prétexte d'erreur ou d'omission dans la composition des prix, l'entrepreneur ne peut revenir sur les prix par lui consentis (V. *eod.*, nos 429 et suiv.).

18. En ce qui concerne : 1° l'omission des déclarations prescrites par la loi sur l'enregistrement, V. Enregistr., nos 5042 et suiv.; — 2° L'omission d'un électeur sur les listes électorales, V. Droit polit., nos 452 et suiv., 573 et suiv., 655 et suiv.

OMISSION DE PRONONCER. — V. les renvois indiqués v° Omission n° 14.

OMNIBUS. — Voiture servant au transport des voyageurs en commun. — V. Commune, nos 918 et suiv.; Taxe, n° 106; Voirie par chem. de fer, nos 411, 451, 606, 620; Voitures publiques, nos 148, 199, 203 et suiv., 249.

ONCLE. — Le frère du père ou de la mère. En Bretagne, le nom d'oncle est donné aussi au cousin germain du père ou de la mère, d'où vient cette expression *oncle à la mode de Bretagne*.—V. Contrainte par corps, nos 325, 623; Mariage, nos 227, 243; Parenté, n° 12; Responsabilité, n° 591.

OPÉRA. — V. Théâtre, nos 95 et suiv., 142, 268, 296, 330.

OPPOSITION. — **1.** Le nom d'opposition est donné, dans le langage du droit, à plusieurs actes d'une nature différente, qui ne sont pas soumis aux mêmes règles.—On distingue principalement : 1° l'opposition aux décisions par défaut; 2° l'opposition aux ordonnances judiciaires; 3° l'opposition aux actes de poursuite, saisies, contraintes, etc.; 4° l'opposition aux décrets du chef du gouvernement et aux arrêtés ou projets d'arrêtés; 5° l'opposition ou défense à certains actes de procédure; 6° l'opposition faite, à titre de mesure conservatoire, sur des rentes, pensions, cautionnements, prix de vente, etc. — Sont aussi désignés sous le nom d'*opposition* certains actes abusifs dont le but est de mettre obstacle à l'exercice des agents chargés du recouvrement de l'impôt, ou à l'exécution de travaux prescrits par l'administration. — Nous nous proposons de présenter quelques renseignements sommaires sur chacun de ces objets, déjà examinés avec tous les développements nécessaires dans plusieurs de nos traités.

2. *Opposition aux décisions par défaut.* — C'est la voie de recours ouverte à la partie jugée sans avoir été entendue, pour faire rétracter ou réformer par les mêmes juges la décision rendue à son égard. L'opposition se distingue de l'appel et du pourvoi en cassation, surtout en ce que ces voies de recours ont pour objet la réformation ou l'annulation de la décision par un tribunal autre et supérieur.

3. Nous n'avons à nous occuper ici que de l'opposition proprement dite, et non de la tierce opposition, voie de recours que la loi accorde au tiers auquel peut préjudicier un jugement rendu dans une instance à laquelle il est étranger, pour lui permettre d'empêcher l'exécution de ce jugement en tant qu'elle devrait lui nuire. La tierce opposition a fait l'objet d'un traité spécial auquel nous renvoyons; nous ne reviendrons sur ce sujet qu'incidemment.

4. L'opposition dérive du droit de défense; et pour ce motif il est admis, en principe, par la jurisprudence, que l'opposition est recevable, en toutes matières, à l'égard des décisions par défaut, par cela même qu'elle n'a pas été interdite; il n'est donc pas nécessaire que cette voie de recours ait été autorisée pour chaque cas par une disposition expresse. — L'opposition n'est plus recevable lorsqu'il y a eu acquiescement (V. Acquiescem., nos 827 et suiv.). Toutefois, en matière correctionnelle et de police, le payement volontaire de l'amende ne fait pas perdre le droit d'opposition (V. Crim. cass. 17 fév. 1857, aff. Rœderer, D. P. 62. 1. 104, et v° *cit.*, nos 901 et 911).

5. L'opposition n'est ouverte que contre les jugements par défaut et non contre les décisions contradictoires (V. Jugement par défaut, n° 167). Nous avons fait connaître avec détail quels jugements doivent être réputés par défaut et comme tels susceptibles d'opposition (*eod.*, nos 173 et s.). — Quels que soient les griefs élevés contre un jugement par défaut, c'est par les voies ordinaires de recours, l'opposition, l'appel, etc., que la décision doit être attaquée. Une action principale en nullité ne serait pas recevable (V. Nullité, n° 43). — C'est par opposition et non par appel que doit être attaqué le jugement rendu sur requête non communiquée (V. Appel civil, n° 125). — L'opposition n'est pas nécessaire pour arriver au redressement par les mêmes juges des erreurs existant dans un jugement rendu sur un compte (V. Compte, n° 191).

6. Ont été notamment déclarés susceptibles d'opposition, ...en matière civile et en matière commerciale : 1° le jugement par défaut rendu au possessoire (V. Action possessoire, n° 797); 2° le jugement par défaut qui ordonne une enquête (V. Enquête, nos 179 et suiv.); 3° le jugement par défaut qui statue sur une reprise d'instance (V. Reprise d'instance, nos 107 et suiv.); 4° le jugement par défaut qui déclare une commune responsable de pillages et actes de destruction qu'elle aurait pu empêcher (V. Commune, nos 2769 et s.); 5° le jugement qui nomme d'office un arbitre pour un associé (V. Arbitrage, nos 557 et s.).

7. ...En matière administrative, les décisions par défaut rendues par les conseils de préfecture (V. Organisat. admin.), spécialement celle par laquelle un conseil de préfecture ordonne la démolition de constructions élevées dans des zones de servitude militaire (V. Place de guerre, n° 117); les décisions par défaut émanées des commissions spéciales instituées en matière de dessèchement de marais (V. Marais, n° 90).

8. ...Dans les matières criminelles et de répression, les décisions par défaut qui prononcent des peines disciplinaires (V. Discipline, nos 123 et suiv.; Défense, nos 27 et suiv.; Avocat, nos 440 et 450; Notaire, n° 858, etc.); les condamnations, prononcées par défaut pour contraventions aux lois sur les contributions indirectes (V. Impôts indir., nos 518 et suiv.); les condamnations à l'amende prononcées contre des jurés défaillants (V. Instruct. crim., nos 1915 et suiv.); celles qui répriment les infractions disciplinaires des gardes nationaux (V. Garde nat., nos 607 et suiv.).

9. ...Dans les matières spéciales : les jugements par défaut concernant le recouvrement des droits de timbre et d'enregistrement (V. Enregistr., nos 5837 et suiv.); les décisions par défaut rendues par les juges de paix en matière de douanes (V. Douanes, nos 933 et suiv.); les décisions par défaut émanées des consuls (V. Consuls, no 85); celles rendues par les conseils de prud'hommes (V. Prud'hommes, no 111).

10. Quelques cas ont donné lieu à controverses. Ainsi il y a contestation sur le point de savoir si la voie de l'opposition est ouverte, contre le jugement par défaut qui ordonne à titre de mesure préparatoire, un délibéré sur rapport (V. Instruction par écrit, no 22),... ou un interrogatoire sur faits et articles (V. Interrog. sur faits et art., nos 57 et s., 113); contre le jugement par défaut qui prononce sur une demande en interdiction (V. Interdiction, no 134); contre celui qui statue sur une récusation (V. Récusation, no 137); contre celui qui donne mainlevée d'une opposition à mariage (V. Mariage, no 316).—L'opposition est-elle admise contre le chef du jugement qui prononce la distraction des dépens au profit d'un avoué sur son affirmation qu'il en a fait l'avance? V. Frais, no 150. — Peut-elle être formée contre les arrêts rendus par le conseil d'Etat, pour le règlement de conflits négatifs? V. Conflit, no 229. — Est-elle accordée à la partie civile contre l'entérinement des lettres de grâce? V. Grâce, no 41. — Enfin les décisions de la cour des comptes sont-elles susceptibles d'opposition ou de tierce opposition?—V. Cour des comptes, no 49.

11. Dans quelques autres cas, le droit d'opposition a été formellement refusé par la loi ou dénié par la jurisprudence. La voie de l'opposition n'est pas ouverte au condamné contumax (V. Contumax, no 52). L'opposition ne peut être utilement formée contre un arrêt de cassation rendu dans l'intérêt de la loi (V. Cassation, nos 1036 et s.), ni contre un arrêt du conseil d'Etat statuant sur un conflit positif (V. Conflit, no 211).—L'opposition, permise quand il s'agit d'attaquer une décision par défaut du jury de recensement de la garde nationale, n'est pas reçue contre les décisions par défaut du jury de révision (V. Garde nation., nos 209 et 241). — Le droit d'opposition ou de tierce opposition est dénié aux communes, à l'égard des décisions des conseils de préfecture rendues sur les réclamations des contribuables en matière d'impôts de répartition (V. Impôts directs, no 450). Il est refusé à l'égard du jugement arbitral rendu par défaut (c. pr. civ. 1016).

12. A défaut du droit d'opposition, la tierce opposition est-elle ouverte à l'absent ou à ses créanciers contre le jugement rendu sur la demande d'envoi en possession provisoire? — V. Absent, nos 261 et s.

13. Nous n'avons pas à entreprendre ici un exposé complet de ce qui se rapporte à l'opposition au jugement par défaut. Ce travail a déjà été fait au mot *jugement par défaut*. Le lecteur devra s'y reporter et le compléter à l'aide des renvois qu'il nous reste à indiquer.

14. Ainsi on consultera utilement ce qui a été dit : 1° sur l'opposition aux jugements par défaut en matière civile, vis Acquiescement, no 827, Appel civil, nos 197, 228 et s., 1012, 1069 et s., 1086 et s., 1156, 1182; Appel incident, no 89; Commune, nos 2769 et s.; — 2° Sur l'opposition aux jugements par défaut en matière correctionnelle ou de police, vis Appel en mat. crim., nos 215 et s., 335, 343; Compét. crim., no 240; Instruct. crim., nos 939 et s.; Jugem. par déf., nos 429 et s.; —3° Sur l'opposition aux jugements par défaut en matière commerciale, et notamment en matière de faillite, vis Compét. com., nos 251 et 384; Domicile élu, no 23-4°; Faillite, nos 206, 650 et s., 1331 et s., 1338; Jugem. par déf., nos 164 et s., 321 et s., 667; — 4° Sur l'opposition ou action en nullité contre les sentences arbitrales, vo Arbitrage, nos 1099 et s., 1218 et s.; — 5° Sur l'opposition aux jugements par défaut des tribunaux de paix, vo Jugem. par déf., nos 311 et s.; — 6° Sur l'opposition aux jugements par défaut en matière administrative, *eod.*, nos 496 et s., et Conseil d'Et., no 329.

15. On distingue en matière civile, les jugements par défaut faute de constitution d'avoué, des jugements par défaut faute de conclure. Les règles applicables à ces deux classes de jugements ont été exposées vo Jugem. par déf., nos 211 et s., 221 et s.— Sur l'opposition par acte extrajudiciaire, et sur la nécessité de la réitérer, V. Appel civil, nos 252 et s.; Jugem. par déf., nos 255 et s.

16. Il a été traité de l'opposition aux arrêts par défaut rendus par la cour de cassation, en matière civile, vo Cassation, nos 1095 et s.; en matière criminelle, *eod.*, nos 223, 851 et s., 1188 et s. Sur l'opposition aux arrêts de cette cour statuant en matière de règlement de juges, V. Règlem. de jug., nos 217 et s.; et sur l'opposition aux arrêts rendus sur des demandes en renvoi pour cause de suspicion légitime, V. Renvoi, nos 168, 171 et s.

17. A ces indications générales, il convient d'ajouter quelques indications de détail. — Sur la signification de l'acte d'opposition et ses effets pour faire courir le délai du recours, V. Appel civil, nos 925 et suiv.; Cassation, nos 479 et suiv., 487; Conseil d'Etat, nos 208 et suiv.; Instruction civile, no 26; Jugement par défaut, nos 228 et suiv., et Signification, nos 9, 37 et 63. — Sur les formes de l'opposition et sur les moyens que la requête d'opposition doit contenir pour conserver à la partie le droit de se prévaloir des nullités commises, V. Exception, nos 146 et suiv., 296 et suiv., et Jugem. par déf., nos 266 et suiv. — Sur le cas où il a été fait élection de domicile seulement dans l'acte d'opposition au jugement par défaut du tribunal de commerce, V. Appel civil, no 1012. — Sur les effets de l'opposition, V. Jugement, no 862; Jug. par déf., nos 332 et suiv. — L'opposition de l'appelant défaillant à l'arrêt par défaut rendu sur la comparution de l'intimé, rouvre à celui-ci le droit de former appel incident (V. Appel incident, nos 89 et suiv.). — L'opposition irrégulière n'empêche pas le jugement par défaut de passer en force de chose jugée (V. Chose jugée, no 17). — Empêche-t-elle la péremption de courir? — V. Jugem. par déf., nos 389 et suiv.

18. Sur la manière de compter les délais de l'opposition, V. Jugem. par déf., nos 248 et suiv. — Quelques difficultés relatives à la supputation du délai, notamment au point de savoir si le délai est prorogé au lendemain lorsqu'il expire un jour férié, ont été tranchées par la rédaction nouvelle de l'art. 1033 c. pr. qu'a consacrée la loi du 3 mai 1862 (D. P. 62. 3. 43). Voici les termes de cette disposition : « Le jour de la signification et celui de l'échéance ne sont point comptés dans le délai général fixé pour les ajournements, les citations, les sommations et autres actes faits à personne ou à domicile. Ce délai sera augmenté d'un jour à raison de cinq myriamètres de distance. — .... Si le dernier jour du délai est un jour férié, le délai sera prorogé au lendemain. »

19. Sur le principe qu'opposition sur opposition ne vaut, V. Jugem. par. déf., nos 191 et suiv. — Quelles personnes peuvent faire opposition? V. *eod.*, nos 202 et suiv. — Quand l'opposition a été déclarée recevable et que la partie a été admise à plaider, le tribunal ne peut plus, sans violer la chose jugée, déclarer dans le jugement sur le fond la non-recevabilité de l'opposition. — V. Chose jugée, no 363-6°.

20. Sur la règle que la poursuite de saisie immobilière, fondée sur un jugement par défaut, est suspendue tant que le jugement est susceptible d'opposition, V. Vente publ. d'immeub., nos 244 et suiv.

21. Nous croyons devoir également rappeler quelques règles relatives à l'opposition, et quelques questions importantes disséminées dans plusieurs de nos traités. — L'opposition à un jugement par défaut ne peut être convertie en tierce opposition (V. Tierce-opposition, no 210). — Pas de recours par voie de demande en cassation, de demande en règlement de juges ou de requête civile, tant que la voie de l'opposition et de l'appel reste ouverte aux parties (V. Cassation, nos 192 et suiv.; Règlem. de juges, no 51; Requête civile, no 14).

22. En matière civile, le délai de l'appel ne court que du jour où l'opposition n'est plus possible (V. Appel civil, nos 1064 et suiv., 1093 et suiv.). Que décider si le jugement a été déclaré exécutoire nonobstant opposition? — V. *eod.* no 1079. — Que décider lorsque la partie dans le même acte déclare former à la fois opposition et appel? — V. *eod.*, nº 643. — Le délai d'appel ne court-il en matière correctionnelle ou de police qu'après l'expiration du délai de l'opposition? — V. Appel crim., nºs 215 et s.

23. Ne pas user de la voie de l'opposition ne rend pas inhabile, en principe, à user des autres voies de recours (V. Appel civil, nº 233; Cassation, nº 91). Ainsi l'on est recevable à attaquer par la voie du pourvoi en cassation une condamnation disciplinaire par défaut contre laquelle on n'a pas au préalable fait usage de la voie de l'opposition. — V. Discipline, nº 234.

24. Le jugement qui statue sur une opposition n'est pas toujours susceptible d'appel. — Cette voie de recours a été admise à l'égard du jugement qui statue sur l'opposition au concordat ou qui homologue ce traité (V. Appel civil, nºs 309 et 819; Degré de juridiction, nº 57), à l'égard des jugements qui statuent sur une opposition à une déclaration de faillite ou à une ordonnance d'exécution d'une sentence arbitrale, ou à une adjudication, etc. (V. Degr. de jurid., nºs 335 et 406). — Cette voie de recours est-elle ouverte contre la sentence du juge de paix qui relève une partie défaillante de la rigueur du délai de l'opposition? — V. Appel civil, nº 156.

25. *Opposition aux ordonnances.* — Les ordonnances judiciaires sont-elles susceptibles d'opposition? L'opposition, si elle est recevable, doit-elle être portée devant le juge qui a rendu l'ordonnance ou devant le tribunal entier? — Ces deux questions, fréquemment soulevées, ne paraissent pas comporter une solution générale et absolue; il faut considérer, en effet, que les mesures qui peuvent faire l'objet d'ordonnances judiciaires, diffèrent par le caractère, par la nature des conséquences qu'elles peuvent entraîner. Chaque cas semble donc exiger une solution particulière. — V. Appel civil, nºs 366 et suiv., 422 et suiv.; Jugement, nºs 706 et suiv.

26. Il y a controverse sur la question de savoir si l'opposition est ouverte contre l'ordonnance sur requête qui commet un juge d'un autre ressort pour procéder à un interrogatoire sur faits et articles (V. Interrogat. sur faits et articles, nº 72); contre l'ordonnance prononçant l'envoi en possession du légataire universel (V. Disp. entre-vifs et test., nºs 3664 et suiv.; Appel civil, nºs 388 et suiv.); contre l'ordonnance du président assignant une résidence provisoire à la femme demanderesse en séparation de corps (c. pr. 878; V. Séparation de corps, nº 144); contre l'ordonnance permettant d'assigner à bref délai (V. Appel civ., nºs 393 à 397; Conciliation, nº 165, et Délai, nº 118).

27. L'opposition n'est pas admise contre les ordonnances par défaut rendues par le juge des référés (V. Avoué, nº 79; Référé, nº 75; Jugem. par déf., nºs 182 et suiv.); en est-il de même à l'égard du jugement par défaut rendu par le tribunal, sur le renvoi que ce juge lui a fait de la contestation? V. Référé, nº 76. — Quant à l'opposition aux arrêts par défaut, rendus sur appel d'ordonnances de référé, V. *eod.*, nºs 78 et suiv. — Peut-on former opposition à une ordonnance autorisant une saisie? — V. Saisie-arrêt, nºs 122 et suiv., 144 et suiv.; Saisie conservatoire, nºs 14 et suiv.

28. Sur l'opposition à l'exécutoire délivré en matière de comptes pour un excédant de recettes, V. Compte, nº 110. — Sur l'opposition à l'ordonnance d'*exequatur* apposée à une sentence arbitrale, V. Arbitre, nºs 1188, 1299 et suiv.; Compét. comm., nº 384; Exception, nº 203-7º. — Relativement à l'opposition que les intéressés et le notaire pouvaient former autrefois contre l'ordonnance autorisant un compulsoire, V. Compulsoire, nº 25. — Pour ce qui concerne l'opposition à l'ordonnance autorisant l'arrestation provisoire d'un étranger, V. Appel civil, nºs 381 et suiv.

29. Il a été traité du droit d'opposition aux ordonnances de non-lieu, vº Instruction crimin., nºs 844 et suiv.; V. aussi Appel en mat. crim., nºs 24 et suiv., et Quest. préjudic., nº 22. — Depuis qu'ont été recueillis les renseignements auxquels nous renvoyons, le code d'instruction criminelle a été modifié dans plusieurs de ses dispositions; les attributions qui appartenaient à la chambre du conseil ont été transférées au juge d'instruction, qui, en matière correctionnelle, est appelé à décider s'il y a lieu ou s'il n'y a pas lieu à suivre sur la plainte (L. du 17 juill. 1856, D. P. 56. 4. 123). A cette occasion, l'art. 135 du code précité a été rédigé à nouveau, ainsi qu'il suit : « Le procureur impérial pourra former opposition, dans tous les cas, aux ordonnances du juge d'instruction. — La partie civile pourra former opposition aux ordonnances rendues, dans les cas prévus par les art. 114, 128, 129, 131 et 539 du présent code, et à toute ordonnance faisant grief à ses intérêts civils. Le prévenu ne pourra former opposition qu'aux ordonnances rendues en vertu de l'art. 114, et dans le cas prévu par l'art. 539... L'opposition sera portée devant la chambre des mises en accusation de la cour impériale, qui statuera toute affaire cessante... » — Il a été jugé que le droit général qu'a le ministère public de former opposition devant la chambre d'accusation, s'applique même à l'ordonnance décidant qu'il n'y a lieu d'appliquer à un témoin régulièrement cité l'amende requise contre celui-ci pour n'avoir pas comparu ou pour avoir refusé de déposer; qu'il en est ainsi surtout depuis les modifications apportées à la rédaction de l'art. 135 c. inst. crim. par la loi du 17 juill. 1856 (Crim. cass. 16 janv. 1862, aff. Mestrezat, D. P. 62. 1. 145). — Nous faisons remarquer ici de nouveau que le recours contre les ordonnances du juge d'instruction est plutôt un appel qu'une opposition, puisqu'il doit être formé devant la juridiction supérieure.

30. *Opposition à la taxe.* — Le recours dirigé, non contre la condamnation aux dépens, mais seulement contre la liquidation des frais compris dans cette condamnation, se fait par voie d'opposition à la taxe (V. Frais, nºs 283, 506 et suiv., 917 et suiv.; Avoué, nº 58; Appel civil, nºs 337, 343; Arbitrage, nº 1358). — L'opposition est ouverte spécialement contre l'ordonnance du président qui règle les frais d'une expertise (V. Expert, nºs 265 et suiv.). — En est-il de même à l'égard de la décision rendue par le président du tribunal, sur le règlement des frais dus à un notaire? Cette question a été examinée vº Notaire, nºs 501 et suiv. et 539. — Sur l'opposition à la taxe des dépens, dans les instances relatives à des questions d'enregistrement, V. Enregistrem., nº 5810. — Sur l'opposition à la fixation d'honoraires faite par des arbitres, V. Arbitrage, nº 1358.

31. Le juge taxateur peut connaître, comme membre du tribunal, de l'opposition à la taxe (V. Frais, nº 166). Il est statué en dernier ressort sur cette opposition (décr. du 16 fév. 1807, art. 6); toutefois, l'interdiction de l'appel du jugement vidant l'opposition à la taxe ne s'applique pas en matière de taxe des honoraires dus aux experts (V. Appel civil, nº 339; Degrés de juridiction, nº 188-5º, et Expert, nº 264).

32. *Opposition aux décrets.* — Les décrets du chef du gouvernement, notamment ceux qui accordent des permissions ou concessions, sont considérés comme réservant implicitement les droits des tiers. Dans quelques cas, cette réserve est formellement exprimée, comme dans les actes d'amnistie; et dans d'autres, les réclamations des tiers sont provoquées par la publicité donnée aux demandes de permissions ou de concessions. Les intéressés sont admis à faire valoir leurs droits au moyen d'oppositions formées, suivant les cas, durant l'instruction dont la demande fait l'objet ou postérieurement à la publication du décret.

33. Dans quels cas et devant quelle juridiction y a-t-il lieu d'attaquer les décrets du chef de l'Etat? V. Compétence administrative, nºs 333 et suiv.; Conseil d'Etat, nº 105. — Décidé que les tribunaux sont compétents, à l'exclusion de l'autorité administrative, pour statuer sur l'opposition d'actionnaires d'une société tontinière à un payement de dividendes, autorisé par décision ministérielle (V. Tontine, nº 43).

34. Les intéressés peuvent former opposition au décret qui autorise un pétitionnaire à changer de nom (V. Nom, nºs 52 et suiv.). — Le décret qui, à raison d'un accroissement de population, élève une commune à une classe supérieure, en vue d'une augmentation de l'impôt mis à sa charge, peut être frappé d'opposition par le département ou la commune (V. Impôts directs, nº 322).

35. En matière de concessions administratives, l'opposition est recevable contre le projet, mais, en général, est déclarée tardive quand elle intervient après la concession (V. Concession administ., nº 14). — Sur les oppositions aux demandes de concessions de mines de sel, V. Sel, nº 98. — Sur les oppositions à l'établissement des fourneaux, forges et usines, V. Mines, n° 691. — Sur l'opposition des voisins à l'établissement d'une manufacture insalubre, V. Manufactures, n°s 123 et suiv. — Quant à la question de savoir à quel moment les tiers lésés par la concession d'une prise d'eau faite à un usinier peuvent former utilement opposition, V. Eaux, n° 414. — Les règlements d'eau peuvent-ils être attaqués par la voie de l'opposition? V. *eod.*, n°s 462 et suiv. — L'opposition des tiers n'est pas admissible à l'égard de l'acte du gouvernement fixant le tarif des droits de navigation sur un canal (V. *eod.*, n° 193). — La vente, par l'administration, d'une forêt grevée d'un droit d'usage peut être frappée d'opposition par l'usager; et si, malgré cette opposition, l'administration a négligé de réserver la portion nécessaire aux besoins de l'usager, celui-ci est fondé à réclamer des dommages-intérêts (V. Usage, n° 371-1°).

36. Peut-on former opposition, auprès de l'administration, à la transmission d'un brevet d'invention? V. à cet égard Brevet d'invention, n° 224. — On trouvera des exemples d'opposition à des ordonnances ou décrets lésant les intérêts d'une commune v° Commune, n° 435, et d'opposition à des ordonnances ou décrets lésant des intérêts privés, *eod.*, n°s 450, 546 et suiv.

37. *Opposition à certains actes de procédure.* — Le droit d'opposition a été accordé, non pas seulement contre les décisions par défaut et les ordonnances judiciaires, mais encore contre divers actes de procédure, comme moyen de pourvoir à la conservation de droits que ces actes pourraient atteindre. V., pour ce qui concerne : 1° l'opposition à un commandement tendant à une saisie mobilière et immobilière, Comp. civ. des trib. d'arrond., n° 194; Vente publ. d'immeubles, n°s 336, 1024 et suiv.; — 2° l'opposition à la délivrance du certificat en matière de revente sur folle enchère, Vente publ. d'immeubles, n°s 1872 et s.; — 3° les oppositions aux scellés, Scellés, n°s 85 et s.; Domicile élu, n°s 6, 20-3°; — 4° l'opposition au concordat en matière de faillite, Compét. commerc., n°s 267 et suiv.; Faillite, n°s 727 et suiv., 894; — 5° l'opposition du failli ou de créanciers dissidents à la continuation de l'exploitation de l'actif, autorisée par la majorité des créanciers, Faillite, n°s 950 et suiv.; — 6° l'opposition à la délivrance d'un certificat de propriété, Certificat de propriété, n° 30.

38. Les indications qui précèdent sont données à titre d'exemples et pourraient facilement être multipliées. L'opposition intervient fréquemment dans les instances, pour mettre empêchement à une mesure ordonnée par le juge ou pour contredire aux conclusions de la partie adverse (V. Conclusions, n° 24-3°). En matière criminelle, on peut citer surtout l'opposition à l'audition de témoins non notifiés ou déclarés indignes (V. Témoin, n°s 214 et suiv., 446 et suiv., 511), l'opposition au renvoi des jurés dans la chambre de leurs délibérations, l'opposition à l'usage d'une pièce non produite, l'opposition à la position d'une question, etc. Nous renvoyons, pour tous ces objets, au mot Instruction criminelle. — Le défaut d'opposition à la demande ou aux conclusions d'une partie équivaut à un acquiescement et fait perdre le droit de se prévaloir de certaines exceptions (V. Exception, n° 282-3°). Toutefois, il est admis que la déclaration qu'on ne s'oppose pas à telle mesure proposée par le juge n'équivaut pas à un acquiescement au jugement qui ordonne cette mesure (V. Acquiescement, n° 275).

39. Relativement à l'opposition aux qualités, V. Appel civ., n°s 405 et suiv., 936; Avoué, n° 58; Conclusions, n° 41, *in fine*; Frais, n°s 258 et suiv.; et sur l'opposition à la rédaction du dispositif, V. Appel civil, n° 1034. — Sur ce qu'on appelait autrefois opposition en sous-ordre, V. Priviléges et hypothèques, n° 30.

40. *Opposition aux contraintes administratives.* — Il a été traité de l'opposition aux contraintes décernées par la régie des contributions indirectes, v° Impôts indirects, n°s 447 et suiv.; de l'opposition aux contraintes décernées par la régie de l'enregistrement, v° Enregistrem., n°s 5632, 5672 et suiv., 5691; de l'opposition des comptables des hospices aux contraintes décernées contre eux à raison de déficits par le préfet ou le receveur des finances, v° Hospice, n° 401.

41. Quelle autorité doit connaître de l'opposition aux contraintes administratives? V. Contrainte administrative, n° 26. — Le tribunal de commerce est incompétent pour statuer sur l'opposition à la contrainte décernée par le trésor public contre un comptable en faillite (V. Compétence commerciale, n° 250). — L'exécution des contraintes décernées par l'administration des douanes pour le payement des droits, ne peut être suspendue (V. Douanes, n°s 858 et s.). — Une première opposition à une contrainte de la régie épuise, quand il y a été statué par jugement passé en force de chose jugée, le droit du redevable (V. Chose jugée, n° 166).

42. *Opposition à titre de mesure conservatoire.* — Il s'agit ici d'oppositions ayant le caractère, non plus d'actes de défense ou de résistance à l'action d'autrui, mais plutôt d'actions principales et qui ont pour objet de pourvoir à la conservation d'un droit de propriété, d'un droit de gage ou de tout autre droit semblable, ou bien encore qui interviennent comme actes de tutelle ou de protection. Ces oppositions présentent parfois cependant de l'analogie avec l'intervention ou la tierce opposition.

43. Il convient, après avoir nommé en premier lieu la saisie-arrêt ou saisie-opposition (V. Saisie-arrêt, n° 1), de ranger dans cette classe les oppositions ou empêchements, pour sûreté de créances : 1° sur le prix d'une vente publique de meubles (V. Vente publ. de meub., n°s 97 et s.; Saisie-exécution, n°s 339 et s.); 2° sur le prix d'une vente de fonds de commerce; 3° sur le prix d'une vente de récoltes sur pied (V. Propriété, n° 257); 4° sur le prix dû par l'adjudicataire d'un navire (V. Droit marit., n°s 155 et s.). Il en est de même des oppositions ou saisies-arrêts sur les sommes dues par l'Etat (V. Trés. publ., n°s 597 et s.); sur les fonds des communes déposés à la caisse d'amortissement (V. Commune, n° 130-5°); sur les cautionnements de fonctionnaires publics (V. Cautionn. de fonct., n°s 18, 23, 84, 97 et suiv., 100 et suiv., 113); sur les cautionnements des agents de change et courtiers (V. Bourse de commerce, n° 399). — Il en est de même encore de l'opposition mise par la régie de l'enregistrement sur les cautionnements des officiers ministériels pour le recouvrement des droits et amendes dus au trésor (V. Enregistrement, n° 5669).

44. C'est le lieu de rappeler que les créanciers des propriétaires de rentes sur l'Etat ne peuvent former des oppositions sur ces rentes entre les mains des agents du trésor public (V. Trésor public, n°s 1155 et suiv.); que les oppositions ne sont pas admises pour arrêter le payement des annuités dues au crédit foncier par ses emprunteurs (V. Société de crédit foncier et de crédit mobilier, n°s 79 et 171); que de même on ne peut faire opposition au payement du capital et des intérêts des lettres de gage ou obligations foncières (V. *eod.*, n° 113), que les oppositions des particuliers ne sont pas admises sur les pensions (V. Pension, n°s 98, 204 et suiv.); qu'elles ne sont reçues que dans une mesure déterminée sur les soldes et traitements militaires (V. Traitement, n°s 169 et suiv., 178 et suiv.; Marché de fournitures, n° 149-13°). — La saisie d'actions de la banque doit, d'après l'usage, être précédée d'une opposition au transfert. — V. Banque, n° 113.

45. Pour exercer leur droit de gage sur les biens de leur débiteur, lorsque celui-ci est sous le coup d'une saisie, les créanciers interviennent à la poursuite par la formation d'une opposition, et conservent ainsi leur droit à une part dans la distribution des deniers. Cette opposition est recevable, en général, tant que les deniers ne sont pas distribués (V. Distribution par contribution, n°s 15 et suiv., 36 et suiv., 45 et suiv., 72 et suiv., 179 et suiv.; Saisie-arrêt, n°s 457 et suiv.; V. cependant en matière de vente de navire, Droit maritime, n°s 285 et 289). — De même les créanciers d'un individu dont la succession a été acceptée sous bénéfice d'inventaire, sont admis à former opposition à la distribution des deniers, dans le but de sauvegarder, en cas d'insuffisance de l'actif, leur droit à une quote part des sommes réalisées (V. Succession, n° 910). Relativement à l'opposition qui pouvait être formée par les créanciers sur les indemnités allouées aux émigrés, V. Emigrés, n°s 365 et suiv. — Relativement à celle, formée par des sous-traitants ou des créanciers aux liquidations de sommes dues à un fournisseur de l'Etat, V. Marché de fournitures, n°s 5-10° et 60. — Sur l'opposition à une saisie effectuée pour sûreté du payement de contributions directes, V. Impôts directs, n°s 526 et suiv.

46. En cas de saisie immobilière, il est nécessaire de notifier aux locataires ou fermiers une opposition au payement des loyers ou fermages; sans cela le payement fait par ceux-ci au propriétaire saisi aurait pour effet de les libérer. (V. Vente publique d'immeubles, nos 742 et suiv.).—Relativement à l'opposition à la vente publique des meubles dépendant d'une succession, V. Vente publ. de meubles, no 78; et relativement au droit de l'associé créancier de s'opposer au partage en nature des effets mobiliers de la société et d'en demander la vente publique aux enchères, V. Société, no 790.

47. Il faut reconnaître le même caractère d'acte conservatoire à l'opposition mise par la femme demanderesse en séparation de biens sur les revenus du mari ou sur les valeurs appartenant à la communauté (V. Contrat de mariage, no 2015; Séparat. de corps, nos 172 et suiv.); à l'opposition des enfants mineurs à la saisie des fruits du fonds soumis à l'usufruit légal, faits sur le père ou sur la mère par des créanciers personnels (V. Puissance paternelle, no 177); à l'opposition des créanciers d'un copartageant à ce que le partage soit effectué hors leur présence (c. nap. 882; V. Succession, nos 2012 et suiv.; Scellés, no 95). — Les créanciers d'un associé peuvent-ils s'opposer à ce que le partage soit fait hors leur présence, et, s'ils ne l'ont pas fait, sont-ils déchus du droit d'attaquer le partage consommé? — V. Société, no 795.

48. Le propriétaire peut mettre opposition à l'enlèvement des meubles qui garnissent les lieux loués et qui sont la garantie affectée à la sûreté du payement des loyers (V. Louage, no 607); il doit s'opposer à l'enlèvement de ces meubles en tant qu'ils sont le gage de l'impôt, si le locataire n'a pas payé la totalité de ses contributions directes de l'année (V. Impôts directs, nos 219 et suiv.). — Les créanciers peuvent, notamment pour empêcher le détournement des marchandises qui forment comme le gage affecté au payement de leurs créances, s'opposer au départ du navire de leur débiteur, lorsqu'ils redoutent une faillite (V. Droit maritime, nos 33, 99 et suiv.); ils peuvent s'opposer à ce qu'un passe-port soit délivré à ce même débiteur (V. Passeport, nos 15 et 40). Mais pourraient-ils former opposition au jugement qui accorde un sauf-conduit à leur débiteur déclaré en état de faillite? V. à cet égard Faillite, no 1377. — Relativement à l'opposition de la partie civile à la mise en liberté provisoire du prévenu sous caution, V. les art. 114 et 135 c. inst. crim., d'après la loi du 17 juill. 1856 (D. P. 56. 4. 125).

49. L'opposition, envisagée comme acte conservatoire, est encore un moyen d'arriver à la revendication. Tel est le cas d'une opposition à la restitution du dépôt, formée par celui qui se prétend propriétaire de la chose déposée (V. Dépôt, no 122), ou le cas d'une opposition à la vente d'un meuble ou d'un immeuble fondée sur une prétention semblable (V. Saisie-brandon, nos 44 et suiv.; Saisie-exécution, nos 279 et suiv.; Vente administrative, no 371), ou encore d'une opposition au payement des coupons d'une action ou d'une obligation au porteur perdue par le propriétaire (V. Trésor public, nos 1259 et suiv.). — L'opposition formée par le ministre des finances, au profit de qui de droit, au transfert de rentes sur l'État dont la propriété est incertaine, a été considérée comme un acte administratif dont il n'appartient pas aux tribunaux de connaître (V. Compétence administrative, no 184-3o). — Relativement à l'opposition faite auprès de l'administrateur du mont-de-piété, soit à la vente d'un objet, soit à la délivrance du boni ou portion de prix excédant la somme due pour le nantissement et les frais, V. Mont-de-piété, nos 59 et 61.

50. Les oppositions à mariage sont des actes de protection (V. Mariage, nos 257 et suiv.; Absent, no 524). Le même caractère doit être reconnu à de nombreux actes de l'autorité administrative pris dans un intérêt de sûreté, parmi lesquels il suffira de citer l'opposition que le préfet peut former à la continuation de l'exploitation d'une mine dans le cas de danger ou d'accident (V. Mines, no 383).

51. Les demandes en mainlevée d'opposition sont dispensées du préliminaire de conciliation (V. Conciliation, nos 189 et suiv.); il en est ainsi, spécialement, de la demande en mainlevée d'une opposition à mariage (V. *cod.*, no 193). Sur la péremption de l'instance en mainlevée d'opposition à mariage, V. Mariage, no 147-2o. — Relativement à la compétence pour connaître des demandes en mainlevée de saisies ou oppositions en matière commerciale, V. Compétence commerciale, no 397.

52. Enfin, l'opposition considérée comme mesure conservatoire, peut avoir pour objet de prévenir un dommage, la lésion d'un droit, la consommation d'un empiétement, ou encore d'empêcher la continuation d'une usurpation ou d'un préjudice. — Dans les sociétés en nom collectif gérées par un seul des associés, les autres associés peuvent former opposition à tout acte du gérant qui excéderait ses pouvoirs, pourvu qu'il s'agisse d'un acte non encore consommé (V. Société, nos 471, 504 et suiv.). — Un commerçant peut former opposition à tout fait d'usurpation de son nom commercial, de son enseigne, des signes qui servent à faire reconnaître ses produits, et demander en justice la cessation de l'usurpation (V. Nom, nos 80 et suiv.; Industrie, nos 338 et suiv.). — Les marchands en détail sont admis à former opposition au jugement qui autorise une vente publique de marchandises neuves en dehors des cas prévus par la loi (V. Vente de marchandises neuves, nos 29 et 113). Citons encore le cas d'une opposition formée par une corporation d'officiers ministériels à un acte de juridiction qui, en dehors de toute contestation privée, porte atteinte à ses attributions (V. Vente publique de meubles, no 45). — Sur les conséquences du défaut d'opposition à un acte d'usurpation et, par exemple, du défaut d'opposition par un propriétaire à ce que le voisin construise en empiétement sur son terrain, V. Propriété, no 452; Servitude, nos 1044, 1103, 1126 et suiv.; Volonté, no 26.

53. En principe, le droit d'opposition, tel qu'il vient d'être défini, peut utilement être exercé, lorsque aucun délai rigoureux n'a été prescrit, tant que l'acte est susceptible d'être empêché ou suspendu.

54. *Opposition-rébellion.* — L'art. 438 c. pén. punit « quiconque par des voies de fait se sera opposé à la confection des travaux autorisés par le gouvernement. » Il a été traité de la répression de cette opposition délictueuse, vo Dommage-destruction, nos 175 et suiv.; V. aussi Travaux publics, nos 814, 1243 et 1257. — Sur l'opposition au droit d'exercice des employés des douanes, V. Douanes, nos 776 et suiv., 886-8o, 903 et suiv.; Rébellion, no 29; ...des contributions indirectes, V. Impôts indirects, nos 199 et suiv.; ...de l'octroi, V. Octroi, no 111. — V. encore Procès-verbal, no 488.

Table sommaire des matières.

OPTION. — **1**. C'est le droit de choisir entre deux ou plusieurs choses qu'on ne peut avoir à la fois. — Le mot *choix* désigne plus particulièrement l'exercice de ce droit; cependant ces deux expressions sont souvent prises l'une pour l'autre. — L'option est déférée par la loi, par la volonté de l'homme ou par le juge.

2. *Option déférée par la loi.* — En droit civil, la faculté de choisir entre plusieurs choses ou plusieurs modes d'action est très-fréquente; elle se présente notamment dans les cas suivants : L'enfant né en France d'un étranger peut, dans l'année qui suit sa majorité, opter entre la qualité de Français ou celle d'étranger (c. nap., art. 9, V. Droit civil, nos 138 et s.). — Le propriétaire d'un terrain sur lequel des plantations ou constructions ont été faites par un tiers, a le droit de les retenir ou d'obliger ce tiers à les enlever. Si ce tiers est de bonne foi, le propriétaire ne peut demander la suppression desdits ouvrages; il a seulement le choix ou de rembourser la valeur des matériaux, ou de rembourser une somme égale à celle dont le fonds a augmenté la valeur (c. nap. 555; V. Propriété, no 418). — L'individu troublé dans la possession d'un immeuble qu'il prétend lui appartenir, a le choix entre l'action possessoire et l'action pétitoire (V. Action possess., no 45).

3. En matière de succession, trois partis s'offrent à l'héritier : il peut ou accepter la succession purement et simplement, ou l'accepter sous bénéfice d'inventaire, ou y renoncer (c. nap., art. 774, 784, V. Succession, nos 432 et s., 574). — Le défendeur à la demande en rescision d'un partage de succession peut opter pour la délivrance du supplément en nature, ou sa libération en numéraire (c. nap. 891; V. Success., nos 2334 et s.). — Mais l'option pour le supplément en nature ne lui confère pas le droit de désigner, sous son libre arbitre, les objets qu'il lui convient d'abandonner à son cohéritier pour le désintéresser (V. *eod.*, no 2344). — Si une donation ou un legs est d'un usufruit ou d'une rente viagère, dont la valeur excède la quotité disponible, les héritiers réservataires ont l'option ou d'exécuter cette disposition ou de faire l'abandon de la propriété de la quotité disponible (c. nap. 917; V. Dispos. entre-vifs et test., nos 963 et s.; V. aussi *eod.*, nos 823 et s.).

4. En cas d'inexécution d'une convention, le créancier a des droits distincts, il peut ou poursuivre l'exécution de la convention, ou réclamer des dommages-intérêts (c. nap. 1142; V. Obligation, nos 709, 1610),... ou enfin demander la résolution de la convention (V. *eod.*, nos 800, 1196 et s.). — Ainsi et spécialement, lorsque l'assuré est en retard de payer ses annuités, l'assureur peut opter pour la résolution du contrat ou la continuation des engagements réciproques (V. Assur. terrest., nos 187 et s.). — En matière d'obligation sous clause pénale, lorsque le débiteur est en demeure, le créancier a le choix ou de demander l'exécution de la promesse primitive ou de réclamer la peine; il ne pourrait demander en même temps le principal et la peine, à moins qu'elle ne fût stipulée pour simple retard (c. nap. 1229; V. Obligation, nos 1608 et s.). — Pourrait-il demander la révocation de la convention au lieu de la peine? — V. *eod.*, no 1610.

5. Le créancier qui a hypothèque sur plusieurs immeubles peut exercer son droit de suite sur celui des immeubles qu'il lui plaît de choisir (V. Privil. et hypoth., nos 2345 et s., 2382). — Les principales difficultés dans l'application de cette règle se présentent lorsque des créanciers à hypothèque générale se trouvent en concours avec des créanciers à hypothèque spéciale (V. *eod.*, nos 2349 et s.). — Lorsque l'hypothèque devient insuffisante pour la sûreté du créancier, celui-ci a droit ou à un supplément d'hypothèque ou au remboursement immédiat (c. nap. 2131; V. Privil. et hypoth., no 1329). — Dans ce cas, il y a difficulté sur le point de savoir à qui du créancier ou du débiteur appartient le choix (V. *eod.*, no 1333). — Le créancier hypothécaire, après la mort de son débiteur, a deux actions qu'il peut exercer à son choix et dans l'ordre qui lui convient : l'une personnelle contre chacun des héritiers pour leur part et portion; l'autre réelle contre les biens dépendant de l'hoirie (V. Privil. et hypoth., no 1927). — Les créanciers inscrits sur des biens frauduleusement aliénés par leur débiteur, ont d'une part le droit de surenchère qui leur est accordé par l'art. 2185 c. nap., et d'autre part l'action révocatoire de l'art. 1166, qu'ils ont le droit d'intenter, bien qu'ils n'aient pas usé de la faculté de surenchérir qui leur offrait un moyen plus simple d'exercer leur droit. — V. Obligat., nos 991 et s.; Privil. et hypoth., nos 2113 et s.; Vente, no 153; Vente publ. d'imm., no 648.

6. Le créancier gagiste non payé à l'échéance peut demander en justice, ou que le gage lui demeure en payement jusqu'à due concurrence, d'après une estimation faite par expert, ou à la vente du gage aux enchères (c. nap. 2078; V. Nantissement, nos 165 et s.).

7. Le *negotiorum gestor* qui a acquitté une dette pour autrui a le choix d'exercer, contre celui dont il a fait l'affaire, ou simplement l'action *negotiorum gestorum*, ou les droits et action du créancier payé. — V. Obligat., no 5481.

8. En matière de contrat de mariage, le droit d'option se présente assez fréquemment. — Lorsque le mari est déclaré absent la femme peut opter entre la continuation ou la dissolution de la communauté (c. nap. 124; V. Absent, nos 383 et suiv.; Contr. de mar., nos 1663). — A la dissolution de la communauté la femme peut accepter la communauté ou y renoncer (c. nap. 1453; V. Contr. de mar., nos 2095 et suiv.). — Lorsque les prélèvements de la femme s'exercent sur des immeubles, la femme ou ses héritiers ont le choix des immeubles (c. nap. 1471; V. Contr. de mar., nos 2410 et suiv.). — En cas d'acquisition par le mari d'un immeuble indivis entre la femme et un tiers, la femme a le choix ou d'abandonner l'immeuble à la communauté, sauf récompense, ou de retirer l'immeuble en remboursant le prix d'acquisition (c. nap. 1408; V. Contr. de mar., nos 811, 833 et suiv.). — La femme dont le bien dotal a été aliéné par le mari peut, à son choix, après la dissolution du mariage, exercer l'action révocatoire contre les tiers détenteurs ou l'action hypothécaire sur les biens de son mari (c. nap. 1560; V. Contr. de mar., nos 3808, 3811). — Cette option appartient-elle à la femme dotale séparée de biens? — V. *eod.*, nos 3809 et suiv. — La femme dotale, à la dissolution du mariage, peut à son choix reprendre en nature les meubles qui lui appartiennent ou en réclamer le prix (V. Contr. de mar., no 4111).

9. Le contrat de vente offre aussi plusieurs exemples de droits alternatifs. — Si le vendeur manque à faire la délivrance au temps convenu, l'acquéreur peut à son choix demander la résolution de la vente ou sa mise en possession, si le retard ne provient que du fait du vendeur (c. nap. 1610; V. Vente, nos 681 et suiv.). — Lorsque la vente a été faite avec indication de la contenance à tant la mesure, le déficit dans la contenance donne à l'acquéreur le droit d'exiger ou la délivrance de la quantité portée au contrat, si cela est possible, ou une diminution proportionnelle du prix (c. nap. 1617; V. Vente, nos 719 et suiv.). — Si au lieu d'un déficit il y a un excédant, l'acquéreur a encore le choix ou de fournir le supplément du prix, ou de se désister du contrat, lorsque l'excédant est d'un vingtième au-dessus de la contenance déclarée (c. nap. 1618; V. Vente, nos 723 et suiv., 730 et suiv.).

10. Si au moment de la vente une partie de la chose est périe, il est au choix de l'acquéreur d'abandonner la vente ou de demander la partie conservée en en faisant déterminer le prix par ventilation (c. nap. 1601; V. Vente, nos 555 et suiv.). — Lorsque la chose vendue est infectée de vices qui donnent lieu à la garantie du vendeur, l'acheteur a le choix ou d'exiger la restitution du prix en restituant la chose, ou de contraindre le vendeur à lui rembourser une partie du prix, à dire d'expert, en conservant la chose (c. nap. 1644; V. Vente, no 680; Vices rédhibit., nos 145 et suiv., 202). — L'acheteur pourrait encore, si le vice est réparable, obliger le vendeur à faire les réparations ou à lui en rembourser la dépense (V. Vices rédhibit., no 145). — Lorsque l'héritage vendu est grevé de servitudes non apparentes, l'acquéreur peut demander la résiliation du contrat, si mieux il n'aime se contenter d'une indemnité (c. nap. 1638; V. Vente, nos 1048 et suiv.).

11. Le vendeur non payé de son prix a le choix entre l'action résolutoire et l'exercice de son privilége (V. Vente, no 135), et cela même dans le cas où la chose vendue a été l'objet de plusieurs reventes successives (V. Vente, nos 1294 et suiv.). — En cas de vente de la chose d'autrui, le propriétaire de cette chose a le droit soit d'intenter contre l'acquéreur une action réelle en revendication, soit, lorsque l'acquéreur a aliéné la chose de mauvaise foi, de réclamer contre lui ou la valeur réelle de cette chose, ou le prix de vente lui-même s'il est supérieur à cette valeur (V. Vente, no 512). — Dans le cas où l'action en rescision d'une vente est admise, l'acquéreur a le choix ou de rendre la chose en retirant le prix qu'il en a payé, ou de garder le fonds en payant le supplément du juste prix, sous la déduction du dixième du prix total (c. nap. 1681; V. Vente, nos 1648 et suiv.).

12. Lorsque l'aliénation d'un bien de mineur a été faite par le tuteur sans l'observation des formalités légales, le mineur a l'option entre l'action révocatoire contre le tiers acquéreur et l'action hypothécaire contre les biens de son tuteur (V. Privil. et hypoth., no 1058).

13. En cas de destruction de partie de la chose louée, le preneur peut demander ou une diminution de son prix ou la résiliation du bail (c. nap. 1722; V. Louage, nos 198 et suiv.). — En matière de louage à cheptel, on s'est demandé si le bailleur a l'option ou de prélever des bêtes de chaque espèce jusqu'à concurrence de la première estimation, ou d'exiger que le preneur lui en paye la moitié en argent (V. Louage à cheptel, nos 59, 81).

14. En matière commerciale, le droit d'option existe en faveur, 1° de l'adjudicataire d'un navire qui peut se libérer par le payement ou la consignation (c. com., no 209; V. Droit marit., no 45); — 2° Des endosseurs d'un effet de commerce ou autres obligés, en cas de faillite du souscripteur; ils peuvent, au lieu de payer immédiatement, donner caution pour le payement à l'échéance (c. com. 444; V. Effets de comm., nos 656 et suiv.).

15. L'individu qui a été lésé par un crime ou un délit a la faculté d'exercer son action soit par la voie criminelle, en la joignant à l'action publique, soit par la voie civile par action séparée (c. inst. crim., 3; V. Inst. crim., nos 138 et suiv.; V. aussi Action possess., no 132).

16. Le droit d'option existe encore dans certaines matières spéciales; par exemple, lorsqu'une halle ou un marché est la propriété d'un particulier, le propriétaire et la commune ont respectivement le droit facultatif de vendre l'emplacement et les constructions ou de les donner à bail, de les acquérir ou de les prendre en location (V. Halles et marchés, nos 34 et suiv.; V. aussi Expropr. publ., no 168). — En matière de prestation pour les chemins vicinaux, le prestataire peut s'acquitter à son choix en nature ou en argent (V. Voirie par terre, nos 824 et s., 857). — Il en est de même pour les subventions spéciales dues par les établissements industriels (V. *eod.*, nos 1030 et suiv.). — La commune responsable d'un pillage à force ouverte est tenue de la restitution des objets en nature, sinon d'en payer le prix sur le pied du double de leur valeur (V. Commune, nos 2727 et suiv., 2731).

17. En matière d'enregistrement, les contribuables ont la faculté, lorsque deux voies s'ouvrent à eux pour atteindre le but qu'ils se proposent, de choisir celle qui donne ouverture au droit le moins élevé. Cette faculté a été contestée par la régie; mais elle a été consacrée par la jurisprudence. — V. Enregistr., nos 105 et suiv.

18. Quelquefois, le droit d'option existe non plus à l'égard de la chose que l'on peut demander, mais relativement à la personne contre laquelle l'action peut être exercée. Ainsi, lorsque la chose vendue a été l'objet de plusieurs reventes successives, le vendeur non payé de son prix et qui demande la résolution de la vente a action contre l'acquéreur primitif et contre les tiers-détenteurs. Et, dans ce cas, il peut actionner toutes les parties à la fois ou l'une ou l'autre séparément (V. Vente, nos 1294 et s.). — Celui qui est créancier en vertu des faits ou engagements d'un capitaine de navire peut à son choix s'adresser au capitaine ou à l'armateur, ou à tous les deux conjointement (V. Dr. marit., no 214). — V. aussi nos 5, 8, 23.

19. D'autres fois, c'est la juridiction devant laquelle le défendeur peut être assigné qui donne lieu au droit d'option. — Ainsi, lorsqu'il y a plusieurs défendeurs, l'action peut être portée devant le domicile de l'un d'eux, au choix du demandeur (c. pr. 59; V. Comp. civ. des trib. d'arrond., nos 38 et suiv.).—Aux termes de l'art. 420 c. pr., le demandeur peut assigner à son choix, devant le tribunal du domicile du défendeur ou du lieu où la promesse a été faite et la marchandise livrée, ou du lieu du payement (V. Comp. comm., nos 432 et suiv.; V. aussi Compét. civ. des trib. d'arrond., no 35).—Si le défendeur est étranger, le demandeur peut l'assigner à son choix devant les tribunaux français ou devant les tribunaux de son pays (V. Compét. civ. des trib. d'arrond., no 198). — La jurisprudence admet aussi, mais cela a été contesté, que le non-commerçant qui a contracté avec un commerçant peut assigner celui-ci à son choix, ou devant la juridiction commerciale ou devant la juridiction civile (V. Compét. com., nos 22 et suiv.). — En cas de connexité ou de litispendance, les parties peuvent, à leur gré, ou proposer le déclinatoire devant l'un des tribunaux saisis ou se régler de juges. — V. Règl. de juges, no 21.

20. *Option déférée par la volonté de l'homme.* — La faculté de choisir ainsi déférée peut porter : 1° sur la chose qui fait l'objet de l'obligation : par exemple, le débiteur s'oblige à donner telle ou telle chose : dans ce cas, l'obligation est dite *alternative*; le choix appartient au débiteur, s'il n'a été expressément attribué au créancier (c. nap. nos 1189 et suiv.; V. Obligat., nos 1313 et suiv.; V. aussi Contr. de mar., nos 593, 870; Enregistrem., nos 257, 267 et suiv., 1878).

21. Une donation peut aussi être *alternative* et la faculté d'option laissée au donateur ou donataire (V. Disp. entre-vifs et test., no 1368; Enregistrem., nos 3827 et suiv., 4215; Obligat., nos 1314 et suiv.). — Il en est de même des legs; l'option alors appartient selon les termes du testament aux héritiers ou au légataire (V. Dispos. entre-vifs et test., nos 3532 et suiv.; Oblig. *loc. cit.*). — Lorsque, dans un contrat de mariage, on stipule un préciput au profit du survivant des époux, on lui donne ordinairement le choix entre une certaine somme ou une certaine quantité d'effets mobiliers en nature (c. nap. no 1515; V. Contr. de mar., nos 2901 et suiv.).

22. En matière de société, le choix d'une alternative dans le mode de partage des bénéfices d'une société peut être laissé à l'un des associés par l'acte social; et, par exemple, il peut être stipulé que l'un des associés dont l'apport consiste dans son industrie aura le droit d'opter soit pour des appointements fixes et annuels, soit pour une quotité de bénéfices (V. Société, no 421). — Un bailleur de fonds versés dans une société en commandite pourrait-il se réserver le droit d'opter entre la qualité de prêteur et celle de commanditaire? — V. Société, nos 1115 et suiv.

23. .... 2° L'option peut porter sur la personne, à laquelle ou par laquelle le payement devra être fait : ainsi, on peut convenir que le payement sera fait à telle ou à telle personne : c'est ce que l'on appelle l'*adjectio solutionis gratia* : le payement fait à l'une ou à l'autre des personnes désignées libère le débiteur (V. Obligat., nos 1721 et suiv.). — A cet ordre d'idées, on peut rattacher les obligations solidaires entre créanciers : dans ce cas, comme dans le précédent, il est au choix du débiteur de payer à l'un ou à l'autre des créanciers (c. nap., nos 1197 et s.; V. Obligat., nos 1368 et suiv.). — Dans les obligations solidaires entre débiteurs, c'est le créancier, au contraire, qui peut s'adresser à celui des débiteurs qu'il lui plaît de choisir (c. nap., 1200, 1203, V. *eod.* nos 1389 et suiv.).

24. En matière de testament, de graves difficultés se sont élevées, relativement aux dispositions par lesquelles le testateur défère à un tiers le choix de son héritier; c'est ce que l'on appelle la *faculté d'élire*. On s'est demandé si une pareille disposition ne constitue pas une substitution prohibée (V. Substitut., nos 42 et suiv., 88 et suiv.).

25. *Option déférée par le juge.* — Souvent il arrive qu'un jugement condamne une partie à faire telle ou telle chose à son choix, ... ou bien à faire telle chose dans tel délai ou à payer une somme d'argent; quelquefois enfin il se borne à fixer le délai dans lequel l'option devra être faite. Généralement ces condamnations sont considérées comme purement comminatoires (V. Action possess., no 733; Appel civ., nos 1212, 1216; Brevet d'invent., no 312; Chose jugée, nos 30-9o, 384 et suiv.; Délai, no 68; Expertise, nos 107 et suiv., 238; Forêts, no 1009).

26. Le juge de police peut, en certains cas, frapper le contrevenant d'une amende ou d'un emprisonnement à son choix; mais il ne lui est pas permis de laisser cette option au prévenu (V. Contrav., nos 27 et suiv.).

27. *Effets de l'exercice du droit d'option.* — « Tout choix, dit le nouveau Denizart, vo Choix, emporte nécessairement aliénation; celui qui choisit une chose renonce au droit qu'il avait aux autres choses; il se dépouille de ce droit par son choix. » — Sans doute c'est là la règle générale; mais il ne faudrait pas la prendre dans un sens trop absolu. S'il est vrai que l'acceptation d'une succession, la renonciation à une succession sont irrévocables (V. Succession, nos 314 et suiv., 669, 764 et suiv.), il est également vrai, d'un autre côté, que l'héritier bénéficiaire peut perdre sa qualité et devenir héritier pur et simple (V. *eod.*, nos 930 et suiv.), et même que l'héritier qui a renoncé peut encore accepter la succession, tant que la prescription du droit d'accepter n'est pas acquise contre lui (c. nap., art. 790, V. Succession, nos 669 et suiv.) — Les numéros qui suivent offrent bien des exemples prouvant que l'exercice d'un droit n'emporte pas renonciation aux autres droits que l'on peut avoir. Cependant, si l'on examine la faculté de choisir au point de vue des choses entre lesquelles le droit peut s'exercer, il est vrai de dire, avec le nouveau Denizart, que le choix d'une chose emporte renonciation aux autres choses qui sont dans l'alternative. Ainsi celui qui, en vertu d'un contrat, d'une donation ou d'un legs, a droit à un immeuble ou à une somme d'argent, renonce au premier s'il choisit la seconde, et ne peut plus revenir sur son choix; il y a donc aliénation, comme le dit fort bien l'auteur précité.

28. De là vient, ajoute avec beaucoup de raison le nouveau Denizart, *loc. cit.*, que, pour faire un choix valable, il faut avoir la capacité d'aliéner. Un mineur légataire qui, ayant le choix entre deux immeubles, aura choisi celui qui était de moindre valeur, pourra donc se faire restituer contre un pareil choix. Mais celui qui a fait un choix avec la capacité de le faire ne peut plus varier. — Ainsi l'option faite par contrat judiciaire est irrévocable (V. Droit marit., no 596).

29. Le droit d'option passe aux héritiers de celui auquel il a été accordé (V. Obligat., no 1322; Toullier, t. 6, no 691).

30. Lorsque la faculté de choisir n'est pas bornée à un certain temps, et que celui à qui elle appartient n'a pas été mis en demeure d'en faire usage, elle dure trente ans. Mais celui qui a le droit de choisir peut être assigné pour voir dire qu'il sera tenu de faire le choix dans tel temps, sinon qu'il sera déchu de l'option, et le juge doit lui donner un délai fatal (Nouveau Denizart, *loc. cit.*). — V. no 25.

31. La partie, à laquelle différentes actions dérivant de la même source et tendant, soit au même but, soit à un but différent, sont offertes pour l'exercice de son droit, a, sans contredit, la faculté de choisir celle qui lui paraît la plus favorable à ses intérêts (V. Action, no 290).—Ainsi, et spécialement, le créancier qui a plusieurs voies pour se faire payer, peut préférer celle qui est actuellement ouverte, malgré l'intérêt que peuvent avoir les autres créanciers à ce qu'il en choisisse une différente (**V. Droit marit., no 241**). — De même, le créancier à hypothèque générale peut exercer son droit de suite sur l'immeuble qu'il lui plaît de choisir, bien qu'il puisse en résulter un préjudice pour les autres créanciers inscrits (V. Privil. et hyp., nos 2349 et s.).

32. Mais la difficulté est de savoir si l'option d'une action n'emporte pas renonciation virtuelle aux autres actions que l'on peut avoir, conformément à la maxime *electâ unâ viâ, non datur regressus ad alteram*. La question a été examinée vo Action, nos 291 et suiv. — Généralement, on admet que tant qu'il n'y a pas chose jugée sur l'action qui a été d'abord intentée, le demandeur est libre de renoncer à cette action pour en suivre une autre (V. *eod.*; V. aussi vo Arbitr., no 1242). — Ainsi, le vendeur non payé peut, après avoir demandé son payement en justice, exercer l'action résolutoire, à moins qu'il n'y ait renoncé expressément ou tacitement (V. Oblig., no 1223; Vente, nos 1320 et s.). Mais quand y a-t-il renonciation tacite? V. Oblig.. no 1227. —Ainsi encore, l'exercice de l'action hypothécaire n'emporte pas déchéance de l'action résolutoire dérivant de la même créance (V. Req. 11 déc. 1833, aff. Hardy, D. P. 56. 1. 236; et vo Vente, nos 1355 et suiv.). — Toutefois, la loi du 2 juin 1841 sur les ventes judiciaires d'immeubles, et celle du 23 mars 1855 sur la transcription, ont beaucoup restreint les droits du vendeur. La première de ces lois veut que, lorsque l'immeuble non payé a été revendu par suite de saisie immobilière, l'action résolutoire ne puisse plus être exercée après l'adjudication; mais le privilége continue de subsister (V. Vente, no 1332; Vente publ. d'imm., nos 803 et suiv., 1186 et suiv.). — Et d'après la loi de 1855, l'action résolutoire ne survit pas au privilége (V. Vente, no 1333; Transcript., nos 593 et suiv.). — Le vendeur d'objets mobiliers non payés n'est pas censé renoncer au privilége de l'art. 2102 c. nap., parce qu'il aurait formé, soit l'action en revendication, soit enfin l'action en résolution (V. Chose jugée, no 209; Faillite, no 1036-3o; Privil. et hypoth., no 379-2o; Troplong, Privil. et hypoth., no 193).

33. C'est une question de savoir si on peut attaquer une vente comme n'étant qu'un contrat pignoratif, après avoir succombé sur l'action en reméré (V. Action, no 296).— La demande en délivrance d'un legs n'empêche pas de former plus tard une action en pétition d'hérédité (V. Action, no 293). — S'adresser par pétition au ministre, ce n'est pas opter pour la voie administrative et renoncer à l'action judiciaire qu'on a formée (V. Désistement, no 74-5o).

34. Cependant, il y a des exceptions à la règle rappelée ci-dessus no 32. — Par exemple, on n'admet pas que le créancier puisse revenir à l'action en payement, après avoir demandé la résolution du contrat (Vinnius, Inst., *De leg.*, § 24, no 4; V. Vente, no 1327). — En matière de vices rédhibitoires, l'exercice de l'action en réduction de prix a été déclaré mettre obstacle à la demande en résolution de la vente.— V. Vices rédhib., nos 147 et suiv.

35. C'est aussi une règle généralement reçue que si le demandeur a opté pour la voie qui est le plus favorable au défendeur, il ne peut revenir ensuite à celle qui l'est moins.— En conséquence l'action possessoire n'est plus recevable après que l'action pétitoire a été intentée : ce point du reste a été réglé par la loi elle-même (c. pr. 26; V. Action possess., nos 618 et s.).— De même, la partie lésée par un crime ou par un délit qui a exercé son action devant les tribunaux civils n'est plus admise à agir par la voie criminelle (V. Instr. crim., nos 150 et s.; V. encore vis Abus de conf., nos 210 et s.; Bigamie, nos 31 et s.; Chose jugée, no 542; V. toutefois vo Action possess., no 139).— Tandis qu'au contraire et conformément à la règle générale, il est permis de passer du criminel au civil (V. Instr. crim., nos 154 et s.; V. aussi Compét. crim., no 251).

36. En matière de faux incident, il est fait dérogation à la règle qu'on ne peut prendre la voie rigoureuse après avoir pris la plus douce. L'art. 250 c. pr. permet d'abandonner la voie du faux incident pour revenir à celle du faux principal.—V. Faux incid., no 24.

Table sommaire des matières.

OR ET ARGENT. — V. Matière d'or et d'argent.—V. aussi v[is] Commiss. de pol., n° 42-8°; Douanes, n°s 404 et s.; Faux, n° 43; Faux incid., n° 328; Fonctionn. publ., n° 145; Frais et dép., n° 631; Industrie, p. 668, 675; Procès-verb., n°s 151-7°, 493 et s.

ORATEUR DU GOUVERNEMENT. — On appelait ainsi sous la constitution du 22 frim. an 8, les membres du conseil d'Etat chargés de porter la parole au nom du gouvernement, devant le corps législatif. — V. Droit constit., p. 312; Lois, n° 15.

ORATOIRE.—Petite chapelle instituée, soit dans un établissement public, soit dans une habitation particulière, pour le service particulier et exclusif des personnes de l'établissement ou de la maison.—V. Culte, n°s 444 et s.; V. aussi *eod.*, n° 84.

ORDALIE. — Terme par lequel on désigne les épreuves en usage chez les Francs, sous le nom de jugement de Dieu, pour servir de preuve judiciaire.— V. Action, n° 58; Défense, n° 9; Duel, n°s 4 et s.; Instr. crim., n° 9.

ORDINATION. — C'est l'action de conférer les ordres de l'église.— V. Culte, n°s 322 et s.; Faux, n°s 164, 176-3°, 415.

ORDONNANCE. — **1.** On appelle ainsi : 1° les actes législatifs ou réglementaires émanés soit du souverain, soit de certaines autorités administratives; 2° les décisions émanées d'un seul juge et certains actes d'administration judiciaire; 3° les ordres de payement décernés par les ministres pour le règlement de créances sur l'Etat; 4° les prescriptions des médecins.

2. *Ordonnances et décrets.* — Sous l'ancien régime qui concentrait entre les mains du roi l'exercice du pouvoir législatif, les ordonnances étaient des lois. Telles sont les ordonnances de 1673 et 1681 sur le commerce et la marine (V. Droit maritime, n° 11), celle du mois d'août 1737, concernant le règlement des conflits entre tribunaux (V. Règlem. de jug., n° 34, etc.). Les ordonnances et décrets n'ont plus aujourd'hui ce caractère que dans quelques cas exceptionnels : le plus habituellement ce sont des règlements; toutefois on donne aussi ce nom à quelques actes d'une autre nature, tels que les actes de grâce ou d'amnistie. — La matière des ordonnances et décrets a été traitée avec tous les développements qu'elle comporte v° Lois, n°s 26 et s., 65 et s., 80, 164, 475 et s., et Règlements administratifs, n°s 23 et s., 43 et s. — V. aussi Archives, n°s 42 et s.; Amnistie, n°s 13 et s., 140; Compétence, n°s 10 et s.; Compét. admin., n°s 28 et s.; 44, 60, 183, 283 et s., 311, 333 et s.; Tierce opposition, n° 269; Vente publ. de march. neuv., n° 12; Vérific. d'écrit, n° 16.

3. Les règlements pris par le préfet de police, à Paris, ont conservé dans l'usage le nom d'ordonnances. Nous avons reproduit un grand nombre de ces règlements aux mots Commune, Contravention, Ville de Paris, Vidanges, Voie publique, etc.

4. Les décisions du conseil d'Etat, à raison de ce qu'elles n'ont de force légale que par l'approbation du chef du gouvernement qui se les approprie, ont été désignées, suivant les régimes, sous le nom d'ordonnances ou de décrets. A cette dénomination officielle, on substitue, dans la pratique, celle d'arrêts, qui est plus exacte et qui avait prévalu dans le principe (V. au mot Conflit, n° 109, un rapport de M. Cormenin, n° 36). — Il résulte de la marche qui a été suivie dans une affaire qu'il n'y a pas de délai fatal dans lequel les projets de décision adoptés par le conseil d'Etat, en matière contentieuse, doivent être revêtus de l'approbation du chef du gouvernement, jusqu'à laquelle ils demeurent à l'état de projets; que, dès lors, quel que soit le laps de temps écoulé, cette approbation, lorsqu'elle intervient, se reporte au jour de l'adoption du projet par le conseil d'Etat et qu'ainsi il n'y a pas lieu à reprise d'instance dans le cas où la partie est décédée depuis la délibération de ce corps (cons. d'Et. 4 (et non 8) mai 1861, aff. Mérilhou et aff. Lavielle, D. P. 61. 3. 49).

5. *Ordonnances judiciaires.* — Ces ordonnances, déjà définies au mot Jugement, n°s 1 et 696, comprennent trois classes d'actes d'une nature différente : 1° les décisions rendues par un seul juge; 2° des actes d'administration judiciaire; 3° des ordres de justice destinés à assurer les effets légaux de contrats authentiques, de jugements, de certaines déclarations ou sentences, etc. — Le tableau des cas très-nombreux dans lesquels le président ou le juge délégué peuvent avoir à rendre des ordonnances et l'exposé des règles relatives à celle-ci, ont été présentées dans un travail développé qui forme le chapitre 4 du mot Jugement (n°s 696 à 735). Nous ne pouvons qu'y renvoyer, en le complétant par quelques indications qui se rapportent surtout à des traités publiés postérieurement, et en y ajoutant quelques renseignements sur les ordonnances en matière criminelle qui avaient été laissées en dehors de ce travail.

6. Relativement aux ordonnances d'*exequatur* ou rendues pour l'exécution d'une sentence, V. Aliéné, n° 38; Appel civil, n° 417; Arbitrage, n°s 45, 767, 1139 et s., 1165 et s.; Degré de juridiction, n° 83; Demande nouvelle, n°s 49 et 166; Matières sommaires, n° 37-10°; Opposition, n° 28.

7. Pour ce qui concerne les ordonnances de référé, V. Référé, et, en outre, Appel civil, n° 894; Avoué, n° 79; Degré de juridiction, n° 53; Opposition, n° 27; Société, n° 1368. — Sur l'ordonnance ou déclaration d'adjudication, V. Vente publ. d'im., n°s 2105 et s. — Sur les ordonnances de clôture d'ordre, V. Ordre, n°s 1818 et suiv.

8. Celles des ordonnances judiciaires qui ont le caractère de décisions véritables et sont, pour ce motif, susceptibles d'opposition ou d'appel, passent en force de chose jugée et ne peuvent plus être déférées à la cour de cassation, lorsque les parties ont laissé expirer les délais sans user de ces voies de recours (V. Chose jugée, n° 294). — Quant à celles qui sont des actes d'administration intérieure, elles ne peuvent, à raison de leur caractère, être déférées à la cour de cassation. — V. Cassation, n°s 61 et 137.

9. En matière criminelle, nous devons signaler quelques changements de législation qui concernent les ordonnances. L'art. 94 c. inst. crim., modifié par la loi du 4 avr. 1855 (D. P. 55. 4. 40) dispose : « Après l'interrogatoire, le juge pourra décerner un mandat de dépôt. — Dans le cours de l'instruction, il pourra, sur les conclusions conformes du procureur impérial, et quelle que soit la nature de l'inculpation, donner mainlevée de tout mandat de dépôt, à la charge par l'inculpé de se représenter à tous les actes de la procédure, et pour l'exécution du jugement aussitôt qu'il en sera requis. — L'ordonnance de mainlevée ne pourra être attaquée par voie d'opposition... » — Avant la loi du 4 avr. 1855, le prévenu ne pouvait obtenir la mainlevée du mandat de dépôt qu'en sollicitant de la chambre du conseil une ordonnance de mise en liberté provisoire sous caution. — Il convient de remarquer que le juge d'instruction n'est pas autorisé à donner, par ordonnance, mainlevée d'un mandat d'arrêt (V. Inst. crim., n°s 641 et suiv.).—C'est au juge d'instruction qu'il appartient, dans le dernier état de la législation, de statuer, par ordonnance, sur les demandes de mise en liberté provisoire en matière correctionnelle (art. 114 c. inst. crim., modifié par la loi du 17 juill. 1856).

10. Depuis la loi du 17 juill. 1856, le juge d'instruction ne rend plus compte, à la chambre du conseil, des affaires dont l'instruction lui est dévolue; il prononce lui-même, suivant les résultats de l'instruction, l'ordonnance de non-lieu ou l'ordonnance de renvoi devant le tribunal correctionnel ou le tribunal de police. Dans le cas où le fait incriminé lui paraît de nature à être puni d'une peine afflictive et infamante, s'il estime que la prévention contre l'inculpé est suffisamment établie, il ordonne que les pièces de l'instruction soient transmises sans délai par le procureur impérial au procureur général qui devra saisir la chambre des mises en accusation. L'ancien art. 134 voulait que, dans ce cas, il fût décerné contre le prévenu, par la chambre du conseil, une ordonnance de prise de corps. La nouvelle disposition décide seulement que le mandat d'arrêt ou de dépôt conserve sa force exécutoire jusqu'à ce qu'il ait été statué par la cour impériale. Cette cour décerne l'ordonnance de prise de corps, lorsqu'elle estime qu'il y a lieu de prononcer le renvoi du prévenu aux assises (art. 232 et 233 c. inst. crim., modifiés par la loi du 17 juill. 1856; V. D. P. 56. 4. 123 et suiv., le texte des nouveaux art. 127 à 135 c. inst. crim.). — En tenant compte de ces modifications, dont la portée est expliquée par les documents recueillis *loc. cit.* avec la loi, on peut consulter comme étant encore en vigueur, relativement à la plupart des points essentiels, la jurisprudence qui a été recueillie au mot Instruction criminelle, nos 804 et suiv., et qui se rapporte aux décisions de non-lieu ou de renvoi devant le juge correctionnel ou de police. — V. aussi Appel en matière criminelle, nos 23 et suiv.; Chose jugée, nos 413, 417; Question préjudicielle, n° 21; Renvoi, n° 196.

11. Relativement aux ordonnances par lesquelles le juge d'instruction statue, durant l'information, sur des réquisitions du ministère public, V. Instr. crim., nos 319 et suiv., 635 et suiv.; Appel en matière criminelle, nos 12 et suiv.; Cassat., n° 146. — Relativement aux ordonnances de prise de corps décernées par la chambre des mises en accusation, V. Instr. crim., nos 1099 et suiv.

12. Le président de la cour d'assises est investi d'un pouvoir discrétionnaire pour ordonner les mesures qui peuvent conduire à la manifestation de la vérité, telles que : expertise, apport de pièces, confection de plans, citation pour être entendu à titre de renseignement. Nous n'avons pas à énumérer ici toutes les ordonnances qu'il peut rendre dans l'exercice de ce pouvoir (V. Inst. crim., nos 2154 et suiv.; Témoin, nos 651 et suiv.). Le président fait mettre d'office en état d'arrestation le témoin suspect de faux témoignage (c. inst. crim. 330); la décision prise à cet égard a le caractère d'ordonnance et est susceptible par suite d'opposition devant la cour (V. Témoignage faux, nos 79 et suiv.). — C'est au président qu'il appartient, lorsque l'accusé a été déclaré non coupable, de faire produire à la déclaration du jury ses effets légaux par une ordonnance d'acquittement et de mise en liberté (V. sur les ordonnances d'acquittement, Inst. crim., nos 317 et suiv., 3727 et suiv.; V. aussi Cassat., nos 204 et suiv., 422, 932 et suiv.; Chose jugée, nos 405 et suiv.).

13. Parmi les ordonnances qui interviennent en matière de grand criminel, il faut citer surtout l'ordonnance que doit rendre le président de la cour d'assises à l'égard de l'accusé en fuite, pour lui enjoindre de se présenter dans un nouveau délai de huit jours, à peine d'être déclaré rebelle à la loi (c. inst. crim. 465). — V. Contumace, nos 11 et suiv.

14. *Ordonnances de payement et de délégation.* — On sait que les créanciers de l'Etat ne peuvent obtenir leur payement des agents du trésor public que lorsque la dépense a été ordonnancée par le ministre compétent. Il a été traité des ordonnances de payement et de délégation délivrées par les ministres, au mot Trésor public, nos 383 et s., 692 et s., 746, 767 et s., 844 et s., 856. — V. aussi Commune, nos 578 et s.; Cour des comptes, nos 30 et s.; Hospice, nos 5, 336 et s., 337; Privil. et hypoth., n° 1072; Travaux publics; n° 304.

15. *Ordonnances médicales.* — La délivrance des remèdes se fait par les pharmaciens sur la représentation de prescriptions ou ordonnances des médecins. La représentation de ces ordonnances est rigoureusement exigée, lorsqu'il s'agit de la délivrance de remèdes contenant des substances vénéneuses. Les quantités des substances prescrites doivent être indiquées dans les ordonnances médicales conformément aux divisions du système décimal et de manière à prévenir les erreurs. V. sur ces divers points Médecine, nos 178, 197, 203; Poids et mesures, n° 16, et Substances vénéneuses, nos 27 et s.

ORDONNANCEMENT. — ORDONNATEUR. — V. les renvois indiqués v° Ordonnance, n° 14.

ORDRE. — **1**. Ce mot a un grand nombre d'acceptions; nous ne nous occuperons ici que de celles qui offrent un intérêt juridique. — Le mot *ordre* se prend d'abord dans le sens d'injonction, de commandement. — Il est de règle que l'on doit obéissance à tout ordre émané de l'autorité supérieure : toute résistance contre les agents chargés de mettre ces ordres à exécution constitue le crime ou le délit de rébellion (V. Rébellion, nos 13, 33 et s.). — En matière de garde nationale, la désobéissance à l'ordre d'un supérieur entraîne l'application d'une peine disciplinaire (V. Garde nat., nos 29, 138 et s.). — Cette obéissance est exigée plus strictement encore des fonctionnaires publics et agents du gouvernement; la loi prononce des peines sévères contre ceux qui prendraient des mesures contraires aux ordres de l'autorité ou qui refuseraient d'y obéir (c. pén. 120, 123, V. Forfaiture, nos 10, 13 et s.; Liberté individ., nos 42 et s.).

2. Mais faut-il aller jusqu'à dire que l'obéissance est due même à un acte illégal? — V. sur ce point vis Crimes contre la sûreté de l'Etat, n° 135; Garde nation., nos 145 et s.; Rébellion, nos 6, 34 et s. — Le fonctionnaire ou l'agent de l'autorité qui a commis un acte illégal, mais en vertu d'ordres supérieurs dont il justifie, est-il excusable? — V. Liberté individ., nos 54, 61; Voirie par chem. de fer, n° 557. — Echappe-t-il à la responsabilité de l'art. 1382 c. nap.? — V. Responsabilité, nos 254 et s. —En tous cas, les ordres illégalement donnés par les agents de l'autorité peuvent tomber sous l'application de la loi pénale. Ainsi, est punissable tout fonctionnaire ou agent du gouvernement qui ordonne un acte attentatoire à la liberté individuelle (c. pén. 114, V. Liberté indiv., nos 24 et s.)... ou qui ordonne l'action ou l'emploi de la force publique contre l'exécution des lois, règlements, etc. (c. pén. 188, V. Forfaiture, nos 159 et s.), ... ou contre la levée des gens de guerre (c. pén. 94, V. Crimes et délits contre la sûreté de l'Etat, nos 132 et s.).

3. Aucune arrestation ne peut être faite, si ce n'est en cas de flagrant délit, qu'en vertu d'un ordre formel de l'autorité (V. Instruct. crim., nos 658 et s.; Liberté indiv., nos 19 et s.; Prison, nos 76 et s.). Et spécialement les concierges et gardiens de prison ne peuvent, sous les peines portées par la loi, recevoir un prévenu et l'écrouer sans un ordre de l'autorité compétente (c. pén. 120, V. Liberté indiv., nos 42 et s.). Il en est de même des visites domiciliaires (V. Instruct. crim., nos 337 et s., 559 et s., 662 et s.; V. cependant vis Douanes, nos 792 et s., 825; Forêts, nos 386, 964 et s.; Impôts ind., nos 416 et s., 591 et s.).—En matière de contributions indirectes, de simples commis ne peuvent faire de visites chez les particuliers sans l'ordre spécial et par écrit d'un employé supérieur (V. Impôts ind., nos 418 et s.). — Toute visite domiciliaire accomplie sans ordre par un agent de l'autorité, constitue un délit (c. pén. 184; V. Liberté indiv., nos 32 et s.).

4. Les dommages causés par suite d'ordres administratifs donnés dans le but de prévenir un malheur public ne peuvent donner lieu à une action en indemnité contre le gouvernement (V. Responsabilité, nos 255 et s.; Travaux pub., n° 841; Trésor pub., nos 358 et s., 565). — Les contestations qui s'élèvent à cet égard sont de la compétence de l'autorité administrative (V. Compét. admin., n° 103-17°). — Un ordre de l'autorité peut-il être considéré comme un cas de force majeure? — V. Force maj., nos 8-8° et 9°, 29.

5. En ce qui concerne les ordres donnés par de simples particuliers, nous nous bornerons à rappeler d'une part que l'ordre de faire certaines choses déterminées, accompagné de menaces, constitue un crime (c. pén. 305, V. Crimes et délits contre les personnes, nos 112 et suiv.); et d'autre part, qu'une contravention ne peut être excusée sous le prétexte qu'on aurait agi par l'ordre d'un tiers (V. Commune, nos 840 et suiv.). —On ne pourrait non plus, sous ce même prétexte, échapper à la responsabilité de l'art. 1382 c. nap. (V. Responsab., nos 52, 90 et suiv.). — Un ordre donné par un particulier peut s'entendre quelquefois dans le sens de *mandat* (V. Cautionnement, n° 24; Complicité, n° 97; Crimes contre les personnes, n° 272).

6. *Ordre* signifie encore devoir, règle, règlement, discipline, etc. En ce sens, on dit que tel prince a rétabli l'ordre et la discipline dans son Etat. — C'est aujourd'hui une des principales fonctions de l'autorité municipale de maintenir le bon ordre dans les lieux publics (V. Commune, nos 1067 et suiv.).— C'est en ce sens que doit être entendue l'expression *Ordre public* (V. les renvois indiqués sous le mot Ordre public).

7. Le mot Ordre exprime encore l'arrangement, la disposition des choses mises en leur rang. A ce point de vue, nous signalerons notamment : 1° l'ordre des successions (V. Succession, nos 162 et suiv.); — 2° l'ordre des priviléges et hypothèques (V. Ordre entre créanciers, nos 1129 et suiv.; Privil. et hypoth., nos 2260 et suiv.; Succession, n° 904); — 3° l'ordre de présentation des actes à la transcription (V. Transcript. hyp., nos 441, 519 et suiv.),—4° l'ordre des preuves en matière de vérification d'écritures (V. Vérificat. d'écrit., nos 79 et suiv., 170 et suiv.);— 5° l'ordre des débats devant la cour d'assises (V. Inst. crim., tit. 2, chap. 4; Témoin, n° 564); — 6° l'ordre de l'audition des témoins (V. Témoin, nos 534 et suiv.); — 7° l'ordre des juridictions, auquel il n'est pas permis de déroger (V. Compét. n° 27; Demande nouvelle, nos 26 et suiv., Compét. civ. des trib. d'arrondissement, nos 211 et suiv.; Compét. civ. des trib. de paix, nos 318 et suiv.; Transaction, n° 83).

8. Dans un effet de commerce, le mot *ordre* signifie que cet effet est transmissible par voie d'endossement. Ainsi, quand on dit qu'un billet, une lettre de change est payable à un tel ou *à son ordre*, cela veut dire que cette personne peut, si bon lui semble, ou recevoir le montant de ce billet ou en faire le transport à un autre, en se bornant à mettre au dos cette mention : *payez à l'ordre de..... valeur en.....* (V. Effets de comm., nos 103 et suiv.).

9. Le mot *ordre* s'emploie aussi dans le sens de distinction, de décoration, par exemple : l'ordre de la Légion d'honneur (V. Ordres civils et milit.—V. aussi vis Cons. d'Ét., n° 194; Fonctionn. public, n° 124; Hospice, n° 54; Préséance, n° 15 *in fine*).

10. Il s'applique encore aux corps qui composent un État. Sous l'ancien régime, la nation était divisée en trois ordres : de la noblesse, du clergé et du tiers-état (V. Droit constit., nos 45 et suiv.; Noblesse, n° 1). — Aujourd'hui l'on dit encore l'*ordre des avocats* (V. Avocat, nos 3 et suiv., 20, 42); — l'*ordre judiciaire* (V. Organisat. jud., V. aussi Uniforme-costume, nos 3, 15, 21, 38). — En ce qui concerne les ordres religieux, V. Culte, chap. sect. 1, art. 2, nos 316 et suiv.; Uniforme-costume, nos 14, 50; Usurpation de costume, n° 9.

ORDRE ENTRE CRÉANCIERS (1).—**1.** C'est la procédure qui a pour objet la distribution du prix d'un immeuble entre les créanciers, d'après le rang de leurs priviléges et hypothèques.

2. S'il n'y a pas de créanciers privilégiés ou hypothécaires, le prix est distribué, comme chose mobilière, entre les créanciers chirographaires du débiteur, qui ont formé opposition sur ce prix, au marc le franc de leurs créances, par la voie de la Distribution par contribution (V. ce mot).

Division.

CHAP. 1. — Historique; législation comparée.

3. La procédure d'ordre n'était point connue dans le droit romain. « Le droit du créancier hypothécaire, dit M. Bonjean, Traité des actions chez les Romains, t. 2, § 285, p. 190, 2e éd., se présente toujours, soit à l'égard des tiers acquéreurs, soit à l'égard des cocréanciers, sous une forme unique, c'est-à-dire comme droit d'obtenir la possession du gage et de le vendre, pour se payer sur le prix. Aussi ne s'établit-il pas de véritable concours entre les créanciers. » — Il faut, en effet, poursuit l'auteur, distinguer deux hypothèses : si le créancier est ou n'est pas en possession du gage. — Dans le premier cas, s'il est le premier en hypothèque, « rien de mieux garanti que son

(1) Nous nous sommes aidé, pour la publication de ce Traité, d'un manuscrit sur l'Ordre, que son auteur, M. Flandin, conseiller à la cour impériale de Paris, notre ancien collaborateur et ami, a bien voulu mettre à notre disposition, et qu'il se propose de livrer bientôt à l'impression, en le détachant, comme il l'a fait pour la Transcription hypothécaire, de son Traité des Priviléges et hypothèques encore inédit.

droit : ... Il peut, à son gré, vendre la chose hypothéquée, ou en retenir la possession jusqu'à parfait payement. Les créanciers postérieurs ne peuvent le contraindre à vendre, s'il préfère garder, ni l'empêcher de vendre, si tel est son bon plaisir : leur droit se borne à prendre sa place, en le désintéressant complétement (*jus offerendæ pecuniæ, jus succedendi*). — S'il lui plaît de vendre le gage pour se payer, il peut le faire, sans être tenu d'appeler à cette vente les autres créanciers; et, pourvu qu'il agisse de bonne foi, nul n'est admis à critiquer l'aliénation. — Si, au contraire, le créancier, possesseur du gage, se trouve primé par des hypothèques antérieures ou privilégiées, rien de plus précaire que sa position : il peut, d'un instant à l'autre, être évincé par l'action hypothécaire des créanciers qui le priment, et il n'a d'autre ressource contre eux que de les désintéresser complétement (*jus offerendæ pecuniæ*). — Si le créancier n'est pas en possession, il faut qu'il agisse par action hypothécaire, pour se faire mettre en possession; et alors plusieurs cas peuvent se présenter : 1° Si la chose est possédée, soit par un créancier hypothécaire postérieur, soit par le débiteur, soit par le propriétaire non débiteur, qui a consenti à hypothéquer sa propriété pour la dette d'autrui, l'action hypothécaire sera efficace; et, à moins que le détenteur ne désintéresse le demandeur, celui-ci obtiendra la possession du gage et se trouvera ainsi dans la position décrite dans la première hypothèse. — 2° Si la chose est possédée par un créancier hypothécaire antérieur, l'action hypothécaire demeurera stérile devant l'exception : *Si non mihi ante*, etc. Aussi, quand le possesseur est notoirement créancier antérieur, serait-il ridicule d'exercer contre lui l'action hypothécaire. La seule ressource qui reste, alors, au créancier postérieur, c'est de désintéresser le créancier antérieur, afin de prendre sa place... »

4. Dans l'ancien droit français, la procédure d'ordre était soumise à des usages aussi variés que les juridictions qui existaient alors. — « Ordinairement, dit M. Jules Tambour (Des voies d'exécution sur les biens des débiteurs dans le droit romain et dans l'ancien droit français, t. 2, p. 511), résumant, sur ce point, notre ancienne jurisprudence, c'étaient les magistrats qui procédaient eux-mêmes à ce règlement; mais, au Châtelet de Paris, c'étaient des officiers spéciaux, investis, d'ailleurs, de beaucoup d'autres fonctions, appelés *commissaires au Châtelet*, qui en étaient chargés. — D'après la pratique générale, l'ordre ne se réglait qu'après l'adjudication : on évitait, par là, des retards apportés à l'adjudication, et on prévenait des fraudes de la part du débiteur. Cependant, dans quelques provinces, on suivait un usage contraire, dans le but d'empêcher de vendre des biens au delà de ce qui était nécessaire. Il en était ainsi en Lorraine, d'après l'ordonnance de Léopold de 1707, et aussi d'après l'ordonnance de 1564, et dans le ressort du parlement de Bourgogne, d'après le règlement de 1614. Au parlement de Bordeaux, l'ordre était réglé par l'arrêt même qui prononçait l'adjudication (Despeisses, des Contrats, part. 3, tit. 2, sect. 6, n° 3). — D'après l'usage du Châtelet de Paris, l'ordre avait lieu à la poursuite du créancier saisissant : toutefois, au cas de négligence, un des opposants (au décret) pouvait prendre la poursuite, sans avoir besoin d'obtenir de jugement de subrogation. — Au parlement, c'était au plus diligent qu'appartenait la poursuite. »

5. Voici, d'après l'ancien Répertoire, quelle était la procédure suivie au Châtelet : — Le poursuivant prenait du commissaire une ordonnance, à l'effet de sommer les opposants de produire entre les mains de cet officier leurs titres de créance. L'ordonnance était signifiée par un huissier-commis à chaque opposant, au domicile par lui élu. — Dans la huitaine, les opposants devaient remettre leurs titres entre les mains du commissaire, ou, à tout le moins, portait l'art. 361 de la coutume de Paris, dans un second délai de huitaine. — Si, après cette seconde huitaine, les opposants ne produisaient pas, le commissaire donnait un second défaut et renvoyait les parties à l'audience. Le poursuivant levait le procès-verbal de renvoi à l'audience, et le signifiait, avec une requête verbale, aux procureurs des créanciers qui n'avaient pas produit. Les juges rendaient une sentence par laquelle ils ordonnaient que, dans la huitaine, pour tout délai, les créanciers, qui n'avaient pas produit, seraient tenus de produire, sinon, que l'ordre serait dressé par le commissaire. — On signifiait la sentence; on assignait ceux qui n'avaient pas produit pour qu'ils eussent à produire leurs titres; et, soit qu'ils les produisissent, ou non, le commissaire, après avoir donné défaut contre les non-produisants, dressait l'ordre, dans lequel il ne colloquait que les créanciers qui s'étaient présentés. — Après que l'ordre avait été dressé, les créanciers en prenaient communication entre les mains du commissaire, et fournissaient leurs dires et observations. Le commissaire portait ces contredits sur son procès-verbal d'ordre, et renvoyait les parties à l'audience pour y faire statuer sur les difficultés. — Toutefois, le renvoi des contestations à l'audience n'empêchait pas de procéder à la distribution entre les autres opposants, sous réserve des deniers appartenant aux opposants renvoyés à l'audience et venant en ordre utile (art. 362 de la cout. de Paris). — S'il y avait des opposants qui n'eussent pas pris communication de l'ordre, le commissaire donnait défaut contre eux et renvoyait à l'audience. Sur ce défaut, on donnait une requête verbale, tant contre eux que contre les produisants, par laquelle on demandait l'exécution de l'ordre. Les juges rendaient, sur cette requête, une sentence conforme aux conclusions. Ensuite, chaque créancier allait prendre chez le commissaire un mandement, un extrait du procès-verbal d'ordre, contenant l'énonciation de la somme pour laquelle il avait été colloqué. Ce mandement portait contrainte, contre le receveur des consignations, de payer la somme y contenue. — Si le receveur des consignations refusait de payer, on faisait constater son refus par un procès-verbal, et on l'assignait pour se voir condamner, et par corps, à vider ses mains des sommes portées aux mandements. Huitaine après la signification de la sentence, on lui faisait un commandement de payer; mais on ne pouvait décerner aucune contrainte contre lui que trois jours après ce commandement (Rép., v° Collocation, n°s 1, 2 et 3).

6. On procédait, au parlement, d'une autre manière. — Quand le décret était délivré, le procureur du poursuivant levait, au greffe, un extrait du nom des opposants et de celui de leurs procureurs, et prenait un appointement en droit à écrire et produire sur l'ordre. Le procureur devait avoir soin de n'omettre, dans cet appointement, aucun des créanciers opposants; autrement, il demeurait responsable, en son nom, de la dette du créancier omis, suivant l'art. 13 du règlement du 23 nov. 1598, à supposer, toutefois, que le créancier eût été utilement colloqué, si l'appointement avait été pris avec lui. — Huitaine après la signification de l'appointement sur l'ordre, tant au procureur de la partie saisie qu'à ceux des opposants, le poursuivant devait fournir les causes et moyens d'opposition de sa partie; ensuite il produisait les titres et pièces justificatives de son opposition. Il faisait sommer les procureurs de la partie saisie et des opposants de produire, de leur côté, dans la huitaine, selon le règlement, et, par un second acte, il les sommait de contredire. — Le plus ancien des procureurs des opposants, au nom de tous les opposants, prenait communication de l'instance et fournissait des contredits, non-seulement contre la production des opposants, mais encore contre toutes celles qui lui étaient communiquées; ce qui n'empêchait pas les autres opposants de prendre aussi communication de l'instance et de contredire les moyens d'opposition des créanciers qui prétendaient, mal à propos, être colloqués avec eux.— L'instance étant en cet état, on procédait à l'ordre ou collocation (*ibid.*, n° 8).

7. Le créancier utilement colloqué ne pouvait toucher le montant de sa collocation qu'après affirmation, en présence du juge, que la somme à lui allouée, en principal, intérêts et frais, lui était légitimement due, qu'il n'en avait rien touché, et qu'il ne prêtait son nom, directement ni indirectement, à celui dont le bien avait été vendu par décret (*ibid.*, n° 9).

8. Dans le plus grand nombre des juridictions, le créancier utilement colloqué ne pouvait se faire payer avant que l'ordre fût achevé. Mais il y en avait d'autres où les créanciers pouvaient réclamer leur payement aussitôt après leur collocation. On le pratiquait ainsi, notamment en Normandie, et l'art. 142 du Règlement de 1666 portait que les exécutoires seraient délivrés et les sommes y contenues payées aux créanciers qui se trouveraient en ordre, jusqu'à concurrence de la somme dont il aurait été tenu état (on appelait *état*, en Normandie, la procédure de l'ordre), sans attendre la clôture. Néanmoins, en cas de contestation pour distraction ou défalcation demandée, l'exécutoire ne pouvait être donné et le payement fait que moyennant caution, fournie par le créancier, de rapporter ce qu'il aurait touché, s'il était ainsi ordonné (*ibid.*, n° 11).

9. Suivant l'art. 553 de la cout. de Normandie, on faisait deux états de collocation : l'un du prix des baux judiciaires (des baux établis au cours de la saisie), l'autre du prix d'adjudication. Le motif de cette disposition était qu'il serait fort inutile de continuer les procédures du décret, si le saisissant et les autres créanciers pouvaient être payés sur le prix des baux judiciaires. — Mais, au parlement de Paris, et dans la plupart des autres juridictions, on ne faisait qu'un seul ordre, tant pour les deniers provenant du prix des baux judiciaires, que pour ceux provenant de l'adjudication des biens décrétés (*ibid.*, n° 6).

10. Pour les *sous-ordres*, c'est-à-dire pour la distribution, entre les créanciers d'un des opposants, du montant de la collocation de ce dernier, on observait, autrefois, au parlement de Paris, de prendre, sur les oppositions en sous-ordre, un appointement portant jonction à l'ordre ; et les frais pour l'instruction et le jugement de ces oppositions étaient pris sur les revenus des biens vendus par décret, ou sur le prix de l'immeuble à distribuer. C'était chose préjudiciable aux derniers créanciers colloqués de la partie saisie. Pour faire cesser cet inconvénient, le parlement prit, le 22 août 1691, un arrêté portant qu'on ne prendrait, à l'avenir, aucun appointement sur les oppositions en sous-ordre pour les joindre à l'ordre, et que celles-ci seraient jugées après qu'on aurait prononcé sur l'ordre et par jugement séparé, sauf aux opposants en sous-ordre à intervenir dans l'ordre pour faire valoir les droits de leur débiteur commun (*ibid.*, n° 7).

11. Les collocations en sous-ordre se faisaient au même rang que celles de l'ordre, c'est-à-dire qu'on colloquait les créanciers hypothécaires en sous-ordre du jour de leur hypothèque, ou suivant la nature de leur privilége. Mais, pour cela, il fallait que les créanciers opposants en sous-ordre eussent formé leur opposition avant que le décret eût été scellé et levé ; autrement, leur opposition n'était considérée que comme une saisie-arrêt d'une somme mobilière, laquelle se distribuait à tous les créanciers, au marc le franc de leurs créances (*ibid.*, n° 8 ; Pothier, Tr. de la procéd. civ., 4e part., ch. 2., sect. 5, art. 12, § 3).

12. Parmi cette grande diversité de formes suivies en matière d'ordre, « une seule chose, comme le remarquent MM. Ollivier et Mourlon, Comm. de la loi du 21 mai 1858, n° 253, était la même dans toutes les Coutumes : la longueur des procédures. Henri II remédia à quelques abus par l'ordonnance du 3 sept. 1551 ; mais il ne fit pas une loi générale sur les ordres, obligatoire pour tout le royaume. — Malgré de nombreuses réclamations, et notamment celle des Etats de Blois de 1588, malgré le goût de Louis XIV pour le pouvoir et l'unité, les rédacteurs de l'ordonnance de 1667 n'osèrent pas plus que Henri II, et ils n'étendirent pas aux ordres la disposition qui dérogeait « aux ordonnances, aux lois, aux statuts, aux styles et aux usages contraires ou différents.... »

13. En 1789, le désir d'une réforme était universel. Cette réforme fut accomplie par la loi du 9 mess. an 3 (V. Privil. et hypoth., p. 23 et suiv.), qui, bien qu'agissant dans un but louable de célérité et d'économie, outre-passa le but et diminua, en réalité, les garanties des créanciers, en confiant le règlement des ordres aux juges de paix, en exagérant la brièveté des délais et la simplification des formes (art. 160 et suiv.). — L'ordre était ouvert dans les trois jours de l'adjudication, et immédiatement dressé par le juge de paix, sur le vu de l'extrait, délivré par le conservateur, du livre de raison des hypothèques (art. 161, 163 et 164). — Les créanciers avaient un mois pour prendre, au domicile du juge de paix, communication, sans déplacement, du tableau de l'ordre et de la distribution, lui remettre leurs titres de créance, et contester, s'il y avait lieu (art. 167). — Citation devait être donnée devant le juge de paix, par les contestants, dans la décade suivante, et le juge de paix devait prononcer sommairement, sauf l'appel devant le tribunal de district, dans le délai de dix jours (art. 169, 170 et 174).

14. Il était procédé de la même manière, et dans les mêmes délais, pour les demandes en revendication non jugées avant l'adjudication définitive, et converties en indemnité sur le prix (art. 178 à 182). — Pour les sous-ordres, le juge de paix y procédait également sommairement et sans frais, et statuait sur les contestations en dernier ressort (art. 193 et 194).

15. La loi du 11 brum. an 7 (V. Vente publ. d'imm., p. 550 et suiv.), sur les expropriations forcées, rendit le règlement des ordres aux juges de première instance (art. 31). — Elle accorda aux créanciers trente jours, à partir de la notification du procès-verbal d'ouverture de l'ordre, pour en prendre communication, ainsi que de l'extrait des inscriptions, valant production pour les créanciers inscrits, et consigner leurs dires et observations sur le procès-verbal. — En cas de contestation, le tribunal devait statuer entre le réclamant et les créanciers contestés (art. 32 et 33). — Après l'expiration de ce délai de trente jours, l'homologation de l'ordre était portée à la première audience, pour y être statué par le tribunal, ainsi que sur les contestations, sans qu'il fût besoin d'assignation à la partie saisie, ni aux créanciers, et sauf l'appel, nonobstant lequel les collocations non contestées recevaient leur exécution (art. 34). — Le jugement d'homologation ordonnait la délivrance, par le greffier, des bordereaux de collocation sur l'adjudicataire aux créanciers venant en ordre utile (art. 35).

16. Le code de 1806 (1), rédigé sous l'influence des souvenirs de la procédure du Châtelet, réagit contre la simplicité de la loi

---

(1) Code de procédure civile.

1re Part., Liv. 5, Tit. 14. — *De l'Ordre.*

Art. 749. Dans le mois de la signification du jugement d'adjudication, s'il n'est pas attaqué ; en cas d'appel, dans le mois de la signification du jugement confirmatif, les créanciers et la partie saisie seront tenus de se régler entre eux sur la distribution du prix.

750. Le mois expiré, faute par les créanciers et la partie saisie de s'être réglés entre eux, le saisissant, dans la huitaine, et à son défaut, après ce délai, le créancier le plus diligent ou l'adjudicataire, requerra la nomination d'un juge-commissaire, devant lequel il sera procédé à l'ordre.

751. Il sera tenu au greffe, à cet effet, un registre des adjudications, sur lequel le requérant l'ordre fera son réquisitoire, à la suite duquel le président du tribunal nommera un juge-commissaire.

752. Le poursuivant prendra l'ordonnance du juge commis, qui ouvrira le procès-verbal d'ordre, auquel sera annexé un extrait, délivré par le conservateur, de toutes les inscriptions existantes.

753. En vertu de l'ordonnance du commissaire, les créanciers seront sommés de produire, par acte signifié aux domiciles élus par leurs inscriptions, ou à celui de leurs avoués, s'il y en a de constitués.

754. Dans le mois de cette sommation, chaque créancier sera tenu de produire ses titres avec acte de produit, signé de son avoué, et contenant demande en collocation. Le commissaire fera mention de la remise sur son procès-verbal.

755. Le mois expiré, et même auparavant, si les créanciers ont produit, le commissaire dressera, ensuite de son procès-verbal, un état de collocation sur les pièces produites. Le poursuivant dénoncera, par acte d'avoué à avoué, aux créanciers produisants et à la partie saisie, la confection de l'état de collocation, avec sommation d'en prendre communication, et de contredire, s'il y échet, sur le procès-verbal du commissaire, dans le délai d'un mois.

756. Faute par les créanciers produisants de prendre communication des productions ès mains du commissaire dans ledit délai, ils demeureront forclos, sans nouvelle sommation ni jugement ; il ne sera fait aucun dire, s'il n'y a contestation.

757. Les créanciers qui n'auront produit qu'après le délai fixé supporteront, sans répétition, et sans pouvoir les employer dans aucun cas, les frais auxquels leur production tardive, et la déclaration d'icelle aux créanciers à l'effet d'en prendre connaissance, auront donné lieu. Ils seront garants des intérêts qui auront couru, à compter du jour où ils auraient cessé si la production eût été faite dans le délai fixé.

758. En cas de contestation, le commissaire renverra les contestants à l'audience, et néanmoins arrêtera l'ordre pour les créances antérieures à celles contestées, et ordonnera la délivrance des bordereaux de collocation de ces créanciers, qui ne seront tenus à aucun rapport à l'égard de ceux qui produiraient postérieurement.

759. S'il ne s'élève aucune contestation, le juge-commissaire fera la clôture de l'ordre ; il liquidera les frais de radiation et de poursuite d'ordre, qui seront colloqués par préférence à toutes autres créances ; il prononcera la déchéance des créanciers non produisants, ordonnera la délivrance des bordereaux de collocation aux créanciers utilement colloqués, et la radiation des inscriptions de ceux non utilement colloqués. Il sera fait distraction, en faveur de l'adjudicataire, sur le montant de chaque bordereau, des frais de radiation de l'inscription.

de brumaire; mais il multiplia trop les formalités et les délais. Il en résulta des lenteurs et des frais qui firent accuser la loi de contribuer, plus qu'aucune autre cause, à détourner les capitaux des placements hypothécaires. De là de nouvelles réclamations, auxquelles on a voulu donner satisfaction par la loi du 21 mai 1858 (1).—Antérieurement à cette loi, avaient été rendus : 1° la loi du 14 nov. 1808, dont l'art. 4 dispose que les procédures relatives tant à l'expropriation forcée qu'à la distribution du prix doivent être portées devant les tribunaux respectifs de la situation des biens (V. Vente publ. d'imm., p. 554, et n° 201, et *infrà*, n° 293); — 2° Un décret du 19 mars 1852, aux termes duquel les juges suppléants, non officiers ministériels, peuvent être chargés du règlement des ordres, font le rapport des contestations relatives aux affaires pour lesquelles ils ont été commis, et prennent part au jugement avec voix délibérative (V. *infrà*, n°s 25 et 26).

---

760. Les créanciers postérieurs en ordre d'hypothèque aux collocations contestées seront tenus, dans la huitaine du mois accordé pour contredire, de s'accorder entre eux sur le choix d'un avoué; sinon il seront représentés par l'avoué du dernier créancier colloqués. Le créancier qui contestera individuellement supportera les frais auxquels sa contestation particulière aura donné lieu, sans pouvoir les répéter ni employer en aucun cas. L'avoué poursuivant ne pourra en cette qualité être appelé dans la contestation.

761. L'audience sera poursuivie par la partie la plus diligente, sur un simple acte d'avoué à avoué, sans autre procédure.

762. Le jugement sera rendu sur le rapport du juge-commissaire et les conclusions du ministère public; il contiendra liquidation des frais.

763. L'appel de ce jugement ne sera reçu, s'il n'est interjeté dans les dix jours de sa signification à avoué, outre un jour par 3 myriam. de distance du domicile réel de chaque partie; il contiendra assignation, et l'énonciation des griefs.

764. L'avoué du créancier dernier colloqué pourra être intimé s'il y a lieu.

765. Il ne sera signifié sur l'appel que des conclusions motivées de la part des intimés; et l'audience sera poursuivie ainsi qu'il est dit en l'art. 761.

766. L'arrêt contiendra liquidation des frais; les parties qui succomberont sur l'appel seront condamnées aux dépens, sans pouvoir les répéter.

767. Quinzaine après le jugement des contestations, et, en cas d'appel, quinzaine après la signification de l'arrêt qui y aura statué, le commissaire arrêtera définitivement l'ordre des créances contestées et de celles postérieures, et ce, conformément à ce qui est prescrit par l'art. 759 : les intérêts et arrérages des créanciers utilement colloqués cesseront.

768. Les frais de l'avoué qui aura représenté les créanciers contestants seront colloqués, par préférence à toutes autres créances, sur ce qui restera de deniers à distribuer, déduction faite de ceux qui auront été employés à acquitter les créances antérieures à celles contestées.

769. L'arrêt qui autorisera l'emploi des frais prononcera la subrogation au profit du créancier sur lequel les fonds manqueront, ou de la partie saisie. L'exécutoire énoncera cette disposition, et indiquera la partie qui devra en profiter.

770. La partie saisie et le créancier sur lequel les fonds manqueront auront leur recours contre ceux qui auront succombé dans la contestation, pour les intérêts et arrérages qui auront couru pendant le cours desdites contestations.

771. Dans les dix jours après l'ordonnance du juge-commissaire, le greffier délivrera à chaque créancier utilement colloqué le bordereau de collocation, qui sera exécutoire contre l'acquéreur.

772. Le créancier colloqué, en donnant quittance du montant de sa collocation, consentira la radiation de son inscription.

773. Au fur et à mesure du payement des collocations, le conservateur des hypothèques, sur la représentation du bordereau et de la quittance du créancier, déchargera d'office l'inscription, jusqu'à concurrence de la somme acquittée.

774. L'inscription d'office sera rayée définitivement, en justifiant, par l'adjudicataire, du payement de la totalité de son prix, soit aux créanciers utilement colloqués, soit à la partie saisie, et de l'ordonnance du juge-commissaire qui prononce la radiation des inscriptions des créanciers non colloqués.

775. En cas d'aliénation autre que celle par expropriation, l'ordre ne pourra être provoqué s'il n'y a plus de trois créanciers inscrits; et il le sera par le créancier le plus diligent ou l'acquéreur après l'expiration des trente jours qui suivront les délais prescrits par les art. 2185 et 2194 c. civ.

776. L'ordre sera introduit et réglé dans les formes prescrites par le présent titre.

777. L'acquéreur sera employé par préférence pour le coût de l'extrait des inscriptions et dénonciations aux créanciers inscrits.

778. Tout créancier pourra prendre inscription pour conserver les droits de son débiteur; mais le montant de la collocation du débiteur sera distribué, comme chose mobilière, entre tous les créanciers inscrits ou opposants avant la clôture de l'ordre.

779. En cas de retard ou de négligence dans la poursuite d'ordre, la subrogation pourra être demandée. La demande en sera formée par requête insérée au procès-verbal d'ordre, communiquée au poursuivant par acte d'avoué, jugée sommairement en la chambre du conseil, sur le rapport du juge-commissaire.

(1) 21-29 mai 1858. — Loi contenant des modifications au code de procédure civile (extrait) (*a*).

Art. 2. Les art. 749 à 779 c. pr. civ. sont remplacés par les dispositions suivantes :

749. Dans les tribunaux où les besoins du service l'exigent, il est désigné, par décret impérial, un ou plusieurs juges spécialement chargés du règlement des ordres. Ils peuvent être choisis parmi les juges suppléants, et sont désignés pour une année au moins et trois années au plus. — En cas d'absence ou d'empêchement, le président, par ordonnance inscrite sur un registre spécial tenu au greffe, désigne d'autres juges pour les remplacer. — Les juges désignés par décret impérial, ou nommés par le président, doivent, toutes les fois qu'ils en sont requis, rendre compte à leurs tribunaux respectifs, au premier président et au procureur général, de l'état des ordres qu'ils sont chargés de régler.

750. L'adjudicataire est tenu de faire transcrire le jugement d'adjudication dans les quarante-cinq jours de sa date, et, en cas d'appel, dans les quarante-cinq jours de l'arrêt confirmatif, sous peine de revente sur folle enchère. — Le saisissant, dans la huitaine après la transcription, et, à son défaut, après ce délai, le créancier le plus diligent, la partie saisie ou l'adjudicataire dépose au greffe l'état des inscriptions, requiert l'ouverture du procès-verbal d'ordre, et, s'il y a lieu, la nomination d'un juge-commissaire. — Cette nomination est faite par le président, à la suite de la réquisition inscrite par le poursuivant sur le registre des adjudications tenu à cet effet au greffe du tribunal.

751. Le juge-commissaire, dans les huit jours de sa nomination, ou le juge spécial, dans les trois jours de la réquisition, convoque les créanciers inscrits, afin de se régler amiablement sur la distribution du prix. — Cette convocation est faite par lettres chargées à la poste, expédiées par le greffier et adressées tant aux domiciles élus par les créanciers dans les inscriptions qu'à leur domicile réel en France; les frais en sont avancés par le requérant. — La partie saisie et l'adjudicataire sont également convoqués. — Le délai pour comparaître est de dix jours au moins entre la date de la convocation et le jour de la réunion. — Le juge dresse procès-verbal de la distribution du prix par règlement amiable; il ordonne la délivrance des bordereaux aux créanciers utilement colloqués et la radiation des inscriptions des créanciers non admis en ordre utile. — Les inscriptions sont rayées sur la présentation d'un extrait, délivré par le greffier, de l'ordonnance du juge. — Les créanciers non comparants sont condamnés à une amende de 25 fr.

752. A défaut de règlement amiable dans le délai d'un mois, le juge constate sur le procès-verbal que les créanciers n'ont pu se régler entre eux, et prononce l'amende contre ceux qui n'ont pas comparu. Il déclare l'ordre ouvert et commet un ou plusieurs huissiers à l'effet de sommer les créanciers de produire. Cette partie du procès-verbal ne peut être expédiée ni signifiée.

753. Dans les huit jours de l'ouverture de l'ordre, sommation de produire est faite aux créanciers par acte signifié aux domiciles élus dans leurs inscriptions ou à celui de leurs avoués, s'il y en a de constitués, et au vendeur à son domicile réel situé en France, à défaut de domicile élu par lui ou de constitution d'avoué. — La sommation contient l'avertissement que, faute de produire dans les quarante jours, le créancier sera déchu. — L'ouverture de l'ordre est en même temps dénoncée à l'avoué de l'adjudicataire. Il n'est fait qu'une seule dénonciation à l'avoué qui représente plusieurs adjudicataires. — Dans les huit jours de la sommation par lui faite aux créanciers inscrits, le poursuivant en remet l'original au juge, qui en fait mention sur le procès-verbal.

754. Dans les quarante jours de cette sommation, tout créancier est tenu de produire ses titres avec acte de produit signé de son avoué et contenant demande en collocation. Le juge fait mention de la remise sur le procès-verbal.

755. L'expiration du délai de quarante jours ci-dessus fixé emporte de plein droit déchéance contre les créanciers non produisants. Le juge la constate immédiatement et d'office sur le procès-verbal, et dresse l'état de collocation sur les pièces produites. Cet état est dressé au plus tard dans les vingt jours qui suivent l'expiration du délai ci-dessus. — Dans

(*a*) Nous ne reproduisons pas ici l'exposé des motifs, le rapport ni l'analyse de la discussion au Corps législatif. Ces documents ont été insérés au Recueil périodique 1858, 4e partie, p. 44 et suiv. Il en sera fait, d'ailleurs, de nombreux extraits dans le cours du présent Traité.

17. « Les procédures d'ordre, qui ont pour objet de distribuer entre les créanciers le prix des immeubles aliénés, dit M. ...

---

les dix jours de la confection de l'état de collocation, le poursuivant la dénonce, par acte d'avoué à avoué, aux créanciers produisants et à la partie saisie, avec sommation d'en prendre communication, et de contredire, s'il y échet, sur le procès-verbal, dans le délai de trente jours.

756. Faute par les créanciers produisants et la partie saisie de prendre communication de l'état de collocation et de contredire dans ledit délai, ils demeurent forclos sans nouvelle sommation ni jugement; il n'est fait aucun dire, s'il n'y a contestation.

757. Lorsqu'il y a lieu à ventilation du prix de plusieurs immeubles vendus collectivement, le juge, sur la réquisition des parties ou d'office, par ordonnance inscrite sur le procès-verbal, nomme un ou trois experts, fixe le jour où il recevra leur serment et le délai dans lequel ils devront déposer leur rapport. — Cette ordonnance est dénoncée aux experts par le poursuivant; la prestation de serment est mentionnée sur le procès-verbal d'ordre auquel est annexé le rapport des experts, qui ne peut être levé ni signifié. — En établissant l'état de collocation provisoire, le juge prononce sur la ventilation.

758. Tout contestant doit motiver son dire et produire toutes pièces à l'appui; le juge renvoie les contestants à l'audience qu'il désigne, et commet en même temps l'avoué chargé de suivre l'audience. — Néanmoins, il arrête l'ordre et ordonne la délivrance des bordereaux de collocation pour les créances antérieures à celles contestées; il peut même arrêter l'ordre pour les créances postérieures, en réservant somme suffisante pour désintéresser les créanciers contestés.

759. S'il ne s'élève aucune contestation, le juge est tenu, dans les quinze jours qui suivent l'expiration du délai pour prendre communication et contredire, de faire la clôture de l'ordre; il liquide les frais de radiation et de poursuite d'ordre qui sont colloqués par préférence à toutes autres créances; il liquide, en outre, les frais de chaque créancier colloqué en rang utile, et ordonne la délivrance des bordereaux de collocation aux créanciers utilement colloqués, et la radiation des inscriptions de ceux non utilement colloqués. Il est fait distraction, en faveur de l'adjudicataire, sur le montant de chaque bordereau, des frais de radiation de l'inscription.

760. Les créanciers postérieurs en ordre d'hypothèque aux collocations contestées sont tenus, dans la huitaine après les trente jours accordés pour contredire, de s'entendre entre eux sur le choix d'un avoué; sinon ils sont représentés par l'avoué du dernier créancier colloqué. L'avoué poursuivant ne peut, en cette qualité, être appelé dans la contestation.

761. L'audience est poursuivie, à la diligence de l'avoué commis, sur un simple acte contenant avenir pour l'audience fixée conformément à l'art. 758. L'affaire est jugée comme sommaire, sans autre procédure que des conclusions motivées de la part des contestés, et le jugement contient liquidation des frais. S'il est produit de nouvelles pièces, toute partie contestante ou contestée est tenue de les remettre au greffe trois jours au moins avant cette audience; il en est fait mention sur le procès-verbal. Le tribunal statue sur les pièces produites; néanmoins, il peut, mais seulement pour causes graves et dûment justifiées, accorder un délai pour en produire d'autres; le jugement qui prononce la remise fixe le jour de l'audience; il n'est ni levé ni signifié. La disposition du jugement qui accorde ou refuse un délai n'est susceptible d'aucun recours.

762. Les jugements sur les incidents et sur le fond sont rendus sur le rapport du juge et sur les conclusions du ministère public. — Le jugement sur le fond est signifié dans les trente jours de sa date à avoué seulement, et n'est pas susceptible d'opposition. La signification à avoué fait courir le délai d'appel contre toutes les parties à l'égard les unes des autres. — L'appel est interjeté dans les dix jours de la signification du jugement à avoué, outre un jour par 5 myriamètres de distance entre le siége du tribunal et le domicile réel de l'appelant; l'acte d'appel est signifié au domicile de l'avoué, et au domicile réel du saisi s'il n'a pas d'avoué. Il contient assignation et l'énonciation des griefs, à peine de nullité. — L'appel n'est recevable que si la somme contestée excède celle de 1,500 fr., quel que soit d'ailleurs le montant des créances des contestants et des sommes à distribuer.

763. L'avoué du créancier dernier colloqué peut être intimé s'il y a lieu. — L'audience est poursuivie et l'affaire instruite conformément à l'art. 761, sans autre procédure que des conclusions motivées de la part des intimés.

764. La cour statue sur les conclusions du ministère public. L'arrêt contient liquidation des frais; il est signifié dans les quinze jours de sa date à avoué seulement, et n'est pas susceptible d'opposition. La signification à avoué fait courir les délais du pourvoi en cassation.

765. Dans les huit jours qui suivent l'expiration du délai d'appel, et en cas d'appel dans les huit jours de la signification de l'arrêt, le juge arrête définitivement l'ordre des créances contestées et des créances postérieures, conformément à l'art. 759. — Les intérêts et arrérages des créanciers utilement colloqués cessent à l'égard de la partie saisie.

766. Les dépens des contestations ne peuvent être pris sur les deniers provenant de l'adjudication. — Toutefois, le créancier dont la collocation rejetée d'office, malgré une production suffisante, a été admise par le tribunal sans être contestée par aucun créancier, peut employer ses dépens sur le prix au rang de sa créance. — Les frais de l'avoué qui a représenté les créanciers postérieurs en ordre d'hypothèque aux collocations contestées peuvent être prélevés sur ce qui reste de deniers à distribuer, déduction faite de ceux qui ont été employés à payer les créanciers antérieurs. Le jugement qui autorise l'emploi des frais prononce la subrogation au profit du créancier sur lequel les fonds manquent ou de la partie saisie. L'exécutoire énoncera cette disposition et indiquera la partie qui doit en profiter. — Le contestant ou le contesté qui a mis de la négligence dans la production des pièces peut être condamné aux dépens, même en obtenant gain de cause. — Lorsqu'un créancier condamné aux dépens des contestations a été colloqué en rang utile, les frais mis à sa charge sont, par une disposition spéciale du règlement d'ordre, prélevés sur le montant de sa collocation au profit de la partie qui a obtenu la condamnation.

767. Dans les trois jours de l'ordonnance de clôture, l'avoué poursuivant la dénonce par un simple acte d'avoué à avoué. — En cas d'opposition à cette ordonnance par un créancier, par l'adjudicataire ou la partie saisie, cette opposition est formée, à peine de nullité, dans la huitaine de la dénonciation, et portée dans la huitaine suivante à l'audience du tribunal, même en vacation, par un simple acte d'avoué contenant moyens et conclusions; et, à l'égard de la partie saisie n'ayant pas d'avoué en cause, par exploit d'ajournement à huit jours. La cause est instruite et jugée conformément aux art. 761, 763 et 764, même en ce qui concerne l'appel du jugement.

768. Le créancier sur lequel les fonds manquent et la partie saisie ont leur recours contre ceux qui ont succombé, pour les intérêts et arrérages qui ont couru pendant les contestations.

769. Dans les dix jours, à partir de celui où l'ordonnance de clôture ne peut plus être attaquée, le greffier délivre un extrait de l'ordonnance du juge pour être déposé par l'avoué poursuivant au bureau des hypothèques. Le conservateur, sur la présentation de cet extrait, fait la radiation des inscriptions des créanciers non colloqués.

770. Dans le même délai, le greffier délivre à chaque créancier colloqué un bordereau de collocation exécutoire contre l'adjudicataire ou contre la caisse des consignations. — Le bordereau des frais de l'avoué poursuivant ne peut être délivré que sur la remise des certificats de radiation des inscriptions des créanciers non colloqués. Ces certificats demeurent annexés au procès-verbal.

771. Le créancier colloqué, en donnant quittance du montant de sa collocation, consent la radiation de son inscription. Au fur et à mesure du payement des collocations, le conservateur des hypothèques, sur la représentation du bordereau et de la quittance du créancier, décharge d'office l'inscription jusqu'à concurrence de la somme acquittée. — L'inscription d'office est rayée définitivement, sur la justification faite par l'adjudicataire du payement de la totalité de son prix, soit aux créanciers colloqués, soit à la partie saisie.

772. Lorsque l'aliénation n'a pas lieu sur expropriation forcée, l'ordre est provoqué par le créancier le plus diligent ou par l'acquéreur. — Il peut être aussi provoqué par le vendeur, mais seulement lorsque le prix est exigible. — Dans tous les cas, l'ordre n'est ouvert qu'après l'accomplissement des formalités prescrites pour la purge des hypothèques. — Il est introduit et réglé dans les formes établies par le présent titre. — Les créanciers à hypothèques légales qui n'ont pas fait inscrire leurs hypothèques dans le délai fixé par l'art. 2195 du c. nap., ne peuvent exercer de droit de préférence sur le prix qu'autant qu'un ordre est ouvert dans les trois mois qui suivent l'expiration de ce délai et sous les conditions déterminées par la dernière disposition de l'art. 717.

773. Quel que soit le mode d'aliénation, l'ordre ne peut être provoqué s'il y a moins de quatre créanciers inscrits. — Après l'expiration des délais établis par les art. 750 et 772, la partie qui veut poursuivre l'ordre présente requête au juge spécial, et, s'il n'y en a pas, au président du tribunal, à l'effet de faire procéder au préliminaire de règlement amiable dans les formes et délais établis en l'art. 751. — A défaut de règlement amiable, la distribution du prix est réglée par le tribunal, jugeant comme en matière sommaire, sur assignation signifiée à personne ou à domicile, à la requête de la partie la plus diligente, sans autre procédure que des conclusions motivées. Le jugement est signifié à avoué seulement, s'il y a avoué constitué. — En cas d'appel, il est procédé comme aux art. 763 et 764.

774. L'acquéreur est employé par préférence pour le coût de l'extrait des inscriptions et des dénonciations aux créanciers inscrits.

775. Tout créancier peut prendre inscription pour conserver les droits de son débiteur; mais le montant de la collocation du débiteur est distribué, comme chose mobilière, entre tous les créanciers inscrits ou opposants avant la clôture de l'ordre.

776. En cas d'inobservation des formalités et délais prescrits par les

garde des sceaux dans la circul. du 2 mai 1859, rédigée pour l'exécution de la nouvelle loi, laissent en souffrance des capitaux considérables. Elles ont été, jusqu'ici, soumises à de regrettables lenteurs. Malgré d'incontestables améliorations et de louables efforts, les résultats généraux laissaient encore beaucoup à désirer. La statistique civile constate qu'avant la promulgation de la loi nouvelle, le tiers seulement des ordres était terminé dans les six mois de l'ouverture, et les mercuriales annuelles signalent des ordres qui ont duré cinq ans, huit ans, ou même dix années (V., sur ce point, l'Exposé des motifs, n° 1, et le Rapport au corps législatif, n° 64, sur la loi du 21 mai 1858, D. P. 58. 4. 44 et suiv.).

» La loi du 21 mai 1858, poursuit le ministre, a eu pour but de remédier à cet état de choses, en abrégeant les délais, en simplifiant les formalités, en diminuant les frais. « Ce que la loi a voulu surtout, et avec raison (a dit M. Delangle, dans son rapport au sénat), c'est éviter des frais qui diminuent le gage commun, supprimer les lenteurs calculées ou involontaires, et faire en sorte que chaque créancier reçût, dans le plus bref délai possible, ce qui lui appartient. Le code de procédure laissait à l'intérêt des parties et à la diligence des officiers ministériels le soin d'accélérer la marche de l'ordre et d'en hâter la conclusion. Mais l'expérience a démontré l'insuffisance de ce mode d'action. L'art. 749 permet de confier à un juge spécial la mission de présider à l'accomplissement des formalités de la procédure. Cette mesure, qui est, depuis longtemps, en vigueur au tribunal de la Seine, et qui a déjà pour elle la sanction de la pratique, a pour but de concentrer la responsabilité sur un seul magistrat, et d'assurer à cette branche du service l'unité de direction et l'uniformité de principes dont elle a besoin » (D. P. 59. 3. 25, n° 34).

18. Les réformes ont porté principalement sur les quatre points suivants : 1° purge des hypothèques légales non inscrites par la procédure d'expropriation ; — 2° Nomination d'un juge spécial pour les ordres, qui, en le soumettant à une responsabilité plus directe, « excitera à remplir sa mission avec toute l'activité désirable ; » — 3° Déchéance, faute de production dans le délai déterminé ; — 4° Substitution d'un autre avoué à l'avoué poursuivant, prononcée d'office, par le juge, en cas d'inobservation des formalités et délais prescrits (V. l'Exposé des motifs, D. P. 58. 4. 44, n° 3).

19. Mais la réforme la plus importante, et qui a déjà produit d'heureux effets, a été l'organisation, sous la médiation du juge-commissaire, d'un ordre amiable, qui est appelé, nous le croyons, par l'autorité morale de l'influence croissante du juge conciliateur, à remplacer, dans la plupart des cas, au grand avantage des créanciers et du débiteur, l'ordre judiciaire. — « Les règlements amiables par les soins des juges-commissaires, disait déjà M. le garde des sceaux, dans le compte général de l'administration de la justice civile et commerciale pour l'année 1860, p. 39 et 40, ont beaucoup contribué à améliorer l'expédition des procédures d'ordre. Il a été réglé de la sorte 761 ordres, en 1858, et jusqu'à 3,286, en 1859, et 3,754 en 1860. Presque tous ces règlements (93 sur 100) sont intervenus dans les trois mois. J'aime à signaler à Votre Majesté cette heureuse application de la loi du 21 mai 1858 : les magistrats y trouvent l'occasion de montrer leur zèle et leur intelligence; les justiciables applaudissent aux bienfaits d'une législation qui, en accélérant le règlement de leurs intérêts, diminue notablement les frais de procédures légales qui étaient précédemment obligatoires.... Ces frais, ajoute M. le garde des sceaux, ont été de 370 fr. par procédure d'ordre, en moyenne. Pour les ordres réglés à l'amiable par les soins du juge-commissaire, les frais n'ont été, en 1859 et en 1860, que de 216 et 215 fr. par procédure, tandis qu'ils se sont élevés à 485 et 518 fr. par ordre réglé judiciairement. »

20. Deux nations, la nation belge et le peuple génevois, nous avaient déjà devancés dans cette réforme. — A Genève, le règlement de l'ordre se poursuit en même temps que la procédure de saisie immobilière (loi de proc. civ. pour le canton de Genève, art. 632 et suiv.). Cela avait également lieu, en France, ainsi que nous l'avons dit *suprà*, n° 4, dans le ressort de plusieurs parlements. Mais cette innovation a été écartée par la commission du corps législatif, par les motifs suivants : « Ce système, a dit le rapporteur, M. Riché, accélère la réalisation du gage, permet à chacun d'apprécier l'intérêt qu'il aura à enchérir, emploie les actes qui convoquent les créanciers à la saisie pour les appeler, en même temps, à l'ordre, et peut réunir le jugement sur l'ordre au jugement d'adjudication.— Néanmoins, la majorité de votre commission n'a pas voulu proposer à l'examen du conseil d'Etat un contre-projet en ce sens. L'ordre s'ouvrant avant que le prix fût connu, les créanciers ne sauraient pas s'ils ont intérêt à contester le règlement, et, par conséquent, le contesteraient souvent. Les lenteurs résultant de ces débats retarderaient la procédure d'expropriation, si elle était liée à la procédure d'ordre. Ce système diminuerait le nombre des enchérisseurs, en démontrant, d'avance, à tel créancier qu'il n'a plus d'intérêt à enchérir. L'ordre amiable serait rendu plus difficile. La commission de l'assemblée législative, qui préparait la réforme hypothécaire, a bien proposé d'avertir les créanciers, au moment où on les appelle dans la procédure de saisie, qu'ils auront à produire à l'ordre, mais à produire après l'adjudication » (D. P. 58. 4. 49, n° 64).

21. C'est après le dressé de l'état de collocation par le juge-commissaire que la loi génevoise place la tentative du règlement amiable : « En cas de contestation, porte l'art. 643, le juge-commissaire cherchera à concilier les parties. — A défaut de conciliation, il les renverra à l'audience publique

---

art. 753, 755, § 2, et 769, l'avoué poursuivant est déchu de la poursuite, sans sommation ni jugement. Le juge pourvoit à son remplacement, d'office ou sur la réquisition d'une partie, par ordonnance inscrite sur le procès-verbal; cette ordonnance n'est susceptible d'aucun recours. — Il en est de même à l'égard de l'avoué commis qui n'a pas rempli les obligations à lui imposées par les art. 758 et 761. — L'avoué déchu de la poursuite est tenu de remettre immédiatement les pièces sur le récépissé de l'avoué qui le remplace, et n'est payé de ses frais qu'après la clôture de l'ordre.

777. L'adjudicataire sur expropriation forcée qui veut faire prononcer la radiation des inscriptions avant la clôture de l'ordre doit consigner son prix et les intérêts échus, sans offres réelles préalables. — Si l'ordre n'est pas ouvert, il doit en requérir l'ouverture après l'expiration du délai fixé par l'art. 750. Il dépose à l'appui de sa réquisition le récépissé de la caisse des consignations, et déclare qu'il entend faire prononcer la validité de la consignation et la radiation des inscriptions. — Dans les huit jours qui suivent l'expiration du délai pour produire fixé par l'art. 754, il fait sommation par acte d'avoué à avoué, et par exploit à la partie saisie, si elle n'a pas avoué constitué, de prendre communication de sa déclaration, et de la contester dans les quinze jours, s'il y a lieu. A défaut de contestation dans ce délai, le juge, par ordonnance, sur le procès-verbal, déclare la consignation valable et prononce la radiation de toutes les inscriptions existantes, avec maintien de leur effet sur le prix. En cas de contestation, il est statué par le tribunal sans retard des opérations de l'ordre. Si l'ordre est ouvert, l'adjudicataire, après la consignation, fait sa déclaration sur le procès-verbal par un dire signé de son avoué, en y joignant le récépissé de la caisse des consignations. Il est procédé comme il est dit ci-dessus, après l'échéance du délai des productions. — En cas d'aliénation autre que celle sur expropriation forcée, l'acquéreur qui, après avoir rempli les formalités de la purge, veut obtenir la libération définitive de tous priviléges et hypothèques par la voie de la consignation, opère cette consignation sans offres réelles préalables. A cet effet, il somme le vendeur de lui rapporter dans la quinzaine mainlevée des inscriptions existantes, et lui fait connaître le montant des sommes en capital et intérêts qu'il se propose de consigner. Ce délai expiré, la consignation est réalisée, et, dans les trois jours suivants, l'acquéreur ou adjudicataire requiert l'ouverture de l'ordre, en déposant le récépissé de la caisse des consignations. Il est procédé sur sa réquisition conformément aux dispositions ci-dessus.

778. Toute contestation relative à la consignation du prix est formée sur le procès-verbal par un dire motivé, à peine de nullité; le juge renvoie les contestants devant le tribunal. — L'audience est poursuivie sur un simple acte d'avoué à avoué, sans autre procédure que des conclusions motivées; il est procédé ainsi qu'il est dit aux art. 761, 763 et 764. — Le prélèvement des frais sur le prix peut être prononcé en faveur de l'adjudicataire ou acquéreur.

779. L'adjudication sur folle enchère intervenant dans le cours de l'ordre, et même après le règlement définitif et la délivrance des bordereaux, ne donne pas lieu à une nouvelle procédure. Le juge modifie l'état de collocation suivant les résultats de l'adjudication, et rend les bordereaux exécutoires contre le nouvel adjudicataire.

qu'il leur désignera, et où elles devront comparaître, sans citation. »

22. La loi belge, au contraire, place la tentative de conciliation au seuil même de la procédure d'ordre. Voici comment s'expriment, à cet égard, les art. 102 et suiv. de la loi du 15 août 1854 : — Art. 102. « Dans la quinzaine qui suivra l'expiration du délai énoncé à l'art. 53, § 3 (le délai dans lequel doit être formée la demande en nullité du jugement d'adjudication), si l'adjudication n'est point attaquée, ou dans la quinzaine de la signification du jugement ou de l'arrêt qui aura statué sur la demande en nullité, les créanciers et la partie saisie seront tenus de se régler entre eux sur la distribution du prix. » — Art. 103. « Le délai de quinzaine expiré, sans arrangement amiable, la partie la plus diligente présentera une requête au président du tribunal qui doit connaître de l'ordre. Ce magistrat, sur la minute de cette requête, qui ne sera pas expédiée, ordonnera la convocation des créanciers inscrits en chambre du conseil, aux jour et heure qu'il fixera, à l'effet d'amener entre eux un arrangement. — Il y aura un délai de dix jours, au moins, et de vingt jours, au plus, entre l'ordonnance et le jour de la réunion à laquelle seront convoqués les créanciers inscrits, l'acquéreur et la partie saisie. — Cette convocation sera faite par le requérant, par lettres chargées à la poste, huit jours au moins avant celui de la réunion, adressées aux domiciles respectifs, et, pour les créanciers inscrits, aux domiciles élus dans les inscriptions. » — Art. 105. « La réunion pourra être prorogée à dix jours, sans plus. » — Art. 106. « Si les parties s'accordent sur la distribution du prix, les inscriptions, prises du chef des créances qui ne viennent pas en ordre utile, seront rayées en vertu des art. 772, 773 et 774 c. pr. civ. — Si l'acquéreur est en retard d'acquitter le prix de vente, l'ordre amiable est rendu exécutoire par le président, et le greffier délivre un bordereau à chaque créancier utilement colloqué. — Faute, par les créanciers, de s'être réglés entre eux, le président le déclarera par un procès-verbal. — Il désignera le juge-commissaire devant lequel il sera procédé à l'ordre, conformément à l'art. 752 c. pr. civ. » — Ce sont ces dispositions qui ont servi de type à notre art. 751, dû à l'initiative de la commission du corps législatif, et dont nous parlerons sous le chap. 3.

23. L'idée de renvoyer devant un notaire le règlement de l'ordre, comme on renvoie devant lui pour les partages et les liquidations (c. nap. 828 et suiv.), a été étudiée dans le sein de la commission ; mais elle y a été repoussée. « Votre commission, a dit le rapporteur, n'a pas cru qu'une telle innovation, qui déplacerait les limites des attributions des diverses classes d'officiers, fût suffisamment motivée. Le travail d'un juge-commissaire ne coûtera rien aux justiciables. Les honoraires des notaires devraient être fixés par un tarif peu aisé à faire, puisque, ni l'importance de la somme à partager, ni le nombre des créances, ne sont une mesure exacte de la difficulté du travail, et qu'on n'a pu encore tarifier les liquidations, qui parfois coûtent assez cher. Si les avoués sont rémunérés pour leur concours aux ordres judiciaires, l'ordre confié aux notaires ne dispenserait pas toujours les parties de se faire assister d'avoués, de notaires ou autres gens d'affaires, dont le ministère ne serait pas gratuit. Qui sait si la crainte, souvent invincible quoique injuste, de partialité du notaire en faveur des créanciers ses clients ; si la présence, comme conseil d'une partie, d'un notaire voisin, ne seraient pas des sources d'embarras ou de contestations? Les contestations, le notaire ne pourrait qu'en donner acte ; il faudrait toujours un juge-commissaire et des avoués pour préparer les décisions du tribunal, un juge pour ordonner les radiations. Pour assurer aux ordres la célérité qui manque quelquefois aux liquidations, il faudrait des déchéances, des amendes, et des avoués pour les provoquer, un juge pour les appliquer. Votre commission a donc cru, comme le conseil d'Etat, que la rédaction des ordres devait rester confiée à un juge, surtout en présence des précautions nouvelles prises pour que le juge opère toujours lui-même et que son activité soit stimulée » (D. P. 58. 4. 49, n° 66).

Ces préliminaires exposés, nous passons au commentaire de la loi.

CHAP. 2. — DISPOSITIONS GÉNÉRALES. CARACTÈRES DE L'ORDRE ; SES DIFFÉRENTES ESPÈCES.

24. L'art. 749 du nouveau code de procédure (L. du 21 mai 1858) dispose ainsi : « Dans les tribunaux où les besoins du service l'exigent, il est désigné, par décret impérial, un ou plusieurs juges spécialement chargés du règlement des ordres. — Ils peuvent être choisis parmi les juges suppléants, et sont désignés pour une année au moins et trois années au plus. » — Sous l'ancien code de procédure, c'était le président du tribunal qui, pour chaque cas, désignait, sur la réquisition de la partie la plus diligente, le juge-commissaire qui devait procéder à l'ordre (anciens art. 750 et 751). Pour donner aux ordres une impulsion plus vive, la loi nouvelle confie ces procédures à des juges spéciaux, lesquels peuvent être pris parmi les juges suppléants, et sont nommés pour une ou trois années. — C'est une disposition analogue à celle du code d'instruction criminelle, en ce qui concerne les juges d'instruction (c. inst. crim. art. 55 et 56, modifiés par la loi du 17 juill. 1856).

« Le règlement des ordres, dit, à ce sujet, l'exposé des motifs, exige une aptitude particulière, une connaissance plus approfondie, non-seulement de la procédure, mais aussi du régime hypothécaire, matière la plus explorée et, pourtant encore, la plus ardue de nos codes. Si le juge-commissaire a acquis, par l'habitude de ces sortes d'affaires, une certaine expérience ; s'il est actif, exact observateur des délais ; si, au jour indiqué par la loi, il accomplit l'acte qu'elle lui impose, sans complaisance pour les remises toujours demandées par les parties ou les officiers ministériels, l'ordre suit un cours régulier, et les difficultés disparaissent promptement. La désignation du juge-commissaire devrait donc être le résultat d'un choix... Il n'en est pas ainsi, et l'on peut affirmer que, dans tous les tribunaux, les ordres sont regardés comme des charges dont chacun des juges doit supporter une part égale ; ils sont distribués, à tour de rôle, sans autre considération. Aussi leur marche est-elle très-inégale, non-seulement entre les différents tribunaux de l'empire, mais encore dans un même tribunal... — L'art. 749 est destiné à changer cet état de choses. La mesure n'est que facultative, elle n'est pas générale, et ne sera mise en usage que là où l'abus sera rencontré... » (D. P. 58. 4. 46, n° 11. V. également le Rapport de la comm. du corps lég., *ibid.*, p. 49, n° 67).

25. Un décret du 19 mars 1852 (D. P. 52. 4. 86), pour imprimer au règlement des ordres une marche plus rapide, avait déjà statué, par son art. 1, § 1, que les juges suppléants, non officiers ministériels, pourraient en être chargés. L'art. 749 n'a pas reproduit ces mots : *non officiers ministériels* ; mais cette restriction est dans l'esprit de la loi, et doit être considérée comme subsistante (Conf. MM. Houyvet, Traité de l'ordre entre créanciers, n° 111 ; Bioche, Dict. de proc., v° Ordre, n° 198, 5e éd. ; Chauveau, Proc. de l'ordre, quest. 2540 ; Pont sur Seligman, Explic. de la loi du 21 mai 1858, n° 114, note 4).

26. Il faut également considérer comme subsistante la disposition de l'art. 1, § 2, du décret précité, portant que les juges suppléants, chargés des ordres, « font le rapport des contestations relatives aux affaires pour lesquelles ils ont été commis, et prennent part au jugement, avec voix délibérative. » C'est, d'ailleurs, ce que consacre implicitement l'art. 762, en disant que « les jugements sur les incidents et sur le fond sont rendus *sur le rapport du juge* et sur les conclusions du ministère public » (Conf. MM. Chauveau, *loc. cit.* ; Seligman, n° 111 ; Pont sur Seligman, n° 114, note 4 ; Flandin, Tr. de l'ordre, inédit).

27. Les fonctions du juge spécial préposé aux ordres sont essentiellement temporaires ; elles ne durent que le temps fixé par le décret de nomination ; mais elles peuvent être prorogées. C'est ce que déclare la circulaire de M. le garde des sceaux, du 2 mai 1859 : « La mission du juge spécial, dit le ministre, est temporaire. Nommé pour un an au moins, ou trois ans au plus, il peut, après l'expiration d'une première période, être chargé de nouveau des mêmes fonctions, ou remplacé par un autre magistrat » (D. P. 59. 3. 25, n° 35). — C'est également ce qui se pratique pour le juge d'instruction (c. inst. crim. 55).

28. Toutefois, ainsi qu'on vient de le voir par l'exposé des motifs, ce n'est que *lorsque les besoins du service l'exigent*, qu'il est pourvu, par décret impérial, à la désignation d'un ou de plusieurs juges chargés spécialement du règlement des ordres. Lorsque cette désignation n'a point été faite, on retombe sous l'ancienne règle. — Mais, « dans les tribunaux, porte la circulaire précitée, où le nombre des ordres ne justifierait pas la nomination d'un juge spécial, il convient, et il est dans l'esprit de la loi nouvelle, que toutes les procédures d'ordre soient, autant que cela est compatible avec le bien du service, confiées par le président au même magistrat » (D. P., *loc. cit.*).

29. Le juge, spécialement chargé des ordres, n'est pas dispensé, pour cela, du service de l'audience (circ. précitée).

30. Même lorsqu'un juge spécial a été désigné, le président conserve, en cas d'absence ou d'empêchement de ce magistrat, pour une cause quelconque, maladie, décès, cessation de fonctions, etc., le droit de désigner un autre juge du siége pour le remplacer. C'est ce que porte le deuxième alinéa de l'art. 749 précité : « En cas d'absence ou d'empêchement (des juges spécialement chargés des ordres), le président, par ordonnance inscrite sur un registre spécial tenu au greffe, désigne d'autres juges pour les remplacer. »

31. Mais le remplaçant doit cesser ses fonctions aussitôt que le titulaire vient reprendre les siennes. — Ses pouvoirs, dit M. Flandin, ne peuvent survivre à la cause qui les lui a fait confier momentanément. C'est ce qui se pratique, dans tous les cas semblables (Conf. MM. Grosse et Rameau, *loc. cit.*; Seligman, n° 114). — M. Chauveau, Proc. de l'ordre, quest. 2544, est cependant d'un avis contraire.

32. Encore moins pouvons-nous admettre l'opinion exprimée par M. Chauveau, quest. 2545, opinion d'après laquelle le juge spécialement chargé des ordres peut, quoique officiellement remplacé dans ces fonctions spéciales, mettre à fin les procédures dans lesquelles il a fait acte de juridiction. « On cherchera, dit-il, des assimilations dans la compétence des juges d'instruction, qui cesse immédiatement après leur remplacement. » Cette assimilation nous semble concluante, en effet (Conf. M. Flandin, Tr. de l'ordre inédit).

33. Lorsqu'il y a lieu à remplacement du juge spécial ou du juge commis, c'est au poursuivant l'ordre à le requérir par une demande formulée sur le registre du greffe (arg. art. 750; Conf. MM. Grosse et Rameau, t. 1, n° 143; Chauveau, Proc. de l'ordre, quest. 2541; Seligman, n° 112).

34. Rien n'empêcherait, cependant, que le président ne procédât, d'*office*, au remplacement, comme le prouvent les excellentes réflexions qui suivent : « Dans les idées de la loi nouvelle, dit un honorable magistrat, cité par M. Chauveau, quest. 2541, à la note, l'ordre doit marcher avec la plus grande célérité; le cours de la procédure n'est point livré à la discrétion des parties ou de leurs avoués; le juge-commissaire lui-même doit rendre compte à ses supérieurs de l'état des ordres confiés à sa direction. Si donc, lorsque le juge-commissaire est empêché, aucunes démarches ne sont faites par les parties intéressées pour faire pourvoir à son remplacement, le président, à qui appartient toujours le droit de donner l'impulsion à toutes les affaires de son tribunal, n'est nullement obligé d'attendre une réquisition qui n'arrive pas, et de demeurer dans une inaction forcée : il peut certainement nommer, d'office, un autre juge-commissaire. Qui pourrait s'en plaindre? Le poursuivant? Mais son premier devoir n'était-il pas de ne pas laisser sommeiller l'ordre? Les créanciers, le saisi, l'adjudicataire? Mais la nomination faite par le président tend à procurer aux premiers le payement de leurs créances, au second sa libération, au troisième le moyen d'acquitter son prix... Ils ne seraient donc pas recevables à se plaindre d'une mesure qui leur est favorable, au lieu de leur préjudicier... » (Conf. MM. Pont sur Seligman, n° 114, note 3; Flandin, Tr. de l'ordre, inédit).

35. En cas d'absence, par congé, du juge spécial, il y aurait lieu de procéder, disent MM. Grosse et Rameau, n° 144, comme en matière d'instruction criminelle, et de nommer un juge qui suppléera l'absent pour tous les ordres dont le titulaire était chargé, ou qui surviendront pendant son absence. Le président pourvoira, d'office, au remplacement, parce que, le congé ne pouvant être délivré que sur son avis, il est nécessairement averti de la vacance (Conf. MM. Chauveau, *loc. cit.*; Seligman, n° 114).

36. Si, dans un tribunal, il y a plusieurs magistrats désignés pour le règlement des ordres, il y a, de même, nécessité de recourir, pour chaque cas, au président du tribunal, afin qu'il désigne celui des juges qui devra procéder à l'ordre (arg. art. 750; Conf. MM. Grosse et Rameau, t. 1, n° 140; Ollivier et Mourlon, Comm., n° 255; Bioche, v° Ordre, n° 202, 3e éd.; Chauveau, Proc. de l'ordre, sur l'art. 749, n° 507; Seligman, n° 113).

37. Les magistrats chargés des ordres « doivent, toutes les fois qu'ils en sont requis, rendre compte à leurs tribunaux respectifs, au premier président ou au procureur général, de l'état des ordres qu'ils sont chargés de régler » (art. 749, 3e alin.). — Les avoués de Paris, dans leurs Observations sur le projet de loi, avaient exprimé la crainte que cette disposition ne fût une atteinte portée à l'indépendance du magistrat. L'exposé des motifs répond, en ces termes, à l'objection : « L'obligation de rendre compte de l'état des ordres, soit au tribunal, soit au procureur général (c'est la commission du corps législatif qui a ajouté *au premier président*), n'enlève rien à l'indépendance et à la dignité du magistrat. Elle est une garantie pour les justiciables; elle fera retomber la responsabilité sur qui de droit; elle exercera même une heureuse influence sur les officiers ministériels, qui tiendront à honneur de n'être pas signalés comme coupables de négligence. C'est pour cela que l'article proposé impose cette obligation à tout juge chargé du règlement d'un ordre, qu'il soit désigné par décret impérial ou nommé par le président. L'administration, qui tiendra la main à l'exécution de cette dernière prescription, en attend les plus heureux résultats » (D. P. 58. 4. 46, n° 12).

38. Nous ne pensons pas, toutefois, que ces mots de l'art. 749 : *à leurs tribunaux respectifs*, signifient que les juges chargés des ordres doivent rendre compte au *tribunal entier*, réuni en la chambre du conseil, de l'état des ordres qui leur sont confiés : les mots qui suivent : *au premier président et au procureur général*, expliquent que, dans la pensée du législateur, le tribunal n'est appelé à ce contrôle que dans la personne de ses chefs : le président et le procureur impérial (Conf. MM. Chauveau, Proc. de l'ordre, quest. 2546; Pont sur Seligman, n° 114, note 6; Flandin, Tr. de l'ordre inédit). — M. le garde des sceaux, toutefois, en vue de rendre ce contrôle plus efficace, y ajoute, on peut dire, celui de l'opinion publique, en prescrivant, dans sa circulaire du 2 mai 1859, au président du tribunal « de faire faire publiquement, à la première audience civile des mois de janvier, avril, juillet et octobre, l'appel de tous les ordres non terminés » (D. P. 59. 3. 25, n° 37).

39. Nous avons dit *suprà*, n° 1, que l'ordre avait pour objet la distribution du prix d'un immeuble entre les créanciers hypothécaires ou privilégiés, d'après le rang qui appartient à chacun d'eux. C'est là son caractère distinctif, ce qui le différencie de la distribution par contribution, qui est proprement la répartition entre tous les créanciers d'une somme de deniers quelconques appartenant au débiteur (V. v° Distribut. par contribut.).

40. L'ordre est *amiable* ou *judiciaire*. — L'ordre amiable se subdivise en ordre *consensuel*, et en ordre amiable proprement dit, autrement appelé ordre de *conciliation*. — L'ordre judiciaire se subdivise également en deux branches : l'ordre judiciaire proprement dit, qui a lieu devant un juge-commissaire, sauf le renvoi à l'audience des contestations qui s'élèvent au cours de l'ordre; et l'ordre par voie d'attribution, qui se porte directement à l'audience, lorsqu'il y a moins de quatre créanciers inscrits (c. pr. 773).

41. L'ordre amiable est un contrat, puisqu'il ne peut s'opérer que par l'accord de toutes les parties (V. au chap. suivant). — Au contraire, l'ordre judiciaire, même lorsqu'il est porté devant un juge-commissaire, s'il ne constitue pas une instance, à proprement parler, participe, néanmoins, de la nature de l'instance, dans laquelle le juge délégué tient la place du tribunal; le ministère des avoués y est, par conséquent, obligatoire. C'est, en effet, par un avoué que doit être signé l'acte de produit et la demande de collocation (c. pr. 754); c'est à l'avoué qu'est dénoncé le règlement provisoire (755); à lui, et à lui seulement, qu'est signifié le jugement qui prononce sur les contestations (762), etc.— Au contraire, suivant M. Houyvet, nos 71 et s., « le juge-commissaire n'est point investi d'une juridiction particulière, mais d'une simple mission réglementaire, qui présente assez d'analogie avec la mission d'un notaire chargé par un tribunal de procéder à la liquidation d'une succession. »

42. Et, bien qu'en principe, des parties, lorsqu'elles sont opposées d'intérêts, ne puissent se faire représenter par le même mandataire, il a été jugé, cependant, qu'en matière d'ordre, un avoué peut occuper pour plusieurs créanciers ayant des intérêts contraires. L'arrêt considère que, « si, dans les matières ordinaires, un avoué ne peut pas occuper pour plusieurs parties qui ont des intérêts opposés, cette règle doit souffrir nécessairement exception, en matière d'ordre, où souvent le nombre des créanciers ayant des intérêts divers et contraires excède celui des avoués postulant devant le tribunal où l'ordre doit se régler » (Grenoble, 6 août 1822, aff. Sambuc, n° 485). — Il a été jugé, de même, qu'un avoué peut, dans un ordre, occuper pour le débiteur et l'un des créanciers colloqués (Angers, 24 déc. 1852, rapp. avec Cass. 25 avr. 1855, aff. Tessier, D. P. 55. 1. 156).

43. La procédure d'ordre judiciaire participant, ainsi que nous venons de le dire, du caractère de l'instance, il en résulte que la production, faite par un créancier dans l'ordre ouvert sur les biens de son débiteur, est interruptive de la prescription (Grenoble, 2 juin 1831, aff. Pellat, v° Prescr. civ., n° 479-1°; Rouen, 28 déc. 1852, aff. Duga *C.* Ponceau; 3 mars 1856, M. Legris de la Chaise, pr., aff. Guérin-Delahoussaye *C.* Guérin; Riom, 4 août 1860, et, sur pourvoi, Civ. rej. 27 avr. 1864, aff. hér. Bertrand, D. P. 64. 1. 435; Conf. MM. Merlin, Quest. de dr., v° Interr. de prescr., § 2; Chauveau et Carré, Quest., 2557 *ter*, et Chauveau, Proc. de l'ordre, Quest., 2556 *ter*; Seligman, n° 279; Houyvet, n° 152; Ollivier et Mourlon, n° 350).

44. Et le rejet de l'ordre, soit pour défaut de justification, soit parce que le créancier ne viendrait pas en ordre utile, n'aurait pas pour effet de faire considérer l'interruption comme non avenue, nonobstant la disposition de l'art. 2247 c. nap., qui ne s'applique qu'au cas où le rejet de la demande est absolu et fondé sur une cause inhérente à la créance elle-même. En effet, ainsi que ledit Merlin, *loc. cit.*, « la demande du créancier a bien été écartée, en tant qu'elle tendait à le faire payer sur le prix de l'immeuble qui était, de sa part, frappé d'une inscription; mais elle ne l'a certainement pas été, en tant qu'elle tendait à faire déclarer la partie saisie débitrice du capital et des intérêts qu'il réclamait. Elle a donc conservé, contre la partie saisie, l'effet qu'elle avait eu, dès le moment où elle avait été formée, d'interrompre la prescription des intérêts, comme celle du capital » (Conf. MM. Marcadé, sur l'art. 2248 c. nap., n° 2; Ollivier et Mourlon, *loc. cit.*).

45. Il en résulte encore qu'elle fait courir les intérêts, lorsque le contrat n'en stipule pas.—V., en ce sens, les arrêts cités v° Prêt à intérêts, n° 59, et v° Privil. et hyp., n°s 2396 et 2597; Conf. MM. Merlin, Rép., v° Intérêts, § 4, n° 14; Chauveau et Carré, *loc. cit.*, et Chauveau, Proc. de l'ordre, Quest. 2556 *ter*; Seligman, n°s 279 et 482; Ollivier et Mourlon, n° 351; Houyvet, n° 152. — Deux arrêts se sont cependant prononcés en sens contraire (V. Prêt à intérêts, n° 58).

46. Il a été jugé cependant, et avec raison, que la procédure d'ordre, tant qu'elle se poursuit devant le juge-commissaire, ne constituant pas une instance proprement dite, n'est pas soumise à la péremption (Paris, 12 juin 1844, aff. Brion, D. P. 45. 4. 393). — Mais il en serait autrement de l'instance ayant pour objet le jugement des contestations élevées sur les collocations et renvoyées à l'audience par le juge-commissaire (c. pr. 758). Il s'agit là d'une véritable instance, tombant, par conséquent, sous l'application de l'art. 397 c. pr. (V. Péremption, n° 110; Conf. MM. Chauveau sur Carré, quest. 1410 *bis*, et Proc. de l'ordre, quest. 2581 *quater*; Bioche, 3° éd., v° Péremption, n° 23; Ollivier et Mourlon, Comm., n° 254). — Il a été jugé, au contraire, que, dans ce dernier cas même, la péremption n'est pas applicable à la procédure de l'ordre, à cause de ses règles particulières (Paris, 6 mars 1839, aff. veuve Hériat, v° Péremption, *loc. cit.*).

47. Les matières d'ordre sont essentiellement de celles qui requièrent célérité; elles doivent donc être rangées parmi les affaires sommaires (c. pr. 404 et 761).— La question était controversée avant la loi du 21 mai 1858 (V. v° Matières sommaires, n°s 45 et suiv.); et c'est pour faire cesser la controverse que la commission du corps législatif a intercalé, avec l'assentiment du conseil d'Etat, ces mots dans l'art. 761 : *L'affaire est jugée comme sommaire,... et le jugement contiendra liquidation des frais.*—« Adoptant littéralement, dit M. Riché, dans son rapport, un amendement de l'honorable M. Guillaumin, nous avons proposé de résoudre formellement la question dans le sens de la pratique la plus répandue et de la manière la plus en harmonie avec une loi qui veut rapidité et économie. Le conseil d'Etat a ratifié cet amendement interprétatif » (D. P. 58. 4. 49, n° 83).—En effet, l'opinion, que la procédure d'ordre devait être considérée comme matière sommaire, était la plus accréditée (V. les conclusions de Merlin, prononcées à l'audience de la section des requêtes du 10 janv. 1815, Rép., v° Saisie immob., § 8, n° 4; Conf. MM. Chauveau, Proc. de l'ordre, quest. 2549, et sur l'art. 761, n° 512; Ollivier et Mourlon, n° 254; Houyvet, n° 76). — V., du reste, v° Matières sommaires, n° 46.

48. Mais, même dans ce système, il a été jugé que l'insertion de la liquidation des dépens dans le dispositif des jugements ou arrêts, rendus en matière d'ordre (2° décr. du 16 fév., 1807, art. 1), n'est pas prescrite, à peine de nullité, et peut être suppléée par une disposition ordonnant la délivrance d'un exécutoire; sauf à la partie qui requiert cet exécutoire à en supporter les frais (Cass. 4 juin 1850, aff. veuve Encausse, D. P. 50. 1. 214; V. encore les arrêts et autorités cités en note dudit arrêt. V. aussi v° Frais et dépens, n° 274).

49. Du principe que les affaires d'ordre sont considérées comme des affaires requérant célérité, il suit qu'elles peuvent être instruites pendant le temps des vacations (Conf. MM. Merlin, Rép., v° Saisie immob., § 8, n° 4; Berriat, p. 613, note 11, n° 4; Rodière, t. 3, p. 214; Chauveau sur Carré, quest. 2558 *ter*, et Proc. de l'ordre, quest. 2549; Bioche, Dict. de proc., 3° éd., v° Ordre, n°s 48 et 49; Seligman, n° 304).— L'usage, qui se serait établi, dans certains tribunaux, de ne pas poursuivre les ordres pendant les vacances, ne doit être regardé que comme le résultat d'un accord entre les avoués du siége, et ne peut être un préjugé contre la pratique des autres tribunaux, qui ne connaissent point de vacances, en matière d'ordre. — Il a été jugé, dans ce sens : 1° que les affaires d'ordre requièrent célérité; qu'ainsi, il peut être procédé à l'ordre pendant le temps des vacations (Besançon, 15 juill. 1814, et, sur pourvoi, Req. 10 janv. 1815, aff. Dumolard, v° Exploit, n° 359-10°; Paris, 26 avr. 1813, aff. Brichoux *C.* N...; Bourges, 17 déc. 1852, aff. Protat, D. P. 54. 2. 63); — 2° Que, les matières d'ordre requérant célérité, une demande en règlement de juges, en matière d'ordre, a pu être portée, pendant les vacations, devant la section criminelle de la cour de cassation, faisant fonctions de section des vacations, et jugée par cette section (Crim. règl. de jug., 1er oct. 1825, aff. de Brivazac, v° Règlement de juges, n° 9-1°). — On trouvera, dans le développement de notre matière, de fréquentes applications du même principe.

50. On a tiré de ce même principe la conséquence que la clôture de l'ordre peut être faite un jour de fête légale (M. Chauveau, *loc. cit.*).— On objecte contre cette solution que, le greffe étant fermé ces jours-là, le juge ne pourrait être assisté du greffier, comme cela est nécessaire. — Mais de ce que le greffe est fermé, il ne s'ensuit pas que le magistrat ne puisse demander et obtenir de la complaisance du greffier son assistance pour un travail qui se fait dans le cabinet, et hors de la présence des parties ou de leurs avoués. Il est peu probable, au reste, qu'une pareille question puisse se présenter, étant facile au juge d'éviter la difficulté, en ne datant la clôture de l'ordre que du lendemain. Mais, si elle se présentait, nous ne pensons pas qu'on pût se faire un moyen de nullité de ce que l'ordre aurait été arrêté un jour férié, puisqu'il existe de nombreux exemples dans nos lois que le juge, lorsque le cas requiert célérité, peut procéder à un acte de ses fonctions les jours de fête légale (V. v° Jour férié, n°s 22 et s.; Conf. M. Flandin, Tr. de l'ordre, inédit).

CHAP. 3. — De l'ordre amiable.

51. Sous l'ancien code de procédure, comme aujourd'hui, la loi voulait, avant qu'il fût procédé à l'ordre judiciaire, que les créanciers essayassent de se mettre d'accord pour se distribuer amiablement le prix de l'immeuble. Seulement l'ancien code laissait les créanciers à eux-mêmes, et leur donnait le délai d'un mois pour se régler entre eux, sans l'intervention du juge (art. 749).

52. Mais la loi du 21 mai 1858 a fait, sur ce point, une innovation importante : elle veut que ce soit le juge-commissaire lui-même qui provoque cet ordre amiable et en prenne la direction. — Voici ce que porte, à cet égard, l'art. 751 du nouveau code :— « Le juge-commissaire, dans les huit jours de sa nomination, ou le juge spécial, dans les trois jours de la réquisition, convoque les créanciers inscrits, afin de se régler amiablement sur la distribution du prix. — Cette convocation est faite par lettres chargées à la poste, expédiées par le greffier, et adressées tant aux domiciles élus par les créanciers dans les inscriptions qu'à leur domicile réel en France; les frais en sont avancés par le requérant. La partie saisie et l'adjudicataire sont également convoqués. — Le délai pour comparaître est de dix jours, au moins, entre la date de la convocation et le jour de la réunion. — Le juge dresse procès-verbal de la distribution du prix par règlement amiable; il ordonne la délivrance des bordereaux aux créanciers utilement colloqués et la radiation des inscriptions des créanciers non admis en ordre utile. — Les inscriptions sont rayées sur la présentation d'un extrait, délivré par le greffier, de l'ordonnance du juge. — Les créanciers non comparants sont condamnés à une amende de 25 fr. »

53. L'ordre amiable, ainsi organisé, ressemble assez au préliminaire de conciliation devant le juge de paix (c. pr. 48 et 49). — Faisons observer, toutefois, avec les auteurs, que cette tentative de conciliation, organisée par la nouvelle loi, ne préjudicie point au droit qu'avaient les parties, sous l'ancien code, et qu'elles conservent encore aujourd'hui, de procéder amiablement entre elles, et sans intervention du juge, par acte notarié ou autrement (V. *infrà*, n° 69), à la distribution du prix (Conf. MM. Ollivier et Mourlon, n° 272; Chauveau, Proc. de l'ordre, quest. 2547 *bis* et 2550-7°; Duvergier, Coll. des lois, ann. 1858, p. 151, note 4; Houyvet, n°s 56 et 81). — C'est ce qui a été reconnu dans la discussion : « ... Rien n'empêche, disait le président de la commission, M. Guyard-Delalain, que, comme le disait tout à l'heure un orateur, si toutes les parties sont d'accord, il ne se fasse, devant un notaire choisi en commun, un ordre consensuel; mais, s'il y a entre les parties un élément de litige, c'est seulement à la prérogative du juge qu'il doit être fait appel » (V. aussi la discussion sur l'art. 717; D. P. 58. 4. 38, note 9; Conf. circ. de M. le garde des sceaux, 2 mai 1859, D. P. 59. 3. 25, n° 42).

54. Quel que soit le mode d'aliénation, l'ordre judiciaire doit toujours être précédé d'une tentative de règlement amiable. C'est ce qui résulte des termes suivants de l'art. 772 : « Lorsque l'aliénation n'a pas lieu sur expropriation forcée, l'ordre est provoqué par le créancier le plus diligent ou par l'acquéreur... Il est introduit et réglé *dans les formes établies par le présent titre* » (V. *infrà*, n°s 124 et suiv.). L'art. 773 est plus explicite encore : « Quel que soit le mode d'aliénation, porte cet article, l'ordre ne peut être provoqué, s'il y a moins de quatre créanciers inscrits. — Après l'expiration des délais établis par les art. 750 et 772, la partie, qui veut poursuivre l'ordre, présente requête au juge spécial,... *à l'effet de faire procéder au préliminaire de règlement amiable, dans les formes et délais établis en l'art.* 751 » (V. *infrà*, sous la sect. 16).

55. MM. Ollivier et Mourlon appellent *ordre consensuel* l'ordre amiable arrêté par les parties entre elles, et sans l'intervention du juge, et *ordre de conciliation* l'ordre amiable établi devant le juge et constaté par lui (*loc. cit.*). Nous conserverons à ce dernier le nom *d'ordre amiable*, qui est le plus généralement adopté.

Nous consacrerons une première section à l'ordre consensuel, tel qu'il était pratiqué avant la loi du 21 mai 1858, et qu'il peut encore l'être aujourd'hui ; nous traiterons, dans une seconde section, de l'ordre amiable, tel que l'organise la nouvelle loi.

SECT. 1. — *De l'ordre consensuel avant et depuis la loi du 21 mai* 1858.

56. Ainsi que nous l'avons dit, l'art. 749 c. pr. de 1806 portait que, dans le mois de la signification du jugement d'adjudication, et, en cas d'appel, dans le mois de la signification du jugement confirmatif, les créanciers et la partie saisie seraient tenus de se régler entre eux sur la distribution du prix.—V. n° 82.

57. On avait élevé, sous l'ancien code, la question de savoir si cette disposition de la loi était impérative ; en sorte qu'il y eût nullité de la procédure d'ordre, entamée avant l'expiration du délai fixé? On s'était prononcé pour la négative (Conf. MM. Berriat, p. 610 ; Chauveau, Proc. de l'ordre, quest. 2541-6°). — Il a été jugé, ainsi, que l'art. 749 c. pr., qui donne un délai d'un mois aux créanciers pour s'accorder, est facultatif; en sorte qu'il n'y a pas nullité, parce que la procédure d'ordre aurait été ouverte avant l'expiration du délai fixé par cet article : — « La cour, ...attendu que Dupuis n'a point reproduit, dans ses conclusions sur appel, la nullité par lui tardivement proposée en première instance, sur le fondement de la poursuite de l'ordre faite avant le délai de l'art. 749 c. pr., qui, au surplus, n'établit le délai d'un mois que pour la conciliation des créanciers entre eux, et ne prononce point la peine de nullité, lorsque, reconnaissant qu'ils ne peuvent s'accorder, ils commencent ou laissent commencer la poursuite d'ordre avant l'expiration du délai ;... infirme » (Rouen, 30 déc. 1814, aff. Dupuis. V. encore *infrà*, n° 225).

58. Pigeau, Comment., t. 2, sur l'art. 749, note 1, pensait que le tribunal pouvait, d'office ou sur la réquisition du ministère public, ordonner la suspension de la procédure, le délai d'un mois accordé pour l'ordre amiable étant, suivant lui, d'ordre public. — C'était, il nous semble, aller trop loin, l'ordre public ne pouvant être directement intéressé dans la question (V. *infrà*, n° 225). Mais nous croyons que, dans l'esprit de l'art. 749, il était facultatif au président de refuser, jusqu'à l'expiration du délai, de nommer le juge-commissaire pour procéder à l'ordre, ou à ce dernier de s'abstenir de rendre l'ordonnance pour l'ouverture du procès-verbal et la sommation aux créanciers inscrits.

59. Si le débiteur, dans le mois, parvenait à désintéresser les créanciers, il est bien évident que, dans ce cas, les frais de poursuites prématurées seraient à la charge de celui qui les aurait provoquées (Conf. M. Thomine, t. 2, p. 307, n° 855).

60. Avant la loi du 2 juin 1841, c'était une question fort controversée que celle de savoir s'il était nécessaire, pour faire courir le délai de l'art. 749, de signifier le jugement d'adjudication, non-seulement au saisi et au saisissant, mais encore à tous les créanciers inscrits? — Pour l'affirmative, on argumentait de la généralité des termes de cet article; de l'ignorance où seraient les créanciers du point de départ du délai, si le jugement ne leur était pas dénoncé; de la nécessité de le signifier pour faire courir le délai d'appel; enfin, de la maxime : *paria sunt non esse et non significari* (V. les auteurs et les arrêts cités v° Vente pub. d'immeubles, n° 173. — *Adde* Bourges, 23 juin 1826, aff. Droin C. Robert). — Mais la thèse contraire, fondée sur l'énormité des frais résultant de cette signification à tous les créanciers inscrits, avait prévalu (V. au même numéro; *adde* MM. Thomine, t. 2, p. 307, n° 886; Bioche, 1re éd., v° Ordre, n° 50). — Il a été jugé, dans ce sens, que le jugement d'adjudication définitive sur une saisie immobilière ne doit pas être signifié aux créanciers inscrits; et que, s'il leur est notifié, les frais qui en résultent restent, comme frustratoires, à la charge de la partie ou de l'avoué qui a fait cette notification (Metz, 22 mars 1817 (1); Conf. Rouen, 8 déc. 1824, aff. Tocque et Adeline C. Thérigny; Gre-

(1) (Fortier C. M...) — LA COUR ; — ... Au fond, attendu que la procédure, en matière d'expropriation et d'ordre de distribution, est réglée par des lois particulières et spéciales, qui tracent la marche à suivre, et indiquent et énumèrent, depuis le premier jusqu'au dernier, tous les actes qui sont exigés pour sa régularité; que, dès lors, l'on ne peut puiser les motifs de décision de la question à juger que dans le texte ou l'esprit de ce code spécial, qui se compose des tit. 12, 13 et 14, liv. 5, de celui de procédure en général ; — Attendu que, quoiqu'il soit dit aux art. 749 et 750 que le délai pour l'ouverture de l'ordre, par suite d'un jugement d'adjudication, ne commence à courir que du jour de la noti-

noble, 25 juill. 1827, aff. Glandet *C.* créanc. Jail; Cass. 13 juill. 1829, aff. Dessauze *C.* Vittault et Pugcault) — Le nouvel art. 716 c. pr. a mis fin à la controverse, en décidant que « le jugement d'adjudication ne sera signifié qu'à la personne ou au domicile de la partie saisie. »

61. Il n'en est pas de l'ordre consensuel comme du cas de faillite, où la majorité enchaine la minorité : l'ordre consensuel ne se forme que par le consentement de tous les créanciers; et le refus ou l'absence d'un seul (qui ne serait pas colloqué en ordre utile) suffit pour l'empêcher. C'est la remarque que fait M. Tarrible, Rép., v° Saisie immob., § 8, n° 4 : « Tous les créanciers inscrits, dit-il, et le débiteur saisi doivent être présents; tous, sans exception, doivent consentir à la distribution proposée. S'il y en avait parmi eux un seul absent ou dissident, la distribution conventionnelle ne pourrait pas avoir lieu... » (Conf. MM. Carré, quest. 2541; Chauveau, Proc. de l'ordre, quest. 2547 *ter*; Rolland de Villargues, Rép. du not., v° Ordre, n° 46; Bioche, Dict. de proc., v° Ordre, n° 22, 3° éd., Houyvet, n° 82). — Il a été jugé, toutefois, qu'il ne peut appartenir à un créancier, qui a signé la convention d'ordre amiable, de provoquer un ordre judiciaire, sous prétexte que tous les créanciers inscrits n'ont pas concouru à cette convention (Lyon, 26 avr. 1826, aff. Boyard, v° Arbitrage, n° 717; Conf. MM. Chauveau sur Carré, quest. 2541-3°; Houyvet, n° 82).

62. M. Tarrible ajoute : « S'il y avait des créanciers chirographaires qui eussent déjà formé leur opposition, la distribution ne pourrait avoir son effet qu'après avoir mis les créanciers opposants à portée de la discuter » (Conf. MM. Lepage, Tr. des saisies, p. 255; Berriat, p. 611; Houyvet, n° 82). — Les créanciers chirographaires, comme nous le verrons, ont bien le droit de se rendre opposants à l'ordre, afin de veiller à ce qu'on n'y admette pas de prétendus créanciers, à qui il ne serait rien dû, ou à qui il serait dû une somme moindre que celle par eux réclamée; mais ici nous ne sommes pas dans l'hypothèse d'un ordre ouvert; nous sommes dans l'hypothèse d'une convention qui, régulièrement formée, doit rendre l'ordre inutile. Dans cet état, à quoi peut équivaloir l'opposition des créanciers chirographaires? A une saisie-arrêt, comme le dit M. Chauveau, *loc. cit.*, pour empêcher que les deniers appartenant au débiteur commun ne soient distribués en dehors des voies légales, c'est-à-dire à d'autres créanciers que ceux qui y ont droit. S'il est procédé au règlement amiable, au mépris de cette opposition, et qu'elle soit reconnue fondée, ils le feront déclarer nul, dans les termes du droit commun. Si, au contraire, leur opposition porte à faux, et que les créanciers à qui appartient le prix soient obligés d'en demander la mainlevée, ils supporteront les frais occasionnés par cette opposition téméraire et inopportune.

63. M. Tarrible parle encore de la présence à l'acte de la partie saisie. Pigeau, Comm., t. 2, sur l'art. 749, note 4, et Proc. civ., t. 2, p. 284, 4e éd.; M. Chauveau sur Carré, quest. 2541 *bis*, pensaient également que le concours du saisi était nécessaire pour la validité de l'ordre consensuel. Il a intérêt, disait-on, à surveiller l'emploi du prix, puisque le résidu lui en appartient, et il peut y avoir des créances qu'il veuille contester. La rédaction de l'ancien art. 749 donnait de la force à cette opinion : « Dans le mois de la signification du jugement d'adjudication, portait cet article, ... les créanciers et la *partie saisie* seront tenus de se régler entre eux sur la distribution du prix. » — Et il a été, en effet, jugé, dans ce sens : 1° que le règlement sous seing privé amiable, par lequel des créanciers hypothécaires, pour éviter les frais d'un ordre, fixent le rang et le montant de leurs collocations, en substituant un mode arbitraire à celui indiqué par la loi, ne peut être déclaré valable vis-à-vis du débiteur et de l'adjudicataire qui n'y ont pas concouru, encore bien que le poursuivant les aurait appelés dans l'instance d'homologation; que, sur cette instance, ceux-ci sont fondés à arguer le règlement de nullité (Bordeaux, 28 mars 1828) (1); — 2° Que toute distribution de deniers entre créanciers, amiable ou judiciaire, doit être faite contradictoirement avec la partie saisie, ou cette partie dûment appelée, à peine de nullité, laquelle, étant substantielle et radicale, peut être opposée, non-seulement par la partie saisie ou l'adjudicataire, mais par tout créancier (Riom, 3 fév. 1855, aff. Constant, *infrà*, n° 392).

Mais on verra plus bas, n° 109, que, sous la nouvelle loi, le consentement du saisi n'est nullement nécessaire pour la validité de l'ordre amiable. Et cependant, ainsi que le font observer MM. Ollivier et Mourlon, n° 289, si la raison donnée par MM. Pigeau et Chauveau était concluante, « elle serait aussi vraie dans l'ordre de conciliation que dans l'ordre consensuel. » — On peut concilier, il nous semble, les deux opinions, en disant que les créanciers, à qui appartient bien réellement le prix, n'ont nul besoin de l'adhésion de la partie saisie pour en faire

---

fication, l'on ne peut, cependant, pas en tirer la conséquence que cette signification doit être faite à tous les créanciers inscrits; — Attendu que, au contraire, le jugement d'adjudication lui-même, rédigé de la manière que l'art. 714 le prescrit, et particulièrement l'injonction qu'il doit contenir à la partie saisie de délaisser la possession sur-le-champ à l'adjudicataire, fait déjà assez connaître que le législateur n'a entendu en ordonner d'autre signification que celle que l'adjudicataire doit en faire à la partie saisie, suivant l'art. 714; — Attendu qu'en effet, cette notification est non-seulement nécessaire, parce qu'à l'instant même, elle fait passer dans ses mains la possession qui, jusque là, était restée devers la partie saisie (art. 688 et 714); elle ne l'est pas moins, dans l'intérêt des poursuivants et de tous les autres créanciers, parce que, tant que la délivrance de la chose n'est pas faite, nul acquéreur ne peut être obligé d'en payer le prix, tandis que cette obligation existe aussitôt que cette délivrance est effectuée; d'où il suit que la signification dont parle l'art. 749 ne peut être autre que celle à faire par l'adjudicataire à la partie saisie, parce qu'elle détermine l'époque de l'ouverture des droits et des obligations respectives de l'adjudicataire et des créanciers entre eux, et que celle de l'ouverture de l'ordre, ou, ce qui revient au même, du partage ou de la distribution, y est naturellement et nécessairement subordonnée; — Attendu que toute autre notification à l'un ou à plusieurs créanciers inscrits serait même sans but, comme sans objet et sans aucune utilité; car, encore qu'il soit vrai de dire que les créanciers sont intéressés dans le jugement d'adjudication, qu'il doit être exécuté avec eux, et que, par conséquent, ils ont intérêt à le connaître, il n'est pas moins certain que les vrais créanciers, ceux qui sont réellement intéressés, ne sont connus et ne peuvent guère l'être qu'au procès-verbal d'ordre; car il est constant que souvent il y a, sur le tableau des inscriptions, plus de créanciers désintéressés que de créanciers à payer, et qu'il est suffisamment pourvu aux droits et à l'intérêt de ces derniers par les dispositions de l'art. 731, puisque le greffier est tenu d'avoir un registre des adjudications qui leur est constamment ouvert, afin qu'ils puissent en prendre connaissance, et qu'ils la prennent même nécessairement lorsqu'ils se présentent à l'ordre; d'où il faut conclure que c'est mal à propos, et frustratoirement, que l'intimé a fait notifier aux créanciers des appelants le jugement d'adjudication du 17 août 1815, et que les frais de cette notification doivent demeurer à sa charge; — Sans s'arrêter aux fins de non-recevoir, infirme, en ce que les premiers juges ont ordonné que les frais de notification du jugement du 17 août 1815 aux créanciers inscrits seraient compris dans l'ordre.

Du 22 mars 1817.-C. de Metz.

(1) (Veuve Biosse, etc. *C.* Gromel, etc.) — LA COUR; — Attendu que la loi a réglé, d'une manière expresse et formelle, le mode de procéder judiciairement à l'ordre et distribution du prix d'un immeuble; que, toutefois, l'art. 759 c. pr. autorise à y procéder amiablement, mais sous la condition que les créanciers, qui veulent éviter les voies judiciaires, concourent tous, avec la partie saisie, au règlement amiable; que, faute par les parties de s'être réglées ainsi dans le délai déterminé, on doit recourir aux voies judiciaires, conformément aux dispositions des art. 750 et suiv. du même code; — Attendu, en fait, que Michel Gromel, partie saisie, n'a point concouru à l'acte sous signature privée, du 27 nov. 1826, par lequel plusieurs personnes, se portant pour ses créanciers, ont réglé respectivement leurs créances et le rang de leurs hypothèques, pour la distribution du prix de l'immeuble dont Louise Gabory est devenue adjudicataire; — Attendu que les signataires de ce traité ne peuvent en réparer l'irrégularité, en en demandant l'homologation, contradictoirement avec Michel Gromel; que, d'abord, la justice ne saurait homologuer que des actes réguliers; qu'ensuite, il n'est point permis de substituer un mode arbitraire de procéder judiciairement à celui que la loi a déterminé; qu'enfin, ce mode de procéder tendrait à dépouiller ceux qui auraient des droits à exercer, ou des exceptions à faire valoir, des garanties que les formalités prescrites leur assurent; — Attendu que, Louise Gabory ayant été appelée dans l'instance en homologation, elle a été en droit de refuser son acquiescement à un mode irrégulier de procéder; — Que Jean Frazier, qui originairement avait signé le traité, a pu, lorsqu'il en a reconnu l'irrégularité, déclarer, ainsi qu'il l'a fait, qu'il s'en remettait à justice sur la demande en homologation; qu'on ne pouvait exiger de lui un acquiescement formel à une procédure vicieuse; — Infirme.

Du 28 mars 1828.-C. de Bordeaux, 4e ch.

entre eux la distribution, mais en réservant, toutefois, à celle-ci le droit d'attaquer cette distribution, comme lésant ses intérêts, soit parce qu'on aurait éliminé des créanciers qui auraient dû être colloqués, soit parce qu'on en aurait colloqué d'autres, qui n'étaient pas, ou qui n'étaient plus ses créanciers (Conf. MM. Chauveau, Proc. de l'ordre, quest. 2547-4°; Flandin, Tr. de l'ordre, inédit).

64. Ce que nous venons de dire est, à plus forte raison, applicable à l'adjudicataire, dont la présence à l'ordre consensuel n'était, d'ailleurs, pas exigée par l'ancien art. 749. Mais il aurait le droit de se prévaloir, pour refuser de payer, puisque autrement il ne payerait pas valablement, de ce que tous les créanciers ou la partie saisie n'ont pas figuré dans l'ordre consensuel (V. *infrà*, n° 72, l'arrêt de rejet du 9 nov. 1812, aff. Pabst).

65. Lorsque l'adjudicataire n'a point été partie dans l'acte portant délégation sur lui à chaque créancier de la somme qui lui revient, « il faut, dit Pigeau, Proc. civ., t. 2, p. 284, n° 2, 4e éd., pour le contraindre au payement, lui faire signifier cette délégation, avec un extrait des inscriptions des créanciers délivré depuis la transcription.... Les créanciers inscrits et les opposants, en demandant leur payement à l'adjudicataire, doivent lui offrir les radiations des inscriptions (c. pr. 772)... S'il refusait de payer, on ne pourrait le contraindre en vertu de cette délégation, laquelle n'étant point passée avec lui, ne serait pas exécutoire contre lui; il faudrait lever une grosse du jugement d'adjudication, en vertu de laquelle il pourrait être contraint » (Conf. MM. Favard, t. 4, p. 53; Chauveau sur Carré, quest. 2542 et 2543, et Proc. de l'ordre, quest. 2547-5°; Bioche, Dict. de proc., 3e éd., v° Ordre, n°s 27 et 28; Rolland de Villargues, v° Ordre, n° 49; Ollivier et Mourlon, Comm., n° 289; Houyvet, n° 83).

66. De ce que l'ordre amiable est un contrat, il en résulte que les déchéances, faute de produire, ne s'appliquent pas à cette espèce d'ordre (Conf. MM. Chauveau sur Carré, n° 2541-5°; Bioche, v° Ordre, 1re éd., n° 55; Ollivier et Mourlon, Comm., n° 303). — Il a été jugé ainsi, dans une espèce où il s'agissait du prix d'immeubles cédés et abandonnés amiablement par un débiteur en faillite à tous ses créanciers, et dont la répartition devait être faite par un officier public choisi d'un commun accord, que les déchéances, prononcées par le code de procédure, ne sont pas applicables au créancier en retard de se présenter (Metz, 5 août 1814, aff. Delarue, v° Distribut. par contribut., n° 35).

67. Il en résulte encore que cet ordre n'a pas besoin d'être homologué en justice. « C'est une mesure, dit M. Houyvet, n° 83, qui est sans danger, mais qui est complétement inutile : le jugement d'homologation ne peut rien ajouter à la validité du traité » (Conf. M. Bioche, v° Ordre, n° 21, 3e édit.; V. aussi *infrà*, n° 272. — *Contrà*, Pratic. franç., t. 4, p. 456).

68. Il a, d'ailleurs, été jugé que l'art. 763 c. pr., qui fixe un délai d'appel exceptionnel (le délai de dix jours) pour le jugement rendu sur un ordre judiciaire, n'est point applicable à l'appel d'un jugement qui homologue un ordre amiable; que cet appel peut être interjeté dans les délais ordinaires : — « La cour; attendu que l'art. 763 c. pr., renfermant une exception à la règle générale sur les délais d'appel, est par conséquent de droit étroit, et ne doit s'appliquer qu'aux cas pour lesquels l'exception a été créée, c'est-à-dire aux ordres réglés dans les formes prescrites par les art. 479 et suiv. c. pr.; attendu que, d'après la combinaison des art. 479, 775 et 776 du même code, les créanciers, dans un ordre amiable, ne sont point assujettis à suivre les formes prescrites par ledit code; qu'ainsi, l'appel du jugement, qui homologue l'acte notarié du 5 mars 1830 et l'ordre amiable qui y est renfermé, n'est point régi par les dispositions spéciales de l'art. 763, mais bien soumis aux règles générales de l'art. 443 c. pr.; déclare l'appel recevable » (Grenoble, 30 août 1832, M. Félix Faure, 1er pr., aff. Larguier *C.* Dourille; Conf. Metz, 12 août 1814, aff. N... *C.* M..., *infrà*, sect. 10, art. 2).

69. La loi ne règle ni la forme, ni le mode d'exécution de la convention d'ordre. Quant à la forme, Pigeau, Proc. civ., t. 2, p. 284, n° 2, 4e éd., pense qu'il faut un acte authentique (Conf. MM. Rolland de Villargues, Répert. du not., v° Ordre, n° 43). — Au contraire, MM. Berriat, p. 610, note 4, n° 2, et p. 656, note 13; Carré, quest. 2544, laissent ce point à la disposition des créanciers. Tel est aussi notre sentiment. — Toutefois, l'acte authentique est préférable, puisque les créanciers colloqués pourront, dans le même acte, consentir à la radiation de leurs inscriptions, tandis que, si l'acte était sous seing privé, il faudrait un acte authentique exprès pour la radiation de ces inscriptions (c. nap. 2158; Conf. MM. Chauveau, Proc. de l'ordre, quest. 2550-7°; Bioche, Dict. de pr., 3e éd., v° Ordre, n° 20; Houyvet, n° 82; Flandin, Tr. de l'ordre, inédit).

70. Cette lacune, quant à la forme du règlement amiable, avait été signalée par les tribunaux auxquels fut soumis le projet du code de procédure : « Le règlement à l'amiable entre les créanciers et la partie saisie, sur la distribution du prix, disait la cour de Turin, est, sans doute, le moyen le plus propre à abréger la procédure. Mais il faudrait tracer la forme à suivre pour rédiger le règlement en un acte exécutoire; et ce règlement devrait aussi être homologué par le tribunal, dans la forme d'un jugement d'ordre consenti par les parties, afin d'ôter toutes ces entraves à l'exécution. Dans ce jugement d'homologation, le tribunal devrait prononcer la déchéance des créanciers et de tous autres ayants droit sur l'immeuble; ordonner la délivrance des bordereaux de collocation aux créanciers, conformément à leur règlement; ordonner, enfin, la radiation des inscriptions, aux termes de l'art. 759. En un mot, le règlement d'ordre, consenti par les créanciers et la partie saisie, devrait être, pour tous ses effets, assimilé au jugement d'ordre dont parle l'art. 762. » — La cour de Poitiers demandait que le juge-commissaire fût nommé par le jugement d'adjudication, et qu'il fût procédé à l'ordre devant lui par voie de conciliation; qu'à cet effet, le poursuivant fût obligé de prendre cédule de lui, dans la huitaine du jugement, et d'appeler les créanciers à l'ordre. — C'est à ce vœu qu'a répondu la loi du 21 mai 1858. — V. sous la section suivante.

71. Du reste, les conventions relatives à l'ordre amiable doivent être exécutées suivant les termes dans lesquels elles sont conçues. — Il a été jugé, ainsi, que l'adjudicataire d'un bien vendu en justice, mais amiablement, ne peut exiger qu'il soit procédé à un ordre, lorsque les créanciers ont, par un acte antérieur, fixé le rang de leurs hypothèques, et qu'une clause du cahier des charges porte que le prix leur sera payé suivant l'ordre réglé dans cet acte; qu'il suffit, dans le cas où quelques créanciers, non présents à cet acte, venant les derniers en ordre d'hypothèque, contestent la collocation du premier créancier, que celui-ci offre de donner à l'adjudicataire caution, jusqu'à concurrence du montant des créances des contestants (Turin, 22 janv. 1812) (1).

(1) (Valperga C. créanc. Righini.) — LA COUR; — Attendu qu'il est constant que l'acte public du 19 mars 1808, contenant l'atermoiement précédemment consenti entre les créanciers Righini, en vertu de la convention du 11 déc. 1807, a fait et dû faire partie essentielle, intégrante, du cahier des charges, pour la vente de l'immeuble adjugé à l'appelant, le 31 juill. 1811, puisque l'art. 2 en rappelle l'exécution par la charge imposée à l'adjudicataire de payer le prix ès mains des créanciers nommés par l'art. 8 de l'écriture de convention, et dans l'art. 4 de l'acte public d'atermoiement ci-devant énoncés; — Attendu que ledit acte public d'atermoiement, par Capello, notaire, énonce que tous les créanciers de Righini avaient accepté le projet de convention, à la réserve de Noël Righini, du prêtre Castellor et des frères Drago; mais que le défaut d'acceptation de leur part n'avait pas dû en arrêter l'exécution; — Attendu la modicité de leurs créances, et vu surtout qu'ils étaient les derniers en ordre d'hypothèque, de façon que les acquéreurs des immeubles tombant dans le patrimoine Righini, investis des droits d'hypothèque appartenant aux créanciers antérieurs, auraient pu se défendre, à tout événement, des poursuites desdits créanciers; — Attendu qu'il est certain que de pareilles clauses insérées dans un acte d'atermoiement dont l'appelant, avant de se rendre adjudicataire de l'immeuble, a pu et dû avoir connaissance, étaient propres à donner aux enchérisseurs la plus grande assurance de n'avoir aucun risque à courir, dans l'exécution des obligations imposées, au sujet du payement du prix, par l'art. 2 du cahier des charges; — Que, cependant, toute sécurité étant assise sur la

72. Il a été jugé, cependant : 1° que, dans le cas où l'acquéreur, après avoir, en conformité d'un ordre amiable, auquel il a été étranger, payé son prix aux créanciers qui ont été appelés à cet ordre, serait forcé de payer une seconde fois à d'autres créanciers qui devaient être colloqués par préférence, et qui ont été omis dans l'ordre, il aurait contre les premiers une action en restitution, encore que ceux-ci auraient, en conséquence du payement, remis leurs titres et consenti la radiation de leurs inscriptions (Rej. 9 nov. 1812) (1); — 2° .... Et qu'il en est de même, encore que cet acquéreur n'aurait pas notifié son contrat, le créancier, qui a été partie dans l'ordre amiable, ayant eu la faculté de surenchérir, et devant s'imputer à lui-même de n'en avoir pas usé (Rej. 31 janv. 1815) (2).

On faisait à l'acquéreur l'objection suivante : Sans doute, lui disait-on, l'acquéreur, qui a payé d'après un ordre fait en justice, ne doit point souffrir des erreurs qui ont pu s'y glisser. Il

---

supposition que l'intimée fût réellement la première en ordre d'hypothèque sur l'immeuble vendu, si un telle supposition venait seulement à être révoquée en doute, on ne saurait raisonnablement refuser à l'adjudicataire qui, en payant le prix, risquerait de ne pouvoir être investi de l'antériorité en hypothèque, le droit d'aviser aux moyens de mettre son intérêt à couvert; — Attendu que l'appelant se trouve précisément dans ce cas, puisque après l'adjudication, la validité de la première des inscriptions hypothécaires prises par l'intimée a été formellement contestée, et cette contestation suffit pour donner à l'appelant un juste motif de crainte d'être troublé dans la possession de l'immeuble qui lui a été adjugé, de la part surtout des créanciers non intervenus dans l'acte d'atermoiement, et dont l'hypothèque pouvait primer celle de l'intimée; — Que, s'il est vrai de dire que l'appelant, par cela seul, n'est point fondé à requérir l'instruction d'un procès d'ordre, puisqu'il s'agit, en l'espèce, d'une vente volontaire, quoique faite en justice, et d'ailleurs, aux termes de l'art. 2 du cahier des charges, l'appelant a expressément renoncé à cette faculté; que si l'on ne peut pareillement accueillir, dès à présent, la demande de l'appelant tendant à être admis à faire le dépôt des deniers, puisque cette mesure, l'effet de laquelle est d'arrêter le cours des intérêts, ne doit être employée qu'en dernière analyse, et à défaut de tout autre moyen, cependant le cours d'une caution que l'appelant invoque dans ses conclusions additionnelles, à concurrence des avoirs respectifs des créanciers non intervenus dans la convention, ni dans l'acte public sus-énoncé, demeure appuyé à la justice et à l'équité; tandis que, d'une part, on ne peut pas soutenir que l'appelant, aux termes du cahier des charges et des actes auxquels ce cahier se rapporte, soit chargé de toute espèce de risque et même de la chance de payer deux fois l'immeuble; et, de l'autre, il ne peut, avec assez de fondement, craindre, en payant le prix à l'intimée, de ne pas être à l'abri de tout trouble dans la possession dudit immeuble; — Infirme, déclare être l'intimée Risetti, femme Righini, en droit d'exiger, sur le prix de l'adjudication de l'immeuble dont il s'agit, dû par l'appelant, le montant de ses avoirs, sauf en donnant caution bonne et valable, pour la représentation au profit de l'appelant, jusqu'à concurrence des sommes dues à Noel Righini, au prêtre Castellor et aux frères Drago, tous créanciers de Joseph-Ignace Righini, non intervenu dans la convention du 11 déc. 1807, et dans l'acte public du 19 mars.

Du 22 janv. 1812.-C. de Turin.

(1) (Pabst C. Conte.) — Par contrat du 21 juill. 1808, Sponi vendit une maison aux sieur et dame Conte, à la charge par ceux-ci de payer le prix à ses créanciers hypothécaires.—Les acquéreurs, après avoir fait transcrire et notifier leur contrat, sommèrent les créanciers et le vendeur de se régler entre eux sur la distribution du prix. — Sur cette sommation, un ordre fut, en effet, dressé à l'amiable entre Sponi et ses créanciers, et, en conformité de cet ordre, les mariés Conte payèrent à ces derniers, qui remirent leurs titres comme acquittés, et consentirent la radiation de leurs inscriptions.—L'ordre portait que ceux entre lesquels il avait été réglé formaient la totalité des créanciers inscrits. Cependant, on avait omis d'y appeler Schirmer, qui avait inscription sur la maison vendue, pour 157 fr., avec intérêts. — Schirmer ayant demandé aux mariés Conte le payement de sa créance, ceux-ci, pour ne pas payer deux fois, appelèrent en garantie les créanciers qui avaient touché leur prix. — Le poids de cette action retombait sur Pabst, dernier créancier colloqué. Il soutint qu'elle n'était pas recevable, parce que les mariés Conte avaient payé le prix de leur acquisition volontairement, et non à la suite d'un ordre judiciaire, et que les créanciers qui avaient reçu ce prix avaient remis leurs titres et consenti que les inscriptions fussent rayées. — Les mariés Conte répondirent qu'il n'y avait aucune différence à faire, quant à la libération de l'acquéreur, entre l'ordre amiable et l'ordre judiciaire; que, dans l'un comme dans l'autre cas, l'ordre était le fait des créanciers; que l'acquéreur ne payait que sur la foi de l'exactitude avec laquelle il avait été dressé et dans l'unique objet de se libérer, et que, s'il intervenait des erreurs, les créanciers étaient seuls tenus d'en supporter les suites, puisque c'était à eux qu'elles devaient être attribuées. — 8 fév. 1810, jugement du tribunal de Colmar, portant que la créance de Schirmer lui sera payée par les mariés Conte, et que Pabst sera tenu d'indemniser ces derniers de la condamnation prononcée contre eux. — Pourvoi pour fausse application et violation de l'art. 1377 c. civ. — Arrêt.

LA COUR, — Attendu, 1° que, suivant la première partie de l'art 1377 c. civ., la personne qui a payé une dette dont, par erreur, elle se croyait débitrice, a le droit de répétition contre le créancier; que, dans le fait, les mariés Conte ont acquitté la dette de Pabst à concurrence de celle de Schirmer, croyant, par erreur, qu'elle était en rang utile pour être payée sur le prix de leur acquisition, tandis qu'elle ne l'était point, puisqu'elle se trouvait primée par celle de Schirmer, ainsi que le jugement attaqué le décide; que, par suite, en leur accordant la répétition de la somme par eux payée à Pabst, à concurrence de celle due à Schirmer, les juges ont fait une juste application de la loi citée; — Attendu, 2° que, d'après l'art. 1383 du même code, chacun est responsable du dommage qu'il a causé par son fait; et, conformément aux art. 749 et 776 c. pr. civ., c'est au vendeur et aux créanciers à se régler entre eux sur la distribution du prix, sans l'intervention de l'acquéreur; qu'il suit de là que, s'il intervient des erreurs dans ce règlement et dans le payement du prix fait en conséquence, c'est aux vendeurs et aux créanciers qui en sont la cause, et qui en ont seuls profité, à en garantir et supporter les suites, et non l'acquéreur qui, n'étant point appelé à la confection de l'ordre, et ne payant que sur la foi promise de son exactitude, et dans l'unique vue de se libérer légalement, ne peut en répondre, ni être tenu de payer au-delà du prix de son acquisition; que, dans l'espèce, les mariés Conte n'ont payé la dette de Pabst qu'en exécution et sur la foi de l'ordre fait par celui-ci avec Sponi, vendeur, et ses créanciers; qu'il résulte de cet ordre que ces derniers s'y sont dits former la totalité des créanciers inscrits, sans faire mention de Schirmer ni de sa créance, et que, par ce moyen, Pabst s'y est trouvé colloqué en rang utile sur le prix pour le montant de sa dette, tandis qu'elle était primée par celle de Schirmer; que conséquemment, en rejetant sur Pabst les suites préjudiciables de ce payement, s'il y en a, le jugement n'a fait que se conformer à l'art. 1383 précité, et n'a point violé la seconde partie de l'art. 1377, qui est sans application à l'espèce; — Rejette.

Du 9 nov. 1812.-C.C., sect. civ.-MM. Muraire, 1er pr.-Cassaigne, rap.

(2) *Espèce:* — (Daniel C. Boutin.) — Le 24 germ. an 12, les mariés Boutin vendent à Connelet, pour 22,100 fr., les moulins d'Autry, dont Boutin était propriétaire, par indivis, avec ses enfants mineurs. Sa part consistait en 23/32; les neuf autres appartenaient à ses enfants. — Il déclara, par erreur, que ceux-ci étaient seulement propriétaires pour un quart, et il fut stipulé que le prix serait, jusqu'à concurrence de ce quart, employé en acquisition d'immeubles à leur profit. — Peu de temps après, la dame Boutin mourut, et ses enfants, indépendamment de leurs droits comme propriétaires, eurent à réclamer, sur la portion du prix revenant à leur père, les créances résultant du contrat de mariage de leur mère, lesquelles s'élevaient à 4,000 fr. — Les moulins vendus étaient grevés de plusieurs inscriptions contre Boutin. Celui-ci, qui voulait épargner les frais d'un ordre en justice, convoqua son acquéreur et ses créanciers chez un notaire, et régla, à l'amiable, la distribution du prix, par un traité du 20 therm. an 12. — Cet acte, rédigé sous la forme de procès-verbal, contient d'abord une déclaration de Boutin, par laquelle il explique le motif de la convocation. Immédiatement après, comparaît Connelet, acquéreur, qui, après avoir fait transcrire son contrat et levé l'état des inscriptions, se proposait de purger. Il requiert acte de ce qu'il consent à ce que le notaire fasse l'ordre à l'amiable entre les créanciers inscrits, et de ce qu'il offre de payer, moyennant subrogation aux droits des créanciers colloqués, qui lui donneront titre suffisant pour faire rayer leurs inscriptions, se réservant expressément, dans le cas où l'ordre n'aurait pas lieu, ou ne comprendrait pas tous les créanciers inscrits, la faculté que la loi lui accorde de faire notifier son contrat, la transcription et l'extrait des inscriptions. — Les créanciers se présentent ensuite; et chacun, dans les mêmes termes, demande acte de ce qu'il consent à s'en rapporter au notaire pour la confection de l'ordre, à condition qu'il sera colloqué, par privilége et préférence à tous créanciers, dans l'ordre de ses titres. — Enfin, Boutin, en sa qualité de tuteur, consent que ses enfants ne soient colloqués qu'en dernier rang pour les 4,000 fr. à eux dus, suivant le contrat de mariage de leur mère. Après toutes ces comparutions, le notaire, acceptant les pouvoirs qui lui étaient donnés par Boutin et par ses créanciers comparants, et après distraction préalable d'un quart du prix au profit des mineurs Boutin, fit la distribution du surplus, sans comprendre dans l'ordre la créance de ces mineurs, dont il se borna à réserver les droits vis-à-vis de leur père. — Daniel, l'un des créanciers, était colloqué à trois rangs différents, suivant les dates de ses inscriptions; savoir: au troisième, pour 1,207 fr., au cinquième, pour 1,915 fr., et au neuvième, pour 5,637 fr. — Personne n'ayant réclamé, l'acquéreur paya les créanciers d'après l'ordre de leurs collocations respectives. Ceux-ci lui remirent leurs titres, et consentirent la

est définitivement libéré ; et, si quelque créancier n'a point été appelé à cet ordre, celui-ci n'a d'action que contre les créanciers indûment colloqués à son préjudice. En ce cas, l'acquéreur est contraint de payer, parce qu'il n'a aucun examen à faire, et doit obéir aveuglément à la décision de la justice. — Mais s'il en est autrement, lorsqu'il paye en conformité d'un ordre fait à l'amiable. Comme rien ne l'oblige à s'y soumettre, c'est à lui à vérifier s'il est régulièrement établi. N'usant pas de son droit de provoquer l'ordre judiciaire par lequel il serait délivré de toute crainte, il prend sur lui les inconvénients d'un payement volontaire : il se charge d'exercer, à ses risques, les subrogations qui lui sont accordées. — Ce système n'a point réussi et ne devait pas réussir ; car, ainsi que le dit M. Chauveau, Proc. de l'Ordre, quest. 2608-8°, bien que la considération, prise de ce que, « s'il intervient des erreurs dans le règlement d'ordre et dans le payement du prix fait en conséquence, c'est au vendeur et aux créanciers qui en sont la cause et qui en ont seuls profité à en garantir et supporter les suites, et non à l'acquéreur, qui, *n'étant point appelé à la confection de l'ordre*, et ne payant que sur la foi promise de son exactitude et dans l'unique vue de se libérer légalement, ne peut en répondre, ni être tenu au delà du prix de son acquisition (motifs de l'arrêt) ; » bien que cette dernière considération manquât aujourd'hui d'exactitude, qu'il s'agit d'un ordre amiable ou forcé, puisque, dans le premier cas, l'adjudicataire y est appelé (art. 751), et que, dans le second cas, l'ordre lui est dénoncé (art. 753), de même que l'ordonnance de clôture (767), précisément pour qu'il ait à surveiller ses intérêts, le principe doit, néanmoins, être maintenu, « parce que le rôle de l'adjudicataire est plus passif qu'actif, lorsqu'il n'a pas pris l'initiative de l'ordre » (Conf. M. Flandin, Tr. de l'ordre, inédit ; V. d'autres arrêts dans le même sens *infrà*, chap. 4, 3e et 14e sections).

73. On verra, sous la section suivante, nos 121 et suiv., que la loi du 21 mai 1858, tranchant une question controversée, a réservé aux créanciers à hypothèque légale dispensée d'inscription, et non inscrite antérieurement à la transcription du jugement d'adjudication, en cas d'expropriation forcée (c. pr. 717) ou dans le délai de la purge légale, en cas d'aliénation volontaire (*ibid.* 772), le droit de se présenter à l'ordre pour y prendre part à la distribution du prix, mais sous la double condition que l'ordre serait ouvert dans les trois mois, et que les créanciers dont il s'agit s'y présenteraient avant la clôture de l'ordre, lorsque cet ordre se règle amiablement, *conformément aux art. 751 et 752*, dit l'art. 717. La disposition, comme on voit, ne fait allusion qu'à l'ordre amiable réglé devant le juge ; mais nous pensons, malgré le doute élevé sur ce point par M. Chauveau, et c'est l'observation que nous avons déjà faite v° Vente publ. d'imm., n° 1823, que cette disposition doit s'appliquer, par analogie, à l'ordre consensuel. Le rapport de M. Riché au Corps législatif et la discussion ne laissent pas la moindre incertitude à cet égard. — « Quel que soit le mode de vente, a dit M. Riché, si elle est suivie d'un ordre, cet ordre peut être judiciaire ou amiable. Si l'ordre est amiable, comme il ne présente pas ces faits successifs bien marqués, à l'un desquels on peut attacher la déchéance, le droit de préférence pourra être invoqué tant que l'ordre ne sera pas clos. — La loi nouvelle institue une espèce d'ordre amiable, réglé devant le juge, conformément aux art. 751 et 773. Le cas de l'art. 751 est prévu expressément par la rédaction du Conseil d'Etat qui termine l'art. 717 ; mais le principe, que le droit de préférence s'exerce jusqu'à la clôture d'un ordre amiable, ne s'appliquerait pas moins aux formes extra-judiciaires d'ordre consensuel... » Et plus loin : « Si même, avant l'expiration des trois mois, les créanciers inscrits font entre eux un ordre amiable, notarié ou sous seing privé, que l'art. 772 n'interdit pas, la clôture de cet ordre, ayant date certaine, pourra être opposée à l'hypothèque légale... » (D. P. 58. 4. 49, nos 60 et 61).

Répondant à une question de M. Josseau, M. de Parieu, vice-président du conseil d'Etat, a dit également, dans la discussion, « ...que les principes posés pour l'ordre judiciaire se refléteront naturellement sur l'ordre réglé devant notaire ; que la jurisprudence devra, par analogie, les appliquer, et avoir égard à la pensée d'une prompte déchéance du droit de préférence séparé du droit de suite ; que cela résulte des principes posés par le projet de loi qui organise cette déchéance dans des termes réciproquement analogues, sinon complétement identiques, pour les deux espèces d'ordres, objet de la prévision du législateur » (D. P. 58. 4. 38, note 9 ; Conf. MM. Duvergier, Coll. des lois, année 1858, p. 147, note 3 ; Flandin, Tr. de l'ordre, inédit).

M. Chauveau, Proc. de l'ordre, quest. 2547-7°, conteste la portée juridique de ces documents : ni le rapporteur de la commission, ni le commissaire du gouvernement, dit-il, n'avaient qualité pour donner une interprétation législative de l'art. 717 ; c'est une question qui appartient à la jurisprudence.

74. Disons, au reste, et d'une manière générale, qu'à raison de cette assimilation juridique des deux ordres, les principes que nous aurons à développer, les règles à établir, sous la section suivante, en traitant de l'ordre amiable devant le juge, doivent, pour tout ce qui touche au fond du droit, être considérés comme applicables à l'ordre consensuel.

75. *Enregistrement.* — L'ordre amiable consensuel, quoique contenant délégation implicite, au profit des créanciers utilement colloqués, sur l'acquéreur débiteur du prix, n'est cependant pas soumis au droit proportionnel de délégation de 1 p. 100, énoncé en l'art. 69, § 3, n° 3, de la loi du 22 frim. an 7, sur le montant des sommes colloquées. Il n'est assujetti qu'à un simple droit fixe de 1 fr., par application de l'art. 68, § 1, n° 3, conformément à l'instruction, n° 1320, § 2. C'est ce que la régie a reconnu

---

radiation de leurs inscriptions. — Boutin se démit plus tard de la tutelle ; il fut remplacé par Cornet. Celui-ci, après avoir renoncé, pour les mineurs, à la communauté, obtint d'abord, contre Boutin, une condamnation au payement des sommes qu'il devait à ses enfans. — Il se pourvut ensuite contre Connelet, acquéreur, et demanda qu'il eût à lui notifier son contrat, et l'état des charges hypothécaires dont les immeubles vendus étaient grevés. — 13 janvier 1809, jugement qui ordonna la mise en cause des créanciers payés en vertu de l'ordre amiable du 20 therm. an 12. — 6 avril 1810, second jugement qui annula cet ordre, ordonna qu'il en serait fait un nouveau, et nomma un commissaire. — 31 août 1810, jugement définitif qui colloqua les mineurs au rang qui leur appartenait, et maintint ensuite la collocation de plusieurs créances. — Parmi les créances, il s'en trouvait deux appartenant à Daniel, l'une de 1,207 fr., et l'autre de 1,913 fr. — Le tribunal, arrivé à la troisième créance de Daniel, reconnut qu'il ne restait plus à distribuer que 1,329 fr., et qu'ainsi ce créancier ayant reçu 5,637 fr., en vertu du procès-verbal du 20 therm. an 12, devait rapporter l'excédant ; il le condamna, en conséquence, à rapporter 4,308 fr. ; il prononça des condamnations semblables contre d'autres créanciers. — Appel ; le jugement est confirmé par la cour de Metz, le 6 juillet 1812.

Pourvoi par Daniel. — Il présentait d'abord deux moyens : le premier, fondé sur ce que l'acquéreur n'avait point payé par erreur, mais volontairement et à ses risques ; le second, sur ce que les titres avaient été remis, et les inscriptions rayées. — Le demandeur ajoutait un autre moyen, qu'il faisait résulter du défaut de notification aux créanciers inscrits du contrat d'acquisition, prétendant qu'ils avaient été privés de la faculté de surenchère ; que la radiation de leurs inscriptions avait été ordonnée, sans que les formalités prescrites pour purger eussent été remplies ; d'où résultait une violation des art. 2167 et 2169 c. civ. — Arrêt (ap. délib. en la ch. du cons.).

LA COUR, — Considérant que l'ordre amiable du 20 therm. an 12 n'a nullement été provoqué par Connelet, mais par le vendeur Boutin ; que les créanciers, et particulièrement Daniel, ont consenti à s'en rapporter au notaire pour la confection de l'ordre, en sorte que ce notaire a agi comme leur mandataire ; que si, dans sa comparution, chaque créancier a demandé à être payé de tout ce qui lui était dû, par privilége et préférence aux autres créanciers, chacun a ajouté : dans l'ordre de ses titres ; ce qui détermine leur consentement commun à un ordre véritable, à une simple distribution de prix, suivant le rang qui pouvait appartenir à chacun, et autant que ce prix pourrait suffire ; que Connelet a été étranger à l'ordre amiable, et qu'il n'y a pris aucune part ; que les tribunaux auxquels il a appartenu d'apprécier et d'interpréter l'acte du 20 therm. an 12, en ont conclu, avec justice, qu'il est impossible d'admettre que Connelet ait payé volontairement et à ses risques ; que Daniel a eu toute faculté de surenchérir, et qu'il n'en a point usé ; que la distribution du prix a été faite en justice, contradictoirement avec Daniel ; que si celui-ci n'est pas venu en ordre utile pour la totalité de ses créances, c'est uniquement parce que le prix était insuffisant ; d'où il résulte que l'arrêt n'est point contrevenu aux art. 2167 et 2169 c. civ. ; — Rejette.

Du 31 janv. 1815-C. C., sect. civ.-MM. Muraire, 1er pr.-Gandon, rap.-Joubert, av. gén., c. contr.-Billout et Darrieux, av.

par une délibération du 21 avr. 1835 (V. Enregistrement, n° 1721), dans une espèce où le débiteur était intervenu à l'acte, non point pour consentir des délégations proprement dites, mais seulement pour régler le mode de dessaisissement du prix, et pour obtenir la mainlevée des inscriptions au profit de l'acquéreur. — Cette solution, toutefois, n'est admise par la régie que pour le cas où le prix est insuffisant pour désintéresser tous les créanciers inscrits; et elle déclare que le droit proportionnel de délégation serait exigible, dans le cas contraire, sans doute parce qu'elle considère que, dans ce dernier cas, il n'y a pas lieu à un règlement d'ordre (même délib.).

76. La même décision devrait s'appliquer, selon nous, à l'ordre amiable consenti devant le juge, suivant les formes tracées par l'art. 751, cet ordre ayant, comme nous venons de le dire, le même caractère que l'ordre consensuel (V. aussi *infrà*, n° 188).

77. Mais il en est autrement, lorsque la délégation est expresse, et surtout quand il y a acceptation du créancier et novation dans la créance par la substitution de l'acquéreur, débiteur du prix, au débiteur originaire. Ce qui distingue l'*ordre* de la *délégation* (parfaite ou imparfaite, la loi de l'enregistrement les confond; V. Enreg., n°s 1704, 1710 et s.; *Contrà*, MM. Championnière, Rigaud et Pont, t. 2, n°s 1167 à 1176, et supp., n° 179), c'est que l'*ordre* n'est que déclaratif, tandis que la *délégation* est attributive. L'effet de dessaisir le vendeur du prix de l'immeuble, d'en transférer la propriété aux créanciers, par suite, de former un titre exécutoire contre l'acquéreur, et d'éteindre l'action personnelle contre le débiteur originaire, n'appartient qu'à la délégation (V. Merlin, Rép., v° Subrog. de personne, sect. 2, § 8; décis. 8 mai 1808 et 17 mars 1830).

78. Il a été jugé ainsi : 1° que l'acte, par lequel le vendeur, sous le prétexte de faire un *ordre amiable* entre ses créanciers inscrits pour la distribution du prix de ses immeubles qui est encore entre les mains des acquéreurs, colloque chacun de ces créanciers pour le montant de sa créance, indique à chacun l'acquéreur qui devra le payer, et le subroge à tous ses droits et priviléges, en restant responsable du non-payement, doit être réputé contenir de véritables délégations de créances à terme, passibles du droit proportionnel, encore que les acquéreurs et tous les créanciers délégataires n'aient pas concouru à cet acte, et que, par les contrats de vente, le vendeur se fût réservé le droit de faire ce prétendu ordre amiable (Cass. 27 fév. 1839, aff. hér. Giraud, v° Enreg., n° 1713); — 2° Qu'il en est, à plus forte raison, de même de l'acte, qualifié d'*ordre amiable*, qui, au lieu d'être fait entre les seuls créanciers hypothécaires et privilégiés, est fait avec le concours des chirographaires et des acquéreurs des biens dont le prix est distribué, et qui contient des stipulations telles que ces acquéreurs se trouvent substitués, comme débiteurs, au vendeur débiteur originaire, lequel est complétement libéré (Cass. 15 juill. 1840, aff. Pasquier, *ibid.*, n° 1714); — 3° Qu'il en est encore ainsi de la distribution, faite par le débiteur, du prix de ses immeubles vendus, avec délégation à chacun de ses créanciers, venant en ordre utile, sur tel ou tel des adjudicataires, de la portion de prix correspondante au montant de sa collocation, et acceptation par le créancier de cette délégation; qu'une pareille distribution ne saurait être assimilée à un ordre amiable ou judiciaire, contenant de simples indications de payement (Cass. 19 avr. 1843, aff. Meunier, *ibid.*, n° 1715); — 4° Que l'acte, par lequel un débiteur distribue entre un certain nombre de ses créanciers, en l'absence des autres, le prix de plusieurs de ses immeubles aliénés par des actes antérieurs, en indiquant à chacun des créanciers l'acquéreur qui devra le payer, n'est point, quoiqu'il ait été qualifié ainsi, un *ordre amiable*, lequel ne serait soumis qu'au droit fixe de 1 fr. (L. 22 frim. an 7, art. 3, et 68, § 1, n° 6); que c'est un *acte de délégation de créances à terme*, soumis, à ce titre, et pour les acceptations qu'il contient, au droit proportionnel et au droit fixe, déterminés par les art. 68, § 1, n° 3, et 69, § 3, n° 3, de la même loi (Cass. 24 avr. 1854, aff. Enreg. *C.* Charlionnais, D. P. 54. 1. 160); — 5° Que, de ce que l'administration n'aurait pas le droit d'attaquer cet acte, pour n'avoir pas été fait entre tous les créanciers, droit qui n'appartient, en effet, qu'à ceux des créanciers qui n'y ont pas adhéré, il ne s'ensuit point qu'elle ne puisse pas rechercher le véritable caractère du contrat, pour déterminer à quelle classe de conventions il appartient, et quelles sont la nature et la quotité du droit auquel il est soumis (même arrêt).

79. Lorsque les créanciers hypothécaires règlent amiablement entre eux la distribution du prix de vente de l'immeuble affecté à leurs créances, et que tous, même ceux qui ne viennent pas en ordre utile, donnent mainlevée de leurs inscriptions, ces mainlevées n'étant que la conséquence, le complément du règlement amiable, ne sont passibles d'aucun droit particulier d'enregistrement, conformément à l'art. 11 de la loi du 22 frim. an 7 (délib. de la rég., 1er août 1834, V. Enreg., n° 384).

SECT. 2. — *De l'ordre amiable sous la nouvelle loi.*

80. Nous diviserons cette section en cinq articles. — Il sera question, dans le premier, des formalités préliminaires communes à l'ordre amiable et à l'ordre judiciaire, et, en particulier, de la réquisition d'ouverture du procès-verbal d'ordre; — Dans le second, de la convocation des créanciers par le juge-commissaire; — Dans le troisième, de la pénalité contre les créanciers non comparants; — Dans le quatrième, du règlement amiable, et des fonctions du juge-commissaire; — Dans le cinquième enfin, des voies de recours contre le règlement amiable.

ART. 1. — *Des formalités préliminaires communes à l'ordre amiable et à l'ordre judiciaire, et, en particulier, de la réquisition d'ouverture du procès-verbal d'ordre.*

81. Les préliminaires à remplir pour la réquisition d'ouverture du procès-verbal d'ordre n'étant pas tout à fait les mêmes, lorsqu'il s'agit d'aliénation volontaire ou d'expropriation forcée, nous diviserons cet article en deux paragraphes. — Dans le premier, nous parlerons de la réquisition d'ouverture du procès-verbal d'ordre, au cas de vente sur expropriation forcée; dans le second, de la réquisition d'ouverture du même procès-verbal, au cas d'aliénation volontaire.

§ 1. — *De la réquisition d'ouverture du procès-verbal d'ordre, au cas de vente sur expropriation forcée.*

82. L'ancien code de procédure donnait un mois aux créanciers et à la partie saisie pour se régler entre eux sur la distribution du prix, et faisait courir le délai du jour de la signification du jugement d'adjudication, ou de l'arrêt confirmatif, en cas d'appel (art. 749). — Il avait été jugé, par suite : 1° que le saisi est fondé à demander la nullité des poursuites d'ordre, lorsque le créancier poursuivant avait requis l'ouverture de cet ordre, sans lui avoir fait signifier le jugement d'adjudication définitive (Poitiers, 25 juin 1823) (1); — 2° Mais que, dans ce

(1) (Lizée-Bonneau *C.* Girault et Lemoine.) — LA COUR; — Considérant que la provocation de l'ouverture d'un ordre ou distribution du prix d'une adjudication faite sur une saisie immobilière est une exécution du jugement qui a prononcé cette adjudication; — Considérant qu'il est de principe que tout jugement, avant d'en pouvoir poursuivre l'exécution, doit avoir été signifié à la partie contre laquelle l'exécution doit être poursuivie; — D'où il résulte que, dans l'espèce, le jugement d'adjudication n'ayant pas été notifié avant l'ouverture de l'ordre, qui a été poursuivi par les parties de Bigeu, les procédures qui ont été faites pour parvenir à cet ordre sont intempestives et prématurées, et ne peuvent produire aucun effet;

Considérant, sur la demande en garantie formée par les parties de Bigeu contre celle de Bréchard, que l'art. 714 n'impose pas à l'adjudicataire l'obligation de faire signifier le jugement d'adjudication dans un délai déterminé; que, d'après cela, l'adjudicataire était toujours en mesure de faire cette signification; — Que l'art. 715 du même code n'est relatif qu'aux délais dans lesquels l'adjudicataire doit justifier qu'il a satisfait aux conditions de l'enchère, pour pouvoir se faire délivrer expédition du jugement d'adjudication; qu'au nombre des justifications qu'il doit faire n'est point la signification du jugement d'adjudication à la partie saisie; d'où il suit que les articles ci-dessus sont inapplicables pour justifier ladite demande en garantie; — Considérant, d'ailleurs, que l'art. 92 du cahier des charges de l'adjudication consentie à la partie de Bréchard, tout en imposant à l'adjudicataire l'obligation de signifier

cas, l'adjudicataire ne pouvait être déclaré garant de la nullité (même arrêt).

83. Cette décision ne pourrait plus, il semble, être suivie. Le nouveau code, art. 716, exige bien encore que le jugement d'adjudication soit signifié à la partie saisie; mais il ne prend plus cette signification pour point de départ de l'ouverture de l'ordre. L'art. 750, en effet, est ainsi conçu : « L'adjudicataire est tenu de faire transcrire le jugement d'adjudication dans les quarante-cinq jours de sa date, et, en cas d'appel, dans les quarante-cinq jours de l'arrêt confirmatif, sous peine de revente sur folle enchère.—Le saisissant, dans la huitaine après la transcription, et, à son défaut, après ce délai, le créancier le plus diligent, la partie saisie ou l'adjudicataire, dépose au greffe l'état des inscriptions, requiert l'ouverture du procès-verbal d'ordre, et, s'il y a lieu, la nomination d'un juge-commissaire. — Cette nomination est faite par le président, à la suite de la réquisition inscrite par le poursuivant sur le registre des adjudications tenu à cet effet au greffe du tribunal. »

La transcription, depuis la loi du 23 mars 1855, qui en fait une condition essentielle de la transmission de la propriété immobilière à l'égard des tiers (V. Transcription hypothécaire), est devenue d'une importance considérable, car c'est elle, et elle seule, qui arrête le cours des inscriptions (art. 6 de la loi précitée). La procédure de saisie immobilière n'a plus aujourd'hui pour effet de purger les privilèges et hypothèques *non inscrits* (V. Transcr. hypoth., n° 370; Conf. M. Flandin, Tr. de la transcript. hypoth., n° 577); de là la nécessité d'exiger la transcription comme un préalable indispensable à l'ouverture de l'ordre, puisque ce n'est qu'après la transcription que peuvent être connus tous les créanciers qui ont le droit d'y figurer.—Et pour que l'adjudicataire, en différant de transcrire, ne retarde pas indéfiniment l'ouverture de l'ordre, la loi veut qu'il fasse transcrire dans les quarante-cinq jours du jugement d'adjudication, sous peine de voir l'immeuble revendu à sa folle enchère.

84. Cette disposition de l'art. 750 a été empruntée à la loi du 11 brum. an 7, sur l'expropriation forcée, dont l'art. 22 s'exprime ainsi : « L'adjudication doit être transcrite, à la diligence de l'adjudicataire, sur les registres du bureau de la conservation des hypothèques de la situation des biens, *dans le mois* de sa prononciation. Il ne peut, avant l'accomplissement de cette formalité, se mettre en possession des biens adjugés; et, après l'expiration du mois, les créanciers, non remboursés, ont aussi la faculté, même sans attendre l'échéance du terme d'exigibilité de leurs créances, de faire procéder contre l'adjudicataire, et à sa folle enchère, à la revente et adjudication des biens, dans les mêmes formes et délais qu'à l'égard du saisi; sauf que le commandement sera remplacé par une dénonciation du certificat, délivré par le conservateur des hypothèques, que la transcription du jugement d'adjudication n'a point été faite. »

85. Pourquoi ce délai de quarante-cinq jours plutôt que celui de quinzaine, plutôt que celui d'un mois? L'exposé des motifs en donnait cette raison, que, « la loi de 1855 ayant accordé quarante-cinq jours à certains créanciers qu'elle désigne, il convenait, en respectant ce délai, de l'imposer rigoureusement pour opérer la transcription... (D. P. 58. 4. 46, n° 13).— La même chose avait été répétée par M. Riché, dans son rapport : « Pour que la solution de continuité entre l'adjudication et l'ordre, disait-il, ne puisse pas être élargie, au gré d'un adjudicataire peu empressé de payer, il faut que la transcription, imposée à l'adjudicataire, se fasse dans un bref délai après la vente. Ce délai doit prendre en considération celui qui est accordé par la loi de 1855 au vendeur et au copartageant pour faire inscrire leur privilége, dans le cas de revente; ils ont quarante-cinq jours, à dater de la vente ou du partage, nonobstant toute transcription antérieure : il était donc inutile de faire transcrire avant les quarante-cinq jours de l'adjudication » (D. P. 58. 4. 49, n° 70).

Mais, dans la discussion, un député, M. Ollivier, demanda l'abréviation du délai, en faisant observer que la raison, donnée dans l'exposé des motifs et dans le rapport de la commission, pour le délai de quarante-cinq jours, était inacceptable. « Le vendeur, disait-il, sera toujours forclos, s'il ne s'est pas inscrit avant le jugement d'adjudication. En effet, les quarante-cinq jours qui lui sont accordés partent, aux termes de l'art. 6 de la loi de 1855, du jour de la vente. Or, de la saisie à l'adjudication qui vaut revente, il s'écoulera au moins quatre-vingt-dix jours. Donc, au moment de l'adjudication, de deux choses l'une : ou le vendeur sera inscrit; alors il n'est pas nécessaire de lui accorder un délai pour s'inscrire, ou il ne sera pas inscrit; et alors, le délai de quarante-cinq jours étant expiré, il ne pourra plus s'inscrire.... »

Néanmoins, le délai de quarante-cinq jours fut maintenu. On le jugea nécessaire pour que l'adjudicataire eût le temps d'être mis en possession d'une expédition de son jugement (L. 21 mai 1858 annotée, art. 750, note 12, D. P. 58. 4. 38).

86. Mais ce délai de quarante-cinq jours est un délai *maximum*, et rien n'empêche, d'après ce qui vient d'être dit, que la transcription ne soit faite dans un délai plus court. Et, comme l'art. 750 dispose que le saisissant doit requérir l'ouverture du procès-verbal d'ordre, *dans la huitaine après la transcription*, il s'ensuit nécessairement que c'est de la date de cette transcription, même faite avant l'expiration des quarante-cinq jours, que court le délai de huitaine (Conf. M. Chauveau, Proc. de l'Ordre, quest. 2548).

87. Mais comment, dit M. Chauveau, quest. 2548 *bis*, l'avoué du saisissant saura-t-il que le jugement a été transcrit? — C'est là, pensons-nous, une difficulté que la pratique résoudra facilement. M. Lancelin, dans ses observations au corps législatif, aurait voulu que la loi prescrivît le dépôt au greffe, par l'avoué de l'adjudicataire, d'un certificat constatant que la transcription a été effectuée. Mais la loi n'a pas voulu multiplier les frais, sans nécessité; elle a compté sur la vigilance de l'avoué poursuivant, sur les bonnes relations de confraternité entre les officiers ministériels, et, au besoin, sur les mesures intérieures que pourraient prendre les chambres de discipline, afin d'empêcher la lutte de s'établir entre les avoués pour s'enlever les uns aux autres l'initiative de la poursuite (Conf. M. Flandin, Tr. de l'ordre, inédit).

88. Le délai de quarante-cinq jours court *du jour du jugement d'adjudication*. Bien entendu que, s'il est fait une surenchère du sixième, conformément à l'art. 708 c. pr., ce n'est que du jour de la nouvelle adjudication que partira le délai, alors même qu'elle aurait été tranchée au profit du premier adjudicataire lui-même (Conf. MM. Ollivier et Mourlon, Comm., n° 265; Grosse et Rameau, Comm., t. 1, n° 146).

89. L'art. 750 ajoute qu'*en cas d'appel*, les quarante-cinq jours courent du jour de *l'arrêt confirmatif*. Cela dit, sans autre explication, ferait supposer que le jugement d'adjudication est susceptible d'appel : question controversée sous le code de 1806, mais que la loi du 2 juin 1841 a tranchée dans le sens de la négative, à moins que le jugement ne statue en même temps sur des incidents; ce qui est un cas exceptionnel (V. Vente publ. d'imm., n°s 1734 et suiv., et l'art. 730, n° 2, du nouveau code de procédure). — La loi du 2 juin 1841 n'ayant modifié que le titre de la saisie immobilière, sans toucher au titre de l'ordre, l'art. 749 avait continué de subsister, dans le code de procédure, et cet article s'exprimait comme suit : « Dans le mois de la signification du jugement d'adjudication, s'il n'est pas attaqué; en cas d'appel, dans le mois de la signification du jugement confirmatif, etc. » Nous sommes assez disposé à croire, avec MM. Ollivier et Mourlon, Comm., n° 265, que cette rédaction vicieuse a été reproduite, par inadvertance, par le législateur de 1858, qui n'aura pas songé à mettre le nouveau texte en harmonie avec la disposition de l'art. 730. — Toutefois, d'autres auteurs font observer que les mots : « En cas d'appel, les quarante-cinq jours courront du jour de l'arrêt confirmatif, »

---

le jugement d'adjudication dans la huitaine, ne prononçait d'autre peine contre lui que la faculté au saisissant de lever, aux frais de l'adjudicataire, une seconde expédition de l'adjudication et de faire faire les significations; — Que l'adjudicataire ne pouvait être passible d'aucune autre peine, et surtout des frais de poursuite provoqués d'une manière irrégulière; — Confirme.

Du 25 juin 1823.-C. de Poitiers, 1re ch.-MM. Barbault de La Motte, pr.-Vincent-Molinière, av. gén., c. conf.-Bigeu, Foucher, Bréchard, av.

étaient nécessaires, et qu'il est fait allusion, par ces expressions, au cas où le jugement d'adjudication, statuant en même temps sur des incidents, est susceptible d'appel (V. MM. Seligman, n° 117, et Pont, *ibid.*, note 1).

90. Mais, si le jugement d'adjudication ne peut être attaqué par la voie de l'appel, il peut l'être par la voie de nullité, comme l'a décidé la cour de cassation, dès 1826 (Req., 27 avr. 1826, aff. Mallet, v° Vente publ. d'imm., n° 1739; Conf. Req. 18 fév. 1846, aff. Mandron, D. P. 46. 1. 134). Il est manifeste, alors, que le délai de quarante-cinq jours ne courra que du jour du jugement qui aura rejeté la nullité proposée contre ledit jugement, ou du jour de l'arrêt confirmatif, s'il y a appel de ce jugement (Conf. MM. Ollivier et Mourlon, *loc. cit.*; Grosse et Rameau, t. 1, n° 146).

91. Ainsi que l'enseigne Pigeau, Comm., t. 2, sur l'art. 749, note 3, la réquisition d'ouverture de l'ordre emporte, de la part de celui de qui elle émane, renonciation à attaquer le jugement d'adjudication (Conf. MM. Ollivier et Mourlon, n° 270; Chauveau sur Carré, quest. 2539-6°, et Proc. de l'ordre, quest. 2549 *ter*).

92. Mais il a été jugé, avec raison : 1° que l'acquéreur n'est point réputé acquiescer au jugement qui le condamne à payer son prix aux créanciers du vendeur, par cela seul qu'il figure dans l'ordre, s'il n'y a figuré que comme contraint et forcé (Paris, 17 prair. an 13, aff. Dérécalde; v° Acquiescement, n° 779); — 2° Que le créancier poursuivant l'ordre ne peut être réputé avoir acquiescé à une clause du jugement d'adjudication, d'où peut résulter, pour l'adjudicataire, dispense de payer les intérêts de son prix, quand le procès-verbal d'ouverture de l'ordre contient lui-même l'énonciation que l'ordre doit porter, tant sur le capital que sur les intérêts (Rej. 23 déc. 1806, aff. Léorier de l'Isle, v° Vente pub. d'imm., n° 2149-2°).

93. Si l'adjudicataire ne fait pas transcrire dans le délai fixé, l'immeuble sera revendu à sa folle enchère. — Cette folle enchère peut être provoquée par tous ceux qui ont le droit de requérir l'ouverture du procès-verbal d'ordre, et notamment par le saisi (Conf. MM. Ollivier et Mourlon, n° 266; Grosse et Rameau, Comm., t. 1, n° 150; Seligman, n° 118). — Le projet de loi autorisait le poursuivant à faire transcrire, à défaut de l'adjudicataire; mais à cette disposition, qui pouvait entraîner des lenteurs, on a préféré le moyen plus énergique de la poursuite sur folle enchère (V. le rapport de M. Riché, D. P. 58. 4. 49, n° 70).

94. Toutefois, l'adjudicataire aura la faculté, même après l'expiration des quarante-cinq jours, d'arrêter la poursuite de folle enchère, en faisant faire la transcription. Mais il devra, dans ce cas, supporter les frais faits jusque-là, et même les consigner (Arg. art. 738 c. pr.; Conf., MM. Duvergier, *loc. cit.*; Chauveau, Proc. de l'ordre, quest. 2548 *ter.*)

95. M. Seligman, n° 120, pense que cela ne suffirait pas; qu'il faudrait exiger de l'adjudicataire qu'il consignât, en outre, le prix d'adjudication, afin, dit-il, que l'ordre ne puisse plus être entravé par sa mauvaise volonté. — Nous ne saurions nous associer à cette rigueur, qui n'a aucun fondement dans la loi.

96. S'il y a plusieurs adjudicataires, dont les uns fassent transcrire, et les autres ne le fassent pas, il sera loisible aux créanciers, dit M. Chauveau, Proc. de l'ordre, quest. 2549-4°, à la note, soit de requérir l'ouverture du procès-verbal d'ordre sur les adjudications transcrites, soit de faire transcrire euxmêmes, comme ils en ont incontestablement le droit, à la place des adjudicataires négligents. « Je ne pense pas, ajoute-t-il, que le juge-commissaire puisse, d'office, surseoir à l'ordre sur les adjudications transcrites, en se fondant sur les circonstances de modicité de prix, de positions particulières des adjudicataires ou des créanciers. » — Ce serait, il nous semble, de la part de ceux-ci, entendre bien mal leurs intérêts que de fractionner ainsi la distribution de prix distincts, sans doute, mais qu'il est avantageux de réunir pour en faire l'objet d'un ordre unique.

97. Ainsi que le dit encore M. Chauveau, Proc. de l'ordre, Quest. 2547-9°, « l'adjudicataire satisfera suffisamment aux prescriptions de l'art. 750, en déposant le jugement d'adjudication aux hypothèques dans le délai de quarante-cinq jours. » On ne peut le rendre responsable des retards plus ou moins grands qui seront apportés par le conservateur à opérer la transcription. — Il ne doit pourtant pas attendre la veille de l'expiration du délai pour faire le dépôt. — Il faut avouer, avec l'auteur, que la loi, à cet égard, manque de sanction. M. Chauveau aurait voulu qu'un délai fût imparti aux conservateurs pour délivrer l'état des inscriptions, et ce, sous peine d'amende. Mais cela n'était pas possible. La vigilance de l'Administration, dit, avec raison, M. Flandin, Tr. de l'ordre, inédit, éveillée, au besoin, par la plainte des parties intéressées, doit suffire pour prévenir toute négligence de la part des conservateurs.

98. La transcription opérée dans le délai, ou même après le délai, si personne n'a jugé à propos de provoquer la revente sur folle-enchère, c'est au saisissant qu'appartient l'initiative à prendre pour la réquisition de l'ouverture du procès-verbal, et ce n'est qu'à son défaut, et en cas de négligence de sa part, qu'il est permis à la partie saisie, à l'adjudicataire ou au créancier le plus diligent, de prendre sa place. « Le saisissant, porte le deuxième alinéa de l'art. 750, dans la huitaine après la transcription, et, *à son défaut, après ce délai*, le créancier le plus diligent, la partie saisie ou l'adjudicataire, dépose au greffe l'état des inscriptions, requiert l'ouverture du procès-verbal d'ordre, et, s'il y a lieu, la nomination du juge-commissaire... » (Conf. MM. Bioche, v° Ordre, n° 163, 3e éd.; Seligman, n° 124; V. Montpellier, 19 mars 1840, aff. Chouchard, *infrà*, n° 456). — Il avait été jugé, au contraire, sous la loi du 11 brum. an 7, que la poursuite appartenait au créancier qui avait provoqué le premier l'ouverture de l'ordre, sans égard au droit de préférence réclamé pour le saisissant par la chambre des avoués (Trib. civ. de la Seine, 30 niv. an 12, aff. Bachelier C. Demauroy).

99. *Le créancier le plus diligent*, dit l'art. 750. L'expression est générale et s'applique aux créanciers chirographaires comme aux créanciers hypothécaires ou privilégiés. Ainsi que MM. Ollivier et Mourlon, Comm., n° 267, nous n'hésitons pas à ranger les simples chirographaires au nombre des créanciers qui ont le droit de poursuivre l'ouverture de l'ordre. « Ils ont intérêt, disent très-bien ces auteurs, à hâter la fixation d'un ordre qui leur permettra de toucher, s'il y a lieu, ce qui restera du prix de vente, après l'extinction des dettes hypothécaires. » On leur reconnaît le droit d'intervenir à l'ordre et de discuter les créances produites (V. *infrà*, sous la sect. 7); pourquoi leur refuserait-on le droit de provoquer l'ouverture de l'ordre? Ils peuvent enfin, aux termes de l'art. 1166 c. nap., exercer les droits de leur débiteur, et la *partie saisie* est mise, par l'art. 750, au nombre des personnes qui peuvent requérir l'ouverture du procès-verbal d'ordre (Conf. MM. Pigeau, Proc. civ., t. 2, p. 286, n° 2, 4e éd.; Houyvet, n° 110; Bioche, Dict. de proc., v° Ordre, n° 171, 3e éd.; Seligman, n° 132; Pont, *ibid.*, à la note; Flandin, Tr. de l'ordre, inédit. — *Contrà*, MM. Grosse et Rameau, Comm., t. 1, n° 284). — M. Chauveau, qui, sous l'ancien code, avait émis (Quest. 2549 *bis*) l'opinion que le créancier chirographaire, pouvait, de son chef, provoquer l'ouverture de l'ordre, l'a modifiée depuis la loi du 21 mai 1858 (Proc. de l'ordre, Quest. 2548-5°). « La loi nouvelle, dit-il, ayant nommément désigné ceux qui auraient le droit de provoquer un ordre, n'a pas voulu parler d'un créancier chirographaire, en disant : *le créancier le plus diligent.* Je modifierai donc mon opinion en ce sens qu'un créancier chirographaire ne pourrait provoquer un ordre qu'au nom du saisi, son débiteur, dont il a le droit d'exercer en justice toutes les actions. » — Il a été jugé, conformément à notre opinion, qu'un créancier peut provoquer l'ouverture d'un procès-verbal d'ordre pour la distribution des sommes provenant de la vente des biens qui appartiennent à son débiteur, quoique ces biens ne lui soient pas hypothéqués (Besançon, 16 juill. 1808) (1).

100. En cas de concours entre plusieurs parties requérantes,

(1) (Poncet C. dame Liévremont.) — La cour; — Considérant, sur le point de savoir si la dame Liévremont avait qualité suffisante pour provoquer l'ouverture du procès-verbal d'ordre: 1° que sa qualité de créancier est fondée sur un titre authentique, reconnu et non contesté; qu'on ne peut point invoquer contre elle l'art. 2209 c. civ., qui défend aux créanciers de provoquer la vente d'immeubles qui ne leur sont point hypothéqués, avant que d'avoir discuté ceux qui le sont réellement, parce qu'il ne s'agit point ici d'une expropriation tentée par la dame

c'est au président à décider à qui la poursuite doit appartenir (Tarif, art. 130). — Il agira équitablement, en accordant la préférence, entre créanciers, à celui qui est privilégié sur celui qui n'est qu'hypothécaire ; à celui qui a l'inscription la plus ancienne sur celui qui n'en a qu'une plus récente ; à celui qui a un titre authentique sur celui qui n'a qu'un acte sous seing privé ; au créancier hypothécaire sur celui qui n'est que chirographaire (Conf. MM. Pigeau, Proc. civ., t. 2, p. 286, n° 2, 4ᵉ éd., et Comm., t. 2, sur l'art. 751, note 1 ; Demiau, p. 464 ; Favard, t. 4, p. 34 ; Berriat, p. 611, note 5 ; Chauveau sur Carré, Quest. 2550, et Proc. de l'ordre, Quest. 2548-8° ; Bioche, v° Ordre, n° 172, 3ᵉ éd. ; Seligman, n° 133 ; Grosse et Rameau, t. 2, n° 478). — Il a été jugé, dans le même sens, que la poursuite, en cas de jonction de deux ordres, doit être délaissée à celui des deux poursuivants qui représente les intérêts les plus généraux ; par exemple, au créancier qui a une hypothèque générale frappant sur tous les immeubles dont le prix est à distribuer, de préférence à celui qui n'a qu'une hypothèque spéciale sur l'un de ces immeubles : — « Le tribunal..... ; sur la deuxième question (celle de savoir qui doit être chargé de la continuation des poursuites) : — Considérant, en droit, que la seule règle à suivre, en cette matière, est encore l'intérêt des parties ; — Qu'il suit de là que les actes déjà accomplis doivent profiter à l'intérêt commun (le poursuivant du premier ordre s'était borné à requérir la nomination du juge-commissaire et n'avait plus rien fait ; le poursuivant du second ordre avait adressé aux créanciers les sommations de produire, lesquelles avaient été suivies de productions), et que la poursuite ne pourrait, sans dommage pour l'intérêt commun, être enlevée à celui qui a pris l'initiative, alors surtout qu'il représente des intérêts plus généraux que ceux que défend son adversaire ; — Considérant que, dans l'espèce, Mᵉ Tireau occupant pour un créancier qui a des droits à exercer, en vertu d'une hypothèque générale, sur les trois immeubles qui sont l'objet des deux ordres à joindre, il est naturel de l'autoriser, à l'exclusion de tous autres, à continuer les poursuites par lui commencées, et qu'il y a d'autant plus de raison de le maintenir dans cette position au procès que la partie de Mᵉ Thibaudeau, qui la lui dispute, n'ayant qu'une hypothèque spéciale qui ne frappe que sur l'un de ces immeubles, serait évidemment sans qualité pour exercer, au moins sur deux des trois maisons vendues, le droit qu'elle dispute à son concurrent ;... dit que les poursuites commencées par Mᵉ Tireau seront continuées, sur les mêmes errements, par le même avoué, etc. » (Trib. civ. de Napoléon-Vendée, 26 déc. 1849, M. Girard de Vasson, pr., aff. Verger C. Baron).

101. Il a, toutefois, été jugé que les créanciers inscrits *doivent* être préférés à l'adjudicataire dans la poursuite d'un ordre ouvert après une licitation : — « La cour (par adoption des motifs des premiers juges) ; — Attendu, sur la première question, qu'il résulte des dispositions des art. 750 et 775 (anciens) c. proc. que le créancier a la préférence sur l'adjudicataire ; — Qu'en effet, lorsqu'il s'agit, comme dans l'espèce, d'une licitation provoquée par un créancier, c'est là véritablement une vente forcée à l'égard du débiteur, et que, dès lors, il y a lieu d'appliquer le principe qui régit l'ordre en matière de saisie ; — Qu'en écartant même l'application de l'art. 750, on est forcé de reconnaître que, dans l'espèce, l'art. 775 doit recevoir son application, et que cet article dispose que *le créancier le plus diligent ou l'acquéreur* ouvrira l'ordre ; d'où la conséquence qu'il accorde la priorité au créancier, puisqu'il ne place l'acquéreur qu'en deuxième ligne ; — Qu'en effet, le créancier est plus intéressé à recevoir son payement que l'acquéreur à effectuer sa libération... ; — Confirme » (Bordeaux, 2ᵉ ch., 2 fév. 1848 ; MM. Prévot-Leygonie, pr. ; Degrange-Touzin, av. gén., c. conf. ; aff. Pompinaud C. Paignon). — Cette décision est approuvée par M. Chauveau, Journ. des av., t. 73, p. 488, note 3-4, en ces termes : « En fait, dans l'espèce, le créancier avait entamé la poursuite avant l'adjudicataire ; elle lui appartenait donc. Et d'ailleurs, sur ce point, je serais assez disposé à admettre l'opinion de la cour de Bordeaux ; car la loi, dans l'art. 750 et 775, place toujours l'adjudicataire ou l'acquéreur après les créanciers... » (V. aussi Proc. de l'ordre, quest. 2613 *bis*). — Nous ne saurions, quant à nous, décider, d'après un tel motif, une question de priorité entre deux poursuivants. Il nous semble, d'ailleurs, que la question se trouve implicitement résolue par l'art. 130 précité du tarif de 1807, qui abandonne la décision au président.

102. Il a, d'ailleurs, été jugé que, lorsque deux créanciers, les seuls inscrits sur l'immeuble, n'ont donné mainlevée de leur inscription qu'après l'adjudication et la transcription, et sous condition de payement, cette mainlevée ne peut les empêcher de poursuivre l'ordre et de se faire adjuger le prix, de préférence aux créanciers chirographaires, si la condition n'a pas été remplie (Caen, 4 avr. 1807, et, sur pourvoi, Req. 1ᵉʳ janv. 1809, aff. Libert, v° Priv. et hyp., n° 1737-3°).

103. L'ordonnance du président, dans le cas dont nous venons de parler, n'est susceptible ni d'opposition, ni d'appel, d'après l'art. 130 précité du tarif ; et ce même article ajoute qu'il n'en sera point dressé de procès-verbal, et qu'il ne sera alloué aucune vacation aux avoués.

A Paris, les avoués se règlent devant leur chambre ; et cet usage est généralement suivi dans les autres tribunaux.

104. L'ancien art. 750 ne faisait pas mention du *saisi*, et c'est une lacune qui a été très-judicieusement comblée par la loi nouvelle ; car le saisi a un véritable intérêt à accélérer la distribution du prix, qui doit le libérer d'autant. — Il a été jugé, dans ce sens, sous l'ancien code, que le saisi a, comme le saisissant et les créanciers, le droit de requérir l'ouverture de l'ordre ; spécialement, qu'il en est ainsi de l'héritier bénéficiaire, chargé de la liquidation de la succession : — « La cour ; considérant, sur la première question, qu'à la vérité, l'art. 750 c. pr. désigne, pour la poursuite de l'ordre, le saisissant, l'adjudicataire ou les créanciers, et semble en exclure le saisi ; mais que plusieurs jurisconsultes n'y ont vu qu'une omission, parce que le saisi a intérêt à ne pas laisser oisif le prix de l'adjudication, à se libérer et à toucher le surplus, s'il y en a ; qu'ici la demoiselle Déféillens n'a pas seulement le titre d'héritière, mais que, l'étant sous bénéfice d'inventaire, elle est chargée de la liquidation de la succession, et par conséquent peut exercer toutes les actions qui y conduisent ; ...confirme » (Bourges, 8 août 1827, aff. Laborde C. demoiselle Déféillens).

105. C'est l'adjudicataire, bien souvent, qui aura à requérir l'ouverture de l'ordre, afin d'être libéré de son prix. Mais, si, dans le cahier des charges, on lui avait imposé l'obligation, ou si, dans le contrat de vente, il avait pris l'engagement de payer les créanciers d'après un ordre préalablement arrêté entre eux, cette stipulation serait obligatoire pour lui, puisque « les conventions, également formées, tiennent lieu de loi à ceux qui les ont faites » (c. nap. 1134 ; V. Turin, 22 janv. 1812, aff. Valperga, *suprà*, n° 71 ; Conf. MM. Ollivier et Mourlon, n° 267 ; Chauveau, Proc. de l'ordre, quest. 2547).

106. Il a été jugé, dans le même sens : 1° que, lorsque, dans un contrat de vente, le vendeur a indiqué ceux des créanciers inscrits sur l'immeuble à qui le prix devait être payé, et que l'acquéreur a accepté cette indication de payement, cet acquéreur ne peut ultérieurement provoquer l'ouverture d'un ordre, qui deviendrait l'occasion de frais frustratoires, sous prétexte qu'il existe d'autres créanciers hypothécaires (dont l'existence, d'ailleurs, ne lui a pas été dissimulée), alors que le contrat lui présente toute garantie contre les réclamations de ces créan-

Lièvremont sur un immeuble du sieur Poncet, mais seulement d'une demande faite pour participer au produit d'une créance appartenant audit Poncet ; 2° que, dans cette hypothèse, les art. 2092 et 2093 sont les seuls à consulter, en ce qu'ils déclarent que les biens du débiteur sont le gage commun de ses créanciers quelconques, sous la préférence qui est due aux priviléges et hypothèques ; 3° que, dans l'état des choses, la dame Lièvremont n'a eu d'autre parti à prendre que celui d'établir une collocation entre les créanciers hypothécaires pour être ensuite pourvue après eux, s'il restait des deniers, et que cette marche a été d'autant plus nécessaire que, dans une autre instance en saisie-arrêt, un autre créancier avait été renvoyé à être pourvu après le règlement entre les hypothécaires ; 4° que des créanciers ayant hypothèque ont adhéré à l'ouverture d'ordre de la dame Lièvremont, et se la sont ainsi appropriée ; ce qui forme un nouvel obstacle à ce que le sieur Poncet puisse le critiquer ; ... — Confirme.

Du 16 juill. 1808.-C. de Besançon.-M. Cros, pr. gén. c. conf.

ciers, notamment par la subrogation à l'hypothèque légale de la femme du vendeur, laquelle absorbe la totalité du prix : — « La cour; considérant que, par l'acte de vente du 28 déc. 1812, les vendeurs ont indiqué ceux des créanciers auxquels le prix de la vente devait être payé, et que les acquéreurs ont accepté cette indication, et consenti de s'y conformer; considérant que, par le même acte, les vendeurs ont garanti les acquéreurs de toutes hypothèques autres que celles des créanciers indiqués, et que l'épouse de Charles, covenderesse solidaire et créancière privilégiée de son mari, pour une somme beaucoup plus forte que celle du prix de la vente, s'est départie, relativement aux acquéreurs, de son hypothèque légale, ne se réservant de la faire valoir que contre tout créancier non indiqué qui entreprendrait d'évincer lesdits acquéreurs; considérant qu'il résulte de toutes ces stipulations mutuelles et volontairement convenues entre toutes les parties, que, dans leur ensemble, elles forment une loi dont il n'était permis à aucune d'elles de s'écarter, et démontrent suffisamment que l'intention principale des parties contractantes était qu'il ne fût point ouvert de procès-verbal; que d'ailleurs, loin que les vendeurs aient caché aux acquéreurs qu'il existait d'autres créanciers que ceux indiqués, ils ont, au contraire, mis les acquéreurs à l'abri de toute inquiétude, dans le cas où ces autres créanciers se présenteraient, et que, conséquemment, ces derniers, en provoquant un procès-verbal d'ordre, sont non-seulement contrevenus aux conventions par eux souscrites, mais encore se sont livrés, sans nécessité, à une procédure aussi ruineuse que frustratoire; infirme » (Lyon, 25 août 1817, aff. Charles C. Revel et Terminal); — 2° Que le vendeur peut valablement stipuler que l'acquéreur n'ouvrira pas d'ordre pour la distribution du prix de la vente; et que, si l'acquéreur n'exécute pas cette obligation, il est passible de dommages-intérêts : — « La cour; attendu que l'arrêt attaqué, en rapprochant les unes des autres les clauses du contrat de vente, a vu, dans cet acte, l'obligation imposée au demandeur de ne pas ouvrir de procès-verbal d'ordre pour la distribution du prix de vente, obligation qui ne blesse aucune loi; qu'en déclarant, en conséquence, nul et de nul effet le procès-verbal d'ordre ouvert par le demandeur, en ordonnant l'exécution du contrat de vente, et en condamnant le demandeur aux dommages-intérêts qui résultent de l'inexécution de l'obligation imposée, l'arrêt ne peut avoir violé les lois invoquées (art. 775 c. pr.); — Rejette le pourvoi contre l'arrêt de la cour d'Amiens du 17 janv. 1818 » (Req. 28 juill. 1819, MM. Lasaudade, pr., Vallée, rap., aff. Pinaguet C. Dupont).

107. Il n'est pas nécessaire, quand un créancier, autre que le saisissant, prend l'initiative de la poursuite d'ordre, qu'il se fasse subroger au saisissant, en alléguant la négligence ou la collusion de ce dernier avec le débiteur; il suffit que le saisissant n'ait pas agi dans la huitaine après la transcription (Conf. M. Thomine, t. 2, p. 309, n° 857).

108. Il a été jugé, du reste : 1° que l'irrégularité d'une inscription prise par un créancier ne peut entraîner la nullité de la poursuite d'ordre introduite par ce créancier, alors surtout que la poursuite a passé à un autre par la voie de la subrogation : — « La cour, attendu que la poursuite d'un ordre n'est pas nulle par le seul motif que l'inscription du créancier qui l'a introduite serait jugée, ensuite, nulle et irrégulière; que, la nécessité d'un ordre une fois reconnue, aucun créancier inscrit n'a intérêt d'en faire annuler la poursuite, si elle est régulière dans la forme; que cette poursuite devient, alors, commune à tous, et qu'il n'importe point que la personne par qui elle a été introduite reste, ou non, dans l'ordre, surtout lorsque la poursuite a passé à un autre créancier par la voie de la subrogation.... » (Paris, 15 avr. 1809, aff. Panchaud C. Tourton et Ravel; Conf. MM. Persil, Quest. hyp., t. 2, p. 416; Berriat, p. 612; Favard, t. 4, p. 55; Chauveau, Proc. de l'Ordre, quest. 2548-6°);

2° Que la poursuite d'ordre n'est pas nulle pour avoir été exercée par un acquéreur évincé par une surenchère, alors que l'incident, au lieu d'être porté à l'audience, a été soulevé seulement devant le juge-commissaire; que, d'ailleurs, le créancier, qui oppose la nullité, a produit à l'ordre qu'il critique et y a requis sa collocation, et qu'enfin la procédure s'est trouvée régularisée par la subrogation demandée et obtenue par un créancier ayant qualité pour poursuivre l'ordre : — « La cour (par adoption des motifs des premiers juges); attendu, sur la demande en nullité de l'ordre, qu'il y aurait eu lieu, tout au plus, à s'en occuper, si, après avoir été sommés de produire, les sieurs Vivès et Rigailhou avaient élevé et fait porter à l'audience l'incident; mais que, ne l'ayant pas fait, ayant, au contraire, produit et demandé leur allocation, ils se sont ainsi approprié la procédure et se sont rendus irrecevables à la critiquer; qu'ils le peuvent d'autant moins aujourd'hui que la subrogation l'a fait passer sur la tête de la dame Trinchant, qui avait évidemment qualité pour agir, et qu'en outre, la confection d'un nouvel ordre, sans changer la position des parties, ne ferait qu'augmenter les frais pour arriver au même résultat; ...rejette les contredits » (Toulouse, 3 juill. 1840, aff. Rigailhou C. Lacoste). — Dans l'espèce, la demoiselle Lacoste, premier acquéreur de la maison dont le prix était en distribution, quoique évincée par une surenchère, avait, néanmoins, provoqué l'ouverture de l'ordre et sommé les créanciers de produire. Rigailhou, dernier adjudicataire, demande la nullité des poursuites, comme faites par une personne sans qualité, et subsidiairement, sa collocation pour les sommes qui lui sont dues. Le juge-commissaire maintient les poursuites et dresse l'état provisoire contredit par Rigailhou, auquel un autre créancier, le sieur Vivès, adhère. Postérieurement, la dame Trinchant, créancière inscrite, se fait subroger aux poursuites. C'est dans cet état que se présentait l'affaire; — 3° Mais que, lorsqu'un ordre est mal à propos ouvert par celui auquel une inscription a été indûment délivrée par le conservateur, il doit être condamné à supporter les frais de cette mauvaise procédure, et à les restituer à ceux qui en ont fait les avances (Orléans, 17 juill. 1818, aff. Herpin C. Julienne).

109. La réquisition d'ouverture du procès-verbal d'ordre est faite par le ministère d'avoué; car elle constitue, comme nous l'avons dit *suprà*, n° 41, un acte de postulation.

110. La partie, qui veut requérir l'ouverture du procès-verbal d'ordre, doit s'adresser au juge spécial chargé du règlement des ordres dans le tribunal. S'il n'y en a pas, ou s'il est absent ou empêché, ou s'il y a plusieurs magistrats chargés du même service, c'est au président qu'il faut recourir pour la désignation du juge-commissaire (V. *suprà*, n°s 50 et 56). C'est ce qu'exprime l'art. 750, en disant que « le saisissant... requiert l'ouverture du procès-verbal d'ordre, et, *s'il y a lieu*, la nomination du juge-commissaire. »

111. D'après M. Houyvet, n° 111, l'ordonnance du président pour la nomination du juge-commissaire, et celle du juge-commis pour l'ouverture du procès-verbal d'ordre, seraient susceptibles d'appel. Mais cela ne doit s'entendre que de celles portant refus de déférer à la réquisition, car ce sont les seules qui puissent faire grief aux parties (V., à cet égard, v° Appel civil, n°s 366 et suiv., 419 et s.). — Il a été jugé, dans ce sens : 1° que l'ordonnance du président, qui refuse de commettre un juge pour procéder à l'ordre, est susceptible d'appel (Bordeaux, 14 août 1845) (1); — 2° Que, dans ce cas, l'appel, en l'absence de tout

(1) (Bégaud.) — La cour; — Attendu que la forme ordinaire des appels ne pouvait être suivie par Bégaud; que l'appel dont s'agit a pour objet une formalité de procédure dont l'accomplissement doit avoir lieu sans contradicteur; — Attendu que, lorsqu'il s'agit d'un jugement ou d'une ordonnance rendue en premier ressort, l'appel est toujours recevable, à moins qu'il ne soit prohibé dans des cas exceptionnels; — Attendu que Bégaud, n'ayant point de contradicteur, a pu former son appel par requête; — Attendu que, d'après l'art. 750 c. pr., le président doit nommer un juge-commissaire, suivant la demande qui lui en est faite par la partie qui requiert l'ouverture de l'ordre : — Attendu que cette formalité est indispensable et préjudicielle; qu'elle ne peut soulever aucune contradiction; que, s'il s'élève ensuite des difficultés, elles sont dans les attributions du juge-commissaire et du tribunal; — Attendu que la remise proportionnelle ne pouvait être fixée avant l'adjudication, puisqu'elle se calcule sur le prix de l'adjudication elle-même; — Attendu que, pour se refuser à la nomination d'un juge-commissaire, le président du tribunal a excipé d'un défaut de formalité qui n'est pas formellement prescrite : — Faisant droit de l'appel interjeté par Bégaud de l'ordonnance du président du tribunal civil de Libourne du 4 avril 1845; infirme, nomme M..., juge dudit tribunal pour procéder à l'ordre, etc.

Du 14 août 1845.-C. de Bordeaux, 1re ch.-M. Rouillet, 1er pr.

contradicteur, est valablement formé par voie de requête présentée à la cour (même arrêt; Conf. M. Talandier, de l'Appel en matière civile, n° 179; V. aussi Appel civ., n°s 657 et 658);—3° Que le président du tribunal, auquel est adressée la requête tendant à la désignation d'un juge-commissaire pour procéder à l'ordre, ne peut s'y refuser, sous prétexte qu'il n'est pas justifié de la taxe de la remise proportionnelle revenant à l'avoué poursuivant sur le montant de l'adjudication, cette formalité n'étant point exigée par la loi, et les difficultés qui peuvent s'élever, à cet égard, étant dans les attributions du juge-commissaire et du tribunal (même arrêt).

112. Il est tenu, au greffe, un registre des adjudications, sur lequel le requérant l'ordre fait sa réquisition, à la suite de laquelle le président du tribunal nomme, s'il y a lieu, le juge-commissaire (c. pr. 750). — M. le garde des sceaux, dans sa circulaire aux procureurs généraux du 2 mai 1859, prescrit, au sujet de ce registre, les mesures d'ordre suivantes : — « La loi, dit le ministre, confie au juge-commissaire la direction de l'ordre, et l'arme de pouvoirs suffisants pour stimuler l'activité des officiers ministériels. Afin de rendre cette tâche plus facile, j'ai décidé qu'il serait ouvert au greffe un registre conforme au modèle n° 6 ci-joint, indiquant, dans des colonnes distinctes, toutes les phases de la procédure. Le juge-commissaire y fera mentionner successivement l'exécution des formalités accomplies, et pourra, par le seul examen des mentions qui y seront portées, se rendre exactement compte de l'état des procédures.... Vos substituts, en vérifiant, chaque mois, les minutes du greffe, se feront représenter le registre dont je viens de parler, et lui consacreront une mention spéciale dans leur procès-verbal. Ils vous transmettront, en outre, dans les dix premiers jours de chaque trimestre, un extrait de ce registre, certifié par le greffier, contenant tous les ordres pendants et constatant la situation de chacun d'eux... » (D. P. 59. 3. 25, n°s 36 et 37).

113. La réquisition de la nomination d'un juge-commissaire et la nomination de ce juge, en exécution des art. 750 et 751 (anciens) c. pr., doivent se faire, non par voie de requête, suivie d'ordonnance, mais par *simple note*, écrite en marge du registre tenu en vertu de l'art. 751, et répondue par la *mention*, aussi marginale, du juge nommé, lesquelles *note et mention* ne sont pas sujettes à l'enregistrement (Instr. de la régie de l'enreg. du 5 fév. 1844, n° 1701, D. P. 45. 3. 33). — Ce mode de réquisition et de nomination du juge-commissaire (quand il y a lieu à nomination) est encore aujourd'hui le même, d'après les art. 749 et 750 du nouveau code.

114. Il a été jugé que les greffiers n'ont droit à l'émolument de 1 fr. 50 c., que l'art. 1, § 7, du décret du 24 mai 1854 leur alloue pour les actes, déclarations et certificats faits ou transcrits au greffe, qui ne sont pas l'objet d'une rétribution spéciale, qu'autant qu'il s'agit d'actes supposant, de leur part, un travail à rémunérer; qu'ainsi, ils n'ont pas droit à cet émolument pour la réquisition à fin de nomination du juge-commissaire d'un ordre, un tel acte, quoique transcrit au greffe, étant du ministère exclusif des avoués, qui, seuls, en font la transcription et le signent, sans autre participation du greffier que celle résultant de la communication du procès-verbal d'ordre, communication pour laquelle ils sont déjà rétribués, aux termes du § 6 de l'art. 1 du décret précité et de l'art. 1 de l'ord. du 10 oct. 1841 (Civ. cass. 24 fév. 1863, aff. Pinson (arrêt après partage), D. P. 63. 1. 57; Conf. M. Garnier, Dict. des droits d'enreg., v° Greffe, n° 6834).

115. On indique, dans la réquisition, l'immeuble vendu, la partie saisie, le prix d'adjudication, la date de l'adjudication et de sa transcription. — Si les fonds ont été versés à la caisse des dépôts et consignations, l'acte de réquisition doit mentionner la date et le numéro de la consignation (ord. 3 juill. 1816).

116. Le requérant dépose au greffe *l'état des inscriptions* (art. 750). Ce dépôt, déjà exigé par l'art. 752 de l'ancien code, est plus nécessaire encore aujourd'hui, puisque c'est sur cet état que le juge convoquera, ainsi que nous le dirons tout à l'heure, tous les créanciers inscrits, afin de se régler amiablement sur la distribution du prix (751). — « La remise de cet état et la réquisition d'ouverture du procès-verbal sont constatés dans un seul et même acte, qui est inscrit sur le registre des adjudications. — Le juge annexe l'état des inscriptions au procès-verbal; et le droit de 5 fr., fixé par le décret du 18 juill. 1808 pour dépôt de cet état, est perçu, lors de l'enregistrement de l'ordonnance de clôture de l'ordre » (circ. min. de la just. du 2 mai 1859, D. P. 59. 3. 25, n° 40; décis. min. fin. 17 janv. 1820).

117. L'ancien art. 752 disait : *l'état de toutes les inscriptions existantes*; le nouvel art. 750 dit : *l'état des inscriptions*; mais les deux dispositions ont évidemment le même sens. — Et, par ces mots : *l'état des inscriptions*, la loi n'entend pas parler seulement des inscriptions existantes au moment de la dénonciation de la saisie aux créanciers (c. proc. 692), mais de celles survenues depuis et jusqu'à la transcription du jugement d'adjudication. « Nous avons pensé, disait M. Tarrible, Rép., v° Saisie immob., § 8, n° 4, que ce mot, *existantes*, se rapporte au moment actuel de l'ouverture du procès-verbal; et, comme des inscriptions, qui n'existaient pas au moment de la dénonciation de la saisie, peuvent avoir été faites dans l'intervalle de cette dénonciation à l'adjudication définitive (aujourd'hui jusqu'à la transcription du jugement d'adjudication), nous croyons que le poursuivant doit s'assurer, après l'adjudication, que les inscriptions sont dans le même état où elles étaient, à l'époque de la dénonciation de la saisie, et, dans le cas contraire, en prendre un nouvel extrait » (Conf. MM. Pigeau, Comm., t. 2, sur l'art. 752, note 4; Carré et Chauveau, quest. 2252; Thomine, t. 2, p. 311; Ollivier et Mourlon, Comm., n° 269; Houyvet, n° 112).

La cour de cassation a fait du principe une notable application. — Elle a jugé que la faculté de changer le domicile élu dans une inscription, accordée par l'art. 2152 c. civ., n'est limitée à aucune époque; qu'elle peut être exercée, soit après la quinzaine depuis la transcription, en cas de vente volontaire, soit après l'adjudication, en cas d'expropriation forcée; qu'en conséquence, le créancier (ou son cessionnaire), qui, dans l'intervalle de la signification du jugement d'adjudication à la réquisition de l'ordonnance du juge-commissaire, en vertu de laquelle les créanciers ont été sommés de produire, a changé le domicile élu dans son inscription, doit être sommé à ce nouveau domicile, et qu'il est recevable à former tierce opposition à la clôture de l'ordre, si la sommation de produire a été faite au domicile indiqué dans l'état des inscriptions, délivré au poursuivant lors de la signification du jugement d'adjudication, et que, par suite, il ne l'ait pas reçue (Req. 2 juin 1831, aff. Bellavoine, v° Priv. et hyp., n° 1532).

118. MM. Ollivier et Mourlon, au n° 269 précité, se posent la question de savoir si le poursuivant, qui, au début de la procédure de saisie, a levé un état des inscriptions pour faire les notifications prescrites par l'art. 692, devra demander un nouvel état pour servir à l'ordre ou demander seulement un supplément d'état, comprenant, d'une part, les inscriptions nouvelles, et indiquant, de l'autre, tous les changements survenus dans les inscriptions anciennes? — « Nous croyons, répondent-ils, que le poursuivant pourra ne demander qu'un supplément d'état. On ne comprendrait pas pourquoi il serait obligé de réclamer deux fois la même chose : pour lui imposer cette nécessité peu raisonnable, il faudrait une disposition légale qui n'existe pas. » — Nous admettons d'autant plus volontiers cette solution que l'art. 5 de la loi du 23 mars 1855, sur la Transcription, nous fournit un argument d'analogie, en permettant aux parties de requérir des états partiels des transcriptions ou mentions.—Toutefois, MM. Grosse et Rameau, t. 1, n° 164, disent qu'il n'y aurait pas, en pratique, d'économie à se contenter d'un état supplémentaire, dont le coût, suivant eux, égalerait presque le coût de l'état premier. En plus, ajoutent-ils, il y aurait nécessité d'une appréciation sur la péremption des inscriptions.

119. L'état à déposer au greffe est celui de toutes les inscriptions existantes, non-seulement sur le propriétaire actuel, mais sur tous les propriétaires antérieurs, puisque toutes, elles frappent également sur l'immeuble que l'ordre a pour objet d'affranchir de l'intégralité des charges qui le grèvent. — Il a été jugé, ainsi : 1° qu'on doit appeler à l'ordre, ouvert pour la distribution du prix d'immeubles vendus par expropriation, tous les créanciers ayant, à l'époque de l'adjudication, des privilèges ou des hypothèques inscrites ou légales, frappant, soit sur le débiteur exproprié, soit sur les précédents propriétaires (Riom,

8 juin 1811 (1); — 2° Que c'est à l'adjudicataire à donner l'indication de ces créanciers, et à faire, à ses frais, la procédure nécessaire pour purger les hypothèques légales (même arrêt).

On soutenait, et le tribunal de Riom avait jugé, dans l'espèce, que le poursuivant n'est pas tenu de rechercher les hypothèques existant sur les propriétaires antérieurs à l'exproprié, par le motif « que l'art. 752 c. pr., ayant ordonné qu'un extrait de toutes les *inscriptions existantes*, délivré par le conservateur, serait annexé à l'ordre, a suffisamment expliqué que ces inscriptions seules doivent servir de règle pour déterminer la collocation; que, n'exigeant pas la preuve de l'existence d'autres hypothèques, on ne peut ajouter à la loi, mais qu'il faut se contenter du rapport des seules inscriptions apparentes; — Que la disposition suivante confirme encore ce principe, en disant que les créanciers seront sommés de produire, par acte signifié aux domiciles élus par leurs inscriptions, d'où il appert qu'il faut nécessairement des inscriptions existantes sur l'exproprié pour nécessiter l'appel de ces créanciers, de la part des poursuivants à l'ordre; — Que l'art. 755 du même code ajoute encore un nouveau poids à ces décisions, en prescrivant au juge-commissaire de dresser son état de collocation sur les pièces produites, et en imposant au poursuivant l'obligation de dénoncer aux créanciers produisants la confection de l'état de collocation; que du rapprochement de ces dispositions il résulte que, dans tout son système, la loi ne regarde comme devant être à l'ordre, et ne pouvant y participer, que les seuls créanciers qui se sont fait connaître par leurs inscriptions sur l'immeuble dont le prix est en distribution; — Que la prétention, par laquelle on veut assujettir les poursuivants à appeler à l'ordre, non-seulement les créanciers de l'exproprié, mais encore tous les autres créanciers quelconques qui peuvent avoir eu jadis quelques droits sur l'immeuble, est évidemment contraire à la loi, répugne à la raison, en ce qu'elle obligerait les poursuivants à des démarches d'une exécution impraticable, puisqu'il leur est impossible de connaître quelles peuvent être les différentes créances auxquelles cet immeuble peut avoir été assujetti dans les mains des auteurs de l'exproprié, ou dans celles des vendeurs de ces auteurs, ce qui remonterait même à l'infini, et par conséquent ne peut être accueilli; — Qu'en outre, le refus, fait par l'adjudicataire, de payer actuellement le prix de la vente, sous le vain prétexte qu'il faut encore appeler à l'ordre tous les créanciers hypothécaires qui peuvent avoir eu des droits sur l'immeuble, est en opposition avec l'art. 7 du cahier des charges; que, d'après cet article, il est manifeste que l'adjudicataire s'est soumis à payer le prix, indépendamment de toutes les inscriptions, quelles qu'elles soient; qu'ainsi il s'est fait la loi à lui-même; qu'il ne peut l'enfreindre, et par conséquent qu'aucun prétexte d'inscriptions possibles, valables ou non, ne peut le dispenser de remplir son engagement formel de payer, dès l'instant, le prix de la vente, et de satisfaire aux autres charges de l'adjudication. » — Mais

---

(1) *Espèce:* — (Rouher C. hér. Chapus.) — Par jugement du 9 août 1809, Me Rouher, avoué, s'est rendu adjudicataire des biens de Morand, sur la saisie qui en était poursuivie par les héritiers Chapus. — Un ordre a été ouvert; il fut seulement produit un état des inscriptions existantes sur Morand, débiteur exproprié. — Rouher, adjudicataire, a prétendu que cet état était insuffisant, qu'il fallait que toutes les inscriptions, qui pouvaient exister sur les précédents propriétaires, fussent produites. — Jugement du tribunal civil de Riom qui rejette la prétention de Rouher, et ordonne qu'il sera passé outre à l'ordre. — Appel. —

LA COUR; — Attendu que l'hypothèque est un droit réel qui suit l'immeuble qui en est affecté, en quelques mains qu'il passe; — Attendu que, ce droit de suite se trouvant établi, dans toute sa rigueur, par l'inscription du créancier sur celui qui est alors propriétaire de l'immeuble qui y est asservi, cette inscription conserve son effet pendant dix ans, indépendamment des ventes et reventes successives de ce même immeuble qui pourraient avoir lieu par la suite, tant que ces ventes ne sont pas légalement notifiées au créancier; — Attendu que, s'il en était autrement, le droit du créancier ne serait plus qu'une illusion, au moyen de la grande facilité qu'aurait le débiteur de l'en frustrer par des actes clandestins, qu'il serait impossible au créancier de surveiller et d'empêcher; — Attendu que l'ordre et distribution judiciaire du prix de la vente d'un immeuble, entre les créanciers hypothécaires inscrits sur cet immeuble, ayant essentiellement pour objet de l'affranchir de tous les priviléges ou hypothèques dont il est grevé, et de le rendre entièrement libre entre les mains du nouvel acquéreur, ainsi que cela résulte de l'ensemble des nouvelles lois sur le régime hypothécaire, ce but essentiel serait évidemment manqué, si les créanciers inscrits sur les derniers vendeurs étaient seulement appelés à l'ordre, et si l'on négligeait d'y appeler encore les créanciers inscrits sur les précédents propriétaires, puisque ceux-ci seraient toujours à temps d'exercer leurs droits sur l'objet vendu; — Attendu que la nécessité de les appeler résulte encore de l'art. 753 c. pr., qui prescrit cette nécessité pour tous les créanciers inscrits, sans distinction; — Attendu que la partie de Vazeille a le plus grand intérêt à la régularité de la procédure sur l'ordre dont il s'agit, soit pour la sûreté de ses deniers, soit parce que l'art. 7 du cahier des charges, qui a précédé son adjudication, portant spécialement que, « dans le cas de recherches hypothécaires des créanciers des anciens propriétaires, ou des propriétaires eux-mêmes, contre l'acquéreur de tout ou de partie des objets en question, les acquéreurs ne pourront, sous quelque prétexte et motif que ce soit, exercer aucune action en garantie contre les poursuivants, » ces créanciers, s'ils n'étaient pas appelés à l'ordre, ne manqueraient pas de rechercher, dans la suite, ladite partie de Vazeille, et de lui faire payer le montant de leurs créances, sans qu'elle eût aucune garantie; — Attendu que de ces termes de l'art. 7 du cahier des charges, il ne résulte, de la part de la partie de Vazeille, d'autre engagement que celui que l'on vient d'énoncer; que ces expressions sont claires; qu'ainsi cet article n'avait pas besoin d'être interprété, surtout pour lui donner une signification contraire, tout à la fois, et à sa teneur et à l'intention des parties; — Attendu qu'il est constant et reconnu qu'il existe, en effet, plusieurs inscriptions sur les immeubles dont il s'agit autres que celles existantes sur Amable Morand, débiteur exproprié; — Attendu que le nombre et la quantité de ces inscriptions, quels qu'ils puissent être dans l'espèce particulière, sont un inconvénient inévitable qui ne peut pas dispenser de régulariser la procédure; — Attendu que la difficulté de découvrir et d'appeler tous les créanciers inscrits ne consiste que dans la connaissance que l'on peut aisément obtenir des noms des acquéreurs antérieurs des immeubles en question, pour trouver, sous ces mêmes noms, les inscriptions qui peuvent les concerner; — Attendu qu'il est de justice que, la partie de Vazeille ayant le principal intérêt à ce qu'il ne soit omis aucun créancier inscrit pour la sûreté de ses propres deniers, ce soit elle qui demeure chargée de l'indication de ces mêmes créanciers aux parties de Pagès, et qu'elle soit responsable de l'exactitude de cette indication;

Attendu, quant aux hypothèques légales, qu'il lui appartient aussi, par les mêmes motifs, de les désigner; — Attendu que, s'il se trouve quelques hypothèques légales qui ne soient point encore connues, et qui exigent, pour la sûreté de la partie de Vazeille, la nécessité de les purger, c'est encore à la partie de Vazeille à faire faire, à ses frais, la procédure convenable à cet égard, dans les délais prescrits, et sous sa responsabilité;

Infirme; émendant, ordonne qu'il sera sursis à la confection de l'ordre dont il s'agit, jusqu'à ce que l'état de toutes les inscriptions existantes sur les immeubles en question, au 9 août 1809, époque de l'adjudication faite à la partie de Vazeille, soit annexé au procès-verbal d'ordre, et que tous les créanciers ayant des priviléges ou hypothèques inscrites ou légales sur lesdits immeubles, audit jour 9 août 1809, aient été appelés ou sommés de produire à l'ordre; et, à cet effet, ordonne que la partie de Vazeille fournira aux parties de Pagès, dans la quinzaine, à compter de ce jour, pour tout délai, l'indication du nom de tous les acquéreurs antérieurs, débiteurs grevés d'inscriptions sur les immeubles dont il s'agit; ordonne que, dans le même délai, la partie de Vazeille déclarera s'il existe, ou non, du chef du dernier acquéreur, ou du chef des acquéreurs antérieurs, des hypothèques légales; dans le cas où il n'en existerait point, et ledit délai de quinzaine passé, ordonne qu'il sera passé outre à la distribution des deniers avec les créanciers inscrits qui auront été appelés par suite de ladite indication; et, dans le cas où il se trouverait des hypothèques légales non inscrites, audit cas, sursoit de deux mois, en sus du premier délai de quinzaine, à l'ordre et distribution dont il s'agit; autorise la partie de Vazeille à faire, pendant ledit délai, toutes procédures et actes prescrits par la loi pour acquitter, consommer ou éteindre les droits des créanciers, à qui appartiennent lesdites hypothèques légales; ordonne que la partie de Vazeille demeurera garante et responsable de toutes les indications ou actes de procédure ci-dessus expliqués, relatifs auxdites hypothèques légales, si mieux n'aiment, toutefois, les parties de Pagès consentir à ce que la partie de Vazeille soit et demeure subrogée, en leur lieu et place, à la poursuite dudit ordre, auquel cas elle sera tenue, suivant ses soumissions expresses, d'annexer au procès-verbal d'ordre, dans les délais ci-dessus, et après la remise des autres pièces relatives audit ordre, l'état de toutes les inscriptions nécessaires, et d'appeler elle-même les autres créanciers inscrits; compense tous les dépens, tant de cause principale que d'appel, lesquels dépens pourront être employés, savoir, ceux des parties de Pagès comme frais de poursuite, et ceux de la partie de Vazeille comme frais d'ordre.

Du 8 juin 1811 (et non 8 juin 1810).-C. d'appel de Riom.

ces raisons, plus spécieuses que réelles, sont solidement réfutées par l'arrêt de la cour de Riom.

120. C'était une question controversée, sous l'ancien code de procédure, que celle de savoir si la poursuite de saisie immobilière purgeait, *ipso facto*, les hypothèques légales non inscrites, mais dispensées d'inscription, comme elle purge les hypothèques inscrites (V. Priv. et hyp., nos 2198 et suiv.; V. aussi vis Transc. hyp., no 370; Vente publ. d'imm., nos 1816 et suiv.). La nouvelle loi a fait cesser la controverse, en intercalant, dans les art. 692, 696 et 717, les dispositions suivantes :

Art. 692. « Pareille sommation (de prendre communication du cahier des charges) sera faite, dans le même délai de huitaine, outre un jour par 5 myriamètres : .... 2° à la femme du saisi, aux femmes des précédents propriétaires, au subrogé tuteur des mineurs ou interdits, aux mineurs devenus majeurs, si, dans l'un et l'autre cas, les mariage et tutelle sont connus du poursuivant, d'après son titre. — Cette sommation contiendra, en outre, l'avertissement que, pour conserver les hypothèques légales sur l'immeuble exproprié, il sera nécessaire de les faire inscrire avant la transcription du jugement d'adjudication. — Copie en sera notifiée au procureur impérial de l'arrondissement où les biens sont situés, lequel sera tenu de requérir l'inscription des hypothèques légales existant, du chef du saisi seulement, sur les biens compris dans la saisie. »—« .... Il sera, en outre, porte l'art. 696, déclaré dans l'extrait (à insérer au journal) que tous ceux, du chef desquels il pourrait être pris inscription pour raison d'hypothèques légales, devront requérir cette inscription avant la transcription du jugement d'adjudication. »

Et enfin l'art. 717 se termine ainsi : « Le jugement d'adjudication, dûment transcrit, purge toutes les hypothèques, et les créanciers n'ont plus d'action que sur le prix. — Les créanciers à hypothèques légales, qui n'ont pas fait inscrire leur hypothèque avant la transcription du jugement d'adjudication, ne conservent de droit de préférence sur le prix qu'à la condition de produire, avant l'expiration du délai fixé par l'art. 754, dans le cas où l'ordre se règle judiciairement, et de faire valoir leurs droits avant la clôture, si l'ordre se règle amiablement, conformément aux art. 751 et 752. »

121. Les créanciers à hypothèques légales non inscrites se trouvant, par ces dispositions, parties dans la procédure de saisie immobilière, comme les créanciers inscrits, il n'y a plus à se préoccuper, quand l'ordre s'ouvre à la suite d'une saisie, de la question de savoir s'il est nécessaire, avant d'entamer l'ordre, de procéder à la purge des hypothèques légales non inscrites. Les hypothèques légales aujourd'hui sont purgées, comme les autres, par la procédure d'expropriation. Seulement le droit de préférence, en cas de non-inscription, survit au droit de suite, et les créanciers de cette catégorie sont admis à se présenter à l'ordre, pour y faire valoir leur hypothèque, à la condition de s'y présenter *avant la clôture*, si l'ordre se règle amiablement.

122. Il est bien évident que les créanciers à hypothèques légales dont il s'agit ici sont *exclusivement* les créanciers dont l'hypothèque légale est dispensée d'inscription, c'est-à-dire les femmes mariées, les mineurs et les interdits (c. nap. 2135, V. Vente publ. d'imm., no 1823).

123. Il est à remarquer que l'art. 717 ne dit pas, pour le cas de vente sur expropriation forcée, comme l'art. 772, pour le cas d'aliénation volontaire, que le droit de préférence des créanciers à hypothèques légales non inscrits dans le délai, ne peut être exercé qu'autant que l'ordre est ouvert dans les *trois mois* qui suivent l'expiration de ce délai : d'où est née la question de savoir si cette condition doit être considérée comme commune à l'un et à l'autre cas? Nous nous sommes déjà expliqué sur cette question vo Vente publ. d'imm., no 1823, et nous avons dit qu'elle doit être résolue affirmativement. C'est, en effet, ce qui résulte du passage que nous avons cité du rapport de M. Riché, et plus particulièrement encore des observations échangées, à ce sujet, dans la discussion, entre un membre de la commission, M. Josseau, et M. de Parieu, vice-président du conseil d'Etat. Nous reviendrons sur la question, à propos de l'ordre judiciaire.

§ 2. — *De la réquisition d'ouverture du procès-verbal d'ordre, au cas d'aliénation volontaire.*

124. Nous venons de voir *suprà*, no 83, qu'au cas d'expropriation forcée, l'ouverture du procès-verbal d'ordre ne peut être requise qu'après la transcription du jugement d'adjudication, et que l'adjudicataire a quarante-cinq jours pour faire cette transcription (c. pr. 750). Mais ce sont d'autres dispositions qui règlent le cas d'aliénation volontaire. — « Lorsque l'aliénation n'a pas lieu sur expropriation forcée, porte l'art. 772, l'ordre est provoqué par le créancier le plus diligent ou par l'acquéreur. — Il peut être aussi provoqué par le vendeur, mais seulement lorsque le prix est exigible. — Dans tous les cas, l'ordre n'est ouvert qu'après l'accomplissement des formalités prescrites pour la purge des hypothèques. — Il est introduit et réglé dans les formes établies par le présent titre... » — La transcription est un acte préliminaire de la purge (c. nap. 2181); mais la purge, comme la transcription elle-même, est toute de faculté pour l'acquéreur ou donataire, et aucun délai ne lui est prescrit pour remplir cette double formalité. Toutefois, l'ouverture de l'ordre n'est pas, pour cela, abandonnée à sa discrétion; et, s'il ne se met pas en mesure de transcrire et de notifier son contrat, « chaque créancier hypothécaire, aux termes de l'art. 2169 c. nap., a droit (pourvu, bien entendu, que sa créance soit échue, c. nap. 2167) de faire vendre sur lui l'immeuble hypothéqué, trente jours après commandement fait au débiteur originaire, et sommation faite au tiers détenteur de payer la dette exigible ou de délaisser l'héritage. » L'acquéreur, ainsi mis en demeure, se hâtera, pour éviter cette revente, de faire la purge; et, s'il ne survient pas de surenchère dans les quarante jours de la notification, l'ordre pourra être immédiatement provoqué par le créancier le plus diligent, s'il n'a été devancé par l'acquéreur lui-même.

125. L'ancien art. 775, auquel correspond le nouvel art. 772, ne parlait pas du vendeur : il a cependant intérêt à provoquer l'ouverture de l'ordre, puisqu'il ne peut toucher aucune partie de son prix avant le payement des créances hypothécaires. On a voulu mettre son droit hors de doute, en ajoutant à l'art. 772 un paragraphe le concernant (V. l'exposé des motifs, D. P. 58. 4. 44, no 40).

126. Mais le vendeur n'est pas dans les mêmes conditions que les créanciers inscrits; et, s'il a accordé à l'acquéreur des termes pour se libérer, il est obligé, à la différence des créanciers qui ne sont pas liés par une convention qui leur est étrangère, de respecter le contrat. Aussi a-t-on ajouté que l'ordre ne peut être provoqué par le vendeur que « lorsque le prix est exigible. » — Dans le projet de loi (art. 771), on avait fait suivre ces mots : « lorsque le prix est exigible, » de ceux-ci : « aux termes du contrat. » Ces derniers mots ont été retranchés, parce qu'en effet, comme le font observer MM. Grosse et Rameau, t. 2, no 478, le prix peut devenir exigible par d'autres circonstances, celles qui sont prévues notamment par les art. 1188 et 2131 c. nap.

127. Nous avons dit *suprà*, no 99, que le droit de requérir l'ouverture de l'ordre appartient aux créanciers chirographaires comme aux créanciers hypothécaires, la loi ne faisant aucune distinction. Il y a, cependant, une différence à faire, sur ce point, entre la vente sur expropriation et la vente volontaire. Dans le premier cas, l'adjudicataire n'a aucune purge à faire, et le prix se trouve irrévocablement fixé par l'adjudication, s'il n'a pas été formé de surenchère dans la huitaine (c. pr. 708). Le créancier chirographaire a donc, dès à présent, un droit éventuel, quoique subordonné au payement des créances hypothécaires, sur le prix à distribuer, et c'en est assez pour qu'il puisse, directement et en son nom, provoquer, dans le silence des autres parties intéressées, l'ouverture de l'ordre. Mais, dans le cas d'aliénation volontaire, l'ordre ne peut être requis, c'est l'art. 772 qui le dit en termes exprès, qu'après la purge : or, le droit de suite n'appartenant pas au créancier chirographaire, il n'a pas qualité pour faire à l'acquéreur, conformément à l'art. 2169 c. nap., la sommation de payer ou de délaisser, qui équivaut à une mise en demeure de faire la purge. Il suit de là que le droit du créancier chirographaire de requérir directement l'ouverture de l'ordre ne peut naître, dans le cas d'aliénation volontaire, qu'après que la purge a été effectuée et que le prix se trouve ainsi définitivement fixé. — Nous disons *directement*; car le créancier chirographaire, en se mettant, comme le lui permet l'art. 1166 c. nap., au lieu et place du vendeur, peut exercer tous les droits qui compètent à ce dernier.

128. Il a été jugé, au contraire, et d'une façon absolue, mais à tort, selon nous : 1° que le droit de poursuivre l'ouverture d'un ordre, pour la distribution du prix de la vente volontaire d'un immeuble, n'appartient pas aux créanciers chirographaires du vendeur, lesquels n'ont, pour se faire payer, que la voie de saisie-arrêt, suivie de la distribution par contribution (Grenoble 12 juill. 1833) (1);— 2° ... Et que l'acquéreur, dans ce cas, a le droit de s'opposer à l'ouverture de l'ordre, pour défaut de qualité du poursuivant (même arrêt).— Cet arrêt, qui est également critiqué par MM. Ollivier et Mourlon, Comm., n° 475, indépendamment de l'argument tiré de ce que le créancier chirographaire a, pour se faire payer, la voie de la saisie-arrêt et de la distribution par contribution, en invoque un autre qu'il déduit de ces termes de l'ancien art. 775 : « En cas d'aliénation autre que celle par expropriation, l'ordre ne pourra être provoqué, *s'il n'y a plus de trois créanciers inscrits* » (cette disposition se retrouve dans le nouvel art. 773). En disposant, dit l'arrêt, que l'ordre ne sera pas provoqué, s'il n'y a plus de trois créanciers *inscrits*, la loi refuse, par là même, la poursuite aux créanciers chirographaires.—MM. Ollivier et Mourlon, *loc. cit.*, font toucher du doigt le vide de cet argument, en montrant qu'il pourrait tout aussi bien être opposé à l'acquéreur, à qui cet art. 775, cependant, reconnaît le droit de provoquer l'ouverture de l'ordre. — « S'il existe moins de quatre créanciers inscrits, ajoutent les auteurs précités, leurs droits seront réglés par un mode particulier : voilà ce que dit la loi. Quant à la question de savoir quelles personnes ont qualité pour provoquer l'ouverture de cet ordre exceptionnel, elle reste entière, et, par suite, soumise au principe que tout intérêt légitime est naturellement muni d'une action propre à le sauvegarder... »

129. Une vente ne cesse pas d'être volontaire pour être faite, comme la vente de biens de mineurs, par exemple, en justice et aux enchères : l'art. 772 c. pr. est donc applicable à ces sortes de ventes, et généralement à toutes ventes judiciaires autres que celles par expropriation forcée. L'article précité ne permet pas, là-dessus, la moindre équivoque : *Lorsque l'aliénation*, dit-il, *n'a pas lieu sur expropriation forcée....* L'ancien art. 775 s'énonçait dans les mêmes termes (Conf. MM. Rodière, t. 3, p. 333; Colmet-Daage, t. 2, n° 1036, 8e éd.; Bioche, Dict. de proc., anc. éd., v° Ordre, n° 20; Chauveau, Proc. de l'ordre, quest. 2613; Grosse et Rameau, t. 2, n° 478; Bressoles, Explication, etc., n° 27; Ollivier et Mourlon, n° 460; Flandin, Tr. de l'ordre, inédit; V. aussi v° Privil. et hyp., nos 2034 et 2035).

130. Il a ainsi été jugé, sous l'ancien code, que, bien qu'une vente d'immeubles ait été autorisée par justice, et faite aux enchères, après affiches, elle n'en est pas moins une vente volontaire, qui ne doit pas être assimilée à une vente sur saisie immobilière; qu'en conséquence, les art. 749 et 750 c. pr., d'après lesquels on doit procéder à l'ouverture de l'ordre, après l'expiration du mois qui a suivi la signification du jugement d'adjudication, n'y sont pas applicables; qu'en pareil cas, on doit suivre les formes tracées par l'art. 775, qui ne permet de requérir l'ouverture de l'ordre qu'après l'expiration des trente jours qui suivent les délais prescrits par les art. 2185 et 2194 c. nap. : — « La cour; considérant que la vente passée à Mourrat, le 12 déc. 1812, ne peut point, quoique précédée d'affiches et d'enchères, être assimilée à une vente sur saisie immobilière ou par expropriation, mais à une vente volontaire, dans le sens du ch. 8, tit. 18, c. civ., dès que cette vente a été passée volontairement par le curateur, et que les formalités qui l'ont précédée n'avaient pour objet que d'appeler des enchérisseurs; considérant qu'il est disposé, par l'art. 775 c. pr. civ., qu'en cas d'aliénation autre que celle par expropriation, l'ordre ne peut être provoqué que lorsqu'il y a plus de trois créanciers inscrits, et qu'après l'expiration des trente jours qui suivent les délais prescrits par les art. 2185 et 2194 c. civ.; considérant que ces délais, introduits dans l'intérêt de l'acquéreur, pour lui donner le temps de remplir diverses formalités, notamment de faire notifier son contrat d'acquisition, à l'effet de se garantir des poursuites auxquelles peuvent donner lieu les priviléges et les hypothèques, ne commencent à courir qu'après la première sommation dirigée contre lui par les créanciers, en conformité de l'art. 2169 c. civ., en sorte que, tant que cette sommation n'est pas faite, l'acquéreur est dans son délai pour délibérer et satisfaire aux formalités prescrites, et qu'aucun ordre ne peut être provoqué, sans contrevenir à l'art. 775 précité; — Considérant, dans l'espèce, qu'il n'a été fait aucune sommation à Mourrat, de la part d'aucun des créanciers, en exécution de l'art. 2169 c. civ., et que, par conséquent, il n'a pas pu être provoqué d'ordre pour la distribution du prix de la vente passée à Mourrat; sans s'arrêter à l'ordre clos le 12 mars 1814, en suite de la vente passée à Mourrat, le 12 déc. 1812, lequel elle déclare nul, renvoie le curateur et les créanciers à se pourvoir en la forme de la loi » (Grenoble, 31 juill. 1816, aff. Mourrat C. Marguery).

131. Il a été jugé, cependant, que l'ordre pour la distribution du prix de biens dépendant d'une succession bénéficiaire, vendus en justice, a pu être ouvert sans que l'acquéreur ait transcrit ou notifié son contrat, si le créancier qui s'en plaint, en touchant une partie du prix, a, par cela même, admis la fixité de ce prix, et si, d'ailleurs, en supposant que l'ordre ait été prématurément introduit, l'irrégularité a été couverte par le défaut de production ou de contestation à l'ordre, de la part de ce même créancier, dûment appelé audit ordre : — « La cour; attendu que les appelants, en touchant partie du prix de la vente faite sur Klinclann, avaient admis la fixité de ce prix, et que, dès lors, les formalités prescrites par l'art. 2183 c. civ. devenaient sans objet; attendu qu'en admettant que l'ordre eût été prématurément introduit, cette irrégularité était un moyen que les appelants, régulièrement sommés de produire et contester au domicile élu par l'inscription des princes de Baden,

(1) (Glandut C. Charpenay.) — LA COUR; — Attendu, sur la première question, que, d'après l'art. 2093 c. civ., les biens du débiteur sont le gage commun de ses créanciers, et que le prix s'en distribue entre eux par contribution, à moins qu'il n'y ait entre les créanciers des causes légitimes de préférence ;—Attendu que l'art. 2094 ajoute que les causes légitimes de préférence sont les priviléges et les hypothèques;—Attendu que les créanciers chirographaires ne peuvent, par conséquent, être rangés parmi les créanciers inscrits, et que, lorsqu'il s'agit de se faire distribuer le prix des biens d'un débiteur, ils doivent agir par un tout autre mode que par la voie d'ouverture d'ordre ; que cette voie est celle de la saisie-arrêt, qui est suivie de la distribution par contribution, de conformité aux art. 656 et suiv. c. pr.; — Attendu qu'il suit de là qu'un simple créancier chirographaire ne peut jamais, et dans aucun cas, requérir l'ouverture d'un ordre pour la distribution d'un prix d'adjudication ou de vente volontaire; que l'art. 775 c. pr. confirme cette décision, en matière de vente volontaire, quand il dispose qu'en cas d'aliénation autre que celle par expropriation forcée, l'ordre ne pourra être provoqué s'il n'y a plus de trois créanciers inscrits ; — Attendu que c'est ici le cas d'appliquer ces principes au sieur Charpenay, qui ne peut être considéré, vis-à-vis de Glandut, que comme créancier chirographaire, puisqu'au jour de la vente passée à Glandut par Barral, le 16 sept. 1827, Charpenay n'était pas encore créancier dudit Barral, son titre n'ayant pris naissance que le 18 oct. suivant; — Attendu, sur la deuxième question, que tout acquéreur a incontestablement le droit de se rendre partie dans l'ordre, pour y surveiller la distribution de son prix, et pour y faire toutes les réquisitions qui sont dans son intérêt; que c'est la conséquence qu'on doit tirer de l'art. 750 c. pr., qui donne à l'adjudicataire lui-même le droit de requérir l'ouverture d'ordre; — Attendu que, si l'adjudicataire ou l'acquéreur peut faire de telles réquisitions, qui, dès ce moment, le rendent nécessairement partie dans l'instance, à plus forte raison peut-il y intervenir, si c'est à la requête d'un créancier inscrit ou du débiteur que l'ordre a été ouvert; que, d'ailleurs, il est à remarquer que l'acquéreur, qui a notifié son contrat, se trouve toujours obligé de paraître dans l'ordre, ne fût-ce que pour y demander l'allocation en privilége de ses frais de notification aux créanciers inscrits ; — Infirme, et, par nouveau jugement, casse et annule l'ouverture d'ordre du 27 août 1831, et tout ce qui s'en est suivi, le tout quoi est déclaré irrégulier comme ayant été provoqué par Charpenay, qui était sans qualité pour ouvrir un ordre contre Barral.

Du 12 juill. 1833.-C. de Grenoble, 2e ch.-M. de Noaille, pr.

créanciers hypothécaires, auxquels ils se prétendaient subrogés, pouvaient et devaient faire valoir dans l'ordre auquel ils étaient appelés; qu'ils n'ont ni produit, ni contesté, au nom de ces créanciers, quoique plusieurs d'entre les appelants fussent parties au même ordre, en raison d'autres créances; que, dès lors, la forclusion et la déchéance, prononcée contre les princes de Baden, a été absolue, et les a privés, et leurs ayants cause, de tous moyens, dans la forme ou au fond, contre ledit ordre; confirme » (Colmar, 15 juin 1816, aff. Hus *C.* Lévi).

132. Doit-on appliquer l'art. 772 au cas de conversion d'une saisie en vente sur publications volontaires? En d'autres termes, l'ordre ne pourra-t-il être provoqué, conformément audit article, qu'après l'accomplissement des formalités de la purge? L'affirmative est enseignée par MM. Grosse et Rameau, t. 2, n° 478. Mais la question ne peut être résolue, ainsi que nous l'avons dit v° Priv. et hyp., n°s 2044 et suiv., que par une distinction. Si la conversion a eu lieu avant l'accomplissement des formalités prescrites par les art. 692 et 696 c. pr. civ. pour la dénonciation de la saisie aux créanciers inscrits ou à hypothèque légale dispensée d'inscription, la purge sera nécessaire; elle ne le sera pas, dans le cas contraire (Conf. MM. Chauveau, Proc. de l'ordre, quest. 2615; Ollivier et Mourlon, n° 460; Flandin, Tr. de l'ordre, inédit).

133. De quelle nature est, sous le rapport de la purge, et, par suite, de la réquisition d'ouverture du procès-verbal d'ordre, la vente des immeubles du failli, faite à la requête du syndic? Doit-on la considérer comme tombant sous l'application de l'art. 772 précité? ou faut-il, au contraire, lui appliquer les principes de la vente forcée? — C'est là une question très-controversée en jurisprudence et parmi les auteurs. — Et d'abord, au point de vue de la surenchère, nous avons dit, v° Surenchère, n° 420, que la surenchère, autorisée par l'art. 573 c. com., est exclusive de celle permise par l'art. 2185 c. nap., et nous avons cité un arrêt de la cour d'Orléans, du 20 mars 1850, aff. Vangermès (D. P. 50. 2. 69), qui l'a ainsi décidé. La chambre des requêtes, en rejetant le pourvoi formé contre cet arrêt (Req. 19 mars 1851, D. P. 51. 1. 292), a confirmé cette doctrine (Conf. Nîmes, 28 janv. 1856, aff. Trintignan, D. P. 56. 2. 98; V. aussi v° Priv. et hyp., n°s 2036 et suiv., où sont cités les auteurs et les arrêts dans un sens et dans l'autre. *Adde*, dans le premier sens, M. Alauzet, Comm. du code de com., t. 4, n° 1890; en sens contraire, MM. Bravard-Veyrières et Demangeat, Faill., p. 627, note 1).

Cette solution nous conduit nécessairement à dire que, sous le rapport de l'ordre, les ventes dont il s'agit doivent être assimilées aux ventes forcées. Si l'on prend en considération, en effet, la communauté d'intérêts existant entre les créanciers constitués en état d'union, la garantie offerte par la présence du syndic, représentant légal de tous les intéressés, l'utilité de fixer un terme rapide aux opérations de la faillite, on doit voir, dans les ventes faites sur faillite, de véritables ventes *forcées*, dont le prix peut et doit être mis en distribution, sans observation des formalités de la purge. Cela était vrai, sous l'ancien code de commerce, où la surenchère, pour les ventes après faillite, devait être formée dans la huitaine de l'adjudication, n'était permise qu'aux créanciers, et ne conférait le pouvoir de concourir à la nouvelle adjudication qu'à l'adjudicataire et au surenchérisseur (c. pr. de 1806, art. 712; V. Caen, 29 mai 1827, v° Priv. et hyp., n° 2039). La solution doit, à plus forte raison, être la même depuis que l'art. 573 du nouveau code de commerce, organisant la faculté de surenchère après faillite d'une manière plus large, en a prolongé le délai à quinze jours; a admis à y concourir, ainsi qu'à la nouvelle adjudication, non-seulement les créanciers du failli, mais encore toute autre personne; a disposé, en outre, que l'adjudication par suite de la surenchère ne pourrait être suivie d'aucune autre surenchère, et a ainsi clairement annoncé la volonté du législateur de créer, en cas de faillite, une forme de surenchère unique, et, dès lors, exclusive tant de celle prévue par les art. 2185 et suiv. c. nap. que de celle régie par le code de procédure (V. Req. 19 mars 1851, D. P. 51. 1. 292; Nîmes, 28 janv. 1856, D. P. 56. 2. 98). — MM. Ollivier et Mourlon, Comm., n° 460, et Chauveau, Proc. de l'ordre, quest. 2615, sans examiner la question, se bornent à mentionner les ventes d'immeubles après faillite parmi celles auxquelles s'applique l'art. 772.

134. Il a été jugé, dans ce sens : 1° que l'adjudication des immeubles d'un failli, après formation de l'état d'union entre les créanciers, n'est pas sujette à la surenchère permise aux créanciers inscrits par l'art. 2185 c. nap., et, dès lors, ne donne pas lieu à l'accomplissement des formalités de la purge, dans le cas, notamment, où les créanciers inscrits sur les immeubles adjugés, ayant tous le failli pour débiteur direct et personnel, doivent être réputés avoir été représentés à la vente par le syndic chargé de la poursuivre dans leur intérêt commun; qu'elle est seulement soumise à la surenchère réglée par l'art. 573 c. com.; qu'en conséquence, les art. 775 c. pr. ancien et 772 de la loi du 21 mai 1858, d'après lesquels l'ordre pour la distribution du prix d'un immeuble ne peut être ouvert qu'après la purge des hypothèques, ne sont pas applicables à cette adjudication (Cass. 3 août 1864, aff. Arnouts, D. P. 64. 1. 329); — 2° Qu'en tout cas, le syndic de l'union n'a pas qualité pour exciper de ce défaut de purge préalable, la nécessité de la purge ne pouvant être invoquée que par ceux dans l'intérêt desquels elle devrait être accomplie (même arrêt). — Il est à remarquer, toutefois, que cet arrêt, en se déclarant, comme la décision de 1851, contre la condition de la purge, quand il s'agit de ventes sur faillite, n'est pas aussi absolu que cette précédente décision, émanée de la chambre des requêtes. Il semble que la cour ne tienne la purge pour non obligatoire que parce que les créanciers inscrits étaient tous des créanciers personnels du failli, représentés, à ce titre, par le syndic de l'union, et qu'il n'y avait pas de créanciers inscrits du chef des précédents propriétaires.

135. Doit-on conclure de là que la purge serait nécessaire vis-à-vis de ces derniers, s'il en existait? — Un arrêt de rejet de la chambre civile, du 9 nov. 1858 (D. P. 58. 1. 440), s'est prononcé affirmativement, mais en apportant, néanmoins, à sa solution une grave restriction, commandée par la doctrine qui n'admet pas, en matière de faillite, l'exercice du droit spécial de surenchère ouvert aux créanciers inscrits par l'art. 2185 c. nap. Cet arrêt pose en principe que les formalités de purge prescrites par le code Napoléon peuvent être utilement remplies, même vis-à-vis de créanciers qui n'auraient pas le droit de *surenchérir*, et qui peuvent, en effet, demeurer investis, sur l'immeuble vendu, d'un droit de *suite* dont l'adjudicataire a intérêt à se préserver. Or, l'arrêt ajoute « qu'il en est ainsi, particulièrement, à l'égard des créanciers qui, inscrits sur les immeubles du failli, *du chef des précédents propriétaires*, et n'étant pas ses créanciers personnels, seraient restés étrangers aux opérations de la faillite, et n'auraient pas figuré au contrat d'union. » La cour en tire la conséquence que, vis-à-vis d'eux, l'adjudicataire reste soumis à l'action hypothécaire, et ne s'affranchira des périls de cette situation que par l'accomplissement des formalités de la purge, lesquelles « n'ont pas seulement pour but de mettre les créanciers hypothécaires en demeure de provoquer, par une surenchère, l'élévation de prix, mais ont aussi pour objet de les avertir de la transmission de propriété de l'immeuble grevé et de la soumission de l'acquéreur de mettre immédiatement son prix à leur disposition, avec renonciation, de sa part, soit aux termes stipulés vis-à-vis du vendeur pour l'acquittement de son prix, soit à toute distinction entre les dettes exigibles et non exigibles. » — La combinaison de cet arrêt de 1858 avec celui de 1864 conduit donc à un système qui, tout en proscrivant, d'une manière absolue, la surenchère des art. 2181 et suiv. c. nap., dans les adjudications après faillite, n'attacherait à ces adjudications l'effet de purger les hypothèques au profit de l'adjudicataire, et d'en transporter les droits sur le prix de la vente, que relativement aux créanciers du failli, et non à l'égard des créanciers hypothécaires vis-à-vis desquels le failli n'était lui-même qu'un tiers détenteur, et qui n'ont point eu à concourir aux opérations de la faillite. La purge, non obligatoire quant aux premiers créanciers, le sera quant aux seconds, si l'adjudicataire veut décharger son immeuble de leurs hypothèques : seulement, elle présentera ce caractère particulier, quant à l'offre faite à ceux-ci du prix de l'adjudication dans la notification à eux adressée, conformément aux art. 2181 et suiv. c. nap., qu'ils ne pourront la refuser, en y répondant par une réquisition de surenchère, puisqu'ils sont privés de la faculté de surenchérir accordée aux créanciers inscrits. — Dans ce système, l'adjudication après faillite différerait profondément de l'adjudication sur saisie, celle-ci purgeant, sans distinction, toutes les créances hypothécaires, personnelles, ou non, au saisi, qui existent sur l'immeuble adjugé, tandis que celle-là n'opérerait qu'une purge relative, et laisserait subsister, pour une certaine classe de créanciers, un droit de suite, dépouillé, il est vrai, du droit de surenchère, mais dont il n'importerait pas moins à l'adjudicaire de s'affranchir par l'accomplissement des formalités de purge du code Napoléon.

Dans nos observations sur l'arrêt de 1858, avec lequel l'arrêt de 1864 a visiblement cherché à se mettre d'accord, lorsqu'il prend le soin d'énoncer la circonstance qu'il ne s'agissait, dans l'espèce actuelle, que de créanciers personnels du failli, nous avons déjà combattu, comme impliquant contradiction, le devoir imposé à l'adjudicataire, après faillite, d'offrir son prix à des créanciers qui, de leur côté, n'auraient pas le droit de le refuser par une réquisition de surenchère, et nous en avons conclu que, même vis-à-vis des créanciers tenant leurs droits des précédents propriétaires, l'adjudication opère la purge, aussi bien qu'à l'encontre des créanciers du failli (V. la note au bas de cet arrêt, D. P. 58. 1. 440). Tout créancier, tenu d'accepter le prix qui lui est offert, n'est-il pas, en effet, dans la condition d'un créancier dont le droit hypothécaire a été éteint par la purge, et ne frappe plus que le prix? En d'autres termes, la purge n'est-elle pas réputée consommée par la force même de l'adjudication, et ne devient-il pas, dès lors, tout à fait surabondant de remplir les formalités ordinaires de purge, même à l'égard des créanciers des précédents propriétaires, par cela seul qu'on reconnait à l'adjudicataire le droit d'imposer son prix à ces créanciers? — Les notifications faites par l'adjudicataire, dit l'arrêt, sont un avertissement, pour les créanciers, de sa volonté de se libérer, en leur abandonnant le prix de l'adjudication. Mais la provocation de l'ordre n'est-elle pas un avertissement suffisant et plus direct encore? — A la thèse qu'on pourrait faire sortir de l'arrêt de 1858 et des réserves contenues dans les motifs du nouvel arrêt, pour les créanciers des propriétaires antérieurs au failli, nous préférons donc celle plus radicale qui assimile l'adjudication après faillite à une véritable vente forcée, quant à la purge de toutes les créances hypothécaires, doctrine qui est, au surplus, celle de l'arrêt de 1851, lequel décide que la sommation de payer ou de délaisser, adressée à l'adjudicataire, afin de l'obliger à notifier son contrat et de le soumettre à la surenchère des créanciers inscrits, est ici sans but, frustratoire, et nulle par conséquent, l'adjudicataire, dont la position est réglée par le jugement d'adjudication, n'étant tenu à autre chose qu'au payement de son prix par la voie de l'ordre, dont tout créancier hypothécaire peut provoquer l'ouverture.

136. De ces termes de l'art. 772 : « Dans tous les cas, l'ordre n'est ouvert qu'après l'accomplissement des formalités prescrites pour la purge des hypothèques », il suit qu'en matière de vente volontaire, la purge, au moins des hypothèques inscrites, est un préalable indispensable à la réquisition d'ouverture de l'ordre. — Mais faut-il en conclure que la procédure de l'ordre, entamée prématurément, serait, par cela même, frappée de nullité? — Nous ne le pensons pas : cette nullité ne peut être dans l'intérêt de personne, puisqu'il faudrait recommencer la procédure après la purge : l'acquéreur peut seulement obtenir que l'ordre demeure suspendu jusqu'à ce qu'il ait fait les notifications nécessaires pour la fixation de son prix. C'est, au reste, ce qui résulte du rapport de M. Riché, dans lequel il est dit, à propos d'une question que nous examinerons plus bas, celle de savoir si l'acquéreur est obligé de faire la purge des hypothèques légales dispensées d'inscription, aussi bien que des hypothèques inscrites, « que la purge antérieure des hypothèques légales n'a pas pour sanction la nullité de l'ordre » (V. *infrà*, n° 141).

137. Et, généralisant cette proposition, nous ajouterons, avec MM. Ollivier et Mourlon, n° 479, que la circonstance que l'ouverture de l'ordre aurait été requise par une personne qui n'avait point qualité à cet effet ne serait point une cause de nullité de l'ordre, parce qu'une fois ouvert, l'ordre devient commun à tous les créanciers, et se soutient, par conséquent, du chef de ceux qui ont qualité pour y prendre part (V. *suprà*, n° 108).

138. Il a été jugé, dans ce sens : 1° que l'ordre, ouvert avant l'expiration du délai de l'art. 775 (aujourd'hui 772) c. pr., n'est pas nul ; mais que les frais doivent en être supportés par l'avoué, s'il intervient un règlement amiable entre les créanciers : — « La cour (par adoption des motifs des premiers juges); attendu... qu'au surplus, l'art. 775 ne prononce point la peine de nullité de l'ordre ouvert avant les délais, et dont les frais seulement retomberaient à la charge de l'avoué, dans le cas où il interviendrait un règlement amiable entre les créanciers;... confirme » (Bordeaux, 2e ch., 2 fév. 1848, aff. Pompinaud *C.* Paignon; conf. M. Chauveau, Journ. des av., t. 73, p. 488, note 5); — 2° Que, lorsque la notification voulue par les art. 2183 et 2184 c. civ. n'a été faite, par l'acquéreur, ni au créancier décédé, ni à tous ses héritiers, ce défaut de notification n'entraîne pas la nullité absolue d'un ordre introduit par des créanciers qui, connaissant la notification faite à un héritier du créancier décédé, et ignorant l'existence des autres cohéritiers, ont cru pouvoir ouvrir l'ordre pour la distribution du prix ; qu'en ce cas, il faut suspendre la clôture de l'ordre jusqu'à l'expiration du délai accordé, pour surenchérir, aux créanciers qui n'ont pas été avertis par une notification (Metz, 19 nov. 1818) (1); — 3° Que le créancier inscrit, auquel les notifications prescrites par l'art. 2183 c. nap. n'ont pas été faites, ne peut pas s'opposer à ce que l'ordre, pour la distribution du prix, soit ouvert, après l'expiration des délais fixés par les art. 2185 c. nap. et 749 et 775 c. pr., entre les créanciers qui ont reçu ces notifications..., sauf l'exercice ultérieur des droits attachés à son hypothèque non purgée (Req. 9 mai 1853, aff. de Nanteuil de la Norville, D. P. 53. 1. 123).

139. Il a été jugé, au contraire, mais dans des circonstances particulières, que l'ordre pour la distribution du prix d'une vente volontaire d'immeubles, qui a été provoqué avant l'expiration des délais prescrits par les art. 2185 et 2194 c. civ., doit être annulé comme ouvert prématurément; que le poursuivant l'ordre prétendrait en vain que l'acquéreur ne devait pas jouir des délais portés dans ces articles, parce qu'un commandement de payer lui ayant été fait par le vendeur, il avait laissé passer

---

(1) (N... C. N...) — La cour; — Attendu que le défaut de notification faite à tous les cohéritiers du créancier décédé ne peut entraîner la nullité de l'ordre introduit par d'autres créanciers, qui, ne connaissant pas tous les héritiers du décédé, et instruits que cette notification du contrat de vente a été faite personnellement à son fils, comme elle le fut à elle-même et à tous les inscrits par l'acquéreur, se sont persuadés avoir droit d'ouvrir l'ordre pour la distribution du prix ; — Attendu que le but de la législation, en cette partie, ne fut autre que de concilier les droits des créanciers avec les moyens sûrs et prompts donnés aux acquéreurs pour purger leurs acquisitions des hypothèques dont elles seraient grevées; d'où suit la faculté de faire des enchères, si les créanciers craignent de voir échapper leur gage, et trouvent l'immeuble vendu au-dessous de sa véritable valeur; — Attendu que, si les cohéritiers du sieur..., malgré la notification faite à celui-ci, peuvent encore prétendre, malgré qu'ils ont été, depuis, appelés régulièrement, et en qualité nominative, à l'ordre, avoir le droit d'enchérir, il suffit de suspendre la clôture de l'ordre pendant un délai convenable (celu loi), pour qu'ils puissent déclarer s'ils veulent, ou non, requérir la mise aux enchères de l'immeuble dont il s'agit de distribuer le prix ; — Infirme, en ce que les premiers juges auraient prononcé la nullité des poursuites d'ordre ouvert par les parties de Dommanget; émendant quant à ce, et statuant par jugement nouveau, ordonne que lesdites poursuites seront ensuivies jusqu'à distribution définitive des deniers du prix de la vente ; en conséquence, renvoie les parties et l'instance sur l'ordre devant le tribunal de première instance, pour y être procédé sur les derniers errements de la procédure ; ordonne, néanmoins, qu'il sera sursis à ladite reprise des poursuites pendant trente jours après la signification du présent arrêt, et dans lesquels il reste loisible aux parties de Crousse de déclarer si elles veulent provoquer la mise aux enchères de l'immeuble acquis par les parties de Grisel ; faute de quoi, le susdit délai expiré, l'ordre sera continué et terminé conformément aux dispositions du présent arrêt ; — Renvoie, etc.

Du 19 nov. 1818.-Cour de Metz.

plus d'un mois sans faire aux créanciers inscrits les notifications prescrites par l'art. 2183 c. civ.; que ce commandement ne peut être assimilé à la sommation dont parle cet art. 2183 pour faire courir le délai : — « La cour, — Attendu qu'aux termes de l'art. 750 c. pr., l'ordre commence par la réquisition, faite au greffe, de la nomination du juge-commissaire; qu'à la diligence de l'appelant, cette formalité a été remplie le 13 juin; que les poursuites des créanciers avaient commencé par l'acte du 30 avr. précédent, parce que, dans le cas particulier, le commandement fait le 3 janv., à la requête du vendeur, ne peut avoir constitué en demeure l'acquéreur, relativement aux droits des créanciers; que, dès lors, du 30 avr. au 13 juin 1821, il ne s'était pas encore écoulé un délai nécessaire pour provoquer l'ordre prescrit par les art. 775 c. pr., 2183, 2184 et 2194 c. civ.; — Attendu que l'intérêt de l'acheteur est évident, par cela seul que l'ordre avait commencé avant d'avoir pu faire les diligences pour purger son acquisition des hypothèques légales; — Confirme le jugement du tribunal de Privas, qui avait annulé l'ordre comme prématurément ouvert) » (Montpellier, 8 avr. 1823, et, sur pourvoi, Req. 29 nov. 1825, aff. Terrier et Dejoux *C.* Benoit et Durand). — L'arrêt de la chambre des requêtes est rapporté v° Priv. et hyp., n° 2082.

Dans l'espèce, et sans attendre l'effet des notifications faites, le 30 avr., aux créanciers inscrits par les acquéreurs, un de ces créanciers, se prévalant d'un commandement de payer qui avait été fait, dès le 3 janv., par le vendeur, avait provoqué, le 13 juin, l'ouverture de l'ordre. — L'ordre avait été clos; un bordereau de collocation avait été délivré à ce créancier, et à son avoué, pour les frais de poursuite; puis ces bordereaux avaient été signifiés aux acquéreurs, qui y avaient formé tierce opposition, ainsi qu'au procès-verbal d'ordre. — L'ordre étant clos, la procédure terminée, on voit que, pour admettre la tierce opposition, le tribunal et la cour ne pouvaient faire autrement que d'annuler cette procédure. Et la chambre des requêtes, en rejetant le pourvoi, a soin de dire, non pas que la poursuite d'ordre fût radicalement nulle, *ab initio*, mais « qu'il n'y avait pas lieu à clôturer l'ordre, à l'époque où il l'avait été », laissant, ainsi, entrevoir que, si les choses n'eussent pas été aussi avancées, on aurait satisfait à tous les intérêts, en suspendant seulement les opérations de l'ordre, comme l'a jugé la cour de Metz, dans l'arrêt rapporté au numéro précédent.

148. Il a, d'ailleurs, été jugé que la clause du cahier des charges, par laquelle l'avoué poursuivant la vente sur licitation d'un immeuble, se réserve le droit exclusif de faire les notifications prescrites par les art. 2183 et suiv. c. nap., est valable et doit être exécutée par l'adjudicataire qui n'en a pas demandé l'annulation et s'est borné à adresser à l'avoué poursuivant de simples protestations : — « La cour (par adoption des motifs des premiers juges); — Attendu... que, cette clause n'ayant point été modifiée avant l'adjudication, il en résulte qu'elle a dû recevoir son exécution, et qu'elle fait la loi de tous les intéressés, avec d'autant plus de raison qu'elle ne porte que sur une formalité de procédure qui ne touche à aucun des droits essentiels des parties, et qu'ainsi elles sont sans intérêt à cet égard; — Attendu, en supposant que la clause dont il s'agit fût exorbitante, comme le prétendent les adjudicataires, qu'ils devaient au moins en demander la réformation ou l'annulation; que, ne l'ayant pas fait, l'avoué du poursuivant a dû croire qu'ils entendaient l'exécuter, et que, par suite, il a été fondé à faire les notifications prescrites, lesquelles d'ailleurs sont régulières et ne préjudicient à aucun des intéressés; — Attendu, enfin, que la clause, aujourd'hui attaquée par les parties de Me Pompinaud, n'est ni extraordinaire, ni illicite, et que Me Pompinaud lui-même l'a stipulée dans les cahiers des charges qu'il rédige, ainsi qu'il en a été justifié;... confirme » (Bordeaux, 2e ch., 2 fév. 1848; MM. Prévot-Leygonie, pr.; Degrange-Touzin, av. gén., concl. conf.; aff. Pompinaud *C.* Paignon; conf. M. Chauveau, journ. des av., t. 73, p. 488, note 6).

149. Mais, en disant que *l'ordre n'est ouvert qu'après l'accomplissement des formalités prescrites pour la purge des hypothèques*, l'art. 772 entend-il parler de la purge ordinaire seulement, ou, tout à la fois, de la purge ordinaire et de la purge légale? L'ancien art. 775, auquel correspond le nouvel art. 772, était plus précis : « En cas d'aliénation autre que celle par expropriation, disait-il, l'ordre ne pourra être provoqué s'il n'y a plus de trois créanciers inscrits, et il le sera par le créancier le plus diligent ou l'acquéreur, *après l'expiration des trente jours qui suivront les délais prescrits par les art. 2185 et 2194 c. civil.* » L'art. 772 ne paraît pourtant être, au fond, que la reproduction de l'ancien art. 775 : ainsi du moins l'avait compris la commission du corps législatif, qui avait proposé un amendement, dans le but de faire de la purge des hypothèques légales une simple faculté, au lieu d'en faire un préliminaire obligé de l'ordre; amendement rejeté par le conseil d'Etat.

« L'ancien art. 775, disait le rapporteur, se bornait à ne permettre d'ouvrir l'ordre qu'après les délais fixés pour la purge des hypothèques inscrites et des hypothèques légales. On ne voulait pas que l'ordre troublât cette purge, ou qu'elle vînt suspendre l'ordre; mais la purge des hypothèques légales n'était pas un préliminaire indispensable de l'ouverture de l'ordre, et la pratique l'entendait ainsi. Le nouvel art. 772 semble plus formel comme prescription, quoiqu'on puisse remarquer qu'il ne parle pas nommément de la purge d'hypothèques légales. — Votre commission comprend la purge des hypothèques inscrites comme précurseur de l'ordre : il faut bien rendre irrévocable la fixation du prix; mais pourquoi forcer l'acquéreur, surtout l'acquéreur d'un petit immeuble, à purger les hypothèques légales, si l'intérêt de sa sécurité ne lui paraît pas l'exiger, ou s'il recule devant les frais de cette purge, assez rare dans la pratique? — Veut-on, avant de laisser ouvrir l'ordre, fixer irrévocablement et complètement la situation hypothécaire de l'immeuble? Ce serait là une grande pensée; mais elle aurait exigé la suppression du droit de préférence des hypothèques légales purgées; car, si ce droit de préférence peut, malgré la purge, s'exercer dans l'ordre, la purge aura bien servi à fixer le prix, au point de vue de la surenchère, mais non à fixer le nombre et la situation des créanciers hypothécaires! — Ne permettre d'entamer l'ordre qu'après la purge des hypothèques légales, c'est, ou mettre l'ouverture de l'ordre à la merci d'un acquéreur peu empressé de payer, ou entrer dans une voie inconnue. Cet acquéreur, qui ne purge pas, il faut, ou l'évincer par la folle enchère, si le mode de vente comporte cette voie, et si on se risque à frapper ainsi un acquéreur, uniquement parce qu'il n'use pas d'une faculté de purger instituée dans son intérêt; ou autoriser le poursuivant l'ordre à faire cette purge légale pour l'acquéreur, après l'avoir mis en demeure. Si les frais de cette purge sont employés dans l'ordre, voilà un petit ordre surchargé d'une dépense de plus; voilà l'acquéreur encouragé à ne pas purger, à attendre que l'on purge pour lui! Si ces frais retombent sur l'acquéreur, voilà l'acheteur de quelques ares peut-être grevé d'une charge qui peut excéder le prix de son acquisition! — Ne vaudrait-il pas mieux laisser ouvrir l'ordre, sans exiger ce prélude?—Si, plus tard, des hypothèques légales se révèlent, elles ne remettront pas en question un ordre consommé, elles ne troubleront que l'acquéreur, qui a couru volontairement cette chance. Si un acquéreur veut faire cette purge légale, qu'elle ne suspende pas les opérations de l'ordre, à moins qu'elle n'ait été commencée dans un bref délai après la vente. — Un amendement, rédigé dans cet esprit, n'a pas obtenu le succès que le conseil d'Etat a accordé à nos autres propositions importantes. Votre commission le regrette vivement. Elle n'aurait pas hésité à vous proposer le rejet de l'article, pour en amener le remaniement partiel, si elle n'eût remarqué qu'en fait, les inconvénients redoutés pourraient être peu fréquents, parce que la prescription de la purge antérieure des hypothèques légales n'a pas pour sanction la nullité de l'ordre; parce qu'aucun créancier inscrit ne l'exigera, puisqu'elle ne le préserverait pas de la survivance du droit de préférence; parce que nul n'aura la pensée de la réclamer, si elle est évidemment inutile, à raison d'une purge antérieure ou du célibat notoire du vendeur, et du payement prouvé d'anciens vendeurs; et parce qu'ainsi l'application de l'art. 772 deviendra aussi judicieuse que celle de l'ancien art. 775, dont le précédent est peut-être la seule cause inspiratrice de cette partie du nouvel art. 772 » (D. P. 58. 4. 49, n° 97).

La question se reproduisit dans la discussion. Un membre

de la commission, M. Josseau, fit observer « que, d'après la législation aujourd'hui existante, et par le résultat de l'art. 775 c. pr., l'ordre ne peut commencer qu'après l'expiration des délais fixés pour la purge des hypothèques inscrites et des hypothèques légales. — Dans la pratique, en général, dit-il, cette prescription ne s'exécute pas; la purge des hypothèques inscrites est obligée et a toujours lieu dans un court délai; quant à la purge des hypothèques légales, on s'en dispense fréquemment, surtout (et c'est le cas le plus fréquent) lorsqu'il s'agit d'immeubles de peu de valeur. En effet, souvent l'acquéreur ne la juge pas nécessaire; souvent aussi il recule devant une dépense en disproportion avec l'importance de son acquisition. La commission, appelée à examiner les dispositions nouvelles, n'a pas cru que l'on pût contraindre l'acquéreur à purger légalement et à se charger de frais considérables, ni qu'il y eût lieu d'autoriser un créancier à purger pour lui, aux dépens de la masse. Elle a donc pensé que, pour ne pas retarder indéfiniment l'ouverture de l'ordre, il serait bon de fixer un délai assez rapproché de l'époque de l'acquisition, et à partir duquel l'ordre pourra être ouvert. Ce but aurait été atteint si, à la fin du paragraphe ci-dessus cité, on avait mis le mot *inscrites*, et si l'on avait ajouté la phrase suivante : « Si l'acquéreur purge les hypothèques légales, les opérations de l'ordre ne devront être suspendues que dans le cas où la purge aurait été commencée dans le délai d'un mois. » Cet amendement a été repoussé par le conseil d'Etat. L'orateur demande si, par ce rejet, l'on a entendu maintenir l'état actuel des choses; si, dans la pensée du gouvernement, il faudra, pour ouvrir l'ordre, attendre la purge même des hypothèques légales? Ce serait imposer à la petite propriété des charges trop lourdes, pour le cas où l'acquéreur serait forcé de purger à ses frais, et faire subir aux prêteurs hypothécaires un injuste prélèvement, si l'on employait les frais de purge comme privilégiés dans l'ordre. »

M. de Parieu, vice-président du conseil d'Etat, répondit « qu'il ne serait pas logique de distribuer le prix de la vente d'un immeuble avant que ce prix fût définitivement fixé, *et avant que ceux qui y ont droit fussent tous connus*. Pour savoir si le prix, donné à l'immeuble dans le contrat de vente, est sérieux et sincère, il faut laisser au juge le droit d'ordonner, lorsqu'il le croira nécessaire, qu'il soit procédé à la purge des hypothèques légales, puisque seule elle peut produire cette certitude... »

M. Josseau reprit « que, dès lors, la question restera soumise à l'arbitraire du juge, et que la disposition, malgré ses termes, en apparence impératifs, manquera de sanction. »

M. Suin, conseiller d'Etat, commissaire du gouvernement, fait remarquer « que le paragraphe en discussion ne dit pas que l'ordre *ne pourra* être provoqué qu'après l'expiration des délais de purge; il s'explique d'une manière beaucoup moins absolue, et à peu près dans les mêmes termes que l'art. 775 du code actuel, dont l'exécution n'a donné lieu à aucune difficulté. L'accomplissement des formalités tracées pour la purge a deux buts. Le second effet qu'il produit est d'affranchir l'immeuble, mais le premier est d'ouvrir et faire courir le délai de la surenchère. Or, un ordre ne peut être utilement ouvert qu'autant que le prix est définitivement fixé et accepté par les créanciers, et ces derniers ne peuvent le connaître légalement, en matière de vente volontaire, que par les notifications. Si donc un acquéreur, sans avoir rempli les formalités de la purge, vient faire au juge la réquisition d'ouverture d'ordre, on ne pourra contraindre les créanciers à produire pour la distribution d'un prix qu'ils n'accepteraient pas, s'ils le connaissaient. Il ne dépend pas d'un acquéreur de faire distribuer son prix, en disant que lui seul court le risque de l'oubli des formalités; il aurait alors trop d'intérêt à la distribution d'un prix non sincère, déloyal, et la plupart du temps dissimulé; mais il y a un droit dont il ne peut frustrer les créanciers : c'est le droit de surenchère. — Il peut donc arriver qu'au lieu d'obéir à la sommation de produire, un créancier s'y refuse : on ne pourra prononcer contre lui aucune déchéance; il aura, au contraire, le droit de faire sommation à l'acquéreur de notifier son contrat. Il s'écoulera un mois; puis commencera le délai de quarante jours; et voilà des lenteurs et une perte de temps qu'on aurait pu éviter! — Si les créanciers de l'acquéreur sont d'accord pour la dispense des formalités, le projet n'est pas impératif, et ne prononce aucune peine de nullité; mais, en l'absence des créanciers, le juge pourra, d'après les circonstances, faire une appréciation qui imposera à l'acquéreur la nécessité de la purge ou l'en dispensera » (D. P. 58. 4. 38, note 34).

« De cette discussion, dit M. Flandin, Tr. de l'ordre, inédit, il résulterait que le paragraphe de l'art. 772, d'après lequel « l'ordre n'est ouvert qu'après l'accomplissement des formalités prescrites par la purge des hypothèques », n'aurait rien d'absolu ni d'impératif; que l'acquéreur resterait le maître de faire ou de ne pas faire la purge, à la condition de se mettre d'accord, sur ce point, avec les créanciers, et *sauf le droit, pour le juge-commissaire, de lui imposer la nécessité de la purge, ou de l'en dispenser, suivant son appréciation.* — Et il est à remarquer que les paroles de MM. les commissaires du gouvernement, de M. Suin, notamment, s'appliquent à la purge ordinaire comme à la purge légale : de cette dernière même M. Suin ne dit pas un mot. — Il peut arriver, en effet, que le prix à distribuer soit, notoirement, plus que suffisant pour couvrir tous les créanciers privilégiés et hypothécaires; ceux-ci, par conséquent, n'ont aucun intérêt à surenchérir pour faire élever ce prix; il y a, au contraire, dans ce cas, intérêt pour tout le monde à éviter des lenteurs et des frais frustratoires, en dispensant l'acquéreur de la purge. Mais cette entente entre l'acquéreur et les créanciers sera très-difficile et très-rare, et c'est pourquoi il y aura, presque toujours, nécessité que la purge ordinaire, celle qui a pour objet de fixer irrévocablement le prix à distribuer, précède les opérations de l'ordre.

« Mais il n'en est pas de même, continue l'auteur, de la purge légale, qui n'a pas pour objet principal et direct d'ouvrir aux créanciers la faculté de surenchère; et l'acquéreur doit toujours pouvoir, il semble, s'abstenir, à ses risques, de recourir à cette formalité. « Si, plus tard, ainsi que le disait le rapporteur de la commission, des hypothèques légales se révèlent, elles ne remettront pas en question un ordre consommé, elles ne troubleront que l'acquéreur, qui a couru volontairement cette chance. » — Et, à part les cas de fraude qu'il faut toujours réserver, je ne vois pas trop comment il pourrait appartenir au juge-commissaire d'obliger l'acquéreur à faire la purge légale ou de l'en dispenser. A quel titre, en effet, interviendrait-il dans une question qui n'intéresse que les créanciers et l'acquéreur? On verra bientôt (*infrà*, n° 188) que le juge-commissaire, quand il s'agit du règlement amiable, n'a d'autre mission que de préparer l'accord des créanciers, et de constater cet accord, lorsqu'il intervient. — Mais, alors même que les créanciers ne se sont pas entendus sur la manière dont doit se faire entre eux la distribution du prix, toute question, qui est en dehors de cette distribution, est étrangère à l'ordre, et par conséquent hors des attributions du juge-commissaire et du tribunal lui-même. » — Telle est également notre opinion (Conf. MM. Ollivier et Mourlon, n° 465; Bressolles, Explic., n° 29; Chauveau, Proc. de l'Ordre, quest. 2613-4°; Houyvet, n° 114).

142. Il semble pourtant que l'obligation d'opérer la purge des hypothèques légales, comme un préalable indispensable de l'ouverture de l'ordre, ait été dans la pensée du projet de loi; car on rencontre, dans l'exposé des motifs, à propos de la déchéance qu'encourent, de plein droit, les créanciers non produisants dans le délai qui leur est imparti (c. pr. 754 et 755), le passage suivant : « Si la vente est volontaire, l'acquéreur, soit de son propre mouvement, soit sur la sommation à lui faite par un créancier, est obligé de notifier son contrat à tous les créanciers inscrits, conformément aux art. 2183 et 2185 c. nap. La notification est faite par huissier commis : *Il est, en outre, obligé de purger les hypothèques légales, art.* 2194. L'ordre ne peut s'ouvrir que trente jours après les délais prescrits par ces articles : ainsi le veut le code de procédure civile (art. 775) » (D. P. 58. 4. 44, n° 21). — Cette doctrine, conforme, d'ailleurs, à l'ancien texte (art. 775), était également enseignée par M. Tarrible, Rép., v° Saisie immob., § 8, n° 6. Mais nous ne pensons pas que ce passage de l'Exposé des motifs doive être pris dans un sens absolu : le rédacteur ne parle que de ce qui doit arriver le plus communément. — La question, au reste, a paru délicate à M. le garde des sceaux : « Quoi qu'il en soit, dit-il, après avoir cité les paroles du rapporteur de la commission du corps législatif, les termes généraux et absolus dans lesquels la disposition de l'art. 772) est conçue, ne paraissent pas admettre de distinction : c'est une question que la jurisprudence aura à trancher » (Circ. du 2 mai 1859, D. P. 59. 3. 25, n° 71).

143. Il a été jugé, dans le sens de notre opinion : 1° que l'acquéreur n'est pas obligé de purger les hypothèques légales dispensées d'inscription ; qu'il en a seulement la faculté, et que, s'il ne veut pas en user, il reste soumis à l'effet de ces hypothèques, sans que les créanciers inscrits puissent l'obliger à faire cette purge (Bourges, 14 juill. 1827, v° Priv. et hyp., n° 2222, et, sur pourvoi, Req. 26 nov. 1828, aff. Poitrenaud, *infrà*, sect. 16); — 2° Qu'un ordre peut être ouvert après les délais prescrits par les art. 2185 c. civ. et 775 c. pr., sans avoir égard à celui qu'exige l'art. 2194 c. civ., quand il n'est pas allégué qu'il existe des créanciers à hypothèque légale, et que, par conséquent, il y ait lieu à surenchère de la part de pareils créanciers (Req. 27 juin 1832, aff. Bertin-Heu, v° Vente pub. d'imm., n° 417).

144. Mais, si l'acquéreur ne peut être contraint de purger les hypothèques légales non inscrites, il est de son intérêt, cependant, de le faire, pour ne pas rester exposé à un recours de la part des créanciers nantis de ces hypothèques. Il peut demander, par conséquent, qu'il soit sursis à la procédure d'ordre jusqu'à l'accomplissement des formalités prescrites par l'art. 2194 c. nap. Et ce sursis devra être accordé; car l'acquéreur ne saurait être contraint de faire un payement qui n'assurerait pas sa libération d'une manière complète (Conf. MM. Persil, Rég. hyp., t. 2, p. 422, § 4 ; Ollivier et Mourlon, *loc. cit.* ; Chauveau, sur Carré, quest. 2548 *bis*, et Proc. de l'ordre, quest. 2613-4°, *in fine*; Flandin, *loc. cit.*).—Il a été jugé, dans ce sens : 1° que l'acquéreur d'un immeuble appartenant à un mari ou à un tuteur, qui a rempli les formalités pour la purge légale, peut, quoiqu'il ait produit à l'ordre, sans réserve, demander qu'il soit sursis aux opérations de l'ordre pendant le délai accordé pour l'inscription des hypothèques légales (Angers, 14 juill. 1809, aff. Coudol, v° Priv. et hyp., n° 2270); — 2° Que, lorsque sur la demande d'un créancier inscrit, tendant à la distribution du prix d'un immeuble vendu, il y a eu, non pas un ordre, mais un simple jugement de distribution, ordonnant à l'acquéreur de payer à ce créancier, comme premier inscrit, les autres ne se présentant pas, la somme qui lui est due, si, depuis ce jugement, non encore exécuté et susceptible d'appel, et après que l'acquéreur a rempli les formalités prescrites pour la purge des hypothèques légales, il survient de nouvelles inscriptions, il peut être ordonné une nouvelle distribution entre tous les créanciers; mais que, dans ce cas, l'acquéreur, qui, par sa négligence à purger les hypothèques légales, a donné lieu à une nouvelle distribution du prix, doit être condamné à supporter les frais de la distribution annulée (Limoges, 24 fév. 1826) (1),

145. Mais il ne faudrait pourtant pas que cette demande de sursis intervînt au milieu des opérations de l'ordre, et alors que l'acquéreur aurait eu, sans en user, tout le temps nécessaire pour faire la purge des hypothèques légales. On serait fondé alors à ne voir, dans le retard qu'il a mis à faire cette purge, qu'une négligence calculée afin de pouvoir différer le payement de son prix. C'est l'observation que font MM. Grosse et Rameau, t. 2, n° 482 : « En fait, disent-ils, les stipulations de l'acte de l'aliénation (qui fixe ordinairement un délai pendant lequel il sera sursis à la poursuite de l'ordre, pour donner le temps à l'acquéreur de purger les hypothèques légales et autres) doivent abriter l'acquéreur contre un ordre précipité. En droit, il doit obtenir du juge-commissaire un sursis à l'ordre, suffisant pour accomplir les formalités de purge des hypothèques de toute nature, *toutes les fois qu'il n'y aura pas abus évident, de sa part, à le demander.* »

146. Nous avons déjà parlé (V. n° 121) du droit consacré, par la loi du 21 mai 1858, en faveur des créanciers à hypothèque légale dispensée d'inscription, qui ont négligé de s'inscrire dans le délai. A l'instar de ce qui a été fait par l'art. 717 pour le cas de vente sur saisie immobilière, l'art. 772, au cas d'aliénation volontaire, déclare que « les créanciers à hypothèques légales, qui n'ont pas fait inscrire leurs hypothèques dans le délai fixé par l'art. 2195 c. nap., ne peuvent exercer de droit de préférence sur le prix qu'autant qu'un ordre est ouvert dans les trois mois qui suivent l'expiration de ce délai, et sous les conditions déterminées par la dernière disposition de l'art. 717 »; c'est-à-dire, pour ne parler ici que de l'ordre amiable, qu'autant qu'ils y feront valoir leurs droits avant la clôture dudit ordre. Une double condition, par conséquent, est imposée, par la loi nouvelle, aux créanciers à hypothèque légale pour l'exercice de leur droit de préférence : que l'ordre soit ouvert dans les trois mois; et, si l'ordre se règle amiablement, qu'ils y interviennent avant sa clôture.

147. Quand la loi dit, dans l'art. 772, que les créanciers à hypothèque légale ne peuvent exercer un droit de préférence sur le prix qu'autant qu'un ordre *est ouvert* dans les trois mois qui suivent l'expiration du délai fixé par l'art. 2195 c. nap., elle se réfère aux premières opérations qui ont pour objet la distribution du prix, c'est-à-dire à la réquisition adressée au juge spécial pour l'ouverture du procès-verbal d'ordre, ou, s'il y a lieu, au président du tribunal, pour la nomination d'un juge-commissaire (c. pr. 750). On verra plus bas, n° 228, que, dans l'esprit de la loi nouvelle, c'est là véritablement le point de départ de la procédure d'ordre (Conf. MM. Grosse et Rameau, t. 1, n° 115; Chauveau, Pr. de l'ordre, quest. 2613-5°; Bioche, v° Ordre, n° 148, 3e éd.—*Contrà* M. Houyvet, n° 41 *bis*).

148. Du reste, ainsi que le fait observer M. Riché, dans son rapport, « si les créanciers inscrits, voulant laisser le droit de préférence s'écouler et se perdre par le laps de temps, retar-

(1) (Puymauri C. Chabrier.) — La cour;... — Attendu, au fond, que l'appelant, après avoir fait transcrire le contrat de vente qui lui avait été consenti, avait, sur la sommation qui lui avait été faite par Chabrier, rempli suffisamment les formalités prescrites par l'art. 2183 c. civ., en notifiant les actes énoncés dans cet article à tous les créanciers inscrits, et ne peut ainsi être tenu que de payer le prix du contrat, soit au vendeur, soit à ses créanciers qui le représentent; que les créanciers inscrits ne se trouvent qu'au nombre de quatre, compris le vendeur, pour lequel le conservateur avait pris inscription d'office; et, l'appelant n'ayant pas provoqué l'ordre sur le prix de son acquisition, le tribunal d'où vient l'appel n'avait à statuer que sur les droits des créanciers alors inscrits; qu'ainsi, il n'a point mal jugé, en ordonnant le versement entre les mains de Chabrier (comme premier inscrit) d'une partie du prix à distribuer; mais que son jugement n'était pas définitif, et pouvait être attaqué par la voie de l'appel; que, postérieurement à ce jugement, des créanciers (en vertu d'hypothèque légale) de Faure, vendeur de Puymauri, se sont fait inscrire pour des sommes supérieures au prix total de la vente; que, ces créanciers étant encore à temps d'exercer leurs droits, l'appelant serait exposé à payer au delà du prix de son acquisition, si le jugement dont est appel était exécuté; que le fait nouveau de l'inscription des créanciers a créé pour lui un intérêt à se refuser à l'exécution de ce jugement, et, dès lors, lui a donné le droit d'en interjeter appel, et cela avec d'autant plus de raison que l'art. 2183 c. civ. ne lui prescrivait des formalités à remplir, pour n'être tenu que du prix de la vente, qu'à l'égard de ceux des créanciers qui se trouvaient inscrits, et qu'aucune loi ne lui imposait l'obligation de purger les hypothèques légales, tant qu'il n'en avait pas connaissance par les inscriptions; et qu'ayant satisfait à la sommation qui lui fut faite par Chabrier envers tous les créanciers alors inscrits, il n'est tenu à faire aux créanciers nouvellement inscrits les significations prescrites par l'art. 2183 qu'autant qu'il serait mis en demeure par une nouvelle sommation de leur part; qu'il serait même fondé à leur signifier, dès ce moment, le jugement dont est appel; qu'ils auraient, sans contredit, le droit de l'attaquer par la voie de tierce opposition, et que Puymauri est fondé lui-même à se pourvoir contre ce même jugement par la voie de l'appel, puisque ledit jugement n'a pas acquis, à son égard, l'autorité de la chose jugée; que, s'il ne peut être tenu de payer aux créanciers de son vendeur au delà du prix de son acquisition, les créanciers, en vertu d'hypothèques légales, ne peuvent pas plus être dépouillés du droit d'être admis, suivant l'ordre de ces hypothèques, à la distribution du prix de l'immeuble de leur débiteur, qui est le gage de leurs créances; que, dès lors, une nouvelle distribution entre tous les créanciers doit être ordonnée; mais que l'appelant ayant, par sa négligence à purger des hypothèques légales et à avertir ceux à qui elles étaient acquises, donné lieu aux frais qui ont été faits pour parvenir à la première distribution, doit les supporter en totalité; qu'au contraire, l'intimé ayant mal à propos contesté depuis qu'il a connaissance des inscriptions, est tenu des frais qui ont été faits depuis lors; — Sans s'arrêter ni avoir égard aux fins de non-recevoir, met l'appellation et les jugement et ordonnance dont est appel au néant.

Du 24 fév. 1826.-C. de Limoges, ch. corr.-MM. Talabot et Barny, av.

dent l'ordre à dessein, nul doute que le titulaire, ou le défenseur de l'hypothèque légale, ne puisse provoquer cet ordre... » (D. P. 58. 4. 49, n° 61).

Art. 2. — *De la convocation des créanciers par le juge-commissaire.*

149. C'est après les formalités préliminaires dont nous venons de parler que commencent les tentatives de l'ordre amiable. « Le juge-commissaire, porte l'art. 751, dans les huit jours de sa nomination, ou le juge spécial, dans les trois jours de la réquisition, convoque les créanciers inscrits, afin de se régler amiablement sur la distribution du prix... »

150. C'est devant le juge que les créanciers doivent comparaître, et c'est sous sa médiation qu'ils vont essayer de se mettre d'accord sur la distribution du prix. Il y a beaucoup à attendre, nous le croyons, des efforts qui seront faits par le magistrat pour arriver à ce résultat désirable, qui épargnera aux créanciers et à la partie saisie les lenteurs et les frais d'un ordre judiciaire. L'honneur de cette heureuse innovation revient tout entier à la Commission du Corps législatif : le projet de loi conservait l'ancien système, en réduisant à quinze jours le délai d'un mois que le code de 1806 accordait aux créanciers pour s'entendre et se régler entre eux. « Dans les *quinze jours* qui suivent l'expiration de ce délai (les quarante-cinq jours accordés pour faire transcrire le jugement d'adjudication), portait l'art. 750 du projet, les créanciers et la partie saisie sont tenus de se régler entre eux sur la distribution du prix. »

151. La Commission a eu d'abord à examiner si, conformément à la proposition qui en avait été faite par deux députés, MM. Millet et Duclos, il n'y avait pas lieu de renvoyer, pour l'ordre amiable, les créanciers devant un notaire, comme on le fait pour les liquidations et partages (C. Nap. 828 et suiv.)? Les raisons qui ont fait préférer le juge au notaire sont ainsi exposées par la Commission : — « ... Sans doute, a-t-elle dit, on ne retrouve pas ici toutes les objections qui peuvent combattre l'idée de déléguer aux notaires le règlement non amiable des ordres (V. *suprà*, n° 23); sans doute, le magistrat sera plus réservé, moins pressant, moins intéressé que le notaire; mais on ne verra pas un créancier peu éclairé soupçonner le juge de préférence secrète pour un client; le juge exercera un certain ascendant dû à sa position; les juges de paix concilient beaucoup de litiges sans avoir le mobile de l'intérêt personnel; un jeune magistrat aimera à se distinguer par le succès des arrangements, aussi bien que par la célérité des ordres; enfin aucun honoraire n'est attaché à l'intervention du juge... » (D. P. 58. 4. 53, n° 68).

152. La loi dit que « le juge-commissaire, dans les *huit jours* de sa nomination, ou le juge spécial, dans les *trois jours* de la réquisition (de l'ouverture de l'ordre), convoque les créanciers inscrits.... » — Comme MM. Ollivier et Mourlon, Comm., n° 307; Chauveau, Proc. de l'ordre, quest. 2550, nous ne saisissons pas les motifs de cette différence de délai; car, dans l'un et l'autre cas, le juge fait spontanément cette convocation, et sans avoir besoin d'aucune réquisition des parties. Il a été mis en demeure par la réquisition de l'ouverture de l'ordre (art. 750); cela suffit. — M. Seligman, n° 150, donne pour raison de la différence de délai que quelques jours peuvent s'écouler avant que le juge, désigné par le président, ait connaissance de sa nomination. Mais, de trois jours à huit jours, il y a trop de marge pour que ce soit là une explication satisfaisante.

153. Lorsqu'il y a plusieurs juges chargés des ordres dans un tribunal, il y a nécessité de s'adresser, ainsi que nous l'avons dit, *suprà*, n° 36, au président, pour chaque cas particulier, afin qu'il désigne le magistrat qui demeurera chargé de l'ordre. Le magistrat désigné aura-t-il huit jours, ou trois jours seulement, pour convoquer les créanciers? — Suivant MM. Grosse et Rameau, t. 1, n° 141, il aura huit jours : c'est la conséquence de sa désignation par le président. Le délai de trois jours, d'ailleurs, ne serait pas suffisant, disent-ils, pour lui faire connaître l'affaire et pour qu'il l'apprécie, même superficiellement (Conf. MM. Chauveau et Seligman, *loc. cit.*). — Au contraire, MM. Ollivier et Mourlon, n° 308, ne lui accordent que trois jours, et ils se fondent sur ce que la loi dit, sans distinction aucune, que le juge spécial n'aura que trois jours. — Nous nous rangerions plus volontiers à ce dernier parti, parce que tout ce qui est de nature à abréger les délais est favorable. Ce n'est là, au surplus, qu'un point de discipline intérieure.

154. La convocation est faite « par lettres chargées à la poste, expédiées par le greffier, et adressées tant aux domiciles élus par les créanciers dans les inscriptions qu'à leur domicile réel en France... » (c. pr. 751). C'est une disposition analogue à celle de l'art. 2 de la loi du 2 mai 1855, pour les avertissements que délivrent les juges de paix.

155. Voici de quelle manière a été réglée administrativement, conformément au désir qu'en avait exprimé la commission (rapp. de M. Riché, D. P. 58. 4. 49, n° 68), l'exécution de cette disposition : — « D'après les dispositions arrêtées, de concert entre le département des finances et le mien, dit M. le garde des sceaux, dans sa circulaire du 2 mai 1859, les lettres seront conformes au modèle n° 4 ci-joint, tant pour le format que pour les énonciations (1). Elles seront délivrées par le greffier sur papier non timbré, au nom et sous la surveillance du juge-commissaire, et expédiées par la poste sous bande simple, scellée du sceau du tribunal, avec affranchissement. — Le greffier remettra les lettres au guichet du bureau de poste pour les faire charger. Cette remise sera accompagnée d'un bulletin sur papier libre, conforme au modèle n° 5, et énonçant le numéro de l'ordre, le nom du saisi ou du vendeur, le nombre de lettres et la suscription de chacune d'elles (2). — Toutes ces mentions

(1) Modèle n° 4 indiquant la forme, la grandeur et la rédaction des lettres de convocation.

Numéro de l'ordre.	Nom du saisi ou du vendeur.

Au nom de M. (1)
le greffier du tribunal de première instance de... invite M... à se rendre, avec titres et pièces, en la chambre du conseil dudit tribunal séant à... le... heure de... à l'effet de se régler amiablement sur la distribution d'une somme de... moyennant laquelle M... (2)
suivant (3)
a acquis (4)
ayant appartenu à M... (5)

Fait au greffe du tribunal, le...

Le greffier,

Indiquer :
(1) Le nom du juge-commissaire ou du juge spécial aux ordres.
(2) Le nom de l'adjudicataire.
(3) L'acte d'aliénation.
(4) La désignation de l'immeuble.
(5) Le nom du vendeur.

Nota. Le créancier non comparant est condamné à une amende de 25 fr. (art. 751 c. pr. civ.)

Rapporter cette lettre.

(2) Modèle n° 5 du bulletin qui doit être présenté au bureau de poste, avec les lettres de convocation, et être remis au greffier pour lui tenir lieu de bulletin de chargement.

Numéro de l'ordre.	Nom du saisi ou du vendeur.

Le greffier du tribunal de première instance de... a remis au bureau de poste de cette ville, le (1)
lettres qu'il a fait charger, portant convocation aux créanciers inscrits, à la partie saisie et à l'adjudicataire, en la chambre du conseil dudit tribunal, séant à..., le..., heure de..., à l'effet de se régler amiablement par-devant M... (2) sur la distribution d'une somme de..., moyennant laquelle M... (3)
suivant (4)
a acquis (5)
ayant appartenu à (6)

Il a été perçu pour port et chargement de ces lettres (7)

Ces lettres portent les suscriptions suivantes :
La première (8)
La deuxième
La troisième

Le directeur du bureau de poste,

Indiquer :
(1) La date de la remise et le nombre des lettres.
(2) Le nom du juge-commissaire ou du juge spécial aux ordres.
(3) Le nom de l'adjudicataire.
(4) L'acte d'aliénation.
(5) La désignation de l'immeuble.
(6) Le nom du vendeur.
(7) Le montant des droits de poste.
(8) La suscription de chaque lettre.

seront inscrites sur le bulletin par le greffier, afin que le préposé de l'administration des postes n'ait plus à y porter que la date du dépôt des lettres, leur nombre et le montant de l'affranchissement perçu. Le préposé signera le bulletin ainsi rempli et le remettra au greffier. Chaque lettre sera passible, indépendamment de la taxe ordinaire (10 ou 20 c.), du droit fixe de 20 c. pour chargement, comme toute lettre chargée; mais elle est dispensée des formalités de fermeture spéciale qu'entraîne le chargement ordinaire. — Les frais seront avancés par le poursuivant au greffier. — Le bulletin sera représenté au juge, qui le joindra au procès-verbal, et pourra ainsi constater la régularité de la convocation et prononcer l'amende contre les créanciers non comparants.— Il ne sera perçu aucun droit d'enregistrement ou de greffe pour l'annexe de ce bulletin au procès-verbal » (circ. 2 mai 1859, D. P. 59. 3. 25, n° 43).

Ces lettres de convocation sont l'œuvre du greffier et non du juge (circulaire précitée). Ce dernier se borne à rendre une ordonnance qui fixe le jour, l'heure et le lieu de la réunion, et c'est en vertu de cette ordonnance que les lettres sont expédiées par le greffier. Elles doivent, conséquemment, faire mention de l'ordonnance, car le greffier n'aurait pas qualité pour les expédier en son nom (Conf. MM. Grosse et Rameau, t. 1, n° 174, Ollivier et Mourlon, n° 309; Chauveau, Proc. de l'ordre, quest. 2550 *ter*; Seligman, n° 151).—En Belgique, c'est également par lettres chargées que sont convoqués les créanciers; mais c'est le requérant l'ordre qui fait la convocation (art. 108 de la loi du 15 août 1854 sur l'expropriation).

156. Les lettres de convocation expédiées par le greffier sont exemptes du timbre et de l'enregistrement, comme les avertissements adressés en exécution de la loi du 2 mai 1855 sur les justices de paix (décis. min. des fin. et min. de la just. des 27 avr. et 22 mai 1858; Instr., n° 2049, § 3). — Il en est de même du bulletin de chargement de l'administration des postes, considéré comme simple document administratif délivré par une administration publique à un fonctionnaire public (mêmes décisions).

157. Les lettres sont adressées, tant au domicile élu du créancier qu'à son domicile réel, si ce domicile est en France, et s'il est *connu* (rapp. de M. Riché, *loc. cit.*). — Ces mots : *en France*, sont exclusifs de l'Algérie, croyons-nous, sinon de la Corse, quoique le code de procédure (art. 73) distingue, pour le délai des ajournements, entre la Corse et la France continentale, et assimile la Corse, sous ce rapport, aux Etats limitrophes de la France (Conf. MM. Ollivier et Mourlon, n° 313; Grosse et Rameau, t. 1, n° 185). — D'après M. Bioche, au contraire, v° Ordre, n°s 220 et 221, 3e éd., l'Algérie et la Corse doivent être considérés comme *France*; et le créancier, *qui habite dans les colonies et à l'étranger*, est seul considéré comme habitant hors de France. Ces expressions : *qui habite dans les colonies et à l'étranger*, sont empruntées au rapport de M. Riché sur l'art. 692, où il est fait mention de la sommation qui doit être adressée au vendeur, « à défaut de domicile élu par lui, à son domicile réel, *pourvu qu'il soit fixé en France*; » et M. Bioche s'en empare comme argument à l'appui de son opinion.—Mais il faut rétablir en entier le passage du rapport : « Votre commission, dit M. Riché, a voulu trancher irrévocablement la difficulté pour les deux cas des art. 692 et 753, et donner une garantie de plus au droit si respectable du vendeur, *pourvu que son domicile soit situé dans la France continentale.* » C'est après ces mots que le rapport ajoute : « Celui qui habite aux colonies ou à l'étranger doit avoir son mandataire en France » (D. P. 58. 4. 49, n° 53). Or, si la Corse, qui, comme le dit M. Bioche, est *un département français*, peut, *lato sensu*, et jusqu'à un certain point, être considérée comme faisant partie de la *France continentale*, on ne saurait en dire autant de l'Algérie. — M. Chauveau toutefois, Proc. de l'ordre, quest. 2550-4°, paraît se ranger à l'opinion de M. Bioche : « Les communications, dit-il, sont si rapides entre le continent français et l'Algérie,... que MM. les juges-commissaires croiront, sans doute, convenable d'appliquer la loi dans un sens plutôt étendu que restreint. » — Cela serait très-bien, répond M. Flandin, Tr. de l'ordre, inédit, si, comme conséquence de la convocation adressée au domicile réel du créancier en Algérie, il ne fallait pas, pour être logique, admettre une extension correspondante du terme assigné pour la réunion des créanciers; ce qui semble incompatible avec le bref délai d'un mois accordé pour la tentative de règlement amiable.

158. D'après une décision concertée entre les ministres de la justice et des finances, en date des 28 mai et 10 juin 1859, lorsque l'immeuble, dont le prix est à distribuer, est grevé d'une inscription hypothécaire prise à la requête du directeur général de l'enregistrement et des domaines, la lettre de convocation pour l'ordre amiable, destinée au domicile réel, ne doit pas être adressée à l'administration centrale à Paris, mais à la direction du département où l'ordre est poursuivi; et le greffier doit indiquer, dans la lettre de convocation, la cause de la créance (instr. du directeur gén. de l'enreg. et des dom. du 30 juill. 1859).

159. Il est dit, dans la même instruction, que le receveur, auquel parvient une lettre de convocation, doit immédiatement faire connaître à son directeur si la créance du trésor existe encore, et s'il est de l'intérêt de l'administration de répondre à la convocation. En cas d'affirmative, le directeur donnera des instructions au receveur placé près du tribunal dont un des juges a été chargé du règlement amiable, et il lui prescrira de comparaître en personne, aux jour et heure fixés. — Mais, si le trésor est désintéressé ou étranger à l'ordre, le directeur en donnera avis, par lettre, au juge-commissaire.

160. D'après la circulaire précitée de M. le garde des sceaux, « les lettres, adressées au domicile élu, doivent porter, sur la suscription, à la suite du nom du créancier, ces mots : *ou, en cas d'absence, à M.* (nom et qualité de la personne chez laquelle élection de domicile a été faite). — Celles qui ne parviennent pas au destinataire sont renvoyées au greffier du tribunal dont elles émanent, au lieu d'être remises au bureau des rebuts de l'administration centrale des postes » (D. P. 59. 3. 25, n° 44).

161. Bien que la loi ne se soit pas expliquée sur la rétribution due aux greffiers pour la préparation des lettres de convocation, il est certain que leur ministère, à cet égard, ne peut pas être gratuit; et M. le garde des sceaux, dans la circulaire précitée, exprime l'opinion qu'on peut leur assurer « 20 cent. par lettre, par analogie des dispositions de l'ordonnance du 9 oct. 1825, art. 1, n° 17, et du décret du 24 mai 1854 » (D. P. 59. 3. 25, n° 44). L'art. 1, n° 17, de l'ordonnance du 9 oct. 1825, alloue, en effet, « pour la rédaction, l'impression et l'envoi des lettres individuelles de convocation aux créanciers d'une faillite, dans le cas prévu par l'art. 476 c. com., par chaque lettre, 20 cent. » — M. Bioche, Dict. de proc., v° Ordre, n° 217, trouve cet émolument insuffisant « pour un travail difficile, minutieux, et qui entraîne une grave responsabilité. » Cela fait d'autant mieux sentir la nécessité d'un tarif particulier pour l'application de la nouvelle loi, œuvre promise et qui se fait encore attendre.

162. Ainsi que l'énonce encore la circulaire précitée, « les lettres de convocation ne doivent parvenir aux destinataires que par la voie de la poste. Afin d'éviter les fraudes auxquelles cette partie du service peut donner lieu, j'ai décidé, dit M. le garde des sceaux, que le greffier remettrait au poursuivant un état indiquant le numéro de l'ordre, le nom du saisi et celui du vendeur, le nombre des lettres de convocation, les déboursés pour droits de poste et les émoluments perçus. — Le juge, avant de taxer les frais, n'aura, pour s'assurer de la sincérité de cet état, qu'à le comparer avec le bulletin signé par le préposé de l'administration des postes et annexé au procès-verbal » (D. P., *loc. cit.*, n° 45).

163. Les frais de convocation sont avancés par le requérant l'ordre (c. pr., 751); et le greffier a incontestablement le droit d'exiger de ce dernier leur consignation préalable, n'étant obligé de rien débourser personnellement (Conf. MM. Grosse et Rameau, t. 1, n° 184; Ollivier et Mourlon, n° 310; circul. du min. de la just. précitée).

164. C'est l'état des inscriptions déposé au greffe par le poursuivant, en exécution de l'art. 750, qui sert de base aux convocations, et c'est pour cela que l'art. 751 ne désigne que les créanciers *inscrits*. Mais « les créanciers à hypothèques légales, qui n'ont pas pris d'inscription (et qui, néanmoins, conservent leur droit de préférence sur le prix, à certaines conditions déterminées par les art. 717 et 772; V. *suprà*, nos 121 et 146), doivent, dit M. le garde des sceaux, dans la circulaire précitée, no 51, s'ils veulent être colloqués, déposer au greffe leurs titres avec acte de produit, et faire mention de ce dépôt sur le procès-verbal d'ordre. » Leur existence se trouvant ainsi révélée au juge-commissaire, il doit leur adresser une convocation, comme aux créanciers inscrits, puisqu'ils ont un égal droit à la distribution du prix.

165. Il faut en dire autant des créanciers privilégiés de l'art. 2101 c. nap., dont le privilége, dispensé d'inscription (2107), porte à la fois sur les meubles et sur les immeubles (2104). — Ils seront convoqués, de même que les créanciers à hypothèque légale non inscrite, lorsqu'ils se seront fait connaître.

166. C'est au cessionnaire de la créance hypothécaire, dont l'existence est révélée par l'inscription, soit que cette inscription ait été prise en son nom, soit que, prise au nom du cédant, elle indique en marge le changement de domicile requis par le cessionnaire, conformément à l'art. 2152 c. nap. (V. Priv. et hyp., nos 1497 et suiv., 1530 et suiv.), que la convocation doit être adressée. — Dans le cas contraire, elle est adressée au cédant, titulaire présumé de l'hypothèque, lequel doit transmettre la lettre au cessionnaire. Ce dernier, en justifiant de sa qualité, se fera admettre à l'assemblée des créanciers en la place du cédant, et celui-ci sera dispensé de s'y présenter, sans avoir à encourir l'amende que prononce l'art. 751 contre les non-comparants (Conf. M. Seligman, nos 161 et 240).

167. Mais, si le cédant et le cessionnaire faisaient tous les deux défaut, ajoute M. Seligman, ce serait le cédant, dont le nom seul figure dans l'inscription, qui deviendrait passible de l'amende, attendu que le juge-commissaire ne connaît que ceux qui sont dénommés dans l'état des inscriptions. — Le cédant, dans ce cas, aurait son recours contre le cessionnaire, s'il avait eu le soin de lui transmettre, en temps utile, la lettre de convocation.

168. Si le temps a manqué au cédant pour avertir le cessionnaire, il devra se présenter à la réunion indiquée pour faire connaître au juge-commissaire qu'il n'est plus le propriétaire de la créance hypothécaire, et aucun règlement amiable ne pourra intervenir en l'absence du cessionnaire (Conf. M. Seligman, *loc. cit.*).

169. Doivent aussi être convoqués, avec les créanciers inscrits, « la partie saisie et l'adjudicataire » (c. pr. 751). — Le saisi ou le vendeur ont un intérêt évident à être présents à la réunion, pour empêcher la collocation de tels ou tels créanciers, en contestant leur créance, soit dans son existence, soit dans sa quotité. — L'adjudicataire ou l'acquéreur peuvent avoir, de leur côté, des observations à présenter touchant l'exécution des conditions de l'adjudication ou de la vente, le montant du prix et des charges, la ventilation, le payement des intérêts, etc. L'acquéreur est employé, par préférence, pour le coût de l'extrait des inscriptions et des dénonciations aux créanciers inscrits (art. 774); il a intérêt, par conséquent, à surveiller sa collocation sur ce point. — Toutefois, le consentement du saisi et de l'adjudicataire n'est pas requis, comme celui des créanciers, pour la validité de l'ordre amiable. C'est, d'abord, ce qui s'induit de la façon différente dont s'exprime l'art. 751 à leur égard et à l'égard des créanciers : « Le juge-commissaire, dit l'article, ... convoque les créanciers inscrits, *afin de se régler amiablement sur la distribution du prix*. Cette convocation est faite, etc. ...La partie saisie et l'adjudicataire sont également convoqués. » La loi ne dit pas *pour se régler* : ils assisteront donc au règlement; mais ils ne concourront pas à le former. C'est ainsi, du reste, que l'a expliqué le rapporteur de la commission : « L'adjudicataire et le saisi sont convoqués, mais sans que leur absence puisse être un obstacle à l'arrangement, et sans que la voix délibérative permette à l'adjudicataire, voulant retarder le règlement, ou au saisi, dominé par l'humeur, de s'opposer au règlement amiable entre les créanciers » (D. P. 58. 4. 49, no 68; Conf. MM. Grosse et Rameau, t. 1, no 188; les mêmes, Append., p. 356 et suiv.; Ollivier et Mourlon, nos 289 et 508; Bioche, vo Ordre, no 225, 3e éd.; Seligman, no 168; Flandin, Tr. de l'Ordre, inédit).

170. Telle n'est pas, pourtant, l'opinion de M. Duvergier, Coll. des lois, ann. 1858, p. 152, note 3 : « Je crois, dit-il, après avoir cité le passage ci-dessus transcrit du rapport, je crois que c'est une erreur. Si l'adjudicataire ou la partie saisie s'oppose au règlement amiable, l'appréciation de ses motifs ne peut être laissée aux créanciers; il ne peut dépendre d'eux de les rejeter et de procéder au règlement. Supposez que le saisi repousse de l'ordre un créancier qu'il soutient ne plus l'être, parce qu'il l'a payé, les autres créanciers diront-ils que le saisi a tort, et l'obligeront-ils à souffrir la collocation de celui à qui il soutient ne rien devoir? C'est impossible... » (Conf. MM. Bressolles, Explic., etc., no 25; Houyvet, no 118; V. aussi *suprà*, no 63). — Il est peu probable que, si l'opposition du saisi au règlement amiable se formulait dans des termes aussi précis, les créanciers voulussent passer outre et admettre à participer à la distribution du prix un créancier qui ne le serait plus, parce qu'il aurait été payé. Et ce n'est pas, assurément, dans une pareille hypothèse que s'est placé le rapporteur : il n'a fait allusion qu'à de vaines contestations, à de pures chicanes, inspirées au saisi par l'humeur, ou à l'adjudicataire par le désir de retarder son payement. — Au reste, il ne faudrait pas croire que, soit le vendeur ou le saisi, soit l'acquéreur ou l'adjudicataire, qui n'auraient pas réussi à se faire écouter dans l'assemblée des créanciers, les premiers, en contestant telles ou telles créances, les seconds, en réclamant leur collocation en premier ordre pour des frais privilégiés, n'eussent aucun moyen de faire prévaloir leurs justes réclamations : on ne pourrait, sans injustice, leur refuser le droit d'attaquer le règlement devant le tribunal, qui statuera, dans ce cas, sur les réclamations (V. *suprà*, no 63, et *infrà*, nos 277 et suiv.).

171. M. Chauveau, Proc. de l'ordre, quest. 2551 *ter*, propose une marche différente que nous ne saurions admettre. « Sans me dissimuler, dit-il, les objections graves qui pourront être présentées contre ma solution, j'autoriserais le sursis pendant un délai fort court, durant lequel les parties intéressées feraient juger, comme elles l'entendraient, la contestation soulevée par l'adjudicataire ou le saisi, *par les voies ordinaires*; car je n'admettrais pas le renvoi en état de référé, qui, comme toute procédure exceptionnelle, ne peut être suivie qu'autant qu'elle est expressément autorisée par la loi. »

172. Suivant M. Bressolles, Explic., etc., no 25, si c'est le saisi ou l'adjudicataire qui poursuivent l'ouverture de l'ordre, on ne doit pas leur adresser de lettre de convocation. Ainsi que M. Chauveau, Proc. de l'ordre, quest. 2550-4o, nous n'apercevons aucune raison de cette exception à une mesure qui doit être générale, sous peine d'irrégularité.

173. Suivant MM. Grosse et Rameau, t. 1, no 189, « l'acquéreur,... s'il s'abstenait de comparaître, ne pourrait critiquer l'ordre, ni réclamer les frais extraordinaires de transcription et de notification vis-à-vis du créancier sur lequel les fonds manquent, parce que, disent-ils, s'il a privilége pour ces frais, c'est à la condition de le faire valoir, quand le prix est encore la propriété du vendeur, son débiteur; mais, une fois l'ordre arrêté, la transmission au profit de chacun des créanciers colloqués est définitive; la somme qui en est l'objet devient sa propriété; l'acquéreur ne peut l'actionner directement, puisque le créancier ne lui doit personnellement rien. » — Nous ne pensons pas que cette solution soit exacte. — D'abord, et pour le dire, en passant, MM. Grosse et Rameau commettent une erreur, en mettant les frais de transcription, qui sont à la charge personnelle de l'acquéreur (c. nap. 2155), sur la même ligne que les frais de notification, pour lesquels l'art. 774 c. pr. accorde privilége à ce dernier. — Ensuite, la négligence de l'acquéreur à se présenter à la réunion des créanciers ne saurait créer contre lui aucune forclusion pour les critiques qu'il peut avoir à adresser à l'ordre, arrêté entre les créanciers, puisqu'il n'a pas voix délibérative dans la réunion. — En troisième lieu, la collocation du créancier, la délivrance même du bordereau, n'équivaut pas au payement; et l'acquéreur, qui a le droit de contester la collocation, peut refuser de payer, ou faire opposition au payement, lorsque les fonds ont été consignés, tant que ce payement n'a pas été effectué (Conf. M. Flandin, Tr. de l'ordre, inédit).

174. On a vu *suprà*, no 99, que les créanciers chirographaires peuvent intervenir dans la procédure de l'ordre, soit en provoquant l'ouverture du procès-verbal, soit en formant opposition sur ledit procès-verbal, afin de recueillir la partie du prix qui restera libre, après le payement des créances inscrites. — La question se présente de savoir s'ils doivent être convoqués, dans l'ordre amiable, et si leur consentement est nécessaire pour le former? — La négative est enseignée par MM. Ollivier et Mourlon, n° 312. Ces auteurs font remarquer « qu'il impliquerait contradiction qu'on leur accordât un droit refusé au saisi » (Conf. M. Seligman, n° 167). Nous ajouterons, avec M. Flandin, qu'en leur donnant voix délibérative, le législateur eût été contre le but qu'il se proposait dans le règlement amiable, en rendant bien plus difficile encore l'accord des créanciers. Aussi voit-on que l'art. 751 n'ordonne la convocation que des créanciers *inscrits*, à la différence de l'art. 750 qui, lorsqu'il s'agit de l'ouverture de l'ordre, accorde au *créancier le plus diligent*, sans distinction entre les créanciers inscrits ou non, le droit de la provoquer.

175. Tout au plus, pourrait-on dire que leur qualité d'opposants ou d'intervenants à l'ordre leur donne le droit d'être convoqués à la réunion indiquée pour le règlement amiable, parce que leur opposition les rend parties dans la procédure d'ordre, dont la tentative de règlement amiable constitue le premier acte (V. *suprà*, n° 147). Et c'est en ce sens que s'est exprimé M. le garde des sceaux, en disant qu'on doit convoquer les créanciers chirographaires (opposants), parce qu'ils ont intérêt à surveiller la distribution du prix (circ. précitée, n° 51; Conf. MM. Grosse et Rameau, t. 1, nos 270 et 288; Chauveau, Proc. de l'ordre, quest. 2617 *bis*; Colmet-Daage, 8e éd., n° 1039). — Mais c'est là l'unique concession que nous soyons disposé à faire; sauf, comme pour le saisi, le droit de ces créanciers d'attaquer le règlement amiable par action directe, si l'on y avait colloqué des créanciers qui n'eussent aucun droit sur le prix, ou qui y eussent un droit moindre que celui qui leur a été attribué (V. *infrà*, nos 277 et suiv.; Conf. M. Bioche, v° Ordre, n° 257, 3e éd.).

176. Il doit y avoir dix jours, au moins, entre la date de la convocation et le jour indiqué pour la réunion (c. pr. 751), afin de laisser aux créanciers les plus éloignés le temps de s'y rendre. — Ici, il n'y a pas lieu à augmentation du délai, à raison des distances, puisqu'il ne s'agit pas d'un acte de procédure (Conf. MM. Ollivier et Mourlon, n° 314; Chauveau, Proc. de l'ordre, quest. 2550 *ter*; Bioche, v° Ordre, n° 229, 3e éd. — *Contrà*, M. Houyvet, n° 120).

177. Mais le délai doit être franc : ainsi, la convocation étant du 2, le jour de la réunion ne pourra être que le 13 (Conf. MM. Grosse et Rameau, t. 1, n° 191; Ollivier et Mourlon; Chauveau; Houyvet, *loc. cit.*; Bioche, n° 228; Seligman, n° 170). — Ceci est important, à cause de l'amende à prononcer contre les non-comparants, ainsi qu'on le verra plus bas, nos 202 et suiv.

178. Le juge peut certainement étendre le délai au delà de dix jours; mais il devra user rarement de cette faculté, à cause de la brièveté du temps accordé pour l'ordre amiable, et parce qu'il doit prévoir qu'il sera difficile aux créanciers de s'entendre et d'arrêter l'ordre, dès la première réunion (Conf. MM. Grosse et Rameau, t. 1, n° 192; Ollivier et Mourlon; Chauveau, *loc. cit.*; Seligman, n° 171).

179. Lorsqu'il y a lieu d'indiquer des réunions ultérieures, cette indication doit se faire *sans nouvelles lettres et sans frais* (rapport de M. Riché, D. P. 58. 4. 49, n° 68; circul. du 2 mai 1859, D. P. 59. 3. 25, n° 50).

180. Si tous les créanciers ne sont pas présents à la première réunion, « le juge apprécie, dit M. le garde des sceaux, dans la circulaire précitée, s'il convient de renvoyer l'assemblée à un autre jour, ou de la tenir immédiatement, sauf à régulariser ultérieurement le procès-verbal par l'adhésion que le créancier (absent) peut fournir dans le mois » (*Ibid.*).

181. La loi, dit encore M. le garde des sceaux, circ. n° 48, n'autorise à accorder aucune indemnité de voyage ou autre à ceux qui ont satisfait à la convocation, bien qu'ils n'aient obtenu aucune collocation.

182. A l'égard de la personne qui aurait été indûment convoquée, elle a son recours, dit le ministre, selon les circonstances, contre le greffier ou contre le conservateur des hypothèques (*ibid.*). — Contre le greffier, si elle ne figurait pas au nombre des créanciers inscrits; — Contre le conservateur, si elle avait été portée mal à propos sur le tableau des inscriptions.

183. Les créanciers convoqués sont-ils tenus de comparaître en personne? — « Il est dans le vœu du législateur, dit le ministre, qu'ils comparaissent en personne. Toutefois, il a été entendu qu'ils pouvaient se faire représenter par des fondés de procuration, ou être assistés de conseils (rapp. de M. Riché; D. P. 58. 4. 49, n° 68); mais ils ne peuvent, en général, se borner à faire connaître, par lettre, au juge-commissaire leurs prétentions, ainsi que les concessions qu'ils sont prêts à faire » (circ. du 2 mai 1859, n° 46). — Si l'on admettait, en effet, les créanciers à faire connaître, par écrit, leurs intentions, afin de se dispenser de comparaître, toute entente deviendrait impossible, car ce n'est que lorsque les parties sont en présence qu'elles peuvent, sous la médiation du juge, être amenées à se faire réciproquement des concessions qui facilitent le règlement amiable.

184. Mais, ainsi que le fait observer M. le garde des sceaux, « les termes généraux, dans lesquels l'art. 751 est conçu, comportent, cependant, dans l'exécution, certains tempéraments qui rentrent manifestement dans l'esprit de ses dispositions. On peut donc admettre, sans difficulté, que le créancier, qui a reçu son payement, mais dont l'inscription n'a pas été radiée, ou celui qui, ne venant pas en ordre utile, renonce à faire valoir ses droits, ou, enfin, que la personne convoquée par erreur, évitent les frais d'un déplacement inutile ou d'une procuration, en faisant connaître, par écrit, au juge-commissaire qu'ils sont étrangers à l'ordre ou qu'ils sont désintéressés. — Mais c'est au créancier à prendre les mesures nécessaires pour que sa déclaration parvienne au juge-commissaire. Sa lettre, d'ailleurs, qui reste annexée au procès-verbal, doit être conçue avec clarté et précision, et ne contenir aucune réserve. Enfin, sa signature doit être légalisée par le maire de la commune où il réside » (circ. du 2 mai 1859, n° 47; Conf. M. Seligman, n° 237).

185. M. Seligman ajoute, avec raison, n° 238, que, si le créancier, quoique désintéressé, gardait le silence et ne se rendait pas à la convocation, il pourrait être condamné à l'amende, puisque son absence obligerait de recourir à l'ordre judiciaire.

186. Mais il enseigne, à tort, selon nous, n° 239, que la lettre écrite au juge-commissaire par le créancier pour le prévenir qu'il se considère comme étranger à l'ordre, et qu'il consent à la radiation de son inscription, ne suffirait pas pour autoriser le conservateur à opérer cette radiation. Le juge, dit-il, en dressant le procès-verbal du règlement amiable, pourra bien y mentionner cette lettre pour passer outre; mais cette mention ne rendrait pas le consentement authentique. — Cela serait vrai, si c'était en vertu de la lettre que dût s'opérer la radiation. Mais, aux termes de l'art. 751, c'est le juge qui, en dressant procès-verbal de la distribution du prix par règlement amiable, ordonne la radiation des inscriptions des créanciers non admis en ordre utile; et cette ordonnance a bien certainement le caractère authentique. — L'auteur ne le conteste pas; il dit que le juge ne peut ordonner la radiation de cette inscription, comme il aurait à le faire pour un créancier non admis en ordre utile, attendu que le créancier désintéressé ne prend, dans ce cas, aucune part au règlement amiable et y est complétement étranger. — Il y est si peu étranger que M. Seligman vient de dire que, s'il ne comparaissait pas et ne prévenait pas le juge-commissaire du motif qu'il a de ne pas se présenter à la réunion, il serait condamné à l'amende, parce que son absence aurait rendu impossible le règlement amiable. Si le créancier comparaissait et venait dire : je ne suis plus créancier, est-ce que le juge-commissaire pourrait s'empêcher, en mentionnant cette déclaration dans son procès-verbal, d'ordonner la radiation de l'inscription? Au lieu de le déclarer oralement, il l'écrit; n'est-ce pas la même chose? (Conf. M. Flandin, Tr. de l'ordre, inédit; V. *infrà*, n° 197, une question analogue).

187. Lorsque les créanciers ne comparaissent pas en personne, sont-ils tenus de se faire représenter par des *avoués?* — La réponse à cette question dépend du caractère à assigner à l'ordre amiable. — D'après MM. Grosse et Rameau, t. 1, nos 219 et suiv. (V. aussi l'appendice à ce premier volume, sur le caractère et la portée juridique de l'ordre amiable), d'après MM. Grosse et Rameau, l'ordre amiable participerait plus de l'ordre judiciaire que de l'ordre consensuel. Les différences qu'ils relèvent entre l'ordre amiable et l'ordre judiciaire, c'est que, pour l'ordre amiable, il faut la présence de tous les créanciers inscrits, condition qui n'est pas requise dans l'ordre judiciaire. C'est, ensuite, que l'ordre amiable est impossible, s'il s'élève des contestations, tandis qu'elles n'arrêtent pas l'ordre judiciaire. C'est, enfin, que l'ordre amiable est dispensé de presque toutes les formalités qui sont imposées à l'ordre judiciaire. — Mais, à part ces dissemblances, l'ordre amiable, suivant eux, est de même nature que l'ordre judiciaire ; il n'exige pas, comme l'ordre consensuel consenti devant notaire, le concours et l'adhésion du vendeur ou de la partie saisie; il n'a pas besoin de la signature des parties, et c'est du juge seul qu'il émane, puisque c'est le juge qui déclare et constate l'accord des créanciers, qui délivre les bordereaux de collocation et ordonne la radiation des inscriptions.

188. Cette opinion est vivement combattue, et avec raison, selon nous, par MM. Ollivier et Mourlon, Comm., n°s 273 et s., et par M. Flandin, dans une dissertation insérée dans la Revue du notariat et de l'enreg., année 1863, n° 631. « L'ordre de conciliation, disent MM. Ollivier et Mourlon, n'est qu'un perfectionnement de l'ordre consensuel, comme la citation en conciliation n'est qu'un perfectionnement de cet appel à la concorde qu'au début d'un procès, tout honnête homme doit adresser à son adversaire. Conséquemment, dans l'ordre de conciliation ainsi que dans l'ordre consensuel, il y a un contrat volontaire, et non un contrat judiciaire. Au lieu d'un notaire, c'est un juge qui en constate l'existence; mais, pas plus que le notaire, le juge ne sanctionne ou ne statue; il dicte un procès-verbal. » — Pour prouver que c'est bien là le caractère de l'ordre amiable, ou de l'ordre de *conciliation*, comme ils l'appellent, MM. Ollivier et Mourlon citent les paroles du rapporteur de la commission, qui ont d'autant plus d'autorité, dans la question, que l'ordre amiable, tel qu'il est organisé par l'art. 751, est une création de la commission elle-même (V. *suprà*, n° 150). — Provoquer ce règlement amiable, disait M. Riché, a été l'une des inspirations dominantes de votre commission. Tout la conviait à étudier cette question : l'exemple de la loi, qui a exigé une tentative de conciliation, avant d'ouvrir la barrière aux procès; le vœu du législateur, en matière d'ordre, qui impose un délai pendant lequel les créanciers doivent se régler amiablement; les aspirations de l'opinion publique; le précédent des codes de pays voisins... Ces codes présentent deux systèmes, en ce qui concerne le moment auquel doit être fixé l'essai de conciliation... Votre commission a préféré le principe de la loi belge de 1854, qui place la tentative de règlement amiable avant l'ouverture de l'ordre, précisément au moment marqué par le code de procédure actuel et par le projet du gouvernement pour les tentatives de règlement amiable. — Notre code de procédure, ancien art. 749, ajournait l'ordre judiciaire pendant un mois après la signification de l'adjudication, en invitant les créanciers à s'entendre durant cet intervalle ; le projet du gouvernement, art. 750, contient la même disposition, en réduisant le délai; mais l'exposé des motifs exprime peu d'espoir d'obtenir la conciliation plus que par le passé. Votre commission a voulu tirer de ce délai un parti plus fécond, en créant ce qui manquait, c'est-à-dire le centre commun, l'agent désigné de la conciliation, le rendez-vous obligatoire auprès de cet agent.... Les juges de paix concilient beaucoup de litiges;... un jeune magistrat aimera à se distinguer par le succès des arrangements aussi bien que par la célérité des ordres... Le juge-commissaire convoque les créanciers inscrits par lettres chargées à la poste, mode en harmonie avec celui des invitations devant la justice de paix... » (D. P. 58. 4. 49, n° 68).

« Quoi de plus significatif, en effet, dit M. Flandin, pour prouver que l'ordre amiable de l'art. 751 n'est autre chose, avec d'autres formes, que l'ordre consensuel, quoi de plus significatif que ces mots du rapport : « Votre commission a voulu tirer de ce délai (le délai d'un mois de l'ancien art. 749) un parti plus fécond, en créant ce qui manquait, c'est-à-dire le centre commun, l'agent de la conciliation?... Le juge-commissaire, dans l'ordre amiable, n'est donc rien de plus qu'un médiateur, un *agent de la conciliation*; rien de plus que ce qu'est le juge de paix dans le préliminaire de conciliation (c. pr., 48 et suiv.), ou dans l'avertissement officieux qui doit, aux termes de la loi du 2 mai 1855, précéder toute citation à donner devant lui. Le juge-commissaire cherche à amener un accord entre les créanciers; mais il ne décide rien par lui-même. S'il y réussit, il dresse procès-verbal de cet accord et en tire les conséquences, en délivrant les bordereaux de collocation aux créanciers utilement colloqués, et en ordonnant la radiation des inscriptions des créanciers non admis en ordre utile (751). S'il échoue dans sa tentative de conciliation, il constate, sur le procès-verbal, que *les créanciers n'ont pu se régler entre eux* et déclare *l'ordre ouvert* (752). Quel ordre? L'ordre judiciaire, qui n'intervient qu'*à défaut de règlement amiable* (*ibid.*); l'ordre dans lequel le juge-commissaire ne va plus agir comme conciliateur, recueillant et constatant l'accord, la volonté des parties, mais comme juge, appréciant et réglant provisoirement les droits de chacun. — Tel est le caractère de l'institution, dans le code belge, qui a servi de modèle au législateur français » (V. au chap. 1, *suprà*, n° 22).

189. MM. Grosse et Rameau contestent que la loi française ait été rédigée dans le même esprit que la loi belge. Leur argument le plus saillant, celui sur lequel ils insistent davantage (t. 1, n° 201), c'est que, pour la validité de l'ordre amiable, en Belgique, il faut, suivant eux, le concours, l'adhésion du vendeur ou de la partie saisie; tandis que, chez nous, ce concours n'est pas nécessaire (V. *suprà*, n° 169), différence caractéristique, disent-ils, entre la loi française et la loi belge, et qui fait que l'ordre amiable est *consensuel*, en Belgique, et *judiciaire*, en France. — « Mais où donc, répond M. Flandin, trouvent-ils, sous ce rapport même, une différence entre la loi belge et la nôtre?— D'après la loi belge, *les créanciers et la partie saisie* ont quinzaine, à partir de la signification du jugement d'adjudication, pour *se régler entre eux sur la distribution du prix* (L. 15 août 1854, art. 102). Voilà l'ordre consensuel. — Ce délai expiré, *sans arrangement amiable*, la partie la plus diligente présente requête au président du tribunal, qui ordonne la convocation, en chambre du conseil, par lettres chargées à la poste, des créanciers inscrits, *à l'effet d'amener entre eux un arrangement*. Sont également convoqués l'acquéreur et la partie saisie, ainsi que les créanciers chirographaires réclamant privilége sur l'immeuble et ayant formé opposition sur le prix (art. 103 et 104).— Si les parties s'accordent sur la distribution du prix, les inscriptions, prises du chef des créances qui ne viennent pas en ordre utile, sont rayées (art 106). Et, *faute par les créanciers de s'être réglés entre eux*, le président le déclare par un procès-verbal, et désigne le juge-commissaire devant lequel il est procédé à l'ordre judiciaire (même article). — C'est absolument l'économie de la loi française, sauf quelques modifications de détail qui n'altèrent pas le principe...

» Il est bien indifférent, poursuit M. Flandin, que ce soit devant le président du tribunal, ou devant le juge-commissaire, que comparaissent les créanciers; que ce soit le magistrat qui les convoque, d'après la loi française, ou le poursuivant, dans le système de la loi belge (L. 15 août 1854, art. 103). Et, quant à la nécessité, pour le vendeur ou la partie saisie, de donner son adhésion au règlement amiable, la loi belge, pas plus que la loi française, ne contiennent rien d'explicite à cet égard : c'est seulement dans le rapport de M. Riché qu'il est dit que l'absence de l'adjudicataire ou du saisi, ou la mauvaise humeur de ce dernier, ne peuvent être un obstacle à l'arrangement... Pourquoi donc l'adhésion de la partie saisie au règlement amiable serait-elle une chose nécessaire? Est-ce que le prix n'appartient pas aux créanciers, en vertu de leurs priviléges ou hypothèques ? Est-ce que le saisi peut s'opposer à ce qu'il soit versé entre leurs mains? N'est-ce pas assez qu'il ait le droit (comme nous l'avons dit *suprà*, n° 170) d'attaquer le règlement, s'il contenait des créanciers indûment colloqués ou colloqués pour une somme supérieure à celle qui leur est légitimement due? — De ce que c'est le magistrat, dans la loi française, qui, après que les créanciers se sont mis d'accord, « dresse le procès-verbal de la distribution du prix par règlement amiable, ordonne la délivrance des bordereaux aux créanciers utilement colloqués et la radiation des inscriptions des créanciers non admis en ordre utile » (art. 751), MM. Grosse et Rameau en concluent que *le juge-commissaire agit comme dans l'ordre judiciaire*, qu'il apprécie les droits de chacun, qu'il en *examine la valeur*, et qu'ainsi, la distribution arrêtée entre les créanciers est soumise à son contrôle, à sa sanction (V., au n° 219 de leur ouvrage, leur formule d'un règlement amiable). — Si cela était vrai, l'ordre amiable ne différerait de l'ordre judiciaire, comme le disent, d'ailleurs, les auteurs précités, que par la simplification des formes. Mais c'est là, à mon sens, une grave erreur. MM. Grosse et Rameau conviennent qu'il faut, pour l'ordre amiable, *la présence et l'accord* de tous les créanciers (*suprà*, n° 187). Mais, si les créanciers sont d'accord, qu'importe la sanction du juge? Le règlement, arrêté par eux, contînt-il des erreurs en droit, au jugement du magistrat, qu'a-t-il à y voir? Qu'il fasse ses observations, qu'il indique des redressements, soit! Mais, si les créanciers persistent, il n'a plus, comme le juge conciliateur, qu'à dresser procès-verbal de l'arrangement (c. pr. 54), et à faire la distribution telle qu'elle a été arrêtée par les créanciers.

» MM. Grosse et Rameau, au n° 220, trouvent une nouvelle preuve, *qu'on ne peut assimiler le juge au notaire*, dans ce fait, que l'art. 751 « ne met point au nombre des prescriptions imposées au juge, *l'obligation de donner lecture de son procès-verbal aux parties et de le leur faire signer.* » Mais, quoique l'article ne le dise pas, cela est de droit et se supplée, dans le silence de la loi. L'art. 54 c. pr. ne dit pas non plus que le juge de paix, en dressant le procès-verbal de conciliation, qui doit contenir les conditions de l'arrangement des parties, devra le leur faire signer; mais il le suppose évidemment, en déclarant que « les conventions des parties, insérées au procès-verbal, ont force d'obligation privée. »

» Il faut donc, conclut M. Flandin, renverser la thèse de MM. Grosse et Rameau, et dire que l'ordre amiable participe plus de l'ordre consensuel que de l'ordre judiciaire; qu'il n'est même autre chose, à proprement parler, que l'ordre consensuel, consenti devant le juge et sous la médiation de ce dernier, au lieu de l'être devant un notaire (Conf. MM. Houyvet, nos 121 et s.; Chauveau, Proc. de l'ordre, quest. 2551; Duvergier, Coll. des lois, ann. 1858, p. 152, note 3; Seligmann, nos 172, 177 et s.; Pont, *ibid.*, n° 173, note; Colmet-Daage, Leç. de proc. civ., 8e éd., t. 2, n° 1026; Bioche, Journ. de proc., art. 6730 et 6893; Piogey, Monit. des trib., n° 191; Leroux, Contrôl. de l'enreg., t. 40, art. 11510; Journ. des huissiers, t. 40, p. 137). »

190. La thèse de MM. Grosse et Rameau a, cependant, trouvé un appui dans la circulaire de M. le garde des sceaux : « Le juge, dit le ministre, dans l'ordre amiable organisé par l'art. 751, n'est pas seulement chargé de constater l'accord des parties et de donner l'authenticité à leurs conventions. Bien qu'investi d'une mission de conciliation, il n'en conserve pas moins son caractère propre. Les créanciers sont convoqués devant lui pour se régler amiablement entre eux, c'est-à-dire pour établir ou contester contradictoirement, et sans formalités de procédure, la réalité de leurs droits et le rang qui appartient à chacun d'eux. Mais c'est le juge seul qui procède à l'ordre, *et il ne donne sa sanction à l'arrangement des créanciers qu'autant qu'il le trouve conforme aux règles de la justice* » (circ. du 2 mai 1859, D. P. 59. 3. 25, n° 56). — Il a été jugé, dans le même sens, mais à tort, selon nous, que le juge commis pour présider à l'ordre amiable n'est pas réduit au rôle de témoin passif de la conciliation des parties, ni même à l'office de simple médiateur entre leurs prétentions adverses; qu'après avoir constaté le règlement amiable, il use de son pouvoir entier de juge, *soit pour refuser de consacrer l'ordre convenu*, si la convention lui paraît contraire à quelque disposition de la loi, soit pour assurer l'exécution du contrat, en lui communiquant la force d'une décision judiciaire, et en ordonnant, à cette fin, la délivrance des bordereaux aux créanciers utilement colloqués et la radiation des inscriptions des créances non admises en rang utile; — Que, par suite, son ordonnance ayant pour base le consentement exprès et unanime des parties, l'accord qu'elle sanctionne devient définitif et inattaquable à l'égard de toutes, *quand le juge-commissaire s'en est approprié la substance*; qu'en conséquence, les conservateurs des hypothèques sont tenus d'y déférer, sans délai, sur la présentation d'un extrait, sous peine de supporter les dépens de leur mauvaise contestation, ne pouvant jamais être déclarés responsables du résultat des radiations ordonnées de la sorte (Rouen, 17 juin 1863, aff. cons. des hyp. de Pont-Audemer, D. P. 64. 2. 34).

191. Il a été jugé, au contraire, dans le sens de notre opinion, que, si l'ordonnance du juge-commissaire, qui, après règlement amiable, arrête la distribution du prix et ordonne la délivrance des bordereaux et la radiation des inscriptions, est le fait exclusif du magistrat et reçoit de lui la force exécutoire, il en est autrement des conventions intervenues entre les créanciers, lesquelles sont leur œuvre personnelle et le résultat de leur libre volonté; qu'en conséquence, si le juge-commissaire est chargé de les rédiger et de les consigner sur son procès-verbal, il ne peut rien imposer, rien décider, et doit se borner à recueillir les dires et consentements respectifs; que, par suite, les conventions ne peuvent, comme toute convention, faire preuve contre ceux à qui on les oppose qu'autant qu'elles sont revêtues de leur signature, ou qu'ils ont déclaré ne savoir signer (Caen, 25 mai 1863, aff. cons. des hyp. d'Argentan, D. P. 64. 2. 35).

192. Revenons maintenant à notre question : si les parties sont tenues de se faire représenter, à l'ordre amiable, par des avoués? — Déduisant les conséquences de leur système, que l'ordre amiable est un *acte judiciaire*, MM. Grosse et Rameau, nos 207 et suiv., et 294 *bis.*, soutiennent que les avoués ont seuls qualité pour représenter les créanciers dans l'ordre amiable; bien plus, que le ministère des avoués est obligatoire, parce qu'il s'agit d'un acte de postulation (Conf. M. Chauveau, Proc. de l'ordre, quest. 2550-7°). — Au soutien de cette thèse, on invoque un passage emprunté à la discussion. — M. Duclos avait proposé de confier les ordres amiables aux notaires. M. Guyard-Delalain, président de la commission, explique que la commission a repoussé cette idée par cette considération surtout que le juge accomplirait *gratuitement* sa mission conciliatrice. « On a objecté, ajoutait M. Guyard-Delalain, que, devant le juge, les parties seraient obligées de se faire assister par des avoués; mais pense-t-on qu'elles comparaîtraient devant le notaire commis sans être assistées de conseils?... »

On souligne ces mots : *les parties seraient obligées de se faire assister par des avoués*, pour en induire que le ministère des avoués n'est pas moins obligatoire dans l'ordre amiable que dans l'ordre judiciaire. — Mais n'est-ce pas en forcer le sens? De quoi s'agissait-il à ce moment de la discussion? Uniquement de savoir si, pour l'ordre amiable, on donnerait la préférence au juge sur le notaire. Et comme, pour repousser l'argument tiré de la gratuité des fonctions du juge, on objectait que les parties ne comparaîtraient pas seules devant lui, qu'elles se feraient assister de conseils (d'*avoués* naturellement), M. Guyard-Delalain répondait qu'il n'en serait pas autrement devant le notaire. Voilà toute la portée des paroles relevées par MM. Grosse et Rameau et par M. Chauveau, et il ne faut pas les détourner de leur sens naturel, de leur vrai sens, pour les présenter comme décidant une question qu'on n'agitait pas alors.

193. Dans un second système, moins radical que le précédent, la partie devrait avoir recours à un avoué; mais le ministère de cet officier ne serait *obligatoire* que quand il n'y a pas comparution en personne. — Ce système était enseigné par M. Colmet-Daage, dans son Commentaire de la loi du 21 mai 1858, p. 25. Le savant professeur, s'attachant à démontrer, comme les auteurs précédemment cités, que l'ordre amiable participe, au point de vue qui nous occupe, de la nature de l'ordre judiciaire, rappelait qu'en effet, l'ordre judiciaire proprement dit emprunte cette qualification à la circonstance qu'il y est procédé sous la direction d'un membre de l'autorité judiciaire, qui donne force exécutoire au règlement, comme il l'imprimerait à un jugement : « Or, ajoutait-il, quand l'essai de règlement amiable a réussi, nous trouvons également un procès-verbal rédigé par le juge-commissaire; nous trouvons le même pouvoir attribué au juge de tirer des conséquences exécutoires, savoir : le droit, qui ne peut lui appartenir qu'en sa qualité de magistrat exerçant une fonction judiciaire, de délivrer des bordereaux de collocation, et de prononcer la radiation des inscriptions hypothécaires. Sans doute, les formalités de l'ordre amiable diffèrent de celles de l'ordre judiciaire proprement dit; mais les effets sont les mêmes. C'en est assez pour reconnaître, dans l'ordre amiable, le caractère d'un acte judiciaire... » — M. Colmet-Daage formulait ainsi les conclusions de sa théorie : « Le créancier, disait-il, peut comparaître seul à la réunion provoquée par le juge de l'ordre amiable; mais, s'il se fait assister ou représenter à cette réunion, il ne peut avoir recours qu'à un avoué. » — La cour de cassation, comme on va le voir, ayant condamné cette théorie, l'honorable professeur, dans sa huitième édition des Leçons de procédure civile de Boitard, n° 1026, n'y a point persisté et s'est rallié à la jurisprudence.

194. Nous repoussons, avec M. Flandin, l'un et l'autre système. « Introduire, dit l'honorable magistrat, les avoués dans le règlement amiable, à tout autre titre que celui de fondés de pouvoir des parties; en faire des mandataires forcés, des mandataires *ad litem*, comme lorsqu'il s'agit de l'ordre judiciaire, ce serait, à mon avis, dénaturer le caractère de l'ordre amiable, qui n'a encore et ne doit avoir, à cette phase de la procédure, rien de litigieux. — Sans contredit, les parties, qui voudront se faire représenter, ou se faire assister, auprès du juge, par des mandataires ou par des conseils, feront bien de recourir au ministère des avoués; car les officiers ministériels, par leurs études, par leur pratique, sont plus aptes que d'autres à résoudre des questions de privilége ou d'hypothèque. A Paris, elles devront éviter surtout de recourir à la classe mal famée des agents d'affaires. Mais précisément parce que, devant le juge conciliateur, il faut éviter tout ce qui peut avoir un caractère litigieux, la loi devait laisser aux parties, qui ne peuvent ou ne veulent se présenter elles-mêmes, ou qui désirent se faire assister de conseils, le choix du mandataire, du conseil. Ce pourra être un homme étranger aux affaires, un parent, un ami, qui apporteront des dispositions plus conciliantes et se rendront plus facilement aux observations du magistrat dont le désintéressement garantit à tous l'impartialité. »

Tel est, incontestablement, l'esprit de la loi, et c'est de cette manière qu'elle a été interprétée par M. le garde des sceaux. « Les considérations, qui ont déterminé le législateur à tenter l'ordre amiable, porte la circulaire du 2 mai 1859, ne permettent pas de penser que les créanciers soient astreints à recourir au ministère des avoués : le règlement a lieu sous la médiation du juge; mais il s'accomplit amiablement, c'est-à-dire sans procédure. Le créancier a donc le libre choix de son mandataire; et, lorsqu'il se présente en personne, il peut se faire accompagner d'un avocat ou d'un avoué; mais les honoraires du conseil, comme ceux du mandataire, restent à sa charge, et ne peuvent, en aucun cas, être prélevés sur la somme en distribution » (D. P. 59. 3. 25, n° 49. — Conf. MM. Ollivier et Mourlon, n°s 280 et 281; Bressolles, Explic., etc., n° 25; Bioche, Journ., 1858, p. 271, et Dict. de proc., 5e éd., v° Ordre, n° 240; Houyvet, n°s 123 et 124; Piogey, Monit. des trib., n° 191; le Contrôleur, art. 11, 510; Journ. des huissiers, t. 40, p. 137; Seligman, n° 172; Pont, *ibid.*, n° 173, à la note).

195. Il a été jugé, dans le même sens, que le ministère des avoués n'est pas admis, en matière d'ordre amiable; qu'ainsi un avoué ne peut représenter un créancier, dans l'essai d'ordre amiable prescrit par la loi du 21 mai 1858, qu'en qualité de mandataire et en vertu d'un pouvoir spécial; qu'il ne suffit pas qu'il soit porteur de la lettre de convocation adressée à ce créancier et des titres de créance; qu'en tout cas, l'avoué, en admettant qu'il pût figurer, dans l'ordre amiable, en sa qualité d'avoué, serait encore tenu de produire un pouvoir spécial, l'ordre amiable nécessitant des consentements que les avoués n'ont pas le droit de donner, même dans les instances judiciaires, sans ce pouvoir spécial, à peine de nullité (Caen, 29 mars 1859, et, sur pourvoi, Req. 16 nov. 1859, aff. Hurel; — autre arrêt de rejet de la même chambre et du même jour, aff. Demesil, D. P. 60. 1. 5, 1re et 2e espèce).

196. On voit que la chambre des requêtes, non-seulement n'admet pas que le ministère des avoués soit obligatoire dans le règlement amiable, mais qu'elle exige, de plus, que l'avoué soit, comme tout autre mandataire, muni d'un *pouvoir spécial*, la remise des pièces et de la lettre de convocation ne pouvant lui en tenir lieu. La chambre n'a pas adopté la thèse contraire, accueillie, dans la première des deux affaires, par M. le conseiller-rapporteur. « Les créanciers, disait M. Debelleyme, ne sont pas astreints à recourir au ministère des avoués; mais il n'est pas exclu; il reste facultatif, et l'influence médiatrice du juge existe toujours. L'avoué peut donc représenter un créancier. — Un étranger, sans caractère légal, a besoin d'un pouvoir; mais l'avoué trouve un titre et un caractère légal dans la disposition de l'art. 94 de la loi du 27 vent. an 8 pour représenter les parties en justice, non-seulement comme mandataire *ad lites*, et lorsqu'il s'agit de postuler et de prendre des conclusions, mais encore devant une juridiction gracieuse. Il assiste les parties au greffe pour les acceptations bénéficiaires, les renonciations à communauté et à succession; enfin, devant les justices de paix (c. pr. 932). Cet article porte, au titre des Scellés et Inventaires : « Si, parmi ces mandataires, se trouvent des avoués, ils justifieront de leurs pouvoirs par la représentation du titre de leur partie, et l'avoué le plus ancien assistera, de droit, pour les opposants. » — L'avoué procède encore, en sa qualité, dans les ventes et adjudications renvoyées devant notaires, pour les placards et les insertions, et aux enchères (nombreux arrêts) » (Conf. MM. Bioche, Journ. de procéd., 1858, art. 6730, et Dict., v° Ordre, n° 238, 5e éd.; Ollivier et Mourlon, n° 282; Grosse et Rameau, n° 214; Seligman, n° 175; Pont sur Seligman, n° 241, note). — Mais la cour a répondu « que l'art. 94 du décret du 27 vent. an 8 ne confère aux avoués le droit d'agir, pour les parties, que dans les débats judiciaires et pour obtenir des décisions judiciaires; que leur office ne s'étend en dehors de ces limites qu'en vertu de dispositions expresses, et que l'art. 352 c. pr. ne les admet, même dans les instances judiciaires, à donner ou accepter des consentements, au nom de leurs clients, qu'avec un pouvoir spécial; qu'ainsi, ils ne puisent pas, dans leur titre, qualité pour se présenter au nom des parties, sur la convocation ayant pour objet le règlement amiable de l'ordre, qui exclut l'existence de tout débat, de toute décision judiciaire et nécessite des consentements, et qu'ils ne peuvent être admis à représenter les parties, lors de cette convocation, qu'en vertu de pouvoirs spéciaux » (Conf. MM. Houyvet, n° 124; Flandin, *loc. cit.*). — V. *infrà*, n° 215.

197. La procuration, dont le mandataire est tenu de justifier, doit-elle être dans la forme *authentique?* La loi ne l'exige pas, et il faut suivre ici les règles du droit commun (c. nap. 1985). Il est vrai que les consentements à donner auront pour conséquences des radiations d'inscriptions, et que la jurisprudence décide que le mandataire, qui consent à la radiation, ne peut agir qu'en vertu d'une procuration authentique (V. Priv. et hyp., n° 2705); mais c'est le juge qui, dans le procès-verbal de distribution du prix, ordonne la radiation des inscriptions, et c'est sur la présentation d'un extrait de ce procès-verbal, qui est un acte authentique, que les inscriptions sont rayées (c. pr. 751) : satisfaction est ainsi donnée à l'art. 2158 c. nap. (Conf. MM. Chauveau, Procéd. de l'ordre, n° 2550-9°; Ollivier et Mourlon, n° 282; Bioche, Dict. de pr., v° Ordre, n° 236, 5e éd.; Seligman, n° 185; Flandin, *loc. cit.*). — Il a été jugé, dans ce sens, que le créancier, convoqué à un ordre amiable, peut s'y faire représenter par un mandataire porteur d'une procuration sous seing privé enregistrée; qu'il n'est pas nécessaire que le pouvoir soit donné par acte authentique (Aix, 13 mars 1860, aff. Mortuel, D. P. 60. 2. 165).

198. Mais cette procuration n'est pas affranchie des droits de timbre et d'enregistrement (solution de la régie de l'enregistrement du 7 juill. 1864, D. P. 64. 3. 90). — Il en serait autrement d'une simple lettre adressée par le créancier convoqué pour faire connaître au juge-commissaire qu'il n'a pas d'intérêt dans l'ordre, ou qu'il a été désintéressé, bien que cette lettre doive être annexée au procès-verbal (même solution). — V. *suprà*, n° 184.

199. Comme il est dans l'esprit de la loi que les créanciers se présentent eux-mêmes à la réunion qui a pour objet la tentative de règlement amiable, et que ce n'est que pour leur convenance personnelle qu'ils sont admis à s'y faire représenter par un mandataire, M. le garde des sceaux, dans la circulaire précitée, n° 49, en a justement tiré la conséquence que « les honoraires du conseil, comme ceux du mandataire, restent à la charge du créancier, et ne peuvent, en aucun cas, être prélevés sur la somme en distribution » (Conf. MM. Houyvet, nº 124; Flandin, Tr. de l'ordre, inédit). — M. Bioche, vº Ordre, nº 241, 3e éd., dit, au contraire, que « des honoraires sont dus à l'avoué : 1º pour conseils, correspondance, déboursés, ports de pièces, examen de titres, etc.; 2º pour vacations aux diverses séances consacrées par le juge-commissaire à la réunion, à la collocation des créances et à la rédaction de l'ordre amiable »; et que « l'usage, à Paris, est de considérer ces honoraires comme un accessoire de la créance »; qu'en tous cas, « le créancier pourrait faire du remboursement de cette dépense la condition de son adhésion à l'ordre amiable. » — Il est assurément permis au créancier, fait observer M. Flandin, de se faire de ce remboursement d'honoraires un prétexte pour ne pas consentir au règlement amiable; mais, en agissant ainsi, il obéit à un intérêt mesquin, et qui ne saurait obtenir l'approbation de personne.

200. M. Seligman, qui admet, nº 190, avec la circulaire, que les honoraires des avoués qui assistent les créanciers colloqués sont à la charge de ces derniers, voudrait qu'on allouât un droit de présence à l'avoué poursuivant, « dont l'assistance à la réunion, dit-il, est utile pour préparer le règlement amiable », et il trouverait également équitable qu'on considérât comme frais de poursuite le coût des procurations des créanciers non admis en ordre utile, qui consentent à la radiation de leurs inscriptions, « attendu qu'ils facilitent ainsi l'arrangement entre les autres créanciers, sans profit personnel. » — Tout cela, à notre avis, est en dehors de la loi, et il n'y a de frais susceptibles de passer en taxe et d'être colloqués dans le règlement amiable que les frais de réquisition d'ouverture du procès-verbal d'ordre et les avances faites par le poursuivant pour les frais de lettres de convocation (V. *suprà*, nº 155).

201. La réunion, dit M. le garde des sceaux, circ. précitée, nº 52, a lieu sous la présidence du juge-commissaire. L'avoué poursuivant expose l'objet de la réunion. Chacun des créanciers fait connaître ses prétentions et dépose ses titres à l'appui. — « Au surplus, ajoute le ministre, la loi n'a prescrit aucune forme, n'a tracé aucune règle spéciale. Le juge, auquel elle confie la direction du débat, suit la marche qui lui paraît de nature à concilier tous les intérêts. Ne s'élève-t-il aucune difficulté? Il dresse procès-verbal de la distribution du prix, ordonne la délivrance des bordereaux aux créanciers utilement colloqués et la radiation des inscriptions qui ne viennent pas en ordre utile.— Mais, si des contestations surgissent, il appelle l'examen sur chacune d'elles, et cherche à rapprocher les parties : son expérience, l'autorité de son caractère, lui assurent une influence qui, dans la plupart des cas, rend son intervention efficace et décisive. »

Art. 3. — *De la pénalité contre les créanciers non comparants.*

202. La commission du corps législatif, s'inspirant de la loi belge, qui permet de condamner aux frais de l'ordre les créanciers non comparants, avait introduit, dans l'art. 751, une disposition analogue. Mais le conseil d'Etat a pensé que cette pénalité indéterminée serait excessive pour une simple négligence, et il lui a substitué une amende fixe de 25 fr. (rapp. de M. Riché, D. P. 58. 4. 49, nº 68).

203. Remarquez que l'amende n'est prononcée que contre les *créanciers* non comparants. Elle n'est donc pas applicable au vendeur ou à la partie saisie, à l'acquéreur ou à l'adjudicataire, qui ont négligé d'obéir à la convocation qui leur a été adressée en même temps qu'aux créanciers (751). Dès que leur présence, en effet, n'est pas nécessaire pour la validité du règlement amiable (*suprà*, nº 169), il n'y a plus aucune raison pour les rendre passibles de l'amende, en cas de non-comparution sur l'invitation du juge-commissaire (Conf. MM. Grosse et Rameau, Comm., t. 1, nº 289; Ollivier et Mourlon, nº 318; Houyvet, nº 128; Flandin, Tr. de l'ordre, inédit).

204. La comparution du créancier en personne, ou par un mandataire, est une obligation à laquelle, sous aucun prétexte, il ne peut se soustraire. La cour de cassation a fait une remarquable application de ce principe, dans une espèce où l'absence du créancier, par suite de sa collocation en ordre utile, n'avait pas empêché le règlement amiable, et où ce créancier, pour se dispenser de comparaître, avait adressé au juge-commissaire une lettre par laquelle il lui faisait connaître le montant de sa créance en capital, intérêts et frais. Mais, ainsi que le faisait observer M. le conseiller-rapporteur, « la lettre, adressée par ce créancier au juge-commissaire, n'équivalait pas à sa comparution; car elle ne contenait que l'indication du chiffre de sa créance; et cette simple indication n'impliquait aucune adhésion, même tacite ou conditionnelle, au règlement amiable. — L'amende, ajoutait ce magistrat, est attachée au fait persistant de non-comparution; c'est la peine de la désobéissance à l'appel du juge, la peine du refus de se prêter au préliminaire de conciliation; elle est encourue, indépendamment de l'effet que produit la non-comparution. Si elle devait être prononcée uniquement dans le cas où l'absence est l'obstacle opposé à la confection de l'ordre amiable, l'art. 752 aurait limité la condamnation à ce cas, et ne disposerait pas, en termes absolus, qu'elle est infligée aux non-comparants. — Si la condamnation devait avoir lieu seulement à défaut de règlement amiable, il n'en serait question que dans cet art. 752; et l'art. 751, qui prévoit le cas où l'ordre amiable s'opère et en énumère tous les éléments, ne se terminerait point par cette disposition : « Les créanciers non comparants sont condamnés à l'amende de 25 fr.» — L'arrêt s'est approprié ces sages réflexions, en rejetant le pourvoi formé contre l'ordonnance du juge-commissaire, qui, nonobstant la lettre écrite par le créancier pour se dispenser de comparaître, l'avait condamné à l'amende de 25 fr. (Req. 16 nov. 1859, aff. Demezil, D. P. 60. 1. 8.—Conf. MM. Ollivier et Mourlon, nº 322; Flandin, *loc. cit.*).

205. C'est une question que de savoir si la décision du juge-commissaire, qui a prononcé l'amende contre un créancier non comparant, est susceptible d'une voie de recours quelconque.— Il a été jugé, dans un sens absolu : 1º que la condamnation à l'amende, pour défaut de comparution à la réunion convoquée par le juge-commissaire, en vue d'une tentative de règlement amiable, n'est pas susceptible d'être rétractée par la voie de l'opposition (trib. civ. de Valognes, 4 oct. 1858, aff. Boisnel, D. P. 59. 3. 46); — 2º... Et cela, même dans le cas où il est allégué que la convocation a été irrégulièrement faite, et, par exemple, adressée dans un lieu où le créancier n'a plus son domicile (même jugement).

206. En fait, le tribunal peut avoir bien jugé, en décidant que l'excuse présentée par le créancier pour se faire décharger de l'amende, et tirée de ce que la lettre de convocation, adressée tant à son domicile élu qu'à son domicile réel, ne lui était pas parvenue parce qu'il avait changé de domicile, était inadmissible, « parce qu'il était en faute de n'avoir pas laissé des instructions ou un mandataire pour le représenter. » Mais, en droit, nous croyons qu'il y aurait trop de rigueur à ne pas permettre au créancier de se justifier, et, en se justifiant, de se faire décharger de l'amende. Il faut ajouter seulement, avec MM. Ollivier et Mourlon, nº 319, que le juge ne doit admettre que des excuses sérieuses, dérivant, soit de la force majeure, soit d'une convocation irrégulièrement faite (V., dans le même sens, les motifs de l'arrêt de la ch. des req. du 16 nov. 1859, aff. Demezil, D. P. 60. 1. 8). — Le tribunal déclare qu'il en est de l'amende prononcée par le juge-commissaire comme de celle qui est encourue pour défaut de comparution, sur la citation en conciliation devant le juge de paix, amende, dit-il, contre laquelle il n'y a pas de recours. — Mais, d'abord, il n'y a pas complète analogie, puisque, dans le cas de l'art. 56 c. pr., ce n'est pas le juge de paix qui prononce l'amende, mais le tribunal de première instance devant lequel est portée la contestation (V. vº Conciliation, nºs 319 et suiv.). — Ensuite, il n'est pas exact de dire qu'il n'y ait aucun moyen de se soustraire à l'amende encourue pour non-comparution devant le bureau de paix (V. *loc. cit.*, nºs 325 et suiv.). — Si l'on veut une raison d'analogie, c'est dans les art. 263 et 265 c. pr. civ., ou dans les art. 80 et 81 c. inst. crim., qu'il faut l'aller chercher, et non dans l'art. 56 précité c. pr. Tel est, du reste, le sentiment général des auteurs (Conf. MM. Bressolles, nº 25, *in fine*; Pigeoy,

Monit. des trib., n° 187; Chauveau, Journ. des av., ann. 1858, n° 448, et Proc. de l'ordre, quest. 2551-10°; Bioche, Dict. de proc., v° Ordre, n°s 237 et 253, 3e éd.; Grosse et Rameau, t. 1, n° 294; Houyvet, n° 128 *bis*; Seligman, n° 242; Pont sur Seligman, n° 243, à la note; Flandin, *loc. cit.*). — Il a été jugé, dans ce dernier sens, que la condamnation à l'amende, prononcée, en matière d'ordre amiable, contre le créancier non comparant, peut être l'objet d'une opposition devant le juge-commissaire (Caen, 29 mars 1859, aff. Hurel, D. P. 59. 2. 140; —Conf. Aix, 13 mars 1860, aff. Mortuel, D. P. 60. 2. 165).

207. Nous pensons même que, sans recourir à la voie juridique de l'opposition, le créancier condamné pourrait se présenter spontanément devant le juge-commissaire, et obtenir de ce magistrat, après lui avoir fait agréer sa justification, d'être déchargé de l'amende, sans frais, par une décision inscrite au procès-verbal d'ordre en marge de la condamnation (arg. art. 265 c. pr. et 81 c. inst. crim.). C'est ce qu'exprime le procureur général de Caen, avec l'approbation de M. le garde des sceaux, dans une circ. du 31 janv. 1859, rapportée par M. Houyvet, n° 128-4°. « ... C'est devant le juge spécial, y est-il dit, et non devant le tribunal, que l'opposition doit être portée. Le magistrat, qui, dans le principe, aurait pu ne pas condamner, conserve nécessairement le pouvoir de rapporter la condamnation, s'il est mieux informé. *L'amende est même susceptible d'être rabattue, sans frais, par décision consignée sur le procès-verbal d'ordre....* Cette interprétation vient de recevoir l'entière approbation de la chancellerie. »

208. D'après M. Seligman, n° 243, le juge-commissaire n'aurait le pouvoir de rabattre l'amende qu'autant que l'ordre ne serait pas terminé; mais, l'ordre une fois clos, dit-il, le pouvoir du juge cesse, et c'est le tribunal qui doit en connaître, pourvu que le créancier défaillant soit encore dans le délai pour former opposition. — Quel est ce délai? M. Seligman ne le dit pas. Il s'agit d'une décision rendue par défaut, et on doit, il nous semble, appliquer, par analogie, l'art. 158 c. pr., c'est-à-dire que l'opposition est recevable jusqu'à l'exécution, laquelle s'opère, en pareil cas, par une contrainte décernée par le receveur de l'enregistrement (V. *infrà*, n° 222.—Conf. M. Flandin, *loc. cit.*).

209. Mais est-il vrai, comme le pense M. Seligman, qu'après l'ordre amiable clos, ce soit le tribunal seul qui soit compétent pour statuer sur l'opposition du créancier défaillant? Cela ne nous semble guère possible, parce que, régulièrement, et à moins d'une disposition exceptionnelle, comme dans le cas de l'art. 767 c. pr., le tribunal n'a pas juridiction sur les actes du juge-commissaire (Conf. M. Houyvet, n° 128-4°). C'est ainsi que l'appel des ordonnances rendues en matière de référé est porté, non au tribunal de première instance, mais à la cour impériale (c. pr. 809). Et, comme l'appel, ainsi que nous le dirons dans un instant, n'est pas recevable contre l'ordonnance du juge-commissaire qui condamne à l'amende le créancier défaillant, il y a nécessité, nous paraît-il, de laisser au juge-commissaire, même après l'ordre amiable clos, plénitude de juridiction pour statuer sur l'opposition dudit créancier. — Il est vrai que, par la clôture de l'ordre amiable, le juge-commissaire se trouve entièrement dessaisi; mais il s'agit ici d'une disposition tout à fait exceptionnelle; et renvoyer au tribunal le créancier défaillant pour se faire décharger d'une amende de 25 fr., ce serait, en réalité, lui refuser toute action, puisque les frais à faire pour obtenir cette décharge dépasseraient de beaucoup les 25 fr. en question (Conf. M. Flandin, *loc. cit.*).

210. Si le juge-commissaire rejette les excuses proposées, et maintient la condamnation à l'amende, sa décision sera-t-elle susceptible d'appel? Il y a, pour l'affirmative, un argument d'analogie à tirer de l'art. 263 c. pr., en matière d'enquête (V. ce mot, n°s 329 et suiv., et aussi Appel civil, n°s 397 et suiv.); mais il y a, pour la négative, un argument de même sorte à puiser dans l'art. 80 c. inst. crim. que nous avons déjà invoqué. Cet article dit que le juge d'instruction, en cas de non-comparution d'un témoin dûment cité, prononcera contre ce témoin, sans autre formalité que les conclusions du ministère public, et *sans appel*, une amende qui n'excédera pas 100 fr. Il est à regretter que le législateur n'ait pas dit, dans l'art. 751, auquel des deux systèmes il donnait la préférence. Nous inclinons, quant à nous, à raison du chiffre minime de l'amende, à refuser le droit d'appel (Conf. MM. Ollivier et Mourlon, n° 328; Grosse et Rameau, t. 1, n° 294; Chauveau, Proc. de l'ordre, quest. 2551-8°, note 2; Bioche, v° Ordre, n° 254, 3e édit.; Houyvet, n° 128-4°; Pont sur Seligman, n° 283, à la note; Flandin, *loc. cit.*).

211. Il a été jugé, dans ce sens: 1° que la condamnation à l'amende, prononcée, en matière d'ordre amiable, contre le créancier non comparant, peut être l'objet d'une opposition devant le juge-commissaire; mais que la décision, par laquelle ce magistrat apprécie les excuses proposées, n'est pas susceptible d'appel (Caen, 29 mars 1859, aff. Hurel, D. P. 59. 2. 140);— 2° Que, toutefois, lorsque l'opposition soulevait une question de droit que le juge-commissaire a cru devoir renvoyer au tribunal comme intéressant tous les créanciers (une question de mandat, par exemple), il peut, conformément au droit commun, être interjeté appel du jugement intervenu (même arrêt). — M. Pont sur Seligman, n° 243, à la note, adopte cette dernière solution, tout en admettant, en principe, avec l'arrêt, que la décision du juge-commissaire, qui, sur l'opposition du créancier défaillant, maintient l'amende, n'est pas susceptible d'appel. « L'appel, dans l'espèce, dit-il, a été déclaré recevable, en définitive, parce qu'il ne s'agissait pas seulement de savoir si, en fait, le créancier non comparant avait eu un motif légitime d'empêchement, mais de savoir s'il n'avait pas, comme il le prétendait, réellement comparu par un mandataire qui avait pouvoir de le représenter devant le juge-commissaire, lequel, dès lors, aurait dû procéder à la tentative d'ordre amiable. La question prenait ainsi, comme le dit l'arrêt, un intérêt grave et indéterminé; et l'on comprend que le jugement, rendu sur le renvoi formulé par le juge-commissaire, ait été déclaré susceptible d'être attaqué par la voie de l'appel. »

212. Nous ne pouvons nous ranger à cet avis: quel que soit l'intérêt théorique de la question de droit, dit, avec raison, M. Flandin, cet intérêt n'est pas ce qui sert à déterminer si la décision à intervenir doit être en premier ou en dernier ressort; le vrai critérium, pour apprécier le degré de juridiction, c'est l'objet de la demande, c'est là ce qui fixe l'intérêt du litige (V. v° Degrés de jurid., n°s 251 et suiv.); et ici cet intérêt se résumait, pour le créancier, en une somme de 25 fr. —Il a été jugé, dans ce dernier sens, que le juge-commissaire, qui, dans un ordre amiable, a condamné à l'amende l'un des créanciers convoqués, pour n'avoir pas personnellement comparu, ou ne s'être pas fait valablement représenter, est compétent pour statuer sur l'opposition formée à son ordonnance, et qu'il ne doit pas renvoyer la contestation au tribunal, alors même que l'opposition serait fondée sur un moyen de droit (Aix, 13 mars 1860, aff. Mortuel, D. P. 60. 2. 165).

213. On pourrait croire que l'arrêt de la cour d'Aix est en opposition, sur un autre point, avec celui de la cour de Caen, et qu'il admet implicitement la faculté d'appel que repousse, en principe, ce dernier arrêt, puisque la cour d'Aix statue sur l'appel dont l'ordonnance du juge-commissaire avait été l'objet. — Mais c'est que, dans l'espèce, la dame Mortuel, en formant opposition à l'ordonnance qui l'avait condamnée à l'amende de 25 fr., avait demandé le renvoi de la contestation devant le tribunal, et soulevé ainsi une question de compétence qui ne pouvait être décidée par le juge-commissaire en dernier ressort (V. v° Degrés de jurid., n°s 262 et suiv.).

214. Si nous refusons au créancier défaillant le droit d'appel, devons-nous lui refuser également la faculté de se pourvoir en cassation contre la décision qui l'aurait condamné à l'amende par fausse application du droit? Il nous paraîtrait difficile qu'il en fût ainsi. On peut encore ici invoquer, par analogie, la jurisprudence qui admet le droit de recours en cassation contre les ordonnances du juge d'instruction qui condamnent le témoin défaillant à l'amende (V. v° Cassation, n°s 152 et suiv.).—C'est, au reste, ce qui se trouve implicitement décidé, dans notre matière même, par l'arrêt de la chambre des requêtes, du 16 nov. 1859, aff. Demezil (D. P. 60. 1. 8), statuant sur un pourvoi dirigé contre deux ordonnances du juge-commissaire qui avaient condamné à l'amende un créancier non comparant, par application de l'art. 751 (Conf. MM. Ollivier et Mourlon, nº 328; Grosse et Rameau, t. 1, nº 294; Chauveau, Proc. de l'ordre, quest. 2551-8º, note 2; Pont sur Seligman, nº 245, à la note, Houyvet, nº 128; Flandin, Tr. de l'ordre, inédit).

215. Nous avons dit *suprà*, nº 196, avec ce même arrêt Demezil et un autre arrêt de la même chambre et de la même date, qu'un créancier n'est pas légalement représenté à la réunion indiquée pour la tentative de règlement amiable par un avoué simple porteur de pièces, et non muni d'un pouvoir spécial. Ces mêmes arrêts en ont tiré la conséquence juridique que le créancier, dans ce cas, est réputé défaillant et passible de l'amende de 25 fr. (Req. 16 nov. 1859, aff. Hurel, et aff. Demezil, D. P. 60. 1. 5 et 8. — *Contrà*, M. Bioche, vº Ordre, nº 259, 3º éd.).

216. On a encore vu *suprà*, nº 179, que le juge-commissaire, si la première réunion n'aboutit pas, peut en indiquer une seconde, sans nouvelles lettres de convocation. Il nous paraît être dans l'esprit de la loi que le créancier, présent à la première réunion, qui ne comparaît pas à la seconde, soit condamné à l'amende. Son absence, en effet, rend l'ordre amiable impossible, et force les autres créanciers à subir les retards et les frais d'un ordre judiciaire. C'en est assez pour lui faire encourir la pénalité attachée à cette absence (Conf. MM. Ollivier et Mourlon, nº 320; Duvergier, sur l'art. 751, note 6; Chauveau, Proc. de l'ordre, quest. 2551-8º; Seligman, nº 235; Flandin, *loc. cit.* — *Contrà*, MM. Bioche, vº Ordre, nº 250, 3º éd.; Houyvet, nº 128).

217. Il faut dire, au contraire, que le créancier, qui n'aurait pas comparu à la première réunion, mais qui se présenterait à la seconde, n'aurait pas encouru l'amende, qui n'est prononcée par le juge-commissaire qu'au moment où il clôt l'ordre amiable et condamne à l'amende les *non-comparants* (art. 751). —Conf. MM. Bioche, nº 251; Seligman, nº 236; Houyvet, nº 128; Flandin, *loc. cit.*; V. aussi, comme analogie, vº Enquête, nº 332.

218. Il a été jugé, dans le même sens, que l'amende est encourue par tout créancier non comparant (ou, ce qui est la même chose, comparant par un avoué non muni d'un pouvoir spécial), par cela seul *que sa non-comparution a duré jusqu'à la clôture des opérations du juge-commissaire*, et alors même que le règlement amiable n'aurait point été empêché par l'absence de ce créancier auquel une collocation utile a donné pleine satisfaction (Req. 16 nov. 1859, aff. Demezil, D. P. 60. 1. 8).

219. MM. Grosse et Rameau, t. 1, nº 287, se demandent si à la condamnation à l'amende ne devrait pas s'ajouter, à titre d'accessoires, la condamnation aux frais faits pour arriver à la réunion et au coût du procès-verbal, y compris l'assistance des avoués? « Sans nous prononcer sur ce point, disent-ils, nous appelons l'attention sur la question, *qui, en équité, doit être jugée contre le créancier non comparant.* » — Le doute, manifesté par ces auteurs, plus que cela, la solution qu'ils indiquent, ne peut tenir, en présence du texte si précis de l'art. 751 : « Les créanciers non comparants sont condamnés à une amende de 25 fr. » Si le législateur avait entendu ajouter les frais à l'amende, il l'aurait dit, alors surtout que la commission du corps législatif proposait la rédaction belge, qui, au lieu d'amende, prononce contre les créanciers « dont l'opposition ou la non-comparution aura empêché la distribution du prix à l'amiable,» la condamnation aux frais de l'ordre (judiciaire) (V. *suprà*, nº 202; Conf. MM. Chauveau, Proc. de l'ordre, quest. 2551-8º; Bioche, vº Ordre, nº 252, 3º éd.; Flandin, *loc. cit.*).

220. Dans la discussion au corps législatif, un député, M. Duclos, en signalant, comme insuffisante, l'amende de 25 fr. prononcée contre les créanciers non comparants, exprimait le désir « que ces créanciers pussent être condamnés à tout ou partie des frais de l'ordre judiciaire qu'ils auraient rendu nécessaires. » Il ajoutait que, dans son opinion, « cette condamnation pourrait être prononcée, en l'absence d'une disposition spéciale de la loi, et en vertu de l'art. 1382 c. nap., qui oblige toute personne à réparer le dommage causé à autrui par sa faute » (L. 21 mai 1858 annotée, art. 751, note 13, D. P. 58. 4. 58). — Nous admettons cela, mais seulement dans la limite posée par le président de la commission, M. Guyard-Delalain, répondant à M. Duclos, c'est-à-dire dans le cas où « l'on parviendrait à prouver *le dol et la fraude*, preuve, ajoutait-il, bien difficile » (D. P. *loc. cit.*).—On conçoit, en effet, que, si un créancier, dans un esprit de malignité, faisait des démarches, employait des manœuvres, pour dissuader les créanciers de consentir au règlement amiable, il y aurait là matière à l'application de l'art. 1382 et à une condamnation aux frais de l'ordre judiciaire, à titre de réparation du préjudice causé au débiteur et aux autres créanciers dont ces frais diminuent le gage et retardent le payement. Il ne faudrait donc pas, à notre avis, aller aussi loin que MM. Ollivier et Mourlon, qui disent, nº 318, que « les créanciers, lésés par la *non-comparution*, ont le droit de poursuivre ces condamnations diverses (aux frais de la réunion et du procès-verbal, et, à plus forte raison, à ceux de l'ordre judiciaire), à titre de dommages-intérêts, toutes les fois que les conditions de l'art. 1382 c. nap. sont réalisées; par exemple, s'ils prouvent que l'abstention du créancier est la suite d'un dol, ou bien qu'elle constitue *une simple faute*; s'ils établissent *que cette absence a été le seul obstacle à la conclusion de l'arrangement.* » Il ne nous paraît pas possible de considérer la seule absence du créancier, sans fraude ni dol de sa part, quand même elle empêcherait le règlement amiable, comme une *faute* pouvant autoriser, de la part du tribunal, l'application de l'art. 1382; car le créancier peut comparaître et dire, ce qui reviendrait exactement au même, qu'il ne veut pas consentir au règlement amiable, sans avoir à craindre que ce refus puisse donner prise contre lui à une action en dommages-intérêts. Ce serait dénaturer, autrement, les conditions de l'ordre amiable, qui ne peut se conclure qu'avec l'accord de tous les créanciers. C'est ce que reconnaissent eux-mêmes les auteurs précités, au nº 321.

Tel ne paraît pas être, cependant, l'avis de M. Pont, sur Seligman, nº 180, à la note. Il pense, avec un magistrat fort instruit du tribunal de Chartres, M. Courtois, juge spécialement chargé des ordres, que le refus de consentir au règlement amiable, inspiré par un pur caprice, placera le créancier sous la disposition de l'art. 1382 c. nap. — Mais ce serait, dirons-nous avec M. Flandin, ouvrir une porte bien large à l'application de cet article. En droit, comme en morale, nous sommes pour le principe : *malitiis non est indulgendum*; mais est-il bien facile de discerner si le créancier récalcitrant agit par malice, *dolo malo*, ou par un sentiment exagéré de son droit? Remarquez qu'il y a un moyen légal de vaincre l'obstination de ce créancier, c'est l'ordre judiciaire. Et puis, nous le répétons, il s'agit ici d'un contrat, pour lequel il faut *le libre consentement* de toutes les parties intéressées, et il implique contradiction qu'on puisse y contraindre l'une d'elles, en la plaçant sous le coup d'une action en dommages-intérêts.

221. Il ne suffirait pas, du reste, comme le disent MM. Grosse et Rameau, nº 288, que le créancier, pour éviter l'amende, se présentât à l'assemblée, *pour y garder un silence obstiné*; il y a nécessité, pour lui, d'y prendre un rôle, d'y conclure. En effet, que veut l'art. 751? Un concours accordé ou refusé : or, ce concours n'existe qu'à la condition d'un rôle actif. Cette observation de MM. Grosse et Rameau nous semble, quoi qu'en dise M. Chauveau, Proc. de l'ordre, quest. 2551-8º, à la note, fort raisonnable (V., comme analogie, l'art. 304 c. inst. crim., et vº Témoins, nº 303; Conf. M. Flandin, *loc. cit.*).

222. L'amende est recouvrée par le receveur de l'enregistrement, dans la forme ordinaire, c'est-à-dire par voie de contrainte, sur un extrait de la décision adressé par le greffier (Conf. MM. Chauveau, Proc. de l'ordre, quest. 2551-9º; Bioche, vº Ordre, nº 253, 3º éd.).

223. M. le garde des sceaux avait demandé que les receveurs de l'enregistrement fussent chargés de procéder aux poursuites nécessaires pour mettre les créanciers, condamnés par défaut à l'amende, en demeure de former opposition. — Cette demande a donné lieu, de la part de la régie, aux observations suivantes : « L'intervention des préposés de l'enregistrement, en matière d'amende et de condamnations pécuniaires, n'a d'autre objet que d'assurer le recouvrement des sommes dues à l'Etat; elle ne doit avoir lieu, par suite, que lorsque les condamnations sont définitives. Les receveurs n'ont point à s'immiscer dans les actes de procédure ayant pour but de faire acquérir aux sentences l'autorité de la chose jugée. Ces principes sont consacrés par une décision du 13 déc. 1852, concertée entre les départements de la justice et des finances (instr. n° 1417). — L'exception proposée en ce qui concerne les amendes de non-comparution aux ordres amiables n'aurait pas seulement l'inconvénient de faire procéder, par des receveurs de l'enregistrement, à des poursuites qui ne rentrent pas dans leurs attributions, il en résulterait, en outre, que les frais de ces poursuites, en cas d'insolvabilité du débiteur ou d'exonération de l'amende, resteraient à la charge de l'administration, tandis qu'ils doivent être supportés par le budget du département de la justice. » — En conséquence, M. le garde des sceaux a recommandé à MM. les procureurs généraux, qui l'avaient consulté sur ce point, de n'envoyer à l'administration de l'enregistrement des extraits des ordonnances rendues en vertu des art. 751 et 752 c. pr. civ., et portant condamnation à des amendes, qu'après que ces ordonnances auront acquis l'autorité de la chose jugée (instr. gén. de l'enreg. du 16 août 1862, n° 2230, § 2, D. P. 63. 3. 8).

ART. 4. — *Du règlement amiable, et des fonctions du juge-commissaire.*

224. Les créanciers n'ont qu'un mois, comme sous l'ancien code, pour procéder à l'ordre amiable. « A défaut de règlement amiable *dans le délai d'un mois*, porte l'art. 752, le juge déclare l'ordre ouvert, etc. » — Par *un mois*, suivant MM. Ollivier et Mourlon, n° 323, il faut entendre uniformément le délai de trente jours. « Il est fâcheux, ajoutent-ils, qu'après avoir évité, dans presque toutes les dispositions de la loi, d'employer cette expression d'*un mois*, qui prête à la discussion, on n'ait pas eu le même soin dans cet article. »—La réflexion est juste, mais n'autorise pas à substituer le délai de trente jours à celui d'un mois. Toutes les fois que la loi emploie cette expression *un mois*, le délai doit être calculé de quantième à quantième, en suivant le calendrier grégorien (arg. c. com., art. 132; V. v° Délai, n°s 17 et 18). — La question, au reste, n'a pas d'importance, aucune nullité n'étant attachée par la loi à l'ordre judiciaire qui serait poursuivi avant l'expiration du mois (V. *suprà*, n°s 57 et 58).

225. Nous croyons, cependant, qu'il serait dangereux d'admettre, d'une façon absolue, la thèse que les parties sont libres de renoncer au délai d'un mois, accordé aux créanciers pour se régler amiablement sur la distribution du prix de l'immeuble vendu. Quand la loi a fixé ce délai, elle a voulu sauvegarder les parties contre les suites d'une résolution trop prompte et prématurée : si l'on permet qu'elles y renoncent, nous n'hésitons pas à penser que le but de la loi est manqué. — Quel est, en effet, le but de la loi du 21 mai 1858? Pourquoi le législateur veut-il qu'il ne soit procédé à un ordre judiciaire que quand il est constaté qu'un ordre amiable est impossible? Etait-il interdit aux créanciers, avant la loi du 21 mai, de se régler entre eux sur le prix provenant de leur gage commun? Nullement; le règlement volontaire était, de fait, à peu près inconnu; mais il était aussi licite que toute autre convention. Cependant, la loi du 21 mai 1858 n'a pas pensé qu'il suffit que les parties pussent se régler de prix amiablement; elle a voulu que la tentative de règlement amiable eût lieu nécessairement; et, pour que cette tentative fût sérieuse, elle a voulu qu'elle eût lieu devant un juge commis. Or, si la loi a exigé qu'un ordre amiable fût tenté, et a accordé un mois pour qu'il se conclût, on ne peut diminuer ce délai, sans aller contre la pensée de la loi, sans en altérer le caractère, sans compromettre les intérêts particuliers dont elle a pris la tutelle, et qu'elle a voulu sauvegarder elle-même.—Vainement dirait-on que le délai d'un mois n'intéresse pas l'ordre public; qu'il n'a été établi que pour protéger des intérêts particuliers; d'où la conséquence que les parties peuvent y renoncer. — Il est vrai qu'il ne s'agit pas ici d'intérêt public; mais on accordera bien qu'il s'agit d'intérêts généraux, puisque le législateur a jugé nécessaire d'intervenir pour protéger les parties contre elles-mêmes. Or, reste-t-on dans la stricte observation de la loi, entre-t-on dans sa pensée, quand on supprime, ou, ce qui revient au même, quand on permet de supprimer telle ou telle formalité qu'elle impose? S'il est vrai que les particuliers peuvent renoncer à tout ce qui n'est pas d'ordre public, pourquoi ne pourraient-elles pas renoncer à la tentative d'ordre amiable elle-même, car elle n'a pour objet que des intérêts privés? Cependant, ces intérêts ont paru assez considérables pour que les particuliers fussent prémunis contre des entraînements regrettables. La même raison, qui a décidé le législateur à exiger une tentative d'arrangement amiable, en présence d'un juge, quoique l'arrangement amiable ait été possible de tout temps, doit décider les interprètes de la loi à exiger que cette tentative ait lieu dans les conditions mêmes voulues par la loi.

Avant la loi du 21 mai 1858, on s'était demandé quelle était la portée des art. 749 et 750 c. pr.? On sait que ces deux articles accordaient un mois au débiteur saisi et à ses créanciers pour régler amiablement la distribution du prix. L'opinion la plus commune était que les parties pouvaient renoncer à ce délai et procéder judiciairement, avant l'expiration du mois, à la répartition du produit de la vente (V. *suprà*, n° 57). — Mais, alors, une tentative d'ordre amiable n'était pas obligatoire, comme aujourd'hui. Ainsi, ce serait altérer l'esprit de la loi du 21 mai 1858 que d'autoriser l'inexécution de ses prescriptions par le consentement des parties. On comprend que la loi ait fixé un délai d'un mois, avant qu'il soit possible de procéder à un ordre judiciaire; ce délai a été jugé nécessaire pour que les parties pussent prendre sciemment une détermination : l'abréger, avec leur consentement, ce serait s'exposer à ce que la loi devînt, avec le temps, vaine et purement illusoire. Il y aurait bien peu de chances que les parties renonçassent, de prime abord, à leurs prétentions. S'il était permis de procéder immédiatement à un ordre judiciaire, que leur approbation silencieuse rendrait irrévocable, les effets salutaires que le législateur attend d'une tentative d'ordre amiable seraient compromis dans la pratique.

Mais faudrait-il aller jusqu'à dire que l'ordre judiciaire, commencé avant l'expiration du délai du nouvel art. 752, est nul et ne peut être ratifié, même après ce temps? Nous n'irions pas jusque-là. Tout ce qui nous paraît résulter de la loi de 1858, c'est qu'il ne doit pas être permis aux parties de renoncer au délai d'un mois fixé par cette loi. Elles ne le peuvent pas, parce qu'un arrangement amiable, d'abord repoussé, peut devenir possible, après de plus mûres réflexions auxquelles la loi nouvelle a donné un mois pour se produire. Mais si, après un mois écoulé, aucun arrangement amiable n'avait eu lieu, et que les créanciers eussent approuvé la procédure d'ordre judiciaire commencée, ou seulement eussent participé aux actes faits depuis lors, nous ne verrions aucune raison pour que cette procédure ne fût pas désormais valable (Conf. M. Chauveau sur Carré, quest. 2541-6°, et Proc. de l'ordre, quest. 2551-4°, à la note. — *Contrà*, MM. de Leiris, dans le Recueil des arrêts de la cour de Nîmes, p. 30; Bioche, v° Ordre, n° 273, 3° édit.). — Il a été jugé, dans ce sens, que le délai d'un mois, fixé par l'art. 752 c. pr., pour la tentative d'un règlement d'ordre amiable, n'est pas prescrit, à peine de nullité; qu'en conséquence, le juge-commissaire, qui reconnaît l'impossibilité d'un arrangement, peut ouvrir l'ordre avant l'expiration de ce délai, mais avec l'adhésion des créanciers; et que cette adhésion résulte implicitement de ce que les créanciers ont assisté à l'ordre judiciaire, sans réclamer (Nîmes, 9 mai 1860, aff. Felgeirolles, D. P. 61. 2. 16). — V. n° 284.

226. Mais le juge peut-il, avec le consentement des parties, prolonger le délai au delà du mois?— Revenant sur une opinion exprimée, dans le sens affirmatif, dans la Revue pratique, numéro du 15 déc. 1858, MM. Ollivier et Mourlon, Comm., n° 325, enseignent, au contraire, que le délai d'un mois ne peut pas plus être augmenté que diminué.— Que le juge ne puisse d'office, et contre le vœu des créanciers, proroger le délai pour l'arrangement amiable, cela ne saurait être douteux; car cette prorogation aurait pour effet de retarder l'ordre, et irait, par conséquent, contre les intentions de la loi. Qu'il ne puisse même, sans de graves motifs, déférer au désir unanime des créanciers et de la partie saisie, se réunissant pour demander cette prorogation, c'est son devoir. Mais, si la demande de prorogation, unanimement faite, était fondée sur l'espoir, à peu près certain, d'arriver, dans un délai rapproché, à cet arrangement amiable, si avantageux pour tout le monde, puisqu'il doit économiser le temps et les frais, et si cet espoir se réalisait, qui pourrait se plaindre, nous le demandons, d'un pareil résultat, obtenu de la complaisance du juge-commissaire? En ceci il n'y a, ce nous semble, à éviter que l'abus.— MM. Ollivier et Mourlon objectent que les parties ne peuvent proroger la *juridiction* du juge conciliateur; que, le mois expiré, il reste sans pouvoir; qu'il devient incompétent. On a vu (*suprà*, nos 188 et suiv.) que le juge, dans la tentative d'ordre amiable, n'exerce aucune juridiction; qu'il ne fait, en quelque sorte (et c'est l'opinion des auteurs précités), que remplir l'office de notaire, constatant l'accord des parties, et appelé seulement par la loi à en tirer les conséquences. Disparaît, dès lors, la raison juridique sur laquelle ils fondent leur dernière opinion (Conf. MM. Duvergier, sur l'art. 752, note 8; Chauveau, Proc. de l'ordre, quest. 2550 *bis*; Bioche, vo Ordre, no 275, 3e éd.; Flandin, Tr. de l'ordre, inédit).

227. Cette prorogation, toutefois, ne devrait pas profiter aux hypothèques légales non inscrites. On a déjà vu qu'aux termes de l'art. 717 c. pr., « les créanciers à hypothèques légales, qui n'ont pas fait inscrire leurs hypothèques avant la transcription du jugement d'adjudication, ne conservent de droit de préférence sur le prix qu'à la condition de produire avant l'expiration du délai fixé par l'art. 754, dans le cas où l'ordre se règle judiciairement, et de faire valoir leurs droits avant la clôture, si l'ordre se règle amiablement, conformément aux art. 751 et 752. » — Dans le projet de loi, cette partie de l'article était ainsi rédigée : « Les créanciers à hypothèques légales, qui n'ont pas fait inscrire leurs hypothèques avant la transcription du jugement d'adjudication, peuvent faire valoir leurs droits dans l'ordre, mais seulement tant que l'état de collocation provisoire n'a pas été dressé par le juge. » — Appelé, dans la discussion, à préciser le sens de la nouvelle disposition, M. de Parieu, vice-président du conseil d'Etat, l'un des commissaires du gouvernement, a dit que « l'addition des mots : *conformément aux art.* 751 *et* 752, n'avait eu nullement pour but d'élargir le sens de l'art. 717 proposé par la commission, relativement à son application à l'ordre judiciaire ou à l'ordre de conciliation devant le juge-commissaire;... que le conseil d'Etat n'avait pas trouvé que la rédaction de la commission fût nette en ce qui concerne l'ordre conciliatoire. Pourquoi, ajoutait M. de Parieu, s'est-il référé aux deux art. 751 et 752? C'est parce qu'en parlant d'ordres réglés à l'amiable devant le juge-commissaire, il fallait empêcher que l'exercice du droit de préférence ne fût prolongé indéfiniment, à la faveur de tentatives de conciliation qui n'auraient abouti que longtemps après l'expiration du mois accordé pour se régler devant le juge-commissaire, l'art. 752 n'ayant pas été observé pour l'ouverture de l'ordre judiciaire » (D. P. 58. 4. 38, note 9).

228. Quel est le point de départ du délai? — Il est regrettable que la loi ne se soit pas prononcée à cet égard. — Suivant MM. Grosse et Rameau, t. 1, no 290, le délai part « du jour où les opérations concernant l'ordre amiable ont été utilement commencées, du jour où le juge-commissaire a consigné sur le procès-verbal d'ordre une ordonnance de convocation, et a fait expédier par le greffier les lettres chargées qui en portent la connaissance aux créanciers inscrits. Ces lettres forment, dans un nouvel ordre d'idées, la mise en demeure d'agir : c'est donc du jour où a été rendue l'ordonnance dont elles sont l'exécution que commence à courir le délai contre les personnes auxquelles elles sont adressées. Le délai serait illusoire, s'il commençait de la requête présentée par l'avoué poursuivant à fin d'ouverture du procès-verbal d'ordre... » — Supputant, en effet, les délais qui pourront s'écouler depuis la requête présentée au président du tribunal, pour la nomination du juge-commissaire, jusqu'à la réunion des créanciers devant le juge, MM. Grosse et Rameau trouvent vingt-quatre jours : « De sorte, disent-ils, qu'il reste seulement un délai de six jours, qui est trop court pour accorder une remise (une seconde réunion); cependant elle est dans le vœu de la loi lorsqu'elle paraîtra nécessaire » (Conf. MM. Ollivier et Mourlon, no 324; Duvergier, sur l'art. 752, note 8; Chauveau, Proc. de l'ordre, quest. 2550 *bis*).

MM. Grosse et Rameau se sont même demandé si le délai ne devrait pas partir plutôt du jour de la réunion des créanciers devant le juge-commissaire? — « L'interprétation en ce sens, disent-ils, a pour elle que c'est seulement de ce jour que les créanciers ont pu apprécier leurs droits respectifs, et qu'ils ont été mis à même d'agir. » — Telle est, en effet, l'opinion exprimée par M. Bioche, vo Ordre, no 274, 3e édit. « C'est ce qui résulte, dit-il, de l'esprit de la nouvelle loi, des termes de l'art. 752 et de la place qu'il occupe. Après avoir parlé, dans l'art. 751, de la *réunion* des créanciers devant le juge, l'art. 752, qui suit immédiatement, ajoute : « A défaut de règlement amiable dans le délai d'un mois... » Cet article n'ayant point déterminé un autre point de départ, il est naturel de se reporter au jour de la réunion dont il vient d'être parlé. — Notre solution, ajoute M. Bioche, est conforme à l'usage suivi à Paris. » — Mais cette interprétation, prétendue littérale, doit être rejetée, et MM. Grosse et Rameau, qui s'étaient fait l'objection, la repoussent, en disant que l'ancien art. 749 c. pr., qui ajournait l'ordre judiciaire pendant un mois, faisait partir le délai du jour de la signification du jugement d'adjudication; que la commission *a voulu tirer de ce délai* un parti plus fécond (rapp. de M. Riché au corps législatif); que celle-ci (la signification du jugement) subsiste encore; mais que les créanciers, au lieu d'être abandonnés à eux-mêmes, pendant un mois, pour s'entendre dans cet intervalle, sont convoqués à jour fixe pour s'entendre devant le juge; que c'est donc *l'ordonnance fixant le jour de la convocation et l'envoi des lettres qui devient le nouveau point de départ* (Conf. M. Seligman, no 192).

Pourquoi, dirons-nous, à notre tour, le nouveau point de départ ne serait-il pas la réquisition, par le poursuivant, de l'ouverture du procès-verbal d'ordre, ou de la nomination du juge-commissaire, conformément à l'art. 750? C'est bien de ce moment que l'ordre commence et qu'il demeure suspendu pendant un mois, pour faire place à l'essai de conciliation prescrit par l'art. 751. C'est, du reste, le rapporteur lui-même, M. Riché, qui le dit : — « L'adjudicataire devra faire transcrire dans quarante-cinq jours, sous peine de folle enchère, et sans préjudice des cas de folle enchère prévus par l'art. 713. — Le délai, destiné à la transcription, étant expiré, l'ordre peut être requis. Le projet de loi admet judicieusement la partie saisie à faire ouvrir l'ordre, afin de liquider sa situation. — L'ordre requis, et un juge-commissaire étant donné par la loi ou nommé par le président, *intervient la tentative d'ordre amiable dont nous avons parlé, art.* 751... » (D. P. 58. 4. 49, nos 70 et 71).—C'est cette interprétation qui a été adoptée par M. le garde des sceaux dans sa circulaire : « Le délai pour la tentative de règlement amiable, dit-il, est d'un mois, *à partir du jour de la réquisition d'ouverture du procès-verbal*, lorsqu'il existe un juge spécial, ou *de la nomination du juge-commissaire* » (circ. du 2 mai 1859; D. P. 59. 3. 25, no 50).

229. L'absence d'un seul des créanciers peut être un obstacle au règlement amiable, puisque le caractère purement conventionnel de ce règlement exige l'accord de tous. Mais, si la créance de l'absent venait dans un ordre utile, et qu'aucune contestation ne fût élevée sur la collocation de ce créancier, il est clair que, dans ce cas, l'absence de ce dernier ne pourrait empêcher, si, sur tous les autres points, on était également d'accord, de procéder à une distribution amiable du prix. C'est ce que décide l'arrêt de la chambre des requêtes, du 16 nov. 1859, aff. Demezil (D. P. 60. 1. 8, 2e espèce).

230. Du principe que l'ordre amiable constitue une convention privée, et qu'il n'est valable que par l'approbation unanime des créanciers, MM. Ollivier et Mourlon, no 284, tirent la conséquence que le juge ne peut pas délivrer de bordereaux de collocation aux créanciers antérieurs et postérieurs à une créance contestée, par cela seul qu'il y a désaccord sur cette créance, et combattent, sur ce point, MM. Grosse et Rameau (Comm., t. 1, nos 242 et suiv.), qui, « entraînés, disent-ils, par l'idée fausse qu'ils se sont formée des pouvoirs du juge-commissaire, » fondent, à tort, l'opinion contraire sur l'art. 758, qui n'est applicable qu'à l'ordre judiciaire.—Notre point de vue, en ce qui concerne l'ordre amiable, est le même que celui de MM. Ollivier et Mourlon, et très-différent, en effet, de celui de MM. Grosse et Rameau (V. *suprà*, nos 188 et s.). Cependant, sur cette question spéciale, nous nous rangeons à l'opinion de ces derniers. Il est très-vrai que l'art. 758, par son texte, n'est relatif qu'à l'ordre judiciaire; mais il est facile de voir que la disposition qu'il renferme, et que MM. Grosse et Rameau appliquent à l'ordre amiable, non-seulement n'a rien d'incompatible avec les principes qui régissent les conventions, mais qu'elle découle même de ces principes. Que porte, en effet, le deuxième alinéa de l'art. 758? « Néanmoins, il (le juge-commissaire) arrête l'ordre et ordonne la délivrance des bordereaux de collocation pour les créances antérieures à celles contestées : il peut même arrêter l'ordre pour les créances postérieures, en réservant somme suffisante pour désintéresser les créanciers contestés. » Pourquoi le juge-commissaire n'est-il tenu de renvoyer à l'audience que pour les créances contestées, et pourquoi lui donne-t-on la faculté d'arrêter l'ordre et de délivrer les bordereaux de collocation pour les créances antérieures à celles contestées, et même pour les créances postérieures, en réservant somme suffisante pour désintéresser les créanciers contestés? Mais c'est précisément parce que, sur le rang de ces créances antérieures et postérieures, les parties intéressées sont d'accord, et que le juge-commissaire ne fait, en cela, que déduire les conséquences de cet accord. « Le juge-commissaire, il faut bien le remarquer, dit avec raison M. Flandin, n'a pas, dans l'ordre judiciaire, des pouvoirs d'une autre nature, des pouvoirs plus étendus que dans l'ordre amiable. Que fait-il dans l'ordre judiciaire? Il dresse le règlement provisoire; mais il ne décide rien. Si son œuvre est contestée, les parties sont renvoyées à l'audience, et c'est le tribunal qui statue. Et, après que le tribunal a statué, il dresse le règlement définitif sur les bases arrêtées par le tribunal. Le juge-commissaire n'est donc, en réalité, que l'exécuteur, pour les créances non contestées, des volontés des créanciers, tacitement sinon directement exprimées, et; pour les créances contestées, des décisions du tribunal. La disposition du deuxième alinéa de l'art. 758 est donc tout à fait dans l'esprit de l'ordre amiable comme de l'ordre forcé, puisqu'elle n'est, dans l'un et l'autre cas, que la consécration explicite ou implicite de l'accord des créanciers ».

Telle est également l'interprétation, donnée par M. le garde des sceaux, de la loi nouvelle : « Rien ne s'oppose, dit la circulaire du 2 mai 1859, à ce que le règlement amiable ne soit que partiel; car il est dans le vœu de la loi de hâter, par tous les moyens légitimes, le moment où les créanciers recevront leur payement. Lors donc que tous les membres de l'assemblée sont d'accord pour reconnaître la justice des prétentions des créanciers premiers inscrits, et qu'il ne s'élève de difficulté qu'à l'égard des inscriptions postérieures, le juge arrête l'ordre pour les créanciers non contestés, et ordonne, à leur profit, la délivrance des bordereaux de collocation. — Il a même la faculté, selon les circonstances, et quand les contestations ne s'adressent qu'à un nombre limité de créances, de régler l'ordre et de l'arrêter à l'égard des créanciers dont les demandes sont unanimement admises, à la condition, toutefois, de réserver somme suffisante pour désintéresser, suivant les éventualités du procès, ceux qui ne peuvent être, dès à présent, colloqués. — Cette manière d'opérer, que l'art. 751 n'interdit pas, a le double avantage de procurer à ceux dont les droits sont établis un remboursement immédiat et sans frais, et de permettre, en même temps, aux créanciers contestés, lorsque leur nombre n'excède pas trois, de procéder par voie d'attribution de prix, au lieu de recourir aux formalités longues et dispendieuses de l'ordre judiciaire » (D. P. 59. 3. 25, n° 53.—Conf. MM. Bioche, v° Ordre, n° 262; Pont sur Seligman, n° 224, à la note; Houyvet, n° 127; Harel, Journ. des av., t. 89, art. 522, § 1. — *Contrà*, MM. Chauveau, Proc. de l'ordre, quest. 2551-5°; Seligman, n° 224). —V. aussi n° 276.

231. Il a été jugé implicitement, dans notre sens, que, lorsqu'un ordre a été ouvert pour la distribution du prix d'un immeuble saisi et des loyers immobilisés, si des difficultés s'élèvent relativement à ces loyers, que le locataire de l'immeuble prétend compenser avec sa créance contre le saisi, et que les créanciers hypothécaires aient consenti à ce que le prix principal seul fût distribué à l'amiable, sous la réserve de leurs droits quant aux loyers, la clôture de l'ordre amiable, prononcée par le juge-commissaire sous cette réserve, ne saurait rendre ces mêmes créanciers non recevables à provoquer ultérieurement la distribution de ces loyers : — « La cour; — Sur le premier moyen; — Attendu qu'un ordre ayant été ouvert pour la distribution du prix de l'usine saisie sur les représentants de Schoen père, cet ordre devait naturellement comprendre, avec la distribution du prix principal, celle des loyers immobilisés par la transcription de la saisie, en vertu de l'art. 685 c. pr. civ.; que, des contestations s'étant élevées relativement à ces fruits, Laroche et Cie ont consenti à ce que le prix fût distribué à l'amiable, en se réservant tous leurs droits sur les loyers; — Attendu que le juge-commissaire, en prononçant la clôture de cet ordre amiable, ne l'a fait que sous la réserve des droits de ces créanciers hypothécaires, et qu'il n'est pas possible aujourd'hui de soutenir que cette clôture d'ordre leur a fait perdre des droits aussi formellement réservés;... » (Rej. 27 janv. 1864, MM. Pascalis, pr., Bayle-Maillard, rap., aff. faillite Schœn fils et comp. *C.* Laroche et comp. et autres). — La cour de cassation, dans l'espèce, n'a pas eu, il est vrai, à se prononcer sur la question de validité de l'ordre amiable partiel, question qui n'avait été soulevée, ni devant elle, ni devant la cour de Colmar qui avait rendu l'arrêt attaqué; mais il se tire un préjugé favorable à notre opinion de ce que la validité du mode de procéder employé dans la cause n'a été mise en doute par personne.

232. Il a été jugé, au contraire : 1° que le juge-commissaire ne peut procéder à un ordre amiable qu'autant que tous les créanciers sont d'accord; qu'à défaut d'unanimité, il n'a pas le pouvoir de procéder à un ordre amiable partiel; qu'il doit se borner à constater, sur son procès-verbal, que les créanciers n'ont pu se régler entre eux et déclarer l'ordre judiciaire ouvert, ou, s'il y a moins de quatre créanciers, les renvoyer à se pourvoir, par action principale, devant le tribunal (Caen, 25 mai 1863, conserv. des hyp. d'Argentan, D. P. 64. 2. 35); — 2° Et qu'en pareil cas, le conservateur des hypothèques est fondé à refuser d'opérer la radiation, prescrite par le juge-commissaire, des inscriptions de créanciers qui ont déclaré consentir à cette radiation, l'un parce qu'il ne lui était plus rien dû, et l'autre parce que la totalité du prix était absorbée par des créanciers qui le primaient (même arrêt; V., sur ce dernier point, dans un sens analogue, Aix, 8 nov. 1862, aff. Ollivier, D. P. 63. 2. 176, cité *infrà*, n° 271.—Conf. MM. Bioche, v° Ordre, n° 261; Chauveau, Proc. de l'ordre, quest. 2551-5°). — Mais un arrêt de la cour de Bordeaux, du 13 mai 1863, aff. Petit (D. P. 64. 2. 36), que nous citons plus bas, n° 276, paraît admettre, au contraire, que, dans le cas où, une contestation s'étant élevée entre deux créanciers, les autres créanciers ont consenti la mainlevée de leurs inscriptions, le juge-commissaire peut, tout en renvoyant les contestants devant le tribunal pour y être procédé à l'ordre d'attribution, conformément à l'art. 773 c. pr., ordonner la radiation desdites inscriptions (Conf. M. Houyvet, n° 127).

233. Faisons remarquer, cependant, en ce qui regarde la somme à réserver, du consentement des parties, pour désintéresser, suivant les éventualités du procès, ceux des créanciers qui ne peuvent être immédiatement colloqués, que, si elle ne doit pas comprendre les frais éventuels de contestation, lesquels ne peuvent être pris sur les deniers provenant de l'adjudication et doivent être supportés, sans répétition, par les contestants qui succombent (c. pr. 766), il en est autrement d'une somme à évaluer pour les intérêts à échoir pendant la durée des contestations, intérêts qui, comme accessoires de la créance, doivent être colloqués au même rang que celle-ci (arg. art. 765), et pour lesquels l'art. 768 accorde seulement un recours au créancier sur lequel les fonds manquent et à la partie saisie contre les créanciers qui ont succombé dans lesdites contestations.

234. Nous avons dit *suprà*, n°s 178 et suiv., que, si les créanciers ne pouvaient se mettre d'accord, dès la première réunion, ou si quelqu'un d'eux manquait à cette réunion, le juge-commissaire pourrait en indiquer une seconde. MM. Ollivier et Mourlon, n° 285, demandent si le créancier, qui a comparu à la première réunion, et qui avait consenti au règlement amiable, peut, lors de la seconde réunion, rétracter le consentement qu'il avait donné? Et ils répondent affirmativement. « Son consentement, disent-ils, ne constituait, à l'égard du créancier absent, qu'une pollicitation, *solius offerentis promissum* (D. L. 3, *De pollicit.*). Or, on a toujours le droit de retirer une pollicitation, tant qu'elle n'a pas été acceptée. Pothier l'a enseigné, dans l'ancien droit, d'après les maximes du droit romain (des Obligat., nº 4)... » — Nous allons plus loin, quant à nous, et nous ne pensons pas que la question doive se résoudre par les principes invoqués. Ce n'est pas de pollicitation qu'il s'agit, mais d'arrangement amiable sur des prétentions opposées. Or, tant que l'arrangement n'est pas conclu, arrêté entre toutes les parties intéressées, signé par elles, tout reste à l'état de proposition, de projet; et, y aurait-il eu des paroles données, chacun est libre de se dédire jusqu'au dernier moment, de même que, lorsqu'on va chez un notaire pour lui faire prendre note de conventions échangées, en le chargeant d'en préparer l'acte, il demeure sous-entendu entre les parties qu'elles ne seront liées que par leur signature, et que, jusque-là, il sera facultatif à chacune d'elles de changer d'avis (Conf. MM. Bioche, vº Ordre, nº 246, 3e éd.; Flandin, Tr. de l'ordre, inédit. — *Contrà*, MM. Grosse et Rameau, t. 1, nº 291).

235. Nous serons donc avec les mêmes auteurs, lorsqu'ils disent que, si on suppose quatre créanciers, deux acceptants à la première réunion, et deux refusants, dans ce cas, il ne peut y avoir de doute sur le droit des acceptants de retirer, dans une réunion subséquente, leur consentement. — Mais nous ne pouvons admettre leur sentiment, lorsqu'ils ajoutent, au nº 286, que, « s'ils sont eux-mêmes divisés, que l'un persiste, que l'autre seulement se rétracte, ...celui qui persiste pourra contraindre l'autre créancier à agir de même », parce que « entre eux il n'y a pas eu seulement pollicitation, mais contrat parfait » (Conf. M. Seligman, nº 196). — Pour nous, ainsi que nous l'avons exposé au numéro précédent, aucun consentement ne peut lier celui qui l'a donné, tant que le règlement amiable n'a pas rencontré l'adhésion unanime des créanciers; il peut donc, en retirant son consentement, empêcher l'accord de se former et rendre ainsi toute conciliation impossible (Conf. M. Flandin, *loc. cit.*).

236. Lorsque, parmi les créanciers inscrits, figurent des incapables, comme le mineur, l'interdit, ou la femme mariée, cette circonstance fait-elle obstacle au règlement amiable? « La loi belge, disait la commission du corps législatif, par l'organe de son rapporteur, n'a pas prévu le cas où, parmi les créanciers, se trouve un incapable. Votre commission avait considéré le consentement au règlement amiable beaucoup moins comme une transaction que comme un acte d'administration. Le tuteur peut, sous sa responsabilité, aliéner les valeurs mobilières, ne pas produire à un ordre pour une créance qui lui semble perdue; il peut, de même, consentir à un règlement amiable pour épargner des frais et lenteurs d'ordre judiciaire qui empêcheraient, réduiraient ou retarderaient la collocation de la créance. Le conseil d'Etat ayant éliminé cette partie de notre article, l'ordre amiable, devant le juge, sera, sans doute, considéré, sous ce rapport, comme l'est aujourd'hui un ordre devant notaire » (D. P. 58. 4. 49, nº 68). — Que faut-il conclure de l'élimination, faite par le conseil d'Etat, de la proposition additionnelle de la commission? L'a-t-il écartée comme inutile, ou l'a-t-il rejetée comme contraire aux principes? MM. Grosse et Rameau, t. 1, nº 249, fidèles à leur système d'assimilation de l'ordre amiable à l'ordre judiciaire (V. *suprà*, nº 187), sont pour la première opinion. « Lorsque le règlement, disent-ils, s'opère devant le juge, il ne présente aucun des caractères principaux de l'ordre consensuel : les titres sont soumis à l'examen du juge et des parties, et c'est en conséquence de cet examen que les créanciers fixent le rang qui appartient à chacun... Ainsi, de la part du tuteur, point de transaction, point d'abandon; il reconnaît un fait et le soumet au juge, qui prononce. Le magistrat pense-t-il que l'ordre est établi suivant les droits des parties? Il le sanctionne. Reconnaît-il que les intérêts du mineur sont lésés? Il refuse. Dès lors, le concours du tuteur n'est autre qu'un acte d'administration fait sous les yeux de la justice, avec son approbation... »

M. le garde des sceaux, qui paraît envisager du même point de vue que MM. Grosse et Rameau le règlement amiable opéré devant le juge (*suprà*, nº 190), incline vers la même opinion : « Le règlement, porte la circulaire du 2 mai 1859, ne souffre aucune difficulté, lorsque le créancier, mineur ou incapable, reçoit son payement intégral; mais s'il ne doit obtenir qu'un remboursement partiel, ou s'il ne vient pas en ordre utile, le règlement amiable peut-il aboutir? Le représentant de l'incapable, qui n'a qualité que pour les actes d'administration, peut-il l'accepter, sans recourir aux formalités prescrites pour les transactions? C'est une question que la jurisprudence aura à résoudre. Constatons seulement que la commission du corps législatif a paru considérer le consentement au règlement amiable beaucoup moins comme une transaction que comme un acte d'administration : *en se bornant à reconnaître l'exactitude d'un fait dont le magistrat seul est appelé à tirer les conséquences, le tuteur n'abandonne ni ne compromet les intérêts dont la gestion lui est confiée* » (D. P. 59. 3. 25, nº 55). Ces dernières expressions sont, presque littéralement, celles de MM. Grosse et Rameau.

237. Par une raison inverse, MM. Ollivier et Mourlon, nº 290, se déclarent pour l'opinion contraire, mais avec des distinctions. — S'agit-il, par exemple, du mineur non émancipé? Trois hypothèses, disent-ils, sont à prévoir : 1º le mineur reçoit l'intégralité de sa créance; 2º il ne reçoit pas l'intégralité de sa créance, parce qu'il est primé par des créanciers antérieurs, sur les droits desquels aucune contestation ne peut s'élever; 3º il ne reçoit pas l'intégralité de sa créance, parce qu'on a colloqué avant lui certains créanciers dont l'antériorité pouvait être contestée.

Dans le premier cas, ainsi que le déclare la circulaire du 2 mai 1859, il ne peut y avoir de difficulté; le tuteur peut évidemment consentir au règlement amiable. « Ce serait alors, dit Pigeau, Comm., t. 2, p. 415, éd. 1827, à propos de l'ordre consensuel, un simple payement que le tuteur peut recevoir au nom du pupille » (Conf., MM. Aubry et Rau, sur Zachariæ, t. 1, § 113-2º; Ollivier et Mourlon, nº 292; Bioche, vº Ordre, nº 259, 3e éd.; Seligman, nº 216; V. aussi notre Traité de la Minorité, nº 458, et celui des Priv. et hyp., nº 2680).

238. Dans le second et le troisième cas, que Pigeau semble avoir confondus, cet auteur trouve les éléments d'une transaction et exige que le tuteur remplisse les formalités de l'art. 467 c. nap. « Si, pour régler la distribution amiable, dit-il, à l'endroit cité, il est nécessaire de sacrifier tout ou partie des droits du mineur, le règlement pourrait encore avoir lieu; mais on devrait se conformer aux dispositions de l'art. 467 c. civ. sur les transactions faites au nom des mineurs » (Conf. MM. Chauveau sur Carré, quest. 2541, *quater*, et Proc. de l'ordre, quest. 2551; Bioche, *loc. cit.*; Duvergier, sur l'art. 751 de la loi du 21 mai 1858, note 3; Seligman, nº 217).

MM. Ollivier et Mourlon contestent cette solution, en tant qu'elle s'appliquerait à leur deuxième hypothèse. « La convention que nous examinons, disent-ils, au nº 293, n'est pas une transaction, c'est un acquiescement.... Dès lors, pour savoir si le tuteur peut consentir au règlement amiable, il faut déterminer, non s'il peut transiger, comme on l'a fait jusqu'ici, mais s'il peut acquiescer. D'après l'art. 464, le tuteur ne peut pas acquiescer, quand la demande est immobilière; il le peut, quand elle est mobilière (MM. Demolombe, t. 7, nº 685; Aubry et Rau, t. 1, § 114). Or, la demande à laquelle adhère le tuteur, dans notre espèce, est mobilière, du moins le plus souvent, puisqu'elle a trait à une créance qui est rarement immobilière. Dès lors, il peut consentir à un règlement amiable, même quand le mineur ne reçoit rien, ou ne reçoit que partie, dès que l'antériorité des créances qui priment le mineur n'est pas douteuse... » (Conf. M. Colmet-Daage, Leç. de proc. civ., 8e éd., nº 1026).

239. Dans le troisième cas, celui où le mineur n'est pas colloqué, ou n'est colloqué qu'en partie, *parce qu'il est primé par des créances dont l'existence ou l'antériorité étaient contestables*, MM. Ollivier et Mourlon, nº 294, reconnaissent que, « dans cette hypothèse, se rencontrent tous les caractères de la transaction ou de l'aliénation; que, dès lors, le consentement, donné par le tuteur, ne sera valable que s'il a été précédé de l'accomplissement des formalités légales » (Conf. MM. Colmet-Daage, *loc. cit.*; Seligman, nº 217; Pont sur Seligman, *ibid.*, note 4).

240. Nous adoptons, en principe, les solutions de MM. Ollivier et Mourlon, et quelques explications vont montrer qu'il ne peut, juridiquement, y en avoir d'autres. Nous empruntons ces explications à une dissertation publiée par M. Flandin, dans la Revue du notariat et de l'enreg., ann. 1864, nos 715, 787 et 845.—« Nous ne croyons pas, dit l'honorable magistrat au n° 715, qu'on puisse dire, avec M. Tarrible, Rép., v° Radiation d'hyp., n° 2, que le tuteur peut, sans recevoir le montant de la créance, consentir à la radiation de l'inscription qui la garantit, parce que le tuteur peut recevoir les sommes mobilières dues au mineur et les dissiper, et que qui peut le plus peut le moins. Nous répondrions, avec Grenier, que, le pouvoir du tuteur étant un pouvoir de protection pour le pupille, ce pouvoir ne peut aller jusqu'à disposer, faire remise, gratifier; que, sans doute, le tuteur peut dissiper les capitaux dont il reçoit le remboursement; mais que, ce fait de dissipation étant contraire à la loi, on ne peut en tirer argument pour dire qu'en droit, le tuteur peut, à son gré, compromettre les droits de son pupille (V. v° Priv. et hyp., n° 2681). — Vainement dirait-on que, dans l'ordre amiable, tel que l'organise l'art. 751 c. pr., ce n'est pas le tuteur qui *consent*, mais le juge qui *ordonne* la radiation de l'inscription : ce n'est là qu'une subtilité, puisque le juge, en ordonnant cette radiation, ne fait, comme nous l'avons dit (V. *suprà*, n° 188), que tirer les conséquences logiques du consentement donné par le tuteur... — En droit donc, il faut décider que le tuteur ne peut, dans le cas supposé, concourir valablement au règlement amiable, et que le mineur, à sa majorité, n'aurait pas seulement, de ce chef, un recours à exercer contre son tuteur (C. nap. 450), recours garanti par son hypothèque légale (2121 et 2135), mais qu'il pourrait attaquer de nullité le règlement amiable, dans les termes des art. 1304 et suiv. du même code. — Mais quel profit pourrait-il retirer de cette action, si les créanciers, colloqués avant lui, l'ont été justement? Absolument aucun; car le tribunal repousserait sa demande et maintiendrait le règlement. On voit donc que, pour ce cas, MM. Ollivier et Mourlon ont raison de dire que le tuteur a pu donner au règlement amiable une adhésion valable.

« Mais il en est autrement, poursuit M. Flandin, dans le cas contraire. En prouvant que les créanciers, colloqués avant lui, l'ont été indûment, le mineur établira le bien fondé de son action, et forcera, dès lors, le créancier dernier colloqué à lui abandonner, jusqu'à due concurrence, le montant de sa collocation. — Le conseil d'État, à notre avis, a donc bien fait de retrancher de l'art. 751 la disposition additionnelle concernant les incapables, et de ne pas admettre la doctrine de la commission, trop compromettante, en certains cas, pour les intérêts de ces derniers. La question de savoir si le mandataire légal de l'incapable a eu, ou n'a pas eu, qualité pour le représenter seul dans l'ordre amiable, restera, comme le dit M. le garde des sceaux dans sa circulaire, une question de jurisprudence.

« Mais quelles seront, dans la troisième hypothèse prévue par MM. Ollivier et Mourlon, continue M. Flandin, les conditions à remplir par le tuteur pour donner, dans l'ordre amiable, un consentement valable? Lui suffira-t-il d'être autorisé par le conseil de famille? ou faudra-t-il qu'il procède avec l'avis de trois jurisconsultes et l'homologation du tribunal, comme dans le cas de transaction (c. nap. 467)? — MM. Ollivier et Mourlon ne précisent pas suffisamment ce point; et, en disant que les formalités à observer seront celles de la *transaction* ou de l'*aliénation*, ils laissent leur lecteur dans l'embarras du choix. — Il est certain pour nous que l'adhésion du tuteur au règlement amiable, dans lequel le mineur n'est pas colloqué, ne saurait avoir les caractères d'une transaction, laquelle suppose nécessairement des concessions réciproques : *aliquo dato, aliquo retento* (L. 38, C., *de Trans.*; V. v° Transaction, nos 14 et suiv.). Dans ce cas donc, l'autorisation du conseil de famille suffira (Arg. art. 464 c. nap.; Conf. M. Demolombe, t. 7, n° 666). — Il semble, cependant, qu'un arrêt de la cour de cassation du 18 juill. 1843 (rapp. v° Minorité, n° 514) exige, indépendamment de l'autorisation du conseil de famille, l'homologation du tribunal, comme dans le cas de l'art. 458, lorsqu'il y a aliénation des immeubles du mineur. Mais cet arrêt avait à statuer sur une question particulière, celle de savoir si le concours du subrogé tuteur au concordat, avec l'autorisation du conseil de famille, et l'acceptation faite par lui, au nom des mineurs créanciers, du chef de leur mère, de leur père failli, du dividende offert par ce dernier à ses créanciers, devaient être considérés comme comportant, de plein droit, renonciation à l'hypothèque légale des mineurs, conformément à l'art. 508 c. com., et empêcher ceux-ci de faire valoir ultérieurement leur hypothèque contre des créanciers hypothécaires du failli concordataire, postérieurs au concordat? L'arrêt décide la négative :... —« Attendu qu'il est reconnu, en fait, que la remise, consentie au nom des enfants Baër et consacrée par le concordat homologué, n'a pas été autorisée et sanctionnée suivant les formes prescrites, *soit par les art.* 457 *et* 458 *c. civ., soit par les art.* 467 *et* 2045 *du même code*; que cette remise préjudiciait à leurs droits garantis par une hypothèque à laquelle leur tuteur n'avait pas qualité pour renoncer, même avec l'autorisation du conseil de famille. » — La cour semble hésiter entre les formalités de l'aliénation et celles de la transaction. Considérée comme transaction, la remise ne pouvait, évidemment, valoir avec la seule autorisation du conseil de famille, et la doctrine de l'arrêt, à ce point de vue, est irréprochable. Mais, quand il ne s'agit que d'aliénation, nous aurions peine à admettre que la créance mobilière du mineur, par cela seul qu'elle est hypothécaire, ne pût être aliénée qu'avec les formes prescrites pour l'aliénation de ses immeubles; car l'hypothèque, simple accessoire, ne saurait changer la nature de l'obligation principale et la rendre immobilière, de mobilière qu'elle est dans son essence (V. Priv. et hyp., n° 730). Or, personne ne conteste que le tuteur n'ait qualité pour aliéner, au moins avec l'autorisation du conseil de famille, les créances chirographaires du mineur (V. Minorité, nos 454 et suiv.; V. aussi Contr. de mar., n° 3430; Cass. 23 janv. 1826, aff. Chabas; *ibid.*, n° 3968-2°); donc il a le même pouvoir pour l'hypothèque qui n'en est que l'accessoire... » — Il a été jugé, dans le même sens, que l'action en payement d'une rente en denrées, alors même que cette rente est garantie par une hypothèque, ne cesse pas d'être purement mobilière; que, dès lors, elle peut être l'objet d'un acquiescement de la part d'un tuteur au nom du mineur (Req. 18 août 1863, aff. veuve Laisney, D. P. 63, 1re partie; Conf. Req. 13 janv. 1840, aff. Segons, v° Minorité, n° 817).

241. Toutefois, si la créance du mineur était contestée, et que le tuteur fût amené à en sacrifier une partie pour obtenir la collocation du reste, il est certain qu'une semblable convention aurait le caractère de transaction, et, par suite, ne pourrait être valable que sous les conditions déterminées par l'art. 467 c. nap.; ce qui rendrait impossible, dans ce cas, le règlement amiable, le temps nécessaire pour l'accomplissement des formalités prescrites par cet article ne pouvant se concilier avec la brièveté du délai accordé pour ce règlement (Conf. M. Flandin, *loc. cit.*).

242. Tout ce qui vient d'être dit du mineur non émancipé est applicable à l'interdit, « assimilé au mineur, dit l'art. 509 c. nap., pour sa personne et pour ses biens. »

243. Relativement au mineur émancipé, il faudra qu'il se présente à l'ordre amiable, assisté de son curateur, puisque, suivant l'art. 482 c. nap., le mineur émancipé ne peut « recevoir et donner décharge d'un capital mobilier, sans l'assistance de son curateur, » lequel doit surveiller l'emploi du capital reçu. La présence du curateur suffira pour les deux premières hypothèses posées par MM. Ollivier et Mourlon (*suprà*, n° 237). — Mais pour la troisième, il faudra, comme le font remarquer ces auteurs, n° 295, appliquer les règles dont il vient d'être parlé pour le mineur non émancipé, dès qu'aux termes de l'art. 484 c. nap., le mineur émancipé ne peut faire « aucun acte autre que ceux de pure administration, sans observer les formes prescrites au mineur non émancipé » (Conf. M. Flandin, Revue du notar. et de l'enreg., ann. 1864, p. 321, n° 787).

244. Pour les personnes pourvues d'un conseil judiciaire, à qui il est défendu « de plaider, de transiger, d'emprunter, de recevoir un capital mobilier et d'en donner décharge, sans l'assistance de ce conseil (c. nap. 513), » la présence de ce dernier sera tout à la fois nécessaire et suffisante, dans les trois hypothèses (Conf. MM. Ollivier et Mourlon, n° 296; Grosse et Rameau, t. 1, n° 258; Seligman, n° 220; Flandin, *loc. cit.*).

245. A l'égard de la femme mariée, il y a plusieurs distinctions à faire.— Si elle est commune en biens, le mari, aux termes de l'art. 1428 c. nap., pouvant exercer seul les *actions mobilières* de la femme, c'est lui qui, pour les créances hypothécaires appartenant à celle-ci et ne faisant point partie de la communauté, devra être appelé dans l'ordre, comme son représentant légal, afin d'y faire valoir ses droits. Il pourra donc accepter pour elle le règlement amiable, dans les deux premières hypothèses, celles où aucune difficulté ne peut s'élever sur le rang assigné à la femme, soit qu'elle ait obtenu sa collocation intégrale, soit qu'elle n'ait été colloquée que pour une partie de sa créance, parce que les fonds auront manqué sur elle (Conf. M. Flandin, *loc. cit.*).

246. En sera-t-il de même au troisième cas, celui où la femme aura été, à tort, évincée de l'ordre amiable, ou n'y aura été colloquée qu'en partie, parce qu'on lui aura préféré des créanciers qui ne devaient venir qu'après elle? — Pour la solution de cette question, il faut se demander si, sous le régime de la communauté, le mari est, de fait, propriétaire du mobilier que la femme s'est réservé en propre, et si celle-ci n'a, à la dissolution de la communauté, à raison de l'aliénation qui a été faite de ce mobilier par le mari, qu'une créance à faire valoir contre ce dernier. — Nous avons consacré à cette question très-controversée d'amples développements, v° Contr. de mar., n° 2693 et suiv. En ce qui concerne, notamment, les droits incorporels de la femme, tels que ses créances, lesquelles ont leur individualité propre, et ne peuvent, par cette raison, être confondues avec les autres biens de la communauté, nous avons exprimé l'opinion qu'elles restent la propriété de la femme, et que le mari ne peut les aliéner, sans son concours (Conf. Req. 2 juill. 1840, aff. Bourgeois, v° Contr. de mar., n° 2702). — De ces principes il suit que le consentement donné par le mari seul au règlement amiable, au cas dont il s'agit, ne saurait obliger la femme, et que, pour le rendre obligatoire vis-à-vis d'elle, il faut le concours de l'un et de l'autre (Conf. MM. Seligman, n° 209; Flandin, *loc. cit.*).

247. Sous le régime exclusif de communauté, le mari conserve l'administration des biens meubles et immeubles de sa femme, et, par suite, le droit de percevoir tout le mobilier qu'elle apporte en dot, ou qui lui échoit pendant le mariage (c. nap. 1531). Le même article ajoute : « Sauf la restitution qu'il en doit faire après la dissolution du mariage, ou après la séparation de biens qui serait prononcée par justice; » ce qui exclut l'idée que le mari devienne propriétaire de ce mobilier par le mariage, et qu'il en puisse disposer (V. Contr. de mar., n°s 3090 et suiv.). — L'art. 1532 confirme cette proposition, en ne rendant le mari débiteur que *du prix*, lorsque le mobilier consiste en choses dont on ne peut faire usage sans les consommer. — On appliquera donc à ce cas ce qui a été dit au numéro précédent (Conf. M. Flandin, *loc. cit.*).

248. Lorsque la femme est séparée de biens, elle en reprend, dit l'art. 1449, « la libre administration; elle peut disposer de son mobilier et l'aliéner. » — La séparation contractuelle opère les mêmes effets (1536 et suiv. V. Contr. de mar., n°s 3121 et suiv.). Il ne peut être douteux, d'après cela, que la femme séparée de biens n'a pas besoin de l'autorisation de son mari ou de justice pour consentir à l'ordre amiable, dans les deux premières hypothèses, c'est-à-dire quand elle recevra toute sa créance, ou même quand elle n'en recevra qu'une partie, parce qu'elle était primée par des créances certaines et incontestées. Dans l'un et l'autre cas, elle n'aura pas fait autre chose que ce que tout autre eût été obligé de faire à sa place (Conf. MM. Ollivier et Mourlon, n° 297; Flandin, *loc. cit.*).

MM. Grosse et Rameau, t. 1, n° 253, sont d'une opinion contraire. Ils admettent que la femme séparée de biens, par cela qu'elle a la libre disposition de ses valeurs mobilières, peut donner mainlevée d'une inscription, même sans rien recevoir, et, par suite, concourir à un ordre consensuel; mais ils ne lui permettent de consentir à un ordre amiable devant le juge qu'avec l'autorisation de son mari ou de la justice, « parce que, disent-ils, devant le juge, on est en justice, bien que l'on ne s'y présente pas à la suite d'un acte d'huissier, et qu'il faut à la femme, pour ester en justice, l'une ou l'autre autorisation. » Ceci n'est que la conséquence de la fausse appréciation que font MM. Grosse et Rameau de l'ordre amiable, appréciation que nous avons combattue *suprà*, n°s 188 et suiv.

M. Seligman, quoique n'envisageant pas l'ordre amiable du même point de vue que MM. Grosse et Rameau, partage, cependant, leur avis, dans le cas particulier, parce que, dit-il, n° 212, le règlement amiable devant le juge est un acte judiciaire, et que la femme, même séparée de biens, ne peut ester en jugement sans l'autorisation de son mari (art. 215 c. nap.). Cette autorisation, ajoute-t-il, est incontestablement nécessaire à la femme pour qu'elle puisse figurer dans une procédure d'ordre (Cass. 21 avr. 1828, V. Mariage, n° 778-4°); elle en a donc besoin, par cela même, pour l'ordre amiable, qui est lié, comme un préliminaire indispensable et sans solution de continuité, à l'ordre judiciaire proprement dit (Conf. M. Pont, *ibid.*, p. 267, note 4). — L'auteur argumente encore de l'analogie qui existe entre l'ordre amiable et la conciliation devant le juge de paix, où la femme, dit-il, ne peut comparaître, sans y être autorisée (sur ce point, V. v° Conciliation, n°s 125 et suiv.).

« Nous ne contestons pas, répond M. Flandin, *loc. cit.*, que la femme, même séparée, n'ait besoin, pour figurer dans un ordre, de l'autorisation de son mari ou de la justice, parce que l'ordre proprement dit, l'ordre judiciaire, participe de la nature de l'instance. Mais l'ordre amiable n'a pas ce caractère : c'est un préliminaire de l'ordre, mais ce n'est pas encore l'ordre, puisque la procédure d'ordre ne commence qu'après que la tentative d'ordre amiable a échoué : « A défaut de règlement amiable dans le délai d'un mois, porte l'art. 752, le juge constate sur le procès-verbal que les créanciers n'ont pu se régler entre eux.... *Il déclare l'ordre ouvert*, etc. » (V. encore l'art. 775). — L'ordre amiable, dit encore M. Flandin, a certainement beaucoup d'analogie avec le préliminaire de conciliation; mais l'assimilation n'est pas complète. Le préliminaire de conciliation fait partie de l'instance; c'est le premier acte de la procédure; tellement que l'art. 48 c. pr. déclare « qu'aucune demande principale introductive d'instance, entre parties capables de transiger,... *ne sera reçue*, dans les tribunaux de première instance, que le défendeur n'ait été préalablement appelé en conciliation devant le juge de paix, etc. » Nous venons de prouver, au contraire, avec le texte même de la loi, que la tentative d'ordre amiable est en dehors de l'ordre proprement dit, auquel elle n'appartient, ni par son caractère, ni par ses formes. Ajoutons que la nécessité, pour la femme, de recourir à l'autorisation de la justice, au refus du mari, serait une entrave qui rendrait, dans la plupart des cas, l'ordre amiable impossible, à cause du bref délai accordé aux créanciers pour se mettre d'accord » (Conf. MM. Chauveau, Proc. de l'ordre, quest. 2551 *bis*; Bioche, Dict. de proc., 3e éd., v° Ordre, n° 258).

249. Mais, dans la troisième hypothèse, celle où la femme ne recevra rien, ou ne recevra qu'une partie de sa créance, parce qu'elle aura laissé placer avant elle des créanciers qu'elle aurait dû primer, ne faudra-t-il pas, pour que son consentement au règlement amiable, qui, dans ce cas, contient une véritable aliénation de la créance, soit valable, qu'il ait été donné avec l'autorisation du mari ou de la justice? — La solution de cette question dépend du parti à prendre sur l'étendue des pouvoirs de la femme séparée, quant à l'aliénation de son mobilier. Nous avons consacré à l'examen de cette difficulté de longs développements, v° Contrat de mariage, n°s 1968 et suiv. L'esprit de la jurisprudence paraît être, pour concilier l'art. 217 avec l'art. 1449, de prendre cette dernière disposition dans un sens restrictif, et de ne lui accorder d'effet que pour les actes qui se rattachent à l'administration des biens de la femme (V. les arrêts rapportés au n° 1971, et notamment Cass. 5 mai 1829, aff. Charve *C.* Fabre; 7 déc. 1830 et 3 janv. 1831, aff. Charve *C.* Lisbonne). Mais il est à remarquer que cette jurisprudence ne s'est établie qu'à propos d'emprunts ou d'obligations contractées par la femme, et afin de l'empêcher de se ruiner par la faculté indéfinie qu'on réclamerait pour elle de former des engagements exécutoires sur son mobilier présent ou futur; ce qui est un cas tout différent de celui dans lequel nous raisonnons. « Ici il s'agit, dit M. Flandin, *loc. cit.*, non pas d'obligation contractée par la femme, mais d'un acte contenant abandon de droits plus ou moins douteux, d'un acte fait sous les yeux du juge, qui ne manquera pas de s'interposer, dans l'intérêt de la femme, s'il pense que ses droits sont trop légèrement sacrifiés. Un tel acte, qui n'a pas la nature de l'engagement indéfini, nous semble donc, comme à MM. Ollivier et Mourlon, rentrer dans le pouvoir général de disposer qui appartient à la femme, d'après l'art. 1449. »

250. La condition de la femme mariée sous le régime dotal est, quant à l'administration des biens dotaux, la même que celle de la femme commune en biens : le mari, d'après l'art. 1549, a seul le droit de poursuivre les débiteurs et détenteurs des biens dotaux, et *de recevoir le remboursement des capitaux*. On appliquera donc à ce cas ce que nous avons dit pour l'autre (V. *suprà*, nº 245). C'est le mari, par conséquent, qui comparaîtra pour sa femme, et qui donnera son consentement au règlement amiable, dans les deux premières hypothèses, qu'elle soit ou qu'elle ne soit pas colloquée, ou qu'elle ne le soit qu'en partie, dès qu'aucune difficulté ne peut s'élever sur le rang qui lui a été attribué (Conf. MM. Ollivier et Mourlon, nºs 299 et 300; Flandin, Rev. du not. et de l'enreg., année 1864, nº 845).

251. Mais s'il a accepté, pour sa femme, un rang inférieur à celui qu'elle devait occuper dans l'ordre, et qu'à raison de cela, il n'ait reçu qu'une partie de la créance dotale, la femme sera-t-elle obligée par le règlement amiable? — Faisons remarquer, d'abord, avec M. Flandin, *loc. cit.*, que la question ne peut se présenter pour la créance dont la propriété a été transférée, ou doit être réputée avoir été transférée au mari par le contrat; car ce dernier, débiteur seulement de la valeur représentative de cette créance, pourrait évidemment disposer de la créance elle-même. C'est ce que déclare l'art. 1551, en ces termes : « Si la dot, ou partie de la dot, consiste en objets mobiliers mis à prix par le contrat, sauf déclaration que l'estimation n'en fait pas vente, le mari en devient *propriétaire*, et n'est débiteur que *du prix* donné au mobilier. » — Il n'y a pas de disposition semblable pour le cas où la dot consiste en choses fongibles; mais le principe est le même, et il faut évidemment appliquer ici, par analogie, la disposition de l'art. 1552, faite pour le régime exclusif de communauté.

252. A l'égard de la créance restée propre à la femme, il est assez difficile de déterminer, avec les principes du droit romain et la jurisprudence des pays de droit écrit, quels sont, au juste, les droits du mari sur les biens dotaux, et notamment sur la dot mobilière. Nous avons fait connaître, vº Contr. de mar., nºs 3295 et suiv., la controverse qui existe sur ce point. On admettait généralement que le mari, durant le mariage, était le maître de la dot, *dominus dotis*, quoique la propriété, mais la propriété nominale, en demeurât à la femme : *quamvis in bonis mariti dos sit, mulieris tamen est* (L. 75, D., *De jure dot.*); situation que Cujas caractérisait ainsi : *Uxor domina est rerum dotalium* NATURALITER, *maritus* CIVILITER *et dotis causâ*. Mais il nous a paru que cette double propriété n'était pas compatible avec les textes du code Napoléon, avec les art. 1566 et 1567 notamment, qui consacrent, de la manière la plus expresse, la propriété de la femme, sans qu'on puisse citer aucune disposition, à l'exception de l'art. 1551, qui confère au mari, sur la dot mobilière, les droits d'un maître, la faculté de l'aliéner sans le consentement de sa femme. Il serait étrange, avons-nous dit, que la femme, sous le régime dotal, fût plus exposée à perdre sa dot, par l'abus du pouvoir du mari, que si elle avait stipulé la communauté réduite aux acquêts ou l'exclusion de communauté. On reconnaît, en effet, que, sous ces deux régimes, le mari a besoin du consentement de la femme pour disposer du mobilier de celle-ci, pour céder ses créances (V. *suprà*, nº 247; Conf. M. Troplong, Contr. de mar., nºs 1902 et 2258). Nous en concluerons donc que le mari n'a pas le pouvoir de disposer indirectement de la créance dotale, en acceptant, dans l'ordre amiable, une situation moindre que celle à laquelle la femme avait droit (Conf. M. Flandin, *loc. cit.*).

253. Mais la femme, par son adhésion au règlement amiable, le rendra-t-elle obligatoire à son égard? — C'est ici que se présente la question, aujourd'hui encore si débattue, de l'inaliénabilité de la dot mobilière. — D'après le dernier état de la jurisprudence, la dot mobilière ne serait inaliénable qu'en ce sens que la femme, même autorisée par son mari, ne peut aliéner directement ni indirectement, les garanties légales qui lui sont données pour la conservation de sa dot, c'est-à-dire son hypothèque légale; mais, quant au mari, maître de la dot, pendant le mariage, et pouvant, à son gré, disposer de la créance dotale, le principe d'inaliénabilité de la dot, même mobilière, ne saurait en rien le concerner (V. les arrêts cités vº Contr. de mar., nºs 3427 et 3428. *Adde* Paris, 14 janv. 1854, aff. Soyez, D. P. 55. 2. 212; Cass. 4 août 1856, aff. Regnier, D. P. 56, 1. 333; 6 déc. 1859, aff. Drevon, D. P. 59. 1. 501). — Il suivrait de cette jurisprudence, si l'on devait l'adopter, que le règlement amiable, accepté par le mari, devrait également, contrairement à ce que nous avons dit au numéro précédent, faire loi pour la femme, pourvu, toutefois, qu'il s'agît d'un ordre ouvert sur les biens d'un tiers; car, si l'ordre était ouvert sur les biens personnels du mari, l'acceptation du règlement amiable, impliquant la radiation, *in parte quâ*, de l'hypothèque légale, ne pourrait pas être, d'après cette même jurisprudence, obligatoire pour la femme.

254. Mais, selon nous, l'inaliénabilité de la dot mobilière est absolue comme celle de la dot immobilière; elle existe aussi bien de la part du mari que de la part de la femme, non pas en ce sens que le mari ne puisse dissiper les capitaux dont il a reçu le remboursement, mais en ce sens que la créance dotale, ayant son individualité propre, ne peut être confondue avec une somme d'argent ou avec un meuble corporel, auxquels s'applique le principe de l'art. 2279 : *en fait de meubles, possession vaut titre* (V. les développements que nous avons donnés à cette question, vº Contr. de mar., nºs 3424 et suiv.). — Nous dirons donc, en suivant cette doctrine, que le consentement, donné par les époux au règlement amiable, dans le cas supposé, qu'il s'agisse d'ordre ouvert sur les biens d'un tiers ou sur les biens du mari, ne sera obligatoire ni pour le mari ni pour la femme (Conf. MM. Ollivier et Mourlon, nº 301; Flandin, *loc. cit.*).

255. Pour ce qui est des paraphernaux, l'administration et la jouissance en appartiennent à la femme (c. nap. 1576). Mais l'article ajoute que la femme « ne peut les aliéner, ni paraître en jugement, à raison desdits biens, sans l'autorisation du mari, ou, à son refus, sans la permission de la justice. » L'article ne distingue pas entre les meubles et les immeubles; d'où il semblerait que le pouvoir de la femme sur ses créances paraphernales est plus limité que celui de la femme séparée de biens, celle-ci acquérant, par sa séparation, le droit de *disposer de son mobilier et de l'aliéner* (c. nap. 1449). — Il a, toutefois, été jugé, avec raison, selon nous, que la femme peut, sans autorisation de son mari, ni de justice, recouvrer ses créances paraphernales (Grenoble, 19 avr. 1842, aff. Durand, vº Contr. de mar., nº 4236), et consentir, par suite, à la radiation des inscriptions les garantissant (Turin, 19 janv. 1810, aff. Tarrichi Stroppo, *eod.*). Ainsi que le dit la cour de Grenoble, la réception des capitaux mobiliers ne peut être considérée comme un acte d'aliénation, puisque, loin de produire en faveur d'un tiers la translation de propriété de ces capitaux, elle ne fait, au contraire, que remettre la femme en leur possession. » Ce fait rentre évidemment dans le pouvoir d'administration qui appartient à la femme. — Il ne saurait donc être douteux que, dans nos deux premières hypothèses, la femme ne puisse, à raison de sa créance paraphernale, donner valablement son consentement au règlement amiable, sans avoir besoin d'y être autorisée par son mari (Conf. M. Flandin, *loc. cit.*).

256. Mais, ajoute M. Flandin, « la chose est plus incertaine dans la troisième hypothèse, lorsque la femme se laisse primer par des créanciers qui n'auraient dû être colloqués qu'après elle, quoique, dans un cas semblable, nous ayons admis que la femme séparée de biens, soit contractuellement, soit judiciairement, puisse se présenter seule dans l'ordre amiable et y contracter valablement (V. *suprà*, nº 249). — On peut demander, sans doute, où est la raison de traiter moins favorablement la femme mariée sous le régime dotal, par rapport à ses paraphernaux, que la femme séparée, la paraphernalité étant, par rapport au régime dotal, ce qu'est la séparation contractuelle par rapport au régime de communauté? Mais les textes sont différents, et il est au moins prudent, dans le cas que nous examinons, que la femme n'agisse que sous l'autorité de son mari. »

257. Les envoyés en possession provisoire des biens d'un absent ne sont que les administrateurs de ces biens (c. nap. 125);

ils n'ont, en général, que les pouvoirs du tuteur sur les biens du mineur (V. Absence, n° 297) : on leur appliquera donc ce que nous avons dit *suprà*, n° 240, relativement au tuteur. Nul doute, par conséquent, qu'ils ne puissent, comme le tuteur, consentir à l'ordre amiable, dans les deux premières hypothèses; mais ils ne pourraient le faire efficacement dans la troisième.— Nous avons dit, à la vérité, v° Absence, n° 296, en citant un arrêt de la cour de Paris, du 27 avr. 1814, aff. Roussel, que les envoyés en possession provisoire ont qualité pour vendre les meubles de l'absent, la prohibition, d'après l'art. 128, ne s'appliquant qu'aux immeubles. Mais c'est que, bien souvent, l'aliénation du mobilier forme un acte de bonne et sage administration, et ainsi ne dépasse pas les pouvoirs de l'administrateur: *Accidit aliquando*, disent les Institutes, lib. 2, tit. 8, Quib. licet alienare vel non, *ut qui dominus sit alienare non possit ; et contrà, qui dominus non sit alienandæ rei potestatem habeat.* Mais cela ne pourrait avoir lieu, dans notre hypothèse, puisqu'il s'agirait de sacrifier, sans aucune compensation, tout ou partie des droits de l'absent (Conf. M. Flandin, *loc. cit.*).

258. Suivant MM. Grosse et Rameau, t. 1, n° 252, lorsque la créance à recouvrer est sujette à usufruit, il y a lieu de distinguer entre le cas où l'usufruitier est dispensé de donner caution, et celui où il n'en est pas dispensé. Dans ce dernier cas, disent-ils, nul doute n'est possible : si la caution n'a pas encore été fournie, il faut, outre le concours de l'usufruitier à l'ordre amiable, le concours du nu-propriétaire ; car l'usufruitier n'a la disposition d'aucun actif mobilier, tant qu'il n'a pas fourni caution. Lorsque la caution a été fournie, l'usufruitier a le droit de se servir du capital, mais à la charge d'en restituer le montant, à la fin de l'usufruit (c. nap. 587); ce qui lui permet de concourir seul à l'ordre. — Lorsqu'il y a dispense de caution, l'usufruitier ayant un droit absolu sur la chose, à la charge de restitution, a pareillement qualité pour concourir seul à l'ordre amiable.— Nous croyons, avec M. Flandin, Tr. de l'ordre, inédit, que MM. Grosse et Rameau confondent ici deux choses qui doivent rester distinctes: la créance et son remboursement. Ainsi que le dit Proudhon, de l'Usufruit, t. 1, n° 122, « l'objet d'une créance pécuniaire est bien une chose fongible, qui se trouve acquise, en toute propriété, à l'usufruitier qui en touche le remboursement; mais la créance elle-même n'est point une chose fongible ; autrement, on pourrait payer une créance par une autre, comme on peut payer une quantité de blé ou de vin par une quantité égale; ce qui n'est pas possible. Et, loin qu'il soit permis de confondre la créance avec le capital qui en est l'objet, c'est que l'une s'évanouit par la prestation de l'autre. » — Sans doute, comme le dit encore le même auteur, t. 3, n° 1044, « lorsqu'il s'agit de créances exigibles, non-seulement l'usufruitier est fondé à en demander le remboursement, mais même il y est obligé, puisqu'il en répondrait, s'il les laissait prescrire, ou si, par sa négligence à en exiger le payement en temps utile, le débiteur tombait dans l'insolvabilité. D'autre part, l'usufruitier est en droit de jouir du capital remboursé, sans que l'héritier puisse y mettre obstacle ; mais, pour en jouir, il faut l'avoir touché; d'où il est nécessaire de conclure qu'il peut seul en donner quittance, puisqu'il peut seul le demander, et que lui seul a le droit de recevoir. »

Ces principes sont certains, et ils ont pour conséquence que l'usufruitier pourra consentir seul au règlement amiable, dans nos deux premières hypothèses, à cette condition, toutefois, que, s'il n'a pas été dispensé de donner caution, il aura fourni le cautionnement exigé ; autrement, ainsi que le fait remarquer M. Proudhon, n° 1048, le nu-propriétaire « serait en droit de s'opposer à ce qu'il reçût le remboursement des créances, et de demander que les sommes qui en proviendraient fussent placées (c. nap. 602), de manière à en assurer l'intérêt au profit de l'un, et le capital au profit de l'autre. »

259. Mais, dans la troisième hypothèse, faudra-t-il dire, avec MM. Grosse et Rameau, que l'usufruitier, dès qu'il a fourni caution, ou s'il en a été dispensé, peut concourir seul au règlement amiable, en ne recevant rien, ou en ne recevant que partie, alors qu'il aurait dû être colloqué pour le tout? Nous ne saurions le penser. « L'usufruitier, dit fort justement M. Flandin, *loc. cit.*, peut bien être considéré comme le mandataire tacite du nu-propriétaire, lorsqu'il agit dans l'intérêt commun, en recevant ou en poursuivant le remboursement de la créance; il est alors *procurator in rem suam. Eo ipso quod constitutus est usufructuarius*, dit Dumoulin, cout. de Paris, tit. 1, § 1, gloss. 1, n° 15, *videtur sibi commissa custodia rei et mandatum generale*.... Mais il n'est le mandataire tacite, le mandataire légal du nu-propriétaire, que pour les actions qui concernent la garde, la conservation et l'administration de la chose : *Non tamen*, ajoute Dumoulin, *est propriè procurator generalis, sed quoad quædam, videlicet quæ respiciunt custodiam, defensionem et administrationem rei et jurium ejus*... L'usufruitier, en un mot, comme le dit la loi romaine, peut bien rendre meilleure la condition du nu-propriétaire; mais il ne doit pas la faire plus mauvaise : *Fructuarius causam proprietatis deteriorem facere non debet ; meliorem facere potest* » (L. 13, § 4, D., *De usufr.* — Conf. M. Proudhon, n° 1054).

260. Si, au nombre des créances produites, il s'en trouve de conditionnelles ou d'indéterminées, cette circonstance deviendra-t-elle un obstacle au règlement amiable? En aucune manière. On agira, pour ces créances, comme on agit dans l'ordre judiciaire. « Si tous les créanciers consentent, dit M. Chauveau, Proc. de l'ordre, quest. 2551-5°, à ce qu'une créance éventuelle soit évaluée, à ce qu'une créance conditionnelle soit touchée, en donnant caution, il ne peut y avoir aucune difficulté à procéder ainsi. » — Mais, même pour l'ordre judiciaire, la loi n'a tracé aucune règle au juge pour le classement de créances de cette nature. La commission du corps législatif voulait suppléer à cette lacune, et elle avait présenté une disposition dans ce sens; le conseil d'Etat a rejeté l'amendement, « laissant ainsi à la pratique, dit M. Riché dans son rapport, les avantages de la liberté et les inconvénients de l'incertitude » (V., v° Privil. et hyp., n°s 2325 et suiv., la section relative à la collocation des créances conditionnelles et éventuelles).

261. Si le juge-commissaire refusait de procéder à l'ordre amiable, par exemple, à cause de l'état de minorité, ou de l'état de femme mariée de l'un des créanciers inscrits, il y aurait lieu, suivant MM. Grosse et Rameau, t. 1, n° 228, d'en référer au tribunal (Conf. M. Seligman, n°s 221 et 222). « Cette position, disent-ils, peut être assimilée à celle d'un créancier dont la collocation est rejetée d'office, et il convient d'appliquer à l'espèce les dispositions concernant les contredits dont nous nous occuperons sous les art. 758, 761 et 766.» C'est toujours cette fausse assimilation, par ces auteurs, de l'ordre amiable avec l'ordre judiciaire. — Il faut dire, au contraire, avec MM. Ollivier et Mourlon, n° 330, que, « quand le juge refuse de constater un arrangement, sa décision ne peut être déférée à aucun tribunal, ni être cassée par aucune autorité... » Il n'y a, dans ce cas, d'autre recours contre le refus du juge que la plainte à ses supérieurs hiérarchiques. Cependant, si tous les créanciers sont d'accord, ils pourront, comme le font observer MM. Ollivier et Mourlon, se rendre devant un notaire pour lui faire constater leurs conventions; et, s'ils ne sont pas d'accord, on procédera à l'ordre judiciaire.

262. C'est en la chambre du conseil, disent MM. Grosse et Rameau, n° 221, que les créanciers doivent être convoqués. Ces auteurs ne pensent pas, probablement, à faire de cela une règle absolue ; autrement, nous dirions, avec MM. Ollivier et Mourlon, n° 315, que la loi ne contient aucune obligation à cet égard, et que le juge-commissaire est maître de réunir les parties en tel lieu que bon lui semble, soit dans son cabinet, soit en la chambre du conseil, pourvu que ce soit au lieu où siége le tribunal, comme l'exige l'art. 1040 c. pr., pour *tous les actes et procès-verbaux du ministère du juge* (Conf. MM. Chauveau, Proc. de l'ordre, quest. 2551-4°; Bioche, v° Ordre, n° 232, 5e édit.; Flandin, Tr. de l'ordre, inédit).

263. MM. Grosse et Rameau, n° 222, discutent fort longuement le point de savoir si le juge-commissaire, dans la réunion des créanciers, doit être assisté du greffier? — « Nous ne pouvons admettre, disent-ils, que l'on oblige la magistrature à faire elle-même les écritures que comportera une assemblée de créanciers, afin de parvenir à un ordre... » Cette raison est très-bonne, en fait; mais ce qui vaut mieux encore, en droit, c'est la disposition de l'art. 1040 précité, aux termes duquel

« tous actes et procès-verbaux du ministère du juge seront faits au lieu où siége le tribunal : *le juge y sera toujours assisté du greffier*, qui gardera les minutes et délivrera les expéditions... » C'est là une règle générale, à laquelle il faudrait qu'il eût été dérogé, en termes exprès, par l'art. 751 du nouveau code, pour qu'on fût dispensé de l'appliquer. Cette dérogation, on ne saurait la trouver dans ces mots de l'article : « *Le juge* dresse procès-verbal de la distribution du prix par règlement amiable; *il* ordonne, etc. » La loi n'emploie pas d'autre formule pour désigner les actes qui sont du ministère du juge, comme le titre même de l'ordre en fournit de nombreux exemples, et il faut toujours y sous-entendre que le juge, dans ces actes, *sera assisté du greffier*, comme le veut l'art. 1040 (Conf. MM. Chauveau, Proc. de l'ordre, quest. 2551-4°; Seligman, n° 187; Flandin, *loc. cit.*).

264. Quand les parties sont d'accord, le juge-commissaire, comme l'exprime l'art. 751, dresse procès-verbal de la distribution du prix, telle qu'elle a été arrêtée entre les créanciers; il ordonne la délivrance des bordereaux de collocation aux créanciers utilement colloqués et la radiation des inscriptions de ceux qui ne viennent pas en ordre utile.

265. Ce procès-verbal, d'ailleurs, n'est assujetti à aucune forme particulière : il suffit, comme l'énoncent MM. Ollivier et Mourlon, n° 316, qu'il soit clair et complet, c'est-à-dire qu'il retrace fidèlement tout ce qui a été fait ou dit d'essentiel dans la réunion (V. aussi MM. Grosse et Rameau, t. 1, n° 224; Houyvet, n° 125). — Mais le procès-verbal, ainsi que nous l'avons fait remarquer, *suprà*, n° 189, ne faisant que constater l'accord des parties, doit être signé par elles, bien que l'article ne le dise pas, et leur avoir été lu préalablement (Conf. MM. Chauveau, Proc. de l'ordre, quest. 2551-4°; Seligman, n°s 178 et 179, 188 et 189; Flandin, *loc. cit.* — *Contrà*, MM. Grosse et Rameau, t. 1, n° 224; Vanier, Etude prat. sur l'ordre amiable, n° 63). — A Paris, dit M. Bioche, v° Ordre, n° 263, 3e édit., le juge se borne à donner acte aux parties de leurs consentements; le procès-verbal est signé seulement par ce magistrat et par le greffier. Cela nous paraît être un mode vicieux de procéder. — Il a été jugé, dans notre sens, que, en cas d'ordre amiable, les conventions par lesquelles les créanciers se mettent d'accord doivent, pour faire preuve contre ceux de qui elles émanent, être accompagnées, sur le procès-verbal du juge-commissaire, de leur signature ou de leur déclaration de ne savoir signer; qu'il ne suffit pas que le juge-commissaire les consigne dans son procès-verbal (Caen, 25 mai 1863, aff. cons. des hyp. d'Argentan, D. P. 64. 2. 35).

266. La signature du juge et celle du greffier donnent au procès-verbal le caractère d'un acte authentique. Il peut, par conséquent, être l'objet d'une inscription de faux (Conf. MM. Grosse et Rameau, t. 1, n° 226; Chauveau, Proc. de l'ordre, quest. 2551-10°; Bioche, v° Ordre, n° 264, 3e édit.), mais non d'une requête civile, comme le prétendent MM. Grosse et Rameau, puisque ce n'est pas un jugement (Conf. MM. Bioche, *loc. cit.*, n° 265; Seligman, n° 180; V. aussi *infrà*, n° 277).

267. On suit, pour la délivrance des bordereaux, les formes tracées par l'art. 770 c. pr. pour l'ordre judiciaire (Conf. MM. Bioche, v° Ordre, n° 271; Houyvet, n° 128-4°), sauf qu'il n'est pas nécessaire d'attendre l'expiration du délai de dix jours (Conf. M. Seligman, n°s 181 et 182).

268. Les inscriptions des créanciers non utilement colloqués sont rayées, sur la présentation d'un extrait, délivré par le greffier, de l'ordonnance du juge qui prescrit cette radiation (c. pr. 751). Celles des créanciers utilement colloqués ne le sont qu'après payement, en conformité de l'art. 771, dont la disposition, quoique spéciale à l'ordre judiciaire, doit s'appliquer, par analogie, à l'ordre amiable (Conf. MM. Chauveau, Proc. de l'ordre, quest. 2551-6° et 7°; Grosse et Rameau, t. 1, n° 285; Houyvet, n° 128-4°).

269. Et il n'importe que ces inscriptions concernent des incapables. Le conservateur, ainsi que le fait observer M. Bioche, v° Ordre, n° 272, doit les rayer, sur le vu de l'ordonnance du juge-commissaire; il ne peut exiger un jugement passé en force de chose jugée, sous prétexte que les incapables n'ont pu donner un consentement valable. Le conservateur ne saurait être juge de cette question, et l'ordonnance du juge-commissaire le couvre, tout comme le ferait un jugement passé en force de chose jugée (*Contrà*, M. Armengaud, Monit. des trib., n° 222). — Il a été, en effet, jugé, dans ce sens, qu'il n'importe que la radiation, ordonnée par le juge-commissaire, ait pour objet l'hypothèque légale d'une femme mariée sous le régime dotal, et dont elle a consenti la réduction, avec l'autorisation de son mari, le conservateur n'ayant pas qualité, en pareil cas, pour rechercher si la femme avait ou n'avait pas la capacité nécessaire pour renoncer à son hypothèque légale, ou en consentir la réduction, avec la seule autorisation de son mari (Rouen, 17 juin 1863, aff. cons. des hyp. de Pont-Audemer, D. P. 64. 2. 34).

270. Mais cela ne peut être vrai qu'à la condition que le règlement amiable soit revêtu de toutes les formes propres à en assurer la validité. Et, comme l'ordonnance du juge-commissaire qui intervient à la suite n'a de force que celle que lui communique l'accord unanime des créanciers, il en résulte, et il a été jugé, avec raison, que le conservateur est bien fondé à refuser la radiation des inscriptions ordonnée par le juge-commissaire, si le procès-verbal qui contient le règlement amiable n'est pas signé des parties intéressées, ou ne contient pas leur déclaration de ne savoir signer (Caen, 25 mai 1863, aff. cons. des hyp. d'Argentan, D. P. 64. 2. 35).

271. Il a aussi été jugé que le juge-commissaire ne peut, dans un ordre amiable, nonobstant le consentement donné par des créanciers à la radiation intégrale et définitive de leurs inscriptions, sur le motif qu'ils ont été désintéressés, ordonner cette radiation sur des immeubles autres que ceux dont le prix est en distribution; qu'en conséquence, le conservateur a pu se refuser à faire la radiation dans ces termes absolus, et ne l'opérer que pour les immeubles dont le prix faisait le sujet de l'ordre amiable (Aix, 8 nov. 1862, aff. Ollivier, D. P. 63. 2. 176). — Le motif de l'arrêt, c'est que, « dans la distribution du prix par règlement amiable, la loi ne donne au juge-commissaire que le pouvoir d'ordonner la délivrance des bordereaux aux créanciers utilement colloqués et la radiation des inscriptions des créanciers non admis en ordre utile; qu'évidemment il ne peut s'agir ici que des inscriptions grevant les immeubles dont le prix est mis en distribution, puisque ce prix est le seul objet dont le juge ait à s'occuper, et que la radiation des inscriptions n'est que la conséquence de cet objet principal... » — Cela est vrai, en principe; mais, en fait, l'arrêt constate que le consentement, donné par les créanciers à la radiation pleine et entière de leurs inscriptions, était fondé sur leur déclaration « qu'ils n'avaient aucun intérêt à la distribution », ou « qu'ils avaient été complétement désintéressés. » N'était-il pas tout simple, alors, que le juge-commissaire ordonnât, non plus une radiation partielle, mais une radiation totale desdites inscriptions, évitant ainsi aux parties les frais d'actes notariés auxquels il aurait fallu recourir pour se conformer littéralement à la disposition de l'art. 2157 c. nap.? Qui pouvait avoir à se plaindre de cette mesure? Personne. Ce n'étaient pas les créanciers, puisqu'ils se disaient désintéressés; encore moins le débiteur dont cette radiation affermissait le crédit (Conf. MM. Grosse et Rameau, t. 1, n° 247; Bioche, v° Ordre, n° 260. — *Contrà*, M. Chauveau, Proc. de l'ordre, quest. 2551-5°).

On conçoit, pourtant, le refus du conservateur d'opérer la radiation dans des termes aussi larges, en vertu d'une ordonnance dont l'authenticité, en cette partie, pouvait être mise en doute, s'il était vrai, comme le déclare l'arrêt, que le juge-commissaire eût, en ce point, *excédé sa mission légale*; et on ne peut que l'approuver d'avoir voulu qu'une décision judiciaire dégageât complétement sa responsabilité (V., dans un sens analogue, au n° précédent, l'arrêt de la cour de Caen, du 25 mai 1863). — La cour de cassation, du reste, aura le dernier mot à dire dans cette affaire; car un pourvoi a été formé contre l'arrêt de la cour d'Aix, et ce pourvoi a été admis par la chambre des requêtes, le 11 mai 1864.

272. Nous avons dit, au chap. 1, n° 16, que, sous la loi du 11 brum. an 7, l'ordre était soumis à l'homologation du tribunal. Il n'en fut plus ainsi, sous le code de procédure, dont aucune disposition n'exige cette formalité. Et, s'il en est fait mention dans l'art. 2198 c. nap., c'est parce qu'alors on était sous l'empire de la loi de brumaire. La conséquence à tirer de là, c'est que l'ordre amiable, pas plus que l'ordre judiciaire, n'a besoin de cette homologation (Conf. MM. Pigeau, Comment., tit. 14, Observ. prélim.; Ollivier et Mourlon, n° 303; Flandin, Tr. de l'Ordre, inédit).

273. On conseillait, cependant, sous l'ancien code, de recourir à cette formalité, pour donner au règlement amiable, intervenu entre les créanciers et le saisi, la force et les effets de l'ordre judiciaire. « Les créanciers inscrits, disait M. Tarrible, Rép., v° Saisie immobilière, § 8, n° 4, les créanciers inscrits, qui parviendront à s'accorder entre eux et avec la partie saisie pour la distribution du prix, feront sagement de faire rendre un jugement d'homologation qui confirme la distribution convenue et prononce la déchéance de tous créanciers qui n'auront pas produit les titres en vertu desquels ils auraient pu avoir quelques créances à réclamer.»—M. Carré, Lois de la proc., quest. 2541, disait également que l'homologation est une mesure que tout adjudicataire ne peut négliger sans imprudence. — Mais ces auteurs, dit avec raison M. Flandin, supposaient, à tort, que l'homologation, simple formalité de justice, donnée par le tribunal, sans examen du fond, était capable de communiquer au règlement amiable une force qu'il n'avait pas par lui-même : elle lui donnait l'authenticité, voilà tout; mais elle ne pouvait pas empêcher qu'un créancier ayant des droits sur le prix, et qui n'aurait point été partie dans le règlement amiable, se pourvût en nullité contre le règlement fait sans son concours, puisque, de l'aveu de M. Tarrible lui-même, « tous les créanciers inscrits et le débiteur saisi doivent être présents; tous, sans exception, doivent consentir à la distribution proposée; (et que) s'il y avait parmi eux un seul absent ou dissident, la distribution conventionnelle ne pourrait pas avoir lieu. » — Au reste, cette homologation serait aujourd'hui sans aucune espèce d'utilité pour l'ordre amiable tel que le réglemente le nouvel art. 751, à cause de la présence du juge-commissaire et de sa coopération aux actes qui sont une conséquence du règlement amiable et qui en assurent l'exécution.

274. Il a, toutefois, été jugé, avec raison, que le règlement amiable d'un ordre peut, comme le règlement judiciaire, être rectifié par le tribunal, pour cause d'erreur matérielle, notamment pour cause d'interversion du rang résultant des inscriptions de deux créanciers, alors qu'il est reconnu qu'aucun consentement n'a été donné à cette interversion (trib. civ. de la Seine, 16 fév. 1861, aff. Panaget, D. P. 61. 3. 87).

275. Si les parties ne s'accordent pas, le juge constate, sur son procès-verbal, que les créanciers n'ont pu se régler entre eux, et il déclare ouvert l'ordre judiciaire (c. pr. 752).—Dans ce cas, c'est à une mention *sommaire* que les créanciers n'ont pu se mettre d'accord que doit se borner le procès-verbal, ainsi qu'il est dit dans l'art. 54 c. pr. pour le procès-verbal de non-conciliation devant le juge de paix. On avait déjà reconnu, lors de la rédaction de ce dernier article, les inconvénients auxquels pouvait donner lieu la disposition de l'art. 3 du tit. 10 de la loi des 16-24 août 1790, ainsi conçue : « Dans le cas où les deux parties comparaîtront devant le bureau de paix, il dressera un procès-verbal de leurs dires, aveux ou dénégations sur le point de fait... » On retrancha de l'article ces mots : *il dressera un procès-verbal de leurs dires, aveux ou dénégations sur les points de fait*, pour y substituer un texte bien différent : « Il fera sommairement mention que les parties n'ont pu s'accorder », parce que, ainsi que le fit observer le président du conseil d'Etat, en résumant la discussion, cette constatation des *dires, aveux ou dénégations des parties* pourrait devenir « un moyen de circonvenir des hommes simples et sans connaissance » (Boitard, Leçons de procéd., t. 1, n° 156, 5e éd.). L'art. 752 précité a été rédigé dans le même esprit (Conf. MM. Ollivier et Mourlon, n° 317. — *Contrà*, MM. Grosse et Rameau, t. 1, n° 231).

276. Il a, d'ailleurs, été jugé, et avec raison, selon nous : 1° qu'en cas de contestation mettant obstacle au règlement amiable, le juge-commissaire doit nécessairement, ou renvoyer les parties à se pourvoir par action principale devant le tribunal, s'il reste moins de quatre créanciers, les autres ayant consenti la mainlevée de leurs inscriptions, ou bien ouvrir le procès-verbal d'ordre, conformément à la loi; mais qu'il ne peut renvoyer les parties à l'audience pour faire juger la contestation, sur son rapport, en se réservant de procéder ensuite à l'ordre amiable (Bordeaux, 13 mai 1863, aff. Petit, D. P. 64. 2. 36); — 2° ...Et qu'en supposant que la nullité de ce mode de procéder pût être couverte par le consentement des parties, le défaut de concours du saisi, partie intéressée au règlement pour la distribution du prix, et non comparant devant le juge-commissaire, suffirait pour rendre inefficace le consentement des autres parties (même arrêt).

M. Vanier, Etude pratique sur l'ordre amiable, n° 69, a cependant émis une opinion contraire. Selon ce magistrat, un créancier peut être colloqué, dans l'ordre amiable, provisoirement et conditionnellement, quoique contredit par d'autres créanciers opposants, à la condition par lui de faire écarter cette opposition par le tribunal devant lequel l'ordre est ouvert. « Incontestablement, dit-il, les uns et les autres, contestants et contestés, peuvent requérir l'ouverture de l'ordre judiciaire; mais, au lieu de recourir à une procédure parfaitement inutile, puisqu'une seule difficulté subsiste, déterminée, limitée, ne peut-on prendre la voie du recours direct au tribunal?... Qu'importe que le tribunal compétent pour statuer sur la difficulté soit saisi par voie d'incident à l'ordre amiable, ou par voie d'incident à l'ordre judiciaire » (Conf. MM. Chauveau, Proc. de l'ordre, quest. 2551-4°; Bioche, v° Ordre, n° 245, 3e éd.)? — Mais qui ne voit que c'est là se mettre en contradiction, non pas seulement avec la lettre, mais avec l'esprit de la loi? Eh quoi! dirons-nous, avec M. Flandin, l'ordre amiable ne peut se former que par le consentement unanime des créanciers; il suffit, pour l'empêcher, qu'un créancier dise : *je ne veux pas*, sans avoir à déduire les motifs de son refus (V. *suprà*, n° 220); et l'on propose de faire statuer préalablement par le tribunal sur le différend qui tient le règlement amiable en échec! Mais, en supposant qu'on pût faire juger la contestation dans le délai si court accordé pour l'ordre amiable, est-ce que la décision qui interviendrait, et à laquelle la partie qui aurait succombé serait forcée de se soumettre, pourrait être considérée comme l'équivalent de son consentement (Conf. MM. Harel, Journ. des av., t. 89, art. 522, §§ 1 et 2; Houyvet, n° 126)?

Remarquez, d'ailleurs, que la thèse que nous soutenons ici n'a rien de commun avec la question que nous avons examinée précédemment, celle de savoir s'il est permis au juge-commissaire de procéder à un ordre amiable partiel (V. *suprà*, n° 230).

ART. 5. — *Des voies de recours contre le règlement amiable.*

277. Ne perdons pas de vue, pour déterminer les voies de recours dont le règlement amiable peut être l'objet, qu'il ne s'agit pas, comme nous l'avons établi plus haut (n° 188), d'un acte de la juridiction du juge, mais d'un acte consensuel fait sous sa médiation; qu'on ne saurait prendre, par conséquent, contre cet acte, ni la voie de l'opposition, ni celle de l'appel, ni les voies extraordinaires de la tierce opposition ou de la requête civile. Ce n'est que par une fausse appréciation du caractère de l'ordre amiable, dans lequel MM. Grosse et Rameau voient, à tort, un véritable jugement, qu'ils arrivent à dire, Comment., t. 1, n° 226, que, si l'ordre amiable ne peut être attaqué par la voie de l'opposition, comme l'ordre judiciaire, c'est parce qu'il a été l'objet d'un débat contradictoire, à la suite duquel le juge a prononcé; mais que, toutefois, « l'ordre amiable devrait être soumis à la voie de la requête civile, dans les cas prévus par l'art. 480 c. pr. civ., et qu'il pourrait être l'objet d'une inscription de faux, dans les termes de l'art. 448 c. inst. crim. » Pour nous, le règlement amiable, simple convention, ne saurait être attaqué que par la voie de nullité ou de rescision, dans les limites de l'art. 1304 c. nap., ou par la voie de l'inscription de faux (c. pr. 214 et suiv.; Conf. MM. Ollivier et Mourlon, nos 287 et 328; Bioche, v° Ordre, n° 266, 3e éd.; Seligman, n° 223; Houyvet, n° 123; Flandin, Tr. de l'ordre, inédit). — Et ce que nous disons de l'ordre amiable devant le juge s'applique, à plus forte raison, à l'ordre consensuel.

278. Qui pourra attaquer le règlement amiable? — Ce sera, d'abord, le vendeur ou le saisi. Quoique devant être convoquées avec les créanciers inscrits, pour la tentative de l'ordre amiable, on a vu, *suprà*, n° 169, qu'ils n'y ont pas voix délibérative, et que, nonobstant le droit qui leur appartient de contester telle ou telle créance, soit dans son existence, soit dans sa quotité, ils ne peuvent empêcher les créanciers de se régler entre eux sur la distribution du prix. Nous en avons conclu, n° 170, qu'on ne peut leur refuser, s'ils n'ont pas réussi à faire admettre leurs réclamations, le droit d'attaquer le règlement. — Nous en avons dit autant de l'acquéreur ou de l'adjudicataire (nos précités).

279. Tout créancier inscrit, qui n'a pas comparu à la réunion, quoique régulièrement convoqué, aura également le droit d'attaquer le règlement amiable, qui n'a pu régulièrement se former en son absence (V. *suprà*, n° 229.—Conf. M. Bioche, v° Ordre, n° 268, 3e éd.). — Mais toute action devrait lui être déniée, à défaut d'intérêt, s'il était établi que sa créance ne venait pas en ordre utile.

280. Les incapables, parties à l'ordre amiable, qui n'y auraient été colloqués que pour une partie de leur créance, ou même qui n'y auraient pas été colloqués du tout, pourraient aussi, dans les cas que nous avons déterminés *suprà*, nos 240 et suiv., si toutes les formalités, nécessaires pour rendre la convention obligatoire à leur égard, n'avaient pas été remplies, se pourvoir en nullité contre ledit ordre, dans le but d'établir que leur créance, en tout ou en partie, venait en ordre utile.

281. Tout créancier chirographaire, enfin, même non opposant, peut également, s'il y a intérêt, attaquer le règlement amiable, en prouvant que tel créancier, qui y a obtenu sa collocation, ou n'était pas véritablement créancier, ou bien a été colloqué pour une somme supérieure à celle à laquelle il avait droit. — Nous disons : *s'il y a intérêt*; car, si la somme qu'il pourrait ainsi faire retrancher de l'ordre, ne devait pas lui profiter, mais se trouvait absorbée par d'autres créanciers hypothécaires non colloqués, on ne devrait pas admettre sa réclamation, l'intérêt étant la mesure des actions.

282. Le créancier omis sur l'état des inscriptions délivré par le conservateur, état d'après lequel ont été faites les convocations, peut-il se faire de cette omission un moyen de nullité contre le règlement amiable opéré sans lui? — Nous ne voyons aucune raison pour ne pas appliquer ici la disposition de l'art. 2198 c. nap., qui n'accorde, en pareil cas, de recours au créancier omis que contre le conservateur. Voici les termes de l'article : « L'immeuble, à l'égard duquel le conservateur aurait omis, dans ses certificats, une ou plusieurs des charges inscrites, en demeure, *sauf la responsabilité du conservateur*, affranchi dans les mains du nouveau possesseur, pourvu qu'il ait requis le certificat depuis la transcription de son titre : sans préjudice, néanmoins, du droit des créanciers de se faire colloquer, suivant l'ordre qui leur appartient, tant que le prix n'a pas été payé par l'acquéreur, ou tant que l'ordre fait entre les créanciers n'a pas été homologué. » — Le créancier omis ne peut s'adresser à l'adjudicataire, qui n'a payé que sur les bordereaux délivrés par le juge (c. pr. 751). Il ne peut s'adresser davantage aux créanciers colloqués à son défaut; car ils n'ont fait que recevoir ce qui leur était dû, et sont couverts par l'exception : *meum recepi*. Le texte de l'art. 2198, d'ailleurs, est formel : il statue en matière d'ordre; et, quoiqu'il n'ait pu avoir en vue l'ordre de conciliation, établi par une loi postérieure, le principe qu'il contient est un principe général, qui s'appliquait, sous l'ancien code, à l'ordre consensuel comme à l'ordre judiciaire, l'art. 2198 ne distinguant pas, et qui doit s'appliquer, par la même raison, à l'ordre amiable dont nous nous occupons, lequel, comme nous l'avons dit déjà bien des fois, n'est autre chose que l'ordre consensuel fait sous la médiation du juge (Conf. MM. Ollivier et Mourlon, n° 304; Seligman, nos 163 et suiv.; Flandin, *loc. cit.*).

283. Au numéro précédent, nous avons supposé que l'omission d'un créancier porté sur l'état des inscriptions déposé au greffe était imputable au conservateur; mais, si elle était due à des renseignements insuffisants fournis par celui qui a requis l'état; par exemple, s'il s'agissait d'un créancier inscrit sur un ancien propriétaire dont le nom n'aurait pas été indiqué au conservateur, il est clair que ce fonctionnaire ne pourrait être rendu responsable de l'omission (V. Priv. et hyp., nos 2094 et suiv.). C'est l'espèce de deux arrêts de rejet des 9 nov. 1812, aff. Pabst, et 31 janv. 1815, aff. Daniel, rapportés *suprà*, n° 72). Le créancier omis, qui, dans le cas précédent, se trouve complétement désintéressé par le recours qui lui est accordé contre le conservateur, ne doit-il pas, dans celui-ci, avoir le droit d'attaquer le règlement amiable fait sans lui? — M. Seligman, *loc. cit.*, distingue entre le cas d'aliénation volontaire et celui de vente forcée. Au premier cas, dit-il, n° 164, celui qui achète ne doit le faire qu'en se faisant renseigner sur l'origine de la propriété; et, quand il se met en mesure de purger, il doit avoir soin de le faire, non-seulement sur son vendeur immédiat, mais sur les anciens propriétaires. L'immeuble reste donc grevé de l'hypothèque du créancier omis. Mais il en est autrement dans le cas d'expropriation forcée : la transcription seule du jugement d'adjudication purge l'immeuble entre les mains de l'adjudicataire, sans qu'il ait besoin de remplir les formalités de purge ordinaire; aucune responsabilité ne peut donc lui incomber, et c'est plutôt la faute du créancier inscrit qui a laissé consommer l'adjudication, malgré toute la publicité dont elle est entourée, sans donner signe de vie. — M. Seligman, n° 165, n'accorde pas même au créancier omis un recours contre les créanciers postérieurs en rang, qui ont touché le prix à son défaut. « Il paraît admis, dit-il, en jurisprudence et en doctrine, que l'inscription omise doit être considérée, relativement aux autres créanciers, comme si elle n'existait pas, du moment où l'ordre est clos. Les choses ne sont plus entières, et l'inscription, se montrant trop tard, ne peut plus avoir la moindre influence sur les droits assurés aux créanciers présents à l'ordre par l'ordonnance de clôture... » — Nous avons admis une autre opinion, v° Priv. et hyp., nos 2031 et 2032. Nous reviendrons sur la question *infrà*, quand nous en serons à l'ordre judiciaire.

284. Suivant MM. Ollivier et Mourlon, n° 326, « l'ordre judiciaire, qui n'aurait pas été précédé d'une tentative de règlement amiable serait nul, » quoique l'hypothèse, disent-ils, soit chimérique, puisqu'aux termes de l'art. 752, le juge doit déclarer, avant de procéder à l'ouverture de l'ordre judiciaire, que *les créanciers n'ont pu se régler entre eux* (Conf. MM. Bioche, Dict. de proc., v° Ordre, n° 134, 3e éd.; Chauveau, Proc. de l'ordre, quest. 2551-10°, n° 1). — M. Flandin est d'une autre opinion. « Je ferai remarquer, d'abord, dit-il, en admettant l'hypothèse, quelque invraisemblable qu'elle paraisse, que cette nullité n'est pas prononcée par la loi; et, sans avoir besoin de recourir à l'art. 1030 c. pr., qui ne s'applique pas directement à ce cas, il me suffira d'invoquer le principe : que les vices de nullité ne se suppléent pas. Je demanderai, ensuite, à quoi aboutirait une pareille nullité, puisque le terme final, quand les créanciers ne peuvent se mettre d'accord, est l'ordre judiciaire, et qu'il suffit, pour rendre l'ordre amiable impossible, qu'un seul des créanciers refuse son consentement, sans être obligé d'en déduire les motifs (*suprà*, n° 276)? La pensée du législateur, en faisant précéder l'ordre judiciaire d'une tentative de règlement amiable, a été d'épargner aux créanciers les lenteurs et les frais de la procédure d'ordre; et c'est, il faut en convenir, bien singulièrement interpréter cette pensée que de vouloir, quand les frais ont été faits, tout recommencer pour revenir à une tentative d'ordre amiable, dont le mieux qu'il pût arriver serait que les créanciers adoptassent l'ordre de collocation tel qu'il a été réglé par la procédure dont l'annulation est demandée. — Aussi a-t-il été jugé, sous l'ancien code, qu'il n'y a pas nullité de l'ordre judiciaire par cela qu'il aurait été entamé avant l'expiration du mois accordé aux créanciers pour se régler à l'amiable » (V. *suprà*, n° 57, l'arrêt de la cour de Rouen, du 30 déc. 1814). — Cette dernière opinion nous paraît, en effet, plus juridique que la première. — V. n° 225.

285. Quant à l'ordre amiable, MM. Ollivier et Mourlon, *loc. cit.*, admettent deux cas, mais deux seuls, où la nullité de l'ordre amiable lui-même pourra être demandée. « Aucune des formalités exigées pour la tentative de règlement amiable n'est ordonnée, disent-ils, à peine de nullité. La loi n'attache aucune sanction ni à l'observation du délai de dix jours, ni à l'envoi régulier des lettres de convocation, ni au respect du délai d'un mois. Il nous paraît inadmissible, en présence de ce silence, d'attacher une nullité à l'absence de chaque formalité. D'autre part, il nous semble impossible de déclarer que l'absence de ces

formalités soit, dans tous les cas, sans conséquence. » Et, appliquant ici la théorie des formalités substantielles et de celles qui ne le sont pas, ils ajoutent : « Deux formalités seulement nous paraissent avoir un caractère substantiel : l'appel de tous les créanciers inscrits, l'observation du délai d'un mois... » — Il est clair que, si tous les créanciers inscrits n'ont pas été convoqués, le règlement amiable ne peut intervenir, puisqu'il ne se forme que par l'accord unanime de tous les intéressés. Ceux-là donc qui n'y ont pas été parties pourront en demander la nullité, à moins qu'ils n'aient été colloqués en ordre utile, malgré leur absence (V. *suprà*, n° 229.—Conf. MM. Chauveau, Proc. de l'ordre, quest. 2551-10°, n° 2; Flandin, *loc. cit.*).

286. Mais admettra-t-on à proposer cette nulité les créanciers qui auront concouru au règlement amiable, et qui ne seront pas venus en ordre utile? Non, répondent MM. Ollivier et Mourlon, n° 327; car ils n'y ont aucun intérêt. Il faut ajouter que ce serait, de leur part, exciper du droit des tiers (Conf. MM. Chauveau, Proc. de l'ordre, p. 67, note 1; Seligman, n° 182; Bioche, v° Ordre, n° 267, 3e éd.; Flandin, *loc. cit.*; Lyon, 26 avr. 1826, aff. Boyard, *suprà*, n° 61).

287. Sur l'autre point, MM. Ollivier et Mourlon déclarent que, si le délai d'un mois n'a pas été accordé, on doit considérer la tentative d'ordre amiable comme non avenue, et, par conséquent, comme nul l'ordre judiciaire qui l'a suivie. Nous nous sommes précédemment expliqué sur cette question (V. *suprà*, n° 225); et, tout en montrant qu'il ne faut pas admettre facilement les parties à commencer l'ordre judiciaire avant l'expiration du mois, nous n'avons pas pensé, pour cela, que l'ordre judiciaire, opéré dans ces conditions, fût nul, ni surtout qu'il pût être attaqué par ceux des créanciers qui y ont concouru. MM. Ollivier et Mourlon arrivent eux-mêmes à un semblable résultat; car ils disent, au n° 327, que la nullité de l'ordre judiciaire ne peut être demandée, faute d'intérêt, par les créanciers qui ne viennent pas en ordre utile, et que sont également privés de ce droit, à cause de leur renonciation implicite, les créanciers inscrits en ordre utile, qui, malgré la nullité de l'ordre amiable, ont concouru à l'ordre judiciaire.

288. Nous n'en excepterions pas même les créanciers à hypothèque légale non inscrite, et qui, à défaut d'inscription, n'ont pu être convoqués pour la tentative de règlement amiable. Nous avons déjà dit qu'aux termes de l'art. 717 c. pr., ces créanciers, quoique n'ayant pas fait inscrire leur hypothèque avant la transcription du jugement d'adjudication, conservent le droit de se présenter à l'ordre, à la condition d'y produire avant l'expiration du délai fixé par l'art. 754, si l'ordre est réglé judiciairement, ou, si l'ordre se règle amiablement, d'y faire valoir leurs droits avant sa clôture. Incontestablement, si l'ordre amiable a été clos avant l'expiration du mois, et que des créanciers à hypothèque légale non inscrite se présentent dans ce délai, ils feront tomber l'ordre amiable arrêté sans eux. Mais ce n'est pas là l'hypothèse dans laquelle nous devons nous placer. On suppose l'ordre judiciaire commencé avant l'expiration du mois accordé pour la tentative du règlement amiable, et clôturé sans que les créanciers dont il s'agit s'y soient présentés. Ne peut-on pas soutenir, dans ce cas, avec M. Chauveau, Proc. de l'ordre, quest. 2551-10°, n° 1, que la forclusion, dont on excipera contre eux, ne saurait leur être opposée, dès que l'ordre judiciaire n'a pas été précédé de l'accomplissement régulier des formalités prescrites pour la tentative d'un ordre amiable?—La négative doit être adoptée, à notre avis; car que leur importe que l'ordre judiciaire ait été prématurément entamé, dès qu'ils ont gardé le silence, non-seulement pendant les quarante jours qui leur étaient accordés par l'art. 754 pour y produire, mais pendant la durée entière de l'ordre (Conf. MM. Bioche, v° Ordre, n° 269, 3e éd.; Flandin, *loc. cit.*)?

289. Il y a, contre le règlement amiable, d'autres causes de nullité que celles résultant de la violation des formes substantielles, celles, par exemple, qui sont fondées sur l'erreur, le dol ou la violence. Et, pour tout dire d'un mot, puisque le règlement amiable a la force et le caractère d'une convention, toutes les causes qui vicient les contrats sont pareillement de nature à empêcher l'ordre amiable de produire ses effets (Conf. M. Flandin, *loc. cit.*).

CHAP. 4. — DE L'ORDRE JUDICIAIRE.

290. Nous diviserons ce chapitre en dix-neuf sections : dans la première, nous traiterons de la compétence; — dans la seconde, de la sommation de produire; — dans la troisième, de la production; — dans la quatrième, du prix à distribuer; — dans la cinquième, du règlement provisoire;— dans la sixième, de la dénonciation du règlement provisoire; — dans la septième, des contredits; — dans la huitième, du renvoi des contestations à l'audience; — dans la neuvième, du dernier ressort en matière d'ordre; — dans la dixième, de l'appel; — dans la onzième, de la clôture de l'ordre et du règlement définitif; — dans la douzième, des voies de recours contre l'ordonnance de clôture de l'ordre; — dans la treizième, de la collocation; — dans la quatorzième, de la délivrance des bordereaux de collocation et de la radiation des inscriptions; — dans la quinzième, de la subrogation à la poursuite de l'ordre; — dans la seizième, de l'ordre devant le tribunal; — dans la dix-septième, du sous-ordre; — dans la dix-huitième, de la folle enchère; — et dans la dix-neuvième et dernière, des questions transitoires.

SECT. 1. — *De la compétence.*

291. Posons, d'abord, comme un principe incontestable, que la procédure d'ordre est essentiellement de la compétence des tribunaux civils : d'où la conséquence qu'en matière de faillite même, où la loi attribue une compétence générale au tribunal de commerce du lieu de l'ouverture de la faillite (c. pr. 59, § 7; c. com. 635), l'ordre, pour la distribution du prix des immeubles du failli, ne pourrait pas être porté devant ce tribunal (V. v° Faillites et banqueroutes, nos 1160 et 1170; Conf. MM. Bioche, Dict. de proc., v° Faillite, n° 1250, et v° Ordre, n° 174, 3e édit.; Flandin, Tr. de l'ordre, inédit).

292. Il a été jugé, par suite : 1° que c'est aux tribunaux, et non à l'autorité administrative, à décider si un percepteur de contributions est déchu de son privilége sur le prix d'une vente d'immeubles pour ne s'être pas présenté à l'ordre afin d'y réclamer sa collocation, et si, l'adjudicataire ayant payé son prix conformément au jugement d'ordre, l'immeuble demeure purgé de toutes charges, même pour contributions (cons. d'Et. 11 août 1808, aff. Morin, v° Imp. dir., n° 649-2°); — 2° Que l'adjudicataire d'un immeuble sur expropriation forcée n'étant tenu, soit envers le percepteur, pour les impôts qu'il réclame, soit envers les autres créanciers de l'exproprié, qu'à la représentation et à la distribution de son prix, il s'ensuit que les poursuites relatives à la distribution de ce prix doivent être faites devant les tribunaux, suivant la forme prescrite par le code de procédure civile, et que les préfets n'ont aucune compétence sur les objets de ce genre (cons. d'Etat 2 avr. 1815, aff. Morard; 1er mai 1816, aff. Morard, v° Imp. dir., n° 658-2°); — 3° Que l'ordre à établir entre le trésor public, réclamant un privilége sur les immeubles du contribuable exproprié pour le payement de contributions directes, et les autres créanciers, est de la compétence exclusive des tribunaux (cons. d'Etat, 19 mars 1820, aff. Ogier, v° Imp. dir., n° 649-3°; 30 juin 1824, aff. Mahault, *ibid.*, n° 573; 26 août 1824, aff. Lafaille, *ibid.*, n° 649-4°; 22 août 1838, aff. Hamel, *ibid.*, n° 649-5°; V. encore, v° Comp. adm., n° 157, d'autres décisions analogues. — Conf. MM. Macarel, Elém., t. 1, p. 265; Cormenin, t. 2, p. 277; Durieu, t. 1, p. 417; Foucart, t. 2, n° 837).

293. La demande en ouverture d'ordre peut être considérée comme une action réelle, puisqu'elle a pour objet la distribution, entre les créanciers inscrits, du prix de vente de l'immeuble, lequel tient lieu de l'immeuble lui-même. Il en résulte qu'elle doit être portée devant le tribunal civil du lieu de la situation dudit immeuble, par application de l'art. 59, § 3. C'est, d'ailleurs, ce qu'établit, en termes exprès, l'art. 4 de la loi du 14 nov. 1808, ainsi conçu : « Les procédures relatives, tant à l'expropriation forcée qu'à la distribution du prix des immeubles, seront portées devant les tribunaux respectifs de la situation des biens. » Et l'art. 5 ajoute : « Toutes dispositions contraires à la présente loi sont abrogées. » On ne pourrait donc plus suivre aujourd'hui la disposition de l'art. 31 de la loi du

11 brum. an 7, sur l'expropriation forcée, lequel s'exprimait ainsi : « L'ordre et la distribution du prix des immeubles seront faits devant le tribunal civil qui aura procédé à leur adjudication. — Si l'aliénation n'a point été faite en justice, il sera procédé à l'ordre et distribution devant le tribunal civil de la situation des immeubles ; et, en cas d'aliénation, par un même acte, de biens situés dans plusieurs départements, devant le tribunal dans l'arrondissement duquel se trouvera située la partie des biens à laquelle la matrice du rôle de la contribution foncière attribue le plus de revenu... » — Si donc, par une circonstance ou par une autre, la vente avait eu lieu devant un tribunal autre que celui de la situation de l'immeuble, ce ne serait pas une raison pour que l'ordre fût porté devant ce même tribunal. Ainsi que l'énonce l'avis du conseil d'Etat du 16 fév. 1807, sur l'instruction des procès intentés avant et depuis le 1er janv. 1807, l'ordre « est le principe d'une nouvelle procédure qui s'introduit à la suite d'une précédente », mais qui ne se confond pas avec elle (Conf. MM. Pigeau, Comm., t. 2, sur l'art. 750 ; Chauveau sur Carré, quest. 2544, et Proc. de l'ordre, quest. 2548-9° ; Thomine, t. 2, p. 309, n° 857 ; Berriat, p. 612, note 6 ; Persil, Quest. hyp., t. 2, p. 415 ; Bioche, Dict. de proc., v° Ordre, n° 176, 3e édit. ; Ollivier et Mourlon, n° 259 ; Grosse et Rameau, t. 2, n° 295 ; Seligman, nos 142 et 143 ; Houyvet, nos 98 et 99 ; Colmet-Daage, Leç. de proc., etc., 8e édit., n° 1025 ; Flandin, Tr. de l'ordre, inédit). — M. Tarrible, dans le Rép., v° Saisie immobilière, § 8, n° 4, n'est pas d'une autre opinion ; et s'il déclare, en visant l'art. 31 de la loi du 11 brum. an 7, « que l'ordre et la distribution du prix des immeubles doivent être faits devant le tribunal qui a procédé à leur adjudication, et non ailleurs », c'est parce qu'il suppose, comme il arrive le plus souvent, que le tribunal où s'est faite l'adjudication est celui de la situation des immeubles.

294. Il a été jugé, de même : 1° que, lorsqu'un immeuble saisi est, du consentement des créanciers inscrits, vendu par le débiteur lui-même, l'ordre doit être ouvert devant le tribunal de la situation de cet immeuble, quoique la saisie ait été poursuivie devant un autre tribunal, et que d'autres immeubles, situés dans le ressort de ce tribunal, aient été compris dans la vente (Req. 13 juin 1809) (1) ; — 2° Que l'ordre, sur le prix d'un immeuble vendu par expropriation forcée, doit être suivi devant le tribunal du lieu où l'immeuble est situé, et cela, lors même que, par suite d'un arrêt rendu sur un incident, l'adjudication définitive aurait été prononcée par un autre tribunal : — « La cour ;... considérant qu'aux termes du décret du 14 nov. 1808, les expropriations et l'ordre doivent être suivis par-devant le tribunal du lieu où les biens sont situés ; qu'en vain on présente l'ordre comme la suite de la procédure en expropriation, et ne faisant qu'un avec elle, les ordres, au contraire, étant le principe d'une nouvelle procédure, aux termes de l'avis du conseil d'Etat du 16 fév. 1807 ; qu'il en est de même du moyen pris de ce que tous les tribunaux doivent connaître de l'exécution de leurs jugements ; que cette règle cesse nécessairement dans le cas où il y a attribution spéciale de juridiction ; que les biens, à l'occasion desquels l'ordre est poursuivi, sont situés dans l'arrondissement du tribunal de Nevers, et que, si des motifs très-graves n'ont pas permis d'y suivre l'expropriation, la règle doit reprendre toute sa force, dès que les causes qui nécessitaient une autre marche ont cessé ; confirme » (Bourges, 10 août 1812 (et non 10 fév. 1813), aff. Chaix *C.* ve Pelorce) ; — 3° Que l'ordre sur le prix d'un immeuble, vendu par licitation, doit être ouvert devant le tribunal du lieu de la situation de l'immeuble, et non devant celui du lieu où l'adjudication a été faite (Req. 26 juin 1821, M. Vallée, rap., aff. de Riocourt) ; — 4° Que l'ordre, étant une action réelle, doit toujours être ouvert devant le tribunal de la situation des biens dont le prix est à distribuer, et non devant celui où l'adjudication a eu lieu, nonobstant la clause insérée au cahier des charges que l'ordre serait fait à ce dernier tribunal, les parties n'étant pas libres de changer l'ordre des juridictions (Paris, 31 mai 1826, aff. créanc. Bauchau, v° Règlement de juges, n° 103) ; — 5° Que l'action en payement d'une créance hypothécaire étant réelle, le créancier a le droit d'exiger que l'ordre ouvert pour la distribution du prix de l'immeuble hypothéqué soit suivi devant le tribunal de la situation : — « La cour ; ... attendu que l'action résultant, au profit de la demoiselle Quertier, de l'hypothèque à elle consentie sur l'immeuble situé dans l'arrondissement d'Yvetot, pour sûreté de sa créance, est réelle ; que l'ouverture d'ordre pour parvenir au recouvrement de sa créance est une suite et une dépendance de cette action, et qu'à bon droit, elle a été requise devant le tribunal de la situation de l'immeuble qui était le gage du créancier ; que des considérations d'économie de frais et d'inconvénients de l'ouverture des deux ordres, dans l'espèce, ne peuvent faire fléchir les principes du droit en cette matière, et priver la demoiselle Quertier de la juridiction qu'elle tient de la loi ; statuant sur le règlement de juges, dit et juge que l'ouverture d'ordre devant le tribunal de Rennes est irrégulière, la déclare non avenue, et maintient l'ordre ouvert à Yvetot » (Rouen, 1re ch., 31 janv. 1844, aff. demoiselle Quertier *C.* synd. Delacroix).

295. Il a été jugé aussi que la distribution par contribution d'un prix de vente d'immeubles n'étant qu'une suite de l'ordre, doit être portée devant le tribunal qui a procédé à l'ordre : — « La cour ; attendu qu'en exécution du jugement du tribunal de Montreuil-sur-Mer, la contribution a été ouverte en ce tribunal ; qu'il a été bien saisi de cette instance qui n'est que la suite de l'ordre auquel il avait déjà procédé ; que, d'ailleurs, une procédure de contribution est indivisible, et que, dans l'espèce, il est de l'intérêt des créanciers qu'elle soit suivie là où elle est en état, et peut être mise plus promptement à fin ; ordonne que l'instance de contribution continuera d'être suivie au tribunal civil de Montreuil devant lequel les parties sont renvoyées » (Req. règl. de juges, 28 août 1828, MM. Borel, pr., Hua, rap., aff. veuve Clermont-Tonnerre *C.* Gellac).

296. Il pouvait être douteux, d'après le texte de l'art. 31 de la loi du 11 brum. an 7, si le premier alinéa de cet article, qui attribuait juridiction pour l'ordre, dans les ventes faites en

---

(1) *Espèce* : — (Couturier *C.* veuve Seguin.) — L'expropriation des biens de Pelletier était poursuivie devant le tribunal de la Seine par ses créanciers unis par un concordat. Il fut chargé de vendre lui-même les immeubles saisis. La vente se fit à Paris. — Parmi les biens vendus, était une maison située à Senlis. — Les adjudicataires ayant notifié leurs contrats aux créanciers inscrits, les commissaires de ces créanciers ont demandé, par requête, qu'il fût procédé à l'ordre et distribution du prix à Paris. — Déjà la veuve Seguin, créancière privilégiée, inscrite sur la maison de Senlis, s'était pourvue devant le tribunal de cette ville, et avait obtenu une ordonnance portant nomination d'un commissaire pour procéder à l'ordre.

Pourvoi en règlement de juges de la part des créanciers. — Ils ont soutenu 1° que, l'adjudication ayant eu lieu après une saisie immobilière, l'ordre devait être poursuivi devant le tribunal où la vente s'était opérée, quelle que fut, d'ailleurs, la situation d'une partie des biens vendus ; 2° que l'ordonnance obtenue par la veuve Seguin, au tribunal civil de Senlis, était tardive ; 3° enfin, que l'adjudication, qui comprenait plusieurs immeubles, ayant eu lieu sur une seule et même poursuite, il était de l'intérêt des créanciers et du débiteur qu'il n'y eût qu'une seule instance d'ordre, et qu'il importait à la masse des créanciers que leurs commissaires pussent plus facilement, et sans nouveaux frais, surveiller l'actif confié à leurs soins. — La veuve Seguin a répondu : 1° qu'elle était créancière privilégiée, et qu'ainsi, les arrangements pris par le débiteur commun ne pouvaient lui être opposés ; 2° qu'il s'agissait d'une vente volontaire, et non d'une expropriation forcée, puisque l'adjudication a eu lieu à la requête même du débiteur, et que, dès lors, l'ordre devait être poursuivi devant le tribunal de la situation ; 3° que ce n'est qu'après la sommation de produire, qui lui avait été faite par les commissaires des créanciers unis, que ces commissaires avaient obtenu l'ordonnance d'ordre au tribunal civil de la Seine ; 4° enfin, qu'il n'était pas au pouvoir de la majorité des créanciers inscrits de dépouiller un tribunal du droit de régler l'ordre et distribution du prix d'immeubles situés dans son ressort. — Arrêt.

La cour ; — Attendu que la matière est réelle ; — Sans s'arrêter à l'ordonnance du président du tribunal civil du département de la Seine, en ce qui concerne l'ordre et distribution du prix de la maison située à Senlis dont il s'agit, et à tout ce qui a suivi, lesquels sont déclarés comme non avenus ; — Ordonne que les parties intéressées continueront de procéder sur ladite distribution devant le tribunal de l'arrondissement de Senlis.

Du 13 juin 1809.-C. C., sect. req.-MM. Henrion, pr.-Oudart, rap.

justice, au tribunal devant lequel avait eu lieu l'adjudication, s'appliquait seulement aux ventes forcées, ou si, au contraire, il devait régir les aliénations volontaires faites devant le juge, telles, par exemple, que les ventes de biens de mineurs. La question a été, en effet, diversement résolue par les arrêts, sous l'empire de cette loi. — Ainsi, il a été jugé, dans le premier sens, que l'ordre à établir sur l'adjudication volontaire, faite devant un tribunal, à l'audience des criées, d'un immeuble situé dans un autre ressort, doit être porté, non devant ce tribunal, mais devant celui de la situation de l'immeuble vendu : — « La cour; vu l'art. 31 de la loi du 11 brum. an 7; attendu que les contrats de vente dont il s'agit ont été faits volontairement; que celui de la propriété de la Ferté-Saint-Bernard a été reçu par Lecerf, notaire à Paris, le 21 mess. an 12; que, quant à la propriété de Richelieu, la vente en a été poursuivie et terminée, non par expropriation forcée, mais sur publication et affiches, à l'audience des criées du tribunal civil de la Seine; attendu que les contrats de vente dont il s'agit n'ayant pas été faits en justice, seul cas prévu par l'art. 31 de la loi précitée, il n'y a pas lieu d'intervertir l'ordre des juridictions; déclare le demandeur mal fondé dans sa demande en règlement de juges, dont elle le déboute » (Req. 11 fév. 1806, MM. Muraire, pr., Liger, rap., aff. Duplessis-Richelieu; Conf. Req. 27 frim. an 14, MM. Henrion, pr., Vallée, rap., aff. de Surmont *C.* Calmer).

297. Il a été jugé, au contraire, que, la vente d'immeubles, faite selon les formes prescrites pour l'aliénation des biens des mineurs, devant être regardée comme faite en justice, l'ordre, qui en est la suite, doit être porté devant le tribunal du lieu où l'adjudication a été faite, et non devant celui de la situation des biens : — « La cour (apr. délib. en ch. du cons.); vu l'art. 31 de la loi du 11 brum. an 7; attendu que les adjudications ont été faites par le tribunal civil du département de la Seine, d'après les formalités prescrites pour la vente des immeubles des mineurs; joignant les instances, et statuant par voie de règlement de juges, sans s'arrêter ni avoir égard au jugement du tribunal de première instance séant à Tournay, du 17 pluv. an 13, qui est déclaré nul et comme non avenu, ordonne que l'ordre et la distribution continueront d'être faits devant le tribunal civil du département de la Seine » (Req. 26 frim. an 14, MM. Muraire, pr., Lombard, rap., aff. Walpol *C.* de Salm-Kirbourg).

298. Mais, ce qui pouvait être une difficulté, sous l'empire de la loi de brumaire, n'en peut former une aujourd'hui, la règle étant que, pour les ventes forcées, comme pour les ventes volontaires faites en justice, l'ordre doit être poursuivi devant le tribunal du lieu de la situation des biens.

299. Cette règle, qui accorde la compétence, en matière d'ordre, au juge de la situation des biens, est-elle absolue? Doit-elle être observée, si l'immeuble dépend d'une succession non encore partagée? La question est controversée. Nous l'avons examinée v° Compét. civ. des trib. d'arrond., n°s 92 et suiv., et nous nous sommes prononcé, avec le plus grand nombre des arrêts, pour l'affirmative. Nous avons rapporté ces arrêts au n° 93; V. aussi v° Action, n° 120; Conf. MM. Ollivier et Mourlon, n° 260; Bioche, v° Ordre, n° 180, 3e éd.; Grosse et Rameau, t. 2, n° 296, Seligman, n° 144. — *Contrà*, M. Houyvet, n°s 100 et suiv.

300. Il y a, cependant, des arrêts en sens contraire, un de la chambre des requêtes, notamment, du 21 juill. 1821, aff. Bouthillier (V. v° Compét. civ., n° 94). — Il a aussi été jugé, en matière de faillite, que l'ordre pour la distribution du prix de deux immeubles dependant de la faillite, situés dans deux arrondissements différents, et vendus judiciairement devant le tribunal du lieu de l'ouverture de la faillite, doit être porté, en ce qui concerne ces deux immeubles, devant ce dernier tribunal, et qu'il y a lieu d'annuler l'ordre qui aurait été ouvert devant le tribunal de la situation de l'un desdits immeubles (Req. 30 juin 1824, aff. Raincelin, v° Compét. civ., n° 144). — Mais la chambre des requêtes n'a pas tardé à abandonner cette jurisprudence, comme on peut le voir par l'arrêt du 6 janv. 1830, aff. Bonnomet, rapporté *eod.*, n° 93. — Elle a également jugé, depuis : 1° que l'ordre pour la distribution du prix d'un immeuble, grevé d'inscriptions hypothécaires, doit se poursuivre devant le tribunal de la situation de cet immeuble, et non devant celui de l'ouverture de la succession du débiteur, alors même qu'il a été procédé, devant ce dernier tribunal, à la vente en justice dudit immeuble (Req. 28 fév. 1842) (1); — 2° Que c'est aussi au tribu-

---

(1) *Espèce :* — (Debuire *C.* Demichel-Fauchet et autres.) — La marquise de Lasteyrie-du-Saillant, belle-mère de Sirey, est décédée à Paris, le 10 mai 1821, laissant une fortune embarrassée. Ses héritiers ayant renoncé, Debuire a été nommé curateur à la succession vacante par jugement du tribunal de la Seine du 9 juill. 1830. — Parmi les biens de cette succession se trouvait la terre d'Aigueperse, située dans l'arrondissement de Limoges. — Sirey père, détenteur d'une partie de cette terre, se prétendait propriétaire du surplus, en vertu d'une vente qui lui en aurait été consentie, en 1831, par le comte du Saillant, son beau-frère. Mais cette vente a été annulée par la cour de Paris, du 4 mai 1839. — Les biens qui en étaient l'objet ont, ensuite, été mis en adjudication devant le tribunal de la Seine, en sept lots, dont six ont été adjugés à Riquier, moyennant 189,900 fr., et le septième à la dame Dubuc, femme séparée de biens de Sirey fils, moyennant 9,000 fr. — Il paraît que les nombreux créanciers hypothécaires de la marquise du Saillant ne se sont inscrits que postérieurement à son décès sur la terre d'Aigueperse. — Après la notification à eux faite du procès-verbal d'adjudication et l'expiration des délais de la surenchère, le curateur Debuire a, d'abord, provoqué l'ouverture, devant le tribunal de la Seine, d'une contribution sur le prix de la vente, pensant qu'il n'y avait pas lieu à l'ouverture d'un ordre, à cause de la circonstance que les créances hypothécaires n'avaient toutes été incrites qu'après le décès de la débitrice (art. 2146 c. civ.). — Toutefois, et pour le cas où quelques créanciers parviendraient à faire écarter, à leur égard, l'application de l'art. 2146, il a aussi requis l'ouverture d'un ordre devant le même tribunal. — Le président a rendu, le 14 avr. 1841, une ordonnance nommant un juge-commissaire à l'ordre et à la contribution. Un grand nombre de créanciers ont produit à l'un ou à l'autre, suivant leur qualité. — Mais, le 5 juin 1841, les sieurs Demichel-Fauchet, se disant créanciers hypothécaires, ont consigné, sur le procès-verbal du juge-commissaire, un dire tendant à faire ordonner que la distribution du prix, par voie d'ordre, serait poursuivie devant le tribunal de la situation des biens, c'est-à-dire à Limoges : ils déclaraient s'opposer, en conséquence, à la continuation de la procédure à Paris. — Dès le 27 mars précédent, Riquier, adjudicataire, avait provoqué, de son côté, l'ouverture d'un ordre à Limoges : mais Debuire avait déclaré au greffe qu'il s'opposerait à ce qu'il fût donné suite à cette réquisition.

En présence du contredit des sieurs Demichel, Debuire s'est pourvu en règlement de juges. — Il a soutenu qu'il devait être procédé à l'ordre devant le tribunal de la Seine, parce que c'est à Paris que la succession s'est ouverte; que là se trouvent les titres, papiers et registres de cette succession; que là est la résidence du plus grand nombre des créanciers; que c'est là aussi qu'ont été discutées et jugées toutes les affaires de la succession, notamment contre Sirey père, qui avait fait de vains efforts pour se soustraire à cette juridiction; qu'enfin c'est devant le tribunal de la Seine qu'un arrêt de règlement de juges, du 8 juill. 1835, a renvoyé toutes les contestations relatives à la liquidation. — Les sieurs Demichel-Fauchet ont seuls comparu pour défendre à la demande. Ils ont prétendu que, d'après la loi et une jurisprudence constante, l'ordre se rattache à une action réelle qui doit être portée devant le tribunal de la situation des biens; que, dans l'espèce, le tribunal de Limoges doit d'autant mieux être déclaré seul compétent qu'il est déjà saisi d'une instance d'ordre relative à la distribution du prix d'une seconde moitié du domaine d'Aigueperse, qui ne provient pas de la dame du Saillant; que c'est aussi devant ce tribunal que se poursuit l'ordre sur le prix du septième lot adjugé à la dame Sirey. — Arrêt.

La cour; — Attendu qu'il ne s'agit pas de savoir si l'ordre a été ouvert à Limoges, avant ou après l'ouverture de l'ordre à Paris : c'est, en cette matière, chose indifférente; le siége de la difficulté est dans une plus haute région; — Attendu que le mode de la vente des immeubles de la succession, et la distribution du prix de ces ventes, n'ont pas pu être l'objet des prévisions de la cour de cassation, dans son arrêt de règlement de juges du 8 juill. 1835; tout est resté, sur ce point, soumis au droit commun; — Attendu que le lieu où une vente d'immeubles a été faite, fût-ce même une vente judiciaire, lorsque la chose est légalement possible, ne peut non plus être pris en considération, relativement à la distribution du prix de la vente; — Attendu que, par sa nature, et aux termes de l'art. 2114 c. civ., l'hypothèque est un droit réel sur les immeubles affectés à l'acquittement d'une obligation; elle les suit, dans quelques mains qu'ils passent. — C'est au bureau des hypothèques, dans l'arrondissement duquel sont situés les biens soumis à l'hypothèque, que les inscriptions doivent être faites (art 2146); — L'inscription doit contenir l'élection de domicile du créancier dans un lieu de l'arrondissement du bureau (art. 2148); — C'est au bureau des hypothèques, dans l'arrondissement duquel les biens sont situés, que doivent être transcrits les contrats translatifs de la propriété d'immeubles (art. 2181): — C'est

nal de la situation des biens qu'il appartient de décider si des inscriptions prises après le décès du débiteur doivent rester sans effet, par application de l'art. 2146 c. nap. (même arrêt).

301. Mais il a été jugé, avec raison, que la subrogation d'un créancier dans le rang d'un autre qui le précédait et qui a été désintéressé, peut être ordonnée par un autre tribunal que celui qui a procédé à l'ordre à l'occasion duquel la subrogation est demandée; — « La cour : attendu que la demande en subrogation, formée devant le tribunal de La Flèche, ne tendait aucunement à faire réformer les dispositions du jugement d'ordre rendu par le tribunal de Laval, et n'avait, par conséquent, rien de contraire à la hiérarchie juridictionnelle; — Attendu qu'elle n'avait, non plus, pour but de faire régler, à la Flèche, l'ordre qui devait être, et qui avait été ouvert à Laval, pour des biens situés dans cet arrondissement; mais qu'elle n'était que le simple exercice de l'action purement personnelle d'un créancier, non utilement colloqué dans les deux tribunaux de Laval et de la Flèche, et qui demandait à être substitué au lieu et place d'un autre créancier qu'il suivait immédiatement dans l'ordre, et qui venait d'être désintéressé, en vertu de la collocation utile qu'il avait obtenue à la Flèche; — Infirme, ordonne que Louis sera colloqué de préférence à Barthélemi, suivant le rang et la date de son inscription du 13 avr. 1811 » (Angers, 29 août 1814, aff. Louis *C.* Barthélemi).

302. Du principe que le tribunal compétent pour connaître de l'ordre est celui de la situation des biens, il suit que, lorsque plusieurs immeubles appartenant au même débiteur ont été vendus, par voie de saisie immobilière, devant différents tribunaux, et qu'un ordre particulier a été ouvert devant chacun de ces tribunaux, il n'y a pas lieu de joindre les ordres, et d'en attribuer la connaissance exclusive à l'un des tribunaux saisis (Req. 3 janv. 1810 (1).—Conf. Req. 22 germ. an 11, M. Germain, rap., aff. Desgoffes). — Cette solution peut paraître rigoureuse; mais elle est commandée, et par l'art. 59 c. pr., et par l'art. 4 de la loi du 14 nov. 1808 (V. n° 293). — « Il est à regretter peut-être, dit Carré, quest. 2546, en invoquant la jurisprudence du parlement, qui était dans l'usage, en pareil cas, d'évoquer ces diverses instances, et de les renvoyer devant la même juridiction, il est regrettable peut-être que la loi du 14 novembre n'ait pas permis de suivre cette jurisprudence et les dispositions des art. 363, 364 et suiv. c. pr. : l'intérêt des créanciers et du débiteur l'exigerait; on éviterait, par là, doubles frais et la difficulté de produire, presque en même temps, les mêmes titres dans deux tribunaux souvent éloignés l'un de l'autre. » — M. Chauveau, *eod.*, et Proc. de l'ordre, quest. 2549-4°, manifeste le même regret. — Mais on voudrait en vain, pour échapper à la disposition impérieuse de la loi, s'étayer de l'art. 171 c. pr., portant que, « si la contestation est connexe à une cause déjà pendante en un autre tribunal, le renvoi pourra être demandé et ordonné. » Il est sensible qu'il n'y a pas connexité, dans le cas dont il s'agit; car tous ces ordres peuvent se régler indépendamment les uns des autres; les prix à distribuer sont différents, et tel créancier, qui est inscrit sur un des immeubles, ne l'est pas sur l'autre. C'est précisément l'intérêt de ces créanciers que la loi a eu en vue, en divisant les ordres, pour ne pas les obliger, en quelque sorte, contre le respect dû à leur contrat, à porter leur demande de collocation devant un tribunal, souvent fort éloigné, et qui n'est pas celui devant lequel ils devaient s'attendre à être appelés (Conf. MM. Thomine, t. 2, p. 309 et 310, n° 837; Pigeau, Comm., sur l'art. 750; Favard, v° Ordre, p. 54; Hautefeuille, p. 412; Persil, Quest. hyp., t. 2, p. 419, § 2; Ollivier et Mourlon, n° 260; Bioche, v° Ordre, n° 183, 3e éd.; Grosse et Rameau, t. 2, n° 297; Seligman, nos 145 et 146; Colmet-Daage, Leç. de proc. civ., 8e éd., n° 1025; Flandin, Tr. de l'ordre, inédit. — *Contrà*, M. Houyvet, n° 107).

303. Il a été jugé, de même, en matière de vente volontaire : 1° qu'à moins de circonstances majeures, le débiteur, qui a vendu, par des actes séparés, les immeubles qu'il avait dans le ressort de divers tribunaux, avec délégation du prix à ses créanciers, n'est pas fondé à demander que l'ordre, pour la distribution du prix de ces ventes, soit poursuivi devant un même tribunal, alors que plusieurs créanciers s'opposent à sa demande, ou n'y accèdent qu'en indiquant chacun un tribunal différent (Req. 1er mess. an 11, M. Boyer, rap., aff. Leblanc); — 2° Que, lorsque des immeubles appartenant au même débiteur, et situés dans divers arrondissements, ont été vendus par des actes séparés, il n'y a pas lieu de réunir les ordres, pour la distribution du prix, devant un seul tribunal, alors surtout que la demande n'en a pas été faite par tous les créanciers inscrits (Req. 11 pluv. an 12, M. Henrion, rap., aff. Monchot).

304. Il a été jugé aussi que, lorsque des immeubles, situés en deux arrondissements, ont été vendus, moyennant un seul prix, et que l'acquéreur n'a fait transcrire son contrat que dans un seul arrondissement, l'ordre, qui s'est établi sur cette transcription, ne peut être annulé, sur le fondement que l'état des inscriptions produit par le poursuivant n'a pas compris les créanciers inscrits au bureau de l'arrondissement où la transcription n'a pas été faite; que l'ordre, dans ce cas, doit seulement être modifié par une ventilation du prix au profit de ces derniers créanciers (Cass. 11 fruct. an 12 (2); Conf. M. Chauveau sur Carré, quest. 2554 *bis*).

305. Toutefois, il nous paraît que la jonction d'ordres ouverts

---

au greffe du tribunal civil du lieu de la situation que doit être déposé copie du contrat translatif de propriété, par l'acquéreur qui veut purger l'hypothèque légale (art. 2194); — Attendu que l'ordre ouvert pour la distribution du prix de la vente d'un immeuble, où les créanciers inscrits doivent être appelés aux domiciles par eux élus dans l'arrondissement de la situation des biens, est la suite, la conséquence, le complément de la vente, relativement aux créanciers inscrits; d'où résulte, naturellement et légalement, l'attribution au tribunal de la situation des biens; l'ordre participe évidemment de l'action réelle; — Attendu que le droit et le titre des créanciers hypothécaires ne peuvent recevoir aucune atteinte par le décès du débiteur, ni par la détermination des ayants droit d'accepter la succession sous bénéfice d'inventaire : d'où il résulte que c'est au tribunal de la situation des biens qu'il appartient de statuer sur la question de savoir si toutes les inscriptions ou plusieurs de ces inscriptions, prises postérieurement à l'ouverture de la succession, doivent rester sans effet, aux termes de l'art. 2146 c. civ., quoique les titres soient antérieurs au décès, quelques-uns même au code civil, tous droits et exceptions réservés; — Attendu, en fait, que les immeubles dont il s'agit de distribuer le prix sont situés dans l'arrondissement de Limoges, et que soixante inscriptions ont été prises sur ces biens, dont vingt-huit en vertu de titres antérieurs à l'ouverture de la succession; — Donne défaut contre les défaillants, avec lesquels le présent arrêt est déclaré commun; et, sans avoir égard à l'instance d'ordre ouverte à Paris, déclarée irrégulière et non avenue, déboute Debuire de sa demande en règlement de juges; ordonne qu'il sera procédé, devant le tribunal de première instance de Limoges, à l'ordre et distribution du prix des ventes dont il s'agit, etc.

Du 28 fév. 1842.–C. C., ch. req.–MM. Zangiacomi, pr.–Mestadier, r.

(1) *Espèce :* — (Veuve Demontis *C.* veuve Delaneuville.) — Les sieur et dame Hecquet étaient propriétaires d'une maison à Paris, et d'une ferme dans l'arrondissement de Neuchâtel (Seine-Inférieure). — Ces deux immeubles ont été vendus, sur saisie immobilière, devant les tribunaux respectifs de leur situation. Deux ordres ont été ouverts : l'un à Paris, pour la distribution du prix de la maison, et l'autre à Neuchâtel, pour la distribution du prix de la ferme. — Deux des créanciers hypothécaires, qui avaient produit au greffe du tribunal civil de la Seine, ont demandé la jonction, et que la connaissance en fût attribuée à ce tribunal seul. — Pourvoi en règlement de juges. — Arrêt (apr. dél. en ch. du cons.)

La cour; — Vu l'art. 4 de la loi du 14 nov. 1808, portant que les procédures relatives, tant à l'expropriation forcée, qu'à la distribution du prix des immeubles, seront portées devant les tribunaux respectifs de la situation des biens; — Rejette la demande en règlement de juges.

Du 3 janv. 1810.–C. C., sect. req.–MM. Henrion, pr.–Rupérou, rap.–Daniels, av. gén., c. conf.–Le Roy de Neuvillette et Jousselin, av.

(2) *Espèce :* — (Goupil *C.* Cosson et autres.) — Le 27 mess. an 7, vente au général Hédouville, par Curé et sa femme, du domaine de la Fontaine aux Cossons, et de tous les biens qu'ils possédaient dans le canton de Limours. Une partie de ces biens étaient situés dans l'arrondissement d'Etampes; le surplus, qui formait la majeure partie, dépendait de l'arrondissement de Versailles. L'acquéreur ne fit transcrire son contrat que dans le bureau de ce dernier arrondissement, et n'en fit la notification qu'aux créanciers qui y étaient inscrits. — La dame Goupil, qui était au nombre de ces créanciers, a provoqué l'ordre. Le procès-verbal en fut homologué par jugement du tribunal de Versailles, rendu le 22 therm. an 8. La demoiselle Cosson, autre créancière inscrite, en avait été exclue pour n'avoir pas produit ses titres dans le délai. — Appel, à sa requête, du jugement d'homologation. — Dans

dans différents arrondissements peut s'opérer par l'accord unanime des créanciers. Cet accord peut même être tacite et résulter de ce qu'aucun des créanciers n'a demandé le renvoi devant le tribunal de la situation. Pour que la jonction ne pût avoir lieu, il faudrait que l'incompétence du tribunal autre que celui de la situation des biens fût une incompétence *absolue*, de nature à être suppléée d'office par le juge, tandis qu'à nos yeux, elle n'est que *relative* (V. v° Compétence, n°s 33 et suiv.). — La question cependant est controversée (Conf. MM. Favard, t. 4, p. 55; Bioche, v° Ordre, n°s 184 et suiv., 3e éd.; Flandin, Tr. de l'ordre, inédit. — *Contrà*, MM. Ollivier et Mourlon, n° 262 ; Chauveau, Proc. de l'ordre, n° 2548-10° et 2549-4°; Seligman, n°s 142 et suiv.; Grosse et Rameau, n° 296 ; V. aussi Paris, 31 mai 1826, aff. Bauchau, *suprà*, n° 294-4°).—Il a été jugé, conformément à notre opinion : 1° que, dans le cas où, par suite de vente, devant le tribunal de l'ouverture d'une succession bénéficiaire, de divers immeubles situés tant dans le ressort de ce tribunal que dans celui de deux autres tribunaux, des ordres ont été ouverts devant chacun de ces tribunaux, ces ordres peuvent être réunis, à la demande de l'héritier bénéficiaire, devant le tribunal du lieu de l'ouverture de la succession, alors, d'ailleurs, qu'aucun créancier ne s'y oppose, que c'est là que sont domiciliés le plus grand nombre des créanciers inscrits, et que le créancier poursuivant, qui a saisi un autre tribunal, acquiesce lui-même à la demande (Crim. cass., sect. crim., f. f. de sect. vac., 1er oct. 1825, aff. de Brivazac, v° Règlem. de juges, n° 9-1°);— 2° Qu'en cas de vente de différents biens, situés dans différents arrondissements, et appartenant à un même débiteur, les syndics et créanciers unis de celui-ci peuvent demander, par la voie du règlement de juges, que les contestations relatives à l'ordre et distribution du prix de tous les biens soient portées devant un seul et même tribunal (Req. 8 mess. an 12, M. Genevois, rap., aff. Delaporte); — 3° Que la raison, la justice, l'économie des frais, prescrivent de n'ouvrir qu'un seul ordre pour la distribution du prix de deux immeubles qui ont été compris dans une même saisie, mis en vente ensemble, en vertu du même jugement, devant le même notaire, adjugés à des époques rapprochées, sans qu'il y ait eu d'ordre provoqué sur le prix du premier avant l'adjudication du second, et qui, enfin, sont grevés d'inscriptions dont les unes portent sur les deux immeubles, et les autres sur l'un d'eux seulement (Nancy, 21 nov. 1844, 1re ch., aff. Pierron C. Rigozzi, M. Moreau, 1er pr., V. Jur. de la cour de Nancy, v° Ordre, n° 8). — Les deux immeubles étaient-ils situés dans le même arrondissement, ou dans des arrondissements différents? C'est ce que la présente notice n'explique pas; — 4° Que, lorsque la demande en attribution de prix est portée devant un tribunal autre que celui de la situation, et qu'aucune partie ne décline sa juridiction, ce tribunal n'est pas tenu de renvoyer la cause d'office (trib. civ. de la Seine, 31 août 1855, aff. N...; — 5° Que, dans le cas où les immeubles dont le prix est à distribuer sont situés dans deux arrondissements différents, la convention, par laquelle les créanciers, au lieu de faire procéder à deux ordres, s'entendent pour n'en ouvrir qu'un seul devant un des tribunaux compétents, est valable et obligatoire pour tous ceux qui y ont consenti expressément ou tacitement (Caen, 23 janv. 1860, aff. Aubert et Vauzelles, D. P. 60. 2. 173); — 6° Que la production d'un créancier, bien que non avenue pour avoir été tardivement faite, peut néanmoins être invoquée comme une preuve de son consentement à ce qu'il ne fût procédé qu'à un seul ordre (même arrêt); — 7° Qu'en tout cas, la demande en renvoi devant le tribunal de la situation des biens n'est plus recevable, si elle n'a été formée qu'après la production (même arrêt).

306. Serait-il permis encore aujourd'hui de suivre la disposition de l'art. 31, cité plus haut, de la loi du 11 brum. an 7, aux termes duquel, « si l'aliénation n'a point été faite en justice, il sera procédé à l'ordre et distribution devant le tribunal civil de la situation des immeubles; et, en cas d'aliénation, par un même acte, de biens situés dans plusieurs départements, devant le tribunal dans l'arrondissement duquel se trouvera située la partie des biens à laquelle la matrice du rôle de la contribution foncière attribue le plus de revenu? » — Nous ne le pensons pas. Nous avons déjà dit *suprà*, n° 293, que cette disposition se trouvait abrogée comme incompatible avec l'art. 4 de la loi du 14 nov. 1808, qui attribue, en matière d'ordre, une compétence exclusive au tribunal de la situation des biens. Il est vrai que cet article ne s'applique, textuellement, qu'aux « procédures relatives tant à l'expropriation forcée qu'à la distribution du prix des immeubles; » mais le principe est le même pour les ventes volontaires, en vertu de l'art. 59, § 3, c. pr.

307. Du reste, même sous la loi de brumaire, il a été jugé que l'art. 31 de cette loi, qui attribuait l'ordre et la distribution du prix de vente d'immeubles situés dans plusieurs départements au tribunal dans l'arrondissement duquel se trouvait la partie de

---

l'intervalle du jugement à cet appel, Hédouville, acquéreur, avait fait transcrire son contrat au bureau d'Etampes, et il l'avait notifié aux créanciers inscrits en ce bureau. — La demoiselle Cosson a soutenu que l'ordre était nul, parce que la dame Goupil n'avait pas remis l'état des inscriptions prises à Etampes, et qu'aux termes de l'art. 31 de la loi du 11 brum. an 7, le créancier poursuivant l'ordre était tenu de remettre au greffe du tribunal un état, certifié par le conservateur, de toutes les inscriptions existantes. — 26 frim. an 11, arrêt de la cour de Paris, qui infirme : — « Attendu que, suivant l'art. 31 de la loi du 11 brum. an 7, un procès-verbal d'ordre ne peut être ouvert que sur un état, certifié par le conservateur des hypothèques, de toutes les inscriptions existantes sur les biens aliénés; que, dans l'espèce, on n'a ouvert le procès-verbal d'ordre que sur l'état des inscriptions prises sur les biens situés dans l'arrondissement de Versailles, et que l'ouverture dudit procès-verbal a été notifiée uniquement aux créanciers inscrits sur ledit arrondissement, quoique l'ordre fût poursuivi du prix provenant de la totalité des biens, tant ceux situés dans l'arrondissement d'Etampes que ceux situés dans l'arrondissement de Versailles; — Infirme et annule le procès-verbal d'ordre homologué par le tribunal de Versailles. » — Pourvoi. — Arrêt.

LA COUR; — Vu les art. 26 et 28 de la loi du 11 brum. an 7, sur les hypothèques, et l'art. 31 de celle du même jour, sur les expropriations forcées; — Attendu que les actes translatifs de propriété ne peuvent être opposés aux créanciers inscrits qu'autant qu'il y a eu transcription dans la forme voulue par l'art. 26 de la loi du 11 brum. an 7, sur les hypothèques; — Que le général Hédouville n'ayant pas fait transcrire son contrat dans l'arrondissement d'Etampes, les créanciers inscrits en ce bureau ont conservé tous leurs droits sur lesdits biens, et pouvaient demander, ou le payement entier de leurs créances, ou le délaissement des héritages qui leur sont affectés; que, suivant l'art. 28 de la même loi, c'est cette transcription qui transmet à l'acquéreur les droits du vendeur à la propriété; — Que la veuve Goupil n'avait poursuivi l'ordre qu'après la notification de la transcription du contrat du général Hédouville, faite seulement au bureau de Versailles, et de l'état des inscriptions qui y avaient été prises; — Qu'elle ne pouvait être obligée de connaître s'il y avait, ou non, des dépendances du domaine vendu et des inscriptions dans un autre arrondissement, puisque l'acquéreur lui-même paraissait l'ignorer, et s'était borné à transcrire dans un seul bureau; — Qu'abstraction faite, au surplus, de l'erreur de l'acquéreur à cet égard, la veuve Goupil ne devait appeler que les créanciers de Versailles, ayant alors exclusivement des droits à la distribution du prix; — Que, lors de cet ordre, personne n'avait prétendu qu'il y eût des biens hors de l'arrondissement; que, dans l'état de l'affaire, le créancier poursuivant n'avait à s'occuper que des inscriptions qui devaient être employées dans l'ordre, et non de celles qui devaient lui être étrangères, les créanciers inscrits à Etampes ne pouvant déranger en rien le règlement des créanciers de Versailles, dont les droits étaient absolument indépendants des premiers; qu'ainsi l'ordre avait été valablement arrêté à Versailles; — Que, si l'on a transcrit, depuis, à Etampes, et qu'il ait été notifié, en instance d'appel, que d'autres créanciers avaient des droits sur le prix du contrat, il ne pouvait y avoir lieu qu'à une ventilation, et non à l'annulation de l'ordre qui réglait le rang de chaque créancier inscrit au bureau de Versailles; que, lorsque l'art. 31 de la loi du 11 brum. an 7, sur les expropriations forcées, oblige de remettre l'état, certifié du conservateur, de toutes les inscriptions sur les biens aliénés, cela suppose, d'après les principes ci-dessus et les dispositions de la loi sur les hypothèques, qu'il y a eu transcription et notification dans tous les arrondissements; que c'est après cette transcription, qu'il dépend de l'acquéreur de faire ou de ne pas faire, que s'ouvre l'ordre; que la loi n'a donc pu s'occuper que des certificats des conservateurs dans le bureau desquels a été faite la transcription qui forme l'obligation personnelle de l'acquéreur envers les créanciers inscrits, et qui donne lieu, par conséquent, à l'ordre et distribution du prix de son contrat; — Qu'il suit de là que ce n'est que par une fausse application de l'art. 31 que le tribunal d'appel a annulé l'ordre des créanciers inscrits dans l'arrondissement de Versailles, et a, par suite, contrevenu aux dispositions de la loi sur les hypothèques; — Casse.

Du 11 fruct. an 12.-C. C., sect. civ.-MM. Maleville, pr.-Rousseau,

ces immeubles produisant, d'après la matrice du rôle de la contribution foncière, le plus fort revenu, ne s'appliquait qu'au cas où l'aliénation avait été faite par un même acte, et non au cas où il s'agissait de ventes faites à des époques différentes et à des acquéreurs distincts (Req. 2 juin 1807, aff. Banyn de Péreuse, M. Coffinhal, rap.).

308. Toutefois, il faut admettre que, dans le cas de vente de biens situés dans différents arrondissements, mais dépendant de la même exploitation, le tribunal du chef-lieu de l'exploitation doit être chargé seul de procéder à l'ordre. « Il serait désastreux pour les créanciers, dit Pigeau, Comm., t. 2, sur l'art. 750, de suivre autant d'ordres qu'il y a de parties de terrains sur des arrondissements différents : les frais d'ordre absorberaient la valeur de ces terrains... » Un domaine, en effet, comme le fait remarquer l'auteur, forme un corps unique, et toutes les terres qui en font partie en sont des dépendances, des accessoires, qui ne doivent pas être considérées isolément, mais, au contraire, être rattachées à la propriété principale. « Aussi, continue Pigeau, lorsqu'il s'agit de biens dépendant d'une même exploitation, la loi ne laisse pas seulement la faculté de poursuivre la vente dans un même tribunal, l'art. 2210 en impose la nécessité. Il me semble donc, ajoute-t-il, qu'il y a également nécessité de suivre l'ordre devant un seul tribunal » (Conf. MM. Persil, Quest. hyp., t. 2, p. 420 et suiv.; Bioche, v° Ordre, n° 188, 3e éd.; Chauveau sur Carré, quest. 2546, et Proc. de l'ordre, quest. 2549-4°; Ollivier et Mourlon, n° 262; Houyvet, nos 104 et 106; Flandin, Tr. de l'ordre, inédit. — *Contrà*, MM. Grosse et Rameau, n° 297; Colmet-Daage, Leç. de proc. civ., 8e éd., n° 1025).

309. Il a été jugé, dans le même sens, que l'ordre ouvert sur le prix d'un domaine situé, partie dans le ressort d'un tribunal, partie dans le ressort d'un autre, doit être suivi, de préférence, devant le tribunal dans l'arrondissement duquel le vendeur avait son domicile, où, par suite, sa succession s'est ouverte, et dans lequel aussi demeurent la plupart des créanciers hypothécaires : — « La cour; — Attendu que deux ordres ont été ouverts, l'un devant le tribunal de Lesparre, et l'autre devant le tribunal de première instance de Bordeaux, pour la distribution du prix du domaine de Caronne; — Attendu que ce domaine est situé, partie dans la commune de Saint-Laurent, arrondissement de Lesparre, et partie dans celle de Caffre, arrondissement de Bordeaux; — Attendu que feu Maudary père, ancien propriétaire de cet immeuble, et débiteur commun de créanciers inscrits, avait son domicile à Bordeaux; que c'est dans cette ville que sa succession s'est ouverte; que c'est aussi dans le ressort du tribunal civil de Bordeaux que les créanciers sont pour la plupart domiciliés; — Qu'il convient, dès lors, dans l'intérêt des parties, et pour économiser les frais de poursuites, d'ordonner que la distribution de l'entier prix de l'immeuble dont il s'agit sera poursuivi devant le tribunal de première instance de Bordeaux, — Ordonne que l'ordre ouvert devant le tribunal de Lesparre, à la requête de Ferchaud, pour la distribution de la portion du prix afférente à la portion du domaine de Caronne, situé dans l'arrondissement de Lesparre, sera joint à l'ordre qui a été ouvert par Bourgeat devant le tribunal de première instance de Bordeaux pour la distribution de l'entier prix dudit domaine, et que les deux ordres, ainsi réunis, seront poursuivis, par une seule et même procédure, devant le tribunal de première instance de Bordeaux, etc. » (Bordeaux, 9 juill. 1835, aff. Bousquet *C.* Ferchaud).

310. Lorsque la même adjudication comprend plusieurs immeubles, adjugés pour un seul et même prix, et dont les uns sont hypothéqués ou grevés de privilèges en faveur de certains créanciers, et les autres en faveur de créanciers différents, doit-il être procédé à autant d'ordres distincts qu'il y a d'immeubles affectés à des créanciers divers? — L'affirmative n'est pas douteuse, d'après les principes développés plus haut, lorsque ces immeubles sont situés dans des arrondissements différents, à moins que les créanciers ne soient d'accord, comme nous venons le dire, pour demander la jonction.

311. Mais doit-il en être ainsi, lorsque ces immeubles sont situés dans le même arrondissement? L'affirmative est enseignée par MM. Tarrible, Rép., v° Saisie immob., § 8, n° 1; Persil, Quest. hyp., 1re éd., p. 390; Carré, quest. 2547, 3e éd.; Chauveau sur Carré, *eod.*, et Proc. de l'ordre, quest. 2549-5°. — « La raison principale qui nous détermine, dit Carré, c'est que, si l'on admettait cette jonction comme *nécessaire*, il arriverait, dans le cas, par exemple, où il n'y aurait que deux créanciers seulement inscrits sur un des immeubles, qu'ils devraient se présenter à l'ordre pour la distribution du prix de cet immeuble..., et par là on les priverait du bénéfice de l'art. 775 (aujourd'hui 773)... »

Remarquez, cependant, que Carré ne dit pas que cette jonction ne puisse avoir lieu, mais seulement qu'on ne doit pas la regarder comme *nécessaire*, c'est-à-dire comme devant avoir lieu dans tous les cas. Et, en effet, elle sera le plus souvent dans l'intérêt des créanciers, auxquels elle procurera tout à la fois économie et célérité. Cet intérêt existera particulièrement en cas de concours d'hypothèques générales avec des hypothèques spéciales, afin de concilier le principe de l'indivisibilité de l'hypothèque avec ce que demande l'équité en faveur des hypothèques spéciales (V. v° Priv. et hyp., nos 2345 et suiv.). Ainsi l'avait compris la commission du Corps législatif : — « La purge des hypothèques inscrites, disait le rapporteur, M. Riché, étant le préalable nécessaire à l'ouverture de l'ordre après vente autre que sur expropriation forcée, il peut arriver que plusieurs acquéreurs de lots soumis aux mêmes hypothèques ne purgent pas en même temps, et qu'ainsi l'ordre ne puisse être ouvert en même temps. Le premier acquéreur purge, et l'ordre s'ouvre. Si le deuxième acquéreur ne purge pas assez tôt pour que le deuxième ordre s'entame avant la conclusion du premier, il y aura deux ordres successifs; ce sera l'inconvénient d'une célérité si avantageuse en général; mais, si le deuxième ordre s'ouvre avant que le premier soit terminé ou très-avancé, la jonction sera chose utile et économique. Qui la prononcera? Votre commission n'avait pas cru oiseux de régler cette matière de la façon la plus simple; mais son article additionnel n'a pas franchi la barrière du conseil d'Etat » (D. P. 58. 4. 49, n° 79). — Est-ce à dire, pour cela, que le principe ait été rejeté par le conseil d'Etat? En aucune manière; mais il a jugé prudent d'abandonner la question aux tribunaux, qui ordonneront ou refuseront la jonction, suivant les circonstances.

C'est, au reste, ce qu'admet M. Chauveau lui-même, Proc. de l'ordre, quest. 2549-4°. « Sauf le cas, dit-il, d'un corps de domaine, dont les parcelles s'étendent dans plusieurs arrondissements, la jonction est donc restreinte aux immeubles provenant du même vendeur, situés dans le même arrondissement, et frappés d'inscriptions hypothécaires au profit des mêmes créanciers, en tout ou en partie. La situation hypothécaire, des considérations de célérité, d'économie et de simplification peuvent alors rendre très-désirable une jonction qui entraîne l'unité de la procédure... » — La restriction que met M. Chauveau à cette opinion, *que les immeubles soient frappés d'inscriptions hypothécaires au profit des mêmes créanciers, en tout ou en partie*, pour la concilier avec l'opinion exprimée dans la question 2549-5°, ne nous semble, d'ailleurs, nullement juridique, puisqu'il est toujours facile au juge de diviser l'état de collocation en autant de chapitres qu'il y a d'immeubles soumis à des privilèges ou hypothèques différents (Conf. MM. Ollivier et Mourlon, n° 262; Comm. des ann. du notar., t. 5, p. 273; Bressolles, n° 70; Grosse et Rameau, n° 298; Houyvet, n° 105; Flandin, Tr. de l'ordre, inédit; Trib. de Napoléon-Vendée, 26 déc. 1849, aff. Verger, V. n° 316; trib. de Cognac, 8 juill. 1850, aff. Devassal, V. n° 313).

312. Comment et par qui doit-il être procédé à cette jonction? — Supposons d'abord que le même juge ait été chargé des deux ordres. « Le poursuivant, dit M. Bressolles, *loc. cit.*, fait sur le procès-verbal un dire tendant à la jonction. S'il n'y a d'opposition de la part de personne, le juge-commissaire prononce la jonction et procède à la double distribution; mais, en cas de réclamation, ce ne sera ni le juge, ni le président, mais le tribunal seul qui pourra prononcer sur la jonction, parce que, s'il est des cas où il y a grand intérêt pour tel créancier, sans préjudice injuste pour les autres, à ce que cette jonction soit prononcée, il y a aussi des circonstances où la justice veut que les ordres soient séparément traités... » (Conf. MM. Ollivier et Mourlon, n° 262; Chauveau, Proc. de l'ordre, quest. 2549-4°;

Grosse et Rameau, n° 298). — L'opposition des créanciers à la jonction équivaut à un contredit, et il y a lieu de procéder comme dans le cas de l'art. 758, c'est-à-dire de renvoyer les contestants à l'audience. C'est ce que dit également M. Chauveau, *loc. cit.* : « S'il y a contestation, la difficulté est vidée, comme tous les incidents d'ordre, dans la forme des jugements sur contredit (art. 760, 761, 762, 763). »

313. Toutefois, il a été jugé, dans une espèce où plusieurs ordres étaient ouverts pour la distribution du prix de diverses ventes et avaient été confiés au même juge : 1° que c'est au tribunal, et non au juge-commissaire, qu'on doit s'adresser pour en faire prononcer la jonction (trib. de Cognac, 8 juill. 1850) (1); — 2° Que le jugement qui a prononcé cette jonction ne peut être attaqué, de la part d'un créancier, par un dire inséré au procès-verbal, dans la forme des contredits (même décision) ; — 3° Qu'on ne peut considérer comme frustratoires les frais de signification de ce jugement à tous les créanciers inscrits, même à ceux de ces créanciers dont les inscriptions portent exclusivement sur deux lots, dont le prix, appliqué aux frais d'expropriation, en exécution d'une clause du cahier des charges, se trouve entièrement absorbé par ces frais, une pareille clause ne pouvant être obligatoire (même décision).

314. La première de ces propositions a reçu l'adhésion de M. Chauveau, Journ. des av., t. 75, p. 561, note 1. « En fait, dit-il, au passage du même journal auquel il renvoie (t. 74, p. 634, n° 10), en fait, il y aurait les plus graves inconvénients, dans beaucoup de circonstances, à joindre deux ordres qui doivent rester distincts, à raison de la nature des créances, du nombre des créanciers, des progrès de la première procédure, etc. De là suit que l'appréciation des circonstances qui doivent déterminer cette jonction appartient au tribunal tout entier; car le juge-commissaire est bien le délégué du tribunal pour la surveillance de la procédure ; mais il n'a pas qualité pour répondre à une demande, pour vider un incident... » On a vu, cependant, au numéro précédent, que M. Chauveau approuve la marche indiquée par M. Bressolles, qui est, au contraire, de s'adresser au juge-commissaire pour faire prononcer la jonction, sauf, en cas de désaccord parmi les créanciers, le recours au tribunal. Nous croyons, en effet, cette marche préférable, parce qu'elle est la plus simple et la plus économique, et qu'en même temps tous les droits sont sauvegardés par le renvoi au tribunal, en cas de contestation.

La seconde proposition est critiquée, en ces termes, par M. Chauveau : « La jonction, dit-il, J. av., t. 75, p. 562, note 1, peut être demandée avant qu'aucun créancier ait été appelé dans l'ordre : le poursuivant agit alors, comme dans l'espèce, par voie de requête. Si, au contraire, les créanciers ont été sommés, il suffit d'un dire sur le procès-verbal d'ordre... Dans ce dernier cas, les créanciers peuvent contester la demande, et la décision qui intervient statue sur leurs prétentions. Mais, dans le premier, la décision a été rendue en leur absence ; ils n'ont pu faire entendre leur voix. Il faut bien, cependant, si la jonction leur porte grief, qu'ils puissent la faire rétracter; et, pour cela, le moyen le plus simple, le plus prompt et le plus économique, c'est la voie du contredit. » On soutenait, dans l'espèce, que le contestant aurait dû prendre, contre le jugement qui avait prononcé la jonction, la voie de la tierce-opposition. Mais on objecte qu'en général, la tierce-opposition n'est pas admise contre les jugements rendus sur requête (V. Tierce-opposition, n°s 25 et suiv.), et c'est la raison qui fait dire à M. Chauveau qu'il n'y avait d'autre voie à prendre, dans la

---

(1) (Devassal C. Scèvobola.) — LE TRIBUNAL; — Considérant que quatre ordres avaient été ouverts par Scèvobola, créancier, et par Balmette, adjudicataire, pour parvenir à la distribution des divers prix de ventes amiables et judiciaires des immeubles des époux Guittard, affectés à des créances distinctes et spéciales; — Que M. Darrican, l'un des juges du siége, fut commis pour procéder à ces divers ordres, par quatre ordonnances successives de M. le président; — Considérant que, pour éviter des frais, tous ces ordres furent joints sur la réquisition de Scèvobola, aux termes d'un jugement sur requête, en date du 30 oct. 1849; — Considérant qu'en vertu de ce jugement de jonction et de l'ordonnance du juge-commissaire, tous les créanciers, tant de la partie-saisie que des précédents propriétaires, ont été sommés de produire à l'ordre qui allait avoir lieu, par un seul procès-verbal, de tous les prix de vente et d'adjudication des biens du débiteur;—Que les sommations ont eu lieu effectivement et que l'ordre a été clos provisoirement par M. Darrican, le 11 mai 1850; — Considérant que la dame Devassal a contredit la collocation des frais d'ordre, parce que : 1° la jonction n'aurait pas dû avoir lieu par jugement sur requête, mais par simple ordonnance du président ou du juge-commissaire; 2° que ce jugement n'aurait pas dû être signifié aux créanciers inscrits; 3° parce qu'enfin on n'aurait pas dû appeler les créanciers des sieurs Saunier et Blanchard, précédents propriétaires ; — Qu'il s'agit d'apprécier la recevabilité et le fondement de ces divers chefs de conclusion; — En ce qui touche la jonction : — Considérant que les pouvoirs du président, en matière d'ordre, sont réglés par les art. 750 et 751 c. pr. civ., qui lui confèrent le droit de commettre le juge qui sera chargé de procéder à la distribution; qu'il n'a pas, d'après la loi, d'une manière aussi positive, le droit d'apprécier et de juger une demande en jonction d'ordres ouverts pour la distribution de prix distincts et séparés, affectés au payement de créances diverses et spéciales; qu'il en est surtout ainsi du juge-commissaire, qui doit se borner à remplir le mandat qui lui a été confié; — Qu'au tribunal entier, au contraire, appartient le droit incontestable de statuer sur tous les incidents se rattachant à la procédure d'ordre, et, conséquemment, sur la demande en jonction qui intéresse tous les créanciers; qu'ainsi Scèvobola, en demandant au tribunal la jonction des ordres dont s'agit, a pris la voie la plus régulière, la seule même qui soit légale, d'après l'opinion de certains auteurs, notamment de Chauveau, Tarrible, Persil, Carré, Bioche et Goujet, et des auteurs du Répertoire du palais, v° Ordre; que, dès lors, et sous ce premier rapport, le jugement de jonction doit être maintenu ; — Considérant que, sous un autre rapport, et en admettant qu'il eût été plus convenable, afin d'éviter des frais inutiles, de faire opérer la jonction des ordres par le juge-commissaire ou par le président du tribunal, les frais de jugement de jonction n'en devraient pas moins rester à la charge des créanciers; — Qu'il n'existe, en effet, aucun motif de nature à faire annuler ce jugement, et que, tant qu'il subsiste, les frais ne peuvent être mis à la charge de celui qui l'a obtenu ; — Que, d'ailleurs, la demande en nullité, telle qu'elle est formée, serait irrégulière par la voie du contredit; — Que, d'un autre côté, la jonction des ordres et les actes qui en ont été la suite ne sauraient être maintenus, si le jugement qui prononce cette jonction, et en vertu duquel elle existe, était regardé comme nul et non avenu, conséquence qui, évidemment, ne doit pas être admise; qu'ainsi, sous ces divers rapports, le premier chef des conclusions doit être repoussé comme non recevable et mal fondé; — En ce qui touche la signification du jugement de jonction aux créanciers; — Considérant qu'en thèse générale, les jugements sont rendus pour être signifiés; que toutes les fois qu'un acte de procédure est fait en exécution d'un jugement, il est indispensable que le jugement, en vertu duquel on agit, soit connu de la partie qu'il intéresse; — Qu'on ne doit pas, dès lors, faire un grief à Scèvobola de ce qu'il a notifié le jugement dont il s'agit aux créanciers sommés de produire, alors surtout qu'il avait juste raison de craindre que la simple mention de l'existence de ce jugement dans les autres pièces signifiées ne serait pas suffisante; qu'il y a donc lieu encore de rejeter le deuxième chef des conclusions de la dame Devassal; — En ce qui touche l'appel à l'ordre des créanciers Saunier et Blanchard, précédents propriétaires d'une partie des biens adjugés : — Considérant qu'en admettant, comme le soutient Mme Devassal, que les deux lots sur lesquels les créanciers avaient inscription hypothécaire se trouvaient absorbés par les frais d'expropriation, par suite d'une clause du cahier des charges qui mettait ces frais à la charge desdits lots, il est à remarquer qu'on ne peut admettre, en principe, qu'une clause comme celle dont il est question soit obligatoire, et que l'on puisse ainsi, dans un cahier des charges, établir l'ordre dans lequel le prix de l'adjudication devra être distribué entre les créanciers, en grevant de charges certains immeubles au profit des autres; — Que le cahier des charges doit évidemment se borner à régler les conditions de la vente, sans préjudicier au droit que les créanciers peuvent avoir sur les immeubles adjugés; qu'ainsi, et sous ce rapport, il était utile d'appeler à l'ordre les créanciers Saunier et Blanchard, afin qu'ils pussent contester, s'il y avait lieu, la collocation faite sur les immeubles hypothéqués à leur profit, collocation qui a eu lieu conformément à la clause dont il a été parlé; que, sous un autre rapport, et conformément à l'art. 759 c. pr. civ., il était indispensable de sommer les mêmes créanciers de produire, afin de procéder utilement, et sans aucun recours possible, à la radiation de leurs inscriptions; que le montant des frais des sommations à ces créanciers, comme les précédents, a donc été légitimement colloqué en faveur du créancier poursuivant; — Considérant, d'ailleurs, que Balmette et Mallet s'en remettent à justice; — Le tribunal déclare le contredit de la dame Devassal non-recevable et mal fondé; l'en déboute et la condamne en tous les dépens, taxés et liquidés à la somme de 77 fr. 90 c., non compris les coût et signification du présent jugement, auxquels elle est pareillement condamnée; — Ordonne, en conséquence, que l'état d'ordre et de collocation provisoire sera exécuté selon sa forme et teneur.

Du 8 juill. 1850.-Trib. civ. de Cognac.-M. Darrican, pr.

cause, pour faire rétracter le jugement de jonction, que la forme du contredit sur le procès-verbal d'ordre. — Le jugement, en repoussant la voie du contredit, qui avait été employée dans l'espèce, ne s'explique pas sur celle de la tierce opposition, et il faut bien, comme le dit M. Chauveau, qu'il y ait un moyen, pour les créanciers, de se pourvoir contre le jugement qui a prononcé une jonction qu'ils jugent préjudiciable à leurs intérêts. Nous ne croyons pas, quant à nous, aussi absolu que des auteurs le prétendent, le principe invoqué, que les jugements rendus sur requête ne sont pas susceptibles de tierce opposition; et, si nous avons admis la règle, quand il s'agit de jugement appartenant à la juridiction volontaire et gracieuse, d'où ne peut résulter l'autorité de la chose jugée, et qui n'empêche pas le droit contraire de se produire par voie d'action principale, nous avons été d'un avis différent, quand ce jugement, comme dans l'espèce, a statué sur une matière contentieuse (V. à l'endroit cité, nos 25 et 27, ainsi qu'un arrêt de la chambre des Requêtes du 25 fév. 1857, aff. Begueurry, D. P. 57. 1. 113, dont un des motifs déclare que les jugements rendus sur requête peuvent être attaqués, comme les autres, par la voie de la tierce-opposition, l'art. 474 c. pr. ne faisant, à cet égard, aucune distinction). — Il nous semble, du reste, assez indifférent que le jugement qui a prononcé la jonction soit attaqué par la voie du contredit ou par celle de la tierce-opposition, et nous ne voyons pas, dans le silence de la loi sur ce point, qu'on puisse prescrire une de ces formes de procéder plutôt que l'autre.

315. Mais supposé que, en l'absence de toute réclamation, le juge-commissaire, chargé des deux ordres, refuse de prononcer la jonction demandée, à qui faudra-t-il s'adresser pour faire réformer cette décision? Au tribunal, dit M. Chauveau, *loc. cit.* — On peut objecter que le juge-commissaire, en refusant de prononcer la jonction, fait acte de juridiction, et que le tribunal, ainsi que nous l'avons dit *suprà*, n° 209, n'a pas qualité pour réformer les actes du juge-commissaire; que ce droit ne peut appartenir qu'à la cour, ainsi qu'il est pratiqué en matière de référé.—Mais un principe différent a prévalu en matière d'ordre, où le juge-commissaire n'est proprement que le délégué du tribunal, où le vœu de la loi est que tout s'accomplisse avec célérité et économie; raison qui a fait décréter l'art. 767, non comme une disposition exceptionnelle, mais comme une règle de la matière, applicable à tous les cas analogues (Conf. M. Flandin, Tr. de l'ordre, inédit).

316. Si les deux ordres qu'il s'agit de joindre ne sont pas confiés au même juge-commissaire, c'est au tribunal qu'il faut recourir directement pour faire prononcer la jonction. Les deux juges délégués possèdent, en effet, des pouvoirs égaux, et l'un ne peut avoir juridiction sur l'autre (Conf. MM. Chauveau et Flandin, *loc. cit.*). — Et il a été jugé, dans ce cas, que l'ordonnance rendue par le juge chargé du second ordre, et en vertu de laquelle les créanciers ont été sommés de produire, ne peut, quoique non attaquée, être un obstacle à la jonction demandée par le premier poursuivant : — « Le tribunal; — Considérant qu'il est de l'intérêt de toutes les parties en cause que la jonction demandée soit ordonnée; — ... Considérant que la jonction demandée ne peut être empêchée davantage par l'ordonnance rendue, dans le cours du second ordre, par le juge-commissaire, et non encore attaquée; — Que, sous aucun rapport, cette ordonnance ne peut être un obstacle au jugement de jonction; qu'il est de principe, en effet, qu'un tribunal ne peut être lié par une mesure prise par un de ses membres, qui ne tient ses pouvoirs que d'une délégation émanée du corps auquel il appartient, et que, de même que toute autre décision rendue, dans le cours d'une procédure d'ordre, par le juge-commissaire, celle-ci, qui a le même caractère provisoire, est nécessairement soumise à la sanction du tribunal, et subordonnée à sa décision supérieure et définitive; ... que c'est donc à bon droit que la jonction des deux ordres a été demandée par les époux Verger (premiers poursuivants), cette jonction, aux termes de droit, ne pouvant être opérée que par un jugement; — ... Ordonne que les deux ordres ouverts, l'un le 21 nov. 1848, l'autre le 19 juin dernier, seront joints en un seul, pour la confection duquel son président reste commis; ... dit que les frais de l'incident entreront en frais généraux d'ordre, sauf taxe. » (Trib. de Napoléon-Vendée, 26 déc. 1849, aff. Verger *C.* Baron.)

317. Ainsi que le font observer MM. Ollivier et Mourlon, n° 262, la jonction ne doit jamais être un moyen de retarder un ordre. — Mais faut-il dire avec eux, d'une manière absolue, que « les tribunaux devront annuler toute jonction prononcée par un juge, dès qu'il sera établi que, des deux ordres joints, l'un n'est pas en état, tandis que l'autre est déjà fort avancé »? Nous croyons plus sage de laisser cette question d'opportunité à l'entière appréciation des magistrats. — Il a été jugé, dans ce sens, que l'état, relativement moins avancé, de l'un des deux ordres qu'il s'agit de joindre, ne peut être un obstacle à cette jonction : — « Le tribunal; — ... Considérant qu'il n'est point vrai, en droit, que, pour être jointes, deux procédures doivent être en même état; — Qu'en effet, l'intérêt seul des parties doit être le motif déterminant d'une jonction de procédures, et qu'il n'est écrit dans aucune loi que les juges ne peuvent réunir deux procédures, par la raison qu'elles ne sont pas dans le même état; et qu'il serait même plus conforme à la raison de dire que c'est, au contraire, parce que l'une d'elles est moins avancée que l'autre, qu'il importe aux parties de faire absorber, au moyen d'une jonction, celle des deux procédures qui est la moins avancée par celle qui l'est le plus, puisque la première ne peut que gagner à sa fusion avec la seconde; — Considérant que ce qui est vrai en procédure ordinaire est plus vrai encore en matière d'ordre, puisque les mêmes raisons de décider s'appliquent dans ce cas, et avec plus de force encore peut-être en cette matière, qui requiert le règlement le plus prompt et le plus économique possible des droits des parties... » (Trib. de Napoléon-Vendée, 26 déc. 1849, aff. Verger *C.* Baron.)

318. Mais qu'on procède, dans le cas dont il s'agit, à un seul ordre ou à des ordres distincts, il est sensible que la première opération à faire, lorsque l'adjudication a eu lieu pour un prix unique, c'est de déterminer, dans ce prix, la part afférente à chacun des immeubles. Cette opération s'appelle *ventilation*. Nous en parlerons plus bas (V. sous la sect. 4, art. 2).

319. En principe, le juge de l'ordre est compétent pour statuer sur les contestations élevées au cours de cet ordre. Cela dérive de la règle générale que le juge de l'action l'est aussi de l'exception, à moins que la nature de l'affaire ne s'y oppose. Ainsi, de même qu'un tribunal de commerce ne peut connaître d'une vérification d'écriture, ou bien encore d'une question de faux incident civil, de même le juge de l'ordre ne pourra se saisir d'une plainte en faux principal. Lorsqu'une exception de ce genre sera soulevée, il devra donc, non pas se dessaisir de la cause, mais prononcer un sursis pour donner aux juges criminels le temps de statuer. — Le juge de l'ordre est compétent, d'ailleurs, pour ordonner tous interlocutoires ou préparatoires, comme un compte, une enquête, une expertise.

320. Il a été jugé, dans le sens indiqué au numéro précédent, que les créanciers hypothécaires, dans un ordre, ont, les uns à l'égard des autres, des droits personnels et directs, indépendants des conventions qui peuvent avoir été faites avec le débiteur commun; et, par exemple, qu'ils ne sont pas liés par la clause du contrat de l'un d'eux, portant que les contestations qui naîtraient entre lui et son débiteur seraient soumises à des arbitres; qu'en un tel cas, le juge de l'ordre est juge des contestations, encore bien qu'elles porteraient sur la légitimité ou la quotité de la créance, et non sur le rang ou le droit hypothécaire (Paris, 22 fév. 1831) (1). — Ce n'est pas, disait, dans

(1) *Espèce :* — (Daverne *C.* Leroy.) — Leroy, banquier, avait ouvert un crédit de 40,000 fr. à Debut, qui consentit hypothèque sur ses biens. Les débats sur l'exécution du contrat devaient, d'après l'acte, être soumis à des arbitres. — Vente, sur expropriation, des biens de Debut. — Ordre est ouvert. — Leroy produit ses titres : sa créance est contestée par Daverne, créancier de Debut, qui requiert communication des registres de Leroy. — Celui-ci prétend que la contestation ne peut être jugée qu'en arbitrage, et assigne Daverne devant le tribunal de commerce en nomination d'arbitres. — Daverne conclut à ce que le tribunal se déclare incompétent. — Jugement qui rejette ce système : — « Attendu qu'aux termes de l'art. 1134 c. civ., les conventions, légalement formées, tiennent lieu de loi à ceux qui les ont faites; qu'il s'agit de fixer

l'espèce, le créancier contestant, comme exerçant les droits de mon débiteur, ce n'est pas en qualité de son ayant cause que j'agis, c'est en vertu d'un droit qui m'est propre et personnel, d'un droit qui dérive de ma créance. Il est de principe, en effet, que, dans l'ordre ouvert sur leur débiteur, les créanciers ont, les uns à l'égard des autres, un droit d'examen et de critique, droit particulier et indépendant des conventions passées avec le débiteur commun. Ce qui prouve encore que la clause invoquée est sans effet à l'égard des autres créanciers, c'est que Leroy (le créancier contesté) ne pourrait, dans le cas où il aurait obtenu une sentence arbitrale contre Debut (le débiteur), la leur opposer, l'art. 1022 c. pr. portant expressément que les jugements arbitraux ne peuvent, en aucun cas, être opposés aux tiers. — On répondait, pour Leroy, qu'il faut établir une distinction entre les contestations relatives au rang hypothécaire, à la validité de l'inscription du créancier, et les contestations portant sur la légitimité de la créance, ou sur sa quotité; que, sans doute, au premier cas, les contestations doivent être jugées par les juges saisis de l'ordre, sans égard aux conventions qui auraient pu être passées entre quelques-uns des créanciers et le débiteur commun; mais qu'au second cas, ces conventions doivent conserver tout leur effet, et que la position des créanciers contractants ne doit pas changer par cela seul que la difficulté s'élève avec d'autres créanciers; qu'il y a, pour les contractants, droit acquis à l'exécution de la convention.

Cette distinction était arbitraire, et la cour a bien fait, selon nous, de ne pas s'y arrêter. Quand la créance de l'un des créanciers produisants est contestée, soit dans sa sincérité, soit dans sa quotité, par les autres créanciers, il est manifeste que ceux-ci agissent comme de véritables tiers, auxquels, par conséquent, ne peuvent être opposées les stipulations particulières de l'acte qu'ils attaquent. Ce n'est que dans le cas où les rôles auraient été renversés, où les créanciers auraient réclamé l'exécution de l'acte, qu'ils auraient dû être considérés comme les ayants cause du débiteur, et contraints, comme lui, à exécuter la clause compromissoire.

321. Il a été jugé, dans le même sens, que, dans une instance d'ordre, comme en toute autre instance, le défendeur peut opposer à l'action intentée contre lui tous les moyens qu'il croit propres à la faire écarter, sans qu'il soit nécessaire d'appeler dans la cause le débiteur commun; et spécialement que, lorsque l'adjudicataire d'un bien vendu sur expropriation forcée, qui est lui-même créancier hypothécaire, fait offre au créancier d'une rente viagère hypothéquée sur l'immeuble de continuer à la servir, et que le crédi-rentier repousse cette offre, en demandant la résolution de son contrat, pour diminution des sûretés promises, et sa collocation pour le capital de la rente et les arrérages échus, c'est là une contestation sur laquelle les juges de l'ordre peuvent statuer, dans l'intérêt des parties figurant au procès, sans qu'il soit nécessaire d'y appeler le débiteur de la rente, lequel, d'ailleurs, comme partie appelée à l'ordre, était le maître d'y intervenir (Pau, 8 avr. 1824, et, sur pourvoi, Req. 22 juin 1825) (1).

322. Il a encore été jugé : 1° que la demande en nullité ou en réduction d'une créance hypothécaire, bien que mobilière à l'origine, et pouvant être portée par le débiteur devant le tribu-

---

les droits de Leroy contre Debut; que la présence des créanciers ne peut avoir pour effet d'enlever à Leroy le bénéfice de la juridiction stipulée par l'acte de crédit, — Que les difficultés, élevées par les créanciers sur le *quantum* de la créance, ne peuvent être décidées autrement que ne l'eussent été celles élevées par Debut, aux droits duquel ils se présentent. » — Appel. — Arrêt.

LA COUR; — Considérant que ce qui a rapport aux jugements est d'ordre public; qu'il ne peut y être porté atteinte par l'effet de conventions particulières; qu'il s'agit d'un litige existant entre des créanciers hypothécaires; que, dès lors, le tribunal était incompétent *ratione materiæ;* qu'en matière d'ordre, les créanciers hypothécaires ont, à l'égard des autres créanciers qui sont comme eux inscrits sur les mêmes immeubles, une action personnelle et directe, au moyen de laquelle ils ne se trouvent point liés par les engagements particuliers qui peuvent avoir été contractés par le débiteur commun, de qui émane leur droit hypothécaire; que l'établissement et la liquidation du compte de Leroy avec Debut est une dépendance de la contestation élevée sur la collocation de Leroy; qu'il est de principe que l'accessoire suit le sort du principal; qu'il serait contraire aux maximes constitutives des droits et prérogatives de la juridiction ordinaire que l'on soumît à des juges d'exception la connaissance d'un incident préjudiciel; d'où il suit qu'aux termes de l'art. 424 c. pr., le tribunal de commerce de Dreux était tenu de renvoyer les parties à se pourvoir; — Infirme pour cause d'incompétence, et renvoie les parties devant les juges compétents, etc.

Du 22 fév. 1831.-C. de Paris, 2e ch.-M. Deherain, pr.

(1) *Espèce :* — (Dupuy C. Darricarrère.) — Deville était débiteur d'une rente viagère de 500 fr. constituée au profit de Darricarrère et au payement de laquelle il avait hypothéqué divers immeubles qu'il avait déclarés libres. Un créancier de Deville, auquel les mêmes biens avaient été antérieurement hypothéqués, en poursuivit l'expropriation. Le sieur Laborde, adjudicataire de partie de ces biens, fit offre à Darricarrère des arrérages échus, et consentit à lui continuer le service de la rente viagère, sauf à profiter du capital à l'extinction de la rente. — Darricarrère refusa les offres, se présenta à l'instance de l'ordre; et, se fondant sur ce que les sûretés stipulées au contrat avaient disparu, il demanda la résolution du contrat de rente viagère, et conclut à être colloqué pour le capital de 5,000 fr. et les arrérages échus; sur cette demande le juge-commissaire renvoya les parties à l'audience. — Il paraît que Darricarrère n'assigna que les sieurs Laborde et Dupuy, créanciers, mais que Deville, partie saisie, ne reçut à cet effet aucune sommation.

Le 25 mars 1824, jugement qui rejette la demande en résiliation. — Appel interjeté par le sieur Darricarrère, et le 8 avr. 1824, arrêt de la cour royale de Pau qui prononce la résiliation du contrat, après avoir rejeté la fin de non-recevoir, par les motifs suivants :— « Attendu, sur la question de savoir si la résiliation pouvait être formée dans l'action sur l'ordre, que tout porteur d'un titre peut faire valoir dans l'ordre ses droits à l'encontre des autres créanciers; qu'ils peuvent se contester mutuellement la validité, l'efficacité de leurs titres; que Darricarrère a donc pu faire valoir, à l'encontre même de Laborde et Dupuy, le droit de faire résoudre son contrat, s'il est fondé au fond : — Considérant, au surplus, qu'il n'est pas exact de dire que Darricarrère n'a pas réclamé son droit corps à corps avec le débiteur originaire de la rente : celui-ci, en effet, a été appelé, conformément à la loi, pour contester dans l'ordre; s'il ne s'est pas présenté, c'est que les créanciers, au lieu de l'obliger à venir assurer leurs droits, ont pour ainsi dire assumé le fait et cause du débiteur; le sieur Laborde personnellement, et avant l'ouverture de l'ordre, ne s'est-il pas présenté à Darricarrère comme le représentant de la rente, puisqu'il a fait offre réelle des rentes échues en son nom personnel? — Qu'il importe donc peu que le débiteur originaire n'ait pas été dans l'instance; que, d'ailleurs, il dépendait de Dupuy et Laborde de l'y appeler; qu'il faut même remarquer que c'est sans intérêt qu'on élève cette difficulté, puisqu'en résultat il fallait examiner si Darricarrère était fondé dans sa demande, et que les créanciers seuls y avaient un intérêt; — Au fond, que Darricarrère n'a plus les sûretés promises, etc. »

Pourvoi de la part du sieur Dupuy : — 1° Violation des art. 1184 et 1977 et fausse application de l'art. 1166 c. civ., en ce que la cour a décidé qu'on pouvait demander la résiliation d'un contrat de rente viagère contre les créanciers du débiteur, sans qu'il fût besoin de mettre en cause le débiteur lui-même.

2° Violation des art. 11 du décret du 6 juill. 1810 et 12 de la loi du 20 avr. 1810, en ce que l'arrêt attaqué, rendu en matière ordinaire et non sommaire, puisqu'il s'agissait de la résolution d'un contrat, l'a été par la chambre des appels de police correctionnelle.

3° Violation de l'art. 1977 c. nap. (V. Rente viagère, n° 129). — Arrêt.

LA COUR; — Attendu, sur le premier moyen, en droit, que, dans une instance d'ordre, comme en toute autre instance, le défendeur peut faire valoir tous les moyens qu'il croit propres pour faire écarter l'action intentée contre lui, et que c'est à la partie qui croit nécessaire l'intervention du débiteur commun de la demander; — Et attendu qu'il est constant et reconnu en fait que Darricarrère, provoqué par les offres de Laborde à recevoir les arrérages de la rente dont il s'agit, n'a fait que se défendre et repousser les mêmes offres, en proposant la nullité du contrat constitutif de cette rente; — Que dans ces circonstances les juges ont dû, comme ils l'ont fait, décider le procès dans l'intérêt des parties qui y figuraient, lors même que le débiteur commun n'y aurait pas été appelé; — Attendu, au surplus, que ce débiteur appelé à l'ordre aurait pu, s'il l'avait voulu, figurer dans ce même procès; — Attendu, sur la première partie du second moyen, en droit, qu'une instance d'ordre est dans la classe des matières sommaires, et attendu que c'est d'une instance d'ordre qu'il s'agissait dans l'espèce; — Attendu, sur la deuxième partie du moyen, que, par cela même que l'arrêt place au rang des juges le conseiller auditeur Badière, il justifie, au moins jusqu'à preuve contraire, que le même conseiller auditeur était d'âge à avoir voix délibérative; — Rejette, etc.

Du 22 juin 1825.-C. C., sect. req.-MM. Henrion, pr.-Lasagny, rap.

nal du domicile du créancier, devient, après que les immeubles hypothéqués ont été vendus, et qu'un ordre est où peut être ouvert pour la distribution du prix, de la compétence exclusive du tribunal de la situation (Req. 30 mai 1848) (1); — 2° Que, lorsqu'une demande en règlement de juges est soumise à la cour de cassation, les décisions des tribunaux saisis, intervenues postérieurement à *l'arrêt de soit communiqué, toutes choses demeurant en état*, doivent être déclarées nulles et non avenues, encorebien qu'elles aient été rendues, dans l'ignorance de l'arrêt de sursis (même arrêt; Conf. Req. 6 mai 1812, aff. de Brancas, v° Priv. et hyp., n° 2793-3°; V. aussi v° Règlement de juges, nos 125 et suiv.);—3° Qu'en cas de saisie d'un immeuble, grevé d'hypothèques, la demande, formée par l'un des créanciers inscrits contre le saisissant, en rapport des loyers immobilisés, indûment perçus par ce dernier, à l'effet de les comprendre dans l'ordre ouvert pour la distribution du prix de l'immeuble saisi, est un incident de la poursuite d'ordre, et est, dès lors, compétemment portée devant le tribunal saisi de cette poursuite : — « La cour; en ce qui touche le premier chef d'appel : considérant que, faute, par les trois seuls créanciers inscrits de Lesage, de s'être entendus entre eux pour régler, à l'amiable, la distribution du prix dû par Chaussard, à raison de l'adjudication du 28 août 1850, ledit Chaussard, qui avait intérêt de se libérer, les a fait assigner devant le tribunal d'Orléans pour voir procéder à cette distribution, et voir prononcer la mainlevée des inscriptions de ceux qui ne se présenteraient pas, ou qui seraient déclarés n'avoir droit à aucune partie du prix; considérant que, pour fixer la somme à distribuer, il était indispensable de faire rapporter aux sieurs Poissonnier (créanciers poursuivants) les loyers qu'ils avaient touchés, quoiqu'à raison de leur immobilisation, ils fissent partie de ce prix; que c'est donc avec raison que la dame Lesage en a formé contre eux la demande, et qu'elle l'a portée devant le tribunal saisi de celle du sieur Chaussard, cette seconde demande étant évidemment un incident de la première; d'où il suit que ce premier chef d'appel n'est pas fondé; ...confirme » (Orléans, 16 juin 1854, M. Vilneau, pr., aff. Poissonnier *C.* Lesage); — 4° Que la demande, formée contre un adjudicataire sur saisie immobilière en payement d'arrérages d'une rente que le cahier des charges le soumet à acquitter en déduction de son prix, doit être soumise au tribunal devant lequel se poursuit la procédure d'ordre; et que c'est à tort que l'assignation aurait été donnée devant le tribunal du domicile de l'adjudicataire (Poitiers, 13 juill. 1854, aff. Darbez, D. P. 55. 2. 120).

323. Il a été jugé, cependant, que le tribunal, originairement saisi d'une question de privilége, débattue contradictoirement entre une femme et les créanciers de son mari, peut retenir la contestation, bien que le règlement de l'ordre ait été depuis, renvoyé à un autre tribunal, dans le ressort duquel les biens sont situés (Limoges, 15 avr. 1817) (2).

324. Il a encore été jugé que le tribunal du lieu de l'ouverture de la faillite est exclusivement compétent pour connaître de l'action en nullité d'un transport de créance hypothécaire accompli par le failli dans le temps intermédiaire entre le jugement déclaratif de la faillite et la date à laquelle elle a été reportée; qu'en conséquence, le cessionnaire est valablement assigné devant le tribunal du domicile du failli, encore bien que le tribunal de la situation de l'immeuble grevé serait saisi de sa demande à fin de collocation dans l'ordre ouvert sur le prix de cet immeuble, cette demande ne créant aucune litispendance (Req. 5 juin 1848, aff. Granier, D. P. 48. 1. 136). — L'arrêt s'est fondé, pour le décider ainsi sur ce que « l'art. 59, § 7, c. pr., attribue, d'une manière certaine, la connaissance et le jugement de tous les faits et gestes de la faillite au juge du domicile du failli; » et, quant au moyen tiré de la litispendance, sur ce que « il n'y a litispendance que lorsque deux tribunaux, également compétents, sont saisis de la connaissance du même litige; que, dans l'espèce, le tribunal de Carpentras, devant lequel était portée la demande en collocation de Granier et comp., avait bien le pouvoir de juger le mérite de l'inscription hypothécaire, mais qu'il était radicalement incompétent pour prononcer sur la nullité du transfert de cette hypothèque, alors que la nullité était demandée pour défaut de capacité du cédant tombé en faillite; qu'il est manifeste que le seul tribunal du domicile du failli pouvait prononcer sur cette demande. »

325. Il a été jugé, au contraire, que le tribunal du lieu de l'ouverture de l'ordre ne peut être dessaisi, sous prétexte de connexité, du pouvoir de statuer sur le contredit élevé contre une créance dont l'existence est l'objet d'une contestation antérieurement engagée devant un autre tribunal, ce dernier tribunal n'étant pas juge du maintien ou de la réformation du règlement d'ordre (Orléans, 25 juin 1851, et, sur pourvoi, Req. 24 fév. 1852, aff. Boissin, D. P. 52. 1. 45). — On peut objecter, cependant, contre cette solution, qu'elle expose manifestement les parties à une contrariété de décisions qu'un sursis serait de nature à prévenir. Mais, dans l'espèce, l'arrêt de la cour d'Orléans constatait, en fait, que la contestation, originairement soulevée par le débiteur contre la créance, n'avait été formée par lui que dans

---

(1) (Veuves Collier et Duparquet *C.* Mounier et autres.) — La cour; Attendu qu'à Vienne comme à Paris, il s'agit de prononcer sur les mêmes créances, entre les mêmes parties, et que, dès lors, il y a lieu à règlement de juges; — Attendu qu'il s'agit de créances hypothécaires et inscrites; que les immeubles hypothéqués sont situés dans l'arrondissement de Vienne; qu'ils ont été vendus et qu'un ordre a été ouvert à Vienne pour la distribution du prix; — Attendu, en droit, qu'il ne peut être élevé aucun doute sur l'attribution exclusive des ordres au tribunal de la situation des biens, ni sur la compétence de ce tribunal pour connaître de la régularité des inscriptions, de la validité des titres de créances, de leur liquidation, et, par voie de conséquence, sur le droit de faire et prescrire toutes les instructions qu'il juge nécessaires à la connaissance de la vérité; — Attendu que, si le débiteur de créances hypothécaires a la faculté de provoquer contre le créancier une appréciation judiciaire des faits articulés par lui, pour faire réduire les créances, si cette action, purement mobilière, peut être portée devant le tribunal du domicile du créancier, il ne peut plus user de cette faculté lorsque les biens hypothéqués sont vendus, et qu'un ordre est ou peut être ouvert pour la distribution de ce prix, la compétence exclusive du tribunal de la situation des biens ne pouvant plus alors recevoir aucune atteinte;

Attendu que l'arrêt, rendu par la cour de Paris sur l'appel du jugement du 27 janv. 1847, est postérieur au sursis prononcé par l'arrêt de soit-communiqué du 14 juill. dernier; qu'il est, dès lors, en contravention à l'art. 15 du règlement du mois d'août 1737; — Sans avoir égard aux instances, jugements et arrêts qui ont eu lieu devant les tribunaux de Paris, par suite des assignations signifiées les 22 et 24 avril 1846, non plus qu'à l'arrêt postérieur à celui de soit-communiqué, toutes choses demeurant en état, qui est déclaré nul et non avenu; — Rejette la demande en règlement de juges, etc.

Du 30 mai 1848.-C. C., ch. req.-MM. Lasagni, pr.-Mestadier, rap.

(2) (Decroisane *C.* veuve Donnariat.) — La cour; — Considérant qu'il résulte de la procédure, et n'est pas même contesté, que le tribunal de Limoges, nanti d'abord de la liquidation du compte, et de l'ordre provoqué par les créanciers, avait été saisi particulièrement de la question du privilége par les conclusions, précises à cet égard, de la veuve Donnariat, et par celles de Chatenet et de Decroisane, du 17 juin; qu'il fut, il est vrai, dessaisi de la connaissance de l'ordre, lorsqu'elle fut portée à Nontron, à raison de la distribution du prix des ventes faites dans cet arrondissement; mais qu'il résulte encore de la procédure instruite devant le tribunal, ainsi que des actes postérieurs, notamment de la révocation faite par Chatenet et Decroisane des aveux contenus dans leurs conclusions du 17 juin, que ni la veuve Donnariat, ni Chatenet lui-même, ne renoncèrent jamais à la juridiction du tribunal de Limoges pour la liquidation définitive du compte, ni pour le règlement du privilége réclamé par la veuve Donnariat; que ce tribunal était, dès lors, bien fondé à statuer sur ces deux points, lorsque les parties revinrent devant lui pour y solliciter une décision; qu'il l'était d'autant plus que la difficulté, survenue relativement au privilége, résultait principalement de ce que, d'une part, il était soutenu, et, de l'autre, dénié que le contrat judiciaire avait été formé devant lui à cet égard, ce qu'il était mieux à même de décider que tout autre tribunal; qu'il était encore compétent sous ce rapport que, le tribunal de Nontron n'ayant rien statué définitivement, à cet égard, par son jugement interlocutoire, le tribunal de Limoges pouvait, sans réformer ce second jugement, statuer sur la question interloquée dont il n'avait pas été dessaisi, et dont la décision remplissait, au contraire, le vœu de cet interlocutoire; qu'il a, dès lors, été bien jugé par le tribunal de Limoges, en se déclarant compétent pour connaître de la question qui lui était soumise; — ... Sans avoir égard à l'exception d'incompétence, etc.

Du 15 avril 1817.-C de Limoges.

le but évident d'entraver les poursuites de ses créanciers; contestation dont il entendait profiter pour retarder l'issue du procès d'ordre. Cette circonstance de fait n'a probablement pas été sans influence sur la décision.

SECT. 2. — *De la sommation de produire.*

326. Si, dans le mois qui leur est accordé pour le règlement amiable du prix, les créanciers n'ont pu se mettre d'accord, le juge, dit l'art. 752, le constate sur le procès-verbal, et déclare l'ordre ouvert. En même temps, il commet un ou plusieurs huissiers à l'effet de sommer les créanciers de produire leurs titres. — Le juge agit ici spontanément et sans nouvelle réquisition du poursuivant (circ. du 2 mai 1859; D. P. 59. 3. 25, n° 58).

327. « Cette partie du procès-verbal, ajoute l'article, ne peut être expédiée ni signifiée. » Ce seraient, en effet, des frais frustratoires, puisqu'il ne s'agit là que de dispositions purement réglementaires.—On jugeait déjà, sous l'ancien code, que la sommation de produire, faite aux créanciers, en vertu de l'ordonnance du juge-commissaire, ne peut être annulée, parce qu'elle ne contient pas la signification de cette ordonnance : — « La cour, attendu qu'aucune nullité ne peut se tirer d'induction, en argumentant d'une disposition à l'autre, mais doit être formellement prononcée par la loi (c. pr. civ. 1030); que, dans l'espèce, l'art. 753, qui ordonne de sommer les créanciers, en vertu de l'ordonnance du juge-commissaire, ne dit pas que cette ordonnance sera signifiée, et moins encore à peine de nullité; et ce, avec d'autant plus de raison, que les créanciers, appelés à contredire le procès-verbal d'ordre, peuvent toujours s'assurer de l'existence de cet acte;... — Confirme » (Bruxelles, 6 fév. 1810, aff. hér. Josse *C.* N...).

328. Le nombre des huissiers à commettre sera plus ou moins considérable, suivant le nombre des créanciers, ou plutôt des cantons dans lesquels ces créanciers auront fait leur élection de domicile, conformément au prescrit de l'art. 2148-1° c. nap. (Conf. M. Chauveau, Proc. de l'ordre, quest. 2552-4°). — L'ancien art. 753 n'exigeait pas que la sommation de produire fût faite par huissier commis. L'innovation a pour cause la gravité de la déchéance attachée, par la loi nouvelle, au défaut de production dans le délai déterminé par l'art. 754. La loi veut être bien sûre que la *copie ne sera pas soufflée* (Exposé des motifs, D. P. 58. 4. 44, n° 17; Rapport, *ibid.*, n° 72).

329. M. Houyvet, n° 132, enseigne, avec raison, que, bien que la loi n'ait pas dit que la sommation de produire, faite par un huissier autre que l'huissier commis, serait nulle, en d'autres termes, qu'elle ne ferait pas courir le délai de déchéance, cette nullité doit néanmoins être suppléée, parce que la formalité est substantielle. Tout autre huissier que l'huissier commis est, en effet, sans qualité pour constater authentiquement la remise de la sommation; dès lors rien n'établit légalement que le créancier l'ait reçue. C'est d'ailleurs, ajoute M. Houyvet, un point constant, en jurisprudence, que, toutes les fois qu'un huissier doit être commis pour signifier un acte quelconque, le défaut de signification par cet huissier est une cause de nullité. — V., à cet égard, Cass. 2 déc. 1845, aff. Boissin, D. P. 46. 1. 24; et aussi v° Jugem. par déf., n° 234.

330. Comment l'huissier qui doit faire les sommations, demandent MM. Grosse et Rameau, t. 2, n° 315, saura-t-il qu'il a été commis? Sera-ce le juge ou bien le greffier qui le préviendra? — Ni l'un ni l'autre, répondrons-nous avec MM. Ollivier et Mourlon, n° 334; cela regarde uniquement l'avoué poursuivant. — La commission du corps législatif s'était préoccupée du moyen d'avertir le poursuivant : « Nous avons proposé, dit M. Riché, dans son rapport, d'obliger le greffier à faire connaître, sans délai et sans frais, à l'avoué poursuivant l'ouverture de l'ordre et la commission des huissiers. Le conseil d'État a rejeté cette addition, s'en rapportant, sans doute, aux nécessités de la pratique, ou à des instructions à donner aux greffiers. Il est certain, du reste, que l'avoué poursuivant devra être, sans cesse, au greffe à épier les divers faits qui s'y révèlent : la qualité de poursuivant, sous la nouvelle loi, ne sera pas « une tente dressée pour le sommeil » (rapp., D. P. 58. 4. 49, n° 73). — Les choses se passeront ici comme à l'ordinaire : l'huissier commis rédigera la sommation sur les documents qui lui seront fournis par l'avoué poursuivant. Le plus souvent, ce sera dans l'étude de l'avoué que sera rédigée la sommation, qui sera envoyée, toute préparée, à l'huissier, lequel n'aura plus qu'à en faire la notification (Conf. MM. Chauveau, Proc. de l'ordre, quest. 2552 *ter*; Duvergier, Coll. des lois, ann. 1858, p. 153, note 1; Seligman, n° 275; Flandin, Tr. de l'Ordre, inédit).

331. Mais, dans ce cas, il faudrait, suivant l'observation qu'en font MM. Grosse et Rameau, n° 315, qu'un honoraire fût alloué à l'avoué pour ce travail. « Dans le passé, disent-ils, si l'avoué préparait la sommation, il avait un salaire de copie de pièces pour s'indemniser, en partie du moins : dans le présent, il n'en aura plus. Or, la rédaction de la sommation donne lieu, en faveur de l'huissier qui doit la rédiger, et qui seul a qualité légale pour la signer, à un mince salaire. Il serait impossible de le réduire ou de le partager, ce qui est la même chose. Il faudra donc qu'un droit spécial soit alloué, pour cette circonstance, à l'avoué; car toute peine mérite salaire... Sans doute, cette difficulté se résoudra par le tarif spécial qui devra être fait pour l'exécution de la loi nouvelle; mais il n'en est pas moins regrettable que ce tarif n'existe pas en même temps qu'elle » (Conf. MM. Ollivier et Mourlon, n° 334; Bioche, v° Ordre, n° 307, 3e éd.; Seligman, n° 255, et Pont, *ibid.*, note 2). — Cet honoraire, en attendant le tarif spécial, devra être fixé par analogie avec d'autres dispositions du tarif actuel. « Refuser des honoraires, dit M. Chauveau, *loc. cit.*, parce que le tarif de 1807 n'en parle pas, ce serait injuste, parce que le tarif ne peut nommément indiquer un droit pour un acte ordonné en 1858... »

332. Quelle est, sous la loi nouvelle, la date précise de l'ouverture de l'ordre? Cette question a de l'importance, à cause de la jurisprudence qui décide que c'est à partir de l'ouverture de l'ordre que les inscriptions sont réputées avoir produit leur effet et cessent d'être soumises au renouvellement décennal (V., sur cette question, v° Priv. et hyp., n°s 1678 et suiv.). — Il a été jugé, à cet égard, avant la loi du 21 mai 1858 : 1° que l'ordre est réputé ouvert par l'ordonnance du juge-commissaire qui permet au poursuivant de sommer les créanciers inscrits de produire, encore bien que le juge n'ait ouvert que plus tard le procès-verbal d'ordre; qu'ainsi, c'est à partir de cette ordonnance que les inscriptions hypothécaires sont réputées avoir produit leur effet, et sont, par suite, dispensées du renouvellement décennal (Cass. 30 nov. 1829, aff. Poncet, v° Priv. et hyp., n° 1680-3°); — 2° Que c'est l'ordonnance, portant que les créanciers inscrits seront sommés de produire leurs titres, qui ouvre l'ordre, et non pas celle qui nomme le juge-commissaire (Bordeaux, 2e ch., 2 fév. 1848, MM. Prévot-Leygonie, pr., Degrange-Tonzin, av. gén., c. conf., aff. Pompinaud *C.* Paignon).

333. Il a été jugé, au contraire : 1° que l'ordonnance portant nomination du juge-commissaire pour procéder à l'ordre doit être considérée comme constituant l'ouverture de l'ordre (Trib. civ. de Napoléon-Vendée, 26 déc. 1849, aff. Verger *C.* Baron; Journ. des av., t. 75, p. 372, à la note); — 2° Que, bien plus, l'ordre est réputé ouvert dès que la requête à fin de nomination du juge-commissaire a été présentée (Montpellier, 8 avr. 1825, aff. Terrier et Dejoux, *supra*, n° 139; Rej. 4 juill. 1838, aff. veuve Bonnard, V. *infra*, sous la section 15).

334. Aujourd'hui que la tentative de règlement amiable a lieu sous la médiation du juge-commissaire, et qu'ainsi elle forme une partie intégrante de la procédure d'ordre, il nous semble que l'ouverture de l'ordre doit dater, non pas seulement du jour où le juge-commissaire, en constatant, sur le procès-verbal, que les créanciers n'ont pu se régler entre eux, *a déclaré l'ordre ouvert*, et commis un ou plusieurs huissiers à l'effet de sommer les créanciers de produire (c. pr. 752), mais du jour même où le poursuivant s'est adressé au juge spécial chargé des ordres, ou, à son défaut, au juge commis par le président du tribunal, pour requérir, dans les termes de l'art. 750, l'*ouverture du procès-verbal d'ordre*. Il ne faut pas s'arrêter à ces mots de l'art. 752 : « A défaut de règlement amiable dans le délai d'un mois, le juge... *déclare l'ordre ouvert*, et commet un ou plusieurs huissiers, etc. » Ces mots ne veulent pas dire que l'ordre ne fût pas ouvert auparavant, puisque l'art. 750 parle aussi de la réquisition de l'*ouverture du procès-verbal d'ordre* : seulement, dans ce dernier article, la loi a en vue l'ordre amiable, tandis que, dans l'art. 752, les mêmes mots se réfèrent à l'ordre judiciaire (Conf. M. Flandin, Tr. de l'ordre, inédit; V. aussi *suprà*, nos 147 et 228). — Au contraire, d'après M. Chauveau, Proc. de l'ordre, quest. 2552, l'ordre n'est réputé ouvert que « par l'ordonnance du juge-commissaire constatant le résultat infructueux du préliminaire amiable, déclarant l'ordre ouvert, et commettant des huissiers pour les sommations » (Conf. MM. Grosse et Rameau, t. 2, no 479; Ollivier et Mourlon, no 332). — Il a été jugé, conformément à cette dernière opinion, que ce n'est pas la réquisition à fin de nomination du juge-commissaire, mais l'ordonnance de ce magistrat portant autorisation de sommer les créanciers de produire, qui constitue, à proprement parler, l'ouverture de l'ordre (Riom, 13 juill. 1859, aff. Balisse-Malbot, *infrà*, sect. 19).

335. Il a, d'ailleurs, été jugé que le juge-commissaire ne peut refuser, d'office, de procéder à un ordre, sous le prétexte que des frais étrangers à ceux de poursuite d'ordre n'auraient pas été taxés, alors que la taxe n'est pas demandée par les intéressés, et que ceux contre lesquels elle pourrait être demandée ne sont pas présents : « La cour; — Considérant que le juge, commis à un ordre, ne peut refuser d'y procéder, par le motif que des frais, étrangers à ceux de poursuite de l'ordre, n'auraient pas été taxés, lorsque les intéressés ne requièrent pas la taxe, et que ceux contre lesquels elle pourrait être demandée ne sont pas présents; qu'autrement, ce serait subordonner la confection de l'ordre à une condition souvent impossible, et qui n'est imposée par aucune disposition de la loi,... infirme » Paris, 28 fév. 1834, 3e ch., M. Lepoitevin, pr., aff. Fus...).

336. C'est dans les *huit jours* que le poursuivant doit sommer les créanciers, par acte signifié au domicile élu dans leurs inscriptions, ou à celui de leurs avoués, s'il en est qui aient constitué avoué, de produire leurs titres (c. pr. 753). — Ce délai de *huit jours* est purement comminatoire : il n'a pour objet que de hâter la marche de la procédure. — Le retard, apporté par le poursuivant, pourrait seulement devenir l'occasion, pour un autre créancier, de demander la subrogation dans la poursuite, ou, pour le juge-commissaire, de la prononcer d'office (c. pr. 776; V. sous la sect. 15; Conf. MM. Ollivier et Mourlon, no 333; Grosse et Rameau, t. 2, no 317; Chauveau, Proc. de l'ordre, quest. 2553; Bressolles, no 32; Bioche, vo Ordre, no 307, 3e éd.; Seligman, no 258; Colmet-Daage, Leç. de proc. civ., 8e éd., t. 2, no 1027; Flandin, Tr. de l'ordre, inédit).

337. Les créanciers qu'on doit mettre en demeure de produire sont ceux qu'indique l'état des inscriptions dont le poursuivant a fait le dépôt au greffe, en requérant l'ouverture du procès-verbal d'ordre, conformément à l'art. 750. Ce sont les mêmes que le juge-commissaire a dû convoquer devant lui pour la tentative de règlement amiable (c. pr. 751). — Seulement si, depuis le dépôt de l'état des inscriptions, de nouveaux créanciers hypothécaires, par exemple, des créanciers à hypothèque légale dispensée d'inscription, s'étaient fait connaître par une intervention directe dans la procédure, en formant une opposition sur le procès-verbal d'ordre, il est manifeste que la sommation de produire devrait leur être adressée, puisque, quoique non inscrits, ou inscrits après les délais fixés par les art. 2195 c. nap., et 717 c. pr., ils conservent la faculté de produire à l'ordre, à la condition d'y produire dans le délai déterminé pour les autres créanciers (c. pr. 717 et 772; V. *infrà*, nos 427 et suiv.; Conf. MM. Chauveau, Proc. de l'ordre, quest. 2553 *ter, in fine*; Bioche, vo Ordre, no 281, 3e éd.; Flandin, Tr. de l'ordre, inédit).

338. Il a, toutefois, été jugé, avec raison, que la femme, dont l'hypothèque légale n'a été inscrite que postérieurement à l'ouverture de l'ordre sur le prix des immeubles de son mari, et qui, pour cette cause, n'a pas été sommée d'y produire, qui, cependant, est intervenue au cours de l'ordre, mais s'est ensuite désistée de son intervention, n'est pas recevable à se pourvoir contre le règlement définitif par voie de tierce opposition (à supposer que l'action formée, dans ce cas, par la femme puisse être ainsi qualifiée), n'étant pas obligatoire, pour le poursuivant, d'appeler à l'ordre la femme dont l'hypothèque légale n'était pas inscrite au moment de son ouverture, ni de s'enquérir si, depuis et avant la clôture de l'ordre, il était survenu de nouvelles inscriptions (Bourges, 21 juin 1839) (1).

---

(1) *Espèce :* — (Femme Bourdiaux *C.* Grégoire et autres.) — Un ordre est ouvert sur le prix d'un immeuble vendu sur Noël Bourdiaux, et acheté par Jean-Pierre Bourdiaux. Des notifications sont faites aux créanciers inscrits; mais la dame Noël Bourdiaux n'ayant pas encore fait inscrire son hypothèque légale, reste d'abord étrangère à l'ordre. Autorisée à poursuivre sa séparation de biens, elle fait inscrire son hypothèque légale postérieurement à l'ouverture de l'ordre, et, après y être intervenue pour y demander sa collocation pour les reprises qu'elle disait avoir à exercer contre son mari, elle s'en retire par un dire où elle déclare se désister de sa demande. Le désistement de la femme s'explique par la circonstance que sa demande de collocation avait été formée sans autorisation de son mari, ni de justice. Cependant le règlement, la poursuite sont continués, et l'ordonnance définitive est rendue, sans opposition d'aucun créancier, et notamment sans opposition de la femme Bourdiaux. Les créanciers définitivement colloqués font sommation à l'adjudicataire de payer.—2 décembre, la femme Noël Bourdiaux, alors séparée de biens d'avec son mari, forme saisie-arrêt entre les mains de Jean-Pierre Bourdiaux : ce dernier forme opposition aux commandements à lui faits, en se fondant sur la saisie-arrêt de la femme Noël Bourdiaux. De là quatre instances : — La première relative à l'action de la dame Noël Bourdiaux en validité de sa saisie-arrêt; — La seconde relative à l'action des créanciers colloqués en nullité de l'opposition formée par Jean-Pierre Bourdiaux à leurs commandements; — La troisième relative à l'action de la femme Noël Bourdiaux, en réformation de l'ordre définitif du 30 août 1835;—La quatrième, enfin, relative à la demande des créanciers colloqués en mainlevée de la saisie-arrêt de la femme Noël Bourdiaux.—10 avril 1838, jugement qui, après avoir joint ces quatre instances, y statue en ces termes : — « 1o La femme Bourdiaux est-elle recevable en la forme et au fond? — 2o La demande est-elle fondée? — 3o L'adjudicataire est-il fondé dans son opposition aux poursuites des créanciers qui ont obtenu des bordereaux de collocation dans l'ordre attaqué? — 4o Y a-t-il lieu de renvoyer les parties devant le juge-commissaire qui a procédé au règlement attaqué pour qu'il en soit fait un nouveau?

» Sur la première question, au fond, considérant que Jean-Pierre Bourdiaux, adjudicataire des immeubles de Noël Bourdiaux, n'a pas purgé spécialement l'hypothèque légale de la dame Robineau, femme Noël Bourdiaux; ... — Que, s'il est vrai que la femme Bourdiaux est intervenue dans l'ordre, y a demandé la collocation du montant de ses reprises, et qu'ensuite elle a retiré sa demande en s'en désistant, il est également vrai qu'elle n'était autorisée ni par son mari, ni par le juge, à former cette demande; — Que ce défaut d'autorisation rend son intervention nulle en vertu de l'art. 215 c. civ.; qu'en conséquence, la demande et le désistement sont comme s'ils n'avaient jamais existé; que le règlement définitif de l'ordre ne peut pas être opposé à la femme Bourdiaux, qui n'y a pas été partie; ... — En la forme, considérant que la femme Bourdiaux ne pouvait pas appeler du jugement d'ordre, puisqu'elle n'y a pas été partie; que la voie qui lui était ouverte pour l'attaquer était la tierce opposition, conformément à l'art. 474 c. pr. civ., puisque ce jugement lui préjudicie; qu'elle n'y a pas été appelée, quoiqu'elle eût dû l'être, et que sa présence de fait n'y est pas jugée valable; — Que la loi n'a soumis la tierce opposition à aucune forme sacramentelle; que la demande de celui qui a qualité pour former la tierce opposition, et qui conclut à la réformation du jugement, est une véritable tierce opposition; que, dans l'espèce, la dame Bourdiaux n'aurait pas conclu autrement qu'elle a fait, si elle avait donné à sa demande le nom de tierce opposition; que, d'ailleurs, rectifiant, à l'audience, ce que sa demande pouvait avoir d'incomplet aux yeux de ses adversaires, elle a conclu formellement à être reçue tierce opposante; — Que la tierce opposition ne pouvait pas être portée devant le juge-commissaire à l'ordre, soit parce que ce magistrat s'étant dessaisi par son règlement définitif, soit parce que cette action étant principale et contestée, le tribunal était seul compétent pour y statuer;

Sur la seconde question : — Considérant qu'il n'est pas nécessaire que la séparation de biens soit prononcée, et la communauté dissoute, pour que la femme puisse profiter de son hypothèque légale; qu'elle a le droit de se faire colloquer éventuellement, avant sa séparation, pour le montant de ses reprises, lorsqu'un ordre est ouvert sur les biens frappés de son hypothèque (suit le développement de cette proposition);

Sur la troisième question : — Considérant que les bordereaux qui ont été délivrés sur Jean-Pierre Bourdiaux sont la conséquence du règlement définitif de l'ordre, qui équivaut à un véritable jugement; que Bourdiaux y a été partie, puisqu'il s'y est fait colloquer, par privilège, pour les frais de notification de son jugement d'adjudication aux créanciers inscrits, bien que ces frais ne fussent pas dus, la notification étant frustratoire; qu'il en résulte qu'entre lui et les créanciers colloqués il y a chose jugée, et qu'il est tenu hypothécairement du montant des bordereaux; — Considérant que la tierce opposition de la femme Bourdiaux ne saurait le relever de cette obligation, puisqu'il ré-

339. Ce que nous venons de dire des créanciers à hypothèque légale non inscrite, qui se sont fait connaître au début de la procédure de l'ordre, s'applique, par identité de raison, aux créanciers privilégiés de l'art. 2101 c. nap., dont le privilége est également dispensé d'inscription (c. nap. 2107). — Il est, toutefois, à observer que le privilége de ces créanciers sur les immeubles n'est que subsidiaire; car c'est seulement « à défaut de mobilier », comme l'exprime l'art. 2105 c. nap., qu'ils peuvent se présenter pour être payés sur le prix des immeubles en concurrence avec les autres créanciers privilégiés ou hypothécaires (V., pour l'application de cette disposition, v° Privil. et hypoth., n°s 496 et suiv., et les arrêts rapportés *eod.*).

340. Il va sans dire que, l'ordre ayant pour objet le règlement des droits de tous les créanciers hypothécaires, on doit y appeler, non-seulement les créanciers inscrits sur le dernier propriétaire, mais ceux inscrits sur les propriétaires précédents, si ceux-ci n'ont pas purgé (Conf. MM. Bioche, v° Ordre, n° 141; Houyvet, n° 144; Flandin, Tr. de l'ordre, inédit).

341. Mais le créancier, dont le titre conférant hypothèque n'a pas été inscrit, ne peut concourir à l'ordre : son droit se borne, comme celui des créanciers chirographaires auxquels il est assimilé, à intervenir dans l'ordre par la voie de l'opposition; droit que nous avons reconnu à ces derniers *suprà*, n° 99 (Conf. MM. Tarrible, Rép., v° Saisie immob., § 8, n° 2; Bioche v° Ordre, n° 283, 3e éd.; Flandin, Tr. de l'ordre, inédit).

342. Doit-on faire aux créanciers chirographaires intervenant à l'ordre, comme aux créanciers inscrits, la sommation de produire? — On n'est pas d'accord sur ce point. — Pour l'affirmative, on dit que, « si l'ordre concerne principalement les créanciers hypothécaires, il n'exclut pas les chirographaires; que ces derniers, devant être payés sur le restant du prix, après l'acquittement des dettes inscrites, ont intérêt, par conséquent, à discuter les titres que l'on prétend faire passer avant les leurs; d'où naît la nécessité de leur faire la sommation, comme aux créanciers inscrits » (MM. Carré et Chauveau, quest. 2553-3°; Conf. MM. Lepage, t. 2, p. 511, 6e quest.; Rodière, t. 3, p. 214; Seligman, n° 264, et Pont, *ibid.*, note 3; Houyvet, n° 142). —C'est l'opinion que nous avons embrassée dans notre 1re édit., t. 10, p. 818, n° 4.

M. Flandin, Traité de l'ordre, inédit, se prononce pour la négative. « Les créanciers chirographaires, dit-il, peuvent bien intervenir à l'ordre; mais ils n'y sont point parties : la nécessité de leur adresser la sommation de produire impliquerait le contraire, et irait contre le but de la loi, en retardant et en compliquant la marche de la procédure. On peut dire qu'il en est des créanciers chirographaires intervenant dans l'ordre comme des créanciers d'un copartageant, à qui l'art. 882 c. nap. permet d'intervenir au partage, pour empêcher qu'il ne soit fait en fraude de leurs droits. — Le texte de l'art. 753 c. pr. n'est pas moins favorable à cette opinion. Il suppose bien que la sommation de produire ne doit être adressée qu'aux créanciers inscrits, puisqu'ils doivent être sommés aux domiciles élus *dans leurs inscriptions*. Le dernier alinéa de l'article le dit même, en termes exprès : « Dans les huit jours de la sommation par lui faite *aux créanciers inscrits*, le poursuivant, etc. » De plus, l'ancien article ne parlait que des créanciers; le nouveau veut que la sommation de produire soit aussi « donnée au vendeur, à son domicile réel situé en France, à défaut de domicile élu par lui, ou de constitution d'avoué. » C'eût été le cas de mentionner les créanciers chirographaires opposants, si l'on eût entendu les mettre au nombre de ceux à qui devrait être faite la sommation de produire. » — Tel est également le sentiment de M. Chauveau, qui est revenu sur sa première opinion, Proc. de l'ordre, quest. 2553-4°; de MM. Grosse et Rameau, t. 2, n° 283, qui, cependant, ne sont pas explicites sur la question; de MM. Bioche, v° Ordre, n° 284, 3e édit.; Colmet-Daage, Leç. de procéd. civ., 8e édit., t. 2, n° 1027).

343. Les créanciers chirographaires opposants, si l'on décide qu'ils doivent être sommés de produire à l'ordre, seront sommés au domicile élu dans leur opposition, c'est-à-dire, suivant

---

suite de l'art. 478 c. civ. et de la jurisprudence que la tierce opposition ne peut profiter qu'à celui qui la forme, si ce n'est dans le cas où il y a indivisibilité de l'objet, de telle sorte que le premier et le second jugements ne soient pas susceptibles d'être exécutés sans contradiction; que, dans l'espèce, cette indivisibilité n'existe pas, puisqu'il est facile d'exécuter à la fois et le règlement définitif et le présent jugement qui ne fera qu'ajouter un créancier de plus à ceux qui ont déjà été admis; que c'est par son fait que Jean-Pierre Bourdiaux s'est placé dans la fâcheuse position où il est, en négligeant de purger les hypothèques légales qui pouvaient grever l'immeuble par lui acquis; que, par sa négligence, il s'est mis, à l'égard de la femme Bourdiaux, dans la position d'un acquéreur qui, n'ayant pas notifié son contrat, a contracté, par cela seul, l'obligation de payer toutes les créances inscrites, à quelques sommes qu'elles s'élèvent, ou de délaisser l'immeuble; — Sur la quatrième question : — Considérant que l'autorité de la chose jugée, acquise au règlement définitif attaqué au profit des créanciers qui y ont été colloqués, rend inutile la confection d'un ordre nouveau, qui ne pourrait avoir d'autre objet que la collocation de la femme Bourdiaux, sans rien changer aux autres collocations; qu'il en résulte qu'il ne s'agit que d'un seul créancier; que, dans le but d'éviter des frais inutiles et de rendre prompte justice, il appartient au tribunal de statuer sur-le-champ sur le fond de la demande, ou d'ordonner, avant faire droit, telle mesure qu'il jugera convenable;...

La tribunal, sans s'arrêter aux fins de non-recevoir dont les créanciers sont déboutés, reçoit la femme Bourdiaux dans sa tierce opposition au règlement définitif du 31 août 1825; et, y faisant droit, dit qu'elle a droit au payement de ses reprises au rang de son hypothèque légale, et que Jean-Pierre Bourdiaux en est tenu hypothécairement, comme détenteur de l'immeuble qu'il n'a pas purgé, jusqu'à concurrence de son prix, déduction faite des créances et frais privilégiés, ainsi que de celles des créanciers antérieurs en ordre d'hypothèque à ladite dame Bourdiaux, si mieux n'aime ledit Pierre Bourdiaux délaisser l'immeuble; — Fait mainlevée des oppositions de Jean-Pierre Bourdiaux aux commandements qui lui ont été signifiés en exécution des bordereaux de collocation délivrés sur lui; ordonne la continuation des poursuites jusqu'à payement ou délaissement, et le condamne aux dépens. »

Appel par Jean-Pierre Bourdiaux. — Il demande, tant contre la femme Noël Bourdiaux et Noël Bourdiaux, que contre Grégoire et Alexandre, à être déchargé des condamnations prononcées contre lui, à être reçu opposant aux commandements signifiés par Grégoire et Alexandre, et à obtenir la discontinuation des poursuites jusqu'à mainlevée de l'inscription de la dame Bourdiaux et cessation du trouble qui en est la suite, sous le bénéfice des offres, faites par lui en première instance, de payer à qui par justice serait ordonné. — Arrêt.

LA COUR; — La cause présente à juger si la femme Noël Bourdiaux était recevable dans sa demande en réformation de l'ordonnance de clôture de l'ordre ouvert sur le prix du bien adjugé à Bourdiaux Pierre : — Considérant que la tierce opposition, à supposer que la demande de la femme Noël Bourdiaux puisse être considérée comme une action de ce genre, ne serait recevable qu'autant qu'il eût été obligatoire de l'appeler à l'ordre dont elle a demandé la réformation; — Mais qu'il résulte des dispositions du code de procédure civile que le créancier poursuivant n'est tenu d'appeler que ceux inscrits au jour de l'ouverture du procès-verbal; que, dans l'espèce, l'ordre a été ouvert le 6 oct. 1834; que sommation de produire a été faite à tous les créanciers inscrits à cette date, et que l'inscription de la femme Bourdiaux n'a été prise que le 29 mars 1837; que la loi n'astreignait pas le poursuivant à s'enquérir si, depuis et avant la clôture de l'ordre, il avait été pris de nouvelles inscriptions; que l'ordonnance définitive a été rendue sans qu'il y eût audit procès-verbal opposition de la part de la femme Bourdiaux; d'où il suit qu'entre toutes les parties en cause, il y a chose irrévocablement jugée; — Considérant que le jugement dont est appel renferme deux dispositions évidemment inconciliables; qu'il reçoit la femme Bourdiaux tiers opposante, et cependant maintient les collocations faites; qu'à la vérité, il condamne l'acquéreur Pierre Bourdiaux à payer intégralement ladite femme Bourdiaux ou à délaisser; mais que les conclusions libellées dans la demande du 10 mars 1838 n'avaient pour objet que la réformation de l'ordre; qu'elles exprimaient, en termes précis, que la requérante devait être colloquée avant les créanciers postérieurs en ordre d'hypothèque; que les premiers juges n'avaient pas été saisis de la question de savoir si l'acquéreur avait ou n'avait pas purgé, et s'il pouvait être tenu au delà de son prix, mais s'il y avait lieu de valider la saisie-arrêt pratiquée par la femme Bourdiaux, ou d'ordonner la continuation des poursuites commencées par les créanciers colloqués; — Dit qu'il a été mal jugé par le jugement qui admet la dame Bourdiaux tiers opposante à l'ordonnance de clôture d'ordre, et condamne Pierre Bourdiaux à payer la créance aussitôt qu'elle aura été liquidée; — Emendant, déclare ladite dame non recevable dans sa demande en réformation de l'ordre dont s'agit, et décharge Pierre Bourdiaux des condamnations contre lui prononcées; — Dit bien jugé au chef qui ordonne la continuation des poursuites des créanciers porteurs de bordereaux jusqu'à parfait payement d'iceux, ou jusqu'à délaissement.

Du 24 juin 1839.-C. de Bourges.-MM. Heulhard de Montigny, pr.-Raynal, av. gén., c. conf.-Fravaton, Michel et Guillot, av.

MM. Carré, quest. 2554, et Chauveau, Proc. de l'ordre, *loc. cit.*, « au domicile élu dans le lieu où demeure l'adjudicataire (entre les mains duquel ils supposent que l'opposition aura été formée); car l'opposition de ces créanciers est une véritable saisie-arrêt. » — Il y a là, suivant nous, une fausse application de l'art. 559 c. pr., qui veut, en effet, que l'exploit de saisie-arrêt ou opposition contienne élection de domicile *dans le lieu où demeure le tiers saisi*. Mais ici le principe dominant, c'est la célérité des opérations de l'ordre, et, par conséquent, il faut que le domicile soit dans un lieu quelconque de l'arrondissement du bureau de la conservation des hypothèques, et non dans *le lieu où demeure l'adjudicataire*, qui peut se trouver hors de cette circonscription.

344. La sommation de produire est faite aux créanciers « par acte signifié aux domiciles élus dans leurs inscriptions, ou à celui de leurs avoués, s'il y en a de constitués. » Plusieurs questions peuvent se présenter à cet égard. — Et d'abord, la signification pourrait-elle être faite au domicile réel, au lieu de l'être au domicile élu? — Pour notre compte, nous n'en faisons aucun doute : l'élection de domicile dans l'arrondissement du bureau n'est exigée par l'art. 2148 c. nap., indépendamment de l'indication du domicile réel du créancier, que dans l'intérêt des tiers, pour la plus grande rapidité et la plus grande économie de la procédure d'ordre ou autres instances se rattachant aux inscriptions. C'est l'opinion que déjà nous avons émise v° Privilége et hyp., n° 2767 (V. aussi v° Domicile élu, n° 10; Conf. MM. Houyvet, n° 139; Flandin, Tr. des Priv. et hyp., inédit).

MM. Ollivier et Mourlon, cependant, n°s 67 et suiv. et n° 336, sont d'opinion contraire. Il n'est pas vrai, disent-ils, n° 67, *in fine*, que l'élection d'un domicile dans l'arrondissement du bureau ait été prescrite dans l'intérêt *exclusif* des tiers; elle l'a été dans l'intérêt de l'inscrivant lui-même. Mais ils le disent, sans en apporter aucune valable raison. — Toutefois, ces auteurs accordent, n° 69, que la sommation pourrait être valable, quoique faite au domicile réel, s'il n'en était résulté de préjudice pour personne : « Tel serait le cas, disent-ils, où le domicile réel de l'inscrivant serait aussi rapproché, ou même plus rapproché du siége des inscriptions que son domicile élu : là où il n'y a point d'intérêt, il n'y a point d'action... »

345. Mais si, dans notre opinion, la sommation faite au domicile réel est valable, parce que le créancier ne peut avoir à se plaindre d'être assigné là où est le siége de ses affaires, et où il n'a besoin d'aucun intermédiaire pour lui faire parvenir la citation, il ne faut pas que les autres créanciers en souffrent, et il y aura lieu de laisser au compte du poursuivant l'excédant des frais qu'aura coûté la sommation donnée au domicile réel, au lieu d'avoir été faite au domicile élu.

346. Lorsque le créancier a un avoué constitué, le poursuivant pourra-t-il, indifféremment, faire la sommation au domicile élu par le créancier, ou au domicile de son avoué? « Je ne pense pas, dit Pigeau, Comm., t. 2, sur l'art. 753, note 2, que l'article (l'ancien art. 753) doive être entendu dans ce sens : la sommation devra, le plus souvent, être faite à domicile, parce que, dans la procédure d'expropriation, le plus grand nombre des créanciers n'a pas d'avoué constitué; mais, dans le cas où il existe des constitutions d'avoués, il faut faire la sommation aux avoués. Le but de la loi est d'éviter les frais. — Cependant, comme l'article ne prononce aucune nullité, on ne devrait pas la suppléer; mais les frais de sommation à domicile devraient être rejetés de la taxe, au moins pour ce qui excède le coût des sommations à avoué » (Conf. MM. Berriat-Saint-Prix, p. 612, note 8, *in fine*; Thomine, n° 861). — Cette opinion nous semble préférable à celle enseignée par MM. Carré, quest. 2553; Demiau, p. 464; Ollivier et Mourlon, n° 336; Chauveau, Proc. de l'ordre, quest. 2553-6°; Grosse et Rameau, t. 2, n° 319; Bioche, v° Ordre, n° 297; Houyvet, n° 134, qui ne voient, dans la disposition de l'art. 753, « qu'une alternative de pure faculté » pour le poursuivant. Dès qu'une partie a un avoué constitué, c'est, apparemment, pour que tous les actes de procédure concernant cette partie soient signifiés à l'avoué, son mandataire *ad litem*, de préférence à elle-même. On évite, de cette manière, un circuit inutile. — Toutefois, les deux opinions concordent en ceci qu'il ne peut résulter de nullité de ce que la signification aura été faite au domicile élu plutôt qu'au domicile de l'avoué. —La rédaction du nouvel art. 753 ne nous fournit aucune lumière sur la question; car elle reproduit les termes de l'ancien article sur ce point (Conf. M. Flandin, Tr. de l'ordre, inédit).

347. Mais de quelle manière l'entend Pigeau, lorsqu'il dit que la sommation doit être faite à l'avoué, quand il y a avoué constitué? La sommation doit-elle avoir lieu par exploit signifié au créancier, au domicile de l'avoué, ou par acte d'avoué à avoué? Ce dernier mode nous paraît devoir être préféré, comme plus rapide et plus économique. C'est, d'ailleurs, le droit commun, et ce qu'indique suffisamment Pigeau, à la fin du passage cité, lorsqu'il dit « que les frais de *sommation à domicile* devraient être rejetés de la taxe pour ce qui excède le coût des *sommations à avoué* » (Conf. MM. Chauveau, Proc. de l'ordre, quest. 2554 *bis*; Flandin Tr. de l'ordre, inédit).

348. Il a été jugé, néanmoins, que la sommation de produire, faite, par exploit ordinaire, au domicile élu chez l'avoué constitué, au lieu de l'être par simple acte d'avoué à avoué, est valable et fait courir le délai fixé pour la production : — « La cour (par adoption, en ce point, des motifs des premiers juges); considérant que la régularité de cet acte (la sommation de produire) a été vainement critiquée, en ce qu'il aurait été notifié directement, par exploit ordinaire, au domicile élu, aux termes de l'art. 753 c. pr., et non par simple acte d'avoué, aux termes de l'art. 152 du tarif du 16 fév. 1807; que la forme et les conditions du premier acte, qui mentionne que les copies ont été remises à la personne de l'avoué, offrent autant de garantie que le second et doivent produire le même effet; qu'au surplus, la forclusion, prononcée contre les demandeurs, ne leur préjudicie en rien comme acquéreurs, puisque, toutes les collocations opérées n'ayant pas absorbé la totalité du prix à distribuer, il est resté entre leurs mains une somme plus que suffisante pour les remplir de leurs frais de notification; ce qui les laisserait sans intérêt, comme sans qualité, sur ce point du débat; ...confirme » (Limoges, 3e ch., 1er août 1845, aff. Maingasson et Ethève *C.* Trillaud).

349. Lorsque l'élection de domicile a été faite en l'étude d'un avoué, ou de tout autre officier ministériel, il est naturel de penser que le choix qui a été fait s'adresse moins à la personne qu'à la fonction; et, en conséquence, si l'officier ministériel vient à décéder ou à cesser, de toute autre manière, ses fonctions, c'est l'étude du successeur qui continue d'être le domicile élu, et c'est dans cette étude et à la personne du successeur que la sommation de produire doit être notifiée (V. v° Domicile élu, n°s 13 et 131; Conf. MM. Chauveau, Proc. de l'ordre, quest. 2554-5°; Flandin, Tr. de l'ordre, inédit. — V. cependant, M. Seligman, n. 262). — Il a été jugé, dans le même sens, qu'une élection de domicile, faite, dans une inscription, dans les termes suivants : *chez Me..., avoué, habitant à...*, ou *en la personne et étude de Me...*, indique que le créancier a eu en vue plutôt les fonctions de l'avoué, et le lieu où ces fonctions sont exercées, que la personne de l'avoué lui-même; qu'en conséquence, les significations sont régulièrement faites en l'étude du successeur de cet avoué (Grenoble, 9 mars 1853, aff. Lambert-Dessartres *C.* Galland, arrêt cité au Journ. des av., t. 80, p. 243, art. 2093).

350. L'officier ministériel, chez lequel domicile est élu, n'est pas tenu d'accepter le mandat, et le créancier, par conséquent, doit s'assurer, au préalable, de son consentement. Mais, s'il consent à recevoir la copie, il doit faire les diligences nécessaires pour qu'elle parvienne à la partie intéressée (Conf. MM. Chauveau, *loc. cit.*; Seligman, n° 262 *bis*; Flandin, Tr. de l'ordre, inédit. — V. v's Domicile élu, n°s 13 et 131; Responsabilité, n°s 302 et suiv., 452 et suiv.). — Il a, par suite, été jugé : 1° que l'avoué, dans l'étude duquel domicile a été élu dans un bordereau d'inscription par lui rédigé, est tenu, sous peine de responsabilité, de transmettre au créancier, son client, les significations, telles que sommations de produire, qui se réfèrent à l'inscription; qu'en conséquence, si, ayant reçu une sommation de produire à un ordre pour ce créancier, il se borne à l'adresser, par la poste, à un précédent domicile de ce dernier, sans faire, alors que la lettre lui a été renvoyée, avec la mention *destinataire inconnu*, les démarches nécessaires pour s'enquérir du nouveau domicile du destinataire, il se rend passible de dommages-intérêts (Paris, 15 juin 1850, aff. Gabiot, D. P. 51. 2. 41); — 2° Que l'avoué, qui a reçu la sommation de produire dans un ordre, adressée à une partie qui, dans son inscription, avait élu domicile dans l'étude de cet avoué, sans lui en donner avis, doit être déclaré responsable du défaut de production, s'il ne prouve pas qu'il a refusé le mandat, ou qu'il a transmis la sommation à la partie (Req. 18 fév, 1851, aff. Mouton, D. P. 51. 1. 299); — 3° Et que l'aveu de l'officier ministériel, qui déclare avoir reçu la sommation, mais l'avoir transmise au client, peut être divisé, s'il demeure établi, indépendamment de cet aveu, qu'il a reçu ladite sommation (même arrêt; V. Oblig., nos 5105 et suiv.); — 4° Que, lorsque, dans un acte de prêt et dans l'inscription hypothécaire, le créancier a fait élection de domicile dans l'étude du notaire qui a passé l'acte, le successeur de ce notaire, qui a reçu copie d'une sommation de produire à un ordre, doit transmettre cette copie au créancier inscrit, à peine d'être responsable de la perte de la créance, faute de production à l'ordre (Nancy, 22 déc. 1853) (1); — 5° ...Et qu'il n'est pas réputé avoir satisfait à son obligation, en remettant la copie au frère du créancier (même arrêt).

351. La remise de la copie au domicile élu peut être facilement prouvée par la représentation de l'original de l'exploit; et c'est alors à l'officier ministériel à établir qu'il a fait parvenir la copie au destinataire (arrêt précité, Req. 18 fév. 1851). — Si cette copie est confiée à la poste, l'officier ministériel doit avoir le soin de charger la lettre : d'une part, parce que la pièce courra ainsi moins de risque de se perdre, et, de l'autre, parce que le bulletin de chargement qu'il aura reçu de la poste servira, en cas de perte ou de déni du destinataire, à dégager sa responsabilité (Conf. MM. Chauveau, *loc. cit.*; Godoffre, Journ. des av., t. 80, p. 481, art. 2172; Grosse et Rameau, t. 2, n° 342; Seligman, n° 262 *bis*). — MM. Grosse et Rameau conseillent, en outre, aux avoués d'avoir, à l'instar de ce qui est pratiqué par les notaires, un registre-copie de lettres, pour y porter les lettres par eux écrites à l'occasion des actes signifiés dans leur étude, par suite d'élections de domicile. Et ce sont là de très-sages conseils.

352. Il a, toutefois, été jugé que, lorsqu'un notaire, en l'étude duquel un créancier avait élu domicile dans son inscription, déclare, sans en apporter la preuve, avoir confié à la poste la sommation de produire dans un ordre, notifiée au domicile élu, son affirmation ne peut être détruite par la simple dénégation du créancier, et qu'il n'est tenu à aucune preuve particulière du fait allégué par lui : — « La cour; attendu que, si Raymond n'apporte pas la preuve qu'il ait adressé, par la poste, l'acte de procédure signifié à la dame de Talvande, toutes les circonstances de la cause laissent supposer qu'il a suffisamment accompli son mandat; que son affirmation ne peut être détruite par la dénégation de la dame de Talvande, et qu'en pareille matière, il n'est tenu à aucune preuve particulière; adoptant, au surplus, les motifs des premiers juges, confirme » (Paris, 1re ch., 18 juin 1853, MM. Delangle, 1er pr., de Labeaume, 1er av. gén., c. conf., aff. Talvande *C.* Raymond.)

353. Qu'arrivera-t-il si le créancier a omis d'élire domicile dans son inscription? Le poursuivant ne sera pas tenu de le sommer à son domicile réel. C'est ce qu'exprimait Merlin, Quest. de dr., v° Inscr. hyp., § 4, en examinant la question de savoir si l'inscription est nulle, à défaut d'indication d'un domicile élu. « Quelle peut être, dit-il, la peine du défaut d'élection de domicile? C'est, et c'est seulement que le tiers acquéreur ou créancier est dispensé de toute notification au créancier qui s'est inscrit, sans élire domicile dans l'arrondissement du bureau; c'est, et c'est seulement que, si le créancier inscrit sans élection de domicile ne se présente pas spontanément au procès-verbal d'ordre, il sera déclaré déchu, faute de produire... » (Conf. MM. Ollivier et Mourlon, n° 71; Houyvet, nos 133 et 145; Flandin, Tr. de l'ordre, inédit).

354. Nous croyons, cependant, que, dans le cas spécifié, le poursuivant ne pourrait pas s'abstenir de toute mise en demeure, mais devrait signifier l'acte au parquet, comme si le créancier n'avait pas de domicile connu (c. pr. 69-8°). C'est en ce sens qu'avait été modifié l'art. 2148 c. nap., dans le projet de réforme hypothécaire de 1850. « Nous vous proposons, disait dans son rapport à M. le garde des sceaux, p. 136, M. Persil, au nom de la commission qui avait été chargée de préparer le projet, nous vous proposons une addition à la partie du § 1, relative à l'élection de domicile à exiger de l'inscrivant dans un lieu quelconque de l'arrondissement du bureau. La pratique, d'accord avec la raison, avait indiqué la sanction de cette disposition : c'était, à défaut de cette élection, d'autoriser toutes significations et notifications relatives à l'inscription au parquet du procureur de la République. Nous avons pensé qu'il convenait de l'écrire dans la loi » (Conf. MM. Duvergier, Coll. des lois, ann. 1858, p. 141, note 2; Bressolles, n° 32; Flandin, Tr. de l'ordre, inédit).

355. La sommation de produire est légalement faite au domicile élu, quel que soit le changement survenu dans la position du créancier inscrit, à moins que l'élection de domicile n'ait été modifiée, conformément à l'art. 2152 c. nap. (Conf. MM. Chauveau sur Carré, quest. 2553 *ter*; Bioche, v° Ordre, nos 289 et 291, 3e éd.) — Il a été jugé, par suite, que l'avoué, chez lequel un créancier a élu domicile par son inscription, peut, lorsqu'il poursuit lui-même l'ordre en qualité de créancier, et bien qu'il ait personnellement un intérêt opposé à celui de son cocréancier, faire notifier à son propre domicile la sommation de produire adressée à ce dernier : — « Considérant, dit le jugement, dont la cour adopte les motifs, que la sommation de produire a été faite, ainsi que le prescrit l'art. 753 c. pr., au domicile élu par Ducrozet dans son inscription, et que ce serait augmenter la rigueur de la loi que d'assujettir le poursuivant à faire une sommation particulière au domicile réel du créancier; qu'ainsi l'ordre est régulier et doit être exécuté » (Lyon, 1er fév. 1823, aff. Ducrozet *C.* Aucour. — Conf. M. Houyvet, n° 136.)

356. On devrait décider, par la même raison, que l'huissier, chez lequel un créancier a fait élection de domicile, peut, dans le cas où il aurait été commis pour faire la sommation aux créanciers inscrits, sommer le créancier au domicile élu chez lui, et qu'il n'est pas tenu, en pareil cas, de faire faire la sommation à son domicile par un autre huissier (Conf. MM. Thomine, t. 2, n° 861; Houyvet, n° 136). — Il est, néanmoins, plus prudent, ainsi que le dit M. Bioche, v° Ordre, n° 305, 3e éd., de recourir au ministère d'un autre huissier.

357. L'ordre judiciaire, ainsi que nous l'avons établi plus haut, n° 41, participe de la nature de l'instance : il en résulte que la femme, même séparée de biens, ne peut y figurer, en son nom, sans être autorisée par son mari ou par justice (c. nap. 215 et 218). — Mais est-ce au poursuivant à provoquer cette autorisation par une assignation devant le tribunal? — Il a été jugé, mais avant la loi du 21 mai 1858, qu'une femme mariée, sommée de produire dans un ordre, doit être autorisée par son mari, ou par la justice, *à la demande du poursuivant*, avant l'expiration du délai pour produire, que, sans ce préalable de l'autorisation, aucune déchéance ne pourrait être prononcée valablement contre la femme : — « La cour; attendu qu'à la différence des cas où la loi prononce une déchéance de plein droit, en matière d'ordre, la déchéance n'est prononcée contre le créancier non produisant que par une décision judiciaire; que, d'après cette différence, la sommation, faite aux créanciers,

(1) (Voignier C. Henry.) — La cour; — Attendu que Voignier, notaire à Rambervillers, a succédé immédiatement à Munier-Pugin, dans l'étude duquel l'abbé Henry et les époux Riestch avaient élu domicile pour l'exécution d'une obligation authentique du 2 nov. 1843; — Qu'en acceptant et recevant la sommation remise en son étude, par suite de l'élection de domicile précitée, et faite à l'abbé Henry, afin de produire à l'ordre ouvert sur les époux Riestch, ses débiteurs, Voignier s'est soumis virtuellement à l'obligation qui pesait sur son prédécesseur, celle de transmettre cette sommation audit abbé Henry; — Attendu que cette obligation n'a pas été remplie; — Qu'à supposer qu'il ait réellement adressé cet exploit au frère de l'abbé Henry, ainsi qu'il le prétend, il s'est imprudemment substitué, au lieu du mandataire *ad lites*, qui était alors nécessaire, un tiers inintelligent de ce qu'il importait de faire, et que, par suite, l'abbé Henry, défaillant à un ordre où il aurait été colloqué s'il y avait produit, a éprouvé un dommage dont il est fondé à demander la réparation audit Voignier; — Par ces motifs, met l'appellation au néant; ordonne que le jugement dont est appel sortira effet, etc.

Du 22 déc. 1853.-C. de Nancy.-M. Quenoble, 1er pr.

de produire dans le mois équivaut aux assignations qu'en matière d'ordre, les parties demanderesses sont tenues de donner à la partie qu'elles veulent faire condamner; d'où suit que, de même qu'une femme, assignée devant un tribunal, ne pourrait être utilement condamnée par défaut, sans qu'on eût préalablement pour elle obtenu l'autorisation maritale ou celle de justice, de même aussi, en matière d'ordre, la déchéance du droit de la femme sommée ne pourrait être valablement prononcée, sans le même préalable de l'autorisation maritale ou judiciaire; — ... réformant, faute par Morère d'avoir autorisé sa femme, l'autorise d'office, à l'effet d'intervenir, s'il lui convient, dans l'ordre » (Toulouse, 1re ch., 19 mars 1833, M. Hocquart, 1er pr., aff. Delrieu C. époux Morère.)

358. Mais, ainsi que le dit M. Bioche, v° Ordre, n° 311, 3e éd., « cette procédure est difficile à concilier avec le délai fatal de quarante jours, établi pour la production par la nouvelle loi. » Selon l'auteur, et nous adoptons son sentiment, « il suffit de dénoncer la sommation au mari, et de mettre, par cette double sommation, la femme en demeure de demander et le mari en demeure d'accorder l'autorisation nécessaire »(Conf. M. Flandin, Tr. de l'ordre, inédit). — Il a été jugé, dans ce sens, antérieurement même à la loi du 21 mai, que la sommation de produire dans un ordre, signifiée à une femme mariée même séparée de biens, est nulle, si elle n'a pas été signifiée en même temps au mari pour qu'il eût à autoriser sa femme, ou que celle-ci fût autorisée par justice, à son refus, et que cette nullité entraîne celle de toute la procédure d'ordre et du jugement intervenu sur les contredits, alors que la femme a continué de procéder dans l'instance seule et sans autorisation (Lyon, 16 juin 1845, aff. Burlot, v° Mariage, n° 935-2°).

359. Mais doit-on dire, avec M. Bioche, *loc. cit.*, n° 314, que, si le créancier mineur est dépourvu de tuteur, le poursuivant n'est pas tenu de lui en faire nommer un? « A qui alors, demande M. Flandin, Tr. de l'ordre, inédit, adressera-t-il la sommation de produire? Et, à défaut de sommation régulière, quel serait le sort d'un ordre auquel il aurait été procédé en l'absence de ce créancier, si tant est que le juge-commissaire, *à qui l'original de la sommation doit être remis pour en faire mention sur le procès-verbal*, consentît à passer outre? Les droits de ce créancier, évidemment, demeureraient intacts, et l'ordre, fait sans sa participation, ne pourrait y porter atteinte. Il serait dans la même position que le créancier *omis*, à qui ne saurait préjudicier son omission, lorsqu'il figurait au nombre des créanciers inscrits » (V. sous la section suivante). M. Flandin invoque, à l'appui de son opinion, qui est aussi la nôtre, un arrêt de cassation du 8 mai 1844, aff. Joubert, lequel a décidé qu'un acquéreur, qui, pour la purge de l'hypothèque légale d'un mineur, est tenu de signifier *au subrogé tuteur*, conformément à l'art. 2194 c. nap., un acte constatant le dépôt qu'il a fait de son titre au greffe du tribunal de la situation des biens, doit, si ce mineur n'a pas de subrogé tuteur, lui en faire nommer un (V. cet arrêt, v° Priv. et hyp., n° 2252; V. aussi v° Minorité, n° 298).

« On m'opposera, continue M. Flandin, ce qui a été dit au corps législatif, dans la discussion du nouvel art. 692 c. pr., à propos de la sommation, qui doit être faite *au subrogé tuteur des mineurs et interdits*, de prendre communication du cahier des charges et d'assister à sa lecture et publication. — « La purge instituée par l'art. 692, avait dit M. Riché, dans son rapport, étant soumise à notre examen, nous avons essayé de la préserver de quelques formalités trop coûteuses, qu'un sentiment, légitime au fond, de responsabilité a successivement introduites dans la purge légale de l'art. 2194. — Ainsi le mineur est dépourvu de subrogé tuteur, cas assez fréquent, surtout dans les campagnes. L'exécution, excessive selon nous, de l'art. 2194 fait provoquer par l'acquéreur la nomination d'un subrogé tuteur, ce qui exige recherche du lieu où le conseil de famille doit s'assembler, des membres qui doivent le composer, sommations pour les faire comparaître, etc., retards et frais. Ces frais sont employés comme frais de purge, car il serait dur de les mettre à la charge d'un mineur que l'on veut protéger. Pour sauvegarder l'application du nouvel art. 692 contre ces inconvénients, votre commission avait proposé d'ajouter aux mots *subrogé tuteur* ceux-ci : *s'il en existe un*. Le conseil d'État n'a pas accueilli cet amendement; ce qui ne nous paraît pas impliquer la nécessité de faire nommer un subrogé tuteur, peu conciliable avec le délai imparti par l'art. 692 pour les sommations » (D. P. 58. 4. 49, n° 56). — Interpellé par le président de la commission d'expliquer le rejet de l'amendement, M. de Parieu, vice-président du conseil d'État, l'un des commissaires du gouvernement, répondit que c'était là une question de jurisprudence; que le conseil d'État avait cru devoir rester dans les termes du code Napoléon, régler ce qui était général et réserver les détails. Il ajouta qu'au fond, en ce qui concerne le subrogé tuteur, la pensée des commissaires du gouvernement était la même que celle de la commission, qu'ils étaient d'avis qu'il n'est pas nécessaire d'instituer un subrogé tuteur, lorsqu'il n'en existe pas (D. P. 58. 4. 59, note 4). — Mais, quand on adopterait cette opinion, dit M. Flandin, pour le cas dont il s'agit dans les art. 692 et 2194 (V. Vente publ. d'imm., n° 817), lesquels ne se contentent pas de la notification à faire au subrogé tuteur, mais ont multiplié les précautions pour sauvegarder les intérêts de l'incapable, il n'en résulterait nullement qu'il fallût étendre cette doctrine quasi-législative au cas qui nous occupe, et qui est si différent de celui que règlent les articles précités. »

360. Nous avons dit *suprà*, n° 243, que le mineur émancipé ne peut figurer valablement à l'ordre qu'assisté de son curateur, puisque, aux termes de l'art. 482 c. nap., il ne peut recevoir et donner décharge d'un capital mobilier, sans l'assistance de ce dernier, lequel doit surveiller l'emploi du capital reçu. Il suit de là que la sommation de produire doit être donnée à ce mineur et à son curateur par copies séparées (Conf. M. Bioche, n° 315; Flandin, Tr. de l'ordre, inédit). — Il faut en dire autant de l'individu pourvu d'un conseil judiciaire, qui ne peut non plus « recevoir un capital mobilier et en donner décharge, » sans l'assistance de ce conseil (c. nap. 513).

361. L'ancien art. 753 contenait une lacune à l'égard du vendeur dont il ne parlait pas, le laissant ainsi dans la classe des créanciers inscrits ordinaires, quoique son privilége, aux termes de l'art. 2108 c. nap., auquel l'art. 6 de la loi du 23 mars 1855 n'a pas dérogé (V. Transcr. hyp., n° 556), se conserve par la seule transcription du contrat de vente, constatant que tout ou partie du prix lui est dû, et sans le secours d'aucune inscription. A la vérité, le même article déclare que le conservateur est tenu, en faisant la transcription, de prendre une inscription d'office pour le vendeur, laquelle, conformément à l'art. 2148, doit contenir élection de domicile dans l'arrondissement du bureau. Il s'était, alors, élevé la question de savoir si la sommation de produire était valablement faite au vendeur, à ce domicile élu pour lui, mais qui n'avait pas été choisi par lui? Et la question avait été diversement résolue par les arrêts.

362. Ainsi, il avait été jugé que c'est par sommation au domicile élu dans l'inscription d'office que l'ancien vendeur de l'immeuble, resté créancier d'une partie de son prix, doit être appelé dans l'ordre ouvert sur un sous-acquéreur : — « La cour, vu les art. 756 et 757 c. pr. civ.; attendu que le conservateur des hypothèques, lors de la transcription du contrat de vente de Dupuis avec l'époux Dubourg, s'est exactement conformé aux art. 2108 et 2148, n° 1, c. civ., en inscrivant, d'office, le vendeur pour le prix dont le contrat le déclarait créancier, et en faisant l'élection de domicile en tel cas requise; attendu que le créancier poursuivant l'ordre n'a pas dû, d'après l'art. 753 c. pr. civ., adresser ses diligences à Dupuis ailleurs qu'au domicile élu pour lui dans l'inscription;... infirme » (Rouen, 30 déc. 1814, aff. Dupuis C. N...).

363. Mais il avait été jugé, au contraire : 1° que, lorsqu'en prenant une inscription d'office, au profit des vendeurs d'un immeuble, le conservateur des hypothèques ne s'est pas contenté d'indiquer leur domicile réel, mais a fait encore, pour eux, une élection de domicile, ce n'est pas au domicile élu, mais au domicile réel de ces vendeurs, que le créancier poursuivant l'ordre, après l'adjudication de l'immeuble sur saisie immobilière, doit leur faire les sommations de produire; et que, si elles n'ont pas été faites à ce domicile, lesdits vendeurs peuvent se pourvoir, par tierce opposition, contre le jugement qui les a déclarés forclos : « La cour,... considérant que l'inscription du 1er mess. an 11 fut prise d'office, comme en convient lui-même Beslay, au profit des sieur et dame Brison-Grandjardin, lors de la transcription du contrat de vente qu'ils avaient consenti aux sieur et dame Brison-Valdoir; que, si un conservateur des hypothèques est tenu, en vertu des art. 29 de la loi du 11 brum. an 7, et 2108 c. civ., de faire inscription sur ses registres au profit du vendeur, c'est par le motif que les notifications, par suite de cette inscription, doivent avoir lieu au domicile réel; d'où il résulte que la sommation du 28 août 1813, notifiée aux sieur et dame Brison-Grandjardin, au domicile élu par l'inscription d'office du 1er mess. an 11, n'a pas été légalement faite; — ... Confirme » (Rennes, 24 juin 1823, aff. Beslay *C.* Brison-Grandjardin; Conf. Paris, 31 mai 1813, aff. hérit. Duplanil, *infrà*); — 2° Qu'en tout cas, lorsqu'après la revente de l'immeuble sur saisie immobilière, les vendeurs, en renouvelant l'inscription d'office, ont élu un nouveau domicile, c'est à ce nouveau domicile que le poursuivant doit faire la sommation de produire, et non à celui indiqué dans l'inscription d'office; en sorte que, si les sommations ont été faites à ce dernier domicile, les vendeurs, qui ont été déclarés forclos, peuvent se pourvoir contre le jugement par tierce opposition : — « La Cour; — Attendu, en fait, que l'inscription, renouvelée par les sieur et dame Brison-Grandjardin, l'a été le 15 déc. 1812, et que cette inscription porte élection de domicile en l'étude de Me Guerin, avoué à Dinan; — Attendu que le demandeur a cité, par acte du 28 août 1813, les mariés Brison, à l'effet de produire à l'ordre, et qu'au lieu de les citer au domicile par eux élu, il les a cités au domicile élu, d'office, par le conservateur des hypothèques, le 1er mess. an 11;—Qu'en ces circonstances, en décidant que les époux Brison n'avaient pas été valablement cités, l'arrêt a fait une juste application des lois de la matière; — Rejette » (Req. 21 déc. 1824, MM. Henrion, prés., de Meneryille, rap., même affaire).

364. Le nouvel art. 753 a fait cesser cette divergence, en décidant que le vendeur serait sommé « à son domicile réel, situé en France, à défaut de domicile élu *par lui*, ou de constitution d'avoué. » Cette disposition, qui n'existait pas dans le projet de loi, a été ajoutée par la commission du corps législatif, à l'instar de ce qui avait déjà été fait pour l'art. 692. « Les sommations, disait le rapporteur, sur ce dernier article, les sommations, prescrites par cet article, doivent être faites aux créanciers inscrits, au domicile élu par l'inscription dans l'arrondissement du bureau : cette règle reparaît à l'art. 753 lorsqu'il s'agit des sommations de produire à l'ordre. Mais le vendeur peut n'avoir pas de domicile élu dans son inscription, à moins qu'il ne l'ait renouvelée. Sa première inscription n'est pas, en général, prise par lui, mais d'office par le conservateur, lors de la transcription de la vente. Ce conservateur peut ne pas trouver, dans l'acte de vente, surtout s'il est sous seing privé, les éléments d'une élection de domicile dans l'arrondissement du bureau; il n'a pas, d'ailleurs, qualité pour élire domicile au nom du vendeur. Aussi, dans le cas des sommations de produire à l'ordre, des arrêts ont décidé (Paris, 31 mai 1813; Rennes, 24 juin 1823, rapp. au no précédent) que la sommation au vendeur devait être faite à son domicile réel. Votre commission a voulu trancher irrévocablement la difficulté pour les deux cas des art. 692 et 753, et donner une garantie de plus au droit si respectable du vendeur, pourvu que son domicile soit situé dans la France continentale. Celui qui habite aux colonies ou à l'étranger doit avoir son mandataire en France. Le conseil d'État a adopté cet amendement » (D. P. 58. 4. 49, no 53).

365. L'article porte : « à son domicile réel situé *en France*.» Le rapporteur dit : « situé dans la *France continentale.* » Ces expressions : *en France*, s'appliqueront-elles à l'île de Corse et à l'Algérie?—V. ce qui a été dit *suprà*, no 157, pour une question analogue.

366. La remise de l'exploit au domicile réel peut donner lieu à quelques difficultés, dans la pratique. « On ne peut douter, dit M. le garde des sceaux, dans sa circul. du 2 mai 1859 (D. P. 59. 3. 23, no 14), que la sommation ne soit valablement déposée au domicile du vendeur, bien que celui-ci n'y réside pas, de même qu'elle peut lui être faite en tout lieu, en parlant à sa personne.— Mais, si le domicile énoncé dans l'inscription est inexact; si, le créancier ayant changé de demeure, on ignore son nouveau domicile, c'est au poursuivant qu'incombe le soin de le découvrir. « La loi, dit M. Delangle, dans son rapport au sénat, ne semble pas laisser la ressource, créée par le droit commun, d'une signification au dernier domicile connu. C'est du domicile réel que parle son texte, et c'est bien là que, dans son esprit, la mise en demeure doit atteindre le vendeur, sous peine de manquer le but qu'on se propose.... » — Si toutes les recherches pour découvrir ce domicile sont infructueuses, le poursuivant fera ce qu'on appelle *un parquet*, c'est-à-dire qu'il remettra copie de la sommation au procureur impérial, et en affichera une seconde à la principale porte de l'auditoire du tribunal où l'ordre est poursuivi, ainsi qu'il est prescrit, en pareil cas, par l'art. 69, no 8 c. pr. C'est également ce que dit la circulaire précitée, no 19, pour un autre cas (Conf. MM. Seligman, no 260; Flandin, Tr. de l'ordre, inédit).

367. Suivant M. Chauveau, Proc. de l'ordre, quest. 2553 *bis*, « le vendeur, que la loi a en vue dans l'art. 753, n'est pas le saisi, en cas de vente forcée, *ou le dernier vendeur, en cas d'aliénation volontaire*, mais bien le vendeur qui a transmis la propriété à la partie saisie, ou le vendeur originaire qui n'a pas pris personnellement inscription, mais pour lequel veille une inscription d'office, dans laquelle ne se trouve aucun domicile élu » (Conf. M. Harel, Journ. des av., t. 89, p. 448, art. 565, note 1).—M. Flandin, Tr. de l'ordre, inédit, relève, dans les termes suivants, l'erreur dans laquelle lui paraît, comme à nous, être tombé M. Chauveau : « Certainement, dit-il, le vendeur, dont il est question dans l'art. 753, n'est pas *le saisi*, mais bien le vendeur qui a transmis à ce dernier, ou les vendeurs antérieurs, qui seuls, à titre de créanciers privilégiés, peuvent avoir des droits à faire valoir sur le prix; et c'est là tout ce que disent MM. Grosse et Rameau, auxquels se réfère M. Chauveau, mais qui ont tort d'ajouter, t. 2, no 320, comme pour en restreindre le sens et la portée, que les formalités de l'art. 753 « sont les formalités d'un ordre, après saisie immobilière, » puisque ces formalités sont déclarées communes à l'ordre, après aliénation volontaire (c. pr. 772). C'est là, probablement aussi, ce qui a conduit M. Chauveau à dire que l'art. 753 ne concerne pas *le dernier vendeur, en cas d'aliénation volontaire*, mais seulement le vendeur originaire; et ceci est grave; car il en résulterait que, si ce vendeur s'en est tenu, pour la conservation de son privilége, à la transcription, suivie de l'inscription d'office, dans laquelle le conservateur a élu pour lui un domicile qui n'est pas de son choix, le poursuivant pourrait se contenter de lui adresser la sommation de produire à ce domicile élu, au lieu de la faire au domicile réel, contrairement au texte comme à l'esprit du nouvel art. 753, tel que le révèle le rapport de la commission. »

368. Il a été jugé, dans le même sens, que c'est au vendeur immédiat que s'applique le nouvel art. 753; qu'ainsi la sommation de produire doit être faite à ce vendeur à son domicile réel : — « Le tribunal;... Attendu que l'art. 753 c. pr. dispose, d'une manière formelle, que sommation sera faite au vendeur, à son domicile réel en France; — Que cette disposition ne peut s'adresser qu'au vendeur immédiat, car les précédents vendeurs sont confondus dans la qualification de créanciers inscrits, leur privilége ne pouvant exister sans inscription, et le poursuivant ne pouvant les connaître; — Qu'aux termes de l'art. 772, les formalités pour la distribution du prix d'une vente volontaire sont les mêmes qu'en matière d'expropriation;—Qu'il est d'autant plus important, en pareille circonstance, que le vendeur soit prévenu de l'ouverture de l'ordre, qu'il peut avoir intérêt à s'y opposer; que le débiteur exproprié sait que son prix sera distribué judiciairement; que tous les cahiers des charges en font mention, tandis que le vendeur n'est pas même informé de la notification faite à ses créanciers inscrits; qu'il a, d'ailleurs, une inscription prise d'office par le conservateur des hypothèques, lors de la transcription du contrat, qui doit être radiée, et qu'il a, enfin, d'autres intérêts nombreux à surveiller, etc. » (trib. de Die, 17 août 1864, aff. Viollet).

369. Le domicile réel du vendeur peut être fort éloigné du lieu où se poursuit l'ordre : faudra-t-il, dans ce cas, augmenter d'un jour par cinq myriamètres, conformément à l'art. 1033 c. pr., modifié par la loi du 3 mai 1862, art. 4, le délai de huitaine accordé au poursuivant pour faire les sommations? — MM. Seligman et Pont, no 259, sont pour l'affirmative, qu'ils fondent sur le principe général contenu dans l'art. 1033, qu'on doit appliquer, disent-ils, toutes les fois qu'il n'y est pas dérogé par un texte exprès.—M. Chauveau, à l'endroit cité, se prononce pour l'opinion contraire : « Les délais accordés pour la marche de l'ordre, dit-il, ne comportent pas, en principe, cette augmentation. Avec la rapidité actuelle des correspondances, le délai de huitaine est rigoureusement suffisant pour atteindre partout... » — La question paraît oiseuse à M. Flandin. « On ne propose pas, dit-il, Tr. de l'ordre, inédit, d'appliquer l'augmentation du délai, à raison de la distance, au délai de quarante jours accordé aux créanciers pour produire (c. pr. 754); et, en effet, ces quarante jours sont bien suffisants au vendeur, quelque éloigné que soit son domicile du lieu où l'ordre se poursuit, pour faire ses diligences. On a vu, d'un autre côté (*suprà*, n° 336), que le délai de huitaine, donné au poursuivant pour faire les sommations que prescrit l'art. 753, est un délai comminatoire, dont l'inobservation ne peut donner lieu, contre le poursuivant, qu'à l'application de l'art. 776. Or, le magistrat saura toujours apprécier, d'une manière équitable, si le poursuivant a été négligent ou non. » — C'est à une appréciation de ce genre qu'aboutit, en résultat, l'opinion de M. Chauveau lui-même. « Je crois, d'ailleurs, ajoute-t-il, qu'il suffira que l'avoué justifie avoir remis à la poste, avec chargement, avant l'expiration de la huitaine, la notification (original et copie) préparée pour la sommation; la huitaine suivante suffira pour le renvoi des pièces, *et si, par extraordinaire, le renvoi n'avait pas été effectué dans le délai, on ne saurait faire un grief à l'avoué poursuivant d'un retard qui ne proviendrait pas de son fait.* »

370. Il va sans dire que la sommation peut être faite *à personne* ou domicile, comme dans le cas de l'art. 68 c. pr. civ. (Conf. MM. Ollivier et Mourlon, n° 88; circ. du 2 mai 1859 précitée, *suprà*, n° 366).

371. S'il n'existait pas d'inscription au nom du vendeur, soit prise d'office, soit requise par lui directement, la sommation dont il vient d'être parlé devrait-elle, nonobstant ce, lui être adressée?—A prendre à la lettre le passage cité du rapport de M. Riché, il semble que la sommation ne doive être faite au vendeur qu'au cas où il est inscrit. Mais on doit croire que le rapporteur ne s'est ainsi exprimé qu'en vue de ce qui arrive le plus communément : *ex eo quod plerumque fit jura constituuntur.* L'art. 753, d'ailleurs, ne fait aucune distinction entre le vendeur inscrit ou non inscrit. Enfin, ce qui nous paraît décisif, c'est que, d'après l'art. 2108 c. nap., non abrogé, comme nous venons de le dire (*suprà*, n° 361), par la loi du 23 mars 1855, la transcription du contrat de vente vaut inscription pour le vendeur : or, des art. 750 et 772, il résulte que l'ordre ne peut avoir lieu qu'après la transcription opérée par l'adjudicataire ou par le nouveau propriétaire (Conf. MM. Ollivier et Mourlon, n° 336; Flandin, Tr. de l'ordre, inédit).

372. Mais si le vendeur, en prenant directement inscription, ou en renouvelant l'inscription d'office prise par le conservateur, négligeait d'y faire une élection de domicile dans l'arrondissement du bureau, le poursuivant l'ordre serait-il tenu de lui adresser la sommation de produire à son domicile réel? — MM. Ollivier et Mourlon, n° 83, répondent négativement, par la raison que l'élection de domicile est une obligation imposée à quiconque s'inscrit, et que, s'il a été fait une exception en faveur du vendeur, ce n'est que pour le cas où l'inscription n'émane pas de lui, mais du conservateur, comme l'expriment les mots : « à défaut de domicile *élu par lui.* » On peut dire que cela résulte du passage cité du rapport de la commission, le meilleur interprète du sens de l'article, puisque c'est elle qui y a introduit l'exception. Où serait, d'ailleurs, le motif de soustraire le vendeur, qui s'inscrit personnellement, à la règle commune? (Conf. M. Flandin, Tr. de l'ordre, inédit.)

373. La sommation sera valablement donnée, d'après l'art. 2156 c. nap., *nonobstant le décès du creancier, ou de celui chez lequel il a fait élection de domicile*, au dernier des domiciles élus sur le registre. Mais cette sommation, à défaut d'indication des noms des héritiers du créancier dans une mention mise en marge de l'inscription, sera-t-elle faite à ce créancier, comme s'il était encore vivant, ou collectivement à ses héritiers, dont le poursuivant aura, au préalable, à rechercher les noms? — En examinant cette question, au point de vue d'une instance en radiation d'inscription, v° Priv. et hyp., n°s 2762 et suiv., nous nous sommes réservé, n° 2766, de la soumettre à un nouvel examen, au point de vue de l'ordre. La célérité de la procédure, en matière d'ordre, ne nous semble pas permettre d'appliquer à la sommation de produire la solution que nous avons proposée, *loc. cit.*, n°s 2764 et 2765, pour le cas d'une instance en radiation, dans laquelle nous avons dit que le demandeur en radiation devait agir contre les héritiers du créancier décédé, lorsqu'ils s'étaient fait connaître, parce qu'il nous a paru exorbitant qu'une instance s'engageât devant un tribunal, sans qu'il y eût de contradicteur à la demande. Le cas ici n'est plus le même : il ne s'agit pas d'intérêts à débattre contradictoirement devant le juge, mais d'une simple mise en demeure de produire, laquelle il serait impossible au poursuivant de notifier, dans le délai de *huitaine* qui lui est imparti par l'art. 753, s'il était obligé de se mettre à la recherche de tous les héritiers des créanciers décédés (Conf. MM. Ollivier et Mourlon, n° 72; Chauveau, Proc. de l'ordre, quest. 2554 *bis*; Seligman, n° 262; Houyvet, n°s 133 et 135; Flandin, Tr. de l'ordre, inédit). — La circulaire de M. le garde des sceaux, du 2 mai 1859, dit également, à propos de la sommation qui doit être faite au vendeur, dans les termes du nouvel art. 692 c. pr., que, « lorsque le vendeur a éprouvé quelque changement dans son état, il est sommé à son nouveau domicile; que, s'il est mort, l'exploit est valablement déposé au domicile indiqué dans l'inscription (art. 2156 c. nap.), et qu'il est inutile de le notifier individuellement à chacun de ses héritiers » (D. P. 59. 3. 25, n° 15). En cela, la circulaire s'est inspirée de ce qui a été dit dans le rapport de M. Riché et dans la discussion devant le corps législatif (V. Vente publ. d'immeub., n° 817).

374. Il a été jugé, en conséquence, que la sommation de produire, signifiée au créancier, au domicile élu dans son inscription, est valable à l'égard de ses héritiers, bien que ce créancier fût décédé, à l'époque de la signification, et que l'exploit fasse mention que le décès a été déclaré à l'huissier, au moment de la présentation de la copie (Paris, 13 mars 1838, et, sur pourvoi, Rej. 14 fév. 1843, aff. Audouin (ou Ardoin), v° Privil. et hyp., n° 2762). — L'arrêt de la cour de Paris, contre lequel le pourvoi était formé, disait, en visant les art. 2156 c. nap. et 753 c. pr. : « Qu'en rapprochant ces prescriptions de la loi, on voit que l'intention du législateur a été, dans ces matières toujours urgentes, de dispenser les tiers de rechercher ailleurs que dans les inscriptions la position des créanciers inscrits; que les forcer à s'enquérir si, depuis l'inscription, la position du créancier a changé, s'il existe encore, ou s'il est décédé, s'il est représenté par des héritiers ou par des légataires, serait s'écarter du but que la loi a voulu atteindre; — Que, tant que les héritiers ou représentants d'un créancier inscrit décédé ne se sont pas fait connaître, en faisant inscrire, en leur nom, une nouvelle élection de domicile, ils ne peuvent se plaindre de ce qu'une action relative à l'inscription a été dirigée, non contre eux personnellement, mais contre le créancier dénommé, et au domicile élu dans ladite inscription; qu'ainsi Ardoin et consorts ont été valablement appelés à l'ordre ouvert sur le prix provenant de la vente des maisons et terrain rue Fontaine-au-Roi, par la sommation du 22 mai 1835 à Chambon, leur auteur. »

375. Il a été jugé, de même, que la sommation de produire, faite à l'exécuteur testamentaire, au domicile élu dans l'inscription prise par ce dernier, en cette qualité et en son nom, pour sûreté d'une créance hypothécaire appartenant au défunt, est valable à l'égard des héritiers de celui-ci : — « La cour,... attendu qu'il conste de la sommation du 7 juin 1808 qu'elle a été signifiée au domicile élu dans le bordereau d'inscription par René Vicus, exécuteur testamentaire de l'auteur des appelants, de la même manière et qualité portées au bordereau d'inscription; d'où résulte qu'elle a été valablement faite, l'art. 61 du code n'étant pas applicable à l'espèce; confirme » (Bruxelles, 6 fév. 1810, aff. hér. Josse C. N...).

376. Il a, toutefois, été jugé que, lorsque le procureur du roi a pris, d'office, inscription sur un immeuble pour la conservation des droits de mineurs, la sommation de produire à l'ordre ouvert sur le prix de cet immeuble n'est pas valablement faite à ce magistrat, que les mineurs doivent être directement sommés de produire, à peine de nullité de l'ordre : — « La cour,... attendu, au fond, que, parmi les inscriptions d'hypothèque qui devaient être comprises dans l'ordre, est celle prise, d'office, par le procureur du roi près le tribunal de première instance de Toulouse, pour les reprises de la mère des enfants Doumenc : ce sont donc eux qui, comme créanciers, devaient être sommés de produire dans l'ordre, aux termes de l'art. 753 c. pr. civ.; cette sommation, au contraire, n'a été notifiée qu'au procureur du roi, chargé seulement de la mesure conservatoire consistant dans l'inscription; ce n'était pas à lui à la défendre dans l'ordre, puisqu'il n'avait pas les titres qui devaient être produits par les créanciers. Les enfants Doumenc n'ayant pas été sommés de produire, quoique créanciers inscrits, il en résulte que l'ordre a été clôturé en leur absence, sans qu'ils aient été appelés, et, dès lors, une ordonnance de clôture d'ordre sur une procédure aussi illégale doit être annulée;... infirme » (Toulouse, 17 déc. 1838, 1re ch., M. Hocquart, 1er pr., aff. Dujac C. Gombaud et Doumenc).

377. De même que le poursuivant n'a point à rechercher quels sont les héritiers du créancier décédé, et que ceux-ci sont valablement mis en demeure de produire par la sommation faite à ce créancier, au domicile élu dans l'inscription, comme s'il était encore existant, ainsi la sommation, donnée au cédant, au domicile élu par ce dernier dans son inscription, interpelle légalement le cessionnaire de la créance hypothécaire, qui n'a point fait inscrire sa cession. Nous avons dit, v° Priv. et hyp., nos 1497 et suiv., que le cessionnaire d'un titre de créance inscrit (à l'exception du créancier subrogé à l'hypothèque légale de la femme) profite de l'inscription prise par son cédant, et qu'il n'est pas obligé de s'inscrire personnellement, ni de faire mention de l'acte de cession ou de subrogation en marge de l'inscription préexistante. Il en résulte seulement, comme le disent MM. Ollivier et Mourlon, n° 75, « qu'en laissant, dans l'inscription, le nom du créancier originaire, le cessionnaire lui donne tacitement mandat de recevoir pour lui toutes les notifications auxquelles pourra donner lieu l'existence du droit cédé » (Conf. MM. Chauveau, Proc. de l'ordre, quest. 2554 *bis*; Seligman, n° 263; Flandin, Tr. de l'Ordre, inédit).

378. Les mêmes principes s'appliquent, par identité de motifs, à celui qui succède aux droits de l'inscrivant en vertu de la subrogation légale de l'art. 1251 c. nap. (Conf. MM. Ollivier et Mourlon, n° 74; Flandin, *loc. cit.*). — Il a, en conséquence, été jugé que la sommation de produire, faite au domicile élu dans l'inscription, est valable contre le créancier qui a succédé aux droits du créancier inscrit, s'il n'a pas fait mentionner sa subrogation par le conservateur en marge de l'inscription prise; et, spécialement, que la sommation de produire, faite à la régie des domaines, au domicile par elle élu dans l'inscription qu'elle a prise pour la conservation d'une créance appartenant à une fabrique, est valable au regard de cette fabrique, si celle-ci, lorsqu'elle a été réintégrée dans ses droits, ne les a pas fait établir, avec une nouvelle élection de domicile, en marge de l'inscription (Colmar, 13 mars 1817) (1); — Qu'il importerait peu, d'ailleurs, que l'inscription fût nulle, à raison de la nature purement chirographaire de la créance, l'inscription, dans ce cas, devant être considérée comme opposition, et cette opposition n'obligeant le poursuivant qu'à assigner celui qui l'a formée, et à l'assigner au domicile élu par ladite inscription ou opposition (même arrêt).

379. Mais si le cessionnaire ou subrogé a pris inscription en son nom, ou s'il a fait établir, en marge de l'inscription préexistante, une mention de la cession ou subrogation, sans nouvelle élection de domicile, c'est à lui personnellement que la sommation devra être faite, au domicile primitivement élu (Conf. MM. Ollivier et Mourlon, n° 73; Chauveau, Proc. de l'ordre, quest. 2554 *bis*; Flandin, Tr. de l'ordre, inédit).

380. Il est loisible à celui qui a pris une inscription, porte l'art. 2152, ainsi qu'à ses représentants, ou à ses cessionnaires par acte authentique, de changer, sur le registre des hypothèques, le domicile élu, à la charge d'en indiquer un autre dans le même arrondissement. Dans ce cas, c'est au nouveau domicile élu, indiqué dans l'état des inscriptions délivré par le conservateur, que devra être faite la sommation, et elle serait nulle, faite à l'ancien domicile élu, à moins qu'il ne fût justifié qu'elle est parvenue, en temps utile, au créancier; car ce serait le cas de répéter, avec MM. Ollivier et Mourlon, que, là où il n'y a point d'intérêt, il n'y a pas d'action (Conf. MM. Houyvet, n° 138; Flandin. *loc. cit.*).

381. Il a, cependant, été jugé, sous l'ancien code, que le cessionnaire d'une créance inscrite, qui avait signifié son transport ou subrogation au débiteur, avant l'ouverture de l'ordre, encore bien qu'il ne l'eût pas fait inscrire, est redevable à former tierce opposition au règlement définitif, si l'on s'est borné à appeler dans l'ordre son cédant, et que l'ordre ait été clos avant l'expiration du mois accordé aux créanciers produisants pour contredire le règlement provisoire, cette clôture prématurée, prononcée du consentement même de ces derniers, devant être considérée comme nulle vis-à-vis des créanciers en retard, dans l'intérêt desquels, non moins que dans celui des créanciers produisants, ce délai d'un mois a été établi (Paris, 21 mai 1833) (2). — Il faut prendre garde à ce qu'a décidé cet arrêt : il ne juge

(1) *Espèce :* — (Fabrique de Rosselden C. Gross et cons.) — En l'an 12, vente des biens du sieur Hosty, grevés d'hypothèques, entre autres d'une inscription prise au nom de la régie des domaines, pour une redevance dont la fabrique de Rosselden était alors propriétaire. — Un ordre s'ouvrit : la régie des domaines fut appelée. — Mais elle ne se présenta point et fut déclarée forclose. — Tous les autres créanciers inscrits furent colloqués, et chacun reçut capital et intérêts. — La fabrique de Rosselden, qui n'avait pas été sommée de produire, forma opposition : elle demanda le rapport de ce que les créanciers avaient touché pour intérêts, afin d'en être fait une masse chirographaire. Elle a prétendu que la sommation de produire, faite à son égard, était irrégulière; qu'elle n'avait pas encouru la forclusion; que les intérêts, dus aux créanciers colloqués, avaient été mal à propos compris dans la masse hypothécaire. — 30 déc. 1814, jugement du tribunal de Schelestadt, qui déclare la fabrique non recevable. — Appel. — Arrêt.

La cour; — ... Considérant que la circonstance, que les biens ont été restitués aux fabriques, ne peut atténuer en rien la validité de l'assignation donnée à la régie des domaines, et au domicile élu par l'inscription qu'elle avait prise comme étant aux droits de la fabrique, puisque l'acquéreur, aussi bien que le poursuivant ordre, ne connaissent et ne peuvent connaître que le créancier inscrit; que c'est à lui seul que la loi veut que la sommation de produire soit faite, quel que soit, d'ailleurs, le changement de qualité ou de droit qui aurait pu survenir; que la fabrique ne peut que s'imputer à elle-même, lorsqu'elle a été rétablie dans ses droits, de n'avoir pas fait signifier au conservateur sa subrogation dans l'inscription, ainsi qu'une nouvelle élection de domicile : ce dont il eût été alors fait mention en marge de l'inscription; qu'à défaut de ce, l'inscription prise a dû nécessairement être considérée telle qu'elle était, et l'assignation donnée au domicile élu; — Considérant que la déclaration que fait la fabrique, que l'inscription était nulle, parce qu'elle ne relatait que l'un des titres des créances, ne peut valider l'action qu'elle a intentée, puisque cette prétendue nullité n'est pas de droit; que, telle qu'elle est présentée, elle ne frapperait que sur une portion de la créance, et que, quand même le titre ne serait que chirographaire, l'assignation n'en serait pas moins valable, et la forclusion, dans tous les cas, définitivement acquise aux créanciers, puisque, s'il n'y avait pas eu d'inscription, l'acquéreur pouvait se libérer légalement, soit entre les mains du vendeur, soit en celles des créanciers opposants inscrits, délégués par lui ou par justice, et que l'inscription prise pour la créance de la fabrique, considérée comme opposition, n'obligeait le poursuivant qu'à assigner celui qui l'avait formée et au domicile élu par ladite inscription ou opposition, ce qui a eu lieu, et ce qui n'ayant pas été suivi de production entraînerait nécessairement la forclusion; — Confirme.

Du 13 mars 1817.-C. de Colmar.

(2) *Espèce :* — (Robin-Grandin C. P...) — Jugement du tribunal civil de la Seine, en ces termes : — Attendu, en droit, que la tierce opposition est une voie extraordinaire accordée à une partie contre une décision judiciaire qui préjudicie à ses droits, et à laquelle ni elle, ni ceux qu'elle représente, n'ont été appelés ni représentés; — Attendu que, si l'art. 474 c. civ. ne parle que de *jugement*, c'est qu'en droit, le mot *jugement* est une expression générique, qui embrasse toute espèce de décision ou sentence exécutoire émanée du juge; — Attendu qu'en prononçant la forclusion des créanciers non produisants, qu'en ordonnant le payement des collocations et la radiation des inscriptions, le juge-commissaire à l'ordre rend nécessairement une décision, une véritable sentence, puisqu'il applique la peine infligée par la loi contre les créanciers négligents, puisqu'il prescrit une mesure destructive de tous droits hypothécaires; que, dès lors, si cette décision préjudicie à des créanciers

pas que la sommation de produire ne puisse être faite valablement à l'ancien propriétaire de la créance, au cédant dont le nom et le domicile élu sont seuls indiqués dans l'état des inscriptions, tout au contraire, il constate la validité, la régularité d'une sommation faite ainsi ; et il le fallait bien, puisque, sans cela, il se serait mis en opposition avec les termes et l'esprit de l'art. 2156 c. nap., d'après lequel « les actions auxquelles les inscriptions peuvent donner lieu contre les créanciers, seront intentées devant le tribunal compétent, par exploits faits à leur personne, ou *au dernier des domiciles élus sur le registre*, et ce, *nonobstant le décès, soit des créanciers*, soit de ceux chez lesquels ils auront fait élection de domicile. » Et, en effet, voici ce que nous lisons dans le jugement, dont la cour a adopté les motifs : « Attendu qu'aucune loi n'imposait à Robin-Grandin, comme cessionnaire, l'obligation de faire inscrire ses transport et subrogation ; que son intérêt aurait pu lui dicter cette mesure de prudence, et qu'en la négligeant, et en laissant ignorer aux autres créanciers inscrits l'existence de son transport, *il s'exposait à ce que toute signification au domicile élu par l'inscription de Darrac* (le cédant) *se trouvât valablement faite, et légitimât la clôture de l'ordre, et, par suite, sa forclusion...* » Pourquoi donc l'arrêt, nonobstant la validité, qu'il reconnaît, de la signification faite au cédant, dans l'espèce, a-t-il, néanmoins, admis le cessionnaire à former tierce opposition au règlement définitif? C'est, comme il le dit, parce que « le juge-commissaire ne doit et ne peut clore définitivement l'ordre, et prononcer la déchéance des créanciers non produisants, qu'après l'expiration du mois accordé aux créanciers produisants pour contredire, lequel « délai d'un mois est non-seulement dans l'intérêt de ces derniers créanciers, mais aussi en faveur des créanciers en retard de produire, qui ont, jusqu'à la clôture définitive de l'ordre, le droit de se présenter, sauf à supporter les frais et les dommages causés par leur tardive production. » Or, le contraire avait eu lieu dans l'espèce ; l'ordre avait été clos avant l'expiration du mois, et la tierce opposition du cessionnaire se trouvait ainsi justifiée. — Mais on ne pourrait plus juger de même, à cause de la déchéance qu'encourt aujourd'hui, de plein droit, aux termes de l'art. 755, tout créancier qui n'a pas produit dans les quarante jours de la sommation à lui faite par le poursuivant.

382. Il a été jugé que la faculté, pour le cessionnaire, de changer le domicile élu par le cédant dans l'inscription, n'est limitée à aucune époque ; qu'elle peut être exercé, au moins, jusqu'à l'ouverture de l'ordre ; qu'en conséquence, le créancier, ou son cessionnaire, qui, dans l'intervalle de la dénonciation du jugement d'adjudication à la réquisition de l'ordonnance en vertu de laquelle les créanciers ont été sommés de produire, a changé le domicile élu dans son inscription, doit être sommé à ce nouveau domicile, et qu'il est recevable à former tierce opposition à la clôture de l'ordre, si la sommation de produire a été faite à son cédant, au domicile indiqué dans l'état des inscriptions délivré au poursuivant lors de la notification du jugement d'adjudication, et qu'en conséquence, ladite sommation ne lui soit point parvenue (Rouen, 27 août 1829, et, sur pourvoi, Req. 2 juin 1831, aff. Bellavoine, v° Priv. et hyp., n° 1532).

383. L'art. 659 c. pr., au titre de la *Distribution par contribution*, veut qu'en même temps que les créanciers sont sommés de produire, la *partie saisie* soit mise en demeure de prendre communication des pièces produites et de contredire, s'il y échet. Semblable disposition ne se trouve point au titre de l'ordre. L'art. 755 se borne à ordonner la dénonciation de l'état de collocation provisoire à la partie saisie, avec sommation d'en prendre communication et de contredire, s'il y échet. Pigeau, Comm., t. 2, sur l'art. 755, note 1, en donne pour raison que le propriétaire, dépossédé par une saisie immobilière, est partie dans le jugement d'expropriation ; qu'il est donc averti, par la grande publicité de la saisie immobilière, et par le fait même de sa dépossession, de veiller à ses droits dans l'ordre qui en doit être la suite (Conf. MM. Rodière, t. 3, p. 214 ; Carré et Chauveau, quest. 2555 ; Chauveau, Proc. de l'ordre, quest. 2553-3° ; Grosse et Rameau, t. 2, n° 520 ; Seligman, n° 272 ; Flandin, Tr. de l'ordre, inédit).

384. Il a, du reste, été jugé que toute distribution de deniers entre créanciers, amiable ou judiciaire, doit être faite contradictoirement avec la partie saisie, ou elle dûment appelée ; que, par suite, une procédure en distribution, faite ou reprise sans y appeler la partie saisie, est radicalement nulle, et que tout créancier est habile à se prévaloir de cette nullité, comme pourrait le faire, soit l'adjudicataire, sur lequel les bordereaux sont délivrés, soit la partie saisie elle-même (Riom, 3 fév. 1855) (1).

385. Mais il a été jugé que, lorsque la poursuite d'ordre a

---

non appelés ni représentés, elle se trouve, comme toute autre sentence judiciaire, susceptible d'être frappée de tierce opposition ; que vainement on oppose que la procédure, en matière d'ordre, est toute spéciale, qu'elle a des règles et des formes qui lui sont propres : parce que de ce principe incontestable ne résulte nullement l'exclusion de la tierce opposition, puisqu'il ne s'agit en rien de toucher à l'économie de la procédure, mais uniquement d'une voie extraordinaire contre le règlement définitif, en ce qu'il nuit à un tiers qui n'y aurait point été partie ni même appelé ; — Attendu, en fait, que Robin-Grandin n'a point été partie dans le règlement définitif dont il s'agit, qui a prononcé sa déchéance et ordonné la radiation de l'inscription existant à son profit ; — Attendu qu'il n'y a pas non plus été appelé ; qu'à la vérité, le 10 mars 1834, il a été fait sommation à Darrac de produire à l'ordre ; mais que, par acte notarié du 29 août 1833, Darrac avait cédé sa créance à Robin-Grandin, et que ce transport avait été signifié le 7 sept. suivant ; qu'ainsi, à cette dernière époque, c'est-à-dire plus de six moins avant la sommation faite à Darrac, celui-ci avait cessé d'être créancier, et que Robin-Grandin était propriétaire de la créance ; que conséquemment, la sommation de produire, faite à Darrac, s'adressait à une personne qui était sans droit et sans qualité ; — Attendu qu'aucune loi n'imposait à Robin-Grandin, comme cessionnaire, l'obligation de faire inscrire ses transport et subrogation ; que son intérêt aurait pu lui dicter cette mesure de prudence, et qu'en la négligeant et en laissant ignorer aux autres créanciers inscrits l'existence de son transport, il s'exposait à ce que toute signification au domicile élu par l'inscription de Darrac se trouvât valablement faite, et légitimât la clôture de l'ordre, et, par suite, sa forclusion ; mais qu'on ne saurait en conclure que Robin-Grandin ait été porté dans l'ordre ; qu'ainsi sa tierce opposition est admissible ; — Attendu, au fond, que du rapprochement des art. 754, 755, 756, 757, 758 et 759 c. pr. civ., il résulte que le juge-commissaire ne doit et ne peut clore définitivement l'ordre, et prononcer la déchéance des créanciers non produisants, qu'après l'expiration du mois accordé aux créanciers produisants pour contredire ; qu'en effet, ce délai d'un mois est non-seulement dans l'intérêt de ces derniers créanciers, mais aussi en faveur des créanciers en retard de produire, qui ont, jusqu'à la clôture définitive de l'ordre, le droit de se présenter, sauf à supporter les frais et les dommages causés par leur tardive production ; que, dès lors, quel que soit le silence des créanciers produisants sur le règlement provisoire, quelle que soit même leur approbation de l'exécuter, l'ordre ne peut être définitivement arrêté, tant que ne s'est point écoulé le mois depuis la dénonciation du règlement provisoire ; — Attendu que le règlement provisoire de l'ordre dont s'agit a été dénoncé le 14 août 1834, et clos définitivement le 30 du même mois, et, par conséquent, avant l'expiration du délai prescrit par la loi ; — Attendu qu'il n'est pas méconnu que l'inscription de Robin-Grandin venait utilement ; qu'ainsi, la clôture de l'ordre avant les délais prescrits et, par suite, la déchéance prononcée contre Darrac préjudicient aux droits de Robin-Grandin, ce qui justifie sa tierce opposition ; — Attendu que cette tierce opposition ne saurait être repoussée, sous le vain prétexte qu'il se serait écoulé plusieurs mois depuis le règlement définitif, sans que Robin-Grandin ait fait de production ou élevé de réclamation : d'une part, parce que la production était impossible, le juge-commissaire étant dessaisi par le seul fait de la clôture de l'ordre, et, d'autre part, parce que Robin-Grandin n'a pu agir contre le règlement que lorsqu'il l'a connu, et que, d'ailleurs, nul n'est présumé renoncer à ses droits ; — Reçoit Robin-Grandin tiers opposant au règlement définitif dont s'agit ; déclare nul et de nul effet ledit règlement, à l'égard des créanciers postérieurs, en ordre d'hypothèques, à Robin-Grandin ; ordonne qu'il sera procédé à un nouveau règlement provisoire supplémentaire sur la production de Robin-Grandin, etc. — Appel. — Arrêt.

La cour ; — Adoptant les motifs des premiers juges, confirme.

Du 21 mai 1835.-C. de Paris, 4e ch.-M. Lepoitevin, pr.

(1) (Constant C. Dupic.) — La cour ; — Considérant que de la nature même des choses comme des dispositions des art. 749, 750, 755 ; 769, 770 c. pr. civ., se déduit nettement le principe que toute distribution de deniers entre créanciers, amiable ou judiciaire, doit être faite contradictoirement avec la partie saisie, ou cette partie dûment appelée ; qu'on ne comprendrait pas qu'il en fût autrement, puisque devant profiter de la portion du prix qui ne serait pas épuisée, la partie a intérêt à ce que chaque créancier, dont elle est le contradicteur naturel, ne reçoive que ce qui lui est légitimement dû, et qu'en outre, la procédure étant à ses frais, elle doit pouvoir veiller à ce que cette procédure soit

lieu contre un sous-acquéreur, il suffit au poursuivant de dénoncer le procès-verbal à la partie saisie, sans qu'il soit tenu d'appeler l'ancien propriétaire autrement qu'en sa qualité de créancier inscrit, sauf à ce dernier à intervenir, de son chef, s'il le juge à propos : — « La cour ; — Vu les art. 756 et 757 c. pr. civ.; — Attendu que, la poursuite d'ordre se faisant contre les sous-acquéreurs de l'immeuble, il a suffi au poursuivant de dénoncer le procès-verbal à la partie saisie, sans qu'il fût tenu d'appeler le précédent propriétaire autrement qu'en sa qualité de créancier inscrit, sauf à lui à intervenir, de son chef, s'il le jugeait à propos, par requête, en conformité de l'art. 839 c. pr.; de sorte que, depuis, n'ayant pas pris cette voie, son intervention est irrégulière, et pourrait, par cela seul, être écartée, si, comme créancier inscrit, il n'avait pas qualité pour se présenter, même après l'expiration des délais, aux charges de droit;... — Attendu que l'affaire n'est pas en état d'être jugée au principal, qui a besoin d'instruction, et surtout que les parties n'ont pas conclu au fond devant les premiers juges ; — Infirme,... déclare Dupuis recevable à produire et contredire, aux charges de droit, renvoie les parties à procéder, sur le fond de leurs contestations et les suites de la collocation,. devant le tribunal de l'arrondissement de Louviers » (Rouen, 30 déc. 1814, aff. Dupuis *C.* N...).

386. Ainsi que le dit la cour de Montpellier dans l'arrêt ci-après, la procédure d'ordre a ses règles particulières : le législateur a eu surtout en vue d'abréger les poursuites et de diminuer les frais. Il ne faut donc pas, en cette matière, raisonner par analogie, ni appliquer trop strictement les règles du droit commun (Conf. MM. Chauveau sur Carré, quest. 2553 *bis*; Ollivier et Mourlon, n° 356 ; Bioche, v° Ordre, n° 298, 3e éd. ; Flandin, Tr. de l'ordre, inédit). — Il a été jugé, en conséquence, que la sommation de produire n'est pas soumise à toutes les formalités des exploits d'ajournement; et, spécialement, que des cohéritiers, qui ont agi et pris une inscription en commun pour une créance indivise, et seulement sous le titre de cohéritiers d'un tel, sont suffisamment désignés de la sorte dans la sommation à eux faite de produire dans un ordre (Montpellier, 4 déc. 1832) (1).

387. Mais il a été jugé, avec raison, que la sommation de produire dans un ordre est nulle, si elle n'est faite ni à la personne du créancier, ni à son domicile réel, ni au domicile élu par son inscription; — Que la nullité de cette sommation entraîne la nullité du procès-verbal d'ordre et de tout ce qui a suivi, et enfin que cette nullité n'est pas couverte par la production à l'ordre, si l'acte de production signale le moyen de nullité et demande qu'il y soit statué : — « La cour ; — Attendu que la sommation de produire et d'assister à l'ordre, faite à la partie de Garron, n'a été signifiée ni à son domicile réel, ni à son domicile élu, ni à sa personne ; que cette nullité est la plus radicale qu'on puisse faire, puisque la partie prétendue sommée ne l'a pas été ; que cette nullité a été expressément proposée et demandée par la partie de Garron, par sa requête du 15 juill. 1813, et que ce n'est que très-subsidiairement que ladite partie de Garron a conclu au fond; — ... — Infirme, — Déclare nuls le procès-verbal et les bordereaux de collocation, etc. » (Riom, 7 déc. 1814, 1re ch., M. Redon, 1er pr., aff. Sarrasin *C.* Bruas).

388. Ainsi que l'exprime la commission du corps législatif, « il sera utile que la sommation indique les biens saisis, afin de dispenser les créanciers, qui veulent en comparer la désignation à celle de leur inscription, de faire rechercher au greffe ces détails sur la réquisition d'ouverture, qui ne sera point signifiée désormais » (rapp. D. P. 58. 4. 49, n° 74).

389. La sommation doit contenir l'avertissement « que, faute de produire dans les quarante jours, le créancier sera déchu. » C'est là une addition faite par la commission du corps législatif au projet de loi (rapp. D. P. 58. 4. 49, n° 74), addition motivée sur la gravité des conséquences qu'entraîne, pour le créancier, aux termes de l'art. 755, le défaut de production dans le délai légal.

Mais quelle sera la sanction de cette disposition, au cas où la sommation ne contiendrait pas l'avertissement sus-énoncé? — Une disposition analogue se lit dans l'art. 692, par rapport à l'avertissement que doit donner le saisissant, dans la sommation dont parle cet article, au vendeur pour l'exercice de son action résolutoire, aux créanciers à hypothèque légale non inscrite, pour la conservation de leur hypothèque sur l'immeuble exproprié. Cette dernière disposition, suivant MM. Ollivier et Mourlon, n° 357, aurait pour sanction la peine de nullité, prononcée par l'art. 715, en cas d'inobservation des formalités de l'art. 692. Mais il y aurait à se demander si la peine de nullité peut bien s'appliquer à une disposition de cette nature, qui n'a, semble-t-il ,et ne peut avoir qu'un caractère purement comminatoire ; si elle peut s'y appliquer surtout, alors que cette disposition n'a été introduite, dans l'ancien art. 692, que par la loi du 21 mai 1858, postérieurement, par conséquent, à la disposition législative invoquée? Sans examiner ici cette question, qui n'appartient pas à notre

---

faite conformément à la loi ; — Considérant que, pour procéder régulièrement et utilement, les intimés devaient donc appeler les cohéritiers Grandsaigne, parties saisies, de la même manière et en même temps que les autres créanciers, dans le jugement du 23 fév. 1854, qui, reprenant les opérations au point où elles avaient été laissées par celui du 9 juin 1852, statue sur les contredits, règle définitivement l'ordre et ordonne la délivrance des bordereaux ; qu'il n'en a pas été ainsi, puisqu'il est incontesté que la requête d'avoué à avoué, par laquelle l'instance d'ordre a été reprise, n'a pas été notifiée aux Grandsaigne et que, du reste, ils ne sont aucunement parties dans le jugement ; — Considérant qu'une procédure en distribution ainsi faite ou reprise, sans y appeler la partie saisie, est évidemment nulle, d'une nullité substantielle et radicale, parce qu'il n'y a d'instance, à proprement parler, que lorsque cette instance est liée avec tous ceux dont la présence y est nécessaire, et qu'il ne peut y avoir véritablement d'ordre définitif entre les créanciers que si en même temps cet ordre est fait avec la partie saisie ; — Considérant que, l'ordre étant une procédure spéciale, commune à tous les créanciers et à la partie saisie, il s'ensuit que chaque créancier a intérêt à ce qu'elle soit régulière, et qu'ainsi Constant peut se prévaloir de la nullité du jugement résultant de ce que la partie saisie n'y a pas été appelée, comme pourrait le faire, soit l'adjudicataire sur lequel les bordereaux sont délivrés, soit la partie saisie elle-même ; — Considérant que, le moyen de nullité étant accueilli, il devient, dès lors, inutile d'examiner le mérite des autres griefs tant en la forme qu'au fond ; — Par ces motifs, déclare nul le jugement rendu par le tribunal de Thiers, le 23 fév. 1854.

Du 3 fév. 1855.-C. de Riom, 2e ch.-M. Dumoulin, pr.

(1) (Dame Maffre C. hér. Arthus.) — LA COUR ; — Attendu que la procédure d'ordre a ses règles particulières et spéciales ; que le législateur a eu surtout en vue d'en abréger les poursuites, et d'en diminuer, autant que possible, les frais ; qu'on ne doit donc pas, dans cette matière, raisonner par analogie, ni appliquer aux cas qui s'y présentent les dispositions générales de la loi ; — Attendu que l'art. 753 c. pr., qui veut que les créanciers soient sommés de produire par acte signifié aux domiciles élus dans leurs inscriptions, ou à celui de leurs avoués, ne soumet point cet acte aux nombreuses formalités des exploits d'ajournement ; qu'il suffit donc, pour sa validité, que les créanciers soient clairement désignés et que la signification en soit régulièrement faite aux domiciles indiqués par la loi ; — Attendu que c'est en qualité d'héritiers de Marie Arthus que les intimés avaient pris collectivement leur inscription hypothécaire ; qu'aucun partage n'est intervenu entre eux ; que c'est en cette qualité collective d'héritiers, et sans désignation individuelle de leurs noms, que leur fut faite la notification non querellée de l'acte d'acquisition ; que Chavard, constitué par eux, et chez lequel ils avaient élu domicile dans leur inscription hypothécaire, ne les désigna pas autrement dans l'exploit de notification de sa requête en subrogation des poursuites, en date du 11 juill. 1829 ; que cette même et unique désignation se trouve dans presque tous les libelles des instances dans lesquelles ce même avoué avait occupé pour eux, à raison de la même créance pour laquelle ils agissent ; — Qu'ainsi l'acte de sommation de produire, fait au domicile de cet avoué, en vertu de sa constitution et de l'élection de domicile portée par l'inscription d'hypothèque, en déclarant que c'était aux héritiers de Marie Arthus qu'elle était faite, contenait évidemment une désignation suffisante pour que cet avoué ne pût s'y méprendre ; — Attendu, d'une autre part, que les héritiers Arthus fondaient leur action sur un seul et même titre ; qu'ils n'avaient pris qu'une seule et même inscription ; qu'ils avaient élu le même domicile, constitué le même avoué, et toujours agi collectivement, ainsi qu'il vient d'être dit, et que, dès lors, une seule copie du susdit acte de sommation, laissée à cet avoué commun, suffisait pour leur en donner à tous connaissance ; — Attendu que, cet acte de sommation étant reconnu régulier et valable, et les héritiers Arthus ne fondant leur demande principale en nullité du verbal d'ordre, et leur demande incidente en tierce opposition, que sur la prétendue nullité de cet acte, c'est à bon droit que le tribunal a rejeté l'une et l'autre demande ; — Confirme,

Du 4 déc. 1832.-C. de Montpellier.

matière, il suffit de faire remarquer, comme l'expriment, d'ailleurs, les auteurs précités, que la loi, pour le cas prévu par l'art. 753, ne prononçant pas de nullité, il ne pourrait être permis, même sous prétexte d'analogie, de la suppléer. La sommation n'en sera donc pas moins efficace pour faire courir le délai de l'art. 755, quoique ne contenant pas l'avertissement recommandé (Conf. MM. Bressolles, nº 33; Bioche, vº Ordre, nº 308, 3e éd.; Seligman, nº 268; Houyvet, nº 132; Flandin, Tr. de l'ordre inédit. — *Contrà*, M. Chauveau, Proc. de l'ordre, quest. 2554-4º).

390. En même temps que les créanciers sont sommés de produire, l'ouverture de l'ordre judiciaire est dénoncée à l'avoué de l'adjudicataire (c. pr. 753). « L'utilité, dit le rapport de la commission du corps législatif, d'avertir l'adjudicataire de l'ouverture de l'ordre s'explique par l'intérêt qu'il a à pressentir le moment de la délivrance des bordereaux ou de la consignation exigée par le cahier des charges, par le droit qui peut appartenir à l'acquéreur de se faire colloquer pour les frais de purge » (c. pr. 774; D. P. 58. 4. 49, nº 75).

391. L'adjudicataire n'a pas le même intérêt, dans l'ordre, que le créancier : il n'y a donc pas la même utilité à ce que la dénonciation de l'ouverture de l'ordre lui soit faite par un huissier commis. Il est, néanmoins, dans le vœu de l'article que l'huissier, qui aura été désigné par le juge-commissaire pour faire aux créanciers la sommation de produire, soit également chargé de faire la dénonciation à l'adjudicataire, puisque la loi fait concourir les deux actes (Conf. M. Bioche, vº Ordre, nº 279, 3e éd.); sans, néanmoins, qu'il y ait nullité de la dénonciation, si elle était faite par un autre huissier que l'huissier commis (Conf. MM. Chauveau, Proc. de l'ordre, quest. 2554-6º; Bressolles, nº 32; Flandin, Tr. de l'Ordre, inédit).

392. Dans un but d'économie, il n'est délivré qu'une seule copie à l'avoué qui représente plusieurs adjudicataires (c. pr. 753); disposition, dit M. Houyvet, nº 142, que rien n'autorise à limiter au cas d'adjudication sur expropriation forcée. — V., en effet, l'art. 772, 4e alinéa.

De cette disposition, qui ne concerne que l'avoué représentant plusieurs adjudicataires, M. Chauveau, Proc. de l'ordre, quest. 2554 *ter*, conclut, *à contrario*, que la solution doit être différente, quand il s'agit de créanciers soumis à la forclusion, faute de produire dans un délai fatal (c. pr. 755). « En général, dit-il, la pluralité des copies doit être recommandée toutes les fois qu'il y a des intérêts distincts et divisibles, parce que ce n'est pas à l'avoué que la sommation est destinée, mais bien au client qui doit pouvoir recevoir la copie et adresser les instructions en conséquence à son mandataire » (V. *supra*, nº 358, sur une question analogue, et aussi sous la sect. 10, §§ 1 et 4; nous avons donné la préférence à l'opinion contraire, vº Distribut. par contrib., nº 142). Il paraît ainsi à M. Chauveau qu'on ne saurait reprocher à un avoué d'avoir fait remettre la sommation en autant de copies qu'il y a de cohéritiers entre lesquels se divise la créance, « bien que je n'aille pas, ajoute-t-il, jusqu'à prétendre que la sommation serait nulle, si elle n'avait été notifiée qu'en une seule copie, au nom du créancier auteur commun » (Conf. M. Harel, Journ. des av., t. 89, p. 447, note 2).

393. Il a été jugé, dans ce dernier sens, que la sommation de produire, notifiée au même domicile élu par des créanciers inscrits, doit être faite en autant de copies qu'il y a de créanciers distincts dans l'inscription qui contient l'élection de domicile, encore que ces créanciers soient des cohéritiers : — « Le tribunal; — Attendu que les exploits signifiés à domicile élu doivent, comme une signification à domicile réel, être adressés à chacune des parties par copies séparées; — Qu'il est nécessaire de mettre celui chez lequel le domicile a été élu en position de prévenir chaque intéressé; que, n'étant pas le plus souvent le mandataire des parties, et ayant même pu ignorer l'élection de domicile faite chez lui, on ne peut l'obliger à faire lui-même la copie de l'exploit qui lui aura été laissé, ou à écrire individuellement à chacun des créanciers; — Que toute son obligation consiste à lui adresser les copies qu'il reçoit; — Que, si une seule copie était signifiée pour tous, on le placerait dans cette singulière position de ne pouvoir la remettre à aucun des intéressés, — Qu'il y a d'autant plus lieu de le décider ainsi, sous l'empire de la nouvelle loi sur les ordres, qu'une forclusion rigoureuse atteint le créancier non produisant dans un délai déterminé; — Attendu qu'il n'y a aucun motif pour faire une exception à cette règle lorsque plusieurs cohéritiers ont pris une inscription, dans le même bordereau, et n'ont fait qu'une élection de domicile, puisque leur action se divise;... dit que le coût de l'exploit du 16 mai 1864 sera intégralement compris dans les frais d'ordre, etc. » (trib. de Die, 17 août 1864, aff. Viollet).

394. Il a été jugé, au contraire : 1º que la sommation de produire dans un ordre peut être faite à des cohéritiers en une seule copie, et au domicile élu dans leur inscription chez l'avoué qu'ils ont constitué en commun dans une requête en subrogation aux poursuites de l'ordre (Montpellier, 4 déc. 1852, aff. Maffre, *suprà*, nº 386); — 2º Que la sommation de produire dans un ordre doit être faite, en une seule copie, au créancier qui possède plusieurs inscriptions hypothécaires sur l'immeuble vendu; au créancier qui a subrogé un tiers dans le bénéfice de tout ou partie de son inscription, si le subrogé n'a pas requis inscription en son nom personnel (V. *suprà*, nº 377); aux héritiers du créancier hypothécaire (trib. d'Alger, 2e ch., 20 avr. 1854, aff. Blasselle *C.* Bourdet; Journ. des av., t. 79, p. 421, art. 1857).

395. Si l'adjudicataire était en même temps un créancier inscrit, la dénonciation de l'ouverture de l'ordre, faite à son avoué, ne dispenserait pas le poursuivant de lui faire signifier à lui-même, au domicile élu, ou mieux au domicile de son avoué (*suprà*, nº 346), la sommation de produire, qui doit être donnée à tout créancier pour faire courir contre lui le délai de production (Conf. MM. Ollivier et Mourlon, nº 340; Grosse et Rameau, t. 2, nº 326; Chauveau, Proc. de l'ordre, quest. 2554-6º; Seligman, nº 273; Flandin, Tr. de l'ordre, inédit).

396. Cette sommation, toutefois, ne serait pas nécessaire, s'il ne s'agissait que des frais de purge, pour lesquels l'acquéreur, suivant l'art. 774, doit être employé, par préférence, sur le prix : la dénonciation de l'ouverture de l'ordre, disent MM. Ollivier et Mourlon, nº 309, lui tient lieu, à cet égard, de sommation, comme il résulte du passage du rapport de M. Riché, cité plus haut, nº 390 : « L'utilité d'avertir l'adjudicataire de l'ouverture de l'ordre s'explique... *par le droit qui peut appartenir à l'acquéreur de se faire colloquer pour les frais de purge* » (Conf. M. Bioche, vº Ordre, nº 299, 3e éd.).

397. Ainsi que le fait observer M. Chauveau, quest. 2554-7º, la sommation de produire, qui aurait été adressée, par inadvertance, à l'adjudicataire, au lieu de la dénonciation de l'ouverture de l'ordre prescrite par l'art. 753, lui tiendrait lieu de celle-ci; car il suffit qu'il soit averti, dit l'auteur.

398. D'après le projet de loi, l'adjudicataire, alors même qu'il n'était pas le poursuivant, était tenu, dans les huit jours de la dénonciation qui lui avait été faite de l'ouverture de l'ordre, de faire sommation de produire à la femme du saisi, aux femmes des précédents propriétaires, au subrogé tuteur des mineurs et interdits et aux mineurs devenus majeurs; et copie de ladite sommation devait être notifiée au procureur impérial du tribunal devant lequel l'ordre est poursuivi. On voyait là « un surcroît de garantie, qui devait imposer silence à la critique, l'adjudicataire étant chargé d'ajouter sa sommation de produire à celle que doit faire le poursuivant à la femme du saisi, aux femmes des précédents propriétaires, au subrogé tuteur des mineurs et interdits, aux mineurs devenus majeurs. On peut dire, ajoutait l'exposé des motifs, après cette dernière précaution, rapprochée du droit de préférence à exercer sur le prix, même en l'absence d'inscription, que jamais l'hypothèque légale n'aurait été mieux protégée » (D. P. 58. 4. 44, nº 18). Mais la commission du corps législatif a trouvé quelque chose d'excessif dans ce luxe de formalités, et elle a proposé la suppression de cette partie de l'article, suppression qui a été consentie par le conseil d'Etat (*ibid.*, Rapp., nº 76).

399. L'art. 753 contient une dernière disposition : — « Dans les huit jours de la sommation par lui faite aux créanciers inscrits, le poursuivant, dit-il, en remet l'original au juge, qui en fait mention sur le procès-verbal » (753), et s'assure, ainsi, que les huissiers commis ont rempli leur mission (circ. du 2 mai 1859; D. P. 59. 3. 25, nº 59). — Le projet de loi y ajoutait l'*état des in-*

scriptions. « L'état des inscriptions, disait l'exposé des motifs, joint à l'original de la sommation, permet au juge de s'assurer que l'huissier, par lui commis, a accompli sa mission vis-à-vis de tous les créanciers portés en l'état » (D. P. 58. 4. 44, nº 19). Mais la commission du corps législatif a retranché la disposition relative à l'état des inscriptions, disposition inutile, puisque, d'après l'art. 750, un état des inscriptions est déposé au greffe, au moment de la réquisition de l'ouverture de l'ordre.

400. Suivant MM. Grosse et Rameau, Comm., nº 330, l'absence de remise au juge-commissaire de l'original de la sommation, et de sa mention sur le procès-verbal, empêcherait la déchéance, attachée au défaut de production dans le délai, de courir contre les créanciers. « Tout étant de rigueur, en matière de déchéance, disent-ils, nous estimons qu'un créancier inscrit pourrait, pour la repousser (la déchéance), exciper, non pas de ce que la sommation, à lui opposée, n'aurait pas été remise au juge, dans la huitaine de sa date, le délai n'étant pas prescrit à peine de nullité, mais de ce que cette sommation n'aurait pas été *remise au juge*, ni par lui *mentionnée sur le procès-verbal*, puisque ces faits de remise et de mention sont exigés par la loi, et qu'ils sont complémentaires de la sommation... » Mais cette remise et cette mention ne sont pas davantage prescrites à peine de nullité, et ce n'est, d'ailleurs, qu'une mesure d'ordre, qui ne constitue pas, comme le font observer MM. Ollivier et Mourlon, nº 338, « une des formes de la sommation » (Conf. MM. Chauveau, Proc. de l'ordre, quest. 2554-8º; Seligman et Pont, nº 277; Flandin, Tr. de l'ordre, inédit).

401. L'article parle d'une simple *mention*, et non d'une *annexe*, au procès-verbal d'ordre, de l'original des sommations. Mais, ainsi que le remarque M. Chauveau, Proc. de l'ordre, quest. 2554-9º, le juge-commissaire agira sagement, en ne se bornant pas à mentionner sur son procès-verbal la sommation de produire, mais en y annexant l'original lui-même. Cette mesure, en effet, qui n'augmente pas les frais, et dont personne, par conséquent, n'aurait à se plaindre, assurera la conservation d'un des actes les plus importants de la procédure d'ordre, de celui qui fait courir contre les créanciers un délai de déchéance (Conf. MM. Pont sur Seligman, nº 277, à la note, nº 3; Flandin, Tr. de l'ordre, inédit).

402. L'article ne dit pas, comme pour la sommation de produire, que l'original de la dénonciation faite à l'adjudicataire sera remis au juge-commissaire, pour qu'il puisse s'assurer que la formalité a été remplie. M. Bressolles, nº 32, en témoigne son étonnement; mais le silence de la loi, quant à la dénonciation, peut facilement s'expliquer par la moindre importance de ce dernier acte. C'est une disposition, néanmoins, à suppléer, puisqu'il s'agit là d'une simple mesure d'ordre. Nous disons seulement, comme M. Chauveau, Proc. de l'ordre, quest. 2554-6º, que, la loi ne faisant pas au poursuivant une obligation de remettre au juge-commissaire l'original de la dénonciation faite à l'adjudicataire, l'omission ne pourra être un motif de le faire déclarer déchu de la poursuite, conformément à l'art. 776 (Conf. M. Pont sur Seligman, nº 277, à la note, nº 2).

403. *Enregistrement*. — L'ordonnance du juge-commissaire, mise au bas de la requête du poursuivant, pour l'autoriser à faire sommation aux créanciers de produire leurs titres, en conformité des art. 752 et 753 (anciens) c. pr., doit être enregistrée dans les vingt jours de sa date, d'après la disposition générale de l'art. 37 de la loi du 28 avr. 1816, et elle est passible d'un droit fixe de 3 fr. (Instr. de la régie de l'enreg. du 5 fév. 1844, nº 1704; D. P. 45. 3. 33).

404. Si l'ordonnance à l'effet de sommer les créanciers était contenue dans le procès-verbal d'ouverture de l'ordre, au lieu d'y être seulement relatée, ce procès-verbal, dont elle formerait ainsi une disposition distincte et indépendante des autres dispositions qu'il doit contenir, serait lui-même sujet au droit fixe de 3 fr.— Dans le cas contraire, l'ouverture de l'ordre, comme partie essentielle du procès-verbal d'ordre, n'est point soumise à un droit particulier d'enregistrement (même instruction).

SECT. 3. — *De la production.*

405. Les créanciers, sommés de produire, ainsi qu'il a été dit dans la section précédente, sont tenus de le faire, dans les *quarante jours* de la sommation (c. pr. 754), à peine de *déchéance* (755). — C'est le commentaire de ces deux articles que nous avons à présenter dans la présente section.

406. « Dans les quarante jours de cette sommation, porte l'art. 754, tout créancier est tenu de produire ses titres, avec acte de produit, signé de son avoué, et contenant demande en collocation. — Le juge fait mention de la remise sur le procès-verbal. » — C'est la reproduction textuelle de l'ancien art. 754, sauf en ce qui touche la durée du délai, qui était d'*un mois* seulement. Le projet de loi avait maintenu ce délai, en substituant le terme de *trente jours* à celui d'un mois : c'est la commission du Corps législatif qui a proposé quarante jours, « à cause de la gravité de la déchéance qui doit résulter de la non-production dans le délai » (Rapp. de M. Riché, D. P. 58. 4. 49, nº 77); amendement accepté par le conseil d'État. — Le rapporteur a fait observer, du reste, que la conclusion de l'ordre n'en sera pas reculée, la commission ayant, avec le même assentiment du conseil d'État, fait réduire à vingt jours les trente qui étaient accordés au juge-commissaire pour dresser l'état de collocation (V. l'art. 755).

407. Sous la loi du 11 brum. an 7, les créanciers n'étaient pas tenus de produire leurs titres. Le juge-commissaire commençait par dresser le règlement provisoire sur l'état des inscriptions annexé au procès-verbal par le poursuivant, état qui tenait, en quelque sorte, lieu de production. Ce n'était qu'en cas de contestation que les titres étaient produits. — Il a été jugé, en effet : 1º que, sous la loi du 11 brum. an 7, le créancier inscrit n'était pas obligé, sous peine de déchéance, de produire ses titres pour être colloqué, alors que sa créance n'avait été l'objet d'aucune contestation : — « La cour, attendu que, suivant la loi du 11 brum. an 7, l'ordre doit être dressé sur l'état des inscriptions produit au greffe par le poursuivant; que cet état tient lieu de production pour les créanciers inscrits; que cette loi ne prononce aucune peine, ni déchéance, faute, par le créancier inscrit, d'avoir produit ses titres; que ce défaut de production ne peut empêcher sa collocation à la date de son hypothèque, lorsqu'il ne s'élève, d'ailleurs, aucune réclamation contre le titre de créance; — Attendu, d'ailleurs, que le titre de créance de Quentz était déjà déposé au greffe, lors du procès-verbal d'ordre sur lequel est intervenu le jugement dont est appel;...—Ordonne que Quentz sera colloqué dans l'ordre dont il s'agit, à la date de 1791. » (Paris, 23 mess. an 12, aff. Quentz *C.* N...; Conf. Rouen, 23 niv. an 12, aff. Hue *C.* Cariot; Paris, 13 fruct. an 13, aff. Donis, vº Priv. et hyp., nº 542-1º); — 2º Que la déchéance, prononcée par l'art. 32 de la loi du 11 brum. an 7, contre les créanciers qui n'avaient pas produit à l'ordre dans les trente jours, ne s'appliquait pas aux créanciers inscrits, mais seulement aux créanciers privilégiés non inscrits : — « La cour, attendu que l'art. 32 de la loi de brum. an 7 ne prononce de déchéance que contre les créanciers privilégiés non inscrits, qui n'ont pas produit leurs titres dans les trente jours que cet article fixe pour la clôture de l'ordre, depuis que son ouverture a été notifiée aux créanciers; que, la loi ne prononçant pas la même peine contre les créanciers inscrits, les juges peuvent d'autant moins la suppléer d'office, que les raisons qui ont déterminé le législateur à prononcer la déchéance contre les créanciers non inscrits, ne milite pas également contre les créanciers inscrits, qui sont connus, ainsi que leurs titres et leurs créances, par leurs inscriptions, dont le tableau général, qui doit être délivré par le conservateur et déposé au greffe par le poursuivant, est suffisant, à leur égard, pour dresser le procès-verbal d'ordre, sauf au tribunal, chargé de l'homologation, à statuer sur les contestations auxquelles l'ordre pourrait donner lieu;—Rejette » (Rej. 22 janv. 1806, MM. Malleville, pr., Chasle, rap., aff. Terrasson d'Arèze *C.* dame Rossary).

408. Aujourd'hui, il en est autrement : tout créancier doit, pour être colloqué, en former la demande par acte de produit, signé de son avoué; sinon, les fonds sont distribués en son absence (Conf. M. Tarrible, Rép., vº Saisie imm., § 8, nº 4, sur l'art. 754). — Il a été jugé, par suite, et cette décision serait encore applicable aujourd'hui, que, si l'hypothèque légale, non inscrite, conserve au créancier, même après l'adjudication, tous ses droits sur le prix de l'immeuble adjugé, il faut, pour les conserver, qu'il produise avant la clôture de l'ordre; qu'il ne lui suffirait pas d'avoir fait opposition entre les mains de l'adjudicataire, antérieurement à cette clôture et à la délivrance des bordereaux, mais postérieurement au jugement qui a statué sur les contredits; qu'il faut qu'il y ait production à l'ordre (Toulouse, 1er juill. 1828, aff. Lacassin, vº Priv. et hypoth., nº 2205).

409. La loi fait plus que d'exiger du créancier une demande de collocation, elle veut, comme nous le dirons plus bas, que cette demande soit faite dans un délai déterminé, sous peine de déchéance, laquelle a lieu *de plein droit*, sans qu'il soit besoin, par conséquent, que le juge la prononce (c. pr. 755).—Et il a été jugé que le délai de quarante jours, dans lequel la production doit être faite, court pendant les vacations (Caen, 23 janv. 1860, Aubert et Vauzelles, D. P. 60. 2. 173).

410. Il a aussi été jugé, et cela est sans difficulté, qu'un créancier, ayant hypothèque générale, ne peut être contraint de produire à l'ordre ouvert sur le prix d'un des immeubles soumis à son hypothèque, et que le défaut de production ne peut le priver de ses droits sur les autres immeubles du débiteur (Metz, 20 nov. 1811 (1); V. d'autres arrêts analogues, vº Priv. et hyp., nºs 2346 et suiv.).

411. Le délai de quarante jours, accordé pour produire, est-il un délai *franc?* En d'autres termes, ne doit-on compter, dans le délai, ni le jour de la sommation, *dies à quo*, ni celui de l'échéance du terme, *dies ad quem?* — Nous avons traité cette question, à un point de vue général, vº Délai, nºs 25 et suiv., et aussi vº Priv. et hyp., nºs 1645 et suiv., et nous avons dit que la règle est de ne pas comprendre, dans le délai, le jour *à quo*, mais d'y comprendre le jour *ad quem*. — Dans le cas particulier, la question peut faire plus de difficulté, à cause de l'art. 1033 c. pr., portant que « le jour de la signification ni celui de l'échéance ne sont jamais comptés pour le délai fixé pour les ajournements, les citations, sommations et autres actes faits à personne ou domicile. » Or, ici, c'est précisément de *sommation* qu'il s'agit, d'un acte *fait à personne ou domicile*, puisque l'art. 753 veut que la sommation de produire soit faite aux créanciers, qui n'ont pas d'avoués constitués, *par acte signifié aux domiciles élus dans leurs inscriptions*, et que, de plus, « la sommation contienne l'avertissement que, faute de produire dans les quarante jours, le créancier sera déchu. » — Cependant, on décide généralement, malgré l'art. 1033, que les mots *dans, pendant*, sont inclusifs et ne permettent pas que le jour de l'échéance soit retranché du délai (V. vis Délai, nºs 49 et 51, et Priv. et hyp. nº 2085). Ainsi, une production faite le quarante et unième jour depuis et non compris le jour de la sommation, serait frappée de déchéance (Conf. MM. Ollivier et Mourlon, nº 343; Grosse et Rameau, t. 2, nº 346; Bioche, vº Ordre, nº 320, 3e éd.; Seligman, nº 281; Houyvet, nº 155; — V., dans le même sens, Paris, 30 déc. 1837, aff. Bary, vº Distrib. par Contrib., nº 87-2º. — *Contra* Pigeau, Comm., t. 2, sur l'art. 754, note 1, qui s'est prononcé pour la franchise du délai), ...à moins, toutefois, que le dernier jour du délai ne fût un jour férié (c. pr. 1033 nouveau).

412. Rigoureusement, on devrait avoir, pour faire la production, le quarantième jour tout entier; mais, ainsi que le font observer MM. Ollivier et Mourlon, à l'endroit cité, on sera bien obligé de se conformer aux heures de fermeture du greffe (V. Décret du 30 mars 1808, art. 90, et vº Greffe, nº 17. Conf. M. Bioche, *loc. cit.*).

413. Les mêmes auteurs se demandent, au numéro suivant, s'il ne sera pas loisible au greffier de recevoir la production après l'heure légale? Et ils répondent affirmativement, mais à la condition que la règle sera générale; car il ne lui serait évidemment pas permis de favoriser certains créanciers, au détriment des autres. — Nous avons exprimé la même opinion, pour un cas analogue, vº Priv. et hyp., nº 1733; et, comme MM. Ollivier et Mourlon, nous n'hésitons pas à dire que, si le greffier n'agissait pas de la même manière pour tous, s'il admettait, après la fermeture du greffe, la production des uns et refusait celle des autres, les créanciers non admis auraient contre lui une action en responsabilité. — MM. Grosse et Rameau, t. 2, nºs 338 et 339, ont ouvert un avis semblable; mais ils concluent différemment, en disant « qu'on ne pourra pas recevoir la production, après la durée légale du quarantième jour, *sans s'exposer à une action en responsabilité de la part des autres créanciers intéressés à exciper de la déchéance acquise, parce qu'elle leur a profité* » (Conf. M. Chauveau, Proc. de l'ordre, quest. 2556 *bis*). — Il ne nous semble pas que l'on puisse faire un grief au greffier de sa complaisance à recevoir une production, après l'heure de la fermeture du greffe, dès qu'il n'en fera un privilége exclusif pour personne (Conf. M. Flandin, Tr. de l'ordre, inéd.).— Il a été jugé, dans le même sens, que les actes, qui doivent être faits au greffe, sont valables, quoiqu'ils aient été faits après l'expiration des heures où le greffe doit rester ouvert; et spécialement, qu'on ne peut frapper de déchéance le contredit formulé contre l'état de collocation provisoire le dernier jour du délai, avant minuit (Cass. 27 fév. 1815, aff. Gihoul, *infra*, nº 676).

414. Le délai de quarante jours doit-il être augmenté à raison des distances? — L'affirmative était généralement enseignée sous l'ancien Code, par application de l'art. 1033 c. pr., avec cette restriction, toutefois, que, comme la sommation doit être donnée au domicile élu (lorsqu'il n'y a pas d'avoué constitué), et qu'en cette matière, le domicile élu tient lieu de domicile réel, la distance doit être calculée de ce domicile élu au lieu où siége le tribunal au greffe duquel la production doit être faite (Conf. MM. Carré et Chauveau, quest. 2556; Lepage, t. 2, p. 509; Pigeau, Comm., t. 2, sur l'art. 754, note 1). — Il a été jugé, dans le même sens, que l'augmentation doit être calculée sur la distance qui existe entre le lieu où la production doit être faite et le domicile élu des créanciers, et non d'après le domicile réel (Paris, 16 nov. 1812) (2).

415. Mais la question de principe, celle de l'augmentation

---

(1) (Théru C. N....) — LA COUR; — Considérant que le droit d'hypothèque (que conserve l'inscription), lorsqu'il porte sur plusieurs immeubles, en vertu de la convention faite entre le créancier et le débiteur, peut être exercé, au choix du créancier, sur tel immeuble plutôt que sur tel autre; c'est un droit purement facultatif, dont l'exercice, comme tous les autres, dépend de la volonté de celui au profit duquel il est constitué; il n'appartient, ni au débiteur, ni à aucun de ses créanciers, d'en contraindre un autre à produire des titres de créance pour se faire colloquer, contre son gré, sur le prix de l'immeuble, sous le prétexte qu'il ne se présente pas pour favoriser la collocation de créances postérieures dont l'hypothèque spéciale ne porte que sur l'immeuble dont l'ordre se poursuit, tandis qu'il se réserve le droit de les faire valoir sur d'autres biens dans lesquels son hypothèque primera des créanciers qui seraient payés, si les créances, dont il néglige la collocation sur le premier immeuble, avaient été comprises dans la distribution de son prix. Lorsque l'art. 2161 c. civ. déclare implicitement que la réduction des inscriptions, ou la radiation d'une partie, lorsqu'elles portent sur plusieurs immeubles dont la valeur excède la sûreté des créances, ne s'applique pas aux hypothèques conventionnelles, il faut en conclure que jamais ni la réduction de l'inscription d'une hypothèque conventionnelle, ni la collocation de la créance, ne peuvent être faites contre le gré du créancier, ni sur la demande du débiteur, ni sur celle des créanciers postérieurs dans les autres immeubles, parce que ceux-ci ne peuvent avoir plus de droits que le débiteur; d'où il suit que Théru a bien encouru, faute de la production de ses titres de créance, la déchéance à l'ordre ouvert pour la distribution du prix de la maison vendue aux sieur et dame Gérard de Birchivé, située rue Saint-Mathias, à Charleville; mais qu'il n'a pu être forclos du droit que son inscription lui confère, en vertu de son hypothèque spéciale et conventionnelle, sur les autres immeubles de son débiteur, avec d'autant plus de raison que les créanciers, qui ont poursuivi cette déchéance générale et insolite, lorsqu'ils ont acquis une hypothèque sur les immeubles des sieur et dame d'Houdillot, n'ont pas ignoré celles antérieures de l'appelant, et n'ont dû s'attendre à venir en ordre sur ces immeubles, leur gage commun, que postérieurement; — Attendu, etc.; — Infirme.

Du 20 nov. 1811.-C. de Metz.

(2) *Espèce:* — (Condevillain C. Worbe). — Rose, adjudicataire de quelques immeubles, notifia son adjudication aux créanciers inscrits le 5 juin 1811. 3 sept. suivant, Condevillain, créancier poursuivant, provoqua l'ouverture de l'ordre, et obtint du juge-commissaire la permission de sommer les créanciers de produire. — Mais, le 17 du même mois, Worbe, l'un des créanciers inscrits, requit la nomination d'un nouveau juge-commissaire pour l'ouverture du même ordre. Le président du tribunal renvoya les deux créanciers devant la chambre des avoués pour y

du délai de production, à raison des distances, devient plus douteuse aujourd'hui que la loi du 21 mai 1858 a porté à *quarante jours* le délai qui n'était que *d'un mois*, sous l'ancien code, et qu'elle a attaché la peine de déchéance au défaut de production dans ce délai. « Si l'on admet l'augmentation, dit M. Flandin, Tr. de l'ordre, inédit, au lieu de ces délais fixes, dans lesquels le législateur s'attache à circonscrire la procédure de l'ordre, pour mettre fin aux lenteurs et aux abus de l'ancienne procédure, on aura des délais qui varieront, en raison du nombre et de l'éloignement, et qui prolongeront la durée de l'ordre, contrairement au vœu du législateur ainsi exprimé par le rapporteur de la loi : « Le délai accordé pour cette production, dit M. Riché, fixé à *trente jours* par le projet, a été porté à *quarante*, sur la proposition de votre commission, à cause de la gravité de la déchéance qui doit résulter de la non-production dans le délai. *La conclusion de l'ordre ne sera pas reculée*, parce que votre commission a fait réduire à *vingt* jours les *trente* qui étaient accordés au juge-commissaire pour dresser l'état de collocation... Sommer tous les créanciers au domicile réel, c'est ouvrir une source de frais et de lenteurs, *à raison des distances...* » Et plus loin : « Les délais sont expirés. Le commissaire, *quarante jours* après la date des sommations, dont l'original est sous ses yeux, constate les déchéances. Puis, sur les pièces produites, il dresse l'état de collocation ; il le dresse dans un délai que détermine la loi nouvelle, et que l'ancienne abandonnait à son libre arbitre... » (D. P. 58. 4. 49, n° 77).— « On voit, reprend M. Flandin, que, dans la pensée du rapporteur, il n'est question que d'un délai de *quarante jours*, et qu'il n'est pas fait, une seule fois, allusion à la possibilité d'augmentation de ce délai, en vertu du principe général écrit dans l'art. 1033 c. pr. »

M. Chauveau, Proc. de l'ordre, quest. 2555, dit aussi, revenant sur l'opinion qu'il avait émise sous l'ancien code, que cette opinion ne saurait être maintenue sous l'empire de la loi nouvelle, et qu'il n'y a lieu, dans le cas précité, à aucune augmentation de délai. « Il eût été à désirer, ajoute-t-il, qu'un texte formel tranchât toute difficulté. En l'absence de ce texte, disons que l'esprit d'une loi, qui respire le besoin de célérité par toutes ses dispositions, repousse l'application des principes généraux. » — Nous nous rallions nous-même à cette opinion (Conf. MM. Bioche, v° Ordre, n° 321 ; Seligman, n° 282 ; Houyvet, n° 155. — *Contrà*, MM. Ollivier et Mourlon, n° 342).

416. On avait élevé, avant la loi du 21 mai 1858, la question de savoir si le délai d'un mois, accordé, par l'ancien art. 754, aux créanciers pour produire, était un délai fatal, et si la déchéance devait être prononcée contre les non-produisants dans ce délai? — En l'absence d'un texte prononçant cette déchéance, la négative avait été adoptée. L'art. 756, disait-on, déclare les créanciers forclos, quand ils n'ont pas pris communication, dans le délai, des productions faites ; mais il ne prononce pas la même forclusion, faute de produire. Il y a plus, l'art. 757 détermine quelle est la peine des créanciers qui ont produit tardivement, et cette peine n'est pas la déchéance, mais seulement l'obligation de supporter les frais, sans répétition, et de garantir les intérêts qui auraient cessé, si la production avait eu lieu régulièrement. On concluait du rapprochement de ces textes que les créanciers inscrits pouvaient, après l'expiration du délai, et jusqu'à la clôture définitive de l'ordre, se présenter et produire leurs titres (Conf. MM. Pigeau, Comm., t. 2, sur l'art. 754, note 2 ; Carré et Chauveau, quest. 2567 et 2573 ; Berriat, p. 614 ; Tarrible, rép., v° Saisie immob., § 8, n° 4, sur l'art. 757 ; Favard, t. 4, p. 58). — Il a été jugé, dans le même sens : 1° que le délai fixé par l'art. 754 c. pr. civ., n'emporte point déchéance ; que tout créancier hypothécaire peut, jusqu'à la clôture de l'ordre, intervenir et demander sa collocation, sauf à lui à supporter les frais et les intérêts auxquels sa production tardive a donné lieu (Paris, 30 août 1808, aff. Grenonville C. N... ; 15 janv. 1813, aff. Fayard *C.* Couche ; Rouen, 30 déc. 1814, aff. Dupuis C. N... ; Limoges, 5 juin 1817, aff. Chabrol *C.* Foin ; Riom, 7 juin 1817, aff. Louvet *C.* de Saint-Haon ; Req. 9 déc. 1824, aff. veuve et créanc. Veyrunnès *C.* Filhon, *infra*, 6° ; 9 déc. 1829, aff. Louchet *C.* Obissacq et Bourdon ; Paris, 13 fév. 1836, 3e ch., aff. veuve Pelletier *C.* Dumont) ; — 2° Qu'un ordre n'est réputé clos qu'après la signature du procès-verbal par le juge-commissaire ; qu'en conséquence, les productions des créanciers sont valablement faites, tant que le procès-verbal n'est point signé, encore que la rédaction en serait commencée et même terminée (Nancy, 30 avr. 1844, et, sur pourvoi, Req. 10 janv. 1848, aff. Georgel, D. P. 48. 1. 47) ; — 3° ...Et que le créancier, dont la production à l'ordre a été refusée par le greffier comme tardive, bien que le procès-verbal ne fût pas clos, est recevable, alors qu'aucune décision n'a été rendue contre lui, à attaquer l'ordonnance de clôture par la voie de la tierce opposition (mêmes arrêts) ; — 4° Que l'ordonnance de clôture d'ordre n'est définitive qu'autant qu'elle a été signée tout à la fois, et par le juge-commissaire et par le greffier ; que, dès lors, tant que la signature de ce dernier n'a pas été apposée, les créanciers peuvent encore produire à l'ordre : — « La cour ; — Considérant qu'il est constant, en fait, que le juge-commissaire avait rédigé sur le procès-verbal d'ordre son ordonnance de clôture, et l'avait même signée ; mais que cette ordonnance n'était pas revêtue de la signature du greffier, lors de la production de l'appelant, et ne l'est pas encore ; qu'aux termes de l'art. 1040 c. pr. civ., le juge doit être assisté du greffier dans tous les actes et procès-verbaux de son ministère ; que, dès lors, tous actes et procès-verbaux du ministère du juge doivent être signés par le greffier ; que, jusqu'à la signature du greffier, le juge peut toujours modifier son procès-verbal, qui ne devient complet que lorsque le greffier l'a signé ; qu'ainsi, dans l'espèce, l'ordonnance de clôture étant encore dans les mains du juge-commissaire et pouvant être modifiée par lui, elle n'était pas définitive et ne pouvait pas, dès lors, être opposée au créancier produisant ; — Que c'est conséquemment à tort que le tribunal a refusé de s'expliquer sur le mérite de la production ; — Sans qu'il soit besoin de statuer sur l'appel de l'ordonnance de clôture d'ordre non définitivement arrêtée, infirme ; émendant, déclare l'appelant recevable à produire, et le renvoie à l'ordre pour faire valoir sa production, sauf contredits, etc. » (Bourges, 24 janv. 1838, M. Mater, 1er pr., aff. Augier-Lachaume *C.* Aubier) ; — 5° Que l'ordonnance, par laquelle le juge-commissaire clôt l'ordre en partie, renvoie les créanciers contestants à l'audience, et déclare forclos les créanciers qui n'ont pas contredit l'état de collocation dans le délai prescrit, n'est pas un empêchement pour que le créancier, qui ne s'était pas présenté, fasse sa production et obtienne sa collocation parmi les créances postérieures à celles qui ont été colloquées, pourvu qu'il satisfasse aux conditions prescrites par l'art. 757 c. pr. (Rouen, 13 août 1813, aff. Demire *C.* Lemonnier) ; — 6° Qu'à plus forte raison, aucune forclusion ne peut être prononcée contre des créanciers produisants dans un ordre qui n'a été clos que par une ordonnance illégalement prononcée par le juge-commissaire ; que les tribunaux ne peuvent condamner ces créanciers retardataires qu'aux frais et aux peines portées par l'art. 757 (ancien) c. pr. (Nîmes, 22 avr. 1823,

---

être réglés sur la question de préférence à laquelle leur double réquisition donnait lieu. — Devant cette chambre, Worbe, pour faire écarter la réquisition de Condevillain prétendit que, cette réquisition ayant été faite avant l'expiration des délais fixés par la loi, la procédure était nulle. Pour démontrer cette nullité, Worbe soutenait que ces délais devaient être calculés d'après le domicile réel, et non d'après le domicile élu ; que Condevillain, demeurant au Puy, éloigné de Dreux de plus de 60 myriamètres, n'aurait pu requérir l'ouverture de l'ordre que vingt-deux jours au moins après l'expiration du délai de la loi ; ce qu'il n'avait pas observé. Condevillain répondit que c'était depuis le domicile élu, et non depuis le domicile réel, que devait être calculé le supplément de délai, à raison de distance, dans la supposition où il serait décidé qu'il y a lieu, pour ce cas, à accorder ce supplément de délai ; que, par suite, le délai était expiré lors de sa réquisition. La chambre des avoués embrassa ce dernier système. — Mais le tribunal de Dreux, par jugement du 18 janv. 1812, accueillit les prétentions de Worbe, et déclara nulle la procédure faite par Condevillain. — Appel. — Arrêt.

LA COUR ; — Vu l'avis de la chambre des avoués du tribunal civil de Dreux ; et, par les motifs y énoncés, faisant droit sur l'appel, interjeté par Condevillain, du jugement rendu au même tribunal, le 15 janv. 1812, infirme ; émendant, déboute Worbe de sa demande en préférence...

Du 16 nov. 1812.-C. de Paris.

et, sur pourvoi, Req. 9 déc. 1824) (1); — 7° .... Et que l'arrêt qui ordonne que ces créanciers soient compris dans l'état de collocation ne peut être attaqué, dans l'intérêt des créanciers antérieurs et produisants, s'il n'est rien changé à l'ordre arrêté pour ces derniers (mêmes arrêts).

417. Il a encore été jugé, dans cette dernière affaire : 1° que le juge, commis à la confection d'un ordre, n'est pas compétent pour statuer sur la validité et les effets d'un désistement donné par l'un des créanciers produisants; qu'il doit se borner à en donner acte, et renvoyer les parties devant le tribunal (arrêt de la cour de Nîmes); — 2° Que le désistement d'un créancier produisant dans un ordre n'est pas valable, s'il n'a été signifié que par le nouvel avoué constitué par le mandataire, qui n'avait pas pouvoir de révoquer l'avoué choisi par le créancier, et s'il n'a été signifié qu'au seul créancier produisant, et non à toutes les parties intéressées (même arrêt); — 3° Que, lorsqu'il est constaté, en fait, que le désistement d'un créancier a été obtenu par l'effet d'une surprise dont on a usé envers son avoué, les juges ont pu légalement annuler cet acte et ne lui donner aucun effet, sans qu'il y ait nécessité, pour la cour de cassation, d'examiner si ce même acte a été légalement signifié au seul poursuivant, et si ce dernier était partie capable pour l'accepter au nom de chaque créancier (arrêts précités de la cour de Nîmes et de la chambre des requêtes); — 4° Que le désistement d'une demande, à la différence de l'acquiescement, n'est irrévocable que par l'acceptation; spécialement, que, lorsque le mandataire d'un créancier, qui a produit tardivement dans un ordre, a donné et signifié à l'avoué du poursuivant un désistement de la production du mandant, ce désistement peut être rétracté, si, au moment de la rétractation, il n'a pas encore été accepté par le créancier pour-

(1) *Espèce:* — (Ve et créanc. Veyrunnes *C.* Filhon et autres.) — Froment avait fait saisir les immeubles dépendant de la succession de Veyrunnes, son débiteur, et ouvrir un ordre sur la somme de 16,200 fr., montant de l'adjudication. — Les créanciers furent sommés de produire, et l'état de collocation provisoire fut dressé le 9 août 1821. — Le 10 septembre, après l'expiration du délai pour contredire, mais avant la clôture de l'ordre, les sieur et dame Filhon, créanciers hypothécaires de Veyrunnes, produisirent leurs titres, par le ministère de Me Jaffart, avoué, et demandèrent à être colloqués pour 1,268 fr. — Le 26 sept., avant qu'il eût été statué sur cette production, les époux Filhon donnèrent au sieur David Jaffart le pouvoir de se désister et de transiger avec les créanciers. Ce pouvoir fut signifié, le même jour, à l'avoué de Froment, poursuivant, de la part de David Jaffart, non par Me Jaffart, avoué de Filhon, mais par l'avoué Guyot. L'acte était signé, par David Jaffart, sur l'original et sur la copie, et contenait déclaration, « que Filhon, voulant éviter les frais auxquels pourrait donner lieu contre lui sa production tardive, il se désistait de l'acte de produit fait à sa réquisition, lequel devait être considéré comme non avenu; » et il sommait l'avoué de Froment d'accepter le désistement, sans frais. La procuration de David Jaffart et le désistement furent remis au juge-commissaire, chargé de la confection de l'ordre. Me Coste, avoué du poursuivant, requit la clôture définitive de l'ordre, *tenant*, dit-il, dans son comparant, *le désistement à lui signifié, lequel demeure formellement accepté.* — L'ordre fut clos définitivement. — Le 10 déc. suivant, Me Jaffart, occupant pour Filhon et pour le sieur de Laroche-Poncié, créancier qui n'avait pas encore produit, déclare au greffe former opposition à l'ordonnance de clôture: « attendu que le désistement, fait au nom de Filhon, n'était pas sincère; qu'il était irrégulier et nul en la forme, fait par des personnes sans pouvoir. » — Le lendemain, le juge-commissaire déclara qu'il n'y avait pas lieu de s'arrêter à cette opposition. — Le même jour, Laroche-Poncié produisit ses titres, et demanda à être colloqué. Puis, de concert avec Filhon, il obtint la permission d'assigner, à bref délai, tous les intéressés pour faire prononcer la nullité du désistement et déclarer que la clôture de l'ordre n'était pas définitive. — Le 15 déc., David Jaffart, mandataire, révoqua le désistement qu'il avait donné au nom de Filhon, qui approuva cette révocation : le tout fut signifié au créancier poursuivant. — A cette époque, un sieur Benoit, créancier de la veuve Veyrunnes, produisit ses titres, demanda à être colloqué sur les sommes qui seraient allouées à sa débitrice, et à être reçu partie intervenante dans l'instance d'opposition formée par Filhon et Laroche-Poncié. Ils soutinrent ensemble que le désistement avait été obtenu de Filhon, à l'aide de fraude, et demandèrent à le prouver. — Les autres créanciers prétendirent que le désistement était valable. — 29 janv. 1822, jugement du tribunal de Mende qui déclare l'opposition non recevable, et l'ordonnance de clôture régulière. — 22 avr. 1823, arrêt infirmatif, rendu par la chambre des appels de police correctionnelle de la cour de Nîmes, jugeant en vacations, dont voici les motifs :

« Attendu que le juge-commissaire n'était pas compétent pour statuer sur la validité du désistement et sur ses effets; qu'il devait se borner à en donner acte, et qu'il ne pouvait rien faire de plus, sans excéder ses pouvoirs et ses attributions; — Que, tant que la production de Filhon et de son épouse existait dans l'ordre, elle était un obstacle insurmontable à sa clôture définitive, et qu'elle dut être réputée existante, tant qu'elle n'était pas retirée; qu'un acte ne pouvant être valable qu'autant qu'il y avait été observé la forme qui avait été choisie, le désistement, signifié au nom de Filhon seul, ne constituait pas un relèvement, ni dans le fait, ni dans le droit; qu'il résulte des termes dans lesquels ce désistement est conçu, qu'on ne voulut le faire qu'en conformité de l'art. 402 c. pr., et qu'il eût dû être accepté avant la révocation qui en fut faite, ce qui n'eut pas lieu; qu'il fut fait par un avoué sans qualité, le mandataire n'ayant pas pouvoir de constituer un nouvel avoué, et de révoquer Me Jaffart, ayant seul charge d'occuper; qu'il était irrégulier, pour n'avoir pas été signifié à toutes les parties intéressées; qu'on ne pouvait en reconnaître l'acceptation dans les actes dont on voulait l'induire; que celui qui fut signé par Coste, qui ne fut signifié à aucune des parties, ne constituait pas une acceptation valable, parce qu'en droit, l'acceptation, comme le désistement, doit être signée par la partie ou par un mandataire spécial; que les actes, qui sont présentés comme une exécution de l'ordonnance, sont indifférents, soit comme postérieurs à l'opposition et à la révocation du désistement, soit comme étrangers à Filhon, et qu'il résulte, soit de plusieurs de ces actes, soit des circonstances de la cause, qu'on usa de surprise envers l'avoué de Filhon; — Que Laroche-Poncié et Benoit ont eu le droit de produire, tant que la production des mariés Filhon ne fut pas retirée, et ne pouvaient être déchus que par une ordonnance de clôture; qu'ils ont intérêt et qualité pour attaquer celle qui a été rendue; que les moyens de Filhon leur sont communs, et que cette ordonnance ne pouvait être valable envers les uns et nulle envers les autres; — Que, dès l'instant qu'elle est annulée, le procès-verbal d'ordre étant encore ouvert et ne pouvant être clôturé que dans les délais, la production des sieurs Laroche et Benoit est venue en temps utile. »

Pourvoi de la veuve Veyrunnes. — .....2° Violation des art. 402 et 403 c. pr.— Le désistement judiciaire est un changement de volonté personnelle qui n'a pas besoin d'être accepté pour être irrévocable; ainsi, c'est un point certain que le défaut d'acceptation n'autorise pas à révoquer un désistement d'appel. Il en doit être de même en matière d'ordre. Au surplus, le désistement a été accepté par le poursuivant, seul capable d'accepter, et représentant la généralité des créanciers produisants. Le désistement n'est pas nul, comme l'a prétendu la cour royale, parce que Me Guyot était sans pouvoir : il était censé avoir reçu pouvoir jusqu'à ce qu'il y eût désaveu, et il n'a point été désavoué; — 3° Violation des art. 754 à 759 et 771 c. pr. — L'arrêt, contre toutes les règles de procédure, a rouvert l'ordre au profit de Filhon; car Filhon a produit après l'expiration du délai de production. Il est vrai qu'il a produit dans le mois de la sommation, aux produisants, de contredire; mais il n'a pas contredit, et il ne le pouvait pas, puisqu'il n'était pas antérieurement produisant. De plus, il s'est désisté. Sous tous les rapports, il était donc forclos et non recevable. — La cour a, plus manifestement encore, violé la loi en admettant Benoit et Laroche-Poncié à protester contre l'ordonnance de clôture, ces créanciers n'ayant point produit et l'ordre ayant été clos sans contestation. — Arrêt.

LA COUR; — ... Sur les deux moyens du fond : — Attendu, sur le premier, que le désistement d'une demande, bien différent de l'acquiescement, n'est irrévocable que par l'acceptation; que cela résulte évidemment des art. 402 et 403 c. pr.; que, dans le fait, il a été rétracté, avant qu'aucun contrat n'ait été formé à ce sujet; — Que, sans entrer dans l'examen de la question de savoir si ce désistement avait été légalement signifié au seul poursuivant, et si ce dernier était partie capable pour l'accepter, au nom de chaque créancier, comme il l'est pour recevoir, en leur nom, la signification des actes de procédure, il suffit qu'il soit constaté, en fait, qu'il a été usé de surprise envers l'avoué de Filhon, relativement à ce désistement et aux actes qui l'ont suivi, pour que les juges aient pu légalement annuler cet acte et ne lui donner aucun effet; — Attendu, sur le deuxième moyen, qu'il est subordonné au premier; qu'en effet, une fois constant que la clôture de l'ordre n'a pas été valablement faite, il s'ensuit que la déchéance contre les créanciers non produisants, tels que Laroche-Poncié et Benoit, n'a pu être légalement prononcée, puisqu'aux termes de l'art. 759, la clôture de l'ordre n'a lieu que lorsqu'il ne s'élève aucune contestation; que, dans l'espèce, il en existait sur la validité du désistement, et sur la question de savoir si le juge-commissaire pouvait la prononcer et agir, sans que le tribunal eût statué; que, si Benoit et Laroche-Poncié ont retardé à produire, ils n'ont encouru que les frais et les peines dont parle l'art. 757; que ce sera aux juges à décider de l'application de cet article; — Attendu, enfin, que l'arrêt attaqué ne touche, en rien, à l'ordre arrêté pour les créanciers antérieurs et produisants, et se borne à ordonner que l'état de collocation sera complété et parachevé de la manière prescrite par la loi; — Rejette.

Du 9 déc. 1824.-C. c., sect. req.-MM. Henrion, pr.-Rousseau, rap.

suivant lui-même, mais par son avoué seul, et si cette acceptation, faite seulement dans le comparant d'une réquisition de clôture de l'ordre, n'a été signifiée à aucune des parties (mêmes arrêts ; V. v° Désistement, n° 107). — C'est dans le même sens qu'il a été jugé que l'inscription d'office conserve le privilége du bailleur de fonds, ou des créanciers qui sont à ses droits, même lorsque ceux-ci, sommés de produire, n'ont pas produit à l'ordre ouvert sur le premier acquéreur, et ont perdu le rang que leur assignait leur hypothèque particulière (Bourges, 29 août 1817, aff. Duval, v° Priv. et hyp., n° 660).

418. Il avait, cependant, été jugé, en sens contraire, que le créancier, qui avait laissé expirer les délais de produire à l'ordre, n'était plus recevable à le faire après ce délai (Rennes, 24 nov. 1819, aff. Juhel, V. Exploit, n° 73-2°).

419. On jugeait, en tout cas : 1° que le créancier, qui a été appelé à l'ordre, et qui n'a pas produit dans le délai de la loi, ne peut, lorsque tout est consommé, lorsque les bordereaux de collocation ont été délivrés et soldés, venir, après coup, critiquer les collocations faites en son absence, ni exercer une action en rapport contre les créanciers colloqués (Colmar, 13 mars 1817 (1); Conf. Rouen, 4e ch., 19 janv. 1825, aff. Erard de Saint-Remi C. Delamare);—2° Que cela est vrai aussi bien pour les intérêts, non conservés par l'inscription, que pour le principal avec lequel ils ont été colloqués; que ces intérêts ne sont pas chirographaires, mais hypothécaires, étant l'accessoire de la créance; qu'en les considérant même comme chirographaires, la collocation qui en a été faite n'en est pas moins régulière et inattaquable de la part du créancier qui n'a pas produit dans le délai, et qui ne se présente qu'après la clôture de l'ordre, la délivrance des bordereaux et leur payement (arrêt précité de la cour de Colmar; V. le texte de cet arrêt, *in parte quâ*, v° Priv. et hyp., n° 2407); — 3° Que le créancier, qui n'a pas produit, malgré la sommation à lui faite, n'est pas recevable, après la clôture de l'ordre, et surtout lorsque la cause est pendante devant le juge d'appel, à intervenir dans l'affaire, pour contester les titres des créanciers produisants (Bruxelles, 28 juillet 1830) (2).

420. Cette jurisprudence, qui permettait aux créanciers de produire jusqu'à la clôture définitive de l'ordre, avait donné lieu à de graves abus que la loi du 21 mai 1858 a voulu faire cesser, en décrétant la déchéance contre tout créancier qui n'a pas produit dans le délai de quarante jours, à partir de la sommation. L'exposé des motifs justifie, ainsi, cette capitale innovation : — « Le projet, y est-il dit, propose de déclarer déchus, de plein droit, les créanciers qui n'ont pas produit dans le délai de trente (quarante) jours, à compter du jour de la sommation. Au premier aspect, cette résolution a pu paraître trop sévère, et entraîner des conséquences trop graves. Un examen plus attentif, et la conviction intime que le mauvais vouloir des créanciers était la plus grande cause du mal, ont bientôt ramené les opinions et fait adopter la mesure que nous allons justifier. — Le législateur de 1807 a dit, par son art. 754 : « Dans le mois de la sommation, chaque créancier *sera tenu* de produire, etc... » Et, comme pour annoncer que la désobéissance à cette prescription sera punie avec une rigueur que la remise des titres aura seule le pouvoir d'éviter, il ajoute : « Le commissaire fera mention de la remise sur son procès-verbal. » Mais, après cette rédaction si impérative, si menaçante, il a détruit son œuvre par l'art. 757, et ouvert la porte aux abus les plus multipliés : la production après le mois, et même après la confection de l'état de collocation, est devenue la règle, la production dans le mois est devenue l'exception. Le juge-commissaire, qui ne veut pas avoir à remanier continuellement son règlement provisoire, dont l'établissement n'entraîne pas seulement l'examen de tous les titres et des bordereaux, mais aussi des calculs d'intérêts qui se modifient tous les jours, ne s'empresse pas de le dresser; il retarde indéfiniment son travail, en attendant la production des retardataires. Le temps s'écoule, et l'ordre est arrêté provisoirement, à une époque où il devrait être terminé. Enfin, le commissaire se décide à dresser l'état de collocation; et alors la lice est ouverte aux contredits; le mois qui leur est accordé par l'art. 756 expire; les créanciers diligents n'ont plus rien à dire; c'est alors que les retardataires se montrent; leurs productions s'échelonnent par intervalles; il faut les déclarer aux autres créanciers, et l'œuvre du juge recommence;

(1) (Fabrique de Rosselden C. Gross et cons.) (a) — LA COUR; — Considérant que, sous l'empire de la loi du 11 brum. an 7, aussi bien que sous le code de procédure, le créancier inscrit, qui a été appelé à l'ordre et qui n'a pas produit dans le délai de la loi, ne peut, lorsque tout est consommé, lorsque les bordereaux de collocation ont été délivrés et soldés en vertu du jugement d'ordre intervenu légalement, venir, après coup, critiquer les collocations, attaquer, en façon quelconque, le jugement d'ordre, ni exercer une action en rapport contre les créanciers colloqués, soit hypothécairement, soit chirographairement; que l'effet de la forclusion est, à l'égard du créancier non produisant, quoique dûment appelé, définitif, en ce sens qu'il ne peut pas critiquer le jugement d'ordre exécuté; que l'opposition formée au jugement d'ordre du 27 frim. an 12 est évidemment non recevable, sous un double rapport : le premier, en la forme, en ce que, comme l'ont décidé les premiers juges, cette opposition n'a pas été réitérée par acte d'avoué, formalité requise essentiellement, non-seulement par le code de procédure, mais encore par la législation antérieure existante à l'époque de l'an 12; le second, en ce que, par le défaut de production et la forclusion, le jugement d'ordre du 29 frim. an 12 est devenu définitif et a acquis l'autorité de la chose jugée, les collocations y portées n'ayant été contestées par aucun créancier; — Considérant que l'appel du jugement d'ordre n'est pas plus recevable ni fondé, et ce, par les mêmes motifs; qu'il en est de même de l'action en rapport intentée contre les créanciers colloqués pour les intérêts non conservés par les inscriptions; que, si une pareille action pouvait être admissible, lorsque tout est consommé, il en résulterait qu'il n'y aurait rien de certain, rien de définitif, en matière d'ordre, et que, pendant un temps en quelque sorte indéfini, le créancier qui a produit à l'ordre, dont la collocation n'a pas été contestée, et qui, par suite, a touché le montant de sa créance, pourrait être recherché : ce qui ne serait pas moins contraire à la loi qu'à l'intérêt social.....; — Confirme.

Du 13 mars 1817.-C. de Colmar.

(2) *Espèce :* — (Fabrique de Sainte-Waudru C. hérit. Jacquier de Lomprez.) — LA COUR; — Attendu que, par acte du 17 nov. 1825, les administrateurs de l'église paroissiale de Sainte-Waudru, à Mons, ont été sommés de produire les titres de leur créance entre les mains du juge-commissaire, à l'ordre ouvert pour la distribution du prix des biens vendus à M. Polchet par feu Emmanuel Jacquier de Lomprez; — Attendu que les administrateurs n'ont point produit ces titres, dans le délai fixé pour dresser l'état de collocation, ni même pendant les débats sur le contredit à l'ordre devant le tribunal de Charleroi; — Attendu que le titre 14 c. pr. civ. établit une forme spéciale de procéder, en matière d'ordre, et qu'il résulte de la combinaison des art. 753 et suiv. que l'instance d'ordre est véritablement commencée, dès le moment que les créanciers ont produit leurs titres au juge-commissaire, avec constitution d'avoué de leur part, et non point du jour où, en cas de contestation entre plusieurs des créanciers, le juge-commissaire renvoie les parties à l'audience, en exécution de l'art. 758 c. précité; — Attendu que le juge-commissaire exerce une véritable juridiction, et qu'il est investi par la loi du pouvoir de régler seul l'instance d'ordre, quand il ne s'élève point de contestation entre les créanciers qui ont produit, puisque c'est lui qui dresse l'état de collocation et prononce les forclusions des créanciers retardataires; — Attendu que, si l'art. 757 permet encore aux créanciers de produire leurs titres après le délai fixé, et ne détermine point le terme jusqu'auquel ils peuvent user de cette faculté, il ne faut pas en tirer la conséquence qu'un créancier, qui n'a point produit, malgré la sommation à lui faite, puisse, après la clôture faite de l'ordre, et surtout lorsque la cause est pendante devant le juge d'appel, intervenir dans l'affaire pour y contredire les titres des créanciers produisants, car ce serait lui donner plus de droit que n'en ont ces derniers, qui sont forclos sans sommation ni jugement, faute par eux de prendre communication et de contredire dans le mois de la sommation, conformément à l'art. 755 même code; — Attendu que le motif pour lequel le prédit art. 755 n'exige la dénonciation de la confection de l'état de collocation qu'aux créanciers produisants, c'est que le législateur a pensé que le défaut de produire, de la part de ceux qui ont été sommés de le faire, en vertu de l'art. 753, devait être considéré comme un refus tacite de prendre part à la distribution et à l'instance d'ordre qui l'a précédée; — Attendu que, d'après l'art. 466 c. sus-mentionné, aucune intervention ne peut être reçue, si ce n'est de la part de celui qui aurait le droit de former tierce opposition; — Attendu que, selon l'art. 474 dudit code, aucune partie ne peut former tierce opposition à un jugement qui préjudicie à ses droits que lorsqu'elle-même ou ceux qu'elle représente n'ont pas été appelés; d'où suit que la fabrique de l'église de Sainte-Waudru, qui a été appelée, ne peut être reçue en intervention; — Déclare la fabrique de l'église de Sainte-Waudru non recevable dans son intervention.

Du 28 juill. 1830.-C. de Bruxelles, 3e ch.

(a) V. les faits *suprà*, n° 378.

de nouveaux délais s'ouvrent pour contredire; les intérêts s'accumulent; la situation du débiteur s'aggrave, et le danger augmente pour les créanciers sur lesquels les fonds doivent manquer. — Quelle peine sera donc appliquée à ces créanciers négligents, ou plutôt de si mauvais vouloir? La loi dit qu'ils supporteront les frais de leur production tardive. C'est bien peu de chose; et, d'ailleurs, cela n'indemnise personne de tout le préjudice causé, qui peut être considérable. La loi ajoute, il est vrai, qu'*ils seront garants des intérêts qui auront couru, à compter du jour où ils auraient cessé, si la production eût été faite dans le délai fixé*. Mais qui ne sait que cette menace est d'une exécution difficile, pour ne pas dire impossible? Et qui pourrait dire à quelle époque ces intérêts auraient cessé, surtout si des contestations, portées jusqu'en appel, se sont élevées; à quelle époque le juge-commissaire, qui n'est pressé par aucun délai obligatoire, aurait terminé son règlement définitif? — La mesure est illusoire et ne remplit pas le but. — Qu'importe, d'ailleurs, une part d'intérêts au créancier qui attend son capital, qui en a besoin, qui le demande depuis longtemps, et qui souvent n'en est venu au moyen extrême de l'expropriation que parce que, depuis plusieurs années, le terme est échu? — Qu'est donc devenue l'égalité devant la loi entre tous ceux à qui cette loi commande? De quel droit un ou plusieurs créanciers, négligents ou mal disposés, peuvent-ils ainsi, à leur gré, empêcher les créanciers diligents, et qui ont obéi, de recevoir ce qui leur est dû? Est-ce que la protection de la loi ne doit pas couvrir, de préférence, les intérêts du créancier vigilant? *Jura vigilantibus subveniunt*... Dira-t-on que la loi serait bien sévère, si, pour l'inobservation d'un délai, elle faisait perdre la créance?... Mais, dans la matière même qui nous occupe, le législateur a déployé, contre la négligence, une sévérité qui serait une injustice, si on ne l'étendait pas aux créanciers non produisants. — En effet, l'état de collocation provisoire ayant rejeté, réduit ou placé défavorablement la créance d'un créancier diligent qui a obéi à la loi, s'il ne contredit pas dans le mois, il est forclos, et cette forclusion est définitive, absolue; son droit est à jamais perdu, alors même que, par des productions faites ultérieurement par des créanciers retardataires, le rang auquel il avait été colloqué viendrait à n'être plus utile. La jurisprudence a appliqué cette forclusion avec une telle rigueur qu'il faut reconnaître que toute la défaveur est pour ceux qui ont été d'abord diligents, et tout l'avantage pour ceux qui ne se présenteront qu'à la dernière extrémité... L'indulgence pour les retardataires va jusqu'à prétendre que le délai d'un mois (quarante jours), est trop court pour le créancier qu'une sommation vient surprendre à l'improviste; il n'a pas le temps de chercher, de préparer son titre et de l'envoyer. — C'est ici que la justice de la déchéance, proposée par le projet, éclate dans tout son jour, et démontre l'erreur de cette dernière excuse. — Il n'est pas vrai que le créancier puisse être surpris inopinément par la sommation de produire, et qu'il n'ait qu'un mois (quarante jours) pour chercher et envoyer les pièces nécessaires. L'ordre est ouvert sur une aliénation volontaire, ou sur une vente par expropriation : nous ne pouvons prévoir que ces deux cas. — Si la vente est volontaire, l'acquéreur, soit de son propre mouvement, soit sur la sommation à lui faite par un créancier, est obligé de notifier son contrat à tous les créanciers inscrits, conformément aux art. 2183 et 2185 c. nap. La notification est faite par huissier commis; il est, en outre, obligé de purger les hypothèques légales (art. 2194). L'ordre ne peut s'ouvrir que trente jours après les délais prescrits par ces articles : ainsi le veut le code de procédure civile (art. 775). — Le délai pour la surenchère, fixé par l'art. 2185, étant de quarante jours, et le délai pour la purge des hypothèques légales étant de soixante, il est évident que, près de trois mois avant la sommation de produire, tout créancier inscrit connaît, par une notification spéciale, la vente de l'immeuble, le prix de cette vente, la volonté de l'acquéreur de se libérer, et la nécessité de l'ordre qui va s'ouvrir. Ajoutez à ces délais le mois (les quarante jours) qui suit la sommation, et vous serez convaincus que, s'il ne produit pas, il est coupable de négligence ou de mauvaise volonté. — Si la vente a eu lieu sur saisie immobilière, sa faute est encore plus impardonnable : en effet, il a connu l'insolvabilité de son débiteur, la poursuite, l'adjudication et même l'époque où l'ordre sera ouvert, longtemps avant la nécessité de produire. Par l'art. 692 c. pr. actuel, il est lié à l'instance en expropriation; il est sommé de prendre communication du cahier des charges, et d'assister à la vente dont le jour lui est indiqué : qu'on suppute tous les délais prévus par les art. 694, 695 et 696 c. pr.; qu'on y réunisse les autres délais fixés après l'adjudication par les art. 750 et suiv. de notre projet, l'on sera forcé de convenir que le créancier inscrit n'est pas surpris à l'improviste; qu'il est partie en cause, et qu'il est, depuis plus de trois mois, préparé à la sommation et à la production qui doit la suivre... » (D. P. 58. 4. 44, n° 21).

La commission du corps législatif a approuvé l'innovation. « ... L'expérience, dit le rapporteur, M. Riché, a condamné l'inconséquence du code actuel, qui, après avoir prescrit la production dans le mois de la sommation, permet, en fait, de ne produire qu'après ce délai, et même qu'après la confection de l'état de collocation. Le juge-commissaire, avant de faire cet état, attend les productions arriérées; les retardataires attendent que le commissaire ait fait l'état... L'état de choses actuel présente même une singulière iniquité : le créancier, qui a produit à l'époque voulue, sera déchu du droit de critiquer un état provisoire qui le froisse; mais le créancier tardif aura ce droit! — La négligence est, en fait, impunie ou seulement effleurée d'une peine insignifiante, qui, d'ailleurs, atteint la partie, et non l'avoué, souvent seul coupable. La réparation du dommage est également illusoire, et est d'application difficile. — La seule sanction sérieuse du délai est la forclusion!... » (D. P. 58. 4. 49, n° 77).

Un député, M. Millet, avait proposé, comme amendement, qu'il fût permis au juge-commissaire de proroger le délai pour causes graves. Mais cet amendement n'a pas été admis par la commission : « Ce serait, a-t-elle dit, exposer le juge à des obsessions; les obsessions pourraient conduire à des tolérances; les tolérances à la tolérance pour tous, ou au privilége pour quelques-uns » (Rapp., *loc. cit.*).

421. La déchéance, faute de produire en temps utile, prononcée par l'art. 755, a amené la suppression de l'ancien art. 757, lequel a été remplacé, dans la série des numéros du code, par la disposition relative à la ventilation du prix, lorsque plusieurs immeubles ont été vendus en bloc, ventilation dont n'avait point parlé le code de 1807. — Nous nous occuperons plus bas de la ventilation (V. sous la sect. suiv., art. 2).

422. En matière de contribution, et sous l'empire de l'art. 660 c. pr., qui prononce aussi la forclusion contre les créanciers opposants qui n'ont pas produit dans le mois de la sommation, la cour de Nancy a jugé que la production peut encore être faite, même après l'expiration du mois, et tant que les choses sont encore entières, c'est-à-dire tant que le procès-verbal, qui, après l'expiration de ce délai, doit être clos, ne l'a pas été (Nancy, 27 mars 1848, aff. Chalandar, D. P. 50. 2. 115). — L'arrêt, pour le décider ainsi, se fonde sur ce que, « pour la saine intelligence de l'art. 660, il faut prendre ces mots : *à peine de forclusion*, dans leur sens naturel et vrai;... que la forclusion ne peut se réaliser que par la *forclôture*, c'est-à-dire par un acte ou par un procès-verbal qui clôt dès avant la production tardive; que c'est alors seulement qu'il y a, pour le non-produisant, forclusion, *forum clausum*, résultant, tout à la fois, et de l'article de la loi et du fait même de la clôture opérée;... que, si donc l'art. 660 porte qu'on doit produire dans le mois de la sommation, à peine de forclusion, c'est qu'il suppose que, dès l'expiration du mois, le procès-verbal pourra être clos, c'est qu'il veut que le juge soit à même de le clore, aussitôt le mois expiré; mais qu'il ne porte pas plus nullité pour la production faite après le mois, tout étant resté en état, qu'il ne frappe de nullité le procès-verbal lui-même qui serait fait et clos après l'expiration non pas du mois seulement, mais de plusieurs mois, comme dans l'espèce... » — Il est évident qu'une pareille interprétation, si on voulait l'appliquer à l'ordre, serait en opposition avec l'esprit de la loi nouvelle, tel qu'il résulte de l'exposé des motifs et du rapport ci-dessus, comme avec le texte même de l'art. 755, qui déclare que « l'expiration du délai de quarante jours emporte, *de plein droit*, déchéance contre les créanciers non produisants, » bien qu'il accorde vingt jours au juge-commissaire pour dresser l'état de collocation provisoire (Conf. MM. Grosse et Rameau, t. 2, n° 349 et 353; Ollivier et Mourlon, n° 355; Houyvet, n° 168; Colmet-Daage, n° 1028; Chauveau, Proc. de l'ordre, quest. 2560 *ter*; Seligman, n° 293).

423. En conséquence, il a été jugé, depuis la loi du 21 mai 1858 : 1° que la déchéance, encourue par les créanciers qui n'ont pas produit dans le délai, s'opère de plein droit, sans qu'il soit besoin de la faire prononcer, alors même que le juge-commissaire ne l'aurait pas constatée sur le procès-verbal d'ordre, et qu'il aurait compris les créanciers forclos dans son état de collocation (Caen, 4e ch., 23 janv. 1860, aff. Aubert et Vauzelles, D. P. 60. 2. 173); — 2° Que cette déchéance forme une exception péremptoire, laquelle peut être opposée, en tout état de cause; qu'en conséquence, le créancier, qui a omis ce moyen dans le contredit par lequel il a contesté la collocation du créancier forclos, n'est pas, pour cela, déchu du droit de s'en prévaloir ultérieurement (même arrêt; V. d'autres arrêts analogues sous la sect. 7); — 3° Que la déchéance dont il s'agit peut être opposée même par les créanciers qui n'avaient pas contredit la collocation du créancier forclos (même arrêt). — C'est ici un cas d'application de cette règle générale, que les dispositions qui sont établies par la loi dans un intérêt d'ordre public, ou, plus simplement, dans un intérêt général, ne sont pas purement comminatoires, mais opèrent de plein droit et sont suppléées d'office par le juge (V. v° Conclusions, n° 90, et v° Déchéance, nos 8 et suiv.).

424. Il a été jugé, du reste, contrairement à l'arrêt du 27 mars 1848 (V. n° 422) : 1° que la forclusion, en matière de contribution (comme aujourd'hui en matière d'ordre), est définitive, faute de production dans le délai de l'art. 660 c. pr. :— « La cour, considérant, en droit, d'après l'art. 660 c. pr. civ., que les créanciers opposants sur les deniers à distribuer par contribution doivent produire leurs titres ès mains du juge commis, avec acte contenant demande en collocation et constitution d'avoué, dans le mois de la sommation qui leur est faite à cet égard, à peine de forclusion; — Attendu, en fait, que la sommation de produire a été signifiée à la veuve Rochefort et joints, le 2 juin dernier, et que ce n'a été que les 10 et 17 juillet suivants qu'ils ont produit, conséquemment après l'expiration du mois de la sommation; — Que la veuve Rochefort et joints argumentent des dispositions de l'art. 664, qui porte, dans le cas prévu par cet article, que la forclusion aura lieu *sans nouvelle sommation ni jugement*, pour soutenir que, ces dernières expressions ne se rencontrant pas dans l'art. 660, la forclusion ne peut être encourue, tant que l'état de distribution n'est pas clos; mais que son argumentation est mal fondée, parce qu'il y a une différence sensible entre les deux cas prévus par l'art. 660 et par l'art. 664; — Attendu, en effet, que, dans le premier cas, les créanciers opposants, qui ne produisent pas, n'ayant formé aucune demande en collocation et n'ayant pas constitué d'avoué, le législateur a dû penser qu'il suffisait d'exprimer, à leur égard, la peine de forclusion, sans prévoir qu'il pût, dans ce cas, être fait aucune nouvelle diligence ni poursuite, tandis que, dans le dernier cas, où il s'agit de créanciers produisants et ayant avoués constitués, le législateur a pu penser qu'il pourrait se faire de nouvelles diligences qu'il a cru devoir interdire;... confirme » (Rouen, 4e ch., 13 janv. 1822, aff. Rochefort *C.* Mutel); — 2° Que le créancier, qui n'a pas produit, en son nom personnel, dans le délai, ne peut être relevé de la déchéance qu'il a encourue par la production faite, en temps utile, par son débiteur, mais seulement pour une collocation en sous-ordre au rang de ce débiteur (Bourges, 21 fév. 1850, aff. N..., Journ. de proc. de M. Bioche, n° 7184).

425. C'est une question que celle de savoir si le délai de quarante jours court, pour chaque créancier, du jour de la sommation qu'il a reçue de produire, ou s'il ne court, pour tous les créanciers indistinctement, que du jour de la dernière sommation? — M. Chauveau, Proc. de l'ordre, quest. 2555 *ter*, incline pour cette dernière solution (Conf. MM. Bioche, v° Ordre, n° 321, 3e éd.; Seligman, n° 287 ; Pont sur Seligman, p. 290, note 2). — Il a été jugé, conformément à cette opinion, que le délai de quarante jours, dans lequel chaque créancier doit, sous peine de déchéance, produire à l'ordre et demander sa collocation, commence à courir, non pas, pour chaque créancier, du jour de la sommation qui lui a été faite, mais, pour tous les créanciers indistinctement, du jour de la dernière sommation (Caen, 31 août 1863, aff. Lemuet, D. P. 64. 2. 138). — *Contrà*, MM. Grosse et Rameau, t. 2, n° 341; Houyvet, n° 162; Colmet-Daage, t. 2, n° 1027; circ. min. du 2 mai 1859, D. P. 59. 3. 25, n° 60. — Cette question ayant de l'analogie avec celle de savoir quel est le point de départ du délai de trente jours accordé pour contredire (755 et 756), nous en renvoyons l'examen à la sect. 7, § 2.

426. Il va de soi que la faculté de produire ne dépend pas de la mise en demeure adressée par le poursuivant aux créanciers. Qu'ils aient été sommés, ou non, tous les ayants droit au prix, privilégiés ou hypothécaires, sont recevables à produire leurs titres. Ainsi, le créancier inscrit, mais dont le nom n'a pas été porté par le conservateur sur l'état déposé au greffe, en conformité de l'art. 750, ou que le poursuivant a omis d'appeler à l'ordre, peut y intervenir de lui-même, et former une demande en collocation. Nous avons reconnu ce droit d'intervention aux créanciers chirographaires (*suprà*, n° 99), comment le refuserait-on aux créanciers inscrits ? — Il a été jugé, par suite, qu'un créancier, qui n'est subrogé ni volontairement, ni par justice, aux droits de son débiteur, peut, néanmoins, requérir la collocation de ce débiteur dans un ordre, en vertu de l'art. 1166 c. nap. (Bordeaux, 3 juin 1829, aff. Mazens, V. n° 807; Conf. Gand, 11 mars 1834, aff. de Vanhecke et cons., *infrà*, n° 722-3°).

427. Ce droit d'intervention directe à l'ordre, la loi l'a établi elle-même pour les créanciers qui jouissent d'une hypothèque légale dispensée d'inscription, et qui ont négligé de l'inscrire, dans le délai prescrit pour la purge de cette hypothèque. La loi du 21 mai 1858, ainsi qu'on l'a vu *suprà*, n° 120, a tranché deux questions longtemps controversées, dont la première consistait à savoir si la procédure d'expropriation forcée purge, *ipso facto*, les hypothèques légales comme les hypothèques inscrites; la seconde, si, en cas de non-inscription de l'hypothèque légale, dans le délai de la purge, le droit de préférence survit à l'extinction du droit de suite (V. Priv. et hyp., nos 2198 et suiv.). Ces deux questions sont résolues affirmativement par le nouvel art. 717. — L'art. 772 y a mis une condition, c'est que l'ordre, lorsqu'il a lieu à la suite d'aliénation autre que celle par expropriation forcée, soit ouvert dans les trois mois qui suivent l'expiration du délai de la purge légale. Et cette disposition est rendue commune au cas de surenchère sur aliénation volontaire par l'art. 838 du nouveau code : « ... Néanmoins, après le jugement d'adjudication, par suite de surenchère (sur aliénation volontaire), la purge des hypothèques légales, si elle n'a pas eu lieu. se fait comme au cas d'aliénation volontaire, et les droits des créanciers à hypothèques légales sont régis par le dernier alinéa de l'art. 772. »

428. Le projet du gouvernement donnait aux créanciers à hypothèques légales la faculté de se présenter à l'ordre jusqu'au *règlement provisoire*. Mais la commission du corps législatif a voulu que le droit des incapables fût renfermé dans les mêmes limites que celui des autres créanciers, et elle l'a circonscrit dans le terme de *quarante jours*, accordé, par l'art. 754, aux autres créanciers pour produire. « Il nous a paru plus convenable, a dit le rapporteur au nom de la commission, de la fixer (la limite du droit de préférence) au moment où les créanciers inscrits ne sont plus admis à se présenter : pousser la faveur au delà de ce terme, ce serait exposer le juge à recommencer, ou l'engager à retarder son état provisoire : ce serait contraire à l'esprit de la réforme actuelle » (D. P. 58. 4. 49, n° 60).—Il avait déjà été jugé, avant la loi du 21 mai 1858, que l'acquéreur, qui a, sur les biens à lui vendus, une hypothèque légale dispensée d'inscription, mais qui a négligé, quoique partie dans la procédure d'ordre, de prendre inscription et de produire à l'ordre avant sa clôture (ancien art. 757), encourt la forclusion ; que cette forclusion est absolue, et ne lui permet d'attaquer l'ordonnance de clôture, ni par la voie de la tierce opposition, ni par celle de l'opposition (Limoges, 3e ch., 1er août 1845, aff. Maingasson et Elhève *C.* Trilland).

429. Mais ici une première question : Aucune sommation ne devant être adressée au créancier à hypothèque légale, puisque nous supposons que son hypothèque n'a pas été inscrite, de quel jour fera-t-on courir contre lui les quarante jours?—La loi ne l'a pas dit; mais il faut résoudre la question dans le sens le plus favorable, et décider qu'il jouira du même délai que le créancier qui aura été sommé le dernier (Conf. MM. Ollivier et Mourlon, n° 241; Grosse et Rameau, t. 2, n° 341; Colmet-Daage, t. 2, n° 1027; Flandin, Tr. de l'ordre, inédit).

430. On ne peut en dire autant des créanciers chirographaires opposants à l'ordre : comme il ne s'agit pas, pour ces créanciers, de prendre part à la distribution du prix, mais seulement de sauvegarder leurs intérêts, en faisant écarter de l'ordre des créanciers qui n'ont pas le droit d'y figurer, ou qui n'y doivent figurer que pour une somme inférieure à celle qu'ils réclament, la déchéance, qui, d'ailleurs, est de *droit rigoureux*, ne saurait, il nous semble, leur être applicable, et leur intervention doit être reçue en tout état de cause, conformément à l'art. 466 c. pr., et sous la condition déterminée par cet article (Conf. MM. Chauveau, Proc. de l'ordre, quest. 2558; Flandin, Tr. de l'ordre, inédit).

431. Une autre question consiste à savoir si la condition, imposée, par les art. 772 et 838, dans le cas de vente volontaire, au créancier à hypothèque légale qui ne l'a pas fait inscrire, que l'ordre soit ouvert dans les trois mois qui suivent le délai fixé pour l'inscription des hypothèques légales, est applicable à l'ordre poursuivi à la suite d'expropriation forcée; c'est-à-dire s'il faut, pour que le créancier à hypothèque légale, non inscrit, conserve son droit de préférence, que l'ordre soit ouvert dans les trois mois depuis la transcription du jugement d'adjudication, puisque le jugement d'adjudication, dûment transcrit, a aujourd'hui la vertu de purger, *de plano*, les hypothèques légales non inscrites, comme les autres? — La commission du corps législatif, après avoir résolu affirmativement cette question, laisse apercevoir, cependant, quelque hésitation sur la solution par elle présentée. « Les principes que nous venons d'établir, dit le rapporteur, pour le cas de vente volontaire (art. 772), nous semblent régir le cas d'expropriation forcée. L'art. 717, dans ses expressions finales, exige, pour l'admissibilité du droit de préférence, que l'ordre où ce droit se produira suive de près l'expropriation, dans les délais enchaînés qui résultent de l'art. 751 et de l'art. 752. Il ne s'agit pas seulement de l'ordre amiable réglé par l'art. 751, la rédaction renvoyant également à l'art. 752, qui est relatif à l'ouverture de l'ordre judiciaire.—Au surplus, ajoute le rapport, *si un doute s'élevait sur ce point*, la question aurait peu d'importance pratique, l'expropriation forcée étant presque toujours suivie de près d'un ordre » (D. P. *loc. cit.*, n° 62).

Dans la discussion, un député, M. Josseau, a voulu faire préciser davantage. « La commission, a-t-il dit, voulait que, dans tous les cas, le droit de préférence ne pût être prorogé au delà du délai de trois mois après l'accomplissement de la purge; elle entendait que, pour les deux cas d'expropriation ou d'aliénation volontaire, ce délai fût un maximum. Pour l'aliénation volontaire, l'art. 772 est formel; un délai de trois mois est établi; il court à partir de l'accomplissement des formalités de la purge. Mais, en cas d'expropriation forcée, l'art. 717 et les art. 751 et 752, auxquels il renvoie, sont loin d'être aussi explicites. Le conseil d'Etat a-t-il voulu que, par identité de raison, le maximum du délai fût, dans ce cas, le même? A-t-il voulu que ce délai fût aussi le même pour tous les genres d'ordre? Il ne doit pas y avoir d'incertitude à cet égard, si l'on veut prévenir bien des procès et éviter des nullités. »

M. de Parieu, vice-président du conseil d'Etat, a répondu « que le conseil d'Etat lui paraissait d'accord avec la commission, et que l'addition des mots « *conformément aux art.* 751 et 752 » n'avait eu nullement pour but d'élargir le sens de l'art. 717 proposé par la commission, relativement à son application à l'ordre judiciaire ou à l'ordre de conciliation devant le juge-commissaire; que le conseil d'Etat avait voulu seulement préciser... »—M. Josseau constate que « la pensée du conseil d'Etat est alors exactement la même que celle de la commission. »—Mais un autre député, M. Millet, insiste et demande si la commission entend limiter absolument le délai à trois mois. — M. Riché, rapporteur, répond « qu'aux termes de l'art. 772, l'ordre doit s'ouvrir, après vente volontaire, dans les trois mois; après expropriation forcée, dans les délais qui résultent de la combinaison des art. 751 et 752. L'ordre étant ouvert dans ces délais, la femme peut y produire, si l'ordre est judiciaire, tant que les créanciers inscrits le peuvent, et, si l'ordre est amiable, jusqu'à sa clôture. Ainsi, la femme pourra produire après trois mois, ou après le délai résultant de l'art. 751 et 752; mais il faudra que l'ordre où elle produira ait été commencé dans le délai de trois mois, ou dans celui des art. 751 et 752 » (D. P. 58. 4. 38, note 9).

432. Mais cela, ainsi que le fait observer M. Duvergier, sur l'art. 717, note 3, ne lèvera pas toutes les difficultés. « L'art. 750, dit-il, ordonne à l'adjudicataire de faire transcrire le jugement dans les quarante-cinq jours. C'est un délai fixe. — Dans la huitaine après la transcription, le saisissant doit (c'est toujours l'art. 750 qui parle) requérir l'ouverture de l'ordre. Ici encore la règle est certaine, le temps bien déterminé. — Si le saisissant ne provoque pas l'ouverture de l'ordre, dans le délai de huitaine, ajoute enfin l'article, le créancier le plus diligent, l'adjudicataire ou la partie saisie peut la requérir. Mais il n'y a plus de délai fixé. Si tous ceux qui ont le droit d'agir restent dans l'inaction, *si trois mois s'écoulent depuis la transcription*, le droit de préférence pourra-t-il encore s'exercer? »

Voilà la question posée comme nous l'avons posée nous-même.

« Je crois que non, reprend M. Duvergier : je crois que, par analogie de la disposition de l'art. 772, on pourrait dire aux créanciers à hypothèques légales : s'il y avait eu vente volontaire, votre droit serait éteint; il l'est, à plus forte raison, puisque, après une vente forcée, on a dû supposer, et le législateur a supposé effectivement, que l'ordre serait ouvert à une époque très-rapprochée de la vente, que telle a été la pensée qui a animé le conseil d'Etat et le corps législatif : si elle n'est formellement exprimée dans le texte, c'est parce que, en renvoyant aux art. 751 et 752, on a cru que le droit de préférence se trouvait toujours renfermé dans des limites plus étroites, au cas de vente forcée qu'au cas de vente volontaire. »

Telle est également l'opinion que nous avons émise v° Vente pub. d'imm., n° 1823, mais à laquelle, à raison des doutes qui, comme on vient de le voir, subsistent encore sur la question, nous avons jugé nécessaire de donner de nouveaux développements (Conf. MM. Ollivier et Mourlon, n° 245; Bressolles, n° 34; Flandin, Tr. de l'ordre, inédit).

433. La loi n'a point parlé des créanciers privilégiés de l'art. 2101 c. nap., lesquels, comme la femme et le mineur, sont dispensés de prendre inscription (c. nap. 2107). Il est certain que l'art. 717 c. pr., aux termes duquel le jugement d'adjudication, dûment transcrit, purge *toutes* les hypothèques, en ne laissant aux créanciers d'action que sur le prix, leur est applicable; car le mot *hypothèques* est pris, dans cet article, dans le sens générique. Et d'ailleurs, ainsi que nous l'avons dit, v° Priv. et hyp., n° 2022, aujourd'hui que l'art. 6 de la loi du 23 mars 1855 a aboli les art. 834 et 835 c. pr., et que, d'après ce même article, les créanciers privilégiés, à l'exception du vendeur et du copartageant, ne peuvent, à partir de la transcription, prendre utilement inscription sur le précédent propriétaire, il résulte forcément de là que, bien que les créanciers privilégiés de l'art. 2101 soient dispensés de la formalité de l'inscription, l'immeuble se trouve purgé à leur égard, dès qu'ils ne se sont pas fait inscrire avant la transcription opérée par l'acquéreur ou par l'adjudicataire. Nous disons par l'*acquéreur* ou par l'*adjudicataire*, parce que, ainsi que nous l'avons établi dans le même numéro, aucun des modes de purgement créés par la loi, au cas d'aliénation volontaire, ni celui de l'art. 2183, ni celui de l'art. 2194, n'est applicable à cet ordre de créanciers. Mais, en même temps, nous avons ajouté que, comme on ne pourrait, sans injustice, les écarter de l'ordre, lorsqu'ils s'y présentent, en leur opposant ce défaut d'inscription, il nous paraissait impossible, alors surtout qu'ils n'ont plus aujourd'hui, comme sous le code de procédure, un délai de quinzaine, à partir de la transcription, pour s'inscrire, de leur refuser de se présenter à l'ordre, *tant que le prix n'est pas distribué*.

Ces dernières expressions sont seules à changer. Les créanciers privilégiés dont il s'agit ne doivent pas jouir de plus de faveur que les femmes et les mineurs; et, puisque ces derniers sont soumis, par la loi du 21 mai 1858, à l'obligation de produire à l'ordre dans le même délai que les autres créanciers, il n'y a aucune raison d'en dispenser les créanciers privilégiés de l'art. 2101 (Conf. MM. Ollivier et Mourlon, n° 245; Grosse et Rameau, t. 1, nos 262 et 263; Chauveau, Proc. de l'ordre, quest. 2555-7°).

434. D'après l'art.774 c. pr., « l'acquéreur est employé, par préférence, pour le coût de l'extrait des inscriptions et des dénonciations aux créanciers inscrits. » — Suit-il de là qu'il doive, comme tous autres créanciers, produire à l'ordre pour le montant de ces frais? — Faisons remarquer, d'abord, qu'aux termes de l'art. 753, la sommation de produire n'est adressée qu'aux créanciers *inscrits* : la disposition de l'art. 754, qui exige la production dans les quarante jours, ne semble donc pas faite pour lui, et il répugnerait, assurément, qu'on le déclarât, à raison de ces frais, passible de déchéance, faute de production dans ce délai. D'ailleurs, ainsi que le fait observer M. Chauveau, Proc. de l'ordre, quest. 2553 *ter*, pour les frais privilégiés de poursuite que l'adjudicataire serait astreint, par le cahier des charges, à payer en déduction de son prix, il serait contraire à l'intérêt des créanciers que l'acquéreur ou l'adjudicataire agissent par voie de production, puisque les frais seraient inutilement augmentés, au préjudice de la masse, du coût de la production et du bordereau de collocation. Ces frais privilégiés sont colloqués, d'office, sur une simple note de l'avoué, par le juge-commissaire. Et, s'il arrivait, dit encore M. Chauveau, que le juge-commissaire, muni de tous les renseignements nécessaires, ne fit pas cette collocation, ce serait à l'adjudicataire à agir par voie de contredit, pour faire rectifier, sur ce point, le règlement provisoire.

435. Il a été jugé, cependant, que les frais de production, faits par un acquéreur ou un adjudicataire, pour obtenir collocation des frais de notification de son contrat aux créanciers inscrits, ne sauraient être considérés comme frustratoires, ni par conséquent être rejetés de l'ordre : — « Le tribunal; — Attendu que, dans toute poursuite d'ordre, l'acquéreur ou l'adjudicataire doit être appelé; qu'il ne peut y intervenir que de la même manière que les autres intéressés; — Que l'adjudicataire a, d'ailleurs, son intérêt direct à sauvegarder; qu'il lui importe de demander la distraction sur son prix des frais privilégiés, de surveiller le compte dressé par le juge-commissaire, de demander le plus souvent collocation pour des impôts payés par lui, ou pour des frais de notification, de prendre, en conséquence, communication de l'état de collocation, et enfin de produire son titre; que le ministère d'un avoué lui est indispensable; que la loi a enjoint elle-même au poursuivant de dénoncer l'ouverture de l'ordre à l'avoué de l'adjudicataire... » (trib. de Die, 27 avr. 1864, aff. Fluchaire).

436. Mais, ainsi qu'on l'a vu, n° 395, lorsque l'acquéreur ou l'adjudicataire réunit à cette qualité celle de créancier inscrit, le poursuivant, bien qu'il soit obligé de lui dénoncer l'ouverture de l'ordre, n'est pas dispensé, pour cela, de lui adresser, comme à tout autre créancier, la sommation de produire. Il est manifeste que, dans un cas semblable, l'obligation de produire existe pour cet acquéreur ou adjudicataire, comme pour les autres créanciers, et sous la même peine de déchéance, à défaut de production dans le délai (Conf. MM. Grosse et Rameau, t. 2, n° 326; Chauveau, *loc. cit.*).

437. Il a été jugé qu'on peut valablement produire à un ordre comme prête-nom et dans l'intérêt d'un tiers; que, seulement, en pareil cas, les autres créanciers ont le droit de faire valoir, contre le prête-nom, toutes les exceptions qu'ils pourraient opposer au véritable intéressé (Douai, 21 déc. 1853, aff. Perrot, D. P. 54. 2. 164). — Il est admis, en doctrine comme en jurisprudence, qu'on peut agir, comme prête-nom, dans l'intérêt d'un tiers, pourvu que ce soit sans dol ni fraude (V. Mandat, nos 25 et suiv.; Toulouse, 22 fév. 1828, aff. Maffres, V. *infrà*; Bordeaux, 21 nov. 1828, aff. Maderan, V. *infrà*).

438. La déchéance, encourue par le créancier hypothécaire, faute de produire dans le délai, n'est pas absolue; elle n'a d'effet qu'au regard des autres créanciers hypothécaires parties dans l'ordre; pour les créanciers chirographaires, elle est *res inter alios acta*. Elle éteint le droit de suite sur l'immeuble, au regard de l'acquéreur et des créanciers colloqués; mais elle laisse subsister le droit de préférence sur la portion du prix qui reste à distribuer, après le payement des créances utilement colloquées dans l'ordre. — Vainement dirait-on qu'aux termes de l'art. 759, le juge-commissaire, en prononçant la clôture de l'ordre, et en ordonnant la délivrance des bordereaux de collocation aux créanciers utilement colloqués, ordonne, en même temps, *la radiation des inscriptions de ceux non utilement colloqués;* ce qui réduit ces derniers à la condition de simples chirographaires, d'après ce principe : *point d'inscription, point d'hypothèque* (V. Priv. et hyp., n° 1370); que la distinction qu'on veut établir entre le droit de préférence et le droit de suite est erronée; que ces deux droits sont inséparables; qu'on ne peut anéantir l'un sans anéantir l'autre, parce que le premier est la conséquence du second; que c'est parce que l'hypothèque donne un droit de suite sur l'immeuble qu'elle donne un droit de préférence sur le prix; d'où il suit que, si le droit sur l'immeuble a été complètement anéanti, il n'a pas pu continuer son existence sous une nouvelle forme, et devenir un droit dans le prix : *ex nihilo nihil.* — Nous répondons, avec les arrêts ci-après, que cette radiation n'est ordonnée qu'au point de vue de la libération de l'immeuble, et dans la supposition que le prix entier a été distribué aux créanciers utilement colloqués. Etendre au delà les effets de cette radiation, pour en faire profiter des tiers étrangers à l'ordre, ce serait dépasser le but, et aggraver, sans nécessité, les conséquences, déjà rigoureuses, de la déchéance prononcée contre le créancier négligent : *odiosa restringenda.* — Nous concluons de là, avec M. Colmet-Daage, que ce n'est pas seulement au regard des créanciers chirographaires que doit s'exercer le droit de préférence des créanciers inscrits, non produisants, sur le reliquat du prix; mais qu'entre eux chacun doit conserver le rang que lui donne son inscription (Conf. MM. Chauveau et Carré, quest. 2576-3°, 4° et 5°, et Chauveau, Proc. de l'ordre, quest. 2560 *bis;* Persil fils, Comm. de la loi du 2 juin 1841, n° 391; Grosse et Rameau, t. 2, n° 345; Ollivier et Mourlon, n° 441; Troplong, Hyp., n° 958, note 2; Colmet-Daage, t. 2, n° 1028, 8e éd.; Flandin, Tr. de l'ordre, inéd. — *Contrà*, M. Houyvet, n° 311). — Il a été jugé, dans le même sens, que le seul effet de la déchéance, prononcée par l'art. 759 c. pr. contre le créancier hypothécaire inscrit qui néglige de produire à l'ordre, est de faire perdre à ce créancier le droit d'attaquer les collocations faites en son absence; mais que cette déchéance ne le prive pas de son droit hypothécaire; que l'art. 759 c. pr., qui ordonne la radiation des inscriptions des créanciers non utilement colloqués dans l'ordre, ne peut s'entendre que des créanciers produisants qui n'ont pu être colloqués, par insuffisance de fonds, mais qu'il ne s'applique pas aux créanciers forclos faute de produire; qu'en conséquence, les inscriptions de ces derniers ne laissent pas d'avoir leur effet sur le reliquat du prix, et de les rendre préférables aux créanciers chirographaires qui auraient saisi-arrêté avec eux ce reliquat entre les mains de l'acquéreur, et pour lesquels l'ordonnance du juge, qui a prononcé la déchéance des créanciers non produisants, est *res inter alios acta* (Douai, 30 janv. 1823, et, sur pourvoi, Rej. 10 juin 1828, aff. Laroche-Fontenille; Cass. 15 fév. 1837, aff. Deslandes, v° Priv. et hyp., n° 2288-1° et 2°. V. encore Paris, 8 fév. 1836, aff. Arnault-Seccart, v° Priv. et hyp., n° 2112-2°).

439. Il a été jugé, par application du même principe, que la radiation, prononcée dans le règlement définitif de l'ordre, des inscriptions des créanciers non utilement colloqués, n'a lieu que dans l'intérêt de l'acquéreur de l'immeuble dont le prix est distribué, et dans la supposition conditionnelle que la totalité de ce prix sera distribuée à des créanciers préférables par leur rang dans l'ordre; qu'ainsi, lorsque, postérieurement à la clôture de l'ordre, des créances utilement colloquées (une rente viagère, par exemple), viennent à s'éteindre et à rendre libre une portion du prix, cette portion doit profiter exclusivement, suivant leur rang, aux créanciers non payés auxquels elle aurait dû être distribuée dans l'ordre, sans le concours de ces créances éteintes, et non point au vendeur ou débiteur saisi, qui ne peut y prétendre ni en disposer, au préjudice des hypothèques qui grevaient l'immeuble (Paris, 23 avr. 1836, et, sur pourvoi, Req. 20 juin 1838, aff. Giroust de Villette, v° Priv. et hyp., n° 2288-3°; Conf. Bordeaux, 31 mars 1852, aff. Durand *C.* Breton, *infrà*, sous la sect. 12; Grenoble, 1re ch., 18 ou 26 juill. 1860, aff. Gallix *C.* Chartron et hér. Trouillet);... qui ne peut en disposer surtout au profit d'un créancier ou de son cessionnaire, lequel a été partie dans l'ordre et connaissait les droits des créanciers non utilement colloqués, antérieurs à lui (arrêt précité du 23 avr. 1836); ...alors même que le cessionnaire de ce créancier aurait fait signifier son transport au dépositaire des fonds, avant toute diligence faite par les créanciers (Amiens, 4 avr. 1835, et, sur pourvoi, Req. 8 août 1836, aff. Cavelan et Cie, V. Priv. et hyp., *eod.*).

440. Il a été jugé, au contraire, que, lorsqu'après la clôture d'un ordre et la radiation des inscriptions, un des créanciers colloqués restitue une somme portée, par erreur, dans son bordereau, le montant en appartient à tous les créanciers indistinctement, et non aux créanciers hypothécaires sur lesquels les fonds ont manqué : — « La cour, — attendu qu'après la délivrance des bordereaux de collocation, le juge-commissaire fait la clôture de l'ordre ; qu'il ordonne la radiation des inscriptions ; qu'alors, il ne reste plus ni hypothèques, ni inscriptions; qu'il n'y a plus de créanciers à préférer, puisque la distribution du prix de l'immeuble affecté particulièrement à quelques-uns d'eux a été faite ; — Attendu qu'il en a été ainsi dans l'espèce actuelle ; que la dame Andrielle, créancière, a produit ses titres et demandé sa collocation; qu'il y a été fait droit; que son inscription a été radiée ; que tout est consommé ; que les sommes appartenant au débiteur commun, s'il s'en trouvait depuis la confection de l'ordre, n'ont plus rien de commun avec cet ordre qui n'existe plus ; — Qu'à la vérité, la somme dont les sieurs de Grandmai et Depréaux offrent la remise provient de l'immeuble vendu (il s'agissait de frais d'ordre alloués en excès au poursuivant) ; — Mais attendu qu'elle a changé de nature; qu'elle est, en ce moment, purement mobilière ; qu'il serait impossible de la distribuer aujourd'hui, comme on l'a fait pour le prix de l'immeuble, puisqu'aucun créancier n'a hypothèque, ni inscription ; qu'il n'y a plus d'ordre à suivre ; que tous ont un intérêt égal; — Attendu que c'est ici un recouvrement fait pour le compte du débiteur ; que cette nouvelle ressource doit tourner à l'avantage de tous ses créanciers, quelle qu'ait été l'origine de la somme recouvrée; — A l'égard des sieurs Grandmai et Depréaux, — Les condamne, suivant leurs offres, à remettre la somme de 7,756 fr. 22 c. dont ils ont été dépositaires, sans qu'ils soient tenus d'en payer l'intérêt; — Ordonne que cette somme sera distribuée à tous les créanciers du sieur Andrielle, au marc le franc, etc. » (Bourges, 2e ch., 13 fév. 1824, aff. Grandeffe et autres *C.* créanc. Andrielle).

441. Dans quelques-unes des espèces qu'on vient de citer, les créanciers chirographaires en concours avec le créancier hypothécaire déclaré forclos, faute de produire, n'étaient pas intervenus dans l'ordre comme créanciers opposants ; ce n'était qu'après l'ordre consommé, et pour la portion du prix restée libre entre les mains de l'acquéreur, que le concours s'était établi entre ces divers créanciers. — La solution serait-elle la même, au regard de créanciers chirographaires qui se seraient rendus opposants dans l'ordre ?—Nous avons dit plus haut (n° 342) que les créanciers chirographaires peuvent intervenir à l'ordre pour discuter les titres hypothécaires et empêcher qu'on ne classe comme hypothécaires des créances qui ne le seraient pas ; mais que, pour cela, ils ne sont point parties dans la procédure, et que le poursuivant n'est pas obligé de les sommer de produire, à l'instar des créanciers inscrits. Si cette opinion est vraie, si, quoique investis d'un pouvoir de surveillance, ils sont, en réalité, étrangers à l'ordre, la conséquence est qu'ils ne peuvent exciper, dans leur intérêt, de la déchéance encourue par un créancier inscrit, qui a négligé de produire en temps utile (Conf. MM. Seligman et Pont, n° 399 ; Chauveau, *loc. cit.* ; Flandin, Tr. de l'ordre, inéd.; V. cependant Pau, 26 janv. 1833, aff. Baudon, sect. 18).

442. Il a été jugé : 1° que l'inscription, prise par les syndics d'une faillite, en vertu de l'art. 490 c. com., n'est pas un acte destiné seulement à donner de la publicité à la faillite ; que c'est un acte conservatoire d'un droit hypothécaire né de la faillite, au profit de la masse des créanciers du failli ; qu'en conséquence, cette inscription donne au syndic le droit d'être colloqué, dans l'ordre ouvert sur le prix des immeubles du failli, à la date où elle a été prise, et d'invoquer, contre tout créancier inscrit qui l'aurait encourue, la déchéance édictée par l'art. 755 c. pr. civ. (Paris, 24 avr. 1861) (1) ; — 2° Que les syndics,

(1) *Espèce:* — (Durand et cons. *C.* faillite Thurneyssen.) — En 1852, vente par Marouzy de Aguire du domaine de Saint-Thibault à Thurneyssen, moyennant 200,000 fr. — Thurneyssen ne fit pas de notifications et paya, sur son prix, une partie des créanciers inscrits. Mais, comme il restait des créanciers hypothécaires non payés, le domaine de Saint-Thibault fut saisi immobilièrement et adjugé, le 17 fév. 1857, à Laisné, à l'audience des criées, moyennant 120,500 fr. — Peu après, Thurneyssen étant tombé en faillite, les syndics, aux termes de l'art. 490 c. com., prirent, le 23 mai 1857, une inscription générale sur tous les biens du failli, et, le 3 sept. suivant, une inscription spéciale sur le domaine de Saint-Thibault. — Un ordre ayant été ouvert sur le prix devant le tribunal de Meaux, Durand et consorts furent sommés de produire ; mais, après examen de l'état des inscriptions, ils crurent n'avoir pas intérêt à produire et ne produisirent pas. — Sur pareille sommation adressée aux syndics, ceux-ci produisirent le 7 janvier 1859, et obtinrent, non une collocation dans le règlement provisoire de l'ordre, mais l'attribution du reliquat du prix Laisné, tous les créanciers hypothécaires payés, soit 25,235 fr. 40 c. — C'est alors que Durand et consorts présentèrent au juge-commissaire, les 22 et 24 fév. 1860, deux requêtes de production, et insérèrent au procès-verbal d'ordre un dire pour s'opposer à ce qu'il fût fait attribution du solde du prix aux syndics, au détriment de leurs droits hypothécaires. — Mais, le 25 mai 1860, le juge-commissaire dressa le règlement définitif de l'ordre, écarta les productions tardives de Durand et consorts, prononça contre eux la déchéance édictée par l'art. 755 c. proc., et maintint son règlement provisoire, qui attribuait aux syndics Thurneyssen ces 25,235 fr. 40 cent. — Le 2 juin 1860, Durand et consorts insérèrent au procès-verbal d'ordre un dire nouveau, par lequel ils s'opposaient à l'exécution du règlement définitif, en ce qu'il avait fait attribution aux syndics du solde du prix et ordonné la radiation des inscriptions de Durand et consorts, demandant le renvoi des parties à l'audience sur cette contestation. — En même temps, ils assignèrent lesdits syndics devant le tribunal, par demande principale, pour se faire attribuer, préférablement à eux, jusqu'à concurrence de leurs créances et en vertu de leur droit hypothécaire, la portion du prix disponible, après payement des collocations hypothécaires. — 29 août 1860, jugement du tribunal civil de Meaux, en ces termes : — « Le tribunal, statuant, tant sur l'opposition formée par Durand et consorts à l'ordonnance de clôture de l'ordre Thurneyssen, que sur leur demande principale : — Attendu que, sommés de produire à l'ordre, en leur qualité de créanciers hypothécaires inscrits sur l'immeuble dont le prix était en distribution, Durand et consorts ont négligé de le faire, et par là, encouru la déchéance prononcée par l'art. 755 c. pr. civ. :—Que, dès lors, ils sont non recevables à contester les collocations faites au profit des créanciers plus diligents ; — Attendu, il est vrai, que, pour justifier leurs prétentions, ils soutiennent que les syndics de la faillite de Thurneyssen n'ont été colloqués, sous l'article 3 du règlement définitif, que comme les représentants et ayants cause de ce dernier contre lequel leur hypothèque subsiste, et qu'ils ne peuvent, pas plus qu'il ne le pourrait lui-même, se prévaloir d'une déchéance édictée dans l'intérêt exclusif des créanciers produisants ; — Mais attendu que, dans l'espèce, les syndics ne sont pas seulement les représentants et ayants cause de Thurneyssen, failli ; — Qu'ils ont aussi et surtout agi en vertu de leur droit hypothécaire existant au profit de la masse des créanciers, aux termes de l'art. 490 c. comm. ; — Attendu, en effet, que deux inscriptions avaient été prises, au nom des syndics, l'une le 23 mai 1857, sur tous les biens de Thurneyssen, et l'autre le 3 sept. suivant, spécialement sur le domaine de Saint-Thibault ; — Que c'est à raison de ces inscriptions que les syndics ont été appelés à l'ordre et y ont produit, et que, par suite, ils n'ont été et n'ont pu être colloqués qu'à titre de créanciers hypothécaires, quels que soient, d'ailleurs, les termes dans lesquels cette collocation a été faite; — Attendu que l'art. 490 c. comm. précité serait entièrement sans objet, si l'on n'attribuait à la masse des créanciers qu'un droit chirographaire, et que l'inscription, prise à son profit, serait une formalité illusoire, si elle ne lui assurait la préférence, ni sur les créanciers dont l'inscription serait postérieure à la sienne, ni même sur ceux qui n'auraient pas produit ; — Attendu qu'au regard des tiers, la masse des créanciers a un intérêt distinct de celui du failli, et que c'est pour la défense et la garantie de cet intérêt que la loi a donné le droit de prendre inscription sur les immeubles de ce dernier ; — Qu'il suit de là que la masse des créanciers d'une faillite, appelée et colloquée dans un ordre, peut, comme tout autre créancier inscrit, invoquer, contre ceux qui l'ont encourue, la déchéance énoncée dans l'art. 755 c. proc.; — Déclare les

qui, aux termes de l'art. 490 c. com., ont pris inscription sur les immeubles du failli, doivent être considérés, non comme les représentants et ayants cause de celui-ci, mais comme les représentants et ayants cause de la masse de ses créanciers; qu'en conséquence, les créanciers hypothécaires du failli ne peuvent leur opposer les exceptions opposables au failli lui-même (même arrêt); — 3° Que les mêmes syndics, derniers créanciers inscrits, qui, dans l'ordre ouvert sur le failli, ont demandé simplement et obtenu l'attribution de la somme restée disponible, sans faire mention, dans leur demande de collocation, de leur droit hypothécaire, ne peuvent être considérés comme ayant renoncé à ce droit, dont ils sont toujours aptes à se prévaloir comme justifiant, en tant que de besoin, la collocation obtenue (même arrêt).

La question de savoir si l'inscription, prise par les syndics au profit de la masse, en exécution de l'art. 490 c. com., lui confère un véritable droit hypothécaire sur les immeubles du failli, ou si elle n'a pour objet que de rendre plus notoire l'état de faillite, est une question controversée. Nous l'avons examinée et résolue, dans le premier sens, v° Faillite et banqueroute, n°s 494 et suiv. (aux autorités et arrêts cités dans le même sens, *adde* MM. Bioche, v° Faillite, n° 551; Goujet et Merger, Dict., v° Faillite, n° 325; Lainné, des Faillites, p. 165; Alauzet, Comm. du code de comm., t. 4, n° 1732; Laroque-Sayssinel, Faill. et banq., t. 1, p. 237, n° 6; Flandin, Tr. de la transcr., n° 856; Cass. 29 déc. 1858, D. P. 59. 1. 105; Besançon, 16 avr. 1862, D. P. 62. 2. 85, et le présent arrêt. — *Contrà*, Paris, 22 juin 1850, aff. synd. Bartinet, D. P. 52. 2. 215). — La question hypothécaire résolue dans ce sens, dans l'espèce, il en découlait juridiquement que les syndics de la faillite Thurneyssen avaient qualité pour opposer aux sieurs Durand et consorts, créanciers hypothécaires non produisants, la déchéance qu'ils avaient encourue faute de production dans le délai. — Mais on faisait valoir, contre les syndics, deux autres moyens de fait. En premier lieu, disait-on, le juge-commissaire ne les a pas considérés comme des créanciers hypothécaires, mais uniquement comme des représentants de la partie saisie; aussi ne sont-ils pas colloqués, dans l'ordre, à un rang d'inscription. On y colloque, d'abord, tous les créanciers hypothécaires, et ensuite le règlement accorde aux syndics, par voie d'attribution, ce qui restera libre sur le prix. — D'autre part, ajoutait-on, et en supposant même qu'ils pussent être considérés comme créanciers hypothécaires, s'ils n'ont pas fait valoir, à l'ordre, leur droit d'hypothèque, ils doivent en supporter la peine, comme MM. Durand et consorts; car le juge ne peut pas suppléer, dans une production, une demande qui ne s'y trouve pas; et il ne peut pas colloquer, comme privilégié, un créancier qui n'a produit qu'hypothécairement, encore bien que la créance fût privilégiée; le juge ne peut pas statuer *ultrà petita*, et le produisant lui-même ne peut pas ajouter à sa demande, après les délais fixés pour la production, et une fois la forclusion encourue (Aix, 21 avr. 1845, aff. Vidal, V. n° 487). Les syndics, comme représentant la partie saisie et la masse chirographaire, avaient le droit de demander l'attribution des sommes restant libres après payement des dettes hypothécaires; et, comme créanciers hypothécaires, ils avaient le droit de demander leur collocation au rang de leur inscription. Or, entre ces deux droits, ils ont opté pour le premier, et le juge-commissaire à l'ordre ne les a pas colloqués; il leur a attribué le restant du prix libre, après le payement des créanciers hypothécaires. Que suit-il de là? C'est qu'ils sont forclos du droit de produire hypothécairement, comme MM. Durand et consorts eux-mêmes, et qu'ils se retrouvent tous en face l'un de l'autre, avec les mêmes droits qu'ils avaient avant l'ouverture de l'ordre, c'est-à-dire que MM. Durand et consorts ont un droit d'antériorité dont ils demandent à la cour la consécration.

Quelle que puisse être l'appréciation du point de fait, dans l'espèce, l'arrêt n'en a pas moins une grande portée juridique, au point de vue du droit qu'il reconnaît aux syndics de réclamer, au nom de la masse, une collocation dans l'ordre, et d'opposer aux créanciers non produisants la déchéance édictée par l'art. 755.

443. Les créanciers à hypothèque légale non inscrite, qui, à défaut de production en temps utile, ont perdu tout droit de préférence sur le prix, deviennent-ils, demande M. Chauveau, *loc. cit.*, de simples chirographaires; ou bien, au contraire, peuvent-ils toujours se prévaloir de leur hypothèque à l'encontre, soit des créanciers hypothécaires déchus comme eux, soit des créanciers chirographaires? — L'auteur incline pour ce dernier parti : la peine qui les frappe, dit-il, me paraît toute dans l'intérêt des créanciers inscrits diligents, et je serais d'avis de préférer les incapables protégés par l'hypothèque légale à tous autres, lorsqu'ils ne se trouvent en contact qu'avec des hypothécaires négligents, inférieurs en rang, ou des chirographaires. — Nous sommes, quant à nous, d'un autre avis. C'est par dérogation au principe, consacré par la jurisprudence de la cour de cassation, que la perte du droit de suite entraîne celle du droit de préférence, que les art. 717 et 772 ont permis au créancier à hypothèque légale, qui ne l'a pas fait inscrire en temps utile, de produire à l'ordre, mais dans un délai déterminé. En ne le faisant pas, il cesse d'être dans le cas d'exception, et le principe alors reprend tout son empire (Conf. M. Flandin, Tr. de l'ordre, inédit). — M. Chauveau, du reste, le reconnaît lui-même, car il ajoute : « Je ne puis, cependant, me dissimuler que la loi semble repousser cette interprétation indulgente. »

444. Il a, d'ailleurs, été jugé, avec raison, que la forclusion, encourue par le créancier, faute de production dans le délai, n'est relative qu'à ses droits de créancier, mais qu'elle ne le rend pas non recevable à faire valoir les droits de propriété, ou autres semblables, qu'il prétend avoir sur les biens dont le prix est à distribuer :—« La cour; considérant qu'il a été allégué, par les intimés, que les diligences ou poursuites d'état d'ordre du prix de leur contrat ne sont pas régulières; qu'en tout cas, la forclusion ou déchéance, prononcée contre la dame Dulude, ne pourrait avoir d'autre effet que de la priver d'exercer, comme créancière de son mari, ses droits et actions sur les objets vendus; mais que jamais cette déchéance ne pourrait lui enlever les droits de propriété ou autres semblables qu'elle pourrait avoir sur lesdits objets; qu'il est inutile de s'occuper, en ce moment, du mérite de pareils soutiens; qu'il convient mieux à l'intérêt des acquéreurs d'ordonner que la dame Dulude sera appelée à l'état du procès pour y déclarer si elle a des droits de propriété à exercer sur les objets vendus;... ordonne la mise en cause de la dame Dulude » (Rouen, 2e ch., 23 mai 1817, aff. Campion *C.* Billard).

445. La forclusion, faute de produire dans les quarante jours, dont parle l'art. 755 c. pr., ne peut raisonnablement s'appliquer qu'au créancier qui a été sommé de produire : il n'y a aucune faute à reprocher à celui qui n'a pas été mis en demeure, et il serait injuste qu'il perdît sa créance, par le tort d'autrui. C'est, d'ailleurs, ce qui résulte du texte même de l'art. 754 : « Dans les quarante jours *de cette sommation*, tout créancier est tenu de produire, etc. »

---

parties de Triboulet non-recevables, tant dans leur opposition à l'ordonnance de clôture de l'ordre dont il s'agit que dans leur demande principale, en tous cas mal fondés, les en déboute; — En conséquence, fait mainlevée de toutes oppositions formées par Durand et consorts à la caisse des consignations ou aux hypothèques, ou de toute autre nature à mettre obstacle au payement de la collocation au profit des syndics, notamment de celle, ès mains du greffier, à la délivrance du bordereau de collocation, et les condamne aux dépens envers toutes les parties. » — Appel par Durand et consorts. — Sous le code de 1807, il avait pu s'élever quelques doutes sur cette question, et l'on comprend, jusqu'à un certain point, l'opinion de quelques auteurs, qui soutenaient que cette inscription requise par l'art. 500, n'était qu'un moyen de publicité de l'état de faillite, et ne conférait aucun droit hypothécaire. Mais, si cette controverse pouvait s'élever sous le code de 1807, elle n'est plus possible depuis la loi du 28 mai 1838. — Arrêt.

LA COUR; — Considérant que, si les inscriptions prises par les syndics de la faillite Thurneyssen, en exécution des dispositions de l'art. 490 c. comm., n'ont pas été mentionnées dans leur demande de collocation, il n'en saurait résulter que lesdits syndics ne puissent aujourd'hui invoquer les inscriptions sus-énoncées comme justifiant, en tant que de besoin, la collocation obtenue;—Adoptant, au surplus, les motifs des premiers juges, — Confirme.

Du 24 avril 1861.-C. de Paris, 4e ch.,-MM. Hély-d'Oissel, pr.-Roussel, av. gén., c. conf.,-Bétolaud et Rivière, av.

Il pourra donc intervenir dans l'ordre jusqu'à sa clôture, « se pourvoir, à cet effet, dit M. Chauveau, *loc. cit.*, contre l'ordonnance de clôture définitive (c. pr. 767), et même, après l'exécution de cette ordonnance, la faire tomber par l'action principale en nullité. » — Le droit du créancier omis de produire jusqu'à la clôture de l'ordre est consacré par l'art. 2198 c. nap., lorsque l'omission est le fait du conservateur, et l'analogie doit conduire à le décider ainsi, quand même l'omission ne serait pas le résultat d'une faute imputable à ce dernier (Conf. MM. Bioche, v° Ordre, n° 340, 3e éd.; Houyvet, nos 146 et suiv.; Colmet-Daage, t. 2, n° 1028, 8e édit.; Flandin, Tr. de l'ordre, inédit).

MM. Grosse et Rameau, qui admettent le principe qu'aucune déchéance ne peut atteindre le créancier inscrit qui n'a pas été sommé de produire, ou, ce qui est la même chose, disent-ils, qui l'a été par un acte déclaré nul (t. 2, n° 346), contestent qu'il puisse se présenter à l'ordre jusqu'à la clôture; il ne pourra le faire, suivant eux, que jusqu'au règlement provisoire. « S'il en était autrement, disent-ils, t. 2, n° 350, il suffirait que des créanciers non sommés vinssent successivement présenter leurs titres, pour obliger le juge à refaire continuellement son travail, et même l'empêcher de jamais l'achever. »

446. Il a été jugé, dans le premier sens, sous l'ancien code: 1° que la forclusion, prononcée par l'art. 756, ne peut être opposée au créancier qui n'a pas été sommé de produire, et qu'il peut intervenir dans le règlement provisoire pour le faire réformer : — « La cour; en ce qui touche la fin de non-recevoir que l'on fait résulter de ce que Pigalle n'avait pas produit dans l'ordre : attendu qu'il n'avait pas été appelé à l'ordre; qu'il est intervenu pour soutenir qu'il ne devait pas y avoir lieu à ordre avec les créanciers inscrits depuis le décès; — Décharge Pigalle des condamnations contre lui prononcées; au principal, ordonne que le règlement provisoire de l'ordre dont il s'agit sera réformé, etc. » (Paris, 20 juill. 1811, aff. Pigalle *C.* créanc. Ledoux). — Dans l'espèce, il ne s'agissait pas, à proprement parler, d'un créancier inscrit qu'on eût négligé de sommer de produire, mais d'un créancier chirographaire, ou, pour être plus exact, du cessionnaire d'un des créanciers chirographaires, le sieur Pigalle, intervenant, après l'expiration du délai pour contredire, au règlement provisoire établi pour la distribution d'un prix de vente entre les créanciers, tant hypothécaires que chirographaires, d'un sieur Ledoux, décédé; règlement provisoire dans lequel Pigalle n'avait pas été compris. Mais, quoique rendu pour un autre cas, l'arrêt précité fournit un argument d'analogie pour notre solution (V. aussi, dans le même sens, Poitiers, 26 avr. 1823, aff. Pillat de la Coupe, *infrà* n° 721);—2° Que la surenchère, formée, au cours de l'ordre, par un créancier auquel l'acquéreur n'a pas notifié son contrat, dans les termes de l'art. 2183 c. nap., et qui a été déclarée valable, a pour effet d'annuler le règlement d'ordre qui a pu avoir lieu, et rend, dès lors, sans objet tout recours contre ce règlement (Paris, 30 déc. 1837, et, sur pourvoi, Req. 9 avr. 1839, aff. Mesnier, v° Surenchère, n° 92);— 3° Que cette surenchère profite à tous les créanciers, même à ceux qui ne sont plus dans les délais pour surenchérir, et qui même ont été frappés de déchéance, faute d'avoir produit à l'ordre ouvert, dans l'intervalle, sur le prix de la vente; qu'en conséquence, chacun de ces créanciers, quel qu'il soit, a le droit de poursuivre la revente de l'immeuble par adjudication publique, et cela, nonobstant le désistement du surenchérisseur, ce désistement ne pouvant produire son effet que du consentement de tous les créanciers hypothécaires (mêmes arrêts);—4° Et que la déchéance, prononcée contre le créancier non produisant à l'ordre ouvert pour la distribution du prix d'une vente surenchérie plus tard, ne peut lui être opposée, lors de la distribution du prix résultant de la surenchère, du moins quant à l'excédant de ce prix sur celui de la première vente (mêmes arrêts).

447. Il a, d'ailleurs, été jugé que, lorsqu'un créancier produit tardivement, parce qu'il n'a pas été sommé de produire, c'est le poursuivant qui doit supporter personnellement les frais de cette production, ainsi que les intérêts dont parle l'art. 757 (ancien) c. pr. (Rennes, 5 août 1852 (1).—Conf. MM. Pigeau, Comm., t. 2, sur l'art. 752, note 3; Chauveau, Proc. de l'ordre, quest. 2549-7°).

448. Mais, si le créancier inscrit, qui n'a pas été sommé de produire, ne se présente qu'après la clôture de l'ordre et la délivrance des bordereaux, pourra-t-il encore y réclamer son payement, et par quelle voie? — Il faut distinguer : — Si c'est par une omission du conservateur que ce créancier inscrit n'a pas été porté sur l'état des inscriptions délivré au poursuivant, il n'aura de recours que contre le conservateur (arg. art. 2198 c. nap.; V. *suprà*, n° 282; V. aussi v° Priv. et hyp., nos 2095 et suiv.— Conf. MM. Carré, quest. 2336 et 2568; Grosse et Rameau, t. 1, nos 165 et 166; Houyvet, n° 148; Flandin, *loc. cit.*). —M. Chauveau, Proc. de l'ordre, quest. 2549-7°, réserve, dans ce cas même, au créancier omis, soit l'action en nullité de l'ordre, soit son recours contre le créancier qui a été colloqué à sa place, ou, comme le décide un arrêt de la cour de Colmar, rapporté ci-après, contre le créancier dernier colloqué, pour éviter un circuit d'actions inutile (Conf. Pigeau, Comm., t. 2, sur l'art. 752, note 3).

449. Il a été jugé sur ce point : 1° que les créanciers, dont l'inscription a été omise dans l'état délivré par le conservateur, ne peuvent pas former tierce opposition au jugement qui a homologué l'ordre arrêté entre les créanciers, afin de faire rapporter, par celui qui se trouve avoir été colloqué à leur préjudice, les sommes qu'il a reçues; qu'ils n'ont de recours que contre le conservateur, si l'omission a eu lieu par sa faute (Bruxelles, 15 janv. 1812, aff. veuve Brison, v° Priv. et hyp., n° 2100); — 2° Que le créancier, dont l'inscription se trouve invalidée par l'omission de quelque formalité essentielle imputable au conservateur, ne conserve de recours que contre ce dernier, sans pouvoir prendre rang parmi les créanciers hypothécaires (Paris, 31 janv. 1807, aff. Leroquais, v° Priv. et hyp., n° 2271-1°),— 3° Que le conservateur, qui, dans un certificat sur transcription, a mis en marge d'une inscription une déclaration qui a pour effet de la faire rejeter, est responsable envers le créancier de la même manière que si l'inscription eût été mise dans le certificat (Caen, 16 mars 1842, et, sur pourvoi, Rej. 11 juill. 1843, aff. Michel, v° Priv. et hyp., n° 2978-3°); — 4° ...Que, dans ce cas, le conservateur n'a aucun recours contre le notaire, sur les observations duquel l'annotation a été faite, si le notaire a agi sans fraude (arrêt précité de la cour de Caen); — 5° ... Mais que, dans le même cas, la responsabilité du conservateur est limitée à la somme qui eût été allouée au créancier dans l'ordre (même arrêt).

450. Si l'omission provient d'indications insuffisantes fournies au conservateur, ou si, quoique porté sur l'état des inscriptions, le créancier n'a pas été sommé de produire, dans l'un et l'autre cas, la faute en est au poursuivant, et le créancier omis

(1) (Lemasne C. de Courte.) — Jugement du tribunal civil de Rennes, en ces termes : — « Le tribunal; — En ce qui concerne les frais de production tardive du sieur Courte : — Attendu qu'aucune sommation de produire n'a été faite; qu'ainsi aucune faute ne lui est imputable; qu'on ne saurait lui appliquer les dispositions de l'art. 757 c. pr. civ., qui ne peuvent être invoquées que contre les créanciers qui, quoique sommés de produire, n'ont produit qu'après le délai fixé; que, conséquemment, les frais de la tardive production doivent rester à la charge du poursuivant, sauf son recours, s'il y a lieu, contre le conservateur des hypothèques, à raison d'erreurs ou d'omissions qui lui seraient imputables dans les états des inscriptions hypothécaires, délivrés les 24 juin 1850 et 4 sept. 1851;

Et en ce qui touche la garantie des intérêts mentionnés dans le même art. 757 : — Attendu que, d'après les dispositions de cet article, combiné avec les art. 766 et 770 du même code, les créanciers sur lesquels les fonds manquent ont leur recours contre ceux qui succombent dans les contestations pour les intérêts qui ont couru pendant lesdites contestations; que le même recours est accordé, dans le cas de production tardive, à raison du retard apporté à la procédure d'ordre, par suite de la notification du nouvel état de collocation; que, dans l'espèce, l'adjudicataire, usant d'une faculté qui lui est accordée par la loi, s'est libéré en consignant le prix de l'adjudication; qu'ainsi, le préjudice qu'éprouvent les créanciers sur lesquels les fonds manquent consiste dans la différence du taux de l'intérêt des fonds déposés à la caisse des consignations et le taux de l'intérêt alloué aux créanciers utilement colloqués. » — Appel. — Arrêt.

LA COUR; — Adoptant les motifs des premiers juges, confirme.

Du 5 août 1852.-C. de Rennes, 3e ch.-M. Donnay, pr.

ne saurait être la victime de cette omission. Il aura donc une action contre le poursuivant, par application de l'art. 1382 c. nap., pour la réparation du préjudice qu'il a souffert. — Mais cette action n'est pas exclusive de celle en nullité de l'ordre auquel il a été procédé sans son concours, ou plutôt, ce qui est plus simple, et, par cela même, préférable à une action en nullité de l'ordre, d'une action à diriger, soit contre l'acquéreur, soit contre les créanciers qui ont touché, à son défaut, ce qui va être examiné (Conf. MM. Chauveau sur Carré, quest. 2552 *bis*, et Proc. de l'ordre, quest. 2549-7°; Houyvet, nos 149 et suiv.; Flandin, Tr. de l'ordre, inédit).

451. Mais à qui s'adressera le créancier omis? à l'adjudicataire ou aux créanciers colloqués, pour les obliger au rapport, à concurrence de sa créance, en supposant, bien entendu, qu'elle fût venue en ordre utile? — En s'adressant à l'adjudicataire, il dira que son droit hypothécaire subsiste; qu'on ne peut le lui ravir qu'au moyen de l'accomplissement de toutes les formalités légales; que, si un ordre a été ouvert et un payement effectué en vertu de cet ordre, l'immeuble ne peut être purgé que tout autant que l'ordre est régulier et que les créanciers y ont été tous appelés; que, renvoyer un créancier hypothécaire, non appelé à l'ordre, à se pourvoir en rapport contre les créanciers colloqués, ce serait dénaturer son droit, convertir un droit réel en droit personnel (Conf. M. Houyvet, n° 150, qui, toutefois, n° 150 *bis*, accorde à l'adjudicataire son recours contre les derniers créanciers colloqués).— Mais, avec un arrêt de la cour de Liége, l'adjudicataire répondra victorieusement qu'il a été étranger aux poursuites; qu'aucune faute ne peut lui être imputée; qu'il ne peut être tenu au delà de son prix, et qu'en le payant aux créanciers utilement colloqués et en vertu des bordereaux délivrés sur lui, il n'a fait que se conformer aux ordres de la justice (V. encore, comme analogie, Poitiers, 11 mars 1824, aff. Rousseau, v° Priv. et hyp., n° 2292. — Conf. MM. Chauveau et Flandin, *loc. cit.*).

452. Il a été jugé, ainsi, que ce n'est pas contre l'adjudicataire de l'immeuble, vendu sur saisie, que le créancier hypothécaire, qui n'a pas été appelé à l'ordre, peut exercer son recours, mais contre les créanciers colloqués, et par voie de tierce opposition, pour les obliger au rapport, alors que les poursuites n'ont pas été dirigées par cet adjudicataire, lequel a versé son prix entre les mains des créanciers utilement colloqués : — « La cour; attendu que Stimbert a poursuivi la saisie jusqu'à l'adjudication définitive, et que toutes les poursuites pour parvenir à l'ordre ont été faites par lui, en sorte que l'adjudicataire Devigne y est resté étranger ou n'y a figuré que comme forcé; attendu que, si l'intimé Biolley n'a pas été appelé à l'ordre, ce n'est pas à l'adjudicataire Devigne, à qui aucune faute ne peut être imputée, qu'il aurait dû s'en prendre, lequel, étant étranger aux poursuites de l'ordre, ne pouvait être tenu au delà du prix de son adjudication, et qui, en versant ce prix entre les mains des créanciers utilement colloqués, conformément à l'ordonnance du juge-commissaire et d'après les bordereaux de collocation délivrés par le greffier, a rempli tout ce que la loi exigeait de lui pour purger l'immeuble à lui adjugé; — D'où il suit que la demande de Biolley, formée contre Devigne comme adjudicataire de l'immeuble, par suite d'une expropriation forcée dont il savait ou du moins devait savoir que le prix avait été payé d'après un ordre, n'est pas recevable, sauf à lui d'agir en rapport, par voie de tierce opposition, contre les créanciers colloqués; infirme » (Liége, 13 mars 1833, aff. Devigne *C.* Biolley. — Conf. Riom, 9 juill. 1852, aff. Grégoire *C.* Ravinel).

453. Il a été jugé, dans le même sens, que l'adjudicataire, étranger à l'ordre, et qui a payé son prix aux créanciers porteurs des bordereaux délivrés par le juge, ne peut être actionné, concurremment avec ces créanciers, en nullité du payement ainsi fait, par un créancier non colloqué, mais à qui n'a pas été dénoncé le règlement provisoire pour le mettre à portée de le contredire; que ce créancier, par conséquent, doit supporter personnellement les frais de mise en cause de cet adjudicataire : — « La cour; en ce qui touche la mise en cause des époux Person : attendu qu'en leur qualité d'adjudicataires, ils n'ont pris aucune part à l'ordre auquel ils étaient étrangers; qu'ils ont dû payer le prix de leur acquisition aux créanciers porteurs des bordereaux qui leur ont été délivrés, et qu'ils ne devaient, sous aucun rapport, figurer dans l'instance en désaveu; qu'ils ont été mal à propos mis en cause, et que c'est à ceux qui les ont appelés à en supporter les frais... » (Poitiers, 26 avr. 1825, aff. Pillat de la Coupe *C.* époux Person et autres).

454. Ce qu'on vient de dire, du reste, ne fait pas obstacle à ce que l'adjudicataire, si le créancier omis s'est adressé à lui, et qu'il ait été contraint, sur cette action, de payer une seconde fois, n'agisse récursoirement contre les créanciers derniers colloqués (Conf. M. Houyvet, *loc. cit.*). — Il a été jugé, ainsi, que l'adjudicataire peut répéter, contre les créanciers derniers colloqués, la portion de son prix qu'il a été obligé de payer une seconde fois à un créancier préférable à ces créanciers, et dont l'hypothèque, portant sur un ancien propriétaire, n'avait pas été purgée et était restée ignorée lors de la confection de l'ordre (Caen, 16 août 1842 (1). V. encore Rej. 9 nov. 1812, aff. Pabst, et 31 janv. 1815, aff. Daniel, *suprà*, n° 72-1° et 2°).

(1) *Espèce :* —(Lecieux *C.* Dubreuil.)—LA COUR;—Considérant qu'en vertu du jugement, rendu, le 11 nov. 1826, sur les poursuites de Vimard, les immeubles appartenant à Dénize furent adjugés à Dubreuil, et que, par suite, un état d'ordre fut rouvert pour la distribution du prix; — Considérant qu'après la clôture de cet état d'ordre et la distribution des deniers, lorsque, depuis longtemps déjà, les biens adjugés à Dubreuil étaient sortis de ses mains pour passer dans celles de Varin, auquel il les avait rétrocédés, Epron de la Horie, créancier qui était resté ignoré et dont l'hypothèque, prise sur un ancien propriétaire, n'avait pas été purgée, se présenta pour réclamer le payement de sa créance; — Considérant qu'un arrêt, en date du 25 juin 1839, ayant consacré la légitimité de cette prétention, Dubreuil remboursa ledit Epron de la Horie et se fit subroger à ses droits; — Considérant que Dubreuil, après avoir effectué ce remboursement, est venu intenter une action en répétition, notamment contre les époux Lecieux, qui se trouvaient les derniers créanciers colloqués et payés par lui; mais que ceux-ci ont résisté, et que c'est le mérite de cette action qu'il s'agit d'apprécier maintenant;— Considérant que, si Dubreuil a payé les époux Lecieux, ce n'est évidemment que par suite d'une erreur provenant de ce qu'on avait ignoré l'existence de la créance d'Epron de la Horie; qu'en effet, si ce dernier avait été présent à l'état d'ordre, son droit ne pouvant être contesté, il eût absorbé une partie des deniers et diminué d'autant la portion du prix assignée aux créanciers colloqués; — Considérant que cette ignorance, de la part de Dubreuil, ne peut être regardée comme le résultat d'une faute qu'il aurait commise, puisqu'en général, l'adjudicataire n'est point partie à l'état d'ordre, qu'il n'y a pour lui aucune obligation d'y figurer, et que la seule chose à laquelle il soit tenu, c'est la représentation de son prix; — Considérant, d'un autre côté, que les époux Lecieux, qui ont partagé cette ignorance, avaient eu plus que lui, à raison de leur qualité de créanciers à hypothèque conventionnelle, les moyens de vérifier les titres de propriété de Dénize, et qu'en se livrant à cette vérification, avant de contracter avec ce dernier, ils auraient pu se soustraire aux conséquences du fait qui donne lieu au procès actuel; — Considérant que, dans l'espèce particulière, on objecterait inutilement, à titre de fin de non-recevoir contre Dubreuil, qu'il est intervenu à l'instance en état d'ordre; qu'en effet, il n'y a figuré que pour un objet tout spécial, en dehors, à proprement parler, du règlement de l'ordre, c'est-à-dire pour réclamer le bénéfice d'une clause du cahier des charges qui l'autorisait à retenir dans sa main les capitaux des rentes; mais que tout le reste lui est demeuré complétement étranger; — Considérant que Dubreuil, adjudicataire des immeubles expropriés sur Dénize, n'était débiteur envers les époux Lecieux qu'à raison de ces mêmes immeubles, et qu'autant que le prix leur en appartenait, en tout ou en partie; — Considérant que le droit d'être payés sur ce prix était soumis, pour les époux Lecieux, comme pour les autres créanciers, à la condition de se présenter avec une hypothèque qui leur assurât un rang utile, et que, cette condition venant à manquer, le droit dont il s'agit n'existait plus pour eux; — Considérant qu'il suit de là que Dubreuil, en leur payant, comme adjudicataire, le montant de leur créance, a payé ce qu'il ne devait pas, et que, l'ayant payé *par erreur*, il est fondé, aux termes de l'art. 1377 c. civ., à leur en demander la répétition; — Considérant que ce droit de répétition repose sur le principe d'équité qui ne permet à personne de s'enrichir de la perte d'autrui; et que les époux Lecieux, s'ils réussissaient à s'en affranchir, s'enrichiraient évidemment de la perte de Dubreuil, puisqu'il est constant, d'une part, qu'il payerait deux fois le prix de son acquisition, et, d'autre part, qu'ils n'avaient rien à prétendre sur ce prix; — Considérant qu'à la vérité, par suite de l'ignorance commune de l'existence d'un créancier antérieur en hypothèque, il serait rigoureusement possible que, de leur côté, les créanciers derniers colloqués éprouvassent quelquefois un préjudice, soit parce que, dans la confiance où ils seraient d'être

455. Régulièrement, le créancier, à qui appartient l'action en rapport, devrait se prendre à celui ou à ceux des créanciers qui ont été colloqués à son détriment, c'est-à-dire qui ont touché la partie du prix revenant à sa créance, sauf à ceux-ci à agir récursoirement contre les autres créanciers colloqués postérieurement. Mais ce mode entraînerait un circuit d'actions qu'il faut éviter. Il est donc préférable d'assigner en rapport les derniers créanciers colloqués (Conf. MM. Chauveau, Proc. de l'ordre, quest. 2549-7°; Flandin, Tr. de l'ordre, inéd.). — Il a été jugé, dans le même sens, que, lorsque, après la vente des biens de son mari et la distribution du prix aux créanciers de celui-ci, la femme poursuit la restitution de ce prix, en vertu d'un jugement de séparation de biens, rendu antérieurement à cette vente (sous la législation ancienne), elle ne peut valablement former son action que contre les derniers créanciers utilement colloqués, afin d'éviter un circuit d'actions inutiles et frustratoires (Colmar, 9 août 1814, aff. Levy, v° Contrat de mar., n° 1796).

456. Il a été jugé, d'ailleurs, qu'en matière d'ordre, les nullités ne sont pas absolues, mais relatives; que, par conséquent, l'état de collocation ou de clôture de la distribution, dressé en l'absence d'un créancier inscrit, qui n'a pas été sommé de produire ses titres et ne s'est pas présenté, est valable, à l'égard des autres créanciers ayant reçu la sommation prescrite par la loi; qu'il y a seulement lieu de procéder à un état supplémentaire de distribution entre le créancier omis et ceux colloqués; et que les déchéances, les radiations, tous les points jugés antérieurement, sont autant de droits acquis, auxquels ne doit rien changer l'intervention du créancier omis (Montpellier, 19 mars 1840) (1). — Cette décision est conforme au principe consacré par la cour de cassation dans un arrêt du 19 déc. 1837, aff. Berchut (V. *infrà*), à savoir « qu'aucune disposition de la loi n'établit l'indivisibilité de la procédure, en matière d'ordre; que l'art. 758 c. pr. civ., qui dispose qu'en cas de contestation, le commissaire renverra les contestants à l'audience et arrêtera l'ordre, pour les créances antérieures à celles contestées, suppose que, dans cette matière, la procédure et le jugement sont divisibles. » — On a opposé à l'arrêt de la cour de Montpellier un autre arrêt de la cour de Toulouse, du 17 déc. 1838, aff. Dujac (*infrà*, n° 830-1°), qui déclare illégale et nulle une ordonnance de clôture d'ordre rendue en l'absence d'un créancier inscrit qui n'avait pas été sommé de produire; mais cet arrêt, en prononçant la nullité, sur la demande de l'acquéreur et du créancier omis, ne dit pas que l'ordre soit annulé au regard des autres créanciers. — Nous pensons qu'il faut en dire autant d'un arrêt de la cour de Rouen, du 27 août 1829, rapporté avec celui de la chambre des requêtes du 2 juin 1831, aff. Bellavoine, v° Privilége et hypothèq., n° 1532; car, s'il y est dit « que, l'admission de la tierce opposition (du créancier qui n'a pas été sommé de produire) devant amener une nouvelle tenue d'état, chacune des parties doit être admise à revendiquer les droits privilégiés et hypothécaires qui peuvent lui appartenir, » cela n'est dit, nous semble-t-il, que par rapport au créancier omis, dont l'admission à l'ordre exige le remaniement du règlement provisoire, en ce qui le concerne, mais ne doit rien changer au rang assigné aux autres créanciers, les uns par rapport aux autres.

457. Ainsi que nous l'avons dit *suprà*, n° 451, l'action du créancier omis, pour le rapport des sommes indûment touchées par les créanciers colloqués à son préjudice, n'est recevable qu'autant qu'il apparaîtrait que le créancier omis eût obtenu un rang utile; car l'intérêt est la mesure des actions (Conf. MM. Pigeau, Comm., t. 2, sur l'art. 752, note 3; Chauveau sur Carré, quest. 2552 *bis*, et Proc. de l'ordre, quest. 2549-7°; Houyvet, n° 147 *bis*).

458. Le tuteur étant le représentant légal de la personne et des intérêts civils du mineur (c. nap. 450), ayant l'exercice de ses *actions mobilières* (arg. art. 464; V. Minorité-tutelle, n°s 506 et suiv.), n'a pas besoin de l'autorisation du conseil de famille pour produire à l'ordre, au nom de son pupille. Nous avons dit, en effet, v° Priv. et hyp., n° 730, que le droit d'hypothèque, simple accessoire de la créance, ne saurait être, quoique assis sur des immeubles, d'une autre nature qu'elle (V. aussi *suprà*, n° 240). — Il n'importe que le résultat de l'ordre doive être la radiation de l'inscription du mineur, qu'il soit ou ne soit pas colloqué en ordre utile (c. pr. 759, 769 et 771) : dans le premier cas, la radiation n'étant que la conséquence du payement peut être consentie par le tuteur, qui a qualité pour toucher les fonds (V. Priv. et hyp., n° 2680); dans le second cas, la radiation n'est pas le fait du tuteur, mais celui du juge, et il n'y a pas lieu, dès lors, à l'application des principes énoncés *eod. v°*, n° 2681.

459. Le mineur émancipé ne peut produire à l'ordre qu'assisté de son curateur. — Il est vrai que, l'art. 482 ne lui interdisant que l'exercice de ses actions immobilières, il semblerait que, par un argument *à contrario*, il pût exercer seul ses actions mobilières; mais il ne peut recevoir, aux termes du même article, un capital mobilier, ni en donner décharge, sans l'assistance de son curateur, et nous en avons conclu, avec M. Demolombe, que la nature du quasi-contrat judiciaire s'oppose à ce que le mineur émancipé compromette en justice, en y paraissant seul, un capital dont il n'a pas la libre disposition (V. Minorité-tutelle, n° 804).

460. Il faudrait décider de même, en ce qui concerne le faible d'esprit ou le prodigue, puisqu'ils ne peuvent, non plus, recevoir un capital mobilier, ni en donner décharge, sans l'assistance de leur curateur (c. nap. 499 et 513).

461. A l'égard de la femme, si elle est mariée sous le régime de la communauté, c'est le mari qui doit se présenter à l'ordre pour elle, puisqu'il a l'exercice de ses actions mobilières (c. nap. 1428). — Il en est de même de la femme mariée sans communauté (c. nap. 1531), ou sous le régime dotal (1549).

462. Mais si la femme était appelée personnellement dans l'ordre, elle ne pourrait y figurer qu'avec l'autorisation de son mari, ou, au refus du mari, de la justice. A la différence de l'ordre amiable, l'ordre judiciaire participe de la nature de l'instance (V. *suprà*, n° 41) et peut même donner lieu, lorsqu'il y a des contredits élevés contre le règlement provisoire, à une véritable instance : il y a donc lieu à l'application des

---

payés, ils négligeraient de faire élever les enchères, soit parce qu'une fois payés, ils viendraient à perdre d'autres sûretés; mais qu'il faut reconnaître que ce n'est là qu'une simple éventualité, qui ne peut balancer la perte certaine de l'adjudicataire obligé de payer deux fois, et qui, d'ailleurs, ne s'est pas réalisée dans l'espèce; — Considérant qu'on ne saurait, sous un semblable prétexte, éluder la disposition générale et précise du § 1 de l'art. 1577, à laquelle il n'existe d'autre exception que celle portée dans le second paragraphe du même article, exception qui, quelque large qu'on la suppose, ne peut recevoir ici son application;... — Par ces motifs, etc.

Du 16 août 1842-C. de Caen, 1re ch.-M. Rousselin, 1er pr.

(1) (Chouchard C. Bourillon.) — La cour; — Attendu que l'arrêt du 5 janv. 1838 a validé l'inscription de la femme Chouchard; — Que, dès lors, et faute, par le poursuivant, de l'avoir appelée à l'ordre, il y avait nécessairement lieu de reconnaître la nullité de tout ce qui avait été fait en son absence, et la nécessité de procéder, quant à elle, à un ordre nouveau; — Que, toutefois, la nullité des opérations de l'ordre n'existant que dans son intérêt, l'ordre précédent conservait tous ses effets, par rapport aux autres créanciers contre lesquels des déchéances avaient été acquises, des radiations prononcées; — Que tous les points jugés quant à ce avaient produit droit acquis, et qu'on ne pouvait les remettre en question, en rappelant dans l'ordre ceux des créanciers qui ne pouvaient plus y figurer, et qu'il y avait seulement lieu d'en refaire les opérations entre elle et les créanciers déjà colloqués; — Attendu que, la nullité des opérations se rapportant au défaut de sommation de produire, la procédure, jusqu'à ce point, était valable; — Que le poursuivant avait eu qualité pour ouvrir l'ordre; — Que l'ordonnance de nomination du commissaire était valable; — Que c'est à la suite de cette ordonnance qu'il fallait procéder, au lieu d'en requérir une nouvelle; — Que la poursuite de cette ordonnance, de la part de l'avoué de la veuve Chouchard, a été d'autant plus frustratoire qu'elle aurait, dans tous les cas, été requise avant l'expiration de la huitaine à compter de la signification de l'arrêt, le poursuivant (Bourillon) ayant, jusque-là, le droit de requérir lui-même l'ouverture de l'ordre, si une nouvelle ordonnance eût été nécessaire;

Attendu, dès lors, qu'il a été mal procédé de la part de l'avoué de la veuve Chouchard; — Que les actes, faits par lui, sont nuls et frustratoires, et que la préférence dans la poursuite appartient à l'intimé; — Confirme.

Du 19 mars 1840.-C. de Montpellier, 1re ch.-M. Viger, 1er pr.

art. 215 et 218 c. nap., qui ne permettent pas à la femme mariée d'*ester en jugement*, sans l'autorisation de son mari, ou de la justice, au défaut de celui-ci (Conf. MM. Chauveau, Proc. de l'ordre, quest. 2555-9°: Flandin, Tr. de l'ordre, inédit). — Il a été jugé, par suite, que le poursuivant, qui fait donner assignation au mari, dont la femme a été sommée, en sa qualité de créancière inscrite, de produire dans l'ordre, à l'effet d'autoriser celle-ci, ou qui demande à la justice d'autoriser la femme, au défaut du mari, procède régulièrement; mais que, dans ce cas, il n'y a pas lieu de condamner, soit la femme, soit le mari qui n'a pas répondu à la citation, aux dépens de l'incident, lesquels devront être employés dans l'ordre comme frais de justice : — « La cour; attendu qu'à la différence des cas où la loi prononce une déchéance, de plein droit, en matière d'ordre, la déchéance n'est prononcée, contre le créancier non produisant, que par une décision judiciaire; que, d'après cette différence, la sommation, faite aux créanciers, de produire dans le mois, équivaut aux assignations qu'en matière d'ordre, les parties demanderesses sont tenues de donner à la partie qu'elles veulent faire condamner; d'où suit que, de même qu'une femme, assignée devant un tribunal, ne pourrait être utilement condamnée par défaut, sans qu'on eût préalablement, pour elle, obtenu l'autorisation maritale, ou celle de justice, de même aussi, en matière d'ordre, la déchéance du droit de la femme sommée ne pourrait être valablement prononcée, sans le même préalable de l'autorisation maritale ou judiciaire; que les parties de Petit (les époux Morère) n'ayant aucun intérêt à l'incident élevé, soit en première instance, soit devant la cour, il n'y a pas lieu de les condamner aux dépens, mais d'ordonner qu'ils seront prélevés comme frais de justice ;—Par ces motifs, disant droit sur l'appel, réformant, faute, par Morère, d'avoir autorisé sa femme, l'autorise d'office, à l'effet d'intervenir, s'il lui convient, dans l'ordre » (Toulouse, 1re ch., 19 mars 1833, M. Hocquart, 1er pr., aff. Delrieu *C.* époux Morère).

463. Au contraire, la femme séparée de biens, soit contractuellement (art. 1536), soit judiciairement (art. 1449), et la femme mariée sous le régime dotal, pour ses paraphernaux (art. 1576), ont la libre administration de leurs biens meubles ou immeubles, et il en résulte qu'elles doivent figurer dans l'ordre, en leur nom personnel. Mais elles ne peuvent y figurer, d'après ce qui vient d'être dit, que sous l'autorisation de leur mari, ou, au refus de celui-ci, de la justice (art. 215 et 218 précités; V. encore *suprà*, n° 357).

464. Mais il a été jugé qu'une femme séparée de biens, qui est autorisée, par la justice, à poursuivre ses droits, peut, sans une autorisation nouvelle, produire à l'ordre ouvert pour la distribution du prix des biens de son mari : — « La cour; quant à la fin de non-recevoir opposée à la femme Erhard : considérant que la femme Erhard a été autorisée, par justice, à la poursuite de ses droits; que c'est par suite de cette autorisation qu'elle a obtenu sa séparation de biens et la liquidation de ses reprises; que c'est encore par suite de cette même autorisation qu'elle s'est présentée à l'ordre ouvert sur son mari, tombé en déconfiture; que, d'ailleurs, la première autorisation, fût-elle insuffisante pour produire à l'ordre, la présence du mari à cette procédure aurait suffisamment autorisé la femme à la poursuite de ses droits... » (Colmar, 3 avr. 1816, aff. Erhard *C.* N...).

465. Les envoyés en possession provisoire des biens d'un absent ayant l'exercice de ses actions (c. nap. 125 et 128), ce sont eux qui doivent produire à l'ordre dans lequel l'absent est intéressé. — Mais il a été jugé, avec raison, que, même après l'envoi en possession provisoire des biens d'un absent, le ministère public a qualité pour provoquer la nomination d'un curateur spécial à l'absent, à l'effet de produire à l'ordre ouvert sur le prix des biens d'un des envoyés en possession provisoire, en cas d'inaction des autres, pour la conservation des droits de l'absent (Colmar, 14 juill. 1837, aff. hér. Marbach, v° Absence, n° 342).

466. Comment se fait la production, et que doit contenir l'acte de produit? — Il n'y a pas de formes sacramentelles à cet égard. L'acte de produit doit contenir constitution d'avoué, et demande de collocation du créancier, avec indication des pièces à l'appui, lesquelles sont annexées à la demande.

467. Ce n'est qu'en matière domaniale ou d'enregistrement que la régie des domaines et de l'enregistrement est dispensée d'employer le ministère des avoués (L. 22 frim. an 7, art. 65); mais, en matière d'ordre, elle est soumise au droit commun (Bruxelles, 11 janv. 1810, aff. veuve Staplaton; Rennes, 24 janv. 1820, aff. Gribouska, v° Enreg., n° 5737. — Conf. lettre min. de la just. 4e compl. an 9, et instr. de la régie du 25 mars 1808, citées par M. Chauveau sur Carré, quest. 2556 *ter*, et Proc. de l'ordre, quest. 2560; Seligman, n° 279).

468. L'envoi des pièces à l'avoué suffit, sans pouvoir spécial, pour le constituer mandataire à l'effet de produire dans l'intérêt de la partie. — Mais il a été jugé qu'une partie n'est point admise à prouver, par témoins, l'existence d'un prétendu mandat donné par elle à un avoué de produire dans un ordre, quand l'intérêt de cette partie excède 150 fr., si le mandat est dénié par l'avoué et qu'il n'existe pas de commencement de preuve par écrit dudit mandat (Rennes, 23 fév. 1863, 1re ch., M. Boucly, 1er pr., aff. femme Rambos *C.* Me Fenigan; Journ. des av., t. 89, p. 188, art. 507).

469. Dans l'acte de production, l'avoué requiert qu'il plaise au juge-commissaire colloquer son client, à la date de son inscription : 1° pour le capital de la créance exprimée dans le titre; 2° pour les intérêts, tant ceux conservés par l'inscription (c. nap. 2151) que ceux à échoir, à partir de la production (V. *suprà*, n° 45); 3° pour les frais, s'il en est dû; 4° pour les frais de production, dont il demande la distraction à son profit (V. Priv. et hyp., nos 2389 et suiv.). — Il a été jugé, en effet, que, dans les procédures d'ordre, les avoués ont le droit, comme dans les instances ordinaires, de demander la distraction des frais qu'ils ont avancés (Rouen, 26 août 1845, aff. Godeller, D. P. 46. 4. 384).

470. Nous avons dit, à propos des intérêts, que la demande de collocation, véritable demande judiciaire, les fait courir, conformément à l'art. 1153 c. nap., du jour de la production. Mais la demande de collocation du principal suffit-elle pour autoriser le juge à allouer ces intérêts, sans qu'il y ait de demande spéciale à ce sujet? En un mot, ces expressions de l'art. 1153 : « Ils (les intérêts) ne sont dus que *du jour de la demande...*, » doivent-elles s'entendre de la demande du principal, ou de la demande des intérêts? La question était diversement résolue dans l'ancien droit (V. Merlin, v° Intérêts, § 4, n° 16, et elle est encore controversée aujourd'hui. Nous avons adopté l'opinion qu'il faut une demande spéciale des intérêts; que la demande du capital ne suffit pas (V. Prêt à intérêts, nos 49 et s.). — Il a été jugé, dans le même sens : 1° que le créancier d'un capital, non productif d'intérêts, n'a pas droit aux intérêts sur le principal de sa collocation, alors que, dans son acte de produit, il ne les a pas demandés (Bruxelles, 1er juin 1842) (1); — 2° Que la collocation provisoire, maintenue par des décisions

---

(1) *Espèce :*—(Mathieu et Moeremans C. Soc. gén.)—Le 23 mars 1833, Mosselman acquit, au prix de 800,000 fr., le bois d'Hez. Un ordre s'ouvrit devant le tribunal de première instance de Nivelles. Suivant procès-verbal du 10 sept. 1833, le juge-commissaire, arrêtant l'ordre provisoire, colloqua, en première ligne, l'administration de l'enregistrement et des domaines pour sa créance de 400,671 fr. 89 c., en capital et intérêts; en second rang, les sieurs Mathieu et Moeremans pour la somme de 253,370 fr. 77 c., formant le capital de leur créance, et, en troisième ordre, la Société générale pour le restant de la somme à distribuer. — Cet état de collocation fut maintenu par arrêt de la cour d'appel de Bruxelles, du 4 août 1840. — Au mois de mai 1841, lorsque le juge-commissaire allait ordonner a délivrance des bordereaux, les sieurs Mathieu et Moeremans déclarèrent, sur le procès-verbal, qu'ils requéraient leur collocation dans l'ordre définitif pour le montant de leur créance sus-rappelée, et, en outre, pour les intérêts de ladite créance depuis le 10 sept. 1833, date de l'état de collocation provisoire, jusqu'au jour du payement. — Cette prétention se fondait sur ce que la somme colloquée leur appartenait, depuis 1833, dans le prix de vente à distribuer; que, s'ils l'avaient reçue alors, ils auraient profité des intérêts qu'elle aurait produits; qu'il était équitable que l'accessoire leur fût attribué avec le principal. — Contestation par la Société générale. — Le 22 juill. 1841, jugement ainsi conçu : — « Attendu que la créance, pour laquelle le demandeur a été colloqué dans l'ordre provisoire, ne produisait pas d'intérêts, et qu'il est constant qu'il n'a pas réclamé alors la de-

passées en force de chose jugée, fixe définitivement le sort des divers créanciers; que, par suite, aucune demande tendante à l'obtention d'intérêts n'est plus recevable après qu'une décision souveraine a arrêté l'état de collocation; que, pour être efficace, la demande d'intérêts doit être formée dans l'acte de produit, et cela contradictoirement avec le débiteur, à qui l'état de collocation provisoire est signifié pour le contredire, s'il y a lieu (même arrêt). — *Contrà*, Paris, 17 nov. 1815, aff. Pichelin, v° Prêt à intérêt, n° 58.

471. Toutefois, il a été jugé que, par l'effet de la collocation dans un ordre ou une distribution, et la délivrance du bordereau, les intérêts de la somme portée au bordereau courent, de plein droit, au profit du créancier colloqué,... et cela, sans qu'il soit nécessaire de procéder à une nouvelle distribution des intérêts postérieurs à la collocation; que la distribution se fait proportionnellement à la créance de chaque créancier colloqué (Req. 14 avr. 1836, aff. Caisse des dépôts, v° Prêt à intér., n° 59. — *Contrà*, arrêt précité de la cour de Paris du 17 nov. 1815, aff. Pichelin).

472. Il a, d'ailleurs, été jugé que le syndic d'une faillite, qui, dans sa production à l'ordre ouvert sur les biens du failli, n'a pas requis spécialement collocation pour certains frais par lui faits dans l'intérêt de la masse, encourt la déchéance prononcée par l'art. 755 c. pr. (Riom, 24 août 1863, aff. synd. Bouchet, D. P. 63. 1. 161).

473. Le créancier, dans son acte de produit, doit indiquer, si son inscription ne porte pas sur tous les immeubles dont le prix est à distribuer, ceux de ces immeubles sur lesquels il réclame sa collocation, « afin de faciliter, dit M. Riché, dans son rapport, la ventilation » (D. P. 58. 4. 49, n° 77). La commission avait proposé d'exiger cette désignation dans le texte de l'article, sous peine de rejet de la taxe; mais la loi ne doit pas descendre à ces détails, et le conseil d'Etat, il nous semble, a bien fait de ne pas adhérer à la proposition.

474. D'après M. Chauveau, Comm. du tarif, t. 2, p. 137, n° 24, et Proc. de l'ordre, quest. 2555-4°, il n'est pas nécessaire que l'acte de produit contienne l'exposé des moyens et les conclusions du créancier. La loi, en effet, n'exige rien de pareil; et, si l'avoué le faisait pour émolumenter, ces frais devraient être rejetés de la taxe comme frustratoires (Conf. MM. Ollivier et Mourlon, n° 346; Flandin, Tr. de l'ordre, inédit).

475. Nous avons dit *suprà* n° 466, qu'il n'y a pas de formes sacramentelles pour la production. Pigeau, Comm., t. 2, sur l'art. 754, note 3, en conclut, avec raison, qu'il ne peut y avoir peine de nullité, à raison de l'inaccomplissement des formes des actes de produit; que le juge-commissaire doit seulement refuser d'admettre la production non régulière; ou, si elle a été admise, la faire régulariser avant le règlement provisoire (Conf. MM. Chauveau et Carré, quest. 2557 *bis*, et Chauveau, Pr. de l'ordre, quest. 2555-4°; Bioche, v° Ordre, n° 334, 3e éd., 5e tirage; V. aussi, comme analogie, Grenoble, 6 août 1822, aff. Sambuc, n° 647-1°).—Il a été jugé, par suite, que la loi n'exige pas l'indication du prénom du créancier dans la demande en collocation; que, dès lors, une telle demande ne peut être annulée, soit parce qu'elle ne contient pas les noms du créancier produisant, soit parce qu'elle les indique inexactement (Caen, 31 août 1863, aff. Lemuet, D. P. 64. 2. 138). — Les motifs de l'arrêt sont « que la loi ne prescrit aucune formalité et qu'elle n'exige pas l'indication, à peine de nullité, des *prénoms* du créancier dans la demande en collocation, comme l'art. 61 c. pr. exige, sous cette peine, les noms du demandeur dans les exploits d'ajournement... » L'arrêt ajoutait qu'en fait, « il n'en était résulté, pour les autres créanciers, aucun préjudice quelconque, aucune erreur dont ils pussent raisonnablement se plaindre. » La production, en effet, avait été faite, dans l'espèce, sous les noms de *Jean-Marie* Gesmier, au lieu de *Jean-Désiré*. Le nom de famille était exactement indiqué, et les prénoms de *Jean-Marie* étaient ceux du père du créancier produisant, à qui avait appartenu originairement la créance.

476. Il a, d'ailleurs, été jugé que les créanciers, qui n'ont pas produit dans un ordre, peuvent faire valoir leurs droits sur l'appel, par voie d'intervention, lorsque cet ordre n'a pas été définitivement réglé :— « La cour;...— En ce qui touche l'intervention des enfants Erhard, et la fin de non-recevoir opposée à cette intervention : — Quant à la forme, considérant, d'une part, que, si la forclusion est la peine prononcée par la loi contre les créanciers non produisants, cette peine ne devient applicable qu'autant que l'ordre est devenu définitif, à défaut de con-

---

mande en collocation; — Attendu qu'il est de principe que les intérêts ne sont dus que du jour de la demande, excepté dans le cas où la loi les fait courir de plein droit; — Attendu que la demande principale d'une créance ne peut être considérée comme renfermant en même temps une demande d'intérêts, surtout si cette créance n'en est pas elle-même productive;—Attendu que le demandeur n'a pu citer aucune loi, et qu'il est vrai de dire qu'il n'existe aucune loi qui fasse courir, de plein droit, les intérêts d'une créance par la seule demande en collocation du capital;— Que l'art. 2151 c. civ. prouve même que cette demande ne peut être une cause productive d'intérêts, puisqu'il ne donne le droit d'être colloqué pour deux années d'intérêts et l'année courante qu'au créancier inscrit pour un capital produisant intérêts ou arrérages; — Attendu, d'ailleurs, que, dans l'hypothèse actuelle, il s'agit moins d'intérêts moratoires que des dommages-intérêts que le créancier a éprouvés par les contestations d'autres créanciers; — Attendu que la demande, envisagée sous ce rapport, a pour objet une créance nouvelle dont la cause et l'origine sont distinctes de la créance colloquée et postérieure à l'ordre provisoire; — Attendu, enfin, que si l'équité pouvait faire admettre une exception à la règle que le créancier d'un capital produisant intérêts peut seul en réclamer, ce ne serait jamais que lorsque le créancier les a expressément réclamés dans la demande en collocation, parce que cette demande pourrait alors être considérée comme demande judiciaire capable de faire courir des intérêts moratoires;

» Attendu que cette demande existe aujourd'hui, depuis les conclusions formelles que le demandeur a prises à cet égard, et qui sont certainement une demande judiciaire d'intérêts, telle que le veut l'art. 1155 c. civ.; — Attendu que si, par suite des contestations qui se sont succédé, le prix des biens vendus a produit des intérêts dans les mains des acquéreurs, ces intérêts passeront aux créanciers sur lesquels les fonds auront manqué lors de la collocation provisoire, ou qui auront des droits lors de l'ordre définitif; mais cette circonstance ne peut donner à un créancier des droits nouveaux autres que ceux qu'il tire de son fait ou de la nature de sa créance; — Attendu que Mosselman, acquéreur des biens dont le prix est à distribuer, et tenu, en cette qualité, des intérêts dudit prix, a déclaré s'en rapporter à justice;

» Déclare les appelants non fondés à réclamer leur collocation à raison des intérêts de leur créance qui avaient couru depuis le 10 sept. 1835 jusqu'au jour de la demande actuelle, mais leur reconnaît droit aux intérêts du prix, courus et à courir depuis cette demande jusqu'à leur révocation par suite de collocation définitive. »

Appel principal par Mathieu et Moeremans. — Appel incident par la Société générale. — Arrêt.

La cour; — Sur l'appel principal : — Attendu que le jugement attaqué constate, d'une manière positive, que les appelants n'ont formé aucune demande d'intérêts dans leurs requêtes en collocation à l'ordre, ce qui doit être tenu pour un point d'autant plus certain que l'un des magistrats qui ont pris part à ce jugement (M. le président) avait été commissaire au susdit ordre, et, en cette qualité, l'avait rédigé sur les productions faites en ses mains par les créanciers; — Adoptant les motifs du premier juge:

Sur l'appel incident : — Attendu que les conclusions, prises par les intimés dans le cours de la procédure qui a précédé le jugement dont il est appel, n'ont pas pu davantage faire courir, à leur profit, des intérêts, à partir de leur date jusqu'à la clôture définitive de l'ordre, qu'elles ne pouvaient, comme le premier juge le reconnaît lui-même, leur en faire adjuger à dater de la collocation provisoire;—Qu'en effet, pour qu'une pareille demande eût été efficace, il eût fallu qu'elle eût été formée dans l'acte de produit, aux fins d'être comprise dans l'ordre, et cela contradictoirement avec le débiteur, auquel, suivant l'art. 756 c. pr. civ., l'état de la collocation provisoire est signifié, et qui a la faculté de le contredire dans le mois; — Que cette demande, au contraire, n'est ni recevable, ni fondée, lorsque, comme dans l'espèce, elle est formée, non contre le débiteur, mais contre un tiers créancier, alors que l'ordre provisoire, maintenu par des décisions passées en force de chose jugée, a fixé définitivement le sort des divers créanciers; — Attendu que l'intimé Mosselman, acquéreur, s'est rapporté à justice, demandant dépens à charge de la partie succombante; — Statuant sur l'appel principal, confirme; — Faisant droit sur l'appel incident, infirme, en ce qu'il a adjugé aux appelants au principal des intérêts à partir de leur demande, contenue dans les conclusions par eux prises pendant la procédure qui a précédé le jugement dont il est appel, jusqu'à la collocation définitive; émendant, déclare les appelants au principal non recevables ni fondés dans leur dite demande, etc.

Du 1er juin 1842.-C. d'app. de Bruxelles.

testation ; — Considérant, d'autre part, que, d'après les dispositions de l'art. 466 c. pr. civ., tous ceux qui auraient droit de former tierce opposition sont également en droit d'intervenir dans les contestations ; — Qu'au cas particulier, il est incontestable que les enfants Erhard seraient en droit de former tierce opposition à l'arrêt qui les priverait, soit directement, soit indirectement, par une collocation au profit d'un tiers, de leur portion héréditaire dans la succession paternelle;—Considérant, au surplus, que les enfants Erhard ne forment, en instance d'appel, aucune nouvelle demande qui n'ait pas été soumise aux premiers juges, puisqu'ils n'interviennent que pour adhérer aux conclusions de leur mère, partie en cause en première instance, et qui ne fait que réitérer ses demandes formées lors du jugement dont est appel; — Sans s'arrêter aux fins de non-recevoir, etc. » (Colmar, 3 avr. 1816, aff. Erhard *C.* N...).—Il està observer qu'aujourd'hui, cette décision ne pourrait plus trouver d'application, puisque le défaut de production, dans les quarante jours, emporte, de plein droit, déchéance contre le créancier non produisant. Nous l'avons conservée, cependant, à cause du principe qu'elle consacre.

477. Est-ce à peine de nullité de la requête contenant demande de collocation, ou, ce qui revient au même, à peine de forclusion, que les pièces justificatives doivent être jointes à l'appui ? — L'affirmative nous paraîtrait bien rigoureuse; et il est à remarquer, d'ailleurs, que l'art. 754 ne prononce pas cette peine de nullité. L'art. 755, à la vérité, déclare que le défaut de production, dans les quarante jours, « emporte, de plein droit, déchéance contre les créanciers non produisants ; » mais, ainsi que l'a jugé la cour de cassation dans un arrêt du 30 mai 1837 (V. n° 478), on est créancier *produisant*, dès qu'on a formé la demande en collocation. Quelle est donc la position du produisant qui ne représente pas ses titres ? Celle d'un demandeur ordinaire, qui se borne à des allégations, et qui est débouté de sa demande, faute de preuves. Or, ce demandeur n'est pas non recevable à représenter ses titres, s'il les produit avant le jugement. Le créancier demandeur en collocation doit donc, de même, avoir la faculté de produire les pièces justificatives de sa demande avant le règlement provisoire. — On peut objecter qu'admettre une production de pièces justificatives après les quarante jours, c'est aller contre l'esprit de la loi nouvelle, qui veut que l'ordre ne soit retardé, sous aucun prétexte, et qui, pour mieux atteindre le but, prononce une déchéance qui n'existait pas sous la loi ancienne.— Nous répondons que le juge-commissaire n'aura pas à attendre la production de ces pièces justificatives pour procéder au règlement provisoire ; qu'il n'en devra pas moins, comme le lui prescrit l'art. 755, dresser l'état de collocation provisoire *sur les pièces produites*, dans les vingt jours qui suivent l'expiration du délai énoncé en l'art. 754, et rejeter la demande comme non justifiée, si aucune pièce probante ne lui est remise avant la confection dudit état. Ce tempérament à la rigueur de la loi, qui n'est pas contraire à son texte, nous semble si équitable que, malgré les raisons de douter, nous nous décidons à l'admettre (Conf. MM. Ollivier et Mourlon, n° 355; Merville, Rev. prat., t. 6, p. 199; Flandin, Traité de l'ordre, inédit). La jurisprudence, cependant, paraît très-incertaine sur la question (V. v° Distribut. par contribut., n°s 82 et suiv.).

M. Houyvet, qui a consacré de longs développements à la question, n°s 157 et suiv., arrive, après beaucoup d'hésitations pourtant, à la conclusion contraire. Après avoir énuméré les raisons contre la déchéance, il ajoute, n° 161, *in fine :* « Ces raisons sont très-sérieuses, surtout lorsqu'il s'agit d'appliquer une déchéance qui entraîne la perte d'une créance, d'autant plus que, s'il y a doute, ce doute doit être interprété en faveur du créancier. Néanmoins, il est bien difficile d'admettre que l'art. 754 n'ait pas fait de la production des titres une condition essentielle de la validité de la demande en collocation : « tout créancier, dit cet article, *est tenu de produire ses titres.* » Sans titres, la demande n'est pas justifiée; le juge ne peut en apprécier la légitimité.... »

478. Il a été jugé, dans le premier sens, sous l'ancien code : 1° que, pour être réputé créancier *produisant*, dans le sens de l'art. 755, § 2, c. pr. civ., il n'est pas nécessaire qu'on ait réellement produit ses titres avant le procès-verbal de collocation provisoire; qu'il suffit qu'on ait formé une demande en collocation ; que, par suite, la dénonciation de l'état de collocation provisoire est valablement faite à un créancier demandeur en collocation, bien qu'il ne figure pas au règlement provisoire, faute d'avoir produit; et que si, sur cette dénonciation, accompagnée d'une sommation de contredire dans le mois, à peine de forclusion, ce créancier fait production de ses titres dans ce délai, et déclare contester certaines collocations, cette déclaration a pour effet de rendre contradictoire avec lui l'ordre ouvert, et de le rendre lui-même irrecevable, après le mois expiré, à présenter de nouveaux contredits relatifs à d'autres collocations (Orléans, 27 août 1834, et, sur pourvoi, Req. 30 mai 1837) (1); — 2° Que le créancier, qui n'a pas encore produit ses titres, et qui, sur la notification du règlement provi-

(1) *Espèce :* — (Raguet-Lépine C. Delaponce et autres.) — En mars 1815, le général Thiébaut acquit d'un sieur Collineau le domaine de Richelieu, situé dans l'arrondissement de Chinon, moyennant 74,000 fr., prix stipulé au contrat, et, de plus, la somme de 40,000 fr., laquelle était convenue en dehors de l'acte, et devait servir à indemniser le vendeur de la lésion qu'il disait avoir éprouvée dans la vente. — Le contrat fut notifié aux créanciers de Collineau : un ordre fut ouvert sur le prix ; mais l'obligation de 40,000 fr., non comprise dans ce prix, fut le sujet, de la part des créanciers, de nombreux incidents, qui furent enfin vidés par jugement du 20 août 1828, en exécution duquel un règlement définitif de collocation, à la date du 5 fév. 1829, vint déterminer les droits de chaque créancier. — Cependant, le général Thiébaut avait été contraint de recourir à des emprunts pour satisfaire à ses engagements. C'est ainsi qu'il avait employé les capitaux de ses enfants mineurs à désintéresser plusieurs créanciers hypothécaires et privilégiés, en subrogeant, toutefois, ses enfants à leurs droits; que, par acte du 11 déc. 1826, il s'était fait prêter une somme de 80,000 fr. par Raguet-Lépine, en lui consentant hypothèque, soit sur le domaine de Richelieu, soit sur sa maison sise à Paris, rue de l'Arcade ; qu'il emprunta également à Delaponce et autres pour payer les bordereaux de collocation qui lui furent présentés, après le règlement définitif du 5 fév. 1829. — L'embarras de ses affaires n'ayant fait qu'augmenter, Raguet-Lépine fit saisir sa maison de Paris, qui fut adjugée, en 1832, moyennant 97,100 fr. A la même époque, le général consentait à deux acquéreurs la vente du domaine de Richelieu, pour le prix de 276,000 fr.; ce qui donna lieu à l'ouverture simultanée de deux ordres; l'un à Paris, et l'autre à Chinon. — Raguet-Lépine demanda à être colloqué dans ce dernier ordre ; mais n'ayant produit aucun titre, le juge-commissaire ne lui accorda, dès lors, aucune collocation au règlement provisoire. Toutefois, ce règlement fut dénoncé, le 24 mai 1833, à Raguet, par un simple acte d'huissier, non signé de l'avoué du créancier poursuivant, avec sommation de contredire dans le mois. — Sur cette sommation, Raguet demanda, le 12 juin 1833, la rectification de l'état de collocation dans lequel il avait été omis, et déclara faire production de ses titres de créance qui, jusqu'alors, étaient restés produits dans l'ordre ouvert à Paris, le tout sous réserves de contredit, s'il y avait lieu. — Par acte du 21 du même mois de juin, Raguet contesta le taux des collocations accordées aux enfants Thiébaut, en vertu de leur hypothèque légale, et au sieur Delaponce. — Ordonnance du juge-commissaire qui renvoya les parties à l'audience. — Nonobstant cette ordonnance, Raguet-Lépine crut pouvoir présenter un nouveau dire, en vertu de ses réserves faites dans la déclaration du 12 juin. Par ce nouveau dire articulé le 21 août, il critiqua le règlement définitif de l'ordre Collineau, et se porta tiers opposant au jugement qui l'avait précédé: enfin, par conclusions motivées du 25 nov. 1833, il résuma toutes ses prétentions, et ajouta qu'on ne saurait lui opposer la forclusion prononcée par l'art. 755 c. pr. civ., faute d'avoir contredit, dans le délai d'un mois, à compter de la notification du règlement provisoire, faite le 24 mai, attendu que cette notification, non signée de l'avoué, et alors d'ailleurs que lui, Raguet-Lépine, n'avait pas encore produit ses titres, devait être considérée comme non avenue. — Le tribunal de Chinon déclare, en effet, Raguet non forclos, et admet sa collocation comme tardive; mais il rejette, en même temps, sa demande en tierce opposition et la plupart de ses contredits relatifs aux collocations des enfants Thiébaut et de Delaponce. — Appel de la part de toutes les parties.

27 août 1834, arrêt de la cour royale d'Orléans ainsi conçu : — « Considérant qu'aux termes de l'art. 173 c. pr. civ., toute nullité d'exploit ou d'acte de procédure est couverte, si elle n'a été proposée avant toutes défenses ou exceptions autres que celle d'incompétence; que, si la dénonciation de l'état de collocation, faite à l'avoué de Raguet-Lépine, à la date du 24 mai 1833, était nulle, faute d'avoir été signée par l'avoué sur la copie, le 12 juin suivant, Raguet-Lépine s'est opposé au règlement provisoire, en faisant réserve expresse de contredire dans le délai de la loi ; que, par suite de cette réserve, et le 21 juin suivant, il a contesté la collocation des enfants Thiébaut et celle du sieur Delaponce, et a ainsi

soire de collocation, fait cette production, se présente et fournit des contredits, doit être réputé, par là, avoir défendu *au fond;* que, par suite, il est non recevable à se prévaloir, postérieurement, de la nullité de la notification, en ce qu'elle serait dépourvue de la signature de l'avoué du créancier poursuivant (mêmes arrêts);—3° Qu'un créancier ne peut être admis à se porter tiers opposant au jugement qui a clôturé un ordre auquel servent de base des collocations dans un autre ordre qu'il n'est plus en droit de contredire, par suite de forclusion, encore bien que cette tierce opposition fût en elle-même recevable (mêmes arrêts).

479. Mais il a été jugé que le créancier, colloqué dans le règlement provisoire sur sa simple demande, sans production de titres à l'appui, production qu'il s'est réservé de faire ultérieurement, doit être déclaré forclos, s'il n'a fait ses justifications avant le jugement rendu sur les contestations soulevées contre le règlement provisoire; et que la production qu'il ferait ultérieurement ne saurait être invoquée, en appel, pour le faire relever de la forclusion qu'il a encourue : — « La cour; — En ce qui touche l'appel des héritiers de la Pelleterie à l'égard de Gauthier : — ... Considérant que les héritiers de la Pelleterie, reconnaissent qu'ils n'ont pas produit les titres de leur créance, dans l'ordre dont il s'agit, avant le règlement provisoire et la décision intervenue sur les contestations, ce qui suffit pour justifier le jugement dont est appel; que la production qu'ils ont faite postérieurement au jugement n'a pas détruit l'état de choses existant au moment où le tribunal a statué; que, sans doute, en matière ordinaire, l'appelant peut présenter de nouvelles pièces pour soutenir une demande que les premiers juges ont rejetée comme n'étant pas justifiée; mais qu'il ne saurait en être ainsi en matière d'ordre, où le fait seul de la non-production est une fin de non-recevoir, où surtout la loi a établi des formes particulières pour la production des titres, leur examen et leur discussion; adoptant, au surplus, les motifs des premiers juges; confirme » (Paris, 3e ch,, 7 juin 1834, aff. hér. Pelletier de la Touche *C.* Gauthier; V. encore, comme analogie, les arrêts rapportés v° Distrib. par contrib., nos 85 et 86). — Les premiers juges avaient dit, dans leur jugement, que « la première obligation, imposée par la loi aux personnes qui demandent à être colloquées dans un ordre, est de produire les titres établissant leur créance; que, ces titres pouvant être examinés et discutés, toute production, qui ne comprend pas les titres de créance, se trouve incomplète, insuffisante et sans effet. » Mais il faut remarquer que cette décision, confirmée par la cour, laissait une porte ouverte au créancier, qui, d'après les principes du code de 1807, était admis à produire, à ses frais, jusqu'à la clôture de l'ordre (anc. art. 757); et c'était ce qu'avaient reconnu les premiers juges, en déclarant les héritiers Pelletier de la Touche « non recevables, *quant à présent,* à être colloqués à l'ordre, sauf à eux à produire, à leurs frais, avant la clôture du procès-verbal de collocation définitive, s'il y a lieu. » Mais aujourd'hui le mal serait irréparable, à cause de la forclusion encourue, de plein droit, à défaut de production dans le délai utile (art. 754 et 755).

480. Il a, toutefois, été jugé, depuis la loi du 21 mai 1858, et dans un sens absolu, que tout créancier, qui requiert sa collocation, doit produire ses *titres,* à peine de forclusion (Bourges, 2e ch., 21 nov. 1863, aff. Ratelier, *infrà,* n° 485-2°. Conf. trib. civ. de Villefranche, 31 janv. 1859, Journ. de procéd., n° 7107).

481. Il y a, cependant, des cas où il est impossible au créancier de produire immédiatement les pièces justificatives de sa demande de collocation, et où il serait injuste, par conséquent, de lui faire subir une déchéance qu'il n'aurait pas été le maître de prévenir. Les créances des fournisseurs, du boulanger, par exemple, qui constate ses fournitures par des tailles (c. nap. 1333); celles des médecins, des gens de service, créances pour lesquelles l'art. 2104 c. nap. accorde privilége sur les immeubles, ces créances sont rarement appuyées sur des titres. « Dans le cas où aucun titre n'existe, disent également MM. Ollivier et Mourlon, n° 349, évidemment on ne peut ni en exiger la production, ni prononcer la forclusion pour défaut d'une production impossible : il suffira, pour que le droit du créancier soit sauf, qu'il ait formé sa demande en collocation. Si, plus tard, les autres créanciers contestent sa créance, il l'établira devant le tribunal par les moyens que la loi met à sa disposition... » (Conf.

---

défendu au fond, sans relever la nullité de la dénonciation du 24 mai 1833, et sans demander qu'elle fût prononcée; d'où il suit qu'aux termes de l'article précité, la nullité est couverte, et qu'ainsi la dénonciation du 24 mai 1833 a fait courir, contre Raguet-Lépine, le délai imparti aux créanciers produisants par l'art. 755 c. pr. civ.; — Considérant que la comparution de Raguet-Lépine, suivie de contredit, a pour effet nécessaire de rendre contradictoire avec lui l'ordre Thiébaut; que, dans le délai voulu et à la date du 21 juin, Raguet-Lépine, se considérant lui-même comme produisant à l'ordre, a contesté la collocation des enfants Thiébaut et celle du sieur Delaponce;... D'où il suit qu'aux termes de l'art. 756, Raguet-Lépine doit être déclaré forclos, quant à toutes les collocations qu'il n'a point contestées, dans le délai d'un mois, à partir du 24 mai 1833, date de la dénonciation de l'état de collocation;

« En ce qui touche la tierce opposition de Raguet-Lépine au jugement qui a clos l'ordre Collineau : — Considérant que cette tierce opposition n'est qu'un mode employé pour contredire les titres, savoir les bordereaux de collocation à l'ordre Collineau, en vertu desquels les créanciers à cet ordre ont été colloqués dans l'ordre Thiébaut; qu'ainsi, cette tierce opposition ne serait admissible, incidemment à l'ordre Thiébaut, qu'autant que Raguet-Lépine serait encore en temps utile pour contredire les collocations de l'ordre Thiébaut, autres que celles sur lesquelles il a contesté par son dire du 21 juin 1833; d'où il suit que, devant être déclaré forclos, à cet égard, il n'est point recevable dans sa tierce opposition au jugement du 20 août 1828... »

Pourvoi de Raguet-Lépine : — 1° Fausse application de l'art. 173 c. pr. civ., combiné avec les art. 755, 756 et 757 du même code, en ce que la nullité de la dénonciation de l'état de collocation ne pouvait être réputée couverte par les actes des 12 et 21 juin, puisque, dans ce dernier notamment, le demandeur avait fait les réserves les plus formelles; que, d'ailleurs, il était sans intérêt à se prévaloir, alors, de cette nullité, qui ne pouvait avoir un but qu'autant que les créanciers colloqués opposeraient la forclusion, ce qui rend inapplicable la présomption d'acquiescement sur laquelle est fondé l'art. 173 c. pr.; que, dans tous les cas, pour valoir comme sommation et faire courir les délais, la dénonciation précitée aurait dû s'adresser à un produisant, qualité que n'avait pas Raguet-Lépine : cette condition est essentielle dans le sens des art. 755 et 756 c. pr. civ.; son absence a dû garantir le demandeur contre tout déchéance ultérieure. — 2° Violation de l'art. 474 c. pr. civ., en ce que le jugement de clôture d'ordre sur Collineau avait été rendu, sans que Raguet-Lépine y fût appelé ou représenté; que, cependant, ce jugement préjudiciait à ses droits; ce qui, forcément, rendait sa tierce opposition recevable. — Arrêt.

La cour; — Attendu que Raguet-Lépine, par sa demande en collocation, se trouvait régulièrement au nombre des créanciers produisants, par conséquent dans la catégorie des créanciers présents à l'ordre, dont parle et s'occupe l'art. 754 c. pr., tenus de la production de leurs titres, et de contester, s'ils en sont sommés par le poursuivant; — Attendu que, sur la signification du procès-verbal de collocation provisoire, faite à Raguet-Lépine, il a produit ses titres de créance, s'est réservé de contester cette collocation, et qu'il a, en effet, plus tard (le 21 juin, toujours dans le même mois de la signification qui lui avait été faite), contesté le règlement d'ordre, en ce qui concernait seulement les créances des enfants Thiébaut et du sieur Delaponce; que, dès lors, il a rendu contradictoire avec lui l'ordre ouvert, et s'est mis, par son silence sur les autres créances non contestées, hors d'état de pouvoir les contester plus tard; — Attendu qu'il n'a pu se faire un moyen du vice et de la nullité reprochés à la signification qui lui fut faite, le 24 mai, du règlement provisoire, pour prétendre qu'il n'aurait pas encouru la forclusion de contredire, après l'expiration du délai prescrit par l'art. 755 c. pr., puisqu'il avait couvert cette nullité, en se présentant, produisant ses titres de créance, et en contestant quelques-unes des collocations, et ainsi défendu au fond; d'où suit que l'arrêt, en le déclarant forclos de contester, après le délai expiré, a fait une juste application de l'art. 173 c. pr.; — Attendu que, sans qu'il soit besoin d'examiner si, sous d'autres rapports quelconques, la tierce opposition, formée par le demandeur, au jugement du 20 août 1828, en exécution duquel il a été procédé au règlement définitif du 3 fév. 1829 dans l'ordre Collineau, serait recevable et fondée, cette tierce opposition, comme l'a jugé l'arrêt attaqué, se trouvait écartée et ne pouvait être recevable, dès que le demandeur se trouvait forclos de toutes contestations à l'ordre Thiébaut, qu'il n'avait pas élevées dans le délai de la loi, après sa production, ensuite de la notification qui lui avait été faite du règlement provisoire qu'il s'était contenté de contester en partie; — Rejette.

Du 30 mai 1837.-C. C., ch. req.-MM. Zangiacomi, pr.-De Gartempe, père, rap.-Nicod, av. gén., c. conf.-Mandaroux, av.

MM. Bioche, v° Ordre, n° 329, 3° éd.; Flandin, Tr. de l'ordre, inéd.).

M. Houyvet, n° 153, dit, au contraire, « qu'on ne peut pas se présenter à l'ordre, sans aucun titre, en vertu d'obligations *purement verbales*; que l'ordre n'a pour but que de faire l'application des titres existants, et que le créancier qui n'en a pas devra préalablement s'en procurer un par les voies ordinaires. » Ce serait souvent demander au créancier l'impossible; car, s'il lui fallait recourir aux tribunaux pour faire consacrer sa créance, le délai fatal risquerait de s'écouler avant que le jugement fût rendu. Le juge pourra donc l'admettre provisoirement, comme nous l'avons dit plus haut, sauf à exiger de lui des justifications ultérieures. On peut appliquer à ce cas ce que l'auteur dit lui-même des créances éventuelles des femmes et des mineurs garanties par l'hypothèque légale : « S'il fallait, dit-il, que préalablement la femme fît liquider ses droits, ou que le mineur se fît rendre un compte de tutelle, le délai de quarante jours serait expiré avant qu'ils eussent pu produire à l'ordre. Il leur suffira de justifier de leur qualité, et alors leur titre de créance résultera de la loi qui rend les maris et les tuteurs comptables des sommes qu'ils ont reçues. Le chiffre seul de la créance ne sera pas justifié... »

482. Ainsi, il a été jugé : 1° que, lorsque, dans une procédure d'ordre, le juge renvoie les contestants à l'audience, l'un d'eux ne peut retarder la collocation des autres, lorsqu'il ne produit pas de titres constitutifs de sa créance et de son hypothèque, parce qu'elles reposent sur une prétention non encore jugée; qu'il y a lieu, en ce cas, d'ordonner que les créanciers ayant titre seront payés de suite, sauf, à eux, à donner caution pour le cas où, par l'issue du procès, le créancier, n'ayant pas de titre, en produirait (Paris, 6 janv. 1810 (1); Conf.MM. Carré et Chauveau, quest. 2572); — 2° Que le créancier, colloqué dans un ordre pour une somme déterminée résultant d'un compte non liquidé, mais qui doit l'être dans un délai fixé par le juge, n'est point forclos par la non-liquidation du compte, à l'expiration du délai; mais que les autres créanciers peuvent intervenir pour en hâter la conclusion (Metz, 15 nov. 1827 ; Journ. de cette cour, t. 5, p. 751). — M. Chauveau, qui cite cet arrêt, Proc. de l'ordre, quest. 2555-5°, en approuve la décision. « Le juge, dit-il, peut alors colloquer, par approximation, dans le règlement provisoire, et il suffit que la régularisation de la créance soit certaine pour l'autoriser à procéder ainsi; » — 3° Que le créancier, qui, ayant formé sa demande en collocation dans le mois de la sommation de produire, n'a pu, à raison même de la nature de sa créance (laquelle résulte de salaires pour travaux), produire ses titres dans le délai qui lui a été fixé par le juge-commissaire, ne peut, avant que le règlement définitif ait eu lieu, être déclaré forclos, faute d'avoir produit; qu'ici ne s'applique pas l'art. 660 c. pr.; qu'il en doit être de même, à plus forte raison, à l'égard des créanciers qui, ayant déjà produit leurs titres avant le règlement provisoire, les ont fait enregistrer et les ont produits en bonne forme, avant le règlement définitif (Paris, 30 juill. 1828, aff. Feuillet, v° Distrib. par contr., n° 92). — Quoique rendu en matière de contribution, cet arrêt consacre un principe d'équité susceptible d'application, en matière d'ordre, pour le privilége du constructeur, par exemple, dont l'importance ne peut être connue qu'après l'achèvement des travaux (c. nap. 2103-4° et 2110); — 4° Que la femme, judiciairement séparée de biens, doit être réputée avoir produit, en temps utile, pour ses reprises, à l'ordre distributif du prix d'un immeuble de son mari, par cela seul que, dans le délai de quarante jours fixé par l'art. 754 de la loi du 21 mai 1858, elle a produit son jugement de séparation, avec déclaration du chiffre exact de sa créance, bien qu'elle n'ait pas joint au jugement une expédition de la liquidation, si elle en a été empêchée par des circonstances indépendantes de sa volonté, et notamment par l'impossibilité où était le notaire de dresser cette expédition avant l'expiration du délai; qu'il y a simplement lieu, dans ce cas, à un complément de production, conformément à l'art. 761 c. pr. (Req. 19 août 1863, aff. Debray, D. P. 64. 1. 132). — Nous allons plus loin : ainsi que nous l'avons dit, dans une note sur cet arrêt, nous croyons que la production du jugement de séparation de biens suffirait pour satisfaire à la disposition de l'art. 754, alors même qu'elle ne serait pas accompagnée d'une déclaration du chiffre des reprises de la femme, et sans qu'il y eût nécessité, par conséquent, ni de rechercher si cette déclaration peut suppléer à la grosse de la liquidation, ni d'examiner si la grosse a pu, ou non, être produite dans le délai fixé par l'article précité. En effet, le jugement de séparation de biens contient expressément, ou virtuellement, condamnation du mari au payement des reprises dont il ordonne la liquidation. Ce jugement forme donc véritablement le *titre* de créance de la femme. Quant à la liquidation à opérer, elle n'en est que le *complément*, et, dès lors, elle tombe sous l'application de l'art. 761, qui autorise le créancier à compléter sa production après le délai de l'art. 754.

483. Mais au moins ne nous paraît-il pas douteux que la forclusion ne serait pas encourue par cela seul que la production serait incomplète. « S'il est dans la pensée de la loi, dit M. Houyvet, n° 159, que les titres produits justifient la demande, rien cependant n'autorise à admettre qu'elle ait poussé la rigueur jusqu'à frapper de déchéance un créancier dans la production duquel il manquerait quelques pièces... D'un autre côté, lorsqu'il y a production de titres quelconques, et acte de produit contenant demande en collocation, on ne ne peut pas considérer le créancier comme *non produisant*, expression dont se sert l'art. 755, et la gravité de la déchéance ne permet pas d'étendre le sens des termes de la loi... » — La question, au surplus, nous semble tranchée par l'art. 761, qui permet au contestant et au contesté, sur les contredits élevés contre le règlement provisoire, *de produire de nouvelles pièces* (V. aussi l'art. 766, 3° alinéa). — Il a été jugé, dans ce sens, qu'il n'y a pas déchéance, en matière d'ordre, contre les productions tardives, lorsque la demande en collocation est, d'ailleurs, régulière et présentée en temps utile; qu'ainsi, une pièce nouvelle peut être produite, même en cause d'appel; que seulement le produisant doit supporter les frais que ce retard a pu entraîner (Nancy, 2° ch., 19 nov. 1858, aff. Bonard C. Raccnel, Jur. de la cour de Nancy, v° Ordre, n° 4. — Conf. Bordeaux, 1er avr. 1828, aff. N..., Jur. de la cour de Bordeaux, p. 368, arrêt cité par M. Chauveau sur Carré,

---

(1) *Espèce:* — (Ve Ducastel C. v° Bulot.) — LA COUR; — Attendu que la créance, pour raison de laquelle la partie de Chauveau-Lagarde (la dame Fret) est employée dans l'ordre dont il s'agit, résulte d'actes émanés de la veuve Bulot; — Attendu que ni la légitimité de cette créance, ni son hypothèque, ne sont contestées, et que cette créance absorbe le restant du prix à distribuer; — Attendu qu'en point de fait, il existe une demande formée par exploit du 13 ventôse an 7, à la requête de la partie d'Yvrande d'Herville (la veuve Ducastel), en qualité de tutrice du mineur Ducastel, contre le sieur Herbé et la veuve Bulot, soit à fin de partage d'immeubles, ou vendus par Bulot, ou étant encore en nature entre les mains de sa veuve, soit à fin de reddition de compte, par la veuve Bulot, de la tutelle de Pierre Ducastel;—Attendu que, si, de ces différents chefs de demande, la partie d'Yvrande d'Herville prétend faire résulter des créances antérieures en hypothèque à celle acquise par la partie de Chauveau-Lagarde, et suffisantes pour absorber le prix à distribuer, de son côté, la partie de Chauveau-Lagarde représente des actes et des quittances desquelles elle prétend faire résulter une fin de non-recevoir capable de faire rejeter la créance de la partie d'Yvrande d'Herville; — Considérant que, dans cet état de choses, la provision est due au titre, contre une prétention dont la poursuite est suspendue depuis longtemps et non jugée, en prenant, toutefois, les mesures convenables pour, en tout événement, conserver les droits des parties.....; — Ordonne que l'état de collocation, dressé par le juge-commissaire, sera définitivement arrêté, pour être exécuté selon sa forme et teneur ; en conséquence, que la partie de Chauveau-Lagarde demeure autorisée à toucher de l'acquéreur le montant de sa collocation, lequel à ce faire sera contraint, et, ce faisant, qu'il en sera valablement déchargé; à la charge néanmoins, par ladite partie de Chauveau-Lagarde, de donner préalablement bonne et suffisante caution pour la restitution de ladite collocation, si, par la suite, il en était ainsi ordonné; ordonne que ladite partie d'Yvrande d'Herville sera tenue de faire juger, dans les six mois, à compter du jour de la réception de ladite caution, ou du jour de ladite signification du présent jugement, les demandes et instances introduites, à sa requête, contre Herbé et la veuve Bulot, le 13 vent. an 7; sinon, et faute de ce faire dans ledit délai, et icelui passé, ordonne que ladite caution sera déchargée purement et simplement de l'effet dudit cautionnement.

Du 6 janv. 1810.-C. de Paris.

quest. 2556 *bis*. V., comme analogie, Req. 6 mars 1838, aff. Commaille, v° Distrib. par contr., n° 89-1°).

484. Mais on ne pourrait plus juger aujourd'hui, comme l'a fait la cour de Rouen par l'arrêt ci-après, que, lorsqu'un créancier, en produisant, dans un ordre, pour une somme déterminée, fait en même temps ses réserves pour la production ultérieure d'une autre créance dont il ne peut, à ce moment justifier, il doit être considéré, relativement à cette dernière créance, comme un créancier en retard pouvant utilement produire jusqu'à la clôture de l'ordre, sauf à supporter les frais de sa production tardive : — « La cour; attendu que, dans l'ordre ouvert sur le prix de divers immeubles ayant appartenu à Manneville, la dame Manneville a fait un acte de production, le 2 janv. 1850, par lequel elle demandait à être colloquée pour la somme de 10,500 fr., et qu'en même temps, et par le même acte, elle se réservait de produire pour une somme de 2,000 fr. qu'elle ne pouvait alors justifier; qu'on ne peut donc la considérer comme produisant pour une créance dont elle ne pouvait, alors, demander la collocation; qu'elle doit être considérée comme une créancière en retard, qui peut être admise à produire même après le délai fixé, mais avant la clôture définitive de l'ordre, à la seule condition de supporter les frais auxquels sa production tardive devra donner lieu;.... infirme » (Rouen, 3e ch., 28 fév. 1851, aff. Manneville *C.* Rigault et Busquet. — Conf. M. Chauveau, Proc. de l'ordre, quest. 2555-5°).

485. Il a d'ailleurs été jugé : 1° qu'un jugement par défaut, frappé d'opposition, ne peut, aussi longtemps qu'il n'a pas été statué sur l'opposition, servir de titre à l'effet d'être colloqué dans un ordre (Bruxelles, 26 mai 1827, cité par M. Chauveau, Proc. de l'ordre, sur l'art. 754, p. 92, à la note); — 2° Que les titres, dont l'art. 754 exige la production, ne peuvent s'entendre que d'un original ou d'une expédition régulière, ou tout au moins d'un acte qui puisse être considéré comme constituant un engagement; que la production d'une note, ou d'une copie d'obligation, sur papier libre, sans aucune signature, et dépourvue de toute régularité, ne peut remplir le vœu de la loi; et que le créancier, qui l'a produite, ne saurait obtenir, en invoquant l'art. 761, inapplicable à ce cas, une prorogation de délai pour compléter ou régulariser sa production, sous prétexte qu'il n'a pu, jusqu'alors, se procurer la grosse de l'obligation, n'ayant pu en payer le coût au notaire (Bourges, 21 nov. 1863) (1).

486. Il a aussi été jugé que le créancier, auquel le mari et la femme, en s'obligeant solidairement, ont consenti une hypothèque sur divers immeubles, et qui, par là, se trouve subrogé à l'hypothèque légale de la femme, a deux hypothèques distinctes : l'une de son chef, l'autre du chef de la femme en vertu de la subrogation; qu'en conséquence, il peut, après avoir demandé sa collocation en vertu de sa propre hypothèque, et s'il a succombé dans cette demande par suite de la péremption de son inscription, exercer, avant la clôture de l'ordre, et sans qu'on puisse lui opposer la forclusion, ni la chose jugée, le droit qui dérive de la subrogation (Cass. 5 avr. 1831, aff. Belloncle, v° Chose jugée, n° 202-2°; Orléans, 16 mars 1849, aff. Picault de la Ferandière, D. P. 49. 2. 156). — Ainsi que nous l'avons fait remarquer dans la note sur ce dernier arrêt, les deux espèces se différenciaient en ce que, dans la première, l'affaire Belloncle, les deux hypothèques résultaient de deux actes distincts, et que le premier de ces actes, celui relatif à l'hypothèque conventionnelle, avait seul fait l'objet de la première production; tandis que, dans la seconde espèce, l'affaire Picault de la Ferandière, les deux hypothèques avaient été conférées par le même acte, présenté à l'appui de la première production. Cette nuance donnait une force plus grande à l'argument qu'on faisait valoir contre le créancier, dans la seconde espèce, en lui opposant qu'il *avait produit*, de fait, pour ses deux hypothèques, et encouru la forclusion prononcée par l'art. 756 (ancien), faute d'avoir contredit le règlement provisoire dans le délai prescrit. — Les deux arrêts, malgré cela, ont considéré qu'il n'y avait eu de demande de collocation, et, par conséquent, de production que pour l'hypothèque conventionnelle; ce qui laissait entiers les droits du créancier pour l'hypothèque de subrogation. « Considérant, dit l'arrêt d'Orléans, que Picault de la Ferandière (le créancier subrogé) a formellement conclu à être colloqué, à la date de l'inscription par lui prise en vertu de l'hypothèque conventionnelle que les sieurs et dame Leblanc lui avaient consentie dans l'obligation sus-datée; qu'ainsi, le juge-commissaire n'a pas été interpellé sur les droits qui pouvaient lui appartenir en vertu de la subrogation que ladite dame Leblanc lui aurait consentie, dans son hypothèque légale; qu'il n'y avait donc pas chose jugée, sur ce point, contre lui par l'état de collocation provisoire, et que, dès lors, il était recevable à faire une nouvelle production, et à demander à être colloqué en vertu de ladite subrogation, puisqu'à cet égard, il était réellement un créancier *non produisant...* »

487. Du principe consacré par ces arrêts, une logique rigoureuse serait amenée à conclure, dans un sens inverse, que le créancier subrogé, qui n'a produit et n'a demandé sa collocation qu'au rang de son hypothèque conventionnelle, ne pourrait plus, aujourd'hui, après le délai de quarante jours expiré, produire et demander collocation au rang de l'hypothèque légale de la femme, dans laquelle il est subrogé, cette production tardive, aux termes du nouvel art. 755, emportant, de plein droit, déchéance contre lui. Mais cette conséquence n'a pas été admise par la cour de cassation. — Il a été jugé, en effet : 1° qu'un créancier hypothécaire, qui a produit son titre, en temps utile, dans un ordre, peut, même après le délai accordé pour produire, faire maintenir sa collocation, en vertu de droits hypothécaires autres que ceux qui ont déterminé son admission, s'ils résultent du titre produit; qu'ainsi le créancier, colloqué en vertu d'une hypothèque conventionnelle, peut, quoique le délai pour produire soit expiré, exciper de la subrogation à l'hypothèque légale de la femme du débiteur, résultant, à son profit, du titre par lui pro-

(1) (Ratelier *C.* Campionnet.) — LA COUR; — Sur la première question : — Considérant que l'art. 754 c. pr. civ. oblige tout créancier à produire ses titres dans le délai de quarante jours, à partir de la sommation à lui faite, et que l'art. 755, comme sanction de cette prescription, déclare déchu le créancier qui n'a pas produit dans ce délai ; — Considérant qu'il faut entendre par titres un original ou une expédition régulière, ou, tout au moins, quelque chose digne de quelque confiance, et que le juge-commissaire puisse, par son apparence, regarder comme constituant un engagement ; — Considérant que, dans l'espèce, Ratelier n'a déposé au greffe qu'une note ou copie d'obligation, sur papier libre, sans aucune signature, et dépourvue de toute régularité; qu'une telle pièce ne devait et ne pouvait, à aucun point de vue, être considérée comme un titre par le juge-commissaire; qu'à la vérité, Ratelier allègue que, s'il n'a pas produit la grosse de l'obligation, c'est parce qu'il ne l'avait pas à cette époque, n'ayant pas pu en payer le coût au notaire; mais que cette difficulté, qu'il était, du reste, à sa charge de lever, n'était point un obstacle de nature à faire proroger en sa faveur un délai qui, suivant l'esprit et les termes de la loi, doit être rigoureusement observé; — Considérant que l'art. 761 c. pr. civ., qui, sans dispenser, toutefois, de la remise du titre, autorise, dans le cas qu'il prévoit, à accorder un délai pour produire des pièces supplémentaires, s'applique à une autre phase de la procédure, et ne peut, par conséquent, être utilement invoqué par Ratelier dans la cause; qu'ainsi c'est avec raison que le tribunal a prononcé la déchéance contre ledit Ratelier;

Sur la deuxième question : — Considérant que l'avoué du dernier créancier colloqué et la partie saisie s'en rapportent à droit sur l'appel de Ratelier; qu'il suffit, dès lors, de déclarer, sur le fond du procès, l'arrêt commun avec eux, en ne mettant aucuns dépens à leur charge; — Considérant, toutefois, relativement aux dépens, que, les frais de l'avoué du dernier créancier colloqué devant être mis en frais d'ordre, il y a lieu, conformément aux prescriptions de l'art. 766 c. pr. civ., de prononcer la subrogation dans les droits de cet avoué pour ces frais au profit du dernier créancier colloqué, et solidairement au profit de la partie saisie; — Par ces motifs, statuant sur l'appel, dit qu'il a été bien jugé par le jugement attaqué; — Confirme, en conséquence, ledit jugement et en ordonne l'exécution; — Déclare le présent arrêt commun avec la partie saisie et l'avoué du dernier créancier colloqué, condamne l'appelant à l'amende et aux dépens envers toutes les parties; autorise l'emploi des dépens de l'avoué du dernier créancier colloqué en frais d'ordre; subroge pour ces dépens, conformément à l'art. 966 c. pr. civ., le dernier créancier colloqué dans les droits dudit avoué, et, subsidiairement, c'est-à-dire pour le cas où tous les créanciers seraient payés, subroge dans ces mêmes droits la partie saisie; fait distraction à Me Dumenteil, qui affirme les avoir avancés, des dépens adjugés à ses parties.

Du 21 nov. 1863.-C. de Bourges, 2e ch.-MM. Roulhac, pr.-Chinon, subst. pr. gén., c. conf.-Guillot et Massé, av.

duit, afin de se soustraire, par exemple, aux effets de la nullité dont un report d'ouverture de faillite, survenu après le règlement provisoire, a frappé l'hypothèque conventionnelle à raison de laquelle il a été colloqué (Rej. 25 juill. 1860, aff. Martinal, D. P. 60. 1. 331); — 2° Que la production, en temps utile, d'un titre de créance conserve au produisant les droits résultant de ce titre; — Spécialement, que le droit à l'hypothèque légale est conservé, quand la prorogation à cette hypothèque dérive de la teneur même du titre dont la production, faite en temps utile, a été accompagnée d'une demande générale de collocation; que, par suite, la déchéance n'est point encourue, quant au chef particulier de demande en subrogation à l'hypothèque légale, sous l'unique prétexte que ce chef, compris implicitement seulement dans la réquisition générale de collocation hypothécaire, n'aurait été spécifié qu'après l'expiration du délai pour produire, et en réponse au contredit élevé sur la collocation admise par le juge-commissaire (Cass. 14 déc. 1863, aff. de Saint-Mauris, D. P. 64. 1. 111); — 3° Mais il a été jugé que la femme, qui, dans son acte de production, a demandé simplement à être colloquée au rang de son hypothèque légale, n'est plus recevable à demander, postérieurement au renvoi à l'audience, sa collocation par privilége, même pour celles de ses créances qui seraient réellement privilégiées : — « La cour;... sur la question de savoir ce qu'on doit statuer relativement aux 18,000 fr. réclamés pour l'an vidual et les habits de deuil :... considérant que, ce qui est dû pour l'an vidual n'étant que la représentation des intérêts de la dot, cette créance n'est point privilégiée; qu'il en est autrement de la somme allouée pour les habits du deuil, laquelle est privilégiée, puisqu'elle fait partie des frais funéraires; considérant qu'aux termes de l'art. 750 c. pr. civ., en cas de contestation, le commissaire (à l'ordre) doit renvoyer les contestants à l'audience; d'où il suit que le tribunal, saisi des contestations auxquelles donne lieu l'état de collocation provisoire, ne peut statuer que sur les demandes qui ont été formées avant le renvoi des contestants à l'audience; considérant, en fait, que dans son acte de produit, la veuve Vidal a demandé que la somme par elle réclamée pour l'an vidual et les habits de deuil fût colloquée au rang de son hypothèque légale; que ce n'est que postérieurement au renvoi à l'audience qu'elle a conclu à ce que cette même somme fût colloquée pour être payée par privilége; que cette nouvelle demande, fût-elle fondée sur le tout, ne serait donc pas recevable; infirme; ordonne que ledit état de collocation provisoire, en date du 24 août 1844, sera et demeurera rectifié de la manière suivante, etc. » (Aix, 21 avr. 1845, aff. veuve Vidal C. Cirlot et autres); ...que la créance de la veuve pour l'an de viduité n'étant que la représentation de l'intérêt de la dot, est simplement hypothécaire, et non privilégiée (même arrêt; V., sur cette question, v° Privil. et hyp., n° 895); ...qu'au contraire, la créance pour les habits de deuil, faisant partie des frais funéraires, est privilégiée, et non pas seulement hypothécaire (même arrêt; V. également, sur ce point, Privil. et hyp., n°s 179, 180 et 895).

488. Il a d'ailleurs été jugé : 1° que le créancier, qui, faute d'avoir produit ses titres lors du règlement provisoire, n'a été colloqué que *pour mémoire*, doit être exclu de l'état définitif, lors même qu'il les aurait produits, au moment de la clôture dudit état, la forclusion étant acquise contre lui; qu'ainsi, il est sans droit pour demander la nullité des bordereaux délivrés aux créanciers colloqués et le rapport des sommes par eux reçues (Bourges, 7 juill. 1830)(1);—2° Que, toutefois, le créancier, qui, après avoir produit ses titres en temps utile, les retire momentanément, avec l'autorisation du juge-commissaire, ne peut être déclaré forclos, lorsqu'il les a rétablis avant le jugement, encore que ce rétablissement ait été fait dans l'intervalle du rapport du juge-commissaire au jugement : — « La cour; attendu, sur le premier moyen, que, Vaillant ayant d'abord produit ses titres en temps utile, ne les ayant retirés momentanément qu'avec l'autorisation du juge-commissaire à l'ordre, et sous protestation et réserves, et les ayant, enfin, rétablis avant le jugement d'ordre, les arrêts attaqués n'ont pu ni dû le déclarer en état de forclusion, et qu'en admettant sa créance dans le règlement de l'ordre, ils n'ont violé aucun des articles du code de procédure civile; ... rejette » (Civ. rej. 15 mars 1815, MM. Boyer, rap., Lecoutour, av. gén., c. conf., aff. femme Pichot C. Vaillant).

489. Il a encore été jugé : 1° que le créancier qui, après avoir été rejeté du règlement provisoire, sur le motif qu'il n'a produit, au lieu de la grosse, qu'une simple expédition de son titre, a obtenu la réformation de l'ordonnance du juge-commissaire, à la charge de produire la grosse de son obligation, n'est pas déchu pour n'avoir pas satisfait à cette production, lors du règlement définitif, s'il n'a point été préalablement mis en demeure : — « La cour; ... en ce qui touche le fond : considérant que l'arrêt de la cour n'avait fixé aucun terme précis dans lequel devrait être faite la production de Regnault; qu'il portait seulement, en termes généraux, qu'il produirait la grosse de son titre, lors du règlement définitif; que rien ne justifie que, par aucun moyen quelconque, il lui ait été donné connaissance du jour où ledit règlement a été clos; infirme, émendant, réforme le règlement définitif dont il s'agit, en ce qu'il a rejeté Regnault de l'ordre; au principal etc. » (Paris, ch. des vac., 3 oct. 1839, aff. Regnault C. Vouty); — 2° Que, d'ailleurs, lorsqu'un créancier hypothécaire produit, dans un ordre, à défaut de l'original ou de la grosse de l'obligation notariée qui constitue son titre, une expédition de cet acte, l'arrêt, qui ordonne purement et simplement sa collocation, ne viole ni l'art. 1239 c. civ., ni l'art. 754 c. pr., ni les articles du code de commerce relatifs aux formalités à remplir pour avoir payement d'une lettre de change perdue, quand bien même il aurait été stipulé que l'obligation serait transmissible par voie d'ordre et d'endossement (Req. 13 mars 1828, aff. Lemarrois, v° Effets de commerce, n° 550).

490. Le vendeur, non payé de son prix, qui produit à l'ordre, sans faire aucune réserve, pour s'y faire colloquer en vertu de son privilége, est-il réputé, par là, avoir renoncé à l'exercice de son action résolutoire, pour le cas où il ne viendrait pas en ordre utile? Y a-t-il lieu de distinguer, à cet égard, entre le vendeur direct, qui produit à l'ordre ouvert sur son propre acquéreur, et le vendeur médiat, produisant à l'ordre ouvert sur un sous-acquéreur? Nous avons examiné ces questions, qui sont controversées, dans notre traité de la Vente, n°s 1322 et suiv., 1340 et suiv., et nous n'y revenons pas (V. aussi v^{is} Contrat de

(1) (Piet C. Charry.)—La cour;—... Considérant, sur la question de savoir si l'appel est fondé, qu'ici l'appel a pour objet le refus qu'a fait le juge-commissaire : 1° d'admettre l'appelant à l'ordre; 2° de déclarer nuls et comme non avenus les bordereaux délivrés aux créanciers colloqués; — Qu'aux termes de droit, 1° quand un ordre est ouvert, chaque créancier doit produire, dans le mois, ses titres, avec acte de produit; 2° que, quand l'état de collocation est fait, les créanciers produisants doivent en prendre connaissance, et contredire, s'il y a lieu, dans le mois qui suit, à peine de forclusion; 3° que, s'il n'y a pas de contestations, les créanciers colloqués ne sont tenus à aucun rapport à l'égard de ceux qui produiraient postérieurement; — Que, dans l'espèce, et le 17 avril 1821, on trouve, à la vérité, dans le procès-verbal d'ordre, et parmi les productions faites, celle de Clouet, dont Piet est cessionnaire, ainsi conçue : *Les titres et pièces du sieur J.-B Clouet, ensemble un acte de produit du 12 de ce mois, contenant demande en collocation;* mais qu'il a été allégué qu'au lieu de produire les titres, on avait offert seulement de les produire, et que ce fait est établi par l'état de collocation provisoire du 15 juin, dans lequel on lit ces mots : *Le sieur Clouet a déposé un acte de produit, mais cet acte est unique;* que, la demande n'étant pas justifiée par des titres, Clouet n'y est employé que pour mémoire, et qu'un jugement du 20 août 1822 confirme ce règlement provisoire; — Que, dans un second état provisoire de collocation du 15 oct. 1824, il est répété que le dossier, produit par Clouet, ne contient ni titre, ni inscription, mais une simple note et une réquisition pour être colloqué; qu'ainsi la collocation pour mémoire n'est pas définitive, mais seulement conditionnelle, jusqu'à ce que Clouet eût produit ses pièces; — Qu'enfin, lors de l'état définitif de collocation, du 19 déc. 1826, au moment de la clôture de l'ordre, Clouet a fait remettre au juge-commissaire un acte de subrogation de la dame Labussière, et l'inscription par elle prise; que, quel que soit l'effet de cette production, sous un autre point de vue, il est certain que c'est le premier instant où ces titres ont été produits; que Clouet n'a contredit la collocation d'aucun créancier; que, la forclusion étant acquise contre lui, il était sans droit pour demander la nullité des bordereaux délivrés aux créanciers colloqués et le rapport des sommes par eux reçues; mais que, malgré la production, le juge-commissaire ne l'a point admis; — Confirme.

Du 7 juill. 1830.-C. de Bourges, 1re ch.-MM. Sallé, 1er pr.-Guillot, Mater et Thiot-Varenne, av.

mar., nos 3809 et suiv.; Priv. et hyp., no 900, la question de savoir si la femme, mariée sous le régime dotal, dont l'immeuble dotal a été aliéné, peut exercer cumulativement son hypothèque légale, en produisant à l'ordre sur les biens de son mari, et l'action en nullité de la vente).—Nous nous bornons à rappeler ici deux modifications importantes apportées à l'exercice de l'action résolutoire par la loi du 2 juin 1841 sur les ventes judiciaires d'immeubles, et celle du 23 mars 1855 sur la transcription en matière hypothécaire.—Par le nouvel art. 717 c. pr., il est enjoint à l'ancien vendeur, non payé, de dénoncer, avant l'adjudication, sa demande de résolution et de la faire juger dans le délai qui lui sera imparti par le tribunal, faute de quoi, l'adjudicataire ne peut être poursuivi à raison des droits de cet ancien vendeur, qui peut seulement faire valoir sa créance dans l'ordre (V. Vente pub. d'imm., nos 1185 et suiv.). — Et l'art. 7 de la loi du 23 mars 1855 déclare que l'action résolutoire ne peut plus être exercée, après l'extinction du privilége du vendeur, au préjudice des tiers qui ont acquis des droits sur l'immeuble, du chef de l'acquéreur, et qui se sont conformés aux lois pour les conserver (V. Transcription hypothécaire, nos 591 et suiv.).

491. Il a été jugé, toutefois, que l'action en révocation d'une donation d'immeubles, pour inexécution des conditions (le payement d'une rente viagère au donateur), est recevable, même après l'adjudication sur saisie contre le donataire; qu'à ce cas, ne s'applique pas l'art. 717 c. pr. (Bordeaux, 26 juin 1852, aff. Pascaud, D. P. 53. 2. 212);... et qu'il en est ainsi, bien que le donateur impayé ait infructueusement produit à l'ordre, comme créancier inscrit, cette production ne constituant pas une renonciation à son action résolutoire (même arrêt).

492. Mais il a été jugé, dans un sens contraire, que, lorsqu'une donation a été faite à la charge, par le donataire, de payer les dettes du donateur, le créancier de ce dernier, qui poursuit contre le donataire l'expropriation des biens donnés, qui ensuite provoque et poursuit l'ordre ouvert pour la distribution du prix, sans faire aucune protestation ni réserve, se rend par là non recevable à demander la révocation de la donation pour inexécution des conditions; qu'il est réputé avoir renoncé à son droit de révocation (Grenoble, 28 juill. 1862, aff. Julie Brun, D. P. 62. 2. 204,— Conf. Caen, 21 avr. 1841, aff. Desrues, vo Disp. entre-vifs et test., no 1297-4o). — Ainsi que nous l'avons exprimé dans une note sur l'arrêt de Grenoble, en persistant dans l'opinion par nous émise vo Vente, *loc. cit.*, de ce que le créancier ou le donateur, croyant être payé, a produit à l'ordre ouvert sur le prix, on ne peut conclure, il nous semble, qu'il ait entendu renoncer, pour le cas où il ne serait point payé, au droit de faire prononcer la révocation. Une telle renonciation ne doit pas être facilement présumée.

493. Mais il a été jugé, et il semble qu'il soit sans difficulté sur ce point, qu'à supposer que, de la production, de la part du vendeur primitif, à l'ordre ouvert sur le prix de la revente de partie des immeubles compris dans la vente originaire, on puisse induire qu'il a implicitement renoncé à la résolution du contrat pour ces immeubles, il ne peut en être de même à l'égard de l'autre partie des immeubles, ou restés entre les mains de l'acquéreur, ou revendus à des tiers; que, relativement à ces immeubles, le vendeur originaire est encore recevable à exercer l'action résolutoire (Riom, 28 fév. 1824, et, sur pourvoi, Rej. 30 avr. 1827, aff. hér. Lafaige, vo Vente, no 1290-7o. — Conf. Caen, 21 avr. 1841, aff. Desrues; Grenoble, 28 juil. 1862, aff. Julie Brun, arrêts précités).

494. Il a, d'ailleurs, été jugé : 1o qu'un vendeur peut demander l'effet d'une clause résolutoire, exprimée dans l'acte de vente, au cours de l'ordre ouvert pour la distribution du prix de l'immeuble exproprié à la requête des créanciers hypothécaires (Rouen, 4 juill. 1815, aff. Letellier, vo Vente, no 1314); — 2o Que le vendeur impayé, qui a produit à l'ordre pour son privilége, mais dont la créance est contestée, peut former, incidemment à l'ordre, une demande en résolution de la vente: — « La cour; en ce qui touche la question de savoir si la demande en résolution de vente, formée par Beaurain de Gévécourt, était recevable en la forme : considérant que cette demande était véritablement incidente; qu'elle n'a été formée, par Beaurain de Gévécourt, que par voie d'exception à la demande principale formée contre lui; que toutes les parties qu'elle intéresse étaient en cause devant le tribunal de première instance; qu'ainsi elle a pu y être portée par requête d'avoué, et sans qu'il fût besoin de remplir les formalités prescrites pour une action principale » (Amiens, 24 mars 1821, aff. Bouché et Vavasseur C. Beaurain de Gévécourt); — 3o Qu'une demande en résolution d'un contrat de rente viagère, élevée dans un ordre, est une instance d'ordre : — « La cour;... considérant la fin de non-recevoir sous le point de vue sous lequel elle a été présentée aux premiers juges, c'est-à-dire de savoir si la résiliation pouvait être formée dans l'action sur l'ordre : que tout porteur d'un titre peut faire valoir, dans l'ordre, ses droits à l'encontre des autres créanciers; qu'ils peuvent se contester mutuellement la validité, l'efficacité de leurs titres; que Darricarrère a donc pu faire valoir, à l'encontre même de Laborde (l'adjudicataire) et Dupuy (un des créanciers), le droit de faire résoudre son contrat, s'il est fondé au fond;... infirme » (Pau, 8 avr. 1824, aff. Dupuy C. Darricarrère, rap. avec Req. 22 juin 1825, no 321).

495. Il a été jugé, au contraire, que la résolution d'une vente d'immeuble, pour défaut de payement du prix, ne peut être demandée, par le vendeur, dans l'ordre ouvert pour la distribution du prix de la revente de ces mêmes immeubles; qu'il doit agir par voie principale et ordinaire (Metz, 24 nov. 1820, aff. Cartier, vo Priv. et hyp., no 1503; Rouen, 21 juin 1828, aff. Lorlot, vo Vente, no 1360-2o).

496. Ni la production, ni l'acte de produit, ne doivent être signifiés : l'art. 133 du tarif le dit, en termes exprès. Cette signification eût occasionné des frais frustratoires, puisque les titres restent déposés au greffe, où les parties intéressées peuvent en prendre communication (Conf. MM. Berriat, t. 2, p. 613, note 9; Favard, t. 4, p. 55; Chauveau et Carré, quest. 2557, et Chauveau, Proc. de l'ordre, quest. 2555-6o; Pigeau, Proc. civ., t. 2, p. 289, 4e éd.; Ollivier et Mourlon, no 346).—Mais, pour constater que la production a été faite dans le délai, le juge doit faire mention de cette production sur le procès-verbal (c. pr. 754).

497. Si une production était faite le dernier jour du délai, faudrait-il dire, avec MM. Grosse et Rameau, t. 2, no 348, qu'il y aurait déchéance du créancier, si la mention n'en avait lieu, ce jour même, sur le procès-verbal? Voici de quelle manière ils raisonnent : « Qu'arriverait-il, disent-ils, si, une sommation ayant été faite, le 2 janvier, à un créancier, et celui-ci ayant produit au greffe ses titres le quarantième jour, c'est-à-dire le 11 février suivant, le greffier eût négligé de faire mentionner, ce jour-là, cette production par le juge sur le procès-verbal? Le lendemain, 12 février, dès le matin, un autre créancier inscrit, ayant intérêt à la déchéance, se présenterait au greffe et ferait, sur le procès-verbal d'ordre, un dire par lequel, constatant (*ipso facto*) que le procès-verbal ne mentionne aucune production comme faite par le créancier sommé depuis quarante jours écoulés de la veille, il requerrait la constatation de la *déchéance* contre ce créancier.... » — Mais le meilleur moyen, pour le greffier, répond M. Flandin, Tr. de l'ordre, inédit, d'empêcher le créancier de formuler son dire, serait de lui montrer la production faite de la veille par le créancier qu'il veut faire déclarer déchu, faute de mention au procès-verbal. Il ne faut pas être plus rigoureux que la loi : or, la loi n'exige qu'une chose, c'est que la production soit faite dans les quarante jours. Quant à la constatation du fait, cela ne regarde pas le produisant; c'est l'affaire du juge.— On a vu *suprà*, no 413, qu'un contredit fait le dernier jour du délai, à onze heures et demie du soir, avait été déclarée valable. On ne peut pas demander, assurément, que le juge-commissaire se transporte au greffe, ou que le greffier aille le trouver à son hôtel, à une pareille heure, pour consigner au procès-verbal la mention exigée par l'art. 754. Il suffira que cette mention soit établie le lendemain (Conf. MM. Ollivier et Mourlon, no 347; Bioche, vo Ordre, no 347, 3e éd.).

498. Le ministère public doit veiller à ce que le procès-verbal d'ordre fasse mention expresse de chaque acte de produit, mention nécessaire pour la perception régulière des droits d'enregistrement et de greffe (instr. min. du 1er juin 1819; Ortolan et Ledeau, Tr. du min. pub., t. 1, p. 331).

499. Les frais de production des créanciers qui n'ont pas obtenu une collocation en ordre utile sont, évidemment, à leur charge. « Dans la pratique de certains tribunaux, avant la loi nouvelle, dit M. Chauveau, Proc. de l'ordre, quest. 2555-10°, s'était introduit l'usage abusif de passer en taxe toutes les productions faites, quel que fût leur sort ultérieur... Aujourd'hui toute persistance dans un tel système n'aurait plus d'excuse, puisque le nouvel art. 759 contient une disposition expresse et restrictive. « Il (le juge-commissaire) liquide, en outre, les frais de chaque créancier *colloqué en ordre utile*, etc. » (Conf. M. Flandin, Tr. de l'ordre, inéd.).

500. *Enregistrement.* — L'acte de production est sujet au droit fixe de 1 fr. (instr. de la rég., 11 fév. 1815, n° 620, citée v° Enreg., n° 816), indépendamment du droit de greffe, qui est de 1 fr. 50 c. par chaque production de titres de créance (décis. min. des fin. 17 janv. 1820).

501. Quel que soit, d'ailleurs, le mode de production employé dans les affaires d'ordre, l'acte d'où résulte cette production est sujet à l'enregistrement. Ainsi, le droit est exigible sur les simples requêtes par lesquelles les avoués demandent collocation, ces requêtes devant être considérées comme des actes de production et enregistrées comme telles (délib. du 23 mars 1831, *ibid.*).

502. La remise des titres produits par les créanciers est constatée, aux termes de l'art. 754 c. pr., par une *mention* du juge-commissaire sur le procès-verbal d'ordre. Cette mention fait partie intégrante du procès-verbal, et ne donne point ouverture à un droit particulier d'enregistrement. Mais il est dû autant de droits de greffe de rédaction à 1 fr. 50 c. qu'il y a de productions, conformément à l'art. 2 du décret du 12 juill. 1808 (instr. de la rég., 5 fév. 1844, n° 1704; D. P. 45. 3. 33, citée v° Enreg., n° 4328). — On remarquera, ajoute cette instruction, qu'en ce qui concerne la mention faite sur le procès-verbal d'ordre de la remise des titres produits par les créanciers, la solution ci-dessus déroge à la disposition de l'instruction n° 620, d'après laquelle la partie du procès-verbal contenant ces mentions était passible d'un droit particulier d'enregistrement. »

SECT. 4. — *Du prix à distribuer.*

503. Cette section est divisée en trois articles : il est parlé, dans le premier, du prix et de ses accessoires, — Dans le second, de la ventilation; — Et, dans le troisième, de la consignation du prix.

ART. 1. — *Du prix et de ses accessoires.*

504. Nous avons déjà dit, et nous rappelons que l'ordre a pour objet la *distribution*, et non pas, comme le dit improprement la chambre des requêtes, dans un arrêt du 21 juill. 1857, aff. Truchy (D. P. 57. 1. 446), la *fixation* du prix des immeubles vendus par ou sur le débiteur entre les différents créanciers privilégiés et hypothécaires (V. des applications de ce principe *infrà*, sous la sect. 7, art. 4).

505. Dans ce prix doivent être évidemment comprises toutes les *charges* qui l'augmentent (c. nap. 2183) : par exemple, le capital d'une rente ou d'une prestation quelconque, mise au compte de l'acquéreur par le contrat. — Il a été jugé, par suite : 1° que, lorsqu'un immeuble a été vendu, moyennant une somme fixe pour le vendeur et une rente viagère au profit d'un tiers, si celui-ci, par acte passé le même jour et devant le même notaire, renonce à la rente, moyennant une somme déterminée, ce capital fait partie du prix de l'immeuble, et ne peut être payé au préjudice des créanciers hypothécaires; qu'il importe peu que ceux-ci n'aient pas fait de surenchère, l'acquéreur étant en faute de ne pas leur avoir offert le prix en entier; qu'il doit, par conséquent, rapporter la partie du prix qu'il a dissimulée, avec les intérêts, à partir du jour de la notification de son contrat (Bordeaux, 28 mai 1832, aff. Son, v° Priv. et hyp., n° 2112-1°); — 2° Que, toutefois, ce rapport ne peut profiter aux créanciers chirographaires, à l'égard desquels le payement fait par l'acquéreur est valable et définitif (même arrêt). — Mais il a été jugé que le capital dû pour remboursement d'une rente que le propriétaire de l'immeuble affecté au service de cette rente a été obligé de payer au crédi-rentier, doit être partagé, au marc le franc, entre tous les créanciers du propriétaire de cet immeuble, sans que ceux auxquels ledit immeuble était affecté par hypothèque, et qui n'ont pas été colloqués sur le prix de cet immeuble, aient le droit d'opposer leur rang hypothécaire, ou de demander leur subrogation dans les droits du crédi-rentier désintéressé avec le prix dudit immeuble (Req. 1er août 1839) (1).

506. Il a, d'ailleurs, été jugé que le juge, commis à l'ordre, ne peut comprendre, d'office, dans la somme à distribuer, les frais de poursuite de vente, alors, surtout, qu'aucune demande spéciale n'a été formée, à cet égard, par les intéressés : — « La cour;... considérant, d'ailleurs, qu'une distribution judiciaire ne peut comprendre que les sommes sur lesquelles elle a été provoquée, à moins d'une demande particulière des intéressés pour sommes omises, demande qui n'a pas été formée, et qui ne

---

(1) *Espèce :* — (Osmont C. Thiboult et Delivet.) — En 1817, vente à Perrier-Saint-Denis, par Thiboult, de son domaine de Durcet, grevé hypothécairement, au profit de d'Escurolles et de Laroche-Lambert, de rentes dues par Thiboult, dont un autre domaine, le domaine Dugrais, était également affecté aux mêmes rentes. — En 1824, le domaine de Durcet est adjugé à la compagnie Cramail, sur les poursuites des créanciers de Perrier Saint-Denis. — A l'ordre ouvert sur le prix, les héritiers d'Escurolles et Laroche-Lambert furent colloqués, pour le capital de leurs rentes, avant les autres créanciers, et un jugement du tribunal de Domfront, du 14 mai 1830, maintint cette collocation, sauf à subroger les derniers créanciers, sur lesquels les deniers manqueraient, contre Thiboult. — Le 18 août 1830, un autre jugement déclara, en l'absence de Thiboult, que les créanciers de Perrier-Saint-Denis seraient payés sur le restant des sommes à colloquer, ou sur les rentes dues par Thiboult, par ordre d'hypothèque. — Sur l'appel de ces deux jugements, un arrêt du 14 août 1833, de la cour de Caen, confirma la collocation d'Escurolles et de Laroche-Lambert,. et condamna Thiboult au remboursement des deux rentes. — Poursuivi en payement, ce dernier refusa de payer jusqu'à ce que les créanciers poursuivants eussent été subrogés aux créanciers d'Escurolles et de Laroche-Lambert. — Jugement qui annule le commandement fait à Thiboult. — Appel. — Delivet, créancier personnel de Perrier-Saint-Denis, intervient sur cet appel, forme tierce opposition aux jugements des 14 mai et 18 août 1830, et demande à être colloqué, au marc le franc, avec les autres créanciers, sur le capital ou les arrérages de rente dus par Thiboult. — 28 août 1836, arrêt de la cour de Caen, qui reçoit l'intervention de Delivet, admet sa tierce opposition, et ordonne que le capital et les arrérages des rentes seront distribués, comme valeurs mobilières, entre les créanciers de Perrier-Saint-Denis. — Osmont et Vanmelle, créanciers non colloqués utilement dans l'ordre, ont formé opposition à cet arrêt; mais il a été confirmé le 28 août 1837. — Pourvoi pour violation : 1° de la chose jugée et des art. 755, 756, 759 c. pr. civ., en ce qu'on a décidé qu'un créancier hypothécaire inscrit, non produisant à un ordre qui lui avait été dénoncé, conservait encore, après la clôture de l'ordre et la délivrance des bordereaux de collocation, le droit de former tierce opposition aux décisions intervenues sur les incidents de cette procédure; — 2° Du contrat judiciaire et des art. 1121, 1275 c. civ., et 768, 769 c. pr., et de la maxime *subrogatum capit naturam subrogati*, en ce que la cour a décidé que le capital de la rente ne devait pas être attribué aux créanciers hypothécaires de Perrier-Saint-Denis, mais distribué entre tous les créanciers de ce dernier indistinctement. — Arrêt.

LA COUR; — Attendu que l'autorité de la chose jugée n'aurait pu être invoquée que si les arrêts rendus eussent statué seulement sur la distribution du prix du domaine de Durcet; — Que Delivet, appelé à l'ordre, aurait eu, alors, à s'imputer de ne pas s'être présenté pour défendre ses droits; mais il est demeuré constant qu'après l'ouverture de l'ordre, on a joint au prix à distribuer une action en recours, qui appartenait au débiteur commun; — Attendu que, si, d'après la loi, les créanciers, appelés dans l'ordre du prix de l'immeuble qui leur a été hypothéqué, sont liés irrévocablement par les décisions intervenues dans l'ordre, quand même ils ne s'y seraient pas présentés, il n'en saurait être ainsi, lorsque ces jugements portent sur des objets étrangers à ce prix; d'où suit qu'en admettant la tierce opposition de Delivet contre une collocation qui avait ajouté à une créance immobilière une somme mobilière, pour les distribuer par rang d'hypothèque, l'arrêt n'a violé ni la chose jugée, ni les art. 755, 756 et 759 c. pr.; — Attendu que la subrogation, admise par les premiers jugements, ne résultait pas d'un contrat judiciaire, puisque l'arrêt constate que Perrier-Saint-Denis, débiteur commun, ne figurait pas dans ces jugements; et, d'ailleurs, il ne peut exister de subrogation, sans un payement réel effectué par celui qui réclame cette subrogation, tandis que, dans l'espèce, le payement avait été fait par le débiteur avec le prix de l'immeuble exproprié, payement opéré dans l'intérêt de tous ses créanciers, et devant leur profiter également; — Rejette.

Du 1er août 1839.-C. C., ch. req -MM. Zangiacomi, pr.-Bayeux, r.

peut pas être suppléée d'office; infirme; au principal, réforme le règlement provisoire; dit qu'il n'y a lieu de comprendre, dans la somme à distribuer, le montant des frais de poursuite de vente; ordonne qu'il sera passé outre au règlement définitif entre les ayants droit, sur le seul prix principal en distribution et les intérêts de ce prix, suivant la loi » (Paris, 28 fév. 1834, M. Lepoitevin, pr., aff. Fus...).

507. Mais il a été jugé : 1° que les notaires, pas plus que les avoués, ne peuvent stipuler, à leur profit, dans le cahier des charges d'une vente renvoyée devant eux par les tribunaux, des droits plus élevés que ceux fixés par le tarif; que les sommes ainsi illégalement perçues par le notaire doivent être restituées aux créanciers hypothécaires comme constituant un véritable supplément de prix (Paris, 20 mai 1836, aff. de Méricourt, v° Notaire, n° 471); — 2° Et que, dans ce cas, le créancier sur lequel les fonds ont manqué peut répéter, contre le notaire, les sommes par lui indûment touchées, sans que celui-ci puisse lui opposer qu'il a produit à l'ordre, sans faire, à cet égard, aucune réclamation ni réserve, quoiqu'il eût connaissance de la clause insérée au cahier des charges, alors, d'ailleurs, que le notaire, qui a reçu directement de l'adjudicataire, n'était pas lui-même partie dans l'ordre (même arrêt).

508. Fait encore partie du prix ce qui est payé par l'acquéreur, à titre de pot-de-vin, ou d'épingles (Cass. 3 avr. 1815, aff. Capron, v° Surenchère, n° 191-3°.—Conf. MM. Merlin, Rép., v° Surenchère, n° 3-2°; Favard, t. 5, p. 476; Troplong, Priv. et hyp., n° 935).—« Le prix d'une vente, lit-on dans le Répertoire, *loc. cit.*, est *tout* ce que le vendeur reçoit de l'acquéreur en échange de la chose qu'il lui vend; c'est toute la somme d'argent que, sous une dénomination ou sous une autre, l'acquéreur tire *de sa poche* pour la faire entrer dans celle du vendeur. Ainsi, ce que l'acquéreur paye pour les droits d'enregistrement, pour les frais de transcription, et, en un mot, pour tout ce qui, sans convention, est à la charge de l'acquéreur, ne fait point partie du prix, parce que toutes ces dépenses, faites à l'occasion de la vente, ne sont rien qui profite au vendeur... Mais que la somme qu'on paye au vendeur pour la vente soit en bloc ou morcelée; qu'elle reçoive des appellations ou des destinations différentes, suivant les fractions qu'elle contient; qu'une partie soit appelée prix proprement dit, et une autre partie *pot-de-vin;* qu'une partie aille, directement et sans milieu, dans la poche du vendeur; qu'une partie soit déléguée à ses créanciers; qu'une partie soit employée à acquitter une dépense qu'il était obligé de faire, il est bien évident que tout l'argent, ainsi distribué à l'avantage du vendeur, est *prix.* »

509. Il suit de ces principes que les impôts *échus*, mis à la charge de l'acquéreur par une clause du contrat de vente, font partie du prix, puisque l'acquéreur, en l'absence de toute stipulation contraire, ne doit l'impôt qu'à partir de son entrée en jouissance (Conf. MM. Troplong, Priv. et hyp., t. 4, n° 936; Petit, p. 479); et c'est à tort que le contraire a été jugé (Req. 18 janv. 1825, aff. Noyaux, V° Surenchère, n° 201).

510. Faut-il considérer comme une partie du prix de vente d'un immeuble la somme allouée, par jugement, au débiteur exproprié, à titre de dommages-intérêts, pour le préjudice que lui ont fait éprouver les manœuvres dolosives de l'adjudicataire, à l'effet de nuire à la liberté des enchères? La négative a été jugée (Poitiers, 26 avr. 1839, V. Vente pub. d'imm., n° 1825, et, sur le pourvoi, Rej. 22 août 1842, aff. de Saint-Cyr, V. Priv. et hyp., n° 2174-4°).—Mais il faut voir dans quelles circonstances cette décision est intervenue. — Un immeuble appartenant aux sieurs Moreau et Duronet, saisi immobilièrement, avait été adjugé aux sieurs Picaud et Opterre, pour le prix de 10,000 fr. — Une surenchère avait été formée, et l'immeuble adjugé définitivement, moyennant 12,700 fr., au sieur Devozeau, créancier inscrit, qui avait déclaré command au profit des sieurs Duvigier et Laminière. — Cette somme de 12,700 fr. fut distribuée, par voie d'ordre, aux créanciers inscrits. — Cependant, Moreau et Duronet, les propriétaires originaires de l'immeuble, ayant appris que Duvigier et Laminière n'étaient devenus adjudicataires que par suite de manœuvres frauduleuses, qui avaient eu pour résultat d'écarter les enchérisseurs et avaient empêché l'immeuble d'être porté à sa véritable valeur, formèrent contre eux une demande en dommages-intérêts, qui fut accueillie par jugement, confirmé sur appel, lequel fixa à 8,000 fr. la différence entre le prix d'adjudication et celui qu'aurait déterminé la libre concurrence. — C'est cette somme de 8,000 fr. que se disputaient les créanciers inscrits sur l'immeuble, non colloqués à l'ordre par manque de fonds, et les créanciers chirographaires de Moreau et Duronet.

De la part des premiers, on disait que cette somme de 8,000 fr. n'était, à vrai dire, qu'un supplément du prix de l'immeuble, lequel devait être distribué aux créanciers hypothécaires, par préférence aux créanciers chirographaires, et suivant l'ordre des inscriptions. — On repousse, ajoutait-on, ce droit de préférence, en se fondant sur la nature personnelle de l'action en vertu de laquelle les dommages-intérêts ont été accordés. Peu importe la nature de la demande : il suffit, et cela n'est pas contesté, que les 8,000 fr. accordés forment la différence du prix de l'adjudication avec celui qui aurait été payé, si les choses se fussent passées dans leur ordre naturel. Il faut donc écarter cette subtilité, et reconnaître que, si l'enchère n'avait pas été entravée, l'immeuble aurait été vendu 20,700 fr. au lieu de 12,700 fr. On peut dire qu'il y avait, dans l'adjudication, deux prix : l'un avoué et apparent, celui de 12,700 fr.; l'autre dissimulé, 20,700 fr. Or, il est de jurisprudence que la dissimulation de partie du prix ne préjudicie pas aux droits des créanciers inscrits, et que la radiation, déjà effectuée, des hypothèques inscrites, ne change pas la position des parties (Paris, 8 fév. 1836, aff. Arnault-Seccart, v° Priv. et hyp., n° 2112-2°; Req. 8 août 1836, aff. Cavelan, *eod.*, n° 2288-3°).

Mais on répondait à cette argumentation que le prix de l'immeuble saisi avait été invariablement fixé par le jugement d'adjudication, duquel il n'avait pas été appelé; qu'un ordre avait été ouvert pour la distribution de ce prix, et que, par suite de cette distribution, les inscriptions avaient été rayées; que la condamnation, obtenue plus tard contre les adjudicataires, avait sa source, non pas dans le jugement d'adjudication, mais dans une demande en dommages-intérêts fondée sur un délit; que le montant de cette condamnation était donc chose mobilière, sur laquelle tous les créanciers indistinctement, avaient un droit égal.

Et cela fut, en effet, ainsi jugé. Mais pourquoi? Parce que, ainsi que le dit le jugement du tribunal de Montmorillon dont la cour de Poitiers adopte les motifs, « s'il est vrai que la somme allouée aux sieurs Moreau et Duronet par le jugement du 20 mars 1835 et l'arrêt du 2 fév. 1836, l'a été comme formant la différence du prix auquel avait eu lieu l'adjudication du 22 déc. 1831 à celui auquel elle aurait dû ou pu être portée, il n'en résulte pas, pour cela, que ladite somme ait été allouée, par les jugement et arrêt susdits, pour former un supplément ou complément du prix de l'adjudication précitée; que le prix avait été irrévocablement fixé, sans modification possible en plus ou en moins, par le jugement d'adjudication *ayant acquis l'autorité de la chose jugée...* » D'où il suit que, si l'action eût été dirigée contre le jugement d'adjudication lui-même (en supposant qu'elle pût l'être encore utilement, dans l'espèce), pour en faire prononcer la nullité, la conséquence eût été tout autre, et que le supplément de prix, obtenu en vertu d'une nouvelle adjudication, eût incontestablement appartenu aux créanciers hypothécaires, à l'exclusion des simples chirographaires (Conf. M. Bioche, v° Ordre, n° 73, 3e éd.).

511. Il a encore été jugé que la somme, payée par l'acquéreur à un tiers, pour l'engager à ne pas se porter acquéreur ou à ne point surenchérir, ne peut être regardée comme faisant partie du prix de vente, et, par suite, que le rapport n'en peut être exigé par les créanciers inscrits (Poitiers, 24 juin 1831, aff. Dandré, v° Priv. et hyp., n° 2174-1°).

512. Mais il n'est pas douteux que la portion du prix, qui a été dissimulée dans le contrat, n'appartienne aux créanciers inscrits. — Il a été jugé, dans ce sens : 1° que si, en sus du prix porté au contrat, il a été promis et payé une certaine somme au vendeur, les créanciers inscrits peuvent exiger de l'acquéreur le rapport de cette somme, laquelle fait partie de la vente et forme leur gage (arrêt précité, Poitiers, 24 juin 1831, aff. Dandré);— 2° Qu'ils ont droit également aux intérêts de ladite somme, sans qu'on puisse leur opposer la prescription quinquennale de l'art. 2277 c. nap., d'une part, parce qu'il ne s'agit pas de l'intérêt d'une somme prêtée; de l'autre, parce que la prescription est une présomption de payement, et que cette présomption ne peut pas se rencontrer là où il y avait ignorance de la dette (même arrêt); — 3° Que les créanciers inscrits ont droit de toucher, par préférence aux créanciers chirographaires, l'excédant du prix réel de la vente sur le prix apparent porté au contrat, bien qu'ils n'aient pas formé de surenchère et qu'ils aient négligé de produire à l'ordre pour cet excédant (Paris, 8 fév. 1836, aff. Arnault-Seccart, v° Priv. et hyp., n° 2112-2°); — 4° Que, lorsqu'il y a eu dissimulation du véritable prix de vente, au préjudice des créanciers inscrits, ceux-ci, quoiqu'ils n'aient pas surenchéri, ou, ce qui revient au même, lorsque la surenchère formée par l'un d'eux a été déclarée nulle, ont le droit, même au cours de la procédure d'ordre, et sans être obligés de se pourvoir par action principale : 1° de faire comprendre, dans le prix à distribuer, la portion de ce prix qui leur a été dissimulée; 2° d'y faire comprendre également les intérêts du prix de vente, à partir de la notification que l'acquéreur leur a faite de son contrat, bien qu'il ait été stipulé, entre le vendeur et l'acquéreur, que ce prix ne serait payable qu'après la radiation des inscriptions et sans intérêts jusqu'alors (Bordeaux, 19 juin 1835, et, sur pourvoi, Rej. 29 avr. 1839, aff. Espinasse, v° Priv. et hyp., n° 2112-3°); — 5° Que l'action, qui a pour objet de faire déclarer que le prix apparent, porté au contrat, est inférieur au prix réel, lequel a été dissimulé, peut être formée incidemment dans une procédure d'ordre (même arrêt du 29 avr. 1839); — 6° Que le cessionnaire d'une somme que des créanciers demandent à faire ajouter au prix mis en distribution dans un ordre, a qualité pour intervenir dans cet ordre, à l'effet de faire maintenir sa cession (Orléans, 5 mars 1853, aff. Pélissot-Croué, D. P. 53. 2. 341).

513. Il faut aller plus loin et dire que les créanciers inscrits, auxquels l'acquéreur a fait la notification de son contrat, et qui n'ont pas formé de surenchère dans le délai prescrit, n'en sont pas moins recevables à établir qu'il y a eu simulation dans le prix, et, par suite, à faire comprendre, dans la somme à distribuer, la portion de ce prix, qu'ils prouvent avoir été dissimulée. On trouve, cependant, des arrêts qui ont jugé le contraire, sur le fondement que les créanciers inscrits ont eu, par la faculté de surenchérir qui leur est accordée, les moyens de faire porter l'immeuble à sa véritable valeur, et qu'en n'usant pas de cette faculté, ils sont réputés avoir accepté le prix énoncé dans la notification (V. ces arrêts, v° Priv. et hyp., n° 2113). — Mais nous avons combattu, *loc. cit.*, n°s 2111 et 2114, cette doctrine, en faisant remarquer que les créanciers n'ont pas toujours la possibilité de surenchérir, soit à raison des charges que la surenchère impose, soit à raison de l'ignorance où ils peuvent être de la véritable valeur de l'immeuble; que, d'ailleurs, le droit, pour les créanciers, d'attaquer les actes faits en fraude de leurs droits (c. nap. 1167) est tout à fait distinct du droit de surenchère, qui n'a pour base que l'insuffisance du prix, et que, s'il est vrai que le créancier, qui s'est abstenu de surenchérir dans les délais, est réputé avoir accepté le prix offert (v° Priv. et hyp., n° 2156), cela ne peut s'entendre que du cas où ce prix est sincère; que décider autrement, ce serait donner une prime à la fraude, l'acquéreur restant le maître de déclarer un prix quelconque, sans autre risque à courir que celui d'une surenchère, à laquelle les créanciers ne se résolvent jamais que difficilement. — Et c'est, en effet, dans ce sens que se sont prononcés le plus grand nombre des arrêts (V. Priv. et hyp., n° 2114. — Conf. M. Houyvet, n° 62).

514. Il a encore été décidé, en conformité des mêmes principes : 1° qu'en cas de dissimulation du véritable prix de vente d'un immeuble, les créanciers du vendeur ont contre l'acquéreur l'action autorisée par l'art. 1167 c. nap., quoiqu'ils aient perdu le droit de suite sur l'immeuble par l'accomplissement des formalités de la purge ; qu'en conséquence, la portion dissimulée du prix demeure le gage de ces créanciers et est affectée aux droits concurrents ou de préférence qui peuvent leur appartenir (Cass. 21 juill. 1857, aff. Mœhrl, D. P. 57. 1. 404); — 2° Que, toutefois, l'acquéreur ne peut être poursuivi en payement de cette portion de prix, s'il en a versé le montant entre les mains de créanciers, d'ailleurs préférables à ceux qui lui en demandent compte, faute, par ces derniers, d'avoir requis un ordre supplémentaire à celui qui avait été ouvert par la distribution du prix déclaré, lesquels se sont rendus, par là, non recevables à critiquer le payement spontanément fait par l'acquéreur (même arrêt.)

515. Il a encore été jugé que l'acquéreur d'un immeuble *indivis*, moyennant un prix unique, peut être contraint, par les créanciers dont les hypothèques grèvent la totalité de cet immeuble, de faire porter sur tout son prix l'ordre ouvert à sa diligence, quoiqu'il n'ait offert, lors des notifications de son contrat, que la portion du prix afférent à l'un des covendeurs, et que les créanciers aient laissé expirer, sans refuser ces offres, le délai de la surenchère, le droit des créanciers inscrits de faire déclarer l'insuffisance des offres à eux faites survivant au droit de surenchère (Riom, 4 août 1860, et, sur pourvoi, Civ. rej. 27 avr. 1864, aff. hér. Bertrand, D. P. 64. 1. 433). — Il est hors de doute, en effet, que des créanciers, inscrits sur la totalité d'un immeuble, ont droit, à raison de l'indivisibilité de l'hypothèque, de refuser l'offre, à eux faite par l'acquéreur, d'une partie seulement de son prix, et cela, alors même que cet immeuble aurait été vendu par plusieurs copropriétaires auxquels il appartenait par indivis, et que la somme offerte comprendrait toute la portion revenant à l'un d'eux dans le prix d'acquisition. Le droit de purger implique forcément l'obligation d'affecter à l'extinction des créances inscrites le prix intégral de l'immeuble, quand l'immeuble est hypothéqué pour la totalité. Aussi ce point ne paraît-il pas avoir fait de difficulté dans l'espèce. Toute la question était de savoir si les créanciers, qui peuvent certainement donner leur adhésion à une purge partielle, n'étaient pas réputés l'avoir acceptée, faute par eux d'avoir refusé, dans le délai de la surenchère, les offres partielles qui leur avaient été notifiées. La chambre civile, en rejetant le pourvoi formé contre l'arrêt de la cour de Riom, se prononce pour la négative, en distinguant, avec soin, le droit de surenchère, qui se trouve, en effet, éteint par l'expiration du délai de l'art. 2180 c. nap., et le droit de refuser des offres insuffisantes, droit dont la loi n'a nulle part soumis l'exercice à l'observation du même délai, et que les créanciers ne peuvent perdre qu'autant qu'ils y auront spécialement renoncé. — Si donc les offres de l'acquéreur sont réputées acceptées par les créanciers qui ont gardé le silence pendant le délai de la surenchère, et s'il se forme, à cet égard, entre l'acquéreur et les créanciers, un véritable contrat judiciaire (V. Priv. et hyp., n°s 2156 et suiv.), c'est seulement au point de vue du droit de surenchère, mais non relativement aux autres difficultés que pourraient soulever les offres signifiées, difficultés qui restent entières et demeurent soumises aux règles de procédure de droit commun.

516. Il a été jugé, dans un sens inverse, mais en conformité des mêmes principes, que l'acquéreur, évincé d'une partie de l'immeuble, peut, à raison de l'éviction, demander, dans l'ordre, une réduction correspondante de son prix, si l'éviction est survenue depuis la notification de son contrat aux créanciers inscrits : — « La cour; attendu qu'il importe peu que la veuve Rozier eût dénoncé, le 3 ou 4 juin 1859, son contrat de vente aux créanciers de son vendeur, avec l'offre d'en payer le prix ; que son offre, en effet, doit être considérée comme implicitement subordonnée à la condition que la veuve Rozier ne serait pas évincée des immeubles vendus; que l'éviction, et la demande dont elle était l'objet, survenue après l'offre, l'ont rétablie dans le droit de garantie appartenant à tout acquéreur évincé, en vertu des art. 1626 et suiv. c. nap., garantie qu'elle peut exercer contre les créanciers de ses vendeurs, lesquels n'ont pas, quant à ce, d'autres droits et d'autres exceptions à faire valoir que ce dernier ; — Dit que la veuve Rozier est autorisée à retenir, sur le prix en distribution, la somme de 600 fr., etc. » (Grenoble, 1re ch., 23 mai 1863, M. Bonafous, 1er pr., aff. veuve Rozier C. créanc. Roiron.)

517. Mais, en dehors de ces cas exceptionnels, il faut admettre, avec l'art. 2186 c. nap., que le silence gardé par les créanciers inscrits, pendant le délai qui leur est accordé pour surenchérir, équivaut à une acceptation tacite des offres contenues dans la notification faite par l'acquéreur, et, par suite, que le prix se trouve irrévocablement déterminé par ces offres. — Il a été jugé ainsi : 1° que la clause d'un acte de vente d'un immeuble, portant que l'acquéreur retiendra, sur le prix de la vente, une certaine somme imputable sur des loyers payables d'avance, est valable, même vis-à-vis des créanciers inscrits sur cet immeuble, auxquels cette condition a été notifiée, sans qu'il y ait eu surenchère de leur part : — « La cour; sur le fond : considérant que, dans le contrat de vente de Songy à Anchier, il a été stipulé, comme condition essentielle de la vente, sans laquelle la vente n'eût pas eu lieu, que Anchier, sur son prix de 105,000 fr., retiendrait 10,000 fr. pour loyers d'avance imputables sur le prix de la location faite à Songy par Anchier de la maison vendue, pendant cinq ans, à raison de 7,000 fr. par an; que Anchier, dans ses notifications aux créanciers inscrits, a mentionné cette condition; qu'aucune surenchère n'ayant eu lieu, le prix à distribuer se trouve fixé à 105,000 fr., avec droit, pour Anchier, de retenir sur cette somme 10,000 fr., et de les imputer sur partie des loyers dus par Songy, dans les termes dudit acte de vente;... — Infirme le jugement dont est appel, en ce que, sans avoir égard au contredit d'Anchier, comme tardif, ledit jugement a maintenu purement et simplement la fixation du prix à distribuer à 105,000 fr.; émendant, etc. » (Paris, 3e ch., 2 juill. 1836, M. Simoneau, pr., aff. Anchier *C.* Garnier et autres); — 2° Que les hypothèques, inscrites sur un immeuble saisi, sont converties, par l'effet de l'adjudication, non suivie de surenchère, ni de folle enchère, en un droit de préférence sur le prix tel qu'il est fixé par cette adjudication; qu'en conséquence, l'excédant de prix, qui peut résulter, soit de la revente faite par l'adjudicataire, soit de la saisie pratiquée sur lui par ses propres créanciers, appartient exclusivement à ces derniers, sans que les créanciers hypothécaires du premier saisi puissent, à ce titre, y prétendre aucun droit (Cass. 4 juin 1850, aff. veuve Encausse, D. P. 50. 1. 214); — 3° Que, toutefois, cela n'est vrai qu'autant que cet adjudicataire a satisfait à ses obligations et effectué le payement de son prix; que, dans le cas contraire, l'immeuble reste soumis à l'action des créanciers, et que les fruits en sont immobilisés, à leur profit, dans les mains mêmes du nouvel acquéreur, et à partir de la revente; que celui-ci, dès lors, ne peut prétendre qu'il ne doit les intérêts de son prix (représentatifs des fruits de l'immeuble) aux créanciers inscrits, conformément à l'art. 2176 c. nap., que du jour où il lui a été fait sommation de payer ou de délaisser, ou du jour où il a lui-même notifié son contrat, et qu'il alléguerait en vain avoir payé à son vendeur les intérêts échus avant cette époque, surtout s'il existe des circonstances qui fassent présumer quelque collusion entre le vendeur et lui, au préjudice des créanciers hypothécaires (Riom, 27 août 1825, aff. Lafont, v° Priv. et hyp., n° 2187-4°).

518. Doit-on considérer l'indemnité due pour l'assurance d'un immeuble contre l'incendie comme tenant la place de l'immeuble, à l'instar d'un prix de vente, et, par suite, comme appartenant aux créanciers hypothécaires, de préférence aux simples chirographaires? Nous avons examiné cette question, avec tous les développements qu'elle comporte, v° Assurances terrestres, n° 84, et nous nous sommes prononcé, avec la jurisprudence et avec la majorité des auteurs, pour la négative, tout en exprimant le regret qu'une loi spéciale n'ait pas consacré, pour ce cas, comme pour celui de la vente, l'immobilisation des deniers.

519. Il a été jugé, dans le même sens, que l'indemnité, promise au propriétaire d'une maison, à raison de l'engagement pris par lui de la démolir, ne constitue pas une créance immobilière, et n'est pas, dès lors, soumise à l'action des créanciers hypothécaires inscrits sur cette maison; et, spécialement, que, dans le cas où une ville a acheté d'un particulier un terrain destiné au prolongement d'une rue, sous la condition que le vendeur démolirait les constructions existant sur ce terrain, et moyennant un prix déterminé dont une partie seulement a été appliquée au terrain vendu, et dont le surplus a été stipulé comme indemnité de la démolition, si la ville qui a fait cette acquisition n'offre aux créanciers inscrits du vendeur et ne met en distribution, dans l'ordre par elle ouvert, que la portion du prix appliquée au terrain vendu, les créanciers ne sont point fondés à demander qu'à cette somme soit ajoutée celle promise à titre d'indemnité; encore bien que, dans l'acte de vente, le même terme ait été assigné au payement du prix total, et qu'il ait été mis pour condition à ce payement qu'il ne serait exigible qu'après les formalités de transcription et de purge légale, et sur le rapport des mainlevées et certificats de radiation des inscriptions grevant le terrain vendu (Orléans, 5 mars 1853, aff. Pélissot-Croué, D. P. 55. 2. 341). — Cette décision est contestable (V. Priv. et hyp., nos 794 et 1759). Le tribunal de première instance avait admis une solution contraire, par le motif qu'il serait toujours facile à un débiteur grevé d'inscriptions de soustraire aux créanciers leur gage hypothécaire, et de s'approprier, à leur préjudice, une partie notable du prix, s'il lui suffisait de déclarer, dans le contrat de vente, que les bâtiments sont destinés à être démolis. Il est au moins bien évident, comme nous en avons fait l'observation, en rapportant cet arrêt, que, si l'engagement de démolir n'était pas réalisé, et qu'il n'eût été qu'un moyen frauduleux d'enlever à une partie du prix de vente le caractère immobilier qui en fait le gage des créanciers inscrits, la somme stipulée comme indemnité de la démolition des constructions ne pourrait échapper à l'action de ces derniers.

520. Il peut arriver qu'un créancier, utilement colloqué dans un ordre, ne touche pas le montant de son bordereau, soit parce qu'il aura été utilement colloqué et payé dans un autre ordre, soit parce que sa créance se trouvera autrement éteinte : par la mort du crédi-rentier, par exemple, si la créance était une rente viagère. Dans ce cas, à qui devra profiter le montant de la collocation qui ne trouve plus d'emploi? Aux créanciers hypothécaires non payés, ou à tous les créanciers du débiteur, sans distinction des hypothécaires et des chirographaires?—Le doute, sur cette question, peut venir de l'art. 759 c. pr., aux termes duquel le juge-commissaire, « en ordonnant la délivrance des bordereaux de collocation aux créanciers utilement colloqués, » prononce « la radiation des inscriptions de ceux non utilement colloqués. »—Mais nous avons déjà dit *suprà*, n° 438, en examinant la question par rapport aux créanciers qui ont encouru la déchéance, faute de produire, que cette radiation n'a d'effet qu'au regard de l'acquéreur, et pour le cas où le prix à distribuer a été épuisé par les collocations faites; que l'hypothèque continue d'exister, par conséquent, et le droit de préférence qui en résulte, par rapport aux créanciers chirographaires (V. les arrêts cités *eod.*).

521. Il a aussi été jugé que la somme que l'acquéreur d'un immeuble a touchée dans l'ordre, en qualité de créancier hypothécaire, et qu'il a été condamné à restituer, par le motif qu'elle ne lui était pas due, a, dans ses mains, le caractère d'un véritable prix de vente portant intérêts jusqu'au jour de la restitution (Req. 14 juin 1854, aff. Constanty, D. P. 54. 1. 310).

522. Les créanciers inscrits sur l'immeuble ont droit, indépendamment du prix principal, aux intérêts de ce prix qui en sont l'accessoire. — Il y a, toutefois, une distinction à faire, à cet égard, entre la vente sur saisie immobilière et la vente volontaire.

523. Lorsque l'adjudication a eu lieu sur saisie immobilière, il est sans difficulté que les créanciers inscrits ont droit aux intérêts qui ont couru depuis le jour de l'adjudication. Cela résulte de ce que la procédure par expropriation forcée opère, *ipso facto*, la purge des hypothèques inscrites, en sorte que, l'adjudicataire étant dispensé de toutes notifications aux créanciers inscrits, le droit de ces derniers se trouve immédiatement transporté de l'immeuble sur le prix (V. Privil. et hypoth., n° 2024). Comment, d'ailleurs, lorsque l'art. 685 c. pr. déclare que « les loyers et fermages sont immobilisés, à partir de la transcription de la saisie, pour être distribués, avec le prix de l'immeuble, par ordre d'hypothèque, » pourrait-il en être autrement des intérêts du prix? — Il a, ainsi, été jugé : 1° que, par l'effet de l'adjudication après surenchère, l'adjudicataire est tenu, envers les créanciers inscrits, des intérêts de son pirx, nonobstant le silence du cahier des charges à cet égard, et encore bien que, par l'acte de vente primitif, l'acquéreur ait été expressément dispensé, pendant un temps déterminé, du payement de ces intérêts (Paris, 11 janv. 1816, aff. Nast, v° Vente pub. d'imm., n° 2149); — 2° ...Et qu'il doit les intérêts, non pas seulement du jour de son adjudication, mais du jour de la première vente, nonobstant la clause qui dispensait l'acquéreur du payement des intérêts de son prix, laquelle, au regard des créanciers inscrits, doit être regardée comme nulle et non avenue, sauf audit adjudicataire son recours contre qui de droit pour se faire rendre compte des fruits et revenus touchés jusqu'à son entrée en jouissance (même arrêt; V. le dispositif dudit arrêt, *infrà*, sect. 14).

524. Il a été jugé, cependant, que l'adjudicataire, retardé dans sa mise en possession de l'immeuble par un appel de la partie saisie, ne doit, nonobstant la clause du cahier des charges, portant que l'adjudicataire payerait les intérêts de son prix, à compter du jour de l'adjudication, les intérêts de ce prix qu'à partir de l'arrêt confirmatif : « La cour; ... considérant que l'appel du jugement d'adjudication du 30 août 1811 en a suspendu l'exécution; que ce jugement n'ayant été confirmé que par arrêt du 25 juill. 1812, la jouissance des adjudicataires n'a commencé, de droit et aux termes mêmes des clauses de l'enchère, qu'à compter de cette dernière époque;... ordonne que, dans l'ordre dont il s'agit, Gohard et Paris, parties de Moreau, compteront des intérêts de leur prix, à compter seulement du 25 juill. 1812, date de l'arrêt confirmatif du jugement du 30 août 1811... » (Paris, 6 juin 1815, aff. Gohard et Paris *C.* créanc. Lemoine).—Cet arrêt est justement critiqué par M. Coffinières, dans le Journal des avoués, t. 17, p. 294, n°s 177 et 178, lequel fait observer que l'adjudicataire avait dû prévoir qu'il aurait les chances d'un appel du jugement d'adjudication; que c'était à lui, par conséquent, à subordonner ses offres à la chance qu'il avait à courir. D'un autre côté, dit-il, l'appel du jugement d'adjudication ne change pas réellement la situation de l'adjudicataire; car, si le jugement est maintenu, l'effet de l'arrêt confirmatif remonte à l'époque même où l'adjudication a eu lieu; de sorte que l'adjudicataire peut se faire restituer les fruits échus dans l'intervalle, et qui sont considérés comme l'équivalent des intérêts qu'il doit servir... » (Conf. M. Chauveau, Proc. de l'ordre, quest. 2596 *bis*, n° 3). — Ajoutons que, si cette opinion peut sembler rigoureuse, il ne faut pas perdre de vue que la faculté accordée à l'adjudicataire de consigner son prix (c. pr. 777) lui ôte tout motif de se plaindre.— Aussi a-t-il été jugé, contrairement à l'arrêt ci-dessus, que l'adjudicataire, en pareil cas, n'en doit pas moins, par compensation des fruits de l'immeuble dont il a la jouissance, les intérêts de son prix, dès le jour de son adjudication, conformément au cahier des charges (Req. 18 août 1808, aff. hér. Saint-Laurent, v° Vente publ. d'imm., n° 1759. — Conf. Bordeaux, 23 janv. 1826, aff. Viaud et Gabaud, v° Contr. de mar., n° 2511).

525. Mais il n'en saurait être de la vente volontaire comme de l'adjudication sur expropriation forcée, parce que, tant que l'acquéreur n'a pas purgé, l'hypothèque conserve son caractère de droit réel sur l'immeuble, et n'est pas convertie en un simple droit de préférence sur le prix. Nous en avons conclu, dans notre traité des Priviléges et hypothèques, que les créanciers inscrits, pour le cas de vente volontaire, ont droit aux intérêts du prix, non pas à dater du jour de la vente, comme l'enseigne M. Troplong, Priv. et hyp., t. 4, n° 929, mais à partir seulement de la sommation de payer ou de délaisser, ou de la notification faite par l'acquéreur de son contrat, en vue de la purge (V. les développements que nous avons donnés à cette question, *loc. cit.*, n°s 2178 et suiv.). — Il a été jugé, dans ce dernier sens : 1° que c'est à dater seulement de la sommation de payer ou de délaisser, ou des notifications faites par l'acquéreur, et non à partir du contrat de vente, que les créanciers inscrits ont droit aux intérêts du prix de vente de l'immeuble hypothéqué; qu'en conséquence, lorsque l'acquéreur a stipulé un terme pour le payement de son prix, il a pu valablement acquitter, entre les mains de son vendeur, les intérêts de ce prix, échus antérieurement aux notifications ou à la sommation de délaisser, ou les retenir en compensation de ce qui peut lui être dû (Caen, 23 avr. 1826, aff. Belcourt, v° Privil. et hyp., n° 1895; Rouen, 4 juill. 1828, 2e ch., aff. Crevet *C.* Lemire; 17 nov. 1838, aff. Lequen *C.* Béranger, v° Surenchère, n° 198); — 2° ... Et cela, quand même il s'agirait d'intérêts provenant du prix de vente d'une nue propriété, c'est-à-dire d'une chose immobilière non susceptible de produire des fruits (Paris, 24 avr. 1845, 2e ch., aff. Filhol, D. P. 45. 2. 113);—3° Que, par suite encore, les intérêts qui resteraient dus, lors de ces notifications ou de cette sommation, ne doivent point être attribués, comme accessoires du prix, aux créanciers hypothécaires, mais doivent être distribués, au marc le franc, entre tous les créanciers hypothécaires et chirographaires du vendeur (Rouen, 16 juill. 1844, aff. hér. Hamel, D. P. 45. 2. 114); — 4° Que les intérêts du prix de vente d'un immeuble ne sont dus aux créanciers inscrits, par l'acquéreur qui a purgé, qu'à partir, soit des sommations faites à la requête de ces créanciers en vertu de l'art. 2176 c. nap., soit des notifications à eux adressées, conformément aux art. 2183 et 2184 même code, sauf aux créanciers inscrits à exercer, à l'égard de ces intérêts, les droits du vendeur, leur débiteur, à la charge des exceptions opposables à ce dernier; et que, par suite, l'acquéreur a le droit de faire retrancher de la somme mise en distribution les intérêts courus jusqu'auxdites sommations ou notifications, lorsqu'il justifie qu'il n'en est point débiteur envers son vendeur, parce qu'il les lui a payés, ou à raison des stipulations du contrat (Cass. 9 août 1859, aff. Navarre, D. P. 59. 1. 346).

526. Il a été jugé, au contraire, mais à tort, selon nous, et même selon M. Troplong : 1° que l'acquéreur d'immeubles hypothéqués est comptable, envers les créanciers inscrits, des intérêts de son prix, et ne peut leur opposer qu'il s'en est libéré, par voie de compensation, envers son vendeur (Req. 21 fév. 1826, aff. Marcy, v° Priv. et hyp., n° 2180-1°); — 2° Que, lorsque l'acquéreur d'un immeuble se trouve obligé de payer une seconde fois son prix, par suite de sommations à lui faites par les créanciers inscrits dont il n'a pas purgé les hypothèques, il doit à ces derniers les intérêts du prix, non-seulement à partir des sommations, mais encore à partir de la vente, et cela bien qu'il ait payé son prix comptant (Paris, 10 juin 1833, 2e ch., aff. Badère *C.* créanc. Villiers; V. encore, mais dans un sens moins absolu, Amiens, 10 juill. 1824, aff. Bessat; Nancy, 10 mars 1838, aff. Lippmann, v° Priv. et hyp., n° 2179-1° et 2°; Orléans, 11 janv. 1853, aff. de Solms, D. P. 54. 2. 170, et nos observations sur ces arrêts, v° Priv. et hyp., *loc. cit.*).

527. Il a, d'ailleurs, été jugé, et il est sans difficulté : 1° qu'en cas de vente volontaire d'un immeuble avant la mise à fin des poursuites d'expropriation commencées, les intérêts du prix sont immobilisés, à partir de la notification du contrat, et doivent être distribués aux créanciers inscrits en ordre de recevoir (Bordeaux, 6 juill. 1841, aff. veuve Reimonenq, v° Cont. de mar., n° 3443); — 2° Que le prix d'une vente se compose, non-seulement de la somme principale, mais encore des intérêts; que, par suite, ces intérêts doivent être attribués aux créanciers inscrits, à qui l'acquéreur a fait la notification de son contrat, à l'exclusion des créanciers chirographaires (Req. 15 fév. 1847, aff. Bret, D. P. 47. 1. 136. V. nos observ. sur ces arrêts, v° Priv. et hyp., n°s 2182 et 2183).

528. Les intérêts, d'après l'art. 2277 c. nap., se prescrivent par cinq ans : il se présente, alors, la question de savoir si, en cas que la procédure d'ordre se prolonge au delà de cette période, l'acquéreur ou l'adjudicataire peut se prévaloir de cette prescription quinquennale pour prétendre qu'il ne peut être tenu des intérêts de son prix au delà de cinq années? — La négative nous paraît certaine. Qu'est-ce que l'ordre, en effet? Une procédure judiciaire, pendant laquelle toutes les réclamations sont en suspens, comme dans une instance ordinaire (c. nap. 2244). Ici donc s'applique, dans toute sa force, la maxime : *contrà non valentem agere non currit præscriptio.* D'ailleurs, ainsi que le disent les arrêts, ces intérêts ne sont point dus à des époques périodiques; ils ne peuvent être exigés séparément du capital et autrement que par un état d'ordre, et, par conséquent, l'art. 2277 cesse de leur être applicable (V. Prescr. civ., n° 1089). — Ajoutons que, l'acquéreur ou l'adjudicataire ayant la faculté de consigner son prix, avant la clôture de l'ordre (c. pr. 777), il a toute facilité d'éviter cette accumulation d'intérêts contre laquelle l'art. 2277 a voulu prémunir le débiteur. — Il a été jugé, dans le même sens : 1° que l'adjudicataire ne peut prescrire les intérêts de son prix pendant la poursuite de l'ordre, qui constitue un état de litispendance : — « La cour (par adoption des motifs des premiers juges); en ce qui touche la prescription (quinquennale) : attendu qu'au moyen des notifications faites par les adjudicataires, le principal du prix et les intérêts échus et à échoir forment un ensemble litigieux qui devient la chose des créanciers inscrits; attendu que la conséquence nécessaire des notifications est l'existence d'une procédure d'ordre, laquelle établit une véritable litispendance; que le contrat résultant, entre les vendeurs et les adjudicataires, du fait des notifications et de l'ouverture de l'ordre ne cesse d'avoir son effet qu'au moment où la distribution du prix a eu lieu, ou bien lorsque mainlevée des inscriptions hypothécaires est rapportée; attendu que, jusque-là, l'état de litispendance existant fait obstacle à ce que les adjudicataires puissent prescrire contre les vendeurs les intérêts de leur prix, et que cette prescription ne peut courir que depuis la clôture de l'ordre, ou depuis l'obtention des mainlevées;... rejette le moyen tiré de la prescription, etc. » (Paris, 2e ch., 12 juin 1844, aff. Brion et autres *C.* Rohan-Rochefort); — 2° Que les intérêts d'un prix de vente cessent d'être soumis à la prescription de cinq ans, à partir de la notification que l'acquéreur a faite de son contrat aux créanciers inscrits, jusqu'à la clôture définitive de l'ordre (Riom, 4 août 1860, et, sur pourvoi, Civ. rej. 27 avr. 1864, aff. hér. Bertrand, D. P. 64. 1. 433);—3° Qu'il en est de même des intérêts des créances colloquées (mêmes arrêts; V. d'autres arrêts semblables v° Prescript. civ., n° 1089).

529. Il a été jugé encore que l'acquéreur d'un immeuble, qui a stipulé que son vendeur ne pourra exiger quoi que ce soit de son prix principal, ni même des intérêts, avant d'avoir rapporté la mainlevée des inscriptions existant du chef des anciens vendeurs, ne peut opposer à ce vendeur la prescription de cinq ans pour les intérêts courus pendant tout le temps qu'aura duré l'ordre ouvert sur un précédent vendeur, à l'effet d'arriver à la mainlevée de ces inscriptions (Paris, 2 mai 1861, aff. Laluyé, D. P. 61. 2. 89). — Dans cette espèce, il ne s'agissait pas, comme dans les arrêts précédents, d'intérêts dus par un acquéreur sur lequel l'ordre est ouvert, qui sont un accessoire du prix à distribuer, et dont le payement, comme celui du prix principal, est tenu en suspens par l'ordre lui-même. Nous avons cru, à cause de cela, pouvoir hasarder, dans notre Recueil périodique, quelques observations critiques sur la décision de la cour de Paris. Nous y renvoyons le lecteur. Disons seulement que la considération, tirée par l'arrêt de ce fait que l'acquéreur, dans l'espèce, avait un moyen facile de se soustraire à l'accumulation des intérêts, en offrant et consignant son prix, diminue beaucoup, sans pourtant la faire disparaître tout à fait, la valeur de l'objection que nous avons puisée dans le danger que fait courir à la fortune du débiteur cette accumulation d'intérêts.

530. D'autres sommes, indépendamment du prix de l'immeuble ou des intérêts de ce prix, peuvent concourir à augmenter le fonds à distribuer aux créanciers inscrits : ce sont, si l'immeuble est affermé, les loyers ou fermages dudit immeuble, échus depuis la transcription de la saisie; ou, s'il n'est pas affermé, le prix provenant de la vente des fruits naturels ou industriels de cet immeuble recueillis postérieurement à ladite transcription (c. pr. 681, 682 et 685). Voici, d'abord, comment s'exprime l'art. 681 :— « Si les immeubles saisis ne sont pas loués ou affermés, le saisi restera en possession jusqu'à la vente, comme séquestre judiciaire, à moins que, sur la demande d'un ou de plusieurs créanciers, il n'en soit autrement ordonné par le président du tribunal, dans la forme des ordonnances sur référé. — Les créanciers pourront, néanmoins, après y avoir été autorisés par ordonnance du président rendue dans la même forme, faire procéder à la coupe et à la vente, en tout ou en partie, des fruits pendants par les racines. — Les fruits seront vendus aux enchères, ou de toute autre manière autorisée par le président, dans le délai qu'il aura fixé, et le prix sera déposé à la caisse des dépôts et consignations. » Puis l'art. 682 ajoute : « Les fruits naturels et industriels, recueillis postérieurement à la transcription, ou le prix qui en proviendra, sera déposé à la caisse des dépôts et consignations. » — Ainsi, les créanciers ont le choix, ou de laisser le débiteur en possession de l'immeuble saisi, jusqu'à la vente; ou, si celui-ci ne leur inspire pas une entière confiance, de faire administrer l'immeuble par un séquestre. Mais, dans l'un et l'autre cas, les fruits sont immobilisés pour, le prix en provenant, être mis en réserve et distribué, avec celui de l'immeuble, aux créanciers, par ordre d'hypothèques. — Mais il a été jugé que, lorsque la somme, représentant les fruits de l'immeuble immobilisés depuis la transcription de la saisie, n'a pas été comprise dans le prix à distribuer, cette omission ne peut plus être réparée, après la clôture définitive de l'ordre et la radiation des inscriptions, sur la demande des créanciers hypothécaires, qui ont à s'imputer de n'avoir pas contesté le règlement provisoire, en temps utile; que la somme dont il s'agit doit être l'objet d'une distribution au marc le franc entre tous les créanciers du saisi : — « La cour;... en ce qui concerne la somme de 414 fr. 62 c., représentant la partie des fruits du domaine exproprié, qui avaient été immobilisés par la transcription de la saisie de ce domaine : attendu qu'il est constant, en fait, que cette somme n'a pas été comprise dans le prix mis en distribution dans l'ordre; attendu que, l'omission qui a été commise, à cet égard, par la faute des créanciers hypothécaires, qui n'en ont pas demandé l'addition au prix des immeubles adjugés, en se pourvoyant, en temps utile, contre la confection provisoire de l'ordre, ne pouvait pas être réparée depuis que l'ordre a été définitivement clos et les inscriptions rayées, il faut nécessairement considérer ladite somme de 414 fr. 62 c. comme n'ayant jamais été soumise aux droits hypothécaires, et comme ne pouvant plus être distribuée qu'au marc le franc aux créanciers de la dame Trouillet;... confirme (en ce point) le jugement du 28 nov. 1859 » (Grenoble, 1re ch., 18 ou 26 juill. 1860, M. Royer, 1er pr., aff. Gallix *C.* Chartron et hér. Trouillet).

531. *Les fruits naturels et industriels*, dit l'article. Les pierres qu'on extrait d'une carrière ne sont pas des fruits, à proprement parler, ces produits ne rentrant pas dans la définition que donne la loi des fruits naturels et artificiels (c. nap. 583); mais ils n'en sont pas moins assimilés à des fruits par l'art. 598, qui confère à l'usufruitier le droit de jouir, de la même manière que le propriétaire, « des mines et carrières qui sont en exploitation, à l'ouverture de l'usufruit » (V. Usufruit, n° 324). Nous pensons, par conséquent, que, si une carrière était en cours d'exploitation dans le fonds saisi, les produits qui en seraient recueillis depuis la transcription de la saisie seraient, à l'instar des fruits naturels ou industriels du fonds, immobilisés dans l'intérêt des créanciers hypothécaires, et que ceux-ci auraient seuls droit, à l'exclusion des créanciers chirographaires, au prix provenant de la vente des matériaux (Conf. M. Flandin, Tr. de l'ordre, inédit).

532. A l'égard des loyers et fermages, que l'art. 685 déclare « immobilisés, à partir de la transcription de la saisie, pour être distribués, avec le prix de l'immeuble, par ordre d'hypothèques, » pour empêcher les fermiers ou locataires de vider leurs mains dans celles du débiteur saisi, le poursuivant, ou tout autre créancier, doit, aux termes du même article, signifier auxdits fermiers ou locataires une opposition qui vaudra saisie-arrêt des loyers ou fermages, et dont ils ne pourront plus se libérer qu'en exécution de mandements de collocation, ou par le versement des deniers à la caisse des dépôts et consignations, versement qui aura lieu à leur réquisition, ou sur la simple sommation des créanciers. « A défaut d'opposition, ajoute l'article, les payements faits au débiteur seront valables, et celui-ci sera comptable, comme séquestre judiciaire, des sommes qu'il aura reçues. »—Il a été jugé, en conformité de ces principes, que l'acquéreur, qui, sur la sommation d'un créancier inscrit, a délaissé l'immeuble hypothéqué, et s'est postérieurement rendu adjudicataire du même immeuble, ne doit pas compte aux créanciers hypothécaires des fruits perçus ou des intérêts qui ont couru depuis la vente primitive jusqu'à la sommation de payer ou de délaisser; mais que, quant aux fruits de l'immeuble perçus depuis ladite sommation, leur restitution est une dette personnelle à l'adjudicataire, dont il ne peut se dégager par l'offre par lui faite de la cession de ses droits sur son fermier (Agen, 29 juin 1849, aff. Dieuzaide, D. P. 49. 2. 245).

533. Nous avons dit, vº Priv. et hyp., nº 757, qu'anciennement, les rentes foncières, et, dans la plupart des coutumes, les rentes constituées, étaient considérées comme immeubles, et partant étaient susceptibles d'hypothèque. Le code, qui les déclare meubles (art. 529), n'a pu porter atteinte à ces hypothèques du passé (*loc. cit.*, nº 762) : il en résulte que les arrérages de ces rentes, échus depuis la transcription de la saisie desdites rentes, appartiendront, comme fruits civils, dans les termes des articles transcrits ci-dessus, aux créanciers hypothécaires.

ART. 2. — *De la ventilation du prix.*

534. Nous avons déjà parlé de la ventilation dans notre traité des Priv. et hyp., nºˢ 2120 et suiv. Cette opération consiste, lorsque plusieurs immeubles ont été vendus ou adjugés pour un prix unique, à distribuer le prix de l'adjudication ou de la vente entre ces divers immeubles proportionnellement à la valeur de chacun d'eux. — Le code de procédure de 1807, au titre de l'Ordre, n'avait point parlé de la ventilation. Il s'en était référé à l'art. 2192 c. nap., qui réglait ce point. « Dans le cas où le titre du nouveau propriétaire, porte cet article, comprendrait des immeubles et des meubles, ou plusieurs immeubles, les uns hypothéqués, les autres non hypothéqués, situés dans le même ou dans divers arrondissements de bureaux, aliénés pour un seul et même prix, ou pour des prix distincts et séparés, soumis ou non à la même exploitation, le prix de chaque immeuble, frappé d'inscriptions particulières et séparées, sera déclaré, dans la notification du nouveau propriétaire, par ventilation, s'il y a lieu, du prix total exprimé dans le titre. » — Mais cette disposition n'a trait qu'au cas où il y a lieu à purge ; elle laisse en dehors, par conséquent, le cas d'adjudication sur saisie immobilière, qui opère, *ipso facto*, la purge des priviléges et hypothèques (V. Priv. et hyp., nº 2024).— Pour ce cas, le nouvel art. 757 c. pr. statue de la manière suivante : — « Lorsqu'il y a lieu à ventilation du prix de plusieurs immeubles vendus collectivement, le juge, sur la réquisition des parties, ou d'office, par ordonnance inscrite sur le procès-verbal, nomme un ou trois experts, fixe le jour où il recevra leur serment et le délai dans lequel ils devront déposer leur rapport. — Cette ordonnance est dénoncée aux experts par le poursuivant; la prestation de serment est mentionnée sur le procès-verbal d'ordre auquel est annexé le rapport des experts, qui ne peut être levé ni signifié. —En établissant l'état de collocation provisoire, le juge prononce sur la ventilation. » — Cet article, introduit dans la loi du 21 mai 1858 par un amendement de la commission du corps législatif, auquel a adhéré le conseil d'Etat (D. P. 58. 4. 49, nº 80), a pris, dans le code, la place de l'ancien art. 757 abrogé.

535. Le principe de la ventilation doit également s'appliquer au cas de vente simultanée, et pour un seul prix, de l'usufruit et de la nue propriété d'un immeuble (Conf. M. Seligman, nº 343). — Il a été jugé, ainsi, que les créanciers ayant hypothèque sur l'usufruit ont droit d'exiger qu'il soit fait une ventilation de la valeur de l'usufruit et de celle de la nue propriété, pour, la valeur de l'usufruit, leur être exclusivement attribuée (Paris, 2 fév. 1832, aff. veuve Courtois, vº Priv. et hyp., nº 735). — Cet arrêt a été cassé, mais par des motifs qui n'invalident en rien le principe.

536. Il a aussi été jugé que la vente confuse de deux patrimoines distincts (par exemple, de celui du défunt et de celui de l'héritier) ne fait pas obstacle à la distinction du prix de chacun de ces patrimoines, au moyen d'une ventilation, à l'effet, spécialement, de régler, dans l'ordre, les droits respectifs des créanciers inscrits sur les divers immeubles (Grenoble, 18 mars 1854, aff. Vallet, D. P. 55. 2. 93).

537. Il ne paraît pas douteux, ainsi que le remarque M. Chauveau, Proc. de l'ordre, quest. 2567, que, si l'acquéreur a omis, dans la notification de son titre aux créanciers inscrits, de faire la ventilation de son prix, conformément à l'art. 2192, le juge-commissaire devra y procéder, soit à la demande des créanciers, soit d'office, dans les termes de l'art. 757 c. pr., l'art. 772 disant, d'une manière générale, que les formes établies pour l'ordre, au cas d'expropriation forcée, sont applicables au cas d'aliénation volontaire (V. aussi vº Surenchère, nº 9; — Conf. M. Seligman, nº 340).

538. Il faut admettre également que la ventilation, dans le cas où elle est exigée, est une formalité essentielle de la notification; quoique l'art. 2192 n'ait pas formellement attaché au défaut de ventilation la peine de nullité. C'est ce que déclare un arrêt de la cour de cassation, du 19 juin 1815, aff. Reynaud, en cassant un arrêt de la cour de Bordeaux qui avait jugé le contraire (V. Priv. et hyp., nº 2126; V. aussi Paris, 30 avr. 1853, aff. d'Arbois, D. P. 53. 5. 386). — Ce n'est, en effet, que par la ventilation que le créancier peut avoir connaissance du prix afférent à l'immeuble qu'il croit avoir intérêt à surenchérir. L'absence de ventilation équivaut donc à une absence de déclaration du prix (Conf. MM. Chauveau, *loc. cit.*; Grosse et Rameau, t. 2, nº 373; Houyvet, nº 29; Seligman, nº 339).

539. Nous en avons conclu (V. Priv. et hyp., nº 2130), avec plusieurs arrêts, que le délai pour surenchérir ne peut courir contre les créanciers qu'à partir de nouvelles notifications contenant cette ventilation. Et telle est aussi l'opinion de M. Chauveau, *loc. cit.*, qui admet les créanciers à demander de nouvelles notifications, non-seulement après l'expiration du délai de quarante jours depuis la première notification, rendue inefficace par le défaut de ventilation, mais au cours même de l'ordre et après qu'il a été procédé à cette ventilation par experts désignés par le juge-commissaire en vertu de l'art. 757, si les créanciers n'en acceptent pas le résultat, attendu, dit-il, *qu'ils ne sauraient être privés du droit de faire une surenchère et de jouir, pour cela, des délais impartis par la loi civile.*

540. Il a été jugé, au contraire, qu'en supposant le vendeur recevable à exciper du défaut de ventilation pour demander la nullité des notifications faites par l'acquéreur aux créanciers inscrits et de tout ce qui s'en est suivi, une telle demande doit être considérée comme tardive, lorsqu'elle est formée incidemment à l'ordre (Rej. 6 fév. 1860, aff. Darrieux, D. P. 60. 1. 253).

541. Il a, d'ailleurs, été jugé que la notification à fin de purge n'est pas nulle, à défaut de ventilation du prix, et que l'irrégularité peut être ultérieurement réparée (Bordeaux, 8 juill. 1814, aff. Bonniceau, vº Priv. et hyp., nº 2127 ; V. aussi *eod.*, nºˢ 2128 et 2129).

542. Lorsque la ventilation a été faite par le nouveau propriétaire, acquéreur ou donataire, dans la notification de son contrat aux créanciers inscrits, quelle voie est ouverte à ces créanciers pour la contester, s'ils ne la trouvent pas convenablement faite? Ils ont, d'abord, la voie de la surenchère, moyen infaillible de faire porter l'immeuble, en en provoquant la revente, à sa véritable valeur. — Mais, ainsi que nous l'avons dit vº Priv. et hyp., nº 2125, tel créancier, qui serait porté à former une surenchère, ne se trouve pas toujours en position de le faire. Il est incontestable que, dans ce cas, il a le droit de s'adresser au tribunal pour demander une expertise.

543. Mais il faudrait que cette expertise fût demandée avant l'expiration du délai accordé pour la surenchère : autrement, le silence, gardé par les créanciers pendant ce délai, serait considéré comme une acceptation du prix tel qu'il a été réparti par l'acquéreur dans sa notification à fin de purge. — Il a été jugé, dans le même sens, que des créanciers, inscrits sur des immeubles vendus en bloc et pour un seul et même prix, ne peuvent plus, après qu'ils ont laissé écouler les délais de la surenchère, sans contester la ventilation que l'adjudicataire a faite du prix desdits immeubles, dans une déclaration de command, demander la ventilation de ces mêmes immeubles : — « La cour ; attendu que, la cour adoptant les nullités contre l'appel, il ne doit plus échoir d'examiner la question de ventilation, question dans laquelle la dame veuve Michallon, qui, depuis l'élection de command faite par Mᵉ Chastelière au profit de Jolland, et dans laquelle il avait certainement intérêt à élever le prix des immeubles Orcel qu'il remettait audit Jolland, tandis qu'il conservait en son pouvoir ceux de Vincendon, est restée plus de deux ans sans l'élever, et par suite de laquelle les créanciers Vincendon, exposés à voir diminuer le prix soumis à leurs créances, ne pourraient plus faire de surenchère, tous les délais pour surenchérir s'étant écoulés, question dans laquelle ladite dame veuve Michallon serait mal fondée; déclare nul l'appel, etc. » (Grenoble, 17 août 1831, 2e ch., aff. veuve Michallon *C.* Simian et autres). — Dans l'espèce, des immeubles, appartenant à un sieur Vincendon et à un sieur Orcel-Cavet, avaient été compris dans une même saisie et vendus pour un prix unique de 17,000 fr. L'avoué adjudicataire, Me Chastelière, avait fait une déclaration de command au profit d'un sieur Jolland, pour les biens d'Orcel-Cavet, dont il avait fixé le prix à 5,428 fr. Deux ordres avaient été ouverts : l'un sur ce prix de 5,428 fr., pour les biens d'Orcel-Cavet, l'autre sur les 11,572 fr. restants, pour les biens de Vincendon. La veuve Michallon, au cours de l'ordre, demanda la ventilation du prix de 17,000 fr., demande dont elle fût déboutée. Bien qu'en appel, plusieurs fins de non-recevoir lui eussent été opposées, et que deux de ces fins de non-recevoir eussent été accueillies, la cour n'en crut pas moins devoir examiner, au fond, la demande de la veuve Michallon, qu'elle déclara tardive.

544. Ce ne sont pas seulement les créanciers qui peuvent demander l'expertise, le vendeur aurait également qualité pour contester la ventilation faite par l'acquéreur. Nous en avons donné la raison, vo Priv. et hyp., no 2123 : c'est qu'il a intérêt à ce que chaque immeuble soit porté à son véritable prix, afin d'éviter la surenchère, et, par là, le recours auquel cette surenchère donne lieu contre lui, de la part de l'acquéreur (c. nap. 2178 et 2191).

545. Mais, si le vendeur, par la raison que nous venons d'indiquer, a qualité pour contester la ventilation faite par l'acquéreur dans la notification de son contrat aux créanciers inscrits, il est sans intérêt, et par conséquent sans qualité pour la demander, lorsqu'elle n'a pas été faite, et que les créanciers gardent le silence à cet égard. — Il a été jugé, dans ce sens : 1o qu'en cas de vente, moyennant un prix unique, de divers immeubles grevés d'hypothèques spéciales au profit de créanciers différents, le vendeur n'a pas qualité pour demander que la ventilation de ce prix, qui n'a pas été faite par l'acheteur lors des notifications de son contrat, soit opérée dans l'ordre, afin que chaque créancier n'obtienne de collocation que sur la somme correspondant à l'immeuble qui lui a été hypothéqué, cette ventilation n'intéressant que les créanciers (Toulouse, 12 août 1857, et, sur pourvoi, Rej. 6 fév. 1860, aff. Darrieux, D. P. 60. 1. 253); — 2o Qu'il n'est pas davantage recevable à exciper du défaut de ventilation, même pour demander la nullité des notifications faites par son acquéreur aux créanciers inscrits, ainsi que de tout ce qui s'en est suivi, et notamment de la surenchère formée par l'un des créanciers, de l'adjudication prononcée sur cette surenchère et de l'ordre ouvert pour la distribution du prix de l'adjudication (arrêt précité de la cour de Toulouse).

546. Il a aussi été jugé, antérieurement à la loi du 21 mai 1858, que le vendeur n'est pas recevable à se plaindre de ce qu'un seul expert aurait été commis pour faire la ventilation, lorsque l'acquéreur, que cette mesure intéresse essentiellement, ne s'en plaint pas (Bourges, 1er août 1829, aff. Boiset, vo Expertise, no 81-2o). — La question aujourd'hui ne pourrait pas se présenter, le nouvel art. 757 c. pr. autorisant le juge-commissaire à nommer *un* ou trois experts pour procéder à la ventilation.

547. La ventilation est la première chose à faire avant de procéder à l'ordre, puisqu'il faut connaître, avant tout, quel est, pour chaque ordre de créanciers, dont les uns peuvent avoir une hypothèque frappant tous les immeubles, et les autres une hypothèque limitée à certains immeubles seulement, le montant de la somme à distribuer. Cependant, la loi n'ayant fixé aucun délai pour la demande de ventilation, on en avait tiré la conséquence, même avant la loi du 21 mai 1858, qu'aucune forclusion ne peut être opposée au créancier qui introduit cette demande au cours de la procédure d'ordre, et par voie de contredit sur le règlement provisoire (V. *infrà*, no 560).—La cour de Nîmes avait jugé, au contraire, que la demande de ventilation du prix de biens vendus par expropriation devait être formée lors de l'adjudication, ou immédiatement après, avant l'expiration du délai de surenchère, et qu'elle devait être rejetée comme tardive, lorsqu'elle n'avait été faite qu'après l'ouverture de l'ordre (Nîmes, 26 juill. 1825, aff. Teyssier, V. au numéro suivant).—Cela résulte, disait la cour, de ce que, « dans les divers titres de l'ordre, soit au code civil, soit au code de procédure, il n'est nullement question de la ventilation; d'où il faut induire que c'est avant l'ordre, lors de l'adjudication définitive et immédiatement après, que la ventilation doit se faire, s'il y a lieu. » — Cet argument n'avait rien de bien concluant; et interpréter de la sorte le silence du législateur, c'était en tirer une conséquence forcée, pour établir une déchéance par voie d'induction, ce qui n'est jamais permis. — La raison la plus considérable, donnée par la cour de Nîmes, était prise de ce que, si la ventilation était ordonnée après l'ouverture de l'ordre, « il faudrait, ou violer les dispositions de l'art. 710 c. pr., qui ne permet à aucun créancier de surenchérir hors le délai de huitaine, à compter de l'adjudication, ou les priver injustement du droit que chacun avait de surenchérir sur l'immeuble ou la partie d'immeuble affectée à son hypothèque, droit qu'ils n'ont pu exercer, tant qu'aucun des intéressés n'a réclamé la ventilation en temps utile, et qu'ils n'étaient pas tenus de réclamer eux-mêmes, lorsqu'ils ont jugé que le prix de la vente en bloc était suffisant pour le payement de leur créance... » — Mais il n'y a pas de relation nécessaire entre la ventilation et le droit de surenchère. Chaque créancier est juge de ses intérêts, et du moment qui lui semble le plus opportun pour agir. C'est à celui qui prévoit que le prix d'adjudication pourra être insuffisant pour le payement de toutes les créances inscrites, à former, s'il craint de ne pas venir en ordre utile, une surenchère, sans attendre que la ventilation soit demandée par les autres créanciers; et, s'il ne peut ou ne veut surenchérir la totalité du prix, à demander lui-même cette ventilation, afin de ne faire porter sa surenchère que sur tel ou tel immeuble désigné. L'exercice de son droit n'est en rien gêné par le droit qui appartient aux autres créanciers de surenchérir ou de ne pas surenchérir, de demander ou de ne pas demander la ventilation. On voit donc que le second argument de la cour de Nîmes, quoique plus spécieux en apparence, n'avait pas, au fond, plus de portée que le premier. Aussi l'arrêt de cette cour a-t-il été cassé (V. no 548-1o).

Le nouvel art. 757 c. pr., en disant que l'expertise pour la ventilation pourra être demandée, ou ordonnée d'office, sur le procès-verbal d'ordre par le juge-commissaire, ne laisse plus de place au doute sur la question (Conf. MM. Chauveau sur Carré, quest. 2557-4o, et Proc. de l'ordre, quest. 2567 *bis*; Grosse et Rameau, t. 2, nos 376 et suiv.; Seligman, no 542; Flandin, Tr. de l'ordre, inédit).

548. Il a été jugé dans ce dernier sens, même antérieurement à la loi du 21 mai 1858 : 1o qu'en cas de vente, sur expropriation forcée, des biens d'un débiteur, la demande en ventilation du prix est recevable, encore qu'elle n'ait été formée (par un créancier à hypothèque générale contre un créancier à hypothèque spéciale) que dans le cours de la procédure d'ordre et par voie de contredit sur le règlement provisoire; qu'aucune forclusion ne peut résulter de ce qu'elle n'aurait point été formée lors de l'adjudication ou immédiatement après (Cass. 25 août 1828 (1). — Conf. Toulouse, 2e ch., 19 fév. 1827, aff. Saintes et Bernis

(1) (Teyssier *C.* Puech, etc.) — La cour (ap. dél. en ch. du cons.); — Vu les art. 2166 et 2211 c. civ.; — Considérant que l'art. 404 c. proc. répute *matières sommaires* les demandes qui requièrent *célérité;* que les dispositions du tit. 14, liv. 5, qui abrègent, pour les procédures d'ordre, les délais, même d'appel, et les formalités ordinaires, ont évidemment pour motif la célérité que ces procédures exigent; et que c'est parce qu'elles doivent être sommaires que le législateur a reproduit, dans les art. 761 et 766, les dispositions spéciales pour les causes sommaires des art. 405 et 543, relativement à la poursuite de l'audience et à la taxe des dépens; d'où il résulte que les appels, en matière d'ordre, peuvent être renvoyés, comme toutes les autres causes sommaires, devant la chambre des appels de police correctionnelle, quelle que soit l'importance des questions à décider, parce que le juge de l'action est aussi le juge des exceptions;

Considérant, au fond, qu'il n'a été proposé aucun moyen de cassation contre le chef de l'arrêt, qui a déclaré l'appel des demandeurs non recevable à l'égard de Puech et Goiraud;

Considérant, relativement aux autres parties, que, dans le concours des hypothèques générales avec des hypothèques spéciales, qui ne grèvent pas la totalité des immeubles compris dans la même adjudication, il y a

C. Bernardon). — Nous avons admis *suprà*, n° 543, une autre solution pour le cas où il s'agit de vente volontaire et où la ventilation a été faite par le nouveau propriétaire dans la notification de son contrat aux créanciers. Mais la raison que nous en avons donnée montre suffisamment la différence qui existe entre les deux cas ; — 2° Que la demande en collocation, formée devant le juge-commissaire, n'emporte, par elle-même, aucune renonciation au droit de demander ultérieurement la ventilation du prix (arrêt précité du 25 août 1828) ;— 3° Que le créancier, dont la collocation est contestée, dans un ordre ouvert sur le prix unique de plusieurs immeubles, peut, même après le délai fixé par l'art. 756 c. pr., et par voie d'exception, demander la ventilation des immeubles adjugés (Lyon, 7 juin 1839) (1); — 4° Que cette demande, introduite par le créancier contesté comme moyen de défense au dire de contestation formulé contre lui sur le procès-verbal d'ordre, est recevable, bien que formée, non par voie de contredit sur le même procès-verbal, mais par action principale (même arrêt).

549. Dans l'espèce sur laquelle a statué l'arrêt du 25 août 1828, la ventilation était demandée par un créancier à hypothèque générale. On a élevé, cependant, la question de savoir si la faculté de demander la ventilation du prix n'appartient pas, limitativement, aux créanciers à hypothèque spéciale? Le premier, dit-on, pouvant, en vertu de son hypothèque générale, se faire colloquer sur la totalité du prix, n'a aucun intérêt à cette ventilation.— Nous répondons, d'abord, que là où la loi ne distingue pas, il n'est pas permis de distinguer. Nous ajoutons, ensuite, que le créancier à hypothèque générale a souvent intérêt à spécialiser son hypothèque générale et à la faire porter, dans l'ordre, sur tel immeuble déterminé, pour assurer effet à une hypothèque spéciale qu'il possède, et qui, sans cela, ne viendrait pas en ordre utile (V. Priv. et hyp., n°s 2345 et suiv. — Conf. MM. Pont, Priv. et hyp., n° 1361, et Revue de lég., t. 19, p. 590 et suiv.; Seligman, n°s 347 et 348 ; Flandin, Tr. de l'ordre, inédit).

550. L'art. 757 précité indique la procédure à suivre pour opérer la ventilation du prix, lorsque cette ventilation n'a pas été faite avant l'ouverture de l'ordre. — Le juge-commissaire, sur la réquisition des parties, ou d'office, rend une ordonnance, qui est portée sur le procès-verbal d'ordre, et par laquelle il désigne un ou trois experts. Il fixe, par la même ordonnance, l jour où il recevra leur serment et le délai dans lequel ils devront déposer leur rapport. — « L'expert, dit M. le garde des sceaux, dans sa circulaire du 2 mai 1859, l'expert qui ne remplirait pas sa mission, après avoir prêté serment, s'exposerait à une poursuite en dommages-intérêts, conformément à l'art. 316 c. pr. » (D. P. 59. 3. 25, n° 62.—Conf. MM. Grosse et Rameau, t. 2, n° 382 ; Chauveau, Pr. de l'ordre, quest. 2569; Ollivier et Mourlon, n° 357 ; Flandin, Tr. de l'ordre, inédit).

551. L'art. 757 ne réserve pas, comme l'art. 304 c. pr.,

---

nécessité de faire une ventilation du prix pour les créanciers, *suivant l'ordre de leurs créances ou inscriptions*, conformément à l'art. 2166, et que, dans l'espèce, l'application de ce principe a été écartée par fin de non-recevoir ; — Que la ventilation ne peut être demandée pendant le cours de la procédure de saisie immobilière, puisque cette première procédure est entièrement terminée, lorsque le prix des biens saisis est définitivement fixé; et que l'art. 2211, le seul qui ait explicitement disposé sur un cas de ventilation, suppose évidemment qu'on n'examinera s'il y a lieu à ventilation qu'après que l'expropriation aura été consommée, et lorsqu'il s'agira de régler les droits des créanciers sur le prix; que la loi ne fixe point de délai dans lequel la ventilation doit être demandée; que la demande en collocation formée devant le juge-commissaire n'emporte, par elle-même, aucune renonciation au droit de demander la ventilation du prix, parce que cette demande ne dispense pas le commissaire de dresser l'état de collocation prescrit par l'art. 755 c. pr., selon les droits résultant des différentes inscriptions; et que le droit de contredire cet état provisoire, dans le délai fixé par la loi, est expressément réservé aux parties ; — Considérant qu'il est reconnu, dans l'arrêt attaqué, que Teyssier et compagnie ont formé, dans les contredits à l'ordre provisoire, leur demande en ventilation, et qu'en déclarant cette demande tardive, la cour royale de Nîmes a prononcé une déchéance qui n'était fondée sur aucune loi, et violé, en adoptant un ordre de collocation qui n'était pas celui des créances inscrites, les articles précités du code civil ; — Sans s'arrêter au moyen pris de l'incompétence de la chambre des appels de police correctionnelle, donne défaut contre les défaillants; rejette le pourvoi, en ce qui concerne Puech et Goiraud; et, à l'égard des autres parties, casse l'arrêt de la cour de Nîmes du 26 juill. 1825.

Du 25 août 1828.-C. C.,-ch. civ.-MM. Brisson, pr.-Delpit, rap-Cahier, av. gén., c. conf.-Jousselin et Odilon Barrot, av.

(1) *Espèce :* — (Boucaud C. Michaud et autres.)— Ducrot avait acquis d'un sieur Boucaud et d'un sieur Briday divers immeubles, saisis immobilièrement par ses créanciers. L'un d'eux demanda que ces immeubles fussent soumis à deux adjudications partielles, et divisés en deux lots composés, savoir : l'un des biens provenant de Briday, l'autre des biens provenant de Boucaud, sauf à être soumis ensuite à une enchère générale. — Les enchères partielles portèrent le premier lot à 4,800 fr.; le second ne trouva pas d'enchérisseur, et sa mise à prix de 500 fr. fut maintenue — Les deux lots réunis furent l'objet d'une enchère générale, qui éleva le prix de l'adjudication à 10,175 fr. — Un ordre fut ouvert : le juge-commissaire crut pouvoir opérer, de son chef, la ventilation ; il prit pour bases de la proportion qu'il voulut établir les résultats des deux enchères partielles ouvertes sur les deux lots, et le prix total fixé par l'enchère générale : il attribua ainsi au premier lot, qui comprenait les immeubles provenant de Briday, une valeur de 9,224 fr. 10 c. ; et le second lot, composé des immeubles qui provenaient de Boucaud, ne fut représenté que par une valeur de 950 fr. 90 c. Il colloqua, ensuite, par privilége, la créance de Briday sur le prix attribué au premier lot; et, comme elle était loin d'épuiser ce prix, il en reporta l'excédant sur le second lot, qu'il affecta, par privilége, à la créance de Boucaud. Ce règlement donnait satisfaction aux intérêts de Boucaud; il n'en demanda pas la rectification. — Mais le sieur Michaud, créancier chirographaire, contesta cette dernière collocation : il soutint qu'aucune portion du prix du premier lot ne pouvait être atteinte par le privilége de Boucaud, et demanda, en conséquence, que l'excédant qui restait sur le premier lot, déduction faite de la créance de Briday, ne fût pas reporté sur le second lot, mais accrût à la masse chirographaire. — Boucaud ne fit aucune réponse à ce contredit dans le procès-verbal du juge-commissaire ; et, les parties ayant été renvoyées devant le tribunal, il se borna à conclure au maintien du règlement. — 20 juillet 1837, jugement du tribunal civil de Villefranche, qui, « Considérant que Boucaud ne saurait avoir de privilége sur l'immeuble compris au premier lot, qui ne lui a jamais appartenu..., ordonne qu'il ne pourra exposer son privilége que sur les immeubles compris dans le second lot acquis de lui par Ducrot. » — Ce jugement prononça également sur les autres contredits, et régla définitivement le rang de collocation de chaque créancier. — Boucaud demanda alors, par voie d'action principale, qu'il fût procédé, au moyen d'une expertise, à une ventilation, pour fixer proportionnellement le prix de l'adjudication entre les immeubles sur lesquels il devait exercer son privilége et ceux qui étaient affectés au privilége de Briday. Il soutint, en droit, que le juge-commissaire n'avait eu aucun pouvoir pour faire cette ventilation, et, en fait, qu'il l'avait opérée d'une manière tout à fait inexacte, et en la faisant reposer sur des bases complétement erronées. — 10 août 1838, second jugement qui déclare Boucaud déchu, par forclusion, de tous moyens qu'il eût pu opposer au règlement d'ordre, faute par lui de les avoir formulés devant le juge-commissaire, et dans le délai prescrit par l'art. 756 c. pr. — Appel des deux jugements. — Arrêt.

La cour : — Attendu que, Boucaud ayant été colloqué, par l'ordre provisoire, sur le prix des deux lots immobiliers vendus, cette collocation fut attaquée, dans un contredit, par le créancier Michaud ; — Attendu que, par jugement du 20 juillet 1837, conformément à ce contredit, Boucaud fut renvoyé à se faire payer sur le prix seul du second lot ; — Attendu que Boucaud a interjeté appel de ce jugement en temps utile, et que la cour est aujourd'hui saisie de cet appel, ainsi que de celui dirigé contre le jugement du 10 août 1838 ; — Attendu, en cet état, que Boucaud est incontestablement recevable à former une demande en ventilation, à titre de défense à l'attaque qui a été dirigée contre lui, et que la cour est appelée à apprécier ; — Attendu que cette demande de ventilation, considérée comme défense à l'attaque de Michaud, n'a pas dû être indispensablement formulée, sous forme de contredit, dans le procès-verbal d'ordre, puisqu'elle n'était qu'un moyen de défense destiné à repousser ou du moins à paralyser l'action de Michaud;

Au fond, attendu que le mode de ventilation, adopté par M. le juge-commissaire, est vicieux et irrégulier, et que c'est le cas d'y procéder sur une autre base ; — Attendu que la cour est suffisamment éclairée sur la valeur relative de deux lots, sans qu'il soit besoin de recourir à une expertise;

Recevant l'appel interjeté contre les deux jugements des 20 juill. 1837 et 10 août 1838, et y faisant droit, relativement au jugement de 1837 : — Dit qu'il a été mal jugé, en ce que, renvoyant Boucaud à se faire payer sur le prix du second lot, il n'a pas en même temps porté le prix à sa juste valeur ; — Relativement au jugement du 10 août 1838, Dit également qu'il a été mal jugé, en ce que le tribunal a rejeté la demande en ventilation dont excipait Boucaud ;

Réformant ces deux jugements, etc.

Du 7 juin 1839-C. de Lyon, 2e ch.

aux parties la faculté de désigner elles-mêmes les experts : la raison en est facile à comprendre : c'est que la ventilation n'intéresse pas seulement le créancier qui la demande, mais tous les autres créanciers, qu'il était à peu près impossible, par conséquent, de faire intervenir pour une semblable désignation. Ce ne peut donc être que par inadvertance que MM. Ollivier et Mourlon disent, au n° 357, que, « si quelque expert n'accepte point la nomination ou ne se présente point, soit pour le serment, soit pour l'expertise, aux jour et heure indiqués, *les parties s'accorderont sur-le-champ pour en nommer un autre à sa place*, sinon que la nomination en sera faite d'office par le juge. »

552. L'ordonnance qui nomme les experts leur est *dénoncée* par le poursuivant (même article). — Cette ordonnance doit-elle leur être *signifiée?* « Dans le langage ordinaire de la procédure, dit M. Chauveau, Proc. de l'ordre, quest. 2568, la dénonciation s'entend aussi bien d'une signification de la copie d'un acte que de l'indication de l'existence de cet acte. » Et l'on peut dire qu'il est dans l'esprit de la loi du 21 mai 1858, qui veut, avant tout, l'économie des frais et la célérité, qu'aucune partie du procès-verbal d'ordre ne soit levée ni signifiée (V. notamment l'art. 752). — Nous pensons néanmoins, comme M. Chauveau, que, dans le cas particulier, il n'est guère possible de se dispenser de fournir aux experts une copie textuelle de l'ordonnance, laquelle ne se borne pas à une simple mention de la mission qui leur est confiée, mais doit la préciser, au contraire, en indiquant les points sur lesquels leurs opérations devront porter (c. pr. 202). — On dit, à la vérité, que les experts, en venant prêter serment, pourront prendre connaissance de l'ordonnance sur le procès-verbal d'ordre et prendre en même temps les notes nécessaires pour son exécution. Mais, outre qu'il paraît peu convenable de leur imposer un pareil travail, la chose pourrait ne pas être sans inconvénient, ces notes pouvant être plus ou moins exactes, plus ou moins complètes. — Il peut se faire, d'ailleurs, qu'à raison de l'éloignement des lieux, le juge-commissaire délègue le juge de paix de la localité pour recevoir le serment des experts, conformément à l'art. 305 c. pr., auquel il ne nous semble pas que l'art. 757 ait entendu déroger. Nulle raison, dès lors, pour le poursuivant de s'affranchir de la nécessité de signifier l'ordonnance que les experts doivent avoir sous les yeux pour remplir convenablement et complétement leur mandat (Conf. M. Flandin, Tr. de l'ordre, inédit). —MM. Grosse et Rameau, t. 2, n° 380, semblent être d'une autre opinion; car ils disent que « l'avoué poursuivant dénoncera à l'expert *l'existence* de cette ordonnance. »

553. D'après MM. Grosse et Rameau, t. 2, n° 381, aucune récusation ne pourrait être prononcée contre les experts, dans les termes des art. 307 et suiv. c. pr., « qui sont tout à fait étrangers, disent-ils, à la procédure spéciale et abrégée qui nous occupe. » — Nous pensons, au contraire, avec MM. Bressolles, n° 38, et Chauveau, Proc. de l'ordre, quest. 2569, qu'il faut appliquer ici le droit commun. Les experts ont à remplir une mission de confiance, et les parties doivent être admises à faire valoir les raisons légales qui peuvent mettre en suspicion leur impartialité (Conf. MM. Houyvet, n° 171 *bis;* Flandin, Tr. de l'ordre, inédit).

554. Mais, ainsi que le font remarquer les auteurs précités, la récusation ne sera pas proposée et jugée suivant les formes des art. 309 et 311; on procédera par un dire sur le procès-verbal d'ordre, et il sera statué par ordonnance du juge-commissaire, laquelle sera exécutoire par provision, conformément à l'art. 312, mais pourra être ultérieurement attaquée, de même que la ventilation, par la voie du contredit, de la manière réglée par l'art. 755 (V. *infrà*, n° 557).—Toutefois, fait justement observer M. Chauveau, une condamnation à des dommages-intérêts, en cas de rejet de la récusation, ne pourrait être prononcée que par le tribunal (Conf. MM. Grosse et Rameau, t. 2, n° 382).

555. La prestation de serment des experts est mentionnée sur le procès-verbal d'ordre, et leur rapport, *qui ne peut être levé, ni signifié*, dit l'article, est annexé à ce même procès-verbal. Ce rapport, pour entrer dans les vues d'économie du législateur, doit, comme l'exprime M. le garde des sceaux dans la circulaire précitée, être rédigé d'une manière sommaire. Les parties, par leurs avoués, en prendront connaissance au greffe, puisqu'il ne doit être levé, ni signifié; et celle des parties, dit encore M. le garde des sceaux, qui n'en acceptera pas les conclusions, pourra contester l'état de collocation qui aura été dressé par le juge, en conséquence dudit rapport, dans les points qui lui font grief. Le créancier, par exemple, inscrit spécialement sur tel immeuble, et qui ne viendra pas en ordre utile sur la portion du prix afférente à cet immeuble, pourra contester le rapport des experts, en ce qu'il aurait assigné audit immeuble une valeur moindre que sa valeur réelle.

556. Nous n'entrerons pas ici dans d'autres détails concernant le rapport des experts; nous nous bornons à dire, d'une manière générale, avec M. Colmet-Daage, Leç. de proc., t. 2, n° 1029, 8° éd., « qu'on suivra, pour les opérations et les formes de l'expertise, les règles tracées au titre *des rapports d'experts* (c. pr. 302 et suiv.; V. notre Traité sur cette matière) », à l'exception des points sur lesquels il est formellement dérogé par l'art. 757, ou de celles de ces règles qui seraient incompatibles avec la procédure d'ordre (Conf. M. Houyvet, n° 171 *bis*).

557. Le juge, porte la disposition finale de l'art. 757, « en établissant l'état de collocation provisoire, prononce sur la ventilation. » Mais sa décision, sur ce point, comme toutes celles de l'état de collocation provisoire, peut être, de la part de toute partie intéressée, l'objet d'un contredit, dans le délai établi par l'art. 755 (V. Cass. 25 août 1828, *suprà*, n° 548). La contestation est alors renvoyée à l'audience, et l'on procède comme il est dit aux art. 758 et suiv. « Il est incontestable, dit également M. Duvergier, Coll. des lois, L. du 21 mai 1858, art. 757, note 7, que la décision portant sur la ventilation pourra être attaquée par la voie du contredit porté devant le tribunal, comme toutes les autres parties de l'état de collocation. Une erreur sur la ventilation peut être aussi préjudiciable qu'une erreur sur le rang à donner à chaque créancier; et l'on ne concevrait pas que le juge eût, pour statuer sur la ventilation, des pouvoirs plus étendus que pour fixer les rangs dans la collocation » (Conf. MM. Chauveau, Proc. de l'ordre, quest. 2567 *ter* et 2570; Bressolles, n° 38; Grosse et Rameau, t. 2, n° 384; Houyvet, n° 171 *bis*; Seligman, n° 353; Pont sur Seligman, *ibid.*, à la note; Flandin, Tr. de l'ordre, inédit).

558. Mais il a été jugé qu'il n'y a pas lieu d'attaquer, par la voie du pourvoi en cassation, le jugement qui, dans le cas d'un ordre ouvert sur le prix de plusieurs immeubles vendus collectivement, a omis, en ordonnant la collocation d'un créancier qui n'avait hypothèque que sur l'un de ces immeubles, de faire la ventilation des divers biens compris dans la vente (Req. 10 déc. 1806, aff. Deloinne, v° Cassation, n° 1487-1°).

559. M. Duvergier, *loc. cit.*, se demande s'il est absolument nécessaire de nommer des experts, lorsque le juge-commissaire a des renseignements suffisants pour prononcer, sans expertise, sur la ventilation? Et il adopte la négative. « Les expertises, dit-il, ne sont qu'un moyen d'instruction. Si les magistrats sont complétement éclairés, pourquoi avoir recours à des procédures qui ne peuvent avoir aucun résultat utile? » L'auteur fait observer qu'en matière de vérification d'écritures et d'inscription de faux, matières bien plus importantes que celle-ci, il est de jurisprudence constante que les tribunaux, s'ils se trouvent suffisamment éclairés par les documents du procès, peuvent, sans recourir à aucun autre moyen d'instruction, statuer incontinent sur le sort de la pièce (V. Faux incident, n° 210 et s.; Vérific. d'écrit., n° 69 et s.).—Nous admettons cette solution que consacre implicitement, d'ailleurs, l'art. 323 c. pr., en disant que « les juges ne sont point astreints à suivre l'avis des experts, si leur conviction s'y oppose. » On peut ajouter qu'elle est dans l'esprit de la loi du 21 mai 1858, car il est dit, dans le rapport de M. Riché, que, si la ventilation n'a pas été faite, la loi détermine la manière d'y procéder dans les conditions les plus simples et les plus économiques, en la confiant au juge-commissaire et n'exigeant qu'un seul expert, *si les productions et les pièces ne suffisent pas* (D. P. 58. 4. 49, n° 80; Conf. MM. Bioche, Dict. de proc., v° Ordre, n° 86; Chauveau, Proc. de l'ordre, Quest. 2567-4°; Bressolles, n° 37; Houyvet, n° 171; Seligman, n° 351; Flandin, Tr. de l'ordre, inédit).— Il a été jugé, dans le même sens, que la cour, qui annule la ventilation irrégulièrement faite par le juge-commissaire, peut l'opérer elle-même, sans recourir à des experts (Lyon, 7 juin 1839, aff. Boucaud, *suprà*, n° 548-3°).

560. Si la demande de ventilation ne venait à se produire qu'après la dénonciation du règlement provisoire, et par voie de contredit consigné sur le procès-verbal, il n'y aurait plus lieu, dit M. le garde des sceaux, dans sa circulaire (D. P. 59. 3. 25, n° 62), à l'application de l'art. 757. Le juge-commissaire, en effet, qui ne peut plus modifier l'état de collocation, doit renvoyer les parties à l'audience (arg. art. 758), et « la ventilation est ordonnée, s'il y a lieu, par le tribunal, » (V. *suprà*, n° 548-1°, cass. 25 août 1828). — MM. Ollivier et Mourlon, n° 337, contestent cette solution. Suivant eux, lorsque les parties n'ont pas requis le juge-commissaire d'opérer la ventilation, il ne leur est plus possible de la demander au tribunal, par voie de contredit au règlement provisoire. « Les termes de l'art. 757, disent-ils, sont formels : la ventilation doit être demandée au juge-commissaire et prononcée par lui. La loi tient tellement à ce qu'elle soit soulevée, à ce moment de la procédure, que, les parties gardant le silence, elle autorise le juge à l'ordonner d'office. Quand elle n'a eu lieu, ni sur la demande des parties, ni d'office, il est probable qu'elle n'était pas nécessaire, et que le contredit, motivé de ce chef, n'est qu'un moyen dilatoire *que le tribunal n'a pas même à examiner*. »—Mais c'est, là, dit M. Flandin, Tr. de l'ordre, inédit, créer une déchéance qui n'est pas dans la loi ; et, il peut même se faire que ce soit le mode de collocation, adopté par le juge-commissaire dans le règlement provisoire, qui ait révélé aux parties la nécessité d'une ventilation qu'elles n'avaient pas aperçue jusque-là (Conf. MM. Grosse et Rameau, t. 2, n° 378 ; Colmet-Daage, Leç. de proc., t. 2, 8e éd., n° 1029; Houyvet, n° 171 *bis*; Seligman, nos 350 et 355 ; Pont sur Seligman, n° 350, à la note ; Chauveau, Proc. de l'ordre, Quest. 2567 *bis*). —V. Lyon, 7 juin 1839, aff. Boucaud, *suprà*, n° 548-3° et 4°.

561. Toutefois, suivant M. Chauveau, *loc. cit.*, le tribunal, après avoir accueilli la demande de ventilation et désigné les experts, pourra renvoyer devant le juge pour la réception du serment des experts, le dépôt de leur rapport et sa mention sur le procès-verbal d'ordre; après quoi, il statuera définitivement, sur le rapport fait à l'audience par le juge-commissaire (Conf. M. Pont sur Seligman, *loc. cit.*).

Art. 5. — *De la consignation du prix.*

562. L'acquéreur ou l'adjudicataire, débiteur du prix, n'est pas tenu de le garder dans ses mains jusqu'après la confection de l'ordre. Il peut s'exonérer, en le consignant, du payement des intérêts, qui courent contre lui du jour de la vente ou de l'adjudication (c. nap. 1652). C'est ce que déclare l'art. 2186 c. nap., et ce que répète le nouvel art. 777 c. pr., en ces termes : « L'adjudicataire sur expropriation forcée, qui veut faire prononcer la radiation des inscriptions avant la clôture de l'ordre, doit consigner son prix et les intérêts échus, sans offres réelles préalables... En cas d'aliénation autre que celle sur expropriation forcée, l'acquéreur, qui, après avoir rempli les formalités de la purge, veut obtenir la libération définitive de tous privilèges et hypothèques par la voie de la consignation, opère cette consignation, sans offres réelles préalables... »

563. Le principe avait été contesté, en ce qui concerne la vente sur expropriation forcée, avant la loi du 21 mai 1858 ; mais la jurisprudence s'était prononcée dans le sens qui a été définitivement consacré par le nouvel art. 777 c. pr. (V. vis Priv. et hyp., n° 2164, et Oblig., n° 2222, un grand nombre d'arrêts dans ce sens : *adde* Req. 24 juillet 1857, aff. Ogier C. Dumont; Journ. des av., t. 82, p. 608, art. 2837; Conf. MM. Persil, Quest. hyp., t. 2, p. 388 ; Persil fils, Comm. de la loi du 2 juin 1841 ; Chauveau sur Carré, Quest. 2549-4° et 2612).

564. Mais la consignation est toute de faculté pour l'acquéreur ou l'adjudicataire. — Le projet du gouvernement lui en faisait une obligation. « Quel que soit le mode d'aliénation, portait l'art. 776 du projet, l'acquéreur ou l'adjudicataire est *tenu* de déposer son prix, en principal et intérêts, à la Caisse des consignations, dans les soixante jours de l'ouverture de l'ordre, sauf les conventions qui interviennent entre les intéressés après la vente ou l'adjudication... » A défaut de consignation dans ce délai, ajoutait l'article, « la revente sur folle enchère peut être poursuivie par tout créancier, le vendeur ou le saisi, sur le vu d'un certificat constatant le défaut de consignation. » Voici de quelle manière l'exposé des motifs justifiait cette disposition : « Au nombre des mesures depuis longtemps demandées pour la prompte expédition des ordres, et le recouvrement plus facile des capitaux par les créanciers, on a réclamé, avec instance, le dépôt du prix par l'acquéreur, dans un délai plus ou moins rapproché de l'ouverture de l'ordre, et tout au moins avant sa clôture. Les avantages de cette précaution sont aperçus au premier examen. L'acquéreur ne pourra jamais être qu'un acheteur sérieux et solvable; on ne courra plus le risque de n'avoir pour débiteur du prix qu'un spéculateur, qui a espéré réaliser un bénéfice sur son acquisition, pendant le long intervalle de temps que lui promet le règlement d'un ordre à suivre. L'adjudicataire ou acquéreur, qui n'a pas son argent disponible, n'interviendra plus dans la procédure, avec la seule intention d'entraver son cours, sans s'inquiéter des pertes qu'il occasionne aux créanciers. La loi dit que les bordereaux seront exécutoires contre l'acquéreur : la vente n'a été faite que pour payer les créanciers, et souvent ces créanciers ne sont pas plus avancés après qu'auparavant; ils ont attendu longtemps; les intérêts se sont ajoutés au prix et en ont rendu le payement plus difficile par l'acquéreur. On a même remarqué que, chez les habitants de la campagne, la manie de posséder des terres les pousse à acheter, sans avoir l'argent nécessaire pour payer ; que le rendement de la terre n'étant jamais au niveau de l'intérêt du prix, amenait presque toujours la nécessité de nouvelles poursuites, d'une seconde vente et de nouveaux frais. Enfin, la vente sur folle enchère a souvent lieu pour obtenir l'exécution des bordereaux. — Si ces faits sont vrais, il faut dire que le but de l'aliénation, soit sur expropriation forcée, soit volontairement faite pour payer les créanciers, peut être souvent manqué, et que la mesure du dépôt est une précaution efficace... » (D. P. 58. 4. 38, n° 45).

Mais cette mesure de la consignation forcée a soulevé, de la part des hommes pratiques, les avoués de Paris, les délégués des notaires des départements, d'unanimes réclamations, ainsi résumées par M. Riché dans son rapport au corps législatif. « ... Cette consignation, a dit le rapporteur, accélérera-t-elle la réalisation du gage? Mais, que le prix soit déposé, ou qu'il reste aux mains de l'acquéreur, le créancier ne pourra jamais le percevoir qu'après la clôture de l'ordre ! — Contraint de consigner, l'acquéreur, dit-on, n'aura plus d'intérêt à intervenir dans la procédure, avec la seule intention d'entraver son cours. Mais, comme il ne pourrait l'entraver que par des contestations, dont le cercle est borné, quand elles viennent des acquéreurs, l'innovation, qui met les frais à la charge des contestants téméraires, amoindrit cet inconvénient; et la consignation forcée, dont le moment est subordonné à celui de l'ouverture de l'ordre, fera naître un autre danger, en donnant à l'acquéreur intérêt à retarder cette ouverture. — Ainsi, la consignation ne garantit pas contre les incidents qui peuvent ralentir le mouvement de l'ordre; et, pendant ces retards, la consignation inflige une perte aux créanciers, puisque la caisse ne paye pas d'intérêts pendant les deux premiers mois, et ne paye ensuite que 3 p. 100. — D'ailleurs, est-il exact de dire que le créancier, qui a provoqué la saisie, parce qu'il n'était pas payé, veut toujours le payement immédiatement après la vente? Ce qu'il veut, c'est la sûreté du capital et l'exactitude des intérêts. Souvent il n'a provoqué la vente que parce qu'il ne recevait pas les intérêts : lorsque l'acquéreur lui présente toute sécurité à cet égard, fréquemment le créancier laisse le prix entre les mains de ce nouveau débiteur, et est satisfait de trouver un placement dans la créance privilégiée du bordereau. Le principal intérêt du créancier hypothécaire, c'est d'être payé : tout ce qui peut altérer la valeur vénale de l'immeuble viendra tromper les calculs de bien des créanciers actuels, et tarir la source de bien des prêts futurs ! Or il est évident que l'obligation de consigner le prix total, quelques mois après la vente, réduira la valeur vénale de l'immeuble, en resserrant le cercle des amateurs... Enfin, la suppression de l'obligation de consigner n'empêche ni de stipuler cette clause dans le cahier des charges, si on la croit utile en certains cas, ni l'acquéreur de consigner, s'il le juge à propos » (D. P. 58. 4. 49. n° 100). — La commission proposait, en conséquence, à l'unanimité, la suppression de l'art. 776 du projet, et le conseil d'Etat y a consenti.

565. Suivant M. Grenier, Des hyp., t. 2, n° 463, si la consignation est facultative pour l'acquéreur ou l'adjudicataire, il dépend aussi des créanciers de l'*exiger*. M. Troplong, Priv. et hyp., t. 4, n° 958 *ter*, dit également, en citant M. Grenier, que les créanciers peuvent *exiger*, d'office, cette consignation, s'ils redoutent l'insolvabilité du tiers détenteur (Conf. M. Bioche, Dict. de pr., v° Purge, n° 145, 3° éd. V. aussi notre Traité de la vente publ. d'imm., n° 1763). — Cette opinion est contestée par MM. Ollivier et Mourlon, n° 590, en ce qui concerne l'acquéreur sur aliénation volontaire. « Appliqué, disent-ils, aux *adjudications sur saisie, bénéfice d'inventaire, cession de biens et faillite*, ce droit des créanciers est incontestable : l'ordonnance du 3 juill. 1816 (art. 2, n° 10) le consacre expressément. Mais, en dehors de ces hypothèses, la proposition de M. Troplong n'est qu'une affirmation destituée de toute autorité. Tant que les créanciers *ne sont point en ordre de recevoir*, l'acquéreur ne peut pas être contraint de se dessaisir du prix auquel ils ont droit (art. 2186 c. nap.) ; il ne s'est engagé à le payer que sous la condition implicite que le vendeur lui procurerait une propriété affranchie de toute charge hypothécaire. Il ne peut donc être contraint de remplir son engagement tant que son créancier n'est pas, de son côté, prêt à remplir le sien (art. 1184 c. nap.). Les tribunaux ne peuvent, d'ailleurs, ordonner la consignation que dans les cas où ce droit leur a été expressément conféré par la loi (arg. ord. du 3 juill. 1816, art. 2, n°s 3 et suiv.). »

Malgré la force de ces raisons, nous aurions de la peine à nous ranger à ce sentiment, dans le cas unique dont parle M. Troplong, celui où les créanciers *redoutent l'insolvabilité du tiers détenteur*. La disposition de l'art. 2, n° 10, de l'ordonnance du 3 juill. 1816, cité par MM. Ollivier et Mourlon, ne repose pas sur une autre cause. C'est par défiance de la solvabilité de l'adjudicataire que cet article ordonne de verser à la caisse des dépôts et consignations « le prix ou portion de prix d'une adjudication d'immeubles vendus sur saisie immobilière, bénéfice d'inventaire, cession de biens, faillite, que le cahier des charges n'autoriserait pas l'acquéreur à conserver entre ses mains, si le tribunal ordonne cette consignation, sur la demande d'un ou de plusieurs créanciers ; » et c'est « pour assurer l'exécution de cette disposition que l'art. 4 défend de procéder à l'ordre, sans que l'acte de réquisition du procès-verbal d'ouverture « contienne mention de la date et du numéro de la consignation qui en a été faite. » Il semble donc que ce soit le cas d'appliquer la règle : *ubi eadem ratio, ibi idem jus*. — Il est très-vrai que l'équité et les principes demandent que l'acquéreur ne soit pas contraint de payer son prix, sans que l'immeuble soit affranchi des charges hypothécaires qui le grèvent ; mais l'art. 777 c. pr. offre le moyen de le satisfaire, et le tribunal, en ordonnant la consignation, prononcera en même temps, conformément au § 3 du même article, « la radiation de toutes les inscriptions existantes, avec maintien de leur effet sur le prix » (Conf. MM. Chauveau, Proc. de l'ordre, quest. 2619 *bis*; Houyvet, n° 66; Seligman, n° 639 ; Flandin, Tr. de l'ordre, inédit).

566. Mais il a été jugé que, l'intérêt étant la mesure des actions, les créanciers, qui ne se trouvent pas colloqués en rang utile dans le règlement provisoire d'un ordre, sont non recevables dans leur demande de consignation du prix, formée contre l'adjudicataire, et dans leur poursuite de folle enchère (Dijon, 8 juill. 1847, aff. Body *C.* Herbelin, cité au Journ. des av., t. 72, p. 658, n° 14).

567. Il est certain, d'ailleurs, que les parties sont maîtresses, soit avant, soit après l'adjudication, d'apposer à la consignation telles conditions que bon leur semble. L'art. 776 précité du projet du gouvernement, en faisant à l'acquéreur ou à l'adjudicataire une obligation du dépôt de son prix, dans les soixante jours de l'ouverture de l'ordre, ne permettait de déroger à cette prescription que par des conventions intervenues *postérieurement* à la vente ou à l'adjudication. Mais on a vu plus haut que cette disposition a été supprimée, d'un commun accord, entre la commission du corps législatif et le conseil d'Etat. On rentre donc, à cet égard, dans le droit commun, et l'on pourra stipuler, dans le cahier des charges, ou que l'adjudicataire devra garder le prix dans ses mains jusqu'à telle époque déterminée, ou même jusqu'à la clôture de l'ordre, ou, à l'inverse, qu'il devra le consigner immédiatement après la transcription de son titre (Conf. MM. Ollivier et Mourlon, n° 591 ; Grosse et Rameau, t. 2, n° 508 ; Chauveau, Proc. de l'ordre, quest. 2619; Houyvet, n° 66; Flandin, Tr. de l'ordre, inéd.).

568. Mais il a été jugé : 1° que la clause du cahier des charges, portant que le prix de l'adjudication sera payé, avec les intérêts, aux créanciers inscrits, suivant un ordre amiable ou judiciaire, et dans l'étude de l'avoué poursuivant ou du notaire par lui commis, n'emporte pas défense, pour l'adjudicataire, de consigner son prix (Req. 4 avr. 1854, aff. Pavy, D. P. 54. 1. 190) ; — 2° Que la clause du cahier des charges, qui impose à l'adjudicataire l'obligation de conserver entre ses mains le prix de son adjudication, sans pouvoir le consigner, jusqu'à la clôture de l'ordre amiable ou judiciaire, n'est pas un obstacle à ce que cet adjudicataire puisse former une demande en consignation du prix, lorsque l'ordre est ouvert depuis un certain nombre d'années, et que sa clôture définitive est arrêtée par des débats judiciaires dont il est impossible de prévoir le terme ; que, dans ce cas, il y a une position exceptionnelle, évidemment imprévue lors de la publication du cahier des charges, et qu'il y a lieu, dès lors, de fixer un délai pendant lequel la partie qui s'oppose à la consignation doit mettre l'ordre à fin, et passé lequel l'adjudicataire doit être autorisé à consigner son prix (Riom, 9 nov. 1853, cité par M. Chauveau, Proc. de l'ordre, quest. 2619, lequel en approuve la solution).

569. Une prohibition absolue, dit M. Chauveau, *loc. cit.*, ne se concevrait pas, parce qu'elle impliquerait, si elle était illimitée, une sorte de renonciation au droit de se libérer qui est d'ordre public. MM. Grosse et Rameau, t. 2, n° 508, avaient dit la même chose en argumentant de l'art. 1911 c. nap., qui, s'il permet aux parties de stipuler qu'une rente constituée en perpétuel ne pourra pas être rachetée pendant un certain délai, ne veut pas que ce délai puisse excéder dix ans. — Nous ferons observer, avec M. Flandin, Tr. de l'ordre, inédit, « que la prohibition de consigner, fût-elle absolue, n'aurait pas les dangers que signalent les auteurs précités; qu'elle n'impliquerait nullement une renonciation au droit de se libérer; car cette prohibition aurait pour limite obligée la clôture de l'ordre, procédure qui a précisément pour objet la libération de l'adjudicataire, et qu'il a la faculté de provoquer, au défaut des créanciers (c. pr. 750) » (Conf. M. Seligman, n° 678).

570. Le vendeur peut empêcher la consignation du prix, en justifiant à l'acquéreur de la libération de l'immeuble. — Les créanciers le peuvent également, en se mettant promptement d'accord, soit par un ordre consensuel, soit par un ordre amiable (Conf. MM. Grosse et Rameau, t. 2, n° 530; Ollivier et Mourlon, n° 592).

571. Suivant MM. Grosse et Rameau, t. 2, n° 529, le vendeur ne pourrait se contenter de fournir à l'acquéreur un acte de mainlevée, c'est-à-dire le consentement des créanciers à la radiation de leurs inscriptions, ou le jugement ordonnant cette radiation ; il doit leur fournir un certificat de radiation, c'est-à-dire un acte émanant du conservateur et constatant que la radiation a été opérée. « Il ne peut, en effet, disent-ils, incomber à la charge d'un acquéreur de suivre la mainlevée au bureau des hypothèques et d'en requérir l'exécution, et; si le conservateur refuse d'opérer la radiation, la charge de l'y contraindre. » — Autre est le sentiment de MM. Ollivier et Mourlon : « Il est manifeste, au contraire, disent-ils, *loc. cit.*, que ce soin et cette charge lui incombent, au cas où un ordre a eu lieu : l'art. 771 est formel... Or la signification des actes portant consentement à la radiation des inscriptions existantes constitue, quant à l'acquéreur, l'équivalent d'un ordre et en tient lieu » (Conf. M. Bioche, v° Ordre, n° 115, 3° édit.).

La question ne peut guère avoir d'importance qu'au point de vue des frais de radiation : qui, du vendeur ou de l'acquéreur, doit les supporter ? Le vendeur; puisqu'aux termes de l'art. 774 c. pr., « l'acquéreur est employé, par préférence, pour le coût de l'extrait des inscriptions et des dénonciations aux créanciers inscrits » (Conf. cass. 22 avr. 1856, aff. Delpu, D. P. 56. 1. 210; V. cependant v° Priv. et hyp., n° 2193, et v° Vente, n°s 1098 et suiv.); le vendeur, ou la partie saisie; puisque l'art. 759 déclare « qu'il est fait distraction, en faveur de l'adjudicataire, sur le montant de chaque bordereau, des frais de radiation de l'inscription. » Il nous semble, d'après cela, que l'opinion de MM. Grosse et Rameau est préférable à celle de MM. Ollivier et Mourlon. — Tel est aussi l'avis de M. Flandin, Tr. de l'ordre, inédit. « Si, d'après l'art. 771, dit-il, combiné avec l'art. 759, c'est l'adjudicataire qui, au fur et à mesure du payement des bordereaux de collocation, et sur la représentation du bordereau et de la quittance du créancier, doit prendre le soin de faire rayer les inscriptions, c'est parce que le vendeur ou le saisi ne sont pas parties agissantes dans l'ordre, que tout se passe entre l'adjudicataire et les créanciers, tandis que c'est le vendeur qui intervient, de sa personne, pour empêcher la consignation et réclamer le versement du prix entre ses mains, en justifiant à l'acquéreur de l'entier affranchissement de l'immeuble, justification qu'il ne peut faire qu'en rapportant le certificat de radiation des inscriptions. Pour obliger l'acquéreur à se contenter d'une simple mainlevée, il faudrait l'autoriser à retenir, sur le prix, les frais de radiation: or, ces frais, qui les déterminera, puisqu'il n'y a pas de collocation préalable faite à son profit, comme dans le cas de l'art. 759 précité? » (Conf. MM. Chauveau, Proc. de l'ordre, quest. 2619-4°; Seligman, n° 670).

572. Où doit se faire la consignation du prix? Naturellement à la caisse des consignations établie dans le ressort du tribunal devant lequel l'ordre doit être poursuivi, puisque la procédure de validité de la consignation est un incident de la procédure d'ordre; ailleurs qu'à Paris, par conséquent, à la caisse du receveur particulier des finances (ord. du 3 juill. 1816, art. 11).

573. Puisque la consignation a pour objet de libérer l'acquéreur ou l'adjudicataire, elle doit comprendre, en capital et intérêts, non-seulement tout ce qui forme le gage hypothécaire, mais toutes les sommes dont l'acquéreur ou l'adjudicataire peut être redevable en vertu de son acquisition. Ainsi, quoique les créanciers hypothécaires n'aient aucun droit exclusif aux intérêts qui ont couru depuis la vente, mais antérieurement à la sommation de payer ou de délaisser adressée au tiers détenteur, ou à la notification de son contrat faite par ce dernier, en vue de la purge, aux créanciers inscrits (V. *suprà*, n° 525), ces intérêts n'en font pas moins partie du prix à consigner, puisqu'ils sont dus au vendeur, à défaut de créanciers (Conf. MM. Ollivier et Mourlon, n° 593; Mourlon, Rev. prat., t. 7, p. 35 et suiv.).

574. Nous avons déjà parlé de la consignation du prix dans notre Traité des priv. et hyp., n°s 2163 et s. Nous y avions dit, notamment, que cette consignation ne devait pas être précédée d'*offres réelles*, les art. 1257 et suiv. c. nap. étant, bien évidemment, inapplicables à ce cas, puisque des offres supposent une acceptation possible de la part du créancier à qui elles sont faites, et que les créanciers inscrits sont sans qualité pour recevoir, tant que leur rang n'a pas été déterminé par le juge, c'est-à dire tant que l'ordre, pour la distribution des deniers, n'a pas été dressé. C'est, en effet, ce que décidait la jurisprudence (V. Priv. et hyp., n° 2166; Obligations, n°s 2219 et suiv.), et ce que consacre, en termes exprès, l'art. 777 précité.

575. Il suit de là, et c'est encore ce que décidait la jurisprudence, qu'il n'est pas besoin d'appeler, pour être présents à la consignation, soit le débiteur, soit les créanciers inscrits (V. Priv. et hyp., n°s 2167 et 2168).—Mais nous avions exprimé l'opinion, n° 2169, qu'il était nécessaire de leur signifier le procès-verbal de dépôt des fonds, afin qu'ils fussent avertis de la consignation; sans cela, disions-nous, ils auraient le droit de poursuivre leur payement directement sur l'acquéreur (Conf. Orléans, 22 août 1834, aff. Devay, et 13 août 1840, aff. Richer, *loc. cit.*, n°s 134 et 2168. — *Contrà*, Req. 24 juin 1857, aff. synd. Ogier, D. P. 58. 1. 420).

La loi du 21 mai 1858 a différemment organisé ce point. « Si l'ordre n'est pas ouvert, porte l'art. 777 précité, il (l'adjudicataire sur expropriation forcée) doit en requérir l'ouverture après l'expiration du délai fixé par l'art. 750 (V. *suprà*, n°s 82 et s.). Il dépose, à l'appui de sa réquisition, le récépissé de la caisse des consignations, et déclare qu'il entend faire prononcer la validité de la consignation et la radiation des inscriptions... — Si l'ordre est ouvert, l'adjudicataire, après la consignation, fait sa déclaration sur le procès-verbal par un dire signé de son avoué, en y joignant le récépissé de la caisse des consignations... » — Une mesure analogue est prescrite pour le cas d'aliénation autre que celle sur expropriation forcée. L'acquéreur, qui veut consigner son prix, « somme le vendeur de lui rapporter, dans la quinzaine, mainlevée des inscriptions existantes, et lui fait connaître le montant des sommes, en capital et intérêts, qu'il se propose de consigner. Ce délai expiré, la consignation est réalisée, et, dans les trois jours suivants, l'acquéreur ou adjudicataire requiert l'ouverture de l'ordre, en déposant le récépissé de la caisse des consignations... (777). »— Il est évident, d'après ces dispositions, qu'il n'y a plus lieu, pour nous, de persister dans l'opinion que nous avions émise v° Priv. et hyp., n° 2169 (Conf. MM. Chauveau, Proc. de l'ordre, quest. 2619-9°; Grosse et Rameau, t. 2, n°s 516 et 519).

576. La sommation, dit M. Chauveau, Proc. de l'ordre, quest. 2619 *ter*, doit être faite au lieu convenu pour le payement, ou, à défaut, à personne ou domicile. — « Il est utile, mais il n'est pas indispensable, ajoute-t-il, qu'il soit donné copie, en tête de la sommation, de l'état des inscriptions délivré après la transcription. » — MM. Grosse et Rameau, t. 2, n° 513, jugent, au contraire, cette copie nécessaire, parce qu'elle « peut seule permettre d'acquérir une connaissance exacte des inscriptions, sans laquelle le vendeur ne peut généralement apprécier leur mérite, et savoir s'il y a lieu d'en demander le rejet. » — Ils ajoutent, cependant, que, « si l'état avait été dénoncé au vendeur, en exécution de l'une des clauses du contrat, il suffirait d'un énoncé très-succinct des inscriptions, en se référant à la dénonciation » (Conf. M. Seligman, n° 672).—Nous pensons, comme M. Chauveau, que l'acquéreur n'est pas tenu de signifier, en tête de sa sommation, un état des inscriptions, parce que le vendeur, ainsi qu'il le fait observer, est présumé connaître la situation hypothécaire de son immeuble, et qu'il peut, d'ailleurs, requérir telles justifications que de droit du conservateur. Mais nous irions encore plus loin que lui, et nous serions disposé à regarder ces frais, qui doivent, en définitive, retomber sur la masse (V. *infrà*, n° 605), comme des frais frustratoires (Conf. M. Flandin, Tr. de l'ordre, inédit).

577. Suivant MM. Grosse et Rameau, n° 514 cette sommation doit aussi contenir constitution d'avoue. L'exploit, disent-ils, est, par lui-même, introductif d'instance, puisque, s'il n'est pas fait droit à la sommation, l'acquéreur, procédant en vertu de cette seule pièce, consignera son prix et demandera la validité de la consignation. — Nous croyons, au contraire, avec M. Chauveau, *loc. cit.*, que cette sommation n'est qu'une mise en demeure, une sorte de commandement préalable à l'instance, mais qui ne la constitue pas encore; l'instance, suivant nous, ne commence et la constitution d'avoué ne devient nécessaire qu'au moment où, la sommation étant restée sans effet, l'acquéreur ou l'adjudicataire, après la consignation effectuée, requiert l'ouverture de l'ordre et déclare qu'il entend faire prononcer la validité de la consignation et la radiation des inscriptions. — La question, au reste, a peu d'intérêt, car, ainsi que le disent MM. Grosse et Rameau, la sommation et la consignation devant être précédées des formalités de la purge, pour lesquelles le ministère de l'avoué est obligatoire (arg. de l'art. 832 c. pr.), la sommation sera préparée par les soins de l'avoué qui a fait les notifications, et il devra, dès lors, arriver rarement qu'elle ne contienne pas la mention du nom de cet avoué. C'est aussi l'observation que fait M. Chauveau.

578. Dans notre traité des Priv. et hyp., n° 2166, nous avions exprimé le regret que les auteurs du code Napoléon, en posant, dans l'art. 2186, le principe de la consignation, n'eussent pas songé à déterminer les formes qui devaient l'accompagner ou la suivre. C'est cette lacune que la loi du 21 mai 1858 a voulu combler par l'art. 777. L'acquéreur ou l'adjudicataire ne pourra plus se contenter, désormais, de déposer son prix, et de laisser les créanciers se pourvoir comme ils l'aviseront, après la consignation opérée. La loi nouvelle exige de lui qu'il requière l'ouverture de l'ordre, s'il n'est pas ouvert, et qu'il fasse prononcer, contradictoirement avec le vendeur ou la partie saisie, la validité de la consignation. « Dans les huit jours qui suivent l'expiration du délai pour produire, fixé par l'art. 754, porte l'art. 777, il (l'adjudicataire) fait sommation, par acte d'avoué à avoué, et par exploit à la partie saisie, si elle n'a pas avoué constitué, de prendre communication de sa déclaration, et de la contester, dans les quinze jours, s'il y a lieu. — A défaut de contestation dans ce délai, le juge, par ordonnance sur le procès-verbal, déclare la consignation valable et prononce la radiation de toutes les inscriptions existantes, avec maintien de leur effet sur le prix. — En cas de contestation, il est statué par le tribunal, sans retard des opérations de l'ordre. — Si l'ordre est ouvert, l'adjudicataire, après la consignation, fait sa déclaration sur le procès-verbal par un dire signé de son avoué, en y joignant le récépissé de la caisse des consignations. Il est procédé comme il est dit ci-dessus, après l'échéance du délai des productions. » — La même procédure est suivie, au cas d'aliénation volontaire (même article).

579. Le délai de quinze jours, accordé pour contester la déclaration, n'est pas susceptible d'augmentation, à raison de la distance entre le domicile du vendeur ou de la partie saisie et le lieu où siége le tribunal : ici ne s'applique pas l'art. 1033 c. pr., à raison de la célérité que comporte la procédure d'ordre et tout ce qui s'y rattache (V. *suprà*, n° 415. — Conf. MM. Grosse et Rameau, t. 2, n° 533. — *Contrà*, M. Seligman, n° 651).

580. Suivant M. Houyvet, Tr. de l'ordre entre créanciers, n° 67, le défaut de contestation, soit de la part du vendeur ou saisi, soit de la part des créanciers, dans le délai de quinzaine, est considéré comme un acquiescement et emporte, de plein droit, déchéance de la faculté de contester la consignation. C'est, en effet, ce qui peut s'induire de ces mots de l'art. 777 : « A défaut de contestation dans ce délai, le juge, par ordonnance sur le procès-verbal, déclare la consignation valable. » On peut aussi invoquer, par analogie, l'art. 756, qui prononce la forclusion contre les créanciers qui n'ont pas contredit, dans les trente jours, le règlement provisoire. C'est l'esprit de la nouvelle loi, d'ailleurs, que les délais établis par elle ne soient pas considérés comme des délais purement comminatoires. — Toutefois, on peut dire, contre cette opinion, que les déchéances ne se suppléent pas, et que l'art. 777 n'ayant pas attaché expressément, comme l'art. 756 précité, la peine de la forclusion au défaut de contestation dans la quinzaine, on doit permettre aux parties intéressées de contester la consignation tant qu'elle n'a pas été déclarée valable par le juge; qu'il n'y a pas ici les mêmes raisons de célérité que pour les contredits sur le règlement provisoire, puisque la procédure de consignation se poursuit, sans retard des *opérations de l'ordre* (777). Tel est le sentiment de M. Seligman, n°s 654 et 681. Cette dernière opinion nous semble la plus juridique.

581. Des dispositions qui précèdent, il résulte que la procédure en validité de la consignation du prix est soumise à des délais assez longs, mais qui ne préjudicient en rien à l'adjudicataire, qui peut faire sa consignation dès l'ouverture de l'ordre, puisque, suivant le deuxième alinéa de l'art. 777, « il dépose, à l'appui de sa réquisition (d'ouverture de l'ordre) *le récépissé de la caisse des consignations*... »

582. Nous ne pensons pas, toutefois, contrairement à ce que disent MM. Ollivier et Mourlon, n° 599, et Seligman, n° 644, que l'adjudicataire puisse faire sa consignation immédiatement après le jugement d'adjudication et avant la transcription de ce jugement. Puisque, aux termes de l'art. 750, le saisissant, à qui appartient l'initiative des poursuites, ne peut requérir l'ouverture du procès-verbal d'ordre que dans « la huitaine après la transcription, » il ne doit pas être permis à l'adjudicataire de consigner son prix avant que les créanciers soient en mesure d'agir pour en faire opérer entre eux la distribution, conséquemment avant la transcription du jugement d'adjudication et même avant la huitaine qui suit cette transcription. « Permettre à l'adjudicataire, dit très-bien M. Bioche, v° Ordre, n° 96, 5e éd., de consigner de suite et d'attendre quarante-cinq jours avant de transcrire, ce serait faire peser sur les créanciers une perte d'intérêts » (Conf. MM. Grosse et Rameau, t. 2, n° 522; Flandin, Tr. de l'ordre, inédit).

583. En matière de vente volontaire, ce n'est qu'après la notification de son contrat aux créanciers inscrits, et conséquemment après la transcription, qui doit précéder cette notification, que l'acquéreur peut consigner. C'est ce que répète, après l'art. 2186 c. nap., l'art. 777 c. pr., en ces termes : « En cas d'aliénation autre que celle par expropriation forcée, l'acquéreur, qui, *après avoir rempli les formalités de la purge*, veut obtenir la libération définitive de tous priviléges et hypothèques par la voie de la consignation, *opère cette consignation*, sans offres réelles préalables... »

584. La consignation, disent MM. Grosse et Rameau, t. 2, n° 518, doit être faite « dans les formes ordinaires, par un officier ministériel, soit un notaire, soit un huissier... La raison du dépôt doit être signalée dans l'acte, avec détail des inscriptions. » — Mais puisque, en cette matière, la consignation ne doit pas être précédée d'offres réelles (c. pr. 777), où est le besoin de recourir à un officier ministériel et à un procès-verbal constatant le dépôt? L'article, comme le fait observer M. Chauveau, Proc. de l'ordre, quest. 2619-6°, ne parle que du *récépissé de la caisse des consignations* que doit produire le déposant; il ne fait pas une seule fois allusion à un procès-verbal que devrait dresser un officier ministériel : ce sont donc encore là des frais à éviter, puisqu'ils doivent, comme nous l'avons dit *suprà*, n° 576, retomber sur la masse. Nous croyons donc, comme M. Chauveau, que l'acquéreur ou l'adjudicataire peut se présenter lui-même à la caisse pour y faire le dépôt de son prix, dont la caisse n'aura à se dessaisir que sur la présentation des bordereaux de collocation qui seront ultérieurement délivrés par le juge (Conf. MM. Seligman, n° 647; Flandin, Tr. de l'ordre, inédit).

585. Récapitulons les délais auxquels est soumise la procédure de validité de la consignation. — Et d'abord, cette procédure devant toujours être précédée de l'ouverture de l'ordre, il suit que l'adjudicataire ne peut agir en validité avant l'expiration des huit jours laissés au saisissant, à partir de la transcription, pour requérir l'ouverture du procès-verbal d'ordre (c. pr. 750). — Ces huit jours expirés, ou même auparavant, si le créancier saisissant a requis l'ouverture de l'ordre avant l'expiration des huit jours, l'adjudicataire déclare « qu'il entend faire prononcer la validité de la consignation et la radiation des inscriptions. » — Cette déclaration faite, la procédure sommeille jusqu'après l'expiration du délai fixé par l'art. 754, c'est-à-dire pendant le mois accordé pour la tentative de règlement amiable, et, si ce règlement n'intervient pas, pendant les quarante jours accordés aux créanciers pour produire, ce dernier délai augmenté de celui de huitaine octroyé au poursuivant pour sommer les créanciers de faire leur production (753 et 754). Ce n'est qu'après tous ces délais que la procédure de validité s'entame par une sommation, adressée, dans la huitaine, au saisi par l'adjudicataire, « de prendre communication de sa déclaration, et de la contester dans les quinze jours, s'il y a lieu. » En résumé, un mois pour la réquisition d'ouverture de l'ordre et la tentative de règlement amiable; huit jours pour la sommation aux créanciers de produire; quarante jours pour cette production; huit jours pour la sommation au saisi de prendre communication de la déclaration de l'adjudicataire, et quinze autres jours pour la contester, c'est un intervalle de *cent et un* jours, au minimum, qui sépare la consignation du prix de celui où interviendra, s'il n'y a pas de contestation, l'ordonnance du juge « qui déclarera la consignation valable et prononcera la radiation de toutes les inscriptions existantes, avec maintien de leur effet sur le prix. » — MM. Ollivier et Mourlon, n° 601, tout en supputant les délais de la même manière que nous, arrivent, cependant, à un chiffre différent du nôtre, celui de *cent vingt et un jours*, au minimum, « entre la consignation et le moment où l'adjudicataire obtiendra l'ordonnance en vertu de laquelle il pourra libérer sa propriété des inscriptions qui la grèvent. » Ce ne peut être qu'une erreur de calcul.

586. Les délais, pour l'acquéreur ou adjudicataire sur aliénation volontaire qui veut consigner son prix, ne sont pas entièrement les mêmes que pour l'adjudicataire sur expropriation forcée. Ce n'est d'abord qu'après avoir rempli les formalités de la purge qu'il peut consigner. Mais, la purge faite, il doit, avant la consignation, sommer le vendeur de lui rapporter, dans la quinzaine, mainlevée des inscriptions existantes, en lui faisant connaître le montant des sommes, en capital et intérêts, qu'il se propose de consigner. Ce délai expiré, si la mainlevée n'est pas rapportée, ou plutôt, s'il n'est pas justifié, par un certificat du conservateur, de la radiation des inscriptions (V. *suprà*, n° 571), la consignation est réalisée; et, dans les trois jours qui suivent, l'acquéreur ou adjudicataire requiert l'ouverture de l'ordre, en déposant le récépissé de la caisse des consignations. Puis, on procède de la manière indiquée ci-dessus (c. pr. 777).

587. Ce délai de quinzaine n'a ici rien de fatal. L'acquéreur, dit M. Chauveau, Proc. de l'ordre, quest. 2619 *ter*, pourrait indiquer un délai plus long; de même que le vendeur, en prévision de la sommation, aurait pu stipuler, dans le contrat, un plus long terme pour se procurer les mainlevées; mais le délai, ajoute-t-il, n'est pas, en lui-même, susceptible d'augmentation à raison des distances (*Contrà*, M. Seligman, n° 675).

588. Il a été jugé : 1° que la disposition de la loi du 21 mai 1858 (nouvel art. 772 c. pr.), qui porte que, hors le cas d'expropriation forcée, l'ordre n'est ouvert qu'après l'accomplissement des formalités prescrites pour la purge des hypothèques, est applicable au cas même où les immeubles du failli ont été vendus sur la poursuite des syndics (Conf. MM. Ollivier et Mourlon, n° 460; Grosse et Rameau, t. 2, n° 478; Chauveau, Proc. de l'ordre, quest. 2613; mais V. *suprà*, n°s 133 et s.); que, dès lors, la consignation faite, en ce cas, par l'acquéreur, avant l'accomplissement desdites formalités, est inopérante et nulle, encore qu'il ait été stipulé, dans le cahier des charges, que les adjudicataires auront la faculté de purger, à leurs frais, s'ils jugent convenable de le faire (Douai, 4 août 1859, aff. Delemotte, D. P. 60. 2. 85); — 2° Que les syndics ont qualité pour contester la validité de la consignation prématurément faite (même arrêt).

589. La loi n'a pas songé à régler la procedure à suivre pour le cas où l'ordre ne doit pas se faire devant un juge, mais devant le tribunal, lorsqu'il y a moins de quatre créanciers inscrits (c. nap. 773), ou lorsqu'il intervient, dans le mois, un règlement amiable, qui dispense de recourir à l'ordre judiciaire (751).

590. Au cas de règlement amiable, la chose est sans difficulté, si les créanciers ou le vendeur ne contestent pas la consignation : le juge, sur le procès-verbal de distribution du prix, déclare la consignation valable et délivre les bordereaux de collocation, non plus contre l'acquéreur ou l'adjudicataire, mais contre la caisse des consignations, conformément à l'art. 770 c. pr. (Conf. M. Seligman, n° 656). — Si les créanciers contestent la consignation, nous ne voyons aucun inconvénient à ce que le juge, après avoir arrêté l'ordre de distribution du prix, tel qu'il a été convenu entre les créanciers, déclare, sur ce même procès-verbal, ainsi que le disent MM. Ollivier et Mourlon, n° 611, « qu'attendu la contestation dont la consignation est l'objet, et, par suite, l'impossibilité de ramener à une exécution immédiate le règlement arrêté entre les créanciers, la rédaction et la délivrance des bordereaux resteront suspendus tant que la question soulevée sera pendante... » Il est vrai que, dans ce cas, le délai d'un mois, accordé par l'art. 751 pour le règlement amiable, pourra être outre-passé; mais qu'importe, dès que les créanciers se sont mis d'accord sur la distribution du prix? Le délai d'un mois n'est ainsi réglé qu'afin de ne pas retarder indéfiniment l'ordre judiciaire; mais il n'y a plus de raison à cette limite, lorsqu'il n'y a pas lieu à ordre judiciaire (Conf. M. Bioche, Dict. de pr., v° Ordre, n° 120, 3e éd.).

591. Si la consignation est acceptée par les créanciers, mais contestée par le vendeur, disent encore MM. Ollivier et Mourlon, *loc. cit.*, le juge ne se laissera point arrêter par cette contestation, le vendeur, ainsi que nous l'avons vu *suprà* n°s 169 et s., ne pouvant, sous aucun prétexte, entraver la marche de l'ordre amiable, sauf à réserver ses droits contre le consignant, après que les créanciers utilement colloqués auront été payés (Conf. M. Bioche, *loc. cit.*).

592. Lorsque l'ordre, à défaut de règlement amiable, doit être porté, *de plano*, devant le tribunal, le consignant ne peut plus suivre, dans tous ses points, la procédure tracée par l'art. 777. Dans sa requête à l'effet de faire procéder au préliminaire de règlement amiable, ou, s'il a été devancé dans la présentation de cette requête, dans un dire mis sur le procès verbal du juge, il a déclaré, conformément à l'art. 777, en joignant à sa déclaration le récépissé de la caisse des consignations, qu'il entend faire prononcer la validité de la consignation et la radiation des inscriptions, comme conséquence de sa libération : mais comment va-t-il procéder ensuite? Il n'a pas à attendre, comme le prescrit l'art. 777, pour faire sommation au vendeur ou à la partie saisie de prendre communication de sa déclaration, et de la contester dans les quinze jours, s'il y a lieu, l'expiration du délai de quarante jours accordé aux créanciers pour produire, lorsque l'ordre est suivi devant le juge (art. 754) : cette sommation, il pourra la faire immédiatement; car la détermination d'un sursis quelconque serait une chose arbitraire, dès qu'on ne se trouve plus dans les termes de l'art. 777. Peut-être même y aurait-il lieu de décider que cette sommation doit être adressée en même temps aux créanciers inscrits, afin de les rendre parties dans la procédure de validité de la consignation, qui les intéresse plus directement encore que le vendeur ou le saisi (*infrà*, n° 598). N'y ayant plus, comme dans le cas où les créanciers sont en grand nombre, les mêmes raisons d'économie pour les en exclure, il faut, ce semble, revenir au droit commun, qui doit reprendre son empire, lorsque vient à cesser le motif de l'exception (Conf. MM. Bioche, v° Ordre, n° 122, 3e éd.; Chauveau, Proc. de l'ordre, quest. 2619-13°).

593. MM. Ollivier et Mourlon, au cas dont il s'agit, indiquent un mode de procéder un peu différent du nôtre. « S'il y a lieu, disent-ils, n° 612, de procéder exceptionnellement devant le tribunal, il (le consignant) déclarera, *par son exploit introductif d'instance*, qu'il a déposé au greffe le récépissé de la consignation dont il poursuit la validité. » Cela serait bien, si l'assignation devant le tribunal ne devait pas être précédée de la tentative de règlement amiable; mais, puisqu'il en est autrement (art. 773), le consignant ne peut se dispenser, nous semble-t-il, pour se conformer à l'art. 777, de faire sa déclaration relative à la consignation dans la requête par laquelle il demande qu'il soit procédé à la tentative de règlement amiable, requête qui tient ici la place de la requête en ouverture d'ordre.

594. Les mêmes auteurs n'admettent pas que la sommation à donner au vendeur ou au saisi de prendre communication de la déclaration du consignant, et de contredire, s'il y a lieu, dans un délai de quinzaine, puisse être donnée aussitôt après cette déclaration faite: cette sommation, disent-ils, « pourra être donnée *après l'expiration des quinze jours* accordés aux créanciers pour signifier leurs conclusions » (Conf. M. Bioche, n° 122). — MM. Ollivier et Mourlon reconnaissent que, lorsque l'ordre est porté directement devant le tribunal, la disposition de l'art. 777, qui veut que la sommation soit différée jusqu'après l'expiration du délai de quarante jours, accordé aux créanciers pour produire, est inapplicable, puisque, dans le cas où c'est le tribunal qui règle l'ordre, les créanciers ont, pour produire, *toute la durée de l'instance*, et que, si le consignant était forcé d'attendre jusque-là pour faire sa sommation, cette sommation serait inutile; car, au moment où elle interviendrait, l'ordre serait réglé. Le sursis de quinzaine, qu'ils substituent, par une raison d'analogie, au sursis de quarante jours, est donc arbitraire, et le plus sûr, en pareil cas, est, comme nous l'avons dit, de rentrer dans le droit commun.

595. M. Chauveau, non plus que MM. Grosse et Rameau, n'entrent dans aucun détail sur le mode à suivre pour saisir le tribunal de la demande en validité de la consignation. — M. Chauveau, Proc. de l'ordre, quest. 2619-13°, après avoir relevé l'erreur que commettent MM. Grosse et Rameau, t. 2, n° 528, en ne faisant prononcer, par le tribunal, la radiation des inscriptions, conséquence de la validité de la consignation, qu'au moment où les créanciers seront réglés sur la distribution du prix, ajournant ainsi, d'une manière indéfinie, la libération de l'adjudicataire ou de l'acquéreur, M. Chauveau se borne à dire « que l'adjudicataire consignera, sans offres préalables, poursuivra l'ordre amiable, s'il n'a pas été déjà ouvert, et sera, en cas de non-accord, admis à demander au tribunal qu'il soit, au préalable, statué sur la consignation, avant tout règlement entre les créanciers : ceux-ci, appelés devant le tribunal, consentiront ou s'opposeront; mais l'incident relatif à la contestation sera vidé avant le fond, à moins que le tout ne soit en état en même temps. »

596. Qu'il y ait, ou non, contestation sur la consignation, c'est le tribunal, au cas dont nous parlons, qui en déclare la validité et ordonne la radiation des inscriptions, en maintenant, comme il est dit dans l'art. 777, leur effet sur le prix. Le juge, qui n'a été saisi que pour la tentative de règlement amiable, étant sans pouvoir pour faire l'ordre, dès que l'accord entre les créanciers n'a pu se former, est également sans qualité pour prononcer sur la validité de la consignation et ses conséquences légales (Conf. MM. Ollivier et Mourlon, *loc cit.*).

597. Quand l'ordre a lieu devant le juge, les contestations relatives à la consignation du prix sont formées sur le procès-verbal d'ordre par un dire motivé, à peine de nullité (art. 778). Ce mode de procéder est impraticable, quand l'ordre a lieu devant le tribunal, à moins que la contestation ne se produise pendant la tentative de règlement amiable. Si elle ne se produit que postérieurement, elle est introduite, conformément au droit commun, dans les termes des art. 75 à 82 c. pr. (Conf. MM. Ollivier et Mourlon, *loc. cit.*).

598. C'est avec le vendeur seul, ou la partie saisie, que se poursuit la validité de la consignation, sauf aux créanciers à intervenir dans la procédure, s'ils le jugent à propos. C'est ce qui s'induit de ces termes de l'art. 777, 3e alin. : « Dans les huit jours qui suivent l'expiration du délai pour produire, ... il (l'adjudicataire) fait sommation, par acte d'avoué à avoué, et par exploit *à la partie saisie*, si elle n'a pas d'avoué constitué, de prendre communication de sa déclaration et de la contester, dans les quinze jours, s'il y a lieu... » Les termes du rapport de M. Riché ne laissent, d'ailleurs, aucun doute à cet égard. « C'est avec le saisi, dit-il, ou le vendeur, que l'adjudicataire ou acquéreur fait juger la validité de la consignation, et non avec les créanciers inscrits, qui, cependant, auront souvent un intérêt plus réel que celui du saisi. Un amendement de M. Millet appelait à ce débat ces créanciers, ou celui qui représentait les autres. La majorité de votre commission s'en est tenue au système plus économique du projet, qui n'empêche pas les créanciers d'intervenir, s'ils le croient utile. » (D. P. 58. 4. 49, n° 101.—Conf. MM. Bressolles, n° 67; Encyclop. des huiss., v° Ordre, n° 553; Grosse et Rameau, t. 2, n° 533; Colmet-Daage, Leç. de proc., t. 2, 8e éd., n° 1041; Houyvet, nos 60 et 67).

MM. Duvergier, Coll. des lois, sur l'art. 778, note 2, et Chauveau, Proc. de l'ordre, quest. 2619-10°, l'entendent autrement. « Il me semble, fait observer M. Duvergier, que le texte dit précisément le contraire de ce que suppose le rapport. Le premier alinéa (de l'art. 778) porte que le juge renvoie les *contestants* à l'audience. Si ce sont les créanciers qui ont contesté, c'est avec eux que l'instance est liée; ils y sont nécessairement parties; ils n'ont pas à intervenir... »

Suivant M. Chauveau, une mise en demeure était nécessaire pour le saisi ou le vendeur, qui sont étrangers à la procédure d'ordre jusqu'à la sommation de prendre communication du règlement provisoire (755), et c'est pour cela que l'art. 777 exige qu'il leur soit fait sommation de prendre communication de la déclaration relative à la consignation. Il n'a pas parlé des créanciers produisants, parce que la déclaration de l'adjudicataire, faite sur le procès-verbal d'ordre, les interpelle suffisamment, sans qu'il soit besoin de leur faire des notifications individuelles.

L'explication de M. Chauveau, qui peut paraître plausible, n'a rien, dirons-nous, avec M. Flandin, Tr. de l'ordre, inédit, qui contredise le rapport, et il résulte toujours de l'art. 777 que l'adjudicataire ou l'acquéreur, pour faire valider sa consignation, n'a de contradicteur obligé, au début, que le vendeur ou la partie saisie; ce qui n'empêche pas les créanciers de faire un dire de contestation sur le procès-verbal, ainsi que les y autorise implicitement l'art. 778, et, par ce dire, ils se rendent, comme le remarque M. Duvergier, parties dans le débat. C'est ce que le rapport appelle y intervenir.

599. M. Seligman, n° 652, se mettant en contradiction formelle avec le rapport, prétend que la sommation dont parle l'art. 777 ne doit pas seulement être adressée au vendeur ou au saisi, mais à *tous les créanciers produisants*. « Quand l'art 777, remarque l'auteur, dit qu'il faut faire sommation, par *acte d'avoué à avoué*, sans rien ajouter de plus, cela s'applique à toutes les parties intéressées ayant avoué en cause. » Et il cite comme exemple l'art. 767. Puis, revenant à l'art. 777, il ajoute : « Dans le langage de la pratique, ... sommer par *acte d'avoué à avoué* veut dire que la sommation doit être adressée à tous les intéressés ayant constitué avoué dans la cause. Or, les créanciers produisants ont souvent un intérêt plus réel que le saisi à connaître la consignation. — Quant aux frais qui en résultent, ils sont peu importants, puisqu'il s'agit d'un simple acte d'avoué à avoué... » Mais ce sont précisément ces frais que le législateur a voulu éviter, comme s'en explique expressément M. Riché.

Si M. Seligman, au n° 652, ne s'exprimait en termes aussi précis, on aurait pu croire, par ce qu'il dit aux nos 649 et 650, qu'il interprétait l'art. 777, dont la rédaction laisse, en effet, quelque chose à désirer, dans un tout autre sens; car il dit, au n° 649 : « Cette déclaration (celle du consignant), inscrite sur le procès-verbal, a pour effet de lier la procédure de consignation à celle de l'ordre, dont elle fait partie intégrante à partir de ce moment. Toutes les personnes intéressées peuvent en prendre connaissance, puisqu'elle est consignée sur le cahier d'ordre : *aussi est-il inutile de signifier à tous les créanciers inscrits l'acte de consignation pour suivre la demande en validité contre eux.* » Et au n° 650 : « Avant la loi du 21 mai 1858, on avait admis, dans la pratique, que tous les créanciers devaient être appelés pour le jugement sur la demande en validité... Aujourd'hui, grâce à cette déclaration sur le procès-verbal d'ordre, *ces créanciers peuvent intervenir dans la procédure en validité*, s'ils le croient utile. »

600. Ainsi que le font observer MM. Grosse et Rameau, t. 2, n° 544, la sommation de contredire n'en devrait pas moins être adressée au vendeur ou au saisi, lors même que la consignation aurait été contestée par un créancier inscrit; car l'art. 777 l'exige en termes exprès. Mais elle ne serait pas nécessaire, si le vendeur ou le saisi avait déjà fait un dire de contestation sur le procès-verbal, attendu que le but de la sommation serait atteint. Ce serait, en effet, un acte tout à fait frustratoire (Conf. M. Chauveau, Proc. de l'ordre, quest. 2619-15°).

601. L'art. 778 veut que toute contestation, relative à la consignation du prix, soit formulée sur le procès-verbal d'ordre par un dire motivé, *à peine de nullité*. — Si le dire de contestation n'était pas motivé, le consignant pourrait donc, ainsi que le font observer MM. Ollivier et Mourlon, n° 613, opposer à la contestation une fin de non-recevoir qui dispenserait le tribunal de l'examiner au fond (Conf. M. Seligman, n° 682).

602. Mais MM. Grosse et Rameau nous semblent aller trop loin, lorsqu'ils disent, t. 2, n° 546, que le contestant ne peut, dans l'instance, suppléer aux motifs qu'il a donnés; qu'il ne peut que les développer et les justifier. Le but de la loi pour exiger un dire de contestation motivé, *à peine de nullité* (ce qu'elle n'exige pas pour le contredit sur l'ordre, art. 758), c'est d'écarter toute contestation non sérieuse; mais il n'a pu, certainement, entrer dans ses intentions d'interdire au contestant d'*ajouter* d'autres motifs à ceux qu'il a donnés; de même qu'il est permis aux juges de suppléer d'office aux moyens des parties, ainsi qu'il est d'usage d'y conclure, dès que ces moyens n'ont pas pour résultat de changer l'objet de la demande (Conf. MM. Bioche, Dict. de proc., v° Ordre, n° 124, 3e éd.; Flandin, Tr. de l'ordre, inédit).

603. Les contestants sont renvoyés à l'audience (778), et le tribunal doit statuer, sans retard des opérations de l'ordre (777). — Lorsqu'il s'agit de contestations sur l'ordre, l'art. 758 veut que le juge, en renvoyant les contestants à l'audience, désigne et commette un avoué pour suivre l'audience. L'art. 778 ne disant rien de pareil, il n'y a pas lieu d'appliquer au cas qu'il prévoit la disposition précitée. C'est donc la partie la plus diligente qui portera l'affaire devant le tribunal (Conf. MM. Seligman, n° 684; Flandin, Tr. de l'ordre, inédit).

604. L'audience est poursuivie, sur un simple acte d'avoué à avoué, sans autre procédure que des conclusions motivées, et il est procédé, porte l'art. 778, « ainsi qu'il est dit aux art. 761, 763 et 764, » c'est-à dire de la même manière qu'il est indiqué pour les contestations qui interviennent en matière d'ordre. — L'auticle ne renvoie pas à l'art. 762 ; mais c'est une omission, nous semble-t-il, due, comme le font observer MM. Ollivier et Mourlon, n° 614, au remaniement que la commission du corps législatif a fait éprouver aux articles du projet de loi, dans lequel les art. 760 à 763 correspondaient aux art. 761 à 764 actuels (Conf. MM. Bioche, v° Ordre, n° 128, 3e éd.; Grosse et Rameau, t. 2, n° 544 ; Chauveau, Proc. de l'ordre, quest. 2619-15° ; Flandin, Tr. de l'ordre, inédit).

M. Bressolles, n° 67, conclut, au contraire, de l'absence de renvoi à l'art 762 : 1° que le rapport du juge-commissaire n'est pas requis, en matière de consignation ; 2° que les conclusions du ministère public ne seront obligatoires qu'en appel ; 3° que le jugement, s'il est rendu par défaut, sera susceptible d'opposition, selon le droit commun, mais qu'il en sera tout autrement de l'arrêt par défaut; 4° que le délai de l'appel sera de trois mois (aujourd'hui deux mois), selon le même droit commun, et qu'il ne courra que du jour de la signification du jugement à personne ou domicile : toutes anomalies qui, M. Bressolles le fait observer lui-même, ne cadrent guère avec l'intention de libérer plus vite l'acquéreur ; ce qui démontre d'autant mieux qu'on doit préférer l'esprit à la lettre (V., dans le même sens que M. Bressolles, MM. Colmet-Daage, Leç. de pr., t. 2, 8e éd., n° 1042, Seligman, n° 685).

605. L'art. 778 ajoute que « le prélèvement des frais sur le prix peut être prononcé en faveur de l'adjudicataire ou acquéreur. » Il faut, en effet, qu'en cas de mauvaise contestation, et si le contredisant (le saisi notamment) est insolvable, l'acquéreur ou l'adjudicataire ne soit pas victime de cette mauvaise contestation. Tel est, suivant nous, le sens de cette disposition ; et elle est ainsi généralement entendue (Conf. MM. Ollivier et Mourlon, n° 615; Bioche, v° Ordre, n° 129, 3e éd.; Grosse et Rameau, t. 2, n° 549; Colmet-Daage, Leç. de pr., t. 2, 8e éd., n° 1042; Flandin, Tr. de l'ordre, inédit). — M. Duvergier, sur l'art. 778, note 2, lui donne une portée plus restreinte. « L'esprit de la loi actuelle, dit-il, est d'empêcher que les frais des contestations soient prélevés sur le prix (1er alinéa de l'art. 766). Si quelques créanciers font une mauvaise contestation à l'adjudicataire, à propos de la consignation du prix, ils seront condamnés aux dépens. *S'ils sont insolvables, l'adjudicataire éprouvera le sort de quiconque a le malheur de plaider contre des gens sans ressources.* L'autoriser à prélever les dépens sur son prix, ce serait en faire supporter une partie par les créanciers qui n'ont pas pris part à la contestation, qui ont reconnu que la consignation était suffisante et régulière. *Si tous les créanciers ont contesté*, il n'y a plus de difficulté à autoriser l'adjudicataire à retenir sur le prix ce qu'il pourrait réclamer contre les créanciers. C'est pour ce cas, sans doute, que le législateur a dit que le prélèvement peut être prononcé en faveur de l'adjudicataire. » — Tel paraît être aussi le sentiment de M. Seligman, n° 692. — Il semblerait que M. Chauveau, Proc. de l'ordre, quest. 2619-12°, fût de la même opinion; car il déclare *s'associer aux réflexions* de M. Duvergier. Mais son sentiment, en réalité, ne diffère pas du nôtre. Et, s'il dit que « ce prélèvement ne doit pas, en principe, nuire aux créanciers qui sont étrangers au débat, » il ajoute immédiatement : « Cela pourra arriver néanmoins, si c'est le saisi qui a contesté. Dans tout autre cas, la contestation émanera, sans doute, d'un créancier colloqué, sur la collocation duquel il sera facile de prélever, au profit de qui de droit, le montant des dépens. Si c'est un créancier ne venant pas en ordre utile qui succombe, il devra subir le recours que pourra exercer contre lui celui sur lequel les fonds auront manqué. »

606. Ainsi que le fait observer, du reste, M. Chauveau, dans les frais dont parle l'art. 778, qui sont proprement les dépens de la contestation, ne doivent pas être compris les *frais dits libératoires*, qui sont toujours à la charge du consignant (Conf. M. Houyvet, n° 68, V. *infrà*, n° 618).

607. L'acquéreur ou l'adjudicataire pourrait-il exercer ce prélèvement de suite, et sans attendre la clôture de l'ordre?— On peut dire, pour l'affirmative, en premier lieu, que ce prélèvement implique la préférence de cette créance sur toute autre; et, d'autre part, que tout jugement, rendu en matière sommaire, devant contenir la liquidation des frais (c. pr. 543; décr. du 16 fév. 1807, 2e tarif, art. 1), il n'y a aucun motif pour rejeter le payement de ces frais jusqu'à la clôture de l'ordre, le juge-commissaire ne pouvant rien changer à la liquidation qui en a été faite par le jugement. — Mais il faut remarquer qu'en fait, et malgré la prescription de la loi, le jugement ne contient pas toujours cette liquidation, ce qui force, alors, de recourir à la taxe du juge, dans les termes des art. 2 et suiv. du décret précité; que, d'un autre côté, le dépôt du prix a déjà été effectué, lorsqu'il est statué sur la validité de la consignation ; qu'enfin, l'acquéreur ou l'adjudicataire n'a pas été placé, par la loi, dans une situation différente de celle de toute autre partie prenante; qu'il est rationnel, dès lors, de le renvoyer à l'ordre, pour y recevoir, comme tout autre créancier utilement colloqué, un bordereau de collocation du montant des frais alloués par le jugement, lequel bordereau sera exécutoire contre la caisse des dépôts et consignations, conformément à l'art. 770 c. pr. (Conf. MM. Ollivier et Mourlon, n° 615 ; Grosse et Rameau, t. 2, n° 523, anal.; Chauveau, Proc. de l'ordre, quest. 2619-12°).

608. L'acquéreur ou l'adjudicataire, autorisé, comme il vient d'être dit, à prélever sur le prix les frais de contestation de sa consignation, n'est astreint à aucun délai pour produire à l'ordre; les art. 754 et 755 ne le concernent pas, et sa production, comme l'enseignent MM. Ollivier et Mourlon, *loc. cit.*, est recevable jusqu'à la clôture de l'ordre. C'est la conséquence de ce qu'il a une créance parfaitement déterminée, dont le rang est fixé par la loi même et ne dépend pas de l'appréciation du juge-commissaire. On a vu, d'ailleurs, que ce n'est qu'après l'expiration du délai de l'art. 754 que commence la procédure de validité de la consignation (art. 777.—Conf. M. Bioche, n° 129).— On doit même appliquer à ce cas ce que nous avons dit *suprà*, n° 434, du pouvoir qu'a le juge-commissaire de colloquer les frais d'office (Conf. M. Seligman, nos 691 et 693. — *Contrà*, M. Houyvet, n° 188).

609. Si c'est l'acquéreur ou l'adjudicataire qui succombe dans l'instance en validité de la consignation, on appliquera le principe de droit commun, qui est que la partie qui succombe doit être condamnée aux dépens (Conf. MM. Grosse et Rameau, t. 2, nos 543 et 549 ; Chauveau, Proc. de l'ordre, quest. 2619-12°).—Le contestant aura donc recours contre lui pour le payement de ses frais.—Mais, si l'acquéreur ou l'adjudicataire était insolvable, le contestant se ferait employer, dans l'ordre, pour le montant de ces frais, qui seraient considérés comme frais de justice, ayant été faits dans un intérêt commun. A ce titre, ils obtiendraient une collocation privilégiée, en vertu de la disposition de l'art. 2101-1° c. nap. (Conf. MM. Ollivier et Mourlon, *loc. cit.*; Bioche, v° Ordre, n° 129).

610. Suivant MM. Grosse et Rameau, t. 2, n° 539, l'acquéreur ou l'adjudicataire ne peut plus consigner son prix, une fois les délais pour produire expirés. Cela résulte, disent-ils, de l'économie de l'art. 777, qui prend pour point de départ de la procédure de validité de la consignation le délai pour produire. Si la consignation pouvait avoir lieu postérieurement, « les opérations d'ordre seraient entravées par les contestations auxquelles la consignation donnerait lieu, tandis que la loi veut qu'il soit statué *sans retard des opérations de l'ordre.* » — Nous pensons, au contraire, avec MM. Ollivier et Mourlon, n° 600, que la consignation peut avoir lieu tant que l'ordre n'est pas clos, ou au moins sur le point de se clore. L'argument tiré de l'art. 777 ne nous touche pas : la loi statue pour le cas le plus commun; mais son texte ne contient aucune prohibition. « Tout ce qu'on peut induire, disent très-bien MM. Ollivier et Mourlon, de l'obligation imposée à l'adjudicataire de donner suite à la procédure en libération dans les huit jours de l'expiration du délai fixé pour produire, c'est que, s'il consigne après les quarante jours pendant lesquels les productions sont recevables, la huitaine courra alors du jour même de la consignation. » — Des contestations nombreuses peuvent s'élever sur les productions, contestations qu'il faut renvoyer à l'audience : comment obliger l'acquéreur ou l'adjudicataire, qui n'a pas consigné dans le délai des productions, dans l'espérance qu'il ne s'élèverait pas de contestations, ou, s'il s'en élevait quelques-unes, qu'elles seraient facilement aplanies par le juge-commissaire, comment l'obliger à garder son prix et à payer des intérêts onéreux jusqu'à la fin de ces contestations, qui peuvent avoir à parcourir tous les degrés de juridiction?—MM. Grosse et Rameau, qui ont pressenti l'objection, disent « qu'il faut, dans cette hypothèse, opérer la consignation et la faire valider par un jugement rendu commun au vendeur et à tous les créanciers inscrits, tant ceux produisants que ceux non produisants... Si les créanciers qui n'ont pas produit, ajoutent-ils, n'étaient pas appelés en cause, la radiation de leurs inscriptions ne pourrait être prononcée que lors de la clôture de l'ordre, et nous supposons que l'acquéreur a un intérêt majeur à ne pas attendre jusque-là... » — Mais c'est substituer arbitrairement, et sans aucune nécessité, un autre mode de procéder à celui indiqué par la loi. Pourquoi y aurait-il plus d'inconvénient, dans ce cas, à procéder avec le vendeur seul que dans celui où la consignation a eu lieu avant l'expiration du délai des productions? MM. Grosse et Rameau oublient que l'art. 777, lorsqu'il permet au juge, après que la consignation a été déclarée valable, de prononcer la radiation des inscriptions, *maintient leur effet sur le prix* (Conf. MM. Houyvet, Tr. de l'ordre, n° 67 *bis*; Bioche, Dict. de pr., v° Ordre, n° 97, 3ᵉ édit.; Chauveau, Proc. de l'ordre, quest. 2619-5°; Seligman, n° 665; Flandin, Tr. de l'ordre, inédit).

611. Il a été jugé, avant la loi du 21 mai 1858, que l'adjudicataire, qui a poursuivi l'ouverture de l'ordre, n'en conserve pas moins le droit de faire des offres réelles et de consigner son prix, même après le règlement provisoire et le jugement des contestations élevées sur ce règlement (Paris, 12 déc. 1835, aff. Duval, v° Priv. et hyp., n° 2164-2°).

612. Il a pareillement été jugé, dans une espèce où la consignation n'avait eu lieu qu'après le règlement provisoire et l'expiration des délais pour contredire, que l'acquéreur a deux voies pour faire prononcer sa libération et obtenir la mainlevée des inscriptions qui grèvent l'immeuble; qu'il peut, à son choix, agir par voie principale, ou par voie incidente au moyen d'un dire sur le procès-verbal d'ordre; mais qu'après avoir pris l'une de ces voies, il ne peut plus revenir à l'autre; et que, s'il a adopté la voie la plus coûteuse, il reste passible de l'excédant des frais qu'elle aura occasionnés et qu'il aurait pu éviter, sans que, cependant, le coût et la signification du jugement, qui valide sa consignation et prononce la mainlevée des inscriptions, puissent demeurer à sa charge :— « La cour, en ce qui touche les nullités proposées contre les offres et la demande en validité de consignation formée par les mariés Georget : attendu que, dans la circonstance donnée, deux voies étaient ouvertes à l'acquéreur pour faire prononcer sa libération; qu'à cet égard, la loi n'ayant pas tracé de formes spéciales, le choix appartenait incontestablement audit acquéreur; qu'il pouvait donc, sans encourir de nullité, agir par voie principale, ou par voie incidente; qu'à la vérité, après être entré dans l'une de ces deux voies, il ne lui est plus permis de prendre l'autre; qu'également, s'il a adopté la voie la plus longue et la plus coûteuse, il reste passible de l'excédant des frais qu'elle aura occasionnés et qu'il aurait pu faire éviter; attendu que, toutes les parties étant présentes ou dûment appelées à l'ordre, et la fixation du prix se rattachant intimement aux difficultés qui peuvent s'y débattre, il eût été loisible aux mariés Georget de faire valider leur consignation, en appelant à l'audience, par un dire sur le procès-verbal d'ordre, les diverses personnes que cette consignation intéressait;... attendu, enfin, que le jugement était, dans tous les cas, nécessaire pour faire déclarer la consignation valable; qu'ainsi le coût et la signification n'en peuvent rester à la charge des mariés Georget;... déclare valables les offres et la consignation;... dit, toutefois, que le coût et la signification du jugement seront prélevés sur la somme consignée » (Orléans, 27 mars 1847, aff. Georget *C.* Juste).

613. La consignation, déclarée valable par le juge-commissaire, ou par le tribunal, si elle a été contestée, a pour effet de libérer l'acquéreur ou l'adjudicataire; car elle équivaut au payement (arg. art. 1257 c. nap.— Conf. MM. Grosse et Rameau, t. 2, n° 525; Chauveau, Proc. de l'ordre, quest. 2619-8°; Bressolles, n° 67; Seligman, n° 661). — Nous disons : *déclarée valable*, et non pas *acceptée par le vendeur ou la partie saisie*; car, si la loi, dans un but d'économie et de célérité, donne à ceux-ci qualité pour défendre seuls à la demande de validité de la consignation, sans exiger la présence des créanciers, à qui réellement appartient le prix, ou au moins la majeure partie du prix (*suprà*, n° 598), leur pouvoir ne peut aller jusqu'à neutraliser, par leur acceptation, l'opposition de ces derniers, lorsqu'elle se produit en temps utile, c'est-à-dire dans les quinze jours de la sommation adressée au vendeur ou à la partie saisie. Et c'est pourquoi il faut, pour que la consignation obtienne ses effets à l'égard des créanciers, que la validité en ait été prononcée par le juge. Ce n'est donc qu'à partir de là que les fonds déposés cessent d'être aux risques de l'acquéreur ou adjudicataire. — Tel ne paraît pas être le sentiment de MM. Ollivier et Mourlon. « Tant que la consignation, disent-ils, n° 601, n'a pas été *acceptée* par la partie saisie, ou déclarée valable par le juge-commissaire, les fonds déposés continuent d'appartenir au consignant qui peut les retirer. Mais, si le saisi l'a *acceptée expressément ou tacitement*, en laissant passer quinze jours sans la contester,... tout devient définitif et irrévocable : les fonds consignés passent dans le domaine direct du saisi, où ils seront pris par les créanciers, après la clôture de l'ordre... » — Il est bien vrai, comme le disent ces auteurs, n° 607, que, s'il ne se produit aucune contestation dans la quinzaine, le juge-commissaire, qui n'a aucune appréciation à faire, aucun différend à juger, ne pourra s'empêcher de déclarer la validité de la consignation; mais il ne résulte pas de là que la consignation doive avoir effet, c'est-à-dire transporter les risques de la personne du débiteur à celle du créancier, avant que la déclaration de validité soit intervenue. — M. Chauveau semble aussi repousser implicitement la doctrine de MM. Ollivier et Mourlon, en disant que, « tant que la consignation n'a pas été acceptée *par les créanciers*, ou ne leur a pas été imposée, qu'il n'y a pas contrat volontaire ou judiciaire, le consignant peut rétracter sa consignation et se désister de sa déclaration. »

614. Régulièrement, l'ordonnance du juge, qui, « *à défaut de contestation dans le délai de quinzaine*, déclare la consignation valable et prononce la radiation de toutes les inscriptions existantes, avec maintien de leur effet sur le prix, » n'est pas susceptible de recours; car elle n'est que la constatation d'un fait, l'absence de contestation. Si le juge, néanmoins, prononçait cette déclaration de validité avant l'expiration de la quinzaine accordée pour contredire, il ferait grief aux parties, et il faudrait bien, dans ce cas, leur permettre d'attaquer son ordonnance : mais par quelle voie? Celle de l'opposition, ou celle du recours en cassation? MM. Grosse et Rameau, n° 534; Ollivier et Mourlon, n° 607; Chauveau, Proc. de l'ordre, quest. 2619-11°; Seligman, n° 655, se prononcent pour le recours en cassation; mais nous préférons, avec M. Bioche, Dict. de proc., v° Ordre, n° 103, 3ᵉ éd., la voie de l'opposition comme plus courte, moins dispendieuse et plus respectueuse pour le juge. Il nous semble, comme à ce dernier auteur, que l'art. 767 fournit, à cet égard, un point d'analogie frappant (Conf. M. Flandin, Tr. de l'ordre, inédit).

615. Aussi longtemps que la consignation n a pas été déclarée valable par le juge, l'acquéreur ou adjudicataire demeure libre de la retirer. C'est ce que décide l'art. 1261 c. nap., pour le cas de la consignation, après offres réelles; et il n'y a aucune raison pour ne pas appliquer le principe au cas particulier (Conf. MM. Ollivier et Mourlon, *loc. cit.*; Chauveau, Proc. de l'ordre, quest. 2619-8°; Flandin, Tr. de l'ordre, inédit. — *Contrà*, MM. Grosse et Rameau, t. 2, n° 525; Seligman, n° 660). — Il a été jugé, par suite : 1° que l'adjudicataire, qui a consigné son prix, sous certaines conditions insérées dans les offres réelles par lui faites aux créanciers, étant le maître, tant que ces offres n'ont pas été déclarées valables, de retirer ses fonds, est sans intérêt, comme sans droit, à demander que les bordereaux de collocation soient délivrés, non sur lui, mais sur la caisse des dépôts et consignations, et que les créanciers ne puissent retirer le montant de leur collocation qu'après l'accomplissement des conditions exprimées dans ses offres réelles; sauf à lui à opposer aux créanciers, porteurs de bordereaux, telles exceptions qu'il avisera (Bourges, 30 avr. 1853, aff. veuve Gros, D. P. 54. 2. 52); — 2° Que l'adjudicataire, qui a lui-même requis et poursuivi l'ordre, ne peut exciper des offres réelles qu'il a faites de son prix et de la consignation qui s'en est suivie, pour demander qu'il soit sursis à la continuation de la procédure d'ordre jusqu'à ce qu'il ait été statué sur la validité desdites offres réelles (même arrêt); — 3° Que le jugement, qui rejette la demande de l'adjudicataire tendant à ce que les bordereaux de collocation soient délivrés, non sur lui, mais sur la caisse des dépôts à qui il a consigné son prix, ou qu'il soit sursis à l'ordre jusqu'à ce que ses offres réelles aient été déclarées valables, ne contenant qu'une décision conditionnelle, dont l'effet devra cesser dès que les offres auront été validées, ne fait à cet adjudicataire aucun grief; que cette absence d'intérêt le rend sans droit, par conséquent, à en interjeter appel (même arrêt).

616. Mais, une fois la consignation déclarée valable, l'acquéreur ou l'adjudicataire n'est plus le maître de retirer les fonds, du consentement même du vendeur ou de la partie saisie, ses seuls contradicteurs, l'intérêt des créanciers se trouvant directement engagé au maintien de la consignation (arg. art. 1262.—Conf. MM. Ollivier et Mourlon, n° 601; Chauveau, *loc. cit.*; Flandin, *loc. cit.*).

617. Après que la consignation a été déclarée valable, l'adjudicataire ou l'acquéreur se présente, avec un extrait de l'ordonnance du juge qui a prononcé la radiation des inscriptions, avec maintien de leur effet sur le prix, au bureau du conservateur pour faire opérer cette radiation. Le requérant doit avancer les frais de radiation, sauf à produire à l'ordre pour ces frais, pour lesquels, lorsqu'ils auront été liquidés par le juge, il sera colloqué, par préférence, conformément à l'art. 759 (Conf. MM. Ollivier et Mourlon, nos 554 et 594; Grosse et Rameau, t. 2, nos 536 et 549; Bioche, Dict. de proc., v° Ordre, n° 116; Chauveau, Proc. de l'ordre, quest. 2619-12°).

618. Pourra-t-il aussi faire entrer dans sa collocation les frais de la procédure en consignation? MM. Grosse et Rameau, t. 2, n° 535, distinguent entre ces frais. Ceux que l'acquéreur doit supporter sont, disent-ils : 1° le droit de libération ou de quittance, n'importe sur quel acte il est perçu; que ce soit lors de l'enregistrement du récépissé de la caisse, ou lors de l'enregistrement de l'ordonnance qui prononce la validité de la consignation; 2° l'extrait de l'ordonnance que l'acquéreur lève pour établir sa libération; 3° le coût du certificat de radiation de l'inscription d'office qui a été prise contre l'acquéreur, lors de la transcription. Tous les autres frais peuvent être classés parmi les frais extraordinaires de transcription, qui sont à la charge du prix (Conf. MM. Chauveau, Proc. de l'ordre, quest. 2619-12°; Bioche, v° Ordre, n° 117, 3° éd.; Houyvet, n° 68; Seligman, nos 688 et suiv. — Ce dernier met, toutefois, à la charge du prix l'extrait de l'ordonnance à présenter au conservateur pour opérer la radiation des inscriptions).—MM. Ollivier et Mourlon, n° 596, rejettent l'opinion de MM. Grosse et Rameau. « Le consignant, disent-ils, devra supporter : 1° les frais proprement dits de consignation; 2° le droit de libération; 3° le coût du récépissé qu'il doit retirer de la caisse, afin de l'annexer au procès-verbal d'ordre; 4° le coût du dire par lequel il déclare, sur le procès-verbal, l'existence de la consignation; 5° le coût de la sommation par laquelle le saisi ou le vendeur est mis en demeure de contredire, s'il y a lieu; 6° le coût de l'acte par lequel l'acheteur somme le vendeur de lui rapporter, dans la quinzaine, mainlevée des inscriptions existantes; 7° enfin, le coût de l'extrait de l'ordonnance que l'adjudication ou l'acquéreur devra lever pour établir sa libération et faire opérer la radiation des inscriptions... » — Mais pourquoi mettrait-on à la charge du consignant les frais de la procédure de consignation autres que ceux qui sont une conséquence directe de sa libération, et qui doivent lui incomber, en vertu de l'art. 1248 c. nap., alors que l'art. 1260 du même code déclare, dans un cas analogue, que « les frais des offres réelles et de la consignation sont à la charge du créancier, si elles sont valables? » L'acquéreur doit-il souffrir de ce qu'il existe sur l'immeuble des inscriptions hypothécaires qui l'empêchent de se libérer directement entre les mains de son vendeur? — Il a, en conséquence, été jugé, dans notre sens : 1° que les frais de consignation doivent être supportés par les créanciers, sous la déduction de la portion de ces frais qui représente les frais de quittance dont le montant doit rester à la charge de l'adjudicataire (Orléans, 13 août 1840, aff. Richer, v° Priv. et hyp., n° 134; Req. 4 avr. 1854, aff. Pavy, D. P. 54. 1. 190; Dijon, 5 janv. 1855, aff. Mestre, D. P. 55. 2. 131); — 2° Et que ces frais doivent être prélevés sur le prix consigné comme frais privilégiés de justice (mêmes arrêts).

Sect. 5.— *Du règlement ou état de collocation provisoire.*

619. Après l'expiration du délai de quarante jours accordé aux créanciers pour produire, la déchéance, ainsi que nous l'avons dit, n° 409, est encourue, *de plein droit*, par les créanciers non produisants. « Le juge, dit l'art. 755, la constate immédiatement, et *d'office*, sur le procès-verbal, et dresse l'état de collocation sur les pièces produites. »—L'ancien art. 755 s'exprimait différemment. « Le mois expiré, portait cet article, *et même auparavant*, si les créanciers ont produit, le commissaire dressera, en suite de son procès-verbal, un état de collocation sur les pièces produites...»—Le changement de rédaction tient, sans doute, à l'obligation où sont les créanciers à hypothèque légale, qui ont négligé de prendre inscription, de produire à l'ordre dans le délai de quarante jours imparti aux autres créanciers (V. *suprà*, nos 428 et suiv.) Il fallait bien leur laisser ce délai tout entier, puisque le défaut de production dans le délai emporte contre eux déchéance (c. pr. 717 et 772). — Mais il ne saurait résulter de là, nous semble-t-il, une interdiction absolue, pour le juge-commissaire, de commencer son travail de collocation provisoire avant l'expiration du délai, si tous les créanciers sommés, et les créanciers à hypothèque légale non inscrite, lorsqu'il en existe, ont produit avant ladite époque : ce serait, contre l'esprit même de la loi, retarder, sans nécessité, la mise à fin de l'ordre, qui est le premier besoin des créanciers. Dans ce cas seulement, si des créanciers ignorés venaient à se manifester, le juge ne devrait pas clore le règlement provisoire avant l'expiration dudit délai, pour avoir la faculté de les y comprendre (Conf. M. Flandin, Tr. de l'ordre, inédit).

620. L'ancien code ne fixait aucun délai pour le dressé de l'état de collocation provisoire; et, comme les créanciers pouvaient produire jusqu'à la clôture de l'ordre, le juge-commissaire ne se hâtait pas de commencer son travail (V. *suprà*, nos 420 et suiv.): de là des lenteurs auxquelles la loi nouvelle a voulu mettre un terme, en disant, dans l'art. 755, que « cet état est dressé, *au plus tard*, dans les vingt jours qui suivent l'expiration du délai ci-dessus » (le délai de quarante jours accordé aux créanciers pour produire). — Ce délai de vingt jours, dit M. le garde des sceaux, dans sa circulaire du 2 mai 1859, est un délai *maximum* qui ne doit être que rarement atteint; et, dans la plupart des ordres où les créanciers sont peu nombreux et qui ne présentent pas de questions délicates, le travail peut être promptement terminé (D. P. 59. 3. 25, n° 61). C'est sous l'influence de cette pensée que le législateur a inséré, dans l'article, les mots *au plus tard*. — Mais il ne sera pas toujours facile au juge-commissaire d'avoir terminé son travail dans les vingt jours. Cela dépendra, du reste, et du nombre de créanciers produisants et de la difficulté des questions à résoudre. Nous constatons seulement que la fixation d'un délai n'est qu'une mesure d'ordre, indiquant qu'il est dans le vœu de la loi que le magistrat n'apporte à la confection du règlement provisoire aucun retard qui soit de son fait, sous peine d'avoir à en rendre compte disciplinairement, conformément à l'art. 749 (V. *suprà*, n° 37. — Conf. MM. Ollivier et Mourlon, n° 358; Bioche, v° Ordre, n° 353, 3° édit.; Grosse et Rameau, t. 2, n° 357; Houyvet, n° 168).

621. L'état de collocation provisoire est mis à la suite du procès-verbal d'ouverture de l'ordre, après la mention des productions et le prononcé des déchéances. Dans la pratique, il arrivait souvent que c'était l'avoué poursuivant qui préparait ce travail. Désormais, il n'en pourra plus être ainsi. Il est dit, dans le rapport de la commission du corps législatif : « Les délais sont expirés. Le commissaire, quarante jours après la date des sommations, dont l'original est sous ses yeux, constate les déchéances. Puis, sur les pièces produites, il dresse l'état de collocation; il le dresse, dans un délai que détermine la loi nouvelle, et que l'ancienne abandonnait à son arbitre. Les pièces n'erreront pas dans les études d'avoué; le juge fera son travail lui-même; *s'il chargeait un autre de remplir son devoir, ce juge devrait être averti disciplinairement, comme compromettant la dignité de son caractère...* » (D. P. 58. 4. 49, n° 78. V. aussi circ. du 2 mai 1859, D. P. 59. 3. 25, n° 61).

622. L'état de collocation commence par le visa des actes de la procédure, puis des titres produits et qui vont servir de base à la confection de l'ordre provisoire. — Il indique, ensuite, le montant de la somme à distribuer, en capital et intérêts, et se termine par l'énoncé des collocations.

623. Chaque collocation est faite par un article séparé, qui comprend le principal de la créance, les intérêts, s'il en est dû, et les frais (Conf. M. Houyvet, nº 190). — Les intérêts et les frais ne sont colloqués que pour mémoire, puisqu'ils ne pourront être réglés qu'au moment de la clôture de l'ordre. « Il arrive souvent, dit M. Houyvet, nº 187, que, pour obtenir un droit de production, l'avoué poursuivant forme, en son nom, une demande en collocation : le juge colloque alors les frais jusqu'au jour, et porte pour mémoire les frais à faire. C'est un abus qu'on doit proscrire. L'art. 759 porte formellement que c'est en faisant la clôture définitive que le juge liquide les frais de radiation et de poursuite d'ordre. Il suffira alors que l'avoué poursuivant fournisse au juge le mémoire de ses frais. » — Il a été jugé, dans le même sens, que les frais de production et le coût du bordereau ne doivent être colloqués que pour mémoire dans le règlement provisoire; qu'il n'appartient pas au juge-commissaire de taxer et de liquider d'avance ces frais (trib. de Bordeaux, 7 mars 1853, aff. Truffaut et Briolle, Journ. des av., t. 78, p. 303, art. 1535).

624. Doivent être colloqués, en première ligne, les frais de délivrance de l'état des inscriptions, ceux de notification aux créanciers inscrits, les frais de poursuite d'ordre et de radiation des inscriptions; tous les frais, en un mot, faits dans un intérêt commun (c. pr. 759 et 774). — Il a, par suite, été jugé : 1º que l'acquéreur, qui n'a pas réclamé, dans l'ordre, le coût de l'extrait des inscriptions et des dénonciations aux créanciers inscrits, doit être autorisé à retenir sur son prix le montant de ces frais :— « La cour; attendu que tout acquéreur a le droit, si le contraire n'est pas stipulé, de retenir, sur son prix, les frais de notification de son contrat et de l'état des inscriptions dont il est grevé; que ce droit est moins une créance qu'une déduction sur le prix de son acquisition, pour raison de laquelle la loi n'exige point de collocation; que ces frais peuvent toujours, et après l'ordre, être liquidés, et que même ils peuvent l'être, sans production ni mémoire lors de l'ordre, puisque le poursuivant est lui-même tenu de déposer, pour introduire l'ordre, la copie qui lui a été notifiée du contrat et du bordereau des inscriptions ; infirme en ce que Lesterpt n'a point été colloqué pour les frais de notification, ou autorisé à retenir le montant desdits frais; émendant, etc. » (Paris, 14 mess. an 12, aff. Lesterpt *C.* Crépi.—Sur la question de savoir si les frais de purge sont à la charge du vendeur, même dans le cas où il n'y a pas lieu à ordre, V. Vente, nºˢ 1099 et 1100);—2º Que l'adjudicataire, qui obtient une réduction sur le prix de son adjudication par suite de fausse indication de contenance, est autorisé à déduire, par privilége, sur son prix ainsi réduit, le montant des frais faits pour obtenir cette réduction et l'excédant des droits par lui payés (Paris, 6 fév. 1810, aff. dame Danger *C.* Vavin); — 3º Que la circonstance, que le prix d'un immeuble a été délégué, par le vendeur, au créancier premier inscrit sur cet immeuble, ne peut empêcher l'acquéreur, lorsqu'il y a plus de trois créanciers inscrits, de provoquer un ordre pour la distribution du prix, et que, dans ce cas, il doit être colloqué au premier rang, et de préférence à tous autres créanciers, tant pour le coût de l'extrait des inscriptions et des dénonciations de son contrat aux créanciers inscrits que pour les frais de radiation et de poursuite d'ordre; que c'est à tort que le créancier premier inscrit, auquel le prix avait été délégué, prétendrait que l'ordre était inutile, et qu'il n'en doit pas supporter les frais :— « La cour; faisant droit sur l'appel, interjeté par Rivière et sa femme, du jugement rendu par le tribunal civil de la Seine, le 27 août 1813 ; attendu que le privilége, stipulé, dans le contrat de vente, en faveur des créanciers du vendeur auxquels il a délégué son prix, n'est autre que le privilége du vendeur lui-même sur l'immeuble, pour payement du prix; que ce privilége du vendeur contre l'acquéreur ne peut opérer aucun changement dans l'ordre des hypothèques appartenant aux créanciers du vendeur, inscrits sur l'immeuble, et auxquels le prix de cet immeuble doit être distribué à concurrence, et suivant le rang de leurs créances ; que, pour déterminer ce rang, lorsqu'il y a plus de trois créanciers inscrits, l'acquéreur peut, aux termes de l'art. 775 c. pr., provoquer un ordre ; que, par conséquent, dans la cause actuelle, les sieur et dame Rivière ont eu le droit de provoquer l'ordre; que, conformément à l'art. 777 du même code, ils ont dû être colloqués, par préférence, pour le coût de l'extrait des inscriptions et des dénonciations aux créanciers inscrits, et que, conformément à l'art. 759 du même code, ils ont eu le droit d'être colloqués, pour les frais de radiation et de poursuite d'ordre, par préférence à toutes autres créances, et qu'ainsi il y a lieu d'infirmer le jugement rendu par le tribunal de première instance, qui a rejeté leur demande à cet égard; infirme; émendant,..... ordonne que ledit Rivière et sa femme seront colloqués au premier rang, et de préférence à tous autres créanciers, pour le coût de l'extrait des inscriptions et dénonciations aux créanciers inscrits, ainsi que pour les frais de radiation et de poursuite d'ordre, etc. » (Paris, 13 janv. 1814, aff. Rivière *C.* demoiselle Lecomte).

625. Mais il n'en est pas de même des frais de transcription, lesquels sont à la charge de l'acquéreur (c. nap. 2155.—Conf. MM. Bioche, vº Ordre, nº 375, 3ᵉ éd.; Houyvet, nº 188).—Il a été jugé, dans ce sens, que le privilége accordé à l'acquéreur poursuivant l'ordre, par l'art. 777 (ancien) c. pr., pour le coût de l'extrait des inscriptions et dénonciations aux créanciers inscrits, ne peut s'étendre aux frais de transcription du contrat (Colmar, 3 août 1849, aff. Hagenbach, D. P. 50. 2, 54).

626. Mais que doit-on décider pour les frais de purge des hypothèques légales? D'après M. Houyvet, nº 189, il n'y a aucun motif de distinguer entre les frais de purge des hypothèques légales et les frais de purge des hypothèques inscrites; car il importe également à l'acquéreur, pour sa sécurité, de purger les unes et les autres. « La cour de Toulouse, dit-il, s'était prononcée, en ce sens, sous le code de procédure, par arrêt du 24 nov. 1855. On doit croire que cette solution a été également dans la pensée du législateur de 1858. Le conseil d'Etat a pensé que la purge des hypothèques légales était un préliminaire indispensable. Les orateurs du gouvernement ont déclaré que cette purge pouvait être ordonnée d'office par le juge, ou requise par les parties (nous avons exprimé une opinion contraire, *suprà*, nº 141). Dès lors qu'on a regardé qu'elle n'était pas facultative pour l'acquéreur, on a dû, à plus forte raison, penser qu'elle n'aurait pas lieu aux frais de ce dernier » (Conf. MM. Ollivier et Mourlon, nº 554). — L'arrêt précité de Toulouse dit tout juste le contraire de ce que lui fait dire M. Houyvet; car il décide que les frais de purge légale sont à la charge de l'acquéreur et non du vendeur (Toulouse, 29 (et non 24) nov. 1855, aff. vᵉ Moussaron, D. P. 56. 2. 39). — La cour de Toulouse va plus loin dans cet arrêt; elle décide que l'art. 777 (aujourd'hui 774) c. pr., portant que « l'acquéreur est employé par préférence pour le coût de l'extrait des inscriptions et des dénonciations aux créanciers inscrits, » est applicable seulement au cas où il y a un ordre ouvert pour la distribution du prix; mais qu'en dehors de ce cas et quand il y a purge seulement, c'est-à-dire lorsqu'il ne s'agit que des rapports du vendeur à l'acquéreur, les frais de purge, même pour les hypothèques inscrites, sont à la charge de ce dernier, question déjà résolue dans le même sens par un arrêt de la cour de Pau, du 27 janv. 1855, aff. Lafaille (D. P. 53. 2. 195), mais arrêt qui a été cassé (Cass. 22 avr. 1856, D. P. 56. 1. 210). — Cette question n'appartient pas à notre matière (V. vⁱˢ Priv. et hyp., nºˢ 2193 et suiv.; Vente, nºˢ 1099 et 1100). — Il existe, il est vrai, un autre arrêt de la cour de Toulouse du 27 fév. 1856, aff. Bonafou (D. P. 57. 2. 13), qui, dans son dispositif seulement, met les frais de purge légale à la charge du vendeur. Mais on décide avec raison, selon nous, que l'art. 774 c. pr. est limitatif, et que ces frais sont à la charge de l'acquéreur. Si l'art. 774, en effet, avait entendu accorder à l'acquéreur la répétition des frais de purge légale, il l'aurait dit, comme il l'a fait pour la purge des hypothèques inscrites : son silence donne lieu manifestement ici à l'application de la règle : *inclusio unius est alterius exclusio.* M. Flandin en donne, d'ailleurs, cette raison, c'est que les hypothèques légales ne sont pas, comme les hypothèques ordinaires, le fait du vendeur, mais l'œuvre de la loi. (V. Priv. et hyp. et Vente, *loc. cit.*)

627. Il a été jugé, dans ce sens : 1° que les frais de purge des hypothèques légales ne doivent pas être compris dans les frais de justice payables sur le prix à distribuer ; qu'ils sont à la charge de l'acquéreur, dans l'intérêt de qui la purge est faite : — « La cour ; attendu que les frais détaillés dans les états de Lapersonne, Duplan et Boyer, se portant à la somme de 297 fr. 93 c., doivent être alloués à Bonnecarrère (l'acquéreur), puisque la justification est régulière et légale ; qu'ils ont une cause légitime et dans l'intérêt de la masse, et que son droit, à cet égard, est consacré par une clause formelle du placard sur lequel la vente a eu lieu ; attendu que, voulût-on voir, dans cette clause, une future garantie pour ceux portés dans l'état signé Duplan, et intitulé : *purge d'hypothèque légale*, ils ne sauraient, cependant, lui être alloués, soit parce qu'il n'appartient pas au poursuivant, ou à son avoué, quelque déclaration qu'il fasse, à cet égard, dans le cahier des charges, de faire supporter par la masse des frais exposés dans un intérêt entièrement différent du sien, soit parce que, les frais de purge n'intéressant que l'acquéreur, lui seul doit en demeurer passible ; par ces motifs, etc. » (Toulouse, 3e ch., 1er fév. 1839, aff. Bonnecarrère *C.* de Saint-Germain et autres) ; — 2° Que l'art. 777 (ancien) c. pr. est limitatif ; en sorte que les seuls frais de purge, pour lesquels l'acquéreur puisse obtenir une collocation privilégiée, sont ceux de l'extrait des inscriptions et des dénonciations aux créanciers inscrits, sans qu'il soit permis de les étendre indistinctement à tous les frais de purge, notamment de purge légale : — « La cour ; en ce qui touche l'appel émis contre les acquéreurs : attendu que l'art. 777 c. pr. civ. ne donne aux acquéreurs des biens dont le prix est à distribuer que le droit de se faire colloquer, par préférence, pour le coût de l'extrait des inscriptions et dénonciations aux créanciers inscrits ; que cet article est limitatif et ne peut être appliqué à des actes qui n'y sont pas dénommés ; qu'on ne doit pas en étendre les dispositions, indistinctement, à tous les frais exposés pour la purge des hypothèques ; d'où il suit qu'il y a lieu de réduire la collocation des frais, exposés par les acquéreurs pour la purge des hypothèques, au coût des actes énoncés en l'art. 777 précité ; infirme. » (Nîmes, 19 août 1841, 3e ch., M. Laporte-Belviala, pr., aff. Ménard et autres *C.* dames Magalon et Clément). — Il a été jugé, dans la même affaire, que la cession de droits successifs, faite sans fraude, aux risques et périls du cessionnaire, constitue, non un partage, susceptible seulement du privilége des art. 2103 et 2109 c. nap., mais une véritable vente, conférant au cohéritier vendeur le privilége de l'art. 2108, alors que la cession a été considérée comme vente, et transcrite, comme telle, au bureau des hypothèques, où une inscription d'office a été prise, à ce titre, par le conservateur (même arrêt) (1).

628. Après les frais que la loi déclare devoir être employés, de préférence à toutes autres créances, sur le prix à distribuer, le juge-commissaire colloque les divers créanciers qui ont produit, dans l'ordre de leurs priviléges et hypothèques. Les questions de préférence entre les créanciers appartiennent au régime hypothécaire, et nous n'avons pas à nous en occuper ici, où il n'est question que de la procédure : nous l'avons fait dans notre traité des Priv. et hyp., auquel nous renvoyons (V. v° Priv. et hyp., *passim*, et notamment aux nos 607 à 625, et 2260 à 2453. V. aussi *infrà*, sous la 13e section).

629. Il a été jugé que le porteur d'une lettre de change protestée, et suivie d'une condamnation, doit être colloqué, dans l'ordre, comme créancier chirographaire, alors même que le jugement de condamnation aurait été périmé, faute d'exécution dans les six mois ; qu'à défaut du jugement, la lettre de change, reconnue par le débiteur, forme un titre suffisant pour l'admission de ce créancier ; mais qu'on doit rejeter de la collocation les frais de l'assignation donnée en vertu du jugement périmé : — « La cour ; en ce qui touche l'appel dirigé contre la partie de Capuran (Rousselet) : attendu que les premiers juges ont dû admettre au rang des créances chirographaires à colloquer celle réclamée par cette dernière partie ; quoique le jugement de condamnation dont elle s'autorisait fût périmé et ne pût produire aucun effet, étant par défaut et n'ayant pas été exécuté dans les six mois, il restait toujours un titre de ladite créance, et ce titre était la lettre de change provenant du débiteur. Les tiers ont été sans qualité pour demander que ce titre fût avéré dans les formes, dès que le débiteur en reconnaissait la légitimité, et que, d'ailleurs, on n'a point prétendu qu'il fût faux, simulé ou entaché de quelque vice radical ; mais attendu que l'on devait rejeter de la collocation discutée les frais d'une assignation donnée en vertu du jugement, écarté faute d'exécution valable, puisque tout ce qui s'y rapportait devait tomber avec lui ; ce qui nécessite la réformation, quant à ce, du jugement dont est appel ; statuant sur les appels respectifs,... réforme, quant à ce, la collocation faite au profit de la partie de Capuran, et ordonne qu'il sera distrait des sommes colloquées celle de 17 fr. 78 c., montant d'une assignation donnée en vertu du jugement périmé, etc..... » (Agen, 15 janv. 1825, ch. corr., M. Seguy, pr., aff. veuve Lubespère *C.* Rousselet).

630. Il a été jugé encore : 1° que la femme, colloquée utilement, dans un premier ordre, à la date de son contrat de mariage, pour le montant de ses reprises matrimoniales, qu'elle emploie, en partie, à payer un créancier nanti de son obligation solidaire et subrogé dans l'effet de son hypothèque légale, peut encore, quoiqu'elle ait laissé rayer l'inscription du créancier remboursé par elle, et aux droits duquel elle était, à son tour, subrogée, exercer son hypothèque légale dans un autre ordre, et y requérir sa collocation, à concurrence de la somme remboursée, non plus à la date de son contrat de mariage, mais au jour de l'obligation contractée envers ledit créancier (Paris, 3 déc. 1838) (2) ; — 2° ... Et que le défaut d'inscription de la femme sur les biens vendus, dans le délai de la purge légale,

---

(1) (Ménard et autres C. dames Magalon et Clément.) — LA COUR ; — ... Sur l'appel relevé à l'encontre de la dame Magalon : — Attendu que l'acte du 5 fév. 1822, par lequel Magalon fit cession de ses droits successifs au sieur Clément, son frère, aux risques et périls de ce dernier, doit être considéré, dans la cause, comme une véritable vente donnant naissance au privilége du vendeur, énoncé en l'art. 2108 c. civ., et non comme un acte de partage ; — Qu'en effet, s'il est vrai, d'après l'art. 888 c. civ., que le premier acte intervenu entre des cohéritiers pour faire cesser l'indivision, quoique qualifié vente, soit sujet à l'action en rescision afférente aux actes de partage, cette disposition particulière de la loi n'enlève pas à cet acte le caractère et les effets d'une vente, en ce qui ne touche pas à l'action en rescision, et que, même sur ce dernier point, lorsque la vente a lieu aux risques et périls des cohéritiers, et sans fraude, comme dans l'espèce, l'art. 889 fait cesser la disposition de l'art. 888, et laisse à la cession des droits successifs le nom et tous les caractères d'une vente ; — Attendu, au reste, que c'est comme vente que l'acte du 5 fév. 1822 a été exécuté par les parties contractantes ; que, suivant le vœu de l'art. 2108, relatif à la conservation du privilége du vendeur, cet acte a été transcrit au bureau des hypothèques ; qu'une inscription a été prise, à la suite de cette transcription, pour le prix, y est-il dit, des immeubles ou droits successifs vendus, et que cette inscription a été qualifiée inscription d'office, lors de la transcription, dans l'inscription que prit, le 6 mai 1822, le conservateur des hypothèques d'Orange au nom de la dame Magalon ; — Attendu que de toutes ces circonstances il résulte que la dame Magalon, considérant l'acte du 5 fév. comme une vente, n'a entendu conserver que le seul privilége du vendeur, et que c'est comme conservant uniquement un privilége de cette nature qu'a dû être considérée, par les créanciers, l'inscription prise en faveur de ladite dame, lors de la transcription de cet acte ; — Attendu que le tribunal a dû, par ces motifs et par ceux de son jugement, que la cour adopte, réduire l'application du privilége à la quotité des biens vendus par l'acte du 5 fév. 1822 ; — Confirme le jugement, quant aux dispositions concernant les dames Magalon et Clément.

Du 19 août 1841.–C. de Nîmes, 3e ch.–M. Laporte-Belviala, pr.

(2) *Espèce :* — (Paillet *C.* femme Dubarret et autres). — Plusieurs ordres ont été successivement ouverts sur le sieur Dubarret. — Dans un de ces ordres suivi et réglé à Paris, la dame Dubarret, obligée solidairement avec son mari au payement de deux créances Renaud et de Tocqueville, avait été colloquée utilement, en vertu de l'hypothèque légale résultant de son contrat de mariage, pour une somme principale de 36,087 fr., montant de ses reprises et créances matrimoniales, mais à la charge par elle de payer à ces deux créanciers, colloqués sur elle en sous-ordre, les sommes qui pouvaient encore leur être dues. — La dame Dubarret paya ces créanciers. Ceux-ci, désintéressés, donnèrent mainlevée de leurs inscriptions, sans opposition de la dame Dubarret, quoique subrogée à leurs droits par le payement qu'elle leur avait fait. — Plus tard, un autre ordre s'ouvre à Pontoise sur la somme principale de 247,000 fr., provenant de la vente judiciaire d'autres immeubles, affectés d'hypothèques conventionnelles spéciales, et grevés, en outre, d'hypothèques judiciaires. — Une inscription avait été prise, dans l'in-

n'éteignant l'hypothèque qu'à l'égard de l'acquéreur, n'empêche point la femme de se présenter à l'ordre jusqu'au payement du prix, encore bien qu'elle ait pris, antérieurement à la purge, une inscription, mais incomplète, et partant inefficace pour la conservation de ses droits d'hypothèque légale (même arrêt);— 3° Que l'obligation solidaire de la femme envers un créancier hypothécaire de son mari n'emporte pas, de sa part, cession entière, au profit de ce créancier, de ses droits d'hypothèque légale sur tous les immeubles du mari, mais une cession limitée aux biens spécialement affectés par le contrat (même arrêt; V., dans le même sens, v° Priv. et hyp., nos 1001 et suiv.).— Cet arrêt de la cour de Paris a été cassé par arrêt du 6 janv. 1841, cité v° Priv. et hyp., n° 2204, mais seulement sur le point qui fait l'objet de la deuxième proposition : il conserve, par conséquent, son autorité doctrinale sur les autres points. On sait, d'ailleurs, que, relativement au point même sur lequel cet arrêt a été cassé, la loi du 21 mai 1858 (art. 717 et 772 du nouveau code de procédure) a fait prévaloir la jurisprudence qu'il consacre. — La cour d'Amiens, saisie sur le renvoi, jugea, comme la cour de cassation, que l'hypothèque légale de la dame Dubarret avait péri, faute d'inscription dans le délai de l'art. 2194 c. nap.; mais, toutefois, elle déclara que la dame Dubarret devait être subrogée à l'hypothèque conventionnelle des deux créanciers, les sieurs Renaud et Tocqueville, qu'elle avait désintéressés, et dont l'inscription, faisant mention de la subrogation à eux faite par ladite dame dans son hypothèque légale, avait, en ce point, conservé les droits de celle-ci. La cour d'Amiens ne s'est pas arrêtée à cette circonstance que les sieurs Renaud et Tocqueville, en recevant leur payement, avaient donné mainlevée de leurs inscriptions.—Un second pourvoi fut formé par Paillet

---

tervalle, au nom de la dame Dubarret; mais cette inscription était incomplète : elle omettait, notamment, l'indication de toutes les obligations hypothécaires que la dame Dubarret avait consenties solidairement avec son mari, et d'où étaient nées, à son profit, des hypothèques légales nouvelles. — D'un autre côté, plusieurs des créanciers, subrogés dans l'hypothèque légale de la dame Dubarret, avaient fait inscrire, avec leur hypothèque spéciale, la mention de leur subrogation dans les droits de la femme. — L'ordre est réglé provisoirement. Le travail est divisé en cinq sections : la première, générale, comprenant les créances privilégiées ou hypothécaires qui grevaient tous les prix à distribuer; les quatre autres, spéciales, comprenant chacune distinctement la distribution de quelques prix particuliers d'immeubles. — Dans la première, on colloque, sous l'art. 2, la dame Dubarret pour toutes ses hypothèques légales, aux dates particulières à chacune d'elles, et dans l'ordre qui suit, savoir : 1° pour ses reprises et créances matrimoniales, à la date du contrat de mariage du 29 mars 1804; — 2° Pour la créance Redon de Belleville; — 3° Pour celle des légataires Jullien; — 4° Pour celles Painblanc et Nau, à la date de ces diverses obligations. — Mais cette collocation n'est faite, dit le règlement, que pour ordre; elle n'a pour but que de faire ressortir la généralité des hypothèques légales de la dame Dubarret; elle ne fixe pas encore spécialement, et sur chaque prix, le rang qui lui appartient en concours avec les autres créanciers. — Quant à ce dernier point, il fait l'objet des quatre sections qui suivent. Dans chacune de celles-ci, on place, en première ligne, les divers priviléges spéciaux; puis, à partir du quatrième rang, et sous des numéros successifs, on colloque, du chef de la dame Dubarret, et comme ayant, à ce titre, une hypothèque sur chaque immeuble, les créanciers hypothécaires jouissant d'une subrogation consentie par elle. — En conséquence, on conservait, dans chacune, à ces créanciers la situation respective indiquée par la collocation de la dame Dubarret sous l'art. 2 de la première section, et résultant des dates de chaque obligation. De cette manière, on plaçait toujours au premier rang Redon de Belleville; au deuxième rang, les légataires Jullien; au troisième rang, les sieurs Painblanc et Nau, etc.—Après eux était colloquée la dame Dubarret, tant pour ses créances propres que pour toutes ses indemnités; puis, enfin, le sieur Paillet et toute la série des autres créanciers porteurs de condamnations judiciaires.—De nombreuses contestations se sont élevées sur ce règlement, sur lesquelles est intervenu, le 10 mai 1838, jugement du tribunal civil de Pontoise, en ces termes :

« En ce qui touche la contestation de Painblanc et de Nau contre les légataires Jullien : — Attendu que, d'une part, l'hypothèque consentie par les époux Dubarret aux créanciers Painblanc et Nau est spéciale sur la ferme de Montubois, ainsi que la subrogation faite à leur profit par la dame Dubarret dans l'effet de son hypothèque légale; — Que, d'autre part, l'hypothèque consentie à feu Jullien par lesdits époux Dubarret est spéciale, ainsi que la subrogation faite à son profit par ladite dame Dubarret dans l'effet de son hypothèque légale sur certains autres immeubles désignés au contrat, et parmi lesquels ne figure pas la ferme de Montubois; — Que, dès lors, d'après les titres respectifs des parties, interprétés sainement, les légataires Jullien, qui doivent être colloqués, par préférence aux sieurs Painblanc et Nau, sur le prix des biens affectés par hypothèque et subrogation spéciale à Jullien, leur auteur, ne peuvent venir qu'après lesdits Painblanc et Nau sur la ferme de Montubois, et ne pourraient exercer sur cette ferme que l'espèce de subrogation légale résultant, au profit de tout créancier, de l'art. 1166 c. civ.;

« En ce qui touche la contestation de Paillet contre la collocation de la dame Dubarret pour raison de ses reprises et créances matrimoniales : — Attendu qu'il est justifié, par quittances authentiques, que la dame Dubarret a employé le montant de sa collocation dans l'ordre ouvert et réglé à Paris à payer des créanciers préférables à elle, et qu'elle consent la déduction, sur la collocation actuelle, du reliquat de 6,761 fr. 65 cent., seule somme qui soit restée libre entre ses mains;

« En ce qui touche la contestation de Paillet contre l'étendue des collocations faites au profit des divers créanciers de la dame Dubarret : — Attendu que ces collocations doivent, en effet, être établies, avant tout, suivant les subrogations spéciales contenues aux titres de chacun des créanciers; mais qu'ensuite elles peuvent être faites concurremment au profit de tous les créanciers de la femme, comme exerçant conjointement les droits de cette dernière, et sauf à eux à suivre le sort de la contestation élevée contre ces droits;

« En ce qui touche le défaut d'inscription de l'hypothèque légale de la dame Dubarret, ou le vice de l'inscription incomplète du 13 mai 1833: — Attendu que, quoique l'inscription, prise au profit de la dame Dubarret le 13 mai, soit incomplète et ne conserve nommément que les droits qu'elle énonce, et quoique les mentions de subrogations, faites au nom des créanciers qui les ont requises, ne puissent conserver également les droits de la femme que dans la mesure de l'intérêt de ces créanciers et des énonciations qu'elles contiennent, il est constant, cependant, que la femme a, aux termes de l'art. 2135 c. civ., le droit de prendre rang parmi les créanciers, indépendamment de toute inscription; — Que, dès lors, le vice de l'inscription et des mentions existantes ne peut causer, soit à la femme elle-même, soit aux créanciers qui la représentent, plus de préjudice que ne feraient l'absence et le défaut absolu de toute inscription; — Attendu, en outre, que, si l'art. 2195 c. civ. déclare la femme déchue de tout droit sur l'immeuble, à raison de ses reprises et créances matrimoniales, faute par elle d'avoir pris son inscription dans les deux mois de la notification qui lui est faite par l'acquéreur, cette disposition, qui n'est qu'une exception à la règle posée dans l'art. 2135, doit être restreinte dans les limites de cet article, et ne peut produire effet qu'au profit de l'acquéreur, mais non au profit du créancier, que la loi n'avait nullement en vue; — Ordonne que les créances de Painblanc et Nau seront colloquées, par préférence et antériorité à celle des légataires Jullien, à la date de leur subrogation spéciale dans l'hypothèque légale de la dame Dubarret, sur la ferme de Montubois; — Maintient la collocation de la dame Dubarret pour le montant de ses reprises liquidées à 36,087 fr., sauf déduction, par imputations telles que de droit, de la somme de 6,961 fr 65 c., restée libre entre ses mains sur le prix de l'hôtel de la rue de Poitiers, à Paris; — Ordonne que les collocations des créanciers en cause du chef de la dame Dubarret seront faites, d'abord, dans l'ordre de leurs subrogations conventionnelles, et, en second lieu, d'après la subrogation légale résultant, au profit d'eux tous, de l'art. 1166 c. civ., sauf à ces dernières collocations à suivre le sort de celle même de la dame Dubarret, les créanciers ne pouvant avoir plus de droits que leur débitrice; — Maintient les collocations faites au profit de la dame Dubarret en vertu de ses diverses hypothèques légales non inscrites, etc. » — Appel.—Arrêt.

La cour; — En ce qui touche la collocation, au profit de la dame Dubarret, d'une somme de 36,087 fr. 12 c., pour ses reprises, à la date du 29 mars 1804 : — Considérant que, si, dans l'ordre ouvert sur le prix de la maison sise à Paris, rue de Poitiers, la femme Dubarret a déjà été colloquée pour ses reprises, sa collocation a été attribuée, en presque totalité, à Renault et aux époux de Tocqueville, créanciers envers qui elle était obligée solidairement avec son mari; — Qu'ainsi, dans l'ordre actuel, son titre résultant d'une indemnité pour cause de cette obligation, elle ne devait plus être colloquée, à la date de la célébration de son mariage, mais à la date du 16 mai 1829, époque de l'obligation envers Renault et de Tocqueville; — Mais considérant que, cette date étant antérieure à celle de l'inscription de Paillet, ce changement est sans intérêt pour celui-ci; — Que la femme Dubarret offre d'ailleurs, comme le jugement l'ordonne, d'imputer sur sa collocation dans l'ordre actuel la somme restée libre entre ses mains sur le prix de la maison rue de Poitiers;

Sur tous les autres chefs de conclusions principales et subsidiaires : — Adoptant les motifs des premiers juges, et considérant que les diverses obligations souscrites par la femme Dubarret l'ont été dans l'intérêt de son mari; que l'état de déconfiture de celui-ci et les poursuites commencées par les créanciers contre la femme Dubarret autorisent, dès à présent, l'exercice de son droit hypothécaire; — Qu'aucune inscription n'étant nécessaire, ni ne pouvant nuire à l'exercice de ce droit, il est inutile d'examiner la validité de celle des légataires Jullien; confirme.

Du 3 déc. 1838.-C. de Paris, 1re ch.-M. Séguier, 1er pr.

contre l'arrêt de la cour d'Amiens; mais il fut rejeté (V. Req. 30 déc. 1844, aff. Paillet, D. P. 45. 1. 72, et v° Priv. et hyp., n° 995-2°).

631. Il a été jugé que l'inscription, prise par le syndic, en vertu de l'art. 490 c. com., au profit de la masse de la faillite, confère à celle-ci la qualité de créancier hypothécaire, et lui donne le droit de réclamer sa collocation dans l'ordre, à la date de ladite inscription (Paris, 24 avr. 1861, aff. Durand, *suprà*, n° 412-1°).

632. Il résulte des termes de l'art. 2105 c. nap. que les créanciers munis des priviléges énoncés en l'art. 2101, lesquels s'étendent aux meubles et aux immeubles, n'ont droit qu'à une collocation subsidiaire sur les immeubles, puisque la loi dit qu'ils ne sont colloqués sur les immeubles qu'*à défaut de mobilier*. — Il en résulte, dit M. Houyvet, n° 191, que, s'il y avait un mobilier suffisant, et que le créancier eût négligé de se faire payer sur ce mobilier, sa demande en collocation sur les immeubles devrait être rejetée. Mais, ajoute-t-il, si l'ordre a lieu avant que les créanciers privilégiés aient pu se faire payer sur le mobilier, leur production est recevable. Seulement, alors, ils ne doivent obtenir qu'une collocation conditionnelle et éventuelle, résoluble pour le cas où le mobilier serait suffisant pour les désintéresser ultérieurement (Conf. M. Pont, Priv. et hyp., n° 242).—Il a été jugé, dans le même sens : 1° que des fournisseurs ne peuvent être écartés de la collocation, dans un ordre ouvert sur le prix d'un immeuble, par le motif qu'ils n'ont pas fait leurs diligences pour se faire colloquer sur le prix provenant de la vente du mobilier, lorsqu'il n'est pas établi, par les contestants, qu'il se trouvât, au moment de la déconfiture du débiteur, aucun mobilier sur lequel pût s'appliquer le privilége desdits fournisseurs (Lyon, 14 déc. 1832, aff. Pin, v° Priv. et hyp., n° 505); — 2° Que c'est au créancier, qui invoque, contre un fournisseur, l'exception tirée de ce que son privilége ne peut avoir lieu sur les immeubles qu'après avoir été exercé préalablement sur le mobilier, à établir que c'est par mauvaise foi, collusion ou négligence, que ce fournisseur ne s'est pas fait colloquer sur le mobilier qui pouvait se trouver entre les mains du débiteur (Limoges, 9 juin 1842, aff. Genty, *ibid.*). — D'après M. Pont, Priv. et hyp., n° 244, il faudrait renverser la proposition et dire que le fournisseur est déchu de son droit sur le prix des immeubles, à moins qu'il n'établisse que c'est sans sa faute qu'il n'a pas été colloqué sur le prix du mobilier; — 3° Que de cela que les créanciers privilégiés sur les meubles et les immeubles ne doivent, aux termes de l'art. 2105 c. nap., obtenir une collocation sur le prix des immeubles qu'après avoir discuté le mobilier, et pour ce qui leur reste dû, après cette discussion, il ne s'ensuit pas qu'ils ne puissent être colloqués conditionnellement sur le prix des immeubles, alors, d'ailleurs, que le prix des meubles, non encore vendus, paraît devoir être insuffisant (trib. de Cahors, jugement, non daté, rapp. avec Agen, 28 août 1831, aff. Gasc, *ibid.*, n° 180).

633. On admet à l'ordre les créances conditionnelles et celles à terme; car elles sont susceptibles d'inscription (V. en ce qui concerne la collocation de ces créances, v° Priv. et hyp., n°s 2323 et suiv.). — La commission du corps législatif avait eu la pensée d'introduire, dans la nouvelle loi, des dispositions pour régler le mode de collocation des créances éventuelles ou indéterminées, mais le conseil d'État a préféré abandonner cette réglementation à la jurisprudence. Il peut être utile de connaître les vues de la commission sur ce point : « La présence, dans un ordre, disait le rapporteur, de créances dont la quotité est subordonnée à l'événement d'une liquidation de succession ou d'indemnité, d'un compte de tutelle, etc., place les juges dans l'alternative du sursis ou de mesures provisoires. Sans pouvoir prohiber, d'une manière absolue, le sursis, surtout s'il est consenti par tous les intéressés, et si l'événement de la liquidation est prochain, reconnaissons que le sursis n'est nullement dans l'esprit de la loi nouvelle. Il nous avait donc paru sage de fixer le moyen de pourvoir aux éventualités, comme les codes génevois et sarde n'ont pas dédaigné de le faire. Le juge évaluera la créance indéterminée, et, selon les circonstances, attribuera la somme au titulaire de cette créance, à charge de rendre l'excédant de l'évaluation sur la liquidation, ou aux créanciers postérieurs, à charge de rendre l'excédant de la liquidation sur l'évaluation. — S'il s'agit de créance subordonnée à une condition suspensive, l'attribution sera faite aux créanciers qui suivent celui dont le droit n'est pas encore réalisé. Si la condition est résolutoire, l'attribution sera faite à celui auquel appartient la créance menacée par cette condition. L'obligation de rendre sera garantie par une caution ou par l'emploi de la somme, laissée aux mains de l'adjudicataire, ou placée en rentes sur l'État... » (D. P. 58. 4. 49, n° 79).

634. Il a été jugé : 1° qu'un créancier, dont la créance n'est pas liquide, doit, si cette créance est certaine, être admis à la distribution, et que les sommes, nécessaires pour le désintéresser, doivent être mises en réserve, sauf aux créanciers postérieurs à toucher ces sommes, sous caution de les rapporter, s'il y a lieu, après la fixation de la créance (Caen, 9 avr. 1839, aff. Lefoulon, v° Responsabilité, n° 347-3°). — Cet arrêt, quoique rendu en matière de distribution par contribution, repose sur un principe certain et qui est également applicable à notre matière;—2° Que, durant le mariage, et tant qu'il n'y a pas eu de séparation de biens, les intérêts de la dot appartiennent au mari; qu'en conséquence, si la femme, produisant à l'ordre ouvert sur le prix d'un immeuble vendu sur son mari, a droit d'être colloquée pour le capital de sa dot, elle est non recevable dans sa demande en collocation pour les intérêts, même pour ceux qui ont couru depuis la demande en collocation (c. nap. 1549), lors même qu'ils seraient nécessaires aux besoins de la famille (Bordeaux, 6 juill. 1841, aff. veuve Reimonenq, v° Contrat de mar., n° 3443); —3° Qu'en cas de contestation, dans un ordre, sur le chiffre d'une créance, le juge peut ordonner qu'il sera passé outre à l'ordre, et se borner à prescrire la mise en réserve d'une somme déterminée, pour la conservation des droits du créancier contre lequel est élevée la contestation (Req. 9 mai 1853, aff. de Nanteuil, D. P. 53. 1. 123); — 4° Que l'hypothèque légale de la femme frappe les acquêts de la communauté (sur cette question, V. Priv. et hypoth., n° 928), et qu'elle peut s'exercer, même pendant la durée de la communauté, sur le prix desdits acquêts, au moyen d'une collocation éventuelle dans l'ordre ouvert pour la distribution de ce prix; sauf à laisser entre les mains de l'acquéreur, si mieux il n'aime en effectuer le dépôt à la caisse des consignations, le montant de la collocation, pour être touché, s'il y a lieu, par la femme ou les subrogés à l'hypothèque légale de celle-ci, lors de la dissolution de la communauté (Lyon, 7 avr. 1854) (1); — 5° Que le juge doit colloquer éventuellement les créanciers dont la créance est conditionnelle ou indéterminée; qu'ainsi, la femme séparée de biens, qui a reçu en payement de ses reprises, des créances de son mari, avec toute garantie, a droit à une collocation éventuelle sur le prix des immeubles de ce dernier, pour le cas de non-payement de ces créances à l'échéance (Bordeaux, 8 mars 1859, aff. N... cité par M. Bioche, v° Ordre, n° 366); — 6° Que celui dont la collocation n'a été maintenue dans un ordre qu'à la charge de faire certaines justifications dont l'absence eût pu motiver son rejet immédiat et absolu, ne peut se plaindre de la décision qui ordonne le payement d'un créancier postérieur en ordre d'hypothèque, à la charge par celui-ci de rapporter, dans

(1) Brillier C. Chirat.) — LA COUR; — En ce qui touche le contredit contre la collocation de Richaud : considérant que les immeubles dont le prix se distribue sont des acquêts de communauté de J. B. Brillier et Jenny Chirat, femme Brillier, vendeurs; — Considérant qu'il est de jurisprudence que la femme mariée a hypothèque légale sur les acquêts de communauté, hypothèque qui peut être éventuellement exercée par elle sur la totalité des acquêts, lors de la dissolution de la communauté, et si elle renonce; — Considérant que, pour faire face à cette éventualité de l'hypothèque légale de la femme, il y a lieu, sur la demande de celle-ci ou de ses ayants droit, de leur ouvrir une collocation dans l'ordre du prix à distribuer des immeubles acquêts de la communauté;... — Infirme, et, statuant, au principal, dit et prononce... que Richaud et Marc-Antoine Brillier seront colloqués éventuellement et en concurrence au second rang comme subrogés à l'hypothèque légale de Jenny Chirat, femme Brillier, savoir : Richaud pour 52/64 et Marc-Antoine Brillier pour 12/64; — Ordonne que les 12/64 afférents au montant de la collocation éventuelle de Marc-Antoine Brillier resteront déposés entre les mains de l'acquéreur, si mieux il n'aime en effectuer le dépôt à la caisse des dépôts et consignations, etc.

Du 7 avr. 1854.- C. de Lyon, 1re ch.-M. Gilardin, 1er pr.

le cas où les justifications imposées au créancier antérieur seraient faites, la somme qu'il aurait reçue (Rej. 5 janv. 1857) (1); —...Qu'il ne peut se plaindre non plus de ce que le créancier postérieur n'aurait pas été assujetti à l'obligation de donner caution, quoique l'ayant offerte par des conclusions subsidiaires (même arrêt); — ...Qu'enfin il ne peut se plaindre de ce que les dépens auraient été pour partie mis à sa charge et pour partie employés en frais d'ordre (même arrêt).

635. Le juge-commissaire peut admettre ou rejeter, sauf contestation ultérieure, les demandes en collocation qui ne lui semblent pas justifiées, et, à plus forte raison, colloquer un créancier à un rang plus éloigné que celui qu'il réclamait. Mais, lorsque les titres lui paraissent fondés, il doit colloquer tous les créanciers produisants, alors même que ces collocations excéderaient la somme à distribuer. Il peut arriver, en effet, ou que des créanciers soient éliminés de l'ordre par des contestations que le juge ne saurait prévoir, ou qu'ils soient désintéressés, d'une manière ou d'autre, par exemple, par leur collocation dans un autre ordre, avant la clôture des opérations (Conf. MM. Ollivier et Mourlon, n° 356; Bioche, v° Ordre, n°s 357 et suiv.; Houyvet, n° 169; Seligman, n° 305; Flandin, Tr. de l'ordre, inédit).—Il a été jugé, par suite, que si, dans l'état de collocation, le juge-commissaire, au lieu de comprendre toutes les créances pour lesquelles il y a production, n'y a porté des créances que jusqu'à concurrence de la somme à distribuer, il y a nécessité de le compléter par un état supplémentaire (Riom, 8 août 1828) (2).

636. La loi du 17 therm. an 6, dans son art. 2, déclare que « les autorités constituées, leurs employés et ceux des bureaux au service public, vaquent les jours énoncés (les décadi et les jours de fêtes nationales), sauf les cas de nécessité et l'expédition des affaires criminelles » (V. Jour férié, n° 9). — Le principe, posé par cette loi, a été maintenu par les lois postérieures (V. notamment la loi du 18 nov. 1814, art. 1, v° Culte, p. 711, et les art. 63, 781, 808, 828 et 1037 c. pr.); seulement le jour de décadi a été remplacé par le dimanche, et les jours de fête légale sont réduits aux quatre grandes solennités de Noël, de l'Ascension, de l'Assomption et de la Toussaint (arrêté du 29 germ. an 10, v° Culte, p. 695), indépendamment des jours de fête nationale, qui sont déclarés tels par la loi (V. Jour férié, n°s 19 et suiv., et v° Exploit, n°s 351 et suiv.). — Il suit de là que le juge-commissaire doit s'abstenir de faire aucun acte de sa juridiction, les jours de dimanche ou de fête légale. — Mais l'acte, fait un de ces jours-là, serait-il nul? La question est controversée (V. v^is Exploit, n°s 358 et 359, et Jour férié, n°s 22 et suiv.) : la jurisprudence, cependant, s'est fixée dans le sens de la négative, et c'est l'opinion que nous avons embrassée, v° Exploit, n° 359; V. aussi *suprà*, n° 50 (Conf. MM. Seligman, n° 304; Flandin, Tr. de l'ordre, inédit. — *Contrà*, Merlin, Rép., v° Saisie immob., § 8, n° 4, conclusions dans l'affaire Dumolard ci-après). — En tous cas, il a été jugé, qu'en supposant qu'on pût arguer de nullité le règlement ou état de collocation provisoire, pour avoir été fait un jour férié, cette nullité serait couverte par la notification régulière qui en aurait été faite aux créanciers, lesquels se sont rendus non recevables à le critiquer, soit dans la forme, soit au fond, en ne l'attaquant pas dans le délai d'un mois accordé aux créanciers pour contredire (Req. 10 janv. 1815, aff. Dumolard, M. Merlin, pr. gén., c. conf.; v° Exploit, n° 359-10°).

637. *Enregistrement.* — « L'état de collocation provisoire, dressé par le juge-commissaire, en exécution de l'art. 755 c. pr., n'est qu'un projet susceptible d'être modifié par la collocation définitive, et qui se confond avec elle. Ce règlement provisoire n'est ni expédié, ni signifié, et la dénonciation qui en est faite par acte d'avoué à avoué n'est qu'une simple communication. En conséquence, il n'est point sujet à un droit particulier d'enregistrement, indépendant de celui à percevoir sur le procès-verbal d'ordre » (Instr. de la régie de l'enreg., du 5 fév. 1844, n° 1704, D. P. 45. 3. 33).

Sect. 6. — *De la dénonciation du règlement provisoire.*

638. L'art. 755, à son § 2, porte : « Dans les dix jours de la confection de l'état de collocation, le poursuivant la dénonce, par acte d'avoué à avoué, aux créanciers produisants et à la partie saisie, avec sommation d'en prendre communication et de contredire, s'il y échet, sur le procès-verbal, dans le délai de trente jours. » — Il résulte implicitement des termes de cet article que l'état de collocation ne doit pas être signifié. L'art. 134 du tarif est, d'ailleurs, formel à cet égard : « ... Le procès-verbal (contenant l'état de collocation) ne sera ni levé, ni signifié... » Le poursuivant se borne à *dénoncer* aux créanciers produisants et à la partie saisie que le juge-commissaire a arrêté l'état de collocation provisoire, en les sommant d'en prendre communication et de le contredire, s'il y a lieu (Conf. MM. Pigeau, Proc. civ., t. 2, p. 298, n° 1, 4e éd.; Rodière, t. 3, p. 213; Chauveau et Carré, quest. 2559, et Chauveau, Proc. de l'ordre, quest. 2562-4°; Merlin, Rép., v° Saisie imm., § 8, n° 4, conclus. dans l'aff. Dumolard, *suprà*, n° 636).

639. Cette dénonciation doit être faite à tous les créanciers inscrits et produisants, mais à ceux-là seulement. L'art. 136 du tarif, qui parle des créanciers *inscrits*, doit être entendu dans le sens de l'art. 755 c. pr., c'est-à-dire des créanciers inscrits et produisants (Conf. MM. Carré et Chauveau, n° 2560; Chauveau, Comm. du tarif, t. 2, p. 240, n° 34, et Proc. de l'ordre, quest. 2562-5°; Thomine, t. 2, p. 316; Bioche, v° Ordre, n° 419, 3e éd.). — Il a été jugé, en conformité de ce principe, que le poursuivant n'est pas tenu de dénoncer l'état de collocation pro-

(1) (Constant C. Dupic et autres.) — La cour; — Sur le moyen de cassation pris de la violation de l'art. 2166 c. nap. : — Attendu qu'il résulte des constatations de l'arrêt attaqué que le point de savoir si Constant était ou non créancier, dépendait du résultat de comptes pour le règlement desquels divers délais lui avaient été inutilement impartis; que plusieurs arrêts l'avaient même déjà débouté de sa demande tendant à être colloqué sur le prix des biens de la veuve Chalvon, jusqu'à ce qu'il eût obtempéré aux injonctions de la justice pour la vérification de ses prétentions; — Que cet arrêt, qui, dans l'état des faits ainsi constatés, aurait pu, sans violer aucune loi, rejeter purement et simplement la demande de Constant comme non justifiée, a pu lui refuser, à plus forte raison, la délivrance, quant à présent, d'un bordereau de collocation pour une créance qui pouvait ne pas exister, et autoriser Dulou, créancier inscrit après lui, à se faire payer sur le prix en distribution, en l'obligeant à restituer ce qu'il aurait reçu si la créance de Constant venait à être ultérieurement établie, et en le dispensant de fournir, à raison de cette restitution hypothétique, une caution qu'il n'avait offerte que par des conclusions subsidiaires; — Sur le moyen pris de la violation des art. 130 et 766 c pr. : — Attendu qu'ayant succombé dans plusieurs de ses prétentions, Constant a dû être condamné à une partie des dépens; que, quant aux autres dépens, il ne peut, dans les circonstances qui ont été rappelées ci-dessus, se plaindre de la disposition de l'arrêt qui ordonne qu'ils seront employés comme frais d'ordre; — Rejette, etc.

Du 5 janv. 1857 -C. C., ch. civ.-MM. Bérenger, pr.-Leroux de Bretagne, rap.-Sevin, av. gén., c. conf.-Duboy et Reverchon, av.

(2) (Bravard.) — La cour; — Et d'abord, pour ce qui est du moyen de forclusion, opposé par de Montchal et Goyon contre les sieurs et dames Joly de Fleury et de la Boulaie, pour n'avoir pas contredit dans le délai accordé par l'art. 756 c pr. : — Attendu qu'aux termes de l'art. 755 même code, le juge-commissaire doit dresser l'état de collocation sur les pièces produites; — Attendu que la loi est absolue et ne laisse pas au juge-commissaire la faculté de ne comprendre, dans cet état, qu'une partie des créances produites, lors même que ces créances absorberaient le prix à distribuer, parce qu'au tribunal seul appartient le droit de statuer sur les difficultés qui pourraient s'élever relativement à la validité des inscriptions rapportées à l'ordre; — Attendu, en fait, que, le 28 avr. 1824, jour du premier état provisoire, vingt-six créanciers avaient produit, et que douze seulement furent compris dans cet état; — Attendu que le juge-commissaire a pu, qu'il a dû même compléter le premier état provisoire, en y portant, non-seulement tous les créanciers qui avaient déjà produit, mais encore tous ceux qui avaient produit depuis; — Attendu que la notification du premier état a été insuffisante pour faire courir le délai d'un mois pour contredire, puisqu'il n'y avait pas eu, jusque-là, d'état régulièrement fait, mais seulement le commencement d'un état, qui n'a été achevé, sur toutes les pièces produites, que le 30 mai 1825, et que ce n'est, dès lors, que du jour où la notification de cet état a été faite aux créanciers que le délai d'un mois pour contredire a pu courir contre eux; — Attendu que Joly de Fleury et consorts ont contredit le 2 mars 1825, et que ce dire, à raison de l'indivisibilité de l'ordre, s'applique au premier état comme au second, qui, réunis, forment l'état de collocation provisoire voulu par l'art. 755 code précité;... —Confirme le jugement en ce qu'il a rejeté la déchéance.

Du 8 août 1828.- C. de Riom, 2e ch.- M. Thévenin, pr.

visoire aux créanciers inscrits qui n'ont pas produit à l'ordre (Lyon, 14 mai 1845) (1).

640. La dénonciation doit-elle être faite aux créanciers chirographaires opposants? On dit, pour la négative, que, bien que pouvant intervenir dans l'ordre, les créanciers chirographaires ne sont point parties dans la procédure d'ordre; qu'ils ne sont pas des créanciers *produisants* (Conf. MM. Carré et Chauveau, quest. 2560; Chauveau, Proc. de l'ordre, quest. 2563 *bis*; Grosse et Rameau, t. 2, n° 363; Ollivier et Mourlon, n° 359; Bioche, v° Ordre, n° 420; Seligman, n° 318; Flandin, Tr. de l'ordre, inédit. — *Contrà*, M. Houyvet, n° 255; V. aussi *suprà*, n° 342). — Il a été jugé, ainsi, qu'il n'est pas nécessaire que le règlement provisoire soit dénoncé aux créanciers chirographaires intervenants à l'ordre, aucune loi ne l'ordonnant, et l'art. 755 c. pr. ne parlant que des créanciers produisants, ce qui ne saurait s'entendre des créanciers chirographaires; que ceux-ci, par conséquent, sont non recevables, sous prétexte de ce défaut de dénonciation, à former opposition au règlement définitif : — « La cour; attendu qu'aucune loi n'ordonne que le règlement provisoire de l'ordre sera notifié aux créanciers chirographaires; qu'au contraire, l'art. 755 ne parle que des créanciers produisants, ce qui ne saurait s'entendre des créanciers chirographaires; attendu que la dénonciation faite à la partie saisie est suffisamment prouvée, et qu'un tribunal de première instance ne peut se réformer lui-même; infirme, ordonne que l'ordonnance du juge-commissaire, portant clôture définitive de l'ordre et délivrance des bordereaux aux créanciers utilement colloqués, sera exécutée en sa forme et teneur;... condamne, etc. » (Paris, 11 août 1812, aff. créanc. Hubert *C.* Pennavert. — Conf. Lyon, 14 mai 1845, aff. synd. Labarre; V. au numéro précédent).

641. Mais la dénonciation devrait évidemment avoir lieu, si le créancier chirographaire, exerçant les droits de son débiteur inscrit, se présentait pour réclamer une collocation en sous-ordre, en conformité de l'art. 775 c. pr. : il devient alors créancier produisant (Conf. MM. Seligman, n° 319; Flandin, *loc. cit.*).

642. C'est par *acte d'avoué à avoué* que doit être faite la dénonciation du règlement provisoire aux créanciers produisants et à la partie saisie (755). — D'après M. Duranton, t. 21, n° 57, cette dénonciation à l'avoué ne dispenserait pas le poursuivant d'en faire une autre aux créanciers personnellement, aux domiciles élus par eux dans leurs inscriptions, quoique l'art. 755 ne s'en explique pas formellement, dit-il, ainsi que le fait l'art. 753 au sujet de la sommation de produire. Mais c'est là une erreur, fait observer M. Flandin, Tr. de l'ordre, inédit : la signification à domicile, pour la sommation de produire, est nécessaire pour ceux des créanciers qui n'ont pas encore, à ce moment, d'avoué constitué; mais il en est autrement pour la dénonciation du règlement provisoire, puisque tout créancier produisant, aux termes de l'art. 754, « est tenu de produire ses titres avec acte de produit *signé de son avoué*, et contenant demande en collocation. » La dénonciation faite au domicile élu, en pareil cas, occasionnerait des frais frustratoires et serait contre le vœu de la loi. — Pour le saisi, c'est différent : la dénonciation lui sera faite par acte d'avoué à avoué, s'il en a un; et, s'il n'en a pas, par exploit à sa *personne* ou à son *domicile*. L'art. 755 n'ajoute pas ces derniers mots, et le tarif (art. 134 et 136) est également silencieux à cet égard; mais c'est le cas ici de les suppléer. « Souvent, en matière de saisie immobilière, dit Pigeau, Comm., t. 2, sur l'art. 755, note 3, la partie saisie n'a pas d'avoué, et, en matière de vente volontaire, le vendeur n'en a jamais. Dans ce cas, la dénonciation ne peut pas avoir lieu, par acte d'avoué à avoué, comme l'exige l'art. 755. *On ne peut pas se dispenser de faire la signification à domicile.* — Cette nécessité de signification exige quelquefois de longs délais, lorsque la partie saisie ou le vendeur ne demeurent pas sur les lieux où l'ordre est suivi; mais il serait impossible de procéder au règlement définitif avant que le débiteur ait été appelé à vérifier les titres produits contre lui » (Conf. MM. Duranton, t. 21, n° 57; Carré et Chauveau, n° 2581; Thomine, t. 2, p. 315, n° 805; Chauveau, Comm. du tarif, t. 2, p. 239, n° 32, et Proc. de l'ordre, quest. 2562-7°; Rodière, t. 3, p. 215; Rauter, p. 371; Berriat, p. 618; Sudraud-Desisles, Man. du juge tax., n° 746; Boucher d'Argis, Dict. de la taxe, p. 244; Grosse et Rameau, t. 2, n° 361; Colmet-Daage, t. 2, n° 1028, 8° éd.; Houyvet, n° 227; Bioche, v° Ordre, n°s 422 et suiv., 3° éd.; Seligman, n° 314; Flandin, *loc. cit.*; Rennes, 11 janv. 1813, aff. Desnanot, *infrà*, n° 679). — MM. Ollivier et Mourlon, n°s 359 et 511, se prononcent énergiquement pour l'opinion contraire. Chaque fois, disent-ils, que la loi exige que le saisi soit averti, même par un ajournement, elle le dit formellement, comme dans les art. 762 et 767. Une signification, dans la forme ordinaire des ajournements entraînerait des longueurs incompatibles avec la rapidité d'un ordre. Ils s'appuient sur un arrêt de la cour de Grenoble, du 18 août 1824, aff. Duvillard, qui l'a, en effet, ainsi jugé, sous le code de 1807 (V. *infrà*, n° 683).

643. Il a, d'ailleurs, été jugé que la dénonciation de l'état de collocation provisoire à la partie saisie est suffisamment prouvée par le visa qu'en contient l'ordonnance du juge-commissaire (Paris, 11 août 1812, aff. Hubert, *suprà*, n° 640)

644. Il a aussi été jugé : 1° que la dénonciation du règlement provisoire est valablement faite à l'interdit, partie saisie, en la personne de sa femme, tutrice de ce dernier, nonobstant sa qualité de créancière de l'interdit, si elle n'a point produit à l'ordre, et que, par suite, elle ne figure pas au règlement provisoire; qu'en un tel cas, il n'y a pas opposition d'intérêts entre l'interdit et sa tutrice, qui, dès lors, le représente légalement (Nîmes, 25 fév. 1851, et, sur pourvoi, Req. 6 déc. 1852, aff. veuve Barnier, D. P. 52. 1. 319); — 2° Que la remise de la copie de l'exploit de dénonciation du règlement provisoire, faite à la fille de la tutrice, enfant de neuf ans, a pu être déclarée régulière, lorsqu'il est établi par le juge que cette enfant avait le discernement nécessaire pour recevoir cette copie et la remettre à la partie à laquelle elle était adressée; alors surtout qu'il est constant que la copie, ainsi remise, est parvenue à sa destination (mêmes arrêts). — La circonstance, que la copie de l'exploit, quoique remise à un impubère, était, cependant, parvenue à son adresse, était décisive, dans l'espèce; et c'est dans le même sens que nous nous sommes exprimé, v° Exploit, n° 255 (V. aussi la note au bas de l'arrêt du 6 déc. 1852).

645. Si le saisi a constitué avoué dans la procédure de saisie immobilière, dont l'ordre n'est qu'une suite, c'est à cet avoué que devra être faite la dénonciation prescrite par l'art. 755 (arg. art. 1038 c. pr.); à moins, dit M. Chauveau, Pr. de l'ordre, quest. 2562-7°, que le saisi n'eût constitué un autre avoué pendant la procédure de l'ordre amiable.

646. La dénonciation du règlement provisoire n'est pas due à l'acquéreur ou adjudicataire, à moins qu'il ne soit au nombre des créanciers produisants : par exemple, pour les frais de purge. Il n'y a, en effet, aucun intérêt (Conf. MM. Ollivier et Mourlon, n° 512; Bioche, v° Ordre, n° 429; Bressolles, n° 40).

647. La dénonciation du règlement provisoire, lorsqu'elle a lieu par acte d'avoué à avoué, n'est pas assujettie à d'autres formes que celles en usage pour les actes de cette nature (Conf. MM. Chauveau, Pr. de l'ordre, quest. 2563 *bis*; Grosse et Rameau, t. 2, n° 360; Ollivier et Mourlon, n°s 359 et 396; Bioche, v° Ordre, n° 427, 3° éd; Houyvet, n° 227; Seligman, n° 312; Flandin, Tr. de l'ordre, inédit. — Il a été jugé, dans ce sens : 1° qu'un acte d'avoué à avoué, en cette forme : « Au requis de M°..., avoué, signifié à M°..., avoué, » est valable : — « La cour;... considérant, sur l'exception tirée de ce que le si-

(1) (Synd. Labarre et Roux *C.* de Soultrait.) — LA COUR; —... Sur les interventions de la compagnie de Chaney-Saint-Étienne et de Guillaume Hygonnet : — Attendu que la compagnie de Chaney a été, comme créancière inscrite sur les immeubles de Roux, débiteur, régulièrement sommée de produire à l'ordre dont s'agit; que Guillaume Hygonnet, dont les prétentions comme créancier sont contestées, n'aurait, en tous cas, qu'une créance chirographaire, et qu'aucune sommation de produire à l'ordre n'était nécessaire à son égard (V. *suprà*, n° 342); que la compagnie de Chaney, non plus qu'Hygonnet, n'ont fait aucune production dans l'ordre, et que, dès lors, il n'y avait pas à leur dénoncer l'acte de collocation provisoire; que l'ordonnance de clôture a donc été régulière, à leur égard, comme à l'égard des syndics, et qu'ainsi l'intervention n'est pas plus recevable que l'appel; — Déclare l'appel des syndics (auxquels l'état de collocation provisoire avait été dénoncé, ainsi qu'au failli), et l'intervention des tiers créanciers, non recevables, etc.

Du 14 mai 1845.- C. de Lyon, 1re ch.

gnificata de l'huissier, mis au bas de la copie, ne renfermerait pas les formalités exigées par la loi ; qu'il est constant, en jurisprudence, et dans l'usage, que toutes les formalités voulues par l'art. 61 c. pr. ne sont pas nécessaires pour ces sortes de significations; qu'il suffit, pour qu'elles soient valables, que l'on trouve, dans le corps de l'acte signifié, ou dans le *significata*, et l'objet de ce même acte, ainsi que le nom de la partie pour laquelle l'avoué occupe, et le nom de la partie à laquelle il est remis, en la personne de son avoué, formalités qui ont été remplies dans l'acte du 13 juill 1816; déclare la dame Authouard et les frères Authouard non recevables à contester l'état de collocation dont il s'agit, etc. » (Grenoble, 6 août 1822, aff. Sambuc *C.* Authouard); — 2° Que la notification de l'état provisoire de collocation aux créanciers est régulièrement faite par acte d'avoué, en la forme suivie pour la signification des actes de procédure dans les instances liées; qu'il n'est pas exigé qu'elle soit faite d'après les formes générales des exploits d'ajournement : — « La cour,... attendu, sur le troisième moyen, que la signification de l'état provisoire a été faite à l'avoué du demandeur, suivant l'usage, et dans les termes pratiqués pour les significations des actes de procédure; — Rejette » (Req. 31 août 1825, M. de Gartempe, pr., M. Lecoutour, rap., aff. Rolland *C.* Filleul). — On alléguait, dans l'espèce, qu'un acte, qui fait courir un délai fatal, est assujetti aux formalités ordinaires des exploits, et qu'on doit le distinguer des actes de pure instruction. On invoquait, à cet égard, l'opinion de Carré, Lois de la pr., t. 1, p. 145, n° 282, note, et l'autorité de plusieurs arrêts : Bordeaux, 23 janv. 1811, aff. Dequeux; Besançon, 29 août 1811, aff. Paton; Metz, 17 août 1815, aff. N..., rapportés *infrà*, n° 862, et un autre arrêt de la même cour, du 12 fév. 1817, aff. Misset, v° Vente pub. d'im., n° 382.

648. Mais l'acte de dénonciation serait nul, s'il était fait par un simple acte d'huissier, non signé de l'avoué poursuivant. C'est ce que décident implicitement les arrêts ci-après.—En tous cas, il a été jugé que le créancier, demandeur en collocation, qui n'a pas encore produit ses titres, mais qui, sur la dénonciation qui lui est faite du règlement provisoire, fait cette production et fournit des contredits sur certaines collocations, doit être réputé, par là, avoir défendu *au fond*, et que, par suite, il est non recevable à se prévaloir ultérieurement de la nullité de la notification, en ce qu'elle serait dépourvue de la signature de l'avoué poursuivant (Orléans, 27 août 1834, et, sur pourvoi, Req. 30 mai 1837, aff. Raguet-Lépine, *suprà*, n° 478).

649. Lorsqu'un avoué représente plusieurs créanciers, est-il nécessaire de lui dénoncer l'état de collocation provisoire en autant de copies qu'il représente de parties; ou une seule copie doit-elle suffire pour tous les intéressés? Nous avons déjà examiné cette question *suprà*, n° 392, à propos de la sommation de produire, et nous l'avons résolue dans ce dernier sens, par motif d'économie. La solution doit être ici manifestement la même.—MM. Chauveau, Proc. de l'ordre, quest. 2562-6°; Bioche, v° Ordre, n°s 430 et 548, 3e éd.; Houyvet, n° 227, sont d'une opinion contraire. — Toutefois, M. Houyvet, *loc. cit.*, appliquant ici, par analogie, l'art. 753, dit qu'il suffit d'une seule copie à l'avoué qui représente plusieurs adjudicataires. Cela fait supposer que, dans l'opinion de M. Houyvet, le règlement provisoire doit être dénoncé à l'adjudicataire, de qui la loi ne parle pas (V. *suprà*, n° 646).

650. La même raison d'économie nous porte à décider que, lorsqu'un créancier a pour avoué l'avoué même du poursuivant, ce dernier doit être dispensé de se dénoncer à lui-même, dans l'intérêt de ce créancier, et pour faire courir le délai, l'état de collocation provisoire. Cette dénonciation serait une superfétation inutile (Conf. MM. Ollivier et Mourlon, n°s 359 et 371; Seligman, n° 312; Bioche, v° Ordre, n° 435, 3e éd. — *Contrà*, MM. Chauveau, Pr. de l'ordre, *loc. cit.*; Houyvet, n° 227). — Il a été jugé, suivant notre opinion, qu'un avoué, pouvant occuper pour plusieurs créanciers qui ont des intérêts contraires (V. *suprà*, n° 42), par exemple, pour le poursuivant et pour le créancier qui s'oppose à la collocation provisoire, il n'est pas nécessaire, dans ce cas, à l'effet de mettre en demeure les créanciers pour qui occupe l'avoué du poursuivant, que celui-ci leur fasse personnellement ou qu'il se fasse à lui-même la sommation voulue par l'art. 755 c. pr.; qu'il suffit que cette sommation ait été faite aux avoués des autres créanciers (Grenoble, 6 août 1822) (1).

651. Il a été jugé, au contraire, que les créanciers, pour lesquels occupe l'avoué du poursuivant, ne sont mis en demeure de contredire le règlement provisoire, et, par suite, n'encourent la forclusion prononcée par l'art. 756 c. pr., que par la signification faite à chacun d'eux, par acte d'avoué à avoué, de la sommation prescrite par l'art. 755, sommation dont l'avoué du poursuivant, dans le cas sus-énoncé, n'est pas dispensé par cela qu'il devrait se la faire à lui-même : « La cour, — Attendu que la forclusion, prononcée par l'art. 756 c. pr. contre les créanciers qui, après avoir produit, sont en retard de contredire l'état de collocation, ne pouvait avoir été encourue par la dame Orsière qu'autant qu'elle aurait été régulièrement sommée de prendre communication de cet état, et de le contredire, au vœu de l'art. 755; mais que la dénonciation, prétendue faite à la personne de son avoué par l'acte du 6 août 1816, ne contenant pas cette sommation, n'énonçant même pas qu'elle lui ait été notifiée, ainsi que le prescrit ledit article, il s'ensuit qu'elle n'a été ni comminée, ni constituée en demeure; et que la peine que la loi n'inflige qu'à la *morosité* n'a conséquemment pu l'atteindre; — Confirme » (Nîmes, 17 mars 1819, aff. N... *C.* dame Orsière).

652. Il est évident, d'ailleurs, qu'on ne peut faire résulter un acquiescement au règlement provisoire du seul fait de la dénonciation de ce règlement, sans réserve, aux créanciers inscrits et à la partie saisie pour faire courir le délai des contredits. La cour de Caen, dans l'arrêt ci-après, n'a pas hésité à qualifier de *monstrueuse iniquité* la prétention contraire (Conf. MM. Chauveau, Proc. de l'ordre, quest. 2565). — Il a été jugé, en effet, que le poursuivant, qui, en sa double qualité d'adjudicataire et de créancier inscrit, dénonce aux autres créanciers et à la partie saisie le règlement provisoire, avec sommation de le contredire, s'il y a lieu, n'est pas déchu du droit de contredire lui-même, par cela seul que la sommation n'indique pas qu'il ait l'intention de le faire (Caen, 14 août 1856) (2).

(1) (Sambuc *C.* Authouard.) — LA COUR ; — Considérant que si, dans les matières ordinaires, un avoué ne peut pas occuper pour plusieurs parties qui ont des intérêts opposés, cette règle doit souffrir nécessairement exception, en matière d'ordre, où souvent le nombre des créanciers, ayant des intérêts divers et contraires, excède celui des avoués postulants devant le tribunal où l'ordre doit se régler ; — Qu'il doit résulter de là que tous les actes ou sommations que fait l'avoué du créancier poursuivant, d'après une disposition formelle de la loi, aux avoués des autres créanciers, doivent être considérés comme signifiés, en même temps, aux créanciers pour qui l'avoué du poursuivant occupe, et avoir, à leur égard, le même effet que les significations faites aux créanciers représentés par les autres avoués; — Que, s'il en était autrement, il en résulterait, spécialement dans le cas de la cause actuelle, que, pour les créanciers réellement sommés, la forclusion pourrait avoir lieu, tandis que ceux dont l'avoué aurait fait la sommation ne pourraient jamais l'encourir, et qu'ainsi les dispositions des art. 756 et 759 c. pr. ne pourraient jamais recevoir leur exécution ; — Considérant, en fait, que l'acte du 13 juill. 1816, par lequel l'avoué Plan, agissant pour Bernard, créancier poursuivant, a dénoncé aux avoués des autres créanciers la confection de l'état de collocation provisoire, contenait, en outre, la déclaration qu'il occupait pareillement, dans l'ordre, pour différents créanciers, entre autres pour la dame Marchon, veuve Authouard ; — ...Déclare la dame Authouard et les frères Authouard non recevables à contester l'état de collocation dont il s'agit, etc.

Du 6 août 1822.-C. de Grenoble.

(2) (Grimoult *C.* Hureaux.) — LA COUR; — Considérant que Grimoult, qui était tout à la fois adjudicataire des immeubles saisis, à sa requête, sur Herbert, et créancier inscrit sur les immeubles, avait requis l'ouverture de l'ordre, conformément aux art. 750 et suiv. c. pr. civ.; que sa qualité de poursuivant lui imposait l'obligation de dénoncer, par acte d'avoué à avoué, aux créanciers produisants, et à la partie saisie, la confection de l'état de collocation, avec sommation d'en prendre communication et de contredire, s'il y avait lieu, dans le délai d'un mois (art. 756) ; que la loi n'aurait pas pu, sans une monstrueuse iniquité, attacher à l'accomplissement de cette obligation, et qu'elle n'y a pas effectivement attaché, l'effet de le priver du droit de contredire lui-même, comme tous les autres créanciers, dans le délai fixé, et qu'en fait, rien, dans la dénonciation des 15 et 16 avr. 1850, ne tendait à faire supposer que Grimoult entendait renoncer à ce droit ; que la fin de non-recevoir, tirée de ladite dénonciation contre le contredit du 23 avr. 1850, doit

653. Si l'avoué d'un créancier produisant vient à décéder ou à cesser ses fonctions avant la dénonciation du règlement provisoire, cette dénonciation sera faite au créancier, ainsi qu'il a été dit pour le saisi lorsqu'il n'a pas d'avoué constitué, par exploit signifié à personne ou domicile, sans qu'il y ait lieu d'assigner en constitution de nouvel avoué, conformément aux art. 343 et suiv. c. pr. (V., pour le développement de cette proposition, *infrà*, n° 734; Conf. MM. Grosse et Rameau, t. 2, n° 364; Ollivier et Mourlon, n° 360; Bioche, v° Ordre, n° 431, 3e éd., 5e tirage; Chauveau, Pr. de l'ordre, quest. 2563 *ter*; Flandin, Traité de l'ordre, inédit. — *Contrà* M. Seligman, n° 316).

654. Le changement d'état des parties n'apportera non plus, dans la circonstance, aucune entrave dans la marche de la procédure, et ne suspendra pas le cours du délai. « Les dénonciations, dit M. Chauveau, *loc. cit.*, seront valablement faites à l'avoué produisant, lequel en référera aux héritiers, et, si ceux-ci ne veulent pas prendre qualité, il fera nommer un administrateur provisoire, lorsqu'il sera nécessaire de contredire » (V. encore, sur ce point, *infrà*, n° 734). — Il a été jugé, mais à tort, selon nous, que la dénonciation du règlement provisoire, faite au domicile du créancier, décédé depuis longtemps, n'a pu constituer ce créancier en demeure de contredire, ni entraîner contre lui aucune forclusion (Paris, 25 mars 1835, aff. Dalogny, v° Reprise d'inst., n° 51; Conf. MM. Thomine, n° 868; Bioche, v° Ordre, n° 431, 3e éd., 5e tirage).

655. L'acte de dénonciation du règlement provisoire doit contenir, aux termes de l'art. 755, *sommation de prendre communication dudit règlement et de contredire, s'il y échet, dans le délai de trente jours*. Suivant M. Chauveau, Proc. de l'ordre, *loc. cit.*, l'omission de cet avertissement empêcherait la déchéance, prononcée par l'art. 756, de courir (Conf. M. Houyvet, n° 227). — Nous avons dit, au contraire, *suprà*, n° 389, dans un cas analogue, qu'une pareille disposition a un caractère purement comminatoire auquel la loi n'attache aucune sanction. Dès que l'état de collocation provisoire a été dénoncé, c'est la chose essentielle, et le créancier se trouve virtuellement averti, par cette dénonciation, puisque c'est la disposition même de la loi, qu'il doit le contredire dans les trente jours, à peine de forclusion (Conf. M. Flandin, Tr. de l'ordre, inédit). — Il a, toutefois, été jugé, dans le premier sens, que la sommation aux créanciers, qui ont produit à un ordre, de prendre communication du règlement provisoire, ne fait courir le délai du contredit qu'autant qu'elle a été accompagnée d'une mise en demeure de contredire (Bordeaux, 4 fév. 1851, aff. Loyet, D. P. 52. 2. 275).

656. C'est dans les *dix jours de la confection du règlement provisoire* que le poursuivant doit en faire la dénonciation aux créanciers et à la partie saisie (c. pr. 755).— Mais qui avertira le poursuivant que le juge-commissaire a terminé son travail? La commission du corps législatif avait proposé, à cet égard, un amendement que le conseil d'Etat n'a pas accueilli. « Pour connaître l'existence de l'état (de collocation), disait M. Riché, dans son rapport, il faut que le poursuivant soit à l'affût au greffe, ou qu'il soit averti par le greffier : un de nos amendements prescrivait cet avertissement, sans frais. Le conseil d'Etat n'a pas souscrit à cet amendement » (D. P. 58. 4. 49, n° 78). — Nous avons déjà dit, pour des situations analogues, que c'étaient là de ces difficultés matérielles que la pratique, à défaut de dispositions réglementaires, qui sont du domaine du pouvoir exécutif, résoudrait facilement (V. *suprà*, n° 87).

657. Il n'y a, d'ailleurs, d'autre sanction attachée à l'inobservation de ce délai que la déchéance de la poursuite, prononcée par l'art. 776 contre l'avoué poursuivant, et son remplacement, soit d'office, soit sur la réquisition d'une partie, par un confrère plus diligent. Toutefois, nous dirons, avec M. Chauveau, Proc. de l'ordre, quest. 2563 *bis*, que, comme le délai court du moment où le juge a arrêté son travail, et que ce moment est indéterminé, c'est une raison, pour le magistrat, de n'appliquer la pénalité de l'art. 776 qu'en cas de négligence bien constatée, c'est-à-dire lorsque, malgré l'avertissement donné au poursuivant, celui-ci aura laissé écouler dix jours sans agir.

658. Il devient inutile, d'après cela, d'examiner, comme le font quelques auteurs, M. Seligman entre autres, n° 320, si ce délai de dix jours est susceptible d'augmentation, à raison des distances, en vertu du principe général de l'art. 1033 c. pr. : c'est une question qui se présentera plus opportunément, à propos du délai de trente jours accordé pour contredire (V. *infrà*, n° 679).

659. La loi n'a pas dit, pour la dénonciation du règlement provisoire, comme elle l'a fait pour la sommation de produire (c. pr. 753), que le poursuivant, après l'expiration des dix jours qui lui sont accordés pour faire cette dénonciation, devra justifier de ses diligences, en remettant au juge-commissaire les originaux de dénonciation, dont mention sera faite sur le procès-verbal d'ordre. Mais, ainsi que le fait observer M. Chauveau, Proc. de l'ordre, quest. 2563-6°, cette constatation est indispensable, soit pour s'assurer que l'avoué poursuivant a rempli ses obligations et n'a pas encouru la pénalité de l'art. 776, soit pour servir de point de départ au délai de trente jours, dans lequel est circonscrite la faculté de contredire (V. sous la section suivante).

660. On a vu *suprà*, n° 490, que c'est une question controversée que celle de savoir si le vendeur impayé, qui produit à l'ordre, *sans réserves*, doit être considéré comme ayant renoncé, par cette production, à l'exercice de son action résolutoire. Mais aucun doute ne saurait s'élever sur la conservation du droit, lorsque l'acte d'où l'on voudrait faire résulter l'abandon de ce droit le réserve expressément. — Il a été jugé, dans ce sens, que le vendeur ou son cessionnaire, non colloqué dans le règlement provisoire, et qui, dans l'acte de dénonciation de ce règlement aux créanciers inscrits, s'est réservé, pour le cas où l'action en résolution qu'il se propose d'intenter ne serait pas admise, de contredire ledit règlement, ne peut être réputé avoir renoncé à son privilége ou à son hypothèque (Toulouse, 7 janv. 1846, aff. Guilhamède, D. P. 54. 5. 535, n° 34).

661. Nul n'étant admis à exciper du droit d'autrui, on doit dire, avec M. Houyvet, n° 228, que le créancier, à qui a été faite la dénonciation du règlement provisoire, ne peut se prévaloir de ce que cette dénonciation n'aurait pas été faite à un autre créancier ou à la partie saisie (V. *infrà*, n° 709-5°, Req. 31 août 1825, aff. Rolland).

SECT. 7. — *Des contredits*.

662. Nous diviserons cette section en cinq articles, dont le premier traitera des personnes qui peuvent contredire; — le second, du délai dans lequel les contredits doivent être formés; — le troisième, de la forme des contredits; — le quatrième, de la forclusion; — et le cinquième, des effets attachés aux contredits.

ART. 1. — *Quelles personnes peuvent contredire*.

663. Les personnes qui peuvent contredire sont d'abord, suivant l'art. 756 précité, les *créanciers produisants* et la *partie saisie*. — L'ancien art. 756 ne parlait que des créanciers, et l'on aurait pu être tenté d'en conclure, *à contrario*, que la faculté de contredire n'appartenait pas à la partie saisie. Mais cette déduction aurait trouvé sa réfutation dans l'art. 755, aux termes duquel le poursuivant devait dénoncer, par acte d'avoué à avoué, aux créanciers produisants et *à la partie saisie*, la confection de l'état de collocation, avec sommation d'en prendre communication et *de contredire*, s'il y échéait, sur le procès-verbal du commissaire, dans le délai d'un mois. — Le débiteur, en effet, même au cas où aucun créancier ne contesterait l'état de collocation provisoire, n'a-t-il pas intérêt à faire rejeter de cet état un créancier qui se prétend faussement son créancier, ou qui y figure pour une somme plus forte que celle qui lui est due? (Conf. M. Chauveau sur Carré, quest. 2563 *bis*.) — L'ancien art. 756 ne pouvait donc contenir qu'une lacune, et cette lacune a été remplie par le nouveau, qui ajoute aux créanciers produisants la partie saisie. — Il a été jugé, sous le code de 1807 : 1° que le débiteur saisi ne peut pas critiquer l'ordre de colloca-

donc être rejetée;...— Sans avoir égard à la fin de non-recevoir proposée par Huraux, non plus qu'aux moyens et demandes de Grimoult; — Confirme.

Du 14 août 1856.-C. de Caen, 2e ch.

tion, si personne ne s'en plaint (Rennes, 23 janv. 1815, cité au Journ. des av., t. 17, p. 281, n° 166). — Il ne faut entendre cette décision, sans doute, que dans le sens où le débiteur voudrait seulement, comme dans les espèces qui suivent, critiquer le *rang* assigné à telle ou telle créance, et non pas l'*existence* ou le *quantum* de la créance elle-même; — 2° Que le débiteur n'a pas qualité pour se plaindre de ce qu'un créancier a été colloqué avant d'autres, qui, selon lui, devaient primer ce créancier (Besançon, 15 juill. 1814 (1). — Cet arrêt a été, mais sur d'autres points, l'objet d'un pourvoi en cassation, suivi d'un arrêt de rejet du 10 janv. 1815, rapporté v° Exploit, n° 359-10°); — 3° Que le débiteur est non recevable à critiquer le rang dans lequel les créanciers ont été colloqués; qu'il n'est appelé à l'ordre que pour contester, s'il y échet, la réalité des créances, ou opposer l'exception de payement (Bourges, 17 déc. 1852, aff. Protat, D. P. 54. 2. 65). « Reconnaître, dit la cour de Bourges, à un débiteur, placé ainsi en présence de ses créanciers, le droit d'exprimer et de faire prévaloir sa préférence pour l'extinction de telle ou telle dette qu'il aurait le plus d'intérêt d'acquitter, ce serait transporter les principes sur l'imputation des payements entre un débiteur de plusieurs dettes et son créancier à un ordre de choses auquel ils ne sauraient recevoir aucune application. » — C'est ainsi que le saisi, bien que partie à l'ordre amiable (c. pr. 751), ne peut cependant, par son opposition, empêcher la distribution amiable du prix entre les créanciers, lorsque ceux-ci se sont mis d'accord sur cette distribution (V. *suprà*, n° 169. — Conf. M. Chauveau, Proc. de l'ordre, quest. 2564 *ter*).

664. Mais il a été jugé : — 1° Que le saisi a qualité pour critiquer le rang que doit occuper, dans l'ordre, chacun de ses créanciers, alors surtout que, comme père et tuteur légal de ses enfants mineurs, il a intérêt à cette critique pour faire obtenir à ceux-ci une collocation utile (Limoges, 29 mai 1850) (2); — 2° Que la partie saisie (en matière de distribution par contribution) a intérêt et qualité pour contester les priviléges admis par le règlement provisoire, aussi bien que les créances elles-mêmes et leur quotité; et que cette contestation profite également aux créanciers non contestants (Paris, 15 déc. 1853, aff. veuve et fils Poisson, D. P. 54. 2. 11. — Conf. M. Bioche, v° Distrib., n° 154, anc. édit. — *Contrà* MM. Pigeau, Proc. civ., t. 2, p. 199, n° 3, 4e éd.; Chauveau sur Carré, quest. 2179 *bis*).

665. Que le créancier poursuivant soit, ou non, tenu de dénoncer l'état de collocation provisoire aux créanciers chirographaires intervenants (V. *suprà*, n° 640), ceux-ci n'en doivent pas moins avoir, soit de leur chef, soit comme exerçant les droits de leur débiteur, en vertu de l'art. 1166 c. nap., la faculté de contredire, soit pour faire écarter de l'ordre tels ou tels créanciers, soit pour faire réduire leur collocation (Conf. MM. Persil, Rég. hyp., sur l'art. 2166, t. 2, p. 265; Rép., v° Saisie imm., § 8; Berriat-Saint-Prix, p. 620; Favard, v° Ordre, part. 3, n° 1; Rolland de Villargues, Rép. du not., v° Ordre, n° 40; Chauveau, Proc. de l'ordre, quest. 2558; Bioche, v° Ordre, n° 462, 3e éd.; Houyvet, n° 241; Seligman, n° 373; Colmet-Daage, t. 2, n° 1031, 8e éd.; Flandin, Tr. de l'ordre, inédit). — Il a été jugé, dans ce sens : 1° que les créanciers chirographaires ont, aussi bien que les hypothécaires, le droit d'intervenir dans l'ordre ouvert sur le débiteur commun, pour veiller à ce que la distribution des deniers soit légalement faite, et qu'aucun créancier n'obtienne que la part qui lui revient légitimement; ... et spécialement, qu'ils sont recevables à contester à un créancier sa qualité d'hypothécaire, et à s'opposer, par suite, à la délivrance du bordereau de collocation à son profit (Cass. 10 avr. 1838) (3). — Conf. Limoges, 4 janv. 1849, aff. Guichard *C.* Petit; Colmar, 1er fév. 1855; cités par M. Chauveau, Proc. de l'ordre, quest. 2558); — 2° Que la femme, créancière de son mari, du chef des reprises qu'elle a à exercer, a droit, en cette qualité, n'eût-elle pas d'hypothèque légale sur les biens vendus, à raison de l'état de faillite de son mari, de contredire les demandes de collocation formées dans l'ordre par d'autres créanciers, à l'effet de faire écarter celles de ces demandes qui ne seraient pas justifiées (Liége, 13 déc. 1843, aff. Michiels, v° Faillite, n° 120-2°); — 3° Que le créancier, porteur d'un titre sous seing privé et sans date certaine, a le droit, dans une instance d'ordre, d'attaquer, comme simulée et frauduleuse, la créance d'un autre créancier, quoique celle-ci existât avant que ses droits fussent nés : — « La cour; en ce qui touche la fin de non-recevoir opposée à l'appelant : attendu que la contestation a lieu en matière d'ordre; que, par suite, l'intimé, produisant audit ordre, est recevable à contester la sincérité de la créance de l'appelant, également produisant, bien que la créance dudit intimé n'ait pas de date certaine antérieure à celle de ce dernier; ... confirme » (Douai, 5 déc. 1846, aff. Dubois *C.* Bernard). — Se présentait dans la cause, mais à un point de vue particulier, la question de savoir si l'art. 1167 c. nap., qui permet aux créanciers d'attaquer les actes faits par leur débiteur en fraude de leurs droits, est applicable aux créanciers postérieurs comme aux créanciers antérieurs à l'acte atta-

---

(1) (Dumolard et Gauthier *C.* Dumolard.) — LA COUR; — ...Considérant que les mariés Dumolard et Gauthier sont même non recevables à attaquer l'état de collocation, par défaut d'intérêt; qu'aucun d'eux ne conteste la légitimité de la créance de Dumolard (intimé); qu'ils prétendent seulement que celui-ci, étant créancier cédulaire, n'a pas pu être colloqué avant des créanciers hypothécaires; que les mariés Dumolard, vendeurs et débiteurs, ne peuvent faire valoir les hypothèques de leurs créanciers, puisque l'hypothèque n'est établie qu'en faveur des créanciers entre eux, et non en faveur des débiteurs, et parce qu'ils ne peuvent faire valoir, pour leurs créanciers, un moyen auquel ceux-ci ont renoncé par leur silence; que l'intérêt du débiteur se borne à ce que l'on ne colloque que des créances légitimes et exigibles; que le sieur Gauthier, acquéreur, n'a intérêt qu'à ne pas acquitter des bordereaux pour une somme supérieure au prix de son adjudication; et qu'en sa qualité de cessionnaire, s'il prétendait n'avoir pas été colloqué à son ordre, il devait contester dans le mois qui avait suivi sa dénonciation; que ces fins de non-recevoir dispensent d'examiner les moyens du fond; — Confirme.

Du 15 juill. 1814.-C. de Besançon.

(2) (Clavaud et autres *C.* Chazaubeneix.) — LA COUR; — ...Attendu que c'est à tort que les premiers juges ont déclaré Clavaud, en sa qualité de débiteur, non recevable à critiquer le rang que doit occuper, dans l'ordre, chacun de ses créanciers; que ce droit lui appartient essentiellement, d'après la loi, qui, à la différence des créanciers, n'ayant prononcé aucune forclusion contre lui, a voulu qu'il figurât dans toutes les phases de l'ordre jusqu'à sa clôture, parce qu'on a pensé, avec raison, qu'il pouvait avoir personnellement un grand intérêt à contester, soit la nature des créances, soit leur légitimité; qu'ensuite il était, plus particulièrement que tout autre, capable de fournir tous les renseignements nécessaires pour pouvoir apprécier le mérite de chacune de ces créances; — Attendu, dans l'espèce, que Clavaud, débiteur discuté, avait un intérêt réel à ce que sa femme, qui, pendant son vivant, figurait en son nom dans l'ordre, et aujourd'hui ses enfants, héritiers de leur mère, soient utilement colloqués dans ledit ordre; qu'outre cet intérêt, il était de son devoir, comme tuteur légal, mais surtout comme père, de défendre les droits de ses enfants et de faire ressortir leur créance dans ledit ordre; qu'il a donc pu valablement élever le contredit sur la créance de Chazaubeneix; — ...Infirme.

Du 29 mai 1850.-C. de Limoges, 3e ch.

(3) (Gérard et autres *C.* Hallot.) — LA COUR; — Vu les art. 2092, 2093 et 1166 c. civ.; — Attendu qu'en droit, les biens d'un débiteur sont le gage de tous ses créanciers, sans distinction, et que le prix de ces biens leur appartient et doit être distribué entre eux par contribution, à moins qu'il n'indique des causes de préférence, telles que des priviléges ou des hypothèques, dans les cas reconnus et selon les formes établies par les lois; qu'il suit nécessairement de là que les créanciers chirographaires ont le droit d'intervenir dans l'ordre et la distribution des deniers provenant de la vente des biens de leur débiteur, pour veiller à ce que cette distribution soit légalement faite et qu'aucun n'obtienne que la part qui lui revient légitimement; que ce droit, qui appartient à chaque créancier de son chef, il pourrait l'exercer encore du chef de son débiteur, aux termes de l'art. 1166 c. civ., puisqu'il est incontestable que celui-ci ne soit recevable à surveiller l'ordre qui a pour objet d'opérer sa libération et le désintéressement de ses créanciers; qu'il s'agissait, dans l'espèce, de savoir si Hallot était ou non créancier hypothécaire de Damien; que les demandeurs, qui étaient créanciers chirographaires, avaient évidemment droit et intérêt d'intervenir à l'ordre sur cette question; qu'en les déclarant non recevables, et en ordonnant, nonobstant leur opposition, la délivrance du mandement de payement de la collocation au profit d'Hallot, l'arrêt attaqué a expressément violé les lois précitées; — Casse l'arrêt de la cour royale d'Amiens, du 17 déc. 1834.

Du 10 avr. 1838.-C. C., ch. civ.-MM. Portalis, 1er pr.-Piet, rap.-Laplagne-Barris, 1er av. gén., c. conf.,-Nachet, av.

qué : sur cette question, appréciée à un point de vue général, V. Oblig., nos 997 et suiv.

666. Il faut, toutefois, soigneusement restreindre l'application du principe aux seuls cas où les créanciers chirographaires ont un véritable intérêt à contester. Car, si leurs contredits ne devaient conduire à aucun résultat utile pour eux ; que, par exemple, les fonds fussent déjà absorbés par les créances hypothécaires ou privilégiées antérieures à celles qu'ils attaquent, ils devraient être repoussés par la même raison que les créanciers inscrits non colloqués, quand ils contestent des créances qui ne viennent pas elles-mêmes en rang utile. — Il a été jugé, dans ce sens, qu'un créancier, sur lequel les fonds ont manqué, est non-recevable, par défaut d'intérêt, à critiquer, dans un ordre, la collocation d'un autre créancier dont la créance est postérieure à la sienne et ne peut venir en ordre utile (Rej., 15 janv. 1828, aff. Delavaivre, vo Priv. et hyp., no 2406-3o).

667. Mais il a été jugé, avec raison : 1o que l'héritier bénéficiaire, administrant les biens dans l'intérêt commun des créanciers et de l'hérédité, a intérêt et qualité pour contester, dans l'ordre, la validité d'une inscription, alors même que la succession serait obérée (Paris, 15 ou 22 nov. 1828, aff. hér. Pâris, vo Priv. et hyp., no 1439-2o; Conf. M. Houyvet, no 241);—2o Que tout créancier, produisant dans un ordre, a le droit de contredire l'état de collocation provisoire qui lui est dénoncé, sans qu'on puisse lui opposer, *a priori*, une fin de non recevoir tirée de ce que sa créance ne saurait venir en ordre utile (Pau, 17 juin 1837) (1);—3o Que, si le débiteur saisi n'est plus reçu à contester la validité du titre qui a servi de base à la poursuite d'expropriation, lorsqu'il a laissé prononcer, sans réclamation, l'adjudication de ses biens, il n'en est pas de même des créanciers, lorsqu'il s'agit de procéder entre eux à la distribution du prix; et, spécialement, que tout créancier produisant, et particulièrement celui dont le titre est postérieur, non-seulement à l'adjudication, mais à la sommation de produire, a le droit de contester le titre du créancier qui a poursuivi l'expropriation (Montpellier, 15 fév. 1849) (2).

668. Ainsi que le dit M. Chauveau, Proc. de l'ordre, quest. 2558, si la déchéance qu'entraîne l'expiration du délai pour produire contre les créanciers non produisants les rend étrangers à l'ordre, sous ce rapport, il n'en résulte pas qu'ils n'y puissent intervenir pour contester les collocations admises. Ils ne peuvent être de pire condition que les chirographaires. Nous admettons donc, avec l'auteur, que « la déchéance encourue, quant au droit de production, ne met pas obstacle à l'exercice du droit de contredire, quand ce droit a pour objet, non pas une question de rang hypothécaire, mais qu'il tend à faire éliminer de l'ordre une créance, soit comme n'ayant jamais existé ou n'existant plus, soit comme n'ayant aucun caractère privilégié ou hypothécaire. » — Mais il a été jugé : 1o que la partie qui a négligé de produire ses titres devant les premiers juges, quoique sommée de le faire, est non recevable à attaquer le jugement d'ordre, et même à intervenir en appel, dans un débat soulevé contre ledit jugement, pour y contredire les titres de créanciers qui ont produit (Rennes, 3 mai 1809 ; Bruxelles, 28 juill. 1830 et 12 août 1833, cités par M. Chauveau sur Carré, quest. 2556 bis);—2o Que l'arrêt, qui ordonne que des créanciers produisants dans un ordre soient compris dans l'état de collocation, ne peut être attaqué, dans l'intérêt des créanciers antérieurs et produisants, s'il n'est rien changé à l'ordre arrêté pour ces derniers (Req. 9 déc. 1824, aff. veuve et créanc. Veyrunnes, *suprà*, no 416).

669. Au surplus, s'il est vrai que les créanciers chirographaires aient le droit de s'opposer à une collocation, en contestant au créancier colloqué la qualité d'hypothécaire ou de privilégié qu'il s'est donnée, il faut reconnaître aussi, en général, qu'ils ne sont pas recevables à intervenir sur les questions de préférence et d'antériorité qui s'élèvent entre les créanciers hypothécaires ou privilégiés reconnus tels (V. *infrà*, no 726).

670. Nous avons expliqué, vo Obligations, nos 3963 et s., dans quels cas les créanciers doivent être considérés comme les *ayants cause* de leur débiteur, dans quels cas ils doivent être considérés comme des *tiers*.—Il est sans difficulté que les créanciers, produisant dans un ordre, sont, relativement aux contredits qu'ils élèvent contre le règlement provisoire, de véritables *tiers*, agissant les uns contre les autres dans cette qualité, et non dans celle d'*ayants cause*. — Il a, par suite, été jugé que des créanciers peuvent invoquer, contre l'hypothèque d'un autre créancier, des moyens de nullité que leur débiteur ne serait pas recevable à proposer, de son chef et dans son intérêt personnel ; et spécialement que, si le débiteur ne peut se prévaloir de la nullité de l'hypothèque qu'il a consentie sur un immeuble qui ne lui appartenait pas, lors de sa constitution, mais qu'il a acquis par la suite (sur cette question, V. Priv. et Hyp., nos 1188 et suiv.), il en est autrement des créanciers, les uns par rapport aux autres (Nancy, 30 mai 1843, aff. de Romécourt, vo Priv. et hyp., no 1192-3o).

671. L'adjudicataire, qui n'est pas créancier, n'a aucune qualité pour contester les collocations de l'ordre provisoire (V. *suprà*, no 646). Que lui importe, à lui, à qui il payera son prix, puisque, en le payant d'après l'ordre arrêté par le juge, il sera valablement libéré (*Contrà*, M. Bressolles, no 41). — Il est certain qu'il en serait autrement s'il avait, soit en qualité de subrogé aux droits d'un créancier qu'il aurait remboursé, soit à tout autre titre, des droits personnels à faire valoir dans l'ordre

---

(1) *Espèce :* — (Minvielle-Montengon *C.* Curet.) — 24 mars 1836, jugement du tribunal d'Oleron, ainsi conçu : — « Attendu qu'aux termes de l'art. 755 c. pr. civ., tout créancier, produisant dans un ordre, a le droit de contredire l'état de collocation provisoire qui lui est dénoncé, sans que ce droit soit subordonné à la condition que ce créancier se trouve colloqué en rang utile, et cela, sans doute, parce que l'objet principal d'une procédure d'ordre est de régler le rang des diverses créances entre elles, sauf à ne délivrer des bordereaux, après la clôture définitive, qu'aux créanciers utilement colloqués ; —Que, d'ailleurs, il peut arriver qu'une créance, qui ne se trouve pas actuellement en rang utile, s'y trouve plus tard, par exemple, lorsque, sur la revente à la folle enchère de l'adjudicataire, les immeubles produisent un prix plus élevé que celui de la première adjudication ; — Que, dès lors, doit, être rejetée la fin de non-recevoir opposée par les parties de Cazeaurang à celle de Gourlat, laquelle est prise de ce que la créance de cette dernière ne viendrait pas en temps utile, ni pour le tout, ni pour partie, alors même que ses contredits seraient fondés.... » — Appel. — Arrêt.

La cour, — Sur la fin de non-recevoir, renouvelée, en appel, contre la partie de Daran, prise du défaut d'intérêt : — Attendu que les premiers juges ont, à bon droit, décidé que cette partie avait intérêt dans la contestation ; que les motifs de leur décision, sur ce point, sont basés sur les vrais principes, et qu'il convient, en les adoptant, d'écarter, comme eux, cette fin de non-recevoir... (Sur le fond, V. Priv. et hyp., no 1065).

Du 17 juin 1837.-C. de Pau.-M. Fourcade, pr.

(2) (Couronne C. Vernazobres). — La cour ; — Attendu qu'il n'est pas exact de prétendre qu'en se présentant dans l'ordre ouvert pour la distribution du prix des immeubles provenant de l'adjudication des biens expropriés sur la tête de Vernhes père, Vernazobres jeune et comp. seraient irrecevables à contester la validité de l'acte d'obligation souscrit par le débiteur exproprié en faveur de Couronne, au prétexte que cet acte a servi de fondement à la poursuite en expropriation ; — Attendu que si le débiteur saisi n'est plus reçu à contester la validité de ce titre, lorsque, sans réclamation, il a laissé prononcer l'adjudication de ses biens, il n'en est pas de même en ce qui concerne les créanciers, lorsqu'il s'agit de procéder entre eux à la distribution du prix ; — Que la procédure d'ordre crée entre les créanciers une instance nouvelle, lors de laquelle chacun d'eux a le droit de contredire et de contester l'efficacité de tous les titres produits, sans exception pour celui en vertu duquel la poursuite en expropriation a été faite ; — Attendu que si cette exception pouvait être admise, la fraude et la collusion seraient faciles entre un débiteur et un créancier simulé, au nom duquel cette poursuite serait faite, et dont le résultat serait de mettre son titre à l'abri de la critique de la part des autres créanciers ; — Attendu, d'ailleurs, et surabondamment, que la créance de Vernazobres jeune et comp. contre Vernhes, n'ayant été consacrée et reconnue que par le jugement intervenu entre eux, le 12 janv. 1847, postérieur à l'adjudication, postérieur même à l'ouverture de l'ordre et à la sommation de produire faite aux créanciers antérieurs, ils auraient été sans droit ni qualité pour intervenir dans la poursuite en expropriation et contester la validité du titre de Couronne ;— Que, sous tous ces rapports, cette fin de non-recevoir, proposée pour la première fois devant la cour, doit être écartée ; — Par ces motifs, sans s'arrêter aux fins de non-recevoir, et les rejetant, a démis et démet Couronne de son appel.

Du 15 fév. 1849.-C. de Montpellier, 1re ch.-M. de Podenas, pr.

(Conf. MM. Ollivier et Mourlon, n° 375). — Il a été jugé, par suite : 1° que l'acquéreur, en tant qu'acquéreur, n'a pas qualité pour contester le rang attribué aux créanciers dans le règlement provisoire; que son intérêt se borne à ne pas payer au delà de son prix (Besançon, 15 juill. 1814, aff. Dumolard et Gauthier, *suprà*, n° 663-2°); — 2° Que l'adjudicataire n'a pas le droit, en cette qualité, de former un contredit dans l'ordre ouvert pour la distribution du prix de son adjudication; qu'il le peut, à titre de créancier, mais qu'alors il doit le faire dans la forme et le délai prescrits par la loi (Grenoble, 2 janv. et 22 fév. 1827, rapportés avec Civ. rej. 16 nov. 1831 (1). — Conf. Riom, 18 fév. 1850, aff. Pine-Bouterige *C.* Constant, cité au J. des av., t. 75, p. 398, art. 892); — 3° Qu'il suffit, d'ailleurs, qu'il soit déclaré qu'un créancier ou tout autre prétendant priorité dans un ordre, est mal fondé dans les contredits par lui élevés contre le règlement provisoire, en ce qu'il n'a produit aucun titre tendant à modifier les titres authentiques et certains produits par les autres créanciers, pour que l'arrêt, qui l'a déclaré ainsi, ne soit pas susceptible de cassation (arrêt précité du 16 nov. 1831); — 4° Que l'acquéreur, évincé par une surenchère, est, pour le remboursement de son prix de vente, un simple créancier chirographaire, et partant sans droit pour contredire l'ordre arrêté entre les hypothécaires (Grenoble, 8 juill. 1830, et, sur pourvoi, Rej. 12 nov. 1834, aff. Trouillet, v° Priv. et hyp., n° 2366. V. *suprà*, n° 669).

672. Mais il a été jugé, et il est certain : 1° que l'acquéreur qui fait notifier son contrat aux créanciers inscrits, avec offre de son prix, en vue de la purge de l'immeuble, ne s'ôte pas, par là, le droit de contester, dans l'ordre, les créances inscrites, soit quant à leur existence, soit quant à leur caractère hypothécaire, s'il y a intérêt (Colmar, 17 mai 1854 (2). — Conf. Bordeaux, 7 fév. 1851, aff. Brosset *C.* Nebout et Berthier); — 2° Que les notifications ne peuvent non plus empêcher, soit les créanciers, soit le vendeur, et particulièrement ce dernier, quoique obligé réellement, de contester le caractère hypothécaire de telle ou telle créance, alors surtout qu'il se trouve exposé au recours du tiers détenteur qui a déjà payé son prix (arrêt précité du 17 mai 1854).

---

(1) *Espèce :* — (Borel-Féline *C.* Anglès, etc.) — Les biens de Favier père ayant été expropriés, son fils devint d'abord adjudicataire pour 20,125 fr.; mais un sieur Borel-Féline ayant surenchéri, en resta adjudicataire pour 25,160 fr. — Un ordre s'ouvrit; plusieurs créanciers hypothécaires produisirent. Le 28 mars 1826, le juge-commissaire fit la clôture de l'ordre provisoire. — Le 8 mai 1826, Borel-Féline, adjudicataire, fit, en son nom et en celui de Favier fils, un contredit contre la collocation provisoire; il déclara qu'ils agissaient en qualité de cessionnaires, aux termes d'un acte du 24 mai 1825, postérieur à l'adjudication, de tous les droits de Favier père, et que lui, particulièrement, agissait, en outre, comme créancier de Favier père. — La contestation fut renvoyée devant le tribunal de Vienne. Là, les créanciers soutinrent que Borel-Féline n'avait pas qualité pour contredire, puisqu'il n'avait point établi qu'il fût créancier ou cessionnaire de Favier père. — 13 juillet 1826, jugement, en ces termes : — « Considérant que Borel-Féline, en sa qualité d'adjudicataire, ne peut avoir le droit de former un contredit dans l'ordre ouvert pour la distribution du prix de son adjudication, dont il sera bien libéré, en payant sur les mandements de la justice; que, d'ailleurs, Borel-Féline n'ayant produit aucun titre, n'avait absolument aucune qualité pour contredire; — Considérant que, si Borel-Féline eût été créancier de Favier père, il aurait dû produire, comme tout autre créancier, afin d'obtenir l'autorisation de retenir une partie de son prix; que, n'ayant point justifié de son droit, et n'ayant pas formé sa demande, dans les formes et délais prescrits par la loi, il serait, dans tous les cas, non recevable et déchu : — Considérant que les droits des créanciers colloqués sont établis par titres authentiques produits ès mains du juge-commissaire, et que Borel-Féline, loin de produire des actes établissant que ces droits sont éteints, ne produit absolument aucune pièce;... — Considérant que tous les créanciers, alloués dans l'état provisoire de collocation, sont porteurs de titres authentiques, et qu'aux termes de l'article 135 c. pr. civ., l'exécution provisoire, sans caution, doit être ordonnée, s'il y a titre authentique; — Déboute, etc. »

Appel par Borel-Féline. — 2 janv. 1827, arrêt par défaut de la cour de Grenoble, qui confirme, en adoptant les motifs des premiers juges. Borel-Féline forme opposition à cet arrêt. Il dit, dans sa requête, qu'il n'agit qu'en *qualité de créancier de* Favier père; mais, à l'audience, il produit, pour la première fois, l'acte de cession du 24 mai 1825. — 22 fév. 1827, arrêt définitif, en ces termes : — « Attendu que Borel-Féline n'a présenté, devant le tribunal de première instance, aucun titre établissant sa qualité pour paraître dans l'ordre; — Attendu que l'acte de cession du 24 mai 1825, qui n'a été produit que sur l'audience, lui donnerait le droit d'exercer les actions de Favier exproprié; mais que, ce dernier n'ayant produit ni contesté dans l'ordre, il a été forclos, d'après les dispositions du code de procédure. » — Pendant cette instance, Borel-Féline fut dépossédé des biens qui lui avaient été adjugés, par suite d'une revente sur folle enchère.

Pourvoi de Borel-Féline contre l'arrêt du 22 février pour violation de l'art. 756 c. pr., en ce que l'arrêt attaqué l'a déclaré forclos du droit de contredire, pour n'avoir pas produit dans le délai fixé, comme s'il avait été simplement créancier, quoiqu'il fût bien certain, d'une part, qu'il agissait comme étant aux droits du saisi, aux termes de la cession du 24 mai 1825, et, d'autre part, que le saisi ne pouvait pas être déclaré forclos, faute d'avoir produit dans le délai fixé pour les créanciers, puisqu'il n'a rien à produire. — Arrêt (ap. délib. en ch. du cons.).

LA COUR; — Considérant que le tribunal de première instance, par son jugement du 13 juill. 1826, indépendamment de la fin de non-recevoir et de la déchéance prononcées contre Borel-Féline, avait déclaré, en outre, ledit Borel-Féline mal fondé dans ses contredits; — Que ce tribunal avait, en effet, décidé, sous ce dernier rapport, que les droits des créanciers colloqués étaient établis par des titres authentiques, et que Borel-Féline n'avait produit aucune pièce, ni fait aucune preuve tendante à modifier ces droits; — Considérant que, sur l'appel de Borel-Féline, la cour royale de Grenoble confirma, par son arrêt rendu par défaut, le 2 janv. 1827, ledit jugement, et déclara adopter les motifs qui y étaient exprimés; qu'il fut, par conséquent, décidé, par cet arrêt, comme il l'avait été par le jugement de première instance, sur le fond, que ledit Borel-Féline n'avait produit aucune pièce, ni fait aucune preuve de nature à atténuer les droits des créanciers colloqués; — Considérant que, par le dispositif de l'arrêt attaqué, rendu sur l'opposition de Borel-Féline, la cour royale de Grenoble a ordonné elle-même que son arrêt par défaut serait exécuté suivant sa forme et teneur; — Qu'il résulte formellement de ce dispositif, qui forme la base principale de l'arrêt attaqué, et qui se rattache tant à l'arrêt par défaut qu'au jugement de première instance, que ledit Borel-Féline a été déclaré mal fondé dans ses prétentions, comme n'ayant fait, sur le fond, aucune preuve contraire aux droits des créanciers colloqués, ce qui suffit pour justifier l'arrêt attaqué; — Rejette, etc.

Du 16 nov. 1831.-C. C., ch. civ.-MM. Portalis, 1er pr.-Vergès, rap.-Joubert, av. gén., c. contr.-Chevalier, Roger et Dalloz, av.

(2) (Sée *C.* Hess.) — LA COUR; — Considérant qu'aux termes de l'art. 2184 c. nap., l'acquéreur déclare seulement qu'il est prêt à acquitter les dettes et charges hypothécaires jusqu'à concurrence du prix; qu'aux termes de l'art. 2186, le nouveau propriétaire est libéré de tout privilége ou hypothèque en payant le prix aux créanciers qui seront en ordre de recevoir; — Considérant que la notification n'entraîne pas d'autre conséquence; que si l'acquéreur se trouve lié vis-à-vis la masse des créanciers hypothécaires, il n'est lié à l'égard d'aucun d'eux d'une manière directe et personnelle; qu'il n'a voulu faire aucune reconnaissance relativement à la validité des hypothèques; qu'il n'a pris qu'un seul engagement, celui de payer son prix aux créanciers hypothécaires qui seront en ordre de recevoir; que l'offre de payer est toute conditionnelle; qu'ainsi, tout demeure subordonné à l'ordre, les créanciers ne pouvant réclamer le prix du tiers détenteur, en cette qualité et par droit de suite, qu'autant que, dans un ordre, ils ont fait connaître le caractère hypothécaire de leur créance, et, à ce titre, obtenu une collocation utile; — Considérant que la notification et l'offre de payer faites par le tiers détenteur n'empêchent pas que, dans l'ordre, une créance puisse être contestée, soit quant à son existence, soit quant à son caractère hypothécaire, par ceux qui y ont intérêt, le débiteur ou les autres créanciers; que c'est là un droit qui leur appartient essentiellement, et que le tiers détenteur n'a pu leur enlever ni directement ni indirectement; que si cette créance est rejetée de l'ordre par l'un ou l'autre motif, il ne reste plus aucun lien, aucun contrat judiciaire entre le tiers détenteur et le créancier repoussé de l'ordre; ce dernier ne peut invoquer aucun droit et exercer aucune action contre le premier en cette qualité de tiers détenteur; — Considérant que Jacques Sée ne pouvait faire opposition au commandement de la veuve Sée, puisque ce commandement était fait à toutes fins, et qu'en réalité ledit Jacques Sée est débiteur; — Qu'il n'était pas non plus, à peine de déchéance, obligé de s'opposer aux actes de purge, dont il n'était qu'indirectement frappé; qu'il l'a fait cependant autant qu'il était en lui; que c'est dans l'ordre qu'il a pu régulièrement contester la nature ou le caractère de la créance de la veuve Sée; qu'il a pour cela un droit et un intérêt certains; — Qu'il est exposé au recours du tiers détenteur qui a déjà payé; que, bien que le débiteur réel, en définitive, de la veuve Sée, il a intérêt cependant à éviter des poursuites et des frais qui prennent leur source dans la nature de la créance, et à empêcher que l'un de ses créanciers obtienne sur les autres un avantage et une préférence auxquels il n'a pas droit.

Du 17 mai 1854.-C. de Colmar.

673. Il a aussi été jugé : 1° que le garant d'une obligation ne peut rien faire qui porte atteinte à l'exercice des droits qu'il a garantis ; et spécialement que, lorsque le garant et le garanti, créanciers hypothécaires d'un débiteur commun, produisent dans un ordre ouvert sur ce débiteur, le garanti peut valablement s'opposer à ce que le garant soit colloqué au rang antérieur que lui donne son inscription, si la collocation du garant doit préjudicier à celle du garanti, en faisant manquer les fonds sur ce dernier, et cela, quand bien même le garant ne serait devenu créancier du débiteur commun que postérieurement à la stipulation de garantie, et par l'effet d'une subrogation aux droits d'un tiers (Douai, 21 déc. 1853, aff. Perrot, D. P. 54. 2. 164) ; — 2° Que, toutefois, le droit du garanti au rejet de la collocation du garant cesserait, si le rang hypothécaire du garanti était tel que, même en l'absence de production de la part du garant, il ne pût être utilement colloqué, cas auquel le garanti n'aurait d'autre droit que celui de saisir-arrêter le montant de la collocation de son garant, ou de réclamer une collocation en sous-ordre sur le montant de ladite collocation (même arrêt) ; — 3° Que le droit du garanti au rejet de la collocation du garant cesserait également si, au cours de l'ordre, d'autres créanciers avaient usé de l'une des deux voies précitées (la saisie-arrêt ou le sous-ordre) et fixé ainsi dans le patrimoine du débiteur le gage commun des créanciers ; mais que, dans le silence de ces créanciers, le garant ne peut s'autoriser de leur droit pour faire maintenir sa collocation au détriment du garanti (même arrêt).—Nous avons, en rapportant cet arrêt, donné notre adhésion aux décisions qu'il consacre et qui sont également approuvées par M. Godoffre, Journ. des av., t. 80, p. 266, art. 2093.

674. C'est par application des mêmes principes qu'il a encore été jugé que le créancier, qui a été colloqué, dans un règlement provisoire, après un autre dont il est cessionnaire, et qui a laissé écouler les délais sans contredire, mais qui voit, plus tard, un troisième créancier être colloqué, à la place de son cédant, dans un règlement supplémentaire auquel a donné lieu la production omise de ce troisième créancier, est recevable, à l'occasion du contredit élevé par lui, dans les délais, contre ce règlement supplémentaire, à soutenir, en vertu de son titre, que c'est à lui seul que doit profiter la collocation faite, dans le premier règlement, au profit de son cédant (Req. 26 nov. 1839, aff. Rames, v° Obligations, n° 1848-1°).

ART. 2. — *Du délai pour contredire.*

675. C'est dans le délai *d'un mois*, suivant l'ancien art. 755, de *trente jours*, suivant le nouveau, que les créanciers produisants et la partie saisie doivent, à peine de forclusion (756), fournir leurs contredits contre le règlement provisoire.

676. Ce délai de trente jours est-il un délai franc ?—Nous avons déjà examiné une question semblable, *suprà*, n° 411, à propos du délai accordé aux créanciers inscrits pour produire leurs titres, et nous avons dit qu'on ne devait pas compter, dans le délai, le jour *à quo*, mais qu'on devait y comprendre le jour *ad quem* (Conf. MM. Carré et Chauveau, quest. 2558 *bis* ; Chauveau, Proc. de l'ordre, quest. 2565-4° ; Thomine, t. 2, n° 867 ; Berriat-Saint-Prix, p. 613 ; Duranton, t. 21, n° 58 ; Ollivier et Mourlon, n° 368 ; Bioche, v° Ordre, n° 433, 3° éd., 5° tirage ; Grosse et Rameau, t. 2, n° 369 ; Houyvet, n° 229 ; Seligman, n° 322 ; Flandin, Tr. de l'ordre, inédit). — Il a été jugé, dans ce sens, que, dans le mois, qui est accordé aux créanciers pour contredire sur le règlement d'ordre, on ne doit pas compter le jour où l'état de collocation provisoire leur a été dénoncé, c'est-à-dire le jour *à quo*, mais seulement celui de l'échéance du délai, ou le jour *ad quem* (Cass. 27 fév. et Caen, 28 déc. 1815 (1).—Conf. Bruxelles, 27 fév. 1830, aff. Zi... *C.* N... ; Poitiers, 11 juin 1850, aff. Dolleriz, D. P. 52. 2. 127).

---

(1) *Espèce :* — (Giboul et Roussel *C.* Gosselin.) — LA COUR ; — Vu les art. 755, 756 et 1033 c. pr. et l'art. 90 du décret du 30 mars 1808 ;— ... Attendu, 1° qu'il a été reconnu, en point de fait, par la cour de Rouen, que le créancier poursuivant l'ordre avait dénoncé aux créanciers produisants l'état de collocation le 3 juin 1811, et que les contredits de ces créanciers avaient été faits dans la journée du 3 juillet suivant ; qu'il est évident, d'après l'art. 755 c. pr. précité, que le législateur a entendu accorder aux créanciers produisants un mois entier pour contredire l'état de collocation, à partir du jour de la sommation faite à l'avoué des créanciers de satisfaire, à cet égard, à la loi ; que tous les jours, toutes les heures, tous les instants de ces délais doivent appartenir aux créanciers, et qu'ils n'en jouiraient réellement pas, si le jour de la sommation entrait dans la computation de ce délai ; que ce jour doit être considéré comme étant le point de départ, et non comme étant compris dans la computation des trente jours qui doivent compléter le mois ; — Attendu, dans l'espèce, qu'en mettant à l'écart le 3 juin 1811, jour *à quo*, le mois, accordé aux demandeurs pour contredire, n'expirait que le 3 juill. suivant, et que c'est dans cette journée même, et avant minuit, que leurs contredits ont été consignés dans le procès-verbal ; d'où il suit qu'ils ont été faits dans le temps utile, et qu'il n'y avait aucun motif fondé pour les déclarer nuls ;

Attendu, 2° que, pour échapper à cette décision, on exciperait vainement des art. 756 et 1033 c. pr. civ. ; qu'en effet, le premier de ces articles n'est relatif qu'à la communication des productions, qui doit être prise entre les mains du commissaire, dans le délai d'un mois, faute de quoi il y a lieu à la forclusion ; que cette nécessité de prendre communication entre les mains du commissaire est écrite dans la loi, et qu'elle est fondée sur une considération importante, résultant de ce qu'il est dans l'intérêt des parties que les titres justificatifs des créances réclamées restent en mains sûres, et ne soient pas exposées à être soustraits ou altérés ; que la disposition de cet article, se référant à un cas précisé par la loi, doit être rigoureusement restreinte à ce cas, et qu'il n'est pas permis de l'appliquer à un autre, et de prétendre, comme l'a fait la cour de Rouen, que les contredits des demandeurs, pour être valables, auraient dû être faits, en présence du juge-commissaire, avant la journée du 3 juill. 1811, puisque l'art. 755 ne dit pas qu'on contredira devant le juge-commissaire, et porte uniquement qu'on contredira sur le procès-verbal, qui restera déposé au greffe, à cet effet, pendant le mois ; que le second de ces articles, l'art. 1033, n'est relatif qu'aux délais des ajournements dans lesquels *dies termini non computantur in termino*, et qu'il n'y avait, conséquemment, aucune induction raisonnable à tirer de cette disposition de la loi relativement à des actes signifiés d'avoué à avoué ; qu'il aurait, d'ailleurs, s'il eût été possible de l'appliquer à l'espèce, été plutôt favorable au système soutenu par les demandeurs, puisqu'en s'y conformant, il aurait fallu exclure de la computation du mois le 3 juin 1811, et même le 3 juill., jour de l'échéance ;

Attendu, 3° que l'art. 90 du décret du 30 mars 1808, qui règle les jours où les greffes seront ouverts et fermés, et qui porte qu'ils seront ouverts *au moins huit heures par jour*, a visiblement voulu fixer le *minimum* du temps de l'ouverture des greffes, et non décider qu'ils ne pourraient et ne devraient être ouverts, en aucun cas, après ce délai ;

Attendu, enfin, que de tout ce que dessus il résulte, 1° que la cour de Rouen a violé l'art. 755 c. pr. civ., en réduisant à vingt-neuf jours un délai qui devait être d'un mois, en prenant pour terme du départ le 3 juin 1811, sans le compter, et qui ne pouvait être complété qu'en y comprenant le 3 juill. suivant ; 2° qu'en décidant que les contredits des demandeurs étaient nuls, pour avoir été faits hors la présence du juge-commissaire, assisté du greffier en chef, ou d'un commis greffier assermenté, cette même cour a ajouté à la loi, et créé une nullité qu'elle ne prononçait pas ; 3° enfin, qu'elle a aussi faussement appliqué l'art. 90 du décret du 30 mars 1808, en supposant que ce décret, en disant que les greffes resteraient ouverts au moins huit heures par jour, avait décidé rigoureusement qu'ils ne pourraient pas l'être plus longtemps ;—Casse l'arrêt de la cour de Rouen, du 24 oct. 1812.

Du 27 (non 15) fév. 1815.—C. C., sect. civ.—MM. Desèze, 1er pr.—Minier, rap.—Guichard et Billout, av.

Sur renvoi de l'affaire devant la cour de Caen, est intervenu, en audience solennelle, l'arrêt suivant :

LA COUR ; — Considérant qu'il est non-seulement jugé par la cour de cassation, mais encore avoué et reconnu par les parties : 1° que le 3 juill. 1811 était le dernier jour dans lequel les appelants pouvaient encore utilement apporter un contredit ; — Attendu que, si ledit jour 3 juillet ne se comptait pas, il s'ensuivrait que les appelants n'auraient pas eu le mois entier que la loi leur accordait pour former le contredit en question ;— 2° Que toutes les heures et toutes les minutes dudit jour 3 juillet, qui était le jour fatal, étaient également utiles aux appelants ; et que, pour peu qu'il fût constant que leur contredit fût fait avant l'heure de minuit du 3 juillet, on ne peut pas dire que la déchéance fût encourue contre eux ; — Que les aveux et reconnaissances, de la part des intimés, sont conformes à l'esprit et à la lettre de la loi, et qu'ainsi on ne peut élever aucun doute à cet égard ; — Qu'à ce moyen, les intimés se trouvent obligés, pour soutenir le bien jugé, de dire que, les appelants ayant reconnu que leur contredit n'existait pas encore à onze heures du soir du 3 juillet, rien ne prouve qu'il fût fait avant minuit du même jour, attendu qu'il n'est signé que d'eux et de leurs avoués, qu'il n'a point été rédigé en présence du juge-commissaire, et n'est pas même souscrit ni par le greffier en chef, ni par aucun de ses commis assermentés ; d'où les intimés concluent qu'on ne peut ajouter aucune

677. Il a été jugé, au contraire, mais à tort, selon nous, que le délai pour contredire l'état de collocation provisoire est d'un mois franc, à dater de la sommation : — « La cour;... attendu que, d'après l'art. 1033 c. pr., le jour de la sommation ni celui de l'échéance ne doivent être comptés ; qu'ainsi le procès-verbal a été clos avant le terme marqué par la loi ; infirme, déclare nuls le procès-verbal et les bordereaux de collocation, etc. » (Riom, 7 déc. 1814, aff. Sarrazin *C.* Bruas).

678. Le dernier jour du délai appartient tout entier au contredisant, en se conformant, toutefois, aux heures de fermeture du greffe (Conf. MM. Bioche, v° Ordre, n° 432, 3° édit.; Houyvet, n° 229; Chauveau, Proc. de l'ordre, quest. 2571 ; Flandin, Tr. de l'ordre, inédit).— Mais, si l'on ne peut obliger le greffier à recevoir un contredit après l'heure habituelle et réglementaire de la fermeture du greffe, aucune loi, cependant, ne lui interdit de le faire (Conf. M. Thomine, n° 867), à la condition, toutefois, et nous avons déjà fait cette réserve, *suprà*, n° 413, que la règle soit égale pour tous et que ce ne soit pas une faveur pour quelques-uns (Conf. MM. Ollivier et Mourlon, n° 368. — *Contrà*, M. Chauveau, Proc. de l'ordre, quest. 2571).— Il a été jugé, ainsi, qu'un contredit n'est pas nul pour avait été fait le dernier jour du délai, après l'heure de la fermeture du greffe, mais avant minuit (arrêts précités de la cour de cassation, du 27 fév., et de la cour de Caen, du 28 déc. 1815, aff. Giboul et Roussel, *suprà*, n° 676).

679. Y a-t-il lieu à augmentation du délai, à raison des distances? — La question ne peut s'élever à l'égard des créanciers; car il n'y a que les créanciers *produisants* à qui soit dénoncé, par acte d'avoué à avoué, l'état de collocation provisoire, dénonciation qui les met en demeure d'en prendre communication et de le contredire dans les trente jours. Chacun de ces créanciers, en effet, a nécessairement un avoué, la loi disant (art. 754) que « tout créancier est tenu de produire ses titres, avec acte de produit, *signé de son avoué*, et contenant demande en collocation. » — Mais la question peut se présenter relativement au *vendeur* ou à la *partie saisie*, qui peut n'avoir pas d'avoué constitué, auquel cas il faut lui dénoncer le règlement provisoire à son domicile (V. *suprà*, n° 642). Or on peut dire qu'on se trouve, à cet égard, dans les termes mêmes de l'art. 1033 c. pr., puisque la dénonciation du règlement provisoire doit être accompagnée d'une *sommation d'en prendre communication et de contredire, s'il y échet* (c. pr. 755); que l'art. 1033 forme, dans le code, une disposition générale qu'on ne peut se dispenser d'appliquer, à moins qu'il n'y soit, dans tel ou tel cas déterminé, expressément ou virtuellement dérogé (Conf. MM. Carré et Chauveau, quest. 2562; Pigeau, Comm., t. 2, sur l'art. 754, note 1; Duranton, t. 21, n° 57). — Mais nous avons déjà dit *suprà*, n° 415, à propos d'une question analogue, que, dans l'esprit de la loi nouvelle, qui veut, pour la procédure d'ordre, la plus grande célérité, le délai de trente jours est un délai fatal, et bien suffisant, d'ailleurs, pour sauvegarder tous les intérêts. M. Chauveau, qui sous l'ancien code, s'était prononcé pour l'application de l'art. 1033, dit également, Proc. de l'ordre, quest. 2563, qu'il n'en doit plus être de même aujourd'hui ; que le saisi, s'il est domicilié en France, a bien assez de trente jours pour fournir ses dires de contestation, et que, s'il est domicilié hors de France, on agira comme dans le cas des art. 692 et 753, en se conformant au § 8 de l'art. 68, lorsqu'il y aura lieu (Conf. MM. Olliver et Mourlon, n° 368 ; Bioche, v° Ordre, n° 432, 3° éd., 5° tirage; Grosse et Rameau, t. 2, n° 371; Houyvet, n° 229; Flandin, Tr. de l'ordre, inédit). — Il a été jugé, dans le premier sens, mais antérieurement à la loi du 21 mai 1858 : 1° que, lorsque le vendeur n'a pas d'avoué constitué, on doit lui dénoncer la confection de l'état de collocation provisoire à son domicile, pour en prendre communication et contredire, avec augmentation du délai, suivant la distance de ce domicile au lieu où siége le tribunal chargé de la confection de l'ordre, conformément à l'art. 1033 dudit code (Rennes, 11 janv. 1813) (1); — 2° Mais que ce n'est pas le cas de doubler l'augmentation, n'y ayant lieu à envoi et retour (même arrêt).

foi à la date du 5, donnée au contredit en question ; — Que, lorsque le juge-commissaire a une fois déposé au greffe un projet d'ordre et de collocation, tous les créanciers intéressés ont le droit de le contredire, pourvu qu'ils le fassent dans le mois prescrit par la loi ; mais qu'on ne peut induire d'aucune des dispositions de cette loi qu'on soit obligé d'appeler le juge-commissaire pour être présent à la rédaction de ce contredit ; qu'il en est de même par rapport au greffier ; dépositaire qu'il est du projet d'ordre, il est évident que nul contredit ne peut y être apporté qu'autant qu'il représente ce projet pour y inscrire, à la suite, le contredit que chaque créancier a le droit d'y faire ; mais on ne trouve nulle part qu'il soit nécessaire que le greffier le signe, non plus que ses commis assermentés ; d'où il résulte qu'on ne peut rien induire de ce que le juge-commissaire n'a pas été appelé, et de ce que le greffier ni ses commis n'ont pas signé ; — Attendu, d'un autre côté, que les avoués sont des fonctionnaires ou officiers ministériels institués par la loi pour remplir, dans différentes circonstances, auprès des tribunaux, les fonctions que cette même loi leur délègue, et qu'en ce cas, les actes qu'ils exercent, dans l'ordre de leurs fonctions et de leurs attributions, sont des actes légaux, auxquels foi est due, puisque, si, en pareil cas, ils commettaient un faux, ils seraient susceptibles des peines prononcées par le code pénal contre les fonctionnaires publics coupables de ce crime dans l'exercice de leurs fonctions ; — Que l'art. 135 du règlement du 16 fév. 1807 range au nombre des actes ministériels, qui sont dans les attributions des avoués, les contredits à apporter sur les procès-verbaux d'ordre ou sur les projets de collocation ; d'où il résulte que l'avoué des appelants, en signant le contredit qui fait l'objet du procès, a exercé un acte de son ministère, et que, conséquemment, foi est due à cet acte, tant que le contraire n'est pas prouvé : or, cet acte est daté du 5 juillet, et non du 4 ; il faut donc en conclure qu'il a été fait le 5 avant minuit, et que la signature de l'avoué en fournit une preuve suffisante, tant que le contraire ne sera pas suffisamment établi ; — Attendu, enfin, que, comme on l'a dit, ce contredit n'a pu être porté sur le procès-verbal qu'en la présence du greffier ou de ses agents, puisqu'en étant dépositaire, ce procès-verbal ne pouvait être représenté que par lui ou les personnes chargées de sa confiance : on ne peut donc pas dire qu'il n'existe pas une preuve suffisante que le contredit a été formé en temps utile, et cette preuve ne peut être détruite par de simples allégations ; — Infirme.

Du 28 déc. 1815.-C. de Caen, aud. sol.-M. Lemenuet, 1er pr.

(1) (Dame Desnanots et cons. C. N...). — LA COUR ; — Considérant qu'il résulte des art. 758 et 759 c. pr. qu'à l'expiration des délais donnés par les art. 755 et 756, le juge, commis à un règlement d'ordre, en fait la clôture, de son propre mouvement ; que, dès lors, l'opération dont il avait été chargé est terminée ; en sorte que la partie saisie, à laquelle est assimilé le vendeur, dans le cas de surenchère sur aliénation volontaire, se trouve, par cela seul, déchue du droit de prendre communication et de contredire ; — Considérant que, si l'art 756 prononce la forclusion seulement contre le créancier, et non contre le saisi, quoique le délai soit le même pour tous, il s'ensuit que les créanciers, faute à eux d'avoir pris communication dans ce délai, sont déchus de la faculté de prendre cette communication, encore bien que le juge-commissaire n'ait pas clos l'ordre, sans qu'on puisse en induire, pour cela, que la partie saisie n'encourt pas la déchéance par l'effet de la clôture de l'ordre, terme naturel de la commission du juge ; — Considérant que, d'après les motifs ci-dessus développés, toute la cause se réduit à examiner s'il est vrai que la dame Desnanots n'ait pas eu les délais nécessaires pour prendre communication et contredire, conformément à l'art. 755, en sorte que le juge-commissaire aurait clos prématurément son procès-verbal ; — Considérant qu'il est certain, en fait, que la dame Desnanots n'avait constitué d'avoué, ni sur les poursuites de la surenchère formée sur son aliénation volontaire, ni lors du règlement d'ordre, et qu'il est de principe général qu'on doit notifier à la personne ou au domicile de la partie qui n'a pas d'avoué en cause les actes dont la signification est ordonnée d'avoué à avoué, dans l'hypothèse d'une constitution, qui est le cas le plus ordinaire ; — Qu'il suit de là que, la confection de l'état de collocation ayant été dénoncée, comme elle devait l'être, au domicile de la dame Desnanots, il y avait lieu à augmenter le délai d'un mois, suivant les distinctions établies par l'art. 1033 c. pr. ; — Qu'il n'est pas douteux, d'après cet article, que la dame Desnanots ne dût jouir de l'augmentation d'un jour par trois myriamètres de distance de Paris, lieu de son domicile, à Loudéac, où siége le tribunal chargé de la confection de l'ordre ; mais que ce délai lui a été accordé et au delà, puisque l'état de collocation lui a été dénoncé, avec sommation, le 21 sept. 1808, et que le juge-commissaire n'a clos l'ordre que le 18 nov. suivant ; en sorte qu'elle a joui, non-seulement du délai d'un mois franc, augmenté de dix-sept jours, à raison de 51 myriamètres, formant la distance de Paris à Loudéac, mais encore de dix jours d'excédant ; — Considérant que, dans l'espèce actuelle, il ne pouvait y avoir lieu à voyage, ou envoi et retour ; que, d'ailleurs, par la notification de l'état de collocation, la dame Desnanots a connu les noms des créanciers colloqués ; que cette connaissance a suffi aux appelantes pour contredire, puisqu'en effet, elles ont contredit le 21 novembre, sans autres renseignements ; qu'ainsi, et dans toutes les suppositions, la dame Desnanots et les demoiselles Puissant Saint-Servan, ses filles, qui, en qualité de cessionnaires de leur mère, n'ont à exercer d'autres droits que ceux

680. Il a, d'ailleurs, été jugé que la procédure d'ordre, requérant célérité, n'est pas suspendue pendant les vacances; que la dénonciation du règlement provisoire, faite, en temps de vacation, fait donc courir le délai pour contredire (Paris, 26 avr. 1813, aff. Brichoux *C.* N...; Besançon, 13 juill. 1814, et, sur pourvoi, Req. 10 janv. 1815, aff. Dumolard et Gauthier, v° Exploit, n° 359-10°; Bourges, 17 déc. 1852, aff. Protat, D. P. 54. 2. 65. — Conf. MM. Merlin, conclus. aff. Dumolard et Gauthier, Rép., v^is^ Saisie immob., § 8, n° 4; Chauveau sur Carré, quest. 2538 *ter*; Berriat, p. 613, note 11, n° 4; Rodière, t. 3, p. 214; Bioche, v° Ordre, n°s 48 et 49, 3e éd., 4e tirage; Houyvet, n° 229; Seligman, n°s 304 et 321).—V. *suprà*, n° 49.

681. Une question très-controversée en jurisprudence est celle de savoir si le délai de trente jours, accordé aux créanciers et à la partie saisie pour contredire, court, pour chacun, du jour de la dénonciation qui lui a été faite du règlement provisoire, avec sommation d'en prendre communication et de contredire, s'il y échet, ou de la dernière de ces dénonciations? — Les cours, comme on le verra ci-après, sont très-partagées sur la question; mais le plus grand nombre des auteurs a embrassé le dernier parti. — On a dit, dans le premier sens, que le seul moyen, pour chaque créancier, de connaître le point de départ du délai, en ce qui le concerne, est de s'attacher à la sommation qu'il a reçue, puisqu'il ignore la date des sommations faites aux autres créanciers; qu'il est, d'ailleurs, plus conforme au droit que la forclusion se règle d'après les actes signifiés aux parties elles-mêmes, plutôt que d'après des actes dirigés contre des tiers et auxquels elles sont étrangères. On peut ajouter que le système contraire a pour résultat de faire aux créanciers une position inégale et de contrevenir au texte même de la loi, en donnant aux créanciers premiers sommés au delà de trente jours pour fournir leurs contredits, tandis que ceux qui n'auraient été sommés que huit jours après, par exemple, seraient renfermés étroitement dans ce délai de trente jours (Conf. MM. Ollivier et Mourlon, n° 367; Bioche, v° Ordre, n° 436, 3e éd.; Houyvet, n° 230). — Mais les raisons qui ont paru déterminantes à la généralité des auteurs, c'est, d'abord, que, s'agissant de forclusion, c'est-à-dire d'une peine, l'équité veut que la loi soit interprétée dans le sens le plus favorable à ceux que cette forclusion peut atteindre: *odiosa restringenda*. C'est, ensuite, que, comme le dit Pigeau, Comm., t. 2, sur l'art. 755, note 6, tant qu'un seul des créanciers aura le droit de contester, la contestation pouvant changer la disposition de l'ordre, il serait injuste de refuser au créancier qui s'était abstenu de contredire, parce qu'il avait une collocation utile, la faculté de le faire, tant qu'un autre créancier a conservé cette faculté. Et c'est l'opinion que nous avons adoptée en matière de distribution par contribution (V. ce mot, n°s 98 et 99).

C'est une considération du même genre que fait valoir un arrêt récent de la cour de Caen, cité *infrà*, en disant : « que le vœu de la loi est que tous les créanciers se trouvent en présence et qu'ils puissent, jusqu'à la dernière heure, la même pour tous, faire valoir contradictoirement leurs prétentions légitimes, d'après la connaissance par eux acquise de toutes les prétentions contraires. » L'arrêt ajoute : « que les art. 758 et 759 c. pr. confirment cette interprétation; que le premier de ces articles prescrit au juge-commissaire d'arrêter l'ordre et d'ordonner la délivrance des bordereaux de collocation pour les créances antérieures à celles contestées, ce qu'il ne peut faire que lorsque le délai pour contredire est passé pour tous; et que le second décide que, s'il ne s'élève aucune contestation, le juge est tenu, dans les quinze jours qui suivent l'expiration du délai pour prendre communication et contredire, de faire la clôture de l'ordre: la loi ne reconnait donc qu'un seul délai, qui doit expirer le même jour, quelle qu'ait été la date de la dénonciation faite à chacun des créanciers ou au saisi » (Conf. MM. Thomine-Desmazures, t. 2, n° 883; Persil, Quest. hyp., t. 2, p. 429, § 8; Favard, t. 4, p. 460; Rauter, p. 371; Duranton, t. 21, n° 58; Bressolles, n° 42; Grosse et Rameau, t. 2, n° 370; Colmet-Daage, t. 2, n° 1028, 8e éd.; F. Hélie, Journ. des avoués, t. 76, p. 214, art. 1046; Chauveau sur Carré, quest. 2558-4°, et Proc. de l'ordre, quest. 2563-5°; Seligman, n° 323; Flandin, Tr. de l'ordre, inédit).

682. Il a été jugé, dans ce dernier sens : 1° que, lorsque l'état de collocation provisoire a été notifié à la partie saisie, postérieurement à la notification faite, avec sommation de contredire, aux créanciers produisants, le délai pour contredire ne court qu'à partir de la dernière notification, et cela en faveur du poursuivant comme des autres créanciers (Rouen, 25 janv. 1814) (1); — 2° Qu'en matière d'ordre, le délai pour contredire l'état de collocation provisoire court, pour les créanciers, du jour où a eu lieu la dernière notification faite, soit à eux, soit à la partie saisie, et non pas, contre chacun en particulier, du jour de la notification qui lui est faite (Bordeaux, 4 fév. 1851, aff. Loyet, D. P. 52. 2. 273; Caen, 8 déc. 1863, aff. Chalmel, D. P. 64. 2. 137); — 3° ...Qu'on doit surtout le décider ainsi à l'égard du poursuivant, qui n'a reçu aucune dénonciation, et n'a aucune négligence à se reprocher (Montpellier, 21 fév. 1852, aff. Buscail, D. P. 53. 2. 247).

683. Il a été jugé, au contraire : 1° que le délai d'un mois pour contredire l'état de collocation provisoire court contre un créancier, à partir de la signification qui lui a été faite de l'état de collocation, et non à partir de la signification faite au saisi, qu'il n'est pas nécessaire, d'ailleurs, d'appeler dans l'instance, lorsqu'il n'a pas d'avoué constitué : — « La cour; attendu que la demande en déchéance n'est point une demande nouvelle, mais une exception péremptoire du fond; que l'état de collocation avait été signifié à la dame Duvillard le 29 nov. 1821, et qu'elle n'avait fourni ses contredits que le 31 déc. suiv., c'est-à-dire après le mois prescrit, sous peine de déchéance, par les art. 755 et 756 c. pr.; que, par suite, elle était déchue du droit de le contester; qu'il n'était pas nécessaire d'appeler, à cet effet, le saisi dans l'instance, parce qu'il n'avait point d'avoué constitué (en fait, le saisi Duvillard avait reçu la dénonciation de l'état de collocation provisoire, le 4 janv. 1822);... infirme » (Grenoble, 18 août 1824, aff. femme Duvillard *C.* Collomb et autres). — Cet arrêt a été cassé par arrêt du 21 avr. 1828, mais sur un autre moyen (V. *infrà*, n° 742-1°); — 2° Que le délai d'un mois, accordé aux créanciers produisants pour prendre communication de l'état de collocation provisoire et contredire, court, contre chaque créancier en particulier, du jour de la dénonciation qui lui en est faite personnellement, indépendamment de la date des dénonciations faites aux autres créanciers, ou de l'irrégularité de celle faite à la partie saisie (Caen, 8 août 1826) (2). — M. Houy-

---

qu'elle exercerait elle-même, sont non recevables à se plaindre de l'insuffisance d'un délai dont elles n'étaient nullement fondées à réclamer l'augmentation; — Confirme.

Du 11 janv. 1813.-C. de Rennes.

(1) (Lebarrois d'Orgeval *C.* Defay.) — LA COUR; — Vu les art. 755 et 756 c. pr.; — Attendu que Lebarrois d'Orgeval et joints, parties poursuivantes, ont dénoncé le procès-verbal d'ordre aux créanciers produisants, avec sommation de contredire, par exploit du 16 avr. 1814; — Attendu que ce n'est que le 9 mai suivant qu'ils ont fait à la partie saisie pareille dénonciation et sommation, et que, le 8 juin de la même année ils ont fourni eux-mêmes leurs contredits au procès-verbal; — Attendu que la forclusion de l'art. 759 ne s'acquiert qu'à l'expiration du délai d'un mois établi par l'article précédent; — Attendu que le délai de l'art. 755 ne court que du jour des dénonciations et sommations de contredire, qui doivent être faites tant à la partie saisie qu'aux créanciers produisants; d'où il résulte que les parties poursuivantes ayant contredit elles-mêmes avant l'expiration du délai d'un mois, à compter du jour des dénonciation et sommation adressées à la partie saisie, elles ont fourni leur contredit en temps utile; — Réformant, etc.

Du 25 janv. 1814.-C. de Rouen.

(2) (Legot *C.* Lemoine Dupart.) — LA COUR; — Considérant que le délai d'un mois, à compter de la dénonciation de l'état de collocation, donné pour contredire, court, à l'égard de chaque créancier, du jour de la notification qui lui est adressée par le poursuivant, indépendamment de ce que la même notification n'aurait pas encore été commise, ou l'aurait été, à une date différente, aux autres créanciers et à la partie saisie; — Que c'est ce qui résulte du texte littéral de l'art. 755 c. pr. civ., qui, en exigeant que la dénonciation du poursuivant contienne sommation de prendre connaissance du procès-verbal du juge-commissaire et de le contredire, s'il y échoit, dans le mois, suppose évidemment que ce mois a pour point de départ, quant à chacun des intéressés, la sommation individuelle qui lui est commise, puisque autrement ils manqueraient du moyen de savoir à quelles époques commencerait et finirait le délai qui leur serait imparti; — Qu'entendre ainsi la loi, c'est l'appliquer dans le

vet, n° 230, cité, dans le même sens, deux autres arrêts de la même cour : le premier, de la 4e ch., du 14 nov. 1832, inédit; le second, de la 3e ch., du 3 août 1836, aff. Lecot, Rec. de Caen, 7. 160 ; — 3° Que le délai pour contredire l'état de collocation provisoire court, pour chaque créancier, du jour de la notification qui lui est faite à lui-même, et non pas, dans le cas où la notification aurait été faite postérieurement à d'autres créanciers et à la partie saisie, du jour seulement auquel aurait eu lieu la dernière notification (Toulouse, 11 mai 1849, aff. Oustry et Rome, *infrà*, sous la sect. 16; Poitiers, 11 juin 1850, aff. Dolleriz, D. P. 52. 2. 127; Lyon, 21 janv. 1851, aff. Escoffier, D. P. 53. 5. 333, n° 7).

684. Il a, d'ailleurs, été jugé que, si, dans l'état de collocation provisoire, le juge-commissaire, au lieu de comprendre toutes les créances pour lesquelles il y a production, n'y a porté des créances que jusqu'à concurrence de la somme à distribuer, il y a nécessité de le compléter par un état supplémentaire, et que, dans ce cas, le délai pour contredire ne court, pour tous les créanciers, qu'à partir de la notification de l'état supplémentaire, lequel se confond avec le premier état, à raison de l'indivisibilité de la procédure d'ordre (Riom, 8 août 1828, aff. Bravard, *suprà*, n° 635).

685. Nous avons dit *suprà*, n° 630, que l'avoué poursuivant, qui représente un des créanciers produisants, n'a pas de sommation à s'adresser à lui-même pour faire courir contre ce créancier le délai pendant lequel il peut contredire le règlement provisoire. Mais, pour ce créancier au moins, il est certain, comme le dit M. Houyvet, n° 231, que le délai ne peut courir que de la dernière sommation (Conf. Montpellier, 21 fév. 1852, aff. Buscail, *suprà*, n° 682-3°. V. aussi *infrà*, n° 709-6°, l'arrêt de cassation du 10 déc. 1834, aff. Renaud).

Art. 3. — *De la forme des contredits.*

686. Les contredits sont formés, par de simples dires, sur le procès-verbal d'ordre dressé par le juge-commissaire (c. pr. 755). — Le contredit est un acte du ministère des avoués : l'art. 135 du tarif le suppose évidemment, puisqu'il en règle l'émolument. Ce n'est pas un acte du greffe, quoiqu'il exige l'intervention du greffier, en ce sens que, le greffier étant dépositaire du procès-verbal d'ordre, c'est à lui forcément que l'avoué doit avoir recours pour se faire représenter ce procès-verbal, afin d'y consigner son dire (Conf. MM. Ollivier et Mourlon, n° 378). — Il a été jugé ainsi : 1° que les contredits sont valables, quoiqu'ils n'aient pas été faits en présence du juge-commissaire assisté du greffier (Cass. 27 fév. 1815, et Caen, 28 déc. 1815, aff. Gihoul, *suprà*, n° 676. — Conf. MM. Chauveau sur Carré, n° 2566, et Proc. de l'ordre, quest. 2571; Ollivier et Mourlon, n° 378; Bioche, v° Ordre, n° 470, 3e éd.; Seligman, n° 358); — 2° Qu'ils ne sont pas nuls pour n'être pas signés par le greffier; qu'il suffit qu'ils soient revêtus de la signature de l'avoué, laquelle fait foi de la date donnée au contredit, jusqu'à preuve contraire (arrêt précité de la cour de Caen). — V. aussi n° 690.

687. Mais il a été jugé que les contredits doivent être signés d'un avoué, à peine de nullité : — « La cour; considérant, en fait, que les contredits de Dessauze ont été fournis, par lui seul, sur le procès-verbal provisoire dressé par le juge-commissaire à ce délégué, et sans l'assistance d'un avoué; considérant, en droit, que tous actes de procédure par-devant les autorités judiciaires doivent être faits et signés par les officiers ministériels institués près des tribunaux; que, dans le cas particulier, les contredits devaient être faits et signés par un avoué près le tribunal de Charolles; que les contredits de Dessauze, n'étant pas revêtus de la signature d'un avoué, manquent d'un caractère essentiel, et que le tribunal de Charolles a bien jugé, en les déclarant nuls et comme non avenus; considérant que, l'action de Dessauze étant déclarée non recevable, il n'y a lieu de s'occuper du fond; sans s'arrêter à l'appellation, interjetée par François Dessauze, du jugement rendu en la cause par le tribunal civil de Charolles, le 5 janv. 1826, dans laquelle il est déclaré non recevable, confirme » (Dijon, 10 mars 1828, aff. Dessauze C. N... — Conf. MM. Grosse et Rameau, t. 2, n° 394; Chauveau sur Carré, quest. 2566 *bis*, et Proc. de l'ordre, quest. 2572 : Bioche, v° Ordre, n° 471, 3e éd.; Ollivier et Mourlon, n° 378; Houyvet, n° 242; Seligman et Pont, n° 365; Flandin, Tr. de l'ordre, inédit).

688. Il a, toutefois, été jugé qu'un contredit, fait par un créancier sur un procès-verbal d'ordre contre la collocation d'un autre créancier, est valable, quoiqu'il ne soit signé ni par le contredisant, ni par son avoué, si son existence est attestée par l'écriture du greffier sur le procès-verbal, lequel procès-verbal est signé par ce greffier et par le commissaire; et si, d'ailleurs, le débiteur saisi a déclaré lui-même, sur le procès-verbal, s'approprier le contredit (Rej. 2 août 1826) (1).

689. Le contredit doit être daté; car c'est par la date qu'on

---

sens le plus conforme aux principes généraux du droit, d'après lesquels ce n'est jamais par des actes étrangers dirigés contre des tiers, mais par des actes signifiés aux parties elles-mêmes, que s'acquièrent les forclusions et les déchéances; — Que l'on ne saurait admettre une autre doctrine, sans méconnaître l'esprit du législateur et le but qu'il s'est proposé; — Qu'en effet, les états d'ordre, mettant en présence une quantité souvent considérable d'intérêts opposés, il a fallu tendre à diminuer, autant que possible, la complication résultant de leur choc; — Que c'est pour cela que le code de procédure s'efforce de concentrer graduellement les chefs de discussion, afin de les réduire au plus petit nombre et à la plus simple expression possible; — Que, pour y parvenir, il a voulu que tout créancier reçût un avertissement qui le mît à portée de pouvoir examiner, pendant un mois, l'état d'ordre, et de provoquer les changements qu'il y jugerait utiles à l'exercice de ses droits; après quoi, faute de réclamation, il demeurerait forclos, aux termes de l'art. 756 c. pr. civ.; qu'il est indifférent au créancier, pour se livrer à l'examen qui lui est prescrit, que le temps du contredit soit ou non expiré pour les autres parties, parce que, du moment que l'ordre est dressé, il peut apprécier si le procès-verbal lui attribue le rang qui lui appartient, et le demander, s'il ne l'a pas obtenu; que, si les créanciers, dont les délais doivent expirer plus tard, élèvent de nouveaux soutiens, le droit de défense lui reste tout entier contre eux, suivant la dernière partie de l'art. 756; mais que ce n'est point un motif pour lui permettre de revenir sur les autres collocations, après les avoir approuvées par son silence gardé pendant le temps de droit; — Qu'il peut résulter, il est vrai, de là qu'un créancier, quoique utilement colloqué, soit conduit à la nécessité d'attaquer les collocations auxquelles il croirait sa créance préférable, dans la crainte que l'intercalation d'un nouveau créancier ne l'exposât à reculer jusqu'au degré où les fonds manqueraient; mais que cette considération ne peut l'emporter sur l'avantage immense que produit, pour l'accélération des opérations de l'ordre, l'obligation imposée à chacun de réclamer sa véritable place, dès qu'il est mis en état et en demeure de le faire; qu'elle offre, d'ailleurs, bien moins d'inconvénients dans la réalité que dans l'apparence : car, si les contestations qui surviennent rendent intéressante une modification du procès-verbal, il y a de l'avantage à ce qu'elle soit demandée, sans retard; s'il arrive, au contraire, qu'après l'expiration des délais, personne n'ait élevé la voix, le créancier, dont le contredit n'était qu'un acte de précaution, obtenant la certitude d'être payé même dans l'ordre qui lui est assigné par le juge-commissaire, pourra se départir et se départira des contestations qu'il aura élevées; — Qu'il y a donc, dans ce système, tout à gagner, sous le rapport de la prompte expédition des affaires, et rien à perdre, pour qui que ce soit, de ce qu'il est raisonnable d'accorder à la défense et à la conservation de tous les intérêts légitimes; ce qui aurait dû porter le premier juge à l'adopter; — Que, d'après ce qui vient d'être dit, il importe peu que, dans l'espèce, la dénonciation à Gallouin, saisi, prescrite par l'art. 755, ait été faite irrégulièrement, en ce qu'elle n'a point été adressée à la totalité, mais à un seul des héritiers qui le représente aujourd'hui, tant pour lui que pour les autres, parce que, cette circonstance n'ayant pas été de nature à suspendre le cours du délai d'un mois fixé pour contredire l'état de collocation, cet état demeure immuable, au respect des époux Lemoine Dupart, qui ont laissé passer le temps légal sans agir, sauf, cependant, leur droit de légitime défense contre les agressions ultérieures, s'ils en éprouvaient;... — Réformant le jugement dont est appel, déclare Lemoine Dupart forclos...

Du 8 août 1826.-C. de Caen, 4e ch.-M. Dupont Longrais, pr.

(1) (Saunier C. Mathivet et Legras.) — La cour (apr. délib. en ch. du cons.); — Considérant, sur le premier moyen, que l'existence du contredit, proposé pour le général Mathivet contre la créance de Saunier, était attestée de la main du greffier du tribunal d'Aubusson, à la date du 6 oct. 1821, sur le procès-verbal ouvert au greffe, procès-verbal revêtu de la signature du juge-commissaire et du greffier; qu'en validant un pareil contredit, les premiers juges et ceux de la cour royale n'ont point fait une fausse application des art. 755 et 756 c. pr.; qu'ils ont été d'autant plus autorisés à prononcer ainsi que, le 4 nov. suivant, Legras, par sa réquisition portée au même procès-verbal, avait déclaré s'approprier le contredit du général Mathivet contre la créance Saunier;

peut reconnaître s'il a été fait en temps utile. Nous ne pensons pas, toutefois, que le défaut de date, dans un contredit, suffise pour établir la présomption légale, celle qu'on appelle, en droit, *juris et de jure*, qu'il n'a été fait qu'après l'expiration du délai utile; il faut, à cet égard, une preuve directe (Conf. MM. Ollivier et Mourlon, n° 379; Bioche, v° Ordre, n° 472, 3e éd.; Seligman, n° 368). — M. Houyvet, n° 242, dit, au contraire, qu'on doit rejeter, comme tardif, tout contredit qui n'est pas daté. — Il a été jugé en ce sens, mais à tort, selon nous, que le contredit est nul, s'il n'est point daté (Limoges, 3 juill. 1824, aff. Tarrade *C.* créanc. Gorce). — Du reste, le même arrêt, en ajoutant que la nullité demeure couverte, si elle n'est proposée avant toute défense au fond, corrige ce que la première décision avait de trop rigoureux.

690. Puisque, ainsi que nous l'avons dit *suprà*, n° 686, le contredit n'est point un acte du greffe, il en résulte qu'il ne peut être dû, pour cet acte, d'autre émolument au greffier que celui qui lui est accordé par le § 6 de l'art. 1 du décret du 24 mai 1854 pour la communication du procès-verbal d'ordre sur lequel le dire doit être consigné. — Il a été jugé, par suite, que les greffiers n'ont droit à l'émolument de 1 fr. 50 c., que l'art. 1, § 7, du décret du 24 mai 1854 leur alloue pour les actes, déclarations et certificats faits ou transcrits au greffe, qui ne sont pas l'objet d'une rétribution spéciale, qu'autant qu'il s'agit d'actes supposant, de leur part, un travail à rémunérer; qu'ainsi, ils n'ont pas droit à cet émolument pour les contredits élevés dans l'ordre, de tels actes, quoique transcrits au greffe, étant du ministère exclusif des avoués, qui, seuls, en font la transcription et les signent, sans autre participation du greffier que celle résultant de la communication du procès-verbal d'ordre, communication pour laquelle ils sont déjà rétribués, aux termes du § 6 de l'art. 1 du décret du 24 mai 1854 et de l'art. 1 de l'ordonnance du 10 oct. 1841 (Civ. cass. 24 fév. 1863, aff. Pinson (arrêt après partage), D. P. 63. 1. 57.—Conf. M. Chauveau, Proc. de l'ordre, p. 174, quest. 2573. — *Contrà*, M. Tonnelier, Manuel des greffiers, p. 62, n°s 10 et 11).

691. On donne, en pratique, le nom de *dupliques* et de *tripliques* aux dires successifs consignés par les avoués, dans l'intérêt de leurs parties, sur le procès-verbal d'ordre. Doit-on les interdire, d'une façon absolue, à titre d'écritures frustratoires? — Il a été jugé que les dupliques et les tripliques sur le procès-verbal d'ordre sont prohibées, et que les frais qui en résultent ne doivent pas passer en taxe (Colmar, 16 janv. 1826, aff. Vital, v° Frais et Dépens, n° 696). —Mais cette décision, à la prendre dans un sens absolu, nous a paru, ainsi qu'à M. Chauveau, Comm. du tarif, p. 244, trop rigoureuse, et nous l'avons critiquée à l'endroit cité. « Il faut, sans aucun doute, comme le fait observer M. Flandin, Tr. de l'ordre, inéd., proscrire l'abus des écritures; mais c'est ici, comme en toute chose, une question d'appréciation et de mesure; et le juge ne doit rejeter de la taxe que les écritures évidemment frustratoires et qui n'ont été faites que dans le but d'émolumenter. »

692. Le contredit doit indiquer les créanciers contre lesquels la contestation est dirigée. Des réserves de contredire ne seraient pas suffisantes. Et la raison en est évidente; car, comme le dit Pigeau, Comm., t. 2, sur l'art. 755, note 5, « il faut que le procès-verbal d'ordre présente, soit au juge-commissaire, soit au tribunal, soit aux parties intéressées, le tableau de la position de tous les créanciers. — Tel créancier aurait contesté qui garde le silence, parce que, le résultat du travail provisoire et des contredits rend inutiles ses contestations. Si chaque créancier pouvait s'abstenir de consigner ses dires sur le procès-verbal et les remplacer par des conclusions, l'opération n'aurait plus la simplicité et l'unité que la loi exige, dans l'intérêt même de la justice. Il faut donc rejeter, sans hésiter, tous les contredits non portés sur le procès-verbal d'ordre, et qui seraient élevés par des conclusions séparées, lors même que ces conclusions auraient été signifiées dans le délai d'un mois accordé pour contester » (Conf. MM. Chauveau sur Carré, quest. 2566 *ter* et Proc. de l'ordre, quest. 2571; Ollivier et Mourlon, n°s 379 et 380; Bioche, v° Ordre, n°s 465 et 473, 3e éd.; Houyvet, n° 243; Seligman, n° 360; Flandin, Tr. de l'ordre, inéd.) — Il a été jugé dans le même sens : 1° que, lorsqu'un créancier a contesté diverses collocations, et qu'il a terminé son dire par des réserves générales de demander la réformation du procès-verbal, il ne peut contester que les collocations qu'il a nommément désignées : — « La cour, attendu que les contredits à l'ordre doivent désigner les collocations contestées, et que les réserves générales, qui terminent le contredit de Mondragon, ne peuvent s'appliquer qu'à la collocation qu'il avait spécialement pour objet de faire réformer; — Dit qu'il a été mal jugé, etc. » (Lyon, 8 juill. 1825, aff. Dubreuil *C.* Mondragon); — 2° Que le tribunal ne peut rejeter, pour cause de péremption de l'inscription hypothécaire, la collocation établie au règlement provisoire, lorsque cette collocation n'a été l'objet d'aucun contredit devant le juge-commissaire, alors surtout qu'il n'y a pas eu de conclusions prises à cet égard à l'audience (Riom, 4 déc. 1843) (1); — 3° Que la simple réserve de contredire un état de collocation provisoire, faite dans le mois de la dénonciation de cet état, est réputée non avenue, et la déchéance du droit de contredire encourue, si, avant l'expiration de ce délai, elle n'a point été convertie en un contredit régulier (Rej. 27 août 1849, aff. Collier, D. P. 49. 1. 282; Grenoble, 22 mai 1863, aff. créanc. Rey, D. P. 63. 2. 200); — 4° Et que ces réserves sont insuffisantes, même à l'égard de collocations purement éventuelles, le délai du contredit courant pour ce genre de collocation comme en faveur des créances utilement colloquées (arrêt précité du 27 août 1849).

693. Il a cependant été jugé que, lorsque, dans un ordre, les syndics ont contesté spécialement certaines créances; qu'ils ont demandé la surséance à l'ordre, en annonçant qu'un grand nombre d'individus colloqués n'étaient pas créanciers des sommes à eux allouées, et n'étaient porteurs que de titres invalides, et qu'ils se sont formellement réservé de faire, soit incessamment, soit plus tard, de plus amples et de nouveaux contredits, il n'y a pas lieu de les déclarer forclos, quand ils produisent leurs nouvelles contestations. — « La cour; attendu que les syndics de la faillite Hotelard, dans le premier contredit qu'ils ont fait, le 20 avr. 1820, ayant pour objet la surséance de l'ordre, ont annoncé qu'un grand nombre d'individus colloqués ne sont pas créanciers de la totalité des sommes à eux allouées, et ne sont porteurs que de titres ou d'inscriptions invalides, et qu'ils se sont expressément réservé de faire de nouveaux et plus amples contredits, soit incessamment, soit à toute époque; qu'ainsi il n'y a lieu de leur appliquer la disposition de l'art. 756 c. pr.; — Au fond, adoptant les motifs des premiers juges, en déboutant les appelants des moyens qu'ils opposaient contre le con-

Considérant, sur le deuxième moyen, que les mêmes juges, en rejetant la collocation de Saunier dans l'ordre, ont constaté, en fait, que l'acquiescement au jugement par défaut, faute de comparoir, du 21 fév. 1814, acquiescement dont on se prévalait comme dispensant de l'exécution exigée dans les six mois, n'avait point de date certaine antérieure à l'expiration de ce délai de six mois; qu'aux termes de l'art. 1328 c. civ., cet acquiescement, porté dans un acte privé, ne pouvait être opposé à des tiers; qu'en fondant leur décision sur la disposition de cet article, les juges n'ont violé ni l'art. 156 c. pr., ni l'art. 1206 c. civ., lequel n'avait pas même été invoqué devant eux; — Rejette le pourvoi formé contre l'arrêt de la cour de Limoges, du 1er mars 1825.

Du 2 août 1826.-C. C., ch. civ.-MM. Brisson, pr.-Piet, rap.-Cahier, av. gén., c. contr.-Teste-Lebeau et Mantellier, av.

(1) (Valarcher C. Leymet.) — La cour; — Attendu que, par le procès-verbal de collocation provisoire dressé par M. le juge-commissaire, le 9 juill. 1842, Jean Valarcher, comme héritier, sous bénéfice d'inventaire, de Marc-Antoine Valarcher et de Marguerite Loubert, avait été colloqué au vingt et unième rang pour la créance susindiquée, en principal et accessoires; — Attendu que cette collocation n'a été l'objet d'aucun contredit, et que néanmoins, par le jugement dont est appel, elle a été rejetée de l'ordre, sur le motif que l'inscription de Jean Valarcher n'avait pas été renouvelée et était périmée; — Attendu que, sans qu'il soit besoin d'examiner si ce motif existait réellement, il suffisait qu'il ne se fût point élevé de contestation à l'ordre, sur la collocation faite au profit de Jean Valarcher, par M. le juge-commissaire, pour que cette collocation dût être maintenue; — Attendu que c'est ce qui résulte expressément des dispositions des art. 758 et suiv. c. pr. civ., d'après lesquelles les parties ne sont renvoyées à l'audience que sur les contestations élevées dans le procès-verbal d'ordre; et que, dans l'espèce, il n'y a pas de conclusions prises même lors du jugement contre la collocation de Jean Valarcher, etc.

Du 4 déc. 1843.-C. de Riom, 1re ch.

tredit dont il s'agit; — Prononce, etc. » (Lyon, 30 juill. 1823, aff. synd. Hotelard *C.* N...)

694. Tout contredit doit-il être motivé, *à peine de nullité?* On lit dans le rapport de M. Riché : « Les réclamations contre l'état provisoire sont inscrites sur le procès-verbal. Elles doivent être motivées, afin d'éclairer les parties adverses et le juge rapporteur. A défaut de cette conférence devant le juge, qu'organise le code piémontais, pour préciser les difficultés et en éliminer quelques-unes, l'obligation de motiver peut être un frein pour des contestations trop irréfléchies.... *Si l'obligation de motiver n'est pas imposée ici, à peine de nullité*, comme au cas de l'art. 762 pour les griefs d'appel, le juge taxateur pourrait ne pas accorder l'émolument d'un contredit qui ne serait pas formulé suivant les prescriptions de la loi » (D. P. 58. 4. 55, n° 81). — Il semble, malgré les termes impératifs de l'art. 758 : « Tout contestant doit motiver son dire et produire toutes pièces à l'appui, » que l'intention du législateur n'ait pas été d'attacher la peine de nullité à l'obligation qu'il impose de motiver le contredit. Et le rapprochement de cet article de l'art. 762, qui exige, *à peine de nullité*, l'énoncé des griefs dans l'acte d'appel, rend très-plausible cette interprétation de la loi donnée par le rapporteur (Conf. MM. Grosse et Rameau, t. 2, n° 394; Ollivier et Mourlon, n° 380; Bressolles, n° 43; Houyvet, n°s 242 et suiv.; Seligman, n° 362; Chauveau, Proc. de l'ordre, quest. 2571; Colmet-Daage, t. 2, n° 1031, 8e éd.). — « Il faut cependant, dit M. Flandin, Tr. de l'ordre, inédit, entendre l'article raisonnablement; et il nous paraîtrait impossible de considérer comme remplissant le vœu de la loi un contredit formulé ainsi sur le procès-verbal : « Je conteste telle ou telle collocation, » sans énoncer aucun motif à l'appui, ou seulement en ajoutant ces mots : « Par les motifs qui seront ultérieurement indiqués. » Un dire ainsi exprimé équivaudrait, à notre sens, à l'absence de tout contredit, puisqu'il ne met pas le juge à même d'apprécier s'il convient d'y faire droit. La loi, en exigeant que tout contestant motive son dire, veut apparemment quelque chose de sérieux; et déclarer qu'on conteste, sans dire pourquoi l'on conteste, c'est, en réalité, ne rien dire du tout; c'est, comme l'exprime Pigeau, dans le passage cité plus haut, remplacer le dire, qu'on doit consigner sur le procès-verbal, par des conclusions prises dans un acte séparé, et substituer ainsi arbitrairement une autre procédure à celle organisée par la loi. — Il faut donc croire que ce qu'a voulu dire la commission du corps législatif, par l'organe de son rapporteur, c'est que le contredit ne serait pas nul, par cela seu. qu'il n'exprimerait pas tous les motifs, ni même les vrais motifs sur lesquels il est fondé, et qu'il serait toujours loisible au contestant de le compléter ou même de le modifier ultérieurement, sans, toutefois, pouvoir convertir la demande primitive en une demande nouvelle. » — C'est également ce qu'enseigne Pigeau, à l'endroit cité : « Lorsque le dire (de contestation), dit-il, a été consigné sur le procès-verbal, rien n'empêche que le contestant ne développe et n'explique ses prétentions dans des conclusions signifiées; mais elles ne doivent être que le développement du contredit, et ne peuvent avoir pour objet de nouvelles demandes » (Conf. MM. Rodière, t. 3, p. 222; Grosse et Rameau, n° 393; Bressolles, n° 42; Chauveau, quest. 2571).

695. Il a été jugé, dans le même sens, sous le code de 1807 : — 1° Qu'un contredit est nul, s'il n'indique pas les chefs qu'on entend contester; qu'ainsi est nul le contredit dans lequel le comparant déclare contester le règlement provisoire et en demander la réformation, *dans les chefs et par les motifs qui seront ultérieurement indiqués*; qu'en vain le contestant, après le délai passé, prendrait des conclusions dans lesquelles il préciserait les chefs attaqués, que ces conclusions seraient tardives et ne le relèveraient pas de la forclusion encourue (Bordeaux, 16 août 1844) (1); — 2° Que contester une collocation, sans fournir aucun motif à l'appui, ce n'est pas former un contredit valable, et qu'un tel contredit ne peut être complété après l'expiration du mois accordé pour contredire (Caen, 14 août 1856) (2); — 3° Que, toutefois, la nullité du contredit, fondée sur l'absence de motifs, peut être couverte par la défense au fond (Grenoble, 24 déc. 1857, arrêt cité par M. Chauveau, Proc. de l'ordre, quest. 2571).

696. Mais il a été jugé : 1° que la forclusion, prononcée par l'art. 756 c. pr., ne s'applique qu'aux créanciers produisants qui ont négligé de prendre communication de l'état provisoire, et non à ceux qui, ayant pris communication et contredit dans le délai, ont, par cela même, conservé le droit d'ajouter à leur contredit et de le compléter jusqu'à la clôture de l'ordre (Grenoble, 27 mars 1811) (3); — 2° Qu'un créancier, après avoir contesté, dans le délai, la collocation d'un autre créancier, en prétendant que sa créance est purement chirographaire, peut encore, après l'expiration du mois, soutenir que cette créance est

(1) (Hér. Casaubon *C.* Otard et autres.) — La cour;... — Attendu qu'il n'y a contestation, qu'il ne doit être reçu de dire que lorsque les moyens de critique et de réformation sont précisés et articulés; que l'annonce faite que les chefs qu'on entend intenter et les motifs à l'appui *seront ultérieurement indiqués*, ne remplit nullement le vœu de la loi; qu'en matière d'ordre, la procédure est spéciale; que c'est sur l'état provisoire que les contestations doivent s'élever, se constituer; que ce n'est qu'en cas de contestation que les contestants sont renvoyés à l'audience; — Attendu, en fait, que le dire des appelants n'offre que l'énonciation suivante : « déclare contester l'état provisoire et en demander la réformation sur les chefs et par les motifs qui seront ultérieurement déterminés; » — Attendu qu'un pareil dire ne forme, ne définit aucune contestation, n'ouvre aucun débat; qu'en se bornant à une déclaration aussi vague, on encourt la forclusion; que c'est donc vainement que le 11 mai, après le délai que le code de procédure a fixé, après le renvoi à l'audience, au moment des plaidoiries, on a signifié des conclusions motivées, dans lesquelles des contestations sont soulevées et des griefs à l'appui sont énoncés; qu'en procédant ainsi, on a tardivement provoqué ces débats; — Qu'à l'audience, il ne pouvait être question que de celui qui se serait élevé sur l'état provisoire, et qui y était impossible, faute d'avoir formulé un contredit; qu'il suit de là que les premiers juges ont dû décider, ainsi qu'ils l'ont fait, que les appelants étaient forclos; — Confirme. »

Du 16 août 1844.-C. de Bordeaux, 2e ch.

(2) (Grimoult *C.* Huraux.) — La cour;... — Considérant que les art. 755 et 756 c. pr. civ., en exigeant, à peine de forclusion, un contredit dans le mois, entendent nécessairement parler d'un contredit sérieux qui fasse au moins connaître l'objet de la contestation et mette la partie adverse à portée de s'en défendre, et le tribunal à portée de la juger; — Que, s'il était permis de se borner à dire, dans le mois, qu'on contredit telle ou telle collocation, sauf à faire connaître ultérieurement, et tant que le tribunal n'aurait pas définitivement statué, en quoi consiste ce contredit, le but de célérité, que, dans un intérêt public, la loi a voulu atteindre en prononçant la forclusion, serait manqué; — Qu'en effet, la veille du jour de l'audience, on pourrait élever toutes sortes de contestations imprévues, qui rendraient nécessaire le renvoi du rapport à une époque plus ou moins reculée pour que les intéressés pussent y répondre, et que le juge-commissaire pût, à son tour, les examiner; qu'on pourrait même, avant le nouveau jour fixé, ajouter des contestations nouvelles qui obligeraient encore à un nouveau renvoi, de telle sorte que les ordres deviendraient véritablement interminables; — Considérant que le prétendu contredit du 23 avr. 1850 n'indiquait nullement en quoi il contestait la collocation de Huraux; que celui-ci, qui ne pouvait deviner si c'était sa créance elle-même qu'on se proposait d'attaquer par un motif quelconque, si c'était son titre hypothécaire ou son inscription qu'on prétendait nuls, si c'était son rang qu'on voulait faire changer, etc., etc., était dans l'impossibilité de se défendre; que le juge-commissaire était lui-même dans l'impossibilité de statuer sur un pareil contredit autrement qu'en déclarant que ce n'en était pas un véritable; que ce n'était, en effet, contre la collocation de Huraux qu'une pure et simple protestation qui ne satisfaisait, en aucune façon, au vœu de la loi, et qu'en un tel cas, on invoque inutilement l'art. 1030 c. pr. civ.; que le tribunal n'a pas dû prononcer et n'a pas prononcé la nullité d'un contredit; qu'il a dû se borner, comme on vient de le dire, et qu'il s'est borné, en effet, à déclarer qu'il n'y avait pas eu de contredit sérieux dans le mois;... — Confirme. »

Du 14 août 1856.-C. de Caen, 2e ch.

(3) (Barnir *C.* dame Armand.) — La cour; — Considérant que la forclusion, prononcée par l'art. 756 c. pr., ne s'applique, aux termes de cet article, qu'aux créanciers produisants qui ont négligé de prendre communication des productions ès-mains du juge-commissaire, pendant le délai y prescrit, et non pas aux créanciers qui, ayant pris cette communication, n'auraient pas présenté tous leurs contredits dans ce délai; que, lorsqu'un créancier a contredit, dans le délai d'un mois, l'état de collocation, il a, par là, conservé le droit de continuer et additionner ses contredits jusqu'à la clôture de l'ordre; le sort des créanciers produisants ne pouvant être pire que celui des créanciers non comparants, qui sont admis, par l'art. 756, à produire, tant que l'ordre n'est pas clos; — Rejette, etc.

Du 27 mars 1811.-C. de Grenoble.

éteinte; que c'est là invoquer un nouveau moyen plutôt qu'élever un nouveau contredit; que, d'ailleurs, la forclusion, faute d'avoir contredit dans le mois, n'étant pas applicable au débiteur, et celui-ci pouvant, après le mois, faire retrancher de l'ordre, comme non légitime ou éteinte par le payement, une créance qui y aurait été indûment portée, les créanciers, qui sont ses ayants cause, le peuvent également (Caen, 30 déc. 1820) (1);— 3° Que le créancier, qui contredit un procès-verbal de collocation, n'est pas tenu d'énoncer, dans son contredit, tous les moyens qu'il entend proposer : « La cour; — Attendu que toutes les collocations faites en faveur de Mourel ont été contredites au procès-verbal d'ordre provisoire, aux termes de l'art. 755 c. pr.; que le rejet de ces collocations a été formellement demandé, et les parties renvoyées à l'audience, conformément à l'art. 258 du même code; que nulle disposition, dans la loi, n'impose l'obligation au créancier contredisant d'exprimer en détail, sous peine de déchéance, dans ses contredits, chacun des divers moyens qu'il entend faire valoir; qu'il doit lui être permis, par conséquent, d'employer tous ceux qu'il croit propres à justifier sa demande et à la faire accueillir... » (Montpellier, 22 déc. 1837, M. Viger, 1er pr., aff. Mouret C. femme Méjanel); — 4° Qu'il suffit d'énoncer, d'une manière générale, dans un contredit, les griefs élevés contre la collocation attaquée, sans qu'il soit besoin d'exposer les moyens à l'appui du contredit; qu'ainsi, une collocation est valablement contestée, en exprimant, sans autre développement, que l'inscription ne renferme pas toutes les formalités exigées par l'art. 2148 c. civ. (Toulouse, 2 janv. 1841) (2); — 5° Que la forclusion ne peut être invoquée contre un créancier qui, après avoir contesté, invoque un nouveau moyen, en appel, alors d'ailleurs que ce moyen ne constitue pas une demande nouvelle (Orléans, 28 fév. 1844, aff. Chauveau, D. P. 45. 1. 332); — 6° Que le créancier, qui a formé, en temps utile, sur le procès-verbal, un contredit tendant au rejet de la collocation d'un autre créancier, en fondant ce contredit sur un motif spécial et sur *d'autres motifs* non exprimés, mais à développer ultérieurement, s'il en est besoin, peut invoquer, à l'audience, tous les moyens proposés à justifier son contredit et à déterminer le rejet, la réduction ou le classement à un rang inférieur de l'allocation contestée (Cass. 4 juin 1850, aff. veuve Encausse, D. P. 50. 1. 214); — 7° Qu'un contredit, fondé uniquement sur ce qu'une créance colloquée n'est pas justifiée, est valable, et que le créancier contestant peut ultérieurement, par des conclusions prises sur la barre, ou signifiées, énoncer et développer les moyens à l'appui de son contredit (Caen, 4 déc. 1851) (3); — 8° Qu'il n'est pas nécessaire, à peine de déchéance, que le contredit à une collocation exprime distinctement chacun des moyens sur lesquels il se fonde, ni même qu'il fasse aucune mention de ces moyens; qu'ainsi, le créancier, qui n'a appuyé son contredit que sur un moyen de prescription de la créance contestée, peut encore, à l'audience, le fonder sur la péremption de l'inscription de cette créance (Colmar, 27 avr. 1853, aff. Dreyfuss, D. P. 55. 2. 338); — 9° Que, lorsque, dans les contredits élevés contre le règlement provisoire, des créanciers se sont bornés, n'y ayant pas d'autre intérêt, à contester le rang assigné à certaine créance, mais que d'autres, sur ce point, s'en sont rapportés à justice, ceux-ci ont conservé le droit de demander, ultérieurement, que cette créance soit entièrement rejetée de l'ordre (Bourges, 30 avr. 1853, aff. veuve Gros, D. P. 54. 2. 52); — 10° Que les créanciers, qui ont, de prime abord, contesté l'existence de l'hypothèque légale, sont, par la même, recevables à exciper, plus tard, du défaut d'inscription de cette hypothèque; que ce n'est pas là une contestation nouvelle, mais un nouvel argument en faveur de la contestation soulevée (même arrêt).

697. Il a été décidé encore, dans le même sens : — 1° Que le contredit à un règlement provisoire d'ordre est régulièrement formé, alors qu'il renferme les éléments nécessaires pour faire connaître l'objet de la contestation, comme s'il indique, par exemple, que la collocation d'un créancier est contestée par le motif qu'il aurait été attribué à ce dernier une somme supérieure à celle qui lui est due; que peu importe qu'il n'indique pas les détails, lesquels peuvent être développés dans un nouveau dire, même hors du délai de l'art. 756 c. pr. (Riom, 20 juill. 1853, aff. Douhet, D. P. 55. 2. 338); — 2° Que la femme qui, dans les délais fixés pour contredire le règlement provisoire, a demandé que les sommes à distribuer ne fussent imputées, sur la créance représentative du prix de ses immeubles dotaux aliénés sans remploi, qu'après payement de ses autres reprises, peut, même après l'expiration de ces délais, réclamer, en termes plus précis, un changement de rang pour sa première créance; que ce n'est là qu'un développement du premier contredit (Caen, 7 juill. 1851, et, sur pourvoi, Rej. 21 déc. 1853, aff. Drieu, D. P. 54. 1. 5); — 3° Qu'il n'est pas nécessaire que le contredit à une collocation exprime tous les moyens dont fait ensuite usage le créancier contestant; qu'ainsi le créancier qui, dans son contredit, a attaqué une collocation, par le seul motif que la créance allouée n'était pas due, est néanmoins recevable à contester, à l'audience, le rang attribué à cette créance par le juge-commissaire (Grenoble, 18 mars 1854, aff. Vallet, D. P. 55. 2. 93); ... qu'il en est surtout ainsi, dans le cas où, l'ordre étant ouvert contre deux débiteurs, la créance contredite n'est pas due, en effet, par celui de ces derniers sur qui elle a été colloquée, mais par l'autre, et où le rang de cette créance ne se trouve interverti que par suite de ce fait (même arrêt); — 4° Que celui qui a formé un contredit en temps utile, peut apporter des modifications à ses soutiens et conclusions, lorsque ces modifications ont leur principe dans le contredit qui avait d'abord été formé, et qu'elles ne sont que le résultat de l'instruction faite à la suite du débat qui s'est engagé (Caen, 14 mai 1855, arrêt cité par M. Chauveau, Proc. de l'ordre,

---

(1) (Foubert-Despalières C. Texier.) — LA COUR; — Considérant que, dans le mois de la dénonciation de la confection de l'état de collocation du prix des immeubles vendus par Achard, Foubert-Despalières, colloqué comme créancier hypothécaire, avait soutenu que Texier était simple chirographaire; — Que le résultat de ce soutien, s'il avait été jugé fondé, eût été que Foubert-Despalières aurait obtenu l'emport des deniers à distribuer, au lieu et place de Texier; — Que Foubert-Despalières, en prétendant, depuis l'expiration du mois, que la créance de Texier était éteinte, a plutôt proposé un nouveau moyen à l'appui de son soutien qu'il n'a élevé un nouveau contredit; — Que la forclusion, prononcée par l'art. 756 c. pr. civ., le défaut de contredit, dans le mois, n'est pas applicable au débiteur, et que celui-ci pourrait, après le mois, soutenir qu'une créance, portée en ordre dans l'état de collocation, doit en être retranchée, comme n'étant pas légitime, ou comme étant éteinte par le payement; — Que les créanciers étant les ayants cause du débiteur, sont recevables, même après le mois, à faire les contredits qu'il pourrait apporter lui-même à l'état de collocation; — Que la forme, dans laquelle les contredits de Foubert-Despalières ont eu lieu, n'a point été critiquée devant le premier juge; que, d'ailleurs, ils sont portés sur le procès-verbal d'ordre, et ont eu lieu avant que le ministère public ait donné ses conclusions sur le fond de la contestation...; — Infirme...

Du 30 déc. 1820.-C. de Caen, 2e ch.-M. Lefollet, pr.

(2) *Espèce* : — (Carayon C. Guy.) — 25 juin 1839, jugement du tricivil d'Alby ainsi conçu : — « Attendu que la fin de non-recevoir, opposée, en la forme, par Jean-Pierre Carayon, ne saurait être accueillie; qu'en effet, la loi n'impose pas aux créanciers contredisants d'énoncer, dans leurs contredits, tous les moyens qu'ils pourront employer à l'appui de leur demande; qu'il suffit, pour que le vœu de la loi soit suffisamment rempli, qu'ils énoncent les griefs qu'ils élèvent contre la collocation attaquée; qu'ainsi, le sieur Guy, en disant que l'inscription, faite par Jean-Pierre Carayon, ne renfermait point les formalités voulues par l'art. 2148 c. civ., a énoncé suffisamment les motifs de son contredit, et n'a pas eu besoin, sous peine de forclusion, de préciser chaque vice de forme qu'il reprochait à l'inscription attaquée; d'où il suit que l'exception invoquée par Jean-Pierre Carayon doit être déclarée mal fondée..... » — Appel. — Arrêt.

LA COUR; — Adoptant les motifs, etc.; — Démet de l'appel, etc.

Du 2 janv. 1841.-C. de Toulouse, 2e ch.-M. de Bastoulh, cons. pr.

(3) (Breust-Gachetière C. Harel.) — LA COUR; — Considérant qu'aucune disposition de la loi ne prescrit que les contredits apportés à la collocation provisoire, aux termes des art. 755, 756, 757 c. pr., fussent appuyés de motifs énoncés et détaillés, lors de leur insertion au procès-verbal dressé par le juge-commissaire de l'état d'ordre; — Qu'il a suffi à Breust-Gachetière de contredire dans le mois, ainsi qu'il l'a fait, et d'exprimer que son contredit était fondé sur le défaut de justification, de la part de la veuve Harel, de la somme dont elle avait demandé à être colloquée; — Que les premiers juges ont donc erré, en admettant une fin de non recevoir qui n'est fondée sur aucun motif légal; — Infirme

Du 4 déc. 1851.-C. de Caen, 4e ch.

quest. 2571); — 5° Qu'un contredit est suffisamment motivé, lorsqu'il fait connaître qu'il a pour objet le rejet de telle collocation déterminée; que le créancier qui a formé un tel contredit est recevable à invoquer, soit devant le tribunal, soit pour la première fois dans des conclusions prises en appel, tous les moyens à l'appui du contredit, et, spécialement, que l'hypothèque du créancier contesté est éteinte, faute de l'avoir fait inscrire dans la quinzaine de la transcription (Riom, 17 déc. 1855) (1); — 6° Qu'en matière d'ordre, comme en toute autre, il est toujours permis d'invoquer un moyen nouveau à l'appui d'un contredit formé en temps utile (Amiens, 9 avr. 1856, Droit du 16 mai 1856); — 7° Que le créancier qui a produit dans un ordre et demandé à être colloqué, tant en vertu de son hypothèque conventionnelle qu'en vertu d'une subrogation à l'hypothèque légale de la femme, et qui, dans le règlement provisoire, n'est colloqué qu'en vertu de l'hypothèque conventionnelle, est recevable, lorsque, en temps utile, il a contredit, par divers motifs exprimés *et tous autres à développer ultérieurement*, une collocation immédiatement antérieure à la sienne, à invoquer pour la première fois, à l'audience et après l'expiration des délais, l'antériorité que doit lui assurer sa collocation au rang déterminé par la subrogation à l'hypothèque légale (Riom, 26 janv. 1857) (2); — 8° ... Et que les réserves, contenues dans son contredit, l'autorisent même à se prévaloir, pour la première fois, en appel, de la nullité de l'hypothèque sur laquelle est fondée la collocation contestée, s'agissant, non d'une *demande* nouvelle, mais d'un *moyen* dirigé contre une créance dont le rejet a été demandé dans le contredit (même arrêt); — 9° Que celui qui s'est borné à contredire la collocation de telle créance, parce que cette collocation n'est pas justifiée, peut contester plus tard le rang attribué à la créance, parce qu'en critiquant la collocation, le contredisant a virtuellement contesté la créance,

(1) (Périsse C. Maurin.) — LA COUR; — Sur la fin de non-recevoir tirée de ce que l'appel n'énoncerait pas les griefs que, devant la cour, le moyen tiré de ce que l'inscription du 1er août 1845, aurait été prise, alors que l'hypothèque sur laquelle reposerait cette inscription aurait été purgée par la transcription du 14 août 1844, n'aurait pas été présenté, ni dans le contredit, ni devant les premiers juges, et ne serait pas énoncé dans l'acte d'appel: — Attendu que la loi n'exige pas, à peine de forclusion, que le contredit contienne tous les moyens sur lesquels il est fondé; qu'il suffit que le contredit fasse connaître l'objet pour lequel il a été formé, pour saisir le juge de la difficulté et l'appeler à statuer par tous les moyens que la loi met à sa disposition pour la résoudre; — Qu'ainsi rien ne s'oppose à ce que les premiers juges, devant lesquels le contredit est porté, déclarent le contredit bien fondé par des moyens qui n'avaient pas été présentés dans le développement des motifs du contredit; qu'il suit de là que, soit devant les premiers juges, soit devant la cour, celui qui a fait le contredit peut s'appuyer de moyens qu'il n'avait pas présentés, afin d'arriver aux mêmes fins que celles contenues dans le contredit; — Attendu que l'art. 765 c. pr., en exigeant que l'appel contînt l'énonciation des griefs, n'a pas déclaré que cette prescription serait observée à peine de nullité; qu'aux termes de l'art. 1030 dudit code, aucun acte de procédure ne peut être déclaré nul, si la nullité n'en est pas formellement prononcée par la loi; que l'énonciation des griefs, ou du moins, de tous les moyens que l'appelant est dans l'intention de faire valoir, n'est point une formalité substantielle de l'acte d'appel; que la loi, en voulant que l'appel contînt l'énonciation des griefs, a eu pour but d'éviter les délais qu'entraîne l'appel dans les affaires ordinaires et de simplifier les actes de procédure; que, si elle avait mis une telle importance à cette disposition que son inobservation entraînerait la nullité de l'appel, ou serait un obstacle à ce que l'appelant pût faire valoir d'autres moyens que ceux énoncés dans l'acte d'appel, elle aurait exprimé en termes précis que, devant la cour, l'appelant ne pourrait faire valoir d'autres moyens que ceux qu'il aurait présentés dans son contredit ou en première instance, et que l'appel contiendrait, à peine de forclusion, les moyens par lesquels il demandait la réformation de la décision des premiers juges; que la rédaction indéterminée de la dernière partie de l'art. 765 dudit code démontre que la loi n'a pas voulu que le défaut d'énonciation des moyens d'appel entraînât la nullité dudit acte de procédure, et que, dans le cas où les griefs seraient énoncés dans l'acte d'appel, l'appelant ne fût pas admis à en présenter d'autres devant la cour; — Attendu que la demoiselle Périsse, dans son acte d'appel, demande que les conclusions qu'elle avait prises devant les premiers juges lui soient adjugées contre les héritiers Maurin; qu'ainsi, elle énonçait suffisamment les griefs que lui causait le jugement dont est appel; que, sous ce point de vue, il a été satisfait aux prescriptions de l'art. 765 dudit code; — Attendu que la loi n'ayant pas interdit, dans les matières d'ordre comme dans les difficultés sur saisie immobilière, de présenter en appel des moyens autres que ceux qui ont été produits en première instance, le droit commun conserve son empire pour l'appel des jugements qui ont statué sur les difficultés naissant des contredits dans les ordres, comme pour les affaires ordinaires; qu'ainsi, si on appel on ne peut former une demande nouvelle qui serait un véritable contredit qui se séparerait de celui qui aurait été consigné dans le procès-verbal d'ordre, on est recevable à proposer, en appel, des moyens qui tendraient aux mêmes fins que celles du contredit, quoique les moyens n'eussent été présentés ni dans le contredit, ni en première instance, ni dans l'acte d'appel; que, par conséquent, la demanderesse a pu, pour la première fois en appel, afin de faire rejeter l'allocation dans l'ordre des héritiers Maurin, comme elle le demanda dans son contredit et devant les premiers juges, prétendre que cette allocation devait être rejetée par les motifs que l'hypothèque des héritiers Maurin avait été purgée par la transcription du 14 août 1844, de la vente sous seing privé du 6 juill. 1844, consentie par ladite demoiselle Périsse à M. Abriat, des immeubles dont le prix est à distribuer, faute par les héritiers Maurin d'avoir fait inscrire leurs hypothèques dans le délai de quinzaine de la transcription, conformément à l'art. 834 dudit c. pr.; — Sans s'arrêter à l'exception proposée par les héritiers Maurin, tirée de ce que le moyen de purge de l'hypothèque des héritiers Maurin, par l'effet de la transcription de l'acte de vente du 6 juill. 1844, n'aurait été proposé, ni dans le contredit ni devant les premiers juges, ni dans dans l'acte d'appel, laquelle est déclarée mal fondée, réforme le jugement du tribunal d'Issingeaux, du 24 mai 1854.

Du 17 déc. 1855.-C. de Riom, 1re ch.-M. Nicolas, 1er pr.

(2) (Desbordes C. Juniet.) — LA COUR; — Considérant que la question débattue dans l'ordre ouvert au tribunal de Montluçon et reproduite devant la cour tant par l'appel principal que par l'appel incident, est celle de savoir si, à un titre quelconque, les mariés Petit-Jean et Juniet doivent conserver ou obtenir collocation par rang préférable à celui du créancier Desbordes; — Considérant, en droit, que le créancier qui n'a pas contredit le règlement provisoire dans le délai imparti par l'art. 755 c. pr. civ., est présumé y avoir acquiescé, et a dès lors encouru la forclusion prononcée par l'art. 756 même code; mais que cette déchéance, quoique de droit étroit et essentielle à la marche de cette procédure spéciale, doit être néanmoins appliquée dans l'esprit et dans la mesure de la présomption qui en est le fondement; — Considérant, en fait, que, par son acte de produit, Desbordes avait demandé d'être colloqué à la date de son inscription, et, au besoin, à la date de l'hypothèque légale de la femme Collinet au bénéfice de laquelle il avait été subrogé, et que, dans le délai imparti, il a contredit le classement du juge-commissaire qui, sans s'occuper de cette subrogation, accordait un rang (le quatorzième) à une des créances des mariés Petit-Jean et Juniet; qu'en protestant ainsi, même par des motifs qui ne tendaient qu'à infirmer l'existence et la sincérité de cette créance, Desbordes manifestait suffisamment l'intention de n'acquiescer ni pour le tout ni pour partie à un règlement provisoire qui, par prétérition ou autrement, lui faisait préjudice, et qu'il renonçait d'autant moins à se prévaloir de la subrogation, qu'il demandait, par tous autres motifs à déduire, le rejet complet de la créance préférée; que c'est donc mal à propos que le juge-commissaire, dans le classement des créances respectives, n'a tenu compte de cette subrogation, et que les premiers juges ont déclaré Desbordes forclos dans l'exercice de ce droit; — Considérant qu'à l'aide de sa subrogation à l'hypothèque légale de la femme Collinet, remontant à la date du 27 mars 1849, Desbordes prime, pour le montant de son obligation, la créance pour laquelle les mariés Petit-Jean et Juniet étaient colloqués au quatorzième rang, ce qui le rend sans aucun intérêt à contester au fond, soit la légitimité, soit le chiffre de cette créance; mais qu'en le supposant atteint de forclusion, il arriverait encore au même résultat, puisque les mariés Petit-Jean et Juniet ne pourraient obtenir sur lui un droit de préférence, ni en vertu de leur hypothèque conventionnelle, ni non plus en vertu de leur propre subrogation; — Considérant, en effet, que, par la teneur de son contredit, Desbordes est évidemment recevable à proposer en appel la nullité de cette hypothèque conventionnelle, puisque ce n'est là qu'un moyen contre une créance dont le rejet a été demandé dans le contredit, et qui y était dès lors implicitement contenu; d'où suit qu'aucune déchéance n'est acquise à cet égard; — Par ces motifs, statuant sur l'appel principal et sur l'appel incident, dit qu'il a été mal jugé; émendant, sans s'arrêter aux forclusions et déchéances articulées soit dans le contredit, soit dans les conclusions de la partie de Godemel, et dont elle est déboutée, ordonne que, sur les sommes en distribution, Desbordes sera colloqué par préférence et pour le montant de son obligation et légitimes accessoires à la date du 27 mars 1849, sur les biens de Collinet, et à la date de son inscription sur les biens de la femme, c'est-à-dire avant les créances pour lesquelles les mariés Petit-Jean et Juniet auraient été colloqués aux quatorzième, seizième et dix-huitième rangs; ordonne que, sur ses autres dispositions, le jugement sera exécuté suivant sa forme et teneur.

Du 26 janv. 1857.-C. de Riom, 1re ch.-M. Meynard de Franc, 1er pr.

non-seulement quant à sa légitimité, mais quant à son rang (Montpellier, 12 mars 1858, aff. Journ. de la cour de Montpellier, n° 931); — 10° Que le contredit, tendant au rejet d'une allocation, est suffisamment motivé, lorsqu'il mentionne que la créance n'a ni privilége ni hypothèque (Grenoble, 28 juill. 1862, aff. Julie Brun, D. P. 62. 2. 204); — 11° Qu'en matière d'ordre, un contredit peut être soutenu, devant le tribunal, par des motifs autres que ceux qui ont été indiqués au procès-verbal (Besançon, 7 fév. 1863, aff. Berthoz, D. P. 63. 2. 130); ... et que, d'ailleurs, un contredit n'est pas nul par cela seul qu'il n'est pas motivé (même arrêt. — Conf. Grenoble, 10 mars 1848, aff. Ducurty, D. P. 49. 2. 34).

698. Cette dernière proposition, qui ne résulte, d'ailleurs, que d'un motif inséré transitoirement dans les arrêts susénoncés, cette proposition, prise dans ces termes absolus, ne serait pas, selon nous, ainsi que nous l'avons développé plus haut, conforme au véritable esprit de la loi; mais les cours de Besançon et de Grenoble n'ont probablement pas entendu lui donner une aussi grande portée que celle qui résulte de son énoncé. Le premier de ces arrêts, en effet, celui de la cour de Besançon, après avoir constaté, en fait, « que les contredits des consorts Gié *étaient motivés;* que seulement ces derniers, en contestant, sur le procès-verbal d'ordre, la collocation des veuve et héritiers Pâris, n'excipaient point encore de leur libération et en ont excipé, pour la première fois, devant le tribunal, » cet arrêt ajoute, en droit, « que, sans doute, il est conforme au vœu de la loi du 21 mai 1858 que les dires soient accompagnés de *tous* les motifs propres à les soutenir, et que le procès-verbal du juge-commissaire devienne ainsi le résumé entier et fidèle des contestations; que la loi, cependant, n'a point interdit de réparer une erreur ou de compléter une défense; qu'elle n'a pas exclu du débat oral *les motifs qui n'auraient pas été indiqués par les contredits;* qu'une telle exclusion, en effet, n'est prononcée par aucun texte; que la loi n'annule pas même le contredit non motivé; que l'art. 758, sous ce rapport, contraste, par sa rédaction, avec l'art. 762; ... que, si la *prohibition des moyens nouveaux* n'est point expresse, elle ne résulte pas davantage de l'esprit et de l'économie de la loi du 21 mai, etc. » Ces mots de l'arrêt : « *que la loi n'annule pas même le contredit non motivé* », ne sont donc, dans les données de la cause, qu'un argument *à fortiori* invoqué à l'appui de cette thèse, vraie d'ailleurs, qu'un contredit n'est pas nul pour ne pas contenir tous les griefs et qu'il peut toujours être complété à l'audience. — Nous en dirons autant de l'arrêt de la cour de Grenoble, qui, après avoir déclaré que le contredit fait, au nom de la dame Ducurty, femme séparée de biens, dans l'ordre ouvert sur les biens de son mari, « était suffisant pour désigner l'allocation dont elle demandait le rejet », ajoute « qu'à la vérité, *il n'était pas motivé;* mais qu'aucune disposition de la loi n'attache la peine de nullité aux contredits dont les motifs ne sont pas donnés. » Pour apprécier le moyen de droit, il faudrait connaître les termes dans lesquels le contredit avait été libellé, et c'est ce que l'arrêt, présenté nûment, sans un exposé de faits, rend impossible. Il ne paraît pas, du reste, que le débat portât sur ce point, mais seulement sur la double question de savoir : 1° si la femme, même séparée, avait pu, sans autorisation de son mari ou de justice, se désister du contredit formé en son nom; 2° si l'avoué avait pu faire ce désistement sans un mandat spécial, question que la cour n'a pas eu à examiner, la première ayant été résolue négativement.

699. L'art. 758 n'exige pas seulement que le dire de contestation soit motivé, il veut que le contestant *produise toutes pièces à l'appui.* — On s'est demandé si cette production doit être constatée par un acte de dépôt? L'affirmative est enseignée par MM. Grosse et Rameau, t. 2, n° 393. Il y en a, disent-ils, deux raisons : « la première, parce que, s'agissant d'un dépôt de pièces à communiquer aux adversaires, par la voie du greffe, pour l'instruction d'un procès (art. 189 c. pr. civ.), le greffier doit en être chargé par un acte de dépôt et déchargé par un acte de retrait; la seconde, c'est que, si l'on agissait autrement, il faudrait, les énonçant dans le dire comme déposées, les annexer au cahier de l'ordre auquel, cependant, elles n'appartiennent pas définitivement... » MM. Grosse et Rameau invoquent encore, comme argument, la disposition de l'art. 761, aux termes de laquelle, « s'il est produit de nouvelles pièces (au cours de l'instance pour le jugement des contredits), toute partie contestante ou contestée est tenue de les remettre au greffe, trois jours au moins avant cette audience... » — M. Bressolles, n° 43, dit également que les pièces à l'appui du dire doivent être déposées au greffe. — M. Chauveau, Proc. de l'ordre, quest. 2572 *ter*, propose un mode de production plus économique. « Le contestant, dit-il, peut, à la suite de son dire, énumérer les pièces qu'il produit pour le justifier. Le fait seul de cette déclaration, signée de l'avoué sur le procès-verbal d'ordre, implique le dépôt des pièces au greffe comme annexe provisoire de l'ordre. Les pièces sont plus tard retirées, et la mention du retrait, consignée en marge de la mention de la production, et signée de l'avoué, vaut décharge pour le greffier. » — Nous nous rallions d'autant plus volontiers à cette idée qu'il n'est aucunement parlé dans l'art. 758, ni même dans l'art. 761, d'acte de dépôt à dresser au greffe des pièces produites, et que la mention, qui doit être faite, aux termes de ce dernier article, desdites pièces sur le procès-verbal d'ordre, tient véritablement lieu d'acte de dépôt (Conf. MM. Seligman et Pont, n° 364; Flandin, Tr. de l'ordre, inédit).

700. Si l'obligation de motiver le dire de contestation n'a pas pour sanction la *peine de nullité*, il en est, à plus forte raison, de même de l'obligation de produire les pièces à l'appui du contredit. On peut même dire que cela résulte virtuellement des art. 761 et 766, dont le premier suppose que la production a pu être insuffisante, puisqu'il autorise la production de nouvelles pièces, et dont le second, au cas de négligence apportée par le contestant dans sa production, ne dit pas que le contredit devra être rejeté, mais que le contestant, tout en obtenant gain de cause, pourra être condamné aux dépens (Conf. MM. Seligman, n° 363; Grosse et Rameau, t. 2, n° 393; Chauveau, Proc. de l'ordre, quest. 2571; Flandin, Tr. de l'ordre, inédit).

701. Les contredits ne doivent pas être signifiés, puisque la loi n'exige pas qu'ils le soient : c'est au contesté à en prendre communication sur le procès-verbal d'ordre où le dire de contestation doit être consigné (V. *suprà*, n° 686; Conf. MM. Bressolles, n° 43; Flandin, Tr. de l'ordre, inédit).

Art. 4. — *De la forclusion.*

702. L'art. 756 porte : « Faute, par les créanciers produisants et la partie saisie, de prendre communication de l'état de collocation et de contredire, dans ledit délai (de trente jours, art. 755), ils demeurent forclos, sans nouvelle sommation ni jugement. — Il n'est fait aucun dire, s'il n'y a contestation. » — L'ancien texte portait : « Faute, par les créanciers produisants, de prendre communication des *productions* ès mains du commissaire, etc. » Le nouveau dit de l'*état de collocation;* mais il est bien évident que le droit de prendre communication de l'état de collocation pour le contredire, s'il y a lieu, implique celui de prendre communication des pièces sur lesquelles il a été dressé (Conf. MM. Grosse et Rameau, t. 2, n° 367).

703. En quoi consiste la forclusion dont parle cet article? En ce que, comme le dit M. Tarrible, Rép., v° Saisie immob., § 8, n° 4, en empruntant les termes de l'art. 167 de la loi hypothécaire du 9 mess. an 3, en ce que le créancier n'est plus recevable à contester, soit l'ordre des collocations, soit la légitimité des créances. Par son silence, il a acquiescé au travail du juge-commissaire (Conf. MM. Houyvet, n° 32; Flandin, Tr. de l'ordre, inédit). — Il a été jugé, dans ce sens : 1° que la femme, qui s'est bornée, sur l'état de collocation provisoire d'un ordre, à critiquer cet état, en ce qu'il refusait de la colloquer, comme créancière hypothécaire de son mari, au rang que lui donnait son hypothèque légale, mais sans contredire le chef du même règlement qui colloquait un autre créancier parmi les privilégiés, n'est plus recevable à contester, à l'audience, la qualité et le rang attribués à ce créancier (Aix, 21 avr. 1845) (1); — 2° Qu'il n'est pas fait exception à l'obligation des créanciers et

(1) (Veuve Vidal C. Cirlot et autres.) — La cour; — Sur la question de savoir si la veuve Vidal est recevable à contester le privilége ré-

de la partie saisie de contredire l'état de collocation, dans le délai d'un mois, pour le cas où il s'agirait, non pas seulement d'attaquer le rang attribué aux créanciers produisants, mais de contester l'existence et la légitimité de leurs créances (Poitiers, 11 juin 1850, aff. Dolleriz, D. P. 52. 2. 127).

704. On doutait, sous l'ancien code de procédure, si la forclusion, faute de contredire dans le délai, devait s'appliquer à la partie saisie comme aux créanciers. Le doute était né des termes mêmes de l'art. 756, qui ne comprenaient point la partie saisie : « Faute, *par les créanciers produisants*, disait cet article, de prendre communication des productions ès mains du commissaire, dans ledit délai, ils demeureront forclos, etc. » Mais ce n'était là, semble-t-il, qu'un oubli ; car à quel titre la partie saisie eût-elle joui d'un délai indéfini pour contredire le règlement provisoire, alors que les créanciers, pour contester le même règlement, n'avaient que le délai d'un mois? Il y a plus : l'intention du législateur de placer sur la même ligne, à cet égard, les créanciers et la partie saisie se révélait pleinement dans l'art. 755, où il était dit : « Le poursuivant dénoncera, par acte d'avoué à avoué, aux créanciers produisants et *à la partie saisie*, la confection de l'état de collocation, avec sommation d'en prendre communication et de contredire, s'il y échet, sur le procès-verbal du commissaire, *dans le délai d'un mois.* » Enfin, l'art. 664, au titre de la *Distribution par contribution*, fournissait un argument d'analogie qui devait, il semble, lever tous les doutes. — La majorité des auteurs, cependant, s'étaient crus liés par le silence de la loi, et accordaient à la partie saisie la faculté d'attaquer l'état de collocation provisoire, au moins jusqu'à la clôture de l'ordre (MM. Carré et Chauveau, quest. 2563; Berriat, p. 782, note 51; Thomine, t. 2, n° 868; Favard, t. 4, p. 60 ; Persil, Rég. hyp., t. 2, p. 431). — Mais Pigeau ne s'était pas arrêté à la lettre de la loi. « Le code, dit-il, Comm., t. 2, sur l'art. 756, note 1, ne parle pas de la forclusion contre la partie saisie. On doit d'autant plus s'étonner de cette omission que l'art. 664, au titre de la *Contribution*, prononce formellement la forclusion contre la partie saisie, aussi bien que contre les créanciers. Cependant, je pense qu'on doit décider que la forclusion, à défaut de contester, doit avoir lieu contre la partie saisie. Cette partie a été mise en demeure de prendre communication; la mise en demeure doit avoir un effet, et elle n'en aurait pas, si la partie saisie pouvait, même après les délais, élever des contestations ; il n'y aurait plus moyen de voir terminer les débats de l'ordre... » — La jurisprudence, comme on va le voir, s'était aussi divisée sur la question. — Mais la loi du 21 mai 1858 a fait cesser les divergences, en rétablissant, dans le nouvel art. 756, les mots omis dans l'ancienne rédaction. « On doit remarquer, dit, à cet égard, M. Duvergier, sur l'art. 756, note 5, que, d'après le dernier alinéa de l'art. 755, l'état provisoire est dénoncé à la partie saisie comme aux créanciers. Il est, par conséquent, très-juste que la forclusion, prononcée contre les créanciers, le soit également contre la partie saisie » (Conf. MM. Chauveau, Proc. de l'ordre, n° 510-6°; Bressolles, n° 42; Grosse et Rameau, t. 2, n° 367; Ollivier et Mourlon, n° 372; Bioche, v° Ordre, n° 454, 3e éd., 5e tirage; Colmet-Daage, t. 2, n° 1028, 8e éd.; Houyvet, n° 234; Seligman, n° 325; Flandin, Tr. de l'ordre, inédit).

705. Il a été jugé, sous le code de 1807 : 1° que la forclusion, prononcée par l'art. 756, ne s'applique pas au débiteur entre les créanciers duquel l'ordre se fait, mais seulement aux créanciers; qu'en conséquence, le débiteur peut contester les collocations, après un délai d'un mois : — « La cour ; considérant qu'il résulte évidemment des dispositions des art. 755 et 756 c. pr. que le délai de produire et contester, en matière d'ordre, n'est prescrit qu'à l'égard des créanciers du débiteur, et non à l'égard du débiteur lui-même, puisque le législateur n'a prononcé la forclusion qu'à l'égard des créanciers nominativement, tandis que, lorsqu'il s'agit de distribution par contribution, le législateur a prononcé cette même forclusion contre les créanciers et la partie saisie, ainsi qu'il résulte des dispositions de l'art. 664 du même code ;... dit à tort la fin de non-recevoir, ordonne que les parties plaideront au principal...» (Caen, 4e ch., 22 juill. 1822, aff. veuve Hommais *C.* Saffrey. — Conf. Metz, 22 mars 1817, aff. Fortier *C.* N...; Grenoble, 11 fév. 1818, aff. N... *C.* N...; Bordeaux, 11 juin 1827, aff. Bremguens *C.* Gillibert et Darrieux; Riom, 16 mars 1841, aff. Sauron *C.* Maillie; Poitiers, 11 juin 1850, aff. Dolleriz, D. P. 52. 2. 127; Bourges, 17 déc. 1852, aff. Protat, D. P. 54. 2. 65); — 2° Que la partie saisie a, comme les créanciers non produisants, le droit de contester tous les articles de l'ordre sur lesquels il n'est pas intervenu de décision définitive :— « La cour; attendu, relativement aux art. 5 et s., contestés au procès-verbal d'ordre, que les créanciers non produisants ont le droit de contester; qu'en fait, la partie saisie n'a d'autre intérêt que celui de la masse des créanciers ; que, dès lors, elle jouit des mêmes avantages que les créanciers non produisants, et qu'elle a, par conséquent, comme eux, le droit de contester tous les articles sur lesquels il n'est pas intervenu de décision définitive ; émendant, réforme » (Limoges, 7 fév. 1823, aff. Reygal *C.* Maisonnade); — 3° Que, lorsqu'un immeuble est saisi sur un tiers débiteur, le débiteur du principal doit être considéré comme partie saisie et être appelé dans l'ordre ; mais qu'il n'est pas soumis aux forclusions prononcées contre les créanciers en retard de contredire, et qu'il doit être admis à contredire jusqu'à la clôture de l'ordre (Rouen, 8 déc. 1824) (1) ; — 4° Que le saisi peut contester l'ordre, même après l'expiration du délai de l'art. 756 c. pr.; mais que cette faculté ne peut lui être attribuée que tant que les choses sont entières qu'ainsi, il est déchu du droit de contestation, si, n'y ayant pas eu de contredits, le juge-commissaire a clos l'état de collocation et ordonné la délivrance des bordereaux ; ou si, des contredits ayant été formés et les contestants renvoyés à l'audience, l'exécution définitive de l'état d'ordre a été ordonnée contradictoirement avec tous les intéressés, encore bien que la clôture de l'ordre n'ait point encore été prononcée, l'opéra-

clamé par Cirlot : — Considérant, en fait, que, sur la sommation notifiée à la veuve Vidal de prendre communication de l'état de collocation provisoire, en date du 21 août 1844, et de contredire, son avoué a formé opposition audit état, au chef qui rejette la demande en collocation de la veuve Vidal comme créancière hypothécaire de son mari, et qu'il a requis qu'elle fût colloquée au rang que lui donne son hypothèque légale, pour toutes les sommes portées en son acte de produit ; — Qu'il est donc certain que, dans son contredit à la suite de l'état de collocation provisoire, la veuve Vidal n'a pas formé opposition au chef qui colloque Cirlot au rang des créanciers privilégiés ; — Considérant, en droit, qu'il résulte des dispositions des art. 755 et suiv. c. pr. civ. que c'est dans les contredits à la suite de l'état de collocation provisoire qu'il doit être formé opposition à chacun des chefs de collocation qu'on entend contester, et ce à peine de forclusion ; qu'on ne peut sérieusement refuser d'admettre cette vérité, lorsqu'on lit, dans l'art. 758, que, « en cas de contestation le commissaire renverra les contestants à l'audience, et néanmoins arrêtera l'ordre pour les créances antérieures à celles contestées, et ordonnera la délivrance des bordereaux de collocation de ces créanciers ; — Qu'il suit de là que la veuve Vidal est non recevable à conclure, ainsi qu'elle l'a fait postérieurement au renvoi des contestants à l'audience, à être rangée par privilége à tous autres, et spécialement à Cirlot ; — Confirme.

Du 21 avr. 1845.- C. d'Aix.

(1) (Tocque et Adeline *C.* Thérigny.) — La cour ; — Considérant qu'aux termes de l'art. 2169 c. civ., la saisie réelle a été précédée d'un commandement à Thérigny père, débiteur de la dette pour sûreté de laquelle il avait consenti hypothèque sur l'immeuble saisi, et d'une sommation à Barthélemy, tiers détenteur de cet immeuble; que c'est contradictoirement avec eux que les diligences de l'expropriation ont été faites; que Thérigny y a été justement qualifié de partie saisie; qu'en cette qualité, il a dû être appelé à l'état d'ordre; que sa présence y était spécialement nécessaire pour faire valoir les exceptions de payement, de prescription et autres qu'il pouvait avoir à proposer contre tels ou tels des créanciers inscrits; que, quoiqu'il n'ait apporté de contredits que le 8 oct., après l'expiration du délai d'un mois établi par l'art. 756, c. pr., on ne peut, cependant, lui opposer la forclusion de l'art. 756, parce qu'elle n'est prononcée que contre les créanciers, et ne peut être étendue à la partie saisie, qui n'est point dans la même catégorie qu'eux ;

Qu'il suffit, pour l'admission de la partie saisie à contredire, qu'elle le fasse avant la clôture de l'ordre ; ce qui se rencontre dans l'espèce de la cause, où il n'est pas contesté que la clôture de l'ordre n'a été faite que plusieurs semaines après le contredit fait par Thérigny, le 8 oct. ; — Confirme.

Du 8 déc. 1824-C. de Rouen, 1re ch.-MM. Eude, pr., Petit, av. gén., c. conf.

tion du juge-commissaire pour la clôture n'étant que la mise à exécution du jugement, lequel a fixé la position définitive des parties et ne permet plus que les choses soient considérées comme entières (Rouen, 27 déc. 1839, 2e ch., M. Simonin, pr., aff. Lefrançois *C.* Legrand); — 5° Que la partie, sommée de contester, et qui ne l'a pas fait, ou n'a contesté qu'une collocation, est réputée acquiescer aux collocations non critiquées, et, dès lors, est déchue du droit de les contester (même arrêt).

706. Il a été jugé, au contraire : 1° que le juge-commissaire peut faire la clôture de l'ordre, de son propre mouvement, et qu'après cette clôture, le saisi est déchu du droit de prendre communication et de contredire (Rennes, 11 janv. 1813, aff. Desnanots, *suprà*, n° 679-1°; Paris, 26 avr. 1813, aff. Brichoux *C.* N...); — 2° Que la déchéance, prononcée par l'art. 756 c. pr. contre les créanciers, à défaut de production ou de contestation à l'ordre dans le délai qu'il prescrit, est applicable au saisi lui-même ou à son cessionnaire, comme aux créanciers inscrits (Grenoble, 22 fév. 1827, rapp. avec Civ. rej. 16 nov. 1831, aff. Borel-Féline, *suprà*, n° 671-2°); — 3° Que le saisi, qui, depuis la sommation à lui faite de prendre communication du règlement provisoire, a laissé passer le délai d'un mois, fixé par l'art. 755 c. pr., sans contredire, est, de même que les créanciers, forclos du droit de contester ce règlement, alors surtout qu'il ne rapporte pas la preuve du payement total ou partiel de la créance qu'il veut faire rejeter de l'état de collocation (Paris, 2 déc. 1836) (1); — 4° Qu'il n'y a pas lieu de donner acte de la déclaration consignée dans une requête signifiée, cette requête faisant partie de la procédure (même arrêt); ni de celle faite par l'avocat à l'audience, cette déclaration ne pouvant pas lier la partie (même arrêt).

707. Le délai de trente jours court du jour de la dénonciation du règlement provisoire aux créanciers et à la partie saisie, conformément à l'art. 755 (V. *suprà*, n° 658). — Il a été jugé : 1° que, lorsqu'un fait de force majeure, tel que la mort du juge-commissaire, détenteur des pièces de l'ordre, a amené la perte de l'original de l'acte de dénonciation de l'état de collocation provisoire, les juges peuvent reconnaître, à l'aide de présomptions graves, précises et concordantes, l'existence régulière de cette dénonciation, ainsi que sa date, et, par suite, prononcer la forclusion contre le créancier qui n'a contredit qu'après l'expiration du mois à partir de cette dénonciation (Rej. 13 déc. 1853, aff. Dubois, D. P. 54. 1. 23); — 2° Qu'une nouvelle dénonciation, faite, en tant que de besoin, après la forclusion encourue, ne peut couvrir cette forclusion et faire revivre le droit de contredire (même arrêt).

708. Le délai de trente jours, accordé pour contredire, est-il fatal ou simplement comminatoire? C'était une question débattue, sous l'ancien code de procédure. Pour les uns, la forclusion, faute de contredit dans le mois de la dénonciation du règlement provisoire, résultait, d'une façon absolue, de la seule expiration du délai (Conf. MM. Pigeau, Comm., t. 2, sur l'art. 756, note 3; Chauveau sur Carré, quest. 2564 *bis*); pour les autres, au contraire, le créancier conservait, nonobstant l'expiration du délai, la faculté de contester ledit règlement jusqu'à la clôture de l'ordre. Il y a aussi des arrêts dans un sens et dans l'autre. La rédaction incomplète de l'art. 756 avait donné prise à la difficulté. Cet article ne parlant de forclusion qu'eu égard à la nécessité de *prendre communication* des productions ès mains du juge-commissaire, dans le délai d'un mois, on l'interprétait judaïquement, et l'on disait que la disposition ne s'appliquait pas à l'absence de contredits dans le même délai; d'autant mieux que l'art. 757 permettant aux créanciers de produire après le délai fixé, et, par suite, jusqu'à la clôture définitive de l'ordre, on jugeait qu'il était conséquent d'accorder aux créanciers également jusqu'à la clôture de l'ordre pour fournir leurs contredits. — Il a été jugé ainsi, sous le code de 1807, que les créanciers produisants peuvent contredire l'état provisoire de collocation jusqu'à la clôture de l'ordre : — « La cour; considérant que l'art. 756 ne prononce point de forclusion, ni de fin de non-recevoir, faute de contredire l'état provisoire de collocation dans le mois à dater de la sommation, et que les fins de non-recevoir ou nullités doivent être restreintes aux seuls cas formellement exprimés par la loi; qu'il résulte, au contraire, de la combinaison des art. 757 et suiv., jusqu'à l'art. 778, que tout créancier est admis à contredire ou contester les créances colloquées avant la sienne, jusqu'à la clôture définitive de l'ordre... » (Grenoble, 22 juill. 1810, aff. Jourdan *C.* N... — Conf. Nancy, 2e ch., 8 janv. 1834, aff. Carez *C.* André; Paris, 13 fév. 1836, aff. Pelletier *C.* Dumont; Poitiers, 9 juin 1837, aff. Desplaces *C.* Dumonteil).

709. Il a été jugé, au contraire : 1° qu'un créancier produisant, qui ne contredit pas l'état de collocation provisoire dans le mois, est forclos (Caen, 27 juill. 1813 (2).—Conf. Caen, 9 oct. 1813, aff. femme Fauvel *C.* de Gruel; Rennes, 24 nov. 1819, aff. Juhel; Orléans, 29 août 1821, aff. Leroy *C.* de Gerissay et Badin-Bourdon; Limoges, 3e ch., 19 juill. 1822, aff. Poitrenaud *C.* Bernard; Bourges, 2e ch., 29 nov. 1822, aff. enreg. *C.* Lanoisellée; Nîmes, 12 août 1829, aff. Blache *C.* Guérin et synd. Blache; Paris, 10 mars 1832, aff. Layard, v° Priv. et hyp., n° 2315; Lyon, 31 janv. 1849, aff. Dufaure de Citré *C.* Lhermuzière; Cass. 4 juin 1850, aff. veuve Encausse, D. P. 50. 1. 214; Bordeaux, 24 mars 1851, aff. Estenave *C.* Hang, arrêt cité au Journ. des av., t. 75, p. 259, art. 2093); — 2° Que, si les créanciers, qui n'ont pas produit dans le délai fixé par la loi, sont recevables à le faire jusqu'à la clôture de l'ordre, et si cette production tardive peut être valablement contredite par les créanciers, il n'en est pas de même, à l'égard des créanciers produisants, et particulièrement du créancier poursuivant l'ordre, qui demeurent forclos, faute de n'avoir pas contredit dans le mois, à partir de la dénonciation de l'état de collocation provisoire (Caen, 6 mars 1821 (3); V. encore Lyon, 1er déc. 1826, aff. Quillou, *infrà*, n° 729-1°); —

(1) (Gentil et Bart *C.* Debelle.) — La cour; — En ce qui touche l'appel de Gentil et l'intervention de Bart : adoptant les motifs des premiers juges; et considérant, en outre, que Gentil ne justifie pas, quant à présent, du payement entier ou partiel de la créance de Debelle; confirme, et déboute Bart de son intervention; — En ce qui touche les conclusions prises à la barre; — Considérant, sur la première partie, que les déclarations de Bart, dont il est demandé acte par Gentil, ont été faites dans une requête faisant partie de la procédure; que, dès lors, il n'y a lieu d'en donner acte; — Considérant, sur la seconde partie desdites conclusions, que de simples déclarations, faites par l'avocat seul dans sa plaidoirie, ne peuvent lier la partie; — Dit qu'il n'y a lieu de donner acte des déclarations relevées dans lesdites conclusions, etc.

Du 2 déc. 1836.-C. de Paris, 3e ch.-M. Lepoitevin, pr.

(2) (Biette *C.* Réville); — La cour; — Considérant qu'il résulte des dispositions combinées des art 756 et 760 c. pr, que le créancier produisant, qui ne contredit pas l'état arrêté par le commissaire, dans le mois qui suit la sommation qui lui en a été faite, est forclos, non-seulement de prendre communication des productions, mais encore de contredire; que cette forclusion est absolue; qu'elle s'acquiert par la seule expiration du délai, et qu'on ne peut, sans violer ouvertement le texte de l'art. 756, faire dépendre cette forclusion, soit de la clôture de l'ordre, soit de tout autre acte du commissaire; que, dans le fait particulier, il n'a été apporté, dans le délai du mois, aucun contredit à l'article de l'état d'ordre relatif à la somme de 5,500 fr. dont il s'agit; que seulement, le trentième jour, Réville fit lui-même un procès-verbal, par lequel il prétendit que le commissaire lui faisait grief, en ne lui accordant pas tout l'objet de la présentation, qui comprenait des demandes plus étendues; mais que c'est abuser des mots que de faire résulter d'un procès-verbal un contredit à l'article des 5,500 fr., parce qu'il est évident que Réville n'a fait de contestation réelle qu'au refus qui lui était fait de ses autres demandes; qu'au surplus, Réville s'étant postérieurement désisté de ses soutiens, à cet égard, pour s'en tenir à ce qui lui était accordé par l'état de collocation, les choses ont été remises au même état qu'avant ses soutiens, et tous les effets qu'on prétend faire résulter de ce prétendu contredit doivent cesser quand il n'existe plus; que la forclusion, prononcée par l'art. 756, étant une disposition d'ordre public, qui a pour but l'accélération des ordres, et que les tribunaux pourraient appliquer d'office, il est indifférent que Réville, avant de la proposer, ait fait quelques observations sur le fond, en répondant aux soutiens de Biette et Follebarbe; et que ce cas, d'ailleurs, n'a aucune similitude avec ceux prévus par l'art. 173 c. pr., parce qu'il s'agit, dans le cas présent, d'un droit irrévocablement acquis, auquel on n'est jamais censé renoncer que par un abandon formel; — Confirme.

Du 27 juill. 1813.-C. de Caen, 2e ch.- M. Lefollet, pr.

(3) (Créanc. Lainé *C.* Douanes.) — La cour; — Considérant que

3° Que l'exception de forclusion n'est pas couverte par cela que le créancier contesté aurait, moins d'un mois avant le contredit, formé une demande en provision sur le procès-verbal, une demande de cette nature ne changeant rien au soutien de la demande originaire (même arrêt) ; — 4° Que le créancier, qui a encouru la forclusion pour n'avoir pas contredit dans le délai, n'est pas fondé à le faire, sous le nom et comme ayant cause du débiteur, parce qu'en supposant que celui-ci y soit recevable, c'est là un droit qui lui est personnel et que ne peuvent invoquer les créanciers qui ont été parties dans l'ordre, et qui ayant la faculté de contredire, de leur chef, n'en ont pas usé (Caen, 31 déc. 1823) (1) ; — 5° Que, dans une procédure d'ordre, le défaut de signification, à la partie saisie, de la confection de l'état de collocation provisoire ne peut être opposé que par elle ; et, par suite, que le créancier produisant, qui n'a pas contredit le règlement provisoire dans le mois de la dénonciation qui lui en a été faite, doit être forclos, sans qu'il puisse se prévaloir, pour s'opposer à la forclusion, du défaut de dénonciation à la partie saisie, si celle-ci ne l'a pas opposé (Req. 31 août 1825 (2). — Conf. Nîmes, 18 juin 1832, aff. Jalaguier *C.* Rocheblave ; V. aussi Bourges, 17 déc. 1852, aff. Protat, *infrà*, n° 738-1°) ; — 6° Que le créancier, qui poursuit l'ordre, doit, comme les autres créanciers produisant à l'ordre, faire, à peine de déchéance, ses contredits dans le mois qui suit la dénonciation qu'il a faite de l'état de collocation provisoire (Cass. 10 déc. 1834) (3) ; — 7° Que le créancier, qui n'a pas contredit l'état de collocation provisoire dans le mois de la dénonciation qui lui en a été faite, avec sommation d'en prendre communication et de contredire, n'est pas relevé de la déchéance personnelle qu'il a encourue, par cela que pareille dénonciation et sommation n'auraient pas été faites, par le même acte, à l'un des avoués produisants, lequel, d'ailleurs, n'a pas contredit (Toulouse, 11 mai 1849) (4).

710. Il a été jugé encore que la déchéance résultant du défaut de contredit dans le délai légal, s'applique au syndic d'une faillite, partie dans un ordre, alors, d'ailleurs, qu'il a été mis en demeure de contredire, comme tous les autres créanciers produisants (Grenoble, 22 mai 1863, aff. créanc. Rey, D. P. 63. 2. 200). — Mais il a été jugé, contrairement à ce dernier arrêt, que la forclusion, encourue par les créanciers produisants qui n'ont pas contesté dans le délai prescrit par l'art. 756 c. pr. civ., n'est pas applicable aux syndics d'une faillite, quand même ils auraient été poursuivants et provocateurs de l'ordre (Agen, 16 mai 1838) (5). — Mais c'est là, à notre avis, une distinction tout à fait arbitraire, et qu'a justement proscrite l'arrêt

---

l'administration des douanes a dénoncé, le 31 déc. 1819, l'état de collocation au syndic des créanciers Lainé et aux créanciers produisants, et que la même dénonciation a été faite à Lainé, failli, le 3 fév. suivant ; — Que l'administration n'a apporté contredit à la demande en collocation formée par la dame Lainé que le 1er avr., près de deux mois après la dernière dénonciation de l'état de collocation ; — Que, si les créanciers, qui n'ont pas produit dans le délai fixé par la loi, sont recevables à le faire jusqu'au moment de la clôture de l'ordre, en supportant les frais auxquels leurs productions tardives et la déclaration de cette production aux créanciers auront donné lieu, ainsi que les intérêts qui auront couru postérieurement au jour où ils auraient cessé, si la production eût été faite, dans le délai fixé, conformément aux dispositions de la loi (art. 757 c. pr.), et si, pareillement, cette production tardive peut être valablement contredite par les créanciers, il n'en est pas de même à l'égard des créanciers produisants, lesquels, faute de prendre communication dans le délai d'un mois, aux termes des art. 755 et 756, demeurent forclos, sans nouvelle sommation ni jugement ; que l'administration des douanes est d'autant moins recevable à contredire la demande en collocation de la dame Lainé, après le visa d'un mois, que c'est elle-même qui a poursuivi l'ordre et signifié l'état de collocation ; — Que le tribunal de Saint-Lô n'a pas valablement décidé que la forclusion n'était pas encourue, sous prétexte que la dame Lainé avait formé une demande en provision sur le procès-verbal d'ordre, le 7 mars 1820, parce qu'une demande de cette nature ne change rien au soutien primitif de la dame Lainé, d'après lequel le juge-commissaire a fixé l'ordre de sa créance sur l'état de collocation ; — Infirme, etc.

Du 6 mars 1821.-C. de Caen.

(1) (Bourgeoise C. Bourdet.) — La cour ; — Considérant que Benoist, acquéreur des biens appartenant, en partie, à Casimir Bourdet, ayant fait notifier son contrat aux créanciers inscrits, sans qu'il ait été porté de surenchère, les demoiselles Bourdet ont provoqué l'ouverture d'un état d'ordre pour la distribution du prix de la vente consentie à Benoist, en tant seulement que de la portion afférente dudit Casimir Bourdet dans ledit prix ; — Que l'ordonnance, qui déclara le procès-verbal d'ordre ouvert, fut légalement notifiée à Gabriel Bourgeoise, en parlant à sa personne, le 15 avril 1818, avec sommation de produire, dans le mois, les titres et pièces qui établissaient sa créance sur Casimir Bourdet, et déclaration que, faute de produire, il serait forclos et considéré comme n'ayant aucune créance à exercer sur ledit Bourdet ; — Que, Bourgeoise n'ayant point produit, l'ordre a été clos, et ledit Bourgeoise déclaré déchu ; d'où suit qu'il n'est plus recevable à critiquer les collocations qui ont eu lieu ; — Qu'il prétend, à tort, être fondé à attaquer ces collocations, sous le nom et la qualité d'ayant-cause de son débiteur, parce qu'en supposant que Casimir Bourdet pût être recevable à argumenter de ce qu'il était défaillant lors du jugement de collocation, pour critiquer ces mêmes collocations, les droits dudit Bourdet, à cet égard, lui seraient personnels et ne pourraient être réclamés par des créanciers qui étaient parties à l'état d'ordre, ou y avaient été légalement appelés, et qui, dès lors, pouvaient contredire, par tous moyens, non-seulement le rang des créances réclamées, mais encore leur validité ; que, s'il en était autrement, il n'y aurait jamais rien de certain, en matière d'ordre et de distribution de deniers ; — Que, d'après ce qui vient d'être dit, il n'y a pas lieu à examiner le mérite des conclusions subsidiaires de Bourgeoise, tendant à faire décider que le montant de la collocation, obtenue par les demoiselles Bourdet, sera imputé, en tout ou partie, sur les droits qu'elles ont à exercer contre ledit Bourgeoise, à titre de recours subsidiaire ;.... confirme. »

Du 31 déc. 1823-C. de Caen, 1re ch.-M. Régnée, pr.

(2) (Rolland C. Filleul) ; — La cour ; — Attendu, sur le premier moyen, tiré de ce que le règlement provisoire aurait dû être signifié au domicile de la partie saisie, qui n'avait pas constitué d'avoué, que le demandeur se prévaut du droit d'autrui, et que, la partie saisie ne se plaignant pas du défaut de signification à son domicile, il n'est pas fondé à se prévaloir de ce défaut de signification ; — Attendu, sur le second moyen, que la signification de l'état provisoire ayant été faite à l'avoué du demandeur, le 30 nov. 1821, celui-ci n'a contredit que le 14 janv. 1822 (le quarante-quatrième jour de ladite signification), tandis que la loi lui imposait de faire ses contredits dans le mois ; qu'ainsi la forclusion a pu lui être valablement opposée ; rejette le pourvoi formé contre l'arrêt de la cour de Grenoble, du 4 mai 1824.

Du 31 août 1825.-C. ch. req.-M. Lecoutour, rap.

(3) (Renaud C. veuve Issanchon.) — La cour ; — Vu les art. 754, 755 et 756 c. pr. civ. ; — Attendu que, l'art. 754 prescrivant à chaque créancier de produire ses titres, avec acte de produit, entre les mains du juge-commissaire, le poursuivant ordre, qui n'est lui-même qu'un de ces créanciers, est, comme chacun des autres, assujetti à cette mesure ; que, par suite, la préfixion du délai d'un mois, imparti, par l'art. 755, aux créanciers produisants, pour prendre communication de l'état de collocation provisoire et contredire, s'il y a lieu, ainsi que la forclusion prononcée, dans le cas prévu par l'art. 756, contre les mêmes créanciers produisants, sont également communs au poursuivant ordre ; — Attendu, dès lors, que l'arrêt attaqué, en refusant d'appliquer cette forclusion à la veuve Issanchon, poursuivant ordre, a formellement violé le susdit art. 756 ; casse l'arrêt de la cour de Toulouse, du 3 mars 1830, etc.

Du 10 déc. 1834.-C. C., ch. civ.-MM. Dunoyer, f. f. pr.-Quéquet, rap. Laplagne-Barris, 1er av. gén., c. conf., Berton et Mandaroux, av.

(4) *Espèce* : — (Oustry et Rome C. Dejean.) — Jugement ainsi conçu :... « Attendu qu'une seconde objection est prise, en la forme, par les parties d'Azaïs contre la forclusion de ce qu'un avoué produisant (Me Hilaire) avait été oublié dans la sommation de prendre communication de l'état provisoire et contredire ; — Attendu, sur ce point, qu'aucune disposition de la loi ne prescrit, à peine de nullité, de dénoncer en même temps, et par le même acte, l'état provisoire à tous les créanciers produisants ; que ce serait donc créer une nullité que de la prendre de ce qu'un créancier n'a pas été sommé par le même acte que les autres ; — Attendu, d'ailleurs, qu'il est de principe, établi par la jurisprudence, que la procédure d'ordre est essentiellement divisible ; que chaque acte est opposable aux créanciers auxquels il a été notifié, et que, les sommations faites à l'avoué de la dame Jeanne Oustry, le 28, et au sieur Sarrat, le 9 sept. 1847, étant régulières, elles ont fait courir contre eux le délai de la forclusion, sans qu'ils puissent tirer avantage de ce que la notification à l'avoué de Dirat et Ger n'a été faite que plus tard, alors surtout que le dernier avoué n'a pas contredit » — Appel. — Arrêt.

La cour ; — Adoptant les motifs des premiers juges, confirme.

Du 11 mai 1849.-C. de Toulouse, 3e ch.

(5) (Lérin C. Léglise.) — La cour ; — Attendu que les syndics ne sauraient avoir encouru la forclusion portée par l'art. 756 c. pr. civ., pour n'avoir pas contesté dans le mois porté par cet article ; — Que les syndics d'une faillite représentant la masse des créanciers et exerçant les droits généraux de la masse, même contre les créanciers particuliers, ne peuvent être assimilés aux créanciers produisants, atteints par la déchéance dudit article ; — Que les syndics n'ont pas de pièces à produire dans la distribution, mais bien seulement les créanciers individuellement pris ; — Qu'en vain on leur donne la qualité de poursuivants, comme

de Grenoble, en disant « que l'obligation de contredire dans le mois, à peine de déchéance, a été introduite dans un intérêt d'ordre public; qu'on ne saurait en affranchir le syndic d'une faillite, sous le prétexte qu'il n'est pas créancier produisant, puisque le syndic, représentant la masse des créanciers, ne saurait avoir plus de droits que les créanciers eux-mêmes, et qu'il n'est pas permis de créer une distinction là ou la loi ne distingue pas, en admettant, d'ailleurs, comme dans l'espèce, que le syndic est intervenu dans l'ordre, et qu'il a été mis en demeure de contredire comme tous les autres créanciers produisants » (Conf. MM. Ollivier et Mourlon, n° 373; Bioche, v° Ordre, n° 437, 3e éd., 5e tirage; Chauveau sur Carré, quest. 2564, à la note).

711. Ces difficultés aujourd'hui ne peuvent plus se représenter; car le nouvel art. 756 dit, en termes exprès, que, « faute, par les créanciers produisants et la partie saisie, de prendre communication de l'état de collocation et *de contredire*, dans ledit délai, ils demeurent forclos, sans nouvelle sommation ni jugement... » Quand les termes de la loi ne seraient pas aussi explicites, le rapport de M. Riché ne laisserait aucun doute sur l'intention du législateur : — « Avertis de l'existence de l'état de collocation, dit-il, les créanciers et le saisi peuvent en prendre communication au greffe et le contredire, dans le délai de trente jours. *L'expiration du délai entraîne déchéance, de plein droit*, comme sous la loi préexistante » (D. P. 58. 4. 55, n° 81.—Conf. MM. Chauveau, Proc. de l'ordre, quest. 2564 *quater*, n° 2 ; Ollivier et Mourlon, n° 382 ; Bioche, v° Ordre, n° 450, 3e éd.; Houyvet, n° 255). — Mais il a été jugé que le créancier produisant, qui, par suite d'une erreur matérielle commise dans son acte de produit, a été colloqué, dans le règlement provisoire, pour une somme moindre que celle qui lui est réellement due, est recevable à demander, par voie de contredit, la rectification de cette erreur matérielle et la réformation, en ce point, du règlement provisoire, sans que les créanciers postérieurs puissent lui opposer la déchéance résultant de l'art. 755 c. pr., sous prétexte qu'il s'agirait là d'une nouvelle demande de collocation, alors surtout que l'erreur matérielle est démontrée par les pièces mêmes fournies par le créancier dans son acte de produit (trib. civ. d'Auxerre, 3 déc. 1859, aff. Chastellet *C.* X...; Journ. des av., t. 85, p. 25, art. 3).

712. Concluons de ce qui précède que le règlement provisoire, qui n'a pas été contredit dans les délais, a toute l'autorité d'un jugement, puisque ce n'est qu'en cas de contestation que les parties sont renvoyées à l'audience. Or, comme le dit très-bien M. le procureur général Merlin, dans ses conclusions relatives à l'affaire Dumolard (Rép., v° Saisie imm., § 8, n°4), si les vices d'un jugement sont couverts par le silence que garde la partie qui aurait le droit de s'en plaindre, pendant le délai d'appel, pourquoi en serait-il autrement du règlement provisoire de collocation? — Il a été jugé ainsi : 1° qu'à défaut de contredit de l'état provisoire dans le délai, la collocation d'un créancier est définitive et irrévocable, bien qu'elle ne soit pas fondée, et qu'il n'est pas permis aux juges de la réformer d'office (Bordeaux, 24 janv. 1837) (1); — 2° Que la forclusion, encourue par les créanciers produisant dans un ordre, faute, par eux, d'avoir contredit dans le délai, a pour effet de donner au règlement provisoire force de chose jugée, de fixer, par conséquent, d'une manière irrévocable, le rang des créanciers, lors même qu'un de ces créanciers aurait été colloqué à la date d'une inscription périmée, si, d'ailleurs, la dette n'est pas éteinte; que le défaut de contestation, en temps utile, équivaut à un acquiescement (Bourges, 17 déc. 1852, aff. Protat, D. P. 54. 2. 65).

713. Nous avons dit plus haut, n° 703, que la forclusion, encourue par le créancier, faute de contredire dans le mois, le rend non recevable à contester, non-seulement l'ordre des collocations, mais la légitimité des créances colloquées. — Mais le créancier forclos est-il déchu du droit d'invoquer l'extinction, soit totale, soit partielle, des créances colloquées? M. Chauveau, sur Carré, quest. 2564 *ter*, et Proc. de l'ordre, quest 2564-4°, n° 3, répond négativement; car, en ce cas, dit-il, le créancier ne conteste ni la légitimité des créances, ni l'ordre des collocations; il se borne à prouver que les créances sont éteintes par l'un des modes que prévoit la loi civile. Ce n'est donc pas là contredire, dans l'acception véritable du mot. — Telle est aussi notre opinion, conforme, ainsi qu'on va le voir, à la jurisprudence (Conf. MM. Bioche, v° Ordre, nos 439, 440 et 455 ; Houyvet, n° 255; Seligman, n° 332; Flandin, Tr. de l'ordre, inéd.) — M. Lancelin, dans ses Observations au corps législatif, à propos de la loi du 21 mai 1858, demandait que ce point fût consacré législativement. Mais c'était chose bien inutile, parce que, comme il le dit lui-même, « il serait absurde d'ordonner le payement d'une somme dont la répétition pourrait être immédiatement exigée (c. nap. 1235 et 1377). C'est, du reste, ajoute-t-il, l'application du principe que la chose jugée tombe devant la production d'une quittance. » On sait, en effet, que c'est chose sous-entendue, dans un jugement de condamnation, quand cela n'y est pas formellement exprimé, que la partie, condamnée à payer une certaine somme, peut toujours s'acquitter en deniers ou quittances (V. Chose jugée, nos 376 et suiv.) — MM. Ollivier et Mourlon cependant, n° 385, n'admettent la doctrine de M. Chauveau qu'autant que la cause d'extinction de la créance ou bien est postérieure à l'expiration du délai pour contredire, ou, si elle existait antérieurement, est restée inconnue du créancier forclos par suite d'un concert frauduleux entre le créancier colloqué et le saisi. Mais cette doctrine, en somme, diffère peu de l'autre ; car il est bien évident que le créancier, s'il avait connu l'extinction de la créance avant l'expiration du délai de l'art. 756, n'aurait pas manqué d'en demander le rejet de l'ordre.—Il a été jugé, conformément à la doctrine précitée : 1° que le créancier, qui, ayant laissé passer le délai pour contredire, a fait valoir postérieurement, contre un créancier colloqué avant lui, l'exception de quittance, ne peut pas être repoussé par la forclusion (Rej. 17 janv. 1827, aff. veuve Crépin, v° Obligation, n° 1886);—2° Que, tant que les bordereaux de collocation n'ont pas été délivrés, et que l'ordre n'a pas été clôturé, le créancier, qui a laissé passer les délais de droit, sans faire de contredits sur le règlement provisoire, est toujours recevable à opposer l'exception de payement à un créancier antérieur, et à se faire colloquer, suivant son rang, sur la somme indûment attribuée à ce créancier (Nîmes, 16 déc. 1830) (2); — 3° Que la demande en rejet d'une collocation, par le motif, que, postérieurement à l'ouverture de

---

ayant provoqué l'ordre, pour avoir occasion de leur appliquer la jurisprudence des arrêts, qui assimile le créancier poursuivant et le créancier produisant, quant à la forclusion dont il s'agit; — Qu'en effet, si les syndics ont été poursuivants, ils l'ont été comme administrateurs de la faillite, auxquels la loi en faisait une obligation impérieuse, et non comme créanciers, seule qualité qui peut les faire rentrer dans la catégorie de ceux compris dans la forclusion de l'art. 756 ; — Qu'au surplus, les déchéances sont de droit étroit, et doivent être restreintes aux seuls cas pour lesquels elles ont été créées ; — Que, si la forclusion a pour objet de punir un créancier négligent qui a personnellement commis une faute, on ne doit pas croire que le législateur ait voulu l'étendre à des syndics qui administrent les intérêts d'une faillite, et dont la négligence ou l'oubli aurait son contre-coup sur la masse des créanciers; — Infirme, etc.

Du 16 mai 1838.-C. d'Agen, 2e ch.-M. Bergognié, pr.

(1) (Femme Guy-Labarthe *C.* veuve Guiraud.) —LA COUR;—Attendu que l'épouse Guy-Labarthe est remplie des 8,000 fr. qui forment le montant de sa dot, ou que, tout au moins, elle a, pour le recouvrement de cette même dot, toutes les sûretés promises par son contrat de mariage; qu'indépendamment des 8,000 fr., l'épouse Guy-Labarthe réclame 5,428 fr. 10 c., pour droits échus pour les successions paternelle et maternelle; mais que rien ne justifie que son mari ait touché cette dernière somme; que, toutefois, et bien qu'elle ne fût plus créancière, l'épouse Labarthe a été colloquée pour la somme de 3,077 fr., à titre de solde de ses droits, par le juge-commissaire à l'ordre, dans l'état dressé par lui ;—Attendu que cet état ne contient aucun contredit à l'égard de cette collocation; qu'il est devenu définitif; que tout créancier, qui en a pris communication sans contester, est censé y avoir adhéré; qu'en un mot, il s'est ensuivi une forclusion qui ferme les débats sur la légitimité de la créance admise par le juge-commissaire; que, quelque dénuée de fondement que paraisse celle de 3,077 fr. reconnue en faveur de l'épouse Labarthe, on doit, par la seule force de la chose jugée, la rétablir dans l'ordre, les premiers juges n'ayant pu renverser une collocation qui n'était pas contredite;... — Infirme.

Du 24 janv. 1837.-C. de Bordeaux, 4e ch.

(2) (Valès *C.* hér. Valette.) — LA COUR; — Attendu qu'il résulte du contrat de mariage d'André Mazot avec Marie Valette, sous la date du 29 avr. 1790, que Pierre Domergue paya une somme de 1,800 fr. à l'ac-

l'ordre, la créance colloquée aurait cessé d'exister, est valablement formée, même après les délais pour contredire, tant que la clôture de l'ordre n'a pas été prononcée (Paris, 13 fév. 1852, aff. de Croze, D. P. 52. 5. 392, n° 10; V. encore Paris, 2 déc. 1836, aff. Gentil et Bart, *suprà*, n° 706-3°; Bourges, 17 déc. 1852, aff. Protat, D. P. 54. 2. 65; Cass. 24 avr. 1854, aff. Barret, D. P. 54. 1. 156).

714. Il est plus évident encore, et il a été jugé : 1° qu'un créancier, en s'abstenant de critiquer, dans un ordre, une créance colloquée avant la sienne, ne perd pas, pour cela, le droit de l'attaquer ultérieurement dans un autre ordre (Douai, 7 juin 1848, aff. Salligot, D. P. 49. 2. 194.—Conf. trib. civ. de la Seine, 4° ch., 22 fév. 1851, aff. Latour du Pin *C.* Maimbourg; Bordeaux, 27 janv. 1853, aff. Moncorgé *C.* Malescot, arrêt cité au Journ. des av., t. 80, art. 2093, p. 265); — 2° ... Qu'à plus forte raison, ce droit existe pour le créancier qui n'a pas été partie audit ordre (arrêt précité du 7 juin 1848).

715. On admet, cependant, que la contestation peut être utilement élevée par un créancier, après l'expiration du délai, lorsqu'elle a le caractère d'une défense, et qu'il s'agit, pour ce créancier, de conserver le rang qui lui a été attribué. C'est un droit semblable à celui qu'accorde l'art. 443 c. pr., qui permet l'appel incident en tout état de cause, parce qu'il est de règle que le droit de défense subsiste tant que dure l'attaque, et qu'il serait aussi injuste que déraisonnable de refuser la défense, sous prétexte que le délai du contredit est expiré, alors que l'attaque ne se serait produite qu'au dernier jour de ce même délai (Conf. MM. Ollivier et Mourlon, n° 385; Bioche, v° Ordre, n° 495, 3° éd., 5° tirage; Chauveau sur Carré, quest. 2564-4°; Houyvet, n° 236; Seligman, n° 333; Flandin, Tr. de l'ordre, inédit). — Il a été jugé ainsi : 1° que des contredits sur le règlement provisoire, lorsqu'ils sont proposés par voie d'exception ou de défense à d'autres contredits régulièrement proposés dans le mois, ne sont pas soumis à la déchéance établie par l'art. 756 c. pr., en ce qu'ils ne l'auraient pas été dans le mois (Rej. 18 déc. 1837, aff. Boisville, v° Exceptions, n° 561); — 2° Que la déchéance, à défaut de contestation à un ordre, dans le délai prescrit, ne s'applique point à celui dont la créance a été contestée, et qui n'élève incidemment une contestation que comme moyen de défense et pour conserver le rang qui lui est attribué (Paris, 27 juill. 1850, aff. Pourtalès, D. P. 51. 2. 168); — 3° Que le créancier dont la collocation en rang utile, dans un ordre, est contestée, est recevable, bien qu'il n'ait pas contredit l'état provisoire, à se prévaloir, par voie d'exception, de tous les moyens propres à faire maintenir cette collocation (Bordeaux, 2° ch., 31 août 1834, M. Troplong, pr., aff. Augièras *C.* Boyer); — 4° Que la déchéance, prononcée par l'art. 756 c. pr., n'est encourue qu'autant que les prétentions, émises après le délai fixé pour contredire, ont pour objet de modifier le règlement provisoire; que, par suite, un créancier est recevable à proposer tous nouveaux moyens à l'appui de la collocation qu'il a obtenue, lorsqu'ils ne peuvent avoir pour conséquence d'apporter un changement dans les résultats de l'ordre; et, spécialement, qu'une femme, colloquée, en vertu de son hypothèque légale, après des créanciers envers qui elle était solidairement obligée avec son mari, peut, quoique après l'expiration du délai pour contredire, se prévaloir de la subrogation légale résultant, à son profit, de la collocation de ces créanciers sur le prix d'un de ses immeubles, compris dans la même adjudication avec ceux de son mari, pour faire maintenir sa collocation au regard d'un autre créancier qui a contredit en temps utile, et qui veut se faire colloquer avant elle (trib. civ. de Lyon, 10 avr. 1862) (1). — Toutefois, il a été jugé que, si un créancier, utilement colloqué dans un règlement provisoire, et qui n'a point contredit dans le délai légal, n'en conserve pas moins le droit de défendre à une contestation qui aurait pour effet de lui assigner un rang moins avantageux que celui qui lui était conféré par le règlement, cependant ce créancier ne peut plus élever de contestation sur la nature du droit qui a servi de fondement à sa collocation, et demander, par exemple, à être colloqué, non plus en vertu et à la date de son hypothèque, mais comme subrogé dans l'hypothèque légale de la femme, sa débitrice, et à la date de cette hypothèque, alors même que le contestant, venant après lui, aurait conclu à être colloqué au même titre de subrogé dans l'hypothèque légale de la femme (Bourges, 27 janv. 1845) (2).

---

quit de Jeanne Valette, son épouse; que ce payement diminuait d'autant le capital des reprises dotales de ladite Jeanne Valette, et, par suite, les intérêts qui lui étaient dus; — Attendu que la demande des sieurs Valès, père et fils, n'avait pas pour objet de contester, ni la légitimité, ni le rang de la créance pour laquelle les héritiers Valette avaient été alloués, ni, par conséquent de faire révoquer ladite collocation; mais qu'en rapportant la preuve du payement ou de la compensation qui s'est opérée d'une somme de 1,800 fr. sur le montant de ladite collocation, il y avait lieu de déduire cette somme du bordereau qui devait lui être délivré; que, puisque l'exception de payement peut être opposée, même en exécution de la chose jugée, il n'y a pas de raison pour qu'elle ne puisse pas l'être en exécution du contrat judiciaire, qui se forme par le défaut même de contestation de la part des créanciers postérieurs à l'allocation éteinte par le payement de la créance non contestée; que, tant que les bordereaux de collocation n'ont pas été délivrés, et que l'ordre n'a pas été clôturé, il n'y a pas de novation opérée, et les hypothèques ne sont point éteintes, puisqu'aux termes des art. 759 et 767, c'est l'ordonnance de clôture qui prononce la déchéance des créanciers non produisants et la radiation des inscriptions; qu'ainsi le créancier, qui était lui-même alloué dans le même ordre, quoiqu'à un rang qui n'avait point été utile, si aucuns des créanciers alloués antérieurement avaient été payés, a bien le droit d'exciper lui-même du payement qui peut avoir eu lieu de certaines créances, non pour en faire changer le rang dans la distribution du prix, ce qui est l'objet de l'ordre, mais pour obtenir lui-même le bordereau de sa créance au rang qui lui a été assigné, et qui est rendu utile par l'extinction de l'une de celles qui le précédaient;—Infirme, etc.

Du 16 déc. 1830.-C. de Nîmes.-M. Thourel, pr.

(1) (Mineur Luizet *C.* veuve Luizet); — Le tribunal; — Attendu que, d'une part, il est constant que les engagements, contractés par la femme Luizet solidairement avec son mari, l'ont été dans l'intérêt de ce dernier, qui a seul profité des sommes prêtées; que, d'autre part, l'attribution faite aux quatre premiers créanciers, en vertu de cet engagement solidaire, de partie du prix de l'immeuble propre à la femme, équivaut à un véritable payement fait par cette dernière; qu'ainsi se trouvent réunies les conditions exigées par la loi (c. nap. 1251, § 3) pour la subrogation légale; — Attendu qu'on objecterait, à tort, que la veuve Luizet ne s'est point prévalue de cette subrogation dans sa demande en collocation, et que, n'ayant pas contredit l'état de collocation provisoire, elle doit être, à cet égard, frappée de la déchéance édictée par l'art. 756 de la loi du 21 mai 1858; — Attendu, en effet, que cette déchéance ne peut atteindre que les demandes qui ont pour objet de faire apporter une modification à l'état de collocation provisoire; que telle n'est point la prétention de la veuve Luizet, qui en réclame purement et simplement le maintien, et qui est, dès lors, recevable à proposer un nouveau moyen à l'appui de sa demande, alors que ce moyen ne peut amener aucun changement dans les résultats de l'ordre provisoire;... — Maintient l'état de collocation provisoire, etc.

Du 10 avr. 1862.-Trib. civ. de Lyon, 1re ch.

(2) (Gargilesse *C.* Maquet.)—La cour...:—Sur la deuxième question: — Considérant que, dans les deux règlements provisoires dressés par le juge-commissaire, en 1840 et 1843, de Gargilesse a été colloqué, au premier rang, sur le prix à distribuer, mais seulement en vertu de l'inscription résultant du bail consenti aux époux de Lestang le 3 mai 1832; —Que non-seulement de Gargilesse n'a pas contredit sur cette collocation provisoire, dans le délai fixé par la loi, mais qu'il l'a formellement approuvée par un dire du 30 fév. 1843; — Qu'elle est donc devenue définitive à son égard, non-seulement quant au rang qu'elle lui assignait, mais encore quant à la nature du droit hypothécaire qui en était la source; — Que, cependant, les demoiselles Maquet, colloquées après de Gargilesse, mais ayant pour obligés solidaires les époux de Lestang, ont, dans le délai utile, contredit le procès-verbal de collocation provisoire et demandé à être colloquées au rang de l'hypothèque légale de la dame de Lestang, dont elles ont fixé les reprises à 5,000 fr.; — Que, pour maintenir sa collocation au premier rang, l'appelant a combattu devant le tribunal cette prétention des intimées, ce qu'il avait bien le droit de faire; mais qu'il a demandé, en outre, à jouir du même avantage de la subrogation, ayant lui-même pour obligés les sieur et dame de Lestang;

Mais que cette prétention n'était plus recevable, puisqu'elle formait réellement un contredit élevé contre le règlement provisoire hors du délai fixé par la loi; — Qu'il n'aurait pas dû suffire à l'appelant d'avoir été colloqué provisoirement au premier rang comme créancier du sieur de Lestang, qu'il aurait dû réclamer pour ne l'avoir pas été comme subrogé aux droits de la dame de Lestang, et que le silence gardé sur la même demande en subrogation par les demoiselles Maquet, lors de leur production, ne saurait relever l'appelant d'une déchéance encourue; — Confirme.

Du 27 janv. 1845.-C. de Bourges.-M. Aupetit-Durand, pr.

716. De ce que le créancier, qui a laissé passer le délai sans contredire, demeure forclos, des arrêts en ont conclu qu'il ne peut pas intervenir dans les contestations élevées par d'autres créanciers qui ont contredit dans le délai, parce que ce serait un moyen indirect de se faire relever de la forclusion qu'il a encourue et de l'approbation tacite qu'il a donnée, par son silence, au règlement provisoire. — Il a été jugé, dans ce sens : 1° qu'un créancier, qui n'a pas contredit l'état de collocation et a ainsi tacitement consenti à son exécution, n'est pas recevable à intervenir en appel, dans une contestation relative audit état de collocation, et à critiquer le jugement d'ordre (Metz, 15 fév. 1812) (1) ;—2° Que le créancier qui a été appelé à l'ordre et y a produit ses titres, ne peut, s'il n'a pas contredit, dans le mois de la notification à lui faite de l'état de collocation provisoire, intervenir, à l'audience, dans les contestations qui se sont élevées entre les créanciers colloqués ; qu'il demeure forclos, quoique l'ordre ait été ouvert sur sa poursuite : — « La cour; attendu que l'arrêt attaqué, en décidant, d'après les motifs qui y sont énoncés, que les demandeurs n'étaient point recevables dans leur intervention, faute, par eux, d'avoir fait leur réclamation contre les autres créanciers, dans le délai prescrit par l'art. 756 c. pr., n'en a fait qu'une juste application ; rejette le pourvoi contre l'arrêt de la cour de Paris, du 9 mai 1812 » (Civ. rej. 12 déc. 1814, MM. Muraire, 1er pr., Pajon, rap., aff. Ronesse C. Daudrey);—3° Que le créancier, qui a laissé passer le délai d'un mois sans contredire, et qui n'a pris aucune part, en première instance, à une contestation élevée entre d'autres créanciers, au sujet de la collocation de l'un d'eux, n'est pas recevable à intervenir, en cause d'appel, dans cette contestation ; que ce serait un moyen de se soustraire à la forclusion portée dans l'art. 756 c. pr. (Limoges, 5 juin 1823 (2). — Conf. Paris, 3e ch., 7 juin 1834, aff. hér. la Pelletrie C. Gauthier, Limoges, 3e ch., 18 mai 1840, MM. Lavaud-Condat, pr., Decous, 1er av. gén., c. conf., aff. Antignac et Tybeyrant C. Mazoyer) ; — 4° Que le créancier, qui n'a point contesté, à l'ordre, le titre d'un autre créancier, et qui, en première instance, a conclu au maintien de l'état de collocation, n'est point recevable, en appel, à contester la collocation de ce même créancier (Bordeaux, 15 déc. 1826) (3) ; — 5° Que le créancier qui a produit à l'ordre, et qui n'a pas contredit, dans le délai, l'état de collocation provisoire qui lui a été dénoncé, a encouru, par voie indirecte, une forclusion définitive et absolue dont il ne peut se faire relever, en profitant du contredit d'un autre créancier, alors surtout que ce dernier en éprouverait du préjudice (Bordeaux, 24 fév. 1829) (4) ;— 6° Que la forclusion, encourue par un créancier, qui n'a pas contredit dans le délai, ne lui permet pas de profiter du contredit formé par un autre créancier en temps utile, et de se le rendre commun, alors surtout que le désistement de ce dernier créancier avant le juge-

---

(1) (Poulain C. D....) — La cour ; — Attendu, sur la première question, que Poulain ne peut être intervenant que pour autoriser sa femme à ester en justice; que, n'ayant pas contredit personnellement l'état de collocation qui lui a été dénoncé, il l'a tacitement approuvé et a consenti qu'il sortît son effet ; il n'a pas dû être appelé, ni figurer au jugement d'ordre qui a rejeté les contredits de sa femme, puisqu'aux termes de l'art. 758 c. pr., les contestants seuls doivent être renvoyés à l'audience ; qu'il n'est, conséquemment, pas recevable à intervenir pour attaquer ce jugement, qui n'a fait que sanctionner l'état de collocation qu'il n'a pas contredit, dans le délai fixé par l'art. 755 du même code.

Du 15 fév. 1812.-C. de Metz.

(2) (Bernard et Audoine C. Tixier Duchez.) —La cour ; — Attendu, en ce qui touche la demande en intervention de Duchez, que la cour n'a à statuer que sur les contredits auxquels ont donné lieu les collocations des sieurs Bernard et Audoine, appelants ; que, jusqu'au moment où Duchez a demandé à intervenir devant la cour, il n'avait pris aucune part à ces contredits, et qu'aux termes de l'art. 756 c. pr., il s'était, ainsi, laissé déchoir du droit de critiquer les collocations desdits Bernard et Audoine, faute par lui d'avoir contredit dans le délai fixé par la loi ; — Attendu que, dans cet état de choses, Duchez ne peut être admis à intervenir devant la cour pour faire maintenir le jugement qui a éliminé de l'ordre les deux appelants, puisqu'il se trouverait, ainsi, indirectement relevé, par son intervention, de la forclusion par lui encourue ; ce qui ne saurait se concilier avec la disposition formelle et absolue de l'art. 756 c. pr. ; — Attendu, au surplus, qu'aux termes de l'art. 466 du même code, on ne peut intervenir, en cause d'appel, qu'autant qu'on pourrait former tierce opposition, et que cette voie ne serait pas ouverte à Duchez contre l'arrêt à intervenir, quand même il réformerait le jugement dont est appel : d'abord, parce que, cet arrêt ne faisant en cela qu'établir l'état de collocation provisoire tel que Duchez est censé l'avoir tacitement approuvé lui-même par son silence, il ne pourrait se plaindre d'une pareille décision, et que, d'un autre côté, ledit Duchez ne devrait pas être appelé devant la cour, n'ayant pris, jusqu'alors, aucune part aux contredits au sujet desquels l'appel a été interjeté ;

Attendu, en ce qui concerne la forclusion opposée par les appelants aux intimés, qu'il est constant que ces derniers n'ont critiqué les collocations des appelants qu'après l'expiration du délai que la loi leur avait accordé pour cela ; que la forclusion qui leur est opposée a été, par conséquent, réellement encourue par eux, et qu'ils doivent en subir les conséquences, à moins que, ainsi qu'ils l'ont prétendu, leurs adversaires ne soient plus recevables aujourd'hui à proposer cette exception ; — Attendu, sur cette dernière question, que l'exception résultant de la forclusion ou déchéance prononcée par l'art. 756 c. pr. est, pour la partie intéressée à s'en prévaloir, une véritable exception péremptoire du fond, et non pas une simple nullité d'acte de procédure ou exception de forme, que l'art. 173 du code ci-dessus cité n'astreint à présenter, *in limine litis*, que cette dernière espèce d'exceptions, et que l'on doit induire du silence de la loi, relativement aux autres, qu'elle a voulu qu'elles pussent être présentées en tout état de cause, comme tous autres moyens de défense, qu'on est d'autant mieux fondé à croire que tel a été la volonté du législateur, que l'ordonnance de 1667 avait une disposition expresse sur l'emploi de toutes les exceptions, en général ; que néanmoins, sous l'empire de cette ordonnance, on n'était pas d'accord sur celles qui devaient nécessairement être proposées au commencement de l'instance, et qu'enfin, lors de la rédaction du code de procédure, la cour de cassation, dans ses observations sur le projet de ce code, avait exprimé l'opinion ou demande que les exceptions préparatoires du fond, c'est-à-dire celles qui écartent à jamais l'action, pussent être opposées, en tout état de cause ; — Attendu, au surplus, que, les fins de non-recevoir étant une espèce de peine, il suffirait que celle invoquée aujourd'hui par les intimés ne fût prononcée par aucun texte du code de procédure, pour qu'elle ne dût pas être accueillie, n'y ayant rien d'ailleurs, dans les principes du droit, qui puisse, sur ce point, suppléer au silence de la loi ; — Attendu que les motifs qui viennent d'être développés établissent suffisamment que les appelants, par cela seul qu'ils n'ont pas proposé, *in limine litis*, l'exception de forclusion qu'ils invoquent, ne sont pas non recevables à la proposer aujourd'hui ; que néanmoins, à l'appui de cette opinion, on peut encore ajouter que la forclusion ou déchéance dont il s'agit est une espèce de prescription, et qu'aux termes de l'art. 2224 c. civ., la prescription, qui est elle-même aussi une exception péremptoire du fond, peut être opposée en tout état de cause, même en appel, à moins qu'on ne doive, par les circonstances, être présumé y avoir renoncé ; — Attendu, sur ce point, qu'il ne résulte pas suffisamment des circonstances de la cause que les appelants aient renoncé tacitement à la forclusion qu'ils opposent aujourd'hui aux intimés ; qu'en conséquence, c'est le cas d'accueillir cette exception et de réformer, par suite, le jugement dont est appel, etc., etc.

Du 5 juin 1823.-C. de Limoges.-M. Guillibert, av. gén., c. contr.

(3) (Faurès, Datin C. Beyermann.) — La cour ; — Attendu, sur l'appel incident formé par Beyermann contre Datin, que ce dernier est au quatrième rang ; qu'avant et lors de cette collocation, Beyermann n'a point critiqué le titre de Datin ; qu'il n'en a rien dit dans son contredit à l'ordre, et qu'au contraire, il a formellement demandé, par ses conclusions prises à l'audience par le ministère de Me Vergès, son avoué, et insérées dans le jugement dont est appel, que l'état de collocation fût maintenu, et que les contestants fussent condamnés aux dépens ; que, par de telles conclusions, Beyermann s'est interdit la faculté de venir contester, en cause d'appel, une collocation qu'il a approuvée en première instance ; — Infirme.

Du 15 déc. 1826.-C. de Bordeaux, 4e ch.

(4) (Hér., Despaigne C. Anglès.) — La cour ; — Considérant, en fait, que les héritiers Despaigne, créanciers produisants, ont négligé de prendre communication de l'état de collocation provisoire, et de contredire dans le délai d'un mois, à partir de la dénonciation et sommation à eux faites par les mariés Anglès, parties poursuivantes ; — Considérant, en droit, que l'art. 756 c. pr. décide, en termes exprès, que les créanciers produisants, qui n'auront pas pris communication des productions ès-mains du commissaire, dans le délai porté par l'art. 755, demeureront forclos, sans nouvelle sommation ni jugement ; que cette expression *forclos* de l'art. 756 présente un sens définitif et absolu ; qu'elle entraîne l'exclusion formelle du droit de contredire, et, par conséquent, la faculté d'attaquer le travail du juge-commissaire, même par voie indirecte, et en profitant du contredit d'un autre créancier ; que tout créancier non contestant adhère, par son silence, à la collocation provisoire, qui, dès ce moment, devient pour lui définitive ; qu'après avoir encouru la déchéance en ne contestant pas, il ne saurait être relevé de sa négligence par le contredit d'un créancier plus vigilant, surtout lorsqu'il arriverait,

ment ne laisse plus rien qui puisse servir de base à la contestation (Nîmes, 20 janv. 1852) (1).

717. D'autres arrêts, au contraire, ont jugé en faveur du droit d'intervention; et c'est cette doctrine que nous préférons. Elle est pareillement adoptée par la plupart des auteurs, sous cette condition, pourtant, que le créancier, qui veut intervenir, y ait un véritable intérêt. Comment, en effet, refuser au créancier, qui n'a pas contredit pour son compte, la faculté d'intervenir dans un débat qui peut avoir pour résultat de changer l'ordre des collocations et de mettre en péril le rang utile assigné au créancier non contestant, et qui n'avait pas eu d'intérêt à contester jusque-là? Il semble, d'ailleurs, que la question soit indirectement résolue, dans ce sens, par l'art. 760, qui appelle dans l'instance les créanciers postérieurs, en ordre d'hypothèque, aux créances contestées, et qui les y fait représenter, faute par eux de s'entendre sur le choix d'un avoué, par l'avoué du dernier créancier colloqué. L'article ne distingue pas si ces créanciers avaient ou n'avaient pas contredit dans le délai; ou plutôt il ne s'applique réellement qu'aux créanciers qui n'avaient pas contredit, puisque, s'ils avaient contesté personnellement, ils seraient parties nécessaires dans l'instance (c. pr. 760), et qu'une disposition spéciale n'aurait pas été nécessaire pour les y appeler (Conf. MM. Chauveau, Proc. de l'ordre, quest. 2564-4º et 2577 *in fine*; Godoffre, Journ. des av., t. 78, p. 476, art. 1601; Ollivier et Mourlon, nº 385; Bioche, vº Ordre, nºs 495 et suiv., 3º éd., 5º tirage; Flandin, Tr. de l'ordre, inéd.—*Contrà*, M. Houyvet, nº 238). — Il a été jugé, dans ce dernier sens : 1º que, tant que l'ordre n'est pas définitivement arrêté, un créancier produisant peut, quoiqu'il ait laissé passer les délais accordés pour contester le règlement provisoire, intervenir dans l'instance et se joindre à un autre créancier, pour faire juger une question à laquelle il a intérêt (Paris, 11 mars 1815, aff. Lefrançois et Devigny, vº Priv. et hyp., nº 975); — 2º Que le créancier, qui n'a pas contredit, au procès-verbal d'ordre, la demande de collocation d'un autre créancier, peut encore le faire devant le tribunal et se réunir aux autres créanciers contredisants, lorsque l'audience a été dénoncée avant l'expiration du délai accordé pour contredire par l'art. 755 c. pr. (Dijon, 6 janv. 1819, et, sur pourvoi, Req. 15 juin 1820, aff. Moissonnier, vº Obligation, nº 1907-1º); — 3º Qu'un créancier, quoiqu'il n'ait pas contredit dans les délais de droit, peut cependant intervenir à l'audience, pour adhérer à des contredits déjà faits et en profiter; que, d'ailleurs, le créancier contesté n'excipant pas de la forclusion, un créancier, postérieur au créancier intervenant, ne le peut pas davantage (Toulouse, 9 juin 1824, aff. Brisez, vº Priv. et hyp., nº 448); — 4º Qu'il suffit qu'un contredit ait été valablement introduit par l'un des créanciers produisants pour que le débiteur discuté, qui lui-même n'a pas contredit, puisse profiter du bénéfice de la contestation et la soutenir, de son chef, devant le tribunal, même dans le cas où le contestant se serait désisté, si le désistement est postérieur au renvoi des parties à l'audience (Montpellier, 4 déc. 1838) (2); — 5º Que les créanciers, qui n'ont pas contredit, dans le mois, le règlement provisoire, sont forclos et ne peuvent plus personnellement critiquer les collocations admises par ce règlement; mais qu'ils peuvent, en raison de l'indivisibilité de la procédure d'ordre, invoquer et faire valoir, devant le tribunal saisi par le renvoi du juge-commissaire, les contredits faits par d'autres créanciers (Limoges, 3º ch., 29 mai 1850, aff. Clavaud et autres *C.* Chazaubeneix); — 6º Que des créanciers hypothécaires, qui n'ont pas contredit dans le délai, peuvent néanmoins profiter des contestations soulevées, en temps utile, par un autre créancier, quel que soit ultérieurement le sort de la créance de ce créancier dont le titre hypothécaire est contesté (Caen, 16 janv. 1854) (3); — 7º Qu'un créancier, partie dans un ordre, peut donner son adhésion, à l'audience, notamment en s'en rapportant à justice, au contredit élevé par un autre créancier; qu'on objecterait vainement qu'il aurait dû contredire personnellement devant le juge-commissaire, dans le délai fixé par l'art. 756 c. pr. civ. (Alger, 14 juill. 1853, et, sur pourvoi, Req. 26 juin 1854, aff. Vanhuffel, D. P. 54. 1. 228).

718. Mais, si nous admettons que le créancier, qui n'a pas contredit personnellement, puisse intervenir dans l'instance et s'adjoindre au contredit formé par un autre créancier, il va sans

---

comme dans l'espèce actuelle, que la partie vigilante aurait travaillé contre elle et au profit du produisant retardataire; qu'ainsi le tribunal de Bazas, en déclarant les héritiers Despaigne forclos d'une manière absolue, n'a fait qu'une juste application des art. 755, 756 et 757, c. pr.; confirme.

Du 24 fév. 1829.—C. de Bordeaux, 4º ch.-M. Desgranges-Bonnet, pr.

(1) (Couston *C.* Peyral.) — LA COUR; — Attendu que le délai d'un mois, accordé par l'art. 755 pour contredire, court, pour chaque créancier produisant, du jour de la notification qui lui est faite de l'état de collocation provisoire; — Attendu que, si l'adhésion au contredit d'autrui peut être considérée comme équivalente à un contredit personnel, elle ne peut évidemment pas avoir une valeur supérieure, et qu'elle doit, en conséquence, être soumise aux mêmes règles et à la même déchéance; — Attendu, dans l'espèce, que Couston n'a fait lui-même aucune sorte de contredit et qu'il n'a adhéré à celui de Sophie Belle que plus d'un mois après la notification qu'il avait reçue de l'état de collocation provisoire; — Attendu que cette adhésion tardive est, en conséquence, comme non avenue, et que Couston demeure dans la position d'un créancier déchu, par l'art. 756, du droit de contredire; que vainement il voudrait s'appliquer le bénéfice du contredit sus-mentionné de Sophie Belle et l'utiliser à son profit, en excipant de l'indivisibilité de la matière; que cette indivisibilité, controversable au fond, s'il s'agissait d'apprécier, après la réussite du contredit d'un créancier, l'influence de cette réussite sur le sort des autres créances pour lesquelles il n'aurait pas été contredit, ne saurait être admise en aucune façon, lorsque, comme dans l'espèce, le retirement, avant jugement, du seul contredit qui eût été fait ne laisse rien subsister, dans la forme, qui puisse servir de base à une contestation; — Confirme.

Du 20 janv. 1852.-C. de Nîmes, 3º ch.

(2) (Rivière *C.* Preire.)—LA COUR;—...Sur la fin de non-recevoir, prise de l'art. 756 c. pr., qui a été accueillie par les premiers juges : — Attendu que Darmagnac, créancier produisant, avait fait, dans le délai de la loi, un contredit contre l'allocation de Preire, et que Rivière aîné, débiteur discuté, a pu profiter du bénéfice de ce contredit pour soutenir, devant le tribunal qui était saisi par l'ordonnance de renvoi du juge-commissaire, qu'il ne devait rien audit Preire; — Attendu que le désistement, fait par Darmagnac, de son contredit, par acte devers le greffe dudit tribunal, ne pouvait produire aucun effet, puisque ce désistement est postérieur à l'ordonnance du juge-commissaire, et que le tribunal était saisi de la connaissance des contestations des parties par suite de ce renvoi; que, dès lors, c'est à tort que les premiers juges ont rejeté, par fin de non-recevoir, la demande dudit Rivière aîné; — Attendu, au fond, que ledit Preire n'avait ni titre, ni condamnation contre Rivière aîné, pour le montant des dépens pour lesquels il a été alloué, etc.; — Déclare l'appel de Rivière aîné recevable; ce faisant, et réformant, sans s'arrêter à la fin de non-recevoir et la rejetant, annule la collocation faite au premier rang pour frais se portant, en capital, à 945 fr. 35 c.

Du 4 déc. 1838.-C. de Montpellier, 1re ch.-M. Viger, 1er pr.

(3) (Dumont *C.* Berthelot).—LA COUR;—Considérant que les appelants soutiennent mal à propos que la femme Dumont, étant sans qualité pour contester le privilége qui avait été reconnu en leur faveur par l'ordre provisoire, la femme Berthelot et joints, qui n'ont élevé aucun contredit en temps utile, sont non recevables à profiter de celui de la femme Dumont; — Qu'en effet, les biens du débiteur sont le gage commun de ses créanciers; que, si la distribution s'en fait, tantôt par contribution, tantôt suivant l'ordre des priviléges et hypothèques, chaque créancier, quelle que soit la nature de son titre, a droit et intérêt de surveiller cette distribution; — Que la qualité de créancière de la femme Dumont n'est pas contestée, et qu'à ce titre seul, et indépendamment du droit hypothécaire qu'elle réclamait, elle avait qualité pour intervenir à l'ordre; — Considérant, d'ailleurs, que, jusqu'au présent arrêt, la femme Dumont avait la qualité apparente de créancière hypothécaire, et que ce droit apparent suffisait aux autres créanciers intéressés pour les autoriser à profiter des contestations par elles soulevées, sans qu'ils fussent obligés de les réitérer pour leur propre compte, et quel que fût ultérieurement le sort définitif de la créance de la femme Dumont, contestante; — Qu'autrement on surchargerait les procédures d'ordre d'une foule d'incidents et d'actes qui en augmenteraient considérablement les difficultés et les frais, tandis que le but du législateur, au contraire, a été de les simplifier autant qu'il était en lui; — Que c'est ainsi qu'en renvoyant les contestants à l'audience, il veut que tous les créanciers postérieurs aux collocations contestées s'entendent pour être représentés par un seul avoué, dont les frais seront colloqués par préférence à toutes autres créances, tandis qu'il met à sa charge personnelle les frais occasionnés par le créancier qui aura contesté individuellement; — Par ces motifs, etc.

Du 16 janv. 1854.-C. de Caen.

dire qu'il ne peut pas étendre le débat à d'autres parties du règlement provisoire que celles contestées ; qu'en un mot, il ne peut avoir d'autres droits que le contredisant; que, par suite, si le contredit est nul, à l'égard de ce dernier, il est pareillement nul, à l'égard de l'intervenant, et que la fin de non recevoir, qui peut être opposée à celui-là, peut également l'être à celui-ci (Conf. M. Houyvet, n° 239).

719. Le créancier, qui n'a pas contredit personnellement, et qui n'est pas intervenu en première instance pour s'adjoindre au créancier contredisant, pourrait-il, à défaut de ce dernier, interjeter appel du jugement qui a rejeté le contredit? V. *infrà*, sous la sect. 10, art. 3).

720. La forclusion contre le créancier non contredisant ne saurait non plus être invoquée, lorsqu'il est procédé à un nouveau règlement provisoire par suite de l'annulation du premier. « Il ne serait alors ni juste ni légal, dit M. Chauveau, Proc. de l'ordre, quest. 2564-4°, n° 4, que le créancier se trouvât privé du droit de contredire : cela n'est pas légal, car c'est attribuer à la déchéance prononcée par l'art. 756 une extension qu'elle ne comporte pas; cela est injuste, car le créancier, qui pouvait avoir ses raisons pour approuver le premier règlement d'ordre et ne pas y contredire, ne sera plus dans la même position, lorsque les bases auront été changées par le tribunal ou par la cour » (Conf. MM. Ollivier et Mourlon, n° 385; V. aussi *suprà*, n° 714).

721. La forclusion, faute d'avoir contredit dans le délai déterminé, ne peut être opposée aux créanciers qui sont restés étrangers à l'ordre, qui n'ont pas été sommés d'y produire (V. *suprà*, n° 445), ou auxquels n'a pas été dénoncé le règlement provisoire. Ils auront donc la faculté de contredire jusqu'à la clôture de l'ordre ; et, si l'ordre est clos, ils pourront former opposition à l'ordonnance de clôture, dans les termes de l'art. 767 (Conf. MM. Chauveau sur Carré, quest. 2565, et Proc. de l'ordre, quest. 2564 *bis*; Grosse et Rameau, t. 2, n° 372; Bressolles, n° 42; Colmet-Daage, t. 2, n° 1028, 8e éd.; Bioche, v° Ordre, 3e éd., 5e tirage, nos 449 et 451; Houyvet, nos 228 et 235; Seligman, n° 328; Flandin, Tr. de l'ordre, inédit).—Il a été jugé, dans ce sens : 1° que, lorsque tous les créanciers produisants n'ont pas été sommés de contredire l'état de collocation provisoire, l'ordonnance de clôture définitive est nulle, relativement à ceux qui n'ont pas été sommés; qu'aucun délai fatal n'a pu courir contre eux, et qu'ils doivent être admis à contredire, s'il y échet, l'état de collocation dans le délai de la loi, à partir de la dénonciation qui leur en sera faite par le créancier poursuivant (Poitiers, 26 avr. 1825) (1); — 2° Que la forclusion ne peut pas être opposée aux créanciers qui n'ont pas été sommés de produire, et qui ne sont intervenus dans l'ordre et n'y ont élevé des contredits qu'après le délai (Riom, 19 janv. 1853, aff. Didier *C.* Lafayette, arrêt cité au Journ. des av., t. 80, p. 259, art. 2093).

722. Ainsi que le dit M. Houyvet, n° 228, il ne suffirait pas, pour que le créancier fût déclaré forclos, qu'il fût prouvé qu'il a eu, d'une autre manière, connaissance du règlement provisoire, à moins, ajoute-t-il, qu'il ne dût être présumé, par les circonstances, avoir renoncé au droit d'opposer le défaut de dénonciation, par exemple, en élevant des contredits partiels sur les collocations. — Il a été jugé ainsi : 1° que, lorsque l'état de collocation provisoire, dressé par le juge-commissaire, n'a pas été dénoncé par le poursuivant à un créancier, celui-ci, bien qu'il ait eu connaissance dudit état de collocation, est encore à temps de le contester, même après qu'il a été clos et arrêté définitivement par le juge-commissaire, et que la voie qui lui est ouverte à cet effet est celle de l'opposition (Bruxelles, 4 juill. 1817) (2); — 2° Que la forclusion du droit de contredire le règlement provisoire, prononcée par l'art. 756 c. pr., ne doit pas être entendue dans un sens absolu; qu'en tout cas, semblable forclusion ne pourrait atteindre que les créanciers qui, par une sommation régulière et indéfinie, auraient été mis en demeure de produire pour toutes leurs prétentions, mais nullement les créanciers qui n'ont jamais été mis en demeure de produire et ne l'ont fait que spontanément; et qu'en supposant que ce défaut de sommation pût être réputé couvert par leur production spontanée, ou par la dénonciation à eux ultérieurement faite par le poursuivant de l'état de collocation provisoire, avec sommation de contredire, la forclusion ne pourrait s'appliquer qu'à la créance qui a fait l'objet de la production spontanée, et nullement à d'autres créances sur lesquelles n'a pu porter le règlement provisoire, puisqu'il n'est dressé que sur les pièces produites (Gand, 11 mars 1834) (3); — 3° Que le créancier produi-

---

(1) (Pillat de la Coupe C. ép. Person et autres.) — LA COUR; — En ce qui touche l'appel de l'ordonnance de clôture définitive de l'ordre : — Attendu, en fait, qu'il est reconnu par toutes les parties que la dénonciation, prescrite par l'art. 755 c. pr., n'a pas été faite à l'appelante, quoiqu'il y eût eu, dans son intérêt et en temps utile, production de titres avec acte de produit, le 25 fév. 1820, au procès-verbal d'ordre ; — Attendu, en droit, qu'un créancier produisant ne peut être déclaré forclos qu'autant qu'il a été mis en demeure de contester l'état de collocation par la dénonciation et la sommation prescrites par ledit article ; d'où il faut conclure qu'à défaut d'exécution de cette formalité, aucun délai n'a pu courir contre l'appelante ; que, par conséquent, ses droits sont encore entiers, et qu'il y a lieu de l'admettre à contredire, s'il y échet, l'état de collocation, dans le délai de la loi, à partir de la dénonciation qui lui en sera faite par le créancier poursuivant ; — Statuant sur l'appel de l'ordonnance du juge-commissaire, relative à la clôture de l'ordre, déclare ladite ordonnance nulle et de nul effet, à l'égard de l'appelante, ainsi que ce qui l'a suivi la concernant; l'admet, en conséquence, à contester, s'il y a lieu, l'état de collocation, dans le délai fixé par l'art. 755 c. pr., à partir de la dénonciation qui lui en sera faite par les créanciers poursuivants ; à l'effet de quoi, renvoie la cause et les parties devant le tribunal de la Rochelle, tous les droits et moyens des parties réservés.

Du 26 avr. 1825.-C. de Poitiers, 1re ch.-M. Vincent-Molinière, av. gén., c. conf.

(2) (Vauwambeke C. ép. Meert.) — 22 janv. 1817, jugement ainsi conçu : — « Attendu que l'art. 755 c. pr. exige textuellement que l'état de collocation, dressé par le juge-commissaire, soit dénoncé par le poursuivant aux créanciers ayant produit dans l'ordre, avec sommation d'en prendre communication et de contredire, s'il y échoit, dans le mois de cette sommation; qu'il est évident, par cette dernière disposition de la loi, qu'aussi longtemps que ces dénonciations n'ont été faites, les créanciers ne sont tenus de s'expliquer sur ledit état; que n'importe, par conséquent, que les sieur et dame Meert aient pu, d'ailleurs, avoir eu connaissance de celui qui nous occupe, la sommation seule pouvait leur imposer l'obligation de fournir leurs contredits, et son défaut a pleinement justifié leur silence ; que, si donc aucun délai ni terme fatal n'a couru ni pu courir contre eux, à défaut, par le poursuivant, d'avoir satisfait au prescrit de l'article susréféré, il ne peut y avoir eu de clôture d'ordre à leur égard, leurs droits sont restés intacts et entiers, et légalement ils les ont fait valoir par la voie de l'opposition, comme la seule qui leur fût ouverte dans l'espèce, puisque, sans approfondir si, en thèse générale, une ordonnance de clôture d'ordre d'un juge-commissaire, rendue par après une exacte observance de toutes les formalités prescrites, doit avoir les mêmes effets qu'un jugement émané du tribunal même, et si et par quelles voies cette ordonnance serait attaquable, est-il néanmoins évident que, dans le cas présent, elle n'a pu produire aucun de ces effets, par cela seul qu'il n'y a pas eu de partie appelée en cause, etc. ; » — Appel. — Arrêt.

LA COUR ; — Adoptant les motifs des premiers juges, confirme.

Du 4 juill. 1817.-C. de Bruxelles, 1re ch.

(3) *Espèce :* — (De Vanhecke et cons. C. enfants Devos et Verhulst.) — 12 sept. 1805, vente au profit de F. Devos, moyennant 2,400 florins, d'une maison et jardin situés à Bruges. Le lendemain, F. Devos et son épouse reconnurent solidairement, au profit du notaire Verhulst, une rente au capital de 2,400 fl., avec hypothèque sur la maison et jardin. L'inscription de cette hypothèque fut renouvelée, en dernier lieu, le 17 juin 1816. — Le 24 déc. 1817, l'épouse Devos et un enfant commun étant décédés, il fut procédé, par le ministère du même notaire, à la liquidation et au partage tant de la communauté conjugale que de la succession de l'épouse Devos et de celle de l'enfant décédé : par cet acte, Devos reprit, pour son compte, l'actif et le passif. La maison et le jardin devinrent sa propriété exclusive, à charge de la rente de 2,400 fl., et il se reconnut débiteur, envers ses quatre enfants mineurs, d'une somme de 1,085 fl. en acquit de leurs droits héréditaires. — Le 22 nov. 1825, Verhulst commença, à charge de Devos, une poursuite en expropriation forcée, par suite de laquelle la maison et le jardin lui furent adjugés préparatoirement le 9 juin 1826, et définitivement le 18 août même année. — Dans l'intervalle de l'adjudication préparatoire et de l'adjudication définitive, le subrogé tuteur des enfants Devos prit inscription pour la somme de 1,085 fl. sur tous les biens immeubles de Devos. — Dans le cours de la poursuite d'ordre, Verhulst fit aux créanciers inscrits, à l'exception, toutefois, des enfants Devos ou de leur subrogé tuteur, la sommation prescrite par l'art. 755 c. pr. — Le 5 mars 1827, le subrogé tuteur, conjointement avec I. Devos, devenue majeure, produisit spontanément entre

sant, auquel n'a pas été dénoncée la confection de l'état de collocation provisoire, est fondé à former un contredit au règlement définitif, même après la délivrance des bordereaux de collocation, la procédure d'ordre devant, en cas pareil, être réputée non avenue à son égard (Bordeaux, 10 juin 1851, aff. Fauvel, D. P. 53. 2. 161).

723. Les créanciers chirographaires ne sont pas appelés à l'ordre; mais nous avons déjà dit qu'ils peuvent y intervenir,

---

les mains du juge-commissaire, et demanda à être colloqué pour la somme de 1,085 fl., avec les accessoires. — D'autres productions furent faites par Vanhecke et autres créanciers. — Le 20 août 1827, le juge-commissaire dressa un état de collocation comme suit : au premier rang, les enfants Devos, pour la somme de 1,085 fl. et accessoires; après eux, les sieurs Vanhecke et autres créanciers. — Ces collocations absorbaient, en totalité, le prix de l'adjudication. — Opposition de la part de Verhulst, soutenant devoir être colloqué le premier pour la rente de 2,400 fl., comme ayant fait inscrire, avant tous les autres, son droit d'hypothèque, qu'il prétendait être privilégiée, aux termes de l'art. 2103, nº 2, c. civ. — Renvoi à l'audience, à l'effet d'être statué par le tribunal ce qui appartiendrait. — Le 4 janv. 1828, un extrait de l'état de collocation, avec l'opposition et le renvoi, fut signifié par Verhulst à l'avoué des enfants Devos et aux autres créanciers Vanhecke et consorts, avec assignation à comparaître à l'audience au jour indiqué. — Les enfants Devos et les autres créanciers demandèrent le maintien de l'ordre, soutenant que l'inscription, prise par l'opposant le 17 juin 1816, avait été périmée le 17 juin 1826, dans l'intervalle de l'adjudication préparatoire à l'adjudication définitive. — Verhulst, après avoir combattu ce moyen de péremption, conclut, subsidiairement, à ce que les enfants Devos, ses débiteurs solidaires pour la rente de 2,400 fl., fussent colloqués pour le montant de sa créance, en vertu de l'hypothèque légale résultant pour eux de l'acte de liquidation du 24 déc. 1817. — Les enfants Devos prétendirent, d'abord, que leur père seul était débiteur de la rente depuis l'acte de liquidation de 1817, et que Verhulst, ayant lui-même passé ledit acte, était censé avoir acquiescé à la novation; mais ensuite, ils consentirent à la collocation demandée par ce dernier. Le 19 mars 1830, ils firent inscrire leur hypothèque légale, et produisirent le 27 du même mois, non plus seulement pour 1,085 fl., comme ils l'avaient fait le 5 mars 1827, mais encore pour la rente de 2,400 fl., ainsi que pour la moitié des dettes de la communauté liquidée en 1817, et pour le passif de la succession de leur mère et de celle de leur frère décédé. Ils firent notifier leur production nouvelle à toutes les parties en cause, et conclurent, à l'audience, à ce qu'elle fût déclarée faite en temps utile, et à ce que le tribunal ordonnât qu'il serait dressé un nouvel ordre dans lequel leur demande à l'effet d'être colloqués conformément à leur production nouvelle serait prise en considération. — Les créanciers précédemment colloqués prétendirent qu'il n'y avait pas lieu à statuer sur ces demandes, qui n'avaient pas été soulevées devant le juge-commissaire; que les enfants Devos étaient forclos du droit de contester dans l'ordre, faute d'avoir contredit à l'état de collocation, dans le délai de la notification prescrite par l'art. 755 c. pr.; et qu'enfin, ils n'avaient d'autres créances à charge de leur père que celle de 1,085 fl. — Jugement du 23 nov. 1831, qui admet les conclusions des enfants Devos.

Appel de Vanhecke et consorts. — Pour les appelants, on disait : 1º que le juge de première instance, appelé à connaître d'une opposition à un ordre, ne peut sortir des limites de cette opposition, déterminées par le renvoi et le rapport du juge-commissaire (art. 758, 761 et 762 c. pr.); que Verhulst s'était opposé à l'ordre provisoirement arrêté par le juge-commissaire, parce qu'il prétendait être colloqué, avant tous les autres, pour sa créance de 2,400 fl., en vertu de son droit d'hypothèque et de privilége; que le premier juge devait donc se borner à juger le mérite de cette opposition, et ne pouvait connaître d'une nouvelle demande en collocation faite, soit par Verhulst, comme exerçant les droits de ses débiteurs les enfants Devos, soit par le subrogé tuteur, au nom de ces mêmes enfants; qu'il ne s'agissait pas ici d'une modification à des conclusions principales et se rapportant à celles-ci comme le moins au plus, ou comme la conséquence au principe; que, d'ailleurs, Verhulst, agissant au nom de ses débiteurs, les enfants Devos, était passible de toutes les exceptions dont seraient et sont passibles ces enfants eux-mêmes, qui n'ont pu, par un acte d'avoué à avoué, saisir le tribunal de la connaissance d'une demande entièrement étrangère, et à la contestation élevée par un autre créancier devant le juge-commissaire, et au renvoi prononcé par ce juge, ainsi qu'au rapport par lui fait à l'audience; qu'enfin, en thèse générale, la contestation d'une production est un préalable nécessaire de la contestation de cette production devant le tribunal; — 2º..., 3º (questions d'hypothèques qui ne sont pas de notre sujet); — 4º Que, dans l'hypothèse, inadmissible, que la sommation de produire (art. 753 c. pr.) serait, nonobstant les mots : *aux domiciles élus par leurs inscriptions*, requise à l'égard des créanciers que la fiction de la loi assimile aux créanciers inscrits (les créanciers à hypothèque légale, indépendante de la formalité de l'inscription), comme à l'égard des créanciers réellement inscrits eux-mêmes, le défaut de sommation aurait été couvert, à l'égard des enfants Devos, par leur production spontanée du 5 mars 1827, de même que la nullité d'une assignation en justice est couverte par la comparution volontaire de l'assigné; qu'ils étaient donc forclos faute d'avoir contredit dans le délai d'un mois (art. 756 c. pr.). — Arrêt.

La cour; — En ce qui touche le premier moyen, par lequel les appelants soutiennent que le tribunal de Bruges n'avait pas le droit de connaître, soit de la demande de collocation faite par Verhulst, au nom des enfants Devos, ses débiteurs, soit de la nouvelle production faite par ces derniers le 27 mars 1830, attendu que ces objets étaient étrangers à la contestation élevée sur le procès-verbal d'ordre, et qui seule se trouvait soumise au tribunal, par suite du renvoi prononcé par le juge-commissaire : —Considérant, d'abord, quant à la nouvelle production des enfants Devos, faisant l'objet des conclusions par eux prises le 2 juillet 1830, dûment enregistrées, que, si l'on observe qu'alors même qu'ils n'auraient pas été parties en cause, ils auraient eu incontestablement le droit d'intervenir dans l'instance dont s'agit, pour empêcher que leurs intérêts ne fussent lésés par le résultat du procès, il faut dire, à plus forte raison, qu'ils avaient le droit de former des demandes incidentes dans une instance où ils figuraient déjà en même temps que Verhulst et les autres créanciers; — Qu'en vain l'on objecterait l'art. 762 c. pr., puisque cet article se borne à ordonner que le rapport du juge-commissaire ait lieu pour les contestations nées devant lui; mais qu'on ne peut, comme l'ont fait les appelants, en induire la conséquence que jamais aucune contestation relative à l'ordre ne pourrait être jugée sans un rapport du juge-commissaire; qu'il serait inutile et frustratoire d'exiger que, lorsqu'une nouvelle difficulté s'élève devant le tribunal entre les contestants déjà renvoyés à l'audience, aux termes de l'art. 758 c. pr., ces mêmes contestants soient préalablement tenus de se représenter devant le juge-commissaire, qui, étant absolument incompétent pour statuer sur les contestations d'un ordre, ne pourrait que les renvoyer de nouveau à l'audience, circuit absurde et sans objet;

Considérant, quant à la demande en collocation faite par Verhulst devant le tribunal par conclusions signifiées en date du 17 juin 1829, enregistrées, qu'on pourrait dire, avec le jugement dont appel, que, quoique la cause du droit des enfants Devos leur soit personnelle, il n'en est pas moins vrai que ce droit, une fois existant, peut être exercé par leur créancier (art. 1166 c. civ. et 778 c. pr.); mais qu'il suffit, dans l'espèce, de remarquer que le premier juge n'a point statué, dans son dispositif, sur cette demande en collocation de Verhulst, et que, par conséquent, il ne peut, de ce chef, exister de grief contre le jugement *à quo*;

...En ce qui touche le quatrième moyen, par lequel les appelants soutiennent que les enfants Devos sont demeurés forclos de faire des productions nouvelles et d'élever de nouvelles contestations sur l'ordre, à défaut d'avoir contredit à l'état de collocation dressé selon leur vœu et à eux valablement dénoncé, dans le délai prescrit par l'art. 755 c. pr. :— Considérant, en fait, que le notaire Verhulst, poursuivant l'ordre, a omis de signifier aux enfants Devos, quoique déjà inscrits pour leur créance de 1,085 florins, un acte de sommation de produire, aux termes de l'art. 753 c. pr.; — En droit, que, si l'on admet, avec les appelants, que ce défaut de sommation ait été couvert par la production spontanée des enfants Devos, faite le 5 mars 1827; si l'on admet même ultérieurement que le poursuivant l'ordre ait régulièrement, et au vœu de l'art. 755 c. pr., dénoncé aux enfants Devos la confection de l'état de collocation, avec sommation de contredire, etc., et que, par suite, les enfants Devos aient encouru la forclusion prononcée par l'art. 756 c. pr., cette forclusion ne peut frapper que la créance qui a fait l'objet de la production spontanée des enfants Devos; qu'en effet, l'état de collocation n'étant dressé que sur les pièces produites (art. 755), et la sommation de contredire n'ayant trait qu'à la confection de cet état de collocation, il en résulte que la forclusion, faute de contredire, ne peut aussi s'étendre au delà des créances mentionnées dans les pièces produites; — Que, quand il en serait autrement, en règle générale, et quand il faudrait entendre la forclusion de l'art. 756 dans un sens absolu, semblable forclusion ne pourrait atteindre que les créanciers qui, par une sommation régulière et indéfinie, auraient été mis en demeure de produire pour toutes leurs prétentions, mais nullement les créanciers qui, comme les enfants Devos, n'ont jamais été mis en demeure de produire; et en effet, quant aux premiers, il serait au moins rationnel de dire qu'ayant produit pour satisfaire à la sommation indéfinie, et ayant ensuite laissé écouler les délais sans contredire, ils doivent être censés s'en tenir à leur production et acquiescer, sans restriction, à l'état de collocation; mais, quant aux enfants Devos, qui, sans sommation aucune, ont produit en partie seulement, il serait injuste d'induire un pareil acquiescement du seul fait de leur production spontanée pour la créance de 1,085 fl., qui ne suppose nullement l'abandon des autres droits résultant de créances non produites;. -- Confirme.

Du 11 mars 1834.-C. de Gand, 2e ch.-M. Decuyper, av. gén., c. conf.

parce qu'ils ont intérêt à en faire rejeter des créanciers qui n'auraient pas droit d'y figurer, ou qui n'auraient droit d'y figurer que pour une somme moindre. Mais, si leur intervention les rend habiles à contester le règlement provisoire, elle doit avoir pour conséquence de les soumettre aux mêmes forclusions que les autres créanciers. — Vainement dit-on que les délais, impartis par la loi, ne sont pas édictés pour les créanciers chirographaires, mais seulement pour les créanciers produisants et sommés de contredire; que ceux-ci peuvent seuls parfaitement connaître quand les délais courent, et quand ils expirent, car ils savent ce qui se passe; que ceux-là ignorent tout, car ils sont étrangers à la procédure, et ne peuvent, dès lors, être astreints à des délais qui courent sans qu'ils aient le moyen de le savoir. — De deux choses l'une, cependant : ou les créanciers chirographaires se sont rendus opposants à l'ordre avant le dressé de l'état de collocation provisoire; et, soit qu'on doive, ou non, leur dénoncer cet état, avec sommation de le contredire, conformément à l'art. 755 (V. *suprà*, n° 640), ils ont, même dans ce dernier cas, le moyen de connaître, par le greffe, le point de départ du délai. — Ou ils n'ont formé leur opposition qu'après l'expiration du délai pour contredire; et alors, c'est leur faute d'être intervenus si tard. — Mais, dans aucun cas, ils ne peuvent être de meilleure condition que les autres créanciers. — Telle est également l'opinion de Pigeau, Comm., t. 2, sur l'art. 756, note 2. Si les créanciers chirographaires, dit-il, étaient admis à contredire après le délai, il n'y aurait plus de limites à l'exercice de cette faculté; et, dans l'impossibilité de les mettre en demeure, leur position serait bien plus favorable que la position des créanciers hypothécaires. A ces considérations, ajoute-t-il, se joint une raison de droit : les créanciers chirographaires ne sont pas, à la vérité, appelés à l'ordre; mais l'ordre est une opération qui se fait publiquement, et dont il est facile d'être averti. C'est aux créanciers, qui doivent connaître la position de leur débiteur, à veiller à leurs droits; la transcription a dû les avertir de la vente; ils ont dû connaître l'ordre. S'ils ont négligé de s'informer de la position dans laquelle se trouve leur débiteur, de la mutation de la propriété, de la transcription et de l'ouverture de l'ordre, ils ne méritent pas d'être traités plus favorablement que les créanciers hypothécaires eux-mêmes. — M. Chauveau, sous la nouvelle loi, Pr. de l'Ordre, quest. 2564, revenant sur l'opinion qu'il avait émise, sous le code de 1807, contrairement à la doctrine de Pigeau, quest. 2565 *bis*, dit également : « Si la déchéance du droit de produire ne prive pas les créanciers hypothécaires du droit de contredire, ou si les créanciers chirographaires ont le droit d'intervenir pour contredire, il faut que cette critique se produise dans les délais de l'art. 756; autrement elle est non recevable... » (Conf. MM. Ollivier et Mourlon, n° 374; Seligman, n° 373; Flandin, Tr. de l'ordre, inédit. — *Contrà*, M. Bioche, v° Ordre, n°s 421, 441 et 452, 3e éd., 5e tirage).

724. C'est donc à tort, il nous semble, qu'il a été jugé : 1° que la forclusion ne peut être opposée au créancier chirographaire qui n'a pas été sommé de produire à l'ordre : — « La cour; — En ce qui touche la fin de non-recevoir que l'on fait résulter de ce que Pigalle n'avait pas produit dans l'ordre : — Attendu qu'il n'avait pas été appelé à l'ordre; qu'il est intervenu pour soutenir qu'il ne devait pas y avoir lieu à ordre avec les créanciers inscrits depuis le décès; — Décharge Pigalle des condamnations contre lui prononcées; au principal, ordonne que le règlement provisoire de l'ordre dont il s'agit sera réformé, etc. » (Paris, 20 juill. 1811, aff. Pigalle *C.* créanciers Ledoux); — 2° Que la forclusion, prononcée par les art. 755 et 756 c. pr. civ., ne peut pas être étendue aux créanciers chirographaires d'un failli, qui n'auraient pas été appelés à l'ordre, lesquels peuvent y intervenir avant la clôture définitive pour arguer de nullité une inscription hypothécaire et en demander le rejet (Rennes, 22 mars 1821) (1); — 3° Qu'en matière d'ordre, les créanciers chirographaires du saisi peuvent, même en l'absence de tout contredit, intervenir devant le juge-commissaire pour discuter les créanciers hypothécaires admis au règlement provisoire (trib. de Castel-Sarrazin, 12 mars 1853, aff. Goulard et Sabathé, D. P. 54. 5. 534, n° 28).

725. Il a été jugé, à bon droit, au contraire, que le créancier chirographaire, qui intervient dans un ordre pour contredire une collocation, doit remplir toutes les formalités imposées par la loi aux créanciers inscrits contestants, et agir dans les délais qui leur sont impartis (Paris, 25 avr. 1861) (2).

726. Notons, cependant, que les créanciers chirographaires n'ont pas qualité pour contester l'ordre des collocations, parce qu'ils y sont sans intérêt; qu'ils ne peuvent contester que la validité de l'hypothèque ou du privilége, pour faire descendre au rang de chirographaire le créancier prétendu hypothécaire ou privilégié, ou la légitimité de la créance elle-même, pour le faire rayer entièrement de la liste des créanciers (Conf. MM. Pigeau, Comm. sur l'art. 756, note 2; Flandin, Tr. de l'ordre, inédit; V. aussi *suprà*, n°s 665 et 669. — *Contrà*, MM. Ollivier et Mourlon, n° 374). — Il a été jugé, dans ce sens : 1° que les créanciers chirographaires ont qualité pour contester les hypothèques des créanciers colloqués dans un ordre ouvert sur le prix des biens de leur débiteur, quand ils attaquent, non le rang, mais l'existence même de ces hypothèques (Nîmes, 3 août 1854, et, sur pourvoi, Req. 13 août 1855, aff. Grasset, D. P. 56. 1. 165); — 2° Que, d'ailleurs, le créancier, dont la collocation, comme créancier hypothécaire, dans un règlement d'ordre provisoire, n'a pas été attaquée en temps utile, ne peut être déclaré sans qualité pour contester les autres collocations, sous prétexte qu'il ne serait qu'un simple créancier chirographaire (arrêt précité du 13 août 1855).

727. C'est un principe de droit que le dol et la fraude font exception à toutes les règles. L'exception de forclusion ne saurait donc être opposée au créancier qui, n'ayant connu qu'après l'expiration du délai accordé pour contredire le règlement pro-

(1) (Synd. Gaudin C. Couy.) — LA COUR; — Considérant, en droit, que les dispositions du tit. 14 c. pr. civ., qui règle l'ordre et la distribution du prix des immeubles entre les créanciers hypothécaires, ne prescrivent au poursuivant (art. 752 et 753) que d'y appeler les créanciers inscrits, pour y produire leurs titres de créances et demander collocation; — Considérant que, par suite du même principe, les art. 755 et 756 du même titre ne prononcent de forclusion que contre les créanciers inscrits qui, dûment sommés par le poursuivant, négligent ou omettent, soit de produire leurs titres de créances, soit de contredire dans les délais déterminés par ces mêmes articles; d'où il suit qu'on ne peut étendre ces forclusions aux créanciers chirographaires qui ne sont point appelés dans l'ordre, et auxquels il ne reste que la voie d'intervention pour la conservation de leurs intérêts, jusqu'à la clôture définitive dudit ordre; qu'ainsi il a été mal jugé par le jugement dont est appel, en appliquant aux syndics des créanciers chirographaires de la faillite Gaudin la forclusion prononcée par les art. 755 et 756 c. pr. civ., qui ne concerne que les créanciers inscrits, faute d'avoir produit ou contredit dans les délais fixés; — Considérant, en fait, que les syndics de la faillite Gaudin sont intervenus dans l'instance d'ordre dont il s'agit, avant sa clôture définitive, et ont argué de nullité l'inscription hypothécaire du sieur Couy, et demandé son rejet de l'ordre;... — Infirme, déclare nulles et de nul effet les inscriptions du sieur Couy (comme prises depuis l'ouverture de la faillite), annule la collocation dans l'ordre, et ordonne que le montant de ladite collocation sera distribué entre les créanciers chirographaires dont le sieur Couy fera partie.

Du 22 mars 1821.-C. de Rennes.

(2) (Demoiselle de Chantal-Bellier et Forget C. Jouaux.) — LA COUR (par adoption des motifs des premiers juges);... — En ce qui concerne l'intervention à l'audience du sieur Forget, créancier chirographaire :— Attendu que, s'il n'est pas douteux qu'un créancier chirographaire ait le droit de se présenter à un ordre, et d'y concourir tant en son nom qu'en celui de la masse chirographaire, pour contester, dans son origine, soit la créance elle-même, parce qu'elle serait frauduleuse ou aurait été éteinte, soit le droit d'hypothèque, comme étant entaché de nullité, il est certain également qu'il ne peut exercer ce droit qu'en remplissant les formalités imposées par la loi aux créanciers inscrits, c'est-à-dire en se faisant connaître, se présentant à l'assemblée convoquée pour l'ordre amiable, en produisant dans l'ordre judiciaire, et surtout en contredisant en temps utile; — Attendu que Forget n'a rempli aucune de ces conditions; que, notamment, il n'a pas contredit dans le délai de trente jours, imposé par l'art. 755 c. pr. civ., modifié par la loi du 21 mai 1858; — Attendu que c'est seulement à l'audience qu'il est intervenu, et qu'il n'a pas même rempli l'obligation, imposée par l'art. 760 du même code, de s'entendre avec le créancier contestant sur le choix d'un même avoué; — Déclare Forget non recevable dans son intervention, etc.

Du 25 avr. 1861.-C. de Paris, 4e ch.-MM. Hély d'Oissel, pr.-Roussel, av. gén., c. conf.

visoire que le titre d'un autre créancier, colloqué avant lui, se trouvait infecté d'un vice de cette nature, ne l'aurait attaqué qu'après le délai. On peut argumenter, en faveur de cette solution, indépendamment du principe général qu'on vient de rappeler, de la disposition de l'art. 1304, au titre des obligations, qui ne fait courir le délai de dix ans, dans lequel il circonscrit l'action en nullité d'une convention pour dol et fraude, que du jour où le dol et la fraude ont été découverts. L'analogie nous semble complète; car la forclusion est aussi une déchéance. — Il a été jugé, dans ce sens : 1° que, de ce qu'un créancier inscrit, produisant dans l'ordre ouvert pour la distribution du prix de l'immeuble hypothéqué, n'a contesté, dans cet ordre, ni le contrat de vente, ni les titres d'un autre créancier colloqué avant lui, il ne s'ensuit point qu'il soit déchu du droit d'attaquer ultérieurement ces actes comme entachés d'une fraude qu'il n'a découverte que depuis le règlement définitif de l'ordre; qu'on prétendrait vainement, en pareil cas, que ce règlement a, vis-à-vis de lui, l'autorité de la chose jugée (Poitiers, 12 déc. 1854, aff. Chauvin-Dubreuil, D. P. 55. 2. 231);—2° Mais qu'il en serait autrement, si ce créancier avait connu, lors de la procédure d'ordre, le vice des actes par lui attaqués (motif de l'arrêt).

728. Mais, abstraction faite des circonstances de dol et de fraude qui pourraient, comme dans l'arrêt qui précède, vicier le contrat de vente de l'immeuble dont le prix est à distribuer, les créanciers produisants, qui n'ont pas contredit, dans le délai, le règlement provisoire, seraient-ils admissibles, après ce délai, à prétendre que le prix mis en distribution n'est pas le prix réel? — La question a été jugée, en sens divers, par la cour de Lyon et par la cour de Paris. Nous nous rangeons à l'opinion de cette dernière cour, qui dit, avec raison, que l'ordre a seulement pour objet de déterminer le rang et la quotité des créances admises au partage du prix; mais qu'il n'est qu'énonciatif en ce qui concerne la quotité de ce prix, et laisse entier le droit du vendeur, de l'acquéreur ou des créanciers d'en réclamer la fixation, à toute époque, dans les termes du contrat de vente et des notifications faites aux créanciers inscrits.

729. Il a été jugé, en premier lieu : 1° que les créanciers, qui ont produit à l'ordre, ne sont plus recevables, après l'expiration du délai accordé aux créanciers pour contredire, à contester la quotité du prix mis en distribution, même en offrant de supporter les frais auxquels leur contredit tardif pourrait donner lieu; que l'art. 757 c. pr., qui établit une exception à l'art. 756, doit être soigneusement renfermé dans le cas qu'il détermine, et qu'il ne s'applique qu'aux créanciers non produisants (Lyon, 1er déc. 1826) (1);— 2° Que l'arrêt, qui, après avoir examiné le mérite d'un contredit, le considère comme non fondé, et, par voie de conséquence, déclare le produisant non recevable à demander la détermination, par ventilation, du prix du fonds et de la superficie, pour ouvrir deux ordres sur ces deux prix, ne viole pas l'art. 755 c. pr. civ. (C. cass. Belgique, Rej. 28 avr. 1842, aff. soc. générale, v° Obligation, n° 5097).

Il a été jugé, au contraire, que la fixation, faite dans le règlement provisoire, du montant du prix à distribuer entre les créanciers, n'est qu'énonciative, et qu'elle peut toujours être contestée par le vendeur ou l'acquéreur, ou par les créanciers, sans qu'on puisse leur opposer la forclusion prononcée par l'art. 756 c. pr. civ. : — « La cour; en ce qui touche l'appel d'Anchier : sur la forclusion (prononcée par les premiers juges): — Considérant que l'art. 756 c. pr. civ. s'applique au rang et à la quotité des créances que l'ordre a pour objet de régler, et non au prix à distribuer déjà fixé par la vente et les notifications de l'acquéreur ; que la mention de ce prix, faite dans le règlement provisoire, n'est qu'énonciative, et n'a pas pour objet de forclore, soit l'acquéreur, soit le vendeur ou ses créanciers, qui peuvent toujours en réclamer la fixation, dans les termes du contrat de vente et des notifications faites aux créanciers; infirme le jugement dont est appel, en ce que, sans avoir égard au contredit d'Anchier, comme tardif, ledit jugement a maintenu purement et simplement la fixation du prix à distribuer à 105,000 fr.; émendant, etc. » (Paris, 3e ch., 2 juill. 1836, aff. Anchier *C.* Garnier et autres).

730. Il a été jugé, par application du même principe : 1° que la forclusion, prononcée par l'art. 756 c. pr. contre les créanciers qui, dans un ordre, n'ont pas élevé leur contredit, dans le délai d'un mois fixé par l'art. 755, ne s'applique pas au tiers acquéreur, qui demande le retranchement, sur le prix à distribuer, d'une somme comprise, par erreur, dans ce prix, et, par exemple, d'intérêts valablement payés au vendeur (Civ. cass. 9 août 1859, aff. Navarre, D. P. 59. 1. 346);—2° Et que cette demande est recevable, même après l'ordonnance de clôture d'ordre, la chose jugée résultant de cette ordonnance n'étant pas opposable à une contestation non débattue, ni présentée dans la procédure d'ordre (même arrêt).

731. Mais il a été jugé qu'un créancier hypothécaire ne peut plus, après les délais du contredit, demander à être colloqué, dans un ordre, pour des intérêts non compris dans sa collocation, alors même qu'il réclamerait ces intérêts dans le but de les compenser avec ceux du prix mis en distribution, dont il est débiteur en qualité d'acheteur de l'immeuble hypothéqué : on dirait vainement qu'il agit, en cas pareil, non pas comme créancier, mais comme acheteur, et uniquement pour arriver à la fixation de son prix (Civ. cass. 5 déc. 1854, aff. Delieux, D. P. 55. 1. 69).

Il a été jugé, de même, que le créancier, qui est en même temps adjudicataire, ne peut plus réclamer les intérêts des capitaux pour lesquels il a été colloqué, *intérêts qu'il avait demandés par son acte de produit* et que le règlement provisoire ne lui a pas alloués, s'il n'a pas contredit dans le délai fixé par l'art. 756; et qu'il ne peut, pour échapper à la forclusion qu'il a encourue, prétendre compenser ces intérêts ou les confondre avec ceux de son prix (Riom, 14 janv. 1837, aff. femme Vernet *C.* créanciers Vernet, Journ. des avoués, t. 83, p. 215, art. 2965). — Le créancier, qui n'a pas obtenu la collocation

(1) *Espèce* — (Guillon *C* Goyet.) — La cour; — Attendu que Louis Bay a vendu à Pierre Goyet, par acte du 5 fév. 1823, deux pièces de terre provenant de la succession de Philippe Bay, moyennant la somme de 1,600 fr.;— Que, par acte du 18 avr. 1823, les enfants de Philippe Bay, en procédant entre eux à la liquidation de la succession de leur père, ont laissé à la charge de Louis Bay une somme de 572 fr., due par ladite succession à Pierre Goyet, et que, par le même acte, celui-ci a consenti à faire la déduction de cette somme sur le prix de son acquisition, qui a été réduit, par ce moyen, à la somme de 1,028 fr.;

Attendu qu'un ordre a été ouvert, devant le tribunal de Trévoux, sur ladite somme de 1,028 fr., solde du prix de la vente passée par Louis Bay à Pierre Goyet; — Que Philippe Damiron, créancier inscrit de Louis Bay, produisant à l'ordre, a demandé, à la date du 1er avr 1824, que, sans avoir aucun égard à la compensation opérée par l'acte du 18 avr. 1823, le prix à distribuer fût porté à 1,600 fr., prix total de la vente; — Attendu qu'à la date du 23 mai 1824, Philippe Damiron s'est désisté de cette demande, et a consenti à ce que la distribution ne fût faite que sur ladite somme de 1,028 fr.; — Que c'est ensuite de ce désistement, qui anéantissait la prétention qu'il avait élevée, que, le 6 août 1824, l'ordre provisoire a été dressé par M. le juge-commissaire sur ladite somme de 1,028 fr.; — Que, le lendemain, 7 août, les créanciers produisants ont été sommés de prendre communication de l'ordre provisoire et de le contredire, conformément aux dispositions des art. 755 et 756 c. pr.; — Attendu qu'il est constant que ce n'est que le 3 déc. 1824, ou tout au plus au mois d'octobre précédent, c'est-à-dire, dans tous les cas, plus d'un mois après la sommation, que Jean Guillon, créancier ayant produit, a contredit l'état de collocation provisoire, et a demandé que le prix à distribuer fût porté à 1,600 fr.;—Que Damiron n'a lui-même reproduit son premier contredit qu'après le renvoi à l'audience prononcé par M. le juge-commissaire, sur le contredit de Jean Guillon, et même après la plaidoirie de la cause; — Attendu que l'art. 756 c. pr. porte : « Faute, par les créanciers produisants, etc. » — Que la déchéance, prononcée par cet article, est précise, et ne peut être éludée; que l'art. 757, qui fait suite, ne s'applique qu'aux créanciers non produisants, et ne peut être étendu qu'au cas qu'il détermine; que, loin d'atténuer les dispositions de l'art. 756, il le confirme et en rend l'application plus rigoureuse, par l'exception même qu'il établit en faveur d'une seule classe de créanciers; — Attendu que, la déchéance, prononcée par l'art. 756, une fois admise, il devient inutile de s'occuper, au fond, du mérite, soit du contredit de Guillon et de Damiron, soit de la garantie demandée par Pierre Goyet ou ses héritiers contre les cohéritiers de Philibert Bay; — Confirme.

Du 1er déc. 1826.-C. de Lyon, 2e ch.-M. Montviol, pr.

des intérêts qu'il offre ainsi de compenser, doit, en effet, commencer par les réclamer, en contredisant, comme trop faible, la collocation prononcée à son profit. Cette collocation forme alors l'objet direct et principal de la contestation; ce n'est que par voie de conséquence que la somme sur laquelle porte l'ordre s'en trouve atteinte. Le contestant n'est donc plus à l'abri d'une déchéance qui frappe d'abord en lui le créancier, et ne s'étend que d'une manière indirecte au prix dont il est en même temps débiteur, en sa qualité d'acheteur.

732. Il a été jugé, et, ce semble, avec raison : 1° que la demande du syndic d'une faillite, tendante à faire déduire de la collocation provisoire d'un créancier hypothécaire, pour être reversé dans la masse chirographaire, le montant des sommes que ce créancier a touchées dans la contribution mobilière, n'est point une *contestation sur l'ordre*, de telle sorte qu'en cas de rejet de cette demande par le juge-commissaire, le syndic soit obligé, sous peine de forclusion, de contredire, dans le mois, sur le procès-verbal, conformément aux art. 755 et 756 c. pr.; que c'est là une demande qui, pouvant être portée directement devant le tribunal, a pu, à plus forte raison, être formée incidemment aux contestations sur l'ordre (Paris, 5 janv. 1823) (1); — 2° Que la demande dont il s'agit doit, à peine de nullité, être formée par exploit signifié à personne ou domicile (même arrêt).

733. On décide, avec raison, que la forclusion, faute de contredire, dans le mois, le règlement provisoire, est opposable à tous les créanciers indistinctement. — Il a été jugé ainsi : 1° que la forclusion, faute de contredire dans le délai, est de droit public, et peut être opposée aussi bien aux femmes mariées, à raison de leur dot, et aux mineurs qu'aux autres (Toulouse, 11 mai 1849 (2). — Conf. MM. Chauveau, Journ. des avoués, t. 75, art. 892, p. 391, à la note; Ollivier et Mourlon, n° 376); — 2° Que la forclusion, prononcée contre les créanciers produisants, faute, par eux, d'avoir contredit le règlement provisoire dans le mois de sa dénonciation, est applicable à la femme mariée sous le régime dotal relativement à ses biens dotaux; qu'en conséquence celle-ci ne peut s'opposer au payement des bordereaux délivrés à des créanciers subrogés dans l'effet de son hypothèque légale, lorsqu'elle n'a pas contesté la collocation de ces créanciers lors du règlement provisoire, contredit par elle sur d'autres points, et que le juge-commissaire, dans le règlement définitif, n'a rien changé aux dispositions de ce règlement qui n'avaient été l'objet d'aucun contredit (Limoges, 4 mars 1858, aff. Létang *C.* Barret et autres.).

734. D'après M. Thomine, t. 2, n° 870, la forclusion étant toujours la peine de la négligence, un créancier produisant, à qui elle serait applicable, pourrait en être relevé, si, par cas fortuit, par le décès de son avoué, par exemple, il n'avait pu contredire dans le mois. En conséquence, dit-il, s'il venait à décéder ou à perdre son avoué pendant le délai, il y aurait lieu à reprise d'instance; car, à son égard, l'ordre est une véritable instance (Conf. M. Seligman, n° 367). — M. Chauveau sur Carré, quest. 2564-5°, et Proc. de l'ordre, quest. 2581 *ter*, distingue entre la procédure qui se suit devant le juge-commissaire et celle qui a lieu devant le tribunal, après contredit et renvoi fait à l'audience. Dans le premier cas, dit-il, il n'y a pas encore d'*instance contentieuse* engagée, et il n'y a pas lieu, par conséquent, d'appliquer les dispositions du code de procédure, au titre des *Reprises d'instance*, art. 342 et suiv.— Dans le second cas, au contraire, il y a débat, instance liée, instance proprement dite, et il n'y a, dès lors, aucune raison pour ne pas appliquer à cette instance les dispositions précitées, dès qu'on ne trouve, au titre de l'ordre, aucune exception faite à cet égard (V. sous la section suivante). — Nous admettons cette distinction, qui nous paraît être dans le véritable esprit de la loi. « Dans la procédure devant le juge-commissaire, dit également M. Flandin, Tr. de l'ordre, inédit, tous les délais s'enchaînent les uns aux autres; ils sont circonscrits, limités à un temps fort court, dans un but de célérité et d'économie; et il y aurait une véritable perturbation de la procédure ainsi réglée, si elle pouvait être soumise à toutes les suspensions, à toutes les interruptions résultant du changement d'état des parties ou de leur décès, de la démission ou du décès de leurs avoués. » — Tel est aussi l'avis de Pigeau : « Une femme libre, dit-il, Comm., t. 2, sur l'art. 756, note 3, produit à un ordre : depuis le règlement provisoire et les sommations de contredire, elle se marie; ou bien, dans cet intervalle, un mineur, qui avait produit par son tuteur, devient majeur : y aura-t-il lieu à une prolongation de délai? Non : il faut appliquer la règle de l'art. 345; le changement de position, ou la cessation des fonctions dans lesquelles les parties procédaient, ne doivent pas empêcher la continuation des procédures de l'ordre. » — Pigeau enseigne la même chose pour le cas où un créancier, sommé de contredire, meurt avant l'expiration du délai. Ce délai, dit-il, *loc. cit.*, ne sera pas suspendu pendant le temps nécessaire pour faire inventaire et pour délibérer; car le présomptif héritier peut se faire autoriser à agir, sans prendre qualité. Aussi l'art. 2259 c. civ. déclare-t-il la prescription non suspendue pendant les trois mois pour faire inventaire et les quarante jours pour délibérer. Cet article est général et doit s'appliquer à toutes les déchéances; car une déchéance est une prescription. « S'il en était autrement, ajoute le judicieux professeur, un ordre serait interminable. Dans le grand nombre de créanciers qui s'y trouvent appelés, des décès peuvent arriver successivement; et cette procédure, que la loi a voulu simplifier, serait la plus inextricable de toutes les procédures » (Conf. MM. Grosse et Rameau, t. 2, n°s 365 et 366; Ollivier et Mourlon, n°s 361 et 369, Bioche, v° Ordre, n°s 345 et s., 3e éd., 5e tirage; Chauveau, Proc. de l'ordre, quest. 2563 *ter*; Houyvet, n° 229; Seligman, n° 317). — MM. Ollivier et Mourlon, néanmoins, apportent à leur opinion cette restriction, que, si le créancier produisant meurt en laissant un mineur, le délai de trente jours sera suspendu jusqu'à ce que le mineur ait été pourvu d'un représentant légal. Mais nous préférons le sentiment de MM. Grosse et Rameau qui, dans ce cas-là même, font courir le délai contre le mineur, parce que l'avoué constitué peut former le contredit, comme le dit Pigeau, sans prendre qualité pour le mineur (Conf. MM. Bioche, n° 346; Houyvet, n°s 155 et 234; Chauveau, *loc. cit.*).

735. Il a été jugé, au contraire, mais antérieurement à la loi du 21 mai 1858 : 1° qu'une procédure d'ordre n'est pas en état, tant que les délais pour contredire les collocations du règlement provisoire ne sont pas expirés; et, par suite, que, lorsque l'avoué d'un créancier mineur produisant cesse ses fonctions avant l'expiration des délais pour contredire, le créancier doit être assigné en constitution d'un nouvel avoué; que la simple sommation au successeur de l'avoué produisant de déclarer s'il a pouvoir d'occuper au lieu et place de son prédécesseur ne suffit pas pour passer outre à la poursuite et au règlement de l'or-

---

(1) (Frères Dyvrande et Oriot de Saint-Marc *C.* Delondre et Hervieux.) — LA COUR; — En ce qui touche l'appel interjeté par la dame Oriot de Saint-Marc et par Chamfort, à l'égard d'Hervieux (le syndic) : — Considérant que la demande d'Hervieux à fin de reprise, sur la collocation hypothécaire de la dame Oriot de Saint-Marc, des sommes par elle touchées dans la distribution mobilière et susceptibles de rétablissement dans cette masse, au cas prévu par la loi, n'était pas une difficulté sur l'ordre même, mais une demande qui, pouvant faire la matière d'une action principale, pouvait, à plus forte raison, être formée incidemment à l'ordre, et, dans tous les cas, n'exigeait pas de contestation sur le procès-verbal; que, dès lors, la forclusion, prononcée par l'art. 756 c. pr. civ. ne peut pas être applicable; — Considérant, au fond, que la disposition dont est appel n'est que la judicieuse application de l'art. 542 c. com.; — Considérant, toutefois, que cette demande d'Hervieux contre la dame Oriot de Saint-Marc n'a pas été régulièrement introduite devant les premiers juges; — Infirme, évoquant, etc.

Du 5 janv. 1823.-C. de Paris.-M. Quéquet, pr.

(2) (Oustry et Rome *C.* Dejean.) — LA COUR (par adoption des motifs des premiers juges);... — Attendu qu'une première objection est prise, au fond, de ce que, s'agissant, dans l'espèce, d'une collocation pour une somme dotale, la forclusion ne pourrait pas être admise, puisqu'elle équivaudrait à une aliénation de la dot; — Attendu, sur ce point, que la raison et la jurisprudence repoussent une pareille prétention. En effet, les forclusions établies par le code de procédure sont de droit public, et sont opposables à tous les créanciers, sans distinction, aussi bien aux femmes mariées et aux mineurs qu'aux autres;... — Confirme.

Du 11 mai 1849.-C. de Toulouse, 3e ch.

dre (Paris, 25 mars 1835, aff. Dalogny, v° Reprise d'instance, n° 51). — Mais nous avons dit *suprà*, n° 653, que, si l'avoué du créancier produisant vient à décéder ou à cesser ses fonctions avant la dénonciation du règlement provisoire, il faut lui faire cette dénonciation à personne ou domicile;—2° Que le retrait des pièces, par le créancier produisant, motivé par les retards apportés à la confection de l'ordre et le besoin qu'il avait de ces pièces pour toucher les intérêts et faire le transport de sa créance, ne peut être considéré, de la part du créancier, comme un abandon de sa demande de collocation, ni entraîner une déchéance (même arrêt); — 3° Que, toutefois, le règlement définitif doit recevoir son exécution à l'égard des autres créanciers utilement colloqués, et qui ne sont point parties dans l'instance (même arrêt). —V. aussi n° 488.

736. Pigeau estime, cependant, que, du jour de la notification du décès au poursuivant, celui-ci devrait faire sommation aux héritiers de reprendre l'instance (art. 343 et 344 c. pr.). « Mais, ajoute-t-il, cette nouvelle sommation ne devrait être suivie que du délai nécessaire pour compléter le mois écoulé en partie avant le décès du créancier. » Il n'y a plus, dès lors, d'engagé dans la question qu'une considération d'économie.

737. Il est telle circonstance, cependant, où le délai pour contredire est forcément suspendu, c'est lorsqu'il est introduit, incidemment à l'ordre, une demande qui présente à résoudre une question préjudicielle. Tel serait le cas d'une demande de sursis à l'ordre, formée, avant l'expiration du délai, par un copropriétaire indivis de l'immeuble dont le prix est en distribution, et qui l'aurait laissé vendre avant d'en provoquer le partage ou la licitation (c. nap. 2205), ou par le vendeur non payé, agissant en résolution de la vente. — Il a été jugé, dans ce sens : 1° que, lorsqu'un immeuble indivis a été exproprié sur l'un des copropriétaires, l'autre peut demander, par des conclusions directes, aussi bien que par contredit sur le procès-verbal, un sursis à l'ordre, jusqu'à la détermination de ses droits dans le prix (Bordeaux, 13 mars 1833, aff. Pélissier, v° Vente pub. d'imm., n° 121). —Le copropriétaire, avons-nous dit, *loc. cit.*, qui n'a point figuré dans l'instance de saisie immobilière, n'est point partie dans l'ordre ; il n'est donc pas soumis aux formes de cette procédure, et il peut incontestablement arriver, par toute autre voie que le contredit, à faire prononcer le sursis, pourvu qu'il mette en cause le poursuivant. Néanmoins, avons-nous ajouté, l'intervention dans l'ordre nous paraît le moyen d'agir le plus naturel, et c'est celui qui doit, à notre sens, être adopté de préférence ; — 2° Qu'il suffit que, dans le mois accordé aux créanciers pour contredire l'état de collocation provisoire, il ait été formé, par un créancier (le vendeur), une demande de sursis à l'ordre, pendant l'instance en résolution qu'il se proposait d'intenter, et que cette demande ait été admise, pour que ce délai d'un mois se soit trouvé suspendu, et n'ait repris son cours qu'à dater de la signification de l'arrêt qui a terminé cette instance ; que peu importe qu'au moment où le jugement qui a admis le sursis a été rendu, le délai d'un mois pour contredire se soit trouvé expiré, « attendu que l'effet de ce jugement rétroagit au jour de la demande en sursis, et suspend le cours du délai pour contredire » (Toulouse, 7 janv. 1846, aff. Gailhamède *C.* Popis, D. P. 54. 5. 532).

738. Il a été jugé, cependant : 1° que le dire, fait par l'adjudicataire au procès-verbal d'ordre, par lequel il annonce son intention de demander la résolution de l'adjudication dont le prix est à distribuer, et déclare s'opposer à la confection du règlement provisoire jusqu'à ce qu'il ait été statué sur cette demande, n'est pas un motif pour suspendre les opérations de l'ordre (Bourges, 17 déc. 1852, aff. Protat, D. P. 54. 2. 65); — 2° Qu'en tout cas, le créancier, qui n'a rien requis à cet égard, ne peut, si le juge-commissaire a passé outre, sans s'arrêter à la demande de sursis de l'adjudicataire, se prévaloir d'un grief qui n'appartiendrait qu'à ce dernier : ce serait exciper du droit d'autrui (même arrêt; V. aussi Req. 31 août 1825, aff. Rolland, *suprà*, n° 709-5°); — 3° Qu'en supposant même que l'état de collocation provisoire, dressé au mépris de la demande de sursis de l'adjudicataire, constituât une irrégularité de la procédure d'ordre, que les créanciers fussent habiles à s'en prévaloir, et que la demande en résolution de l'adjudication ait suspendu la forclusion encourue par ces derniers, faute de contredire en temps utile, cette forclusion aurait repris son cours, après la signification de l'arrêt définitif, intervenu sur la demande en résolution (arrêt précité du 17 déc. 1852).

739. On a vu *suprà*, n° 416, que l'ancien art. 757 c. pr., supprimé par la nouvelle loi, autorisait les productions tardives, lesquelles pouvaient avoir lieu jusqu'à la clôture définitive de l'ordre, à charge, par les retardataires, de supporter les frais de cette production tardive et de la dénonciation d'icelle aux créanciers, à l'effet d'en prendre connaissance. — La chambre des requêtes en a tiré cette conséquence, que la forclusion, prononcée, en matière d'ordre, contre les créanciers produisants qui n'ont pas contredit le règlement provisoire, dans le délai fixé par l'art. 756 c. pr., est inapplicable aux demandes en rectification formées, non par voie de contredit, mais au moyen d'une production complémentaire, qui, par erreur, ou par oubli même, n'aurait pas été faite lors de la production primitive, bien que l'une et l'autre se rattachent à un titre et à un droit hypothécaire uniques ; et spécialement, que le créancier, qui, inscrit sur un immeuble adjugé en plusieurs lots, a omis de réclamer sa collocation sur le prix de l'un de ces lots, qu'il ignorait être compris dans les biens sur lesquels il avait hypothèque, peut poursuivre la rectification du règlement provisoire, après le délai déterminé par l'art. 756, sa demande étant exercée, en cas pareil, par voie, non de contredit, dans les termes de cet article, mais de production nouvelle, conformément à l'art. 757. (Req. 29 mai 1854, aff. Lacroix, D. P. 54. 1. 251). — C'était là, il nous semble, un peu abuser des mots, et donner à l'art. 757 une portée que ne comportaient point ses termes; car, à l'aide d'une pareille interprétation, il devenait facile d'éluder la prohibition de l'art. 756. La question n'étant point de nature à se représenter, puisqu'il n'est plus admis de production en dehors du délai fixé par l'art. 754, nous n'avons point à insister ici sur notre critique.

740. Il a encore été jugé, dans le sens de l'arrêt précité, que la forclusion, prononcée, en matière d'ordre, par l'art. 756 c. pr. contre les créanciers produisants qui n'ont pas contredit le règlement provisoire dans le mois, ne s'applique pas à la production qu'un créancier, qui a déjà produit pour son propre compte, fait, après ce délai, comme exerçant les droits de son débiteur non produisant; qu'il y a là simplement la production tardive qu'autorise, sous certaines conditions, l'art. 757 même code (Toulouse, 20 août 1855, aff. Pebernard, D. P. 56. 2. 76).

741. Il a, d'ailleurs, été jugé, sous l'ancien code de procédure, que le créancier, qui produit après l'expiration du mois accordé aux créanciers pour contredire l'état de collocation provisoire, et qui demande, en même temps, à être colloqué, par privilége et préférence à tous autres, établit, par là même, un contredit suffisant pour obliger le juge-commissaire à renvoyer les créanciers produisants à l'audience, et que, dans ce cas, la voie à prendre pour obtenir la réformation de l'ordonnance de clôture est celle de l'appel (Riom, 7 juin 1817) (1).

742. La procédure d'ordre, pour les actes qui se passent en dehors de l'audience et devant le juge-commissaire, quoique ne constituant pas une instance, à proprement parler, puisque le juge n'y décide rien, peut, cependant, à certains égards, en revêtir les caractères, étant vrai de dire que le juge n'y agit que comme le délégué du tribunal, dans un but de simplification et d'économie. La preuve en est que l'ordre doit être fait à l'au-

(1) (Louvet C. de Saint-Haon.) — La cour ; — Considérant que la production des parties de Garrou (les héritiers de la dame de Saint-Haon) est intervenue le 15 fév. 1816, avant la clôture de l'ordre par le juge-commissaire; qu'en demandant, lors de cette production, à être colloqués, par préférence ou priorité à tous autres, il y avait, par cela même, contestation suffisante pour paralyser au moins le pouvoir du commissaire et nécessiter, de sa part, le renvoi à l'audience du tribunal ; — Considérant que les parties ne sauraient être sans moyens de recours contre une ordonnance du juge-commissaire, lorsqu'elle blesse la loi et les intérêts des parties, et que la réformation, par la voie de l'appel, n'est interdite par aucune loi; reçoit l'appel, déclare nulle l'ordonnance de clôture d'ordre, et ordonne que la contestation sera portée devant le tribunal de première instance.

Du 7 juin 1817.-C. de Riom.

dience, quand il y a moins de quatre créanciers inscrits (c. pr. 775). C'est déjà ce que nous avons établi *suprà*, n° 41); — Il a, en conséquence, été jugé : 1° que, la procédure d'ordre étant une instance judiciaire, qui peut entraîner l'aliénation des droits des parties, une femme ne peut y ester, à son détriment, ni y encourir aucune déchéance, si elle n'a pas été autorisée de son mari ou de la justice; et, par exemple, qu'à défaut de cette autorisation, elle ne peut être déclarée forclose, en ce qu'elle aurait laissé passer un mois sans contredire l'état de collocation provisoire (Cass. 21 avr. 1828, aff. Duvillard *C.* Collomb et autres, v° Mariage, n° 778-4°); — 2° Que l'autorisation judiciaire, donnée à la femme pour poursuivre sa séparation de biens et la liquidation de ses droits, ne la dispense pas d'obtenir une autorisation nouvelle pour défendre, dans un ordre, ouvert par suite de la faillite de son mari, aux contestations dont sa collocation est l'objet (Paris, 27 juill. 1850, aff. Pourtalès, D. P. 51. 2. 168).

743. Une autre conséquence à tirer de là, c'est que, le ministère de l'avoué, dans la procédure d'ordre judiciaire, étant, comme dans toute autre instance, un ministère forcé, l'officier ministériel est responsable envers sa partie, dans les termes généraux du droit (V. v° Avoué, n°s 219 et suiv., et Responsabilité, n°s 452 et suiv.), de toute négligence ou faute lourde préjudiciable aux intérêts de cette partie. — Par exemple, il nous paraît hors de doute, comme à M. Chauveau, Proc. de l'ordre, quest. 2566, que « le mandat de produire contient celui de contredire, et qu'il y a faute grave, de la part de l'avoué qui se borne à produire, sans examiner si la collocation de son client obtient la place qui lui est due... » — Il a été jugé ainsi : 1° que l'avoué, qui, chargé de produire à un ordre, a négligé de contredire l'état de collocation, alors qu'il pouvait, au moyen de titres déposés en ses mains et dont il connaissait l'importance, faire obtenir à son client la priorité sur des créanciers admis, par erreur, à un rang plus avantageux, est responsable du préjudice qui est résulté de sa négligence (Riom, 5 juill. 1851, aff. Teyssier, D. P. 52. 2. 291); — 2° Que l'officier ministériel, et par exemple l'avoué, dans l'étude duquel domicile a été élu dans un bordereau d'inscription par lui rédigé, est tenu, sous peine de responsabilité, de transmettre au créancier, son client, les significations, telles que sommations de produire, qui se réfèrent à l'inscription; qu'en conséquence, si, ayant reçu une sommation de produire à un ordre à la destination de son client, il se borne à l'adresser, par la poste, à un précédent domicile du client, sans faire tout ce qui était en lui pour découvrir le domicile actuel de ce dernier, il se rend passible de dommages-intérêts équivalant à la somme que le client eût obtenue dans l'ordre (Paris, 15 juin 1850, aff. Gablot, D. P. 51. 2. 41); — 3° Que, si le mandat *ad litem*, donné à un avoué, n'astreint pas cet avoué à l'accomplissement de mesures conservatoires étrangères à l'instance qu'il est chargé de suivre, l'obligation de prendre ces mesures peut résulter d'un ensemble d'actes extrajudiciaires ou judiciaires, démontrant que l'avoué a reçu et accepté la mission d'opérer le recouvrement des créances de son client et de veiller à la conservation de ses droits; — Spécialement, que l'avoué, qui a été chargé par une femme mariée de poursuivre, après la faillite du mari, la séparation de biens de cette femme, la liquidation de ses reprises et la production, dans l'ordre ouvert sur le prix de vente des immeubles de son mari, des créances qu'il aurait ainsi fait liquider, peut être considéré comme ayant reçu le mandat écrit de veiller à la conservation de ces créances, et que sa cliente doit être admise à prouver par témoins que ce mandat écrit comprenait notamment l'obligation de faire inscrire, dans les délais de la purge, l'hypothèque légale, en vertu de laquelle elle devait être colloquée dans l'ordre; qu'en conséquence, cet avoué ne peut échapper, en cas pareil, à la responsabilité de la non-inscription, et, par suite, de la perte de l'hypothèque légale de sa cliente, sous prétexte qu'il n'y aurait pas preuve écrite de l'obligation pour lui de prendre cette inscription (Req. 6 août 1855, aff. Blanc, D. P. 55. 1. 419); — 4° Que l'avoué, dans l'étude duquel des titres, produits à un ordre pour son client, et ensuite disparus du greffe, ont été retrouvés tardivement, soit qu'il ait omis de les restituer au greffe, après les en avoir retirés pour en prendre communication, soit même qu'il les ait reçus dans un dossier qu'il n'a pas vérifié, est responsable du préjudice qu'en éprouve le client, que l'absence de ces titres a empêché d'être compris dans l'ordre; qu'il ne pourrait se soustraire à cette responsabilité qu'en prouvant que les titres dont il s'agit ont été introduits dans son étude, à son insu, et sans qu'il lui ait été possible de le connaître; que sa responsabilité ne saurait être atténuée par le prétendu tort qu'il imputerait au créancier de n'avoir pas fait les diligences nécessaires pour retrouver les titres qui avaient disparu, ou pour demander aux dépositaires des minutes de nouvelles expéditions pour les reproduire devant le juge-commissaire (Riom, 21 fév. 1857, aff. Duclaux et Langlade, D. P. 57. 2. 147); — 5° Que la même responsabilité est encourue par le greffier qui a laissé retirer du greffe, sans récépissé, les titres produits, responsabilité qui doit être de la totalité du préjudice résultant pour le créancier de la perte de ses titres, sauf, en ce cas, le recours du greffier contre l'avoué (même arrêt).

744. Il a, toutefois, été jugé : 1° que la responsabilité de l'avoué ne s'étend qu'aux actes de la procédure qu'il dirige; qu'elle n'est pas engagée par les erreurs qu'il peut commettre sur le fond du droit; — Spécialement, qu'est non recevable en son action en responsabilité la partie qui n'a pas été colloquée en rang utile dans un ordre, parce que son avoué n'a pas fait valoir une subrogation tacite dans l'hypothèque légale de la femme du débiteur exproprié, subrogation que le titre de la créance pouvait permettre d'invoquer, mais dont l'application donnait lieu à certaines difficultés dans la jurisprudence (trib. civ. d'Autun, 13 avr. 1847, aff. B... *C.* Me P...; sur ce point, V. v° Avoué, n° 221, et v° Responsabilité, n°s 456 et 457); — 2° Que le mandat de produire à un ordre ne comporte celui de contester les autres productions que par les voies ordinaires; que l'inscription de faux est un incident exceptionnel pour lequel un pouvoir spécial et authentique est nécessaire à l'avoué; qu'en conséquence, le fait, par cet avoué, occupant, dans un ordre, tout à la fois pour le débiteur et l'un des créanciers colloqués, de s'être abstenu (sans dol ni fraude) de contredire, au nom du débiteur, la collocation de ce créancier, alors qu'il aurait fallu soutenir ce contredit par une procédure d'inscription de faux (d'ailleurs mal fondée), pour laquelle il n'avait reçu de son client aucun mandat spécial, ne saurait donner prise contre l'officier ministériel à une action en responsabilité, alors surtout qu'il n'est pas même allégué par le client que le titre du créancier pût être attaqué par un autre moyen que l'inscription de faux, ni que le client fût en état d'en avancer les frais (Angers, 24 déc. 1852, et, sur pourvoi, Rej. 25 avr. 1855, aff. Tessier, D. P. 55. 1. 156).

745. Mais toute responsabilité disparaît, lorsque l'avoué justifie de ses diligences. — Il a été jugé ainsi : 1° que, lorsque, sur la contestation élevée par un créancier du mari contre la collocation de la femme à raison de sa dot, contestation fondée sur la nullité du jugement de séparation de biens, l'avoué de la femme a opposé à ce créancier le moyen de la chose jugée et la fin de non-recevoir en résultant, il doit être réputé avoir contredit, selon le vœu de la loi, et qu'il est à l'abri de toute responsabilité, encore bien que ce moyen n'ait pas été suffisamment présenté dans la défense, si, d'ailleurs, il a remis à l'avocat les pièces à l'aide desquelles celui-ci pouvait le faire valoir à l'audience (Limoges, 11 juill. 1839, aff. Constant, v° Avoué, n° 224); — 2° Que, si, en matière d'ordre, l'avoué qui a occupé dans l'instance est, par une conséquence naturelle de son mandat, chargé de faire signifier l'appel du jugement qui a statué sur les contredits, il satisfait suffisamment à cette obligation, relativement à laquelle il n'est qu'un mandataire ordinaire, en mettant un huissier à même de faire utilement la signification; et, par exemple, qu'en semblable matière, l'avoué, qui, le dernier jour du délai d'appel, a adressé à un huissier, tant l'original que les copies préparées de l'acte d'appel à signifier, doit être considéré comme ayant accompli son mandat en temps utile, et, dès lors, n'est pas responsable de la nullité de l'appel résultant de la tardiveté de la signification, alors, d'ailleurs, qu'il est constant que cette tardiveté doit être imputée, non au retard de l'envoi par lui fait à l'huissier, mais à la faute de celui-ci, et alors surtout que l'huissier, choisi par l'avoué, est celui-là même que les appelants avaient chargé de pratiquer la saisie immobilière qui a donné lieu à l'instance d'ordre (Douai, 17 mai 1854, aff. Ancelet, D. P. 55. 2. 327).

746. De quelle nature est l'exception de forclusion? Elle est évidemment de celles qu'on appelle *péremptoires*, puisqu'elle n'a pas pour objet de différer, mais de refuser absolument l'exercice du droit (V. Exceptions, nos 528 et suiv.; V. aussi vo Déchéance, no 7). Il suit de là qu'elle peut être opposée en tout état de cause, même en appel, et qu'elle ne saurait être couverte par aucune défense au fond (Conf. MM. Ollivier et Mourlon, no 382; Bioche, vo Ordre, no 443, 3e éd., 5e tirage; Houyvet, no 240; Flandin, Tr. de l'ordre, inédit). — Il a été jugé, dans ce sens : 1o que, la forclusion étant d'ordre public, l'exception n'est pas couverte par des défenses au fond (Caen, 27 juill. 1813, aff. Biette, *suprà*, no 709; Limoges, 3 juill. 1824, aff. Tarade C. créanc. Gorce); — 2o Que la forclusion, prononcée par les art. 755 et 756 c. pr., est générale, et s'applique à tous les moyens, soit de forme, soit du fond (Besançon, 15 juill. 1814, et, sur pourvoi, Req. 10 janv. 1815, aff. Dumolard, vo Exploit, no 359-10o); — 3o Que la forclusion peut, de même que la prescription, être proposée en tout état de cause, même en appel, à moins qu'il ne résulte des circonstances qu'on y a renoncé; que c'est là une exception péremptoire du fond, et non une nullité de forme que l'art. 173 oblige de proposer *in limine litis* (Limoges, 4 mai 1820, aff. Semmaud; 5 juin 1823, aff. Bernard et Audoine, *suprà*, no 716-3o; Nîmes, 12 août 1829, aff. Blache C. Guérin et synd. Blache);—4o Que le moyen, tiré de ce qu'un créancier serait déchu pour avoir laissé passer un mois sans contester l'état de collocation provisoire, peut être proposé, pour la première fois, en appel; ce n'est pas là une demande nouvelle, c'est une exception péremptoire du fond (Grenoble, 18 août 1824, aff. femme Duvillard, *suprà*, no 683-1o. — Conf. Orléans, 29 août 1821, aff. Leroy, V. au no suiv.; Grenoble, 3 mars 1822 (ou 1821), aff. Logerand C. Pègremorte; 9 janv. 1827, aff. veuve Bouvard et autres C. Blanchet; Riom, 20 juill. 1853, aff. Douhet, D. P. 55. 2. 358; Grenoble, 22 mai 1863, aff. créanc. Rey, D. P. 63. 2. 200); — 5o Que toute fin de non-recevoir ou exception, qui s'attache à la demande elle-même et qui a pour objet de la faire rejeter, est une exception péremptoire, qui peut être opposée en tout état de cause : — « La cour;... attendu, enfin, que c'est à tort que Loisel prétend que cette fin de non recevoir (celle tirée, contre l'action du créancier hypothécaire en maintenue de son hypothèque, de la forclusion qu'il a encourue, faute de production à l'ordre) est tardive et inadmissible; qu'en effet, toute exception, qui a pour but de faire rejeter définitivement un appel, est une exception péremptoire, qui peut être proposée en tout état de cause;... déclare ledit Loisel non recevable dans son appel » (Rouen, 20 nov. 1841, aff. Loisel C. ép. Hauterre et autres); — 6o Que l'exception, tirée de la forclusion, est une exception péremptoire, qui peut être opposée en tout état de cause, tant qu'il n'y a pas été renoncé (Rej. 13 déc. 1853, aff. Dubois, D. P. 54. 1. 23);... que ce n'est pas y renoncer que de se borner, d'abord, à opposer l'exception de chose jugée; et, par suite, que le jugement, qui, sans s'occuper du moyen de forclusion non encore présenté, se fonde uniquement, pour rejeter la demande, sur une exception de chose jugée, n'a lui-même ni l'autorité de la chose jugée, ni celle d'un contrat judiciaire, par rapport à la forclusion, si elle est proposée plus tard (même arrêt).

747. Mais si la forclusion n'est point invoquée par les parties, le juge pourrait-il la prononcer d'office? Pour la négative, on dit que l'ordre public n'est pas directement intéressé dans la question; qu'il est, à la vérité, d'intérêt général que la procédure d'ordre marche avec rapidité; mais qu'ici l'intérêt public n'est que secondaire; que l'intérêt des parties est l'intérêt prédominant. On ajoute que la forclusion est une véritable prescription, et que, d'après l'art. 2223 c. nap., « les juges ne peuvent pas suppléer d'office le moyen résultant de la prescription » (Conf. MM. Carré et Chauveau, quest. 2564; Chauveau, Proc. de l'ordre, quest. 2564-4o). — Mais l'affirmative nous semble être dans l'esprit de la loi nouvelle. L'art. 755, en effet, dérogeant à l'art. 757 de l'ancien code, qui permettait de produire jusqu'à la clôture de l'ordre, prononce la déchéance des créanciers non produisants dans le délai, et veut que « le juge la constate immédiatement et *d'office* sur le procès-verbal. » Or, ainsi que le font observer MM. Ollivier et Mourlon, no 383, il n'y a aucune raison qui puisse motiver l'application d'une règle différente à la déchéance faute de contredire : il y a là une évidente analogie. C'est même, on peut dire, ce qui résulte virtuellement de ces termes de l'art. 756 : « Faute, par les créanciers produisants et la partie saisie, de prendre communication de l'état de collocation et de contredire dans ledit délai, ils demeurent forclos, *sans nouvelle sommation ni jugement.* » —Ainsi que le dit la cour de cassation, dans un arrêt, à propos de l'appel, dont la faculté est aussi circonscrite dans un délai déterminé, « il n'en est pas des déchéances comme des prescriptions : les déchéances sont des injonctions de la loi pour régler le mode d'exercer les actions, et le temps dans lequel elles doivent être exercées. Elles sont établies d'une manière absolue, parce qu'elles n'enlèvent aucun droit acquis, et que les facultés qu'elles retirent sont une concession de la loi dont on perd l'avantage, au profit de l'intérêt public, si on ne les a pas fait valoir dans le délai légal » (Cass. 2 avr. 1850, aff. synd. Larcher, D. P. 50. 1. 81; V. aussi nos observations sur cet arrêt). — Ajoutons, avec M. Houyvet, no 240, qu'il pourrait dépendre des avoués, en usant de réciprocité les uns envers les autres, et en ne s'opposant pas la forclusion encourue, de prolonger indéfiniment les ordres, sans qu'il fût possible aux magistrats de remédier à un pareil abus (Conf. MM. Bioche, vo Ordre, nos 442 et 445, 3e éd., 5e tirage; Flandin, Tr. de l'ordre, inédit V. au numéro précédent). — Il a été jugé, dans ce sens, sous le code de 1807, que la déchéance, faute de contredire dans le délai, est de droit et peut être prononcée d'office par les tribunaux, alors même qu'elle ne serait pas proposée par les parties (Orléans, 29 août 1821) (1). — Conf. Caen, 27 juill. 1813, aff. Biette, *suprà*, no 709).

748. Le principe de l'indivisibilité de l'hypothèque permet au créancier dont l'hypothèque s'étend à plusieurs immeubles, situés dans des arrondissements différents, de se présenter à chacun des ordres ouverts pour la distribution du prix de ces immeubles, à l'effet de s'y faire colloquer pour l'intégralité de sa créance. — Il a, en conséquence, été jugé qu'un créancier, inscrit sur plusieurs immeubles, qui a été colloqué provisoirement dans l'ordre ouvert sur le prix de l'un d'eux, mais dont la collocation est contestée, peut, avant que cet ordre soit définitivement réglé, se désister de la collocation qu'il y a obtenue et se faire colloquer dans un autre ordre (Paris, 31 août 1815, aff. Lavaudelle, vo Priv. et hyp., no 2582-1o. Rapprochez cet arrêt d'un autre de la même cour, du 28 avr. 1838, aff. Lepage, rap., *eod.*, no 2348). — V. aussi *infrà*, sous la sect. 13.

749. Le juge ne peut abréger le délai de trente jours accordé par la loi aux créanciers et à la partie saisie pour fournir leurs contredits au règlement provisoire. Si donc les contestants étaient renvoyés à l'audience avant l'expiration du délai, il ne paraît pas douteux que le créancier, qui n'aurait fait, jusque-là, aucun dire sur le procès-verbal, serait admissible à fournir ses

(1) (Leroy C. de Herissay et Badin-Bourdon.) — LA COUR; — Considérant, en droit, qu'aux termes de l'art. 755 c. pr., le poursuivant d'ordre doit dénoncer, par acte d'avoué à avoué, aux créanciers produisants et à la partie saisie, la confection de l'état de collocation provisoire, avec sommation d'en prendre communication et de contredire, s'il y échet, sur le procès-verbal du juge-commissaire, dans le délai d'un mois, et que l'art. 756 dispose formellement que, faute, par les créanciers produisants, de prendre communication dans ledit délai, ils demeureront forclos, sans nouvelle sommation ni jugement; — Considérant qu'il résulte de ces dernières expressions que cette déchéance est de droit et peut être prononcée, d'office, par les tribunaux, même quand elle ne serait pas proposée par les parties, et qu'à plus forte raison, elle doit l'être, même lorsque les parties l'invoquent seulement quand la cause est prête à recevoir sa décision en première instance, ou même sur l'appel; — Considérant que, dans l'espèce, les dires de la dame de Hérissay et de Badin-Bourdon ont eu lieu après l'expiration du délai d'un mois depuis la sommation voulue par l'art. 755; — Considérant qu'on ne saurait opposer à cette déchéance une fin de non-recevoir résultant de ce que la partie de Pailliet (sieur Leroy) ne l'aurait invoquée qu'en cause d'appel, ou sous forme de note en première instance; — Infirme.

Du 29 août 1821.-C. d'Orléans.

contredits à l'audience, tant que le délai ne serait pas expiré (Conf. MM. Chauveau et Carré, quest. 2571, et Chauveau, Proc. de l'ordre, sur l'art. 758, n° 511; Ollivier et Mourlon, n° 370; Bioche, v° Ordre, n° 501, 3e éd.).—Mais il n'aurait pas ce pouvoir, si l'audience avait été dénoncée depuis le délai, parce que l'art. 758 ne prescrit le renvoi à l'audience qu'à l'égard des créanciers *contestants*; que la forclusion est acquise contre lui, à défaut de contestation, de sa part, dans le délai (Conf. MM. Carré et Chauveau, *loc. cit.*). — Il a été jugé, dans le même sens, que l'ordre ne peut être clos avant l'expiration du délai d'un mois, accordé aux créanciers produisants pour contredire l'acte de collocation provisoire, même avec le consentement de ces derniers; et que la clôture prématurée est nulle, vis-à-vis des créanciers en retard, le délai d'un mois étant dans leur intérêt non moins que dans celui des produisants; que, par suite, le créancier en retard de produire, ayant la faculté de se présenter jusqu'à la clôture de l'ordre, en supportant les frais de sa tardive production, peut se rendre tiers opposant au règlement définitif, quel que soit le délai écoulé depuis la clôture de l'ordre prononcée prématurément (Paris, 21 mai 1835, aff. Robin-Grandin, *suprà*, n° 381; V. aussi Req. 15 juin 1820, aff. Moissonnier, *suprà*, n° 717-2°).

750. MM. Grosse et Rameau, t. 2, n° 368, disent, à propos de cet arrêt de 1835, que la *déchéance*, prononcée par la nouvelle loi contre les créanciers, faute de produire dans les quarante jours (755), ne permet plus un résultat aussi fâcheux que celui de ne pouvoir, de la part du juge-commissaire, *avec le consentement des créanciers produisants et du saisi*, procéder au règlement définitif, sans attendre l'expiration du délai pour contredire (Conf. MM. Ollivier et Mourlon, n° 370; Seligman, n° 326). — Toutefois, M. Flandin, Tr. de l'ordre, inédit, fait remarquer qu'il sera toujours prudent au juge-commissaire de ne pas devancer, pour la clôture de l'ordre, l'expiration de ce délai, puisque, les créanciers chirographaires ayant la faculté d'intervenir à l'ordre et de contredire le règlement provisoire (V. *suprà*, n° 665), il y aurait à redouter, de leur part, une opposition à l'ordonnance de clôture de l'ordre, fondée sur cette clôture prématurée (767).

ART. 5. — *De l'effet des contredits.*

751. Les contestations, élevées, dans le délai, par un créancier, profitent à tous les autres intéressés, même à ceux qui ont laissé passer le délai sans contester. — Cette proposition a, cependant, des contradicteurs. Le pour et le contre sont ainsi développés par M. Godoffre, dans le Journal des avoués, t. 78, p. 476, art. 1601. — « Dans un premier système, dit-il, l'ordre constitue une procédure essentiellement indivisible, dont il est impossible de toucher une partie sans que l'ensemble ne soit ébranlé. Un contredit, formé dans le délai, est censé formé dans l'intérêt de tous les créanciers, dont la position peut être améliorée ou rendue plus défectueuse par l'admission ou le rejet de ce contredit. Le créancier qui a pris l'initiative est réputé le mandataire de tous les autres : le jugement rendu produit son effet, non-seulement contre l'auteur du contredit ou celui qui le supportait, mais encore contre tous les créanciers postérieurs à la collocation contestée. — D'après le second système, l'ordre est, sans doute, une procédure *sui generis*, dans laquelle des formes spéciales sont tracées, mais où les règles générales doivent être suivies, toutes les fois qu'il n'y a pas dérogation expresse. Or, il est de principe qu'une décision obtenue ne profite qu'à celui qui l'a provoquée; spécialement que, dans un ordre, tout créancier qui n'a pas contredit dans le délai est et demeure forclos; qu'à son égard, par conséquent, le règlement provisoire est inattaquable, et que, si un autre créancier obtient une décision favorable à ses intérêts, cette décision ne pourra ni profiter, ni nuire à ceux qui ont gardé le silence. Suivant les partisans de cette théorie, la procédure d'ordre est essentiellement divisible; chacun agit pour soi, la déchéance encourue est absolue... Il me semble, poursuit M. Godoffre, que, pour prendre un parti sur la difficulté qui divise les auteurs et la jurisprudence, il suffit d'apprécier la nature et le but de la procédure d'ordre, sans se préoccuper d'une prétendue divisibilité ou indivisibilité qui viendrait imposer des solutions que la raison juridique ne saurait accepter... » — M. Godoffre entre, à cet égard, dans l'examen de plusieurs hypothèses où nous ne jugeons pas nécessaire de le suivre. « On pourrait, reprend M. Godoffre, après avoir parcouru ces hypothèses, multiplier les exemples, et tous conduiraient nécessairement à cette conclusion que, dans un ordre, toutes les fois que le contredit doit avoir pour résultat de modifier le rang des collocations de certains créanciers, tous ces créanciers sont intéressés, *ipso facto*, dans la contestation où ils sont parties directement, ou par l'avoué commun. Toute autre opinion bouleverserait l'économie de la loi, qui, en prescrivant d'appeler l'avoué du créancier dernier colloqué, a voulu précisément que le débat ne fût pas restreint aux acteurs principaux, le demandeur et le défendeur. Quand le procès établit que c'est par suite d'une appréciation erronée que le juge-commissaire a attribué à un créancier un rang qui ne lui appartenait pas, il ne suffit pas que cette créance soit déchue de ce rang, en ce qui concerne le créancier qui a contredit, il faut, d'une manière absolue, qu'elle soit reléguée à sa véritable place, puisqu'il est jugé, dans l'ordre, que cette place est la seule qui lui convienne. Cette opinion s'appuie encore sur les art. 760 et 763 c. pr. civ. » (Conf. MM. Rodière, t. 3 p. 220; Bioche, v° Ordre, nos 496 et s., 3e éd., 5e tirage; Chauveau, Proc. de l'ordre, quest. 2564 *ter*, n° 4; Flandin, Tr. de l'ordre, inédit.) — Il a été jugé, dans ce dernier sens : 1° que lorsqu'un créancier, non utilement colloqué, conteste la première collocation, sans attaquer la seconde, la somme retranchée à la première, par suite de cette contestation, profite au créancier colloqué en second ordre, et non au contestant qui n'a droit qu'aux dépens faits sur sa contestation (Amiens, 24 juin 1823) (1). — 2° Que, lorsque l'un des créanciers, colloqué en dernier lieu dans un ordre, contredit seul, et sans le concours des créanciers qui lui sont antérieurs en rang, la collocation d'un autre créancier placé en premier lieu, sans demander à être placé lui-même dans un rang plus favorable, si un arrêt rejette la collocation du créancier placé en premier lieu, en le renvoyant à la masse chirographaire, et en ne changeant pas le rang que le jugement assignait aux autres créanciers, le contestant n'a pas le droit de se mettre à la place du créancier rejeté de l'ordre, sous le prétexte que les créanciers antérieurs à lui, contestant, n'ayant pas contredit, ont été irrévocablement forclos : — « La cour; considérant que l'arrêt attaqué, en conservant aux créanciers colloqués le rang qui leur avait été assigné dans le jugement d'ordre, qui n'avait pas été attaqué, et en rejetant la demande de Brodard, qui avait pour objet de le subroger à un créancier évincé, et de laisser subsister la créance de ce dernier, dont la collocation était rejetée, a consacré l'autorité de la chose jugée, et fait une juste ap-

(1) (Goubet et Fossier C. Ledieu.) — Le 17 janv. 1823, jugement ainsi conçu : — « Attendu que, par le jugement du 18 mai 1821, Ledieu a été colloqué sur le prix provenant de l'expropriation des sieur et dame d'Hesecque avant la créance de Goubet et Fossier; que ce rang de collocation, n'ayant été attaqué par aucune voie légale, a acquis l'autorité de la chose jugée; d'où la conséquence que Ledieu a droit d'être payé avant Goubet et Fossier sur le prix total des biens des sieur et dame Defrance; — Considérant que l'arrêt de la cour royale d'Amiens, en date du 25 juin dernier, ayant décidé que l'hypothèque prise par les hospices d'Ypres et la demoiselle Holvoët ne frappait que le bois d'Ovillers, et non les parties désignées sous le nom de parc et de futaie, a, par cette disposition, fait rentrer dans la masse commune à distribuer une somme de 8,200 fr.; — Qu'il importe peu que cette décision ait été provoquée par les sieurs Goubet et Fossier seuls, puisque, dans ce cas, ils agissaient dans l'intérêt de tous les créanciers hypothécaires; d'ailleurs, les termes de l'arrêt résistent à la prétention qu'ils élèvent d'avoir droit à cette somme exclusivement aux créanciers qui les primaient en rang d'hypothèque, puisqu'il ne fait que prononcer, à leur profit, une condamnation de dépens, sans décider autre chose, sinon que les hospices d'Ypres et la demoiselle Holvoët ne pouvaient prétendre à cette somme de 8,200 fr.; — Déboute lesdits sieurs Goubet et Fossier de l'opposition par eux formée, le 25 déc. dernier, à l'exécution du règlement définitif de l'ordre du prix des biens vendus sur les sieur et dame d'Hesecque, arrêté le 17 du mois de décembre. » Appel. — Arrêt.

LA COUR; — Adoptant les motifs des premiers juges, met l'appellation au néant, etc.

Du 24 juin 1823.-C. d'Amiens, ch. corr.

plication de l'art. 750 c. pr.; rejette le pourvoi formé contre l'arrêt de la cour de Rouen, du 17 août 1822, » (Req. 27 déc. 1825, MM. Botton, f. f. de pr.; Favard rap., aff. Brodard C. Guéroult). — A quel titre, en effet, le créancier contestant pourrait-il prendre la place du créancier qu'il a fait rejeter de l'ordre? « La loi, dit très-bien M. Chauveau sur Carré, t. 2, n° 2566-4°, n'a établi nulle part cette subrogation, qui répugne à tous les principes. En ce cas, ajoute-t-il, le créancier contredisant obtiendra les dépens, parce qu'il a fait une chose utile à la masse; mais là se bornera son avantage... » M. Chauveau a reproduit cette opinion dans son Commentaire de la loi du 21 mai 1858, quest. 2565 *ter* (Conf. MM. Houyvet, n° 245; Seligman, n° 334; Flandin, Tr. de l'ordre, inéd.)

752. Il a encore été jugé, dans le même sens : 1° (en matière de distribution par contribution) que les décisions obtenues par quelques-uns des créanciers profitent à la masse, lorsque la contestation élevée par ces créanciers repose sur des moyens communs à tous, et non pas sur des moyens personnels aux créanciers contestants; qu'ainsi, lorsqu'un jugement, portant rejet d'un contredit, n'a été frappé d'appel que par quelques-uns des créanciers contestants, l'arrêt qui infirme ce jugement profite aux créanciers restés étrangers à l'instance d'appel comme à ceux qui y ont été parties (Nîmes, 19 août 1847, aff. Cusson, D. P. 48. 2. 79); — 2° Que le contredit, formé par un créancier à un état de collocation provisoire, profite à tous les autres, en ce sens, spécialement, que le bénéfice des modifications apportées, sur l'appel de ce créancier, à l'état de collocation peut être invoqué même par les créanciers qui n'ont pas appelé (Caen, 7 juill. 1851, aff. Carabœuf, D. P. 52. 2. 245); — 3° Que le contredit, qui a pour effet de faire annuler, comme simulée, une créance colloquée dans le règlement provisoire, profite à tous les créanciers (Bordeaux, 27 fév. 1852, aff. Brunet, V. Journ. des avoués, t. 77, p. 552).

753. Par application du principe que les contestations élevées dans le délai par un créancier profitent à tous les autres intéressés, même à ceux qui ont laissé passer le délai, sans contester, il a encore été jugé que de l'art. 756 c. pr., qui déclare forclos les créanciers produisants qui ont laissé passer le délai d'un mois sans contredire l'état de collocation provisoire, il résulte bien que ces créanciers sont privés de la faculté de critiquer personnellement cet ordre, mais qu'il n'en résulte pas qu'ils soient devenus tellement étrangers à l'ordre, dans lequel ils n'ont pas été utilement colloqués, par insuffisance de fonds, qu'ils ne soient plus admissibles à faire valoir leurs droits en aucun cas; qu'ainsi, ils peuvent profiter du bénéfice des contredits élevés par d'autres créanciers, et, par exemple, dans le cas où, sur le contredit de ces derniers, des créances, comprises dans le règlement provisoire comme privilégiées, seraient déclarées simplement hypothécaires, demander la priorité sur ces créances, à raison de la date plus ancienne de leur inscription (Douai, 4 janv. 1826) (1). — Cette décision peut être rapprochée de celles que nous avons recueillies *suprà*, nos 751 et 752.

Plusieurs consultations de jurisconsultes éminents : la première de MM. Berriat-Saint-Prix et Demiau-Crouzilhac; la seconde de MM. Merlin et Mailhe; la troisième de MM. Delacroix-Frainville, Bonnet père et Persil, avaient été produites, dans la cause, à l'appui de la thèse consacrée par ce dernier arrêt. La question a une si grande importance que, malgré les développements que nous venons de lui donner, nous jugeons utile de placer sous les yeux du lecteur le point de vue tout différent, quoique aboutissant au même but, sous lequel elle est discutée dans ces consultations.

« En général, disaient MM. Berriat et Demiau, la forclusion est une peine établie par les anciennes ordonnances, en matière de procédure civile, après la contestation en cause, contre les procureurs des parties qui ne remplissaient pas une formalité prescrite, ou qui n'exerçaient pas une faculté accordée, dans le délai déterminé, et après l'expiration duquel la formalité ne pouvait plus être remplie ou la faculté exercée. Encore faut-il observer que cette peine fut toujours comminatoire, comme l'atteste Boutaric, qui enseigne, p. 88, que le seul effet de la forclusion « est que le juge a la faculté de juger le procès tel qu'il est, sans rien diminuer du droit des parties » (V. aussi Ferrières, v° Forclusion). — On doit donc tenir pour certain que la forclusion a toujours été, et est encore aujourd'hui une simple peine de procédure, une peine qui n'a d'effet que quant à l'instruction seulement. — De quoi, en effet, l'art. 756 c. pr., par la forclusion spéciale qu'il prononce, a-t-il entendu forclore les créanciers qui n'ont pas contredit dans le mois? Ce ne peut être que du droit qu'il leur avait accordé d'examiner l'état de collocation provisoire, de le critiquer, de le débattre, *de le contredire*, en un mot, puisque ce n'est qu'au défaut d'usage de cette faculté, dans le délai, qu'est attachée la peine de la forclusion, c'est-à-dire la perte du droit de prendre communication et de contredire. L'art. 759 en fournit la preuve la plus évidente; car il porte que, « s'il ne s'élève aucune contestation, le juge-commissaire fera la clôture de l'ordre..., prononcera *la déchéance* des créanciers *non produisants*, ordonnera la délivrance des bordereaux de collocation *aux créanciers utilement colloqués*, et la radiation des inscriptions de ceux *non utilement colloqués*, etc. » — Mais, si aucun des créanciers n'a pris communication et n'a contredit, ils seront donc tous forclos : l'art. 756 est formel. S'ils sont tous forclos, et que cette forclusion entraîne, *ipso jure*, la déchéance du droit au fond, il n'y aura plus d'ordre, plus de collocation à clore; de sorte que tous les créanciers pourraient être déchus de leurs droits au fond, précisément lorsque, par leur silence, ils auraient approuvé le travail du commissaire qui consacrait ces droits. — On remarque, au reste, que l'art. 759 ne dit pas la *forclusion*, mais bien la *déchéance*, et cette déchéance ne peut avoir lieu que contre les *non-produisants*. Forclusion et déchéance ne sont pas synonymes; aussi le législateur ne les a-t-il pas confondus; il a prononcé la *forclusion* de contredire, parce qu'il n'a entendu priver les créanciers qui ont produit que du seul droit de critiquer le travail préparatoire du commissaire; et, lorsqu'il a voulu exclure les créanciers de toute participation à l'ordre et anéantir leur droit au fond, il a em-

(1) *Espèce :* — (De Clermont-Tonnerre, etc. *C.* Grosdavilliers, etc.). — Trois forêts du prince d'Auvergne sont adjugées, sur saisie, pour 620,000 fr. — Un ordre s'ouvre. — Parmi les créanciers produisants sont : 1° la succession de la Tour d'Auvergne; 2° Mme de Clermont Tonnerre; 3° la succession du duc de Bouillon; 4° Grosdavilliers, Delamarre et Ramel. — Dans le règlement provisoire, le juge-commissaire a colloqué, par privilége : 1° la succession Bouillon; 2° Mme de Clermont-Tonnerre; 3° la succession Latour d'Auvergne; et, comme ces collocations excédaient le prix à distribuer, il ne s'est point occupé des autres créances. — Dénonciation de l'état de collocation à tous les créanciers produisants. — Le délai d'un mois expire, sans contredit de la part de Grosdavilliers, Delamarre et Ramel. — La succession Latour d'Auvergne seule conteste la collocation du duc de Bouillon et de Mme de Clermont-Tonnerre; elle soutient que leurs créances ne sont pas privilégiées et qu'elles ne doivent avoir rang qu'à dater de l'inscription. — Jugement et arrêt qui accueillent cette prétention, et qui, établissant un nouveau règlement, placent la succession Latour d'Auvergne au premier rang. — Alors Grosdavilliers et autres s'opposent à la délivrance des deniers; puis, se fondant sur ce que les jugement et arrêt déclarent que la créance de la succession Latour d'Auvergne est seule privilégiée, ils demandent à être colloqués à la date de leurs inscriptions, antérieures à celles de Mme de Clermont-Tonnerre et de la succession de Bouillon. — On leur répond qu'à défaut, par eux, d'avoir contredit dans le mois, ils sont forclos, et qu'à leur égard, le règlement est devenu définitif. — Jugement du tribunal de Montreuil-sur-Mer, qui rejette cette fin de non-recevoir : — « Attendu, en fait, que l'on oppose, à la demande des sieurs Grosdavilliers, Delamarre et Ramel, une fin de non-recevoir tirée de ce que, d'après l'art. 756 c. pr., ils seraient devenus forclos et étrangers à l'ordre, pour n'avoir pas contesté dans le délai prescrit; — Attendu, en droit, que l'art. 756, en déclarant forclos les créanciers produisants qui n'ont pas contesté, les prive, à la vérité, de la faculté d'élever sur le cahier d'ordre de nouvelles contestations, mais ne préjuge rien sur les effets des contestations régulièrement faites dans le délai de la loi; que de la combinaison de cet article avec le précédent, dont il est nécessairement la sanction, et avec les art. 760 et suiv., il ne résulte pas, non plus, que les créanciers, qui ont produit et n'ont pas contesté, soient devenus étrangers à l'ordre d'une manière tellement impérative et absolue, qu'ils ne soient plus admissibles à faire valoir leurs droits, en aucun cas et en aucune forme. » — Appel. — Arrêt.

LA COUR; — Adoptant les motifs des premiers juges, confirme.

Du 4 janv. 1826.-C. de Douai, 1re ch.-MM. Deforet, 1er pr.-Lambert, av. gén., c. conf.-Martin, Roty, Leroy, Danel et Delangle, av.

ployé le mot *déchéance*. — Ainsi, les créanciers forclos ne sont pas déchus du droit de figurer dans l'ordre, et d'y figurer utilement, si leurs titres et la nature de leurs créances le comportent ; seulement la forclusion donne au juge-commissaire la faculté de clore son procès-verbal, dans l'état où il se trouve, si personne n'a contesté ni contredit, *sans rien diminuer du droit des créanciers*, qui sont parties nécessaires de l'ordre et de tous les incidents qui peuvent s'élever à leur préjudice, depuis le moment de leur production jusqu'à la clôture définitive. S'il en était autrement, la loi serait bien inconséquente ; elle favoriserait les créanciers, qui n'auraient pas produit dans le premier mois, beaucoup plus que les premiers produisants. En effet, l'art. 757 autorise les créanciers négligents à produire, après le mois, sans les assujettir à prendre communication et à contredire, et sous la seule condition de payer les frais qu'occasionnera leur production tardive et les intérêts qui auront couru pendant le temps du retard qu'ils auront occasionné dans la confection de l'ordre. Ainsi, les créanciers tardifs seraient à l'abri de toute déchéance ; et les premiers produisants perdraient leur droit au fond et seraient exclus de l'ordre, sans jugement, pour n'avoir pas contredit... Il est impossible d'admettre un système aussi contraire à la raison et à l'équité... »

« Supposons, disaient, de leur côté, MM. Mailhe et Merlin, que les débats agités, soit devant le tribunal, soit en cause d'appel, aient donné lieu, ou à une annulation, ou à une réduction de créances colloquées, et que cet événement laisse des fonds libres, les créanciers, formellement rejetés de l'ordre, ne pourront pas en profiter ; mais les créanciers non colloqués, et dont la collocation n'aura été omise, par les juges, que parce que, trouvant les fonds épuisés par les collocations déjà prononcées, il ne se sont pas occupés de leur rang, auront évidemment le droit de demander qu'on leur en assigne un dans une nouvelle distribution ; sans quoi, le débiteur saisi ferait siens, au préjudice des véritables créanciers, les fonds restants ; ce qui serait aussi absurde qu'inique.—Que si les débats donnent lieu, comme dans l'espèce, à une décision souveraine, qui change les bases de l'ordre, à une décision portant que la date des inscriptions hypothécaires doit servir d'unique règle aux collocations, les créanciers non colloqués sont, incontestablement, recevables à profiter de cette décision, attendu qu'ils n'ont été forclos que de la faculté d'élever des contestations nouvelles, après le mois qui a suivi l'ordre provisoire, et non pas de celle de faire valoir leurs droits, alors qu'il s'agit de statuer sur les effets des contestations élevées par d'autres créanciers dans le délai prescrit ; d'autant plus que les juges auraient eu à s'en occuper, s'ils avaient complété leur œuvre, au lieu de s'arrêter à une présomption d'épuisement de fonds à distribuer (V. *suprà*, nº 635). — Ira-t-on jusqu'à prétendre que les créanciers, qui n'ont point contesté, ne sont pas recevables à participer à l'effet des changements que l'ordre doit subir, d'après l'arrêt rendu par la cour royale, entre les créanciers contestants? Mais un tel système rendrait inutile le concours des créanciers postérieurs en ordre d'hypothèques dont il s'agit dans l'art. 760, et qui ne peut s'entendre que des créanciers qui n'ont point contesté ; le concours de ces créanciers est donc dans le vœu de la loi, et ce n'est pas en vain que la loi l'a voulu. »

On opposait à ce système que la forclusion n'est et ne peut être autre chose qu'une déchéance contre celui qui ne conteste pas ; que c'est la peine de sa négligence, et qu'il serait facile de l'éluder, s'il était permis au créancier forclos de profiter du bénéfice des contredits élevés par des créanciers plus vigilants ; que ce serait, en outre, le relever de son acquiescement ; car le silence, gardé par le créancier, ne doit être considéré que comme une approbation tacite de la préférence accordée aux droits des autres créanciers. — D'un autre côté, ajoutait-on, en combinant l'art. 760 avec l'art. 768 c. pr., on voit que, dans la procédure occasionnée par les contredits, les contestants seuls doivent être mis en cause : la contestation est donc étrangère aux créanciers forclos ; les contestants y sont donc seuls parties ; seuls, par conséquent, ils peuvent invoquer la chose jugée. — On terminait, en invoquant l'arrêt de rejet du 12 déc. 1814, aff. Roncesse, rapporté *suprà*, nº 716-2º.

754. La question peut se présenter encore à un autre point de vue. — Le contredit a été fait, non pas pour critiquer la créance ou la collocation d'un créancier, mais pour faire attribuer à la créance du contestant un rang préférable à celui qui lui avait été assigné dans le règlement provisoire. L'admission de ce contredit aura pour effet nécessaire de faire reculer d'un degré tous les créanciers postérieurs. Or, il peut arriver que, par suite, l'un ou quelques-uns de ceux-ci perdent le rang utile dans lequel ils avaient été colloqués, pour tomber parmi les créanciers sur lesquels les fonds manquent. Dans cette situation, il est bien évident que tous ces créanciers sont intéressés dans la contestation ; qu'ils peuvent combattre par tous les moyens en leur pouvoir, et même par des moyens nouveaux, le contredit qui peut leur être si préjudiciable ; c'est ce que nous avons démontré *suprà*, nº 715. Mais faut-il aller plus loin et permettre à ces créanciers, après l'admission du contredit, de faire valoir non-seulement contre le contestant, mais contre les créanciers qui les priment, des droits dont ils n'avaient pas excipé précédemment, parce que, placés dans un rang qui leur assurait le payement intégral de ce qui leur était dû, ils n'avaient pas cru devoir, par un pur intérêt de principe, demander la réformation, à leur égard, de l'état de collocation provisoire? — Il a été jugé, dans le sens de l'affirmative, que, lorsqu'un créancier, ayant plusieurs hypothèques dérivant de la même cause, mais inscrites à des dates différentes, et pour lesquelles il a produit dans un ordre, en demandant sa collocation *à la date de ses hypothèques*, n'a pas critiqué le règlement provisoire, qui le colloquait à la date de sa dernière inscription, alors que cette collocation lui assurait un payement intégral, mais, au contraire, a conclu au maintien pur et simple dudit règlement, dans une instance engagée avec un autre créancier, et qui avait pour objet de faire rejeter la demande de ce créancier, réclamant sa collocation à une date antérieure à celle pour laquelle lui-même avait été colloqué, mais postérieure à la date de sa plus ancienne inscription, il n'en résulte pas qu'il soit non recevable, après que ce créancier a réussi à faire admettre sa réclamation, à demander la rectification du règlement provisoire, en ce sens que sa collocation soit reportée, dans le règlement définitif, à la date de sa plus ancienne inscription (Cass. 29 mai 1843, aff. d'Aubigny, vº Acquiescement, nº 88).

755. Il a été jugé, au contraire : 1º que le créancier, qui, colloqué utilement, bien qu'à une date postérieure à celle par lui indiquée, n'a pas cru devoir contester le règlement provisoire, n'est point relevé de la déchéance qu'il a ainsi encourue par la collocation à un rang préférable au sien d'un créancier qui avait contesté ledit règlement (Paris, 27 avr. 1844) (1) ; — 2º Que l'effet du jugement qui accueille un contredit consiste à

(1) *Espèce :* — (Chouvereux C. Picot.)—Jugement en ces termes :— « En ce qui touche les parties de Mᵉ Pelletier :—Sur la fin de non-recevoir : —Attendu que les sieurs Chouvereux, parties de Mᵉ Pelletier, avaient produit à l'ordre, avec demande en collocation, à la date de l'hypothèque légale de la femme Teston-Chevallier, le 17 déc. 1821, comme se prétendant subrogés, dès à présent, dans les effets de cette hypothèque, quoique la communauté d'entre les époux Teston-Chevallier ne soit pas encore dissoute, et qu'en conséquence, aucune liquidation des reprises de la femme n'ait encore été faite ; que, contrairement à cette prétention, M. le juge-commissaire a colloqué les sieurs Chouvereux à la date du 22 juill. 1834 (date de leur hypothèque conventionnelle) ; — Attendu que le règlement provisoire ainsi fait leur a été dénoncé, conformément à la loi, avec sommation d'en prendre connaissance et de le contredire dans le délai de droit, sous peine de forclusion, ce qu'ils n'ont pas fait ; — Attendu qu'ils réclament aujourd'hui leur collocation à la date de l'hypothèque légale de la femme Teston-Chevallier ; que cette réclamation est une contestation du règlement provisoire tardivement faite et frappée de déchéance, aux termes des art. 755 et 756 c. pr. civ. ; — Sans examiner, au fond, le mérite de ladite réclamation, déclare les sieurs Chouvereux purement et simplement non-recevables dans leur contestation tardive du règlement provisoire de l'ordre Teston-Chevallier ; — Ordonne la réformation dudit règlement à l'égard des enfants Picot, en ce sens qu'ils seront colloqués au rang de leur hypothèque légale à la date du 20 juillet 1834, et antérieurement aux sieurs Chouvereux. » — Appel. — Arrêt.

La cour ; — Adoptant les motifs des premiers juges, met l'appellation au néant, etc.

Du 27 avr. 1844.-C. de Paris, 3ᵉ ch.-M. Berville, av. gén., c. conf.

faire passer le contredisant à un rang supérieur à celui du créancier contesté, celui-ci conservant, d'ailleurs, son rang à l'encontre de ceux qui n'ont pas contredit (Nîmes, 8 août 1849, aff. Fabre *C.* Bezard, arrêt cité au Journ. des avoués, t. 75, p. 397, art. 892).

756. Il a été jugé aussi : 1° qu'il suffit qu'un créancier, colloqué dans un règlement provisoire, n'ait élevé aucune contestation, dans le délai légal, pour qu'il ne puisse, bien que la production tardive d'un autre créancier ait donné lieu à une addition à ce règlement, contredire les collocations déjà faites, et réclamer, pour sa créance antérieurement colloquée comme simple créance hypothécaire, une collocation par privilége (Paris, 20 nov. 1835) (1); — 2° Que le créancier, qui n'a pas contredit, dans le mois, un règlement provisoire d'ordre, dans lequel il était colloqué, est forclos, alors même que, par suite de l'admission de productions nouvelles faites par des créanciers retardataires, il ne se trouverait plus en rang utile (Grenoble, 7 mars 1848, aff. Grangé, D. P. 49. 2. 56). — Cette décision, malgré l'abrogation, par la nouvelle loi, de l'ancien art. 757 c. pr., est susceptible encore d'application, dans le cas dont nous avons parlé *suprà*, n° 721, celui d'un créancier qui n'a pas été sommé de produire, et qui néanmoins se présente avant la clôture de l'ordre ; et d'ailleurs le principe qui lui sert de base peut s'appliquer aux contredits tout aussi bien qu'aux productions tardives. Elle est approuvée, en ces termes, par M. Chauveau, Journ. des av., t. 74, p. 502, art. 757, à la note. « En ne contredisant pas, dit-il, dans les délais, les collocations existantes, le créancier approuve l'ordre dans lequel elles ont été admises. Si, plus tard, un fait, étranger aux créanciers colloqués, modifie le rang des collocations premières, chacun d'eux conserve bien le droit d'attaquer les productions nouvelles, comme aussi il est exposé aux contredits des créanciers qui produisent tardivement ; mais, en aucun cas, directement ou indirectement, à moins que l'ordre ne soit annulé, il n'est permis au créancier qui perd son rang de critiquer une créance qu'il a respectée, alors qu'il était dans les délais pour la combattre. — On objecterait en vain que, s'il n'a pas alors usé de son droit, c'est que, se voyant alloué en rang utile, il n'avait aucun intérêt à contredire. On répondrait qu'il doit imputer à sa négligence de n'avoir pas prévu l'effet de productions tardives : *vigilantibus jura subveniunt...* » — C'est à cette opinion que nous croyons devoir nous ranger. Nous ne dirons pas, il est vrai, avec M. Chauveau, qui écrivait ce passage sous l'ancien code, que les créanciers devaient prévoir l'effet de productions tardives, car de telles productions sont impossibles aujourd'hui ; mais nous pensons qu'il y a négligence, de la part du créancier, de ne pas prévoir les contestations dont le règlement provisoire est susceptible et l'effet de ces contestations ; car le nom seul de ce règlement indique bien suffisamment que les bases sur lesquelles il est établi peuvent être modifiées, et que nul ne peut compter d'une manière certaine sur le rang qu'il lui assigne. Vis-à-vis de ceux qui le précèdent dans l'ordre, le créancier négligent n'a aucun droit, puisqu'il est forclos pour n'avoir pas contredit dans le délai, et que les contestations soulevées par un tiers ne sont pas de nature à le relever de cette forclusion. Vis-à-vis du contestant, dont la réclamation est admise, il est également sans droit ; car il pouvait intervenir dans l'instance, et ne l'ayant pas fait, il doit porter la peine de sa faute (V. cependant *suprà*, n° 717).

757. Si le créancier, qui a formé, en temps utile, un contredit, s'en désiste, les autres créanciers, qui n'ont pas contesté dans le délai, pourront-ils, malgré ce désistement, se prévaloir du contredit pour faire rejeter de l'ordre le créancier contesté ? — Pour la négative, on invoque le droit commun, d'après lequel le contredit dont le créancier s'est désisté doit être considéré comme non avenu, en sorte que le règlement provisoire conserve toute sa force, au regard de ceux qui n'ont pas contesté dans le délai. — Il résulte, à la vérité, de l'art. 693 c. pr., que, du jour où mention a été faite, en marge de la transcription d'une saisie immobilière, de la notification faite aux créanciers inscrits de ladite saisie, ces créanciers deviennent parties dans la poursuite, et que la saisie ne saurait plus être rayée que de leur consentement. Mais c'est là, dit-on, une disposition spéciale, qui, comme toute exception, ne peut être étendue d'un cas à un autre (Conf. M. Houyvet, n°s 239 et 246). — Il a été jugé, dans ce sens, que la collocation dans un ordre, contredite par un créancier qui se désiste ensuite, doit être maintenue, à l'égard des autres créanciers non contestants, et qu'il n'y a lieu à appel du jugement qui, en donnant acte du désistement, maintient ladite collocation : — « La cour ; attendu que la partie Chefnay (Hauregard) n'avait élevé, en première instance, soit au procès-verbal d'ordre, soit à l'audience, aucune contestation contre la créance de Jason et la validité de son titre hypothécaire ; que la seule contestation, faite contre cette créance par les enfants de Léonard Bodson, avait cessé par le désistement de ceux-ci et l'acte qui en avait été donné à l'audience ; qu'ainsi ledit Jason a dû être considéré comme un créancier non contesté, de la collocation duquel il n'échoit pas appel ; par ces motifs, déclare l'appel interjeté contre la partie Brixhe (Jason) non recevable » (Liége, 1re ch., 15 déc. 1816, aff. Hauregard *C.* Jason).

758. D'après M. Chauveau, au contraire, Proc. de l'ordre, quest. 2577, le contredit, une fois formé, appartient à tous ceux qui peuvent avoir à en tirer avantage ; et, si le contredisant vient à s'en désister, ce désistement ne peut avoir d'effet qu'autant qu'il a été accepté par l'avoué qui représente la masse. « S'il en était autrement, dit l'auteur, chacun des créanciers intéressés serait obligé, soit pour tirer profit du contredit, soit pour éviter

---

(1) *Espèce :* — (Mercier *C.* Vallée.) — Un ordre ayant été ouvert pour la distribution du prix des biens de la succession du sieur Vallée, Mercier, créancier inscrit, est colloqué, suivant le rang de son inscription, pour le montant de sa créance, bien qu'il pût réclamer, pour une partie de sa créance, une collocation par privilége. — Plus tard, une production tardive, faite par un sieur Olteinhem, ayant donné lieu à une addition au règlement provisoire, Mercier, qui avait négligé de contredire l'état de sa collocation, dans le délai fixé par l'art. 756 c. pr. civ., demande à être colloqué, pour la partie de sa créance privilégiée, par préférence aux autres créanciers. — Le juge-commissaire renvoie, sur cette difficulté, les parties à l'audience. — Jugement du tribunal de Chartres, ainsi conçu : — « Attendu que Mercier a produit, le 24 fév. 1834, et a été colloqué, dans le règlement provisoire du 27 mars suivant, pour 1,500 fr., montant d'une obligation souscrite à son profit par les époux Vallée, devant Me Greslon, notaire à Illiers, du 11 janv. 1833 ; — Attendu que Mercier n'a élevé aucune contestation sur ledit règlement, dans le délai prescrit par l'art. 755 c. pr. civ., et qu'aux termes de l'art. 756 du même code, le délai dont s'agit est imparti aux créanciers colloqués, à peine de forclusion ; — Attendu que la production que Mercier qualifie de nouvelle, et par lui déposée au greffe le 30 juin 1834, contient demande en collocation, par privilége, pour une somme de 500 fr., et que des pièces jointes à la production il résulte que cette somme fait partie de la créance de 1,500 fr. pour laquelle ledit Mercier a été colloqué, à la date de son inscription, par le règlement provisoire du 27 mars 1834 ; que c'est à Mercier de s'imputer le tort de n'avoir pas formé sa demande en collocation par privilége, lors de sa première production, ou de n'avoir pas contesté le règlement provisoire en temps utile, d'autant qu'un règlement provisoire est essentiellement éventuel, puisque le rang, dans lequel les créanciers alors produisants sont colloqués, peut être changé, jusqu'au règlement définitif, par de nouvelles productions ; qu'en vain il excipe de la production tardivement faite par Olteinhem, et qui a donné lieu à l'addition au règlement provisoire, en date du 18 juin dernier, pour prétendre avoir droit de contredire toutes les collocations ; — Qu'en effet, lorsque le délai pour contester le règlement provisoire est expiré, le rang des priviléges et hypothèques dans lesquels les créanciers qui y ont produit ont été colloqués, est définitif entre eux et ne peut plus être modifié, et que, lorsqu'il y a production tardive et addition au règlement provisoire, il n'y a plus lieu qu'à examiner le rang et la qualité dans lesquels le nouveau créancier a été colloqué...., etc. » — Il est à remarquer que ce jugement est intervenu, sans que l'audience eût été poursuivie par acte d'avoué à avoué. — Appel par Mercier. — Arrêt.

LA COUR ; — Considérant qu'il n'est pas justifié qu'après renvoi des contestants à l'audience par le juge-commissaire, l'audience ait été poursuivie par acte d'avoué à avoué, conformément à l'art. 761 c. pr. civ., et que le jugement dont est appel ne constate pas que les parties aient été entendues à l'audience ; — Que cette formalité était nécessaire pour que l'appelant fût en demeure de présenter ses moyens, et que la nullité qui résulte de son omission est substantielle ; — Déclare nul ledit jugement ; évoquant le fond, lequel est en état, par les motifs ci-dessus transcrits des premiers juges, déboute Mercier de sa nouvelle demande en collocation, et le déclare forclos de contester le règlement provisoire, etc.

Du 20 nov. 1835.-C. de Paris, 3e ch.-M. Lepoitevin, pr.

qu'on s'en désistât à son préjudice, de former lui-même un contredit ou d'adhérer au contredit existant, en se le rendant personnel. De là naîtrait le grand inconvénient de voir le nombre des contredisants s'augmenter considérablement, et s'élever outre mesure les frais d'une instance de contredits; tandis qu'avec le système qui me semble être celui de la loi, les parties présentes dans cette instance se trouvent réduites au nombre strictement nécessaire : le contestant, le contesté, l'avoué représentant la masse. » — Ces raisons ne manquent certainement pas de force, et il semble qu'on puisse invoquer ici, par analogie, l'argument qui se tire de l'art. 693 précité, puisque, dans la procédure d'ordre comme dans celle de saisie immobilière, il s'agit de l'intérêt collectif de tous les créanciers. — Il a été jugé, conformément à cette opinion (en matière de distribution par contribution), que les contredits élevés par un créancier, dans le délai, profitent à tous les autres; qu'en conséquence, les créanciers, qui ne sont plus dans le délai pour contredire, ont le droit, nonobstant le désistement du créancier, de reprendre le contredit et de le faire valoir en leur nom (Paris, 15 déc. 1853, aff. v[e] et fils Poisson, D. P. 54. 2. 11.—Conf. trib. civ. de Toulouse, 2 fév. 1857, aff. Dilhan C. de Bardies, Journ. des av., t. 83, p. 215, art. 2964).

759. Mais au moins faudrait-il décider conformément à l'opinion de M. Chauveau, si le désistement n'intervenait qu'après le renvoi fait à l'audience, en vertu de l'art. 758, des contestations formulées sur le procès-verbal d'ordre; car, une fois l'instance liée avec les créanciers postérieurs aux collocations contestées (art. 760), ceux-ci devenant parties intéressées dans les contestations, le désistement du créancier contredisant ne saurait plus leur nuire. L'analogie qui se tire, dans ce cas, de l'art. 693, est manifeste.— Il a été jugé, ainsi, que le contredit, formé, en temps utile, par un créancier, profite aux autres créanciers, malgré le désistement du contredisant, alors que le désistement n'a pas encore été accepté; qu'il est postérieur à l'ordonnance qui a renvoyé la contestation devant le tribunal, et que, d'ailleurs, ce désistement est l'œuvre d'un avoué qui a agi sans pouvoir spécial (Limoges, 29 mai 1850) (1). — Sur ce dernier point, V. les numéros qui suivent.

760. Dans quelle forme doit avoir lieu le désistement pour être valable? Faut-il à l'avoué, comme dans le cas de l'art. 402 c. pr., un mandat spécial pour se désister du contredit qu'il a formé dans l'intérêt de sa partie?—La question est controversée en jurisprudence. Dans un premier arrêt (8 mars 1850, n° 761-3°), la cour de Toulouse a dit que vouloir appliquer au cas dont il s'agit le principe posé dans l'art. 402 c. pr., c'est confondre des situations qui n'ont aucune analogie entre elles. Selon cet arrêt, dans le cas prévu par l'art. 402, il s'agit d'une instance introduite, d'une action engagée par la partie elle-même; et les règles du droit seraient violées, si l'avoué pouvait renoncer à la demande formée, à l'exception proposée par son mandant, sans un pouvoir spécial de ce dernier. Mais, dans le cas présent, tout s'est fait par le ministère de l'avoué; et, dès que c'est lui qui a fait le contredit, comme il est juge de la convenance qu'il y avait à le faire, il doit être juge également de la convenance qu'il peut y avoir à le retirer. En y renonçant, au lieu d'abandonner un droit exercé par sa partie, il défait seulement ce qu'il a fait lui-même. L'arrêt ajoute que ce droit de se désister du contredit est un fait de pratique constante et dont l'expérience démontre l'utilité; car il importe aux créanciers que leur avoué puisse faire un contredit pour conserver leurs droits, même avant d'avoir pu s'assurer s'il est ou non bien fondé. Et la partie serait exposée à des frais qui pourraient devenir considérables, si, après un examen plus attentif, l'avoué ne pouvait pas renoncer au contredit dont il a reconnu l'injustice (Conf. MM. Grosse et Rameau, t. 2, n° 394; Seligman, n° 370).

761. Il a été jugé, dans ce sens : 1° Que le pouvoir de représenter un créancier dans un ordre donne au mandant celui de se désister du contredit qu'il a fait, alors surtout que rien ne prouve qu'il y ait eu fraude ou collusion dans ce désistement (Nîmes, 11 mars 1845, aff. Peyron C. Valat et Boucarut, cité par M. Chauveau, Journ. des av., t. 76, p. 398); — 2° Que l'avoué a qualité pour se désister d'un contredit qui est son œuvre, à moins qu'il ne soit désavoué, et que l'acceptation de l'avoué du créancier contesté empêche toute rétractation ultérieure (trib. civ. du Vigan, 7 juin 1849, aff. Fesquet, D. P. 49. 5. 112); — 3° Que l'avoué, qui a formé un contredit dans un ordre, pour sa partie, peut s'en désister, sans pouvoir spécial; et que ce désistement doit sortir effet, quoique l'avoué ait déclaré, mais après l'expiration du délai accordé pour contredire, qu'il rétractait ce désistement, non accepté par la partie adverse (Toulouse, 8 mars 1850, aff. Metché, D. P. 50. 2. 147); — 4° Qu'il suffit que l'avoué, qui avait formé un contredit, ait déclaré s'en désister, même sans pouvoir spécial, pour que, dans ce cas, et quoique, depuis l'expiration du mois, il ait déclaré rétracter le désistement et revenir au contredit, il n'y ait plus de contestation, dans le sens de l'art. 758 c. civ., et que, par suite, le juge-commissaire soit compétent pour ordonner le maintien de la collocation, sans être tenu de renvoyer les contestants à l'audience (même arrêt).

762. Mais la cour de cassation s'est prononcée dans un sens opposé (Cass. 14 juill. 1851, V. n° 763-1°), et la cour de Toulouse, par un autre arrêt, rendu en matière de distribution par contribution (20 août 1853, n° 763-2°), s'est ralliée à cette jurisprudence. C'est aussi l'opinion que nous avons adoptée dans nos annotations sur ces derniers arrêts. Selon nous, un contredit, en matière d'ordre, n'est autre chose qu'une demande judiciaire introduite dans une forme spéciale. Les contestations qui s'élèvent, à l'occasion du procès-verbal de collocation, sur la sincérité ou sur le chiffre des créances, et sur les causes de préférence qui peuvent exister entre les créanciers, sont souvent de la nature la plus grave. Si ces contestations sont portées devant le tribunal, non par la voie ordinaire d'une assignation, mais par un dire mis au bas du procès-verbal du juge-commissaire, ce mode spécial de procédure, qui suffit pour engager le débat entre parties déjà représentées par avoués, ne modifie en rien, quant au fond, la nature de la demande, et ne peut en diminuer l'importance; il ne saurait donc influer sur la forme du désistement. — En un mot, voici la seule distinction à faire : s'agit-il d'une irrégularité de procédure, d'un acte quelconque pouvant engager la responsabilité de l'avoué, sans profiter au client? Dans ce cas, l'avoué n'a pas besoin de pouvoir spécial pour retirer ce qu'il a fait; car sa partie n'a aucun intérêt à ce qu'on le maintienne. S'agit-il, au contraire, d'un acte utile au client et dont le retrait pourrait lui nuire? Dans ce cas, l'acte appartient à la partie; l'avoué ne peut s'en désister, sans pouvoir spécial : voilà la règle, applicable en matière d'ordre comme en toute autre (V. v° Désistement, n° 39; Conf. MM. Chauveau, Proc. de l'ordre, quest. 2573 bis; Bioche, v° Ordre, n° 361, 3e édit., 5e tirage; Houyvet, n° 246).

763. Il a été jugé, conformément à cette opinion : 1° que l'avoué, qui se désiste, sans pouvoir spécial, d'un contredit élevé dans un ordre, est sujet à désaveu (Cass. 14 juill. 1851, et, sur renvoi, Orléans, 8 janv. 1853, aff. veuve Nonat, D. P. 51. 1. 199, et 55. 2. 78; V. aussi Limoges, 29 mai 1850, aff. Clavaud, n° 759); — 2° Que la preuve du pouvoir spécial, nécessaire pour autoriser le désistement, ne peut se faire que conformément aux règles qui régissent la preuve des contrats ou

---

(1) (Clavaud et autres C. Chazaubeneix.) — LA COUR; — Attendu que l'ordre provisoire, arrêté le 18 mai 1849, a été attaqué par divers créanciers, et notamment, le 9 juill. suivant, par Grenet, Laverine et Clavaud, débiteur saisi, qui ont critiqué la créance Chazaubeneix, portée en premier rang dans ledit ordre; — Attendu que, le 28 juill., les deux créanciers contestants, Grenet et Laverine, ont déclaré, par l'organe de leur avoué seulement, qu'ils se désistaient de leur contredit à l'égard de la créance de Chazaubeneix, par le motif qu'ils étaient assurés d'être utilement colloqués, par suite d'une réclamation présentée par eux dans le procès-verbal d'ordre; mais que ce désistement est irrégulier, comme n'ayant pas été fait en conformité de la loi et par un mandataire qui n'avait pas mission ni pouvoir suffisant pour le faire; qu'il n'a pas été accepté et qu'il est postérieur à l'ordonnance du juge-commissaire, qui avait spécialement saisi de la contestation le tribunal, par suite de son renvoi du 19 juill.; — Attendu, d'ailleurs, que le tribunal était encore saisi de la contestation par le contredit portant sur la même créance de Chazaubeneix, fait par Clavaud, partie saisie, qui n'a aucunement abandonné ce contredit;... — Déclare que les appelants ont droit de profiter du contredit fait, soit par Laverine et Grenet, soit par Clavaud.

Du 29 mai 1850.-C. de Limoges, 3e ch.

obligations conventionnelles en général; qu'en conséquence, on ne peut, dans une matière excédant 150 fr., et quand il n'existe aucune des exceptions admises par la loi à la règle prohibitive de la preuve testimoniale, faire résulter *des faits de la cause*, en l'absence d'un mandat écrit, la preuve d'un pouvoir spécial (arrêts précités des 14 juill. 1851 et 8 janv. 1853); — 3° Que les conditions, exigées par les art. 402 et suiv. c. pr. pour rendre le désistement valable, s'appliquent au désistement d'un contredit, en matière de distribution par contribution; qu'en conséquence, ce désistement, comme celui de toute action judiciaire, doit être signé de la partie ou de son mandataire spécial, et que l'avoué, qui a formé le contredit, n'a pas pouvoir, en sa seule qualité d'avoué, et en l'absence d'un mandat spécial, pour s'en désister au nom de son client (Toulouse, 20 août 1853, aff. Meyer, D. P. 54. 2. 169).

764. Il a été décidé aussi que le désistement d'un contredit, en matière de distribution par contribution, peut être rétracté, tant qu'il n'a point été accepté, et que cette rétractation a pour effet de faire revivre le contredit précédemment formé (même arrêt du 20 août 1853). — Cette dernière proposition peut présenter quelque difficulté. — En thèse générale, à la vérité, le désistement est révocable, tant qu'il n'a pas été accepté (Arg. art. 403 c. pr.; V. aussi v° Désistement, n°s 107 et suiv.); mais l'application de cette règle peut ici donner lieu à une objection spécieuse. On peut dire que le désistement d'un contredit est un acquiescement au procès-verbal du juge-commissaire; que la signification d'un acquiescement, signé de la partie ou de son mandataire spécial, est irrévocable, sans qu'il soit besoin d'aucune acceptation; qu'il a été, maintes fois, décidé, en ce sens, quoique la question soit controversée, que le désistement d'un appel, emportant, de plein droit, acquiescement à la sentence qui en est l'objet, est définitif, bien que non accepté par la partie adverse (V. les auteurs et les arrêts cités v° Désistement, n°s 116 et suiv.) Mais, sans revenir ici sur l'examen de cette question, nous nous bornons à faire observer que le principe qu'on invoque, en le supposant accordé, ne serait pas applicable, dans le cas particulier. La raison en est, suivant nous, que le procès-verbal de collocation dressé par le juge-commissaire, en matière d'ordre ou de contribution, ne peut être considéré comme une sentence à laquelle aurait acquiescé la partie condamnée. Une sentence judiciaire, en effet, suppose nécessairement l'existence d'une contestation antérieure, d'un débat qui, s'il n'a été contradictoire par le fait, a du moins été ouvert à chacune des parties par la faculté qu'elle a eue de se défendre. Nous ne saurions donc reconnaître le caractère d'une véritable sentence au procès-verbal de collocation dressé en l'absence de toute contradiction possible, et antérieurement à toute espèce de contestation. Nous adhérons, par conséquent, à la décision de la cour de Toulouse.

765. Il a été jugé, comme conséquence du principe appliqué par ces derniers arrêts, que la femme, même séparée de biens, a besoin de l'autorisation de son mari ou de la justice pour se désister du contredit fait, en son nom, dans une instance d'ordre; que l'avoué n'a donc pu donner utilement ce désistement, sans cette autorisation (Grenoble, 10 mars 1848, aff. Ducurty, D. P. 49. 2. 34). — La femme, dit cet arrêt, peut, sans autorisation, faire des actes conservatoires, même des actes profitables à sa fortune, puisqu'alors son intérêt, celui du mari et des héritiers, est de ne pas faire valoir une nullité introduite en leur faveur seulement; mais il en est autrement, si ces actes compromettent sa fortune, la frappent de déchéance ou de forclusion. Et l'arrêt ajoute que, dans ce cas, il importe peu que la femme agisse en vertu d'un jugement de séparation de biens pour arriver au retrait de sa dot, parce que, si elle peut être considérée comme suffisamment autorisée par ce jugement pour parvenir à ce but, surtout en présence des dispositions de l'art. 1449, il n'en est pas de même à l'égard des actes qui, loin de lui procurer le remboursement de sa dot, la lui feraient perdre, ou lui feraient encourir des forclusions et des déchéances.

SECT. 8. — *Du renvoi des contestations à l'audience.*

766. Lorsqu'il s'est élevé des contestations sur le règlement provisoire, il n'entre pas dans la mission du juge-commissaire de statuer sur ces contestations, lors même, dit Pigeau, Comm., t. 2, sur l'art. 758, note 3, que la solution de la difficulté lui paraîtrait évidente. Il doit renvoyer les contestants devant le tribunal, au jour qu'il désigne, et commettre, en même temps, l'avoué qui sera chargé de suivre l'audience (c. pr. 758. — Conf. MM. Chauveau, Proc. de l'ordre, quest. 2575 *bis*; Grosse et Rameau, Comm., t. 2, n° 395; Bioche, v° Ordre, n° 444, 3e éd., 5e tirage; Ollivier et Mourlon, n° 386; Houyvet, n° 247; Seligman et Pont, n° 369; Flandin, Tr. de l'ordre, inédit).—Il a été jugé ainsi : 1° qu'il suffit que le règlement provisoire soit contesté pour que le juge-commissaire ne puisse passer outre et procéder au règlement définitif; qu'il doit renvoyer les parties à l'audience : « La cour; en ce qui touche la fin de non-recevoir proposée contre l'appel : considérant que, Bidoire ayant contesté le règlement provisoire et demandé qu'il fût réformé, le juge-commissaire devait renvoyer les contestants à l'audience; qu'au lieu de suivre cette marche tracée par la loi, le juge-commissaire a passé outre au règlement définitif et colloqué Bidoire pour les sommes portées au règlement provisoire contesté; qu'il a ainsi fait un acte de juridiction qui n'appartenait qu'au tribunal, et évidemment excédé ses pouvoirs; ...annule l'ordonnance de clôture d'ordre; évoquant, ordonne la réformation du règlement provisoire, etc. » (Paris, 3e ch., 20 juin 1835, M. Lepoitevin, pr., aff. Bidoire *C.* Pinchon); — 2° Que le créancier, qui produit après les délais de l'art. 754 c. pr., et qui demande en même temps à être colloqué, par privilége et préférence à tout autre, établit, par là même, un contredit suffisant pour obliger le juge-commissaire de renvoyer les créanciers produisants à l'audience (Riom, 7 juin 1817) (1); — 3° Que le juge, commis à la confection d'un ordre, n'est pas, non plus, compétent pour statuer sur la validité et les effets d'un désistement donné par l'un des créanciers produisants; qu'il doit se borner à en donner acte et renvoyer les parties devant le tribunal (Nîmes, 22 avr. 1823, rapp. avec Req. 9 déc. 1824, aff. Veyrunnes, *suprà*, n° 416-6°); — 4° Que, dans les attributions faites au juge-commissaire, en matière d'ordre, on ne doit pas voir des actes de juridiction contentieuse, mais de simples actes de juridiction volontaire; que, sous ce rapport, par conséquent, ses ordonnances ne sont pas susceptibles de recours; mais qu'il en est autrement lorsque, outrepassant ses pouvoirs, il agit, lorsqu'il y a contestation, comme s'il n'y avait pas de litige, ou lorsqu'il statue sur un litige contre la prohibition de la loi; et, spécialement, que le juge-commissaire, n'ayant d'autre droit que celui de présider à la procédure d'ordre, selon les formes légales, et d'appliquer les conséquences nécessaires résultant du défaut de contestation, ou du règlement intervenu sur ces contestations, il est incompétent pour apprécier la validité d'une prétendue transaction intervenue entre les parties, sous la seule signature de l'avocat de l'une d'elles, sans l'assistance de son avoué (Grenoble, 9 août 1848, aff. v° Chabert et Romain Marret, D. P. 49. 2. 123).

767. Cependant, ajoute Pigeau, *loc. cit.*, l'ordonnance que rendrait le juge-commissaire, dans le cas spécifié, ne serait pas nulle de droit; mais elle devrait être attaquée par la voie de l'appel (V. sous la section suivante). — Il a été jugé ainsi que l'ordonnance par laquelle le juge-commissaire, en cas de contestation entre les créanciers qui ont produit à l'ordre, fixe le rang qui doit leur appartenir dans la distribution, au lieu de les renvoyer à l'audience, peut être attaquée par la voie de l'appel

(1) (Bassignat *C.* Louvet.) — LA COUR; — Considérant que la production des parties de Garon est intervenue le 15 fév. 1816, avant la clôture de l'ordre; qu'en demandant, lors de cette production, à être colloqués par préférence ou priorité à tous autres, il y avait, par cela même, contestation suffisante pour paralyser au moins le pouvoir du commissaire, et nécessiter, de sa part, le renvoi à l'audience du tribunal; — Considérant que les parties ne sauraient être sans moyens de recours contre une ordonnance du juge-commissaire, lorsqu'elle blesse la loi et les intérêts des parties, et que la réformation, par la voie de l'appel, n'est interdite par aucune loi;

Reçoit l'appel; déclare nulle l'ordonnance de clôture d'ordre, et ordonne que la contestation sera portée devant le tribunal de première instance.

Du 7 juin 1817.-C. de Riom.

(Riom, 7 juin 1817, aff. Bassignat, V. au numéro précédent).

768. Le renvoi à l'audience se fait au moyen d'une simple ordonnance mise sur le procès-verbal, à la suite des contredits, et signée par le juge et le greffier. Elle indique l'avoué commis pour suivre l'audience (c. pr. 758).

769. Il n'est dû aucun droit d'enregistrement sur cette ordonnance; elle forme une partie intégrante du procès-verbal d'ordre. C'est ce qu'exprime l'instruction suivante : « Il est de l'essence du procès-verbal d'ordre que les dires et contredits des créanciers y soient consignés, et, par suite, que les contestants soient renvoyés à l'audience, selon le vœu de l'art. 758 c. pr. Ce renvoi, prononcé par le juge-commissaire, n'est pas plus une ordonnance proprement dite ou un jugement que ne l'est le renvoi exprimé dans les procès-verbaux de non-conciliation : il n'est, comme disposition dépendante du procès-verbal d'ordre, passible d'aucun droit particulier. » (Instr. de la régie de l'enreg., du 5 fév. 1844, n° 1704, D. P. 45. 3. 33. — Conf. décis. min. des fin. du 17 janv. 1820).

770. On doit appeler à l'audience : 1° les contestants, 2° les contestés, 3° les créanciers postérieurs en hypothèques aux créanciers contestés, lesquels ont le même intérêt que les créanciers contestants à faire écarter de l'ordre des créanciers qui les priment. — Et il a été jugé que, lorsqu'un créancier conteste l'état provisoire de collocation, il doit mettre en cause tous les créanciers colloqués après celui dont la collocation est contestée; qu'en conséquence, un créancier, postérieur en ordre d'hypothèques au créancier contesté, s'il n'a pas été appelé dans l'instance en contestation, peut former tierce opposition au jugement intervenu en son absence (Grenoble, 16 août 1816) (1).

771. L'art. 760 porte que « les créanciers postérieurs, en ordre d'hypothèques, aux collocations contestées, sont tenus, dans la huitaine après les trente jours accordés pour contredire, de s'entendre entre eux sur le choix d'un avoué; sinon, qu'ils sont représentés par l'avoué du dernier créancier colloqué. » — La loi donne à ces créanciers un avoué commun, pour ne pas grossir inutilement la masse des frais, en appelant individuellement dans l'instance des créanciers en nombre indéterminé et qui ont tous le même intérêt. C'est une sorte de syndicat qu'elle constitue; et la cour de cassation en a tiré, avec raison, cette conséquence que l'avoué, dans ce cas particulier, figure dans la cause en son nom personnel, *qualités qu'il agit, sans qu'il y ait lieu d'y faire figurer nommément tous les créanciers qu'il représente* (Rej. 6 déc. 1858, aff. Carbonnel, D. P. 59. 1. 75). Cette appréciation si juste est fortifiée par l'art. 763, d'après lequel on doit intimer en appel, s'il y a lieu, non pas les créanciers postérieurs aux collocations contestées, mais « l'avoué du créancier dernier colloqué » qui les représente. — Il a, par suite, été jugé que, dans les instances d'ordre, la condamnation aux dépens doit être prononcée et l'exécutoire délivré, au nom de l'avoué qui représente la masse des créanciers postérieurs aux collocations contestées, sans qu'il soit nécessaire que cet avoué ait demandé la distraction des dépens, cette demande n'étant exigée de l'avoué que lorsqu'il *assiste* son client, lequel figure seul en nom dans la procédure, et non lorsqu'il en est le *représentant légal* (arrêt précité du 6 déc. 1858. — Conf. M. Chauveau, Proc. de l'ordre, quest. 2598; V. aussi v° Frais et dépens, n°s 119 et suiv.).

772. Mais il a été jugé que l'avoué du créancier dernier colloqué est sans pouvoir pour acquiescer, au nom des créanciers qu'il représente, à un arrêt qui leur fait grief; qu'en conséquence, il ne peut résulter de la signification de cet arrêt, faite par l'avoué pour en obtenir l'exécution dans un de ses chefs, une fin de non-recevoir contre le pourvoi formé contre ce même arrêt par les créanciers sur un autre chef (Cass. 4 juin 1849, aff. Flandrin, D. P. 49. 1. 307).

773. Qu'entend la loi par ces expressions : *l'avoué du dernier créancier colloqué?* D'après l'opinion la plus générale, le dernier créancier colloqué est le créancier placé au dernier rang dans le règlement provisoire, soit qu'il vienne, soit qu'il ne vienne pas en ordre utile (V. *suprà*, n° 635. — Conf. MM. Bioche, v° Ordre, n° 489, 3° éd.; Bresselles, n° 46; Persil, Quest. sur les Priv. et hyp., t. 2, v° Ordre, § 10; Flandin, Tr. de l'ordre, inédit). — M. Houyvet, n° 253, l'entend autrement. Selon lui, « le créancier dernier colloqué, dans l'art. 760, ne veut dire, ni celui qui est placé en dernier rang, ni celui qui vient le dernier en ordre utile, mais le dernier colloqué *parmi les créanciers contestants.* » M. Houyvet prétend établir sa thèse, qui est au moins paradoxale, sur le texte même des art. 758 et 760. L'art. 758 porte que le « juge renvoie les *contestants* à l'audience. » M. Houyvet s'empare de ce mot pour dire que ce sont les *contestants seuls* qui sont renvoyés à l'audience; d'où il tire la conséquence que, dans l'art. 760, qui n'est que la mise à exécution de l'art. 758, les créanciers postérieurs sont, comme dans l'art. 758, les créanciers *contestants.* « Mais l'auteur ne fait pas attention, dit M. Flandin, que ce mot *contestants* est complexe; qu'il ne comprend pas seulement les contestants, mais aussi les *contestés* : son argument de texte tombe ainsi de lui-même. » — « A quoi bon, d'un autre côté, dit M. Houyvet, désigner un avoué pour défendre les créanciers qui n'ont pas contredit et qui ont manifesté l'intention de se tenir en dehors de toutes contestations? Pourquoi les forcer, malgré eux, à figurer à l'audience, et les faire représenter par un avoué, sans leur consentement, surtout lorsque la loi les déclare *forclos...?* » — « Sans doute, répond M. Flandin, il ne faudrait pas les appeler dans l'instance, s'ils n'y avaient aucun intérêt; mais il faut remarquer, avec M. Chauveau, quest. 2577, qu'un contredit, admis en tout ou en partie, peut amener des modifications, des changements dans le rang des collocations postérieures à celles contestées; qu'il y a donc là des intérêts qui doivent être sauvegardés et défendus. C'est également ce que dit la cour de cassation, dans un arrêt du 24 janv. 1844, aff. Charamaule (V. *infrà*, n°s 962-3°), que critique mal à propos M. Houyvet : — « Attendu, porte cet arrêt, que le code de procédure civile, dans le but de simplifier et de rendre moins dispendieuses les procédures, en cas de contestation, ...a voulu qu'on n'appelât à l'audience que les créanciers contestants et ceux dont les collocations étaient contestées; *qu'à l'égard des autres créanciers intéressés au résultat des contestations*, il a voulu qu'ils fussent représentés par un seul avoué, sur le choix duquel il leur a donné la faculté de s'entendre, ou, faute par eux de s'entendre, par l'avoué du dernier créancier colloqué. » — « M. Houyvet prétend que la cour de cassation est revenue de cette opinion, qu'elle a condamnée elle-même par un autre arrêt du 27 avr. 1852, aff. Robert et Bonnet (D. P. 52. 1. 162) : il n'en est rien; la cour de cassation a seulement consacré, par cet arrêt, un principe vrai, vrai à l'égard des créanciers contestants comme à l'égard de tous autres, et dont l'art. 760 n'est qu'une application, c'est que là où se rencontrent des intérêts communs, la défense, dans un but d'économie, doit être collective et non individuelle. — Et, quant aux deux arrêts de la cour de Grenoble, du 17 fév. 1847, aff. Buisson, et 20 fév.

---

(1) (Touton C. Guérin.) — LA COUR; — Considérant que, si, aux termes de l'art. 756 c. pr., faute, par les créanciers poursuivants, de prendre communication des communications respectives ès mains du commissaire de l'ordre, dans le délai prescrit, ils demeurent forclos de contredire individuellement, il n'est pas moins vrai que, si l'un desdits créanciers conteste en temps utile, les créanciers postérieurs au contesté doivent être représentés collectivement dans cette contestation; qu'aux termes du droit commun, et spécialement de la loi 12, *ff.*, *De rebus, auctoritate judicis possidendis vel vendendis*, ce que fait un créancier, dans une instance d'ordre, est réputé fait dans l'intérêt commun : *nec sibi quidquam acquirit, cui prætor permittit, sed aliquid ex ordine facit, et ideò cæteris prodest*; que c'est par suite de ce principe que l'événement de la contestation profite, non pas immédiatement au contestant, mais aux divers créanciers postérieurs au contesté; — Que ces créanciers acquièrent un intérêt direct à ce que la contestation, une fois liée, ne puisse plus se terminer sans qu'ils y soient représentés, pour prévenir les fraudes et la collusion qui pourraient avoir lieu, à leur préjudice, entre le contestant et le contesté; — Que telle est aussi la disposition de l'art. 760 c. pr.;

Admet la tierce opposition, et renvoie la cause au tribunal de Vienne, autres juges, néanmoins, que ceux qui avaient rendu le jugement infirmé, pour statuer sur le mérite des contredits des mariés Barbezieux.

Du 16 août 1816.-C. de Grenoble.

Nota. Il y a eu pourvoi contre cet arrêt : la requête a été admise; mais les parties ont transigé.

1849, aff. Durand et Berlioz (D. P. 48. 2. 52, et 51. 5. 375, nº 1), qu'invoque M. Houyvet, dans le sens de son interprétation de l'art. 760, ils n'ont rien qui ne se concilie parfaitement avec le sens généralement attribué à cet article. Il suffit, en effet, de faire remarquer qu'ils s'appliquent l'un et l'autre à la procédure d'appel, au sujet de laquelle l'art. 763 déclare que « l'avoué du créancier dernier colloqué *peut* être intimé, s'il y a lieu, » c'est-à-dire ne doit être appelé dans la cause qu'autant que les créanciers qu'il représente y ont intérêt... (V. *infrà*, sous la sect. 10, nºs 948 et s.). »—Notre avis est conforme à celui de M. Flandin.

774. L'ancien art. 760 avait une autre disposition ainsi conçue : « Le créancier, qui contestera individuellement, supportera les frais auxquels sa contestation particulière aura donné lieu, sans pouvoir les répéter ni employer, en aucun cas. » L'exposé des motifs explique que cette disposition n'a été éliminée de la nouvelle rédaction de l'article que parce qu'elle se trouve comprise dans une disposition plus générale, l'art. 765 du projet, devenu l'art. 766 (D. P. 58. 4. 44, nº 26). Le principe subsiste donc, et il y a lieu aujourd'hui, comme avant la loi du 21 mai 1858, de considérer comme frustratoires, à l'égard de la masse, les frais de contestation individuelle, et de les laisser à la charge du créancier qui les a faits (Conf. MM. Chauveau, Proc. de l'ordre, quest. 2577 et 2578 *ter*; Pigeau, Comment., t. 2, sur l'art. 760, note 2; Bioche, vº Ordre, nº 486, 3e éd., 5e tirage; Colmet-Daage, t. 2, nº 1032, 8e éd.).—Il a été jugé, par application de l'ancien art. 760 : 1º qu'on ne peut charger la masse de l'ordre des frais faits par les créanciers qui contestent individuellement la collocation de ceux qui les priment; qu'ils ne peuvent contester individuellement qu'à leurs frais (Colmar, 16 janv. 1826, aff. Vital, vº Frais et dépens, nº 696); —2º Que les créanciers hypothécaires, colloqués dans un règlement provisoire d'ordre, qui résistent, dans le même intérêt et par les mêmes motifs, à la prétention d'un autre créancier d'obtenir un rang préférable au leur, sont tenus, conformément à l'art. 760 c. pr., de se faire représenter par un seul avoué; qu'en conséquence, s'ils ont fait choix d'avoués distincts, ils doivent supporter personnellement les frais occasionnés par leur contestation individuelle (Cass. 27 avr. 1852, et, sur renvoi, Paris, 7 mai 1853, aff. Robert, D. P. 52. 1. 162, et 54. 5. 527, nº 4); — 3º Que les créanciers postérieurs, en ordre d'hypothèque, aux collocations critiquées, qui ont contesté individuellement, doivent, à l'exception du dernier colloqué, supporter les frais par eux faits, quand même il existerait entre eux des contestations particulières, mais sur d'autres points (Bordeaux, 5 juill. 1848, aff. Caisse hyp. *C.* Blavignac, arrêt cité au Journ. des av., t. 73, p. 686, art. 608, nº 16).

775. Il a été jugé, cependant, qu'on doit allouer au créancier contestant individuellement tous les frais faits dans un intérêt commun et qui n'ont pas fait double emploi (Grenoble, 1er août 1823) (1).

776. L'art. 760 ajoute que « l'avoué poursuivant ne peut, en cette qualité, être appelé dans la contestation. » — Si donc le créancier poursuivant est au nombre des créanciers postérieurs aux collocations contestées, il doit faire cause commune avec eux. Il peut, sans doute, comme chacun d'eux, contester individuellement, mais à la charge de supporter les frais de cette contestation particulière (Conf. MM. Demiau, p. 463; Carré et Chauveau, quest. 2188 et 2579; Tarrible, Rép., vº Saisie immob., § 8, nº 4). — Il a été jugé, dans ce sens : 1º que l'adjudicataire, qui est sans intérêt dans les contestations incidentes à l'ordre, ne doit pas y être partie et que les frais, occasionnés par sa présence, tombent, par suite, à la charge de celui qui l'a mis en cause (Angers, 19 fév. 1842, aff. Bordet, *infrà*, nº 1096-4º); — 2º Que, lorsque les contestations n'intéressent pas l'adjudicataire, il n'y a pas lieu de le mettre en cause (Grenoble, 29 avr. 1858, aff. Aubert, D. P. 61. 2. 68); — 3º Qu'en matière d'ordre, l'avoué poursuivant n'a pas qualité pour figurer dans les contestations qui s'élèvent sur le règlement provisoire, si la partie qu'il représente, et notamment l'acquéreur, n'est pas intéressée dans ces contestations; qu'en conséquence, il doit, en ce cas, supporter personnellement les frais occasionnés par sa présence à la contestation (Rennes, 21 juill. 1858, aff. Gélis, D. P. 59. 2. 67).

777. Quoique l'avoué poursuivant ne puisse, *en cette qualité*, figurer dans l'instance sur les contredits, nous ne voyons aucune raison qui s'oppose à ce qu'il soit choisi par les créanciers postérieurs aux collocations contestées pour les représenter en commun (Conf. MM. Rodière, t. 3, p. 221; Berriat, p. 616, note 18, nº 3; Tarrible, Rép., vº Saisie immobil., § 8, nº 4; Demiau, p. 463; Carré et Chauveau, quest. 2578, et Chauveau, Proc. de l'ordre, quest. 2578 et 2579 *bis*; Grosse et Rameau, t. 2, nº 402; Bressolles, nº 46; Ollivier et Mourlon, nº 388; Bioche, vº Ordre, nº 491, 3e éd.; Colmet-Daage, t. 2, nº 1032, 8e éd.; Houyvet, nº 234). — On objecte que l'avoué poursuivant ne peut être choisi par les créanciers contestants pour les représenter, parce que ces créanciers ont des intérêts distincts et souvent opposés à ceux du créancier poursuivant, et qu'il serait dangereux de mettre tous les intérêts dans la même main (Conf. M. A. Dalloz, Dict., vº Ordre, nº 328; Praticien français, t. 4, p. 170) : nous avons admis, au contraire, avec un arrêt de la cour de Grenoble du 6 août 1822, aff. Sambuc, *suprà*, nºs 42 et 650, qu'en matière d'ordre, le même avoué peut occuper pour plusieurs créanciers ayant des intérêts opposés.

778. Les créanciers chirographaires qui sont intervenus dans l'ordre, s'ils contestent personnellement, doivent être mis en cause comme les autres. Mais si, sans contester personnellement, ils se réunissent aux derniers créanciers colloqués, concourront-ils au choix de l'avoué commun? Non, parce que l'art. 760 n'appelle à ce choix que les créanciers hypothécaires inscrits. Et, si ces derniers ne s'accordent pas sur le choix, c'est l'avoué du dernier créancier colloqué qui demeurera chargé des intérêts, tant des créanciers inscrits que des créanciers chirographaires (Conf. MM. Lepage, p. 521, 1re quest.; Chauveau et Carré, quest. 2577 *bis*; Chauveau, Proc. de l'ordre, quest. 2577 *ter*; Ollivier et Mourlon, nº 388; Bioche, vº Ordre, nº 488, 3e éd., 5e tirage).

779. On décidait généralement, avant la loi du 21 mai, que le débiteur saisi devait être appelé dans l'instance, quoique le code ne s'exprimât pas à son sujet, ainsi que le faisait l'art. 667, en matière de distribution par contribution. On en donnait pour raison que le saisi est partie nécessaire dans toute la procédure (Conf. MM. Tarrible, Rép., vº Ordre de créanc., § 8, et vº Saisie immob., § 8, nº 4; Carré, quest. 2577; Rodière, t. 3, p. 220 et 221; Berriat, t. 2, p. 615, notes 17 et 18). —Pigeau apportait à cette doctrine une restriction. « Dans tous les cas, dit-il, Proc. civ., t. 2, p. 300, 4e éd., au nº 7, on ne l'appelle (le saisi) que lorsque la contestation l'intéresse, comme lorsque lui-même conteste directement ou se joint aux contestants; car, s'il a adhéré à la collocation expressément ou tacitement, en ne prenant pas communication ou ne contredisant pas, l'affaire ne concerne que les créanciers qui doivent seuls être appelés. »—Il a été jugé, dans ce dernier sens, que, dans une instance d'ordre, comme dans toute autre instance, le défendeur peut opposer à l'action intentée contre lui tous les moyens qu'il juge convenable, sans qu'il soit nécessaire que le débiteur commun aux deux parties soit appelé dans la cause; qu'ainsi, lorsqu'un créancier, qui s'est rendu adjudicataire d'un bien vendu sur expropriation forcée, fait des offres au créancier d'une rente hypothéquée sur

(1) (Guttin C. Flandin et Guillaud.) — La cour; — Considérant que l'arrêt du 11 juillet dernier doit être entendu en ce sens, que Guttin doit payer tous les frais communs qui n'ont pas fait double emploi dans les dépens frayés par les mariés Flandin et la femme Guillaud, conformément à l'art. 760 c. pr., qui dispose que le créancier qui contestera individuellement payera les frais auxquels sa condamnation particulière aura donné lieu; —Considérant que l'obligation, imposée aux créanciers de se faire représenter par l'avoué du dernier créancier colloqué, ne peut recevoir d'exécution qu'après l'appel interjeté, parce que c'est seulement alors que les créanciers peuvent s'apercevoir qu'ils sont plusieurs en cause, et qu'ils doivent, d'après la loi, confier leur défense à un seul avoué; et que, par conséquent, les actes d'appel et de produit des mariés Flandin et de la femme Guillaud doivent entrer en taxe; —Considérant qu'il en est de même de tous les articles de la même taxe des dépens contestés par Guttin qui ont été frayés dans l'intérêt commun; —Ordonne que l'exécutoire de dépens, délivré à la femme Guillaud, sortira son plein et entier effet, etc.

Du 1er août 1823.-C. de Grenoble.

l'immeuble, et que ce dernier repousse ces offres, en demandant la résolution du contrat de vente, les juges peuvent statuer sur cette contestation, sans mettre en cause le débiteur saisi, surtout s'il a été appelé à l'ordre (Req. 22 juin 1825, aff. Dupuy, V. n° 321).

780. M. Bressoles, n° 46, depuis la loi du 21 mai 1858, enseigne, comme le faisait Pigeau, qu'on ne doit appeler le saisi au jugement des contredits que lorsque l'existence même de la créance est attaquée ; tandis que cela n'est pas nécessaire quand le rang en est seul débattu (V. *suprà*, n°s 663 et 664). Mais M. Chauveau, Proc. de l'ordre, quest. 2573-5°, émet une opinion plus radicale que nous adoptons : « Le saisi, dit-il, est mis, comme tout autre intéressé, en demeure de contredire. S'il s'abstient de contester, c'est qu'il laisse ce soin aux créanciers, et ce serait, à mon avis, exposer des frais frustratoires que de l'appeler dans une procédure où la loi a exprimé si énergiquement sa volonté de concentrer le débat entre les contestants, les contestés, et l'avoué du dernier créancier colloqué, représentant tous les autres intéressés. » Tel nous paraît être, en effet, l'esprit de la loi nouvelle. Si le saisi juge à propos d'intervenir dans l'instance, il le fera, mais à ses frais (Conf. MM. Grosse et Rameau, t. 2, n° 404 ; Ollivier et Mourlon, n° 389 ; Colmet-Daage, t. 2, n° 1032, 8° éd. — *Contrà*, MM. Bioche, v° Ordre, n° 485, 3° éd., 5° tirage ; Houyvet, n° 252). —V. aussi Rej. 10 avr. 1865, aff. Forgeot, *infrà*, sect. 10, art. 3.

781. Il est généralement admis que la femme, dont l'immeuble dotal a été aliéné, contre la prohibition de la loi, ou sans remploi, lorsque l'aliénation en a été permise par le contrat de mariage, a deux actions entre lesquelles elle peut opter : l'action révocatoire contre l'acquéreur du bien dotal, et l'action hypothécaire sur les biens du mari (V. Contr. de mar., n°s 3805 et suiv. ; Priv. et hyp., n°s 900 et suiv.). — Il a, par suite, été jugé : 1° que, si la femme, usant de son droit d'option, s'est présentée dans un ordre ouvert sur les biens de son mari, et s'y est fait colloquer provisoirement par le juge-commissaire, l'acquéreur du bien dotal, en cas de contredit élevé contre la collocation de la femme, a intérêt et qualité pour intervenir et réclamer le maintien de cette collocation, à tous les degrés de juridiction, même devant la cour de cassation, alors même que la femme aurait renoncé implicitement à son droit, en exécutant un arrêt qui lui a refusé l'action hypothécaire, et que, sur le pourvoi formé par l'acquéreur contre cet arrêt, elle déclarerait formellement ne vouloir user que de l'action résolutoire qu'elle a même entamée (Cass. 28 nov. 1838, aff. Perrin, v° Contr. de mar., n° 3816) ; — 2° Que, lorsque la femme opte pour l'exercice de son hypothèque légale, il lui est permis, en admettant qu'elle ait le droit de réclamer sa collocation à la date du mariage, de renoncer à ce droit, et de demander que cette collocation, pour ne pas nuire à ses autres reprises, soit reportée à un rang postérieur, et notamment à la date de la vente, sans que l'acquéreur, qui ne pourrait pas contraindre la femme à opter pour son hypothèque légale, puisse davantage la forcer à l'exercer d'une manière préjudiciable à ses intérêts (Caen, 7 juill. 1851, et, sur pourvoi, Req. 21 déc. 1853, aff. Drieu, D. P. 54. 1. 5) ; — 3° Que cette renonciation profite, d'ailleurs, aux autres créanciers colloqués qui ont adhéré au contredit élevé par la femme pour obtenir son changement de rang hypothécaire, et que l'acquéreur objecterait vainement que la renonciation de la femme, ayant pour unique cause l'intérêt de celle-ci, ne saurait augmenter l'importance de leurs collocations, et diminuer, à son préjudice, les chances de remboursement intégral de la créance dotale (mêmes arrêts ; V., à la suite de l'arrêt de rejet, nos annotations sur ces dernières solutions).

782. D'après l'ancien art. 761, l'audience devait être poursuivie par *la partie la plus diligente*, sur un simple acte d'avoué à avoué, et sans autre procédure. Dans la pratique, c'était l'avoué poursuivant qui suivait l'audience sur les contestations ; et, contrairement à la rigueur des principes, les frais par lui faits étaient colloqués comme frais extraordinaires de poursuite, nonobstant la disposition de l'art. 768, d'après laquelle les frais de l'avoué représentant les créanciers contestants ne devaient être colloqués, par préférence à toutes autres créances, que sur ce qui restait des deniers à distribuer, déduction faite de ceux employés à acquitter les créances antérieures à celles contestées (M. Bioche, v° Ordre, n° 351, anc. éd.). — D'après le nouvel art. 761, c'est à la diligence de *l'avoué commis* que l'audience doit être poursuivie, sur un simple acte contenant avenir pour *l'audience fixée conformément à l'art. 758*.—L'exposé des motifs explique ainsi cette modification : « Le code de procédure, dit-il, avait prévu les contestations ; mais il ne traçait aucune marche pour arriver promptement à leur solution. Il ne disait pas comment le tribunal en était saisi. Selon l'usage adopté, le juge-commissaire faisait un rapport à telle audience qu'il jugeait convenable, sans indication préalable aux intéressés : tous les créanciers et tous leurs avoués avaient le droit de se croire intéressés. Le poursuivant devait figurer comme partie principale. Cette absence de règlement devait amener des lenteurs et des frais considérables » (D. P. 58. 4. 44, n° 24 ; V. aussi le rapport de M. Riché, *eod.*, n° 81).—Il a été décidé que le jugement intervenu, en matière d'ordre, sur le renvoi à l'audience prononcé par le juge-commissaire, est nul, si l'audience n'a pas été poursuivie par acte d'avoué à avoué, conformément à l'art. 761 c. pr., et si le jugement ne constate pas que les parties ont été entendues à l'audience (Paris, 20 nov. 1835, aff. Mercier, *suprà*, n° 756). — Et l'arrêt déclare, avec raison, cette nullité substantielle, car le jugement, intervenu sur simple renvoi du juge-commissaire, et sans avenir donné à la partie intéressée, est une surprise faite à cette partie (Conf. MM. Chauveau, Proc. de l'ordre, quest. 2580 *bis* ; Ollivier et Mourlon, n° 390 ; Bioche, v° Ordre, n° 505, 3° éd., 5° tirage).

783. Mais il a été décidé : 1° qu'un jugement, intervenu sur des contestations élevées entre les créanciers produisant dans un ordre, n'est pas nul, parce qu'il aurait été rendu à une autre audience que celle indiquée par le juge-commissaire dans son ordonnance, et par l'acte signifié aux avoués de la cause, au nom de la partie poursuivante (Nîmes, 19 nov. 1819) (1). — Conf. MM. Chauveau, *loc. cit.* ; Bioche, v° Ordre, n° 509, 3° éd., 5° tirage) ; —2°...Ni parce que les questions à décider auraient été posées, dans ce jugement, avant la mention du rapport du juge-commissaire (même arrêt) ; — 3° Il a encore été jugé que les jugements d'ordre ne peuvent être annulés pour omission dans les qualités des parties (Rennes, 23 janv. 1815, Préfet de la Loire-Inférieure C. N...).

784. L'art. 758, en disant que « le juge renvoie les contestants à l'audience *qu'il désigne*, » ne fixe pas l'intervalle à laisser entre l'ordonnance de renvoi et le jour indiqué pour l'audience. Cela est abandonné à la sagesse du magistrat ; mais on peut induire de l'art. 761, dit M. Bressolles, n° 46, que le délai ne doit pas être moindre de trois jours francs. — Ce délai ne paraît pas suffisant à M. Chauveau. — Ou le juge-commissaire, dit-il, Proc. de l'ordre, quest. 2573 *quater*, rendra son ordonnance immédiatement après l'expiration du délai fixé pour les contredits ; et, dans ce cas, il ne saurait s'écouler moins de huit jours entre ladite ordonnance et le jour indiqué pour l'audience, puisque les créanciers postérieurs aux collocations contestées, parties nécessaires au procès, ont huit jours pour s'entendre sur le choix d'un avoué (760). Et le juge doit ajouter même à ces huit jours une marge suffisante pour que l'avoué commis ait le

(1) (Salles C. M...)—LA COUR ; — Attendu, sur le premier moyen de nullité, pris de ce que le rapport du commissaire fut fait à une audience postérieure à celle indiquée par son ordonnance et par la sommation notifiée, à cet effet, aux avoués en la cause, que la loi n'exige point que le commissaire indique le jour où il fera son rapport ; qu'elle n'oblige pas, d'ailleurs, le tribunal à entendre ce rapport le jour déterminé ; que, l'audience étant souvent remplie par d'autres affaires, rien ne s'oppose à ce que ce rapport ait lieu à une audience subséquente ; qu'au total, il n'y a, sur le point dont il s'agit, aucune nullité prononcée par le code ; et qu'enfin ce moyen serait couvert par les conclusions prises devant le tribunal de première instance par l'avoué de M. Salles, sans qu'il se soit prévalu du susdit moyen ;

Attendu que le troisième moyen, qu'il fait consister dans ce que les questions de droit ont été posées avant la mention du rapport, offrait, tout au plus, une interversion provenant du fait du rédacteur du jugement, et nullement un moyen de nullité ; mais que cette prétendue irrégularité n'existe point ; — Confirme.

Du 19 nov. 1819.-C. de Nîmes.

temps de dénoncer l'audience à l'avoué choisi par ces créanciers, ou à celui qu'à défaut d'option, l'art. 760 leur désigne d'office. — Ou le juge-commissaire, poursuit M. Chauveau, ne rendra son ordonnance qu'après l'expiration des huit jours accordés aux susdits créanciers pour le choix de leur avoué; et, dans ce second cas, un délai de trois jours francs ne suffirait pas, « parce que, l'ordonnance étant rendue, il faut que l'avoué commis, averti par le greffier, puisse en prendre connaissance et préparer l'avenir à signifier aux avoués des contestés et des créanciers postérieurs aux contestés; qu'à leur tour, les avoués doivent pouvoir préparer les conclusions motivées et les productions supplémentaires que le contredit peut rendre opportunes, et faire signifier leurs moyens de défense aux contestants. » — M. Chauveau estime donc que le juge, au cas dont il s'agit, ne doit pas laisser moins de huit jours entre la date de son ordonnance et le jour de l'audience. — Nous nous rangeons à cet avis (Conf. MM. Grosse et Rameau, t. 2, nº 406; Bioche, vº Ordre, nº 479, 3º éd., 5º tirage; Houyvet, nº 250; Pont sur Seligman, nº 560, note 2; Flandin, Tr. de l'ordre, inédit).

785. On a vu que, d'après l'art. 758, c'est le juge-commissaire qui désigne l'avoué chargé de suivre l'audience. Suivant MM. Grosse et Rameau, t. 2, nº 505, le choix du magistrat peut porter sur tout avoué constitué dans la procédure d'ordre, quoiqu'il leur paraisse plus naturel, si le juge ne croit pas devoir commettre l'un des avoués des contestants ou des contestés, qu'il désigne l'avoué poursuivant. — Mais nous pensons, avec M. Chauveau, *loc. cit.*, que le choix du juge-commissaire est nécessairement restreint aux avoués des parties qui doivent figurer dans l'instance, et que l'avoué poursuivant est exclu, comme tout autre, s'il ne représente personne dans la contestation. — M. Chauveau ajoute qu'en dehors des préférences que peut avoir le juge, et dont il n'a pas à rendre compte, il lui semble convenable et logique que l'avoué commis soit celui de la partie qui a le plus d'intérêt dans la contestation, et, en cas d'égalité d'intérêt, que l'avoué du contestant soit préféré, comme demandeur, à l'avoué du contesté. — Comme il arrive fréquemment qu'il y ait plusieurs contestants et plusieurs contestés, nous trouverions tout aussi logique que ce fût l'avoué le plus ancien qui fût commis.

786. L'audience est poursuivie, dit l'art. 761, *sur un simple acte* contenant avenir pour l'audience indiquée par le juge-commissaire. — Il suit de ces expressions qu'on ne doit pas, dans cet acte, donner copie des dires de contestation. Le procès-verbal d'ordre, qui contient ces dires, est à la disposition de tous les créanciers; ils peuvent s'y référer pour connaître les motifs apportés à l'appui des contredits. Ce n'est qu'aux créanciers *contestés*, parce que le procès-verbal ne contient aucun dire de leur part, que l'article permet de signifier des conclusions motivées; le rapprochement des deux dispositions rend d'autant plus manifeste l'intention du législateur d'interdire tout ce qui ressemblerait à des frais frustratoires. C'est ce qu'exprime très-nettement le rapport de M. Riché : « Le contredit ayant été motivé, dit-il, les contestés *seuls* ont à formuler des conclusions motivées : votre commission a demandé et obtenu que la loi s'en expliquât » (D. P. 58. 4. 49, nº 85). — Cette doctrine, sous l'ancien code, était également celle de M. Colmet-Daage, t. 2, nº 1035; mais le contraire était enseigné par Pigeau, Proc. civ., t. 2, p. 201 et 300, 4º éd., par Carré et par M. Chauveau, quest. 2580. — Ce dernier auteur, sous la nouvelle loi, est revenu sur cette opinion : « Aujourd'hui, dit-il, Proc. de l'ordre, quest. 2580, le doute ne semble plus possible. L'économie de la loi est facile à saisir : elle a voulu que l'audience fût poursuivie par un avoué *commis*, qui peut très-bien n'être pas celui d'un contestant, au moyen d'un simple acte contenant avenir; que le dire motivé de contestation constituât, de la part des contestants, toute la procédure, et que les contestés eussent, pour y répondre, le droit de faire signifier des conclusions motivées. Il n'y a donc pas lieu d'insérer ce dire dans le simple acte d'avenir » (Conf. MM. Grosse et Rameau, t. 2, nº 405; Bressolles, nº 47; Ollivier et Mourlon, nº 390; Colmet-Daage, t. 2, nº 1032, 8º éd.; Houyvet, nºs 251 et 255; Flandin, Tr. de l'ordre, inédit).

787. Excepté ces conclusions motivées, aucune écriture ne peut être signifiée, au cours de l'instance. Cela ne résulte pas seulement de l'esprit de l'article, mais de son texte même : « L'affaire est jugée comme sommaire, *sans autre procédure que des conclusions motivées de la part des contestés...* » — Toutefois, comme le fait observer Pigeau, Comm., t. 2, sur l'art. 761, note 2, « les actes signifiés, par lesquels les parties expliqueraient et développeraient leurs moyens, ne seraient pas nuls; seulement ils ne passeraient pas en taxe. » — M. Houyvet, *loc. cit.*, n'admet même pas que les conclusions des créanciers contestés puissent être *signifiées*. « Elles devront être, dit-il, seulement portées sur le cahier d'ordre, comme les contredits auxquels elles sont une réponse. Le travail du juge rapporteur et l'examen du tribunal en seront rendus plus faciles, et on évitera les frais complétement inutiles de la signification. » Outre que ce que dit là M. Houyvet est contraire à l'usage, cela n'est pas moins contraire au sens juridique du mot *conclusions*, qui, dans la langue du droit, désigne un acte du palais et ne peut pas être confondu avec le dire de contestation formulé sur le procès-verbal d'ordre (Conf. M. Flandin, Tr. de l'ordre, inédit).

788. D'après le même auteur, nº 252, chacun des créanciers postérieurs en hypothèque aux collocations contestées doit être appelé à l'audience individuellement. « L'avoué poursuivant, dit-il, ignore, en effet, si ces créanciers ont fait choix d'un avoué unique pour les représenter, s'ils voudront s'en rapporter à l'avoué du dernier colloqué, ou s'ils ne préféreront pas contester individuellement, à leurs frais. » Cela est peu d'accord avec ce qu'a dit M. Houyvet, au nº 250, que le juge-commissaire, en renvoyant les contestants à l'audience, doit laisser une huitaine au moins entre l'expiration du délai accordé pour contredire et le jour indiqué pour l'audience (V. *suprà*, nº 784), puisque les créanciers postérieurs en hypothèque aux créanciers contestés ont ce délai de huitaine pour s'entendre sur le choix de l'avoué commun. Il semble donc que le poursuivant, en les mettant individuellement en cause, irait directement contre le vœu de la loi et ferait des frais inutiles, d'autant mieux qu'à défaut, par ces créanciers, d'avoir fait leur choix dans la huitaine, ils sont représentés, de plein droit, par l'avoué du dernier créancier colloqué (c. pr. 760). — Conf. M. Flandin, *loc. cit.*

789. Il n'est pas permis de former, à l'audience, d'autres demandes que celles énoncées dans les contredits. C'est un principe que nous avons déjà énoncé *suprà*, nº 694, et que confirme l'exposé des motifs, en ces termes : « Désormais, la contestation sera limitée par le dire; elle sera resserrée entre les contestants... » (D. P. 58. 4. 44, nº 24. — Conf. MM. Carré et Chauveau, quest. 2571; Pigeau, *loc. cit.*; Bioche, vº Ordre, nº 505, 5º éd.; Seligman, nº 572; Flandin, Tr. de l'ordre, inédit; V. toutefois *suprà*, nºs 696 et s.). — Il a été jugé, dans ce sens : 1º que le créancier, contestant dans un ordre, ne peut formuler, à l'audience, une demande qui n'a pas été exprimée dans le contredit (Aix, 30 nov. 1835 (1). — Conf. Nîmes, 24 août 1819, aff. Rigal, sect. 10, § 7; Rennes, 25 juill. 1840, aff. Denéchaud *C.* Lebée; Montpellier, 16 juill. 1853, aff. Gayral,

---

(1) (Demoiselle Firminy *C.* enfants et veuve Isnard.) — LA COUR (par adoption des motifs des premiers juges); — ...Sur le contredit fait à la collocation de Marie-Thérèse Sigallas, veuve de François Isnard : — Considérant que, pour faire écarter ladite Thérèse Sigallas du rang qui lui a été assigné dans l'ordre, il a été objecté qu'aucune inscription hypothécaire n'avait été prise par elle sur les biens de son mari, soit avant, soit après l'adjudication sur expropriation forcée, et que, par suite, lesdits immeubles se trouvent aujourd'hui affranchis du poids de son hypothèque légale; — Considérant que, sans entrer dans l'examen d'une question aussi vivement controversée (V. Priv. et hyp., nº 2198, et *suprà*, nº 121), cette objection doit être entièrement écartée de la cause, puisque c'est seulement dans les débats de l'audience qu'elle a été opposée à la veuve Sigallas, et qu'elle n'est point comprise dans les contredits faits à la collocation, à la suite du procès-verbal du juge-commissaire; — Qu'il résulte, en effet, bien évidemment de l'esprit de la loi et de l'économie du titre 14 c. pr., que c'est dans les contredits faits à la suite de l'ordre que doivent se trouver tous les moyens des parties, puisque c'est sur le rapport du juge-commissaire sur ces contredits que doit être rendu le jugement, sans qu'il soit permis de verser au procès ni conclusions motivées, ni requêtes en défense, ni aucun acte de procédure; — Confirme.

Du 30 nov. 1835.-C. d'Aix, 2º ch.

D. P. 54. 5. 532, n° 22); — 2° Que le créancier, qui, dans un ordre, a demandé et obtenu collocation, à la date du contrat de mariage, comme cessionnaire des reprises liquidées de la femme et résultant de ce contrat, est non recevable à demander, par des conclusions signifiées au cours de l'instance dans laquelle sa collocation est contestée, une collocation nouvelle, à la date d'une obligation souscrite par la femme solidairement avec son mari, soit comme exerçant, aux termes de l'art. 1166, les droits à l'indemnité due à la femme en vertu des art. 1431 et 2135 c. nap., soit comme se prétendant cessionnaire de ladite indemnité; que c'est par voie de production à l'ordre qu'il doit agir (Orléans, 27 fév. 1855, aff. Roger, D. P. 55. 2. 234).

790. Ces décisions n'infirment pas le droit que reconnaît la jurisprudence au créancier, qui a deux titres distincts, de produire une deuxième fois à l'ordre, et de demander collocation en vertu du titre dont il n'avait pas excipé dans sa première requête de production (Cass. 5 avr. 1831, aff. Beloncle, v° Chose jugée, n° 202-2°; Orléans, 16 mars 1849, aff. Picault de la Féraudière, D. P. 49. 2. 156); mais il faut que cette nouvelle demande se produise dans les formes et dans le délai de l'art. 754 c. pr., à peine de forclusion (755); ce qui rend le créancier non recevable à la formuler par des conclusions au cours de l'instance.

791. Il a été jugé, cependant : 1° qu'en matière d'ordre, il peut être élevé, devant le tribunal, d'autres contestations que celles soulevées devant le juge-commissaire sur le procès-verbal d'ordre, et renvoyées par lui à l'audience; et *spécialement* que, lorsque toutes les collocations sont contestées, et que le juge renvoie simplement les parties à l'audience, les créanciers, qui ont déjà produit pour une partie, peuvent encore, au cours de l'instance, faire des productions nouvelles (Gand, 11 mars 1834, aff. de Vanhecke et cons., *suprà*, n° 722-3°); — 2° Qu'ils auraient même cette faculté, encore qu'ils ne fussent pas parties dans la contestation, en vertu du droit qui leur appartient d'intervenir dans la cause, pour empêcher que leurs intérêts ne soient lésés par le résultat du procès (même arrêt); — 3° Que la demande de collocation, faite par un créancier dans les circonstances ci-dessus, ne constitue pas un droit qui lui soit personnel; que la même demande peut donc être faite, au nom de ce même créancier, par un autre créancier dont il est le débiteur (même arrêt).

792. Il est certain, d'ailleurs, que le tribunal ne pourrait, d'office, écarter une créance colloquée par le juge-commissaire, et non contestée par les créanciers, quelque peu fondée que fût cette créance (V. Bordeaux, 24 janv. 1837, aff. Guy-Labarthe, *suprà*, n° 712-1°. — Conf. MM. Chauveau, Proc. de l'ordre, quest. 2542-5°; Ollivier et Mourlon, n° 394; Bioche, v° Ordre, n° 520, 3e éd., 5e tirage).

793. Nous avons dit *suprà*, n° 717, que le créancier, qui n'a pas contredit dans le délai, a, néanmoins, la faculté de se joindre aux créanciers contestants pour empêcher la collocation d'un autre créancier dont le résultat serait de changer, à son détriment, l'ordre des collocations. Comment doit se faire cette intervention? Tant que le renvoi à l'audience n'a pas été prononcé, elle doit se formuler par un dire sur le procès-verbal. Mais lorsqu'elle se produit au cours de l'instance, elle doit avoir lieu dans la forme ordinaire, c'est-à-dire par requête, conformément à l'art. 339 c. pr. — Il a été jugé, dans ce sens, que l'intervention d'un ancien propriétaire de l'immeuble, non appelé dans l'ordre en cette qualité, doit, comme en matière ordinaire, être formée par requête, à peine de nullité (Rouen, 30 déc. 1814, aff. Dupuis, *suprà*, n° 383).

794. Sous l'ancien code, toutefois, où il était permis aux créanciers, par l'art. 757, de produire jusqu'à la clôture de l'ordre, il a été jugé que ce n'est pas par la voie de l'intervention devant le tribunal, mais par celle de la production devant le juge-commissaire, qu'un créancier, qui n'a été ni appelé, ni colloqué dans un ordre, peut, après que le règlement provisoire a été dressé et dénoncé aux créanciers produisants pour contredire, y réclamer sa collocation : — « La cour; attendu que la procédure à suivre, en matière d'ordre, est tracée par un titre particulier du code de procédure civile, et qu'elle exclut, de la part des créanciers, toute autre voie que celle de la comparution au procès-verbal qui a lieu devant le juge-commissaire; rejette » (Req, 13 juill. 1819, MM. Lasaudade, pr., Dunoyer, rap., aff. Brochart *C.* Rouzié et autres).

795. Il a été jugé, au contraire, sous le même code, qu'un créancier retardataire peut, tant que l'ordre n'est pas clos, demander sa collocation, même par voie d'intervention dans l'instance d'appel d'un jugement qui a statué sur des contestations élevées contre le règlement provisoire (Rouen, 28 fév. 1837 (1). — Conf. Bourges, 26 août 1814, aff. Rollin, *infrà*, n° 1165; Orléans, 23 fév. 1837, aff. duc de Bordeaux, v° Minorité, n° 254).

796. Il a aussi été jugé, sous l'ancien code, mais à tort, selon nous, que l'intervention est irrégulière et non recevable par voie de comparution au procès-verbal, si elle n'est signifiée aux parties intéressées par acte d'avoué à avoué : — « La cour; attendu que, si l'on doit admettre, d'après l'art. 779 c. pr., que l'on peut intervenir dans une instance d'ordre, par la requête insérée au procès-verbal, il faut au moins, pour régulariser cette intervention, que, conformément au même article, la requête soit immédiatement communiquée aux parties intéressées, par acte d'avoué; attendu que l'appelant n'a point rempli cette formalité; confirme » (Metz, 17 déc. 1824, aff Gilbert *C.* créanc. Labaume).—L'arrêt a fondé sa décision sur une induction tirée de l'art. 779 de l'ancien code, qui est fait pour un autre cas, celui d'une demande de subrogation dans la poursuite de l'ordre, pour retard ou négligence du poursuivant. Il n'y a, selon nous, aucune analogie entre les deux cas; et nous ne voyons pas pourquoi l'intervenant, admis à contredire le règlement provisoire, serait placé dans une situation différente de celle de tout autre créancier contestant, et obligé de dénoncer son dire de contestation aux parties intéressées, quand celles-ci peuvent en prendre communication sur le procès-verbal. Cela est manifestement contraire à l'esprit d'économie qui doit présider aux opérations de l'ordre, et va directement contre les termes mêmes des art. 758 et 761 de l'ancien code, qui s'exprimaient ainsi, art. 758 : « En cas de contestation, le commissaire renverra les contestants à l'audience... » Art. 761 : « L'audience sera poursuivie par la partie la plus diligente, sur un simple acte d'avoué à avoué, *sans autre procédure.* » La nouvelle loi, du reste, ne fournirait plus aujourd'hui l'argument d'induction sur lequel s'est fondé l'arrêt précité, car l'art. 776 du nouveau code n'exige plus, même pour le cas de subrogation dans la poursuite d'ordre, que la demande en soit dénoncée au poursuivant par acte d'avoué à avoué; plus sobre de formalités, il se borne à dire que « l'avoué poursuivant (en cas de négligence) est déchu de la poursuite, *sans sommation ni jugement*; (que) le juge pourvoit à son remplacement d'office, ou sur la réquisition d'une partie, *par ordonnance inscrite sur le procès-verbal*, (et que) cette ordonnance n'est susceptible d'aucun recours... »

797. « S'il est produit de nouvelles pièces, porte l'art. 761, toute partie contestante ou contestée est tenue de les remettre au greffe, trois jours au moins avant l'audience. Il en est fait mention sur le procès-verbal. » Se reproduit ici la question que nous avons agitée *suprà*, n° 699 : s'il doit être dressé, au greffe, un acte de dépôt pour constater cette nouvelle production? Nous répétons que, dès que la loi exige que mention soit faite de cette production sur le procès-verbal d'ordre, un acte de dépôt devient complétement inutile, et qu'il faut en épargner les frais aux parties (Conf. MM. Chauveau, Proc. de l'ordre, quest. 2580 *quater*; Flandin, Tr. de l'ordre, inéd.; *Contrà*, MM. Grosse et Rameau, t. 2, n° 406).

798. « Le tribunal statue sur les pièces produites. — Il

(1) (Lainé C. Dubourg.) — LA COUR; — Considérant que, dans l'espèce, l'art. 466 c. pr. n'est point applicable, en ce qu'il s'agit d'une matière d'ordre qui est régie par des articles spéciaux du même code, et auxquels il faut se reporter; — Considérant qu'il résulte de la combinaison des art. 756, 757, 758 et 759 du code précité qu'une déchéance ne peut être prononcée, contre un créancier retardataire de produire, que par la décision du juge-commissaire, qui déclare que l'ordre est clos; que, dans la cause actuelle, il n'y a point eu de décision de clôture, et que, dès lors, les créanciers négligents de produire ont pu le faire jusqu'à ce moment, sous les conditions prescrites par l'art. 757; — Déclare recevable l'intervention.

Du 28 fév. 1837.-C. de Rouen, 1re ch.-M. Carrel, pr.

peut, néanmoins, mais seulement pour causes graves et dûment justifiées, accorder un délai pour en produire d'autres » (même article). — Le tribunal, après un premier délai accordé, pourrait-il en octroyer un second ? — Pour qu'il le puisse, il suffit que la loi ne le défende pas. Toutefois, l'abus doit être évité sur ce point. — Le juge doit se pénétrer, avant tout, de l'idée que la célérité de la procédure est dans le vœu du législateur autant que dans l'intérêt des parties. Le rapporteur de la loi, M. Riché, s'en est formellement expliqué sur cet article même : « Le nouvel art. 761, dit-il, met un terme à l'abus des remises sollicitées, sous prétexte de recherche ou de production de nouvelles pièces. » (D. P. 58. 4. 49, n° 83. —Conf. MM. Chauveau, Proc. de l'ordre, quest. 2581 ; Flandin, *loc. cit.*)

799. « Le jugement qui prononce la remise fixe le jour de l'audience. — Il n'est ni levé, ni signifié » (même article). — Il n'est pas même nécessaire, dans ce cas, que l'avoué commis fasse signifier un nouvel avenir aux autres avoués en cause ; l'indication du jour, faite à l'audience, suffit, même à l'égard des défaillants (Conf. MM. Chauveau, Proc. de l'ordre, quest. 2581 *bis* ; Ollivier, et Mourlon, n° 390 ; Bioche, v° Ordre, n° 503, 3° éd., 5° tirage ; Houyvet, n° 251 ; Flandin, *loc cit*). C'est, d'ailleurs, ce qui s'infère de l'art. 83 du tarif, par lequel un droit est alloué aux avoués, « pour assistance à tout jugement portant remise de cause ou indication de jour, sans que les jugements puissent être levés, ni qu'il soit signifié de qualités ou *donné d'avenir*. » En fait, chaque avoué est averti de la remise par un bulletin du greffier qui tient la plume à l'audience, bulletin pour lequel il est alloué un droit de 10 cent. en première instance, et de 20 cent. en appel (décr. du 24 mai 1854, art. 1, n° 13, et 6, n° 2).

800. « La disposition du jugement qui accorde ou refuse un délai n'est susceptible d'aucun recours » (même art. 761). — Il s'agit, en effet, d'un acte appartenant au pouvoir discrétionnaire du juge.

801. Y a-t-il lieu, dans la procédure sur contredits, à l'application des règles tracées par les art. 342 et suiv. c. pr. pour les reprises d'instance ? Et, en cas d'affirmative, à quel moment la procédure doit-elle être réputée en état ? — Nous avons déjà, et par anticipation, adopté l'affirmative sur la première question, *suprà*, n° 734 ; il ne nous reste donc qu'à nous expliquer sur la seconde.—Il a été jugé, antérieurement à la loi du 21 mai : 1° qu'en matière d'ordre, l'affaire doit être réputée en état par les conclusions contradictoirement prises par toutes les parties devant le juge-commissaire ; qu'ainsi, le décès d'une des parties ou de son avoué, arrivé entre le renvoi fait par le juge commissaire à l'audience, sur les contestations élevées devant lui, et l'époque où la cause y est poursuivie, ne peut faire différer le jugement de l'affaire (Bruxelles, 8 janv. 1829) (1) ;— 2° Que, dans une procédure d'ordre, le litige est définitivement fixé et la cause mise en état par l'expiration des délais donnés pour produire et pour contredire ; qu'il n'est pas nécessaire que la cause ait été portée à l'audience et que les conclusions y aient été posées ; que, par suite, si, postérieurement à l'expiration desdits délais, le mari de l'une des parties, qui jusque-là l'avait assistée pour l'autoriser, est frappé d'une condamnation emportant privation de l'exercice des droits civils, le jugement peut être rendu, sans qu'il soit besoin de faire pourvoir cette partie d'une autorisation de justice (Req. 2 août 1853, aff. dame Ledru-Rollin, D. P. 54. 1. 353).

802. Ces décisions ne pouvaient guère faire difficulté sous l'ancien code, dont l'art. 761 n'était pas conçu dans les mêmes termes que le nouveau. Cet article se bornait à dire que « l'audience serait poursuivie par la partie la plus diligente, sur un simple acte d'avoué à avoué, sans autre procédure. » L'instance se trouvait donc liée, aussi bien au regard des contestés que des contestants, par les contredits portés sur le procès-verbal d'ordre, puisqu'il n'était permis de signifier aucune autre écriture, au cours de l'instance ; et l'on pouvait dire alors, avec l'arrêt de la chambre des requêtes, du 2 août 1853, que, « dans les procédures d'ordre, les contestations élevées par les diverses parties doivent être formulées par écrit sur le procès-verbal ; qu'elles sont, ensuite, portées à l'audience sur un simple acte, sans autre procédure, et que le jugement doit être prononcé, sur le rapport du juge-commissaire, sans qu'il puisse y être formé opposition de la part des parties défaillantes ; d'où il suit qu'entre toutes les parties qui figurent au procès-verbal, le litige est définitivement fixé et la cause mise en état par l'expiration des délais donnés pour produire et pour contredire... » — Mais le nouvel art. 761 concède aux créanciers contestés le droit, sur l'avenir qui leur est donné, de signifier *des conclusions motivées* ; et M. Chauveau, Proc. de l'ordre, quest. 2581 *ter*, nous semble en conclure, avec raison, que, « d'après la loi de 1858, si le contredit met la procédure en état vis-à-vis du contestant, le litige n'est cependant lié, au regard du contesté, qu'autant que celui-ci a répondu ou pu répondre par un acte de conclusions motivées ; que la loi n'astreint pas à signifier cet acte dans le délai accordé pour contredire ; qu'il est même des cas où cette signification, restreinte à ce délai, serait impossible, lorsque, par exemple, le contredit a été formé à la fin du délai... » Nous en concluons, par conséquent, avec lui, que l'expiration du délai ne peut avoir aujourd'hui pour effet de mettre la cause en état, puisque, si le contestant, par le dire de contestation porté sur le procès-verbal d'ordre, a épuisé son droit d'attaque, le contesté, lui, n'est pas dans la même situation, puisqu'il n'a pas encore usé de son droit de défense (Conf. MM. Grosse et Rameau, t. 2, n° 394).

803. La péremption est-elle applicable en matière d'ordre ? — Nous avons déjà posé la question *suprà*, n° 46, et nous l'avons résolue, comme pour la reprise d'instance, par une distinction. S'agit-il de la procédure devant le juge-commissaire ? Il n'y a pas encore d'instance liée, de débat proprement dit, pas de motif, par conséquent, pour appliquer les règles de la péremption, laquelle, d'ailleurs, en fait, ne pourrait trouver place dans une procédure qui doit s'accomplir dans des délais très-courts, et dont aucun n'est comminatoire. — S'il s'agit, au contraire, du débat engagé devant le tribunal sur les contredits, c'est là une véritable instance, une instance qui se poursuit dans les formes ordinaires, et à laquelle doit s'appliquer le droit commun, à moins d'une exception ou d'une incompatibilité qui n'existent pas. Seulement aujourd'hui, avec l'impulsion plus rapide qu'a reçue la procédure de l'ordre des modifications apportées au code de procédure par la loi du 21 mai 1858, c'est presque une question oiseuse à agiter que celle de savoir si la péremption doit s'appliquer en cette matière. — La cour de Pau, dans l'arrêt que nous avons cité *suprà*, n° 46, tire, cependant, une objection de ce que, la péremption n'éteignant pas l'action, elle va directement contre le vœu de la loi, en re-

---

(1) (N... C. N...) — LA COUR ; — Attendu que le tit. 14 c. pr. a établi, pour la matière de l'ordre, des règles particulières ; que toute cette procédure s'instruit par-devant un juge-commissaire, qui, entre autres devoirs, dresse l'état de collocation provisoire, et relate ensuite, sur son procès-verbal, les contredits qui y sont faits et les conclusions qui y sont prises par les parties ; que, dès lors, l'instruction est complète et la cause réellement liée devant lui ; que, s'il ne s'élève aucune contestation, le juge-commissaire fait la clôture de l'ordre, et que, dans le cas où il s'en élève, il renvoie l'affaire, telle qu'elle est, devant le tribunal, où, la cause étant appelée, le juge en fait immédiatement son rapport, telle qu'elle se trouvait formée par les contredits faits et les conclusions prises par toutes les parties par-devant le juge-commissaire, sans qu'il soit nécessaire d'en prendre de nouvelles, sans même qu'il soit permis de plaider avant le rapport, bien qu'après le rapport, les parties puissent, sans le devoir cependant, développer par-devant le tribunal leurs moyens respectifs à l'appui des conclusions prises par-devant le juge-commissaire (art. 758, 761 et 762 c. pr., et par argument des art. 666 et 668, même code) ; d'où il suit que la cause est en état devant le juge-commissaire, et qu'ainsi, aux termes des art. 342 et 343 dudit code, la mort d'une des parties, ni même le décès de son avoué, ne retarde pas le jugement de l'affaire par le tribunal ;

Qu'ainsi, le décès de Vifquin, arrivé entre ce renvoi du juge-commissaire et l'époque où la cause a été poursuivie à l'audience, ni la circonstance que, devant le tribunal, Me Allard a déclaré ne plus occuper pour Vifquin, ne pouvaient différer le jugement de l'affaire ; que, par conséquent, Vifquin a pu être et est resté réellement partie en cause, et, par une conséquence ultérieure, que le jugement n'est pas nul de ce chef ; — Par ces motifs, déclare non fondé le moyen de nullité tiré de ce que Vifquin n'y aurait été ni pu être partie.

Du 8 janv. 1829.-C. de Bruxelles, 2° ch

tardant la clôture de l'ordre. — M. Chauveau, quest. 2581 *quater*, répond à l'objection, en disant que, le contredit étant le premier acte de la procédure susceptible de tomber en péremption, et ce premier acte devant, par l'effet de la péremption prononcée contre le créancier contestant, être considéré comme non avenu, ce créancier demeurera forclos, faute d'avoir contredit dans le délai (Conf. MM. Houyvet, n° 259; Flandin, Tr. de l'ordre, inédit). — M. Chauveau ajoute, *loc. cit.*, qu'il ne peut appartenir qu'au tribunal de prononcer la péremption, et que, si le juge-commissaire s'arrogeait, sous prétexte de la discontinuation des poursuites pendant trois ans, de procéder à la clôture définitive de l'ordre, son ordonnance pourrait être attaquée par la voie de l'appel, pour excès de pouvoir (V. *infrà*, sous la sect. 12, art. 1, la question, très-controversée avant la loi du 21 mai, de savoir si c'est par la voie de l'appel ou celle de l'opposition qu'on doit se pourvoir contre l'ordonnance de clôture de l'ordre pour la faire réformer).

804. L'art. 762 porte que « les jugements sur les incidents et sur le fond sont rendus sur le rapport du juge et sur les conclusions du ministère public. » — Un député, M. Millet, avait proposé un amendement à cet article, dans le but de fixer un délai au ministère public pour conclure et au tribunal pour juger. Mais c'était là une exagération du principe de célérité, qui méconnaissait les nécessités de l'audience, et que la commission du corps législatif a bien fait de repousser (D. P. 58. 4. 49, n° 84).

805. Le juge, sur le rapport duquel le jugement est rendu, a voix délibérative à ce jugement, « encore, dit le rapport de la commission du corps législatif, qu'il ne fût que juge suppléant, et que le tribunal fût au complet sans son concours » (D. P. 58. 4. 49, n° 84; décr. du 19 mars 1852, D. P. 52. 4. 86).

806. Il a été jugé qu'un jugement d'ordre n'est pas nul par cela qu'il ne fait pas mention qu'il ait été rendu sur le rapport du juge-commissaire, si ce juge est du nombre de ceux qui ont rendu ce jugement : — « La cour; attendu que, si l'art. 762 c. pr. civ. dispose que tout jugement sur ordre sera rendu sur le rapport du juge-commissaire, cette disposition n'étant pas prescrite à peine de nullité, il ne peut échoir d'annuler le jugement du 25 mai 1822, qui a été rendu sur plaidoiries par avocats, sans qu'il apparaisse, à la vérité, qu'il y ait eu un rapport du juge-commissaire, mais qui, néanmoins, faisait partie des juges qui ont prononcé le jugement dont il s'agit; rejette les moyens de nullité, etc. » (Grenoble, 28 juill. 1823, aff. Blanchet *C.* N...). — Nous avons dit, au contraire, dans notre première édition, et nous persistons dans ce sentiment, qu'abstraction faite de toute circonstance, nous serions porté à regarder la mention dont il s'agit comme essentielle. Le rapport est nécessaire; la loi l'a exigé comme une plus grande garantie des intérêts qui s'agitent dans l'instance d'ordre; or, le jugement doit prouver, par lui-même, l'accomplissement de toutes les formes légales. A la vérité, l'art. 762 ne prononce pas la peine de nullité; mais l'art. 141 ne l'établit pas non plus, et cependant, on l'applique à des formalités moins importantes que celle du rapport qui doit précéder le jugement (V., au surplus, les principes exposés aux mots Instruction par écrit, n° 45, et Jugement, n°s 192 et s. — Conf. MM. Carré et Chauveau, quest. 2581 *quater*; Chauveau, Proc. de l'ordre, quest. 2582 *bis*; Bioche, v° Ordre, n° 517, 3e éd.; Houyvet, n° 256; Flandin, Tr. de l'ordre, inédit). — Il a été jugé, dans ce dernier sens, que le jugement, rendu sur contredits, sans rapport du juge-commissaire, est nul : — « La cour; sur la régularité du jugement : attendu que le jugement dont est appel, ayant à statuer sur des contredits à un ordre provisoire, devait, aux termes de l'art. 762 c. pr. civ., être rendu sur le rapport du juge-commissaire audit ordre; qu'en fait, ce magistrat n'a point pris part au jugement; d'où la conséquence que la décision a été prononcée par un tribunal irrégulièrement composé; au fond, etc. » (Lyon, 1re ch., 12 mars 1852, aff. Bullion *C.* Poirier).

807. Une fois que le rapport a été fait, si le jugement est renvoyé à une audience subséquente, il n'est pas nécessaire que le rapport soit renouvelé (Conf. MM. Chauveau, Proc. de l'ordre, quest. 2582 *bis*; Bioche, v° Ordre, n° 510, 3e éd.; Flandin, *loc. cit.*; Bourges, 16 août 1828, arrêt cité par M. Chauveau). — Il a été jugé que, lorsque le juge-commissaire, chargé de dresser l'état de collocation d'un ordre, a été appelé, par l'effet du roulement annuel, à une autre chambre que celle qui l'avait commis, il doit porter à cette nouvelle chambre la décision des contredits, encore que la première ait déjà connu de ceux qui s'étaient d'abord élevés : — « La cour; attendu que les héritiers de Laloubie avaient conclu, devant la seconde chambre du tribunal civil de Bordeaux, à l'audience du 19 juin 1828, au renvoi de la cause à la prochaine audience; qu'il ne s'agissait pas, dans la cause, d'un rapport, mais d'un ordre, et qu'il est d'usage que le juge-commissaire porte la cause à la chambre à laquelle il appartient, etc. » (Bordeaux, 3 juin 1829, M. Saget, pr., aff. Mazens *C.* hér. de Laloubie. — Sur les questions du fond, V. *infrà*, n° 888-2°). — M. Bioche, toutefois, v° Ordre, n° 512, 3e éd., fait observer que, si l'une des chambres du tribunal avait déjà entendu le rapport du juge-commissaire, ce magistrat, quoique passé, par suite du roulement, à une autre chambre, pourrait revenir à la première pour le jugement de l'affaire. Le principe de cette solution est écrit dans l'art. 16 du décret du 6 juill. 1810 sur les cours impériales (V. v° Organisation judiciaire).

808. Le ministère public doit-il être entendu, à peine de nullité du jugement? — Le doute peut venir de ce que cette nullité n'est pas prononcée par l'art. 762; mais l'audition du ministère public, dans les cas où elle est exigée, dans un intérêt général, est une mesure d'ordre public, dont la violation doit entraîner, par cela même, la nullité du jugement auquel il n'a pas concouru. Cela a été fréquemment décidé dans le cas de l'art. 83 c. pr. (V. Min. pub., n°s 115 et suiv.; V. aussi v° Requête civile, n° 130. — Conf. MM. Lepage, p. 525, 6e quest.; Bioche, v° Ordre, n° 515, 3e éd.; Chauveau sur Carré, quest. 2581-5°, et Proc. de l'ordre, quest. 2582 *ter*; Ollivier et Mourlon, n° 394; Houyvet, n° 258; Flandin, Tr. de l'ordre, inédit. — *Contrà*, M. Persil, Quest. sur les priv. et les hyp., t. 2, v° Ordre, § 10).

809. Il a, toutefois, été jugé que le créancier, maître de ses droits, qui conteste dans l'ordre, dans son unique intérêt, ne peut se pourvoir, par requête civile, contre le jugement qui a statué sur sa demande, sur le motif que le ministère public n'aurait pas été entendu, cette audition n'étant exigée qu'en vue et dans l'intérêt de la masse des créanciers (Paris, 9 août 1817, aff. Travers, v° Req. civ., n° 130). — Cet arrêt, rendu sur la plaidoirie de M. Persil (V. les Quest. hypothéc., à l'endroit cité), est approuvé par MM. Ollivier et Mourlon, *loc. cit.*, qui font observer, néanmoins, que les créanciers composant la masse auraient certainement le droit d'invoquer la nullité résultant de l'absence des conclusions du ministère public. — M. Chauveau dit, au contraire, que, la loi nouvelle ne faisant aucune distinction, la doctrine de cet arrêt ne saurait être suivie.

810. De ce que l'art. 762 ne parle que du rapport du juge-commissaire et des conclusions du ministère public, on a prétendu en inférer qu'il n'y avait pas lieu à plaidoiries. Tel est l'avis exprimé par M. Demiau-Crouzilhac : « Les avoués, dit-il, p. 433, peuvent seulement, après le rapport, faire les observations que la loi autorise, en remettant une simple note sur les faits » (Conf. M. Sudraud-Desisles, 237).

811. Il a été jugé, dans ce sens : 1° que les parties ne sont pas admises à plaider sur les contestations qui se sont élevées dans un règlement d'ordre, et ont été renvoyées par le juge-commissaire à l'audience : — « La cour; attendu que l'art. 762 c. pr. civ. porte que le jugement sera rendu sur le rapport du juge-commissaire et les conclusions du ministère public; que ce serait ajouter à la loi que de recevoir les parties à plaider;... dit qu'il a été bien jugé, etc. » (Montpellier, 26 fév. 1810, aff. Albarel *C.* Jalabert. — Conf. Orléans, 25 fév. 1819, extrait de M. Colas-Delanoue); — 2° Et que tout jugement, rendu contre cette règle, est nul (Nancy, 1re ch., 25 août 1831, aff. Lapique *C.* Roulière et autres, Garnier, Jurispr. de la cour de Nancy, v° Ordre, n° 1).

812. Mais la plupart des auteurs sont d'avis, au contraire, que les conclusions des parties peuvent être développées, à l'audience, par leurs avocats. C'est le droit commun. Ainsi, la cause appelée, le juge fait immédiatement son rapport; ensuite les parties plaident, et le ministère public donne ses conclusions. L'art. 111 c. pr., sur lequel on s'appuie pour l'opinion contraire, ne s'applique pas à l'espèce; car il s'agit ici d'une cause d'audience, et non d'une instruction par écrit, qui est le cas pour lequel a été portée la disposition de l'art. 111 (V. v° Défense, n° 232.—Conf. MM. Pigeau, Comm., t. 2, sur l'art. 762, note 1; Thomine, t. 2, n° 876; Delaporte, t. 2, p. 242; Favard, t. 4, p. 63; Carré et Chauveau, quest. 2190 et 478; Chauveau, Comm. du tarif, t. 2, p. 255, n° 73, et Proc. de l'ordre, quest. 2582; Bioche, v° Ordre, n° 514, 3e éd.; Rodière, t. 3, p. 222; Rauter, p. 372; Colmet-Daage, t. 2, n° 1035; Ollivier et Mourlon, n° 393; Houyvet, n° 257; Bressolles, n° 47; Flandin, *loc. cit.*). — Il a été jugé, dans le sens de cette opinion : 1° que les avoués et avocats des parties sont, en matière d'ordre, admis à présenter oralement, à l'audience où ils ont été renvoyés par le juge-commissaire, à la suite d'un contredit, leurs moyens respectifs; qu'à ce cas ne s'applique point l'art. 111 c. pr. (Bordeaux, 25 juill. 1833 (1). — Conf. Rennes, 28 déc. 1849, aff. ve Herpe, D. P. 53. 5. 335, n° 3; anal. Cass. 21 avr. 1830, aff. Picapère, v° Compte, n° 125); — 2° Que le jugement qui, en cas de contestations renvoyées à l'audience, en matière d'ordre, interdit les plaidoiries aux parties, est nul (Orléans, 4 juill. 1843) (2).

813. Il a été jugé qu'une partie ne peut déférer le serment décisoire, après avoir employé tous ses moyens pour combattre les prétentions adverses; que, dans un ordre, notamment, des créanciers, après avoir contesté l'état de collocation, ne peuvent déférer aux créanciers utilement colloqués le serment qu'ils sont créanciers légitimes, et qu'ils ne prêtent leurs noms, ni directement, ni indirectement, au débiteur (Bourges, 26 août 1814, aff. Rollin, *infrà*, sect. 13; V. cependant v° Obligations, n° 5238).

814. L'exécution provisoire du jugement peut-elle être prononcée? Non : l'art. 135 c. pr. ne concerne que les contestations ordinaires, et l'ordre est une procédure spéciale. Il ne s'agit pas, d'ailleurs, pour le créancier, d'exercer une action personnelle contre le débiteur, mais de se régler avec d'autres créanciers; ce qui n'est pas le cas prévu par l'art. 135. Telle est déjà l'opinion que nous avons émise v° Jugement, n° 606 (Conf. MM. Chauveau sur Carré, quest. 2582 *bis*, et Proc. de l'ordre, quest. 2582 *quater*; Ollivier et Mourlon, n° 394; Houyvet, n° 261; Bioche, v° Ordre, n° 540, 3e éd., 5e tirage. — *Contrà*, M. Taillandier, n° 305).—Il a été jugé, dans ce sens, que l'art. 135 c. pr. n'est pas applicable, en matière d'ordre; spécialement, que l'exécution provisoire du jugement, qui statue sur les contestations élevées contre le règlement provisoire, ne peut être ordonnée, et que, s'il y a eu appel, c'est le cas de surseoir à l'exécution du jugement (Pau, 22 déc. 1824; Grenoble, 23 fév. 1828; Bordeaux, 23 juill. 1842) (3).

---

(1) (Roulhac de la Feuillade C. hérit. Lagarde.) — LA COUR; — Attendu qu'en ordonnant, par l'art. 762 c. pr., que le jugement sera rendu sur le rapport du juge-commissaire et les conclusions du ministère public, le législateur a pensé que les matières d'ordre exigeaient ces voies d'instruction, mais n'a pas entendu, par là, interdire la plaidoirie dont la publicité est prescrite, en toute matière civile et criminelle, par la loi du 24 août 1790; — Attendu qu'aux termes du décret du 30 mars 1808 les causes renvoyées à l'audience, de même que celles qui y sont directement portées, doivent être appelées pour être plaidées; — Attendu qu'on ne peut assimiler, ainsi que l'a fait le tribunal de la Réole, le cas de l'art. 762 du code précité à celui d'une affaire instruite par écrit, qui, à l'aide d'un pareil mode, obtient tous les développements dont elle est susceptible, tandis que, dans un ordre, les contestations ne sont connues que par des contredits, et, après le renvoi à l'audience, elle est poursuivie par un simple acte d'avoué à avoué, sans autre procédure; — Que, d'ailleurs, on ne peut ordonner qu'une affaire sera instruite par écrit qu'autant qu'elle ne paraît pas susceptible d'être jugée sur plaidoirie; qu'elle ne peut être mise au rapport qu'à l'audience et à la pluralité des voix; que ce n'est qu'après une semblable épreuve, après que le cas de nécessité a été reconnu, qu'il est permis de déroger au principe de discussion orale et publique; — Que tel n'était pas, tel ne pouvait être l'état du procès, lorsque le jugement dont est appel a décidé que Mes Bazilet, Guenon et Rouchou ne seraient point admis à plaider, a ordonné que le procureur du roi serait entendu à un jour indiqué, pour ensuite être statué par le tribunal ce qu'il appartiendra; que, par là, il a refusé l'application du droit commun qui était justement réclamé, puisque aucun texte de loi ne l'exclut dans l'espèce; — Émendant, dit que les parties doivent être admises à plaider dans les contestations dont s'agit, les renvoie, à cet effet, devant le même tribunal de la Réole.

Du 25 juill. 1833.-C. de Bordeaux, 4e ch.-M. Poumeyrol, pr.

(2) (Cornedecerf et autres C. veuve Desmarets et autres.) — LA COUR; — Vu le premier moyen, résultant de ce que le tribunal aurait refusé aux avoués des parties la faculté de développer par plaidoiries, à l'audience, les moyens consignés dans leurs dires respectifs au procès-verbal d'ordre : — Attendu que le droit de la défense publique, proclamé en principe général par la loi du 24 août 1790, maintenu par le décret du 30 mars 1808, a été consacré par l'art. 87 c. pr. civ., sauf dans quelques cas d'exceptions rares et formellement indiqués; — Attendu que cette exception ne résulte ni expressément ni virtuellement des art. 761 et 762 c. pr. civ., au titre de l'Ordre; que, si le législateur a prescrit, en cette matière, certaines voies d'instruction, notamment le rapport d'un juge-commissaire et les conclusions du ministère public, on ne peut pas en induire nécessairement qu'il ait entendu par là interdire la plaidoirie, qui est de droit commun; qu'on ne peut pas assimiler les dires des parties transcrits sur le procès-verbal d'ordre aux instructions par écrit prescrites par les art. 95 et suiv. c. pr. civ.; qu'il n'y a pas lieu, dès lors, d'appliquer aux matières d'ordre les dispositions de l'art. 111 du même code spécial aux affaires non susceptibles de plaidoirie, et dont la mise en délibéré ou l'instruction par écrit a été, par cette raison, ordonnée à l'audience et à la pluralité des voix; —Attendu, d'ailleurs, que les contestations en matière d'ordre présentent généralement des questions graves, non-seulement sous le rapport de l'intérêt pécuniaire, mais encore à raison de l'application du principe du droit hypothécaire; qu'il y aurait donc danger à interdire le développement oral des moyens consignés avec une brièveté nécessaire sur le procès-verbal d'ordre; qu'il suit de là que le jugement préparatoire qui a refusé d'entendre la défense publique des parties, a violé des dispositions des art. 85 et 87 c. pr., et doit être annulé.

Du 4 juill. 1843.-C. d'Orléans.-M. Vilneau, pr.

(3) 1re *Espèce :* — (Farthoat C. Viviez.)— LA COUR; — Attendu, sur la question qui consiste à savoir si, s'agissant de contestations relatives à un procès-verbal d'ordre, l'exécution provisoire du jugement pouvait être ordonnée : — Que les dispositions, en matière d'ordre, présentent une procédure spéciale; qu'on ne pourrait y appliquer les règles prescrites pour les cas ordinaires qu'autant qu'elles ne seraient pas contraires à l'esprit ou au texte des dispositions particulières à cette procédure; qu'il résulte de l'art. 763, qui veut que l'appel des jugements rendus sur les contestations relatives à l'ordre soit interjeté dans les dix jours, et de l'art. 765, combiné avec l'art. 761, que la marche à suivre pour parvenir à la clôture de l'ordre est si rapide que les motifs, qui, dans les cas ordinaires, ont fait admettre l'exécution provisoire, ne se retrouvent pas dans le cas dont il s'agit, pour faire ordonner une mesure qui compliquerait, comme dans l'espèce actuelle, la procédure par des incidents dont le résultat pourrait devenir préjudiciable à toutes parties; que, d'autre part, l'art. 767 ayant déclaré expressément et d'une manière absolue que le commissaire ne doit arrêter définitivement l'ordre, lorsqu'il y a appel, que quinzaine après la signification de l'arrêt, il s'ensuit que, n'étant pas permis de distinguer là où la loi ne distingue pas, il n'appartient pas aux premiers juges d'ordonner cette clôture, nonobstant l'appel; qu'enfin, l'ordre est réglé sur les titres de créances consenties par le débiteur; que si, relativement à la validité de ces titres, les créanciers exercent les droits de ce dernier, il est certain qu'ils agissent en vertu de leurs droits personnels, quant à la validité et aux motifs de préférence et de priorité; qu'ainsi, les contestations de cette nature s'agitent uniquement entre créanciers; or, comme il n'est pas intervenu entre eux des actes à cet égard, il s'ensuit que les jugements qui statuent sur ces difficultés ne sont pas basés sur des titres ou promesses reconnus qui peuvent autoriser l'exécution provisoire; — D'où il suit que, sous tous ces rapports, on doit décider que cette mesure ne pouvait être ordonnée dans l'espèce actuelle, et que, conséquemment, il y a lieu, en réformant, quant à ce, la décision des premiers juges, à accorder, conformément à l'art. 459 précité, le sursis demandé, etc.

Du 22 déc. 1824.-C. de Pau, 1re ch.-M. de Charritte, pr.

2e *Espèce :* — (Vinay C. Alléobert.) — LA COUR; — Attendu que l'art. 135 c. pr. est inapplicable à l'espèce; — Attendu que cet article ne concerne que les contestations ordinaires, dans lesquelles l'une des parties réclame l'exécution de titres authentiques, et demande que le jugement de condamnation soit déclaré exécutoire, nonobstant appel; — Attendu que le code de procédure civile renferme, au tit. 14, une législation spéciale, en ce qui touche les ordres qui interviennent à la suite d'expropriations forcées ou de ventes volontaires; — Attendu qu'il n'est aucune disposition, dans ce titre, qui autorise l'exécution provisoire des jugements qui interviennent sur des ordres, et qui statuent sur des questions agitées entre les prétendants à la distribution des prix d'adjudication ou de vente, parce que, dans ce cas, il ne s'agit pas d'action personnelle, de l'action d'un créancier contre son débiteur; — Attendu que, dès lors, les premiers juges n'ont pas dû déclarer exécutoire, nonobstant l'appel, le jugement dont il s'agit; — Ordonne qu'il sera sursis à l'exécution dudit jugement pendant l'instance.

Du 23 fév. 1828.-C. de Grenoble, 2e ch.-M. Paganon, pr.

815. Il a été jugé, cependant, qu'à défaut d'un texte qui le prohibe, des provisions peuvent être accordées, dans une instance d'ordre, comme en toute autre, aux créanciers utilement colloqués sur la somme à distribuer, quoique l'ordre ne soit pas encore clos ni arrêté définitivement (Req. 25 août 1847, aff. Claude, D. P. 47. 1. 313).—M. Bioche, v° Ordre, n° 507, 3e éd., 5e tirage, élève des doutes sur cette solution, fondés sur la possibilité d'une modification ultérieure dans les collocations et de l'insolvabilité des créanciers qui réclament la provision.

816. C'était, avant la loi du 21 mai 1858, une question controversée que celle de savoir si les jugements rendus en exécution de l'art. 762 c. pr., sur les contestations élevées contre le règlement provisoire, devaient être considérés comme contradictoires, ou s'ils étaient susceptibles d'opposition? — La cour de cassation s'était prononcée dans le premier sens (Rej. 19 nov. 1811, MM. Muraire, 1er pr., Poriquet, rap., Jourde, av. gén., c. conf., aff. Vannier C. Picard et Hauzer; Req. 13 juin 1827, MM. Henrion, pr., Botton, rap., de Vatimesnil, av. gén., c. conf., aff. Coullet C. Negrel; Req. 26 fév. 1833, aff. Dupont, v° Jugement par défaut, n° 67); et cette jurisprudence était généralement suivie (Conf. Paris, 28 janv. 1809, aff. Boursier C. Cuel; Bruxelles, 20 déc. 1809, aff. Dobbelex C. Redder; Turin, 6 juin 1810, aff. Blancard Bocro de la Turbie C. Saint-Martin-Garessic; Colmar, 5 déc. 1812, aff. Weyl C. Vatter; 26 juin 1813, aff. Marie C. Munschina; Grenoble, 2 mai 1818, aff. Tivollier C. créanc. Bornier; Riom, 4 janv. 1826, rapp. avec Cass. 4 mars 1829, aff. Grimal, v° Appel civil, n° 1207; Riom, 1re ch., 30 mai 1842, M. Pagès, pr., aff. Lanusse C. Nicolot).— Les auteurs, pour la plupart, avaient adopté cette jurisprudence (MM. Pigeau, Comm., t. 2, sur l'art. 762, note 2; Carré et Chauveau, quest. 2582; Berriat, t. 2, p. 684, note 3; Rauter, n° 331; Bioche et Goujet, v° Ordre, n° 291; Praticien français, t. 4, p. 468; Favard, t. 4, p. 63; Hautefeuille, p. 421; Thomine, t. 2, p. 809; Rép. de Merlin, v° Oppos. à un jug., § 3, art. 1, n° 13, et v° Saisie immob., § 8, n° 4).

817. Il avait été jugé, au contraire : 1° que le jugement par défaut, qui prononce sur les contestations survenues dans un ordre, est susceptible d'opposition : — « La cour; attendu que le jugement contre lequel l'intimé a formé opposition a été rendu par défaut; que la loi permet, sans distinction, de former opposition aux jugements, et défend d'en appeler pendant la durée du délai pour l'opposition; confirme » (Liége, 1re ch., 19 fév. 1810, aff. Plumier C. N...—Conf. Pau, 13 nov. 1824, aff. Farthoat, v° Jugement par défaut, n° 66); — 2° Que c'est la voie de l'opposition, et non celle de la tierce opposition, que doivent prendre, contre le jugement d'ordre auquel ils n'ont pas été appelés, quoique ayant dû l'être, les héritiers légitimes d'un débiteur représenté dans ce jugement par un curateur à sa succession prétendue vacante (Colmar, 17 avr. 1807) (1); — 3° Qu'en matière d'ordre, l'art. 153 c. pr. est applicable; qu'en conséquence, si un jugement a été rendu par défaut, après un premier jugement prononcé aussi par défaut, le second n'est plus susceptible d'être attaqué par la voie d'opposition, même de la part des parties comparantes au premier (Orléans, 29 août 1814, aff. N...; extrait de M. Colas de la Noue); — 4° Que l'art. 156 c. pr. est applicable en matière d'ordre comme en toute autre matière; qu'ainsi le jugement, rendu dans une instance d'ordre, doit être réputé, à l'égard d'une partie qui n'a pas d'avoué, un jugement par défaut, lequel doit lui être signifié par un huissier commis, pour faire courir contre elle le délai d'appel : — « La cour; ... considérant que, la veuve Hommais n'ayant point d'avoué en cause lors des jugements des 4 et 9 janv., ces jugements ne peuvent, à son égard, être réputés que comme jugements par défaut, et, dès lors, devaient lui être signifiés par un huissier commis, aux termes de l'art. 156 c. pr.; d'où suit que, cette formalité n'ayant pas été observée, le délai d'interjeter appel ne peut être utilement opposé à ladite veuve Hommais; ...dit à tort la fin de non-recevoir, etc. » (Caen, 22 juill. 1822, 4e ch., M. Régnée, pr., aff. ve Hommais C. Saffrey).

818. Les cours de Metz, de Caen, de Pau et de Nîmes faisaient une distinction entre le jugement rendu en première instance et celui rendu en appel.—Elles jugeaient : 1° que, bien qu'un jugement, rendu en matière d'ordre, ne soit pas susceptible d'opposition, l'arrêt par défaut, qui statue sur l'appel de ce jugement, peut être frappé d'opposition (Metz, 25 juill. 1835 (2);—Conf. Colmar, 12 mars 1823, aff. Martiny C. Ricklin

---

3e *Espèce* :— (Seguin C. Allary.) — LA COUR; —Attendu que les dispositions de l'art. 135 c. pr., pour les cas où l'exécution provisoire doit ou peut être ordonnée, ne s'appliquent pas aux jugements rendus en matière d'ordre, lesquels sont spécialement régis par les art. 749 et suiv. du même code; — Attendu qu'il s'agit, dans l'espèce, d'une décision intervenue en pareille matière, et qu'aux termes de l'art. 767, lorsqu'il y a appel du jugement des contestations, le commissaire ne peut arrêter définitivement l'ordre des créances contestées et de celles postérieures que quinzaine après la signification de l'arrêt qui a statué sur ce même appel; qu'aucune disposition de cet article, ni de ceux qui le précèdent dans le même titre du code de pr., n'autorise l'exécution provisoire d'un semblable jugement; — Attendu qu'avoir permis l'exécution provisoire du jugement dont est appel, c'est avoir implicitement ordonné que le commissaire arrêterait définitivement l'ordre des créances contestées, *avant* la signification de l'arrêt à intervenir sur cet appel, et même avant l'intervention ou l'existence de l'arrêt, tandis que la loi dispose que c'est seulement *quinzaine après* sa signification que la clôture définitive dudit ordre doit être opérée; d'où il suit que c'est à tort que, dans l'espèce, le premier tribunal a prescrit l'exécution provisoire de la décision attaquée; — Fait défenses aux parties de Me Dupré de ramener le jugement à exécution.

Du 23 juill. 1842.-C. de Bordeaux, 2e ch.

(1) (Hér. Gachter C. N...) — LA COUR; — Attendu que les appelants étaient intéressés à faire rapporter le jugement (qui avait homologué le règlement définitif); les uns (des créanciers du père du défunt), parce qu'il leur importait que la séparation des masses fût préalablement ordonnée; les autres, parce qu'étant héritiers, il devait être procédé avec leur participation, et non avec un prétendu curateur à la succession vacante, qui n'avait plus aucune qualité; et les appelants étaient recevables à intervenir et former opposition simple, et non tierce opposition, parce qu'il suffisait qu'ils eussent dû être appelés, sans l'avoir été, pour qu'on ne puisse leur opposer, comme fin de non-recevoir, un défaut de tierce opposition, qui ne peut concerner que des tiers qui n'eussent pas été susceptibles d'être appelés...; — Dit mal jugé, etc.

Du 17 avr. 1807.-C. de Colmar.

(2) (Maubon C. Percheron et autres.) — LA COUR; — Attendu que, dans les procès instruits par écrit, où le débat s'engage devant le juge-commissaire, le jugement qui intervient n'est pas susceptible d'opposition, même quand l'une des parties n'aurait pas fait de production (art. 113 c. pr. civ.), ou n'aurait pas fait plaider sa cause à l'audience, puisqu'en cette matière, les plaidoiries sont interdites (art. 111); — Attendu que le mode de procéder, en matière d'ordre, devant les tribunaux de première instance, équivaut à une instruction par écrit; que la véritable contradiction entre les parties intéressées s'établit devant le juge-commissaire, qui constate leurs conclusions et leurs dires dans son procès-verbal; — Attendu que, si l'une des parties ne produit ou ne contredit pas, dans certains délais, elle est, non pas jugée par défaut, mais déclarée forclose par la loi; — Attendu qu'en admettant que la plaidoirie ne soit pas interdite, en matière d'ordre, devant les tribunaux de première instance, il est du moins certain qu'elle n'est point constitutive de la défense; qu'ainsi son absence ne saurait avoir d'influence sur la position des parties, ni conférer à l'une d'elles un droit d'opposition d'ailleurs incompatible avec l'ensemble des règles de procédure, imposées aux juges de première instance, en cette matière; — Mais attendu qu'aucune de ces considérations n'existe, quand la cause est portée devant la juridiction supérieure; — Attendu que les appels des jugements, rendus sur instruction par écrit, sont, comme tous les autres, portés à l'audience, à moins que la cour n'en ordonne autrement (art. 461 c. pr. civ.), et sont soumis naturellement aux mêmes règles que les appels des jugements rendus sur plaidoiries; — Attendu que l'appel donne lieu à un *nouveau litige*, qui nécessite de *nouveaux débats*; que, quoiqu'il soit certain qu'une partie ait été défendue en première instance, dans un procès par écrit, on ne peut admettre qu'il ne soit plus nécessaire de l'entendre encore devant la cour; que l'art. 470 c. pr. prescrit, au contraire, que les règles, établies pour les tribunaux inférieurs, soient observées devant les cours royales; qu'il y faut donc une défense contradictoire, ou que l'arrêt, intervenu par défaut contre une partie, soit susceptible d'opposition; — Attendu que les art. 763 et suiv. du même code, qui règlent spécialement le sort des appels en matière d'ordre, ne disent rien de contraire et n'ont aucune disposition inconciliable avec ces principes; que, loin d'établir que les débats, insérés au procès-verbal du juge commis en première instance, forment la véritable défense contradictoire des parties devant la cour, l'art. 765 autorise, au contraire, la signification de conclusions motivées; que, si ce même article, par son renvoi à l'art. 761, exige que l'audience soit poursuivie par un simple acte d'avoué, sans autre procédure, il ne fait que reproduire tex-

et autres ; Caen, 9 mai 1837, 4e ch., aff. Bellanger et cons. *C.* Vallée ; Pau, 14 mars 1843, aff. Sallesto *C.* Gomez ; Nîmes, 19 avr. 1852, aff. Debos, D. P. 53. 2. 270 ; MM. Chauveau sur Carré, quest. 2582 ; Bioche et Goujet, vo Ordre, no 360); — 2o Que l'art. 153 c. pr., qui ordonne que le profit de défaut sera joint, si, de deux ou plusieurs parties assignées, l'une fait défaut et l'autre comparaît, est applicable, en matière d'ordre, mais seulement en cause d'appel (même arrêt).

819. Il a été jugé, au contraire : 1o que les arrêts par défaut, en matière d'ordre, ne sont pas susceptibles d'opposition (Colmar, 10 déc. 1849, aff. Genty, D. P. 50. 2. 151) ;—2o Que l'art. 4 du décret du 2 fév. 1811, qui déclare inadmissible l'opposition aux arrêts par défaut intervenus dans la procédure de saisie immobilière, est applicable à la procédure d'ordre, lorsqu'il s'agit d'un ordre ouvert sur le prix d'une vente d'immeubles dépendant d'une succession vacante, laquelle ne peut être faite que dans la forme prescrite pour les ventes sur expropriation forcée (Colmar, 5 déc. 1812, aff. Weyl *C.* créanc. de Segersheim) ; — 3o Que les art. 153 et 470 c. pr., relatifs au défaut profit-joint, ne sont pas applicables en matière d'ordre ; que, par suite, si quelques-uns des créanciers assignés ne comparaissent pas en appel, il n'y a pas lieu, en donnant défaut contre les parties défaillantes, de joindre le profit du défaut au fond et d'ordonner un réassigné ; qu'il peut, nonobstant ce défaut, être statué de suite, par arrêt définitif, et non susceptible d'opposition, à l'égard de tous (Req. 26 fév. 1835, MM. Zangiacomi, pr., Brière-Valigny, rap., Viger, av. gén., c. conf., aff. Dupont *C.* Peyramale) ; — 4o Que, lorsque, de deux parties contre lesquelles un jugement a été rendu, l'une seulement a interjeté appel, en se bornant à dénoncer l'appel à l'autre partie, celle-ci ne peut être réputée intimée, et que, dès lors, il n'y a pas lieu, si elle ne comparaît pas, de rendre un arrêt de défaut profit-joint (Req. 25 août 1842) (1). — V. Jugem. par défaut, nos 36 et suiv.

820. La question, pour l'un et l'autre cas, est tranchée par la nouvelle loi, dans les termes suivants : « Le jugement sur le fond est signifié, dans les trente jours de sa date, à avoué seulement, et *n'est pas susceptible d'opposition* » (c. pr. 762). — Il ne peut y avoir lieu, par conséquent, en cette matière, au défaut profit-joint, les idées d'opposition et de défaut profit-joint étant corrélatives (Conf. MM. Chauveau sur Carré, quest. 2582 ; Bioche, vo Ordre, no 553, 3e éd., 5e tirage). — La même disposition est répétée, pour l'appel, par l'art. 764. — L'appel est donc le seul recours ordinaire autorisé par la loi. Nous en parlerons sous la section suivante.

821. C'était également, ainsi qu'on l'a vu *suprà*, no 47, une question très-diversement jugée, avant la loi du 21 mai, que celle de savoir si la procédure sur contredit était sommaire, de sa nature, et devait être, sans distinction et dans tous les cas, taxée comme telle? Le doute aujourd'hui n'est plus possible, d'après ces termes de l'art. 761 : « L'affaire est jugée *comme sommaire,...* et le jugement contient liquidation de frais » (V. également, *suprà*, no 47, les explications de M. Riché, le rapporteur de la loi au corps législatif). — Toutefois, la commission ajoutait, par l'organe de son rapporteur : « Nous reconnaissons, néanmoins, que la taxe sommaire, nécessaire pour la plupart des ordres, ne sera pas rémunératoire, dans les cas où de grands intérêts sont en jeu et exigent un grand travail. Il y a là une raison de plus pour appeler de nos vœux un système de tarif qui, dans une certaine mesure, proportionne l'émolument du travail à la somme en distribution ou à l'intérêt que le travail défend. Le décret du 24 mai 1854 fixe les émoluments des greffiers d'après l'importance de la somme à distribuer » (D. P. 58. 4. 49, no 85). — Il n'a pas encore été satisfait au vœu exprimé par la commission. — Il a été jugé, sous le code de 1807, mais à tort, qu'en matière d'ordre, le jugement, rendu par un tribunal, durant les vacances, sur une cause plaidée avant la fin de l'année judiciaire, est nul (Metz, 15 juin 1824) (2).

822. Il a été jugé, et cela paraît être sans difficulté : 1o que, dans la procédure d'ordre, comme dans toute autre instance, l'avoué, qui affirme avoir fait l'avance des frais, a le droit d'en demander la distraction à son profit (Rouen, 26 août 1845, aff. Godeller, D. P. 46. 4. 384, no 1; Toulouse, 29 mai 1849, aff. Bonsfroy, D. P. 49. 2. 237 ; V. aussi Paris, 9 août 1847, aff. Marchand et autres, D. P. 47. 2. 189.— Conf. M. Houyvet, no 266) ;—2o Que les avoués, bien que, par des décisions précédentes, ils aient obtenu la distraction des dépens, ne doivent pas être appelés dans les contestations incidentes à l'ordre ; que, par suite, leur appel en cause étant frustratoire, les frais de cette mise en cause doivent être supportés personnellement par la partie qui les a occasionnés (Angers, 19 fév. 1842, aff. Bordet, *infrà*, no 1096. Sur ce point, V. vo Frais et dépens, nos 141 et suiv., et les arrêts cités).

823. C'est au tribunal devant lequel l'ordre se poursuit qu'appartient le jugement de toutes les difficultés qui sont relatives à l'ordre. Il en est ici comme en matière de faillite, où des raisons de célérité et d'économie font attribuer au tribunal de commerce du lieu de l'ouverture de la faillite toutes les contestations qui regardent la faillite (c. com. 635).—Il a été jugé, ainsi : 1o que la connexité entre deux causes, engagées devant des tribunaux différents, ne peut donner lieu au renvoi des deux causes devant le tribunal premier saisi qu'autant que ce tribunal peut connaître de tout le litige engagé devant l'autre tribunal ; et, spécialement, que le tribunal du lieu de l'ouverture d'un ordre ne peut être dessaisi, sous prétexte de connexité, du contredit élevé contre une créance dont l'existence est l'objet d'une contestation antérieurement engagée devant un autre tribunal, ce dernier n'étant pas juge du maintien ou de la réformation du règlement d'ordre (Req. 24 fév. 1852, aff. Boissin, D. P. 52. 1. 43) ; — 2o Que, lorsque des erreurs ont été commises dans la distribution du prix d'une vente volontaire, ce n'est pas le cas d'annuler l'ordre et de renvoyer les parties devant un juge-commissaire pour procéder à une nouvelle distribution ; que le tribunal saisi doit rectifier lui-même ces erreurs (Besançon, 29 mars 1816, aff. N... *C.* N..., extrait du rec. des arr. de la cour de Besançon).

Sect. 9. — *Du dernier ressort en matière d'ordre.*

824. Nous avons déjà traité cette matière vo Degrés de juridiction, nos 336 à 349 ; mais nous sommes obligé d'y revenir, à cause de la disposition insérée dans la loi du 21 mai 1858

tuellement ce qu'ordonnait l'art. 463 relativement à tous les appels de jugements rendus en matière sommaire ; qu'il faut en conclure qu'en matière d'ordre, l'appel est jugé sommairement, mais non qu'un défaillant, qui a pu, dans ces sortes de causes, ignorer aussi facilement que dans toutes autres l'existence d'un acte d'appel, soit privé de la faculté, qui est de droit commun, de former opposition à un arrêt obtenu par défaut contre lui ; — Attendu qu'il résulte de ce qui précède que l'art. 153 c. pr. civ. est applicable dans la cause actuelle, où de trois parties intimées l'une ne se présente pas ; — Donne défaut contre Jean-Chrysostôme Vallet, non comparant, ni avoué pour lui, et, pour en adjuger le profit, joint ledit défaut au fond, pour être statué sur le tout par un seul et même arrêt, etc.

Du 25 juill. 1835.-C. de Metz, 3e ch.-M. Legagneur, pr.

(1) (Loisel *C.* ép. Hauterive et autres.) — La cour ; — Sur le premier moyen : — Attendu que Loisel père, contre qui le jugement, frappé d'appel seulement par Loisel fils, avait acquis l'autorité de la chose jugée, ne figurait pas, en qualité d'intimé, dans l'instance d'appel, puisqu'il n'avait pas été assigné et que Loisel fils s'était borné à lui dénoncer copie de son exploit d'appel ; qu'en cet état, la cour royale, en reconnaissant, en fait, que Loisel père n'était pas partie dans l'instance, et en décidant, par suite, que, sur sa non-comparution, il ne devait pas être rendu un arrêt de défaut joint, n'a pu violer les dispositions de l'art. 153 c. pr... ; — Rejette le pourvoi formé contre l'arrêt de la cour de Rouen, du 12 nov. 1841.

Du 25 août 1842.-C. C., ch. req.-MM. Zangiacomi, pr.-Mesnard, rap.

(2) (Megret de Serilly *C.* d'Humbepaire et autres.) — La cour ; — ... Attendu que, l'art. 57 du décret du 18 août 1810 portant que les sections civiles des tribunaux vaqueront depuis le 1er sept. jusqu'au 1er nov., c'est mal à propos et irrégulièrement que la section civile de celui de Charleville s'est réunie, le 18 sept. dernier, pour délibérer et prononcer le jugement dont est appel ; qu'il résulte de là une véritable nullité ; — Attendu, au surplus, que l'instance est en état de recevoir une décision définitive, et que plusieurs parties en sollicitent l'évocation ; que c'est le cas de l'ordonner ; — Sans s'arrêter aux fins de non-recevoir et moyens de nullité contre les appels, infirme.

Du 15 juin 1824.-C. de Metz, sect. civ.-M. Gérard d'Hannoncelle, pr.

pour régler ce point de compétence, abandonné par l'ancien code aux principes du droit commun.

Avant la loi précitée du 21 mai, la jurisprudence était très-incertaine sur la question de savoir quels éléments devaient servir, en matière d'ordre, à déterminer le premier ou le dernier ressort. Fallait-il s'arrêter uniquement au chiffre de la créance contestée? Ne devait-on considérer, au contraire, que la quotité de la somme à distribuer? Ne fallait-il pas avoir égard au montant des créances des contestants? Sur ces points, et sur bien d'autres encore que faisait naître la variété des espèces, les auteurs et les arrêts étaient loin d'être d'accord (V. vº Degrés de juridiction, nºs 337 et suiv.; V. encore M. Carré, Lois de l'org. et de la comp., t. 3, quest. 303).—C'est pour trancher ces difficultés qu'il a été introduit, dans l'art. 762 du nouveau code, une disposition ainsi conçue : « L'appel ne sera recevable que si la somme contestée excède celle de 1,500 fr., quel que soit, d'ailleurs, le montant des créances des contestants et des sommes à distribuer. » Il fallait, dit l'exposé des motifs, mettre fin aux doutes qui se sont élevés sur la détermination des sommes qui doivent limiter le premier et le dernier ressort. *Le projet préviendra, pour l'avenir, toute difficulté sur ce point* (D. P. 58. 4. 44, nº 28). On va voir, au contraire, que la disposition, si elle lève certaines difficultés, est loin de les avoir fait disparaître toutes, et que le champ reste encore très-vaste pour les contestations.

825. Voici, d'abord, comment la disposition est commentée dans le rapport de M. Riché : « La jurisprudence, dit-il, flotte sur la question de savoir si la somme de 1,500 fr., qui ouvre la faculté d'appel, est la somme à distribuer, ou la créance de l'appelant, ou celle de l'intimé, ou la somme contestée. Le projet de loi prend pour base la somme en contestation. On prétend qu'une créance de 1,500 fr. doit être réduite à 1,000 fr. : la somme contestée est de 500 fr. On dispute à une créance de 500 fr. son rang hypothécaire : la somme contestée sera de 500 fr., parce que l'un ne perdra et l'autre ne gagnera le rang que pour 500 fr. Néanmoins, ce système peut donner, dans certaines hypothèses, des résultats bizarres; mais la base de la somme en distribution aurait autorisé un appel pour un intérêt de 100 fr. » (D. P. 58. 4. 49, nº 86). — Ainsi, d'après la disposition précitée de l'art. 762, c'est sur l'importance de la somme contestée, et non sur le montant de la somme à distribuer, que se règle le taux du dernier ressort. — Il a été jugé de même, avant la loi du 21 mai 1858 : 1º qu'en matière d'ordre, comme en toute autre matière, le degré de juridiction se détermine par la valeur de l'objet du litige; qu'en conséquence, lorsque aucune difficulté ne s'est élevée, ni sur la quotité de la somme à distribuer, ni sur le rang hypothécaire des créanciers, et qu'il ne s'agit que de la fixation d'une créance ou partie de créance au-dessous de 1,500 fr., le jugement est en dernier ressort (Bourges, 2 mars 1842) (1);—2º Que le jugement, qui statue sur une tierce opposition ayant pour but l'annulation d'une collocation inférieure à 1,500 fr., est en dernier ressort (Montpellier, 6 mai 1848, aff. Prunet, J. des av., t. 73, p. 591); — 3º Qu'en matière d'ordre, le ressort se détermine, non d'après le montant de la somme à distribuer, mais d'après la quotité de la créance dont la collocation est contestée, alors que la masse des créanciers reste étrangère au débat, et que la créance du contestant n'est, d'ailleurs, l'objet d'aucune contestation (Lyon, 18 déc. 1849) (2); — 4º Qu'en cas de difficultés sur l'admission d'un créancier à distribution, c'est d'après le chiffre de la créance contestée, et non d'après celui de la somme à distribuer, que doit se déterminer le dernier ressort (Bordeaux, 1re ch., 3 juill. 1851, aff. Bardoulat C. Nicaud); — 5º Qu'en matière d'ordre, c'est par la quotité de la créance contestée, et la quotité du préjudice actuel ou ultérieur que peut causer au créancier contesté le jugement à intervenir, que se détermine le degré de juridiction, quoique la somme à distribuer et la créance du contestant soient inférieures au taux du dernier ressort (Caen, 13 août 1852) (3).— Dans l'espèce, deux créanciers seulement, sur dix-huit, avaient produit, et Lapeyrière, l'un d'eux, colloqué en première ligne, absorbait, à lui seul, la somme à distribuer. Le contredit élevé par Heudiard, le second créancier, ayant pour objet de contester à Lapeyrière la qualité de créancier hypothécaire, il devenait évident que, si ce contredit réussissait, il devait avoir pour effet de faire passer les dix-sept autres créanciers, qui pouvaient produire jusqu'à la clôture de l'ordre, en vertu de l'ancien art. 757 c. pr., avant Lapeyrière, et, par conséquent, que le sort de sa créance tout entière se trouvait compromis ; — 6º Que le jugement, rendu sur une demande en collocation inférieure à 1,500 fr., est en dernier ressort, quant à cette demande, bien que le créancier qui l'a formée se trouvât engagé dans la même instance comme garant d'autres demandes en collocation susceptibles d'appel (Grenoble, 5 août 1853, aff. Trinché, D. P. 55. 2. 173); — 7º Qu'une demande de collocation en sous-ordre, formée par un créancier dont la créance excède 1,500 fr., ne peut être jugée qu'en premier ressort, lorsque le contredit s'attaque au titre même de ce créancier, bien que la collocation, sur laquelle le sous-ordre est demandé, soit inférieure à 1,500 fr. (Caen, 4 janv. 1854) (4); — 8º Qu'en matière d'ordre, et lorsqu'il s'agit d'une créance supérieure à 1,500 f., qui est contestée par le

---

(1) (Veuve Poinet C. Bert et autres.)—LA COUR;—Considérant que, dans la cause, aucune difficulté ne s'est élevée, ni sur la quotité de la somme à distribuer, ni sur la priorité et le rang d'hypothèque des époux Poinet; que le seul incident sur lequel, devant les premiers juges, il s'est agi de statuer, était de savoir si, sur la somme de 3,000 fr., pour laquelle les époux Poinet ont été colloqués, on devait distraire celle de 1,200 fr., que l'on prétend avoir été touchée par eux; qu'ainsi, l'objet du litige étant d'une valeur de moins de 1,500 fr., le jugement a été rendu en dernier ressort; — Déclare non recevable l'appel interjeté par les époux Poinet.

Du 2 mars 1842.-C. de Bourges.-M. Raynal, av. gén., c. conf.

(2) (N... C. N.) — LA COUR; — ...Attendu que, s'il est vrai que la collocation ou le refus de colloquer un créancier peut quelquefois opérer un mouvement dans l'ordre, faire remonter un créancier d'un rang inférieur à un rang supérieur, ou produire le résultat opposé, cet effet, suite nécessaire des décisions du juge, ne peut rien changer à la nature et à l'étendue de la demande sur laquelle il est chargé de statuer;—...Attendu, dans l'espèce, que les intimés n'ont demandé, dans l'ordre dont il s'agit au procès, à être colloqués que pour une somme moindre de 1,500 fr.; — Attendu que la créance de celui qui a contesté cette demande en collocation n'était elle-même l'objet d'aucune contestation, soit au fond, soit pour le rang qui lui avait été assigné dans l'ordre; qu'ainsi il n'y a eu réellement de litige, devant les premiers juges, que sur une demande qui emportait nécessairement avec elle le dernier ressort; — Déclare l'appel non recevable.

Du 18 déc. 1849.-C. de Lyon, 1re ch.-M. Bryon, pr.

(3) (Lapeyrière C. Heudiard.) — LA COUR; — Considérant, en droit, qu'en règle générale, c'est la quotité de la somme demandée et contestée, la quotité du préjudice actuel ou ultérieur que l'une des parties peut éprouver par le jugement, qui sert à fixer la compétence en premier et en dernier ressort, et qu'il n'y a pas de motif de s'écarter, en matière d'ordre, de ce principe général; — Considérant que le débat ne porte pas sur la quotité des créances respectives, mais sur l'existence de l'hypothèque de la créance réclamée; — Considérant, en fait, que le prix mis en distribution est de 707 fr.; que la créance des époux Lapeyrière, qui est contestée, s'élève à 5,000 fr., et celle de M. Heudiard à 848 fr.; — Considérant que les créanciers inscrits sur l'immeuble d'où provient la somme à distribuer sont au nombre de dix-huit; que les créances réunies excèdent 1,500 fr.; que même parmi elles il s'en trouve qui s'élèvent au-dessus de cette somme; que, si donc le contredit d'Heudiard est admis, les époux Lapeyrière éprouvent un préjudice de plus de 1,500 fr.; que, par conséquent, ils sont recevables à attaquer le jugement qui dit à bon droit le contredit, etc.

Du 13 août 1852.-C. de Caen.

(4) (Vimard C. Leroux.) — LA COUR; — ...Considérant que, si le montant de la somme à distribuer doit seul fixer la compétence du tribunal, quant au premier et au dernier ressort, sans que l'on doive avoir égard à l'importance de la créance pour laquelle on produit à l'ordre, c'est lorsque le titre de la créance n'est pas contesté, parce qu'alors le véritable litige ne porte que sur la somme mise en distribution; mais qu'il n'en peut être de même lorsque le titre est attaqué; dans ce cas, c'est l'importance de la créance résultant du titre qui devient l'objet principal du litige; et, si sa valeur excède 1,500 fr., le tribunal ne prononce qu'en premier ressort; — Considérant que, dans l'espèce soumise à la cour, les intimés demandant à être colloqués en sous-ordre, en vertu de l'acte du 11 fév. 1840, de la somme de 3,784 fr., pour laquelle ils avaient obtenu collocation provisoire, aux fins de prendre part, au marc le franc de leur créance et concurremment avec les autres créanciers chirographaires, à la distribution des 1,200 fr. revenant à la veuve Vimard dans le prix des biens expropriés, et leur demande étant

débiteur d'une manière absolue, soit dans son existence, soit même seulement quant à sa nature hypothécaire, la décision qui intervient est en premier ressort, bien que la somme à distribuer soit inférieure à 1,500 fr. (Colmar, 17 mai 1854, aff. Sée, V. nᵒ 672);... Qu'il en est ainsi surtout lorsque le débat, relatif à la nature de la créance, a un caractère indéterminé dont les conséquences peuvent s'étendre au delà de la contestation; lorsqu'il s'agit, par exemple, de l'hypothèque légale de la femme, et que la question porte sur le point de savoir si le mari était commerçant au moment de son mariage (même arrêt);... Mais qu'il en serait autrement, si, au lieu d'une créance attaquée dans son existence intrinsèque ou extrinsèque, il ne s'agissait que d'une question relative à la somme à distribuer, dont la quotité, dans ce cas, sert à fixer les limites du premier et du dernier ressort (même arrêt);—9° Que, si le contredit a pour objet la critique, comme simulée, d'une créance de 4,000 fr., dans le but unique d'obtenir une collocation antérieure pour une somme inférieure à 1,500 fr., c'est cette dernière somme qui constitue le véritable intérêt du litige; qu'en conséquence, le jugement, intervenu dans ces circonstances, est en dernier ressort : — « La cour; sur la fin de non-recevoir proposée contre l'appel : — Attendu que le premier et le dernier ressort, même en matière d'ordre, se règlent par l'importance réelle du litige; que, dans l'espèce, la créance de Dangas, attaquée comme simulée, ne pouvait être annulée qu'au profit de Pibernat, qui demandait seulement à être colloqué pour une somme de 1,000 fr.; que, par conséquent, soit à l'égard de Dangas, soit à l'égard de Pibernat, l'objet du procès était d'une valeur au-dessous de 1,500 fr., et qu'alors le jugement attaqué a été rendu en dernier ressort;... rejette l'appel de Pibernat, etc. » (Toulouse, 26 juin 1854, MM. Piou, 1ᵉʳ pr., Cassagne, av. gén., c. conf., aff. Pibernat *C.* Dangas);—10° Qu'en matière d'ordre, le degré de juridiction se détermine d'après la valeur du litige existant entre le créancier contestant et le créancier contesté, et non d'après l'importance de la somme mise en distribution (Paris, 16 août 1855, aff. Couturier, D. P. 56. 2. 101; Conf. Montpellier, 5 nov. 1833, aff. Giron *C.* Marion; Lyon, 12 mars 1834, aff. Héraud *C.* Toty); ... à moins que cette somme ne soit elle-même l'objet du débat (arrêt précité du 16 août 1855).

826. Il a été jugé de même, depuis la loi du 21 mai 1858 : 1° qu'en matière de distribution par contribution, comme en matière d'ordre, lorque la contestation ne porte pas sur la somme à distribuer, mais sur la qualité privilégiée de la créance, le degré de juridiction est déterminé par le montant de la créance contestée, quelle que soit, d'ailleurs, la créance du contestant (Grenoble, 24 juill. 1862, aff. Hachette, D. P. 62. 2. 198); —2° Que n'est pas recevable l'appel du jugement qui, en matière d'ordre, maintient la collocation faite au profit d'un créancier qui a produit pour une somme inférieure à 1,500 fr., alors, d'ailleurs, qu'il n'y a aucun lien d'indivisibilité entre la créance contestée et celles des autres créanciers (Rennes, 28 avr. 1863) (1);— 3° Qu'en matière de distribution par contribution, comme en matière d'ordre, lorsque la contestation ne porte pas sur la somme à distribuer, le degré de juridiction se détermine par la quotité de chacune des créances contestées (Paris, 5 fév. 1864) (2); — 4° Que, les questions qui touchent à l'ordre des juridictions étant d'ordre public, il suffit que l'un des créanciers contestés oppose la non recevabilité de l'appel, fondée sur ce que sa créance est inférieure à 1,500 fr., pour que la même exception doive être suppléée d'office, pour les autres créanciers contestés qui se trouvent dans le même cas (même arrêt).

827. Il a été jugé, au contraire, mais antérieurement à la loi du 21 mai 1858 : 1° qu'en matière d'ordre, il n'y a que la somme à distribuer qui puisse servir de base à la détermination du dernier ressort : « La cour;... attendu que l'appel d'un jugement, qui admet ou rejette la collocation d'un créancier, tend à déranger l'ordre entier de la distribution, à raison des recours successifs auxquels l'infirmation du jugement pourrait donner lieu; d'où il résulte qu'il n'y a que la masse entière à distribuer qui puisse servir de base pour déterminer le dernier ressort; reçoit l'appel, et, statuant au fond, confirme » (Angers, 26 juill. 1811, aff. Gasté *C.* N...);— 2° Que, de même, le jugement, qui règle l'ordre de créances au-dessous de 1,000 fr., est attaquable par la voie de l'appel, si le prix à distribuer excède les limites du dernier ressort: — « La cour; attendu qu'en matière d'ordre, la voie de l'appel est ouverte à tous les créanciers qui sont appelés à la distribution, quoique la demande en collocation de chacun d'eux individuellement soit inférieure à 1,000 fr., lorsque la somme, qui fait l'objet de la distribution, excède le dernier ressort» (Limoges, 5 juin 1817, aff. Chabot *C.* Foin; Conf. Paris, 21 août 1810, aff. N...; Orléans, 19 nov. 1819, aff. femme Jouanneau-Moreau *C.* hér. Mansion et Guirat; Bruxelles, 3ᵉ ch., 28 juill. 1828, aff. A... *C.* W...);— 3° Que, lorsque la demande à fin de privilége est incidente à un ordre ouvert sur une somme excédant 1,000 fr., elle est susceptible du second degré de juridiction, quoique inférieure elle-même à 1,000 fr. : — « La cour;—Considérant que la contestation s'est élevée sur un état d'ordre, et que la somme à distribuer était au-dessus de 1,000 fr...; sans s'arrêter à la fin de non-recevoir opposée par l'intimé, etc. » (Rouen, 2ᵉ ch., 17 juin 1826, aff. Decormier *C.* synd. Decormier); — 4° Qu'en matière d'ordre, la compétence en premier ou dernier ressort doit être déterminée par la somme à distribuer entre les divers créanciers, et non d'après le montant de la créance contestée, la demande en collocation du créancier contesté ayant pour conséquence le redressement des collocations arrêtées (Bordeaux, 13 août 1834 (3); Conf. Limoges, 9 juin 1842, aff. Genty *C.* Perrot; Colmar, 4 mars

contestée par la veuve Vimard comme non recevable et mal fondée, le tribunal avait à prononcer et a prononcé, en effet, sur le point de savoir si les intimés avaient droit à la garantie pour laquelle ils se présentaient à l'ordre, et par conséquent sur un litige dont la valeur excédait 1,500 fr., encore que la somme à distribuer ne fût que de 1,200 fr.; que l'on doit, dès lors, rejeter la fin de non-recevoir.

Du 4 janv. 1854.-C. de Caen.

(1) (Le Maraisquier *C.* Brindejonc.) — La cour; — Considérant que, dans une instance d'ordre ouverte au tribunal de Nantes, pour la distribution du prix d'immeubles appartenant aux époux Le Maraisquier, des contredits ont été élevés, notamment sur la collocation de Mᵉ Brindejonc, et que le tribunal a maintenu cette collocation par le jugement du 31 déc. 1862, dont appel a été formalisé le 30 janv. 1863; — Considérant qu'il est hors de doute et reconnu, en fait, par l'acte d'appel, que Mᵉ Brindejonc a produit à l'ordre et a été colloqué pour une somme de 655 fr. seulement; — Considérant qu'aux termes du dernier § de l'art. 762 c. pr. civ., l'appel d'un jugement d'ordre n'est recevable que si la somme contestée excède celle de 1,500 fr., quels que soient, d'ailleurs, le montant des créances des contestants et celui des sommes à distribuer; — Considérant que la créance réclamée par Mᵉ Brindejonc, et qui n'est nullement indivisible avec celle des autres créanciers inscrits ou produisants, ne s'élève qu'à une somme de beaucoup inférieure à celle de 1,500 fr.; d'où il suit que l'appel du jugement qui lui alloue la somme de 655 fr. n'est pas recevable, etc.

Du 28 avr. 1863.-C. de Rennes, 3ᵉ ch.

(2) (Seguin *C.* Marin.) — La cour; — Sur la fin de non-recevoir: — Considérant qu'il s'agit d'une question qui touche à l'ordre des juridictions; qu'elle est donc d'ordre public, et que l'exception soulevée par Marin seul, l'un des créanciers contestés, doit être suppléée à l'égard de toutes les parties en cause; — Considérant qu'il est de principe, et qu'il est d'une jurisprudence constante, depuis la promulgation de la loi du 21 mai 1858, qu'en matière de distribution par contribution, comme en matière d'ordre, lorsque la contestation ne porte pas sur la somme à distribuer, le degré de juridiction est déterminé par chacune des créances contestées; — Considérant que Gérardin, Derré, Marin, Zubault et Pereira ont produit pour des sommes qui sont chacune d'une valeur inférieure à 1,500 fr.; qu'à leur égard donc, le jugement a été rendu en dernier ressort;—Déclare Seguin non recevable dans son appel à leur égard.

Du 5 fév. 1864.-C. de Paris, 4ᵉ ch.-MM. Hély d'Oissel, pr.-Jousselin, subst., c. conf.

(3) (Crouzit *C.* Dumontel.) — La cour;—...Attendu, sur la deuxième fin de non-recevoir, prise de ce que la contestation, soulevée par François Crouzit, ne porte que sur deux sommes dont le cumul est de beaucoup inférieur à 1,000 fr.; que c'est un point constant de jurisprudence que, dans un ordre, la compétence en premier ou en dernier ressort doit être déterminée par la quotité de la somme à distribuer entre les divers créanciers; que dans l'espèce, le prix qui était en distribution excédait les limites du dernier ressort; que la demande de l'appelante se trouve porter sur l'ordre entier, puisqu'elle aurait pour conséquence le redressement des collocations arrêtées; — ...Sans s'arrêter aux fins de non-recevoir proposées par Dumontel, etc.

Du 13 août 1834.-C. de Bordeaux, 2ᵉ ch.-M. Gerbaud, pr.

1844, aff. Levy *C.* Kahn; Limoges, 11 déc. 1845, aff. d'Argendeix *C.* Simonet et Trapet; Nîmes, 9 nov. 1847, aff. Apaise *C.* Soubrières); — 5° Que le jugement est en premier ressort, lorsque les créances des créanciers contestants et la somme à distribuer sont au-dessus de 1,500 fr., quoique la créance dont la collocation est contestée soit inférieure à cette somme (Rouen, 15 mai 1852, aff. Hubert *C.* d'Hocquelus, Jur. des cours de Caen et de Rouen, 1852, p. 264);— V. d'autres arrêts dans le même sens, v° Degrés de juridiction, n°s 338 et suiv.

828. La créance contestée, du reste, peut être tout aussi bien celle contre laquelle un contredit est formé, que celle dans l'intérêt de laquelle le contredit est élevé. Ainsi une demande de collocation est produite pour une somme inférieure à 1,500 fr.; le juge-commissaire la rejette; le créancier rejeté contredit: le jugement qui statuera sera en dernier ressort; car le litige est inférieur à 1,500 fr. (Conf. MM. Houyvet, n° 272; Flandin, Tr. de l'ordre, inédit).

829. Mais, si c'était la validité de l'ordre tout entier qui fût mise en question, l'art. 762 deviendrait inapplicable, et c'est par l'importance de la somme à distribuer que devrait s'apprécier, dans ce cas, le degré de juridiction. Telle est également l'opinion émise par M. Chauveau: « D'autres incidents, dit-il, Proc. de l'ordre, quest. 2590, peuvent s'élever, en matière d'ordre, et donner lieu à l'examen de la recevabilité de l'appel:... 1° la validité de la procédure tout entière étant contestée, la somme à distribuer doit fixer le ressort, puisque l'issue de la contestation, soit qu'il y ait maintien, soit qu'il y ait annulation, exerce son influence sur l'ensemble, et profite ou nuit à tous; — 2° et 3° La nullité de l'ordre amiable, ou de l'ordre forcé, est demandée par un créancier à hypothèque légale, qui dit être encore à temps d'obtenir une collocation privilégiée: même solution que dans le cas précédent, puisque la procédure tout entière est critiquée, bien que cette critique n'ait, en définitive, pour cause que l'intérêt de faire admettre une production pour le montant de la créance du contestant;— 4° Il s'agit de juger le mérite d'interventions de créanciers qui prétendent avoir été oubliés: ici, au contraire, l'intérêt de l'intervention est mesuré par la créance de l'intervenant, qui prétend prendre part à la distribution, dans la proportion de ses droits... » — Pour saisir la différence qu'établit l'auteur entre les deux dernières hypothèses, qui sembleraient devoir conduire à des solutions identiques, il faut supposer que, dans le premier cas, l'ordre est clos, et que le créancier à hypothèque légale, qui vient y réclamer sa collocation, n'y peut parvenir qu'en faisant annuler le premier ordre, afin d'en provoquer un second; tandis que, au second cas, l'ordre est encore ouvert et permet d'y placer le créancier omis, s'il réussit dans sa prétention.

830. Il a été jugé, dans le sens de la proposition émise au numéro précédent: 1° qu'est susceptible d'appel le jugement qui, pour statuer sur une somme inférieure à 1,500 fr., est obligé de se prononcer préalablement sur une demande en annulation de l'ordonnance de clôture d'un ordre, dans lequel la somme à distribuer était supérieure à 2,000 fr. (Toulouse, 17 déc. 1838, aff. Dujac, *infrà*, n° 1107-2°); — 2° Que le premier ou le dernier ressort, en matière d'ordre, se détermine d'après l'importance de la somme à distribuer, lors surtout que le contredit attaque les bases de la collocation provisoire et tend à en modifier essentiellement l'économie (Montpellier, 2e ch., 16 août 1851, aff. Viguier *C.* Monseignat); — 3° Que c'est par l'importance de la somme totale à distribuer, et non par celle de la créance du demandeur, que doit se fixer le taux du dernier ressort, quand un créancier demande la nullité d'un ordre tout entier, demande basée sur ce qu'il a été procédé à l'ordre judiciaire avant l'expiration du délai d'un mois fixé pour la tentative de l'ordre amiable (Nîmes, 9 mai 1860, aff. Felgeirolles, D. P. 61. 2. 16.—Sur cette dernière question, V. *suprà*, n°s 224 et 225); — 4° Que, lorsque le créancier contesté, au lieu de se borner à repousser les moyens invoqués contre sa collocation, attaque le système de collocation que l'appelant cherche à faire prévaloir, et, par suite, l'ensemble du règlement provisoire, c'est alors la somme mise en distribution qui détermine l'importance du litige (Amiens, 21 mai 1864) (1).

831. A plus forte raison, doit-on dire que, lorsque le litige a pour objet la somme même qui est en distribution, c'est cette somme qui doit servir à déterminer si le jugement est, ou non, susceptible d'appel. — Il a été jugé, dans ce sens: 1° que, dans une instance d'ordre, c'est d'après la masse à distribuer que se détermine le degré de juridiction, lorsque c'est la fixation de cette masse qui forme l'objet même du litige (Bordeaux, 4e ch., 16 nov. 1852, aff. Chassagnie *C.* Pouvereau; 14 juill. 1853, aff. de Lapanouze *C.* Simonet); — 2° Qu'il en est ainsi, spécialement, lorsque la demande a pour objet de faire réunir au prix de vente, dû par l'adjudicataire, une certaine quotité de fruits d'une valeur indéterminée (Agen, 29 juin 1849, aff. Dieuzaide, D. P. 49. 2. 245); — 3° Que le jugement rendu sur le contredit formé par des créanciers dans un ordre, à l'effet de faire augmenter le capital mis en distribution d'une somme supérieure à 1,500 fr., est en premier ressort, bien que les créances, même réunies, des créanciers contestants soient elles-mêmes inférieures à ce chiffre (Orléans, 5 mars 1855, aff. Pélissot-Croué, D. P. 55. 2. 341); — 4° Que le jugement, qui, dans un ordre, statue sur une demande de l'acquéreur tendant à faire retrancher du prix à distribuer une somme inférieure à 1,500 fr., est en dernier ressort, quel que soit le chiffre de la somme en distribution (Cass. 9 août 1859, aff. Navarre, D. P. 59. 1. 346; V. d'autres arrêts dans le même sens, v° Degrés de jurid., n°s 344 et 345; V. aussi *suprà*, n°s 825-8° et 10°, Colmar, 17 mai 1834, aff. Sée, et Paris, 16 août 1855, aff. Couturier).

832. Ainsi que le fait remarquer M. Riché, dans son rapport, ce n'est pas le montant de la *créance*, mais celui de la *somme* contestée, qui sert à fixer le dernier ressort. — Il a été jugé, dans ce sens, avant la loi du 21 mai 1858: 1° que, lorsque le créancier d'une somme excédant 1,500 fr. déclare, en demandant sa collocation dans un ordre, avoir reçu un à-compte qui réduit sa créance au-dessous de cette somme, le jugement à intervenir est en dernier ressort (Nancy, 16 juill. 1844, aff. Petit, v° Degrés de jurid., n° 348); — 2° Que le jugement, qui statue sur une demande en collocation dans un ordre pour une somme inférieure à 1,500 fr., est en dernier ressort; et cela, quand même les créanciers contredisants, pour faire repousser cette demande, attaqueraient comme frauduleuse la créance entière du produisant supérieure au taux du dernier ressort, mais dont celui-ci ne réclamait la collocation que pour partie, ayant été admis, pour le surplus, dans l'ordre ouvert sur le prix d'autres immeubles appartenant à un codébiteur du saisi (Bourges, 31 janv. 1852, aff. Charles, D. P. 52. 5. 192, n° 29).

833. Il a été jugé, au contraire, mais antérieurement à la loi du 21 mai, qu'un appel est recevable, quoiqu'il ait uniquement pour objet de faire réduire d'une somme inférieure à 1,000 fr., la seule qui soit contestée, une collocation admise pour un chiffre supérieur à cette somme; — « La cour; sur les fins de non-recevoir: ... attendu qu'il est de principe que les tribunaux de première instance ne peuvent juger qu'à la charge de l'appel, toutes les fois qu'ils sont appelés à prononcer, comme au cas particulier, soit sur des demandes indéterminées, soit sur des intérêts de plus de 1,000 fr., lors même que l'appel ne serait relatif qu'à une partie de la demande inférieure à 1,000 fr.; d'où il suit que la fin de non-recevoir opposée contre l'appel est irrecevable » (Metz, 22 mars 1817, aff. Fortier *C.* M...). — Il

(1) (Leraillé.) — LA COUR; — Considérant que les créanciers, au nom desquels la fin de non-recevoir est opposée, ne se bornent pas à repousser les moyens invoqués contre leurs collocations respectives, et qu'ils contestent, de leur côté, le système de collocation que les appelants cherchent à faire prévaloir pour leurs propres créances; qu'ainsi les collocations des appelants et des intimés sont respectivement contestées;

Considérant, en outre, que les difficultés qui divisent les parties ont trait à l'ensemble et à l'économie du règlement provisoire dont elles contestent entre elles le sens et la portée; qu'en l'absence de deux masses distinctes des prix des biens vendus sur chacun des époux Leraillé, ce sont les sommes mises en distribution qui forment elles-mêmes le litige

Du 21 mai 1864.-C. d'Amiens.

s'agissait, dans l'espèce, d'un appel dirigé par la partie saisie, qui n'avait pas figuré au jugement de première instance, contre la disposition de ce jugement qui avait compris, dans la collocation privilégiée de l'avoué poursuivant, indépendamment des frais d'expropriation et de poursuite d'ordre, ceux de notification du jugement d'adjudication à tous les créanciers inscrits. — Le saisi voulait faire retrancher ces frais, comme frustratoires, du montant de la collocation attribuée à l'avoué. — Celui-ci opposait à l'appel une fin de non-recevoir tirée de ce que, le montant de ces frais ne s'élevant pas à 1,000 fr., le jugement devait être considéré, quant à ce, comme rendu en dernier ressort. — Mais le saisi répondait que la demande de collocation de l'avoué, au point de vue de la totalité de ses frais, avait été d'une somme supérieure à 1,000 fr., et que cela suffisait pour que le jugement fût passible de l'appel. — C'est ce système que l'arrêt a consacré.

834. Il est de principe, d'ailleurs, que c'est le chiffre de la demande, et non celui de la condamnation, qui règle la compétence en premier ou en dernier ressort : *quantum petatur, non quantum debeatur* (V. vo Degrés de jurid., no 83). Par exemple, dit M. Chauveau, Proc. de l'ordre, quest. 2590, p. 236, à la note, « si une créance de 2,000 fr. est contestée, et le contestant admis pour 1,000 fr., le jugement sera susceptible d'appel, parce que l'intérêt du litige est du montant total de la créance. L'appelant, si c'est le contestant, demande le maintien du rejet de 1,000 fr. et le rejet des 1,000 fr. accordés : l'appelant, si c'est le contesté, demande que sa créance de 2,000 fr., intégralement attaquée, conserve intégralement son rang. Ce n'est pas le jugement, ce sont les conclusions des parties, qui fixent le taux du litige. »

835. D'après la nouvelle loi, le montant des créances des contestants n'est, ainsi qu'on l'a vu, d'aucune considération pour la détermination du dernier ressort; on ne doit avoir égard qu'à la créance contestée. — On ne pourrait donc plus juger aujourd'hui, comme l'ont fait certains arrêts : 1° qu'en matière d'ordre et de collocation, les intérêts des créanciers étant nécessairement corrélatifs, il n'y a lieu au dernier ressort que lorsque la masse des créances réunies n'excède pas 1,500 fr. (Metz, 18 avr. 1822, aff. Lemoine, vo Degrés de jurid., no 342-1°; Orléans, 26 avr. 1822, aff. Beauvilliers, *ibid.*, no 341); — 2° Que, par suite de l'indivisibilité du jugement d'ordre, s'il est susceptible d'appel dans une de ses dispositions, il ne peut être en dernier ressort, même à l'égard des créances dont la demande en collocation a été rejetée, quoiqu'elle n'eût pour objet qu'une somme de 100 fr. (Bourges, 4 juin 1825, aff. Rollin, *ibid.*, no 342-3°. — V. encore les arrêts cités *suprà*, nos 827-4° et 5°).

836. Encore moins pourrait-on juger, comme l'a fait la cour de Grenoble, que le taux du dernier ressort se détermine, dans un ordre, uniquement par l'importance du litige existant entre le créancier contesté et le créancier contestant, tellement que, si la créance du contestant (alors que les autres créanciers restent étrangers au débat) est au-dessous de 1,500 fr., le jugement n'est pas susceptible d'appel, quoique la créance contestée excédât cette somme (Grenoble, 24 janv. 1850, aff. Mouton, D. P. 51. 5. 167, no 14).

837. Est, au contraire, bien rendue la décision par laquelle on déclare que le jugement d'ordre, qui statue sur les contredits formés par plusieurs créanciers ayant chacun un intérêt individuel inférieur à 1,500 fr., est en dernier ressort, bien que plusieurs de ces créanciers, ayant ensemble un intérêt supérieur à cette somme, se soient réunis pour interjeter collectivement appel de ce jugement (Nancy, 1re ch., 26 juin 1841, aff. Dehousse C. Chaudoye, extrait de M. Garnier, Jurispr. de la cour de Nancy, vo Degré de jurid., no 48).

838. Lorsque plusieurs créances sont contestées, faut-il, pour la détermination du dernier ressort, les considérer isolément ou cumulativement? Il y a, sur ce point, des distinctions à faire. — S'il s'agit d'un seul créancier ayant produit pour plusieurs créances, quoique fondées sur des titres différents, sans solidarité, ni indivisibilité, si toutes ou quelques-unes de ces créances sont contestées, et que, par leur réunion, elles dépassent le taux du dernier ressort, le jugement sera sujet à appel, quand même quelques-unes d'elles, considérées isolément, seraient au-dessous de ce taux. C'est une conséquence du principe posé dans l'art. 9 de la loi du 25 mai 1838, sur la compétence des justices de paix, principe applicable aux tribunaux de première instance, et d'après lequel, « lorsque plusieurs demandes, formées par la même partie, sont réunies dans une même instance, le juge de paix ne prononce qu'en premier ressort, si leur valeur totale s'élève au-dessus de 100 fr., lors même que quelqu'une de ces demandes serait inférieure à cette somme... » (V. vo Degrés de jurid., no 138.—Conf. MM. Grosse et Rameau, t. 2, no 417; Seligman, no 462; Flandin, Tr. de l'ordre, inédit. — *Contrà*, M. Chauveau, Proc. de l'ordre, quest. 2590, p. 236, à la note). — Il a été jugé, dans ce sens, que, lorsqu'un créancier a produit, dans un ordre, pour plusieurs créances qui sont l'objet de contredits fondés sur le même moyen, le taux du ressort se détermine par la valeur totale de ces créances, bien qu'elles résultent de titres différents, et non d'après le chiffre de chacune d'elles prise isolément; — et, spécialement, que la demande en nullité de subrogations, faites au profit du même créancier par des actes distincts et pour des créances différentes dont le montant total dépasse le taux du premier ressort, ne peut être jugée qu'à charge d'appel, bien que chacune des créances soit inférieure à ce taux et ait été l'objet de quittances subrogatives distinctes, lorsque les subrogations sont attaquées par le même moyen (une nullité de forme), et dans une seule et même procédure d'ordre (Rej. 7 avr. 1858, aff. veuve Modo, D. P. 58. 1. 155).

839. Il a été jugé, cependant, que, lorsque, dans un ordre ouvert sur une somme qui n'excède pas le taux du dernier ressort, le cessionnaire de plusieurs créances distinctes et reposant sur des hypothèques différentes, créances dont l'ensemble dépasse la limite du dernier ressort, mais dont chacune est inférieure à cette limite, a demandé et obtenu pour chacune de ces créances *pour lesquelles il a produit séparément*, une collocation distincte, en invoquant les causes de préférence afférentes à chacune desdites créances, le jugement qui statue sur les contredits élevés contre ces collocations est en dernier ressort (Req. 9 mars 1840, aff. de Berny, vo Degré de jurid., no 349-2°).

840. Mais si les créances contestées, quoique dérivant d'un titre commun (sans lien de solidarité ni d'indivisibilité), appartiennent à divers créanciers, ces contestations, quoique réunies dans une même instance, ne laissent pas que d'être distinctes et indépendantes les unes des autres; on doit les considérer isolément pour la détermination du dernier ressort; et, quoiqu'il soit statué sur elles par un seul et même jugement, on suit la règle : *tot capita, tot sententiæ* (Conf. MM. Chauveau, Proc. de l'ordre, quest. 2590, p. 236, à la note; Flandin, Tr. de l'ordre, inédit). Ce point n'est, cependant, pas exempt de controverse (V. vo Degrés de jurid., nos 145 et suiv.).— Il a été jugé, dans le même sens : 1° avant la loi du 21 mai 1858, qu'est en dernier ressort le jugement qui statue sur deux demandes formées simultanément par deux parties différentes, bien que ces demandes réunies excèdent le taux du dernier ressort, si chacune d'elles, prise isolément, a pour objet une somme inférieure à ce taux : — « La cour ;... en ce qui touche les appels de Tondu père et fils; attendu que leurs prétendues créances (pour appointements) sont distinctes et séparées, et bornées par eux, l'une à 1,000 fr., l'autre à 500 fr., sur lesquelles deux sommes ils ont reçu 77 fr. 04 cent.; qu'elles n'excèdent pas la somme jusqu'à concurrence de laquelle les premiers juges peuvent statuer en dernier ressort; déclare lesdits Tondu père et fils non-recevables dans leur demande » (Paris, 26 déc. 1810, aff. Tondu et autres C. Leuba; anal. rej. 3 mars 1852, aff. Maillard, et cass. 3 mars 1852, aff. Borelly, D. P. 52. 1. 91; Grenoble, 17 fév. 1853, aff. Borelly, D. P. 54. 2. 253); — 2° Et depuis la loi du 21 mai 1858, que le jugement, intervenu sur un contredit tendant à faire rejeter de l'ordre, pour nullité de l'inscription, plusieurs créances appartenant à des créanciers différents, et n'excédant pas séparément la somme de 500 fr., est en dernier ressort, alors même que ces créances résulteraient du même acte, qu'elles auraient été conservées par la même inscription, et que le contredit aurait donné lieu, de la part des créanciers contestés, à une action collective en garantie contre le notaire qui a rédigé cette inscription, les créances n'en devant pas moins être considérées distinctement pour la détermination du dernier ressort (Rej. (sur ce point), 30 juin 1863, aff. veuve Gervais, D. P. 63. 1. 277). — 3° Il a, de même, été jugé, depuis la loi du 21 mai 1858, en matière de distribution par contribution, que, s'il y a plusieurs créances contestées, appartenant à différents créanciers, dérivant de titres distincts, et n'atteignant pas, pour chacune d'elles, le chiffre de 1,500 fr., le taux du dernier ressort doit être calculé, non sur le total de ces créances, mais, pour chacune en particulier, sur le chiffre auquel elle s'élève (Grenoble, 24 juill. 1862, aff. Hachette, D. P. 62. 2. 198; anal. Dijon, 6 juill. 1859, aff. chemin de fer de l'Est. D. P. 59. 2. 202; Cass. 18 janv. 1860, aff. Flotton, D. P. 60. 1. 77).

841. Il a été jugé, au contraire, mais à tort, selon nous, que des créanciers produisant dans un ordre peuvent appeler du jugement qui a statué sur les contredits dont leurs créances ont été l'objet, quoique ces créances n'excèdent pas individuellement le taux du dernier ressort, si elles le dépassent par leur réunion (Req. 16 août 1826, aff. Marchand ; v° Degrés de jurid., n° 349-1°; anal. Paris, 5 août 1853, aff. Miguet, D. P. 53. 2. 317).

842. Nous appliquons le principe de divisibilité au cas où la créance contestée appartient à plusieurs cohéritiers (V. v° Degrés de jurid., nos 151 et suiv.).—M. Chauveau, Proc. de l'ordre, quest. 2590, p. 237, fait une distinction que nous n'admettons pas. « En ce qui concerne l'ordre, dit-il, j'appliquerais la divisibilité, si chaque héritier a produit séparément pour obtenir un bordereau séparé; mais je n'aurais égard qu'au montant total de la créance contestée, si tous les héritiers avaient présenté une seule requête et ne devaient obtenir qu'un bordereau collectif. » Qu'importe que les héritiers, dans un but d'économie, se soient réunis pour demander une collocation commune, dès que la créance se divise entre eux de plein droit (c. nap. 1220)? (V., dans le sens de notre opinion, l'arrêt des chambres réunies du 25 janv. 1860, aff. Grimault, cité *infrà*; Conf. MM. Grosse et Rameau, t. 2, n° 417; Bioche, v° Ordre, n° 556, 3e éd., 3e tirage; Ollivier et Mourlon, n° 399; Seligman, n° 465; Flandin, Tr. de l'ordre, inédit).—Il a été jugé, dans notre sens, que, si la créance contestée dans un ordre, quoique supérieure à 1,500 fr., appartient à plusieurs héritiers, entre lesquels elle se divise de plein droit, et dont la part individuelle est inférieure à ce chiffre, le jugement est en dernier ressort (Grenoble, 4e ch., 24 août 1847, aff. Chalven, D. P. 49. 5. 106, n° 25 ; Conf., mais non en matière d'ordre, Montpellier, 2e ch., 23 avr. 1853, aff. Durand *C.* de Chabol, Journ. des av., t. 79, p. 578, art. 1810 ; Douai, 2e ch., 21 avr. 1855, aff. Hamy *C.* Bourel; 1re ch., 25 avr. 1855, aff. Benque *C.* Odoux, *ibid.*, t. 80, p. 573, art. 2216, 1re et 2e espèces ; Poitiers, 6 déc. 1855, aff. hér. Prouvreau, D. P. 57. 5. 103, n° 5 ; Bourges, 1er fév. 1856, aff. Magot, D. P. 56. 2. 42 ; 6 juill. 1857, aff. Grimault, D. P. 57. 2. 140 ; Rej., ch. réun., 25 janv. 1860, même affaire, D. P. 60. 1. 76)... A moins qu'il n'ait été conclu à une condamnation solidaire (Douai, 1re ch., 8 mai 1855, aff. Bom-Baude *C.* Jacob, et 21 mai 1855, aff. Demey *C.* Vandenberghe, Journ. des av., t. 80, p. 576, art. 2216, 3e et 4e espèces).

843. Il a été jugé, au contraire, qu'il suffit que la créance, contestée dans un ordre, excède le taux du dernier ressort pour qu'il y ait lieu à appel, quoiqu'elle appartienne à deux personnes (héritières du titulaire originaire de la créance), et que la part de chacun ne s'élève pas à ce taux, alors surtout que la contestation a un caractère d'indivisibilité qui affecte la totalité de la créance (Gand, 27 fév. 1843, aff. Dalle, v° Degrés de jurid., n° 344-3° (ce dernier motif suffirait pour justifier la décision) ; Conf., mais non en matière d'ordre, Rej., 10 janv. 1854, aff. Huot *C.* consorts Beaulleret, et aff. cons. Binois *C.* Dutheil, D. P. 54. 1. 53, 1re et 2e espèces ; Montpellier, 1re ch., 29 juin 1854, aff. Ricard *C.* Mallet, Journ. des av., t. 79, p. 625, art. 1968 ; Cass. 5 nov. 1856, aff. Grimault, D. P. 56. 1. 389 ; 19 nov. 1858, aff. Barbier, D. P. 58. 1. 193 ; V. nos observations sur les arrêts précités de la cour de cassation, *loc. cit.*)

844. D'après M. Bressolles, n° 48, la disposition précitée de l'art. 762 n'aurait d'application qu'au cas où la somme à distribuer est supérieure à 1,500 fr. « En excluant, dit-il, toute considération prise de la somme à distribuer, l'art. 762 n'a évidemment en vue que le cas où elle excéderait 1,500 fr.; car, dans celui où elle serait inférieure à ce chiffre, il est clair que l'appel ne serait point admis, quand même l'une des créances produites et contestées dans un pareil ordre serait supérieure à 1,500 fr., attendu que jamais, en cet ordre, il ne pourra être question de plus de 1,500 fr. » M. Bressolles fonde cette solution sur ce que l'art. 762 emploie les mots de *somme contestée*, et non pas de *créance contestée*, convenant, d'ailleurs, que, si ces mots devaient être entendus dans ce dernier sens, l'appel serait recevable, même dans un ordre ouvert sur une somme moindre de 1,500 fr., quand l'existence même de la créance, supérieure à ce chiffre, est contestée. Mais, selon lui, l'art. 762 ne veut pas qu'on se préoccupe du montant des créances. C'est donc l'intérêt, dit-il, *actuellement et directement engagé dans le débat*, qui est seul la mesure du premier ou du dernier ressort.

Cette interprétation, conforme au droit commun, paraît, de prime abord, très-rationnelle. Quelle que soit, en effet, l'importance de la créance contestée, l'intérêt du litige se réduit, pour le créancier contestant comme pour le créancier contesté, à une somme moindre de 1,500 fr., dès que le jugement à intervenir, qu'il admette la créance ou qu'il la rejette de l'ordre, ne peut avoir force de chose jugée dans un autre ordre, au moins au regard des créanciers, ainsi que l'établit Merlin, au Répertoire de Guyot, v° Ordre de créanc., § 8. — « Quel est, dit-il, sous le rapport de l'autorité de la chose jugée, en ce qui concerne la preuve et la légitimité d'une créance, l'effet d'un jugement qui colloque un créancier dans un ordre, mais pour le payement intégral duquel les fonds à distribuer ne suffisent pas?... A l'égard des autres créanciers, répond Merlin, cet effet est limité au prix qui est en distribution; *il n'a l'autorité de la chose jugée que par rapport à ce prix*, parce que ce prix est le seul objet qui soit en litige entre le créancier colloqué et ses compétiteurs. — Mais, à l'égard du débiteur, c'est tout autre chose. Le jugement, qui prononce une collocation, décide nécessairement que les sommes colloquées sont légitimement dues au créancier qui les réclame; il est, par conséquent, censé condamner le débiteur à les payer : et quel prétexte y aurait-il pour limiter cette condamnation au prix qui est en distribution? Il n'y en a, et il ne peut y en avoir aucun. Elle est donc indéfinie : le créancier qui l'a obtenue peut donc, s'il n'est pas payé intégralement, s'en servir pour se faire payer son résidu sur les autres biens du débiteur... » (V. Chose jugée, nos 152 et suiv., et *infrà*, sect. 12 art. 3).

Mais, si juridique qu'elle paraisse, nous ne pouvons admettre la doctrine de M. Bressolles, parce qu'elle est en opposition avec les termes mêmes de l'art. 762. Si le législateur eût voulu restreindre la disposition au cas où la somme à distribuer est supérieure au taux du dernier ressort, il l'aurait dit et ne se serait pas exprimé dans ces termes absolus : *l'appel n'est recevable que si la somme contestée excède celle de 1,500 fr., quel que soit, d'ailleurs, le montant des créances des contestants et des sommes à distribuer.* — « On peut, dit fort bien M. Chauveau, Proc. de l'ordre, quest. 2590, rétorquer l'argument de M. Bressolles contre son système, en lui répondant que, l'art. 762 ne voulant pas qu'on se préoccupe du montant des sommes à distribuer, c'est l'intérêt réellement engagé dans le débat qui doit être la mesure du premier ou du dernier ressort... » Nous n'irons pas, toutefois, jusqu'à dire, avec M. Chauveau, que, « si, à l'occasion d'une modique somme de quelques centaines de francs, un tribunal pouvait apprécier, en dernier ressort, la validité d'un acte de 10,000 fr., la loi nouvelle ne présenterait pas seulement des côtés bizarres ou des inconvénients, mais qu'elle serait d'une inconséquence révoltante, » puisque, selon nous, comme selon Merlin, le jugement ne serait pas opposable aux créanciers dans un autre ordre. Mais on ne peut disconvenir qu'il s'attache à la décision un grave préjugé; et cette raison, indépendamment de ce que le jugement qui admet la collocation a force de chose jugée contre le débiteur partie dans l'ordre, a pu déterminer le législateur à déroger, pour ce cas, aux principes de droit commun, et à exiger qu'en matière d'ordre, on ne regardât, pour la détermination du dernier ressort, qu'à la quotité de la créance contestée. A nos yeux, comme à ceux de M. Chauveau, les mots *somme contestée* ou *créance contestée*, au point de vue de la question qui nous occupe, ont absolument le même sens. Nous disons mieux : la première locution était la seule convenable ; car, s'il arrivait que la créance de 10,000 fr., par exemple, ne fût pas contestée dans son entier, que le créancier contestant en demandât seulement la réduction à 9,000 fr., le jugement serait en dernier ressort, comme le remarque M. Riché dans son rapport, puisqu'il n'y aurait, en réalité, de contestation que sur la somme de 1,000 fr. — La thèse que nous soutenons ici, avec la nouvelle loi, avait déjà été défendue par nous, v° Degrés de jurid., n° 337, § 1, sous l'empire du code de 1807 (Conf. M. Houyvet, n° 272).

845. Mais supposé, dans l'hypothèse où la somme à distribuer est inférieure à 1,500 fr., que la créance, supérieure à cette somme, ne fût pas contestée en soi, qu'elle le fût seulement quant à son rang de collocation, faudra-t-il dire, dans ce cas, qu'on est en dehors de l'art. 762, puisqu'il n'y a pas de *somme contestée*, ou, si l'on veut, que la somme en litige, celle que se disputent le créancier contestant et le créancier contesté, n'étant autre que la somme à distribuer, somme inférieure à 1,500 fr., le jugement à intervenir est nécessairement en dernier ressort ? — L'affirmative, sous l'ancien code, nous paraissait sans difficulté, et c'est l'opinion que nous avons émise, v° Degrés de juridiction, n° 337, § 1, et n° 347 (Conf. Bruxelles, 11 sept. 1809, aff. Schers, et 29 juin 1831, aff. Cousin ; Nancy, 16 juill. 1844, aff. Petit, *ibid.*, n°s 347 et 348).—Telle est encore aujourd'hui, et sous la nouvelle loi, la doctrine professée par MM. Bressolles et Chauveau, *loc. cit.*, et par M. Houyvet, n° 272. — Mais le contraire s'induit, il semble, du rapport de M. Riché : « On dispute, dit-il, à une créance de 500 fr. son rang hypothécaire : la somme contestée sera de 500 fr., parce que l'un ne perdra et l'autre ne gagnera le rang que pour 500 fr.» (V. *suprà*, n° 825). Ici encore, et quoique, bien certainement, l'autorité de la chose jugée ne puisse pas s'attacher au jugement qui décidera du rang du créancier contesté (V. Chose jugée, n° 152, et Merlin, Rép., v° Chose jugée, § 11 *bis*; V. aussi *infrà*, sect. 12, art. 3), on se tient rigoureusement dans les termes de l'art. 762, qui ne veut pas qu'on ait égard à la quotité de la somme à distribuer. C'est une règle *absolue et immuable* qui est établie, dit M. Duvergier sur cet article, note 3. Le rapport de la commission en fait ressortir les avantages, sans se dissimuler qu'elle aura, dans certaines hypothèses, *des résultats bizarres*; mais elle existe, elle doit être observée, et ses avantages généraux feront plus que compenser les inconvénients accidentels qui pourront en dériver.

846. M. Chauveau déduit logiquement de sa doctrine que, si la somme à distribuer, quoique supérieure à 1,500 fr., se trouvait absorbée, en partie, par des créances antérieures à celles qui se disputent la priorité, de façon que, ces collocations prélevées, conformément à l'art. 758, ce qui resterait à distribuer fût inférieur à 1,500 fr., le jugement à intervenir serait en dernier ressort, dès qu'il ne s'agirait plus, pour les créanciers postérieurs, quel que fût le chiffre de leurs créances, que d'un intérêt au-dessous de 1,500 fr. — Il résulte, au contraire, de ce qui précède, et par une raison inverse, que l'appel serait recevable, si le montant de ces créances, quoique contestées seulement quant à leur rang de collocation, était supérieur au taux du dernier ressort.

847. Mais l'une de ces créances peut être supérieure à 1,500 fr., et l'autre être inférieure à cette somme : suffira-t-il, entre deux créanciers qui se disputent la priorité, que la créance de l'un d'eux excède le taux du dernier ressort pour que le jugement soit sujet à appel? — « La question, dit M. Flandin, Tr. de l'ordre, inédit, a été diversement résolue sous l'ancien code. On a considéré, d'une part, que, l'intérêt du litige ne portant que sur la somme la plus faible, parce que l'un ne peut perdre au delà de ce que l'autre aura gagné, le jugement doit être réputé en dernier ressort (Lyon, 30 déc. 1824, n° 849).— On a jugé, dans l'autre sens, que, la question de priorité ne pouvant être décidée que par l'appréciation, sous le rapport hypothécaire, de l'une et de l'autre créances, le jugement ne peut être qu'en premier ressort (Rej. 20 août 1821; Douai, 1er avr. 1826; Lyon, 6 mai 1842; Gand, 27 fév. 1843, n° 348).—Et c'est à cette dernière doctrine que je me rallie comme rentrant davantage dans l'esprit de la disposition de l'art. 762, quoiqu'il semble qu'en cela l'on s'écarte de l'opinion exprimée par M. Riché dans son rapport, mais opinion qui n'est pas formulée d'une façon assez nette pour avoir l'autorité d'une interprétation législative. — Qu'a voulu dire, en effet, M. Riché par ces mots : « On dispute à une créance de 500 fr. son rang hypothécaire : la somme contestée sera de 500 fr., parce que l'un ne perdra et l'autre ne gagnera le rang que pour 500 fr. »? — Si le rapporteur s'est placé, non pas dans l'hypothèse de deux créanciers, hypothécaires tous les deux, et dont le dernier colloqué veut prendre la place de l'autre, parce qu'il se prétend préférable à lui, mais dans l'hypothèse d'un créancier qui, sans réclamer d'autre rang que celui que lui donne le règlement provisoire, se borne à contester la qualité de créancier hypothécaire d'un autre créancier placé avant lui dans l'ordre, afin de le faire rejeter parmi les chirographaires, le rapporteur a raison : dans ce dernier cas, il n'y a de litige que par rapport à ce dernier créancier ; et, si la créance de celui-ci n'est que de 500 fr., le jugement sera en dernier ressort, puisque, soit qu'on élimine ce créancier de l'ordre, soit qu'on l'y maintienne, le créancier contestant, comme le créancier contesté, n'aura, ainsi que le dit très-bien M. Riché, à gagner ou à perdre qu'une somme de 500 fr. — C'est dans ce sens qu'il a été jugé, en matière de distribution par contribution, par un arrêt que j'ai déjà cité, que, lorsque plusieurs créances prétendues privilégiées, appartenant à différents créanciers, et dont chacune est inférieure à 1,500 fr., sont contestées par un autre créancier se prétendant également privilégié, et dont la créance, supérieure à 1,500 fr., est elle-même, de la part des premiers créanciers, l'objet d'un contredit, l'appel n'est recevable qu'en ce qui concerne cette dernière créance (Grenoble, 24 juill. 1862, aff. Hachette, D. P. 62. 2. 198). — La contestation, dans l'espèce, portait uniquement sur le privilége revendiqué par chacune des parties en cause ; chaque prétention, par conséquent, faisait comme une instance distincte et indépendante des autres ; en sorte, comme le dit l'arrêt, que « les produisants avaient, de part et d'autre et en même temps, la qualité de créanciers contestants, quant au privilége qu'ils déniaient, et de créanciers contestés, quant au privilége qu'ils réclamaient. » Les premiers juges avaient écarté tous les priviléges respectivement réclamés et ordonné la distribution au marc le franc entre tous les créanciers. Chacun des six créanciers, dont la créance individuelle était inférieure à 1,500 fr., s'était rendu appelant, afin de faire rétablir, à son profit, le privilége qui lui avait été refusé en première instance ; mais l'arrêt déclare leur appel non recevable : « Attendu qu'il importe peu que le total des créances des six appelants s'élève à plus de 1,500 fr., parce que l'appel de chacun de ces créanciers doit être examiné en lui-même, chaque créance, ou le privilége qui peut y être attaché, ayant formé devant les premiers juges, et formant devant la cour, une contestation particulière et distincte, à l'égard de laquelle le degré de juridiction est déterminé d'après les bases qui lui sont propres ; attendu que le motif qui précède répond à l'objection tirée de ce que l'admission de la fin de non-recevoir placerait les parties dans des conditions inégales relativement à l'appel, en ce que l'abbé Fine aurait pu appeler de la disposition du jugement qui lui refuse le privilége de vendeur, quant à sa créance de 1,500 fr.; qu'en effet, cette contestation était susceptible de deux degrés de juridiction ; mais qu'elle l'était à l'égard de toutes les parties, de même que les contestations, au sujet desquelles il y a eu appel, n'étaient susceptibles que d'un degré de juridiction à l'égard de toutes les parties ; en sorte que, sur chacun des chefs soumis aux premiers juges, les parties ont toujours eu, relativement à l'appel, un droit égal et réciproque.

« En est-il de même, continue M. Flandin, dans l'autre hypothèse? Lorsque deux créanciers, hypothécaires tous les deux, réclament la priorité l'un sur l'autre, est-il possible de prononcer entre eux, sans apprécier simultanément, et par une même opération de l'esprit, la valeur respective des deux prétentions? Pourrait-il y avoir, dans ce cas, matière à deux instances? Peut-on dire, en un mot, comme l'arrêt précité, que « chaque créance, ou l'hypothèque qui peut y être attachée, forme une contestation particulière et distincte, à l'égard de laquelle le degré de juridiction est déterminé d'après les bases qui lui sont propres? » Évidemment non ; et alors, si les prétentions ne peuvent pas être appréciées isolément; s'il n'y a, et s'il ne peut y avoir qu'une seule instance; s'il n'y a pas deux contestations, mais une seule, ou il faut que l'appel ne soit possible d'aucun côté, ou, s'il est possible d'un côté, il faut absolument qu'il soit possible de l'autre. Or, quoiqu'on puisse dire qu'une des deux créances étant inférieure à 1,500 fr., l'intérêt du litige pour les deux parties, quelle que soit celle qui gagnera son procès, ne peut être d'une somme supérieure au montant de cette créance, ce n'est pas cet intérêt, cependant, comme on l'a vu plus haut (V. nos 844 et 845), qui doit être pris pour base de la détermination du dernier ressort, mais, ainsi que s'exprime l'art. 762, le montant de la créance ou de la somme contestée. Il suffit, par conséquent, que l'une des deux créances en litige, alors même qu'il n'y a de contesté, comme le remarque M. Riché, que son *rang hypothécaire*, soit supérieure à 1,500 fr., pour que l'appel soit recevable. »—Nous adhérons à cette doctrine de M. Flandin.

M. Houyvet, no 272, exprime une opinion contraire : « Deux créanciers, dit-il, l'un réclamant 10,000 fr., l'autre 1,000 fr., sont seuls en débat sur la question de rang : celui qui est créancier de 1,000 fr. conteste le rang attribué à la créance de 10,000 fr., et demande à être colloqué le premier. La créance de 10,000 fr. est alors contestée, elle excède 1,500 fr.—A s'en tenir à la lettre de l'art. 762, il semblerait que l'appel fût recevable. Cependant l'intérêt, pour lequel plaident les deux créanciers, est égal au chiffre de la créance la plus faible; c'est dans les limites de cet intérêt qu'il y a procès et jugement entre eux. La valeur du litige étant inférieure à 1,500 fr., le jugement doit être en dernier ressort... » (Conf. M. Seligman, no 461).

M. Chauveau, Proc. de l'ordre, quest. 2590, *in fine*, dit, dans le même sens : « Un créancier colloqué demande-t-il qu'il lui soit assigné un rang antérieur à celui qui lui a été accordé, comme une telle demande implique contestation du rang attribué à l'une ou à plusieurs des créances colloquées antérieurement, c'est l'importance de ces créances qu'il faudra considérer : il sera statué en dernier ressort sur celles qui seraient inférieures à 1,500 fr., et en premier ressort seulement sur celles qui seraient supérieures à ce chiffre. »

848. Il a été jugé, conformément à la première opinion : 1° que, dans une contestation sur la priorité entre deux créances, dont l'une est supérieure au taux du dernier ressort, si le créancier de la somme inférieure à ce taux obtient la préférence, il ne peut prétendre que la cause a été jugée en dernier ressort par le tribunal, et que, par conséquent, son adversaire doit être déclaré non recevable dans son appel (Rej. 20 août 1821, aff. Chevarry, v° Degrés de jurid., no 346-1°); — 2° Qu'en cas de contestation, dans un ordre, entre plusieurs créanciers hypothécaires sur la priorité, il suffit que l'une des créances s'élève au-dessus du dernier ressort pour que le jugement soit sujet à appel (Douai, 1er avr. 1826, aff. femme Sagniez, *ibid.*, no 346-3°); — 3° Qu'en matière d'ordre, tout contredisant est véritablement demandeur; qu'ainsi le degré de juridiction, quand il s'agit de priorité entre deux créanciers, s'estime, non pas seulement par le chiffre de la créance dont le rang de collocation est contesté, mais aussi par la créance du contestant (Lyon, 6 mai 1842 (1); Conf. Gand, 27 fév. 1845, aff. Dalle, v° Degrés de jurid., no 344-3°).— C'est encore ce qui résulte, par argument *à contrario*, d'un considérant d'un arrêt de la cour de Grenoble du 24 août 1847, aff. Chalven (D. P. 49. 5. 106, no 25), considérant ainsi conçu : « Attendu que les Vesselier, de leur côté, n'ayant pas contredit l'allocation de Chalven, et étant simplement défendeurs à sa demande, leur créance seule était mise en cause. »

849. Il a été jugé, au contraire, mais à tort selon nous, que si, dans un ordre où la somme à distribuer excède le taux du dernier ressort, les juges, sur la question de priorité qui s'élève entre deux créances dont l'une dépasse et l'autre n'atteint pas ce taux, refusent la priorité à la somme la plus faible, leur décision est en dernier ressort (Lyon, 30 déc. 1824, aff. Dames de la Providence, v° Degrés de juridict., no 346-2°).

850. Il peut arriver que le créancier, dont la créance est contestée, se défende, en contestant lui-même la créance du contestant : M. Duvergier, *loc. cit.*, veut, dans ce cas, qu'on applique les dispositions de l'art. 2 de la loi du 11 avr. 1838, sur les demandes reconventionnelles; c'est-à-dire, si les deux créances sont inférieures à 1,500 fr., qu'il soit statué sur l'une et sur l'autre en dernier ressort; mais que, si l'une des deux est supérieure à 1,500 fr., il ne soit prononcé sur chacune qu'en premier ressort (Conf. M. Seligman, no 461). — Nous ne pouvons, malgré l'autorité que doit donner à l'opinion de M. Duvergier sa coopération à la préparation de la loi du 21 mai 1858 (il faisait partie de la commission chargée de l'étude du projet de loi), nous ranger à son avis.—« Entre deux créanciers produisants qui veulent respectivement se faire éliminer de l'ordre, et qui, dans cette vue, se dénient l'un à l'autre la qualité de créancier, il n'y a rien, dit encore M. Flandin, *loc. cit.*, qui ressemble à l'hypothèse sur laquelle statue l'art. 2 de la loi du 11 avr. 1838, celle d'un débiteur qui, actionné par son créancier, se porte reconventionnellement demandeur contre lui. Entre la demande principale et la demande reconventionnelle, il y a un lien nécessaire qui les rattache l'une à l'autre, qui ne permet pas de les séparer et les soumet à une seule et même instance; tandis que, dans l'autre cas, il n'existe aucune connexité entre les prétentions respectives. Ce sont deux demandes, deux contestations complétement indépendantes l'une de l'autre, qui peuvent être jugées simultanément, mais qui pourraient l'être aussi séparément, et dont la jonction, fondée sur des motifs de célérité et d'économie, ne peut avoir pour effet de les soumettre à une règle commune. Chacune, malgré cette jonction, garde son caractère propre et individuel, et le jugement à intervenir, opérant comme s'il y avait eu deux instances et deux jugements, sera en dernier ressort pour celle des créances qui sera inférieure à 1,500 fr., en premier ressort seulement, pour celle qui sera supérieure à cette somme. C'est le cas de la maxime : *tot capita, tot sententiæ.* »— Nous avions déjà émis la même opinion sous l'ancien code, v° Degrés de jurid., no 337, § 3. C'était aussi celle de M. Benech, Tr. des just. de paix et des trib. d'arrond., p. 180 (Conf. M. Chauveau, Proc. de l'ordre, quest. 2590).

851. Il a été décidé, dans le même sens, que le jugement intervenu sur un contredit formé contre une créance n'excédant pas 1,500 fr., est en dernier ressort, alors même que le créancier contesté, ou le notaire qu'il a appelé en garantie, aurait élevé, de son côté, une contestation contre la créance du demandeur, laquelle était supérieure à 1,500 fr. (arrêt de rejet précité du 30 juin 1863, aff. veuve Gervais, D. P. 63. 1. 277). — Il a été jugé, de même, en matière de distribution par contribution, que, lorsque plusieurs créances, dont chacune est inférieure à 1,500 fr., sont contestées par un créancier dont la créance est supérieure à cette somme, et que cette créance est elle-même contestée par les premiers créanciers, l'appel est recevable seulement en ce qui concerne la créance supérieure à 1,500 fr. (arrêt précité de la cour de Grenoble du 24 juill. 1862, aff. Hachette, D. P. 62. 2. 198).

852. Dès qu'aujourd'hui la somme à distribuer ne peut plus être prise pour base de la détermination du dernier ressort, il devient évident que la jonction de deux ordres, lors-

(1) (Detours C. Gauthier et autres.) — LA COUR; — Sur la fin de non-recevoir : — Attendu que le débat, sur lequel les premiers juges ont statué, n'avait point pour objet le chiffre même ou la quotité des sommes pour lesquelles les créanciers de Jacquier prétendaient être colloqués dans l'ordre ouvert pour la distribution du prix des immeubles de ce dernier, mais bien le rang dans lequel certaine classe de ces créanciers devait être admise dans cette distribution; que c'était là une question d'ordre et de privilége soulevée par le contredit formé par les consorts Detours contre le système admis pour la collocation de ces créanciers;

Attendu que, bien que le chiffre de la créance de quelques-uns des prétendants au privilége soit inférieur au taux du dernier ressort, il n'en peut résulter en leur faveur une exception de chose irrévocablement jugée, parce qu'il faut, lorsqu'un contredit est élevé contre une collocation, faire entrer dans la supputation, non-seulement le chiffre de la créance admise au rang contesté, mais aussi celui de la créance qui disputait sur le rang; parce qu'enfin, en matière d'ordre, tout contredisant est véritablement demandeur; — Au fond et en droit, etc. — (Sur le fond, V. Priv. et Hyp., no 198-2°).

Du 6 mai 1842.-C. de Lyon, 1re ch.

qu'elle est ordonnée, ne saurait influer sur la compétence. Cela pouvait faire doute, sous l'ancien code, à cause de la jurisprudence qui s'était établie de régler d'après le montant de la somme à distribuer le degré de juridiction. Et cependant, il avait été jugé que la jonction, ordonnée en justice, de deux ordres distincts, ouverts sur les prix dus par deux acquéreurs différents, et en vertu de contrats séparés, ne pouvait changer la compétence, qui demeurait, relativement à chaque ordre, telle qu'elle eût été s'il n'y avait pas eu de jonction (Rej. 9 mars 1840, aff. Berny, v° Degrés de jurid., n° 349-2°; V. encore *eod. v°*, n° 168).—Il a été jugé, dans le même sens, que la jonction de plusieurs ordres n'en opère pas la confusion, et qu'elle n'a pas pour effet de modifier la position des créanciers dans chacun des ordres, relativement aux limites de la juridiction :—« La cour ; attendu que la jonction de plusieurs ordres, pour la distribution des prix d'immeubles qui avaient appartenu au même débiteur, a pour but de simplifier la procédure et d'économiser les frais; mais que cette mesure ne peut avoir pour effet de modifier en rien la position des créanciers résultant de la qualité de leurs créances et de la nature de leurs titres pris séparément, et du montant des sommes à distribuer dans chaque ordre ; qu'ainsi les limites de la juridiction restent les mêmes, dans les cas où les ordres sont joints, comme si chacun d'eux était suivi séparément... » (Riom, 31 janv. 1854, aff. Vincent *C.* Nalaire).

853. Il est, d'ailleurs, conforme au principe général, et il a été jugé que ce n'est point par la loi en vigueur à l'époque où l'acte qui donne lieu au litige a été passé, que se règle la compétence en premier ou en dernier ressort, en matière d'ordre, mais bien par la loi en vigueur au moment où l'instance a été introduite (Montpellier, 25 août 1840, aff. Bouquier, v° Degrés de jurid., n°s 13 et 338-2°; V. aussi v° Lois, n° 346; Conf. M. Bioche, v° Ordre, n° 534, 3e éd., 5e tirage).—Et il a été jugé, par application de l'art. 12 de la loi du 11 avr. 1838, que cette loi, qui a élevé à 1,500 fr., au lieu de 1,000 fr., le taux du dernier ressort, n'est pas applicable au jugement rendu dans un ordre, bien que le contredit du créancier soit postérieur à cette loi, si sa production est antérieure (Toulouse, 22 mars 1839, aff. Galès, v° Degrés de jurid., n° 14-2°). Un principe semblable a été posé dans l'art. 4 de la loi du 21 mai 1858 (V. sous la sect. 19).

SECT. 10. — *De l'appel et du pourvoi en cassation.*

854. Nous avons dit *suprà*, n° 820, avec l'art. 762 c. pr., que les jugements, rendus sur les contestations soulevées contre le règlement provisoire (qu'ils aient pour objet des questions de fond ou des incidents de procédure, V. *infrà*, n° 859), ne sont pas susceptibles d'opposition; qu'ils ne peuvent être attaqués que par la voie de l'appel.

Nous divisons cette section en huit articles. — Nous parlerons, dans le premier, de la signification du jugement pour faire courir le délai d'appel; — dans le second, du délai de l'appel; — dans le troisième, des personnes qui peuvent appeler ou intervenir en appel; — dans le quatrième, de la signification de l'acte d'appel; — dans le cinquième, des personnes qui doivent être intimées sur l'appel; — dans le sixième, de l'appel incident; — dans le septième, des formes de l'acte d'appel et du débat à l'audience; — dans le huitième, de la signification de l'arrêt et du pourvoi en cassation.

ART. 1. — *De la signification du jugement pour faire courir le délai d'appel.*

855. L'art. 762 porte : « Le jugement sur le fond est signifié, dans les trente jours de sa date, à avoué seulement... La signification à avoué fait courir le délai d'appel contre toutes les parties à l'égard les unes des autres. » — Il a, toutefois, été jugé que la signification d'un jugement rendu en matière d'ordre, dans laquelle le texte de ce jugement a été, par erreur, l'objet d'une altération de nature à induire la partie qui l'a reçue en erreur sur l'intérêt qu'elle pouvait avoir à interjeter appel, ne fait pas courir le délai de l'appel; qu'ainsi, lorsque la minute du jugement porte que c'est *à bon droit* que des créanciers, qui demandaient à être colloqués au rang de l'hypothèque légale de la femme de leur débiteur, n'ont été admis qu'à la date de l'inscription de leurs propres hypothèques, et que, dans la copie signifiée de ce jugement, au lieu des mots : *c'est à bon droit*, on trouve les mots : *c'est à tort*, une telle signification, l'erreur pût-elle facilement être rectifiée par la lecture des motifs du jugement, est insuffisante pour faire courir, contre les créanciers auxquels elle a été faite, le délai de l'appel (Paris, 28 août 1851 et 28 août 1852, et, sur pourvoi, Rej. 5 juin 1855, aff. Rocoffort et Pâris, D. P. 55. 1. 281).

856. La loi se contentant de la signification du jugement à avoué pour faire courir le délai d'appel, il s'ensuit que toute signification de ce jugement, qui serait faite à la partie elle-même serait un acte frustratoire qui ne passerait pas en taxe. L'art. 762 le fait suffisamment entendre, en disant que « le jugement sur le fond est signifié... *à avouéseulement* » (V. Besançon, 29 août 1811, aff. Dézevaux, *infrà*, n° 862. — Conf. MM. Chauveau sur Carré, quest. 2583 *ter*; Bioche, v° Ordre, n° 546, 3e éd., 5e tirage; Houyvet, n° 268; Flandin, Tr. de l'ordre, inédit). — Il a, toutefois, été jugé, en matière de saisie immobilière, et la décision pourrait, par voie d'analogie, être appliquée en matière d'ordre, à cause de la similitude qui existe entre les art. 731 et 762 du nouveau code, il a été jugé que, lorsqu'un jugement, qui rejette des moyens de nullité proposés contre la procédure antérieure à l'adjudication préparatoire, a été signifié à la personne ou au domicile du saisi, et que trois mois se sont écoulés sans appel, l'appel, interjeté après ces trois mois, est non recevable, quoique formé dans la quinzaine de la signification du jugement à avoué (Limoges, 1er juin 1822) (1).

857. Le jugement doit être signifié *dans les trente jours de sa date.* — Cette disposition n'existait pas dans l'ancien code; l'exposé des motifs la justifie de la manière suivante : « Le code de procédure, dit-il, commandait impérieusement l'appel dans les dix jours de la signification du jugement à avoué; mais il laissait la faculté de s'arrêter entre le jugement et la signification dont il ne fixait pas l'époque; et ce repos, permis aux contestants, était nuisible aux autres créanciers » (D. P. 58. 4. 44, n° 28).—Faisons remarquer, toutefois, qu'il n'y a aucune sanction attachée à cette disposition, dont l'exécution se trouve ainsi confiée uniquement à la sollicitude des magistrats chargés de veiller à ce qu'on ne laisse pas la procédure de l'ordre sommeiller inutilement. On ne peut, en effet, appliquer à ce cas le premier alinéa de l'art. 776, qui, en cas de négligence de l'*avoué poursuivant*, autorise le juge-commissaire à pourvoir d'office, ou sur la réquisition d'une partie, à son remplacement, puisque, aux termes de l'art. 758, le soin de suivre l'audience est confié à un *avoué commis*, et que, d'après l'art. 760, l'avoué poursuivant ne peut être appelé, en cette qualité, dans la contestation. — On pourrait se croire mieux fondé à invoquer le deuxième alinéa de l'art. 776, qui prononce la même déchéance contre l'*avoué commis*, mais dans quel cas? Dans le cas où il n'a pas rempli les obligations à lui imposées *par les art.* 758 *et* 761 : l'art. 762 n'est pas compris dans la nomenclature. Ainsi que le fait observer, d'ailleurs, M. Chauveau, Proc. de l'ordre, quest. 2582-6°, la mission de l'avoué commis est remplie, quand le jugement est rendu. Le même auteur décide, au reste, avec raison, Journ. des av., t. 74, p. 398, art. 726, § 1, n° 13, qu'il n'y a pas lieu, dans

(1) — (Auclert C. Magnard.)—LA COUR;—Attendu qu'en ordonnant, par l'art. 734 (ancien) c. pr., que les appels rendus sur les nullités proposées contre les saisies immobilières ne seraient recevables qu'autant qu'ils auraient été interjetés dans la quinzaine de la signification à avoué, le législateur a eu seulement l'intention d'abréger les délais relatifs aux appels de ce genre; qu'il n'a pas entendu affranchir ceux-ci de la règle générale établie pour tous les appels des jugements de tribunaux de première instance par l'art. 443, même code, et d'après laquelle ces appels ne sont pas recevables trois mois après la signification des jugements à personne ou domicile; — Attendu que le jugement dont il s'agit a été signifié à la personne de Magnard le 18 juin 1821; qu'il n'en a interjeté appel que le 8 déc. suiv.; — Déclare la partie de Tixier non-recevable dans son appel, etc.

Du 1er juin 1822.-C. de Limoges, 5e ch.-M. Rochon de Vallette, pr.

le cas dont il s'agit, de recourir à la voie de la subrogation, qui occasionnerait des frais, toute partie intéressée, l'avoué poursuivant, comme tout autre, pouvant faire signifier le jugement, afin de faire courir le délai d'appel (V. au n° suivant). — Il ne peut être, assurément, question de déclarer nulle la signification qui serait faite après les trente jours; car cette nullité, comme le fait observer M. Flandin, Tr. de l'ordre, inédit, n'aboutirait absolument à rien, à moins d'y attacher pour effet la forclusion de l'appel, ce qui deviendrait un non-sens, puisque la loi ne fait courir le délai d'appel que du jour de la signification du jugement. Cette raison vaut mieux, selon nous, que les considérations présentées par MM. Grosse et Rameau, t. 2, n° 410, et qu'ils tirent de l'impossibilité matérielle où sera souvent l'avoué de se renfermer strictement dans le délai de trente jours, pour en conclure que ce délai ne peut lui avoir été imposé, *à peine de nullité*, malgré les termes impératifs de l'art. 762 (Conf. MM. Ollivier et Mourlon, n° 405; Chauveau, Proc. de l'ordre, quest. 2582-7°; Bioche, v° Ordre, n° 543, 3ᵉ édit., 5ᵉ tirage; Colmet-Daage, n° 1032; Seligman, n° 428).

858. Il devient assez indifférent, d'après cela, de rechercher par quel avoué doit régulièrement être signifié le jugement sur contredits? Avant la loi du 21 mai 1858, on décidait que cette mission appartenait à l'avoué poursuivant, parce qu'il a, dans l'intérêt commun, la direction de la procédure (Conf. MM. Pigeau, Comm., t. 2, sur l'art. 763, note 2; Favard, t. 4, p. 66; Chauveau, Proc. de l'ordre, *loc. cit.*; V. également les arrêts rapportés ci-après).—On reconnaissait, toutefois, le même droit à n'importe quel créancier; car Pigeau recherchant si, en matière d'ordre, le poursuivant, qui lève et qui signifie le jugement, fait courir le délai d'appel contre lui aussi bien que contre ceux auxquels il le signifie, nonobstant la règle *qu'on ne se forclôt pas soi-même*, et après avoir résolu la question par l'affirmative, s'exprime ainsi, à l'endroit cité : « Mais, si le jugement est levé et signifié *par un autre que le poursuivant*, la question devient plus délicate, etc. » — Depuis la loi du 21 mai, MM. Grosse et Rameau, t. 2, n° 409, donnent à entendre que le soin de signifier le jugement regarderait l'avoué poursuivant : « Cette disposition, disent-ils, en parlant de l'obligation imposée par l'art. 762 de signifier le jugement dans les trente jours, met à la charge de l'*avoué poursuivant* une obligation qui se compose d'éléments multiples dont plusieurs sont indépendants de son fait et de sa volonté. »—M. Harel, dans l'Encyclopédie des huissiers, v° Ordre, n° 175, indique l'avoué commis comme étant chargé de cette signification.—Mais nous croyons, avec M. Chauveau, quest. 2582-6° et 7°, que, dans le silence de la loi à cet égard, il faut s'en référer au droit commun; c'est-à-dire que la signification devra être faite par l'avoué de la partie qui aura gagné son procès, ou, en cas de négligence de sa part, par celui de la partie qui aura succombé, ou enfin par la partie la plus diligente, ainsi que nous l'avons dit au numéro précédent, afin de hâter le moment où le jugement sera déféré à l'appréciation des juges du second degré (Conf. MM. Ollivier et Mourlon, n° 400; Bioche, v° Ordre, n° 542, 3ᵉ éd., 5ᵉ tirage; Houyvet, n° 268; Flandin, Tr. de l'ordre, inédit). — Il a été jugé, dans le même sens, que le créancier, colloqué, en sous-ordre, sur le montant de la collocation attribuée à son débiteur, a qualité, soit de son chef, soit comme représentant le créancier direct, pour faire signifier le jugement d'ordre, dans l'intérêt commun, à l'effet de faire courir le délai d'appel; et, par suite, que l'appel, interjeté par un créancier plus de dix jours après cette signification, est non recevable : — « La cour; attendu que Lapeyre, étant intervenu comme opposant, en sous-ordre, sur Lasselve, a pu, soit en cette qualité, soit comme prétendant représenter Lasselve, créancier direct, dont la collocation avait été attribuée, en partie, audit Lapeyre, se rendre la partie la plus diligente, à l'effet de signifier le jugement, dans l'intérêt commun de toutes les parties à l'ordre; attendu que Lavergne n'a pas interjeté appel de ce jugement, dans les dix jours de la signification qui en a été faite à avoué; vu l'art. 763 c. pr., qui est conçu en termes généraux, déclare l'appel de Lavergne non recevable » (Riom, 18 mars 1815, aff. Lavergne *C.* Lapeyre). — Il n'est pas dit s'il s'agissait, dans l'espèce, de l'appel d'un jugement rendu sur contredits, ou de l'appel d'un jugement d'ordre fait à l'audience, dans le cas de l'art. 775 (ancien) c. pr. On verra plus bas que la question de savoir si, dans ce dernier cas, l'appel doit être interjeté dans les dix jours, ou seulement dans le délai ordinaire des appels, était, sous l'ancien code, et est encore aujourd'hui une question controversée. En fait, l'appel avait été interjeté plus de dix jours, mais moins de trois mois, depuis la signification du jugement à avoué. Mais l'appelant, à qui l'on opposait la tardiveté de son appel, ne faisait pas porter la difficulté sur ce point; il se bornait à dire, par argument de l'art. 779 (ancien) c. pr., que la signification du jugement, pour faire courir le délai d'appel contre lui, aurait dû être faite à la requête du créancier poursuivant.

859. Quoique l'obligation de signifier le jugement, *dans les trente jours*, ne s'applique nommément qu'aux jugements rendus *sur le fond*, il nous paraît que, dans l'esprit de la loi, on doit l'étendre aux jugements rendus *sur les incidents*. Si l'article ne parle pas de ces derniers, c'est vraisemblablement parce que le législateur n'a pas supposé qu'à cet égard, l'abus fût possible. Il nous semblerait déraisonnable d'interpréter son silence en ce sens que l'appel de ces sortes de jugements fût interdit, comme pour ceux de simple remise pour la production de nouvelles pièces dont il est question dans l'art. 761, ou qu'aucune signification ne fût nécessaire pour faire courir, à leur égard, le délai d'appel : deux choses qu'on ne saurait admettre sur simple induction, et pour lesquelles il ne faudrait rien moins qu'un texte exprès (Conf. MM. Grosse et Rameau, t. 2, n° 409; Chauveau, Proc. de l'ordre, quest. 2582-8°; Seligman, nᵒˢ 425 et 426; Flandin, Tr. de l'ordre, inédit. — MM. Ollivier et Mourlon, n° 393, ont cependant émis une opinion contraire.

860. En quelle forme doit être faite la signification? On a vu, v° Exploit, nᵒˢ 652 et suiv., que le code de procédure n'a tracé aucune forme particulière pour les actes d'avoué à avoué; d'où l'on a conclu que ces actes ne sont pas assujettis aux formalités exigées par l'art. 61 c. pr., pour la validité des exploits en général, mais seulement à celles qui tiennent à l'essence même des actes (Conf. MM. Ollivier et Mourlon, n° 396; Houyvet, n° 268; Seligman, n° 430; Flandin, Tr. de l'ordre, inédit).

861. Mais quelles sont les formalités qu'on doit considérer comme substantielles? Il existe, sur ce point, une grande divergence d'opinions dans les auteurs et les arrêts. — Suivant MM. Grosse et Rameau, t. 2, n° 412, « l'acte de signification doit contenir la date à laquelle il a été délivré; les noms de la partie à la requête de laquelle on agit ainsi que de son avoué; le nom de l'avoué auquel la signification est destinée et ceux de sa partie; enfin, l'indication de la personne à laquelle la copie est remise; » toutes énonciations qui leur paraissent « essentielles et constitutives de la validité de l'acte. » Cette doctrine rentre dans celle de MM. Carré, quest. 2583, et Thomine, t. 2, p. 326. — M. Chauveau, Proc. de l'ordre, quest. 2582-9°, ne regarde, au contraire, comme substantielles que : 1° la date de la signification, qui établit le point de départ du délai dans lequel doit être interjeté l'appel; 2° la mention de la personne à qui a été laissée la copie de la signification, parce que c'est le seul moyen de constater cette remise. « Qui soutiendra, dit-il, que la mention du nom de l'avoué est de ce nombre, lorsque c'est son propre acte que l'on signifie, aussi bien que la qualité du signataire, que ne peut méconnaître celui à qui la signification est adressée? » (Conf. MM. Bioche, v° Ordre, n° 551, 3ᵉ éd., 5ᵉ tirage; Houyvet, n° 268; Seligman, nᵒˢ 430 et 431).—Nous nous référons, en ce qui nous regarde, à ce que nous avons dit précédemment sur cette question, v° Exploit, n° 652, et nous résumons notre opinion à ceci : qu'il faut, en général, se montrer avare de nullités quand il s'agit de nullités de pure forme; mais que, toutefois, dans une matière comme celle-ci, où la signification à avoué fait courir des délais, expose les parties à des déchéances, toute omission, de nature à compromettre le droit d'appel, à empêcher son exercice en temps utile, doit être considérée comme viciant, dans son essence, la signification du jugement et obligeant l'avoué à la recommencer (Conf. M. Flandin, Tr. de l'ordre, inédit).

862. Nous avons déjà rapporté, au mot Exploit, nᵒˢ 653 et suiv., un grand nombre d'arrêts se prononçant, tantôt pour, tantôt contre la nullité; en voici d'autres qui révèlent les mêmes incertitudes dans la jurisprudence. — Il a été jugé, mais à tort, croyons-nous, que, pour faire courir le délai d'appel, la signification à avoué d'un jugement d'ordre doit contenir, à peine de nullité, les formalités prescrites par la loi pour la validité de l'exploit de signification d'un jugement faite à personne ou domicile, et, spécialement, 1° les noms de la personne à la requête de laquelle elle est donnée et l'immatricule de l'huissier (Besançon, 29 août 1811) (1); — 2° ...La mention du nom de l'avoué à la requête duquel elle est faite, de la personne à laquelle la copie est remise, et de la qualité du signataire (Bordeaux, 23 janv. 1811, aff. Dequeux, v° Exploit, n° 659-1°; Conf. Metz, 18 juin 1823, aff. N... C. N...); — 3°... L'énonciation de la profession et du domicile des parties, et de l'immatricule de l'huissier (Metz, 17 août 1815, aff. D... C. N..., v° Appel civil, n° 942); — 4° ...Le domicile des parties : — « La cour;... attendu que, pour que le délai coure du jour de la signification à avoué, il faut que cette signification, qui tient lieu, dans ce cas, de celle à personne ou domicile requise en l'art. 443, soit faite avec les formalités prescrites pour celle-ci, c'est-à-dire conformément à l'art. 61; ce qui n'a pas été observé dans la signification du jugement dont est appel, où il est reconnu que le domicile d'une des parties n'a pas été suffisamment indiqué; ...sans s'arrêter, etc. » (Metz, 15 juin 1824, aff. Megret C. d'Humbepaire); — 5° Le nom et la signature de l'huissier (Metz, 1re ch., 23 juin 1857, M. Voirhaye, 1er pr., aff. Engeland C. Agel).

863. Il a été jugé, au contraire : 1° que la signification d'un jugement d'ordre, faite par acte d'avoué à avoué, peut faire courir le délai d'appel, quoiqu'elle ne contienne pas toutes les formalités des ajournements (Bruxelles, 8 sept. 1815) (2). — Conf. Amiens, 31 janv. 1825, aff. Robert et Dumesnil C. Delacour; Poitiers, 2e ch., 11 mai 1826, aff. Mercier C. Defoulques; Rej. 10 mai 1836, aff. Nageotte, v° Exploit, n° 653-6°; Amiens, 30 juill. 1838, aff. de Grasse C. Despeaux; V. aussi, comme analogie, Grenoble, 6 août 1822, aff. Sambuc, *suprà*, n° 647-1°; Req. 31 août 1825, aff. Rolland, *suprà*, n° 647-2°; Paris, 12 mai 1835, aff. Michau C. Lebon (en matière de distribution par contribution); Limoges, 7 juin 1844, aff. hérit. Mosnier, *infrà*, n° 883; Bordeaux, 7 fév. 1849, aff. Duchatenet C. Bellusière, cité Journ. des avoués, t. 75, p. 383); — 2° .. Et, spécialement, quoiqu'elle ne contienne pas les prénoms et domiciles des parties, ni l'immatricule de l'huissier (Bordeaux, 10 mai 1823) (3); — 3° ...Ni le numéro de la patente (Montpellier, 19 mai 1847) (4); — 4° ...Qu'en tous cas, le moyen de nullité, en le supposant fondé, aurait été couvert, soit par l'acquiescement résultant de la relation de la signification dans l'acte d'appel, sans protestation, soit par la contestation au fond (Limoges, 15 nov. 1811) (5).

864. Il a été jugé, d'ailleurs, que le vœu de la loi est rempli, lorsque, dans le bail de copie du jugement, dressé par l'huissier, et la copie de l'acte d'avoué qui le précède, se trouvent tous les renseignements voulus par l'art. 61 c. pr. (Montpellier, 24 nov. 1831) (6). — Il a été jugé, au contraire, que l'acte de baillé copie ou de dénonciation d'un jugement rendu en matière d'ordre, rédigé et signé par l'avoué qui a obtenu ce jugement et en a signé les copies, ne fait preuve légale, ni de la signification dudit jugement à son confrère, ni du nombre des copies remises à ce dernier, quoique énoncé dans l'acte de baillé copie, cette preuve ne pouvant résulter que de l'attestation de l'huissier qui

---

(1) (Dezeveaux et cons. C. Caton.) — LA COUR; — Considérant que le législateur, en déclarant, par l'art. 763 c. pr. civ., que le délai d'appel d'un jugement, rendu en matière d'ordre, ne sera plus reçu, s'il n'est interjeté dans les dix jours de la signification à avoué, a entendu fixer à la partie un domicile auquel cette signification serait faite, puisque, faisant courir le délai de l'appel, elle remplace la signification que l'on devait faire à partie, qui, dans le cas particulier, devient inutile et frustratoire; qu'il est de principe certain que toute signification, qui fait courir un délai, doit contenir les formalités voulues pour les ajournements, telles que l'énonciation des noms de la personne qui le fait notifier et l'immatricule de l'huissier; que la signification dont il s'agit, ne contenant aucune de ces formalités, est radicalement nulle; qu'ainsi, les appelants principaux étant encore dans le délai d'interjeter appel, c'est le cas de les recevoir, en tant que de besoin, appelants à la barre; — Rejette la fin de non-recevoir.

Du 29 août 1811.-C. de Besançon.

(2) (Lehaut C. Lobben.) — LA COUR; — Attendu que le jugement signifié à avoué avait été rendu sur contestation élevée, le 4 nov. 1814, par les appelants, en suite des sommations à eux faites le 13 janv. et le 6 juin même année, à l'effet de prendre communication des productions et de contredire, s'il échéait, sur le procès-verbal d'ordre; — Attendu que cette signification a pu être faite à avoué, conformément aux dispositions de l'art. 763 du code, et qu'en le faisant, on a suivi la forme ordinaire et usitée pour ces espèces d'actes; — Attendu que, l'art. 763 ne prescrivant pas que les significations à avoué se fassent avec les formalités prescrites à l'art. 61, on ne peut, aux termes de l'art. 1030, déclarer nul l'acte du 29 nov. 1814, puisque la nullité n'en est pas formellement prononcée; — Attendu que l'acte d'appel dont il s'agit n'a été signifié que le 17 juill. 1815; —Qu'ainsi il a été interjeté longtemps après le délai fixé par l'art. 763 du code; — Déclare l'appel non recevable, etc.

Du 8 sept. 1815.-C. de Bruxelles.

(3) (Mouru C. Garsau.) — LA COUR; — Attendu qu'aux termes de l'art. 763 c. pr., l'appel des jugements qui statuent sur des contestations à un ordre doit être interjeté dans le délai de dix jours, à compter de la signification qui en a été faite à avoué; — Attendu que le jugement du 20 juill. 1821, dont Mouru a fait appel, fut signifié à Me Ducasse, son avoué, le 22 août 1821; que cette signification est régulière; que l'appel de Mouru ne fut interjeté que les 12 et 13 avr. 1822; d'où il suit qu'il n'a pas été fait dans le délai de la loi, et qu'il n'est pas recevable.

Du 10 mai 1823.-C. de Bordeaux.-M. Desèze pr.

(4) (Thomas C. Galtier.) — LA COUR; — Sur la nullité de l'exploit de notification du jugement : — Considérant qu'il est généralement admis, en droit, que les actes d'avoué à avoué sont valables, bien qu'ils ne soient pas revêtus des formalités exigées par l'art. 61 c. pr. civ.; — Que la nullité de la notification ne pourrait être prononcée que si l'acte notifié présentait l'omission de quelque formalité essentielle à son existence, ou à l'accomplissement de la fin qu'il se propose; — Que, dans l'espèce, l'exploit de notification du jugement contient toutes les énonciations de cette nature, puisqu'il n'y aurait omission que du numéro de la patente de l'huissier; — Qu'en supposant, d'ailleurs, qu'une semblable omission pût entraîner la nullité de la notification, Thomas ne serait point recevable à en prendre droit, la nullité provenant de son fait.

Du 19 mai 1847.-C. de Montpellier.-M. Calmètes, pr.

(5) (Gentil C. Roux.) — LA COUR; — Considérant que les lois n'ont établi aucune forme particulière pour la signification d'avoué à avoué, dont le mode et le laconisme reposent sur un simple usage consacré par une pratique universelle; — Considérant, dans le fait, que la notification à avoué, faite le 9 août dernier, du jugement du 4 juillet précédent aux quatre avoués en cause, l'a été suivant l'usage constamment observé par l'avoué poursuivant, mentionné au jugement, et que ce mode ne se trouve contrarié par aucune loi positive qui emporte nullité; — Considérant, dans le droit, que toute nullité d'exploits ou d'actes de procédure se trouve couverte, si elle n'est proposée avant toute défense ou exception, d'après l'art. 173 c. pr.; et, en fait, que, par la citation sur l'appel, faite le 14 septembre dernier, Gentil et son épouse n'ont aucunement querellé la signification d'avoué à avoué du 9 août dernier, et qu'ils l'ont, au contraire, reconnue bien formellement, en la relatant dans leur acte d'appel, et en y déclarant qu'ils se rendaient appelants d'un jugement de distribution et collocation, rendu par le tribunal de Brives, le 4 juillet dernier, signifié, le 9 août suivant, à Peyrot, leur avoué, par Margnat, ce qui emporterait une approbation non équivoque de cette signification; — Considérant encore que ce prétendu moyen de nullité aurait été entièrement couvert, s'il avait été fondé, parce que les appelants ne se sont occupés que de leurs griefs au fond, et n'ont pris d'autres conclusions qu'à raison du mal jugé, pris d'un vice de distribution et de collocation; de manière que, sous tous les rapports, la nullité de la notification du 9 août n'a pu être invoquée qu'en désespoir de cause...; — Sans s'arrêter, ni avoir égard à la demande en nullité de la notification d'avoué à avoué, etc.

Du 15 (et non 16) nov. 1811.-C. de Limoges.

(6) (Subé C. Hér. Sangas.) — LA COUR; — Sur les moyens préalables, pris du défaut de signification valable du jugement dont est appel : — Attendu que, sans examiner si la signification, faite en vertu de l'art. 763 c. pr., doit contenir, à peine de nullité, les formalités voulues par l'art. 61 du même code, en fait, ces formalités auraient été remplies, dans l'espèce, soit par les énonciations de l'acte de bail de copie, dressé par l'huissier, soit par celles de l'acte d'avoué qui le précède; qu'en effet, ces deux actes, qui se suivent et dont copie a été également donnée aux appelants, se suppléent ainsi l'un et l'autre et ont fourni à ceux-ci tous les renseignements que l'art. 61 a voulu mettre à leur connaissance, et remplissent ainsi le vœu de cet article; que c'est ainsi que la jurisprudence l'a constamment décidé dans les cas analogues; d'où suit que le moyen dont s'agit doit être écarté...

Du 24 nov. 1831.-C. de Montpellier, ch. cor.

seul a caractère pour de telles significations (Orléans, 6 août 1848, aff. Arthuys, D. P. 49. 2. 20). — L'arrêt exprime, dans ses motifs, et il est, en effet, de jurisprudence que « les actes soumis à des formalités spéciales et substantielles doivent contenir en eux-mêmes la preuve que ces formalités ont été remplies, et qu'on ne peut aller chercher cette preuve dans des documents extérieurs » (V. v° Actes, n° 39).

865. Il a même été jugé qu'il n'est pas nécessaire que la signification contienne la mention de la personne à qui copie est laissée (Rennes, 20 mai 1854, aff. N... C. N...). — Il nous semble, en effet, qu'on peut aller jusque-là; car, bien que cette mention soit nécessaire pour les significations à partie, parce que c'est le seul moyen de constater que la copie a été effectivement remise, on doit se montrer moins rigoureux, quand il s'agit de signification d'avoué à avoué (*Contrà*, M. Chauveau, *loc. cit.*). — Il a, d'ailleurs, été jugé que la signification *à avoué*, ou la signification *au domicile* de l'avoué, sont une seule et même chose; qu'ainsi la signification du jugement d'ordre, faite à une partie, *au domicile de son avoué*, fait courir les délais de l'appel (Colmar, 24 fév. 1813) (1).

866. L'art. 762 dit que la signification à avoué fait courir le délai d'appel contre toutes parties *à l'égard les unes des autres*. Cette disposition est conforme à la doctrine de Pigeau que nous n'avons fait qu'indiquer *suprà*, n° 858, et dont voici le développement : « En général, dit-il, Comm., t. 2, sur l'art. 763, note 2, celui qui signifie un jugement, avec réserve d'interjeter appel, ne fait pas courir le délai contre lui-même, parce qu'on ne se forclôt pas soi-même (V. notre traité de l'Appel civil, n°s 920 et suiv., et v° Délai, n° 60). En est-il de même en matière d'ordre? Si c'est le poursuivant qui lève et qui signifie le jugement, il fait courir le délai d'appel contre lui, aussi bien que contre ceux auxquels il le signifie : la raison en est simple. En matière ordinaire, celui qui signifie le jugement n'est que l'adversaire de celui auquel il le signifie; on ne peut pas supposer que l'acte fait par lui enlève à lui-même un droit d'appel, lorsque son adversaire n'a rien fait pour faire courir le délai; mais, en matière d'ordre, le poursuivant n'est pas un adversaire pour les créanciers, c'est un mandataire légal chargé de la poursuite d'ordre dans l'intérêt de tous. Il ne peut donc pas, comme poursuivant, rendre sa position plus favorable que celle des autres créanciers colloqués. — Mais, ajoute Pigeau, si le jugement est levé et signifié par un autre que le poursuivant, la question devient plus délicate; néanmoins, je pense que l'on doit encore décider que la signification du jugement produit ses effets pour et contre tous; on doit regarder celui qui signifie le jugement comme poursuivant, en cette partie, dans l'intérêt général. S'il en était autrement, il faudrait que tous les créanciers présents au jugement, non-seulement lui signifiassent eux-mêmes le jugement pour faire courir les délais d'appel, mais le fissent tous signifier à chacun d'eux. Cette procédure serait sans utilité réelle, et accablerait la masse de frais énormes qu'il a été dans l'intention de la loi d'éviter » (Conf. MM. Chauveau sur Carré, quest. 2583-4°; Grosso et Rameau, t. 2, n° 412; Ollivier et Mourlon, n° 400; Bioche, v° Ordre, n°s 544 et 545, 3e éd., 5e tirage, Houyvet, n°s 268 et 292; Colmet-Daage, n° 1032; Seligman, n° 433; Flandin, Tr. de l'ordre, inédit).

867. Il a été jugé, dans le même sens : 1° (sous la loi du 11 brum. an 7) que la signification d'un jugement d'ordre, faite, à la requête du créancier poursuivant, aux divers créanciers qui se sont présentés à l'ordre, fait courir le délai de l'appel pour et contre chacun d'eux respectivement (Cass. 28 déc. 1808) (2); — 2° Qu'il en est de même, dans le cas où il s'agit d'un jugement rendu sur un incident à l'ordre : — « La cour; en ce qui touche l'appel du jugement rendu au tribunal civil de Paris le 9 mai 1810 : attendu que la signification faite dudit jugement par la dame de Lertagnole, soit en qualité de poursuivante de l'ordre, soit en qualité de poursuivante de l'incident particulier sur lequel statue ce jugement, a profité et dû profiter à toutes les parties; déclare la régie des domaines non recevable dans son appel du jugement dudit jour 9 mai 1810 » (Paris, 16 juill. 1811, aff. Domaines C. hér. Desplancs); — 3° Que la signification à avoué d'un jugement d'ordre, faite par l'avoué du poursuivant, fait courir le délai de l'appel contre toutes parties, y compris le débiteur, sans qu'il soit besoin que la même notification soit répétée, par chaque créancier individuellement, contre les autres et contre le débiteur (Rennes, 29 août 1814, aff. Soupe C. hér. Levêque. Conf. Turin, 18 mai 1813, aff. Pianava C. Bertoletti et Prandi); — 4° Que la signification du jugement qui règle l'ordre, ou statue sur les contestations survenues entre les créanciers qui y ont produit, fait courir les délais de l'appel contre le créancier qui a fait cette signification, aussi bien qu'à l'égard de celui à qui elle a été faite; que la maxime *qu'on ne se forclôt pas soi-même*, n'est pas applicable en matière d'ordre (Rej. 13 nov. 1821 (3).—Conf. Riom, 8 janv. 1824, aff. Monteil, *infrà*, n° 899-2°; Grenoble, 4 fév. 1832, aff. Connet, *infrà*, n° 959-3°. V. encore, dans le même sens, en matière de distribution par contribution, Cass., 24 avr. 1833, aff. Réant, v° Acquiescem., n° 379); — 5° Que la signification d'un jugement d'ordre, faite par l'une des parties, et spécialement par le débiteur, aux avoués de la cause, fait courir les délais de l'appel pour et contre toutes les parties indistinctement; c'est-à-dire non-seulement contre celles à qui il est signifié, mais encore dans l'intérêt de celles-ci, contre celui qui fait cette signification, et même dans l'intérêt de tous les créanciers les

---

(1) (Hér. Ferrat de Florimont C. dame Thurr.) — LA COUR;... — (Sur la nullité de la signification du jugement dont est appel); — Attendu, à cet égard, que ledit jugement a été signifié aux divers appelants, par l'exploit du 17 août 1812, portant que cette signification leur a été faite *au domicile* de leurs avoués, parlant à leurs personnes; ils prétendent que ce n'est pas là la signification *à avoué* dont parle la loi pour faire courir le délai d'appel, délai qui n'a pu courir, dans l'espèce, par une signification *au domicile* des avoués, puisqu'il n'existe point de similitude entre ces deux manières de signifier le jugement; — Attendu que cette distinction des appelants n'est qu'une pure subtilité, puisque la signification *à avoué*, ou la signification *au domicile de l'avoué*, sont une seule et même chose, ayant le même résultat et produisant le même effet, et la loi ne faisant aucune différence à cet égard; ainsi les conclusions des appelants, prises sous ce rapport, sont mal fondées.

Du 24 fév. 1813.-C. de Colmar.

(2) (Veuve d'Houdetot C. Bachelier.)—LA COUR (apr. délib. en ch. du cons.); —Vu l'art. 14 du tit. 5 de la loi du 24 août 1790 et les art. 31, 32, 33 et 34 de la loi du 11 brum. an 7, sur les expropriations forcées; — Attendu qu'il résulte de l'ensemble de ces divers articles de la loi du 11 brum. an 7 que le créancier poursuivant l'ordre est, exclusivement à tout autre, chargé de faire tous les actes nécessaires pour parvenir à la confection de l'ordre, et que ce n'est qu'à son profit que les frais pour parvenir à cette confection sont colloqués et prélevés, de préférence à toute créance; — Que l'exploit de signification du jugement d'ordre fait partie des actes confiés à la vigilance du créancier poursuivant; d'où il suit que cette signification, qui est faite dans l'intérêt de tous les créanciers, fait courir contre chacun d'eux le délai de l'appel; —Attendu qu'il s'était écoulé plus de trois mois depuis que le jugement d'ordre avait été signifié à Bachelier à son domicile, à la requête du poursuivant l'ordre, lorsque Bachelier a fait notifier son appel; et qu'ainsi l'arrêt dénoncé, en recevant cet appel, a contrevenu aux art. 31, 32, 33 et 34 de la loi du 11 brum. an 7, et par suite à l'art. 14 du tit. 5 de la loi du 24 août 1790; — Casse.

Du 28 déc. 1808.-C. C., sect. civ.-MM. Viellart, pr.-Audier-Massillon, rap.-Giraud, subst., c. conf.-Guichard et Chabroud, av.

(3) Schwærer C. hér. Watcher.) — LA COUR (ap. délib. en ch. du cons.); — Attendu que le code de procédure civile a tracé, d'une manière expresse et exceptionnelle, les formalités relatives à la poursuite des ordres et à l'appel des jugements qui peuvent intervenir sur ces poursuites; — Attendu que l'art. 763 de ce code restreint les délais de l'appel, et n'accorde que dix jours, à compter de la signification du jugement à avoué; que cette disposition est générale pour la matière des ordres, et qu'elle s'applique à tout jugement, soit qu'il fasse l'ordre, soit qu'il prononce seulement sur une question incidente à cet ordre; — Attendu qu'il n'est pas permis de distinguer où la loi ne distingue pas, et qu'ainsi il ne peut être question d'examiner si c'est le poursuivant ou un autre créancier qui a fait signifier le jugement, ni si le jugement est favorable ou contraire aux intérêts du poursuivant; — Attendu, enfin, que celui qui a fait signifier le jugement ne peut pas invoquer la maxime commune, *qu'on ne se forclôt pas soi-même*, parce qu'il s'agit d'une matière spéciale qui a ses règles particulières, dont l'objet évident est de soustraire cette matière à la longueur des procédures ordinaires; — Rejette le pourvoi contre l'arrêt de la cour de Colmar, du 13 déc. 1816.

Du 13 nov. 1821.-C. C., sect. civ.-MM. Gandon, pr.-Rupérou, rap.-Jourde, av. gén, c. conf.-Duprat et Loiseau, av.

uns envers les autres (Montpellier, 4 juin 1830) (1); — 6° Qu'en matière d'ordre, la signification du jugement rendu sur contredits aux avoués des créanciers contestants, par un créancier autre que le poursuivant, fait courir, au profit de chacun d'eux, le délai d'appel (Bordeaux, 7 fév. 1849, aff. Duchatenet C. Belusière, cité au Journ. des av., t. 75, p. 383).

868. Il a été jugé, au contraire, mais avant la loi du 21 mai 1858, que le délai de dix jours, fixé pour l'appel du jugement rendu en matière d'ordre, ne peut courir que du jour de la signification de ce jugement faite par l'avoué de l'intimé à celui de l'appelant, et non de la signification faite à l'avoué de l'intimé par l'appelant (Amiens, 25 juin 1822) (2).

869. Il est admis, en jurisprudence, que la signification d'un jugement à personne ou domicile, faite purement et simplement, sans protestations ni réserves, emporte déchéance du droit d'appel (V. v^is Acquiescement, n°s 375 et s., et Appel civil, n° 923). Mais en doit-il être de même, en matière d'ordre? Nous nous sommes déjà expliqué sur la question, v° Acquiescement, n°s 133 et 379, et nous avons fait remarquer que, bien qu'en cette matière, la signification à avoué tienne lieu de la signification à personne ou domicile pour faire courir le délai d'appel, il y avait bien de la rigueur à décider, comme l'ont fait plusieurs arrêts, que la partie se trouvât liée par un fait étranger ou même contraire à sa volonté, par le fait de son avoué, à qui il semblerait qu'il fallût un mandat spécial pour l'engager d'une manière aussi grave, et quelquefois si préjudiciable à ses intérêts. Une autre raison de douter se tire, sinon de l'indivisibilité de l'ordre, indivisibilité qui est contestée, au moins de quelque chose d'analogue à l'indivisibité, et qui ne permet pas que la chose jugée pour l'un ne soit pas la chose jugée pour tous, aucun changement ne pouvant être introduit dans l'ordre des collocations, à la suite des contestations soulevées contre le règlement provisoire, que le droit de chacun ne s'en trouve atteint et modifié (*Contrà*, MM. Carré, Lois de la proc. civ., 3e édit., t. 4, p. 22, quest. 1584, n° 1, à la note; Chauveau sur Carré, *ibid.*, t. 3, p. 608, quest. 1564; Formul., t. 1, p. 380, note 9, et Journ. des av., t. 79, p. 529, art. 1919; Ollivier et Mourlon, n° 400; Seligman, n° 432). — M. Chauveau, Proc.

---

(1) *Espèce :* — (Combres C. Thamalet, etc.) — Un jugement du 12 mars 1829 avait réglé, entre les créanciers de Thamalet, la distribution du prix des biens de ce dernier. — 2 avr. 1829, avant la signification du jugement, appel en est interjeté par Combres, l'un des créanciers, vis-à-vis de Serin, autre créancier, et de Thamalet, débiteur. — Le 27 mai, Thamalet fait signifier le jugement à tous les avoués de l'instance. — 5 mars 1830, nouvel appel est formé par Combres à l'égard des créanciers non intimés dans son premier appel. — On prétend que cet appel est non recevable, comme formé après le délai de dix jours à partir de la signification du jugement (763 c. pr.), et que la nullité doit profiter même aux parties régulièrement intimées. — L'appelant répond que, la signification n'ayant été faite que par Thamalet, n'a pu faire courir les délais d'appel au profit des autres parties; — Qu'au surplus, et en fût-il autrement, les parties contre lesquelles le premier appel avait été dirigé ne pourraient se prévaloir de la tardiveté du second appel, qui leur était tout à fait étranger. — Arrêt.

LA COUR;... — Attendu qu'il est de principe, en matière d'ordre, que la signification du jugement par une des parties fait courir les délais de l'appel, non-seulement contre celles à qui il est signifié, mais encore, dans l'intérêt de celles-ci, contre celui qui fait cette signification, et même dans l'intérêt de tous les créanciers les uns envers les autres; sans quoi, l'on devrait admettre que, dans un ordre ouvert entre vingt créanciers, chacun d'eux serait tenu de signifier le jugement aux dix-neuf autres, multiplicité de significations qui n'aboutirait qu'à grossir inutilement une masse de frais déjà trop considérable, et à apporter des longueurs sans fin dans une matière que le législateur a voulu traiter avec une célérité peu commune; — Que, s'il en est ainsi, l'appel de Combres devra encore, sous ce nouveau rapport, être déclaré non recevable, puisque, le jugement du 12 mars ayant été signifié par l'avoué de Thamalet aux autres avoués de la cause, par exploit du 27 mai 1829, contre lequel on ne propose aucun moyen de nullité, et Combres n'en ayant point relevé appel dans les dix jours, outre les délais à raison des distances, à l'égard de tous les créanciers dont les créances étaient postérieures à celles que le tribunal avait rejetées, il est hors de doute que ledit jugement est devenu irrévocable à l'égard de tous ceux qui n'ont pas été intimés dans les délais ci-dessus; — Attendu que de tout ce qui vient d'être dit il résulte qu'une fin de non-recevoir s'élève pour repousser l'appel de Combres, en ce qui concerne la veuve Thamalet, la veuve Soulié et le sieur Cassan; — Attendu, quant aux mariés Rey, à la dame Combres et au sieur Cassan, et autres parties de la cause qui n'ont pas signifié le jugement, et qui n'ont été intimés que sur l'appel du 5 mars 1830, qu'indépendamment de la seconde fin de non-recevoir ci-dessus adoptée, et qui s'applique nécessairement à ces dernières parties, il est d'autres raisons qui doivent les faire admettre à profiter de la décision qui vient d'être portée, et faire aussi rejeter, quant à elles, l'appel dudit Combres. — Ces raisons sont qu'un jugement d'ordre étant, par sa nature, indivisible dans ses effets, il impliquerait contradiction qu'il dût être exécuté dans l'intérêt de certains créanciers, et réformé au préjudice de ces mêmes créanciers. En effet, les créances de Combres retranchées de l'ordre par le jugement dont est appel, il arrive que tous les créanciers inscrits viennent en rang utile. Ces créances, replacées par l'arrêt de la Cour, il en résulterait que les derniers créanciers inscrits, et notamment ceux à l'égard desquels il vient d'être jugé que le susdit jugement est passé en force de chose jugée, ne trouveraient plus de quoi prendre dans les fonds à distribuer. Si donc on ne peut se permettre aucun changement dans l'ordre arrêté par le jugement dont est appel, sans porter atteinte à des droits acquis, il faut, de toute nécessité, laisser subsister ce jugement à l'égard de tous, dès qu'il est décidé qu'il doit subsister à l'égard de quelqu'un. — Une autre raison de le décider ainsi s'évince de l'art. 760 c. pr. civ. Cet article, qui veut que tous les créanciers postérieurs, en ordre d'hypothèque, aux collocations contestées, soient tenus de s'accorder sur le choix d'un avoué, prouve que, dans le jugement ou arrêt qui sera rendu, c'est un nouvel ordre qui va s'ouvrir et s'arrêter; que cette opération doit être faite en présence de tous ceux qui y ont intérêt, et que, faute par le créancier contesté de les y appeler tous, il doit être démis de sa réclamation comme irrégulièrement formée; — Attendu que ces principes ne s'appliquent pas seulement aux créanciers susnommés, qu'ils sont aussi applicables aux sieurs Serin et Thamalet, malgré qu'à leur égard, un appel régulier ait été émis en temps utile, car autrement le principe d'indivisibilité ci-dessus admis deviendrait sans objet ou manquerait dans ses conséquences. — En effet, il ne faut pas perdre de vue que de la contestation entre Combres et les deux parties mises valablement en cause, est le maintien des créances dudit Combres dans l'ordre dont il s'agit; mais, comme ces créances ne peuvent y être rétablies qu'en présence des diverses parties qui ont intérêt à les en faire rejeter, et comme il est jugé que ces parties ne sont et ne peuvent être valablement en cause, il est impossible que la cour examine aujourd'hui si c'est bien ou mal à propos que le tribunal de première instance en a prononcé le rejet; elle s'exposerait à porter peut-être atteinte à des droits acquis et que rien ne peut désormais changer. — Attendu, dès lors, que le jugement du 12 mars 1829 est irrévocable, dans l'intérêt de toutes les parties, le sieur Combres, qui s'en plaint, n'ayant et ne pouvant avoir de contradicteurs légitimes dans l'instance d'appel qu'il a relevé tardivement dudit jugement; — Sans s'arrêter aux moyens et conclusions de la partie de Boyer; disant, au contraire, droit à celles des parties de Besset, Durand, Cot et Acariés, a rejeté et rejette, par fins de non-recevoir, les appels de Combres envers le jugement du 12 mars 1829; — Ordonne que ledit jugement sera exécuté, etc.

Du 4 juin 1830.-C. de Montpellier, ch. corr.

(2) (Hospice d'Hypres C. Renard.) — LA COUR; — En ce qui concerne Renard, également appelant : — ...Attendu que, d'après l'art. 763 c. pr., l'appel d'un jugement, en matière d'ordre, doit être interjeté dans les dix jours de sa signification à avoué; que, pour faire courir ce délai de dix jours, il faut donc qu'il y ait eu signification à l'avoué de celui auquel on entend l'opposer; — Attendu, dans l'espèce, que le jugement dont est appel n'a été signifié à l'avoué dudit Renard, par l'hospice d'Hypres, que le 31 oct. 1821, et que l'appel a été interjeté le 8 nov. suivant, conséquemment dans les dix jours; que, pour que le délai de dix jours ait couru, à partir de la signification faite le 18 oct., à la requête de l'avoué de l'appelant, sous toutes les réserves de droit, même d'interjeter appel, aux avoués des créanciers contre lesquels ledit appelant aurait obtenu des condamnations, il faudrait qu'il y eût, dans la loi, une disposition d'autant plus expresse, à cet égard, que ce serait une dérogation au droit commun; — Attendu que cette disposition ne s'y trouve pas; qu'il suffit, pour s'en convaincre, de rapprocher les art. 443 et 763 c. pr.; qu'alors on voit que les seules modifications qu'en matière d'ordre, l'art. 763 fait subir à l'art. 443, sont qu'en ce cas, le délai de trois mois est restreint à dix jours, et que ce délai de dix jours court à partir de la signification à avoué; tandis que celui de trois mois, en matière ordinaire, ne court que du jour de la signification à personne ou domicile; — Attendu que de ces restrictions il est impossible de conclure qu'en cette matière, le législateur ait aussi entendu que la maxime commune, que *l'on ne se forclôt pas soi-même*, ne serait point applicable, parce que, s'il eût voulu que cela fût, il l'aurait dit, et qu'en ce cas, son silence est, au contraire, la confirmation de la règle générale; — Sans s'arrêter ni avoir égard à la fin de non-recevoir proposée par les intimés contre l'appel du jugement du tribunal civil de Doullens, du 18 mai 1821, laquelle est déclarée inadmissible, etc.

Du 25 juin 1822.-C. d'Amiens.-M. de Mouchy, pr.

de l'ordre, quest. 2582-10°, sans se prononcer sur la difficulté, se borne à dire « qu'il est prudent d'exprimer, dans la notification, qu'elle n'est faite que sous la réserve expresse d'interjeter appel. » Il suffit, en effet, que la question soit controversée pour qu'une semblable précaution ne doive pas être négligée.

870. Il a été jugé, dans le premier sens : 1° que la signification d'un jugement par acte d'avoué à avoué, sans protestations ni réserves, dans le cas de l'art. 763 c. pr., ne peut avoir l'effet d'un acquiescement, la signification n'étant pas faite à la requête de la partie, qui demeure ainsi étrangère à cet acte, et l'avoué n'ayant pas de pouvoirs suffisants pour acquiescer (Toulouse, 29 déc. 1853, aff. Calmels, D. P. 54. 2. 68) ; — 2° Et qu'il en est ainsi, surtout à l'égard d'un jugement rendu contre un interdit pourvu d'un tuteur, la signification que ferait ce tuteur du jugement, sans protestation, constituant, si elle devait être considérée comme un acquiescement, une aliénation indirecte des biens du pupille, ou une véritable transaction, interdites au tuteur sans l'accomplissement des formalités prescrites par la loi (même arrêt ; V. encore, dans le même sens, v° Acquiesc., n° 143, et *suprà*, n°s 240 et s.) ; — 3° Que, d'ailleurs, la signification du jugement sur contredits, faite, sans protestation, par un avoué qui, en même temps qu'il représente un créancier, poursuit l'ordre, doit être considérée plutôt comme une formalité faisant courir les délais de l'appel, que comme un acte d'exécution emportant acquiescement, et qui rende non recevable l'appel interjeté par sa partie (même arrêt). — La circonstance que l'avoué était, comme poursuivant, obligé de signifier le jugement, devait faire admettre cette solution, à supposer même que la simple signification qu'il aurait faite, au nom de son client, et sans mandat de ce dernier, pût être regardée comme un acquiescement véritable.

871. Il a été jugé, au contraire : 1° que la signification pure et simple, faite sans réserves ni protestation, du jugement qui a statué sur les contredits, emporte, de la part de celui qui l'a faite, acquiescement à ce jugement et rend son appel non recevable (Bordeaux, 2e ch., 26 mai 1832, M. Duprat, pr., aff. Moncorgé frères *C.* Ferron et autres) ;—2° Que la signification à avoué, sans protestations ni réserves, d'un jugement rendu en matière d'ordre ou de contribution, vaut acquiescement, et rend la partie non recevable à interjeter appel de ce jugement, l'appel fût-il interjeté dans les dix jours de cette signification (Montpellier, 31 janv. 1844, aff. Barbu, D. P. 45. 2. 143.—Conf. en matière de contribution, Cass. 24 avr. 1833, aff. admin. de la marine *C.* Réant, v° Acquiescement, n° 379 ; Montpellier, 19 mai 1847, M. Calmèles, pr., aff. Thomas C. Galtier, Journ. des av., t. 72, p. 545, art. 256 ; 26 avr. 1849, aff. Debrach *C.* Coste, *ibid.*, t. 74, p. 439, art. 746 ; 18 fév. 1854, aff. Abric *C.* Canayé, cité *ibid.*, t. 80, p. 291, art. 2093) ; — 3° Mais que la signification du jugement, faite sans protestation ni réserve par un avoué qui a occupé pour plusieurs parties ayant un intérêt distinct, n'emporte acquiescement et ne rend l'appel non recevable que de la part des parties dont le nom figure dans la signification (Chambéry, 26 déc. 1864, aff. Millioz, D. P. 65. 2e partie).

872. Mais il a été jugé : 1° que la production à un ordre, faite *sous toutes réserves*, par un créancier dont la surenchère a été annulée, ne forme pas un acquiescement qui le rende non recevable à interjeter appel de ce jugement (Req. 28 nov. 1809, aff. Gittard, v° Acquiescement, n° 786) ; — 2° Que la signification, *sous toutes réserves*, d'un jugement rendu sur contredits, en matière d'ordre, n'empêche pas la partie qui l'a faite d'interjeter appel lorsque, d'ailleurs, il résulte de toutes les circonstances de la cause que l'appelant n'a pas entendu, par cette signification, exécuter le jugement (Limoges, 25 fév. 1848, aff. Morterol *C.* Bertrand). — Avant la signification du jugement, dit M. Chauveau, en citant cet arrêt dans le Journal des avoués, t. 76, p. 13, art. 994, les parties avaient recommandé à leur avoué de relever appel. C'est aux juges, ajoute-il, à apprécier les circonstances desquelles résulte l'acquiescement provenant de la signification du jugement.

873. Il a été jugé, du reste, avec raison, que la réserve d'appeler, faite dans la signification du jugement d'ordre, ne peut équivaloir à l'appel, ni le suppléer : — « La cour… ; considérant que la réserve expresse d'interjeter appel, consignée dans l'acte de signification du 20 nov. 1815, ne peut pas équivaloir à l'appel, ni le suppléer ; que, d'ailleurs, cette réserve indiquant, de plus en plus, la connaissance qu'avait celui qui faisait la signification d'avoué à avoué, tant du jugement que des torts et griefs qu'il pouvait lui faire, rendait, de plus en plus, inutile la signification de ce même jugement (à celui-là même qui faisait cette signification)… » (Colmar, 12 déc. 1816, aff. Schwærer *C.* hér. Watcher).

874. Il va sans dire que le jugement doit être signifié aux avoués de toutes les parties qui ont figuré dans l'instance, puisqu'elles peuvent en interjeter appel (Conf. MM. Carré et Chauveau, quest. 2583 *bis* ; Chauveau, Proc. de l'ordre, quest. 2583 ; Bioche, v° Ordre, n° 547, 3e éd., 5e tirage ; Seligman, n° 434 ; Flandin, Tr. de l'ordre, inéd.).— Il a été jugé, cependant, qu'aucune signification n'est due à la partie à l'égard de laquelle il n'a rien été statué, quoique son nom figure dans les qualités du jugement (Orléans, 16 juin 1821, aff. N… *C.* N…, Extrait de M. Colas Delanoue, t. 2, p. 400). — Une pareille signification serait, en effet, frustratoire, et les frais n'en devraient point entrer en taxe. C'est déjà ce qu'enseignait Jousse, dans son Commentaire sur l'ord. de 1667. La signification, dit-il, t. 1, p. 196, note 3, quand il y a plusieurs parties au procès, ne doit être faite qu'au procureur de celui dont la production a été contredite, et non aux autres ; car c'est une maxime générale, en matière de procédure, qu'on ne doit jamais rien signifier qu'à ceux dont on conteste le droit, ou contre lesquels on prend des conclusions. Ainsi, si cette signification était faite au procureur des autres parties ou à quelqu'une d'elles, elles ne devraient point passer en taxe (Conf. M. Chauveau, *loc. cit.*, et Comm. du tarif, t. 1, p. 221, n° 112).

875. On devrait également considérer comme frustratoire la signification qui serait faite aux avoués de créanciers antérieurs aux collocations contestées, et qui, sans intérêt dans les contestations, sont restés étrangers à l'instance engagée sur ces mêmes contestations (V. *suprà*, n° 770).—« Un tel acte, dit très-bien M. Chauveau, à l'endroit cité, n'a effectivement d'autre avantage que d'apprendre aux intéressés la décision du tribunal, et de les mettre en demeure de l'attaquer par des voies légales, si elle leur porte préjudice. Or cet avantage ne se rencontre pas dans une signification faite aux avoués autres que ceux qui figurent dans le jugement, puisqu'ils n'ont ni intérêt à la connaître, ni qualité pour se pourvoir… »

876. A l'égard des créanciers postérieurs aux collocations contestées, ils sont représentés dans l'instance par un avoué commun (c. pr. 760) ; c'est donc à cet avoué seul, et par une seule copie (V. au n° 878, et *infrà*, n° 946), que le jugement, en ce qui les concerne, doit être signifié (Conf. MM. Chauveau, *loc. cit.* ; Ollivier et Mourlon, n° 396 ; Seligman, n°s 434 et 436 ; Flandin, Tr. de l'ordre, inéd.) ; V. aussi Rej. 12 juill. 1843, aff. Pellagaud, *infrà*, n° 880-1°).

877. L'art. 762 ne dit pas si le jugement rendu sur les contredits doit être signifié au saisi : s'il est au nombre des contestants, point de difficulté ; mais s'il n'a pas été appelé ou n'est pas intervenu à l'audience pour se joindre aux contestants, on ne lui doit, semble-t-il, aucune signification. Pour qu'il en fût autrement, il faudrait supposer qu'il est partie nécessaire dans la procédure d'ordre, et nous avons établi le contraire *suprà*, n° 780.—M. Bioche, cependant, v° Ordre, n° 547, 3e éd., 5e tirage, émet l'opinion, par argument de l'art. 762, que le jugement doit être signifié au saisi. Mais il ne fait qu'énoncer cette proposition, sans la démontrer. Il l'induit, sans doute, de ce qu'il est dit, dans l'art. 762, que l'acte d'appel sera signifié au domicile réel du saisi, s'il n'a pas d'avoué (Conf. M. Houyvet, n° 268).—Mais ne peut-on répondre, fait observer M. Flandin, Tr. de l'ordre, inédit, que la disposition s'applique et s'applique exclusivement au cas où le débiteur saisi, ayant été mis en cause en première instance, n'a pas jugé à propos de constituer avoué? (Sur cette dernière question, si la partie saisie doit nécessairement être intimée sur l'appel, V. *infrà*, sous l'art. 5).

878. Nous avons dit *suprà*, n° 42, que la nécessité des choses voulait, en matière d'ordre, qu'un même avoué pût représenter plusieurs parties ayant des intérêts distincts ou même opposés. Doit-on, en pareil cas, signifier le jugement à cet avoué en autant de copies qu'il y a de créanciers représentés par lui? — On dit, pour l'affirmative, que l'avoué est obligé de consulter chacun de ses clients sur l'opportunité d'un appel; que c'est ce que la loi suppose quand elle ajoute au délai fixe de dix jours un jour en sus par chaque myriamètre de distance *entre le siége du tribunal*, où est le domicile de l'avoué, et le *domicile réel de l'appelant*; qu'il faut donc que l'avoué ait une copie à lui envoyer, afin de le mettre en mesure de se prononcer en connaissance de cause; que c'est, d'ailleurs, le droit commun, auquel on ne voit pas qu'il ait été dérogé pour les matières d'ordre. Telle est la doctrine enseignée par MM. Grosse et Rameau, t. 2, n° 412; Seligman, n°s 435 et 437; Bioche, v° Ordre, n° 548, 3e éd., 5e tirage; Houyvet, n° 268; Harel, Journ. des av., t. 88, p. 115, art. 358; Chauveau, Proc de l'ordre, quest. 2583 *bis*, lequel, dans les Lois de la proc. civ., t. 6, 3e éd., quest. 2583 *ter*, et dans le Journ. des av., t. 75, p. 615, note 1, avait émis une opinion contraire.

Cette ancienne opinion de M. Chauveau est encore aujourd'hui soutenue par MM. Ollivier et Mourlon, n° 397; mais elle est combattue par M. Flandin, Tr. de l'ordre, inédit, en ces termes : — « MM. Ollivier et Mourlon, dit M. Flandin, appuient leur sentiment sur un arrêt de la cour de cassation, du 10 mai 1836 (aff. Nagcotte, v° Exploit, n° 655-6°), auquel ils donnent une portée que cet arrêt n'a pas. Il décide qu'une seule copie est nécessaire pour l'avoué qui représente les créanciers postérieurs aux collocations contestées, et il le décide ainsi avec raison, puisque ces créanciers ne figurent pas dans l'instance en leur nom individuel, mais dans un intérêt collectif. — La cour de cassation l'explique ainsi elle-même dans un arrêt postérieur du 12 juill. 1843 (aff. Pellagaud, v° Exploit, n° 378-6°), arrêt dans lequel elle dit : « qu'aucune règle dérogatoire au droit commun n'autorise à signifier, en cette matière spéciale (l'Ordre), une copie unique; que, si l'art. 760 c. pr., placé au titre de l'ordre, veut que les créanciers postérieurs aux collocations contestées soient représentés par un seul avoué, c'est parce qu'ils forment alors une masse ayant un intérêt commun; mais que tel n'est point le cas de l'espèce, où la créance de la dame Goret (femme séparée de biens et représentée, avec son mari, par le même avoué) était contestée; qu'il résulte clairement de l'art. 763 que la copie signifiée à l'avoué doit être par lui transmise à chacune des parties ayant un intérêt distinct à interjeter appel; que c'est à cet effet que le délai de dix jours a été augmenté d'un jour par 3 myriam. de distance au domicile réel de chaque partie... » — MM. Ollivier et Mourlon disent « qu'il n'est pas nécessaire, pour que l'avoué avertisse et consulte chacun de ses clients, qu'il reçoive une sommation pour chacun d'entre eux; qu'il les avertira par simple lettre ou autrement, et que les clients seront beaucoup mieux éclairés, par ces avertissements en langue vulgaire, qu'ils ne l'auraient été par une signification judiciaire, inintelligible pour beaucoup d'entre eux. » Ce ne sont pas là, répond M. Flandin, des raisons juridiques, ni même de très-bon goût. Si les hommes étrangers à la science du droit ne peuvent pas toujours apprécier les raisons de droit pur sur lesquelles se fonde une décision, et sont obligés, pour savoir s'ils doivent s'y tenir, ou non, de recourir aux lumières de leurs conseils, la loi n'a pas jugé pourtant que ce fût un motif suffisant de ne signifier le jugement qu'à avoué, puisque en matière ordinaire, elle ne fait courir le délai d'appel que du jour de la signification *à personne ou domicile* » (c. pr. 443).

Nous avons examiné cette question, en traitant de la distribution par contribution (V. ce mot, n° 142; V. également v° Frais et dépens, n° 710-6°); et, sans nous dissimuler la force des raisons invoquées pour le système de la pluralité des copies, nous l'avons, cependant, résolue dans le même sens que MM. Ollivier et Mourlon, déterminé par cette considération dominante qu'il faut, dans l'intérêt de la masse, diminuer les frais (V. encore *suprà*, n°s 392 et 649).

Dans l'opinion de M. Bioche, v° Ordre, n° 549, 3e éd., 5e tirage, une seule copie ne suffirait pas pour plusieurs parties ayant le même intérêt, si elles n'avaient pas le même domicile, chacune d'elles devant être consultée sur le point de savoir s'il doit être interjeté appel en son nom.

879. Il a été jugé, conformément à notre opinion : 1° que le jugement, qui a statué sur les contredits, doit être signifié, par une seule copie, à l'avoué occupant, dans l'ordre, pour plusieurs des créanciers intimés, quoique ces créanciers aient des intérêts opposés (Toulouse, 4 mai 1824) (1), — 2° Qu'il n'est pas nécessaire de faire notifier le jugement d'ordre en autant de copies qu'il y a de parties représentées par chaque avoué (Poitiers, 11 mai 1826) (2); — 3° Que lorsque, dans un ordre, un jugement a statué sur des contestations élevées par une femme séparée de biens, la simple signification à avoué de ce jugement suffit pour faire courir les délais d'appel, sans qu'il soit nécessaire de faire la même signification au mari, qui n'est point en cause : — « La cour; ...attendu, en fait, que le jugement, rendu par le tribunal de première instance de Toulon, le 13 juin dernier, a été signifié, le 8 juillet suivant, à Martini, avoué de la femme Barthélemy, et que celle-ci n'en a interjeté appel que le 20 du même mois; que cette signification est régulière et a suffi pour faire courir les délais de l'appel, sans qu'il fût nécessaire de signifier ce jugement au mari qui n'était point en cause; déclare la veuve Buse-Bosq, épouse Barthélemy, non recevable en son appel... » (Aix, 22 nov. 1826, aff. époux Barthélemy *C.* Etienne); — 4° Que la signification à avoué d'un jugement d'ordre ne doit pas être faite en autant de copies qu'il y a de parties, ayant le même intérêt, représentées par cet avoué (Riom, 14 janv. 1847, aff. Jouve *C.* Andraud, cité Journ. des avoués, t. 72, p. 627, art. 294, n° 27).

880. Il a été jugé, au contraire : 1° que la signification du jugement rendu sur les contredits élevés contre le règlement provisoire, si elle n'a été faite que par une seule copie à l'avoué occupant à la fois pour le mari et la femme, séparés de biens et dont les intérêts sont distincts, est insuffisante pour faire courir les délais de l'appel contre la femme dont la créance est contestée; qu'ici ne s'applique pas l'art. 760 c. pr., relatif uniquement aux créanciers postérieurs à la collocation contestée, qui, ayant des intérêts communs, sont représentés collectivement par un seul avoué (Rej. 12 juill. 1843, aff. Pellagaud, v° Exploit, n° 378-6°; Orléans, 6 août 1848, aff. Arthuys, D. P. 49. 2. 20; V. d'autres arrêts dans le même sens, v° Exploit, n°s 374 et s.); — 2° Qu'est insuffisante, pour faire courir le délai d'appel, la signification du jugement rendu sur contredits, en matière d'ordre, lorsqu'elle a été faite en une seule copie à l'avoué qui occupe pour plusieurs parties ayant un intérêt distinct; qu'il faut autant de copies qu'il y a de parties (Montpellier, 26 avril

---

(1) (Carivenc *C.* Dupuis.) — LA COUR; — Attendu que, quoiqu'il soit vrai que Me Cambon occupât, dans l'ordre ouvert pour la distribution du prix des biens de Balthazar Dejean, pour divers créanciers ayant un intérêt opposé, néanmoins la loi ne dit pas que, dans ce cas, il faut donner à l'avoué occupant autant de copies du jugement intervenu sur contredits qu'il y a de parties produisant dans l'ordre, ou, tout au moins, autant de copies qu'il y a d'intérêts opposés; qu'en effet, l'art 763 c. pr., qui dispose du délai dans lequel l'appel de ce jugement devra être relevé, dit expressément que ce délai courra du jour de la signification à avoué; d'où suit que le législateur a entendu que cette signification fût unique pour chaque avoué, quel que fût le nombre de ses parties; que, du reste, s'il y avait quelques doutes à cet égard, des raisons d'économie devraient faire interpréter ainsi le silence de la loi, et faire supposer que, puisqu'elle n'a rien disposé sur ce point, c'est qu'elle avait reconnu l'inutilité d'une signification multipliée à laquelle l'avoué intimé peut facilement suppléer, en donnant, par lui-même, copie ou analyse du jugement dont on ne lui a laissé qu'une copie, à chacune de ses parties, etc.

Du 4 mai 1824.-C. de Toulouse, 1re ch.-M. d'Aldeguier, pr.

(2) (Mercier *C.* de Foulques.) — LA COUR; —... Considérant qu'aucun article de loi n'imposait l'obligation à la partie de Drault de faire notifier le jugement du 18 nov. en autant de copies qu'il y avait de parties représentées par l'avoué Bellot; qu'on ne peut créer des nullités et compliquer une procédure, déjà fort longue et très-dispendieuse, de formalités qui ne tendraient qu'à préjudicier aux créanciers, en augmentant les frais; — Considérant que les parties de Pontois n'ayant pas interjeté appel du jugement du 18 nov. 1825, qui leur a été régulièrement signifié, dans le délai fixé par l'art 763, il en résulte que leur appel est tardif, et qu'elles doivent y être déclarées non recevables; — Déclare l'appel de Pays-Meslier régulièrement formé, etc.

Du 11 mai 1826.-C. de Poitiers, 2e ch.-M. Parigot, pr.

1849 (1). — Conf. Nancy, 17 mars 1846, aff. époux Friant *C.* Dony et autres, Journ. des avoués, t. 71, p. 442; Bourges, 8 mai 1855, aff. Duret *C.* d'Aramont, Journ. des avoués, t. 81, p. 375, art. 2412; Chambéry, 26 déc. 1864, aff. Millioz, D. P. 65. 2e partie); — 3° Spécialement, que des cohéritiers doivent être considérés comme ayant des intérêts distincts, encore bien que leur demande à fin de collocation ait été formée collectivement, la créance à laquelle elle se rattache étant divisible entre eux; que, dès lors, le jugement, rendu sur le contredit élevé au sujet de leur collocation, a dû être signifié à l'avoué qui les a représentés en autant de copies qu'il y a de cohéritiers; et, par suite, qu'il y a lieu de recevoir l'opposition formée à la taxe du juge-commissaire, qui n'a admis en taxe qu'une seule copie (trib. civ. du Puy, 4 mars 1865, aff. Brolles, Journ. des av., t. 88, p. 114, art. 338; V. aussi *infrà*, n° 888-2°, Bordeaux, 3 juin 1829, aff. Mazens); — 4° Que la signification à avoué d'un jugement d'ordre est nulle, lorsque, intéressant une femme mariée, elle n'a été faite qu'au mari qui figure dans la procédure uniquement pour l'autoriser, en la personne de son avoué, alors même que cet avoué serait également celui de la femme (Metz, 1re ch., 23 juin 1857, M. Voirhaye, 1er pr., aff. Engeland *C.* Agel).

881. C'est une question controversée que celle de savoir si, indépendamment de l'émolument qui est accordé aux avoués par l'art. 67 du tarif, pour le dressé des qualités et de la signification du jugement, en matière sommaire, il leur est dû un droit de copie, comme en matière ordinaire, pour la signification de ces actes? L'affirmative est admise par la cour de cassation, attendu, disent ses arrêts, « que le droit alloué pour le dressé des qualités et de la signification ne s'applique évidemment qu'à la rédaction de l'original, et ne peut comprendre les copies nombreuses que, notamment en matière d'ordre, l'avoué peut être obligé de faire, et pour lesquelles il est forcé à des déboursés qui peuvent être d'une certaine importance; et que, si le droit de copie était refusé, l'émolument, alloué pour le dressé des qualités et de la signification à avoué et pour l'obtention du jugement, pourrait être insuffisant pour remplir l'avoué de ses déboursés. » Mais, à l'exception de MM. N. Carré, Taxe en mat. civ., p. 38, n° 27, et Fons, Tarifs annotés, p. 27, qui se sont ralliés à cette doctrine, le plus grand nombre des auteurs se sont prononcés pour l'opinion contraire (V. MM. Sudraud-Desisles, p. 109, n° 347; Chauveau, Comm. du tarif, t. 1, p. 478, n° 88; Rivoire, Dict. des frais et dépens, v° Matières somm., p. 320, n° 48; Boucher d'Argis, Dict. de la taxe, v° Aff. somm., nos 61 et 62). On ne peut disconvenir que le texte ne soit en faveur de cette dernière opinion; mais l'équité doit faire admettre l'interprétation favorable donnée par la cour de cassation. — Il a été jugé, dans ce dernier sens : 1° qu'en matière sommaire, et spécialement en matière d'ordre, il est dû à l'avoué un émolument, comme en matière ordinaire, pour chaque copie des qualités du jugement qui a statué sur les contredits élevés contre le règlement provisoire et de ce jugement lui-même, signifiée aux parties en cause (Cass. 1er mars 1841, aff. Deschamps, v° Frais et dép., n° 193.— Conf. Req. 6 juin 1837, aff. Demolon, *ibid.*; Cass. 19 janv. 1842, aff. Rachinel, v° Mat. somm., n° 63); — 2° Qu'il en est de même pour la rédaction des qualités de l'arrêt rendu sur contredits (Paris, 1er juill. 1859) (2).

882. Il a été jugé, au contraire : 1° qu'en matière d'ordre, il n'est dû à l'avoué, en dehors du droit que lui alloue l'art. 67, § 13, du tarif, pour le dressé des qualités et de la signification de l'arrêt à avoué, aucun émolument particulier, ni pour la copie des qualités, ni pour la copie de l'arrêt, ni pour la signification de ce même arrêt à personne ou domicile (Orléans, 12 mai 1846, aff. Brière, D. P. 47. 2. 99); —2° Mais qu'il y a lieu de lui allouer le droit de copie de pièces attribué aux huissiers, s'il a dressé lui-même les copies de l'arrêt à signifier, en vertu du droit de concurrence existant, pour ces copies, entre les avoués et les huissiers (même arrêt).

883. Si l'avoué d'une partie venait à décéder depuis la prononciation du jugement, mais avant qu'il fût signifié, il faudrait, la raison l'indique, pour faire courir le délai d'appel, remplacer la signification à avoué par la signification à personne ou domicile. Et c'est ce qui a été jugé par un arrêt de la cour d'Orléans, du 10 avr. 1837, ci-après. — Il ne faut pas dire, cependant, avec l'arrêt, qu'il n'y a pas lieu, dans ce cas, d'appliquer les règles sur les reprises d'instance, c'est-à-dire d'assigner en constitution de nouvel avoué (c. pr. 346 et suiv.), parce que l'instance est terminée par le jugement qui doit être signifié. En matière d'ordre, le jugement qui a prononcé sur les contredits ne termine rien, puisqu'il faut revenir devant le juge-commissaire, et la procédure n'est mise à fin que par l'ordonnance de clôture et le règlement définitif. Mais il faut dire que la procédure d'ordre a ses règles spéciales, et que la célérité, exigée en cette matière ne saurait s'accommoder des lenteurs de la procédure ordinaire (Conf. MM. Bioche, v° Ordre, n° 574, 3e éd., 5e tirage; Ollivier et Mourlon, n° 397; Houyvet, n° 268; Seligman, n° 439; Flandin, Tr. de l'ordre, inédit). — Il a été jugé, dans ce sens, qu'en cas de décès de l'avoué d'une partie, après la prononciation du jugement d'ordre, mais avant la signification, cette signification, pour faire courir le délai de l'appel, doit être faite à personne ou domicile (Orléans, 10 avr. 1837) (3).

De même aussi, par la raison que nous venons d'exprimer, le décès d'une partie avant la signification du jugement ne don-

---

(1) (Debrach *C.* Coste.) — LA COUR;... — Attendu qu'il est de principe, en matière d'ordre, et vu l'indivisibilité de la procédure, que, pour faire échoir les délais de l'appel, la notification doit être faite à toutes les parties qui figurent dans le jugement rendu; que, s'il en était autrement, celles des parties qui n'auraient pas reçu de notification auraient le droit d'appeler, ce qui suffirait pour relever les autres parties de la déchéance; — Attendu qu'il résulte clairement de l'esprit de l'art. 763 que, si l'avoué représente la partie pour recevoir la notification, il doit lui être baillé autant de copies qu'il représente de personnes; que, si la loi a dérogé aux principes généraux, quant à la notification qui fait courir les délais de l'appel, elle n'a pas entendu déroger au principe qui veut que chaque partie reçoive une copie de la notification qui lui est adressée; qu'il est donc vrai de dire que l'avoué doit recevoir autant de copies qu'il y a de parties représentées par lui..., etc.

Du 26 avr. 1849.-C. de Montpellier.

(2) (Lecène *C.* Perrin.) — LA COUR; — Considérant qu'il est donné satisfaction à Lecène, au moins pour partie, en ce qui regarde l'allocation faite, art. 14 (de la taxe), de la signification des qualités de l'arrêt, puisque Lecène conclut au rejet des 18 fr. 75 c., portés en demande au mémoire, comme émolument de la rédaction, original et copie, desdites qualités, et que la somme passée en taxe, de ce chef, n'est que de 12 fr. 50 c.; — Considérant, il est vrai, que Lecène conteste, sur ce point, l'allocation de quelque somme que ce soit, par le motif que, suivant lui, il ne serait absolument rien dû pour l'émolument que représente la somme ci-dessus de 12 fr. 50 c.; — Mais, considérant que l'art. 67 du tarif, en gardant le silence sur les qualités du jugement contradictoire, en matière sommaire, s'est évidemment référé, quant à la fixation du droit y attaché, à la règle générale établie par les art. 87 et 88 du même tarif, dont l'art. 14 de la taxe critiquée n'est que la juste application;... — Déclare ledit Lecène mal fondé dans les divers chefs de son opposition audit exécutoire.

Du 1er juill. 1859.-C. de Paris, 5e ch., ch. du conseil.

(3) (Pyl...C. Ch....) — LA COUR; — Attendu que, dans les affaires d'ordre, sommaires de leur nature, le législateur, pour imprimer une marche rapide à la procédure, a, dans plusieurs cas, établi des abréviations de délais; — Que, de ce nombre, est la disposition de l'art. 763 c. pr. civ., qui limite à dix jours le délai d'appel, à partir de la signification de l'arrêt; — Que, d'un autre côté, l'art. 148 du même code établit, dans une disposition générale et applicable à toutes les significations de jugements, que, lorsque l'avoué serait, comme dans la cause, décédé au moment où cette signification devait être faite, elle le serait à la partie même ou à son domicile; que ce mode, le seul praticable dans l'espèce, satisfait au vœu de la loi et à l'intérêt des parties; — Que, l'avoué n'étant que le représentant de la partie, la signification faite à celle-ci d'une manière plus directe devait également le mettre en demeure; — Que la signification à avoué n'est pas, dans l'art. 763, la condition nécessaire pour faire courir les délais d'appel; — Que, le décès de l'avoué, dans la cause, rendant cette signification impossible, on rentrait dans le cas de l'art. 148; — Qu'ici ne s'applique pas la règle sur les reprises d'instance, puisque l'instance était terminée par le jugement qui devait être signifié; — Que le mode tracé par l'art. 148 devait donc être suivi; — Que cet article, se référant aussi bien à l'art. 763 qu'à l'art. 443, aux matières sommaires, comme aux matières ordinaires, ne peut exercer aucune influence sur la fixation des délais d'appel; — Qu'il serait contraire à l'esprit de la loi sur cette matière d'admettre que, dans le cas de l'art. 763, la signification à la partie, au lieu de celle à l'avoué, change la nature de l'affaire, rend ordinaire une matière urgente et sommaire, et, contrairement à l'intérêt des parties et

nera pas lieu à reprise d'instance. — Il a été jugé, en effet, que l'art. 447 c. pr. n'est pas applicable, en matière d'ordre; qu'ainsi lorsqu'une partie décède au cours d'une instance d'ordre, que ce décès n'est pas notifié et que les héritiers ne reprennent pas l'instance, le jugement rendu est régulièrement signifié au domicile de l'avoué de la partie décédée, surtout si cet avoué a continué d'occuper, depuis le décès, et a lui-même formé opposition aux qualités du jugement (Limoges, 7 juin 1844) (1). — V. cependant n° 886.

884. Mais le délai d'appel, dans les cas précités du décès de la partie ou du décès de son avoué, demeurera-t-il suspendu, conformément à l'art. 447 c. pr., ou jusqu'à constitution du nouvel avoué? Sera-t-il, aux mêmes cas, de dix jours ou de deux mois, conformément au droit commun? L'examen de cette question appartient à l'article suivant (V. nos 908 et 909).

885. Pour faire courir le délai d'appel contre le mineur, faut-il que le jugement, indépendamment de la signification à avoué, dans les termes de l'art. 762, soit signifié au subrogé tuteur, conformément à l'art. 444 c. pr.? L'affirmative a été jugée par la cour de Paris (5 fév. 1851, aff. Nalis, D. P. 52. 2. 206), qui admet, néanmoins, que le délai d'appel, en matière d'ordre, n'est, pour le mineur comme pour les créanciers majeurs, que de dix jours, mais qui ne fait courir ces dix jours que de la signification du jugement au subrogé tuteur. « Cette décision, dit M. Flandin, Tr. de l'ordre, inédit, semble assez peu logique; car, si l'art. 762 déroge, en ce qui concerne le mineur, à l'art. 443, pourquoi veut-on qu'il ne déroge pas à l'art. 444? C'est tout un ou tout autre : ou il faut dire que le mineur, à raison de la protection due à son âge, n'est pas soumis, en matière d'ordre, aux règles particulières de cette procédure; ou, si le contraire est admis, il faut reconnaître qu'il y a moins de motifs pour exiger la signification du jugement au subrogé tuteur que pour réduire le délai d'appel. Que sera-ce, si le mineur, au moment de la signification du jugement, n'était point encore pourvu d'un subrogé tuteur? Le délai d'appel demeurera-t-il suspendu jusqu'à ce qu'on ait fait nommer ce subrogé tuteur? car il est de règle (V. Appel, n° 977) que celui qui veut faire courir le délai de l'appel doit pourvoir à ce que cette nomination soit faite, et que, jusque-là, le délai ne court point. On voit à quelles conséquences on est entraîné aussitôt qu'on veut s'écarter des règles spéciales tracées pour la procédure d'ordre. En cette matière, d'ailleurs, comme le fait observer M. Bioche, il y a des garanties pour le mineur : communication au ministère public, examen attentif du juge-commissaire, concours de plusieurs créanciers, dont quelques-uns peuvent avoir des intérêts analogues à ceux du mineur; signification faite, non au tuteur lui-même, mais à son avoué, c'est-à-dire à un officier public dont la vigilance doit être d'autant plus active qu'il représente un incapable. » Telle est aussi notre opinion (Conf. MM. Ollivier et Mourlon, n° 400; Bioche, v° Ordre, nos 571 et 572, 3e éd., 5e tirage; Seligman, n° 438; Colmet-Daage, n° 1032).—M. Chauveau, Proc. de l'ordre, quest. 2584, se range à la doctrine de la cour de Paris.— Le Droit, en rapportant l'arrêt précité de la cour de Paris dans son numéro du 5 mars, fait remarquer que la question était d'autant plus délicate, dans l'espèce, qu'il s'agissait de mineurs placés sous la tutelle légale de leur père, et non encore pourvus, au moment du jugement, d'un subrogé tuteur.

886. Il a encore été jugé, conformément à l'opinion exprimée par la cour de Paris, que l'avoué d'un subrogé tuteur décédé avant le jugement d'ordre n'a pas pu recevoir légalement la copie de ce jugement; que, par suite, le délai de l'appel, relativement au nouveau subrogé tuteur, court seulement du jour de la notification à lui faite du jugement (Rennes, 29 août 1814) (2).

---

surtout des tiers, substitue à une procédure expéditive la forme lente et compliquée d'une procédure ordinaire; — Qu'il faut donc reconnaître que l'art. 148 complète et ne modifie pas l'art. 765; — Et attendu, en fait, que la signification du jugement est à la date du 29 nov. 1836; que l'appel n'a été relevé que le 7 fév. 1837, et par conséquent après les délais de la loi; — Déclare l'appel non recevable.

Du 10 avr. 1837.-C. d'Orléans, ch. civ.

(1) (Mosnier C. Laclaudure et Bouquet-Zolinières.) — La cour; — Attendu que les matières d'ordre sont régies et réglées par un texte de loi spécial, et qu'on ne peut, dans cette matière tout exceptionnelle, se prévaloir de dispositions qui ne lui sont point applicables; — Que, dans l'espèce, il s'agit d'un jugement d'ordre dont les formes et les délais sont tracés et réglés par les art. 765 et suiv. c. pr. civ.; — Qu'aux termes de l'art. 765 précité, l'appel du jugement qui a statué sur l'ordre provisoire n'est point reçu, s'il n'a été interjeté dans les dix jours de la signification à avoué; — Attendu qu'en fait, la signification à avoué du jugement dont est appel a eu lieu le 24 juin 1845, et que ce n'est que les 21 et 27 oct. suivant qu'il en a été interjeté appel, plus de trois mois après l'échéance du délai accordé par la loi en cette matière; que dès lors l'appel est non recevable; — Que c'est vainement qu'on allègue que le décès de madame Théobald Mosnier, que représentent aujourd'hui les appelants, a dû suspendre les délais de l'appel, puisque, loin qu'aucune notification de ce décès ait été faite, ce qui eût été nécessaire pour changer les errements de la procédure, l'avoué qui occupait avant le décès n'a cessé d'occuper postérieurement et de faire les actes de son ministère jusqu'au jugement contradictoire du 9 juin 1845, soit en réclamant de nouveaux délais pour faire les justifications demandées à sa partie, soit en formant opposition aux qualités du jugement, soit en y contredisant, ce qui, en dehors des dispositions formelles de la loi, auxquelles la partie qui poursuivait le jugement devait se soumettre, suffisait pour indiquer que les pouvoirs dont l'avoué des époux Théobald Mosnier avait été investi lui étaient continués; — Attendu que la procédure d'ordre ne se termine d'ailleurs que par la clôture arrêtée définitivement par le juge-commissaire, et sur les incidents de laquelle l'avoué continue à avoir mission d'occuper, à moins d'une volonté contraire émanée de la partie, ou de son décès légalement dénoncé aux autres parties en cause, pour lesquelles de semblables faits sont étrangers et dont la loi ne les charge pas de s'enquérir; — Que les appelants ne peuvent donc se plaindre de ce qu'aucun avertissement ne leur a été donné, ni à l'avoué qui occupait pour leur mère, alors qu'il n'a dépendu que d'eux de faire cette notification; — Attendu que c'est aussi sans fondement qu'on invoque les dispositions de l'art. 447 c. pr. civ.; que le législateur, en cette matière, a tracé une procédure toute spéciale, dont les principaux caractères sont la simplicité et la célérité; qu'en outre de cette considération générale, l'impossibilité d'appliquer l'art. 447 aux matières d'ordre résulterait de la force même des choses; qu'en effet, s'il est naturel qu'en matière ordinaire, les délais de l'appel soient suspendus par la mort de la partie condamnée; s'il devait en être ainsi par cela même qu'aux termes de l'art. 445, même c. pr. civ., la signification doit, dans ce cas, être faite à personne ou à domicile; en matière d'ordre, le contraire doit nécessairement avoir lieu, par cela même qu'en cette matière, la signification ne doit plus être faite qu'à l'avoué; —Attendu que, si l'on admettait le système des appelants, on pourrait mettre la partie qui obtient un jugement dans l'impossibilité d'arriver à la clôture de l'ordre, à la distribution définitive des deniers; qu'en effet, la partie qui aurait obtenu le jugement, et qui, voulant en poursuivre l'exécution, aurait fait la signification à avoué, suivant le vœu et les proscriptions de l'art. 763, et qui, en l'absence de toute notification du décès, aurait, comme dans l'espèce, poursuivi la clôture de l'ordre et la délivrance définitive des bordereaux, serait exposée à voir toute sa procédure détruite, tous les effets de cette procédure annulés, plusieurs mois, plusieurs années après, suivant la négligence ou le calcul des héritiers d'une partie décédée, qui chercheraient ainsi à se prévaloir d'un décès qu'ils auraient ou jugé inutile de notifier, ou laissé ignorer à dessein; — Qu'on ne saurait admettre un pareil système, dont le résultat serait de détruire toutes les garanties, tous les effets salutaires de la loi en matière d'ordre, et de prolonger, suivant les calculs de l'intérêt ou de la mauvaise foi, une procédure que la loi a voulu simplifier et rendre prompte; — Sur le moyen tiré de ce que la signification du jugement ne contiendrait pas les formalités voulues pour les exploits d'ajournement par l'art. 61 c. pr. civ. : — Attendu que la loi n'a pas exigé l'accomplissement de ces formalités pour les actes signifiés aux avoués dans le cours d'une instance; — Qu'on ne peut évidemment raisonner par analogie d'un cas à un autre, et que ce moyen doit être écarté comme étant sans fondement; — Par ces motifs, etc.

Du 7 juin 1844.-C. de Limoges, 3e ch.-M. Garaud, pr.

(2) (Soupe C. hér. Levêque.) — La cour;... — Considérant que la notification du jugement du 23 sept. 1813 n'a été faite qu'à l'avoué constitué par Métayer, précédent tuteur subrogé; qu'il est constaté, par le jugement même dont est appel, que le décès antérieur de ce tuteur subrogé fut allégué par l'avoué qui l'avait représenté jusqu'alors; que ce fait ne fut contesté par aucune des parties, et que, par des motifs que ce n'est ici ni le temps, ni le lieu d'apprécier, le tribunal se crut autorisé à passer, néanmoins, outre au jugement de l'instance; que, dans cet état, il est hors de doute que l'avoué du subrogé tuteur mort était sans pouvoir et sans qualité valable pour recevoir une notification aussi importante que celle-ci dans ses effets pour la prescription de l'appel, à l'égard surtout de personnes aussi privilégiées que des mineurs; que ce n'est donc point au 23 sept. 1813, qu'il faut, dans l'intérêt d'Hubert Soupe, comme dans celui du subrogé tuteur des mineurs, fixer le commence-

887. Il a été jugé, au contraire, qu'il n'est pas nécessaire, pour faire courir, à l'égard du mineur, le délai de l'appel d'un jugement rendu en matière d'ordre, de signifier ce jugement au subrogé tuteur, conformément à l'art. 444 c. pr.; qu'il suffit que la signification soit faite à l'avoué du tuteur, dans la forme prescrite par l'art. 763 c. pr. (Limoges, 18 janv. 1863, aff. Croisille, D. P. 63. 2. 92).

ART. 2. — *Du délai de l'appel.*

888. Le nouvel art. 762, dans son avant-dernier alinéa, dispose : « L'appel est interjeté dans les dix jours de la signification du jugement à avoué, outre un jour par 5 myriamètres de distance entre le siége du tribunal et le domicile réel de l'appelant... » — L'ancien art. 763 s'exprimait d'une façon plus énergique, en disant que « l'appel du jugement ne sera reçu, s'il n'est interjeté dans les dix jours de sa signification à avoué, outre un jour, etc. » — Mais il n'est pas moins certain que, dans la seconde rédaction, comme dans la première, il y a déchéance de l'appel, s'il n'est interjeté dans le délai prescrit (Conf. MM. Ollivier et Mourlon, n° 405 ; Grosse et Rameau, t. 2, n° 413; Colmet-Daage, n° 1032, 8e éd.; Seligman, n° 457; Flandin, Tr. de l'ordre, inédit). — Il a été jugé, en effet : 1° qu'en supposant même recevable l'opposition formée contre un jugement par défaut, rendu en matière d'ordre (on a vu *suprà*, n° 820, qu'il n'y a d'autre recours, contre le jugement rendu en matière d'ordre, que la voie de l'appel), le délai de l'opposition étant indépendant de celui de l'appel, la partie, qui a pris, contre le jugement, la voie de l'appel, au lieu de celle de l'opposition, a dû interjeter cet appel, dans les dix jours de la signification à avoué, à peine de déchéance (Riom, 4 janv. 1826, rapp. avec Cass. 4 mars 1827, aff. Grimal, v° Appel civ., n° 1207 ; cet arrêt a été cassé, mais sur un autre moyen.—Conf. Bordeaux, 23 mars 1833, aff. Bardou *C.* Giroux) ;—2° Que l'action, exercée collectivement par plusieurs héritiers, demandant, dans un ordre, la collocation de leur débiteur, pour se faire colloquer, en sous-ordre, sur le montant de sa collocation, est essentiellement divisible; qu'en conséquence, celui d'entre eux, qui a laissé expirer le délai de dix jours, fixé par l'art. 763 c. pr., pour appeler du jugement d'ordre, n'est pas relevé de la déchéance qu'il a encourue par l'appel que ses cohéritiers ont interjeté en temps utile (Bordeaux, 3 juin 1829) (1).

889. Mais cette déchéance est-elle d'ordre public, en sorte que la partie qui y a intérêt soit admissible à l'invoquer, en tout état de cause, et que le juge même doive la prononcer d'office?— Nous avons examiné cette question controversée, à un point de vue général, v° Appel civil, n° 1150, et nous nous sommes déclaré pour l'affirmative. Depuis, cette opinion a été consacrée par deux arrêts de la chambre civile, le premier rendu en matière d'ordre, le second en matière de faillite. Et cette jurisprudence est, en général, celle des cours impériales. Nous n'avons donc pas à insister ici sur la question (Conf. MM. Ollivier et Mourlon, n° 403 *bis*; Bioche, v° Ordre, n° 570, 3e éd., 5e tirage; Houyvet, n° 288; Seligman, n° 457; Flandin, Tr. de l'ordre, inédit).—Il a été jugé, en effet, que la déchéance, dont la loi frappe l'appel interjeté après les délais, est d'ordre public et peut être invoquée en tout état de cause; et, spécialement, que la tardiveté de l'appel d'un jugement rendu en matière d'ordre peut être invoquée, même après des défenses au fond (Rej. 7 août 1849, aff. Lugan, D. P. 50. 1. 82. — Conf. Cass. 2 avr. 1850, aff. synd. Larcher, *ibid.* V. la note sur ce dernier arrêt, où la question a été de nouveau amplement discutée, et dans laquelle sont indiquées les autorités dans l'un et l'autre sens).

890. Sous l'ancien code, il s'était élevé la question de savoir si, pour les ordres ouverts avant la promulgation du code de procédure, il fallait appliquer aux appels interjetés postérieurement au 1er janv. 1807, date de la mise à exécution de ce code, le délai de dix jours de l'art. 763, ou celui de trois mois applicable à l'appel des jugements en général? — La question n'était pas tranchée par l'avis du conseil d'État du 16 fév. 1807, rendu en interprétation de l'art. 1041 c. pr. Cet avis, en disant qu'on ne doit pas comprendre dans la classe des affaires antérieurement intentées (lesquelles, par argument *à contrario* de l'art. 1041 précité, doivent être instruites conformément aux lois anciennes), *les appels interjetés depuis l'époque du 1er janv.* 1807, parce que *ces appels sont, dans le fait, le principe d'une nouvelle procédure qui s'introduit à la suite d'une précédente*, décidait bien que, pour ces appels, il y avait lieu de suivre les formes tracées par le code de procédure; mais il ne décidait rien sur la préférence à donner, pour les appels interjetés en matière d'ordre, à la disposition de l'art. 763 sur celle de l'art. 443 du même code.—La cour de cassation, dans un arrêt du 2 juill. 1811, portant cassation d'un arrêt de la cour de Paris, a posé, à cet égard, un principe qui paraît juste ; elle a jugé que, pour les ordres ouverts sous l'empire de la loi de brumaire, qui ne prescrivait pas, comme le fait le code de procédure dans les art. 760 et suiv., un mode particulier d'instruction pour le jugement des contestations en cette matière (V. le chap. 3 de la loi du 11 brum. an 7 sur les expropriations forcées), on ne devait pas appliquer, à l'appel du jugement, même rendu depuis la publication du code de procédure, les dispositions spéciales de l'art. 763, c'est-à-dire le délai de dix jours, mais celui de trois mois, déterminé, soit par la loi du 16-24 août 1790, soit par l'art. 443 c. pr., pour les appels en général. — Par ces motifs, elle a décidé que l'art. 763 c. pr., qui réduit à dix jours le délai d'appel, ne s'applique qu'aux jugements des contestations survenues dans l'ordre qui ont été rendus dans la forme prescrite par les art. 760 et suiv. du même code ; qu'ainsi, l'appel d'un jugement d'ordre, rendu en conformité de la loi du 11 brum. an 7, dans des formes différentes de celles du code de procédure, est valablement interjeté dans les trois mois de sa signification à domicile, soit que ledit appel dût être régi par l'art. 14 du titre 5 de la loi du 16-24 août 1790, soit qu'il dût l'être par l'art. 443 c. pr. (Cass. 2 juill. 1811, MM. Mourre, pr., Audier-Massillon, rap., aff. Muller *C.* Burgraff et autres). — Le même jour, la cour a cassé deux autres arrêts de la même cour, qui avaient jugé comme le premier; Conf. Paris, 4 août 1807, aff. Morel *C.* Jumelin et autres; Bruxelles, 9 janv. 1808, aff. Godfourneaux *C.* Stevens; Paris, 10 mars 1810, 1re ch., aff. Mathis *C.* N...; Carré et Chauveau, quest. 2587).

891. Il a été jugé, au contraire, que l'appel d'un jugement d'ordre, rendu sous l'empire du code, doit être interjeté dans les dix jours de la signification du jugement, quoique l'ordre ait été ouvert avant le code (Nîmes, 17 août 1807, aff. Masmejean, v° Lois, n° 346-3°; Conf. Grenoble, 28 juill. 1809, cité au Journ. des avoués, t. 17, v° Ordre, n° 50).

---

ment du délai, ni compter les dix jours utiles pour l'appel, avec les prolongations relatives aux distances du domicile réel de chaque partie ;— Considérant que le délai peut, tout au plus, courir du 9 nov. 1813, jour auquel le poursuivant, ou son avoué, a cru devoir renouveler, et a fait réellement une notification régulière du jugement, spécialement à l'avoué Daniel, constitué pour le nouveau tuteur subrogé Godefroy Saint-Martin... ; — Déboute toutes les parties des fins de non-recevoir proposées contre les appels de Godefroy Saint-Martin, subrogé tuteur des mineurs Soupe, etc.

Du 29 août 1814.-C. de Rennes.

(1) (Mazens C. hér. de Laloubie.) — LA COUR; — Attendu, quant à l'appel du jugement du 31 juill. 1828, que les héritiers de Laloubie exercent les droits de la demoiselle Mamin; qu'ils sont au nombre de huit, et que nul ne peut exercer les droits de son débiteur que dans la mesure de son intérêt respectif; que l'objet de la contestation est essentiellement divisible, soit qu'on le considère par rapport aux héritiers de Laloubie, dont la créance sur la demoiselle Mamin est divisible entre eux, soit qu'on le considère par rapport à la créance de la demoiselle Mamin sur Mazens, puisque cette créance peut n'être colloquée qu'en partie; — Attendu qu'en matière d'ordre, l'appel, aux termes de l'art. 763 c. pr., doit être interjeté dans les dix jours de la signification à avoué, avec augmentation du délai, suivant les distances; que François de Laloubie, conseiller à la cour, Pierre de Laloubie-Duthillot, et les dames Denou, Mazens et Degardy, nées de Laloubie, sont domiciliés à Bordeaux; que le jugement du 31 juill. a été signifié à leur avoué, le 17 nov. 1828; que leur appel, n'ayant été interjeté que le 28 du même mois, est non recevable, comme ayant été fait hors du délai déterminé par la loi; — ...Déclare François de Laloubie, Pierre de Laloubie, etc., non recevables dans l'appel du jugement du 31 juill. 1828, etc.

Du 3 juin 1829.-C. de Bordeaux

892. Le délai court du jour de la signification du jugement *à avoué*. Il y a dérogation, sur ce point, à l'art. 443, qui, en matière ordinaire, ne fait courir le délai d'appel que du jour de la signification *à personne ou à domicile*. Des motifs de célérité commandaient cette dérogation au droit commun. — Il a été jugé, ainsi, que l'appel du jugement qui a statué sur les contredits élevés contre le règlement provisoire, doit être interjeté dans les dix jours de la signification à avoué, à peine de nullité; que la signification à partie n'est pas nécessaire pour faire courir le délai (Paris, 26 mars 1808, aff. héritiers d'Archiac Saint-Simon, *infrà*, n° 923-2°; Conf. Poitiers, 29 avr. 1831, aff. Deleau *C.* Lascases).

893. Le délai de dix jours s'applique aux jugements rendus sur les *incidents* soulevés dans l'ordre comme à ceux rendus sur le fond. C'est ce qui a été jugé, sous l'ancien code, quoiqu'il n'y fût fait aucune mention des jugements rendus sur incidents, et qu'on pût ainsi, à meilleur droit qu'aujourd'hui, où il existe pour les uns et pour les autres une disposition commune, invoquer, pour ces derniers, la règle générale de l'art. 443. — Cette jurisprudence, cependant, avait rencontré des contradicteurs, et des arrêts avaient résolu la question dans un sens contraire (V. *infrà*, Rennes, 29 janv. 1817, n° 895-2°; Rouen, 10 mars 1824, aff. Saint-Paër, n° 895-3°).— Une cour avait même décidé nettement que, l'art. 763 (ancien) ne s'appliquant qu'aux jugements qui avaient statué sur des contredits, il fallait, pour les autres cas, rentrer dans la règle générale (Grenoble, 29 juin 1811, aff. N..., V. n° 935). Mais la cour de cassation avait, au contraire, admis, en principe, « que l'art. 763 c. pr. renferme une exception générale aux dispositions de l'art. 443 du même code; que cette exception s'applique, dès lors et nécessairement, à l'appel de tous les jugements qui interviennent sur les ordres » (Rej. 1er avr. 1816, aff. Scaillette, V. n° 894; Conf. MM. Berriat, p. 612, note 5, n° 4; Favard, t. 4, p. 64; Bioche, anc. éd., v° Ordre, n° 423).—La loi nouvelle, dit M. Chauveau, Proc. de l'Ordre, quest. 2585 *bis*, a assimilé, quant à l'appel, aux contestations sur le règlement provisoire l'opposition à l'ordonnance de clôture définitive, réglementée par l'art. 767, et la procédure à suivre par l'adjudicataire pour la consignation du prix (art. 778). Mais elle a laissé soumis au droit commun le délai de l'appel du jugement qui statue sur la distribution du prix, quand il ne peut pas y avoir lieu à ordre (art. 773). A plus forte raison, faut-il décider dans le même sens, quand il s'agit de la distribution du prix par voie de règlement consensuel s'il s'élève une difficulté, et s'il y a lieu de recourir à l'appel. En principe, ajoute l'auteur, c'est aux contestations sur le règlement provisoire et à celles qui viennent d'être énoncées qu'il faut restreindre l'application de l'art. 762.

Cette interprétation restrictive est combattue, en ces termes, par M. Flandin, Tr. de l'Ordre, inédit : — « J'admets, dit-il, qu'on n'applique pas, quant au délai d'appel, l'art. 762 au cas où des difficultés surgissent après le règlement amiable, parce que le règlement amiable n'est pas autre chose qu'un contrat formé entre tous les créanciers, avec ou sans la médiation du juge, contrat en vertu duquel ils se distribuent amiablement le prix, sans recourir à l'ordre (V. *suprà*, chap. 3). Loin donc qu'il constitue un incident de la procédure d'ordre, il est exclusif, au contraire, de cette procédure; et il n'y a plus de raison, dès lors, pour que les difficultés auxquelles il peut donner lieu ne soient pas soumises au droit commun (V., dans ce sens, Metz, 12 août 1814, *infrà*, n° 896).—Il y a plus de motifs de douter, en ce qui concerne l'ordre porté directement à l'audience, dans le cas prévu par l'art. 773; et c'est une question que je me réserve d'examiner en son lieu (V. sous la section 16). — Mais, y eût-il à faire à M. Chauveau une nouvelle concession sur ce point, que je ne pourrais davantage accepter son interprétation restrictive de l'art. 762, c'est-à-dire qu'il faille réduire l'application de cet article, en ce qui regarde le délai d'appel, aux trois cas qu'il énumère, et point à d'autres. Je dis, au contraire, avec l'arrêt du 1er avr. 1816, que la disposition de l'art. 762, en ce qui concerne l'abréviation du délai d'appel, est une disposition générale, qui doit régir toutes les contestations soulevées au cours de l'ordre, et qui en sont une dépendance, ou, en d'autres termes, qui forment des incidents de cette procédure. Je n'en veux d'autre preuve que l'extension même que cette disposition a reçue dans la loi nouvelle, et qui montre assez que c'est dans cet esprit-là que la loi du 21 mai 1858 a été conçue. — M. Chauveau n'est pas très-loin lui-même d'en convenir; car, après avoir dit qu'en principe, c'est aux contestations sur le règlement provisoire et à celles relatives au règlement définitif et à la consignation du prix qu'il faut restreindre l'application de l'art. 762, il ajoute immédiatement : « Mais, comme il n'est pas plus permis de rien retrancher d'une dérogation que d'y ajouter, l'art. 762 statuant pour toutes contestations, en général, qu'elles portent sur l'ordre (le rang), ou sur la quotité des créances, ou sur la qualité des créanciers, nous ne saurions admettre la doctrine des arrêts de Rouen, de Paris (l'arrêt de la cour de Paris du 5 janv. 1824, aff. Dyvrande, que cite M. Chauveau, est étranger à la question : V. *suprà*, n° 732-1°) et de Rennes ci-dessus mentionnés, en ce qui concerne les demandes qui auraient pu faire la matière d'une action principale; car les parties s'étant soumises à la procédure d'ordre et au mode de contredit qu'elle établit, doivent en subir toutes les conséquences, dont l'une des plus importantes est la disposition de l'art. 762... Si le tribunal ordonne une comparution de parties, un interrogatoire, une enquête, etc., etc., la procédure de l'ordre sera appliquée. Je serais, néanmoins, porté à décider, conclut M. Chauveau, qu'il en serait autrement, s'il s'agissait d'une vérification d'écriture, ou d'un faux incident civil. »

« Mais pourquoi, reprend M. Flandin? Si l'art. 427 c. proc. veut que le tribunal de commerce, lorsqu'une pièce produite devant lui est méconnue, déniée ou arguée de faux, *renvoie devant les juges qui doivent en connaître*, c'est parce qu'il est incompétent *ratione materiæ*; mais il n'en est point ainsi d'un tribunal civil; quoique saisi incidemment de la question, il peut et doit la juger, ainsi qu'il est établi au titre du faux incident (c. pr. 214 et suiv.), et que le déclare, en termes exprès, l'art. 459 c. inst. crim. » — Telle est également notre opinion (Conf. MM. Ollivier et Mourlon, n° 403; Houyvet, n° 291).

Nous serions disposé, cependant, à admettre, avec M. Seligman, n° 445, que, s'il s'agissait d'une demande ne se rattachant pas directement à l'ordre, quoique formée au cours de cette procédure, et par un dire sur le procès-verbal d'ordre; s'il s'agissait, par exemple, d'une demande en résolution de la vente pour défaut de payement du prix (V. *suprà*, nos 494 et s.), ou, pour emprunter l'exemple même de M. Seligman, de la revendication de la propriété d'une pièce de terre comprise dans l'adjudication des immeubles dont le prix est à distribuer; comme le juge-commissaire n'a pas à connaître de semblables difficultés, qui tiennent en suspens la confection du règlement provisoire, il nous semble qu'il faudrait, en pareil cas, ainsi que le dit M. Seligman, suivre les formes de la procédure ordinaire, et décider, par conséquent, que le délai de l'appel du jugement à intervenir serait, non pas de dix jours seulement, mais de deux mois (Conf. M. Flandin, *loc. cit.*).

894. Il a été jugé, dans le sens des observations qui précèdent, que le délai de dix jours, fixé par l'art. 763 c. pr. pour l'appel des jugements d'ordre, s'applique : 1° à l'appel d'un jugement qui ordonne la distribution entre les créanciers de deniers provenant tout à la fois d'une vente d'immeubles et d'une vente de meubles; et que le délai est le même pour les créanciers colloqués en sous-ordre que pour les créanciers colloqués directement (Lyon, 2 janv. 1811, aff. Chabot, v° Distrib. par contrib., n° 145-1°); — 2° ... A l'appel du jugement qui a statué sur la question de savoir si le poursuivant avait qualité pour requérir l'ouverture de l'ordre (Rej. 1er avr. 1816) (1); — 3° ... A la tierce opposition, formée, dans une instance d'ordre,

(1) (Scaillette C. Lefèvre.) — La cour; — Attendu que l'art. 763 c. pr. renferme une exception générale aux dispositions de l'art. 443 du même code; que cette exception s'applique, dès lors, et nécessairement, à l'appel de tous les jugements qui interviennent sur les ordres; que, pour s'assurer si l'exception, portée par ledit art. 763, est applicable, il suffit donc uniquement de savoir si le jugement a été rendu sur une instance d'ordre; que, dans l'espèce, le jugement est intervenu sur des contestations qui s'étaient élevées dans l'ordre, entre deux créanciers

contre un jugement servant de titre à un créancier, laquelle est considérée comme demande incidente à un règlement d'ordre; qu'en conséquence, l'appel du jugement qui statue sur cette tierce opposition doit être formé dans les dix jours de la signification à avoué (Rennes, 7 fév. 1818) (1); — 4° ... Et généralement à l'appel des jugements rendus sur un incident élevé dans l'ordre (Toulouse, 11 avr. 1821) (2). — Cet arrêt ayant été rendu par défaut, opposition y fut formée, sur le motif qu'il s'agissait, dans l'espèce, d'un jugement rendu sur un incident relatif à une sommation faite en vertu des art. 2169 et 2192 c. nap.; mais la cour, par nouvelle décision du 7 mai 1821, persista dans son premier arrêt. Aujourd'hui, comme on l'a rappelé *suprà*, n° 888, l'opposition n'est plus recevable contre les arrêts rendus en matière d'ordre. — 5° Qu'il en est de même de l'appel d'un jugement, qui, au cours de l'ordre, statue sur la demande de l'acquéreur, tendante à ce que l'immeuble qu'il a acquis, et dont le prix est à distribuer, soit mis en bon état de réparations, ainsi que son vendeur s'y est obligé, avant tout payement de son prix, lequel appel doit être interjeté dans les dix jours de la signification à avoué; que c'est là un incident de l'ordre, tombant sous l'application de l'art. 763 (Amiens, 19 juill. 1822) (3);... Et qu'il n'importe, pour l'application dudit article, que le jugement dont il s'agit n'ait pas été rendu sur le rapport du juge-commissaire (même arrêt); — 6° Que le jugement, qui, depuis la clôture de l'ordre, statue, entre deux créanciers, sur la question de savoir si l'un d'eux avait accordé à l'autre priorité sur lui, doit être considéré comme un jugement d'ordre, lorsqu'il a été rendu pour fixer un point réservé par le jugement qui a statué sur l'état de collocation provisoire; que, par suite, l'appel n'en est pas recevable, s'il n'a pas été interjeté dans les dix jours de la signification à avoué : — « La cour; attendu que le jugement dont est appel, n'étant que la suite de celui du 11 avr. 1820, est un véritable jugement d'ordre, dont, aux termes de l'art. 763 c. pr. civ., l'appel aurait dû être interjeté dans les dix jours de sa signification à avoué; attendu que, cette signification ayant été faite le 28 mars 1821, l'appel du 20 nov. 1822, dont il s'agit,

---

qui prétendaient avoir le droit de s'y faire colloquer; qu'il importe peu quel ait été l'objet de ces contestations, puisque l'art. 763 n'a établi aucune distinction entre la nature des contestations sur lesquelles il a été procédé; qu'en effet, la raison de décider est la même dans tous les cas; qu'ainsi, le jugement dont le demandeur s'était rendu appelant ayant été rendu en matière d'ordre, et que, n'ayant pas interjeté l'appel dans les délais fixés par l'art. 763, non-seulement la cour de Metz n'a pas violé ledit article, en déclarant l'appel non recevable, mais qu'en outre elle en a appliqué les dispositions dans son véritable sens; — Rejette le pourvoi formé contre l'arrêt de la cour de Metz, du 7 janv. 1814.

Du 1er avr. 1816.-C. C., sect. civ.-MM. Brisson, pr.-Carnot, rap.-Cahier, av. gén., c. conf.-Guichard et Loiseau, av.

(1) (Solier C. Quatrefage.) — LA COUR; — Considérant que la contestation, sur laquelle le tribunal civil de Rennes a prononcé par son jugement du 7 mai 1817, est née incidemment dans l'ordre ouvert pour la distribution du prix des immeubles vendus, aux fins de saisie sur le sieur Solier, entre les dames Quatrefage-Devoyo, veuve Solier, créancières inscrites sur les biens; — Considérant que, si cette contestation a donné lieu à une tierce opposition contre le jugement dont la dame Quatrefage faisait la base de sa créance, cette circonstance ne change rien en l'état de la question, puisque cette tierce opposition n'était pas autre chose que la contradiction du titre dont se prévalait la dame Quatrefage; et, dès que la difficulté s'est élevée dans l'ordre qui a été jugé sur le rapport du commissaire, par le tribunal qui en a été saisi, il en résulte que la question soumise aux premiers juges était une question incidente à l'ordre, et que, pour juger la validité de l'appel du jugement intervenu, il faut recourir aux dispositions de la loi sur l'appel du jugement rendu en matière d'ordre; — Considérant que l'art. 763 n'accorde qu'un délai de dix jours pour se pourvoir par appel contre un jugement d'ordre, à partir du jour de sa signification à avoué; que le jugement du 7 mai 1817 a été notifié à l'avoué de la dame Quatrefage, le 27 juill. suivant, et que son appel ne date que du 12 nov. dernier, époque reculée bien au delà du terme d'appel; d'où il suit que cet appel est sans effet et n'est pas recevable.

Du 7 fév. 1818.-C. de Rennes.

(2) (Dufour C. Troy.) —LA COUR; — Attendu qu'en matière d'ordre, les jugements, rendus sur des contestations élevées devant le juge-commissaire, sont susceptibles d'appel; mais qu'aux termes de l'art. 763 c. pr., l'appel d'un pareil jugement n'est point recevable, s'il n'est interjeté dans les dix jours de la signification à avoué, outre un jour pour trois myriamètres de distance du domicile réel de chaque partie; — Attendu que le jugement du 19 août 1820 fut signifié, d'avoué à avoué, le 29 sept. suivant; qu'il le fut encore, à la requête de Dufour, les 11 et 12 oct. de la même année, tant aux autres créanciers qu'au sieur Troy lui-même, en parlant à la personne de ce dernier, et en lui rappelant la signification faite à son avoué, le 29 sept. précédent; — Attendu que ce ne fut que le 2 novembre suivant que Troy en interjeta appel, c'est-à-dire trente-deux jours après la signification qui avait été faite du jugement à son avoué, et vingt et un jours après la signification qui lui en avait été faite à lui-même, en sorte que l'appel n'ayant eu lieu que longtemps après le délai déterminé par l'art. 763 précité, est évidemment non recevable.

Du 11 avril 1821. — C. de Toulouse.

(3) *Espèce:* (Delunel C. Lautour et autres.) — Dans un ordre ouvert, au tribunal de Soissons, sur le prix du domaine de Long-Pré, le général Lautour, acquéreur, déclara qu'il ne payerait son prix qu'autant que l'immeuble lui serait remis en bon état de réparations, ainsi que son vendeur s'y était obligé par l'acte de vente. Un premier jugement nomma des experts pour constater l'état de l'immeuble, et déterminer les réparations à faire, tant à la charge de l'usufruitier, Delunel, qu'à celle de la nue propriété. Par suite, un autre jugement du 10 mars 1820, confirmé, sur l'appel, par arrêt du 23 fév. 1821, ordonna que, dans le mois, l'usufruitier et les créanciers du vendeur s'entendraient pour faire les réparations, sinon autorisa le général Lautour à faire procéder, devant le tribunal, à l'adjudication de ces réparations. Delunel et les créanciers n'ayant point exécuté ces jugements et arrêt, le général Lautour déposa au greffe le cahier des charges pour l'adjudication des travaux. Mais des contestations s'étant élevées, tant sur les clauses de ce cahier des charges que sur le mode de procéder à l'adjudication des travaux à faire, deux jugements furent rendus, le premier, en date du 31 juill. 1821, qui décida que le général Lautour emploierait, pour parvenir à cette adjudication, les voies de publicité prescrites par la loi en matière de saisie immobilière; l'autre, du 21 août 1821, qui prononça l'adjudication des travaux moyennant 14,250 fr. Ces jugements furent signifiés à l'avoué de Delunel, les 1er et 27 sept. 1821. Delunel interjeta appel le 17 déc. suivant. — Cet appel fut soutenu non recevable, pour n'avoir pas été interjeté dans les dix jours, conformément à l'art. 763 c. pr. L'appelant répondit qu'il ne s'agissait point, dans les jugements attaqués, des opérations de l'ordre; que, par conséquent, les règles de l'ordre étaient inapplicables. — Arrêt.

« LA COUR, — En ce qui touche la question de savoir si l'appel, interjeté par Delunel, est recevable : — Considérant que, par une exception formelle aux règles ordinaires, l'art. 763 c. pr. restreint les délais de l'appel, en matière d'ordre, et n'accorde que dix jours, à compter de la signification du jugement à avoué; que cette disposition étant générale pour ces matières, s'applique à tout jugement qui prononce, soit sur l'ordre, soit sur une question incidente à l'ordre; — Considérant que, dans l'espèce, les jugements des 31 juill. et 21 août 1821, dont est appel, sont intervenus à l'occasion d'un incident élevé dans l'ordre; — Qu'en effet, cet incident a pris naissance, en 1818, sur l'ordre et la distribution du prix du domaine de Long-Pré; qu'il a été renvoyé à l'audience et jugé, sur le rapport du juge-commissaire, le 15 déc. de ladite année; que le jugement du 10 mai 1820, l'arrêt du 23 fév. 1821, et les deux jugements dont est appel, sont une suite et une continuation de cet incident; — Considérant qu'à la vérité, le jugement du 10 mai 1820 et l'arrêt du 23 fév. 1821, en ordonnant que la somme de 9,461 fr. 83 c. serait conservée dans la caisse des consignations, jusqu'à la confection des réparations à faire, et dont les experts avaient estimé la dépense à cette somme, ont disposé que le juge-commissaire procéderait, de suite, à la distribution du surplus du prix déposé par le général Lautour dans ladite caisse; — Mais qu'il ne résulte pas de cette décision que l'ordre ait été, dès lors, terminé, et que les contestations actuelles soient des instances principales étrangères à l'ordre; — Qu'au contraire, le jugement et l'arrêt précités ont formellement décidé que la portion de la somme de 9,461 fr. 83 c., qui resterait après les payements de celles des réparations qui sont à la charge des créanciers Jarry, serait elle-même définitivement distribuée à ceux de ces créanciers qui viendraient en ordre utile; — Que, dès lors, les opérations de l'ordre dépendent, en partie, du montant des réparations, et, par conséquent, des contestations actuelles; qu'elles sont suspendues par des contestations, et qu'il est même constant qu'aucune distribution n'a encore eu lieu; — Considérant aussi que, pour l'application des dispositions de l'art. 763, c. pr., il n'est pas nécessaire que les jugements dont est appel aient été rendus sur le rapport du juge-commissaire; qu'il suffit que les contestations, sur lesquelles ils sont intervenus, aient pour objet l'ordre, ou soient des incidents à l'ordre, quelle qu'ait été d'ailleurs la procédure suivie par les premiers juges; — Que de là il suit que l'appel de ces jugements aurait dû être interjeté dans les dix jours de leur signification à avoué; que, ne l'ayant pas été dans ce délai, il n'est pas recevable; et que cette fin de non-recevoir ne permet pas d'examiner le mérite des jugements attaqués: — Statuant sur l'appel interjeté par Delunel des jugements rendus par le tribunal civil de Soisson les 31 juill. et 21 août 1821, le déclare non recevable, etc. »

Du 19 juillet 1822. — C. d'Amiens

est tardif; déclare l'appel non recevable » (Liége, 3e ch., 10 nov. 1823, aff. Fournier *C.* Boursier); — 7° Que la demande d'un créancier, tendante à ce que le prix d'un immeuble vendu volontairement soit joint au prix à distribuer dans l'ordre déjà ouvert sur d'autres immeubles du même débiteur, vendus judiciairement, est une demande incidente de l'ordre, et, par suite, que l'appel du jugement, intervenu sur cet incident, doit être interjeté dans les dix jours de sa signification à avoué (Riom, 4 janv. 1826, rapp. avec Cass. 4 mars 1829, aff. Grimal, v° Appel civil, n° 1207). — Cet arrêt a été cassé, mais sur un autre moyen, et « sans qu'il soit besoin, dit l'arrêt de cassation, d'examiner si le jugement par défaut du 30 juillet (sur lequel a statué la cour de Riom) doit être considéré comme rendu en matière ordinaire, ou comme rendu sur incident en matière d'ordre; » — 8° Que, lorsque, sur une instance d'ordre ouverte pour la distribution du prix d'un immeuble, il a été fait, par le juge-commissaire, un règlement provisoire, par *voie d'ordre*, entre les créanciers inscrits, et un règlement, par *voie de sous-ordre*, entre les créanciers d'un créancier colloqué, le jugement, qui maintient un tel état provisoire, n'en est pas moins un jugement d'ordre, et non un jugement de distribution par contribution, encore bien qu'il n'y ait eu de contestations que sur le sous-ordre, et que ces contestations aient été le seul litige sur lequel le jugement ait statué; qu'en conséquence, à l'appel interjeté d'un tel jugement, on doit appliquer, non le délai fixe de dix jours, porté en l'art. 669 c. pr. civ., mais bien celui réglé par l'art. 763, qui est susceptible d'augmentation, à raison des distances (Bordeaux, 23 juin 1841) (1); — 9° Que le délai de dix jours est applicable à l'appel d'un jugement qui, par mesure d'instruction, a ordonné, dans une procédure d'ordre, la mise en cause d'un tiers étranger à la distribution, à l'effet de savoir si des créanciers produisants n'ont pas été désintéressés par lui, sur le prix d'un autre immeuble acheté par ce dernier; alors surtout que des conclusions directes à fin de subrogation étaient prises contre ce tiers acquéreur : — « La cour; considérant que, sur des contestations élevées dans un ordre ouvert au tribunal de Saint-Amand, pour la distribution du prix du domaine du Breuil, vendu par Champeaux à Dumonteil, la mise en cause de Grenouilloux a été ordonnée; que cette mesure avait pour but d'obtenir de Grenouilloux des déclarations sur le fait de savoir si deux créanciers produisant à l'ordre n'avaient pas été désintéressés sur le prix de la terre de Neuville, qu'il avait précédemment achetée du même individu; que des conclusions à fin de subrogation étaient même prises contre Grenouilloux; qu'ainsi sa mise en cause devenait réellement un incident de l'ordre, et que le jugement qui l'ordonnait devait être frappé d'appel dans les dix jours de la signification à avoué, aux termes de l'art. 763 c. pr.;... déclare l'appel de Grenouilloux non recevable, etc. » (Bourges, 2 août 1843, aff. Grenouilloux *C.* Bourdeaux et autres).

893. Mais il a été jugé : 1° que le délai de dix jours, fixé par l'art. 763 (aujourd'hui 762) pour l'appel des jugements d'ordre, ne s'applique pas au jugement qui repousse la prétention d'un adjudicataire, refusant de payer son prix aux créanciers colloqués dans l'ordre, sous prétexte que l'immeuble est grevé de rentes, non rachetables de leur nature, et dont les capitaux représentent l'intégralité de ce prix; qu'un tel jugement est soumis au délai ordinaire de l'appel : — « La cour; attendu que l'art. 763 c. pr. civ. n'est relatif qu'aux contestations qui s'élèvent sur l'ordre de collocation; que le jugement dont il s'agit est d'une nature étrangère à l'ordre, et ne présente que la solution d'une difficulté qui en est indépendante; d'où il suit que l'appel est recevable; statuant au fond, confirme » (Bruxelles, 28 nov. 1811, aff. Simon *C.* N...). — L'arrêt décide, au fond, que les capitaux de rente sont devenus exigibles, soit d'après la disposition générale de la loi, soit d'après le cahier des charges, et condamne, en conséquence, l'adjudicataire au payement de son prix (V. Priv. et hyp., nos 2303 et suiv.); — 2° Que le délai d'appel d'un jugement d'ordre est de trois mois, dans le cas où ce jugement, par suite d'une jonction prononcée, a statué en même temps sur une demande principale en nullité de contrat (Rennes, 29 janv. 1817, aff. Hervé, v° Exploit, n° 105-2°). — Le pourvoi formé contre cet arrêt, et rejeté par décision de la chambre civile du 3 août 1819 (*infrà*, n° 899-1°), ne relevait pas ce moyen; — 3° Que, lorsque, dans un ordre, la *quotité* d'une créance, et non son *rang*, est contestée, et qu'une instruction est ordonnée pour parvenir à l'évaluation de cette créance, le jugement, qui en fixe la quotité, n'est pas un jugement d'ordre, dont l'appel doive être interjeté dans les dix jours de la signification à avoué; que le délai ordinaire de l'appel est seul applicable : — « La cour; sur la fin de non-recevoir déduite des dispositions de l'art. 763 c. pr. : considérant que le jugement du 18 juin 1823 ne statue point sur la collocation et distribution de la somme de 23,000 fr., faite par le jugement du 21 avr. 1818; qu'au contraire, ce jugement fixe la valeur de la succession mobilière de M. de Flancourt et la part que la dame de Saint-Paër a le droit de réclamer sur cette succession; que ce dernier jugement est intervenu par suite d'une procédure ordinaire, et qu'on ne peut appliquer les articles du code de procédure relatifs à l'ordre; ... déboute les intimés de leur exception » (Rouen, 1re ch., 10 mars 1824, aff. de Saint-Paër *C.* d'Arlincourt et autres); — 4° Que, lorsqu'il ne s'agit entre les parties que d'une action en garantie, c'est là une action indépendante de l'ordre, et dont l'appel doit être régi par les règles ordinaires, c'est-à-dire être interjeté dans les trois mois de la signification du jugement et notifié au domicile de l'intimé, nonobstant la jonction qui a eu lieu de cette instance de garantie à celle de l'ordre (Grenoble, 26 juill. 1839) (2); — 5° Que l'appel d'un jugement, qui statue tout à la fois sur le mode d'établir l'ordre et sur une question de liquidation, est valablement interjeté dans les trois mois de la signification du jugement à domicile : — « La cour; ... considérant, d'ailleurs, que le jugement de première instance ayant statué tout à la fois sur le mode d'établir l'ordre et sur une question de liquidation, il rentre, sous ce dernier rapport, dans la classe des jugements ordinaires, en ce sens que l'appel en était recevable pendant trois mois, et que le point de départ de ce délai devait être une signification à partie ou domicile; rejette les fins de non-recevoir contre l'appel » (Nancy, 17 mars 1846, aff. ép. Friant *C.* Dony et autres). — La question, qui s'agitait au fond, dans l'espèce, était de savoir si la liquidation de la succession d'une femme Mangin, échue à six cohéritiers et encore indivise entre eux, devait être modifiée par le prélèvement sur la masse active de deux créances, l'une de 2,000 fr. au profit d'une veuve Michel, l'autre de 2,070 fr. au profit des époux Friant. — Deux fins de non-recevoir étaient opposées à l'appel des époux Friant : la première tirée de ce que, les deux créances se divisant, de plein droit, entre les six cohé-

---

(1) (Froidefond Duchatenet *C.* Cazamajour et autres.) — LA COUR; — Attendu, quant à la nullité de l'appel, fondée sur les dispositions de l'art. 669 c. pr. civ., qu'il existait entre les parties deux instances d'ordre devant le tribunal civil de Périgueux, lesquelles instances ont été jointes; — Attendu que la procédure en sous-ordre, introduite devant le même tribunal, n'est qu'un incident dans ces mêmes instances qui existent encore; qu'il résulte de cette circonstance que l'art. 669 précité, qui règle la forme et les délais de l'appel dans une instance de distribution par contribution, ne peut être invoqué dans la cause actuelle, où il s'agit, au principal, d'une instance d'ordre; — Attendu que l'appel a dû être fait conformément à l'art. 763 c. pr. civ., et que les délais prescrits par cet article ont été observés; — Attendu, quant au sursis demandé, qu'avant de distribuer, en sous-ordre, l'émolument d'une collocation, il faut que cette collocation soit définitive, précise et déterminée; — Tous droits des parties demeurant réservés, — Sursoit à prononcer sur l'appel porté devant elle jusqu'à ce que l'instance d'ordre pendante devant le tribunal de Périgueux soit terminée.

Du 23 juin 1841.-C de Bordeaux -M. Roullet, 1er pr.

(2) (Breynat *C.* Bonnichon.) — LA COUR; ... — Attendu, d'ailleurs, que la difficulté qui s'agitait entre Bonnichon et Breynat était indépendante de l'ordre; — Qu'il ne s'agissait entre eux que d'une action en garantie résultant de ce que Breynat aurait dépassé son mandat, en contractant l'obligation du 18 juill. 1827; — Que la jonction des instances n'a pu avoir pour effet de priver Breynat d'appeler dans les délais ordinaires; — Qu'ainsi, l'appel signifié à Bonnichon à son domicile réel, dans les trois mois de la signification du jugement, a été interjeté dans les délais de la loi; — Que, dès lors, les nullité et fin de non-recevoir opposées par Bonnichon contre l'appel de Breynat sont mal fondées; — Attendu, au fond, etc.

Du 26 juill. 1839.-C. de Grenoble, 4e ch.

ritiers, le jugement était en dernier ressort; exception que l'arrêt a repoussée par le motif que c'était la liquidation elle-même qui était mise en question, et non la part, encore indivise, le partage n'étant pas consommé, de chaque cohéritier dans cette liquidation; la seconde tirée de ce que l'appel n'avait pas été interjeté dans les dix jours de la signification du jugement à avoué, conformément à l'art. 763 (ancien) c. pr. — Cette seconde exception a encore été écartée par deux motifs : le premier que, la signification du jugement n'ayant été faite à l'avoué représentant les deux créanciers, qui avaient des intérêts distincts, que par une seule copie, cette signification était nulle et n'avait pu, par conséquent, faire courir le délai d'appel (V. *suprà*, nº 880-2º), et le second, subsidiaire en quelque sorte, formulé dans les termes qu'on vient de lire.

896. Il a, d'ailleurs, été jugé, et avec raison, selon nous, que l'appel d'un jugement, qui homologue un ordre amiable, ne doit pas être interjeté, à peine de nullité, dans les dix jours, à partir de la signification à avoué, comme lorsqu'il s'agit d'un ordre judiciaire; qu'on peut appeler d'un tel jugement dans les délais fixés pour les jugements ordinaires (Metz, 12 août 1814 (1); Grenoble, 30 août 1832, aff. Larguier, V. *suprà*, nº 68; Conf. MM. Seligman, nº 446; Flandin, Tr. de l'ordre, inédit). — ...Et que les dommages-intérêts, adjugés au mineur, à raison du retard apporté par le protuteur et la tutrice à rendre compte, se rattachant à la gestion de ces derniers, sont garantis par l'hypothèque légale, à compter du jour de l'acceptation de la tutelle (même arrêt; sur ce point, V. vis Priv. et hyp., nos 1047 et suiv.).

897. Dans les dix jours, doit-on comprendre le dernier jour du terme, c'est-à-dire le jour *ad quem?* —Il est admis, en général, que la locution *dans, pendant*, est inclusive du dernier jour du terme (V. vº Délai, nos 30 et suiv. 49 et suiv.). Mais ici le doute peut venir de la disposition de l'art. 1033 c. pr., d'après laquelle « *le jour de la signification ni celui de l'échéance* ne sont jamais comptés pour le délai général fixé pour les ajournements, les citations, sommations et autres actes faits à personne ou domicile...; » disposition qui s'applique, en particulier, ainsi que nous l'avons dit vº Délai, nº 43, au délai de l'appel de l'art. 443. — Mais on décide, avec raison, que l'art. 1033 n'est pas applicable au délai de l'appel, en matière d'ordre, matière spéciale et qui a ses règles à part. On doit d'autant mieux le décider ainsi que l'art. 1033, par son texte, ne concerne que les significations faites à *personne ou domicile*; et ici il s'agit de *significations à avoué* (Conf. MM. Chauveau sur Carré, Quest. 2586 *ter*, et Proc. de l'ordre, *eod.*; Bioche, vº Ordre, nº 582, 3e éd., 5e tirage; Ollivier et Mourlon, nº 402; Houyvet, nº 288; Seligman, nº 440; Flandin, Tr. de l'ordre, inéd.). — Il a été jugé, dans ce sens, que l'art. 1033 c. pr., d'après lequel on ne compte ni le jour de la signification ni celui de l'échéance, ne s'applique pas au délai de dix jours fixé pour l'appel d'un jugement d'ordre, lequel n'est pas un délai franc (Limoges, 15 nov. 1811 (2); Conf. Riom, 8 janv. 1824, aff. Monteil, *infrà*, nº 899-2º; Aix, 22 nov. 1826, aff. Barthelemy *C.* Etienne; Bordeaux, 3 juin 1829, aff. Mazens *C.* héritiers de Laloubie, *suprà*, nº 888-2º).

898. Mais le jour de la signification du jugement, *dies à quo*, ne doit point être compris dans le délai : c'est là la règle générale et qui ne comporte aucune exception (V. vº Délai, nº 25; V. également *suprà*, nº 676. — Conf. MM. Chauveau sur Carré, et Proc. de l'ordre, *loc. cit.*; Thomine, t. 2, nº 879; Ollivier et Mourlon, nº 402; Grosse et Rameau, t. 2, nº 413; Bioche, vº Ordre, nº 582, 3e éd., 5e tirage; Houyvet, *loc cit.*; Seligman, *ibid.*; Flandin, *ibid.*).—Il a été jugé, ainsi, que l'appel intervenu dans les dix jours *qui ont suivi celui de la signification* du jugement rendu en matière d'ordre, est valable (Riom, 31 août 1816, aff. Chometon, vº Priv. et hyp., nº 1294-1º).

899. Le délai de dix jours doit être augmenté d'un jour par 5 myriamètres de distance entre le siége du tribunal et le domicile réel de l'appelant. Ainsi s'exprime l'art. 762. L'ancien art. 763 était autrement rédigé : l'augmentation était *d'un jour par trois myriamètres de distance du domicile réel de chaque partie.* « Cette disposition (de l'art. 763), dit M. Duvergier, Coll. des lois, sur l'art. 762, note 2, donnait lieu à différentes interprétations. Des tribunaux avaient pensé que l'augmentation du délai devait être calculée en raison de la distance entre le domicile de l'appelant et le domicile de l'intimé (Poitiers, 29 avr. 1831, ci-après, 4º). — D'autres jugeaient que c'était la distance entre le domicile de l'appelant et le siége du tribunal qui devait être prise en considération (Grenoble, 16 juin 1824, ci-après, 3º). — Enfin, quelques-uns additionnaient les deux distances, celle entre le domicile de l'appelant et le siège du tribunal, et celle entre le domicile de l'appelant et le domicile de l'intimé (Bourges, 13 juill. 1841, ci-après, 5º). — La clarté de la nouvelle disposition ne permet plus la moindre hésitation. L'appelant aura, pour notifier l'appel, dix jours d'abord, plus un jour par cinq myriamètres de distance entre son domicile et le lieu où siége le tribunal qui a rendu le jugement. C'est, en effet, cette distance, et cette distance seule, qui doit faire augmenter le délai; c'est dans la ville où siége le tribunal que doit être signifié l'appel, puisque c'est à l'avoué qui a occupé pour l'intimé que doit être faite la signification, et non au domicile de l'intimé; et l'avoué de l'intimé réside nécessairement dans la ville où siége le tribunal. » — Les arrêts qui suivent n'ont donc plus guère qu'un intérêt historique. — Il a été jugé, sous l'ancien code : 1º que l'augmentation de délai se règle par la distance du domicile de la partie la plus éloignée, en telle sorte qu'il n'y ait qu'un seul et même délai pour tous les intimés (Cass. 3 août 1819, MM. Desèze, 1er pr., Minier, rap., Cahier, av. gén., concl. conf., aff. Delarue et cons. *C.* Clairembault et autres); — 2º Que l'augmentation du délai, à raison de la distance, doit être calculée, lorsqu'il y a plusieurs intimés, non pas du domicile de l'appelant au domicile de chaque intimé, mais du domicile de l'appelant au plus éloigné des domiciles des intimés, de manière à ce que le délai de l'appel, en ce qui concerne l'appelant, soit un délai uniforme et non pas un délai variable, suivant le plus ou le moins d'éloignement du domicile de chaque intimé (Riom, 8 janv. 1824) (3). — La ques-

(1) (N... *C.* M...) — LA COUR; — Attendu que la moitié de maison située à Becking, appartenant à la mère des intimés et indivise avec eux, n'a point été aliénée par expropriation, et que, deux créanciers seulement étant inscrits sur icelle, l'ordre judiciaire pour la distribution du prix n'a point été ni pu être provoqué, aux termes de l'art. 775 c. pr. civ., et le jugement qui a réglé les droits des créanciers sur ce prix n'ayant point été rendu d'après les formes prescrites pour les jugements d'ordre, l'appel en est recevable dans le délai ordinaire de l'appel; — — Sur le fond : attendu que les dommages et intérêts adjugés aux intimés l'ont été pour raison du retard du protuteur et de la tutrice à rendre compte, et sont, par conséquent, relatifs à leur gestion, dont ce compte est le dernier acte, ce qui les fait participer à l'hypothèque légale, à compter du jour de l'acceptation de la tutelle, introduite par l'art. 2135 c. civ.; — Que, s'il en était autrement, chaque condamnation que le mineur obtiendrait contre son tuteur, quoique procédant de la cause de la tutelle, produirait une hypothèque différente; ce qui, dans certains cas, obligerait le mineur à prendre des inscriptions dont la loi le dispense; — Sans s'arrêter à la fin de non-recevoir proposée par l'intimé sur l'appel, confirme.

Du 12 août 1814.-C. de Metz.

(2) (Gentil *C.* Roux.)—LA COUR; —Considérant, en droit, que l'art. 763 c. pr., règle, d'une manière précise, le délai accordé pour l'appel des jugements d'ordre, et veut impérativement que cet appel ne soit point reçu, s'il n'a été interjeté dans les dix jours de la signification à avoué, outre un jour par trois myriamètres de distance du domicile réel de chaque partie, le tout avec assignation et énonciation de griefs; — Considérant que, dans cette procédure toute particulière et uniquement appropriée à l'espèce, il n'est pas permis d'ajouter ou retrancher au délai que la loi a prescrit, et encore moins d'appliquer et invoquer les principes généraux développés en l'art. 1033 du même code, parce que la différence dans les délais tient à la différence essentielle que présente la matière, ainsi qu'on le voit dans un arrêt de la cour de cassation du 8 août 1807; — Considérant que, quand on supposerait, contre les termes mêmes de l'art. 763, que les dix jours en emportent douze, et doivent être francs, il ne se trouverait jamais que trente-cinq jours, et l'appel ne serait, néanmoins, arrivé que le trente-septième; — Considérant que l'art. 763 veut, pourtant, que l'appel soit fait dans les dix jours de la signification à avoué, et non hors les dix jours; ce qui réduit le calcul ci-dessus à trente-quatre jours;... — Déclare l'appel tardif et les appelants non recevables, etc.

Du 15 (et non 16) nov. 1811.-C. de Limoges, 5e ch.-M. Grivel, pr.-

(3) *Espèce :* — (Monteil *C.* Broquin, Rougier et autres). — LA COUR;

tion aujourd'hui ne saurait plus se reproduire, la distance se calculant du domicile réel de l'appelant au lieu où siége le tribunal; — 3° Que le délai de dix jours, fixé pour l'appel d'un jugement d'ordre, doit être augmenté d'un jour par 3 myriamètres de distance entre le lieu où siége le tribunal et le domicile de l'appelant (Grenoble, 2e ch., 16 juin 1824, aff. Dutrait *C.* Laplagne; Nîmes, 3e ch., 20 janv. 1852, aff. Couston *C.* Peyral; Bourges, 30 avr. 1853, aff. veuve Gros, D. P. 54. 2. 52). — C'est le système qu'a consacré le nouvel art. 762; — 4° Que le délai de dix jours, que l'art. 763 fixe pour l'appel du jugement d'ordre, ne doit pas être augmenté d'un jour par 3 myriamètres de distance entre le lieu où siége le tribunal devant lequel l'ordre se poursuit et le domicile réel de l'appelant, mais seulement eu égard à la distance qui existe entre le domicile réel de l'appelant et celui de l'intimé (Poitiers, 2e ch., 29 avr. 1831, M. Parigot pr., aff. Delcau *C.* de Lascases); — 5° Que l'augmentation du délai d'appel, en matière d'ordre, se calcule, en cumulant la distance qui existe entre le lieu où siége le tribunal qui a rendu le jugement attaqué et le domicile de l'appelant, et celle qui sépare le domicile de l'appelant de celui de l'intimé (Grenoble, 1re ch., 18 juin 1832, M. Félix Faure, 1er pr., aff. Chuillat *C.* Jourdan. — Conf. Bourges, 13 juill. 1841, aff. Frébant *C.* hér. Tanquerey; Lyon, 2e ch., 20 déc. 1855, aff. Poulard *C.* Coquet, Journ. des av., t. 81, p. 236, art. 2334); — 6° Que l'augmentation du délai d'appel, en matière d'ordre, doit se déterminer par les distances du siége du tribunal qui a rendu le jugement aux domiciles des parties; et, spécialement, que le délai de dix jours doit être augmenté d'un jour, lorsque le domicile de l'intimé est éloigné de plus de 3 myriamètres du lieu où siége le tribunal (Grenoble, 1re ch., 13 fév. 1844, aff. Cleyssat *C.* ép. Berthet; Journ. des av., t. 70, p. 85); — 7° Et que, s'il y a plusieurs intimés ayant des domiciles différents, dont les uns n'entraînent aucune augmentation de délai, et les autres en comportent, c'est le domicile le plus éloigné qui doit servir de règle pour le calcul du délai (Riom, 4 janv. 1855) (1).

962. Toutefois, la cour de cassation décide que la disposition de l'art. 762 est introductive d'un droit nouveau.—Il a, en conséquence, été jugé que, sous l'empire de l'ancien art. 763 c. pr., l'appel, en matière d'ordre, devait être signifié au domicile de l'intimé, et non, comme depuis la loi du 21 mai 1858, à celui de son avoué; qu'en conséquence, le délai de cet appel devait être augmenté d'un jour par 3 myriamètres de distance entre la demeure de l'appelant et le domicile, non de l'avoué qui a occupé pour l'intimé, mais de l'intimé lui-même (Rej. 25 juill. 1860. aff. Martinal, D. P. 60. 1. 331).

963. Le délai de dix jours, augmenté d'un jour par 5 myriamètres de distance entre le siége du tribunal et le domicile réel de l'appelant, est très-suffisant quand la partie intimée sur l'appel a un avoué, puisque c'est au domicile de l'avoué que l'acte d'appel doit être signifié (art. 762). Et tel est le cas des créanciers, lesquels n'ont pu, suivant la remarque de M. Duvergier, *loc. cit.*, contester en première instance, sans constituer avoué. Mais, quant au saisi, l'article suppose qu'il peut n'avoir pas d'avoué constitué, puisqu'il veut que l'appel, dans ce cas, lui soit signifié *à son domicile réel*. Ne faudrait-il pas, alors, décider, en consultant moins le texte que l'esprit de la loi, que c'est la distance entre ce domicile réel et celui de l'appelant qui doit faire augmenter le délai d'un jour par 5 myriamètres? M. Duvergier incline pour cette opinion. « Si l'on n'admettait pas cette solution, dit-il, il pourrait arriver que, dans les dix jours augmentés d'un jour par 5 myriamètres de distance entre le do-

— ...En ce qui touche ledit exploit d'appel, attaqué sous un autre rapport (celui de son émission hors le délai donné par la loi), et contre lequel, en conséquence, est élevée une fin de non-recevoir, tant de la part dudit Antoine Broquin, que de la part de la dame Contamine, femme Bougnes, des représentants Besson et de Pierre Estieu : —Considérant que le jugement d'ordre dont il s'agit, rendu par le tribunal de Murat le 9 mars 1822, a été signifié le 7 août suivant, à la diligence de Monteil, partie d'Allemand, et d'avoué à avoué, comme le prescrivait l'art. 763 c. pr.;— Considérant qu'il n'y a point lieu, en cette matière, à admettre la maxime que *nul ne se forclôt soi-même*, et à distinguer entre le cas où c'est celui qui veut appeler qui signifie le jugement, et le cas où il est signifié par toute autre partie en la cause; qu'il y a, à cet égard, une règle spéciale et uniforme, tracée, en matière d'ordre, par l'art. 763 c. pr., et que ce fut, dès lors, du 7 août expiré que commençait à courir le délai ou espace de dix jours, durant lequel tout appel de jugement d'ordre doit intervenir, sauf une augmentation de délai, à raison des distances; — Considérant que, hors ce cas d'exception résultant des distances, la journée du 17 août eût été le terme fatal, passé lequel il n'y avait plus possibilité légale d'appeler; — Considérant, en fait, et au cas particulier, que, si Monteil était domicilié au village de la Griffoule, commune de Lagarde; que, si Broquin l'était au village de Nastras, commune de Marchastel; les Besson, au village de Lagarde, même commune de Marchastel; et les mariés Bougnes et Contamine, au village de Chareyra, commune de Condat; et tous, enfin, domiciliés à peu de distance les uns des autres, et dans le même canton (celui de Marcenat, arrondissement de Murat), Pierre Estieu était également un des intimés et était domicilié en la ville de Murat; que de ce domicile à celui de Monteil, appelant (la commune de Lagarde), le tableau des distances, dressé par l'autorité administrative, indique que, de Lagarde à Murat, la distance est de 3 myr. 5 kilom.; — Considérant, en droit, que l'art. précité 763 c. pr. est seul à consulter ici; qu'il forme une législation spéciale et particulière aux ordres; ce qui rend inapplicable l'art. 1033 dudit code, qui se réfère aux matières restées sous la règle commune et générale;

Considérant que l'art. 763 disposant, en termes absolus : « que l'appel, en matière d'ordre, n'est pas recevable, s'il n'est interjeté dans les dix jours de la signification du jugement, outre un jour par 3 myriamètres de distance du domicile réel de chaque partie, » le sens et l'esprit de cette loi comportent et veulent, non pas un délai variable, calculé inégalement et selon la distance qu'il y a de l'appelant à l'intimé et à tel autre intimé, mais un délai uniforme pour l'appelant, calculé selon la distance qu'il y a à parcourir pour aller au domicile du plus éloigné de ceux qu'il assigne, et contre lesquels il interjette appel; que, d'après ce principe et la distance réelle de la ville de Murat à la commune de Lagarde (3 myriam. 5 kilom.), l'appelant avait droit à une augmentation de délai; mais que, cette augmentation, prescrite par l'art. 763 du code, étant seulement d'un jour par 3 myriam., et l'article n'allouant aucune augmentation des dix jours, s'il n'y a qu'une fraction, et non 3 myriam. entiers, il n'y avait lieu, au cas présent, et dans le système de la loi, qu'à augmentation d'un jour seulement; — Considérant que, le délai spécial de dix jours expirant le 17 août, l'augmentation pour la distance en reportait l'expiration au 18;

Considérant (en ce qui touche le moyen pris de ce que ce jour, 18 août, était férié) que, d'une part, l'article précité du code, qui indique la procédure et les délais, est spécial et absolu; que là où le législateur, dans ces matières, a voulu que les dimanches et autres jours légalement fériés fissent renvoyer au lendemain l'acte qui était à signifier, il l'a dit, en termes exprès, comme on le voit, par exemple, dans l'art. 162 c. com.; que, d'autre part, et pourrait-on, dans une matière toute spéciale, recourir aux principes généraux portés par les art. 63 et 1037 c. pr., on ne saurait y trouver que la signification à faire par Monteil, appelant, dût être nécessairement renvoyée au lendemain 19 août, puisque les articles du code mettent, à côté de l'interdiction de faire une signification un jour de fête, un moyen légal de se garantir du péril en la demeure (celui d'exposer l'urgence au juge et d'obtenir une permission que ne saurait et ne pourrait refuser le magistrat), d'un péril existant, tel, entre autres, que celui résultant de la fatalité d'un délai spécial expirant le jour même de fête légale; que Monteil, en calculant mal ses délais, ou négligeant d'user de la faculté que lui offrait la loi de recourir au juge, doit s'imputer la déchéance encourue;—Considérant que, cette déchéance devant profiter à la Contamine, femme Bougnes, comme aux Besson, Broquin et Estieu, il n'y a pas lieu, dès lors, à s'occuper de ses conclusions tendantes à un sursis, pour s'inscrire en faux contre la date du 19 août, donnée à l'exploit d'appel, qu'elle prétend ne lui avoir été signifié que le 20, et non le 19; — Par ces motifs, déclare l'appel non recevable, à l'égard de toutes les parties.

Du 8 janv. 1824.-C. de Riom, 2e ch.-M. Deval de Guymont, pr.

(1) (Battut C. Boulet.)—LACOUR;—...Attendu que la distance doit nécessairement se calculer, d'abord du lieu où siége le tribunal qui a rendu le jugement au domicile de la partie qui interjette appel, et ensuite de ce domicile a celui de chaque intimé; que, s'il en était autrement, il n'y aurait, pour une partie domiciliée loin du tribunal saisi du litige, aucune espèce de temps pour l'informer de la décision rendue et pour délibérer sur cette décision; —Attendu que, dans le concours de divers domiciles, les uns n'entraînant aucune augmentation de délai, les autres, au contraire, en comportant, ce sont ces derniers qui doivent servir de règle pour la fixation du délai d'appel; car il est de principe que ce qui favorise la défense doit être préféré; — Attendu que, s'il en était autrement, on pourrait trouver, dans le même acte signifié à divers intimés, domiciliés en divers lieux, par un seul et même original, un appel régulier et un appel qui serait à mauvaise date...

Du 4 janv. 1855,-C. de Riom, 2e ch.

micile de l'appelant et le siége du tribunal, il y aurait à peine le temps de faire parcourir à l'acte d'appel la distance entre le domicile de l'appelant et le domicile réel du saisi intimé. » — M. Chauveau, qui partage la même opinion, est plus affirmatif : « La loi, dit-il, Proc. de l'ordre, quest. 2586, en parlant de l'augmentation des distances, n'a prévu que le cas d'une signification du jugement à avoué et d'une notification de l'appel à l'avoué de l'intimé. Si les notifications sont faites au domicile du saisi, ce sont les règles ordinaires qui doivent être appliquées. » — V., en ce sens, Rennes, 29 août 1814, aff. Soupe, n° 902.

On peut objecter, cependant, fait observer M. Flandin, Tr. de l'ordre, inédit, que la loi, qui prévoit, dans le même article, deux cas différents, n'aurait pas manqué d'établir, pour ces deux cas, en ce qui concerne la supputation du délai d'appel, des règles différentes, si telle eût été son intention; qu'en ne le faisant pas, elle a sacrifié au besoin de célérité en cette matière quelques faits exceptionnels, qui, avec la rapidité actuelle des communications, devront se produire bien rarement.—M. Flandin corrobore cette objection de dispositions empruntées au titre de la Saisie immobilière. L'art. 731, dit-il, porte que « l'appel (en cette matière) sera considéré comme non avenu, s'il est interjeté après les dix jours, à compter de la signification à avoué, ou, s'il n'y a point d'avoué, à compter de la signification à personne ou au domicile soit réel, soit élu. » Et, dans le cas où il y a lieu à augmentation de délai, le même article ajoute que « ce délai sera augmenté d'un jour par 5 myriamètres de distance, *conformément à l'art.* 725. » Or, l'art. 725 déclare que, « si le saisi n'a pas constitué avoué durant la poursuite (en distraction de tout ou partie des objets saisis), le délai prescrit pour la comparution sera augmenté d'un jour par 5 myriamètres de distance *entre son domicile et le lieu où siége le tribunal*, sans que ce délai puisse être augmenté à l'égard de la partie qui serait domiciliée hors du territoire continental de l'empire. » Si, en matière de saisie immobilière, l'augmentation du délai d'appel, quand l'appel doit être signifié au domicile réel de l'intimé (art. 732), se règle sur la distance qui sépare ce domicile du lieu où siége le tribunal, sans avoir égard au plus ou moins d'éloignement du domicile réel de l'appelant de celui de l'intimé, pourquoi, dans la matière de l'ordre qui requiert la même célérité, le législateur ne se serait-il pas attaché à une règle générale, d'après laquelle il n'y aurait à considérer que la distance qui sépare le domicile réel de l'appelant du lieu où siége le tribunal (qui est en même temps le lieu du domicile de son avoué, avec lequel il a à se consulter sur l'appel à interjeter), sans se préoccuper de la distance existant entre le domicile de l'appelant et celui de l'intimé, lorsque celui-ci n'a pas d'avoué? Cette interprétation a au moins le mérite d'être conforme au texte de l'art. 762, sans faire office du législateur, en ajoutant arbitrairement à ce texte, sous prétexte de le corriger (Conf. M. Bioche, v° Ordre, n° 585, 5e éd., 5e tirage). — La question, comme on voit, est délicate; aussi, quoique nous penchions vers l'opinion exprimée par MM. Duvergier et Chauveau, il nous semble prudent d'attendre, pour formuler une opinion définitive, que les nécessités de la pratique aient tracé la voie à la jurisprudence sur ce point.

902. L'art. 762, pour le calcul des distances, parle du domicile *réel* de l'appelant, et non du domicile élu, à la différence de ce qui est dit à l'art. 731, en matière de saisie immobilière. — Il a, en conséquence, été jugé, sous l'ancien code, que l'appel d'un jugement d'ordre, interjeté contre des créanciers domiciliés à Amsterdam, est recevable, s'il a été interjeté dans les quarante-deux jours de la signification du jugement, quoique ces créanciers eussent un domicile élu dans le lieu où a été rendu le jugement, l'art. 763 c. pr. ne tenant compte, pour le calcul des distances, que du domicile réel (Rennes, 29 août 1814) (1).

903. L'art. 762 ne double pas le délai d'augmentation, comme le faisait l'art. 1033, quand il y a lieu à envoi et retour; et, comme nous sommes en matière spéciale, il ne faut pas s'écarter des règles prescrites pour cette matière, en vue surtout d'allonger les délais (Conf. MM. Grosse et Rameau, t. 2, n° 415; Chauveau, Proc. de l'ordre, quest. 2586; Seligman, n° 442).—Il a, en conséquence, été jugé qu'en matière d'ordre, le délai ne doit pas être augmenté, quoiqu'il y ait lieu à envoi et retour de pièces : — « La cour;... attendu que, les dispositions de cet article (l'art. 763) étant spéciales sur le délai d'appel en matière d'ordre, elles ne doivent point être modifiées d'après celles de l'art. 1033, qui ne sont relatives qu'aux délais généraux;... sans s'arrêter à la fin de non-recevoir, etc. » (Metz, 15 juin 1824, aff. Megret de Serilly *C.* d'Humbepaire et autres. — Conf. Poitiers, 2e ch., 29 avr. 1831, M. Parigot, pr., aff. Deleau *C.* de Lascases).—Du reste, la disposition de l'art. 1033, qui doublait l'augmentation du délai, lorsqu'il y a lieu à voyage ou envoi et retour, a disparu de cet article, depuis qu'il a été modifié par la loi du 3 mai 1862. L'exposé des motifs de cette dernière loi explique ainsi cette suppression : « Lors de l'examen du projet de code de procédure, la section de législation du tribunat demanda la suppression de cette disposition comme inutile et n'étant d'aucune application possible. Dans ses observations transmises au conseil d'Etat, elle multiplie les hypothèses à la recherche d'un cas d'application qu'elle ne trouve point. Les procès-verbaux du conseil d'Etat sont muets sur l'incident. Les observations du tribunat, demeurées sans réponse, ont été reprises et développées par les commentateurs. La disposition, reconnue inutile et sans application possible, serait supprimée dans l'article nouveau » (D. P. 62. 4. 43, n° 26).

904. La fraction de myriamètres, au-dessous de 5, donne-t-elle lieu à un jour de plus? Nous avons examiné cette question à un point de vue général, à propos de l'art. 1033 c. pr., v° Délai, n° 101, et nous l'avons résolue par la négative, en indiquant les auteurs et les arrêts qui se sont prononcés dans un sens ou dans l'autre. Nous persistons ici dans l'opinion par nous émise. Il nous semble résulter manifestement du texte comme de l'esprit de la loi que l'augmentation du délai, à raison de la distance, n'ayant été accordée que pour 5 myriamètres, toute fraction au-dessous de 5 myriamètres, à moins de substituer l'arbitraire du juge à la volonté du législateur, doit être impuissante pour produire l'effet qu'il n'a attaché et n'a voulu attacher qu'au nombre de myriamètres déterminé (Conf., pour la question spéciale, MM. Ollivier et Mourlon, n° 402; Bioche, v° Ordre, n° 584, 5e éd., 5e tirage, Chauveau sur Carré, quest. 2586 *ter*, et Proc. de l'ordre, quest. 2586; Grosse et Rameau, t. 2, n° 415; Seligman, n° 441; Flandin, Tr. de l'ordre, inédit).— Il a été jugé, dans ce sens, qu'il n'y a lieu à aucune augmentation du délai d'appel, en matière d'ordre, pour toute fraction inférieure à 3 (aujourd'hui 5) myriamètres :— « Considérant, dit un arrêt, que la fraction de myriamètre ne peut être comptée, et que, conséquemment, il ne peut être accordé un jour de plus au délai accordé par l'art. 763 c. pr. » (Poitiers, 2e ch., M. Parigot, pr., aff. Deleau *C.* de Lascases.—Conf. Riom, 8 janv. 1824, aff. Monteil, V. n° 899-2°; Paris, 9 mars 1861, aff. Loisel de Précour, D. P. 61. 5. 331; Dijon, 27 mai 1862, aff. Forgeot, D. P. 62. 2. 165).

905. Il a été jugé, au contraire, qu'en matière d'ordre, le délai d'appel doit être augmenté d'un jour, à raison des fractions de myriamètre qui existent au delà des 3 myriamètres de distance : — « La cour;... attendu que, lorsqu'il y a des frac-

---

(1) (Soupe C. hérit. Levêque.) — La cour; — Considérant que les six exploits d'appel, signifiés de la part d'Hubert Soupe, se réfèrent aux dates des 27, 28 et 29 oct., 6, 12 et 26 nov. 1813; qu'à partir de l'échéance du délai de dix jours depuis la notification, c'est-à-dire à compter du 4 octobre, le plus ancien de ces actes d'appel est évidemment postérieur à cette échéance;... — Mais qu'il en est autrement de l'appel contre Braunsberg et compagnie, négociants à Amsterdam, ou à 96 myriamèt. de Nantes; cette distance emporterait une prolongation de délai de trente-deux jours, qui ne se trouve pas entière entre le 4 octobre, échéance des dix jours, et le 28 du même mois, date de la notification de l'appel qui concerne les intimés; — Qu'il est inutile d'objecter une élection de domicile qui aurait été faite par lesdits Braunsberg et compagnie chez des négociants à Nantes, leurs mandataires : outre que, conformément à l'art. 456 c. pr. civ., cette notification d'appel leur a été faite à Amsterdam, leur vrai domicile, il faut considérer que l'art. 763 du même code, spécial dans la cause, ne tient compte que du domicile réel de chaque partie; — Que l'appel d'Hubert Soupe, non recevable et tardif à l'égard des autres intimés, doit donc être reçu seulement contre Braunsberg et compagnie

Du 29 août 1814.-C. de Rennes

tions en sus de 3 myriamètres de distance, il résulte évidemment de l'art. 763 c. pr. civ. que le délai de l'appel doit être augmenté d'un jour, à raison de ces mêmes fractions; sans s'arrêter à la fin de non-recevoir, etc. » (Metz, 15 juin 1824, aff. Megret de Serilly *C.* d'Humbepaire et autres).

906. Le délai d'appel doit-il être prorogé d'un jour, lorsque le dernier jour du délai est un jour férié? — Il est de droit commun, avons-nous dit, vº Délai, nº 54, que le dernier jour, jour *ad quem*, compte dans le délai, quoiqu'il tombe un jour férié : il n'y a d'exception que pour les délais fort courts, qui seraient insuffisants, s'ils n'étaient entiers (V. aussi vis Jour férié, nº 44; Priv. et hyp, nº 1633, et les autorités citées. *Adde* MM. Flandin, Tr. de la transcr., nº 1138 *bis*; Ollivier et Mourlon, nº 402; Grosse et Rameau, t. 2, nº 413; Chauveau, Proc. de l'ordre, quest. 2586; Seligman, nº 440). Telle est, en effet, la décision de la loi romaine: *Feriæ autem, sive, repentinæ, sive solemnes sint, dilationum temporibus non excipiantur, sed his connumerentur* (L. 3, C., *De dilat.*).—L'art. 7 du tit. 3 de l'ordonnance de 1667 disait également: « Tous les jours seront continus et utiles pour les délais des assignations et procédures, même les dimanches, fêtes solennelles, et les jours des vacations et autres auxquels il ne se fait aucune exécution de justice. » — Il a été jugé, dans ce sens, que le délai de l'appel d'un jugement d'ordre ne doit point être prorogé, lorsque le dernier jour du terme est un jour de fête légale (Riom, 8 janv. 1824, aff. Monteil, *suprà*, nº 899-2º; Bordeaux, 4 juin 1835, aff. Baudrit, vº Jour férié, nº 45-2º). — Ces décisions ne peuvent plus être suivies depuis la loi du 3 mai 1862 portant modification de l'art. 1033 c. pr., qui décide que le délai sera prorogé au lendemain, si le dernier jour du délai est un jour férié (V. nº 1069).

907. Suivant l'art. 449 c. pr., l'appel ne peut être interjeté avant l'expiration du délai de huitaine, à dater du jour du jugement. Cette disposition ne peut évidemment s'appliquer à notre matière : il faudrait, autrement, interdire toute signification du jugement d'ordre avant ce même délai de huitaine, puisque les dix jours, accordés par l'art. 762 pour interjeter appel de ce jugement, courent du jour de la signification; ce qui serait contraire au vœu de la loi, qui, dans un but de célérité, prescrit de signifier le jugement dans les trente jours de sa date (Conf. MM. Chauveau, Proc. de l'ordre, quest. 2583; Grosse et Rameau, t. 2, nº 413; Encyclop. des huissiers, vº Ordre, nº 197; Bioche, vº Ordre, nº 586, 3e éd., 5e tirage; Ollivier et Mourlon, nº 401; Houyvet, nº 289; Seligman, nº 444; Flandin, Tr. de l'ordre, inédit).—Il a été jugé, dans ce sens, que, l'art. 763 c. pr. n'accordant que dix jours pour appeler d'un jugement d'ordre, il n'y a pas lieu d'appliquer à cette matière la disposition de l'art. 449 du même code, d'après laquelle l'appel d'un jugement, non exécutoire par provision, ne peut être interjeté qu'après la huitaine de sa prononciation : — « La cour...; attendu, sur la fin de non recevoir proposée par Beyerman contre l'appel de Faurès, que la procédure, en matière d'ordre et de distribution, est régie par des règles particulières et spéciales; que l'art. 763 c. pr. civ. n'accorde que dix jours pour appeler du jugement d'ordre, et que ce délai serait, à peu de chose près, illusoire, s'il fallait appliquer à l'appel, en matière d'ordre, la règle générale établie par l'art. 449, suivant lequel aucun appel d'un jugement, non exécutoire par provision, ne peut être interjeté dans la huitaine, à dater du jour de la prononciation du jugement;... sans s'arrêter à la fin de non-recevoir, etc. » (Bordeaux, 15 déc. 1826, aff. Faurès et Datin *C.* Beyermann).

908. En principe général, le décès de la partie condamnée est une cause suspensive du délai d'appel, et ce délai ne reprend son cours qu'après la signification du jugement, faite au domicile du défunt, aux héritiers collectivement, et à compter de l'expiration des délais pour faire inventaire et délibérer, si le jugement a été signifié avant que ces derniers délais fussent expirés. Telle est la disposition de l'art. 447 c. pr. — Cette disposition est-elle applicable en matière d'ordre? — La négative s'appuie sur ce que les jugements de cette sorte ne sont signifiés qu'à avoué (art. 762; V. *suprà*, nº 855). Mais nous avons exprimé l'opinion, vº Appel civil, nº 1023, que cette raison n'est pas suffisante pour entraîner une dérogation à un principe de droit commun, alors que cette dérogation ne dérive ni de la nature des choses, ni d'aucun texte exprès de notre titre. — Le contraire, toutefois, a été jugé par un arrêt de la cour de Limoges, du 7 juin 1844, aff. hérit. Mosnier, *suprà*, nº 883 (Conf. MM. Houyvet, nº 290; Seligman, nº 443).

909. La question est tout autre lorsqu'il s'agit, non pas du décès de la partie, mais du décès, de la démission ou interdiction de son avoué. On a vu *suprà*, nº 883, que, si l'avoué est décédé depuis le jugement, mais avant sa signification, le jugement doit être signifié à personne ou domicile. Le délai de l'appel demeurera-t-il suspendu jusqu'à constitution d'un nouvel avoué? La négative a été jugée par un arrêt de la cour d'Orléans, du 10 avr. 1837 (*suprà*, nº 883), contrairement à la plaidoirie de M. Chauveau. En reprenant la question dans le Journal des avoués d'abord, t. 52, p. 253, puis dans ses additions à l'ouvrage de Carré sur la procédure civile, quest. 2586-5º, M. Chauveau avait déclaré persister dans l'opinion par lui soutenue devant la cour d'Orléans. « Quelles dangereuses surprises, disait-il, doivent être le résultat nécessaire de l'opinion de la cour d'Orléans? Dix jours à un plaideur inexpérimenté, sans conseil, au fond d'une campagne, pour se décider sur les plus graves intérêts qui puissent s'agiter, sur une question hypothécaire d'où dépend peut-être la dot de sa femme ou le sort de toute sa fortune!... » Mais, dans son Commentaire sur la loi du 21 mai 1858, quest. 2583 *ter*, M. Chauveau est revenu au sentiment de la cour d'Orléans. « Les considérations qui m'avaient déterminé, dit-il, ne peuvent plus aujourd'hui conserver leur autorité. La loi, qui était muette, s'est catégoriquement exprimée à l'égard du saisi qui n'a pas d'avoué. Elle a voulu qu'alors l'appel fût signifié au domicile réel. Ce qu'elle dit du saisi s'applique évidemment à toute autre partie qui se trouve privée de l'assistance d'un avoué... L'art. 731 (L. 2 juin 1841) fournit encore un argument à l'appui de ma solution. » — L'argument d'analogie que tire M. Chauveau de l'art. 762 n'est pas très-direct; car, s'il décide, cet article, que « l'acte d'appel est signifié... au domicile réel du saisi, s'il n'a pas d'avoué », il parle seulement de l'appel interjeté par un autre que le saisi, mais non de l'appel interjeté par le saisi lui-même. Il en est autrement de l'argument déduit de l'art. 731, lequel porte que « l'appel de tous autres jugements (autres que ceux pour lesquels la loi, en matière de saisie immobilière, n'admet pas l'appel) sera considéré comme non avenu, s'il est interjeté après les dix jours, à compter de la signification à avoué, ou, s'il n'y a point d'avoué, à compter de la signification à personne ou au domicile, soit réel, soit élu. » La raison d'analogie ici est manifeste (V. *suprà*, nº 901.— Conf. MM. Grosse et Rameau, t. 2, nº 412; Encyclop. des huissiers, vº Ordre, nº 196; Bioche, vº Ordre, nº 574, 3e éd., 5e tirage; Ollivier et Mourlon, nº 397; Seligman, nº 439; Houyvet, nº 290; Flandin, Tr. de l'ordre, inédit).

Art. 3. — *Des personnes qui peuvent appeler ou intervenir en appel.*

910. Le droit d'appel appartient à tous ceux qui ont été parties au jugement et à qui le jugement fait grief, c'est-à-dire : 1º aux créanciers contestants; 2º aux créanciers contestés; 3º à l'avoué chargé de représenter les créanciers postérieurs, en ordre d'hypothèques, aux collocations contestées (c. pr. 760; V. *suprà*, nº 770). — Nous disons *à qui le jugement fait grief*; car toute partie, dont les conclusions ont été admises par le jugement, est évidemment non recevable, par défaut d'intérêt, à en interjeter appel.

911. Il a aussi été jugé qu'un acquéreur d'immeubles, dont le prix est en distribution, et qui a figuré dans l'ordre, non-seulement comme tiers détenteur, mais encore comme partie intéressée, à raison des payements qu'il a faits à divers créanciers et de l'engagement qu'il a contracté envers d'autres de les faire colloquer utilement, a un intérêt évident, et, par suite, est recevable à interjeter appel du jugement qui a rejeté ses contredits, et qui a pour effet de le laisser à découvert des sommes payées sur son prix ou des engagements contractés envers d'autres créanciers inscrits; qu'on ne saurait le considérer, en pareil cas, comme un simple détenteur qui serait sans droit ni qualité pour contester le montant et l'ordre des collocations faites sur son prix (Cass. 27 nov. 1844, aff. Versant, v° Appel civil, n° 546).

912. L'ayant cause pouvant exercer tous les droits de son auteur, à l'exception de ceux qui sont exclusivement attachés à la personne de ce dernier (c. nap. 1166), il en résulte qu'il peut, du chef de son auteur partie au jugement, interjeter appel de ce jugement, quoique n'y ayant pas figuré personnellement. — Il a, toutefois, été jugé : 1° que, tant que le transport d'une créance n'a pas été signifié par le cessionnaire, le cédant a le droit, à l'égard des tiers, d'exercer les actions qui résultent de cette créance, et notamment d'interjeter appel du jugement qui refuse de l'admettre dans la distribution du prix (Bordeaux, 29 avr. 1829, aff. Laville, v° Vente, n° 1732-2°); — 2° Et que, malgré l'intervention du cessionnaire, le cédant qui a lui-même commencé l'instance, en interjetant appel en son nom personnel, avant la signification du transport de la part du cessionnaire, peut ne pas être mis hors de cause, si les intimés s'y refusent, à cause de la responsabilité des frais qui pèsent sur lui, comme partie au procès (même arrêt).

913. Du principe qui vient d'être posé il résulte que les créanciers en sous-ordre peuvent, en vertu de l'art. 1166 c. nap., appeler d'un jugement qui paraîtrait blesser les intérêts de leur débiteur (Conf. MM. Seligman, n° 450; Flandin, Tr. de l'ordre, inédit).

914. On a élevé la question de savoir si les créanciers, qui n'ont pas contesté, dans le délai, les collocations du règlement provisoire, peuvent être admis à interjeter appel du jugement qui a statué sur les contestations soulevées par d'autres créanciers ? — La cour de cassation, dans un cas particulier, celui où la contestation dirigée contre une des collocations du règlement provisoire était l'œuvre du créancier poursuivant, a décidé l'affirmative, en se fondant sur ce que la contestation élevée par le créancier poursuivant *est censée l'être dans l'intérêt commun*. (V. *infrà*, n° 916-1°, l'arrêt de rejet du 14 déc. 1808).

«Pour moi, dit M. Flandin, Tr. de l'ordre, inédit, la solution de la question n'est pas dans le principe invoqué par cet arrêt, principe aujourd'hui sans application, puisque ce n'est pas l'avoué poursuivant, mais un avoué commis par le juge, qui est chargé de poursuivre l'audience (art. 761). Elle est dans la disposition de l'art. 760, qui, en disant que les créanciers postérieurs aux collocations contestées seront tenus, dans la huitaine après les trente jours accordés pour contredire, de s'entendre sur le choix d'un avoué, sinon qu'ils seront représentés par l'avoué du dernier créancier colloqué, assigne à ces créanciers un rôle dans l'instance, et leur reconnaît ainsi virtuellement le droit d'appel. La question, en effet, qu'on le remarque, ne peut concerner que les créanciers postérieurs aux collocations contestées; car, pour les créanciers antérieurs, ils sont pleinement désintéressés dans ces contestations, à tel point que l'art. 758 veut qu'elles ne puissent suspendre l'ordre à leur égard, et que les bordereaux de collocation leur soient délivrés, sans attendre l'issue desdites contestations. — Il semble, cependant, que M. Duvergier, Coll. des lois, ann. 1858, p. 156, note 4, ne soit pas de cet avis; car, à propos de l'art. 763, dont une disposition porte que « l'avoué du créancier dernier colloqué peut être intimé, s'il y a lieu, » il dit, en note : « Peut-être eût-il été bien de donner à l'avoué du créancier dernier colloqué qualité pour interjeter appel. S'il est autorisé à *défendre* sur l'appel, dans l'intérêt collectif qu'il représente, pourquoi ne lui serait-il pas permis d'*agir* dans le même intérêt ? Des opinions considérables, ajoute-t-il, repoussent ce système; mais des autorités imposantes l'approuvent : contre lui s'élève un préjugé grave résultant de ce qu'il n'a trouvé place ni dans le projet du gouvernement, ni dans les amendements du corps législatif. » — Il ne saurait résulter de là, reprend M. Flandin, aucun préjugé, dès qu'il n'apparaît pas de l'exposé des motifs ou du rapport de la commission que la question ait été soulevée. Il faut, dès lors, en chercher la solution dans les principes du droit commun. Car, ainsi que le fait observer M. Chauveau, quest. 2587 *bis*, l'avoué du dernier créancier colloqué, qui représente la masse intéressée, n'a pas été mis en cause en première instance pour rester, quoi qu'il arrive, spectateur passif des contestations qui s'agitent devant le tribunal. Si donc il pense que l'appel peut être utile, il a droit et qualité pour l'interjeter. L'initiative, ajoute M. Chauveau, de la part de cet avoué, sera probablement bien rare, parce que l'intérêt des contestants et des contestés domine celui des créanciers postérieurs en rang; mais il n'est pas sans exemple que l'avoué représentant la masse ait pris en main la défense d'un contredit abandonné par l'effet d'un accord tacite entre les autres parties. Et si, comme partie dans l'instance devant les premiers juges, l'avoué représentant la masse peut et doit déjouer les calculs préjudiciables à l'intérêt collectif qu'il représente, comment ne le pourrait-il pas, après le jugement rendu, quand l'accord se produit pour empêcher l'appel ? — « Je n'ajoute rien, dit M. Flandin, à cet argument qui me semble décisif. J'en conclus seulement que, ce que peut faire l'avoué des créanciers postérieurs aux créances contestées, dans l'intérêt collectif qu'il représente, on ne saurait raisonnablement l'interdire à tel ou tel de ces créanciers individuellement, s'il croit l'appel fondé et que l'avoué commun juge préférable de s'abstenir, à la condition, bien entendu, que ce créancier, s'il échoue dans son appel, en supporte personnellement les frais. »

M. Seligman, n° 465, pense, au contraire, « qu'autoriser l'avoué du dernier créancier colloqué à interjeter appel, en cette qualité seule, ce serait ajouter à la mission que cet avoué tient de la loi, dans l'intérêt des créanciers postérieurs en rang aux collocations contestées. » — C'est également l'opinion qu'à un point de vue plus général, nous avons émise dans notre première édition. Le droit d'appeler, y disions-nous, appartient aux créanciers, pourvu qu'ils aient produit leurs titres et demandé à être colloqués dans l'ordre. S'ils ont négligé de faire valoir régulièrement leurs droits, ou *de contester dans le délai*, ils ne peuvent ni appeler, ni intervenir sur l'appel qui aurait été interjeté par d'autres plus diligents. — Mais nous ne croyons pas devoir persister dans cette opinion, au moins en ce qui concerne spécialement la question examinée au présent numéro. Après une étude nouvelle de la difficulté, il nous a paru que le système si bien développé par M. Flandin était celui qui devait prévaloir. Lorsque la loi veut que les créanciers postérieurs aux créanciers contestés soient représentés dans l'instance, c'est évidemment parce que, à raison de l'intérêt qu'ils peuvent avoir chacun individuellement à la contestation, elle les considère comme parties dans cette instance; autrement, à quel titre y figureraient-ils? Or, si leur intérêt est lésé par le jugement, on ne s'expliquerait pas que le droit d'appel leur fût refusé.

915. Il a été jugé toutefois, contrairement à cette opinion : 1° que le créancier, qui n'a pas contredit à l'ordre, ne peut demander la réformation du jugement qui alloue à un créancier les frais de sa production tardive (Grenoble, 24 déc. 1825, aff. Potalier, v° Contrat de mar., n° 3535-1°); — 2° Que le créancier, qui n'a pas contredit, en première instance, dans les formes et délais prescrits, une collocation portée dans le règlement provisoire, est sans qualité pour attaquer, par la voie de l'appel, le jugement qui maintient cette collocation, encore bien qu'il y ait appel du jugement, de ce chef, par un autre créancier (Paris, 7 juin 1834) (1); — 3° Que le créancier forclos, faute d'avoir contredit à l'ordre dans le délai légal, et qui n'a pas adhéré aux contredits ou aux conclusions prises à l'audience par les autres créanciers, est non recevable à interjeter appel du jugement rendu sur les contredits (Limoges, 18 mai 1840) (2).

916. Mais il a été jugé, dans le sens de l'opinion que nous

(1) (Touche de la Pelleterie C. hér. Huchet). — La cour; — En ce qui touche l'appel des héritiers Touche de la Pelleterie à l'égard des héritiers Huchet : — Considérant que les héritiers de la Pelleterie n'ont point contredit, dans les formes et délais déterminés par la loi, la collocation faite par le règlement provisoire au profit des héritiers Huchet, et qu'ils n'ont même pris aucune conclusion, en première instance, contre cette collocation; que, dès lors, le jugement, intervenu sur cette collocation, par suite des contestations élevées contre elle par Gauthier, leur est étranger en cette partie, et qu'ils sont sans qualité pour l'attaquer, en cette même partie, par la voie de l'appel;... — Confirme.

Du 7 juin 1834.-C. de Paris, 5e ch.

(2) (Antignac et Tybeyrant C. Mazoyer-Laboschc.) — La cour; —

croyons devoir préférer aujourd'hui : 1° que la contestation, élevée en première instance, par le créancier poursuivant, sur la collocation d'un autre créancier, est censée faite dans l'intérêt commun et par tous les créanciers qui n'ont pas formellement approuvé cette collocation ; que ceux-ci, en conséquence, sont recevables, de même que le créancier poursuivant, à interjeter appel du jugement d'ordre (Rej. 14 déc. 1808) (1); — 2° (En matière de distribution par contribution) que, dans l'instance à laquelle donnent lieu les difficultés élevées sur l'état de distribution provisoire, l'avoué le plus ancien, mis en cause en exécution de l'art. 667 c. pr., et intimé sur l'appel du jugement rendu sur ces difficultés, doit être considéré comme le représentant de la masse, et, comme tel, être admis, en cas de désistement de l'appelant, à reprendre, dans l'intérêt collectif des créanciers, les contestations abandonnées (Paris, 8 janv. 1853, aff. Richard, Delaporte et autres, D. P. 54. 2. 6); — 3° Qu'un créancier, partie dans un ordre, peut donner son adhésion, à l'audience, notamment en s'en rapportant à justice, au contredit élevé par un autre créancier; qu'on objecterait vainement qu'il aurait dû contredire personnellement devant le juge-commissaire, dans le délai fixé par l'art. 756 c. pr. (V. *infrà*, n° 921); qu'en conséquence, ce créancier a qualité pour interjeter appel, à défaut du créancier premier contredisant, du jugement qui a rejeté le contredit (Req. 26 juin 1854, aff. Van Huffel, D. P. 54. 1. 228). — V. encore *suprà*, n°s 751 et suiv.

917. Il a, d'ailleurs, été jugé, avec raison : 1° que le créancier, qui n'a pas contredit, dans le mois de la notification du règlement provisoire, la disposition de ce règlement qui a rejeté sa collocation, est censé y avoir acquiescé, et ne peut, dès lors, appeler du jugement qui a maintenu ledit règlement : — « La cour ; ... en ce qui touche l'appel du jugement, rendu au tribunal civil de Fontainebleau le 31 août 1808, interjeté vis-à-vis de la dame Allais : attendu que Parent, aux termes du code de procédure, n'avait que la faculté de contester, dans le délai marqué par la loi, la disposition de l'ordonnance du commissaire, portant qu'il ne devait point entrer en collocation, et que, ne l'ayant point fait, il est censé avoir acquiescé pleinement à ladite ordonnance; le déclare purement et simplement non recevable dans son appel, etc. » (Paris, 9 fév. 1809, aff. Parent *C.* dame Allais); — 2° Sous la loi du 11 brum. an 7, que le créancier, qui n'a pas produit à l'ordre et n'a pas contredit, dans le mois de la notification de l'état de collocation arrêté par le juge-commissaire, ne peut appeler d'un jugement qui a statué sur les différends nés à l'occasion de cet état (Rej. 7 mars 1809) (2). — Dans l'espèce, un sieur Thomas, créancier inscrit, avait été sommé de produire à l'ordre et ne s'était pas présenté. L'état de collocation avait été dressé, et le jugement portant homologation de cet état avait été signifié à Thomas. Les bordereaux avaient été délivrés aux créanciers utilement colloqués. C'est dans cet état que Thomas s'était rendu appelant du jugement d'ordre, pour faire écarter les héritiers Lebreton, sur le motif que leur inscription était nulle. — On soutenait son appel non recevable : 1° parce qu'il avait été interjeté plus de trois mois après la signification du jugement d'ordre; 2° parce que tout était consommé; 3° parce que Thomas, ne s'étant point présenté à l'ordre, ne pouvait appeler du jugement qui l'avait réglé. — C'est cette dernière fin de non-recevoir qu'avait accueillie la cour de Poitiers par arrêt du 23 juill. 1807, la seule, par conséquent, dont avait à s'occuper la cour de cassation ; — 3° Que le créancier colloqué, qui n'a pas contredit, à l'ordre, la collocation d'un autre créancier, qui, bien plus, a conclu, à l'audience, au maintien de l'état de collocation provisoire, n'est point recevable, en appel, à contester la collocation de ce même créancier (Bordeaux, 15 déc. 1826) (3); —4° Que la partie, qui a formulé un contredit sur le procès-verbal d'ordre, mais qui ne l'a pas soutenu dans ses conclusions à l'audience, doit être réputée s'en être désistée; qu'en conséquence, elle n'est pas recevable à interjeter appel du jugement qui n'a pas statué sur ce contredit (Montpellier, 2 juill. 1853, aff. Teyssèdre *C.* Moulinon, arrêt cité au Journ. des av., t. 80, p. 291, art. 2093).

918. Nous avons dit *suprà*, n° 780, que le saisi n'est point partie nécessaire dans l'instance sur les contredits; et, comme il n'y est pas représenté par l'avoué constitué au nom de la masse, il en résulte que, s'il n'a pas figuré personnellement dans le jugement de première instance, il ne doit pas être admis à interjeter appel de ce jugement (Conf. MM. Houyvet, n° 277; Flandin, Tr. de l'ordre, inédit). — Il a été jugé ainsi : 1° que le saisi, qui, bien qu'appelé dans l'ordre, n'a pas, en première instance, contesté le titre et les droits des créanciers venant en ordre utile, n'est pas recevable à critiquer ultérieurement, sur l'appel, le rang de collocation tel qu'il est fixé par le règlement provisoire, sous le prétexte qu'il n'agit pas seulement dans son intérêt, mais encore dans celui des créanciers, et que les moyens, qui tendent à la conservation générale des intérêts et des droits de chaque créancier, ne sont jamais proposés tardivement (Paris, 6 therm. an 13) (4); ... qu'il doit en être ainsi, alors surtout qu'à raison

En ce qui touche l'appel interjeté par les représentants de l'ancienne société Antignac et Tybeyrant : — Attendu que ces appelants n'ont pas, dans le mois qui a suivi la dénonciation qui leur a été faite de la confection de l'état de collocation, élevé de contredit, et qu'aux termes des art. 755 et 756 c. pr. civ., ils sont forclos; — Attendu que, lors du jugement dont est appel du 24 août 1839, ils n'ont pris aucunes conclusions; qu'ils n'ont adhéré ni aux contredits, ni aux conclusions des autres créanciers; — Qu'ils sont non recevables dans leur appel; — Déclare non recevable l'appel interjeté par les représentants de l'ancienne société Antignac et Tybeyrant.

Du 18 mai 1840.-C. de Limoges, 3e ch.-M. Lavaud, pr.

(1) (Chauffour *C.* Duquesnel et autres.) — LA COUR (ap. dél. en ch. du cons.); — Attendu... 2° que la collocation d'un créancier, étant expressément contestée par le créancier poursuivant, est censée l'être dans l'intérêt commun, et par tous les autres créanciers qui ne l'ont pas formellement approuvée ; — Attendu, enfin, qu'il n'est pas justifié que les juges, dont l'arrêt est attaqué, aient eu la connaissance légale d'aucune inscription hypothécaire prise à la requête des demandeurs en cassation, en exécution de la loi du 11 brum. an 7, sur le régime hypothécaire; qu'ils le déclarent ainsi, en fait, et qu'il suit de là que tout le résultat de leur décision est que de simples oppositions au sceau des lettres de ratification, prises sous l'empire de l'édit de 1771, n'ont pas dispensé les créanciers opposants, qui ont voulu conserver le rang de leur hypothèque, de prendre des inscriptions hypothécaires en exécution de la loi du 11 brum. an 7, décision qui est parfaitement conforme à la disposition expresse de cette dernière loi; — Rejette, etc.

Du 14 (et non 13) déc. 1808.-C. C., sect. civ.-MM. Viellart, pr.-Boyer, rap.

(2) (Thomas *C.* Lebreton.) — LA COUR ; (après un long délib. en la ch. du cons.); — Attendu qu'il résulte de l'ensemble des dispositions de la loi du 11 brum. an 7, relatives aux ordres et distributions, notamment de l'art. 34, que la faculté d'appeler n'appartient à un ou plusieurs créanciers qu'autant que ceux-ci ont élevé des contestations sur la validité, soit des inscriptions, soit des titres et pièces des autres créanciers; — Que, dans l'espèce, le demandeur n'a contesté ni les inscriptions, ni aucune des créances de ceux qui ont figuré dans l'ordre; et que par conséquent, en le déclarant non recevable dans son appel, l'arrêt attaqué n'a violé aucune loi; — Rejette, etc. »

Du 7 (et non 6) mars 1809.-C. C., sect. civ.-MM. Liborel, pr.-Vallée, rap.-Daniels, subst., c. conf.-Parent-Réal et Dupont, av.

(3) (Faurès et Datin *C.* Beyermann.) — LA COUR...; — Attendu, sur l'appel incident, formé par Beyermann contre Datin, que ce dernier est au quatrième rang; qu'avant et lors de cette collocation, Beyermann n'a point critiqué le titre de Datin; qu'il n'en a rien dit, dans son contredit à l'ordre, et qu'au contraire, il a formellement demandé, par ses conclusions prises à l'audience par le ministère de Me Vergès, son avoué, et insérées dans le jugement dont est appel, que l'état de collocation fût maintenu, et que les contestants fussent condamnés aux dépens; que, par de telles conclusions, Beyermann s'est interdit la faculté de venir contester, en cause d'appel, une collocation qu'il a approuvée en première instance...; — Sans s'arrêter à l'appel incident, etc.

Du 15 déc. 1826.-C. de Bordeaux, 4e ch.

(4) (Femme Giroux et Boursault *C.* hér. Baudon.)— LA COUR ; — En ce qui touche l'appel interjeté par Giroux et sa femme du jugement rendu par le tribunal de la Seine, le 24 prair. an 12 : — Considérant que Giroux et sa femme ne sont pas recevables à critiquer en la cour le rang de collocation que le jugement dont est appel accorde aux héritiers Baudon; que ces héritiers, réclamant une créance et un privilége dont l'effet nécessaire était d'absorber le prix à distribuer, n'ont essuyé aucune controverse, à cet égard, devant les premiers juges, ni de la part d'anciens créanciers, ni de la part de Giroux et sa femme, parties saisies, quoique ces derniers nomméments eussent été appelés à l'ordre; qu'ils eussent été mis en demeure de faire, sur le procès-verbal, toutes leurs observations et réquisitions ; qu'ils eussent même été représentés par un avoué au rapport et au jugement de l'ordre; que la femme Gi-

du privilége de la créance contestée qui absorbe le prix entier, spécialement du privilége du vendeur, on n'arriverait à aucun résultat utile (même arrêt); — 2° Que le saisi, qui n'est pas appelant, quoique assigné en déclaration d'arrêt commun, est non recevable à attaquer le jugement dans les chefs qui ont rejeté ou réduit la collocation de certains créanciers appelants de ce jugement : — « La cour; en ce qui touche les intervention et demande de Leuba (partie saisie) : attendu qu'il n'est point appelant du jugement de première instance, et est sans intérêt pour en demander la réformation, dans des chefs qui ont rejeté ou réduit les prétentions de plusieurs de ses créanciers; déclare ledit Leuba non recevable dans ses intervention et demande, et le condamne aux dépens envers toutes les parties... » (Paris, 26 déc. 1810, aff. Tondu et autres *C.* Leuba); — 3° Que le saisi, qui n'a pas contredit le règlement provisoire de l'ordre ouvert pour la distribution du prix de ses biens, est non recevable à appeler du jugement qui a statué sur le contredit de certains créanciers (Bourges, 23 janv. 1839, aff. Aufrère *C.* veuve Guémy et autres. — Conf. Grenoble, 5 janv. 1850, aff. Puget *C.* Ruelle, arrêts cités au Journ. des av., t. 69, p. 722, et t. 75, p. 382, art. 892, n° 6).

919. Il a été jugé, au contraire, qu'il n'est pas nécessaire que la partie saisie ait contredit au procès-verbal d'ordre pour avoir le droit d'appeler du jugement qui a accueilli la demande de collocation d'un créancier qui avait été rejetée par le juge-commissaire : — « La cour; sur les fins de non-recevoir : attendu que les art. 756 et 759 c. pr. n'ont point étendu à la partie saisie la forclusion qu'ils prononcent contre les créanciers qui n'ont point contredit, et qu'aux termes de l'art. 763, son appel doit être reçu, s'il est notifié dans le délai qu'il prescrit;.... d'où il suit que la fin de non-recevoir opposée contre l'appel est irrecevable... » (Metz, 22 mars 1817, aff. Fortier *C.* M....). — Il s'agissait, dans l'espèce, d'une question de frais. L'avoué poursuivant avait fait signifier le jugement d'adjudication, non-seulement aux parties saisies, mais encore à tous les créanciers inscrits, et avait joint les frais de cette signification à ceux de l'instance en expropriation et en règlement d'ordre pour en obtenir la collocation, par privilége sur le prix de la vente. Le juge-commissaire avait rejeté ces frais; mais, sur l'opposition de l'avoué, un jugement du tribunal de Réthel, du 16 fév. 1815, avait ordonné sa collocation par privilége. C'est de ce jugement que les époux Fortier, parties saisies, avaient formé appel, soutenant que la signification du jugement d'adjudication aux créanciers inscrits était inutile, et qu'ainsi les frais devaient rester, comme frustratoires, à la charge de la partie ou de l'avoué qui les avait faits. Mais l'avoué, contre lequel l'appel était personnellement dirigé, disait : 1° que les époux Fortier ne pouvaient interjeter appel du jugement rendu sur son opposition, parce que, n'ayant point contredit sur le procès-verbal d'ordre, et ne s'étant pas même présentés à l'audience, ils étaient forclos, aux termes des art. 756 et 759 c. pr.; 2° que le jugement du 16 fév. 1815 était rendu en dernier ressort, puisque le seul objet de la contestation était les frais des significations du jugement d'adjudication, et que ces frais, liquidés, étaient loin de s'élever à 1,000 fr.; 3° enfin, que l'appel des époux Fortier aurait dû être dirigé contre Menusson lui-même, et non contre son avoué, puisque c'était à la requête du premier que les frais avaient été faits, et qu'ainsi c'était à sa charge qu'ils devraient tomber, s'ils étaient déclarés frustratoires (sur ces deux dernières fins de non-recevoir, V. *suprà*, sect. 9, et *infrà*, sous l'art. 5).

920. C'est le tuteur représentant le mineur qui exerce les actions de ce dernier; c'est donc à lui qu'il appartient, régulièrement, d'interjeter appel d'un jugement d'ordre qui lèse les droits de son pupille. — Il a, toutefois, été jugé : 1° que les actes d'un subrogé tuteur, faits dans l'intérêt du mineur, ne sont pas nuls, quoique sa nomination ait été annulée par la suite; qu'il en est ainsi surtout, lorsqu'une nouvelle délibération du conseil de famille a maintenu le subrogé tuteur dans ses fonctions; et spécialement que l'acte d'appel d'un jugement d'ordre, fait par le subrogé tuteur pour le mineur dans de telles conditions, doit avoir tout son effet (Rennes, 29 août 1814) (1); — 2° Qu'en tout cas, si l'appel, interjeté par un subrogé tuteur dans cet état, devait être considéré comme nul, il en serait de même de la notification du jugement faite à ce subrogé tuteur, laquelle aurait été inefficace pour faire courir les délais d'appel (même arrêt; mais V. *suprà*, n° 885, en ce qui concerne la question de savoir si, en matière d'ordre, il y a nécessité de signifier le jugement au subrogé tuteur pour faire courir le délai d'appel, comme cela est exigé par l'art. 444 c. pr., en matière ordinaire); — 3° Que la présence, dans la cause, du père, tuteur légal de ses enfants mineurs, ne rend pas sans intérêt celle de leur subrogé tuteur, si celui-ci a des conclusions à prendre, au nom des mineurs, en opposition aux intérêts de leur père (même arrêt).

921. *Intervention.* —« Aucune intervention, porte l'art. 466 c. pr., au titre de l'appel, ne sera reçue, si ce n'est de la part de ceux qui auraient droit de former tierce opposition. » — Il semblerait résulter de là et de ce que nous avons dit *suprà*,

---

toux inscrite sur son mari, séparément appelée comme les autres créanciers, et personnellement constituée en demeure, loin d'opposer la moindre résistance à la réclamation des héritiers Baudon, n'a pas même requis sa collocation; qu'ainsi Giroux et sa femme, ès noms et qualités qu'ils procèdent, prenant, sur l'appel, des conclusions qu'ils n'ont pas prises en première instance, et formant en la cour des demandes dont les premiers juges n'ont jamais été saisis, la règle générale commande la proscription de pareilles conclusions et demandes...; — Considérant que la discussion tardive de Giroux et de sa femme est d'autant moins admissible qu'elle est sans objet, et qu'elle ne conduirait à aucun but utile pour les autres créanciers; que si, en droit, on est toujours recevable à examiner si le créancier a été colloqué pour plus forte somme qu'il ne lui est dû, il demeure établi, en fait, d'après même les quittances et états communiqués et produits par Giroux et sa femme, en vertu de l'arrêt interlocutoire du 30 vent. dernier, que le prix de 250,000 liv. à distribuer, montant de l'adjudication faite à Versepuy et Laboulée, le 15 pluv. an 10, est insuffisant, dans toutes les hypothèses, pour remplir les veuve, héritiers et ayants cause de François Baudon de ce qui leur reste dû en principal et intérêts.

Du 6 therm. an 13.-C. de Paris, 3e sect.

(1) (Soupe C. hér. Lévêque.) — LA COUR; — En ce qui touche le défaut de qualité établi contre le subrogé tuteur, sur ce que, au temps où ces appels ont été relevés par Godefroy Saint-Martin, sa nomination avait été faite incompétemment; que, comme telle, elle a été, à la poursuite d'un des créanciers intimés dans la cause, déclarée nulle, et réhabilitée par un conseil de famille tenu postérieurement : — Considérant : 1° que l'annulation postérieure de la tutelle subrogée ne pouvait avoir l'effet de rendre nuls les actes faits par le tuteur subrogé, dans l'intérêt des mineurs, s'agissant ici d'une nullité de l'espèce de celles qu'on appelle relatives, et qui sont introduites en faveur des mineurs, et non pas pour leur nuire; — 2° Qu'indépendamment de ce qui pourrait arriver dans la suite, tant que le titre du subrogé tuteur n'était pas contesté, il avait un effet provisoire, et le constituait, non-seulement dans le pouvoir, mais encore dans l'obligation d'agir pour l'intérêt et la conservation des droits des personnes confiées à sa surveillance, à peine même de répondre, devant la loi, des fautes, omissions ou négligences qu'il aurait commises; — 3° Que, définitivement, le même subrogé tuteur ayant été maintenu dans ses fonctions par la nouvelle délibération du conseil de famille, il serait, par le fait, impossible qu'on ne confirmât pas ce qu'il a opéré, dès le principe, pour l'avantage évident des mineurs, et qu'enfin, s'il fallait décider que les appels, relevés par le subrogé tuteur, dans cet état, tombent, par défaut de titre et de qualité en sa personne, la notification qui lui a été faite du jugement entrepris tomberait par le même défaut qui l'aurait rendu inhabile à recevoir cette notification; qu'aujourd'hui même, aucune notification régulière n'aurait été faite contre les mineurs, et qu'ainsi nul délai fatal de l'appel n'aurait encore commencé à avoir cours contre eux, étant formellement décidé par l'art. 444 c. pr. civ. que ce délai ne court, en aucun cas, contre les mineurs non émancipés, que par la double notification du jugement, faite tant au tuteur qu'au subrogé tuteur; — Considérant que, dans le fait, cet intérêt est impossible à méconnaître, et qu'il a été signalé, tant par la poursuite de l'avoué du subrogé tuteur, qui a réclamé le droit d'établir, lors du jugement, les conclusions à prendre au nom des mineurs, en opposition ou par distinction des intérêts de leur père, que par la prétention des créanciers eux-mêmes, dont quelques-uns ont demandé la séparation des dettes et des biens du père d'avec les dettes et les biens des mineurs, héritiers de leur mère; que, pour avoir été repoussés sur ce point par le tribunal de première instance, ces mineurs ne sont pas exclus, sous l'appel, de soutenir cette réalité et distinction, ou opposition d'intérêts, vis-à-vis de leur père, et qu'en cela même, ils peuvent avoir un premier grief à proposer contre le jugement; — Déboute toutes les parties des fins de non-recevoir proposées contre les appels de Godefroy Saint-Martin, subrogé tuteur des mineurs Soupe, etc.

Du 29 août 1814. — C. de Rennes.

n° 914, que les créanciers postérieurs aux collocations contestées, qui ont été parties au jugement de première instance en la personne de l'avoué chargé de les y représenter, ne peuvent, s'ils veulent critiquer le jugement, le faire que par la voie de l'appel, et non par celle de l'intervention, puisque l'art. 466 ne permet l'intervention qu'à ceux qui auraient droit de former tierce opposition au jugement, et que la tierce opposition n'appartient qu'à ceux qui n'ont pas la ressource de l'appel (V. Tierce opposition, n°s 19, 60 et suiv., et Intervention, n° 74).—« Mais prenons garde, dit M. Flandin, Tr. de l'ordre, inédit, d'exagérer la portée de l'article. —Et d'abord, il y aurait bien de la rigueur, selon moi, à déclarer inadmissible l'intervention personnelle d'un créancier postérieur aux collocations contestées qui aurait pour objet, non de critiquer, mais de défendre, au contraire, le jugement. Il est bien évident que, dans cette hypothèse, il n'y a pas lieu, pour ce créancier, de procéder par voie d'appel. Mais pourquoi repousserait-on son intervention, s'il a un véritable intérêt dans la contestation? L'art. 763 porte que « l'avoué du créancier dernier colloqué (c'est-à-dire de l'avoué qui représente l'intérêt collectif des créanciers postérieurs aux collocations contestées) peut être intimé, s'il y a lieu. » Si cet avoué est en cause, il peut défendre mollement l'intérêt commun; et l'intervention, dans ce cas, se justifie. Si l'on n'a pas jugé à propos de l'intimer, il y a moins de raison encore pour repousser le créancier qui demande à intervenir personnellement, puisque l'intérêt collectif n'est pas représenté (V., dans le même sens, Grenoble, 19 janv. 1815, aff. Torrent, *infrà*, n° 943). — Mais, dans le cas même, continue M. Flandin, où il s'agirait, pour l'intervenant, non pas de défendre le jugement qui a statué sur les contredits, mais de se joindre à l'avoué du dernier créancier colloqué qui se serait rendu lui-même appelant de ce jugement, et d'en demander la réformation, je ne verrais pas de raison suffisante pour rejeter l'intervention. On ne peut exiger, dans ce cas, semble-t-il, un appel particulier de la part de l'intervenant, puisque l'appel de l'avoué commun, fait dans un intérêt collectif, a satisfait, sur ce point, à la loi; et l'intervention n'a encore ici d'autre objet que de rendre plus efficace la défense commune, sans augmentation de frais pour la masse, l'intervenant devant supporter les frais de son intervention personnelle. »

922. Des arrêts, cependant, ont décidé, en thèse et d'une façon absolue, que le créancier, qui n'a pas contredit personnellement dans le délai, ne peut intervenir, en appel, pour adhérer aux contredits d'autres créanciers, parce que ce serait, pour ce créancier, un moyen indirect de se faire relever de la forclusion qu'il a encourue. Mais c'est là un motif que nous ne pouvons admettre, et qui paraît être en contradiction, comme on l'a déjà dit, avec la disposition de l'art. 760, qui veut que les créanciers postérieurs aux collocations contestées fassent choix d'un avoué commun pour les représenter dans l'instance engagée entre les contestants et les contestés, sinon qu'ils y soient représentés par l'avoué du dernier créancier colloqué; disposition qui ne peut s'appliquer, comme on l'a vu *suprà*, n° 773, qu'aux créanciers qui n'ont pas contredit personnellement (V., dans le sens de cette observation, Caen, 16 avril 1845, aff. Jourdain, D. P. 45. 2. 84; Conf. M. Bioche, v° Ordre, n° 569, 3e éd., 5e tirage. — *Contrà* M. Seligman, n° 431).

923. Quoi qu'il en soit, il a été jugé : 1° (sous la loi du 11 brum. an 7) que le créancier, qui, dans le procès-verbal d'ordre, n'a pas contesté les droits et la collocation des créanciers qui le priment; qui, sans requérir sa propre collocation, s'est borné à demander le prélèvement des frais dus à son avoué, et qui, enfin, ne s'est pas rendu appelant du jugement d'ordre, ne peut intervenir sur l'appel interjeté de ce jugement par un autre créancier, alors surtout que la mise en cause et la présence de l'avoué le plus ancien des créanciers inscrits suffit à la conservation des droits de tous (Paris, 6 therm. an 13, aff. Boursault, v° Intervention, n° 92);—2° Que le créancier, qui n'a pas profité du délai qui lui était donné pour interjeter appel du jugement d'ordre, ne peut intervenir sur l'appel interjeté par un autre créancier (Paris, 26 mars 1808) (1); — 3° Que le mari (créancier), qui n'a pas contredit personnellement l'état de collocation provisoire, et qui est réputé ainsi l'avoir tacitement approuvé, n'est pas recevable à intervenir dans l'instance pour attaquer le jugement qui a rejeté les contredits de sa femme; qu'il ne peut y intervenir que pour autoriser celle-ci (Metz, 15 fév. 1812, aff. Poulain, *suprà*, n° 716-1°); — 4° Que le créancier, qui a laissé passer le délai d'un mois, sans contredire l'état de collocation provisoire, et qui n'a pris aucune part, en première instance, à une contestation élevée entre d'autres créanciers, au sujet de la collocation de deux d'entre eux, n'est pas recevable à intervenir, en appel, dans cette contestation, même pour défendre le jugement qui a rejeté les collocations attaquées; que ce serait, de sa part, un moyen de se soustraire à la forclusion qu'il a encourue (Limoges, 5 juin 1823, aff. Bernard et Audoine, n° 716-3°).

924. Mais il a été jugé : 1° que la femme de l'exproprié, qui, comme débitrice solidaire avec son mari, a été partie dans le jugement qui a statué sur les contestations élevées contre l'état de collocation provisoire, est recevable à se porter, ensuite, partie intervenante devant la cour, dans une autre qualité, celle de créancière de son mari (Bourges, 26 août 1814, aff. Rollin, V. *infrà*, n° 1165);—2° Qu'un créancier, quoiqu'il n'ait pas contredit personnellement, dans le délai fixé par l'art. 756 c. pr., peut, néanmoins, intervenir dans la cause pour soutenir les contredits formés par d'autres créanciers et profiter du résultat de ces contredits, et qu'aucune forclusion, tirée dudit art. 756, ne peut lui être opposée par un créancier postérieur, alors que la même exception n'est pas invoquée par le créancier contesté (Toulouse, 9 juin 1824, aff. Brisez, v° Priv. et hypoth., n° 448; V. aussi Douai, 4 janv. 1826, aff. Clermont-Tonnerre, *suprà*, n° 753); — 3° Que les cessionnaires d'un créancier, qui a figuré seul en première instance, peuvent intervenir en appel pour faire valoir leurs droits et y prendre la place des cédants : « La cour; ...attendu que l'intervention des créanciers pour lesquels plaide Me Fontaine a été formée de la manière prescrite par l'art. 339 du même code, et que l'avocat des parties qui en avaient demandé la nullité dans les conclusions a déclaré ne pas vouloir la soutenir; qu'évidemment aussi ils ont droit de s'établir en nom dans l'instance et d'y remplacer leurs cédants, qui y ont figuré pour eux jusqu'à présent... — Sans s'arrêter, etc. » (Angers, 19 fév. 1842, aff. Bordet et Caisse hyp. *C.* Kayser, Moriceau, etc. V. Intervention, n° 96); — 4° Que les créanciers colloqués dans un ordre, qui auraient le droit de former tierce opposition au jugement rendu en leur absence, lequel aurait accueilli l'action en maintien ou validité d'hypothèque dirigée, contre l'acquéreur des biens hypothéqués, par un créancier dont la forclusion aurait été prononcée par l'ordonnance du juge-commissaire, sont fondés, par cela même, à intervenir sur l'appel formé par le créancier contre le jugement qui a déclaré ladite action non recevable (Req. 25 août 1842) (2); — 5° Que le syndic d'une faillite peut intervenir, en appel, et se joindre au créancier contestant pour faire rejeter de l'ordre, comme simulée et frauduleuse, la créance d'un autre créancier (Douai, 5 déc. 1846) (3);—6° Que, bien que, sur l'appel d'un jugement

(1) (Hérit. d'Archiac-Saint-Simon C. N...) — La cour; — En ce qui touche l'appel des héritiers d'Archiac-Saint-Simon : — Attendu que leur appel a été interjeté après les dix jours de la signification du jugement à l'avoué; — Que la signification à partie n'est pas nécessaire pour faire courir le délai; — Les déclare non recevables dans leur appel...;

En ce qui touche leur intervention; — Attendu qu'aux termes de l'art. 466, aucune intervention ne peut être reçue, si ce n'est de la part de ceux qui auraient droit de former tierce opposition...; — Déclare lesdits héritiers d'Archiac-Saint-Simon non recevables dans leur intervention, etc.

Du 26 mars 1808. — C. de Paris.

(2) (Loisel fils C. époux Haulerre et autres.) — La cour; — Sur le 8e moyen : — Attendu que les héritiers Martin, dans l'intérêt où ils agissaient, avaient qualité et capacité pour former tierce opposition à l'arrêt qui eût été rendu en leur absence; qu'à ce titre, ils devaient être reçus parties intervenantes dans l'instance d'appel, et que l'arrêt attaqué, en accueillant leur intervention, n'a fait que se conformer à la loi;... Rejette le pourvoi formé contre l'arrêt de la cour de Rouen du 20 nov. 1841.

Du 25 août 1842-C. C., ch. req.-MM, Zangiacomi, pr.-Mesnard, rap.-Pascalis, av. gén., c. conf.-Coffinières, av.

(3) (Dubois *C.* Bernard.) — La cour...; — En ce qui touche la recevabilité de l'intervention : — Vu les art. 466 et 474 c. pr. civ.;—Et

rendu sur contredits, l'avoué du dernier créancier colloqué ait été intimé, en sa qualité de représentant légal des créanciers postérieurs à ceux dont la collocation est contestée, l'intervention de l'un de ces créanciers n'en est pas moins recevable, quoiqu'il n'ait pas contesté personnellement; mais qu'elle a lieu à ses frais (Riom, 14 janv. 1857) (1).

925. Au reste, il ne paraît pas douteux que la forclusion de l'art. 756 c. pr. ne saurait s'appliquer à des contestations étrangères au règlement provisoire. — Il a été jugé, dans ce sens : 1° que la forclusion de l'art. 755 c. pr. (ancien) ne s'applique pas à des contestations qui ne touchent point à la collocation ; spécialement, à la contestation qui a pour objet de faire décider si le créancier colloqué a le droit de se faire délivrer un bordereau pour l'intégralité de sa créance, ou si ce bordereau doit lui profiter en entier (Toulouse, 14 janvier 1848) (2) ; — 2° Que les créanciers hypothécaires peuvent intervenir, en appel, mais à leurs frais, dans l'instance relative au règlement de la poursuite d'ordre, sur une question de préférence élevée entre deux poursuivants (Bordeaux, 2 fév. 1848) (3).

926. On admettait, sous l'ancien code, que les créanciers non produisants pouvaient faire valoir leurs droits en appel, par voie d'intervention, tant que l'ordre n'avait pas été définitivement réglé (Colmar, 3 avr. 1816, aff. Erhard, *suprà*, n° 476). C'était la conséquence de l'art. 757, qui autorisait les créanciers à produire jusqu'à la clôture de l'ordre. — Il a été jugé, dans le même sens, que tout créancier, dont les droits ont été reconnus depuis le jugement qui a statué sur les contredits élevés contre le règlement provisoire, peut intervenir sur l'appel interjeté contre ce jugement pour être colloqué à son rang, tant que la distribution des deniers et la délivrance des bordereaux n'a pas été faite (Rennes, 29 août 1814) (4).

927. Il a été jugé, au contraire, que le créancier, qui n'a ni produit ses titres, ni requis sa collocation devant le juge-commissaire, ne peut intervenir sur l'appel, interjeté par un autre créancier, du jugement qui maintient le règlement provisoire, afin de s'y faire colloquer : — « La cour ; en ce qui touche l'intervention (des sieurs Boutin, Longchamp, Desprez et Brunot) ; attendu que les intervenants ne s'étant pas présentés devant le commissaire, à l'effet de requérir leur collocation, ne peuvent pas se plaindre d'avoir été omis dans l'état d'ordre ; les déclare non recevables dans leurs intervention et demandes, et les condamne aux dépens envers toutes les parties... » (Paris, 9 fév. 1809, aff. Parent, Boutin et autres *C.* dame Allais ; Conf. Rennes, 22 mars 1821, arrêt cité au Journ. des av., t. 17, p. 305, en note).

928. Le créancier, qui n'a pas été sommé de produire, pourrait, certainement, former tierce opposition au jugement d'ordre rendu en son absence. Il peut, à plus forte raison, intervenir en appel pour réclamer sa collocation ou contester les créances colloquées (Conf. MM. Bioche, v° Ordre, n° 568, 3° édit., 5° tirage ; Houyvet, n° 275 ; Flandin, Tr. de l'ordre, inédit. V. encore *suprà*, n°s 445 et 446).

929. L'intervention est, de sa nature, une demande incidente, qui doit être formée par voie de requête contenant les moyens et conclusions, et dont il doit être donné copie, ainsi que des pièces justificatives (c. pr. 339). — Il a, par suite, été jugé que l'intervention d'un créancier dans une instance d'ordre ne peut avoir lieu que par voie de requête, conformément à l'art. 339 c. pr., et que, formée autrement, elle est irrégulière et non recevable (Rouen, 30 déc. 1814, aff. Dupuis, n° 385). — Mais il a été jugé que l'ayant droit, dans l'intérêt duquel des productions ont été faites et une collocation obtenue dans un ordre, sans fraude, par un prête-nom, peut, en tout état de cause, demander à être substitué à celui-ci, sans être tenu de former une demande en intervention par voie de requête (Bordeaux, 21 nov. 1828) (5).

---

attendu que le syndic à la faillite du débiteur, qui aurait dû être appelé en cause (V. *suprà*, n° 918), ne l'a pas été ; — Que son intervention devant la cour est dès lors recevable ; — Reçoit l'intervention, et, sans avoir égard aux fins de non-recevoir proposées par l'appelant (V. *suprà*, n° 665-3°) ; — Confirme.

Du 5 déc. 1846.-C. de Douai.

(1) (Vernet et veuve Lafond *C.* Pissary.) — LA COUR ; — En ce qui touche l'intervention de Jeanne Bertrand, veuve Lafond ; — Considérant que Duclaux a été appelé, et qu'il est devant la cour, en qualité d'avoué du dernier créancier colloqué ; qu'il représente légalement tous les autres créanciers postérieurs en ordre à ceux dont la collocation fait l'objet du procès ; que, dans cette position, la veuve Lafond, qui ne contestait pas, peut intervenir, mais à ses frais, conformément au principe général en matière d'ordre écrit dans l'art. 760 c. pr. civ. ; — Reçoit la veuve Lafond intervenante.

Du 14 janv. 1857.-C. de Riom, 1re ch.-M. Meynard de Franc, 1er pr.

(2) (Pujol *C.* Comminge.) — LA COUR ; — Attendu que, dans l'espèce, ce n'était pas un contredit fait à la collocation, qui était agréée par toutes les parties, mais bien une contestation ordinaire, qui avait pour but de décider si, la collocation d'ailleurs admise, les époux Pujol avaient le droit de se faire délivrer un bordereau pour l'entier montant de leur créance, ou si ce bordereau devait tourner en entier à leur profit ; — Attendu, dès lors, que les dispositions de l'article de procédure précité (755) étaient ici sans application, et que, par suite, l'appel incident des époux Pujol est dénué de fondement ; — A mis et démet les époux Pujol de leur appel incident.

Du 14 janv. 1848.-C. de Toulouse, 2e ch.-M. Vialas, pr.

(3) (Pompinaud *C.* Paignon.) — LA COUR ; — Attendu, en ce qui touche la demande en intervention d'Albert, Delage, Blondeau et de la veuve Truneaux de Rochebrune, qu'ils sont créanciers de l'usine de Lamothe-Charente ; qu'ils ont un intérêt évident à intervenir dans l'instance actuelle ; qu'ils doivent donc être reçus parties intervenantes : — Attendu qu'en appliquant, par analogie, l'art. 882 c. civ., l'intervention d'Albert et consorts doit avoir lieu à leurs frais... ; reçoit Albert et consorts parties intervenantes, à leurs frais, dans l'instance, etc.

Du 2 fév. 1848.-C. de Bordeaux, 2e ch.-M. Provot-Leygonie, pr.-Degrange-Touzin, av. gén.

(4) (Soupe *C.* hér. Lévêque.) — LA COUR ; — Considérant, par rapport à l'intervention demandée par les sieur et dame Lévêque, que, par arrêt sur défaut du 26 mai dernier, qui décidait que tous les appels de Soupe et de Saint-Martin étaient non recevables, ladite intervention fut rejetée, parce qu'il ne subsistait plus, dans cette hypothèse, d'instance d'appel à laquelle elle pût se rattacher ; mais que, par ce qui vient d'être décidé, au contraire, sur l'opposition, ce motif cesse tout à fait ; — Que la veuve et les enfants Lévêque, devenus créanciers des héritiers Guyot, par des jugements postérieurs à celui dont est appel qui ont liquidé leurs dus, ont demandé à intervenir dans l'instance qui se suit, par appel à la cour, sur le jugement d'ordre, pour se faire colloquer dans leur rang et ordre, et suivant la nature de leur créance ; qu'ils interviennent donc avant la distribution des deniers et la délivrance des bordereaux de payement ; qu'aux termes de l'art. 466 c. pr. civ., l'intervention en cause d'appel n'est pas interdite à ceux qui auraient droit de former tierce opposition ; qu'il serait difficile de contester ce droit aux intervenants, qui seraient à même de prouver que l'arrêt préjudicierait à leurs intérêts, et qui n'y auraient pas été appelés ;... — Reçoit intervenants dans la cause d'appel la dame et les enfants Lévêque, etc.

Du 29 août 1814.-C. de Rennes.

(5) (Madéran *C.* Madéran.) — LA COUR ; — Considérant qu'il n'est défendu, par aucune disposition de la loi, de procéder, en matière d'ordre et de collocation, par prête-nom, pourvu que ce soit sans dol ni fraude ; que c'est, seulement, donner une procuration, et faire, par un mandataire, ce que l'on aurait eu le droit de faire soi-même ; qu'il n'y a rien d'irrégulier ni de répréhensible dans une pareille procédure ; — Que le véritable ayant droit peut, quand il le juge convenable, paraître en nom dans l'instance, et demander à être subrogé à son mandataire, à l'effet de s'aider des productions déjà faites par celui-ci, et de donner suite à tous actes de procédure ; — Que, loin qu'il soit nécessaire, en pareille circonstance, d'agir par la voie de l'intervention, il faut reconnaître que cette voie serait peu régulière, puisque déjà le demandeur en subrogation est dans l'instance par le prête-nom auquel il veut être substitué ; qu'une pareille demande étant tout autre chose qu'une intervention, il n'y a nulle nécessité de se conformer à l'art. 337 c. pr. ; — Considérant, en fait, qu'il est établi que Jacques Madéran aîné devint cessionnaire, en 1807, de feu Laurent Mathé, créancier de Madéran père ; qu'il est aussi reconnu que les héritiers Mathé ne se sont présentés à l'ordre, n'ont produit et obtenu collocation, que dans l'intérêt de Jacques Madéran dont ils étaient les prête-noms ; — Que, le 3 mai 1828, les mêmes héritiers Mathé interjetèrent appel, contre Timoléon Madéran, du jugement rendu le 18 mai 1827, par le tribunal de Lesparre, et cela, dans l'objet de faire réduire sa collocation ; que cet appel devait profiter à Jacques Madéran ; que celui-ci, dont les héritiers Mathé étaient, comme il vient d'être dit, les prête-noms dans l'instance en collocation pendante devant le tribunal de Lesparre, est donc recevable dans une demande qui tend à le faire subroger aux droits des héritiers Mathé, afin qu'il puisse donner suite aux actes de procédure faits par ceux-ci pendant qu'ils agissaient dans ses intérêts ; — Qu'à la vérité, le 25 juin dernier, les héritiers Mathé déclarèrent se désister de

930. L'intervention ayant le caractère d'une demande incidente, il en résulte qu'elle ne peut subsister qu'autant que subsiste la demande principale. — Il a été jugé, en conséquence, que l'intervention sur l'appel d'un jugement rendu dans une instance d'ordre doit être considérée comme non avenue, si cet appel n'est pas recevable (Rennes, 26 mai 1814) (1).

931. Celui qui veut intervenir dans une contestation doit justifier de l'intérêt qu'il a à cette intervention (V. Intervention, n° 23). — Il a, en conséquence, été jugé qu'un créancier, dont la collocation n'est pas attaquée, ne peut pas intervenir sur l'appel dirigé contre le jugement d'ordre : — « La cour... ; attendu que le jugement rendu au tribunal civil de Paris, le 10 fév. dernier, dont est appel, en ce qui touche de Lagarde, n'est point attaqué, et ne pourrait pas l'être, étant passé en force de chose jugée ; le déclare non recevable dans son intervention et le condamne aux dépens » (Paris, 4 août 1810, aff. Tobler, Lagarde, etc. *C.* L..., etc.).

ART. 4. — *De la signification de l'acte d'appel.*

932. « L'acte d'appel (du jugement sur contredit), porte l'art. 762, est signifié au domicile de l'avoué, et au domicile réel du saisi, s'il n'a pas d'avoué. » Cette disposition, ajoutée à l'ancien art. 763 auquel correspond le nouvel art. 762, a fait cesser toutes les controverses qui s'étaient élevées, sous l'ancien code, sur la question de savoir si l'acte d'appel, en matière d'ordre, devait être notifié à personne ou domicile, conformément au droit commun (c. pr. 456). — Pour la négative, on argumentait de l'art. 699, d'après lequel l'appel du jugement, qui a prononcé sur les contestations élevées dans une distribution, est valablement signifié à l'avoué de la partie contre laquelle il est dirigé. Or, il existe, disait-on, une grande analogie entre les formes établies pour la distribution et celles qui sont prescrites pour l'ordre. On doit donc, malgré le silence de l'art. 763, appliquer à l'ordre la disposition de l'art. 669, avec d'autant plus de raison que la pensée de la loi, à cet égard, se révèle dans l'art. 764, où il est dit que « l'avoué du créancier dernier colloqué pourra être intimé, s'il y a lieu. » — Mais on répondait que la signification à partie est de droit commun ; que le silence de l'art. 763 est d'autant plus significatif que ce même article autorise la signification du jugement à avoué, et qu'ainsi, le silence qu'il garde sur la signification de l'acte d'appel ne peut être attribué à un oubli ; que, d'ailleurs, cet article augmente le délai d'appel à raison de la distance, ce qui suppose que les parties seront assignées à leur domicile, tandis que l'art. 669, qui permet l'assignation au domicile de l'avoué, n'accorde pas l'augmentation ; qu'enfin, l'art. 764 lui-même vient à l'appui de ce système, en consacrant une exception qui confirme la règle pour les autres cas : *exceptio firmat regulam in casibus non exceptis.* Telle était la doctrine professée par MM. Merlin, dans ses Questions de droit, v° Domicile élu, § 3, n° 5 ; Pigeau, Comm., t. 2, sur l'art. 763, note 3 ; Carré et Chauveau, quest. 2584 ; Thomine, t. 2, p. 326 ; Coffinières, t. 3, p. 319 ; Talandier, p. 217, n° 220. Nous avions également adopté cette opinion dans notre première édition, v° Ordre et Distribution, t. 10, p. 840, n° 10. — La loi du 28 mai 1858, s'inspirant du principe de célérité et d'économie, qui est la raison dominante en cette matière, en a décidé autrement.

933. Il avait été jugé, dans ce dernier sens, avant la loi du 21 mai 1858 : 1° que l'appel d'un jugement d'ordre est valablement signifié au domicile de l'avoué de celui contre lequel il est interjeté (Grenoble, 29 juin 1811 (2) ; Conf. Amiens, 22 mai 1809, aff. Vissec *C.* Lubersac ; Rouen, 22 sept. 1810, aff. Legemble *C.* Rincol ; Nancy, 23 juill. 1812, aff. Dalmbert et Bokary *C.* Caen et cons., Grenoble, 4 mai 1820, aff. Rey-Jolly *C.* Lapierre) ; — 2° Que l'appel du jugement, qui, avant tout règlement provisoire, statue (en matière de distribution par contribution) sur la prétention d'un créancier à la propriété des deniers, est valablement interjeté dans la forme prescrite par l'art. 669 c. pr., c'est-à-dire par signification au domicile de l'avoué seulement. — « La cour ; attendu que l'appel était relatif à un incident sur contribution ; que, par conséquent, il a été valablement interjeté dans la forme voulue par l'art. 669 c. pr. ;... rejette » (Req., 13 avr. 1823, MM. Henrion, pr., Rousseau, rap., aff. Larippe *C.* Mazoyer. Du même jour, arrêt semblable, Caillot *C.* Mazoyer). — On disait, dans l'espèce, à l'appui du pourvoi, que l'art. 669, c. pr., uniquement applicable aux contestations élevées contre le règlement provisoire, ne peut s'appliquer à l'appel d'un jugement qui avait statué sur une prétention élevée avant tout règlement, prétention qui mettait préjudiciellement en question la propriété des deniers soumis à la contribution et même le droit d'ouvrir la contribution. — Mais la cour a répondu que c'était là un incident de la contribution. — La même décision pourrait s'appliquer en matière d'ordre, car l'art. 762 (nouveau) est conçu à peu près dans les mêmes termes que l'art. 669.

934. Il avait été jugé, au contraire, avant la même loi : 1° que l'appel du jugement qui a prononcé sur une contestation survenue dans l'ordre, doit être signifié à personne ou domicile ; qu'il est nul, si l'acte n'en a été signifié qu'à avoué (Req. 27 oct. 1813 (3) ; Conf. Riom, 20 août 1810, aff. Vassal

---

leur appel par acte passé devant Me Cayre, notaire à Saint-Laurent ; que ce désistement fut signifié, à la requête de Timoléon Madéran, à l'avoué des héritiers Mathé ; et qu'il devient, par conséquent, nécessaire d'examiner si ce désistement a détruit l'appel du 5 mai, ainsi que Madéran l'a soutenu (sur ce point, V. v° Désistement, n° 118-5°) ; — Déclare Madéran aîné recevable en sa demande ; — Ordonne qu'il sera et demeurera subrogé à la veuve et aux héritiers Mathé dans tous leurs droits, résultant du jugement rendu par le tribunal de Lesparre ; — L'autorise à faire valoir l'appel interjeté par lesdits héritiers Mathé contre Timoléon Madéran, etc.

Du 21 nov. 1828.-C. de Bordeaux, 4e ch.-M. Degranges, pr.

(1) (Soupe C. hér. Lévêque.) — LA COUR ; — Considérant que si, à raison de l'appel relevé par Hubert Soupe, la veuve et héritiers Lévêque ont cru devoir intervenir, leur intervention, se rattachant à l'instance d'appel, ne peut procéder qu'autant que l'appel du jugement d'ordre aurait été recevable ; — Que, du moment que l'appel est non recevable, l'intervention n'ayant plus de base, doit suivre le sort de l'appel ; — Donne défaut, faute de plaider, contre Hubert Soupe, Gabriel-Godefroy Saint-Martin et leurs avoués ; et, pour le profit, les déclare non recevables dans l'appel par eux interjeté du jugement d'ordre du 22 juillet dernier ; — Déboute, en conséquence, la veuve et les héritiers Lévêque de leur intervention.

Du 26 mai 1814.-C de Rennes.

(2) (N... *C.* N...) — LA COUR ; — Considérant que l'art. 456 c. pr., faisant partie du livre 3, ne peut s'appliquer aux matières d'ordre, de distribution par contribution, pour lesquelles la loi a établi une forme particulière dans le livre 5 ; que l'art. 763, relatif à l'appel du jugement, en matière d'ordre, ne dispose pas littéralement que l'acte d'appel sera signifié au domicile de l'avoué, comme le veut l'art. 669, relatif à l'appel en matière de distribution par contribution. Cet art. 763 ne dispose pas, non plus, que l'acte d'appel sera signifié à personne ou domicile, à peine de nullité ; et, en matière de nullité, on ne peut prononcer que celles que la loi prononce expressément ; dans le silence de l'art. 763, sur la signification de l'appel, il est plus naturel et plus conforme à l'esprit de la loi d'interpréter ce silence par les dispositions de l'art 669, attendu l'analogie qui existe entre les deux matières renfermées dans le même livre du code, que de chercher l'intention du législateur dans la disposition générale de l'art. 456, qui ne peut s'appliquer qu'aux matières ordinaires, dans lesquelles le délai de trois mois ne court que de la signification à domicile, tandis que, pour l'appel d'un jugement d'ordre, le délai court de la signification à l'avoué ; considérant que la signification de l'appel étant faite comme celle du jugement, doit être également valable ; que, s'il pouvait rester quelque doute, il serait levé par la disposition de l'art. 764, qui porte littéralement que l'avoué du créancier, dernier colloqué, pourra être intimé, etc. ; admet l'appel.

Du 29 juin 1811.-C. de Grenoble.

(3) (Creuziat C. Bourget et Laurent.) — LA COUR — Considérant qu'aux termes de l'art. 456, l'appel doit être notifié à personne ou domicile, et contenir assignation dans le délai de la loi, à peine de nullité ; que ce principe n'est modifié par aucune exception ; qu'il s'applique à l'appel de tout jugement, sans distinction, et que, dès lors, on doit y comprendre ceux rendus en matière d'ordre et de distribution ; qu'à la vérité, pour ces sortes de matières, les art. 725, 734, 736 et 763 c. pr. font courir le délai de l'appel du jour de la signification à avoué, tandis que l'art. 443 ne fait courir ce délai qu'à compter de la signification faite à personne ou domicile ; mais qu'on ne saurait en conclure, comme le prétend le demandeur, que l'appel d'un jugement, en matière d'ordre, peut être valablement signifié au domicile de l'avoué ; qu'il n'y a pas d'analogie entre la signification et l'acte d'appel d'un jugement ; que chacun de ces deux actes a des règles particulières, auxquelles il faut

et Brugerelle-Fressenette *C.* Gaujoux; Paris, 3 août 1811, aff. Fildesoie *C.* N...; Rennes, 5 juin 1812, aff. Courtade *C.* Brout; Bruxelles, 1er fév. 1813, aff. créanc. Naveau; Colmar, 24 fév. 1813, aff. hér. Ferret de Florimont *C.* dame Thuor; Liége, 22 mai 1813, aff. N... *C.* N...; Req. 24 juin 1813, aff. Turn *C.* Crespy; Colmar, 25 avr. 1817, aff. Carbistron *C.* N...; Besançon, 30 janv. 1818, aff. demoiselles Pillot *C.* veuve Jannerel; Rej. 25 juill. 1860, aff. Martinal, D. P. 60. 1. 331); — 2° Que l'art. 669 c. pr., qui en décide autrement, en matière de distribution par contribution, ne doit pas être étendu aux matières d'ordre (Req. 13 janv. 1814 (1); Conf. Rouen, 14 nov. 1816, aff. Courseuille *C.* Lecosne; Toulouse, 10 mars 1820, aff. N... *C.* N...; Grenoble, 2e ch., 4 mars 1825, aff. hér. Bonnet *C.* veuve Caillat; Agen, 27 mars 1829, chambre corr., aff. Mothé-Lafon *C.* Pujo-Reillou).

935. Il avait été jugé, par suite : 1° que l'appel d'un jugement d'ordre est valablement signifié au domicile indiqué dans ce jugement et dans tous les actes de la procédure, quoique ce domicile ne soit plus celui de la partie, au moment de la signification :— « La cour; attendu que l'acte d'appel de Vavin a été posé au domicile indiqué dans le jugement d'ordre et dans toute la procédure; — Sans s'arrêter au moyen de nullité, etc. » (Paris, 6 fév. 1810, aff. femme Danger *C.* Vavin; — Conf. M. Carré, quest. 2586); — 2° Qu'une administration ecclésiastique, qui n'a ni bureau, ni commis en permanence, ne peut critiquer l'appel signifié chez son receveur, alors surtout que celui-ci, dans l'inscription qu'il a prise au nom de ladite administration, a fait pour elle élection de domicile dans sa propre demeure (Colmar, 25 avr. 1817, aff. Carbistron, V. Domicile élu, n° 125); — 3° Que l'appel d'un jugement d'ordre, rendu en faveur d'une femme mariée, est nul, s'il n'a pas été signifié au mari, à l'effet d'autoriser sa femme; et que cette nullité n'est pas couverte par la présence du mari dans la même instance, où il figure en son nom personnel (même arrêt, V. Mariage, n° 835-2°); — 4° Que l'appel d'un jugement rendu en matière d'ordre, et dans lequel a figuré l'administrateur judiciaire d'une succession, est régulièrement signifié à cet administrateur, au domicile du défunt, si les héritiers ne se sont fait connaître que postérieurement; qu'à ce cas s'applique, par analogie, l'art. 447 c. pr. (Paris, 28 août 1852, et, sur pourvoi, Rej. 5 juin 1855, aff. Rocoffort et Pâris, D. P. 55. 1. 281).

936. Des arrêts avaient même poussé la rigueur jusqu'à déclarer l'appel non recevable, lorsqu'il avait été signifié au domicile élu, faisant ainsi prévaloir la disposition de l'art. 456 c. pr. sur celle de l'art. 2156 c. nap., d'après laquelle « les actions auxquelles les inscriptions peuvent donner lieu contre les créanciers sont intentées devant le tribunal compétent, par exploits faits à leur personne, ou *au dernier des domiciles élus sur le registre*; et ce, nonobstant le décès, soit des créanciers, soit de ceux chez lesquels ils auront fait élection de domicile. » — Ainsi il avait été jugé : 1° que l'appel d'un jugement d'ordre doit, à peine de nullité, être signifié au domicile réel de l'intimé; qu'il ne peut l'être au domicile élu par ce dernier dans son inscription (Toulouse, 6 mai 1819 (2); Conf. Riom, 20 août 1810, aff. Vassal et Brugerelle-Fressenette *C.* Gaujoux; Paris, 3 août 1811, aff. Fildesoie *C.* N...; Agen, 2e ch., 18 mai 1833, aff. Lacaze *C.* Lacaze); —2° Que, de même, l'appel du jugement qui statue sur un incident, en matière d'ordre, ne peut être interjeté au domicile élu par le créancier dans son inscription :— « La cour; sur l'appel du jugement du 31 août : — Attendu qu'il s'agit de savoir s'il a pu être interjeté au domicile élu par les inscriptions; dit que cette question de forme ne peut se résoudre que par l'examen du fond, puisqu'en effet, si la demande, sur laquelle a prononcé le jugement du 31 août, n'est qu'un incident à l'ordre, l'appel du jugement qui l'a écartée n'aura pu être interjeté qu'à personne ou domicile; attendu, conséquemment, au fond, etc.; sans s'arrêter aux fins de non-recevoir opposées aux appels, etc. » (Metz, 18 juin 1825, aff. N... *C.* N...).

937. Mais cette doctrine était unanimement repoussée par les auteurs (Conf. MM. Merlin, Quest. de droit, v° Domicile élu, § 3, n° 8; Carré et Chauveau, Quest. 2585; Berriat, p. 616; Talandier, De l'appel, p. 204; Persil, Quest. hypoth., t. 2, p. 446; Hautefeuille, p. 422.— *Contrà*, Thomine, t. 2, p. 327, n° 880); et la jurisprudence n'avait pas tardé à se fixer dans ce dernier sens.— Il avait été jugé, en effet : 1° que, sous la loi du 11 brum. an 7, l'appel d'un jugement d'ordre était valablement signifié au domicile élu et mentionné par le saisissant dans les affiches sur la saisie immobilière, et que cette élection de domicile durait jusqu'à la fin de la poursuite, c'est-à-dire jusqu'à l'ordre et à la distribution du prix (Rej. 22 janv. 1806) (3); — 2° Que, sous la même loi du 11 brum. an 7, l'élection de domicile, faite par un créancier produisant dans le procès-verbal d'ordre, subsistait jusqu'au règlement définitif de l'ordre; qu'en conséquence, l'assignation, sur l'appel du jugement d'ordre, pouvait être donnée à ce domicile élu, et sans observer d'autres délais que ceux que comportait ce même domicile (Rej. 14 déc. 1808) (4);

---

se conformer; considérant que, dans l'espèce, l'appel de Creuziat, demandeur, a été seulement signifié à l'avoué de ses adversaires, chargé d'occuper pour eux en première instance, tandis que la notification de cet appel ne pouvait être valablement faite qu'à la personne ou au domicile de ses adversaires, avec assignation pour procéder sur ledit appel; qu'en le décidant ainsi, la cour de Lyon, loin de violer les articles cités, en a fait, au contraire, une juste application; — Rejette.

Du 27 oct. 1813.-C. C., ch. req.-MM. Lasaudade, pr. d'âge.-Favard, r.

(1) (Hamoire *C.* créanc. Naveau.) — LA COUR; — Attendu que du rapprochement des art. 456, 669 et 763 c. pr., il résulte que si, à l'égard des jugements, en matière de distribution du prix à la suite de la saisie mobilière, la loi, par l'art. 669, a posé deux limitations aux règles générales de l'appel établies par l'art. 456, savoir : l'abréviation du délai de l'appel, et la signification à avoué dudit appel, la même loi, à l'égard des jugements, en matière d'ordre, à la suite de la saisie immobilière, n'a maintenu, par l'art. 763, que la première, touchant le délai de l'appel, et non pas la seconde, touchant la signification du même appel; signification qui, par conséquent, rentre dans la disposition générale de l'art. 456, et doit être faite à personne ou domicile, à peine de nullité; et qu'en le décidant ainsi, l'arrêt attaqué, loin de violer ou faussement appliquer les articles ci-dessus cités, en a rempli et la lettre et l'esprit; rejette le pourvoi formé contre l'arrêt de la cour de Bruxelles du 9 fév. 1813.

Du 13 janv. 1814.-C. C., ch. req.-MM. Henrion, pr.-Lasagni, rap.

(2) (Assailly *C.* Beautes et Touvillon.) —LA COUR; — Attendu qu'il est de principe général que tout appel doit être fait au domicile réel de l'intimé; que telle est la disposition de l'art. 456 c. pr.; que, bien loin que l'art. 763, même code, crée quelque exception, il confirme la règle, en ayant égard au domicile réel de chaque partie pour déterminer le délai de l'appel; vainement invoque-t-on l'art. 2156 c. nap., cet article n'est point relatif aux matières d'ordre, qui sont réglées par le code de procédure; il ne comprendrait, d'ailleurs, que le premier degré de juridiction, les instances d'appel ayant leurs règles particulières; —Vainement invoque-t-on encore les art. 111 c. nap., et 59 c. pr; ces articles ne sont relatifs qu'aux domiciles élus dans un contrat par la convention des parties; le principe qui veut qu'au cas d'exception, on ne puisse pas l'étendre d'un cas à l'autre, ne permet pas d'appliquer l'art. 111 à ce qui est relatif à un domicile élu forcément d'après une disposition de la loi, lors, surtout, que d'autres dispositions législatives règlent la matière; — A démis et démet lesdits Beautes et Pouvillon de leur opposition envers l'arrêt du 3 sept. 1818, etc.

Du 6 mai 1819.-C. de Toulouse.-M. Hocquart, 1er pr.

(3) (Terrasson d'Arèze *C.* dame Rossery.) — LA COUR; — Attendu que la loi du 11 brum. an 7, sur l'expropriation forcée, veut, art. 4, que le créancier poursuivant fasse mention, dans les affiches, de son élection d'un domicile dans la commune où l'adjudication devra se faire; qu'il est dans l'esprit de la loi que cette élection de domicile dure autant que la poursuite même, de laquelle fait nécessairement partie et suite l'ordre ou la distribution du prix de l'adjudication, tellement que, pour parvenir à cet ordre, la loi ne permet ni citation, ni assignation; que c'est à ce domicile élu, expressément commandé par la loi, que les créanciers et la partie saisie peuvent et doivent faire au poursuivant toutes les significations qui peuvent les intéresser jusqu'à la consommation de la distribution; que, dans l'espèce, le demandeur avait fait son élection de domicile chez Pourret, avoué à Saint-Etienne; que, par l'exploit de signification faite à sa requête du jugement définitif de première instance, il a positivement déclaré vouloir continuer cette élection de domicile, et que la signification de l'acte d'appel, avec ajournement, faite à ce domicile, est légale et régulière;... rejette.

Du 22 janv. 1806.-C. C., ch. civ.-MM. Maleville, pr.-Chasle, rap.

(4) (Chauffour *C.* Duquesnel.) — LA COUR (ap. dél. en ch. du cons.); — Attendu, 1° que les lois des 11 brum. an 7, sur les hypothèques et sur les expropriations forcées, en ordonnant à chaque créancier d'élire domicile dans le lieu où siége le tribunal devant lequel se poursuit l'instance d'ordre, autorisent, par une conséquence nécessaire, le poursuivant à faire faire à ce domicile élu toutes les significations relatives au

—3° Que de même, sous le code de procédure, l'appel du jugement qui a statué sur une contestation élevée contre le règlement provisoire peut être signifié au créancier au domicile élu dans son inscription : — « La cour; sur le moyen de nullité : considérant que l'appel du jugement rendu par le tribunal de la Rochelle a été signifié au domicile élu par l'inscription du créancier; qu'il résulte des termes de l'art. 2156 c. civ., et de la saine interprétation qui doit en être faite, que l'appel de la partie de Grellaud est régulier;... sans s'arrêter ni avoir égard au moyen de nullité, etc. » (Poitiers, 2e ch., 29 avr. 1831, aff. Deleau *C.* Lascazes. — Conf. arrêt précité de la cour d'Amiens, du 22 mai 1809, aff. Vissec; Liége, 4 mars 1813, aff. N... *C.* N...; Rennes, 30 août 1814, et, sur pourvoi, Req. 23 avr. 1818, aff. Mayer, v° Domicile élu, n° 27-3°; Rouen, 29 mai 1843, aff. Malende, *eod.*; Orléans, 19 nov. 1819, aff. de Saint-Marceau *C.* Daudin; Req. 16 mars 1820, aff. Grandjacquet, v° Priv. et hyp., n° 2770-1°; Colmar, 29 nov. 1823, aff. Legros, *eod.*; arrêt précité de la cour de Grenoble, du 4 mai 1820, aff. Rey-Jolly; Limoges, 21 juill. 1821, aff. du Saillant *C.* Fortune et Chosson; Bourges, 7 mars 1823, aff. femme Dupin et autres *C.* Befara et Lebigre; Grenoble, 19 mai 1824, aff. Cassan *C.* Constantin; Poitiers, 11 mai 1826, aff. Mercier *C.* Defoulques; Bordeaux, 20 fév. 1829, aff. Despaigne *C.* Anglès; *Id.*, 29 avr. 1829, aff. Laville, v° Vente, n° 1732-2°; Grenoble, 2e ch., 17 août 1831, aff. Michallon *C.* Vincendon, *infrà*, n° 947; 18 janv. 1833, 2e ch., aff. Bérenger *C.* Mazade, v° Priv. et hyp., n° 2756; Bourges, 30 avr. 1853, aff. veuve Gros, D. P. 54. 2. 52); — ... même à l'égard du créancier à qui l'on oppose la nullité de son inscription (Paris, 17 juill. 1811, aff. synd. Delanoue *C.* veuve Pango); — 4° Que l'appel d'un jugement, qui statue sur un incident à l'ordre, peut être signifié au domicile élu dans l'inscription du créancier contre lequel il est interjeté; et qu'on ne peut opposer à cet appel que l'inscription soit périmée, lorsque, les dix ans ne s'étant accomplis que depuis la production du créancier à l'ordre, l'inscription doit être considérée comme ayant produit son effet et n'étant plus sujette à renouvellement (Grenoble, 26 juill. 1839) (1).—Sur ce dernier point, V. Priv. et hyp., nos 1678 et s.

938. Mais, sous la nouvelle loi, l'appel serait-il nul, si, au lieu d'être signifié à avoué, il l'avait été au domicile de l'intimé? Les auteurs ne sont pas d'accord sur cette question. MM. Grosse et Rameau, t. 2, n° 415, Bioche, v° Ordre, n° 600, 3e éd., 5e tirage, se déclarent pour l'affirmative, et c'est, en effet, ce qui a été jugé par plusieurs arrêts (Riom, 1re ch., 13 juill. 1859, aff. Batisse-Malbot *C.* Quiquandon, *infrà*, sect. 19; Besançon, 25 nov. 1861, aff. Couvery, D. P. 62. 2. 186; Nancy, 21 fév. 1863, aff. Michel, *ib.*, 63. 2. 149; Agen, 20 nov. 1863, aff. Danial, *ib.*, 64. 2. 190).

939. MM. Seligman, n° 456, et Houyvet, n° 295, se prononcent en sens contraire. Ce dernier ajoute, toutefois, que la signification de l'appel à domicile devrait être faite dans le délai prescrit pour la signification à avoué, et qu'il ne serait pas permis d'ajouter à ce délai, à raison de la distance du domicile de l'intimé. — M. Flandin, Tr. de l'ordre, inédit, admet cette dernière opinion, qu'on ne saurait mieux motiver, dit-il, que ne l'a fait M. Houyvet. Vainement, ajoute M. Flandin, voudrait-on argumenter de ces mots : *à peine de nullité*, qui terminent l'avant-dernier alinéa de l'art. 762, il est visible qu'ils ne portent que sur le membre de phrase : « Il (l'acte d'appel) contient assignation et l'énonciation des griefs, *à peine de nullité.* » La jurisprudence était incertaine sur la question de savoir si l'énonciation des griefs dans l'acte d'appel du jugement d'ordre constituait une formalité substantielle dont l'omission emportât nullité (V. *infrà*, nos 979 et s.); et c'est pour trancher cette question que les mots *à peine de nullité* ont été introduits dans l'article. L'auteur n'entend pas, pour cela, contester que l'appel ne fût également nul, s'il était interjeté après le délai; mais cette nullité, dit-il, ne dérive, en aucune façon, de la disposition précitée, la chose allant de soi. — Il a été jugé, conformément à cette dernière opinion, que l'appel d'un jugement, en matière d'ordre, n'est pas nul pour avoir été notifié au domicile de la partie, au lieu de l'être au domicile de son avoué, comme le prescrit l'art. 762 c. pr.; que la peine de nullité, prononcée par cet article, ne s'applique qu'à l'inobservation des formalités intrinsèques de l'appel, au défaut d'assignation et d'énonciation des griefs dans l'exploit (Chambéry, 7 juin 1862, aff. De Vars, D. P. 62. 5. 226, n° 3). — C'est à cette dernière opinion qu'en définitive, nous croyons devoir nous rallier : en général, à notre avis, il faut être sobre de nullités. Il est vrai qu'au mot Distribut. par contribut., n° 151, nous avons rappelé, sans contradiction, l'opinion contraire. Mais nous nous réservions d'étudier, avec les auteurs et avec la jurisprudence, cette grave question que plus tard nous devions nécessairement retrouver.

940. Il est un cas, au moins, où l'appel, signifié à la personne ou au domicile de la partie, ne pourrait être critiqué, c'est celui où l'avoué qui occupait pour elle serait décédé ou aurait cessé ses fonctions depuis le jugement, et où il n'en aurait pas été constitué un autre à sa place. On a vu, *suprà*, n° 883, pour un cas analogue, qu'il y a nécessité, en pareille circonstance, de remplacer la signification à avoué par une signification à domicile. — C'est, d'ailleurs, ce que l'art. 762 décide pour la partie saisie, lorsqu'elle n'a pas d'avoué, et c'est ici le cas d'appliquer la règle : *ubi eadem ratio, ibi idem jus* (Conf. MM. Chauveau, Proc. de l'ordre, quest. 2588 *bis*; Houyvet, n° 297; Seligman, n° 449; Flandin, Tr. de l'ordre, inédit).

941. M. Houyvet fait observer, d'ailleurs, avec raison, qu'au cas dont il vient d'être parlé, l'acte d'appel serait également valablement signifié au domicile élu dans l'inscription, par application de la disposition de droit commun de l'art. 2156 c. nap. « Le domicile élu dans l'inscription, dit-il, est le domicile hypothécaire, tant qu'un autre n'y est pas substitué. » C'est, en effet, ainsi qu'on l'a vu, *suprà*, n° 937, ce que décidait la majeure partie des arrêts, sous l'ancien code (Conf. M. Flandin, *loc. cit.*). — Il a, toutefois, été jugé que le conservateur des hypothèques, en prenant inscription, d'office, pour le vendeur, n'a pas qualité pour faire une élection de domicile au nom de ce dernier; qu'en conséquence, la signification du jugement contenant règlement définitif de l'ordre, faite à ce domicile élu, au lieu de l'avoir été au domicile réel du vendeur, n'a pu faire courir, à l'égard de ce dernier, les délais de l'appel (Paris, 31 mai 1813) (2).

942. Il est évident, du reste, que, lorsque l'avoué poursuivant a été colloqué en son nom personnel, pour le montant de ses frais, c'est contre lui personnellement que doit être interjeté l'appel dirigé contre le jugement qui a admis sa collocation, et, par conséquent, que la signification dudit appel, faite

---

règlement de l'ordre et à son jugement définitif, sans observer, à cet égard, d'autres délais que ceux que comportent ce même domicile élu;... — Rejette.

Du 14 (et non 13) déc. 1808.-C. C., ch. civ.-MM. Viellard, pr.-Boyer, rap.

(1) (Breynat *C.* Bonnichon.) — La cour; — Attendu, sur la fin de non-recevoir opposée contre l'appel de Breynat, que, d'après l'art. 2156 c. civ., les actions auxquelles les inscriptions peuvent donner lieu contre les créanciers, sont intentées devant le tribunal compétent, par exploit signifié à personne ou au dernier domicile élu dans l'inscription; que, dans le sens général de cette disposition, se trouveraient comprises toutes les actions auxquelles l'exercice du droit hypothécaire inscrit peut donner lieu; que, par conséquent, l'appel d'un jugement qui statue sur un incident à l'ordre, peut être signifié au domicile élu dans l'inscription du créancier contre lequel il est interjeté; — Attendu que l'on ne peut opposer, dans l'espèce, que l'inscription de Bonnichon était périmée, parce que, cette inscription ayant produit tout son effet par la production dans l'ordre, il n'était pas nécessaire de la renouveler, les dix ans ne s'étant accomplis que depuis la production; déclare la fin de non-recevoir mal fondée, etc.

Du 26 juill. 1839.-C. de Grenoble, 4e ch.-M. Nicolas, pr.

(2) (Duplanil C. Gaudy et autres.) — La cour; — ...En ce qui touche l'appel, interjeté par Lamy, sa femme et consorts (les vendeurs), du jugement d'ordre rendu au tribunal civil de Paris, le 27 janv. 1807 : — Attendu qu'ils ont dû être parties dans l'ordre, et parties nécessaires; que toutes significations et citations ont dû être faites à leur domicile réel, et non au domicile élu pour eux par le conservateur des hypothèques, qui n'avait pas ce pouvoir; qu'en conséquence, le jugement, rendu contre eux en cette partie, est absolument nul, ainsi que sa signification, qui n'a pu faire courir le délai de l'appel; faisant droit sur l'appel, déclare ledit jugement et la signification nuls, en ce qui concerne les héritiers de la dame Duplanil, en leurdite qualité, en conséquence, condamne Gaudy (le créancier colloqué) à rendre et restituer, etc.

Du 31 mai 1813.-C. de Paris.

en son étude, est valable : — « La cour ; ...attendu que la collocation dont se plaignent les appelants est faite au profit de l'intimé, en son nom personnel; qu'il est seul intéressé à la soutenir; que, dès lors, l'appel n'a pu être signifié efficacement qu'à lui ; d'où il suit que la fin de non-recevoir opposée contre l'appel est irrecevable » (Metz, 22 mars 1817, aff. Fortier C. Manusson et autres).

943. C'est dans le même esprit qu'il a été jugé que, lorsque les créanciers postérieurs à une collocation contestée n'ont pas d'avoué commun, c'est l'avoué du créancier dernier colloqué qui est leur mandataire légal, et, par suite, que c'est à cet avoué que doit être signifié l'appel du créancier dont la collocation est contestée, nonobstant le droit qui appartient à chacun des créanciers postérieurs, intimés sur l'appel, de se faire représenter, à l'audience, à ses frais, par son avoué particulier (Grenoble, 19 janv. 1815) (1).—Conf. MM. Chauveau sur Carré, quest. 2595; Lepage, Quest., p. 522).

944. Dans un sens inverse, c'est-à-dire dans le cas où les créanciers postérieurs à la collocation contestée se seraient entendus pour se faire représenter par un avoué commun, ainsi qu'ils y sont autorisés par l'art. 760, c'est à cet avoué, et non à celui du dernier créancier colloqué, que l'acte d'appel devrait être signifié (Conf. MM. Lepage et Chauveau, *loc. cit.*). « Nous ne voyons pas, dit ce dernier auteur, pourquoi M. Carré met en doute cette opinion; car les termes de l'article (l'ancien art. 764, aujourd'hui 763) ne sont point restrictifs, et la raison est la même. »

945. Lorsqu'un avoué représente plusieurs parties, l'acte d'appel doit-il lui être signifié en autant de copies qu'il y a de parties intimées? — Nous avons précédemment examiné cette question, à propos de la signification du jugement (V. n° 878), et nous avons fait connaître la controverse élevée sur ce point. Quelle que soit l'opinion qu'on adopte, les raisons de décider sont les mêmes, dans un sens ou dans l'autre, qu'il s'agisse de la signification du jugement ou de la notification de l'acte d'appel. — Il a été jugé que la signification de l'appel faite à l'avoué qui occupe, dans l'ordre, pour plusieurs parties doit être faite en autant de copies qu'il y a de parties ayant un intérêt distinct (Amiens, 26 janv. 1865, aff. Saint-Lary, D. P. 65. 2. 139); — Mais qu'une seule copie suffit pour une personne qui a figuré dans l'instance en des qualités différentes, lorsque ces diverses qualités sont mentionnées dans la copie (même arrêt).

946. Une seule copie doit évidemment suffire, comme en conviennent, d'ailleurs, les partisans du système des copies multiples, lorsque l'avoué représente la masse des créanciers postérieurs aux collocations contestées (V. encore *suprà*, n° 876). — Il a été jugé, dans le même sens, que, lorsque plusieurs héritiers ont produit à l'ordre, par le ministère du même avoué, et ont élu le même domicile, l'acte d'appel peut leur être signifié à ce domicile par une seule copie (Rouen, 29 mai 1843, aff. Malende, v° Domicile élu, n° 27-3°).

947. Mais il a été jugé que l'appel d'un jugement d'ordre est nul, lorsque, formé contre les héritiers d'un créancier qui avaient pris qualité dans l'instance d'ordre et y avaient produit en leur nom personnel, il n'a été remis, au domicile élu par ce créancier dans son inscription, qu'une seule copie pour tous les héritiers, quoique, cependant, ils fussent désignés dans l'acte d'appel par leurs noms, prénoms, qualités et demeures (Grenoble, 17 août 1831) (2). — V. d'autres arrêts semblables, v° Domicile élu, n° 106; V. aussi v° Exploit, n°s 360 et suiv.).

ART. 5. — *Des personnes qui doivent être intimées sur l'appel.*

948. En règle générale, on ne doit intimer, sur l'appel,

---

(1) (Torrent C. hosp. de Grenoble.)—LA COUR; — Considérant que, les créanciers postérieurs à la collocation contestée n'ayant point d'avoué commun, l'avoué du créancier dernier colloqué a été le mandataire légal de ces créanciers postérieurs, quoique ces créanciers aient pu faire paraître, à leurs frais, à l'audience leurs avoués particuliers; qu'il s'agit d'un appel interjeté par l'hospice dont la collocation avait été contestée, et que cet appel a été interjeté, à l'égard de tous les créanciers postérieurs à cette collocation; que, dans ce cas, c'est à l'avoué du créancier dernier colloqué que l'appel a dû être notifié, conformément à l'art. 764 c. pr., par exception à l'art. 763; rejette la fin de non-recevoir.

Du 19 janv. 1815.-C. de Grenoble.

(2) (Veuve Michallon C. Simian, Durand et autres.) — LA COUR; — Attendu que, d'après l'art. 2156 c. civ., les actions auxquelles les inscriptions peuvent donner lieu contre les créanciers doivent être intentées par exploits signifiés à leur personne ou au domicile élu dans leur inscription, ce qui comprend nécessairement tout ce qui est une suite de cette inscription; — Attendu que cet article ne distingue pas entre les actes faits en première instance et ceux faits en cause d'appel; — Attendu que le législateur, en exigeant, dans l'inscription, l'élection de domicile dans l'arrondissement du bureau dans lequel cette inscription est prise, a voulu par là, dans les poursuites auxquelles elles pourraient donner lieu, célérité dans la marche et économie dans les frais; — Attendu qu'il résulte de tout ce que dessus que tous les actes de procédure, même un acte d'appel, peuvent être notifiés au domicile élu dans l'inscription; qu'il ne peut, dès lors, résulter de ladite notification ainsi faite aucune nullité; — Attendu qu'après le décès de leur père, tous les consorts Simian avaient pris qualité dans l'instance, et que leur acte de produit constate que c'est en leur nom personnel qu'ils avaient demandé leur allocation; — Attendu que c'est sous cette qualité ainsi prise qu'ils ont figuré dans l'instance d'ordre et le jugement dont est appel;

Attendu que, si bien la dame veuve Michallon pouvait, aux termes de l'art. 2156 c. civ., notifier son appel au domicile élu dans l'inscription, cette faculté ne la dispensait pas de remplir les dispositions de la loi qui exigent la remise d'autant de copies qu'il y a de parties en cause, à peine de nullité; — Attendu qu'une seule copie de l'acte d'appel a été laissée pour tous les consorts Simian, bien qu'ils soient nominativement désignés dans cet acte par leur noms, prénoms, qualités et demeure; qu'une pareille signification est infectée de nullité, en ce sens qu'une seule copie ayant été laissée pour tous, il est vrai de dire qu'aucun de ceux qui étaient en cause n'en a reçu, et n'a eu, par conséquent, une connaissance légale de l'appel; — Attendu que, depuis l'adjudication des immeubles ayant appartenu à Louis Vincendon et à Louis Orcel-Cavet, la dame Rose Reynaud, veuve de Mathieu-Gabriel Vincendon, créancière inscrite comme tutrice de ses enfants mineurs, avait convolé à de secondes noces avec Étienne Charavin; — Attendu que, conjointement avec son second mari et de lui assistée, elle avait produit dans l'ordre et demandé l'allocation de la créance appartenant à ses enfants mineurs; — Attendu que, conjointement avec le susdit Charavin, elle avait été en qualité dans le jugement dont est appel, où se trouvent les expressions « entre dame Rose Reynaud, veuve de M. Mathieu-Gabriel Vincendon, tutrice de leurs enfants mineurs, et sieur Étienne Charavin, son second mari; » — Attendu que la veuve Michallon ne peut, pour soutenir qu'elle ignorait le fait d'un second mariage, se prévaloir de l'erreur qui s'est glissée dans la copie, où on lit, au lieu de ces mots : *et sieur Étienne Charavin, son second mari*, ceux-ci, *de sieur Étienne Charavin, son second mari*; qu'une pareille erreur, qui s'était glissée sous la main du copiste, ne changeait en rien les qualités prises dans le jugement, et ne pouvait laisser ignorer à la veuve Michallon que la veuve Vincendon ne fût remariée; — Attendu qu'aux termes de la loi, la femme ne peut ester en jugement sans l'autorisation de son mari; qu'il n'existe aucune exception à cette règle en faveur de la femme tutrice de ses enfants mineurs qu'elle aurait eus d'un premier mariage; car alors, non-seulement elle s'est replacée, par son second mariage, sous la puissance tutélaire d'un mari, mais encore ce second mari, dans le cas où la femme aurait conservé l'administration des biens de ses enfants mineurs, devient responsable de cette administration; — Attendu, dès lors, que la veuve Michallon, en intimant, sur son appel, la dame veuve Vincendon au domicile élu dans son inscription, s'est conformée à la loi; mais qu'elle aurait dû, en même temps, intimer le second mari de Rose Reynaud, afin qu'il pût paraître en appel pour y autoriser sa femme et y défendre ses droits; qu'un pareil oubli de sa part entraîne, contre l'appel dirigé contre la veuve Vincendon, une nullité qui doit amener le rejet de l'appel; — Attendu que, la cour, adoptant les nullités contre l'appel, il ne doit plus échoir d'examiner la question de ventilation, question dans laquelle la dame veuve Michallon, qui, depuis l'élection de command faite par Me Chastelière, au profit de Jolland, et dans lequel il avait certainement intérêt à élever le prix des immeubles Orcel, qu'il remettait audit Jolland, tandis qu'il conservait en son pouvoir ceux de Vincendon, est resté plus de deux ans sans l'élever, et par suite de laquelle les créanciers Vincendon, exposés à voir diminuer le prix soumis à leurs créances, ne pourraient plus faire de surenchère, tous les délais pour surenchérir s'étant écoulés, question dans laquelle ladite dame veuve Michallon serait mal fondée; — Déclare nul l'appel formé par la veuve Michallon envers le jugement rendu par le tribunal de Saint-Marcellin contre les consorts Simian et la veuve Vincendon.

Du 17 août 1831.-C. de Grenoble, 2e ch.-MM. de Noaille, pr.-Royer, av. gén.-Allard et Denantes, av.

que les créanciers qui ont été parties en première instance, et qui ont intérêt à la contestation (V. Appel civil, nos 601 et suiv.). — Il a, en conséquence, été jugé : 1° que le créancier poursuivant ne doit pas être intimé, en cette qualité, sur l'appel, interjeté par un créancier, du jugement qui a rejeté celui-ci de l'ordre, sur le contredit d'un autre créancier : — « La cour; en ce qui touche l'appel du jugement rendu au tribunal civil de Fontainebleau le 31 août 1808, interjeté vis-à-vis de Chauvin, en sa qualité de poursuivant : attendu que, suivant le code de procédure, on ne peut, en matière d'ordre, intimer, sur l'appel, que les créanciers dont la collocation fait obstacle à l'appelant; déclare ledit Chauvin follement intimé; condamne Parent en l'amende et aux dépens... » (Paris, 9 fév. 1809, aff. Parent *C.* dame Allais et Chauvin); — 2° Que, lorsque, dans une poursuite d'ordre, l'avoué du créancier poursuivant a été colloqué, en son nom personnel, pour le montant de ses frais, c'est contre lui personnellement qu'il doit être interjeté appel du jugement rendu sur sa collocation (Metz, 22 mars 1817, aff. Fortier, *suprà*, n° 942); — 3° Que le créancier poursuivant n'a pas qualité pour représenter les créanciers dont les intérêts sont distincts des siens; et, spécialement, que l'appel, formé par un créancier contre le jugement d'ordre, est non recevable, si, au lieu d'être dirigé contre les créanciers contestants, il l'est, pour ces derniers, contre le créancier poursuivant (Bourges, 20 mai 1816) (1).

949. L'acquéreur n'a, en général, aucun intérêt dans la contestation élevée par les créanciers contre le règlement provisoire. — Il a été jugé, en conséquence : 1° que l'acquéreur d'un immeuble ne doit pas être intimé sur l'appel du jugement qui statue sur les contredits élevés entre les créanciers, dans la procédure d'ordre; qu'ainsi, il y a lieu de mettre les dépens de sa mise en cause à la charge du créancier qui l'a indûment appelé (Bordeaux, 3 juill. 1834) (2); — 2° Que le vendeur et l'acquéreur d'un immeuble ne doivent pas nécessairement être mis en cause, sur l'appel du jugement d'ordre, alors qu'ils n'ont aucun intérêt à l'objet de la contestation (Poitiers, 19 mars 1835) (3); — 3° Qu'au cas de contestation portant uniquement sur le droit de priorité entre les créanciers hypothécaires, il n'y a pas lieu d'intimer sur l'appel l'adjudicataire des biens dont le prix est en distribution, cette contestation étant étrangère au droit de suite qui seul peut intéresser l'adjudicataire (Grenoble, 29 avr. 1858) (4); — 4° Il a, d'ailleurs, été jugé, à bon droit, que l'avoué de l'adjudicataire, qui a obtenu la distraction des frais de notification pour lesquels cet adjudicataire a été colloqué dans l'ordre, ne peut être intimé pour plaider sur l'appel, relativement à ces frais, au lieu et place de l'adjudicataire (Amiens, 26 janv. 1865, aff. Saint-Lary, D. P. 65. 2. 139).

950. Que faut-il décider à l'égard de la partie saisie? — Il semblerait résulter de ces termes de l'art. 762 : « l'acte d'appel est signifié au domicile de l'avoué, *et au domicile réel du saisi, s'il n'a pas d'avoué*, » que le saisi est partie nécessaire dans la procédure d'appel; qu'il doit, par conséquent, être intimé sur l'appel. Mais nous avons reconnu précédemment (*suprà*, nos 780 et 877) que le saisi n'est pas partie essentielle dans les contestations élevées contre le règlement provisoire, et nous ne voyons pas, dès lors, où serait l'obligation, s'il n'a pas figuré au jugement de première instance, de l'intimer sur l'appel. — Quant à ces expressions de l'art. 762 : « l'acte d'appel est signifié... *au domicile réel du saisi, s'il n'a pas d'avoué*, » qui ne se trouvaient pas dans l'ancien code, elles ne veulent pas dire que le saisi doive être intimé, dans tous les cas, mais seulement que, s'il y a lieu de l'intimer, et qu'il n'ait pas d'avoué constitué (parce que, appelé en première instance, il aura fait défaut), l'appel lui

---

(1) (Chaix *C.* Charpin.) — La cour; — Considérant que l'appel des époux Chaix est dirigé contre Charpin, tant pour lui que pour les autres créanciers; qu'il est également non recevable, sous l'un comme sous l'autre de ces rapports; que Charpin, comme créancier des époux Thévenet, n'a pas été du nombre de ceux qui se sont élevés contre la demande formée par les époux Chaix en supplément de collocation; qu'ainsi il n'a pas dû paraître à l'audience du tribunal de première instance, où le juge-commissaire ne peut renvoyer que les contestants; d'où il suit qu'il n'a pas dû être appelé sur l'appel d'un jugement auquel il est étranger; que Charpin, comme poursuivant, ne pourrait être actionné que pour l'irrégularité de la procédure, et que les époux Chaix ne lui font, à cet égard, aucun reproche; mais que l'appel, adressé à Charpin pour tous les autres créanciers, est encore moins réfléchi; qu'en sa qualité de poursuivant, il ne représente pas les créanciers; que, loin d'être leur fondé de pouvoir, leurs intérêts sont essentiellement distincts et presque toujours opposés; — Déclare l'appel non recevable, etc.

Du 20 mai 1816.-C. de Bourges, ch. cor.

(2) (Darrieux *C.* Massip.) — La cour; — ...Attendu, 2° qu'il n'y avait pas nécessité, pour Brice Darrieux (créancier colloqué en sous-ordre sur la collocation de la dame Massip, sa débitrice), d'intimer B. Constant sur l'appel qu'il a interjeté contre Marie Lanesson, épouse de Massip; qu'il importe peu à B. Constant, qui n'est tenu que de payer à la vue des bordereaux, de se libérer du prix de son acquisition dans les mains de la dame Massip, ou dans celles de tout autre créancier utilement colloqué; que les parties intéressées dans la contestation d'ordre doivent seules figurer en cause d'appel; que, s'il a convenu à Brice Darrieux d'appeler Constant dans une instance à laquelle il aurait dû rester étranger, il paraît juste de mettre à sa charge les dépens purement frustratoires que cette mise en cause a rendus nécessaires; — ...Condamne Darrieux aux dépens que Bertrand Constant a personnellement exposés sur sa mise en cause.

Du 3 juill. 1834.-C. de Bordeaux, 2e ch.-M. Gerbeaud, pr.

(3) (Blondeau-Taptout *C.* Creuzé.) — La cour; — Considérant, sur la fin de non-recevoir proposée par Creuzé contre les appels des sieurs Blondeau-Taptout et Sufficeau, et qu'il a voulu faire résulter de ce que lesdits appels n'avaient pas été interjetés à l'encontre du sieur Aventin-Barrome et de la dame Victoire Valet, son épouse, vendeurs de l'immeuble dont le prix est à distribuer, et contre Desgirard, acquéreur de cet immeuble, — Que le tit. 14 c. pr. civ., qui prescrit les formalités à suivre dans l'ordre et distribution du prix des immeubles, ne contient aucunes dispositions qui imposent l'obligation de rendre parties en cause d'appel les vendeurs et acquéreurs de ces immeubles; — Que les art. 667 et 669, invoqués à l'appui de cette fin de non-recevoir, font partie du tit. 11 dudit code sur la distribution par contribution, et ne sont relatifs qu'à la procédure à faire en cette matière, qui diffère, en beaucoup de points, de celle à faire pour l'ordre et distribution du prix d'immeubles; — Que, si les dispositions du tit. 11 devaient être communes à cette dernière procédure, le législateur l'eût formellement déclaré; qu'au surplus, on devrait également appliquer à l'espèce l'art. 664 qui se trouve au tit. 11, et qui, en prononçant la forclusion contre la partie saisie, à défaut d'avoir pris communication du procès-verbal du juge-commissaire et de l'avoir contesté, cas dans lequel se trouvent les époux Barrome, décide qu'elle ne doit pas être intimée en cause d'appel, puisqu'elle ne peut rien y demander; — Que si, de l'art. 769, compris au tit. 14 sur l'ordre, et relatif à l'emploi des frais colloqués, par préférence, conformément à l'art. 768, au profit de l'avoué représentant les créanciers contestants, qui parle de la subrogation au profit du créancier sur lequel les fonds manquent, ou de la partie saisie, on peut tirer la conséquence que la partie saisie ou le vendeur doivent être parties en cause d'appel, ce n'est que lorsqu'ils y ont intérêt, et c'est également ce qui résulte de la diversité des arrêts rendus sur cette question;

Considérant que, dans l'espèce, les époux Barrome n'ont aucun intérêt à être parties en cause d'appel; qu'ils ne pourraient même pas y demander la subrogation dont parle l'art. 769, parce que, quel que soit le résultat de l'ordre, les créanciers qui ont produit, et auxquels ils n'ont rien contesté, ne seront pas remplis du montant de leurs créances; que les époux Barrome ont reconnu eux-mêmes leur défaut d'intérêt, en ne comparaissant ni à l'ordre, ni à l'audience du tribunal d'où vient l'appel, quoique régulièrement mis en demeure de le faire; — Que le sieur Desgirard, acquéreur, en comparaissant tant à l'ordre qu'à l'audience des premiers juges, n'a élevé aucune contestation, et n'a aucun intérêt à être partie en cause d'appel; — Considérant que les fins de non-recevoir ne peuvent s'établir par analogie, et qu'il n'existe aucunes dispositions qui exigent la mise en cause d'appel, sur l'ordre du prix d'un immeuble, du vendeur et de l'acquéreur de cet immeuble; — ...Sans s'arrêter à la fin de non-recevoir proposée par Creuzé, etc., confirme.

Du 19 mars 1835.-C. de Poitiers.-M. Barbault de Lamotte, pr.

(4) (Aubert *C.* Meyer.) — La cour; — Sur la fin de non-recevoir proposée par l'intimé contre l'appel des enfants Aubert, et fondée sur ce que les adjudicataires n'auraient pas été mis en cause : — Attendu que la contestation déférée à la connaissance de la cour porte uniquement sur le droit de préférence que se disputent des créanciers d'Aubert père; qu'elle ne touche point au droit de suite, qui seul peut intéresser les adjudicataires; qu'il n'importe nullement à ces derniers de payer à l'un ou à l'autre des créanciers dont il s'agit le prix dont ils sont les seuls débiteurs; qu'en conséquence, l'appel formé contre eux n'aurait eu pour effet que d'accroître, par des frais inutiles, la perte résultant de l'insuffisance des fonds à distribuer.

Du 29 avr. 1858.-C. de Grenoble, 1re ch.-MM. Blanchet, pr.-Pagès, subst., c. conf.

sera signifié à son domicile. — En matière de distribution par contribution, les textes sont bien plus formels : « Ne pourront être intimées sur ledit appel, porte l'art. 669, que les parties indiquées par l'art. 667 ; » et, au nombre de ces parties, figure le saisi : « S'il s'élève des difficultés, dit l'art. 666, le juge-commissaire renverra à l'audience...; » et l'art. 667 : « Le créancier contestant, celui contesté, *la partie saisie* et l'avoué le plus ancien des opposants, seront seuls en cause... » Mais, nonobstant ces dispositions, Pigeau enseigne, Proc. civ., t. 2, p. 300, n° 7, 4e éd., qu'on ne doit appeler le saisi en cause, même en première instance, qu'autant qu'il a intérêt ou s'est mêlé à la contestation. « ... Dans tous les cas, dit-il, on ne l'appelle (le saisi) que lorsque la contestation l'intéresse, comme lorsque lui-même conteste directement ou se joint aux contestants; car, s'il a adhéré à la collocation expressément ou tacitement, en ne prenant pas communication ou ne contredisant pas, l'affaire ne concerne que les créanciers, qui doivent seuls être appelés » (Conf. MM. Chauveau, Proc. de l'ordre, quest. 2588; Grosse et Rameau, t. 2, n° 415; Bioche, v° Ordre, n° 605, 5e éd., 5e tirage; Houyvet, n° 287; Harel, Encycl. des huissiers, t. 5, v° Ordre, n° 211, 2e éd., et Journ. des av., t. 89, p. 397, art. 554; Colmet-Daage, n° 1032).

951. Il a été jugé, conformément à cette opinion : 1° que le saisi ne doit pas être intimé sur l'appel d'un jugement d'ordre, si les contestations lui sont étrangères : — « La cour;... en ce qui touche l'appel interjeté vis-à-vis de Lafosse et de L..., partie saisie : — Vu l'art. 764 c. pr. c., déclare lesdits Lafosse et L...., partie saisie, follement intimés; condamne Tobler aux dépens à leur égard » (Paris, 4 août 1810, aff. Tobler, Lagarde, etc. *C.* L..., etc. — L'arrêt n'est pas autrement motivé sur ce point); —2° Qu'un créancier, appelant d'un jugement d'ordre, n'est pas tenu de mettre en cause la partie saisie, lorsque la contestation n'a pas pour objet la légitimité des créances, mais uniquement le rang qu'elles doivent occuper dans l'ordre (Pau, 19 mars 1828) (1); —3° Qu'il n'est pas nécessaire d'intimer la partie saisie sur l'appel interjeté, par l'un des créanciers colloqués contre un autre créancier, de l'ordonnance du juge-commissaire prononçant la clôture de l'ordre, alors que la question qui se débat entre les deux créanciers est de savoir si cette ordonnance, en raison de ce que les créances sont l'une et l'autre inférieures à 1,500 fr., est en dernier ressort (Colmar, 3e ch., 4 mars 1844, aff. Levy *C.* Kahn); — 4° Qu'en matière d'ordre, il n'y a pas lieu d'intimer, dans l'instance d'appel, le failli qui n'était pas personnellement en cause en première instance, mais qui s'y trouvait régulièrement représenté par le liquidateur de la faillite (Orléans, 23 juin 1851, aff. Lombard et Boissin, D. P. 52. 2. 32).

952. Mais il a été jugé, au contraire, et c'est en ce sens que se prononce la cour de cassation : 1° que la partie saisie doit, en matière d'ordre, comme en matière de distribution, être intimée sur l'appel interjeté par le créancier contesté du jugement qui l'a rejeté de l'ordre : — « La cour;..... considérant, enfin, que la partie saisie aurait dû être appelée en cause d'appel, par l'intérêt qu'elle avait de maintenir le jugement, de faire condamner le contestant et d'éviter un nouveau procès dont elle était menacée; que c'est ainsi que le pense M. Pigeau, en matière d'ordre, dans son Commentaire, t. 2, p. 260, n° 14, en assimilant cette procédure à celle qui se pratique en matière de distribution par contribution, d'après l'art. 667 c. pr.; en sorte que ce serait une irrégularité, de la part des sieurs et dame Gentil, de n'avoir point appelé la partie saisie; déclare les appelants non recevables, etc. » (Limoges, 15 (et non 16) nov. 1811, aff. Gentil *C.* Roux); — 2° Qu'en matière d'ordre, l'appel doit, dans tous les cas, être signifié, à peine de nullité, à la partie saisie, encore que celle-ci n'ait pas été appelée et n'ait pas comparu devant le tribunal, lors du jugement qui est frappé d'appel (Dijon, 27 mai 1862, et, sur pourvoi, Rej. 10 avr. 1865, aff. Forgeot, D. P. 62. 2. 165, et 65. 1. 217); —3° Que cette nullité est absolue et rend l'appel non recevable à l'égard de toutes les parties (mêmes arrêts); —4° Que l'acte d'appel d'un jugement rendu en matière d'ordre, sur la contestation, par exemple, que l'un des créanciers colloqués a élevée contre l'inscription hypothécaire et la collocation d'un autre créancier, doit, à peine de nullité, être signifié au débiteur, encore que celui-ci n'ait pas été partie en première instance (Req. 14 juin 1864, aff. Vassal et Desmonts, D. P. 64. 1. 422); — 5° Mais que cette signification est réputée faite, lorsque le créancier intimé, en signifiant au débiteur un appel incident, lui a dénoncé en même temps l'appel principal (Caen, 2 juill. 1863, rapp. avec l'arrêt de la chambre des requêtes, même affaire); — 6° Qu'en tout cas, à supposer que la dénonciation de l'appel ainsi faite au débiteur par l'intimé, et non par l'appelant lui-même, soit sans effet, comme non conforme à l'art. 762 c. pr., et que cet appel doive, dès lors, être déclaré nul, faute de signification valable au débiteur, l'intimé, de qui elle émane, n'a pas qualité pour en relever l'irrégularité; que cette irrégularité ne peut être opposée que par le débiteur, et, par suite, qu'elle est couverte, si ce dernier, loin d'opposer la nullité de la procédure, a constitué avoué devant la cour, et s'est borné, dans ses conclusions, à demander sa mise hors de cause (arrêts de la cour de Caen et de la chambre des requêtes précités).

En présence de cette jurisprudence, il ne serait pas prudent, comme le fait observer M. Harel, *loc. cit.*, de ne pas signifier, dans tous les cas, l'acte d'appel au débiteur ou à la partie saisie.

953. Quoi qu'il en soit, comme c'est dans l'intérêt du saisi qu'il est appelé en cause, il en découle, selon nous, que la nullité de l'appel, qu'on fait résulter du défaut d'intimation de ce dernier, est une nullité relative et non pas une nullité absolue, une nullité, par conséquent, qui ne peut être opposée que par lui et à laquelle il a la faculté de renoncer, comme l'a décidé la chambre des requêtes dans l'arrêt précité, contrairement à l'arrêt de la cour de Dijon et à celui de la chambre civile qui a rejeté le pourvoi formé contre cet arrêt (V. au numéro précédent). — Conf. MM. Harel, *loc. cit.*; Houyvet, *ibid.*; V. aussi *infrà*, n° 960-15°, l'arrêt de rejet du 3 août 1864.

954. Il a, d'ailleurs, été jugé : 1° que lorsque, dans un ordre, un créancier s'est borné à contester la priorité d'un autre créancier sur lui, mais que la collocation de ce même créancier a été contestée, d'une manière absolue, par d'autres créanciers postérieurs en date, le jugement, qui accueille la demande en rejet de ce créancier de l'ordre, a pour résultat nécessaire le rejet de la demande formée par ce même créancier en priorité de collocation sur le créancier qui lui contestait seulement son rang; qu'il y a, dès lors, nécessité pour lui d'intimer tout à la fois, sur l'appel de ce jugement, et les créanciers qui l'ont fait rejeter de l'ordre, en faisant prononcer la nullité de son inscription, et le créancier qui a contesté individuellement contre lui, en lui disputant l'antériorité de collocation (Cass. 7 mai 1823) (2); — 2° Que la notification d'appel, faite à l'avoué du dernier créan-

(1) (Veuve Biscarros *C.* Biscarros.) — LA COUR; —...Sur la seconde fin de non-recevoir, prise de ce que la veuve Biscarros n'aurait ni appelé contre le saisi, ni assigné celui-ci dans l'instance d'appel : — Attendu que le jugement du 4 sept. 1827, n'ayant accordé aucune utilité au saisi, un appel contre lui aurait été frustratoire et sans objet; d'un autre côté, il est de principe, en matière d'ordre, que les parties intéressées à la contestation doivent seules figurer en cause d'appel : or le saisi est ici sans intérêt, puisqu'il ne s'agit pas ici de la légitimité des créances, mais uniquement du rang qu'elles doivent occuper dans l'ordre ouvert; ainsi, et sous ce double rapport, la seconde fin de non-recevoir n'est pas mieux fondée que la première; — Déboute les parties de Castelnau (les légitimaires) des fins de non-recevoir par elles opposées contre l'appel de la partie de Touzet.

Du 19 mars 1828.-C. de Pau.-M. de Figarol, pr.

(2) (Dame de Vaudemont *C.* dame de Montmorency.) — LA COUR (ap. dél. en ch. du cons.); — Vu l'art. 1351 c. civ., et l'art. 760 c. pr. civ.; —Considérant que madame la marquise de Montmorency a soutenu, devant le tribunal civil de première instance, la validité de son inscription contre plusieurs des créanciers de la dame de Brionne; que, devant ce tribunal, la marquise de Montmorency-Laval et la princesse de Vaudemont ont contesté, individuellement l'une contre l'autre, le privilége que chacune réclamait pour la priorité de la collocation; que, par le jugement définitif, l'inscription prise par la marquise de Montmorency-Laval a été annulée, et sa créance rejetée de l'ordre; que, dès lors, ce jugement a eu pour résultat nécessaire le rejet de la demande en priorité de collocation, formée par la marquise de Montmorency; que, par conséquent, pour parvenir à faire réformer ce jugement dans ses dispositions et dans ses effets, la marquise de Montmorency était tenue de diriger

cier colloqué, ne remplace pas celle que l'appelant aurait dû faire au créancier qui a contesté individuellement contre lui sur la priorité de collocation, l'avoué du dernier créancier colloqué n'ayant qualité que pour représenter les créanciers postérieurs, en ordre d'hypothèque, aux collocations contestées, et nullement un créancier antérieur qui a contesté individuellement (même arrêt).

955. Doit-on intimer sur l'appel les créanciers qui ont obtenu une collocation en sous-ordre sur le montant de la somme allouée au créancier direct, leur débiteur, dont la collocation est contestée? — M. Coffinières a présenté, sur cette question, dans le Journ. des avoués, t. 17, p. 175, les excellentes observations qui suivent : « Les art. 763 et 765 (anciens), qui sont relatifs à l'appel du jugement d'ordre, dit-il, n'indiquent pas quelles sont les parties qui doivent figurer sur cet appel; mais il est facile de suppléer au silence de ces deux articles, en combinant diverses dispositions qui les précèdent et qui les suivent. Il y a beaucoup d'analogie entre la poursuite de l'ordre et la procédure relative à une distribution de deniers par contribution; on peut donc raisonner par induction de l'une à l'autre. Or, d'après les art. 667 et 669, le créancier contestant et le créancier dont la collocation est contestée peuvent seuls figurer en première instance et sur l'appel, avec la partie saisie et l'avoué le plus ancien des opposants : il doit en être, par conséquent, de même en matière d'ordre, et les créanciers qui contestent les uns aux autres la priorité de collocation (c'est-à-dire les créanciers inscrits sur l'immeuble) doivent seuls se trouver en cause avec la partie saisie. — D'ailleurs, les art. 749 et suiv., notamment l'art. 755, ne permettent pas de douter que les créanciers en sous-ordre, qui peuvent profiter, en définitive, de la collocation d'un ou plusieurs créanciers personnels du saisi, ne doivent rester étrangers à toute la procédure en première instance. De quel motif pourrait-on induire la nécessité de les intimer sur l'appel? Serait-ce de leur intérêt dans la contestation? Mais il leur est facile de le mettre à couvert, en prenant la voie de l'intervention ou celle de la tierce opposition; et ce serait mal à propos violer la règle générale, dont les rédacteurs du code ont fait une application particulière à la procédure en distribution des deniers, que d'admettre, sur l'appel, d'autres parties principales que celles qui auraient figuré en première instance... » — Ajoutons que la mise en cause des créanciers en sous-ordre, dont l'intérêt se confond avec celui du créancier direct, leur débiteur, par qui ils sont légalement représentés, ne ferait qu'augmenter, contre le vœu de la loi, les frais qui ont pour effet de diminuer le gage commun (Conf. MM. Carré et Chauveau sur Carré, quest. 2591; Chauveau, Proc. de l'ordre, quest. 2617-4°; Berriat-Saint-Prix, t. 2, p. 616, note 19; Hautefeuille, p. 421, 5e alin.; Prat. fr., t. 4, p. 478, 3e alin.; Lepage, p. 517, 3e alin.; Pigeau, Proc. civ., t. 2, p. 277; Seligman, n° 450; Flandin, Tr. de l'ordre, inédit).

956. Il a été jugé, dans ce sens : 1° que l'appel d'un jugement d'ordre ne doit pas être déclaré non recevable, pour n'avoir pas été formé contre les créanciers appelés à profiter, en sous-ordre, de la collocation (contestée) attribuée à leur débiteur, quoiqu'ils aient figuré dans le jugement; qu'il suffit à l'appelant de diriger son appel contre le créancier qui a obtenu la collocation directe, et qui est, à son égard, le véritable *contestant* (Cass. 2 mai 1810) (1);— 2° Que, si une instance d'ordre est tellement indivisible qu'on ne puisse appeler du jugement, à l'égard d'un créancier colloqué en rang utile, sans appeler, dans la cause, tous ceux dont la collocation est antérieure à celle de l'appelant, il n'en est pas de même des personnes colloquées en sous-ordre, qui sont suffisamment représentées par leur débiteur (Grenoble, 14 déc. 1832, aff. Oriol, v° Huissier, n° 107; sur la question d'indivisibilité de l'appel, en matière d'ordre, V. *infrà*, n° 958);—3° Que, toutefois, les créanciers, colloqués en sous-ordre, ayant intérêt au maintien de la collocation contestée, l'acte d'appel doit leur être *dénoncé*

son appel, tant contre les créanciers qui avaient contesté la validité de son inscription, que contre la princesse de Vaudemont, qui lui avait contesté l'antériorité de collocation; que la dame marquise de Montmorency a appelé, à la vérité, dudit jugement vis-à-vis les créanciers qui avaient critiqué son inscription, et leur a fait notifier son appel; que, sous ce rapport, la cour de Paris a été régulièrement saisie du litige relatif à cette inscription; — Que la dame de Montmorency-Laval n'a pas appelé, au contraire, dudit jugement vis-à-vis la princesse de Vaudemont; que, dès lors, tout débat, sur ce point, était interdit devant la cour royale; que cette fin de non-recevoir a été formellement opposée, devant ladite cour, par la princesse de Vaudemont; que, par conséquent, la cour de Paris, qui, malgré ce défaut d'appel, a connu de ce débat, et a décidé que la marquise de Montmorency devait être colloquée avant la princesse de Vaudemont, a prononcé sur une contestation dont elle n'était pas régulièrement saisie; — Que vainement on oppose que la marquise de Montmorency a notifié son appel à l'avoué du dernier créancier colloqué, et qu'aux termes de l'art. 760 c. pr. civ., cette notification a remplacé celle qu'on aurait pu faire à la princesse de Vaudemont elle-même; — Considérant que, d'après cet article, l'avoué du dernier créancier colloqué n'a qualité que pour représenter les créanciers postérieurs, en ordre d'hypothèque, aux collocations contestées; que, dans l'espèce, les collocations étaient individuellement contestées entre la princesse de Vaudemont et la marquise de Montmorency, par les conclusions de leurs avoués respectifs; que, par conséquent, l'avoué du dernier créancier colloqué, postérieur en ordre d'hypothèque, tant à la princesse de Vaudemont qu'à la marquise de Montmorency, n'a pas représenté la princesse de Vaudemont, et aurait été même sans qualité pour la représenter; que, dans cet état de choses, d'après les règles fondamentales de la procédure, qui ne sont nullement contrariées, dans l'espèce, par l'art. 760 dudit code, l'appel aurait dû être notifié à la princesse de Vaudemont elle-même; qu'en décidant le contraire, la cour de Paris a faussement appliqué ledit article, et violé l'art. 1351 c. civ.; — Considérant, enfin, que la cassation de l'arrêt du 16 mars 1820 entraîne, par voie de suite et de conséquence nécessaire, l'annulation de celui rendu sur la requête civile le 17 août 1821; — Joint les deux pourvois, et y faisant droit, casse l'arrêt rendu par la cour de Paris, quant à la disposition par laquelle, nonobstant le défaut d'appel, la marquise de Montmorency-Laval a été colloquée dans un rang antérieur à la princesse de Vaudemont; — Casse, par voie de suite et de conséquence, l'arrêt rendu par la même cour, sur la requête civile, le 17 août 1821.

Du 7 mai 1823.-C. C., sect. civ.-MM. Brisson. pr.-Vergès, rap.-Joubert, av. gén., c. conf.-Scribe et Nicod, av.

(1) (Domaines C. Dautil et autres.) — L'ordre, dans l'espèce, était ouvert sur un prix de vente de 15,000 fr. — Au nombre des créanciers hypothécaires figurait, pour une rente foncière, un sieur Dautil, dont les biens avaient été séquestrés. L'administration des domaines, durant le séquestre, avait pris inscription pour la conservation du capital de la rente et des arrérages. Plus tard, Dautil avait obtenu la restitution de ses biens par arrêté du 14 vent. an 11.—Les arrérages, échus antérieurement, appartenant à l'Etat, l'administration des domaines produisit à l'ordre.—Les héritiers Bouchet, créanciers de Dautil, obtinrent une collocation en sous-ordre pour 10,000 fr., capital de la rente, de préférence aux arrérages.

L'administration des domaines interjeta appel du jugement; mais elle ne fit signifier son appel qu'à Dautil et aux autres créanciers, parties directes à l'ordre. — Les héritiers Bouchet sont intervenus sur l'appel, et ils ont opposé à l'administration qu'elle ne leur avait pas fait signifier l'acte d'appel, quoiqu'ils fussent parties au jugement. — Ce système avait triomphé devant la cour de Riom, qui, par arrêt du 28 juin 1808, avait déclaré l'appel non recevable : — « Attendu que l'appel de l'administration des domaines n'a pas été interjeté contre les héritiers Bouchet, appelés à recueillir le bénéfice de l'inscription, et que son appel, dirigé contre Dautil et autres, est sans objet. » — Pourvoi. — Arrêt (apr. délib. en ch. du cons.).

La cour; — Attendu que la fin de non-recevoir, qui a été adoptée par l'arrêt attaqué, contre l'appel interjeté par les administrateurs des domaines, et qui les a privés de faire valoir leurs griefs contre la collocation faite en faveur de Dautil, n'est prononcée par aucune loi; qu'il résulte, au contraire, du rapprochement des art. 667, 669, 755 et 754 c. pr. civ., que le créancier direct, qui interjette appel du jugement d'ordre, ne peut intimer, sur l'appel, que les parties qui ont contesté la demande en préférence, et qui ont obtenu la collocation dont il croit avoir à se plaindre; que l'art. 778 du même code classe les créanciers du débiteur dans un rang distinct de celui qui a exercé directement ses droits d'hypothèque sur le prix à distribuer; — Considérant qu'il suit de ces dispositions de la loi que Dautil, colloqué directement pour la somme de 10,000 fr., était le vrai *contestant* à l'égard de l'administration des domaines, qui n'était obligée de diriger son appel que contre lui, et non contre ses créanciers dersonnels, puisque l'objet de son appel était de faire réformer la collocation faite en sa faveur; qu'en décidant que l'administration des domaines s'était rendue non recevable dans son appel, en ne le dirigeant que contre les créanciers directs, la cour d'appel a, à la fois, commis un excès de pouvoir et un déni de justice; — Casse.

Du 2 mai 1810.-C. C., ch. civ.-MM. Muraire, 1er pr.-De Lacoste, rap.-Jourde, subst., c. conf.-Huart et Becquey, av.

pour les mettre en mesure d'intervenir en appel, s'il leur convient de le faire (Montpellier, 24 nov. 1831) (1).

957. Il a été jugé, au contraire, que l'indivisibilité de l'ordre est absolue (V. au numéro suivant), et que, les créanciers colloqués en sous-ordre pouvant avoir à souffrir des changements que l'appel peut faire introduire dans l'ordre, ils doivent être intimés sur l'appel (Montpellier, 5 mars 1831) (2). — V. néanmoins l'explication fournie sur cet arrêt par celui de la même cour, du 24 nov. 1831, qui précède.

958. La question de savoir si la procédure d'ordre est divisible ou indivisible est une question fort ardue, sur laquelle, comme on le verra plus loin, se partage la jurisprudence. Nous avons déjà examiné cette difficulté (*suprà*, nos 751 et s.), relativement à la question de savoir si les décisions rendues sur les contredits doivent profiter ou nuire aux créanciers qui n'ont pas contesté le règlement provisoire, et dont ces décisions viennent modifier le rang de collocation. — Ici la question se présente sous un aspect nouveau, celui de la divisibilité ou de l'indivisibilité de l'appel, en cette matière. — « Pour l'indivisibilité de l'appel, dit M. Flandin, Tr. de l'ordre, inédit, on peut alléguer que la procédure d'ordre est une procédure particulière, qui a ses règles à part, et à laquelle on ne peut appliquer les principes du droit commun; qu'en effet, c'est avec tous les créanciers hypothécaires du débiteur, ou eux dûment appelés, que se fait la distribution du prix de ses immeubles (c. pr. 753 et 754); que la déchéance prononcée contre les créanciers qui n'ont pas produit dans le délai (755), et la forclusion qu'encourent ceux des créanciers produisants qui n'ont pas contredit le règlement provisoire (756), ont pour objet de les lier tous à la procédure, de leur en rendre tous les actes communs; que l'art. 760 fournit une autre preuve de cette vérité, en disant que les créanciers postérieurs, en ordre d'hypothèques, aux collocations contestées (les créanciers antérieurs sont sans intérêt) seront tenus, dans un but d'économie, de s'entendre sur le choix d'un avoué pour les représenter tous, sinon qu'ils seront représentés par l'avoué du dernier créancier colloqué; qu'enfin, l'art 762 déclare le jugement à intervenir non susceptible d'opposition; ce qui montre, de plus en plus, que tous les créanciers intéressés dans les contestations soulevées sont réputés être parties au jugement; d'où résulte l'unité, l'indivisibilité de la procédure. Et, si le caractère inhérent à cette procédure, peut-on ajouter, fait qu'au premier degré, elle soit indivisible, en ce sens que tous les créanciers y figurent personnellement ou y sont représentés, comment en serait-il autrement en appel, alors que l'art. 763, conçu dans le même esprit que l'art. 760, pourvoit aux intérêts des créanciers qui ne sont pas directement intimés, en disant qu'ils seront représentés par l'avoué du créancier dernier colloqué?

» Il est vrai que cet art. 763 ne s'exprime pas en termes impératifs; qu'il ne dit pas que l'avoué du créancier dernier colloqué *sera* intimé, mais qu'il *peut être intimé, s'il y a lieu*. C'est qu'il peut arriver, en effet, qu'il n'y ait de véritablement intéressés au litige que les contestants, cas dans lequel il devient inutile de faire intervenir au débat les autres créanciers dans la personne de l'avoué du créancier dernier colloqué. Mais, dès que le résultat de l'appel est de nature à réagir sur d'autres intérêts que ceux qui sont directement engagés dans la contestation, alors apparaît la nécessité de sauvegarder ces intérêts, en les appelant en cause, non pas individuellement, ce qui augmenterait démesurément les frais, mais dans la personne d'un représentant, c'est-à-dire de l'avoué du créancier dernier colloqué. — Disons, cependant, continue M. Flandin, avec MM. Ollivier et Mourlon, no 406, que l'indivisibilité de l'appel, en matière d'ordre, d'après les arrêts qui adoptent ce principe, n'existerait pas en ce sens que la décision judiciaire, rendue contre une personne, fût obligatoire contre celles qui n'auraient pas été parties dans l'instance, mais au contraire, en ce sens que, cette décision judiciaire ne pouvant lier ceux qui n'y auraient point été parties, il y aurait lieu de déclarer non recevable l'appel qui ne serait pas dirigé contre toutes les personnes directement ou indirectement intéressées dans la contestation.

» Mais la cour de cassation, reprend M. Flandin, n'a point admis ce système (V. *infrà*, no 960) : elle décide qu'aucune disposition de la loi n'établit l'indivisibilité de la procédure en matière d'ordre; que l'art. 762 ne prescrit pas d'interjeter appel à l'égard de tous les créanciers qui figurent dans l'ordre, à peine de nullité ou de déchéance de l'appel à l'égard de ceux qui ont été intimés, et que l'art. 763, portant que l'avoué du créancier dernier colloqué pourra être appelé, *s'il y a lieu*, laisse à l'appelant la faculté de l'appeler, s'il le croit utile à ses intérêts, sauf, pour les créanciers qu'il n'a pas appelés, le droit de former *tierce opposition* à l'arrêt, s'il leur préjudicie. Cette réserve, il faut le reconnaître, est suffisante pour conserver les intérêts de ces créanciers; mais la tierce opposition est une voie détournée pour arriver au but où conduirait plus promptement, et à moins de frais pour la masse, le principe de l'indivisibilité de l'appel en cette matière. » — La doctrine de la cour de cassation sur la divisibilité de l'ordre est adoptée par MM. Chauveau, Proc. de l'ordre, quest. 2588; Ollivier et Mourlon, no 407; Bioche, vo Ordre, no 604, 3e édit., 5e tirage; Houyvet, nos 275, 281 et 282; Seligman, no 452.

MM. Ollivier et Mourlon, qui se prononcent énergiquement contre le principe d'indivisibilité, conviennent, néanmoins, « que les résultats de la divisibilité pourront être bizarres; mais, ajoutent-ils, ne le sont-ils pas tout autant dans les recherches de filiation (art. 100 c. nap.), dans les pétitions d'hérédité (art. 800)? Cependant, dans ces matières importantes, touchant au fond même du droit, la bizarrerie des résultats n'a pas empêché l'application des principes : pourquoi en serait-il autrement dans une question de procédure? » — Il y a à dire pourtant, fait observer M. Flandin, *loc. cit.*, qu'il y a moins de difficulté à exécuter simultanément deux décisions, dont l'une affirme et l'autre nie, dans la même personne, la qualité d'héritier ou celle d'enfant légitime, qu'il n'y en a à admettre que, dans un ordre, un créancier puisse avoir droit à tel rang ou à telle somme vis-à-vis de certains créanciers, et n'avoir droit

---

(1) (Subé C. hér. Sanyas.) — LA COUR...; — En ce qui touche la fin de non-recevoir proposée contre l'appel par les intimés : — Attendu que les art. 763 et 764 c. pr. civ. n'indiquent, comme devant être intimés sur l'appel du jugement d'ordre, que les créanciers colloqués dans l'ordre; que, dans cette matière spéciale, on ne doit point étendre la nécessité de l'appel aux créanciers colloqués en sous-ordre, pour faire résulter de cette extension une déchéance rigoureuse que la loi n'a point prononcée; que le principe de l'indivisibilité de l'ordre ne l'exige pas, parce que autre chose est l'ordre principal, autre chose le sous-ordre, qui doit être distribué, comme chose mobilière, entre les sous-créanciers intervenants, aux termes de l'art. 778 dudit code; que c'est ainsi que la cour de cassation a jugé la question par son arrêt du 2 mai 1810 (V. l'arrêt qui précède); — Attendu, d'ailleurs, que l'arrêt de la cour, invoqué par les intimés, a été rendu dans le cas particulier où les créanciers, colloqués en sous-ordre, étant saisis, par des délégations authentiques et notifiées, des deniers qui faisaient le montant de la collocation principale, étaient, dès lors, devenus véritablement les créanciers directs du saisi, circonstance qui ne se rencontre point dans l'espèce; — Attendu, dès lors, que la fin de non-recevoir dont s'agit ne peut être accueillie; mais que, néanmoins, les créanciers, colloqués en sous-ordre, ayant intérêt au maintien de la collocation contestée, il convient de les mettre en mesure d'intervenir sur l'appel, s'ils le jugent convenable, pour y soutenir ladite collocation; qu'à cet effet, l'acte d'appel doit leur être dénoncé; — Par ces motifs, sans s'arrêter aux fins de non-recevoir respectivement opposées, et en démettant les parties, ordonne qu'il sera plaidé au fond; ordonne que, dans les délais de la loi, l'acte d'appel du jugement dont s'agit sera dénoncé, à la requête des appelants, aux créanciers colloqués en sous-ordre sur la collocation contestée, à l'effet par eux d'intervenir, s'ils le jugent à propos.

Du 24 nov. 1831.-C. de Montpellier, ch. cor.-M. de Ginestet, pr.

(2) (Balestrier C. Chomel.) — LA COUR; — Attendu que l'indivisibilité de l'ordre est absolue, et que, pour qu'il soit porté des changements à cet ordre, il faut régulièrement y appeler tous ceux qui ont intérêt et qui peuvent souffrir de ces changements; — Attendu qu'en fait, les cessionnaires de Balestrier ayant un rang et des droits acquis par les collocations en sous-ordre qu'ils ont provoquées et obtenues, et ce rang et ces droits pouvant être amoindris par les modifications à l'ordre sollicitées, il y avait nécessité de les intimer sur l'appel; et, qu'en droit, cette nécessité résulte de la collusion possible entre le créancier principal et ses débiteurs; — Déclare les appels non recevables.

Du 5 (et non 15) mars 1831.-C. de Montpellier, ch. corr.-M. Castan, pr.

nu'à un rang inférieur ou à une somme moindre vis-à-vis des autres.

959. Il a été jugé, dans le sens de l'indivisibilité de l'appel : 1° que l'ordre est indivisible, en ce sens qu'aucun créancier ne peut être à la fois, pour la même créance, admis dans l'ordre à l'égard des uns, et rejeté à l'égard des autres; qu'en conséquence, l'appel, formé par un créancier dont la demande de collocation a été écartée sur les conclusions de deux autres créanciers, n'est valable qu'à la condition d'être interjeté contre l'un et l'autre contestants (Rennes, 25 avr. 1820) (1);—2° Qu'en matière d'ordre, l'appel du jugement qui a repoussé la collocation d'un créancier, ou qui lui a attribué une somme moindre, doit être interjeté, par ce créancier, contre tous ceux qui, parties au jugement, et postérieurs à lui en ordre d'hypothèques, quoique ne contestant pas personnellement, ont intérêt au maintient dudit jugement; et que cet appel, non recevable à l'égard de ceux desdits créanciers contre lesquels il n'a pas été interjeté, dans le délai utile, doit également, en vertu du principe d'indivisibilité de l'ordre, être déclaré non recevable à l'égard des créanciers régulièrement intimés (Riom, 29 juin 1826; Toulouse, 22 nov. 1841 (2).—Conf. Riom, 4 janv. 1826, rap. avec Cass. 4 mars 1829, aff. Grimel, v[is] Appel civil, n° 1207;

---

(1) (Duval-Legris C. Riou-Khallet.) — La cour; — Considérant, sur l'appel relevé par la succession vacante Duval-Legris contre Riou-Khallet, créancier hypothécaire de la succession René Aveline, en fait, que la créance de cette vacance sur la succession Aveline n'a été rejetée de l'ordre définitif entre les créanciers hypothécaires que sur les doubles conclusions, d'une part, de Riou-Khallet, maintenu dans l'ordre, et, de l'autre, des héritiers Lepage, dont la créance a été elle-même rejetée de l'ordre, et contre lesquels la vacance Legris n'a relevé aucun appel; — Considérant, en droit, qu'il résulte de la combinaison des diverses dispositions du code de procédure sur la confection et le règlement définitif de l'ordre entre tous les créanciers, et notamment des art. 757, 758 et 760 c. pr., que le but du législateur, en faisant statuer sur toutes les contestations élevées sur l'ordre provisoire, et contradictoirement avec toutes les parties intéressées, maintenues en cause par la voie du syndicat, a été d'obtenir un règlement définitif et indivisible de l'ordre, de telle sorte qu'aucun créancier ne puisse être à la fois, pour la même créance, admis dans l'ordre, à l'égard des uns, et rejeté à l'égard des autres...

Du 25 avr. 1820.-C. de Rennes.

(2) 1re *Espèce* :—(Boudon et Atis C. créanciers Boudon.)—La cour;—En ce qui touche la fin de non recevoir qui a été proposée contre les appels interjetés par les parties d'Allemand et de Godemel, laquelle a été prise de ce que tous les créanciers, colloqués dans un rang inférieur aux appelants, n'ont pas été intimés sur l'appel, notamment Roddier, qui a été colloqué au huitième et dernier rang : — Attendu que les parties d'Allemand et de Godemel, colloquées antérieurement à Roddier, demandaient, par leur appel, d'être colloquées pour des sommes plus considérables que celles qui leur ont été attribuées par le jugement attaqué, et à un rang antérieur au huitième, assigné à Roddier; — Attendu que leurs prétentions, si elles étaient admises, auraient pour résultat nécessaire d'absorber la totalité des deniers qui, après le prélèvement des frais, des priviléges et collocations de quelques-uns des créanciers qui leur sont antérieurs, resteraient à distribuer; qu'une semblable décision rendrait sans effet, non-seulement les collocations de plusieurs des autres créanciers qui ont été intimés sur l'appel, mais encore, et principalement, celle qui a été faite, au huitième et dernier rang, à Roddier, lequel n'a pas été assigné sur l'appel; — Attendu qu'il ne dépend pas de la cour de porter atteinte aux droits acquis à ce dernier par le jugement dont est appel, qui, à son égard, a passé en force de chose jugée; — Attendu que la proposition qui a été faite par la partie d'Allemand, et à laquelle a adhéré la partie de Godemel, de maintenir, à tout événement, la collocation de Roddier au huitième rang, et de se charger d'en acquitter le montant, établirait une contrariété de jugements, en ce qu'il demeurerait irrévocablement décidé, avec Roddier, que les parties d'Allemand et de Godemel n'ont dû être colloquées que pour des sommes qui leur ont été attribuées par le jugement dont est appel; tandis qu'il pourrait être jugé, avec les autres parties qui sont en cause sur l'appel, que lesdites parties d'Allemand et de Godemel avaient droit à de plus fortes attributions; ce qui opérerait deux décisions contraires sur le même fait, et pour raison des mêmes droits; — Attendu que les appels des parties d'Allemand et de Godemel, ayant pour objet de faire changer ou réformer le règlement établi par le jugement de première instance, et les changements ou réformes ne pouvant avoir lieu qu'en présence de tous les créanciers colloqués, lesdites parties d'Allemand et de Godemel, qui les provoquaient, ne pouvaient se dispenser d'intimer leur appel à tous ceux avec lesquels le jugement attaqué avait été rendu, spécialement ceux dont les collocations devaient être atteintes par leurs prétentions; que, ne l'ayant pas fait, ayant négligé surtout d'appeler en cause Roddier, dernier créancier colloqué, et le jugement de première instance ayant acquis, par rapport à lui, l'autorité de la chose jugée, il n'a pu être utilement attaqué à l'égard des autres créanciers qui ont été colloquée avant lui, y ayant, sous ce rapport, indivisibilité entre eux; qu'ainsi, c'est le cas d'accueillir la fin de non-recevoir qui a été proposée contre l'appel des parties d'Allemand et de Godemel; — Déclare les appels non recevables, etc.

Du 29 juin 1826.-C. de Riom, 2e ch.-M. Thévenin, pr.

2e *Espèce* :—(Ducros et autres C. Cumenge et autres.)—La cour;—Attendu que les actes du procès constatent que, les biens de Guilhem ayant été vendus à suite d'une saisie immobilière, un ordre fut ouvert, devant le tribunal de première instance de Lavaur, pour la distribution du prix en provenant; que, dans cet ordre, le juge-commissaire colloqua, au premier rang, la dame Besse, épouse dudit Guilhem, pour un capital de 20,000 fr., montant de la dot qui lui avait été constituée; au troisième rang, Joseph Monredon pour la somme de 1,000 fr.; au cinquième, Chéri Cumenge pour celle de 5,000 fr.; au septième, Pierre Dajoi pour 91 fr. 38 c.; au huitième, Anacharsis Cumenge pour 8,000 fr.; que, des contredits ayant été formés contre la première, la troisième et la dernière des collocations, le tribunal de Lavaur réduisit la première à la somme de 12,000 fr.; et, en déniant tout caractère hypothécaire à la troisième et à la dernière, les rejeta parmi les créances cédulaires. Ce jugement, qui fut rendu le 20 déc. 1839, constate aussi qu'il le fut en présence de tous les autres créanciers des débiteurs, et il relate expressément les conclusions prises par Me Mommédan, dans l'intérêt dudit Chéri Cumenge, Pierre Daydé et Joseph Monredon : elles tendaient au maintien de leur allocation respective; — Attendu qu'il est, enfin, également constant que la dame Besse, épouse Guilhem, et Anacharsis Cumenge ayant, par des actes distincts, séparément interjeté appel de ce jugement, la première n'a intimé ni ledit Chéri Cumenge, ni ledit Daydé, et que le second, en commettant une semblable omission, l'a, en outre, étendue à Joseph Monredon; — Attendu que, dans cet état de la cause, la demande en rejet desdits appels, fondée sur ces diverses omissions, amène nécessairement à l'examen de cette question complexe : en matière d'ordre, la procédure est-elle indivisible, et faut-il nécessairement intimer celles des parties qui, présentes en première instance, ont intérêt au maintien d'une décision que l'appel tend à renverser ou modifier? — Attendu qu'il ne saurait être méconnu que la procédure, pour parvenir à la distribution entre les créanciers du prix des immeubles de leurs débiteurs, a ses règles spéciales, et que le titre 18 du liv. 5 c. pr. civ. qui les formalise, en présente, sur cette matière, le développement complet; c'est donc dans les divers textes de ce titre qu'il faut rechercher le caractère de cette procédure;

Attendu qu'il résulte des dispositions des art. 753 et 755 que c'est avec tous les créanciers du débiteur, ou en leur présence, que l'ordre pour la distribution du prix de ses biens doit avoir lieu; c'est, en effet, pour atteindre ce but que le premier de ces articles exige la vocation en cause de tous les créanciers, et que le deuxième ne permet la formation de l'ordre que lorsque tous sont réellement présents, ou que leur absence ou non-comparution n'a d'autre cause que l'abandon volontaire de leurs droits, résultant de leur silence; — Attendu que, si les deux textes qui viennent d'être analysés présupposent que la procédure d'ordre n'est régulière qu'autant qu'elle a lieu avec tous les créanciers du débiteur, ce principe trouve une nouvelle sanction dans la disposition de l'art. 756; la forclusion, qu'il prononce contre ceux qui ne prennent point communication, a, en effet, pour objet de les lier, malgré leur silence, à la procédure; en d'autres termes, de leur en rendre tous les actes communs; aussi les jugements qu'elle amène ne sont-ils point passibles de la voie de l'opposition (13 juin 1827, V. n° 816); — Attendu que, si la nécessité de donner à cette sorte de procédure un caractère d'unité, sans lequel la distribution du prix des biens du débiteur commun ne se réaliserait fréquemment qu'après de grands frais et un laps de temps considérable, a fait édicter ces dispositions, les droits, au fond, des créanciers peu vigilants n'en reçoivent aucune atteinte; l'art. 760, en leur donnant, dans le cas de non-accord entre eux, un représentant légal, leur assure une suffisante protection; sous ces divers rapports, la procédure d'ordre est nécessairement une, et tous les actes, tous les éléments communs à tous les créanciers, constituent leurs droits ou leurs obligations; — Attendu, dès lors, qu'il importe peu que la divisibilité des procédures entre les diverses parties qui y concourent soit un principe de droit commun; et, d'un autre côté, qu'il est également certain qu'aucune des dispositions du titre, auquel appartiennent les textes déjà invoqués, ne déclare qu'en matière d'ordre, la procédure est indivisible (arrêt de la cour de cass., du 19 déc. 1837, *infrà*, n° 960-6°), puisque le droit commun est sans application dans cette matière, dont les règles, a dit la même cour, dans le premier de ses arrêts déjà cités, sont déterminées par une loi spéciale, et que, d'un autre côté, ces mêmes dispositions ont pour conséquence implicite, mais nécessaire et irréfragable, l'unité et l'indivisibilité de la procédure; — Attendu que ce caractère inhérent à l'ordre, tant que ses diverses phases, ou les contestations auxquelles il peut donner lieu, le retiennent devant la juridiction du premier degré, le suit, lorsqu'il est porté devant la juridiction supé-

9 juill. 1834, aff. Berchut; 18 juill. 1839, aff. hér. l'Hermusière (arrêts cassés, V. *infrà*, n° 960-6°); Bourges, 14 nov. 1825, aff. Blanchard C. Blin; Montpellier, 4 juin 1830, aff. Combres, *suprà*, n° 867-5°);—3° ...Alors même que l'appelant offrirait de supporter, à tout événement, le montant de la collocation du créancier non intimé (arrêts précités des 29 juin 1826 et 22 nov. 1841);—4° ...Alors surtout que, les créanciers, non intimés dans le délai utile, ayant opposé la déchéance de l'appel, les créanciers, régulièrement intimés, se sont approprié le moyen, la déchéance eût-elle été abandonnée, depuis, par ceux qui l'avaient proposée en premier lieu (Riom, 3 août 1826) (1); — 5° ... Alors encore que l'un des créanciers non intimés par l'appelant est un de ceux qui, ayant contesté le règlement provisoire et obtenu, dans l'ordre, une collocation utile, n'avait aucun intérêt à appeler personnellement du jugement (Grenoble, 4 fév. 1832) (2); — 6° Que le défaut d'intimation, sur l'ap-

---

rieure; l'art. 763, en déterminant les règles et les conditions de l'appel, dispositions, on doit encore le répéter, toutes spéciales et en dehors du droit commun, soit quant au délai, soit quant à la personne à qui la signification doit en être faite, soit quant à la forclusion qui résulte du fait seul de la notification de la décision des premiers juges, ne laisse aucun doute à cet égard; de tout quoi il faut nécessairement conclure que, soit devant les premiers juges, soit sur l'appel, la procédure d'ordre, à laquelle ne prennent point part, ou n'ont point été appelés, tous les créanciers du débiteur du prix des biens duquel il s'agit, ou leur représentant légal, est frappée d'une telle irrégularité, qu'aux yeux de la loi elle n'a point d'existence légale; — Attendu, enfin, qu'il ne faut point perdre de vue que cette procédure a uniquement pour objet de constituer un seul titre qui, statuant sur les droits des divers créanciers, leur devient forcément commun; cette unité du titre, qui, quelques modifications qu'elle reçoive, soit de la part des premiers juges, soit sur l'appel, est toujours le procès-verbal d'ordre, fait par le juge-commissaire, ressort, de la manière la plus évidente, des dispositions des art. 755, 759 et 767 du titre précité. Comment donc admettre la possibilité de la division d'une procédure qui n'a d'autre but que d'amener à un pareil résultat?

Attendu que, si l'appréciation purement théorique de ces diverses dispositions doit faire prononcer, devant les premiers juges, la nullité de la procédure à laquelle tous les créanciers du débiteur, ou leur représentant légal, ne concourent point, et rejeter tout appel constatant les mêmes omissions, les circonstances particulières de la cause actuelle sollicitent plus vivement encore une semblable décision;—Attendu qu'il est constant, en effet : 1° que, dans le jugement qui statue sur les contredits formés contre les allocations des appelants, Joseph Monredon, Chéri Cumenge et Pierre Daydé étaient parties et avaient pris des conclusions conformes; 2° qu'aucun d'eux n'a été intimé devant la cour par Anacharsis Cuminge, et que la même omission a eu lieu, à l'égard des deux derniers, de la part de la dame Guilhem, née Besse; 3° que la réformation de la décision des premiers juges changerait nécessairement les positions de ces créanciers, soit parce qu'elle les ferait primer par un créancier destitué primitivement de tout rang, soit parce qu'elle autoriserait, sur le gage commun, et avant l'exercice de leurs droits, un prélèvement supérieur à celui d'abord autorisé; la décision qui pourrait avoir un pareil résultat ne peut donc être sollicitée en leur absence; — Attendu que c'est sans fondement que, pour se soustraire à cette conséquence, les appelants objectent : 1° que les garanties résultant, au profit des tiers, des dispositions de l'art. 474 c. pr., ne permettent pas d'admettre que leur appel puisse, dans aucun cas, causer un préjudice réel à ceux des créanciers qu'ils n'ont point intimés, puisqu'en admettant que la voie de la tierce opposition soit admise contre un jugement d'ordre, son succès ne serait souvent qu'un résultat illusoire; cette hypothèse se réaliserait, en effet, si elle n'était formée qu'après la délivrance du bordereau de leur payement; l'adjudicataire, qui n'aurait pas pu s'y soustraire, (art 771 c. pr.), serait aussi régulièrement libéré (Cass. 20 mars 1837, n° 1194-2°); le tiers opposant n'aurait donc d'action que contre le créancier, et ainsi, à son insu, son droit aurait été modifié ou rendu infructueux. La procédure, susceptible de produire un pareil résultat, est donc essentiellement vicieuse; 2° qu'il doit donc leur être imparti un délai moral pour intimer devant la cour les créanciers par eux non encore appelés, puisque les actes du procès constatent qu'à l'égard de ceux-ci, ils sont en dehors des délais dans lesquels l'appel est permis; 3° enfin, qu'ils offrent de ne profiter du bénéfice que peut leur procurer le succès de leur appel qu'en conservant aux créanciers non intimés, et sur leur allocation personnelle, celui que leur accorde la décision des premiers juges, puisqu'une pareille offre, que la cour ne pourrait, dans aucun cas, sanctionner, en l'absence de ceux qu'elle intéresse, est, au fond, un aveu implicite, de la part des appelants, de l'irrégularité de leur appel; le rejet, qui en est demandé par les intimés, est donc bien fondé;— Par ces motifs, vidant le renvoi au conseil, rejette les appels des parties d'Esparbié et de Delbon.

Du 22 nov. 1841.- C. de Toulouse.-M. Garrisson, pr.

(1) (Falcon de Longevialle C. ép. Redon et autres.) —LA COUR ;...— En ce qui touche l'appel interjeté par Falcon de Longevialle, partie de Vissac, et examinant, d'abord, la fin de non-recevoir qui a été proposée contre ledit appel : — Considérant qu'en matière d'ordre, il y a nécessité d'interjeter appel du jugement, que l'on prétend faire réformer, contre toutes les parties qui ont intérêt au maintien du jugement; — Considérant que, l'appel de Falcon de Longevialle ayant pour objet d'obtenir une collocation antérieure, non-seulement à celle de la femme Redon, mais aussi à celles des sieurs Lorette et Daude, créanciers colloqués immédiatement après la femme Redon, Falcon de Longevialle devait diriger son appel, contre ces divers créanciers, dans le délai fixé par l'art. 763 c. pr. civ.; — Considérant, en fait, que le jugement d'ordre dont il s'agit a été signifié à l'avoué de Falcon de Longevialle le 7 sept. 1824; que, si l'appel qu'il a interjeté, le 16 du même mois, contre Dorothée Servant et Jean-François-Joseph Redon, son mari, Jean-Baptiste Redon, et les mariés Feuillet, l'a été dans le délai voulu par la loi, il n'en a pas été ainsi par rapport aux autres parties au jugement attaqué, notamment en ce qui concerne Lorette et Daude, vis-à-vis desquels l'appel de Falcon de Longevialle n'a eu lieu que le 4 déc. de la même année 1824, et, par conséquent, à une époque où l'appel de Falcon de Longevialle n'était plus recevable à leur égard; — Considérant que la fin de non-recevoir contre l'appel de Longevialle a été opposée d'entrée de cause en la cour, non-seulement par la femme Redon, qui l'a invoquée dans les conclusions qu'elle a déposées, lors de la position des qualités, le 17 fév. 1825, mais encore par les autres créanciers, notamment par Lorette, partie de Salveton, par ses conclusions signifiées le 11 avr. 1825;—Que c'est ce qui a été reconnu par de Longevialle lui-même, dans l'addition qu'il a faite à ses conclusions prises à l'audience du 18 avril dernier, addition de laquelle il résulte que cette fin de non-recevoir avait été opposée dans les précédentes plaidoiries de la cause, lesquelles ont eu lieu il y a plus d'un an, par conséquent à une époque bien antérieure au désistement qui en a été fait par Lorette et Daude, le 13 déc. 1825;—Considérant que, si la cause avait été jugée avant ce désistement, la cour n'aurait pu s'empêcher de reconnaître et de décider que la fin de non-recevoir, proposée contre l'appel de de Longevialle, devait être accueillie, tant à l'égard de la femme Redon, qu'à l'égard des sieurs Lorette et Daude, par la raison qu'elle n'aurait pu, sans établir une contrariété de jugements, prononcer que la prescription, qui a été admise, par le jugement dont est appel, contre la créance de Falcon de Longevialle, devait subsister, par rapport aux sieurs Lorette et Daude, et que, cependant, elle devait être écartée, en ce qui concerne la femme Redon; — Que la fin de non-recevoir, existant alors contre l'appel de de Longevialle, formait un droit acquis, non-seulement à Lorette, qui y avait conclu spécialement le 11 avr. 1825, mais encore à toutes les autres parties intéressées, notamment à la femme Redon, qui se l'était appropriée et s'en était prévalue dans son intérêt particulier; — Considérant que, cette fin de non-recevoir étant une fois acquise à tous les créanciers, entre lesquels elle était devenue commune et indivisible, il n'a pu dépendre, dans la suite, des sieurs Lorette et Daude de s'en départir, et d'en priver la femme Redon, à laquelle elle a dû profiter, dès l'instant qu'elle a été proposée par Lorette, et qu'elle s'en est elle-même saisie, parce que, dès ce moment, elle a appartenu à tous les créanciers, qui ont eu intérêt à la faire valoir; — Considérant que l'admission de cette fin de non-recevoir dispense d'examiner le fond de l'appel du sieur de Longevialle...;—Déclare l'appel du sieur de Longevialle non recevable, etc.

Du 3 août 1826.- C. de Riom, 2e ch.-M. Thevenin, pr.

(2) (Gonnet C. Bourguignon.) — LA COUR; — Attendu, en ce qui concerne l'appel dirigé contre Bourguignon, qu'un jugement d'ordre étant, par sa nature, indivisible, il impliquerait contradiction que ce jugement dût être exécuté, dans l'intérêt de certains créanciers, et réformé au préjudice de ces mêmes créanciers; — Attendu, en effet, que, si les créances, pour lesquelles les parties de Corréard réclament, à titre de privilége, l'antériorité sur les autres créances, venaient à être placées au premier rang, comme lesdites parties le réclament, ceux des créanciers, et, entre autres, Siberot, qui ont été alloués par le jugement en rang utile, ne le seraient plus, et cependant le jugement d'ordre est passé en force de chose jugée à leur égard; que, vainement soutiendrait-on que Siberot n'a point formé d'opposition à la collocation que le commissaire avait faite, dans l'ordre provisoire, en faveur desdites parties de Corréard; qu'on pourrait répondre que, l'opposition à ladite collocation ayant été faite par un créancier qui lui était inférieur en hypothèque, il devait profiter de cette opposition, et ne devait pas, pour éviter des frais, la renouveler lui-même; — Attendu, d'ailleurs, que Siberot avait contredit à l'allocation faite à la femme Gonnet, et que le défaut d'intimation, de la part de Corréard, sur leur appel l'a privé, alors que cet appel ne lui était pas connu, du droit qu'il aurait eu de contester ou d'appeler des dispositions du jugement favorables à ladite femme Gonnet, appel qui devenait pour lui sans objet, dès que, par un jugement, devenu à son égard irrévocable, il avait été alloué en rang utile; — At-

pel, dans le délai de dix jours, de l'avoué du créancier dernier colloqué pour représenter les créanciers non contestants, lorsque ceux-ci ont intérêt à figurer dans l'appel, par exemple, lorsque les contredits ne portent pas seulement sur le rang des créanciers premiers colloqués entre eux, mais encore sur la légitimité de leurs créances, rend l'appel non recevable vis-à-vis de toutes les parties (Toulouse, 8 juill. 1829) (1); — 7° ...Et que l'intervention, en appel, des créanciers non contestants ne peut couvrir le vice résultant du défaut d'intimation desdits créanciers (même arrêt); — 8° Qu'en matière d'ordre, l'appel n'est recevable qu'autant qu'il est formé contre toutes les parties ayant intérêt au rejet des collocations de l'appelant; et spécialement, que l'appel n'est pas valablement interjeté vis-à-vis du débiteur seul, alors que c'est surtout dans l'intérêt de la femme de celui-ci que le rejet des collocations de l'appelant a été prononcé (Bourges, 20 fév. 1852, aff. Meulé, D. P. 55. 2. 111; V. aussi Montpellier, 5 mars 1831, aff. Balestrier, n° 957; Grenoble, 14 déc. 1832, aff. Oriol, n° 956-2°; Riom, 27 mai 1853, aff. Mourier, n° 965. — V. d'autres arrêts dans le même sens, en matière de distribution par contribution, v° Distribution par contrib., n° 157); — 9° Que la nullité de l'acte d'appel signifié à l'un des intimés doit profiter aux autres, si la réformation du jugement à leur égard est de nature à préjudicier aux premiers (Bordeaux, 29 mai 1854, aff. Brachet *C.* Maroix, cité au Journ. des av., t. 80, p. 294, art. 2093).

960. Il a été jugé, au contraire : 1° que l'appel d'un jugement d'ordre est non recevable, à l'égard de tout créancier colloqué auquel il n'a pas été signifié dans le délai prescrit par l'art. 763 c. pr., l'indivisibilité, en cette matière, n'ayant pas lieu en ce sens que l'exercice du droit, en temps utile, à l'égard des uns, conserve le droit à l'égard des autres (Bordeaux, 3 fév. 1829) (2); — 2° Que, lorsque plusieurs créanciers ont contredit le règlement provisoire, la contestation, et le jugement qui en est la suite, ne peuvent créer entre eux une solidarité qui n'existait pas auparavant; en sorte que chacun d'eux, en particulier, reste maître d'interjeter appel du jugement contre celui à qui il profite, sans qu'il soit nécessaire d'intimer les autres (Colmar, 14 mai 1832) (3); — 3° Que l'appel d'un jugement d'ordre, interjeté par un créancier qui a été rejeté pour une partie de sa créance, et signifié seulement aux créanciers qui ont contesté la collocation, est valable, du moins à l'égard de ceux-ci, nonobstant la prétendue indivisibilité de l'instance d'ordre : — « La cour; attendu, sur l'appel de Corbet, que, quoique cet appel n'ait pas été dirigé contre tous les créanciers colloqués après Corbet, il serait injuste de déclarer ce dernier déchu du bénéfice de cet appel, à l'égard de toutes les parties, sur le motif pris de l'indivisibilité de l'instance d'ordre, lorsque aucune disposition formelle ne prononce une pareille déchéance; d'où il résulte que les fins de non-recevoir élevées contre le même appel doivent être écartées; qu'au fond, Corbet a suffisamment justifié, etc.; faisant droit à l'appel incident de Corbet, ordonne que sa collocation sera augmentée, etc. » (Bordeaux, 26 mai 1832, aff. Moncorgé *C.* Corbet); — 4° Que, loin que le code de procédure ait établi l'indivisibilité, en matière d'ordre et de ventilation, il contient, au contraire, des dispositions qui, telles que celle de l'art. 758, présupposent que, dans cette matière, ainsi que dans les autres, la procédure et les jugements sont essentiellement divisibles; que, par suite, l'appel d'un jugement, qui, dans un ordre, a rejeté une demande en ventilation des immeubles dont le prix est à distribuer, n'a pu être déclaré non recevable à l'égard de tous les créanciers, sous le prétexte qu'à l'égard de quelques-uns, il avait acquis l'autorité de la chose jugée (Cass. 27 mai 1834) (4); — 5° Qu'en matière d'ordre, l'appel est recevable, quoique l'appelant n'ait intimé que les parties qui

---

tendu, dès lors, que, la cour ne pouvant faire aucun changement à l'ordre arrêté par le jugement dont est appel, sans porter atteinte à des droits acquis, il faut, de toute nécessité, laisser subsister le jugement à l'égard de tous, dès qu'il est décidé qu'il doit subsister à l'égard de quelques-uns; — Attendu que, toutes les parties qui ont intérêt à l'ordre devant être appelées dans l'instance sur l'appel, et la cour, dont la décision serait un nouvel ordre ouvert devant elle et par elle arrêté, ne pouvant la rendre au préjudice des parties non appelées, il est vrai de dire que l'appel, à l'égard d'une seule des parties ayant intérêt à l'ordre, est irrégulier et doit être déclaré non recevable, sans quoi la contrariété de décisions existerait, et le principe d'indivisibilité, en matière d'ordre, deviendrait sans objet ou manquerait dans ses conséquences; — Attendu, en effet, que le résultat de la contestation élevée entre les parties de Corréard et celles de Pasqueau est le maintien des créances desdites parties de Corréard au premier rang de l'ordre; mais, comme ces créances ne peuvent y être qu'en présence des diverses parties qui ont intérêt à les repousser; comme il est jugé que ces parties ne peuvent plus y être valablement appelées, il est inutile d'examiner si c'est bien ou mal à propos que le tribunal de première instance en a prononcé le rejet; ce que la cour ne pourrait faire, sans porter atteinte à des droits acquis, et que rien ne peut changer; — Déclare les parties de Corréard non recevables dans leur appel, etc.

Du 4 fév. 1852.-C. de Grenoble, 2e ch.-M. de Noaille, pr.

(1) (Sabathié *C.* Cazals.) — La cour; — Attendu, en ce qui touche le rejet de l'appel, que la loi, dans ses termes, art 764 c. pr., présente une faculté qui s'induit des expressions : *pourra, s'il y a lieu*, intimer, sur l'appel, l'avoué du dernier créancier colloqué, représentant les créanciers non contestants; que ces expressions, *pourra, s'il y a lieu*, signifient naturellement qu'il faut intimer les créanciers non contestants, s'ils ont ou peuvent avoir intérêt, en résultat, dans l'instance d'ordre; que, dans l'espèce, cet intérêt s'infère de l'existence avouée des contestations entre les créanciers contredisants, non pas seulement sur le rang de leurs allocations, mais sur la légitimité de leurs créances; d'où peut résulter un intérêt à venir et réel au profit des créanciers non contestants, par le retranchement d'une allocation à l'avantage de l'un des créanciers contestants; par où il faut conclure que, s'il existe des débats entre ceux-ci d'une nature à intéresser la masse des créanciers, il y a lieu d'intimer sur l'appel le représentant que la loi donne, en première instance, aux créanciers non contestants; — Attendu que la loi prescrit qu'au cas d'un intérêt possible des créanciers non alloués, ils seront intimés, sur l'appel, en la personne de l'avoué du dernier créancier colloqué; qu'en fait, il n'a pas été appelé dans les délais; que la voie de l'intervention, à laquelle on a eu recours pour suppléer au défaut d'intimation sur l'appel, ne remplit pas le vœu de la loi, qui soumet aux mêmes règles les créanciers non contestants, ayant intérêt, et les créanciers contestants; que les uns et les autres sont régis, pour les délais, par les dispositions de l'art. 763 c. pr. civ.; — Attendu que l'opposition, quoique régulière dans la forme, est, néanmoins, mal fondée; — Vidant le renvoi au conseil; sans avoir égard aux conclusions de la partie de Laurens, dont l'a démise et démet, la démet de son opposition.

Du 8 juill. 1829.-C. de Toulouse.-M. de Faydel, pr.

(2) (Gombaud *C.* Mathé et autres.) — La cour; — En ce qui touche l'appel principal de la demoiselle Gombaud : — Considérant, en fait, que le jugement de collocation, rendu par le tribunal de Lesparre, le 18 mai 1827, fut signifié à la demoiselle de Gombaud, le 8 décembre de la même année; que l'appel, par elle interjeté dudit jugement, n'a été signifié aux héritiers Mathé que le 21 avr. 1828, et, par conséquent, longtemps après l'expiration des délais accordés par l'art. 763 c. pr.; — Que l'indivisibilité de fait, qui peut, en matière d'ordre, autoriser l'appel incident d'intimé à intimé, ne saurait relever la demoiselle de Gombaud, appelante principale, de la déchéance par elle encourue, seulement à l'égard des Mathé, pour ne pas s'être conformée aux dispositions de l'art. 763;..... Déclare l'appel principal de la demoiselle de Gombaud non recevable, seulement à l'égard des héritiers Mathé.

Du 3 fév. 1829.-C. de Bordeaux, 4e ch.

(3) (Schmerber *C.* Vonbunck.) — La cour; — Attendu qu'en matière d'ordre, les productions, faites par les divers créanciers non utilement colloqués, n'établissent aucune solidarité entre eux; que chacun de ces créanciers conserve un intérêt distinct et séparé, et qu'il a la faculté de contester isolément les collocations utiles obtenues par des créanciers antérieurs; — Attendu que, si plusieurs créanciers, non utilement colloqués dans l'état d'ordre, viennent à contredire la collocation des créanciers antérieurs, la contestation qui en est la suite, pas plus que le jugement qui intervient pour rejeter leurs contredits, ne peuvent point changer leur position respective, ni créer entre eux une solidarité qui n'existait pas auparavant; d'où il résulte que chacun d'eux, en particulier, reste maître d'interjeter appel du jugement contre celui ou ceux des autres créanciers colloqués, au profit desquels il a été rendu, sans qu'il soit nécessaire, pour la régularité de cet appel, d'intimer les créanciers non colloqués, qui n'auraient pas jugé à propos d'en demander la réformation dans leur intérêt particulier; — Sans s'arrêter à la fin de non-recevoir opposée à l'appel de Jean Schmerber, laquelle est déclarée mal fondée, met l'appellation au néant, etc.

Du 14 mai 1832.-C. de Colmar, 3e ch.

(4) (Teyssier et comp. *C.* Cabannes et cons.) — La cour (apr. dél. en ch. du cons.); — Considérant que la cour de cassation, par son arrêt du 25 août 1828 (V. *suprà*, n° 548-1°), n'annula l'arrêt de la cour royale de Nîmes, du 26 juillet 1825, que parce que cette dernière cour avait déclaré tardive la demande en ventilation formée par Teyssier et comp., et prononcé, sur ce motif, une déchéance qui n'était fondée sur

avaient obtenu des condamnations contre lui, ou qui avaient un intérêt directement ou indirectement opposé au sien : — « La cour; en ce qui touche la fin de non-recevoir proposée par Armilhon : considérant que Marie Chautard (femme Barland), en interjetant appel du jugement du 8 avr. 1840, n'était dans l'obligation, pour le rendre régulier, que d'intimer les parties qui avaient obtenu des condamnations contre elle, ou qui avaient un intérêt directement ou indirectement opposé à celui qu'elle avait elle-même; considérant que la demoiselle Groisne, qui a été partie dans le jugement dont est appel, n'a élevé aucune prétention contre les parties de Tailhand (les époux Barland); que leurs intérêts ont plutôt été les mêmes pour repousser la demande d'Armilhon, et que d'ailleurs, si ce dernier croyait avoir à prendre, devant la cour, des conclusions contre elle, il aurait pu ou dû l'appeler; au fond, etc. (sur le fond, V. sous la section 13);... rejette la fin de non recevoir (Riom, 2e ch., 11 déc. 1840, aff. Barland *C.* Armilhon). — Dans l'espèce, plusieurs ordres joints étaient ouverts sur Barland, père et fils. Me Armilhon, l'avoué du poursuivant, avait été colloqué, par privilége et en première ligne, pour ses frais montant à 1,237 fr. 50 cent. Venaient, après lui, la demoiselle Groisne pour 2,193 fr. 65 cent., et, en dernière ligne, la femme Barland, en vertu de son hypothèque légale, pour 2,478 fr. 72 cent., sur laquelle les fonds avaient manqué, et qui n'avait pu être colloquée que pour 455 fr. 86 cent.—Me Armilhon, après avoir fait constater l'insolvabilité de l'un des acquéreurs, sur le prix desquels il avait été colloqué, avait formé, contre la dame Barland et la demoiselle Groisne, une demande en retranchement de leur collocation d'une somme de 858 fr. 85 cent., nécessaire pour compléter son payement. — Un nouvel ordre s'étant ouvert sur Barland père et fils, la demoiselle Groisne y fut colloquée pour sa créance primitive de 2,193 fr. 65 cent., et la dame Barland pour le complément de la sienne, soit 2,022 fr. 76 cent. Dans un état de collocation supplémentaire, Me Armilhon fut colloqué au premier rang pour ses 858 fr. 85 cent. — On va à l'audience, et le tribunal civil d'Ambert, joignant la demande en retranchement de Me Armilhon aux contredits qui se sont produits dans le nouvel ordre, maintient la collocation de Me Armilhon au premier rang, rejette la collocation de la demoiselle Groisne, comme ayant dû être payée dans le premier ordre, et subroge la femme Barland aux droits de Me Armilhon pour se faire payer, à ses frais et risques, du montant du premier bordereau délivré à ce dernier. — C'est en cet état qu'est formé l'appel des époux Barland, mais contre Me Armilhon seulement, qui tirait du défaut d'intimation de la demoiselle Groisne une fin de non-recevoir contre l'appel dirigé contre lui; — 6° Que le code de procédure, loin d'établir l'indivisibilité de la procédure, en matière d'ordre, suppose, au contraire, notamment dans l'art. 758, que la procédure et les jugements sont divisibles; qu'en conséquence, le défaut d'intimation, sur l'appel d'un jugement d'ordre, de tous les créanciers ou de l'avoué du dernier créancier colloqué, n'empêche pas que l'appel ne soit recevable vis-à-vis des créanciers intimés, sauf aux créanciers, non appelés en cause, le droit de tierce opposition (Cass. 24 janv 1844 (1).—Conf., en des termes presque identiques, Cass. 19 déc. 1837, MM. Portalis, 1er pr. Tripier, rap., Laplagne-Barris, 1er av. gén., c. conf., aff. Berchut *C.* Saint-Didier; 25 juill. 1842, MM. Portalis, 1er pr., Thil, rap., Hello, av. gén., c. conf., aff. hér. L'hermusière *C.* Dufaure de Citré et autres; Lyon, 28 mars 1828, aff. Roche *C.* Lahondès, Laborie, etc.; Grenoble, 17 fév. 1847, aff. Buisson, D. P. 47. 2. 52); — 7° Que l'ordre, de sa nature, est divisible; qu'en conséquence, le créancier, dont la collocation n'a été contestée que par deux autres créanciers postérieurs à lui, n'est pas obligé d'intimer, sur l'appel, tous les créanciers produisants; qu'il ne doit intimer que ceux-là seulement qui ont contesté sa collocation: — « La cour;... attendu, sur la deuxième fin de non-recevoir, que Françoise Rhedon, épouse d'Argendeix, n'a point, comme créancière chirographaire, interjeté appel, mais bien en qualité de créancière hypothécaire; que, devant les premiers juges, la validité de son hypothèque n'avait été contestée que par les intimés seuls, François Simonet et François Trapet; qu'elle n'a pu et dû diriger son appel que contre eux, et non contre les autres créanciers qui ne lui ont élevé aucune contestation; que, d'ailleurs, dans la cause, la matière est divisible;... rejette la fin de non-recevoir » (Limoges, 11 déc. 1845, M. Lavaud-Condat, pr., aff. femme d'Argendeix *C.* Simonet et Trapet); — 8° Qu'en matière d'ordre, l'appelant n'est tenu d'intimer que les parties ayant un intérêt à la contestation (Riom, 13 mars 1849, aff. Martin *C.* Mornac); — 9° Que la procédure, en matière d'ordre, est divisible; spécialement, que l'appel d'un ju-

---

aucune loi; que, par l'arrêt attaqué, la cour royale de Montpellier a statué sur une question totalement différente; qu'elle a décidé, en effet, que la demande en ventilation, formée par Teyssier et comp., pouvait, par son résultat, nécessiter des changements dans les dispositions du jugement d'ordre, et qu'un jugement de cette nature étant indivisible, Teyssier et comp. ne pouvaient en appeler qu'en intimant tous les créanciers intéressés; que la question décidée d'abord par la cour royale de Nîmes, et celle décidée ensuite, après l'arrêt de la cour de cassation, par la cour royale de Montpellier, étant différentes, il n'y a pas lieu à renvoyer le jugement de l'affaire devant les chambres réunies de la cour; — Vu, en conséquence, les art. 443, 758 et 763 c. pr.; — Attendu que la cour royale de Montpellier a décidé qu'en matière d'ordre, la procédure était tellement indivisible, que tout créancier contestant était déchu de ses droits, à l'égard même des parties contre lesquelles il les aurait conservés, faute, par lui, de les avoir exercés contre tous les créanciers; — Qu'elle a décidé, en conséquence, qu'un jugement d'ordre était indivisible, et que, celui rendu dans la cause ayant acquis l'autorité de la chose jugée, à l'égard des sieurs Puech et Goirand, il n'y avait plus possibilité de recevoir l'appel à l'égard des autres parties; — Considérant que toute procédure est essentiellement divisible; que le code de procédure, bien loin d'avoir établi l'indivisibilité, en matière d'ordre et de ventilation, contient, au contraire, des dispositions qui présupposent que, dans cette matière, ainsi que dans les autres, la procédure et les jugements sont essentiellement divisibles; que l'art. 758 prévoit même le cas de la division de la procédure, puisqu'il déclare qu'en cas de contestation, il n'y aura de renvoi à l'audience qu'à l'égard des créanciers contestants, et que, néanmoins, l'ordre sera arrêté pour les créances antérieures à celles contestées; — Considérant que l'art. 763 n'a fait que limiter le délai de l'appel, en matière d'ordre, sans rien innover à la divisibilité établie par l'art 443, conformément au droit commun; — Attendu, enfin, que la cour royale de Montpellier ne pouvait pas se dispenser de prononcer sur le fond des droits, puisque les sieurs Puech et Goirand n'étaient plus dans la cause, s'agissant uniquement des intérêts des demandeurs, d'une part, et de ceux des autres créanciers qui étaient en cause, et contre lesquels on réclamait la réformation du jugement de première instance, d'autre part; que, dans ces circonstances, la cour royale de Montpellier, en déclarant, sur le fondement de cette prétendue indivisibilité, l'appel du jugement d'ordre et la demande en ventilation non recevables, a créé une fin de non-recevoir et commis une contravention formelle aux articles ci-dessus cités; — Donnant défaut contre les défaillants, casse.

Du 27 mai 1834.-C. C., ch. civ.-MM. Boyer, pr.-Vergès, rap.-Laplagne-Barris, 1er av. gén., c. conf.-Jousselin et Bénard, av.

(1) (Charamaule et autres *C.* Bricogne et de Cron.) — LA COUR; — Sur le deuxième moyen, dirigé contre l'arrêt du 26 juillet, art. 758, 763 et 764 c. pr. civ. : — Attendu qu'aucune disposition de la loi n'établit l'indivisibilité de la procédure en matière d'ordre; qu'au contraire, l'art. 758 c. pr., qui dispose qu'en cas de contestation, le juge-commissaire renverra les parties contestantes à l'audience et arrêtera l'ordre entre les créances antérieures aux créances contestées, suppose que, dans cette matière, la procédure et le jugement sont divisibles; — Attendu que l'art. 763 c. pr. ne prescrit pas d'interjeter appel vis-à-vis tous les créanciers qui figurent dans l'ordre, à peine de nullité et de déchéance à l'égard de ceux qui ont été intimés; que l'art. 764, portant que l'avoué du dernier créancier colloqué pourra être appelé, *s'il y a lieu*, laisse à l'appelant la faculté de l'appeler, s'il le croit utile à ses intérêts, et que, s'il n'use pas de cette faculté, il reste exposé aux tierces oppositions formées par les créanciers qu'il n'a pas appelés; mais qu'il n'en résulte pas que son appel ne soit pas recevable vis-à-vis les créanciers qu'il a fait intimer; — Qu'ainsi, en rejetant l'appel, interjeté par Charamaule et consorts vis-à-vis la comtesse de Cron et consorts, du jugement du 14 fév. 1838, sur le seul motif que Charamaule et consorts n'auraient pas fait intimer, sur leur appel, l'avoué du dernier créancier colloqué, l'arrêt a créé une fin de non-recevoir qui n'est établie par aucune loi, commis un excès de pouvoir et violé la loi précitée; — Casse l'arrêt du 26 juill. 1839, quant à la disposition dudit arrêt qui a déclaré Charamaule et consorts non recevables dans l'appel par eux interjeté du jugement du 14 fév. 1838, vis-à-vis de la comtesse de Cron et consorts.

Du 24 janv. 1844.-C. C, ch. civ.-MM. Portalis, 1er pr..-Moreau, rap., Laplagne-Barris, 1er av.-gén., c. conf.-Coffinières, Goudard et de Caqueray, av.

gement, rendu dans un ordre, peut être formé contre quelques-uns seulement des créanciers qui ont figuré en première instance; que l'appelant n'est pas tenu d'intimer tous ces créanciers; qu'en conséquence, la tardiveté de l'appel, à l'égard de l'un des créanciers colloqués, n'emporte pas déchéance de l'appel interjeté, en temps utile, contre les autres créanciers (Cass. 7 août 1849, aff. Lugan, D. P. 50. 1. 82); — 10° Qu'en matière d'ordre, l'appel n'est pas indivisible; qu'ainsi, l'appel du jugement, qui a rejeté une demande en collocation, ne peut être opposé à ceux des créanciers qui, intéressés au maintien de la décision attaquée, n'ont pas été personnellement intimés, quoique l'appel ait été dirigé contre d'autres créanciers ayant un semblable intérêt, et que l'appelant ait mis en cause l'avoué du dernier créancier colloqué, cet avoué, qu'il est seulement facultatif d'appeler dans l'instance, en vue d'économiser les frais, n'ayant pas mandat légal et suffisant pour représenter les intérêts des créanciers colloqués dont l'appel a pour objet, soit en contestant le fond du droit, soit en réclamant privilége ou antériorité, d'anéantir ou d'altérer la position (Paris, 28 août 1851, rapp. avec Rej. 5 juin 1855, aff. Rocoffort et Paris, D. P. 55. 1. 281. — V. d'autres arrêts dans le même sens, en matière de distribution par contribution, v° Distrib. par contrib., n°s 158 et 162); — 11° Qu'en matière d'ordre, la procédure est divisible, et qu'aucune disposition n'oblige l'appelant à intimer tous les créanciers parties dans l'ordre, ni même l'avoué du dernier créancier colloqué, sauf le droit de tierce opposition des créanciers non intimés et qui auraient dû être appelés ou représentés, droit dont ne peut exciper le créancier intimé pour en tirer une fin de non-recevoir contre l'appel dirigé contre lui; spécialement, que l'appelant n'est pas tenu d'intimer les créanciers colloqués antérieurement à lui et au créancier contesté, ces créanciers, dont il n'attaque pas la collocation, étant sans intérêt dans le procès (Paris, 4e ch., 31 mars 1853, aff. Vanceehout C. Devilliers-Darcy);— 12° Qu'en matière d'ordre, l'appelant, qui n'a interjeté appel qu'à l'encontre de l'un des créanciers, le seul contre lequel il eût contredit, n'est point recevable à se plaindre de ce que les autres créanciers n'ont point été mis en cause sur son appel, et de l'atteinte qu'il prétendrait avoir été ainsi portée à l'indivisibilité de la procédure, en cette matière (Rej. 13 déc. 1853, aff. Dubois, D. P. 54. 1. 23). — C'est une règle générale, qu'on ne peut tirer une nullité de son propre fait, si ce n'est dans les matières qui tiennent à l'ordre public; V. notamment v° Nullité, n° 38;—13° Que la procédure d'ordre n'est pas indivisible; que, par suite, l'appel du jugement qui a statué sur une contestation concernant le montant de la sommeà distribuer, et, par exemple, sur une question d'immobilisation des intérêts de cette somme, peut être interjeté contre la partie seule avec laquelle cette question a été débattue, sans intimation des autres créanciers qui, bien que parties en première instance, sont restés étrangers à la contestation dépourvue d'intérêt à leur égard, à raison de leur rang de collocation (Douai, 27 déc. 1862, et, sur pourvoi, rejet, sur ce point, 3 août 1864, aff. femme Arnouts, D. P. 64. 1. 329); — 14° Qu'il en est ainsi, même au cas où le débat porterait sur la validité de l'ordre, lequel, par exemple, a été argué de nullité, à défaut de purge préalable des hypothèques; que l'appel du jugement qui a validé cet ordre peut n'être interjeté que contre le créancier poursuivant, sans obligation, pour l'appelant, d'intimer également les autres créanciers avec lesquels le jugement a été rendu (mêmes arrêts); — 15° Qu'en tout cas, le créancier seul intimé n'a pas le droit d'exciper de l'irrégularité qui résulterait du défaut d'intimation des autres créanciers (arrêt de rejet précité).

961. Il a, toutefois, été jugé que, lorsque, après la production des créanciers dans un ordre ouvert à la suite de saisie immobilière, la partie saisie a demandé, par un dire consigné au procès-verbal, qu'il fût sursis à la continuation des opérations de l'ordre, l'appelant du jugement qui a ordonné le sursis doit intimer tous les créanciers produisants, et non pas seulement le poursuivant et le premier créancier qui a produit (Riom, 12 janv. 1856) (1). — En pareil cas, en effet, les créanciers sont tous parties, en quelque sorte, dans la contestation, et l'on ne peut appliquer ici l'art. 760, puisque, l'ordre provisoire n'étant pas encore dressé, le dernier créancier colloqué ne peut pas être connu. Pourquoi, d'ailleurs, si l'on voulait raisonner par analogie, le premier créancier produisant représenterait-il la masse plutôt que tout autre?—Conf. M. Chauveau, Proc. de l'ordre, quest. 2588.

962. L'art. 763 (ancien art. 764), d'après lequel « l'avoué du créancier dernier colloqué *peut* être intimé, *s'il y a lieu,* » a été, de la part des auteurs, l'objet d'interprétations différentes. — Selon Pigeau, Proc. civ., liv. 2, part. 5, tit. 4, ch. 1, § 5, n° 14-3°, les mots : *s'il y a lieu,* signifient : si cet avoué a figuré en première instance. « On ne doit l'intimer, dit-il, que quand il a été partie, soit comme défenseur de la masse, soit en son nom personnel. S'il ne l'a pas été, c'est qu'il n'a pas contredit; et, puisqu'il a acquiescé tacitement à la distribution, il est inutile de le faire entrer dans les contestations auxquelles elle donne lieu » (Conf. MM. Tarrible, Rép., v° Saisie immob., § 8, n° 4; Delaporte, t. 2, p. 346; Berriat-Saint-Prix, p. 617, notes 1 et 2). — Cette explication de Pigeau paraît contradictoire avec ce qu'il dit dans son Commentaire, t. 2, sur l'art. 764, art. 2, que, « dans les contestations qui s'élèvent, en première instance, sur l'ordre, *il y a toujours lieu* d'appeler l'avoué du créancier dernier colloqué, à moins que les créanciers postérieurs aux collocations contestées ne se soient entendus pour faire choix d'un autre avoué (art. 760)... » S'il y a nécessité de l'appeler en première instance, et s'il suffit qu'il ait été partie au jugement pour qu'on doive l'intimer sur l'appel, que devient la disposition : *pourra être intimé, s'il y a lieu?* Aussi Pigeau abandonne-t-il sa première interprétation; car il ajoute : « En appel, au contraire, il peut ne pas y avoir lieu à intimer l'avoué du créancier dernier colloqué, parce que les points de la difficulté sont invariablement fixés en première instance, et qu'en appel, *les débats sont souvent étrangers au dernier colloqué et aux créanciers postérieurs aux collocations contestées...* »

Suivant M. Carré, quest. 2595, « le législateur, en disant que l'avoué du créancier dernier colloqué peut être intimé, *s'il y a lieu,* a entendu faire une exception à la règle générale, d'après laquelle l'appel devait être signifié *au domicile* de chacun des créanciers postérieurs à la créance contestée (V. *suprà,* n°s 932 et suiv.) : cette exception s'applique donc au cas où l'avoué du créancier dernier colloqué a représenté la masse de ces mêmes créanciers, ou contesté individuellement, conformément à l'art. 760; ce que la loi exprime par ces mots : « *s'il y a lieu.* »

Mais, d'après M. Demiau-Crouzilhac, p. 469, les mots : *s'il y a lieu,* veulent dire qu'on peut intimer l'avoué du dernier créan-

(1) (De Tailhandier C. de Sampigny.) —LA COUR ;—Sur la validité de l'appel signifié aux parties de Laden, Debard, Drivon et Savario; — Attendu que le contredit de Me Tailhandier avait pour objet la demande d'un sursis à la confection de l'ordre, qu'il s'adressait à tous les créanciers produisants; qu'on ne concevrait pas, en effet, que la décision qu'il provoquait pût arrêter l'ordre contre quelques-uns d'entre eux, sans l'arrêter contre tous; —Attendu que l'ordonnance du juge-commissaire, qui renvoyait la contestation devant le tribunal, a été rendue le 9 nov. 1854, après la production de tous les créanciers; qu'elle indiquait que le rapport du juge serait fait le 16 fév. 1855, date du jugement dont est appel; qu'elle renvoyait donc, par cela même, à l'audience tous les créanciers produisants qui ne pouvaient pas en ignorer l'existence et qui devenaient ainsi parties légalement nécessaires à l'instance; —Attendu qu'on ne peut pas dire que le poursuivant l'ordre et le premier créancier produisant représentent dans une telle instance tous les créanciers produisants; qu'en effet, on ne trouve, au titre de l'ordre, ce principe de représentation consacré que pour le cas où le rang des collocations faites par le juge est contesté et en faveur, non du créancier poursuivant et du premier colloqué, mais du seul créancier dernier colloqué, disposition toute spéciale, inapplicable au cas où, comme dans l'espèce, le juge n'a pas encore dressé de tableau de collocation provisoire; — Attendu qu'en pareille circonstance, l'instance étant liée avec tous les créanciers produisants, et la procédure étant indivisible de sa nature, le jugement dont est appel a statué contre tous les créanciers produisants, absents comme présents, compris ou non dans les qualités du jugement, lesquels pouvaient être appelés tous devant la cour par la partie qui en demande la réformation;

Attendu que la dame Tailhandier a donc bien procédé, en intimant sur son appel les créanciers produisants à l'ordre, bien qu'ils ne soient pas nominativement compris dans les qualités du jugement attaqué, et qu'il y a lieu de décider qu'ils resteront en cause.

Du 12 janv. 1856.-C. de Riom, 2e ch.-M. Diard, pr.

cier colloqué, lorsque l'intérêt des créanciers postérieurs aux collocations contestées l'exige; par exemple, lorsque la contestation a pour objet de faire admettre une créance ou de la faire rejeter. Mais, s'il ne s'agit que du rang entre les créanciers contestants, peu importe aux créanciers postérieurs, puisque la décision de cette contestation ne peut produire aucun effet à leur égard, leur rang ne devant en éprouver aucune modification.

M. Chauveau sur Carré, quest. 2595, et Proc. de l'ordre, quest. 2591, adopte cette dernière opinion, qui est aussi, comme on vient de le voir, celle exprimée, en dernier lieu, par Pigeau : « Si l'avoué du dernier colloqué, dit M. Chauveau, ne devait être intimé que tout autant que les parties qu'il représente, soit individuellement, à raison du mandat reçu, soit collectivement, en vertu de l'art. 760, auraient soulevé des contestations sur le règlement, quel serait le but de la disposition que nous expliquons ici? L'art. 764 (ancien) ne dirait autre chose, sinon : une partie pourra être intimée, si elle a contesté et obtenu gain de cause!... La loi n'a donc pu ni voulu dire autre chose, sinon que l'avoué du dernier colloqué pourra être intimé, si les parties qu'il représente ont intérêt à la contestation; ce qui arrive, par exemple, lorsque l'appel porte sur une créance dont l'admission ou le rejet doit influer sur leur collocation en rang utile » (Conf. MM. Colmet-Daage, t. 2, n° 1032, 8e édit.; Grosse et Rameau, Comm., t. 2, n° 418; Seligman, nos 452 et 467; V. aussi v° Frais et dépens, n° 712).

Tel est également le sentiment qu'exprime le rapporteur de la loi du 21 mai, M. Riché, sur le nouvel art. 763, dont le premier alinéa répète les termes de l'ancien art. 764 : « L'avoué du dernier créancier colloqué, dit-il, sera intimé, s'il a intérêt dans la contestation, par exemple, si les contredits ne portent pas seulement sur le rang des premiers créanciers eux-mêmes, mais sur l'existence ou la quotité de leurs créances » (D. P. 58. 4. 49, n° 88).

Dans l'opinion de M. Houyvet, qui veut que l'avoué du dernier créancier colloqué dont il est parlé dans les art. 760 et 763, soit l'avoué du dernier colloqué parmi les *créanciers contestants*, et ne représente que les *contestants seuls*, opinion que nous avons combattue *suprà*, n° 773, tous les autres créanciers postérieurs, qui n'ont pas contesté, n'ayant pas le droit de figurer au jugement ne doivent pas davantage être intimés sur l'appel. L'auteur convient, néanmoins, que le sentiment le plus général veut que les créanciers non contestants, postérieurs aux collocations contestées, soient intimés en la personne de l'avoué du dernier colloqué; sans quoi, dit-il, on leur accorde le droit de former tierce opposition à l'arrêt (de l'Ordre entre créanc., nos 283 et suiv.).

963. Il a été jugé, dans le sens de l'opinion généralement admise : 1° que l'avoué du dernier créancier colloqué ne doit être intimé, sur l'appel d'un jugement d'ordre, qu'autant que le créancier ou la masse qu'il représente peut avoir intérêt dans le débat renouvelé en appel; et, spécialement, que cet intérêt n'existe pas, lorsque le débat, en appel, porte sur la priorité que se disputent deux créanciers dont les créances ne sont pas contestées, et dont chacune, antérieure à celle du créancier non intimé, excède la somme à distribuer (Paris, 18 mars 1837) (1); — 2° Qu'il en est de même, lorsque l'appel a pour objet de faire rejeter de l'ordre une créance admise par le jugement de première instance (Toulouse, 19 juill. 1839) (2). — Dans l'espèce, un sieur Rey, créancier, s'était rendu appelant du jugement qui avait colloqué les héritiers Binaud pour un capital d'environ 25,000 fr., avec les intérêts, et n'avait intimé, sur son appel, que les héritiers Binaud, sans appeler dans la cause, pour représenter les autres créanciers, parties dans l'ordre, l'avoué du dernier créancier colloqué. Les héritiers Binaud en tiraient une fin de non-recevoir contre l'appel. La procédure d'ordre est indivisible, disaient-ils, empruntant le langage des arrêts rapportés *suprà*, n° 959; le jugement dont est appel étant acquis à plusieurs parties, elles doivent toutes être intimées, afin que le jugement ne soit pas réformé vis-à-vis des unes, et conservé vis-à-vis des autres. — Mais l'appelant répondait qu'il fallait distinguer le cas où l'appel a pour objet de faire admettre une créance, rejetée de l'ordre en première instance, et celui où il s'agit, au contraire, de la faire rejeter, sur l'appel, après qu'elle a été admise par le jugement; que, dans le premier cas seulement, la masse devait être appelée, comme pouvant être atteinte par le résultat de l'appel; mais que, dans le second cas, elle n'avait que le droit d'intervenir. — De deux choses l'une, en effet : ou le jugement, dans l'espèce, serait confirmé, et l'ordre des collocations ne changerait pas; ou il serait réformé, et chaque créancier verrait sa collocation avancée d'un rang. Les créanciers, non intimés sur l'appel, avaient donc tout à gagner et rien à perdre au résultat de cet appel; — 3° Que l'appelant n'est tenu d'intimer que les créanciers contestants et ceux dont les collocations sont contestées; qu'à l'égard des créanciers postérieurs en ordre d'hypothèques, bien qu'ils puissent être intéressés au résultat des contestations, il suffit qu'ils soient intimés en la personne de l'avoué du dernier créancier colloqué; et que cette disposition est réputée observée, par cela seul que l'avoué a été intimé, en cette qualité, encore bien qu'il ait comparu en une autre qualité, par exemple, comme représentant de l'une des parties en cause (Cass. 24 janv. 1844) (3); — 4° Que l'intimation de l'avoué du dernier créancier colloqué n'est nécessaire que lorsque le résul-

(1) (Lecointe C. Mortier et Morel.) —LA COUR; — En ce qui touche l'appel de Lecointe contre Hanaire : — Considérant que, d'après les termes de l'art. 764 c. pr., l'avoué du dernier créancier colloqué ne doit être intimé, sur l'appel du jugement d'ordre, qu'autant que ce créancier peut avoir intérêt dans la contestation renouvelée par l'appel; — Considérant, dans l'espèce, que, d'une part, la validité de la créance, soit de Lecointe, soit de Mortier, n'est pas contestée; que, d'autre part, il n'est pas contesté non plus que ces deux créances, dont chacune excède la somme à distribuer, doivent être colloquées avant celle de Morel, dont Me Hanaire a été l'avoué; que, toute la question se réduisant à une question de priorité entre Lecointe et Mortier, question dont la solution ne peut avoir aucun intérêt pour Morel, qui, dans aucun cas possible, ne sera utilement colloqué dans l'ordre, c'est frustratoirement que Me Hanaire, son avoué, a été intimé par Lecointe; —Infirme.

Du 18 mars 1837.-C. de Paris, 3e ch.-M. Lepoitevin, pr.

(2) (Rey C. Binard.) — LA COUR; — Attendu que, l'effet des demandes de l'appelant, quel qu'en soit le résultat, ne pouvant jamais être de préjudicier aux droits, tant du créancier dernier colloqué, que du reste de la masse, l'appel a été régulièrement relevé et poursuivi, nonobstant la non-intimation, sur ledit appel, de l'avoué dudit créancier dernier colloqué; —Attendu, au fond, que, si les motifs des premiers juges justifient leur décision, quant à l'allocation qu'ils ont maintenue, au profit des intimés, du principal de 25,000 fr., il n'en saurait être de même, quant à celle de la somme de 6,250 fr., pour les intérêts de cinq ans de ce principal, puisque ces intérêts n'étaient point dus de plein droit, et que les intimés n'ont justifié d'aucun acte de poursuite pour en assurer le cours; l'appel, sous ce rapport, est donc bien fondé.

Du 19 juill. 1839.-C. de Toulouse, 3e ch.-M. Garrisson, pr.

(3) (Charamaule C. de Bricogne et de Cron.) — LA COUR (après délib. en ch. du cons.); — Statuant sur le pourvoi dirigé contre les arrêts des 26 juillet et 22 août 1839 : — Sur le premier moyen, dirigé contre l'arrêt du 26 juillet, relatif à la disposition qui a rejeté la fin de non-recevoir proposée par Charamaule et consorts contre l'appel de Bricogne; — Attendu que le code de procédure civile, dans le but de simplifier et de rendre moins dispendieuses les procédures, en cas de contestation dans les règlements d'ordre, a déterminé, par des dispositions spéciales, la forme de procédure dans cette matière; qu'il a voulu qu'on n'appelât à l'audience que les créanciers contestants et ceux dont les collocations étaient contestées; qu'à l'égard des autres créanciers intéressés au résultat des contestations, il a voulu qu'ils fussent représentés par un seul avoué, sur le choix duquel il leur a donné la faculté de s'entendre, ou, faute par eux de s'entendre, par l'avoué du dernier créancier colloqué (art. 760); — Attendu que les formes de procéder sur l'appel ne peuvent être autres que celles déterminées par le tribunal de première instance; que cela résulte de l'art. 764, qui ne prescrit pas même l'obligation d'appeler l'avoué du dernier créancier colloqué, mais se borne à donner la faculté de l'appeler, *s'il y a lieu*, ce qui s'entend naturellement du cas où l'appel a pour objet de faire statuer sur une contestation à laquelle peuvent être intéressés des créanciers postérieurs à la créance sur laquelle porte la contestation; — Attendu, en fait, que l'appel, interjeté par Bricogne, du jugement du tribunal civil d'Alby avait pour objet de faire statuer sur la contestation élevée relativement à la collocation dudit Bricogne; que cette collocation était antérieure, en ordre d'hypothèque, à celle de Régis; qu'ainsi ce dernier, comme les autres créanciers postérieurs, ne pouvaient être appelés que dans la personne de l'avoué du dernier créancier colloqué; — Attendu qu'il importe peu que l'avoué du dernier créancier colloqué se soit, ou non, présenté, dans cette qualité, devant la cour royale, et

tat de l'appel peut changer l'ordre de collocation des créanciers postérieurs aux créanciers contestants et contestés (Paris, 3e ch., 24 mai 1845, aff. Labadie et Sinoquet, arrêt cité au Journ. des av., t. 69, p. 722); — 5° Que, si des créanciers, colloqués en second rang, ont, en interjetant appel du jugement qui rejette leur contestation, intimé, comme en première instance, non-seulement le créancier premier colloqué, mais encore les créanciers colloqués après eux, il y a lieu, sur la prétention de ceux-ci que l'appel ne peut changer leur rang, de déclarer qu'ils ont été mal à propos appelés dans l'instance, et de condamner les appelants aux frais qu'une telle mise en cause a occasionnés (Grenoble, 20 fév. 1849, aff. Durand et Berlioz, D. P. 51. 5. 375, n° 1); — 6° Que l'art. 764 c. pr. doit s'entendre en ce sens qu'il y a, en matière d'ordre, faculté, et non obligation, pour l'appelant de mettre en cause, sur l'appel du jugement qui a statué sur les contestations élevées contre le règlement provisoire, l'avoué du dernier créancier colloqué (Orléans, 25 juin 1851, aff. Lombard et Boissin, D. P. 52. 2. 32); — 7° Qu'il n'y a pas lieu d'intimer, sur l'appel d'un jugement d'ordre, l'avoué du dernier créancier colloqué, lorsque l'arrêt à intervenir doit être sans influence sur la collocation de ce créancier, et, par exemple, dans le cas où il s'agit seulement de statuer sur une question de préférence entre deux collocations en sous-ordre d'une collocation non contestée (Nîmes, 19 avr. 1852, aff. Debos, D. P. 55. 2. 270); — 8°... Qu'en pareil cas, et alors qu'aucunes conclusions n'ont été prises par lui ni contre lui, les frais de contre-signification de l'arrêt à cet avoué, sous prétexte de faire courir contre lui le délai du pourvoi en cassation, que son défaut absolu d'intérêt rend impossible, sont des frais frustratoires et doivent être rejetés de la taxe (Orléans, 2e ch., 19 juin 1855, aff. Julienne, D. P. 56. 2. 120); — 9° Qu'en matière d'ordre, l'intimation de l'avoué du créancier dernier colloqué n'est pas prescrite d'une manière absolue; qu'elle peut être rendue inutile par les circonstances de la cause, dont l'appréciation appartient aux tribunaux, par exemple, lorsque les intérêts de la masse sont suffisamment représentés par les parties en cause (Riom, 24 août 1863, aff. synd. Bouchet et Bonnet, D. P. 63. 2. 161).

964. Il faut même, avec la doctrine de la divisibilité de l'appel, aller plus loin, et dire qu'encore bien que les créanciers postérieurs aux collocations contestées aient un intérêt direct à la contestation, il sera loisible, cependant, à l'appelant de les appeler en cause ou non. C'est ce qu'expriment MM. Ollivier et Mourlon, n° 407. « Cette théorie, disent-ils (celle de M. Chauveau), est plus claire que celle de M. Tarrible; néanmoins elle ne nous satisfait pas beaucoup plus. Si le législateur avait voulu que tous les créanciers ayant intérêt dans la contestation fussent intimés, il aurait certainement dit : « L'avoué du dernier colloqué *sera* intimé », et non pas « *pourra* être intimé. » Aussi le rapporteur, pour plier le texte à son opinion, a-t-il été obligé de le dénaturer et de dire : « L'avoué *sera* intimé, s'il a un intérêt. » —Le texte mis à part, continuent MM. Ollivier et Mourlon, l'erreur des jurisconsultes, auteurs de ce dernier système, c'est d'oublier que cet article est inexplicable, si on ne le suppose pas dominé par les principes de la divisibilité; et ensuite de rechercher toujours l'intérêt à intervenir dans la personne des intimés eux-mêmes, tandis que, pour comprendre cet article, il faut y voir une mesure adoptée contre les effets de la divisibilité et mettre l'intérêt à intervenir dans la personne des appelants... » — MM. Ollivier et Mourlon supposent une somme de 68,000 fr. à distribuer entre quatre créanciers. Les frais privilégiés absorbent une somme de 3,000 fr.; puis on colloque Primus pour 30,000 fr., Secundus pour 20,000 fr., Tertius pour 10,000 fr. et Quartus pour 5,000 fr. — Primus conteste et prétend avoir droit à 35,000 fr.; Secundus et Tertius s'entendent sur le choix d'un avoué; mais Quartus reste étranger au procès. Primus obtient un jugement favorable à ses prétentions : Secundus et Tertius appellent. Que va-t-il arriver, si le jugement est confirmé? Primus prélèvera 5,000 fr. sur la collocation de Secundus, et Secundus les reprendra sur Tertius; mais, lorsque Tertius voudra exercer le même prélèvement sur la collocation de Quartus, celui-ci s'y opposera, en invoquant la maxime : *res inter alios judicata.* Vous vous êtes mal défendu, dira-t-il; tan. pis pour vous! Et il faudra avoir avec lui un nouveau procès. « Or, voilà, disent MM. Ollivier et Mourlon, l'inconvénient auquel veut parer notre article; voilà le cas dans lequel il est dit que l'avoué du dernier créancier *pourra être intimé, s'il y a lieu.*— *S'il y a lieu*; car si, par exemple, la somme à distribuer était de 78,000 fr., Primus n'aurait pas intérêt à se pourvoir contre Tertius (lisez Quartus). *Pourra* : En effet, quelque intérêt qu'il y ait, Primus n'est pas obligé d'assigner Tertius (Quartus); il peut le laisser hors de cause, s'il veut s'exposer aux conséquences d'une exception de chose jugée. Ainsi l'article est à la fois une preuve du principe de la divisibilité, et une exception à ce principe; il le suppose et il le corrige. Ce système nouveau est le seul qui donne un sens à cet article, et qui soit conforme aux principes.... »

965. Il a été jugé, ainsi, qu'il n'y a pas de fin de non-recevoir à tirer, contre l'appel du jugement d'ordre, de ce que l'avoué du dernier créancier colloqué n'a pas été intimé, si cet avoué n'a pas figuré en première instance : — « La cour, en ce qui touche la fin de non-recevoir, tirée de ce que l'avoué du créancier dernier colloqué n'a pas été intimé sur l'appel : attendu que le poursuivant ordinaire a négligé, en première instance, de se conformer aux prescriptions de l'art. 760 c. pr. civ.; attendu que l'art. 764 du même code, en indiquant que l'avoué du créancier dernier colloqué peut être intimé, a nécessairement prévu que cet avoué aurait été partie au jugement de première instance; car on ne saurait concevoir un appel contre celui qui n'a pas été en cause devant les premiers juges, etc. » (Riom, 2e ch., 4 janv. 1855, aff. Battut *C.* Boulet). — Il a été jugé, au contraire, qu'est non recevable, en matière d'ordre, l'appel du jugement rendu sur contredits, dans lequel n'est pas intimé l'avoué du dernier créancier colloqué, lorsque les créanciers postérieurs aux collocations contestées sont directement intéressés à la décision à intervenir (Riom, 27 mai 1853 (1); V. encore les arrêts rapportés *suprà*, n° 959-8°).

966. Lorsque les créanciers postérieurs aux collocations

---

qu'il suffit, pour la régularité de l'appel, qu'il y ait été appelé; — Attendu, enfin, qu'en décidant que l'appel en cause de l'avoué du dernier créancier colloqué était suffisant pour régulariser la procédure vis-à-vis Régis, qui n'avait pas contesté la collocation de Bricogne, et dont la créance n'était pas contestée par ce dernier, l'arrêt attaqué n'a fait qu'une juste application des art. 760 et 764 c. pr.; — Sur le deuxième moyen, etc. (V. *suprà*, n° 960-6°);... — Rejette le pourvoi de Charamaule et consorts contre la disposition de l'arrêt du 26 juillet, qui concerne Bricogne, etc.

Du 24 janv. 1844.-C. C., ch. civ.-MM. Portalis, 1er pr.-Moreau, rap.-Laplagne-Barris, 1er av. gén., c. conf.-Collinières et Godard, av.

(1) (Jeanne Mourier *C.* Vaucanson et Augustin Mourier.) — La cour; — Considérant que l'appel interjeté par les parties de Salvy avait deux objets; — Que le premier tendait à faire accorder à Jeanne Mourier, femme de Jean-Louis Moulin, une préférence de rang relativement au sieur Toussaint Vaucanson quant à une partie de sa créance; — Que le second avait pour but de faire augmenter le chiffre auquel les premiers juges ont fixé les créances de ladite dame Jeanne Mourier contre son mari et contre son beau-père; — Considérant que s'il est évident que, sous le premier rapport, les seuls créanciers intéressés à la contestation étaient ceux contre lesquels il s'élevait une contestation de rang, la dame Mourier et le sieur Vaucanson, il n'est pas moins certain que les créanciers postérieurs en rang, soit à la dame Mourier, soit au sieur Vaucanson, étaient directement intéressés à la décision à intervenir sur le second grief d'appel de la dame Mourier, puisque ce qu'elle aurait pris de plus dans l'ordre par augmentation de ses créances, si elle réussissait dans son appel, eût diminué d'autant la fortune de leur débiteur qui leur sert de gage; — Considérant que l'art. 764 c. pr., en prévoyant le cas où l'avoué du dernier créancier inscrit devait être appelé en cause d'appel, n'a pas pu avoir pour objet de laisser à l'appelant une faculté dont il pût arbitrairement user ou ne pas user; que son but a été évidemment de faire figurer en cause d'appel, dans l'intérêt de la masse, un contradicteur autre que les seuls contradicteurs de rang;

Et qu'il importe peu que le sieur Augustin Mourier n'eût soulevé par lui-même aucun contredit; qu'il ne soit pas seulement le dernier créancier, mais qu'il soit même le seul qui, ayant produit à l'ordre, ne figure pas en cause d'appel; qu'enfin sa créance ne soit qu'éventuelle; — Qu'en effet, les contredits élevés par l'un des créanciers de l'ordre appartiennent à tous, sans qu'il soit nécessaire que

contestées se sont entendus pour choisir un avoué commun, c'est cet avoué, comme le dit très-bien M. Chauveau sur Carré, quest. 2595, et non l'avoué du créancier dernier colloqué, qui doit être intimé sur l'appel; et c'est bien à tort, assurément, que M. Carré présente cette opinion comme douteuse, sous prétexte que la loi ne mentionne que l'avoué du dernier créancier colloqué (V. *suprà*, n° 771; Conf. MM. Bioche, n° 607; Ollivier et Mourlon, n° 407 *in fine*; Grosse et Rameau, t. 2, n° 419; Seligman, n° 466).

967. D'après l'opinion presque unanime des auteurs, il n'est pas nécessaire que l'appel, formé, dans le délai de la loi, contre le jugement qui a statué sur les contredits, soit signifié, dans les dix jours, à l'avoué du créancier dernier colloqué. L'art. 763 ne fixant aucun délai pour l'intimation de l'avoué commun, intimation que cet article déclare être facultative, il suffit que l'appel ait été interjeté, dans le délai, contre les créanciers personnellement en cause (Conf. MM. Thomine, n° 881 ; Coffinières, Journ. des av., t. 17, p. 231, n° 115; Chauveau sur Carré, quest. 2595 *bis*, et Proc. de l'ordre, quest. 2592; Ollivier et Mourlon, n° 407; Bioche, v° Ordre, n° 577, 3e éd., 5e tirage; Encyclopédie des huissiers, v° Ordre, n° 214).—Cela, toutefois, nous semble faire question; et M. Seligman, n° 468, résiste, avec énergie, à cette interprétation du texte, qu'il trouve arbitraire. Le délai de l'appel fixé par l'art. 762, dit-il, s'applique également à l'art. 763; et rien, dans la loi, n'autorise à faire de distinction entre les différentes parties en cause. Il y a, en effet, des arrêts dans un sens et dans l'autre. — Il a été jugé, dans ce dernier sens, que le défaut d'intimation de l'avoué du créancier dernier colloqué, dans le délai de dix jours, alors que ce créancier avait intérêt à figurer en cause, rend l'appel non recevable vis-à-vis de toutes les parties (Toulouse, 8 juill. 1829, aff. Sabatier, *suprà*, n° 959-6°).

968. Il a été jugé, au contraire, qu'il n'est pas exigé, à peine de nullité, que l'appel formé, dans le délai de la loi, contre un jugement d'ordre, soit signifié à l'avoué du dernier créancier colloqué, représentant les créanciers postérieurs aux collocations contestées, dans le délai de dix jours; qu'il suffit de l'appeler en déclaration d'arrêt commun :—« La cour, attendu que l'appel du jugement d'ordre a été interjeté dans les délais voulus par l'art. 763 c. pr., et que l'avoué Lévesque a été valablement appelé en déclaration d'arrêt commun; — Sans s'arrêter à la fin de non-recevoir opposée par Lévesque, déclare l'arrêt commun avec lui. » (Paris, 27 nov. 1812, aff. Parnot *C.* Lévesque; Conf. Riom, 24 août 1863, aff. synd. Bouchet et Bonnet, D. P. 63. 2. 161).

969. Cette dernière solution, au reste, ainsi que le font observer MM. Chauveau et Bioche, devrait être restreinte au cas où l'avoué du dernier créancier colloqué n'a pas été partie au jugement; autrement, l'art. 762 deviendrait applicable, et la déchéance de l'appel, à défaut de signification dans les dix jours, serait encourue. C'est ce que déclare implicitement, dans ses motifs, l'arrêt de la cour de Riom précité du 24 août 1863 : — « Attendu, porte cet arrêt, que la restriction apportée par la loi aux délais ordinaires de l'appel, lorsqu'il s'agit de jugements rendus en matière d'ordre, est motivée sur la nécessité d'imprimer plus de rapidité à la marche de la procédure; mais qu'une fois l'appel interjeté dans les dix jours, et l'instance liée entre les parties réellement contestantes, il importe peu que l'avoué du créancier dernier colloqué, dont l'office est de pure surveillance, ait été appelé après l'expiration du délai spécial, si d'ailleurs la cause a été mise en état contradictoirement avec lui, et si le jugement du litige n'en a point été retardé. »

970. Il a été jugé, d'ailleurs : 1° que l'art. 760 c. pr. est applicable en appel comme en première instance; qu'en conséquence, les créanciers postérieurs, en ordre d'hypothèques, aux créanciers contestés doivent, sans qu'il y ait lieu, de la part de ceux-ci, à aucune mise en demeure, se faire, même en appel, représenter par un seul avoué, à peine de supporter personnellement les dépens de leur contestation :—« La cour, attendu que l'art. 760 c. pr. civ., qui porte, etc..., est applicable en appel comme en première instance, et qu'il ne saurait y avoir lieu à interpellation, de la part de l'intimé, lorsque la loi interpelle elle-même; — Attendu que l'arrêt, ne condamnant qu'aux frais des instances, et n'ayant fait aucune précision, n'est censé avoir condamné l'intimé que conformément aux dispositions de la loi; — Déclare Guttin bien fondé dans son opposition; en conséquence, le décharge des dépens frayés par les mariés Flandin, à la charge, néanmoins, par lui d'acquitter les dépens de la femme Guillaud, créancière postérieure et dernière colloquée, etc. » (Grenoble, 2e ch., 11 juill. 1823, M. Dubois, pr., aff. Guttin *C.* Flandin; Conf. Grenoble, 24 mars 1833, aff. Genissieux, v° Contrat de mar., n° 1826); — 2° Qu'une condamnation aux dépens, sans autre précision, ne comprend que ceux faits conformément à la loi; qu'ainsi, la partie condamnée peut se refuser à payer les dépens faits par plusieurs avoués de créanciers qui auraient dû se faire représenter par un seul (arrêt précité du 11 juill. 1823). — Les époux Flandin, dans l'espèce, et la dame Guillaud, colloquée postérieurement à eux, avaient interjeté, contre Guttin, appel d'un jugement d'ordre. Un arrêt du 28 mai 1823 avait condamné ce dernier aux dépens envers les appelants.—L'avoué des époux Flandin ayant pris exécutoire pour ses dépens, Guttin y forma opposition, en se fondant sur ce que, d'après l'art. 760 c. pr., les appelants auraient dû se faire représenter par un seul avoué, et que, dès lors, il ne devait supporter que les frais faits par la dame Guillaud.—Les époux Flandin répondaient : 1° que l'art. 760 n'est pas applicable à l'instance d'appel; — 2° Que Guttin, l'intimé, aurait dû mettre les appelants en demeure de se faire représenter par le même avoué; —3° Qu'au surplus, l'arrêt du 28 mai 1823 l'ayant condamné aux dépens envers les appelants, il ne lui était plus permis de remettre en question la chose jugée. — Aucun de ces moyens n'a réussi, comme on vient de le voir par l'arrêt qui précède. — Mais une nouvelle contestation s'est élevée, entre les parties, sur la portée de l'arrêt du 11 juill. 1823, et il a été jugé, équitablement, que ce même art. 760, aux termes duquel le créancier, qui conteste individuellement, doit supporter les frais auxquels sa contestation particulière a donné lieu, doit être entendu en ce sens, qu'on doit adjuger à ce créancier les frais exposés dans un intérêt commun, et qui n'ont pas fait double emploi, tels que les actes de production et d'appel (Grenoble, 1er août 1823, aff. Guttin, V. n° 775).

971. Il a encore été jugé que, lorsque le créancier dernier colloqué interjette appel du jugement d'ordre, il doit intimer seulement le créancier dont la collocation précède immédiatement la sienne; qu'il n'y a pas lieu de mettre en cause les autres créanciers, à peine, pour l'appelant, de supporter personnellement les frais de cette mise en cause :—« La cour; attendu qu'aux termes de l'art. 760 c. pr. civ., l'avoué du dernier créancier colloqué aurait dû seul être intimé sur l'appel; que, lorsque le jugement est attaqué par celui dont l'allocation est réellement la dernière en rang, il n'y a pas moins lieu à l'application de cet article, et qu'il doit l'exécuter par l'assignation donnée, devant la cour, à l'avoué de celui dont la collocation précède immédiatement la sienne; que cette marche, conforme à l'esprit aussi bien qu'au texte de la loi, garantit également les droits des créanciers; qu'ils ne devaient donc pas tous être intimés; que l'abbé Roby, qui a cité, sans nécessité, en cause d'appel, Cosse, Bastié et Bonnecarrère, doit être condamné aux dépens envers eux; qu'il faut passer, comme frais de poursuite, ceux qui ont été exposés par lui contre le poursuivant, Me Mariande, comme aussi les frais faits par ceux-ci, etc. » (Toulouse, 2e ch., 13 août 1836, aff. Roby *C.* Cosse, Bastié et autres).

chacun les reproduise; — Que si, après la dame Mourier et le sieur Vaucanson, le sieur Augustin Mourier a été le seul créancier produisant, il n'en est pas moins le dernier en rang, et que, précisément parce qu'il était seul et venant après eux, il pouvait avoir plus d'intérêt à surveiller la fixation du chiffre des créances; — Qu'enfin l'éventualité de la créance ne détruit ni son intérêt ni son droit, puisqu'il a été admis sans contestation dans l'ordre, sauf à subordonner l'exercice de ce droit à l'événement qui pouvait s'accomplir; — Qu'ainsi, il suffisait que l'un des griefs d'appel soulevés par la dame Mourier pût avoir pour résultat de faire augmenter le chiffre de sa créance, pour qu'il ne pût être régulièrement interjeté qu'en intimant l'avoué d'Augustin Mourier, dernier créancier colloqué; — Déclare les parties de Salvy non recevables dans leur appel.

Du 27 mai 1853.-C. de Riom, 2e ch.-M. Domingon, pr.

ART. 6. — *De l'appel incident.*

972. On peut, en matière d'ordre, comme en toute autre, interjeter appel incidemment (Conf. MM. Bioche, v° Ordre, n° 558, 5e éd., 5e tirage; Ollivier et Mourlon, n° 404; Houyvet, n° 278; Flandin, Tr. de l'ordre, inédit). — Il a été jugé, ainsi, qu'il n'existe, au titre de l'ordre, aucune disposition inconciliable avec le principe de l'appel incident (Rouen, 1er août 1817, aff. Moris, v° Appel incident, n° 40).

973. Il a, toutefois, été jugé qu'un intimé, en matière d'ordre, ne peut pas relever appel incident, lorsque son intérêt et celui de l'appelant sont identiques; lorsque l'appelant et l'intimé, par exemple, sont des créanciers colloqués en sous-ordre qui demandent exactement la même chose (Riom, 14 janv. 1847, aff. Jouve *C.* Andraud, arrêt cité au Journ. des av., t. 72, p. 627, art. 294, n° 27).

974. L'appel incident peut être formé, en tout état de cause (c. pr. 443), et hors du délai prescrit par l'art. 762 (Conf. MM. Ollivier et Mourlon, n° 404; Houyvet, nos 278 et 293; Flandin, Tr. de l'ordre, inédit). — Il a été jugé ainsi: 1° que l'appel incident du jugement d'ordre, quoique formé plus de dix jours après la signification de ce jugement, est valable, alors surtout qu'en signifiant le jugement, on s'était réservé le droit de former un appel incident, dans le cas où il y aurait appel principal (Req. 14 oct. 1812, aff. Carbonnel, v° Appel incident, n° 41); — 2° Que l'art. 763 (ancien) c. pr., qui restreint à dix jours le délai de l'appel d'un jugement d'ordre, ne s'applique pas à l'appel incident, lequel peut être interjeté en tout état de cause, conformément à la règle générale de l'art. 443 du même code: — « La cour; en ce qui touche l'appel incident interjeté par Bénard et sa femme: sur la fin de non recevoir opposée contre ledit appel: considérant qu'aux termes de l'art. 443 c. pr., l'intimé peut, en tout état de cause, interjeter incidemment appel; que l'art. 763, relatif aux appels des jugements d'ordre, n'est applicable qu'aux appels principaux, et que, conséquemment, Bénard et sa femme, intimés dans la cause par Lefrançois, ont pu se rendre incidemment appelants au fond; rejette la fin de non-recevoir » (Paris, 9 juin 1814, aff. Dussaux, Surbled et Bénard); — 3° Que l'appel incident d'un jugement d'ordre est recevable de la part d'une partie qui aurait laissé passer le délai de dix jours, prescrit par l'art. 763 c. pr. pour l'appel principal, pourvu, toutefois, que cet appel incident ne soit relatif qu'à la disposition du jugement intervenu sur les contestations entre l'appelant et l'intimé (Req. 4 mai 1824) (1); — 4° Qu'en matière d'ordre, comme dans toute autre affaire, l'appel incident peut être interjeté après l'expiration des délais de l'appel, alors même que l'appel incident ne porte que sur des chefs sans connexité avec ceux qui sont l'objet de l'appel principal (Agen, 15 janv. 1825) (2); — 5° Que l'appel incident, formé par le créancier intimé sur l'appel principal, du chef du jugement qui ne l'a colloqué que pour une partie de sa créance, peut être interjeté après le délai de dix jours énoncé dans l'art. 763 c. pr., lequel délai n'est applicable qu'à l'appel principal; et que cet appel incident, quoiqu'il n'ait pas été dirigé contre tous les créanciers postérieurs en date à l'appelant, ne peut être déclaré non recevable, sur le motif pris de la prétendue indivisibilité de l'instance d'ordre (Bordeaux, 26 mai 1832) (3).

975. Mais il a été jugé, à bon droit: 1° que l'appel incident d'un créancier, qui a pour objet, non de reproduire, devant la cour, un chef de conclusions pris en première instance, mais de contester, pour la première fois, en appel, le rang de l'appelant, a le caractère d'un appel principal, lequel est non recevable, s'il a été interjeté hors du délai de dix jours (Paris, 10 mars 1832, aff. Lajard, v° Priv. et hyp., n° 2515); — 2° Que cet appel est encore non recevable, si le créancier, de qui il émane, n'a élevé aucun contredit, dans le délai déterminé par l'art. 755 c. pr., contre le rang attribué au créancier contesté (même arrêt); — 3° Et (en matière de distribution par contribution) qu'un appel incident ne peut être formé par un créancier, qui n'a élevé, devant le juge-commissaire, aucun contredit sur le chef qui fait l'objet de son appel incident, ni soumis cette question particulière aux premiers juges (Paris, 11 juill. 1836, aff. comp. des agents de change *C.* Bureaux, rapp. avec Req. 30 mai 1838, v° Bourse de commerce, n° 213).

976. En matière d'ordre, l'appel est-il permis, hors du délai, d'intimé à intimé? L'affirmative est enseignée, en ces termes, par M. Chauveau, Proc. de l'ordre, quest. 2593: « J'ai déjà décidé, dit-il, quest. 1573, t. 3, p. 628, que l'appel incident était permis, en matière d'ordre, d'intimé à intimé, parce que l'appel principal peut avoir pour effet de remettre en question toutes les collocations et d'empêcher, par conséquent, l'effet de la chose jugée... Par le même motif, et quoique, en règle générale (même quest. 1573 et quest. 1575), le délai ordinaire de l'appel me paraisse devoir être observé, lorsqu'il ne s'agit pas d'un intimé vis-à-vis de l'appelant principal, néanmoins je pense qu'en cette matière spéciale, l'intimé, qui a à craindre les résultats que je viens de signaler, peut interjeter son appel incident en tout état de cause, même après l'expiration du délai de dix jours fixé par l'art. 762... » (Conf. MM. Bioche, v° Ordre, nos 576 et 612, 5e éd., 5e tirage; Ollivier et Mourlon, n° 404. — *Contrà*, M. Seligman, n° 447; Houyvet, nos 279 et 280).

Nous avons soutenu la thèse contraire, en 1827, devant la chambre des requêtes, mais sans succès, dans une affaire Dubois de la Motte. — Dans un ordre ouvert sur le prix de la forêt de la Bretèche appartenant à la succession bénéficiaire de Boisgelin, le jugement de première instance avait colloqué les créanciers

(1) *Espèce:* — (Veuve Le Bled *C.* Vimart).—10 juill. 1822, arrêt de la cour de Rouen qui statue ainsi: —« Considérant que l'art. 763 c. pr. ne contient aucune expression d'où l'on puisse induire que le législateur a voulu déroger à la règle générale qu'il avait établie par l'art. 443 du même code; qu'aucune fin de non-recevoir ne doit être expressément et littéralement prononcée par la loi; que l'art. 763 a dérogé à l'art. 443, seulement pour le délai dans lequel l'appel d'un jugement d'ordre doit être interjeté, et pour dispenser de la signification à personne ou domicile; mais que, cet article ne contenant aucune disposition relative à l'appel incident, il en résulte qu'un intimé sur un appel d'un jugement d'ordre a le droit de profiter du bénéfice dudit art. 443, qui l'autorise à se porter incidemment appelant du même jugement, pourvu, toutefois, que cet appel incident ne soit relatif qu'à la disposition du jugement intervenu dans les contestations élevées entre l'appelant et l'intimé.» — Pourvoi. — Arrêt.

LA COUR; — .... Sur le cinquième moyen: — Attendu que le législateur, en abrégeant les délais d'appel des jugements d'ordre, n'a pas dérogé aux règles du droit commun sur les appels incidents; — Rejette.

Du 4 mai 1824.-C. C., ch. req.-MM. Henrion, pr.-Pardessus, rap.

(2) (Veuve Lubespère *C.* créanc. de son mari.) — LA COUR; — Attendu, sur l'appel incident de la même partie, que, s'il est vrai, en principe, que le délai de l'appel d'un jugement d'ordre est restreint à dix jours de la signification à avoué, il est également de règle que l'appel principal donne à l'intimé la faculté d'appeler, de son chef, en tout état de cause. Cette dernière règle est générale; et il n'existe pas de disposition législative, ni de motif légitime, qui puisse autoriser une exception pour les matières d'ordre. La faveur d'appeler incidemment s'étend même à tous les cas où il a plu à une des parties de troubler le jugé par un appel; et il importe peu que l'attaque ne soit dirigée que sur un des chefs, le législateur ayant prévu que l'intimé pourrait ne garder le silence, sur les chefs qui le blessent, qu'à la faveur de son succès sur les parties où il a triomphé, et qui sont remises en question par l'appel principal. Ainsi, quoique l'appel dont il s'agit ne soit venu qu'après les dix jours fixés par l'art. 763 c. de pr. civ.; quoique son objet soit sans connexité avec celui de l'appel principal, il n'en doit pas moins être reçu; — Attendu, au fond, que le tribunal de première instance a bien jugé, etc.

Du 15 janv. 1825.-C. d'Agen, ch. corr.-M. Seguy, pr.

(3) (Moncorgé frères *C.* Ferron, Mathon, Corbet et comp.)—LA COUR; — Attendu que l'appel incident d'Edouard Corbet a pu être fait après les délais de l'art. 763 c. pr., qui n'est applicable qu'à l'appel principal, et laisse subsister la disposition générale de l'art. 443 même code, puisqu'il n'y a pas formellement dérogé; — Que, quoique cet appel n'ait pas été dirigé contre tous les créanciers colloqués après Edouard Corbet, il serait injuste de déclarer ce dernier déchu du bénéfice de cet appel à l'égard de toutes les parties, sur le motif pris de l'indivisibilité de l'instance d'ordre, lorsque aucune disposition formelle de la loi ne prononce une pareille déchéance; d'où il résulte que les fins de non-recevoir élevées contre ce même appel doivent être écartées; — Qu'au fond, Edouard Corbet a suffisamment justifié, etc.; — Faisant droit de l'appel incident d'Edouard Corbet, dans le chef relatif à la somme de 11,604 fr. 90 c.; — Ordonne que sa collocation sera augmentée de ladite somme capitale et des intérêts, etc.

Du 26 mai 1832.-C. de Bordeaux.-M. Duprat, pr.

hypothécaires dans l'ordre suivant : 1° le comte Dubois de la Motte; 2° les héritiers de Coigny; 3° les héritiers Caignard. — Ces derniers avaient formé un appel, dans lequel ils avaient intimé le comte Dubois de la Motte et les héritiers de Coigny.—La collocation de M. Dubois de la Motte en première ligne laissait libre une somme suffisante pour désintéresser les héritiers de Coigny; ces derniers n'avaient donc pas d'intérêt à interjeter appel, de leur chef. Il pouvait arriver, cependant, que, par le résultat de l'appel, les héritiers Caignard gagnant leur procès, ils se trouvassent reculés au troisième rang, au lieu du deuxième. Ils ont donc, au cours de l'instance d'appel, et après expiration du délai pour un appel principal, formé appel incident, tant à l'égard des appelants principaux qu'à l'égard de M. Dubois de la Motte, leur coïntimé.—Celui-ci soutenait cet appel incident non recevable, par le motif que l'art. 443 c. pr. n'autorise l'appel incident que de l'intimé à l'appelant principal et non d'intimé à coïntimé. — Cette fin de non-recevoir avait été rejetée par un arrêt de la cour de Paris, du 6 janv. 1826, infirmatif sur le fond. — Chargé de soutenir le pourvoi du comte Dubois de la Motte, nous disions pour lui, sur le moyen de forme, que, si l'art. 443 c. pr. autorise l'appel incident, *en tout état de cause*, c'est parce que la décision des premiers juges forme un contrat judiciaire, et que l'une des parties, en rompant le contrat par son appel, autorise l'autre partie à ne pas l'exécuter. Mais ce principe n'est point applicable à l'appel d'un intimé contre un autre intimé, qui n'est point appelant contre lui. On ne peut reprocher à celui-ci d'avoir rompu le contrat judiciaire, et ce n'est point à lui qu'il faut s'en prendre d'avoir remis en discussion le point jugé. Quels ne seraient pas les inconvénients du système contraire? Un des intimés, lorsqu'il y en a plusieurs, peut n'avoir pas d'intérêt à se défendre sur l'appel principal : il fera défaut. Un autre intimé pourra donc, même après l'expiration du délai d'appel, provoquer contre le défaillant une condamnation imprévue, puisque l'appel incident s'interjette par des conclusions verbales, prises à la barre!...

La chambre des requêtes, par son arrêt, n'a point méconnu ces principes; mais elle s'est fondée, pour en repousser l'application à la cause, sur une sorte d'indivisibilité de fait qui, dans cette matière, doit faire fléchir la règle. — En conséquence, elle a décidé que, dans le cas où un créancier du troisième rang a interjeté appel du jugement qui a réglé l'ordre, le créancier du deuxième rang, encore bien qu'il ait laissé passer le délai assigné pour l'appel principal, peut, en sa qualité d'intimé, former un appel incident contre le premier créancier, aussi intimé; qu'il y a, dans ce cas, indivisibilité de l'appel principal, laquelle rend l'appel incident recevable : — « La cour; considérant, sur le moyen de forme, que, dans l'espèce particulière, l'appel, interjeté par les héritiers Caignard, du jugement d'ordre rendu par le tribunal civil de la Seine, était évidemment indivisible; que, dès lors, il a pu autoriser les héritiers de Coigny à se rendre incidemment appelants de ce jugement, non-seulement à l'égard des sieurs Caignard, mais encore à l'égard des demandeurs, sans violer l'art. 443 c. pr. » (Req. 31 juill. 1827, MM. Botton, f. f. de pr., Favard, rap., de Vatimesnil, av. gén., c. conf., Dalloz, av., aff. Dubois de la Motte *C.* Coigny).— Nous nous sommes rallié à cette doctrine, v° Distribut. par contrib., n° 150 (V. cependant, sur la question d'indivisibilité de la procédure d'ordre, *suprà*, n°s 958 et suiv.).

977. La jurisprudence paraît s'être fixée en ce sens. Ainsi il a été jugé : 1° que, lorsque l'appel principal, quoique ne s'attaquant pas directement au créancier qui a formé l'appel incident, doit avoir pour effet de changer les bases de la collocation et de lui nuire, il existe, dans ce cas, une indivisibilité de fait qui autorise l'appel incident, même d'intimé à intimé : « —La cour;... considérant, sur l'appel incident de la demoiselle Gachet, que les Madéran ne sont pas fondés à la faire déclarer non recevable, parce que, l'appel principal de la demoiselle de Gombaud ayant pour objet de déranger les bases de la collocation, en faisant descendre les héritiers Madéran au quatrième rang pour les intérêts de la dot de leur mère, et faisant remonter ladite demoiselle de Gombaud du sixième au troisième pour tous les arrérages de sa rente viagère, l'indivisibilité de fait, qui autorise l'appel incident, même d'intimé à intimé, existe à l'égard de la demoiselle Gachet, et ne permet pas d'accueillir la fin de non-recevoir proposée par Jacques Madéran;... sans avoir égard à la fin de non-recevoir proposée par Jacques et Timoléon Madéran contre l'appel incident des demoiselles Gachet, émendant, etc. » (Bordeaux, 4e ch., 3 fév. 1829, aff. Gombaud *C.* hér. Mathé et autres. — Conf. Toulouse, 7 juin 1833, aff. Lannes, v° Appel incident, n° 141; Riom, 2e ch., 2 août 1836, aff. Bout de Marnhac *C.* Bouygues; V. aussi Bastia, 27 nov. 1838, aff. Franceschini, v° Appel incident, n° 142, arrêt rendu en matière de partage de succession; Lyon, 1er avr. 1841, aff. Chatard, v° Distrib. par contrib., n° 150, arrêt rendu en matière de distribution par contribution); — 2° Qu'un créancier inscrit, menacé de voir sa collocation sur un prix de vente amoindrie par l'effet de l'appel principal d'un autre créancier colloqué sur le même prix, est fondé à reproduire, par voie d'appel incident, sur un autre prix de vente, et à l'encontre d'un créancier colloqué sur ce dernier prix, les prétentions qu'il avait fait valoir, soit devant le juge-commissaire, soit devant le tribunal, prétentions auxquelles il avait pu renoncer, dans la prévision que le jugement serait exécuté par toutes les parties (Lyon, 10 janv. 1854, aff. Ballefin *C.* Verdellet, arrêt cité au journ. des av., t. 80, p. 295, art. 2093).

978. Mais il en est autrement de l'appel incident formé par un créancier contre lequel l'appel principal n'est pas dirigé, alors que la collocation de ce créancier ne saurait être compromise par le résultat dudit appel; et il a été jugé que, dans ce cas, son appel incident formé hors du délai n'est pas recevable : —« La cour .... en ce qui concerne l'appel incident de la demoiselle de Gombaud :—Considérant que l'appel principal, interjeté par les héritiers Mathé, n'est pas dirigé contre elle, mais uniquement contre Timoléon Madéran ; d'où suit qu'elle ne peut pas se prétendre intimée sur cet appel ; qu'il est, d'ailleurs, positif qu'en cherchant à faire réduire la collocation de Timoléon Madéran, les héritiers Mathé, aujourd'hui représentés par Jacques Madéran, ont formé une demande qui ne saurait nuire à la demoiselle de Gombaud, et que, dès lors, elle ne peut exciper d'une indivisibilité de fait qui n'existe pas; qu'il suit de là que son appel incident n'est pas recevable au fond ; ....déclare également non-recevable, toujours à l'égard des mêmes héritiers Mathé, l'appel incident de la demoiselle de Gombaud » (arrêt précité du 3 fév. 1829).

ART. 7. — *Des formes de l'acte d'appel et du débat à l'audience.*

979. L'ancien art. 763 portait : « Il (l'appel du jugement sur contredit) contiendra assignation et l'énonciation des griefs,» sans ajouter, comme le nouvel art. 762, « à peine de nullité. » De là la question de savoir si la peine de nullité, sous l'ancien code, était attachée au défaut d'énonciation, dans l'acte d'appel, des moyens sur lesquels l'appel est fondé. — Pour la négative, on disait que l'art. 763 contenait deux parties distinctes et indépendantes l'une de l'autre ; que la première, ainsi conçue : « *L'appel... ne sera reçu*, s'il n'est interjeté dans les dix jours de la signification à avoué, » s'exprimait en termes prohibitifs; tandis que la seconde, portant : « Il contiendra assignation et énonciation des griefs, » s'exprimait en termes impératifs seulement; que cette rédaction différente était la preuve qu'on n'avait pas entendu attacher aux deux dispositions la même fin de non-recevoir ; qu'autrement le législateur aurait dit, continuant la même locution : « L'appel ne sera reçu, ...*s'il ne contient assignation et l'énonciation des griefs*. » On ajoutait qu'en matière ordinaire, le défaut d'énonciation des griefs dans l'acte d'appel n'est pas une cause de nullité de l'appel (V. Appel civ. n°s 720 et s.; Exploit, n°s 521 et 522), et que, d'après l'art. 1030 c. pr., « aucun exploit ou acte de procédure ne peut être déclaré nul, si la nullité n'en est pas formellement prononcée par la loi. » — Cette opinion avait pour elle la majorité des auteurs et des arrêts (V. MM. Carré et Chauveau, quest. 2588; Berriat, p. 616; Thomine, t. 2, p. 191 ; Favard, t. 2, p. 117, n° 5 ; Souquet, Dict. des temps légaux, introd., p. 41 et 42, n° 247) ; et c'était celle que nous avions embrassée dans notre première édition. — Il a été jugé, dans ce sens, que, l'énonciation des griefs, dans l'acte d'appel d'un jugement d'ordre, étant une formalité extrinsèque et non substantielle, son omission ne saurait entraîner la nullité de l'acte (Pau, 19 mars 1828 (1). — Conf. Rennes, 4 mai 1812, aff. N... C. N...; Bruxelles, 3 déc. 1812, aff. Blondeau C. Coupé et Boüvet; Rouen, 9 déc. 1813, aff. N... C. N...; Colmar, 25 avr. 1817, aff. Carbistron C. N...; Limoges, 15 janv. 1820, aff. N. C. N...; Metz, 29 nov. 1821, aff. Billaudel C. veuve Briancourt; 18 janv. 1822, aff. N... C. N...; Riom, 2e ch., 17 janv. 1824, aff. Fauve C. veuve Meilleroux; Nancy, 21 mars 1825, aff. Plassiard C. Tribulot; Agen, 1er mai 1830, aff. veuve Goupil C. Doat-Roseau, etc.; Poitiers, 21 déc. 1836, aff. Delaroche C. Duhamel; Limoges, 3e ch., 24 nov. 1843, aff. veuve Gonzon-Bellefont C. Vidaud; Riom, 1re ch., 17 déc. 1855, aff. Périsse C. Maurin, *suprà*, n° 697-3°). — V. aussi les arrêts cités, n° 986.

980. Dans l'opinion contraire, on répondait que la dernière partie de l'art. 763 se liait à la première; que, si le législateur avait voulu que la fin de non-recevoir qu'il appliquait à celle-ci, ne fût pas applicable à celle-là, il ne les aurait pas comprises l'une et l'autre dans le même article et dans la même liaison d'idées; que les matières d'ordre sont, de leur nature, sommaires et urgentes; que, si l'on pouvait se dispenser d'énoncer les griefs dans l'acte d'appel, il faudrait toujours les signifier postérieurement et d'après les règles ordinaires; que le but de la loi ne serait pas rempli, puisque l'art. 765 voulait qu'il ne fût signifié par l'intimé que des conclusions motivées, conclusions qu'il ne pouvait formuler sans connaître les griefs de l'appelant. La cour de cassation s'était prononcé en faveur de ce système. —Ainsi, il a été jugé: 1° que l'appel d'un jugement d'ordre est non recevable, s'il ne contient l'énonciation des griefs :—« La cour; —Attendu qu'il ne suffit pas, dans le sens de l'art. 763 c. pr., d'indiquer comme griefs les motifs employés devant le premier juge, mais qu'il est nécessaire de les énoncer; — Attendu que la non-recevabilité frappe aussi bien sur la dernière période de cet article que sur la première, l'assignation et l'énonciation des griefs étant mises sur la même ligne, et l'assignation étant certainement requise, à peine de nullité, etc.; déclare nul l'appel » (Bruxelles, 5 juill. 1810, aff. Baertion C. Van Schoor.—Conf. Nîmes, 17 août 1807, aff. Masmejean C. Succession Cavalier; Riom, 4 déc. 1850, aff. Raynaud C. Chabrol et Changier, *infrà*, n° 985-7°);—2° Que l'acte d'appel d'un jugement rendu en matière d'ordre, et qui contient plusieurs chefs, doit énoncer distinctement les griefs sur chacun des points attaqués; et, spécialement, que l'appelant, qui s'est borné, dans son acte d'appel, à formuler ses griefs contre trois chefs du jugement, sans faire aucune réserve relativement aux autres, est non recevable à étendre son appel à d'autres chefs que ceux nominativement spécifiés (Rej. 29 août 1838) (2);—3° Qu'est nul l'acte d'appel qui ne contient pas l'énonciation des griefs relevés contre chacun des intimés, lorsque ces derniers ont, à raison du rang de leur collocation, des intérêts différents (Bourges, 21 fév. 1850, aff. N..., Journ. de pr. de M. Bioche, n° 7184). — C'est ce dernier système que la loi nouvelle a consacré. — Il a été jugé, sous cette loi, qu'en matière d'ordre, sont non recevables des conclusions subsidiaires relatives à un grief qui n'a été formulé ni directement ni indirectement dans l'acte d'appel : — « La cour; — .... En ce qui touche les conclusions subsidiaires, tendant à faire renforcer la collocation d'Eucher Soulé d'une somme de 2,500 fr. (Il demandait, par ses conclusions principales, sa collocation pour 18,350 fr., et le tribunal l'avait réduite à 4,383 fr. 34 c.) : attendu qu'aux termes de l'art. 762 de la loi du 21 mai 1858, portant modification des dispositions du code de procédure civile, en matière d'ordre, l'acte d'appel d'un jugement intervenu sur un incident de la procédure d'ordre doit contenir, à peine de nullité, l'énoncé des griefs; attendu que, dans l'acte d'appel du 2 mai 1859, le grief, pris du rejet de la somme de 2,500 fr. dont s'agit, ne se trouve signalé, ni directement, ni indirectement, que l'on considère, soit les motifs, soit le dispositif de cet acte; d'où il suit que l'appel, quant à ce grief, n'est pas recevable, et qu'il y a lieu de le rejeter, sans autre examen... » (Pau, 3 août 1859, M. Laporte, pr., aff. Soulé C. Dastugues).

981. Disons, du reste, avec un arrêt de la cour de cassation, que la nullité, pour défaut d'énonciation des griefs, n'est pas d'ordre public, et qu'elle est couverte par des défenses au fond (Cass. 24 janv. 1859, aff. N..., Journ. l'Audience, numéro du 28 janv. 1859. — Conf. M. Houyvet, n° 298).

982. La loi, du reste, ne précise aucune forme pour l'énonciation des griefs d'appel; il suffit qu'ils soient libellés clairement. — Il a, en effet, été jugé que l'art. 763 (aujourd'hui 762) n'ayant pas indiqué de forme spéciale pour l'énonciation des griefs, l'acte d'appel est valable, lorsqu'il contient les motifs par lesquels l'appelant demande la réformation du jugement (Riom, 31 juill. 1848, aff. Rohat-Lamy C. Hobeniche, arrêt cité au Journ. des av., t. 75, p. 382, art. 892, n° 6-B).

983. Il a même été jugé : 1° qu'il suffit d'énoncer que l'appel est interjeté pour les causes et griefs causés par le jugement et pour obtenir les conclusions prises par l'appelant devant les premiers juges (Douai, 28 juin 1843, M. Colin, pr., aff. Léonard C. Frémaux, Journ. de pr. de M. Bioche, n° 2626); — 2° Que l'acte d'appel énonce suffisamment les griefs de l'appel, conformément à l'art. 762 c. pr., lorsqu'on demande la réformation du jugement, *en ce que l'appelant n'a pas été colloqué en premier ordre*, comme il l'avait demandé en première instance (Besançon, 16 avr. 1862, aff. Viard, D. P. 62. 2. 85).

984. On a vu *suprà*, n° 789, qu'on ne peut, en général, porter à l'audience d'autres contestations que celles ayant fait l'objet des contredits sur le procès-verbal d'ordre. Le même principe est nécessairement applicable en appel. On ne peut y présenter des conclusions nouvelles, ni y produire des titres jusque-là non-produits. Ce serait contrevenir à la règle qui défend de former, en appel, aucune *nouvelle demande* (c. pr. 464) : « à moins qu'il ne s'agisse, ajoute l'article précité, de compensation, ou que la demande nouvelle ne soit la défense à l'action principale. » C'est là une règle de droit commun applicable aux matières d'ordre, comme à toutes autres. — Mais il ne faut pas

(1) (Veuve Biscarros C. Biscarros). — LA COUR; — Sur la fin de non-recevoir, prise de ce que l'acte d'appel de la partie de Touzet (la veuve Biscarros) ne contiendrait pas l'énonciation des griefs; —Attendu que ce moyen manque dans le fait, et serait, dans tous les cas, insignifiant en droit (suit l'énonciation du point de fait); — Attendu, d'ailleurs, et en droit, qu'aux termes de l'art. 1030 c. pr., aucun acte de procédure ne peut être déclaré nul, si la nullité n'en est pas formellement prononcée par la loi; qu'il n'y a exception à ce principe que dans le cas où il s'agit de l'omission d'une formalité substantielle; que, dans l'espèce, l'énonciation des griefs, prescrite par l'art. 763 c. pr., n'est qu'une formalité extrinsèque, sans laquelle l'appel n'en subsisterait pas moins, et dont l'omission ne pourrait avoir d'autre conséquence que de faire rejeter de la taxe l'acte séparé qui contiendrait les griefs qui doivent se trouver dans l'acte d'appel; — Que c'est évidemment dans cet esprit que l'article précité a été rédigé : car, après avoir disposé, dans la première partie, que l'appel dont il s'occupe ne sera reçu, s'il n'est interjeté dans les dix jours de la signification du jugement à avoué, le législateur change de locution dans la seconde partie, et se borne à dire qu'il contiendra l'énonciation des griefs; — D'où il suit que la première fin de non-recevoir, sous quelque point de vue qu'on l'envisage, est dénuée de fondement, et doit être rejetée ;...

Du 19 mars 1828.-C. de Pau.-M. de Figarol, pr.

(2) (Izernes C. Bastet.) — LA COUR;... — Sur le deuxième moyen concernant le pourvoi contre Davy et Théron : — Attendu que l'art. 763 c. pr. civ., en prescrivant que l'appel du jugement d'ordre ne sera reçu que s'il est interjeté dans les dix jours de sa signification, prescrit aussi que le même acte d'appel contienne l'assignation et l'énonciation des griefs; — Que cette énonciation des griefs est, en effet, très-importante dans un jugement rendu en matière d'ordre, lequel peut renfermer un grand nombre de chefs qui constituent autant de questions et de procès; — Qu'en cette matière, l'appelant détermine lui-même les chefs dont il entend demander la réformation, et que, par là, il asquiesce implicitement aux autres dispositions du jugement; — Que, les procédures étant sommaires, la prompte expédition commande que l'intimé soit, sur-le-champ et par l'acte même d'appel, mis en mesure de préparer sa défense sur les chefs attaqués; — Attendu, en fait, que l'acte d'appel d'Izernes distingue et spécifie, d'une manière toute particulière, les trois points sur lesquels il attaque le jugement, et même sans aucune réserve relative à ses autres dispositions; — D'où l'arrêt a pu induire que l'appel du demandeur ne pouvait être étendu à aucun des chefs autres que les trois chefs spécifiés nominativement dans son acte d'appel, et n'a, en cela, violé ni l'art. 763, ni l'art. 1030 c. pr.; — Rejette.

Du 29 août 1838.-C. C., ch. civ.-MM. Portalis, 1er pr.-Bonnet, rap.-Laplagne-Barris, 1er av. gén., c. conf.-Gatine, Bénard, Hautefeuille, av.

confondre ce qui, en droit, constitue la *demande nouvelle* avec ce qui n'est qu'un développement de la demande précédemment formée, un *moyen* nouveau apporté à l'appui de cette demande, chose toujours permise (V. v° Demande nouvelle, n°s 151 et suiv.). Seulement, les différences ne sont pas toujours faciles à saisir, et, sur ce point, on rencontre fréquemment, entre les arrêts, des nuances, sinon de véritables oppositions, qui en rendent la conciliation difficile (Conf. MM. Chauveau, Proc. de l'ordre, quest. 2589 *bis;* Bioche, v° Ordre, n°s 589 et suiv., 3e édit., 5e tirage; Houyvet, n° 270; Flandin, Tr. de l'ordre, inédit).

985. Il a, en conséquence, été jugé : 1° sous l'empire de la loi du 11 brum. an 7, qu'un créancier qui, dans un ordre, n'avait pas contesté, en première instance, le privilége réclamé par un autre créancier, n'était pas recevable à le contester en appel :—« La cour ; attendu qu'aux termes de la loi du 11 brum. an 7, il était loisible à Chéron de contester le privilége, et qu'il résulte du jugement d'ordre qu'il ne l'a point contesté ; le déclare non recevable dans son appel » (Paris, 22 mess. an 12, aff. Chéron *C.* Dufour) ; — 2° Que l'appel du jugement, qui déboute une partie de son opposition au règlement définitif de l'ordre, ne peut saisir la cour d'une demande en annulation des procédures antérieures à la clôture dudit ordre, contre lesquelles cette partie ne s'est pas pourvue régulièrement (Rennes, 11 janv. 1813, aff. Desnanots, *suprà,* n° 679-1°) ; — 3° Qu'un créancier ne peut, en cause d'appel, demander à être colloqué, en vertu d'un titre qui n'a point été produit à l'ordre, pour une somme autre que celle à raison de laquelle il a requis collocation en première instance (Rej. 14 juill. 1813, aff. Romagnat, v° Priv. et hyp., n° 2374);— 4° Que le créancier, dont le contredit primitif, formé dans le délai de la loi, avait pour objet de faire prononcer, d'une façon absolue, la nullité de l'inscription d'un autre créancier colloqué avant lui, ne peut, en appel, demander à être colloqué avant ce créancier, alors que cette nouvelle collocation ne pourrait avoir lieu sans atteindre, outre le créancier contesté, des créanciers intermédiaires, non contredits dans le délai, et dont celui-ci, par conséquent, ne pourrait prendre la place; que ce nouveau moyen, substitué au premier, ne peut être considéré, en matière d'ordre, que comme une demande nouvelle, ou un nouveau contredit, lequel doit être déclaré non recevable pour n'avoir pas été proposé, dans le délai déterminé par la loi et envers les parties intéressées à y défendre (Nîmes, 24 août 1819) (1) ; — 5° Que le créancier, qu' s'est borné, en première instance, à soutenir qu'ayant été subrogé expressément dans l'hypothèque légale de la femme, il devait être colloqué, dans l'ordre ouvert sur les biens du mari, avant un autre créancier antérieur à lui, mais qui n'avait à faire valoir qu'une subrogation tacite résultant de l'obligation solidaire de la femme, ne peut être admis à prétendre, en appel, pour justifier la préférence qu'il réclame sur ce même créancier, que l'immeuble sur lequel frappe l'inscription de ce dernier n'appartient pas au mari, mais à la femme; qu'un pareil moyen, ne se rattachant, en aucune façon, au contredit, ne peut être proposé aux juges d'appel, qui ne peuvent qu'apprécier le mérite des contredits présentés sur l'ordre en première instance (Bourges, 4 mars 1831) (2) ;— 6° Qu'en cette matière, tout moyen, qui n'a pas été formulé par un contredit au procès-verbal du juge-commissaire, est irrecevable à l'audience ; et, spécialement, qu'on ne peut pas proposer, pour la première fois, en appel, contre une collocation d'intérêts faite par le juge-commissaire, la prescription quinquennale établie par l'art. 2277 c. civ. (Req. 10 déc. 1839) (3) ; — 7° Qu'un créancier, qui n'a point demandé, en première instance, la réformation du règlement provisoire, en ce qu'un autre créancier aurait été mal à propos colloqué avant lui, mais qui a conclu seulement à ce que la collocation de ce créancier fût réduite, ne peut demander pour la première fois, en appel, la priorité sur ce créancier (Riom, 4 déc. 1850) (4) ; — 8° Qu'il en est ainsi, à plus forte

---

(1) (Rigal *C.* veuve Ferquet et autres.) — LA COUR ;... — Attendu, quant à la dame veuve Ferquet, que le nouveau moyen, substitué par l'appelante à celui qu'elle avait employé dans le contredit par elle formé à l'état de collocation provisoire, sur lequel est intervenu le jugement dont est appel, ne peut être considéré, en matière d'ordre, que comme une nouvelle demande ou nouveau contredit, dont les fins sont irrecevables pour n'avoir pas été proposées dans le délai déterminé par la loi et envers les parties intéressées à s'y défendre ; qu'en effet, son contredit primitif, formé dans le délai de la loi, avait pour objet de faire prononcer, d'une manière absolue, la nullité de l'inscription prise par la veuve Ferquet, et que, sous ce rapport, elle n'avait d'autre intérêt que celui d'en prouver la validité pour faire maintenir le rang de son allocation, tandis que celui qui fut proposé après ce délai, et même après les débats sur la contestation, et notamment celui qui l'est aujourd'hui devant la cour, tendait à faire reculer cette allocation, en obtenant la priorité pour sa propre créance, savoir : en première instance, au rang que lui aurait assigné le privilége du vendeur qu'elle y exerçait; et, devant la cour, à celui que lui donnerait l'hypothèque légale qu'elle réclame; mais que, cette nouvelle allocation ne pouvant avoir lieu sans atteindre, outre la collocation de la veuve Ferquet, celles qui avaient eu lieu à un rang intermédiaire en faveur d'autres créanciers, et qui n'ayant pas cependant été contredits dans le délai de droit, ont obtenu, à leur égard, un effet irrévocable, il en résulte, incontestablement, que l'appelante s'est mise, par son propre fait, dans l'impossibilité de faire valoir de nouveaux moyens, en mettant l'intimée dans celle de faire reculer, à son tour, les allocations intermédiaires dont elle devrait cependant prendre la place, tandis qu'elle ne peut en contester l'utilité; — Attendu, d'ailleurs, qu'elle n'a aucunement justifié de l'existence des actes sur lesquels elle prétendait fonder ce nouveau moyen ; — Adoptant, au surplus, les motifs énoncés au jugement dont est appel;....—En ce qui concerne la veuve Ferquet, sans avoir égard à l'appel émis par les mariés Rigal du jugement rendu au tribunal de Nîmes, le 1er juillet 1818 ; — Confirme.

Du 24 août 1819.-C. de Nîmes.

(2) Barat-Dubois *C.* veuve Pactou et autres.) — LA COUR ; — Considérant, quant à la veuve Pactou, qu'aucun contredit spécial n'a été proposé, dans l'ordre, par Dubois, qui s'est contenté de soutenir que, par suite de la subrogation consentie à son profit par la femme Périnet de son hypothèque légale sur les biens de son mari, il devait être préféré, sur le prix des biens vendus sur Périnet, à tous créanciers de celui-ci, même à ceux qui ont la femme pour obligée; mais que cette prétention n'est pas fondée (sur cette question, V. v° Priv. et hyp., n° 967, où l'arrêt se trouve cité) ;... — Considérant que Barat-Dubois n'a point proposé, devant les premiers juges, le moyen qu'il présente en appel, et qu'il prétend faire résulter de ce que, suivant lui, les biens dont le prix est à distribuer proviendraient de la femme Périnet et non de son mari, et que l'inscription prise par la veuve Pactou ne porterait pas sur ces biens; que ce moyen, qui tient à une question de fait sur laquelle les parties ne sont pas d'accord, et qui ne se rattache, en aucune façon, au seul contredit présenté par Barat-Dubois, ne peut être proposé sur l'appel, lors duquel les juges ne peuvent qu'apprécier le mérite des contredits présentés sur l'ordre en première instance ;... Dit bien jugé, etc.

Du 4 mars 1831. — C. de Bourges, 2e ch.

(3) (Dames Donnoy et Beaufils *C.* de la Tour d'Auvergne et autres). — LA COUR ;... — Sur le deuxième moyen, relatif à l'allocation d'un grand nombre d'années d'intérêts, au mépris de l'art. 2277 c. civ. : — Attendu, en fait, que, devant le juge-commissaire, les demanderesses en cassation n'avaient point élevé de contredit, relativement aux intérêts des créances antérieures au code civil, quoique, dans l'ordre provisoire, les intérêts de 42,943 fr., principal de la créance Longeac, eussent été alloués du 4 mai 1805 au 6 avril 1829, jour de l'inscription, et du jour de l'inscription jusqu'au payement, et que les intérêts de la somme de 692,920 fr., montant des reprises de la comtesse de Latour-d'Auvergne, eussent été alloués depuis le 15 mars 1781, date de la demande en séparation de biens, prononcée le 16 mai suivant, jusqu'au payement effectif ; la question de déchéance du bénéfice d'inventaire avait été seule soulevée par les demanderesses en cassation ; c'est devant la cour royale que la prescription de cinq ans a été invoquée pour la première fois ; — Attendu qu'il s'agit d'une instance d'ordre ;— Attendu, en droit, que le code de procédure civile établit, en cette matière, une procédure spéciale, et circonscrit le débat dans le cercle des contestations élevées au procès-verbal : en effet, la forclusion est prononcée contre les créanciers non contestants (art. 756) ; les contestants sont seuls renvoyés à l'audience (art. 758) ; des délais très-courts sont fixés pour le jugement et l'appel (art. 760, 761, 763) ; l'ordre des créanciers doit être arrêté définitivement quinze jours après le jugement des contestations ; en cas d'appel, quinze jours après la signification de l'arrêt qui y aura statué (art. 767) ; d'où il résulte qu'en jugeant que, dans l'espèce, la prescription des intérêts n'avait pas pu être proposée en appel, loin d'avoir violé les principes relatifs à la matière, la cour royale de Paris en a, au contraire, fait une juste application;... — Rejette le pourvoi formé contre l'arrêt de la cour de Paris, du 29 mai 1838.

Du 10 déc. 1839.-C. C., ch. req.-MM. Zangiacomi, pr.-Mestadier, rap.

(4) (Raynaud *C.* Chabrol et Changier.) — LA COUR ;... —Attendu, quant à la collocation faite au profit de Changier, que, d'après l'art.

raison, lorsque les griefs, présentés devant la cour, diffèrent de ceux qui sont énoncés dans l'acte d'appel, et sont même contradictoires avec eux; qu'en pareil cas, l'acte d'appel est nul (Nancy, 21 fév. 1863, aff. Michel, D. P. 63. 2. 149); — 9° Qu'en tout cas, l'articulation, devant la cour, de griefs qui changent l'état du litige tel qu'il était formulé en première instance, constitue une demande nouvelle qui rend l'appel non recevable (même arrêt).

986. Mais il a été jugé : 1° qu'un créancier postérieur, qui a demandé, en première instance, concurremment avec le créancier poursuivant, la réduction de la créance d'un créancier colloqué avant lui, réduction ordonnée par les premiers juges, peut, quoique non intimé sur l'appel, se rendre partie intervenante et former appel incident, pour demander, non plus seulement la réduction de la créance, mais son rejet de l'ordre, motivé sur la nullité de l'inscription; que ce n'est pas là former une demande nouvelle de la nature de celles que proscrit l'art. 464 c. pr., cette demande étant une défense à l'action principale qui a pour objet la collocation du créancier contesté (Req. 26 oct. 1808, aff. Richard, v° Appel incident, n° 122); — 2° Que l'art. 763 c. pr., qui exige que l'acte d'appel d'un jugement d'ordre contienne l'énonciation des griefs, ne doit pas être entendu en ce sens, que l'appelant ne puisse faire valoir que les griefs articulés dans son acte d'appel; qu'il est recevable à présenter tous ceux qui ne forment que des moyens nouveaux, quoique non déduits dans l'exploit d'appel (Trèves, 11 mars 1812) (1); — 3° Que, de même, le créancier, qui, en première instance, s'est borné à soutenir son rang de collocation, sans contester les autres créanciers colloqués peut, sur l'appel du jugement qui lui a enlevé son rang, contester ces mêmes créanciers; que ce n'est pas là former une demande nouvelle, mais présenter un moyen nouveau pour se faire maintenir dans son rang d'hypothèque (Colmar, 25 avr. 1817) (2); — 4° Que la partie, qui, dans une instance d'ordre, énonce, dans ses conclusions, certaines de ses créances, et se réfère à l'état de production pour les autres, est réputée avoir saisi le tribunal de la demande en collocation, non pas seulement des seules créances spécifiées dans ses conclusions, mais aussi de toutes celles comprises dans l'état de production; que, par suite, si le tribunal a omis de prononcer sur une de ces dernières créances, la rectification de cette omission peut être demandée en appel, sans qu'il y ait là de demande nouvelle (Bordeaux, 9 juill. 1841, aff. Milliac, v° Demande nouvelle, n° 77); — 5° Que le créancier, qui a formé un contredit dans un ordre, peut, en appel, appuyer les conclusions qu'il a prises en première instance sur d'autres moyens que ceux énoncés dans son contredit (Bordeaux, 1er mars 1848) (3). — Dans ses conclusions d'appel, qui reproduisaient le premier motif du contredit, mais se taisaient sur le second, Pécherie invoquait, pour faire rejeter la collocation, un nouveau moyen, fondé sur ce que la dame Lamerat n'avait jamais eu que des paraphernaux, dont son contrat de mariage lui laissait la libre disposition, et dont son mari n'avait pas profité; qu'ainsi son hypothèque légale restait sans aliment; — 6° Qu'un créancier, qui, en première instance, demande que la collocation d'un autre créancier soit fixée à un rang postérieur au sien, sur le fondement que ce dernier serait son débiteur en vertu d'un quasi-contrat, peut, en cause d'appel, exciper, aux mêmes fins, d'un quasi-délit, cette dernière exception constituant un moyen nouveau, et non une demande nouvelle (Nîmes, 5 mars 1849, aff. Prou *C.* Castel, D. P. 49. 5. 109, n° 1); — Mais que les juges d'appel, comme les juges de première instance, ne peuvent, dans ce cas, statuer que sur la question de priorité entre les créanciers; qu'ils ne peuvent pas statuer sur la question de responsabilité pour quasi-délit; qu'il y a lieu seulement de réserver les droits du créancier contredisant pour qu'il les fasse valoir sur la créance de son débiteur prétendu, une fois cette créance classée et colloquée (même arrêt); — 7° Que la règle que des moyens nouveaux peuvent être présentés en appel, est applicable, en matière d'ordre, comme en toute autre matière; et spécialement, qu'on peut invoquer pour la première fois, en appel, à

---

763 c. pr. civ., l'acte d'appel du jugement, qui prononce sur les difficultés relatives aux collocations des créanciers produisant dans l'ordre, doit contenir l'énonciation des griefs; que cette énonciation est un des éléments substantiels de l'acte d'appel dans une procédure où tout doit marcher avec célérité pour que le vœu de la loi soit rempli; — Attendu que, dans l'acte d'appel signifié à la requête de Jeanne Raynaud contre Changier, du jugement du 6 févr. 1850, Jeanne Raynaud ne demande pas la réformation du tableau provisoire d'ordre et du jugement dont s'agit, en ce que Changier aurait été colloqué à un rang antérieur au sien; qu'elle se plaint seulement de ce que Changier aurait été colloqué pour la somme capitale de 1,800 fr., et conclut à ce que cette créance soit réduite à 600 fr., par la raison que Changier n'aurait fourni que cette dernière somme sur le prix de la cession de la créance Benoît, tandis que la somme de 1,200 fr. aurait été fournie par François Gelly; qu'il résulte de là que Jeanne Raynaud n'a pas demandée la réformation du jugement du 6 févr. 1850 et la modification du tableau provisoire, en ce qui concerne le rang qui a été donné à la créance de Changier, mais seulement la réduction de cette créance à 600 fr.; qu'ainsi, devant la cour, Jeanne Raynaud n'a pu conclure à ce que la créance pour laquelle elle a été colloquée fut admise à un rang antérieur à celui de la créance de Changier; — Attendu de plus, que devant les premiers juges, Jeanne Raynaud concluait, quant à la créance de Changier, à ce qu'elle fût réduite à la somme de 600 fr. réellement payée par lui; qu'elle n'élevait ainsi, devant les premiers juges, aucune prétention sur ce qui concernait le rang de la créance Changier, que le tribunal n'avait point à statuer et ne pouvait statuer sur la question de savoir si la créance de Jeanne Raynaud devait avoir une antériorité de rang sur celle de Changier; que, sous ce rapport encore, les conclusions de Jeanne Raynaud devant la cour, tendant à ce qu'elle soit colloquée à un rang antérieur à celui de la créance Changier, ne sont point recevables; — Par ces motifs, confirme le jugement dont est appel.

Du 4 déc. 1850.-C. de Riom, 1re ch.-M. Nicolas, 1er pr.

(1) (Wicat *C.* N...).—LA COUR;—Attendu que l'art. 763 c. pr., en prescrivant que l'appel, dont il y est mention sur l'instance d'ordre, doit contenir assignation et l'énonciation des griefs, n'est point tellement exprimé en termes limitatifs qu'il ne soit pas permis, en cause d'appel, de déduire d'autres griefs, ainsi qu'on le pense, d'après les art. 61 et 456 du même code, dans les matières ordinaires, d'autant mieux que l'art. 763 précité ne contient point d'exclusion formelle pour tous autres griefs que ceux déduits dans l'acte d'appel, comme porte l'art. 736, pour tous autres moyens de nullité contre la procédure sur les poursuites de saisie immobilière; d'où il s'infère qu'indépendamment des moyens allégués devant les premiers juges contre le jugement arbitral qui a servi de base à la saisie, l'appelant a pu exciper aussi que la maison vendue provenait des apports de la femme Wiest; que cette maison ne faisait point partie de la communauté conjugale; qu'elle n'avait point été hypothéquée spécialement, et qu'il n'y avait point d'inscriptions hypothécaires valables, au profit de l'intimé, sur cet objet; qu'il importe, avant de statuer au fond, d'éclaircir, etc...; — Rejette la fin de non-recevoir.

Du 11 mars 1812.-C. de Trèves.

(2) (Carbistron *C.* N...) — LA COUR; — ...Considérant que, Bœhmer étant colloqué en premier ordre par le règlement provisoire, il pouvait et devait se borner à soutenir, ainsi qu'il l'a fait, son rang de collocation, puisqu'alors, et tant que ce premier rang ne lui était pas enlevé, il n'avait aucun intérêt à contester les autres créanciers; que, d'un autre côté, la discussion des créances que fait un créancier dans un ordre, n'est qu'un moyen de se maintenir dans tel ou tel rang d'hypothèque, et non une demande distincte en nullité contre ces mêmes créances; qu'ainsi ce créancier peut, à son gré, soit reproduire, en cause d'appel, les moyens par lui invoqués en première instance contre tels ou tels créanciers, soit en invoquer de nouveaux, sans qu'on puisse les considérer comme étant de nouvelles demandes, parce qu'ils n'en sont réellement pas; qu'enfin Bœhmer était en première instance défendeur, puisque l'ordre était poursuivi à la requête du sieur Luxbourg, et que, colloqué en premier ordre par le règlement provisoire, chacun des autres créanciers demandait à lui être préféré, ce qui le constituait défendeur sous un double rapport, et qu'en cette double qualité de défendeur, il peut, en cause d'appel, et comme défense à la demande principale, faire valoir tous les moyens qui peuvent tendre à maintenir la collocation en premier ordre que lui attribuait le règlement provisoire.

Du 25 avr. 1817.-C. de Colmar.

(3) (Pécherie *C.* Lamerat) — LA COUR; — Attendu, en ce qui touche la fin de non-recevoir opposée à Pécherie, que le contredit, par lui formé à la collocation des enfants de Marie Eyquart, repose sur deux motifs : le premier, pris de ce que l'hypothèque de leur mère n'avait pas été inscrite dans les délais; le deuxième, pris de ce que, Lamerat étant donataire contractuel du quart des biens délaissés par son épouse, ce quart aurait dû être évincé de la collocation accordée aux enfants; — Attendu que les conclusions prises par Pécherie devant la cour ont le même but que celles prises dans son contredit; — Que seulement elles reposent sur d'autres moyens; — D'où il suit que la fin de non-recevoir opposée à Pécherie ne doit pas être accueillie, etc.

Du 1er mars 1848.-C. de Bordeaux, 2e ch.-MM. Prevot-Leygonie, pr.-Dégrange-Touzin, av. gén., c. conf.

l'appui d'une demande en nullité d'hypothèque dont les premiers juges ont été saisis, le moyen tiré de ce que l'hypothèque aurait été consentie en vertu d'un mandat sous seing privé (Amiens, 9 avr. 1856, aff. Coulbeau, D. P. 57. 2. 20); —8° Que le créancier, qui a produit dans un ordre et demandé à être colloqué, tant en vertu de son hypothèque conventionnelle qu'en vertu de sa subrogation dans l'hypothèque légale de la femme, et qui, dans le règlement provisoire, n'a été colloqué qu'à la date de son hypothèque conventionnelle, est recevable, lorsqu'en temps utile, il a contredit, par divers motifs exprimés *et tous autres à développer ultérieurement*, une collocation immédiatement antérieure à la sienne, à se prévaloir pour la première fois, en appel, de la nullité de l'hypothèque attachée à la créance contestée (Riom, 26 janv. 1857, aff. Desbordes, *suprà*, n° 697-7°); — 9° Que des griefs, non formulés dans l'exploit d'appel, peuvent être proposés au cours de l'instance, quand il ne résulte pas des termes de cet exploit que l'appelant ait renoncé à les faire valoir, et qu'au contraire, il s'est formellement réservé la faculté de le faire; et spécialement, que lorsque, dans un ordre ouvert pour la distribution du prix d'un immeuble, un créancier hypothécaire a demandé le rejet de la demande en collocation de la femme pour les droits garantis par son hypothèque légale, en se fondant exclusivement sur ce que le mari n'était pas propriétaire de l'immeuble dont le prix est à distribuer, rien ne s'oppose à ce que, pour la première fois en appel, ce créancier demande le rejet de la même collocation, par le motif que l'hypothèque légale aurait été éteinte par la purge; qu'il y a là, non pas une *demande* nouvelle, mais un *moyen* nouveau, proposable pour la première fois devant les juges d'appel (Nîmes, 15 janv. 1861, et, sur pourvoi, Rej. 21 juill. 1863, aff. Poinsel, D. P. 63. 1. 339); —10°... Qu'il n'importe, dans ce cas, que le créancier appelant n'ait pas étendu son nouveau grief à d'autres immeubles compris dans la même purge et dans le même ordre, si l'exploit d'appel n'implique pas la renonciation de l'appelant à se prévaloir de la purge quant au premier immeuble; qu'il n'y a pas lieu, dans ce cas, à invoquer contre l'appelant la prétendue indivisibilité de la purge (mêmes arrêts).

987. Nous avons dit plus haut, n° 979, que, sous l'ancien code, la question de savoir s'il y avait nullité de l'acte d'appel, lorsqu'il ne renfermait pas l'énonciation des griefs, était une question controversée. Mais on n'a jamais mis en doute que l'acte d'appel ne dût contenir assignation, à peine de nullité (Conf. MM. Chauveau sur Carré, quest. 2588, et Proc. de l'ordre, quest. 2588 *bis*; Houyvet, n° 298; Seligman, n° 456; Flandin, Tr. de l'ordre, inédit). — Tel est, d'ailleurs, le droit commun (c. pr. 456, V. Appel civil, n°s 727 et suiv.; Exploit, n°s 536 et suiv.). — Il a été jugé, en effet, sous l'ancien code, que l'acte d'appel doit contenir assignation, à peine de nullité (Bruxelles, 5 juill. 1810, aff. Baertion, *suprà*, n° 980-1°.—Conf. Bruxelles, 3 déc. 1812, aff. Blondeau *C.* Coupé et Bouvet; Nancy, 21 mars 1825, aff. Plassiard *C.* Tribulot).

988. Il a, toutefois, été jugé qu'en matière d'ordre, l'acte d'appel est valable, quoique l'assignation ait été donnée, par erreur, à comparaître devant une cour autre que celle qui est compétente pour en connaître, lorsque, d'ailleurs, il s'y rencontre des énonciations propres à lever les doutes : — « La cour; attendu que l'indication, faite par erreur, de la cour royale de Rouen, dans l'acte d'appel du 21 nov., n'opère point de nullité, d'autres énonciations contenues dans cet acte faisant suffisamment connaître que l'appel est porté devant celle de Metz, à laquelle, d'ailleurs, chacun sait que les tribunaux des Ardennes ressortissent; ...sans s'arrêter au moyen de nullité, etc. » (Metz, 15 juin 1824, M. d'Hannoncelles, 1er pr., aff. Megret de Serilly *C.* d'Humbepaire et autres).

989. Ainsi que nous l'avons dit, v° Appel civil, n° 666, Exploit, n° 508, l'acte d'appel ayant le caractère d'un ajournement, doit contenir toutes les énonciations indiquées dans l'art. 61 c. pr. « Il n'y a, sous ce rapport, dit M. Chauveau, Proc. de l'ordre, quest. 2588 *bis*, d'autres modifications apportées aux règles de droit commun que la prescription imposée de signifier à l'intimé, non pas à son domicile réel, mais au domicile de l'avoué qui le représente dans l'ordre » (Conf. MM. Bioche, v° Ordre, n° 598; Houyvet, n° 298; Seligman, n° 456). — Il a été jugé, sous l'ancienne loi, qu'est nul, en matière d'ordre, l'acte d'appel, dans lequel l'appelant indique un domicile qui n'est pas son domicile véritable (Nîmes, 24 août 1819) (1).

990. Il a, d'ailleurs, été jugé : 1° que les parties, à l'égard desquelles une nullité d'appel est commise, ont seules le droit de s'en prévaloir, alors surtout que les intérêts sont distincts et séparés (Riom, 14 janv. 1847, aff. Jouve *C.* Andraud, cité au Journ. des av., t. 72, p. 627, art. 294, n° 27); — 2° Que, les actes d'appel n'étant pas du ministère des avoués de première instance, mais rentrant exclusivement dans les fonctions de l'huissier, les nullités dont ils sont entachés n'engagent pas la responsabilité de l'avoué, encore que celui-ci ait fourni la minute de l'acte, et que la rédaction, entraînant la nullité, émane de son étude et ait été par lui remise à la partie; que l'avoué ne peut, dans ces circonstances, être tenu que comme le serait un conseil ou un mandataire; et que, s'il n'a reçu aucun émolument pour cet acte, il n'a commis qu'une simple erreur de droit qui ne l'oblige pas à garantie, la responsabilité légale tombant spécialement sur l'officier ministériel qui seul avait qualité pour faire l'acte (arrêt précité de la cour d'Agen, du 20 nov. 1865). — Le principe est vrai : V. cependant, dans notre Recueil périodique, l'annotation que nous avons faite sur cette décision.

991. Le délai pour comparaître sur l'assignation est de huitaine, outre l'augmentation à raison des distances, conformément au droit commun (c. pr. 72 et 1033, ce dernier article modifié par l'art. 4 de la loi du 3 mai 1862.—Conf. MM. Chauveau, Proc. de l'ordre, quest. 2588 *bis*; Encycl. des huissiers, v° Ordre, n° 207; Bioche, v° Ordre, n° 613, 3e éd., 5e tirage).

992. Puisque l'acte d'appel doit contenir *l'énonciation des griefs*, il en résulte implicitement que l'appelant ne doit signifier ni requête, ni conclusions motivées. M. Delaporte, t. 2, p. 246, exprime une opinion contraire; mais cette opinion est combattue par les autres commentateurs. « L'appelant, dit Pigeau, Comm., t. 2, sur l'art. 765, note 2, ne doit pas même signifier des conclusions motivées, parce que son acte d'appel en tient lieu » (Conf. M. Demiau-Crouzilhac, p. 469). — Carré, quest. 2596, ajoute que « l'appelant ne peut répondre aux conclusions de l'intimé, par la même raison qu'il a fourni, ou qu'il est réputé avoir fourni ses griefs dans l'acte d'appel : aussi, dit-il, le tarif, n'accorde-t-il aucun droit pour ces réponses. » — La loi nouvelle, dit M. Chauveau, Proc. de l'ordre, quest. 2594 *bis*, exigeant l'énonciation des griefs, à peine de nullité, le doute n'est plus permis. L'art. 763 n'accorde, en effet, le droit de signifier des conclusions motivées qu'aux intimés (V. également le rapport de M. Riché, D. P. 58. 4. 49, n° 89). « Ce qui n'empêche pas, ajoute M. Chauveau, qu'on fera toujours, en appel, des conclusions motivées, et qu'on aura grandement raison... Seulement, la rigueur peu raisonnée du tarif ne permet pas de passer en taxe ces conclusions » (Conf. MM. Bioche, v° Ordre, n° 614, 3e édit., 5e tirage; Ollivier et Mourlon, n° 408; Houyvet, n° 298; Seligman, n° 471; Flandin, Tr. de l'ordre, inédit. V., comme analogie, Bordeaux, 18 mai 1830, aff. Deffarge, v° Frais et dépens, n° 710-2°).

(1) (Rigal *C.* veuve Recolin, etc.) — LA COUR; — En ce qui touche la demande en cassation de l'exploit d'appel: —Attendu qu'aux termes de l'art. 61 c. pr., tout exploit d'ajournement doit contenir l'énonciation du domicile de la partie requérante, à peine de nullité; que l'expression du domicile autre que celui qu'a le demandeur ne saurait remplir le vœu de la loi, puisqu'elle ne mettrait pas moins que l'omission absolue de la désignation d'un domicile quelconque la partie assignée dans l'impossibilité de faire signifier au domicile réel, qui lui serait inconnu, les actes qu'elle aurait à faire tenir à ce demandeur, qui est le motif substantiel de cette disposition législative; qu'ainsi l'exploit d'ajournement par lequel les appelants se sont dits domiciliés à Nîmes, quoiqu'il soit reconnu qu'ils n'ont jamais cessé de l'être à Saint-Martial, et n'ont jamais habité ni manifesté l'intention d'habiter Nîmes, où ils n'ont eu jamais de domicile de fait, ni de droit, est radicalement nul et ne peut produire aucun effet, à l'égard de la dame veuve Recolin, qui a expressément protesté de cette nullité dans l'acte de constitution de son avoué, et qui l'a requise dans son premier libelle, signifié avant toute défense au fond; ... — Casse et annule, dans l'intérêt de la veuve Recolin, l'acte d'appel et l'ajournement du 17 août 1828, etc.

Du 24 août 1819.-C. de Nîmes.

993. Il y a pourtant un cas où il ne serait pas possible de refuser à l'appelant le droit de réponse, c'est celui où l'intimé formerait un appel incident, dans lequel il ne se bornerait pas à repousser les griefs de l'appel et à demander la confirmation du jugement, mais élèverait lui-même contre le jugement des griefs que n'aurait pu combattre, à l'avance, l'acte d'appel. Dans ce cas, l'appelant aurait, évidemment, le droit de répondre à cet appel incident par des conclusions motivées et d'en obtenir la taxe. L'appelant, ainsi que le fait observer M. Chauveau, *loc. cit.*, est, au regard de cet appel incident, un intimé, et, dès lors, la disposition de l'art. 763 lui devient applicable (Conf. MM. Grosse et Rameau, t. 2, n° 423; Ollivier et Mourlon, n° 408; Bioche, v° Ordre, n° 614, 3e éd., 5e tirage; Houyvet, n° 298; Seligman, n° 472; Flandin, *loc. cit.*). — Il a été jugé, dans ce sens, que l'appelant principal d'un jugement d'ordre a le droit de signifier des conclusions motivées en réponse aux griefs d'un appel incident (Orléans, 12 mai 1846, aff. Brière, D. P. 47. 2. 99).

994. « L'audience est poursuivie, porte l'art. 763, et l'affaire instruite conformément à l'art. 761, sans autre procédure que des conclusions motivées de la part des intimés. » Ce renvoi à l'art. 761, comme l'indique M. Duvergier dans sa note, a pour objet d'établir que l'affaire doit être jugée comme affaire sommaire. C'est, d'ailleurs, ce que déclare, en termes exprès, le rapporteur de la commission : « A la cour aussi, dit M. Riché, la procédure sera sommaire; ce qui était contesté » (D. P. 58. 4. 49, n° 89). — L'avenir sera donc donné par simple acte d'avoué à avoué (Conf. Pigeau, *loc. cit.*, note 3). — Il le sera par la partie la plus diligente; car, ainsi que le dit M. Chauveau, Proc. de l'ordre, quest. 2594, devant la cour, l'audience ne peut pas être poursuivie, comme au cas de l'art. 761, par l'avoué commis, puisqu'il n'y a pas d'avoué commis, et que l'avoué commis de première instance ne peut pas figurer, en cette qualité, sur l'appel (Conf. MM. Grosse et Rameau, t. 2, n° 421; Seligman, n° 470.—*Contrà*, Encyclop. des huissiers, v° Ordre, n° 218).

995. Il a été jugé, mais avant la loi du 21 mai 1858, que les instances d'ordre n'ont pas le caractère d'affaires sommaires et ne peuvent être portées, en appel, devant la chambre correctionnelle statuant en matière civile (Riom, ch. corr., 14 et 21 juill. 1826).

996. Il a été jugé, au contraire : 1° que, le jugement d'ordre étant sommaire, de sa nature, l'appel dudit jugement participe de ce caractère, et peut, dès lors, être porté devant la chambre des vacations : — « La cour, en ce qui touche le moyen de nullité contre l'arrêt par défaut rendu par la chambre des vacations : considérant que l'appel de Thiébaut-Martiny portait sur un jugement d'ordre, qui est sommaire par sa nature, et qui peut devenir urgent par les circonstances; que, dès lors, il est susceptible d'être jugé en vacations; par ces motifs, etc. » (Colmar, 12 mars 1823, M. Millet de Chevers, pr., aff. Martiny *C.* Ricklin et autres); — 2° Que les instances d'ordre peuvent être portées, en appel, devant la chambre correctionnelle statuant en matière civile : — « La cour; sur le moyen de compétence : attendu qu'il résulte de l'ensemble des dispositions du titre 14 c. pr., que la matière d'ordre est considérée comme sommaire; que l'art. 761 porte, en termes exprès, que l'audience sera poursuivie sur un simple acte d'avoué à avoué, sans autre procédure; que l'art. 405, au titre spécial des Matières sommaires, contient la même disposition; que l'art. 404 range dans cette catégorie toutes les demandes qui requièrent célérité; que l'abréviation des délais et des formes ordinaires, en matière d'ordre, doit faire considérer ces sortes d'affaires comme rangées dans cette classe;... rejette » (Req. 9 déc. 1824, MM. Henrion, pr., Rousseau, rap., aff. Veyrunnes *C.* Filhon. — Conf. Req. 22 juin 1825, MM. Henrion, pr., Lasagni, rap., aff. Dupuy *C.* Darricarrère); — 3° Que les matières d'ordre, étant réputées sommaires par la loi, ne cessent pas d'avoir ce caractère, quelle que soit l'importance ou la gravité des questions qu'elles font naître; et, par suite, qu'une demande en ventilation, formée dans un ordre, a pu, comme cause sommaire, être renvoyée, sur l'appel, devant la chambre correctionnelle de la cour (Cass. 25 août 1828, aff. Teyssier, *suprà*, n° 548-1°);—4° Que, les instances d'ordre devant, tant en première instance qu'en appel, être jugées sur un simple acte, sans autre procédure, et les jugements et arrêts, rendus dans ces instances, contenir la liquidation des frais, il en résulte qu'elles doivent être considérées comme sommaires, et, par suite, que les dépens de ces affaires doivent être taxés comme en matière sommaire (Orléans, 12 mai 1846, aff. Brière *C.* Rotillon et Pingot, D. P. 47. 2. 99. V. encore *suprà*, nos 47 et suiv., et aussi v° Mat. somm., n° 46-2°).

997. L'intimé peut répondre aux griefs de l'appelant par des *conclusions motivées* (c. pr. 763); mais la loi ne lui permet pas de signifier une requête, ou du moins cet acte ne passerait pas en taxe. C'est également ce qui résulte de ces termes restrictifs de l'art. 763 précité : « Sans autre procédure que des conclusions motivées de la part des intimés » (Conf. M. Flandin, Tr. de l'Ordre, inédit).

998. Est-il dû un émolument à l'avoué pour la rédaction de ces conclusions motivées? Le doute se tire de l'art. 67 du tarif, qui n'accorde d'autre émolument à l'avoué, en matière sommaire, qu'un droit, déterminé d'avance et gradué suivant l'importance du litige, pour l'obtention du jugement contradictoire ou par défaut, le dressé des qualités et sa signification à avoué, et dont la disposition finale est ainsi conçue : « Au moyen de la fixation ci-dessus, il ne sera passé aucun autre honoraire pour aucun acte et sous aucun prétexte. — Il ne sera alloué, en outre, que les simples déboursés. » — Il est d'usage, néanmoins, et il paraît juste d'accorder un émolument pour ces conclusions, qui, dans une matière aussi difficile, exige un travail, souvent considérable, de l'officier ministériel. Il y a ici un texte particulier, qui autorise l'avoué à rédiger des conclusions motivées, texte qui n'existe pas pour les matières sommaires, en général, à l'égard desquelles il est dit, art. 405 c. pr., qu'elles seront jugées à l'audience, après les délais de citation échus, *sur un simple acte, sans autres procédures ni formalités*. Nous pouvons donc, sans nous départir de l'opinion que nous avons émise, v° Frais et dépens, n° 178, qu'il est permis, sans doute, à l'avoué, dans les matières sommaires, de signifier des conclusions motivées, mais que ces conclusions ne doivent pas passer en taxe, à l'égard de la partie adverse, dire ici, au contraire, avec un arrêt de la cour de Paris du 1er juill. 1859 (n° 999-2°), « que le droit, pour l'intimé, de les signifier implique, pour son avoué, le droit à un émolument à raison de leur rédaction, sauf la proportion à observer entre le chiffre de cet émolument et l'importance des contestations et des intérêts en litige. »—Et, en le décidant ainsi, nous entrons dans l'esprit du législateur; car voici de quelle manière s'exprime le rapporteur de la loi du 21 mai 1858, à propos de la classification des ordres parmi les matières sommaires : « Nous reconnaissons, néanmoins, que la taxe sommaire, nécessaire pour la plupart des ordres, ne sera pas rémunératoire, dans les cas où de grands intérêts sont en jeu et exigent un grand travail. Il y a là une raison de plus pour appeler de nos vœux un système de tarif qui, dans une certaine mesure, proportionne l'élément du travail à la somme en distribution ou à l'intérêt que le travail défend. Le décret du 24 mai 1854 fixe les émoluments des greffiers d'après l'importance de la somme à distribuer » (D. P. 58. 4. 49, n° 83). — La même chose a été répétée dans la discussion au corps législatif. Un député, M. Emile Ollivier, fait observer, sur l'art. 761, que, « dans les affaires sommaires, l'émolument de l'avoué est très-minime; que, dans les ordres, il se présente souvent des difficultés considérables; que des sommes très-importantes y sont engagées; que des déchéances peuvent, à chaque instant, survenir, si la surveillance de l'avoué n'est pas active et éclairée... » Il demande, en conséquence, en votant pour l'article proposé, « que les dispositions de cet article soient complétées par un remaniement de tarifs qui accorde aux avoués une rémunération proportionnée à l'importance de l'affaire... » — M. le rapporteur lui répond que ce vœu a été devancé par le rapport de la commission. — « On ne peut moins faire, dirons-nous avec M. Flandin, Tr. de l'ordre, inédit, en attendant ce nouveau tarif, promis depuis bien des années déjà, et qui trouvera probablement sa place dans les nouvelles réformes qui se préparent sur le code de procédure, que d'allouer à l'avoué, pour ces conclusions motivées, qui renferment toute sa défense, un émolument raisonnable, basé sur un nombre de rôles proportionné à l'importance du litige. » — La cour de cassation a jugé, à la vérité, qu'en matière sommaire, des conclusions motivées ne peuvent être passées en taxe, sous aucun prétexte, et par le motif, notamment, que le tribunal en avait autorisé la signification (Cass. 9 janv. 1855, aff. liquid. le Sauveur, D. P. 55. 1. 119). — Mais cet arrêt ne peut tirer à conséquence, parce qu'il a été rendu, non en matière d'ordre, mais sur appel d'une sentence de justice de paix.—V., dans le sens de notre opinion, M. Bioche, v° Ordre, n° 613, 3e éd., 5e tirage; Houyvet, n° 300. — *Contrà*, MM. Sudraud-Desisles, Man. du juge tax., p. 443, n° 1336; Boucher d'Argis, Dict. de la taxe, v° Ordre, n° 16; Bonnesœur, p. 100, qui estiment qu'il n'est dû qu'un droit de simple acte (art. 71 et 147 du tarif).

999. Il a été jugé, conformément à notre opinion : 1° qu'il est dû à l'avoué un émolument pour les conclusions motivées que l'intimé est autorisé à signifier, en réponse aux griefs d'appel d'un jugement d'ordre, sauf, dans le silence du tarif, à en fixer le montant d'après la taxe des requêtes et conclusions (Orléans, 12 mai 1846, aff. Brière, D. P. 47. 2. 99); qu'il en est de même pour les conclusions motivées signifiées par l'appelant principal d'un jugement d'ordre, en réponse aux griefs d'un appel incident (même arrêt); — 2° Que les conclusions motivées que la loi autorise, de la part de l'intimé, en matière d'ordre, peuvent être grossoyées, et qu'il est dû à l'avoué, pour la rédaction de ces conclusions motivées, un émolument proportionné à l'importance des contestations et des intérêts en litige (Paris, 1er juill. 1859) (1). — Conf. Nîmes, 1re ch., 28 juin 1852 M. Lapierre, pr., aff. Bezard *C.* Brun, Journ. des av., t. 77, p. 538, art. 1363; Bordeaux, 4e ch., 25 août 1854, M. Pommeyrol, pr., aff. Thomeret *C.* Mesnard, *ibid.*, t. 82, p. 124, art. 2601; Limoges, 3e ch., 27 mars 1858, M. de Malleveргne, pr., aff. Gautron *C.* Maury, *ibid.*, t. 83, p. 370, art. 3103).

1000. Il a été jugé également : 1° qu'en matière d'ordre, le dépôt de conclusions motivées, même non signifiées, fait en exécution des art. 33 et 71 du décret du 30 mars 1808, donne ouverture, au profit de l'avoué, à l'émolument fixé par l'art. 71 du tarif de 1807 : — « La cour :... en ce qui touche les conclusions dont le dépôt est exigé par l'art. 71 du décret du 30 mars 1808, et dont le tarif de 1807 ne s'était pas occupé : attendu que de semblables conclusions sont destinées à résumer tous les points du procès, à les décider successivement, en les faisant précéder de motifs spéciaux; qu'elles demandent du temps, de l'attention, une étude réfléchie, une exacte connaissance de la cause; qu'il est juste d'y attacher le droit de 3 fr. 75;... faisant droit sur l'opposition à la taxe dont il s'agit, dit et déclare que... le droit de 3 fr. 75, pour les conclusions déposées, sera rétabli sur l'état de frais » (Bordeaux, 4e ch., 25 août 1854, aff. Thomeret *C.* Mesnard); — 2° Qu'il en est de même du droit de port de pièces et de correspondance : — « La cour;... en ce qui touche les frais de port de pièces et de correspondance : attendu qu'il est naturel d'étendre aux matières sommaires l'art. 145 du tarif, parce qu'à l'appui de l'allocation réglée pour cet objet, se présentent les mêmes considérations que celles invoquées dans les matières ordinaires; qu'un chiffre fixe et en bloc a été adopté précisément à cause de la difficulté qu'il y aurait à constater chaque déboursé de cette espèce, et des inconvénients qui pourraient se produire, si un détail sur une telle nature de dépense était exigé; faisant droit sur l'opposition à la taxe dont il s'agit, dit et déclare... que les frais de port de pièces et de correspondance seront rétablis sur l'état de frais, etc. » (arrêt précité de la cour de Bordeaux du 25 août 1854, aff. Thomeret. — Conf., pour les matières sommaires, en général, Bordeaux, 2e ch., 16 janv. 1855, aff. Tallon *C.* Salmon; 19 juin 1855, aff. Dauphin *C.* Soubiran; 22 janv. 1857, aff. Bernard *C.* Marchand, Journ. des av., t. 82, p. 121, art. 2601. — *Contrà*, Nîmes, 25 juill. 1855, aff. Bechetoile, D. P. 55. 2. 73). — Sur cette question controversée, V. Frais et dépens, n° 179, et la note sur l'arrêt de la cour de Nîmes.

1001. Mais il a été jugé que l'avoué, qui a occupé, dans une instance d'ordre, instruite et jugée comme sommaire, pour plusieurs parties ayant le même intérêt quant au point contesté, ne peut réclamer qu'un seul droit d'obtention de jugement, encore bien que ces parties aient des titres de créance distincts (Nîmes, 25 juill. 1855, aff. Bechetoile, D. P. 55. 2. 73). — Dans nos observations sur cet arrêt, nous avons adhéré à cette solution pour la matière spéciale de l'ordre, où la loi veut la plus stricte économie. Et, généralisant la décision, nous avons dit qu'on devrait l'appliquer dans tous les cas où le même avoué représente, soit des cosociétaires ou des cohéritiers, procédant du chef de la société ou du chef de leur auteur, bien que, par l'effet de la liquidation de la société ou du partage, les droits de chacun soient parfaitement distincts; — soit plusieurs parties qui, quoique n'ayant entre elles aucun lien commun, mais procédant dans un même intérêt, ont simultanément constitué le même avoué, dans un but d'économie.

1002. Quelque sommaire que doive être la procédure d'ordre, il est incontestable qu'elle n'exclut pas les plaidoiries. Seulement, l'art. 67 du tarif, spécial aux matières sommaires, déclare « qu'il ne sera alloué aucun honoraire aux avocats dans ces sortes de cause. » — Il a été jugé, en effet, que de ce qu'en appel, en matière d'ordre, il ne doit être signifié que des conclusions motivées, il ne suit pas que les parties ne puissent se faire défendre par des avocats (Rennes, 28 déc. 1849, aff. veuve Herpe, D. P. 53. 5. 335, n° 3).

1003. L'affaire, en appel, doit-elle, comme en première instance, être jugée sur rapport? Non, puisque la loi ne l'ordonne pas, et qu'elle n'exige, art. 764, que les conclusions du ministère public. « En appel, dit Pigeau, Comm., t. 2, sur l'art. 765, note 3, l'arrêt n'a pas lieu sur rapport; on suit la forme ordinaire de la procédure. La raison en est simple. Le rapport a lieu en première instance, à cause de la multitude des difficultés qui sont, en général, à régler; mais, en appel, toutes les difficultés de détail sont élaguées; il ne reste plus à statuer que sur des questions principales bien précises; l'instruction par écrit et le rapport sont inutiles » (Conf. MM. Chauveau, sur Carré, quest. 2597 *bis*, et Proc. de l'ordre, quest. 2595; Rodière, t. 3, p. 226; Colmet-Daage, t. 2, n° 1032, 8e éd.; Bressolles, Explic., etc., n° 48; Bioche, v° Ordre, n° 618; Seligman, n° 473; Encyclop. des huissiers, v° Ordre, n° 223; Ollivier et Mourlon, n° 409; Flandin, Tr. de l'ordre, inédit).

1004. Pigeau ajoutait : « Je ne pense pas même que les conclusions du ministère public soient exigées, à peine de requête civile... » (Conf. M. Chauveau sur Carré, quest. 2581-5°). — Et il avait été jugé, conformément à cette opinion, sous l'ancien code, que l'art. 762 c. pr. civ., d'après lequel le jugement, en matière d'ordre, doit être rendu sur les conclusions du ministère public, n'est applicable qu'à la procédure de première instance; que la communication au ministère public, exigée par cet article, n'est pas nécessaire en appel : — « La cour; ... attendu, sur le second moyen, que de la combinaison de l'art. 762 c. pr., qui veut que le jugement, en matière d'ordre, soit rendu sur le rapport du juge-commissaire et les conclusions du ministère public, avec les art. 763, 764, 765 et 766 du même code, qui tracent la marche de la procédure d'appel en

(1) (Lecène C. Perrin.) — LA COUR; — Statuant sur l'opposition formée par Lecène à l'exécutoire de dépens délivré contre lui au profit de Me Perrin; — En ce qui touche les conclusions motivées en vingt-deux rôles alloués par la taxe, art. 10 de l'état de frais : — Considérant que, si de la combinaison des art. 761, 762 et 766 c. pr. civ., il résulte, avec évidence, que les frais d'appel doivent, en matière d'ordre, être taxés comme en matière sommaire, l'art. 765 du même code contient une exception à ce prescrit de la loi, en autorisant les intimés à signifier des conclusions motivées;

Considérant, d'une part, que le texte de cet article ne s'oppose pas à ce que les conclusions motivées soient grossoyées; d'autre part, que le droit, pour l'intimé, de les signifier implique, pour son avoué, le droit à un émolument, à raison de leur rédaction, sauf la proportion à observer entre le chiffre de cet émolument et l'importance des contestations et des intérêts en litige; — Considérant que la loi du 21 mai 1858 ne déroge en rien aux principes ci-dessus énoncés; qu'ils sont, au contraire, confirmés par les art. 761 et 765 de ladite loi; — Considérant qu'en fait, et dans l'espèce, la proportion entre l'émolument et l'importance du litige n'a pas été méconnue;... — Déclare Lacène mal fondé dans son opposition audit exécutoire, et le condamne aux dépens.

Du 1er juill. 1859.-C. de Paris, 3e ch.

cette matière, il résulte que ce n'est que pour la procédure de première instance que la communication au ministère public est exigée; rejette » (Rej. 15 fév. 1836, MM. Dunoyer, f. f. de pr., Rupérou, rap., Laplagne-Barris, 1er av. gén., c. conf., Lacoste et Pict, av., aff. Grimaud *C.* hér. d'Augerans). — Mais le sentiment de Pigeau, que nous avions suivi dans notre première édition, v° Ordre et distrib., t. 10, p. 844, n° 17, était contredit par MM. Lepage, p. 525, 6e quest., et Persil, Quest. hyp., t. 2, p. 432, § 10; et c'est cette dernière opinion qu'a consacrée la nouvelle loi (c. pr. 764).

1005. L'art. 764 porte : « L'arrêt contient liquidation des frais. » C'est une conséquence de ce que la procédure d'ordre est sommaire (c. pr. 543, V. *suprà*, n° 994).—Il a toutefois été jugé : 1° qu'il n'y a pas nullité de l'arrêt qui ne contient pas cette liquidation (Rej. 6 juin 1820, aff. Douceur, v° Priv. et hyp., n° 1632-2°; Conf. MM. Chauveau, Proc. de l'ordre, quest. 2595 *bis*; Rodière, t. 3, p. 227; Bioche, v° Ordre, n° 622, 3e éd., 5e tirage; Pont sur Seligman, n° 474, à la note; Flandin, Tr. de l'ordre, inédit. — *Contrà*, M. Seligman, n° 474); — 2° Que, lorsqu'un arrêt, rendu sur contredits, en matière d'ordre, ne contient pas la liquidation des dépens, les frais de l'exécutoire, rendu nécessaire par les contestations élevées par la partie sur la taxe, doivent être mis à sa charge : — « La cour; en ce qui touche la contestation de Lecène relative à la liquidation des dépens : considérant qu'à la vérité, cette liquidation aurait dû, aux termes de l'art. 764 de la loi du 21 mai 1858, être faite par l'arrêt rendu contre Lecène; mais que les difficultés élevées par lui sur la taxe, et, par suite, son refus d'en payer le montant, ont mis Me Perrin dans la nécessité d'en obtenir exécutoire; — Déclare ledit Lecène mal fondé dans les divers chefs de son opposition au dit exécutoire et le condamne aux dépens » (Paris, 3e ch., ch. du conseil, 1er juill. 1859, aff. Lecène *C.* Perrin. V. encore *suprà*, n° 48).

1006. Il a été jugé, au contraire, mais sous l'ancien code, que les dépens, faits sur l'appel d'un jugement d'ordre, ne doivent pas être liquidés comme en matière sommaire : — « La cour; attendu que l'appel d'un jugement d'ordre est une affaire ordinaire et non sommaire; fait mainlevée de l'opposition formée par Giraud à l'exécutoire du 25 novembre dernier; ordonne qu'il sera exécuté selon sa forme et teneur » (Paris, 13 déc. 1809, aff. Giraud *C.* Fleury.—Conf. Lyon, 19 mai 1826, aff. Corant, V. Mat. sommaires, n° 45-1°).

Art. 8. — *De la signification de l'arrêt et du pourvoi en cassation.*

1007. Une question, fort agitée avant la nouvelle loi, était celle de savoir si les arrêts rendus par défaut, en matière d'ordre, sont susceptibles d'opposition. On décidait, généralement, l'affirmative (V. *suprà*, nos 818 et 819).— Mais la question a été tranchée, en sens contraire, par l'art. 764. « .... Il n'y a point d'excuse, dit l'exposé des motifs, pour celui qui fait défaut en pareille matière. On doit toujours être prêt; et, d'ailleurs, trop de ménagements pour les ruses employées par les plaideurs est un oubli du respect dû à la position malheureuse de la masse des créanciers et à celle du débiteur, dont les ressources se dissipent par les intérêts et les dépens. Il faut surtout, après avoir abrégé les délais, diminuer la charge des frais. L'arrêt sera donc signifié dans la quinzaine; il ne sera signifié qu'à avoué; on ne pourra former opposition... » (D. P. 58. 4. 44, n° 30).

1008. Le recours en cassation contre les arrêts rendus en matière d'ordre est autorisé, dans les termes ordinaires. Il doit être formé dans le délai de *deux mois* (L. 2 juin 1862, art. 1), à partir de la signification de l'arrêt, signification qui doit être faite *à avoué seulement* (c. pr. 764). — Cette signification, porte l'article, doit avoir lieu *dans les quinze jours de sa date.* « Le greffier de la cour, est-il dit dans le rapport de M. Riché, ne pourra différer l'expédition, sous prétexte qu'il a *vingt jours* pour faire enregistrer l'arrêt... » (D. P. 58. 4. 49, n° 89). Mais cette disposition, comme celle de l'art. 762, d'après laquelle le jugement (rendu sur les contredits) doit aussi être signifié dans les *trente jours* de sa date, n'a d'autre sanction que la vigilance des magistrats sous l'autorité desquels l'art. 749 a placé le juge-commissaire (V. *suprà*, n° 857.—Conf. MM. Ollivier et Mourlon, n° 410; Bioche, v° Ordre, n° 627, 3e éd., 5e tirage; Grosse et Rameau, t. 2, n° 426; Colmet-Daage, n° 1032, *in fine;* Flandin, Tr. de l'ordre, inédit).

1009. Il est évident que la disposition de l'art. 764, qui fait courir le délai du pourvoi en cassation du jour de la signification à avoué, s'applique aux *jugements* rendus en dernier ressort comme aux arrêts : nous n'en aurions pas fait l'observation, si cette proposition, par le soin qu'a pris la cour de cassation de l'établir dans un de ses arrêts, ne paraissait avoir été contestée.— Il a été jugé, en effet, que l'art. 764 de la loi du 21 mars 1858, d'après lequel la signification à avoué des *arrêts* rendus en matière d'ordre fait courir le délai du pourvoi en cassation, s'applique aux *jugements* en dernier ressort (Rej. 31 mars 1862, aff. veuve Reboulcau, D. P. 62. 1. 218).

1010. Il a été jugé : 1° qu'en matière d'ordre, l'avoué qui a occupé, sur les contredits, pour plusieurs créanciers ayant des intérêts distincts et présentant même une certaine contrariété, n'est pas tenu, à moins de mandat exprès de ses clients, de signifier l'arrêt, pour faire courir le délai du pourvoi en cassation, par un seul acte, à la requête de ces créanciers collectivement; qu'il peut faire cette signification par actes séparés, à la requête de chacun desdits créanciers (Orléans, 19 juin 1855, aff. Debrinay, D. P. 56. 2. 122); — 2° Mais que l'avoué, qui, en pareil cas, a occupé pour un débiteur et ses cautions solidaires, ne doit signifier l'arrêt que par un seul acte, à la requête, soit du débiteur seul, soit du débiteur et de ses cautions collectivement (même arrêt).

1011. Une difficulté plus sérieuse est de savoir s'il faut appliquer au pourvoi en cassation le principe que consacre l'art. 762 pour l'appel, en matière d'ordre; en d'autres termes, si la signification de l'arrêt, faite par une partie aux avoués de toutes les parties en cause, fait courir le délai du pourvoi contre elle-même et contre toutes les autres parties, *les unes à l'égard des autres?*—L'affirmative a été jugée par la cour de cassation, par le motif que l'art. 764 doit être entendu dans le même sens que l'art. 762; qu'il a été inspiré par la même pensée d'abréviation et d'économie (arrêt précité du 31 mars 1862). — Mais le contraire avait été implicitement décidé, sous l'ancien code, par deux arrêts, l'un de la cour d'Amiens et l'autre de la cour d'Orléans.—Il s'agissait, dans les deux espèces, d'une question de frais : dans la première, d'une contre-signification de l'arrêt faite à personne ou domicile; dans la seconde, d'une contre-signification de l'arrêt faite à avoué. — Dans l'une et l'autre, on prétendait que les frais de cette contre-signification étaient frustratoires et ne devaient pas être alloués en taxe, par le motif qu'en matière d'ordre, il y a une procédure toute spéciale; que la partie la plus diligente, qui signifie un jugement ou un arrêt, fait courir les délais, tant de l'appel que de cassation, contre toutes les parties; qu'une partie peut aussi se forclore elle-même, ainsi que la cour de cassation l'a jugé par arrêt du 13 nov. 1821, aff. Schwœrer (V. *suprà*, n° 867-4°). Mais les frais ont été alloués par le motif que la contre-signification avait été nécessaire pour faire courir le délai du pourvoi en cassation (Amiens, 5 fév. 1825 (1); Orléans, 19 juin 1855, aff. Jullienne, D. P. 56. 2. 120). — Il est vrai que l'ancien art. 763 c. pr., auquel correspond le nouvel art. 762, ne contenait pas la

(1) (Pierrot C. Puille.) — La cour; — Attendu que les articles du code de procédure civile, sur lesquels Pierrot et sa femme fondent l'opposition qu'ils ont formée à l'exécutoire dont est question, ne sont applicables qu'aux jugements de première instance, et non aux arrêts; — Vu, d'ailleurs, qu'aux termes de l'art. 14 L. 1er déc. 1790, en toute matière civile, le délai, pour se pourvoir en cassation, est de trois mois, à partir du jour de la signification à personne ou à domicile; — Que, conséquemment, la signification de l'arrêt leur devenait indispensable pour faire courir le temps du pourvoi en cassation, s'il plaisait aux sieur et dame Pierrot d'y recourir; — Déboute lesdits époux Pierrot de l'opposition par eux formée, le 24 déc. dernier, à l'exécutoire de dépens du 21 même mois, maintient ledit exécutoire en sa forme et teneur; — Et les condamne aux dépens de l'incident, etc.

Du 5 fév. 1825.-C. d'Amiens, ch. civ.

disposition ajoutée par la loi du 21 mai 1858 à ce dernier article : « La signification à avoué (du jugement qui a statué sur les contredits) fait courir le délai d'appel contre toutes les parties *à l'égard les unes des autres.* » —Et, d'autre part, ne se trouvait pas, non plus, dans l'ancien code, la disposition qui se lit aujourd'hui dans l'art. 764 : « Il (l'arrêt) est signifié, dans les quinze jours de sa date, *à avoué seulement...* : *la signification à avoué* fait courir les délais du pourvoi en cassation ; » en sorte qu'aujourd'hui la signification de l'arrêt à partie n'est plus nécessaire pour faire courir le délai du pourvoi en cassation, et que s'évanouit ainsi le principal argument des arrêts précités (Conf. MM. Chauveau, Proc. de l'ordre, quest. 2595-5°; Flandin, Tr. de l'ordre, inédit).

1012. L'arrêt précité de la cour d'Orléans décidait encore : 1° qu'en tout cas, les incertitudes de la jurisprudence sur la question de savoir si la signification de l'arrêt à domicile, pour faire courir le délai du pourvoi en cassation, doit être précédée d'une signification à avoué, suffisaient pour autoriser ces contre-significations et les faire admettre en taxe (même arrêt; sur cette question, envisagée d'un point de vue général, V. v° Appel civil, n°s 995 et suiv., et D. P. 55. 2. 353, note 4, l'annotation sur un arrêt de la cour de Bordeaux, du 30 juill. 1853, aff. Maucœur et Augier, où sont cités les autorités et les précédents, dans un sens et dans l'autre);— 2° Qu'en admettant que le saisi soit partie nécessaire dans tous les incidents de la poursuite d'ordre, et qu'il doive toujours être intimé sur l'appel des jugements rendus en cette matière, même au cas où la contestation n'a pour objet qu'une question de priorité ou de préférence, qui ne peut affecter son intérêt (sur ce point, V. *suprà*, n°s 950 et s.), il suffit, lorsqu'il n'a pris aucune part au débat, que l'arrêt soit porté à sa connaissance par la première signification qui lui en est faite à la requête de la partie la plus diligente ; que, par suite, les contre-significations qui lui seraient faites de cet arrêt par les autres parties doivent être rejetées de la taxe comme frustratoires (même arrêt).

1013. Il a été jugé, au contraire, avec plus de raison, selon nous (depuis la loi du 21 mai 1858), que la contre-signification à avoué n'est pas nécessaire ; et, spécialement, que la signification, faite par une partie, dans les termes de l'art. 764 c. pr., d'un arrêt rendu en matière d'ordre, fait courir contre elle-même le délai du pourvoi en cassation contre cet arrêt (Rej. 31 mars 1862, aff. veuve Rebouleau, D. P. 62. 1. 218).

1014. Ainsi que nous l'avons dit *suprà*, n° 909, pour l'appel, si l'avoué constitué en appel était décédé ou avait cessé ses fonctions depuis l'arrêt, mais avant sa signification, il faudrait, pour faire courir le délai du pourvoi en cassation, remplacer la signification à avoué par une signification à personne ou domicile (Conf. MM. Seligman, n° 476; Flandin, Tr. de l'ordre, inédit).

1015. Il a été jugé que, pour la validité d'un pourvoi en cassation, en matière d'ordre, il suffit d'une seule consignation d'amende, lorsque les demandeurs figuraient dans l'ordre, non comme simples créanciers individuels, mais comme s'étant réunis pour défendre leurs intérêts en commun et par le ministère d'un seul et même avoué (Cass. 27 fév. 1815, aff. Gihoul, v° Cassation, n° 630).

1016. Il a encore été jugé que, dans le cas où un arrêt a ordonné la collocation d'un créancier sur le prix à distribuer, pour toute sa créance, d'autres créanciers sont sans intérêt, et partant sans droit, à demander la cassation de cet arrêt, sous le prétexte que partie de la créance est éteinte par la prescription, alors, d'ailleurs, que la partie non éteinte absorbe, et au delà, la totalité du prix à distribuer (Req. 14 nov. 1826, aff. Ferrette, v° Emigré, n° 240).

1017. L'art. 472 c. pr. dispose que, « si le jugement est infirmé, l'exécution entre les mêmes parties appartiendra à la cour impériale qui aura prononcé, ou à un autre tribunal qu'elle aura indiqué par le même arrêt, *sauf les cas... dans lesquels la loi attribue juridiction.* » Les matières d'ordre sont évidemment dans l'exception, puisque, d'après l'art. 765, c'est le juge-commissaire qui, après décision souveraine intervenue sur les contestations, « arrête définitivement l'ordre des créances contestées et des créances postérieures »(Conf. MM. Chauveau sur Carré, quest. 2597-4°, et Proc. de l'ordre, quest. 2595 *ter*; Bioche, v° Ordre, n° 625, 3e éd., 5e tirage; Flandin, Tr. de l'ordre, inédit).—Il a été jugé ainsi : 1° que, lorsque des difficultés s'élèvent sur l'exécution d'un arrêt infirmatif d'un jugement rendu en matière d'ordre, c'est au tribunal saisi à en connaître; que ce tribunal ne doit point renvoyer la contestation devant la cour qui a rendu l'arrêt, dont l'incompétence, en pareil cas d'exception, résulte de l'art. 767 c. pr. (Bourges, 22 nov. 1815) (1); — 2° Que, lorsque la contestation ne porte que sur la régularité des productions, quant à la forme, la cour, qui infirme sur l'appel, doit renvoyer au tribunal pour régler l'ordre (Rouen, 30 déc. 1814, aff. Dupuis *C.* N...).

SECT. 11. — *De la clôture de l'ordre et du règlement définitif.*

1018. Après l'expiration du délai accordé aux créanciers produisants et à la partie saisie pour contredire le règlement provisoire, et, dans les *quinze jours* qui suivent l'expiration de ce délai, s'il ne s'est élevé aucune contestation, le juge-commissaire, porte l'art. 759, fera la clôture de l'ordre et procédera au règlement définitif.— Ce délai de *quinzaine* n'implique pas que le règlement définitif doive nécessairement être terminé dans ce délai : cela serait souvent impossible, à raison des difficultés que l'ordre peut présenter; mais le législateur a voulu, par cette prescription, que l'ordre ne restât pas indéfiniment suspendu; et le juge-commissaire, le délai expiré, aurait à rendre compte à ses supérieurs, conformément à l'art. 749, des motifs qui ont empêché la mise à fin des opérations dans le terme fixé (Conf. MM. Chauveau, Proc. de l'ordre, n° 512-4°; Grosse et Rameau, t. 2, n° 587; Bressolles, n° 62; Seligman, n° 380; Flandin, Tr. de l'ordre, inédit).— Par exemple, il a été jugé que le créancier, inscrit sur la part indivise que son débiteur possède dans une succession, ne pouvant être colloqué, suivant son rang d'hypothèque, dans l'ordre ouvert pour la distribution du prix de la vente des immeubles de cette succession, que tout autant qu'il y a eu préalablement un acte de partage pour déterminer les droits du cohéritier débiteur, la clôture définitive de l'ordre doit, dans ce cas, être suspendue jusqu'à la confection du partage (Aix, 23 janv. 1835, aff. Gueymar, v° Succession, n° 2092). — M. Bressolles, n° 54, dit cependant que « ce délai est fixé comme *maximum*, et que le juge fera toujours mieux en faisant plus tôt; » mais cette opinion, au fond, ne diffère pas de la précédente, puisque l'auteur ne donne, comme nous, d'autre sanction à la disposition de l'art. 759 que « l'obligation morale et disciplinaire des comptes que le juge doit rendre de l'état des ordres qui lui sont confiés, art. 749. »

(1) Tixier-Prault C. Marchais.) — LA COUR; — Considérant que, par arrêt contradictoirement rendu, le 18 juin 1814, entre les syndics de la faillite Tixier-Prault, sa veuve et l'avoué du plus ancien des créanciers, la cour, en infirmant un jugement d'ordre du tribunal civil d'Issoudun, en date du 1er fév. précédent, a ordonné que les revenus des immeubles dudit Tixier, depuis l'ouverture de sa faillite jusqu'à la vente, mobiliers de leur nature, feraient partie de la masse mobilière, pour être distribués, comme tels, entre tous les créanciers;—Que, par cet arrêt, la cour a consommé ses pouvoirs; qu'à la vérité, l'art. 472 c. pr. dispose qu'en cas d'infirmation d'un jugement, l'exécution entre les mêmes parties appartiendra à la cour d'appel qui aura prononcé; mais qu'il en excepte les cas dans lesquels la loi attribue juridiction, tels qu'en matière d'expropriation forcée et d'ordre; — Que l'art. 767 du même code ne laisse aucun doute à cet égard, puisqu'il trace la marche à suivre, quinzaine après la signification de l'arrêt; — Que ce n'était point en la cour que devait être portée la contestation élevée, depuis, entre lesdits syndics et la dame Marchais et Domont-Mahon, opposants en sous-ordre sur la veuve Tixier-Prault, mais bien devant le tribunal civil d'Issoudun auquel la loi attribuait juridiction; — Qu'elle lui a effectivement été déférée; mais que, par jugement du 22 mai dernier, ce tribunal est déclaré incompétent, et a renvoyé la contestation devant les juges qui devaient en connaître; — Que, n'existant point d'appel de ce jugement, la cour n'a rien à statuer, et que, n'étant point et ne pouvant être saisie, par un renvoi illégal, de cette contestation, elle ne peut que proclamer son incompétence; — La cour se déclare incompétente, et condamne les syndics aux dépens, qu'ils pourront employer en frais de syndicat.

Du 22 nov. 1815.-C. de Bourges.

1019. Le juge rend spontanément, et sans avoir besoin d'en être requis par l'avoué poursuivant, son ordonnance de clôture. Le tarif (art. 130 et suiv.) ne contient, en effet, aucune disposition relative à cet objet (Conf. MM. Delaporte, t. 2, p. 240; Carré et Chauveau, quest. 2178; Carré, de la Taxe en matière civile, n° 507; Thomine, n° 734; Bioche et Goujet, Dict. de proc., v° Distrib. par contrib., n° 60). — Ces derniers auteurs, cependant, constatent que « le règlement provisoire ou définitif est souvent précédé d'un dire par lequel l'avoué poursuivant rappelle les formalités qui ont été remplies, et requiert qu'attendu que les délais prescrits par la loi sont expirés, il soit passé outre au règlement. » — La plupart des auteurs, en effet, qui ont donné des formules pour les divers actes de la procédure, y font mention, pour le cas dont il s'agit, de la réquisition de l'avoué (V. MM. Pigeau, Proc. civ., t. 2, p. 188 et 289, 4e éd.; Demiau, p. 466; Lepage, Pratic. franç., et Delaporte lui-même). — Mais, si cette réquisition est usitée dans la pratique, cela n'empêche pas, quoi qu'en dise M. Bédarride, avoué du tribunal d'Aix, qui a traité la question *ex professo*, dans un opuscule dont la conclusion est que, « sans requête, sans conclusions, » il ne peut y avoir « ni ordonnances, ni jugement, » cela n'empêche pas, disons-nous, que le juge ne puisse procéder, d'office, aussitôt les délais expirés, à la confection de l'état de collocation provisoire ou définitif. Tel est aussi l'avis de M. Flandin, Tr. de l'ordre, inédit. « En matière d'ordre, dit-il, tout ce qui est célérité et économie est dans l'esprit de la loi, et particulièrement de la loi du 21 mai 1858. »

1020. Il a été jugé, dans ce sens : 1° qu'après l'expiration des délais énoncés aux art. 755 et 756, le juge-commissaire peut faire la clôture de l'ordre de son propre mouvement (Rennes, 11 janv. 1813, aff. Desnanots, *suprà*, n° 679); — 2° Que le droit de faire prononcer la clôture de l'ordre n'appartient pas exclusivement au créancier poursuivant; que tout créancier a ce droit, après l'expiration des délais, s'il ne s'élève aucune contestation, sans être obligé de se faire subroger au créancier poursuivant qui a été rejeté de l'ordre; qu'il appartient même au juge-commissaire, en l'absence de toute réquisition, d'y procéder d'office; qu'en conséquence, aucune fin de non-recevoir ne peut être tirée, contre l'appel interjeté par le poursuivant de l'ordonnance de clôture de l'ordre, de ce que cette clôture n'aurait pas été requise par l'avoué de ce dernier (Bordeaux, 13 août 1834) (1).

1021. Mais il a été jugé que l'ordre ne peut être clos avant l'expiration du délai d'un mois accordé aux créanciers produisants pour contredire l'acte de collocation provisoire, même avec le consentement de ces derniers, et que la clôture prématurée est nulle vis-à-vis des créanciers en retard, le délai d'un mois étant dans leur intérêt non moins que dans celui des produisants (Paris, 21 mai 1835, aff. Robin-Grandin, *suprà*, n° 381). — Aujourd'hui on ne pourrait plus décider de même, à cause de l'abrogation de l'ancien art. 757 et de la déchéance prononcée par l'art. 755 contre tout créancier qui n'a pas produit dans le délai. « L'accord des parties à l'ordre, dit également M. Chauveau, Proc. de l'ordre, quest. 2575 *ter*, prévenant toute contestation, les créanciers déchus seraient sans droit ni qualité pour critiquer les arrangements qui auraient été adoptés, sauf à eux à prendre telles mesures qu'il appartiendrait pour empêcher le saisi de toucher, à leur détriment, une quote-part du prix, et sauf aussi les droits des créanciers omis » (V. *suprà*, n° 445. — Conf MM. Grosse et Rameau, t. 2, n° 368; Ollivier et Mourlon, n° 370; Bioche, v° Ordre, n° 636, 3e éd., 5e tirage; Seligman, n° 382).

1022. D'après M. Seligman, n° 381, dès qu'une contestation est soulevée avant la clôture de l'ordre, *même postérieurement à l'expiration des trente jours accordés pour contredire*, le juge-commissaire ne peut passer outre, parce que, dit l'auteur, en présence d'une difficulté soulevée, et que le tribunal a seul le droit de résoudre, le juge doit s'arrêter. Aussi, ajoute M. Seligman, ne doit-il pas constater sur le procès-verbal d'ordre la forclusion des créanciers faute de contredire, comme l'art. 755 le prescrit pour la déchéance résultant du défaut de production dans le délai de quarante jours. — Nous ne pouvons admettre cette opinion que ne condamne pas moins, à notre avis, le texte que l'esprit de la loi. L'art. 756 dit, en effet, que « faute, par les créanciers produisants et la partie saisie, de prendre communication de l'état de collocation et de contredire dans ledit délai (de trente jours), ils demeurent forclos, *sans nouvelle sommation ni jugement...* » Le juge ne saurait donc être arrêté par un dire de contestation formé après les trente jours; la forclusion est encourue, et elle l'est de *plein droit*, c'est la loi elle-même qui le dit, par la seule expiration du délai sans contestation : autrement, ce serait un moyen trop commode, pour le créancier non colloqué, de tenir l'ordre en suspens (Conf. M. Flandin, Tr. de l'ordre, inédit).

1023. L'ordonnance de clôture est mise à la suite du procès-verbal d'ordre. Elle est datée et doit être signée par le juge et par le greffier (Conf. MM. Bioche, v° Ordre, n° 659, 3e éd., 5e tirage; Houyvet, n° 312; Seligman, n° 383; Flandin, Tr. de l'ordre, inédit; V., dans le même sens, Bourges, 24 janv. 1838, aff. Augier la Chaume, *suprà*, n° 416-4°; V. aussi *infrà*, n° 1096-6°, l'arrêt de la ch. des req. du 10 janv. 1848, aff. Georgel). — Il a, toutefois, été jugé que la signature, par le greffier, de l'ordonnance de clôture de l'ordre dressé par le juge-commissaire, n'est pas exigée, à peine de nullité; que le vœu de la loi est suffisamment rempli, lorsque cette ordonnance constate l'assistance du greffier; et que, par suite, le bordereau de collocation, délivré par le greffier, sur une telle ordonnance, est valable (Toulouse, 19 avr. 1839) (2).

---

(1) Crouzit C. Dumontet.) — LA COUR; ... — Attendu, sur le moyen tiré de ce que la clôture de l'ordre n'aurait pas été requise par l'avoué du créancier poursuivant, qu'aucune disposition de la loi n'attribue exclusivement au créancier poursuivant le droit d'en faire prononcer la clôture; — Que l'art. 779 invoqué ne reçoit d'application qu'au cas où il s'agit de la poursuite d'ordre; mais qu'après l'expiration des délais, s'il ne s'élève aucune contestation, chaque créancier a le droit de requérir la clôture; — Que le juge-commissaire, en l'absence de toute réquisition, doit même y procéder d'office; — Qu'au surplus, Dumontet ne pouvait pas demander d'être subrogé à Françoise Crouzit, poursuivante, dont les prétentions à être colloquée avaient été écartées par un jugement que le dernier arrêt de la cour a confirmé; .... Sans s'arrêter aux fins de non-recevoir proposées par Dumontet, etc.

Du 13 août 1834.-C. de Bordeaux, 2e ch.-M. Gerbaud, pr.

(2) *Espèce* : — (Mutet C. Ansas.) — 20 août 1838, jugement du tribunal civil de Toulouse, en ces termes : — « Le tribunal; — Attendu, quant à la validité du titre présenté par Me Ansas, qu'aucune disposition de la loi, dans le titre relatif à l'ordre, n'exige que l'ordonnance du juge-commissaire soit signée par le greffier; — Attendu, dès lors, que c'est l'application de l'art. 1040 c. pr. qu'il faut faire à la cause; — Attendu que cet article exige seulement que le juge, dans les actes et procès-verbaux qu'il dresse, soit assisté du greffier, pour qu'il en garde les minutes et en délivre les expéditions; — Que si, pour prouver que cette formalité a été remplie, il est régulier que la signature du greffier le constate, cette signature n'est point indispensable et exigée, à peine de nullité, puisqu'il n'est pas même dit, dans cet article, qu'il le signera; — Attendu que si, par opposition, l'art. 138 c. pr. contient une disposition différente, et exige que les jugements soient signés par le greffier, c'est qu'il doit non-seulement en garder les minutes et en délivrer les expéditions, mais encore, comme les jugements appartiennent à tout le tribunal, il doit constater, par sa signature, qu'ils ont été rédigés tels qu'ils ont été prononcés; — Attendu que le défaut de signature, soit du président, soit du greffier, n'est pas même, dans un jugement ou arrêt, d'une nullité absolue et radicale, puisque, d'après les dispositions des art. 37, 38 et 73 du décr. du 30 mars 1808, cette omission peut être suppléée, même longtemps après qu'elle a eu lieu; il doit en être de même, à plus forte raison, de l'ordonnance d'un juge, à laquelle la signature du greffier n'ajoute aucune force, et qui, dans les cas qui requièrent célérité, n'est pas nécessaire; — Attendu, en point de fait, qu'il résulte de l'ordonnance de clôture d'ordre dressé par M. le juge-commissaire, qu'elle a été faite et arrêtée au greffe, et qu'elle a été mise sur le répertoire à sa date; qu'une expédition du bordereau, signée du greffier, a été délivrée; ce qui constate suffisamment que le vœu de la loi a été accompli, et que M. le juge-commissaire a été assisté par le greffier, qui a gardé la minute de son ordonnance; — Attendu, par tous ces motifs, que le bordereau délivré à Me Ansas est valable, etc. » — Mutet interjette appel de ce jugement. — Arrêt.

LA COUR; ... — Sur le moyen pris de ce que l'ordonnance de clôture d'ordre n'aurait pas été signée par le greffier : — Adoptant les motifs des premiers juges, confirme.

Du 19 avr. 1839.-C. de Toulouse, 3e ch.-M. Dejean, f. f. pr.

1024. De même que le juge-commissaire a visé tous les actes antérieurs au règlement provisoire, il vise tous les actes postérieurs, en faisant mention, selon les cas, des dires de contestation, de l'acquiescement, du désistement des parties, du jugement, de l'arrêt, de la signification du jugement ou de l'arrêt, de façon qu'il apparaisse clairement que les délais sont expirés (Conf. M. Bioche, v° Ordre, n° 637, 3e éd., 5e tirage).

1025. S'il est élevé des contestations, le juge, ainsi que nous l'avons dit *suprà*, n° 766, ne peut statuer lui-même sur ces contestations; il renvoie les contestants à l'audience; et, « néanmoins, dit l'art. 758, il arrête l'ordre et ordonne la délivrance des bordereaux de collocation pour les créances antérieures à celles contestées... »—L'ancien art. 758 ajoutait que les créanciers antérieurs, ainsi colloqués, *ne seraient tenus à aucun rapport à l'égard de ceux qui produiraient postérieurement*; disposition devenue inutile par la suppression de l'art. 757, qui permettait aux créanciers retardataires de produire jusqu'à la clôture de l'ordre, à la condition de supporter, sans répétition, les frais de leur production tardive et de sa dénonciation aux autres créanciers.

1026. En même temps que le juge arrête l'ordre pour les créances antérieures à celles contestées, « il peut même, dit l'art. 758, arrêter l'ordre pour les créances postérieures, en réservant somme suffisante pour désintéresser les créanciers contestés. » Cette disposition n'existait pas dans l'ancien texte. — Il avait néanmoins été jugé, dans le même sens, avant la loi du 21 mai 1858, que le juge-commissaire peut, en renvoyant à l'audience les contestations élevées sur la quotité d'une créance colloquée, clore définitivement l'ordre, non seulement pour les créances antérieures, mais encore pour celles postérieures à la créance dont la quotité est contestée, alors qu'il laisse intacte, dans les mains de l'acquéreur, une somme suffisante pour faire face à la créance dont le quantum est contesté : — « La cour (par adoption des motifs d'un précédent arrêt par défaut); considérant que l'exception proposée par Sestier, et tirée de ce que le juge-commissaire n'aurait pas dû allouer des créances postérieures à celles de Virieu, est évidemment sans intérêt, puisque la somme de 8,000 fr. est plus que suffisante pour faire face à la créance dont il s'agit; que l'art. 758 ne dispose que pour le cas où le juge-commissaire, en allouant les créances postérieures à la créance contestée, compromettrait le payement de cette créance, en ne laissant pas intacte une somme suffisante pour y faire face, suivant l'événement; confirme » (Grenoble, 1re ch., 11 déc. 1832, M. Fornier, pr., aff. Sestier C. Murinais et autres).

1027. Il convient de faire remarquer la différence d'expressions dont se sert le législateur, quand il parle des créances antérieures à celles contestées et des créances postérieures; la forme est impérative, dans le premier cas : « *Il arrête* l'ordre et *ordonne* la délivrance des bordereaux de collocation pour les créances antérieures à celles contestées; » elle est facultative, dans le second : « *Il peut* même arrêter l'ordre pour les créances postérieures, etc. » La commission du corps législatif aurait voulu que la forme facultative fût adoptée pour les deux hypothèses. « Dans le premier cas, comme dans le second, disait le rapporteur, il n'y aura d'ordre partiel que si un intérêt raisonnable l'exige. Néanmoins, dans la crainte qu'on ne tirât une fausse conclusion du contraste des mots : *il peut arrêter l'ordre*, employés dans le second cas, et des mots : *il arrête l'ordre*, empruntés à l'ancienne loi pour le premier cas, votre commission, avec l'honorable M. Duclos, a proposé de se servir, dans les deux cas, des mêmes expressions facultatives. Le conseil d'Etat s'en est tenu à l'ancien texte du code » (D. P. 58. 4. 49, n° 81).

Nous pensons, comme M. Duvergier, qu'il n'y avait pas lieu de déférer au vœu de la commission. « Il ne saurait y avoir aucun inconvénient, dit-il fort bien sur l'art. 758, note 2, à arrêter l'ordre des créances antérieures, puisque, quelle que soit la décision à intervenir sur les créances contestées, cette décision sera sans effet sur le sort des créances qui les priment. Donc, en ce cas, le juge *doit* arrêter. Lorsqu'il s'agit, au contraire, des créances postérieures, il pourrait être dangereux ou au moins inutile de régler l'ordre; c'est donc une simple faculté qu'il convenait de donner au juge, et l'article dit, avec raison, qu'en ce cas, il *peut* arrêter l'ordre » (Conf. MM. Pont sur Seligman, n° 377, à la note; Flandin, Tr. de l'ordre, inédit. V. aussi circ. du 2 mai 1859, D. P. 59. 3. 25, n° 63).

M. Chauveau, Proc. de l'ordre, quest. 2574, se range, au contraire, à l'avis de la commission. « Il faut admettre, dit-il, qu'en principe, le juge-commissaire *doit* faire un règlement définitif partiel, pour les collocations antérieures à celles contestées, mais qu'il peut se présenter telle circonstance qui rende ce règlement très-difficile, sinon impossible... » (Conf. MM. Grosse et Rameau, t. 2, n° 397; Ollivier et Mourlon, n° 387; Seligman, n° 377; Colmet-Daage, n° 1031, *in fine*, 8e éd.). Mais aucun de ces auteurs n'indique un cas où une telle difficulté puisse se présenter; et, pour notre compte, nous n'en pouvons imaginer aucun.

1028. Si le poursuivant se trouve compris dans une première clôture de l'ordre, il demeure désintéressé dans les contestations sur les créances postérieures; il ne peut plus remplir son rôle de poursuivant : sera-t-il nécessaire de lui subroger une autre partie? La négative est enseignée par M. Lepage en ses Questions, p. 514 et 517, et par MM. Carré et Chauveau, quest. 2574. « En effet, dit M. Carré, il ne reste qu'à prononcer par le tribunal entre les seules parties qui sont en contestation; et, après son jugement, le juge-commissaire n'a plus qu'à faire la dernière clôture de l'ordre; d'où il suit qu'il n'est pas besoin de poursuivant dont le rôle est terminé aussitôt que les délais pour prendre communication et pour contredire sont expirés. » — Mais cette opinion a été abandonnée par M. Chauveau, Proc. de l'ordre, quest. 2574 *bis*. L'art. 767 de la nouvelle loi charge, en effet, l'avoué poursuivant de dénoncer l'ordonnance de clôture de l'ordre ou le règlement définitif aux parties intéressées, afin de les mettre en demeure d'y former opposition, s'il y a lieu; et l'art. 769 de déposer un extrait de cette ordonnance, après qu'elle ne peut plus être attaquée, au bureau des hypothèques, pour faire opérer la radiation des inscriptions des créanciers non colloqués. Le rôle du poursuivant se continue donc après le règlement définitif; et, dans le cas supposé, comme on ne peut le contraindre à rester dans une instance où il n'a plus aucun intérêt, il nous semble qu'il y aurait lieu, par analogie de ce qui est dit en l'art. 776, de lui substituer un autre avoué, qui deviendrait l'avoué poursuivant à sa place.

1029. Il a été jugé que, lorsque la clôture partielle d'un ordre a été prononcée, et des bordereaux de collocation délivrés en conséquence, l'adjudicataire (ou la caisse des consignations) ne peut se refuser à acquitter ces bordereaux, sur le motif, soit que l'adjudicataire, en consignant son prix, avait stipulé qu'aucune portion du prix ne pourrait être payée qu'en justifiant de la mainlevée de toutes les inscriptions grevant l'immeuble vendu, soit que les bordereaux, pour être exécutoires, doivent être appuyés des justifications prescrites par l'art. 548 c. pr. (Caen, 30 mai 1857) (1). — Il est manifeste, dit très-bien

(1) (Caisse des consignations C. Margueritte.)—LA COUR;—Considérant, sur le premier moyen, que Viel, en consignant le prix des biens qu'il avait acquis d'Anselme Marie, avait stipulé qu'aucune portion de ce prix ne pourrait être payée, s'il n'était justifié de la mainlevée des nombreuses inscriptions qui grevaient les biens vendus; — Qu'un état d'ordre ayant été ouvert sur le prix consigné par Viel, il a été rendu, le 22 avr. 1857, par le juge-commissaire, une ordonnance de clôture définitive partielle; que, par suite de cette ordonnance, et après les délais prescrits par la loi, il a été délivré à la demoiselle Margueritte un bordereau de la somme dont elle avait obtenu la collocation; que, suivant l'art. 771 c. pr. civ., le bordereau qui est délivré aux créanciers utilement colloqués est exécutoire contre l'acquéreur; qu'aux termes de l'art. 758, en cas de contestation, le commissaire renverra les contestants à l'audience, et, néanmoins, arrêtera l'ordre pour les créanciers antérieurs à ceux dont les créances sont contestées, et ordonnera la délivrance des bordereaux de collocation de ces créanciers, qui ne seront tenus à aucun rapport à l'égard de ceux qui produiraient postérieurement; — Qu'il résulte des articles de loi précités que l'acquéreur qui, après une ordonnance de clôture définitive partielle de l'ordre, a payé les créanciers auxquels des bordereaux avaient été délivrés, est valablement et définitivement libéré jusqu'à concurrence du montant de ces mêmes bordereaux, et qu'il ne peut plus être inquiété, quant à cette

M. Chauveau sur cet arrêt, Proc. de l'ordre, quest. 2574 *ter.*, que les bordereaux, délivrés à la suite d'un règlement définitif partiel (art. 758), ont la même force exécutoire que les bordereaux délivrés après un règlement définitif total, et qu'il ne saurait dépendre de l'adjudicataire d'imposer des conditions de payement autres que celles qui résultent de la loi et de l'adjudication; — d'un autre côté, que l'art. 548 n'a rien à faire, en pareille matière, l'adjudicataire étant débiteur du prix vis-à-vis des porteurs de bordereaux qui constituent un titre délivré directement contre lui (Conf. trib. civ. de Cahors, 22 juill. 1850, aff. Larnaudie *C.* Pélissié et Bessières, Journ. av., t. 75, p. 592, art. 968. — Sur cette dernière question, V. *infrà*, n° 1208).

1030. Enfin, après qu'il a été statué sur les contestations, « dans les *huit jours* qui suivent l'expiration du délai d'appel (s'il n'y a pas eu d'appel), et, en cas d'appel, dans les *huit jours* de la signification de l'arrêt, le juge arrête définitivement l'ordre des créances contestées et des créances postérieures (765). » — L'ancien art. 767, auquel correspond le nouvel art. 765, s'exprimait d'une manière bien incorrecte, en disant que le juge-commissaire arrête définitivement l'ordre « quinzaine après le jugement des contestations, et, en cas d'appel, quinzaine après la signification de l'arrêt qui y aura statué. » Prenant à la lettre ces expressions : *quinzaine après le jugement des contestations*, des auteurs en avaient conclu que c'était à partir de la *prononciation* du jugement que commençait à courir le délai de quinzaine fixé pour la clôture définitive de l'ordre (Prat. fr., t. 4, p. 468). Mais d'autres faisaient plus justement observer que ces expressions devaient s'entendre de la quinzaine qui suit la *signification* du jugement à avoué, puisque autrement c'eût été paralyser la faculté de l'appel pour lequel l'art. 763 accordait dix jours, *outre le délai des distances*, à partir de cette signification (MM. Delaporte, t. 2, p. 346; Berriat-Saint-Prix, p. 617, note 23; Carré et Chauveau, quest. 2599).—La nouvelle rédaction de l'art. 765 ne permet plus à la question de se reproduire.

1031. Il est bien évident que le juge-commissaire ne peut procéder au règlement définitif avant qu'il ait été statué *souverainement* sur les contestations élevées contre le règlement provisoire. En principe, tout appel est suspensif, à moins que l'exécution provisoire n'ait été ordonnée, *dans les cas où la loi l'autorise* (c. pr. 457); et nous avons vu *suprà*, n° 814, que les jugements, rendus en matière d'ordre, ne sont pas susceptibles de l'exécution provisoire. Mais, indépendamment de cette règle, les dispositions des art. 758, 759 et 765 prouvent manifestement notre proposition (Conf. MM. Carré et Chauveau, quest. 2595; Favard, t. 4, p. 65; Seligman, n° 464; Flandin, Tr. de l'ordre, inédit). — Il a, en conséquence, été jugé qu'en matière d'ordre, l'appel est suspensif; qu'ainsi, l'appel du jugement, qui a rejeté une production comme tardive, ne permet pas au juge-commissaire de procéder à la clôture définitive de l'ordre avant qu'il ait été statué sur ledit appel (Bruxelles, 6 mars 1811) (1). — V. d'autres arrêts dans le même sens, *suprà*, n° 814.

1032. Lorsque la clôture de l'ordre demeure retardée par l'effet des contredits, le juge n'a aucun moyen légal de connaître l'époque à laquelle les contestations ont pris fin, puisque les jugements ou arrêts ne lui sont pas signifiés. La commission du corps législatif avait proposé, pour que les opérations de l'ordre pussent être reprises sans retard, « de charger le greffier de la cour de transmettre sur-le-champ au juge copie, sans frais, du dispositif de l'arrêt. » Mais le conseil d'État n'a pas adopté l'amendement, « réservant, sans doute, dit M. Riché, dans son rapport, cette prescription au pouvoir réglementaire, ainsi que l'obligation, pour l'avoué près la cour, d'avertir le juge de la signification dudit arrêt » (D. P. 58. 4. 49, n° 90). — D'après MM. Grosse et Rameau, t. 2, n°s 429 et 430, l'avoué qui lève et signifie le jugement rendu sur contredit, pour mettre le juge-commissaire en mesure de procéder, dans les délais fixés, au règlement définitif, doit faire mention, sur le procès-verbal ou cahier d'ordre, de la date de la signification de ce jugement. Et,

---

portion du prix, par les créanciers postérieurs en ordre à ceux colloqués; que l'acquéreur contre lequel ces bordereaux sont exécutoires ne peut, sous aucun prétexte, en refuser le payement; que la caisse des dépôts et consignations, qui n'est autre chose que l'acquéreur, ne le peut pas davantage; que la clause insérée dans l'acte de consignation, qui impose comme condition du retrait de tout ou partie de la somme consignée la mainlevée de toutes les inscriptions grevant le bien vendu, ne peut justifier le refus fait par la caisse des dépôts et consignations de payer le bordereau délivré à la demoiselle Margueritte, par le motif qu'elle n'apporterait pas la preuve de la mainlevée de toutes les inscriptions requises sur les immeubles achetés par Viel; — Que cette clause, dont l'unique but est de mettre l'acquéreur à l'abri de l'action des créanciers inscrits, lorsqu'il aura payé son prix, n'a été insérée et ne peut recevoir son application que pour le cas où la loi n'a pas pris elle-même le soin de pourvoir à la sécurité de l'acquéreur par des dispositions spéciales, et de le garantir de toute inquiétude contre les créanciers dont les inscriptions subsistent encore après une clôture définitive partielle de l'ordre et un payement partiel de son prix; que l'entendre autrement serait contraire à son véritable sens et rendre inexécutable l'art. 758 c. pr. civ., qui autorise la délivrance des borderaux aux créanciers dont les créances sont antérieures à celles contestées; — Considérant qu'il n'est pas allégué que les autres conditions de l'acte de consignation n'aient pas été remplies;

Considérant, sur le second moyen, que l'exécution d'un jugement prononçant une mainlevée, une radiation d'inscriptions, un payement ou quelque chose à faire, pouvant souvent être sans remède, l'art. 548, c. p. civ. a exigé, comme condition préalable, qu'elle ne puisse avoir lieu contre des tiers que sur le certificat de l'avoué de la partie poursuivante, contenant la date de la signification du jugement faite au domicile de la partie condamnée, et sur l'attestation du greffier constatant qu'il n'existe contre le jugement ni opposition ni appel; — Que, d'après ses termes, l'art. 548 ne doit recevoir son application que quand il s'agit de l'exécution de jugements ou de décisions judiciaires qui doivent être signifiés et qui peuvent être attaqués par la voie de l'appel ou de l'opposition; que ce serait méconnaître son texte comme son esprit que de subordonner à la production des certificats qu'il prescrit l'exécution d'un titre qui n'est point soumis à la formalité de la signification, et contre lequel la loi n'admet ni l'opposition ni l'appel, le tiers, dans ce cas, n'ayant point à craindre le danger que la loi a voulu prévenir; — Que le bordereau délivré par le greffier à la demoiselle Margueritte, après l'ordonnance de clôture définitive partielle de l'ordre, est un titre exécutoire par lui-même contre l'acquéreur, aux termes de l'art. 771, c. pr. civ., et le payement qui en est fait, sur sa simple présentation, libère définitivement l'acquéreur, jusqu'à concurrence de la somme payée; qu'il n'existe donc aucun motif pour soumettre son exécution aux prescriptions de l'art. 548 c. pr. civ.; — Qu'il importe peu que l'ordonnance de clôture définitive de l'ordre soit considérée comme un jugement et susceptible d'être attaquée, soit par la voie de l'appel, soit par la voie de l'opposition, soit par celle de la tierce opposition; que ce n'est pas de l'ordonnance de clôture définitive de l'ordre, dont la demoiselle Margueritte demande l'exécution, mais bien du bordereau qui a été délivré par suite de cette ordonnance et auquel la loi donne force exécutoire; — Que le certificat du greffier, constatant qu'il n'y a eu ni opposition ni appel contre l'ordonnance de clôture définitive de l'ordre, serait d'ailleurs sans aucune utilité, soit parce que, quel que fût le résultat du recours exercé contre cette ordonnance, le payement du bordereau n'en serait pas moins libératoire pour l'acquéreur, soit parce que la délivrance des bordereaux par le greffier atteste suffisamment que l'ordonnance de clôture n'a point été attaquée; — Que l'art. 771 c. p. civ., déclarant le bordereau délivré par le greffier exécutoire contre l'acquéreur, sans distinguer s'il était ou non partie à l'ordre, le déclare, par cela même, exécutoire contre la caisse des dépôts et consignations, qui, ainsi qu'on l'a déjà dit, n'est autre que l'acquéreur lui-même; — Que le refus fait par la caisse des dépôts et consignations de payer le bordereau délivré à la demoiselle Margueritte n'est donc pas mieux fondé sur ce second moyen que sur le premier; — Par ces motifs, confirme l'ordonnance de référé dont est appel et condamne l'appelant à l'amende.

Du 30 mai 1857.–C. de Caen, 2e ch.–MM. Daigremont Saint-Manvieux, pr.–Février, av. gén., c. contr.–Bertauld, Paris, av.

(1) (Josse C. N...) — La cour; — Attendu que, dans l'espèce, le juge-commissaire avait une connaissance parfaite de la contestation, puisqu'il a assisté, en qualité de juge, au jugement qui a fait droit sur icelle, et qui était encore inopérant, lorsqu'il a procédé, le 15 oct. 1809, à la clôture définitive, ainsi qu'il conste du procès-verbal enregistré le 15 dudit; que, dans l'état des choses, il n'y avait lieu à l'application de l'art 759, et qu'ainsi c'est prématurément qu'il a prononcé la clôture définitive de ce procès-verbal; — Attendu que les appelants, en offrant, par leur exploit du 3 mai 1810, les frais auxquels leurs productions tardives ont donné lieu, se sont conformés au vœu de la loi (art. 757); — met les appellations principale et incidente au néant; émendant, déclare nulle, inopérante et comme non avenue, la clôture définitive du procès-verbal de la collocation des créances dont s'agit; dit que les offres, faites par exploit du 3 mai, sont suffisantes; en conséquence, renvoie les parties pour procéder ultérieurement, conformément à la loi.

Du 6 mars 1811.–C. d'app. de Bruxelles.

comme cette mention ne suffit pas au juge pour connaître s'il y a eu, ou non, appel, et qu'on ne peut obliger le magistrat à aller lui-même consulter le registre du greffe, tenu en vertu des art. 163 et 549 c. pr., MM. Grosse et Rameau exigent, s'il y a appel, que l'avoué de l'appelant consigne sa déclaration d'appel sur le procès-verbal d'ordre, laquelle avertira le juge-commissaire qu'il y a lieu de surseoir, jusqu'à l'arrêt à intervenir, au règlement définitif. Le juge, enfin, d'après les mêmes auteurs, devra être informé du résultat de l'appel et de la date de la signification de l'arrêt par un autre dire inséré au procès-verbal par l'avoué de première instance de la partie qui a obtenu ledit arrêt, ou, à son défaut, par la partie la plus diligente, ajoute M. Bioche, v° Ordre, n° 650, 5e éd., 5e tirage (Conf. M. Seligman, n° 479 et 480).

MM. Ollivier et Mourlon, n° 424, admettent le commentaire de MM. Grosse et Rameau, mais à titre de conseil seulement, et sans aucun caractère obligatoire pour les avoués. « Si les avoués, disent-ils, ne s'y conforment pas, ils n'encourront aucune responsabilité. » Tout cela, suivant nous, ne serait possible qu'à la condition d'accorder un émolument à l'avoué pour ses dires à insérer au procès-verbal, et il n'y a rien de semblable dans le tarif. « On peut, dit M. Flandin, Tr. de l'ordre, inédit, en attendant le nouveau tarif qui devra régler ces points, s'en rapporter aux parties intéressées pour les diligences à faire à cet égard ; et, si les avoués y apportaient de la négligence, l'autorité du juge-commissaire et le pouvoir disciplinaire, au besoin, interviendraient pour réprimer les abus. » — Suivant M. Colmet-Daage, n° 1035, 8e éd., c'est par l'avoué poursuivant que le juge-commissaire devra être averti des faits qui font courir le délai dans lequel doit être dressé le règlement définitif. Mais il nous semble difficile qu'il en soit ainsi, puisque, aux termes de l'art. 760, « l'avoué poursuivant ne peut, en cette qualité, être appelé dans les contestations. »

1033. Lorsque l'état de collocation provisoire n'a été, de la part du saisi ou des créanciers, l'objet d'aucun contredit, c'est cet état qui devient le règlement définitif. — Il a, par suite, été jugé : 1° que, lorsqu'un créancier a été colloqué provisoirement dans un ordre, sous la réserve de certaines justifications à faire ultérieurement, sans que l'état de collocation provisoire ait été l'objet d'aucun contredit de la part des autres créanciers, le juge-commissaire ne peut, si aucun délai n'a été fixé à ce créancier pour faire ces justifications, prononcer d'office son exclusion du règlement définitif, sous prétexte qu'il n'aurait pas satisfait à la condition à laquelle était subordonné le maintien de sa collocation (Colmar, 23 déc. 1850, aff. Beaujeu, D. P. 53. 2. 160); — 2° Que le règlement provisoire d'un ordre forme, à l'égard des créanciers qui ne l'ont pas contredit dans le délai, un contrat judiciaire, au bénéfice duquel il ne leur est pas permis de renoncer pour favoriser un autre créancier, si cette renonciation doit porter préjudice à d'autres intéressés : — « Le tribunal ; ... attendu que les quatre premiers créanciers n'ont point contredit l'état provisoire ; qu'il forme, dès lors, en ce qui les concerne, un contrat judiciaire dont ils ne peuvent se départir au préjudice des avantages qui peuvent résulter, pour le mineur Luizet, des collocations telles qu'elles ont été faites ; que, dès lors, il n'y a pas lieu de sanctionner la renonciation que les créanciers déclarent faire au bénéfice de leur collocation sur le prix de l'immeuble de la veuve Luizet... » (trib. civ. de Lyon, 1re ch., 10 avr. 1862, ordre Luizet, V. au Journ. des avoués, t. 89, p. 222, art. 515). — Dans l'espèce, la veuve Luizet avait laissé comprendre, dans la vente des biens dépendant de la succession de son mari, un immeuble à elle propre, sous réserve d'exercer, à l'ordre, ses droits sur le prix. Des créanciers du mari, qui avaient la femme pour obligée solidaire, avaient été colloqués, tant sur le prix des immeubles du mari que sur celui de l'immeuble propre à la femme, antérieurement à celle-ci, qui, à son tour, avait été colloquée avant le mineur Luizet, un autre créancier de la succession, pour le montant du prix de son immeuble. Une portion de ce prix se trouvant absorbée par la collocation des créanciers qui primaient la femme, la collocation de celle-ci avait été reportée, pour partie, sur le prix des immeubles de la succession, au préjudice du mineur Luizet, qui indiquait, sous ce rapport, la collocation comme frappant sur des biens sur lesquels la veuve Luizet n'avait aucun droit. Pour faire disparaître l'objection, la veuve Luizet avait obtenu des créanciers colloqués avant elle qu'ils renonçassent à leur collocation sur le prix de son immeuble, pour la faire porter, en entier, sur les biens de la succession ; — 3° Que le créancier hypothécaire, dont la collocation au règlement provisoire de l'ordre n'a été l'objet d'aucun contredit, ne peut être rayé, d'office, par le juge-commissaire, lors du règlement définitif, sous prétexte que cette collocation serait le résultat d'une erreur, en ce que, par exemple, l'hypothèque en vertu de laquelle il l'avait obtenue n'aurait été inscrite qu'après la transcription de la vente dont le prix était mis en distribution, et se trouvait, dès lors, dépourvue de tout effet contre les tiers ; qu'en conséquence, ce règlement définitif doit être réformé, sur l'opposition du créancier ainsi rayé indûment, quoique l'acquéreur soit intervenu dans l'instance pour en demander le maintien, une telle intervention ne pouvant tenir lieu du contredit non formé, dans le délai légal, contre le règlement provisoire (Cass. 2 mars 1864, aff. Lacaze, D. P. 64. 1. 112). — Dans l'espèce, c'était l'acquéreur qui intervenait pour demander le maintien du règlement définitif, parce qu'ayant payé comptant une partie de son prix, il avait intérêt à faire réduire le montant des collocations. Et c'était là ce qui faisait la difficulté. Que disait, en effet, le jugement attaqué pour justifier la décision du juge-commissaire? « Que, lors même que Lacaze (le créancier rayé) aurait réussi à faire admettre ses prétentions et à faire prononcer le maintien de l'ordre provisoire, il est certain que la collocation qu'il invoque ne pourrait lui conférer que les droits qui ressortent de ses termes ; qu'en fait, il a été colloqué à la date de son inscription, et que, comme créancier hypothécaire, agissant contre l'acquéreur, il ne pourrait recevoir le montant de sa collocation qu'autant qu'à la date de son inscription, l'immeuble vendu pourrait être le gage de sa créance ; qu'il est donc vrai de dire qu'au cas où le juge-commissaire aurait reproduit l'ordre provisoire dans l'ordre définitif, les droits du demandeur principal en opposition n'auraient pas été autres que ce qu'ils devaient être par suite de sa négligence et de son retard à inscrire... » — L'argument aurait pu faire impression, si l'acquéreur était resté étranger à l'ordre ; mais c'était lui-même qui poursuivait l'ordre, et il y avait produit, comme créancier, pour le montant de ses frais. Il n'était donc pas plus dispensé que tout autre de contredire dans le délai ; et, faute de l'avoir fait, il avait, ainsi que le dit la cour de cassation dans son arrêt, encouru la forclusion ; ce qui ne lui permettait plus de remettre en question les collocations du règlement provisoire.

1034. S'il a été élevé des contestations, le juge dresse le règlement définitif en conformité des décisions intervenues. — Il a été jugé : 1° que les sommes restées disponibles, après le rejet, sur contredits, de certaines collocations admises par le règlement provisoire, ne donnent pas lieu à une nouvelle distribution ayant le caractère de règlement provisoire ; mais que l'attribution qui en est faite, par le juge-commissaire, aux créanciers non utilement colloqués dans le règlement provisoire, a le caractère et les effets d'un règlement définitif de l'ordre (Liége, 13 juill. 1839) (1) ; — 2° Qu'en matière d'ordre, les nullités ne sont

(1) *Espèce :* —(Kridelka C. Hendricé et la ville de Liége).—Le 21 mars 1837, jugement du tribunal de Liége ainsi conçu :— « Attendu, en fait, qu'un ordre s'étant ouvert pour la distribution du prix des immeubles saisis par Kridelka sur la veuve Florkin et son fils, un ordre provisoire a été dressé par le juge-commissaire, le 26 nov. 1834 ; que, les créanciers produisants ayant été sommés d'en prendre communication, des contestations se sont élevées contre ledit ordre provisoire, lesquelles ont été décidées par jugement de ce tribunal en date du 5 mai 1835 ;— Attendu que, ce jugement ayant acquis force de chose jugée, et le délai pour contredire étant expiré, le juge-commissaire clôtura définitivement son ordre par procès-verbal du 18 août 1836 ; que, cependant, Kridelka n'ayant envisagé l'ouvrage du juge-commissaire que comme un ordre provisoire, a signifié de nouveau cet ordre tant à la partie saisie qu'aux créanciers intéressés, et a formé sur le procès-verbal un contredit sur lequel le tribunal est appelé à statuer, sur renvoi fait à l'audience par le juge-commissaire ; — Attendu que, d'après l'économie de la loi en matière d'ordre, matière toute spéciale, le juge-commissaire n'a que deux opérations à faire, savoir son ordre provisoire et ensuite l'ordre défini-

pas absolues, mais relatives; qu'en conséquence, le règlement définitif, dressé en l'absence d'un créancier inscrit, qui n'a pas été sommé de produire ses titres et ne s'est pas présenté à l'ordre, est valable à l'égard des autres créanciers qui ont reçu la sommation de produire, et qu'il y a seulement lieu de procéder à un état supplémentaire de distribution entre le créancier omis et ceux qui ont été colloqués; qu'ainsi les déchéances, les radiations, tous les points adjugés antérieurement, sont autant de droits acquis, auxquels ne doit rien changer l'intervention du créancier qui n'avait pas été mis en demeure d'agir (Montpellier, 19 mars 1840, aff. Cheuchard, V. n° 456); — 3° Que l'ordre provisoire devient définitif, dans toutes les parties où il ne s'est pas élevé de contestation; qu'ainsi après que le tribunal a statué sur le contredit formé par un créancier, ce même créancier ne peut pas, au moment où le juge-commissaire va procéder au règlement définitif, former un nouveau contredit, à l'effet d'obtenir une collocation au sujet de laquelle il n'a pas élevé de contestation, dans le délai prescrit par l'art. 756 c. pr.; qu'en pareil cas, le juge-commissaire n'a plus qu'à clôturer l'ordre, en conformité de la décision intervenue, sans que son ordonnance puisse être, de la part du créancier, l'objet d'un appel (Toulouse, 10 août 1844) (1); — 4° Que le créancier produisant, dont la collocation (notamment pour les frais privilégiés d'ordre et de poursuite) a été ordonnée par jugement, n'est pas obligé de la demander de nouveau devant le juge-commissaire, dont la mission se borne à rédiger, conformément aux décisions rendues, le règlement définitif et les bordereaux de collocation; que, par suite, il est fondé, s'il n'a pas été colloqué pour ces frais dans le règlement définitif, à se pourvoir en rectification dudit règlement et des bordereaux de collocation (Bordeaux, 21 août 1850, aff. Bellussières, D. P. 54. 5. 531, n° 17).

1035. Le règlement définitif fait cesser les intérêts et arrérages des créanciers utilement colloqués, à l'égard de la partie saisie (c. pr. 765). — Ces mots : *à l'égard de la partie saisie*, n'existaient point dans l'ancien texte, qui se bornait à dire : « Les intérêts et arrérages des créanciers utilement colloqués cesseront » (ancien art. 767). Mais c'est dans le même sens que la disposition était et devait être entendue (V. v° Priv. et hyp., n°s 2389 et suiv., et *infrà*, n° 1038). C'est ce qu'exprime le rapport en ces termes : « A ce moment de la clôture définitive de l'ordre, les intérêts dus par le saisi cessent et font place aux intérêts dus par l'adjudicataire ou par la caisse des consignations. C'est ce

---

tif; qu'il procède à cette clôture définitive, après l'expiration des délais légaux, s'il ne s'élève pas de contestation, d'après l'art. 759 c. pr. civ., et, s'il s'en élève, quinzaine après la signification de la décision définitive intervenue, d'après l'art. 767 du même code; — Attendu que ledit art. 767 ne distingue pas si le jugement ou l'arrêt, qui statue sur les contestations, ne fait qu'homologuer l'ordre provisoire, ou si des créanciers colloqués viennent à être éliminés et remplacés par d'autres préférables en hypothèque ou privilége; qu'il suffit, pour que le juge-commissaire puisse clôturer définitivement son ordre provisoire, que les contestations soient terminées; qu'aucun article de la loi ne décide que, dans ce dernier cas, la distribution qu'il fait aux créanciers réintégrés dans leur rang ne sera que provisoire; d'où il suit que c'est avec raison que, dans l'espèce, le juge-commissaire a clôturé définitivement son ordre; — Attendu, au surplus, qu'en supposant que le juge-commissaire eût mal à propos qualifié son ordre définitif, ou qu'en procédant à cette opération, il eût, dans la distribution des deniers, commis une erreur au rang que doivent avoir les créanciers ayants droit, aucun article, en matière d'ordre, n'admet contre l'ordonnance de clôture définitive la voie de nullité ou d'opposition par le moyen d'un contredit, parce qu'en procédant à cette clôture, le juge-commissaire a accompli son mandat et n'a plus aucune espèce de pouvoir ou de qualité; — Attendu, en outre, que le juge commis à la confection d'un ordre exerce seul, en vertu de la délégation du président, le pouvoir que le tribunal entier exerçait sous l'empire de la loi du 11 brum. an 7, surtout lors de la clôture définitive; que cette clôture est donc censée émanée du tribunal lui-même par l'intermédiaire de son délégué; d'où il suit qu'il ne peut être appelé à connaître des irrégularités qui ont pu se glisser dans cette clôture, parce qu'un tribunal ne peut se réformer lui-même, et qu'il y aurait, dans ce cas, deux décisions portées dans la même affaire et par la même autorité;—Attendu, cependant, que le créancier, qui se trouve ainsi écarté, doit avoir une voie de recours contre cette ordonnance, et qu'on doit la chercher dans les principes du droit commun, combinés avec la nature de cet acte du juge; —Attendu que la clôture définitive de l'ordre, prononcée par le juge-commissaire, en vertu des pouvoirs qui lui sont délégués, comme il a été dit ci-dessus, est une véritable sentence, puisque les bordereaux dont il ordonne la délivrance sont exécutoires contre les acquéreurs, qu'il prononce la déchéance des créanciers non produisants, la radiation des inscriptions des créances non utilement colloquées; que, dans le silence de la loi sur le recours à prendre contre cette ordonnance, on doit dire que la voie d'appel est ouverte, parce qu'elle est admissible dans tous les cas où elle n'est pas interdite par la loi; que cette voie ordinaire est d'ailleurs admise dans cette matière; que de tout ce qui précède il résulte que le tribunal ne peut statuer sur les contestations élevées au procès-verbal d'ordre dont s'agit; — Par ces motifs, le tribunal déclare les sieurs Kridelka et Hendricé non recevables en leur contredit, etc. » — Appel, par Kridelka, tant de ce jugement que de l'ordonnance de clôture définitive; mais l'appel de l'ordonnance de clôture définitive n'eut lieu que plus de trois mois après que cette ordonnance avait été rendue. — Arrêt.

La cour;—Dans le droit : 1° le jugement dont est appel doit-il être confirmé? 2° l'appel du règlement définitif d'ordre doit-il être déclaré non recevable? — Attendu, sur la seconde question, qu'un règlement définitif d'ordre est une décision judiciaire susceptible d'être attaquée par la voie d'appel; que, si la loi n'a pas déterminé dans quel délai cet appel devrait être interjeté, il faut avoir recours, pour le fixer, aux dispositions du droit commun, qui veulent qu'il soit de trois mois pour les jugements contradictoires; que, le règlement définitif d'ordre ne devant pas être signifié, le délai doit naturellement courir du jour où les parties représentées par leurs avoués, sont censées en avoir eu connaissance par l'ordonnance de clôture du juge-commissaire; — Attendu, dans l'espèce, que l'appel du procès-verbal d'ordre, dressé le 18 août 1836, n'a été interjeté que plus de trois mois après la clôture dudit procès-verbal; qu'ainsi il est non recevable; — Par ces motifs, et en adoptant ceux des premiers juges sur la première question, déclare non recevable l'appel interjeté, etc.

Du 13 juill. 1839. C. d'appel de Liége, 2e ch.

(1) (Moulis C. Rey.) — La cour; — Attendu que les devoirs du juge-commissaire sont divers selon l'époque de la procédure d'ordre; que, lorsque, sur la production des pièces, il est appelé à régler l'ordre entre les créanciers qui prétendent à être alloués, il doit, pour déterminer les collocations qu'il prononce, apprécier les titres, juger les causes d'antériorité qui peuvent préférer l'un à l'autre; que, dès que cette opération est terminée, elle peut donner lieu à des contestations entre les créanciers, ou être acceptée par eux sans débats; que, dans ce dernier cas le juge-commissaire ne peut rien changer à la décision qu'il a déjà rendue, puisqu'elle n'est point querellée par les parties, et qu'il n'est point appelé à juger là où il n'y a point de demande formée par elles; qu'il doit donc se borner, aux termes de l'art. 759 c. pr. civ., à faire la clôture de l'ordre; que l'acte qu'il fait dans cette situation ne peut être attaqué, puisqu'il n'est qu'une sorte d'homologation de l'ordonnance provisoire à laquelle les créanciers ont acquiescé;

Attendu que, dans le cas où elle donne lieu à des contestations, le juge-commissaire n'est point appelé à les vider, mais que c'est le tribunal qui doit statuer sur les contredits; que, dès qu'ils ont été jugés souverainement, le commissaire, qui avait été dessaisi quand il s'était agi de prononcer sur la discussion, a un devoir à remplir qui est le même que celui où il n'y a pas eu de contestations; qu'elles doivent être considérées comme n'ayant point existé, puisqu'elles ont été définitivement réglées par la justice; qu'il n'y a plus, dès lors, à procéder qu'à la clôture de l'ordre, laquelle, si elle n'a pour résultat que d'exécuter la décision intervenue, ne saurait être l'objet d'une attaque, sans contrevenir à l'autorité de la chose jugée résultant du jugement auquel cette ordonnance fait produire son effet légal; qu'en vain un des créanciers voudrait, en ce moment, saisir le juge-commissaire d'une demande nouvelle, qui serait tardivement formée; que dans cette procédure, en effet, l'ordre provisoire devient définitif dans toutes les parties où il ne s'est pas élevé de contestations; que les contredits dont il est question dans les art. 755 et 756 déterminent l'objet sur lequel le tribunal doit prononcer, quand il fixe les droits et le rang de chacun; que, dès que la forclusion est prononcée contre les créanciers qui n'ont pas fait les contestations dans le délai écrit dans ces deux articles, il est certain qu'ils ne peuvent pas élever de discussion sur un point nouveau après le jugement qui a souverainement statué sur les contredits; que de là il suit que le juge-commissaire ne pouvait, après l'arrêt qui avait rejeté la demande de Moulis, que considérer ce point de débat comme non avenu, et clôturer l'ordre, en conformité de la décision de la cour; que Moulis n'aurait pas pu réclamer la collocation, à son profit, de la part dévolue au père dans la succession de ses deux enfants, puisqu'il n'avait point fait de contredit à son égard au moment où il aurait dû élever la contestation, à peine de déchéance; qu'aussi il ne l'a pas réclamée; que l'appel est donc irrecevable parce que la demande n'avait pas été régulièrement présentée devant le tribunal; que d'ailleurs elle ne lui a pas été soumise; que c'est donc le cas de démettre Moulis de son appel, etc.

Du 10 août 1844.-C. de Toulouse, 2e ch.-M. Martin, pr.

que votre commission, dont la rédaction est devenue plus substantielle entre les mains du conseil d'Etat, a exprimé par une disposition moins équivoque que celle de l'ancienne loi, qu'avait copiée projet » (D. P. 58. 4. 49, n° 91). On conçoit que les intérêts continuent de courir contre le saisi durant le cours de l'ordre, parce que l'adjudication n'opère pas novation dans la dette et ne fait pas disparaître le débiteur primitif. Mais, après la clôture de l'ordre, et lorsque les bordereaux de collocation ont été délivrés, un débiteur nouveau est substitué à l'ancien; l'adjudicataire devient le débiteur direct, le débiteur délégué des créanciers utilement colloqués, mais toutefois sans novation, et avec la condition sous-entendue que l'adjudicataire payera (arg. art. 1275 c. nap.).

1036. Mais, si les intérêts cessent, à l'égard de la partie saisie, ils continuent de courir contre l'adjudicataire depuis le règlement définitif jusqu'au payement; car il ne peut se faire que l'adjudicataire profite tout à la fois et des revenus de l'immeuble et des intérêts de son prix qui sont la représentation de ces revenus. Ce point est reconnu par tous les auteurs (V. MM. Favard de Langlade, t. 4, p. 56; Chauveau sur Carré, quest. 2601 *bis*, et Proc. de l'ordre, quest. 2596 *bis*, n° 3; Bressolles, n° 57; Bioche, v° Ordre, n°s 657 et 658, 3e éd., 5e tirage; Ollivier et Mourlon, n° 434; Houyvet, n° 313; Seligman, n°s 392 et 482, Colmet-Daage, n° 1033, 8e éd.; Flandin, Tr. de l'ordre, inédit), et il est rappelé, comme on l'a vu, par M. Riché dans son rapport. — Il a, cependant, été contesté par M. Coffinières, dans le Journal des avoués, t. 17, p. 249, n° 131. A l'argument tiré de ce que l'adjudicataire ne peut cumuler, pendant toute la durée de l'ordre, c'est-à-dire pendant un temps indéterminé, la jouissance de la chose et la jouissance du prix, M. Coffinières répond « qu'en réglant définitivement l'ordre, le juge remet à chaque créancier le bordereau de sa collocation, c'est-à-dire un titre exécutoire contre l'adjudicataire; que, dès lors, celui-ci doit avoir, à l'instant même, ses fonds disponibles pour l'acquit des divers bordereaux, et que ce serait le traiter avec rigueur, ou plutôt avec injustice, que de l'obliger à payer les intérêts des sommes qu'il n'aurait entre ses mains que comme dépositaire... » Mais l'adjudicataire a un moyen très-simple de se soustraire à ce payement d'intérêts, c'est de consigner son prix, comme l'art. 777 lui en laisse la faculté. — M. Coffinières reconnait, toutefois, que les créanciers colloqués, porteurs d'un titre exécutoire contre l'adjudicataire, pourraient, par une mise en demeure, le rendre passible d'intérêts moratoires.

1037. Il a été jugé, conformément à l'opinion générale : 1° que l'adjudicataire, sur expropriation forcée, d'un immeuble produisant des revenus doit les intérêts du prix de son adjudication, depuis le règlement définitif de l'ordre jusqu'au payement, ou jusqu'à la consignation, l'art. 767 (ancien) c. pr., qui fait cesser les intérêts pour les créanciers colloqués utilement, dès que l'ordre a été définitivement arrêté, n'étant relatif qu'au débiteur exproprié (Paris, 7 juill. 1813, aff. Coste; *id.*, 5 juin 1813, et, sur pourvoi, Req. 16 mars 1814, aff. Tobler, v° Vente pub. d'imm., n° 1758); — 2° Que les créanciers, utilement colloqués dans un ordre, peuvent réclamer, contre l'acquéreur, les intérêts de leurs créances, même après la quinzaine de la signification du jugement ou de l'arrêt qui statue sur les contestations, et jusqu'au jour du payement définitif : — « La cour; considérant qu'aux termes de l'art. 759 c. pr., auquel se réfère l'art. 767, les intérêts des créanciers utilement colloqués ne cessent qu'à partir de la délivrance des bordereaux de collocation; sans s'arrêter aux conclusions et demandes de Marey, ordonne que les bordereaux de collocation, dans l'ordre du prix de Fontaine-Madame, seront exécutés; en conséquence, que les poursuites commencées seront continuées, etc. » (Paris, 1re ch., 14 mai 1825, MM. Séguier, 1er pr., Jaubert, av. gén., c. conf., aff. Marey *C.* créanc. Thèses). — Le juge-commissaire, par son procès-verbal de clôture, avait mis à la charge de l'acquéreur Marey tous les intérêts des capitaux jusqu'au payement, et les bordereaux de collocation furent délivrés en conséquence. Marey demandait, au contraire, que les bordereaux ne fussent exécutés que pour le principal et les intérêts, calculés jusqu'à la quinzaine de la signification de l'arrêt qui avait statué sur les contestations élevées au cours de l'ordre, conformément à l'art. 767 c. pr.; — 3° Que l'art. 767 c. pr., qui fait cesser le cours des intérêts d'une masse hypothécaire, à partir de la clôture définitive de l'ordre, ne dispose qu'en faveur du débiteur, et non de l'acquéreur; et, spécialement, que le créancier, utilement colloqué dans un ordre ouvert sur un immeuble, est en droit d'exiger de l'acquéreur les intérêts du montant de sa collocation, non jusqu'à l'époque de la clôture définitive de l'ordre, mais bien jusqu'au jour du payement effectif (Bordeaux, 27 août 1833) (1); — 4° Que l'art. 767 c. pr., qui fait cesser les intérêts et arrérages des créanciers utilement colloqués, au moment de la clôture définitive de l'ordre, ne dispose qu'en faveur du débiteur, et n'est pas applicable à l'acheteur mis en possession de la chose vendue, lorsqu'elle produit des fruits et revenus (Rennes, 26 août 1841) (2); — 5° Que les intérêts, qui ont couru depuis l'adjudication, et pour lesquels le créancier a le droit d'être colloqué dans l'ordre, lui sont dus au même rang que le capital, indépendamment de ceux conservés par son inscription (Toulouse, 12 janv. 1847) (3); — 6° Que le taux de ces intérêts se règle par le contrat primitivement passé avec le débiteur, et reste le

(1) (Montauroy C. Espinasse.) — LA COUR; — Attendu que Xavier Espinasse reconnait être comptable, jusqu'au payement, de l'intérêt du prix dû par lui, et qui a été attribué, en partie, à Montauroy père, utilement colloqué dans un ordre ouvert devant le tribunal de Libourne; — Que ce créancier est fondé à réclamer, comme accessoires, les intérêts produits par la portion du prix qui lui a été affectée lors de la distribution, et pour laquelle il lui a été délivré un bordereau exécutoire contre Espinasse; — Attendu que, dans l'espèce, on ne peut se prévaloir, contre le créancier utilement colloqué, de l'art. 767 c. pr. civ., qui fixe l'époque de la cessation du cours des intérêts dont peut être grevée une masse hypothécaire; — Attendu que, dans ses offres, Espinasse n'a pas compris les intérêts qui ont couru depuis le règlement définitif de l'ordre jusqu'au 23 nov. 1832, date du commandement; — Emendant, déclare les offres faites par Espinasse insuffisantes, et, par suite, nul et de nul effet le procès-verbal qui en a été rédigé; permet aux appelants de faire suite de leurs commandements.

Du 27 août 1833.–C. de Bordeaux, 4e ch. M. Poumeyrol, pr.

(2) (De Boispeau C. Gaussuron.) — LA COUR; — Considérant que, devant les premiers juges, la dame Glaize offrait de remettre l'expédition de la mainlevée de son inscription hypothécaire, moyennant le remboursement du coût de ladite expédition, et qu'elle concluait, en même temps, à ce que les appelants, ou, en tout cas, les intimés, fussent condamnés à lui payer une somme de 299 fr. 98 c., pour prorata d'intérêts courus depuis le 23 juin 1837, date de la clôture de l'ordre, jusqu'au 28 août suivant, date du commandement par elle notifié aux appelants; — Considérant que, par le contrat de vente consenti par les intimés, le 15 juillet 1836, les appelants s'étaient obligés solidairement à payer le prix, avec intérêts à 5 p. 100, depuis le 18 juin précédent, aux vendeurs ou à leurs créanciers hypothécaires inscrits en ordre utile, aussitôt après l'accomplissement des formalités de la transcription et de celles de purge d'hypothèques légales, et que d'ailleurs, aux termes de l'art. 1652 c. civ., l'acheteur doit, même sans stipulation, les intérêts du prix de la vente jusqu'au payement du capital lorsque la chose vendue produit des fruits ou revenus; — Considérant que l'art. 767 c. pr. civ., qui fait cesser les intérêts et les arrérages des créanciers utilement colloqués au moment de la clôture définitive de l'ordre, ne dispose qu'en faveur du débiteur; qu'ils continuent de courir, à l'égard de l'acquéreur ou de l'adjudicataire, jusqu'à ce qu'il soit libéré du prix par un payement effectif ou par une consignation régulièrement formalisée; que la dame Glaize était donc fondée à réclamer des acquéreurs, comme accessoires de sa créance, les intérêts produits, depuis la clôture de l'ordre, par la portion du prix qui lui avait été affectée lors de la distribution, et pour laquelle il lui avait été délivré un bordereau exécutoire contre les appelants; — Par ces motifs, etc.

Du 26 août 1841.–C. de Rennes, 2e ch.–M. Lominihy, pr.

(3) *Espèce:* — (Mouchan C. la caisse hypoth.) — LA COUR; — Attendu que l'adjudication arrête le cours des inscriptions des hypothèques conventionnelles; qu'à partir de cet acte, le créancier n'a plus de possibilité de conférer, par une inscription particulière, une garantie hypothécaire aux intérêts de son capital à mesure de leur échéance; qu'il y avait donc équité à ce que le législateur ne frappât pas les intérêts échus depuis cette adjudication de la déchéance prononcée par l'art. 2151 c. civ. contre les intérêts en sus des deux années et de la courante qui ne sont pas l'objet d'une inscription particulière; — Attendu que les art 757, 767 et 770 c. pr. civ., ne font arrêter le cours des intérêts qu'à partir de la clôture de l'ordre, et qu'ils accordent à la masse une action en indemnité contre le créancier mal à propos contestant, dont la contestation a occasionné un cours d'intérêts plus long que celui qui

même jusqu'à la clôture définitive de l'ordre, sans que l'adjudication, ou la consignation faite par l'adjudicataire, puisse le modifier (même arrêt; Conf. M. Chauveau, Journ. des av., t. 72, p. 78, art. 24); — 7° Mais que, lorsqu'une clause de l'adjudication porte que l'adjudicataire tiendra son argent prêt pour acquitter les créances, dans l'ordre qui sera réglé, et qu'il sera dispensé de payer l'inté êt du prix jusqu'à sa libération, cette clause doit être exécutée à l'égard de tous les créanciers, quel que soit l'intervalle qui s'écoule entre l'adjudication et le payement (Cass. 11 août 1813, aff. Bachelier, v° Vente pub. d'imm., n° 1756).

1038. Il a aussi été jugé : 1° que, lorsque l'adjudicataire garde une somme en ses mains pour une collocation éventuelle, le tribunal doit le condamner à payer les intérêts aux créanciers ultérieurement colloqués jusqu'au payement à qui de droit de la somme principale : — « La cour;... faisant droit sur l'appel incidemment interjeté par Gauthier, ès noms, met pareillement le jugement dont est appel au néant, en ce que, pareillement, il n'a pas été ordonné que l'acquéreur payerait au mineur L... les intérêts de la somme qui resterait dans ses mains pour la collocation éventuelle dudit Tobler; en conséquence, ordonne que les intérêts seront payés au mineur L..., ou à son tuteur, jusqu'au payement intégral de ladite somme principale et à qui de droit » (Paris, 4 août 1810, aff. Tobler, Lagarde, etc., *C.* L..., etc.); — 2° Que le créancier hypothécaire, qui n'a été colloqué qu'éventuellement, a droit, lorsque arrive l'événement auquel sa collocation était subordonnée, de réclamer, jusqu'à épuisement des sommes provenant de la vente des biens hypothéqués, non-seulement le montant de sa collocation en capital, mais encore les intérêts qui ont couru depuis la clôture de l'ordre jusqu'au payement, et cela, à l'exclusion des créanciers chirographaires, qui opposeraient en vain l'art. 767 (ancien) c. pr. (Req. 22 janv. 1840, aff. Gaillard, v° Priv. et hyp., n° 2432-2°).

1039. Il a, de plus, été jugé que, par l'effet de la collocation et de la délivrance du bordereau, les intérêts de la somme portée audit bordereau courent, de plein droit (que la créance originaire en produisît, ou non), au profit du créancier colloqué, et cela, sans qu'il soit nécessaire de procéder à un nouveau règlement des intérêts qu'a produits, depuis le règlement définitif, la somme à distribuer déposée à la caisse des consignations, ces intérêts appartenant à chaque créancier colloqué au prorata de la somme pour laquelle il a été admis dans le règlement définitif (Req. 14 avr. 1836, aff. Caisse des dépôts *C.* Jourdain, v° Distrib. par contrib., n° 192). — Le principe de cette décision, rendue en matière de distribution par contribution, nous semble, de tous points, applicable à la matière de l'ordre. « Ne résulte-t-il pas de la nature même des choses, disait le conseiller-rapporteur, que les intérêts postérieurs à la collocation forment un accessoire de la collocation particulière faite au profit de chaque créancier; qu'ils sont départis de plein droit, comme le capital lui-même, sans qu'il soit nécessaire de faire une distribution nouvelle... Qu'importe que, dans l'origine, la créance colloquée ne dût pas, par sa nature, produire des intérêts? Le bordereau porte mandement de justice; le juge-commissaire, qui procède à l'ordre, remplace le tribunal et a la même autorité; et, dès ce jour, le créancier qui subit un retard dans son payement a droit aux intérêts moratoires... » (V. aussi *suprà*, n° 45).

1040. Il a encore été jugé : 1° que les créanciers, qui, par convention, ont obtenu d'un autre créancier une priorité d'hypothèque, jusqu'à concurrence d'une somme fixe et déterminée, ne peuvent être colloqués que pour cette somme, sans pouvoir réclamer aucuns intérêts antérieurs à l'adjudication sur le prix principal de ladite adjudication (Angers, 19 fév. 1842) (1); — 2° Que, toutefois, ils ont droit aux intérêts du montant de leur

---

aurait eu lieu sans elle; que ces dispositions supposent implicitement que les intérêts ont continué à courir pendant l'instance d'ordre; que c'est, d'ailleurs, ce que l'arrêt de 1846 a jugé, en décidant que les intérêts mêmes des capitaux non échus courraient jusqu'au remboursement; — Attendu que ces intérêts sont dus, après l'adjudication, au même taux qu'avant; que le débiteur primitif n'est point libéré après l'adjudication, non plus que l'immeuble; qu'ils restent tous deux soumis au payement de la créance et de ses accessoires; que le fait même de la consignation, qui libère l'adjudicataire, si la consignation est opérée régulièrement, ne change pas les charges qui grèvent le prix de l'immeuble, ni par conséquent le taux de l'intérêt ; que c'est, d'ailleurs, la conséquence nécessaire du principe de la garantie imposée au contestant par les art. 757 et 770 précités, puisqu'il n'y a perte pour la masse que quand, d'une part, elle paye des intérêts, tandis que, de l'autre, elle n'en reçoit plus de l'adjudicataire; ce qui n'arrive qu'en cas de consignation; — Par ces motifs, réforme.

Du 12 janv. 1847.- C. de Toulouse, 1re ch.- MM. Legagneur pr. Daguilhon-Pujol, av. gén., c. conf.-Soueix, Fourtanier et Féral, av.

(1) *Espèce :* — (Bordet et la Caisse hypothécaire *C.* délégués Kayser, Moriceau, etc., Mechelle, etc.) — En 1826, la compagnie Rohem se trouvait propriétaire de la concession des dessèchement et canalisation de la Dive. Le 12 août 1829, Kayser en devint acquéreur. Il la revendit, le 4 sept. suivant, à Hacquart, qui eut pour successeur Michet. La Caisse hypothécaire, qui, par suite d'un crédit ouvert précédemment, avait versé plus de 500,000 fr. dans l'entreprise, consentit une antériorité de privilége et d'hypothèque soit à Kayser, soit à tous entrepreneurs ou bailleurs de fonds, subrogés au privilége de vendeur de celui-ci, mais *seulement* à concurrence de 1,500,000 fr. — Les délégations consenties par Kayser ont dépassé de beaucoup cette somme. — Le privilége Kayser fut inscrit, les 16 et 19 janv. 1830, dans les arrondissements de Saumur et de Loudun, et non dans celui de Bressuire, quoique la concession s'y étendît aussi. L'inscription de la Caisse hypothécaire couvrait, au contraire, les trois arrondissements. Il en était de même de la créance Bordet, qui ne fut inscrite qu'en 1832. — Hacquart et le détenteur Michet n'ayant pas satisfait à leurs engagements, ont été poursuivis en expropriation. Moriceau, Rivière et Lachanvellerie ont été déclarés adjudicataires, le 20 mai 1835, au prix de 2,500,000 fr. — Un ordre a été ouvert au tribunal de Saumur. De nombreux créanciers se sont présentés. Moriceau et consorts ont réclamé un privilége d'améliorations, dit de *constructeurs*, qui leur a été accordé en première instance, pour une somme fort considérable. Est venue ensuite la Caisse hypothécaire pour être payée de sa créance, mais seulement après les premiers 1,500,000 fr. attribués aux délégataires Kayser, en vertu de l'antériorité qui leur était acquise. — Des contredits ont été formés. Il y a été statué en appel par deux arrêts de la cour d'Angers, des 4 et 24 août 1838 (V. ces arrêts rapportés avec l'arrêt de rejet du 8 juill. 1840, v° *Priv. et hypoth.*, nos 1516 et 2358-2°). — La collocation des délégués Kayser a été restreinte à la partie des deux arrondissements grevés de leurs inscriptions, *pour la somme stipulée*. Il a été jugé, arrière de la Caisse hypothécaire, que sa collocation acquiescée serait, au respect des autres créanciers postérieurs, répartie, au marc le franc, sur le prix des biens des trois arrondissements. Les dépens d'appel ont été employés, par le premier arrêt, en frais privilégiés de poursuites, au profit des avoués qui en ont obtenu distraction. Entretemps, et le 5 déc. 1839, les immeubles dont il s'agit ont été revendus à la folle-enchère. Maréchalle (qui depuis s'est dit prête-nom du notaire Lebon) est resté adjudicataire, moyennant 2,379,000 fr., portant intérêts du jour de son adjudication. Il a été assujetti à souffrir, à due concurrence, l'exécution des bordereaux délivrés contre les fols-enchérisseurs. — Les parties sont retournées devant le premier juge pour le règlement définitif de l'ordre. Il y a eu appel contre ce règlement, dans les trois mois, de la part de la Caisse hypothécaire et de Bordet et joints, les délégués Kayser figurant comme principaux intimés. Maréchalle et les avoués qui avaient eu des distractions de dépens, ont été évoqués à la cause. Il s'est d'abord agi de savoir s'il y avait lieu à appeler, dans l'espèce, et si les appels étaient recevables, ayant été interjetés dans les trois mois, mais après le délai de l'art. 763 c. pr. civ. (sur ces fins de non recevoir, V. *infrà*, nos 1052 et s.). — Bordet et consorts ont soutenu, au fond, que la répartition de la créance de la Caisse hypothécaire devait s'opérer sur les trois arrondissements, sans diminuer d'aucuns frais les biens de Saumur et de Loudun. — Moriceau et joints ont cédé à plusieurs prêteurs une partie des délégations qu'ils tenaient, médiatement ou immédiatement, de Kayser. Ces cessionnaires sont intervenus, représentant leurs titres antérieurs à la clôture de l'ordre. Cette intervention n'a pas été contestée. — Le juge-commissaire du premier ressort, qui avait justement colloqué les délégués Kayser pour 1,500,000 fr. antérieurement à la Caisse hypothécaire, leur a accordé, en son dernier règlement, les intérêts de cette somme, à partir du 20 mai 1835. La Caisse hypothécaire s'en plaint fortement. Elle n'a consenti à être primée que pour la somme fixe de 1,500,000 fr., que cette somme se compose, pour les ayants droit, de capitaux, d'intérêts et frais, peu importe; mais cette somme ne doit jamais être dépassée, dans aucun temps et sous aucun prétexte. Que le gage commun soit diminué d'autant, c'est ce qu'on a voulu et rien de plus. Si on ajoutait les intérêts alloués, la Caisse se trouverait frustrée de la garantie qu'elle a entendu se réserver. — Ici nulle similitude avec le créancier autorisé à ajouter les légitimes intérêts à son capital qui les produit; ils en sont des accessoires et en suivent le sort contre l'acquéreur de l'immeuble hypothéqué. Les 1,500,000 fr., auxquels la Caisse hypothécaire a bien voulu céder l'antériorité sur le rang qui lui était

collocation, mais seulement vis-à-vis de l'acquéreur, ou, en cas de folle-enchère, vis-à-vis du nouvel adjudicataire, imputables sur les intérêts dont ceux-ci sont eux-mêmes tenus, comme charge de leur jouissance, mais sans diminution du prix principal (même arrêt); — 3° Qu'il n'y a pas violation du principe de l'indivisibilité de l'hypothèque à ordonner que la collocation d'un créancier, dont l'hypothèque frappe sur des immeubles situés dans différents arrondissements, sera faite, par imputation proportionnelle et au marc le franc, sur le prix des biens de différents arrondissements, lorsque cette imputation n'est ordonnée que dans l'intérêt des créanciers postérieurs, et qu'elle ne doit pas avoir pour résultat de nuire aux intérêts du créancier ainsi colloqué (même arrêt; sur ce point de droit fort délicat, V. Priv. et hypoth., n°s 2343 et suiv.).

1041. Il semble résulter de l'arrêt précité de la cour de Paris du 3 juin 1813 (*suprà*, n° 1037-1°) que les intérêts, dus par l'adjudicataire depuis la clôture de l'ordre jusqu'au payement, appartiennent au créancier sur lequel les fonds ont manqué, à l'exclusion des autres créanciers colloqués avant lui : « Attendu, dit l'arrêt dans ses motifs, que les intérêts ayant continué de courir, doivent être joints à ce qui reste dû sur le capital, pour remplir d'autant le créancier sur lequel les fonds manquent, ou être remis à la partie saisie, si tous les créanciers sont remplis. — » Mais ce n'est pas là, sans doute, ce qu'a voulu dire l'arrêt; car chaque créancier, porteur d'un bordereau de collocation, a droit à des intérêts en proportion de la somme pour laquelle il a été colloqué, jusqu'à son payement effectif, et ce n'est qu'après que les créanciers premiers colloqués ont été entièrement désintéressés, en capital et intérêts, que le créancier, sur lequel les fonds manquent, obtient ce qui reste (Conf. M. Houyvet, n° 309).

1042. Le jour de la clôture définitive de l'ordre n'est pas précisément celui de la délivrance des bordereaux aux créanciers utilement colloqués, puisque, aux termes de l'art. 767, cette ordonnance doit être, dans les trois jours de sa date, dénoncée aux parties intéressées, qui ont huit jours pour y former opposition, et que, d'après l'art. 770, ce n'est que dans les dix jours, à partir de celui où l'ordonnance de clôture ne peut plus être attaquée, que le greffier délivre à chaque créancier colloqué le bordereau de collocation contre l'adjudicataire ou contre la caisse des consignations. Il s'écoule, ainsi, au moins vingt et un jours entre l'ordonnance de clôture ou le règlement définitif et la délivrance des bordereaux. Rigoureusement donc, et en principe, ce ne devrait être qu'à cette dernière date que les intérêts devraient cesser de courir, à l'égard de la partie saisie; mais l'art. 765 les fait cesser du jour du règlement définitif, et le juge-commissaire doit se conformer à cette prescription, en ne les calculant que jusqu'à cette date. Il pourra en résulter un préjudice pour les créanciers, au cas où les intérêts payés par l'adjudicataire, ou par la caisse des consignations, seraient inférieurs aux intérêts dus aux créanciers, suivant la loi de leur contrat; mais ce préjudice est trop léger pour que la loi ait cru devoir en tenir compte (Conf. MM. Berriat, t. 2, p. 622, note 37, n° 3; Pratic., t. 4, p. 487; Lepage, p. 513; Hautefeuille, p. 421; Chauveau sur Carré, Quest. 2603 et Proc. de l'ordre, Quest. 2596 *bis*, n° 3; Grosse et Rameau, Comm., t. 2, n° 432; Ollivier et Mourlon, n°s 435 et 436; Houyvet, n° 309; Seligman, n°s 483 et 484; Flandin, Tr. de l'ordre, inédit). — M. Bioche, toutefois, exprime le regret qu'il en soit ainsi : « Il est à regretter, dit-il, v° Ordre, n° 658, 3° éd., 5° tirage, que la loi n'ait pas prescrit le calcul des intérêts, à 5 p. 100, jusqu'au jour présumé du payement, et autorisé chaque créancier à se faire payer partiellement, sur la simple représentation de son bordereau... »

L'opinion que nous venons d'exprimer a pourtant des contradicteurs, et M. Chauveau cite, en note, l'avis d'un magistrat qu'il ne nomme pas, et qui se serait ainsi exprimé : « Nulle difficulté, dit ce magistrat, d'appliquer l'art. 765, toutes les fois que les intérêts dus par ceux qui doivent acquitter les bordereaux sont égaux à ceux dus aux bénéficiaires de ces bordereaux. Dans ce cas, on comprend parfaitement que le cours des intérêts doit

---

acquis, n'ont point et ne peuvent avoir d'*accessoires*. C'est un chiffre *invariable*, qui ne saurait être excédé, sans violer la loi que se sont faite les parties. — On a répondu que les créances Kayser étaient productives d'intérêts; que ces intérêts avaient été demandés, comme les capitaux, dans les actes de produit à l'ordre, *déclaratifs* des droits de chacun. Si les intimés n'ont de préférence sur la Caisse hypothécaire que pour 1,500,000 fr., au moins leur collocation, à concurrence de cette somme, doit-elle emporter les mêmes intérêts que les autres collocations. — Arrêt.

LA COUR;... — Quant aux intérêts ajoutés, par l'ordonnance du juge-commissaire, à la collocation des délégués Kayser et Hacquart : — Attendu que ceux-ci tiennent leur antériorité de collocation, non point d'un droit qui leur soit personnel, ou inhérent à leur créance, mais uniquement du consentement de la Caisse hypothécaire, consigné dans plusieurs actes authentiques, qui tous ont limité cette antériorité à une somme fixe, 1,500,000 fr.; qu'elle ne peut donc jamais être dépassée, directement ou indirectement, et que, dans cette position, vraiment exceptionnelle, ce capital, ainsi déterminé, n'est pas susceptible d'être grossi par des intérêts, au respect de la Caisse hypothécaire, de la part de laquelle il n'est jamais intervenu d'acte dont on puisse induire acquiescement à la demande actuelle, restée étrangère aux débats actuels; qu'aussi l'arrêt du 24 août 1838 porte, en termes exprès, quant à la collocation des délégués Kayser, qu'elle est opérée en vertu de l'antériorité consentie par la Caisse hypothécaire, et pour la somme stipulée; que, sans doute, ce capital étant utilement colloqué dans l'ordre, et acheteur devant les intérêts du prix de vente jusqu'au payement, ceux qui appartiennent les 1,500,000 fr. avaient bien, et ont encore le droit d'exiger des adjudicataires du 20 mai 1835 leur prestation desdits intérêts qui leur ont été alloués au règlement provisoire, suivant leur acte de produit : mais ils ne peuvent demander les intérêts postérieurs que comme dette personnelle des adjudicataires, comme charge de leur jouissance, ne diminuant en rien le capital à distribuer; que, ces adjudicataires étant tombés en folle-enchère, et le nouvel acquéreur du 5 déc. 1839 ne devant les intérêts de son prix qu'à partir du jour de son contrat, ainsi qu'il est de droit commun, et qu'il a, d'ailleurs, été expressément décidé par jugement du 9 juill. 1840, passé en force de chose jugée, lesdits délégués Kayser et Hacquart ne pourraient être admis à ajouter à leurs 1,500,000 fr. les intérêts courus entre les deux adjudications, et à augmenter ainsi leur collocation sur la masse, au détriment de la Caisse hypothécaire, sans violer la loi du contrat consenti avec elle;

En ce qui touche la répartition de la collocation de la Caisse hypothécaire entre les divers arrondissements dans lesquels s'étend la concession : — Attendu que l'arrêt du 24 août 1838 déclare expressément que c'est au respect des créanciers postérieurs que doit avoir lieu l'imputation proportionnelle; qu'ainsi la disposition ne porte point atteinte à l'indivisibilité; que la Caisse hypothécaire ne peut même jamais éprouver d'embarras à cet égard, puisqu'il s'agit d'une propriété qui n'est aucunement susceptible d'être divisée; — Qu'au surplus, l'arrêt susrelaté, en disant que la collocation se prélèverait, par imputation proportionnelle et au marc le franc, sur le prix des biens des différents arrondissements, a entendu évidemment les portions des prix qui restent encore disponibles, au moment où l'on vient à cette collocation, après le prélèvement des frais privilégiés, et des 1,500,000 fr. attribués aux délégués Kayser et Hacquart; que, si l'on opérait simplement eu égard au prix de vente, on s'exposerait à porter la répartition sur des fonds qui auraient été entièrement épuisés par les collocations précédentes; — Attendu que, du reste, la collocation, faite au profit de Mauriceau et consorts, est conforme à leur titre et qu'elle ne nuit point aux droits que certains créanciers peuvent avoir à exercer contre eux;

Par ces motifs, sans s'arrêter aux fins de non-recevoir respectivement proposées, qui sont rejetées, y compris celle fondée sur un prétendu acquiescement de la Caisse hypothécaire; — Reçoit les appels; reçoit aussi les interventions; joignant les appels, et faisant droit entre toutes les parties, modifiant l'ordonnance dont est appel, dit que la collocation des délégués Kayser et Hacquart, par antériorité à la Caisse hypothécaire, sera réduite au capital de 1,500,000 fr., à prendre sur le prix *principal* d'adjudication; que, par suite, la somme à distribuer sera réduite d'autant, et que les intérêts de cette collocation, courus depuis le 5 déc. 1839, ne pourront être réclamés que du second adjudicataire personnellement, à prendre sur ceux dont il est tenu en vertu de son adjudication; réserve auxdits créanciers pareil droit pour les intérêts, depuis le 20 mai 1835, contre les premiers adjudicataires, le droit leur étant, d'ailleurs, reconnu d'exiger les intérêts desdits 1,500,000 fr. de tous adjudicataires successifs, en proportion de leur prix, et en diminution des intérêts qui tombent à leur charge personnelle par le fait de l'adjudication; le tout au même rang d'hypothèque; ordonne que la répartition de la collocation de la Caisse hypothécaire entre les différents arrondissements où s'étend la concession aura lieu comme il est dit ci-dessus, c'est-à-dire proportionnellement aux sommes restées disponibles dans chacun des arrondissements, après le prélèvement des collocations antérieures, etc.

Du 19 fév. 1842.-C. d'Angers.-M. Desmazières, 1er pr.

cesser au profit de la partie saisie, puisqu'elle a donné à son créancier un débiteur légal qui doit des intérêts égaux à ceux qu'elle doit elle-même. Mais ne peut-il pas arriver qu'il n'y ait pas égalité entre ces intérêts : par exemple, si la partie saisie doit des intérêts à 5 p. 100, et si elle a vendu ses immeubles à un acquéreur qui ne paye que 4 p. 100 d'intérêts, ou qui a déposé son prix à la caisse des consignations, laquelle ne paye d'intérêts qu'à 3 p. 100? Est-ce que le cours des intérêts devra cesser, à l'égard de la partie saisie, comme le dit l'art. 765? Nous ne le pensons pas; car la partie saisie ne peut changer, à son profit, la loi de ses engagements : débitrice d'intérêts à 5 p. 100, elle doit les acquitter à ce taux jusqu'au remboursement du capital. Si donc elle est remplacée par un débiteur qui ne doit qu'un intérêt moindre, elle doit payer la différence d'intérêts depuis la clôture de l'ordre jusqu'au remboursement du bordereau. On comprend très-bien que les créanciers porteurs de bordereaux ne puissent, à dater de la clôture de l'ordre, exiger des débiteurs du prix qu'un intérêt égal à celui que ces derniers doivent, parce que, autrement, il en résulterait une diminution des collocations des derniers créanciers, ce qui n'est pas possible, l'ordre ayant réglé le rang et la quotité de chaque créance. Mais ils ne peuvent être privés de leur recours contre la partie saisie, leur débitrice, pour la portion d'intérêts qui leur est due, d'après leur titre, et qui ne leur est pas payée par le débiteur des bordereaux... » — Tout cela, comme nous venons de le dire, est rigoureusement vrai, mais est contraire au texte de la loi.

1043. Ce délai de vingt et un jours entre la clôture de l'ordre et la délivrance des bordereaux peut, cependant, s'accroître notablement, lorsque l'ordonnance de clôture est attaquée, d'abord par l'opposition, et ensuite par l'appel (c. pr. 767). Le préjudice, alors, pourrait devenir considérable pour les créanciers colloqués; mais l'art. 768 les désintéresse, en disant que « le créancier sur lequel les fonds manquent et la *partie saisie* ont leur recours contre ceux qui ont succombé, pour les intérêts et arrérages qui ont couru pendant les contestations. » Puisqu'un recours est accordé à la partie saisie contre les contestants qui succombent, c'est donc que les intérêts continuent de courir contre elle pendant la contestation. Et il devait nécessairement en être ainsi, puisque le règlement définitif est tenu en suspens pendant la durée du litige. Si l'opposition est admise, et que le règlement définitif soit modifié, c'est de la date de l'ordonnance modificative que cesseront les intérêts contre le saisi, et qu'ils courront contre l'adjudicataire; si l'opposition échoue et que le règlement définitif soit maintenu, le juge-commissaire ajoutera aux collocations les intérêts courus pendant la procédure, et les opposants tiendront compte de cette addition, conformément aux art. 766 et 768 combinés (Conf. MM. Tarrible, Rép., v° Saisie immob., § 8, n° 3; Carré et Chauveau, quest. 2600, et Chauveau, Proc. de l'ordre, quest. 2596 *bis*, n° 3, *in fine*; Grosse et Rameau, t. 2, n°s 454 et suiv.; Ollivier et Mourlon, n° 435; Bioche, v° Ordre, n° 658, 3e éd., 5e tirage; Flandin, Tr. de l'ordre, inédit).— V. n°s 1137 et suiv.

1044. *Enregistrement.* — Le procès-verbal d'ordre, pris dans son ensemble, n'est sujet qu'au droit de 50 c. par 100 fr. sur le montant des collocations arrêtées par le juge-commissaire. Les diverses parties de ce procès-verbal, telles que l'ouverture de l'ordre (lorsqu'elle ne contient point l'ordonnance du juge-commissaire à l'effet de sommer les créanciers), la mention des titres produits par les créanciers, le règlement provisoire de collocation, le renvoi à l'audience, en cas de contestation, les déchéances et radiations d'inscriptions, et enfin la clôture de l'ordre, ne donnent ouverture, comme nous l'avons déjà fait observer, pour chacune de ces constatations, en son lieu, à aucun droit d'enregistrement particulier (Instr. de la régie de l'enreg. du 5 fév. 1844, n° 1704, D. P. 45. 3. 33). — Mais, indépendamment de ce droit de 50 c. par 100 fr., il est dû, sur le procès-verbal d'ordre, pour droits de greffe, conformément à l'art. 2 du décret du 12 juill. 1808, savoir : un droit fixe de 3 fr. pour l'annexe de l'état des inscriptions hypothécaires prescrite par l'art. 752 (aujourd'hui 750) c. pr., et celui de 1 fr. 50 par chaque production de titres des créanciers, comme il a été dit *suprà*, n° 502 (Instruction précitée).

1045. La déchéance des créanciers non produisants et la radiation des inscriptions de ceux non utilement colloqués, qui sont prononcées par le juge-commissaire, en exécution de l'art. 759 (ancien) c. pr., dérivent essentiellement de la distribution du prix de l'immeuble et de l'épuisement des deniers; elles font partie intégrante de l'opération constatée par le procès-verbal d'ordre. Il n'est point dû, par conséquent, de droit particulier d'enregistrement pour ces dispositions (même instruction. — Conf. Req. 21 juill. 1818, v° Enreg., n° 254).

1046. Le procès-verbal d'ordre n'est point sujet à l'enregistrement dans les vingt jours de sa date : il suffit qu'il soit présenté à cette formalité avant la délivrance des bordereaux de collocation. L'art. 134 du décret du 16 fév. 1807, contenant le tarif des frais et dépens, a dérogé, sous ce rapport, à l'art. 20 de la loi du 22 frim. an 7. Cette disposition exceptionnelle doit être considérée comme subsistante, nonobstant l'art. 38 de la loi du 28 avr. 1816, qui astreint à l'enregistrement sur minute *tous actes judiciaires en matière civile*, cet article n'ayant apporté aucun changement aux délais fixés par les lois antérieures pour ceux de ces actes qui, comme les procès-verbaux d'ordre, étaient déjà passibles de l'enregistrement sur la minute (Instr. précitée).

SECT. 12. — *Des voies de recours contre l'ordonnance de clôture et des effets attachés à cette ordonnance.*

1047. Nous divisons cette section en trois articles. Il sera question, dans le premier, de l'opposition à l'ordonnance de clôture; dans le second, de la tierce opposition, et dans le troisième, des effets attachés à ladite ordonnance.

ART. 1. — *De l'opposition à l'ordonnance de clôture.*

1048. L'ancien code de procédure n'avait rien dit sur le point de savoir si le règlement définitif de l'ordre pourrait être attaqué, et par quelle voie? De là les opinions les plus divergentes sur le caractère à attribuer à cet acte. Les uns, comme MM. Tarrible, Rép., v° Saisie immobilière, § 8, n° 4 (sur l'art. 759); Carré, quest. 2575; Berriat-Saint-Prix, p. 615, note 16; Favard de Langlade, t. 4, p. 62, n'admettaient aucune espèce de recours contre le règlement définitif. « Tout est clôturé par cet acte, avait dit le premier M. Tarrible, et aucune des parties n'a le droit de le quereller, ni par la voie d'opposition, ni par la voie d'appel. Le saisi et les créanciers produisants, qui ont pris communication, sans contester, sont censés avoir adhéré. Ceux qui n'ont pas pris communication ont perdu le droit de contester devant le tribunal saisi de l'ordre, et, à plus forte raison, devant le tribunal d'appel. Les créanciers non utilement colloqués ont pu voir, comme les autres, que les collocations antérieures rendaient la leur inutile, et sont censés aussi s'être soumis à cette loi. Et enfin les créanciers non produisants ont perdu, sans retour, le bénéfice qu'ils auraient pu espérer de la production de leur titre, s'ils l'avaient faite dans le délai indiqué par la loi et par les sommations... »

Mais M. Tarrible, en s'exprimant ainsi, perdait de vue, de même que les partisans de son opinion, que le juge-commissaire pouvait, en dressant le règlement définitif, commettre des erreurs, des irrégularités, contre lesquelles il n'était pas possible de refuser aux parties intéressées un recours quelconque. On pouvait hésiter seulement sur le mode de recours. Devait-on prendre la voie de l'opposition ou celle de l'appel?

Une partie des auteurs s'étaient prononcés en faveur de l'appel (MM. Pigeau, Comm., sur l'art. 759, note 1; Thomine-Desmazures, n° 874; de Fréminville, t. 2, p. 26, n° 596; Bioche, Dict. de proc., anc. éd., v° Ordre, n° 528; Coffinières, Journ. des av., t. 17, p. 218; Chauveau sur Carré, quest. 2575; Talandier, De l'Appel, n° 50).—Cet appel, toutefois, ne pouvait avoir lieu dans tous les cas. « Il faut distinguer, disait Pigeau : si le règlement définitif leur paraissait (aux créanciers) susceptible d'attaque dans les parties qui n'ont pas été l'objet du règlement provisoire, ils pourraient attaquer le règlement. Ainsi, s'ils prétendaient que le juge-commissaire n'a pas dû arrêter l'ordre définitivement, soit parce que les délais n'étaient pas expirés, soit parce qu'il y a des contestations; si le juge-commissaire avait compris dans les frais privilégiés des frais étrangers au privilége; enfin, s'il avait commis des erreurs, soit dans la déchéance prononcée contre des créanciers, soit dans l'ordre de délivrance des bordereaux de collocation, il est clair que, tous ces points n'ayant pas été réglés par le travail provisoire, le silence des créanciers ne renferme pas leur approbation. Par quelle voie pourraient-ils donc se pourvoir? Je pense que c'est par la voie de l'appel... » — Et Pigeau en apportait cette raison, que, « lorsqu'il s'agit de régler provisoirement les droits des créanciers, le juge est un simple commissaire qui examine et qui propose, mais que, lorsqu'il s'agit du règlement définitif, c'est un juge qui ordonne; il représente alors le tribunal entier; c'est donc par voie d'appel que son travail peut être attaqué. » — Mais, ajoutait-il, en rentrant ici dans l'opinion de M. Tarrible, « si les créanciers prétendaient attaquer le règlement définitif pour de prétendues erreurs commises dans le règlement provisoire, ils seraient inadmissibles; ce serait un moyen de se relever de la déchéance prononcée contre eux, à défaut d'avoir contesté, dans le mois (art. 756); d'ailleurs, leur silence vaut approbation du règlement provisoire; et, hors le cas de violence et de dol, cette approbation ne peut être rétractée. » — C'est dans le même sens que nous nous étions expliqué dans notre traité de l'Appel civil, n°s 420 et 421.

D'autres s'étaient déclarés en faveur de l'opposition devant le tribunal (MM. Colmet-Daage, t. 2, p. 425, n° 1041; Rodière, t. 3, p. 231; Billequin, Journ. des av., t. 53, p. 609; Jacquemard, *ibid.*, t. 72, p. 317, art. 147; Ballot, Rev. pratique, 1857, t. 2, p. 139; Rivoire, De l'Appel, n° 77). Comment voir, disait-on pour repousser l'appel, un jugement dans l'acte émané d'un seul juge, sans qu'il y ait eu de demandes, de conclusions, de plaidoiries, sans publicité, en l'absence même des parties ou de leurs avoués? — Mais l'objection, comme on le faisait observer, n'allait à rien moins qu'à déclarer, comme dans la première opinion, que le règlement définitif n'était susceptible de recours d'aucune sorte, pas plus de l'opposition que de l'appel.

Un quatrième système s'était produit, mais qui rentrait dans le précédent : il consistait à dire que le règlement définitif ne pouvait être attaqué que par l'action principale en nullité (M. Klié, Rev. critique, 1856, t. 8, p. 259).

Toutes ces opinions, tous ces systèmes, avaient trouvé un appui dans la jurisprudence.

1049. Il a été jugé ainsi, dans le sens de la négation de tout recours, avant la loi du 21 mai 1858 : 1° que l'ordonnance du juge-commissaire, portant clôture de l'ordre, n'est pas un jugement; qu'elle n'est donc pas susceptible d'appel, de la part du saisi ni des créanciers parties dans l'ordre, qui n'ont fourni aucun contredit au règlement provisoire, dans le délai d'un mois (Rouen, 25 mars 1809 (1); Conf. Bourges, 10 déc. 1813, aff. Milon *C.* N...; Toulouse, 13 mars 1827, aff. Lacasin *C.* Vinzay; V. d'autres arrêts v° Appel civ., n° 421). — 2° Que l'ordonnance du juge-commissaire, qui, dans un ordre ouvert sur un failli, déclare, à défaut de contestations dans le délai légal, le règlement provisoire définitif, a toute la force d'un jugement de forclusion, lequel ne peut être attaqué par voie d'opposition, ni par voie de nullité, par les syndics de la faillite, intervenant dans l'ordre au nom de la masse, sous prétexte qu'étant parties dans l'ordre, ils n'auraient pas été sommés de prendre connaissance du règlement provisoire : — « La cour : attendu que l'ordonnance du juge-commissaire, qui, à défaut de contestation des collocations provisoires dans le temps déterminé par la loi, déclare le règlement provisoire définitif, a toute la force d'un jugement de forclusion, qui ne peut pas être attaqué par voie d'opposition, et encore moins par une demande en nullité que la loi ne connaît pas; infirme » (Paris, 3 août 1812, aff. Pennavert *C.* Dubois et autres; V., dans le même sens, un autre arrêt de la même cour du 11 août 1812, dans la même affaire, *suprà*, n° 640); — 3° Que la voie de l'appel n'est pas ouverte contre le procès-verbal d'ordre définitif, par lequel le juge-commissaire a modifié d'office l'état de collocation provisoire : « attendu, porte l'arrêt, qu'un état ou procès-verbal de collocation n'est point un jugement; qu'en conséquence, il ne peut donner ouverture à appel » (Bruxelles, ch. vac., 22 oct. 1814, aff. Crotheux; V., en sens contraire, Cass. 2 mars 1864, aff. Lacaze, *suprà*, n° 1033-3°); — 4° Que le créancier inscrit, qui n'a pas produit à l'ordre, malgré la sommation de produire qui lui a été faite au domicile élu dans son inscription, n'est pas fondé à se prévaloir, après la clôture de l'ordre, et pour en demander la nullité, d'une opposition formée par un autre créancier à cette même clôture, opposition qui, étant demeurée sans effet par suite de la collocation du créancier, n'a pu suspendre le règlement définitif (Req. 7 juill. 1824) (2); — 5° Que les créanciers, qui ont été sommés de produire à l'ordre, et qui ne se sont pas présentés, ne peuvent attaquer, par voie d'opposition, l'ordonnance de clôture de l'ordre, laquelle équivaut à forclusion et opère déchéance des créanciers non produisants (Caen, 4° ch., 19 janv. 1825, aff. Errard de Saint-Remi *C.* Delamarre et veuve Bayeux; Conf. Toulouse, 2° ch., 15 mai 1838, aff. femme Portal *C.* Desprats et veuve Laporte); — 6° Que, pareillement, l'ordonnance de clôture de l'ordre ayant le caractère d'un jugement de forclusion, le tribunal ne peut être appelé à rechercher si le juge-commissaire a bien ou mal procédé, en n'accueillant pas telle ou telle production, et, par suite, à maintenir ou à réformer cet ordre (Nancy, 30 avr. 1844, aff. Thiaville, extrait de M. Garnier, v° Ordre, n° 7); — 7° Que, lorsque le juge-commissaire, en clôturant l'ordre, réforme, en quelque point, le règlement provisoire, son ordonnance n'est pas sujette à appel, s'il n'a fait que se conformer à la disposition d'un jugement non attaqué (Bourges, 25 juin 1831, aff. N... *C.* N...); — 8° Que le règlement définitif de l'ordre, n'étant pas un jugement, mais un simple état de collocation, n'est pas susceptible d'appel; et, spécialement, que le créancier, partie dans l'ordre, qui n'a pas contesté, dans le délai prescrit par la loi, l'état de collocation provisoire, ne peut interjeter appel du règlement définitif, sur le motif que le juge y aurait colloqué des créanciers qui n'avaient aucun droit sur le prix : — « La cour; considérant que le procès-verbal d'ordre, dressé par un juge-commissaire, n'est point un jugement; qu'il n'est qu'un simple état de collocation non susceptible d'appel; — Déclare Ouradon non recevable dans son appel, etc. » (Paris, 26 janv. 1832, 3° ch.; MM. Lepoitevin, pr., Bayeux, av. gén., c. conf., aff. Ouradon *C.* Lutteroth et Mauguy); — 9° Que le créancier (un tuteur), qui n'a pas contesté le règlement provisoire dans le délai légal, ne peut attaquer le règlement définitif, ni par la voie d'appel, ni

(1) (Cornier *C.* N...) — LA COUR; — Attendu que l'ordre du prix des deux maisons expropriées sur Cornier a été commencé, sous l'empire du code de procédure, et poursuivi conformément aux dispositions de ce code; — Qu'il est constant, en fait, que, conformément à ce qui est prescrit par l'art. 755, l'état de collocation ayant été dressé par le commissaire nommé à cet effet, la confection dudit état a été dénoncée, à la requête du poursuivant, par acte d'avoué à avoué du 11 déc. 1807, aux créanciers produisants et à Cornier, partie saisie, par acte extrajudiciaire en date du lendemain 12, avec sommation d'en prendre communication et apporter contredits, dans le délai d'un mois; — Qu'il n'est pas besoin d'une pareille signification, à la requête de chaque créancier; mais que celle faite à la requête du poursuivant vaut et produit son effet pour tous les créanciers; — Que, n'ayant été apporté, dans ledit délai, aucuns contredits, ni de la part d'aucun créancier, ni de la part de Cornier, partie saisie, le commissaire a fait la clôture de l'ordre, et les bordereaux de collocation ont été délivrés aux créanciers colloqués; — Que, n'y ayant aucune contestation, il n'est intervenu aucun jugement; — Attendu, enfin, que le procès-verbal d'ordre dressé par le commissaire n'est point un jugement; qu'il ne peut être attaqué que de la manière indiquée par l'art. 755 c. pr., et qu'il n'est point susceptible d'appel; que c'est ce qui résulte clairement des dispositions du code; — Déclare Cornier non recevable dans son appel.

Du 25 mars 1809.-C. de Rouen.

(2) (Princesses de Rohan *C.* success. de Wargemont.) — LA COUR; — Attendu que les princesses de Rohan ont été appelées à l'ordre, et que les formalités voulues par la loi ont été régulièrement observées à leur égard; d'où il suit qu'elles ont été légalement forcloses; — Attendu, en outre, que le dire mis par les héritiers Querrier au procès-verbal (dire par lequel ils s'opposaient à la clôture de l'ordre jusqu'à ce qu'il eût été statué sur une demande en séparation de patrimoines formée par eux devant un autre tribunal), n'a pas pu avoir pour effet de suspendre le règlement définitif, puisqu'il n'a jamais donné lieu à aucune contestation (lesdits héritiers Querrier ayant été colloqués dans le règlement définitif); conséquemment, qu'il n'y avait aucun contestant à renvoyer à l'audience, ainsi qu'il est dit dans l'art. 759 c. pr.; — Rejette.

Du 7 juill. 1824.-C. C., sect. req.-MM. Lasaudade, pr.-Brillat, rap.

par celle de la requête civile (Paris, 26 déc. 1836) (1); — 10° Que l'ordonnance de clôture de l'ordre a le caractère, non d'un jugement, mais d'une simple ordonnance ayant pour objet de constater les droits respectifs des créanciers produisants, soit en vertu de l'accord des parties, soit en exécution des décisions souveraines qui ont fixé ces droits; qu'en conséquence, elle ne peut être attaquée par la voie de l'appel; que seulement, s'il s'élève des difficultés sur l'application des décisions intervenues, elles doivent être renvoyées au tribunal ou à la cour qui ont rendu ces décisions, et qui seuls ont droit et qualité pour en fixer le véritable sens et en assurer la complète et sincère exécution (Caen, 20 déc. 1848, et, sur pourvoi, Rej., 14 janv. 1850, aff. Quillet-Hannotin, D. P. 49. 2. 209, et 50. 1. 49; Conf. Limoges, 2 et 10 avr. 1840, aff. Deplagne *C.* Allègre, et aff. Fournier-Dufour-Lamartinie *C.* Materre; Caen, 5 août 1844, aff. Lecoq, D. P. 45. 4. 382, n° 3; Riom, 2e ch., 17 déc. 1846, aff. Cisternes *C.* Dupin; Grenoble, 1er fév. 1851, aff. Chavanne *C.* Fayn); — 11° Et que la non-recevabilité de l'appel, en pareil cas, de l'ordonnance de clôture de l'ordre constitue une exception péremptoire qui doit être suppléée d'office par le juge (arrêt précité de la cour de Limoges du 10 avr. 1840); — 12° Que, pareillement, le recours dirigé par un créancier contre le règlement définitif d'ordre, dans lequel le juge-commissaire a omis de le colloquer pour des dépens à lui alloués, à titre de frais privilégiés de poursuite, par un jugement, puis par un arrêt modificatif de ce jugement, doit être porté devant la cour de laquelle émane ledit arrêt, et que ce recours est recevable, encore bien qu'il ait été mal à propos qualifié d'*appel* (Bordeaux, 21 août 1850, aff. Bellussières, D. P. 54. 5. 536, n° 40; V. aussi *infrà*, n° 1031-3°, 4°); — 13° Que, si le règlement définitif d'un ordre est susceptible d'être attaqué, dans certains cas, par voie d'opposition, par exemple, lorsque le juge-commissaire ne s'est pas conformé, dans son ordonnance de clôture, au règlement provisoire, ou au prescrit des jugements et arrêts intervenus sur les contestations, ce mode de recours n'est pas possible, après le payement des bordereaux et la radiation des inscriptions, de la part d'un créancier qui n'a ni produit à l'ordre, bien que régulièrement sommé, ni contredit le règlement provisoire (Orléans, 28 juin 1856, aff. Verdier *C.* Bonnodeau, Journ. des av., t. 82, p. 82, art. 2584, n° 11); — 14° Et que, si ce créancier invoque la simulation du titre produit par un autre créancier, il n'a, contre le règlement définitif qui a admis la collocation de ce dernier créancier, que la voie de la requête civile, pour cause de dol ou de fausseté des pièces produites, dans les conditions et les délais prescrits par la loi (même arrêt); — 15° Que le règlement provisoire acquiert l'autorité de la chose jugée, à l'égard des créanciers qui n'y ont pas contredit, dans le délai légal; que, par suite, le créancier, qui n'a pas contredit, est non recevable à attaquer le règlement définitif, à raison d'erreurs qu'il prétend avoir été commises dans le règlement provisoire et reproduites dans le règlement définitif (Lyon, 1er juill. 1857, aff. Durand, D. P. 57. 2. 190).

1030. Dans le sens de l'appel, il a été jugé, avant la nouvelle loi : 1° que l'ordonnance de clôture de l'ordre n'est susceptible d'être réformée que par la voie de l'appel devant la cour et nullement par la voie de l'opposition devant le tribunal : — « La cour;... sur le moyen relatif à l'appel du procès-verbal de la clôture définitive de l'ordre : attendu que le juge-commissaire, délégué du tribunal, en fait l'office, en remplit les fonctions; qu'il règle l'ordre, liquide des intérêts et des frais, prononce des déchéances, ordonne la délivrance des bordereaux de collocation aux créanciers utilement colloqués, la radiation des inscriptions de ceux non utilement colloqués; que tout ce qu'il fait est définitif, sans pouvoir être attaqué par la voie de l'opposition; d'où résulte le droit d'appel, qui est de droit commun; rejette » (Req. 9 avr. 1839, M. Mestadier, rap., aff. Mesnier *C.* Grangeret et autres; V., pour les faits, v° Surenchère, n° 92.—Conf. Paris, 11 août 1812, aff. créanc. Hubert, *suprà*, n° 640; Riom, 7 juin 1817, aff. Bassignat, *suprà*, n° 766; Limoges, 14 mai 1824, aff. Fallet d'Ammonville; Bourges, 7 juill. 1830, 1re ch., aff. Piet *C.* Charry; 20 juill. 1831, aff. Quénisset et Garilland *C.* créanc. Gilot; Nancy, 6 avr. 1832, aff. Lapique *C.* Rodier-Roger; Bordeaux, 13 août 1834, aff. Crouzit *C.* Dumontet; Paris, 20 juin 1835, 3e ch., aff. Bidoire *C.* Pinchon; Paris, 11 janv. 1837, 2e ch., M. Hardoin, pr., aff. de Maussac *C.* Huet et cons.; Liége, 13 juill. 1839, aff. Kridelka, *suprà*, n° 1034-1°; Nîmes, 8 avr. 1840, 3e ch., aff. Vaton *C.* Lhuillier; Riom, 16 mars 1841, aff. Sauron *C.* Maillie; Limoges, 2 fév. 1843, aff. Rudel-Dumiral, D. P. 45. 4. 380, n° 1; Colmar, 3e ch., 4 mars 1844, aff. Levy *C.* Kahn; Bordeaux, 2e ch., 15 mars 1844, aff. Maisonnade *C.* Durand et autres; Orléans, 15 avr. 1845, aff. Bigot, D. P., *loc. cit.*, n° 2; 23 fév. 1847, aff. Chauveau, D. P. 48. 2. 174; Limoges, 12 fév. 1848, aff. Ribière, D. P. 52. 2. 107; 18 mars 1848, aff. Tarnaud, *ibid.*; Riom, 5 mai 1848, aff. N...; Montpellier, 13 mai 1848, aff. Beaudonnet *C.* Dumas; Nîmes, 23 mai 1848, aff. Pecoul et Salavert, D. P. 48. 2. 173; Toulouse, 23 fév. 1849, aff. Barbé *C.* Laclau; Rennes, 23 juin 1849, aff. Monge, D. P. 52. 2. 107; Bordeaux, 8 déc. 1849, aff. Bardy *C.* Dupin-Laplante; Toulouse, 8 mars 1850, aff. Metché, D. P. 50. 2. 147); — 2° Qu'est recevable l'appel d'une ordonnance du juge-commissaire, prononçant la clôture de l'ordre et la déchéance d'un créancier qui n'y a pas produit, alors que ce créancier n'a aucune négligence à s'imputer, et que la déchéance obtenue contre lui a été, de la part du poursuivant, le résultat du dol et de la fraude (Nancy, 16 mars 1809) (2); — 3° Que l'ordonnance, par laquelle le juge-commissaire, en opérant la clôture de l'ordre, rejette une demande en collocation, est un véritable jugement contre lequel la voie de l'appel est ouverte (Montpellier, 9 juin 1823) (3); et que l'ordonnance de clôture de l'ordre étant, de sa nature, exécutoire par provision, l'appel peut en être interjeté dans la huitaine, à compter du jour où elle a été rendue (même arrêt); — 4° Que c'est par la voie de l'appel devant la cour, et non par

(1) (Rignon *C.* Dupré.) — La cour; — Faisant droit sur les appels interjetés par Rignon (tuteur), tant du jugement du tribunal civil de la Seine du 24 mars 1835, que du règlement définitif du 5 fév. 1834 : — Considérant que Rignon n'ayant pas pris communication de l'état de collocation (qui avait rejeté la demande de collocation faite au nom du mineur), dans le délai fixé par l'art. 755 c. pr., et se trouvant forclos conformément à l'art. 756 du même code, ne peut se pourvoir contre le règlement définitif, ni par la voie de l'appel, ni par la voie de la requête civile, puisque ce serait éluder la disposition de la loi, et obtenir, par un moyen indirect, ce qu'elle a formellement défendu; — Considérant au surplus, que le mineur Bourgeois a été valablement représenté et défendu; — Confirme le jugement qui avait déclaré non recevable la requête civile; déclare non recevable l'appel contre le règlement définitif, etc.

Du 26 déc. (et non nov.) 1836.-C. de Paris, 5e ch.-M. Lepoitevin, pr.

(2) (Wolf *C.* Barbillot.) — La cour; —...Attendu que, s'il résulte des dispositions du code de procédure, et notamment de l'art. 759, que la déchéance est la peine prononcée contre le créancier inscrit qui a négligé de produire ses titres au procès-verbal d'ordre, la justice et l'équité veulent que cette déchéance ne soit irrévocablement encourue qu'autant qu'elle aura été légalement obtenue; qu'ainsi le créancier qui n'a aucune négligence à s'imputer, celui qui trouve sa justification, soit dans les circonstances de la cause, déguisées au juge-commissaire, soit dans l'irrégularité des notifications que le poursuivant a dû lui faire pour l'instruire de l'ouverture de l'ordre, a incontestablement le droit de se pourvoir contre une déchéance qui peut n'être que le résultat du dol et de la fraude... — Admet l'appel, etc.

Du 16 mars 1809.-C. de Nancy.

Il y a eu pourvoi contre cet arrêt et rejet, mais par des motifs qui ne touchent en rien à la question ci-dessus, et que la cour de cassation s'est trouvée dispensée d'examiner (V. *infrà*, n° 1197).

(3) (Sarrazi-Cazeaux *C.* Bourrel.) — La cour; — Attendu, sur les fins de non-recevoir opposées à l'appel, 1° qu'une ordonnance, par laquelle un commissaire à l'ordre rejette une demande quelconque formée devant lui, et procède à la clôture définitive de l'ordre, est un véritable jugement contre lequel la voie de l'appel est ouverte; — Attendu, 2° qu'une ordonnance de clôture d'ordre est, de sa nature, exécutoire par provision; que cela s'induit des dispositions combinées des articles du code relatifs à la procédure d'ordre, et notamment de celles de l'art. 771, qui veut que, dans les dix jours après l'ordonnance du juge-commissaire, le greffier délivre à chaque créancier utilement colloqué le bordereau de collocation qui est exécutoire contre l'acquéreur; d'où il suit que l'appel d'une pareille ordonnance peut être interjeté dans la huitaine de sa prononciation, et que celui que Sarrazi-Cazeaux a relevé, le 1er mars dernier, de l'ordonnance de clôture d'ordre du 26 février précédent n'est pas non recevable, aux termes de l'art. 449 c. pr.; —...Rejette les fins de non-recevoir opposées contre l'appel, etc.; au fond, confirme.

Du 9 juin 1823.-C. de Montpellier.

la voie de l'opposition devant le tribunal, que doit être attaquée l'ordonnance du juge-commissaire, qui, après l'ouverture de l'ordre et la production des créanciers, déclare, de son propre mouvement, et sans y être requis par aucune des parties intéressées, qu'il n'y a lieu de continuer la procédure d'ordre, sous prétexte qu'il n'y a pas, dans l'espèce, plus de trois créanciers inscrits (Toulouse, 7 déc. 1826) (1);— 5° Que le tribunal, qui a commis un de ses membres pour procéder à un ordre, n'est pas compétent pour réformer, sur opposition ou autrement, les ordonnances de ce juge, notamment celle qui prescrit la délivrance d'un bordereau; que ce serait à la cour, et par appel, qu'une ordonnance de cette nature devrait être déférée (Nancy, 1re ch., 6 avr. 1832, aff. Lapique *C.* Rodier, extrait de M. Garnier, Jur. de la cour de Nancy, v° Ordre, n° 15);—6° Mais que, lorsque l'appel a été dirigé contre le jugement qui a statué sur cette ordonnance, et non contre l'ordonnance elle-même, la cour ne peut pas, même du consentement des parties, apprécier le mérite de cette ordonnance, d'après des conclusions postérieures à l'exploit d'appel (même arrêt);— 7° Que le juge-commissaire, qui, au lieu de convertir en règlement définitif le règlement provisoire, non contredit par les parties intéressées, substitue à ce règlement provisoire un nouvel ordre, différent du premier, agit irrégulièrement, et que son ordonnance, dans ce cas, doit être attaquée, non par voie d'opposition devant le tribunal, mais par voie d'appel devant la cour, dans les trois mois de la signification du bordereau contenant relation de ladite ordonnance (Pau, 9 juin 1837, ch. corr., aff Ducuing; V. aussi *infrà*, n° 1054-2°). — Le juge-commissaire, dans l'espèce, n'avait pas tenu compte, dans le règlement provisoire, des intérêts courus depuis l'adjudication et à courir jusqu'au jour présumé de la délivrance des bordereaux, etc.; quoique le règlement provisoire n'eût été l'objet d'aucun contredit, il avait cru pouvoir le modifier en réparant l'omission dans le règlement définitif; — 8° Que le règlement définitif d'un ordre est susceptible d'appel, bien que le juge se soit conformé, pour la rédaction de son règlement, à des jugements intervenus; et, spécialement, que le créancier, colloqué dans un règlement provisoire à la charge de produire la grosse de son obligation, n'est pas déchu pour n'avoir pas satisfait à cette production, lors du règlement définitif, s'il n'a point été préalablement mis en demeure (Paris, 3 oct. 1839) (2). — Regnault, dans l'espèce, avait produit, à l'ordre, une simple expédition de son titre, au lieu de la grosse : le juge-commissaire, pour ce motif, l'avait rejeté de l'ordre; mais, sur le contredit élevé par Regnault, un arrêt avait ordonné sa collocation, à la charge, par lui, de produire la grosse, lors du règlement définitif, sous peine de déchéance. — Regnault s'était fait délivrer une seconde grosse; mais le juge-commissaire, qui, au moment du règlement définitif, n'avait toujours en mains que l'expédition, prononça la déchéance de Regnault et colloqua, à sa place, la demoiselle Vouty, qui ne venait qu'après lui. Regnault, pour se faire relever de la déchéance qui lui avait été appliquée, n'avait qu'un moyen, c'était d'attaquer l'ordonnance de clôture de l'ordre. Mais le pouvait-il, lorsque le juge, bien loin de contrevenir à l'arrêt qui avait statué sur le contredit, n'avait fait que s'y conformer? Telle était la question;—9° Que, si le règlement définitif ne peut être attaqué, lorsqu'il est entièrement conforme, soit au règlement provisoire, soit au jugement intervenu sur les contestations élevées, il n'en est pas de même, lorsque le juge-commissaire y a inséré des dispositions qui ont modifié le règlement provisoire, et qui peuvent porter préjudice aux créanciers; que, dans ce cas, le juge-commissaire ayant fait acte de juridiction et rendu une véritable décision, c'est par la voie de l'appel, et non par celle de l'opposition devant le tribunal, qu'on doit se pourvoir contre son ordonnance (Paris, 3e ch., 9 avr. 1842, M. Simonneau, pr., aff. de Brou *C.* Didelot.—Conf. Montpellier, 5 juill. 1847, aff. Miquel *C.* Vergnes); — 10° Que, pareillement, le juge-commissaire ne faisant pas acte de juridiction contentieuse, lorsqu'il se borne à appliquer les conséquences nécessaires résultant du défaut de contestations, ou du règlement intervenu sur ces contestations, son ordonnance n'est pas sujette à appel; mais qu'il en est autrement, lorsque, outre-passant ses pouvoirs, il prononce sur un litige élevé entre les parties, au lieu de les renvoyer à l'audience; par exemple, en donnant effet à une prétendue transaction irrégulièrement passée entre elles (Grenoble, 9 août 1848, aff. veuve Chabert et Romain-Marret, D. P. 49. 2. 123); — 11° Que c'est par voie d'appel, et non par action directe et principale contre les créanciers non produisants, que l'adjudicataire doit se pourvoir contre l'ordonnance de clôture de l'ordre, qui, tout en prononçant la déchéance de ces derniers, n'ordonne pas la radiation de leurs inscriptions; que, cependant, il faut déduire des frais de l'instance suivie contre ceux-ci les frais de l'instance qu'aurait entraînés l'appel de l'ordonnance, en les prélevant sur la somme à distribuer, surtout quand il y a faute des créanciers produisants (Nîmes, 26 juill. 1848) (3).

1051. Il a été jugé, au contraire, dans le sens de l'opposition, ou de l'action principale en nullité : 1° que l'ordonnance de clôture de l'ordre n'est pas un jugement; qu'elle ne peut donc être soumise à la cour par voie d'appel; qu'en cas de difficultés, le juge-commissaire doit renvoyer les contestants à l'audience, sauf, ensuite, à la cour à connaître, par appel, du jugement rendu : — « La cour; considérant que la cour ne peut

(1) (Femme Gleyses *C.* Baric.) — LA COUR; — Attendu que tout juge-commissaire, préposé à la confection d'un ordre, est délégué par le président du tribunal, et non par le tribunal même, conformément à l'art. 751; que, dès lors, il n'est pas le délégué du tribunal; que, s'il rend une ordonnance de son chef, il doit être permis aux parties intéressées de l'attaquer par la voie ordinaire de l'appel, ouverte, en règle générale, et aux termes du droit commun, contre toute décision émanée d'un juge inférieur, à moins d'exception littérale et contraire introduite par la loi; que la voie de l'opposition devant le tribunal ne serait point praticable, puisqu'elle n'est introduite que contre les jugements par défaut émanés du tribunal auquel l'opposition est déférée, ou d'un tribunal égal ou inférieur à celui-là; qu'il impliquerait que trois degrés de juridiction existassent dans un ordre; ce qui arriverait dans le cas d'une opposition de ce genre; — Attendu, au fond, etc. (pour la décision sur le fond, V. *infrà*, n° 1266-5°).

Du 7 déc. 1826.-C. de Toulouse, 2e ch.-M. de Faydel, pr.

(2) (Regnault C. Vouty.) — LA COUR; — Faisant droit sur l'appel, interjeté par Regnault, du règlement définitif de l'ordre, en date du 20 août dernier; — En ce qui touche la fin de non-recevoir contre l'appel : — Considérant que, bien que le juge-commissaire se soit conformé, dans le règlement définitif, aux jugement et arrêt précédemment rendus, ce règlement n'en est pas moins une décision du juge, susceptible, dès lors, d'être attaquée par la voie de l'appel; que l'appel interjeté n'a pas pour but de faire réformer lesdits jugement et arrêt, mais uniquement de faire décider si Regnault a encouru la déchance prononcée contre lui en vertu de ces jugement et arrêt;

En ce qui touche le fond : — Considérant que l'arrêt de la cour n'avait fixé aucun terme précis dans lequel devrait être faite la production de Regnault; — Qu'il portait seulement, en termes généraux, qu'il produirait la grosse de son titre, lors du règlement définitif; — Que rien ne justifie que, par aucun moyen quelconque, il lui ait été donné connaissance du jour où ledit règlement a été clos;

Sans s'arrêter, ni avoir égard à la fin de non-recevoir, dont l'intimée est déboutée, infirme; Emendant, réforme le règlement définitif dont il s'agit, en ce qu'il a rejeté Regnault de l'ordre; — Au principal, ordonne que Regnault sera colloqué audit ordre, à la date du 28 fév. 1836, jour de son inscription, pour la somme principale de 20,000 fr., montant de sa créance, et pour les intérêts d'icelle, frais et accessoires légitimement dus.

Du 3 oct. 1839.-C. de Paris, ch. des vac.-M. Dupuy, pr.

(3) (Bardon C. Gisclard et Gervais.) — LA COUR;... — Attendu que, s'il est vrai que l'ordonnance du juge-commissaire, en laissant subsister les inscriptions des créanciers non produisants, bien qu'elle prononçât en même temps leur déchéance, créât à Bardon (l'adjudicataire) une position incertaine et équivoque dont il avait intérêt à sortir, il n'est pas moins vrai qu'il aurait pu employer, à cet effet, la voie plus courte et moins dispendieuse de l'appel, au lieu d'entamer une instance nouvelle plus longue et plus coûteuse; — Attendu, toutefois, que, si Bardon est en faute, sous ce rapport, cette faute ne doit pas avoir pour résultat de mettre tous les dépens à sa charge, par le double motif : 1° qu'en adoptant la voie de l'appel de l'ordonnance du juge-commissaire, il y aurait toujours eu une certaine somme de frais qu'il aurait été juste d'autoriser Bardon à retenir sur son prix; 2° que les autres parties au procès sont en faute elles-mêmes;... — Attendu que, dans cet ensemble de circonstances et de torts réciproques, il y a lieu de répartir les dépens entre toutes les parties, dans la proportion qui sera déterminée plus bas par l'arrêt, etc.

Du 26 juill. 1848.-C. de Nîmes.

être saisie que par l'appel d'un jugement; que le procès-verbal d'ordre, dont Milon lui voudrait soumettre l'examen, n'est qu'un état de collocation, l'indication, faite par le juge-commissaire, du rang dans lequel devront être payés les créanciers qui ont produit leurs titres; que, s'il s'élève des contestations, le juge-commissaire envoie les contestants à l'audience; que le tribunal, après avoir entendu les réclamations des parties, rend son jugement, et que c'est alors seulement que le créancier, mécontent de sa décision, peut en demander la réformation à la cour; déclare l'appel purement et simplement non recevable, etc. » (Bourges, 10 déc. 1813, aff. Milon *C.* Serizier et autres); — 2° Et que, si le juge-commissaire, outrepassant ses pouvoirs, au lieu de renvoyer les parties à l'audience, statue lui-même sur les contestations, c'est encore au tribunal qu'il faut s'adresser pour faire réformer sa décision (Bourges, 17 mars 1827, aff. Tabouet *C.* Rémond); — 3° Que le règlement définitif de l'ordre, pas plus que le règlement provisoire, n'a le caractère de jugement; qu'il ne peut donc être attaqué par la voie de l'appel; que, toutefois, on peut en demander la nullité, lorsqu'il n'est pas conforme aux bases consenties par les parties, ou fixées par les décisions qui l'ont précédé : dans ce dernier cas, par assignation devant la juridiction qui a statué définivement sur les contredits, et, dans les autres cas, par action directe devant le tribunal (Orléans, 8 juin 1838) (1); — 4° Qu'il n'importe que la demande en nullité du règlement définitif, portée devant la cour, ait été qualifiée d'appel; qu'il suffit, pour sa validité, que cette cour fût compétente pour en connaître (même arrêt. — Conf. Bordeaux, 21 août 1850, aff. Bellussières, cité *suprà*, n° 1049-12°);—5° Que pareillement, si les créanciers produisant à l'ordre, et qui n'ont pas contesté le règlement provisoire, sont, en général, déchus du droit d'attaquer le règlement définitif, il n'en saurait être ainsi, lorsque ce règlement est entaché d'une erreur qui modifie essentiellement le règlement provisoire; que, dans ce cas, ils sont en droit d'en demander la rectification, non par la voie de l'appel, ni par celle de l'opposition applicable aux jugements par défaut, mais par action principale devant le tribunal, laquelle, dans le silence de la loi et faute d'un délai spécial, dure trente ans (Orléans, 17 juin 1852, aff. Tardiveau, D. P. 54. 2. 57; V. encore *infrà*, n° 1055-1°);—6° Que l'ordonnance de clôture d'un ordre, ne pouvant être assimilée à un jugement, n'est attaquable que par la voie de l'opposition devant le tribunal, et non par celle de l'appel (Paris, 3e ch., 1er juin 1850, aff. Maret, D. P. 50. 2. 150; Paris, 4e ch., 6 juin 1850, aff. François, *ibid.*; Colmar, 23 déc. 1850, aff. Beaujeu, D. P. 53, 2. 160; Bordeaux, 10 juin 1851, aff. hér. Fauvel, *ibid.* 161; Montpellier, 18 mai 1852 aff. Reverdy *C.* Pradal; Toulouse, 20 août 1852, aff. Coutanceaux, *ibid.*, 162; Grenoble, 3 fév. 1853, aff. Eyme; Rennes, 11 fév. 1853, aff. Hardy, D. P. 55. 2. 330; Paris, 4e ch., 24 juin 1853, aff. Benoit, D. P. 54. 2. 4; Lyon, 21 juill. 1853, aff. Gaillard, D. P. 53. 2. 233; Agen, 6 mai 1856, aff. Gilles, D. P. 56. 2. 181; Cass. 13 août 1856, aff. Poulmaire, D. P. 56. 1. 342; Rouen, 2e ch., 18 juin 1857, aff. Delamotte; Lyon, 1er juill. 1857, aff. Durand, D. P. 57. 2. 190).

1052. D'autres difficultés s'élevaient, avant la loi du 21 mai, sur le délai dans lequel pouvait avoir lieu le recours contre le règlement définitif, et sur le point de départ de ce délai. Il y avait encore, à cet égard, une grande divergence dans les arrêts. — Il a été jugé : 1° que l'appel de l'ordonnance de clôture définitive d'un ordre doit être interjeté dans les dix jours de la signification de ladite ordonnance à avoué, soit dans sa teneur, soit au moins, par extrait, dans la disposition susceptible de faire grief (Limoges, 2 fév. 1843, aff. Rudel-Dumiral-Constant, D. P. 45. 4. 380, n° 1; Orléans, 15 avr. 1845, aff. Bigot, *ibid.*, n° 2; Limoges, 12 fév. 1848, aff. Ribière; 18 mars 1848, aff. Tarnaud, D. P. 52. 2. 107); — 2° Que, bien qu'en général, cette signification ne doive pas avoir lieu, celui qui a intérêt à faire courir le délai d'appel, est virtuellement autorisé à l'effectuer (arrêt précité du 12 fév. 1848); — 3° Que le délai de dix jours, accordé pour interjeter appel du règlement définitif de l'ordre, court, non à partir du jour de l'ordonnance du juge-commissaire, mais de la signification de cette ordonnance (Paris, 9 avr. 1842, aff. de Brou, cité *suprà*, n° 1050-9°).

1053. Il a été jugé, au contraire : 1° que le délai pour interjeter appel du règlement définitif d'un ordre est de trois mois, et non de dix jours, ce dernier délai étant seulement applicable aux jugements sur contredits : — « La cour; attendu que la règle générale, en matière d'appel, est que le délai, pour l'interjeter, soit de trois mois; que l'art. 763 c. pr. ne s'applique qu'à l'appel du jugement qui a statué sur les contredits formés au procès-verbal d'ordre; que ni cet article, ni aucun autre, ne se sont occupés de l'appel dirigé contre l'ordonnance du juge-commissaire, qui arrête définitivement les collocations; qu'ainsi il y a lieu, dans ce cas, d'appliquer le droit commun; ...sans s'arrêter aux fins de non-recevoir, etc. » (Angers, 19 fév. 1842, M. Desmazières, 1er pr., aff. Bordet et Caisse hyp. *C.* Kayser, Moriceau, etc. — Conf. Liége, 13 juill. 1839, aff. Kridelka, *suprà*, n° 1034-1°; Rej. 27 août 1849, aff. veuve Collier et Duparquet, D. P. 49. 1. 282 (motif de l'arrêt); Besançon, 1er fév. 1856, aff. Brochet, D. P. 56. 2. 96); — 2° ...Et que ce délai court du jour de l'ordonnance de clôture, sans qu'il y ait lieu à signification de ladite ordonnance (Paris, 11 mars 1839 (2); Conf. Nancy, 1er juin 1832, aff. Lapique, cité par M. Garnier, Jurispr. de la cour de Nancy, v° Ordre, n° 6; Paris, 11 janv. 1837, 2e ch., M. Hardoin, pr., aff. de Maussac *C.* Huet et cons.; Liége, 13 juill. 1839, aff. Kridelka, *suprà*, n° 1034-1°; Orléans, 23 fév. 1847, aff. Chauveau, D. P. 48. 2. 174).

1054. Mais il a été jugé : 1° que le délai de trois mois, pour interjeter appel du règlement définitif de l'ordre, ne court

(1) (Hér. Richard d'Aubigny *C.* Dufraigne.) — La cour; — En ce qui touche le caractère du règlement définitif d'ordre : — Attendu que, soit qu'on le considère dans sa nature ou dans ses formes, ce règlement n'offre pas plus que le règlement provisoire le caractère d'un jugement; — Que, selon la lettre comme selon l'esprit des art. 758 et 759 c. pr. civ., le juge-commissaire à l'ordre n'a reçu d'autre mission que celle de classer les créanciers selon les titres produits et l'ordre consenti par les parties, quand il n'a point été élevé de contredit, ou fixé par le tribunal ou la cour royale qui a statué sur les contredits élevés; — Que, dans l'un comme dans l'autre cas, ce juge fait une simple opération et ne rend point de décision; — Qu'aux termes des articles précités, conformes aux principes de notre droit, qui ne permettent que la délégation de la juridiction volontaire, et non celle de la juridiction contentieuse, toutes les fois qu'il y a décision à rendre, il doit renvoyer devant le tribunal entier, à qui seul appartient le pouvoir de juger; — Que, d'ailleurs, on ne peut considérer comme un jugement un acte dépourvu de toutes les formes qui lui sont essentielles, savoir : la publicité, la présence des parties, celle du ministère public, et, dans l'espèce même, son audition obligée; enfin, le silence sur les délais de l'appel dans une procédure toute spéciale, où les délais s'écartent du droit commun;

Mais attendu que le règlement définitif ne saurait être irréfragable, s'il n'était point conforme aux bases consenties par les parties ou fixées par les décisions qui le précèdent, et qu'il est susceptible d'être attaqué par assignation devant la juridiction qui a statué définitivement sur le contredit fourni, ou, dans les autres cas, par action directe devant le tribunal; que, dans l'espèce, le règlement définitif ayant dû être opéré d'après les bases fixées par l'arrêt de la cour de Bourges, du 8 mars 1834, c'est devant cette cour que le règlement devait être attaqué; — Que, dans notre droit, qui ne reconnaît point de forme sacramentelle dans les actions, l'assignation, contenue dans l'acte du 5 janv. 1835, quoique indûment qualifié d'acte d'appel, a valablement saisi la cour; d'où il suit que, sous ce premier rapport, la fin de non-recevoir ne procède pas, etc.

Du 8 juin 1838.-C. d'Orléans.-M. Travers de Beauvert, 1er pr.

Nota. Cet arrêt a été cassé, mais sur une autre question (V. Acquiesc., n° 88).

(2) (Garnot *C.* Brulée.) — La cour; — Considérant que, l'ordonnance du juge-commissaire qui règle définitivement l'ordre ne devant point être levée ni signifiée, aux termes de la loi le délai pour interjeter appel de ladite ordonnance ne peut courir, comme pour les jugements contradictoires, du jour de la signification; — Qu'il y a lieu, dès lors, de prendre pour point de départ des trois mois, accordés à la partie qui veut attaquer le règlement définitif, le jour même de l'ordonnance de clôture, à laquelle les parties sont toujours censées présentes par le ministère de leurs avoués; — Que cette délimitation du délai de l'appel, loin d'être contraire au texte de la loi, est conforme à ce qui se pratique dans plusieurs cas prévus par le code de procédure, notamment par les art. 592 et 756; — Considérant, en fait, que le règlement définitif de l'ordre dont il s'agit est du 28 août 1834, et que l'appel n'a été interjeté que le 6 décembre suivant; — Déclare Garnot non recevable dans son appel, etc.

Du 11 mars 1839.-C. de Paris, 2e ch.-MM. Hardoin, pr.-Berville, 1er av. gén., c. conf.-Baroche et Amable Boulanger, av.

que du jour de sa signification à personne ou domicile, conformément au droit commun (Nîmes, 8 avr. 1840 (1); Conf. Pau, ch. cor., 9 juin 1837, aff. Ducuing; Rej. 14 janv. 1850, aff. Quillet-Hannotin, D. P. 50. 1. 49); — 2° Que, de même, le délai de l'appel du règlement définitif est de trois mois, et que cet appel est non recevable, de la part de l'acquéreur, s'il n'a été interjeté que postérieurement aux trois mois qui se sont écoulés depuis la signification qui lui a été faite du bordereau de collocation, avec commandement de payer, lequel bordereau contient la relation textuelle de l'ordonnance de clôture de l'ordre (Nîmes, 23 mai 1848, aff. Pecoul et Salavert, D. P. 48. 2. 173; V. encore *suprà*, n° 1050-7°).

1055. Il a été jugé, cependant : 1° qu'aucun des articles du code de procédure n'ayant déterminé le délai dans lequel on doit se pourvoir contre le règlement définitif d'un ordre, on reste, à cet égard, dans le droit commun; que ce règlement peut donc être attaqué, comme tous actes ou règlements, jusqu'à sa ratification ou exécution; qu'à ce cas ne s'appliquent pas les art. 157, 443 et 763 c. pr., lesquels ne concernent que les jugements proprement dits, soit contradictoires, soit par défaut (Cass. 13 août 1856, aff. Poulmaire, D. P. 56. 1. 342. — Conf. Lyon, 1er juill. 1857, aff. Durand, D. P. 57. 2. 190; V. encore *suprà*, n° 1051-5°); — 2° Et, par une conséquence du même principe, que l'acte d'appel de cette ordonnance doit être signifié, à peine de nullité, non à avoué, mais à la partie elle-même, ou à son domicile (Limoges, 18 mars 1848, aff. Tarnaud, D. P. 52. 2. 107).

1056. Toutes les difficultés qui précèdent sur le mode de recours contre l'ordonnance de clôture de l'ordre, le délai dans lequel il doit être exercé, le point de départ de ce délai, sont tranchées par le nouvel art. 767 du code, portant que, « dans les trois jours de l'ordonnance de clôture, l'avoué poursuivant la dénonce par un simple acte d'avoué à avoué, » et « qu'en cas d'opposition à cette ordonnance par un créancier, par l'adjudicataire ou la partie saisie, cette opposition est formée, à peine de nullité, dans la huitaine de la dénonciation, et portée, dans la huitaine suivante, à l'audience du tribunal, même en vacations, par un simple acte d'avoué contenant moyens et conclusions, et, à l'égard de la partie saisie n'ayant pas d'avoué en cause, par exploit d'ajournement à huit jours... » — C'est pour la voie de l'opposition, comme étant *la voie de recours la plus prompte et la moins dispendieuse*, est-il dit dans l'exposé des motifs (D. P. 58. 4. 44, n° 35), que s'est décidée la nouvelle loi, se conformant ainsi au dernier état de la jurisprudence. Et il s'agit là, comme le dit M. Riché dans son rapport, non pas d'une disposition nouvelle, mais d'une disposition interprétative qui doit régler le passé comme l'avenir : « Il est, néanmoins, dans la loi nouvelle, porte ce document, des dispositions purement interprétatives de l'ancienne, telles que celle sur la voie de recours contre l'ordonnance de clôture... Votre commission avait ajouté que ces dispositions s'appliqueraient aux ordres antérieurement ouverts : le conseil d'Etat a, sans doute, regardé cette explication comme superflue... » (D. P. 58. 4. 49, n° 105). — V. *infrà*, sous la sect. 19.

1057. Mais il reste entendu, comme s'en exprime, d'ailleurs, M. Riché, dans son rapport au corps législatif, « que les créanciers, qui n'ont pas contredit l'état de collocation provisoire, ne pourront, sous prétexte d'attaquer l'ordonnance de clôture, remettre en question, directement ou indirectement, les bases de cet état, ses décisions sur la somme à distribuer, l'existence, la quotité et le rang des créances : autrement l'art. 756 ne serait qu'un vain mot » (D. P. 58. 4. 49, n° 94). Ainsi, trouveront encore aujourd'hui leur application les arrêts qui avaient déjà décidé dans ce sens, antérieurement à la loi du 21 mai (V. *suprà*, n° 1049. — Conf. MM. Bressolles, n° 59; Houyvet, n° 318; Seligman, n° 384; Flandin, Tr. de l'ordre, inédit). — Il a été jugé, depuis la loi du 21 mai 1858, et cela, quoique contraire aux décisions rapportées *suprà*, n° 1049-10°, peut être considéré comme une conséquence du droit d'opposition consacré par la loi nouvelle, que l'opposition à l'ordonnance de clôture de l'ordre doit être portée devant le tribunal, et non pas devant la cour qui a statué sur les contredits, alors même que l'opposant prétendrait que le juge, dans le règlement définitif, ne s'est pas conformé aux prescriptions de l'arrêt (Chambéry, 23 août 1864, aff. Chopin, D. P. 64. 5. 265, n° 19).

1058. « Quant au cas où un créancier inscrit n'aurait pas été appelé à l'ordre, où un contestant n'aurait pas été appelé au jugement des contestations, il nous semble, ajoute le rapporteur, qu'outre le recours contre l'ordonnance, il a le droit radical d'attaquer l'ordre ou le jugement par voie de nullité ou de tierce opposition » (D. P. 58. 4. 49, n° 94, V. *suprà*, n° 1051; V. aussi *infrà*, nos 1093 et s. — Conf. MM. Bioche, v° Ordre, n° 683, 3e éd.; Ollivier et Mourlon, n° 431; Bressoles, n° 59; Seligman, n° 513; Flandin, Tr. de l'ordre, inédit). — Le créancier omis, suivant MM. Ollivier et Mourlon, *loc. cit.*, a à sa disposition un mode de recours plus simple et plus efficace, c'est de requérir un nouvel ordre, comme si le premier n'existait pas (Conf. MM. Carré et Chauveau, quest 2576). Mais est-il bien possible, dirons-nous avec M. Flandin, de faire abstraction du premier ordre? Et, si les créanciers colloqués dans cet ordre contestent, comme ils n'y manqueront guère, la réquisition d'ouverture d'un nouveau règlement d'ordre, ne faudra-t-il pas aller devant le tribunal pour faire statuer préalablement sur cette contestation? Qu'aura donc gagné le créancier omis à procéder comme le veulent MM. Ollivier et Mourlon, au lieu de prendre immédiatement la voie indiquée par M. Riché?

1059. Du reste, ainsi que le remarque M. Bioche, *loc. cit.*, ce n'est pas par l'action en nullité, mais par la voie de l'opposition, que devrait agir le créancier contestant qui n'aurait pas été appelé au jugement des contestations, mais à qui l'ordonnance de clôture aurait été dénoncée, conformément à l'art. 767. Les voies ordinaires sont toujours préférables aux voies extraordinaires, dès que, par elles, on peut arriver au même but (Conf. MM. Ollivier et Mourlon, n° 432; Flandin, *loc. cit.*).

1060. Quand donc pourra-t-il y avoir lieu à opposition à l'ordonnance de clôture de l'ordre? C'est, dit encore M. Riché, lorsque « cette ordonnance de clôture, par erreur ou par excès de pouvoir, ne se trouve pas entièrement conforme à l'état provisoire non contesté, applique ou interprète mal le jugement ou arrêt qui a statué sur les contredits. La possibilité de ces erreurs est démontrée par les procès mêmes qui se sont élevés au sujet de l'espèce de recours qui pouvait être ouvert. Les motifs et les limites de ce droit de recours nous ont paru tellement évidents que nous avons jugé inutile de les déterminer dans le texte de la loi, malgré le vœu d'un amendement de M. Millet » (D. P., *loc. cit.* — Conf. MM. Chauveau, Proc. de l'ordre, quest. 2599, *in fine*; Bressolles, n° 59; Bioche, v° Ordre, n° 670, 3e éd., 5e tirage; Houyvet, n° 318; Flandin, Tr. de l'ordre, inédit). — Il a été jugé que la procédure d'ordre ne comporte que les demandes qui se combinent avec la distribution du prix; et, par suite, que l'un des créanciers non colloqués ne peut exercer, incidemment à cette procédure, l'action résolutoire attachée à sa créance; par exemple, s'il est créancier d'une rente viagère, demander la résolution du contrat constitutif de cette rente; surtout lorsque la résolution n'est demandée qu'après la clôture définitive de l'ordre et dans l'instance engagée, par voie d'opposition, contre l'ordonnance de clôture; que cette demande de résolution ne peut être formée que par action principale et de-

(1) (Vaton C. Lhuillier.) — LA COUR; — Attendu que, si nul délai n'est fixé par la loi pendant lequel l'appel doit être interjeté, c'est encore au droit commun qu'il faut recourir; qu'aux termes de l'art. 443 c. pr. civ., le délai est de trois mois, à dater du jour de la signification à personne ou à domicile; que vainement on soutient que, le règlement définitif de l'ordre ne devant pas être signifié, le délai d'appel commence à courir, à dater du jour de l'ordonnance de clôture; qu'admettre ce système, ce serait se mettre en opposition avec le droit commun, auquel on a recours; que, dès le moment que l'on est forcé de faire l'application de l'art. 443, on doit le faire sans restrictions et sans limites; — Attendu, en fait, que Vaton n'ayant connu l'ordre définitif qu'à la date du 15 mars 1839, jour où Lhuillier lui a fait notifier son bordereau de collocation, l'appel qui a été relevé le 15 juin suivant est venu dans les délais; d'où il suit que la fin de non-recevoir n'est pas fondée; — Par ces motifs, rejette le moyen d'incompétence aussi bien que la fin de non-recevoir, et, statuant au fond, dit droit à la prétention de Vaton, etc.

Du 8 avr. 1840.-C. de Nîmes, 3e ch.-M Ferrand, f. f. pr.

vant le juge compétent (Rej. 11 déc. 1855, aff. Hardy, D. P. 56. 1. 256. — Conf. Metz, 24 nov. 1820, aff. Cartier, v° Priv. et hyp., n° 1503).

1061. On a vu *suprà*, nos 1019 et s., que le juge-commissaire procède, de son propre mouvement, et sans en être requis, dans les délais indiqués par les art. 759 et 765, à la clôture définitive de l'ordre. L'ordonnance de clôture est dénoncée, dans les trois jours, par l'avoué poursuivant, afin de faire courir le délai de l'opposition (c. pr. 767). « Comment, disent MM. Grosse et Rameau, t. 2, n° 447, l'avoué poursuivant connaîtra-t il le moment où l'ordonnance de clôture aura été signée pour pouvoir la dénoncer?... » La loi, il est très-vrai, n'a rien organisé à cet égard. Mais, en l'absence de toute mesure prise sur ce point, l'avoué poursuivant devra se tenir, sans cesse, en communication avec le greffe. C'est là, comme le remarque M. Flandin, une des charges de la poursuite, à côté des avantages émolumentaires qu'elle procure. C'est en ce sens, vraisemblablement, qu'a voulu s'exprimer M. Bioche, lorsqu'il dit, v° Ordre, n° 673, 5e édit., 5e tirage, que « le poursuivant est prévenu de l'ordonnance de clôture par le greffier ». Le greffier n'est tenu à aucune initiative à cet égard, dès que la loi ne lui a pas imposé cette obligation et ne lui accorde, pour cela, aucun émolument.

1062. La dénonciation dont parle l'art. 767 s'applique aux clôtures partielles de l'ordre, lorsqu'il y est procédé, en exécution du deuxième paragraphe de l'art. 758, pour les créances antérieures à celles contestées. Il est sensible qu'on doit agir, à l'égard de l'ordre partiel définitif, de la même manière qu'il est prescrit pour l'ordre total, et spécialement, qu'on doit dénoncer l'ordonnance de clôture de cet ordre partiel, afin de faire courir le délai d'opposition (Conf. MM. Chauveau, Proc. de l'ordre, Quest. 2574 et 2576 *bis*; Grosse et Rameau, Comm., t. 2, n° 390; Houyvet, n° 302; Seligman, n° 378; Flandin, Tr. de l'Ordre, inédit).

1063. Doit-on dénoncer l'ordonnance de clôture, lorsqu'elle intervient après un règlement provisoire qui n'a été l'objet d'aucun contredit? Il semblerait que, dans ce cas, cette dénonciation fût inutile, puisque toutes les parties sont réputées avoir acquiescé au règlement provisoire, faute de l'avoir contesté en temps utile, et ne peuvent plus l'attaquer (V. *suprà*, n° 712). La loi, néanmoins, ne distingue pas. Le juge-commissaire pourrait, d'ailleurs, en dressant le règlement définitif, apporter au règlement provisoire quelques changements qui deviendraient ainsi la matière d'une opposition (conf. M. Chauveau, Proc. de l'Ordre, Quest. 2576 *bis*; Flandin, *loc. cit.*).

1064. L'art. 767 ne dit pas à qui l'ordonnance de clôture doit être dénoncée; mais il le fait suffisamment entendre, en mentionnant les personnes qui peuvent y former opposition : ce sont les créanciers, l'adjudicataire, le débiteur ou la partie saisie, c'est-à-dire, et d'un mot, toutes les parties intéressées dans l'ordre, à cette phase de la procédure (Conf. MM. Ollivier et Mourlon, n° 513; Bioche, v° Ordre, n° 675, 5e éd.; Seligman, n° 509; Flandin, *loc. cit.*); — Il ne nous semble pas que la dénonciation doive être faite, comme l'indiquent MM. Houyvet, n° 316, et Bressolles, n° 58, à tous les créanciers produisants, mais seulement à ceux, parmi ces créanciers, qui sont utilement colloqués : l'étendre à tous serait, à notre avis, faire des frais frustratoires. De deux choses l'une, en effet : ou les créanciers non colloqués dans le règlement provisoire ont contesté, ou ils n'ont pas contesté. S'ils n'ont pas contesté, ils ont encouru la forclusion, conformément à l'art. 756, et ne peuvent plus désormais faire partie de l'ordre. S'ils ont contesté, mais sans succès, ils sont également définitivement rejetés de l'ordre, puisque le juge, dans le règlement définitif, doit se conformer aux décisions rendues (*suprà*, n° 1034; Conf. M. Flandin, Tr. de l'Ordre, inédit; V. aussi MM. Grosse et Rameau, t. 2, n° 447).

1065. La dénonciation est faite aux créanciers et à l'adjudicataire, par acte d'avoué à avoué, puisqu'ils ont avoué en cause. Mais le saisi, quoique devant être appelé à l'ordre (art. 753 et 755), peut n'avoir pas constitué d'avoué : la dénonciation, dans ce cas, devra lui être faite par exploit à son domicile réel (arg. art. 762 et 767; conf. MM. Bressolles, n° 58; Chauveau, Proc. de l'ordre, Quest. 2599 *bis*; Grosse et Rameau, *loc. cit.*); — M. Seligman, n° 504, pense, au contraire, que, si le saisi n'a pas d'avoué constitué, on ne doit pas lui faire la dénonciation de l'ordonnance de clôture. « Le saisi, dit-il, qui ne s'est pas montré dans tout le cours de la procédure, qui n'a pas pris connaissance du règlement provisoire, prouve suffisamment qu'il n'a aucun intérêt à prendre cette voie peu usitée de l'opposition contre l'ordonnance de clôture. Cela est si vrai que quand, dans la pensée du législateur, l'intérêt apparaît pour la partie saisie, elle est appelée par exploit d'ajournement, lorsqu'elle n'a pas d'avoué en cause... ». — L'adjudicataire, répond M. Flandin, Tr. de l'Ordre, inédit, a, dans l'ordre, un bien moindre intérêt que le saisi, et l'art. 767, en lui accordant la faculté de former opposition à l'ordonnance de clôture, décide, par cela même, implicitement, comme on l'a vu, qu'on doit lui dénoncer cette ordonnance. A plus forte raison, doit-on le faire pour le saisi, puisque la même faculté d'opposition lui appartient, sans qu'il y ait à distinguer s'il a ou s'il n'a pas d'avoué constitué, c'est-à-dire s'il a, ou non, jusque-là, pris un rôle dans la procédure d'ordre. M. Seligman, ajoute M. Flandin, se fait un argument de ce que l'opposant, aux termes de l'art. 767, doit assigner la partie saisie, qui n'a pas d'avoué constitué, *par exploit d'ajournement* : cela prouve, dit M. Seligman, que c'est avec intention que le législateur n'a pas parlé d'un exploit d'ajournement pour dénoncer à la partie saisie, qui n'a pas d'avoué, la clôture de l'ordre, tandis que, dans le même article, il veut qu'une assignation lui soit donnée à personne ou domicile, lorsqu'une opposition a été formée contre l'ordonnance de clôture. — Mais d'où vient, répond M. Flandin, cette différence de rédaction? Uniquement de ce que le saisi n'est pas individuellement désigné dans la première partie de l'article; tandis que, dans la seconde, le législateur, ayant à parler nominativement du saisi, était amené, par cela même, à distinguer, à son égard, entre le cas où il a et celui où il n'a pas d'avoué en cause.

1066. Il en serait de même, comme l'enseigne M. Chauveau, *loc. cit.*, quant aux parties dont l'avoué serait décédé, ou démissionnaire non remplacé V. (*suprà*, nos 883 et 909; Conf. M. Flandin, *loc. cit.*).

1067. C'est dans la huitaine de la dénonciation de l'ordonnance de clôture de l'ordre que doit être formée, quand il y a lieu, l'opposition à cette ordonnance, *à peine de nullité*, dit l'art. 767. L'art. 766 du projet de loi faisait courir le délai du jour même où l'ordonnance avait été rendue. Mais la Commission du corps législatif fit observer que, cet acte étant fait au greffe ou dans le cabinet du juge, la partie intéressée à l'attaquer ne pouvait être constamment au greffe à guetter son apparition. Elle demanda, en conséquence, et obtint du conseil d'État que l'ordonnance de clôture serait dénoncée, dans les trois jours, par l'avoué du poursuivant, et que le délai d'opposition ne courrait qu'à partir de cette dénonciation (D. P., *loc. cit.*).

1068. *Dans la huitaine* : Dans ce délai n'est pas compris le *dies à quo*, mais seulement le *dies ad quem* (V. *suprà*, nos 897 et 898, et v° Délai, nos 25 et suiv. — Conf. MM. Ollivier et Mourlon, n° 428; Houyvet, n° 317; Seligman, n° 507; Flandin, *loc. cit.*).

1069. Lorsque le dernier jour du délai est un jour férié, on décidait, avant la loi du 3 mai 1862, à moins d'exception écrite dans la loi, ou basée sur la trop grande brièveté du terme, que ce jour était compris dans le délai (V. v° Délai, nos 53 et 54; V. aussi *suprà*, n° 906). Mais, d'après le dernier alinéa de l'art. 4 de la loi précitée portant : « Si le dernier jour du délai est un jour férié, le délai sera prolongé au lendemain, » il faudrait décider autrement aujourd'hui, cette disposition, comme l'a déclaré M. Josseau, le rapporteur de la loi au corps législatif, étant une disposition générale, désormais indistinctement applicable à tous les cas (D. P. 62. 4. 46, note 7).

1070. De quelle manière doit être formée l'opposition? La plupart des auteurs distinguent entre l'acte qui doit contenir l'opposition et celui par lequel il est donné avenir à l'audience. Et de la coexistence de ces deux actes ils concluent que l'opposition doit être faite par un dire, mis sur le procès-verbal d'ordre, à la suite de l'ordonnance de clôture, ainsi qu'il est opéré pour les contredits dirigés contre le règlement provisoire. A l'appui de cette solution, M. Chauveau, Quest. 2599 *ter*, invoque la rédaction du projet de loi élaboré par la commission constituée par M. le garde des sceaux, lequel portait : « En cas d'opposition, de la part d'un créancier, de l'adjudicataire, ou de la partie saisie, à l'ordonnance de clôture, *cette opposition est formée par un dire inséré à la suite de cette ordonnance.* » Quoique cette rédaction ne se retrouve pas dans l'art. 766 du projet, correspondant à l'art. 767, on n'en saurait inférer, dit M. Chauveau, que le législateur ait entendu proscrire ce mode de procéder (Conf. MM. Grosse et Rameau, t. 2, n° 448; Bioche, v° Ordre, n° 677, 3e éd., 5e tirage; Ollivier et Mourlon, n° 428; Houyvet, n° 317; Colmet-Daage, n° 1035, 8e éd.; circ. du 2 mai 1859, D. P. 59. 3. 25, n° 69). — Mais à cette opinion nous préférons celle de M. Seligman, d'après lequel l'acte d'opposition n'est autre que l'acte d'avoué à avoué, contenant, avec les moyens et conclusions de l'opposant, avenir à l'audience, dans la huitaine de la dénonciation de l'ordonnance de clôture. Sans cela, dit-il, n° 505, on ne comprendrait pas que le législateur, en organisant la procédure d'opposition, eût oublié la chose principale et par laquelle il fallait commencer, c'est-à-dire d'indiquer dans quelle forme l'opposition devait être faite. Mais cet oubli, ajoute-t-il, n'existe nullement; car il est dit, dans l'exposé des motifs, qu'on en a réglé les *délais* et les *formes* par l'art. 766 du projet, devenu l'art. 767 (D. P. 58. 4. 44, n° 35). Que porte, en effet, l'art. 767? que l'opposition « est formée, à peine de nullité, dans la huitaine de la dénonciation, et portée, dans la huitaine suivante, à l'audience du tribunal, même en vacation, par un simple acte d'avoué à avoué, contenant moyens et conclusions, et, à l'égard de la partie saisie n'ayant pas d'avoué en cause, par exploit d'ajournement à huit jours. » L'opposition est formée *dans la huitaine de la dénonciation*; voilà pour le délai; elle est formée et portée à l'audience, dans la huitaine suivante, *par un simple acte d'avoué à avoué, contenant les moyens et les conclusions*; voilà pour la forme. Mais tout cela ne constitue qu'un seul et même acte, et est exclusif, par conséquent, d'un dire d'opposition inséré au procès-verbal. — Telle est aussi l'opinion de M. Flandin, Tr. de l'Ordre, inédit. « Tout ce qui tend à simplifier la procédure, dit-il, doit être accueilli avec faveur, quand il n'en saurait résulter de préjudice pour personne. » — Il a été jugé, conformément à cette dernière opinion, que l'opposition à l'ordonnance de clôture d'un ordre, autorisée par l'art. 767, n'est pas nulle pour n'avoir pas été consignée, dans la huitaine, sur le procès-verbal du juge-commissaire; qu'il suffit qu'elle ait été dénoncée, dans le même délai, par acte d'avoué à avoué (Alger, 25 juin 1860) (1).

1071. Nous n'entendons pas dire, pourtant, comme les arrêts qui suivent, que l'opposition serait nulle, si elle avait été formée par un dire inséré au procès-verbal dans le délai prescrit. — Il a été ainsi jugé, à tort, suivant nous, avant la loi du 21 mai 1858 : 1° qu'en matière d'ordre, la mission de l'avoué constitué sur la demande de collocation cesse, de même que celle du juge-commissaire, dès que le règlement est clos définitivement; qu'il n'y a plus, dès lors, d'incident d'ordre possible; qu'ainsi, lorsqu'un créancier veut attaquer le règlement définitif, il ne peut pas le faire par un dire à la suite du procès-verbal d'ordre; mais qu'il doit introduire son action par exploit, comme une instance principale; qu'en conséquence, est radicalement nul, avec tout ce qui s'en est suivi, le jugement intervenu sur un simple avenir, après le règlement définitif, encore bien que l'avoué du défendeur eût signé, avec son client, un dire en réponse à celui du créancier contestant, ces dires, qui sont des actes insolites et nuls, ne pouvant être considérés comme formant une instance liée, comme équivalents à une demande principale et à une constitution d'avoué sur cette prétendue demande (Colmar, 2 mai 1835, aff. Malakowski *C.* Muhl); — 2° Que l'opposition à l'ordonnance de clôture de l'ordre doit être faite dans les termes précis de l'art. 160 c. pr., c'est-à-dire par requête d'avoué à avoué, et non par un simple dire à la suite de l'ordonnance de clôture (Lyon, 21 juill. 1853, aff. Gaillard, D. P. 53. 2. 233).

1072. La peine de nullité a été attachée, par l'art. 767; au défaut d'opposition dans la huitaine du dénoncé de l'ordonnance de clôture; mais y aurait-il également nullité si, l'opposition ayant été formulée, dans le délai, par un dire sur le procès-verbal d'ordre, l'avoué de l'opposant négligeait de donner avenir, dans la huitaine suivante, pour faire statuer sur l'opposition? L'affirmative est adoptée par M. Houyvet, n° 319. Une autre interprétation, dit-il, serait contraire à l'esprit général de la loi de 1858, qui, dans aucun cas, n'a voulu qu'il pût dépendre d'une partie de tenir la procédure en suspens. — Nous sommes d'un autre avis. La loi veut, sans doute, dans la procédure d'ordre, la plus grande célérité; mais la peine de nullité ne peut pas être ainsi étendue d'un cas à un autre, d'autant qu'il est loisible à la partie ou à l'une des parties défenderesses à l'opposition de suivre elle-même l'audience, à défaut de l'opposant (Arg. art. 154 c. pr. civ.). — Il a été jugé, en effet, en autre matière que celle de l'ordre, que l'opposition formée dans les termes de l'art. 160 c. pr., c'est-à-dire par requête d'avoué à avoué, n'est pas nulle par cela qu'elle ne renferme point assignation devant le tribunal, quoique les art. 437 et 438 exigent cette assignation dans les affaires de commerce (V. Jugem. par défaut, nos 275 et 298; Conf. M. Flandin, Tr. de l'ordre, inédit).

1073. Le dire d'opposition, lorsqu'il est porté sur le procès-verbal d'ordre, doit être daté et signé par un avoué; car il constitue, comme le disent MM. Grosse et Rameau, *loc. cit.*, un acte de postulation (Conf. MM. Ollivier et Mourlon, n° 428; Flandin, *loc. cit.*)— Mais il n'est pas nécessaire qu'il soit *motivé*, puisque l'opposition est dénoncée par un avenir contenant les moyens et conclusions (767) (Conf. MM. Grosse et Rameau, *ibid.*; Chauveau, Proc. de l'ordre, quest. 2599 *ter*; Ollivier et Mourlon, n° 428; Houyvet, n° 317; Flandin, *loc. cit.*; — *Contrà*, M. Bioche, v° Ordre, n° 677, 3e éd., 5e tirage).

1074. On enseigne, dans l'Encyclopédie des huissiers, v° Ordre, n° 270, qu'indépendamment de l'acte d'avenir, l'opposition doit être dénoncée aux parties intéressées. Mais cette dénonciation serait un acte frustratoire; car, ainsi que le fait observer M. Chauveau, Proc. de l'ordre, quest. 2599 *ter*, il n'y a pas deux actes à signifier : l'un contenant l'opposition, l'autre les moyens et conclusions de l'opposant.

1075. Quelles parties doivent être instanciées sur l'opposition ? L'art. 767 ne s'en explique pas. Il semble, comme le dit M. Houyvet, n° 319, qu'à la différence de ce qui a lieu pour la dénonciation de l'ordonnance de clôture, l'opposition ne doit pas être signifiée à toutes les parties qui figurent à l'ordre, mais à celles-là seules contre lesquelles elle est dirigée ou qu'elle intéresse; que, si elle s'attaque, par exemple, à la collocation d'un

---

(1) *Espèce :* — (Dame Mekalski *C.* Agard et Jourdan.) — LA COUR; — Attendu que le règlement définitif de l'ordre a été déposé au greffe le 25 oct. 1859 et dénoncé le 28 du même mois; que, par acte de défenseur à défenseur, signifié le 4 nov. suivant, la dame Mekalski a signifié son opposition, qu'elle n'a consignée que le 6 déc. à la suite de l'ordonnance de clôture; que, par jugement du 11 janv. dernier, elle a été déboutée de son opposition comme tardive, n'ayant été faite sur le procès-verbal du juge-commissaire que le 6 déc., et qu'elle a interjeté appel du jugement; — Attendu que l'art. 767 c. pr. civ., modifié par la loi du 21 mai 1858, prescrit, à peine de nullité, de former l'opposition dans la huitaine de la dénonciation; que les premiers juges, en déclarant nulle, comme faite tardivement, l'opposition faite par l'appelante, n'ont, sans doute, eu aucun égard à l'opposition signifiée le 4 nov. dans le délai légal, et n'ont considéré comme régulière que celle du 6 déc. sur le procès-verbal d'ordre définitif;—Attendu que, si l'art. 755 du code civ. dispose que les contredits doivent être faits sur le procès-verbal du juge-commissaire, l'art. 2 de la loi du 21 mai, modificative de l'art. 767 dudit code, en accordant aux créanciers, à l'adjudicataire et à la partie saisie le droit de former opposition à l'ordonnance de clôture, se borne à fixer le délai dans lequel l'opposition devra avoir lieu, sans indiquer la forme de procéder, sans ajouter qu'elle devra être faite sur le procès-verbal; que, le législateur ne s'étant pas expliqué à cet égard, et en l'absence de toute disposition précise, on ne peut, raisonnablement, par analogie, frapper de nullité l'opposition pour laquelle on n'aurait pas suivi la forme prescrite par l'art. 755 pour les contredits; que les nullités ne se suppléent pas, et qu'aux termes de l'art. 1030 du c. pr. civ., aucun exploit ou acte de procédure ne peut être déclaré nul, si la nullité n'en est formellement prononcée par la loi; qu'en conséquence, il y a lieu d'infirmer le jugement dont est appel et de déclarer régulière en la forme l'opposition de l'appelante;—Au fond, etc.

Du 25 juin 1860.-C. d'Alger, 1re ch.-MM. de Vaulx, 1er pr.-Pierrey, 1er av. gén., c. conf., Bouriaud te Chabert-Moreau, av.

seul créancier, c'est à ce créancier seul qu'elle doit être signifiée; qu'au contraire, si elle a pour objet de faire augmenter le montant de la collocation accordée à l'opposant, il est nécessaire qu'elle soit signifiée à tous les créanciers postérieurs qui auraient à souffrir de ladite opposition, si elle était admise. « Si cependant, ajoute M. Houyvet, le débat portait sur une somme minime dont l'attribution ne pût avoir pour résultat que de diminuer la collocation du dernier créancier, il semblerait que la signification faite à ce créancier seul dût être suffisante. » Il est évident, en effet, que, dans le cas supposé, il n'y a d'intéressé dans la contestation que le dernier créancier colloqué. —M. Seligman, n° 509, est, au contraire, d'avis que l'opposition doit être signifiée à toutes les personnes auxquelles est dénoncée l'ordonnance de clôture, c'est-à-dire à tous les créanciers qui figurent dans le règlement définitif, à l'adjudicataire et au saisi. L'objection, tirée de ce qu'une pareille manière de procéder est excessivement coûteuse, ne le touche pas, les dépens, si l'opposition est admise, sans contestation de la part de personne, ne consistant que dans le coût de l'acte de signification et les frais du jugement rectificatif, dépens pour lesquels l'opposant sera colloqué au même rang que pour sa créance, conformément au deuxième alinéa de l'art. 766; et ces mêmes dépens, s'il y a contestation, devant rester à la charge des parties qui succombent, conformément au même article. La présence de toutes les parties intéressées, ajoute M. Seligman, aura l'avantage de rendre le jugement commun à toutes, et par conséquent inattaquable, par la voie de la tierce opposition, de la part de ceux qui n'y auraient pas figuré.

1076. Si l'opposant, au lieu de s'attaquer à telle ou telle collocation, demandait la nullité du règlement définitif tout entier, il ne pourrait se dispenser, dans ce cas, de mettre en cause tous les créanciers colloqués, puisqu'ils seraient tous également intéressés au maintien du règlement attaqué; sauf à ces créanciers à s'entendre pour constituer le même avoué, afin de diminuer les frais (Conf. MM. Chauveau, Journ. des av., t. 73, p. 369, art. 892; Seligman, n° 509; Bioche, v° Ordre, n° 678, 3ᵉ éd., 5ᵉ tirage; Flandin, Tr. de l'Ordre, inédit).—Il a été jugé, dans ce sens, antérieurement à la loi du 21 mai 1858, que l'appel interjeté par l'adjudicataire à fin d'annulation de l'ordonnance de clôture de l'ordre, et dont l'effet tend ainsi à compromettre l'intérêt de tous les créanciers colloqués, a un caractère d'indivisibilité qui le rend non recevable, s'il n'a pas été dirigé contre tous ces créanciers, mais seulement contre quelques-uns : — « La cour; .... attendu, de plus, que l'appel de Quioc tendrait à faire annuler l'ordonnance de clôture de l'ordre et à compromettre ainsi l'intérêt de tous les créanciers utilement colloqués; qu'ainsi tous ces créanciers, et ceux mêmes qui auraient pu retirer un avantage de ce nouvel état de choses auraient dû être appelés en instance; que, lorsque les attaques, qui sont dirigées contre la procédure d'ordre, doivent avoir des effets tels qu'ils peuvent remettre en question les intérêts des créanciers qui ont été utilement colloqués, il devient indispensable qu'ils soient tous appelés dans l'instance, afin d'éviter les contradictions des jugements, et de jeter les parties dans des difficultés inextricables pour la confection définitive de l'ordre; que, dans ce cas, l'appel envers toutes les parties intéressées a un caractère d'indivisibilité qui résulte de la nature des choses; attendu que plusieurs créanciers qui figuraient dans l'ordre, et qui avaient été colloqués utilement, et notamment de Pélissière, qui représentait six autres créanciers, n'ont point été intimés en appel; que, sous ce rapport encore, l'appel de Quioc n'est point recevable... » (Riom, 23 avr. 1850, aff. Quioc C. Vacheron).

1077. L'opposition devra-t-elle, dans tous les cas, être dénoncée au saisi? MM. Grosse et Rameau, t. 2, n° 451, le supposent ainsi. — M. Chauveau, Proc. de l'Ordre, quest. 2600, pense, au contraire, comme l'auteur de l'Encyclopédie des huissiers, v° Ordre, n° 267, que l'opposition doit être dirigée seulement contre les créanciers dont elle peut avoir pour effet de modifier les droits que leur confère l'ordonnance de clôture. « Je ne vois pas, dit-il, pourquoi, par exemple, un créancier mettrait le saisi en cause, lorsqu'il s'agit uniquement d'apprécier si l'ordonnance de clôture a, ou non, respecté le rang qui doit être assigné à sa collocation, soit d'après le règlement provisoire non attaqué sur ce point, soit d'après le jugement ou l'arrêt intervenu sur les contredits. Il y a lieu d'appliquer ici les principes posés *suprà*, quest. 2577 et 2588 » (Conf. MM. Ollivier et Mourlon, n° 428; Seligman, n° 504; Bioche, v° Ordre, n° 675, 3ᵉ éd., 5ᵉ tirage). — Nous adoptons ce dernier sentiment, conforme à celui que nous avons déjà exprimé *suprà*, nᵒˢ 780, 877 et 950. V. aussi Colmar, 4 mars 1844, aff. Lévy, n° 951-3°).

1078. Lorsque le saisi n'a pas d'avoué, l'opposition lui est notifiée « par exploit d'ajournement à huit jours, » porte l'art. 767. Ce délai est-il susceptible d'augmentation, à raison d'un jour par cinq myriamètres de distance entre le siége du tribunal et le domicile réel de la partie saisie? « Malgré les termes de la loi, qui n'indique qu'un ajournement à huit jours, je serais disposé, dit M. Chauveau, Proc. de l'Ordre, quest. 2601, à concéder l'augmentation; car, autrement, il pourrait arriver que la partie saisie fût appelée, sans qu'il y eût possibilité pour elle de comparaître avant l'expiration du délai de huitaine » (Conf. Encycl. des huissiers, v° Ordre, n° 269; Seligman, n° 506; Flandin, Tr. de l'ordre, inédit). — Indépendamment de l'argument d'analogie qu'on peut puiser, en faveur de cette opinion, dans l'art. 762, il nous semble qu'elle peut se fonder sur le texte même de l'art. 1033 (modifié par l'art. 4 de la loi du 3 mai 1862), aux termes duquel, le délai fixé pour les *ajournements*, les citations, sommations et autres actes faits *à personne ou domicile*, doit être augmenté d'un jour, à raison de cinq myriamètres de distance : disposition générale, et qui gouverne tous les cas, lorsqu'il n'en est pas disposé autrement (*Contrà*, MM. Bioche, v° Ordre, n° 675, 3ᵉ éd., 5ᵉ tirage; Ollivier et Mourlon, n° 428).

1079. Si c'est le saisi qui veut former opposition à l'ordonnance de clôture, M. Bressolles, n° 59, dit, en s'autorisant des termes de l'art. 767, qu'il emploiera, pour cette opposition, la forme de l'ajournement, sauf à ne la signifier qu'au domicile des avoués des autres parties. Cette doctrine est conforme à notre manière de voir, puisque, selon nous, l'acte d'opposition n'est pas distinct de l'avenir à donner devant le tribunal (V. n° 1070). M. Chauveau, néanmoins, Proc. de l'ordre, quest. 2599-4°, n'admet pas cette opinion : il exige que le saisi constitue avoué pour formaliser son opposition, et que l'avoué la dénonce, ensuite, par un avenir contenant ses moyens et conclusions (Conf. MM. Pont sur Seligman, n° 506, à la note).

1080. L'opposition portée à l'audience, « la cause, dit l'art. 767, dans sa disposition finale, est instruite et jugée conformément aux art. 761, 762 et 764, même en ce qui concerne l'appel du jugement. » — Il suit de là : 1° que l'affaire est instruite et jugée comme *affaire sommaire*, sans autre procédure, de la part des défendeurs à l'opposition, que des conclusions motivées (art. 761, V. nᵒˢ 821 et 994).

1081. .... 2° Que le jugement doit être rendu sur le rapport du juge-commissaire et les conclusions du ministère public (art. 762, V. n° 804).

1082. .... 3° Qu'il doit être signifié, dans les trente jours de sa date, à avoué seulement, et n'est pas susceptible d'opposition (*ibid.*). — On ne pourrait plus juger, d'après cela, comme avant la loi du 21 mai 1858, que le jugement par défaut, faute de comparaître, qui statue sur l'opposition à l'exécution du règlement définitif de l'ordre, alors même que cette opposition a été formée par voie de contredit mis à la suite de l'ordonnance de clôture, et suivi d'un renvoi à l'audience, n'est pas un jugement d'incident d'ordre, mais un jugement par défaut en matière ordinaire, susceptible d'opposition jusqu'à l'exécution (Lyon, 30 mai 1854) (1).

1083. .... 4° Que la signification à avoué fait courir le dé-

(1) (Cuzin C. Bussy.) — LA COUR (par adoption des motifs des premiers juges);... — Sur la question de recevabilité : — Attendu que la fin de non-recevoir opposée résulterait de ce que le jugement attaqué doit être considéré comme un jugement rendu sur incident d'ordre et, dès lors, non susceptible d'opposition; — Attendu que cette qualification ne saurait s'appliquer au jugement du 18 mars, qui n'est pas intervenu sur un contredit ou un incident, ni dans le cours de l'ordre, mais bien sur une contestation posthume, suscitée après la clôture défi-

lai d'appel contre toutes les parties à l'égard les unes des autres (*ibid.*).

1084. .... 5° Que l'appel doit être interjeté dans les dix jours de la signification du jugement à avoué, avec l'augmentation du délai à raison des distances (*ibid.*).

1085. .... 6° Que l'acte d'appel doit être signifié au domicile de l'avoué, avec assignation et énonciation des griefs, à peine de nullité (*ibid.*); — Il a, d'ailleurs, été jugé : 1° que la recevabilité de l'appel de l'ordonnance de clôture définitive d'un ordre n'est pas subordonnée à la production de cette ordonnance, alors que les intimés sont porteurs de bordereaux de collocation qui en constatent l'existence (Toulouse, 2e ch., 10 août 1849, aff. Bonassis *C.* Tremon; arrêt cité au Journ. des av., t. 74, p. 602, art. 781, § 19); — 2° Que l'appel de l'ordonnance de clôture de l'ordre, formé par l'adjudicataire, et basé sur ce que cette ordonnance contient attribution spéciale de deniers à prendre par les créanciers sur tel ou tel des adjudicataires, attribution qui ne figurait pas dans l'état de collocation provisoire, et, en outre, sur ce que le juge-commissaire a omis d'ordonner la radiation de certaines inscriptions, est suspensif de l'exécution du bordereau, et qu'en pareil cas, la discontinuation des poursuites peut être ordonnée par voie de référé (Rouen, 16 fév. 1849) (1).

1086. .... 7° Que l'appel n'est recevable que si le litige excède 1,500 fr. (*ibid.*; V. *suprà*, nos 824 et s.).—Il a été décidé, ainsi, que le jugement, intervenu sur l'opposition formée par l'acquéreur à l'ordonnance de clôture de l'ordre, est en dernier ressort, si le montant du bordereau délivré sur lui et dont il conteste le payement, est inférieur au taux de l'appel (Angers, 30 avr. 1841, aff. Prousteau, *infrà*, n° 1107-3°).—Mais il a été décidé : 1° que le jugement, qui rejette l'opposition formée à l'ordonnance du juge-commissaire prononçant la clôture de l'ordre, sous prétexte que la voie à prendre contre cette ordonnance était celle de l'appel et non de l'opposition, est un jugement de compétence, susceptible, conséquemment, des deux degrés de juridiction, quelle que soit, d'ailleurs, l'importance du litige au fond (une somme de 1,000 fr. dans l'espèce) (Colmar, 23 déc. 1850, aff. Beaujeu, D. P. 53. 2. 160; V. v° Appel civ., nos 170 et suiv., et vis Degré de jurid., nos 262 et suiv.); — 2° .... Et que, dans ce cas, le juge d'appel, en infirmant, a le droit d'évoquer le fond, si l'affaire est en état, même lorsque la cause, au fond, n'est pas susceptible des deux degrés de juridiction, et sans qu'il y ait à tenir compte des motifs pour lesquels la décision des premiers juges lui a été déférée (même arrêt; V. encore v° Degré de jurid., n° 613); — 3° Que, de même, l'appel du jugement, qui prononce sur l'opposition à une ordonnance de clôture de l'ordre, est recevable, quelle que soit la valeur du litige, si c'est le mode de recours, suivant lequel l'ordonnance a été attaquée devant les premiers juges, qui est mis en question (Lyon, 21 juill. 1853, aff. Duchez, D. P. 53. 2. 232).

1087..... 8° Que la cour doit statuer, après audition du ministère public, mais sans rapport fait à l'audience (art. 764; V. *suprà*, n° 1003).— Il avait été jugé, au contraire, sous l'ancien code, que l'art. 762 c. pr., d'après lequel le jugement, qui statue sur les contredits élevés contre l'état de collocation provisoire, doit être rendu sur le rapport du juge-commissaire et les conclusions du ministère public, n'était pas applicable au cas de contestations survenues depuis la clôture de l'ordre : — « La cour,... considérant qu'il résulte de la combinaison des art. 658, 759 et 767 c. pr. civ., que les dispositions, par lesquelles l'art. 762 prescrit un jugement à rendre sur le rapport du juge-commissaire et les conclusions du ministère public, ne s'applique qu'au cas de contestations survenues avant la clôture de l'ordre; — Considérant que l'exécution de l'art. 762 précité n'était pas commandée pour le jugement du 23 déc. 1808, intervenu, après la clôture de l'ordre, sur une opposition formalisée depuis cette clôture, et que de l'observation de cet article il ne s'ensuit aucun vice dans la forme dont on puisse argumenter contre ledit jugement; confirme » (Rennes, 11 janv. 1813, aff. dames Desnanots et autres *C.* N...).

1088..... 9° Que l'arrêt doit être signifié, dans les quinze jours de sa date, à avoué seulement, et n'est pas susceptible d'opposition (art. 764).

1089..... 10° Et qu'enfin cette signification fait courir le délai du pourvoi en cassation (*ibid.*).

1090. Nous avons déjà dit, *suprà*, n° 984, qu'en matière d'ordre, comme en toute autre, on ne peut former, en appel, aucune demande nouvelle. — C'est par application de ce principe qu'il a été jugé que, lorsque, dans un acte d'appel, on s'est borné à demander l'infirmation du jugement qui a rejeté l'opposition formée à la clôture de l'ordre, on ne saurait saisir la cour d'une demande en annulation des actes de procédure antérieurs à ladite clôture : — « La cour ;... considérant que, dans leur exploit d'appel du 13 fév. 1809, les appelantes se sont bornées à conclure à la réformation du jugement rendu par le tribunal de Loudéac, le 23 déc. 1808, qui les a déboutées de leur opposition au règlement d'ordre clos le 18 novembre précédent; que, conséquemment, la cour n'a été saisie par elles que du seul point de savoir s'il a été bien ou mal jugé par ledit jugement, et que les appelantes ne sont pas aujourd'hui recevables à demander l'annulation des diverses procédures antérieures à la clôture de l'ordre, contre lesquelles elles ne se sont pas pourvues par un acte conçu et notifié d'une manière régulière; ... déboute les appelantes (la dame Desnanots et les demoiselles Puissant-Saint-Servant, ses filles) de leurs conclusions, en ce qu'elles tendent à demander l'annulation des procédures antérieures au jugement du 23 déc. 1808... » (Rennes, 11 janv. 1813, aff. dames Desnanots et autres *C.* N...).

1091. L'art. 767 ne renvoie pas aux art. 760 et 763, relatifs à la mise en cause de l'avoué du dernier créancier colloqué, pour représenter les intérêts collectifs des créanciers postérieurs aux collocations contestées, comme il le fait pour les art. 761, 762 et 764. Faut-il en conclure que cette mise en

---

nitive dudit ordre, alors que le procès-verbal de ce règlement définitif était dressé, que les bordereaux de collocation étaient délivrés, que le juge-commissaire était dessaisi, que le mandat des avoués des parties était épuisé; qu'en un mot, tout était irrévocablement terminé; — Qu'en supposant régulière l'étrange procédure qu'a provoquée un pareil jugement pour faire annihiler ou réduire un des bordereaux délivrés, cette sentence rentre évidemment dans la classe des jugements rendus en matière ordinaire et devient passible, comme eux, de toutes les voies de recours ouvertes par le droit commun;... — Que, comme jugement par défaut, faute d'avoué constitué, il restait soumis au droit d'opposition jusqu'à son exécution;... — Confirme.

Du 30 mai 1854.-C. de Lyon.

(1) *Espèce :* — (Harel *C.* Vermont.) — La cour ;.. Attendu qu'un bordereau de collocation délivré à un état d'ordre n'est que la suite et la conséquence de l'ordonnance prononçant le règlement définitif et la clôture de l'ordre; que l'un se lie intimement à l'autre comme la conséquence à son principe, et que, dès lors, l'appel de cette ordonnance, en la frappant de suspension d'exécution, suspend nécessairement, et de la même manière, l'exécution du bordereau; — Attendu qu'il en doit être d'autant plus ainsi dans l'espèce, que le règlement provisoire de l'ordre dont il s'agit, tout en arrêtant par un seul état la distribution des immeubles saisis sur le sieur Harel, ne contenait aucune attribution spéciale de deniers à prendre par les créanciers sur tel ou tel des adjudicataires dénommés; — Que cette attribution n'a été faite que par l'état définitif arrêté par le juge-commissaire, arrière des parties et sans contredit possible de la part, soit des créanciers, soit de l'adjudicataire; — Attendu, d'une autre part, que cette ordonnance du juge-commissaire, en prononçant la clôture de l'ordre, n'a point ordonné la radiation des inscriptions de plusieurs créanciers à hypothèque générale qui grèvent l'immeuble adjugé à Vermont, notamment celle du sieur Goutau et de la dame Desplanques, créanciers de 18,000 fr.; que ceux-ci prétendent, ainsi que cela résulte d'actes extrajudiciaires signifiés au procès, avoir conservé leurs hypothèques sur ledit immeuble pour en suivre éventuellement l'effet dans le cas où ils ne seraient pas payés par le sieur Fouquet; — Attendu qu'en cet état le référé interjeté par Vermont et sa demande en sursis aux poursuites d'exécution de la dame Harel, jusqu'à ce qu'il ait été statué sur son appel de l'ordonnance du règlement définitif de l'ordre, sont fondés sur un droit au moins apparent, et quant au provisoire, réforme l'ordonnance sur référé du 29 janvier dernier, ordonne la discontinuation des poursuites, sauf aux parties à se pourvoir au principal, et néanmoins condamne Vermont aux dépens jusqu'au jour de son appel de l'ordonnance de clôture de l'ordre.

Du 16 fév. 1849.-C. de Rouen, 3e ch.-M. Simonin, pr.

cause ne doive pas avoir lieu, lorsqu'il s'agit de l'opposition formée contre le règlement définitif? Nous ne le pensons pas, lorsque ce règlement est attaqué, au point de vue des collocations qu'il contient; il y a même raison de procéder, en ce cas, comme lorsqu'il s'agit des contredits élevés contre les collocations du règlement provisoire. Si l'art. 767 a omis de renvoyer à ces articles, ce n'est pas, nous paraît-il, pour en exclure l'application, le cas échéant, mais parce que, dans le renvoi qu'il a fait aux seuls art. 761, 762 et 764, il ne s'occupait que des formes de l'instance, et non des personnes aptes à y figurer (Conf. MM. Grosse et Rameau, t. 2, n° 451. — *Contrà*, M. Seligman, n° 510).

1092. MM. Grosse et Rameau, t. 2, n° 459, prévoient le cas, assurément fort improbable, où le règlement définitif, rectifié en vertu de décisions intervenues sur l'opposition d'un créancier, contiendrait de nouvelles erreurs au préjudice de ce même créancier, et ils se demandent si ce créancier aurait le droit de former contre ledit règlement une nouvelle opposition? La négative nous paraît, comme à ces auteurs, devoir être adoptée. Telle est aussi l'opinion de M. Flandin, Tr. de l'ordre, inédit. « Si une seconde opposition, dit-il, était permise, sous prétexte de nouvelles erreurs, pourquoi pas une troisième? pourquoi pas une quatrième? Et l'on serait ainsi conduit à l'absurde. Il faut que les procès aient une fin » (Conf. MM. Ollivier et Mourlon, n° 429; Bioche, v° Ordre, n° 682).—M. Chauveau, cependant, Proc. de l'ordre, quest. 2604 *ter*, hésite à se prononcer dans ce sens. « Que peut-on lui objecter, dit-il (au créancier se plaignant d'une erreur nouvelle commise à son préjudice)? La première procédure? Mais il demande précisément l'exécution de la décision qu'il a obtenue.—Les termes de l'art. 767? Mais l'ordonnance de clôture a été annulée; d'autres bases ont été indiquées; elles n'ont pas été suivies, et il se pourvoit, dans les délais, contre la nouvelle ordonnance de clôture. — Le vice d'une procédure qui éterniserait les oppositions? Cela est encore plus invraisemblable qu'une nouvelle erreur, et ce n'est pas, d'ailleurs, une raison suffisante pour ajouter une fin de non-recevoir à un texte de loi... » — Tel est aussi le sentiment de M. Houyvet, n° 321.

1093. Mais nous ne sommes plus avec MM. Grosse et Rameau, quand ils admettent, dans le cas dont il s'agit, le pourvoi en cassation, pour excès de pouvoir (Conf. MM. Ollivier et Mourlon, n° 429; Bioche, v° Ordre, n° 682). Sur ce point, ils sont, il nous semble, victorieusement réfutés par M. Chauveau. « *Excès de pouvoir*, dit-il, de la part d'un juge ayant rendu un jugement? Mais alors autorisez l'appel. Si ce n'est pas un juge ayant rendu un jugement; si ce n'est (comme cela ressort de l'esprit de la loi de 1858) qu'un commissaire représentant le tribunal, faites rectifier par le tribunal l'erreur du commissaire? » (Conf. M. Flandin, Tr. de l'ordre, inédit).

Art. 2. — *De la tierce opposition.*

1094. Nous n'avons pas à reproduire ici les principes généraux sur les caractères constitutifs de la tierce opposition, les conditions exigées pour sa recevabilité, ses formes et les effets qui y sont attachés : nous les avons développés dans notre Traité spécial sur la matière (V. v° Tierce opposition, ch. 1 et 2). Nous rappelons seulement que la tierce opposition, suivant la définition qu'en donne l'art. 474 c. pr., n'est permise qu'à ceux qui n'ont point été, soit par eux-mêmes, soit par les personnes qu'ils représentent ou dont ils exercent les droits, parties au jugement qu'on leur oppose ou qui leur fait grief. Pour ceux qui ont été, ou qui sont réputés avoir été parties dans l'instance, parce qu'ils y ont été dûment appelés ou représentés, ils ont la voie ordinaire de l'appel, lorsqu'ils n'ont pas laissé acquérir au jugement l'autorité de la chose jugée. — C'est à l'aide de ce double principe qu'on arrivera facilement à résoudre les difficultés qui peuvent se présenter sur ce point spécial de notre matière.

1095. Soit, par exemple, un créancier inscrit qui, par la négligence du poursuivant, n'a pas été sommé de produire, et qui se présente après l'ordre clos, mais avant la délivrance des bordereaux aux créanciers utilement colloqués, ou le payement de ces mêmes bordereaux : quelle voie devra-t-il prendre pour attaquer le règlement définitif fait en son absence et au préjudice de ses droits? — Il est bien évident qu'il ne peut prendre la voie de l'opposition, puisqu'on suppose qu'il n'a pas été partie dans l'ordre, n'ayant pas reçu la sommation d'y produire. Mais il pourra former tierce opposition à l'ordonnance de clôture, et demander la rectification, en ce qui le concerne, du règlement définitif. — On objecte, dit Carré, quest. 2576, qu'on ne conçoit pas de tierce opposition possible devant un juge-commissaire. — « Nous ne dirons pas non plus, répond-il, que l'on puisse ou que l'on doive se pourvoir par tierce opposition devant ce magistrat. Nous avouons bien volontiers que le juge commissaire, qui a prononcé la clôture de l'ordre, a consommé ses fonctions : *desinit esse judex* : la délégation du tribunal ne subsiste plus pour lui; mais le tribunal, dont il tenait la place, existe toujours. La tierce opposition contre l'ordonnance de clôture se portera devant lui, puisque, encore une fois, cette ordonnance est réputée émanée de lui-même. » — L'objection à laquelle répond la citation qui précède avait, avant la loi du 21 mai 1858, sa raison d'être, puisée dans l'absence d'un texte qui permît de se pourvoir contre l'ordonnance de clôture de l'ordre pour la faire réformer, et dans la conclusion qu'en tiraient certains auteurs que ladite ordonnance n'était susceptible d'aucun recours quelconque (V. *suprà*, n° 1048). Mais aujourd'hui la même objection ne saurait se reproduire, puisqu'il a été législativement consacré, par le nouvel art. 767, qu'on peut attaquer l'ordonnance de clôture, par voie d'opposition devant le tribunal (Conf. MM. Bioche, v° Ordre, n° 634, 3e éd., 5e tirage; Flandin, Tr. de l'ordre, inédit).

1096. Il a été jugé, ainsi : 1° que, lorsqu'un créancier a contesté, en temps utile, le règlement provisoire, tous les créanciers postérieurs à la créance contestée ayant un intérêt direct au résultat de la contestation, doivent être représentés dans l'instance, conformément à l'art. 760 c. pr., faute de quoi, l'un de ces créanciers peut former tierce opposition au jugement intervenu en son absence (Grenoble, 16 août 1816, aff. Toulon, V. n° 770; V., dans le même sens, d'autres arrêts cités, *suprà*, n° 1076);—2° Que c'est par tierce opposition, et non par appel, qu'un créancier hypothécaire, non appelé à l'ordre, doit attaquer le procès-verbal de clôture d'ordre, et l'état de collocation (Montpellier, 3 juill. 1828 (1); Conf. Riom, 9 juill. 1832, aff. Grégoire C. Ravinel, arrêt cité au Journ. des avoués, t. 80, p. 307, art. 2093); — 3° Que le créancier inscrit, qui a été colloqué utilement dans le règlement provisoire, est recevable à former tierce opposition au jugement qui, sans qu'il ait été appelé, ni représenté dans l'instance où sa collocation a été contestée, a ordonné sa radiation de l'ordre; et, par suite, qu'il peut, les deniers étant encore aux mains de l'acquéreur, demander la rectification, en ce qui le concerne, de l'ordonnance de clôture de l'ordre, qui, réformant le règlement provisoire, en exécution dudit jugement, a opéré la radiation ordonnée par ce jugement (Paris, 20 juill. 1830, et, sur pourvoi, Req. 18 avril 1832, aff. Bussières, v° Priv. et hyp., n° 1687-4°); — 4° Qu'un créancier, partie en première instance, mais non dans la cause d'appel, ne peut faire rétracter la disposition de l'arrêt qui, en son absence, a ordonné l'emploi de tous les dépens en frais privilégiés de poursuite d'ordre, lorsqu'il n'a pas formé tierce opposition à cet arrêt, alors surtout qu'il profite dudit arrêt, lequel a rejeté, *par infirmation*, un privilége considérable qui

(1) (Davet C. Laffon.) — La cour; — Attendu que la voie de l'appel n'a été introduite qu'en faveur de ceux qui ont été mis en cause dans l'instance sur laquelle est intervenue la décision attaquée, et qu'à l'égard de ceux qui n'y auraient point été appelés, c'est par tierce opposition qu'ils doivent se pourvoir (art. 474 c. pr.); — Attendu que, la partie de Charamaule (Davet) ayant motivé son appel sur ce que la procédure d'ordre aurait eu lieu, sans qu'il lui ait été fait aucune sommation ni dénonce, et, par conséquent, sans qu'il y ait été appelé, c'était par tierce opposition qu'il devait attaquer le procès-verbal de clôture définitive; — Par ces motifs, déclare non recevable l'appel de la partie de Charamaule; la délaisse à se pourvoir, ainsi et comme elle avisera, contre la procédure d'ordre et le procès-verbal de clôture dont s'agit, etc.

Du 3 juill. 1828.-C. de Montpellier.-MM. de Ginestet, pr.

l'aurai primé (Angers, 19 fév. 1842) (1); — 5° Que le créancier hypothécaire, qui n'a pas été appelé à l'ordre, peut former tierce opposition au jugement rendu sur les difficultés qui se sont élevées dans le cours de l'ordre et réclamer sa collocation au rang de son hypothèque; mais que, dans ce cas, sa tierce opposition doit être dirigée contre tous les créanciers utilement colloqués et postérieurs au rang par lui réclamé, et non pas seulement contre le créancier dernier colloqué (Toulouse, 21 janv. 1843 (2).—V. aussi *suprà*, n° 1075); — 6° Que, l'ordre n'étant réputé clos qu'après la signature du procès-verbal de clôture par le juge-commissaire, une production (sous l'ancien code, dont l'art. 757, aujourd'hui abrogé, permettait aux créanciers en retard de produire jusqu'à la clôture de l'ordre), était valablement faite, tant que le procès-verbal de clôture n'était point signé, encore que la rédaction en fût commencée et même terminée; qu'en conséquence, si ladite production a été refusée comme tardive, par le greffier, le créancier est recevable, alors qu'aucune décision n'a été rendue contre lui, à former tierce opposition à l'ordonnance de clôture (Nancy, 27 juin 1846, et, sur pourvoi, Req. 10 janv. 1848, aff. Georgel, D. P. 48. 1. 47).

1097. Mais il a été jugé qu'un créancier ne peut être admis à former tierce opposition contre le jugement en exécution duquel un ordre a été clôturé, quelque fondée que puisse être cette tierce opposition, si elle n'a d'autre objet que de fournir à ce créancier un moyen de critiquer les collocations admises dans un autre ordre, et qu'il n'a pas contestées dans le délai voulu par la loi (Req. 30 mai 1837, aff. Raguet-Lépine, V. n° 478).

1098. Suivant Carré, la tierce opposition contre l'ordonnance de clôture ne serait, pour le créancier non appelé dans l'ordre, qu'une voie facultative, à laquelle il serait libre de renoncer pour s'en tenir à l'action principale en nullité de l'ordre fait en dehors de lui, ou, ce qui revient au même, à la demande d'un nouvel ordre, « au moins à partir de la collocation après laquelle le créancier demandeur prétendrait devoir prendre rang » (V. *suprà*, n° 1058). En effet, dit l'auteur, l'art. 474 c. pr. porte qu'une partie *peut* former tierce opposition à un jugement qui préjudicie à ses droits; mais il ne dit pas qu'elle soit tenue de prendre cette voie; il ne lui ôte point la faculté de se borner à dire que le jugement qu'on lui oppose n'a pas été rendu avec elle; qu'il lui est étranger; que ce jugement est, à son égard, comme s'il n'existait point; que c'est, en un mot, *res inter alios judicata* (c. nap. 1351). Sur ce point de doctrine très-controversé, V. v° Tierce opposition, n°s 6 et suiv.

1099. Le droit de former tierce opposition à l'ordonnance de clôture de l'ordre appartient au créancier qui aurait eu le droit de figurer à l'ordre, et qui n'y a pas été appelé, mais non pas à celui qui a perdu le droit d'y figurer. Une femme mariée, par exemple, aura négligé de faire inscrire son hypothèque légale, sur la purge provoquée par l'acquéreur, ou sur les poursuites de saisie immobilière faites en conformité du nouvel art. 692 c. pr. civ. : le poursuivant n'est pas obligé de lui adresser la sommation de produire à l'ordre (Arg. art. 753); et, si elle n'y produit pas dans le délai imparti par l'art. 754 aux créanciers qui ont reçu cette sommation (717 et 772), elle aura encouru la forclusion prononcée par l'art. 755, et n'aura pas le droit de se plaindre que l'ordre ait été réglé sans elle.

1100. Il a été jugé, dans le même sens, avant la loi du 21 mai 1858 : 1° que la tierce opposition à un règlement d'ordre n'est pas recevable de la part d'un créancier non appelé dans l'ordre, à défaut d'inscription, et qui a laissé un autre créancier, auquel il se dit préférable, toucher, sans opposition ni réclamation de sa part, le montant de sa créance; que c'est au premier à s'imputer de ne s'être pas présenté à l'ordre pour y faire valoir son droit de préférence (Req. 29 janv. 1835) (3);— 2° Que la femme, dont l'hypothèque légale n'a été inscrite que postérieurement aux notifications faites par l'adjudicataire, et qui, pour cette cause, a été omise dans l'ordre ouvert sur le prix des immeubles de son mari, n'est pas recevable à se pourvoir contre le règlement définitif par voie de tierce opposition (Bourges, 21 juin 1839, aff. femme Bourdiau, *suprà*, n° 338);—3° Qu'il y a, d'ailleurs, contrariété de dispositions dans un jugement qui admet la tierce opposition de la femme contre le règlement

---

(1) (Bordet et caisse hypothéc. *C.* délégués Kayser, Moriceau, etc.) — LA COUR;... — Au fond; — En ce qui touche la détermination des frais privilégiés : — Attendu que l'arrêt du 4 août 1838 (V., pour les faits, *suprà*, n° 1040) est aussi explicite que possible; il ordonne, vu la nature et le *résultat* des contestations, que tous les frais d'appel seront, comme ceux de première instance, employés en frais d'ordre; qu'à la vérité, la caisse hypothécaire n'y était pas partie; mais elle n'y a pas formé opposition, et il est très-douteux qu'elle y eût été fondée, puisqu'elle est appelée à *profiter*, comme tous les autres créanciers, des *résultats* de cet arrêt, qui a rejeté la collocation, admise par les premiers juges, du privilége de constructeurs en faveur des cessionnaires de Michel; et qu'une disposition d'une telle importance ne peut être indifférente à aucune des parties dans une instance de cette nature, qui a subi et peut éprouver encore tant de chances diverses, et dont, en ce moment encore, il n'est pas possible d'assigner le terme, même approximativement;... déboute la caisse hypothécaire de ses conclusions à fin de réduction des frais privilégiés.

Du 19 fév. 1842.- C. d'Angers.

(2) (Guillard *C.* femme Génis). — LA COUR; — Attendu que le code de procédure civile n'exclut point, en matière d'ordre, l'exercice de la tierce opposition contre un jugement où une partie n'a été ni représentée, ni appelée; que, dès lors, la femme Deleu, épouse de Génis, intimée, non forclose en sa qualité de créancière, avec hypothèque légale sur les biens de son mari, était recevable à prendre cette voie contre le jugement attaqué; — Considérant, néanmoins, que le principe de l'indivisibilité, en matière d'ordre, ne permet pas à la femme Deleu, épouse Génis, de diriger ses poursuites contre un seul et dernier créancier inscrit; mais que l'éventualité de sa prétention, au fond, étant de lui procurer, en vertu de son hypothèque légale, une collocation au premier rang, antérieure à tous les autres créanciers, tous, sans exception, auraient dû être appelés dans l'instance; — infirme.

Du 21 janv. 1843.- C. de Toulouse, 5e ch.- M. d'Arbou, pr.

(3) *Espèce* : — (Thévenard *C.* veuve Barré de Saint-Venant.) — Le sieur Barré de Saint Venant, qui avait recueilli *seul* une *succession* échue à ses frères et à lui, avait reconnu, en se mariant, devoir à ceux-ci une somme de 60,000 fr., et stipulé, dans son contrat de mariage, que cette créance, en principal et intérêts, *primerait celle de sa future épouse et de ses enfants* pour les reprises et conventions matrimoniales. — Barré de Saint-Venant étant venu à décès, en 1810, sa succession fut acceptée sous bénéfice d'inventaire, et sa veuve, qui déjà, du vivant de son mari, après un jugement de séparation de biens, s'était fait payer d'une partie de ses reprises, montant à 217,000 livres environ, fut colloquée, dans l'ordre, pour le surplus de ses créances s'élevant à 65,000 fr., et en fut remplie par un transport de pareille somme, consenti par les héritiers bénéficiaires sur les débiteurs de la succession, et consacré par un jugement du 29 mai 1813. — Cependant, en 1831, les époux Thévenard, représentant un des frères du défunt, Barré de Montigny, auquel était due, pour les causes sus-énoncées, une rente de 1000 fr., non payée depuis 1791, mirent une opposition entre les mains des débiteurs de la somme déléguée à la dame de Saint-Venant par les héritiers bénéficiaires, et formèrent, en outre, tierce opposition au jugement du 29 mai 1813. Ils invoquaient, au soutien de leur opposition, l'article du contrat de mariage qui leur donnait préférence sur la dame de Saint-Venant; mais leur prétention fut repoussée en première instance et en appel. Entre autres motifs donnés par l'arrêt de la cour de Paris, du 23 mars 1833, la cour considère « que l'art. 2 du contrat de mariage ne faisait autre chose que de consacrer, au profit des créanciers de la somme de 60,000 fr., un droit de préférence, et non un droit de créance, et que la tierce opposition au jugement du 29 mai 1813 était non recevable, puisque les époux Thévenard n'étant pas créanciers inscrits, n'avaient pas dû, par conséquent, être appelés dans l'ordre. » — Pourvoi. — Arrêt.

LA COUR; — Attendu, sur le premier moyen, qu'il est reconnu, en fait, que, sans opposition ni réclamation de la part des demandeurs en cassation, la dame veuve de Saint-Venant a reçu régulièrement une créance légitime; qu'en supposant aux demandeurs le droit d'être payés par préférence, ils auraient dû se présenter comme étant toujours créanciers, comme ayant un privilége; mais qu'il n'était pas interdit à la dame de Saint-Venant de recevoir, sans leur concours, et de conclure de leur silence, ou qu'ils étaient payés, ou qu'ils ne voulaient pas être payés par cette voie, et qu'en jugeant qu'un créancier légitime ne peut pas être contraint, par un autre créancier à restituer ce qu'il a justement et régulièrement reçu, la cour royale de Paris, loin de violer aucune loi, a, au contraire, fait une juste application des principes relatifs à la matière; — Attendu, sur le deuxième moyen, que, les demandeurs n'ayant pas le droit de contraindre la dame de Saint-Venant à rendre les sommes reçues, la tierce opposition, ne pouvant produire aucun effet, a été justement déclarée non recevable; elle se trouve sans cause et sans objet, d'après la solution du premier moyen; — Rejette.

Du 29 janv. 1835.-C. C., ch. req.-MM. Zangiacomi, pr.-Mestadier.

définitif, et cependant maintient les collocations audit règlement, en condamnant l'acquéreur à payer la créance de la femme ou à délaisser, alors que le tribunal n'était saisi, par la demande de celle-ci, que de la réformation de l'ordre, et nullement d'une action récursoire contre l'acquéreur, pour défaut de purge de l'hypothèque légale (même arrêt).

1101. Il a, d'ailleurs, été jugé que, la procédure sur l'ordre étant sommaire (V. *suprà*, nº 47), on doit rejeter de la taxe une requête signifiée par le tiers opposant à un jugement d'ordre, en réponse aux défenses fournies contre la tierce opposition, lors même que cette tierce opposition a été formée par action principale (Bordeaux, 18 mai 1830, aff. Deffarge, vº Frais et dépens, nº 710-2º) ;... et, si la cause est portée en appel, qu'on doit également rejeter de la taxe toutes écritures autres que des conclusions motivées de la part de l'intimé (même arrêt). — Il faudrait encore juger de même, par application des art. 761 et 763 c. pr.

1102. Ce qui n'est pas permis au créancier non appelé dans l'ordre, parce qu'il ne figurait pas au nombre des créanciers inscrits, l'est encore moins au créancier qui, sommé d'y produire, ne l'a pas fait dans le délai légal, et a ainsi encouru la forclusion.— Il a été jugé, en conséquence : 1º que le créancier nanti d'une hypothèque légale dispensée d'inscription, qui a figuré dans l'ordre comme acquéreur ayant fait aux créanciers inscrits l'offre de son prix, *qui a été sommé d'y produire* pour les frais de notification de son contrat et qui n'y a pas produit, a encouru la forclusion légale ; qu'il est non recevable, par suite, à attaquer l'ordre consommé par voie d'action principale en nullité (qualifiée par lui d'opposition ou de tierce opposition), pour faire valoir les droits résultant de son hypothèque légale (Limoges, 1er août 1845) (1) ; — 2º Mais que, cette action principale en nullité, dirigée contre le règlement définitif de l'ordre (quoique qualifiée d'opposition ou de tierce opposition), n'étant pas un incident de l'ordre proprement dit, l'appel du jugement qui a statué sur ladite action est valablement interjeté dans les trois mois, conformément au droit commun (même arrêt) ; — 3º Que le créancier non produisant, malgré la sommation régulière qui lui a été faite, ne peut plus, après le règlement définitif de l'ordre qui a prononcé sa déchéance et ordonné la radiation de son inscription, exercer les droits attachés à la qualité de créancier inscrit ; qu'il n'est plus recevable, notamment, à attaquer, par voie de tierce opposition, même sous le prétexte qu'ils sont entachés d'une nullité d'ordre public, les jugements qui ont ordonné ou prononcé l'adjudication, ces jugements étant inséparables du règlement d'ordre, qui est devenu irrévocable à son égard (Req. 20 juin 1838) (2).

1103. Il a, toutefois, été jugé que le créancier hypothécaire, qui a perdu le droit de se présenter à l'ordre ouvert sur la distribution du prix d'un immeuble, conserve, néanmoins, celui de former tierce opposition aux jugements qui ordonnent la distribution aux créanciers inscrits sur cet immeuble de valeurs mobilières provenant, non du prix dudit immeuble, bien qu'il fût affecté à leur garantie, mais d'un tiers qui les devait (Req. 1er août 1839, aff. Osmont, *suprà*, nº 505).

1104. Nous avons dit *suprà*, nº 1094, avec l'art. 474 c. pr., que la tierce opposition n'est permise qu'à ceux qui n'ont pas été représentés au jugement attaqué par cette voie. Mais c'est une question souvent délicate, principalement à l'égard des ayants cause à titre singulier, que celle de savoir dans quels cas un créancier est réputé avoir été représenté par son débiteur, un acquéreur ou un cessionnaire par son vendeur ou son cédant, dans l'instance où le débiteur, le vendeur et le cédant ont seuls figuré ? Nous renvoyons à cet égard, vº Tierce opposition, ch. 2, sect. 2, art. 2, §§ 1, 2, 3 et 4, nºs 65 à 204, où la matière a reçu tous les développements qu'elle comporte. Voici seulement quelques arrêts qui se rapportent à notre sujet. — Il a été jugé qu'un créancier de la femme, subrogé par elle dans son hypothèque légale contre son mari, est non recevable à former tierce opposition à un arrêt rendu entre cette femme et un autre créancier pareillement subrogé, arrêt qui a repoussé la prétention de la femme tendant à faire déclarer inexécutable sur les intérêts de sa dot l'obligation contractée par elle envers ce créancier, et qui a attribué à ce même créancier sa collocation en sous-ordre sur lesdits intérêts (Montpellier, 9 juin 1823) (3). — Dans l'espèce, la dame Sicre, épouse séparée de biens de Sarrazi-Cazeaux, avait été colloquée, dans l'ordre ouvert sur ce dernier, pour le capital et les intérêts de sa dot. Un sieur Bourrel, créancier de la femme, subrogé par elle dans les droits de son hypothèque légale, en vertu d'une obligation souscrite en 1817, avait demandé sa collocation, en sous-ordre, sur le montant de la somme allouée à sa débitrice, qui s'y était opposée, par le motif que l'obligation qu'elle avait souscrite ne pouvait recevoir exécution sur sa dot, qui était inaliénable. Un jugement du tribunal de Limoux avait consacré la prétention de la femme ; mais, sur l'appel, la cour de Montpellier, par arrêt du 8 janv. 1823, infirma ce jugement et ordonna l'attribution à Bourrel

(1) (Maingasson et Ethève C. Trillaud.) — La cour ; — Attendu qu'il résulte des actes de la procédure que les appelants avaient été instanciés dans l'ordre, et qu'il a dépendu d'eux de protéger les droits qu'ils pouvaient avoir ; que, faute par eux d'avoir produit, conformément à la loi, ils ont encouru la forclusion légale ; — Attendu que l'action qu'ils ont ensuite formée, pour faire renverser toute la procédure sur l'ordre consommé, est une action principale tout à fait en dehors de l'économie de la loi qui a réglé cette matière spéciale, et que c'est à bon droit que les premiers juges ont déclaré cette action non recevable ; — Attendu que ce n'est pas là un incident proprement dit sur l'ordre, mais bien une action principale ayant pour objet d'anéantir l'ordre entier ; ce qui soumet l'appel au délai ordinaire fixé par l'art. 443 c. pr. ; — ... Au fond, adoptant les motifs des premiers juges, etc., sans avoir égard à la fin de non-recevoir, confirme.

Du 1er août 1845.-C. de Limoges, 3e ch.

(2) *Espèce :* — (Borel de la Rivière C. de Borny, Vilcoq et autres.) — Les moyens du pourvoi étaient que les jugements, qui avaient servi de base à l'ordre, étaient viciés d'incompétence matérielle, résultant de ce que la demande de conversion de la saisie immobilière en vente sur publications volontaires, et la procédure qui en avait été la suite, avaient été portées devant le tribunal de la Seine, au lieu de l'être devant le tribunal de Chaumont, lieu de la situation des biens. — Arrêt.

La cour ; — Sur le premier moyen, tiré de la violation prétendue des art. 1167 c. civ., 474 c. pr., et de la fausse application des art. 756 et 757 c. pr. : — Attendu que l'arrêt attaqué constate, en fait, que les sieur et dame Borel de la Rivière avaient été régulièrement sommés de produire à l'ordre du prix du domaine d'Essey-les-Ponts, sur lequel ils étaient créanciers inscrits, et de contredire les productions des autres créanciers ; — Qu'ils n'ont pas fait de production et n'ont pas élevé de contredits ; — Que le juge-commissaire, après avoir distribué la totalité du prix entre les créanciers produisants, a prononcé la déchéance des sieur et dame Borel de la Rivière, et ordonné la radiation de leur inscription, conformément à l'art. 759 c. pr. ; — Attendu que, d'après ces faits, l'arrêt a justement déclaré l'immeuble dont il s'agit purgé des hypothèques qui le grevaient, notamment de celle des sieur et dame Borel de la Rivière ; — Attendu que ceux-ci, ayant ainsi perdu, d'une manière irrévocable, par le règlement de l'ordre (règlement inattaquable de leur part, puisqu'ils y avaient été régulièrement appelés), leur qualité de créanciers inscrits sur l'immeuble adjugé au sieur de Borny, ne pouvaient plus exercer les droits attachés à cette qualité, ni se pourvoir, par voie de tierce opposition, ou autrement, contre les jugements qui avaient ordonné ou prononcé l'adjudication, ces jugements étant inséparables du règlement d'ordre auquel ils avaient servi de base ; — Attendu qu'en le décidant ainsi, la cour royale, loin de violer les articles invoqués, a fait une juste et saine application des principes ; — En ce qui touche les trois autres moyens : — Attendu qu'il résulte des motifs ci-dessus déduits que les demandeurs, n'étant pas admissibles à attaquer le règlement d'ordre, ne pouvaient pas davantage attaquer les jugements qui l'avaient précédé, et qu'il est, dès lors, superflu d'examiner les trois moyens qui sont dirigés contre les dispositions de ces jugements ; — Rejette.

Du 20 juin 1838.-C. C., ch. req.-MM. Zangiacomi, pr.-Brière-Valigny, rap.-Nicod, av. gén., c. conf.-Grosjean, av.

(3) (Sarrazi-Cazeaux C. Bourrel.) — La cour ;... — Attendu, sur la tierce opposition, que Sarrazi-Cazeaux, ou Maurice Vives, son prétendu cédant, ont été représentés, lors de l'arrêt du 8 janvier dernier, par la dame Sicre, épouse Sarrazi ; d'où il suit que ledit Sarrazi-Cazeaux est non recevable à former tierce opposition envers cet arrêt ; — Attendu, au fond, que l'arrêt du 8 janvier dernier a ordonné la collocation, en sous-ordre, de Dominique Bourrel, sur les entiers intérêts de la dot de la dame Sarrazi, et que, l'appelant étant déclaré non recevable dans sa tierce opposition, ledit arrêt doit sortir son plein et entier effet, et, par suite, l'ordonnance de clôture d'ordre, rendue en exécution de cet arrêt, doit être maintenue ; — ... Sans s'arrêter non plus à la tierce opposition formée par Sarrazi-Cazeaux envers l'arrêt du 8 janvier dernier, en laquelle il est déclaré non recevable, confirme.

Du 9 juin 1823.-C. de Montpellier.

des intérêts échus de la dot et de ceux à échoir, jusqu'à remboursement de sa créance, en capital et intérêts. — Les parties retournées devant le juge-commissaire, Sarrazi-Cazeaux, le mari, se disant aux droits d'un sieur Vives, son cédant, produisit un acte d'obligation souscrit à ce dernier, le 10 avr. 1817, par la dame Sicre, avec subrogation dans une partie de sa dot, et demanda la répartition, au marc le franc, entre Bourrel et lui, des intérêts échus et à échoir de la dot. Bourrel opposa l'autorité de la chose jugée, résultant de l'arrêt du 8 janv. 1823 qui lui avait attribué exclusivement ces intérêts. Le juge-commissaire, en effet, sans s'arrêter à la production de Sarrazi-Cazeaux, arrêta la clôture définitive de l'ordre, conformément au susdit arrêt. Sarrazi-Cazeaux se pourvut, par appel, contre cette ordonnance, et forma, incidemment à cet appel, tierce opposition à l'arrêt du 8 janv. Bourrel soutint cet appel et cette tierce opposition non recevables (pour ce qui concerne l'appel, V. *suprà*, n° 1050-3°). — En ce qui concerne la tierce opposition, il est à remarquer que, dans l'espèce, l'arrêt, frappé de tierce opposition par Sarrazi-Cazeaux, était postérieur aux obligations et cession dont se prévalait ce dernier; et on tirait argument de cette circonstance pour soutenir qu'il ne pouvait être considéré comme ayant été représenté, dans l'instance, par la dame Sicre, sa débitrice. — Sans doute, disait-on, le créancier peut souvent être considéré comme lié par les jugements obtenus contre son débiteur, de telle sorte qu'il ne soit recevable à les attaquer que par les mêmes voies qui appartiennent à ce dernier. Mais il faut distinguer entre les décisions rendues avant et celles rendues depuis l'aliénation ou la cession de ses droits, faite par le débiteur à son créancier. Tout ce qui a été jugé antérieurement a la même force contre le créancier que contre le débiteur, qui n'a pu transmettre plus de droits qu'il n'en avait lui-même. A cet égard, il est vrai de dire que le créancier représente le débiteur. Dès qu'une personne, au contraire, a transmis un droit ou une créance, il n'est plus en son pouvoir d'en disposer, même indirectement, et celui qui lui succède ne peut en être dépouillé en justice, sans qu'il ait été lui-même partie dans l'instance. Ces principes ont été confirmés par une jurisprudence imposante (sur ces questions controversées, V. v° Tierce opposition, n°s 142 et suiv., 159 et suiv., et 179 à 203). — D'ailleurs, ajoutait-on, alors même qu'on serait fondé à soutenir que les créanciers sont représentés par leur débiteur, après comme avant le dessaisissement, ce ne serait jamais que dans l'hypothèse où la défense, produite par le débiteur, pourrait, si elle était admise, tourner au profit des créanciers; mais si, comme dans l'espèce, la défense, présentée par le débiteur, tend à anéantir les prétentions de tous ses créanciers, alors l'opposition manifeste d'intérêts qui existe entre ce débiteur et ses créanciers ne permet pas d'admettre que ces derniers aient été représentés par lui. Ainsi, la dame Sicre soutenait, lors de l'arrêt attaqué, que ses créanciers ne pouvaient avoir aucun droit, ni sur le capital, ni sur les intérêts de sa dot. Si cette défense eût été admise, les droits de Sarrazi-Cazeaux eussent péri, aussi bien que ceux de Bourrel. Comment donc peut-on dire que, dans ces circonstances, Sarrazi-Cazeaux ait été représenté par la dame Sicre? — Il a fallu, dans la cause, des circonstances particulières qui rendaient suspects les actes dont se prévalait le mari, pour faire repousser ce dernier moyen, qui, sans cela, eût mérité, nous semble-t-il, une meilleure fortune.

1105. Il a aussi été jugé que la femme, tutrice de son mari interdit, a pu représenter valablement ce dernier dans un ordre ouvert sur le prix de vente d'un bien de l'interdit, nonobstant sa qualité de créancière, lorsque, à aucune époque de la procédure, elle n'a agi en vertu de cette qualité; que, sommée de produire, elle ne l'a pas fait, et qu'elle n'a pas été, dès lors, portée au règlement provisoire; qu'il n'y a pas, en cas pareil, contrariété d'intérêts entre le tuteur et le pupille, dans le sens de l'art. 420 c. nap.; qu'en conséquence, le saisi (ou ses représentants) ne peut attaquer, par la voie de la tierce opposition, le procès-verbal de clôture d'ordre, sous prétexte qu'il n'aurait pu y être régulièrement représenté que par son subrogé tuteur, et que, notamment, c'est à ce dernier que le règlement provisoire aurait dû être notifié (Nîmes, 25 fév. 1851, et, sur pourvoi, Req. 6 déc. 1852, aff. veuve Barnier, D. P. 52. 1. 319).

1106. Mais il a été jugé : 1° que, lorsqu'un héritier, figurant seul dans un ordre, tant pour lui personnellement que pour ses cohéritiers, a vu sa collocation rejetée par un arrêt, faute de justifier des droits de son auteur, ses cohéritiers sont recevables à attaquer cette décision par la voie de la tierce opposition (Caen, 8 mai 1827, aff. Luet, v° Tierce opposition, n° 51); —2° ... Et que ledit arrêt doit être rétracté, même à l'égard de celui des cohéritiers qui figurait personnellement dans la première instance, si la justification exigée a été faite (même arrêt);— 3° Que le règlement définitif d'un ordre est un véritable jugement; qu'il est, dès lors, susceptible de tierce opposition de la part du créancier qui n'y a été ni appelé, ni représenté; et, spécialement, que le cessionnaire d'une créance inscrite doit être appelé à l'ordre, s'il avait signifié ce transport ou subrogation au débiteur, encore bien qu'il ne l'ait pas fait inscrire; qu'il est, dès lors, recevable à former tierce opposition au règlement définitif, si l'on s'est borné à y appeler son cédant (Paris, 21 mai 1835, aff. Robin-Grandin, *suprà*, n° 381; V., toutefois, nos observations sur cet arrêt); — 4° Que, si l'avoué du dernier créancier colloqué tient de l'art. 760 c. pr. le mandat de représenter les créanciers postérieurs aux collocations contestées, il ne peut plus être réputé les avoir représentés, dans le cas où il aurait frauduleusement colludé avec les contestants, à l'effet de faire obtenir à ceux-ci une sentence préjudiciable aux intérêts de la masse; que, par suite, et en admettant l'existence de la fraude, les créanciers postérieurs ont le droit de former tierce opposition au jugement qui leur préjudicie, encore bien que quelques-uns d'eux n'aient pas contredit à l'ordre (Caen, 16 avr. 1845, aff. Jourdain, D. P. 45. 2. 84; V. d'autres arrêts dans le même sens, v° Tierce opposition, n°s 187 et suiv.).

1107. Régulièrement, l'acquéreur ou l'adjudicataire, qui n'est pas créancier, n'est pas partie intéressée dans l'ordre; il n'y figure que d'une manière passive, à cause de son prix; ou, s'il y intervient directement, ce n'est qu'à raison des frais qu'il a faits, et pour lesquels l'art. 774 lui accorde une collocation privilégiée.— Il a été jugé, ainsi, avant la loi du 21 mai 1858 : 1° que l'adjudicataire de biens prétendus hypothéqués, qui a payé son prix entre les mains du notaire délégué par le cahier des charges pour le recevoir, et dont la capacité, à cet égard, a d'ailleurs été reconnue par jugement dans un ordre précédent, est recevable à attaquer, par la voie de la tierce opposition, l'état de collocation en vertu duquel les créanciers voudraient l'obliger à payer de nouveau son prix, et, par suite, à critiquer les inscriptions de ces créanciers (Colmar, 3 mai 1820, et, sur pourvoi, Rej. 12 déc. 1821, aff. Nottinger, v° Priv. et hypoth., n° 1552-5°);—2° Que le tiers acquéreur, qui a produit à l'ordre pour ses frais, n'est pas présumé avoir, par cela seul, acquiescé à l'ordonnance de clôture de l'ordre, de manière à ne pouvoir l'attaquer, en cas d'irrégularité (par exemple, lorsqu'au nombre des créanciers inscrits se trouvaient des mineurs, non régulièrement appelés dans l'ordre, et que l'ordre a été clos en leur absence); que ce droit de contestation, qui pourrait lui être reconnu comme créancier, doit lui être reconnu comme tiers acquéreur; qu'il est ainsi recevable à former opposition à l'ordonnance de clôture de l'ordre (Toulouse, 17 déc. 1838) (1); — 3° Qu'un ordre judiciaire, auquel l'acquéreur n'a point assisté, quoiqu'il y ait été appelé, n'a pas le caractère

(1) *Espèce* : — (Dujac C. Gombaud et Doumenc.) — On objectait, dans l'espèce, aux époux Gombaud (les tiers acquéreurs), qui avaient formé opposition à l'ordonnance de clôture de l'ordre, en se fondant sur ce que la sommation de produire, au lieu d'être donnée aux mineurs Doumenc (ou à leur tuteur) directement, avait été adressée au procureur du roi, qui avait pris, d'office, l'inscription en vertu de laquelle ils avaient été appelés à l'ordre, on leur objectait que c'était là exciper du droit d'autrui, et qu'ils étaient d'autant moins fondés à contester la validité de la sommation de produire faite au procureur du roi que c'étaient eux-mêmes qui avaient requis l'ouverture de l'ordre et fait donner cette sommation. Mais il est à remarquer, d'une part, que le jugement du 16 juill. 1838, qui avait rejeté leur opposition, ne l'avait fait par aucun moyen tiré du fond du droit, mais s'était borné à déclarer non recevable, par le motif que l'ordonnance de clôture de l'ordre étant un véritable jugement, ne pouvait être attaquée que par la voie de l'appel; d'autre part, que, dans l'instance d'appel, les mineurs Dou-

de jugement définitif à son égard, si, d'ailleurs, n'étant ni créancier inscrit, ni opposant, il n'était pas partie nécessaire dans l'ordre; que, par suite, l'opposition, formée par cet acquéreur au commandement de payer le montant d'un bordereau de collocation, sur le motif que le créancier colloqué avait été précédemment désintéressé, est valablement portée devant le tribunal où l'ordre a été ouvert (Angers, 30 avr. 1841) (1);—4° Que la tierce opposition est recevable de la part de l'acquéreur (ou de ses héritiers) contre le règlement définitif d'un ordre qui le condamne à payer une seconde fois son prix, sans qu'il ait été partie ni appelé dans la procédure d'ordre (Req. 4 nov. 1845, aff. hér. Attenville, D. P. 45. 1. 425);— 5° Que l'adjudicataire peut former tierce opposition au règlement d'ordre clôturé hors de sa présence, lorsque ce règlement le soumet à payer une seconde fois le prix de son acquisition dont il s'est déjà valablement libéré (Montpellier, 6 mai 1848) (2);— 6° ... Et qu'on doit considérer comme s'étant valablement libéré l'adjudicataire qui paye son prix aux créanciers porteurs de bordereaux délivrés à la suite d'un règlement amiable fait entre les créanciers chirographaires du vendeur, à défaut de créanciers hypothécaires, bien qu'un créancier prétende ultérieurement n'avoir pas été appelé à ce règlement, alors que l'existence de sa créance avait été révélée par l'ordre amiable lui-même (même arrêt); — 7° Que l'adjudicataire, appelé dans l'ordre comme créancier inscrit, mais qui n'y a pas produit, peut former, en sa qualité d'adjudicataire, tierce opposition au règlement définitif de l'ordre qui a été clôturé hors de sa présence, à l'effet de faire valoir la clause du cahier des charges qui l'autorise à retenir sur son prix somme suffisante pour le service d'une rente viagère, et se refuser, en conséquence, jusqu'à concurrence de ladite somme, au payement des bordereaux délivrés sur lui, bien que ces bordereaux ne fassent aucune mention de la cause suspensive de leur exigibilité (Riom, 18 déc. 1848) (3); — 8° Que, bien que l'ordonnance de clôture ne soit pas susceptible

mene se joignaient aux époux Gombaud pour demander la nullité de l'ordre; circonstance qui devait déterminer la cour à la prononcer, quoique l'instance pût être considérée comme ayant été, dès l'abord, irrégulièrement engagée. — Arrêt.

La cour; — Attendu, sur la fin de non-recevoir contre l'appel des époux Gombaud envers le jugement du 16 juill. dernier, qu'on oppose que, les sommes sur lesquelles ce jugement a prononcé ne s'élevant pas 1,500 fr., il est, dès lors, en dernier ressort; — Attendu que, pour statuer sur ces sommes, le tribunal de première instance devant juger préalablement la demande en annulation de l'ordonnance définitive d'un ordre, dans lequel la somme à distribuer était de plus de 2,000 fr., sa décision était dès lors sujette à l'appel;

Attendu que, par les mêmes motifs, l'appel envers cette ordonnance est également recevable; mais on soutient que, les époux Gombaud ayant produit dans cet ordre, afin de se faire allouer pour des frais, il ne leur est plus permis d'attaquer l'ordonnance de clôture; cependant, ce n'est pas comme créanciers qu'ils réclament actuellement; c'est en leur qualité de tiers acquéreurs, condamnés par une décision qu'ils soutiennent contraire aux lois, et qui les exposerait à payer une seconde fois : leurs droits sont entiers à cet égard, et l'on ne peut leur opposer de fin de non-recevoir;

Attendu, au fond, etc. (sur ce point, V. *suprà*, n° 576);—Sans s'arrêter aux fins de non-valoir et de non-recevoir, disant droit sur l'appel, — annule la sommation de produire notifiée au procureur du roi près le tribunal de Toulouse, avec tout l'ensuivi.

Du 17 déc. 1838.-C. de Toulouse, 1re ch.-M. Hocquard, 1er pr.

(1) (Mariés Prousteau C. Deniau.) — La cour; — Attendu que l'instance, portée par les intimés (les mariés Prousteau) devant le tribunal de Saumur, tendait à faire juger qu'ils seraient dispensés du payement du bordereau délivré sur eux, par le motif qu'ils s'étaient déjà libérés envers l'appelant; que cette action était recevable, puisque les intimés, n'étant créanciers ni inscrits, ni opposants, n'étaient pas nécessairement parties à l'ordre, et qu'en fait, ils n'y avaient pas figuré, quoiqu'ils y eussent été appelés; — Que l'importance d'une telle action se règle par le montant même du bordereau, qui ne s'élève qu'à 948 fr. 50 c.; d'où il suit que les premiers juges ont statué en dernier ressort; — Déclare l'appel non recevable.

Du 30 avr. 1841.-C. d'Angers.-M. Demazières, 1er pr.

(2) (Veuve Prunet C. Mirabel.) — La cour;.... considérant qu'il s'agit, au fond, de savoir si Mirabel, recherché par la veuve Prunet, en sa qualité d'adjudicataire de biens dépendant des successions bénéficiaires de Jacques et Laurent Roques, s'est valablement libéré du prix de son adjudication; — Considérant que le cahier des charges, qui a réglé les conditions de l'adjudication, imposait aux acquéreurs l'obligation de payer leur prix aux créanciers hypothécaires ou chirographaires, suivant l'ordre amiable qui serait entre eux réglé, ou bien d'après l'ordre judiciaire qui pourrait avoir lieu, le cas échéant; —Considérant, en fait, qu'il est justifié que Mirabel a payé le prix de son acquisition entre les mains des créanciers porteurs de bordereaux délivrés contre lui, en exécution d'un ordre amiable en date du 30 sept. 1837, Panisset notaire; — Considérant que la veuve Prunet, tout en reconnaissant l'exactitude de ces faits, oppose diverses objections dont il convient d'examiner le mérite (la veuve Prunet, postérieurement au règlement amiable et à la libération de l'adjudicataire, avait pris jugement contre les successions bénéficiaires et inscription en vertu de ce jugement; puis elle avait provoqué un ordre judiciaire et s'y était fait colloquer en vertu de cette inscription, déclarée nulle par l'arrêt, par application de l'art. 2146 c. nap.) — Considérant, enfin, que la veuve Prunet ajoute que l'existence de sa créance ayant été révélée par l'ordre amiable lui-même, ce règlement aurait dû être fait en sa présence ou avec sa participation; — Considérant que cette objection pourrait, sans doute, être invoquée à l'encontre de l'héritier bénéficiaire; mais qu'il n'en saurait être ainsi à l'égard de l'adjudicataire; — Considérant que, si le cahier des charges faisait un devoir à celui-ci de ne procéder au payement qu'à la suite d'un règlement d'ordre entre les créanciers, quels qu'ils fussent, cette clause ne saurait être entendue en ce sens que l'adjudicataire serait tenu de figurer lui-même dans le règlement dont il s'agit, afin de s'assurer, sous sa responsabilité personnelle, que tous les ayants droit y seraient appelés; — Considérant d'ailleurs, et en droit, que l'adjudicataire n'est nullement obligé de prendre part à l'ordre amiable ou judiciaire, pour y veiller aux intérêts des créanciers; qu'étranger le plus souvent aux affaires du débiteur dont il a acquis le patrimoine, l'adjudicataire serait dans l'impossibilité d'accomplir une semblable obligation, surtout en ce qui concerne les créanciers chirographaires; qu'ainsi aucun reproche ne peut être adressé à Mirabel à cet égard, et qu'il demeure ainsi démontré que le payement par lui effectué est parfaitement valable;

Considérant, en la forme, que, si les créanciers peuvent, dans certains cas, attaquer l'ordre définitif, ce droit, à plus forte raison, doit-il appartenir à l'adjudicataire; — Considérant que la voie de la tierce opposition est incontestablement ouverte à l'adjudicataire contre un règlement d'ordre clôturé hors de sa présence, si ce règlement le soumet à payer une seconde fois le prix de son acquisition dont il s'est déjà légitimement libéré; — Considérant que, la tierce opposition de Mirabel étant ainsi reconnue à la fois recevable et fondée, il y a lieu de maintenir la décision du tribunal de 1re instance;...— Confirme.

Du 6 mai 1848.- C. de Montpellier, 2e ch.- M. Calmètes, pr.

(3) *Espèce:* (Durif C. Delaire.) — Un ordre est ouvert pour la distribution du prix de divers immeubles saisis sur Louis Delaire et adjugés à Guillaume Delaire, l'un de ses créanciers. Partie de ces biens provenait d'une donation faite au saisi, à la charge de payer une rente viagère au donateur. Le cahier des charges autorisait l'adjudicataire à retenir sur son prix une somme suffisante pour assurer le service de cette rente. Mais aucune mention de cette clause n'est faite dans l'ordre, et le juge-commissaire colloque les créanciers sur le prix entier, comme si elle n'existait pas. L'adjudicataire avait été appelé à l'ordre comme créancier inscrit; mais, ne venant pas en ordre utile, il n'y produisit pas. — Me Durif, avoué, colloqué au 6e rang, fait signifier son bordereau à l'adjudicataire, avec commandement. Celui-ci soutient qu'il n'a dans ses mains que la somme nécessaire au service de la rente, et forme tierce opposition au règlement définitif.

10 nov. 1846, jugement du trib. civ. d'Ambert ainsi conçu :—« En ce qui touche l'opposition formée par Guillaume Delaire au commandement de payer qui lui a été fait par Me Durif avoué : — Attendu que les conditions du cahier des charges règlent, d'une manière irrévocable, la position de l'adjudicataire, soit vis-à-vis de la partie saisie, soit vis-à-vis des créanciers, et qu'elles ont, pour toutes les parties, la même force que la loi du contrat ; — Attendu que, d'après l'art. 10 du cahier des charges, l'adjudicataire devait se retenir, en diminution de son prix d'adjudication, la somme de 150 fr. que Louis Delaire devait payer à Louis Victor Chabrol, en vertu de la donation faite en sa faveur par Marie Delaire, le 2 janv. 1836, et, d'après l'art. 11 du même cahier des charges, l'adjudicataire devait aussi se retenir un capital suffisant pour servir la pension en argent, blé, seigle et pommes de terre due à Marie Delaire, en vertu de la même donation ; — Attendu que, si Me Durif était porteur d'un titre exécutoire, et si aucune condition n'était opposée au payement du bordereau qui lui a été délivré, il n'en était pas moins assujetti, relativement à l'époque de l'exigibilité, aux conséquences des conditions sous lesquelles l'adjudication avait été faite ; — Attendu que la clôture de l'ordre peut d'autant moins constituer une fin de non-recevoir contre les moyens d'opposition, que cette distribution ainsi consommée n'est relative qu'au classement des créanciers et à la fixation de leur *quantum*, mais qu'elle n'en reste pas moins subordonnée, quant à l'exigibilité des créances, à ce qui avait été stipulé dans l'adjudication.

d'être attaquée par la voie de la tierce opposition, l'acquéreur, qui n'a pas été partie dans l'ordre, peut toutefois se pourvoir, par action principale, afin de se faire décharger, nonobstant la clôture de l'ordre, de l'obligation de payer la totalité de son prix aux porteurs de bordereaux, sur le fondement qu'il a été obligé, pour prévenir l'effet d'une action révocatoire inévitable, et d'ailleurs non contestée par les défendeurs, d'en verser une partie, sous forme de transaction, entre les mains du tiers revendiquant (Bordeaux, 8 mars 1855) (1);—9° Qu'en droit, l'ordre a pour objet la distribution du prix dû par l'acquéreur, mais non la fixation de ce prix; qu'en conséquence, quelle que soit l'autorité du règlement définitif d'ordre, elle ne concerne que les créanciers du vendeur, et ne saurait être opposée à l'acquéreur, qui n'a pas produit dans l'ordre, en cette qualité de créancier, mais seulement pour ses frais; et spécialement que, lorsque le prix dû par l'acquéreur s'est trouvé définitivement fixé à la somme portée dans le contrat, par l'effet, soit du défaut de surenchère à la suite des notifications prescrites par les art. 2183 et 2184 c. nap., soit de la validité des offres réelles et de la consignation faites par l'acquéreur, prononcée par jugement passé en force de chose jugée, la modification, apportée, dans le règlement provisoire d'ordre, à la fixation de ce prix, et maintenue dans le règlement définitif, ne peut être opposée à l'acquéreur, alors que celui-ci n'a figuré, dans l'ordre, que pour ses frais; que, par suite, cet acquéreur est recevable à former opposition au règlement définitif, à l'effet de faire rétablir le prix tel qu'il est porté dans son contrat : on dirait, à tort, que, faute d'avoir contredit le règlement provisoire, sur la dénonciation qui lui en a été faite, il doit être considéré comme ayant renoncé au bénéfice de la chose jugée résultant du jugement qui a validé ses offres pour se soumettre à celle qui s'attache au règlement définitif d'ordre (Req. 21 juill. 1857, aff. Truchy, D. P. 57. 1.446).

1108. Mais il a été jugé que l'adjudicataire n'est pas recevable à attaquer, en cette qualité, par la voie de l'appel, l'ordonnance de clôture, alors même qu'il a figuré dans l'ordre comme créancier inscrit, la qualité de créancier étant distincte de celle de débiteur du prix (Riom, 23 avr. 1850) (2).

1109. « Il existe, cependant, sur ce point, dit, avec raison, M. Flandin, Tr. de l'ordre, inédit, une différence entre l'ancien et le nouveau code. En effet, le nouvel art. 753, après avoir dit que, dans les huit jours de l'ouverture de l'ordre, les créanciers inscrits seront sommés de produire, ajoute que « l'ouverture de l'ordre est, en même temps, dénoncée à l'avoué de l'adjudicataire. » Cette disposition n'existait pas dans l'ancien art. 753; et il semble que le législateur ait voulu précisément, par cette addition, couper court aux prétentions de l'acquéreur ou de l'adjudicataire de se dire étranger à l'ordre, afin d'échapper aux déchéances qui atteignent les créanciers, lorsqu'ils n'ont pas produit leurs réclamations en temps utile. De même, le nouvel art. 767 met l'adjudicataire au nombre des personnes qui doivent, *à peine de nullité*, former opposition à l'ordonnance de clôture de l'ordre, dans la huitaine de sa dénonciation; ce qui est dire qu'à défaut de cette opposition dans le délai précité, ladite ordonnance aura, à l'égard de l'adjudicataire, comme à l'égard des créanciers et de la partie saisie, l'autorité de la chose jugée (V. *suprà*, n° 1056). On comprend, de suite, dans quel esprit ces innovations ont été faites. On veut que les ordres se terminent rapidement; et, dans ce but, on a enlevé à l'adjudicataire le moyen de faire revivre, après l'ordre clos, après les bordereaux délivrés, au moyen d'une tierce opposition, des difficultés qu'il est plus simple et tout aussi facile de faire résoudre au cours même de la procédure d'ordre. —Nous doutons, par conséquent, poursuit M. Flandin, qu'on pût admettre aujourd'hui, comme l'a fait l'arrêt de rejet du 12 déc. 1821 (*suprà*, n° 1107-1°), un adjudicataire, qui aurait négligé de former opposition à l'ordonnance de clôture, à se rendre tiers opposant à ladite ordonnance, et à discuter la validité des inscriptions des créanciers ultérieurement colloqués, qui veulent le contraindre à payer une seconde fois son prix. Nous dirons la même chose de l'arrêt de la chambre des requêtes du 21 juill. 1857 (n° 1107-9°), qui a admis l'acquéreur à former opposition au règlement définitif, afin d'obtenir la réformation de l'ordre provisoire dans lequel le prix, dû par cet acquéreur, avait été porté à une somme plus forte que celle résultant d'offres réelles validées par un jugement passé en force de chose jugée, bien que ledit acquéreur, à qui l'ordre de collocation provisoire avait été dénoncé, ne l'eût point attaqué dans le mois, conformément à l'art. 755. Nous ne nous arrêterons qu'au motif de droit donné par

« En ce qui touche la tierce opposition formée par Guillaume Delaire, partie d'Armilhon, contre le procès-verbal de clôture d'ordre : — Attendu que ledit Delaire n'y a pas été appelé en sa qualité d'adjudicataire, qu'il n'y a pas figuré en cette qualité, et qu'il avait intérêt à faire fixer sa position comme acquéreur, relativement à l'époque du payement des bordereaux délivrés aux parties de Bernard et de Rimbaud, et que, sous tous les rapports, elle est suffisamment justifiée en la forme et au fond;

» En ce qui touche le *quantum* des sommes à retenir par Guillaume Delaire, adjudicataire, pour les restitutions en nature dues à Marie Delaire : — Attendu que celles réclamées par ledit Delaire ne paraissent pas exagérées, eu égard aux taux moyens des mercuriales;

» En ce qui touche la demande en garantie de Guillaume Delaire, partie d'Armilhon, contre Benoît Pissis : — Attendu que ce dernier, ainsi que les autres parties qui ont figuré dans l'ordre avait un égal intérêt à en surveiller les détails; que Guillaume Delaire, principalement, comme adjudicataire, devait veiller à la validité de sa libération et par conséquent à l'exécution des conditions du cahier des charges; que, sous tous les rapports, sa demande en garantie n'est pas justifiée, et qu'il y a lieu à une compensation des dépens; — Reçoit Guillaume Delaire opposant au commandement fait par Me Durif et tiers opposant au procès-verbal de clôture d'ordre du 25 juil. 1845; — Déclare ledit commandement nul et de nul effet; — Ordonne que Guillaume Delaire retiendra, sur la somme à distribuer, la somme de 1,720 fr. pour payer la pension due à Marie Delaire, en vertu de la déclaration du 2 janv. 1836; — Ordonne que cette somme ne sera payée aux derniers créanciers colloqués à l'ordre clos le 25 juil. 1845 qu'à l'événement prévu par la donation. » — Appel du sieur Durif, qui élève la prétention de recevoir, non-seulement le capital qui lui est dû, mais encore les intérêts courus depuis la clôture de l'ordre. — Arrêt.

LA COUR; — Adoptant les motifs des premiers juges, confirme.

Du 18 déc. 1848.-C. de Riom, 4e ch.-M. Tailhand, pr.

(1) (Cousinon C. demoiselles Moreau.) — LA COUR; — Attendu que la tierce opposition qu'avaient formée les époux Cousinon (appelants) contre l'ordonnance de clôture de l'ordre dans lequel avaient été colloquées les intimées, a été rejetée par jugement du 26 mars 1851, parce qu'en droit, une telle ordonnance n'est point susceptible d'être attaquée par cette voie de la tierce opposition; — Attendu que ce jugement ne saurait rendre les époux Cousinon non recevables à recourir à tout autre moyen légal et régulier qui peut exister pour se faire décharger, nonobstant la clôture de l'ordre, de l'obligation de payer le montant des bordereaux délivrés;—Attendu, en droit, que l'acquéreur, qui n'a point été partie à l'ordre, est recevable à se pourvoir par action principale pour faire juger qu'il a juste motif de ne point payer le prix mis en distribution; que, n'ayant point figuré dans l'instance, ses droits personnels, comme acquéreur, restent intacts; — Attendu, en fait, qu'il est constant que les appelants n'ont point été appelés à l'ordre et n'y ont point été représentés; que la demande sur laquelle a prononcé le jugement attaqué était donc recevable.

Du 8 mars 1855.-C. de Bordeaux, 4e ch.-M. Troplong, pr.

(2) (Quioc C. Vacheron.) — LA COUR; — Attendu qu'en admettant que l'ordonnance de clôture d'ordre définitive peut être considérée comme une décision contre laquelle on pourrait se pourvoir par la voie de l'appel, Quioc serait non recevable dans l'appel qu'il a interjeté de l'ordonnance de clôture définitive du juge-commissaire du tribunal d'Issengeaux, du 21 avr. 1849; qu'en effet, on ne peut être admis à interjeter appel d'une décision qu'autant qu'on y a figuré comme partie et qu'elle a été rendue contre l'appelant, en la qualité dans laquelle il agissait; — Attendu que Quioc a interjeté appel de ladite ordonnance, en qualité d'adjudicataire de partie des immeubles de Lemere et comme débiteur du prix de ces immeubles; qu'en cette qualité d'adjudicataire et de débiteur du prix à distribuer, il n'était point partie dans l'ordre; qu'il n'est point intervenu en cette qualité, dans les diverses phases de l'ordre non plus que dans le jugement du tribunal d'Issengeaux, du 9 fév. 1849, qui a statué sur les difficultés de l'ordre provisoire, et dans l'ordonnance de clôture définitive du juge-commissaire; — Attendu que la qualité de créancier de Quioc, en laquelle il avait été appelé et figurait dans l'ordre est complétement distincte de celle de l'adjudicataire et de débiteur du prix de l'adjudication, et que la qualité de créancier, en laquelle il était porté dans l'ordre, ne pouvait lui donner droit et qualité pour interjeter appel, comme adjudicataire et débiteur du prix des immeubles par lui acquis, de l'ordonnance de clôture définitive;... déclare l'appel de Quioc non recevable.

Du 23 avr 1850.-C. de Riom.

l'arrêt, et par lequel il est déclaré que, « quelle que soit l'autorité du règlement d'ordre intervenu postérieurement (au jugement de validation des offres réelles), elle ne peut concerner que les créanciers du vendeur, ainsi que le démontrent toutes les dispositions du code de procédure civile; que, dans l'espèce, Dehaynin (l'acquéreur) n'était pas créancier du vendeur; qu'il n'a figuré, dans l'ordre, que pour la somme de 11 fr., pour les frais énoncés en l'art. 777 (aujourd'hui 774); qu'ainsi, *étranger aux opérations de l'ordre*, on ne peut lui opposer les dispositions du règlement définitif comme ayant changé le prix de vente antérieurement fixé... » Depuis la loi du 21 mai, on ne peut pas dire que l'adjudicataire soit étranger aux opérations de l'ordre, puisque l'art. 733, innovant quant à ce, exige que l'ouverture de l'ordre lui soit dénoncée, apparemment pour qu'il en suive les opérations, et qu'il produise, au cours de la procédure, toutes les réclamations que pourront lui suggérer ses intérêts; et puisque aussi l'art. 767 exige implicitement qu'on lui dénonce, comme aux créanciers et à la partie saisie, l'ordonnance de clôture, afin de le mettre à même d'y former opposition dans le délai de huitaine, *à peine de nullité*, c'est-à-dire à peine de déchéance. A la vérité, l'art. 755 ne prescrit pas de lui dénoncer le règlement provisoire; et, tout ce qu'on peut en conclure, c'est qu'il ne sera pas soumis à la déchéance prononcée, par l'art. 756, contre les créanciers et la partie saisie qui n'ont pas contredit dans les trente jours; mais il n'en sera pas moins obligé, si quelque disposition de ce règlement provisoire lui fait grief, et qu'elle soit reproduite dans le règlement définitif, de former opposition à l'ordonnance de clôture, afin de faire réformer le règlement définitif sur ce point. »

1110. Il a, toutefois, été jugé, depuis la loi du 21 mai 1858, que, lorsque, dans le règlement définitif de l'ordre, la somme à distribuer, par suite d'une erreur matérielle due à ce que la totalité des frais de poursuite et de surenchère n'a pas été déduite du prix d'adjudication, conformément au cahier des charges, a été portée à un chiffre plus élevé que le chiffre réel, l'adjudicataire, quoiqu'il n'ait pas formé opposition à l'ordonnance de clôture, dans le délai de l'art. 767, est, néanmoins, recevable à agir contre le dernier créancier colloqué qui bénéficie de cette erreur, pour en obtenir le redressement (trib. civ. de Pau, 14 fév. 1862) (1).

1111. Nous avons déjà dit *suprà*, nº 451, que le créancier, non appelé à l'ordre, et qui ne se présente qu'après le payement des bordereaux, n'a pas à s'adresser à l'adjudicataire, qui a légalement payé son prix aux créanciers utilement colloqués, mais à ces créanciers, à ceux du moins qu'il aurait primés dans l'ordre, pour leur faire rapporter la somme qu'ils ont touchée, à son détriment (V. les arrêts rapportés nºs 452 et suiv.).

Art. 3. — *Des effets attachés à l'ordonnance de clôture.*

1112. Le règlement définitif, qui n'a pas été attaqué dans la forme et dans le délai déterminés par l'art. 767, acquiert l'autorité de la chose jugée, relativement aux collocations et aux décisions qu'il renferme. C'est une conséquence de la disposition contenue en l'art. 767, qui reconnaît à ce règlement le caractère de décision judiciaire, puisqu'il permet de l'attaquer par la voie de l'opposition.

Cela, pourtant, était contesté, avant la loi du 21 mai 1858, mais plutôt en théorie qu'autrement. — Tout acte du juge, disait-on, ne constitue pas nécessairement une *décision*. Ainsi, il est manifeste que le juge ne rend pas une décision, lorsqu'il se borne à remplir une formalité prescrite par la loi, comme la légalisation d'une signature, ou l'apposition de son parafe sur certains registres. L'idée d'une décision réveille celle d'un débat soulevé devant le juge et apprécié par lui. Or, quel rôle remplit le juge-commissaire, lorsqu'il arrête le règlement définitif d'ordre? En se bornant, dans le cas où il n'y a pas eu de contredits, à rendre définitif un travail qui n'était que provisoire, et en conformant ce travail, dans le cas contraire, aux jugements ou arrêts intervenus, ce magistrat fait-il autre chose que suivre une marche qui lui est tracée par la loi elle-même, et dont il ne lui est nullement loisible de s'écarter? Ici, le juge n'est pas appelé à exercer une juridiction, à statuer sur des prétentions quelconques : tout a été irrévocablement décidé par un pouvoir supérieur au sien; et, en apposant sa signature au bas du règlement définitif, il ne fait encore que remplir une formalité; son ordonnance n'est, à proprement parler, qu'un simple *procès-verbal*. N'est-ce pas dire que l'autorité de la *chose jugée* ne peut s'y attacher? Evidemment, il ne saurait y avoir chose jugée là où il n'y a pas de jugement. Si l'autorité de la chose jugée protége les décisions rendues, soit en première instance, soit en appel, sur les contredits au règlement provisoire d'ordre, il n'en saurait être de même à l'égard de la simple constatation que renferme le règlement définitif.

(1) *Espèce :* — (Sans C. Blanque.) — Le tribunal; — Attendu qu'il est constant et d'ailleurs reconnu, en fait, de part et d'autre, que la somme à distribuer entre les créanciers de Blanque était celle de 5,107 fr. 12 c., au lieu de celle de 5,409 fr. 04 c., qui est portée, par erreur, dans l'ordre définitif (différence : 301 fr. 92 c.); que cette erreur matérielle provient de ce que la totalité des frais de poursuite et de surenchère n'ont pas été déduits du prix d'adjudication, conformément aux art. 5 et 12 du cahier des charges; qu'il s'agit de rechercher si les consorts Sans, adjudicataires, qui ont laissé se passer, sans réclamation, le délai de l'art. 767 c. pr. civ., sont encore recevables à se refuser à payer au delà de ce qu'ils doivent, et, par voie de suite, si les offres par eux faites à la partie de Garet sont suffisantes et valables; — Attendu, en droit, qu'il est un principe supérieur d'équité et de morale, dont les art. 1376, 1377, 2058 c. nap. et l'art. 541 c. pr. civ. sont une consécration légale, ayant un caractère purement démonstratif, savoir : que nul ne peut s'enrichir aux dépens d'autrui, et que ce qui a été payé sans être dû est sujet à répétition; que cette règle d'équité souveraine est applicable à l'espèce, et que l'erreur ou l'omission du juge-commissaire de l'ordre ne peut pas plus avoir pour effet d'obliger les adjudicataires à payer ce qu'ils ne doivent point, qu'elle ne pourrait les dispenser, dans le cas inverse, de payer l'intégralité du prix d'adjudication; — Attendu que la déchéance prononcée, même contre l'adjudicataire qui n'a pas formé opposition à l'ordonnance de clôture, dans les huit jours de la dénonciation, ne saurait s'appliquer au cas de la cause; qu'ici, en effet, la règle d'équité sus-rappelée reprend tout son empire; qu'il faudrait, pour faire admettre l'unique déchéance qu'on propose, une disposition claire et précise de la loi qui n'existe point; — Attendu que la partie de Garet soutient, sans le prouver, qu'après avoir contredit dans l'ordre, elle s'est ensuite désistée, parce que, la somme à distribuer s'élevant à 5,409 fr., elle n'avait plus, selon elle, d'intérêt à contredire; que si, au contraire, la vérité lui eût été connue en temps utile, sur le véritable chiffre de la somme à distribuer, elle eût insisté, et, toujours selon elle, obtenu gain de cause pour son contredit; d'où il suivrait que les adjudicataires ayant, par leur négligence, été la cause de l'erreur qui a amené son désistement, ils deviennent responsables de ses suites, et, par conséquent, ils sont non recevables à se plaindre de l'erreur commise à leur détriment;

Attendu qu'en tenant pour vraies les allégations très-contestables qui précèdent, la conséquence qu'en déduit la partie de Garet n'est pas légitime; qu'en effet, il appartenait tout autant à la partie de Garet qu'aux parties de Madanne de s'assurer du chiffre exact de la somme à distribuer, en opérant les déductions indiquées par les clauses et les conditions du cahier des charges; que, dès lors, la faute est commune à tous et ne peut retomber exclusivement à la charge des adjudicataires; que, d'ailleurs, la prétention de la partie de Garet ne supporte pas l'examen, lorsqu'on songe que son intérêt était si bien de s'assurer de l'objet dont il s'agit qu'elle n'ignorait pas la disposition de l'art. 767 c. pr. civ.; qu'elle devait, par conséquent, savoir et prévoir qu'en se pourvoyant dans la huitaine de la dénonciation de l'ordonnance de clôture de l'ordre, c'est-à-dire à une époque où il ne serait plus temps pour elle de porter des contredits à l'audience, les adjudicataires seraient admis, en cas d'erreur, à faire réduire le prix à distribuer à son véritable chiffre; que, si les adjudicataires eussent procédé de la sorte, il est certain que la partie de Garet n'aurait eu d'autre parti à prendre que celui d'une résignation muette; qu'on doit présumer, au surplus, que, nul n'étant censé ignorer la loi, lorsqu'elle a renoncé à son contredit, elle a dû envisager cette éventualité et en accepter les suites, ou que, si elle ne s'en est pas préoccupée, elle ne peut rendre les adjudicataires responsables de ce défaut de prévoyance; qu'il est vrai que les adjudicataires n'ont pas agi dans le délai qui leur était imparti par l'art. 767 c. pr. civ., mais que cela importe peu, en résultat, à la partie de Garet, du moment qu'il est décidé que les adjudicataires sont déclarés recevables encore aujourd'hui à faire redresser l'erreur matérielle commise à leur préjudice; — Attendu que la validité des offres est le corollaire juridique des considérations qui précèdent; — Par ces motifs, sans s'arrêter à aucun des moyens proposés par la partie de Garet et l'en déboutant, déclare suffisantes et valables les offres faites par les parties de Madanne, etc.

Du 14 fév. 1862.-Trib. de Pau.-M. d'Astès, pr.

Le règlement définitif, poursuivait-on, est-il davantage un *contrat?* On peut bien reconnaître ce caractère à un ordre amiable; mais comment concilier le principe de la liberté des conventions avec l'ensemble de formalités et de déchéances organisé par la loi pour l'accomplissement de l'ordre judiciaire? Comment voir un contrat dans un acte qui peut n'être que la reproduction des dispositions d'un *jugement* rendu entre les créanciers? — On concluait de là que le règlement définitif est un acte *sui generis*, qui participe de la décision judiciaire et du contrat, mais qui n'est ni l'un ni l'autre.

« C'était là, dit M. Flandin, Tr. de l'ordre, inédit, une théorie vide; car encore faut-il déterminer quels effets on doit attacher au règlement définitif. On est, suivant nous, dans la vérité, en disant qu'au règlement définitif doivent être attachés, tantôt les effets de la chose jugée, tantôt ceux de l'acquiescement, suivant que le règlement provisoire a été ou n'a pas été contredit dans le délai. Dans le premier cas, et lorsque, en procédant au règlement définitif, le juge-commissaire de l'ordre ne fait que se conformer aux décisions rendues sur les contredits, il nous semble que ce règlement participe de l'autorité de la chose jugée attachée à ces décisions souveraines; et une fin de non-recevoir invincible repousserait, assurément, tout créancier qui, au moyen d'un opposition dirigée contre l'ordonnance de clôture de l'ordre, tenterait de remettre en question les points qui ont fait l'objet de ces contredits (V. *suprà*, n° 1057). — Dans le second cas, et lorsqu'aucune contestation ne s'est élevée contre le règlement provisoire, tous les créanciers sont réputés avoir accepté ce règlement, et une fin de non-recevoir, fondée, non plus sur le principe de la chose jugée, mais sur celui de l'acquiescement, et tout aussi invincible que la première, ferait écarter toute opposition dirigée contre le règlement définitif, qu'on suppose n'avoir apporté aucun changement à l'ordre des collocations.

« Mais lorsque le juge-commissaire, continue l'auteur, s'écarte, dans le règlement définitif, de l'esprit des décisions intervenues sur les contredits, ou lorsque, d'office, et en l'absence de tout contredit, il apporte des changements dans l'ordre des collocations par lui précédemment établies, alors naît, pour toute partie intéressée, le droit d'attaquer l'ordonnance de clôture de l'ordre, dans la forme et dans le délai déterminés par l'art. 767; et, si elle n'est pas attaquée dans ce délai, le règlement définitif devient irrévocable, comme toute *décision* dont on n'a pas demandé la réformation, en temps utile, et à laquelle on est réputé, par cela même, avoir acquiescé » (Conf. MM. Ollivier et Mourlon, n° 432).

M. Houyvet, n° 314 *bis*, quoique s'exprimant dans des termes un peu différents, est, au fond, de la même opinion : « Une créance, dit-il, a été admise dans le règlement provisoire : si le travail du juge n'a pas été contredit dans les délais, il est devenu irrévocable; il est censé accepté par toutes les parties; nul ne peut désormais contester cette créance... Si, au contraire, des contredits se sont élevés contre la créance admise par le juge, et qu'un jugement définitif ou un arrêt aient maintenu la collocation, l'autorité de la chose jugée ne permet pas de reproduire de nouveau la même prétention. Ainsi, dans le premier cas, la fin de non-recevoir résulte de la forclusion; dans le second, de la chose jugée; mais, dans les deux cas, cette fin de non-recevoir, qui repousse toute contestation nouvelle, est acquise définitivement avant que le juge procède à la clôture définitive de l'ordre. Ce n'est donc pas l'ordonnance de clôture qui peut la créer; et si, avant comme après cette ordonnance, une demande nouvelle tendant à modifier l'état de collocation se produit, la seule question à examiner est celle de savoir si elle ne doit pas être repoussée à l'aide de la forclusion, ou à l'aide de l'autorité de la chose jugée résultant des jugements ou arrêts... » — M. Houyvet critique, en conséquence, mais au point de vue des motifs seulement, plusieurs des arrêts de la cour de cassation rapportés ci-après (V. aux nos 1115 et 1116).

1113. Il a ainsi été jugé, par application du principe résultant de l'acquiescement : 1° qu'un créancier, qui a reconnu le privilége accordé à un autre créancier dans le règlement provisoire, est non recevable à le contester ensuite devant le tribunal (Paris, 29 mai 1812) (1); — 2° Que, lorsqu'un privilége, réclamé par une femme contre les créanciers de son mari, a été reconnu sur le procès-verbal du juge-commissaire, il s'est formé, à cet égard, entre les créanciers qui ont reconnu ce privilége et cette femme, un contrat judiciaire qui rend non recevables les contestations ultérieures (Limoges, 15 avr. 1817) (2);

(1) (Mouchet C. Eclander.) — La cour; — Faisant droit sur l'appel, interjeté par les héritiers Mouchet, du jugement rendu au tribunal civil de Paris, le 29 mai 1812; — Attendu qu'Eclander et sa femme, loin de contester, devant les premiers juges, le privilége accordé aux héritiers Mouchet par le règlement provisoire, ont formellement requis, par leur dire au procès-verbal d'ordre, que ce privilége fût maintenu; infirme, quant à la disposition qui ordonne qu'Eclander et sa femme seront colloqués avant les héritiers Mouchet; émendant quant à ce, etc.

Du 29 mai 1812.-C. de Paris.

(2) (Decroisane C. Donnariat.) — La cour; — ... Considérant qu'il résulte de la procédure instruite devant le tribunal de Limoges, sur la reddition du compte, qu'il n'est point contesté que la veuve Donnariat avait expressément conclu à ce qu'une portion de son compte lui fût allouée par privilége; que cette allocation à ce titre ne fut point contestée par Chatenet et Decroisane, qui contredirent seulement plusieurs des articles du compte; qu'enfin, sur ces contestations, et d'après quelques sacrifices des prétentions respectives, tout fut définitivement réglé entre les parties, ainsi qu'il résulte du procès-verbal du juge-commissaire, qui ne présente aucune restriction, quant au privilége réclamé, aux conclusions prises, à cet égard, par la veuve Donnariat; que, dès ce moment, le contrat judiciaire fut formé irrévocablement, à cet égard, entre les parties, avec d'autant plus de justice qu'il était et est encore impossible de méconnaître que plusieurs articles du compte de la veuve Donnariat, tels que les frais de scellés, d'inventaire, de dernière maladie étaient évidemment privilégiés; qu'il n'était plus permis, dès lors, à Chatenet d'élever, à cet égard, aucune difficulté, sous prétexte de l'imputation qui, lorsque les choses étaient entières, aurait pu être faite des sommes privilégiées sur celles reçues, etc.; qu'il le pouvait d'autant moins que, par ses conclusions, du 17 juin, il avait expressément reconnu l'existence du privilége; qu'il le reconnaissait encore dans ses conclusions devant le tribunal de Nontron, et qu'on trouve même cette reconnaissance exprimée de nouveau dans son acte de rétractation des aveux contenus dans son écrit du 17 juin; qu'il ne pouvait, dès lors, y avoir de difficulté réelle que sur le *quantum* des sommes privilégiées; qu'à cet égard, il est certain, d'après les faits et actes rappelés, qu'il n'était intervenu aucun contrat judiciaire sur le *quantum*; qu'il est vrai que Chatenet avait porté ce privilége, en son écrit du 17 juin, à la somme de 7,831 fr. mais qu'il est évident, de l'aveu de la dame Donnariat elle-même, que cette fixation était le résultat de l'erreur et de l'inadvertance, puisque cette veuve restreint elle-même son privilége à la somme de 4,176 fr.; que, dans les principes rigoureux du droit sur la confession judiciaire, qui peut se faire par acte comme en jugement, une pareille erreur étant de droit, et non de fait, ne saurait, il est vrai, être rétractée, étant commise par un avoué, fondé, à ce titre, de pouvoirs spéciaux de ses commettants, qu'autant qu'il y aurait désaveu admis par jugement, ce qui ne se rencontre point dans l'espèce, où il pourrait d'autant moins y avoir lieu à désaveu qu'il est reconnu que tout se faisait d'accord entre la veuve Donnariat et Chatenet, inexcusable par état, comme pour son propre intérêt, d'avoir méconnu son droit; mais que l'équité repousse une application aussi rigoureuse des principes, dans une circonstance où la partie qui les invoque reconnaît elle-même que l'aveu dont elle s'autorise est le résultat d'une erreur qu'elle consent bien à rectifier, mais en fixant elle-même les limites de cette rectification, d'après les bases qui ne peuvent suffire à la justice; qu'en adoptant ces bases, le tribunal civil de Limoges a réellement donné lieu à l'application de la maxime : *Summum jus, summa injuria;* qu'il convient dès lors de réformer à cet égard sa décision, mais de manière à ce que Chatenet et Decroisane ne puissent profiter, au préjudice de la veuve Donnariat, de la circonstance de l'admission de ses titres de créance, dont la relation non contestée devant le juge-commissaire, à Limoges, devra être déclarée suffisante pour la fixation des créances, privilégiées de leur nature, qui sont détaillées dans le susdit compte de tutelle;

Considérant que la décision de la cour sur ce point, ainsi que sur le contrat judiciaire formé entre les parties, sur toutes les contestations relatives à la reddition du compte et à la liquidation des reprises respectives par le procès-verbal du juge-commissaire de Limoges, ne laissant plus rien à statuer par le tribunal de Limoges, il convient de renvoyer les parties pour la fixation et la collocation définitive, d'après ces bases, des créances privilégiées et autres de la veuve Donnariat, devant le tribunal de Nontron, saisi de l'ordre et distribution de l'actif du sieur Donnariat entre sa veuve et ses créanciers;

Par ces motifs, et sans avoir égard à l'exception d'incompétence, dans laquelle Chatenet et Decroisane sont déclarés mal fondés, infirme; émendant, déclare le contrat judiciaire irrévocablement formé entre les par-

— 3° Que, toutefois, ce contrat judiciaire n'existe pas relativement à la quotité de la somme pour laquelle le privilége est réclamé, lorsqu'il est certain, et reconnu par le créancier privilégié lui-même, qu'il y a eu erreur dans la fixation de cette somme de la part du créancier qui a reconnu l'existence du privilége, et contre lequel on veut exciper de sa reconnaissance (même arrêt); — 4° Que les créanciers, qui, dans un ordre, n'ont pas contredit le règlement provisoire, sont non recevables, après le règlement définitif et la délivrance des bordereaux aux créanciers utilement colloqués, à attaquer, d'une manière indirecte, les collocations, en s'opposant au payement du montant d'un de ces bordereaux, en tout ou en partie, encore qu'ils agiraient, non en vertu de leur droit hypothécaire, mais par simple action personnelle tendant, par exemple, à la réduction de la créance colloquée (Req. 7 janv. 1851, aff. Boissière, D. P. 51. 1. 293); — 5° Qu'un créancier n'est pas recevable à demander la nullité d'un règlement définitif d'ordre qui a reçu sa complète exécution par la délivrance des bordereaux de collocation, alors surtout que ce créancier a été lui-même colloqué dans ce règlement, et a retiré son bordereau; ce qui doit le faire considérer comme ayant acquiescé audit règlement (Lyon, 25 août 1854, aff. synd. Moncorger, D. P. 55. 2. 176). — V. toutefois Cass. 29 mai 1843, aff. Richard d'Aubigny, v° Acquiescem., n° 88.

1114. Il a pareillement été jugé, par application du principe de la chose jugée : 1° que le jugement, qui, dans un ordre, a attribué à un créancier un autre rang que celui auquel il avait droit, a contre ce créancier, qui n'en a pas appelé en temps utile, l'autorité de la chose jugée dans la nouvelle distribution à faire de deniers devenus libres par l'annulation ou la réduction de collocations antérieures; que ce créancier ne peut, par conséquent, dans cette nouvelle distribution, qui ne forme pas un ordre différent du premier, mais en est la continuation, réclamer priorité sur le créancier colloqué avant lui (Req. 29 avr. 1813, aff. Bachelier d'Agès, v° Chose jugée, n° 150. — Cet arrêt a été rendu conformément aux conclusions de Merlin, qui sont au Rép. de Guyot, v° Chose jugée, § 11 *bis*); — 2° Que, lorsque l'adjudicataire d'un immeuble a laissé colloquer, sans contradiction, le cessionnaire d'un créancier qu'il avait désintéressé avant l'ouverture de l'ordre, il ne peut pas se refuser au nouveau payement qu'exige le cessionnaire, en vertu de son bordereau de collocation, le jugement d'ordre, qu'il n'a pas attaqué, ayant, contre ledit adjudicataire, l'autorité de la chose jugée (Lyon, 4 août 1826, aff. Lesne, V. Vente publ. d'immeubles, n° 1766); — 3° Que le règlement définitif de l'ordre, arrêté sans aucune opposition, fixe irrévocablement la position des créanciers les uns par rapport aux autres; qu'en conséquence, tout moyen tendant à la réformation dudit règlement, de la part d'une femme mariée, non appelée dans l'ordre, faute d'inscription de son hypothèque légale, doit être rejeté comme portant atteinte à l'autorité de la chose jugée (Bourges, 21 juin 1839, aff. femme Bourdiaux, *suprà*, n° 338). — V. encore, dans le même sens, Orléans, 8 juin 1838, aff. Richard d'Aubigny; mais cet arrêt a été cassé (V. Civ. cass. 29 mai 1843, v° Acquiescem., n° 88, où est également rapporté l'arrêt d'Orléans).

1115. Il a été jugé encore que l'ordonnance du juge-commissaire, qui a prononcé la clôture de l'ordre et la déchéance d'un créancier hypothécaire non produisant, en ordonnant la radiation de son hypothèque, a, contre ce créancier, lorsqu'elle n'a pas été attaquée par les moyens légaux, l'autorité de la chose jugée, qui rend non recevable l'action en maintien ou validité d'hypothèque intentée, depuis, par ce même créancier contre l'acquéreur des biens hypothéqués, ladite action fondée tout à la fois, et sur la nullité de la procédure suivie pour purger son hypothèque légale, et sur la nullité de la procédure d'ordre, à son égard (Req. 25 août 1842) (1). — Le demandeur en cassation posait, en principe, dans l'espèce, que la procédure d'ordre est une action réelle, dans laquelle le mineur émancipé ne peut être partie, sans l'assistance de son curateur. Il en concluait que la procédure d'ordre et la forclusion prononcée par l'ordonnance du juge, si elles n'étaient pas nulles de plein droit, étaient du moins sans effet, quant à lui, qui devait être réputé n'avoir pas été partie dans l'ordre (V. *suprà*, n° 360), et que, par conséquent, son action contre les acquéreurs devait être admise, puisque l'obstacle que l'ordre y avait apporté tombait en présence des considérations qui précèdent. — Mais encore eût-il fallu, en supposant le moyen fondé, qu'il eût argué de nullité, ce qu'il ne faisait pas, l'ordonnance de clôture de l'ordre. C'est ce que lui disait, fort discrètement, l'arrêt attaqué : « Attendu... que vainement il prétend que, n'étant devenu majeur que le 13 mai 1826, toute la procédure d'ordre est nulle, en ce qui le concerne, parce qu'étant alors émancipé, tous les actes qui ont précédé la clôture définitive de l'ordre, auraient dû être signifiés à son curateur; qu'en supposant que tous ces actes eussent dû, en effet, être dirigés contre son curateur, et que cette omission pût avoir pour résultat de vicier la procédure, et, par suite, l'ordonnance même de clôture de l'ordre et la radiation de l'hypothèque, Loisel aurait dû se pourvoir par les voies de droit, pour faire réformer cette ordonnance, qui, ne pouvant être considérée comme nulle de plein droit, résistera, tant qu'elle ne sera pas anéantie, à toute action qui aura pour but de faire considérer comme existante une hypothèque dont elle aura définitivement ordonné la radiation; attendu que Loisel n'a jamais attaqué cette ordonnance par aucune voie judiciaire, et qu'il ne l'attaque même pas aujourd'hui... »

Il faisait observer, en second lieu, que l'art. 2194 c. nap. exige, pour la purge, que le contrat soit notifié au subrogé tuteur du mineur non émancipé : or, il y a parité de raison, disait-il, pour qu'une semblable notification soit faite au curateur du mineur émancipé (V., sur cette question, v° Priv. et hyp., n° 2259). — L'argument portait à faux, puisque, dans l'espèce, l'hypothèque légale de Loisel fils avait été inscrite. — Mais ce dernier prétendait que le mode de purge applicable aux hypothèques inscrites ne concerne pas les hypothèques légales dispensées d'inscription, quoique inscrites; que, pour ces hypothèques, inscrites ou non, il faut toujours avoir recours aux formalités prescrites par l'art. 2194. — C'était là une erreur manifeste, et que réfute l'intitulé même du chap. 9 : *Du mode de purger les hypothèques,* QUAND IL N'EXISTE PAS D'INSCRIPTION sur les biens des maris et des tuteurs (V. encore v° Priv. et hyp., n° 2196). — La chambre des requêtes, à raison de la fin de non-recevoir admise, n'a pas eu à s'occuper de ces difficultés.

1116. Décidé pareillement : 1° que la clôture de l'ordre, lorsqu'elle est prononcée par le juge-commissaire, sans que les parties intéressées élèvent de contestation, a entre elles, et notamment à l'égard du débiteur saisi, l'autorité de la chose jugée, soit en ce qui concerne la légitimité des créances colloquées, soit

---

ties pour la liquidation de leurs créances et priviléges par le procès-verbal du juge-commissaire, et par les aveux qui en ont été la suite; dit, en conséquence, que la veuve Donnariat est et demeure privilégiée pour toutes les créances de cette nature qui se trouvent portées en la reddition du compte, et qui n'ont point été contestées lors de ce procès-verbal; renvoie les parties, pour les calculs et collocation de ces créances, ainsi que de toutes autres, devant le tribunal de Nontron, déjà saisi de l'ordre et de la distribution entre les créanciers; fait mainlevée de l'amende et compense les dépens, etc.

Du 15 avr. 1817.-C. de Limoges.

(1) (Loisel fils C. époux Hauterre et autres.) — La cour;... — Sur les 4e, 5e et 6e moyens : — Attendu que l'arrêt attaqué déclare, en fait, que Loisel fils avait été appelé dans l'instance d'ordre ouverte pour la distribution du prix d'acquisition des époux Hauterre; qu'il n'avait pas produit à l'ordre; qu'une ordonnance, rendue par le juge-commissaire, avait prononcé la clôture de l'ordre et la déchéance de Loisel, en ordonnant la radiation de son hypothèque; que cette ordonnance, qui n'avait été attaquée, de la part de ce prétendu créancier, par aucun des moyens que la loi mettait à sa disposition, avait, à son égard, acquis l'autorité de la chose jugée; que l'arrêt attaqué, en décidant, par suite, que cette même ordonnance, avec l'autorité qui s'y rattache, élevait contre les prétentions de Loisel une fin de non-recevoir insurmontable, a fait une juste application des principes relatifs à l'autorité de la chose jugée, et repoussé, par un motif légitime et décisif, non-seulement l'action en maintien ou validité d'hypothèque formée par le demandeur, mais encore les divers chefs de conclusions qui se rattachaient, soit à la qualification de sa demande, soit à sa qualité de mineur émancipé dépourvu de curateur, soit à l'inefficacité de la procédure suivie pour purger son hypothèque légale;... — Rejette le pourvoi formé contre l'arrêt de la cour de Rouen, du 20 nov. 1841. »

Du 25 août 1842.-C. C., ch. req.-MM. Zangiacomi, pr.-Mesnard, rap.-Pascalis, av. gén., c. conf.-Coffinières, av.

à l'égard du rang qui a été assigné à ces créances dans l'état de collocation; que, par suite, le débiteur, qui a été appelé à contredire l'état de collocation provisoire et n'a élevé aucune réclamation contre les créances colloquées, est présumé en avoir reconnu la légitimité; qu'il ne peut donc, après la délivrance des bordereaux de collocation et leur payement, demander la réduction de ces créances, sous prétexte qu'elles sont partiellement éteintes, ou qu'elles ne sont garanties, ni par hypothèque, ni par aucun lien de solidarité existant contre lui (Rej. 9 déc. 1846, aff. Mariette, D. P. 47. 1. 45); — 2° Qu'une hypothèque judiciaire, obtenue par le créancier postérieurement à l'époque à laquelle la faillite a été reportée, ne peut être annulée, si elle a fait l'objet d'une collocation définitive, non contredite par les syndics parties à l'ordre, et ayant, par le jugement de report de la faillite, connaissance de la cause de nullité; que cette collocation a, en cas pareil, vis-à-vis des syndics et de la masse chirographaire qu'ils représentent, l'autorité de la chose jugée (Lyon, 6 juill. 1847, et, sur pourvoi, Req. 6 nov. 1848, aff. synd. Labarre et Roux, D. P. 48. 1. 242); — 3° Qu'un règlement d'ordre est une décision judiciaire à laquelle peut s'attacher l'autorité de la chose jugée, quand il est définitif; et, spécialement, que le créancier, qui, colloqué dans un ordre, en vertu d'un transport de créance hypothécaire à lui consenti par son débiteur, comme mode de payement de la dette, a touché le montant de cette créance, après règlement définitif, ne peut être actionné en répétition par le syndic de la faillite du cédant, sous prétexte que le transport aurait été fait en contravention à l'art. 446 c. com., si ce syndic, partie dans l'ordre, l'a laissé clore, sans élever contre la collocation du cessionnaire aucune contestation (Req. 11 juill. 1853, aff. syndic Lemoyne, D. P. 54. 1. 309); ... qu'il en est ainsi, dans le cas même où, lors du règlement, la cessation des payements n'aurait pas encore été reportée à une époque telle que le transport fût atteint par l'art. 446, si déjà le report, ultérieurement prononcé, était demandé à la diligence du syndic, qui n'aurait fait, dans l'ordre, aucune réserve, dans l'intérêt de la masse, pour le cas où l'ouverture de la faillite viendrait à être changée (même arrêt); ... que la nullité du transport ne peut pas, davantage, être poursuivie par les créanciers de la faillite dont le syndic était, dans l'ordre, le représentant légal (même arrêt); — 4° Que l'autorité de la chose jugée, attachée au règlement définitif d'ordre, non attaqué dans les délais, peut être opposée à la femme mariée sous le régime dotal qui y a été partie, bien que ce règlement soit préjudiciable à ses droits dotaux; et, spécialement, que la femme mariée sous le régime dotal est non recevable à demander la nullité de la collocation des créanciers qu'elle a subrogés dans son hypothèque légale, malgré les prohibitions du régime dotal, et des payements faits à ces créanciers, si elle a laissé acquérir au règlement d'ordre la force de la chose jugée (Req. 15 mai 1849, aff. veuve Vaguet, D. P. 49. 1. 131. — Conf. Riom, 4 fév. 1843, aff. femme Roux *C.* Guilbaumet; Toulouse, 11 mai 1849, aff. Oustry; Limoges, 4 mars 1858, aff. Létang *C.* Barret et autres; V., dans le même sens, Req. 26 nov. 1822, aff. Majorel, v° Chose jugée, n° 316); — 5° Que le règlement supplémentaire, qui convertit en collocations pures et simples des collocations éventuelles portées dans le règlement définitif, non attaqué dans les trois mois, participe de l'autorité de la chose jugée acquise à ce règlement, et n'est pas, dès lors, susceptible d'appel, notamment de la part des créanciers qui se sont réservé, lors du règlement provisoire, de contredire ces collocations éventuelles, et qui ne l'ont pas fait dans le délai d'un mois après la dénonciation du règlement provisoire (Rej. 27 août 1849, aff. veuve Collier et Duparquet, D. P. 49. 1. 282); — 6° Que le jugement, qui ordonne la collocation d'un créancier dans un ordre, et le règlement définitif d'ordre qui l'a suivi, ont, vis-à-vis des créanciers qui y figurent, l'autorité de la chose jugée, à l'égard de toute contestation provenant de faits antérieurs à l'ordre, et mettent, dès lors, obstacle à ce que ces créanciers proposent contre cette collocation, accordée, par exemple, pour une créance éventuelle dont ils avaient vainement demandé la réduction, une nouvelle cause de réduction, après l'ouverture du droit du créancier (Rej. 15 juin 1852, aff. Barbereux, D. P. 54. 1. 338); — 7° Qu'un règlement d'ordre est une décision judiciaire, à laquelle peut s'attacher l'autorité de la chose jugée, quand il est définitif; et que l'autorité de la chose jugée, appartenant à ce règlement, est opposable, non-seulement aux créanciers qui ont produit dans l'ordre, mais encore à celui qui, faute d'y produire dans les délais, après sommation régulière, a été déclaré déchu; que, par suite, ce créancier, ainsi frappé de déchéance, est non recevable à attaquer, d'une manière directe ou indirecte, les collocations faites au profit des créanciers produisants, en demandant, par exemple, à prouver que telle créance, colloquée dans l'ordre, était simulée (Orléans, 10 fév. 1855, D. P. 55. 2. 236, et, sur pourvoi, Civ. rej. 20 avr. 1857, aff. Verdier, D. P. 57. 1. 164);... qu'en vain il prétendrait que la découverte de la fraude n'a eu lieu que postérieurement à la clôture de l'ordre, cette circonstance ne pouvant elle-même le relever de la déchéance et rouvrir, à son profit, le droit de contester la collocation qu'autant qu'il aurait demandé et obtenu le rapport de l'ordonnance du juge-commissaire (arrêt précité de la cour d'Orléans).

1117. Il avait déjà été jugé, dans le sens de ce dernier arrêt, que lorsqu'un jugement, passé en force de chose jugée, a repoussé, comme tardif, le contredit par lequel un créancier demandait qu'une créance fût rejetée de l'ordre comme simulée et frauduleuse, et que, par suite, le créancier contesté a été définitivement colloqué avant le contestant, celui-ci ne peut éluder l'effet de ce jugement, en reproduisant, par action principale, après la clôture de l'ordre, sa demande en nullité de la créance dont il s'agit; qu'une telle demande est non recevable, bien que la question de validité de l'obligation n'ait pas été jugée, et que ladite obligation pût être attaquée, si elle était opposée au créancier dans une autre circonstance (Bourges, 13 mars 1830, aff. Taillandier, v° Chose jugée, n° 134-2°).

1118. Mais il a été jugé : 1° que le créancier qui, par un arrêt, a été déclaré non-recevable à intervenir dans une collocation, faute par lui de justifier d'une inscription, a pu, sans qu'il y ait violation de la chose jugée, être colloqué postérieurement dans le même ordre, en justifiant d'une inscription hypothécaire valable (Req. 21 nov. 1811, aff. Duquesnel, v° Chose jugée, v° 215-17°); — 2° Que la question relative à l'existence d'une créance hypothécaire est distincte et indépendante de celle de savoir à quel rang cette créance, si elle existe, doit être colloquée; qu'ainsi l'arrêt, qui n'a statué contradictoirement entre un créancier et d'autres créanciers inscrits que sur l'existence de la créance du premier, et lors duquel la question de priorité de cette créance sur les autres n'a été ni proposée ni décidée, n'a point entre les mêmes parties force de chose jugée à l'égard de cette question de priorité, laquelle peut encore être débattue (Cass. 1er mai 1815, aff. Varnier, v° Priv. et hyp., n° 2297-1°); — 3° Que le créancier hypothécaire, qui s'est rendu adjudicataire de l'immeuble hypothéqué, et a été colloqué, dans l'ordre, pour le montant de ce qui lui était dû, en compensation de son prix, en vertu d'un jugement passé en force de chose jugée, peut, plus tard, et après que la nullité de la vente a été prononcée, être déclaré, à défaut de renouvellement de son inscription, primé par un autre créancier, sans qu'il y ait violation de la chose jugée (Req. 28 juill. 1825, aff. Thieffries-Layens, v° Priv. et hyp., n° 1692-3°); — 4° Que la clause, insérée dans le cahier des charges d'une vente d'immeubles renvoyée par justice devant notaire, doit, si elle dépasse, au profit de celui-ci, les droits portés au tarif, être réputée non écrite; et que, dans ce cas, le créancier qui, ayant produit à l'ordre, n'a pas obtenu une collocation utile, peut réclamer du notaire la restitution des remises qu'il a indûment perçues, sans que celui-ci puisse lui opposer qu'il a produit à l'ordre, sans réclamation ni réserve, alors que le notaire, ayant touché directement ces remises de l'adjudicataire, n'a pas figuré dans l'ordre (Paris, 20 mai 1836, aff. de Méricourt, v° Notaire, n° 471); — 5° Qu'il n'y a pas violation de la chose jugée, après qu'un arrêt a fixé le rang des créanciers hypothécaires à l'ordre du prix d'un immeuble, par cela qu'un arrêt subséquent ordonne, entre tous les créanciers du vendeur, la distribution, au marc le franc, du capital de rentes dues par un tiers, et à la garantie desquelles cet immeuble était affecté (Req. 1er août 1839, aff. Osmont, *suprà*, n° 505).

1119. Il a été jugé encore : 1° que le créancier, qui a reçu le montant de son bordereau de collocation, en vertu du règlement définitif d'ordre, lequel l'avait colloqué, au marc le franc, avec un autre créancier qu'il savait lui être antérieur, et auquel le règlement provisoire, non attaqué, avait d'ailleurs assigné la préférence, est tenu de restituer à ce dernier ce qu'il a ainsi indûment reçu; et que c'est à tort qu'il prétendrait n'être tenu à aucune restitution, en ce qu'il n'a reçu que ce qui lui était dû légitimement; alors, d'ailleurs, que le créancier, au préjudice duquel le règlement définitif avait admis la concurrence, s'était immédiatement pourvu par opposition contre ce règlement (Orléans, 17 juin 1852, M. Porcher, pr., aff. Tardiveau *C.* Laduye et Roger-Libron).— Ainsi précisée, cette solution n'était pas susceptible de faire difficulté, puisque, d'une part, le créancier payé connaissait l'erreur, et que, d'autre part, le règlement définitif a été immédiatement attaqué par celui auquel il faisait grief; — 2° Que la réception, par un créancier définitivement colloqué, du montant de son bordereau, mais sous réserve de ses droits, ne le rend pas non recevable à poursuivre la réformation du règlement définitif qu'il avait déjà attaqué (même arrêt). — Dans l'espèce, la réception du bordereau était postérieure à l'action exercée contre le règlement, et il serait d'une rigueur excessive de voir là un acquiescement, alors que des réserves très-expresses étaient faites par le créancier (V. v° Acquiesc., n°s 77 et suiv.); — 3° Que, bien qu'on se soit abstenu de contredire l'état de collocation provisoire, on est recevable à critiquer, dans le règlement définitif, les dispositions qui ne figuraient pas dans le premier règlement, et notamment une ventilation faite, au dernier moment, par le juge-commissaire (Toulouse, 20 août 1852, aff. Coutanceaux, D. P. 53. 2. 162); — 4° Que l'action en répétition, par le saisi, d'une somme payée, par double emploi, à un créancier, au moyen de sa collocation dans un ordre, ne peut être écartée par une fin de non-recevoir résultant de la clôture de l'ordre et de l'autorité de la chose jugée qui y serait attachée, lorsque le payement, fait au créancier antérieurement à sa collocation, n'a été l'objet d'aucune réclamation dans la procédure d'ordre, et qu'en conséquence, il n'y a point eu chose jugée sur le fait de ce payement (Cass. 24 avr. 1854, aff. Barret, D. P. 54. 1. 156; V., dans le même sens, rej., 17 janv. 1827, aff. veuve Crépin *suprà*, n° 713-1°). — Le créancier colloqué, dans l'espèce de l'arrêt de 1854, ne déniait pas avoir reçu, antérieurement à sa collocation, la somme dont on lui demandait la restitution; mais il opposait à cette demande, comme fin de non-recevoir, la chose jugée résultant de l'ordonnance de clôture de l'ordre. — En second lieu et au fond, il demandait à prouver, subsidiairement, qu'il n'avait pas touché le montant de son bordereau, mais qu'en vertu de conventions particulières, intervenues entre l'adjudicataire et lui, il avait repris les immeubles qui lui avaient appartenu originairement. — L'arrêt attaqué avait admis la fin de non-recevoir, *sans qu'il soit besoin*, porte l'arrêt, *de statuer sur le fond.* La cour de cassation a donc pu écarter le moyen tiré de la chose jugée, en tenant pour constant, comme résultant de l'aveu même du créancier, le fait d'un payement antérieur, faisant double emploi avec la collocation, puisqu'il est de principe que l'exception de payement, ou la *condictio indebiti*, peut être invoquée même après un jugement de condamnation, le débiteur devant toujours être admis à payer *en deniers ou quittances* (V. v° Chose jugée, n° 376 et *suprà* n° 713); sauf le cas, qui n'était pas celui de l'espèce, où l'exception de payement aurait été proposée et rejetée par le jugement de condamnation (Rej. 29 juill. 1851, aff. Guyot, D. P. 51. 1. 217; mais V. nos observations sur cet arrêt, dont la doctrine nous a semblé trop rigoureuse). — L'exception de chose jugée écartée, il restait le moyen subsidiaire invoqué par le créancier, *qu'il n'avait point touché le montant de sa collocation*; mais la cour de cassation n'avait pas à s'y arrêter, « l'arrêt attaqué ayant motivé le rejet de l'action en répétition, non sur les faits et moyens du fond, dont il n'a point admis la preuve, mais seulement sur la fin de non-recevoir qu'il a fait résulter de la clôture de l'ordre. » — 5° Que, de même, les sommes indûment payées, en vertu d'un règlement définitif d'ordre, à un créancier à qui il n'était plus rien dû, ou à qui il n'était dû qu'une somme moindre, peuvent être répétées de ce créancier, lorsque la question de savoir si elles étaient dues n'a point été soulevée, à l'époque de ce règlement, lequel ne peut être considéré, dès lors, comme ayant, sur ce point, l'autorité de la chose jugée (Req. 14 juin 1854, aff. Constanty, D. P. 54. 1. 310).

1120. Il a été jugé aussi, dans le même ordre d'idées, que l'acquéreur, qui n'a figuré à l'ordre que comme créancier des frais de notification de son contrat et de purge des hypothèques, peut, bien que n'ayant pas contesté, dans les délais de l'art. 756, l'indication qui a été faite de la somme à distribuer, demander, même après l'ordonnance de clôture de l'ordre, et sans que l'exception de chose jugée puisse lui être opposée, qu'il soit retranché de son prix la somme qu'il a été autorisé à retenir pour faire face à un droit d'usufruit dont l'immeuble est grevé, condition connue des créanciers par la notification qui leur a été faite de son titre d'acquisition (Trib. de Bourgoin, 8 janv. 1861 (1); conf. M. Audier, observ., Journ. des av., t. 88, p. 200, art. 369; V. aussi *suprà*, n°s 729 et 730).—Le jugement ne fait pas connaître si l'opposition à l'ordonnance de clôture avait été formée par l'acquéreur, dans le délai de l'art. 767 c. pr., ou hors du délai. Dans ce dernier cas, bien que la forclusion, édictée par l'art. 756, ne soit pas, comme le décide le jugement, applicable à l'acquéreur, relativement à la fixation de son prix, nous pensons que le défaut d'opposition de ce dernier à l'ordonnance de clôture, dans la huitaine de la dénonciation qui lui en a été faite, conformément à l'art. 767, fait acquérir à cette ordonnance, aussi bien à l'égard du prix qu'à l'égard des collocations, l'autorité de la chose jugée.

1121. On doit considérer comme fondées sur des causes complétement distinctes, n'engendrant pas la chose jugée, les demandes tendant à être colloqué, dans un ordre, pour la même créance, mais en vertu d'hypothèques *différentes*. — Il a été jugé, ainsi, que le créancier, qui, ayant le droit de se faire colloquer, dans un ordre, en vertu d'une inscription propre à sa créance et comme subrogé dans l'effet de l'hypothèque légale de la femme de son débiteur, en a été écarté par décision souveraine, lorsqu'il requérait sa collocation en vertu de sa propre hypothèque, ne peut être déclaré non recevable, par application de l'exception de la chose jugée, lorsqu'il vient demander à être colloqué en vertu de l'hypothèque à laquelle il a été subrogé, alors qu'il n'avait été nullement question de ce titre dans la première instance (Cass. 5 avr. 1831, aff. Belloncle, v° Chose jugée, n° 202-2°). — Il est à remarquer que, dans l'espèce, la réclamation s'était produite avant la clôture de l'ordre, en temps utile, par conséquent (anc. art. 757). Mais aujourd'hui, et par suite de l'abrogation de cet article, la seconde demande ne pourrait être admise qu'autant qu'elle aurait été formée dans les quarante jours de la sommation de produire, conformément aux art. 754 et 755.

1122. C'est une question délicate et susceptible de nombreuses distinctions que celle de savoir s'il faut considérer ce qui a été fait dans un premier ordre comme ayant, soit à l'égard de la partie saisie, soit à l'égard des créanciers, l'autorité de la chose jugée dans un autre ordre, ouvert sur le même débiteur, mais pour la distribution du prix d'immeubles différents? — Et d'abord, en ce qui touche la partie saisie, Merlin, comme on l'a vu *suprà*, n° 844, établit disertement que le juge-

(1) Badin *C.* créanciers Quillard.) — Le tribunal;... — Attendu que les dispositions de l'état préparatoire ne sauraient constituer une fin de non-recevoir au préjudice de Badin; qu'il n'y a chose jugée, par l'état préparatoire, non frappé d'opposition, qu'au regard des créanciers, relativement à leur rang, à la quotité de la créance; mais que la même exception ne peut être opposée à l'acquéreur, alors même qu'il a été représenté à l'ordre pour se faire retenir les frais de notification de son contrat ou ceux de purge des hypothèques; que l'énonciation du prix à distribuer ne constitue qu'une simple indication sur laquelle aucun débat n'a eu lieu, aucune demande n'a été formulée, aucune décision n'a été prise; que cette indication, si elle est erronée, peut toujours être réparée, soit au profit des créanciers, soit au profit de l'acquéreur, les créanciers ne pouvant pas être privés de ce qui est dû à leur débiteur, l'acquéreur ne pouvant pas être soumis à payer ce qu'il ne doit pas; — Faisant droit à l'opposition de Badin, acquéreur, à l'état préparatoire et à la clôture de l'ordre des créanciers de Michel Guillard, ordonne, etc.

Du 8 janv. 1861.-Trib. civ. de Bourgoin.

ment d'ordre qui admet la collocation d'un créancier a, vis-à-vis du débiteur, partie dans l'ordre, qu'il ait ou qu'il n'ait pas contesté, l'autorité de la chose jugée, non pas seulement pour le prix qui est en distribution, mais par rapport aux autres biens de ce même débiteur. Contradicteur légitime du créancier, s'il n'a pas contesté la collocation, c'est qu'il a reconnu la sincérité de la créance; son silence équivaut à un acquiescement; et l'acquiescement, nous l'avons dit, a le même effet que la chose jugée (*suprà*, nº 1112. — *Contrà*, M. Bioche, vº Ordre, nºˢ 456 et 661, 3ᵉ édit., 5ᵉ tirage). — S'il a contesté, la chose devient plus évidente encore. — Il a été jugé, en ce sens, que le procès-verbal de collocation définitive, qui, au cours d'une instance d'ordre, a arrêté et liquidé une créance, sans contradiction de la part du débiteur, et qui a été suivi d'un payement partiel, a, vis-à-vis de ce dernier, l'autorité de la chose jugée sur la fixation du montant de la créance colloquée, en sorte qu'il ne lui est plus permis d'en contester ultérieurement le chiffre (Bourges, 16 mars 1835, et, sur pourvoi, Req. 25 mai 1836, aff. Esmoing, vº Chose jugée, nº 37-1º).

1123. Toutefois, il a été jugé que le règlement définitif d'un ordre, ou d'une distribution par contribution, n'a pas le caractère d'un jugement; qu'en conséquence, bien qu'un tel règlement, non attaqué en temps utile, confère aux créanciers colloqués un droit irrévocable, vis-à-vis du débiteur, sur la somme qu'ils ont touchée, il n'a pas l'autorité de la chose jugée, en ce sens que le débiteur, qui n'a élevé aucune contestation avant la clôture de l'ordre, soit non recevable à contester l'existence ou la quotité d'une créance admise dans le règlement définitif, alors que le titulaire de cette créance, non intégralement payé, se présente dans un autre ordre, ou dans une autre contribution, et exerce ses droits sur des valeurs autres que celles qui ont fait l'objet dudit règlement; que le défaut de contestation, de la part du débiteur, n'équivaut pas, en pareil cas, à la reconnaissance de l'existence et de la quotité de la créance (Paris, 13 nov. 1852, aff. Maimbourg, D. P. 56. 2. 17); — Mais qu'il en serait autrement, si le débiteur avait contesté quelques collocations, et avait gardé le silence à l'égard des autres; qu'il y aurait, dans ce cas, reconnaissance de la dette, relativement à ces dernières (motif de l'arrêt). — V. nos observations critiques sur cet arrêt, *loc. cit.*, note 3.

1124. A l'égard des créanciers entre eux, il n'en saurait être de même, d'une part, parce que, pour ceux-ci, l'objet de la demande, c'est le prix mis en distribution; d'autre part, parce que tel créancier, qui aura été colloqué utilement, est sans intérêt pour contester la créance de tel autre créancier qui ne vient dans l'ordre qu'après lui. Ce créancier pourra donc contester, dans un autre ordre, la créance qu'il n'avait pas contestée dans le premier, sans avoir à craindre qu'on lui oppose l'exception résultant de l'acquiescement ou de la chose jugée (V. vº Chose jugée, nº 152.— Conf. Merlin, *loc. cit.*, et vº Chose jugée, § 11 *bis*. V. aussi le Rép., vº Franche aumône, § 2, à la fin, et les Quest. de droit, vº Chose jugée, § 5).

1125. Il a été jugé ainsi : 1º que le jugement, qui a réglé l'ordre entre les créanciers pour la distribution du prix d'une première vente, n'a pas l'autorité de la chose jugée pour la distribution du prix d'une seconde vente, alors, d'ailleurs, qu'il est survenu, depuis le premier règlement d'ordre, un changement dans la législation hypothécaire, qui doit influer sur le nouvel état de collocation à dresser (Rej. 4 juill. 1815, aff. de Tallenay, vº Priv. et hyp., nº 1434-2º);—2º Que, lorsqu'une contestation, jugée souverainement entre deux créanciers dans l'ordre du prix d'un immeuble, se représente entre eux dans un autre ordre, on ne peut admettre la première décision comme ayant l'autorité de la chose jugée, s'agissant du prix d'un autre immeuble, alors surtout qu'il y a, dans le second ordre, des créanciers qui n'ont pas figuré dans le premier et qui interviennent dans la contestation : — « La cour; considérant, sur la première question, que la fin de non-recevoir opposée à l'appel de la dame veuve Rollin est puisée dans un jugement confirmé par un arrêt de la cour, qui, après une longue discussion, a décidé qu'une prétention semblable à celle qu'elle élève aujourd'hui n'est pas admissible; mais attendu que toutes les parties ne sont pas les mêmes dans les deux procès; qu'il ne s'agit pas du prix du même immeuble; d'où il suit qu'il n'y a pas légalement chose jugée contre la dame veuve Rollin; attendu, sur la deuxième question, etc.; infirme sur la question de chose jugée, et confirme, au fond » (Bourges, 4 juin 1825, M. Delamétherie, pr., aff. Rollin et Oudot *C.* Blaque-Belair). — La question du fond était de savoir si la femme qui, dans des obligations par elle contractées solidairement avec son mari, avait subrogé le créancier à tous ses droits, était fondée à soutenir que la subrogation, par elle consentie, ne devait pas s'étendre à son *deuil* ni à son *douaire*, sous prétexte que ces objets constituaient, à son profit, une créance purement alimentaire, et, comme telle, insaisissable et incessible de sa nature; question qui, résolue contre la femme dans un premier ordre, se reproduisait la même, dans un second ordre, avec le même créancier, mais avec cette circonstance qu'un autre créancier, qui n'avait pas figuré dans le premier ordre, se joignait à la femme pour faire repousser la prétention du créancier subrogé; — 3º Que celui qui, en vertu de son hypothèque, a été colloqué dans un premier ordre pour partie de sa créance, ne peut opposer l'exception de la chose jugée, pour obtenir sa collocation dans un second ordre ouvert sur le prix d'autres immeubles, également hypothéqués à sa créance, et vendus postérieurement, surtout si, dans l'intervalle, il a laissé périmer son inscription (Rej. 15 déc. 1829, aff. Wischer, vº Priv. et hyp., nº 1684-3º); — 4º Que le créancier, qui n'a pas été colloqué, dans un ordre, pour une partie des intérêts auxquels il avait droit, est recevable à demander cette collocation dans un second ordre ouvert sur le même débiteur, sans qu'on puisse lui opposer la chose jugée par le jugement qui a clos définitivement le premier ordre, alors, toutefois, que ce jugement n'avait pas rejeté la collocation dont il s'agit, mais l'avait seulement omise (Req. 27 avr. 1840, aff. Bazergue, vº Obligation, nº 692); — 5º Que le créancier hypothécaire, qui n'a pas contesté une créance supérieure à la sienne, dans l'ordre ouvert sur son débiteur, n'est pas destitué du droit de critiquer cette même créance dans un second ordre ouvert postérieurement (V. *suprà*, nº 714); — 6º Que, lorsque le caractère conditionnel d'une donation a été débattu relativement à quelques-uns seulement des biens donnés, le jugement rendu sur ce débat, et passé en force de chose jugée, ne fait pas obstacle à ce que la contestation soit reproduite, à l'égard des autres biens, dans l'ordre ouvert sur le prix de ces derniers biens, quoique la question à juger soit la même dans les deux instances (Rej. 28 août 1849, aff. Jeanron, D. P. 50. 1. 57); — 7º Qu'un jugement, qui a réglé le rang des créanciers dans un ordre, n'a point entre eux force de chose jugée dans les ordres subséquents, ouverts pour la distribution du prix d'autres biens, quoique la question à résoudre pour fixer le rang respectif des créanciers dans les autres ordres reste la même; qu'en cas pareil, s'il y a identité de cause, ni les parties, ni la chose demandée ne sont les mêmes; spécialement, que, lorsqu'un jugement a ordonné la vente d'immeubles antichrésés, pour le prix en être versé, jusqu'à due concurrence, entre les mains du créancier antichrésiste, et que la tierce opposition, formée contre ce jugement par un créancier hypothécaire postérieur, incidemment à un ordre ouvert pour la distribution du prix d'une partie de ces immeubles, vendus par lots à différents adjudicataires, a été déclarée non recevable ou mal fondée pour défaut d'intérêt, le même créancier peut, dans les ordres ouverts ultérieurement pour la distribution du prix d'autres terrains faisant partie des immeubles antichrésés, renouveler sa tierce opposition et la fonder sur la même cause, sans qu'on soit en droit de se prévaloir contre lui de l'autorité de la chose jugée (Rej. (sur ce point) 31 mars 1851, aff. Denet, D. P. 51. 1. 65).

1126. M. Flandin, Tr. de l'ordre, inédit, conteste le principe énoncé dans ces derniers arrêts, à savoir qu'il n'y a pas identité de demande dans deux ordres, bien que la question à juger y soit la même, par cela seul que les prix à distribuer sont différents. « Dans un ordre, dit-il, l'objet de la demande, de la part du créancier contesté (contesté, non quant à son rang, mais quant à sa qualité de créancier), c'est bien, si l'on veut, une portion du prix mis en distribution; mais ce n'est là que l'objet secondaire : l'objet principal, l'objet direct de la demande, ce qui fait la matière du litige, c'est l'existence même de la créance contestée. Que fait au principe, sur lequel repose l'autorité de la chose jugée que la somme à distribuer, dans le second ordre, ne soit pas la même que celle qui était à distribuer dans le premier, c'est-à-dire qu'il s'agisse du prix de deux immeubles différents? Cela est de considération, sans doute, quand le litige porte sur le rang, au lieu de porter sur la créance, parce que, jugé qu'il sera, par exemple, que le créancier a ou n'a pas d'hypothèque sur l'immeuble A, il n'en découle nullement qu'il ait ou qu'il n'ait pas d'hypothèque sur l'immeuble B. Mais quand l'unique question est de savoir s'il est créancier ou non, et qu'il aura été décidé, dans un premier ordre, avec le débiteur, son vrai contradicteur sur ce point, qu'il est ou qu'il n'est pas créancier, je ne vois pas pourquoi, dans le second ordre, l'autorité de la chose jugée ne pourrait pas être invoquée par ou contre lui (Conf. M. Houyvet, n° 267). Et il n'importe, semble-t-il, à moins qu'ils n'aient des droits particuliers à faire valoir de leur chef, qu'il y ait, dans le second ordre, des créanciers qui ne figuraient pas au premier; car, ayants cause du débiteur, ce qui a été jugé avec ce dernier doit être réputé avoir été jugé avec eux. — Il en serait autrement, ajoute M. Flandin, si la question, au lieu d'avoir été débattue, dans le premier ordre, entre le débiteur et le créancier contesté, ne l'avait été qu'entre ce dernier et d'autres créanciers : pour que la chose jugée, dans ce cas, pût être invoquée dans le second ordre, il faudrait évidemment que ce fussent les mêmes parties qui se trouvassent en présence. » — Cette doctrine de M. Flandin ne diffère pas précisément de celle que nous avons précédemment exprimée. — Nous admettons, avec cet honorable magistrat, et c'est en ce sens qu'il faut entendre l'opinion émise au n° 1122, que ce qui a été décidé avec le débiteur a force de chose jugée pour ou contre ses créanciers, et non pas seulement ceux qui ont figuré dans l'ordre qui a donné lieu à la contestation, mais aussi ceux qui peuvent être appelés dans un ordre nouveau. Les créanciers, ayants cause de leur débiteur, ont été représentés par lui dans le jugement, et il serait inadmissible qu'ils pussent mettre en contestation ce qui a été jugé avec leur représentant, à moins, ainsi que le dit M. Flandin, qu'ils n'aient des moyens particuliers à faire valoir de leur chef. De même aussi, M. Flandin reconnaît, avec nous, que ce qui a été jugé entre créanciers seulement, même en ce qui concerne l'existence d'une créance, ne peut acquérir force de chose jugée dans un autre ordre. Toutefois, M. Flandin y met cette condition que les parties ne seront plus les mêmes. — Nous irions bien jusqu'à admettre que, s'il y a eu *jugement* statuant entre créanciers sur l'existence d'une créance contestée, ce jugement aura l'autorité de la chose jugée dans le nouvel ordre où figureront *seuls* les mêmes créanciers. On peut voir, en effet, dans les deux cas, identité d'objet, de cause et de parties, bien que la somme à distribuer soit différente. Mais nous ne saurions croire (ce que ne contredit pas, d'ailleurs, M. Flandin) que, lorsqu'il n'est intervenu, dans le premier ordre, *aucun jugement* sur le procès-verbal de collocation, et que le règlement n'est devenu définitif qu'à défaut de contredit dans le délai légal, ce règlement puisse être invoqué, dans le nouvel ordre, comme fin de non-recevoir contre les contestations qui pourraient alors s'élever, bien que les créanciers et les créances fussent les mêmes : ce serait étendre à un second ordre la forclusion encourue dans le premier, ce qui ne nous paraît pas être dans l'esprit de la loi (V. n° 714).

1127. Il a été jugé, du reste, en opposition avec les arrêts cités n° 1125-6° et 7° : 1° que, lorsqu'une demande en collocation, bien que basée sur un titre judiciaire non contesté, a été réduite, dans une distribution par contribution, par suite de calculs auxquels s'est livré le juge-commissaire, et sans contestation, de la part du créancier, dans le délai prescrit; que le règlement contenant cette réduction a été maintenu, sur les contredits d'autres créanciers, par un arrêt passé en force de chose jugée qui a reçu son exécution par la délivrance d'un bordereau de collocation dont le créancier a touché le montant, tout en faisant de tardives réserves, à raison de la réduction opérée sur sa créance, ce créancier ne peut produire, dans des ordres ultérieurs, afin d'obtenir le complément de la somme qui lui est due, qu'en prenant pour base le montant de la collocation telle qu'elle a été réduite, lors de ladite distribution, et non son titre primitif; qu'il y a eu, en effet, dans le règlement antérieur dont il s'agit, chose souverainement jugée, tant avec les autres créanciers qu'avec le débiteur saisi, partie essentielle et seule nécessaire dans l'instance, relativement à l'appréciation du titre et à la fixation du montant de la créance (Paris, 27 mai 1838, et, sur pourvoi, Rej. 20 juill. 1842) (1); — 2° Que l'arrêt, qui porte liquidation d'une créance à laquelle sont hypothéqués plusieurs immeubles, et fixe son rang de collocation dans un ordre alors ouvert sur le prix de l'un de ces immeubles, a, quant au chiffre et au rang de la créance, l'autorité de la chose jugée, non pas seulement pour cet ordre, mais encore pour tout ordre ouvert postérieurement sur le prix des autres immeubles frappés de la même hypothèque, alors, d'ailleurs, que les parties, entre lesquelles s'agite la question de préférence, dans le second ordre, sont les mêmes que celles qui figuraient à l'arrêt de liquidation (Req. 8 nov. 1858, aff. Prudent, D. P. 59. 1. 212).

1128. En tout cas, il a été décidé que c'est acquiescer au règlement définitif d'un ordre et se rendre, par suite, non recevable à contester ultérieurement le chiffre auquel a été fixée la créance pour laquelle on a été colloqué dans ledit règlement, que de produire dans un autre ordre, ouvert sur le même débiteur, pour ce qui reste dû de cette créance telle qu'elle a été fixée dans le premier ordre : — « La cour, considérant, en outre, qu'il résulte des conclusions signifiées par la dame Chauveau, le 12 juin 1845, devant le tribunal de Versailles, dans un ordre également ouvert sur son mari et antérieurement à son appel, qu'elle n'a demandé à être colloquée, dans cet ordre, que pour ce qui lui restait dû sur ses créances, déduction faite des sommes pour lesquelles elle avait été colloquée par le règlement définitif dans l'ordre ouvert à Blois et dont s'agit au procès; que de ces conclusions, mentionnées dans un jugement du tribunal de Versailles et dans l'arrêt confirmatif de la cour de Paris, il résulte que la dame Chauveau a formellement acquiescé à ce règlement;... dit qu'il y a triple fin de non-recevoir; et, en conséquence, rejette l'appel, etc. » (Orléans, 23 fév. 1847, MM. Boucher d'Argis, pr., Sénéca, av. gén., c. conf., aff. Chauveau C. de Malherbe.—Sur les deux autres fins de non-recevoir, V. *suprà*, n°s 1050-1° et 1053-2°).

SECT. 13. — *De la collocation.*

1129. C'est dans notre Traité des privilèges et hypothèques, au ch. 7, n°s 2260 et suiv., que sont exposées, ainsi que nous l'avons déjà indiqué *suprà*, n° 628, les règles à suivre

(1) (Passot C. Sillac de la Pierre et consorts.) — LA COUR;... — « Attendu que, dans la distribution par contribution, ouverte en 1828, devant le tribunal civil de Montreuil, entre les nombreux créanciers du comte et de la comtesse de Latour-d'Auvergne, sur le prix de la vente d'une partie des biens de leur succession, le juge-commissaire, entre les mains duquel Passot avait produit ses titres, réduisit, sur la vue de ces pièces, et par suite des calculs auxquels il se livra, la créance pour laquelle ledit Passot avait demandé collocation, et que cette réduction, qui ne donna lieu à aucune réclamation de la part des créanciers, fut maintenue dans tout le cours de l'instance, terminée par un arrêt de la cour royale de Douai, et qu'elle reçut son exécution par la délivrance d'un mandement dont Passot toucha le montant à la Caisse des dépôts et consignations; — Attendu que, dans l'ordre ouvert, en 1837, devant le tribunal civil de la Seine, pour la distribution du prix d'autres biens de la même succession, Passot a bien pu se présenter, afin d'obtenir le complément de la somme que l'insuffisance des deniers ne lui avait pas permis de recevoir dans la distribution de Montreuil; mais que sa collocation ne pouvait avoir pour base, ou pour point de départ, que le règlement antérieur; qu'il y avait, en effet, sur la fixation de la créance de Passot, chose souverainement jugée, tant avec les autres créanciers qu'avec le débiteur saisi, partie essentielle et seule nécessaire dans l'instance, relativement à l'appréciation du titre et de l'obligation qui en résulte; — Que c'est donc avec raison que la cour royale de Paris, rejetant l'appel de Passot, a confirmé la décision par laquelle les premiers juges, sans avoir égard à ses protestations tardives, avaient déclaré son droit de contredire désormais éteint; — D'où il suit que l'arrêt attaqué, loin d'avoir méconnu le vrai sens de l'art. 1351 c. civ., et les principes en matière d'ordre, en a fait, au contraire, une saine et juste application; — Rejette le pourvoi formé contre l'arrêt de la cour de Paris, du 27 mai 1838.

Du 20 juill. 1842.-C. C. ch. civ.-MM. Boyer, pr.-Fabvier, rap.-Laplagne-Barris, 1er av. gén., c. conf.-Dupont-White et Coffinières, av.

pour la collocation, suivant l'ordre qui leur appartient, des divers créanciers privilégiés et hypothécaires. Nous y avons traité, dans une première section, des principes généraux en matière de collocation, dans une seconde, de la collocation des rentes perpétuelles ou viagères; dans une troisième, de la collocation des créances conditionnelles et éventuelles; dans une quatrième, des questions si difficiles que fait naître le concours des hypothèques générales avec les hypothèques spéciales; dans une cinquième, des subrogations d'hypothèque; et, dans une sixième et dernière section, de la collocation des intérêts et des frais, à titre d'accessoires de la créance. La matière, comme on voit, y est embrassée dans son entier, et nous n'avons à parler ici de la collocation qu'à un point de vue fort restreint, et se rattachant plus intimement à la procédure de l'ordre qu'à la matière des priviléges et des hypothèques.

1130. Le premier article de la collocation doit être celui relatif aux frais de poursuite de l'ordre. Le juge-commissaire, porte l'art. 759, en faisant la clôture de l'ordre, « liquide les frais de radiation et de poursuite d'ordre, qui sont colloqués par préférence à toutes autres créances. » Les poursuites d'ordre, en effet, sont faites dans l'intérêt de tous les créanciers : le poursuivant, pour ses frais, doit donc obtenir la préférence sur toutes autres collocations. — Le juge-commissaire en opère la taxe, sur le mémoire de l'avoué, en la forme ordinaire (V. v° Frais et dépens, n°s 690 et suiv.).

1131. En cas de vente volontaire, toutefois, les frais dus à l'acquéreur pour le coût de l'extrait des inscriptions et les dénonciations à faire aux créanciers inscrits, dans les termes de l'art. 2183 c. nap., doivent passer avant les frais de poursuite d'ordre, puisque l'art. 774 c. pr. accorde à l'acquéreur préférence pour ces frais qui précèdent l'ouverture de l'ordre et s'y rattachent essentiellement (c. pr. 772; Conf. MM. Bioche, v° Ordre, n° 639, 3e éd., 5e tirage; Houyvet, n° 307; Flandin, Tr. de l'ordre, inédit). — MM. Grosse et Rameau, t. 2, n° 491, disent, au contraire, que les frais de poursuite d'ordre sont nécessaires, même à l'acquéreur, pour obtenir le prélèvement des frais de notification sur son prix, et que, dans la pratique, les frais de poursuite d'ordre sont colloqués au premier rang des priviléges sur tous les prix à distribuer, et les frais de notification au second rang, et seulement sur le prix de l'acquéreur qui a fait ces frais. La question, au reste, a peu d'importance, le prix à distribuer étant toujours plus que suffisant pour couvrir ces deux ordres de créances privilégiées. — Les frais de notification, au lieu d'être l'objet d'une collocation directe au profit de l'acquéreur, lui sont alloués, d'ordinaire, par imputation sur son prix, qui se trouve ainsi diminué d'une somme correspondante au montant de ces frais (V. *suprà*, n° 624). — Toutefois, il a été jugé que les notifications, prescrites par l'art. 2183 c. civ., étant le fait personnel de l'acquéreur, n'appartiennent point à la poursuite d'ordre, mais à la procédure de surenchère, si la surenchère a lieu, procédure qui est le préliminaire d'une instance séparée de celle de l'ordre; — Que, par suite, l'avoué, qui, se fondant sur l'art. 133 c. pr., demande la collocation, dans l'ordre, à son profit et comme les ayant avancés, des frais des notifications prescrites par l'art. 2183, n'y saurait être alloué, de ce chef; qu'il se prévaudrait en vain de la disposition de l'art. 777 (aujourd'hui 774) c. pr., laquelle n'est relative qu'à des frais se rattachant à la poursuite de l'ordre (Toulouse, 16 mars 1850, aff. Prax, D. P. 51. 2. 203).

1132. A l'égard des frais de purge d'hypothèques légales, V. aussi *suprà*, n°s 626 et 627.

1133. Il a été jugé : 1° que le créancier poursuivant, qui n'a pas demandé, avant la clôture de l'ordre, la collocation de frais privilégiés de poursuite, est non recevable à réclamer cette collocation, sur l'appel qu'il a interjeté de l'ordonnance de clôture; que ce serait l'autoriser à former un nouveau contredit, alors déjà que celui qu'il avait élevé sur l'état de collocation provisoire (pour une autre cause) a été rejeté comme tardif par un arrêt passé en force de chose jugée (Bordeaux, 13 août 1834) (1); — 2° Que l'avoué poursuivant, colloqué pour le montant de ses frais, mais qui n'a pu se faire payer le montant de son bordereau, peut, alors qu'il justifie de poursuites faites contre l'acquéreur et qui ont eu pour résultat de constater l'insolvabilité de ce dernier, agir par voie de retranchement contre les derniers créanciers colloqués; mais qu'il ne peut, si un second ordre est ouvert sur le même débiteur, venir prendre rang dans ce nouvel ordre, auquel il est étranger, même du chef des créanciers contre lesquels il a une action en retranchement, sauf à s'y faire colloquer, en sous-ordre, sur le montant de la collocation de ces derniers (Riom, 11 déc. 1840) (2).

1134. Mais en quoi consistent ces frais de poursuite? Nous n'avons pas à les rappeler ici en détail : on les trouve, d'ailleurs, énumérés, sauf les modifications apportées à la procédure d'ordre par la loi du 21 mai 1858, v° Frais et dépens, n°s 690 et s. — Il a été jugé (sous la loi du 11 brum. an 7) : 1° que les mémoires, requêtes et autres écritures, signifiés par le poursuivant pour parvenir à l'ordre, ne doivent ni entrer en taxe, ni être acquittés par privilége (Paris, 2 germ. an 13) (3); —2° Que, s'il est de principe que tous frais régulièrement faits par un créancier légitime pour parvenir à la vente de l'immeuble, gage commun de tous les créanciers, lui doivent être remboursés comme frais privilégiés, il n'en saurait être ainsi des

(1) (Crouzit C. Dumontet.) — LA COUR;... — Attendu, en ce qui touche les conclusions subsidiaires de Françoise Crouzit, que les deux sommes, l'une de 54 fr. 97 cent., et l'autre de 166 fr. 80 cent., pour lesquelles elle réclame une collocation par privilége et préférence, n'avaient été, devant le juge commissaire, l'objet d'aucune réclamation spéciale antérieurement à son ordonnance de clôture, à laquelle il a dû procéder, en conformité de l'art. 767; — Que, réformer une décision judiciaire pour n'avoir pas statué sur une chose non demandée, serait méconnaître les règles les plus élémentaires de la procédure; — Qu'indépendamment de ce que l'omission alléguée proviendrait du fait de l'appelante, elle ne peut aujourd'hui élever un nouveau contredit, lorsque celui qu'elle avait formé sur l'état provisoire a été rejeté comme tardif par l'arrêt du 15 mars 1834; — Que ce serait remettre en question ce qui a été définitivement jugé; — Sans s'arrêter aux fins de non-recevoir proposées par Dumontet, desquelles il est et demeure débouté; — A mis et met à néant l'appel que Françoise Crouzit a interjeté de l'ordonnance de clôture d'ordre dressé le 28 mai dernier, etc.

Du 13 août 1834.- C. de Bordeaux, 2e ch.-M. Gerbaud, pr.

(2) (Barland C. Me Armilhon.) — LA COUR;.... Au fond, considérant qu'Armilhon, qui avait obtenu, pour le montant des frais d'ordre, un ordereau contre Combes de la somme de 858 fr. 85 cent., avait exercé contre lui, sans succès, des poursuites suffisantes pour autoriser, de sa part, contre les créanciers derniers colloqués dans l'ordre terminé par le jugement du 12 nov. 1838, une demande en retranchement, afin d'être payé du montant du bordereau de collocation qui lui avait été délivré au premier rang pour une créance privilégiée; — Considérant, toutefois, que cette demande en retranchement ne pouvait ouvrir, en sa faveur, le droit d'intervenir à l'ordre ouvert le 14 nov. 1838, pour y demander à se faire colloquer directement pour le montant intégral ou partiel d'un bordereau qui lui avait été délivré dans un ordre antérieur, puisque la nature de sa créance ne constituait, en sa faveur, aucun droit personnel privilégié ni hypothécaire sur le prix alors en distribution; — Considérant que le seul droit qu'aurait pu avoir Armilhon eût été de demander une collocation en sous-ordre des dames Chantard et Groisne, mais dans le cas seulement où elles auraient été colloquées elles-mêmes; — Considérant que si, en thèse générale, les tribunaux doivent, autant que possible, éviter les circuits d'action, et diminuer ainsi les frais qui, en définitive, pourraient grever des créanciers légitimes, ils ne peuvent néanmoins le faire que lorsqu'ils y sont autorisés par les règles de droit;.. confirme, en ce que les premiers juges ont admis l'action en retranchement formé contre les créanciers derniers colloqués dans l'ordre précédent; infirme en ce qu'au lieu de colloquer directement les dames Chantard et Groisne, sauf, ensuite, à donner effet à la demande en retranchement par une distribution en sous-ordre sur lesdites deux dames, le tribunal a colloqué directement Armilhon, etc.

Du 11 déc. 1840.-C. de Riom, 2e ch.

(3) (Guyot-Mouton C. Guerre.) — LA COUR; — En ce qui touche l'appel de Guyot-Mouton et de Giraud, son cédant, du jugement du 5 therm. an 10, dans la disposition qui, en ordonnant que les frais de poursuite seront payés par privilége, d'après la taxe, a ordonné que, dans cette taxe, les mémoires, requêtes et autres écritures signifiés n'entreraient que pour la partie des conclusions seulement : — Considérant, sur ce grief, que la contestation sur l'ordre a été introduite par une demande de Guyot-Mouton, du 23 flor. an 7, et conséquemment depuis la loi du 11 brum. an 7, qui, loin d'autoriser des procédures, en pareille circonstance, veut, au contraire, que l'ordre soit ouvert au greffe par un procès-verbal, dans lequel chaque créancier fait son dire pour parvenir à être colloqué à son rang; que l'ordre est ensuite rapporté à l'au-

frais d'expropriation faits après une saisie antérieure, poursuivie à la requête d'un autre créancier, et qui a reçu de l'accomplissement des actes requis une publicité légale; que de pareils frais doivent être considérés comme frustratoires : — « La cour; attendu... 5° qu'il est de principe que tous frais régulièrement faits par un créancier légitime pour parvenir à la vente de l'immeuble, gage commun de tous les créanciers, lui doivent être remboursés comme frais privilégiés;—6° Qu'il est aussi de principe que *saisie sur saisie ne vaut;* d'où il suit que doivent être considérés comme frustratoires les frais de l'expropriation forcée de la maison de la rue Saint-Paul, poursuivie à la requête de la partie de Gicquel, postérieurement aux actes publics d'expropriation forcée, tant de ladite maison de la rue Saint-Paul que des maisons et terrains sis rue du Faubourg-Poissonnière, poursuivie à la requête d'Archambault;... infirme, en ce que la partie de Gicquel a été colloquée par privilége, pour le montant des frais de poursuite d'expropriation forcée faite à sa requête contre Legrand et sa femme; émendant quant à ce,... déboute la partie de Gicquel de sa demande en collocation, par privilége, du montant des frais de poursuite d'expropriation forcée; le jugement dont est appel sortissant, au résidu, son plein et entier effet, etc.» (Paris, 2e sect., 4 août 1807, aff. Morel *C.* Jumelin et autres);—3° Que le privilége des frais de justice de l'art. 2101 c. nap., qui peut être exercé sur le prix des immeubles aliénés, doit être restreint, pour ce qui regarde les frais relatifs à la faillite, aux frais qui ont été faits dans l'intérêt de la masse entière des créanciers, tels que les frais de la déclaration de faillite, les frais d'apposition et de levée de scellés et les frais d'inventaire; qu'il ne peut être étendu aux frais qui n'intéressent que la masse chirographaire, tels que ceux des jugements ayant pour objet de fixer l'époque de la cessation des payements et autres de même nature (Riom, 24 août 1863, aff. synd. Bouchet et Bonnet, D. P. 63. 2. 161; V. d'autres arrêts, dans le même sens, v° Faillite et banq., n° 1048; V. aussi v° Priv. et hyp., nos 148 et suiv., et n° 2453).

1135. Les frais d'enregistrement du procès-verbal d'ordre sont compris dans les frais de poursuite (Conf. M. Bioche, v° Ordre, n° 640, 3e édit., 5e tirage).—Nous avons indiqué *suprà*, nos 1044 et s., en quoi consistent ces droits d'enregistrement.

1136. Les frais de radiation dont il est parlé dans la disposition ci-dessus transcrite sont les frais de radiation des inscriptions des créanciers ne venant point en ordre utile ou n'ayant pas produit (M. Seligman, n° 531); car c'est à l'avoué poursuivant qu'est dévolu le soin de faire opérer cette radiation, ainsi qu'il appert de l'art. 769, ainsi conçu : « Dans les dix jours, à partir de celui où l'ordonnance de clôture ne peut plus être attaquée, le greffier délivre un extrait de l'ordonnance du juge pour être déposé *par l'avoué poursuivant* au bureau des hypothèques. Le conservateur, sur la présentation de cet extrait, fait la radiation des inscriptions des créanciers non colloqués. » Et l'art. 770 ajoute, dans son 2e alinéa : « Le bordereau des frais de l'avoué poursuivant ne peut être délivré que sur la remise des certificats de radiation des inscriptions des créanciers non colloqués. Ces certificats demeurent annexés au procès-verbal. » — Ces dispositions n'existaient pas dans l'ancien code. L'exposé des motifs en justifie ainsi l'utilité : « Ce même code avait bien dit, par son art. 759, que le juge-commissaire ordonnerait la radiation des inscriptions des créanciers non colloqués; mais il ne s'était pas occupé de faire opérer cette radiation. Cependant l'acquéreur y a droit, et cette mesure est pour lui d'un grand intérêt; *elle doit même être opérée avant tout.* Les art. 772, 773 c. pr. n'ont trait qu'à la radiation des inscriptions des créanciers colloqués, et l'art. 774 ne parle que de l'inscription d'office. L'art. 768 (769 de la loi) que nous vous soumettons s'explique d'une manière plus spéciale. Nous avons pu, alors, pour compléter tout ce système de radiation, reprendre, dans le code, les articles que nous venons de citer et les transcrire dans le projet, en ajoutant, dans notre art. 769 (770 de la loi), une prescription favorable à l'acquéreur, et qui lui garantit que la radiation des inscriptions des créanciers non colloqués sera exactement exécutée par les soins de l'avoué poursuivant » (D. P. 58. 4. 44, nos 37 et 38). — M. le garde des sceaux, pour mieux assurer l'exécution de la disposition qui défend au greffier de délivrer le bordereau des frais de poursuite avant que l'avoué ait fourni les certificats de radiation, veut que les procureurs impériaux, en vérifiant, chaque mois, les minutes du greffe, constatent que ces certificats de radiation sont bien, en effet, annexés au procès-verbal d'ordre (circ. du 2 mai 1859, D. P. 59. 3. 25, n° 70). — Il a été jugé que les greffiers n'ont droit à aucun émolument pour les mentions sommaires par eux faites sur les pièces qui leur sont remises; qu'ainsi, la mention, sur le certificat de radiation d'inscriptions, rapporté au greffier, en matière d'ordre, par l'avoué poursuivant, conformément à l'art. 770 c. pr., de la remise de ce certificat et de son annexe au procès-verbal d'ordre, ne donne pas lieu à l'émolument de 1 fr. 50 c., fixé par l'art. 1, § 7, du décret du 24 mai 1854, cette mention n'étant pas assujettie à la rédaction d'un acte de dépôt ou d'un acte en due forme (Civ. cass. 16 fév. 1863, aff. Pinson, D. P. 63. 1. 57. Conf. M. Harel, Journ. des av., t. 88, p. 151, note 1, art. 353).

1137. La radiation des inscriptions des créanciers non colloqués doit être opérée *avant tout,* dit l'Exposé des motifs : l'acquéreur, en effet, ayant droit à l'entière libération de son immeuble, et pouvant, jusque-là, se refuser au payement de son prix, la radiation des inscriptions dont il s'agit devient un préalable obligé à l'acquittement des bordereaux de collocation. Sous l'ancien code, M. Rodière, t. 3, p. 230, décidait, au contraire, que la radiation des inscriptions des créanciers non colloqués ne pouvait être faite avant qu'il fût justifié du payement de tous les bordereaux. Telle paraissait être aussi l'opinion de M. Colmet-Daage, t. 2, n° 1042, anc. éd. — Cette radiation ne doit souffrir, de la part du conservateur, aucun retard. « Il ne faut pas, dit M. Riché, dans son rapport, que le conservateur fasse attendre cette radiation, sous le seul prétexte de la multiplicité de ses travaux auxquels il peut toujours attacher un plus grand nombre d'auxiliaires... » (D. P. 58. 4. 49, n° 95). — La commission avait même proposé d'imposer au conservateur un délai, à partir du dépôt de l'extrait, pour opérer la radiation; mais le conseil d'État n'a pas accepté l'amendement. Il suffit, comme le dit M. Duvergier, Coll. des lois, ann. 1858, p. 158, note 3, qu'on puisse s'adresser à l'autorité supérieure pour faire rappeler les conservateurs, qui se montreraient négligents, à leur devoir.

1138. Dès que l'extrait de l'ordonnance de clôture de l'ordre, sur le vu duquel doit être opérée la radiation des inscriptions des créanciers non colloqués, ne peut être délivré par le greffier qu'après que ladite ordonnance est devenue inattaquable, il n'y a pas lieu à l'application de l'art. 548 c. pr., d'après lequel « les jugements qui prononcent une mainlevée, une radiation d'inscription hypothécaire,... ou quelque chose à faire par un tiers ou à sa charge, ne seront exécutoires par les tiers ou contre eux, même après les délais de l'opposition ou de l'appel, que sur le certificat de l'avoué de la partie poursuivante, contenant la date de la signification du jugement faite au domicile de la partie condamnée, et sur l'attestation du greffier constatant qu'il n'existe contre le jugement ni opposition ni appel. » — L'art. 769, en effet, se borne à dire que le conservateur, *sur la présentation de cet extrait,* fait la radiation des inscriptions des créanciers non colloqués. Ainsi que l'exprime M. Chauveau, Proc. de l'ordre, quest. 2607 *ter,* la responsabilité du greffier couvrirait celle du conservateur, si l'extrait avait été prématurément délivré (Conf. MM. Grenier, Hyp., t. 2, n° 528; Troplong, Priv. et hyp., t. 3, n° 740; Ollivier et Mourlon, n° 439; Bioche, v° Ordre, n° 701, 3e éd., 5e tirage; Grosse et Rameau, t. 2, nos 469 et 470; Flandin, Tr. de l'ordre, inédit; — Req. 1er août 1861, aff. Caisse des cons., D. P. 62. 1. 63, cité *infrà,* n° 1208; V. aussi v° Priv. et hyp., n° 2746.—*Contrà,* MM. Lancelin, dans ses observations au corps législatif; Persil, Rég. hyp., sur l'art. 2157, n° 24; Seligman, n° 530; Pont sur Seligman, à la note, et Traité-comm. sur les Priv. et hyp., n° 1101; Houyvet, n° 342).

---

dience, et jugé, après avoir entendu les parties ou leurs défenseurs; — Qu'ainsi, c'est avec raison que les premiers juges ont rejeté des frais de poursuite les écritures, mémoires et requêtes; — Faisant droit sur l'appel de Guyot-Mouton et de Giraud, du jugement du 5 therm. an 10, ordonne que ladite opposition sortira effet.

Du 2 germ. an 13.-C. de Paris.

1139. Mais faut-il que cet extrait, comme l'enseignent plusieurs auteurs (MM. Chauveau, quest. 2607 *bis*; Grosse et Rameau, t. 2, n° 461; Seligman, n° 528; Houyvet, n° 545), soit revêtu de la formule exécutoire? L'art. 769 ne l'exige pas : c'est un simple acte du greffe, qui n'a pas même besoin de la signature du juge (V. *infrà*, n° 1180).

1140. Toutefois, l'extrait doit contenir, comme l'expliquent les auteurs précités, toutes les énonciations nécessaires pour que la radiation puisse être opérée d'une façon régulière. Mais il ne doit contenir, disent MM. Grosse et Rameau, que ce qui est utile pour arriver au but proposé; et, s'il reproduisait la totalité du règlement définitif, ce serait un double emploi avec les bordereaux de collocation dont il sera parlé ci-après, et par conséquent un abus (Conf. MM. Pigeau, Proc. civ., t. 2, p. 504, n° 4, 4ᵉ éd.; Seligman, n° 529; Houyvet, *loc. cit.*).

Les mêmes auteurs disent, avec raison, que le conservateur pourrait se refuser à faire la radiation, si l'extrait était irrégulier dans sa forme ou incomplet dans sa rédaction; par exemple, s'il ne comprenait pas les noms de la partie saisie, ou la date du jugement d'adjudication, ou les noms des créanciers dont les inscriptions sont à rayer, etc.; ou bien encore, si une opposition avait été notifiée au conservateur, opposition dont il ne peut se constituer le juge, et dont il faudrait obtenir la mainlevée, soit par la voie du référé, soit par une assignation à bref délai, dans les termes de l'art. 72 c. pr.

1141. A l'égard des frais de radiation des inscriptions des créanciers utilement colloqués, ils sont compris dans le bordereau délivré à chaque créancier, comme frais accessoires de sa créance, et il est fait distraction de ces frais sur le montant de chaque bordereau, lorsqu'il est présenté à payement, au profit de l'adjudicataire, qui fait opérer la radiation (759 et 771).

1142. Le juge-commissaire, poursuit l'art. 759, « liquide, en outre, les frais de chaque créancier colloqué en rang utile, et ordonne la délivrance des bordereaux de collocation aux créanciers utilement colloqués, et la radiation des inscriptions de ceux non utilement colloqués... » La loi veut parler des frais faits individuellement par chaque créancier dans la procédure d'ordre, pour y obtenir sa collocation, lesquels sont des accessoires de la créance et doivent être colloqués au même rang, sans avoir besoin du secours de l'inscription (V. Priv. et hyp., nᵒˢ 2425 et suiv.; Conf. MM. Carré et Chauveau, quest. 2601; Favard de Langlade, t. 4, p. 66; Berriat, t. 2, p. 621, note 37; Bioche, vᵒ Ordre, n° 524, 5ᵉ éd.; Flandin, Tr. de l'ordre, inédit).

1143. Lorsqu'il a été élevé des contestations dans l'ordre, que doit-il advenir des frais faits sur ces contestations? La loi du 21 mai 1858 a apporté, sur ce point, quelques modifications à l'ancien code. Mettons en regard les dispositions anciennes et les nouvelles.

L'ancien code portait : « Les créanciers postérieurs, en ordre d'hypothèques, aux collocations contestées, seront tenus... de s'accorder entre eux sur le choix d'un avoué; sinon, ils seront représentés par l'avoué du dernier créancier colloqué. Le créancier, qui contestera individuellement, supportera les frais auxquels sa contestation particulière aura donné lieu, sans pouvoir les répéter ni employer, en aucun cas... » (760). « Les parties qui succomberont sur l'appel seront condamnées aux dépens, sans pouvoir les répéter » (766). « Les frais de l'avoué qui aura représenté les créanciers contestants seront colloqués, par préférence à toutes autres créances, sur ce qui restera de deniers à distribuer, déduction faite de ceux qui auront été employés à acquitter les créances antérieures à celles contestées » (768). « L'arrêt qui autorisera l'emploi des frais, prononcera la subrogation au profit du créancier sur lequel les fonds manqueront, ou de la partie saisie. L'exécutoire énoncera cette disposition, et indiquera la partie qui devra en profiter » (769).

Voici maintenant les dispositions de la loi nouvelle : « Les dépens des contestations, porte le nouvel art. 766, ne peuvent être pris sur les deniers provenant de l'adjudication.—Toutefois, le créancier dont la collocation, rejetée d'office, malgré une production suffisante, a été admise par le tribunal, sans être contestée par aucun créancier, peut employer ses dépens sur le prix au rang de sa créance. — Les frais de l'avoué qui a représenté les créanciers postérieurs, en ordre d'hypothèques, aux collocations contestées, peuvent être prélevés sur ce qui reste de deniers à distribuer, déduction faite de ceux qui ont été employés à payer les créanciers antérieurs. Le jugement qui autorise l'emploi des frais, prononce la subrogation au profit du créancier sur lequel les fonds manquent ou de la partie saisie. L'exécutoire énoncera cette disposition et indiquera la partie qui doit en profiter.—Le contestant ou le contesté, qui a mis de la négligence dans la production des pièces, peut être condamné aux dépens, même en obtenant gain de cause.—Lorsqu'un créancier, condamné aux dépens des contestations, a été colloqué en rang utile, les frais mis à sa charge sont, par une disposition spéciale du règlement d'ordre, prélevés sur le montant de sa collocation au profit de la partie qui a obtenu sa condamnation. »

La loi du 21 mai 1858 innove en ce qu'elle pose, en principe général, que les dépens des contestations ne peuvent être pris sur le montant du prix à distribuer. L'exposé des motifs rend compte, en ces termes, de l'innovation : « Il est, dit-il, une règle absolue en procédure : toute partie qui succombe doit être condamnée aux dépens. L'art. 130 c. pr. en avait fait un principe qui ne souffrait d'exceptions que celles admises par l'art. 131. Mais on avait compris, en lisant l'art. 766 c. pr., que, pour les ordres, cette règle ne reprenait son empire que contre la partie qui succombait *en appel*. On croit qu'en première instance, on peut se permettre les contestations les plus téméraires; on se les fait pardonner par le prétexte des intentions les plus louables. On n'a jamais plaidé dans un intérêt égoïste; on veut n'avoir jamais fait de contestations que dans l'intérêt de la masse; et, si l'on vient à perdre le procès, on obtient toujours l'emploi de ses dépens en frais de poursuite d'ordre. Telle est la conclusion que l'on a tirée de la disposition bien restreinte de l'art. 766; en sorte qu'il est permis de se tromper, aux dépens des autres; mais on ne peut persévérer qu'à ses dépens. Nous avons pensé qu'il fallait rétablir la règle générale, même pour la première instance, parce que, sous la couleur d'une contestation de bonne foi et dans l'intérêt de tous, on se livrait à des contestations plus que téméraires, qui, à l'inconvénient d'entraver la marche de l'ordre, ajoutaient la diminution de la somme à distribuer » (D. P. 58. 4. 44, n° 52).

La commission du corps législatif a donné son approbation à l'innovation. « En première instance, dit M. Riché, dans son rapport, l'usage, à peu près général, employait les dépens des contestations en frais d'ordre, et encourageait ainsi les contredits les plus téméraires. Une excellente réforme va rendre les contredits plus circonspects, en rétablissant la règle générale qui fait des dépens la peine des prétentions mal fondées, et ainsi de la crainte des dépens le frein des plaideurs. Quand même, dans certains cas, le contredit profiterait à la masse commune, le mobile de ce contredit n'en était pas moins l'intérêt du contredisant... » (D. P. 58. 4. 49, n° 92. V. aussi la circulaire du 2 mai 1859, D. P. 59. 3. 25, n° 68).

1144. Il a été jugé, dans le même sens, avant la loi du 21 mai 1858 : 1° que les dépens, exposés sur des incidents relatifs à des contestations entre créanciers, et auxquels le débiteur saisi est étranger, ne peuvent être prélevés, par privilége, sur le prix de la vente; qu'ils doivent être mis à la charge des créanciers contestants qui ont succombé (Agen, 12 janv. 1823, aff. Daubons, vᵒ Frais et dépens, n° 711-1°); — 2° Et, depuis la loi nouvelle, que les dépens des contestations soulevées par les *débiteurs saisis* ne peuvent être pris sur les deniers provenant de l'adjudication (Amiens, 26 janv. 1865, aff. Saint-Lary, D. P. 65. 2. 140).—Mais il a été jugé que la condamnation aux dépens, prononcée contre les créanciers contestants dans une instance d'ordre, ne comprend que les frais de procédure, et non le coût des actes (de secondes grosses, par exemple) que le créancier contesté a été obligé de se procurer pour justifier de sa créance (Bordeaux, 25 août 1846, aff. Caisse hyp., D. P. 49. 5. 208, n° 4).

1145. Il pourra arriver, cependant, que le contestant, tout en gagnant son procès et en faisant rejeter de l'ordre, à l'avantage de tous, la créance contestée, et, réciproquement, que le créancier contesté, en faisant repousser une contestation injuste, en soient pour leurs frais; ce qui aura lieu si la partie qui a succombé est insolvable. C'est là un inconvénient, sans doute; mais il faut répondre, avec M. Duvergier, Coll. des lois, sur l'art. 766 de la loi précitée, note 5, que, « s'il est fâcheux, pour un créancier légitime et colloqué au rang qui lui appartient, de se voir injustement contesté par un autre créancier peut-être insolvable, et contre lequel la condamnation aux dépens sera illusoire, c'est le sort de quiconque est obligé de soutenir un procès injuste contre un insolvable, et de supporter les dépens qu'il a faits pour obtenir justice » (Conf. Amiens, 26 janv. 1865, aff. Saint-Lary, D. P. 65. 2. 140; MM. Houyvet, n° 263; Bressolles, n° 50; Flandin, Tr. de l'ordre, inédit). — M. Bioche, v° Ordre, n° 534, 5e éd., 5e tirage, pense au contraire que dans le cas où le perdant est insolvable, le contestant a droit à une collocation éventuelle par privilége avant les créanciers qui profitent de la contestation. — La commission du corps législatif avait voulu parer à l'inconvénient dont nous venons de parler, en conférant au tribunal la faculté de prononcer la contrainte par corps contre le condamné insolvable; mais « le conseil d'État, dit le rapport, n'a pas cru qu'il fût possible d'autoriser la contrainte par corps pour des dépens, même à titre de dommages-intérêts » (D. P. 58. 4. 49, n° 92). — Toutefois, l'inconvénient se trouve atténué par le dernier paragraphe de l'article portant que, « lorsqu'un créancier, condamné aux dépens des contestations, a été colloqué en rang utile, les frais mis à sa charge sont, par une disposition spéciale du règlement d'ordre, prélevés sur le montant de sa collocation, au profit de la partie qui aura obtenu la condamnation. » — Il est bien évident, comme le remarque M. Seligman, n° 497, à la note, que la partie qui a obtenu la condamnation est privilégiée sur le montant de la collocation de ce créancier, et ne doit pas venir au marc le franc avec les créanciers colloqués en sous-ordre sur cette même collocation.

1146. D'autres objections ont été produites contre le principe absolu contenu au premier paragraphe de l'art. 766. M. Lancelin, ancien avoué, aujourd'hui président du tribunal civil de Pontoise, dans des observations adressées au corps législatif sur le projet de loi, s'exprimait ainsi, à propos de ce même paragraphe : « Cette disposition, disait-il, aura, sans doute, le double avantage d'éloigner des contestations téméraires et de ménager le fonds commun, sur l'intégralité duquel les créanciers ont dû compter. Mais, d'un autre côté, n'est-il pas à craindre que, dans certaines circonstances, cette règle devienne injuste, à force d'être inflexible. Les contestations contre le règlement provisoire n'ont pas toujours nécessairement pour objet les collocations. Le juge peut avoir composé irrégulièrement la masse à distribuer, soit en y comprenant des éléments étrangers, soit en omettant, au contraire, des éléments qui devaient y entrer. Il peut s'élever des difficultés contre le séquestre des fruits, contre un fermier débiteur de fermages immobilisés. On peut plaider sur la jonction des ordres, etc. Il est bien évident que toutes ces questions intéressent tous les créanciers, et que les frais exposés le sont dans l'intérêt général. N'arrivera-t-il pas qu'en présence de la disposition si sévère de l'art. 766, les créanciers, dans la crainte de supporter personnellement des frais, reculeront devant des contestations utiles à la masse commune? Ne conviendrait-il pas, pour prévenir ce résultat fâcheux, d'ajouter à cette disposition un correctif ainsi conçu : « Pourront, toutefois, être employés en frais privilégiés ceux exposés par un créancier dans l'intérêt commun, sans qu'en aucun cas, cette disposition puisse être appliquée aux contredits sur les collocations? » — Il n'a pas été fait droit à cette critique, et néanmoins M. Chauveau, Proc. de l'ordre, quest. 2597, à la note, pense qu'il faudrait décider comme le proposait M. Lancelin, dans les exemples invoqués par l'honorable magistrat, ou autres cas analogues. Mais les termes de l'article sont trop absolus pour qu'il nous semble possible de distinguer là où le législateur, averti, n'a pas jugé à propos de le faire. Et l'intention du législateur, à cet égard, ressort suffisamment de ces termes du rapport : « Quand même, dans certains cas, le contredit profiterait à la masse commune, le mobile de ce contredit n'en était pas moins l'intérêt du contredisant. »

1147. Des exceptions ont, cependant, été faites au principe posé par le premier paragraphe de l'art. 766. — La première, c'est que, si une collocation a été rejetée, d'office, par le juge, malgré une production suffisante, et qu'elle ait été rétablie par le tribunal, sur la demande du créancier, celui-ci obtiendra l'emploi de ses dépens sur le prix, au même rang que sa créance, à moins qu'un créancier, par sa contestation, ne se soit approprié la décision du juge-commissaire (766, 2e alin.), cas auquel ce créancier supportera personnellement les dépens de la contestation dans laquelle il aura succombé (V. *suprà*, n° 1143, l'exposé des motifs et le rapport. — Conf. M. Seligman, n° 491).

1148. Lorsqu'une collocation a été rejetée, d'office, par le juge-commissaire, il faut un contradicteur à ce créancier devant le tribunal où il porte sa demande de collocation. Ce contradicteur, à défaut d'un créancier qui se présenterait pour soutenir la décision du juge-commissaire, serait naturellement l'avoué représentant les créanciers postérieurs à la collocation demandée. Mais, si ce contradicteur *forcé* ne conteste pas; s'il se borne à s'en rapporter à justice, qui supportera les frais de la contestation? Il n'est pas possible de les mettre à la charge du créancier demandeur, s'il réussit à faire réformer la décision du juge-commissaire et à faire rétablir sa collocation : cela serait contraire à l'art. 130 c. pr. Mais il ne serait pas plus juste de les faire supporter par l'avoué que la loi lui donne pour contradicteur légal, et qui n'a pas *contesté*. Il n'y a d'autre parti à prendre, dans ce cas, nous semble-t-il, que de compenser, comme le disent MM. Grosse et Rameau, t. 2, n° 436, les dépens entre les parties, et d'en autoriser l'emploi, savoir : ceux du créancier qui obtient gain de cause, comme accessoires de sa créance, et ceux de l'avoué représentant les créanciers postérieurs à la collocation demandée, comme frais d'ordre privilégiés, lesquels seront supportés, en fin de compte, par le créancier dernier colloqué sur lequel les fonds auront manqué (Conf. MM. Chauveau, Proc. de l'ordre, quest. 2574-4° et 2597-3°; Ollivier et Mourlon, n° 415; Seligman, n° 490; Bressolles, n° 50; Flandin, Tr. de l'ordre, inédit).

1149. Mais, si l'avoué représentant les créanciers postérieurs, au lieu de s'en rapporter à justice, soutenait le bien jugé de la décision du juge-commissaire, ne devrait-il pas être condamné aux dépens de sa mauvaise contestation? La négative est adoptée par MM. Grosse et Rameau, t. 2, n° 435 : « Peu importe, disent-ils, qu'il ait conclu au maintien du règlement provisoire, ou qu'il s'en soit rapporté à justice (ce qui est *contester*, dans les deux cas); car, si l'on voulait fonder une condamnation aux dépens sur cette distinction, on aboutirait à un résultat diamétralement opposé à celui que le législateur a eu en vue, en créant l'avoué mandataire commun des créanciers postérieurs à ceux contestés, puisque, dans l'usage, cet avoué s'en rapporterait toujours à justice, et cesserait d'être un contradicteur sérieux. » — Cette considération, selon nous, ne saurait l'emporter sur le texte de la loi, dont la pensée se manifeste clairement dans ce passage de l'exposé des motifs : « On devait, cependant, rejeter sur la masse les frais faits par un créancier dont la collocation, rejetée d'office, aura été rétablie par le tribunal. Mais, si un adversaire s'est constitué, *s'il s'est approprié la décision du juge-commissaire, il sera passible des dépens* » (D. P. 58. 4. 44, n° 32. — Conf. MM. Chauveau et Flandin, *loc. cit.*). — Nous ne disons cela, toutefois, que pour l'honneur des principes, en quelque sorte; car l'avoué, à moins qu'il ne se trouvât dans le cas tout à fait exceptionnel de l'art. 132 c. pr., ne devant pas supporter personnellement des frais faits dans l'intérêt des créanciers dont la loi le constitue le mandataire légal, aurait son recours contre ces créanciers, et devrait ainsi, pour le recouvrement de ces frais, être colloqué dans l'ordre immédiatement avant eux. Il en est de ce cas comme de celui dont nous allons parler au numéro suivant.

1150. Une seconde exception, faite par l'art. 766, est relative aux frais de l'avoué, constitué pour les créanciers postérieurs aux collocations contestées, lesquels sont parties nécessaires dans l'instance, au premier degré de juridiction, suivant l'art. 760 (V. *suprà*, n° 770). Les frais de cet avoué, porte le § 3, art. 766, « *peuvent* être prélevés sur ce qui reste de deniers, déduction faite de ceux qui ont été employés à payer les créanciers antérieurs. » La contestation, en effet, n'est pas leur œuvre; c'est la loi elle-même qui les appelle dans le procès, et il eût été trop sévère de ne leur accorder de recours, pour leurs dépens, que contre la partie condamnée.

1151. Remarquez, cependant, que l'article se sert du mot *peuvent*, et non pas du mot *doivent*. C'est un changement dans la rédaction de l'ancien art. 768, lequel s'exprimait ainsi : «Les frais de l'avoué qui aura représenté les créanciers contestants *seront* colloqués, par préférence à tous autres, etc. »—Sous l'ancien code, on demandait déjà si les frais de l'avoué représentant les créanciers postérieurs aux collocations contestées, et qui sont des parties intervenantes au procès plutôt que de véritables contestants, devaient, *dans tous les cas*, être employés en frais d'ordre privilégiés. Pigeau n'accordait à l'avoué la répétition de ces frais qu'en cas de succès. — « Si la collocation contestée est maintenue, dit-il, Proc. civ., t. 2, p. 202, n° 13, 4e éd., le contestant est condamné aux dépens. Mais l'avoué plus ancien qui a défendu la masse est remboursé par privilége, *s'il n'a pas contesté mal à propos.* » Pigeau s'exprimait ainsi au sujet de la distribution par contribution; mais il appliquait les mêmes principes à l'ordre (V. p. 301, nos 11 et 12).— M. Tarrible, au contraire, Rép., v° Saisie immobilière, § 8, n° 4, accordait à l'avoué la répétition dans tous les cas : « Les frais de l'avoué défendant la cause commune, disait-il, sont des frais *nécessaires*, et ils doivent, dans tous les cas, être colloqués au premier rang, sans distinction si ses demandes ont été accueillies ou s'il a succombé... » Carré, qui avait d'abord adopté l'opinion de M. Tarrible (Anal., n° 2393), était revenu à l'opinion de Pigeau (Lois de la proc., t. 6, 6e éd., quest. 2605. —Conf. MM. Chauveau sur Carré, *eod.*; Berriat, p. 621, note 33; Troplong, Priv. et hyp., t. 1, n° 123).

La nouvelle loi, dans l'art. 766, ne tranche pas la question; mais elle laisse au tribunal la faculté d'accorder ou de ne pas accorder l'emploi, suivant les cas. « Ainsi, dit M. Flandin, Tr. de l'ordre, inédit, si l'avoué représentant les créanciers postérieurs ne prend pas part à la contestation, s'il s'en rapporte à justice, requérant l'adjudication de ses frais contre la partie qui succombera, il devra, quel que soit, du contestant ou du contesté, celui qui triomphe, et alors que la solvabilité de la partie condamnée ne serait pas douteuse, obtenir l'emploi de ses frais, sauf la subrogation au profit du créancier sur lequel les fonds manqueront ou de la partie saisie, ainsi qu'il est dit en l'article précité (V. n° 1153). Si même il se joint au contestant et qu'il triomphe avec lui, il sera juste encore de lui accorder l'emploi de ses frais, quoique le contestant principal n'obtienne pas l'emploi des siens (766, 1er alinéa; *suprà*, n° 1145), surtout s'il y avait à craindre que ces frais ne pussent être facilement recouvrés sur la partie condamnée. Mais si, prenant imprudemment parti dans la contestation, il vient à succomber, les juges, usant alors de la faculté que la loi leur donne, lui refuseront l'emploi de ses frais; car il ne serait pas juste que ces frais vinssent diminuer le montant de la masse, au détriment du créancier mal à propos contesté, si les fonds venaient à manquer sur ce dernier. Toutefois, l'avoué, ainsi que le dit Pigeau (*loc. cit.*, p. 202, n° 12), a son recours contre chacun des créanciers de la masse qu'il a défendus, si ce n'est dans le cas où sa résistance *était visiblement mal fondée*; car alors, ayant excédé, comme le fait remarquer l'auteur, les bornes de son ministère, il peut être condamné personnellement aux dépens, même aux dommages-intérêts et à l'interdiction » (c. pr. 132).

1152. Ce n'est pas tout à fait ainsi que paraît l'envisager M. Chauveau, Proc. de l'ordre, quest. 2597 *quater*. « Le système de la loi nouvelle, dit-il, est radical. Les parties qui succombent doivent être condamnées aux dépens... En principe, par conséquent, cet avoué (l'avoué représentant les créanciers postérieurs) a le droit de réclamer ses dépens à la partie qui succombe; mais, comme il n'a figuré dans la contestation qu'en vertu du mandat conféré par la loi, celle-ci a voulu mettre à l'abri de toute chance le montant de ses déboursés et honoraires. En conséquence, elle a permis que les frais de cet avoué fussent prélevés *sur la somme restant disponible pour les créanciers qu'il a représentés*, sauf la subrogation qu'elle indique. »— Des mots que nous venons de souligner on doit conclure que, dans l'opinion de M. Chauveau, l'avoué des créanciers postérieurs, qu'il ait ou qu'il n'ait pas contesté, ne peut, en aucun cas, être préféré, pour ses frais, au créancier contesté qui a réussi à faire maintenir sa collocation. M. Chauveau, d'ailleurs, s'en explique en termes formels : « D'après l'opinion, exprimée par MM. Grosse et Rameau, t. 2, p. 155, n° 439, dit-il, il semblerait que les frais de l'avoué commun dussent être colloqués par préférence à toutes les créances qui restent à colloquer, après la décision sur les contestations. Je ne suis pas de cet avis : les contestés qui obtiennent gain de cause ne peuvent pas avoir à supporter ce payement, qui ne peut être fait que par priorité sur les créances des contestants et des autres colloqués postérieurs. » — Cela paraît juste pour le cas où, comme le dit M. Flandin, l'avoué commun a contesté personnellement; mais cela ne nous semble plus aussi juste, lorsque cet avoué n'a pas voulu prendre parti dans la contestation, et qu'il s'est borné à s'en rapporter à justice. Remarquons, d'abord, que le texte est contraire à l'opinion de M. Chauveau; car il ne dit pas que les frais de l'avoué commun ne pourront être prélevés, sur ce qui reste de deniers à distribuer, que déduction faite de ceux employés à payer *le créancier dont la collocation aura été indûment contestée* et les créanciers antérieurs; il ne parle que de ces derniers créanciers. Ne peut-il pas arriver, d'ailleurs, ainsi que le fait observer M. Flandin, que le créancier contesté, dont la collocation est maintenue, absorbe ce qui reste du prix? La question n'a même d'intérêt que dans cette hypothèse. Forcera-t-on, dans ce cas, l'avoué à s'adresser, pour le recouvrement de ses frais, à une masse de créanciers qu'il ne connaît pas, et dont la loi seule l'a constitué le représentant légal? Répétons, au reste, avec l'honorable magistrat, « que les juges ont toute latitude pour accorder ou refuser *discrétionnairement* à l'avoué commun l'emploi de ses frais, et qu'on ne saurait, *à priori*, limiter leur pouvoir à cet égard. »

1153. Le jugement, en autorisant l'emploi des frais faits par l'avoué commun, prononce la subrogation contre celui qui a succombé dans la contestation, au profit du créancier sur lequel les fonds manquent, ou de la partie saisie, si le prix suffit à payer tous les créanciers (art. 766, 3e alin.). — Il a été jugé, dans ce sens, que les frais faits par l'avoué du dernier créancier colloqué dans l'instance introduite par un créancier inscrit, à l'effet d'obtenir une prorogation de délai pour compléter sa production, instance dans laquelle ledit avoué, ainsi que le saisi, s'en sont rapportés à justice, doivent être employés en frais d'ordre; mais qu'il y a lieu de subroger le dernier créancier colloqué, et subsidiairement la partie saisie, dans les droits de l'avoué contre le créancier demandeur, qui a succombé dans sa demande de prorogation de délai, pour le recouvrement de ces frais (Bourges, 21 nov. 1865) (1). — Mais, ainsi que le dit M. Tarrible, Rép., v° Saisie immobil., § 8, n° 4, *in fine*, « si l'avoué de la cause commune a succombé (V. *suprà*, nos 1148 et 1151), l'arrêt n'a pu condamner personne au remboursement de ses frais : il ne peut les recouvrer qu'à l'aide du privilége de la collocation que la loi lui accorde; et toute subrogation à des droits de répétition qui n'existent pas serait illusoire » (Conf. MM. Pont sur Seligman, n° 495, à la note; Flandin, Tr. de l'ordre, inédit).

1154. « L'exécutoire, ajoute l'art. 766, énoncera cette disposition, et indiquera la partie qui doit en profiter. » Le rapport relève l'impropriété de cette expression : *l'exécutoire*. « La matière étant sommaire, dit-il, le dispositif du jugement contient la liquidation des dépens » (D. P. 58. 4. 49, n° 92). Mais nous avons déjà fait observer *suprà*, nos 48 et 1005, que la disposition des art. 761 et 764, portant que le jugement ou l'arrêt contien-

(1) (Ratelier C. Campionnet. —La cour;...—Sur la deuxième question: — Considérant que l'avoué du dernier créancier colloqué et la partie saisie s'en rapportent à droit sur l'appel de Ratelier; qu'il suffit, dès lors, de déclarer, sur le fond du procès, l'arrêt commun avec eux, en ne mettant aucuns dépens à leur charge; — Considérant, toutefois, relativement aux dépens, que, les frais de l'avoué du dernier créancier colloqué devant être mis en frais d'ordre, il y a lieu, conformément aux prescriptions de l'art. 766 c. pr. civ., de prononcer la subrogation dans les droits de cet avoué pour ces frais au profit du dernier créancier colloqué, et subsidiairement (c'est-à dire pour le cas où tous les créanciers seraient payés) au profit de la partie saisie;—Par ces motifs, confirme le jugement, etc.

Du 21 nov. 1865.-C. de Bourges, 2e ch.-MM. Boulhac, pr.-Chinon, subst., c. conf.-Guillot et Massé, av.

dra liquidation des frais, n'est pas une disposition irritante, et qu'il pourra arriver quelquefois que, la taxe n'étant pas faite, ou, comme le dit M. Chauveau, Pr. de l'ordre, quest. 2598-4°, que, le créancier appelé à profiter de la subrogation n'étant pas connu, au moment de la signature de ces jugement ou arrêt, l'avoué sera obligé de prendre un exécutoire (Conf. MM. Pont sur Seligman, n° 491, à la note; Bressolles, n° 50; Flandin, Tr. de l'ordre, inédit).

1155. Il a, d'ailleurs, été jugé : 1° que l'huissier ne peut se présenter, de son chef, à l'ordre ouvert sur le prix d'un immeuble vendu par expropriation, et réclamer sa collocation, par privilége, à raison des frais qu'il a faits, à la requête d'un créancier, contre le débiteur exproprié, soit qu'il s'agisse de frais relatifs à la poursuite d'expropriation, soit qu'il s'agisse de frais plus anciens; qu'il n'a, pour le remboursement de ces frais, d'action personnelle à exercer que contre son mandant (Colmar, 12 fruct. an 13 (1); 8 fév. 1806, aff. N... *C.* N...); — 2° Que ces frais, même ceux de la poursuite d'expropriation, ne pourraient être compris, dans l'ordre, qu'au rang des inscriptions des capitaux à raison desquels ils ont été faits, et à la condition qu'ils aient été ajoutés dans lesdites inscriptions (même arrêt du 12 fruct.).—Les auteurs du Praticien français, t. 4, p. 473, se fondent sur ces arrêts pour dire que l'huissier qui instrumente dans une procédure d'ordre n'est que le mandataire de l'avoué qui l'emploie, et qu'il n'a, pour ses frais, d'action que contre ce dernier. — Au contraire, M. Berriat-Saint-Prix, p. 621, note 33, estime que, par ces mots de l'ancien art. 768 : «*les frais de l'avoué*,» la loi a voulu désigner tous les frais faits au nom des créanciers contestants, aussi bien les frais de l'huissier que ceux de l'avoué (Conf. MM. Mourlon, Exam. crit., etc., 1re part., n° 39; Ollivier et Mourlon, n° 418; Bioche, v° Ordre, n° 535, 3e éd., 5e tirage).—MM. Chauveau et Carré, quest. 2606, et Chauveau, Proc. de l'ordre, quest. 2598 *bis*, concilient les deux opinions, en faisant remarquer que, si les auteurs du Praticien n'ont voulu dire autre chose, si ce n'est que l'huissier ne peut lui-même se présenter à l'ordre pour y demander la collocation de ses frais par privilége, leur opinion est fondée, parce que l'huissier n'est que le mandataire de l'avoué, qui seul a qualité pour faire une telle demande; mais que l'avoué peut demander et doit obtenir, comme faisant partie de ses frais, les avances qu'il a faites ou qu'il aura à faire à l'huissier qu'il a mis en œuvre; que les deux arrêts précités de la cour de Colmar n'ont pas voulu dire autre chose.—Ainsi l'entend également M. Tarrible, Rép. de Guyot, v° Saisie immob., § 8, n° 4, lequel, en commentant les art. 768 et 769, comprend parmi les frais faits pour la cause commune, et qui doivent être colloqués, par préférence à toute autre créance, sur ce qui reste de deniers à distribuer, les *avances* de l'avoué (Conf. MM. Troplong, Priv. et hyp., t. 1, n° 128; Pont, Comm.-Traité sur les Priv. et hyp., n° 67). — Il a été jugé, en ce sens, que, lorsqu'un avoué, qui a demandé, à son profit, la collocation dans l'ordre des frais de notification prescrits par l'art. 2183 c. nap., réclamation qui n'a pas été admise (V. n° 1131), demande en même temps à être colloqué, conformément à l'art. 133 c. pr., pour des frais par lui *avancés* dans l'instance d'ordre, c'est à tort qu'on rejetterait ce dernier chef de demande (Toulouse, 16 mars 1850, aff. Prax, D. P. 51. 2. 203).—Les observations qui précèdent sont encore aujourd'hui susceptibles d'application pour les frais de l'avoué qui représente les créanciers postérieurs aux collocations contestées, lesquels *peuvent*, comme on l'a dit plus haut, être prélevés sur ce qui reste de deniers à distribuer, déduction faite de ceux employés à payer les créanciers antérieurs (c. pr. 766.— Conf. MM. Pont sur Seligman, n° 492, à la note; Flandin, Tr. de l'ordre, inédit).

1156. Une troisième exception décide que le contestant ou le contesté, qui a mis de la négligence dans la production des pièces, peut être condamné aux dépens, même en obtenant gain de cause (766, 4° alin.). — «Nous avons consacré de nouveau dans le projet, dit l'exposé des motifs, les principes posés par les art. 768 et 769 aujourd'hui appliqués; mais nous avons aussi voulu punir la négligence dans la production des pièces, même de la part de celui qui gagne son procès, si la production, faite en temps utile, avait pu avoir pour effet d'éviter la contestation» (D. P. 58. 4. 44, n° 33). — Il résulte de ces derniers mots que la pénalité ne serait pas encourue, si la production des pièces, quoique tardive, n'était pas de nature à empêcher le litige. C'est, du reste, ce qu'indique le mot *peut* employé par l'article. — Il a, d'ailleurs, été jugé que des créanciers, dont la collocation provisoire à un ordre a été confirmée par un jugement passé en force de chose jugée, ne peuvent être exclus de l'ordre définitif, sous le prétexte que les pièces qu'ils avaient produites à l'appui de leur demande de collocation ont été retirées (Bourges, 20 juill. 1831 (2). V. *suprà*, n°s 488-2° et 733-2°).

1157. On a vu *suprà*, n° 1033, qu'à partir de la clôture de l'ordre, les intérêts et arrérages des créanciers utilement colloqués cessent de courir, *à l'égard de la partie saisie*. Mais, les contestations élevées contre le règlement provisoire tenant en suspens la clôture de l'ordre, et lesdits intérêts et arrérages continuant de courir pendant ces contestations, il ne serait pas juste que la masse en demeurât chargée. Aussi l'art. 768 dit-il

---

(1) (N... *C.* Houssemann et Schauffler.) — LA COUR; — Considérant que Houssemann n'avait à répéter que des frais anciens, absolument étrangers à la dernière poursuite; que Schauffler lui-même en a compris de cette espèce dans son mémoire des frais de ladite dernière poursuite; or, pour aucuns de ces frais, ces deux huissiers n'avaient un privilége quelconque pour être colloqués en premier ordre : ces frais, même ceux de la poursuite, ne pouvaient être compris, dans l'ordre, qu'au rang des inscriptions des capitaux, à raison desquels ces frais avaient eu lieu, s'ils avaient été ajoutés dans les inscriptions; ce qui fait déjà pressentir une autre question, celle de savoir si ces huissiers ont même pu figurer personnellement dans l'ordre; — Considérant qu'ils étaient chargés de commission de la part de Roch et Merlen, dont ils n'étaient conséquemment que les mandataires; que, pour les frais qui ont pu leur revenir, pour avoir occupé pour eux, ils étaient devenus créanciers de leurs mandants, et non créanciers des débiteurs de ceux-ci, vis-à-vis desquels aucune action personnelle n'avait pu être ouverte en leur faveur;... ils n'ont donc pu s'ériger en créanciers des débiteurs de leurs commettants, en se présentant dans l'ordre, de leur chef, ni être colloqués utilement, et même par privilége, pour des frais qu'ils ne pouvaient répéter qu'à ceux qui avaient employé leur ministère; — Infirme, etc.

Du 12 fruct. an 13.-C. de Colmar.

(2) (Quenisset et Garilland *C.* créanciers Gilot.) — LA COUR;...—Sur la deuxième question :—Considérant que, la cour décidant que l'ordonnance de clôture d'ordre ne peut être attaquée que par la voie d'appel, la conséquence de cette décision est que les premiers juges ont bien jugé, en se déclarant incompétents pour statuer, par le jugement du 10 mai 1830; que, par conséquent, l'appel est mal fondé, en ce qu'il frappe sur le jugement du 10 mai 1830; mais qu'il est bien fondé, en ce qu'il attaque l'ordonnance de clôture qui rejette les créances de Quenisset et de Garilland; qu'en effet, un jugement du 11 mai 1813, passé en force de chose jugée, avait ordonné la collocation définitive de Galice, représenté par Quenisset, et de Garilland, et qu'il leur serait délivré des bordereaux; que, par deux dires des 19 juillet 1825 et 21 mai 1828, Quenisset et Garilland avaient demandé la délivrance de leurs bordereaux, et produit les pièces à l'appui de leur demande; qu'une ordonnance du 18 nov. 1829 a ordonné la délivrance d'un bordereau au profit de Garilland; qu'ainsi tout était terminé à l'égard de ce dernier, et que tout était jugé au respect de Quenisset; qu'en vain le juge-commissaire déclare, dans son ordonnance de clôture, que les pièces avaient été retirées; qu'aucune décharge de pièces n'a été donnée au greffier par l'avoué; qu'au surplus, il ne s'agissait plus d'examiner les créances des appelants, puisqu'il y avait pour tous deux un jugement passé en force de chose jugée, existant en minute sur le procès-verbal d'ordre, qui ordonnait la délivrance de bordereaux à leur profit, et, en faveur de Garilland, une ordonnance qui prescrivait, à son profit, la délivrance d'un bordereau; — Sans s'arrêter ni avoir égard à la fin de non-recevoir proposée contre l'appel, laquelle est rejetée;... — Statuant sur l'appel, en ce qu'il frappe sur l'ordonnance de clôture d'ordre du 9 mars 1830; déclare ladite ordonnance nulle et de nul effet; ordonne, en conséquence, qu'il sera délivré un bordereau de collocation à Quenisset de la somme de 10,549 fr 27 c., des intérêts échus depuis le règlement provisoire, et des frais faits sur l'appel qui avait été interjeté du jugement du 11 mai 1813, montant à 220 fr. 75 c.; qu'il sera également délivré à Garilland un bordereau de la somme de 243 fr. 77 c., montant de sa collocation provisoire et des intérêts échus depuis, et renvoie pour l'exécution du présent arrêt devant le juge-commissaire, qui rectifiera, conformément aux présentes dispositions, son ordonnance de clôture, etc.

Du 20 juill. 1831.-C. de Bourges, 1re ch.-M. Mater, 1er pr.

que « le créancier sur lequel les fonds manquent, et la partie saisie, ont leur recours contre ceux qui ont succombé, pour les intérêts et arrérages qui ont couru pendant les contestations. » C'est, à la rédaction près, la reproduction textuelle de l'ancien art. 770. — Et il faut ajouter, avec MM. Grosse et Rameau, t. 2, nº 444, par argument de la dernière disposition de l'art. 766, que, « si le créancier contestant obtient, dans l'ordre, une collocation utile, et qu'il y ait lieu à l'application contre lui de l'art. 768, le juge devra faire le calcul de la différence d'intérêts et en opérer la déduction sur le montant de la collocation du créancier soumis au recours » (Conf. MM. Ollivier et Mourlon, nº 423; Bioche, vº Ordre, nº 539, 3e édit., 5e tirage; Flandin, Tr. de l'ordre, inédit).—M. Seligman, nº 519, est d'avis contraire : « Accorder ce prélèvement, dit-il, ce serait créer un privilége qui ne peut être suppléé, en présence du silence gardé par la loi dans l'art. 768. » Mais l'analogie est ici trop évidente pour qu'il n'y ait pas lieu à l'application de la règle : *ubi eadem ratio, ibi idem jus*. — Il a, toutefois, été jugé que le créancier, qui succombe dans le contredit élevé par lui, sur l'état de collocation provisoire, n'est point responsable, envers les créanciers colloqués utilement, de l'insolvabilité de l'adjudicataire, survenue pendant le cours de cette contestation ; que ce n'est pas là une conséquence directe et inévitable du contredit, et qu'à ce cas ne s'applique pas l'art. 770 c. pr., qui rend le contestant responsable des intérêts et arrérages qui ont couru pendant l'indue contestation (Bruxelles, 13 juin 1855, aff. Verhaege, D. P. 56. 2. 222).

1158. Le recours dont parle l'art. 768 (ancien art. 770) ne peut comprendre, ainsi que le fait observer Pigeau, Comm., t. 2, sur l'art. 770, note 1, que le préjudice éprouvé. « De là il résulte, dit-il, que, si les intérêts des créances, accumulés par le retard de la clôture de l'ordre, sont compensés par les intérêts du prix de vente, qui ont augmenté la masse à distribuer, le créancier sur lequel les fonds manquent, ainsi que la partie saisie, n'ont pas éprouvé de préjudice, et, dès lors, ils n'ont droit à aucune indemnité. La disposition de l'art. 770 doit donc se restreindre au cas où le prix ne produit pas d'intérêts, ou bien au cas où il en a produit de moindres que les intérêts des créances... » — Et, dans ce dernier cas, l'indemnité ne devra comprendre, comme l'exprimait M. Lancelin, dans ses observations sur le projet de loi, que la différence entre le taux des intérêts dus aux créanciers et celui des intérêts dus par l'adjudicataire, ou par la caisse des consignations (Conf. MM. Chauveau, Proc. de l'ordre, sur l'art. 768, nº 512; Bioche, vº Ordre, nº 538, 3e éd., 5e tirage). — La même observation est faite par M. Riché dans son rapport : « Pendant le laps de temps qu'ont absorbé les contestations, dit-il, les créances destinées à être colloquées ont produit des intérêts, accroissement qui réduit la masse à distribuer telle qu'elle eût été au jour de la clôture, s'il n'y avait pas eu d'incidents. Cette diminution de la masse s'est opérée au détriment des créanciers sur lesquels les fonds manquent, ou de la partie saisie. Indemnité leur est due par les contestants qui ont succombé, *à moins que les intérêts dus par l'adjudicataire n'aient couvert cette différence...* » (D. P. 58. 4. 49, nº 95). — Il a été jugé, dans le même sens, que, lorsque l'adjudicataire ou acquéreur a consigné son prix avant le règlement de l'ordre dont la clôture a été retardée par diverses contestations élevées par les syndics du failli débiteur, ceux-ci, quoique ayant réussi dans ces contestations, n'en sont pas moins tenus, envers les créanciers demeurés étrangers auxdites contestations, de la différence entre le taux des intérêts payés par la caisse des consignations et le taux légal ou conventionnel que leur assurait leur contrat (Req. 24 juin 1857, aff. synd. Ogier, D. P. 58. 1 420).

1159. D'après M. Delaporte, t. 2, p. 348, cité par Carré, quest. 2608, s'il n'y a point de créanciers hypothécaires sur lesquels les fonds manquent, mais qu'il se trouve des créanciers chirographaires opposants à l'ordre, c'est à ces derniers à exercer le recours dont il est parlé en l'art. 768. En effet, dit l'auteur, s'il n'y avait pas eu de contestations, les deniers qui ont servi à acquitter les intérêts et arrérages seraient restés et auraient été distribués entre les créanciers chirographaires. « Cette opinion, ajoute Carré, nous paraît d'autant plus certaine, que la loi, à défaut de créancier sur lequel les fonds manqueraient, accorde au saisi un recours contre les créanciers qui ont causé le retard par de mauvaises contestations : or, on sait qu'il est de principe que tout créancier, même chirographaire, est autorisé à exercer les droits de son débiteur » (Conf. MM. Chauveau sur Carré, *eod.*, et Proc. de l'ordre, quest. 2605 ; Bioche, vº ordre, nº 539, 3e édit., 5e tirage; Ollivier et Mourlon, nº422; Flandin, Tr. de l'ordre, inédit).—Cette opinion, cependant, ne devrait être suivie qu'autant qu'il n'y aurait pas de créanciers hypothécaires ou privilégiés ayant négligé de produire à l'ordre, ou d'y produire en temps utile; car on a vu *suprà*, nos 438 et suiv., que c'est à eux, de préférence aux chirographaires, qu'appartient ce qui peut rester du prix à distribuer, dont les sommes à recouvrer, pour les intérêts et arrérages courus pendant les contestations, tiennent la place (aux autorités déjà invoquées dans ce sens, *adde* MM. Pigeau, Proc. civ., t. 2, p. 297, 4. nº 2, 4e édit.; Bioche, vº Ordre, nos 645 et 702, 3e édit., 5e tirage; Chauveau, Proc. de l'ordre, quest. 2576-4º). — Il a été jugé, ainsi : 1º que l'ordonnance de clôture de l'ordre, suivie de la radiation des inscriptions qui ne viennent pas en ordre utile, n'est point un obstacle à ce qu'un créancier, non colloqué par une erreur du juge-commissaire, qui a supposé, à tort, que les fonds à distribuer se trouvaient épuisés par les collocations antérieures, reprenne les poursuites, afin de faire procéder à un ordre supplétif et de se faire attribuer la portion du prix demeurée libre, et que le débiteur n'a pu soustraire à son action, en la cédant à un tiers, qui d'ailleurs connaissait la position et les droits de ce créancier (Bordeaux, 31 mars 1852)(1).

(1) (Durand C. Breton.) — LA COUR; — Attendu qu'une ordonnance de clôture d'ordre portant radiation des inscriptions non colloquées ne saurait être définitive, si tous les fonds n'ont pas été épuisés, et si, par omission, il reste des créancieus inscrits qui n'aient pas été portés sur le procès-verbal de collocation ; — Que, dans ce cas, la loi ne s'oppose pas à ce que le créancier puisse demander la continuation de l'ordre pour obtenir son entière collocation sur le reste du prix des domaines expropriés ; — Qu'il serait, en effet, contre toute justice que l'ordonnance incomplète de clôture et de radiation eût l'autorité de la chose jugée, lorsque le prix des biens du débiteur serait ainsi soustrait au payement des créanciers sur lesquels il avait été déclaré, par erreur, que les fonds avaient manqué ; qu'enfin, si l'ordonnance de clôture pouvait affranchir l'immeuble, elle n'entraînerait pas nécessairement la libération du prix ;

Attendu que, dans l'espèce, on ne peut reprocher aucune faute au sieur Breton ; qu'il avait produit régulièrement ses deux titres; que celui de 20,000 fr. avait été colloqué, qu'il en a même touché le montant, et que, par une négligence qui ne peut lui être imputée, le second, celui de 10,000 fr., ne fut point porté sur l'état provisoire ; — Qu'ainsi on ne peut invoquer contre lui, ni son consentement, ni l'autorité de la chose jugée ; — Qu'il devenait donc indispensable au sieur Breton de reprendre les poursuites et de faire suppléer, dans un nouvel état provisoire, aux dispositions incomplètes du premier ; — Attendu que la cession des fonds, laissés entre les mains des adjudicataires, et qui avait été consentie postérieurement à l'ordonnance de clôture, par le sieur Delains-Durand, en faveur de la dame Ledentu, sa fille, ne saurait valoir au préjudice des créanciers inscrits et qui avaient régulièrement formé leur demande en collocation sur l'ordre ouvert; que la dame Ledentu connaissait toutes les circonstances de sa position vis-à-vis des parties, et que le débiteur, le sieur Delains-Durand, ne pouvait ainsi céder des droits qu'il n'avait pas lui-même, puisque tout le prix avait été assujetti au payement des créanciers ; — Attendu, en ce qui touche la prescription des intérêts, qu'il s'agit, dans la cause, des intérêts échus depuis l'instance d'ordre; qu'à partir de cette époque, nulle prescription ne pouvait avoir lieu contre le créancier, soit au profit de l'adjudicataire qui doit toujours les intérêts du prix jusqu'au payement, soit en faveur du débiteur contre lequel l'hypothèque a produit son effet légal; que la procédure d'ordre était continue et conservait donc au sieur Breton tous ses droits; que même, dans cet intervalle, deux commandements infructueux avaient été adressés par lui au sieur Delains-Durand pour le payement de ces intérêts ; — Attendu que l'art. 2151 c. civ. ne saurait être invoqué dans la cause, puisque son texte ne doit s'appliquer qu'à la collocation des intérêts échus au moment de la demande, et qu'aucun terme de cet article ne peut faire présumer que la prescription, dont il s'agit, doit atteindre les intérêts qui courent depuis la demande en collocation jusqu'au payement définitif, etc.;— Confirme.

Du 31 mars 1852.-C. de Bordeaux, 4e ch.-MM. Troplong, pr.-Peyrat, av. gén., c. conf.-Goubeau et Henry Brochon, av.

V. d'autres arrêts, dans le même sens, *suprà*, n° 430); — 2°... Et que, dans ce cas, le créancier doit être colloqué pour tous les intérêts de sa créance échus depuis l'ouverture de l'ordre, aucune prescription ne pouvant courir contre lui, soit au profit de l'adjudicataire, qui doit les intérêts de son prix jusqu'au payement, soit en faveur du débiteur contre lequel l'hypothèque a produit son effet légal (même arrêt).

1160. Il a été jugé, néanmoins : 1° que, lorsque, dans un ordre, une somme a été attribuée, par erreur, à un créancier inscrit qui avait été remboursé antérieurement, et qui l'a restituée au débiteur, celui-ci a pu employer cette somme à payer une dette chirographaire due à un autre créancier inscrit et colloqué dans un autre ordre, sans que la collocation de ce dernier puisse, sur la demande des autres créanciers venant après lui, être diminuée du montant de la somme par lui reçue et imputée, de bonne foi, sur sa créance chirographaire :—« La cour; ...attendu, quant à la somme de 5,167 fr. 50 c., qu'elle a été reçue par Lestapis et comp. pour compte de Dudevant; que c'est pour compte de ce dernier qu'elle a été versée entre les mains d'Aguirrevengoa fils et Urribaren; que tant ceux-ci que Dudevant ont été libres d'en faire l'imputation ainsi qu'ils l'ont jugé convenable, et que cette imputation, faite de bonne foi, ne peut être valablement critiquée par les autres créanciers appelés par le présent procès d'ordre ;... confirme (Bordeaux, 1re ch., 30 déc. 1840, M. Roullet, pr., aff. Changeur-Monneron C. Dudevant et autres); — 2° ...Et qu'il en est de même des intérêts d'un prix de vente, courus depuis le jour de la vente jusqu'à la notification du contrat aux créanciers inscrits, desquels intérêts, non compris d'ailleurs dans la distribution, il a été fait le même emploi par le débiteur auquel ils avaient été directement payés par l'acquéreur : — « Attendu, quant à la somme de 1,711 fr., qu'elle se compose d'intérêts courus avant la notification du contrat de vente faite aux créanciers; que ces intérêts n'ont point été capitalisés, et que Dudevant était libre d'en disposer » (même arrêt). — Dans l'espèce, une raffinerie, appartenant à Dudevant, avait été vendue, et Vasquez, créancier inscrit, avait été colloqué sur le prix pour diverses sommes dans lesquelles avait été comprise, par erreur, celle de 5,167 fr., pour des arrérages de rente dont il avait été antérieurement payé. Ce dernier avait également touché une somme de 1,711 fr., pour les intérêts du prix de vente de la raffinerie, courus depuis la vente jusqu'à la notification du contrat aux créanciers inscrits. Dudevant avait fait emploi de ces deux sommes pour payer des dettes chirographaires dues aux sieurs Aguirrevengoa et Urribaren. Ceux-ci, qui étaient, en même temps, ses créanciers hypothécaires pour d'autres sommes, s'étaient fait colloquer dans un ordre ouvert sur le domaine de Maucamps, saisi immobilièrement sur Dudevant et adjugé à Changeur-Monnereau, un autre créancier inscrit. Ce dernier prétendit que Aguirrevengoa et Urribaren devaient souffrir, sur le montant de leur allocation, la déduction des deux sommes de 5,167 fr. et 1,711 fr. qu'ils avaient touchées du débiteur commun.— La question ne pouvait faire doute, à notre avis, relativement à la somme de 1,711 fr., représentant des intérêts qui n'étaient pas le gage des créanciers hypothécaires, mais appartenaient au débiteur (V. Priv. et hyp., n° 2178). Il pouvait y avoir plus de difficulté pour celle de 5,167 fr., faisant partie d'un prix de vente appartenant exclusivement aux créanciers inscrits. Mais ce prix de vente n'était pas celui qui était en distribution dans la cause, et l'on ne fait même pas connaître si les créanciers figurant à l'ordre ouvert sur le domaine de Maucamps étaient, en même temps, inscrits sur la raffinerie.

1161. Quand nous disons que ce qui peut rester du prix appartient aux créanciers hypothécaires ou privilégiés ayant négligé de produire à l'ordre, ou n'ayant pas produit en temps utile, de préférence aux chirographaires, nous voulons parler seulement des créanciers dont l'hypothèque ou le privilége continue de subsister, malgré l'absence de production, mais non des créanciers à hypothèque légale qui n'ont pas pris inscription dans le délai de la purge et ne se sont pas présentés à l'ordre, dans les conditions prescrites par les art. 717 et 772 (V. *suprà*, n° 431).—En ne se conformant pas aux prescriptions de ces articles, ils ont perdu leur droit de préférence en même temps que leur droit de suite, pour tomber au rang de simples chirographaires. — Mais nous regardons comme erronée la doctrine de MM. Ollivier et Mourlon, qui disent, n° 485, que les femmes, mineurs et interdits, qui n'ont pas pris inscription dans les deux mois de la purge légale et ne se sont pas présentés à l'ordre dans les trois mois suivants, « sont réputés avoir renoncé à leur droit, non pas seulement dans leurs rapports avec les créanciers inscrits, mais aussi au regard *de leur débiteur*. » Et c'est bien à tort qu'ils invoquent, à l'appui de cette doctrine, un passage du rapport de M. Riché, passage qui n'exprime pas même l'opinion de la commission, mais qui s'applique à une objection présentée contre le maintien du droit de préférence, après l'extinction du droit de suite. Que dit, en effet, le rapporteur, à l'endroit cité?—« ...Avertie par l'acquéreur, au cas de l'art. 2194 C. civ.; par le poursuivant, aux termes de notre nouvel art. 692, l'hypothèque est restée dans l'inertie : elle (la femme) est présumée n'avoir pas d'intérêt à se produire, ou y renoncer par des motifs d'harmonie conjugale, ou par respect pour les droits des créanciers» (D. P. 58. 4. 49, n° 60). —Qui ne voit qu'il s'agit là seulement du droit hypothécaire, du droit de préférence, lequel, en effet, se trouve éteint par suite de l'inaction où est restée l'hypothèque légale non inscrite, pendant le délai de grâce qui lui est accordé pour se produire, mais nullement du droit de créance en lui-même, auquel on n'est jamais facilement présumé vouloir renoncer? (Conf. M. Flandin, Tr. de l'ordre, inédit).

1162. Nous n'admettons pas davantage cette autre doctrine des mêmes auteurs, qui enseignent, n° 489, que le droit hypothécaire des femmes et des mineurs, qui n'ont pas pris inscription dans les deux mois de la purge légale, peut encore s'exercer, au regard de l'acquéreur, après qu'il s'est dessaisi de son prix, soit qu'il y ait eu un ordre ou non, s'il l'a fait avant d'avoir rempli les formalités pour la purge des hypothèques légales, et que moins de trois mois se soient écoulés depuis cette purge. MM. Ollivier et Mourlon veulent bien accorder que, si un ordre a été provoqué, et que l'acquéreur se soit dessaisi entre les mains des créanciers inscrits dûment colloqués, cet ordre, quoique effectué avant la purge légale, constitue *un acte licite et valable*; mais pourquoi? parce que, disent-ils, les femmes, mineurs et interdits *n'en souffrant point*, *n'ont aucun intérêt à l'attaquer*. « En effet, les choses se passeront, à l'égard des femmes, mineurs et interdits laissés à l'écart, *comme si l'acquéreur était encore débiteur de son prix*. L'extinction des hypothèques inscrites sera, quant à eux, *res inter alios acta* : elle ne devra ni leur profiter, ni leur nuire. Quant au délai dans lequel ils devront exercer le droit de préférence, qui leur restera après la perte du droit de suite, il ne dépassera point *trois mois, à compter de la purge accomplie*, conformément à l'esprit de la loi. — Cette théorie, ajoutent MM. Ollivier et Mourlon, s'appliquera, sans peine, aux faits analogues, c'est-à-dire aux actes, quels qu'ils soient, par lesquels l'acquéreur aura, antérieurement à la purge légale, cessé d'être débiteur de son prix, notamment au payement qu'il aura, à défaut de créanciers inscrits, effectué entre les mains du vendeur ou de ses créanciers chirographaires. Ces faits seront réputés inexistants, au point de vue de ses rapports avec les femmes, mineurs et interdits, qui, sur l'interpellation qu'il leur adressera, laisseront passer, sans l'inscrire, le délai fixé par l'art. 2195... »

Nous croyons, au contraire, avec M. Flandin, Tr. de l'ordre, inédit, que, « pour que le droit de préférence survive au droit de suite, il faut que les femmes et les mineurs, qui ont négligé de s'inscrire dans les deux mois de la purge légale, trouvent les choses encore entières; car, si l'acquéreur s'est libéré (sans fraude, bien entendu), il n'y a plus de motif pour l'exercice du droit de préférence, et l'on rentre dans la règle générale. Il n'importe que ce soit avant ou depuis la purge des hypothèques légales qu'il se soit dessaisi de son prix, puisque rien ne l'oblige à purger ces hypothèques (V. *suprà*, nos 141 et suiv.). En payant avant la purge, il commettait une imprudence, sans doute, car il s'exposait à payer deux fois; mais il est relevé de cette imprudence par la faute que, de leur côté, la femme ou le mineur ont commise, en ne prenant pas inscription dans le délai fatal, quoique mis en demeure de le faire. On peut dire, ajoute M. Flandin, que cette solution découle de la loi même, puisque, d'après l'art. 717, auquel se réfère l'art. 772, les créanciers à hypothèques légales, qui n'ont pas fait inscrire leur hypothèque avant la transcription du jugement d'adjudication (ou dans le délai fixé par l'art. 2195 c. nap.) ne conservent de droit de préférence sur le prix qu'à la condition de faire valoir ce droit, si l'ordre se règle amiablement (ordre consensuel ou ordre devant le juge, V. *suprà*, n° 75), *avant la clôture dudit ordre*, conséquemment avant l'expiration des *trois mois* que leur accordent MM. Ollivier et Mourlon, dans le passage cité, *à compter de la purge accomplie*, pour exercer leur droit de préférence. « Le droit de préférence, dit également M. Riché, dans son rapport, peut obtenir la faveur d'être prorogé, *quand les situations sont encore entières*; il ne pourrait, sans la perturbation la plus étrange,... être admis à renverser un ordre, d'autant plus dans l'esprit de la loi qu'il est amiable et qu'il est prompt, qui se serait légalement accompli, après la purge, en présence de l'inertie de l'hypothèque légale, ou dans l'ignorance de son existence » (D. P. 58. 4. 49, n° 61). Ces mots *après la purge*, ne doivent pas être considérés, dans la pensée du rapporteur, comme exclusifs des faits consommés auparavant, mais uniquement comme se référant à ce qui a lieu le plus ordinairement; car il est rare qu'un acquéreur soit assez peu soucieux de ses intérêts pour se dessaisir de son prix avant de faire la purge des hypothèques légales. »

1163. Par quelle voie le saisi pourra-t-il se faire rembourser, par l'adjudicataire, l'excédant du prix sur le montant des collocations?—Il a été jugé que, lorsque, après la collocation de tous les créanciers, il reste un excédant de fonds, le saisi ne peut en exiger le payement de l'adjudicataire, par la voie d'exécution, qu'en vertu du jugement d'adjudication, et non en vertu du jugement d'ordre, auquel l'adjudicataire n'est pas appelé, et qui n'est conséquemment pas un titre exécutoire pour la partie saisie contre lui (Bruxelles, 13 avr. 1822) (1). — M. Chauveau, qui avait, d'abord, approuvé cette décision (Chauveau sur Carré, quest. 2611 *bis*,), est revenu sur cette opinion, Proc. de l'ordre, quest. 2608. Il pense que, dans l'ordonnance de clôture de l'ordre, le juge-commissaire, après avoir constaté que les allocations n'absorbent pas la totalité du prix, doit déclarer qu'il sera délivré un bordereau de collocation à la partie saisie pour le reliquat, lequel bordereau, formant titre exécutoire contre l'adjudicataire (770), dispensera le saisi de lever le jugement d'adjudication. Il nous semble que ce mode d'opérer doit éprouver d'autant moins de difficulté que l'adjudicataire est aujourd'hui partie dans l'ordre par la dénonciation qui lui est faite de l'ouverture de l'ordre, conformément à l'art. 753; ce qui fait disparaître l'objection de la décision précitée.

1164. Il est de jurisprudence certaine, ainsi qu'il est dit v° Priv. et hyp., n°s 2423 et suiv., que les intérêts courus, sinon depuis le jugement d'adjudication sur saisie ou la notification du contrat d'aliénation volontaire (question controversée, V. *eod. v°*, n° 2431), au moins depuis l'ouverture de l'ordre, doivent être colloqués au même rang que le capital et comme accessoires de ce capital, sans nouvelle inscription (Conf. M. Chauveau, Proc. de l'ordre, quest. 2596 *bis*, n° 2). Aux nombreux arrêts rapportés v° Priv. et hyp., *loc. cit.*, il faut joindre les suivants : — Il a été jugé, ainsi, que le créancier, qui a été colloqué, pour les deux années d'intérêts et l'année courante conservées par son inscription, au même rang d'hypothèque que pour son capital, doit l'être également pour les intérêts échus depuis l'adjudication jusqu'à la clôture de l'ordre et la délivrance des bordereaux (Bourges, 26 août 1814) (2) . — Conf. Metz, 19 mai 1823, aff. N... *C.* N...).

---

(1) (N... *C.* N...) — LA COUR; — Attendu que c'est par le jugement d'adjudication sur expropriation forcée que l'adjudicaire s'oblige au payement du prix; que le jugement sur collocation d'ordre n'est qu'un règlement entre les créanciers hypothécaires, dans lequel intervient la partie expropriée, et non l'adjudicataire; — Attendu que, d'après le chap. 3 de la loi du 11 brum. an 7, sur les expropriations forcées, et spécialement l'art. 32, le jugement d'ordre est prononcé entre les créanciers inscrits et la partie saisie; que l'adjudicataire n'y est pas appelé; que ce n'est que sur la délivrance des bordereaux, ordonnée par le jugement d'ordre, que l'adjudicataire est tenu du payement; que, conséquemment, ledit jugement d'ordre n'est pas un titre exécutoire, pour la partie saisie, contre l'adjudicataire, qui n'a dû ni pu y intervenir en cette qualité; — Attendu que c'est en vertu d'un jugement d'ordre du 26 sept. 1806 que l'appelant (partie saisie) a fait commandement et outré l'exécution contre l'intimé (adjudicataire sur expropriation forcée), pour l'excédant du prix d'adjudication sur les sommes utilement colloquées; que, conséquemment, il l'a fait en vertu d'un titre qui n'était pas exécutoire contre l'intimé; — Confirme.

Du 13 avr. 1822.-C. sup. de Bruxelles.

(2) (Epoux Rollin *C.* Jacquemart, etc.) — LA COUR; — Considérant qu'un créancier ne peut plus prendre inscription sur les biens de son débiteur, lorsque ces biens sont sortis de ses mains par une vente légale; qu'ainsi, l'inscription, prise le 16 mai 1812, n'a pu produire aucun effet; mais que les retards qu'éprouverait le payement du prix dû par l'acquéreur ne sauraient priver le créancier des intérêts qui lui sont dus; — Qu'en effet, de droit commun, les intérêts suivent le sort du principal dont ils sont l'accessoire; que, de droit commun aussi, ils courent, sans interruption, au profit du créancier, soit à dater de la convention, soit du jugement qui leur donne l'existence, jusqu'au remboursement effectif de la créance qui les produit; — Que ce n'est que par une exception, qui tient au système hypothécaire, que les intérêts ont été restreints à deux années par la loi de brumaire an 7, à deux années et la courante par le code civil; — Que cette restriction, dont le but est de prévenir la fraude qui eût pu exister entre le débiteur en déconfiture et le créancier qu'il aurait voulu favoriser, ne nuit point aux créanciers à qui la loi permet de renouveler, tous les deux ans, l'inscription qui conserve la date de leurs intérêts;— Mais, lorsque le bien frappé de l'hypothèque est vendu, lorsque le créancier ne peut plus prendre inscription, puisque le débiteur est dépossédé et que l'acquéreur n'est point obligé envers lui, la restriction, qui n'a plus d'objet, cesse, et le droit commun, d'après lequel les intérêts se rattachent au principal, reprend sa vigueur; — Considérant que, s'il en était autrement, les créanciers derniers colloqués, ceux qui peuvent craindre que les fonds ne manquent sur eux, auraient le plus grand intérêt à multiplier les difficultés, pour empêcher que le prix de l'immeuble vendu ne fût réalisé, parce que les intérêts, dus aux créanciers placés avant eux, n'ayant plus de date, seraient primés par eux; — Que la cour de cassation a confirmé ce principe : que les intérêts, dus aux créanciers inscrits depuis la vente de l'immeuble du débiteur, viennent se placer à la même date que le principal, lorsque, le 22 du mois de nov. 1809, elle déclara que si, avant la publication du code de procédure, il était permis de douter qu'aux termes de l'art. 19 de la loi du 11 brum. an 7 et de l'art. 2151 c. civ., les intérêts, échus depuis l'adjudication, fussent dus à chaque créancier hypothécaire, au même rang que le capital, tout doute, à ce sujet, avait été levé par les art. 757, 767 et 770 c. pr., de la combinaison desquels il résulte évidemment que le créancier a droit de venir au même rang que le capital, pour les intérêts dont il s'agit; — Que de là il résulte qu'aux deux années, conservées par les inscriptions du premier jour complémentaire an 10, il faudra joindre, au profit des créanciers Jacquemart, ceux qui courent depuis la vente du bois hypothéqué, c'est-à-dire depuis le 25 février 1810;

Considérant que les créanciers refusent d'admettre l'intervention de la dame Rollin; qu'ils fondent leur opposition sur ce qu'ayant été partie en première instance, elle n'a formé aucune demande particulière à elle; qu'ils posent, en principe, qu'on ne peut avoir à combattre, sur l'appel, que des adversaires qui ont paru devant les premiers juges; — Considérant que cette fin de non-recevoir porte sur une équivoque qu'il suffit d'éclaircir pour la faire disparaître; — Que la dame Rollin a réellement été partie en première instance, mais dans une qualité bien opposée à celle qu'elle prend aujourd'hui; qu'elle y a paru comme débitrice solidaire avec son mari, qui l'avait fait s'engager envers plusieurs de ses créanciers; mais que c'est comme créancière elle-même qu'elle veut actuellement intervenir, et qu'on ne peut pas opposer à sa demande, comme créancière, en appel, les condamnations qu'on aurait obtenues contre elle, comme débitrice, en première instance; — Que rien n'est plus faux que ce prétendu principe, qu'il faut avoir plaidé en première instance pour paraître sur l'appel;— Que, la loi permettant à celui qui a intérêt d'intervenir, en tout état de cause, dans une instance pendante, il est bien clair qu'il faut plaider contre l'intervenant sur l'appel, quoiqu'on ne l'ait pas vu en première instance; — Considérant, sur l'intervention demandée, que celui qui aurait droit de former tierce opposition peut aussi demander à être reçu partie intervenante; que la seule condition qu'ait imposée le législateur, c'est que l'intervention ne retarde pas le jugement de la cause principale; — Que, dans l'espèce, la dame Rollin n'ayant point été appelée pour faire valoir les droits qu'elle réclame, elle pourrait former tierce opposition à l'arrêt; que, par suite nécessaire, elle a droit d'intervenir pour qu'il soit rendu avec elle;

Considérant, en outre, que la dame Rollin, se prétendan tcréancière de son mari, a toujours le droit de demander sa collocation, puisque d'après l'art. 767 c. pr., dans le cas où il s'élève des contestations entre les créanciers, le juge ne peut arrêter définitivement l'ordre des

1165. Il a été jugé, en outre : 1° que la femme, créancière éventuelle de son mari, à raison de ses reprises et conventions matrimoniales, a le droit de se faire colloquer dans l'ordre ouvert sur ce dernier, pour la conservation de ses droits, sauf à laisser toucher les intérêts des capitaux, ainsi mis en réserve, par son mari ou ceux qui seraient à ses droits (arrêt précité du 26 août 1814. — V., dans le même sens, v° Priv. et hyp., n°s 2328 et suiv.); — 2° Qu'elle peut requérir cette collocation par voie d'intervention sur l'appel, sans que les autres créanciers puissent repousser son intervention par une fin de non-recevoir tirée de ce qu'étant partie dans l'ordre, comme débitrice solidaire de son mari, elle n'avait pas formé sa demande au premier degré de juridiction (même arrêt).

1166. C'est aussi un principe qui nous paraît certain, que le créancier, dont l'hypothèque frappe sur plusieurs immeubles du débiteur, a le droit de produire, jusqu'à payement, dans tous les ordres ouverts sur les immeubles (V. Priv. et hyp., n°s 2545 et suiv., et *suprà*, n° 748). Ainsi que le dit M. Persil, Rég. hyp., sur l'art. 2166, n° 18, une première collocation obtenue ne peut pas empêcher le créancier d'en obtenir une seconde, une troisième, parce que, le bordereau le mettant à même de se faire payer, sans le payer réellement, ce n'est pas à lui à courir les chances de l'insolvabilité de l'acquéreur et de la perte de l'immeuble : *Qui pignori plures res accepit, non cogitur unam liberare, nisi accepto universo quantum debetur* (L. 19, D., *De pign. et hyp.*). Malgré cette collocation multiple, le créancier ne sera toujours payé qu'une fois ; et, dès qu'il aura touché, dans un ordre, le montant de son bordereau, la collocation qu'il aura obtenue dans un autre ordre, sera annulée au profit des créanciers colloqués après lui (Conf. MM. Pigeau, Comm., t. 2, sur l'art. 771, note 4 ; Bioche, v° Ordre, n° 265, anc. édit. ; Flandin, Tr. de l'ordre, inédit. — *Contrà*, M. Houyvet, n° 314).

1167. Il a été jugé, par suite : 1° que le créancier, utilement colloqué dans un ordre, mais dont la collocation est contestée, et qui n'est pas payé, peut demander à être colloqué dans des ordres ouverts devant d'autres tribunaux ; qu'en ce cas, les autres créanciers ne peuvent pas demander la suspension de ces ordres jusqu'à la décision à intervenir sur l'ordre litigieux (Bourges, 7 juin 1810) (1) ; — 2° Que, la collocation, dans un ordre, n'étant qu'une indication de payement et n'opérant pas novation, il s'ensuit qu'un créancier, dont l'obligation est garantie par un cautionnement, n'a pas perdu son recours contre la caution, par cela seul qu'il a produit dans un ordre ouvert sur le débiteur principal, et qu'après avoir été colloqué ultérieurement, il a renoncé à se prévaloir de sa collocation pour s'en tenir au cautionnement (Colmar, 22 avr. 1815, aff. Joeger, v° Obligation, n° 2498-1°) ; — 3° Que le créancier, premier colloqué dans un ordre ouvert sur le prix des biens de son débiteur vendus à divers acquéreurs, qui poursuit le payement de son bordereau sur l'un des acquéreurs par la voie de l'expropriation, n'est pas censé, pour cela, faire novation à sa créance et accepter cet acquéreur pour son débiteur ; qu'en conséquence, si le prix de la nouvelle adjudication est insuffisant pour le désintéresser, il a le droit de demander qu'il soit fait une nouvelle distribution du prix des autres immeubles, afin d'obtenir son entier payement (Grenoble, 29 janv. 1825, aff. Durand, v° Vente pub. d'imm., n° 1847-4°) ; — 4° Que la collocation dans un ordre, même pure et simple, n'équivaut pas à payement ; qu'elle n'est qu'une indication de payement, qui ne peut, par elle-même, opérer novation dans la dette, ni faire cesser, dès lors, les effets de l'hypothèque ; qu'en conséquence, le créancier, inscrit en vertu d'une hypothèque judiciaire, qui a obtenu sa collocation dans un ordre pour l'intégralité de sa créance, peut, nonobstant cette collocation, poursuivre son payement, par l'action hypothécaire, sur les autres biens de son débiteur, alors surtout qu'il n'a été colloqué que sous condition de restituer les sommes qu'il recevrait, dans les cas où d'autres créanciers éventuels qui le priment verraient échoir cette éventualité (Cass. 25 fév. 1839, aff. Bergeret, v° Priv. et hyp., n° 2524) ; — 5° Que la collocation dans un règlement d'ordre provisoire ou définitif ne constitue, au profit du créancier qui l'obtient, qu'une indication de payement, et n'opère pas novation ; qu'en conséquence, le créancier, colloqué dans deux ordres différents, a droit de lever son bordereau, et de réclamer son payement dans l'un ou l'autre de ces deux ordres indifféremment, soit pour se procurer, dans celui des deux ordres où il abandonne sa première collocation, le recouvrement d'une autre créance qui, sans cet abandon, ne viendrait pas en ordre utile, soit pour toute autre cause d'un intérêt légitime ; que,

---

créances que quinze jours après la signification de l'arrêt qui a statué sur ces contestations ;

Considérant que les créanciers invoquent, contre la dame Rollin, pour la repousser de l'ordre, le principe qu'une femme, commune en biens avec son mari, ne peut pas faire liquider ses droits avec lui ; — Considérant que cette maxime vraie est ici sans application ; que la dame Rollin ne demande pas que ses droits soient liquidés, mais seulement que, sur le prix de la vente consentie par son mari, on mette en réserve les sommes nécessaires pour en assurer la conservation, afin qu'elle ou ses représentants puissent les retrouver, lorsque le moment de les réclamer sera arrivé ; — Que, loin de rien prétendre en ce moment, elle a elle-même demandé que les intérêts des sommes qui seront réservées tombent dans la communauté, pour, par son mari ou ceux qui seraient à ses droits, en disposer ainsi que de droit ;...

Considérant que, comme la cour l'a déjà reconnu, un plaideur peut toujours faire dépendre le succès de son procès du serment qu'il offre de déférer à son adversaire ; mais que le serment, auquel les sieur et dame Rollin et les sieur et dame Neaudot-Bertrix veulent, en ce moment, soumettre les créanciers, n'est pas cette affirmation décisoire à laquelle se restreint la partie qui ne veut pas contester ; que ce n'est qu'après avoir employé contre leurs adversaires tous les moyens qu'ils ont cru propres à écarter ou à réduire leurs prétentions, que les appelants veulent obtenir leur serment, et que la cour ne peut pas imposer aux créanciers une obligation à laquelle la loi ne les a pas assujettis ; — Infirme, aux chefs qui concernent les parties en instance par-devant elle ; et, procédant par jugement nouveau, sans avoir égard à la demande formée par les sieur et dame Rollin et les sieur et dame Neaudot-Bertrix, ayant pour objet de faire affirmer, par tous ceux admis à la collocation, qu'ils sont créanciers légitimes et qu'ils ne prêtent leurs noms ni directement, ni indirectement, demande dont on les déboute ; — Déclare l'inscription, prise le 16 mai 1812, nulle et de nul effet, et, sans y avoir égard, ordonne que, quant aux intérêts, lesquels seront susceptibles de la retenue du cinquième, ils seront colloqués pour deux années conservées par l'inscription dudit jour 1er complém. an 10, et, pour ceux qui auront couru, à partir du 25 fév. 1810, jour de la vente consentie par ledit Rollin ; — Sans avoir égard à la fin de non-recevoir opposée à la dame Rollin, la reçoit partie intervenante dans l'instance d'ordre ; — Ordonne que, sur le prix provenant de la vente des bois faite par son mari, on réservera les sommes nécessaires pour assurer, le cas échéant, sa dot, ses conventions matrimoniales, le recouvrement des sommes reçues, à cause d'elle, par son mari depuis leur mariage, et le remboursement de toutes celles, en principaux, frais et accessoires, qu'obtiendront contre elle les créanciers de son mari, à l'égard desquels elle s'est obligée ; — Qu'à cet effet, elle produira tous les actes, etc.

Du 26 août 1814.-C. de Bourges.

(1) (Berthier C. d'Arguinvillier.) — La cour ; — Considérant que l'hypothèque inscrite grève également tous les biens qui en sont l'objet ; qu'elle les suit, en quelques mains qu'ils passent, et qu'elle donne aux créanciers le droit d'être colloqués et payés suivant l'ordre de leurs inscriptions ; qu'ainsi, et par suite de cette règle, si les biens sont situés dans divers arrondissements, et que plusieurs ordres s'ouvrent à la fois devant différents tribunaux, le créancier peut se présenter dans tous, et requérir partout sa collocation pour toucher les premiers deniers ; — Qu'à la vérité, dans l'espèce, les sieurs Joly, Possel, Mévolhon et la dame Renouard avaient été colloqués dans l'ordre ouvert à Nevers ; mais que cet ordre était attaqué ; — Qu'au surplus, la collocation n'est pas un payement ; — Que l'appel, le défaut de moyens dans l'adjudicataire, la nécessité de revente à la folle enchère, et mille autres causes peuvent anéantir l'ordre ou au moins éloigner le payement ; et que, si une première collocation pouvait, quoiqu'elle fût contestée, suspendre les autres ordres, le créancier, qui a droit aux premiers deniers, en serait empêché, lorsque les autres ordres, n'offrant point de difficultés, lui auraient permis de recevoir ailleurs ; — Qu'au surplus, l'arrêt rendu sur l'appel, à l'ordre fait à Nevers, ne laisse plus de doute sur la nécessité de reprendre celui ouvert à Cosne ; qu'en effet, les circonstances n'ayant permis, au respect de Mévolhon et de la dame Renouard, qu'une collocation partielle à Nevers, leurs droits restent tout entiers, pour le surplus, sur les deniers à distribuer à Cosne ; — Qu'ainsi les principes et les faits s'unissent également pour réclamer la confection du dernier ordre ; — Infirme, émendant, ordonne que l'ordre ouvert à Cosne sera mis à fin.

Du 7 juin 1810.-C. de Bourges.

néanmoins, cet intérêt cesse d'exister dans le cas où les sommes disponibles entre les mains d'un des acquéreurs suffisent à payer une portion quelconque de ladite créance, et jusqu'à concurrence de la portion qui peut être ainsi remboursée (Paris, 4 juill. 1839) (1); — 6° Que la femme, quoique déjà colloquée provisoirement dans un ordre ouvert pour la distribution du prix d'immeubles appartenant à son mari, et dont la collocation est contestée, conserve le droit, en recevant son payement des mains d'un créancier colloqué en rang inférieur, de subroger ce créancier dans les droits résultant de son hypothèque légale, et que le créancier subrogé exerce tous les droits hypothécaires de la femme, même sur des biens autres que ceux sur le prix desquels l'ordre était ouvert, et quoique ces biens eussent été vendus dans un temps où il n'était point encore créancier (Civ. cass. 18 déc. 1854, aff. Pipet, D. P. 55. 1. 33); — 7° Que la collocation provisoire dans un ordre ne vaut que comme indication de payement, sans novation; qu'en conséquence, le créancier (ou son subrogataire), au profit duquel cette collocation a été faite, peut y renoncer: par exemple, dans le but d'assurer un rang utile à une autre créance pour laquelle il a également produit dans l'ordre, sauf à recourir, ensuite, aux autres moyens de payement qui lui sont acquis à l'égard de la créance, objet de la collocation dont il s'agit, sans que des cessionnaires du débiteur, auxquels ces derniers moyens de payement doivent préjudicier, soient fondés à critiquer une telle renonciation (Grenoble, 26 mai 1855, aff. Saint-Laurent, D. P. 56. 2. 103); — 8° Que le règlement d'ordre, devenu définitif, a l'autorité de la chose jugée, dans la partie relative au rang des créanciers entre eux, mais non dans celle qui renferme le mandement de délivrance des bordereaux de collocation; que ce mandement et le bordereau de collocation lui-même, qui ne constituent qu'une indication de payement, n'emportent point renonciation, de la part du créancier colloqué, mais qui n'a pas été payé, à faire valoir son hypothèque dans un autre ordre, si les choses sont encore entières, et que le créancier postérieur à lui n'ait pas été payé (Metz, 2 avr. 1857, aff. Coutier-Moutier, D. P. 58. 2. 81. V. Priv. et hyp., n° 2353, un grand nombre d'autres arrêts analogues aux arrêts précités).

1168. Toutefois, il a été jugé que le créancier ayant hypothèque générale, qui s'est fait colloquer utilement dans l'ordre ouvert sur le prix d'un des immeubles de son débiteur, ne peut plus, à défaut d'intérêt, et, bien qu'il offre de se désister, exercer son droit dans un ordre postérieur que conditionnellement, et pour le cas où, par un motif quelconque, autre que celui tiré du désistement, la première collocation ne recevrait pas son effet (Paris, 25 avr. 1838, aff. Lepage, v° Priv. et hyp., n° 2348).

1169. Il ne faudrait pas, cependant, que ce droit à une collocation multiple dégénérât en abus.—V., à cet égard, v° Priv. et hyp., nos 2345 et suiv., la sect. 4 du chap. 7, relative au concours des hypothèques générales avec les hypothèques spéciales, où sont indiqués certains tempéraments d'équité pour concilier les différents intérêts et empêcher que le droit absolu des uns ne soit préjudiciable aux autres. — V. aussi *eod. v°*, n° 2319, et M. Houyvet, *loc. cit.*

1170. Nous avons développé, dans ce même Traité des Priv. et hyp., nos 2303 et suiv., les règles d'après lesquelles doit se faire la collocation des rentes perpétuelles ou viagères. — Il a été jugé, d'après ces règles: 1° que, lorsque le débiteur d'une rente viagère hypothéquée sur un immeuble a été exproprié de cet immeuble, le prix provenant de la vente n'appartient pas au crédi-rentier, premier vendeur, mais aux créanciers, suivant l'ordre de leur collocation, et sous la réserve du service de la rente; mais que l'attribution de ce prix aux créanciers est éventuelle et subordonnée; et que, s'il ne suffit pas au service de la rente, le crédi-rentier est en droit de prélever, chaque année et jusqu'à épuisement du capital, la différence existant entre les intérêts produits par ce capital et la rente à lui due (Riom, 24 août 1863, aff. synd. Bouchet et Bonnet, D. P. 63. 2. 161);—2° Que le créancier d'une rente viagère, qui a obtenu, dans l'ordre ouvert sur le prix de l'immeuble affecté à cette rente, que l'adjudicataire conservât dans ses mains le capital nécessaire au service des arrérages, s'est fait, quant à la perception de ces arrérages, le mandataire du vendeur ou des autres créanciers; qu'en conséquence, il est responsable des arrérages accumulés par sa négligence, et dont l'insolvabilité postérieure du débiteur empêche le recouvrement; responsabilité qui empêche son héritier de poursuivre le payement de cet arriéré sur le capital laissé aux mains de l'acquéreur, au préjudice des créanciers auxquels ce capital devait revenir, après le décès du crédirentier (Bordeaux, 28 août 1841, aff. Guiraud, V. Mandat, n° 225-6°).— Les demoiselles Guiraud avaient laissé accumuler les arrérages de leur rente. A deux reprises, les 15 fév. et 14 nov. 1829, elles avaient réglé avec l'acquéreur; les arrérages échus avaient été capitalisés, et Lidonne s'était obligé à en payer les intérêts. Au décès de la dernière des demoiselles Guiraud, en 1831, la somme due s'élevait à 13,821 fr. — Le domaine de Losse ayant été revendu sur Lidonne, en 1830, M. Mérilhou s'en rendit acquéreur, et reprit la procédure d'ordre ouverte en 1824, qui n'avait pas été close définitivement, et dans laquelle les demoiselles Guiraud avaient été colloquées pour un capital de 50,000 fr., affecté au service de leur rente viagère. L'héritier des demoiselles Guiraud demanda, en 1838, sa collocation, dans l'ordre, pour la somme de 13,821 fr.; mais les créanciers du sieur Laboissière, le vendeur primitif, s'y opposèrent: 1° parce qu'en traitant personnellement avec Lidonne, la dame Guiraud (la dernière décédée) avait accepté celui-ci pour débiteur, en remplacement de Garnier de Laboissière, et, par cette novation dans sa créance, avait perdu tout droit aux 50,000 fr. provenant de la vente du domaine de Losse; 2° parce que, dans tous les cas, la novation fût-elle écartée, la collocation, obtenue, en 1824, par les demoiselles Guiraud, avait emporté délégation judiciaire, au profit de ces dames, sur les 50,000 fr., dont les intérêts devaient leur être servis pour les remplir de leur créance; ce qui les constituait, quant à cette perception d'intérêts, mandataires de Garnier de Laboissière, responsables, à ce titre, de la négligence qu'elles auraient apportée dans l'exécution de leur mandat, et des conséquences qui pouvaient en résulter, telles que l'insolvabilité du débiteur, dans l'espèce.— Le premier de ces systèmes avait été adopté par le jugement de première instance; mais c'est au second que l'arrêt a donné la préférence.

1171. Nous avons parlé, sous l'art. 3 de la section précédente, des effets attachés à l'ordonnance de clôture de l'ordre ou règlement définitif. Il est certain qu'après l'ordonnance de

(1) (Lemaire C. Bouillette.) — La cour; — Considérant que la collocation dans un règlement d'ordre provisoire ou définitif ne constitue, au profit du créancier qui l'obtient, qu'une simple indication de payement; qu'elle n'équivaut pas au payement lui-même, et ne peut davantage opérer novation, laquelle, aux termes de l'art. 2273 c. civ., ne se présume pas;

Qu'il suit de là qu'un créancier, colloqué dans deux ordres différents, a droit de lever son bordereau et de solliciter son payement dans l'un ou l'autre de ces deux ordres indifféremment, soit, comme dans l'espèce, pour se procurer, dans celui des deux ordres où il abandonne sa première collocation, le recouvrement d'une autre créance qui, sans cet abandon, ne viendrait pas en ordre utile, soit pour toute autre cause d'un intérêt légitime; — Que ce droit d'option, résultant pour le créancier de sa double hypothèque, ne pourrait, dès lors, lui être contesté que s'il était établi qu'aucun intérêt sérieux ne motive la préférence donnée par lui à sa dernière collocation; — Considérant, en fait, que Perducet, colloqué définitivement sous les art. 7, 14 et 16 du règlement de Paris, avait un intérêt évident à réclamer, dans l'ordre ouvert à Château-Thierry, le payement des créances déjà colloquées sous les art. 7 et 14 de l'ordre de Paris, afin de faire venir en ordre utile la collocation de l'art. 16 de ce même ordre, qui autrement n'aurait point été suivie de payement, du moins en totalité; — Que cet intérêt cesserait seulement d'exister, dans le cas où les sommes disponibles entre les mains de Brion, acquéreur, suffiraient à payer une portion quelconque de la créance susdite, et jusqu'à concurrence de la portion qui pourrait être ainsi remboursée; — Considérant que rien n'établit, au procès, que Bouillette ne soit pas cessionnaire sérieux et légitime de la créance qui lui a été transportée par Perducet; — Confirme; et, néanmoins, ordonne que, dans le cas où une somme quelconque resterait disponible etre les mains de Brion, après le payement intégral des créances de Perducet, Bouillette imputera cet excédant sur la créance à lui transportée, et qu'il ne viendra que pour le surplus dans l'ordre ouvert à Château-Thierry.

Du 4 juill. 1839. C. de Paris.-M. Hardoin, pr.

clôture, toute action, tendant à modifier le règlement définitif, doit rencontrer, soit dans les principes de l'acquiescement, soit dans ceux de l'autorité de la chose jugée attribuée à l'ordre définitivement réglé et clôturé, un obstacle insurmontable, et qu'aucune répétition ne saurait être exercée contre le créancier qui a reçu le montant de son bordereau, à moins qu'il ne soit établi que la créance avait déjà été payée antérieurement, en tout ou en partie. Le principe est, cependant, susceptible de quelques tempéraments. — Il a été jugé, ainsi, que, lorsqu'une créance, dont le chiffre est contesté par le débiteur, a été colloquée dans un ordre, avec évaluation provisoire et sous réserve de la décision à intervenir sur l'évaluation définitive, les collocations postérieures, quoique susceptibles d'exécution immédiate, restent soumises aux effets de cette évaluation définitive; que, par suite, le créancier, au profit duquel a eu lieu ce mode de collocation, a le droit, si le chiffre définitif de sa créance est plus élevé que le chiffre provisoire, de répéter contre les créanciers postérieurs, sur ce qu'ils ont reçu, la somme nécessaire pour parfaire sa créance (Req. 13 juill. 1864, aff. Cristin, D. P. 64. 1. 340).

1172. *Enregistrement.* — On a vu *suprà*, n° 1044, que le procès-verbal d'ordre est soumis au droit proportionnel de 50 c. par 100 fr. sur le montant des collocations, par application des art. 4 et 69, § 2, n° 9, de la loi du 22 frim. an 7. — Mais il a été jugé que les collocations, faites dans un ordre amiable, ne sont point passibles de ce droit proportionnel de 50 cent. par 100 fr., de telles collocations ne procédant ni d'un *jugement*, ni d'un *acte*, dans le sens des dispositions précitées; qu'il n'est dû que le droit fixe de 1 fr. sur le procès-verbal, par application de l'art. 68, § 1, n° 6, de la même loi (trib. civ. de la Seine, 25 janv. 1862, et, sur pourvoi, Req. 9 mars 1863, aff. Delmar, D. P. 63. 1. 186.—Conf. Rej. 17 mars 1830, aff. enreg. *C.* d'Orléans, v° Enreg., n° 116; solut. de la régie, 3 oct. 1832, *ibid.*. n° 117; trib. civ. de Reims, 5 sept. 1862, aff. Bourgongne *C.* enreg.; MM. Gabr. Demante, Princ. d'enreg., 2e éd., t. 1, n° 432-2°; Ed. Clerc, Tr. de l'enreg., t. 1, nos 1153 et suiv.; Audier, Revue doctrinale de Grenoble, 1859, p. 207; Journ. du notar. et des officiers minist., n° 1429. — *Contrà*, MM. Chauveau, Proc. de l'ordre, appendice, VIII, n° 759 *bis*, p. 562, note 5; Bioche, v° Ordre, n° 798, 3e éd., 5e tirage).

1173. Le droit de titre est exigible (indépendamment du droit proportionnel de collocation) sur les procès-verbaux de distribution par contribution qui admettent la collocation de créances non constatées par des actes; mais il ne doit être liquidé que sur le montant de la collocation (solut. de la régie de l'enreg. des 9-12 déc. 1862). La régie fonde cette solution sur un arrêt de la cour de cassation, du 3 juin 1851, qui aurait confirmé, dit-elle, la règle de perception résultant d'une décision ministérielle du 31 mars 1806 (instr. n° 429, § 5), en décidant que, « par l'expression de *condamnation*, employée dans l'art. 69, § 2, n° 9, de la loi du 22 frim. an 7, on doit entendre toute décision, quelle que soit, d'ailleurs, sa dénomination de collocation ou de liquidation, qui forme titre en faveur de l'une des parties contre l'autre, et que le droit proportionnel est exigible, selon la nature de la convention, quoiqu'il n'ait pas été prononcé de condamnation » (anal. Cass. 4 déc. 1854, aff. enreg. *C.* Marsais, et les autres arrêts cités à la suite, D. P. 54. 5. 299, n° 26). — La régie a donné une autre solution dans le même sens, à la date du 10 juill. 1863. — Ces solutions sont exactes, et sont applicables, en matière d'ordre, comme en matière de distribution par contribution. — Inutile d'ajouter que, lorsque la créance colloquée est constatée par un acte précédemment enregistré, le droit de titre n'est pas exigible. C'est ce que déclare, en termes exprès, la disposition précitée de la loi de frimaire, *in fine*.

1174. Le décret du 24 mai 1854, sur les émoluments des greffiers, leur alloue, « pour communication des pièces et des procès-verbaux ou états de collocation, dans les procédures d'ordre (et de distribution par contribution), quel que soit le nombre des parties, si la somme principale à distribuer n'excède pas 6,000 fr., 5 fr.; et, si elle dépasse ce chiffre, 10 fr. » (art. 1-6°). — Cette allocation remplace celle accordée par l'art. 4 de la loi du 22 prair. an 7 (même article). — La communication, *sans déplacement*, de toutes pièces dont le dépôt est constaté par un acte du greffe, a lieu moyennant 1 fr. (même article, n° 8). — « Dans les affaires où il y a constitution d'avoué, ce droit, est-il ajouté au numéro précité, ne peut être perçu qu'une fois pour chaque avoué à qui la communication est faite, quel que soit le nombre des parties, et à la charge de justifier d'une réquisition écrite en marge de l'acte de dépôt. »

Sect. 14. — *De la délivrance des bordereaux de collocation et de la radiation des inscriptions.*

1175. Dans les dix jours, à partir de celui où l'ordonnance de clôture ne peut plus être attaquée, « le greffier, porte l'art. 770, délivre à chaque créancier colloqué un bordereau de collocation exécutoire contre l'adjudicataire, ou contre la caisse des consignations (s'il a consigné son prix, conformément à l'art. 777). » — Ce bordereau n'est autre chose qu'un extrait, *une découpure*, comme le définissent MM. Grosse et Rameau, t. 2, n° 465, *du règlement définitif, en ce qui concerne la collocation de chaque créancier.*

1176. Il est bien évident que le greffier peut anticiper sur le délai fixé par l'art. 770. Mais, s'il y mettait du retard, il pourrait, dit M. Thomine-Desmazures, t. 2, p. 333, n° 888, être poursuivi en dommages-intérêts. C'est, en effet, ce que déclare l'art. 17 de l'ordonnance du 3 juill. 1816, relative aux attributions de la caisse des dépôts et consignations : « Pour assurer la régularité des payements requis par suite d'ordre ou de contribution, porte cet article, il sera fait, par le greffier du tribunal, un extrait du procès-verbal dressé par le juge-commissaire, lequel extrait contiendra, etc. Dans les dix jours de la clôture de l'ordre ou contribution, cet extrait sera remis par l'avoué poursuivant, savoir : à Paris, au caissier, et, dans les autres villes, au préposé de la caisse des consignations, *à peine de dommages-intérêts envers les créanciers colloqués à qui ce retard pourra être préjudiciable*... » Il ne faut pas perdre de vue, en effet, qu'aux termes de l'art. 765, les intérêts et arrérages des créanciers utilement colloqués cessent de courir, à l'égard de la partie saisie, du jour du règlement définitif (V. *suprà*, n° 1055), et qu'ainsi il importe à ces créanciers, qui ont à recevoir des intérêts moindres de la caisse des consignations, et peut-être aussi de l'adjudicataire (n° 1042), qu'il soit procédé, sans retard, à la délivrance des bordereaux (Conf. MM. Bioche, v° Ordre, n° 695, 3e éd., 5e tirage; Houyvet, n° 324; Flandin, Tr. de l'ordre, inédit).

1177. D'après M. Seligman, nos 523 et suiv., l'art. 770 s'applique seulement au cas où aucune opposition n'a été formée contre l'ordonnance de clôture : en cas d'opposition à cette ordonnance, c'est le tribunal qui demeure saisi de l'ordre et en règle l'exécution par son jugement. La raison qu'en donne l'auteur, c'est qu'après avoir prononcé la clôture de l'ordre, le juge-commissaire a accompli sa mission, *desinit esse judex*. « Si le jugement ou l'arrêt, dit-il au n° 523, déclare l'opposition non recevable ou mal fondée, alors le tribunal ou la cour ordonnent l'exécution du règlement définitif, tel qu'il a été fait par le juge-commissaire, et le greffier du tribunal délivre l'extrait pour la radiation et les bordereaux de collocation pour le payement, conformément aux art. 769 et 770. Si, au contraire, le règlement définitif est modifié par le tribunal ou par la cour, c'est le tribunal ou la cour elle-même qui ordonnera, dans son jugement, comment le règlement définitif doit être exécuté. » — L'auteur pense, toutefois, « qu'il est conforme aux principes sur l'exécution des arrêts, en matière d'ordre, que la cour délègue la mission au tribunal devant lequel l'ordre est poursuivi et où se trouve le bureau des hypothèques pour faire la radiation; qu'aussi, en cas de difficulté sur l'exécution de l'arrêt, c'est le tribunal de première instance qui en devra connaître (V., en effet, *suprà*, n° 1017); partant, que c'est le greffier attaché à ce tribunal qui délivre l'extrait prescrit par l'art. 769 et les bordereaux de collocation, en vertu et conformément à l'arrêt de la cour » (Conf. M. Pont sur Seligman, *loc. cit.*, à la note).

Au contraire, suivant M. Chauveau, Proc. de l'ordre, n° 2607, si l'ordonnance de clôture a été attaquée : ou l'opposition est rejetée, et le greffier a dix jours depuis l'expiration du délai d'appel, s'il n'y a pas appel, et, s'il y a appel, depuis la signification de l'arrêt confirmatif, pour exécuter l'ordonnance de clôture et délivrer les bordereaux; ou l'opposition est admise, et le juge-commissaire, après que le jugement ou l'arrêt sont devenus définitifs, modifie son ordonnance, dans le sens indiqué par la décision intervenue; puis le greffier a dix jours pour exécuter cette ordonnance ainsi rectifiée, à partir de sa date (Conf. MM. Grosse et Rameau, t. 2, n°s 453 et suiv.; Encyclop. des huissiers, v° Ordre, n° 277; Houyvet, n° 324; Colmet-Daage, t. 2, n° 1035, 8e éd; Flandin, Tr. de l'ordre, inédit). — C'est ce dernier mode de procéder qui nous paraît le plus conforme à la loi. L'art. 769, en effet, ainsi que le remarque M. Flandin, ne vient qu'après les dispositions relatives à l'opposition contre l'ordonnance de clôture; et ces mots: «dans les dix jours, à partir de celui où *l'ordonnance de clôture ne peut plus être attaquée*...», embrassent, sous une formule générale, tout aussi bien le cas où l'ordonnance de clôture a été l'objet d'une opposition, désormais vidée, que celui où elle n'a pas été attaquée. Il peut se faire, ajoute M. Flandin, que, par suite des décisions intervenues sur l'opposition, le règlement définitif ait à subir de nombreuses modifications, et c'est un travail de remaniement plus facile à faire dans le cabinet qu'à l'audience. M. Seligman, du reste, reconnaît lui-même que la cour devrait renvoyer, pour ces modifications, devant le tribunal où l'ordre est poursuivi, *conformément aux principes sur l'exécution des arrêts, en matière d'ordre*. Pourquoi pas, alors, devant le juge-commissaire, qui n'est pas dessaisi, quoi qu'en dise M. Seligman, puisque le règlement définitif est à refaire?

1178. Mais, à la différence de ce que nous avons dit *suprà*, n° 1139, de l'extrait nécessaire pour opérer la radiation des inscriptions des créanciers non colloqués, le bordereau de collocation, qui forme un titre contre l'acquéreur ou l'adjudicataire, en vertu duquel ils pourront être contraints au payement, doit être revêtu de la formule exécutoire. C'est, d'ailleurs, ce que suppose l'article par ces mots: « Un bordereau de collocation *exécutoire* contre l'adjudicataire... » (Conf. MM. Grosse et Rameau, *loc. cit.*; Chauveau, Proc. de l'ordre, quest. 2607-4°; Bioche, v° Ordre, n° 707, 3e édit., 5e tirage; Ollivier et Mourlon, n° 442; Seligman, n° 333; Houyvet, n° 323). — Il a été jugé: 1° qu'un bordereau de collocation est un titre authentique dont les tribunaux ont pu, en faveur du créancier qui en est porteur, ordonner l'exécution provisoire, même contre le tiers détenteur de l'immeuble hypothéqué, quoiqu'il ne soit pas personnellement obligé à la dette: — « La cour; vu les art. 135 et 460 c. pr. civ.; attendu qu'il résulte du premier de ces articles que l'exécution provisoire doit être ordonnée, toutes les fois qu'il y a titre authentique; attendu que, dans la cause, le bordereau de collocation dont Cazel était porteur constituant le titre authentique exigé par l'article précité, les premiers juges ont fait de cet article une juste application, et qu'ainsi la cour ne peut, conformément à l'art. 460, arrêter l'exécution de leur jugement; dit n'y avoir lieu d'accorder les défenses d'exécuter demandées par Michal » (Grenoble, 1re ch., 22 août 1831, M. Faure, 1er pr., aff. Michal C. Cazel); — 2° Qu'un bordereau de collocation est un titre authentique et exécutoire, et qu'on ne peut renvoyer à compter le créancier qui en est porteur, ni lui faire des offres conditionnelles; que c'est seulement au moyen d'offres réelles et satisfactoires qu'on peut éviter la poursuite en folle enchère qui appartient à ce créancier (Toulouse, 4 mars 1864, aff. Dumas, D. P. 64. 2. 72); — 3° Il a même été jugé que le bordereau de collocation est exécutoire par lui-même, en vertu de la disposition de la loi, et indépendamment de toute formule exécutoire (Bruxelles, 14 juill. 1810, aff. Stryckwant, v° Vente pub. d'imm., n° 229).

1179. Les bordereaux n'étant que des extraits du procès-verbal d'ordre, il n'est pas nécessaire qu'ils soient signés du juge; il suffit qu'ils le soient du greffier, comme toute autre expédition (arrêt précité de la cour de Bruxelles, du 14 juill. 1810; Toulouse, 19 avr. 1839, aff. Mutel, *suprà*, n° 1023.— Conf. MM. Pigeau, Com., t. 2, sur l'art. 771, note 2; Thomine, t. 2, p. 335, n° 888; Bioche, v° Ordre, n° 699, 3e édit., 5e tirage; Seligman, n°s 328 et 333; Ollivier et Mourlon, n° 442).

1180. Le bordereau de collocation étant un *titre exécutoire*, il en résulte que l'adjudicataire peut être contraint au payement, non-seulement par la voie de la folle enchère, mais par la saisie de ses biens personnels.—Dans une affaire portée devant la cour de Riom, on avait prétendu le contraire, en argumentant des art. 737 et 744 (aujourd'hui 733 et 740) c. pr., d'après lesquels la voie à prendre contre l'adjudicataire, qui n'exécute pas les clauses de l'adjudication, est celle de la folle enchère; et ce système avait été admis par les premiers juges. Mais il était facile de répondre par l'art. 715 (aujourd'hui 713) du même code, dont la disposition finale porte que, faute, par l'adjudicataire, d'avoir satisfait aux conditions du cahier des charges, dans les vingt jours de l'adjudication, il y sera contraint par la voie de la folle enchère, *sans préjudice*, est-il ajouté, *des autres voies de droit*. Il suffisait, d'ailleurs, que l'art. 771 (aujourd'hui 770) déclarât le bordereau de collocation *exécutoire* contre l'adjudicataire pour qu'il ne fût pas possible à ce dernier de se soustraire aux voies ordinaires d'exécution. Et c'est le motif qui a déterminé l'infirmation du jugement (Conf. MM. Pigeau, Proc. civ., t. 2, p. 137, n° 3, et 303, n° 3, 4e édit.; Com., t. 2, sur l'art. 737, note 3; Berriat, p. 625, note 46; Carré et Chauveau, quest. 2611; Chauveau, Proc. de l'ordre, quest. 2608-4°; Delaporte, t. 2, p. 334; Demiau, p. 460; Persil, Quest. hyp., t. 2, p. 390; Bioche, v° Ordre, n° 708, 3e éd., 5e tirage; Ollivier et Mourlon, n° 453; Seligman, n° 340; Houyvet, n°s 313 et 329; Flandin, Tr. de l'ordre, inédit. V. aussi Vente publ. d'im., n° 1839.—*Contrà*, MM. Huet, p. 303 et suiv.; Lachaise, t. 2, p. 169). — Il a, en effet, été jugé: 1° que le porteur d'un bordereau de collocation a le droit d'en poursuivre le recouvrement contre l'adjudicataire par voie de saisie-exécution; qu'il n'est pas obligé de recourir à la voie de folle-enchère (Riom, 23 juin 1821, aff. Rolland, v° Vente publ. d'im., n° 1840-3°.—Conf. Paris, 20 mars 1810, aff. Guyot-Mouton, *ibid.*-2°);— 2° Que le créancier, porteur d'un bordereau de collocation, peut, à défaut de payement par l'adjudicataire, poursuivre contre lui la saisie de l'immeuble, et que le bordereau est un titre suffisant pour opérer cette saisie (Bruxelles, 14 juill. 1810, aff. Stryckwant, v° Vente publ. d'imm., n° 229);—3° Que des offres, qui ne désintéressent pas entièrement le créancier porteur d'un bordereau de collocation, ou qui ne consistent pas dans tout ce que doit encore l'adjudicataire, ne peuvent arrêter des poursuites en saisie dirigées contre ce dernier (Paris, 9 oct. 1812, aff. Trobler, v° Vente publ. d'imm., n° 1334); — 4° Que l'acquéreur, qui, sans contester la validité des bordereaux de collocation délivrés contre lui, s'est borné à demander un délai, qu'il a obtenu, pour faire procéder lui-même à la vente de ses biens, et, avec le prix, acquitter le montant desdits bordereaux, est *personnellement* obligé, même envers ceux des créanciers qui, porteurs de ces bordereaux, sans avoir d'hypothèque sur les biens vendus, parce que, notamment, leur privilége ou leur hypothèque frapperait des immeubles passés entre les mains d'autres acquéreurs, n'auraient pas trouvé place dans la distribution hypothécaire desdits biens; qu'en conséquence, ces mêmes créanciers sont fondés, en vertu de *l'engagement personnel* de l'acquéreur, à poursuivre leur payement sur les biens propres, soit meubles, soit immeubles, de ce dernier (Rej. 16 mai 1854, aff. Winckler, D. P. 54. 1. 396).

1181. Il a été jugé également, par application du même principe, que la collocation dans un ordre, emportant attribution des sommes qui en font l'objet au profit du créancier colloqué, a pour effet de rendre l'adjudicataire débiteur direct de celui-ci; que, par suite, l'action en payement desdites sommes n'est prescriptible que par trente ans, à compter du jour où le bordereau de collocation est devenu exigible contre l'adjudicataire (par exemple, à partir de l'extinction d'une rente viagère, pendant la durée de laquelle, aux termes de l'ordre, ce bordereau ne pouvait être acquitté), sans égard à la prescription acquise, avant l'expiration de ce délai, au débiteur originaire, lequel, dès lors, ne peut, jusque-là, disposer valablement, au profit d'un tiers, des sommes comprises dans la collocation, et spécialement en consentir le transport (Caen, 15 mars 1852, aff. Lefandais et autres, D. P. 54. 5. 529, n° 9).

1182. Il a été jugé, au contraire, sous la loi du 11 brum. an 7, que l'adjudicataire ne peut être contraint personnellement, notamment par voie de saisie-exécution, à payer son prix aux créanciers utilement colloqués; que ceux-ci doivent faire procéder à la revente à sa folle enchère (Cass. 20 juill. 1808, aff. Puy, v° Vente pub. d'imm., n° 1841-1°).

1183. Il a, d'ailleurs, été jugé que l'appel du règlement définitif de l'ordre, en admettant qu'un tel règlement soit susceptible d'appel (V., à cet égard, *suprà*, n°s 1048 et s.), suspend l'exécution des bordereaux de collocation; qu'en conséquence, si, sur la saisie-exécution formée en vertu d'un bordereau de collocation par le créancier qui l'a obtenu, le débiteur forme opposition, et que, durant l'instance en validité de cette opposition, il interjette appel du règlement définitif, le tribunal, saisi de l'opposition, doit surseoir à statuer et ne peut, en la rejetant, autoriser la continuation des poursuites, ni surtout ordonner l'exécution provisoire de son jugement (Orléans, 15 avr. 1845, aff. Bigot, D. P. 45. 4. 382, n° 4).

1184. Mais il a été jugé : 1° que le créancier hypothécaire, non payé par l'acquéreur du montant de son bordereau de collocation, n'est pas fondé à demander que, pour ce motif, la vente soit *résolue* à son profit, lors même qu'il offrirait de payer aux autres créanciers colloqués le montant de leurs bordereaux; qu'il n'a, contre l'acquéreur, d'autre action que celle autorisée par l'art. 2169 c. nap. (Bordeaux, 4 avr. 1835, aff. Saisy, v° Priv. et hyp., n° 1742-2°); — 2° Qu'un bordereau de collocation n'opère aucune subrogation, soit conventionnelle, soit légale, au profit du créancier, dans les droits de son débiteur; que ce créancier ne peut donc demander, de son chef, contre l'acquéreur, la *résolution* de la vente, pour défaut de payement du prix; qu'il ne peut agir qu'au nom de son débiteur et comme exerçant les droits de ce dernier, dans les termes de l'art. 1166 c. nap. (Orléans, 18 nov. 1836, aff. Bouchet, v° Obligation, n° 2426-3°). — Le créancier n'a pas l'action résolutoire de son chef : il ne pourrait l'exercer que du chef du vendeur, en vertu de l'art. 1166 c. nap. Mais il ne le représente pas seul, puisqu'il y a d'autres créanciers; et, quoique nous ayons dit, v° Vente, n° 1304, que l'action résolutoire est divisible, lorsque l'objet de la vente est lui-même divisible, il est manifeste, comme le remarque la cour de Bordeaux, que, la résolution ne pouvant être prononcée au profit de ce créancier seul, l'unique action qui lui compète est l'exercice de son hypothèque, conformément à l'art. 2169 c. nap., c'est-à-dire le droit, s'il n'est pas payé du montant de son bordereau de collocation, de provoquer la revente de l'immeuble. — C'est pour n'avoir pas fait attention à cette particularité : que, dans l'espèce jugée par l'arrêt du 4 avr. 1835, le créancier, non payé de son bordereau, qui demandait la résolution de la vente, comme subrogé dans les droits du vendeur, n'était pas le seul créancier de ce dernier; qu'il y avait d'autres créanciers ayant les mêmes droits que lui, que M. Houyvet, n° 330, a, sur ce point, selon nous, critiqué à tort cet arrêt. — Mais, en dehors de ce cas spécial, M. Houyvet a raison de dire que le droit de demander la résolution de la vente, à défaut de payement du prix, n'est pas attaché exclusivement à la personne du vendeur; que *les* créanciers porteurs de bordereaux, appropriés du prix de vente, sont appropriés en même temps de tous les droits attachés à la créance du vendeur contre l'acquéreur; que, par suite, *ils* peuvent, à défaut de payement, demander la résolution de la vente contre l'acquéreur, comme aurait pu le faire le vendeur lui-même. — Il faut même ajouter, avec l'auteur, n° 331, et nous nous éloignerions, en cela, de la doctrine de l'arrêt précité, que, si ces créanciers ne sont pas d'accord pour demander la résolution, celui d'entre eux qui offrirait de payer aux autres ayants droit leur part du prix, devrait être autorisé à exercer pour son compte l'action résolutoire.

1185. Si le bordereau est exécutoire contre l'acquéreur ou adjudicataire, débiteur de son prix, l'est-il également contre un sous-acquéreur auquel le premier aurait revendu, au cours de l'ordre, soit avant, soit même depuis la délivrance des bordereaux de collocation restés impayés? Cette revente donnera-t-elle lieu à un nouvel ordre, dans lequel seront appelés tous les créanciers inscrits sur l'immeuble, tant du chef du vendeur originaire que du chef de l'acquéreur qui a revendu, même ceux qui, dans le premier ordre, ont été déclarés déchus faute de produire? — Sur cette question complexe et délicate, il faut, d'abord, distinguer si la première vente est une vente judiciaire ou une vente volontaire. — Au premier cas, l'art. 733 c. pr. déclare que, « faute, par l'adjudicataire, d'exécuter les clauses de l'adjudication (c'est-à-dire de payer son prix), l'immeuble sera vendu à sa folle enchère ; et cet article est rendu commun à toutes les ventes judiciaires d'immeubles par les art. 964, 972, 988 et 997. D'un autre côté, il est dit, dans l'art. 779, que « l'adjudication sur folle enchère, intervenant dans le cours de l'ordre, et même après le règlement définitif et la délivrance des bordereaux, *ne donne pas lieu à une nouvelle procédure ;* (que) le juge modifie l'état de collocation suivant les résultats de l'adjudication, *et rend les bordereaux exécutoires contre le nouvel adjudicataire.* » Ainsi, dans l'hypothèse d'un ordre ouvert après une vente judiciaire, si l'adjudicataire ne paye pas aux créanciers colloqués le montant des bordereaux de collocation, l'immeuble est revendu à sa folle enchère, et il n'est pas procédé à un nouvel ordre sur la seconde adjudication ; l'ordre primitif est maintenu sur le prix de la revente, sauf les modifications que peuvent amener les résultats de la seconde adjudication dans la distribution du prix. L'art. 779, au reste, n'a fait que confirmer, sur ce point, les solutions antérieures de la jurisprudence (V. sous la sect. 18; V. aussi Vente pub. d'imm., n° 1947).

1186. Il n'importe que l'immeuble soit sorti des mains de l'adjudicataire par une revente, le créancier porteur du bordereau non payé n'en aura pas moins la faculté de poursuivre son payement par la voie de la folle enchère. Mais est-ce contre l'adjudicataire primitif, ou contre le sous-acquéreur, que la poursuite de folle enchère devra être dirigée? — Nous avons dit, v° Vente pub. d'immeubles, n°s 1850 et 1851, que la simplicité et la rapidité des formes prescrites pour la folle enchère ne permettent pas de prendre cette voie contre le sous-acquéreur directement; qu'il suffit de s'adresser à l'adjudicataire primitif, sauf à ce dernier à dénoncer la poursuite au sous-acquéreur, et à celui-ci à intervenir pour la défense de ses droits.—M. Seligman, n° 722, pense, au contraire, que la poursuite de folle enchère peut avoir lieu contre l'adjudicataire *ou tout détenteur de l'immeuble*, à qui une vente volontaire ou forcée en a transmis la propriété. Et cela, en effet, a été jugé. — Il a ainsi été décidé : 1° que le créancier inscrit sur un immeuble vendu par expropriation forcée, quoiqu'il n'ait pas renouvelé son inscription, conserve, à défaut de payement du prix par l'adjudicataire, le droit de poursuivre la revente de cet immeuble par voie de folle enchère, encore que cet immeuble ne soit plus dans les mains de l'adjudicataire ou de ses héritiers, et qu'il ait passé dans les mains d'un tiers qui l'aurait acquis, sur la foi d'une adjudication publique, à la suite d'une expropriation poursuivie sur le premier adjudicataire par les créanciers de ce dernier (Toulouse, 18 juin 1830, aff. Ruffié, v° Priv. et hyp., n° 1742-1°);—2° Que le créancier, porteur d'un bordereau de collocation non payé, peut, alors même qu'il a laissé périmer son inscription hypothécaire depuis l'adjudication, poursuivre, par la voie de la folle enchère, la revente d'une parcelle comprise dans l'adjudication contre le sous-acquéreur de cette parcelle, dont les droits, comme ceux de l'adjudicataire primitif, sont conditionnels et subordonnés au payement du prix de l'adjudication (Toulouse, 4 mars 1864, aff. Dumas, D. P. 64. 2. 72). — V. encore Colmar, 22 août 1853, aff. Schmerber, n° 1193-3°.

1187. Il semblerait assez inutile de prévoir le cas où les créanciers, porteurs de bordereaux impayés, recourraient à la voie de saisie immobilière, au lieu de celle de folle enchère, qui n'est autre chose que la procédure de saisie immobilière abrégée. Leur intérêt leur commande trop énergiquement l'emploi du mode le plus rapide et le moins dispendieux. On peut admettre cependant, avec quelques-uns des arrêts cités n° 1181, que des créanciers non payés, négligeant la voie de la folle enchère, aient recours à la saisie immobilière : cela arrivera surtout de la part des créanciers personnels de l'adjudicataire. Dans cette hypothèse, rien n'autorise à dire que les créanciers, en ne prenant pas la voie de la folle enchère, soient censés abdiquer le bénéfice de l'art. 779. Même dans le cas où le poursuivant est un créancier colloqué dans l'ordre ouvert sur le prix d'adjudication, comment appliquer aux créanciers *non poursuivants* cette renonciation présumée? Enfin, de ce qu'un créancier aurait pris la voie de saisie immobilière, au lieu de celle de folle enchère, il ne doit pas être présumé avoir renoncé au droit conféré par l'art. 779, dont la disposition, toute favorable, semblerait, d'ailleurs, applicable au cas de poursuite de saisie immobilière comme à celui de folle enchère, les résultats devant être identiques dans deux procédures qui ne diffèrent entre elles que du plus au moins. — On pourrait se demander encore, dans cette même hypothèse d'une poursuite en expropriation forcée substituée à celle de folle enchère, si l'adjudicataire primitif, en cas de différence de prix entre les deux adjudications, est tenu de cette différence. Nous ne ferions pas de difficulté par la raison qu'on vient d'exprimer, d'appliquer à ce cas les principes de la folle enchère.

1188. Mais que doit-on décider dans l'hypothèse d'un ordre ouvert sur une vente volontaire? Les porteurs de bordereaux non acquittés n'ont plus, dans ce cas, la ressource de la folle enchère; ils ne peuvent agir qu'en conformité de l'art. 2169 c. nap., c'est-à-dire par la voie de la revente sur saisie immobilière (V. *infrà*, n° 1384, le rejet, par le conseil d'Etat, d'un amendement proposé par la commission du corps législatif pour étendre la poursuite de folle enchère aux ventes volontaires). Ne doit-on pas décider, malgré cela, par analogie de ce qui est dit dans l'art. 779 c. pr., qu'il n'y a pas lieu de procéder à un nouvel ordre?—Dans nos observations sur un arrêt de rejet du 17 mai 1859 (D. P. 59. 1. 209, à la note), nous avons émis l'opinion qu'un nouvel ordre devra être ouvert, parce qu'il peut exister de nouveaux créanciers du chef de l'acquéreur contre lequel l'expropriation forcée a été dirigée; ce qui n'existe pas dans le cas de folle enchère, le fol enchérisseur étant réputé n'avoir jamais été propriétaire (V. Vente pub. d'imm., n°s 1906 et suiv.). — Mais nous avons ajouté que, parmi les créanciers du vendeur, ceux qui sont porteurs de bordereaux auront seuls le droit de se faire colloquer dans ce nouvel ordre, attendu que c'est à eux seuls qu'appartenait le droit de saisie sur l'acquéreur, devenu, par la délivrance des bordereaux de collocation, leur débiteur personnel (V. *suprà*, n° 1181); d'où nous avons tiré la conséquence que les créanciers déchus faute de produire, ou de produire en temps utile, sont nécessairement étrangers à l'ordre ouvert sur la poursuite de saisie immobilière opérée contre l'acquéreur pour arriver au payement des bordereaux. Pour que ces créanciers, avons-nous dit, fussent relevés de leur déchéance, il faudrait que la vente, dont le prix a fait l'objet de l'ordre dans lequel ils ont été déclarés forclos, pût être résolue. Cette résolution remettrait, en effet, les choses au même état que si la vente n'avait pas existé. Mais, en présence de l'ordre et de la délivrance des bordereaux, il n'y a plus lieu à résolution, cette délivrance de bordereaux équivalant, sinon à un payement, du moins à une indication de payement, qui enlève au vendeur ou à ses créanciers l'action en résolution, pour ne plus laisser subsister que l'action dérivant des bordereaux de collocation.— Il a été jugé, dans le même sens, que, lorsqu'à la suite d'une vente volontaire, un ordre a été ouvert pour la distribution du prix de l'immeuble vendu, et que cet ordre, clos sans contestation, a fixé le rang des créanciers colloqués, si l'un de ces créanciers, non payé de son bordereau, poursuit contre l'acquéreur la revente de l'immeuble, et, si un nouvel ordre est ouvert pour la distribution du prix de cette seconde vente, cette distribution doit se faire d'après le rang assigné à chaque créancier dans l'ordre primitif, lequel a, vis-à-vis de ces créanciers, l'autorité de la chose jugée; qu'en conséquence, un de ces créanciers ne peut pas contester, pour la première fois, les collocations qu'il n'avait pas critiquées dans l'ordre primitif (Colmar, 13 fév. 1850) (1). — Sur l'autorité attachée à l'ordonnance de clôture de l'ordre ou règlement définitif, V. *suprà*, n° 1112. —MM. Seligman, n° 721; Pont, sur Seligman, n° 399, note 4, pensent, au contraire, que, dans le nouvel ordre, les créanciers forclos pourront se présenter, sans égard à la déchéance précédemment encourue. — V. aussi *infrà*, n° 1190.

1189. Plaçons-nous maintenant dans l'hypothèse, non plus d'un adjudicataire poursuivi par voie de folle enchère, non plus d'un acquéreur saisi immobilièrement, mais d'un acquéreur ayant lui-même revendu l'immeuble : quel sera, dans ce dernier cas, le sort du bordereau délivré sur cet acquéreur? L'arrêt précité du 17 mai 1859 décide qu'il est nécessaire d'ouvrir un nouvel ordre pour la distribution du prix de cette seconde vente; et il y a, en effet, même raison que pour le cas de revente sur saisie immobilière de le décider ainsi. Dans les deux hypothèses, et à la différence de ce qui se produit pour le cas de revente sur folle enchère, les créanciers inscrits du chef du premier acquéreur ont un droit de collocation qui impose au sous-acquéreur l'obligation de purger à leur égard, comme à l'égard des créanciers du vendeur originaire, et par conséquent l'ouverture d'un ordre nouveau devient inévitable (Conf. M. Seligman, n°s 546 et 723). — Il a été jugé, dans ce sens : 1° que, si, postérieurement à la délivrance des bordereaux de collocation, mais avant le payement par l'acquéreur, celui-ci revend, entre autres immeubles, ceux dont le prix a été distribué, les créanciers déjà colloqués ne peuvent demander au dernier acquéreur l'exécution pure et simple de leur bordereau; mais qu'ils sont tenus de produire de nouveau leurs titres dans le nouvel ordre ouvert par suite de la revente, et d'y justifier leurs réclamations, dans la forme ordinaire : — « La cour (par adoption des motifs des premiers juges); attendu que les créanciers, inscrits sur un immeuble, n'ont que deux actions pour obtenir le payement de leurs créances, l'action personnelle contre le détenteur de cet immeuble, et l'action en expropriation, lorsqu'il ne se libère pas de son prix; attendu que, dans le cas de l'expropriation, le prix ne peut être distribué aux créanciers que dans l'ordre ouvert sur le prix de cet immeuble, ordre dans lequel le rang et les droits de tous les créanciers sont établis contradictoirement entre eux; attendu que les créanciers de Rougevin et de Collin de Plancy, et que ces derniers, vendeurs de Songy, ne pourraient eux-mêmes faire valoir leur privilége que dans l'ordre ouvert sur Songy; sursoit à statuer sur la demande des réclamants, les renvoie à l'ordre pour produire leurs titres et y justifier leurs réclamations, dans la forme ordinaire » (Paris, 16 avr. 1832, M. Vincens

(1) *Espèce* : — (Cerf Hirtz C. Wack)—Jugement du tribunal civil de Saverne ainsi conçu : — « Considérant que la maison et les lots de jardin dont le prix est à distribuer se trouvaient déjà compris dans le premier état provisoire du 7 déc. 1846; — Considérant que les trois parties en cause ont produit à cet ordre et ont été colloquées sur le prix de la masse totale des immeubles, et sans aucune distinction des articles de biens y compris; qu'un rang a été assigné sur cette masse à chaque produisant; que le demandeur en contredit n'a été colloqué qu'à la suite des parties de Schœn et de Hoffen; qu'il n'a élevé aucun contredit sur le rang donné à sa créance, et a laissé se clore l'ordre définitif; que chaque partie a reçu son bordereau de collocation; — Considérant que le procès-verbal d'ordre, par suite des délégations du juge-commissaire, a le caractère et la puissance d'un véritable jugement; — Considérant que, par l'ordre de 1846, il y a eu évidemment chose jugée; que le prix des mêmes articles de biens faisait l'objet de la distribution; que les mêmes parties figuraient contradictoirement au règlement de leurs droits réciproques; que chacune d'elles réclamait également le rang compétant à sa créance; que la décision renferme donc toutes les conditions exigées par l'art. 1351 c. civ.; que, s'il existait alors, dans la masse, des biens sur lesquels les parties défenderesses n'avaient point de droit de suite, il appartenait au demandeur de faire opérer la distinction des biens et l'absence de droit de créanciers dépourvus d'hypothèques sur ces biens; que, ne l'ayant point fait, la décision définitive se trouve à l'abri de la présomption légale qui la protége; que vainement le demandeur exciperait de son prétendu défaut d'intérêt à contredire sur le rang dans une distribution où les fonds seraient suffisants; qu'il y a toujours intérêt à conserver son rang parmi les créanciers produisants, soit à raison du degré de solvabilité de l'adjudicataire, soit à raison de la revente et de la dépréciation des immeubles, soit enfin parce que les créanciers premiers colloqués ayant touché le montant de leur bordereau, et consenti la radiation de leur inscription, il serait impossible d'exercer dorénavant contre eux aucun droit de répétition; que cette hypothèse s'est réalisée; qu'en effet, la position est la même que dans le cas de la revente sur folle enchère, dans lequel l'ordre clos sur le prix de la première adjudication fixe définitivement les droits des créanciers; qu'une jurisprudence constante, et qui se fonde sur des espèces nombreuses, a établi que la revente ne donnait point lieu à un nouveau règlement des droits des créanciers d'après leurs titres primitifs; que, s'il y avait lieu à un nouvel ordre, leur rang se déterminait d'après la collocation originaire. » — Appel. — Arrêt.

LA COUR; — Adoptant les motifs des premiers juges; — Confirme.

Du 13 fév. 1850.-C. de Colmar, 1re ch.-M. Gautrelet pr.

Saint-Laurent, pr., aff. caisse hypoth. C. Desfontaines. — Conf. Bourges, 21 fév. 1837, aff. Labot, vº Priv. et hyp., nº 1119); — 2º Que, lorsqu'un ordre a été clos, que les bordereaux de collocation ont été délivrés, et qu'il a été acquiescé audit ordre, les droits qui en résultent entre les créanciers colloqués deviennent irrévocables, et qu'il ne peut, par des aliénations subséquentes, être préjudicié à la situation des créanciers ainsi fixée; qu'en conséquence, lorsque, après un premier ordre, l'immeuble est revendu, sans que les créanciers aient été payés, ils doivent être colloqués, dans le nouvel ordre, au même rang que dans le précédent (Bordeaux, 4 juin 1833, aff. Longuet, vº Priv. et hyp., nº 2291; mais V. *eod.* nos observations sur cet arrêt); — 3º Que l'ordre, définitivement réglé au sujet de la distribution du prix d'une vente qui, plus tard, a été résolue et suivie d'une revente au même acquéreur, n'en constitue pas moins la chose jugée, en ce sens que, si un nouvel ordre est ouvert sur le prix de la revente, ce ne peut être qu'à la condition de respecter les droits résultant des collocations précédemment arrêtées, et en vue de distribuer les sommes qui resteraient disponibles; qu'en conséquence, le créancier hypothécaire, qui n'a point été colloqué dans l'ordre primitif, une femme mariée, par exemple, dont l'hypothèque légale a été purgée et qui ne s'est présentée audit ordre qu'après sa clôture, ne peut élever la prétention d'être colloquée, dans un nouvel ordre, au rang de son hypothèque légale, c'est-à-dire à un rang antérieur, soit à celui du créancier dernier colloqué dans l'ordre primitif et sur lequel les fonds ont manqué, soit à celui des autres créanciers utilement colloqués audit ordre, et qui ont été intégralement payés sur le prix de la première vente (Nîmes, 5 déc. 1850, aff. veuve Pontanier, D. P. 51. 2. 79); — 4º Que l'ordre amiable, même celui consenti devant notaire, tient lieu de l'ordre judiciaire, et doit, dès lors, en produire les effets; que, comme l'ordre judiciaire, il subsiste donc, dans le cas de revente de l'immeuble pour cause de non-payement du prix, par suite de l'insolvabilité ou de la mauvaise foi du premier adjudicataire; et, comme conséquence, que les créanciers qui ont figuré dans cet ordre ne sont pas réputés renoncer aux droits qui en résultent pour eux, par cela seul que, pour éviter une forclusion, ils auraient produit dans l'ordre indûment ouvert sur cette revente (Besançon, 8 mars 1859, aff. Aimé, D. P. 59. 2. 87), — 5º Que, lorsque l'acquéreur de divers immeubles, pour un seul prix mis en distribution par voie d'ordre, revend une partie de ces immeubles à un tiers, avant la clôture de l'ordre, les bordereaux, délivrés aux créanciers utilement colloqués dans cet ordre, ne sont pas exécutoires contre le sous-acquéreur; que le prix, dû par ce sous-acquéreur, doit faire l'objet d'un ordre nouveau (Rej. 17 mai 1859, aff. Deforceville et Degove, D. P. 59. 1. 209); — 6º Mais que, dans ce cas, les créanciers inscrits du vendeur, à qui des bordereaux de collocation ont été délivrés, à la suite d'un ordre ouvert contre celui-ci, et qui, pour parvenir au payement des sommes à eux allouées, veulent poursuivre la saisie de l'immeuble contre le nouvel acquéreur, ne sont pas tenus de faire signifier le commandement préalable, exigé par l'art. 2169 c. nap., au premier vendeur, débiteur originaire; qu'il suffit que ce commandement soit signifié au second vendeur contre lequel les bordereaux de collocation sont exécutoires, et qui est le débiteur véritable et direct au respect du créancier poursuivant (Bourges, 3 avr. 1852, aff. Chabin, D. P. 64. 5. 668, vº Saisie imm., nº 1).

1190. Mais ici revient la question déjà posée pour le cas d'expropriation forcée (V. *suprà*, nº 1188), celle de savoir si les créanciers, forclos dans l'ordre qui a été ouvert après la première aliénation, pourront produire et se faire colloquer dans cet ordre nouveau? La cour de cassation se prononce pour l'affirmative. — Il a été jugé, en effet, que, dans ce second ordre, il y a lieu d'appeler les créanciers hypothécaires du vendeur primitif et ceux des deux acquéreurs successifs (c. pr. 759 et 774); que, par suite, les créanciers, qui, faute de production dans les délais, ont été forclos de l'ordre dans le cours duquel a été opérée la revente, conservent, malgré cette forclusion, le droit de demander leur collocation dans l'ordre distinct ouvert ultérieurement pour la distribution du prix particulier dû par le sous-acquéreur (arrêt précité du 17 mai 1859). — L'arrêt considère qu'il n'en est pas du cas où, après la vente volontaire de divers immeubles pour un seul prix, l'acquéreur, qui a fait notifier son contrat aux créanciers inscrits, revend une partie de ces immeubles à un tiers avant la clôture de l'ordre, comme du cas où l'adjudication sur expropriation forcée est suivie de revente sur folle enchère, faute par l'adjudicataire de payer son prix aux créanciers colloqués; que, dans cette dernière hypothèse, le nouvel adjudicataire prend la place et est soumis à toutes les obligations du premier, en sorte que l'ordre reçoit son exécution contre lui, sauf les modifications qui peuvent résulter de la diminution ou de l'augmentation du prix; que ce point de doctrine et de jurisprudence a été consacré par l'art. 779 c. pr. civ., modifié par la loi du 21 mai 1858; mais que, dans le premier cas, les bordereaux délivrés contre l'acheteur primitif ne peuvent pas être déclarés exécutoires contre le sous-acquéreur; que ce dernier doit, s'il veut se libérer valablement, notifier son contrat aux créanciers inscrits; que ceux-ci ont le droit de surenchérir, et qu'il faut procéder à un nouvel ordre, dans lequel doivent être appelés, non-seulement les créanciers hypothécaires du vendeur primitif, mais encore ceux des deux acquéreurs successifs; que, dans ce nouvel ordre et dans le premier, acquéreur, prix, poursuivant et créanciers, tout est différent, et qu'on ne peut opposer au créancier qui a produit dans le dernier la déchéance qu'il avait encourue en ne produisant pas dans le premier.

Ces déductions, il faut l'avouer, sont logiquement enchaînées; nous y avons, néanmoins, dans les observations précitées, fait l'objection que voici : si les créanciers déchus lors du premier ordre, avons-nous dit, sont admis à produire dans le nouveau, il deviendra bien facile à l'acquéreur de remettre en question le règlement d'ordre et de faire disparaître les déchéances qui avaient été prononcées, puisqu'il lui suffira, pour cela, de revendre l'immeuble et de créer ainsi un nouveau prix, à la distribution duquel pourront venir prendre part les créanciers qui, n'ayant point produit, en temps utile, à l'ordre primitif, n'ont pas été colloqués audit ordre. Quelle porte ouverte aux collusions et à la fraude! Il n'importe que la revente donne lieu à un second ordre, à raison de l'existence possible de nouveaux créanciers du chef de l'acquéreur. Si l'intérêt de ces derniers commande l'ouverture d'un ordre distinct de celui auquel il avait été procédé, et si le sous-acquéreur ne peut être tenu de payer que sur la production de bordereaux de collocation délivrés contre lui, il ne s'ensuit pas que cet ordre doive être ouvert même au profit des créanciers qui, sans la revente, seraient demeurés forclos définitivement. Cette forclusion, puisque le premier ordre subsiste, est un fait irrévocablement acquis aux autres créanciers, et ceux qui en ont été atteints ne pourraient en être relevés que si la vente, qui a donné lieu à l'ordre dans le quel elle a été encourue, se trouvait résolue; ce qui n'est pas.

Dans l'espèce de l'arrêt du 17 mai 1859, la revente volontaire était intervenue durant les opérations de l'ordre, et non pas après la délivrance des bordereaux. Mais cette circonstance est sans portée, dès que le premier ordre subsiste, nonobstant la revente, et que c'est seulement un nouveau prix qui prend la place du premier.

1191. Mais, en dehors de ces questions, il a été décidé : 1º que, lorsque le premier vendeur d'un immeuble, non payé de son prix, a produit à l'ordre ouvert pour la distribution du prix de revente de cet immeuble, et a obtenu un bordereau de collocation, il est, par là, subrogé au privilége du second vendeur; que, par suite, son privilége est conservé par la transcription de la revente, quoique l'inscription d'office n'ait pas été renouvelée dans les dix ans, ou par l'inscription prise par lui, à quelque époque que ce soit, en vertu de son bordereau de collocation, si l'immeuble, au moment de cette inscription, était encore entre les mains du second acquéreur (Bordeaux, 3 juin 1829, aff. Mazens, *infrà*, nº 1322-1º); — 2º Que, lorsque, après la clôture de l'ordre, l'acquéreur a revendu l'immeuble, le nouvel acquéreur ne peut opposer aux porteurs des bordereaux de collocation, délivrés sur son vendeur, une déchéance tirée de ce qu'ils n'ont point pris inscription sur la transcription que lui, acquéreur, a faite, l'inscription d'office, prise, lors de la transcription de la première vente, au profit du vendeur originaire, pour la conservation de son privilége, ayant conservé, en même temps, les droits de ses créanciers, et le nouvel acquéreur ayant, d'ailleurs, reçu l'immeuble grevé de l'obligation contractée par son vendeur envers ces mêmes créanciers, et résultant de l'offre qu'il leur a faite de son prix, offre que ceux-ci sont réputés avoir acceptée, en ne faisant pas de surenchère (Toulouse, 19 avr. 1839, aff. Mutel, vº Priv. et hyp., nº 1704-5º); — 5º Que la délivrance d'un bordereau de collocation a pour effet de subroger le créancier qui en est porteur, jusqu'à concurrence du montant de sa créance, au privilége du vendeur contre l'acquéreur; que, par suite, en cas de revente de l'immeuble, le créancier peut exercer ce privilége, s'il a été dûment conservé, sur le prix de revente, pour se faire payer par préférence aux créanciers personnels du second vendeur (Bourges, 12 fév. 1841, aff. Charlot, vº Priv. et hyp., nº 1641-1º).

1192. On décide généralement que l'inscription, au moins à partir de l'ouverture de l'ordre, est réputée avoir produit son effet, et n'a pas besoin d'être renouvelée (V. Priv. et hyp., nºs 1679 et suiv.), opinion que nous avons combattue, nºs 1678 et 1683, comme dangereuse pour les tiers. Nous renvoyons aux développements que nous avons donnés à cette question et aux nombreux arrêts qu'elle a suscités. — Il a été jugé, dans le premier sens : 1º que l'inscription est réputée avoir produit son effet, et partant n'a pas besoin d'être renouvelée, après la transcription faite par l'acquéreur et la notification de son titre aux créanciers inscrits, lesquelles ont été suivies d'un ordre (Paris, 11 janv. 1816) (1);... et que ceux qui ont prêté des fonds à l'acquéreur pour rembourser un créancier du vendeur, avec subrogation dans tous les droits et priviléges de ce créancier, dont l'inscription n'avait pas besoin d'être renouvelée, doivent être colloqués au rang de celui-ci, bien que le vendeur ait donné mainlevée de l'inscription d'office prise, en son nom, sur l'immeuble vendu, et à laquelle se rattachait ladite inscription; que cela est vrai surtout, en matière d'ordre, où l'inscription d'office ne doit être rayée que sur la justification du payement des collocations (même arrêt); — 2º Que l'ouverture de l'ordre suspend la péremption des inscriptions des créanciers produisants, lesquelles, par suite, n'ont pas besoin d'être renouvelées dans les dix ans, sans qu'on puisse dire que la péremption reprend son cours après la clôture de l'ordre (Bordeaux, 3 juin 1829, aff. Mazens, V. nº 1322-1º); — 3º Que lorsque, par suite d'une revente, un nouvel ordre a été ouvert, ceux des créanciers dont les inscriptions auraient été renouvelées, avant l'expiration des dix ans, ne peuvent argumenter, pour primer les autres dans ce nouvel ordre, du défaut de renouvellement, dans le même délai, de l'inscription hypothécaire de ces derniers (Bordeaux, 4 juin 1835, aff. Longuet, vº Priv. et hyp., nº 2291).

1193. Il a, toutefois, été jugé, dans le sens de notre opinion : 1º que, bien que le créancier, porteur d'un bordereau de collocation non payé, n'ait pas besoin de renouveler son inscription pour maintenir ses droits vis-à-vis du premier acquéreur, tenu de payer le bordereau, il a, néanmoins, la faculté de requérir une inscription nouvelle pour la conservation de ses droits à l'égard des tiers, et notamment d'un sous-acquéreur qui n'a pas purgé (Paris, 12 nov. 1836) (2); — 2º Que le créancier, por-

(1) *Espèce :* — (Nast C. Doillot et autres.) — 10 fév. 1814, jugement du tribunal de Pontoise, en ces termes : « LE TRIBUNAL ;... — En ce qui touche la collocation des veuves Doillot, Anjorrand et Pinault : — Attendu, en point de fait, qu'il résulte des productions, faites par les susnommées, qu'elles sont (comme ayant fourni à Dunatois des fonds suffisants pour rembourser la dame Lallemand, qui était créancière privilégiée de la succession Marbœuf, propriétaire premier du domaine de Gournay, et colloquée, en cette qualité, dans l'ordre du 21 pluv. an 12, pour une somme de 59,909 fr.) subrogées aux droits et hypothèque de ladite dame Lallemand, dont la créance se trouve conservée, tant par l'inscription qu'elle a prise le 28 pluv. an 7, que par celle d'office délivrée par le conservateur des hypothèques de Pontoise, le 1er vent. an 10; — Attendu qu'indépendamment de ces inscriptions, les veuves Doillot et consorts ont elles-mêmes pris des inscriptions qui ont leur effet particulier; que lesdites inscriptions, dont aucunes, par la mention de subrogation qu'elles contiennent, se rattachent à l'inscription Lallemand et à celle d'office qui font partie de l'état délivré pour l'ordre actuel, sont suffisantes pour le maintien du droit à exercer par les personnes qui les ont prises; — Attendu que c'est à tort qu'on reproche aux inscriptions Doillot, Pinault et autres, d'être venues trop tardivement pour faire revivre, à leur profit, l'inscription de la dame Lallemand et celle d'office, puisqu'elles sont l'une du 14 brum. an 11, et les autres du 20 fév. 1807, et que, d'un autre côté, le domaine, dont l'ordre se poursuit aujourd'hui, est sorti des mains de Dunatois par la vente à Desmarets le 24 juin 1808; que, par conséquent, elles n'avaient pas dix ans de date à cette époque; qu'on n'est pas mieux fondé à dire que l'inscription d'office est anéantie, en ce qui concerne la dame Lallemand, par la mainlevée partielle donnée à Dunatois par les héritiers Marbœuf à l'époque à laquelle il a soldé cette dame, puisque, si cette mainlevée a pu annuler l'inscription d'office, en ce qui concernait les héritiers Marbœuf, comme vendeurs, quant à l'acquit de cette créance par leur acquéreur, elle n'a influé en rien sur l'exercice des droits personnels de ladite veuve Lallemand sur cette inscription, comme créancière privilégiée, droits qu'elle conférait, dans le moment, et par le fait, et par la force même du droit en matière de subrogation, aux personnes dont les deniers empruntés par Dunatois servaient à opérer son remboursement; que, dans tous les cas, il n'y a pas plus de raison de rejeter les créanciers subrogés à la dame Lallemand qu'il n'y en a de rejeter la créance des demoiselles de Ventimille, pour laquelle Nast demande à être colloqué comme les ayant remboursées, puisque les demoiselles de Ventimille, ainsi que la dame Lallemand, ont été colloquées dans l'ordre de Paris (et même après la dame Lallemand), sans pouvoir être remplies du montant de leur bordereau, et leur position vis-à-vis de ladite dame Lallemand et des autres créanciers colloqués est toujours restée, soit au moment de la vente faite à Dunatois le 28 juin 1808, soit au moment de l'ouverture du présent ordre, la même qu'elle était au 21 pluv. an 12, époque de l'homologation de l'ordre fait au département de la Seine; — Attendu, en point de droit, que, par le fait de la notification aux créanciers, et par celui des offres contenues en cette notification, tout créancier devient, par une sorte de subrogation légale, propriétaire de l'inscription d'office que prend le conservateur, lors de chaque transcription, et ce jusqu'à concurrence de sa collocation dans l'ordre, sans que, désormais, le vendeur puisse disposer ni donner mainlevée de cette inscription, laquelle, aux termes de l'art. 773 c. pr., ne peut être déchargée qu'à mesure du payement des collocations et sur la représentation du bordereau et de la quittance du créancier; que même, aux termes de l'art. 774, cette inscription d'office ne peut être rayée définitivement, lorsque le prix de l'immeuble, sur la vente duquel elle a été prise, a été la matière d'un ordre, qu'en justifiant du payement de la totalité des collocations; d'où il suit que la mainlevée partielle, qui aurait été donnée par les héritiers Marbœuf, n'a pu nuire ni préjudicier aux droits de la dame Lallemand, ni à ceux par elle conférés aux créanciers qu'elle a subrogés à ces mêmes droits; en sorte qu'il faut conclure, en définitive, que, nonobstant cette mainlevée, l'inscription d'office, prise lors de la vente faite à Dunatois, laquelle subsiste dans toute sa plénitude, appartient aujourd'hui à tous les créanciers inscrits à la date de cette inscription, et par suite à tous ceux qui ont été subrogés à leurs droits; — Attendu, enfin, que c'est mal à propos qu'on reproche à aucunes des inscriptions prises par les créanciers subrogés, comme à l'inscription d'office, d'être périmées par un laps de dix ans avant l'ouverture de l'ordre dont est aujourd'hui question; car, indépendamment de ce qu'il a été prouvé plus haut que cette péremption n'était acquise à l'égard d'aucune des inscriptions, il est de principe, adopté par la jurisprudence de la cour de cassation, que, lorsqu'une inscription a frappé la transcription d'une vente quelconque, c'est-à-dire lorsque cette transcription est suivie de la notification prescrite par l'art. 2183 du code, et d'un ordre (ce qui existe dans l'espèce), tous les créanciers inscrits au moment de ces transcription et notification ont le droit de requérir leur collocation dans l'ordre, suivant le rang de leurs inscriptions, nonobstant même la circonstance de l'expiration des dix ans depuis la notification et avant la clôture de l'ordre, attendu que, dans ce cas, l'inscription, qui avait déployé son effet dans le temps utile, n'est plus nécessaire ; — Ordonne que les intérêts du prix dû par Nast commenceront à courir *du jour du contrat volontaire*, sauf audit Nast à se pourvoir contre qui de droit, pour se faire rendre compte des fruits et revenus touchés jusqu'à son entrée en jouissance ; réforme, en conséquence, le règlement provisoire, en ce qu'il ne fait courir lesdits intérêts que du jour de l'adjudication par surenchère (Sur ce point, V. *suprà*, nº 523-1º et 2º) ; — Maintient, au surplus, la collocation des créanciers subrogés aux droits de la veuve Lallemand, pour être exécutée, en ce qui concerne lesdits créanciers, conformément au règlement provisoire. » — Appel. — Arrêt.

LA COUR; — Adoptant les motifs des premiers juges, confirme.

Du 11 janv. 1816.-C. royale de Paris, 2e ch.-M. Agier, pr.

(2) *Espèce :* (David C. de Ladoucette.) — Raguideau, créancier inscrit sur le domaine de Vieils-Maison, et qui avait reçu, en 1815, un bordereau de collocation s'élevant à 26,000 fr., sur les sieurs Perrin et May, acquéreurs de ce domaine, n'avait pas été payé de son bordereau de collocation par les acquéreurs, qui avaient revendu le même domaine au sieur de Ladoucette. — Longtemps après, en 1833, David, curateur à la succession vacante de Raguideau, fait à de Ladoucette, qui n'a pas purgé, sommation de payer ou de délaisser, et prend, le 16 mars 1835, une nouvelle inscription sur la terre de Vieils-Maison. — De Ladoucette demande la mainlevée de cette inscription, par le motif

teur d'un bordereau de collocation, qui a négligé de se faire payer par l'acquéreur et a laissé périmer son inscription, n'a aucune action contre le sous-acquéreur auquel le premier a revendu, et qui a fait transcrire et notifier son contrat, avec offre de payer son prix, pour le contraindre à acquitter le montant de la collocation ou à délaisser l'immeuble; qu'il n'a d'autres droits à exercer que ceux du vendeur primitif, son débiteur, auquel il est subrogé, pour faire valoir, dans le nouvel ordre, du chef de ce dernier, le privilége conservé par l'inscription d'office, ou exercer l'action résolutoire contre le premier acquéreur qui n'a pas payé son prix (Bourges, 21 fév. 1837, aff. Labot, v° Priv. et hyp., n° 1119); — 3° Que si, par l'adjudication sur saisie immobilière de l'immeuble hypothéqué, l'inscription est réputée avoir produit son effet et est dispensée du renouvellement, par rapport aux créanciers du saisi entre eux, et si, par conséquent, un créancier, dont l'inscription est venue à péremption postérieurement au jugement d'adjudication, n'en doit pas moins être admis à l'ordre ouvert sur le saisi, il n'en est plus de même par rapport aux créanciers auxquels l'adjudicataire a conféré hypothèque sur l'immeuble dont il s'agit; que, par suite, ce créancier, qui, nonobstant la péremption de son inscription, a produit et obtenu un bordereau de collocation dans l'ordre ouvert sur son débiteur, ne peut plus agir hypothécairement, en vertu de ce bordereau, dans un second ordre ouvert sur le prix de la revente opérée après la faillite de l'adjudicataire (Colmar, 22 août 1853) (1); ...mais qu'il peut, en vertu de ce même bor-

---

que les sieurs Perrin et May, ses vendeurs, ont purgé, qu'un ordre a été ouvert pour la distribution du prix, et qu'ainsi la succession de Raguideau ne peut exercer ses droits que contre Perrin et May. — David répond que, de Ladoucette n'ayant pas rempli les formalités de transcription et de purge, les créanciers hypothécaires de l'ancien vendeur, non payés, ont pu, même après la délivrance des bordereaux, prendre une nouvelle inscription pour conserver leurs droits contre les tiers. — Jugement qui donne mainlevée de l'inscription, attendu que le bordereau de collocation n'est un titre exécutoire que contre Perrin et May.—Appel. — Arrêt.

LA COUR; — En ce qui touche la mainlevée d'inscription prise par David ès-noms sur de Ladoucette: — Considérant que, bien que le bordereau de collocation, délivré à Raguideau en 1813, eût suffi pour conserver les droits des créanciers inscrits contre le premier acquéreur du domaine de Vieils-Maison, néanmoins, les créanciers ont eu la faculté de rappeler leurs droits par une inscription nouvelle vis-à-vis des tiers; — .... infirme le jugement, en ce que radiation de l'inscription a été ordonnée; émendant, maintient, quant à présent, ladite inscription.....

Du 12 nov. 1836.-C. de Paris.-M. Séguier, 1er pr.

(1) (Schmerber C. Dreyfus-Lantz.) — LA COUR; — Attendu qu'il est de principe, aujourd'hui incontestable, que l'adjudication, par suite d'expropriation forcée, des biens immeubles d'un débiteur, fixe entre les créanciers le rang de leurs hypothèques, et fait produire leur effet légal à leurs inscriptions hypothécaires, lesquelles, dès lors, n'ont plus besoin d'être renouvelées postérieurement à l'adjudication; qu'ainsi, par application de ce principe, Schmerber, créancier hypothécaire des conjoints Abraham Lévy, et dont l'inscription hypothécaire a été périmée dans l'intervalle qui s'est écoulé entre l'adjudication et l'ouverture de l'ordre, a été admis, sans difficulté, à son rang d'hypothèque, dans l'ordre ouvert sur les conjoints Lévy, ses débiteurs, et a obtenu bordereau de collocation; mais que, s'il est vrai que son inscription avait produit son effet légal, à l'égard des créanciers des conjoints Abraham Lévy, parties dans la poursuite en expropriation et dans l'ordre qui en a été la suite, il n'en est pas de même, à l'égard des tiers qui n'ont pas figuré dans cette procédure, et notamment des créanciers de Dreyfus-Lantz, représentés par l'intimé, à l'encontre desquels Schmerber, faute de renouvellement de son inscription, ne peut se prévaloir d'aucun droit d'hypothèque ou de privilége sur lequel il puisse fonder sa demande en collocation; qu'il semble, d'ailleurs, lui-même le reconnaître, puisque, dans le développement de ses conclusions d'appel, il a déclaré n'avoir adopté la voie de la production que pour éviter d'avoir à recourir à celle de la folle enchère qu'il se réservait et qui fait l'objet de ses conclusions subsidiaires; que c'est donc en faisant une juste application des principes à la cause que le juge-commissaire, et ensuite les premiers juges, ont rejeté la demande en collocation de Schmerber dans l'ordre ouvert sur Dreyfus-Lantz;

En ce qui touche les conclusions subsidiaires: — Attendu qu'en matière d'expropriation forcée, l'adjudication a non-seulement pour résultat de faire produire aux hypothèques alors inscrites leur effet légal, mais en même temps de convertir, à partir de ce moment, le droit hypothécaire en action sur le prix des immeubles expropriés; que le bordereau de collocation qu'obtient ultérieurement le créancier, après la clôture de l'ordre, complément de l'expropriation, devient pour lui un titre nouveau qui lui assigne un débiteur nouveau dans la personne de l'adjudicataire sur lequel il obtient collocation; qu'à ce nouveau titre, revêtu de la formule exécutoire, est attaché, en cas de non-payement, le droit de discuter le nouveau débiteur, et, en vertu des art. 733 et suiv. c. pr. civ., de poursuivre la folle enchère, qui ne saurait être considérée ni comme l'exercice 1° d'un droit de suite dérivant d'un droit hypothécaire, puisque ce droit (de folle enchère) appartient indistinctement et incontestablement à tout porteur du bordereau de collocation, n'eût-il été originairement que créancier chirographaire ou colloqué en sous-ordre; ni 2° de l'action en résolution proprement dite, compétant au vendeur non payé, dont elle diffère par son objet et par ses conséquences; qu'en effet, la poursuite en folle enchère n'est que la continuation de la procédure d'expropriation, si bien qu'elle nécessite la mise en cause de la partie saisie (art. 736 c. pr. civ.); elle n'a d'autre but que de faire entrer dans la masse le prix de l'immeuble remis aux enchères, même par la voie de la contrainte par corps; que, contrairement à l'action résolutoire proprement dite, elle n'attribue au poursuivant la folle enchère ni la propriété de l'immeuble, ni l'excédant du prix qui pourra résulter de la nouvelle adjudication; — Que la folle enchère n'est donc pas à confondre avec l'action en résolution, appartenant à un précédent propriétaire non payé, et que, par suite aussi, l'on ne saurait se prévaloir, pour en paralyser l'exercice, de la disposition de l'art. 717 c. pr. civ., même en le supposant applicable à la cause actuelle; que cet article, en effet, n'a eu et n'a pu avoir en vue de purger l'immeuble, vendu sur expropriation forcée, que de l'action résolutoire d'un précédent vendeur, action née et existante au moment de l'adjudication, et, par conséquent, susceptible d'être déclarée et conservée, conformément au même art. 717; que cette impossibilité devient manifeste dans l'espèce, puisqu'il est établi que la maison expropriée sur les conjoints Abraham Lévy et acquise, le 22 oct. 1845, par Dreyfus-Lantz, sur lequel Schmerber a obtenu bordereau de collocation, a été revendue à la suite de la faillite de Dreyfus-Lantz à Martin Lœw, le 28 août 1848, tandis que Schmerber, n'ayant obtenu son bordereau de collocation que le 28 août 1850 n'aurait pu, avant l'adjudication du 28 août 1848, signifier au greffier la déclaration qu'il entendait exercer une action résolutoire qui n'était pas née alors, et qui pour lui n'a pris naissance que deux ans plus tard; — Mais attendu, sous un autre rapport, qu'alors même que la poursuite en folle enchère serait à considérer comme l'exercice de l'action en résolution proprement dite, et que les porteurs de bordereaux de collocation seraient à considérer, par assimilation, comme un précédent vendeur non payé, l'intimé ne saurait pas davantage se prévaloir des dispositions de l'art. 717, § 2; qu'en effet, cet article, introductif, depuis la loi du 2 juin 1841, d'un droit nouveau, rigoureux et exceptionnel en ce qui concerne le purgement de l'action résolutoire, ne régit que la matière des expropriations forcées, et ne s'applique qu'à la transmission de propriété par suite d'adjudication sur expropriation, tous les autres modes de transmission restant soumis aux principes et aux règles du droit commun; — Qu'en fait, la maison, du prix de laquelle il s'agit, n'a pas été transmise à Lœw par adjudication sur expropriation des immeubles du failli Dreyfus-Lantz, vendus à la requête des syndics de la masse; qu'aux termes de l'art. 572 c. com., la vente des immeubles dépendant d'une faillite doit avoir lieu dans la forme de la vente de biens de mineurs, et est régie, par conséquent, par les dispositions des art. 953 et suiv. c. pr. civ.; qu'il est à remarquer que, parmi ces dispositions, l'art. 964, qui déclare commune aux ventes des biens des mineurs, et par conséquent à celles des immeubles d'une faillite, art. 572, une série de dispositions relatives à la saisie immobilière et à ses suites, ne vise pas l'art. 717 parmi ceux qu'il énumère et auxquels il renvoie; d'où il faut conclure que le législateur n'a évidemment voulu attribuer à la vente des biens d'une faillite, pas plus qu'à celle des biens des mineurs, l'effet de purger, de plein droit, l'action résolutoire, à défaut de la déclaration mentionnée en l'art. 717, avant l'adjudication; que cette interprétation reçoit d'ailleurs sa pleine et entière confirmation, dans le rapport de la loi du 2 juin 1841, fait à la chambre des pairs, où le rapporteur déclarait formellement que c'était avec intention que l'art. 717 n'a pas été visé dans l'art. 988, relativement aux successions bénéficiaires, par la raison qu'à la différence des adjudications par suite d'expropriation, l'acquéreur était à même de se renseigner sur l'origine de la propriété et la situation des vendeurs; — Qu'il suit de ce qui précède, et du principe que le vendeur ne transmet pas à l'acquéreur plus de droits qu'il n'en a lui-même, que l'adjudication passée au profit de Martin Lœw, du chef du failli Dreyfus-Lantz, de la maison dont la totalité du prix était encore due à la masse Abraham Lévy, ne la lui a transmise que soumise, en cas de non payement, à l'action éventuelle de la folle-enchère, et que, sous ce double rapport, c'est à tort que le syndic de la masse Dreyfus-Lantz, ainsi que les premiers juges, ont refusé à l'appelant le sursis par lui sollicité par ses conclusions subsidiaires, tendantes à l'exercice d'un droit légitime, dont la négation aurait, en outre,

dereau, et en cas de non-payement, poursuivre la revente de l'immeuble, par voie de folle enchère, contre le premier adjudicataire, et, par suite, évincer le second, nonobstant la disposition de l'art. 717 c. pr., d'après laquelle l'adjudicataire ne peut être troublé par aucune demande en résolution, autre chose étant la poursuite de folle enchère, autre chose l'exercice de l'action résolutoire, et l'art. 717 n'étant, d'ailleurs, pas applicable aux ventes d'immeubles opérées sur un failli à la requête des syndics (même arrêt).—M. Chauveau, Proc. de l'ordre, quest. 2608-4°, critique cette dernière solution, conforme à d'autres arrêts rapportés n° 1187.

1194. L'adjudicataire devenant, par le bordereau de collocation délivré sur lui, le débiteur direct du créancier colloqué, il en résulte qu'il se libère valablement par le payement fait entre les mains de ce créancier (c. nap. 1239 et 1240), et cela, comme le décide la jurisprudence, malgré l'irrégularité de la procédure d'ordre qui en aurait fait prononcer ultérieurement la nullité (V. les arrêts ci-après). — Il est vrai, ainsi que le font observer MM. Ollivier et Mourlon, n° 453, qu'on ne peut plus aujourd'hui argumenter, comme le font ces arrêts, de ce que l'adjudicataire, *étant étranger à la procédure d'ordre*, n'a pas à en vérifier le plus ou moins de régularité, puisque la loi nouvelle, par la dénonciation qui est faite à l'adjudicataire de l'ouverture de l'ordre (753), et le droit qu'il a de former opposition à l'ordonnance de clôture (767), l'a rendu partie dans cette procédure (V. *suprà*, n°s 390 et 1064). Mais la question, disent ces auteurs, disparait en même temps que la raison de décider, dès que les moyens de nullité contre l'ordre ne peuvent plus être soulevés que par la voie de l'opposition à l'ordonnance de clôture, et que, s'ils n'ont pas été proposés avant la délivrance des bordereaux, ils ne peuvent plus l'être ultérieurement (Conf. MM. Seligman, n°s 541, 542 et 544; Houyvet, n°s 334 et 335; Flandin, Tr. de l'ordre, inédit). — Il a été jugé, avant la loi du 21 mai 1858 : 1° que l'adjudicataire, qui a payé le prix de son acquisition, sur un bordereau de collocation délivré contre lui, est valablement libéré, bien que le jugement, qui a admis la collocation, ait été ensuite annulé (Paris, 31 mai 1813) (1); — 2° Que l'adjudicataire se libère valablement, en payant son prix à un créancier du saisi, porteur d'un bordereau délivré dans la forme exécutoire, bien que ce bordereau ait été délivré à la suite d'une procédure d'ordre irrégulière, et que le titre de créance qui lui sert de fondement ait été depuis annulé; qu'on prétendrait en vain que l'adjudicataire doit s'imputer d'avoir payé en vertu d'un bordereau entaché d'un vice qui pouvait être reconnu à la simple inspection, cet adjudicataire, étranger à la procédure d'ordre, n'étant pas tenu d'examiner si elle contient, ou non, des irrégularités, dès que le bordereau se trouve revêtu des formes prescrites par la loi (Cass. 20 mars 1837, aff. Deluchet, v° Vente pub. d'imm., n° 1769).

1195. Décidé aussi, dans un ordre d'idées analogue, que l'adjudicataire, qui, sur le vu de la collocation faite dans le règlement définitif de l'ordre ouvert pour la distribution de son prix, paye, par anticipation, le créancier colloqué, a, contre ce créancier, une action en répétition, s'il se trouve, lorsqu'il s'agit de quittancer définitivement le prix à distribuer, que ce créancier ne venait pas en ordre utile (Rej. 30 avr. 1850, aff. Ledean, D. P. 50. 1. 246).

1196. Mais il a été jugé que l'adjudicataire, qui, après distribution de son prix, par voie d'ordre, entre les créanciers utilement colloqués, a été contraint de payer, en excédant de ce prix, le montant d'une créance garantie par une hypothèque légale dont il n'a pas provoqué l'inscription, parce qu'en vertu de la jurisprudence établie, il la croyait purgée, de plein droit, par l'effet de l'expropriation forcée, n'a pas d'action en répétition contre ceux des créanciers qui n'eussent pas été utilement colloqués, au cas de production de cette hypothèque dans l'ordre, une telle erreur n'étant pas une cause de répétition (Cass. 12 nov. 1850, aff. Desroches, D. P. 50. 1. 305).

1197. Il a été jugé, à bon droit, que le créancier hypothécaire, qui, avant l'ouverture de l'ordre, a consenti au remboursement d'un autre créancier hypothécaire, antérieur à lui, ne peut pas, ensuite, après avoir provoqué l'ouverture de l'ordre, s'y être fait colloquer lui-même, et en avoir fait éliminer, par des manœuvres dolosives, le créancier antérieur à lui, se prévaloir de sa collocation pour réclamer des acquéreurs les sommes qu'ils ont payées à ce créancier, de son consentement : — « La cour; attendu que, Barbillot ayant consenti à ce que Wolff fût payé avant lui sur le prix des ventes faites aux cinq acquéreurs dont il s'agit, il n'était pas recevable à se prévaloir de l'ordonnance qui l'a colloqué le premier en ordre, pour faire restituer les sommes déjà payées à Wolff par ces acquéreurs, et qu'en le décidant ainsi, l'arrêt n'a violé aucune loi; ce qui dispense d'examiner les motifs relatifs à l'appel de cette ordonnance; — Rejette le pourvoi formé contre l'arrêt de la cour de Nancy du 16 mars 1809 » (Req. 27 fév. 1810, M. Henrion, pr., aff. Barbillot *C.* Wolff).

1198. Mais, ainsi qu'on l'a vu *suprà*, n°s 72, 450 et suiv., le créancier, omis dans l'ordre par la faute du poursuivant, a le droit de s'adresser aux créanciers qui ont été colloqués à son détriment pour leur faire rapporter, à concurrence du montant de sa créance, les sommes qu'ils ont touchées à son défaut; ou, s'il s'adressait à l'adjudicataire, en vertu de l'action hypothécaire, et qu'il se fît payer par lui, c'est à ce dernier qu'appartiendrait, en vertu de la subrogation légale (c. nap. 1251), l'action en répétition contre ces mêmes créanciers.—D'après plusieurs auteurs, ce serait à l'adjudicataire que le créancier omis devrait s'adresser de préférence (MM. Rodière, t. 3, p. 232; Rauter, n° 332; Chauveau, Proc. de l'ordre, quest. 2608-8°). Nous avons dit, au contraire, *suprà*, n° 451, que l'adjudicataire ayant payé son prix d'autorité de justice, et en vertu des bordereaux délivrés sur lui, est valablement libéré (Conf. M. Seligman, n° 514). — Les mêmes auteurs, toutefois, déclarent qu'au lieu d'attaquer l'adjudicataire, le créancier omis peut, en prenant la voie de la tierce opposition (V. *suprà*, sous la sect. 12, art. 2), faire pro-

---

pour résultat d'enrichir la masse Dreyfus-Lantz du prix d'un immeuble qu'elle-même n'a pas payé;— Par ces motifs, et adoptant, sur les conclusions principales de Schmerber, ceux des premiers juges, en ce qu'ils n'ont rien de contraire, met l'appellation et ce dont est appel au néant, reçoit Schmerber opposant à la décision du juge-commissaire à l'ordre ouvert sur Dreyfus-Lantz; — Dit qu'il sera sursis, pendant six mois, à la distribution du prix de la maison adjugée à Martin Lœw, sous le n° 26 de l'adjudication du 28 août 1848, n° 25 du cahier des charges, pendant lequel temps Schmerber aura à exercer son action en folle enchère, sauf aux parties à s'entendre pour laisser ensuivre à Schmerber le prix de cette maison jusqu'à concurrence du montant de son bordereau de collocation, ainsi qu'il l'avait demandé par son acte de production.

Du 22 août 1853.-C. de Colmar, 3e ch.-MM. Hamberger, pr.-De Baillehache, 1er av. gén., c. conf.-Ign. Chauffour et Neyremand, av.

(1) *Espèce :* — (Hér. Duplanil *C.* Gaudy et autres.) — L'ordre, dans l'espèce, avait été poursuivi par Gaudy, créancier inscrit. Les héritiers Duplanil, vendeurs, sur licitation, de la maison dont le prix était en distribution, avaient été appelés à l'ordre par exploit signifié au domicile élu dans l'inscription d'office, au lieu de l'être à leur domicile réel : ils n'y avaient pas produit; et un jugement du 27 janv. 1807 avait colloqué Gaudy, dont la créance avait absorbé le prix. — En 1812, les héritiers Duplanil appelèrent de ce jugement, tant contre Gaudy pour qu'il fût condamné à leur restituer le prix qu'il avait, selon eux, indûment touché, que contre les adjudicataires, à fin de déclaration d'arrêt commun et de condamnation solidaire avec Gaudy. — Gaudy soutint l'appel non recevable comme tardif; à quoi il fut répondu que la signification du jugement au domicile élu dans l'inscription d'office était nulle et n'avait pu faire courir le délai (V. *suprà*, n° 944). — Quant aux adjudicataires, ils soutenaient, et avec raison, s'être valablement libérés, en payant d'ordre de justice. — Arrêt.

LA COUR; — ... En ce qui concerne la demande en déclaration d'arrêt commun, et en condamnation solidaire formée contre Marchand et Labrune, tant par Lamy et femme et consorts que par Bologniel, Pompin et leurs femmes; — Attendu qu'il n'y a aucun reproche à faire auxdits Marchand et Labrune, adjudicataires, qui, en cette qualité, ont dû payer leur prix, sur la présentation des bordereaux que la loi déclarait exécutoires contre eux; — Déboute Lamy et consorts, Bologniel, Pompin et leurs femmes de leur demande contre Marchand et Labrune, et les condamne aux dépens envers eux, même en ceux faits par lesdits Marchand et Labrune contre Gaudy sur la demande en garantie, et réciproquement par Gaudy sur la même demande contre Marchand et Labrune.

Du 31 mai 1813.-C. de Paris.

noncer la nullité de l'ordre, en ce qui concerne les collocations postérieures à son rang, et obtenir, de cette manière, le remboursement des sommes reçues à son détriment (Conf. M. Bressolles, n° 61).

1199. Toutefois, le bordereau de collocation n'opère pas novation dans la dette, et n'empêche pas le créancier colloqué, tant qu'il n'a pas touché le montant de son bordereau, de se présenter dans un autre ordre, ou d'agir, par l'action personnelle, contre le débiteur originaire ou ses coobligés (Arg., art. 1275 et 1277 c. nap. V. *suprà*, n°s 1167 et suiv.). — Conf. MM. Bioche, v° Ordre, n° 705, 3e édit., 5e tirage; Ollivier et Mourlon, n°s 448 et 449; Seligman, n° 545; Houyvet, n° 515; Flandin, Tr. de l'ordre, inédit). — Il a été jugé, ainsi, que l'acceptation, par un créancier hypothécaire, porteur d'un bordereau de collocation, de billets souscrits par l'acquéreur pour le montant du bordereau, mais sous la réserve des droits résultant de ce bordereau, n'opère pas novation; que ce créancier peut donc poursuivre, en vertu de son bordereau, l'acquéreur qui ne s'est point libéré (Orléans, 18 nov. 1836, aff. Bouchel, v° Obligations, n° 2426-3°).

1200. Bien que la délivrance d'un bordereau de collocation au créancier hypothécaire ne soit, comme il est dit dans les arrêts qui précèdent, qu'une indication de payement (ou plutôt une délégation imparfaite; MM. Ollivier et Mourlon, n° 450), n'opérant pas novation dans la dette à l'égard du débiteur originaire, elle n'en constitue pas moins une liquidation, une détermination de la créance. — Il a, par conséquent, été jugé, avec raison, que la délivrance d'un bordereau au créancier hypothécaire, après la clôture de l'ordre, est un mode de payement, même à l'égard des créances dont le montant doit, à cause de la nature de ces créances (des rentes perpétuelles), être laissé entre les mains de l'acquéreur de l'immeuble hypothéqué; que, par suite, c'est d'après le taux légal de l'intérêt établi au moment du règlement définitif de l'ordre, soit au denier dix, quelles que soient les conventions antérieures des parties à cet égard, que doit être déterminé, en Algérie, conformément à l'art. 12 de l'ord. du 1er oct. 1844, le capital d'une rente perpétuelle à servir par l'acquéreur jusqu'au remboursement effectif; qu'on prétendrait, à tort, que c'est seulement à cette dernière époque que le capital de la rente devra être déterminé, et qu'on doit, en attendant, s'en référer à l'évaluation donnée par la convention à ce capital (Req. 26 juin 1854, aff. Vanbuffel, D. P. 54. 1. 228).

1201. L'adjudicataire, qui aurait juste sujet de craindre une éviction, peut-il, en se fondant sur l'art. 1653 c. nap., former opposition à la délivrance des bordereaux, ou même, les bordereaux délivrés, se refuser à leur payement? L'affirmative nous semble bien fondée. En effet, les créanciers hypothécaires, qui sont, dans ce cas, les ayants cause de la partie saisie venderesse, ne peuvent pas avoir, contre l'adjudicataire, plus de droits qu'elle-même; et, dès que l'art. 1653 donne à l'acheteur, d'une façon absolue, le droit de *suspendre le payement du prix jusqu'à ce que le vendeur ait fait cesser le trouble*, cette exception leur est opposable aussi bien qu'à leur auteur (V. v° Vente, n°s 1170 et suiv. — Conf. MM. Chauveau sur Carré, quest. 2610 *bis*, et Proc. de l'ordre, quest. 2607-5° et 2608-5°; Bioche, v° Ordre, n° 710, 3e édit., 5e tirage; Ollivier et Mourlon, n° 451; Seligman, n° 538; Houyvet, n° 353; Flandin, Tr. de l'ordre, inédit). — Il a, par suite, été jugé que, le créancier hypothécaire éventuel devant être colloqué, dans l'ordre, à la date de son inscription, l'acquéreur, poursuivi en payement des bordereaux délivrés aux créanciers utilement colloqués, a le droit de se refuser au payement et de demander l'annulation de l'ordre dans lequel le créancier éventuel ne figure pas, afin d'obtenir la libération entière de son immeuble (Bruxelles, 27 avr. 1814) (1).

1202. Il a été aussi jugé que l'acquéreur, qui a consigné son prix pour être distribué, par voie d'ordre, entre les créanciers hypothécaires du vendeur, peut, tant que l'ordre n'est pas arrivé à son terme par la délivrance des bordereaux de collocation, demander que tout ou partie du montant de la consignation soit mis en réserve, à l'effet de le garantir d'une éviction dont il est menacé, alors même que la consignation aurait été validée par un jugement devenu irrévocable; qu'en ce cas, la consignation ne tient lieu de payement qu'à l'égard du débiteur (Rej. 24 janv. 1838, aff. Syndicat des rec. gén., v° Vente, n° 1204).

1203. Il a, toutefois, été jugé que la délivrance des bordereaux doit être ordonnée, nonobstant l'opposition de l'adjudicataire, qui prétend que l'indemnité qui lui est due pour cause d'éviction n'est pas réglée, lorsqu'il est constant, en fait, qu'après l'acquit de ces bordereaux, il restera entre ses mains une somme suffisante pour lui assurer son indemnité : — « La cour;.... considérant, relativement au second jugement, qu'il ne blesse, en aucune manière, les intérêts de Fénéon; qu'en effet, il est constant, en fait, que, même après le payement de la collocation de Morin, il restera encore entre les mains de Fénéon une somme plus que suffisante pour le garantir de l'éviction du pré de la Foi-Franche, et de l'indemnité qui pourra lui être accordée, à titre de dommages-intérêts; que, dès lors, le tribunal civil de Charolles a bien jugé, en ordonnant la délivrance des bordereaux de collocation au profit des sieurs Dessauze et Morin, et que c'est le cas de confirmer sa décision; confirme» (Dijon, 8 fév. 1817, M. Ranfer de Monceau, 1er pr., aff. Fénéon C. Dessauze et autres. — V. d'autres arrêts dans le même sens, rendus en matière de référé, v° Référé, n° 202; V. aussi M. Debelleyme, t. 2, p. 98. — Conf. MM. Ollivier et Mourlon et Seligman, *loc. cit.*)

1204. MM. Grosse et Rameau, t. 2, n° 468, font observer, avec raison, qu'il faut, pour que l'exception soit accueillie, d'une part, que la cause du trouble soit l'une de celles énoncées en l'art. 1653, et, d'autre part, qu'elle soit postérieure, non-seulement au règlement définitif de l'ordre, mais même au délai légal pendant lequel l'opposition était recevable contre ledit règlement. L'adjudicataire, en effet, à qui l'ordonnance de clôture de l'ordre est dénoncée (V. *suprà*, n° 1064), et qui doit, conformément à l'art. 767, y former opposition dans la huitaine de la dénonciation, *à peine de nullité*, aurait à s'imputer, si la cause du trouble était antérieure, d'avoir laissé acquérir à cette ordonnance l'autorité de la chose jugée (Conf. MM. Ollivier et Mourlon, et Flandin, *loc. cit.*).

1205. Il a été jugé que l'acquéreur, poursuivi, par un créancier hypothécaire de son vendeur, en payement du bordereau de collocation qui a été délivré à ce créancier dans un ordre ouvert sur le vendeur, ordre auquel l'acquéreur est tout à fait étranger, et auquel il a déclaré, en tant que de besoin, former tierce opposition, que cet acquéreur a le droit de se refuser au payement, et, particulièrement, de se prévaloir des erreurs de calcul commises dans ce bordereau, qui ne le lie point, la dette n'étant point de son chef, et le bordereau, en vertu duquel il est poursuivi, étant postérieur à la vente qui lui a été consentie (Cass. 13 avr. 1835) (2).

(1) (Vanertborn C. Vancauwenbergh.) — LA COUR; — Attendu que, par jugement contradictoire du 12 oct. 1811, entre l'intimé et Vanertborn, il a été décidé que l'inscription prise par ce dernier, le 6 sept. 1807, était bonne et valable, et qu'il devait être colloqué selon son ordre d'inscription; — Attendu que l'intimé, sans avoir appelé de ce jugement, a provoqué la clôture de l'ordre définitif du 27 nov. 1812, vis-à-vis de tous les créanciers; que, cependant, dans cet ordre, le juge-commissaire n'a ni colloqué Vanertborn pour sa créance éventuelle, ni ordonné la radiation de son inscription; — Attendu que le vice dont l'ordre définitif est évidemment entaché, pour contravention aux art. 759, 767 et 777 c. pr., doit être attribué aux poursuites fautives de l'intimé, puisque c'était à lui, qui provoquait cet ordre, à donner connaissance au juge-commissaire du jugement susdit du 12 oct. 1811, jugement qu'il avait encore provoqué, sans intérêt quelconque; — Infirme; émendant, déclare l'ordre définitif du 27 nov. 1812 nul; ordonne qu'à la poursuite de la partie la plus diligente, il sera dressé un nouvel ordre définitif par le juge-commissaire du tribunal *à quo*, dans lequel, après collocation des créances privilégiées, y compris celles indiquées dans l'art. 777 c. pr., l'intimé et les appelés en cause seront colloqués suivant les dates de leurs inscriptions, etc

Du 27 avr. 1814.-C. de Bruxelles, 3e ch.

(2) *Espèce:* — (Chevalier C. Osmond.) — En 1823, Chevalier acquit, par acte notarié, des immeubles du sieur Duhamel. — En 1826, et dans un ordre ouvert sur ce dernier, un sieur Osmond, son créancier, inscrit sur ces immeubles, fut colloqué. Le juge-commissaire se borna à indiquer le jour à partir duquel il devait être colloqué pour ses intérêts, et, dans le bordereau délivré à cet effet, le greffier commit une erreur matérielle de calcul; il porta 341 fr. d'intérêts, au lieu de 241 fr. — En 1829, Osmond fit sommation à Chevalier de payer ou de délaisser. — Celui-ci prétendit faire la défalcation des 100 fr.

1206. On a déjà vu *suprà*, n° 99, que les créanciers chirographaires ont, aussi bien que les hypothécaires, le droit d'intervenir dans l'ordre ouvert sur le débiteur commun, pour veiller à ce que la distribution des deniers soit légalement faite, et qu'aucun créancier n'obtienne que la part qui lui revient légitimement.— Il a été jugé, ainsi, qu'ils sont recevables à contester à un créancier sa qualité d'hypothécaire, et à s'opposer, par suite, à la délivrance du bordereau de collocation à son profit (Cass. 10 avr. 1838) (1).

1207. L'art. 770 n'exige pas, comme le fait l'art. 671, en matière de distribution par contribution, que le créancier, au moment où il reçoit son bordereau de collocation, affirme la sincérité de sa créance entre les mains du greffier. Pigeau, Proc. civ., t. 2, p. 304, n° 4, 4e éd., en donne cette raison : « que les titres de ceux qui viennent à un ordre sont authentiques, précèdent de beaucoup la saisie et l'ordre, et méritent plus de confiance que la plupart des titres que l'on apporte aux contributions, lesquels sont souvent sous seing privé et faits dans un temps voisin de la saisie », ou ne consistent, comme le dit M. Bioche, v° Ordre, n° 698, 3e éd., 5e tirage, qu'en de simples factures, si même il n'y a pas absence complète de titres, comme lorsqu'il s'agit de fournitures, de gages de domestiques, de frais de dernière maladie (Conf. MM. Carré et Chauveau, quest. 2610, et Chauveau, Proc. de l'ordre, quest. 2607-7°; Demiau, p. 468; Seligman, n° 536; Houyvet, n° 525; Flandin, Tr. de l'ordre, inédit).

1208. On enseignait, avant la loi du 21 mai 1858, qu'il ne suffisait pas au créancier colloqué réclamant son payement de la caisse des dépôts et consignations, lorsque le prix a été consigné, de présenter son bordereau de collocation; qu'il était obligé, de plus, d'y joindre les certificats mentionnés en l'art. 548 c. pr. (Conf. MM. Carré, quest. 2184; Demiau, p. 432; Favard, t. 2, p. 115; Bioche, v° Ordre, n° 254, ancienne éd. V. aussi Caen, 30 mai 1857, n° 1029). — Il a été jugé, au contraire, depuis la loi du 21 mai, et ceci est conforme à l'observation que nous avons faite *suprà*, n° 1138, que l'avoué poursuivant, colloqué dans l'ordre pour ses frais de poursuite, peut toucher de la caisse des dépôts et consignations le montant de sa collocation sur les sommes consignées, en produisant, conformément à l'ordonnance réglementaire de la caisse des dépôts et consignations, du 3 juill. 1816, outre son bordereau de collocation, un extrait du procès-verbal d'ordre contenant les noms et prénoms des créanciers colloqués, les sommes qui leur sont allouées et la mention de l'ordonnance du juge-commissaire qui ordonne la radiation des inscriptions des créanciers non colloqués; qu'il n'est pas nécessaire qu'il produise, de plus, un certificat du greffier constatant qu'il n'existe, contre le règlement définitif, ni opposition, ni appel, le bordereau des frais de l'avoué poursuivant ne pouvant, aux termes de l'art. 770 (nouveau) c. pr. civ., être délivré par le greffier que sur la remise des certificats de radiation des inscriptions des créanciers non colloqués, et cette radiation ne pouvant être opérée par le conservateur, conformément à l'art. 769, que sur la présentation d'un extrait de l'ordonnance du juge-commissaire, extrait qui ne peut être délivré par le greffier qu'à partir du jour où l'ordonnance de clôture de l'ordre ne peut plus être attaquée (Req. 1er août 1861, aff. caisse des cons. *C.* Mallet; D. P. 62. 1. 63. — Conf. MM. Dumesnil, Lois et règlements de la caisse des dép. et cons., n° 401; Bioche, v° Ordre, n°s 727 et 728, 3e éd., 5e tirage).

1209. Le créancier colloqué, non-seulement n'est pas obligé de faire signifier le bordereau de collocation pour en obtenir le payement, mais, le faisant, les frais de cette signification devraient, comme frais frustratoires, être laissés à sa charge, à moins que la signification n'eût été rendue nécessaire par le refus de l'adjudicataire de payer. C'est ce qui résulte du passage suivant du rapport de M. Riché : « La commission, dit-il, n'a pas cru nécessaire, malgré un amendement de M. Millet, la signification des bordereaux à l'adjudicataire, qui, averti de l'ouverture de l'ordre, peut aisément en connaître l'issue, et doit être prêt à payer, s'il ne fait pas d'arrangement avec les porteurs de bordereaux » (D. P. 58. 4. 49, n° 93. — Conf. MM. Boucher d'Argis, de la Taxe des frais et dép., p. 245, n° 12; Chauveau, Proc. de l'ordre, quest. 2607-8°; Seligman, n° 537; Colmet-Daage, t. 2, n° 1035, 8e édit.; Ollivier et Mourlon, n° 446; Encycl. des huissiers, v° Ordre, n° 283; Bioche, Dict. de proc., v° Ordre, n° 704, 3e édit., et 727, en ce qui concerne le préposé de la Caisse des consignations; Flandin, Tr. de l'ordre, inédit; trib. de Bourgoin, 3 juin 1859, Journ. de proc., n° 7037. — *Contrà*, MM. Grosse et Rameau, t. 2, n° 463).

1210. Mais M. Bressolles, n° 60, nous semble aller trop loin, lorsqu'il dit *qu'il n'est pas nécessaire de signifier le bordereau de collocation à l'adjudicataire, avant de pouvoir faire le commandement d'exécution*. C'est une règle de procédure que tout commandement doit être accompagné de la notification du titre en vertu duquel il est fait (V. notamment les art. 583 c.

---

et de 46 fr. pour voyage; il déclara former, en tant que de besoin, tierce opposition à l'ordre arrêté le 24 oct. 1826, et demanda la réformation du bordereau de collocation, comme contenant des erreurs matérielles.— Osmond, de son côté, répondait que le bordereau formait, en sa faveur, un titre inattaquable, et que, d'ailleurs, on avait aussi commis des erreurs à son préjudice.—3 mars 1831, jugement du tribunal d'Evreux qui déclare les offres faites par Chevalier insuffisantes, et lui enjoint de les porter à une somme égale à celle demandée :— « Attendu que, si l'on revenait sur les erreurs commises au profit d'Osmond, il serait équitable de rectifier également celles qui ont été commises à son préjudice; mais, attendu qu'Osmond est porteur d'un titre rendu contradictoirement avec Duhamel, son débiteur; que ce titre est inattaquable; — Attendu qu'inscription a été prise par Osmond avant la vente faite par Duhamel à Chevalier; — Attendu que, Chevalier n'étant que le représentant de son vendeur, il ne peut faire valoir des moyens que celui-ci ne pourrait pas faire valoir lui-même; d'où il suit que la déduction de 146 fr., demandée sur celle de 210 fr., ne saurait être accueillie; que, par conséquent, cette dernière somme est intégralement due par Chevalier, ainsi que les accessoires, etc. » — Pourvoi de Chevalier, pour violation des art. 1235 c. civ., et 541 c. pr. Il soutient que le bordereau ne lui est pas opposable, puisqu'il a été délivré après la vente qui lui a été faite; que, d'ailleurs, cet acte ne saurait avoir l'effet d'un jugement. — Arrêt (ap. dél. en ch. du cons.).

LA COUR; — Vu l'art. 1235 c. civ.; — Attendu que tout payement suppose une dette; qu'on n'est débiteur qu'en vertu d'une obligation qu'on a contractée par soi-même ou par ceux dont on exerce les droits et dont on a les obligations; — Qu'un acquéreur n'est tenu des obligations de son vendeur qu'autant qu'elles sont relatives à la chose vendue et qu'elles ont été contractées avant la vente; — Que, dans l'espèce, le jugement attaqué reconnait, en fait que le demandeur n'était point, de son chef, le débiteur du défendeur; que, néanmoins, il condamne Chevalier et consorts à payer à Osmond une somme dont Duhamel s'était reconnu débiteur dans un acte qui ne liait point Chevalier, puisqu'il n'y figurait pas, et que le bordereau, contre lequel il pouvait se pourvoir, était postérieur à la vente consentie par Duhamel; et qu'en ce faisant, le tribunal civil d'Evreux a formellement violé la loi précitée; — Casse, etc.

Du 13 avr. 1835.-C. C., ch. civ.-MM. Portalis, 1er pr.-Béranger, rap.-Laplagne-Barris, 1er av. gén., c. conf.-Jacquemin et Bénard, av.

(1) (Gérard et autres *C.* Hallot.) — LA COUR; — Vu les art. 2092, 2093 et 1166 c. civ.; — Attendu qu'en droit, les biens d'un débiteur sont le gage de tous ses créanciers, sans distinction, et que le prix de ces biens leur appartient et doit être distribué entre eux par contribution, à moins qu'ils n'indiquent des causes de préférence, telles que des priviléges ou des hypothèques, dans les cas reconnus et selon les formes établies par les lois; — Qu'il suit nécessairement de là que les créanciers chirographaires ont le droit d'intervenir dans l'ordre et la distribution des deniers provenant de la vente des biens de leur débiteur, pour veiller à ce que cette distribution soit légalement faite et qu'aucun n'obtienne que la part qui lui revient légitimement; — Que ce droit, qui appartient à chaque créancier, de son chef, il pourrait l'exercer encore du chef de son débiteur, aux termes de l'art. 1166 c. civ., puisqu'il est incontestable que celui-ci ne soit recevable à surveiller l'ordre qui a pour objet d'opérer sa libération et le désintéressement de ses créanciers;— Qu'il s'agissait, dans l'espèce, de savoir si Hallot était, ou non, créancier hypothécaire de Damien;—Que les demandeurs, qui étaient créanciers chirographaires, avaient évidemment droit et intérêt d'intervenir à l'ordre sur cette question;—Qu'en les déclarant non recevables, et en ordonnant, nonobstant leur opposition, la délivrance du mandement de payement de la collocation au profit d'Hallot, l'arrêt attaqué a expressément violé les lois précitées; — Casse l'arrêt de la cour royale d'Amiens du 17 déc. 1834.

Du 10 avr 1838.-C. C., ch. civ.-MM. Portalis, 1er pr.-Piet, rap.-Laplagne-Barris, 1er av. gén., c. conf.-Nachet, av.

pr. civ., au titre des Saisies-exécutions, et 673, au titre de la Saisie immobilière. — Conf. M. Chauveau, Proc. de l'ordre, *loc. cit.*).

1211. D'après M. Tarrible, Rép., v° Saisie immob., §8, n° 5, il devrait être délivré à chaque créancier colloqué autant de bordereaux qu'il y a pour lui de collocations distinctes. Ainsi, dit-il, « le créancier poursuivant recevra un bordereau pour les frais de poursuite d'ordre et pour ceux de la radiation de son inscription, qui, suivant l'art. 759, doivent être colloqués par préférence à toute autre créance. Il recevra, en outre, un bordereau pour chacune de ses créances personnelles qui auront été colloquées distinctement. Chacun des autres créanciers recevra un bordereau pour les frais de radiation de son inscription collocable en premier rang, et ensuite d'autres bordereaux distincts pour ses créances utilement colloquées » (Conf. MM. Carré, t. 6, 3e édit., quest. 2609; Ollivier et Mourlon, n° 443). — Nous croyons, au contraire, que ce mode de procéder augmenterait inutilement les frais, et qu'il est plus conforme au vœu de la loi de ne délivrer à chaque créancier qu'un seul bordereau, pour toutes ses créances, contre le même adjudicataire (Conf. MM. Chauveau, Comm. du tarif, t. 2, p. 249, n° 58, et Proc. de l'ordre, quest. 2607-6°; Grosse et Rameau, t. 2, n° 466; Encycl. des huiss., v° Ordre, n° 281; Bioche, v° Ordre, n° 705, 3e édit., 5e tirage; Seligman, n° 584; Houyvet, n° 326; Flandin, Tr. de l'ordre, inédit).

1212. Mais, si le créancier ne pouvait être rempli qu'au moyen des prix dus par plusieurs adjudicataires, comme lorsque l'immeuble a été vendu par lots, il faudrait bien, dans ce cas, comme le disent MM. Grosse et Rameau, *loc. cit.*, délivrer au même créancier autant de bordereaux qu'il y aurait d'adjudicataires différents chargés de le payer (Conf. MM. Seligman, Houyvet et Flandin, *loc. cit.*). — M. Chauveau conteste cette solution, parce que, dit-il, la collocation doit être établie de telle manière que les bordereaux soient acquittés, sans acception d'adjudicataire, suivant l'ordre des hypothèques, en commençant par les plus anciennes, sans distinction entre les hypothèques générales et les hypothèques spéciales (sur ce point, qui est relatif au concours des hypothèques générales avec les hypothèques spéciales, V. Priv. et hyp., nos 2345 et suiv., et notamment aux nos 2357 et suiv.).

1213. Si la créance venant en rang utile appartient à plusieurs : par exemple, au créancier originaire et à un cessionnaire partiel, à plusieurs cessionnaires ou subrogés, ou bien à plusieurs héritiers, nous pensons, avec MM. Ollivier et Mourlon, n° 444, qu'on doit délivrer, dans ce cas, autant de bordereaux particuliers qu'il y a de parties prenantes. Un bordereau unique aurait des inconvénients de plusieurs sortes : en premier lieu, auquel des ayants droit le bordereau devrait-il être remis? Et, d'autre part, combien de difficultés pourraient naître entre les différents intéressés, soit pour la répartition à faire entre eux, suivant les droits de chacun, du montant du bordereau, soit pour le genre de poursuites à exercer contre l'acquéreur ou adjudicataire en cas de non-payement! Ce que dit M. Bioche, v° Ordre, n° 705, 3e éd., 5e tirage, « qu'on délivre quelquefois un bordereau collectif à divers créanciers, *sur leur demande*, » ne contredit pas notre opinion; car on ne fait aucun grief aux parties, en agissant conformément à leur demande. — M. Seligman, au contraire, n° 555, enseigne, d'une façon absolue, qu'il ne doit être délivré qu'un seul bordereau collectif pour tous les intéressés dans une même collocation; « car, si l'on délivrait à chaque créancier, dit-il, par exemple, à chaque cohéritier ayant une part dans cette collocation, un bordereau distinct, l'augmentation des frais qui en résulterait retomberait tout entière sur le dernier créancier colloqué. » — M. Houyvet, n° 326, prenant une opinion intermédiaire, est d'avis que les cessionnaires d'un créancier ou les héritiers qui ont produit en commun, *et qui n'ont pas réclamé un bordereau individuel*, ne doivent en recevoir qu'un seul pour eux tous; mais que si, tout en produisant en commun, ils ont réclamé un bordereau spécial pour chacun d'eux, ce bordereau ne peut leur être refusé.

1214. L'acquéreur ou adjudicataire paye les bordereaux au fur et à mesure qu'ils lui sont présentés, sans avoir à s'occuper du rang assigné à chaque créancier dans l'ordre (V. les arrêts cités au numéro suivant.—Conf. MM. Chauveau sur Carré, quest. 2611 *ter*, et Proc. de l'ordre, quest. 2608-6°; Grosse et Rameau, t. 2, n° 473; Encycl. des huissiers, v° Ordre, n° 286; Ollivier et Mourlon, n° 452; Bioche, v° Ordre, n° 712, 3e éd., 5e tirage; Seligman, n° 542; Houyvet, n° 336; Flandin, Tr. de l'ordre, inédit); pourvu, toutefois, fait observer M. Chauveau sur Carré, quest. 2611, qu'il n'ait pas été formé d'opposition entre ses mains, par exemple, de la part d'un créancier omis dans l'ordre (Conf. MM. Bioche, n° 714 et Houyvet, *loc. cit.*; Ollivier et Mourlon, n° 451).

1215. Cela ne peut avoir d'inconvénients quand l'adjudicataire, ou les adjudicataires, s'ils sont plusieurs, sont tous solvables. Mais le contraire peut arriver, et il ne serait pas juste, si la revente de l'immeuble ou des immeubles à laquelle il faudra procéder donne une perte, que cette perte retombât sur les créanciers premiers colloqués, parce qu'ils se seraient laissé gagner de vitesse par d'autres créanciers venant après eux dans l'ordre. Aussi la jurisprudence accorde-t-elle, dans ce cas, un recours aux premiers contre les seconds (Conf. MM. Ollivier et Mourlon, n° 452; Chauveau sur Carré, quest. 2611 *ter*; Seligman, n° 543; Houyvet, *loc. cit.*; Flandin, Tr. de l'ordre, inédit). — Il a été jugé ainsi : 1° que, lorsque les créanciers hypothécaires ont consenti à la distribution, par un seul et même ordre, des biens de leurs débiteurs vendus à plusieurs acquéreurs, lesdits acquéreurs sont valablement libérés en payant les créanciers qui se présentent, porteurs de bordereaux réguliers, sans égard au rang de collocation de chacun d'eux (Poitiers, 11 mars 1824, aff. Rousseau, v° Priv. et hyp., n° 2292);—2° Que, si le créancier, qui a reçu son bordereau de collocation contre l'un de ces acquéreurs, ne peut en être payé, et si les biens, revendus à perte sur ce dernier, n'offrent plus une somme suffisante pour le payement de ce créancier, celui-ci a le droit de recourir contre ceux des autres créanciers qui, ayant des inscriptions postérieures à la sienne, ont été payés par les autres acquéreurs (même arrêt);—3° Qu'un adjudicataire est pleinement libéré, lorsqu'il a payé le montant de son prix à des créanciers colloqués dans l'ordre, et porteurs de bordereaux délivrés dans la forme légale et exécutoire, sans qu'il ait à s'inquiéter du rang de collocation des créanciers; qu'en conséquence, si des adjudicataires ont payé leur entier prix à des créanciers porteurs de bordereaux réguliers, il ne peut être exercé de recours contre eux, par d'autres créanciers, pour le payement de leurs bordereaux, encore bien que ces bordereaux soient d'un rang antérieur à ceux qui ont été payés (Aix, 30 mai 1825, et, sur pourvoi, Req. 28 fév. 1827) (1); .... sauf aux créanciers non payés à s'adresser aux

(1) *Espèce :* — (Diouloufet C. Moublet, etc.) — Dans un ordre ouvert sur les sieurs de Preigne, Diouloufet, l'un des créanciers, est colloqué, au douzième rang, pour 2,550 fr., et, au vingt-deuxième, pour 459 fr. Il fait signifier ses bordereaux de collocation aux sieurs Mourret, Moublet, Verau et Achardy, adjudicataires du domaine de Laurade. Il est à remarquer qu'il y avait encore d'autres adjudicataires. — Mourret, Moublet, Verau et Achardy prétendent qu'ils ont payé leur prix à des créanciers porteurs de bordereaux, et que ce payement les a libérés, encore bien que ces créanciers soient postérieurs aux douzième et vingt-deuxième rangs — 25 janv. 1825, jugement qui ordonne que le bordereau au douzième rang continuera d'être exécuté, sauf aux adjudicataires à se régler entre eux, dans le cas où quelqu'un d'eux aurait épuisé les sommes par lui dues au payement de créances antérieures au douzième rang; et que, quant au bordereau du vingt-deuxième rang, les adjudicataires prouveront qu'ils n'ont pas payé de créance après le vingt et unième rang; que, s'ils font cette preuve, ils seront valablement libérés; que, dans le cas contraire, ce bordereau continuera également à recevoir son exécution

Sur l'appel des adjudicataires, arrêt de la cour d'Aix, du 10 mai, qui ordonne que Diouloufet fera la preuve qu'il n'y a plus de fonds libres entre les mains des adjudicataires, autres que les appelants. — Il a été reconnu que Bethefort, l'un de ces adjudicataires, devait encore 2,115 fr. — 30 mai 1825, arrêt définitif qui met hors de cause Mourret, attendu qu'il a payé ce qu'il devait à des créanciers colloqués avant Diouloufet, et qui statue, en ces termes, à l'égard des autres : — « Considérant, en ce qui concerne Verau, Moublet et Achardy, que, d'après les art. 759 et 771 c. pr., la présomption légale est que tous les créanciers colloqués dans un ordre le sont utile-

autres acquéreurs, si ceux-ci ont encore des fonds libres, ou à répéter, de ceux des créanciers qui ont été indûment colloqués et payés, le montant de ce qu'ils ont reçu (même arrêt de la cour d'Aix).

1216. Il a été jugé, au contraire, que, lorsque les créanciers colloqués ont reçu des bordereaux, sans condition ni réserve, ceux-ci sur certains acquéreurs, ceux-là sur d'autres, si l'un de ces créanciers, ayant hypothèque sur tous les immeubles, ne peut obtenir son payement de l'acquéreur désigné dans son bordereau, il n'a pas de recours à exercer contre les créanciers postérieurs à lui qui ont été payés par les autres acquéreurs, pour les obliger au rapport des sommes qu'ils ont touchées, dès qu'il n'a pas attaqué l'ordonnance de clôture de l'ordre (Lyon, 23 avr. 1852) (1).

1217. Si le créancier colloqué, dit Pigeau, Comm., t. 2, sur l'art. 772, note 1, ne peut ou ne veut recevoir le montant de sa collocation, le règlement définitif ne vaudrait pas mainlevée définitive de son inscription; car il subordonne la mainlevée au payement. L'acquéreur, dans ce cas, serait autorisé à déposer le montant de la collocation à la caisse des consignations, et à assigner le créancier en mainlevée. — Mais tous les frais de cette instance, ajoute Pigeau, ainsi que les frais de dépôt, seraient à la charge personnelle du créancier (Conf. MM. Bioche, v° Ordre, n° 733, 3e éd., 5e tirage; Flandin, Tr. de l'ordre, inédit).—Pour l'emploi des deniers revenant à la femme à raison de ses droits éventuels, V. Priv. et hyp., nos 2330 et suiv.

1218. Nous avons dit, v° Priv. et hyp., n° 1118, qu'un bordereau de collocation n'est pas un titre qui puisse conférer l'hypothèque judiciaire, et nous avons cité un arrêt de la cour de Grenoble, du 28 mai 1831, aff. Vernet, qui l'a ainsi décidé, en jugeant qu'un créancier chirographaire, colloqué dans un ordre, ne peut se prévaloir du bordereau de collocation qu'il a obtenu pour prendre inscription contre l'adjudicataire (Conf. Colmar, 22 août 1833, aff. Schmerber, *suprà*, n° 1193-3°). — *Contre l'adjudicataire :* cela est évident, puisqu'il n'a contracté aucune obligation personnelle envers le créancier (Conf. M. Houyvet, n° 329). — Mais il faut aller plus loin et dire que le bordereau ne peut, de même, conférer hypothèque contre le débiteur. Ce n'est, en effet, ni un *acte judiciaire*, dans le sens de l'art. 2117 c. nap., dont la portée est restreinte par l'art. 2123 (V. Priv. et hyp., n° 1104), ni un *jugement*, dans la véritable acception de ce mot. « Il est bien vrai, dit M. Flandin, Tr. de l'ordre, inédit, que l'ordonnance du juge-commissaire qui prononce la clôture de l'ordre, et à la suite de laquelle il est procédé, par ce magistrat, au règlement définitif, peut, à certains égards, être considérée comme un jugement, puisqu'elle est susceptible d'opposition (c. pr. 767); mais on ne saurait dire, pour cela, que le bordereau de collocation, quoique partie détachée de cette ordonnance, ou, pour parler plus exactement, du procès-verbal d'ordre, ait le caractère de jugement. Dans le cas même où il y aurait eu contestation au sujet de la créance colloquée, le bordereau sera bien une suite, une conséquence de la décision rendue, mais ne sera pas cette décision elle-même. » — Il a, toutefois, été jugé qu'en supposant que le bordereau de collocation ne soit pas un titre suffisant pour conférer hypothèque sur les biens personnels de l'adjudicataire, il en est autrement, lorsque, sur la contradiction de ce dernier, le bordereau a été déclaré, par jugement, obligatoire contre lui (Bordeaux, 30 avr. 1840, aff. Bellot, v° Priv. et hyp., n° 1120). — C'est ce jugement alors qui devient productif de l'hypothèque.

1219. « Le créancier colloqué, en donnant quittance du montant de sa collocation, *consent* la radiation de son inscription » (c. pr. 771).— Ce consentement est-il bien nécessaire? Est-il une condition *sine quâ non*, et, à défaut de laquelle, le conservateur ne pourrait passer outre et procéder à la radiation? Nous ne le pensons pas. La radiation de l'inscription est la conséquence du payement constaté par la quittance, et il importe peu, dès lors, que le créancier consente, ou non, à ce que cette radiation soit effectuée (Conf. MM. Delaporte, t. 2, p. 348, dern. alin.; Chauveau sur Carré, quest. 2612 *bis*, et Proc. de l'ordre, quest. 2609; Bioche, v° Ordre, n° 732, 3e éd., 5e tirage; Flandin, Tr. de l'ordre, inédit.— V. cependant MM. Seligman, n° 551; Ollivier et Mourlon, n° 456).

1220. Mais, à l'inverse, le conservateur est-il tenu de rayer l'inscription, sur la seule présentation d'un acte authentique contenant la mainlevée du créancier colloqué, sans qu'il lui soit justifié du payement du bordereau? Il paraît que des conservateurs s'y sont refusés, craignant, s'ils agissaient autrement, d'engager leur responsabilité. Avant que l'ordre soit ouvert, ils ne font aucune difficulté de rayer, sur la simple production d'une mainlevée; et il serait malaisé qu'il en fût autrement, en présence des art. 2157 et 2158 c. nap., dont le premier porte que « les inscriptions sont rayées, du consentement des parties intéressées et ayant capacité à cet effet, » et le second que « ceux qui requièrent la radiation déposent au bureau du conservateur l'expédition de l'acte authentique portant consentement. » sans rien exiger de plus. Mais, après l'ordre ouvert, ils argumentent des termes de l'art. 771 c. pr. pour prétendre que la mainlevée doit être accompagnée d'une quittance. « A la vérité, dit, à ce sujet, M. Flandin, *loc. cit.*, cet article parle simultanément de

---

ment, puisque ces articles n'ordonnent la délivrance des bordereaux de collocation qu'à ceux utilement colloqués, et qu'ils prescrivent la radiation de ceux non utilement colloqués; qu'en outre, la loi déclare tous les bordereaux de collocation, sans distinction des rangs, exécutoires contre l'acquéreur; que, dès lors, ce dernier ne peut, tant qu'il a encore des fonds libres, refuser le payement du montant des bordereaux qui lui sont présentés; — Qu'il ne peut retarder ce payement, sous le prétexte que des créanciers colloqués aux rangs antérieurs n'ont pas encore été payés, et que peut-être il ne restera pas de fonds suffisants pour les satisfaire, puisque la supposition légale est que les diverses collocations n'excèdent pas le montant des sommes à distribuer, et que, d'ailleurs, cet examen n'est point le fait de l'acquéreur, qui ne peut jamais être soumis à payer au delà du prix de son acquisition, et qui, après la clôture du procès-verbal d'ordre par le juge-commissaire, ne doit plus se considérer que comme un consignataire de fonds à remettre, sur la simple exhibition des bordereaux de collocation, qui peuvent ainsi être assimilés à des mandats à vue;—Considérant, en fait, que Verau, Moublet et Achardy ont justifié avoir payé le prix entier de leur adjudication à des créanciers colloqués en l'ordre dont il s'agit, et porteurs de bordereaux délivrés, aux formes de la loi, et exécutoires; qu'ils sont, dès lors, bien et valablement libérés, et ne peuvent être recherchés par des créanciers même antérieurs à ceux qui ont déjà reçu leur payement, sauf aux créanciers non payés à s'adresser aux autres acquéreurs, si ceux-ci ont encore des fonds libres, ou à répéter de ceux qui ont été indûment colloqués et payés le montant de ce qu'ils ont reçu; que cette décision est d'autant plus juste, dans l'espèce, que Diouloufet, en exécutant l'arrêt interlocutoire du 10 mai dernier, qui le soumettait à prouver qu'il ne restait plus de fonds libres entre les mains des autres acquéreurs, a justifié lui-même que Betbefort, l'un des adjudicataires, est reliquataire d'un solde sur lequel il peut porter ses exécutions. — Pourvoi, pour violation des art. 2093, 2094, 2134 et 2166 c. civ. — Arrêt.

LA COUR; — Attendu que, d'après les faits déclarés constants par l'arrêt attaqué, la cour d'Aix a fait à l'espèce une juste application de l'art. 771 c. pr.; — Attendu que, pour obtenir une pleine libération, il a suffi, aux adjudicataires dont il s'agit, de payer le prix entier de leurs adjudications à des créanciers colloqués utilement dans le procès-verbal d'ordre rédigé par le juge-commissaire, et porteurs de bordereaux délivrés dans les formes établies par la loi, et devenus exécutoires, aux termes de cette loi; — Rejette.

Du 28 fév. 1827.-C. C., ch. req.-MM. Henrion, pr.-Botton, rap.

(1) (Larue C. Bermont et cons.) — LA COUR; — Attendu que le bordereau de collocation délivré à Larue ne renfermait ni condition, ni réserve, et que le payement qui lui a été fait par l'acquéreur désigné à cet effet a été régulier et valable; — Que le bordereau délivré aux consorts Bermond, ne portant que sur le prix de vente dû par les mariés Cucherat et Burdin, concentrait son droit à l'immeuble acquis par lesdits Cucherat et Burdin; — Attendu qu'à la vérité, les intimés étaient et avaient été reconnus créanciers à une date qui leur donnait antériorité sur Larue, quant aux 3,000 fr. dus à celui-ci; que le droit de préférence aurait pu autoriser les intimés à se pourvoir contre l'ordonnance de clôture, afin d'obtenir plus de garanties pour leur remboursement; mais que cette ordonnance n'ayant pas été attaquée par eux, et les payements faits aux autres créanciers ayant eu lieu en conformité et pour l'exécution de cette ordonnance, l'action en rapport de tout ou partie des sommes valablement payées et valablement encaissées n'est pas recevable; — Infirme le jugement du tribunal civil de Roanne du 16 juin 1851; renvoie Larue de la demande contre lui formée.

Du 23 avr. 1852.-C. de Lyon.

quittance et de consentement à donner par le créancier colloqué pour la radiation de son inscription; mais c'est parce qu'ordinairement les choses se passent ainsi. Le législateur, pour cela, n'a pas entendu proscrire tels ou tels arrangements qui peuvent intervenir entre le créancier, maître de ses droits, et l'acquéreur ou l'adjudicataire. Il peut arriver que celui-ci, s'il n'a pas son argent prêt, demande terme au créancier et obtienne, cependant, de ce dernier, confiant dans la solvabilité de l'adjudicataire, la mainlevée de son inscription, ou une autre garantie en échange. On verra, d'ailleurs, plus bas (nº 1225), que les frais de quittance sont à la charge de l'acquéreur ou de l'adjudicataire; et, comme les quittances ne sont pas au nombre des actes que les parties soient tenues de faire enregistrer, à moins de mention dans un autre acte soumis à l'enregistrement, ou de leur production en justice (L. 22 frim. an 7, art. 23), il n'est pas interdit au débiteur, qui ne veut pas faire les frais d'une quittance notariée, de se contenter d'une quittance sous seing privé pour ne soumettre au conservateur que l'acte authentique du consentement donné par le créancier à la radiation de l'inscription (V. nº 1228). »—Il a été jugé, dans ce sens, que l'art. 774 (ancien) c. pr., d'après lequel l'inscription d'office doit être rayée, sur la justification du payement du prix, soit aux créanciers utilement colloqués, soit à la partie saisie, n'est pas limitatif; qu'ainsi, la radiation de l'inscription est régulièrement opérée, sur la simple renonciation, par acte authentique, du vendeur ou de ses ayants cause au bénéfice de la collocation résultant de cette inscription, et au privilége attaché à la transcription du contrat de vente; que, par suite, le conservateur ne serait pas fondé à exiger, pour opérer cette radiation, que l'adjudicataire justifiât, par la représentation de quittances libératoires, du payement entier de son prix (Angers, 2 fév. 1848, aff. de La-villegontier, D. P. 48. 2. 195).

1221. Est-il au moins nécessaire que la quittance, ou l'acte contenant le consentement du créancier à la radiation de son inscription, soient passés dans la forme authentique?— « Cela doit être ainsi, dit M. Tarrible, Rép. de Merlin, vº Saisie immob., § 8, nº 6, pour se raccorder avec l'art. 2158 c. nap., qui ne permet au conservateur de rayer que sur la représentation et le dépôt de l'expédition de l'acte authentique portant consentement » (Conf. MM. Carré, quest. 2613; Chauveau, Proc. de l'ordre, quest. 2609 *ter*; Rodière, t. 3, p. 230; Berriat, t. 2, p. 624, note 44; Grosse et Rameau, t. 2, nº 475; Bressolles, nº 60; Encycl. des huiss., vº Ordre, nº 288; Bioche, vº Ordre, nº 731, 3ᵉ éd., 5ᵉ tirage; Ollivier et Mourlon, nº 436; Colmet-Daage, t. 2, nº 1035, 8ᵉ éd.; Seligman, nº 551; Persil, Rég. hyp., sur l'art. 2157, nº 23; V. aussi Priv. et hypoth., nºs 2743 et 2744. — *Contrà*, M. Hautefeuille, p. 424).— « On pourrait objecter, dit M. Flandin, Tr. de l'ordre, inédit, qu'aux termes de l'art. 2158 précité, la radiation s'opère en vertu de l'acte authentique portant consentement, ou en vertu de *jugement*; que, le bordereau de collocation n'étant autre chose qu'un extrait du procès-verbal d'ordre, a le caractère d'authenticité et que, de plus, il tient lieu de *jugement*, étant l'œuvre du juge-commissaire, lequel n'est, à vrai dire, que le délégué du tribunal; qu'il devrait suffire, par conséquent, que la quittance fût mise par le créancier au pied du bordereau, pour que, sur la production de ce bordereau, ainsi quittancé, le conservateur pût opérer la radiation. On doit regretter, ajoute l'honorable magistrat, que les auteurs de la loi du 21 mai 1858, qui ont tant recherché la célérité et l'économie, n'aient pas introduit dans la loi une pareille disposition, et qu'ils se soient bornés à reproduire purement et simplement, sur ce point, l'ancien art. 772. Mais, à défaut d'un texte à cet égard, on ne saurait se passer de l'acte notarié portant quittance ou mainlevée de l'inscription, puisque ce n'est pas en vertu du bordereau, mais du payement, que l'inscription peut être rayée. »

1222. Le tuteur, ainsi que nous l'avons dit *suprà*, nº 237, pouvant recevoir pour le mineur, n'a pas besoin de l'autorisation du conseil de famille pour consentir à la radiation de l'inscription, radiation qui n'est que la conséquence du payement (Conf. MM. Pigeau, Comm., t. 2, sur l'art. 772, note 1; Chauveau, Proc. de l'ordre, quest. 2609; Ollivier et Mourlon, nº 436; Seligman, nº 552. V. aussi Priv. et hyp., nºs 2680 et suiv.).

1223. La femme séparée de biens, soit judiciairement, soit contractuellement (c. nap. 1449, 1536), la femme mariée sous le régime dotal, pour ses paraphernaux (1576), ayant l'administration de leurs biens, pouvant recevoir, par conséquent, leurs capitaux, n'ont pas besoin, non plus, de l'autorisation maritale pour donner, en recevant le montant de leur bordereau de collocation, mainlevée de leur inscription (V. *suprà*, nºs 248, 253, et vº Priv. et hyp., nºs 2688 et suiv.).— Il a été jugé, en effet : 1º que la femme, séparée de biens judiciairement, a capacité pour recevoir le remboursement de sa dot mobilière, sans être tenue d'en faire emploi ; et, spécialement, que l'adjudicataire des biens du mari paye valablement entre les mains de la femme, séparée de biens judiciairement (autorisée, d'ailleurs, dans l'espèce, par son mari à donner quittance), le montant du bordereau de collocation délivré à cette femme pour le montant de sa dot mobilière, sans qu'aucune loi l'oblige, ni même l'autorise à surveiller l'emploi des deniers (Cass. 25 janv. 1826, aff. Chabas, vº Contrat de mar., nº 3968-2º); — 2º Que le consentement, donné par la femme, en recevant le montant de son bordereau, à la radiation de son hypothèque, ne saurait être considéré comme un acte d'aliénation, mais comme la conséquence virtuelle du payement à elle fait d'un capital dont l'hypothèque n'était que l'accessoire (même arrêt. V. d'autres arrêts dans le même sens *suprà*, nº 253);—3º Que, de même, la femme séparée de biens sous le régime dotal, a capacité pour recevoir le remboursement d'une créance dotale, sans que la loi l'assujettisse à fournir caution ou à faire emploi en immeubles, ou que les tiers qui payent soient en droit de l'exiger (Cass. 23 déc. 1839, aff. Buisson, vº Contrat de mar., nº 3968-3º) ; — 4º Mais que, lorsque la charge d'emploi a été imposée au mari par le contrat de mariage, la séparation de biens n'a pas pour effet d'affranchir de cette charge la femme qui reçoit les capitaux de sa dot mobilière, à la place de son mari, et que le tiers qui paye doit en exiger l'emploi (même arrêt) ; — 5º Que la dot mobilière, sous le régime dotal, est inaliénable, dans le cas surtout où elle a été constituée à charge d'emploi (V. *suprà*, nºs 252 et suiv.); que, par suite, toute renonciation, de la part de la femme, ayant pour effet de compromettre la conservation de la dot, ou d'en empêcher le recouvrement intégral, constitue une aliénation prohibée ; et, spécialement, que la femme, même séparée de biens, ne peut valablement renoncer au bordereau de collocation qui lui a été délivré sur le prix de vente d'un immeuble appartenant à son mari, comme valeur représentative de sa dot, alors même que la renonciation aurait été donnée, par forme de transaction, à l'occasion de contestations élevées sur la validité de sa collocation, et que la femme aurait reçu une portion de la somme qui lui avait été allouée (même arrêt, et Cass. ch. réun. 14 nov. 1846, dans la même affaire, D. P. 47. 1. 27).

1224. Si le montant de la collocation devait se diviser entre plusieurs personnes, dit Pigeau, *loc. cit.*, note 2, par exemple, entre des héritiers, l'adjudicataire ne pourrait être contraint de recevoir des mainlevées partielles de l'inscription, parce que, bien que la créance soit divisible en elle-même et se divise, de plein droit, entre les héritiers (c. nap. 1220), il en est autrement de l'hypothèque, indivisible de sa nature : *tota in toto, tota in qualibet parte*. Une seule portion de la créance hypothécaire grève l'immeuble entier; et, comme l'adjudicataire ne doit payer qu'en obtenant l'entière libération de son immeuble, il s'ensuit que les ayants droit sont tenus de s'entendre pour donner une mainlevée générale et libératoire de tout l'immeuble; après quoi ils réclament leur payement, chacun dans la proportion de leurs droits (Conf. MM. Chauveau sur Carré, quest. 2612 *ter*, et Proc. de l'ordre, quest. 2609 *bis*; Grosse et Rameau, t. 2, nº 474; Bioche, vº Ordre, nº 734, 3ᵉ éd., 5ᵉ tirage; Ollivier et Mourlon, nº 436; Seligman, nº 550; Houyvet, nº 326; Flandin, Tr. de l'ordre, inédit).

1225. A la charge de qui sont les frais de la quittance à donner par le créancier colloqué, en touchant le montant de son bordereau? — D'après l'art. 1248 c. nap., les frais de la quittance sont à la charge du débiteur : or le débiteur, c'est l'adjudicataire ou l'acquéreur, qui tient la place du débiteur originaire, et à qui il doit importer peu de payer son prix entre les mains de son vendeur ou des créanciers de ce dernier. Il est vrai que sa position se trouve aggravée par la nécessité de faire face aux frais d'autant de quittances qu'il y a de créanciers utilement colloqués; mais c'est là une conséquence de son acquisition même, et dont il a dû tenir compte en achetant (Conf. MM. Chauveau, Proc. de l'ordre, quest. 2610; Form. de proc., t. 2, p. 295, note 1, et Journ. des av., t. 74, p. 640, art. 786, § 15; Flandin, Tr. de l'ordre, inédit). — Il a été jugé, dans ce sens : 1° que les frais des quittances consenties par les créanciers porteurs de bordereaux de collocation sont à la charge de l'adjudicataire, comme ceux de quittance que lui consent le saisi pour la portion du prix restée libre après le payement des créances inscrites (Besançon, 17 déc. 1852) (1); — 2° Que l'acquéreur, qui a consigné son prix, à la suite d'offres régulières dont il n'a pas demandé la validité pour épargner les frais, est tenu des frais et honoraires des quittances notariées pour le montant du prix qu'il a consigné; mais qu'il ne doit pas supporter l'augmentation de ces mêmes frais et honoraires pour les quittances des intérêts courus depuis le jour de la consignation, par suite des lenteurs de l'ordre ouvert pour la distribution du prix en question (Paris, 30 déc. 1848, aff. Barbereux, v° Obligation, n° 2254).

1226. Il a été jugé, en matière de distribution par contribution, que la caisse des dépôts et consignations, qui paye à des créanciers colloqués une somme dont elle est dépositaire, n'est pas en droit d'exiger des parties prenantes une quittance notariée; que celles-ci sont seulement tenues de lui délivrer, à leurs frais, une quittance sous seing privé sur timbre (Rej. 14 avr. 1836, aff. Caisse des dép. et cons. *C.* Jourdain, v° Distrib. par contrib., n° 192). — Le principe doit être le même, en matière d'ordre, et la décision souffrirait d'autant moins de difficulté, sous la loi du 21 mai 1858, que, d'après l'art. 777 du nouveau code, la radiation des inscriptions est opérée après la consignation effectuée et avant la délivrance des bordereaux, en vertu de l'ordonnance du juge-commissaire qui a déclaré la consignation valable et prononcé la radiation de toutes les inscriptions existantes, avec maintien de leur effet sur le prix. Ici la radiation n'est plus la conséquence du payement ou de la mainlevée donnée par le créancier, mais l'exécution d'un ordre du juge, c'est-à-dire d'un acte qui équivaut à un jugement, s'il n'est pas un jugement proprement dit (Conf. MM. Chauveau, Proc. de l'ordre, quest. 2610; Flandin, Tr. de l'ordre, inédit). — La jurisprudence résultant de l'arrêt du 14 avr. 1836 a, du reste, été acceptée par l'administration, et une circulaire du 24 août 1836 a décidé que, lorsque des quittances notariées seront exigées par la caisse, les frais en seront supportés par elle. — Deux décisions du ministre des finances, des 4 août 1836 et 14 août 1843, insérées dans l'Instruction de la régie du 30 juill. 1844, ajoutent que ces quittances, contenant décharge pure et simple au profit de la caisse, seront enregistrées *gratis* (V. le Formul. de proc. de M. Chauveau, t. 1, p. 497, note 1; V. aussi v° Enreg., n° 4897)

1227. Mais il en serait autrement si ces quittances ou décharges contenaient des stipulations étrangères à la Caisse des dépôts, et qui fussent passibles de droits d'enregistrement : ces droits, dit l'Instruction précitée, seraient à la charge des parties et devraient être acquittés par les notaires rédacteurs des actes. — Il a, en conséquence, été jugé : 1° que le droit de quittance est dû sur l'acte constatant que l'acquéreur d'un immeuble a versé le prix de son acquisition à la Caisse des dépôts et consignations, conformément aux stipulations du contrat de vente (Trib. d'Évreux, 17 juin 1837, aff. Dauvet, v° Enreg., n° 550; — 2° Que le droit de quittance est exigible sur l'acte de décharge, au profit de la Caisse des consignations, d'un prix de vente volontairement déposé par l'acquéreur, lorsque cet acte contient en même temps mainlevée des inscriptions qui grevaient l'immeuble, et que le droit est exigible de l'acquéreur dont ledit acte opère la libération (Trib. de Saint-Gaudens, 14 août 1845, aff. Milhet, v° Enreg., n° 549).

1228. Mais, si les frais de quittance sont à la charge de l'adjudicataire, il n'en est pas de même de ceux de radiation, puisque, d'après l'art. 759, « il est fait distraction, en faveur de l'adjudicataire, sur le montant de chaque bordereau, des frais de radiation de l'inscription. » Et, comme le droit de quittance est un droit proportionnel, tandis que la radiation de l'inscription ne donne lieu qu'à un droit fixe (V. Enreg., n°s 845 et suiv., et n° 5940), l'adjudicataire ou l'acquéreur peut avoir intérêt à se contenter de quittances sous seing privé, sauf à faire rédiger devant notaire l'acte de mainlevée de l'inscription, lequel n'est assujetti qu'au droit fixe de 2 fr. (V. *suprà*, n° 1220).

1229. « Au fur et à mesure du payement des collocations, porte l'art. 771, le conservateur des hypothèques, sur la représentation du bordereau et de la quittance du créancier, décharge, d'office, l'inscription jusqu'à concurrence de la somme acquittée. — L'inscription d'office est rayée définitivement, sur la justification, faite par l'adjudicataire, du payement de la totalité de son prix, soit aux créanciers utilement colloqués, soit à la partie saisie. » — Dans la rédaction nouvelle du titre de l'Ordre, on a fait, des art. 772, 773 et 774 de l'ancien code, un seul article, auquel on a donné le n° 771 ; mais on a reproduit littéralement l'ancien texte, en supprimant seulement le dernier membre de phrase de l'art. 774 que rendait inutile l'art. 769. — Des difficultés, cependant, s'étaient élevées, avant la loi du 21 mai, sur le sens à attribuer à ces mots de l'art. 773 : « Le conservateur des hypothèques... *déchargera d'office l'inscription* jusqu'à concurrence de la somme acquittée », rapprochés de ces autres mots de l'art. 774 : « *L'inscription d'office* sera rayée définitivement, etc. » — Pigeau, Proc. civ., t. 2, p. 305, n° 7, 4° éd., les appliquait, dans l'un et l'autre article, à l'inscription d'office prise, après transcription, en conformité de l'art. 2108 c. nap., pour la conservation du privilége du vendeur ou de la partie saisie. — « Si l'adjudicataire, dit-il, a fait transcrire son jugement, le conservateur a dû inscrire, d'office, le saisi, au profit de la masse de ses créanciers, pour le prix de l'adjudication et toutes les créances résultant de ce jugement; s'il ne l'a pas fait, le poursuivant, ou tout autre créancier plus diligent, a pu faire cette transcription, à l'effet d'acquérir inscription (C. nap. 2108). — Au fur et à mesure du payement des collocations, le conservateur des hypothèques, sur la représentation du bordereau et de la quittance du créancier, déchargera l'inscription d'office jusqu'à concurrence de la somme acquittée (773); et cette inscription est rayée définitivement, en justifiant, par l'adjudicataire, du payement de la totalité de son prix, etc. (774). » — Conf. M. Lepage, Tr. des Saisies, t. 2, p. 292.

(1) (De Grimaldi *C.* Grobert et Hézard) — LA COUR; — Vu les art. 1248 c. nap., 759, 772 et suiv., 130, 470 et 471 c. pr. civ.; — Attendu que, d'après les conclusions de l'appelant et ses explications à l'audience, le débat se restreint aux frais et honoraires des quittances données ou à donner par les créanciers colloqués sur le prix de l'immeuble; que, dans ses contredits au procès-verbal d'ordre, l'appelant a reconnu devoir les frais des quittances authentiques qu'il a reçues ou recevra des saisis pour la partie du prix non employée au payement des créances; — Attendu que les dispositions relatives aux obligations conventionnelles, en général, doivent régir les adjudications d'immeubles saisis, en l'absence de règles spéciales sur la matière ou de stipulations contraires; — Que l'art. 1248 c. nap. impose au débiteur les frais du payement; que cet article, évidemment applicable aux ventes volontaires, l'est aussi dans les ventes forcées;

Qu'un adjudicataire est débiteur du prix d'adjudication, soit vis-à-vis des créanciers inscrits, soit vis-à-vis des parties saisies; qu'il se libère également en payant d'une manière régulière aux uns et aux autres; que, dans les deux cas, par identité de motifs et suivant le principe général écrit dans la loi, les frais du payement doivent rester à sa charge; — Attendu que ni l'art. 759, ni aucune autre disposition du c. pr. civ., ne dérogent à cette règle; que l'art. 759 n'autorise à déduire du prix d'adjudication que les frais de poursuite d'ordre est de radiation d'inscriptions; — Que, si les quittances sont un préliminaire de la radiation, les frais qu'elles entraînent diffèrent cependant de ceux de la radiation elle-même; que les quittances profitent directement à l'adjudicataire dont elles constatent la libération, et ne sont que la conséquence de son obligation de payer le prix; qu'en achetant sur saisie, il a connu et tacitement accepté toutes les charges attachées à sa position; qu'il est tenu dès lors de supporter les frais de quittances authentiques, dans le cas où les art. 772 et suiv., c. pr. civ., feraient un devoir au conservateur des hypothèques d'exiger la production de ces pièces; — Attendu que, dans l'espèce, le cahier des charges ne renferme pas de stipulations contraires à ces principes; — Par ces motifs, — Confirme.

Du 17 déc. 1852. C. de Besançon, 1re ch.-M. Jobard, pr.

D'après M. Tarrible, au contraire, Rép. de Merlin, v° Saisie immob., § 8, n° 6, ce n'était nullement de l'inscription d'office que le législateur avait entendu parler dans les art. 773 et 774. Selon ce jurisconsulte, le premier de ces articles s'appliquait aux inscriptions des créanciers utilement colloqués, que le conservateur doit rayer d'*office*, au fur et à mesure de l'acquittement des bordereaux, et le second aux inscriptions des créanciers non colloqués, qu'il doit pareillement rayer d'*office*, en justifiant, par l'adjudicataire, de l'ordonnance du juge qui prononce la radiation de ces inscriptions. Et, s'expliquant sur les mots de l'art. 774 : *l'inscription d'office sera rayée définitivement*, « On pourrait penser, dit-il, qu'il existe une *inscription d'office* à l'égard des créanciers non utilement colloqués. Il n'en existe aucune : il n'y a d'autres inscriptions d'office que celles qui sont prises par le conservateur, lors de la transcription du contrat de vente portant dette de la totalité ou de la partie du prix envers le vendeur; et ce n'est pas *de* celles-là *dont* il est question ici... »

Carré, prenant un système intermédiaire entre MM. Pigeau et Tarrible, interprétait l'art. 773 comme M. Tarrible et l'art. 774 comme Pigeau. «... Il ne faut considérer, dit-il, Quest. 2614, que le texte des art. 773 et 774. Or, il nous semble que le premier parle de la radiation successive de l'inscription de chaque créancier, radiation que le conservateur, sur la représentation de chaque bordereau et de la quittance *authentique* du créancier, opère d'*office*, c'est-à-dire sans qu'il soit besoin d'un acte contenant réquisition à cet effet. — Mais, dans l'art. 774, il nous paraît qu'il s'agit de cette inscription prise d office par le conservateur, conformément à l'art. 2108, dans l'intérêt de la masse des créanciers, si l'adjudicataire ou l'un d'eux a fait transcrire; inscription qui conserve non-seulement les droits des créanciers colloqués, mais encore les droits de ceux qui ne le sont pas, et qui, conséquemment, ne peut être rayée définitivement que d'après les justifications ordonnées par l'article. Le texte de la loi dicte cette explication à laquelle nous nous sommes assuré que les conservateurs des hypothèques se conforment, du moins dans le pays que nous habitons... » (Conf. MM. Chauveau sur Carré, *eod.*; Seligman, n° 553; Ollivier et Mourlon, n° 457; Houyvet, n°s 344 et 345).

Pigeau, dans son Comment. sur le code de proc. civ., t. 2, sur l'art. 773, note 1, reprenant l'opinion par lui émise dans son Cours de proc. civ., pour réfuter le sentiment contraire au sien, nous paraît l'avoir fait d'une façon péremptoire : «... Divers auteurs ont pensé, dit-il, que ces mots (*déchargera d'office l'inscription*) signifiaient que *le conservateur ferait, d'office, la radiation des inscriptions, au fur et à mesure des payements*. Cette explication ne nous paraît pas admissible. D'abord, dans ce sens, la locution de l'art. 773 serait vicieuse; il faudrait dire *déchargera les inscriptions*, et non *déchargera l'inscription*. En second lieu, on ne *décharge pas des inscriptions*, lorsqu'on en paye les causes, on *décharge l'immeuble des inscriptions*. Enfin, l'article consacrerait une erreur palpable. Lorsque les collocations sont acquittées, ce n'est pas seulement jusqu'à concurrence de la somme acquittée que l'immeuble est dégrevé; il est dégrevé complétement de l'inscription; car cette inscription a produit tout son effet. Elle peut bien subsister sur d'autres immeubles; mais elle disparaît entièrement de l'immeuble dont le prix a été soumis à l'ordre. Il serait donc faux de dire que *l'inscription est déchargée jusqu'à concurrence de la somme acquittée*. Pour être bien convaincu que le législateur a entendu parler de l'inscription prise contre l'acquéreur pour sûreté du prix, il faut rapprocher l'art. 773 de l'art. 774. Une inscription existe contre l'acquéreur, soit parce qu'elle a été prise d'office, après une transcription, soit parce que, à défaut de transcription, l'ancien propriétaire, ou ses créanciers, ont fait inscrire le privilége contre l'acquéreur : tel est l'état ordinaire des choses, au moment de la clôture de l'ordre. Que deviendra cette inscription? Attendra-t-on, pour en faire mainlevée, que la totalité du prix soit payée? Cela serait injuste; car il arriverait que l'immeuble resterait hypothéqué à tout le prix, lorsqu'une portion seulement en est encore due. Fera-t-on mainlevée totale de l'inscription avant que tout le prix soit payé? Cela est impossible; car on enlèverait le gage au créancier dont le payement aurait été retardé par quelques obstacles. Tout se concilie par les art. 773 et 774. Lorsque le prix est payé en partie, l'inscription générale qui conserve le privilége se décharge, en partie, du montant de la somme payée; c'est ce que dit l'art. 773. Lorsque le complément du prix est soldé, l'inscription d'office disparaît entièrement : tel est le sens de l'art. 774... »

Cette explication nous semble des plus rationnelles, et nous l'adoptons d'autant plus volontiers que Pigeau, qui a concouru à la rédaction du code de Procédure, est mieux que personne en position d'en traduire le véritable sens. Toute la difficulté nous semble provenir de ce qu'il est dit, dans l'art. 773 : *Le conservateur déchargera d'office l'inscription*, tandis qu'il aurait fallu dire *déchargera l'inscription d'office*. Mais Pigeau, précisément, nous apprend que le projet portait ces mots : *déchargera l'inscription d'office*. S'ils ont été changés, dit-il, « c'est parce que l'inscription qui conserve le privilége n'est pas toujours une inscription d'office. » M. Flandin, Tr. de l'ordre inédit, qui se range également à ce sentiment, attribuerait cependant plus volontiers à une erreur typographique, à la transposition d'un mot, l'altération du texte du projet. — M. Chauveau, Proc. de l'ordre, Quest. 2612, est à peu près revenu au sentiment de Pigeau : « En examinant de plus près la difficulté, dit-il, je suis conduit à décider qu'il faut entendre l'art. 774 comme s'il disait : sur la justification du payement de chaque bordereau, le conservateur rayera l'inscription afférente à ce bordereau, et en outre déchargera d'autant l'inscription d'office, laquelle sera rayée définitivement, sur la justification du payement de la totalité du prix, etc., etc. Il est manifeste que, dans la pratique, on ne peut procéder autrement » (Conf. MM. Rodière, t. 3, p. 250; Grosse et Rameau, t. 2, n° 475; Bressolles, n° 60; Bioche, v° Ordre, n° 730, 3° édit., 5° tirage; Colmet-Daage, t. 2, n° 1035, 8° édit.; Pont sur Seligman, n° 553, note 2).

1230. Il a, d'ailleurs, été jugé que la radiation d'inscriptions, faite en exécution d'un ordre postérieurement annulé, est nulle, et que ces inscriptions doivent être rétablies dans leur intégrité (Toulouse, 17 déc. 1838, aff. Dujac, v° Priv. et hyp., n° 2741).—Une inscription d'office avait été prise, dans l'espèce, par le ministère public, pour les mineurs Doumenc, sur un terrain appartenant à leur père, et vendu par ce dernier aux époux Gombaud. L'ordre fut ouvert, et la sommation d'y produire fut faite aux mineurs dans la personne du procureur du roi. L'ordre ayant été clos, les bordereaux délivrés, la radiation de l'inscription des enfants Doumenc, pour lesquels il n'avait pas été produit, fut rayée. Les époux Gombaud formèrent opposition à l'ordonnance de clôture, sur le fondement que les mineurs Doumenc n'avaient pas été valablement appelés à l'ordre. — Leur opposition fut rejetée, par le motif que l'ordonnance de clôture étant un véritable jugement, ne pouvait être attaquée que par la voie de l'appel (sur ce point, V. *suprà*, n°s 1048 et s.).— En appel, on prétendit, entre autres moyens, que la sommation, faite au procureur du roi pour les mineurs, était suffisante; que, d'ailleurs, l'inscription de ceux-ci ayant été rayée, sans opposition de la part de ce magistrat, elle ne pouvait plus revivre; qu'enfin l'ordre, par la radiation des inscriptions, se trouvait consommé. — La cour de Toulouse n'en a pas jugé ainsi; et, en annulant l'ordonnance de clôture, comme illégale, avec tout l'ensuivi (V. *suprà*, n° 376), elle a ordonné le rétablissement de l'inscription des mineurs Doumenc. C'était là une conséquence forcée de l'annulation de l'ordre. Mais nous avons eu soin de faire observer, en rapportant cet arrêt, que, dans l'espèce, il n'y avait pas de question de préférence soulevée entre le créancier dont l'inscription avait été indûment rayée, puis rétablie, et d'autres créanciers inscrits dans l'intervalle de la radiation de l'inscription à son rétablissement (sur ce dernier point, V. Priv. et hyp., n°s 2722 et suiv., et n°s 2737 et suiv.).

1231. *Enregistrement*. — Les bordereaux ou mandements de collocation, qui ne sont que des expéditions, par extrait, du procès-verbal d'ordre, lequel est soumis, comme on l'a dit *suprà*, n°s 1044 et 1046, au droit proportionnel de 50 cent. par 100 fr. sur le montant des collocations, et doit être enregistré avant la délivrance des bordereaux, ne sont point sujets à l'enregistrement.

— Mais, suivant l'art. 1 du décret du 12 juill. 1808, il est dû, pour droit de greffe, sur chaque bordereau, 25 c. par 100 fr. du montant de la créance colloquée, sans que, dans aucun cas, la perception puisse être au-dessous du droit fixe de 1 fr. 25, déterminé par l'art. 5 de la loi du 21 vent. an 7. — Ce droit de rédaction est indépendant du droit d'expédition, qui doit être perçu conformément à l'art. 9 de la même loi (Décis. min. des fin. 17 janv. 1820; Inst. de la régie de l'enreg., 5 fév. 1844, n° 1704, D. P. 45. 3. 33).—Il a été jugé (contrairement à ce qui a été décidé pour le droit proportionnel de collocation; V. *suprà*, n° 1172) que le droit de greffe de 25 c. par 100 fr. du montant de la créance colloquée, établi par le décret du 12 juill. 1808 pour chaque mandement ou bordereau de collocation délivré, est applicable à l'ordre amiable, ce droit, qui forme le salaire de la rédaction du procès-verbal, étant exigible par cela seul qu'il y a délivrance par le greffier d'un bordereau de collocation (Trib. civ. de la Seine, 25 janv. 1862, rapp. avec Req. 9 mars 1863, aff. Delmar, D. P. 63. 1. 186).

1232. Le décret du 24 mai 1854, sur les émoluments des greffiers, leur alloue, par chaque bordereau ou mandement de collocation, un droit fixe de 2 fr., porté à 3 fr. lorsque le montant du bordereau s'élève à 3,000 fr. (art. 1, n° 4). — Ce droit ne doit être confondu ni avec celui de 25 c. par 100 fr. dont il vient d'être parlé, et qui se perçoit pour le compte du trésor, ni avec le droit d'expédition, fixé à raison de 1 fr. par rôle, par l'art. 9 précité de la loi du 21 vent. an 7; car l'art. 11 du décret de 1854 déclare « que les émoluments déterminés par le présent tarif sont indépendants des droits et remises fixés *par les lois des 21 vent. et 22 prair. an 7, le décret du 12 juill.* 1808 et tous décrets, lois, ordonnances et règlements d'administration publique postérieurement publiés. » Mais il remplace le droit d'expédition dont font mention la décision ministérielle et l'instruction du 5 fév. 1844, et que l'art. 9 de la loi du 21 vent. an 7 fixait à 1 fr. par rôle.

Le détail des droits et émoluments est inscrit, par le greffier, au bas des expéditions qu'il délivre; et, à défaut d'expédition, il doit faire cette mention sur des états signés de lui, et qu'il remet aux parties ou aux avoués. — Il lui est alloué, pour chaque état, un émolument de 10 c. — Les déboursés et les émoluments sont inscrits sur des colonnes séparées (décret du 24 mai 1854, art. 9).

Sect. 15. — *De la subrogation à la poursuite de l'ordre.*

1233. Sous l'ancien code de procédure, art. 779, la subrogation dans la poursuite de l'ordre, en cas de négligence ou de retard, de la part du poursuivant, devait être demandée par voie de requête insérée au procès-verbal d'ordre, communiquée au poursuivant par acte d'avoué à avoué, et jugée sommairement en la chambre du conseil, sur le rapport du juge-commissaire. — La loi nouvelle a substitué à cette procédure une forme plus expéditive et plus économique à la fois, en remplaçant l'ancien texte par les dispositions suivantes, qui forment le nouvel art. 776 : « En cas d'inobservation des formalités et délais prescrits par les art. 753, 755, § 2, et 769, l'avoué poursuivant est déchu de la poursuite, sans sommation ni jugement. — Le juge pourvoit à son remplacement, d'office, ou sur la réquisition d'une partie, par ordonnance inscrite sur le procès-verbal; cette ordonnance n'est susceptible d'aucun recours.— Il en est de même à l'égard de l'avoué commis qui n'a pas rempli les obligations à lui imposées par les art. 758 et 761. — L'avoué déchu de la poursuite est tenu de remettre immédiatement les pièces sur le récépissé de l'avoué qui le remplace, et n'est payé de ses frais qu'après la clôture de l'ordre. » — Cette faculté, accordée au juge-commissaire, de pourvoir, *d'office*, au remplacement de l'avoué retardataire, n'aura pas seulement pour effet, est-il dit dans l'exposé des motifs, d'épargner les frais d'une contestation portée devant le tribunal, elle évitera l'embarras d'une demande en subrogation, devant laquelle reculait toujours le sentiment d'une bonne confraternité, sentiment honorable, sans doute, mais quelquefois en opposition avec l'intérêt des parties (D. P. 58. 4. 45, n° 44).

1234. « A prendre à la lettre, dit M. Flandin, Tr. de l'ordre, inédit, ces expressions de l'article : « En cas d'inobservation des formalités et délais prescrits par les art. 753, 755, § 2, et 769, l'avoué poursuivant est déchu de la poursuite, sans sommation ni jugement, » il semblerait que le juge-commissaire n'aurait qu'une date à vérifier, et qu'il devrait prononcer la déchéance de l'avoué, sans l'entendre et sans apprécier les circonstances; mais tel ne peut être, à mon avis, le sens à donner à l'article. Malgré la rigueur des termes, fait observer, avec raison, M. Duvergier, Coll. des lois, ann. 1858, p. 160, note 6, malgré l'esprit qui les a inspirés, le juge-commissaire sera nécessairement investi du pouvoir d'apprécier les circonstances extraordinaires qui auraient empêché l'avoué poursuivant de remplir les formalités prescrites par la loi dans les délais qu'elle détermine. Ce serait, ajoute-t-il, donner à la loi un sens absurde et inique que de supposer qu'elle oblige le magistrat à prononcer, contre sa conscience, la peine due à la négligence, lorsqu'aucune négligence ne peut être reprochée à l'officier ministériel. — M. Riché, dans son rapport au corps législatif, ne s'exprime pas autrement : « D'après le projet, dit-il, la négligence sera matériellement prouvée par la seule inobservation des formalités et délais prescrits par des articles déterminés, ...*en tant que la négligence est celle de l'avoué et ne résulte pas de la lenteur du greffier* » (D. P. 58. 4. 49, n° 99). Telle semblerait aussi être la pensée du ministre dans la circulaire du 2 mai 1859 : « Le zèle, dit-il, que les officiers ministériels apportent habituellement aux affaires qui leur sont confiées, en rendra, sans doute, l'application peu fréquente; mais *si des négligences se produisent*, le juge ne doit pas hésiter à y recourir : sa tolérance ou sa faiblesse engagerait sa responsabilité » (D. P. 59. 3. 25, n° 74). — Conf. MM. Grosse et Rameau, t. 2, n°s 497 et s.; Chauveau, Proc. de l'ordre, sur l'art. 776, n° 513-7°; Houyvet, n° 113; Bioche, v° Ordre, n° 690, 3e éd., 5e tirage; Colmet-Daage, t. 2, n° 1040, 8e éd.; Seligman, n° 630).—MM. Ollivier et Mourlon, n° 584, expriment une opinion différente. Il leur a paru qu'à l'inobservation, par l'avoué poursuivant ou par l'avoué commis, des obligations que cette qualité leur impose, la loi avait attaché, dans un intérêt public, une présomption de négligence qui n'admettait aucune explication, ni aucune excuse; et que la déchéance de l'avoué poursuivant résultant du fait seul du retard, il n'était pas nécessaire qu'elle fût prononcée par le juge.

Du reste, pour faciliter à l'avoué poursuivant et à l'avoué commis l'accomplissement de leurs obligations, la circulaire indique que « le greffier, au nom et sous la surveillance du juge-commissaire, donnera avis, par lettre chargée à la poste : 1° à l'avoué poursuivant, de l'ouverture du procès-verbal d'ordre, de la confection de l'état de collocation provisoire et de la clôture de l'ordre; 2° à l'avoué commis, du renvoi à l'audience, avec indication du jour fixé » (D. P. 59. 3. 25, n° 75).

1235. L'ancien art. 779, auquel correspond le nouvel art. 776, ne précisait pas les cas dans lesquels la subrogation pourrait être demandée : c'était dans tous les cas de *retard* ou de *négligence* apportée dans la poursuite de l'ordre. La loi nouvelle semble avoir été faite dans un autre esprit, et l'exposé des motifs en constate le sens restrictif, en disant que l'exercice du pouvoir confié au juge-commissaire « est limité à des cas peu nombreux, à l'inobservation de délais vraiment nécessaires à la marche de l'ordre. » Toute autre négligence ou lenteur, fait justement observer M. Bressolles, n° 62, n'aura pas grande conséquence, et la surveillance du juge, avec l'aide des moyens disciplinaires ordinaires, suffira pour la vaincre (Conf. MM. Chauveau, Proc. de l'ordre, quest. 2618 et 2618 *ter*; Flandin, Tr. de l'ordre, inédit).

1236. Il nous paraît évident, du reste, que le juge-commissaire, en procédant au remplacement de l'avoué, motivé sur ce qu'une formalité n'aurait pas été accomplie dans le délai fixé, n'aurait pas le pouvoir d'annuler l'acte, s'il était entaché d'irrégularité : c'est le tribunal seul qui peut statuer sur le maintien ou l'annulation de cet acte (Conf. MM. Chauveau, Proc. de l'ordre, quest. 2618 *ter*; Flandin, *loc. cit.*).

1237. Mais faut-il dire, avec MM. Ollivier et Mourlon, n° 589, qu'une sommation de produire, notifiée le neuvième jour seulement par l'avoué poursuivant, soit nulle, et que la nullité puisse en être invoquée par le créancier qui n'aura pas produit dans les quarante jours, pour se faire relever de la déchéance attachée au défaut de production dans ce délai? Pour justifier l'affirmative, les auteurs précités disent que la sommation émane d'une personne qui n'avait pas qualité pour la faire, à laquelle la loi même avait formellement défendu d'y procéder, et que le cas doit être assimilé à celui où la sommation aurait été donnée à la requête d'une personne étrangère à l'ordre. — Si MM. Ollivier et Mourlon entendent parler d'une sommation qui aurait été donnée par l'avoué poursuivant, après que son remplacement a été opéré par le juge-commissaire, nous serons de leur avis; car il sera vrai de dire alors que l'acte est nul comme émanant d'une personne qui n'avait plus qualité pour le faire. Mais il ne semble pas que ce soit là l'hypothèse dans laquelle ils se placent. La sommation devait être donnée dans les huit jours de l'ouverture de l'ordre, conformément à l'art. 753; elle ne l'a été que le neuvième : l'avoué poursuivant a été négligent; il doit être remplacé (art. 776) : soit! Mais il ne l'est pas encore au moment où la sommation est notifiée, puisque le fait, qui donne lieu au remplacement, ne se produit que le neuvième jour, lequel est précisément celui où la sommation a été donnée. MM. Ollivier et Mourlon raisonnent comme si la déchéance avait lieu de plein droit, par la seule autorité de la loi, et sans l'intervention du juge-commissaire. Mais ce n'est pas de la sorte, il nous semble, que l'art. 776 doit être interprété. Il faut, sans doute, que le juge, aussitôt qu'il a constaté le fait qui donne lieu à l'application de cet article, procède immédiatement au remplacement de l'avoué; mais encore faut-il que le juge ait prononcé : jusque-là l'avoué reste avec son caractère de créancier poursuivant; et c'est à notre avis, outrer la rigueur de la disposition que d'attribuer à l'ordonnance qui a prononcé la déchéance une influence rétroactive sur les actes qui l'ont précédée (Conf. MM. Bioche, v° Ordre, n° 694, 3° éd., 5° tirage; Flandin, Tr. de l'ordre, inédit).

1238. Le droit de demander la déchéance de l'avoué poursuivant peut-il appartenir au créancier en sous-ordre? Nous avions admis l'affirmative dans notre première édition, et nous n'avons aucun motif de changer de sentiment, sous la loi nouvelle. — Il a été jugé, à la vérité, sous la loi du 11 brum. an 7, que le créancier en sous-ordre n'a pas le droit de se faire subroger au créancier direct dans une poursuite de saisie immobilière (Rej. 10 pluv. an 12, aff. Népoux, v° Vente publ. d'imm., n° 1096).—Mais cette décision était généralement désapprouvée, comme contraire à l'art. 1166 c. nap., qui permet au créancier d'exercer tous les droits de son débiteur (à l'exception de ceux exclusivement attachés à la personne), et par conséquent de continuer des poursuites mal à propos abandonnées par ce dernier (Conf. MM. Favard, t. 4, p. 486; Carré et Chauveau, quest. 2621; Praticien, t. 4, p. 479; Chauveau, Proc. de l'ordre, quest. 2618-4°; Grosse et Rameau, t. 2, n° 493; Bioche, v° Ordre, n° 688, 3° éd., 5° tirage; Ollivier et Mourlon, n° 560; Pont sur Seligman, p. 438. — V. Riom, 18 mars 1815, aff. Lavergne, *suprà*, n° 858).

1239. Il a été jugé, avec raison, que, lorsque le poursuivant décède au cours de l'ordre, la poursuite est régulièrement continuée par son fils, son unique héritier, sans qu'il ait besoin, pour cela, de se faire subroger dans ladite poursuite : — « La cour (par adoption, en ce point, des motifs des premiers juges); ...Considérant que la poursuite de l'ordre a été régulièrement et valablement continuée, à la requête de Marc Trillaud, comme seul héritier de François Trillaud, décédé postérieurement aux sommations de produire, parce qu'il représentait, de plein droit, son père, avec lequel il ne faisait, pour ainsi dire, qu'une seule et même personne, et que l'art. 779 (ancien), qui autorise la subrogation, est évidemment inapplicable à l'espèce... » (Limoges, 3° ch., 1er août 1845, aff. Maingasson et Ethève *C.* Trillaud). — Il ne peut être question ici de l'application de l'art. 776, fait pour un tout autre cas.

1240. Il est certain que le juge-commissaire, en procédant, d'office, au remplacement de l'avoué déchu, ne peut commettre qu'un avoué occupant déjà dans la procédure (Conf. MM. Chauveau, Proc. de l'ordre, quest. 2618-6°; Ollivier et Mourlon, n° 586); et, sans prétendre lui dicter son choix, qui doit rester libre, on peut dire, avec le premier des auteurs précités, que sa préférence devra être le plus ordinairement déterminée par les motifs que nous avons indiqués *suprà*, n° 100, c'est-à-dire qu'elle devra être accordée à l'avoué du créancier qui représente le plus fort intérêt, ou, si aucun intérêt n'est tout à fait prédominant, à l'avoué le plus ancien (Conf. MM. Houyvet, n° 113; Flandin, Tr. de l'ordre, inédit).

1241. Si le remplacement a lieu par voie de réquisition, ce sera naturellement, à moins de motifs particuliers d'exclusion, le requérant que le juge désignera pour prendre la place du créancier déchu; mais aucune obligation, nous le répétons, ne lui est imposée à cet égard (Conf. MM. Chauveau, Ollivier et Mourlon, Flandin, *loc. cit.*).

1242. La demande de subrogation dans la poursuite est formée par un dire inséré au procès-verbal d'ordre. — L'ordonnance du juge, qui prononce la subrogation, est aussi inscrite sur le procès-verbal : elle n'est susceptible, porte l'article, d'aucun recours. — Nous ajoutons, avec MM. Ollivier et Mourlon, n° 587, qu'il n'est point nécessaire de la notifier à l'avoué déchu, qui, au besoin, sera informé de son remplacement par le confrère qui lui est substitué. — Nous adhérons également à l'avis exprimé par ces auteurs, n° 588, que le greffier doit *officieusement* dénoncer cette ordonnance à l'avoué désigné comme nouveau poursuivant, afin qu'il puisse procéder, sans retard, aux formalités qu'il doit remplir en cette nouvelle qualité. Cela rentre dans l'esprit de la circulaire de M. le garde des sceaux (V. *suprà*, n° 1234, *in fine*. — Conf. M. Bioche, v° Ordre, n° 693, 3° éd., 5° tirage).

1243. Mais si le juge, fait observer M. Chauveau, Proc. de l'ordre, quest. 2618-8°, « faisant un usage abusif de la déchéance, frappait l'avoué poursuivant hors des cas prévus par la loi, ... il y aurait alors excès de pouvoir : or l'excès de pouvoir doit toujours trouver un moyen de répression. » Et M. Chauveau en conclut que l'ordonnance, dans ce cas, pourrait être déférée au tribunal. — Tel n'est pas notre avis, ni celui de M. Flandin, Tr. de l'ordre, inédit : « Le remplacement de l'avoué poursuivant, dans les conditions de la loi nouvelle, est considéré, dit ce magistrat, comme une simple mesure d'ordre, n'appartenant pas au pouvoir contentieux : c'est pourquoi l'article déclare que *l'ordonnance n'est susceptible d'aucun recours*. Même dans le cas, fort improbable, que prévoit M. Chauveau, le recours à l'autorité du tribunal n'aura pas lieu, parce que, dans la substitution d'un avoué à un autre pour la direction de la procédure, il n'y a aucun intérêt de lésé, si ce n'est l'intérêt professionnel, auquel il suffit de laisser ouvert le recours aux autorités de qui relève le juge-commissaire; et parce que, d'autre part, ainsi qu'on l'a déjà dit pour un autre cas (V. *suprà*, n° 209), le tribunal, à moins d'une disposition exceptionnelle comme celle de l'art. 767, n'a pas juridiction sur les actes du juge-commissaire. »

1244. Il a été jugé, sous l'ancien code, par application de l'art. 779, que la subrogation d'un créancier au poursuivant, pour être valable vis-à-vis des créanciers qui n'y ont pas consenti, et pour que, par suite, la clôture d'ordre puisse leur être opposée, doit être prononcée suivant les formes tracées par le code de procédure, en la chambre du conseil et sur rapport du juge-commissaire; qu'en conséquence, si, sur un simple dire consigné au procès-verbal par l'avoué de plusieurs créanciers, que désormais l'ordre serait continué à la requête de l'un d'eux, il y a eu, même du consentement du poursuivant, production de la part de plusieurs créanciers, et clôture définitive du procès-verbal par le juge-commissaire, cette clôture, et la forclusion qu'elle entraîne contre les créanciers non produisants, ne peuvent être opposées aux créanciers qui n'ont pas produit à l'ordre, et qui n'ont pas formellement consenti à cette subrogation (Rej. 22 déc. 1834) (1). — Il est à remarquer, pour expliquer la rigueur de cette décision, que la procédure d'ordre avait été conduite et mise à fin avec une singulière précipitation. Ainsi, le 13 décembre, le juge-commissaire avait dressé le règlement provi-

(1) (Pitte, Glin, etc., C. Miley et Prestat.) — LA COUR; — Attendu qu'aux termes de l'art. 779 c. pr., dans le cas de retard ou de négligence dans la poursuite d'ordre, la subrogation pourra être demandée, et que cette demande doit être formée par requête inscrite au procès-

soire. Le 14, dénonciation en avait été faite. Le 15 janvier, tous les créanciers colloqués avaient adhéré au règlement provisoire. Le 17, l'ordre définitif était signé, et, le 18, en moins de vingt-quatre heures, le greffier avait délivré les bordereaux de collocation, sans que la maison Leclerc-Miley et Prestat, créancière inscrite, eût eu, en quelque sorte, le temps de produire. — M. Chauveau sur Carré, quest. 2621 *bis*, a présenté la même observation sur cet arrêt.

1245. Il a été jugé, du reste, avant la nouvelle loi, et cette décision devrait encore être suivie, que, l'ancien art. 779, en indiquant la forme à suivre pour la demande de subrogation dans la poursuite d'ordre, n'y ayant pas attaché la peine de nullité, il en résulte qu'un premier ordre ayant été ouvert et abandonné, il peut être procédé valablement par réquisition d'un nouvel ordre, sauf à ne point passer en taxe les nouveaux frais résultant de ce mode de procéder : — « La cour;... considérant, sur la deuxième question, qu'un premier ordre ayant été ouvert le 11 oct. 1819, sur une vente, et étant resté abandonné depuis ce temps, c'était bien le cas de demander la subrogation, puisqu'il y avait retard et négligence dans les poursuites; qu'à la vérité, l'art. 779 c. pr. indique la forme qu'on doit suivre, mais qu'il n'y attache pas la peine de nullité ; que la demoiselle Défeillens, au lieu de demander cette subrogation par requête insérée au procès-verbal, a ouvert un nouvel ordre et fait nommer un juge-commissaire, et que cette procédure nouvelle équivaut à la demande en subrogation, si ce n'est qu'ayant été suivie de sommations faites à la requête des poursuivants, il en est résulté de nouveaux frais qui pourront ne pas lui être alloués lors de la taxe; confirme » (Bourges, 8 août 1827, aff. Laborde *C.* demoiselle Défeillens. — Conf. M. Chauveau sur Carré, quest. 2621 *ter*).

1246. L'ordonnance, qui prononce le remplacement, est nécessairement motivée, puisqu'elle doit viser les articles de la loi auxquels l'avoué a contrevenu (Conf. MM. Grosse et Rameau, t. 2, n° 501; Chauveau, Proc. de l'ordre, quest. 2618-7°; Flandin, *loc. cit.*).

1247. Mais doit-elle être signifiée à l'avoué remplacé ? Cela semble assez inutile, puisqu'elle est inscrite sur le procès-verbal d'ordre, toujours à la disposition de l'avoué, et nous ajouterons peu conforme à cet esprit d'économie qu'accusent toutes les dispositions de la loi nouvelle (*Contrà*, M. Chauveau, *loc. cit.*, et Encyclop. des huissiers, v° Ordre, n° 297). — Si, pourtant, l'avoué déchu prétextait de l'ignorance où il est de l'existence de cette ordonnance pour se refuser à son exécution, il faudrait bien la lui dénoncer, et ce soin regarderait l'avoué désigné pour le remplacer. C'est dans ce cas seulement que nous admettrions l'opinion exprimée par les auteurs précités (Conf. M. Flandin, Tr. de l'ordre, inédit).

1248. L'avoué désigné pour remplacer son confrère déchu pourrait-il décliner cette mission? Non, dit le rapporteur de la commission du corps législatif : « Autrement, la disposition de l'article serait aisément paralysée par la coalition des avoués du siége » (D. P. 58. 4, 49, n° 99.—Conf. M. Seligman, n° 634).—MM. Grosse et Rameau, t. 2, n° 502, et Chauveau, Proc. de l'ordre, quest. 2618-9°, relèvent, avec vivacité, et non sans raison peut-être, cette phrase du rapport de M. Riché : « Une coalition des officiers ministériels, dit M. Flandin, Tr. de l'ordre, inédit, pour refuser l'office de poursuivant, est, en effet, difficile à supposer; et, me plaçant en dehors de ce fait anormal, je dis, avec MM. Grosse et Rameau, que l'avoué désigné pour remplacer l'avoué poursuivant « n'est pas tenu d'accepter cette mission, s'il a des raisons pour la refuser; » mais j'ajoute qu'il est tenu de faire agréer ces raisons par le juge-commissaire » (Conf. MM. Ollivier et Mourlon, n° 586).

1249. « L'avoué déchu de la poursuite... *n'est payé de ses frais*, porte l'art. 776, *qu'après la clôture de l'ordre.* » Sans cette disposition, il aurait pu élever la prétention de s'en faire rembourser par l'avoué qui lui est substitué. La disposition, selon nous, n'a pas d'autre but; et c'est pour n'en avoir pas suffisamment saisi l'esprit que M. Chauveau, Proc. de l'ordre, quest. 2618-10°, se demande si le législateur n'a pas voulu dire que l'avoué déchu ne sera pas privilégié pour ces frais, et que la disposition de l'art. 759 ne lui sera pas applicable? Ces frais ont été faits dans l'intérêt de la masse; ils lui profitent, puisque la procédure *continue* sur les anciens errements; ils doivent donc être privilégiés. Quant au payement, il s'effectuera, ainsi que le dit M. Chauveau, au moyen d'un bordereau délivré sur l'adjudicataire, au nom de l'avoué déchu, à moins que l'avoué qui l'a remplacé ne reçoive un bordereau pour la totalité des frais de poursuite, à charge de payer à son confrère la quote-part qui lui revient (Conf. M. Flandin, Tr. de l'ordre, inédit). — On décidait ainsi, sous l'ancien code, que l'avoué remplacé devait être employé, dans l'état de distribution, pour les frais de poursuite faits jusqu'à son remplacement (Conf. MM. Pigeau, Proc. civ., t. 2, p. 207, n° 8, et p. 505, n° 8, 4e éd.; Carré et Chauveau, quest. 2620; Favard, t. 4, p. 60).

1250. Tout ce qui vient d'être dit pour le remplacement de l'avoué poursuivant s'applique à l'avoué commis qui n'a pas rempli les obligations à lui imposées par les art. 758 et 761 (V. sous la sect. 8 ; V. aussi *suprà*, n° 857). — Mais si c'est l'avoué poursuivant qui a été désigné par le juge comme avoué commis, la déchéance encourue par lui, en cette dernière qualité, entraîne-t-elle en même temps la déchéance de sa qualité d'avoué poursuivant? — M. Seligman, n° 635, semble adopter l'affirmative; mais cette opinion est repoussée, avec raison, par M. Pont dans ses notes sur l'auteur précité. Les deux qualités d'avoué poursuivant et d'avoué commis ne sauraient se confondre. Quand l'avoué, dit M. Pont, a failli dans la mission spéciale et très-limitée qu'il a comme avoué commis, c'est-à-dire pour inobservation des obligations à lui imposées par les art. 758 et 761 de la loi actuelle, il ne doit pas être destitué de la poursuite, comme s'il avait failli dans la mission plus importante qu'il doit remplir en cette qualité, c'est-à-dire pour inobservation des formalités et des délais établis par les art. 753, 755, § 2, et 769.

SECT. 16. — *De l'ordre devant le tribunal.*

1251. L'ancien art. 775 s'exprimait ainsi : « En cas d'aliénation *autre que celle par expropriation forcée*, l'ordre ne pourra être provoqué, s'il n'y a pas plus de trois créanciers inscrits. » Il résultait de cette disposition que l'ordre judiciaire proprement dit, l'ordre devant le juge, était toujours nécessaire, au cas de vente sur saisie immobilière, y eût-il moins de quatre créanciers. Mais le nouvel art. 773 dispose autrement : il déclare que, « *quel que soit le mode d'aliénation*, l'ordre ne peut être provoqué, s'il y a moins de quatre créanciers inscrits... »

1252. Cette disposition fait cesser la controverse qui s'était élevée entre les auteurs sur le point de savoir si l'ancien art. 775 devait s'appliquer aux ventes *volontaires* faites en justice, telles que licitations, ventes de biens de mineurs, de biens dépendant d'une succession bénéficiaire, etc. — M. Tarrible, Rép. de Guyot, v° Saisie immob., § 8, n° 6, enseignait la négative. « Cette prohibition, disait-il (de recourir à l'ordre, lorsqu'il y a moins de quatre créanciers inscrits), ne peut être appliquée qu'au cas où il n'y a pas eu des enchères, et où le prix stipulé dans le contrat, ou déclaré, a été approuvé tacitement par tous les créanciers. Car, s'il y avait eu des enchères, elles auraient

---

verbal d'ordre, communiquée au poursuivant, par acte d'avoué, et jugée sommairement en la chambre du conseil, sur le rapport du juge-commissaire;

Attendu que l'avoué du sieur Osmont, au lieu de remplir ces formalités, s'est contenté de faire un dire au procès-verbal d'ordre, par lequel il a déclaré que la poursuite de l'état d'ordre aurait lieu à la requête du sieur Osmont; — Attendu que le poursuivant est le mandataire de tous les créanciers indistinctement, et que le sieur Osmont ne pouvait se constituer tel, de son autorité privée; que, dès lors, le règlement d'ordre et les autres actes signifiés à sa requête ont été sans force et sans effet, et que, dans cet état, les sieurs Leclerc-Miley et Prestat ont valablement formé opposition à l'ordonnance de clôture et demandé l'admission de leurs titres, quoique produits postérieurement à cette ordonnance; — D'où il suit que l'arrêt attaqué, en déclarant non avenus et inopposables aux sieurs Leclerc-Miley et Prestat l'état de collocation ainsi que l'ordonnance de clôture, n'a violé aucune loi; — Donnant défaut contre les défaillants; — Rejette le pourvoi formé contre l'arrêt de la cour de Rouen, du 5 juill. 1852.

Du 22 déc. 1854.-C. C., ch. civ.-MM. Portalis, 1er pr.-Faure, rap.-Laplagne-Barris, 1er av. gén., c. contr.-Scribe et Lacoste, av.

entraîné une expropriation forcée dont les règles sont invariables » (Conf. Colmar, 5 déc. 1812, aff. Weyl).—Mais cette doctrine était universellement repoussée, et l'on s'en tenait au texte de l'art. 775, portant qu'en cas d'aliénation *autre que celle par expropriation* (c'est-à-dire sur saisie immobilière), l'ordre ne pourrait être provoqué, s'il n'y avait plus de trois créanciers inscrits (Conf. Praticien français, t. 4, p. 477; MM. Demiau-Crouzillac, p. 471; Carré, Lois de la proc., t. 6, 3e éd., quest. 2616; Locré, Esprit du code de com., t. 3 p. 366).

1253. Il a, toutefois, été jugé : 1° que l'art. 775 (ancien) c. pr., n'est pas applicable en ce qui concerne l'indemnité accordée aux émigrés; et qu'un ordre peut être ouvert, pour la distribution de cette indemnité, entre tous les créanciers opposants, au nombre de plus de soixante, quoiqu'il n'y ait pas parmi eux plus de trois créanciers hypothécaires (Req. 10 déc. 1833) (1); — 2° Qu'on ne peut assimiler à des oppositions sur saisie mobilière celles à la délivrance des indemnités pour cause d'émigration, lesquelles doivent être admises et produire leur effet, nonobstant tout jugement de priorité obtenu par un créancier, en dehors des opposants, tant que l'indemnité n'a point été délivrée et que les fonds sont encore au trésor (même arrêt). — La prétention de Chastel d'Oriocourt, créancier hypothécaire de la succession de Chastel de Boinville, émigré, était, d'une part, qu'il n'y avait pas lieu à ordre, puisqu'il y avait moins de trois créanciers inscrits; et, d'autre part, que, les oppositions à la délivrance des indemnités, pour cause d'émigration, devant être assimilées aux oppositions sur saisie mobilière, le jugement qu'il avait obtenu, antérieurement à l'ouverture de l'ordre, contradictoirement avec plusieurs des créanciers de la succession de Chastel de Boinville, jugement qui avait accordé priorité à sa créance sur le fonds d'indemnité, avait fixé irrévocablement ses droits sur ladite indemnité de façon qu'ils ne pussent lui être enlevés par de nouvelles oppositions. — Mais l'arrêt attaqué avait répondu au premier moyen « qu'aux termes de l'art. 18 de la loi du 27 avr. 1825, l'indemnité des émigrés doit être distribuée entre tous les créanciers opposants, sans qu'il y ait lieu à suivre une procédure différente pour les créanciers hypothécaires et pour les créanciers chirographaires; qu'en conséquence, l'art. 775 (ancien) c. pr. n'est pas applicable à la cause actuelle. » — La réponse au second moyen se trouve dans la disposition suivante de ce même art. 18 : « ...Ces créanciers exercent leurs droits suivant le rang des priviléges et hypothèques qu'ils avaient sur les immeubles confisqués. — L'ordre ou la distribution seront faits, s'il y a lieu, quelque soit le juge de la situation desdits biens, devant le tribunal du domicile de l'ancien propriétaire, ou devant le tribunal dans le ressort duquel la succession s'est ouverte. »

1254. C'est une pensée de simplification et d'économie qui a fait décider que l'ordre serait fait directement par le tribunal, lorsqu'il y aurait moins de quatre créanciers inscrits. « Quand les créanciers sont si peu nombreux, disait M. Réal, dans l'exposé des motifs du titre de l'Ordre du code de 1806, il leur est facile de faire régler leur rang à l'audience, sans avoir recours à une procédure spéciale. »

1255. L'ordre dont il s'agit est désigné, par les auteurs, sous les noms d'*ordre par voie d'attribution, ordre devant le tribunal*, ou *ordre à l'audience* : nous emploierons indifféremment l'une ou l'autre de ces locutions.

1256. Est-ce le nombre des créanciers, constaté par l'état des inscriptions délivré par le conservateur, ou le nombre réel des créanciers inscrits, qui doit régler l'application de l'art. 773 c. pr., lequel défend de provoquer un ordre, dans le cas où il y a moins de quatre créanciers inscrits? — En principe, c'est assurément le nombre des créanciers existant au moment de la réquisition adressée au juge-commissaire, conformément à l'art. 750, et tel qu'il résulte de l'état des inscriptions délivré au poursuivant, qui sert à déterminer s'il doit être procédé à l'ordre dans la forme ordinaire, ou directement devant le tribunal (V. nos 1271 et 1272).—Mais à cette règle il y a, nous semble-t-il, des tempéraments. L'ordre devant le tribunal, ainsi qu'on le verra plus bas, doit, comme l'ordre devant le juge commis, être précédé de la tentative de règlement amiable, dans les formes et les délais établis par l'art. 751. Si donc, comme le font observer MM. Grosse et Rameau, t. 2, n° 489, les créanciers inscrits, qui étaient plus de trois sur l'état des inscriptions, ont été, par suite de radiations postérieures, ou de déclarations par eux faites devant le juge-commissaire à la séance de convocation pour l'ordre amiable, réduits à trois ou à moins de trois, il ne peut plus être donné suite, si la tentative d'ordre amiable vient à échouer, à un ordre devant le juge-commissaire, et les parties doivent être délaissées à se pourvoir par voie d'instance devant le tribunal, conformément à l'art. 773 (Conf. MM. Ollivier et Mourlon, n° 517; Bioche, v° Ordre, n° 46, 3e édit., 5e tirage; Seligman, n° 567; Flandin, Tr. de l'ordre, inédit). — La commission du corps législatif, en pareil cas, aurait voulu « qu'à l'issue d'une tentative avortée d'ordre amiable, l'affaire fût portée devant le tribunal, à jour fixé par le magistrat, afin de ne pas laisser, comme la rédaction du projet, la possibilité d'une solution de continuité entre le dénoûment négatif de l'épreuve amiable et l'assignation devant le tribunal » (D. P. 58. 4. 49, n° 98). Mais le conseil d'Etat n'a pas admis l'amendement.

1257. Nous croyons aussi, avec M. Flandin, *loc. cit.*, que, si un créancier à hypothèque légale non inscrite, qui conserve la faculté, dans les conditions établies par les art. 717 et 772, de se présenter à l'ordre pour y faire valoir son droit de préférence, se faisait connaître au début de la procédure, pendant la tentative de règlement amiable, par exemple, on devrait le compter, comme s'il était inscrit, pour déterminer s'il y a lieu de procéder à l'ordre dans la forme ordinaire. « Pourquoi, en effet, dit l'honorable magistrat, ne le compterait-on pas, puisqu'il doit exercer, à l'ordre, les mêmes droits qu'un créancier inscrit? Il est vrai qu'en le comptant, on ne se trouve pas exactement dans les termes de l'art. 773, qui ne parle que de créanciers *inscrits*; mais c'est là la lettre et non l'esprit de la loi. S'il n'est question dans l'art. 773 que des créanciers *inscrits*, c'est parce qu'ils sont les seuls connus, les seuls qu'on doive convoquer pour le règlement amiable (751), les seuls à qui doive être adressée la sommation de produire à l'ordre (753), les seuls aussi à assigner en règlement devant le tribunal, quand il y a lieu de procéder par voie d'attribution. En un mot, la loi ne statue ici, comme dans les autres dispositions du titre, du reste, que pour le cas le plus ordinaire; et c'est le lieu d'invoquer la règle: *ex his quæ plerumque fiunt jura constituuntur* » (Conf. MM. Chauveau sur Carré, quest. 2615 *ter*, et Proc. de l'ordre, quest. 2614 *bis* et 2615; Ollivier et Mourlon, n° 518; Bioche, v° Ordre, n° 45, 3e édit., 5e tirage; Seligman, n° 566). — Il en serait même ainsi, suivant ce dernier auteur, dans le cas où le créancier à hypothèque légale se ferait connaître après que le règlement amiable a échoué, mais avant que la demande en attribution fût formée devant le tribunal. — Il a été jugé, dans ce sens, que, pour déterminer le nombre des créanciers dont parle l'art. 773, on doit compter tous ceux qui ont le droit de prendre part à la distribution du prix; et, par exemple, des créanciers à hypothèque légale non inscrite, et qui se présentent pour faire valoir leurs droits (Besançon, 29 mars 1816, aff. N... *C.* N... V. encore Rennes, 28 avr. 1863, aff. le Maraisquier, *infrà*, n° 1266-5°).

(1) (Chastel d'Oriocourt *C.* dame Turner.) — La cour; — Attendu, sur le premier moyen, que, sans qu'il soit besoin de vérifier s'il y avait, parmi les créanciers opposants à la délivrance de l'indemnité due à la succession de Chastel de Boinville, émigré, plus ou moins de trois créanciers hypothécaires (quoiqu'il soit, néanmoins, évident qu'ils étaient au nombre de cinq), on ne peut reprocher à l'arrêt d'avoir violé l'art. 775, tout à fait inapplicable à la cause, pour avoir confirmé le jugement de première instance, rendu sur un ordre ouvert devant un commissaire entre tous les créanciers opposants qui étaient au nombre de plus de soixante, et qu'on ne pourrait assimiler à des créanciers inscrits sur un immeuble vendu volontairement, et dont il s'agirait de distribuer le prix, puisque l'indemnité consiste en inscriptions de rente à délivrer aux opposants, suivant leurs droits, rangs, priviléges, etc.;—Attendu qu'on ne peut assimiler à des oppositions sur saisie mobilière celles à la délivrance des indemnités pour cause d'émigration, lesquelles peuvent et doivent être admises et produire leurs effets, tant que l'indemnité n'a pas été délivrée et se trouve encore au trésor;—Rejette le pourvoi formé contre l'arrêt de la cour de Paris, du 24 janv. 1832.

Du 10 déc. 1833.-C. C., ch. req.-MM. Zangiacomi, pr.-Gartempe, rap.

1258. « Il en serait autrement, continue M. Flandin, et le créancier à hypothèque légale non inscrite ne devrait pas être compté, s'il ne se présentait que tardivement, et lorsque déjà l'instance devant le tribunal se trouverait engagée. Il est clair que l'intervention tardive de ce créancier ne saurait réagir sur une procédure régulièrement entamée. Il n'y aurait profit pour personne à ce que le tribunal se dessaisît pour renvoyer les parties devant un juge-commissaire » (Conf. M. Chauveau, *loc. cit.*) — C'est, vraisemblablement, dans cette hypothèse que se place M. Colmet-Daage, lorsqu'il dit, Leçons de proc. civ., t. 2, n° 1037, 8ᵉ éd. : « Quant aux créanciers à hypothèques légales non inscrites, qui peuvent se présenter à l'ordre, conformément aux derniers alinéas des art. 717 et 772, ils ne doivent pas être comptés comme créanciers inscrits pour l'application de l'art. 775 » (Conf. MM. Bioche, *loc. cit.*, n° 44 ; Seligman, n° 366). — Il a été jugé que, lorsque l'art. 775 (ancien) c. pr. dispose que l'ordre ne pourra être provoqué, *s'il n'y a plus de trois créanciers inscrits*, il n'entend pas comprendre au nombre de ces créanciers ceux qui n'auraient que des hypothèques légales non inscrites ; qu'en conséquence, l'ouverture d'un ordre a pu être refusée, quoique, indépendamment de trois créanciers inscrits, il existât un créancier ayant une hypothèque légale, dispensée d'inscription, que l'acquéreur ne s'était pas mis en devoir de purger (Req. 26 nov. 1828, aff. Poitrenaud, V. n° 1269).

1259. Du reste, ainsi que le dit le rapporteur de la commission du corps législatif, « au cas de jugement d'attribution prévu par l'art. 773, les hypothèques légales ne pourront élever de réclamation qu'autant que les hypothèques inscrites auraient encore ce droit » (D. P. 58. 4. 49, n° 60). La même chose a été répétée par M. Riché, dans la discussion : « La femme aura absolument les mêmes droits que les créanciers inscrits, et cela par une analogie parfaite avec ce qui a lieu dans la procédure ordinaire d'ordre. La femme pourra faire valoir ses droits, dans la procédure d'ordre par attribution, jusqu'au moment où les créanciers inscrits eux-mêmes ne pourraient plus invoquer leur droit » (D. P. 58. 4. 43, note 34, *in fine*). — Ces paroles de M. Riché comblent une lacune des art. 717 et 772, qui ne s'occupent du sort des hypothèques légales, non inscrites avant la transcription du jugement d'adjudication, ou sur la purge de l'art. 2194 c. nap., que dans deux cas : celui de l'ordre amiable, et celui de l'ordre devant le juge-commissaire, sans parler de l'ordre qui se fait à l'audience. Il demeure ainsi entendu que les créanciers à hypothèque légale non inscrite pourront intervenir à l'ordre devant le tribunal jusqu'au jugement ; mais qu'après le jugement, comme le remarque M. Duvergier, Coll. des lois, ann. 1858, p. 160, note 3, « personne, ni créanciers à hypothèques légales, ni créanciers inscrits, n'aura droit d'élever des réclamations ; ...que ce jugement (sauf le cas d'appel) sera au moins l'équivalent de la clôture de l'ordre » (Conf. MM. Grosse et Rameau, t. 1, n° 118 ; Ollivier et Mourlon, nᵒˢ 488 et 500 ; Flandin, Tr. de l'ordre, inédit).

1260. Il y a, toutefois, selon nous, une condition mise à cette intervention, condition sans laquelle le droit de préférence ne peut survivre à la perte du droit de suite, c'est que l'instance pour la distribution du prix soit ouverte dans les trois mois qui suivent le terme fixé par les art. 717 et 772, pour l'inscription de l'hypothèque légale (V. *suprà*, n° 431 ; conf. M. Flandin, *loc. cit.*).

1261. L'acquéreur, ayant un droit de préférence pour le coût de l'extrait des inscriptions et des dénonciations aux créanciers inscrits, ne doit pas être compté pour l'application de l'art. 773. La raison en est, comme le dit fort bien M. Seligman, n° 368, que l'acquéreur n'a pas besoin, pour ces frais, de se faire colloquer dans un ordre, puisqu'il a le droit de les retenir sur le prix (V. nᵒˢ 624 et 1131). — M. Chauveau, Proc. de l'ordre, quest. 2614, est du même avis ; seulement il se fonde sur ce que l'acquéreur n'est pas un créancier inscrit. Mais ce motif n'est pas exact, car le créancier à hypothèque légale n'est pas non plus un créancier inscrit, et cependant M. Chauveau le range parmi les créanciers dont le nombre peut rendre l'ordre nécessaire : et d'ailleurs, l'acquéreur pourrait prendre inscription, quoiqu'il n'y soit pas obligé (Conf. M. Seligman, *loc. cit.*).

1262. Ainsi que le fait observer M. Chauveau, Proc. de l'ordre, quest. 2614, les mots : *moins de quatre créanciers inscrits*, ne sont pas synonymes des mots : *moins de quatre créances inscrites*. Un créancier, par conséquent, ne compte toujours que pour un, quoiqu'il ait plusieurs inscriptions sur l'immeuble dont le prix est à distribuer (Conf. MM. Rodière, Proc. civ., t. 3, p. 233 et suiv., Colmet-Daage sur Boitard, t. 2, 8ᵉ éd., n° 1037 ; Bioche, v° Ordre, n° 33, 3ᵉ éd., 5ᵉ tirage ; Seligman, n° 364 ; Flandin, Tr. de l'ordre, inédit). — Cette doctrine, admise par le plus grand nombre des auteurs, et fondée sur un texte précis, est contredite, cependant, par MM. Ollivier et Mourlon, nᵒˢ 515 et suiv. « Quel que soit le nombre des intéressés, disent-ils, les complications viennent toujours exclusivement du conflit des *intérêts aux prises*. Dès lors, pourquoi s'attacher au nombre des créanciers, et non à celui des intérêts (c'est-à-dire des inscriptions)? » — A leur système, ils apportent, toutefois, un tempérament : « Deux hypothèques seulement, disent-ils, sont inscrites : l'une d'elles est légale et garantit les droits d'une femme mariée. En marge de l'inscription, se trouvent mentionnées, à *différentes dates*, quatre subrogations accordées par la femme à quatre créanciers chirographaires de son mari. Dans ce cas, on aura à régler, en premier lieu, dans leurs rapports entre elles, les deux hypothèques inscrites ; en second lieu, les quatre subrogations mentionnées en marge de l'une d'elles. Or, le règlement à faire entre les subrogés mettant aux prises quatre intérêts contraires et opposés l'un à l'autre, classés suivant la priorité des mentions qui les révèlent (art. 9 de la loi du 23 mars 1855), il y a évidemment lieu d'ouvrir un ordre ordinaire ; ainsi le veut l'esprit de la loi. » — Mais, cette concession apparente faite à l'opinion dominante, ils ne tardent pas à la reprendre, en ajoutant : « Notre solution serait différente si, au lieu de *quatre*, nous n'avions que *trois* subrogés. Il est vrai qu'en comptant la subrogeante et le créancier inscrit, il y a *cinq* parties au débat ; mais, comme le règlement à faire embrasse deux conflits qui, bien que connexes, sont distincts, et que chacun d'eux, considéré isolément, appartient, par sa simplicité, à l'ordre exceptionnel, ce serait méconnaître la pensée de la loi que de les solidariser pour les placer sous l'empire de l'ordre ordinaire... » — Raisonner ainsi, dit M. Flandin, ce n'est pas interpréter la loi, c'est la refaire. — Il a été jugé, dans le premier sens, qu'il doit être procédé à la distribution du prix d'un immeuble, non pas par voie d'ordre devant un juge-commissaire, mais par voie de règlement à l'amiable ou de jugement d'attribution, lorsqu'il y a moins de quatre créanciers inscrits, bien qu'il y ait un plus grand nombre d'inscriptions ; que le créancier, qui se présente en vertu de plusieurs titres et par suite de subrogations, ne compte que pour une seule tête (Caen, 23 juin 1860, aff. Binet, D. P. 62. 2. 197).

1263. Il nous paraît que, pour entrer dans l'esprit de l'article, il faut également ne compter que pour une seule tête des créanciers, au nombre de plus de trois, des héritiers, par exemple, agissant collectivement et dans un même intérêt. — C'était aussi l'opinion de Carré ; car, après avoir dit, quest. 2615 *bis*, qu'il suffit, pour que l'ordre puisse être provoqué, que quatre personnes aient hypothèque et soient inscrites, sans distinguer si leurs inscriptions sont prises à raison de plusieurs créances ayant des causes différentes, ou des causes et une origine communes, il ajoute : « Cependant, s'il n'y avait qu'une *seule inscription*, prise par un homme qui, à son décès, laisserait quatre enfants, ces quatre enfants seraient bien quatre créanciers inscrits, et pourraient, aux termes de l'art. 775 (aujourd'hui 773), provoquer entre eux un ordre. Mais, en définitive, cet ordre n'en serait un que nominativement, puisque tous les ayants droit seraient au même rang, comme venant au même titre, et que tout se terminerait forcément entre eux au moyen d'une distribution par contribution sur le prix de l'immeuble affecté au payement de leur créance. » — M. Chauveau adhère à cette opinion (Conf. MM. Rodière, Proc. civ., t. 3, p. 233 ; Bressolles, Explic., etc., n° 4 ; Colmet-Daage sur Boitard, t. 2, n° 1037, 8ᵉ éd. ; Seligman, n° 565 ; Flandin, Tr. de l'ordre, inédit). — M. Bioche, Journ., 1859, p. 381, art. 1484, et Dict. de proc., v° Ordre, nᵒˢ 37 et 38, 3ᵉ éd., 5ᵉ tirage, dit également que, dans la supputation du nombre des créanciers, une succession indivise, ou des créanciers solidaires, ne comptent que pour un seul créancier.

— Il a été jugé, dans le même sens, que le créancier et des cautions inscrites sur les biens du débiteur doivent être pris collectivement et ne compter, au point de vue de la créance et du rang qu'elle doit avoir dans l'ordre, que pour un seul créancier (Montpellier, 6 juill. 1850, aff. Cambon *C.* Benaben et Mazars, arrêt cité au Journ. des av., t. 76, p. 397, avec l'approbation de M. Chauveau).

1264. Il en serait autrement des héritiers réclamant individuellement, après le partage, leur collocation en vertu d'inscriptions séparées. Il est évident que, dans ce cas, ils ne sauraient être comptés pour un seul créancier, comme dans le cas où ils agissent collectivement avant le partage, et en vertu de la même inscription (Conf. MM. Chauveau, *loc. cit.*; Seligman, nº 565; Bioche, vº Ordre, nº 34). — Il en serait ainsi, ajoute M. Bioche, nº 35, dans le cas même où, après le partage, les héritiers n'auraient point pris inscription en leur nom personnel; car leurs droits ne laissent pas que d'être distincts, pour être étayés sur la même inscription (Conf. M. Flandin, Tr. de l'ordre, inédit).

1265. Qu'arriverait-il si l'ordre était ouvert devant le juge, bien qu'il y eût moins de quatre créanciers inscrits, et, *vice versâ*, si l'ordre était porté devant le tribunal, quoique le nombre des créanciers inscrits fût supérieur à quatre? L'incompétence, dans ce cas, sera-t-elle une incompétence absolue, une incompétence *ratione materiæ*, pouvant être proposée par les parties, ou déclarée d'office par le juge, en tout état de cause; ou bien sera-t-elle réputée couverte par le silence gardé par les parties sur les premiers actes de la procédure? — Suivant MM. Ollivier et Mourlon, nº 520, si le tribunal est saisi hors des cas prévus par la loi, l'incompétence ne devra pas nécessairement être proposée *in limine litis*: elle pourra être opposée en tout état de cause; et, si aucune des parties ne réclame, le tribunal devra se dessaisir d'office. — Au nº 518, ils disent également que, si le juge-commissaire procède à l'ordre, bien qu'il y ait moins de quatre créanciers inscrits, et que les créanciers, sommés de produire, aient tous obéi à la sommation, ils ne doivent pas être réputés, par l'adhésion qu'implique leur production, avoir accepté la procédure ouverte, et, par suite, renoncé au bénéfice de l'art. 773; que le vendeur ou l'acquéreur peuvent aussi, dans le même cas, intervenir à l'ordre et demander qu'il soit renvoyé devant le tribunal auquel la loi l'attribue (Conf. M. Bioche, Dict. de proc., vº Ordre, nºs 11, 48 et 49, 3ᵉ éd., 5ᵉ tirage).

Suivant M. Houyvet, au contraire, nº 90, l'inobservation des formes prescrites par l'art. 773, dans le cas qu'il prévoit, ne doit pas entraîner la peine de nullité, puisque la loi ne la prononce pas (arg. art. 1030 c. pr.). Et, réciproquement, l'ordre réglé par voie d'action directe devant le tribunal, sans opposition d'aucune des parties, ne doit pas être déclaré nul, parce qu'il y aurait eu plus de trois créanciers inscrits. « Dans l'un et l'autre cas, dit l'auteur, il est hors de doute que les parties, qui ont figuré, sans réclamation, dans la procédure, ne peuvent en demander ensuite la nullité. — Il en serait autrement, s'il avait été procédé à l'ordre, dans le cas prévu par l'art. 773 et *vice versâ*, au mépris de l'opposition d'une des parties intéressées: cette partie aurait toujours le droit de se pourvoir contre la décision qui aurait repoussé sa juste réclamation, et d'exiger qu'on procédât conformément à la loi. »

Nous adoptons cette dernière opinion. Ainsi que le fait observer M. Flandin, Tr. de l'ordre, inédit, « il ne peut pas être ici question d'incompétence *ratione materiæ*, puisque la juridiction du tribunal et celle du juge-commissaire sont de nature identique, et que, dans la réalité, ce dernier ne procède que par délégation du tribunal, auquel il est tenu de renvoyer toutes les contestations qui se produisent. Sans doute, poursuit l'honorable magistrat, ni le juge, ni le tribunal, irrégulièrement saisis, ne sont obligés, dans le silence des parties, et quand la procédure en est encore à ses premiers errements (V. les arrêts rapportés au numéro suivant), de retenir la cause et de procéder contrairement aux prescriptions de la loi; mais, quand ils agissent autrement, il n'y a là, à mon avis, aucun principe d'ordre public engagé, puisque c'est l'intérêt seul des parties, la difficulté de faire l'ordre à l'audience, lorsqu'il existe un grand nombre de créanciers, qui le font renvoyer devant un des membres du tribunal; ce qui se pratique également à l'égard des liquidations et partages (c. nap. 822 et suiv.). » — Conf. MM. Chauveau, Proc. de l'ordre, quest. 2614 *bis*; Thomine, t. 2, p. 338, nº 892; Seligman, nº 569).

1266. Il a été jugé, dans ce sens: 1º que, lorsque les parties, quoiqu'il n'y ait que trois créanciers inscrits, ont volontairement procédé à l'ordre devant le juge-commissaire, au lieu d'y procéder à l'audience, conformément à l'art. 775 (ancien) c. pr., elles ne sont pas reçues à décliner les conséquences légales de la procédure qu'elles ont volontairement choisie, et spécialement la peine de déchéance attachée à l'absence de contredit du règlement provisoire dans le délai prescrit (Bruxelles, 30 juin 1814) (1); — 2º Que la caution d'un des créanciers inscrits, qui n'a aucun droit réel sur l'immeuble hypothéqué à ce créancier, et ne justifie d'aucune subrogation aux droits de ce dernier, n'a pas qualité pour critiquer l'ordre établi entre les créanciers pour la distribution du prix de cet immeuble (même arrêt); — 3º Que le juge-commissaire, devant lequel un ordre a été ouvert, ne peut, *après que les productions ont été faites*, et dans le cas où il n'y aurait pas plus de trois créanciers inscrits, décider, sans en être requis par aucune des parties, qu'il n'y a pas lieu de continuer la procédure d'ordre (Toulouse, 7 déc. 1826) (2). — Cette décision n'est pas contraire à l'opinion que nous avons émise au nº précédent; car, pas plus que la cour de

(1) *Espèce :* — (Sterckx *C.* hospices de .....) — Vente, par Vanhaesendonck, d'une maison sise à Bruxelles. L'administration des hospices, créancière inscrite, poursuivit l'ordre et la distribution du prix. La dame Sterckx et les sieurs Debie, également créanciers inscrits, furent appelés à cet ordre, et firent respectivement leurs productions. — Le juge-commissaire dressa la collocation provisoire et admit les hospices en premier ordre. Cette collocation fut dénoncée auxdits sieurs Debie et à la dame Sterckx. Ceux-là ne firent aucune observation, dans le délai d'un mois accordé par l'art. 756; mais, le dernier jour, le sieur Demiddeleer, en qualité de cautionnaire des sieurs Debie, fit une opposition contre lesdits hospices. — La dame Sterckx avait, à la faveur de cette opposition, aussi tenté de critiquer, à l'audience, la collocation provisoire.—Jugement ainsi conçu :—« Attendu que Demiddeleer, quoique cautionnaire des sieurs et dame Debie, créanciers inscrits, n'a aucun droit réel sur l'immeuble donné en hypothèque à ces derniers, et sur lequel frappe leur inscription, par la raison qu'il ne conste pas que cet immeuble lui ait jamais été assigné en hypothèque, ni qu'il aurait pris une inscription sur icelui, ni qu'il aurait été subrogé dans les droits des Debie; d'où résulte qu'il est sans droit ni qualité pour quereller l'ordre arrêté entre les créanciers inscrits sur l'immeuble; — Attendu que, par acte du 26 nov. 1812, la collocation provisoire dont s'agit a été dénoncée à l'avoué de la dame Sterckx, avec sommation d'en prendre communication et d'y contredire dans le délai d'un mois; ce qui n'ayant pas été fait par elle, elle est, au vœu de l'art. 756 c. pr., déchue de la faculté de la contredire; — ...Déclare les opposants non recevables, ni fondés en leurs conclusions; dit que l'ordre dont s'agit sera définitivement clos, ainsi qu'il a été dressé le 24 nov. 1812. » — Appel. — La dame Sterckx soutenait que son opposition aurait dû être reçue; que, dans l'espèce, aux termes de l'art. 775 c. pr., l'ordre ne pouvait pas être provoqué; qu'ainsi, bien que les parties l'aient ouvert et consenti, il n'y avait pas lieu d'appliquer les délais et la déchéance prononcés par l'art. 756. — Arrêt.

La cour; — Attendu que, les parties ayant choisi volontairement l'instruction de l'ordre, toutes les dispositions portées sur cette instruction leur sont applicables, comme si l'ordre était nécessaire; — Admettant, pour le surplus, les motifs du premier juge, met l'appel au néant.

Du 30 juin 1814.-C. de Bruxelles, 2ᵉ ch.

(2) (Dame Gleyses *C.* hérit. Baric.)—La cour;—...Attendu, au fond, que le juge-commissaire n'est chargé que de procéder provisoirement à l'ordre, lorsqu'il est ouvert, lequel devient définitif, s'il ne s'élève aucun contredit; que, si ce juge-commissaire rend une décision quelconque qui s'écarte de la ligne qui lui a été tracée, il dépasse évidemment les pouvoirs qui lui sont confiés; que le système contraire aboutirait à ce résultat, qu'un juge-commissaire serait libre d'arrêter et d'anéantir la confection d'un ordre, au moment même où il serait près d'être consommé; qu'il doit attendre que les parties élèvent quelque réclamation contre l'ouverture ou la continuation de l'ordre, et en référer au tribunal;—Attendu que, dans l'espèce, le juge-commissaire avait procédé à l'ouverture d'ordre; que les actes de produit étaient faits; qu'au lieu de procéder comme le titre du code l'indiquait, le juge-commissaire a rendu son ordonnance, portant qu'il n'y avait pas lieu à procéder plus avant; qu'il l'a même rendue, de son propre mouvement, et sans en être requis par aucune des parties; que, dès lors, il a commis un excès de pouvoir, qui doit

Toulouse, nous n'admettrions qu'il fût loisible au juge-commissaire, lorsque déjà beaucoup de frais ont été faits, ou que *l'ordre serait près d'être consommé*, de se dessaisir d'office et quand personne ne réclame. Il y a évidemment ici un tempérament à admettre, et c'est l'intérêt des parties qu'il faut consulter avant tout; — 4° Que la procédure d'ordre n'est pas nulle par cela qu'il n'y avait que trois créanciers inscrits, et que l'ordre aurait dû être fait à l'audience; qu'en tout cas, ce n'est ni par l'acquéreur, ni après la clôture de l'ordre, que le moyen de nullité pourrait être proposé : — « La cour; attendu, sur le moyen pris de ce que l'ordre aurait été poursuivi là où il n'y avait que trois créanciers, que la loi, en pareil cas, ne prononce pas la nullité de la procédure, et que ce ne serait ni par l'acquéreur, ni après la clôture de l'ordre, qu'un pareil moyen pourrait être proposé;.... Confirme » (Toulouse, 3e ch., 19 avr. 1839, aff. Mutel *C.* Ansas); — 5° Que la disposition de l'art. 775 n'est pas d'ordre public, et qu'en supposant que le nombre des créanciers inscrits fût inférieur à quatre (bien qu'en fait, il y eût trois créanciers inscrits et un créancier à hypothèque légale dispensée d'inscription), le débiteur, qui, en pareil cas, a laissé ouvrir l'ordre devant un juge-commissaire, n'est pas admissible, sur l'appel d'un jugement rendu sur contredit, à se faire un grief de la violation dudit article : « La cour;... considérant, d'une autre part, que, si le § 1 de l'art. 775 c. pr. dispose que, « quel que soit le mode d'aliénation, l'ordre ne peut être provoqué, s'il y a moins de quatre créanciers inscrits, » il est constant, en fait, que les sieurs Brindejonc, Maillard et Yvonnet étaient inscrits sur les immeubles vendus, et que, par acte signifié le 12 mai 1862, la dame Le Maraisquier, qui avait une hypothèque légale sur les biens de son mari, a été sommée de produire à l'ordre; — Considérant que les dispositions de l'art. 775 ne sont pas d'ordre public, et que Le Maraisquier a à s'imputer la faute de ne pas les avoir invoquées devant le tribunal de Nantes;.... confirme » (Rennes, 3e ch., 28 avr. 1863, aff. Le Maraisquier *C.* Brindejonc).

1267. Il a, toutefois, été jugé qu'après avoir déclaré l'ordre ouvert, sur la fausse opinion qu'il y avait plus de trois créanciers inscrits, le juge-commissaire peut annuler, d'office, cette ouverture d'ordre, lorsqu'il s'aperçoit de son erreur, et renvoyer les parties à procéder devant le tribunal (arrêt précité de la cour de Montpellier du 6 juill. 1850, *suprà*, n° 1263). — Cette décision est conforme à l'opinion que nous avons exprimée au n° 1265. M. Chauveau, Proc. de l'ordre, quest. 2614, pense, au contraire, que le tribunal seul, sur un dire demandant le renvoi à l'audience, pourrait prononcer cette annulation, et ordonner aux parties de se conformer à l'art. 775.

1268. A plus forte raison faut-il dire qu'un ordre ouvert, alors qu'il y avait plus de trois créanciers inscrits, doit suivre son cours, si le nombre de ces créanciers se trouve réduit au-dessous de quatre par un événement postérieur (Conf. MM. Ollivier et Mourlon, nos 518 et 519; Seligman, n° 570; Flandin, Tr. de l'Ordre, inédit). — Il a été jugé, dans ce sens : 1° Que l'ordre peut être provoqué devant le juge-commissaire, lorsqu'il résulte de l'état des inscriptions délivré par le conservateur qu'il y a plus de trois créanciers inscrits, quoique, par les payements effectués, ce nombre se trouve réduit au-dessous de quatre, si l'inscription du créancier, qui a été payé antérieurement à la réquisition d'ouverture de l'ordre, n'a pas été rayée : — « La cour;... Considérant, sur le nombre des créanciers inscrits, que Poncet présente comme trop faible pour que l'ordre puisse être réglé par le procès-verbal, sans contrevenir à l'art. 775, que, dans le relevé des inscriptions fait par la dame Liévremont, on trouve : 1° le sieur Duvillard; 2° les frères Poncet; 3° la veuve Vieillevert; 4° M. Vialand. Il est vrai que l'appelant prétend que M. Vialand était payé avant que l'état des inscriptions fût délivré par le conservateur; mais il a suffi que l'inscription du sieur Vialand ne fût pas radiée, et qu'elle existât entièrement, pour que la dame Liévremont dût y prendre égard; qu'ainsi il y avait donc au moins quatre créanciers lorsqu'elle a provoqué l'ouverture de l'ordre, et qu'il est superflu d'examiner si l'inscription des frères Poncet devait être considérée comme simple ou comme double; prononçant sur l'opposition du sieur Poncet, l'en déboute et le condamne aux dépens » (Besançon, 16 juill. 1808, aff. Poncet *C.* dame Liévremont et autres, M. Cros, proc. gén., c. conf.); — 2° Qu'un ordre est valablement ouvert, à la suite d'une aliénation volontaire, lorsqu'il résulte de l'état des inscriptions délivré par le conservateur qu'il y a plus de trois créanciers inscrits, bien qu'en réalité, par suite de l'extinction de plusieurs de ces créances, le nombre des créanciers se trouve être au-dessous de quatre (Montpellier, 24 janv. 1849 (1); Nîmes, 7 juill. 1851, aff. Massis *C.* Piston; Orléans, 2e ch., 2 mai 1854, aff. Rozier).

1269. Il a été jugé, cependant que, bien que, au moment où la demande d'ouverture d'un ordre est formée, il existe plus de trois créanciers inscrits, si ce nombre se trouve, lors du jugement qui prononce sur cette demande, réduit à trois par l'effet de radiations, il peut être déclaré qu'il n'y a pas lieu à cette ouverture : — « La cour; attendu qu'il est reconnu, en fait, que la propriété, acquise par Poupard, était frappée de cinq inscriptions; attendu que l'arrêt déclare, en fait, que deux de ces inscriptions ont été rayées avant que les juges fussent appelés à prononcer; attendu que, d'après l'art. 2193 c. civ., l'acquéreur a la faculté de purger les hypothèques légales; que, s'il ne veut pas en user, il reste soumis à l'effet de ces hypothèques, et que, s'il usait mal de cette faculté, il s'exposerait à payer deux fois; ce qui, dans les deux cas, ne compromet en rien l'intérêt des créanciers; d'où il suit que l'arrêt, en refusant l'ouverture de l'ordre demandée par Poupard, n'a point violé l'art. 775 c. pr., ni faussement interprété l'art. 2193 c. civ., mais a fait, au contraire, une juste application de ces articles; rejette le pourvoi formé contre l'arrêt de la cour de Bourges du 14 juill. 1827 (cet arrêt est rapp. v° Priv. et Hyp., n° 2222) (Req. 26 nov. 1828, MM. Henrion, 1er pr., Ménerville, rap., aff. Poitrenaud *C.* Poupard). — Il est à remarquer que, dans l'espèce, au moment où l'ouverture de l'ordre était demandée, non pas par Poupard, l'acquéreur, comme le porte, à tort, l'arrêt, mais par un des créanciers inscrits, le sieur Poitrenaud, reconventionnellement à une demande formée par l'acquéreur, en attribution de son prix qu'il avait employé à rembourser le créancier premier inscrit, aux droits duquel il se trouvait ainsi subrogé, la mainlevée d'une des cinq inscriptions qui grevaient l'immeuble n'avait été donnée que la veille du jugement qui avait admis la demande d'ouverture de l'ordre. Une autre avait été rayée avant la demande. Il existait donc, en réalité, quatre inscriptions, au moment de l'introduction de l'action, indépendamment de l'hypothèque légale non inscrite, dont Poitrenaud demandait que la purge fût opérée, avant de procéder à l'ordre, en conformité de l'art. 775 (ancien) c. pr. Le juge-

---

provoquer l'annulation de son ordonnance; — Disant droit sur l'appel de la dame Gleyses, annule l'ordonnance du 29 juin 1826 et tout l'ensuivi; ce faisant, délaisse les parties à se pourvoir où et par-devant qui de droit, etc.

Du 7 déc. 1826.-C. de Toulouse, 2e ch.-M. de Faydel, pr.

(1) (Caunac C. Ricard.) — LA COUR; — Attendu que, s'agissant de la distribution du prix d'une vente volontaire, l'ordre ne pouvait être provoqué, aux termes de l'art. 775 c. pr. civ., s'il n'y avait plus de trois créanciers inscrits; — Mais attendu que Ricard, acquéreur, ayant demandé au conservateur l'état des inscriptions hypothécaires sur les immeubles vendus, il lui fut délivré, le 22 nov 1846, un extrait comprenant cinq inscriptions, qui se trouvèrent réduites à quatre par le défaut de renouvellement de la première concernant Pierre Rouquette; — Attendu que, ces quatre inscriptions subsistant et frappant sur les immeubles acquis par Ricard, ce dernier a été en droit de faire ouvrir un ordre, sans qu'on puisse argumenter, pour lui contester ce droit, de la prétendue extinction, par bail en payement ou par confusion, des créances inscrites; — Attendu, en effet, que l'acquéreur ne doit ni ne peut se rendre juge de la validité des inscriptions grevant les immeubles vendus; que toutes les questions relatives, soit à l'existence de ces créances, soit à l'efficacité des inscriptions, ne peuvent être débattues et discutées que dans l'ordre contradictoirement avec les créanciers, s'ils produisent et demandent collocation; qu'il suffit que les inscriptions existent, non périmées, au nombre de plus de trois, sur les registres du conservateur, pour que l'ouverture de l'ordre puisse être requise, conformément à l'art. 775 précité; qu'ainsi c'est à bon droit que les premiers juges ont maintenu la procédure d'ordre attaquée par Caunac; — Confirme.

Du 24 janv. 1849.-C. de Montpellier, 1re ch.-M de Podenas, pr.

ment, néanmoins, qui avait admis la demande de Poitrenaud, fut infirmé, et la demande d'ouverture d'ordre déclarée mal fondée, par le motif « qu'une inscription ayant été rayée avant l'action, et une autre avant que les juges fussent appelés à prononcer, il a été vrai de dire que, lors du jugement dont est appel, il n'y avait pas plus de trois créanciers inscrits, et que, dès lors, il ne pouvait pas être ouvert d'ordre; qu'en vain on oppose que Puy, sur lequel les inscriptions étaient prises, étant tuteur de ses enfants, il pouvait exister contre lui une hypothèque légale au profit de ceux-ci; que l'acquéreur devait prendre les voies indiquées par la loi pour purger cette hypothèque, et que ce n'aurait été qu'après l'expiration du délai accordé pour purger l'hypothèque légale que le nombre des créanciers aurait été connu, et que l'ordre aurait pu être suivi; mais que, d'après l'art. 2193 c. civ., l'acquéreur n'est pas obligé de purger les hypothèques légales; qu'il en a seulement la faculté; que, s'il ne veut pas en user, il reste soumis à l'effet de ces hypothèques; que les créanciers inscrits ne peuvent l'obliger à prendre cette voie; qu'ils agiraient même, en le faisant, contre leurs intérêts; que, dès lors, tout se règle entre eux et l'acquéreur comme si les hypothèques légales n'existaient pas; que, s'il est dit, dans l'art. 775 c. pr., que l'ordre sera provoqué par le créancier le plus diligent ou par l'acquéreur, après l'expiration des 30 jours qui suivront les délais prescrits par les art. 2185 et 2194 c. civ., ce dernier article relatif au mode de purger les hypothèques légales, le créancier, pour ouvrir l'ordre, n'est obligé d'attendre l'expiration du dernier délai qu'autant que l'acquéreur annonce vouloir purger les hypothèques légales » (V. cependant *suprà*, n° 1257).

1270. Il nous semblerait, toutefois, difficile, lorsque la radiation n'a eu lieu que la veille même du jugement, de rendre le créancier demandeur en ouverture de l'ordre passible des frais de l'instance à laquelle cette demande aurait donné lieu, alors que rien n'avait pu l'avertir des causes qui ont amené cette radiation.

1271. Il a, d'ailleurs, été jugé que la réquisition tendant à la nomination d'un juge-commissaire constitue le commencement de la procédure d'ordre (V. *suprà*, n° 228); que, par suite, il suffit qu'une procédure d'ordre ait été ainsi commencée régulièrement, en ce que l'état des inscriptions, délivré par le conservateur, constatait l'existence de quatre créanciers inscrits, pour que la notification postérieure, par un des créanciers, d'un transport en sa faveur, qui réunit sur sa tête les droits d'un autre créancier, et réduit, dès lors, à trois le nombre des créanciers inscrits, ne forme pas obstacle à la continuation de la procédure; et cela, bien que la notification du transport soit antérieure à la nomination du juge-commissaire et ait même été faite le lendemain de la réquisition du poursuivant : — « La cour; attendu qu'il est constaté, en fait, par le jugement auquel l'arrêt se réfère et qu'il adopte, que la notification, aux époux Tonnellier, du transport consenti par Joly aux mariés Bonnard a été faite le lendemain du jour où la nomination du juge-commissaire, pour procéder à l'ordre, a été requise; attendu que, cette réquisition étant, d'après l'art. 750 c. pr., le premier acte de la procédure d'ordre, elle a été, dans l'espèce, régulièrement commencée; d'où il suit qu'en déclarant mal fondée la contestation élevée par la veuve Bonnard, l'arrêt attaqué n'a ni violé, ni faussement appliqué l'art. 775 dudit code; rejette » (Rej. 4 juill. 1838, MM. Portalis, 1er pr., Rupérou, rap., Tarbé, av. gén., c. conf., Goudard et Piet, av., aff. veuve Bonnard *C.* ép. Tonnellier). — En fait, les époux Tonnellier, acquéreurs d'une maison, moyennant 1400 fr., après s'être fait délivrer un état des inscriptions grevant cette maison, et constatant que les créanciers inscrits étaient au nombre de quatre, avaient requis, le 15 fév. 1833, la nomination d'un juge-commissaire pour procéder à l'ordre. Mais, le lendemain, et avant cette nomination, qui n'eut lieu que le 5 mars (l'ordre ne fut même ouvert par le juge-commissaire que près d'un an après, le 18 fév. 1834), ils recevaient de la veuve Bonnard, un des créanciers inscrits, notification d'un transport à elle consenti par Joly, un autre créancier. — Sommée de produire à l'ordre, la dame Bonnard s'y présente et demande l'annulation de la procédure commencée, en se fondant sur ce que, par suite de la cession précitée, le nombre des créanciers inscrits se trouvait réduit à trois, et que, dès lors, il ne pouvait y avoir lieu à un ordre, conformément à l'art. 775 c. pr. — Mais un jugement du tribunal de Compiègne, confirmé, sur appel, par arrêt de la cour d'Amiens, du 8 juill. 1834, déclara cette demande mal fondée, par le motif « que l'état délivré à Tonnellier contient quatre inscriptions, et que celle au profit de Joly n'est même pas encore radiée; qu'ainsi l'ordre a été régulièrement ouvert et poursuivi devant un juge-commissaire. » — L'arrêt, qui a rejeté le pourvoi formé contre cette décision, concorde avec les termes de l'art. 775 (ancien) c. pr., reproduits par le nouvel art. 773. Cet art. 775 portait, en effet, que « l'ordre ne pourra être *provoqué*, s'il n'y a plus de trois créanciers inscrits. » Ce mot *provoqué* signifie évidemment qu'il suffit qu'il y ait plus de trois créanciers inscrits, lorsque le premier acte de la procédure d'ordre a lieu. Or, pour le savoir, que doit-on consulter? Nécessairement, l'état des inscriptions délivré par le conservateur. Cet état fait pleine foi du nombre des créanciers inscrits qu'il constate, jusqu'à ce qu'il ne soit plus permis d'ignorer que ce nombre a été réduit. Mais toute notification, dans ce dernier but, doit précéder la *provocation* de l'ordre; car, postérieurement, elle ne saurait influer sur le sort de la procédure, commencée régulièrement. — Ce n'est pas que les juges, ainsi qu'on l'a vu *suprà*, n° 1265, n'aient la faculté d'ordonner la discontinuation de cette procédure; mais, en validant la procédure commencée, et en ordonnant sa continuation, ils ne contreviennent à aucun texte de loi. C'est tout ce que décide le présent arrêt.

1272. Il a été jugé, de même, que c'est l'état des inscriptions existantes au moment de la réquisition de l'ordre, qui détermine le nombre des créanciers inscrits; et, par suite, que, bien que, depuis l'ouverture de l'ordre, le nombre des créanciers inscrits se trouve réduit à moins de quatre, par un changement survenu dans la qualité des parties, ou par un événement quelconque, la procédure d'ordre n'en doit pas moins suivre son cours : — « La cour; attendu qu'aux termes de l'art. 775 c. pr. civ., en cas d'aliénation autre que celle par expropriation forcée, l'ordre ne peut être provoqué, s'il n'y a plus de trois créanciers; attendu que le nombre des créanciers inscrits est déterminé par l'état des inscriptions telles qu'elles existent au moment où l'ordre est provoqué, et non d'après les variations qui peuvent survenir postérieurement à l'ouverture de cet ordre; que c'est ce que la cour a déjà jugé par son arrêt du 4 juill. 1838 (V. au numéro précédent); et attendu qu'au 12 avr. 1834, époque de l'ouverture de l'ordre provoqué par le défendeur éventuel (l'acquéreur), il existait, d'après l'état des inscriptions délivré par le conservateur, cinq créances inscrites sur les biens immeubles dont il s'agissait de distribuer le prix; que, par conséquent, en ordonnant qu'il serait donné suite à cet ordre, la cour royale d'Agen a fait une juste application de l'art. 775 c. pr. civ.; rejette le pourvoi formé contre l'arrêt de la cour d'Agen du 30 janv. 1840 » (Req. 5 janv. 1842, MM. Zangiacomi, pr., de Gaujal, rap., Delangle, av. gén., c. conf., Ledru-Rollin, av., aff. de Brouquens c. hér. Darrieux).—La chambre des requêtes, dans cet arrêt, ne se contente pas de dire, comme la chambre civile dans celui du 4 juillet 1838, que l'arrêt attaqué *n'a pas contrevenu à la loi*, en rejetant la demande en discontinuation de la procédure d'ordre, fondée sur ce que le nombre des créanciers inscrits, qui était de plus de trois, à l'origine de la procédure, était descendu, depuis, au-dessous de ce nombre; elle déclare que, dans un cas pareil, il a été fait une *juste application* de la loi. Cette nuance ne doit pas échapper. — Toutefois, la portée s'en atténue en ce que, dans l'espèce jugée par la chambre des requêtes, les choses étaient plus avancées que dans celle soumise à la chambre civile. Dans l'affaire Brouquens, en effet, les productions avaient été faites, et ce n'est qu'après les productions que deux des créanciers, sur quatre, avaient successivement disparu de l'ordre : le premier, à la suite d'un jugement qui avait ordonné la radiation de son inscription; le second, en s'en retirant volontairement après qu'il eût reconnu que son inscription était tardive et nulle. De plus, c'était l'acquéreur lui-même qui avait requis l'ouverture de l'ordre, et qui en demandait la discontinuation, demande à laquelle s'opposait un des créanciers produisants. Dans ces circonstances, il ne pouvait y avoir économie de temps et de frais à abandonner la procédure commencée devant le juge-commissaire pour la reporter directement devant le tribunal.

1273. Lorsqu'il y a moins de quatre créanciers inscrits, et qu'ainsi il n'y a pas lieu de provoquer un ordre, le vendeur, dit Pigeau, Comm., t. 2, sur l'art. 775, note 1, peut, soit par le contrat de vente, soit par un acte passé avec les créanciers, ou même hors de leur présence, déléguer à ceux-ci le prix jusqu'à due concurrence; et, dans le cas où les créanciers n'accepteraient pas la délégation, les assigner devant le tribunal pour en voir ordonner l'exécution. — Cette forme est encore plus expéditive que celle indiquée par l'art. 773. — Il a été jugé, dans le même sens : 1° que, lorsqu'il n'existe que trois créanciers hypothécaires, la délégation de la totalité du prix à ces derniers, non contestée, d'ailleurs, par les autres créanciers du vendeur, peut être considérée comme un règlement sur la distribution du prix conforme au vœu des art. 749 et 750 (anciens) c. pr., et qui aurait dispensé de provoquer un ordre judiciaire, dans le cas même où l'art. 775 du même code aurait permis qu'il fût provoqué (Paris, 7 déc. 1831, et, sur pourvoi, Rej. 9 juill. 1834, aff. Levrat et autres, v° Priv. et hyp., n° 1685-4°); — 2° Que cela est vrai, même en cas de revente de l'immeuble, alors surtout que les créanciers personnels des premiers acquéreurs, inscrits sur ledit immeuble, ont défendu à la demande d'attribution du prix de la première vente, faite par les créanciers délégataires de ce prix, sans demander le renvoi à l'ordre pour l'appréciation de cette demande (arrêt précité de la cour de Paris). — Si le vendeur n'a pas fait de délégation, on suit, alors, les formes tracées par l'art. 773 (V. *infrà*, n°s 1278 et suiv.)

1274. Lorsqu'il n'y a qu'un seul créancier inscrit, ce n'est pas le cas, nous semble-t-il, de recourir aux formes de l'art. 773. MM. Grosse et Rameau, t. 2, n° 488, disent, avec raison, que l'existence d'un seul créancier inscrit exclut toute idée d'ordre; qu'il y a impossibilité, dans ce cas, d'appliquer l'art. 751, c'est-à-dire de tenter un règlement amiable, et que le créancier n'a qu'une chose à faire, c'est d'actionner l'adjudicataire en payement, en appelant le vendeur en déclaration de jugement commun (V. aussi, en ce sens, M. Seligman, n° 574).

M. Chauveau, cependant, Proc. de l'ordre, quest. 2615 *ter*, émet un avis contraire. « Je n'hésite pas à croire, dit-il, qu'à défaut de règlement consensuel, le créancier doit, autant que possible, se conformer aux prescriptions de l'art. 773. La convocation, faite par ce créancier au saisi ou vendeur et à l'adjudicataire ou acquéreur, suffira pour amener un règlement amiable, à défaut duquel le créancier se pourvoira devant le tribunal pour obtenir payement... » (Conf. MM. Bioche, v° Ordre, n° 47, 3e éd., 5e tirage; Ollivier et Mourlon, n°s 486 et s., et n° 514). — Mais à quoi bon, dirons-nous, cette tentative de règlement amiable, lorsqu'il n'y a qu'un seul créancier? Dans l'esprit de la loi du 21 mai 1858, ce que le législateur se propose par cette tentative de règlement amiable, c'est un accord entre les divers créanciers inscrits, pour éviter les lenteurs et les frais d'un ordre judiciaire, et non pas un accord entre le débiteur et son unique créancier. — Relativement à ce qu'ajoute M. Chauveau, que le créancier seul inscrit n'a le droit de poursuivre son payement contre le tiers détenteur, qui s'est mis en mesure de purger, qu'après l'expiration du double délai de la purge des hypothèques inscrites et des hypothèques légales dispensées d'inscription, parce que, avant l'expiration de ce double délai, celui-ci ne peut payer avec sécurité, et que les frais de la demande en attribution de prix, formée avant cette époque, devraient être supportés par le demandeur impatient, c'est là un autre point de vue, et qui ne touche en rien à notre question.

MM. Ollivier et Mourlon, qui s'élèvent, comme M. Chauveau, contre l'opinion de MM. Grosse et Rameau, la combattent par des raisons de célérité et d'économie. « Un créancier, disent-ils, n° 514, est-il engagé dans un conflit avec un ou deux autres créanciers, la loi, lui venant en aide, lui ouvre une procédure privilégiée, et le met en mesure d'obtenir satisfaction le plus économiquement possible et dans le plus bref délai. Est-il seul, n'a-t-il pour adversaire que son débiteur, le vendeur ou l'acquéreur, il faut qu'il passe par toutes les lenteurs des poursuites ordinaires, qu'il fasse l'avance des frais énormes auxquels elles donnent lieu ! » — Nous répondons que la considération, tirée par MM. Ollivier et Mourlon de la célérité de la procédure organisée par l'art. 773, perd une partie de son intérêt, s'il est vrai, comme nous l'établirons plus bas, que l'appel, au cas dont il s'agit, est soumis, quant au délai, aux règles du droit commun (V. *infrà*, n° 1294); et que, par rapport à l'économie, la différence n'est pas si grande qu'ils affectent de le dire entre la procédure ordinaire et la procédure sommaire; que celle-ci, d'ailleurs, n'a été appliquée qu'à *l'ordre*, et que c'est faire violence au sens naturel des mots que de trouver matière à *ordre* là où il n'y a qu'un seul créancier.

1275. Il a été jugé ainsi (implicitement) : 1° que, même en cas de vente sur saisie immobilière, il n'y a pas lieu de procéder à un ordre, s'il n'y a, par exemple, qu'un seul créancier inscrit; et, spécialement, que, lorsqu'il y a moins de trois créanciers hypothécaires, notamment lorsqu'il n'y a qu'un seul créancier inscrit sur l'immeuble vendu sur saisie immobilière, ce créancier procède régulièrement, en faisant commandement à l'adjudicataire de lui payer le montant de sa créance, sous peine de le poursuivre par voie de folle enchère; que l'adjudicataire opposerait vainement qu'il ne peut être contraint de payer que sur un mandement de justice, à la suite d'un règlement d'ordre, ou par voie d'action en dessaisissement du prix dirigée contre lui (Bordeaux, 18 août 1838, et, sur pourvoi, Req. 13 janv. 1840, aff. Segons et demoiselles Collet, v° Vente publ. d'imm., n° 1859); — 2° Que, lorsque, sur la demande d'un créancier hypothécaire, tendant à la distribution du prix d'un immeuble vendu, il y a eu, non pas un ordre, mais un simple jugement de distribution, ordonnant à l'acquéreur de payer à ce créancier qui s'est présenté seul, la somme qui lui est due, si, depuis le jugement, et après que l'acquéreur a rempli les formalités pour purger les hypothèques légales, il survient des inscriptions nouvelles, ledit acquéreur, s'il est encore dans les délais, peut, en interjetant appel du jugement, demander une nouvelle distribution entre tous les créanciers (Limoges, 24 fév. 1826) (1);... — Mais que, dans ce cas, l'acquéreur, qui, par sa négligence à purger les hypothèques légales, a donné lieu à une

---

(1) *Espèce:* — (Puymauri C. Chabrier.) — Faure vend à Puymauri un immeuble pour 1,300 fr. : transcription du contrat et notification aux créanciers inscrits. — Chabrier, créancier de 500 fr., assigne Puymauri pour voir ordonner la distribution du prix de l'immeuble, et que, comme premier inscrit, il recevra ses 500 fr. — Il existait quatre autres créanciers, y compris le vendeur pour son privilége; ils ne se sont pas présentés. — Puymauri déclare être prêt à payer à qui par justice sera ordonné.—Jugement qui le condamne à payer les 500 fr. à Chabrier.— Depuis, Puymauri se met en devoir de purger les hypothèques légales : il survient des inscriptions qui surpassent de beaucoup le prix à distribuer. — Alors il les notifie à Chabrier, et déclare ne pouvoir payer que par suite d'une nouvelle distribution ou d'un ordre. — Chabrier fait saisir les meubles de Puymauri. — Opposition par celui-ci. — Référé. — Ordonnance portant qu'il sera passé outre. — Appel par Puymauri, tant de cette ordonnance que du jugement de distribution. — Chabrier lui oppose : 1° que les juges ont prononcé en dernier ressort; 2° qu'il a acquiescé par ses conclusions prises devant eux; 3° que leur jugement a tout terminé; que le prix n'a pu être accordé qu'aux créanciers qui se sont présentés; que, Puymauri n'ayant pas purgé les hypothèques légales, il s'est, par là même, obligé à payer les autres créanciers inscrits, en assumant sur lui seul le danger résultant du défaut de purge des hypothèques légales. — Arrêt.

LA COUR (sur les fins de non-recevoir, tirées de l'acquiescement et du dernier ressort, V. v° *Acquiescement*, n° 270, et v° *Degrés de jur.*, n° 339.)...; — Attendu, au fond, que l'appelant, après avoir fait transcrire le contrat de vente qui lui avait été consenti, avait, sur la sommation qui lui avait été faite par Chabrier, rempli suffisamment les formalités prescrites par l'art. 2183 c. civ., en notifiant les actes, énoncés dans cet article, à tous les créanciers inscrits, et ne peut ainsi être tenu que de payer le prix du contrat, soit au vendeur, soit à ses créanciers qui le représentent; que les créanciers inscrits ne se trouvent qu'au nombre de quatre, compris le vendeur, pour lequel le conservateur avait pris inscription d'office; et, l'appelant n'ayant pas provoqué l'ordre sur le prix de son acquisition, le tribunal d'où vient l'appel n'avait à statuer que sur les droits des créanciers alors inscrits; qu'ainsi, il n'a point mal jugé, en ordonnant le versement entre les mains de Chabrier (comme premier inscrit) d'une partie du prix à distribuer; mais que son jugement n'était pas définitif, et pouvait être at-

nouvelle distribution du prix, doit être condamné à supporter les frais de la distribution annulée (même arrêt);... et que, d'un autre côté, le créancier intimé sur l'appel, qui, depuis la connaissance qu'il a eue de l'inscription des hypothèques légales, s'est opposé à la nouvelle distribution demandée, doit être condamné aux frais faits depuis lors (même arrêt).

1276. Mais il a été jugé que le créancier hypothécaire, qui s'est fait subroger dans toutes les créances qui paraissaient pouvoir être colloquées sur le prix de l'immeuble hypothéqué, ne peut pas demander directement, et par instance principale, la radiation des inscriptions postérieures, qui ne semblent pas pouvoir venir en ordre utile; qu'il faut, pour opérer régulièrement, même quand il s'agit d'un ordre sommaire, une distribution à l'audience par le tribunal, après une discussion contradictoire des titres (Nancy, 1re ch., 23 janv. 1840, aff. Florentin C. Joux, Jur. de la cour de Nancy, v° Ordre, n° 2).

1277. La jonction des ordres, pour les immeubles situés dans un même arrondissement, est, en général, une mesure utile et dans l'intérêt des créanciers, puisqu'elle a pour résultat de diminuer les frais. Mais il est tel cas où cette jonction ne pourrait être opérée sans léser des intérêts qui, dès lors, auraient toute raison de s'y opposer. Ainsi Carré, quest. 2617, se demande si, lorsqu'il n'y a que deux créanciers inscrits sur un immeuble vendu judiciairement, et pour un prix distinct, avec d'autres immeubles situés dans le même arrondissement, ces créanciers pourraient obtenir leur payement au moyen de la procédure tracée par l'art. 775 (aujourd'hui 773), sans être obligés d'attendre la clôture de l'ordre qui doit être ouvert pour la distribution du prix des autres immeubles? Et il n'hésite pas à répondre affirmativement. « Il serait d'une injustice révoltante, dit-il, que, sans aucune utilité pour les créanciers inscrits sur les autres immeubles, on privât deux créanciers, seuls inscrits sur un des immeubles compris dans la même adjudication, du droit qu'ils ont acquis, d'après l'art. 775, d'être dispensés des formalités de l'ordre, s'il ne survient pas d'autres inscriptions... » — Nous adhérons à cette solution, ainsi que nous l'avions déjà fait dans notre première édition. En pareil cas, comme le dit M. Chauveau, Proc. de l'ordre, quest. 2614 *ter*, bien qu'il n'y ait qu'un jugement d'adjudication, il y a, en réalité, plusieurs ventes et plusieurs prix; et, dans le cas même où tous les immeubles auraient été vendus en bloc et pour un prix unique, les deux créanciers, seuls inscrits sur un de ces immeubles, auraient le droit de demander que la ventilation du prix fût faite, dans les termes de l'art. 757, afin de séparer la portion de ce prix qui doit être distribuée par voie d'ordre de celle que l'art. 773 assujettit à un autre mode de distribution (Conf. MM. Bioche, v° Ordre, n° 39, 3e éd., 5e tirage; Flandin, Tr. de l'ordre, inédit. V. aussi le Rép. de Merlin, v° Saisie immob., § 8, n° 1, et M. Persil, Quest. hyp., p. 390).

1278. *Procédure.* — « Après l'expiration des délais établis par les art. 750 et 772, porte le 2e alinéa de l'art. 773, la partie qui veut poursuivre l'ordre présente requête au juge spécial, et, s'il n'y en a pas, au président du tribunal, à l'effet de faire procéder au préliminaire de règlement amiable, dans les formes et les délais établis en l'art. 751. » — *Après l'expiration des délais établis par les art. 750 et 772* : L'art. 750 est relatif au délai de quarante-cinq jours accordé à l'adjudicataire pour faire transcrire le jugement d'adjudication, et l'art. 772 à l'accomplissement des formalités nécessaires pour la purge des hypothèques, au cas d'aliénation volontaire. Cette purge est un préalable nécessaire au règlement d'ordre, qu'il soit fait dans la forme ordinaire, ou directement devant le tribunal. — Mais c'est une question, comme on l'a vu *suprà*, nos 141 et suiv., si la purge dont il est parlé dans l'art. 772 doit s'entendre, tout à la fois, des hypothèques inscrites et des hypothèques légales dispensées d'inscription.

1279. L'ordre devant le tribunal doit être précédé, comme l'ordre devant le juge-commissaire, d'une tentative de règlement amiable, « avec d'autant plus de raison, dit le rapporteur de la commission du corps législatif, que le petit nombre de créanciers semble rendre l'arrangement plus probable » (D. P. 58. 4. 49, n° 98.— Pour les formes et le délai dans lesquels doit être accompli le préliminaire de règlement amiable, V. *suprà*, sous le chap. 3).

1280. M. Bressolles, n° 64, paraît croire « qu'en l'absence d'un juge spécial pour les ordres, le président n'a pas à nommer un commissaire chargé de procéder au préliminaire de conciliation, mais que c'est lui-même, en sa qualité, qui a attribution pour cela, sauf son remplacement, selon les règles ordinaires, s'il est empêché, au jour indiqué, de remplir ce ministère pacificateur. » — Nous ne pouvons partager cette opinion. Ainsi que M. Chauveau, Proc. de l'ordre, quest. 2613-3°, nous croyons que le président n'est ici désigné que parce que c'est à lui, comme chef du tribunal, qu'on doit s'adresser, en l'absence d'un juge spécial, pour désigner le juge-commissaire. Quelle raison y aurait-il pour que, dans ce cas, plutôt que dans celui prévu par l'art. 751, auquel l'art. 773 renvoie, ce fût le président qui dût procéder lui-même au préliminaire du règlement amiable? On n'en aperçoit aucune; et, le texte n'ayant rien d'impératif à cet égard, il faut rester dans la règle générale (Conf. MM. Grosse et Rameau, t. 2, n° 486; Flandin, Tr. de l'ordre, inédit).

1281. Si la partie qui veut poursuivre l'ordre, au lieu de présenter requête au juge spécial, ou au juge-commis, à l'effet de faire procéder au préliminaire de règlement amiable, négligeant ce préliminaire, portait directement sa demande en règlement de prix devant le tribunal, sans que personne, ni les parties intéressées, ni le ministère public, ni le tribunal, soulevât l'exception, faudrait-il dire, avec MM. Ollivier et Mourlon, n° 527, que toute la procédure et la décision qui aura suivi seront frappées d'une nullité telle que cette nullité pourra non-seulement être invoquée par les défendeurs, en tout état de cause, mais encore être prononcée d'office par les juges d'appel ou de cassation? — Nous avons discuté *suprà*, n° 284, la même question, à propos de l'ordre judiciaire devant un juge-commissaire, et nous l'avons résolue dans un sens contraire à l'opinion de MM. Ollivier et Mourlon. Nous y renvoyons le lecteur. V. aussi, comme analogie, v° Conciliation, nos 44 et suiv.

1282. Si la tentative de règlement amiable n'aboutit pas, on s'adresse au tribunal pour faire la distribution du prix. Le

---

taqué par la voie de l'appel; que, postérieurement à ce jugement, des créanciers (en vertu d'hypothèque légale) de Faure, vendeur de Puymauri, se sont fait inscrire pour des sommes supérieures au prix total de la vente; que, ces créanciers étant encore à temps d'exercer leurs droits, l'appelant serait exposé à payer au delà du prix de son acquisition, si le jugement dont est appel était exécuté; que le fait nouveau de l'inscription des créanciers a créé pour lui un intérêt à se refuser à l'exécution de ce jugement, et, dès lors, lui a donné le droit d'en interjeter appel, et cela avec d'autant plus de raison que l'art. 2183 c. civ. ne lui prescrivait des formalités à remplir, pour n'être tenu que du prix de la vente, qu'à l'égard de ceux des créanciers qui se trouvaient inscrits, et qu'aucune loi ne lui imposait l'obligation de purger les hypothèques légales, tant qu'il n'en avait pas connaissance par les inscriptions, et qu'ayant satisfait à la sommation qui lui fut faite par Chabrier envers tous les créanciers alors inscrits, il n'est tenu à faire aux créanciers nouvellement inscrits les significations prescrites par l'art. 2183 qu'autant qu'il serait mis en demeure par une nouvelle sommation de leur part; qu'il serait même fondé à leur signifier, dès ce moment, le jugement dont est appel; qu'ils auraient, sans contredit, le droit de l'attaquer par la voie de tierce opposition, et que Puymauri est fondé lui-même à se pourvoir contre ce même jugement par la voie de l'appel, puisque ledit jugement n'a pas acquis, à son égard, l'autorité de la chose jugée;

Que, s'il ne peut être tenu de payer aux créanciers de son vendeur au delà du prix de son acquisition, les créanciers, en vertu d'hypothèques légales, ne peuvent pas plus être dépouillés du droit d'être admis, suivant l'ordre de ces hypothèques, à la distribution du prix de l'immeuble de leur débiteur, qui est le gage de leurs créances; que, dès lors, une nouvelle distribution entre tous les créanciers doit être ordonnée; mais que l'appelant ayant, par sa négligence à purger les hypothèques légales, et à avertir ceux à qui elles étaient acquises, donné lieu aux frais qui ont été faits pour parvenir à la première distribution, doit les supporter en totalité; qu'au contraire, l'intimé ayant mal à propos contesté, depuis qu'il a connaissance des inscriptions, est tenu des frais qui ont été faits depuis lors; — Sans s'arrêter, ni avoir égard aux fins de non-recevoir, met l'appellation et les jugements et ordonnances dont est appel au néant, etc.

Du 24 fév. 1826.-C. de Limoges, ch. corr.

tribunal statue comme en matière sommaire, et sans autre procédure que des conclusions motivées. C'est ce que porte le troisième alinéa de l'art. 773 : « A défaut de règlement amiable, la distribution du prix est réglée par le tribunal, jugeant comme en matière sommaire, sur assignation signifiée à personne ou à domicile, à la requête de la *partie la plus diligente*, sans autre procédure que des conclusions motivées... » — C'est la même disposition que dans l'art. 761, relatif à l'ordre devant le juge-commissaire (V. *suprà*, nos 786 et s., notre commentaire de cet article).—L'ancien art. 775, auquel correspond le nouvel art. 773, n'avait rien réglé quant à la procédure à suivre devant le tribunal; en sorte, dit M. Chauveau, Proc. de l'ordre, p. 330, n° 513, que les demandes en attribution de prix, qui étaient introduites en pareil cas, exigeaient, assez souvent, presque autant de frais qu'un ordre, surtout avec la prétention des avoués de faire considérer les affaires d'ordre comme des affaires *ordinaires* (V. *suprà*, n° 47). Fidèle à son système de célérité et d'économie, le nouveau législateur a interdit, en cette matière, les formes lentes et coûteuses de la procédure applicable à ce dernier genre d'affaires.

1283. L'assignation devant le tribunal en règlement du prix est donnée, dit notre article, *à personne* ou *domicile*. Il s'agit du domicile réel, et non du domicile élu dans l'inscription: le législateur applique ici le droit commun (c. pr. 68.—Conf. M. Seligman, n° 581). Le doute, à cet égard, serait levé, au besoin, par l'exposé des motifs, dans lequel il est dit que « la distribution sera réglée par le tribunal, jugeant en matière sommaire, sur assignation à personne, ou à domicile *réel*, sans autre procédure que des conclusions motivées...» (D. P. 58. 4. 44, n° 41). Le rapport de la commission du corps législatif répète la même expression de domicile *réel* (V. au numéro suivant). Ce qui n'empêche pas MM. Ollivier et Mourlon, n° 530, de dire, en invoquant l'art. 2156 c. nap. et les art. 751 et 753 c. pr., dont le dernier ne s'applique qu'à l'ordre devant le juge-commissaire, ce qui ne les empêche pas de dire que « l'assignation *peut* et *doit* être donnée aux créanciers, non point à leur domicile réel, mais à leur domicile élu » M. Bioche, v° Ordre, n° 56, 3e édit., 5e tirage, adopte cette dernière opinion.

1284. La commission du corps législatif, dans un but de célérité et d'économie, avait proposé « que l'assignation n'eût lieu au domicile *réel* qu'autant qu'il serait situé en France » (D. P. 58. 4. 49, n° 98). Mais l'amendement n'a point été accepté par le conseil d'Etat. Il faut donc, sur ce point encore, s'en référer au droit commun (Conf. MM. Chauveau, Proc. de l'ordre, quest. 2613-6°; Bressolles, n° 64; Flandin, Tr. de l'ordre, inédit).

1285. L'assignation, dès lors, doit être donnée pour comparaître dans le délai ordinaire des ajournements, avec l'augmentation à raison des distances (c. pr. 72 et 1033, modif. par la loi du 3 mai 1862. — Conf. MM. Bressolles, *loc. cit.*; Seligman, n° 582; Flandin, *loc. cit.*).

1286. Le juge, dit M. Bioche, v° Ordre, n° 53, 3e éd., 5e tirage, commet un huissier pour cette assignation, *à peine de nullité*. — L'auteur argumente de l'art. 752, qui, pour l'ordre ouvert devant le juge-commissaire, veut, en effet, que les sommations de produire soient faites par l'huissier commis. Et, quoique l'article ne prononce pas la peine de nullité, nous avons admis, sans difficulté, *suprà*, n° 329, que la sommation de produire, faite par un autre huissier que l'huissier commis, serait nulle, ou, en d'autres termes, qu'elle ne ferait pas courir le délai de déchéance.— Mais nous pensons qu'en raison même de la rigueur de la disposition, il n'y a pas lieu de l'appliquer au cas prévu par l'art. 773 : d'abord, parce que cet article ne renvoie pas à l'art. 752, et ensuite, parce que les situations ne sont pas identiques, les créanciers, dans le cas de l'art. 773, n'ayant pas à produire leurs titres dans un délai fatal, sous peine de déchéance, et n'ayant plus autant à craindre, par conséquent, que *la copie soit soufflée* (V. au n° 328. — Conf. M. Flandin, Tr. de l'ordre, inédit).

1287. On verra plus bas, n° 1302, que l'action en règlement de prix dont s'occupe l'art. 773 est une véritable action réelle, qui, pour cette raison, doit être portée devant le tribunal de la situation des biens dont le prix est à distribuer. — De la *réalité* de cette action, MM. Ollivier et Mourlon, n° 529, concluent, avec raison, que l'exploit introductif de l'instance, outre les énonciations prescrites par l'art. 61 c. pr., à peine de nullité, doit contenir également, sous la même peine de nullité, celles indiquées par l'art. 64 (Conf. M. Bioche, v° Ordre, n° 54, 3e édit., 5e tirage).

1288. Mais c'est aller trop loin, selon nous, que d'attacher, comme le font les auteurs précités, la même peine de nullité, en invoquant l'art. 65, au défaut de copie, dans l'exploit introductif d'instance, du procès-verbal qui constate, dans les termes de l'art. 752, que les créanciers n'ont pu se régler entre eux. Les peines de nullité ne se suppléent pas, et le *procès-verbal de non-conciliation* dont parle l'art. 65 est relatif au préliminaire de conciliation qui doit précéder toute instance, et qui a lieu devant le juge de paix (c. pr., art. 48 et suiv.); mesure qui, bien qu'ayant de l'analogie avec le préliminaire de règlement amiable, en matière d'ordre, ne doit pas, cependant, être confondue avec lui (V. *suprà*, n° 248.— Conf. MM. Seligman, n° 577; Flandin, Tr. de l'ordre, inédit).

1289. Les parties à assigner devant le tribunal sont, comme l'indique M. Chauveau, quest. 2613-7°, celles qui ont été convoquées pour la tentative de règlement amiable, c'est-à-dire, en se reportant à l'art. 751, les créanciers inscrits, le saisi ou le vendeur, l'adjudicataire ou acquéreur (Conf. MM. Bressolles, *loc. cit.*; Houyvet, n° 84; Seligman, n° 579). — Néanmoins, l'assignation à donner aux parties susdites ne doit pas être libellée de la même manière : les créanciers sont assignés en règlement de prix, et cette demande en règlement est simplement dénoncée au vendeur ou saisi, à l'acquéreur ou adjudicataire, pour qu'ils aient à intervenir au débat, si bon leur semble; ou bien on les assigne en déclaration de jugement commun (Conf. MM. Ollivier et Mourlon, nos 524 et 525; Bioche, v° Ordre, n° 52, 3e édit., 5e tirage).

1290. Si un créancier à hypothèque légale non inscrite s'est présenté lors de la tentative du règlement amiable, il suit de ce que nous avons dit plus haut (n° 1257) que ce créancier doit aussi être appelé devant le tribunal (Conf. M. Chauveau, *loc. cit.*). — Toutefois, ainsi que l'indiquent MM. Ollivier et Mourlon, n° 523, si le créancier à hypothèque légale non inscrite ne s'est pas présenté à l'ordre amiable, ou ne s'est pas fait connaître d'une autre manière, son intervention au cours de l'instance, dans le délai établi par les art. 717 et 772, devra être reçue, sans doute; mais il ne sera pas nécessaire de le mettre en cause. « Peu importe, à cet égard, ajoutent-ils, qu'en fait, son droit soit *notoire*, le poursuivant est, dans tous les cas, légalement réputé ne pas le connaître. » (V. au n° 1257 précité. — Conf. M. Bioche, v° Ordre, n° 51, 3e édit., 5e tirage).

1291. Le jugement doit-il être rendu sur rapport et sur les conclusions du ministère public?—Il faut, selon nous, répondre négativement sur l'un et l'autre point, puisque l'art. 773 ne contient aucune prescription à cet égard (Conf. MM. Chauveau, Proc. de l'ordre, quest. 2613-8°; Bressolles, *loc. cit.*; Seligman, n° 583.—*Contrà*, MM. Grosse et Rameau, t. 2, n° 490; Ollivier et Mourlon, n° 542). — Suivant M. Bioche, v° Ordre, n° 62, 3e édit., 5e tirage, le jugement ne doit pas être précédé de rapport; mais il doit être rendu sur les conclusions du ministère public.

L'article, à ce double point de vue, est assurément susceptible de critique. « Ainsi, dit M. Bressolles, *loc. cit.*, qu'il ne soit pas question de rapport du juge-commissaire, c'est bien, puisqu'il n'y en a pas; mais pourquoi les conclusions du ministère public, *exigées en appel*, ne le sont-elles pas en première instance?... »—M. Flandin, même à l'égard du rapport, se montre moins facile que M. Bressolles. « Il y a, dit-il, Tr. de l'ordre, inédit, un juge-commissaire; c'est le magistrat délégué pour procéder au préliminaire du règlement amiable, préliminaire qui se lie intimement à l'instance devant le tribunal. Par les discussions qui se sont produites devant lui, par les efforts qu'il a faits pour amener un accord entre les créanciers, quel meilleur appréciateur peut-il y avoir des prétentions respectives, et pourquoi le tribunal serait-il privé des lumières qu'il aurait pu lui apporter? »

A l'égard des conclusions du ministère public, il y trouve encore plus de difficulté, « parce qu'on ne voit pas bien, dit-il, alors qu'on exige que le ministère public soit entendu en première instance et en appel, dans l'ordre devant le juge-commissaire (art. 762 et 764), et en appel, dans l'ordre devant le tribunal (l'art. 773 visant l'art. 764), quelle raison pouvait avoir le législateur de se montrer moins exigeant, dans ce dernier cas, au premier degré de juridiction. » — La question lui paraît donc dépendre de la solution d'une autre question plus générale et fort controversée, celle de savoir si c'est à dessein, ou par simple oubli, que l'art. 762 ne se trouve pas visé dans l'art. 773 (V. *infrà*, n° 1294); question sur laquelle la cour de cassation n'a pas encore eu l'occasion de se prononcer. — « Il est à croire, du reste, ajoute M. Flandin, que le ministère public, pour se conformer à l'esprit de la loi plutôt qu'au texte, ne manquera jamais, usant du droit que lui confère l'art. 83 c. pr. civ., de conclure dans les affaires d'ordre portées directement à l'audience absolument comme si la loi lui en faisait une obligation. » — S'il ne le faisait pas néanmoins, nous pensons qu'on ne pourrait arguer de l'absence de ses conclusions comme d'un moyen de nullité contre le jugement.

1292. Du silence de l'art. 773 sur l'opposition, lorsque le jugement est par défaut, il faut encore, selon nous, tirer la conséquence que, dans ce cas, le jugement sera susceptible d'opposition, dans les termes du droit commun, bien que la règle contraire soit consacrée par l'art. 762, pour l'ordre devant le juge-commissaire, et même, en appel, pour l'ordre d'attribution, l'art. 773, en cas d'appel, renvoyant à l'art. 764 qui déclare l'*arrêt*, dans la procédure sur contredits, *non susceptible d'opposition*. Ce résultat est assurément fort bizarre; car on peut objecter, ainsi que le fait observer M. Seligman, n° 586, que ce n'est pas seulement par voie d'analogie, mais par un raisonnement *à fortiori*, que l'opposition devrait être interdite contre les jugements par défaut, puisque, dans cette matière, les arrêts qui statuent sur les procès les plus importants, et en dernier ressort, ne donnent pas lieu à cette voie de recours. — On peut, néanmoins, jusqu'à un certain point, rendre raison de cette anomalie. « On comprend, ajoute M. Seligman, à l'endroit cité, que le législateur soit plus exigeant, en cas d'appel; car alors le créancier, ayant déjà constitué avoué en première instance, doit être prêt sur l'appel d'une affaire qui déjà a fait l'objet d'un premier jugement, avec d'autant plus de raison qu'il y a intérêt à mettre plus vite fin à un procès qui a parcouru les deux degrés de juridiction » (Conf. MM. Bressolles, n° 64; Chauveau, Proc. de l'ordre, quest. 2615-8°; Colmet-Daage sur Boitard, n° 1037, 8° éd.; Pont sur Seligman, n° 588, note 1). — MM. Grosse et Rameau, t. 2, n° 490; Ollivier et Mourlon, n°s 538 et 543; Bioche, v° Ordre, n° 64, 3° éd., 5° tirage, pensent, au contraire, que l'opposition n'est pas recevable, même en première instance.

1293. L'art. 773, cependant, déroge au droit commun, en ce point que le jugement qui, en règle ordinaire, doit être signifié à *personne* ou *domicile*, pour faire courir le délai d'appel (c. pr. 443), ici « doit être signifié *à avoué seulement*, s'il y a avoué constitué. » — Mais il n'y aurait pas nullité, pensons-nous, si le jugement, au lieu d'être signifié à avoué, quand il y a avoué constitué, était signifié à partie. Si la loi se contente de la signification à avoué, c'est en vue de diminuer les frais. Mais la partie, qui a intérêt à connaître le jugement pour savoir si elle doit, ou non, en interjeter appel, ne saurait se plaindre que la signification lui ait été faite directement, au lieu de passer par l'intermédiaire de son avoué. La seule peine qui puisse résulter, dans ce cas, de l'infraction à l'art. 773, c'est que la signification à domicile ne devra pas passer en taxe, et qu'on ne devra allouer que le coût de la signification d'avoué à avoué (Conf. M. Flandin, Tr. de l'ordre, inédit. — V. toutefois, dans un sens contraire, sur une question analogue, Besançon 25 nov. 1861, aff. Couvery, D. P. 62. 2. 186; Bordeaux, 28 mai 1862, aff. Burguet, D. P. 62. 5. 226, n° 6; Dijon, 8 août 1864, aff. Alexandre, D. P. 64. 2. 239). — Il a été jugé, conformément à notre opinion, qu'on ne saurait tirer aucune fin de non-recevoir contre l'appel du jugement, qui, dans le cas où il y a moins de quatre créanciers inscrits, a réglé l'ordre à l'audience, de ce que ce jugement aurait été signifié à partie, au lieu de l'être à avoué (Alger, 8 juin 1863, aff. Brunet, D. P. 63. 2. 160). — V. aussi n°s 856 et 939.

1294. Dans quel délai doit être interjeté l'appel, au cas dont il s'agit? — De ce que l'art. 773 a voulu que le jugement fût signifié à avoué seulement, des arrêts en ont tiré la conséquence que le délai d'appel ne devait pas être de trois mois (aujourd'hui deux mois; L. 3 mai 1862, art. 2), conformément au droit commun, mais de dix jours seulement (outre le délai de distance), par analogie de ce qui est établi, pour l'ordre proprement dit, par l'art. 762. Et telle est aussi l'opinion adoptée par plusieurs auteurs, qui appliquent, d'une manière générale, à l'ordre d'attribution la procédure établie pour l'ordre devant le juge, comme si l'art. 762 était visé dans l'art. 773, ainsi qu'il est fait des art. 763 et 764. Mais nous ne pensons pas qu'il soit possible, lorsqu'il s'agit de déroger à une règle de droit commun, d'étendre, même par voie d'analogie, une disposition exceptionnelle. Vainement dit-on qu'il ne faut voir, dans l'absence de renvoi à l'art. 762, qu'une omission, un oubli involontaire du législateur. Où en est la preuve? Si l'on interroge l'exposé des motifs, le rapport, la discussion, on n'y trouve aucune révélation de nature à fortifier cette opinion. Bien plus, une induction contraire se tire du rapprochement suivant que fait M. Chauveau. « Le texte définitif, dit-il, Proc. de l'ordre, quest. 2615-8°, est, quant au délai d'appel, conforme au texte adopté par le conseil d'État, contrairement au projet présenté par la commission organisée par son Exc. M. le garde des sceaux. *En cas d'appel*, porte le projet, *il est procédé conformément aux art.* 762 *et* 764. Or, l'art. 762 reproduisait précisément les dispositions de l'art. 762 du texte définitif. Le conseil d'État, dans l'élaboration de la loi, avait assigné le n° 761 à cet art. 762; et, dans le renvoi de l'art. 772, devenu l'art. 773, au lieu de mentionner cet art. 761, il avait mentionné les art. 762 et 763 du projet, devenus les art. 763 et 764 de la loi. L'exclusion de l'art. 761 du projet, de l'art. 762 de la loi, a donc été bien volontaire, et il est permis d'en conclure que, sous ce rapport, la loi a voulu s'en tenir au droit commun » (Conf. MM. Bressolles, *loc. cit.*; Seligman, n°s 445 et 588; Pont sur Seligman, n° 588, à la note; Colmet-Daage, t. 2, n° 1037, 8° édit. — *Contrà*, MM. Ollivier et Mourlon, n° 544; Houyvet, n° 85; Harel, Journ. des av., t. 85, art. 104, Observ., p. 523; Grosse et Rameau, t. 2, n° 490). — M. Bioche, v° Ordre, n° 66, 3° éd., 5° tirage, ne se prononce ni dans un sens, ni dans l'autre.

1295. Il a été jugé, conformément à notre opinion : 1° avant la loi du 21 mai 1858, que, lorsqu'il n'y a pas plus de trois créanciers inscrits, et qu'en conséquence, il a été procédé, à l'audience, conformément à l'art. 775 (ancien) c. pr., à la distribution du prix de l'immeuble hypothéqué, l'appel de ce jugement n'est pas, comme celui des jugements d'ordre, restreint à un délai de dix jours, à partir de la signification à avoué (art. 763 du même code), mais qu'il peut être interjeté dans le délai ordinaire des appels : — « La cour; considérant, en ce qui concerne la fin de non-recevoir proposée par Mellion contre l'appel de Tourney, fondée sur ce que ledit Tourney devait interjeter ledit appel dans les dix jours de la signification à avoué du jugement dont est appel, aux termes de l'art. 763 c. pr. civ.; qu'en droit, une disposition de loi exceptionnelle ne peut être étendue d'un cas à un autre; qu'en fait, dans l'espèce de la cause, il ne s'agit point d'une collocation sur état d'ordre, mais seulement de la distribution, entre deux créanciers, des deniers appartenant à leur débiteur commun, circonstance tout à fait exclusive d'un état d'ordre, d'après les dispositions de l'art. 775 c. pr. civ.; que, dès lors, Tourney a pu interjeter appel du jugement du 28 mai 1823 dans le délai ordinaire;... sans s'arrêter ni avoir égard à la fin de non-recevoir proposée,... infirme » (Caen, 1re ch., 23 (et non 25) nov. 1824, aff. Tourney *C.* Mellion; — Conf. Amiens, 27 nov. 1824, aff. Chasnet et veuve Dubrulle, v° Priv. et hyp., n° 2498; Bordeaux, 23 fév. 1831, aff. Mendes, v° Appel, n° 830; Bourges, 20 juill. 1832, aff. Chamblant, v° Priv. et hyp., n° 950-1°; Nancy, 8 juin 1838, aff. Simon *C.* Dombasles; V. aussi, comme analogie, Grenoble, 30 août 1832, aff. Larguier, *suprà*, n° 68); — 2° Que, lorsqu'il n'y a qu'un seul créancier inscrit, et que ce créancier demande le versement en ses mains, sur le prix de l'immeuble, d'une somme équivalente au montant de sa créance, c'est là une instance ordinaire, régie par les principes du droit commun; qu'en conséquence, le jugement qui intervient sur cette demande est susceptible d'appel pendant un délai de trois mois, selon la règle générale, et non pas seulement pendant le délai de dix jours, conformément à l'art. 763 c. pr., comme s'il s'agissait d'un jugement d'ordre (Bordeaux, 16 juin 1843) (1); — 3° Et, depuis la loi du 21 mai 1858, que l'appel du jugement, qui, lorsqu'il y a moins de quatre créanciers inscrits sur un immeuble aliéné, règle, à l'audience, la distribution du prix entre les créanciers, conformément à l'art. 773 c. pr., doit être interjeté dans le délai de trois mois (ou deux mois depuis la loi du 3 mai 1862), suivant le droit commun, et non dans le délai de dix jours, comme en matière d'ordre devant le juge-commissaire (Caen, 2e ch. 12 mai 1860, aff. Binel; Nîmes, 14 août 1861, aff. Roman; Paris, 24 juill. 1862, aff. Requier, D. P. 62. 2. 186, 1re, 3e et 4e espèce; Caen, 2e ch., 21 janv. 1865, aff. Lerpy, D. P. 65. 2. 138).

1296. Il a été jugé, au contraire : 1° avant la loi du 21 mai 1858, que le délai de l'appel est de dix jours, dans le cas de l'art. 775 (ancien) c. pr., comme dans celui de l'art. 763, c'est-à-dire lorsque l'ordre est porté directement à l'audience, au lieu d'être fait devant le juge-commissaire (Nîmes, 21 mai 1829) (2); — 2° Et, depuis la loi du 21 mai 1858, que l'appel du jugement, qui, lorsqu'il existe moins de quatre créanciers inscrits, règle, à l'audience, la distribution du prix de l'immeuble aliéné, doit être interjeté dans le délai de dix jours, et non dans le délai ordinaire de trois mois (maintenant réduit à deux mois) (Caen, 1re ch., 20 mars 1865, aff. femme Mauger, D. P. 65. 2. 69;— Conf. Bordeaux, 2e ch., 9 janv. 1862, aff. Archambaud, D. P. 62. 2. 186; Chambéry, 2 fév. 1863, aff. femme Bouvier, D. P. 63. 2. 176).

1297. De la solution que nous venons de donner à la question précédente, nous sommes conduit à décider également que l'appel doit être signifié à *personne* ou *domicile*, suivant les règles du droit commun (c. pr. 455). Il y a bien quelque anomalie à dire, avec l'art. 773, que le jugement sera signifié à *avoué seulement*, s'il y a avoué constitué, et, avec l'art. 455, que l'acte d'appel sera signifié à personne ou domicile, *à peine de nullité*; mais c'est la faute du législateur qui, dans la disposition finale de ce même article 773, au lieu de renvoyer à l'art. 762, où il est dit, pour l'ordre devant le juge-commissaire, que « l'acte d'appel est signifié au domicile de l'avoué, » n'a renvoyé qu'aux art. 763 et 764. Encore une fois, il faut rigoureusement se renfermer dans le texte de l'art. 773, malgré des disparates choquantes et le défaut de logique qui en résulte, dès qu'il est prouvé que l'absence de visa de l'art. 762 n'est pas le résultat d'une simple inadvertance (V. n° 1294).— Il a été jugé, dans ce sens : 1° que l'appel, dans le cas de l'art. 773, doit, à peine de nullité, être signifié à personne ou domicile, dans les termes du droit commun, et que la disposition de l'art. 762, qui prescrit la signification à avoué de l'appel des jugements, en matière d'ordre, n'est pas applicable au cas où l'ordre est fait à l'audience (Bourges, 25 nov. 1861, aff. Pilté, D. P. 62. 2. 187, 2e espèce; Pau, 27 août 1862, aff. Dulac, D. P. 63. 2. 77; Alger, 8 juin 1863, aff. Brunet, D. P, 63. 2. 160; Caen, 2e ch., 21 janv. 1865, aff. Lerpy, D. P. 65. 2. 138);—2° Que l'avoué, qui occupe pour lui-même dans l'instance en distribution, ne peut arguer de nullité l'appel signifié à son domicile, *parlant à lui-même*, sous prétexte qu'on n'a entendu signifier qu'à l'avoué, les deux qualités d'avoué et de partie, dans les circonstances de la cause, étant inséparables (arrêt précité de la cour de Pau).

1298. Il a été jugé, au contraire : 1° que la disposition de l'art. 762 c. pr., suivant laquelle l'appel des jugements, rendus en matière d'ordre, doit être notifié au domicile de l'avoué, est applicable au cas où, le nombre des créanciers étant au-dessous de quatre, la distribution est réglée à l'audience par le tribunal lui-même (Bordeaux, 9 janv. 1862, aff. Archambaud, D. P. 62. 2. 186; Caen, 1re ch., 20 mars 1865, aff. femme Mauger, D. P. 65. 2. 69); — 2° ...Et que, dans le même cas, l'appel est nul, si, au lieu d'être notifié au domicile de l'avoué, il est signifié au domicile de la partie intimée (Besançon, 25 nov. 1861, aff. Couvery, D. P. 62. 2. 186; Bordeaux, 28 mai 1862, aff. Burguet, D. P. 62, 5. 226, n° 6; Dijon, 8 août 1864, aff. Alexandre, D. P. 64. 2. 239). — Sur cette dernière solution, V. *suprà*, nos 939 et 1293.

1299. Dans l'ordre porté directement devant le tribunal, c'est le jugement lui-même qui contient la distribution du prix entre les créanciers venant en ordre utile, et qui, par voie de conséquence, le prix épuisé, ordonne la radiation des inscriptions des créanciers non colloqués. Pour faire opérer cette radiation, il faudra se conformer à l'art. 548 c. pr. civ., aux termes duquel les jugements qui prononcent une mainlevée, une radiation d'inscription hypothécaire, ou quelque chose à faire par un tiers ou à sa charge, ne sont exécutoires par les tiers ou contre eux, même après les délais de l'opposition ou de l'appel, que sur le certificat de l'avoué de la partie poursuivante contenant la date de la signification du jugement, et sur l'attestation du greffier qu'il n'existe contre le jugement ni opposition, ni appel. Ici ne peut s'appliquer ce que nous avons dit *suprà*, n° 1138, pour l'ordre fait devant le juge. — MM. Ollivier et Mourlon, n° 543, expriment la même opinion, en faisant observer, toutefois, que le greffier n'aura point à attester qu'il n'existe pas d'opposition contre le jugement, l'opposition, d'après eux, n'étant pas recevable en cette matière (V. *suprà*, n° 1292), mais seulement qu'il n'y a pas d'appel; attestation, ajoutent-ils, qui ne serait pas même nécessaire si le jugement était en dernier ressort.

1300. Pour les créanciers colloqués, un extrait du jugement leur tiendra lieu du bordereau de collocation énoncé dans l'art. 770.

1301. Le jugement qui règle la distribution du prix, dans le cas énoncé en l'art. 773, n'est pas susceptible seulement des voies de recours ordinaires, telles que l'opposition ou l'appel, il peut aussi être attaqué par les voies extraordinaires de cassation, de tierce opposition ou de requête civile, suivant les règles du droit commun (Conf. MM. Ollivier et Mourlon, nos 544 et 545; Bioche, v° Ordre, nos 67 et suiv., 3e éd., 5e tirage; Flandin, Tr. de l'ordre, inédit). — Pour le pourvoi en cassation, il y en a une disposition précise, puisque l'art. 773 renvoie à l'art. 764, qui ne s'occupe pas seulement de l'appel, mais du recours en

---

(1) (Genestat C. Soulié.) — LA COUR; — Attendu que Simonet ait le seul créancier inscrit sur la maison aliénée par l'épouse Genestat; que Simonet demandait une distribution, non en procédant à un ordre, mais par voie de *mainlevée* (de son inscription); que, par conséquent, il s'agissait d'une instance ordinaire, régie par les principes du droit commun;— Attendu que, dans cette situation des choses, les mariés Genestat avaient trois mois pour interjeter appel; que l'art. 763 c. pr. n'était pas applicable, et que les mariés Soulié ont eu tort de l'invoquer; qu'ainsi la fin de non-recevoir, dirigée par eux contre l'appel des époux Genestat, doit être rejetée;...—Sans s'arrêter à la fin de non-recevoir,... déclare l'appel des époux Genestat recevable, etc.

Du 16 juin 1843.-C. de Bordeaux, 4e ch.-M. Desgranges, pr.

(2) (Serres C. Falgues et Lebourgeois.) — LA COUR; — Attendu que la loi admet deux espèces d'ordres ou de distributions entre les créanciers, l'une pour le prix provenant des choses mobilières, l'autre pour le prix des immeubles; que les formes à observer sont prescrites, pour le premier, dans les art. 656 et suiv., pour le second, dans les art. 749 et suiv. c pr.; que la loi autorise une distribution devant le tribunal, et sans états antérieurs, lorsqu'il n'y a pas plus de trois créanciers inscrits; mais que, dans cas, c'est toujours dans les articles relatifs à l'ordre qu'il faut prendre les formes à suivre; — Attendu que la loi a voulu que, soit qu'il s'agisse d'un jugement qui prononce sur une distribution de prix d'objets mobiliers, soit qu'il s'agisse d'une distribution sur le prix d'un immeuble, ce jugement acquiert l'autorité de la chose jugée, s'il n'est attaqué, dans les dix jours, par la voie de l'appel; que c'est le prescrit formel des art. 669 et 763 du même code; — Attendu qu'il s'agit, dans la cause, d'un ordre entre moins de trois créanciers, pour le prix d'un immeuble; que le tribunal a statué sur l'ordre ouvert devant lui, sur la préférence à accorder entre les créances, et qu'il a ainsi prononcé sur les conclusions respectives des parties; — Attendu, dès lors, que, d'après l'art 763, l'appel de ce jugement devait être relevé dans les dix jours de la signification à avoué; qu'il est justifié et convenu qu'il n'a eu lieu que longtemps après ce délai, quoique dans les trois mois; qu'il est, dès lors, irrecevable, et que cette fin de non-recevoir péremptoire ne permet pas à la cour de s'occuper du mérite des autres fins de non-recevoir, ni des moyens du fond; — Rejette l'appel de Serres comme irrecevable, etc.

Du 21 mai 1829.-C. de Nîmes, 3e ch

cassation, en disant que « la signification (de l'arrêt) à avoué fait courir le délai du pourvoi en cassation. » Ce délai est aujourd'hui de deux mois seulement (L. du 2 juin 1862, art. 1).— Le délai pour se pourvoir par voie de requête civile est également réduit à deux mois par l'art. 5 de la loi du 3 mai 1862.

1302. *Compétence.*—Sous l'ancien code, Carré, quest. 2618, pensait que le tribunal compétent, dans le cas prévu par l'art. 775 (aujourd'hui 773), était celui du domicile de l'acquéreur ou de l'adjudicataire, par la raison que l'action hypothécaire contre le tiers détenteur, à l'effet de représenter le prix de l'immeuble, est purement mobilière, ainsi que l'a décidé la cour de cassation par un arrêt du 15 mars 1808 (vº Action, nº 150). — Et cette opinion avait été consacrée par un jugement du tribunal civil de la Seine, du 31 août 1833 (Journ. des av., t. 80, p. 601, art. 2250). — Mais, d'une part, l'arrêt de la cour de cassation, invoqué par Carré, l'était à tort; car, en décidant que l'action en représentation du prix d'un immeuble, formée par un créancier contre l'acquéreur, par suite des lettres de ratification obtenues par celui-ci sur son acquisition, est *de nature purement mobilière*, l'arrêt avait soin d'ajouter : « qu'en jugeant qu'une pareille action *n'est pas de même nature* que celle qui aurait pour objet la distribution à faire, entre les créanciers opposants, du même prix, et à chacun, suivant l'ordre et la date de son opposition et de son hypothèque, la cour (d'Orléans) n'a pu contrevenir à aucune loi. » L'arrêt décidait donc, au rebours de ce que lui faisait dire Carré, que l'action en distribution du prix d'un immeuble entre les divers créanciers hypothécaires (sans distinguer si cette distribution a lieu par voie d'ordre proprement dit, ou par attribution devant le tribunal), est une action réelle immobilière (le prix prenant la place de l'immeuble), et qui emporte compétence du tribunal de la situation des biens (c. pr. 59). — Aussi M. Chauveau, qui d'abord avait adopté l'opinion de Carré, l'a-t-il abandonnée depuis la loi du 21 mai 1858, la question lui paraissant, dit-il, Proc. de l'ordre, quest. 2615-4º, avoir été tranchée par la nouvelle loi dans le sens de la compétence exclusive du tribunal de la situation des immeubles. « L'art. 773, fait-il remarquer, veut, en effet, que le juge spécial, ou le président, soit appelé à faire procéder au préliminaire de règlement amiable dans la forme tracée par l'art. 751. Les créanciers doivent être convoqués au domicile élu dans l'inscription...; ils reçoivent des bordereaux de collocation; c'est, en un mot, un ordre amiable judiciaire, et le tribunal de la situation de l'immeuble est seul compétent pour connaître des ordres (V. *suprà*, nº 293). J'estime, en conséquence, qu'il y a lieu de décider que, dans l'économie de la loi de 1858, la procédure spéciale d'attribution, à cause de ses points de contact avec la procédure normale de l'ordre, doit être assimilée à celle-ci quant à la compétence » (Conf. MM. Grosse et Rameau, t. 2, nº 490; Ollivier et Mourlon, nºs 528 et 529; Seligman, nº 580). — Nous allons, nous, plus loin que M. Chauveau, et du motif même qu'il donne à l'appui de sa nouvelle opinion nous concluons que la loi de 1858 n'a pas innové en ce point, et que l'ancien art. 775, quoique moins explicite que le nouvel art. 773, devait être entendu de la même manière (Conf. M. Flandin, Tr. de l'ordre, inédit).

1303. Il a été jugé : 1º que le tribunal, qui a procédé à l'ordre, est compétent pour statuer, après le jugement homologatif de l'ordre, sur la demande en rectification du procès-verbal d'ordre, intentée par l'un des créanciers pour erreur de calcul (Trèves, 14 mars 1808, aff. N... *C.* N..., vº Appel civ., nº 175, 3ᵉ espèce); — 2º Qu'une demande à fin de règlement d'ordre saisit le tribunal de toutes les difficultés qui pourraient s'élever entre les créanciers; et, spécialement, qu'on ne peut regarder comme une demande nouvelle la prétention élevée, en appel, par un créancier qui a déclaré, devant le tribunal, s'en rapporter à justice, d'être colloqué avant un autre créancier, comme subrogé dans l'hypothèque légale de la femme : — « La cour; .... attendu, sur le deuxième moyen, que le tribunal de Versailles, appelé à faire la distribution du prix de la vente de la maison située à Saint-Germain entre tous les créanciers inscrits sur cette maison, se trouva saisi, non-seulement de la question de priorité ou de préférence entre les créanciers Paris (les créanciers d'un ancien vendeur) et les créanciers Guérin, mais encore de toutes les difficultés qui pouvaient s'élever entre les créanciers de ce dernier; ce qui comprenait la prétention sur laquelle les époux Delaremanichère déclaraient s'en rapporter à la prudence; d'où il résulte que cette prétention n'était pas, en cause d'appel, une demande nouvelle, et que cette demande a subi deux degrés de juridiction...; rejette (Rej. 7 mai 1834, MM. Portalis, 1ᵉʳ pr., Delpit, rap., Laplagne-Barris, 1ᵉʳ av. gén., c. conf., Nachet et Ad. Chauveau, av., aff. Ménétreau *C.* Delaremanichère). — Les créanciers inscrits, dans l'espèce, étaient au nombre de trois : 1º un sieur Thomas, ayant hypothèque du chef d'un sieur Paris, un ancien vendeur; 2º les époux Ménétreau, créanciers inscrits du sieur Guérin, le dernier vendeur, sur lequel l'ordre était ouvert; 3º les époux Delaremanichère, créanciers inscrits du même sieur Guérin, ayant, de plus, été subrogés dans l'hypothèque légale de la dame Guérin. — L'ordre ayant été provoqué par Thomas, devant le tribunal de Versailles, les époux Delaremanichère déclarèrent s'en rapporter à justice. — Le tribunal, par jugement du 22 juin 1831, colloqua Thomas en premier ordre, les époux Ménétreau au second rang, et, attendu que les époux Delaremanichère ne venaient pas en ordre utile, ordonna la radiation de leur inscription. — Appel par ces derniers, qui firent valoir leur subrogation à l'hypothèque légale de la dame Guérin, et réclamèrent, à ce titre, priorité sur les époux Ménétreau. — Les intimés soutinrent cet appel non recevable : 1º en ce que, s'en étant rapportés à justice, ils étaient censés avoir renoncé, d'avance, à attaquer le jugement (sur cette question, qui, en réalité, n'en est pas une, V. vº Acquiescement, nº 266); 2º en ce que la question, en tout cas, n'avait pas subi les deux degrés de juridiction. — Mais la cour de Paris, par arrêt du 15 fév. 1832, et par des motifs semblables à ceux de l'arrêt qui précède, rejeta les deux fins de non-recevoir et infirma, au fond, en colloquant les époux Delaremanichère au second rang, au lieu et place des époux Ménétreau.

1304. Bien que l'art. 773 ne contienne aucune disposition sur la compétence, quant au degré de juridiction, et que cette matière n'ait été réglée que par l'art. 762, spécial à la procédure devant le juge-commissaire, nous admettons cependant, avec M. Bressolles, nº 64, qu'on devra appliquer à l'ordre devant le tribunal, pour la détermination du premier ou du dernier ressort, la règle formulée dans ce même art. 762, c'est-à-dire que « l'appel n'est recevable que si la *somme contestée* excède celle de 1,500 fr., quel que soit, d'ailleurs, le montant des créances des contestants et des sommes à distribuer. » Et nous ajoutons, avec le professeur de Toulouse, que « ce n'est point par application de l'art. 762 que nous posons cette règle, mais par une déduction rationnelle des principes généraux en cette matière, déjà suffisants, avant la loi nouvelle, pour décider en ce sens cette question de ressort, et que l'art. 762 fortifie de son analogie. » On appliquera donc ici les principes que nous avons développés *suprà*, sect. 9 (Conf. MM. Seligman, nº 589; Flandin, Tr. de l'ordre, inédit).

1305. *Enregistrement.*—Il a été décidé que le jugement, qui, à défaut de distribution amiable entre trois créanciers hypothécaires inscrits sur un immeuble, attribue le prix de cet immeuble à deux des créanciers, à l'exclusion du troisième, opère une collocation qui le rend sujet au droit proportionnel de demi p. 100, bien qu'une clause du cahier des charges et du jugement d'adjudication contienne la délégation du prix aux créanciers inscrits, si, d'ailleurs, ce jugement n'en fait point entre eux la répartition (Cass. 20 avr. 1847, aff. Leroux, D. P. 47. 1. 220).

Sect. 17. — *Du sous-ordre.*

1306. Le sous-ordre, c'est la faculté accordée à des créanciers d'intervenir à l'ordre dans lequel leur débiteur figure ou a le droit de figurer comme créancier, pour y prendre le montant de sa collocation et se le distribuer entre eux. C'est une conséquence du principe posé dans l'art. 1166 c. nap., d'après lequel « les créanciers peuvent exercer tous les droits et actions de leur débiteur, à l'exception de ceux qui sont exclusivement attachés à la personne. »

1307. C'était une question, comme on sait, dans l'ancienne jurisprudence, si le montant de la collocation du créancier devait être distribué, entre ses propres créanciers, au marc le franc, comme chose mobilière, ou suivant l'ordre de leurs priviléges et hypothèques? On faisait, à cet égard, une distinction, comme nous l'apprend le Répert. de Guyot, v° Collocation, n° 8. Lorsque les opposants en sous-ordre avaient formé leur opposition avant la délivrance du décret, ils étaient colloqués « du jour de leur hypothèque, ou suivant la nature de leur privilége, c'est-à-dire que les collocations en sous-ordre se faisaient entre elles dans le même rang que celles de l'ordre. » — Mais, s'ils n'avaient formé cette opposition « qu'après la délivrance du décret entre les mains du receveur des consignations, » elle n'était regardée que comme une saisie-arrêt d'une somme mobilière, attendu que le créancier lui-même n'avait plus de droit sur le fonds; que son hypothèque se trouvait purgée par le décret, et qu'il ne lui restait plus que le droit de se faire payer d'une somme purement mobilière provenant de sa collocation en ordre utile (Conf. Pothier, Cout. d'Orl., tit. 21, n°s 141 et suiv). — Pigeau, Proc. civ. du Châtelet, t. 1, p. 822 à 825, rejetait la distinction, et soutenait qu'il y avait lieu, dans les deux cas, à la procédure de distribution par contribution. Telle était, dit-il (Proc. civ., t. 2, 4e édit., p. 306, n° 8), l'usage suivi au parlement de Paris, ainsi que l'attestent Bruneau, Traité des criées, et d'Héricourt, Traité de la vente des imm. par décret. — Pigeau fit triompher son opinion, lors de la rédaction du code de procédure, dont l'art. 775, qui a pris la place de l'ancien art. 778, porte que « tout créancier peut prendre inscription pour conserver les droits de son débiteur; mais que le montant de la collocation du débiteur est distribué, comme chose mobilière, entre tous les créanciers inscrits ou opposants avant la clôture de l'ordre ; » sauf, bien entendu l'application des principes relatifs aux priviléges sur les meubles.

1308. Il a même été jugé que le sous-ordre hypothécaire avait déjà été implicitement aboli par la loi du 11 brum. an 7, qui n'avait maintenu qu'exceptionnellement les droits d'hypothèque acquis antérieurement sur les rentes foncières ou constituées, et autres prestations de même nature; qu'en conséquence, le montant de la collocation d'un créancier hypothécaire devait, sous l'empire de cette loi, comme depuis, sous le code Napoléon et le code de procédure, se distribuer, non par ordre d'hypothèques, entre les créanciers opposants en sous-ordre, mais par contribution, comme chose mobilière (Paris, 10 août 1809) (1).

1309. Il avait été jugé, au contraire : 1° que, sous l'empire de la loi du 11 brum. an 7, le montant de la collocation d'un créancier hypothécaire, dans un ordre, a dû se distribuer, par ordre d'hypothèques, entre les créanciers opposants en sous-ordre (Paris, 15 frim. an 12) (2) ; — Cette décision ne ressort qu'implicitement de l'arrêt ; — 2° Qu'une subrogation dans l'hypothèque légale de la femme, faite, sous l'empire de la même loi, au profit de deux personnes, ne doit pas profiter à celle qui l'a obtenue en premier lieu, si elle n'est pas rappelée dans l'inscription par elle prise en conséquence (même arrêt). — La loi du 23 mars 1855 a consacré le même principe par son art. 9 (V. v° Priv. et hyp., n°s 987 et suiv., et v° Transcription hypothécaire, n°s 779 et suiv.).

1310. Le droit de prendre inscription au nom de son débiteur, lorsque celui-ci a négligé de le faire (ou de la renouveler, lorsque l'inscription a été prise), et d'intervenir au procès-verbal d'ordre pour y exercer les droits de son débiteur, tels que celui d'y produire pour lui, de contredire, etc., appartient à *tout créancier*, chirographaire ou autre, soit que sa créance résulte d'un titre authentique, soit qu'elle résulte d'un titre privé. — Ainsi, dit Carré, quest. 2619, le créancier en sous-ordre, qui veut prendre inscription pour son débiteur, n'a rien à joindre à son bordereau pour justifier de sa qualité (Conf. MM. Chauveau, Proc. de l'ordre, quest. 2617, Pigeau, Proc. civ., t. 2, p. 505, n° 1, 4e éd.; Bressolles, n° 66 ; Colmet-Daage, t. 2, n° 1039, 8e éd.; Grosse et Rameau, t. 1, n° 266 ; Bioche, v° Ordre, n° 738, 3e éd., 5e tirage; Seligman, n°s 604 et 609 ; Ollivier et Mourlon, n°s 556 et 567 ; Houyvet, n°s 356 et 357 ; Flandin, Tr. de l'ordre, inédit). — Cela est d'autant plus certain qu'un tiers, ainsi que nous l'avons établi v° Priv. et hypoth., n° 1451, contrairement à l'opinion de M. Tarrible, peut, sans être créancier de celui au nom duquel il requiert inscription, et sans avoir aucun mandat de lui, prendre cette inscription.

1311. Il a été jugé, relativement à la demande de collocation en sous-ordre : 1° que les créanciers d'une succession bénéficiaire peuvent, comme tous autres créanciers, et sans autre formalité, demander à être colloqués en sous-ordre sur le montant d'une collocation obtenue par les héritiers bénéficiaires (Bordeaux, 21 août 1837, arrêt cité par M. Chauveau, Proc. de l'ordre, quest. 2617); — 2° Que le syndic a le droit de demander, au nom de la masse, une collocation en sous-ordre sur le montant de la collocation obtenue par un créancier hypothécaire du failli, lorsque ce créancier a profité seul, en vertu d'un privilége, du prix de vente du mobilier du failli (Nîmes, 20 juill. 1858, arrêt cité par M. Chauveau, *ibid.*); — 3° Que, de même, lorsque des créanciers personnels de la femme se sont fait colloquer, en son lieu et place, et en vertu de leur subrogation à son hypothèque légale, sur le prix d'un immeuble de la communauté à laquelle elle a renoncé, pour le montant d'une dette à sa charge, hypothéquée sur ledit immeuble, la masse chirographaire du mari tombé en faillite a droit de prélever, sur la collocation attribuée à la femme, pour ses reprises, dans le surplus du prix du même immeuble, l'indemnité qui est due au mari, et dont le montant est distribué, par contribution, entre tous les créanciers (Paris, 9 fév. 1826, aff. Lefort, v° Priv. et hyp., n° 2301-1°). — Cette décision, de même que la précédente, n'est que l'application littérale de l'art. 554 c. com. (V., dans le même sens, Rej. 22 janv. 1840, aff. Gaillard et Larsonnier, v° Priv. et hyp., n° 2344-2°. — Conf. M. Bioche, v° Ordre, n° 416, 3e éd., 5e tirage); — 4° Qu'un syndic de faillite, qui, en vertu d'un mandat de justice, a recouvré des sommes dans l'intérêt d'un créancier privilégié du failli, et notamment de l'administration des douanes, a, pour ses honoraires, qui prennent alors le caractère de frais de justice à la charge de cette administration, une action directe contre elle, en vertu de laquelle il peut se faire colloquer, en sous-ordre, sur le montant de la collocation que la même administration a obtenue, comme créancier hypothécaire, dans l'ordre ouvert pour la distribution du prix des immeubles du failli (Req. 13 avr. 1859, aff. Trône, D. P. 59. 1. 117).

1312. Il faut dire, toutefois, avec MM. Ollivier et Mourlon, n°s 567 et suiv., qu'à moins de faillite ou de déconfiture du créancier direct (c. nap. 1188), aucune opposition en sous-ordre ne saurait être formée sur le montant de la collocation de ce dernier par son propre créancier, si la créance de celui-ci n'est pas échue, ou si elle est suspendue par une condition non encore accomplie. *Qui a terme ne doit rien*, font-ils observer ; et, si le créancier à terme ou conditionnel peut accomplir, *pen-*

---

(1) (Dame d'Arthel C. d'Origny.) — LA COUR; — Considérant que le sous-ordre n'était qu'une fiction introduite par l'usage; qu'elle était même controversée; — Que l'hypothèque n'étant essentiellement qu'un droit réel sur un immeuble, c'était en contrarier la nature que de rendre les deniers d'une créance purement mobilière susceptibles d'une distribution par ordre d'hypothèque ; — Que la loi du 11 brumaire an 7 n'avait admis d'exception au principe que pour la conservation des droits acquis, lors de sa promulgation, sur rentes constituées, foncières, et d'autres prestations du même genre; mais que le code civil, comme le code de procédure, a rétabli les principes dans toute leur pureté, et a, à cet égard, détruit toute matière à controverse ; — Considérant que le contrat de la veuve de Fournier d'Arthel ne renferme ni cession de priorité et d'hypothèque, ni subrogation de la dame de Coubert au profit de la veuve d'Arthel sa fille; — Adoptant, au surplus, les motifs des premiers juges, etc.

Du 10 août 1809.-C. de Paris, 2e ch.

(2) (Devaisnes C. Barillon.) — LA COUR; — Attendu que le véritable esprit de la loi du 11 brum. an 7 et son principe fondamental sont que toutes les charges, priviléges et hypothèques dont les biens d'un débiteur sont grevés, soient connus, afin que le gage qu'il peut présenter dans de nouvelles conventions soit également connu; — Attendu que l'art. 17 de ladite loi, en ordonnant que le créancier, dans son inscription, exprime la date de son titre, n'a exigé l'expression de cette date que pour qu'on pût connaître la date de l'hypothèque que ce créancier veut exercer ; — D'où il suit que Devaisnes, voulant exercer le droit de priorité que la femme Girardot a consenti en sa faveur, devait exprimer cette priorité, à l'effet de faire connaître le droit de préférence qu'il voulait faire valoir; — A mis l'appellation au néant, etc.

Du 15 frim. an 12.-C. de Paris.

dente die, tous les *actes conservatoires de sa créance* (arg. art. 1180 c. nap.), c'est-à-dire employer toutes les mesures qui, sans porter atteinte au droit de son débiteur, sont de nature à garantir le sien, il n'en saurait être ainsi de la saisie-arrêt, à laquelle équivaut une opposition en sous-ordre, et qui, suivie de la consignation des deniers arrêtés jusqu'à ce que le saisissant fût en mesure de toucher, aurait pour effet de priver le débiteur de la faculté de disposer librement de fonds qui lui appartiennent. MM. Ollivier et Mourlon en concluent que, malgré la généralité de ces expressions de l'art. 775 : « *tout créancier* peut prendre inscription pour conserver les droits de son débiteur,... » le bénéfice de cet article ne saurait être revendiqué par le créancier à terme ou conditionnel. Ce n'est pas qu'ils dénient à ce créancier le droit de prendre une inscription *conservatoire*, c'est-à-dire une inscription requise uniquement *au nom du débiteur*, comme tout créancier à terme ou sans terme, avec titre ou sans titre, peut la requérir; mais celle dont il s'agit, disent-ils, étant prise, tant *au nom du créancier* qui la provoque qu'*au nom du débiteur*, et valant saisie, ceux-là seulement sont autorisés à la requérir qui seraient recevables à pratiquer une saisie-arrêt proprement dite. — Entendue ainsi, cette opinion n'a rien de contraire à celle exprimée par M. Seligman, lequel enseigne, au n° 608, que les créanciers sous condition et à terme peuvent prendre l'inscription dont il est parlé en l'art. 775, parce qu'elle n'est qu'un acte conservatoire qui leur est permis, aux termes de l'art. 1180 c. nap. Ce qui leur est interdit, en effet, ce n'est pas de prendre inscription pour leur débiteur, mais de réclamer sur lui une collocation en sous-ordre, c'est-à-dire un payement immédiat auquel ils n'ont aucun droit.

1313. Il a, d'ailleurs, été jugé que l'art. 778 (ancien) c. pr., d'après lequel tout créancier peut prendre inscription pour conserver les droits de son débiteur, est inapplicable au cas où il s'agit des droits de la femme sur les biens de son mari, droits qui sont garantis par son hypothèque légale existant indépendamment de toute inscription (Paris, 20 juill. 1833, rapporté avec Req. 25 mars 1834, aff. Gombault et Henry, v° Contrat de mar., n° 1054).

1314. D'après Pigeau, *loc. cit.*, n° 2, l'inscription prise par le créancier pour son débiteur ne peut profiter à ce dernier; en sorte, dit l'auteur, que, si le montant de la somme à revenir au créancier direct ne se trouvait pas absorbée par la collocation en sous-ordre de son créancier particulier, le premier se trouverait relégué au nombre des créanciers chirographaires et ne pourrait participer à l'ordre pour le surplus de sa créance. — Cela n'est vrai qu'autant que l'inscription, prise par le créancier au nom de son débiteur, ne l'aurait été que pour le montant de sa créance propre; car, si elle a été prise pour l'intégralité de la créance du débiteur, elle doit profiter à ce dernier, en vertu du principe que nous venons de rappeler, que toute personne, même non créancière, peut prendre inscription pour un tiers, sans mandat de ce dernier, lequel profite, en ce cas, de l'inscription, quoiqu'il ne l'ait pas requise personnellement (V. v° Transcr. hyp., n° 784. — Conf. MM. Flandin, de la Transcr. hyp., t. 2, n°s 1517 et 1519; Chauveau, Proc. de l'ordre, quest. 2617 *bis*; Grosse et Rameau, t. 1, n° 267; Bioche, v° Ordre, n°s 762 et 763, 3e éd., 5e tirage; Seligman, n° 607). — MM. Ollivier et Mourlon, n°s 561 et s., vont plus loin : ils soutiennent qu'à la différence du créancier subrogé, qui peut déclarer, en prenant inscription, qu'il la prend *à son profit particulier*, et en limiter ainsi les effets, le créancier en sous-ordre, qui n'est ni subrogé, ni cessionnaire du créancier direct, ne pouvant prendre inscription qu'au nom et du chef de ce dernier, comme ferait un mandataire pour son mandant, ou un gérant d'affaires pour un ami absent, ne peut limiter l'inscription au montant de sa propre créance, et conserve nécessairement tout entier le droit de son débiteur avec le sien.

1315. Pigeau, du reste, enseigne lui-même, au n° 3, que « l'inscription profite, non-seulement à celui qui l'a prise, mais encore aux autres créanciers qui n'en ont pas pris, pourvu, cependant, qu'ils aient formé opposition avant la clôture de l'ordre... La raison est, dit-il, que, si ce créancier n'eût pas pris l'inscription, les autres auraient pu la prendre; et, la voyant prise, ils ont dû éviter les frais de la réitération comme inutile... »

1316. M. Chauveau, *loc. cit.*, fait remarquer, avec raison, que, si le créancier hypothécaire s'abstient de produire à l'ordre, ses créanciers particuliers doivent produire pour lui, et le faire dans les quarante jours accordés par l'art. 754, à peine de déchéance; que, sans cela, le créancier direct s'abstenant, le sous-ordre n'aurait plus de raison d'être. L'édit du mois de mars 1673, disait également, dans son art. 36 : « Si le créancier originaire est négligent de s'opposer (au décret pour la purge des hypothèques) et de faire enregistrer son opposition sur les biens de son débiteur, son créancier pourra le faire, sans qu'il soit besoin de le faire ordonner, et l'enregistrement ne vaudra que pour lui et jusqu'à la concurrence de la dette pour laquelle il aura formé son opposition. »

1317. L'art. 775 n'a pas déterminé la forme dans laquelle l'opposition ou demande de collocation en sous-ordre doit être formée. Il est naturel qu'elle le soit par un dire sur le procès-verbal d'ordre, comme il est pratiqué en cette matière. Par ce dire, le créancier demande que le montant de la collocation de son débiteur lui soit attribué, jusqu'à concurrence de sa propre créance, et que le bordereau soit délivré en son nom, comme exerçant les droits de celui-ci. — Pigeau, au numéro précité, dit que les créanciers « doivent prouver leurs diligences avant la clôture par une opposition qui se fait entre les mains du saisi, comme débiteur, et que l'on dénonce à l'adjudicataire, à ce qu'il n'ait pas à payer à *tel*, créancier du saisi, la somme pour laquelle ce créancier sera colloqué sur le prix dû par cet adjudicataire. » — M. Chauveau, Proc. de l'ordre, *loc. cit.*, parle également de requête d'intervention à dénoncer au débiteur et à l'acquéreur ou adjudicataire, dénonciation, dit-il, qui doit être suivie d'un dire sur le procès-verbal pour justifier la sous-collocation (Conf. MM. Grosse et Rameau, t. 1, n° 269; Bioche, v° Ordre, n° 747, 3e éd., 5e tirage; Seligman, n° 612). — Suivant M. Bressolles, n° 66, l'opposition doit être signifiée, « soit au greffier pour la délivrance des bordereaux, soit à l'acquéreur pour le payement de ces bordereaux. » — Mais nous ne voyons pas qu'il soit question, dans le tarif de 1807, de requête d'intervention ni d'opposition à signifier. Nous lisons même, dans l'art. 133 du tarif, que l'acte de production des titres contenant demande en collocation de la part des créanciers inscrits, un acte bien plus important que l'intervention à l'ordre de créanciers demandeurs en sous-ordre, *ne sera point signifié.* Nous jugeons donc cette requête ou cette opposition inutile, et contraire même au vœu de la loi, qui est de ménager les frais et non de les multiplier, sans nécessité. Ainsi que le fait observer M. Flandin, Tr. de l'ordre, inédit, « un dire sur le procès-verbal d'ordre doit suffire pour faire connaître à tous les intéressés l'opposition ou demande de collocation en sous-ordre : au créancier direct, dont l'avoué doit se tenir au courant de tous les dires (oppositions ou contredits) insérés au procès-verbal; au juge-commissaire, qui devra tenir compte de l'opposition, lors du règlement définitif, puisqu'elle doit être formée avant la clôture de l'ordre; à l'adjudicataire, qui ne doit payer que sur la représentation des bordereaux de collocation, et ne pourra se dessaisir de son prix en d'autres mains que celles des porteurs de ces bordereaux » (Conf. MM. Ollivier et Mourlon, n° 576).

1318. MM. Grosse et Rameau sont plus exigeants encore que M. Chauveau. Suivant eux, l'opposition formée par les créanciers demandeurs en sous-ordre entre les mains du vendeur ou saisi, et sa dénonciation à l'adjudicataire, ne suffiraient pas pour mettre leurs droits à l'abri de tout risque, parce que le créancier pourrait, par une connivence coupable, soit donner mainlevée de son inscription, soit laisser passer avant lui des créanciers auxquels il est préférable. Ils indiquent, en conséquence, comme moyen d'éviter ce double écueil, une opposition entre les mains du conservateur pour empêcher la radiation de l'inscription (Conf. M. Seligman, n° 613). — Cette opposition ne garantirait pas les créanciers du dernier des écueils signalés; mais, en ce qui regarde la mainlevée de l'inscription, la précaution ne nous semble pas aussi inutile que le prétend M. Chauveau, lequel estime « que la radiation que consentirait le créancier, en cours d'ordre, ne pourrait produire aucun effet, ni porter aucune atteinte aux collocations en sous-ordre. » Il pourrait au moins y avoir lieu à débat sur ce point, de la part de tiers de bonne foi, étrangers à l'ordre, et intéressés à faire valoir la radiation. C'est aussi ce que suppose Pigeau, quand il dit, *loc. cit.*, n° 4, que, « si le créancier direct a pris inscription, ses créanciers peuvent se dispenser d'en prendre, *à moins qu'ils n'en craignent la main-levée* ou la nullité... » Il est toujours à propos, d'ailleurs, au moyen d'une précaution, peu coûteuse en soi, d'éviter un procès (Conf. MM. Ollivier et Mourlon et Flandin, *loc. cit.*).

1319. Quant au délai dans lequel doit être formée la demande de collocation en sous-ordre, l'art. 775 n'en détermine aucun : elle peut être formée jusqu'au règlement définitif, puisque l'article déclare que « le montant de la collocation du débiteur est distribué, comme chose mobilière, entre tous les créanciers inscrits ou *opposants avant la clôture de l'ordre* » (Conf. MM. Seligman, n° 623 ; Houyvet, n° 359 ; Flandin, Tr. de l'ordre, inédit). — Il a été jugé ainsi : 1° qu'un créancier peut, quoique n'ayant pas contredit à l'ordre, dans le délai fixé, demander, lorsque la discussion sur l'ordre a été portée à l'audience, sa collocation en sous-ordre sur la somme allouée à un autre créancier, son débiteur, aucun terme n'ayant été fixé par la loi pour la demande de collocation en sous-ordre (Grenoble, 24 déc. 1823, aff. Potalier, v° Contrat de mariage, n° 3535-1°) ; — 2° Que, d'ailleurs, le créancier, contre lequel cette demande de collocation en sous-ordre est formée, est non recevable à opposer, en appel, contre ladite demande, l'exception prétendue de forclusion, lorsqu'il ne l'a pas opposée en première instance (même arrêt).

1320. Il a aussi été jugé : 1° que l'acceptation, par le débiteur principal, de la succession de la caution obligée solidairement à la même dette, n'entraîne pas la confusion des actions que le créancier était en droit d'exercer séparément contre chacun d'eux, s'il n'a pas fait novation dans sa créance ; et, par suite, que ce même créancier, après avoir produit à l'ordre ouvert sur les biens du débiteur principal, comme créancier direct de ce dernier, et y avoir obtenu, à ce titre, sa collocation provisoire, peut encore, nonobstant l'expiration du délai pour contredire le règlement provisoire, et sans qu'on puisse lui opposer aucune forclusion, former, comme exerçant les droits de la caution, une demande de collocation en sous-ordre, dans les termes de l'art. 778 (ancien) c. pr., sur le montant de la collocation attribuée à celle-ci dans le même ordre (Riom, 5 août 1840) (1) ; — 2° Que, dans un ordre, le créancier, dont la collocation directe a été déclarée inadmissible par le juge-commissaire, dont le règlement, quoique qualifié de règlement définitif, ne doit être considéré, à l'égard de ce créancier, que comme provisoire, peut, dans le délai accordé pour contredire, former une demande de collocation en sous-ordre, le règlement provisoire ne mettant fin ni à l'ordre, ni aux pouvoirs du juge-commissaire (Req. 13 avr. 1859, aff. Trône, D. P. 59. 1. 117).

1321. Il a, d'ailleurs, été jugé qu'une réserve, annonçant l'intention de se présenter à un sous-ordre, pour produire quelque effet, doit être réalisée par un dire au procès-verbal, avant la clôture de l'ordre (Bourges, 6 juin 1829) (2).

1322. Mais il a été décidé : 1° qu'un créancier, qui n'est pas cessionnaire de son débiteur, ne peut réclamer, *en son propre et privé nom*, sa collocation, dans l'ordre, au rang d'hypothèque de ce dernier ; qu'il peut seulement, en vertu de

---

(1) *Espèce :* — (De Terves C. la dame Besse-Bosredon.) — En 1822, décès de la dame de Rochechouart, veuve de Besse, laissant un fils pour héritier : elle se trouvait créancière de la succession de son mari, à raison de ses reprises matrimoniales. — En 1835, de Besse fils décède lui-même. — La vente de ses biens ayant été poursuivie, les créanciers de de Besse père, au nombre desquels se trouvaient les époux de Terves, représentant la dame de Besse mère, ont demandé et obtenu la séparation du patrimoine de leur débiteur d'avec celui de de Besse fils, et, en conséquence, ont été colloqués, en premier ordre, sur le prix de ceux des biens vendus qui provenaient de la succession de de Besse père. La dame de Bosredon, veuve de de Besse fils, a été colloquée en second ordre, pour ses droits matrimoniaux. — Le règlement provisoire fut signifié le 16 fév. 1838, et le délai d'un mois s'était écoulé, sans aucun contredit, lorsque la dame de Besse-Bosredon, dont une partie des droits et avantages matrimoniaux avait été cautionnée solidairement par la dame de Besse mère, demanda à être colloquée, en sous-ordre, sur les sommes qui devaient revenir à la succession de sa belle-mère. — Les époux de Terves opposèrent que cette nouvelle demande était tardive, comme n'ayant eu lieu qu'après l'expiration du délai établi par la loi pour contredire l'état de collocation provisoire. — La dame de Besse-Bosredon répondait que sa nouvelle demande était totalement distincte de la première ; qu'elle était faite à un tout autre titre ; qu'en conséquence, la forclusion, prononcée par l'art. 756 c. pr., contre les créanciers qui n'ont pas produit dans le délai d'un mois, ne pouvait lui être opposée ; que c'était le cas d'appliquer l'art. 757, qui admet les créanciers à produire, même après l'expiration de ce délai.

10 mai 1839, jugement du tribunal d'Issoire qui admet ce système : — « Attendu que la dame Emilie de Bosredon avait deux actions, résultant de son contrat de mariage, pour la répétition de son douaire, la première principale contre son mari, la seconde contre la dame de Rochechouart qui s'était rendue caution solidaire pour le payement du douaire de 4,000 fr. seulement ; — Attendu qu'en vertu de cette double garantie, la dame de Bosredon pouvait diviser son action et l'exercer séparément, à sa volonté, conformément aux art. 1203 et 1204, c. civ., sans que l'une ce ces actions fût exclusive de l'autre, et qu'on ne peut lui opposer de renonciation ; — Attendu, dès lors, qu'elle a pu produire, d'abord en son nom personnel, comme créancière directe de Victor Enstorgues de Besse, et puis encore, dans la crainte que cette première action ne suffit pas pour la désintéresser, réclamer, comme exerçant les droits de la dame de Rochechouart, sa débitrice solidaire, le bénéfice de la séparation des patrimoines de Claude de Besse et de Victor Enstorgues de Besse, et se faire colloquer, à un autre titre, par une production tardive, sans qu'on puisse lui opposer de forclusion, parce qu'elle n'agit ni au même titre, ni en la même qualité ; — Maintient la collocation faite au nom de la dame veuve de Besse, comme créancière directe de Victor Enstorgues de Besse, son mari ; dit que la collocation, par elle demandée, comme exerçant les droits de la dame de Rochechouart, lui sera accordée, à la date du contrat de mariage de celle-ci, sur la succession de Claude de Besse, pour, le montant d'icelle, être ensuite distribué, en sous-ordre, entre les créanciers de ce dernier. »

Appel par les époux de Terves. — Ils ont reproduit la fin de non-recevoir ; et, de plus, ils ont soutenu, au fond, que la confusion, qui s'était opérée, en 1822, dans la personne de de Besse fils, principal obligé, par suite de l'adition de l'hérédité de la dame de Besse mère, sa caution, avait éteint toute action naissant du cautionnement ; qu'en conséquence, ce n'était qu'en qualité de créancière de son mari, et seulement sur la portion du prix des biens qui resterait à sa succession après le payement des créanciers du père de celui-ci, que la dame de Besse-Bosredon pouvait réclamer collocation. — Arrêt.

La cour ; — Adoptant les motifs énoncés au jugement dont est appel ; et considérant, en outre, que la partie de Me de Vissac, en usant de la faculté accordée par l'art 757, c. pr., n'a pu encourir la forclusion prononcée par l'article précédent, puisque sa nouvelle demande en collocation se bornait, sans attaquer l'état provisoire de l'ordre, à participer, en qualité de créancière de Louise Rochechouart, à la séparation des patrimoines admise par le même classement en faveur des créanciers personnels de cette dernière ; — Considérant que la confusion, qui s'est opérée, dans la personne de Victor de Besse, par la mort de la dame Louise de Rochechouart, sa mère, n'a pu paralyser, dans les mains de la dame de Bosredon, leur créancière, l'exercice des actions distinctes qui lui appartenaient sur les biens de ses deux débiteurs solidaires, tant qu'elle n'y a pas renoncé, et qu'il n'y a, au cas particulier, aucune novation de sa créance ; — Dit bien jugé, etc.

Du 5 août 1840.-C. de Riom, 1re ch.-M. Maignol, pr.

(2) (Saint-Sauveur C. Bazou et autres.) — La cour ; — Considérant que les intimés, pour soutenir que le jugement est en dernier ressort, se fondent sur ce que chacune des créances par eux réclamées est inférieure à 1,000 fr., et que, leurs intérêts étant distincts, chaque demande doit être considérée isolément, pour fixer la compétence du tribunal ; — Mais attendu que le jugement dont est appel ne statue pas sur les créances des intimés, mais ordonne un sous-ordre contesté sur un bordereau montant, en principal, à 54,000 fr. ; — Qu'il ordonne la consignation de cette somme, et prononce ainsi sur des intérêts qui excèdent évidemment le pouvoir des premiers juges de statuer en dernier ressort ;... — Considérant que, si les intimés jugeaient la présence des sieur et dame de Charry nécessaire sur l'appel devant la cour, ils pouvaient leur dénoncer l'appel et les assigner pour voir déclarer l'arrêt à intervenir commun avec eux ; qu'ils ont jugé, sans doute, cette mesure inutile, parce que la contestation n'avait actuellement d'autre objet que de savoir s'il y avait lieu à sous-ordre sur les poursuites des intimés, question qui n'intéresse point les sieur et dame de Charry, puisque, dans tous les cas, si de Saint-Sauveur n'absorbe pas la totalité de la collocation, les créanciers de la dame de Charry devront nécessairement être appelés à cette distribution ; — Considérant que les intimés ne se présentent pas comme créanciers de la dame de Charry, soit inscrits, soit opposants avant la clôture de l'ordre ; qu'ils ne sont point parties au jugement du 26 mai 1829 qui ordonne le sous-ordre entre les créanciers

l'art. 1166 c. nap., demander la collocation de son débiteur à son rang d'hypothèque, afin d'obtenir sa propre collocation sur le montant de la somme attribuée à celui-ci (Bordeaux, 3 juin 1829) (1); — 2° Que ce même créancier, s'il n'a pas contesté,

---

dénommés dans ce jugement; qu'ils ne le sont pas davantage dans celui du 4 déc. 1826, qui ordonne l'exécution du premier jugement; que la mention tardive de leurs noms dans le jugement de 1826, sans que l'avoué Bouquerot se soit constitué pour eux, avant le jugement, ne peut, dans la supposition la plus favorable, être considérée que comme une réserve annonçant l'intention de se présenter au sous-ordre, intention qui, pour produire quelque effet, aurait dû être réalisée par un dire au procès-verbal avant la clôture de l'ordre; que l'ordre a été clos le 19 du même mois de déc., sans que les intimés se soient présentés; que, dès lors, ils sont devenus étrangers à la suite et aux effets du sous-ordre; — Considérant que la loi et les jugements n'attribuent de droit sur le bordereau de la dame de Charry qu'aux créanciers qui se sont présentés en temps utile; que de Saint-Sauveur annonce avoir satisfait tous les créanciers opposants; qu'aucun d'eux ne réclame, et que Lavallare, porteur du bordereau à l'effet de poursuivre le sous-ordre, confirme la déclaration du sieur de Saint-Sauveur; que ce dernier se présente, en son nom personnel, comme absorbant, par l'effet de la compensation, ce qui pouvait rester à distribuer, et qu'il a demandé, en temps utile, cette compensation sur le procès-verbal d'ordre; que la cour n'a point à apprécier le mérite de cette compensation; mais que, cependant, dans une telle position, il est difficile d'expliquer comment les premiers juges ont pu être induits à imposer à de Saint-Sauveur, créancier reconnu pour une partie, et opposant pour le surplus de la collocation de la dame de Charry, l'obligation de consigner une somme de plus de 66,000 fr., pour la conservation des droits des créanciers, qui ne réclament pas, à deux, une somme de 1,100 fr. de principal, qui ne devaient pas être admis au sous-ordre, et qui n'ont pas même encore pratiqué de saisie sur la dame de Charry; — Que la conséquence de ce qui précède est que la deuxième grosse du bordereau de la dame de Charry, qui pourrait avoir été délivrée, doit être annulée; — Décharge le comte de Saint-Sauveur des condamnations prononcées contre lui par ledit jugement; — Déclare nulle et de nul effet toute seconde grosse dudit bordereau qui pourrait avoir été délivrée, en exécution du jugement infirmé, etc.

Du 6 juin 1829.–C. de Bourges, 2° ch.

(1) *Espèce :* — (Mazens C. hérit. de Laloubie.) — En l'an 10, la demoiselle Mamin vend à son frère le domaine d'Arbanats. A défaut de payement du prix, ce domaine est saisi réellement; Mazens s'en rend adjudicataire. Sur l'ordre ouvert, la demoiselle Mamin est colloquée seule, comme absorbant tout le prix; un bordereau lui est délivré le 23 août 1809. Mais Mazens, n'ayant pas payé, est poursuivi par voie de folle enchère, et le domaine est adjugé à Anglade. — 29 juin 1825, nouvel ordre pour la distribution du prix dû par ce dernier. A cet ordre se présentent Feytit, en sa qualité de cessionnaire d'une partie de la créance de la demoiselle Mamin, et les héritiers de Laloubie, créanciers de Mazens, en vertu d'une obligation du 24 mai 1810, dans laquelle la demoiselle Mamin s'était portée caution solidaire de Mazens. Ces héritiers demandent, *en leur propre et privé nom*, que la demoiselle Mamin soit colloquée, par privilége, avant les créanciers personnels de Mazens, en vertu du bordereau qui lui avait été délivré en 1809, et qu'ils soient eux-mêmes colloqués, en sous-ordre, sur le montant de la collocation qui serait faite au profit de la demoiselle Mamin. — Après plusieurs contredits, arrêt de la cour de Bordeaux du 31 juill. 1826, qui décide que Feytit doit être colloqué au premier rang, en sa qualité de cessionnaire de la demoiselle Mamin; que la dame Mazens doit venir en second rang pour ses droits dotaux, et que les héritiers de Laloubie ne doivent être placés qu'au troisième rang. Cet arrêt renvoie les parties devant le juge-commissaire, pour qu'il soit procédé à son exécution. — Les héritiers de Laloubie se sont, alors, présentés à l'ordre, au nom et comme créanciers de la demoiselle Mamin, à l'effet d'exercer pour elle ses droits et actions, à raison du privilége qui lui appartenait sur le prix du domaine. La dame Mazens a contesté cette prétention. — Sur ce contredit, le 28 août 1827, jugement ainsi conçu : — « Attendu que les héritiers de Laloubie ne sont plus dans la même situation que celle où ils se trouvaient dans l'ordre de 1825 et l'arrêt du 31 juill. 1826; qu'aujourd'hui ils réclament directement, comme exerçant les droits et actions de la demoiselle Mamin, leur débitrice; que les droits de celle-ci, comme venderesse, doivent être préférés, sur le prix du domaine d'Arbanats, aux droits de la dame Mazens, simple créancière de son mari; que, cependant, comme il peut s'élever des contestations sur la qualité et l'étendue du privilége, le tribunal renvoie les parties devant le juge-commissaire pour procéder au règlement de leurs droits. » — Le juge-commissaire colloque la dame Mazens avant les héritiers de Laloubie, et renvoie les parties à l'audience de la seconde chambre du tribunal, à laquelle il avait été appelé par suite du roulement annuel. Les héritiers de Laloubie ont soutenu que la contestation devait être portée à la première chambre, dont le juge-commissaire faisait précédemment partie, et qui avait statué sur les contestations précédentes. — Sur cet incident intervint, le 26 juin 1828, un jugement qui, — « Attendu que, tant qu'un juge-commissaire est saisi du règlement provisoire d'un ordre, on ne peut dire que la connaissance des contredits, sur cet ordre, appartient à une chambre plutôt qu'à l'autre; que, dans cet état, il est naturel que ce juge, à quelque chambre qu'il appartienne, lorsqu'il a été commis, fasse son rapport à la chambre dont il fait partie, quand il est à même de le faire; déclare n'y avoir lieu de prononcer le renvoi, et ordonne que le juge-commissaire sera immédiatement ouï dans son rapport. » — Le 31 juill. suivant, jugement qui, au fond, confirme le règlement provisoire tel qu'il a été dressé par le juge-commissaire.

Appel par les héritiers de Laloubie de ce jugement et de celui du 26 juin 1828. — Quant à ce dernier jugement, ils ont dit que la première chambre du tribunal, qui, depuis 1825, avait rendu plusieurs jugements sur les contredits élevés par les parties, était seule compétente pour prononcer définitivement sur l'ordre; que, d'ailleurs, lorsqu'un juge, chargé d'un rapport, changeait de chambre par l'effet du roulement annuel, il devait revenir faire son rapport dans la chambre dont il faisait précédemment partie (art. 171 c. pr., 6 du décr. du 30 mars 1808 et 16 de celui du 6 juill. 1810). — Au fond, ils disaient que la demoiselle Mamin avait, comme venderesse, un privilége sur le prix du domaine d'Arbanats; que ce privilége avait été reconnu, à l'ordre ouvert en 1809; qu'un bordereau ayant été alors délivré à la demoiselle Mamin, sans qu'elle ait pu obtenir le payement de l'acheteur, elle avait été mise à son lieu et place, lors de la seconde vente, et avait ainsi pour elle le privilége de vendeur. — Et que, quant au droit qu'ils avaient de demander, au nom de la demoiselle Mamin, la collocation de cette créance privilégiée, ils ne le tenaient pas, à la vérité, d'une cession quelconque, mais des dispositions de la loi qui permet au créancier d'exercer les droits et actions de ses débiteurs, quand ils ne le font pas eux-mêmes (art. 1166 et 1446 c. civ.; 736 et 820 c. pr.). — Arrêt.

LA COUR; —... Attendu, en ce qui touche Marc-Antoine de Laloubie, les dames Audry et de Morin, nées de Laloubie, auxquels on n'oppose pas la même fin de non recevoir (celle résultant de la tardiveté de l'appel; V. *suprà*, n° 888-2°), que l'arrêt de la cour, du 31 juill. 1826, n'a prononcé que sur les contestations qu'élevaient les héritiers de Laloubie, *en leur propre et privé nom*; — Qu'il fut reconnu, d'une part, que, n'étant pas cessionnaires de la demoiselle Mamin, ils ne pouvaient, *en leur nom*, demander à être colloqués à son rang d'hypothèque; de l'autre, que, n'ayant point contesté devant le premier tribunal l'ordre provisoire dressé par le juge-commissaire, ils n'étaient pas recevables à demander, devant la cour, une collocation au nom de la demoiselle Mamin, pour être ensuite colloqués en sous-ordre; — Que, la cour ayant, par le même arrêt, renversé l'ordre dressé par le premier tribunal, chaque partie est rentrée dans ses droits, et les héritiers de Laloubie ont été fondés à demander, dans cet ordre nouveau, la collocation de la demoiselle Mamin et leur collocation en sous-ordre; — Attendu que, pour exercer les droits de la demoiselle Mamin, ils n'avaient pas besoin d'une cession de sa part; que le système contraire est en opposition directe avec l'art. 1166 c. civ.; — Que, ces difficultés préalables écartées, il ne reste plus qu'à vérifier si la demoiselle Mamin a droit à être colloquée antérieurement à la dame Mazens; — Attendu que la demoiselle Mamin produisit à l'ordre ouvert sur l'adjudication faite à Mazens; qu'il est de principe que l'ouverture de l'ordre suspend la péremption des inscriptions des créanciers produisants, et que nulle disposition législative ne déclare que la péremption, suspendue par l'ouverture de l'ordre, reprend son cours après le jugement d'ordre; — Qu'en fait, l'adjudication faite à Mazens fut transcrite le 28 nov. 1808; que cette transcription a valu inscription pour le vendeur, et que, dans l'ordre ouvert sur cette aliénation, la demoiselle Mamin fut colloquée en premier rang pour 9,199 fr. 33 cent., à raison de laquelle collocation il fut délivré un bordereau; — Que ce bordereau la subrogeait évidemment au lieu et place du vendeur, à concurrence de la portion du prix dont il était fait délégation judiciaire en sa faveur; — Que la transcription de cette adjudication et l'inscription d'office qui l'a suivie conservaient les droits du vendeur, et, par une conséquence nécessaire, les droits du créancier auquel le prix avait été délégué par le jugement d'ordre; — Qu'à la vérité, cette inscription d'office n'a pas été renouvelée dans les dix ans; mais qu'avant que le domaine sortît des mains de l'acquéreur Mazens, et, le 14 mai 1821, la demoiselle Mamin a pris, en vertu du bordereau de collocation à elle délivré, une inscription conservatrice de ses droits; que, subrogée au vendeur par ce bordereau, elle a, par cette inscription, conservé son privilége comme s'il eût été l'auteur de l'inscription; que les créanciers qui ont contracté avec l'acquéreur n'ont pu être trompés, puisqu'ils ont dû s'enquérir s'il avait purgé les hypothèques de son vendeur, et s'il avait payé le prix au vendeur; — Qu'ils ont dû savoir que, dans le cas de la négative, le vendeur pouvait, au moyen d'une simple inscription, ressaisir l'effet d'un privilége qui remontait au jour de la vente; — Attendu que la dame Mazens avait suffisamment justifié du montant de ses reprises : — Statuant sur l'appel interjeté par les héritiers de Laloubie des deux jugements des 26 juin 1828 et 31 juill., les déclare non

devant le tribunal, l'ordre provisoire établi par le juge-commissaire, n'est pas fondé à demander, devant la cour, une collocation au nom de son débiteur, pour se faire attribuer, en sous-ordre, le montant de la collocation (même arrêt); — 3° Que, toutefois, si, l'ordre provisoire étant réformé en appel, les parties sont renvoyées devant le juge-commissaire pour y être procédé à nouveau, chaque partie rentrant dans ses droits, ledit créancier est fondé à réclamer, dans le nouvel ordre, la collocation de son débiteur, et ensuite sa propre collocation en sous-ordre (même arrêt); — 4° Que le cessionnaire de partie d'une créance, dont le titre se trouve entre les mains d'un cocréancier cessionnaire comme lui, doit être déclaré forclos, s'il ne produit pas ses titres dans le délai de l'art. 660 c. pr., encore bien que ce dernier se soit fait colloquer en temps utile... ; et cela, quoique la somme qu'il aurait à prendre dans la créance eût été stipulée, avec le cédant, payable, par préférence (Douai, 21 juin 1831, et, sur pourvoi, Rej. 2 juin 1833) (1); — 5° Qu'il n'importe que celui des deux cessionnaires qui a produit en

recevables dans l'appel du premier de ces jugements;... — Et, faisant droit de l'appel interjeté par Marc-Antoine de Laloubie, la dame de Laloubie, épouse Audry, et la dame de Morin, du jugement du 31 juill. 1828, émendant dans le chef qui leur a refusé le droit de faire colloquer la demoiselle Mamin par préférence à la dame Mazens, et de se faire colloquer en sous-ordre, ordonne que la demoiselle Mamin sera colloquée avant la dame Mazens, quant à la somme qu'amendent les trois créanciers ci-dessus dans la créance totale des héritiers de Laloubie sur la demoiselle Mamin; — Ordonne que Marc-Antoine de Laloubie, la dame Audry et la dame de Morin, seront colloqués, en sous-ordre, sur ladite somme; — Annule, en conséquence, le bordereau délivré à la dame Mazens; — Renvoie la cause et les parties devant le tribunal pour y être procédé conformément au présent arrêt, etc.

Du 3 juin 1829.-C. de Bordeaux.-M. de Saget, pr.

(1) *Espèce* :—(Sillac de Lapierre C. Giblain et Grandpierre.) —Dans un ordre ouvert pour la distribution du prix de la terre de Créqui, le comte de Latour d'Auvergne, en sa qualité d'héritier de la comtesse sa mère, est colloqué pour une somme de 704,636 fr. Les créanciers de cette dame ayant requis des collocations en sous-ordre, ont à partager cette somme par contribution.—Le sieur Giblain, banquier, figure parmi ces créanciers comme concessionnaire de diverses sommes. — Parmi les créanciers de la comtesse de la Tour d'Auvergne, se présentent encore les héritiers Fagniez, en vertu d'obligations souscrites par feu le comte de la Tour-d'Auvergne père, et garanties par sa femme. — La moitié de la créance des héritiers Fagniez a été cédée à Ramel, qui, à son tour, en a fait le transport à la dame Lanty, moyennant le prix de 88,000 fr., dont 56,000 furent payés comptant; et, à l'égard des 32,000 fr. restants, il fut stipulé que Ramel en serait payé, par privilége et préférence, sur les premiers deniers qui proviendraient de cette créance.—La dame Lanty a transporté à Commaille la créance qu'elle avait acquise de Ramel, avec la condition formelle qu'il ne serait payé qu'après que Ramel aurait reçu ses 32,000 fr. — Enfin Sillac de Lapierre a acquis de Ramel ses droits sur la créance dont le titre se trouve entre les mains de Commaille. — Toutes ces différentes créances remontaient à une époque antérieure à 1789; et, après l'émigration de la comtesse de la Tour d'Auvergne, les titulaires de chacune d'elles avaient déposé leurs titres, en temps utile, pour obtenir de l'État une liquidation. Cette liquidation n'a jamais été opérée. — Dans l'ordre ouvert depuis pour la distribution du prix de la terre de Créqui, les héritiers Fagniez et Giblain ont demandé, outre le capital de leurs créances, tous les intérêts courus depuis 1789, parce qu'ils sont moratoires, et parce que, d'ailleurs, la prescription de cinq ans s'est trouvée suspendue par l'instance administrative, introduite au moyen de la production des titres à la liquidation des émigrés. — Mais Sillac de Lapierre oppose à tous la prescription de cinq ans (sur cette question, V. v° Prescription, n° 1078). — Sillac de Lapierre ne produit pas directement dans la contribution pour réclamer, concurremment avec les autres créanciers, la collocation des 32,000 fr. qui lui sont dus; mais il produit en sous-ordre, sur Commaille, et demande que, sur la collocation de celui-ci, il lui soit attribué 32,000 fr. et les intérêts, dans les termes de son contrat. — Commaille ayant produit le titre commun, et ayant été colloqué, le juge-commissaire admet la collocation en sous-ordre de Sillac de Lapierre. — Mais un sieur Grandpierre, l'un des héritiers Fagniez, demande le rejet de la collocation particulière de Sillac de Lapierre, en se fondant sur ce que sa créance est éteinte par forclusion, attendu qu'il n'a pas produit dans le délai, et qu'il est, d'ailleurs, sans intérêt, ayant été payé. Mais celui-ci répond que la collocation en sous-ordre de Commaille doit lui profiter, puisqu'il doit être payé, par privilége, sur la créance de ce dernier, et que Commaille aurait seul le droit de contester sa collocation.

21 juin 1831, arrêt de la cour de Douai, ainsi conçu, sur la question d'ordre : — ... « En ce qui touche la créance de 32,000 fr., que Sillac de Lapierre prétend lui avoir été cédée par Ramel, à titre de garantie :—Attendu que Commaille est forclos de contester l'emploi de cette créance dans la contribution, faute de l'avoir fait dans les délais déterminés par les art. 663 et 664 c. pr., et que la forclusion étant, comme la prescription, fondée sur un motif d'intérêt public, peut être opposée en tout état de cause; — Mais attendu que Grandpierre et les héritiers Fagniez, qui, dans leur contredit du 1er août 1829, et dans leurs conclusions de première instance, ont contesté l'admission de Sillac de Lapierre à la contribution pour ladite somme de 32,000 fr., sont évidemment habiles à le faire encore aujourd'hui; — Que le résultat du débat qu'ils élèvent doit profiter à tous; — Qu'ils ont un intérêt personnel, puisque, si leurs exceptions sont admises, ils obtiendront nécessairement des sommes plus fortes dans la distribution par contribution ; — Attendu, en droit, que le délai fixé par l'art. 660 c. pr., pour la production des titres, est de rigueur, et qu'il ne peut dépendre des magistrats de le proroger; — Attendu, en fait, que Sillac de Lapierre a produit à la contribution, dans le délai dudit article, un acte notarié, en date du 19 mars 1827, portant cession d'une créance de 174,518 fr. sur le prince de la Tour d'Auvergne; — Qu'à la vérité, ce titre porte que la cession est faite avec tous accessoires, de quelque nature qu'ils soient; mais que rien n'y indique que cette énonciation soit applicable à la créance de 32,000 fr.; que ce même titre rappelle une longue série d'actes relatifs à la créance cédée, et ne mentionne aucunement ceux à l'aide desquels on veut établir aujourd'hui que la créance de 32,000 fr. formait la garantie de celle de 174,518 fr.; que ce n'est qu'après la clôture du procès-verbal de contribution que l'acte confirmatif ou translatif, du 26 mai 1830, a été obtenu des héritiers Ramel; qu'enfin, ce n'est même qu'en appel qu'on s'est prévalu du compte du 30 mai 1812, par lequel le prince de la Tour d'Auvergne aurait consenti que, bien qu'il eût rendu Ramel indemne de tout ce qu'il avait payé pour l'affaire Fagniez, celui-ci conservât ostensiblement son action sur la veuve Lanty ou ses ayants cause pour se faire payer des 32,000 fr.; — D'où il suit que, par la faute d'avoir produit ces derniers actes en temps utile, Sillac de Lapierre a encouru la forclusion, et qu'en admettant que la créance de 32,000 fr. ne fût point éteinte, elle ne pouvait être admise à la contribution; — Faisant droit sur les appels respectifs de toutes les parties, émendant le jugement dont est appel;—...Déclare de Lapierre forclos quant à la créance de 32,000 f., qu'il prétend lui avoir été cédée, à titre de garantie, par Ramel; ordonne, en conséquence, qu'il ne sera fait aucun emploi de ce capital ni de ces intérêts en la contribution. »

Pourvoi. — Premier moyen. Excès de pouvoir et violation des art. 663 et 664 c. pr. et 1134 c. civ., en ce que l'arrêt a rejeté une collocation qui devait être nécessairement maintenue. — La créance de Sillac, a-t-on dit, était le reliquat du prix de la cession faite par Ramel à la veuve Lanty. Aux termes de cet acte, Ramel s'était dépouillé de tous ses droits directs contre la succession de la dame de la Tour d'Auvergne en faveur de sa cessionnaire. Mais si Ramel s'était réservé le droit de se faire payer sur les fonds mêmes qui rentreraient de la créance cédée, ce n'était qu'à titre de privilége, ainsi que l'acte l'explique, et non par voie directe contre le débiteur originaire, à l'égard duquel Ramel ne pouvait plus agir qu'en se subrogeant aux droits de la dame Lanty, sa débitrice personnelle. C'est aussi dans ce sens que Sillac a agi. Il a demandé à prendre, dans la collocation qui serait faite au profit de Commaille, les 32,000 fr. qui restaient dus sur le prix de la cession. Ce n'était donc pas l'argent de la contribution, à proprement parler, qu'il venait disputer aux autres créanciers : il demandait seulement qu'on lui appliquât une partie de ce que Commaille réclamait à juste titre. Or, Commaille ayant été colloqué, sans la moindre contestation, Sillac devait être colloqué en sous-ordre, sans que les autres créanciers eussent le droit de se plaindre. Commaille seul aurait pu contester la demande de Sillac; il ne l'a pas fait dans les délais utiles; Grandpierre était donc irrecevable à venir attaquer une collocation qui lui était complétement étrangère. — De plus, l'arrêt attaqué a commis un excès de pouvoir, en décidant que la collocation faite au profit de Commaille serait réduite à une seule somme qui lui revenait dans la créance totale, déduction faite de ce qui était réclamé par Sillac de Lapierre. L'acte de transport du 2 mai 1810, en effet, avait investi la veuve Lanty, et, par suite, Commaille, de la propriété de toute la créance de Ramel. L'arrêt n'a pu, sans violer la loi des parties, réduire la collocation de Commaille ; car c'était arriver à l'un de ces deux résultats, ou exposer Commaille à payer sans avoir reçu les 32,000 fr., reliquat du prix de la cession faite par Ramel, ou enlever à Sillac un droit que son contrat lui assurait. — Deuxième moyen. Fausse application de l'art. 660 c. pr. — Sillac n'était pas créancier du débiteur commun, mais créancier de l'un des créanciers. Or, dès l'instant que ce créancier, son débiteur, était admis, les autres créanciers n'avaient pas à s'occuper de lui. Dans cette position, il n'était nullement tenu, à peine de déchéance, de produire ses titres avant le règlement provisoire, puisqu'il ne s'agissait pour lui que de saisir ce qui était attribué à son débiteur, que de toucher, à sa place, la collocation qui lui était accordée. Il n'y avait donc pour lui d'autre délai pour produire que le moment favorable pour se saisir de son gage. Et il le pouvait après le règlement

temps utile n'ait pas lui-même opposé à l'autre cessionnaire, qui avait un droit de préférence sur lui, la déchéance résultant de son défaut de production dans le délai voulu; que la forclusion qu'il a encourue à cet égard ne saurait avoir pour effet de rendre inefficace le contredit que d'autres créanciers, qui avaient un intérêt personnel dans le débat, ont formé contre cette production tardive (mêmes arrêts).

1323. Un arrêt a décidé que le créancier demandeur en sous-ordre « n'a pas le droit de contredire à l'ordre, ni de le faire réformer; que cette action ne compète qu'aux créanciers qui ont contredit » (Grenoble, 24 déc. 1825, aff. Potalier, v° Contr. de mar., n° 3535-1°). — Mais cet arrêt n'entend pas, comme l'a pensé, à tort, M. Bioche, v° Ordre, n° 768, 3e éd., 5e tirage, faire de cette décision un principe absolu; car, bien évidemment, le demandeur en sous-ordre, qui est aux droits de son débiteur (c. nap. 1166), a, comme celui-ci, le droit de contester les collocations qui auraient pour effet de nuire à la collocation dont il demande l'attribution à son profit; mais il faut, et c'est ce qu'en fait, l'arrêt a jugé, que, comme tous les autres créanciers parties dans l'ordre, il le fasse dans le délai de l'art. 755 (Conf. MM. Seligman, n° 618; Bioche, *loc. cit.*; Flandin, Tr. de l'ordre, inédit).

1324. La distribution, dit Pigeau, *loc. cit.*, n° 5, entre les créanciers demandeurs en sous-ordre, ne peut avoir lieu qu'après la clôture de l'ordre, puisque l'art. 775 veut qu'elle se fasse entre tous ceux qui seront inscrits ou opposants jusque-là, et que, d'ailleurs, on n'est pas certain, jusqu'à cette époque, si le créancier sur qui elle se fera, sera colloqué, ni pour quelle somme il le sera (Conf. M. Bioche, v° Ordre, n° 755, 3e éd.).— Il a été jugé, dans ce sens, que le montant de la collocation obtenue, dans un ordre, par un créancier hypothécaire, ne peut *régulièrement* être distribué, par voie de sous-ordre, entre ses créanciers particuliers qu'après la clôture définitive de l'ordre; que, par suite, il doit être sursis au jugement des contredits élevés sur le sous-ordre jusqu'à la clôture définitive de l'ordre (Bordeaux, 23 juin 1841) (1).

1325. Mais rien n'empêche, il nous semble, que la procédure du sous-ordre ne se développe parallèlement à la procédure de l'ordre; en d'autres termes, que le juge-commissaire, en dressant l'état de collocation provisoire, ne règle simultanément les droits du créancier direct et ceux de ses créanciers particuliers, sauf les modifications à apporter, dans le règlement de ces droits, à la clôture de l'ordre, si d'autres créanciers se sont présentés dans l'intervalle. Le sous-ordre, dans ce cas, forme un véritable incident de la procédure de l'ordre, et doit être soumis aux mêmes règles. — Telle était la pratique ancienne, à laquelle, cependant, le parlement de Paris, ainsi que nous l'apprend d'Héricourt, Tr. de la vente des immeubles par décret, t. 1, p. 312 et 313, avait trouvé des inconvénients, puisqu'il avait décidé, par un arrêt de règlement du 22 août 1691, « qu'à l'avenir, les oppositions en sous-ordre seraient jugées après qu'on aurait procédé à l'ordre, et par un jugement séparé, sauf aux opposants à intervenir à l'ordre pour y faire valoir les droits de leur débiteur. » Les inconvénients signalés, c'était que le concours des deux procédures retardait le payement des créanciers directs et augmentait les frais à la charge

---

provisoire comme avant, même après le règlement définitif, et tant que son débiteur n'avait pas touché. Ainsi, l'arrêt attaqué n'a pu prononcer la déchéance des droits de Sillac, pour n'avoir pas produit ses titres dans le délai fixé par l'art. 660 c. pr. civ.—Arrêt (ap. dél. en ch. du cons).

LA COUR; — En ce qui concerne le pourvoi de Sillac de Lapierre :— Attendu que la discussion a été réduite, sur ce pourvoi, aux trois moyens ci-après énoncés; qu'ainsi la cour n'a eu à s'occuper que de ces seuls moyens; — Attendu, sur les deux premiers, qu'en déclarant que Sillac de Lapierre avait encouru la forclusion, aux termes de l'art. 660 c. pr., par le motif, en fait, qu'il n'avait produit qu'après la clôture du procès-verbal de distribution les titres qui seuls pouvaient établir son droit aux 32,000 fr. qu'il réclamait, et que la production par lui faite avant cette clôture était insuffisante pour justifier cette créance, et par le motif, en droit, que, le délai fixé par le susdit art. 660 étant de rigueur, il ne pouvait dépendre des juges de le proroger, la cour royale de Douai a, d'une part, apprécié des faits et des actes, ce qui était dans ses attributions exclusives, et a, par suite, fait une exacte application du susdit article;— Attendu que, quoique Commaille ait été lui-même déclaré forclos de contester cette créance qui portait spécialement contre lui, il n'en résultait pas, pour cela, que les autres créanciers directs de la dame la Tour d'Auvergne ne pussent point exciper de la forclusion encourue par Sillac de Lapierre, à l'effet d'empêcher sa collocation contre Commaille, puisque cette contestation des créanciers directs de ladite dame de la Tour d'Auvergne avait pour but, dans l'espèce, de faire diminuer la collocation de Commaille dans la distribution dont il s'agissait et de faire profiter la masse des créanciers de cette diminution; d'où il suit que l'arrêt attaqué a pu, sans violer aucune loi, et nonobstant la forclusion de contester acquise contre Commaille, prononcer celle de Sillac de Lapierre, à faute par lui d'avoir produit, en temps utile, les titres propres à justifier sa créance;—Attendu, d'ailleurs, qu'il a été reconnu, à l'audience, entre les parties que Sillac de Lapierre était, à l'égard de cette créance, sans intérêt quelconque, puisqu'il avait été payé par Commaille, non-seulement des 32,000 fr. en capital, mais, en outre, de 38,000 fr. d'intérêts; d'où résultait que le pourvoi était sans objet sur ce point, de la part de Sillac de Lapierre;... — Rejette.

Du 2 juin 1835.-C. C., ch. civ.-MM. Dunoyer, f. f. de pr.-Jourde, r.-De Gartempe fils, av. gén., c. conf.-Lacoste, Dalloz et Scribe, av.

(1) *Espèce:* — (Froidefond et créanc. C. Cazamajour et autres.)—Les frères Froidefond-Duchatenet et Froidefond de Bellile, banquiers, obligés de suspendre leurs payements, avaient abandonné tout leur actif à leurs créanciers en état d'union.—Deux immeubles dépendant de la succesion de leur père ayant été vendus, l'un pour la somme de 82,500 fr., l'autre pour celle de 34,000 fr., deux ordres furent ouverts devant le tribunal de Périgueux. — Ces deux ordres furent joints; et, au cours de la procédure, Froidefond de Bellile, l'adjudicataire, fit sommation, tant à ses créanciers inscrits qu'à ceux de Froidefond-Duchatenet, de se présenter à l'ordre pour y demander leur collocation en sous-ordre sur les sommes qui pourraient revenir, soit à son frère, soit à lui, comme créanciers du chef de leur mère.—Sur cette sommation, les sieurs de Florian, Cazamajour et la dame de Visconti intervinrent et demandèrent leur collocation en sous-ordre. — Le juge-commissaire, procédant au règlement provisoire, après collocation, par privilége, du sieur Gasc, créancier poursuivant, pour ses frais, plaça au premier rang des créanciers hypothécaires les frères Froidefond pour une somme de 300,000 fr., et au deuxième rang le sieur Gasc pour sa créance, quoique le prix fût absorbé par la collocation de 300,000 fr. Puis, procédant au sous-ordre sur la collocation de 300,000 fr., il l'attribua, par voie de contribution au sieur de Florian pour 80,000 fr., à la dame de Visconti pour 110,600 fr., et à Cazamajour pour 6,015 fr. — Sur la dénonciation du règlement provisoire, il fut formé plusieurs contredits, mais seulement sur le sous-ordre. — Le juge-commissaire renvoya à l'audience pour le jugement de ces contredits. — A ce moment, l'union des créanciers, par l'organe de ses commissaires, fit un dire, avec acte de produit, dans lequel, bien qu'elle énonçât qu'étant subrogée à tous les droits des frères Froidefond, elle eût pu et dû obtenir une collocation directe à l'ordre, elle se bornait, néanmoins, à requérir une collocation en sous-ordre sur les frères Froidefond pour la totalité de la somme en distribution.—Un jugement du 31 août 1838 maintint le travail du juge-commissaire et rejeta la demande de collocation en sous-ordre de l'union des créanciers.—Celle-ci fit appel; et, se ravisant sur la concession qu'elle avait faite, elle demanda sa collocation directe, au lieu et place des frères Froidefond, et le sursis sur les contestations relatives au sous-ordre jusqu'après la clôture définitive de l'ordre. — Pour les sieurs de Florian, Cazamajour et la dame de Visconti, on opposait à l'appel un moyen de nullité, tiré de ce qu'il n'avait pas été interjeté dans les dix jours, conformément à l'art. 669 c. pr., mais dans ce même délai, augmenté du délai des distances, conformément à l'art. 763 (V. *infrà*, n° 1326-1°).—Au fond, on soutenait l'union des créanciers non recevable à demander une collocation principale et directe dans l'ordre, après s'être bornée à réclamer une collocation en sous-ordre; ce qui emportait, de sa part, renonciation à la prétendue subrogation dans les droits des frères Froidefond. — L'arrêt n'a pas statué sur cette dernière difficulté. — Arrêt.

LA COUR; — Attendu, quant à la nullité de l'appel, fondée sur les dispositions de l'art. 669 c. pr. civ., qu'il existait entre les parties deux instances d'ordre devant le tribunal civil de Périgueux, lesquelles instances ont été jointes; — Attendu que la procédure en sous-ordre, introduite devant le même tribunal, n'est qu'un incident dans ces mêmes instances qui existent encore; qu'il résulte de cette circonstance que l'art. 669 précité, qui règle la forme et les délais de l'appel dans une instance de distribution par contribution, ne peut être invoqué dans la cause actuelle, où il s'agit, au principal, d'une instance d'ordre; — Attendu que l'appel a dû être fait conformément à l'art. 763 c. pr. civ., et que les délais prescrits par cet article ont été observés;

Attendu, quant au sursis demandé, qu'avant de distribuer en sous-ordre l'émolument d'une collocation, il faut que cette collocation soit définitive, précise et déterminée; — Tous droits des parties demeurant réservés, sursoit à prononcer sur l'appel porté devant elle jusqu'à ce que l'instance d'ordre pendante devant le tribunal de Périgueux soit terminée.

Du 23 juin 1841.-C. de Bordeaux, 1re ch.-M. Roullet, 1er pr.

du prix (V. Pothier, Proc. civ., 4e part., ch. 2, sect. 5, art. 12, § 3). Mais ces inconvénients sont faciles à éviter, d'une part, en mettant pour condition à la marche simultanée des deux procédures que la principale, celle de l'ordre, n'en sera pas retardée, et, d'autre part, que les frais de la seconde seront pris exclusivement sur le montant de la collocation, objet du sous-ordre (V. *infrà*, n° 1349).

Nous devons dire, pourtant, que cette opinion paraît contraire à la doctrine de Pigeau, de laquelle il résulterait que le sous-ordre forme une procédure distincte, entièrement séparée de l'ordre, et qu'on ne saurait y rattacher par aucun lien. Voici, en effet, de quelle manière Pigeau s'exprime, Proc. civ., t. 2, p. 306, 4e éd., aux nos 7 et 8 : — « Si le créancier direct et ses créanciers s'accordent pour ce sous-ordre, *appliquez ce qu'on a dit* p. 284, n° 2, *pour l'ordre amiable*. S'ils ne s'accordent pas pour faire cette seconde distribution, on observe la marche suivante : le plus diligent poursuit la nomination d'un commissaire. On commet celui qui a fait la première distribution... Le surplus de la poursuite se fait comme en contribution, dont il faut appliquer ici les règles, et non pas celles de l'ordre, puisque l'art. 778 (aujourd'hui 775) dit que la distribution se fera comme d'une *chose mobilière...* » — Nous admettons que, lorsque le sous-ordre, à raison des difficultés qui se produisent entre les parties intéressées, ne peut pas se faire simultanément avec l'ordre, il faut y procéder comme en matière de *distribution par contribution*. Mais quand le contraire peut avoir lieu, le juge-commissaire qui doit procéder à cette seconde distribution est nécessairement le magistrat qui a procédé à l'ordre, dont le sous-ordre n'est que la suite, le complément. « Autrement, comme le dit M. Flandin, Tr. de l'ordre, inédit, pourquoi la loi aurait-elle permis aux sous-créanciers d'intervenir à l'ordre? Il eût suffi, pour la conservation de leurs droits, de les délaisser à se pourvoir par voie de saisie-arrêt entre les mains de l'acquéreur ou de l'adjudicataire, dans les termes du droit commun. » — MM. Grosse et Rameau, d'excellents praticiens, émettent une opinion semblable, t. 2, nos 494 et 495, mais en faisant les mêmes réserves. « Dans la pratique, disent-ils, t. 1, n° 272, la distribution en sous-ordre se fait dans le procès-verbal contenant le règlement définitif, lorsque tous les créanciers prétendant au sous-ordre sont d'accord. Mais, s'ils ne s'accordent pas, il faut recourir aux moyens indiqués par la loi pour parvenir à une distribution par contribution... » (Conf. MM. Chauveau, Proc. de l'ordre, quest. 2617-5°; Encyclop. des huissiers, v° Ordre, nos 369 et 370; Ollivier et Mourlon, nos 579 et 580; Seligman, nos 620 et suiv.; Houyvet, nos 355 et 358.—*Contrà*, MM. Rodière, t. 2, p. 255; Bioche, v° Ordre, n° 758, 3e éd., 5e tirage; Colmet-Daage, t. 2, n° 1040, 8e éd.; Bressolles, n° 66 *in fine*).

Dans la rédaction du projet de loi, préparée par la commission nommée par M. le garde des sceaux, l'art. 775 contenait un paragraphe additionnel ainsi conçu : « Le montant de la collocation du débiteur fait l'objet d'un procès-verbal qui est dressé séparément par le juge, sans nul retard des opérations de l'ordre. » Le conseil d'État a supprimé ce paragraphe. « Son intention, dit M. Chauveau, *loc. cit.*, a-t-elle été de proscrire le règlement du sous-ordre par le juge chargé de l'ordre, ou bien seulement de maintenir l'usage antérieurement suivi? Le doute ne peut être possible, quand on sait que, dans la pratique, la plupart des sous-ordres sont réglés par l'ordonnance de clôture qui fixe les collocations de l'ordre et ordonne la délivrance des bordereaux. »

1326. Il a été jugé, dans le sens de notre opinion : 1° que, lorsque, dans une instance d'ordre, il a été procédé, par le juge-commissaire, au règlement provisoire, par voie d'ordre, entre les créanciers inscrits, et à un règlement, par voie de sous-ordre, entre les créanciers particuliers d'un créancier utilement colloqué, le jugement, qui, sur contredits, maintient le travail du juge-commissaire, n'en est pas moins un jugement d'ordre, et non un jugement de distribution par contribution, bien que les contredits n'aient porté que sur le sous-ordre, et qu'il n'y ait pas eu d'autres contestations élevées devant le tribunal; — Qu'en conséquence, l'appel interjeté par un créancier se prétendant subrogé dans les droits du débiteur, et réclamant, à ce titre, une collocation directe, est valable, quoique non interjeté dans les dix jours, conformément à l'art. 669 c. pr. civ., mais dans ce même délai, augmenté du délai des distances, conformément à l'art. 763 (ancien) du même code (Bordeaux, 23 juin 1841, aff. Froidefond, V. n° 1324); — 2° Qu'est forclos le créancier qui ne contredit point, dans le mois de la dénonciation d'un état de collocation provisoire, le sous-ordre ouvert sur le montant de sa collocation (trib. civ. de Muret, 4 juin 1846, aff. Espagnol *C.* Suarez, et 11 juill. 1849, aff. Dignat *C.* Dignat; Journ. des avoués, t. 75, art. 892, p. 389 et suiv.); — 3° Et qu'il n'est point relevé de cette déchéance par la production tardive d'un créancier qui rend nécessaire un supplément à l'état de collocation provisoire, en prétendant que le délai pour contredire n'a pu courir contre lui que du jour de la dénonciation de cet état supplétif (Toulouse, 11 mai 1849 (1).—Conf. trib. civ. de Muret, 4 juin 1846, précité). — Le principe de cette solution est contesté par M. Chauveau, Journ. des av., t. 75, p. 391, à la note. « Je persiste, dit-il, dans mon sentiment (V. Lois de la proc. civ., 3e éd., t. 6, quest. 2558-4°), et, j'aurais, dans l'espèce, accueilli le contredit de la dame Oustry, parce que la dernière sommation, faite à l'un des créanciers produisants, datait seulement du 24 décembre » (V., sur la question, *suprà*, n° 681).

1327. On verra plus bas, n° 1333, que les seuls créanciers admis à la distribution sont ceux qui ont formé leur demande de collocation en sous-ordre avant la clôture de l'ordre. Il en résulte, comme le fait observer M. Chauveau, Proc. de l'ordre, quest. 2617-3°, que, bien que cette distribution (lorsqu'elle n'a pas lieu simultanément avec l'ordre, V. n° 1325) doive se faire suivant les formes indiquées au titre de la Distribution par contribution (V. ce mot), il n'y aura pas à remplir toutes les formalités spécifiées aux art. 656 et suiv. Ainsi, dit-il, il suffira de faire nommer un juge-commissaire, qui, sans avoir besoin d'inviter à produire, puisque les productions sont faites, dressera l'état de distribution et procédera comme il est prescrit aux art. 663 et suiv.

1328. Il n'y aura pas, notamment, à laisser aux créanciers le délai d'un mois, conformément à l'art. 656, pour se mettre d'accord sur la distribution, le défaut d'entente, à cet égard, ayant été déjà constaté par le magistrat chargé de procéder à l'ordre, et ayant même été, comme on vient de le dire, la seule cause de son dessaisissement.

1329. Il est bien évident, dans tous les cas, qu'il ne pourrait être question de la tentative de règlement amiable, telle qu'elle est réglée par l'art. 751, puisqu'il ne s'agit plus ici d'ordre proprement dit, mais de distribution par contribution,

(1) (Dame Oustry et Rome C. Dejean.) — LA COUR (par adoption des motifs des premiers juges);... — Attendu qu'une troisième objection a été prise, par lesdites parties d'Azaïs (la dame Oustry et Sarrat, le saisi), de ce qu'il y avait eu nécessité de faire un supplément à l'état provisoire de collocation sur la production tardive du sieur de Lacger, et que, par suite, le délai pour contredire n'avait pu courir contre elles que du jour de la dénonce de cet état supplétoire; — Mais attendu qu'énoncer une pareille prétention, c'est la détruire; — Attendu, en effet, qu'on ne peut pas admettre qu'une production tardive puisse anéantir des actes régulièrement faits antérieurement, et détruire des droits acquis; qu'ainsi la nouvelle dénonce, faite aux parties d'Azaïs, du supplément de l'état provisoire en faveur du sieur de Lacger, ne lui a donné le droit que d'attaquer la nouvelle collocation faite en faveur de ce dernier; — Attendu que les parties d'Azaïs ont encore pris une objection de ce que la collocation du sieur Rome a été faite, en sous-ordre, sur les 8,000 fr. de la dot de la dame Oustry; d'où elles voudraient tirer la conséquence que les sommations, faites par le créancier poursuivant, n'ont pas pu leur faire encourir de forclusions pour contredire une semblable collocation; — Mais attendu que ce serait là créer une distinction que la loi n'a pas faite; que les avantages ou les préjudices d'une collocation, en sous-ordre sont acquis à tous les créanciers produisants, comme à ceux d'une collocation directe; —Attendu qu'il suit de tout ce qui vient d'être dit que le délai de la forclusion pour contredire la collocation du sieur Rome a couru, contre la dame Oustry, du jour de la notification régulière faite à son avoué, le 28 août 1847, et, pour le sieur Sarrat, discuté, depuis le 9 sept. suivant; qu'ainsi le contredit, par eux fait sur le procès-verbal d'ordre le 24 déc. suivant, plus d'un mois après les sommations ci-dessus, est tardif et doit être rejeté;... — Confirme le jugement du tribunal civil de Castres, du 11 juill. 1848.

Du 11 mai 1849.-C. de Toulouse, 3e ch.

procédure à laquelle ne s'applique pas l'art. 751 précité. L'ordre amiable dont parle Pigeau (V. *suprà*, n° 1325), et que mentionne l'art. 656, c'est l'ordre consensuel, qui rend inutile l'ordre judiciaire, et dont il est passé acte devant notaire, acte portant délégation, au profit des créanciers, sur l'adjudicataire ou l'acquéreur, de la somme attribuée à chacun d'eux (V. *suprà*, nos 56 et suiv.— Conf. M. Flandin, Tr. de l'ordre, inédit).

1330. Il a été jugé que l'art. 2151 c. nap., qui défend de colloquer, pour les intérêts, le créancier inscrit sur un immeuble, au delà de deux années et de l'année courante, au même rang que pour le capital, ne peut être invoqué contre le créancier colloqué en sous-ordre sur le montant de la collocation de son débiteur; que ce créancier a droit à tous les intérêts qui lui sont dus, alors surtout qu'il ne se trouve en concours avec aucun autre créancier (Bordeaux, 3 juill. 1834, aff. Darrieux, v° Priv. et hyp., n° 2391-1°.—Conf. M. Houyvet, n° 357).

1331. L'art. 775 ne s'applique littéralement qu'au *sous-ordre*, c'est-à-dire à la distribution, entre les créanciers particuliers d'un créancier utilement colloqué dans l'ordre, du montant de la collocation de ce dernier. Mais il semble qu'on doive étendre, par analogie, la disposition au cas où il s'agit de répartir entre les créanciers chirographaires qui sont intervenus dans l'ordre ce qui reste du prix de l'immeuble, après collocation des créanciers hypothécaires ou privilégiés. Il y a économie de temps et de frais à ce qu'il en soit ainsi, et aucun intérêt légitime ne peut avoir à souffrir de cette marche. — Il a été jugé, dans ce sens, que le juge-commissaire est compétent pour distribuer, par la voie du sous-ordre, entre les créanciers chirographaires opposants, ce qui reste du prix, déduction faite des créances hypothécaires (Orléans, 14 déc. 1848, aff. Jutteau, D. P. 49. 2. 210). — Il a été jugé, au contraire, que si, après la distribution opérée entre les créanciers inscrits, il reste un excédant de prix, le juge-commissaire n'est pas compétent pour le distribuer aux chirographaires opposants, dont il y a lieu seulement de réserver les droits pour les faire valoir à la distribution par contribution (Lyon, 17 août 1841, aff. Berthollot, D. P. 49. 2. 210).

1332. La première décision a été critiquée par M. Bioche, Journ., ann. 1849, p. 225, art. 4298, par cette considération qu'il ne s'agit pas ici d'un *sous-ordre*, mais simplement d'une distribution par contribution (V. aussi Dict. de proc., v° Ordre, n° 415, 3e édit., 5e tirage).—Le mot de *sous-ordre*, employé par la cour d'Orléans dans un cas qui n'est pas celui dont parle l'art. 775, est impropre, nous le concédons; mais la décision n'en est pas moins juridique, à notre avis. Et elle a paru telle également à M. Chauveau, dont l'argumentation, cependant, nous semble un peu forcée. « Que représente, dit-il, Journ. des av., t. 74, p. 429, et Proc. de l'ordre, quest. 2617-7°, que représente l'excédant qui demeure libre, après la collocation des créanciers hypothécaires? Une somme pour laquelle le vendeur ou le saisi doit être colloqué au dernier rang, et qui doit lui être payée sur la production du bordereau qui lui a été délivré par le juge-commissaire. Le vendeur ou le saisi peut donc être entièrement assimilé à un créancier hypothécaire colloqué, et, par conséquent, un sous-ordre peut être ouvert par ses créanciers chirographaires intervenant dans l'ordre, comme il peut l'être contre l'un des créanciers colloqués. »—Sans adopter cette assimilation, qui n'a d'autre raison que le désir de faire rentrer dans l'art. 775 le cas dont il s'agit, ce qu'ajoute M. Chauveau nous suffit. « Je ne crois pas, poursuit-il, qu'on puisse dire que le juge commis pour procéder à un ordre n'est pas compétent pour distribuer, en sous-ordre, les fonds provenant d'une collocation. Toute autre marche entraînerait des lenteurs et des frais que la sage prévoyance du législateur a voulu éviter. Je comprends que les formalités relatives à la distribution par contribution soient seules appliquées, quand il s'agit du prix d'un objet mobilier saisi et vendu (ajoutons : ou quand il s'agit d'un excédant de prix d'immeuble, s'il n'y a pas de créanciers opposants), parce qu'alors la loi est explicite et qu'elle a tracé des règles dont il ne faut pas s'écarter. Mais, lorsque c'est accessoirement, incidemment à une procédure d'ordre, que l'excédant du prix doit être réparti, au marc le franc, entre les créanciers chirographaires opposants, je persiste à penser qu'il n'y a pas lieu de suivre une autre procédure que celle sanctionnée par la cour d'Orléans. »

A cela, pourtant, l'arrêt précité de la cour de Lyon fait deux objections : la première, c'est que « la loi n'a pas permis que les créanciers chirographaires fussent appelés dans l'ordre, par la raison simple et naturelle que leur appel, dans la plupart des sentences d'ordre, aurait presque constamment nécessité des frais purement frustratoires. » — Mais ce motif de l'arrêt ne peut avoir, il nous semble, aucune influence sur la question; car il ne s'agit pas d'*appeler* les créanciers chirographaires à l'ordre, mais de savoir quels sont leurs droits, lorsqu'ils y sont intervenus, ainsi qu'ils ont intérêt à le faire pour discuter, s'il y a lieu, les créances hypothécaires ou privilégiées, les faire rejeter de l'ordre, ou les faire réduire, afin d'augmenter d'autant la masse chirographaire (V. *suprà*, nos 99 et 342). — La seconde objection, c'est que « procéder, tout à la fois, à une sentence d'ordre et à une distribution par contribution, lorsque les formalités pour l'une ou pour l'autre de ces procédures n'ont point été remplies et ont été confondues, c'est violer la loi, en matière de distribution par contribution, et frustrer les créanciers chirographaires de faire valoir leurs droits. » — Mais cette considération ne doit-elle pas céder à la raison d'économie? La procédure d'ordre est soumise à des délais assez longs pour que les créanciers chirographaires aient le temps de se faire connaître et de s'y rendre opposants, de façon que, s'il reste un excédant de prix, après la collocation des créanciers hypothécaires et privilégiés, il ne soit fait aucune distribution de deniers à leur préjudice (Conf. M. Flandin, Tr. de l'ordre, inédit).

1333. Ceci nous conduit à l'examen de la question de savoir si les créanciers opposants avant la clôture de l'ordre (soit qu'il s'agisse d'un sous-ordre proprement dit, soit qu'il s'agisse de la distribution des fonds restant libres, après la collocation des créanciers hypothécaires et privilégiés), ont seuls le droit de prendre part à la distribution, à l'exclusion des créanciers qui ne se présenteraient qu'après la clôture de l'ordre, mais, toutefois, avant la délivrance des bordereaux de collocation? — Il semble que l'affirmative ne doive faire aucun doute, si l'on s'en tient aux termes de l'art. 775, d'après lesquels « le montant de la collocation du débiteur est distribué, comme chose mobilière, *entre tous les créanciers inscrits ou opposants avant la clôture de l'ordre.* » — Pigeau dit également, *loc. cit.*, n° 8-4°, que, « si, parmi les créanciers, il y en a qui aient pris inscription pour leur débiteur, ou qui aient formé opposition avant la clôture, ils sont préférés aux non-inscrits et non-opposants : les autres ne viennent qu'après. » Et cela s'applique naturellement au créancier forclos faute de produire, ou d'avoir produit en temps utile, lequel, dit M. Houyvet, n° 359, peut, comme un autre, former, en tout état de cause, une demande de collocation en sous-ordre sur le montant de la collocation accordée à un autre créancier.

Les avoués de Paris, dans leurs observations sur la loi du 21 mai 1858, avaient demandé la suppression de l'art. 775, comme établissant un privilége en faveur des créanciers opposants avant la clôture de l'ordre. « La somme grevée d'opposition, disaient-ils, doit devenir l'objet d'une contribution, dans laquelle seront appelés tous ceux qui ont des droits à exercer *jusqu'au règlement provisoire de cette distribution nouvelle.* Des créanciers peuvent produire : il ne serait pas juste d'exclure ceux qui ne se sont pas fait connaître encore, et de leur appliquer une déchéance qui est contraire au droit commun. »—Mais il y avait à répondre, comme nous l'avons dit plus haut, que la procédure de l'ordre comporte des délais assez étendus pour que tous les créanciers ayant intérêt à demander leur collocation en sous-ordre aient le temps d'y intervenir, et de former opposition sur le montant de la collocation éventuelle de leur débiteur. On a considéré, d'ailleurs, les créanciers qui ont fait des diligences avant la clôture de l'ordre comme ayant seuls empêché le débiteur commun de toucher lui-même le montant de sa collocation dans l'ordre, et, par conséquent, comme devant seuls en profiter. — « On objecte, dit M. Chauveau, Proc. de l'ordre, quest. 2617 *ter*, que cette procédure de conservation n'est autre chose qu'une saisie-arrêt, et qu'il est de principe que, jusqu'au jugement attributif au profit des créanciers saisie-arrêtants, les deniers restent à la disposition de tous ceux qui peuvent se présente; qu'après l'opposition, les formes du titre de la Distribution par contribution devant être observées, l'attribution exclusive ne pourra être définitive qu'après l'accomplissement de toutes les formalités prescrites en pareille matière. — Il faut répondre, continue l'auteur, que, par rapport à ceux qui n'ont pas formé opposition avant la clôture de l'ordre, l'attribution est formelle au profit de ceux qui ont été plus diligents, puisque ce n'est qu'entre ces derniers que la loi permet de distribuer, comme chose mobilière, le montant de la collocation du débiteur... » (Conf. MM. Thomine, t. 2, nº 895; Grosse et Rameau, t. 1, nº 271; Encyclop. des huissiers, vº Ordre, nº 372; Colmet-Daage, t. 2, nº 1059, 8ᵉ éd.; Bioche, vº Ordre, nº 756, 3ᵉ éd., 5ᵉ tirage; Ollivier et Mourlon, nº 574; Seligman, nº 615; Pont sur Seligman, *eod.*, à la note; Flandin, Tr. de l'ordre, inédit).

M. Bressolles, cependant, nº 66 précité, a exprimé une opinion contraire. « Il ne nous paraît pas, dit-il, que le juge puisse faire la distribution *mobilière* entre les ayants droit comme appendice à cette partie de l'ordre. Les oppositions faites ou les inscriptions prises ne confèrent pas, en effet, un droit acquis aux opposants, et il peut survenir d'autres créanciers, tant que l'on n'a pas rempli les préliminaires ordinaires d'une distribution par contribution. Le juge se bornera donc, en colloquant le créancier-débiteur, à ordonner à l'adjudicataire ou acquéreur d'opérer la consignation exigée par l'art. 4 de l'ordonnance du 3 juill. 1816, et puis la distribution aura lieu selon les formes ordinaires. »

1334. Il a aussi été jugé qu'une demande en sous-ordre ne frappe d'indisponibilité la créance colloquée que jusqu'à concurrence des causes de la demande; qu'ainsi, la cession de l'excédant est valable à l'égard des créanciers dont la demande en sous-ordre, quoique antérieure à la clôture de l'ordre, est postérieure au transport (Caen, 23 août 1852) (1). — Cet arrêt est, dans le Journ. des avoués, t. 80, p. 312, art. 2093, de la part de M. Godoffre, l'objet d'une critique fondée, selon nous. « La demande en sous-ordre, dit-il, est une véritable saisie-arrêt. La somme pour laquelle le créancier débiteur a été colloqué est soumise aux oppositions des créanciers qui peuvent y avoir droit. Ces oppositions, utilement formées jusqu'à la clôture définitive, mettent sur le même rang tous les opposants. Il faut donc décider qu'ici, comme dans la saisie-arrêt, le débiteur créancier peut, sans doute, transporter la partie de sa créance qui excède la demande en sous-ordre; mais que si, avant la clôture de l'ordre, d'autres créanciers se présentent pour participer au sous-ordre, les créanciers antérieurs au transport ne doivent pas souffrir de cette concurrence » (Conf. MM. Ollivier et Mourlon, nº 578; Flandin, Tr. de l'ordre, inédit). Telle est également l'opinion que nous avons émise en matière de saisie-arrêt, matière avec laquelle le sous-ordre a une complète analogie; mais la question est très-controversée, comme on peut le voir vº Saisie arrêt, nºˢ 425 et suiv.

1335. Nous ne pouvons, par la même raison, donner notre assentiment à l'opinion suivante émise par M. Houyvet, nº 362. Il suppose un créancier, Primus, colloqué pour 20,000 fr. Secundus, son créancier, réclame, sur ces 20,000 fr., une collocation en sous-ordre de 15,000 fr., qui lui est accordée par le juge-commissaire. Le règlement provisoire, contenant cette sous-collocation, est dénoncé à Primus, qui ne contredit pas. Cette sous-collocation devient ainsi définitive. Plus tard, et avant la clôture de l'ordre, un autre créancier de Primus, auquel il est dû 10,000 fr., se présente et forme, de son côté, une demande en sous-ordre sur le montant de la collocation de ce dernier. Il ne pourra, dit M. Houyvet, prétendre qu'aux 5,000 fr. restant dus à Primus; et le motif qu'en donne l'auteur, c'est que « le silence de Primus (sur la demande en sous-ordre de Secundus) indique qu'il a acquiescé à la demande formée contre lui, et qu'il a accepté la décision du juge; que ce consentement suffit pour qu'il y ait appropriation définitive de la somme de 15,000 fr. au profit de Secundus, en l'absence de toute opposition des autres créanciers de Primus, *exactement comme si ce dernier eût transporté à son créancier la somme de 15,000 fr.*, sauf que l'acte duquel résulte l'appropriation n'a pas besoin d'être signifié au débiteur. »

1336. Mais il a été jugé que le transport, fait à un tiers par le créancier colloqué, du montant de sa collocation ne peut être opposé au créancier du cédant qui demande, même après le transport, à être colloqué, en sous-ordre, sur la somme faisant l'objet de ladite collocation, si, dès avant ce transport, il avait formé une première demande en collocation directe sur toute la somme mise en distribution; alors surtout que le cessionnaire, partie lui-même à l'ordre comme créancier produisant, avait connaissance de la demande, et que son transport lui imposait l'obligation de se défendre contre cette même demande, à ses risques et périls (Req. 13 avr. 1859, aff. Trône, D. P. 59. 1. 117). — Cet arrêt, à raison des circonstances de fait qui y sont relevées, n'est pas précisément un arrêt de doctrine; mais il nous paraît certain qu'en droit, et abstraction faite de ces circonstances, la demande à fin de collocation, formée par un créancier sur la somme mise en distribution, équivaut à une sorte de mainmise qui fait obstacle à toute cession ultérieure de la somme qui en est l'objet. Le transport de cette somme est donc nul, au regard de ce créancier, soit qu'il maintienne, à l'ordre, sa demande de collocation directe, comme créancier de celui à qui appartiennent les deniers mis en distribution, soit qu'il se borne, plus tard, à réclamer une collocation, en sous-ordre, sur une partie des mêmes deniers, comme créancier de celui à qui ils sont attribués. Dans les deux cas, la demande originaire a certainement suffi pour frapper d'indisponibilité la somme faisant l'objet de l'ordre.

1337. Lorsqu'il s'agit de créanciers subrogés au privilége ou à l'hypothèque d'un autre créancier, et notamment à l'hypothèque légale de la femme, ce n'est plus de sous-ordre qu'il est question; car le créancier subrogé, ayant le droit de prendre la place du subrogeant, se présente à l'ordre comme créancier direct, pour y être colloqué, au rang du subrogeant, jusqu'à concurrence du montant de sa créance. Et, s'il y a plusieurs subrogés, il ne s'établit pas un concours entre eux, comme dans le cas du sous-ordre; mais chacun est colloqué à la date de sa subrogation, ou de l'inscription qu'il a prise, suivant les principes du droit civil (V. Priv. et hyp., nºˢ 98· et suiv., et *passim*; Transcription hyp., nºˢ 786 et suiv.), jusqu'à épuisement de la créance du créancier subrogeant (Conf. MM. Rodière, t. 3, p. 236; Thomine, nº 895; Chauveau, Proc. de l'ordre, quest. 2617-6º; Grosse et Rameau, t. 1, nºˢ 281 et 282; Bioche, vº Ordre, nºˢ 751 et suiv., 3ᵉ éd., 5ᵉ tirage; Seligman, nº 624; Pont, *ibid.*, à la note; Ollivier

(1) (Morlac et Geffroy C. Delaporte-Delalanne.) — LA COUR;... — Considérant que la donation de 1842 ayant opéré le transport desdites reprises au profit de la dame Delalanne, il n'y a aucun argument à tirer de l'art. 778 c. pr. civ., contre l'appropriation de ces mêmes reprises qui en est résultée en sa faveur; que l'art. 778 ne dit pas, en effet, que la créance hypothécaire d'un débiteur colloqué à un état d'ordre sera frappée d'indisponibilité dans ses mains jusqu'à la clôture; que seulement il accorde à ses créanciers, tant que l'ordre n'est pas clos, la faculté, sans qu'ils aient à remplir les formalités d'une saisie-arrêt, de se présenter pour être payés sur la créance colloquée; mais qu'il faut, pour cela, que le débiteur n'en ait pas déjà reçu le payement, ou ne l'ait pas cédée à un tiers; que vouloir entendre la loi dans un autre sens, ce serait faire violence à ses termes, et en tirer une conséquence exorbitante du droit commun, d'après lequel chacun conserve la libre disposition de ses créances non-saisies comme de ses autres biens; — Considérant que, lorsque de Morlac et Geffroy sont venus, le 12 mars 1847, demander, comme créanciers de la dame de Cairon, collocation en sous-ordre sur la créance des reprises de celle-ci, l'effet du transport de la dame Delalanne était produit, et la créance était passée des mains de la dame Cairon dans les siennes;

Considérant que l'on ne peut soutenir que, parce qu'un certain nombre de créanciers de la dame de Cairon avait réclamé le sous-ordre sur ses reprises disponibles de 1838, par conséquent antérieurement à la donation, ils auraient exercé sur les créances de la dame de Cairon leur mainmise, aussi bien dans l'intérêt des créanciers qui pourraient survenir dans la suite, jusqu'à la clôture de l'ordre, que dans leur intérêt propre;

Considérant qu'en principe général, chacun ne stipule que pour soi; que les créanciers qui se sont présentés en sous-ordre n'ont agi qu'individuellement en leur nom privé; que les oppositions qu'ils ont faites n'ont arrêté que le montant de ce qui leur était dû, et n'ont nullement entravé la dame de Cairon dans le droit de transporter à qui elle veut l'excédant de ses créances, etc.

Du 23 août 1852.-C. de Caen.

et Mourlon, nos 565 et 566; Houyvet, no 364; Flandin, Tr. de l'ordre, inédit). — Il a été jugé, dans ce sens : 1° que l'art. 778 (ancien) c. pr., aux termes duquel le montant de la collocation du débiteur doit être distribué, comme chose mobilière, entre tous ses créanciers inscrits ou opposants avant la clôture de l'ordre, est inapplicable au cas où ce débiteur a consenti des subrogations dans ses droits d'hypothèque; qu'en pareil cas, les créanciers subrogés peuvent se faire colloquer, aux lieu et place du créancier subrogeant, et par préférence aux autres créanciers non subrogés (Paris, 12 déc. 1817, aff. Gaillard et Belin, vo Priv. et hyp., no 952, et un grand nombre d'arrêts semblables, cités *eod.* — Conf. trib. civ. de Saint-Amand, 2 août 1854, aff. Nourry, cité par M. Chauveau, Journ. des av., t. 80, p. 311, art. 2093); — 2° Que des créanciers subrogés à l'hypothèque légale de la femme sur les biens de son mari ont, en cas de vente des biens de ce dernier, le droit de se faire colloquer directement au lieu et place de celle-ci, sans qu'ils soient tenus, dans ce cas, de requérir une collocation en sous-ordre, et de subir une distribution par contribution entre tous les créanciers de la femme, conformément à l'art. 778 c. pr. : — « La cour;... sur le deuxième moyen, attendu que ce n'est pas comme créanciers du créancier que les défendeurs éventuels sont colloqués; qu'il est reconnu, par l'arrêt attaqué, qu'ils l'ont été comme créanciers subrogés hypothécairement aux droits d'Odette Massol; que, par conséquent, ils ont, comme cessionnaires subrogés à ses droits, le même droit et privilége attaché à l'hypothèque légale de la femme Massol; ... rejette » (Req. 17 avr. 1827, MM. Henrion, pr., Rousseau, rap., Lebeau, av. gén., c. conf., aff. créanc. Dupic C. d'Hautier et cons.).

1338. Ce dernier arrêt, du 17 avr. 1827, sur une autre question, celle de savoir si l'obligation solidaire de la femme envers un créancier *purement chirographaire* de son mari, emporte, au profit de ce créancier, subrogation dans l'hypothèque légale de la femme, question résolue affirmativement par cet arrêt, a été l'objet de nos critiques, vo Privil. et hypoth., no 961 (V. encore no 1340-4°, Orléans, 24 mai 1848, aff. synd. Vidal); mais, en partant de la thèse admise par l'arrêt, il est certain, comme nous l'avons dit au même numéro, et comme l'a jugé cet arrêt, que la subrogation produit cet effet de mettre le créancier subrogé au lieu et place de la femme, et de le rendre préférable à tous autres créanciers de celle-ci non subrogés à son hypothèque légale, ou dont la subrogation serait inscrite postérieurement à celle de ce même créancier (L. 23 mars 1855, art. 9). — Il a été jugé aussi que les créanciers, envers lesquels une femme, mariée sous le régime exclusif de la communauté, s'est obligée solidairement avec son mari, peuvent, comme exerçant les droits de la femme, en vertu de l'art. 1166 c. nap., se prévaloir de son hypothèque légale pour se présenter, à son rang, dans l'ordre ouvert sur le prix des biens du mari, sans qu'ils aient à justifier d'aucune subrogation faite à leur profit par la femme dans les droits de son hypothèque légale, ni d'aucune inscription de cette hypothèque (Paris, 20 juill. 1833, et, sur pourvoi, Req. 25 mars 1834, aff. Gombault et Henry, vo Contrat de mar., no 1054). — Mais V. no 1340-4° et suiv.

1339. Il a été jugé, de même, que la femme mariée, qui s'est engagée, solidairement avec son mari, à payer le prix de vente d'un immeuble acquis conjointement par les époux, et dont une portion est affectée au remploi de ses propres aliénés, a le droit d'obtenir, en vertu de son hypothèque légale, que le créancier, auquel le prix de vente est dû, soit colloqué, en son lieu et place, sur le prix de revente de la portion d'immeuble appartenant à son mari, tombé en déconfiture, à l'effet de se libérer elle-même envers ce créancier (Caen, 31 août 1863, aff. Lemuet, D. P. 64. 2. 138). — La femme, dans ce cas, est débitrice directe de la portion du prix correspondante à sa part dans l'acquisition, et caution de son mari pour la part de ce dernier. Or, à ce titre de caution, elle a, en vertu de l'art. 2092 c. nap., le droit d'agir contre son mari, même avant d'avoir payé, soit lorsque le mari est tombé en déconfiture, soit lorsque la dette est devenue exigible par l'échéance du terme. Ces deux conditions se trouvaient réunies dans l'espèce. La femme pouvait donc, en vertu de son hypothèque légale, demander à être colloquée personnellement sur le prix de la revente de la portion d'immeuble attribuée à son mari. Mais elle pouvait aussi demander que le bénéfice de la collocation à laquelle elle avait droit fût attribué au créancier envers lequel elle était obligée comme caution solidaire de son mari. C'était, dans l'un et l'autre cas, demander la même chose sous deux formes différentes.

1340. Mais il a été décidé : 1° que, lorsque deux individus, l'un créancier de l'autre, sont appelés directement, comme créanciers hypothécaires, dans le même ordre, le premier, qui n'a pas de subrogation à faire valoir, ne peut se faire colloquer au lieu et place du second; qu'il ne peut obtenir, sur le montant de la collocation de celui-ci, qu'une collocation en sous-ordre, dans les termes de l'art. 778 (ancien) c. pr. (Bordeaux, 24 juin 1836, aff. Chevalier, vo Priv. et hyp., no 2376-1°). — La dame Chevalier, veuve François Barthez, dans l'espèce, et la veuve Jacques Barthez, née Andrieux, étaient toutes deux créancières hypothécaires de la succession de Jacques Barthez, fils de la première et mari de la seconde : la dame Chevalier, pour une pension viagère de 1200 fr., que lui avait léguée Pierre Barthez, dont Jacques Barthez était le légataire universel; la veuve Jacques Barthez, pour ses reprises. Celle-ci, qui avait, sur les biens de son mari, une hypothèque légale dispensée d'inscription, dont la date remontait à une époque antérieure à l'inscription de la dame Chevalier, fut colloquée, dans l'ordre, avant cette dernière. C'est alors que la dame Chevalier éleva la prétention de prendre son lieu et place, sous prétexte qu'elle était créancière de la veuve Barthez en vertu de jugements obtenus contre elle. — Une telle prétention a été, à bon droit, repoussée, puisque la dame Chevalier n'avait aucune subrogation à invoquer, et que, ne pouvant agir qu'en vertu de l'art. 1166 c. nap., ses droits se trouvaient circonscrits par l'art. 778 (aujourd'hui 775) c. pr. — 2° Que le créancier, qui, en première instance, s'est borné à requérir sa collocation comme créancier direct du saisi, n'est pas recevable à demander, en appel, une collocation en sous-ordre sur le montant de la collocation attribuée à la femme du saisi, sur le motif que celle-ci est débitrice de son mari, à raison des charges du ménage (Bordeaux, 24 janv. 1837, aff. femme Guy-Labarthe C. Guiraud, *suprà*, no 712-1°). — Le même principe est énoncé dans les motifs d'un arrêt de la cour d'Agen du 18 mai 1858, aff. Cramaussel, arrêt que nous avons jugé inutile de recueillir, parce qu'il n'a fait qu'adopter, dans l'affaire renvoyée à son examen, après cassation d'un arrêt de la cour de Toulouse, la doctrine de l'arrêt de cass. du 1er déc. 1857; V. ci-après, no 1341-4°; — 3° Que la femme est sans intérêt à se plaindre que des créanciers de son mari, envers qui elle est obligée solidairement, mais non hypothécairement, et qui, par conséquent, ne peuvent invoquer la subrogation à son hypothèque légale (V. Priv. et hyp., no 961), aient été colloqués dans un ordre à sa place, au lieu de l'être en sous-ordre, dès que, n'y ayant pas d'autres créanciers inscrits que ceux envers qui elle est obligée, le résultat, en définitive, se trouve être le même (Bourges, 22 mai 1838, aff. Brolot, vo Priv. et hyp., no 2377); — 4° Que le créancier, envers qui la femme s'est obligée solidairement avec son mari, mais sans affectation hypothécaire, peut, comme exerçant les droits de la femme, sa débitrice, se faire colloquer, en sous-ordre, sur l'indemnité attribuée à celle-ci, à raison de l'engagement par elle souscrit pour son mari (Orléans, 24 mai 1848, aff. synd. Vidal, D. P. 48. 2. 185); — 5° Que l'obligation, contractée par une femme solidairement avec son mari, mais sans affectation hypothécaire au profit du créancier, n'emporte pas subrogation dans l'hypothèque légale de cette femme en faveur de ce créancier (même arrêt; sur cette question, V. Priv. et hyp., nos 961 et suiv.); — 6° Que ce même créancier, qui a conclu, en première instance, à être colloqué au lieu et place de la femme, comme subrogé tacitement à son hypothèque légale, en vertu de l'obligation solidaire sus-énoncée, peut demander, pour la première fois, en appel, au cas de rejet de ses conclusions à fin de subrogation, sa collocation, en sous-ordre, sur le montant de la collocation attribuée à la femme; que ce n'est pas là former une demande nouvelle (même arrêt). — Cet arrêt n'est pas contraire à celui de la cour de Bordeaux du 24 janv. 1837, cité au no 2. Dans l'espèce soumise à la cour de Bordeaux, le créancier, qui demandait, pour la première fois en appel, sa collocation en sous-ordre sur la femme du saisi, ne s'était pas présenté en première instance, comme exerçant les droits de celle-ci en vertu d'une subrogation à son hypothèque légale, mais comme faisant valoir ses droits propres, en qualité de créancier personnel et direct du mari; en sorte qu'il s'agissait bien d'une demande nouvelle, n'ayant pas subi le premier degré de juridiction, et que l'arrêt, à bon droit, a rejetée.

1341. Il a été décidé encore : 1° que les reprises de la femme mariée, sans contrat, dans le ressort du parlement de Toulouse, et résultant d'obligations contractées par elle, dans l'intérêt de son mari, sont paraphernales, c'est-à-dire de libre disposition, et peuvent, à ce titre, faire l'objet d'une collocation en sous-ordre en faveur des créanciers personnels de la femme; que cette collocation en sous-ordre est indépendante de toute subrogation à l'hypothèque légale de la femme, dès que les créanciers non subrogés se présentent à l'ordre, non pour réclamer, de leur chef, une collocation principale, mais pour se faire attribuer, par voie de collocation en sous-ordre, dans la mesure de leurs créances respectives, et au marc le franc, les deniers pour lesquels leur débitrice serait elle-même colloquée (Rej. 27 avr. 1852, aff. Robert et Bonnet, D. P. 52. 1. 162); — 2° Que la collocation, en rang utile, du montant de ses reprises dotales, obtenue par la femme dans l'ordre ouvert sur le prix d'un des immeubles du mari, a pour effet d'éteindre sa créance, à raison de ces mêmes reprises dotales, bien que cette collocation ait profité, non pas à elle personnellement, mais à un créancier envers lequel elle était obligée solidairement avec son mari, et qui s'est fait colloquer en sous-ordre; qu'en pareil cas, la femme a seulement une action en indemnité contre son mari, comme ayant acquitté, à titre de caution, la dette de celui-ci; indemnité garantie par son hypothèque légale, mais seulement à la date de l'obligation solidaire contractée par elle; en sorte que cette hypothèque ne peut atteindre les détenteurs des immeubles du mari, aliénés antérieurement à ladite obligation (Bourges, 30 juill. 1853, aff. Nicaud, D. P. 56. 2. 205). — La femme, en effet, se trouve, alors, dans la même situation que si, après avoir touché le montant de sa collocation, elle payait le créancier envers qui elle s'est obligée solidairement avec son mari; payement qui ne pourrait donner lieu, en sa faveur, qu'à une action en indemnité garantie par une hypothèque légale remontant seulement à la date de l'obligation;—3° Il a été jugé, dans le même sens que le précédent arrêt, que, bien que la femme ait déjà été colloquée dans un ordre antérieur ouvert sur son mari, pour une somme de..., montant de sa dot et de ses reprises matrimoniales, si cette somme a été employée, depuis, à l'acquittement des engagements solidaires qu'elle avait souscrits dans l'intérêt de son mari, son hypothèque légale a continué de subsister, indépendamment de toute inscription pour le montant des indemnités qui lui sont dues par son mari (Paris, 3 déc. 1838, aff. Paillet *C.* femme Dubarret et autres). — Cet arrêt a été cassé, mais par le motif uniquement que l'hypothèque légale s'était trouvée purgée, à défaut d'inscription dans les deux mois (Cass. 6 janv. 1841, v° Priv. et hyp., n° 2204); — 4° Mais il a été jugé que, bien que l'immeuble abandonné à une femme mariée sous le régime dotal dans la succession de son père, pour la remplir de sa dot constituée en argent, et non payée du vivant du père, ne soit pas dotal, le prix de cet immeuble, au contraire, est dotal et par conséquent inaliénable jusqu'à concurrence du montant de la dot; qu'en conséquence, la femme a le droit de prélever, sur ce prix mis en distribution, après la vente de l'immeuble, le montant de sa dot, par préférence aux créanciers à qui elle a, conjointement avec son mari, et dans l'intérêt de celui-ci, conféré hypothèque sur ce même immeuble (Cass. 1er déc. 1857, aff. Cramaussel; D. P. 58. 1. 71; Conf., sur le renvoi, Agen, aud. solenn., 18 mai 1858, même affaire).

1342. Les règles de la compétence, quant au dernier ressort, sont applicables au sous-ordre, comme à l'ordre (V. *suprà*, sous la section 9). — Conf. MM. Grosse et Rameau, t. 2, n° 494; Bioche, v° Ordre, n° 761, 3e éd., 5e tirage; Flandin, Tr. de l'ordre, inédit). — Il a été jugé, mais antérieurement à la loi du 21 mai 1858 : 1° que l'appel d'un jugement rendu sur un sous-ordre, dressé par un juge-commissaire à la suite de l'ordre, est non-recevable, quand le montant de la somme à distribuer ne s'élève pas à 1,000 fr. (Poitiers, 1er juill. 1819, aff. Garnier, v° Degrés de jurid., n° 338-3°; Grenoble, 22 avr. 1835, aff. Fays, *ibid.*); — 2° Que le jugement, qui ordonne un sous-ordre sur un bordereau de 54,000 fr., entre plusieurs sous-créanciers, dont les uns contestent aux autres le droit d'y participer, est en premier ressort, quoique chacune des créances, dont la collocation en sous-ordre a été admise par le jugement, soit inférieure au taux du dernier ressort (Bourges, 6 juin 1829, aff. Saint-Sauveur, *suprà*, n° 1321).

1343. Quant à la procédure, nous avons déjà dit *suprà*, n° 1327, qu'il faut se reporter au titre de la Distribution par contribution, en faisant observer, néanmoins, que certaines de ces formalités, telles que celle de la production, par exemple, se trouvent déjà implicitement remplies par la demande même de collocation en sous-ordre.

1344. Il a été jugé : 1° que le saisi n'est pas partie nécessaire dans une instance en sous-ordre, alors, d'ailleurs, que ses intérêts ne se trouvent pas engagés dans la contestation (Bourges, 6 juin 1829, aff. Saint-Sauveur, *suprà*, n° 1321; Conf. M. Chauveau, Proc. de l'ordre, quest. 2617-5°; V. sur la même question, quand il s'agit de l'ordre, *suprà*, n° 780; V. aussi nos 877, 950 et suiv.); — 2° Qu'il en est de même du créancier colloqué, à l'égard de ses créanciers particuliers, dont les uns réclament, à l'exclusion des autres, une collocation en sous-ordre sur le montant de la collocation dudit créancier (même arrêt).

1345. Il a aussi été jugé que l'appel qu'un créancier chirographaire a interjeté d'un jugement qui a rejeté sa demande de collocation en sous-ordre, ne cesse pas d'être recevable, quoiqu'il n'ait intimé que partie des défendeurs à sa demande en première instance : — « La cour, sur la fin de non-recevoir proposée contre l'appel, considérant que l'appelant s'est conformé, dans son intimation sur l'appel, au prescrit des art. 667 et 669 c. pr., qui rendent commun à tous les créanciers l'événement de l'appel; sans s'arrêter à la fin de non-recevoir, etc. » (Colmar, 3e ch., 5 mai 1830, aff. Miot, etc., *C.* Heberle etc.). — Dans l'espèce, les sieurs Miot et Armbruster avaient demandé à être colloqués, en sous-ordre, comme créanciers chirographaires de la dame Heberle, sur la collocation obtenue par celle-ci dans un ordre ouvert devant le tribunal de Colmar. — Le tribunal avait repoussé leur demande. — Ils interjetèrent appel; mais n'intimèrent sur leur appel que la dame Heberle et deux des créanciers, sur trois, qui avaient défendu à la demande en première instance. — Les deux créanciers intimés tiraient de la non-intimation du troisième une fin de non-recevoir contre l'appel. — Le laconisme de l'arrêt ne permet guère d'apprécier la portée de la raison de droit qu'il donne; mais il a été plusieurs fois jugé que la divisibilité de l'appel, en matière d'ordre comme en toute autre matière, ne permet pas à une partie intimée sur l'appel de se faire un grief de ce que d'autres parties, ayant le même intérêt qu'elle et ayant figuré, comme elle, en première instance, n'auraient pas été également intimées (V. *suprà*, nos 958 et suiv.).

1346. A plus forte raison, a-t-on dû décider que, lorsque l'appel d'un jugement d'ordre n'a pour but que de faire statuer sur une question de préférence entre deux créanciers demandeurs en sous-ordre sur une créance qui n'est l'objet d'aucune contestation, il n'y a pas lieu d'intimer l'avoué du dernier créancier colloqué (V. *suprà*, n° 962).

1347. On a vu *suprà*, n° 955, que, lorsque la collocation du créancier direct est contestée, on n'est pas obligé d'appeler en première instance, ni d'intimer sur l'appel, les créanciers qui ont obtenu une collocation en sous-ordre, parce que ces créanciers, ayant le même intérêt que le créancier direct, sont représentés par lui. C'est bien si le créancier direct se défend. Mais il pourra arriver, dit M. Chauveau, Proc. de l'ordre, quest. 2617-4°, n° 2, que ce créancier, en voyant sa collocation frappée de demandes en sous-ordre, se montre moins ardent à conserver son rang, à défendre son inscription. Dans ce cas, les créanciers en sous-ordre pourront intervenir dans l'instance pour faire valoir les droits de leur débiteur, trop facilement abandonnés par lui. — Si le jugement accueille leurs conclusions, comme ils ont été parties dans l'instance, nul doute qu'il ne faille les intimer sur l'appel. — Si le jugement leur est contraire, ils auront incontestablement le droit d'en appeler (Conf. MM. Colmet-Daage, t. 2, nº 1059, 8º éd.; Seligman, nº 619; Bioche, vº Ordre, nº 771, 3º éd., 5º tirage; Grosse et Rameau, t. 2, nº 493; Flandin, Tr. de l'ordre, inédit).

MM. Ollivier et Mourlon, nºs 559 et 560, contestent, d'une façon absolue, qu'il soit loisible à l'appelant, que le créancier en sous-ordre ait été, ou non, partie dans le jugement de première instance, de n'intimer sur l'appel que le créancier en nom direct. Et ils critiquent vivement les arrêts, notamment l'arrêt de cassation du 2 mai 1810, aff. Dautil (V. *suprà*, nº 956-1º), qui ont décidé le contraire. Selon eux, on doit considérer le créancier en sous-ordre et le créancier direct comme liés l'un à l'autre par une espèce d'indivision ou de communauté, qui oblige de les appeler tous les deux partout où la créance se trouve en cause : à l'ordre amiable, fait hors de la présence du juge, où rien ne pourra être valablement convenu qu'avec le concours de l'un et de l'autre; à l'ordre amiable fait devant le juge, où aucun arrangement ne pourra avoir lieu, si l'un ou l'autre y refuse son adhésion; à l'ordre judiciaire enfin, dans lequel sommation de produire, dénonciation du règlement provisoire, signification du jugement rendu sur les contredits, doit être faite à l'un comme à l'autre. MM. Ollivier et Mourlon en concluent, non-seulement que le créancier en sous-ordre et le créancier direct ont qualité l'un et l'autre, s'ils ont été tous les deux engagés en première instance, pour attaquer, par la voie de l'appel, le jugement qui leur préjudicie, mais que, si l'appel est formé par une autre partie, ils doivent être tous les deux intimés et mis en cause. — M. Houyvet, nº 363, dit pareillement que, « dans toute contestation élevée contre la collocation qui fait l'objet du sous-ordre, on devra mettre en cause, tant en première instance qu'en appel, le débiteur colloqué et les créanciers colloqués sur lui en sous-ordre. »

1348. Mais, supposé que le jugement qui a rejeté la collocation du créancier direct, ou a placé la créance à un rang moins avantageux, ait été rendu hors de la présence des créanciers en sous-ordre, pourront-ils en interjeter appel, si leur débiteur s'abstient de le faire? Nous n'en faisons aucun doute, puisqu'ils ne feraient, en cela, qu'exercer les droits de leur débiteur, conformément à l'art. 1166 c. nap. (Conf. MM. Carré et Chauveau, quest. 2592; Chauveau, Proc. de l'ordre, *loc. cit.*; Bioche, vº Ordre, nº 770, 3º éd., 5º tirage; Seligman, nº 618; Flandin, *loc. cit.*). — C'est par application du même principe qu'il a été jugé que les créanciers colloqués en sous-ordre ont qualité, soit de leur chef, soit comme représentant le créancier direct, pour faire signifier le jugement d'ordre dans l'intérêt commun, à l'effet de faire courir le délai d'appel (*suprà*, nº 858. — Conf. M. Seligman, nº 618).

1349. Les frais auxquels peut donner lieu la procédure du sous-ordre sont pris, bien entendu, sur le montant de la collocation qui est l'objet de ce sous-ordre, sauf, en cas de contestation, l'application de l'art. 766 (V. *suprà*, nºs 1145 et s.; — Conf. MM. Chauveau, Proc. de l'ordre, quest. 2617-5º *in fine*; V. aussi Pothier, Proc. civ., 4º part., ch. 2, sect. 5, art. 12, § 3).

1350. *Enregistrement.* — D'après une décision de la régie de l'enregistrement, la collocation en sous-ordre, obtenue par un créancier du créancier colloqué, ne constitue pas, lorsqu'elle est faite dans le procès-verbal d'ordre lui-même, une disposition indépendante, et, par suite, ne donne pas ouverture à un droit particulier d'enregistrement. — « En rapprochant, dit la régie, l'art. 775 c. pr. civ. de l'art. 1166 c. nap., qui permet aux créanciers d'exercer les droits et actions de leur débiteur, on peut conclure, d'après un arrêt de la cour de Riom du 18 mars 1815 (*suprà*, nº 858), que le créancier en sous-ordre représente son débiteur dans l'ordre; qu'il peut y intervenir pour demander la collocation de la créance de ce débiteur, et discuter le rang qui lui a été assigné. Il semble, dès lors, que la collocation en sous-ordre, faite par le même acte, en faveur de ce créancier, sur celle de son débiteur, ne forme pas une disposition indépendante du procès-verbal d'ordre ouvert sur la somme principale à distribuer. » (Sol. de la régie du 24 mai 1860). — Mais il est à craindre que la régie ne revienne sur une semblable décision, qui nous semble peu conforme à l'esprit de la loi de l'enregistrement comme à son texte. Que porte, en effet, l'art. 11 de la loi du 22 frim. an 7? « Lorsque, dans un acte quelconque, soit civil, soit judiciaire ou extrajudiciaire, il y a plusieurs dispositions indépendantes, ou ne dérivant pas nécessairement les unes des autres, il est dû, pour chacune d'elles, et selon son espèce, un droit particulier. » Il est difficile de ne pas reconnaître, avec les rédacteurs du Journal de l'Enreg., ann. 1858, nº 2150, art. 16,776, que la distribution en sous-ordre du montant d'une collocation forme une collocation secondaire dans une collocation principale, et qu'elle se trouve ainsi elle-même soumise au droit proportionnel de collocation (Conf. M. Chauveau, Proc. de l'ordre, quest. 2617-5º. — Pour l'explication de l'art 11 précité, V. vº Enreg., nºs 261 et suiv., 365 et suiv. et *passim*).

SECT. 18. — *De la folle enchère.*

1351. Tout ce qui regarde la procédure de folle enchère se trouve expliqué dans notre Traité de la Vente publique des immeubles, nºs 1828 à 1949. Il n'est ici question de la folle enchère qu'au point de vue de l'ordre.

1352. C'était une question débattue avant la loi du 21 mai 1858, que celle de savoir si la poursuite de folle enchère, intervenant, soit au cours de l'ordre, soit après sa clôture et le règlement définitif, avait pour effet d'anéantir la procédure, à quelque degré d'avancement qu'elle fût parvenue, et de nécessiter l'ouverture d'un ordre nouveau? — On disait, dans le sens de l'affirmative, que, lorsqu'il y a eu une collocation faite sur une vente publique qui se trouve anéantie par une revente à la folle enchère du premier adjudicataire, cette collocation s'évanouit nécessairement avec la vente dont elle est la suite, faute de prix sur lequel elle puisse s'exercer, et qu'alors il y a lieu à une nouvelle ouverture d'ordre sur la revente à folle enchère, surtout lorsqu'il y a une différence notable entre le montant des deux ventes; qu'autrement, si le premier ordre était maintenu, tel créancier, qui n'avait été colloqué qu'à une date postérieure à celle à laquelle il prétendait avoir droit, et qui n'avait pas contredit, parce qu'il se trouvait utilement colloqué, serait privé, ne venant plus en ordre utile sur le second prix, de la faculté de réclamer un rang meilleur et de discuter les hypothèques colloquées antérieurement à la sienne. — On répondait, avec un arrêt de la cour de cassation (Cass. 12 nov. 1821, aff. Léger, nº 1353), « qu'un ordre, régulièrement fait sur le prix de la première adjudication, et qui, par l'acquiescement des créanciers colloqués, a acquis contre eux l'autorité de la chose jugée ou consentie, n'est point subordonné à l'exécution de l'adjudication par l'adjudicataire. » Et M. Troplong, rappelant cet arrêt dans un rapport à la chambre des requêtes (Rej. 24 juin 1816, aff. Chevallier, nº 1354), développait cette thèse dans les termes suivants : — « Il ne paraît pas douteux, en droit, dit-il, que l'adjudication (la première) est effacée *ex causâ primordiâ*, en ce qui concerne l'adjudicataire (le fol enchérisseur). A son égard, tout est annihilé; il est censé n'avoir pas acheté, *res est inempta*. Mais, à l'égard des créanciers hypothécaires, cette règle doit-elle produire des conséquences inflexibles? La jurisprudence ne l'a pas pensé. Ainsi, par exemple, vous avez jugé que l'ordre, réglé à la suite d'une adjudication, effacée plus tard par une revente sur folle enchère, continue à subsister (c'est l'arrêt de 1821 précité) : qu'ainsi, les rangs entre créanciers sont fixés à ce qu'ils étaient au moment de cette adjudication; et vous l'avez jugé ainsi, dans l'intérêt des créanciers eux-mêmes, afin de ne pas éterniser les procédures, afin de ne pas multiplier les frais, afin d'arriver plus promptement au payement. »—La raison en est, dit-il plus loin, que « la nouvelle adjudication, faite sur folle enchère, ne fait que reporter sur le nouvel acquéreur les clauses imposées, soit expressément, soit tacitement, au fol enchérisseur; elle ne fait que substituer le nouvel adjudicataire à l'ancien; elle le soumet à la condition de payer aux mêmes personnes. Comme la revente n'a lieu que pour arriver à la promesse, faite par le fol enchérisseur, de payer les bordereaux de collocation, il s'ensuit que le nouvel adjudicataire ne fait que remplacer l'ancien dans l'obligation de les payer; et la revente, loin de changer les droits des créanciers, a pour but de les maintenir et de les faire sortir à effet; loin de nécessiter un nouvel ordre, elle ne fait que prêter main-forte à celui qui a été arrêté. » (Conf. MM. Troplong, Priv. et hyp., t. 3. n° 721 ; Favard, Rép., v° Ordre, § 3, n° 10; Chauveau sur Carré, quest. 2559-5°; Seligman, n° 693 ; Pont sur Seligman, n° 399, note 4 ; Houyvet, n° 347 ; Flandin, Tr. de l'ordre, inédit).

1353. Il a été jugé, dans ce sens, même avant la loi du 21 mai 1858 : 1° que la revente d'un immeuble sur folle enchère n'annule point l'ordre arrêté entre les créanciers et n'en nécessite pas un nouveau, par cela que le prix de l'adjudication sur folle enchère est moindre que celui de la première vente ou adjudication (Cass. 12 nov. 1821, aff. Léger, v° Vente publ. d'imm., n° 1947); — 2° Qu'ainsi n'est pas fondée, à défaut d'intérêt, la tierce opposition formée par un créancier contre le jugement qui a décidé que l'ordre, fait sur le prix de la première adjudication, serait exécuté sur celui de la revente, quoique ce créancier ne fût pas partie à ce jugement (même arrêt).

1354. Il a été jugé, dans le même sens : 1° que, lorsqu'un immeuble est revendu sur folle enchère, l'ordre ouvert sur le premier acquéreur, quoique clos et arrêté par jugement définitif, peut recevoir, après la revente, des rectifications, notamment pour le prélèvement des frais de cette revente, mais sans préjudicier aux autres décisions intervenues entre les parties; qu'à ce cas ne s'applique pas la règle, suivant laquelle, après le jugement définitif des difficultés élevées sur l'ordre, les créanciers ne sont plus admis à fournir de nouveaux contredits (Bourges, 12 janv. 1828) (1); — 2° Qu'en matière d'ordre, il n'y a pas lieu à évocation, mais à renvoi devant les premiers juges, pour les rectifications à opérer dans l'état de collocation, lorsque ceux-ci n'ont statué sur les contestations que par fin de non recevoir (même arrêt); — 3° Qu'un ordre, définitivement clos, doit être maintenu, malgré la revente, sur folle enchère, de l'immeuble dont le prix a fait l'objet de cet ordre; que c'est à tort qu'on prétendrait qu'en pareil cas, il doit être procédé à une distribution nouvelle (Alger, 4 nov. 1852, aff. Garrig, D. P. 56. 2. 18); — 4° Que les ventes forcées sont, à la différence des ventes volontaires, soumises à la condition *suspensive* du payement du prix; d'où il suit qu'en cas de revente sur folle enchère, l'adjudication primitive s'efface complétement, et que le fol enchérisseur doit être considéré comme n'ayant jamais été propriétaire de l'immeuble ni débiteur du prix; qu'en conséquence, aucune confusion n'a pu s'opérer entre les créances que le fol enchérisseur avait contre le vendeur (ou saisi) et le prix qu'il devait par suite de l'adjudication (même arrêt : sur ce principe, V. Req. 24 juin 1846, aff. Chevallier, D. P. 46. 1. 257 ; Rej. 8 août 1854, aff. Pinoncelly, D. P. 54. 1. 270; Dijon, 7 mars 1853, aff. Chauffray, D. P. 52. 2. 127; V. aussi nos observations, v° Vente pub. d'immeubles, n°s 1906 et 1912); — 5° Mais que ces créances se compensent, de plein droit, avec la différence entre le prix de la vente et celui de la revente dont le fol enchérisseur est tenu (même arrêt d'Alger). — Cette compensation n'existerait pas, si le fol enchérisseur avait, de bonne foi, transporté ces créances à un tiers, avant les poursuites de folle enchère (arrêt précité de la ch. des req. du 24 juin 1846);— 6° Que, s'il est vrai, en thèse générale, que la juridiction saisie d'un ordre, et, par suite, celle du juge-commissaire nommé pour y procéder, se trouvent épuisées par le règlement définitif, c'est en ce sens que le chiffre des créances et leur rang respectif sont irrévocablement fixés; mais qu'il n'en est pas de même pour la somme à prendre par chacun dans la masse en distribution, lorsqu'il survient une revente sur folle enchère qui, ne donnant plus qu'un prix inférieur, rend nécessaire une répartition nouvelle entre les créanciers colloqués au même rang; que, dans ces circonstances, la force même des choses rend nécessaire, non pas un nouvel ordre modifiant le chiffre des créances et les priviléges ou les rangs des créanciers, mais un règlement complémentaire pour rectifier et rendre définitive la répartition entre ces créanciers, selon le droit de chacun, tel qu'il a été antérieurement fixé, du prix nouveau auquel l'opération doit s'accommoder; que, dès lors, ce complément de l'ordre est, de plein droit, dans les attributions du juge-commissaire, sauf au même tribunal à statuer, ensuite, en cas de contestation, entre les diverses parties intéressées (Riom, 3 août 1854, aff. Saint-Martin *C.* Laval, Journ. des av., t. 80, p. 301.—Conf. Pau, 26 janv. 1853, aff. Baudorre, *infrà*, n° 1380-1° ; Douai, 10 juin 1843, aff. Creton, et Agen, 9 août 1843, aff. Lajoie, v° Priv. et hyp., n° 2434; Grenoble, 2e ch. 2 juill. 1845, aff. Gonthard *C.* ép. Albertin; Caen, 4e ch., 22 mars 1849, aff. Noël *C.* Legras et Dumont, Journ. des av., t. 75, p. 417; trib. civ. d'Alger, 26 juill. 1856, aff. Fayolle *C.* Gaillard, Journ. des av., t. 81, p. 496); — 7° Que l'ordre, ouvert sur le prix d'une adjudication et clôturé par le juge-commissaire, est définitif, s'il ne s'est élevé aucun contredit entre les créanciers produisants, dont le rang reste définitivement fixé; qu'en conséquence, si, faute par l'adjudicataire d'avoir rempli ses obligations, une vente sur folle enchère est poursuivie, il n'y a pas lieu d'ouvrir un second ordre sur le prix d'une seconde adjudication, alors surtout que le prix de la seconde vente est resté le même; qu'il y a seulement lieu de rectifier les bordereaux de collocation délivrés ou à délivrer en vertu de l'ordre clôturé à la suite de la première adjudication, pour les rendre exécutoires contre le second adjudicataire; et, par suite, que le créancier, qui avait été colloqué au cinquième rang dans le procès-verbal du premier ordre, n'est pas fondé à demander un rang supérieur dans l'ordre indûment ouvert à la suite de la vente sur folle enchère qui avait été provoquée contre lui, premier adjudicataire (Montpellier, 2e ch., 12 août 1854, aff. Filhol, D. P. 55. 5. 303, n° 5).

1355. Cette doctrine a été législativement consacrée par le nouvel art. 779 c. pr., ainsi conçu : « L'adjudication sur folle enchère, intervenant dans le cours de l'ordre, et même après le règlement définitif et la délivrance des bordereaux, ne donne pas lieu à une nouvelle procédure. Le juge modifie l'état de collocation suivant les résultats de l'adjudication, et rend les bordereaux exécutoires contre le nouvel acquéreur. »

1356. D'accord sur le principe, que l'adjudication sur folle enchère ne donnait pas lieu à un ordre nouveau, on ne l'était plus sur le mode à suivre pour les modifications à apporter à l'état de collocation, suivant les résultats de cette adjudication. Que le prix de la revente fût inférieur, équivalent ou supérieur à celui de la première adjudication, M. Chauveau, Formul. de proc., p. 248 et 249, et Journ. des av., t. 75, p. 417 à la note, pensait qu'il était nécessaire de requérir, dans les termes des art. 750 et 751 (anciens) c. pr., la nomination d'un juge-commissaire pour procéder au complément d'ordre et rendre exécutoire contre le nouvel adjudicataire, jusqu'à concurrence de son prix, les bordereaux délivrés sur le fol enchérisseur.

M. Bioche, Dict. de proc., 2e éd., v° Ordre, n° 448, indiquait une marche différente : Le poursuivant l'ordre ou la partie la plus diligente, disait-il, fera un dire, à la suite du règlement définitif, dans lequel il exposera l'état de la procédure et réclamera du juge commis dans le premier ordre un règlement définitif additionnel, en conséquence duquel seront rendus exécutoires contre le nouvel adjudicataire, et pour le montant de son prix, les bordereaux de collocation primitivement délivrés. — C'était ce dernier mode qui avait été suivi dans une espèce

(1) (Lacan C. Houdaille.) — LA COUR; — Considérant que la règle alléguée par les premiers juges, suivant laquelle, après le jugement définitif des difficultés élevées sur l'ordre, les créanciers ne peuvent plus être admis à présenter de nouvelles réclamations tendant à réformer l'ordre arrêté, ne peut s'appliquer à la cause;—Qu'en fait, Lieutreau Beauregard n'ayant pas payé le prix de son adjudication, il a été procédé à la revente sur folle enchère, laquelle a eu lieu au profit de Léger et consorts, pour un prix bien inférieur à celui de la première vente;—Que l'arrêt du 25 mars 1825 qui confirme la revente sur folle enchère) ordonne que les frais seront employés en frais d'ordre; que, par ces différents motifs, il y avait lieu de rectifier l'ordre qui devait amener la délivrance de bordereaux, non contre Lieutreau-Beauregard, mais contre les nouveaux acquéreurs et pour le prix seulement de leur contrat, et sous la charge d'un prélèvement pour les frais dont l'emploi était autorisé;—A mis le jugement dont est appel au néant; — Et attendu que la loi, en cette matière, attribue juridiction;— Renvoie devant les premiers juges pour être procédé, dans la forme ordinaire, aux rectifications nécessitées par la revente de la propriété dont le prix est à distribuer; le tout, sans nuire ni préjudicier aux décisions intervenues entre les parties.

Du 12 janv. 1828.-C. de Bourges, 2e ch.-M. Trottier, pr.

soumise au tribunal civil de Nevers, en 1852, espèce dans laquelle la revente sur folle enchère avait donné un prix supérieur à celui de la première adjudication. Le juge-commissaire, dans un supplément au règlement définitif, avait attribué cet excédant de prix, d'abord au créancier dernier colloqué sur lequel les fonds avaient manqué, et ensuite aux créanciers venant après celui-là, *d'après l'ordre établi à l'état de collocation provisoire*. Et le jugement avait maintenu le travail du juge-commissaire (trib. civ. de Nevers, 23 mars 1852, aff. Galliot et Henry *C.* Thibault et Lefaure, Journ. des av., t. 77, p. 258; V. aussi Pau, 26 janv. 1833, *infrà*, nº 1380-1º).

M. Chauveau a présenté contre ce jugement des observations qui ne sont pas sans force, mais qui ne sauraient prévaloir, cependant, sur les conséquences légales de la forclusion, faute de contredire, prononcée par l'art. 756. — « On comprend très-bien, dit-il, *loc. cit.*, p. 268, que, si le second prix est équivalent ou inférieur au premier, la position de ces créanciers (les créanciers non colloqués) ne soit point changée, et qu'il y ait lieu seulement de distribuer le prix à tous ou à certains des créanciers qui étaient déjà utilement colloqués. Le retranchement, devenu inévitable par l'infériorité de la seconde adjudication, ne détruit pas l'autorité du rang assigné par le règlement définitif; mais, comme le prix est devenu insuffisant, les effets de ce règlement sont nécessairement restreints. — Dans le cas d'augmentation du prix, au contraire, ce n'est pas seulement le règlement définitif que le tribunal de Nevers modifie, c'est le règlement provisoire qu'il transforme, pour partie, en règlement définitif, sans sommation, sans discussion, sans aucune des garanties dont la loi a voulu entourer cette matière. Ce système, s'il était admis, aurait pour résultat de forcer les créanciers, qui savent ne pas devoir être colloqués sur le prix à distribuer, à faire, cependant, des contestations dispendieuses, dans la prévision, très-incertaine, d'une augmentation future. Mais, ce qui démontre, surabondamment, l'erreur où sont tombés les juges de Nevers, c'est que, si l'on adopte leur opinion, il pourra arriver que, les contredits portant seulement sur des créances ne venant pas en ordre utile, le juge clôture définitivement l'ordre, conformément à l'art. 758; que le prix disponible soit entièrement distribué aux créanciers non contestés, et que, lorsque les contestations arriveront à l'audience, le tribunal refuse de statuer, attendu qu'il n'existe plus de prix à distribuer, plus d'hypothèques, la radiation ayant été ordonnée à la suite de la distribution entière du prix (art. 759), et par conséquent plus de rang à fixer... »

1357. Il a été jugé, dans ce dernier sens, que, lorsque, par une vente sur folle enchère, on a obtenu un prix plus considérable que celui de la première adjudication, il y a lieu à l'ouverture d'un nouvel ordre pour le supplément du prix (Paris, 6 juin 1812) (1).

1358. Toutefois, M. Chauveau, Proc. de l'ordre, sur l'art. 779, nº 514, est le premier à reconnaître que cet article ne distingue pas s'il y a, par le résultat de la poursuite de folle enchère, *diminution*, *maintien* ou *augmentation* du prix primitif; d'où l'on doit conclure que, dans tous les cas, il n'y aura pas de nouvelle procédure d'ordre, mais seulement appropriation de l'ancienne procédure à la nouvelle situation. « En cela, dit-il, le législateur de 1858 a été plus loin que la doctrine, qui, en cas d'excédant, voulait qu'un nouvel ordre fût ouvert sur le prix. J'avais critiqué la solution contraire, émanée du tribunal civil de Nevers.... Comme notre article a été adopté sans discussion, et que l'exposé des motifs, aussi bien que le rapport, sont muets à cet égard, il est à regretter qu'on n'ait pas répondu à une considération fort grave qui militait pour l'ouverture d'un nouvel ordre sur l'excédant du prix. » — M. Chauveau, pourtant, insiste sur son objection. « Dans la plupart des cas, continue l'auteur, cet excédant n'existera pas; dans d'autres cas, il sera à peine suffisant pour désintéresser le créancier sur lequel les fonds manqueront. Très-rarement, il atteindra un chiffre assez élevé pour profiter à d'autres créanciers. Mais enfin cette dernière hypothèse peut se réaliser : le juge devra, alors, tenir compte d'un rang qui n'a peut être pas été discuté, parce qu'il n'y avait aucun intérêt engagé. Il peut même arriver que les créanciers, qui savaient ne pas devoir obtenir de collocation, se soient abstenus : le juge classera-t-il d'office les créances, et fera-t-il les attributions? Non, sans doute; il n'a pas entre les mains les pièces nécessaires. Devra-t-il, à cause de la déchéance prononcée (art. 755), colloquer sur l'excédant le saisi ou le vendeur? Assurément non; car, comme l'a dit la cour de cassation, le 9 avr. 1839 (*suprà*, nº 446-2º), « il y aurait une souveraine injustice à punir, par la perte de leurs créances, des personnes qui auraient agi avec sagesse, en ne faisant pas les frais d'une comparution inutile à un ordre où elles étaient certaines de ne rien obtenir. » — « Il faudra donc, reprend M. Chauveau, par la force même des choses, ouvrir un nouvel ordre, comme s'il s'agissait d'un prix d'immeuble à distribuer pour la première fois. »

1359. Il ne nous semble pas douteux, ainsi que nous l'avons dit, vº Transcription hypothécaire, nº 371, que le jugement d'adjudication sur folle enchère ne doive être transcrit, encore bien que la revente faite sur le fol enchérisseur ait eu pour résultat de faire évanouir les droits de propriété éphémères de ce dernier, et, par suite, toutes les hypothèques constituées, de son chef, sur l'immeuble qu'il a momentanément possédé (V. Vente pub. d'imm., nº 1907). Si, en effet, ce jugement n'était pas transcrit, la première adjudication se trouvant mise à néant et, avec elle, la transcription faite par le fol enchérisseur, le second adjudicataire se verrait obligé de subir l'exercice des droits réels constitués sur l'immeuble par le saisi, ou par ses auteurs, antérieurement à la transcription de la saisie au bureau des hypothèques (V. Transcr. hypot., nº 370.—Conf. MM. Flandin, Tr. de la transcr. hyp., nºs 578 et 582; Troplong, Transcr., nº 221; Chauveau, Proc. de l'ordre, quest. 2620).

1360. Mais suit-il de là qu'il faille attendre que cette transcription ait eu lieu pour requérir du juge-commissaire la rectification ou le complément de l'état de collocation dressé sur la première adjudication? L'affirmative est enseignée par MM. Bressolles, nº 68, et Chauveau, *loc. cit.*— Au contraire, MM. Grosse et Rameau, t. 2, nº 550, estiment qu'on peut procéder de suite et sans attendre la transcription (Conf. MM. Seligman, nºs 704 et s.; Bioche, vº Ordre, nº 781, 3e éd., 5e tirage; Ollivier et Mourlon, nº 618; Houyvet, nº 349; Flandin, Tr. de l'ordre, inédit). — Il nous semble, en effet, puisqu'il ne s'agit pas de faire un ordre nouveau, mais seulement de modifier, suivant les résultats de l'adjudication, l'ordre qui a été fait, que, d'une part, à ce cas ne saurait s'appliquer la disposition de l'art. 750, qui ne permet d'ouvrir l'ordre qu'après la transcription du jugement d'adjudication, et, d'un autre côté, que, les seuls créanciers colloqués dans l'ordre primitif devant être appelés à prendre part à

(1) (Tardif *C.* Adam.) — LA COUR; — Attendu que les sommes exigibles, ainsi que les arrérages échus des rentes viagères colloquées par le jugement d'ordre du 25 janv. 1809, n'absorbaient point le prix moyennant lequel l'adjudication sur folle enchère de la maison dont il s'agit a eu lieu au profit de Tardif, notaire; — Que, quant aux capitaux conservés desdites rentes viagères, leur collocation, éventuelle de sa nature, ne s'oppose point à ce que d'autres créanciers soient colloqués éventuellement et immédiatement après les créanciers viagers, sur un nouveau prix à distribuer entre tous; — Que, d'ailleurs, le jugement d'ordre du 28 janv. 1806 n'ayant réglé que l'ordre de distribution du prix dû par Adam, ce jugement n'a point déterminé l'ordre de distribution d'un supplément de prix qui n'existait pas alors; de même qu'en vertu de ses dispositions, l'on ne pourrait contraindre l'adjudicataire sur folle enchère à se dessaisir intégralement d'un prix plus considérable que celui qui avait été distribué, et dont les bordereaux ont été délivrés aux divers créanciers colloqués par le jugement d'ordre susdaté; — Qu'ainsi, et dans l'intérêt de toutes les parties, il est nécessaire de procéder à l'ordre et distribution de l'excédant du prix entre la première vente, faite, par suite de la saisie immobilière, au profit d'Adam, et l'adjudication faite, sur folle enchère dudit Adam, au profit de Tardif, notaire;

Infirme; — Au principal, ordonne que devant l'un des juges composant le tribunal civil de la Seine, qui sera désigné par le président de ce tribunal, et autre, néanmoins, que ceux qui ont rendu le jugement dont est appel, il sera procédé, dans les formes voulues par la loi, à l'ordre et distribution de l'excédant du prix provenant de la revente sur folle enchère de la maison dont il s'agit.

Du 6 juin 1812.-C. de Paris.

la nouvelle distribution, la transcription de la seconde adjudication reste ici sans intérêt.— Ce ne pourrait être que dans le cas, très-rare, où le prix obtenu par cette seconde adjudication ne serait pas entièrement absorbé par les créanciers colloqués dans le premier ordre, et où il y aurait lieu, par suite, de dresser un ordre nouveau, qu'alors on retomberait sous l'application de l'art. 750 précité.

1361. Les formalités nécessaires pour la nouvelle attribution peuvent donc commencer aussitôt après l'adjudication. — Quelles sont ces formalités? On a vu *suprà*, n° 1356, que le poursuivant l'ordre, ou la partie la plus diligente, fait connaître, par un dire inséré au procès-verbal d'ordre, l'état de la procédure, c'est-à-dire le résultat de la poursuite de folle enchère, et requiert du juge-commissaire qui a fait l'ordre, qu'il soit procédé aux rectifications de l'état de collocation, d'après la situation que fait aux créanciers colloqués la nouvelle adjudication (Conf. MM. Ollivier et Mourlon, n° 617; Bioche, v° Ordre, n° 775, 3e éd., 5e tirage; Grosse et Rameau, t. 2, n° 551; Seligman, n° 707). — M. Houyvet, n° 351, regarde cette réquisition comme inutile, et pense que le juge devra opérer, d'office et sans attendre qu'il en soit requis, les modifications devenues nécessaires. — Le juge pourrait agir ainsi, sans doute, puisque, comme le fait remarquer l'auteur, c'est la même procédure qui se continue; mais ce n'est ordinairement qu'après le règlement définitif et la délivrance des bordereaux que la poursuite sur folle enchère a lieu, à défaut de payement des bordereaux : le juge-commissaire peut ignorer, il ignorera même le plus souvent la poursuite de folle enchère; et comment peut-il en être averti, si ce n'est par une réquisition des parties intéressées?

1362. Le poursuivant, d'après MM. Grosse et Rameau, t. 2, n° 560, doit remettre, à l'appui de sa réquisition, copie du jugement de la nouvelle adjudication, le juge-commissaire n'étant pas obligé de procéder sur de simples énonciations. A cet effet, disent-ils, le nouvel adjudicataire dénoncera, à ses frais, à l'avoué poursuivant, le jugement d'adjudication, dans les trente jours de l'adjudication; faute de quoi, le poursuivant sera autorisé à en lever une expédition, aux frais dudit adjudicataire. — Mais, ainsi que le font observer MM. Ollivier et Mourlon, n° 617, « si le poursuivant n'est pas tenu de déposer, à l'appui de sa réquisition d'ouverture d'ordre, la copie du jugement d'adjudication sur saisie (c. pr. 751, V. *suprà*, n° 60), à quel titre l'oblige-t-on de joindre à sa réquisition d'ordre modificatif la copie de l'adjudication sur folle enchère? De quel droit surtout oblige-t-on le nouvel adjudicataire à la dénoncer, *à ses frais et dans les trente jours*, à l'avoué poursuivant? » — Ce sont là, en effet, des frais évidemment frustratoires (Conf. MM. Bioche, v° Ordre, n° 777, 3e éd., 5e tirage; Flandin, Tr. de l'ordre, inédit).

1363. Si le juge-commissaire qui a fait l'ordre a cessé d'appartenir au tribunal, et s'il n'y a pas, dans ce même tribunal, de juge spécialement chargé du règlement des ordres, on s'adresse au président, comme il est dit à l'art. 749, pour faire désigner le juge qui devra le remplacer (Conf. MM. Chauveau, Procéd. de l'ordre, quest. 2620 *bis*; Seligman, n° 703; Bioche, v° Ordre, n° 776, 3e éd., 5e tirage; Grosse et Rameau, *loc. cit.*).

1364. Il n'y a lieu à aucune mise en demeure des créanciers, à aucune production nouvelle : le juge prend les choses au point où elles étaient au moment de la poursuite de folle enchère, que nous supposons avoir été provoquée par l'impossibilité où s'est trouvé le premier adjudicataire d'acquitter les bordereaux de collocation (Conf. MM. Grosse et Rameau, t. 2, n° 552; Seligman, n° 702; Houyvet, n° 352; Flandin, Tr. de l'ordre, inédit). — Il a été jugé ainsi : 1° qu'aucune disposition du code de procédure ne prescrit au poursuivant de notifier la revente sur folle enchère aux créanciers colloqués dans l'ordre qui a suivi la première adjudication (Cass. 12 nov. 1821, aff. Léger, v° Vente pub. d'imm., n° 1947); — 2° Que le règlement additionnel d'un ordre, auquel a donné lieu une revente sur folle enchère, a l'autorité de la chose jugée contre les créanciers qui ont produit dans l'ordre originaire, par cela seul qu'ils ont été sommés de prendre communication du règlement additionnel provisoire et de le contredire, s'ils le jugeaient convenable; qu'une nouvelle sommation de produire n'est pas nécessaire; — Et, spécialement, que la disposition de ce règlement additionnel, qui, à raison de la différence de prix dont est tenu le fol enchérisseur et en déduction de cette somme, supprime la collocation que ce dernier avait obtenue, dans l'ordre originaire, pour des frais privilégiés par lui payés, et ajoute au prix de la nouvelle adjudication, pour déterminer le montant de la somme à distribuer, la somme due au fol enchérisseur par le nouvel adjudicataire en remboursement des droits d'enregistrement que le premier a acquittés, a l'autorité de la chose jugée contre ce fol enchérisseur, tombé, depuis, en faillite, si, ayant été sommé, dans la personne de ses syndics, de prendre communication du nouveau règlement et de le contredire, ceux-ci ou le failli n'ont pas contredit dans le délai (Toulouse, 1er avr. 1859, et, sur pourvoi, Req. 9 juill. 1860, aff. Naudin, D. P. 61. 1. 123); — 3° Que, par suite, ce fol enchérisseur failli, remis à la tête de ses affaires par un concordat, n'est pas recevable à former tierce opposition à ce nouveau règlement, à l'effet, par exemple, de faire rétablir sa collocation, d'obtenir la restitution des droits d'enregistrement qu'il avait acquittés, et de réduire, ainsi, les créanciers, envers lesquels existe sa dette de fol enchérisseur, à en poursuivre le payement contre lui, dans les termes et dans les conditions de son concordat (mêmes arrêts).

1365. Le juge-commissaire arrête le montant de la somme à distribuer, qui se compose du capital formant le prix de la nouvelle adjudication et des intérêts dus par l'adjudicataire depuis son adjudication jusqu'à la confection du nouveau règlement définitif (V. *suprà*, nos 522 et suiv. — Conf. M. Seligman, n° 717). — Il a, toutefois, été jugé que, lorsque, à la suite d'une adjudication sur saisie immobilière, il a été délivré aux créanciers des bordereaux portant mandement de leur payer tant le capital de leurs créances que les intérêts, à compter du jour de l'adjudication, et que, plus tard, la revente des biens étant poursuivie contre l'adjudicataire comme fol enchérisseur, on insère, dans le cahier des charges, une clause qui oblige le nouvel acquéreur à payer son prix, *d'après l'ordre déjà réglé entre les créanciers et à la vue des bordereaux qui leur ont été ou leur seront délivrés*, cette clause, qui, d'ailleurs, n'a rien d'illicite, doit être entendue en ce sens que les intérêts qui ont couru entre les deux adjudications doivent être payés auxdits créanciers par le nouvel adjudicataire, lequel alléguerait en vain que les intérêts ne peuvent être réclamés que du fol enchérisseur, qui seul a joui de l'immeuble jusqu'à la revente (Req. 12 nov. 1838, aff. Rancès *C.* dame Sallenave-Regaust, v° Vente publ. d'imm., n° 1936. — Conf. Req. 18 janv. 1842, aff. Rancès *C.* Rancès, *eod.*).

1366. Mais nous avons déjà dit, v° Vente publ. d'imm., *loc. cit.*, que ce n'étaient là que des décisions d'espèces, présentant une interprétation de contrat plutôt qu'une décision de principe. Régulièrement, en effet, ce n'est pas le second adjudicataire, mais le fol enchérisseur, qui est tenu des intérêts qui ont couru dans l'intervalle de la première adjudication à la seconde, de même qu'il est tenu de la différence entre son prix et celui de la revente, conformément à l'art. 740 c. pr., ainsi conçu : « Le fol enchérisseur est tenu, par corps, de la différence entre son prix et celui de la revente sur folle enchère, sans pouvoir réclamer l'excédant, s'il y en a; » lequel excédant, ajoute l'article, « sera payé aux créanciers, ou, si les créanciers sont désintéressés, à la partie saisie » (V. Vente publ. d'imm., nos 1930 et 1934).

1367. Les intérêts que doit le fol enchérisseur sont du prix entier de la première adjudication, et non pas seulement de la différence entre ce prix et celui de la revente (V. Vente pub. d'imm., *loc. cit.*).

1368. Mais la contrainte par corps est-elle applicable à la totalité de ces intérêts? — V. *ibid.*, n° 1933.

1369. Au montant, en capital et intérêts, du prix de la seconde adjudication, qui forme, comme il vient d'être dit, la somme à distribuer, faut-il ajouter ce que doit le fol enchérisseur, c'est-à-dire : 1° les intérêts de son prix courus dans l'intervalle de la première à la seconde adjudication; 2° la différence entre ce prix et celui de la revente; 3° les frais faits pour parvenir à la revente et qui demeurent à sa charge? V. Vente publ. d'imm., nos 1945 et 1946. — Nous avons adopté l'affirmative, *loc. cit.*, n° 1948, et nous en avons donné pour raison que, bien qu'il s'agisse là de sommes considérées plutôt comme des dommages-intérêts que comme des portions ou accessoires du prix originairement dû par le fol enchérisseur (Req. 24 juin 1846, aff. Chevallier, D. P. 46. 1. 257), ce n'est, pourtant, à vrai dire, que le dédommagement du préjudice que le fol enchérisseur a causé aux créanciers inscrits par suite de l'inexécution de ses engagements, et que, par conséquent, c'est à eux seuls que lesdites sommes doivent profiter. Nous rétractons, par conséquent, l'opinion contraire qui a été émise dans notre Recueil périodique, dans une note sur un arrêt de la chambre des requêtes, du 9 juill. 1860, aff. Naudin (D. P. 61. 1. 123, note 4). — Il a été jugé, dans ce sens : 1° que la différence entre le prix de vente et celui de la revente, dont le fol enchérisseur est tenu, doit être attribuée aux créanciers inscrits, de préférence aux chirographaires (Grenoble, 2 mai 1851, aff. Lantelme, D. P. 52. 2. 253); — 2° Que les créanciers inscrits ont le droit de demander que, dans le règlement additionnel à intervenir sur le prix de la seconde adjudication, imputation soit faite, sur la différence du prix que doit le fol enchérisseur, du montant de la collocation qu'il avait obtenue, dans l'ordre originaire, pour des frais privilégiés acquittés par lui, sans que ce dernier, tombé depuis en faillite et remis à la tête de ses affaires par un concordat, soit fondé à prétendre qu'il a droit au montant intégral de sa collocation, n'étant débiteur de la différence de son prix que dans la proportion déterminée par son concordat (Toulouse, 1er avr. 1859, rapporté avec Req. 9 juill. 1860, aff. Naudin, D. P. 61. 1. 123); — 3° Et qu'il en est de même pour les droits d'enregistrement payés par le fol enchérisseur sur le montant de son adjudication, droits qu'il ne peut répéter du nouvel adjudicataire, lorsque ce dernier les a payés aux créanciers colloqués, en exécution du règlement additionnel dont il s'agit (même arrêt).

1370. Mais, relativement aux sommes dues par le fol enchérisseur et ajoutées au prix de la deuxième adjudication pour former la nouvelle somme à distribuer, il faut, bien entendu, des bordereaux de collocation particuliers, rendus exécutoires par le juge-commissaire contre le fol enchérisseur.

1371. La masse ainsi formée, le juge colloque, d'abord, le poursuivant pour ses frais privilégiés, conformément à l'art. 759, lesquels frais, s'il s'agit de l'adjudicataire, celui-ci est autorisé à prélever sur son prix (Conf. M. Bioche, v° Ordre, n° 782, 3e éd., 5e tirage; V. aussi *suprà*, n° 1130). — Ces frais doivent comprendre, comme le font observer MM. Grosse et Rameau, n° 554, les frais faits et à faire par le poursuivant : « c'est à savoir, disent-ils, la requête présentée par l'avoué de la partie qui a pris l'initiative de la poursuite de l'ordre modificatif... » — Ces auteurs s'expriment ici improprement : il n'y a pas de *requête* présentée au juge-commissaire, mais, comme on l'a vu *suprà*, n° 1361, un simple dire sur le procès-verbal d'ordre, lequel dire se termine par la *réquisition*, adressée au juge-commissaire, de procéder à l'ordre rectificatif.

1372. Parmi les frais à faire, ou postérieurs à la confection de l'ordre, MM. Grosse et Rameau, au numéro précité, mentionnent : « la dénonciation de l'ordonnance de clôture; — la délivrance de nouveaux bordereaux aux créanciers venant en rang utile; — un extrait pour l'adjudicataire; — la radiation des inscriptions ne venant plus en rang utile; — et l'annexe au procès-verbal des certificats de radiation des inscriptions qui se trouvent dans ce dernier cas » (art. 770). — Reprenons successivement chacune de ces formalités :

1373. *La dénonciation de l'ordonnance de clôture.*—Puisque le règlement définitif, précédemment arrêté, a dû subir des modifications, d'après le résultat de la nouvelle adjudication, et que des erreurs peuvent avoir été commises dans le nouveau règlement, il faut bien qu'il soit dénoncé aux parties intéressées, dans les termes de l'art. 767, pour les mettre en demeure d'y former opposition, dans les formes et dans le délai prescrits par cet article (V. *suprà*, n° 1064. — Conf. MM. Grosse et Rameau, t. 2, n° 555; Chauveau, Proc. de l'ordre, quest. 2620 *bis*; Bioche, v° Ordre, n° 785, 3e éd., 5e tirage; Ollivier et Mourlon, n° 618; Houyvet, n° 354; Flandin, Tr. de l'ordre, inédit. — *Contrà*, M. Seligman, n° 715). — Au nombre des *parties intéressées*, se trouve le nouvel adjudicataire, mais non le fol enchérisseur (Conf. MM. Bioche, *loc. cit.*; Ollivier et Mourlon, n° 618; Seligman, n° 711. — *Contrà*, MM. Grosse et Rameau, n° 555).

1374. Il semblerait, d'après l'arrêt de la chambre des requêtes, du 9 juill. 1860, aff. Naudin, cité *suprà*, n° 1364-2°, que le règlement additionnel, dressé après la revente sur folle enchère, n'aurait que le caractère de règlement *provisoire*, et ne serait susceptible d'acquérir l'autorité de la chose jugée qu'après avoir été dénoncé aux créanciers, conformément à l'art. 755, et faute, par ces derniers, d'en avoir pris communication et de l'avoir contredit dans le délai fixé par l'art. 756. — Mais il faut faire attention, dit M. Flandin, Tr. de l'ordre, inédit, que la contestation sur laquelle est intervenu cet arrêt avait pris naissance avant la loi du 21 mai 1858, qui a organisé, contre l'ordonnance de clôture, un mode de recours par lequel il est pourvu, d'une manière suffisante, aux intérêts des parties qui se croiraient lésées par ladite ordonnance.

1375. Il y a lieu, toutefois, de faire remarquer, avec M. Chauveau, *loc. cit.*, que, si le prix de la seconde adjudication excédait celui de la première d'une façon assez considérable pour que la différence en plus ne fût pas absorbée par le créancier sur lequel les fonds avaient manqué, ou par celui venant après lui, dans l'ordre hypothécaire (disons plutôt ou par les créanciers colloqués éventuellement dans le règlement provisoire; V. *suprà*, n° 635), ce serait le cas d'ouvrir un nouvel ordre amiable ou forcé. C'est l'observation que nous avons déjà faite *suprà*, n° 1360).

1376. *La délivrance de nouveaux bordereaux aux créanciers venant en rang utile.*—De nouveaux bordereaux, se demandent MM. Grosse et Rameau, n° 556, sont-ils nécessaires? « Oui, répondent-ils, puisqu'il existe un nouvel ordre qui change forcément le *quantum* de chaque créance, à cause des intérêts courus depuis le précédent ordre (Conf. M. Houyvet, n° 354). — Mais cela n'est pas une difficulté, dès que la mention à mettre sur les anciens bordereaux indiquera le nouveau chiffre de la créance. — « Le titre délivré au créancier sur le nouvel adjudicataire, poursuivent MM. Grosse et Rameau, doit avoir force exécutoire pour le contraindre, tant sur ses biens meubles que sur ses biens immeubles; ce qui rend indispensable la formule exécutoire que la mention ne peut comporter. » — Pourquoi donc, si, après avoir établi sur le bordereau rectifié le montant de la nouvelle collocation, et biffé de la formule exécutoire le nom du fol enchérisseur, on substitue à ce nom celui du second adjudicataire; ou bien si l'on remplace l'ancienne formule, biffée en entier, par une autre au nom de cet adjudicataire? — Mais le droit de greffe, reprennent les mêmes auteurs, le salaire qui est dû aux greffiers pour les grosses et les expéditions qu'ils délivrent, comment pourront-ils être établis, sans de nouveaux bordereaux? Comment exécutera-t-on la loi du timbre, qui défend de mettre au delà d'un certain nombre de lignes et de syllabes sur ces grosses et expéditions? — Tout cela ne nous semble pas bien sérieux, en présence de l'art. 779, dont la rédaction suppose évidemment que, par mesure d'économie, on fera servir, autant que possible, les anciens bordereaux (Conf. MM. Chauveau, Proc. de l'ordre, quest. 2620 *bis*; Ollivier et Mourlon, n° 618; Bioche, v° Ordre, n° 786, 3e éd., 5e tirage; Seligman, n° 716; Colmet-Daage, n° 1043, 8e éd.). Nous disons *autant que possible*; car, s'il n'y avait pas économie; si les anciens bordereaux n'étaient pas représentés, il faudrait, évidemment, en délivrer de nouveaux (Conf. M. Flandin, Tr. de l'ordre, inédit). — Il a été jugé, conformément à notre opinion, qu'après une revente sur folle enchère, il y a seulement lieu de rectifier les bordereaux de collocation délivrés ou à délivrer en vertu de l'ordre clôturé à la suite de la première adjudication, pour les rendre exécutoires contre le second adjudicataire (Montpellier, 12 août 1854, aff. Filhol, D. P. 55. 5. 303, n° 3.—Conf. Caen, 22 mars 1849, aff. Noël *C.* Legras et Dumont; trib. civ. d'Alger, 26 juill. 1856, aff. Fayolle *C.* Gaillard, cités *suprà*, n° 1334-6°).

1377. *Un extrait* (du règlement additionnel) *pour l'adjudicataire.*—Nous ne voyons nulle part que la loi exige cet extrait. Il est bien question, dans l'art. 769, d'un extrait de l'ordonnance de clôture à délivrer à l'avoué poursuivant pour être déposé au bureau des hypothèques, afin que le conservateur, à la vue de cet extrait, puisse opérer la radiation des inscriptions des créanciers non colloqués ; mais c'est tout. En fait de formalités, qui se traduisent par des augmentations de frais, il ne faut pas se montrer plus exigeant que la loi.—Mais, disent MM. Grosse et Rameau, t. 2, nº 557, il faut que le débiteur sache à quelle personne et à quelle époque approximative il doit payer; et comment le saura-t-il, sans cet extrait, puisque le juge procède au règlement modificatif de l'ordre sans que l'adjudicataire y soit appelé? — Nous répondons, d'une part, que l'adjudicataire ne peut ignorer à qui il doit payer, puisqu'il ne doit payer qu'aux créanciers munis de bordereaux de collocation, et, d'autre part, que l'art. 767 veut que l'ordonnance de clôture lui soit dénoncée, puisqu'elle ne lui accorde, comme aux créanciers, qu'un délai de huitaine pour y former opposition (V. *suprà*, nº 1375).— Cette dénonciation, objectent encore MM. Grosse et Rameau, lui fera bien savoir que le règlement est fait; mais elle ne lui fera pas connaître les noms des créanciers colloqués. —Eux-mêmes sont allés au-devant de l'objection, en disant que *l'adjudicataire pourra charger son avoué de se tenir au courant de ce qui se fait.* La procédure de l'ordre, qu'on le remarque, est ainsi organisée que les avoués doivent entretenir des relations constantes avec le greffe, et consulter fréquemment le procès-verbal d'ordre, pour être mis au courant de ce qu'il leur importe de connaître, dans l'intérêt de leurs clients. — Il n'y a pas lieu de s'arrêter à cette dernière raison que donnent les auteurs précités, à savoir que, « si l'extrait n'est plus compris dans les frais d'ordre, l'adjudicataire le lèvera, mais que ce sera indirectement aux frais de la masse des créanciers, parce qu'il l'ajoutera aux autres frais et aux inconvénients des ventes sur folle enchère, et que le tout entrera en considération, lorsqu'il portera des enchères. » C'est là une bien faible considération, quand il s'agit d'ajouter à la procédure d'ordre une formalité dont la loi ne parle pas (Conf. M. Flandin, Tr. de l'ordre, inédit).

1378. *La radiation des inscriptions ne venant plus en rang utile.*—Il y aura le plus souvent, à la suite de l'adjudication sur folle enchère, diminution du prix; et, par conséquent, des créances colloquées sur le prix de la première adjudication ne pourront plus l'être sur le prix de la seconde. Il est évident que le juge-commissaire, en procédant à la rectification de l'ordre, doit se conformer à la disposition de l'art. 759, aux termes duquel, après avoir fait la clôture de l'ordre et ordonné la délivrance des bordereaux de collocation aux créanciers utilement colloqués, il doit ordonner, en même temps, *la radiation des inscriptions de ceux non utilement colloqués;* radiation dont les frais sont préalablement liquidés par lui, porte le même article, et doivent être colloqués, comme ceux de poursuite d'ordre, avant toutes autres créances (Conf. MM. Grosse et Rameau, nº 755; Ollivier et Mourlon, nº 618; Seligman, nº 715; Houyvet, nº 353).

1379. *L'annexe au procès-verbal des certificats de radiation des inscriptions qui se trouvent dans ce dernier cas.*— L'art. 770, 2ᵉ alin., fait de la production de ces certificats par l'avoué poursuivant, et de leur annexe au procès-verbal d'ordre, une condition pour qu'il puisse obtenir la délivrance du bordereau de collocation de ses frais. Cette disposition est encore manifestement applicable au cas où il y a lieu à la rectification de l'ordre, après adjudication sur folle enchère (Conf. MM. Ollivier et Mourlon, nº 618).

1380. Après la collocation des frais privilégiés du poursuivant, le juge-commissaire colloque les créanciers inscrits, suivant l'ordre primitivement établi, d'abord dans le règlement définitif, ensuite, et au besoin, dans l'état de collocation provisoire. Les collocations du règlement provisoire comprennent toujours un plus grand nombre de créances qu'il n'est nécessaire pour absorber le prix à distribuer, en prévision des contredits qui peuvent s'élever et avoir pour résultat de faire écarter plusieurs des créances colloquées (V. nº 635). Il est donc possible, et il arrive même le plus souvent, que certaines des créances comprises dans le règlement provisoire ne trouvent pas place dans le règlement définitif. Mais, si ces créances n'ont pas été l'objet de contredits, elles restent inattaquables, soit quant à leur montant, en capital et intérêts, soit quant au rang qui leur a été assigné par le juge. C'est la conséquence de la forclusion prononcée par l'art. 756 (V. nº 1356). Et comme, après l'adjudication sur folle enchère, il ne s'agit pas, comme on l'a vu, de refaire l'ordre, mais seulement de le modifier, suivant le résultat de la nouvelle adjudication, il en résulte que le juge ne doit rien changer à l'ordre des créances tel qu'il avait été réglé (V. *suprà*, nº 1352. — Conf. MM. Bioche, vº Ordre, nº 787, 3ᵉ éd., 5ᵉ tirage; Seligman, nᵒˢ 706, 711, 718). — Il a été jugé, dans ce sens : 1º que, lorsque le prix, obtenu dans une vente sur folle enchère, est supérieur à celui de la première adjudication, les créanciers qui n'ont pas produit, et qui, par conséquent, n'ont pu être colloqués dans l'ordre ouvert sur le prix de cette première adjudication, ne sont pas recevables à demander à être colloqués sur le supplément du prix, au préjudice des créanciers chirographaires ou autres, colloqués audit ordre, et sur lesquels les fonds ont manqué (Pau, 26 janv. 1833) (1); — 2º Que la purge hypothécaire, opérée par un adjudicataire sur expropriation forcée, conserve son effet, quoique

(1) *Espèce :* —(Hér. Baudorre C. veuve Marimpoey et autres)—6 juin 1829, jugement du tribunal civil d'Oleron, en ces termes : — « Le tribunal; — Attendu, en fait, qu'à la suite de l'adjudication définitive des biens de Baudorre Daubertin, donnée au sieur Cazenave de la même commune, un ordre fut ouvert entre les créanciers du saisi, pour la distribution du prix de l'adjudication, et clôturé définitivement, le 30 mai 1826; — Attendu, en droit, que, par l'effet de ce règlement, les créanciers non produisants furent irrévocablement déchus du droit de participer à la distribution du prix de l'adjudication, au préjudice des créanciers produisants colloqués dans l'ordre ;— Attendu encore, en fait, que, l'adjudicataire n'ayant pas rempli les conditions insérées au cahier des charges, la revente sur folle enchère fut poursuivie sur sa tête et l'adjudication donnée à Sauvaud père, pour une somme excédant de 2,080 fr. le montant de la première adjudication; — Attendu, en droit, qu'il est de principe que la revente sur folle enchère, avec la première adjudication, ne forme qu'une seule vente; qu'il suit de là que l'ordre, réglé et clôturé après la première adjudication, doit recevoir son effet, après la revente sur folle enchère, sur le prix de la nouvelle adjudication, parce qu'il ne peut pas plus y avoir deux ordres que deux ventes, et parce qu'un ordre définitivement clos, ne peut pas être subordonné au défaut d'exécution des conditions de la vente de la part de l'adjudicataire; que c'est en ce sens que la question a été décidée par la cour de cassation, le 12 nov. 1821 (*suprà*, nº 1353); — Qu'il suit de là que Marguerite Calez ou ses héritiers, ayant, par l'effet de l'ordre clos, le 30 mai 1826, été déchus du droit de participer à la distribution du prix des immeubles saisis, au préjudice des créanciers colloqués dans ledit ordre, ils n'ont pas pu être relevés de cette déchéance par l'événement d'une revente sur folle enchère, à laquelle ils n'ont pas concouru, et à laquelle ils ne pouvaient même pas concourir; — Que c'est vainement que les héritiers de Marguerite Calez objectent qu'ils consentent à ce que le règlement d'ordre du 30 mai 1826 soit maintenu, mais qu'ils soutiennent que, la revente sur folle enchère ayant produit un prix supérieur à celui de la première adjudication, il est indispensable de procéder à un règlement d'ordre pour la distribution de cet excédant entre les créanciers non utilement colloqués dans le premier règlement, suivant l'ordre et le rang de leurs hypothèques, et qu'en conséquence, la créance de ladite Marguerite Calez ayant une hypothèque légale antérieure aux inscriptions hypothécaires de la dame Marimpoey et du sieur Lacaze, la collocation, faite en sa faveur dans le nouveau règlement d'ordre, au premier rang des créanciers hypothécaires, doit être maintenue, à l'encontre des créanciers chirographaires qui ont produit dans le premier ordre ;— Qu'en effet, le premier règlement d'ordre ne se trouverait plus maintenu et exécuté, si la créance de Marguerite Calez, qui, par l'effet nécessaire du défaut de production dans ledit ordre, se trouve privée de toute collocation, au profit des créanciers produisants, pouvait être colloquée sur l'excédant du prix résultant de la revente sur folle enchère, au préjudice de ces mêmes créanciers, qui avaient irrévocablement acquis le droit d'être payés de leurs créances sur le prix des immeubles saisis, de préférence à tous les créanciers forclos ;— Que ces raisons s'appliquent aussi à l'objection prise de ce que le motif, qui a déterminé l'arrêt précité de la cour de cassation, est fondé sur ce que, par l'acquiescement des créanciers colloqués dans le premier ordre, cet ordre a acquis contre eux l'autorité de la chose jugée ou consentie, puisqu'il résulte de l'art. 759 c. pr. qu'un ordre, définitivement clos, est opposable aux créanciers non produisants, comme à ceux qui ont produit, et que, par suite, il a entre les uns et les autres l'autorité de la chose jugée; — Que de tout cela il résulte que la prétention des héritiers de Marguerite Calez, tendant à être colloqués pour la dot de celle-ci, sur la somme de 2,680 fr. dont il s'agit, de préférence aux créanciers colloqués dans l'ordre du 30 mai 1826, est mal fondée, et par conséquent, que l'état de collocation provisoire du 12 déc. 1828,

l'adjudication ait été suivie d'une revente sur folle enchère, à défaut de payement du prix; et, spécialement, que l'hypothèque légale de la femme, à l'égard de laquelle un adjudicataire, ultérieurement dépossédé par suite de folle enchère, a rempli les formalités de la purge, et qui n'a pas été inscrite dans le délai de l'art. 2194 c. nap., demeure éteinte, malgré cette dépossession (Nîmes, 15 janv. 1861, et, sur pourvoi, Rej., 21 juill. 1863, aff. Poinsel, D. P. 63. 1. 339). — « S'il en était autrement, porte ce dernier arrêt, il s'ensuivrait que le second adjudicataire devrait recommencer les formalités de la purge; que l'ordre arrêté antérieurement à la folle enchère ne pourrait être maintenu, et qu'il y aurait lieu d'y admettre les créanciers relevés de leur déchéance; ce qui serait formellement contraire au principe consacré par le nouvel art. 779 c. pr. civ. et par la jurisprudence antérieure» (V. Priv. et hyp., n° 2029. — Conf. M. Flandin, Tr. de la transcr. hyp., n° 568).

1381. La clôture de l'ordre, aux termes de l'art. 765, arrête le cours des intérêts des créanciers utilement colloqués, au regard de la partie saisie; et nous en avons donné la raison *suprà*, n° 1035, c'est parce que ces intérêts se trouvent alors reportés sur l'adjudicataire, qui, en vertu des bordereaux de collocation délivrés sur lui, devient le débiteur direct, le débiteur délégué des créanciers utilement colloqués, mais toutefois, avons-nous ajouté, sans novation, et avec la condition sous-entendue que cet adjudicataire payera. — « Il se présente, alors, dit M. Flandin, Tr. de l'ordre, inédit, la question de savoir si, au cas de folle enchère, et lorsqu'il y a nécessité de modifier le règlement définitif, suivant les résultats de la nouvelle adjudication, les créanciers colloqués ont le droit de faire ajouter au montant de leur collocation les intérêts qui ont couru dans l'intervalle de ce règlement à la revente? Il est bien vrai, ainsi qu'on l'a vu (*suprà*, n° 1366), que ces créanciers ont une action contre le fol enchérisseur, qui est le débiteur de ces intérêts; mais quelle sécurité peut-il offrir? Les créanciers, d'un autre côté, ne peuvent réclamer ces intérêts du nouvel adjudicataire, qui ne doit régulièrement les intérêts de son prix que du jour de l'adjudication faite à son profit, à moins que le cahier des charges ne l'y ait soumis rétroactivement à partir de la première adjudication, sauf son recours contre le fol enchérisseur (V. *suprà*, n° 1365). Mais je me place, pour le besoin du raisonnement, dans l'hypothèse où aucune clause de ce genre n'a dérogé au droit commun. Dans ce cas, il me semble difficile de ne pas accueillir, en droit comme en équité, la prétention des créanciers colloqués. En équité! car pourquoi les rendrait-on victimes d'un fait qui n'est pas le leur : l'insolvabilité du premier adjudicataire? En droit! car, si l'art. 765 fait cesser les intérêts, à l'égard de la partie saisie, du jour de la clôture de l'ordre, l'ordre ne doit être réputé réellement clos qu'après les modifications opérées dans le règlement définitif, après la poursuite de folle enchère, qui, si elle n'oblige pas à faire un ordre nouveau, oblige du moins à rouvrir le procès-verbal pour faire, dans ce règlement, les changements que la différence de prix des deux adjudications a rendus nécessaires. Qu'oppose-t-on dans l'opinion contraire? Que le règlement définif antérieur à la revente a déterminé, d'une manière irrévocable, le montant des créances colloquées en capital et intérêts; que ce règlement a toute la force de la chose jugée, ou du contrat judiciaire, à l'égard de toutes les parties qui ont figuré dans l'ordre; qu'aucun acte ou événement postérieur n'a pu avoir pour effet de modifier, au bénéfice des uns et au préjudice des autres, ce règlement définitif, devenu la loi des parties (V. les arrêts ci-après). — Mais c'est abuser d'un principe vrai en soi, et l'étendre, contre toute justice, à des choses auxquelles il ne doit raisonnablement pas s'appliquer. Est-ce qu'il a été dans la pensée du juge, en dressant le règlement définitif, et en arrêtant à cette date les intérêts de la créance colloquée, de priver le créancier des intérêts moratoires auxquels il pourrait avoir droit, si, pour une cause quelconque, le payement du bordereau, qui doit être immédiat, éprouvait du retard? Est-ce qu'il est permis de supposer que le créancier, en recevant son bordereau, ait entendu renoncer à ces intérêts? Bien loin de là, puisque la raison pour laquelle ces mêmes intérêts ne sont pas éventuellement compris dans sa collocation, c'est qu'ils se trouvent compensés par ceux que devra l'adjudicataire en retard (V. *suprà*, n° 1036). On voit donc que ni le contrat judiciaire, ni la chose jugée, ne sont ici à invoquer. — Mais de cela même que les intérêts moratoires sont dus par l'adjudicataire, on conclut qu'ils ne peuvent être prélevés sur le montant de l'adjudication (arrêt de la cour d'Agen ci-après). — Cela serait vrai, si la délégation, faite aux créanciers utilement colloqués, du prix dû par l'adjudicataire opérait novation dans la personne du débiteur; alors, en effet, on pourrait dire, avec la cour d'Agen, « que, le saisi cessant d'être débiteur, à concurrence des capitaux des créances utilement colloquées, au moyen de l'abandon forcé de sa propriété saisie, sans qu'il puisse, en aucune manière, être considéré comme un garant de cet adjudicataire, qu'il n'a choisi, ni accepté, et qui lui a été imposé par la justice,... il ne peut pas devoir servir des intérêts d'un capital qu'il ne doit pas. » Mais, cette novation, de quel texte la faire résulter? L'art. 1273 c. nap. ne dit-il pas que « la novation ne se présume point; » et l'art. 1275 que « la délégation, par laquelle un débiteur donne au créancier un autre débiteur, qui s'oblige envers le créancier, n'opère point de novation, *si le créancier n'a expressément déclaré qu'il entendait décharger son débiteur qui a fait la délégation?* » — Cette doctrine de M. Flandin nous paraît être la seule juridique (Conf. MM. Grosse et Rameau, t. 2, n° 554; Chauveau, Journ. des av., t. 74, p. 607, observ. sur arrêt de Toulouse du 2 juin 1849, cité *infrà*, et Proc. de l'ordre, quest. 2596 *bis*, n° 5; Houyvet, n° 353. — *Contrà*, MM. Seligman, n°s 487 et 714; Bioche, v° Ordre, n° 784, 3e éd., 5e tirage).

1382. Il a été jugé, contrairement à notre opinion, que, lorsqu'il a été procédé à une nouvelle adjudication, faute, par l'adjudicataire, de payer les bordereaux de collocation, cette revente, pas plus que tout autre acte ou événement postérieur, ne peut avoir pour effet de modifier le règlement définitif intervenu sur la première vente, lequel a toute la force de la chose jugée ou du contrat judiciaire, à l'égard de toutes les parties qui ont figuré dans l'ordre; que, par suite, la circonstance que la revente de l'immeuble a nécessité l'ouverture d'un nouveau procès-verbal, ne saurait améliorer la position des uns, au préjudice des autres; qu'en conséquence, les créanciers premiers colloqués dans l'ordre primitif ne peuvent réclamer, sur le prix de la seconde adjudication, le payement des intérêts de leur créance courus depuis la clôture dudit ordre, au détriment des derniers colloqués à qui ce serait enlever le bénéfice de leur collocation (Douai, 10 juin 1843, aff. Creton, et Agen, 9 août 1843, aff. Lajoie, v° Priv. et hyp., n° 2434.—Conf. Toulouse, 1re ch., 3 juin 1828, M. d'Aldeguier, pr., aff. Soulé et Moiset *C.* Corbière, Journ. des av., t. 74, p. 607, note 1; Toulouse, 2e ch., 2 juin 1849, M. Garrisson, pr., aff. Dupuy *C.* Gresse, *ibid.*, p. 604. V. encore, dans un sens analogue, Pau, 26 janv. 1853, *suprà*, n° 1380-1°).

1383. La commission du corps législatif avait proposé deux amendements, ou plutôt deux dispositions additionnelles à l'art. 779 : la première, c'était de permettre la surenchère du sixième aux créanciers, lorsque le prix de la revente sur

---

qui consacre cette prétention, doit être annulé. » — Appel. — Arrêt.

LA COUR; — Attendu, au fond, qu'il est constant, en droit, que l'effet de la déchéance, prononcée par l'art. 759 c. pr., contre le créancier hypothécaire qui néglige de produire dans l'ordre, est de faire perdre à ce créancier le droit d'attaquer les collocations faites en son absence; — Attendu, en fait, que la veuve Marimpoey et Bonnafon ont été colloqués en rang utile dans le procès-verbal d'ordre dont il s'agit, et qu'ils ne furent pas, alors, entièrement payés du montant de leurs créances, parce que les fonds n'étaient pas suffisants, comme le déclare le commissaire; — Attendu que les héritiers Baudorre, parties de Baile, n'ayant pas produit leurs titres de créance lors de cette opération, il s'ensuit qu'ils sont définitivement déchus du droit de l'attaquer, et que, cette collocation ayant acquis, à leur égard, l'autorité de la chose jugée, la conséquence en est que la veuve Marimpoey et Bonnafon doivent être intégralement remplis du montant de leurs créances, sauf aux héritiers de Marguerite Calez à agir ainsi qu'ils aviseront, si les fonds abondent; c'est, dès lors, le cas de confirmer le jugement dont est appel; en adoptant, au surplus, les motifs qui ont déterminé les premiers juges; dit bien jugé, etc.

Du 26 janv. 1853.-C. de Pau, ch. civ.-M. de Figarol, 1er pr.

folle enchère n'avait pas atteint celui de la première adjudication (rapp. de M. Riché, D. P. 58. 4. 49, n° 102). La commission proposait de résoudre, dans un sens qui eût été favorable à notre opinion, une question très-controversée en jurisprudence (V. v° Surenchère, n°s 284 et suiv.); mais l'amendement n'a point été accueillie par le conseil d'Etat, et nous ne nous dissimulons pas que ce rejet doit lever désormais, comme le fait remarquer M. Duvergier, Coll. des lois, ann. 1858, p. 162, note 1, toute incertitude sur la question.

1384. La seconde proposition de la commission avait pour objet d'étendre à toute espèce de ventes la poursuite de folle enchère, aujourd'hui circonscrite aux ventes judiciaires. « Cette mesure de la folle enchère, disait le rapporteur, rapide, peu coûteuse, affranchie du droit proportionnel de mutation (si ce n'est pour l'excédant du prix de la revente sur celui de la première adjudication), faut-il, s'asservissant à la lettre du mot *enchère*, en restreindre les avantages aux ventes judiciaires? L'acquéreur sur vente ordinaire, lorsqu'il ne satisfait pas au payement des bordereaux délivrés contre lui dans un ordre, n'est-il pas, dans une certaine mesure, assimilable au fol enchérisseur?... » (D. P. 58. 4. 49, n° 103).— Ce second amendement n'a pas eu plus de succès au conseil d'Etat. Et M. Duvergier, *loc. cit.*, en motive, en ces termes, le rejet. « Les avantages de la mesure proposée, dit-il, ne peuvent être contestés; mais, quand on songe à toutes ses conséquences, on reconnaît qu'il était difficile de l'admettre. — D'abord, dans les poursuites sur folle enchère, c'est l'ancien cahier des charges, celui qui a servi de base à la première adjudication, qui doit servir de base à la seconde (c. pr. 735). Or, comment admettre, pour point de départ des enchères, un acte de vente auquel le caprice ou l'ignorance des parties a pu donner la forme la plus étrange, et souvent la plus nuisible aux intérêts de tous? En second lieu, le fol enchérisseur est contraignable par corps au payement de la différence entre son prix et celui de la revente sur folle enchère (c. pr. 740). La contrainte par corps se serait ainsi trouvée introduite comme moyen d'exécution pour obtenir le payement du prix de toutes les ventes. Cette extension n'était pas admissible » (Conf. MM. Bressolles, n° 69; Chauveau, Proc. de l'ordre, sur l'art. 779, n° 514; Houyvet, n° 346).

1385. Mais il a été jugé que la revente sur folle enchère, qui résout les droits du fol enchérisseur sur l'immeuble, ne fait pas évanouir le privilége des ouvriers qui, de l'ordre du fol enchérisseur, ont exécuté des travaux sur cet immeuble, et ont rempli les formalités exigées pour la conservation de leur privilége; que ces ouvriers doivent donc être préférés, sur la plus-value dudit immeuble, au vendeur non payé de son prix (Rouen, 19 avr. 1836, et, sur pourvoi, Req. 22 juin 1837, aff. Vastel, v° Priv. et hyp., n° 461);—Et, par suite, que le règlement d'ordre, intervenu avant la revente sur folle enchère, et qui a colloqué le vendeur sur le prix de l'immeuble, ne peut pas être opposé, comme ayant autorité de chose jugée, auxdits ouvriers qui ont fait, postérieurement, des travaux de construction sur cet immeuble, et qui demandent, en vertu de leur privilége, à être payés préférablement sur la plus-value résultant de leurs travaux :—« La cour,... sur le deuxième moyen : attendu que la fin de non-recevoir, tirée de l'autorité de la prétendue chose jugée lors de l'ordre ouvert après l'adjudication du 3 nov. 1829, n'a pas été présentée aux juges de la cause; attendu, au surplus, que Pezevil et consorts (les ouvriers) n'ont point figuré à cet ordre, et qu'ils n'ont ni dû, ni pu rien demander à l'égard de travaux qui, à cette époque-là, n'avaient pas encore été faits; qu'ainsi, aucun des éléments de l'autorité de la chose jugée ne se rencontrant dans l'espèce, elle lui était, sous tous les rapports, inapplicable; rejette » (arrêt précité de la ch. des req., du 22 juin 1837).

SECT. 19. — *Dispositions transitoires.*

1386. Le principe de non-rétroactivité ne s'applique pas, en général, aux lois de procédure (V. v° Lois, n°s 335 et suiv.). Cette règle est rappelée dans un arrêté du gouvernement, du 5 fruct. an 9 : « Tout ce qui touche à l'instruction des affaires, dit cet arrêté, tant qu'elles ne sont pas terminées, se règle d'après les formes nouvelles, sans blesser le principe de la non-rétroactivité, que l'on n'a jamais appliqué qu'au fond du droit.» Portalis, dans son rapport sur la loi du 18 pluv. an 9, relative à l'établissement de tribunaux spéciaux pour la répression de certains crimes, disait également que les lois de simple instruction ont toujours régi les faits antérieurs et non jugés, comme les faits à venir. — Mais il a été dérogé à cette règle, en matière d'ordre. L'art. 4 de la loi du 21 mai 1858 dispose, en effet, que « les ordres ouverts avant la promulgation de la présente loi seront régis par les dispositions des lois antérieures. » Cette disposition n'existait pas dans le projet de loi; c'est la commission du corps législatif qui l'y a ajoutée, avec l'assentiment du conseil d'Etat. « La promulgation de la loi, disait le rapporteur, va trouver des ordres entamés. Cette loi régira-t-elle ces ordres pour les formalités qui restent à accomplir?—Les principes permettraient qu'il en fût ainsi, malgré le précédent contraire de la loi de 1841, qui ne s'est appliquée qu'aux expropriations commencées après sa mise en vigueur, si la nouvelle loi ne contenait que des dispositions de pure forme; mais elle prononce des déchéances auxquelles pouvaient ne pas s'attendre ceux qui ont commencé l'ordre, sur la foi des tolérances de la loi ancienne. Votre commission a donc cru plus équitable de n'appliquer la loi nouvelle qu'aux ordres à ouvrir. Le conseil d'Etat, reconnaissant qu'il était utile de résoudre la question, l'a tranchée dans le même sens. — Il est néanmoins, ajoute le rapporteur, dans la loi nouvelle, des dispositions purement interprétatives de l'ancienne, telles que celles sur la voie de recours contre l'ordonnance de clôture, sur la faculté d'appel contre le jugement après contredits, telles que l'art. 779. Votre commission avait ajouté que ces dispositions s'appliqueraient aux ordres antérieurement ouverts; le conseil d'Etat a, sans doute, regardé cette explication comme superflue. Il nous paraît également raisonnable que les art. 777 et 778 s'appliquent aux consignations dont la validité ne serait pas encore demandée lors de la promulgation de la loi » (D. P. 58. 4. 49, n° 105).

1387. On a vu *suprà*, n° 890, qu'il avait déjà été fait, antérieurement à la loi du 21 mai 1858, pour l'appel des jugements d'ordre, application du principe consacré par l'art. 4 de cette loi, quoique ce principe eût été méconnu par un arrêt de la cour de Nîmes cité n° 891.

1388. Mais, ainsi que l'énonce le rapport de M. Riché, il est, dans la loi du 21 mai 1858, des dispositions qui sont purement interprétatives du droit antérieur, et qui, par conséquent, régissent les ordres ouverts avant cette loi, comme ceux qui ne l'ont été que depuis. Telles la disposition de l'art. 762, sur la faculté d'appel contre le jugement rendu sur contredits, c'est-à-dire sur la compétence en premier ou en dernier ressort (V. sous la sect. 9); celle de l'art. 767, qui admet la voie de l'opposition contre l'ordonnance de clôture de l'ordre (V. sous la sect. 12, art. 2); celle des art. 777 et 778, concernant la procédure à suivre par l'adjudicataire ou l'acquéreur pour la consignation du prix (V. sous la sect. 4, art. 3) et celle de l'art. 779, relative à la folle enchère (V. sous la sect. 18). — M. Duvergier, Coll. des lois, ann. 1858, p. 163, note 6, tout en admettant, avec le rapporteur, que les articles précités sont des dispositions qui ont pour but, dit-il, de faire cesser les hésitations de la jurisprudence, et qu'à ce titre, elles devront être et seront certainement prises en considération par les magistrats qui auront à juger des questions transitoires, fait observer, cependant, que la théorie des lois interprétatives, théorie qui présente encore beaucoup de lacunes et d'incertitudes, ne saurait servir ici de règle, et qu'on aurait tort de regarder les articles en question comme étant absolument obligatoires pour les tribunaux (Conf. MM. Chauveau, Proc. de l'ordre, quest. 2621 *ter*; Seligman, n°s 735 et suiv). — M. Seligman, n° 737, ne regarde pas comme interprétative la disposition de la nouvelle loi concernant le mode de recours contre l'ordonnance de clôture, bien que cette disposition, dit-il, ait consacré le dernier état de la jurisprudence. « Rien n'était réglé auparavant, ni la procédure à suivre, ni les délais à observer pour former ce recours. L'art. 767 a donc introduit de nouvelles dispositions que l'on ne connaissait pas sous l'empire du code de procédure. » L'auteur en conclut que « ce n'est pas là une interprétation de la loi ancienne, mais une loi nouvelle *qu'on ne peut appliquer à des ordres ouverts antérieurement à la publication de la loi de* 1858.»—Nous pensons que les tribunaux en décideront autrement, dès qu'en admettant l'opposition comme voie de recours contre l'ordonnance de clôture, ils ne feront que se conformer à la jurisprudence qui, en dernier lieu, avait prévalu (V. *suprà*, nos 1051 et 1056).

L'auteur, au n° 738, n'admet pas non plus, contrairement à l'opinion exprimée par M. Riché, que les art. 777 et 778, relatifs à la consignation, soient applicables aux ordres ouverts avant la promulgation de la loi nouvelle. Mais la raison qu'il en donne ne nous satisfait pas. Cette raison serait que la nouvelle procédure tracée pour la consignation suppose la déchéance des créanciers non produisants dans les délais fixés par l'art. 754 de la nouvelle loi (art. 777, § 3), tandis que, sous le code de procédure, on pouvait produire jusqu'à la clôture de l'ordre (anc. art. 757); d'où venait que, sous le code de procédure, il y avait nécessité d'avertir tous les créanciers inscrits de la consignation effectuée, parce que tous avaient intérêt à la connaître, tandis que, depuis la loi nouvelle, grâce à la déchéance prononcée contre les créanciers non produisants dans les quarante jours, à dater de la sommation à eux faite (754), la procédure en validité intéresse seulement les créanciers qui ont produit dans ce délai. — Qu'importe cela pour la procédure en question, qui a l'avantage, sans nuire à aucun droit acquis, de substituer une règle précise à des formes de procéder variables, et qui ne présentaient pas toujours une suffisante garantie à tous les intérêts?

1389. Mais il a été jugé que la loi du 21 mai 1858 (art. 717 et 772), d'après laquelle la purge de l'hypothèque légale d'une femme mariée laisse subsister le droit de préférence et n'éteint que le droit de suite, est introductive d'un droit nouveau, et, dès lors, ne s'applique pas aux ordres ouverts antérieurement à cette loi; qu'en conséquence, la purge de cette hypothèque, si elle a été opérée sous l'empire de l'art. 2194 c. nap., emporte tout à la fois l'extinction du droit de suite et l'extinction du droit de préférence attachés à ladite hypothèque (Req. 1er juin 1859, aff. Florent, D. P. 60. 1. 381; — Conf. Nîmes, 15 janv. 1861, et, sur pourvoi, Rej. 21 juill. 1863, aff. Poinsel, D. P. 63. 1. 339. — *Contrà*, M. Pont, Priv. et hyp., n° 1422).—La cour de cassation maintient ainsi sa jurisprudence antérieure à la loi du 21 mai (V. sur la question, v° Priv. et hyp., nos 2202 et suiv.).

1390. Nous avons examiné *suprà*, nos 332 et suiv., la question de savoir de quel jour, sous la loi nouvelle, l'ordre doit être réputé ouvert, question sur laquelle les opinions sont très-divergentes, et nous avons émis, quant à nous, l'avis que c'est du jour où le poursuivant requiert du juge spécial chargé des ordres, ou, à son défaut, du juge commis par le président du tribunal, conformément à l'art. 750, *l'ouverture du procès-verbal d'ordre* (Conf. M. Seligman, n° 733). Nous avons cité, au n° 334, un arrêt de la cour de Riom, qui a jugé, au contraire, que c'est seulement du jour de l'ordonnance rendue par le juge-commissaire pour autoriser le poursuivant à sommer les créanciers de produire. — Cet arrêt a décidé, en conséquence, q lorsque l'ordonnance du juge-commissaire, portant autorisa de sommer les créanciers de produire, a été rendue postérieu ment à la loi du 21 mai 1858, la procédure de l'ordre doit suivie conformément à cette loi, bien que la désignation du j commis pour procéder à la distribution du prix des immeu soit antérieure à cette même loi (Riom, 13 juill. 1859, (1).

1391. M. Chauveau, qui, ainsi que nous l'avons di n° 334 précité, ne fait partir l'ouverture de l'ordre judici que du jour de l'ordonnance du juge-commissaire constatant les créanciers n'ont pu se mettre d'accord pour le règlem amiable (Proc. de l'ordre, quest. 2552), est d'accord avec no quest. 2621 *bis*, qu'il faut, quand il s'agit de l'application l'art. 4 de la loi du 21 mai 1858, faire remonter l'ouverture l'ordre à l'acte initiatif de la procédure, c'est-à-dire à la ré sition à fin de nomination du juge-commissaire. Et il critiq en conséquence, dans le Journ. des avoués, t. 84, p. 478, 5319, l'arrêt de la cour de Riom. — MM. Grosse et Rameau, t n° 368, expriment la même opinion, à une nuance près qui pas d'importance; car, s'ils disent que l'ordre est ouvert, « l que, sur le réquisitoire de l'avoué poursuivant, le président tribunal a nommé un juge-commissaire, » en fait, les deux tes se confondent; car la requête de l'avoué est immédiatem répondue de l'ordonnance du président, laquelle seule, d l'usage, est datée.

1392. On a vu *suprà*, n° 899, que, sous l'ancien code procédure, on était loin de s'entendre sur la manière de cal ler le délai d'appel du jugement rendu sur contredits, quand y avait lieu à augmentation du délai à raison des distances. arrêt de rejet de la chambre civile, du 25 juill. 1860, que no avons cité n° 900, a décidé que, sous l'empire de l'ancien a 763, l'appel, en matière d'ordre, devait être signifié, non pa comme aujourd'hui, au domicile de l'avoué, mais au domic de la partie; qu'en conséquence, le délai de cet appel dev être augmenté d'un jour par 3 myriamètres (aujourd'hui 5 m riamètres) de distance entre la demeure de l'appelant et le d micile, non de l'avoué qui a occupé pour l'intimé, mais de l'i timé lui-même. Cet arrêt a ainsi implicitement décidé que nouvel art. 762, aux termes duquel l'augmentation du délai calcule sur la distance entre *le siége du tribunal*, où est le dom cile de l'avoué, et *le domicile réel de l'appelant*, est introduc d'un droit nouveau. — Il a été jugé, dans le même sens : 1° q l'appel d'un jugement rendu sur un contredit élevé dans un o dre ouvert avant la loi du 21 mai 1858, reste soumis aux fo mes et délais de l'ancien art. 763 c. pr. (Caen, 10 nov. 185 arrêt cité par M. Bioche, v° Ordre, n° 601, 5e éd., 5e tirage — 2° Et que, dans ce cas, l'appel est nul, s'il a été signifié l'avoué, au lieu de l'être à la partie (Bourges, 13 nov. 185 arrêt cité par M. Bioche, *loc. cit.*)

1393. Nous bornons là nos explications sur les dispositio transitoires de la loi du 21 mai, dispositions qui, chaque jou d'ailleurs, et à mesure qu'on s'éloigne de la date de cette lo perdent de leur intérêt.

---

(1) (Batisse-Malbot C. Quiquandon.) — La cour; — Attendu que, dans le but de simplifier la procédure en matière d'ordre, l'art. 762 c. p. civ., rectifié par la loi du 21 mai 1858, a voulu que, contrairement à la règle générale qui prescrit de signifier l'appel au domicile réel de l'intimé, à peine de nullité (art. 456 c. pr. civ.), l'appel du jugement qui a statué sur les contredits au règlement provisoire de l'ordre fût signifié au domicile de l'avoué; — Attendu que cette règle spéciale n'a pas un caractère moins impératif que la règle générale à laquelle elle déroge; et que la peine de nullité prononcée par le § 3 dudit art. 762, s'applique à l'ensemble des dispositions comprises dans ce paragraphe, et par conséquent à celle qui détermine le lieu où l'appel doit être signifié, aussi bien qu'à celles qui règlent le délai et les autres formalités de l'appel; — Attendu que, dans la cause, l'appel, quoique portant contre un jugement qui a statué sur des contredits en matière d'ordre, a été signifié au domicile de l'intimé Quiquandon; que cet appel est donc irrégulier et nul; — Attendu que, si la désignation du juge qui était commis pour procéder à la distribution du prix des divers immeubles appartenant à Valantin, avait été faite pour quelques-uns des prix de vente, antérieurement à la loi du 21 mai 1858, c'est postérieurement à la promulgation de cette loi et à une époque où elle était pleinement exécutoire, que le juge-commissaire a rendu l'ordonnance portant autorisation de faire aux créanciers inscrits les sommations d produire dans l'ordre unique;—Que c'est cette ordonnance qui, aux ter mes de l'art. 752 c. pr. civ., constitue, à proprement parler, l'ouvertur de l'ordre, et que, puisqu'elle était intervenue, dans l'espèce, à une époqu où la loi du 21 mai 1858 était exécutoire, c'est conformément au prescriptions de cette loi qu'il y avait lieu de procéder à l'ordre (art. de la loi du 21 mai 1858); — Attendu que l'appelant objecte en vai que ce sont les règles de l'ancienne procédure d'ordre, plutôt que le nouvelles, qui ont été suivies dans la confection de l'ordre; que les ir régularités précédemment commises n'autorisaient pas de nouvelles in fractions à la loi; que l'appelant ne signale, d'ailleurs, dans les premiers errements de l'ordre, aucune infraction à la loi du 21 mai 1858 qui ait pu rendre impossible ou même plus difficile l'exécution de la règle posée dans le nouvel art 762 c. pr. civ., relativement au lieu o la signification de l'appel doit se faire; — Par ces motifs, déclare n. et non avenu l'appel formé par Batisse-Malbot contre le jugement d 28 février dernier, qui a admis le contredit de Quiquandon contre la collocation dudit Batisse-Malbot; ordonne, en conséquence, que le jugement dont est appel sortira effet; — Condamne l'appelant en l'amende et aux dépens.

Du 13 juill. 1859.-C. de Riom, 1re ch.-MM. Lagrange, 1er pr.

Table sommaire des matières.

Table des articles des codes Napoléon, de procédure civile, de commerce et du décret du 16 fév. 1807.

Table chronologique des lois, arrêts, etc.

ORDRE PUBLIC. — **1**. Sous cette expression, on entend non-seulement les règles qui touchent à l'organisation et à la conservation de la société, mais encore celles qui, tenant à l'intérêt privé, ont été établies en considération de l'intérêt général : les premières sont d'ordre public proprement dit, les secondes d'ordre public secondaire. — Les lois d'ordre public ont une puissance supérieure à celle des lois qui n'ont pas ce caractère. — Ainsi, elles ne sont pas soumises au principe de la non-rétroactivité (V. Lois, n° 192). — Il n'est jamais permis d'y déroger par des conventions particulières (c. nap., art. 6, V. Lois, n°s 521 et suiv.). — Les atteintes à l'ordre public rendent nulles les stipulations dans lesquelles elles se trouvent (c. nap. 1133, 1172, V. Obligat., n°s 550 et suiv., 1121 et suiv.); elles font réputer non avenues, dans les dispositions à titre gratuit, les clauses qui les recèlent (c. nap., art. 900, V. Disp. entre-vifs et test., n°s 89 et s., 117 et s., 174 et s.). — Les propriétaires ne peuvent établir sur leur fonds des servitudes qui seraient contraires à l'ordre public (c. nap. 686, V. Servitude, n°s 21, 961). — On ne peut acquérir par prescription des droits contraires aux lois qui intéressent l'ordre public (V. Prescript. civ., n°s 146 et suiv.). — Dans les contrats de mariage, quelque favorables qu'ils soient aux yeux du législateur, les stipulations contraires à l'ordre public sont prohibées (V. Contr. de mar., n°s 90 et suiv.). — L'acquiescement, le désistement, la transaction sont interdits dans les matières qui intéressent l'ordre public (V. Acquiescem., n°s 171 et suiv., 463, 824, 927; Désistem., n° 13; Transaction, n°s 70 et suiv.), sauf cependant certaines restrictions (V. Acquiescem., n°s 173 et suiv.). — Les questions qui touchent à ces matières ne peuvent non plus être l'objet d'un compromis (V. Arbitr., n°s 320 et suiv., 977).

2. La loi n'a pas déterminé les caractères auxquels on reconnait qu'une stipulation ou une disposition est contraire à l'ordre public ou aux bonnes mœurs; et de là nait le germe des plus sérieuses difficultés. Quelques auteurs ont vainement tenté de formuler certaines règles générales à l'aide desquelles on pourrait les distinguer des autres lois; ces règles ou sont inexactes, ou, si elles sont vraies, restent toujours très-insuffisantes dans l'application. Du reste, le doute ne peut s'élever qu'à l'égard des lois d'ordre public qui règlent les intérêts privés (V. Lois, n° 521; V. aussi v^is^ Minist. publ., n°s 127 et suiv.; Nullité, n° 4). — « Les lois qui règlent les intérêts des individus et les droits qui en naissent, dit un arrêt, n'intéressent l'ordre public que lorsqu'elles les considèrent dans leur rapport avec le bien général de la société, ou lorsqu'elles accordent une protection spéciale à ceux à qui elle est nécessaire à raison de leur incapacité » (Aix, 13 juill. 1837, aff. Reboul, V. Nantissement, n° 276). — Cela est parfaitement juste; mais la solution de la question n'en est pas plus avancée; car il reste toujours à déterminer quelles sont les lois qui considèrent les intérêts privés dans leur rapport avec le bien général. — A défaut d'une formule générale, qui est encore à trouver, on ne peut procéder que par voie d'énumération.

3. Déja, dans plusieurs traités de notre Répertoire, nous avons eu l'occasion de parler des lois d'ordre public (V. notamment v^is^ Arbitrage, n°s 320 et suiv.; Contr. de mar., n°s 90 et suiv.; Minist. publ., n°s 127 et suiv.; Nullité, n°s 23 et suiv.; Prescr. civ., n°s 146 et suiv.; Transact., n°s 70 et suiv.); reprenant ici ce sujet d'une manière extrêmement succincte, et dans le but unique de rattacher par un travail d'ensemble les notions disséminées, suivant l'exigence des matières, dans nos divers traités, nous allons présenter un tableau rapide des principales dispositions légales que la jurisprudence a considérées comme étant d'ordre public.

4. Sont rangées parmi les matières d'ordre public : 1° les droits dont la disposition n'appartient pas aux citoyens et qui sont réglés par les lois constitutionnelles ou d'ordre public proprement dit (V. Obligat., n°s 554 et suiv.), et particulièrement les lois de police et de sûreté (V. *eod.*, n°s 580 et suiv.); les lois relatives à l'introduction des marchandises prohibées (V. *eod.*, n°s 588 et s.); — 2° Les questions d'état, ce qui s'entend de la nationalité, de la légitimité des enfants, de la filiation, du mariage (V. Arbitrage, n°s 303 et suiv., Lois, n° 522; Transaction, n°s 71 et suiv.); — 3° Les lois qui touchent à la puissance maritale et paternelle (V. Contr. de mar., n°s 93 et suiv., 786 et suiv.; Dispos. entre-vifs et test., n°s 119 et suiv.; Oblig., n°s 597 et suiv., 1126, 1127; Puiss. patern., n°s 23, 114 et suiv.; Transact., *loc. cit.*); — 4° Les dettes d'aliments (V. Arbitr., n°s 313 et suiv.; Paternité, n° 666-3°; Transaction, n°s 81 et suiv.); — 5° Les questions d'incapacité légale (V. l'arrêt d'Aix précité) et notamment l'interdiction dont est frappé le contumax (V. Contumace, n° 77); — 6° La séparation de biens ou de corps (V. Arbitr., n° 312; Contr. de mar., n°s 1689 et suiv.; Sépar. de corps, n° 94); — 7° L'immutabilité des conventions matrimoniales (V. Contr. de mar., n°s 317 et suiv.; Transaction, n° 79); — 8° La faculté pour la femme ou ses héritiers d'accepter la communauté ou d'y renoncer (V. Contr. de mar., n°s 2093 et suiv., 2134); — 9° Les droits du mari relativement à l'administration de la communauté (V. *eod.* n° 101); — 10° La dot des femmes (V. Arbitr., n° 321); — 11° Les lois sur les successions (V. Contr. de mar., n°s 133 et suiv.; Succession, n° 184); — 12° Les droits des enfants naturels reconnus (v. Obligat., n° 601); — 13° Les lois qui touchent à la libre disposition des propriétés (V. Disposit. entre-vifs, n°s 125, 179 et suiv.; Obligat., n°s 1126, 1129 et suiv.); — 14° Le principe que nul n'est tenu de rester dans l'indivision (c. nap. 815, V. Disposit. entre-vifs et testam., n°s 181 et suiv.; Succession, n°s 1507 et suiv.).

5. On considère encore comme étant d'ordre public : 1° l'ordre et la limite des juridictions (V. Appel civil, n° 172; Compét., n°s 27, 36; Compét. civ. des trib. d'arr., n°s 211 et suiv.; Comp. civ. des trib. de paix, n°s 318 et suiv.; Demande nouv., n°s 26 et suiv.; Interrogat. sur faits et articles, n° 84; Transact., n°s 83 et suiv.); — 2° Les principes de la compétence absolue (V. Appel civ., n°s 180 et suiv.; Cassation, n° 1830; Exception, n°s 385, 400; Minist. publ., n°s 145 et suiv.; V. aussi Civ. cass. 24 août 1856, aff. com. de Saint-Maurice, D. P. 56. 1. 340; Colmar, 31 mai 1859, aff. Gsell, D. P. 59. 2. 190); — 3° L'incompétence du juge de paix en matière d'action pétitoire (Civ. cass. 24 juin 1863, aff. Bonnet-Gérard D. P. 64. 1. 25) ...ou pour statuer sur des actions excédant la valeur de 200 fr. (Civ. cass. 5 janv. 1858, aff. Lebret, D. P. 58. 1. 36); — 4° La publicité des débats judiciaires (V. Jugement, n°s 176, 191 et suiv.); — 5° La péremption d'instance (V. Péremption, n° 235); — 6° La délibération des chambres réunies des cours d'appel convoquées à l'effet de désigner les journaux dans lesquels doivent être faites les annonces judiciaires (Civ. cass. 18 août 1842, int. de la loi, cour d'Orléans, V. Jugement, n° 76); — 7° Les conventions ayant pour objet la nomination à un emploi public (V. Obligat., n°s 561 et suiv.); — 8° Les stipulations relatives à la transmission des offices; aussi regarde-t-on comme contraires à l'ordre public les stipulations secrètes ou contre-lettres qui dérogent au traité de cession soumis à la chancellerie (V. Office, n°s 212 et s.); — 9° La disposition de l'art. 3 c. inst. crim. qui prescrit aux tribunaux civils de surseoir au jugement de l'action civile, lorsque les tribunaux criminels sont saisis de l'action publique (V. Quest. préjudic., n° 20); — 10° La règle qui veut qu'en France les actes publics soient rédigés en français (Req. 4 août 1859, aff. Giorgi, D. P. 59. 1. 453); — 11° La composition des chambres de discipline des notaires (V. Notaire, n° 659); — 12° Les dispositions du code de commerce relatives aux faits qui caractérisent les faillites, à la manière de les constater, et aux effets qu'elle produisent sur la personne et les biens du failli (Civ. cass. 28 nov. 1827, aff. Minart-Barrois, V. Faillite, n° 127); — 13° La prohibition d'assurer le fret d'un navire (V. Dr. marit., n° 1589); — 14° La prescription en droit criminel (V. Prescript. crimin., n°s 18, 176 et suiv.; — 15° La liberté des enchères (V. Oblig., n°s 580 et suiv.); — 16° La disposition qui interdit la clause de voie parée (c. pr. 742, V. Vente publ. d'imm., n°s 326 et suiv.); — 17° Les lois qui ont établi la liberté du commerce et de l'industrie (V. Obligat., n°s 613 et suiv.).

6. L'inobservation des lois d'ordre public produit les nullités d'ordre public (V. Nullité, n° 7). — On range généralement les nullités de forme parmi les nullités d'ordre public; cependant sur ce point des distinctions sont nécessaires (V. *eod.*, n° 9). — Les nullités d'ordre public peuvent être divisées en deux classes : les nullités d'ordre public proprement dites et les nullités d'ordre public secondaire ; cette division répond aux deux classes de lois d'ordre public; celles qui intéressent uniquement l'ordre social, celles qui touchent à l'intérêt privé (V. *eod.*, nos 25 et suiv.). Mais on ne voit pas bien l'utilité pratique de cette classification.

7. On doit ranger au nombre des nullités d'ordre public : 1° la nullité résultant de ce qu'un contrat de mariage n'a pas été fait dans les formes légales (V. Contr. de mar., n° 265 et suiv.); — 2° Celle résultant de ce que le contrat de mariage a été passé après la célébration du mariage (V. *eod.*, nos 309 et suiv.); — 3° La nullité de la renonciation à une succession future (V. Succession, n° 617 ; V. aussi v° Disposit. entre-vifs et test., nos 176 et suiv.); — 4° La nullité résultant du défaut de qualité (V. Arbitr., n° 1248; Conclusion, n° 88-2°; Contr. de mar., n° 2421 ; Demande nouvelle, nos 189 et suiv. — Conf. Alger, 16 juin 1856, aff. Marmod, D. P. 56. 2. 251; Orléans, 18 fév. 1858, aff. Flory, D. P. 58. 2. 114 ; 28 avr. 1858, Grenoble, aff. Meysson, D. P. 59. 2. 117); — 5° Les nullités qui ont trait à la composition des tribunaux ou à l'essence même des jugements (V. Cassation, nos 1851 et suiv.; Except., n° 332); — 6° Le défaut d'autorisation du conseil d'Etat, en matière de poursuites exercées contre les agents du gouvernement (Civ. cass. 30 juill. 1861, aff. Marsat, D. P. 61. 1. 380); — 7° La tardiveté du pourvoi devant la cour de cassation (Req. 20 mai 1863, aff. Maximilien, D. P. 63. 1. 312) .. ou en matière administrative, du recours devant le conseil d'Etat (V. Cons. d'État, nos 183 et suiv.); — 8° La condamnation à la contrainte par corps, hors des cas déterminés par la loi (V. Contr. par corps, nos 280 et suiv.; Notaire, n° 293; Obligat., n° 605 ; Civ. cass. 27 janv. 1857, aff. Lefoulon, D. P. 57. 1. 82; 6 janv. 1864, aff. Calurre, D. P. 64. 1. 44); — 9° Le moyen tiré de ce qu'une décision rendue par une chambre notariale constitue un simple avis et non un jugement arbitral (Civ. cass. 6 janv. 1846, aff. Dumoulin, D. P. 46. 1. 381); 10° La nullité d'un arrêt rendu en audience solennelle, lorsque le point à juger ne rentre pas dans les cas exceptionnels prévus par l'art. 22 de la loi du 30 mars 1808 (V. Organisat. judic.); — 11° La nullité résultant de l'irrégularité de la notification d'un acte respectueux (V. Mariage, n° 181); — 12° La nullité d'un contrat par lequel seraient stipulés des services à vie (V. Oblig., n° 604).

8. Sur ces points, on est généralement d'accord; mais il en est d'autres qui donnent lieu à de graves controverses. Il est bien à regretter, comme nous l'avons déjà remarqué v° Nullité, n° 27, que le législateur n'ait pas nettement défini ce qu'il faut entendre par ordre public, de manière à prévenir, au moins dans le plus grand nombre des cas, l'arbitraire auquel prête une expression d'une telle généralité. — Ainsi, par exemple, doit-on considérer comme étant d'ordre public : 1° l'exception tirée du degré de juridiction (V. Appel civ., nos 207 et suiv., 218; Degré de jurid., nos 17, 494 et suiv., 512 et suiv.; Demande nouv., nos 23, 27 et suiv.; Lois, n° 521; Bourges, 6 juill. 1857, aff. Grimault, D. P. 57. 2. 140, et la note, *eod.*); — 2° L'exception de chose jugée (V. Chose jugée, nos 9, 331 et suiv., 396, 520; Req. 11 fév. 1857, aff. com. de Gy-les-Nonains, D. P. 57. 1. 256; Civ. cass. 26 août 1861, aff. Jacquet, D. P. 61. 1. 427; Besançon, 18 juin 1864, aff. Cuisenier, D. P. 64. 2. 171); — 3° La nullité de l'appel interjeté hors des délais (V. Appel, nos 218 et suiv., 1150 et suiv.; Degré de jurid., n° 518, Min. publ., n° 93); — 4° Celle résultant de ce que l'appel a été interjeté pendant les délais de l'opposition (V. *eod.*, n° 246) ...ou dans le délai de huitaine pendant lequel l'appel est interdit par l'art. 449 c. pr. (V. *eod.*, n° 855; V. aussi Civ. rej. 12 mars 1860, aff. Periakichenamachetty, D. P. 60. 1. 132);—5° La fin de non-recevoir tirée de ce que l'appel d'un jugement préparatoire a été interjeté avant le jugement définitif (V. *eod.*, n° 1123); — 6° La nullité d'un appel formé contre une ordonnance du juge non susceptible de cette voie de recours (V. *eod.*, n° 411); — 7° Le défaut d'autorisation de plaider dans le cas où cette autorisation est exigée par la loi (V. Exception, nos 539 et suiv.; Hospice, nos 417, 418);—8° Le moyen pris du défaut de qualité par application de la maxime : *Nul en France ne plaide par procureur* (V. Action, nos 283 et suiv.; Cassation, n° 1835; Mandat, n° 50; Qualité, n° 8); — 9° L'omission du préliminai de conciliation (V. Conciliation, nos 44 et suiv., 78); — 10° prohibition de l'action tendant à faire reviser un com (V. Compte, n° 151); — 11° La nullité résultant en mati sommaire de l'audition des témoins par un juge commis, au li d'avoir lieu à l'audience (V. Enquête, n° 24); — 12° La null résultant de ce qu'en matière ordinaire, on a suivi la pro dure spéciale à l'enregistrement, et réciproquement (V. E ception, n° 251 ; Civ. cass. 18 nov. 1851, aff. Colbert, D. 51. 1. 305); — 13° L'exception de propriété opposée à l'acti publique (V. Quest. préjudic., n° 141); — 14° La nullité la stipulation insérée dans un contrat de mariage que la femr aura pour faire inventaire et délibérer un délai plus long q celui qui a été fixé par la loi (V. Contr. de mar., n° 2167). La plupart de ces questions sont très-vivement débattues.

9. Toutes les nullités d'ordre public ne produisent pas même effet. Ainsi, parmi les nullités, il en est qui, bien q proposables en tout état de cause, ne peuvent pas cependant produire pour la première fois devant la cour de cassation, d'autres, au contraire, qui sont admissibles devant cette de nière juridiction, bien qu'elles n'aient pas été opposées deva les juges du fond (V. à cet égard vis Acquiescement, nos 820 suiv.; Cassation, nos 1804, 1825 et suiv.; 1855, 1893; Cho jugée, n° 332 ; Désistement, nos 13 et suiv.; Exception, n° 56 Mandat, n° 24 ; Qualité, n° 16). — Enfin, bien qu'il soit de prir cipe que toute nullité, même d'ordre public, doit être déclar par le juge (V. Nullité, nos 56 et suiv.), il est certaines nullit qui ont lieu sans qu'il soit besoin de les faire prononcer (V. *eod* n° 59).

10. Dans les matières qui touchent à l'ordre public, le ju doit d'office suppléer les moyens (V. Cassation, nos 131, 32 898 et suiv., 1118, 1132; Jugement, n° 162).—Les procureu généraux et les procureurs impériaux sont spécialement charg de veiller à l'exécution et au maintien des lois d'ordre publ (L. 16-24 août 1790, tit. 8, art. 5 ; c. pr. 83, V. Minist. publ nos 90 et suiv., 96 et suiv.). — Les causes qui intéressent l'ordre public leur sont communiquées (c. pr. 83, V. Minist. publ. nos 115 et suiv., 127 et suiv.). — Le ministère public a le droi d'assister à toutes les délibérations des chambres réunies de cours d'appel, ayant pour objet de s'occuper d'affaires d'ordr public rentrant dans leurs attributions (Req. cass. 18 août 1842 int. de la loi, aff. cour d'Orléans, V. Jugement, n° 76). — I est enjoint aux notaires de faire observer dans les convention les lois qui intéressent l'ordre public (L. 6 oct. 1791, tit. 1 sect. 2, art. 6, V. Notaire, n° 291).

11. L'exception de chose jugée a lieu en toutes matières qu'elles touchent ou non à l'ordre public (V. Chose jugée nos 315 et suiv.); elle couvre même l'incompétence absolue (V *eod.*, nos 94 et suiv.; Compétence, n° 48; V. aussi Req. 18 juill 1861, aff.com. de Poussay, D. P. 62. 1. 86).

V. encore sur les matières, touchant à l'ordre public, vis Action, nos 223, 283; Affiche, n° 29; Avoué, n° 60; Brevet d'invent., nos 230 et suiv.; Chose jugée, nos 206-8°, 213, 271; Commissaire-priseur, n° 41; Compte, n° 174; Compulsoire, n° 20; Conciliation, nos 76, 143, 362 ; Conclusions, nos 90, 93; Contrainte par corps, n° 43-3°; Contrat de mar., n° 3053; Désistement, n° 114; Exception, n° 330, 350, 528; Faux incident, nos 16, 129; Huissier, n° 89; Jugement, n° 398; Lois, nos 173 et suiv.; Louage, n° 49; Louage à cheptel, nos 8, 27; Obligations, nos 599 et suiv., 1125 et suiv.; Notaire, nos 292, 470, 510; Nullité, n° 42; Péremption, n° 31; Propriété, n° 73; Requête civile, nos 125 et suiv., 130 et suiv.; Rétention, n° 34; Servitude, nos 561, 694 et suiv., 1183; Société, nos 1515 et suiv.; Succession, n° 618; Usage, n° 632; Vente publ. de marchand. neuves, nos 56, 110.

ORDRES CIVILS ET MILITAIRES. — **1**. Cette expression désigne certaines corporations dont les unes, notamment les ordres militaires, ont été formées en vue d'un service à rendre, d'une mission à remplir, et dont les autres n'ont jamais eu qu'un caractère purement honorifique. Ces dernières ont pour objet d'honorer le mérite et de récompenser par un titre envié de tous les services rendus à l'Etat. C'est un moyen d'entretenir

e noble émulation parmi les citoyens sans imposer à la société
s charges ruineuses.

Division.

§ 1. — *Historique des ordres français et étrangers.*

2. L'antiquité ne nous offre rien d'analogue aux ordres de evalerie. Il existait bien à Rome un ordre des chevaliers qui aait le milieu entre le sénat et le peuple et était comme le lien ces deux ordres. Mais ce n'est pas cette institution qui a servi type aux divers ordres de chevalerie qui, plus tard, se sont ablis dans toute l'Europe. Ces derniers datent des siècles chré-ens; leur origine se rattache généralement au mouvement qui oduisit les croisades. Les plus anciens remontent au 12ᵉ siècle; sont : les *chevaliers de Saint-Jean de Jérusalem* ou *chevaliers Malte*, et les *chevaliers du Temple*. — Cependant quelques iteurs parlent de plusieurs ordres qui auraient une origine plus icienne; ce seraient notamment : l'*ordre de Saint-Antoine*, ui aurait été institué en 370 par un roi d'Ethiopie nommé ean le Saint; l'*ordre de la Sainte-Ampoule*, qu'on prétend avoir é établi par Clovis après son baptême, en 496; l'*ordre de la able-Ronde*, en Angleterre, dont la fondation est attribuée au oi Arthur, en 516; l'*ordre de la Genette*, attribué à Charles artel, qui l'aurait institué en 732, en mémoire de la victoire ar lui remportée sur les Sarrasins entre Tours et Poitiers (ce om de la *Genette*, qui est celui d'un animal un peu plus petit ue la civette, venait, dit-on, de ce qu'entre les dépouilles prises ur les ennemis, on trouva une grande quantité de fourrures de enette); l'*ordre de Frise*, attribué à Charlemagne; l'*ordre de otre-Dame du Lis*, en Espagne, attribué à Garcias V, roi de avarre, qui l'aurait fondé en mémoire d'une guérison miracu-euse, etc. Mais il n'est pas prouvé que ces ordres, ainsi que lusieurs autres que nous ne croyons pas devoir mentionner, ient jamais existé.

3. Parmi ceux dont l'existence est certaine, le plus ancien et plus illustre est l'*ordre de Saint-Jean de Jérusalem*, dont l'ori-ine remonte au commencement du 11ᵉ siècle. Cet ordre, dont histoire est si glorieuse, eut de faibles commencements. En 048, des marchands d'Amalfi, dans le royaume de Naples, ayant obtenu du calife d'Egypte la permission de bâtir à Jérusalem une église du rit latin, sous le titre de *Sainte-Marie-Latine*, y oignirent un monastère destiné à recevoir les pèlerins et le onfièrent aux religieux de Saint-Benoît. Bientôt on construisit près de ce monastère un hôpital et une chapelle, sous l'invocation le saint Jean-Baptiste. Le recteur de cet établissement était nommé par l'abbé de Sainte-Marie, et les frères qui le desser-vaient prenaient le nom d'*hospitaliers*. Après la prise de Jéru-salem par les croisés, en 1099, les revenus de l'hôpital s'étant considérablement accrus par les libéralités de Godefroi de Bouillon et d'autres seigneurs, le recteur, nommé Gérard, ori-ginaire de Provence, résolut, de concert avec les hospitaliers, de se séparer des religieux de Sainte-Marie-Latine, et de former un ordre à part, sous le nom de saint Jean-Baptiste; d'où leur est venu le nom d'*hospitaliers de Saint-Jean de Jérusalem*. En con-séquence, ils prirent, pour se distinguer, l'habit noir avec une croix de toile blanche à huit pointes, et, adoptant la règle de saint Augustin, ils firent, entre les mains du patriarche de Jéru-salem, les trois vœux solennels de pauvreté, d'obéissance et de chasteté, auxquels ils joignirent celui de recevoir les pèlerins et de les défendre contre les infidèles. — En 1113, une bulle du pape Pascal II confirma l'institution du nouvel ordre et ordonna qu'après la mort de Gérard, les recteurs seraient élus par les hospitaliers. — Gérard mourut en 1118 et eut pour successeur Raymond Dupuy, gentilhomme dauphinois, qui donna à l'ordre une règle écrite, approuvée en 1120 par le pape Calixte II, et qui fut le premier grand maître. Comme les revenus de l'hôpital surpassaient de beaucoup ce qui était nécessaire aux besoins des pèlerins et des malades, Raymond crut ne pouvoir mieux faire que d'employer le surplus à faire la guerre aux infidèles. Il divisa donc les membres en trois classes : 1º les nobles, qui étaient destinés à la profession des armes ; 2º les prêtres ou chapelains, qui étaient chargés de tout ce qui avait rapport au culte; 3º en-fin les frères servants, qui, sans être nobles, étaient aussi em-ployés à la guerre. Puis il régla la manière dont on serait reçu dans l'ordre et la discipline à laquelle les frères seraient soumis. — Bientôt l'ordre fut soustrait à la juridiction des évêques et au payement de la dîme. En 1130, Innocent II confirma toutes les institutions de Raymond, et statua que l'étendard de l'ordre serait une croix blanche sur un fond rouge.

L'éclat des services rendus par les hospitaliers de Saint-Jean de Jérusalem leur attirèrent bientôt l'admiration et la re-connaissance de la chrétienté. Ils se virent comblés de biens et d'honneurs. Après la prise de Jérusalem par Saladin, en 1187, ils se retirèrent successivement dans la forteresse de Margat, en Phénicie, puis à Ptolémaïde ou Saint-Jean d'Acre. Lorsque cette ville eut été prise par le soudan d'Egypte, en 1291, les hospitaliers, sous la conduite du grand maître de Villiers, trouvèrent une retraite dans l'île de Chypre, où régnait Guy de Lusignan; obligés d'en sortir dix-huit ans après, ils attaquèrent et prirent l'île de Rhodes, où ils s'établirent en 1309. Ils prirent alors le titre de *chevaliers de Rhodes*. Pendant plus de deux siècles, ils y soutinrent contre les Turcs une lutte héroïque. En 1522, vaincus par Soliman II, qui était venu les attaquer avec des forces immenses, ils se retirèrent, sous la conduite de l'illustre Villiers de l'Ile-Adam, d'abord à Candie, puis en Si-cile, ensuite à Rome, où le pape leur donna la ville de Viterbe pour retraite. Enfin Charles-Quint leur ayant, en 1530, donné l'île de Malte, ils s'y fortifièrent et prirent le nom de *chevaliers de Malte*. Bientôt ils reparurent sur la mer, plus audacieux et plus entreprenants que jamais, chassant partout les corsaires turcs et barbaresques, protégeant et défendant les bâtiments chrétiens. Irrités de leurs exploits, les Turcs vinrent de nouveau les attaquer, en 1565, avec des forces considérables. Mais tous leurs efforts furent vains. Commandés par leur grand maître La Valette et secourus à propos par le vice-roi de Sicile, les che-valiers de Malte opposèrent une résistance invincible. Les infi-dèles furent obligés de se retirer, après avoir perdu beaucoup de monde. Ce fut après ce siége mémorable que le grand maître La Valette posa la première pierre de la cité qui porte son nom et qui devint l'une des plus fortes places de l'univers. Depuis ce temps et pendant les siècles qui suivirent, ils rendirent à la chrétienté des services incessants. Ils prirent notamment une part glorieuse à la bataille de Lépante, et, au 17ᵉ siècle, donnèrent une assis-tance efficace aux Vénitiens, dans la lutte qu'ils eurent à soutenir contre les Turcs. — En 1798, lors de l'expédition d'Egypte, Bonaparte s'empara de l'île de Malte, que les chevaliers durent abandonner. Le grand maître, Hompesch, s'étant retiré à Trieste, abdiqua en faveur de Paul Iᵉʳ, empereur de Russie, qui fut reconnu comme grand maître par le pape et les chevaliers, le 27 oct. 1798. — Cependant, en 1800, les Anglais enlevèrent l'île de Malte aux Français. D'après le traité d'Amiens, ils de-vaient la rendre aux chevaliers; mais ils n'en firent rien et fu-rent confirmés dans sa possession par les traités de 1815. — Après la mort de Paul Iᵉʳ, son fils Alexandre ne lui succéda pas dans la charge de grand maître. Alors le siége de l'ordre fut transféré à Catane en 1801, puis à Ferrare en 1827, et enfin à Rome en 1831. Il n'a plus aujourd'hui qu'une existence nomi-nale, ou du moins ne constitue qu'une institution charitable et honorifique. Le Saint-Père lui a confié à Rome la direction et l'administration de l'hôpital militaire.

4. Disons maintenant un mot du régime intérieur de l'Ordre. Il était gouverné par un grand maître et un conseil, et divisé en un certain nombre de langues ou nations. Le grand maître était sur le pied de prince souverain; il avait le titre d'altesse séré-nissime. Tous les chevaliers sans exception lui devaient obéis-sance en tout ce qui n'était point contraire à la règle et aux sta-tuts de l'Ordre. C'était lui qui donnait les provisions des grands prieurés, des bailliages et des commanderies; mais, dans les affaires importantes, il ne pouvait rien sans le conseil, où il n'avait que deux voix. Ce conseil était composé ordinairement du grand maître et des grands-croix, qui étaient l'évêque de Malte, le prieur de l'église, les baillifs conventuels et les baillifs capitulaires, auxquels se joignaient, quand il était complet, les deux plus anciens chevaliers de chaque langue. — Les langues ou nations étaient au nombre de huit : Provence, Auvergne, France, Italie, Aragon, Angleterre, Allemagne, Castille. Mais l'Angleterre avait cessé d'en faire partie depuis la réforme; elle fut remplacée au dix-huitième siècle par une nouvelle langue, désignée sous le nom d'Anglo-Bavière. Les chefs de ces langues avaient les grandes charges de l'ordre, qui étaient celles de grand commandeur, de grand maréchal, de grand hospitalier, de grand amiral, de grand conservateur, de grand baillif, de grand chancelier, et de turcopalier ou général de la cavalerie et des gardes de la marine. — Pour être chevalier, il fallait prouver quatre quartiers de noblesse du côté paternel et autant du côté maternel. Cependant ceux qui ne remplissaient pas ces conditions pouvaient obtenir des dispenses pour la noblesse maternelle; ils étaient appelés *chevaliers de grâce* ou *de dévotion*, tandis que les premiers étaient les *chevaliers de justice*. — La marque distinctive de l'ordre de Malte était une croix d'étoffe blanche que les chevaliers portaient au côté gauche de leur manteau et de leur habit. Aujourd'hui c'est une croix d'or à huit pointes émaillées de blanc, suspendue à un ruban noir moiré; beaucoup de chevaliers français ajoutent une fleur de lis d'or à chaque angle de la croix.

5. *L'ordre des Templiers* fut fondé à peu près à la même époque que celui des Hospitaliers de Saint-Jean de Jérusalem et, comme lui, eut d'humbles commencements. Hugues de Payens, Geoffroy de Saint-Aldemar et sept autres gentilhommes français, ayant fait le voyage de la Terre-Sainte, formèrent entre eux, à Jérusalem, vers 1118, une société pour protéger les pèlerins, tenir les chemins libres et défendre la religion. En conséquence, ils firent, entre les mains du patriarche de Jérusalem, les trois vœux de chasteté, de pauvreté et d'obéissance. Le roi Baudouin II leur donna une maison proche du temple de Salomon, et c'est de là que leur vint le nom de *chevaliers du Temple* ou de *Templiers*. D'abord ils ne vivaient que d'aumônes; mais bientôt ils s'enrichirent, soit des dons qui leur furent faits, soit des dépouilles des infidèles, et leur nombre s'augmenta. Ils demandèrent alors au Saint-Siége l'approbation de leur institut. Le pape Honorius II les renvoya au concile qui se tenait à Troyes en Champagne. Hugues de Payens et cinq de ses compagnons s'y rendirent en effet. Saint-Bernard, chargé d'examiner les motifs de leur institution, déclara qu'il les trouvait très-saints et lut une règle qu'il avait composée pour eux. D'après cette règle, l'ordre devait être composé : 1° de chevaliers pour commander; 2° de frères servants d'armes pour servir sous les chevaliers; 3° de chapelains pour le service de l'église; 4° de serviteurs domestiques pour l'intérieur de la maison. Le concile approuva par un décret l'institution et la règle et décida que les Templiers prendraient l'habit blanc. Le pape Eugène III y ajouta, en 1146, une croix rouge, pour mieux désigner le vœu qu'ils faisaient d'être toujours prêts à répandre leur sang pour la défense de la religion. — L'ordre prit un essor rapide et devint bientôt la terreur des infidèles. Il était composé pour la plus grande partie de gentilshommes français. Son premier grand maître, Richard de Rilefort, élu quarante ans environ après la fondation de l'ordre, transporta son siége à Saint-Jean d'Acre. Après de grands succès obtenus sur les Sarrasins, il fut vaincu et pris, avec Guy de Lusignan, à la bataille de Tibériade. Lorsque la Terre-Sainte eut été entièrement conquise par les infidèles, les Templiers se répandirent dans toute l'Europe et vinrent établir en France leur siége principal. Ils avaient acquis d'immenses richesses, soit par les donations qui leur avaient été faites, soit par les profits qu'ils avaient retirés de la guerre. Ils étaient aussi devenus très-nombreux. Il y eut un moment où les maisons de l'ordre, dans toute la chrétienté, s'élevèrent à neuf mille. — Leur puissance devait inévitablement porter ombrage, leurs richesses exciter l'envie et la cupidité. Philippe le Bel résolut de les perdre et de s'emparer de leurs dépouilles. Ils n'offraient que trop de prétextes à ses mauvais desseins. Leurs mœur[s] taient promptement corrompues. Des vertus de leurs fonda[t] ils n'avaient conservé que la bravoure. L'ambition, l'or[g] l'impiété, une licence effrénée s'étaient emparés d'eux 13 sept. 1307, au point du jour, tous les Templiers qui se vaient dans le royaume de France furent saisis et jetés dan[s] férentes prisons. Aussitôt leur procès commença dans l'Europe. Le pape Clément V institua des commissions pou[r] juger. A la suite de ces procédures, beaucoup furent livré[s] flammes; d'autres furent condamnés à une dure captivité certain nombre étaient parvenus à s'échapper. Enfin, en 1 dans un consistoire secret tenu au concile de Vienne, le Clément V prononça la suppression de l'ordre et attribu[a] biens à celui des Hospitaliers. — Les Templiers se divis aussi en plusieurs langues, et leurs possessions territoriale[s] plusieurs provinces. Celles-ci à leur tour se subdivisaie[nt] grands prieurés, prieurés et commanderies.

6. *L'ordre de Saint-Lazare*, fondé en Palestine, en 1119, d'abord pour objet le soin des malades et surtout des lépr[eux] mais bientôt il se constitua, sous la règle de saint Augustin un ordre militaire divisé en trois classes : celle des cheval[iers] qui étaient nobles; celle des frères servants qui ne l'étaient et celle des chapelains ou ecclésiastiques. Ils faisaient les vœux de religion, auxquels ils ajoutaient celui de recevoi[r] lépreux dans des maisons fondées à cet effet, de protéger les lerins contre les attaques des Sarrasins et de combattre pou[r] foi. Puis ils prenaient une croix verte pour se distinguer. — reconnaissance de leurs services, les papes leur accordèren[t] grands priviléges et les princes de riches possessions. Louis VII, à son retour de Palestine, en amena une partie France, leur confia l'administration de toutes les maladreries royaume, et leur donna, avec le château de Boigny, près d'[Or]léans, un château et une chapelle royale près de Paris, au qui devint plus tard le faubourg Saint-Lazare, avec le droi[t] chauffage dans le bois de Vincennes. Le château de Boigny vint le siége de l'ordre, et son chef prit le titre de *grand ma[ître] de Saint-Lazare, tant deçà que delà les mers*. — Mais au q[ua]torzième siècle cet ordre tomba dans le relâchement. D'aille[urs] son utilité diminua à mesure que les lépreux devinrent p[lus] rares. En 1490, le pape Innocent IV tenta de le supprimer e[t] le réunir avec tous ses biens à l'ordre de Saint-Jean de Jéru[sa]lem; mais ses tentatives furent vaines. Enfin il finit par ê[tre] réuni, en 1572, à l'ordre de Saint-Maurice en Savoie, et en 16 à l'ordre de Notre-Dame du Mont-Carmel en France.

7. *L'ordre d'Albrac* ou *d'Aubrac*, fondé en 1120, sur montagne de ce nom, à quelques lieues d'Orthez, dut son orig[ine] à un vœu. Alard ou Adulard, vicomte de Flandres, passant cette montagne, fut attaqué par des voleurs. Il fit vœu, échappait au danger, de former en ce lieu même un établis[se]ment destiné à recevoir les pèlerins et à protéger leur passa[ge]. Ayant été exaucé, il bâtit un monastère et forma, pour le d[es]servir, une communauté dont il fut le premier supérieur et était composée de cinq sortes de personnes : de chevaliers po[ur] escorter les pèlerins, donner la chasse aux voleurs et défend[re] la maison; de prêtres pour le service de l'église; de frères cle[rcs] et laïcs pour le service de l'hôpital; de *donnés* pour en soign[er] les biens; enfin de dames pour le service intérieur. Cet ordr[e] dont la fondation fut approuvée par le pape Alexandre III 1162 et par plusieurs autres, fut bientôt richement doté. A [di]verses reprises les chevaliers de Saint-Jean de Jérusalem et templiers tentèrent de l'absorber; mais ils n'y réussirent pa[s]. Cependant le relâchement et le dérèglement finirent par s'y i[n]troduire. Il fut supprimé en 1697 par Louis XIV. — La marq[ue] de l'ordre était une croix de taffetas bleu à huit pointes.

8. Vers 1143, quelques gentilshommes portugais, s'éta[nt] lignée contre les Maures, formèrent un ordre de chevalerie, so[us] le nom de *Nouvelle milice*. Leur association fut approuvée p[ar] Alphonse Henriquez, premier roi de Portugal, et Jean de Cirit[a] abbé de Taronca, leur donna des constitutions. En 1166, Géral[d] sans-Peur ayant surpris la ville d'Evora, Alphonse les y établ[it] et ils portèrent le nom d'*ordre d'Evora* jusqu'à l'époque où, roi Alphonse II leur ayant donné la ville et le château d'Av[is] pour résidence, ils prirent le nom d'*Avis*, qu'ils n'ont pl[us] quitté. — Cet ordre remporta de grands avantages sur les Maures d'Espagne, et contribua puissamment à leur expulsion. — Les rois de Portugal sont devenus grands maîtres de cet ordre, et en 1789 la reine Marie en a fait l'ordre du mérite militaire de Portugal. — Il est divisé en trois classes : celle des grands-croix, au nombre de six; celle des commandeurs, au nombre de quarante-neuf, et celle des chevaliers, dont le nombre est illimité. — Sa marque caractéristique est une croix fleurdelisée, semblable à celle de Calatrava, excepté qu'elle est verte. Cette croix, pour les grands-croix et pour les commandeurs seulement, est surmontée d'un cœur d'émail rouge.

9. L'*ordre de l'aile de Saint-Michel* fut institué en 1147, par Alphonse Henriquez, premier roi de Portugal, en mémoire de la prise de Santarem, sur les Maures, le jour de la fête de Saint-Michel. Les chevaliers devaient être nobles et de la cour du prince; ils suivaient la règle de saint Benoît. Ils faisaient vœu de défendre la religion chrétienne, de protéger les veuves et les orphelins. Rien ne prouve que cet ordre ait survécu à son fondateur.

10. L'*Ordre des dames de la Hache* fut institué, en Espagne, en mémoire d'un fait analogue à celui qui, en France, a immortalisé le nom de Jeanne Hachette. En 1149, la ville de Tortose était assiégée par les Maures et réduite à l'extrémité. En cette occurrence, les femmes montèrent sur les murailles et combattirent si vaillamment, que les assaillants furent forcés à la retraite. A la suite de ce mémorable événement, Raymond Bérenger, comte de Barcelone, institua en leur faveur un ordre de chevalerie sous le nom de *Dames de Passe-Temps*, ou *de la Hache*, parce qu'elles portaient une hache rouge sur leurs habits.

11. La fondation de l'*ordre de Calatrava* (Espagne) remonte à l'année 1158. Les Maures occupaient une partie de l'Espagne et menaçaient la place de Calatrava, en Andalousie, défendue par les Templiers. Les chevaliers, craignant de ne pouvoir la sauver, la remirent à Sanche III, roi de Castille. Au milieu de la consternation générale, deux moines de Cîteaux, Raymond, abbé de Fiterno, et Diego Velasquez, qui, avant d'embrasser la vie religieuse, avaient porté les armes, s'offrirent à la défendre. Don Sanche la leur donna et les autorisa à y fonder un ordre militaire de chevalerie. Ils mirent de suite la main à l'œuvre, armèrent les frères laïques du couvent, et, secondés par l'archevêque de Tolède, levèrent une armée considérable avec laquelle ils entrèrent dans la ville, dont ils prirent possession. Les Maures, étonnés de leurs préparatifs, renoncèrent à leur entreprise. L'abbé Raymond s'appliqua alors à former son nouvel ordre, auquel il donna le nom de Calatrava. Le chapitre général de Cîteaux, dont il dépendait, donna aux chevaliers une règle et un habit convenable à des gens de guerre. — Après la mort de Raymond, en 1163, les chevaliers de Calatrava, ne voulant plus avoir de moines avec eux ni être gouvernés par un abbé, élirent pour premier grand maître don Garcias de Redon, l'un d'entre eux. — Le pape Alexandre III confirma l'ordre par une bulle de 1164, et approuva la règle qui lui avait été prescrite par le chapitre de Cîteaux. D'après cette règle, ils devaient porter des chemises de serge; leurs tuniques devaient être faites de manière à ce qu'elles ne les empêchassent pas de monter à cheval; leurs manteaux pouvaient être doublés de peau d'agneau; enfin le scapulaire était l'habit de religion. Le pape leur permit aussi de recevoir des chapelains pour leur administrer les sacrements. — Cet ordre se distingua par sa bravoure dans les guerres incessantes dont l'Espagne était le théâtre entre les chrétiens et les infidèles, et, grâce aux bienfaits dont il fut comblé par les rois de Castille et d'Aragon, pour prix de ses services, il prit de grands et rapides accroissements. Mais ils ne restèrent point fidèles à l'esprit de leur institut; on les vit se diviser entre eux, se battre même et se mêler aux querelles des princes qui possédaient l'Espagne. Enfin, en 1489, après la mort de don Garcia Lopez de Padilla, leur grand maître, comme ils se préparaient à lui élire un successeur, Ferdinand le Catholique obtint du pape Innocent VIII une bulle qui lui donnait l'administration de l'ordre, et bientôt après la grande maîtrise fut réunie à la couronne d'Espagne. — Depuis, le pape Paul III les a dispensés du serment de chasteté, et leur a permis de se marier une fois. — Comme tous les ordres d'Espagne, ils ajoutaient à leurs autres vœux celui de défendre et soutenir la croyance à l'immaculée conception. — Aujourd'hui le titre de chevalier de Calatrava est purement honorifique. Sa marque est une croix rouge fleurdelisée.

12. Il règne quelque incertitude sur la date de la fondation de l'*ordre de Saint-Jacques-de-l'Epée*, que quelques-uns placent en 1161, d'autres en 1170, d'autres enfin en 1175. Quoi qu'il en soit, cet ordre fut établi pour protéger contre les Maures les pèlerins de Saint-Jacques de Compostelle. Des chanoines de Saint-Eloi avaient un hôpital sur la route. Treize gentilshommes leur proposèrent de s'unir à eux pour garder les chemins, et c'est ainsi que l'ordre fut fondé. Il adopta la règle de saint Augustin. Confirmé par le pape en 1172 ou 1175, il s'étendit en Espagne et se rendit célèbre par ses travaux et ses services. Mais le désordre finit aussi par y pénétrer. Après la mort d'Alphonse de Cardenna, le dernier grand maître, en 1493, le pape Alexandre VI réunit la grande maîtrise à la couronne de Castille, en faveur de Ferdinand le Catholique. Depuis cette époque, les rois d'Espagne se sont plu à conserver le titre de grand maître de l'ordre de Saint-Jacques-de-l'Epée. — Les chevaliers doivent faire preuve de quatre races, tant du côté paternel que du côté maternel. — Dans le principe, ils étaient véritablement religieux et faisaient vœu de chasteté. Mais depuis ils avaient obtenu la permission de se marier. — Cet ordre est le plus considérable des trois grands ordres d'Espagne. Sa marque est un collier d'or à triple chaîne, d'où pend une croix rouge en forme d'épée, dont le pommeau est fait en cœur et le bout de la garde en fleur de lis.

13. L'*ordre d'Alcantara* porta d'abord le nom de *Saint-Jean-du-Poirier*. Son origine est inconnue. En 1177, il fut reconnu et confirmé, comme ordre militaire, par une bulle d'Alexandre III. Les nouveaux chevaliers furent placés sous la règle de saint Benoît : ils s'imposèrent l'obligation spéciale de faire une guerre perpétuelle aux Maures jusqu'à leur entière expulsion du royaume de Léon. — Vers 1212, Alphonse IX, roi de Castille, ayant conquis Alcantara, ville de l'Estramadure, en confia la garde aux chevaliers de Calatrava : ceux-ci, cinq ans après, la remirent aux chevaliers de Saint-Jean-du-Poirier, qui, dès ce moment, prirent le nom d'Alcantara, qu'ils n'ont plus quitté depuis. — L'administration de cet ordre, qui a rang après l'ordre de Calatrava, fut réunie à la couronne d'Espagne sous le règne de Ferdinand V, dit le Catholique. Les chevaliers demandèrent alors la permission de se marier, et le pape Innocent VIII la leur accorda. — La croix d'Alcantara est semblable à celle de Calatrava, excepté seulement qu'elle est verte, tandis que celle de Calatrava est rouge.

14. L'*ordre Teutonique* était ainsi nommé parce qu'il n'était composé que d'Allemands. Il fut fondé en 1190. Au siége de Saint-Jean d'Acre, par Guy de Lusignan, roi de Jérusalem, quelques gentilshommes de Brême et de Lubeck, touchés de l'abandon où se trouvaient les soldats allemands malades ou blessés, formèrent, avec une voile de navire, une espèce d'hôpital où ils les retiraient et les soignaient. Bientôt d'autres gentilshommes de la même nation se joignirent à eux. De là naquit la pensée de constituer un troisième ordre militaire, sur le modèle de ceux de Saint-Jean de Jérusalem et du Temple. Frédéric, duc de Souabe, fit demander au pape Célestin III la confirmation de cet ordre. Cette confirmation fut donnée par une bulle du 23 fév. 1192, qui plaçait l'ordre sous la règle de saint Augustin, imposait aux nouveaux chevaliers les mêmes obligations qu'aux hospitaliers et aux templiers; leur accordait les mêmes indulgences, priviléges et immunités, sans toutefois les exempter de la juridiction épiscopale et de la dîme, et leur donna pour vêtement le manteau blanc chargé d'une croix noire. Le premier grand maître fut Henri de Valpot. Après la prise de Saint-Jean d'Acre par les chrétiens, il bâtit près de cette ville une église avec un hospice où il établit sa résidence; puis il donna à l'ordre ses constitutions, dont la principale portait que quiconque se présenterait pour être reçu chevalier devrait, indépendamment des trois vœux de chasteté, de pauvreté et d'obéissance, faire le serment qu'il était allemand de nation, né d'une famille noble et sans reproche. — Sous Hermand de Salz, son quatrième grand maître, élu en 1210, et ses successeurs, l'ordre Teutonique prit un développement extraordinaire; il fut comblé de faveurs par les princes et acquit d'immenses possessions, non-seulement en Orient, mais aussi en Europe, surtout en Italie et en Allemagne; il devint une puissance. Appelé par le roi de Pologne à défendre la Mazovie et la Cujavie, désolées par les Prussiens, alors barbares et idolâtres, il soumit la Prusse, la Livonie, la Samogitie, la Poméranie, et civilisa ces contrées en y répandant le christianisme. Lorsque Saint-Jean d'Acre eut été repris par les infidèles, en 1291, le corps de l'ordre passa en Europe, et, en 1309, le grand maître Sigefrid en fixa le siége à Marienbourg, en Prusse. C'est de là qu'il domina sur les vastes contrées qu'il avait soumises et qui occupaient presque tout le littoral de la Baltique.— Mais les chevaliers teutoniques ne restèrent pas fidèles à l'esprit de leur institution. Le luxe et la débauche leur firent perdre le prestige qu'ils avaient acquis par leurs vertus; leurs divisions intestines les affaiblirent; leur orgueil et leur tyrannie soulevèrent les peuples qu'ils opprimaient, provoquèrent la jalousie et l'inimitié de leurs voisins. Les Prussiens se révoltèrent, et les rois de Pologne prirent les armes contre eux. Après de longues guerres, ils perdirent la Prusse occidentale. En 1525, Albert de Brandebourg, qui était alors grand maître, se déclara pour la réforme de Luther, avec un grand nombre de chevaliers, renonça à sa dignité, détruisit les commanderies et enleva à l'ordre la Prusse orientale. Les chevaliers restés fidèles transférèrent le siége de l'ordre à Marienthal, en Franconie, et y élurent pour grand maître Walter de Cromberg. Depuis ce temps, l'ordre n'a plus été que l'ombre de lui-même et n'a conservé que quelques propriétés en Allemagne, en Hongrie, en Italie. — Par une lettre du 17 fév. 1806, l'empereur d'Autriche François Ier a confirmé à l'ordre la possession des biens qui avaient été mis à la disposition de la maison d'Autriche après la conclusion de la paix de Presbourg. En 1840, ses statuts ont été renouvelés et appropriés aux circonstances actuelles. Aujourd'hui l'ordre Teutonique est considéré dans l'empire d'Autriche comme un établissement de chevalerie indépendant et religieux, cependant sous la condition d'une allégeance à l'empire. L'empereur est le protecteur de l'ordre; le grand-maître est un archiduc.

15. Il est permis à l'ordre Teutonique d'augmenter à sa volonté dans toutes les provinces de l'empire ses biens meubles et immeubles. Les chevaliers et les prêtres sont considérés comme des religieux d'après les vœux de l'ordre; cependant ils conservent la jouissance de leurs biens. Ils peuvent aussi, après être entrés dans l'ordre, acquérir par héritage ou autrement, non-seulement des propriétés allodiales, mais encore des fiefs et des fidéicommis, pourvu qu'ils restent dans les limites prescrites par l'institution des fidéicommis. Toutefois ils ne peuvent accepter des donations s'élevant au delà de trois cents ducats sans l'autorisation préalable du grand maître. — Les dernières volontés d'un membre de l'ordre sont nulles si le grand maître n'y a donné son consentement. Si le chef supérieur ou un membre de l'ordre meurt sans avoir fait un testament valable, ses biens reviennent à l'ordre comme domaines allodiaux. — Les membres de l'ordre ne sont soumis aux supérieurs que pour les affaires qui regardent l'ordre Teutonique; ils sont assujettis pour toute autre chose aux autorités ordinaires. — Les membres de l'ordre font vœu de célibat et de chasteté; ils ont un costume religieux, et, en outre, un uniforme militaire. Chaque membre reçoit une commanderie; l'ancienneté donne droit aux plus importantes ainsi qu'aux dignités de l'ordre.

16. On n'est point d'accord sur l'origine de l'*ordre de Constantin*. Le P. Hélyot, dans son Histoire des ordres religieux et militaires, attribue son institution à Ange Comnène et la place en 1190, parce que ce fut cet empereur qui lui donna ses statuts en 1190. Après la prise de Constantinople par les Turcs, en 1453, cet ordre fut transféré en Italie par une partie de la famille des Comnène. Il y fut accueilli et favorisé par plusieurs papes successivement. — On ne peut citer de cet ordre ni faits glorieux ni services signalés. On prétend cependant qu'il se distingua lors du siége de Vienne en 1682. — La maîtrise de l'ordre se conserva dans la famille des Comnène jusqu'en 1699, où Jean-André-Flave Comnène la céda à perpétuité au duc de Parme, Jean-François Farnèse, qui fit faire une nouvelle compilation des statuts. — Cet ordre fut transporté à Naples en 1734 par l'infant d'Espagne don Carlos, qui en devint grand maître en devenant duc de Parme. Il fut aboli en 1806 par le roi Joseph Bonaparte. Mais, en 1816, l'archiduchesse Marie-Louise, femme de l'empereur Napoléon, devenue duchesse de Parme, Plaisance et Guastalla, le rétablit dans ses Etats. La grande maîtrise de l'ordre fut alors contestée entre cette princesse et le roi de Naples. Depuis cette époque, l'ordre était conféré par les souverains des deux pays. L'ordre se divisait en chevaliers Grands-Croix, ayant titres de sénateurs; chevaliers de justice; chevaliers du mérite; frères servants; écuyers. — La croix de l'ordre portait les lettres suivantes : I. H. S. V., c'est-à-dire : *In hoc signo vinces*.

17. Guy de Lusignan, qui avait échangé avec Richard Cœur-de-Lion le titre de roi de Jérusalem contre le royaume de Chypre, y fonda, en 1192, l'*ordre de Chypre*, pour l'opposer aux irruptions des infidèles. Il le composa de trois cents gentilshommes, la plupart français, qu'il avait amenés de Palestine, et mit à leur tête son frère Amaury, connétable du royaume. Il leur donna une épée sur laquelle était gravée cette devise : *Securitas regni*. En la recevant, les chevaliers firent vœu de l'employer pour la défense de la foi, le soutien de l'Eglise, l'appui de la justice et la tranquillité publique. Ils étaient soumis à la règle de saint Basile. — Cet ordre a subsisté avec éclat tant que la maison de Lusignan a possédé la couronne de Chypre. Il fut aboli après que Catherine Cornaro, veuve de Jacques de Lusignan, eut cédé le royaume aux Vénitiens, qui en ont été les maîtres jusqu'en 1571, où les Turcs s'en sont emparés.

18. Nous devons mentionner encore, avant de quitter le douzième siècle, quelques ordres obscurs qui paraissent y avoir pris naissance. Ce sont : 1° *l'ordre du Saint-Esprit de Montpellier*, fondé par Guy, fils de Guillaume, seigneur de Montpellier, ordre mixte, composé de religieux et de laïques, et qui fut supprimé par Pie II, en 1459; 2° *l'ordre de Saint-Blaise*, fondé en Arménie par les rois de ce pays, composé de laïques, dont la mission était de s'opposer, par la force des armes, aux hérétiques qui infestaient le royaume de leurs dogmes, et d'ecclésiastiques qui faisaient des missions; 3° *l'ordre de Sainte-Catherine du mont Sinaï*, formé, à ce qu'on croit, pour assister et protéger les pèlerins qui allaient visiter le corps de Sainte-Catherine d'Alexandrie, vierge illustre qu'on croit avoir souffert le martyre sous l'empereur Maximien; 4° *l'ordre de Saint-Jean et Saint-Thomas*, établi à Saint-Jean d'Acre, en Palestine, pour faire la guerre aux infidèles, donner la chasse aux voleurs et faciliter le passage aux pèlerins qui visitaient la Terre-Sainte; il fut réuni à l'ordre de Saint-Jean de Jérusalem; 5° *l'ordre de Montjoie*, établi en Palestine au temps des premières croisades pour escorter et diriger les pèlerins qui visitaient les Saints-Lieux; lorsque la Terre-Sainte eut été reprise par les infidèles, ils passèrent en Espagne et bientôt furent réunis, partie à l'ordre de Calatrava, partie à l'ordre d'Alcantara; — 6° *l'ordre de Dobrin*, établi par Conrad, duc de Mazovie et de Cujavie, provinces de Pologne, pour défendre ses Etats contre les invasions des Prussiens, alors barbares et idolâtres; mais cet ordre, peu nombreux et peu aguerri, n'était point à la hauteur de ce rôle, et fut en suite réuni à l'ordre Teutonique.

19. L'*ordre de Livonie*, appelé aussi *ordre des Frères du Christ, des Deux-Epées* ou *des Porte-Glaives*, fut fondé dans les premières années du treizième siècle, en vue de seconder les efforts d'Albert Ier, évêque de Livonie, pour convertir au christianisme ce pays encore idolâtre. Deux Allemands, Engilbert et Thierri de Tissench, touchés de son zèle et de son courage, se réunirent à un certain nombre de riches Allemands pour fonder un ordre de chevalerie. Ils se présentèrent à Albert en 1204, firent entre ses mains le triple vœu de pauvreté, de chasteté et d'obéissance, et s'engagèrent en outre à faire la guerre aux infidèles. Albert leur donna la règle de Cîteaux, avec la robe de serge et le manteau noir, chargé, sur l'épaule gauche, d'une épée rouge croisée de noir, et sur l'estomac, de deux épées pareilles, passées en sautoir, les pointes en bas, d'où leur est venu le nom de *Porte-Glaives*. — Innocent III approuva cet ordre, et lui céda pour toujours la jouissance de ce qu'il pourrait conquérir sur les païens. Sous la conduite de leur premier grand maître, ils s'emparèrent de la Livonie, d'où ils chassèrent les Danois ; mais bientôt, se sentant trop faibles pour garder leur conquête, ils prirent la résolution de s'unir à l'ordre Teutonique, ce qu'ils firent en 1238, avec l'approbation du pape Grégoire IX. Ils s'en séparèrent après l'apostasie d'Albert de Brandebourg, en 1525, et eurent encore six grands maîtres; mais le sixième embrassa aussi le luthéranisme, et l'ordre s'éteignit alors pour toujours.

20. En 1215, Frédéric II, empereur d'Allemagne, voulant reconnaître les services que lui avaient rendus l'abbé et la noblesse de Saint-Gal dans sa lutte contre Othon IV, empereur déposé, institua en Suisse l'*ordre de l'Ours*, ou *de Saint-Gal*, qui n'a pas eu une longue durée, et qui a fini avec la domination de la maison d'Autriche en Suisse. C'étaient les abbés de Saint-Gal qui le conféraient, et les chevaliers, qui devaient être nobles, s'engageaient à défendre l'Eglise contre les infidèles.

21. L'*ordre de Notre-Dame de la Merci* fut institué en 1218 par saint Pierre Nolasque, gentilhomme du Languedoc. Emu d'une pitié profonde pour le sort des chrétiens captifs chez les Maures, soit d'Espagne, soit d'Afrique, il conçut la pensée de fonder un ordre de chevalerie consacré à les racheter. Il s'en ouvrit à Jacques Ier, roi d'Aragon, qui l'approuva, et l'institution de l'ordre fut décidée. D'autres gentilhommes et des prêtres se joignirent à lui. Aux trois vœux ordinaires de religion ils joignirent celui d'engager leurs propres personnes et de demeurer en captivité, s'il était nécessaire, pour la délivrance des captifs. — En 1230, le pape Grégoire IX approuva le nouvel institut et lui donna la règle de saint Augustin. — Le roi avait assigné pour demeure au nouvel ordre une partie des bâtiments de son palais; mais bientôt, la renommée du bien qu'il faisait ayant attiré une multitude de gens de qualité qui de tous les pays de l'Europe accouraient demander l'habit, le palais ne suffit plus pour contenir tant de monde. Pierre de Nolasque bâtit alors à Barcelone un magnifique couvent qui devint le chef-lieu de l'ordre. — Au commencement du quatorzième siècle, des divisions éclatèrent dans son sein, à la suite d'une élection dans laquelle les prêtres, qui étaient les plus nombreux, avaient élevé un des leurs au généralat. Le pape Clément V, par une bulle de 1308, décida qu'à l'avenir le général serait toujours un prêtre, et cette disposition fut confirmée par le pape Jean XXII. De là résulta une scission. Les chevaliers se séparèrent et il y eut dès lors deux ordres de la Merci : celui des chevaliers et celui des prêtres.

22. L'*ordre du Danebrog*, en Danemark, fut fondé en 1219 par Waldemar II, roi de Danemark. Sa création eut pour objet de perpétuer le souvenir d'un prodige. Les Danois étaient aux prises avec les Livoniens et pliaient; tout à coup le bruit se répand qu'un drapeau leur est tombé du ciel : leur courage se ranime et ils sont vainqueurs. Le drapeau miraculeux, sur lequel on voyait une croix blanche, fut nommé *danebrog*. On le portait à la tête des troupes. Ce drapeau ayant été perdu vers l'an 1500 et l'ordre de chevalerie institué par Waldemar s'étant éteint, Christian V le renouvela en 1671. D'après les statuts de 1693, il ne doit y avoir dans cet ordre que cinquante chevaliers et aucun au-dessous de vingt-cinq ans. Il n'est pas nécessaire d'être noble pour être honoré de l'ordre du Danebrog, il suffit d'avoir rendu des services importants au royaume. Le roi de Danemark est le grand maître de l'ordre.

23. En 1229, plusieurs prélats et seigneurs de Gascogne instituèrent, sous le nom d'*ordre de la Foi et de la Paix*, un ordre de chevalerie destiné à réprimer les violences des routiers et des Albigeois, ainsi que l'injustice de ceux qui retenaient les biens ecclésiastiques. Cet ordre n'a eu qu'une très-courte durée. Confirmé par le pape Grégoire IX, en 1230, il s'est éteint en 1261.

24. L'*ordre de Notre-Dame de Gloire*, dit aussi *des frères de la Jubilation*, fut institué à Vicence, en 1233, par un dominicain, nommé Barthélemy, qui fut évêque de cette ville, pour réprimer les perturbateurs du repos public et les violateurs de la justice. Le pape Urbain IV l'approuva en 1262. On n'y faisait pas d'autre vœu que celui d'obéissance. Il fallait, pour y être admis, être noble de père et de mère. Les membres de cet ordre ne vivaient pas en commun ; chacun demeurait dans sa famille; on se réunissait au besoin. Cet ordre acquit de grands biens, et insensiblement ses membres en vinrent à passer le temps dans la joie et les plaisirs, au lieu de s'acquitter des devoirs de leur état. Aussi le peuple les appela-t-il les *frères joyeux* ou *frères de la jubilation*. Ils furent supprimés en 1589, et leurs biens furent donnés par Sixte-Quint au collége de Montalte.

25. Charles d'Anjou, frère de saint Louis, après sa victoire sur Mainfroi, son compétiteur au trône de Naples, institua, en 1266, l'*ordre de l'Eperon*, pour en conserver la mémoire. Le chevalier admis dans cet ordre jurait sur les saints Evangiles qu'il ne porterait jamais les armes contre le roi, à moins d'y être obligé par son légitime seigneur; et en ce cas il devait rendre au roi la marque de l'ordre, sous peine d'être réputé infâme et mis à mort s'il était fait prisonnier; il jurait en outre de défendre de toutes ses forces, dès qu'il en serait requis, les dames et les orphelins abandonnés, si leur cause était juste. Cet ordre, après avoir brillé d'un vif éclat, s'éteignit, pour ainsi dire, avec son fondateur.

26. Après l'extinction de l'ordre des templiers, Jacques II, roi d'Aragon, afin de combler un vide dont les Maures auraient pu profiter, institua, en 1316, dans la ville de Montesat, un nouvel ordre qui reçut le nom de *Notre-Dame de Montesat*. Le pape Jean XXII le confirma et lui donna la règle de saint Benoît. Les biens que les Templiers possédaient dans le royaume de Valence lui furent attribués. Comme ses premiers chevaliers avaient été tirés de l'ordre de Calatrava, il resta dans sa dépendance et fut soumis à sa juridiction. A la mort de son 14e grand maître, les rois d'Espagne devinrent, dans la personne de Philippe II, administrateurs perpétuels et grands maîtres.

27. L'*ordre du Christ*, en Portugal, paraît être une branche conservée de l'ordre des Templiers. En accueillant les chevaliers du Temple dans leurs Etats, les rois de Portugal avaient pris de sages précautions dont l'effet fut de les maintenir dans le devoir et la soumission ; en sorte qu'on ne vit point se produire en ce pays les désordres qui ailleurs amenèrent la suppression de l'ordre. La bulle de Clément V ne reçut en Portugal qu'une exécution apparente. Après sa mort, des négociations furent entamées avec son successeur, et ces négociations aboutirent à un heureux résultat. En 1319 fut expédiée une bulle qui statuait : 1° que les biens des templiers en Portugal seraient la dotation d'un ordre militaire ; 2° que les membres de cet ordre auraient le nom de *chevaliers du Christ* (c'était, du reste, la dénomination religieuse des templiers); 3° que ces chevaliers auraient la règle de Cîteaux; 4° que leur habit serait un manteau blanc avec une croix rouge. — Un chevalier d'*Avis* fut déclaré grand maître du nouvel ordre, et les premiers chevaliers qu'il reçut furent les anciens templiers, et il est même à remarquer que ceux d'entre eux qui, se croyant libres, ne se présentèrent pas, y furent contraints par les censures ecclésiastiques. Le décret par lequel le roi accepta la bulle de Jean XXII déclarait formellement que le nouvel ordre n'était que la réformation de l'ordre des templiers. — Les nouveaux chevaliers, sous la conduite de don Henri, fils du roi Jean Ier, eurent une grande part à la découverte des nouvelles colonies portugaises. Pour reconnaître leurs services, le roi leur accorda de grands priviléges dans les pays découverts. Bientôt la suprématie de l'ordre fut pour toujours annexée à la personne du souverain. — L'ordre du Christ est aujourd'hui divisé en trois classes : les grands-croix, les commandeurs, les chevaliers. — Le chef-lieu de l'ordre est dans la ville de Thomar.

28. Il existait aussi un *ordre du Christ* dans les Etats romains. Fondé en 1320, par le pape Jean XXII, sous la règle de saint Augustin, à l'instar de celui de Portugal, il fut agrégé à ce dernier, sans toutefois pouvoir prétendre à ses commanderies. Depuis longtemps les papes confèrent rarement cet ordre, et seulement à de hauts personnages. Il n'y a qu'une seule classe.

29. L'*ordre de Saint-Jacques de l'Epée*, en Espagne (V. *supra*, n° 12), avait des établissements en Portugal. Vers 1320, le roi Denis obtint du pape la faculté d'en former un ordre à part, qui porta le même nom et eut la même règle que celui dont il sortait. Plus tard, le roi Jean III en réunit la grande maîtrise à sa couronne. Par un décret de 1589, cet ordre est devenu l'*ordre du Mérite civil de Portugal*. Il est divisé en trois classes : celle des grands-croix, celle des commandeurs et celle des chevaliers.

30. L'*ordre de l'Aigle-Blanc* fut institué en 1325 par Ladislas V, roi de Pologne, à l'occasion du mariage de son fils avec la princesse Anne, fille du grand-duc de Lithuanie. Il fut renouvelé en 1705 par Frédéric-Auguste Ier, électeur de Saxe et roi de Pologne. Il était l'apanage des grandes familles polonaises. Plus tard, l'impératrice Catherine II, qui en disposait comme d'un des siens, le donna aussi à beaucoup de seigneurs russes. Depuis, il a été réuni aux ordres impériaux de Russie.

31. L'*ordre de la Bande* ou *de l'Echarpe*, en Espagne, ainsi nommé parce que les chevaliers portaient une écharpe rouge, fut institué par Alphonse XI, roi de Castille, en 1332, pour récompenser les belles actions des gens de guerre. On n'y recevait que des nobles; mais pour y entrer il fallait avoir servi au moins dix ans dans les armées ou à la cour. On n'y faisait d'autres vœux que celui d'être fidèle au roi et de combattre pour la défense de la foi catholique. Philippe V releva cet ordre qui était tombé; depuis, il a cessé d'exister.

32. L'*ordre des Séraphins*, établi en Suède en 1334, du moins suivant l'opinion commune, a été restauré en 1748 par le roi Frédéric Ier. D'après les constitutions qui lui ont alors été données, les rois de Suède sont grands maîtres de l'ordre. Quand un roi veut nommer des chevaliers ou des officiers de son ordre, il assemble son sénat, et alors il a deux suffrages, en qualité de chef et grand maître, et chaque sénateur du royaume en a un. Il faut les deux tiers des voix pour une nomination. Excepté les princes du sang, de ligne masculine, qui sont chevaliers en naissant, nul ne peut être admis dans les Séraphins, s'il n'est déjà chevalier de l'ordre de l'Epée ou de l'Etoile polaire, et, après sa nomination, il devient commandeur de celui des deux ordres auquel il appartient, et doit en porter la marque avec celle des Séraphins. — Les chevaliers, à leur réception, jurent de défendre la religion chrétienne au péril de leur fortune et de leur vie, de servir fidèlement le roi et l'Etat, de protéger les veuves, les orphelins et les pauvres, et de procurer leur bien par tous les moyens possibles. Les chevaliers, qui ne peuvent dépasser le nombre de trente-deux, doivent être pris dans la première noblesse et dans les plus hauts emplois, civils et militaires.

33. Quelques auteurs ont voulu faire remonter à Richard Ier, roi d'Angleterre, l'institution de l'*ordre de la Jarretière*; mais, d'après l'opinion commune, c'est Edouard III qui en est le véritable fondateur en 1334. On explique diversement l'origine de cet ordre célèbre. La version la plus accréditée est celle qui la rapporte à une anecdote à laquelle est mêlé le nom de la comtesse de Salisbury. Cet ordre a toujours eu un grand éclat. Des rois et princes souverains d'Europe se sont fait un honneur d'y être admis. Il est composé de vingt-cinq chevaliers, non compris le roi, qui en est le grand maître, les princes de la famille royale et les étrangers. Les Anglais de la haute noblesse peuvent seuls y aspirer. Il forme un corps, ou une société, qui a son grand et petit sceau, et pour officiers un prélat, un chancelier, un greffier, un roi d'armes et un huissier. Il entretient de plus un doyen et douze chanoines, des porte-verges, et vingt-six pensionnaires ou pauvres chevaliers. Il est sous la protection de saint Georges. Les nominations des chevaliers se font en chapitre. Le chancelier de l'ordre recueille les voix, puis les remet au souverain, qui prononce. Les membres de l'ordre forment un chapitre qui se réunit au château de Windsor, dans la chapelle de Saint-Georges, le 22 avr. de chaque année. La décoration consiste en une jarretière de velours bleu foncé, bordée d'or, avec la devise en or : *Honni soit qui mal y pense*. On l'attache au-dessous du genou gauche avec une boucle en or. Les chevaliers ne doivent pas paraître en public sans la jarretière.

34. A l'exemple d'Edouard III, le roi de France Jean, dit le Bon, voulut instituer aussi un ordre de chevalerie. Il fonda l'*ordre de l'Etoile* en 1352, et créa tout d'abord cinq cents chevaliers. Cette distinction se trouvant ainsi multipliée à l'excès, l'ordre se trouva avili dès son origine. Il fut supprimé par Charles VIII, à cause de l'ordre de Saint-Michel, que Louis XI, son père, avait fondé. — Outre les devoirs de fidélité au prince, de zèle pour la religion, de protection envers les veuves, les pauvres et les orphelins, les chevaliers étaient obligés de dire tous les jours cinq dizaines d'*Ave Maria* et cinq *Pater* pour le roi et son Etat.

35. L'*ordre du Saint-Esprit au Droit-Désir*, ou *du Nœud* fut institué à Naples, en 1352, par Louis d'Anjou, dit de Tarente, époux de Jeanne Ire, reine de Naples, en mémoire de ce qu'il avait été couronné roi de Jérusalem et de Sicile le jour de la Pentecôte. Les chevaliers juraient de donner aide et secours au prince, à la guerre, et en toute autre occasion. Ils devaient porter sur leurs habits un nœud, en forme de lacs d'amour, dont la couleur était à leur volonté, et sur lequel était écrit : *Se Dieu plait*. Ce nœud était le symbole de l'attachement sincère et durable qui devait les unir au prince. Les chevaliers s'assemblaient tous les ans, le jour de la Pentecôte, dans le château de l'OEuf, à Naples. Ils devaient y donner par écrit tous les faits d'armes qu'ils avaient exécutés pendant l'année, et ceux qui étaient jugés les plus beaux étaient écrits dans un livre qu'on appelait le *Livre des avénements aux chevaliers de la compagnie du Saint-Esprit au Droit-Désir*. — Cet ordre n'a eu qu'une courte durée.

36. En 1362, Amédée VI, comte de Savoie, institua l'*ordre du Collier*, auquel Charles III, duc de Savoie, donna, en 1518, le nom d'*ordre de l'Annonciade*. D'après les statuts, les comtes ou ducs de Savoie, qui en étaient les grands maîtres, étaient tenus de protéger les chevaliers, de leur donner des avis et des conseils et de les maintenir dans leurs droits; réciproquement les chevaliers devaient servir fidèlement leur prince, défendre l'honneur de leurs confrères. Si un chevalier commettait quelque faute contre son honneur, il devait quitter le collier et le renvoyer au souverain dans l'espace de deux mois; s'il ne le faisait pas, il devait comparaître devant les autres chevaliers pour être jugé; et, s'il résistait, le souverain lui envoyait un héraut pour reprendre le collier et lui faire défense de le porter à l'avenir. Chaque chevalier, en mourant, devait faire quelques dons à l'église de Pierre-Castel, en Bresse, où l'ordre avait été institué.

37. L'*ordre de Notre-Dame du Chardon*, dit aussi *de Bourbon*, et *de l'Espérance*, fut institué en 1370 par Louis II, duc de Bourbon, en l'honneur de Dieu et de la Sainte-Vierge immaculée, lors de son mariage avec Anne, fille de Béraud II, comte de Clermont et dauphin d'Auvergne. Il était composé de vingt-six chevaliers, y compris le duc de Bourbon, qui en était le chef. Ce prince voulut que ses successeurs en fussent chefs et souverains, et qu'on ne reçût pour chevaliers que des personnes nobles et sans reproches. Cet ordre fut recherché par plusieurs grands seigneurs, et même par des étrangers qui se faisaient gloire de tenir par là au duc de Bourbon, l'un des grands capitaines de son temps. Duguesclin lui-même tint à honneur d'en être décoré. — Cet ordre était appelé *de l'Espérance*, parce que le mot *espérance* était gravé sur la ceinture que portaient les chevaliers, et *du Chardon*, parce que la boucle qui attachait cette ceinture ressemblait à la tête d'un chardon.

38. Jean Ier, roi de Castille, institua en 1379, le jour de la Pentecôte, l'*ordre de la Colombe*, qui fut consacré au Saint-Esprit. Les chevaliers étaient pris dans la noblesse; ils devaient communier tous les jeudis, défendre la foi, combattre les Maures, et protéger les veuves et les orphelins. Cet ordre survécut peu de temps à son fondateur.

39. Ce même roi de Castille institua l'*ordre des dames de l'Echarpe* afin de perpétuer le souvenir d'un fait glorieux pour les femmes de ce pays. La ville de Placentia étant assiégée par les Anglais pendant que la noblesse était absente pour le service du roi, les femmes résolurent de défendre la place. Elles la défendirent en effet si vaillamment qu'elles contraignirent les Anglais à lever le siége. Pour reconnaître ce service, le roi Jean Ier forma un ordre de chevalerie qu'il agrégea, sous le même nom et la même décoration, à l'ordre de l'Echarpe ou de la Bande, qui existait depuis 1332.

40. Philibert de Miolam, gentilhomme du comté de Bourgogne, ayant apporté d'Orient quelques reliques de saint Georges, fit bâtir une chapelle près de l'église de Rougemont, et y fit transférer ces reliques en grande pompe. Les gentilshommes qui avaient assisté à cette cérémonie, se sentant touchés de dévotion s'unirent aussitôt dans la résolution de former une société consacrée à l'honneur du saint martyr, et c'est ainsi que fut formé l'*ordre de Saint-Georges, au comté de Bourgogne*, vers la fin du quatorzième siècle. Pour y être reçu il fallait faire preuve de noblesse et être Franc-Comtois. Les membres juraient, à leur réception, de maintenir dans la province la pureté de la religion catholique et l'obéissance au souverain. D'après un article des statuts de cet ordre, le bâtonnier devait chaque année, la veille de Saint-Georges, donner aux membres de l'ordre une collation qui ne se composait que de pain et de vin, et le jour de la fête il devait leur faire servir un dîner où il n'y avait que du bouilli, et un souper composé seulement de rôti avec deux sortes de vins *purs et nets*, sans excès. Toutefois ces règles furent modifiées vers 1585. — On recevait des femmes dans cet ordre.

41. Louis de France, duc d'Orléans, second fils de Charles V, lors du baptême de son fils aîné, Charles d'Orléans, qui fut père de Louis XII, établit l'*ordre du Porc-Epic*, en 1394. Cet ordre était composé d'un grand maître et de vingt-cinq chevaliers. Il fut aboli sous Louis XII.

42. L'*ordre du Bain*, en Angleterre, fut institué, selon les uns, par Richard II, et selon les autres par Henri IV, en 1399. Il fut composé de quarante-deux chevaliers. Sa devise était : *tria juncta in uno*, pour signifier les trois personnes de la sainte Trinité. Avant de recevoir les éperons d'or, les nouveaux chevaliers se mettaient au bain. A leur réception ils faisaient le serment d'honorer Dieu en toutes choses, de défendre et soutenir les intérêts de l'Église au péril de leur vie ; de porter honneur au roi et de défendre ses droits ; de prendre sous leur protection les veuves, les orphelins et les vierges, et de les maintenir de tout leur pouvoir.—Cet ordre semblait éteint, lorsqu'en 1725 le roi Georges Ier créa solennellement plusieurs chevaliers du Bain. Depuis cette époque il n'a pas cessé d'exister. Il est aujourd'hui divisé en trois classes : la première, celle des chevaliers Grand-Croix, se compose des princes du sang et de soixante-douze membres, dont douze doivent être pris dans l'ordre civil ; les militaires doivent avoir au moins le rang de général-major ou contre-amiral ; la deuxième classe est formée de cent quatre-vingt membres nommés commandeurs, ayant le rang de lieutenant-colonel ou de capitaine de la marine ; le nombre des membres de la troisième classe, celle des chevaliers, est illimité. Les étrangers peuvent recevoir cet ordre comme membres honoraires.

43. L'*ordre de la Toison d'or* est un des plus illustres de l'Europe ; il a pour patron saint André. Il fut fondé à Bruges le 10 janv. 1430, par Philippe le Bon, duc de Bourgogne. Les historiens ne s'accordent pas sur les motifs qui le déterminèrent, soit à établir cet ordre, soit à lui donner le nom de la Toison d'or. Quoi qu'il en soit, le nouvel ordre fut approuvé par le pape Eugène IV en 1433 et par Léon X en 1516. Ce dernier lui accorda même de grands privilèges spirituels. — Un article de ses statuts portait que, si la ligne mâle de la maison de Bourgogne venait à s'éteindre, ce serait l'époux de la fille et héritière du dernier souverain qui deviendrait chef de l'ordre. En conséquence, Maximilien Ier, archiduc d'Autriche, eut droit à ce titre par son mariage avec Marie, fille et héritière de Charles le Téméraire. Après l'abdication de Charles-Quint, petit-fils de Maximilien, la ligne espagnole-autrichienne resta en possession de l'ordre ; et, cette ligne s'étant éteinte avec Charles II, la succession au trône d'Espagne, ainsi que la grande maîtrise de l'ordre, passa à Charles III, qui devint plus tard l'empereur Charles VI. Ce dernier ne put conserver la monarchie espagnole par suite de la guerre de succession ; mais ayant toujours gardé les provinces des Pays-Bas, qui avaient été le berceau de l'ordre, il s'en déclara le seul et légitime chef, emporta les archives en quittant l'Espagne, et célébra avec une grande pompe à Vienne, en 1713, la fête du rétablissement de l'ordre. — De son côté, le roi d'Espagne Philippe V se déclara aussi unique possesseur de la dignité de grand maître de l'ordre, et, au congrès de Cambrai, protesta contre la déclaration de Charles. La querelle subsista longtemps. Aucun des deux partis n'ayant voulu céder, les souverains de l'Autriche et de l'Espagne ont, depuis cette époque, conféré indistinctement la dignité de chevalier de la Toison d'or. Seulement on ajoute, pour établir une distinction, les mots Autriche ou Espagne. L'ordre eut alors deux grands maîtres et les a toujours eus depuis : ce sont le roi d'Espagne, d'un côté, et le chef de la maison d'Autriche, de l'autre. — Les insignes de l'ordre consistent en un mouton ou une toison d'or avec cette devise : *pretium non vile laborum*. Il est suspendu ou à un large ruban rouge qui se met en sautoir, ou à un collier d'or composé de fusils et de cailloux d'où sortent des étincelles, et accompagné de cette autre devise : *ante ferit quàm flamma micat*. Le collier est pour les grandes cérémonies, le cordon pour les cérémonies ordinaires. Après la mort d'un chevalier, la famille du défunt doit renvoyer le collier et les insignes au chapitre de l'ordre.

44. L'*ordre de Saint-Maurice* fut fondé en 1434 par Amédée VIII, premier duc de Savoie. Après s'être soutenu pendant quelque temps, il tomba tout à fait. Mais, en 1572, Emmanuel Philibert conçut le dessein de le faire revivre. Il s'adressa à cet effet au pape Grégoire XIII, qui confirma par une bulle l'ordre de Saint-Maurice, et bientôt après, par une autre bulle, lui unit l'ordre de Saint-Lazare. Cette résurrection de l'ordre de Saint-Maurice avait pour objet principal d'encourager les sujets du duc de Savoie à conserver fidèlement la foi catholique et à combattre la réforme religieuse. Cet ordre est aujourd'hui destiné à récompenser les services militaires et civils. Le roi Victor-Emmanuel lui donna de nouveaux statuts en 1816 ; Charles-Albert y a introduit quelques changements par un décret royal du 9 déc. 1831. L'ordre se compose de trois classes : les grands-croix, les commandeurs et les chevaliers.

45. L'*ordre de Saint-Hubert*, en Bavière, fut institué par Girard V, duc de Juliers, l'an 1444, en mémoire d'une victoire remportée le jour de Saint-Hubert, évêque de Liége. Eteint, à ce qu'on croit, vers 1487, il fut renouvelé en 1709, par l'électeur palatin Jean-Guillaume, duc de Neubourg. Enfin, il reçut, en 1800, une nouvelle confirmation de Maximilien-Joseph IV.

46. L'*ordre de la Tour et de l'Epée*, en Portugal, a été fondé, en 1459, par le roi Alphonse V, qui nomma vingt-sept chevaliers, d'après le nombre d'années qu'il avait au moment où il s'était emparé de Fez sur les Maures. Il a été renouvelé, en 1808, par Jean VI, qui accorda à ceux qui en sont décorés les priviléges et prérogatives des autres ordres, et le destina à récompenser les services des Portugais et des étrangers pendant la guerre qui eut lieu pour la conservation de la monarchie. Les statuts ont été modifiés par la reine dona Maria II, qui a divisé l'ordre en quatre classes : les grands-croix, les commandeurs, les officiers et les chevaliers. La croix porte sur la face : *Valeur et loyauté*; au revers, sur l'écusson : *Charte constitutionnelle de la monarchie*, et autour : *Pelo rei e Pelo lei*.

47. Louis XI fut, en France, l'an 1469, le fondateur de l'*ordre de Saint-Michel*. Sentant le besoin de s'attacher les seigneurs par quelque nouveau lien, il crut ne pouvoir mieux faire que d'établir un nouvel ordre, et la dévotion qu'il portait à saint Michel le détermina à l'adopter pour patron. La devise de cet ordre était : *immensi tremor Oceani*. Le nombre des chevaliers fut d'abord fixé à trente-six, qui ne pouvaient être d'un autre ordre, à moins qu'ils ne fussent empereurs, rois ou ducs. Le roi était grand maître. Pour être admis dans cet ordre, il fallait être gentilhomme de nom et d'armes. Le récipiendaire jurait de défendre de tout son pouvoir les droits de la couronne et l'autorité du souverain, de maintenir l'honneur de l'ordre et de s'opposer à tout ce qui pourrait y donner atteinte, de se soumettre sans réserve à la correction de ses confrères, et même à la dégradation, si malheureusement il venait à la mériter. On était dégradé pour trois crimes : l'hérésie, la trahison et la lâcheté. Mais la correction s'étendait à un bien plus grand nombre de cas, et le souverain y était assujetti comme les autres. — Outre les trente-six chevaliers, l'ordre comprenait quatre officiers, savoir : un chancelier, toujours dignitaire ecclésiastique ; un greffier, un trésorier, enfin un héraut, qui devait exécuter les ordres du souverain, visiter les provinces, s'informer exactement de la conduite des chevaliers, et rapporter fidèlement au greffier leurs actions glorieuses ou blâmables, afin qu'elles fussent inscrites sur les registres de l'ordre. Louis XI y ajouta plus tard un prévôt maître des cérémonies. — L'ordre, ainsi constitué, se soutint avec honneur sous Louis XI et ses trois successeurs ; mais ensuite il fut prodigué et devint même vénal ; dès lors il fut méprisé. Henri III lui rendit de l'éclat en l'unissant, sans l'anéantir, à l'ordre du Saint-Esprit qu'il venait de créer. Il prescrivit que les récipiendaires du nouvel ordre prendraient celui de Saint-Michel la veille de leur réception; c'est de là que les chevaliers du Saint-Esprit ont été appelés *chevaliers des ordres du roi*. — Mais bientôt de nouveaux abus s'introduisirent. Pour y remédier, Louis XIV ordonna que tous ceux qui avaient été reçus dans l'ordre seraient tenus de remettre à des commissaires les titres et preuves de leur noblesse et de leurs services. En 1664 il fit un nouveau règlement portant que les anciens statuts de l'ordre de Saint-Michel seraient inviolablement observés; que le nombre des chevaliers serait réduit à cent, non compris ceux du Saint-Esprit, que dans ce nombre il y aurait place pour six ecclésiastiques en dignité et six officiers des compagnies souveraines, mais qu'ils feraient preuve de noblesse et de services. — Depuis ce temps les rois nommaient, chaque année, deux chevaliers de leurs ordres, un duc et un gentilhomme, pour présider, en leur nom, l'un en l'absence de l'autre, aux cérémonies et chapitres de l'ordre de Saint-Michel, et pour recevoir les chevaliers.

48. Frédéric III, empereur et premier archiduc d'Autriche, institua, en 1470, l'*ordre de Saint-Georges d'Autriche et de Carinthie*, pour veiller aux frontières de Hongrie et de Bohême contre les fréquentes incursions des Turcs. Cet ordre fut approuvé par les papes Paul II, Léon X et Jules II. Il était composé de chevaliers et de prêtres ou chapelains. Les chevaliers devaient faire preuve de quatre quartiers de noblesse paternelle et maternelle. Chevaliers et prêtres étaient astreints aux vœux de chasteté et d'obéissance, mais non au vœu de pauvreté. — En 1493, l'empereur Maximilien Ier joignit à cet ordre, pour le soutenir, une confrérie de Saint-Georges, qui fut confirmée, en 1494, par le pape Alexandre VI. Mais l'ordre et la confrérie n'existent plus depuis longtemps.

49. *L'ordre de l'Eléphant* paraît être fort ancien en Danemark; cependant sa fondation peut être placée en 1478, parce que ce fut en cette année qu'après un long oubli il fut rétabli par Christian Ier, à l'occasion du mariage de son fils. La forme de cet ordre a été fixée par les statuts de 1692. D'après ces statuts, le nombre des chevaliers est de trente, non compris les princes de la famille royale, qui sont chevaliers-nés. Les rois de Danemark peuvent seuls être les grands maîtres de l'ordre. Pour y être admis, il faut avoir au moins trente ans et être de la religion luthérienne. Avant d'y entrer, il faut avoir été au moins huit jours chevalier du Danebrog (V. n° 22). Les sujets danois qui sont reçus dans l'ordre de l'Eléphant doivent renoncer à tout autre ordre. A la mort d'un chevalier, on rend la décoration et les statuts.

50. Le pape Alexandre VI, afin d'exciter les personnes nobles et riches à visiter les saints lieux et de les récompenser des peines et des fatigues de ce long et périlleux voyage, institua l'*ordre du Saint-Sépulchre* en 1496, s'en déclara lui-même le grand maître, et en laissa le chef-lieu à Jérusalem. En 1525, Clément VII accorda au gardien des religieux de Saint-François en terre sainte, le pouvoir de faire de ces chevaliers. Mais quelque temps après cet ordre fut réuni, avec ses biens, à l'ordre de Malte, et Paul V confirma cette réunion.

51. Le pape Léon X institua à Rome, en 1520, l'*ordre de Saint-Pierre et de Saint-Paul* pour défendre l'Eglise et son patrimoine contre les invasions des Turcs qui infestaient les côtes d'Italie. Cet ordre n'existe plus.

52. *L'ordre de l'Epée*, fondé en Suède, l'an 1523, par Gustave Ier, s'éteignit après une courte durée; mais il fut depuis restauré par Frédéric Ier, en faveur des militaires qui se distingueraient par des actions de valeur, ou par de bons et longs services. Le roi est le grand maître de l'ordre; les princes du sang, de filiation masculine, naissent chevaliers et peuvent être décorés par le grand maître du cordon de l'ordre, quelque jeunes qu'ils soient. L'ordre est divisé en commandeurs et chevaliers. Mais ces deux classes principales se subdivisent : les commandeurs et commandeurs grands-croix et simples commandeurs; les chevaliers ou chevaliers grands-croix de première classe, chevaliers grands-croix de deuxième classe et simples chevaliers. Les chevaliers séraphins, de l'ordre militaire, sont commandeurs-nés. Les chevaliers, à leur réception, jurent de défendre la religion luthérienne aux risques et périls de leurs biens et de leur vie, de servir fidèlement le roi et l'Etat, et de s'opposer courageusement aux ennemis du royaume.

53. *L'ordre de l'Etoile polaire*, en Suède encore, paraît avoir une origine ancienne; mais il a été restauré, comme ceux des Séraphins et de l'Epée, en 1748, par Frédéric Ier. D'après ses constitutions, les rois de Suède en sont les grands maîtres. Les princes du sang royal, de ligne masculine, naissent chevaliers. L'ordre est composé de chevaliers, au nombre de vingt-quatre, et de commandeurs, au nombre de douze, non compris les chevaliers des Séraphins, de classe civile, qui sont commandeurs-nés. Le serment est le même que celui de l'Epée. A la mort des chevaliers, leur décoration est renvoyée au trésor de l'ordre.

54. Le pape Paul III, dans la première année de son pontificat, en 1534, institua l'*ordre de Saint-Georges de Ravenne*, pour donner la chasse aux corsaires qui infestaient les côtes de la Marche d'Ancône. Cet ordre fut aboli par Grégoire XIII.

55. *L'ordre du chardon*, dans la Grande-Bretagne, auquel certains auteurs ont attribué une origine très-ancienne, paraît avoir été fondé en 1540 par Jacques V, roi d'Ecosse. Les chevaliers n'étaient qu'au nombre de douze et s'assemblaient dans l'église de Saint-André à Edimbourg. Il cessa d'exister après la mort de Marie-Stuart, et ne fut rétabli que lors de l'incorporation à l'Angleterre, en 1687, par Jacques II, qui lui assigna pour lieu de réunion la chapelle du palais de Holyrood, en Ecosse. Eteint de nouveau par les changements qui suivirent l'expulsion de Jacques II, il fut rétabli par la reine Anne, en 1703. Vingt ans plus tard, Georges Ier le confirma solennellement, modifia les statuts et éleva le nombre des chevaliers à seize. Cet ordre est destiné à la noblesse écossaise; il ne peut disposer que de trois nominations pour des nobles anglais et pour un prince de la famille royale. Le roi d'Angleterre en est grand maître.

56. *L'ordre du Lis* à Rome, institué par Paul III, en 1546, pour la défense du patrimoine de saint Pierre contre les ennemis de l'Eglise, fut confirmé en 1556, par Paul IV, qui lui donna le pas sur tous les autres ordres de sa dépendance. Les chevaliers du Lis portaient le dais sous lequel marche le pape, dans les cérémonies, lorsqu'il n'y avait point d'ambassadeurs de princes pour cette fonction. Cet ordre est devenu un simple office de la chancellerie romaine.

57. Côme de Médicis, premier grand-duc de Toscane, fonda en 1562 l'*ordre de Saint-Etienne de Toscane*, pour perpétuer le souvenir de la victoire qu'il avait remportée quelques années auparavant sur les Français commandés par le maréchal Strozzi, le jour de la fête de Saint-Etienne. Il le soumit à la règle de Saint-Benoît et lui imposa l'obligation de défendre la foi catholique et de faire la guerre aux corsaires qui désolaient le commerce de la Méditerranée. Il lui donna pour chef-lieu la ville de Pise. — Les chevaliers de Saint-Etienne ne tardèrent pas à se signaler par de glorieux exploits et par de grands services rendus à la chrétienté. On a calculé que jusqu'en 1678 ils avaient arraché des mains des infidèles près de 6,000 chrétiens et de 15,000 esclaves. Depuis cette époque on n'a guère parlé de leurs expéditions. — Cet ordre fut renouvelé, le 22 déc. 1817, par le grand-duc Ferdinand III. Il était composé de quatre classes : les prieurs grands-croix; les baillis grands-croix; les chevaliers-commandeurs; les chevaliers. Ces derniers se divisaient en chevaliers de justice et chevaliers de grâce.—Cet ordre a été aboli en novembre 1859.

58. On attribue généralement la fondation de l'*ordre de l'Eperon d'or*, à Rome, au pape Pie IV, qui l'aurait institué en 1559. Cependant ce point est contesté, notamment par le père Hélyot. Quoi qu'il en soit, cet ordre a eu un grand éclat et a joui de grands priviléges. C'était même le seul avec les marques duquel les ministres de Venise à Rome pussent faire leur entrée solennelle dans le sénat de cette république, au retour de leur légation. Mais plus tard, ayant été prodigué sans discernement par des familles princières de Rome et par des dignitaires qui s'étaient arrogé le droit de le conférer, il tomba dans le discrédit. C'est pour le remplacer que le pape Grégoire XVI a créé l'*ordre de Saint-Silvestre* en 1841 (V. *infrà*, n° 167).

59. *L'ordre du Saint-Esprit* fut établi en France, le 30 déc.

78, par le roi Henri III. Il se composait de cent chevaliers, :ompris les princes du sang et de la famille royale, les prélats les grands officiers commandeurs, mais non compris les étrans. C'était le roi qui les nommait, le chapitre assemblé. Il les oisissait parmi les personnes les plus illustres de l'Etat et de cour. Avant de recevoir l'ordre du Saint-Esprit, les chevars non ecclésiastiques devaient recevoir celui de Saint-Michel; est pourquoi ils prenaient le titre de *Chevaliers des ordres du i*, et les ecclésiastiques seulement le titre de *Chevaliers de ordre du roi*. Il fallait, pour être admis dans l'ordre, être caolique et faire preuve de trois degrés de noblesse au moins. es chevaliers s'engageaient par serment à ne prendre gages, ensions, ni état d'autres princes quelconques, et à ne s'obliger autre personne du monde que ce soit, sans l'expresse perission du roi. Ils étaient tenus à certains devoirs pieux, comme dire chaque jour un chapelet, l'office du Saint-Esprit ou les ept psaumes de la pénitence, et à faire des aumônes, s'ils y anquaient. Entre autres priviléges, ils avaient celui de maner avec le roi, à la même table, aux jours de cérémonie de ordre; excepté le prévôt, le grand trésorier et le greffier, qui vaient une table à part. Enfin les trente plus anciens chevaers avaient une pension de 6,000 livres; et les autres de 3,000. es officiers commandeurs étaient le chancelier, garde des ceaux; le prévôt, maître des cérémonies; le grand trésorier, et secrétaire. Les officiers non commandeurs étaient l'intendant, généalogiste, le héraut et l'huissier. Le roi était le grand aître de l'ordre. Le jour de son sacre il jurait de maintenir ordre et de ne pas souffrir la moindre altération dans ses prinipaux statuts.

60. En 1587, le pape Sixte-Quint institua l'*ordre de Notre-Dame-de-Lorette*. Les chevaliers de cet ordre devaient faire la uerre aux corsaires qui infestaient la marche d'Ancône, donner chasse aux voleurs de la Romagne, et garder la ville de Loette. Cet ordre, ainsi que la plupart de ceux que les papes ont nstitués, n'exigeait pas de preuves de noblesse. Cet ordre 'existe plus.

61. L'*ordre de Notre-Dame du Mont-Carmel* fut institué en 'rance, en 1607, par Henri IV, qui l'année suivante, avec l'approation du pape Paul V, y réunit l'ordre de Saint-Lazare. Ce derier n'existait plus qu'en France, car ce qu'il possédait dans le este de l'Europe avait été réuni à l'ordre de Saint-Maurice-de-avoie. Le nouvel ordre porta en conséquence le nom de *Notre-Dame du Mont-Carmel et de Saint-Lazare*. Il était divisé en trois lasses : celle des chevaliers, qui devaient marcher en temps de guerre auprès du roi, pour la garde de sa personne; celle des rères servants, et celle des ecclésiastiques. Pour être chevalier, il fallait prouver trois degrés de noblesse paternelle et maternelle. La règle permettait le mariage. La devise de l'ordre était : *Dieu et mon Roi*. Le roi était le souverain chef et protecteur de l'ordre. Au-dessous de lui il y avait : un grand maître et chef général; un gérant et administrateur de l'ordre; des grands officiers commandeurs, savoir : un chancelier, garde des sceaux; un prévôt, maître des cérémonies; un procureur général, un greffier, secrétaire général; et d'autres officiers, qui étaient un intendant, un généalogiste, un héraut d'armes, deux huissiers, un garde des archives et un historiographe.

62. L'*ordre du Précieux-Sang*, à Mantoue, fut institué en 1608 par Gonzague IV, duc de Mantoue, en l'honneur du précieux sang de Jésus-Christ, dont on croyait posséder quelques gouttes dans l'église cathédrale de cette ville. Le duc de Mantoue en était grand maître. Les chevaliers faisaient serment de défendre la religion catholique, la dignité du pape, celle du duc, comme chef de l'ordre, la personne des autres chevaliers, l'honneur des dames, et principalement des veuves, des orphelins et des pupilles.

63. L'*ordre de la Conception de la bienheureuse Vierge-Marie immaculée* fut institué en France, l'an 1619, par Charles Gonzague de Clèves, duc de Nevers, et Adolphe, comte d'Athlan, pour honorer la conception de la Vierge, sous l'invocation de l'archange saint Michel. Cet ordre imposait le vœu de pauvreté et de chasteté conjugale, avec le serment d'être fidèle au Saint-Siége et au pape, et d'aller, à la première réquisition, combattre les infidèles et les hérétiques. Il était permis au grand maître de recevoir des chevaliers nobles ou de famille honorable, mariés ou non mariés, de recevoir aussi des archevêques, évêques, et autres ecclésiastiques en dignité.

64. Après la mort de Gustave-Adolphe, roi de Suède, tué à Lutzen le 16 nov. 1632, sa veuve Marie-Éléonore établit l'*ordre de Marie-Eléonore* pour être comme un monument durable de sa douleur. La marque caractéristique de cet ordre était un cœur couronné, représentant le tombeau de Gustave-Adolphe, avec cette inscription autour : *post mortem triumpho, in morte mea vici, multis despectus magnalia feci*. Marie-Eléonore ne donna cette décoration qu'aux princesses du sang, et par exception à une princesse palatine nommée Catherine-Eléonore, qui se trouvait alors à la cour.

65. La reine Christine de Suède, fille de Gustave-Adolphe, institua en 1653 l'*ordre de l'Amarante* en souvenir d'une fête brillante dans laquelle elle avait pris le nom d'Amarante. Mais cet ordre dura peu; il s'éteignit avant même la mort de sa fondatrice, arrivée à Rome en 1689.

66. Charles-Gustave, successeur de Christine au trône de Suède, institua, le jour de son couronnement, en 1656, et pour en perpétuer le souvenir, l'*ordre du Nom de Jésus*. Cet ordre paraît n'avoir été qu'un renouvellement de l'ordre des Séraphins (V. *suprà*, n° 32). Un des statuts de cet ordre portait que tous ceux de la chevalerie qui censureraient, par indiscrétion, le choix que le roi aurait fait de quelques chevaliers, ou qui murmureraient de n'y avoir point été reçus eux-mêmes, seraient exclus de cette marque d'honneur toute leur vie.

67. En 1660, Ernest, margrave de Brandebourg, institua en Prusse l'*ordre de la Concorde*, et quelques années après, en 1665, Charles-Emile, prince électoral de Brandebourg, y institua l'*ordre de la Générosité*, dont il nomma grand maître son frère, l'électeur Frédéric III de Brandebourg, lequel devint roi de Prusse en 1701. L'ordre de la Générosité a été remplacé en 1740 par l'ordre du Mérite.

68. Eléonore de Gonzague, veuve de Ferdinand III, empereur d'Allemagne, institua, en 1662 et en 1668, deux ordres destinés aux dames : l'*Ordre des Dames esclaves de la vertu* et l'*Ordre de la Croix-Etoilée*. Le premier avait pour objet de faire régner la piété parmi les dames de la cour; il ne devait être composé que de trente dames d'une noblesse distinguée, outre les princesses, dont le nombre n'était point limité. L'impératrice était grande maîtresse. Le second fut établi en mémoire de la conservation, jugée miraculeuse, d'une relique de la vraie croix, perdue dans un incendie. Il était composé de dames de la haute noblesse qui se proposaient, non-seulement de s'entr'aider et de s'encourager mutuellement dans l'exercice des vertus par lesquelles on peut plus particulièrement aspirer au salut, mais encore de rendre un culte spécial à la sainte croix. Cette fondation fut approuvée par une bulle du pape du 28 juill. 1668, et le 2 septembre suivant l'empereur Léopold Ier donna des lettres patentes qui, en confirmant ses statuts, placèrent l'ordre sous la protection spéciale du souverain et des lois. Les dames de la Croix-Etoilée sont exhortées par les statuts à la pratique de toutes les vertus; elles doivent assister aux exercices de piété, et notamment à l'office solennel que l'ordre fait célébrer pour chaque sœur défunte, pour le repos de l'âme de laquelle chacune doit faire dire au moins deux messes : il leur est prescrit d'observer une grande décence dans leur mise et beaucoup de retenue dans leur conduite; de prêcher la vertu par l'exemple, de secourir les indigents, surtout si ce sont des pères et des mères de famille, et d'aller à leur recherche; de soigner les malades, de visiter les hôpitaux, et particulièrement de protéger l'innocence en proie à la séduction, et de la mettre à l'abri des attentats du crime.

69. L'*ordre de Saint-Michel* de Bavière fut créé, en 1693, par Joseph Clément, archevêque et électeur de Cologne, en qualité de duc de Bavière. Après sa mort il fut porté en Bavière, en 1777, par Charles-Théodore, électeur palatin, qui en fit son neveu, le duc régnant de Deux-Ponts, chef et grand maître. Son but est le maintien de la religion et la défense de la patrie. — Le 16 fév. 1837, le roi Louis fit de cette décoration un ordre *de Mérite*. — Le nombre des membres est de vingt-quatre grands-croix, quarante commandeurs et trois cents chevaliers pour les sujets bavarois. Les étrangers ne sont pas compris dans cette nomenclature.

70. L'*ordre royal et militaire de Saint-Louis* fut créé par Louis XIV, au mois d'avril 1693, pour récompenser les services militaires. Pour y être admis il fallait faire profession de la religion catholique et avoir servi vingt-huit ans comme officier. Cependant cette dernière règle n'était pas absolue et invariable; une année de campagne comptait pour deux à ceux qui avaient fait la guerre, et le roi accordait quelquefois la croix à un jeune officier qui s'était distingué par une action d'éclat. Cet ordre, dont le roi était grand maître, était composé de quarante grands-croix, de quatre-vingts commandeurs et d'un nombre très-considérable de chevaliers. Mais une chose à remarquer, c'est que les grands-croix ne pouvaient être tirés que du nombre des commandeurs, et les commandeurs que du nombre des chevaliers. Suivant un édit de 1779, des quarante dignités de grands-croix, trente étaient affectées aux officiers de terre, et quatre aux officiers des troupes de la maison du roi; les six autres étaient pour les officiers de marine. Des quatre-vingts dignités de commandeurs, cinquante-sept étaient destinées aux officiers de terre, huit aux officiers de la maison du roi, et les quinze autres aux officiers de marine. Le même édit avait réduit les officiers de l'ordre à trois, savoir : un secrétaire général, qui était en même temps greffier, intendant et garde des archives; un trésorier et un huissier. Les sceaux avaient été remis au garde des sceaux de France.

Enfin l'ordre avait 450,000 livres de revenus. Les grands-croix jouissaient de 4,000 livres de pension; les commandeurs de 3,000 livres; enfin les chevaliers avaient depuis 200 jusqu'à 800 livres, suivant leur rang d'ancienneté ou la volonté du roi; le plus ancien jouissait d'une pension de 1,000 livres. — Les chevaliers, à leur réception, faisaient serment de vivre et de mourir dans la religion catholique, apostolique et romaine; d'être fidèles au roi, de ne se départir jamais de l'obéissance qui lui était due et à ceux qui commandaient sous ses ordres; de garder, défendre et soutenir de tout leur pouvoir l'honneur de Sa Majesté, ses droits et ceux de sa couronne envers et contre tous; de ne jamais quitter son service ni passer à celui d'aucun prince étranger sans sa permission; de révéler tout ce qui viendrait à leur connaissance contre la personne sacrée de Sa Majesté et contre l'Etat; enfin de garder les statuts et ordonnances de l'ordre, et de s'y comporter en tout comme un bon, sage et vertueux chevalier doit faire. — La décoration consistait en une croix d'or à huit pointes pommelées, liserée d'émail blanc sur un fond sable d'or, ayant dans les angles une fleur de lis d'or, et, au milieu, un petit cercle d'azur, sur lequel était l'image de saint Louis, armé d'une cuirasse, le manteau royal par-dessus, tenant dans la main droite une couronne de laurier, et dans la gauche une couronne d'épines et les clous de la passion, avec cette légende sur le cercle d'azur : *Ludovicus magnus instituit*, 1693. Au revers était un médaillon rouge à une épée flamboyante, la pointe passée dans une couronne de laurier liée à l'écharpe blanche; sur un petit cercle d'azur qui l'environnait étaient ces mots en lettres d'or : *bellicæ virtutis præmium*. Cette croix était attachée à un grand ruban rouge moiré que les grands-croix et les commandeurs portaient en écharpe de droite à gauche. Les grands-croix la portaient en outre brodée en or sur le côté gauche de leur habit. Les chevaliers la portaient à la boutonnière, attachée à un petit ruban rouge. — Une chose digne d'être remarquée, c'est que le titre de chevalier de Saint-Louis n'était pas un privilége réservé à la noblesse. Le fondateur de l'ordre en avait banni ces conditions de naissance qui posent des barrières insurmontables même à l'héroïsme; la vertu, les mérites et les services devaient être les seuls titres pour y entrer. — Outre la croix de Saint-Louis, il y avait pour les sous-officiers et soldats la médaille, qui était accordée pour la même durée de service que la croix, et qui était distribuée avec la même solennité que la croix aux officiers. Dans une séance de la chambre des pairs du 5 juin 1839 (V. le Moniteur du 6), M. le maréchal Soult s'exprimait ainsi à ce sujet : « Je suis assez vieux pour avoir vu de ces distributions; j'avoue même que, lorsque j'avais l'honneur d'être simple soldat, mon cœur battait dans l'espérance qu'un jour je pourrais obtenir cette distinction. Cette médaille n'é-
tait autre chose qu'un écusson ovale porté sur le côté gauc
ayant un fond rouge et deux épées en sautoir. »

71. En 1698, Pierre le Grand, au retour de son prem
voyage en Europe, institua en Russie l'*ordre de Saint-André*.
czar en est le grand-maître. Bien que ce soit le premier or
du pays, nulle preuve de noblesse, nulle condition d'âge n
nécessaire pour y être admis; la volonté du souverain suffit
n'est formé que d'une classe. Les chevaliers de Saint-André
le rang de lieutenant général. La fête de l'ordre est célébré
30 novembre et, d'après une loi de l'impératrice Catherine
les membres qui sont présents à Saint-Pétersbourg ce jou
sont obligés d'y paraître en habit de cérémonie, sous peine d'
amende de 30 roubles.

72. Au début du dix-huitième siècle, nous voyons appara
l'*ordre de l'Aigle-Noir* de Prusse. Frédéric III, électeur de Br
debourg, ayant été couronné premier roi de Prusse, sous le n
de Frédéric Ier, le 18 janv. 1701, institua, à cette même da
en mémoire de ce grand événement, l'ordre de l'Aigle-Noir. C
le grand ordre de Prusse; il n'a qu'une seule classe. Les prin
de la maison royale en sont membres de droit, et il n'est c
féré qu'aux personnes les plus éminentes de l'Etat, en rec
naissance de leur mérite et de leurs services. On le confère au
à des princes et à des grands seigneurs étrangers. Son nom vi
de l'aigle noir qui entre dans les armes de Prusse. Les che
liers de l'Aigle-Noir ont le rang de lieutenant général. Aut
de la plaque on lit cette devise : *Suum cuique*.

73. L'*ordre de la Grande-Chasse* ou *de l'Aigle-d'Or* a
fondé dans le Wurtemberg en 1702 et continué en 1719. Sa p
que porte cette devise : *Amicitiæ virtutisque fœdus*.

74. L'*ordre de la Noble-Passsion*, dit aussi l'*ordre de Qu
furt*, fut institué en Saxe, l'an 1704, par Jean, duc de Sa
Weissenfels, pour inspirer des sentiments d'honneur à la noble
de ses Etats. Sur la croix qui formait la marque de cet orc
étaient écrits ces mots : *J'aime l'honneur qui vient par la ver*

75. L'*ordre de l'Aigle-Rouge* ou *de la Sincérité* (en Prus
fut institué, en 1705, par Christian Ernest, margrave de Bra
debourg-Anspach, et renouvelé, en 1744, par le margrave r
gnant de Bayreuth; d'où on l'a aussi appelé *ordre de Bayreut*
La plaque porte au centre l'aigle rouge de Brandebourg, av
ces mots : *sincère et constante*. Cet ordre ne comprenait da
le principe qu'une seule classe. Deux autres ont été ajouté
en 1810, et une quatrième en 1830.

76. L'*ordre de Sainte-Catherine* fut institué par Pierre
Grand, l'an 1714, en l'honneur de l'impératrice Catherine I
qui, dans une guerre contre les Turcs, avait, par sa ferme
d'âme et sa présence d'esprit, sauvé l'armée russe d'une com
plète destruction. Cet ordre est destiné aux dames; cependant
s'accorde quelquefois aux hommes. Il est très-recherché et ne
donne qu'avec beaucoup de discrétion. Il est partagé en de
classes : les grands-croix et les petites-croix. La légende inscri
sur la plaque contient ces mots : *pour l'amour et la patrie*. L'in
pératrice de Russie est la grande maîtresse de cet ordre.

77. L'*ordre de la Fidélité*, à Bade, fut institué en 1715, pa
le margrave Charles-Guillaume de Bade-Dourlack, lorsqu'on pos
la première pierre du château de Carlsruhe, et renouvelé le 1
mai 1803 par le grand-duc Charles-Frédéric, alors régnant. L
17 juin 1840, de nouveaux statuts ont été décrétés par le granc
duc, d'après lesquels cet ordre, le plus élevé d'entre les ordre
du grand-duché, ne peut être conféré qu'aux souverains étran
gers et aux membres des maisons régnantes, à des princes et
telles personnes du grand-duché, ayant le titre d'Excellence, pou
de grands services rendus par elles à la maison grand-ducale e
au pays, ou pour leur fidélité éprouvée à la personne du souve
rain. En outre, cet ordre ne doit être conféré à aucun des sujet
du grand-duc qui n'aurait pas été déjà décoré des insignes d
grand-croix de l'ordre du Lion de Zähringhen. L'ordre était primitivement divisé en deux classes; il n'en a plus qu'une aujourd'hui. Sur l'écusson on lit la devise : *fidelitas*.

78. L'*ordre de Saint-Alexandre-Neuski*, en Russie, a été
institué par Pierre Ier, en 1722, mais accordé pour la première
fois par Catherine Ire, en 1725; ce qui a fait croire à quelques
historiens qu'elle en était la fondatrice. Il fut institué en l'honneur d'Alexandre Jaroslawitch, l'un des héros et des saints de

l'empire russe, célèbre par la victoire qu'il remporta, au 13e siècle, sur les Suédois, les Danois et les chevaliers teutoniques réunis, et qui, à cause de cette victoire, remportée sur les bords de la Newa, reçut le surnom de Neuski. Cet ordre ne se compose que d'une seule classe; il est destiné à récompenser les services civils et militaires. Il ne se donne qu'à ceux qui ne peuvent pas obtenir l'ordre de Saint-André, qu'on ne veut pas prodiguer. On l'accorda aussi aux ambassadeurs et aux généraux; mais il faut être au moins général-major pour y prétendre. Sur la plaque est écrite la devise suivante : *pour le service de la patrie.*

79. L'*ordre de Saint-Georges, défenseur de l'Immaculée-Conception*, en Bavière, a été institué à Munich, en 1729, par Charles-Albert, électeur de Bavière et empereur, et approuvé par le pape Benoit XIII. Quelques écrivains prétendent que Charles-Albert ne faisait que le renouveler, et que sa première origine remontait aux croisades. Ses statuts ont été complétement revisés, le 25 fév. 1827, par le roi Louis. Le roi est grand maître; le prince royal premier grand prieur; tous les autres princes de la famille royale sont prieurs. L'ordre se divise en deux langues : la langue allemande et la langue étrangère. Les membres forment trois classes : grands commandeurs, commandeurs, chevaliers. Le nombre des premiers, comme capitulaires, est fixé à six; celui des seconds, à douze. Le nombre des chevaliers est indéterminé. Il y a aussi une classe de chevaliers ecclésiastiques, qui consiste en un évêque, un prévôt et quatre doyens et chapelains. Le serment que doit prêter tout membre de l'ordre à sa réception est ainsi conçu : « Je m'engage à reconnaître publiquement, dans toutes les occasions, que la Très-Sainte Vierge est élue immaculée et sans péché originel, et à suivre strictement les statuts de l'ordre, en l'honneur du saint chevalier et martyr Georges. » La devise inscrite sur les insignes est : *in fide, justitiâ et fertitudine.*

80. Il existait en Danemark un *ordre de la Fidélité*, institué le 7 août 1732, par le roi Christian VI, pour l'anniversaire de son mariage, et dont la croix portait cette devise : *in felicissimœ unionis memoriam.*

81. L'*ordre de Sainte-Anne*, en Russie, a été fondé à Kiel, en Holstein, l'an 1735, par Charles-Frédéric, duc de Holstein-Gottorp, père de l'empereur de Russie Pierre III, en mémoire de l'impératrice Anne Petrowna. Il ne se composait d'abord que d'une seule classe comptant peu de membres. Mais l'empereur Paul Ier, lors de son avénement au trône de Russie, en 1796, le rangea parmi les ordres russes, le divisa en trois classes destinées à récompenser tous les genres de mérite, tant des sujets russes que des étrangers, et décida que celui qui recevrait l'ordre de Saint-André recevrait en même temps l'ordre de Sainte-Anne. En 1815, l'empereur Alexandre Ier y ajouta une quatrième classe destinée uniquement aux militaires. La plaque de cet ordre porte cette légende : *Amantibus pietatem, justitiam et fidem.*

82. L'*ordre de Saint-Henri* (Saxe) a été institué en 1736 par Auguste III, électeur de Saxe et roi de Pologne. Saint Henri, dont le nom lui a été donné, était un duc de Saxe qui fut élu empereur d'Allemagne en 1002, sous le nom d'Henri II, et qui régna jusqu'en 1024. Cet ordre a subi diverses transformations jusqu'en 1829, où le roi de Saxe Antoine lui donna de nouveaux statuts. Il est exclusivement destiné aux officiers; mais il n'est permis à aucun d'eux de le demander d'une manière quelconque. Il se divise en quatre classes, savoir : grands-croix, commandeurs de 1re classe, commandeurs de 2e classe, chevaliers. La devise de cet ordre est : *virtuti in bello.*

83. L'*ordre de Saint-Janvier* avait été institué, le 6 juill. 1738, par Charles, infant d'Espagne, roi de Jérusalem et des Deux-Siciles, devenu plus tard roi d'Espagne sous le nom de Charles III, à l'occasion de son mariage avec la princesse Amélie de Saxe. C'était le grand ordre de Naples. Le roi en était le grand-maître, et il nommait les chevaliers, dont le nombre était assez restreint. Les principales conditions imposées aux membres étaient : 1° de défendre la religion catholique; 2° de jurer fidélité inviolable au roi. La devise de l'ordre était : *in sanguine fœdus*. C'était une allusion au sang de saint Janvier, qui se conserve à Naples et qui est, de la part des Napolitains, l'objet d'une vénération extraordinaire.

84. Nous avons précédemment (n° 67) dit un mot de l'*ordre de la Générosité*, fondé en 1665 par Charles-Emile, prince-électeur de Brandebourg. Frédéric II, roi de Prusse, lors de son avénement au trône, en 1740, créa, pour le remplacer, un ordre qu'il appela : *ordre pour le mérite*. Le 18 janv. 1810, Frédéric-Guillaume III modifia cette désignation et l'appela : *ordre du Mérite militaire*; il le destina ainsi, comme l'indique cette dénomination, à récompenser le courage et les exploits guerriers. Cet ordre n'est composé que d'une seule classe de chevaliers.

85. L'*ordre d'Elisabeth-Christine* (Autriche) fut fondé en 1750 par l'impératrice Elisabeth-Christine, veuve de l'empereur Charles VI, pour récompenser vingt généraux et colonels qui auraient servi pendant trente ans au moins avec distinction. Ces chevaliers furent divisés en trois classes : ceux de la première avaient 1100 florins de pension; ceux de la seconde 800, et ceux de la troisième 500. En 1771, l'impératrice Marie-Thérèse, fille de la fondatrice, renouvela cet ordre, fixa le nombre de ses membres à vingt et un et réduisit à 1,000 florins les pensions de la première classe. Les membres de l'ordre sont nommés par l'empereur, sur la proposition du conseil aulique de la guerre, et sans égard au pays, à la religion, à la naissance du candidat et aux ordres qu'il peut déjà porter. La décoration de cet ordre porte l'inscription suivante : *Maria Theresia parentis gratiam perennem voluit.*

86. L'*ordre du Lion-d'Or* fut fondé le 14 août 1770, dans la Hesse-Electorale, par le landgrave Frédéric II. Ses statuts ont été notablement modifiés le 1er janv. 1818, par l'électeur Guillaume Ier. L'électeur régnant est toujours chef et grand maître de l'ordre, qui l'accorde sans avoir égard à la différence de religion. Les statuts enjoignent aux membres de l'ordre d'observer une conduite irréprochable, fidélité, soumission et obéissance envers l'électeur souverain, de pratiquer la bienfaisance et de protéger les faibles. L'ordre, qui est à la fois militaire et civil, a quatre classes : les grands-croix, les commandeurs de première classe, les commandeurs de deuxième classe, les chevaliers. Tous les princes de la maison régnante sont grands-croix de naissance. La devise de l'ordre est : *virtute et fidelitate*. Lorsqu'un membre de l'ordre meurt, ses parents sont tenus de renvoyer, dans le délai de trois mois, sa décoration et l'exemplaire des statuts qui lui a été remis.

87. L'*ordre de Marie-Thérèse*, en Autriche, a été institué par l'impératrice de ce nom, en mémoire de la victoire de Kollin, remportée, le 18 juin 1757, par les Autrichiens sur le roi de Prusse Frédéric II. Les statuts de cet ordre parurent le 12 déc. 1758; ils ont été changés et modifiés par l'empereur François Ier, en vertu d'un décret du 12 déc. 1810. Il est composé de trois classes : les grands-croix, les commandeurs, les chevaliers. L'empereur d'Autriche est le grand-maître de l'ordre. Tous officiers, même les lieutenants et les enseignes, peuvent y être admis sans distinction de religion et de naissance, et sans égard à l'ancienneté des services : on y reçoit même les officiers étrangers qui servent en qualité de volontaires dans les armées impériales; mais ils ne peuvent aspirer aux pensions attachées à l'ordre. Quiconque s'est signalé par une action d'éclat doit être mis au nombre des chevaliers. — Pour être reçu membre de l'ordre, trois formalités sont nécessaires : 1° une information suffisamment détaillée de l'action pour laquelle il s'agit de conférer l'ordre; 2° une vérification de cette action par des preuves non équivoques; 3° tenue d'un chapitre où l'on examine avec le plus grand soin et avec le plus profond secret les droits du candidat, et où l'on juge s'il sera nommé grand-croix, commandeur ou chevalier. — Le rang des membres se règle d'après les dates de leur réception. Les plus anciens jouissent de pensions, réparties ainsi qu'il suit : huit pensions de 1,500 florins pour les grands-croix; seize pensions de 800 flor. pour les commandeurs; cent pensions de 600 flor. pour la première division des chevaliers; cent pensions de 400 flor. pour la deuxième division des chevaliers. Les veuves des membres qui jouissent de pensions en conservent la moitié jusqu'à leur mort. Les membres de l'ordre peuvent recevoir des lettres de noblesse héréditaire et le titre de baron sans payer aucune taxe; ils jouissent aussi de diverses prérogatives à la cour. La légende inscrite sur la décoration est : *fortitudine*. — Cet ordre est excepté de l'incompatibilité existant en Autriche entre la Toison-d'Or et tout autre ordre. Sa décoration peut être portée avec le collier de la Toison.

88. L'*ordre du Mérite militaire* fut institué en France par Louis XV, l'an 1759, pour récompenser les services militaires des officiers qui professaient la religion protestante et qui, pour cette raison, étaient inadmissibles aux autres ordres. Cet ordre était une imitation de l'ordre de Saint-Louis. Il comprenait des grands-croix au nombre de trois, des commandeurs au nombre de quatre et des chevaliers.

89. L'impératrice Marie-Thérèse d'Autriche, qui avait institué un ordre pour le mérite militaire, crut devoir en instituer également un pour le mérite civil. Elle réalisa cette pensée en 1764, à l'occasion de l'élection de son fils l'archiduc Joseph, qui fut depuis l'empereur Joseph II, à la dignité de roi des Romains. L'ordre nouveau reçut le nom d'*ordre de Saint-Etienne, roi apostolique*, en l'honneur d'Etienne, qui fut le premier roi de Hongrie, et qui fut plus tard canonisé. D'après les statuts de cet ordre, la dignité de grand maître est affectée à perpétuité à la couronne de Hongrie. Les chevaliers de cet ordre sont divisés en trois classes : grands-croix, au nombre de vingt ; commandeurs, au nombre de trente, et petites-croix, au nombre de cinquante. Les ecclésiastiques qui sont décorés de l'ordre ne sont pas compris dans les nombres. L'ancienne et haute noblesse peut seule être admise dans les deux premières classes ; la troisième est destinée à la noblesse simple, pourvu qu'elle prouve au moins quatre générations. — Les membres de cet ordre jouissent à la cour de diverses prérogatives. Les grands-croix et les commandeurs deviennent de droit membres du conseil privé ; les chevaliers sont élevés, s'ils le désirent, à la dignité de baron, ou même de comte, sans frais quelconques, et ils peuvent transmettre ce titre à leurs descendants. Les chevaliers ne doivent jamais paraître en public sans leur décoration, et ils ne peuvent porter celle d'aucun autre ordre sans une permission expresse. La croix de l'ordre porte pour devise : *publicum meritorum præmium*, et sur le revers de l'écusson : Sto. St. ri. ap., qui signifie : *Sancto Stephano, regi apostolico.*

90. Le roi Stanislas-Auguste II, roi de Pologne, désirant se faire des partisans et des amis parmi les grands du royaume de Pologne, institua, le 7 mai 1765, l'*ordre de Saint-Stanislas*, en l'honneur de l'évêque et martyr de ce nom, patron du royaume et aussi du fondateur. Le nombre des chevaliers fut fixé à cent, sans y comprendre les étrangers auxquels cette décoration était accordée. Cet ordre était tombé en désuétude lors du partage de la Pologne. Il fut rétabli avec le duché de Varsovie lors de la paix de Tilsitt; puis, lorsque la Pologne eut été réunie à la Russie, en 1815, Alexandre Ier le renouvela et le partagea en quatre classes. A la suite de la révolution de 1830, l'ordre de Saint-Stanislas, devenu *ordre impérial et royal*, fut incorporé aux ordres russes. En vertu d'un ukase de juillet 1839, il n'a plus que trois classes; il doit servir à récompenser les personnes qui ont contribué au bien général de la Russie et de la Pologne.

91. L'*ordre du Lion* (Bavière) était un ordre civil et militaire institué, en 1768, par Charles-Théodore, alors électeur palatin, en mémoire des vingt-cinq années révolues de son règne, et aussi pour honorer les talents et récompenser les services auxquels le cordon de Saint-Hubert ne pouvait être accordé. Il était composé d'une seule classe de vingt-cinq chevaliers et n'exigeait pas de preuves de noblesse. Pour être compris au nombre des vingt-cinq, il fallait avoir servi vingt-cinq ans dans le civil ou le militaire, et être parvenu à un emploi supérieur. Les nationaux qui n'obtenaient la croix qu'à raison de leur naissance, les illustres étrangers qu'on en décorait n'étaient considérés que comme chevaliers honoraires. — Charles-Théodore, étant devenu duc de Bavière, en 1777, y porta cet ordre, et depuis les rois de ce pays en furent les grands maîtres.

92. Le landgrave Frédéric II a institué, le 5 mars 1769, dans la Hesse-Electorale, un ordre militaire destiné à encourager et récompenser ceux des officiers de l'armée qui ne pouvaient prétendre à la décoration du Lion d'or, réservée aux officiers généraux. Cet ordre s'appelait d'abord *ordre pour la vertu militaire*. Le 22 oct. 1820, ce titre a été changé en celui d'*ordre du mérite militaire*. Il est défendu de solliciter ou faire solliciter cet ordre; le prince régnant se réservant de le donner à ceu qu'il en juge dignes. Il n'a qu'une seule classe. Sa devise es *virtuti*. Les héritiers d'un membre décédé sont tenus de ren voyer la décoration à la commission de l'ordre dans les troi mois qui suivent la mort.

93. L'*ordre de Saint-Georges*, en Russie, a été fondé l 26 nov. 1769 par l'impératrice Catherine II, pour récompense les services distingués des officiers de terre ou de mer. C'e donc un ordre purement militaire. Il est divisé en quatre clas ses, et nul n'est admis dans une classe supérieure qu'après avoi passé dans la classe inférieure. Il n'y a de nombre limité pou aucune des quatre classes. Les chevaliers de la première class reçoivent une pension de 700 roubles; ceux de la deuxièm classe, une pension de 400 roubles; ceux de la troisième, d 200 roubles, et enfin les cent chevaliers les plus anciens de l quatrième une pension de 100 roubles. A la mort d'un chevalie marié, sa veuve touche la pension l'année suivante, mais cett fois seulement. Les chevaliers des deux premières classes or l'entrée à la cour et dans tous les endroits publics, comme le généraux-majors, et ceux des deux dernières comme les colc nels. — Les deux collèges de guerre, de mer et de terre, pré sentent, à la fin de chaque campagne, la liste des officiers qu ont droit à l'ordre, avec le détail circonstancié et prouvé de c qu'ils ont fait. Voici quels sont, d'après les statuts, les exploit qui donnent droit à la croix de Saint-Georges : celui qui prend u vaisseau, une batterie, ou quelque autre poste occupé par l'en nemi; celui qui, dans un poste fortifié, soutient un siége sans s rendre, ou s'y est défendu avec une bravoure peu commune ou a commandé bravement et prudemment et a, par là, remport la victoire ou contribué à la faire remporter; celui qui s'offr pour une entreprise périlleuse et vient à bout de l'exécuter; ce lui qui rallie ses soldats; celui qui, le premier, est monté à l'as saut ou a mis le pied dans le pays ennemi lors du débarquemen des troupes; tous ceux-là peuvent aspirer à l'ordre de Saint-Georges. Mais si un officier décoré de la croix se conduit mal à la guerre, et qu'il soit convaincu par le conseil de guerre, il es exclu de l'ordre et doit en quitter les marques. Pour obtenir la croix par ancienneté, il faut vingt-cinq ans de service et de pré sence au corps, en paix ou en guerre, ou dix-huit campagne de mer. — Par un ukase du 13 fév. 1807, l'empereur Alexandre a créé, en faveur des bas officiers et soldats de terre et de mer, ainsi que des matelots, une chevalerie qui paraît n'être qu'une cinquième classe ajoutée à l'ordre de Saint-Georges, e qui donne droit à un supplément d'un tiers de solde. — La devise de l'ordre de Saint-Georges est : *Pour le mérite et la bravoure militaire*. — A la mort des chevaliers, les croix doiven être renvoyées au collége de guerre.

94. Charles III, roi d'Espagne, fonda, le 19 sept. 1771, l'*ordre de Charles III*, à l'occasion de la naissance de son fils, l'infant Charles Clément, prince des Asturies. Il le voua au mystère de la conception immaculée de la Sainte-Vierge, s'en déclara grand maître, et attacha pour toujours cette dignité à la couronne d'Espagne. Cet ordre a été confirmé par le pape Clément XIV le 21 fév. 1772. Il est destiné à récompenser ceux qui se sont distingués par leur mérite et leurs vertus. Charles IV a introduit, en 1804, quelques changements dans les statuts. Il a été suspendu, en 1808, par Joseph Bonaparte, et rétabli seulement en 1814. — Il est divisé en deux classes : les chevaliers grands-croix, au nombre de soixante, et les chevaliers pensionnaires, au nombre de deux cents. Leur pension est de 4,000 réaux. Il y a aussi des surnuméraires en nombre illimité Ils sont assimilés pour tout aux pensionnaires, excepté pour la croix, qu'ils n'ont pas. Les grands-croix sont tous nobles et militaires, et ne doivent être reçus qu'à vingt-cinq ans accomplis, excepté les princes de la famille royale, et les souverains, princes et autres personnes de maison royale, qu'il plaît au roi d'admettre dans cet ordre. Les pensionnaires sont pris indistinctement, et à nombre égal, dans l'ordre civil, ecclésiastique et militaire; mais ils doivent faire preuve de noblesse comme les grands-croix. Le roi d'Espagne est grand maître de l'ordre. La devise de l'ordre est : *virtuti et merito*.

95. L'*ordre de Wasa*, en Suède, ainsi nommé du mot suédois *wasa*, qui signifie *verbe*, et qui en même temps a été le om d'une famille qui a régné en Suède, a été institué par ustave III, lors de son avénement au trône, en 1772, pour récompenser les personnes qui se sont distinguées par des serices importants rendus à l'agriculture, à la minéralogie, aux rts, à l'industrie et au commerce, soit par des écrits utiles sur es sciences, soit par les améliorations qu'elles y ont apportées. e roi seul peut être grand maître de l'ordre; aucun roi ne peut abolir. Le roi ne peut nommer aucun chevalier de cet ordre vant son couronnement et avant d'avoir juré d'en observer les tatuts. Si un roi, lors de son avénement à la couronne, n'a pas encore cet ordre, il doit le recevoir de l'archevêque d'Upsal le our de son sacre. — L'ordre est divisé en trois classes : les commandeurs grands-croix, au nombre de six, y compris le grand maître et le chancelier; les commandeurs, au nombre de huit, et les chevaliers, au nombre de cinquante. Lors de sa réception, un grand-croix ou un commandeur paye 18 rixdalers 56 schillings pour frais de timbre, et 2 rixdalers pour frais de chancellerie. Les chevaliers payent 6 rixdalers 12 schillings au timbre et 2 rixdalers à la chancellerie. La décoration porte cette inscription en langue suédoise : *Gustave III a institué cet ordre en* 1772. Celui qui ne porte pas constamment la décoration est exclu de l'ordre. Lorsqu'un chevalier meurt, ses héritiers doivent rendre les insignes au trésorier de l'ordre.

96. L'*ordre de Saint-Wladimir*, en Russie, fut institué par Catherine II, le 3 octobre (22 sept.) 1782, jour anniversaire de son couronnement, en mémoire de Wladimir le Grand. Il est civil et militaire. Quiconque s'est distingué, soit dans l'armée, soit dans la vie civile, peut obtenir cette décoration. L'ordre est divisé en quatre classes, mais on n'est pas obligé de les parcourir successivement. On peut entrer d'emblée dans chacune des trois premières. Les fonctionnaires civils, après trente-cinq ans d'un service fidèle, ont droit à cette décoration. Une pension est attachée à chaque classe. Sur la plaque on lit, en caractères russes, les lettres suivantes : S. P. K. B., qui signifient : *saint-apôtre prince Wladimir*, et autour de ces lettres les mots : *utilité, honneur, renommée.*

97. L'*ordre de Saint-Patrice* a été institué en Angleterre, le 5 fév. 1783, par le roi Georges III, pour la noblesse irlandaise. Il n'a qu'une seule classe, formée de seize chevaliers, parmi lesquels il ne peut y avoir qu'un seul prince de la famille royale, et de six chevaliers supplémentaires, y compris le roi comme chef suprême. Il y a en outre un grand maître, qui est le lord lieutenant d'Irlande. Les trois places de préfet, de chancelier et de secrétaire sont toujours remplies par le lord primat d'Irlande, l'archevêque de Dublin et le doyen de Saint-Patrice. Chaque chevalier paye pour son investiture 175 liv. sterl. La devise de cet ordre est : *quis separabit?*

98. L'*ordre de Cincinnatus* fut établi aux États-Unis, en 1783, après la guerre de l'indépendance, en faveur des officiers américains qui y avaient eu part. On y admit aussi les officiers de l'armée et de la marine française qui avaient participé à cette guerre, depuis le rang de lieutenant général jusqu'à celui de colonel inclusivement. Un député vint à Paris leur proposer ce témoignage d'amitié. Les *Cincinnati* devaient s'assembler tous les ans et élire un président; la société devait avoir un trésor soutenu par les contributions volontaires des associés pour soulager les pauvres frères, et l'on proposa de la rendre perpétuelle. Mais bientôt cette institution parut contenir des germes d'aristocratie; elle fut jugée contraire aux principes de la confédération américaine. Washington lui-même, convaincu qu'elle présentait des dangers, usa de toute son influence pour la faire supprimer. Il rencontra d'abord de l'opposition. A la fin une sorte de transaction fut adoptée : il fut décidé que les Cincinnati conserveraient eur nom, leurs assemblées et leurs fonds charitables; mais il ut statué en même temps que ces fonds seraient sous l'inspecion du corps législatif de chaque province; que l'association ne serait point héréditaire; qu'on n'y admettrait plus de nouveaux membres, et que les assemblées, au lieu d'être annuelles, ne se tiendraient que tous les trois ans. C'était là, non pas confirmer l'ordre, mais seulement différer son extinction. Depuis cette époque, les citoyens des États-Unis renoncèrent à la décoration; les officiers français continuèrent de la porter.

99. Nous arrivons à la révolution de 1789. Ici nous croyons devoir interrompre pour un instant l'ordre chronologique que nous avons suivi jusqu'à présent, pour ne pas scinder l'histoire des vicissitudes subies par les ordres et distinctions honorifiques depuis cette époque jusqu'à nos jours, vicissitudes qui se lient étroitement aux événements politiques accomplis sur notre sol pendant cette même période.

100. La pensée d'abolir ces sortes de distinctions ne se fit pas jour tout d'abord. On songea même à en créer de nouvelles. Ainsi, en 1789, le projet fut formé, vraisemblablement par quelqu'un des comités de l'assemblée constituante, d'établir un *ordre national de France*, dont la croix eût porté, d'un côté, deux mains croisées en signe d'union et d'amitié, et entourées de cette légende : *prix du patriotisme, institué en* 1789, et de l'autre côté les deux lettres R. N. (récompense nationale) avec l'une des trois inscriptions suivantes, selon le genre de mérite de la personne à laquelle elle aurait été décernée : *prix de vertus, prix de patriotisme, prix de talents*. Mais cette institution est restée à l'état de projet; elle n'a jamais été réalisée.

101. Le 19 juin 1790, l'assemblée nationale rendit un décret ayant pour objet de donner aux vainqueurs de la Bastille, au nom de la nation, un témoignage public de reconnaissance. Ce décret portait qu'il serait fourni, aux dépens du trésor public, à chacun de ceux qui seraient en état de porter les armes, un habit et un armement complet, suivant l'uniforme de la nation; que sur le canon du fusil, ainsi que sur la lame du sabre, serait gravé l'écusson de la nation, avec la mention que ces armes avaient été données par la nation à tel, vainqueur de la Bastille, et que, sur l'habit, serait appliquée, soit sur le bras gauche, soit à côté du revers gauche, une couronne murale; qu'il serait expédié à chacun desdits vainqueurs de la Bastille un brevet honorable, pour exprimer leur service et la reconnaissance de la nation, et que, dans tous les actes qu'ils passeraient, il leur serait permis de prendre le titre de *vainqueurs de la Bastille*.

102. Une loi des 1er-7 janv. 1791 disposa qu'à l'avenir la *décoration militaire* serait accordée aux officiers de toutes les armes et de tous les grades qui auraient vingt-quatre années de service révolues. Cette décoration paraît avoir été la croix de Saint-Louis, bien que la loi ne le dise pas. Diverses lois intervinrent ultérieurement pour déterminer les conditions d'obtention de cette décoration pour l'armée de terre et l'armée de mer, les vétérans, les commissaires des guerres, les officiers de la garde nationale, etc. Nous ne croyons pas utile de les faire connaître ici.

103. Les ordres anciens se rattachaient tout à la fois à la religion et à la monarchie; ils ne pouvaient donc manquer de partager le sort qui, dans la tourmente révolutionnaire, attendait ces deux grandes institutions. De telles distinctions paraissaient d'ailleurs contraires aux idées d'égalité qui prenaient sur les esprits un empire de plus en plus grand. Une loi des 30 juill.-6 août 1791 prononça formellement la suppression de tout ordre de chevalerie ou autre, de toute corporation, de toute décoration, de tout signe extérieur supposant des distinctions de naissance, et défendit d'en établir de semblables à l'avenir. Cette loi ajoutait que l'assemblée nationale se réservait de statuer s'il y aurait une décoration nationale unique qui pourrait être accordée aux vertus, aux talents et aux services rendus à l'Etat, et que néanmoins, en attendant qu'il fût statué sur cet objet, les militaires pourraient continuer de porter et de recevoir la décoration militaire actuellement existante (celle dont il est question dans la loi du 1er janv. 1791 précitée). La constitution de 1791 dit de même dans son préambule qu'il n'y a plus ni aucun ordre de chevalerie, ni aucune des corporations ou décorations pour lesquelles on exigeait des preuves de noblesse. — En conséquence, une loi du 13 sept. 1791 disposa qu'aucun Français ne pourrait continuer de porter les marques distinctives des ordres supprimés, à l'exception du roi et du prince royal, qui seuls pourraient conserver comme distinction personnelle les décorations dont ils étaient revêtus. Cette loi ajoutait que les décorations militaires réservées par la loi du 30 juill. précédent n'étaient point comprises dans la suppression. Une autre loi des 27 sept.-16 oct. 1791 infligeait des peines à tous ceux qui, dans des actes quelconques, auraient pris des qualifications supprimées par la constitution, ainsi qu'aux notaires ou autres officiers publics qui auraient énoncé ces qualifications dans des actes de leur ministère. — Enfin, une autre loi des 12-16 mai 1792 ordonna que les papiers appartenant aux ci-devant ordres de chevalerie seraient brûlés. — Quant aux biens qui avaient appartenu aux ordres supprimés, ils furent compris dans la grande confiscation prononcée par les lois révolutionnaires. Déjà la loi du 28 oct. 1790 avait compris dans les biens nationaux ceux de l'ordre de Malte et tous autres ordres religieux militaires (V. Dom. nation., p. 290). La loi des 26 sept.-6 oct. 1791 porte que les biens dépendant des fondations faites en faveur d'ordres, de corps et de corporations qui n'existent plus dans la constitution française font partie des domaines nationaux, et sont, comme tels, à la disposition de la nation. Elle ajoute que ces biens seront, en conséquence, administrés et vendus comme les autres biens nationaux (V. Dom. nation., p. 304). Ces dispositions furent complétées et développées par des décrets ultérieurs (décr. 17 mars, 19 sept., 22 oct. et 12 nov. 1792, 5, 10 mai 1793).

104. Nous venons de voir que la décoration militaire avait été exceptée de la suppression prononcée par les lois des 30 juill. et 13 sept. 1791. Par une loi des 15-17 oct. 1792, la Convention décréta que le port de la croix de Saint-Louis était supprimé comme décoration militaire, et renvoya au comité de constitution la question de savoir s'il convient que, dans une République, on conserve quelque marque distinctive. Un décret des 15-18 nov. 1792 ordonna le brisement et l'envoi à la monnaie du grand-sceau d'argent de l'ordre de Saint-Louis. — Un autre décret, du 28 juill. 1793, ordonna que ceux qui possédaient des croix dites de Saint-Louis et de tout autre ordre royaliste seraient tenus de les déposer à leurs municipalités, ainsi que leurs brevets, avant le 10 août suivant, à peine d'être regardés comme suspects et traités comme tels. — Enfin, le 28 brum. an 2, intervint un autre décret aux termes duquel tous les citoyens ci-devant décorés de la croix de Saint-Louis ou autres décorations qui ne les auraient pas déposées à leurs municipalités, avec les titres de la ci-devant décoration, dans le délai de huit jours après la publication dudit décret, étaient suspects par le fait, et les municipalités, comités révolutionnaires et autres autorités, étaient chargés, sous leur responsabilité, de les faire arrêter.

105. Mais cette proscription de toute distinction honorifique ne fut que passagère. Quand les passions se furent apaisées, quand l'atmosphère politique se fut rassérénée, on comprit quelle heureuse influence pouvait exercer, soit dans l'ordre militaire, soit dans l'ordre civil, le sentiment de l'honneur surexcité par l'appât d'une noble récompense. Ce ne fut pas toutefois sans difficulté que Bonaparte, devenu premier consul, fit admettre le principe d'une décoration nationale et d'un ordre de chevalerie. Aux yeux de beaucoup de ceux qui l'entouraient, une telle institution était une innovation funeste à l'égalité républicaine, un attentat à la liberté, un retour vers la monarchie. Mais ces objections ne prévalurent point. La constitution du 22 frim. an 8, dans son art. 87 (V. Droit constit., p. 314), avait posé en principe qu'il serait donné des récompenses nationales aux guerriers qui auraient rendu des services éclatants en combattant pour la République; et le gouvernement consulaire, en exécution de cette disposition, avait, par un arrêté du 4 niv. an 8, ordonné qu'il serait distribué des armes d'honneur aux officiers et soldats qui se seraient distingués par des actions d'éclat. Ce n'était là, en quelque sorte, qu'un prélude. La loi du 29 flor. an 10 institua, sous le nom de Légion d'honneur, un ordre nouveau destiné à récompenser, non-seulement les services militaires, mais aussi les services et les vertus civils. Mais cette loi ne fut mise à exécution, et l'ordre nouveau ne fut inauguré qu'en 1804, lors de l'établissement du gouvernement impérial (V. n°s 176 et suiv.).

106. Quelques années après, l'empereur institua l'*ordre des Trois toisons d'or*, exclusivement applicable aux services militaires. Le décret qui instituait cet ordre nouveau ne paraît pas avoir été inséré au Bulletin des lois; mais on y trouve, à la date du 14 oct. 1810, deux décrets qui nomment le grand chancelier et le trésorier de cet ordre (V. aussi le préambule du décret du 18 oct. 1811).

107. Cependant le nombre des membres de la Légion d'ho neur était limité. Déjà les limites avaient été dépassées, et néa moins il y avait encore des services à récompenser. C'est pou quoi l'empereur, par décret du 18 oct. 1811, créa, sous le tit d'*ordre impérial de la Réunion*, un ordre nouveau destiné à compenser les services rendus dans l'exercice des fonctions j diciaires ou administratives, et dans la carrière des armes. Un décret du 9 mars 1812 est relatif à la prestation de serme des membres de cet ordre, et un autre décret du 12 mars 181 déclare applicables aux membres de l'ordre de la Réunion l art. 1 et 12 du premier statut du 1er mars 1808 et les règl ments postérieurs concernant les titres.

108. Lorsqu'à la chute de l'empire Louis XVIII remon sur le trône de ses aïeux, il maintint l'institution de la Légi d'honneur et se contenta d'y faire quelques modifications (V. *i frà*, n° 187). Mais en même temps les anciens ordres que l lois révolutionnaires avaient abolis, et dont il restait encore d titulaires, tels que les ordres de Saint-Michel, du Saint-Espri de Saint-Louis et du Mérite militaire, furent rétablis. Il ne f pas même besoin pour cela d'une disposition formelle : la réa parition de ces anciens ordres était une conséquence naturel de l'article de la charte qui portait : *La noblesse ancienne r prend ses titres* (V. spécialement, au surplus, l'ord. royale d 28 nov.-6 déc. 1814, qui remet en vigueur l'édit du 10 mar 1759, portant création de l'institution du Mérite militaire; l'orc des 12-17 déc. 1814, portant rétablissement de la dotation d l'ordre de Saint-Louis; l'ord. des 16-25 janv. 1815, qui décic que les décorations de l'ordre de Saint-Louis et de l'institutio du Mérite militaire seront renvoyées au ministre de la guerr ou au ministre de la marine, selon les cas). Une nouvelle déco ration, la *décoration du Lis*, fut même créée à cette époque, l'effet de récompenser les preuves de dévouement données au princes restaurés. Cette décoration était destinée particulière ment à la garde nationale de Paris.

109. A son retour de l'île d'Elbe, et avant même d'êtr arrivé à Paris, l'empereur rendit, à la date du 13 mars 1815 deux décrets par lesquels, annulant les modifications introduite dans l'institution de la Légion d'honneur par le gouvernemen de la restauration, il rétablissait cette dernière dans son éta primitif, prononçait de nouveau l'abolition des ordres de Saint Michel, du Saint-Esprit, de Saint-Louis, ainsi que celle de l décoration du Lis, et réunissait au domaine de la Légion d'hon neur les biens affectés à l'ordre de Saint-Louis. Mais ce décre n'eut lui-même qu'une existence éphémère; il disparut, avec l gouvernement dont il était l'œuvre, lors de la seconde restaura tion.

110. Plusieurs ordonnances intervinrent successivement su les ordres de chevalerie et les décorations. Nous devons men tionner notamment l'ord. du 28 juill. 1815, qui prononça l'abo lition de l'ordre de la Réunion et fit défense à tout Français d'e prendre le titre et d'en porter la décoration; — Celle du 5 fév 1816, qui substitua à la décoration du Lis une croix dite *de la Fidélité*; — Celle des 3 mai-3 juin 1816, qui porte provisoire ment à cent vingt le nombre des commandeurs de l'ordre de Saint-Louis; — Celle des 22 mai-3 juin 1816, qui régla quel ques points concernant l'administration de l'ordre de Saint Louis et du Mérite militaire, et détermina le rang qu'occupe raient dans les cérémonies publiques, soit les membres de ce ordre, soit ceux de l'ordre de la Légion d'honneur; — Celle des 10-19 juill. 1816, qui nomme grands-croix de l'ordre de Saint Louis les princes de la famille royale et les princes du sang; — Celle des 16 nov. 1816-11 janv. 1817, qui déclarait que l'ordre de Saint-Michel était spécialement destiné à servir de récompense et d'encouragement à ceux qui se seraient distingués dans les lettres, dans les sciences et les arts, ou par des découvertes, des ouvrages ou des entreprises utiles à l'État; — Celle des 9-24 août 1820, qui détermina les règles d'admission des officiers des troupes de terre et de mer dans l'ordre royal et militaire de Saint-Louis; — Celle des 24 nov.-13 déc. 1824, portant que les budgets annuels des recettes et dépenses de la dotation de l'ordre de Saint-Louis seront soumis, à partir de 1825, à la vérification du ministre de la guerre.

111. Après la révolution de 1830, une loi des 13-16 déc.

1830, sur les récompenses nationales, disposa (art. 10) qu'une décoration spéciale serait accordée à tous les citoyens qui s'étaient distingués dans les journées de juillet, et que les honneurs militaires leur seraient rendus comme à la Légion d'honneur. Une ordonnance des 30 avr.-11 mai 1831 donna à cette décoration le nom de *Croix de Juillet*, et en détermina la forme ainsi que la manière de la porter.— Puis une ordonnance des 10 fév.-22 mars 1831 abrogea toutes ordonnances portant création de décorations établies à l'occasion ou à la suite des événements de 1814 et de 1815 et défendit de porter ces décorations.— Quant aux ordres anciens que la restauration avait fait reparaître, ils ne furent positivement abrogés par aucune disposition expresse; mais ils cessèrent de vivre en ce sens que leur existence ne fut reconnue et consacrée par aucun acte législatif, et qu'il n'en fut pas nommé de nouveaux membres. Toutefois la croix de Saint-Louis, obtenue précédemment, continua d'être portée par un grand nombre de militaires.

112. Après la révolution de 1848, la proposition fut faite de supprimer la Légion d'honneur, comme n'étant pas en harmonie avec l'esprit des institutions républicaines. Mais cette proposition ne fut point accueillie. On se contenta de modifier, par un arrêté des 12 sept.-23 nov. 1848, la forme de la décoration. La constitution républicaine des 4-10 nov. 1848 déclara formellement (art. 10) que la Légion d'honneur était maintenue; mais elle ajouta que ses statuts seraient revisés et mis en harmonie avec la constitution. Cette révision n'avait point encore eu lieu lorsque le coup d'Etat du 2 déc. 1851 vint substituer à la République une dictature qui n'était qu'un acheminement à l'empire. Depuis cette époque sont intervenus des décrets nombreux relatifs à l'institution de la Légion d'honneur. Nous en ferons connaître ultérieurement les dispositions (V. nos 176 et suiv.).

113. Le décret des 22-27 janv. 1852, qui restituait au domaine de l'Etat les biens meubles et immeubles ayant été l'objet de la donation faite, le 7 août 1830, par le roi Louis-Philippe au profit de ses enfants, contenait (art. 11) l'institution d'une médaille militaire donnant droit à 100 fr. de rente viagère en faveur des sous-officiers et soldats de l'armée de terre et de mer placés dans les conditions qui seraient fixées par un règlement ultérieur. — Cette institution a été réglementée par différents décrets (V. décr. 9 nov. 1852, D. P. 52. 4. 217; 24 nov. 1852, D.P. 52. 4. 213; 14 mars 1853, D. P. 56. 4. 7; 9 fév. 1855, D. P. 55. 4. 18; 2 août 1860, D. P. 60. 4. 134).—Depuis l'établissement du gouvernement impérial, un décret du 12 août 1857 a institué une médaille commémorative en faveur de tous les militaires français et étrangers qui ont combattu sous nos drapeaux de 1792 à 1815. Cette médaille est désignée sous le nom de *médaille de Sainte-Hélène*. Enfin, à la suite des expéditions qui ont eu lieu en Crimée, dans la mer Baltique, en Italie, en Chine et au Mexique, il a été institué des médailles commémoratives en faveur des officiers, sous-officiers et soldats qui y avaient pris part. Ces médailles ont été l'objet de décrets que nous ferons connaître (V. *infrà*, nos 247 et s., 255 et s., 271).

114. Reprenons maintenant l'histoire des ordres étrangers que nous avons interrompue à l'année 1789. L'*ordre du Mérite militaire*, fort ancien en Wurtemberg, a été renouvelé en 1799, par Frédéric Ier, alors duc et depuis roi de Wurtemberg. Il est divisé en quatre classes: grands-croix, au nombre de trois; commandeurs, au nombre de quatre, et chevaliers, au nombre de soixante. Les pensions sont de 400 florins pour le premier des grands-croix et de 300 pour chacun des deux autres; de 200 pour chacun des deux premiers commandeurs et de 150 pour chacun des deux derniers; enfin de 100 pour chacun des quatre plus anciens chevaliers. Il faut, pour entrer dans cet ordre, une action d'éclat, ou vingt-cinq ans de service comme officier. Le roi de Wurtemberg en est le grand maître. La devise porte : *Benè merentibus*.

115. L'*ordre de Marie-Louise*, en Espagne, est un ordre de dames fondé par le roi Charles IV, le 19 mars 1792. D'après le décret de fondation, il appartient à la reine de le conférer aux dames nobles qui se distinguent par leurs services, leurs preuves d'attachement et leurs vertus. Chaque dame est obligée par cette institution de visiter une fois par mois un des hôpitaux publics de femmes ou autre établissement, maison de charité ou asile; elle doit aussi entendre et faire célébrer tous les ans une messe pour toutes les dames de l'ordre qui sont décédées. La croix de cet ordre porte cette inscription en espagnol : *ordre royal de la reine Marie-Louise*.

116. L'*ordre du Croissant* a été fondé en Turquie, en 1797, par l'empereur Selim III, pour récompenser ceux de ses sujets qui l'avaient bien servi, particulièrement dans la marine. Cet ordre est composé de trois classes, qui se reconnaissent aux dimensions et à quelques accessoires de la médaille.

117. L'*ordre de Saint-Ferdinand et du Mérite* a été fondé à Naples en 1800, par le roi Ferdinand IV, pour récompenser ceux de ses sujets qui avaient rendu des services importants et donné des preuves de fidélité et d'attachement au roi et à l'Etat. Il avait d'abord deux classes : les grands-croix et les commandeurs. En 1810 on y a ajouté une troisième classe : les chevaliers. Le roi régnant est toujours grand maître et chef de l'ordre. Le nombre des membres de la première classe ne peut dépasser vingt-quatre, non compris les membres de la famille royale. La devise porte : *Fidei et merito*.

118. L'*ordre de Sainte-Isabelle* a été institué en 1804 pour les dames portugaises. La reine en est grande maîtresse et n'en confère la décoration qu'aux dames de haute noblesse. Cette décoration porte la devise : *au soulagement des pauvres*. On y voit l'image de sainte Isabelle distribuant des pièces de monnaie à un pauvre à genoux devant elle.

119. L'*ordre de la Couronne de fer* fut fondé en 1805 par l'empereur Napoléon Ier, vers l'époque où fut constitué le royaume d'Italie, pour récompenser les services rendus à l'Etat, tant dans la carrière des armes que dans l'administration, la magistrature, les lettres et les arts. L'établissement de cet ordre avait un but politique : c'était de rattacher les Italiens au nouvel ordre de choses créé par Napoléon. Cet ordre se composait primitivement de vingt dignitaires, cent commandeurs, cinq cents chevaliers. Un décret du 19 déc. 1807 porta le nombre des membres à trente-cinq dignitaires, cent cinquante commandeurs, huit cents chevaliers. Les princes de la famille impériale et les étrangers n'étaient pas compris dans ce nombre; mais les Français n'étaient pas considérés comme étrangers. Les rois d'Italie étaient grands maîtres de l'ordre. La décoration consistait dans la représentation de la couronne lombarde, surmontée d'une aigle, et entourée de cette légende en italien : *Dieu me l'a donnée; gare à qui y touche*. — Après les événements de 1815, l'empereur d'Autriche, François Ier, devenu le souverain de la Lombardie, déclara, le 12 fév. 1816, que l'ordre de la Couronne de fer ferait désormais partie des ordres de sa maison, et décréta de nouveaux statuts. L'ordre fut divisé en trois classes : chevaliers de 1re, de 2e et de 3e classe. Le nombre total des chevaliers était de cent, savoir : vingt pour la première classe, trente pour la deuxième classe, et cinquante pour la troisième classe. Les princes de la maison impériale d'Autriche n'étaient pas compris dans ce nombre. Le souverain d'Autriche était grand maître de l'ordre, et c'est de lui que dépendait la nomination des chevaliers. — Depuis que l'Autriche a perdu la Lombardie, il semble qu'elle n'ait pas dû conserver l'ordre de la Couronne de fer, attaché naturellement à la possession de cette province; mais nous ignorons si le souverain du nouveau royaume d'Italie se l'est approprié par quelque acte public.

120. L'*ordre militaire de Maximilien-Joseph* a été créé en 1806 par Maximilien-Joseph, premier roi de Bavière, comme monument de sa satisfaction pour la fidélité et la valeur dont l'armée bavaroise donna des preuves dans la guerre de 1805. Il se divise en trois classes : les grands-croix, au nombre de cinq, les commandeurs, au nombre de huit, et les chevaliers, au nombre de cinquante. Il donne la noblesse personnelle et de plus emporte addition de traitement pour les militaires qui en sont décorés. Cette addition est pour les grands-croix, de 1,500 florins; pour les commandeurs, de 500, et pour les chevaliers de 300. La devise est : *Virtuti pro patriâ*.

121. L'*ordre du Mérite civil*, en Wurtemberg, a été créé, le 8 nov. 1806, par Frédéric, premier roi de Wurtemberg, pour récompenser les employés civils et autres serviteurs de Sa Majesté qui, à cause de leur naissance et de leurs places, ne peuvent être nommés au grand ordre royal. Cet ordre donne la noblesse personnelle ; il faut, pour y être admis, un mérite éminent, quelque action éclatante, ou vingt-cinq ans de services comme conseiller du roi. Il est divisé en trois classes : grands-croix, commandeurs et chevaliers.

122. L'*ordre de Saint-Joseph*, en Toscane, avait été institué, le 19 mars 1807, par le grand-duc Ferdinand III, lorsqu'il était grand-duc de Wurtzbourg. Rentré en possession du grand-duché de Toscane, il y ramena cet ordre et le renouvela solennellement le 19 mars 1817. Pour y être admis, il était nécessaire de professer la religion catholique. L'ordre était militaire et civil et comprenait trois classes : les grands-croix, les commandeurs, les chevaliers. Le grand-duc régnant était grand maître. La croix portait l'image de saint Joseph entourée de ces mots : *Ubique similis*. Les deux premières classes donnaient droit à obtenir la noblesse héréditaire ; la troisième classe conférait la noblesse personnelle. Cet ordre a été supprimé le 19 mars 1860 par décret du gouvernement provisoire.

123. L'*ordre du Mérite militaire de Charles-Frédéric* (Bade) a été fondé, le 4 avr. 1807, par le grand-duc Charles-Frédéric, pour récompenser les services militaires. Les faits d'armes qui peuvent y donner droit doivent être régulièrement constatés et soumis à l'examen du chapitre de l'ordre, qui fait son rapport au grand-duc. Le grand-duc peut également l'accorder, sans convocation du chapitre, aux militaires qu'il en juge dignes. Le grand-duc est le grand maître de l'ordre et les princes de sa famille en sont membres-nés. L'ordre est divisé en trois classes : les grands-croix, les commandeurs et les chevaliers. Les deux plus anciens grands-croix reçoivent une pension annuelle de 400 florins ; les trois plus anciens commandeurs une pension de 200 florins, et les huit plus anciens chevaliers une pension de 100 florins. La devise de l'ordre est : *Pour l'honneur de Bade*. Les grands-croix payent à leur réception 20 ducats ; les commandeurs, 10 ducats et les chevaliers, 5 ducats.

124. L'*ordre de la Couronne de Saxe* a été fondé par le roi Frédéric-Auguste, le 20 juill. 1807. Il n'y a qu'une seule classe. Le roi en est grand maître ; les princes du sang, y compris les neveux du souverain, sont de droit chevaliers de l'ordre. La devise est : *Providentiæ memor*.

125. L'*ordre de Louis*, dans la Hesse Grand-Ducale, a été fondé par le grand-duc Louis Ier, le 25 août 1807 ; mais c'est seulement le 14 déc. 1831 qu'il a reçu du grand-duc Louis II le nom d'ordre de Louis. Il est divisé en cinq classes : grands-croix, commandeurs de première classe, commandeurs de deuxième classe, chevaliers de première classe, chevaliers de deuxième classe. Sur l'un des côtés de la croix on lit, en allemand : *Pour le mérite*, et sur l'autre : *Dieu, honneur, patrie*.

126. L'ordre civil de Saint-Etienne (Autriche) ne pouvant être accordé qu'à des nobles, l'*ordre de Léopold* a été institué, le 8 janv. 1808, par l'empereur François Ier, pour honorer la mémoire de Léopold II, son père, et pour récompenser tous les genres de talents, soit civils, soit militaires, sans aucun égard à la naissance. L'empereur d'Autriche en est le grand maître. Il est divisé en trois classes : grands-croix, commandeurs et chevaliers. La devise de l'ordre est : *Integritati et merito*. Au revers de l'écusson on lit ces mots : *Opes regum corda subditorum*, c'est-à-dire, la puissance des rois, c'est le cœur de leurs sujets. Cet ordre donne droit à la noblesse héréditaire et à diverses dignités et prérogatives.

127. L'*ordre du Mérite civil de la couronne de Bavière* a été fondé par le roi Maximilien-Joseph le 19 mai 1808 ; mais ses statuts ont été revisés le 8 oct. 1817. Il est divisé en trois classes : grands-croix, commandeurs et chevaliers. Le nombre des grands-croix, qui était d'abord de douze, a été porté, lors de la révision, à vingt-quatre ; celui des commandeurs, de vingt-quatre à quarante, et enfin celui des chevaliers, de cent à cent soixante. Les chevaliers de Saint-Hubert, qui sont grands-croix de cet ordre, ne sont pas compris dans le nombre de vingt-quatre. Ceux à qui cet ordre a été accordé obtiennent le droit de porter un titre de noblesse et des armoiries désignées par le souverain. Sur la croix sont inscrits les mots : *Virtus et honos*.

128. La *décoration du Soleil et du Lion* a été fondée en Perse, l'an 1808, par Feth-Ali-Schah. Les insignes représentent le soleil se levant sur le dos d'un lion. Cette décoration a trois classes.

129. L'*ordre de Charles XIII* a été institué, en Suède, pa[r] le roi de ce nom, le 27 mai 1811 ; il n'a qu'une seule classe [e]t ne peut être conféré qu'à un Suédois franc-maçon. Le roi ains[i] que les princes de sa famille auxquels il accorde cet ordre son[t] obligés d'en porter toujours les insignes.

130. L'*ordre militaire de Saint-Ferdinand*, en Espagne, [a] été fondé le 31 août 1811, pendant la guerre de l'indépendance par les cortès générales et extraordinaires. Après le retour des Bourbons, le roi Ferdinand VII ordonna qu'il serait consacré [à] récompenser les belles actions militaires. Le roi est chef [et] grand maître, et il nomme les chevaliers. Il y a cinq classes d[e] croix, parmi lesquelles, à l'inverse des autres ordres, la première occupe le rang inférieur, et la cinquième, c'est-à-dire l[a] dernière, occupe le premier rang. Les deux premières classe[s] s'accordent aux officiers jusqu'au grade de colonel inclusivement, la première pour récompenser les services militaires qu[i] ont offert des dangers, la seconde pour récompenser les service[s] d'un degré héroïque ; la troisième et la quatrième se donnen[t] aux généraux et brigadiers dans les mêmes cas où la premièr[e] et la seconde classe se donnent aux officiers d'un rang inférieur. Enfin la grand-croix ou cinquième classe est accordée aux généraux qui, ayant commandé en chef les armées, ont rempl[i] leurs devoirs d'une manière éminemment distinguée, avec gloire et à l'avantage des armées du roi. Il est défendu de la solliciter. Des pensions sont accordées aux chevaliers de l'ordre suivan[t] la classe dont ils font partie. La croix porte d'un côté : *Al merito militar*, et sur le revers : *El rey y la patria*.

131. L'*ordre de Saint-Jean* (*de la religion évangélique*) [a] été fondé, le 23 mai 1812, par le roi de Prusse, qui, l'année précédente, avait supprimé les commandeurs de l'ordre de Saint-Jean de Jérusalem et réuni à l'État tous les biens qui en dépendaient. Le roi se déclara le protecteur souverain du nouvel ordre, et nomma un de ses frères grand maître. Les chevaliers ne forment qu'une classe et sont nommés par le roi.

132. L'*ordre du Lion de Zahringen* a été institué, le 26 déc. 1812, par le grand-duc Charles, pour la fête de son épouse, la grande-duchesse Stéphanie, et en mémoire de la descendance de la maison grand-ducale de celle des ducs de Zahringen. Il est divisé en quatre classes : les grands-croix, les commandeurs de première classe, les commandeurs de deuxième classe, les chevaliers. Le grand-duc est grand maître de l'ordre ; les princes de sa famille sont de droit grands-croix. Le nombre des membres est illimité. La devise de l'ordre est : *Pour l'honneur et la loyauté*.

133. L'*ordre de la Croix de fer* a été institué, le 10 mars 1813, par Frédéric-Guillaume III, pour récompenser ceux qui s'étaient distingués, soit dans l'armée, soit dans l'administration civile, par leur courage ou par toute autre action de patriotisme. Cet ordre a des grands-croix et deux autres classes. D'après un décret du 3 août 1841, les douze plus anciens membres des officiers de la première classe et les douze plus anciens des sergents-majors reçoivent une solde d'honneur de 150 thalers ; les trente-six plus anciens membres des officiers de la deuxième classe et les trente-six plus anciens des sergents-majors reçoivent une solde d'honneur de 15 thalers. Cette solde d'honneur est indépendante de la solde ordinaire.

134. La *croix du Mérite militaire* a été instituée, dans le Mecklenbourg-Schwerin, le 30 avr. 1814, par le grand-duc Paul Frédéric. Cette décoration comprend deux classes principales : l'une destinée aux officiers, qui y ont droit après vingt-cinq ans de service actif ; l'autre destinée aux sous-officiers à compter du grade de sergent-major. Cette dernière est elle-même subdivisée en quatre classes. Les sergents-majors reçoivent la croix de quatrième classe après dix ans de service ; la croix de troisième classe après quinze ans ; la croix de deuxième classe après vingt ans ; et enfin la croix de première classe après vingt-cinq ans.

135. L'*ordre de Louise*, en Prusse, a été fondé, le 3 août 1814, par le roi Frédéric Guillaume III, pour les dames qui avaient donné des preuves éclatantes de patriotisme et d'humanité pendant la guerre. Une princesse de la maison royale est la présidente de cet ordre, qui n'a qu'une seule classe. Il n'est pas nécessaire à une dame d'être noble pour y être admise.

136. L'*ordre militaire de saint Herménégilde* a été créé en Espagne par le roi Ferdinand VII, le 28 nov. 1814, et un décret du 19 janv. 1815 le destina à récompenser les officiers des armées royales d'Espagne et des Indes et de la flotte royale, pour leur constance et leurs services militaires. Le roi en est le grand maître. L'ordre est divisé en trois classes. La première classe comprend les capitaines généraux et les généraux qui ont quarante ans de services comme officiers; ils sont de droit grand-croix et ont le titre d'excellence. La deuxième classe embrasse les officiers qui, à partir du grade de brigadier, en descendant de grade, ont servi quarante années comme officiers. Enfin la troisième classe se compose des officiers qui ont vingt-cinq ans de service et dix ans de grade comme officiers. Le roi peut nommer, pour des actions extraordinaires, les officiers qui n'ont pas le temps de service exigé. Des pensions sont accordées aux membres de l'ordre qui sont encore au service dix ans après avoir été admis dans l'ordre. La devise est : *Récompense à la constance militaire*.

137. Peu de temps après avoir institué l'ordre militaire de saint Herménégilde, le 24 mars 1815, Ferdinand VII instituait l'*ordre américain d'Isabelle la catholique*, pour récompenser les services rendus dans la défense et la conservation des domaines de l'Espagne aux Indes. Le roi est grand maître de l'ordre, qui est divisé en trois classes : les grands-croix; les commandeurs; les chevaliers. La croix de cet ordre donne la noblesse personnelle à celui qui en est décoré. Cette croix porte d'un côté la légende suivante : *A la loyauté la plus pure*, et sur le revers : *Pour Isabelle la catholique*.

138. L'*ordre militaire de Guillaume*, dans les Pays-Bas, a été fondé par le roi Guillaume I, le 30 avr. 1815, pour récompenser les services militaires. Le roi en est le grand maître. Il comprend quatre classes : les grands-croix; les commandeurs; les chevaliers de la troisième classe; les chevaliers de la quatrième classe. Les militaires des armées de terre et de mer qui n'ont pas le rang d'officier reçoivent une demi-solde en sus lorsqu'ils sont nommés chevaliers de la quatrième classe, et une double solde quand ils sont promus chevaliers de la troisième classe. La devise de l'ordre est, en langue hollandaise : *Pour le courage, la bonne conduite, la fidélité*.

139. L'*ordre du Mérite civil*, dans la Saxe royale, a été institué le 7 juin 1815, par le roi Frédéric Auguste, pour récompenser ceux qui se distingueraient par des services ou des actes de dévouement envers le roi et l'État, ou par des vertus civiques. Il se divise en trois classes : les grands-croix; les commandeurs; les chevaliers. La devise de l'ordre est : *Au mérite et à la fidélité*. Quand la décoration est accordée à un étranger, elle porte seulement : *Au mérite*.

140. L'*ordre des Guelfes* a été fondé, le 11 août 1815, par le prince régent Georges III, après la réunion du Hanovre au royaume de la Grande-Bretagne. Il est divisé en cinq classes : les grands-croix; les commandeurs de première classe; les commandeurs de deuxième classe; les chevaliers; les possesseurs de la croix d'argent. Cet ordre est civil et militaire. La devise de l'ordre est : *nec aspera terrent*.

141. L'*ordre militaire de Savoie* a été fondé, le 14 août 1815, par le roi Victor-Emmanuel I. Le roi en est le chef suprême ou grand maître. Il se divise en quatre classes, savoir : les grands-croix; les commandeurs; les chevaliers; les décorés du signe de l'ordre en argent : ces derniers sont les sous-officiers et soldats. Avant d'être admis, les titres des candidats sont examinés par un tribunal composé de deux membres de chaque classe. La devise de l'ordre est : *Au mérite et à la valeur*. Cet ordre peut être conféré à des étrangers.

142. L'*ordre du lion Néerlandais* a été fondé par le roi Guillaume I, le 29 sept. 1815, pour récompenser le mérite civil. Le roi est le grand maître de cet ordre, qui a trois classes : les grands-croix; les commandeurs; les chevaliers. Ceux qui se font remarquer par des actes de courage utiles à l'humanité sont agrégés à l'ordre sous le nom de frères, au lieu de la croix ils portent une médaille d'argent sur laquelle est inscrite la devise de l'ordre : *virtus nobilitat*. Ils reçoivent une pension de 200 florins dont la moitié après leur mort revient à leurs veuves.

143. L'*ordre du Faucon blanc ou de la Vigilance*, fondé en 1732, dans le duché de Saxe-Weimar-Eisenach, par le prince Ernest Auguste, duc de Saxe, pour récompenser ceux qui se distingueraient par leur fidélité, leurs talents, leur aptitude à remplir des fonctions publiques, a été renouvelé, le 18 oct. 1815, par le grand-duc Charles Auguste, et modifié de nouveau, le 16 fév. 1840, par le grand-duc Charles Frédéric. Il est divisé en cinq classes : grands-croix; commandeurs de première classe; commandeurs de deuxième classe; chevaliers de première classe; chevaliers de deuxième classe. Aucun sujet du grand-duché ne peut recevoir la grand-croix de l'ordre, à moins d'avoir le rang de conseiller privé aulique ou de major-général. Nul ne peut recevoir la croix de commandeur, à moins d'avoir le rang de conseiller privé, de conseiller de gouvernement, de justice, de chambre, etc., ou le grade de major dans l'armée. Voici quels sont les principaux devoirs des membres de l'ordre : 1° fidélité et dévouement à la patrie allemande et aux hautes autorités légitimes de l'État; 2° coopérer, suivant sa position, au développement progressif des arts et des sciences, au perfectionnement de la législation et de la constitution du gouvernement, et à répandre les lumières et la vérité d'une manière digne du caractère national allemand; 3° assister ses concitoyens que la guerre aurait pu faire tomber dans le malheur, et surtout secourir les personnes blessées pour la patrie, ou celles qu'elles auraient laissées après elles en mourant. La devise de l'ordre est : *Vigilando ascendimus*. Les insignes d'un membre décédé doivent être aussitôt renvoyés par ses héritiers.

144. L'*ordre de Notre-Dame de la conception de Villa-Viciosa*, en Portugal, a été fondé, le 6 fév. 1818, par le roi Jean VI, qui en établit les statuts par un autre décret du 10 sept. 1819, dans lequel il se déclara le grand maître de l'ordre. Cet ordre est divisé en membres et membres honoraires. Les premiers se composent de douze grands-croix, quatre commandeurs, et quarante chevaliers; les seconds se composent de douze grands-croix, quarante commandeurs, et d'un nombre illimité de chevaliers. La devise de l'ordre est : *Patronne du royaume*.

145. L'*ordre de saint Michel et saint Georges*, en Angleterre, a été institué par le roi Georges III, le 12 août 1818, en mémoire du traité du 23 mai 1814, par lequel l'île de Malte a été réunie à l'Angleterre, et en mémoire du traité du 5 nov. 1815, par lequel les sept îles Ioniennes ont été placées sous le protectorat de l'Angleterre, pour récompenser le mérite et la loyauté. Les statuts de cet ordre, réformés par Georges IV le 5 avr. 1826, ont été renouvelés par Guillaume IV le 17 oct. 1832. Il comprend quatre classes : les grands-croix, au nombre de quinze, non compris le grand maître; les commandeurs, qui ne peuvent excéder le nombre de vingt, et les chevaliers, qui ne peuvent être plus de vingt-quatre. — Les grands-croix et les commandeurs qui ne sont pas nobles lors de leur admission reçoivent, par la réception des insignes, le titre de *Sir* pour eux, et celui de *lady* pour leur femme. La grand-croix n'est accordée qu'à des généraux, la croix de commandeur qu'à des colonels, la croix de chevalier aux autres officiers, et dans l'ordre civil aux fonctionnaires publics dont le rang correspond à ces grades. — Pour recevoir cet ordre, il faut être né à Malte ou dans les îles Ioniennes, y avoir rempli un poste élevé, ou avoir servi dans le civil ou dans les armées de terre et de mer dans la Méditerranée. — Le serment est en rapport avec la destination spéciale de cet ordre. Il est ainsi conçu : « Je servirai Dieu en tout; je resterai fermement dans la foi chrétienne; j'aimerai le roi de la Grande-Bretagne et de l'Irlande, souverain protecteur des États réunis des îles Ioniennes et souverain de l'île de Malte et de ses dépendances, et je défendrai ses droits autant qu'il sera en mon pouvoir. » Mais, depuis que l'Angleterre a renoncé au protectorat des îles Ioniennes, la teneur du serment a dû être modifiée. — La devise de l'ordre est : *Auspicium melioris ævi*.

146. L'*ordre de la Couronne de Wurtemberg* a été institué, le 23 déc. 1818, par le roi Guillaume I, dans le but de réunir en un seul les deux anciens ordres de l'Aigle d'or et du Mérite civil. Le roi en est chef souverain et grand maître. Il est divisé en trois classes : les grands-croix; les commandeurs; les chevaliers. La devise est : *Sans peur et fidèle*.

147. L'*ordre militaire de Saint-Georges de la Réunion*, dans le royaume des Deux-Siciles, a été fondé par le roi Ferdinand IV, le 1er janv. 1819. Le roi en était le grand maître, et le duc de Calabre grand connétable. Il y avait aussi un grand maréchal nommé par le roi. L'ordre embrasse quatre classes : les grands-croix ; les commandeurs ; les chevaliers *di diritto;* les chevaliers *di grazia*. La devise de l'ordre, sur la face de la croix, est : *in hoc signo vinces* ; et sur le revers on lit : *virtuti*.

148. L'*ordre du Christ*, l'*ordre d'Avis*, et l'*ordre de Saint-Jacques de l'Epée,* originaires du Portugal (V. *suprà*, nos 8, 12, 27, 29), ont été transportés au Brésil. L'empereur du Brésil est toujours le grand maître de ces ordres, et le prince impérial en est le commandeur suprême. Mais au Brésil ils n'ont aucun caractère religieux et sont considérés comme des ordres civils et politiques destinés à récompenser les services rendus à l'Etat tant par les sujets brésiliens que par les étrangers bien méritants.

149. L'*ordre de Pedro* a été fondé au Brésil par l'empereur don Pedro Ier. Il ne se compose que d'une seule classe et n'est destiné qu'aux têtes couronnées. Sur la décoration se lisent ces mots : *Fundator do imperio do Brazil*.

150. L'*ordre de la Croix du Sud* a été fondé également, au Brésil, par l'empereur don Pedro Ier, le 1er déc. 1822. Il est divisé en quatre classes : les grands-croix ; les dignitaires ; les officiers ; les chevaliers. L'empereur en est le grand maître. La devise de l'ordre est : *Benè merentium præmium*.

151. L'*ordre royal de Louis* (Bavière) a été fondé, le 25 août 1827, pour récompenser ceux de ses fonctionnaires et serviteurs qui, cette année-là, avaient accompli leur cinquantième année de service le jour de sa fête. Les insignes de cet ordre portent, d'un côté, l'inscription suivante : *Louis, roi de Bavière*, et de l'autre côté, sur le revers : *Pour un service honorable de cinquante ans*.

152. L'*ordre de François Ier*, dans les Deux-Siciles, avait été fondé, le 28 sept. 1829, par le roi François Ier. Il était destiné à récompenser le mérite civil, les arts, les sciences, l'agriculture, les manufactures et le commerce ; mais les militaires n'en étaient point exclus; ils pouvaient y être admis pour les services civils qu'ils avaient rendus. Le roi était le grand maître de l'ordre, qui se divisait en trois classes : les grands-croix, les commandeurs et les chevaliers.

153. L'*ordre de la Rose* a été fondé au Brésil par l'empereur don Pedro Ier, le 17 oct. 1829, à l'occasion de son mariage avec la princesse Amélie de Leuchtemberg. Il se compose de huit grands-croix effectifs et de huit honoraires, de seize grands dignitaires, de trente dignitaires et d'un nombre illimité de commandeurs, d'officiers et de chevaliers. L'empereur régnant en est le grand maître ; le prince impérial est en même temps grand-croix et dignitaire ; tous les princes de la famille impériale sont grands-croix. Pour pouvoir être dignitaire, il faut avoir le titre de *senhoria*. Les officiers doivent avoir le rang de colonel; les chevaliers celui de capitaine. La devise est : *Amor et fidelios*.

154. L'*ordre de Saint-Grégoire le Grand* a été fondé par le souverain pontife Grégoire XVI, le 1er sept. 1831, pour récompenser le mérite militaire et le mérite civil. Il se divise en quatre classes : les grands-croix de première classe ; les grands-croix de deuxième classe ; les chevaliers-commandeurs ; les chevaliers.

155. L'*ordre civil de Savoie* a été fondé, le 29 oct. 1831, par le roi Charles-Albert. Il ne comprend qu'une classe de chevaliers, qui doivent tous être nationaux. Il est conféré : 1° aux premiers employés du gouvernement qui ont rempli de hautes fonctions; 2° aux hommes de lettres, aux savants et aux administrateurs qui ont composé et publié quelque œuvre importante; 3° aux ingénieurs, architectes et artistes qui se sont rendus célèbres par leurs travaux ; 4° aux auteurs de découvertes importantes et à ceux qui les ont perfectionnées ; 5° aux professeurs de sciences, de belles-lettres, et aux directeurs d'établissements d'éducation qui ont acquis de la gloire dans l'enseignement. Quarante pensions, dont le total s'élève à 30,000 lires, sont accordées aux membres de l'ordre. La devise est : *Au mérite civil. 1831*.

156. L'*ordre du Nichan-Iftikhar* (qui signifie *signe d'honneur*) a été créé en 1831 par le sultan Mahmoud. Il offre le sceau du sultan entouré de brillants. — Tunis et plusieurs autres Etat musulmans ont aussi leur *nichan*.

157. L'*ordre de Léopold*, en Belgique, a été créé par la loi du 11 juill. 1832, pour récompenser les services rendus à la patrie. Il se divise en cinq classes : les grands cordons ; les grands officiers ; les commandeurs ; les officiers ; les chevaliers C'est le roi qui nomme à cet ordre. Toute nomination doit être faite par un arrêté royal, précisant les motifs, et cet arrêté doit être inséré au *Bulletin des lois*. Tout militaire d'un grade inférieur à celui d'officier qui est membre de l'ordre jouit d'une pension annuelle, incessible et insaisissable, de 100 fr., qui n'est incompatible avec aucune autre. Cette pension cesse si le militaire est promu au grade d'officier dans l'armée. La qualité de membre de l'ordre se perd ou est suspendue par les mêmes causes qui, d'après les lois pénales, font perdre ou suspendent les droits du citoyen belge. La devise de l'ordre est : *l'Union fait la force*.

158. L'*ordre du Sauveur* a été fondé en Grèce par le roi Othon Ier, le 1er juin (20 mai) 1833, en mémoire de l'heureuse délivrance de la Grèce, grâce à la divine intercession du Rédempteur. Le roi est le grand maître de l'ordre, qui est divisé en cinq classes : les grands-croix, au nombre de douze ; les grands commandeurs, au nombre de vingt ; les commandeurs, au nombre de trente ; les chevaliers de la croix d'or, et les chevaliers de la croix d'argent ; ces deux dernières classes sont en nombre illimité. Dans les nombres qui précèdent ne sont compris ni les princes de la maison royale ni les étrangers auxquels le roi de la Grèce confère des décorations. La croix porte d'un côté, la légende suivante : *Seigneur, ta main droite a été glorifiée dans sa force*, et, de l'autre côté : *Othon, roi de la Grèce*.

159. L'*ordre de Saint-Georges et du Mérite militaire* avait été fondé, le 1er juin 1833, par l'infant d'Espagne don Charles-Louis de Bourbon, duc de Lucques. Les statuts définitifs, datés du 7 mai 1841, énonçaient que la dignité de chef souverain et fondateur de la décoration résidait en la personne royale du duc régnant, et qu'elle était transmissible à ses successeurs, moins le titre de fondateur, en même temps que ses autres droits de souveraineté. Il était expressément défendu de demander cette décoration, et celui qui la sollicitait était considéré comme à jamais incapable de l'obtenir. L'ordre était divisé en trois classes. On ne pouvait être promu à une classe supérieure qu'après avoir passé par les classes inférieures. La devise de l'ordre était : *al merito militare*. — En même temps qu'il créait cet ordre, le duc de Lucques avait institué une décoration spéciale pour récompenser les officiers de ses troupes qui avaient trente ans de service militaire irréprochable. Elle portait le nom de *médaille d'ancienneté*. — Quelques années après avoir fondé l'ordre de Saint-Georges et du Mérite militaire, le duc de Lucques établit, par décret du 22 déc. 1836, l'*ordre de Saint-Louis et du Mérite civil*, qui comprenait trois classes.

160. L'*ordre d'Isabelle II*, en Espagne, a été institué par le roi Ferdinand VII, le 19 juin 1833, pour solenniser la prestation de serment à sa fille, aujourd'hui la reine Isabelle, comme princesse héréditaire de la couronne à défaut d'héritier mâle. Cet ordre est une distinction réservée à l'armée de terre et à l'armée de mer. La croix de cet ordre est d'argent pour les militaires de la classe inférieure, et d'or pour les officiers.

161. L'*ordre de la Maison ducale Ernestine de Saxe* a été fondé, le 25 déc. 1833, par les princes régnants des provinces de la branche de Gotha, de la ligne Ernestine de la maison de Saxe, comme renouvellement de l'ancien *ordre de la probité allemande*, avec la devise : *fideliter et constanter*, qui avait été fondée en 1690, par un de leurs ancêtres, Frédéric Ier, fils d'Ernest le Pieux. Il a pour but de récompenser le mérite et la fidélité au prince. Il comprend quatre classes : les grands-croix, au nombre de neuf ; les commandeurs de première classe, au nombre de douze ; les commandeurs de deuxième classe, au nombre de dix-huit ; les chevaliers, au nombre de trente-six. Deux signes d'honneur sont en outre dépendants de l'ordre : la croix du Mérite et la médaille du Mérite. Tous les princes de la maison ducale Ernestine de Saxe, de la ligne de Gotha, sont membres-nés de l'ordre. Toutefois, ils ne peuvent être admis au rang de grand-croix qu'après leur dix-huitième année, et sur la proposition du prince chef de la branche à laquelle ils appartiennent. Chacun des trois ducs régnants (Saxe-Cobourg-Gotha, Saxe-Meiningen et Saxe-Altenbourg) se partage par tiers les grades ci-dessus énumérés. Les nominations ne sont pas limitées pour les étrangers; mais elles ne peuvent avoir lieu que de l'accord de deux maisons ducales au moins. La devise est toujours : *fideliter et constanter*. Après la mort d'un membre de l'ordre, les insignes doivent être renvoyés.

162. L'*ordre de Henri le Lion* a été fondé dans le duché de Brunswick, le 25 avr. 1834, par le duc Guillaume, qui lui donna le nom de Henri le Lion, son aïeul. L'ordre est divisé en quatre classes : les grands-croix, les commandeurs de première classe, les commandeurs de deuxième classe, les chevaliers. Le duc régnant est grand maître de l'ordre. Tout citoyen du duché peut recevoir cet ordre; mais on ne peut être élevé aux classes supérieures qu'après avoir passé par les degrés inférieurs. La devise de l'ordre est : *immota fides*, c'est-à-dire : *fidélité inébranlable*.

163. L'*ordre d'Albert l'Ours* a été fondé, le 18 nov. 1836, par les ducs régnants des duchés d'Anhalt, afin de récompenser la fidélité, les talents et les services de leurs sujets, et de donner des marques d'estime à des hommes qui se sont distingués par leurs vertus et leurs mérites. Il a été ainsi nommé en l'honneur du margrave Albert l'Ours, un des ancêtres des fondateurs. Il est divisé en trois classes : les grands-croix, les commandeurs et les chevaliers. La décoration porte cette inscription en allemand : *Crains Dieu et suis ses commandements*. L'aîné des maisons ducales réunies d'Anhalt est grand maître de l'ordre. Il consulte les autres ducs régnants sur la concession de l'ordre, qui se fait toujours en son nom. Le duc qui a proposé et demandé la concession de l'ordre en confère les insignes, avec la notification ou patente expédiée par le grand maître. Les archives de l'ordre sont dans les archives ducales réunies.

164. L'*ordre du Mérite de Pierre-Frédéric-Louis* a été fondé, le 27 nov. 1838, par Paul-Frédéric-Auguste, grand-duc d'Oldenbourg, à l'effet de récompenser le mérite civil et militaire. Il se compose de capitulaires et de membres honoraires. Chacune de ces deux divisions a quatre classes : les grands-croix, les grands commandeurs, les commandeurs, les petites-croix. Les sujets d'Oldenbourg peuvent seuls être nommés capitulaires. Le capitulaire d'une classe inférieure peut en même temps être membre honoraire d'une classe plus élevée.

165. L'*ordre de Frédéric*, en Wurtemberg, a été fondé, le 1er janv. 1840, par le roi Guillaume Ier, pour honorer les grands services rendus par le roi Frédéric, son père, à la maison royale et à l'Etat. Il n'a qu'une seule classe de chevaliers. La croix porte cette inscription : *Au mérite*, avec la devise du roi Frédéric : *Dieu et mon droit*.

166. L'*ordre de Philippe le Magnanime* a été fondé, dans la Hesse grand-ducale, le 1er mai 1840, par Louis II, grand-duc régnant, en l'honneur du landgrave Philippe le Magnanime, son ancêtre. Il est divisé en quatre classes : les grands-croix; les commandeurs de première classe; les commandeurs de deuxième classe; les chevaliers. La devise de l'ordre est : *Si Deus nobiscum, quis contrà nos?* C'est le grand-duc régnant qui nomme les membres de l'ordre; il n'est pas permis de postuler pour y être admis. Lors de la promotion d'un membre à une classe plus élevée, ou après le décès de l'un des membres, les insignes doivent être renvoyés au chancelier de l'ordre.

167. L'*ordre de Saint-Sylvestre* a été fondé le 31 oct. 1841, par le pape Grégoire XVI, pour remplacer, ou plutôt pour restaurer, sous un autre nom, l'ordre de l'Eperon-d'Or, qui, après avoir brillé avec un vif éclat, avait perdu beaucoup de sa considération par l'effet de la prodigalité avec laquelle il avait été accordé. Les membres de cet ordre sont divisés en deux classes : les commandeurs, au nombre de cent cinquante, et les chevaliers, dont le nombre ne peut excéder trois cents. Mais dans ces nombres ne sont pas compris les décorations que Sa Sainteté accorde dans le reste du monde chrétien comme récompense des services rendus à la religion, aux sciences, aux lettres et aux arts. La croix porte, d'un côté, l'image de saint Sylvestre, et, de l'autre, l'inscription suivante : *Gregorius XVI restituit*.

168. L'*ordre des Principautés de Hohenzollern* a été institué en décembre 1841 par la maison princière de Hohenzollern. Il est divisé en deux classes : une croix d'honneur de première classe avec couronne; une croix d'honneur de deuxième classe sans couronne. La croix d'honneur de première classe n'est accordée qu'aux charges d'Etat et de la cour les plus élevées, dont les titulaires s'en sont montrés dignes par leur mérite distingué. La croix de deuxième classe est accordée aux serviteurs de l'Etat et de la cour qui ont un certain rang, déterminé par les statuts. La devise est : *Pour la fidélité et le mérite*. — Les princes régnants de Hohenzollern-Hechingen et Hohenzollern-Sigmaringen ont, en outre, fondé d'un commun accord une décoration sous le nom d'*Insignes du Mérite*, pour les officiers des principautés qui ont servi avec bravoure et fidélité à la guerre pendant vingt-cinq ans.

169. L'*ordre de la Couronne de chêne* a été institué en décembre 1841 pour récompenser les services civils ou militaires spécialement rendus par les habitants du grand-duché de Luxembourg, ainsi que les succès d'artistes distingués. La grande maîtrise appartient au roi des Pays-Bas et est inséparable de la couronne grand-ducale. L'ordre est composé de quatre classes : les grands-croix, les chevaliers de l'étoile de l'ordre, les commandeurs, les chevaliers. La décoration porte la légende : *Je maintiendrai*.

170. L'*ordre du Mérite civil* a été établi en Prusse, le 31 mai 1842, par le roi Frédéric-Guillaume IV. L'ordre pour le mérite, institué par le grand Frédéric, n'avait jamais servi qu'à récompenser des actions d'éclat accomplies pendant la guerre; aussi avons-nous vu précédemment (no 84) qu'en 1810, le roi Frédéric-Guillaume III avait converti sa dénomination en celle d'*ordre du Mérite militaire*. Frédéric-Guillaume IV crut devoir faire pour les sciences et les arts ce que ses prédécesseurs avaient fait pour la guerre; il institua une *classe de paix* (ce sont les termes du décret) destinée aux hommes qui ont illustré leur nom par des travaux éminents. Le nombre des chevaliers est invariablement fixé à trente sujets prussiens, parmi lesquels le roi choisit un chancelier et un vice-chancelier; il doit être complété à chaque décès. Le roi se réserve de statuer, à chaque vacance, si le choix doit avoir lieu dans la classe des savants ou dans celle des artistes; le rapport entre les deux classes n'étant pas fixe, mais susceptible de varier suivant les circonstances. Lorsqu'un des trente chevaliers vient à décéder, le chancelier invite, par une circulaire, ceux qui survivent à désigner la personne qui leur paraît la plus convenable pour compléter le nombre. Le roi, après avoir pris connaissance des votes, se réserve d'élire le nouveau membre de l'ordre. De même que le roi peut nommer sans avoir égard à la spécialité des travaux du défunt, de même les votants peuvent désigner un savant ou un artiste, si, par l'organe du chancelier, le roi n'en a pas ordonné autrement. — Outre les trente chevaliers prussiens, peuvent être admis dans l'ordre les savants et artistes étrangers ayant acquis une grande illustration, sans que le nombre de ces derniers puisse excéder celui des sujets prussiens. Le remplacement d'un chevalier étranger n'est pas indispensable. Les nominations ne peuvent avoir lieu qu'aux anniversaires de la naissance, du décès ou de l'avénement au trône du grand Frédéric. Parmi nos illustres compatriotes auxquels les insignes de cet ordre ont été conférés, on peut citer notamment : Châteaubriand, Arago, Gay-Lussac, Letronne, Ingres, Horace Vernet. Le premier chancelier a été M. de Humboldt.

171. L'*ordre du Cygne*, qui avait autrefois existé en Prusse, n'avait jamais été formellement aboli. Par décret du 24 déc. 1843, le roi Frédéric-Guillaume IV ordonna de préparer de nouveaux statuts pour son rétablissement. Le but assigné à cet ordre est de réunir des personnes qui se dévouent à soigner les malades, à soulager les personnes en proie à des remords, celles qui sont condamnées par les tribunaux, etc. Les insignes de cet ordre ne sont pas considérés comme une distinction honorifique et ne se portent pas comme ornement extérieur. Le roi et la reine, qui ont la grande maîtrise, se réservent seulement d'accorder la croix d'or de cet ordre, dans des cas très-rares, et pour des occasions extraordinaires, à titre de présent royal et honorifique, à des têtes couronnées. La devise de l'ordre est : *Dieu avec nous*.

172. L'*ordre de Pie IX* a été fondé par ce pontife, le 17 juin 1847, jour anniversaire de son exaltation, pour récompenser les divers genres de mérite. La décoration porte le nom *Pius IX*, entouré de ces mots : *Virtuti et merito*.

173. Le 2 déc. 1849, peu de temps après son avénement, l'empereur François-Joseph instituait en Autriche l'ordre qui porte son nom. Et depuis plusieurs autres ordres ont été fondés dans divers Etats de l'Allemagne. Le 31 déc. 1850, Frédéric-Auguste II, roi de Saxe, a fondé l'*ordre d'Albert*. Le 21 août 1851, l'électeur Guillaume II a établi, dans la Hesse-Electorale, l'*ordre de l'Electeur Guillaume*. Le 28 nov. 1853, le roi de Bavière Maximilien II a fondé l'*ordre de Maximilien* pour les arts et les sciences. Le 16 mars 1858, le duc Adolphe de Nassau a fondé l'*ordre du Lion d'or*, et, le 8 mai 1858, le même prince a fondé l'*ordre civil et militaire d'Adolphe de Nassau*. Enfin le 18 oct. 1861 a été institué en Prusse un nouvel ordre sous le nom d'*ordre de la Couronne*.

174. Depuis l'établissement de l'Empire du Mexique, plusieurs ordres ont été fondés dans ce pays. D'abord, en septembre 1863, fut rétabli l'*ordre de Notre-Dame de Guadalupe*, qui, créé par Iturbide, pendant la courte durée de son pouvoir, avait été aboli après sa chute. En janvier 1865 a été fondé un ordre nouveau sous le nom de l'*Aigle Mexicaine*, et en même temps un autre ordre était fondé pour les dames sous le nom d'*ordre de Saint-Charles*.

175. Après avoir présenté le tableau des divers ordres de chevalerie, dans le rang chronologique de leur fondation, nous croyons utile d'indiquer ceux de ces ordres qui existent encore dans chaque Etat.

1° *Angleterre*. — Ordres de la Jarretière (V. *suprà*, n° 33) ; — du Bain (n° 42) ; — du Chardon (n° 55) ; — de la Croix étoilée, pour les dames (n° 68) ; — de Saint-Patrice (n° 97) ; — de Saint-Michel et de Saint-Georges (n° 145) ; — militaire de Victoria Ire (établi le 1er mai 1837, pour les Indiens indigènes) ; — de l'Etoile de l'Inde (créé le 25 juin 1861).

2° *Anhalt* (*duchés d'*). — Ordre d'Albert l'Ours (n° 163).

3° *Autriche*. — Ordres Teutonique (n° 14) ; — de la Toison d'Or (n° 43) ; — d'Elisabeth-Christine (n° 85) ; — de Marie-Thérèse (n° 87) ; — de Saint-Etienne (n° 89) ; — de la Couronne de Fer (n° 119) ; — de Léopold (n° 126) ; — de François-Joseph (n° 173).

4° *Bade*. — Ordres de la Fidélité (n° 77) ; — du Mérite militaire de Charles-Frédéric (n° 123) ; — du Lion de Zähringen (n° 132).

5° *Bavière*. — Ordres de Saint-Hubert (n° 45) ; — de Saint-Michel (n° 69) ; — de Sainte-Anne du Couvent des Dames, à Wurtzbourg (fondé par la comtesse Anne-Marie de Dernbrack, en 1714, restauré par l'électeur Ferdinand, le 22 janv. 1811) ; — de Saint-Georges, défenseur de l'Immaculée-Conception (n° 79) ; — de Sainte-Elisabeth, fondé le 18 oct. 1766 par l'électrice Elisabeth-Auguste ; — du Lion (n° 91) ; — de Sainte-Anne du Couvent des Dames à Munich (fondé par l'électrice Anne-Marie-Sophie, le 6 déc. 1784) ; — militaire de Maximilien-Joseph (n° 120) ; — du Mérite civil de la couronne de Bavière (n° 127) ; — royal de Louis (n° 151) ; — de Thérèse, fondé par la reine Thérèse, le 12 déc. 1827 ; — de Maximilien (n° 173).

6° *Belgique*. — Ordre de Léopold (n° 157).

7° *Brésil*. — Ordres du Christ (n° 148) ; — d'Avis (*ibid.*) ; — de Saint-Jacques-de-l'Epée (*ibid.*) ; — de Pedro (n° 149) ; — de la Croix du Sud (n° 150) ; — de la Rose (n° 153).

8° *Brunswick*. — Ordre de Henri le Lion (n° 162).

9° *Danemark*. — Ordre du Danebrog (n° 22) ; — Eléphant (n° 49).

10° *Espagne*. — Ordres de Calatrava (n° 11) ; — de Saint-Jacques-de-l'Epée (n° 12) ; — d'Alcantara (n° 13) ; — de Notre-Dame de Montesat (n° 26) ; — de la Toison d'Or (n° 43) ; — de Charles III (n° 94) ; — de Marie-Louise (n° 115) ; — militaire de Saint-Ferdinand (n° 130) ; — militaire de Saint-Herménégilde (n° 136) ; — américain d'Isabelle la Catholique (n° 137) ; — d'Isabelle II (n° 160).

11° *Etats-Pontificaux*. — Ordres du Christ (autrefois de l'Eperon d'Or, V. n° 28) ; — du Saint-Sepulcre, réuni à l'ordre de Malte (n° 50) ; — de Saint-Grégoire le Grand (n° 154) ; — de Saint-Sylvestre (n° 167) ; — de Pie IX (n° 172).

12° *France*. — Légion d'honneur (nos 105 et suiv., 176 et suiv.) ; — médaille militaire (n° 113) ; — médaille de Sainte-Hélène (*ibid.*) ; — médailles commémoratives (*ibid.*).

13° *Grèce*. — Ordre du Sauveur (n° 158).

14° *Hanovre*. — Ordres des Guelfes (n° 140) ; — de Saint-Georges (établi par Ernest Ier, le 23 avr. 1839).

15° *Hesse-Electorale*. — Ordres du Lion d'Or (n° 86) ; — du Mérite-militaire (n° 92) ; — du Casque de Fer (établi par l'électeur Guillaume Ier, le 18 mars 1814) ; — de l'électeur Guillaume (n° 173).

16° *Hesse Grand-Ducale*. — Ordres de Louis (n° 125) ; — de Philippe le Magnanime (n° 166).

17° *Hohenzollern-Hechingen et Hohenzollern-Sigmaringen*. — Ordre des principautés de Hohenzollern (n° 168) ; — Insignes du Mérite (*ibid.*).

18° *Hollande*. — Ordres militaire de Guillaume (n° 138) ; — du Lion néerlandais (n° 142).

19° *Italie*. — (Nous allons indiquer les ordres qui existaient dans les divers Etats de l'Italie avant les annexions qui ont réuni tous ces Etats en un seul.)

Ordres des Saints-Maurice et Lazare (nos 6 et 44) ; — de Constantin (n° 10) ; — de l'Annonciade (n° 36) ; — de Saint-Janvier (n° 83) ; — de Saint-Ferdinand et du Mérite (n° 117) ; — militaire de Savoie (n° 141) ; — militaire de Saint-Georges de la Réunion (n° 147) ; — de François Ier (n° 152) ; — civil de Savoie (n° 155) ; — de Saint-Georges et du Mérite-Militaire (n° 159).

20° *Luxembourg* (*grand-duché de*). — Ordres de la Couronne de Chêne (n° 169) ; — du Lion d'Or de la maison de Nassau (n° 173).

21° *Mecklenbourg-Schwerin*. — Ordre du Mérite militaire (n° 134).

22° *Mexique*. — Ordres de Notre-Dame de Guadalupe (n° 174) ; — de l'Aigle mexicaine (*ibid.*) ; — de Saint-Charles (*ibid.*).

23° *Oldenbourg*. — Ordre du Mérite de Pierre-Frédéric-Louis (n° 164).

24° *Perse*. — Ordre du Soleil et du Lion (n° 128).

25° *Portugal*. — Ordre d'Avis (n° 8) ; — du Christ (n° 27) ; — du Mérite civil de Portugal (n° 29) ; — de la Tour et de l'Epée (n° 46) ; — de Sainte-Isabelle (n° 118) ; — de Notre-Dame de la Conception (n° 144).

26. *Prusse*. — Ordres de l'Aigle-Noir (n° 72) ; — de l'Aigle-Rouge ou de la Sincérité (n° 75) ; — du Mérite-Militaire (n° 84) ; — de Saint-Jean (de la religion évangélique) (n° 131) ; — de la Croix de fer (n° 133) ; — de Louise (n° 135) ; — du Mérite civil (n° 170) ; — du Cygne (n° 171) ; — de la Couronne (n° 173).

27. *Russie*. — Ordres de l'Aigle-Blanc (n° 30) ; — de Saint-André (n° 71) ; — de Sainte-Catherine (n° 76) ; — de Saint-Alexandre-Neuski (n° 78) ; — de Sainte-Anne (n° 81) ; — de Saint-Stanislas (n° 90) ; — de Saint-Georges (n° 93) ; — de Saint-Wladimir (n° 96).

28° *Saxe royale*. — Ordres de la Noble-Passion ou de Querfurt (n° 74) ; — de Saint-Henri (n° 82) ; — de la Couronne de Saxe (n° 124) ; — du Mérite civil (n° 139) ; — d'Albert (n° 173).

29° *Saxe-Gotha*. — Ordre de la maison ducale Ernestine de Saxe (n° 161).

30° *Saxe-Weimar-Eisenach*. — Ordre du Faucon blanc ou de la Vigilance (n° 143).

31° *Suède*. — Ordres des Séraphins (n° 32) ; — de l'Epée (n° 52) ; — de l'Etoile polaire (n° 53) ; — de Wasa (n° 95) ; — de Charles XIII (n° 129) ; — de Saint-Olaff, institué, le 21 août 1847, par le roi Oscar.

32° *Tunis*. — Ordre du Nichan-Iftikhar (n° 156).

33° *Turquie*. — Ordres du Croissant (n° 116) ; — du Nichan-Iftikhar (n° 156) ; — du Medjidié (établi en août 1852) ; — Osmanié (fondé en 1861 par Abdul-Azis).

34° *Wurtemberg*. — Ordres de la Grande-Chasse ou de l'Aigle d'Or (n° 73) ; — du Mérite militaire (n° 114) ; — du Mérite civil (n° 121) ; — de la Couronne de Wurtemberg (n° 146) ; — de Frédéric (n° 165).

§ 2. — *De la Légion d'honneur.*

176. La Convention avait proscrit les ordres de chevalerie. Mais Napoléon était trop profond politique, il connaissait trop bien les hommes, et surtout le caractère français, pour négliger un aussi puissant moyen d'influence. A la guerre, on ne peut donner des grades à tous ceux qui se distinguent par des actions d'éclat, et cependant il ne serait ni juste ni politique de les laisser sans récompense ; d'un autre côté, ce n'est pas seulement parmi les gens de guerre qu'il est bon d'exciter une noble émulation ; tous les genres de mérite, tous les services rendus à l'Etat doivent être honorés et récompensés. Pénétré de ces idées, le premier consul n'essaya pas de faire revivre des institutions qui tenaient à l'ancien régime et qui par cela même ne pouvaient trouver place dans la société issue de la Révolution ; il entreprit de les remplacer par une fondation nouvelle qui, sans créer une nouvelle classe de citoyens, et en respectant l'égalité de tous, établit une honorable distinction entre ceux qui ont servi la patrie et ceux qui n'ont rien fait pour elle, une fondation dans laquelle le courage, les talents, les vertus viendraient se grouper en un brillant faisceau, et, comme l'a dit un écrivain (M. Saint-Maurice, Man. de la Légion d'honneur, p. 4), formeraient une seule famille unie par le double lien de la même devise et d'une commune gloire. L'institution de la Légion d'honneur fut la réalisation de cette pensée. Toutefois, lorsqu'un projet de loi fut présenté à cet effet, il rencontra d'ardents adversaires, soit au conseil d'Etat, soit surtout au tribunat. On prétendait que la loi présentée attaquait dans ses fondements la liberté publique ; qu'elle était un retour aux traditions de l'ancien régime ; qu'elle créait un corps privilégié, qui pouvait un jour servir les projets de l'ambition et devenir un instrument de despotisme entre les mains du pouvoir. Mais ces objections ne restaient pas sans réponse. Les défenseurs du projet établissaient que la Légion d'honneur n'était pas un corps privilégié ; qu'elle n'était ni alarmante pour la liberté, ni contraire à l'égalité ; qu'elle n'attribuait aux légionnaires aucun droit, aucune prérogative militaire, civile ni judiciaire ; qu'elle consacrait seulement une distinction personnelle, qui n'avait aucun résultat dans l'ordre politique. Au corps législatif, l'opposition resta silencieuse; mais elle se révéla au moment du vote par une minorité de 110 boules noires sur 276 votants dont se composait l'assemblée. Le projet fut adopté. C'était la loi du 29 flor. an 10 (1).

Voici qu'elle était, d'après cette loi, l'organisation primitive de la Légion d'honneur. Elle était composée d'un grand conseil d'administration et de quinze cohortes, dont chacune devait avoir son chef-lieu particulier. Il était affecté à chaque cohorte des biens nationaux portant 200,000 fr. de rente. Le grand conseil d'administration était composé de sept grands officiers, savoir : des trois consuls et de quatre autres membres, dont un était nommé entre les sénateurs par le sénat, un autre entre les membres du corps législatif par le corps législatif, un autre entre les membres du tribunat par le tribunat, et enfin un autre entre les conseillers d'Etat par le conseil d'Etat. Le premier consul était de droit chef de la Légion et président du grand conseil d'administration. Chaque cohorte était composée de sept grands officiers, de vingt commandants, de trente officiers et de trois cent cinquante légionnaires. Les membres de la Légion étaient à vie. Il était affecté à chaque grand officier un traitement annuel de 5,000 fr., à chaque commandant 2,000 fr., à chaque officier 1,000 fr., et à chaque légionnaire 250 fr. Ces traitements étaient pris sur les biens affectés à chaque cohorte. Il devait être établi, dans chaque chef-lieu de cohorte, un hospice et des logements pour recueillir, soit les membres de la Légion que leur vieillesse, leurs infirmités ou leurs blessures auraient mis dans l'impossibilité de servir l'Etat, soit les militaires qui, après avoir été blessés dans la guerre de la liberté, se trouveraient dans le besoin. — La loi déterminait de la manière suivante les conditions d'admission dans la Légion d'honneur. Et d'abord étaient de droit membres de la Légion tous les militaires qui avaient reçu des armes d'honneur. Pouvaient y être nommés : 1° les militaires qui avaient rendu des services majeurs à l'Etat dans la guerre de la liberté; 2° les citoyens qui par leur savoir, leurs talents, leurs vertus, avaient contribué à établir ou à défendre les principes de la République, ou fait aimer et respecter la justice ou l'administration publique; 3° ceux qui avaient rendu de grands services à l'État dans les fonctions législatives, la diplomatie, l'administration, la justice ou les sciences, pourvu que la personne qui les avait rendus eût fait partie de la garde nationale du lieu de son domicile. C'était le grand conseil qui nommait les membres de la Légion. En temps de guerre, il ne pouvait être nommé aux places vacantes qu'à la fin de chaque campagne; les actions d'éclat faisaient titre pour tous les grades. En temps de paix, il fallait avoir vingt-cinq ans de service militaire pour pouvoir être nommé membre de la Légion d'honneur; les années de service en temps de guerre comptaient double. Quant aux fonctionnaires civils, la première organisation faite, ils ne pouvaient être admis dans la Légion qu'après avoir exercé pendant vingt-cinq ans leurs fonctions avec la distiction requise. Et, la première organisation faite, nul ne pouvait parvenir à un grade supérieur qu'après avoir passé par le plus simple grade.

177. Peu de temps après intervint un arrêté, du 13 mess. an 10 (2 juill. 1802), qui opéra la division du territoire français pour la circonscription des cohortes, détermina les fonctions du grand conseil d'administration et celles des conseils d'administration des cohortes, enfin régla l'établissement et l'administration des hospices. Un tableau annexé à cet arrêté désignait les départements dont se composait chaque cohorte, ainsi que les localités qui devaient lui servir de chef-lieu. — Le 23 du même mois de mess. an 10 (12 juill. 1802), fut pris un autre arrêté qui réglait l'administration des biens affectés à la Légion d'honneur. — Enfin un autre arrêté, du 27 mess. an 10 (16 juill. 1802), ordonnait la répartition dans les seize cohortes de la Légion d'honneur des militaires qui avaient obtenu des armes d'honneur.

178. Aux termes du tit. 6 du sénat.-cons. du 28 frim. an 12 (20 déc. 1803), le grand conseil de la Légion d'honneur ne devait être complété qu'à la paix (art. 36). Ses membres devaient être nommés par le premier consul sur la présentation de trois candidats choisis par les corps auxquels avaient appartenu les membres dont les places se trouvaient vacantes et pris dans leur sein (art. 37).—Mais, le 28 flor. an 12, un sénatus-consulte déclara que les titulaires des grandes dignités de l'empire com-

---

(1) 29 floréal an 10 (19 mai 1802). — Loi portant création d'une Légion d'honneur.

Tit. 1er. — *Création et organisation de la Légion d'honneur.*

Art. 1. En exécution de l'art. 87 de la constitution, concernant les récompenses militaires, et pour récompenser aussi les services et les vertus civiles, il sera formé une Légion d'honneur.

2. Cette légion sera composée d'un grand conseil d'administration et de quinze cohortes, dont chacune aura son chef-lieu particulier.

3. Il sera affecté à chaque cohorte des biens nationaux portant 200,000 fr. de rente.

4. Le grand conseil d'administration sera composé de sept grands officiers, savoir : des trois consuls, et de quatre autres membres, dont un sera nommé entre les sénateurs par le Sénat, un autre entre les membres du Corps législatif par le Corps législatif, un autre entre les membres du Tribunat par le Tribunat, et un enfin entre les conseillers d'État par le conseil d'État. Les membres du grand conseil d'administration conserveront pendant leur vie le titre de grand officier, lors même qu'ils seraient remplacés par l'effet de nouvelles élections.

5. Le premier consul est de droit chef de la Légion et président du grand conseil d'administration.

6. Chaque cohorte sera composée de sept grands officiers, de vingt commandants, de trente officiers et de trois cent cinquante légionnaires. Les membres de la Légion sont à vie.

7. Il sera affecté à chaque grand officier 5,000 fr.; — A chaque commandant, 2,000 fr.; — A chaque officier, 1,000 fr.; — Et à chaque légionnaire, 250 fr. — Ces traitements seront pris sur les biens affectés à chaque cohorte.

8. Chaque individu admis dans la Légion jurera sur son honneur de se dévouer au service de la République, à la conservation de son territoire dans son intégralité, à la défense de son gouvernement, de ses lois et des propriétés qu'elles ont consacrées; de combattre, par tous les moyens que la justice, la raison et les lois autorisent, toute entreprise tendant à rétablir le régime féodal, à reproduire les titres et qualités qui en étaient l'attribut; enfin de concourir de tout son pouvoir au maintien de la liberté et de l'égalité.

9. Il sera établi, dans chaque chef-lieu de cohorte, un hospice et des logements, pour recueillir soit les membres de la Légion que leur vieillesse, leurs infirmités ou leurs blessures auraient mis dans l'impossibilité de servir l'Etat, soit les militaires qui, après avoir été blessés dans la guerre de la liberté, se trouveraient dans le besoin.

Tit. 2. — *Composition.*

Art. 1. Sont membres de la Légion tous les militaires qui ont reçu des armes d'honneur. — Pourront y être nommés les militaires qui ont rendu des services majeurs à l'Etat dans la guerre de la liberté; — Les citoyens qui, par leur savoir, leurs talents, leurs vertus, ont contribué à établir ou à défendre les principes de la République, ou fait aimer et respecter la justice ou l'administration publique.

2. Le grand conseil d'administration nommera les membres de la Légion.

3. Durant les dix années de paix qui pourront suivre la première formation, les places qui viendront à vaquer demeureront vacantes jusqu'à concurrence du dixième de la Légion, et, par la suite, jusqu'à concurrence du cinquième. Ces places ne seront remplies qu'à la fin de la première campagne.

4. En temps de guerre, il ne sera nommé aux places vacantes qu'à la fin de chaque campagne.

5. En temps de guerre, les actions d'éclat feront titre pour tous les grades.

6. En temps de paix, il faudra avoir vingt-cinq années de service militaire pour pouvoir être nommé membre de la Légion; les années de service, en temps de guerre, compteront double, et chaque campagne de la guerre dernière comptera pour quatre années.

7. Les grands services rendus à l'Etat dans les fonctions législatives, la diplomatie, l'administration, la justice ou les sciences, seront aussi des titres d'admission, pourvu que la personne qui les aura rendus ait fait partie de la garde nationale du lieu de son domicile.

8. La première organisation faite, nul ne sera admis dans la Légion qu'il n'ait exercé pendant vingt-cinq ans ses fonctions avec la distinction requise.

9. La première organisation faite, nul ne pourra parvenir à un grade supérieur qu'après avoir passé par le plus simple grade.

10. Les détails de l'organisation seront déterminés par les règlements d'administration publique : elle devra être faite au 1er vendémiaire an 12; et, passé ce temps, il ne pourra y être rien changé que par des lois.

poseraient le grand conseil de la Légion d'honneur, et que les membres existants conserveraient pour la durée de leur vie leurs titres, fonctions et prérogatives (art. 36, V. Droit constitut., p. 319).

179. Un arrêté du 24 vent. an 12 (1) détermina les causes qui entraîneraient soit la perte de la qualité de membre de la Légion d'honneur, soit la suspension de l'exercice des droits attachés à cette qualité. Aux termes de cet arrêté, la qualité de membre de la Légion d'honneur se perdait par les mêmes causes que celles qui faisaient perdre la qualité de citoyen français, d'après l'art. 4 de la constitution; et l'exercice des droits et des prérogatives de membre de la Légion d'honneur était suspendu par les mêmes causes que celles qui suspendaient les droits de citoyen français, d'après l'art. 5 de la constitution. Ainsi la condamnation à des peines afflictives ou infamantes entraînait la perte de membre de la Légion d'honneur; l'état d'interdiction judiciaire, d'accusation ou de contumace entraînait la suspension. Cet arrêté conférait en outre au grand conseil le droit de suspendre, en tout ou en partie, l'exercice des droits et prérogatives attachés à la qualité de membre de la Légion d'honneur, et même le droit d'exclure de la Légion, lorsque la nature du délit et la gravité de la peine prononcée correctionnellement paraîtraient rendre cette mesure nécessaire.

180. La décoration des membres de la Légion d'honneur fut déterminée par un décret du 22 mess. an 12 (2). Elle consistait dans une étoile à cinq rayons doubles, dont le centre, entouré d'une couronne de chêne et de laurier, présentait d'un côté la tête de l'empereur, avec cette légende : *Napoléon, empereur des Français*, et de l'autre l'aigle française tenant la foudre, avec cette légende : *Honneur et patrie*. Cette décoration était émaillée de blanc; elle était en or pour les grands officiers, les commandants et les officiers, et en argent pour les légionnaires. — Le sénatus-consulte du 24 mess. an 12 (13 juill. 1804) déterminait les honneurs civils et militaires qui devraient être rendus aux grands officiers de la Légion d'honneur chefs de cohortes (tit. 11, V. Préséance, p. 369), et le décret du 6 frim. an 13 (27 nov. 1804) déterminait également les honneurs qui devaient être rendus, dans les ports et arsenaux de la marine, soit aux grands officiers et commandants, soit aux officiers et aux simples légionnaires (art. 36, V. *eod.*, p. 375).

181. Un décret du 10 pluv. an 13 (30 janv. 1805) décida que la grande décoration de la Légion d'honneur consisterait en un ruban rouge passant de l'épaule droite au côté gauche, au bas duquel serait attachée l'aigle de la Légion, et une plaque brodée en argent sur le côté gauche des manteaux et habits, composée de dix rayons, au milieu desquels serait l'aigle de la Légion, avec ces mots : *Honneur et patrie*; que ce cordon ne serait confié par le souverain qu'à de grands officiers de la Légion; que le nombre n'en pourrait pas excéder soixante; que les princes de la famille régnante et les étrangers auxquels le chef de l'Etat voudrait conférer cette décoration ne seraient pas compris dans ce nombre; qu'ils pourraient le recevoir sans être membres de la Légion; que les grands officiers de la Légion qui obtiendraient la grande décoration continueraient de porter à la boutonnière de l'habit la décoration de la Légion d'honneur, conformément au décret du 22 mess. an 12. — Une loi du lendemain 11 pluviôse (31 janvier) règle la dotation de la Légion d'honneur.

182. Un décret du 16 thermidor an 13 (4 août 1805) autorise les membres de la Légion d'honneur qui s'embarquent pour le service de l'empire à déléguer à leurs femmes, enfants ou autres, tout ou partie de leur traitement. Ce décret ajoute que la délégation ne pourra avoir lieu que pour une année, mais qu'elle pourra être renouvelée pour une autre année, dans le cas où l'absence se prolongerait. Hors ces cas, un avis du conseil d'État, approuvé le 2 fév. 1808, déclare le traitement des membres de la Légion d'honneur inaliénable (V. Pension, p. 751). — Il a été décidé, en ce sens, que les pensions militaires de la Légion d'honneur sont inaliénables, et que peu importe que l'aliénation qui en a été faite par le pensionnaire soit temporaire et partielle : — « Napoléon, etc.; vu l'avis du conseil d'Etat du 2 fév. 1808, approuvé par nous, portant que les soldes de retraites et pensions militaires de la Légion d'honneur sont inaliénables; considérant que les termes de cet avis sont généraux; qu'ils proscrivent toute aliénation de solde de retraite; que celle consentie par le général Maynat, quoique temporaire et partielle, n'en est pas moins contraire aux dispositions de l'avis sus-mentionné; la requête... est rejetée » (cons. d'Et. 26 janv. 1809, aff. Dartois de Bournonville).

183. Aux termes de l'art. 99 du sénatus-consulte organique de la constitution de l'empire (28 flor. an 12, V. Droit constit.,

(1) 24 vent. an 12 (15 mars 1804). — Arrêté relatif à la perte de la qualité et à la suspension de l'exercice des droits de membre de la Légion d'honneur.

Art. 1. La qualité de membre de la Légion d'honneur se perdra par les mêmes causes que celles qui font perdre la qualité de citoyen français, d'après l'art. 4 de la constitution.

2. L'exercice des droits et des prérogatives de membre de la Légion d'honneur sera suspendu par les mêmes causes que celles qui suspendent les droits de citoyen français, d'après l'art. 5 de la constitution.

3. Le grand juge, le ministre de la guerre et celui de la marine, transmettront au grand chancelier des copies de tous les jugements en matière criminelle, correctionnelle et de police, relatifs à des membres de la Légion.

4. Toutes les fois qu'il y aura un recours en cassation contre un jugement rendu en matière criminelle, correctionnelle et de police, et relatif à un légionnaire, le commissaire du gouvernement auprès du tribunal de cassation en rendra compte, sans délai, au grand juge, qui en donnera avis au grand chancelier de la Légion d'honneur.

5. Les commissaires du gouvernement auprès des tribunaux criminels, et les rapporteurs auprès des conseils de guerre, ne pourront faire exécuter aucune peine infamante contre un membre de la Légion, que le légionnaire n'ait été dégradé.

6. Pour cette dégradation, le président du tribunal, sur la réquisition du commissaire du gouvernement, ou le président du conseil de guerre, sur le réquisitoire du rapporteur, prononcera immédiatement après la lecture du jugement, la formule suivante : *vous avez manqué à l'honneur; je déclare, au nom de la Légion, que vous avez cessé d'en être membre.*

7. Les chefs militaires de terre et de mer, et les commandants des corps et des bâtiments de l'Etat, rendront aux ministres de la guerre et de la marine un compte particulier de toutes les peines de discipline qui auront été infligées à des légionnaires sous leurs ordres : ces ministres transmettront des copies de ce compte au grand chancelier.

8. La cassation d'un légionnaire sous-officier en activité, et le renvoi d'un soldat ou d'un marin légionnaire, ne pourront avoir lieu que d'après l'autorisation du ministre de la guerre ou du ministre de la marine. Ces ministres ne pourront donner cette autorisation qu'après en avoir informé le grand chancelier, qui prendra les ordres du chef de la Légion.

9. Le grand conseil pourra suspendre, en tout ou en partie, l'exercice des droits et prérogatives attachés à la qualité de membre de la Légion d'honneur, et même exclure de la Légion, lorsque la nature du délit et la gravité de la peine prononcée correctionnellement paraîtront rendre cette mesure nécessaire.

10. Les avis que les conseils d'administration des cohortes jugeront convenable de donner aux légionnaires sur leur conduite, seront transmis par le chef de la cohorte, qui en instruira le grand chancelier, lequel en rendra compte au grand conseil.

(2) 22 mess. an 12 (11 juill. 1804). — Décret sur la décoration des membres de la Légion d'honneur.

Art. 1. La décoration des membres de la Légion d'honneur consistera dans une étoile à cinq rayons doubles.

2. Le centre de l'étoile, entouré d'une couronne de chêne et de laurier, présentera d'un côté la tête de l'empereur, avec cette légende *Napoléon, empereur des Français*; et de l'autre, l'aigle française tenant la foudre, avec cette légende : *Honneur et patrie*.

3. La décoration sera émaillée de blanc. — Elle sera en or pour les grands officiers, les commandants et les officiers, et en argent pour les légionnaires; on la portera à une des boutonnières de l'habit, et attachée à un ruban moiré rouge.

4. Tous les membres de la Légion d'honneur porteront toujours leur décoration. L'empereur seul portera indistinctement l'une ou l'autre décoration.

5. Les grands officiers, commandants, officiers et légionnaires recevront leur décoration en même temps que leur diplôme, dans les séances extraordinaires déterminées par les art. 7 et 17 de l'arrêté du 13 mess. an 10. — Ils la porteront néanmoins sans attendre une de ces séances, lorsque le grand chancelier l'aura adressée pour eux, et d'après un ordre particulier de Sa Majesté impériale, au chef de la cohorte, ou à un autre grand officier, commandant ou officier, délégué à cet effet par ordre de l'empereur.

6. Toutes les fois que le grand officier, le commandant, l'officier ou le légionnaire pour lequel cette délégation aura lieu appartiendra à un corps civil ou militaire, la décoration lui sera remise, au nom de l'empereur, en présence du corps assemblé.

p, 322), les grands officiers, les commandants et les officiers de la Légion d'honneur étaient membres du collége électoral du département dans lequel ils avaient leur domicile, ou de l'un des départements de la cohorte à laquelle ils appartenaient, et les légionnaires étaient membres du collége électoral de leur arrondissement. Ce même article ajoutait que les membres de la Légion d'honneur étaient admis au collége électoral dont ils devaient faire partie sur la présentation d'un livret qui leur était délivré à cet effet par le grand électeur. — Un sénatus-consulte du 22 fév. 1806 déclara que les membres de la Légion d'honneur qui, aux termes de cet article, étaient membres des colléges électoraux de département, seraient en sus du nombre d'électeurs fixé par l'art. 19 de l'acte des constitutions du 16 therm. an 10, sans qu'ils pussent excéder dans chaque collége le nombre de vingt-cinq, et que les membres de la Légion d'honneur qui étaient membres des colléges d'arrondissement seraient également en sus du nombre fixe par l'art. 18 de l'acte des constitutions de thermidor, sans qu'ils pussent excéder dans chaque collége le nombre de trente.

184. Le décret du 1er mars 1808, concernant les titres (V. Noblesse, p. 502, note), décret qui avait pour objet de constituer autour du trône impérial une noblesse nouvelle qui en rehaussât l'éclat, disposait (art. 11) que les membres de la Légion d'honneur et ceux qui à l'avenir obtiendraient cette distinction, porteraient le titre de chevalier; et il ajoutait (art. 12) que ce titre serait transmissible à la descendance directe et légitime, naturelle ou adoptive, de mâle en mâle, par ordre de primogéniture, de celui qui en aurait été revêtu, en se retirant devant l'archichancelier de l'empire, afin d'obtenir à cet effet des lettres patentes, et en justifiant d'un revenu net de 3,000 fr. au moins. — Ces dispositions furent complétées et modifiées par l'art. 22 du décret du 3 mars 1810 (V. Majorat, p. 611, note), qui portait que lorsque, pour des services rendus, l'empereur aurait accordé une dotation à un membre de la Légion d'honneur auquel auraient été conférées des lettres patentes de chevalier, et qui ne se trouverait revêtu d'aucun autre des titres impériaux, ce titre ne serait transmissible à l'aîné de ses descendants qui ne serait pas membre de la Légion d'honneur, jusques et y compris la troisième génération, qu'autant qu'ils en auraient obtenu la confirmation de l'empereur et qu'à cet effet ils se seraient pourvus devant le conseil du sceau des titres, mais qu'après trois confirmations consécutives, la transmission dudit titre aurait lieu sans autre formalité que celle du visa du conseil du sceau des titres.

185. L'institution de la Légion d'honneur fut complétée par l'établissement de maisons d'éducation destinées aux filles ou parentes de ses membres. Le château d'Ecouen et l'ancienne abbaye de Saint-Denis furent d'abord affectés à cette destination, sous le titre de maisons impériales Napoléon. Ces maisons furent organisées par un décret du 29 mars 1809. Six cents demoiselles, filles, sœurs, nièces ou cousines germaines de membres de la Légion d'honneur devaient être élevées dans ces deux maisons : trois cents dans chacune. Sur ce nombre, deux cents devaient être élevées aux frais des familles, trois cents devaient être à demi-pension de la Légion, et cent à pension entière. De plus, un décret du 15 janv. 1810 disposa qu'il serait créé six maisons ou couvents destinés à recueillir et à élever les orphelines d'officiers ou chevaliers de la Légion d'honneur.

186. Un décret du 11 avr. 1809 ordonna que les commandants, officiers et membres de la Légion d'honneur qui assisteraient aux cérémonies publiques, civiles ou religieuses, y occuperaient un banc qui serait établi ou une place qui leur serait assignée après les autorités constituées (V. Préséance, p. 378).

187. Lorsqu'à la chute de l'empire, Louis XVIII remonta sur le trône de ses aïeux, il déclara dans l'un de ses premiers actes que son intention était de maintenir la Légion d'honneur (V. la déclaration de Saint-Ouen, du 2 mai 1814). Et cette déclaration fut solennellement renouvelée dans la charte (art 72, V. Droit constit., p. 326). Le roi se réservait seulement de déterminer les règlements intérieurs et la décoration. Il fut statué sur ce dernier point par les deux ordonnances des 21-28 juin 1814 et 19 juill. 1814, qui disposèrent que la décoration de la Légion d'honneur porterait, d'un côté, l'effigie de Henri IV, avec cet exergue : *Henri IV, roi de France et de Navarre*, et de l'autre côté trois fleurs de lis, avec cet exergue : *Honneur et patrie*. L'ordonnance du 19 juill. déterminait en outre la manière de porter la décoration pour chaque grade, et les signes distinctifs des différents grades; elle maintenait les prérogatives honorifiques attribuées aux membres de la Légion d'honneur, mais elle leur enlevait, comme contraire à la charte, le droit de faire partie, à ce titre, des colléges électoraux; elle supprimait, pour l'avenir seulement, et jusqu'à ce qu'il en fût autrement ordonné, les traitements établis par la loi du 29 flor. an 10 ; mais elle les maintenait pour les titulaires actuels, qui devaient continuer d'en jouir dans la proportion de la rente des revenus dont la Légion d'honneur avait la jouissance (art. 4); elle supprimait le grand conseil et les cohortes, ainsi que la grande trésorerie de la Légion d'honneur, dont les fonctions étaient attribuées au chancelier de la Légion d'honneur ; enfin cette ordonnance réunissait la maison d'Ecouen à celle de Saint-Denis et réduisait à quatre cents le nombre des élèves qui pourraient y être admises ; de plus elle supprimait les établissements formés à Paris, à Barbeaux et aux Loges pour l'éducation des orphelines de la Légion d'honneur. Mais cette dernière disposition fut bientôt après rétractée par une ordonnance des 27 sept.-22 oct. 1814, qui décida que les établissements formés à Paris, aux Barbeaux et aux Loges, pour l'éducation des orphelines de la Légion d'honneur resteraient affectés à cette destination. — Une ordonnance du 3 août 1814 disposa qu'à l'avenir les ministres seraient chargés des états de proposition à faire pour les nominations et promotions de la Légion d'honneur, à l'égard de toutes personnes qui ressortaient de leur département. — Une autre ordonnance, des 8-14 oct. 1814, prescrivit les justifications à faire pour l'expédition et la délivrance des lettres patentes conférant le titre personnel de chevalier aux membres de la Légion d'honneur, et détermina le cas dans lequel la noblesse leur serait acquise héréditairement. — Enfin une ordonnance des 17-21 fév. 1815 fixa les bases d'admission et d'avancement dans la Légion d'honneur, et une autre ordonnance des 17 fév.-1er mars 1815 fixa la répartition des grades de la Légion d'honneur entre les divers ministères.

188. Par décret des 13-21 mars 1815, l'empereur, revenu de l'île d'Elbe, annula toutes les promotions faites dans la Légion d'honneur par le gouvernement de la restauration, rétablit la décoration telle qu'elle avait été primitivement déterminée, et rendit aux membres de l'ordre les droits électoraux qui leur étaient assurés par les décrets antérieurs. Mais ce décret tomba avec le pouvoir dont il émanait, lors de la seconde restauration, et une ordonnance du 28 juill. 1815 annula toutes les nominations faites dans la Légion d'honneur par le gouvernement des Cent Jours.

189. Bientôt une ordonnance des 26 mars-8 avr. 1816 vint réorganiser la Légion d'honneur sous le titre d'*ordre royal de la Légion d'honneur*. Le titre de commandant fut changé en celui de *commandeur*, et celui de grand-cordon en celui de *grand-croix*. La composition normale de la Légion d'onneur fut ainsi déterminée par cette ordonnance : des chevaliers en nombre illimité, deux mille officiers, quatre cents commandeurs, cent soixante grands officiers, quatre-vingts grands-croix. Dans ce nombre n'étaient compris ni les princes de la famille royale ni les étrangers auxquels le roi conférait la grande décoration. La forme de la décoration était rétablie telle qu'elle avait été réglée par l'ordonnance du 19 juill. 1814, et la nouvelle ordonnance déterminait la manière de la porter suivant les grades; elle fixait également les conditions d'admission et d'avancement dans la Légion d'honneur, le mode de réception des membres de l'ordre et le serment qu'ils devaient prêter, les droits et prérogatives des membres de l'ordre, leur rang dans les fêtes et cérémonies publiques, la discipline des membres de l'ordre, enfin l'administration de l'ordre. L'art. 60 de cette ordonnance a été modifié par une ordonnance des 25 nov.-9 déc. 1818. — Une autre ordonnance des 3-19 juill. 1816 conféra la grand-croix de la Légion d'honneur aux princes de la famille royale et aux princes du sang.

190. Une ordonnance des 3 mars-8 avr. 1816, donna une organisation définitive à la maison royale de Saint-Denis, et une autre ordonnance, des 16 mai-3 juin 1816, organisa les succursales de cette maison. Ces succursales étaient la maison de Paris et celle des Loges; la maison des Barbeaux n'a pas été rétablie. Deux ordonnances, du 20 mars 1820 et du 23 avr. 1821, réglèrent la répartition des places gratuites tant à la maison de Saint-Denis que dans les succursales (V. Favard de Langlade, v° Ordres royaux, § 3, n° 3).

191. Nous avons vu que l'ordon. du 19 juill. 1814, en supprimant pour l'avenir le traitement de la Légion d'honneur, l'avait maintenu au profit des titulaires antérieurs dans la proportion de la rente des revenus dont la Légion d'honneur avait la jouissance. Une loi des 6-11 juill. 1820 disposa que tous les membres de l'ordre royal de la Légion d'honneur qui, antérieurement au 6 avr. 1814, recevaient un traitement de 250 fr. sur les fonds de cet ordre, et les militaires des armées de terre et de mer, soit retirés, soit en activité de service, qui, étant sous-officiers et soldats, avaient été nommés chevaliers depuis la même époque, recevraient, à partir du second semestre de 1820, sur les fonds du trésor, une somme de 125 fr. par an, pour compléter leur traitement et le porter au taux annuel de 250 fr., et elle affecta au payement de ce supplément une certaine somme qui devait être portée au budget annuel de l'Etat. Cette loi disposa en outre que les fonds qui deviendraient libres par l'effet des extinctions dans les différents grades de la Légion d'honneur, à partir du 1er janv. 1820, serviraient d'abord à payer le traitement de légionnaire aux officiers amputés qui, du 6 avr. 1814 au 20 mars 1815, avaient été nommés membres de l'ordre; que ces fonds seraient ensuite employés à compléter les traitements des officiers, commandeurs, grands officiers et grands-croix de cet ordre, nommés antérieurement au 6 avr. 1814.

192. Il a été décidé que le sous-officier qui a été nommé chevalier de la Légion d'honneur dans l'intervalle écoulé entre une première nomination, annulée depuis, au grade de sous-lieutenant, et une seconde nomination portant effet rétroactif à la date de la première, doit jouir du traitement de légionnaire accordé aux sous-officiers et soldats par l'art. 1 de la loi du 6 juill. 1820 : — « Considérant que le sieur Joseph Milhau n'avait, le 27 déc. 1830, que le grade de sergent-major; qu'il n'a été promu à celui de sous-lieutenant que par notre ordonnance du 25 janv. 1831, et que notre ordonnance du 2 mars suivant, en lui faisant prendre rang à partir du 12 déc. 1830, n'a pu avoir pour effet de le priver des droits qui lui étaient acquis, comme ayant été nommé chevalier de la Légion d'honneur en qualité de sous-officier » (cons. d'Et. 28 mai 1846, M. Janvier, cons. d'Et., rap., aff. Milhau).

193. L'ordonnance du 6 juill. 1820 n'accordait le traitement qu'aux *sous-officiers* et *soldats*. — Il a été décidé, par application de cette disposition, que les vétérinaires militaires nommés, en activité de service, membres de la Légion d'honneur, ne peuvent être admis à jouir du traitement de la Légion d'honneur, réservé par l'art. 1 de la loi du 6 juill. 1820 aux soldats et sous-officiers (cons. d'Et. 5 fév. 1849, aff. Leclerc, D. P. 49. 3. 17).

194. Les traités qui, à la chute de l'empire, avaient détaché de l'empire français des territoires qui en avaient antérieurement fait partie, avaient eu pour effet d'enlever la qualité de Français à des officiers qui, nés dans ces pays, avaient servi dans les rangs de l'armée française. Une ordonnance royale du 29 oct. 1817 (V. Droits civils, p. 43) avait accordé un délai de six mois, à compter de sa promulgation, à ceux de ces officiers qui étaient en possession de la demi-solde, pour réclamer, et, s'il y avait lieu, obtenir des lettres portant déclaration de naturalité, ajoutant que ceux de ces officiers qui, à l'expiration dudit délai de six mois, ne pourraient justifier de leur naturalisation, cesseraient de toucher la demi-solde, et seraient immédiatement rayés du contrôle des officiers en non-activité au service de France. Une ordonnance des 26 mai-9 juin 1824 déclara les dispositions de cette ordonnance applicables, en ce qui regardait le traitement de la Légion d'honneur, à tous les militaires membres de l'ordre nés en pays étranger. En conséquence, ceux de ces membres qui avaient fait des diligences dans ledit délai pour se faire naturaliser, étaient déclarés ayant droit au traitement (art. 1). — Etaient exceptés ceux qui, avant l'expiration du délai, avaient pris du service chez une puissance étrangère, ou fait tout autre acte qui les constituait sujets d'une puissance étrangère (art. 2). — Les membres de l'ordre nés en pays étranger qui n'avaient pas satisfait au délai sus-indiqué, ou qui se trouvaient compris dans l'exception qui précède, étaient tenus, s'ils voulaient redevenir membres français de l'ordre, après s'être fait naturaliser, de solliciter une réception nouvelle et de prêter un nouveau serment, conformément au tit. 4 de l'ord. du 26 mars 1816 (art. 3). — Le roi se réservait d'accorder, par grâce spéciale et singulière, le traitement de la Légion d'honneur aux membres de l'ordre compris dans l'article précédent et qui étaient sous-officiers ou soldats en activité de service dans les armées de terre et de mer, à la date du 6 avr. 1814 pour ceux nés dans les pays qui n'avaient jamais fait partie de la France, et à la date des traités pour ceux qui étaient nés dans les pays détachés par le même traité. Le traitement ainsi accordé ne devait courir que du jour de leur nouvelle réception (art. 4).

195. Par application de ces dispositions, il a été décidé : 1° que l'officier étranger (né à Chambéry) qui, après avoir servi dans les armées françaises, a obtenu des lettres de naturalité antérieurement à l'ord. du 26 mai 1824, a droit à son traitement comme membre de la Légion d'honneur, encore bien qu'il ait été inscrit sur les états dressés par les commissaires sardes, afin d'obtenir le payement des arrérages dus aux légionnaires nés en Sardaigne, ces actes n'étant pas du nombre de ceux qui, aux termes de l'art. 4 de l'acte du 22 frim. an 8 et des art. 17 et 21 c. civ., font perdre la qualité de Français (cons. d'Et. 6 fév. 1831, M. Ferri-Pisani, rap., aff. Genevois); — 2° Que le légionnaire originaire des anciens départements réunis qui avait obtenu, avant l'ordonnance du 26 mai 1824, une déclaration de naturalité, n'a pas eu à réclamer son traitement dans le délai fixé par cette ordonnance, bien que, faute de s'être fait délivrer des lettres patentes, en vertu de l'ordonnance déclarative de naturalité, il n'eût pas été remis en jouissance de ce traitement; que, dès lors, s'il vient à obtenir ultérieurement ces lettres patentes, il est en droit de réclamer l'arriéré de son traitement d'après les règles suivies pour les membres français de l'ordre de la Légion d'honneur (cons. d'Et. 22 juin 1836) (1).

196. Mais il a été décidé, d'un autre côté, que l'officier étranger, en possession d'un traitement de la Légion d'honneur, qui n'a pas réclamé, pour conserver ce droit, dans les six mois, à partir de l'ord. du 26 mai 1824, des lettres de naturalité, ne peut prétendre à ce traitement, ainsi qu'au rappel des arrérages, bien qu'il ait été naturalisé Français après ce délai, et qu'il représente une lettre du consul français où il résidait, constatant

(1) *Espèce :* — (Bressy.) — Bressy, né en Belgique, fut nommé chevalier de la Légion d'honneur le 4 déc. 1813. Sur la réclamation de Bressy, conformément à l'ord. du 29 oct. 1817, une ord. du 23 mai 1821 l'avait déclaré Français; mais n'ayant pu acquitter alors les droits de sceau, les lettres patentes de naturalité ne lui ont été accordées que le 8 fév. 1834. — Muni de ces lettres, Bressy a demandé la liquidation de l'arriéré de son traitement de la Légion d'honneur. Le grand chancelier a rejeté la demande, par le motif que le réclamant n'avait pas fait ses diligences dans le délai de six mois, fixé par l'ord. du 26 mai 1824. Cette décision ayant été approuvée par le garde des sceaux, Bressy s'est pourvu au conseil d'Etat.

LOUIS-PHILIPPE, etc.; — Vu les ord. des 29 oct. 1817 et 26 mai 1824; — Vu l'ord. du 8 fév. 1834, laquelle, sur le vu de la déclaration faite par le réclamant à la mairie de Foisches, en 1816, portant qu'il persiste dans l'intention de se fixer en France, lui a accordé des lettres de déclaration de naturalité; — Considérant que le sieur Bressy est né le 21 mai 1781 à Marcinelle (Belgique); qu'après la réunion de la Belgique à la France, il est entré dans le 19e régiment de dragons, le 15 juill. 1805; qu'il y a servi jusqu'au 15 août 1814; que les lettres patentes ci-dessus visées, à lui délivrées le 8 fév. 1834, se réfèrent à l'ordonnance déclarative de sa naturalité, en date du 23 mai 1821; que dès lors il n'a pas cessé d'être Français, et que l'ord. du 26 mai 1824 ne lui est point applicable; — Art. 1. La décision du grand chancelier de la Légion d'honneur, en date du 16 juin 1834, approuvée par notre garde des sceaux, est annulée. — Art. 2. Le sieur Bressy est renvoyé à se faire liquider de l'arriéré de son traitement de légionnaire d'après les règles suivies pour les membres français de l'ordre de la Légion d'honneur.

Du 22 juin 1836.-Ord. cons. d'Et.-M. Montaud, rap.

qu'il a apostillé plusieurs demandes en naturalisation, adressées, mais non parvenues, au gouvernement français (cons. d'Et. 20 juin 1837) (1).

197. L'art. 13 de l'ord. des 5-20 juin 1816 (V. Droits civils, p. 42 et 43) portait que les Suisses qui auraient servi en France dans les régiments auxiliaires de leur nation, en vertu des capitulations militaires existant entre les deux gouvernements, pourraient, à leur choix, jouir de la solde de retraite et des autres récompenses dans le royaume de France, sans être tenus de s'y faire naturaliser, ou dans leur pays sans avoir besoin de la permission du roi de France. Mais cet article ajoutait que, dans ce dernier cas, ils cessaient d'avoir droit à leur solde de retraite ou de réforme, s'ils passaient au service d'un gouvernement autre que celui de leur canton; de même que, dans tous les autres cas qui pourraient leur être communs avec les militaires français, ils en étaient privés par les circonstances qui la faisaient perdre à ceux-ci. — L'art. 5 de l'ord. du 26 mai 1824 déclare ces dispositions applicables au traitement de la Légion d'honneur.

198. Quant aux légionnaires non militaires, nés dans les pays étrangers, qui n'avaient pas obtenus des lettres de naturalité, conformément à la loi du 14 oct. 1814 (V. Droits civ., p. 41) et dans les délais fixés par cette loi, les dipositions de l'ordonnance du 26 mai 1824 ne leur étaient point applicables (V. ladite ord., art. 6). — Il a été jugé que les lettres de déclaration de naturalité concédées en vertu de l'art. 3 de la loi du 14 oct. 1814 à un individu né dans l'un des pays réunis à la France de 1791 à 1814 n'ont pas d'effet rétroactif, de telle sorte que cet individu soit censé n'avoir jamais cessé d'être Français; que, dès lors, cet individu n'a pu prétendre aux arrérages du traitement de la Légion d'honneur, courus depuis la séparation du territoire jusqu'au jour où il a obtenu les lettres de naturalité (cons. d'Et. 13 juill. 1835, M. Briant, rap., aff. de Grégory).

199. L'art. 15 de l'ord. du 26 mars 1816 portait qu'en temps de paix, pour être admis dans la Légion d'honneur, il fallait avoir exercé pendant vingt-cinq ans des fonctions militaires ou civiles avec la distinction requise. Une ordonnance des 18 oct.-18 nov. 1829 réduisit ce temps à la durée de vingt ans.

200. La révolution de 1830 ne pouvait avoir pour résultat la suppression de l'ordre de la Légion d'honneur, devenu l'ordre véritablement national. Son maintien fut consacré par l'art. 63 de la charte revisée; seulement la détermination de la décoration et des règlements intérieurs était réservée au roi. En conséquence, une ordon. des 13-23 août 1830 disposa que la décoration continuerait de porter, d'un côté, l'effigie d'Henri IV, avec son nom pour exergue, et, de l'autre côté, dans l'intérieur du médaillon, la devise *honneur et patrie*; que la plaque des grands-croix porterait la même effigie, avec la même devise en exergue, et que les cinq pointes qui l'entourent seraient partagées par des lances de drapeaux tricolores. — Une autre ordonnance des 23 août-1er sept. 1830, rectifiée par un erratum inséré au Bulletin, décida que le côté du médaillon de la décoration de la Légion d'honneur qui, d'après l'ord. du 13 août devait porter seulement la devise *honneur et patrie*, la porterait en exergue sur un fond d'or à deux drapeaux tricolores.

201. La restauration n'avait pas reconnu les nominations et promotions faites dans la Légion d'honneur du 20 mars 1815 au 7 juill. de la même année, c'est-à-dire pendant les cent jours, par le gouvernement impérial. Le gouvernement issu de la révolution de 1830, par une ordonnance des 28 nov.-18 déc. 1831, rendit, mais pour l'avenir seulement, leur titre et leur rang à ceux en faveur de qui ces nominations ou promotions avaient eu lieu. — Une loi des 19-26 avr. 1832 accorda un traitement aux membres de la Légion d'honneur, nommés par ordonnance du 28 nov. 1831, qui, aux dates désignées dans l'état annexé à cette ordonnance, étaient sous-officiers ou soldats en activité de service. — Il a été décidé que ce traitement doit être accordé au militaire qui, fait prisonnier par les Russes en 1813, étant sous-officier, avait été nommé officier par un décret resté sans exécution, qui, rentré en France après la paix, avait été réintégré à son corps avec son ancien grade de sous-officier et nommé légionnaire, en cette qualité, et qui enfin avait été ultérieurement nommé officier par un nouveau décret (cons. d'Ét. 25 mai 1841, M. Montaud, rap., aff. Coste).

202. La loi des 21-28 avr. 1832, portant fixation du budget des dépenses de l'exercice 1832, dispose (art. 6) qu'il ne pourra, sauf le cas de guerre, être annuellement accordé de décorations de la Légion d'honneur avec traitement, que jusqu'à concurrence du tiers de la somme produite par l'extinction des légionnaires de tout grade, jusqu'à ce que la subvention accordée par la présente loi, tant pour les anciens traitements que pour les nouveaux, soit éteinte.

203. Il résulte de l'art. 13 de la loi des 23-30 mai 1834, combiné avec l'art. 26 de la loi du 11 avr. 1831, que le droit à l'obtention ou à la jouissance des traitements de la Légion d'honneur est suspendu : 1° par les circonstances qui font perdre la qualité de Français, durant la privation de cette qualité; 2° par la résidence hors du royaume, sans l'autorisation du roi, lorsque le titulaire de la pension est Français ou naturalisé Français.— Il a été décidé par application de cette disposition que lorsqu'un membre de la Légion d'honneur a transporté sa résidence hors du royaume sans autorisation, c'est avec raison que la jouissance de son traitement a été suspendue jusqu'au jour où cette autorisation a été accordée (cons. d'Et. 5 fév. 1841, M. Gomel, rap., aff. Moreau); — 2° Que l'autorisation donnée par le roi à un militaire en solde de congé de toucher cette solde, nonobstant sa résidence à l'étranger, n'implique pas l'autorisation de toucher le traitement auquel ce militaire a droit comme membre de la Légion d'honneur (cons. d'Et. 30 déc. 1842) (2).

204. Une loi des 16-22 juin 1837 dispose qu'à compter du 1er janv. 1837, les sous-officiers et soldats des armées de terre et de mer, amputés par suite de leurs blessures, qui auront été nommés membres de la Légion d'honneur postérieurement à l'ordonnance du 19 juill. 1814, et depuis leur admission à la retraite, auront droit au traitement de la Légion. Ce traitement sera prélevé sur les fonds qui deviendront libres par l'effet des extinctions. — Il a été décidé à cet égard : 1° que les blessures

---

(1) *Espèce :* — (Anselme.) — Après 1815, Anselme, étranger, quitta l'armée française, où il servait en qualité d'officier et de membre de la Légion d'honneur. Il se retira en Valachie. En 1830, il se fit naturaliser Français, et réclama le payement de son traitement de membre de la Légion d'honneur, avec rappel des années arriérées, mais le ministre rejeta sa demande, en vertu des ord. des 29 oct. 1817 et 26 mai 1824, pour défaut de naturalisation dans les délais prescrits, et de preuve que la demande en avait été faite. — Recours au conseil d'Etat.

Louis-Philippe, etc.; — Vu l'ord. du 29 oct. 1817, l'ord. du 26 mai 1824; — Considérant que, par l'ord. du 29 oct. 1817, il était accordé aux officiers étrangers, en possession de la demi-solde, un délai de six mois, à compter de sa promulgation, pour réclamer des lettres de naturalité, passé lequel délai, ceux de ces officiers qui ne pourraient justifier de l'obtention de ces lettres, devaient cesser de toucher la demi-solde; que les dispositions de cette ordonnance ont été déclarées applicables, par l'ord. du 26 mai 1824, en ce qui concerne le traitement de la Légion d'honneur, à tous les membres de l'ordre nés en pays étrangers; — Considérant que le sieur Anselme ne justifie pas avoir fait, dans le délai prescrit par l'ord. du 29 oct. 1817, les diligences nécessaires pour obtenir des lettres de déclaration de naturalité, et que, aux termes des art. 3 et 4 de l'ord. du 26 mai 1824, il ne peut en conséquence avoir droit au traitement de chevalier de la Légion d'honneur; — Art. 1. Les requêtes du sieur Anselme sont rejetées.

Du 20 juin 1837.-Ord. cons. d'Et.-M. de Caffarelli, rap.

(2) (Parquin.)—Louis-Philippe, etc.; —Vu la loi du 23 mai 1834, art. 13, et la loi du 11 avr. 1831, art. 26; — Considérant qu'aux termes de l'art. 26 de la loi du 11 avr. 1831 et de l'art. 13 de la loi du 23 mai 1834, le droit au traitement de la Légion d'honneur et la jouissance de ce traitement sont suspendus par la résidence hors du royaume sans notre autorisation; — Considérant qu'il résulte de l'instruction que le sieur Parquin habitait la Suisse à l'époque du 1er janvier 1835, et que si, par décision en date du 3 avr. 1834, nous avons approuvé que nonobstant son séjour momentané en ce pays, ledit sieur Parquin fût payé, sans interruption, de sa solde de congé, cette décision spéciale et exceptionnelle n'a point eu pour effet de le dispenser d'obtenir l'autorisation de résidence, exigée par l'art. 13 précité de la loi du 23 mai 1834, pour jouir, hors du royaume, du traitement à lui attribué comme membre de la Légion d'honneur;

Art. 1. La requête du sieur Parquin est rejetée.

Du 30 déc. 1842.-Ord. cons. d'Et.-M. Boulay (de la Meurthe), rap.

que le conseil de santé a évaluées au-dessous de la perte d'un membre, ne donnent pas au légionnaire droit au traitement accordé par la loi du 16 juin 1837 (cons. d'Ét. 30 nov. 1841)(1). — 2° Mais que des blessures non suivies d'amputation peuvent néanmoins être considérées comme emportant la privation d'un membre et donner au militaire blessé et décoré le droit d'obtenir le bénéfice du traitement assuré par la loi du 16 juin 1837 (cons. d'Ét. 15 sept. 1848, aff. Gallet, D. P. 49. 3. 1).

205. Le gouvernement républicain qui sortit de la révolution de février 1848 respecta l'institution de la Légion d'honneur. La constitution du 4 nov. 1848 porte (art. 108) que la Légion d'honneur est maintenue, mais que ses statuts seront revisés et mis en harmonie avec la constitution. Quant à la décoration, dès avant la promulgation de la constitution, elle avait été modifiée par un arrêté du 12 sept. 1848 (D. P. 48. 4. 91) de la manière suivante : la couronne qui surmontait l'étoile était supprimée ; le centre de l'étoile devait présenter d'un côté la tête de Bonaparte, avec cet exergue : *Bonaparte, premier consul*, 19 *mai* 1802, et de l'autre, les deux drapeaux qui étaient actuellement placés, avec cet exergue : *République française*, et au centre la devise *Honneur et patrie*. La plaque de grand officier et de grand-croix devait porter l'effigie de Bonaparte avec cet exergue : *Bonaparte, premier consul, Honneur et patrie.*

206. D'après une loi des 4-11 déc. 1849 (D. P. 49. 4. 176), toutes les nominations et toutes les promotions qui auront lieu dans l'ordre de la Légion d'honneur doivent être individuelles; et elles doivent être publiées au Bulletin des lois et au Moniteur universel, avec l'exposé détaillé des services militaires ou civils qui les ont motivées. — L'art. 18 de la loi de finances des 15-22 mai 1850 (D. P. 50. 4. 85) porte, qu'à partir de la promulgation de la présente loi et jusqu'en 1860, il ne pourra être fait, dans les divers grades de la Légion d'honneur, qu'une nomination sur deux extinctions; que, toutefois, cette disposition n'est pas applicable aux nominations faites dans les armées de terre et de mer. Le même article ajoute qu'il ne pourra être annuellement accordé de décoration de la Légion d'honneur avec traitement que jusqu'à concurrence d'un crédit de 100,000 fr. sur la somme rendue disponible par le décès des légionnaires de tout grade; mais que ces dispositions seront suspendues en temps de guerre et pour faits de guerre. — Un décret des 24-27 mars 1851, rendu en exécution de cette loi, prescrit la formation annuelle du tableau destiné à constater les extinctions et en détermine le mode. Ce décret porte en outre que le comité de consultation établi près le grand chancelier de la Légion d'honneur prendra le titre de *conseil de l'ordre national de la Légion d'honneur*; il règle la composition et les attributions de ce conseil; enfin, il ordonne la publication annuelle, par les soins et sous la direction de la grande chancellerie, d'un Annuaire de l'ordre national de la Légion d'honneur. — V. ce décret et le rapport qui le précède, D. P. 51. 4. 55.

207. Après l'établissement du gouvernement présidentiel issu des décrets du 2 déc. 1851, et qui n'était, en quelque sorte, que la préface du nouvel empire, la législation de la Légion d'honneur a été soumise à une révision complète Et d'abord le décret du 22 janv. 1852 (D. P. 52. 4. 37), qui *restituait* au domaine de l'État les biens qui avaient été l'objet de la donation faite par le roi Louis-Philippe à ses enfants lors de son avénement au trône, réunissait (art. 9) une partie de ces biens à la dotation de la Légion d'honneur. En même temps il déterminait pour l'avenir (art. 10) le traitement des militaires qui seraient nommés ou promus dans la Légion d'honneur. Ainsi que nous l'avons vu précédemment (n° 191), à partir du 6 avr. 1814, le traitement, maintenu pour les sous-officiers et soldats, avait été supprimé pour les officiers qui seraient nommés ou promus à l'avenir, les droits des titulaires antérieurs étant respectés. L'art. 10 du décret du 22 janv. 1852 rétablissait le traitement pour les officiers. Il porte, en effet, que tous officiers, sous-officiers et soldats de terre et de mer en activité de service, qui seront à l'avenir nommés ou promus dans l'ordre national de la Légion d'honneur, recevront le traitement. Cette disposition a été étendue par un décret rendu quelques jours après, le 25 janv. 1852 (D. P. 52. 4. 64), à tous les officiers qui, bien que décorés antérieurement, seraient admis à la retraite à partir de cette époque. — Nous avons vu que la forme de la décoration déterminée à l'origine par le fondateur avait été modifiée depuis par tous les gouvernements qui s'étaient succédé. Un décret du 1er fév. 1852 (D. P. 52. 4. 49) porte qu'elle est rétablie telle qu'elle avait été adoptée par l'empereur.

208. Enfin, les 16-22 mars 1852 est intervenu un décret organique (D. P. 52. 4. 77) qui a réglé par des dispositions nouvelles : 1° l'organisation et la composition de l'ordre; 2° la forme de la décoration et la manière de la porter; 3° l'admission et l'avancement dans l'ordre; 4° le mode de réception des membres de l'ordre et le serment; 5° la discipline des membres de l'ordre; 6° enfin, l'administration de l'ordre. — Ce décret a depuis été complété ou modifié par les décrets des 27 mars-9 avr. 1852 (D. P. 52. 4. 110); 30 mars-9 avr. 1852 (D. P. 52. 4. 111); 24 nov.-3 déc. 1852 (D. P. 52. 4. 213); 14 mars 1853-4 janv. 1856 (D. P. 56. 4. 7); 15-30 juill. 1853 (D. P. 53. 4. 156); 12-26 août 1853 (D. P. 53. 4. 169); 20 avr.-7 mai 1854 (D. P. 54. 4. 80); 8-27 déc. 1859 (D. P. 59. 4. 132); 2-14 août 1860 (D. P. 60. 4. 134); 2-14 août 1860 (D. P. 60. 4. 134); 27 déc. 1861-18 janv. 1862 (D. P. 62. 4. 12); 20 oct.-24 nov. 1862 (D. P. 62. 4. 125); 9-30 déc. 1862 (D. P. 63. 4. 4); 7 sept.-14 oct. 1863 (D. P. 63. 4. 153).

209. D'après le décret du 16 mars 1852, le président de la République (maintenant l'empereur) est chef souverain et grand maître de l'ordre (art. 2). La Légion d'honneur est composée de chevaliers, d'officiers, de commandeurs, de grands officiers et de grands-croix (art. 3). Les membres de l'ordre sont à vie (art. 4). Le nombre des chevaliers n'est pas limité; celui des officiers est fixé à 4,000; celui des commandeurs à 1,000; celui des grands officiers à 200; celui des grands-croix à 80 (art. 3). — Mais des dispositions transitoires de ce décret portaient que, comme le nombre des chevaliers était alors trop considérable, il ne serait fait dans le civil qu'une promotion sur deux extinctions jusqu'en 1856 (art. 5), et que, le nombre des grands officiers, commandeurs et officiers dépassant les limites fixées, il ne serait fait dans ces divers grades, tant au civil qu'au militaire, qu'une nomination ou promotion sur deux vacances, jusqu'à ce qu'on fût rentré dans le cadre (art. 6). — Les étrangers sont admis et non reçus; ils ne prêtent aucun serment et ne figurent pas dans le cadre fixé (art. 7).

210. La décoration de la Légion d'honneur est, comme sous l'empire, une étoile à cinq rayons doubles surmontée d'une couronne. Le centre de l'étoile, entourée de branches de chêne et de lauriers, présente d'un côté l'effigie de Napoléon avec cet exergue : *Napoléon, empereur des Français*, et de l'autre côté l'aigle avec la devise : *Honneur et patrie* (art. 8). L'étoile, émaillée de blanc, est en argent pour les chevaliers et en or pour les officiers, commandeurs, grands officiers et grands-croix; le diamètre est de 40 millim. pour les chevaliers et officiers, et de 60 pour les commandeurs (art. 9). Les chevaliers portent la décoration attachée par un ruban moiré rouge, sans rosette, sur le côté gauche de la poitrine. Les officiers la portent à la même place et avec le même ruban, mais avec une rosette. Les commandeurs portent la décoration en sautoir attachée par un ruban moiré rouge, plus large que celui des officiers et chevaliers. Les grands officiers portent sur le côté droit de la poitrine une plaque ou étoile à cinq rayons doubles diamantée tout en

(1) (Bouvenot.) — LOUIS-PHILIPPE, etc. ; — Vu la loi du 16 juin 1837 ; — Considérant qu'aux termes de la loi du 16 juin 1837, le traitement de la Légion d'honneur n'est dû qu'aux sous-officiers et soldats qui, nommés membres de la Légion depuis leur admission à la retraite, avaient été amputés; — Considérant qu'il résulte de l'instruction que les blessures à raison desquelles le sieur Bouvenot a été mis à la retraite, par ordonnance du 21 mars 1821, consistaient dans la perte de quatre doigts du pied droit, par suite d'un coup de feu reçu en 1812, et qu'elles n'ont été évaluées par le conseil de santé des armées qu'au-dessous de la perte absolue de l'usage d'un membre; — Que, dès lors, il ne se trouve pas dans le cas de l'application de la loi du 16 juin 1837;

Art. 1. La requête du sieur Bouvenot est rejetée.

Du 30 nov. 1841.-Ord. cons d'Ét.-M. Gomel, rap.

argent, du diamètre de 90 millim. ; le centre représente l'aigle avec l'exergue : *Honneur et patrie*; ils portent, en outre, la croix d'officier. Les grands-croix portent un large ruban moiré rouge, en écharpe, passant sur l'épaule droite, et au bas duquel est attachée une croix semblable à celle des commandeurs, mais ayant 70 millimètres de diamètre. De plus, ils portent, sur le côté gauche de la poitrine, une plaque semblable à celle des grands officiers (art. 10).

211. En temps de paix, pour être admis dans la Légion d'honneur, il faut avoir exercé, pendant vingt ans, avec distinction, des fonctions civiles ou militaires (art. 11). Nul ne peut être admis dans la Légion d'honneur qu'avec le premier grade de chevalier (art. 12). Pour être nommé à un grade supérieur, il est indispensable d'avoir passé dans le grade inférieur, savoir : 1° pour le grade d'officier, quatre ans dans celui de chevalier; 2° pour le grade de commandeur, deux ans dans celui d'officier; 3° pour le grade de grand officier, trois ans dans celui de commandeur; 4° pour le grade de grand-croix, cinq ans dans celui de grand officier (art. 13). Chaque campagne est comptée double aux militaires dans l'évaluation des années exigées par les art. 11 et 13; mais on ne peut jamais compter qu'une campagne par année, sauf les cas d'exception qui doivent être déterminés par un decret spécial (art. 14). En temps de guerre, les actions d'éclat et les blessures peuvent dispenser des conditions exigées par les art. 11 et 13 pour l'admission ou l'avancement (art. 15). En temps de paix comme en temps de guerre, les services extraordinaires, dans les fonctions civiles ou militaires, les sciences et les arts, peuvent également dispenser de ces conditions, mais sous la réserve expresse de ne franchir aucun grade (art. 16). Pour donner lieu aux dispenses mentionnées dans les articles précédents, les actions d'éclat, blessures ou services extraordinaires doivent être dûment constatés. Les propositions doivent expliquer avec détail le fait pour lequel on demande la décoration; elles sont transmises, par la voie hiérarchique, au ministre compétent, qui les présente au chef de l'Etat (art. 17). Sauf les cas extraordinaires qui viennent d'être mentionnés, il n'y a de nomination et promotion dans l'ordre qu'au 1er janvier et au 15 août (art. 18). Dans le mois qui précède chacune de ces époques, le grand chancelier arrête, en conseil de l'ordre, le tableau des vacances, et prend les ordres du chef de l'Etat pour la répartition à faire entre les différents ministères (art. 19). Sur l'avis que le grand chancelier leur donne, les ministres lui adressent l'état des personnes qu'ils jugent avoir mérité cette distinction (art. 20). De la réunion de ces listes le grand chancelier forme un corps de décrets qu'il soumet à l'approbation du chef de l'Etat (art. 21). Les ministres, après chaque nomination ou promotion, expédient des lettres d'avis à toutes les personnes nommées dans leurs ministères. Ces lettres leur prescrivent de se pourvoir auprès du grand chancelier pour obtenir l'autorisation de se faire recevoir, d'être décoré, et l'expédition du brevet (art. 22). Toutes demandes de nomination ou de promotion qui sont adressées ou soumises à l'empereur par quelque personne que ce soit autre que les ministres, sont renvoyées au grand chancelier, qui en fait le rapport et présente des projets de décrets, s'il y a lieu (art. 23). Nul ne peut porter la décoration du grade auquel il a été nommé ou promu qu'après sa réception, à moins que cette décoration ne lui soit remise directement par le chef de l'Etat (art. 24).

212. Sous la législation antérieure au décret organique du 16 mars 1852, il avait été décidé 1° que l'ordonnance royale qui nommait un membre de la légion d'honneur pouvait être révoquée par une autre ordonnance tant qu'il n'avait pas été procédé à sa réception, bien que l'avis de sa nomination lui eût été donné par le grand chancelier de l'ordre (Cons. d'état, 22 fév. 1838) (1); — 2° Que l'ordonnance royale révocatoire d'une ordonnance précédente qui nommait un membre de la légion d'honneur, ne pouvait être attaquée devant le conseil d'Etat par la voie contentieuse (Même ordonn.). Les mêmes principes devraient encore être appliqués aujourd'hui.

213. Les grands-croix et les grands officiers prêtent serment entre les mains du chef de l'Etat et reçoivent de lui leur décoration (art. 25). En cas d'empêchement, le chef de l'Etat est remplacé par le grand chancelier ou un grand fonctionnaire du même rang dans l'ordre, lequel est délégué (art. 26). Le grand chancelier designe, pour procéder à la réception des chevaliers officiers et commandeurs, un membre de l'ordre d'un grade au moins égal à celui du récipiendaire (art. 27). Les militaires de tout grade et de toutes armes de terre et de mer, les membres des administrations qui en dépendent, sont reçus à la parade (art. 28). Le récipiendaire prête le serment suivant : « Je jure fidélité à l'empereur, à l'honneur et à la patrie; je jure de me consacrer tout entier au bien de l'Etat, et de remplir les devoirs d'un brave et loyal chevalier de la légion d'honneur » (art. 29). L'officier chargé de la réception d'un militaire, après avoir reçu son serment, le frappe du plat de l'épée sur chaque épaule, et, en lui remettant son brevet ainsi que sa décoration, au nom de l'empereur, lui donne l'accolade (art. 30). Il est adressé au grand chancelier un procès-verbal de chaque réception. Des règlements particuliers déterminent les modèles de procès-verbaux de réception (art. 32).

214. Tous les officiers, sous-officiers et soldats de terre ou de mer en activité de service, nommés ou promus dans l'ordre de la légion d'honneur postérieurement au décret du 22 janv. 1852 reçoivent, selon leur grade dans la légion, l'allocation annuelle suivante : les légionnaires 250 fr., les officiers 500 fr., les commandeurs 1,000 fr., les grands officiers 2,000 fr., les grands-croix 3,000 fr. La valeur des décorations est imputée sur la première annuité (art. 33). Les mêmes pensions sont accordées à tous les officiers de terre et de mer, membres de la légion d'honneur, mis en retraite après le 22 janv. 1852 (art. 34).

215. Il résulte de ces dispositions que les militaires nommés ou promus dans la légion d'honneur pendant leur activité de service ont seuls droit au traitement. Mais à cet égard quelques difficultés se sont élevées. Il est quelques fonctionnaires dont le caractère n'est pas assez évident pour rendre toute contestation impossible. Aussi lorsque ces fonctionnaires ont réclamé le bénéfice de l'art. 33 du décret du 16 mars 1852, ont-ils vu leur prétention repoussée. C'est ce qui est arrivé notamment aux aumôniers de l'armée et de la flotte, aux agents appartenant au personnel administratif des directions de travaux dans les établissements de la marine, aux professeurs à l'école navale de Brest. Le conseil d'Etat a été appelé à prononcer sur les recours qui ont été formés à cet égard contre les décisions du grand chancelier de la légion d'honneur. — Il a été décidé sur ce point 1° que les services des commis du commissariat de la marine ont, quand ces commis sont embarqués à bord d'un bâtiment de la flotte, le caractère de services militaires (décr. 15 août 1851, 14 mai 1853 ; qu'en conséquence, lorsqu'un commis du commissariat de la marine a été nommé membre de la légion d'honneur par son service à bord d'un bâtiment de la flotte, il a droit au traitement attribué aux légionnaires par le décret du 16 mars 1852 (Cons. d'Etat 24 mai 1859) (2). —

(1) *Espèce* : — (Gérard.) — Le 30 avr. 1836, une ordonnance royale nomme membre de la Légion d'honneur le sieur Gérard, lieutenant en retraite. L'avis de sa nomination lui est donné par le grand chancelier; mais, le 25 mai suivant, avant que le préfet de son département ait procédé à sa réception, une ordonnance royale révoque celle du 30 avril. — Recours au conseil d'Etat. Gérard soutient que le titre de membre de la Légion d'honneur lui est acquis par l'ordonnance royale du 30 avr.; qu'il n'a pu le perdre que d'après les mêmes causes qui privent de la qualité de Français, d'après l'art. 53 de l'ordonnance réglementaire du 26 mai 1816 ; enfin, que la suspension des droits et prérogatives, ne peut être prononcée qu'autant qu'il y a eu jugement correctionnel dont la peine rend nécessaire cette mesure.

LOUIS-PHILIPPE, etc. ; — Vu l'ordonnance royale du 26 mars 1816, concernant l'organisation, la composition et l'administration de la Légion d'honneur; — Considérant que notre ordonnance du 25 mai 1836, par laquelle la nomination du sieur Gérard, dans l'ordre de la Légion d'honneur, a été révoquée, est un acte qui, de sa nature, ne peut nous être déféré en notre conseil d'Etat, par la voie contentieuse; — Art. 1. La requête du sieur Gérard est rejetée.

Du 22 fév. 1838.-Ord. cons. d'Et.-M. Hély d'Oissel, rap.

(2) (Isaac.) — NAPOLÉON, etc. ; — Vu notre décret du 15 août 1851 sur le service à bord des bâtiments de l'Etat; — Vu notre décret du 14 mai 1853, portant organisation du corps du commissariat de la marine; — Vu notre décret organique de la Légion d'honneur, en date du 16 mars

2° Que le capitaine au long cours, requis d'embarquer par ordre de l'administration sur un bâtiment de la flotte pour y remplir les fonctions de second, et nommé chevalier de la légion d'honneur pendant qu'il servait en cette qualité, a droit au traitement attribué aux légionnaires militaires par le décret du 16 mars 1852 (Cons. d'Etat 9 fév. 1860) (1); — 3° Que les services rendus à bord par les aumôniers de la flotte et ceux rendus en campagnes par les aumôniers attachés aux armées de terre doivent être assimilés à des services militaires; que dès lors, en cas de nomination dans la légion d'honneur à l'occasion de ces services, lesdits aumôniers ont droit au traitement attribué aux légionnaires militaires (cons. d'Ét. 2 août 1860, aff. Cresp, D. P. 62. 3. 37; 6 août 1861, aff. Guiraud, *ibid.*).

216. Mais il a été décidé d'un autre côté : 1° que le bénéfice de l'art. 34 du décret du 16 mars 1852 ne peut être réclamé par un capitaine au long cours, demi-soldier, ancien syndic des gens de mer, nommé antérieurement au décret du 22 janv. 1852, chevalier de la légion d'honneur, en récompense de services rendus en qualité de capitaine au long cours, d'ancien aspirant de première classe et d'enseigne de vaisseau auxiliaire, lequel était capitaine au long cours et remplissait les fonctions de syndic des gens de mer au moment de sa nomination dans la légion d'honneur, et était encore dans cette situation lorsque, postérieurement au 22 janv. 1852 il a été admis à la pension de retraite dite demi-solde (cons. d'Ét. 13 déc. 1860) (2); — 2° Que les agents appartenant au personnel administratif des directions de travaux dans les établissements de la marine n'ont aucun caractère militaire, et, dès lors, n'ont pas droit, lorsqu'ils sont nommés dans la légion d'honneur pour faits étrangers au service militaire, au traitement que le décret organique du 16 mars 1852 attache à cette distinction, au profit des officiers, sous-officiers et soldats des armées de terre et de mer (Cons. d'État 24 janv. 1861, aff. Septans, D. P. 61. 5. 333). — 3° Que les professeurs à l'école navale de Brest n'ont aucun caractère militaire et, dès lors, n'ont pas droit, en cas de nomination dans l'ordre de la légion d'honneur, au traitement attaché à cette distinction (Cons. d'État 15 juill. 1861, aff. Collet-Corbinière, D. P. 62. 3. 29).

217. L'art. 7 du c. de just. milit. dispose que les commissaires impériaux et les rapporteurs près les conseils de guerre sont pris parmi les officiers supérieurs, les capitaines, les sous-intendants militaires ou adjoints, soit en activité, soit en retraite. — Il a été décidé que la fonction de commissaire du gouvernement près un conseil de guerre militaire, à laquelle un ancien militaire a été nommé en sa qualité de chef de bataillon en retraite, n'a pas pour effet de le faire rentrer dans l'activité; que, par suite, cet ancien officier n'a pas le droit, en cas de promotion dans la Légion d'honneur, dans l'exercice de ces fonction nouvelle, au traitement du grade auquel il a été promu, ce traitement ne pouvant être réclamé que par les militaires promus pendant leur activité de service (cons. d'Etat 6 déc. 1860, aff. Leroch, D. P. 62. 3. 30).

218. En comparant les décisions qui précèdent, on voit qu'il ne suffit pas à un fonctionnaire d'être assimilé aux militaires pour avoir droit, en cas de nomination dans la Légion d'honneur, au traitement attaché à cette distinction, et qu'il faut encore que les services rendus soient eux-mêmes assimilés à des services *militaires*, c'est-à-dire qu'ils soient par leur nature compris parmi les services qui peuvent être rendus à une armée en présence de l'ennemi. La décision intervenue en faveur des aumôniers de la flotte et de l'armée devrait être étendue aux membres du service de santé, de l'intendance et des autres services qui suivent les armées en campagne. Mais la jurisprudence du conseil d'Etat refuse le traitement aux décorés dont les fonctions, quoique dépendantes du département de la guerre, sont étrangères aux divers services qui accompagnent les armées.

219. Un décret des 20 oct.-24 nov. 1862 (D. P. 62. 4. 125) porte (art. 1) que les contrôleurs des fonderies et les contrôleurs d'armes des manufactures et des directions qui seront nommés ou promus dans l'ordre impérial de la Légion d'honneur, auront droit aux allocations annuelles fixées par l'art. 33 du décret organique du 16 mars 1852. Ce même décret ajoute

---

1852; — Vu la lettre de notre ministre de la guerre, du 13 mai 1857, ensemble la circulaire du même ministre, du 10 août suivant, desquelles il résulte qu'un commis entretenu de la marine, qui a été inscrit sur la liste du contingent de sa classe, confère à son frère l'exemption du service militaire prévue par les art. 13 et 14 de la loi du 21 mars 1832; — Considérant qu'il résulte des dispositions du décret du 14 mai 1853 et du décret du 15 août 1851, que les services des commis du commissariat de la marine, quand ils sont embarqués à bord d'un bâtiment de la flotte, ont le caractère de services militaires; — Considérant qu'il résulte de l'instruction que le sieur Isaac a été embarqué sur la canonnière l'Aigrette pendant l'expédition de la Baltique et que c'est pour son service à bord de ce bâtiment qu'il a été nommé chevalier de la Légion d'honneur; que, dès lors, il a droit au traitement attribué aux légionnaires par notre décret du 16 mars 1852; — Sur les conclusions du requérant tendant à ce que les intérêts des arrérages de son traitement de la Légion d'honneur lui soient alloués : — Considérant qu'aucune disposition de loi ne permet d'allouer les intérêts des arrérages du traitement de la Légion d'honneur; — Art. 1. la décision du grand chancelier de la Légion d'honneur, du 5 juin 1858 que notre ministre d'Etat s'est approprié, est annulée. — Art. 2. Le sieur Isaac a droit au traitement de chevalier de la Légion d'honneur, avec jouissance à partir du 28 oct. 1855, date de sa nomination dans l'ordre; — Le surplus des conclusions est rejeté.

Du 24 mai 1859.-Décr. cons. d'Et.-M. Gomel, rap.

(1) (Cormier.) — Napoléon, etc.; — Vu les décrets du 3 brum. an 4, concernant l'inscription maritime et l'admission à l'avancement des officiers de la marine militaire; — Vu l'arrêté du 19 therm. an 8 relatif à la composition et à l'organisation du corps des officiers de la marine; — Vu notre décret du 15 août 1851 sur le service à bord des bâtiments de l'Etat; — Vu notre décret organique de la Légion d'honneur, du 16 mars 1852; — Considérant que les capitaines au long cours font partie de l'inscription maritime; qu'ils sont tenus quand ils en sont requis, de servir sur les bâtiments de la flotte; qu'aux termes de l'art. 24 de l'arrêté des consuls, du 29 therm. an 8, ils ne peuvent être appelés au service qu'en qualité d'enseignes non entretenus, et qu'ils peuvent devenir lieutenants par leurs services dans la marine militaire; qu'il suit de là que les services rendus par un capitaine au long cours à bord d'un bâtiment de l'Etat sont des services rendus en qualité d'officier de l'armée de mer; — Considérant que, par ordre de l'administration de la marine, du 3 avr. 1854, le sieur Cormier, capitaine au long cours, a été requis d'embarquer, à compter dudit jour, sur l'aviso à vapeur l'Australie, pour y remplir les fonctions de second; que c'est pendant qu'il servait en cette qualité qu'il a été nommé chevalier de la Légion d'honneur par notre décret du 12 août 1854; que dès lors, il a droit au traitement attribué aux légionnaires militaires par notre décret du 16 mars 1852; — Art. 1. La décision de notre grand chancelier de la Légion d'honneur, du 21 déc. 1854, que notre ministre d'Etat s'est appropriée, est annulée. — Art. 2 Le sieur Cormier a droit au traitement de chevalier de la Légion d'honneur, avec jouissance à partir du 12 août 1854, date de sa nomination dans l'ordre.

Du 9 fév. 1860.-Décr. cons. d'Et -M. Pascalis, rap.

(2) (Touffet.) — Vu la loi du 13 mai 1791 sur les pensions dites demi-soldes, à servir par la caisse des Invalides de la marine; — Vu les décrets du 3 brum. an 4, concernant l'inscription maritime et l'admission à l'avancement des officiers de la marine militaire; — Vu l'arrêté du 29 thermidor an 8, relatif à la composition et à l'organisation du corps des officiers de la marine : — Vu la loi du 6 juill. 1820, sur le traitement de la Légion d'honneur; — Vu notre décret organique de la Légion d'honneur, du 16 mars 1852; — Considérant qu'aux termes de l'art. 34 du décret susvisé du 16 mars 1852, les officiers de terre et de mer, membres de la Légion d'honneur, qui ont été mis à la retraite après le 22 janv. 1852, ont droit au traitement déterminé par l'art. 33 du même décret; — Considérant que le sieur Touffet était capitaine au long cours et remplissait les fonctions de syndic des gens de mer à Marseille quand, par décret du 22 mai 1850, il a été nommé chevalier de la Légion d'honneur; que c'est dans cette situation qu'il a été, le 1er janv. 1858, admis à la pension de retraite dite demi-solde; — Considérant que si, aux termes de l'art. 24 de l'arrêté des consuls, du 29 thermidor an 8, les capitaines au long cours qui sont requis de servir sur les bâtiments de la flotte, y sont appelés en qualité d'enseignes non entretenus, ce grade ne leur est conféré que pour la durée de leurs services à bord desdits bâtiments;

Considérant que le sieur Touffet n'était pas embarqué sur un bâtiment de la flotte, et par conséquent n'était pas officier de l'armée de mer à l'époque où il a été nommé membre de la Légion d'honneur; que, dès lors, il n'a pas droit au traitement attribué par l'art. 34 susvisé aux officiers membres de la Légion d'honneur, qui ont été mis à la retraite postérieurement au 22 janv. de la même année; — Art. 1. La requête... est rejetée.

Du 13 déc. 1860.-Décr. cons. d'Et.-M. Pascalis, rap.

(art. 2) que les contrôleurs des fonderies, les contrôleurs d'armes des manufactures et des directions, actuellement membres de la Légion d'honneur, qui sont encore en activité de service ou qui ont été admis à la retraite depuis le 26 janv. 1862 (date du décret qui a réuni les contrôleurs des fonderies et les contrôleurs d'armes des manufactures et des directions au personnel des employés militaires de l'artillerie), recevront l'application favorable de l'art. 1 du présent décret à compter de cette dernière date.

220. Le décret du 22 janv. 1852, complété par celui du 25 janv. suivant, n'avait rétabli le droit au traitement que pour les officiers en activité de service qui seraient ultérieurement nommés ou promus dans la Légion d'honneur, et pour ceux qui, bien que décorés antérieurement, seraient ultérieurement mis à la retraite. De fréquentes réclamations s'étaient élevées en faveur de ceux qui, admis dans la Légion d'honneur avant le décret du 22 janvier, ne pouvaient invoquer le bénéfice de ce décret. Il parut équitable de faire droit à ces réclamations. Toutefois, comme il en serait résulté pour le trésor une charge de 2 millions 1/2, on crut devoir répartir cette somme sur plusieurs exercices, et n'appeler les légionnaires à jouir du traitement que successivement, dans un ordre déterminé. Ce fut l'objet de l'art. 16 de la loi de finances du 11 juin 1859. Cet article est ainsi conçu : « A partir du 1er janv. 1860, les officiers et fonctionnaires des armées de terre et de mer, nommés ou promus dans l'ordre de la Légion d'honneur pendant leur activité de service, depuis le 6 avr. 1814 jusqu'au 22 janv. 1852, seront appelés successivement à jouir des allocations annuelles fixées par l'art. 33 du décret organique de la Légion d'honneur, en date du 16 mars 1852. — A cet effet, une subvention spéciale de 600,000 fr. est accordée pour 1860 à la Légion d'honneur; elle s'accroîtra d'une somme égale en 1861 et chacune des années suivantes, jusqu'à ce que tous les membres de la Légion d'honneur désignés par le paragraphe précédent jouissent des traitements déterminés par le décret ci-dessus rappelé du 16 mars 1852. — Ces traitements seront attribués, jusqu'à concurrence de la subvention spéciale et sans distinction d'âge, de grade dans l'armée, ni de position d'activité ou de retraite, d'abord aux légionnaires en suivant l'ordre d'ancienneté de leurs nominations, puis aux officiers, et successivement aux commandeurs, aux grands officiers et aux grands-croix, en suivant, dans chaque catégorie, l'ordre d'ancienneté de leurs promotions. » Cet ordre, qui s'attache à l'ancienneté de la nomination pour fixer l'entrée en jouissance du traitement, est celui qui a paru le plus équitable.

221. Il résulte des termes, soit du décret du 22 janv. 1852, soit de l'art. 33 du décret du 16 mars 1852, soit enfin de l'art. 16 de la loi du 11 juin 1859, que le traitement n'est dû qu'aux officiers, sous-officiers et soldats qui ont été nommés ou promus dans l'ordre quand ils étaient encore en activité de service, et que ceux qui ne l'ont été que depuis leur mise à la retraite n'y ont aucun droit. Lorsque l'art. 11 de la loi de 1859 fut discutée au corps législatif, on fit remarquer ce que cette règle pouvait avoir de rigoureux dans certains cas. Des officiers blessés dans les dernières guerres de l'empire, disait-on, n'ont pu, à raison du changement de gouvernement, être décorés qu'après leur mise à la retraite; il y a aussi des officiers qui ont été proposés en même temps pour la retraite et la décoration, et qui n'ont reçu la décoration que quelques mois après leur admission à la retraite; il y en a enfin qui ont reçu la décoration étant en demi-solde, et il ne faut pas oublier que le temps de la demi-solde compte pour la retraite. Est-il possible de ne pas considérer les officiers placés dans ces diverses positions comme décorés pendant l'activité de service? A ces objections, il fut répondu par les organes du gouvernement que c'est un principe fondamental en cette matière qu'aucun traitement ne peut être accordé à des individus décorés depuis leur mise à la retraite; qu'alors ils n'appartiennent plus à l'armée et sont des légionnaires civils. Le décret du 16 mars 1852, qui est aujourd'hui la charte de la Légion d'honneur, disait-on, pose à cet égard une règle générale dont il n'est pas permis de s'écarter.

222. Il a été décidé que le bénéfice de l'art. 16 de la loi du 11 juin 1859, qui admet au traitement de leur grade dans la Légion d'honneur les anciens officiers des armées de terre et de mer nommés dans ledit ordre du 6 avr. 1814 au 22 janv. 1852, est à bon droit réclamé par l'officier de marine qui, nommé dans la Légion d'honneur le jour même de sa mise à la retraite, a néanmoins continué à exercer, pendant quelques jours encore, des fonctions spéciales ne pouvant être exercées que par un officier en activité (cons. d'Etat 18 avr. 1861, aff. Laouënan, D. P. 62. 3. 29). — Dans l'espèce, les fonctions que l'officier mis à la retraite avait continué d'exercer étaient celles de rapporteur près le conseil de guerre maritime, que la législation alors en vigueur ne permettait pas de confier à des officiers en retraite.

223. La règle qui n'admet les décorés militaires à jouir du traitement de la Légion d'honneur qu'autant qu'ils ont été nommés ou promus avant d'être mis à la retraite, reçoit exception à l'égard de ceux qui ont été amputés par suite de blessures reçues à l'armée. Déjà une loi du 16 juin 1837 (V. *suprà*, n° 204) avait fait cette exception à l'égard des sous-officiers et soldats; un décret des 27 déc. 1861-18 janv. 1862 (D. P. 62. 4. 12) l'a étendue aux officiers. Ce décret porte que les officiers de terre et de mer amputés par suite de blessures reçues à l'armée, qui ont été ou qui seront nommés ou promus dans l'ordre impérial de la Légion d'honneur depuis leur admission à la retraite, auront droit aux traitements affectés aux grades dans l'ordre, à compter du 1er janv. 1861.

224. Nous avons dit précédemment que la restauration n'avait pas reconnu les nominations et promotions faites dans la Légion d'honneur par l'empereur Napoléon Ier pendant les cent-jours; mais que le gouvernement issu de la révolution de 1830, par une ordonnance du 28 nov. 1831, avait rendu, pour l'avenir seulement, leur titre et leur rang à ceux en faveur de qui ces nominations ou promotions avaient été faites. Un décret des 12-26 août 1853 porte que les officiers nommés ou promus par l'empereur Napoléon Ier dans l'ordre de la Légion d'honneur, du 27 fév. au 7 juill. 1815, recevront, à partir du 1er janv. 1854, le traitement affecté à leur grade dans l'ordre, par les règlements en vigueur à l'époque de leur nomination.

225. L'annexion de la Savoie et du comté de Nice à l'empire a eu pour effet de rendre la qualité de Français à ceux qui l'avaient perdue lorsque ces territoires avaient été détachés de notre sol. Un décret des 2-14 août 1860 (D. P. 60. 4. 134) porte que les membres de la Légion d'honneur qui ont recouvré la qualité de Français par suite de cette annexion, jouiront du traitement attaché à la décoration, lorsqu'ils auront fait la justification exigée par les lois et les décrets en vigueur.

226. Aux termes d'un décret du 13 juill. 1853 (D. P. 53. 4. 156), les dispositions du décret du 22 janv. 1852 (art. 10) et du décret du 25 du même mois, relatives au traitement de la Légion d'honneur, ne sont pas applicables aux officiers généraux des armées de terre et de mer qui sont passés ou qui passeront dans le cadre de réserve (deuxième section de l'état-major général de l'armée). En d'autres termes, les promotions qui peuvent être faites en leur faveur après cette époque ne leur donnent droit à aucune augmentation de traitement.

227. D'après une décision du grand chancelier, prise après avoir entendu le conseil de l'ordre, ont seuls droit au traitement de la Légion d'honneur les officiers, fonctionnaires et agents de la marine désignés aux colonnes 12 et 13 du tarif des pensions de retraite annexé à la loi du 25 juin 1861 (décis. du 18 août 1863, D. P. 64. 3. 24).

228. Les certificats de vie nécessaires pour toucher les traitements de la Légion d'honneur doivent, lorsque le titulaire n'appartient plus aux armées de terre ou de mer, être délivrés par les notaires. La rétribution pour la délivrance des certificats de vie est fixée ainsi qu'il suit : pour chaque semestre à percevoir : de 601 fr. et au-dessus, 50 cent.; de 600 à 301 fr., 35 cent; de 300 à 101 fr., 25 cent.; de 100 à 50 fr., 20 cent.; au-dessous de 50 fr., 00 (décr. 2-14 août 1860, art. 3, D. P. 60. 4. 134.).

229. Il peut arriver qu'un traitement ne soit pas réclamé par l'ayant droit. Après trois années de non-réclamation, l'inscription du traitement est rayée des livres de la grande chancellerie, sans que son rétablissement puisse donner lieu à aucun rappel d'arrérages antérieurs à la réclamation (décr. 2-14 août 1860, art. 1.) — Toutefois, si la non-réclamation dans les trois ans avait pour cause le service de l'État, le grand chancelier apprécierait et relèverait de la prescription (*ibid.*). — Une déchéance semblable à celle spécifiée ci-dessus est encourue par les héritiers ou ayants cause qui n'ont pas justifié de leurs droits dans les trois ans, à partir du décès de leur auteur (même décret, art. 2). — Enfin, les traitements de la Légion d'honneur sont soumis à la règle commune de la prescription quinquennale. Le décret des 9-30 déc. 1862 (D. P. 63. 4. 4), qui rappelle cette règle empruntée au droit civil, ajoute que toute disposition contraire à celle du présent décret est abrogée. — Du reste, déjà avant ce décret, il avait été décidé que la prescription quinquennale établie par l'art. 2277 c. nap., est applicable à l'individu nommé membre de la Légion d'honneur qui laisse passer plus de cinq ans sans faire reconnaître son titre et sans réclamer le traitement qui y est attaché (cons. d'État 5 fév. 1841.-M. Gomel, rap., aff. Moreau).

230. Sous la législation antérieure, il a été décidé que les décisions émanées du grand chancelier de la Légion d'honneur, statuant au fond et d'une manière définitive sur la demande de traitement formée par un légionnaire, doivent, comme tout jugement administratif, être attaquées dans le délai de trois mois, à partir de la notification qui en a été faite (cons. d'État 14 janv. 1839, M. Reverchon, rap., aff. Wattebled). — On devrait décider de même encore aujourd'hui.

231. Il a été décidé aussi qu'une lettre contre laquelle un chevalier de la Légion d'honneur se pourvoit comme lui ayant refusé le traitement de légionnaire militaire, lettre qui n'a pas été adressée au demandeur, et que ne s'est pas appropriée le ministre de la maison de l'empereur, ne constitue pas une décision susceptible de recours devant le conseil d'État statuant au contentieux (cons. d'État, 24 déc. 1863, M. Pascalis, rap., aff. Malude-Richard).

232. Voici maintenant quels sont les honneurs rendus aux membres de la Légion d'honneur. On porte les armes aux officiers et chevaliers; on les présente aux grands-croix, aux grands officiers et aux commandeurs (décr. du 16 mars 1852, art. 36). — Les grands-croix et les grands officiers reçoivent les mêmes honneurs funèbres et militaires que les généraux de division et les généraux de brigade non employés, et, s'ils sont officiers généraux, ils sont considérés comme morts dans l'exercice de leur commandement. Les commandeurs sont assimilés aux colonels, les officiers aux chefs de bataillon et les chevaliers aux sous-lieutenants. Dans l'ordre civil, les honneurs funèbres et militaires sont rendus par la garde nationale aux commandeurs, officiers et chevaliers (même décret, art. 37).

233. Des brevets signés de l'empereur et contre-signés du grand chancelier sont délivrés à tous les membres de la Légion d'honneur nommés ou promus depuis le 16 mars 1852 (date du décret organique. V. ce décret, art. 35; décr. 14 mars 1853-4 janv. 1856, art. 1). Il en est également délivré aux membres de la Légion d'honneur, nommés ou promus à des grades dans la Légion d'honneur antérieurement au 16 mars 1852, et qui en font la demande au grand chancelier de l'ordre (décr. 14 mars 1853, art. 2). Il est perçu par la grande chancellerie de la Légion d'honneur, pour l'expédition des brevets, savoir : par brevet de chevalier, 12 fr.; d'officier, 25 fr.; de commandeur, 40 fr.; de grand officier, 60 fr.; de grand-croix, 100 fr. (même décret, art. 4). Les frais d'expédition sont prélevés, pour les membres de la Légion d'honneur jouissant d'un traitement à ce titre, sur la première annuité à leur payer de leur traitement (art. 8). Sont exempts de tous frais d'expédition les sous-officiers et soldats des armées de terre et de mer nommés, en activité de service, membres de la Légion d'honneur (art. 5).

234. La qualité de membre de la Légion d'honneur se perd par les mêmes causes que celles qui font perdre la qualité de citoyen français (décr. 16 mars 1852, art. 38). Ainsi tout individu qui a perdu la qualité de Français est rayé des matricules de l'ordre à la diligence du grand chancelier de la Légion d'honneur, le conseil d'État entendu (décr. 24 nov.-3 déc. 1852, art. 1). La même radiation a lieu, dans la même forme, sur le vu de tout jugement rendu contre un membre de l'ordre et portant condamnation à une peine afflictive ou infamante, ou emportant la dégradation militaire (*ibid.*).

235. L'exercice des droits et des prérogatives des membres de la Légion d'honneur est suspendu par les mêmes causes que celles qui suspendent les droits de citoyen français (décr. 16 mars 1852, art. 39). Ainsi, lorsqu'un membre de l'ordre est suspendu de ses droits de citoyen français, sur le vu de l'acte constatant cette suspension, le grand chancelier, après avoir pris l'avis du conseil de l'ordre, fait opérer sur les matricules la mention que cet individu est suspendu de tous les droits et prérogatives attachés à la qualité de membre de l'ordre, ainsi que du droit au traitement qui y est affecté (décr. 24 nov. 1852, art. 2). La condamnation à l'une des peines du boulet, des travaux publics et de l'emprisonnement, emporte la suspension des droits et prérogatives, ainsi que du traitement attaché à la qualité de membre de l'ordre de la Légion d'honneur, pendant la durée de la peine (même décret, art. 3). L'envoi par punition dans une compagnie de discipline d'un militaire des armées de terre ou de mer emporte la suspension des droits et prérogatives, ainsi que du traitement attachés à la qualité de membre de la Légion d'honneur, pendant la durée de la punition (*ibid.*, art. 4).

236. Les ministres de la justice, de la guerre et de la marine transmettent au grand chancelier des copies de tous les jugements en matière criminelle, correctionnelle et de police relatifs à des membres de l'ordre (décr. 16 mars 1852, art. 40). Toutes les fois qu'il y a recours en cassation contre un jugement rendu en matière criminelle, correctionnelle ou de police, relatif à un légionnaire, le procureur général auprès de la cour de cassation en rend compte, sans délai, au ministre de la justice, qui en donne avis au grand chancelier de la Légion d'honneur (même décret, art. 41).

237. Les procureurs généraux près des cours impériales et les rapporteurs auprès des conseils de guerre ne peuvent faire exécuter aucune peine infamante contre un membre de la Légion d'honneur, qu'il n'ait été dégradé (décr. 16 mars 1852, art. 42). Pour cette dégradation, le président de la cour impériale, sur le réquisitoire de l'avocat général, ou le président du conseil de guerre, sur le réquisitoire du rapporteur, prononce, immédiatement après la lecture du jugement, la formule suivante : « Vous avez manqué à l'honneur; je déclare, au nom de la Légion, que vous avez cessé d'en être membre » (même décret, art. 43). — L'arrêté du 24 vent. an 12 (art. 5) contenait une disposition analogue. Et il avait été jugé, sous l'empire de cette disposition, que ce n'est pas la condamnation, c'est l'exécution qui doit être précédée de la dégradation (Crim. rej. 14 avr. 1815) (1).

238. Les chefs militaires de terre et de mer rendent aux ministres de la guerre et de la marine un compte particulier de toutes les peines graves de discipline qui ont été infligées à des légionnaires sous leurs ordres. Ces ministres transmettent des copies de ce compte au grand chancelier (décr. 16 mars 1852, art. 44).

239. Le chef de l'État peut suspendre, en tout ou en partie, l'exercice des droits et prérogatives, ainsi que le traitement attaché à la qualité de membre de la Légion d'honneur, et même exclure de la Légion, lorsque la nature du délit et la gravité de la peine prononcée correctionnellement paraissent rendre cette mesure nécessaire (décr. 16 mars 1852, art. 46). — Sur le vu de tout jugement définitif portant condamnation contre un membre de la Légion d'honneur à l'une des peines mentionnées

---

(1) (Leclerc C. min. publ.) — LA COUR; — Considérant que la qualité de légionnaire dont un citoyen a été revêtu par le chef de l'État ne forme point d'obstacle à ce qu'il soit condamné aux peines portées par la loi contre les crimes dont il aurait été convaincu; que l'arrêté du gouvernement du 24 vent. an 12, ordonne seulement qu'en cas de condamnation à une peine infamante, le légionnaire sera dégradé avant l'exécution, et que la formule en sera prononcée par le président, immédiatement après le jugement; mais que l'omission de cette formalité ne rend point nul l'arrêt ou le jugement de condamnation; — Rejette, etc.

Du 14 avr. 1815.-C. C., sect. crim.-MM. Chasle, pr.-Busschopp, rap.

en l'art. 3 du décret du 24 nov. 1852 (boulet, travaux publics, emprisonnement), le grand chancelier, après avoir pris l'avis du conseil de l'ordre, peut proposer au chef de l'Etat de suspendre le condamné, en tout ou en partie, des droits et prérogatives ainsi que du traitement attachés à la qualité de membre de la Légion d'honneur, et même de l'exclure de la Légion, conformément à l'art. 46 du décret du 16 mars 1852 (décr. 24 nov. 1852, art. 5). Les mêmes décisions peuvent être prises, dans la même forme, par application de l'art. 62 de l'ordonnance du 26 mars 1816, contre tout officier des armées de terre ou de mer mis en réforme pour inconduite habituelle ou faute contre l'honneur (décr. 8-27 déc. 1859, art. 1).—Il a été décidé que le droit conféré au chef de l'Etat d'exclure de la Légion d'honneur ou de suspendre des prérogatives attachées au titre de légionnaire, tout officier de terre ou de mer mis en retrait d'emploi pour inconduite ou faute contre l'honneur, ne s'applique qu'au cas de retrait d'emploi ayant un caractère disciplinaire, et résultant d'une mise à la réforme, mais non au cas de simple mise en non-activité par retrait d'emploi (cons. d'Et. 2 juin 1859, aff. Gosse et aff. de Mussy, D. P. 62. 3. 11; 1er mars 1860, M. Pascalis, rap., aff. Chanals; 26 avr. 1860, M. Pascalis, rap., aff. Fabritzius; toutes ces décisions sont conçues en termes identiques).

240. La cassation d'un chevalier de la Légion, sous-officier en activité, et le renvoi d'un soldat ou d'un marin chevalier de la Légion d'honneur, ne peuvent avoir lieu que d'après l'autorisation des ministres de la guerre et de la marine. Ces ministres ne peuvent donner cette autorisation qu'après en avoir informé le grand chancelier, qui prend les ordres de l'empereur (décr. 16 mars 1852, art. 45).

241. Le grand chancelier informe de toute radiation ou suspension le ministre de la justice, s'il s'agit d'un individu non militaire, et les ministres de la guerre et de la marine, s'il s'agit d'un militaire ou d'un marin, ou d'un individu assimilé aux militaires ou marins (décr. 24 nov. 1852, art. 8). Tout individu qui a encouru la suspension ou la privation des droits et prérogatives attachés à la qualité de membre de la Légion d'honneur, et qui en porte les insignes, doit être poursuivi et puni conformément à l'art. 259 c. pén. (même décret, art. 9).

242. L'administration de l'ordre est confiée à un grand chancelier, qui travaille directement avec le chef de l'Etat; il entre au conseil des ministres toutes les fois que l'empereur juge convenable de l'y appeler pour discuter les intérêts de l'ordre (décr. 16 mars 1852, art. 47). Un secrétaire général, nommé par l'empereur, est attaché à la grande chancellerie; il a la signature en cas d'absence ou de maladie du grand chancelier, et le représente (même décret, art. 48). Le grand chancelier est dépositaire du sceau de l'ordre (art. 49). Tous les ordres étrangers sont dans les attributions du grand chancelier de la Légion d'honneur (art. 50). Les décrets relatifs à la Légion d'honneur sont contre-signés par le ministre d'Etat, et visés par le grand chancelier pour leur exécution (art. 51).

243. Le grand chancelier présente au chef de l'Etat : 1° les rapports, projets de décrets, règlements et décisions concernant la Légion d'honneur et les ordres étrangers; 2° les candidats présentés par les ministres, par d'autres personnes ou par lui, pour les nominations ou promotions; 3° il prend ses ordres à l'égard des ordres étrangers conférés à des Français; 4° il transmet l'autorisation de les porter; 5° il soumet à l'approbation du chef de l'Etat le travail relatif aux gratifications extraordinaires des membres de l'ordre, ainsi qu'à l'admission et à la révocation des élèves pensionnaires et gratuites dans les maisons d'éducation de l'ordre; 6° il dirige et surveille toutes les parties de l'administration de l'ordre, ses établissements, la perception des revenus, les payements et dépenses; 7° il présente annuellement les projets de budget, préside les assemblées de canaux, etc. (décr. 16 mars 1852, art. 52). — La cour des comptes est chargée de l'apurement et règlement des comptes et dépenses annuels de la Légion d'honneur (même décret, art. 53).

244. Un conseil de l'ordre est établi près du grand chancelier, qui le réunit tous les mois. Le conseil de l'ordre se compose comme suit : le grand chancelier, président; le secrétaire général, vice-président; dix membres de l'ordre, plus un secrétaire à la nomination du grand chancelier (décr. 16 mars 1852, art. 54). Les membres du conseil sont nommés par l'empereur. Le conseil est renouvelé par moitié tous les deux ans. Les membres sortants peuvent être renommés. Lors du premier renouvellement, les membres sortants sont désignés par le sort (même décret, art. 55). Le traitement du grand chancelier est fixé à 30,000 fr. par an (décr. 27 mars-9 avr. 1852); celui du secrétaire du conseil de l'ordre à 6,000 fr. (décr. 16 mars 1852, art. 54).

245. Le grand chancelier et le conseil veillent à l'observation des statuts et règlements de l'ordre et des établissements qui en dépendent. Le conseil donne son avis : 1° sur la répartition des nominations et promotions dans la Légion d'honneur entre les divers ministères et la grande chancellerie; 2° sur l'établissement du budget de la Légion d'honneur et sa répartition entre les diverses branches du service de la grande chancellerie; 3° sur le règlement des comptes de recettes et dépenses de ces services; 4° sur les mesures de discipline à prendre envers les membres de l'ordre; 5° sur toutes questions pour lesquelles le grand chancelier juge utile de provoquer son avis (décr. 16 mars 1852, art. 57). — Il est publié tous les ans, par les soins et sous la direction de la grande chancellerie, un annuaire de l'ordre de la Légion d'honneur (décr. 16 mars 1852, art. 58).

246. Il a été pourvu à l'organisation de l'administration intérieure de la grande chancellerie de la Légion d'honneur par trois décrets successifs : des 30 mars-9 avril 1852 (D. P. 52. 4. 111); des 20 avr.-7 mai 1854 (D. P. 54. 4. 80) et des 7 sept.-14 oct. 1863 (D. P. 63. 4. 153). — Cette administration se compose : 1° d'un secrétariat général; 2° de deux divisions, l'une dite la division administrative, l'autre la division des fonds et de la comptabilité (décr. 20 avr. 1854, art. 1). Les grades et traitements du personnel de cette administration sont fixés ainsi qu'il suit, savoir : chefs de division, 10,000 à 12,000 fr.; — Chefs de bureau, 6,000 à 8,000 fr.; — Sous-chefs, 4,000 à 5,000 fr.; — Contrôleur, 3,601 à 4,000 fr.; — Commis principaux, 3,300 à 3,600 fr.; — Commis ordinaires de 1re classe, 2,501 à 3,000 fr.; — Commis ordinaires de 2e classe, 2,001 à 2,500 fr.; — Commis ordinaires de 3e classe, 1,500 à 2,000 fr. (décr. 7 sept. 1863). — Les règles pour l'avancement sont ainsi arrêtées : Nul ne peut, à moins de circonstances exceptionnelles laissées à l'appréciation du grand chancelier, être promu à une classe supérieure s'il n'a au moins deux années d'exercice dans celle à laquelle il appartient, et s'il n'a le maximum de traitement attaché au grade qu'il occupe (décr. 20 avr. 1854, art. 4).

§ 3. — *De la médaille militaire.*

247. La médaille militaire a été instituée par le décret du 22 janv. 1852 (V. n° 207). C'est l'un des objets auxquels a été affecté le revenu de la partie des biens provenant de la famille d'Orléans qui a été réunie à la dotation de la Légion d'honneur. L'art. 11 de ce décret porte : « Il est créé une médaille militaire donnant droit à 100 fr. de rente viagère en faveur des soldats et sous-officiers de l'armée de terre et de mer placés dans les conditions qui seront fixées par un règlement ultérieur. » L'art. 12 ajoute qu'un château national servira de maison d'éducation aux filles ou orphelines indigentes des familles dont les chefs auraient obtenu cette médaille.

248. Il a été statué sur cette médaille, par un décret du 29 fév.-20 mars 1852 (D. P. 52. 4. 75). Aux termes de ce décret, la médaille est en argent et d'un diamètre de 28 millim. Elle porte, d'un côté, l'effigie de Louis-Napoléon avec son nom pour exergue, et de l'autre côté, dans l'intérieur du médaillon, la devise : *Valeur et discipline*. Elle est surmontée d'un aigle (art. 1). Les militaires et marins qui l'ont obtenue la portent attachée par un ruban jaune avec un liséré vert, sur le côté gauche de la poitrine (art. 2). La médaille peut se porter simultanément avec la croix de la Légion d'honneur; la rente viagère de 100 fr., attachée à chaque médaille accordée, est, comme le traitement de la Légion d'honneur, incessible et insaisissable. Elle peut se cumuler avec toute allocation ou pension sur les fonds de l'Etat ou des communes, mais non avec le traitement alloué aux membres de la Légion d'honneur (art. 3). Aux termes d'un décret des 9 nov.-28 déc. 1852 (D. P. 52. 4. 217), la valeur des médailles militaires est imputée sur la première annuité à payer aux titulaires.

249. La médaille est accordée par l'empereur, sur la proposition du ministre de la guerre ou de la marine, aux militaires ou marins qui se trouvent dans certaines conditions déterminées (décr. 29 fév. 1852, art. 4). — Elle peut être donnée : 1° aux sous-officiers, caporaux ou brigadiers, soldats ou marins, qui se sont rengagés après avoir fait un congé, ou à ceux qui ont fait quatre campagnes simples ; 2° à ceux dont les noms ont été cités à l'ordre de l'armée, quelle que soit leur ancienneté de service ; 3° à ceux qui ont reçu une ou plusieurs blessures, en combattant devant l'ennemi ou dans un service commandé ; 4° à ceux qui se sont signalés par un acte de courage ou de dévouement méritant récompense (art. 4). Les dispositions qui précèdent sont applicables à tous les employés, gardes et agents militaires qui, dans les armées de terre et de mer, ne sont pas traités ou considérés comme officiers (art. 6). Un décret du 15 janv. 1859 avait étendu aux douaniers les dispositions des décr. des 25 janv. et 29 fév. 1852 sur la médaille militaire ; mais ce décret a été rapporté par un autre des 5-21 nov. 1859 (D. P. 59. 4. 116).

250. La médaille militaire, comme la croix de la Légion d'honneur, ne donne droit au traitement qu'autant que celui qui l'a obtenue était encore à ce moment en activité de service. Les décrets des 22 janv. et 29 fév. 1852 ne le disent pas expressément ; mais cela résulte suffisamment de la disposition de l'art. 11 du décret du 22 janv. 1852, qui porte qu'une médaille militaire, donnant droit à 100 fr. de rente viagère, est créée « en faveur des soldats et sous-officiers de l'armée de terre et de mer ; » en effet, ces expressions *soldats et sous-officiers* supposent nécessairement l'activité de service ; ceux qui ont cessé d'être en activité ne sont plus soldats ni sous-officiers ; ils n'appartiennent plus à l'armée. — Cette interprétation a été consacrée par le conseil d'Etat, qui a décidé que la médaille militaire lorsqu'elle est conférée à un sous-officier ou soldat après sa mise à la retraite, ne donne pas droit à la rente viagère attachée à cette distinction (cons. d'Et. 2 fév. 1860, aff. Cahuzac, D. P. 60. 3. 68). — Dans l'espèce, le réclamant faisait observer que, si le décret contenant sa nomination à la médaille militaire n'avait été signé qu'après sa mise à la retraite, la proposition sur laquelle il avait été rendu remontait à l'époque où il était encore au service. Mais néanmoins sa prétention ne fut point accueillie. — Toutefois, un décret du 9 fév. 1855 (D. P. 55. 4. 18), faisant exception à la règle qui précède, porte que « les soldats et sous-officiers des armées de terre et de mer, amputés par suite de blessures reçues en activité de service, et auxquels la médaille militaire aura été conférée après leur admission à la retraite, auront droit au traitement de 100 fr. affecté à cette décoration. » Ce décret confirme l'interprétation que nous avons donnée à l'art. 11 du décr. 22 janv. 1852.

251. Après trois ans de non-réclamation, l'inscription du traitement de la médaille militaire est rayée des livres de la grande chancellerie, sans que son rétablissement puisse donner lieu à aucun rappel d'arrérages antérieurs à la réclamation. Toutefois, si la non-réclamation dans les trois ans avait pour cause le service de l'Etat, le grand chancelier apprécierait et relèverait de la prescription (décr. 2 août 1860, art. 1). — Une déchéance semblable est encourue par les héritiers ou ayants cause qui n'auraient pas justifié de leurs droits dans les trois ans, à partir de la date du décès de leur auteur (même décr., art. 2). — Ce qui a été dit précédemment des certificats de vie nécessaires pour toucher le traitement de la Légion d'honneur (V. *suprà*, n° 228) s'applique également au traitement de la médaille militaire (même décr., art. 3). — Le traitement de la médaille militaire est soumis, comme celui de la Légion d'honneur, à la prescription quinquennale (décr. 9 déc. 1862).

252. Des brevets sont délivrés gratuitement aux sous-officiers et soldats des armées de terre et de mer décorés de la médaille militaire en activité de service (décr. 14 mars 1853, art. 3 et 6).

253. Les dispositions du tit. 6 du décr. 16 mars 1852 (art. 38 à 46), qui déterminent les causes qui entraînent, soit la perte de la qualité de membre de la Légion d'honneur, soit la suspension des droits et prérogatives attachés à cette qualité, ainsi que les dispositions du décr. du 24 nov. 1852, qui se réfèrent au même objet (V. *suprà*, nos 234 et s.), sont applicables aux décorés de la médaille militaire (décr. 24 nov. 1852, art. 6). — En cas de condamnation emportant la dégradation d'un décoré de la médaille militaire, le président de la cour ou du conseil de guerre prononce immédiatement après la lecture du jugement la formule suivante : « Vous avez manqué à l'honneur ; je déclare que vous cessez d'être décoré de la médaille militaire » (même article). — Tout individu qui, ayant encouru la suspension ou la privation des droits et prérogatives attachés à la qualité de décoré de la médaille militaire, en porte les insignes, doit être poursuivi et puni conformément à l'art. 259 c. pén. (décr. 24 nov. 1852, art. 8).

254. Il résulte d'une circulaire du ministre de l'intérieur que le port des médailles honorifiques, autres que celles délivrées par le gouvernement, est interdit, et spécialement que les sapeurs-pompiers ne peuvent porter ostensiblement les médailles qui leur ont été délivrées par des villes, des sociétés de sauveteurs ou des sociétés d'assurances contre l'incendie (circ. min. int., 12 mars 1858, D. P. 58. 3. 32).

§ 4. — *Des médailles commémoratives.*

255. Indépendamment de la médaille militaire, qui présente une grande analogie avec la croix de la Légion d'honneur, et qui, comme cette dernière, constitue une distinction personnelle pour ceux qui en sont décorés, il existe d'autres médailles qui, instituées en mémoire de certaines guerres, de certaines expéditions, sont accordées indistinctement à tous ceux qui y ont pris part, et sont désignées sous le nom de *médailles commémoratives.*

256. Et d'abord, un décret du 12 août 1857 (D. P. 57. 4. 174) porte qu'une médaille commémorative est donnée à tous les militaires français et étrangers des armées de terre et de mer qui ont combattu sous nos drapeaux, de 1792 à 1815. Cette médaille, qu'on désigne sous le nom de *médaille de Sainte-Hélène*, est en bronze, et porte, d'un côté, l'effigie de l'empereur Napoléon Ier, de l'autre, pour légende : *Campagnes de 1792 à 1815. — A ses compagnons de gloire, sa dernière pensée, 5 mai 1821.* — Elle est portée à la boutonnière, suspendue par un ruban vert et rouge.

257. Après la campagne d'Italie, un décret du 11 août 1859 a créé une médaille commémorative de cette campagne. Cette médaille est en argent et du module de 27 millim. Elle porte, d'un côté, l'effigie de l'empereur, avec ces mots en légende : *Napoléon III, empereur*, et de l'autre côté, en inscription, les noms : *Montebello, Palestro, Turbigo, Magenta, Marignan, Solferino*, et en légende les mots : *Campagne d'Italie, 1859.* Ce médaillon est encadré par une couronne de laurier formant relief des deux côtés. — Les militaires et marins qui ont obtenu la médaille la portent attachée par un ruban rayé rouge et blanc sur le côté gauche de la poitrine. — La médaille est accordée par l'empereur, sur la proposition des ministres de la guerre et de la marine, à tous les militaires et marins qui ont fait la campagne d'Italie.

258. Un décret du 23 janv. 1861 (D. P. 61. 4. 30) a créé une médaille commémorative de l'expédition de Chine en 1860. Cette médaille est en argent et du module de 30 millim. Elle porte, d'un côté, l'effigie de l'empereur, avec ces mots : *Napoléon III, empereur*, et de l'autre côté, cette légende : *Expédition de Chine, 1860*, et en inscription, les noms TA-KOU-CHANG-KIA-WAN-PA-LI-KIAO-PE-KING. Ce médaillon est encadré des deux côtés par une couronne de laurier. Les personnes qui ont obtenu la médaille la portent sur le côté gauche de la poitrine, attachée à un ruban jaune, dans lequel est tissé en bleu et en caractères chinois le nom de la ville de PE-KING. La médaille est accordée par l'empereur à tous ceux qui ont pris part à l'expédition de Chine, sur la proposition du ministre duquel dépend le corps ou le service auquel ils ont été attachés. — Enfin, un décret du 29 août 1863 (D. P. 63. 4. 145) a créé une médaille commémorative de l'expédition du Mexique en 1862 et 1863.

Cette médaille est en argent et du module de 30 millim. Elle porte, d'un côté, l'effigie de l'empereur, avec ces mots : *Napoléon III, empereur*, et de l'autre côté, en légende : *Expédition du Mexique*, 1862-1863, et en inscription les noms : *Cumbres, Cerro-Borrego, San-Lorenzo, Puebla, Mexico.* Ce médaillon est encadré des deux côtés par une couronne de laurier. — Les personnes qui ont obtenu la médaille la portent sur le côté gauche de la poitrine, suspendue à un ruban blanc avec une bande rouge et verte en croix, et au milieu l'aigle mexicaine tenant un serpent dans son bec. — La médaille est accordée par l'empereur à tous ceux qui ont pris part à l'expédition du Mexique, sur la proposition du ministre dont dépend le corps ou le service auquel ils ont été attachés.

259. Les dispositions du tit. 6 du décr. du 16 mars 1852, et celles du décr. du 24 nov. 1852, qui ont trait à la discipline des membres de la Légion d'honneur et des titulaires de la médaille militaire (V. *suprà*, nos 234 et s., 253), ont été déclarées, par décrets des 26 fév. 1858 (D. P. 58. 4. 27), 24 oct. 1859 (D. P. 59. 4. 120), 25 mars 1861 (D. P. 61. 4. 48) et 15 mars 1864 (D. P. 64. 4. 35), applicables aux titulaires des médailles de Sainte-Hélène, d'Italie, de Chine et du Mexique.

260. Les ministres de la guerre et de la marine sont autorisés à prononcer, par mesure disciplinaire, contre tout militaire en activité de service, pendant un temps qui ne peut excéder deux mois, la suspension du droit de porter les insignes de la médaille de Sainte-Hélène, ainsi que des médailles d'Italie, de Chine et du Mexique. Les ministres de la guerre et de la marine sont en outre autorisés à déléguer cette faculté aux généraux ou chefs des armées de terre et de mer, aux commandants des divisions militaires ou actives des armées de terre, aux préfets maritimes et aux commandants des forces navales de terre et de mer. Cela résulte d'une décision impériale du 26 fév. 1858, relative à la médaille de Sainte-Hélène et aux médailles de Crimée et de la Baltique (dont il est parlé ci-après, no 271), décision qui a été déclarée applicable aux médailles d'Italie, de Chine et du Mexique par les décr. des 25 mars 1861 et 15 mars 1864.

§ 5. — *Des décorations étrangères.*

261. Il est un principe qui de tout temps a été admis en France : c'est que l'autorisation du souverain est nécessaire pour accepter et porter les ordres accordés par un souverain étranger. Voici comment s'exprime à cet égard la Roque, en son Traité de la noblesse (Paris, 1678, in-4o, p. 371) : « Il est certain qu'on ne peut accepter l'ordre de chevalerie d'un prince étranger sans le consentement de son souverain, car c'est une manière de rébellion et de forfaiture à un sujet d'accepter des marques d'honneur d'un étranger sans l'aveu de son prince. Cela se vérifie en la personne de Gilles de Bretagne, baron de Chasteaubriant, qui fut fait mourir, le 4 avr. 1450, dans le château de la Hardovinaye, en Bretagne, par le commandement du duc François Ier, son frère, parce que, sans son commandement, et en mépris du roi Charles VII, son souverain seigneur, il avait accepté l'ordre de Saint-Georges d'Angleterre. »

262. Ce principe a été plus d'une fois rappelé par nos lois modernes (V. notamment ord. 20 juin 1814 ; 26 mars 1816, art. 67 et 69 ; 16 avr. 1824, art. 2) (1). Le décret du 16 mars 1852, organique de la Légion d'honneur, contient aussi sur ce même sujet quelques dispositions que nous devons faire connaître. Et d'abord l'art. 31 de ce décret dispose qu'il ne pourra être porté, cumulativement avec l'ordre de la Légion d'honneur, aucun ordre étranger, sans l'autorisation du chef de l'État, transmise par le grand chancelier. L'art. 50 porte que tous les ordres étrangers sont dans les attributions du grand chancelier de la Légion d'honneur, et l'art. 52 ajoute que le grand chancelier prend les ordres du chef de l'État à l'égard des ordres étrangers conférés à des Français et transmet l'autorisation de les porter. — Mais ces dispositions sommaires ne faisaient que poser le principe; il était nécessaire d'en réglementer l'application. Il y a été pourvu par un décret impérial des 13 juin-2 juill. 1853 (D. P. 53.4.144) et par un rapport du même jour auquel l'approbation du souverain a donné force obligatoire (D. P. 53. 4. 145). Voici quelles sont les règles posées dans le décret et dans le rapport.

263. Toutes décorations ou ordres étrangers, quelle qu'en soit la dénomination ou la forme, qui n'auraient pas été conférés par une puissance souveraine, sont déclarés illégalement et abusivement obtenus, et il est enjoint à tout Français qui les porte de les déposer à l'instant (décr. 13 juin 1853, art. 1). Sont considérées comme illégalement ou abusivement obtenues, toutes décorations qualifiées françaises ou étrangères, et conférées, sous quelque titre que ce soit, par des chapitres, corporations, confréries, prétendus grands maîtres ou leurs délégués, etc. (rapp., no 1).

264. Tout Français qui, ayant obtenu des ordres étrangers, n'a pas reçu du chef de l'État l'autorisation de les accepter et de les porter, est pareillement tenu de les déposer immédiatement, sauf à lui à se pourvoir, s'il y a lieu, auprès du grand chancelier de l'ordre impérial de la Légion d'honneur, pour solliciter cette autorisation (décret, art. 2). L'ordre de Malte, étant un ordre étranger, ne peut être accepté ou porté par un Français qu'autant que, conféré par un souverain, l'autorisation en a été accordée par l'empereur ou par les gouvernements qui l'ont précédé (rapport, no 2).

265. Il est formellement interdit de porter d'autres insignes que ceux de l'ordre et du grade pour lesquels l'autorisation a été accordée, sous les peines édictées en l'art. 259 c. pén. (décret, art. 3). Toute décoration étrangère ne peut être portée en sautoir (commandeur ou classe correspondante) que par les officiers supérieurs ou les fonctionnaires d'un rang analogue. Les grands cordons ou plaques sont seulement portés par les officiers généraux ou les fonctionnaires civils d'un rang correspondant. Toute autorisation antérieure, contraire à la présente disposition, est révoquée. Il est interdit à tout Français, sous les peines édictées par l'art. 259 c. pén., de porter aucun costume ou uniforme soi-disant spécial ou afférent à un ordre ou à une décoration étrangère (rapport, nos 3 et 4).

266. Toute demande d'autorisation d'accepter et de porter les insignes d'un ordre ou d'une décoration étrangère doit être adressée hiérarchiquement au grand chancelier, par l'intermédiaire du ministre dont relève le demandeur à raison de ses fonctions ou de son emploi. Si le demandeur en autorisation n'exerce aucune fonction publique, ou n'a que des fonctions gratuites, il adresse sa demande par l'intermédiaire du préfet de sa résidence actuelle. Les ministres, les hauts dignitaires de l'État, les membres du sénat, du corps législatif, du conseil d'État et du conseil de l'ordre impérial de la Légion d'honneur, sont autorisés à adresser leur demande directement au grand chancelier (décret, art. 4). Les ministres et les préfets doivent transmettre immédiatement au grand chancelier les demandes d'autorisation qui leur

(1) 20 juin 1814.—Décision de Sa Majesté portant que les demandes en autorisation de porter des ordres étrangers seront adressées au ministre de sa maison.

26 mars-8 avril 1816. — Ordonn., art. 67. Tous les ordres étrangers sont dans les attributions du grand chancelier de l'ordre royal de la Légion d'honneur. — Art. 69. Notre grand chancelier nous présente : 1o les rapports, projets d'ordonnances, règlements et décisions concernant l'ordre de la Légion et les ordres étrangers ; .... 4o prend nos ordres à l'égard des ordres étrangers conférés à nos sujets qui l'en informent ;— 5o transmet l'autorisation de les accepter et de les porter....

16 avril-4 mai 1824. — Ordonnance relative aux Français qui se décorent de divers ordres qui ne leur ont point été conférés par Sa Majesté, ou qui portent, sans autorisation, des décorations qui leur ont été accordées par les souverains étrangers.

Art. 1. Toutes décorations ou ordres, quelle qu'en soit la dénomination ou la forme, qui n'auraient pas été conférés par nous ou par les souverains étrangers, sont déclarés illégalement et abusivement obtenus, et il est enjoint à ceux qui les portent de les déposer à l'instant.

Art. 2. Tout Français qui, ayant obtenu des ordres étrangers, n'aura pas reçu de nous l'autorisation de les accepter et de les porter, conformément à notre ordonnance du 26 mars 1816, sera pareillement tenu de les déposer, sans préjudice à lui de se pourvoir, s'il y a lieu, auprès du grand chancelier de notre ordre royal de la Légion d'honneur, selon ladite ordonnance, pour solliciter cette autorisation.

Art. 3. Nos procureurs généraux poursuivront, selon la rigueur des lois, tous ceux qui, au mépris de la présente ordonnance, continueraient de porter des ordres étrangers sans notre autorisation, ou d'autres ordres quelconques, sans que nous les leur ayons conférés.

sont remises, avec leur avis sur la suite à y donner (décret, art. 5). Toute demande d'autorisation formée par un Français ne faisant pas partie de la Légion d'honneur doit être accompagnée d'un extrait régulier de son acte de naissance (décret, art. 6). Les demandes sont examinées et vérifiées, en conseil de l'ordre, par le grand chancelier (rapport, n° 5).

267. Les autorisations sont insérées au Moniteur (décret, art. 7). Une ampliation du décret d'autorisation sur parchemin est délivrée à l'impétrant (art. 8). Pareille ampliation est délivrée aux Français déjà autorisés qui en font la demande au grand chancelier (art. 9).

268. Il résulte d'une circulaire du ministre de l'intérieur que l'autorisation de porter une décoration étrangère d'un certain grade ne dispense pas celui auquel elle est accordée de l'obligation de demander une autorisation nouvelle pour chaque promotion ultérieure dans le même ordre (circ. min. 14 janv. 1854, D. P. 54. 3. 14). Cela ne saurait être mis en doute. D'un côté, l'art. 3 du décret du 13 juin 1853 défend de porter d'autres insignes que ceux de l'ordre et *du grade* pour lesquels l'autorisation a été obtenue; d'un autre côté, il résulte des nos 3 et 5 du rapport ci-dessus qu'un citoyen ou fonctionnaire n'a pas toujours capacité pour porter les insignes de tous les grades d'un même ordre. L'autorisation donnée est donc nécessairement spéciale. Elle ne s'applique qu'au grade pour lequel elle a été demandée.

269. Il est perçu par la grande chancellerie de la Légion d'honneur, à titre de droit de chancellerie, savoir : pour les décorations portées à la boutonnière, 60 fr.; pour les décorations portées en sautoir, 100 fr.; pour les décorations avec plaque sur la poitrine, 150 fr.; pour les décorations avec grand cordon en écharpe, 200 fr. (décr., art. 10). — Les soldats, sous-officiers et officiers en activité de service, jusques et y compris le grade de capitaine dans l'armée de terre et de lieutenant de vaisseau dans l'armée de mer, qui sont autorisés à accepter et à porter des ordres et des décorations étrangères, sont exempts de tous droits de chancellerie (décr., art. 11). — Les produits des droits de chancellerie sont employés : 1° à couvrir le frais d'expédition des ampliations de décrets d'autorisation; 2° à augmenter le fonds de secours affecté aux membres et aux orphelins de la Légion d'honneur (décr., art. 12).

270. Les dispositions disciplinaires des lois, décrets et ordonnances sur la Légion d'honneur sont applicables aux Français décorés d'ordres étrangers; en conséquence, le droit de porter les insignes de ces ordres peut être suspendu ou retiré dans les cas et selon les formes déterminées pour les membres de la Légion d'honneur (décr., art. 13). En outre, la suspension des droits et prérogatives attachés à la qualité de membre de la Légion d'honneur ou de décoré de la médaille militaire emporte la suspension de l'autorisation de porter les insignes d'un ordre étranger quelconque. La privation des mêmes droits emporte également le retrait définitif de l'autorisation de porter les insignes d'un ordre étranger (décr. 24 nov. 1852, art. 7).

271. A la suite des expéditions qui, lors de la guerre qui eut lieu en 1854 entre la France et l'Angleterre d'une part, et la Russie d'autre part, furent dirigées contre cette dernière puissance dans la mer Baltique et en Crimée, la reine d'Angleterre décerna une médaille commémorative à tous les militaires français ayant fait partie de ces expéditions. De son côté, le roi de Sardaigne, qui avait pris part à cette guerre, fit remettre au gouvernement français des médailles *de la valeur militaire* pour être distribuées à l'armée française. Il y eût eu de sérieuses difficultés à se conformer, en cette circonstance, aux règles tracées dans le décret du 13 juin 1853, sur les décorations étrangères, notamment en ce qui concerne les décrets nominatifs. Le gouvernement français crut donc devoir s'écarter de ces règles et adopter pour ces cas particuliers des dispositions spéciales. Plusieurs décrets décidèrent que les militaires de tous grades qui recevraient ces médailles étaient autorisés à les porter, à la charge par eux de faire viser et enregistrer à la grande chancellerie le certificat qui leur aurait été délivré pour constater leurs droits auxdites médailles (décr. 26 avr. 1856, D. P. 60. 4. 37; 10 juin 1857, *ibid.*). Ces mêmes décrets disposent que la médaille devra toujours être portée conforme au module officiel lorsque l'on sera en uniforme, et en outre que les officiers supérieurs qui la recevront n'auront à payer aucun droit de chancellerie. — Le même fait s'est reproduit à la suite de la campagne d'Italie. Le roi de de Sardaigne ayant mis à la disposition du gouvernement français huit mille médailles de la valeur militaire pour être distribuées à l'armée française, un décret du 23 mars 1860 (D. P. 60. 4. 37) décida que les dispositions du décret du 26 avr. 1856 étaient applicables aux militaires français qui recevraient la médaille de la *valeur militaire*. — Enfin, un décret des 16 juin-31 juill. 1863 contient les mêmes dispositions à l'égard des militaires français à qui l'empereur du Mexique a conféré la médaille dite du *mérite militaire*, créée par un décret en date de Mexico, du 14 oct. 1863 (D. P. 63. 4. 122).

272. Un décret du 26 fév. 1858 a déclaré les dispositions du tit. 6 du décret du 16 mars 1852 et du 24 novembre suivant, qui règlent la discipline des membres de la Légion d'honneur et des décorés de la médaille militaire (V. *suprà*, nos 234 et s., 253) applicables aux titulaires des médailles commémoratives des campagnes de Crimée et de la Baltique.

273. Nous avons vu précédemment (n° 254) que, d'après une circulaire du ministre de l'intérieur, du 12 mars 1858, il est interdit de porter ostensiblement des médailles délivrées, pour faits de sauvetage, par d'autres que le gouvernement, et notamment par des villes, des sociétés de sauveteurs ou des compagnies d'assurance contre l'incendie. Cette circulaire ne s'explique pas sur les médailles décernées à des Français, pour faits de sauvetage, par des gouvernements étrangers. Le décret du 10 juin 1853 précité ne fait aucune mention de médailles. Il est vrai que dans l'art. 266 c. just. milit. pour l'armée de terre, il a été introduit une disposition relative au port des *médailles ou insignes étrangers* sans l'autorisation du gouvernement; mais cette disposition ne concerne que les militaires, et elle fait allusion aux médailles commémoratives de faits militaires, telles que celles qui font l'objet des décrets des 26 avr. 1856, 10 juin 1857 et 23 mars 1860 (V. Vict. Foucher, Comm. du c. mil., n° 1867). Il n'est pas à présumer cependant que le gouvernement entende proscrire le port des médailles qui sont décernées par les gouvernements étrangers pour faits de sauvetage, médailles dont il fait ordinairement constater l'obtention par une note insérée au Moniteur; cette prohibition ne ressort par, du reste, des termes du décret de 1853. Il serait à désirer que la question fût résolue par un acte du gouvernement.

§ 6. — *Port illégal de décorations.*

274. Les décorations perdraient toute leur valeur morale s'il était permis à ceux qui ne les ont pas légalement obtenues de les porter. La sanction pénale qui atteint l'usurpation d'une décoration est donc un complément nécessaire de la législation sur cette matière. Cette sanction se trouve dans l'art. 259 c. pén., qui porte que « toute personne qui aura publiquement porté un costume, un uniforme ou une décoration qui ne lui appartiendra pas, sera punie d'un emprisonnement de six mois à deux ans. » V. les explications dont cette disposition a été l'objet v° Usurpation de costume, décorations, etc., nos 14 et suiv.

275. La disposition de l'art. 259 s'applique au port illégal d'une décoration étrangère aussi bien qu'à celui d'une décoration française, que ce port ait lieu par un Français ou par un étranger, pourvu qu'il ait lieu en France; elle atteint également le port d'une décoration étrangère conférée à un Français par un gouvernement étranger, lorsqu'il n'a pas été autorisé par le gouvernement français, et enfin d'autres insignes que ceux de l'ordre et du grade pour lesquels l'autorisation a été accordée (V. le décr. du 13 juin 1853 et le rapport approuvé du même jour, D. P. 53. 4. 144 et 145; V. aussi v° Usurpation de costume, décorations, etc., nos 20 et 21).

276. La peine prononcée par l'art. 259 est applicable, non pas seulement à ceux qui n'ont jamais obtenu la décoration qu'ils ont indûment portée, mais aussi à ceux qui, l'ayant régulièrement obtenue, ont encouru la privation ou la suspension des droits qui y étaient attachés. L'art. 9 du décr. du 24 nov. 1852 (D. P. 52. 4. 213), sur la discipline des membres de la Légion d'honneur et des décorés de la médaille militaire, porte que tout individu qui aura encouru la suspension ou la privation des droits et prérogatives attachés à la qualité de membre de la Légion d'honneur ou de décoré de la médaille militaire, et qui en portera les insignes ou ceux d'un ordre étranger, sera poursuivi et puni conformément à l'art. 259 c. pén. Et cette disposition s'applique également aux médailles commémoratives, en vertu des décr. des 26 fév. 1858, 24 oct. 1859, 25 mars 1861 et 15 mars 1864 (V. *suprà*, nos 241, 253).

277. Un arrêté du ministre de l'intérieur a fait défense aux personnes qui ont obtenu des médailles d'honneur d'en porter le ruban isolément et sans médaille, comme un ruban d'ordre, et un tribunal a décidé que l'infraction à cette défense constitue l'usurpation d'une décoration, et tombe, en conséquence, sous l'application de l'art. 259 c. pén. (trib. corr. de Tarascon, 31 déc. 1861, aff. Rieutord, D. P. 62. 3. 24. Conf. circul. du préfet de police, 14 juill. 1858). — Mais cette solution ne nous paraît pas pouvoir être acceptée en principe : l'art. 259 c. pén. ne prévoit que le cas d'usurpation d'une décoration, c'est-à-dire un fait accompli sans droit et de mauvaise foi, mais non le cas tout différent de port irrégulier du signe attaché à une distinction légalement obtenue. L'art. 266 c. just. milit. porte, en termes qui ne sont pas moins explicites : « Est puni d'un emprisonnement de deux mois à deux ans tout militaire qui porte publiquement des décorations, médailles ou insignes... *sans en avoir le droit.* » Il est bien vrai qu'il est admis comme règle à la chancellerie de la Légion d'honneur qu'on ne peut porter isolément que le ruban d'une croix, et non celui d'une médaille. Mais, à cet égard il n'existe aucun texte précis, et l'usage même a fait admettre qu'on peut porter isolément le ruban de la médaille militaire (V. Journ. de la gendarmerie, 1857, p. 298). — On aurait compris qu'une loi déléguât au gouvernement la mission d'édicter des prescriptions touchant le port des diverses médailles honorifiques décernées pour des faits militaires ou des faits de sauvetage, et déterminât la sanction qui en assurerait l'exécution; lorsque cette délégation n'existe pas, il n'est pas permis de la suppléer et d'appliquer, par analogie, une disposition dans laquelle l'infraction n'est pas formellement prévue (V. Crim. rej. 18 mars 1859, aff. Perrin, D. P. 59. 1. 191; 14 mai 1859, aff. Bernard, D. P. 60. 5. 430, no 3; V. aussi Règlem. admin., nos 7 et 14). Il est à remarquer, d'ailleurs, que, dans la circulaire du 12 mars 1858, précitée (no 254), qui déclare interdit le port extérieur des médailles honorifiques autres que celles délivrées par le gouvernement, le ministre de l'intérieur, tout en déclarant d'une manière générale que le défaut d'obéissance à cette prohibition pourrait donner lieu à des poursuites judiciaires, ne fait aucune allusion à l'art. 259 c. pén.; il ne qualifie pas le fait d'usurpation de décoration, ni même de délit, mais seulement d'infraction : les divers décrets qui règlent le module des médailles commémoratives que les militaires sont autorisés à porter, et qui défendent le port de médailles d'un module différent sur l'uniforme, ne s'expliquent pas davantage sur la nature et la sanction qu'il peut y avoir lieu d'appliquer. A vrai dire, l'infraction dont il s'agit ne saurait constituer qu'une contravention ordinaire ou même tout simplement qu'une faute passible d'une peine disciplinaire. En effet, le gouvernement ayant pris soin de déterminer pour chaque nature de médaille une couleur différente de ruban, le port isolé du ruban peut difficilement faire naître une confusion, et laisser supposer que le porteur de ce ruban serait titulaire d'une croix; de plus, ce fait est presque toujours la conséquence d'une erreur touchant la manière dont peut être portée la distinction obtenue : là où il n'y a ni préjudice ni mauvaise foi, comment pourrait-il y avoir délit passible de peines correctionnelles? Ce n'est pas ici le cas de dire, comme le faisait le rapport relatif au code de justice militaire, en s'expliquant sur l'art. 266 précité : « L'usurpation matériellement constatée suppose de droit l'intention coupable » (Voy. D. P. 57. 4. 161, no 288). — Mais il faudrait adopter la solution du jugement du tribunal de Tarascon, si le port irrégulier d'une médaille était compliqué de fraude, et, par exemple, si le prévenu n'avait à dessein fait paraître que l'une des couleurs du ruban, dans le but d'établir une confusion avec le ruban d'une autre distinction. A ce cas s'appliquerait la jurisprudence qui assimile au port d'une décoration le port isolé du ruban de cette décoration (V. Crim. cass. 27 juin 1834, aff. C..., et Toulouse, 31 déc. 1840, aff. Broquère, vo Usurpat. de cost., décorat., etc., no 22).

278. En matière criminelle, il n'est pas permis au juge d'ajouter à la pénalité que le législateur a édictée. Par application de ce principe, il a été décidé qu'il n'y a pas lieu, en cas de port illégal d'une décoration, de prononcer la confiscation des décorations (Douai, 11 mars 1861, aff. Escoffier, D. P. 61. 5. 333).

Table sommaire des matières.

Table chronologique des lois, décrets, arrêtés, etc.

ORDRES SACRÉS. — V. Culte, nos 320 et suiv.

ORDRES RELIGIEUX. — V. Culte, nos 393 et suiv.

ORFÉVRE. — V. Matières d'or et d'argent, nos 68 et suiv.; Patente, no 121.

ORGANISATION ADMINISTRATIVE. — **1.** Dans tout Etat politique, le pouvoir exécutif, soit distinct comme il l'est dans nos constitutions modernes, soit confondu avec les autres éléments de la souveraineté, comme cela se rencontre dans les Etats constitués despotiquement, requiert un ensemble de moyens et un personnel agissant, à l'effet de faire connaître et exécuter sa volonté dans toute l'étendue du territoire où s'étend son empire. Cette volonté s'est appliquée quelquefois à tous les actes de la vie politique; mais le plus souvent la constitution, coutumière ou écrite, a réservé une certaine autonomie aux agglomérations locales de citoyens ou à certaines agrégations d'intérêts. C'est ainsi que de tous temps, chez les nations civilisées, à côté du pouvoir exécutif central, investi de la mission de surveiller et d'agir dans l'intérêt général, on a vu, sous des noms différents, un régime municipal laissant aux habitants des mêmes localités les franchises nécessaires pour le gouvernement des intérêts que la communauté d'habitation fait naître, et des corporations se gouvernant elles-mêmes sous l'œil de l'autorité, à la condition de ne point excéder les limites au delà desquelles elles engageraient quelque intérêt public. Cette autorité limitée ne pouvant être considérée que comme une délégation de celle du pouvoir politique central, nous ne voyons pas qu'il y ait lieu de l'en distinguer. Qu'il s'agisse d'une commune ou de l'Etat, l'administration publique a toujours le même objet : animer, donner la vie à une agrégation politique. Prenant l'administration dans ses conditions nécessaires d'existence, nous la définirons donc, avec un éminent historien, « un ensemble de moyens destinés à faire arriver la volonté du pouvoir central dans toutes les parties de la société, et à faire remonter vers le pouvoir central les forces de la société soit en hommes, soit en argent » (M. Guizot, Civilisation en Europe, 14e leçon).

2. Définir l'administration, c'est définir le pouvoir administratif. L'organisation administrative, c'est la constitution du personnel agissant, chargé de mettre en mouvement cet ensemble de moyens qui constitue l'administration; l'exposer c'est donc faire connaître la hiérarchie administrative et définir les attributions du pouvoir administratif à tous les degrés. Tel est l'objet de notre travail. L'administration délibère, agit et juge dans sa cause. Nous verrons, soit dans le préliminaire historique que nous allons tracer, soit dans l'exposition du régime administratif sous lequel nous vivons, trois sortes d'autorités concourir à l'administration : les autorités consultatives, les autorités administratives proprement dites et les autorités chargées séparément ou cumulativement du contentieux administratif.

Division.

CHAP. 1. — HISTORIQUE ET LÉGISLATION.

SECT. 1.—*Organisation administrative des Hébreux, d'Athènes et de Sparte.*

3. L'histoire nous a conservé peu de documents sur l'organisation administrative des peuples de l'antiquité autres que le peuple romain. Des diverses nations qui vécurent et grandirent jusqu'à ce que la domination romaine les absorbât, celle dont l'organisation nous est le mieux connue est le peuple hébreu. On sait que le peuple hébreu, échappé au joug des Pharaons, fut constitué comme nation par son grand législateur Moïse. La loi mosaïque, qui contenait une véritable constitution d'Etat, avait été expressément acceptée par le peuple. Sa base était l'égalité naturelle. Elle n'admettait nuls priviléges, nulles distinctions de castes. La nation hébraïque, divisée en douze tribus, formait une véritable république fédérative. Mais de ces douze tribus, onze seulement avaient été admises au partage des terres. La tribu de Lévi, où se recrutait le sacerdoce, avait seulement en dédommagement la dîme des fruits, plus des maisons et des jardins dans quarante-huit villes de la Judée, afin de pouvoir expliquer partout la loi aux Hébreux. Ce caractère de république fédérative dura jusqu'à ce que le peuple hébreu, menacé par des voisins jaloux et forcé de concentrer l'autorité dans une seule main, demanda à Samuel de constituer une monarchie héréditaire. Le régime monarchique, substitué ainsi au régime d'une république fédérative et sacerdotale, dura jusqu'à ce que la Judée devint, par l'effet de la conquête, une province romaine (V. aussi v° Droit constitut., n° 18).

4. La constitution politique des Hébreux avait à la fois une organisation centrale et une organisation provinciale. Nous trouvons au sommet des pouvoirs politiques un sénat, le *sanhédrin*, composé de soixante-dix membres élus, choisis parmi les docteurs de la loi, formant le conseil des anciens du peuple et chargés d'exprimer les besoins de la nation. Le président était choisi par le sanhédrin. Les greffiers ou scribes recueillaient les délibérations, qui avaient lieu à voix haute et en présence du peuple. Au reste, ces délibérations ne constituaient que des propositions; elles étaient soumises à l'assemblée du peuple qui seule les convertissait en lois. Comme pouvoir administratif, le sanhédrin avait une action plus indépendante. Il instituait le grand prêtre de concert avec l'assemblée du peuple. Il établissait l'impôt, prescrivait l'emploi des deniers publics, veillait à la conservation du temple, à l'entretien et à la construction des édifices publics, déterminait les limites de la ville, procédait au dénombrement du peuple et surveillait avec le grand prêtre la tenue des registres. Outre ses fonctions politiques et administratives, le sanhédrin avait encore la charge d'interprète des lois politiques. C'était lui qui prononçait sur les questions de droit public, jugeait les différends qui s'élevaient entre les tribus, les faits de concussion et les crimes d'Etat, et, comme juge suprême, il citait devant lui les faux prophètes, les prêtres prévaricateurs, les chefs militaires et ses propres membres.

5. Il paraît que lors de l'établissement de la royauté, quelques-unes des attributions du sanhédrin passèrent aux rois ou au moins furent partagées avec eux. Le roi avait principalement le commandement des armées, et exerçait des fonctions judiciaires. Mais son pouvoir très-étendu sur les personnes était nul à l'égard des propriétés privées. Il est remarquable que la loi de Moïse maintint le respect de la propriété à ce point qu'aucun roi d'Israël n'osa la violer, ou plutôt que la seule violation qui ait été rapportée (la dépossession de la vigne de Naboth) souleva le peuple entier contre son auteur.

6. A l'image du grand conseil, chaque tribu, chaque ville avait son conseil particulier à qui était commis le soin des intérêts de la tribu ou de la ville. Ces conseils, dont les membres, choisis parmi les anciens de la tribu, étaient en nombre indéterminé, étaient élus par ceux qu'ils étaient appelés à régir et institués par le sanhédrin. Ils étaient les intermédiaires entre le sanhédrin, dont ils faisaient exécuter les ordres, et le peuple. Au reste, pour les affaires mêmes de la tribu, les conseils n'étaient pas investis d'une puissance sans limites. Outre qu'ils devaient assurer l'observation scrupuleuse de la loi, ils ne pouvaient rien ordonner qui fût contraire à l'intérêt général. Pour cela, ils demeuraient sous la surveillance du sanhédrin, qui pouvait toujours déléguer un de ses membres pour les présider, sans que ce délégué pût jamais s'immiscer dans l'administration de la tribu. Cette surveillance du conseil général était fortifiée de celle des prêtres. Sous la présidence du grand prêtre, le conseil des prêtres avait des attributions administratives, accessoire de ses attributions religieuses, et les *lévites* répandus dans les différentes tribus et auxiliaires des prêtres, participant aux cérémonies du culte, maintenaient l'observation de la loi, qu'ils étaient chargés d'expliquer au peuple.

7. Dans l'Attique, l'organisation politique et administrative, après la période de barbarie qui eut pour principaux législateurs Thésée et Dracon, fut particulièrement l'œuvre de Solon. Solon n'établit pas, mais maintint la division du territoire athénien en quatre tribus, appelées *phyles*, et la subdivision en *phratries*, au nombre de douze, et en bourgs ou *dêmes*. Il y avait dans l'Attique cent soixante-quatorze bourgs. Chaque phyle avait un magistrat supérieur, le *phylarque*, et des magistrats inférieurs, sortis, ainsi que le phylarque, de l'élection. Le phylarque convoquait le peuple en assemblée et le présidait. La phratrie avait, comme la phyle, un magistrat qui s'appelait *phratriarque*. Enfin, le bourg, ou dême, avait pour chef le *démarque*, dont les principales fonctions consistaient à recenser les citoyens, à les convoquer en assemblée publique, à recevoir les suffrages, à recruter les hommes pour le service militaire, à cadastrer les propriétés, à percevoir l'impôt, à régler la dépense publique et à ordonner ces fêtes fameuses qui faisaient, dans ses beaux jours, l'orgueil d'Athènes.

8. Les phyles, les phratries et les dêmes ne délibéraient chacun que sur leurs affaires particulières. Les affaires générales étaient l'objet des délibérations du peuple athénien tout entier. Dans les assemblées générales ou *ecclésies*, tout citoyen avait le droit d'apporter son suffrage. Solon avait divisé le peuple athénien en quatre classes marquées chacune par l'importance de la richesse. La quatrième, celle des mercenaires, était exclue des magistratures publiques. Mais cette classe des mercenaires ne se composait pas moins de citoyens aptes à prendre part à toutes les délibérations publiques (V. Droit constit., n° 21).

9. Quoique les ecclésies eussent lieu quatre fois par mois, et à jours fixes, toutefois les objets sur lesquels elles avaient à délibérer ne leur étaient pas soumis sans une préparation préalable. Au sommet de l'organisation politique se trouvait le *sénat*, composé d'abord de quatre cents, puis de cinq cents membres, tirés au sort dans chaque phyle parmi les citoyens les plus éminents. Le sénat se divisait en dix classes; la première était celle des *prytanes*, et c'est parmi eux qu'était choisi l'*épistate*, le président. Le sénat préparait les affaires qui devaient être soumises aux ecclésies, après un rapport fait par l'un de ses membres. Au jour de la délibération, des orateurs, simples citoyens, mais sur la conduite antérieure desquels le sénat avait fait procéder à des investigations minutieuses, étaient admis à porter a parole devant le peuple assemblé. S'ils avaient mal usé de cette faveur, ils pouvaient être condamnés à l'amende et à l'exil. Aucun décret n'avait une autorité durable qu'après avoir été sanctionné par le peuple. Ceux qui n'avaient pas été soumis à la sanction populaire, mais qui avaient été adoptés par la majorité du sénat, pouvaient avoir force de loi, mais seulement pendant la durée de l'exercice du sénat qui l'avait rendu, c'est-à-dire pendant un an au plus, le tirage au sort pour la formation du sénat se renouvelant chaque année.

10. L'exécution des décrets ayant pour objet les affaires générales, et rendus de la manière que nous venons de rappeler, était confiée à des magistrats élus chaque année dans les assemblées du peuple. Au premier rang de ces magistrats se trouvaient les *archontes*, au nombre de neuf. Ils se partageaient la direction des affaires publiques et avaient certaines attributions judiciaires. L'un d'eux, le troisième en rang, le *polémarque*, était chargé des affaires de la guerre et commandait de droit en campagne l'aile droite de l'armée (V. Droit constit., n° 21). D'autres fonctionnaires d'un rang inférieur pourvoyaient aux détails de l'administration. C'étaient les *épimélètes*, les *sitophylarques* et les *opsonomes*, chargés de pourvoir aux subsistances publiques; les *agronomes* et les *métronomes*, inspecteurs des marchés et vérificateurs des poids et mesures; les *astynomes*, investis des soins de l'édilité; les *lexiarques*, sorte de censeurs pour tenir les registres publics où étaient inscrits les citoyens ayant droit de voter dans les assemblées du peuple, etc., etc. La plupart de ces fonctionnaires étaient assistés d'officiers pour agir sous leurs ordres dans l'accomplissement de leur charge. Nous devons ajouter à la liste de ces institutions la plus ancienne et la plus fameuse de toutes, celle de l'*aréopage*. L'aréopage, conseil à la fois administratif et judiciaire, avait l'inspection du culte public, surveillait l'éducation de la jeunesse, exerçait une juridiction criminelle, principalement pour les crimes d'Etat et les actes de malversation des magistrats, etc. Il paraît même avoir exercé un droit de *veto* sur les décisions des ecclésies et du sénat, quand ces décisions étaient en contradiction avec la constitution d'Athènes.

11. A Sparte, le gouvernement était partagé par deux chefs ou rois à vie, appelés par droit de succession, et un sénat inamovible. Les lois étaient délibérées par le sénat et les rois, puis présentées au peuple, qui les approuvait ou les rejetait. Pour que le sénat et les rois ne devinssent pas oppressifs en se concertant, on créa les *éphores*, au nombre de cinq, sorte de tribuns constitués gardiens de la constitution. Outre que les rois présidaient le sénat, ils faisaient la paix et la guerre, commandaient les armées, réglaient les choses de religion, etc. Mais ils étaient soumis à la juridiction du sénat qui pouvait leur infliger des amendes pour des fautes de gouvernement, et à celles du sénat, des éphores et de leur collègue réunis, pour les crimes d'Etat. Les éphores dirigeaient l'éducation de la jeunesse, veillaient à la police de la ville et au maintien des mœurs, destituaient les magistrats indignes, et, en général, avaient, dans leurs attributions, tout ce qui intéressait la sûreté générale. Au reste, on connaît peu de choses précises et certaines sur les détails de l'organisation administrative à Sparte. Il est vraisemblable que l'inflexible système d'éducation des Spartiates et l'absence de tout commerce et de toute industrie avaient dispensé le législateur d'organiser une administration puissante et d'instituer un personnel nombreux. — V. encore Droit constit., n° 20.

12. Nous pourrions recueillir des détails épars sur l'organisation administrative des îles de la mer Ionienne, constituées comme nations indépendantes, notamment sur l'île de Crète, ainsi que sur les colonies grecques de l'Italie et des Gaules. Mais ces divers peuples n'ayant fourni aucun élément notable à la civilisation générale, il nous paraît inutile de nous y arrêter (V. d'ailleurs v° Droit constit., n° 19), et nous arrivons de suite à l'historique de l'organisation administrative chez les Romains.

Sect. 2. — *Organisation administrative romaine.*

13. *Période monarchique.* — Nous passerons rapidement sur l'organisation politique et administrative des premiers temps de Rome. Tite-Live, qui déclarait n'avoir écrit l'histoire des événements avec certitude qu'à partir de la seconde guerre punique, n'a pu donner, ainsi que Denis d'Halicarnasse, le principal historien des institutions politiques de la Rome primitive, que des explications incomplètes. Sur cette matière, les historiens modernes se trouvent réduits trop souvent à des conjectures. C'est une extrémité à laquelle n'ont pu échapper les plus ingénieux de ceux qui ont voulu, comme Niebuhr, restituer au complet la constitution romaine à toutes ses époques. Cependant, parmi ces conjectures, il en est qui portent avec elles un caractère qui les rapproche de la vérité. Ainsi le peuple romain s'étant formé de la réunion des Osques ou Latins et des Sabins, on peut admettre la division originaire du peuple romain en deux tribus, celle des *Ramnes* et celle des *Titienses*, désignées du nom des chefs qui conclurent l'alliance. Plus tard, à ces deux tribus, vint s'adjoindre une troisième, celle des *Luceres*, d'origine étrusque. Ces tribus étaient divisées chacune en dix *curies*; chaque curie en dix *décuries*; et de cette façon les trois cents décuries formaient le peuple romain. Toute assemblée du peuple formait un *comice*; les *curiata comitia* étaient les assemblées où se trouvaient réunies les trois cents décuries. — V. Droit constit., nos 25 et suiv.

14. Les *curiata comitia* votaient les lois, jugeaient les crimes d'Etat et décidaient de la paix ou de la guerre. Quant au pouvoir exécutif, il était entre les mains d'un chef élu à vie, le roi, *rex*, investi de fonctions politiques et sacerdotales, chargé de commander les armées, de proposer la loi dans les comices et de faire exécuter la loi sanctionnée, revêtu même d'une juridiction civile et criminelle, sous la réserve de l'appel au peuple dans les causes graves (V. Droit constitut., n° 31). A côté du roi se trouvait le sénat, dont les membres, au nombre de cent d'abord et successivement portés à trois cents, étaient choisis parmi les chefs de famille des trente curies. Les fonctions du sénat consistaient surtout à conseiller et à surveiller le roi. Il nommait dans son sein ceux qui sous le nom d'*interreges* devaient en exercer la charge, quand il y avait lieu par suite de la mort du roi à une élection nouvelle (V. *eod.*, n° 29). Cette organisation politique et les divisions que nous venons de faire connaître durèrent pendant la période monarchique de Rome. Cependant, il paraît que Servius Tullius y apporta quelques modifications en créant ses centuries. Mais cette nouvelle division, sur laquelle d'ailleurs nous manquons de renseignements précis, n'avait trait qu'à la perception de l'impôt et à l'organisation militaire.

15. *Période républicaine.* — La révolution que fit éclater la tyrannie du second Tarquin modifia dans ses conditions fondamentales la constitution romaine. Le pouvoir du roi fut transféré à deux consuls, élus seulement pour une année (V. Droit constit., n° 31-2°). La plèbe romaine, qui jusque-là avait été écartée des fonctions publiques, eut des représentants dans le sénat. Bientôt on créa pour les moments de crises la *dictature*, dont on emprunta l'institution aux peuples latins mêmes que les Romains avaient à combattre (V. *eod.*, n° 33). On sait par quelles vicissitudes fit passer Rome la longue querelle des patriciens et des plébéiens. Après la retraite de la plèbe sur le Mont sacré, deux *tribuns*, choisis parmi les chefs des tribus, d'où leur vint leur nom, furent institués pour veiller sur les intérêts populaires. Les tribuns étaient *sacrosancti*, inviolables; ils pouvaient arrêter tout acte du sénat ou des magistrats en opposant leur *veto*; mais ils ne pouvaient agir que d'accord, même lorsque plus tard leur nombre fut porté à cinq, puis à dix. Des lieutenants leur furent adjoints, qui, sous le nom d'*édiles*, furent chargés du soin des édifices publics et de la police de la ville, et spécialement de la garde des archives de l'Etat, conservées dans le temple de Cérès (V. Droit constit., n° 32).

16. Nous n'avons pas à nous arrêter ici aux changements qui survinrent dans l'organisation du pouvoir constituant et législatif, aux différentes formes des assemblées du peuple dans les comices par tribus, par centuries et par décuries, à la naissance et au développement du droit national, à la faveur qu'obtinrent en dernier lieu les plébéiens quand la loi *Valeria* accorda aux plébiscites force de loi (V. Droit constit., *loc. cit.*). Nous n'avons à parler que de l'organisation administrative. Or, sous la république il y eut quelque extension des attributions du sénat. C'est à lui en définitive que revenait l'administration des affaires publiques. Il négociait la paix et la guerre, établissait les impôts, administrait les revenus de l'Etat, et pourvoyait à l'administration des provinces, dont il nommait les magistrats. Les décrets, les sénatus-consultes avaient force de loi, à moins qu'ils ne fussent empêchés par un *veto* des tribuns. Les consuls ou préteurs qui avaient eu originairement l'administration de la justice perdirent leur juridiction par suite de l'établissement de *préteurs* spéciaux, dont les attributions étaient étendues à ce point qu'on en vit commander des armées, mais qui exerçaient particulièrement les fonctions judiciaires. Vers le même temps, les plébéiens furent admis au consulat (V. Droit constit. n° 31-4°).

17. C'est également quand la république fut assise que l'on institua différents fonctionnaires chargés de détails administratifs. Ce furent 1° les *censeurs*, élus tous les cinq ans pour entrer successivement en fonctions après dix-huit mois de l'exercice de chacun. Les censeurs avaient pour attribution principale de régler le cens des contribuables et de les répartir dans les tribus et dans les centuries. Ils créaient les sénateurs et les chevaliers et les privaient de leurs fonctions. Ils tenaient les cotes des contributions et administraient, sous la direction du Sénat, les domaines et les revenus de la république. Leur autorité tenait surtout à ce qu'ils étaient les dispensateurs des droits politiques, dans un système où l'exercice de ces droits et même celui des fonctions publiques était soumis à un cens (V. Droit constit., n° 31-3°). — 2° Les *édiles curules*, au nombre de deux. Ces fonctionnaires, qu'il ne faut pas confondre avec les lieutenants des tribuns dont nous avons déjà parlé, quoique investis de fonctions analogues, étaient, au contraire, pris exclusivement parmi les patriciens. Ils partageaient les fonctions de police des édiles plébéiens. Ils organisaient les spectacles publics, surveillaient les édifices, les rues et les marchés, inspectaient la vente des marchandises et denrées, et exerçaient même à cette occasion une juridiction analogue à celle des préteurs par le droit qu'ils avaient de publier leur édit. Ils exerçaient les fonctions d'accusateurs publics dans la poursuite de certains crimes. C'est eux surtout qui veillaient aux subsistances publiques, par l'inspection qu'ils exerçaient sur les greniers et magasins de la république. A une époque qu'il serait impossible de déterminer, les attributions des édiles plébéiens et celles des édiles curules se confondirent complétement. Cependant les dignités restèrent toujours distinctes, et les édiles plébéiens n'étaient pas rangés parmi les magistrats du peuple. — 3° Les *questeurs*. Ils étaient particulièrement chargés de garder le trésor public. Comme intendants publics, les questeurs exerçaient à Rome et dans les provinces. Leur nombre fixé d'abord à deux, s'éleva successivement à quarante vers la fin de la république. Dans l'ordre judiciaire, on appelait aussi questeurs (*Quæstores perduellionis, quæstores parricidii*) des magistrats chargés de diriger l'instruction à laquelle donnaient lieu les plus grands crimes, comme la trahison et le meurtre; ils étaient pris parmi les citoyens et nommés spécialement pour le fait à poursuivre. Il est inutile de faire remarquer qu'il n'y avait rien de commun entre les questeurs du trésor, et ces questeurs qui n'étaient fonctionnaires publics que par occasion. — V. Droit constitut. n° 32.

18. Nous aurions à parler ici du régime municipal des villes soumises à la domination romaine et des colonies. Mais il s'en faut que le mot *colonies* eût à Rome un sens seulement analogue à celui qu'il a dans les temps modernes. Les *colonies* étaient les villes ou cités soumises aux lois de Rome, à la différence et des *municipes*, qui quoique ayant acquis le droit de cité romaine avaient gardé le privilége de se gouverner par leurs propres lois, et des *préfectures*, comme on appelait les villes privées du droit d'élire leurs magistrats et qui en recevaient chaque année de Rome pour les gouverner et y rendre la justice. Le régime municipal romain a été ailleurs l'objet d'une étude détaillée (vº Commune).

19. *Période impériale jusqu'à Dioclétien.* — Quand Auguste prit le titre d'Empereur, il ne modifia pas radicalement et subitement la vieille constitution romaine. Le nom de *Imperator* appartenait à tous les généraux d'armée. Mais Auguste attira à lui successivement tous les pouvoirs publics jusqu'alors divisés, de sorte que le titre d'empereur, chez ses successeurs surtout, arriva bientôt à exprimer une autorité toute différente de celle qu'elle représentait originairement. De même que le titre de roi avait continué de subsister après l'abolition de la royauté des Tarquins, mais ne comportait plus que l'office de procéder aux sacrifices religieux publics, comme nous l'apprend Tite-Live, de même aussi nous voyons encore fonctionner, après l'établissement de l'empire, des consuls et la plupart des autres magistrats et fonctionnaires romains. Les empereurs romains, à l'exemple d'Auguste, laissèrent subsister le nom de la plupart des grandes magistratures; ils se contentèrent, à l'exemple d'Auguste également, de soutirer s'il nous est permis de parler ainsi, toute l'autorité effective que le nom de ces magistratures représentait.

20. Dans la nouvelle constitution de Rome, l'empereur, dont le pouvoir avait son principe dans l'élection, mais devint par la suite héréditaire, se trouva promptement investi de la plénitude des pouvoirs législatif, exécutif et judiciaire, en ce sens au moins que les autres autorités n'avaient qu'une puissance subordonnée à la sienne. L'empereur a d'abord le pouvoir législatif, dans le droit de faire des édits qui ont force de loi pendant sa vie. Il a l'*imperium*, c'est-à-dire le commandement des armées, le droit de faire la paix, la guerre, de conclure des traités, et d'exercer le droit de vie et de mort sur tous les citoyens, sans en excepter les sénateurs. Il administre les provinces dites provinces de l'empereur, comme le faisaient les proconsuls. Il fait et défait les sénateurs, comme les censeurs sous le régime républicain. Il a l'autorité des pontifes sur les choses de religion. Enfin il exerce l'autorité des anciens tribuns, dont il peut opposer le *veto* aux décisions du Sénat et aux actes des autres magistrats sans avoir à le redouter pour ses propres actes. — Cette puissance tribunitienne, conférée à Auguste l'an 731 de la fondation de Rome, fut le principal élément de sa puissance. De fait la charge des tribuns de la plèbe continuait de subsister; mais ils ne l'exerçaient que sur les injonctions de l'empereur.

21. Ainsi, répétons-le, les anciennes autorités n'avaient nullement disparu. Nous voyons sous les premiers Césars le pouvoir législatif exercé encore par le peuple dans ses comices. Il y en eut jusque sous Nerva et peut-être Trajan. Les sénatus-consultes avaient conservé leur autorité législative. Le sénat avait gardé l'administration des finances et régissait certaines provinces, celles dites provinces du peuple. Il bénéficia même de plusieurs attributions judiciaires en matière criminelle, qu'Auguste avait enlevées au peuple. Mais ces prérogatives n'étaient que précaires, et l'exercice en était subordonné à la volonté de l'empereur. Déjà au temps de la dictature de Sylla un fait analogue s'était produit. Quoique Sylla se fût fait investir du pouvoir de dictateur, Rome n'avait pas cessé pendant le même temps de nommer des consuls.

22. Ces remarques s'appliqueront à tous les magistrats et fonctionnaires impériaux. Nous trouvons sous l'empire : 1º Les *consuls*, à qui on continuait de rendre de grands honneurs, mais qui n'avaient gardé, de leur ancienne dignité, que le droit de présider le Sénat et une juridiction très-limitée. — 2º Les *censeurs*. Leur pouvoir ayant passé à l'empereur, ils n'avaient qu'une dignité sans attributs; la dignité elle-même fut abolie cent cinquante ans environ après l'établissement de l'empire. — 3º Les *tribuns*. Nous venons de dire (nº 20) ce qu'ils étaient devenus. — 4º Les *édiles*. Leur destinée suivit celle des tribuns; ils furent supprimés quelque temps après les censeurs. — 5º Les *questeurs*, qui avaient l'administration du trésor public et celle des finances dans les provinces du peuple. Leur charge éprouva différentes vicissitudes. Ils furent remplacés par les *præfecti ærarii*, puis rétablis, jusqu'à ce que, sous Trajan, leur dignité fût définitivement supprimée. On trouve après les premiers temps de l'empire, sous le nom de *Quæstores candidati principis*, des fonctionnaires chargés de transmettre les communications de l'empereur au sénat. — 6º Les *préteurs*, au nombre de douze, puis de seize, non compris les préteurs spéciaux pour connaître des questions relatives aux fidéicommis, aux tutelles et aux affaires fiscales. Les attributions des préteurs, au moins leurs attributions judiciaires, restèrent sous l'empire à très-peu de chose près ce qu'elles étaient sous la république.

23. Au-dessous de ces magistratures publiques, originairement indépendantes, mais devenues toutes, plus ou moins, plus tôt ou plus tard, de simples distinctions honorifiques, il faut placer les fonctionnaires impériaux, délégués pour l'exercice de la puissance impériale. Ce sont : 1º le gouverneur de la ville, *præfectus urbi*. La création de cette fonction remontait au temps des guerres civiles. Le préfet de la ville était chargé de la sûreté de Rome et de la police, et comme conséquence de ses attributions de police exerçait à Rome et dans les alentours une juridiction criminelle. Il arriva à exercer une juridiction civile, dont nous n'avons pas à nous occuper ici. — 2º Le préfet du prétoire, *præfectus prætorio*. Originairement, les préfets du prétoire ne faisaient que commander la garde impériale, leur nombre variait de un à quatre. Mais bientôt le despotisme militaire se développant et les gardes prétoriennes en étant arrivées à faire et à défaire les empereurs, les chefs prétoriens devinrent les personnages les plus considérables. Le préfet du prétoire concourait à tous les actes politiques de l'empereur, même aux décisions que l'empereur avait à rendre dans les affaires civiles. C'est ainsi que nous voyons les grands jurisconsultes, comme Papinien, Paul et Ulpien exercer les fonctions de préfet du prétoire. — 3º Le chef des veilleurs, *præfectus vigilum*. Il avait la police préventive et exerçait une juridiction à raison des faits qui se rattachaient à ses fonctions. — 4º Le préposé aux subsistances, *præfectus annonæ*, chargé de surveiller les approvisionnements de la ville et d'exercer la police sur le débit des vivres. — 5º Le *præfectus ærarii*, dont nous avons déjà parlé (nº 22). Les *præfecti ærarii* remplacèrent les questeurs dans l'administration des finances publiques. — Sous la république, selon Montesquieu, toutes les magistratures et fonctions s'exerçaient gratuitement; mais cela est contesté (V. Droit constitut., nº 30 *in fine*). Quoi qu'il en soit, sous l'empire, cet usage changea. Auguste avait commencé par attribuer un traitement aux fonctionnaires et agents fiscaux. Ses successeurs, à partir de Claude, pourvurent toutes les magistratures et fonctions d'un traitement fixe.

24. Par la force des choses, les magistrats et fonctionnaires de toutes les époques avaient appelé auprès d'eux, pour les cas difficiles, des conseillers. Sous l'empire, cet usage se généralisa au point de devenir une institution. Au troisième siècle, tout magistrat ou fonctionnaire avait auprès de lui un *consilium assessorum*. Le plus élevé de ces conseils était naturellement celui de l'empereur. On l'appelait *consistorium* ou *sacrum auditorium*.

25. En énumérant les diverses magistratures et fonctions du régime impérial, nous en avons nommé dont l'institution supposait un changement dans le régime administratif romain. Des changements notables affectèrent en effet le régime des finances et celui de l'administration des provinces. L'ancien trésor public (*ærarium*) continua de subsister. Mais, à côté de l'*ærarium*, Auguste établit une caisse militaire (*ærarium militare*) et la caisse de l'empereur, sous le nom de *fiscus*. Chacune de ces caisses avait ses revenus distincts par le produit de telle ou telle branche d'impôt. Mais plus tard, après Caracalla, les empereurs ayant pris l'administration de l'*ærarium populi*, de l'*ærarium militare* et du *fiscus*, ces différences disparurent, et l'on ne connut plus que le fisc romain.

26. A cette distinction de l'*ærarium populi* et du *fiscus* se rattachait la distinction des provinces romaines en *provinciæ populi* et *provinciæ Cæsaris*. Les revenus des provinces du peuple alimentaient le trésor du peuple, et ceux des provinces de l'empereur alimentaient le fisc impérial. Les premières étaient administrées par le sénat, ainsi que nous l'avons dit (n° 21); les secondes l'étaient directement par l'empereur. Le sénat envoyait dans les provinces des *proconsuls*, qui s'adjoignaient des lieutenants (*legati*). L'empereur n'avait dans les siennes que des *legati Augusti*, qui plus tard eurent le nom de *presides*, présidents. Le trésorier comptable était le *rationalis* ou *procurator Cæsaris*. Au reste, il y eu fallait que l'organisation et l'administration des provinces fussent soumises à des règles uniformes. Le titre même des fonctionnaires différait selon les pays.

27. Dans la même province les villes elles-mêmes avaient un régime différent. Quelques-unes étaient privilégiées, et parmi celles-ci il fallait distinguer les *municipes* et les *civitates juris italici*. Les municipes avaient une organisation communale, et les habitants avaient le droit de cité romaine, ce qui les rendait aptes à obtenir les honneurs suprêmes à Rome. Les villes qui jouissaient du *jus italicum* étaient exemptes de l'impôt foncier auquel étaient assujetties de droit les provinces. Enfin, outre les provinces, il fallait encore distinguer les colonies dont le régime était en général celui des municipes, et qui ne jouissaient du *jus italicum* qu'autant qu'il leur avait été expressément accordé.

28. La bonne administration des provinces était garantie par un ensemble de règles qui cependant, comme l'histoire nous l'apprend, ne furent pas à beaucoup près toujours efficaces. Tout gouverneur de province devait se rendre à Rome dans les trois mois de l'expiration de son gouvernement, afin de pouvoir y répondre de ses malversations devant le sénat. Nul ne pouvait obtenir un emploi dans la province où il était né. Enfin, les fonctionnaires ne pouvaient ni acheter des immeubles dans leur province, ni recevoir de cadeaux, ni prêter de l'argent.

29. *Période impériale, de Dioclétien à Justinien.* — L'organisation administrative sous les premiers empereurs, dont nous venons d'esquisser les traits principaux, se maintint jusque vers la fin du troisième siècle de l'ère chrétienne, mais avec une tendance toujours plus marquée vers l'unité. Dioclétien d'abord et plus tard Constantin constituèrent le gouvernement central des empereurs et accomplirent cette transformation radicale de tous les magistrats en fonctionnaires impériaux. Ce dernier surtout accomplit l'effacement de l'ancienne constitution de Rome, en fixant sa résidence à Constantinople. Cette nouvelle capitale eut tous les privilèges de l'ancienne Rome. Des constitutions impériales lui accordèrent le *jus italicum*; elle eut son sénat et un des consuls dut y résider. C'est la constitution définitive donnée à l'empire par Constantin, qui va désormais nous occuper.

30. Nous trouvons, sous Constantin, l'empire divisé en quatre grandes préfectures, la préfecture d'Orient, celle d'Italie, celle d'Illyrie et la préfecture des Gaules, ayant chacune à sa tête un préfet du prétoire. Chaque préfecture était subdivisée en diocèses, administrés chacun par un *vicarius*, appelé aussi quelquefois *proconsul*. Les diocèses mêmes comprenaient chacun plusieurs provinces à l'administration desquelles étaient préposés des gouverneurs, sous le nom de *præsides, consulares, rectores* et *correctores*. La préfecture d'Orient comprenait quatre diocèses, d'Asie, d'Egypte, de Thrace et de Pont; celle d'Italie était composée des diocèses d'Italie, de Dalmatie et d'Afrique, dont la côte septentrionale seule était soumise à la domination romaine; la préfecture d'Illyrie n'avait que les deux diocèses de la Macédoine et de la Dacie; enfin la préfecture des Gaules comprenait la Gaule, l'Espagne et la Grande-Bretagne. On sait que depuis Dioclétien, qui associa à l'empire un barbare, Maximien, les empereurs partagèrent souvent leur autorité avec des corégents, et que Théodose le Grand, après avoir gouverné seul, divisa en mourant l'empire entre ses deux fils, Arcadius et Honorius; mais cette division de l'empire d'Orient et de l'empire d'Occident n'en rompait pas l'unité; les lois étaient promulguées indifféremment par les deux empereurs et obligatoires également dans les deux parties de l'empire romain.

31. Au sommet de l'Etat domine donc l'empereur, devenu maître absolu et supérieur à la loi (*lege solutus*). L'empereur, autrefois institué par une loi, arrivait alors au pouvoir par la volonté de l'armée ou par la désignation de son prédécesseur, qui préalablement l'avait adopté (V. Droit constit., n° 34). Bientôt l'empire devint héréditaire. A partir de Constantin il y eut deux sénats, un à Rome et le second à Constantinople; mais ces deux sénats étaient sans attributions politiques et plutôt des conseils municipaux que des corps constitués pour les affaires générales de l'empire. Les attributions politiques du sénat avaient passé au *sacrum consistorium*, véritable conseil d'Etat de l'empire, que nous avons déjà vu sous le régime précédent (n° 24), composé de quinze sénateurs et de magistrats. L'autorité de toutes les anciennes magistratures avait péri de fait comme celle du sénat. Les deux consuls, dont le titre subsista jusqu'à Justinien, résidaient, l'un à Rome et l'autre à Constantinople, et n'avaient plus pour office que de donner l'authenticité à certains actes de juridiction contentieuse ou volontaire, comme l'affranchissement des esclaves. De même, les préteurs et les questeurs n'eurent plus guère qu'une dignité purement honorifique. Toutes ces dignités se confondaient dans l'ordre des *patrices*, qui étaient investis du patriciat à vie et jouissaient à ce titre de quelques immunités, en même temps qu'ils devenaient aptes à l'exercice des hautes fonctions.

32. Il est indispensable de présenter un tableau de l'organisation du pouvoir central de l'empire romain et de la cour impériale. Cette organisation était double; mais sauf quelques différences insignifiantes, elle était la même dans les deux empires d'Orient et d'Occident. Le premier fonctionnaire, dans l'un et l'autre empire, était le maître des offices, *magister officiorum*, sorte de ministre d'Etat investi des fonctions les plus diverses et exerçant une juridiction sur les employés de la cour. Il dirigeait les sept écoles d'où sortait la garde du palais; l'école des messagers et espions que le prince expédiait dans les provinces; les artistes, architectes, porte-flambeaux et huissiers introducteurs du palais; les bureaux où se traitaient les affaires du prince et des sujets, et qui étaient au nombre de quatre : *scrinium memoriæ*, bureau de chancellerie d'où sortait la nomination aux divers emplois; *scrinium epistolarum*, où s'effectuait la correspondance impériale et s'adressaient les pétitions des villes et provinces; *scrinium libellorum*, où étaient reçues les requêtes et pétitions des sujets; *scrinium dispositionum*, dont les attributions ne nous sont pas très-connues. — Le maître des offices dirigeait aussi les fabriques d'armes de l'empire, au nombre de quinze dans l'empire d'Orient et de dix-neuf dans l'empire d'Occident.

33. Les autres fonctionnaires du gouvernement central, c'est-à-dire de chacun des deux empires d'Orient et d'Occident, étaient : 1° le *questeur*, qui jugeait, de concert avec le préfet du prétoire ou seul, les causes portées devant le prince, préparait les lois et les édits, souscrivait les rescrits, surveillait les registres où étaient inscrits les tribuns et les préfets des camps et des frontières. Il n'avait pas de bureaux, mais il empruntait des secrétaires aux *scrinia* du maître des offices; — 2° Le comte des largesses sacrées, *comes largitionum sacrarum*, grand trésorier de l'empire, institué par Constantin en remplacement des questeurs et des *præfecti ærarii*, chargés de la perception des revenus publics et du payement des dépenses; il avait sous sa direction dix bureaux ou *scrinia*, plus, dans les provinces, de nombreux employés subordonnés, sous le nom de *comites, præfecti, magistri, procuratores*, etc., chargés du maniement de l'impôt et de la direction des fabriques impériales; — 3° Le comte des choses privées, *comes rerum privatarum*. C'était à proprement parler le trésorier de la couronne. Quoique le trésor public et la cassette du prince fussent également à la disposition de l'empereur, leur administration n'avait cependant pas cessé d'être séparée. Le comte des choses privées était l'intendant de cette sorte de liste civile; il avait dans son administration quatre bureaux, et sous ses ordres, dans les provinces, des fonctionnaires chargés de l'inspection des choses du fisc; — 4° Le premier secrétaire d'Etat, *primicerius notariorum*, qui tenait la liste de toutes les dignités impériales. Le secrétaire d'Etat était une sorte de chancelier; il avait sous ses ordres des employés appelés *notarii*, divisés en trois classes.

34. Tels étaient les fonctionnaires du gouvernement central ou plutôt de chacun des deux empires. La cour impériale était administrée par trois fonctionnaires principaux; c'étaient : 1° le grand chambellan, *præpositus sacri cubiculi*, qui avait sous ses ordres de nombreux employés, compris sous le nom générique de *palatini*, chargés des fonctions du palais impérial; — 2° Le comte de la cavalerie du palais, *comes domesticorum equitum*, commandant des troupes de cavalerie chargées de garder la personne de l'empereur; — 3° Le comte de l'infanterie, *comes domesticorum peditum*, commandant militaire dont le nom indique les fonctions.

35. Il serait difficile de présenter un tableau complet des fonctionnaires impériaux, autrement qu'en les classant dans l'ordre de leur dignité. Le Bas-Empire avait emprunté à l'Orient des distinctions qui donnaient à chaque fonctionnaire son rang. Les distinctions de l'empire étaient au nombre de six. Parmi les fonctionnaires on reconnaissait les *nobilissimi*, les *illustres*, les *spectabiles*, les *clarissimi*, les *perfectissimi* et les *egregii*. Il nous faut reprendre à ce point de vue la liste des fonctionnaires administratifs de l'empire romain, en notant les attributions nouvelles dont ils furent investis. Nous rencontrerons de nouveaux fonctionnaires dont les offices ne furent créés que dans les derniers temps de l'empire.

36. Les *nobilissimi* étaient les premiers dignitaires, ceux qui approchaient du trône; leur dignité se donnait aux membres de la famille impériale et à ses alliés.

37. Les *illustres*, au nombre de vingt-sept dans les deux empires d'Orient et d'Occident, étaient les premiers fonctionnaires. La dignité d'*illustres* appartenant aux fonctionnaires suivants : 1° les préfets du prétoire; chacune des grandes préfectures de l'empire, au nombre de quatre (V. n° 30) avait à sa tête un préfet du prétoire, dont nous avons fait connaître les attributions (V. *suprà*, n° 23). Dans les provinces, ces attributions primitives s'étaient beaucoup accrues, et il est vrai de dire qu'elles s'étendaient à tous les actes du gouvernement. C'étaient des gouverneurs investis d'un pouvoir à peu près illimité; — 2° Les deux préfets de Constantinople et de Rome (V. *suprà*, n° 25); ils avaient une juridiction, chacun en ce qui le concernait, comme juges d'appel pour l'Italie et pour les environs de Constantinople; mais il y avait recours à l'empereur contre leurs décisions; — 3° Les cinq maîtres de l'armée en Orient, le maître de la cavalerie en Orient et le même dignitaire en Occident; — 4° Les deux *præpositi sacri cubiculi* en Orient et en Occident (*suprà*, n° 34); — 5° Les deux *magistri officiorum* en Orient et en Occident (n° 32); — 6° Les deux questeurs du palais en Orient et en Occident (n° 33); — 7° Les deux comtes des largesses sacrées en Orient et en Occident (*ibid.*); — 8° Les deux comtes des choses privées (*ibid.*); — 9° Les deux comtes de la cavalerie en Orient et en Occident; — Et 10° les deux comtes de l'infanterie. — Nous ajouterons à cette liste les consuls, qui étaient également *illustres*. — La qualité d'*illustres* donnait lieu à des prérogatives, des privilèges et des exemptions de charge que nous n'avons pas à énumérer ici.

38. Les fonctionnaires revêtus de la dignité de *spectabiles* étaient au nombre de soixante-deux. C'étaient : 1° les deux premiers chambellans, *primicerii sacri cubiculi* en Orient et en Occident; 2° les deux comtes de l'hôtel, *comites castrenses*; 3° le premier secrétaire d'Etat, *primicerius notariorum* dans chacun des deux empires d'Orient et d'Occident; 4° les chefs des principales administrations centrales, dans les deux empires, *magistri scriniorum*, au nombre de sept; 5° les trois gouverneurs des diocèses de l'Asie, de l'Achaïe et de l'Afrique; 6° le comte du diocèse d'Orient; 7° le préfet d'Egypte, appelé aussi *præfectus Augustalis*; 8° onze vicaires ou gouverneurs des diocèses dans les deux empires; 9° huit comtes ou généraux d'armée; 10° vingt-cinq *duces* ou généraux d'armée.—Au reste, la dignité du *spectabilis* était assez incertaine; elle est souvent confondue dans les actes législatifs et administratifs, et dans les historiens avec les dignités inférieures.

39. La dignité des *clarissimi* s'appliquait aux *correctores*, *præsides*, ou gouverneurs de provinces, et aux personnages consulaires.—Celle des *perfectissimi*, qui ne paraît guère remonter au delà de Constantin, appartenait aux employés supérieurs du fisc, aux *nationales* ou percepteurs dans les provinces, aux comtes des largesses sacrées, etc.—Enfin celle des *egregii* désignait tous les secrétaires du palais, tous les employés de l'administration provinciale, les prêtres, les avocats du fisc, tous ceux qui étaient revêtus d'un pouvoir quelconque, même inférieur.

40. Cet exposé de l'organisation administrative impériale depuis Dioclétien et Constantin serait incomplet, si nous ne parlions du régime municipal. Au temps de Constantin, tous les sujets de l'empire étaient divisés en trois classes : les privilégiés, les curiales et le peuple. Quant aux esclaves, comme ils étaient sans droits, il serait inexact d'en former une quatrième classe. La première classe comprenait tous les dignitaires dont nous venons de parler, le clergé et tous les militaires incorporés, le fussent-ils, comme cela arriva après Constantin, dans les corps de troupes de barbares auxiliaires. Ces privilégiés jouissaient de certaines immunités dont nous avons déjà parlé incidemment; elles étaient nombreuses, et il serait difficile de les énumérer toutes; la principale consistait à être exempt des charges et des fonctions municipales.

41. La classe des curiales se composait des habitants des villes. Il faut savoir que sous le régime municipal antérieur à Constantin, les affaires locales des municipes étaient administrées par des fonctionnaires à la nomination des habitants, et par la *curie* de la ville, sorte de collége composé de tous les habitants jouissant d'un certain revenu territorial. Les membres de ce collége s'appelaient *décurions*, plus tard on les appela *curiales*. Originairement la qualité de décurion ou curiale n'avait que des avantages et constituait une certaine dignité. Mais à partir de Dioclétien, le despotisme impérial, entraîné, pour assouvir ses besoins, à mettre la main sur les propriétés municipales, réduisit les curiales à une condition qui ne s'est vue qu'une fois dans l'histoire. En effet, les revenus des villes se trouvant réduits par la dépossession de leurs propriétés, on contraignit les curiales à y pourvoir sur leurs revenus personnels. Bien plus, leurs biens propres garantissaient le recouvrement de l'impôt dû à l'Etat dans le municipe. Les dépossessions se renouvelant fréquemment et l'impôt devenant toujours plus écrasant, on devine dans quelle situation se trouvaient les curiales. La qualité de curiale devint ainsi une charge à laquelle on chercha partout à se soustraire, et l'exemption des fonctions qu'elle entraînait devint un privilége. Pour maintenir les curiales dans leur condition, les lois impériales ne reculèrent devant aucuns excès, parmi lesquels se trouvait naturellement la confiscation. Au reste, la curie en corps examinait et décidait les affaires purement municipales et nommait ses magistrats et ses officiers.

42. Le premier de ces magistrats municipaux était le *duumvir*, appelé aussi quelquefois *quatuorvir*, *dictator*, *prætor*. Le *dumvir* n'exerçait sa charge que pendant une année. Il présidait la curie, pourvoyait à la police et administrait les affaires municipales. Il était aidé dans son administration par l'*ædilis*, qui avait l'inspection des édifices, des marchés et des rues, et par le *curator reipublicæ*, comptable, chargé des affaires financières. Les officiers, *munera*, étaient le *susceptor*, percepteur des impôts, les *irenarchæ*, commissaires de police, chargés de rechercher et de poursuivre les délits, les *curatores*, chargés des services inférieurs, et les *scribæ*, véritables bureaucrates, parmi lesquels les *tabelliones*, dont les fonctions étaient analogues à celles de nos notaires (V. Notaire, n° 5).

43. Tel était l'état municipal sous le régime impérial. Quand les magistrats municipaux devinrent impuissants à défendre leur propre administration, on créa pour chaque cité une magistrature nouvelle. C'est alors qu'on voit paraître le *defensor*, ordinairement l'évêque, chargé de défendre les citoyens contre l'oppression des fonctionnaires impériaux. Le *defensor* était élu par tous les habitants du municipe. Il avait juridiction dans les affaires civiles et criminelles d'une importance secondaire. Son principal office consistait à poursuivre le redressement des griefs contre les fonctionnaires devant le préfet du prétoire directement (V. Commune, n° 32; Droit constit., n° 40). Mais les *defensores* furent impuissants à relever le système municipal : la constitution de l'empire romain tout entier se ressentit d'un tel état. Nous dirons, avec le savant Gans, dans son Histoire du droit de succession au moyen âge, que si l'invasion les barbares rencontra si peu de résistance, cela tint principalement au découragement où étaient plongés les habitants des villes par l'extrême abaissement de la curie.

SECT. 3. — *Organisation administrative française.*

44. *Période gallo-franque.* — L'invasion des barbares emporta comme un torrent toute cette organisation administrative si complète, et à certains égards si admirablement combinée; mais elle ne fit pas disparaître l'esprit administratif et judiciaire, qui ne périt jamais complétement et que nous voyons renaître à quelque temps de là. Des premiers temps de l'invasion des Francs dans les Gaules, nous n'avons rien à dire; le chef militaire, entouré de ses *leudes* ou fidèles, était à la fois juge, administrateur et soldat; mais quand le flot s'arrêta, c'est-à-dire vers la fin du huitième siècle, nous voyons se former, pour se développer jusque sous Charlemagne et se prolonger jusqu'à l'établissement du régime féodal, c'est-à-dire jusqu'au dixième siècle, des institutions politiques centrales et des institutions locales. Parmi les premières nous devons noter d'abord la royauté et en second lieu les assemblées nationales.

45. Les premiers rois francs étaient des chefs élus; mais bientôt, quand les peuplades franques se furent fixées, l'autorité devint héréditaire. Un illustre historien, M. Guizot, a indiqué avec vérité le caractère particulier de la royauté barbare en disant qu'elle était « un pouvoir personnel, non un pouvoir public; une force en présence d'autres forces, non une magistrature au milieu de la société. » Il ne faudrait donc pas chercher à la royauté de ces temps des attributions définies; les époques de violences et de conquêtes ne sont pas des époques constitutionnelles. Les rois pouvaient de droit tout ce qu'ils pouvaient de fait. Sous des princes débiles, comme les derniers Mérovingiens, on vit dominer la puissance des *maires du palais, majores domûs, præfecti palatii*. Les maires s'étaient donné des attributions politiques, administratives, militaires et même judiciaires. Leur autorité ne se reproduisit pas à l'avénement des Carlovingiens.

46. En même temps que la monarchie s'établit avec le caractère que nous venons de rappeler, on voit apparaître les assemblées nationales. Mais, sous les rois des deux premières races, les assemblées tumultueuses du champ de mars et plus tard du champ de mai, n'avaient rien de commun avec ce que l'on vit dans un temps plus rapproché du nôtre. On y acclamait la volonté du prince, plutôt que l'on n'y défendait les intérêts généraux. Quand Charlemagne voulut les rendre plus régulières et y attacher une sorte d'autorité, les ducs, les comtes, les grands dignitaires ecclésiastiques, les *majores*, les *seniores*, comme on les appelait, prenaient seuls part aux délibérations. Quant aux *minores*, ou officiers inférieurs représentant la foule, ils recevaient ces décisions et les confirmaient par une simple adhésion de l'intelligence. Sous Charlemagne, les *placita*, comme on appelait ces assemblées, étaient un moyen pour le prince de se mettre en rapport avec la nation. Après lui, sous ses faibles successeurs, une troisième phase de ces assemblées commença : ce furent des congrès, où chacun venait pour soi, la multitude continuant d'écouter à distance. Du reste, nulle forme régulière dans la composition de ces assemblées; rien de fixe sur l'objet de leurs délibérations et de leur examen; nulle garantie pour ce qu'on appela plus tard les droits de la nation; le mot même n'aurait pas été compris (V. Droit constit., n° 39).

47. Les institutions locales étaient plus particulièrement administratives. Elles se rattachaient à une division territoriale, aussi vieille que la monarchie, en comtés, centuries et décuries. A la tête de chacune de ces divisions, était un magistrat : le comte pour les comtés, ayant pour le suppléer au besoin un *vicarius* ou vicomte; le centenier pour les centuries et le dizainier pour les décuries. Chacun de ces fonctionnaires avait auprès de lui un conseil, une assemblée locale, *placitum, mallum*, où se traitaient les affaires du district. C'est là qu'avaient lieu les convocations militaires, que se rendait la justice, que s'accomplissaient même les actes civils, comme les ventes, affranchissements, etc. Ces plaids locaux se composaient de tous les hommes libres de la circonscription. C'est à cette juridiction des fonctionnaires royaux et de leurs assemblées qu'il faut certainement faire remonter les justices seigneuriales. Le concessionnaire d'un bénéfice devenu plus tard seigneur féodal rendait la justice à ses compagnons, à ses colons et à ses serfs; mais les juges qui devaient être pris sur les lieux, conformément aux ordonnances royales, étaient choisis parmi les clercs.

48. Sous Charlemagne, nous voyons apparaître une classe de magistrats locaux avec des attributions déterminées : ce sont les *scabini* ou échevins qui se transformèrent avec le temps en officiers municipaux. Dans les lois barbares, il est souvent fait mention des *rachimburgi, ahrimanni, boni homines* jugeant dans les *placita*. Mais les rachimbourgs ne paraissent pas avoir jamais formé un corps de juges. C'est pour les remplacer que furent institués les scabins, au nombre de sept au moins, obligés de se rendre aux plaids sur la convocation du comte.

49. Toutefois les prescriptions des capitulaires pour l'exacte dispensation de la justice auraient pu rester inobservées. Afin d'en assurer l'exécution, Charlemagne créa les *missi dominici*; c'étaient des envoyés royaux chargés de rappeler aux ducs, comtes, centeniers, etc., leurs devoirs d'administration et de juridiction. Les *missi dominici* s'acquittaient de leur mission quatre fois par an; ils convoquaient à leurs plaids les comtes des comtés voisins, et ils devaient rendre compte à l'empereur de l'accomplissement de leur mission à la fois politique, administrative et judiciaire.

50. *Période féodale.* — Telles étaient les institutions politiques de la Gaule depuis l'établissement de la monarchie jusqu'au dixième siècle. Dès le temps des Mérovingiens, cependant, les chefs militaires, les rois avaient donné à leurs leudes des parties de leur domaine à la charge de service militaire; ces concessions de terre s'appelaient *bénéfices*. Vers le temps de Charles le Chauve, les bénéfices devinrent héréditaires, et, sous la faible administration des successeurs débiles de Charlemagne, les ducs, les comtes devinrent bientôt propriétaires et seigneurs des provinces dont leurs pères n'avaient que l'administration pour un temps. Telle fut l'origine des fiefs. Jusqu'à l'insurrection des communes, le système féodal gagna au point que le royaume de France même, ainsi que le dit avec raison Mézeray, se gouvernait comme un grand fief. Le roi n'était que le grand fieffeux du royaume, *primus inter pares*. Sous ce régime, l'administration était nulle. Le seigneur féodal, ou plus souvent son *prévôt*, administrait le fief à la fois comme souverain et comme propriétaire. C'est de l'affranchissement des communes que date le commencement de la restauration du pouvoir central. A partir de Louis le Gros et surtout de Philippe-Auguste, nous voyons l'administration se développer du même pas que l'unité nationale et suivre le progrès de la royauté.

51. *Période française de Philippe-Auguste à la révolution.* — Nous n'avons pas à nous arrêter ici à la grande révolution d'où sortirent en France les communes du moyen âge. La formation des communes et leur constitution a été d'ailleurs l'objet d'une étude détaillée (V. Commune, n°s 39 et s.). Mais il est indispensable de dire quelques mots de ce que nous appellerons figurément la pyramide féodale, composée de cercles superposés. Le roi de France était suzerain, ou, comme nous venons de le rappeler, le grand fieffeux du royaume. Il dominait les grands vassaux de la couronne, qui lui devaient, avec la foi et hommage, le service militaire et les aides ou subsides. Ces grands vassaux étaient tenus de se rendre à la cour de justice du roi. Ces grands feudataires exerçaient à leur tour sur des vassaux inférieurs une suzeraineté analogue, et ceux-ci avaient sur d'autres vassaux un droit semblable, etc. A la base donc se trouvaient les fiefs inférieurs; au sommet, le roi de France seigneur suzerain; et tous ces cercles, qui allaient toujours s'agrandissant, se tenaient entre eux par le devoir féodal auquel l'inférieur était tenu envers le supérieur. A la fin du douzième siècle, la suzeraineté royale s'étendait sur l'Ile-de-France, qui comprenait les comtés de Paris, Orléans, Meulan, Clermont-en-Beauvoisis et Soissons; sur une partie du Vexin et sur la presque totalité du Berry. A partir de Philippe-Auguste, le domaine royal s'agrandit successivement par l'effet de la conquête, des traités et de la confiscation, jusqu'à ce que la politique de Richelieu et de Louis XIV, en consommant la ruine des grands feudataires, eût constitué l'unité française.

52. Le caractère du régime féodal, comme nous venons de le faire entrevoir, était de constituer dans les mêmes mains la souveraineté entière et subordonnée et la propriété. Le prévôt ou vicomte était dans le fief l'homme du seigneur. Entouré d'assesseurs choisis parmi les hommes libres, il rendait la justice, percevait les cens et rentes, affermait les biens, maintenait l'ordre avec l'aide d'officiers subordonnés, convoquait le ban et la milice, etc. Son titre avait été vendu ou affermé, mais n'était jamais que viager. Comme seigneur suzerain, le roi de France faisait surveiller toutes les prévôtés royales par son *grand sénéchal*, le premier des officiers de la couronne. Les prévôtés royales, qui n'étaient qu'au nombre de quarante-cinq à la fin du douzième siècle, s'élevaient déjà à soixante-treize au commencement du treizième et à cent trente-neuf à la mort de saint Louis.

53. Pour rendre la surveillance sur les prévôts plus efficace, Philippe-Auguste emprunta à Charlemagne l'institution des *missi dominici* dont il changea seulement le nom. Il créa, sous le nom de *baillis* des officiers placés sous l'autorité du grand sénéchal et qui eurent pour mission de surveiller les prévôts dans l'intérieur des fiefs mêmes. Originairement, le domaine royal était divisé en quatre bailliages. Le bailli, dans la tournée qu'il faisait dans la circonscription de son bailliage, recevait les plaintes des particuliers. Ce fut la première immixtion de la puissance royale dans l'administration des feudataires. Indépendamment de leur attribution de surveillance, les baillis tenaient chaque mois des assises où l'on appelait des sentences prévôtales. Leur autorité s'étendait jusque sur les seigneurs eux-mêmes, dont ils surveillaient l'accomplissement des devoirs féodaux. Après Philippe-Auguste, saint Louis ayant réuni à la couronne les sénéchaussées de Carcassonne et de Beaucaire, les sénéchaux eurent dans le Midi l'autorité des baillis. Mais le même prince, pour ne pas laisser dénaturer au préjudice de l'autorité royale l'institution de Philippe-Auguste, eut soin d'enlever toute initiative aux baillis et aux sénéchaux, qui ne furent plus, ainsi que les prévôts, que des agents subordonnés à l'autorité supérieure du roi.

54. Les réformes de saint Louis portèrent sur d'autres parties de l'administration. Il créa à Paris, pour les recettes du domaine, qui avaient été, jusqu'à lui, opérées par le prévôt de Paris, un *receveur* spécial. En même temps, il fit rédiger les usages des corporations des métiers, et ceux des nobles et des roturiers. Les vassaux nobles continuèrent à exercer leurs droits régaliens; mais saint Louis y introduisit l'ordre et la règle. Les monnaies avaient été frappées jusqu'alors par les seigneurs, chacun dans leur fief; dorénavant ils ne frappèrent plus que la monnaie de billon, et la monnaie du roi eut cours dans toute l'étendue du domaine royal.

55. Avec Philippe le Bel, nous voyons apparaître les deux plus grandes institutions de l'ancienne monarchie, le parlement pour l'administration de la justice et la chambre des comptes pour le régime financier. Sous les premiers rois capétiens, les grands officiers de la couronne et les grands vassaux réunis en conseil assistaient le roi pour l'expédition des affaires politiques, judiciaires, administratives et financières. Parmi ces grands officiers de la couronne, on distinguait le *chancelier*, le *sénéchal*, dont nous reparlerons, le *bouteiller* et le *grand chambrier* de France. Le bouteiller et le grand chambrier étaient particulièrement chargés de l'administration financière. En 1302, Philippe le Bel fit du parlement, composé d'une partie des grands officiers de la couronne, un corps distinct et le rendit sédentaire. En même temps, il institua la chambre des comptes, qui ne fut d'abord considérée que comme une annexe du parlement; qui se composait, comme le parlement, des grands officiers de la couronne, mais qui eut promptement une existence indépendante. Les recettes opérées par les baillis et les prévôts durent être envoyées en partie à Paris; et c'est à Paris également que dut être dressé le compte des dépenses, même celles qui devaient être acquittées dans les différentes prévôtés La chambre des comptes exerçait sa surveillance sur les premier comptables ou *trésoriers*, comme les appellent les ordonnance du temps; c'était elle qui recevait et apurait leurs comptes, ce dont le *clerc* de la chambre faisait un rapport au roi (ordonn. 3 janv. 1317). De 1422 à 1661, des chambres des comptes furent successivement créées à Montpellier, Rouen, Dijon, Nantes, Aix, Blois, Pau, Dôle et Bar, toujours jalousées par les parlements. Pour faciliter la comptabilité et mettre fin à de nombreuses malversations, le maniement des fonds fut enlevé aux baillis et aux prévôts vers l'année 1320, et confié à des receveurs créés à l'imitation de celui que saint Louis avait établi pour la prévôté de Paris.

56. C'est également sous Philippe le Bel que nous voyons établir des agents spéciaux pour les eaux et forêts sous le nom de maîtres des eaux et forêts (V. Forêts, n° 30). Mais ce qui fut une véritable révolution, ce fut, sous le même prince, l'établissement des impôts sous le nom d'*aides, tailles, gabelles*. Jusqu'alors le trésor royal ne se remplissait que des revenus domaniaux, que le roi percevait plutôt comme propriétaire que comme souverain. Pour légitimer la perception des aides et tailles, les rois de France, depuis Philippe le Bel, convoquèrent les états généraux et dans les provinces les états provinciaux; mais l'histoire de ces assemblées, qui eurent leur période d'éclat et leur temps de décadence, ne rentre pas dans l'objet de notre esquisse.

57. A la même époque, commença la décadence des communes. Les chartes de la plupart des communes et les privilèges que ces communes avaient conquis ou obtenus, leur donnaient une indépendance à peu près complète quant à la gestion de leurs affaires particulières. Saint Louis les obligea à rendre compte de leur administration financière. Philippe le Bel soumit les décisions de leurs juges à l'appel. Louis X fit commander leurs milices par des capitaines royaux. Dans la plupart, on établit un prévôt nommé par le roi et représentant du pouvoir central.

58. Toutefois cette constitution de l'administration française, et surtout les mesures administratives dont elle avait pour objet d'assurer l'exécution, ne s'établirent pas sans soulever, principalement chez les feudataires, une violente réaction. Pendant de longues années, la guerre féodale (nous ne dirons pas civile) ajouta ses malheurs aux horreurs de l'invasion anglaise. L'administration se maintint néanmoins. Sous Charles VI, la police, qui jusqu'alors avait été exercée dans les localités par les baillis et les prévôts, acquit une action uniforme et releva directement du pouvoir central. Le prévôt de Paris eut le pouvoir de faire des règlements exécutoires dans tout le royaume, tant pour le fait de la police que pour assurer l'approvisionnement de la capitale. Il eut également celui de poursuivre les malfaiteurs partout. Les trésoriers eurent, dans leurs attributions, les travaux publics, la conservation du domaine royal et les constructions qui devaient y être établies. L'Université de Paris, constituée comme corporation indépendante, au douzième siècle, vit confirmer ses anciens privilèges et en reçut de nouveaux. En même temps grandirent les universités des principales villes de France, qui s'étaient successivement formées. Charles VII, après sa rentrée dans Paris, lors de l'expulsion définitive des Anglais, compléta l'organisation administrative des rois ses prédécesseurs, notamment par l'établissement des armées permanentes et la régularisation de l'impôt direct.

59. C'est à l'établissement régulier de l'impôt que se rattache la distinction, si connue dans l'ancienne France, entre les *pays d'états* et les *pays d'élections*. Dans le nord de la France, les états généraux, qui avaient eu une période brillante jusqu'à Charles V, cessèrent de s'assembler régulièrement quand l'impôt devint permanent. Les premiers commissaires chargés de répartir l'impôt dans ces provinces ayant été élus par les états généraux de 1356, firent désigner du nom de pays d'élections les provinces où ils exerçaient, quoique l'élection ait été presque aussitôt supprimée qu'établie. Dans les provinces les plus récemment réunies à la couronne, au contraire, comme le Languedoc et le Dauphiné, les états provinciaux continuèrent de s'assembler pour voter l'impôt annuellement. Ces dernières provinces prirent la désignation de pays d'états. Pour compenser, dans les pays d'élections, la garantie du vote de l'impôt par les états, Charles VII institua une juridiction supérieure nouvelle, la *cour des aides*. La cour des aides exerçait une juridiction souveraine en matière d'impôts. Cette souveraineté de juridiction leur fut souvent contestée par le parlement; mais Louis XI, Charles VIII et François II la lui maintinrent successivement. Seulement, pour les affaires capitales, la cour des aides recevait l'adjonction de conseillers au parlement. Depuis 1437 jusqu'à 1642, des cours des aides furent successivement établies, aveec des attributions semblables, à Montpellier, à Rouen, à Clermont-Ferrand, à Pau, à Bordeaux et à Montauban.

60. Le règne de Louis XI fut marqué par d'importantes innovations administratives. Nous avons eu occasion de parler des grands officiers de la couronne, assesseurs du roi pour l'expédition des affaires politiques et administratives, et même pour le jugement des causes civiles. Parmi ces officiers, conseillers laïques, on distinguait, ainsi que nous l'avons déjà dit, le *chancelier*, chargé de présider le conseil en l'absence du roi, de préparer et de signer tous les actes législatifs et administratifs, que le roi devait promulguer et d'y apposer son sceau. Puis venaient le *sénéchal*, le *bouteiller*, le *connétable* et le *grand chambrier*, dont les offices domestiques, avant de devenir insensiblement politiques, étaient empruntés à l'organisation intérieure du fief. Les grands officiers de la couronne formaient le conseil du roi. Quand l'extension du domaine royal et l'abaissement des feudataires, peu à peu dépouillés d'une partie de leur autorité au profit du pouvoir central, comme nous l'avons vu, eut eu pour résultat d'augmenter considérablement le nombre des affaires portées au conseil du roi, il fallut fractionner le conseil pour qu'il pût suffire à l'expédition des affaires publiques. Le parlement et la chambre des comptes en avaient été, sous Philippe le Bel, les principaux démembrements. En 1318, sous Philippe le Long, on avait régularisé l'institution du conseil privé ou grand conseil, chargé de décider des affaires d'Etat, d'expédier les grâces et les requêtes, et de juger les causes civiles qu'il plaisait au roi d'évoquer. Louis XI divisa le grand conseil en trois sections et donna à chacune des attributions distinctes : l'une, chargée des affaires politiques et de la direction générale de l'administration; la seconde, chargée du contentieux des finances, et la troisième investie d'attributions judiciaires. Dans les affaires graves, les trois sections délibéraient en commun, et quelquefois même les membres du parlement venaient s'y joindre. Sous Charles VIII, le nom de grand conseil appartint à la section chargée des affaires judiciaires. L'administration eut ainsi, sous Louis XI et sous Louis XII, une action plus régulière. Pour en augmenter l'efficacité, Louis XI déclara tous les offices royaux inamovibles, et nul officier du roi ne put plus être destitué qu'après une procédure et en des formes légales.

61. L'administration des finances paraît avoir été, depuis Philippe le Bel, la grande affaire des rois de France. Les institutions qui s'y rattachent sont nombreuses et subissent de fréquentes vicissitudes. La création de généraux de monnaies paraît remonter au quatorzième siècle. Sous Charles VIII, nous voyons apparaître la *cour des monnaies*, chargée de connaître de tout ce qui avait trait à la fabrication, à la circulation ou au décri des monnaies.

62. François Ier créa, pour la perception des revenus du domaine, des receveurs généraux, d'abord au nombre de seize, mais bientôt augmenté. Ils avaient sous leurs ordres, dans chaque élection, des receveurs particuliers. Sous ce prince, les services administratifs acquirent plus de régularité, et le mécanisme s'en perfectionna sensiblement. Mais la vénalité des offices publics, essayée sous Louis XII, son prédécesseur, fut érigée en système, et pratiquée à ce point qu'après avoir vendu les offices existants, François Ier en vint à créer des offices nouveaux exprès pour les vendre. On sait combien cet étrange système favorisa la dilapidation de la fortune publique; toutefois il eut un bon résultat, celui de convertir par l'appât de la spéculation un certain nombre d'offices seigneuriaux en offices royaux. Une des modifications les plus notables opérées par François Ier dans l'organisation administrative proprement dite, fut de réunir en un seul conseil le conseil du roi, que Louis XI avait divisé en trois assemblées. Mais bientôt son successeur, Henri II, le divisa en deux conseils.

63. La seconde moitié du seizième siècle, malgré les guerres intestines qui déchirèrent le pays, ne fut pas moins marquée par la ruine à peu près complète des souverainetés locales et par de nouvelles extensions du pouvoir central. Les municipalités achevèrent de perdre leurs principales prérogatives d'administration. Charles IX rendit les octrois des villes uniformes. Le pouvoir central s'immisça dans l'administration des prisons, des hôpitaux et dans plusieurs parties de la police locale. Les corporations des métiers n'échappèrent pas davantage aux atteintes de cette autorité toujours en voie de développement continu, malgré les difficultés contre lesquelles elle avait à lutter. Mais c'est surtout sous Henri III que le pouvoir royal prépara, sans en avoir conscience assurément, une conquête décisive. François Ier, comme nous l'avons dit, avait créé seize receveurs généraux pour les finances, et divisé la France en seize départements financiers, recettes générales ou, comme on les appela bientôt, *généralités*. Dès lors la division financière, par bailliages, avait disparu. Une section du conseil du roi, sous le nom de *bureau supérieur des finances*, réglait la quotité de la taille, que nous appellerions aujourd'hui un impôt de répartition, et elle la répartissait entre les bureaux de chaque généralité. Sous Henri III, on choisit parmi les maîtres des requêtes des *intendants-commissaires départis*, que l'on envoya dans les provinces avec la mission d'inspecteurs. Nous verrons ce que devinrent bientôt ces fonctionnaires. C'est sur le rapport de ces intendants que le bureau supérieur des finances, éclairé par la richesse du pays, fixait le chiffre de l'impôt.

64. La restauration de la monarchie, après la cessation des guerres de la ligue et l'entrée de Henri IV à Paris, ne pouvait faillir à marquer, pour l'administration, l'ère d'un mouvement salutaire. En 1594, aussitôt après l'avénement réel de Henri IV, Sully avait été nommé membre du conseil des finances; en 1597, il avait été fait *surintendant*. L'institution de l'office de surintendant remonte à l'année 1573 ; c'était le ministre des finances de nos jours; mais Sully fut le premier qui en exerça avec profit, pour l'intérêt public, les fonctions. Malgré les efforts méritoires du pouvoir central, le désordre financier était au comble. Sully fit cesser les plus révoltantes dilapidations, tant par les mesures financières qu'il inspira au prince que par ses actes d'exécution qu'il accomplit dans ses tournées d'inspection dans les provinces. En même temps il créait deux administrations centrales nouvelles. Jusqu'alors les voies de communication avaient été rares et mal établies, et constituaient à peu près exclusivement une charge des localités qu'elles desservaient. Sully en organisa le service, qui devint une attribution de l'administration centrale, et se fit nommer, en 1599, *grand voyer* de France, titre qu'il cumula avec ceux de surintendant des finances, de surintendant des fortifications et de surintendant des bâtiments. Il avait en cette qualité des lieutenants dans les provinces, et exerçait une juridiction pour les contestations que le service des travaux publics faisait naître. En 1601 il organisa l'administration des mines, qu'il composa d'un *grand maître surintendant*, d'un lieutenant général du grand maître, d'un contrôleur général, d'un greffier et d'un fondeur essayeur et affineur général.

65. L'administration de Richelieu fut marquée par un changement important dans l'organisation centrale. Jusqu'alors des membres du conseil du roi, sous le nom de secrétaires d'Etat, agissaient collectivement et n'avaient pas d'attributions distinctes. Ils administraient par provinces plutôt que par services. Le surintendant des finances et le chancelier avaient à peu près seuls des attributions distinctes et générales. Sous Louis XIII, les différents services publics, guerre, marine, etc., furent séparés et constituèrent chacun un service différent, à peu près comme les départements des ministres de nos jours. Une ordonnance du 11 mars 1626 institua, en outre de la chancellerie et de la surintendance des finances, un ministère de la maison du roi, un ministère des affaires étrangères, un ministère de la guerre et un ministère de la marine. Le conseil du roi, où étaient pris les secrétaires d'Etat, subit lui-même une modification importante. Sous Henri II il avait été divisé en deux sections; sous Louis XIII il fut divisé en cinq sections : le conseil d'Etat proprement dit, le conseil des dépêches, le conseil des finances, le comité de la guerre et le conseil des parties. Nous retrouverons plus loin cette division avec les attributions de chacune des sections (V. n° 79).

66. Richelieu introduisit une autre innovation : il força les intendants-commissaires à résider chacun dans sa généralité. Ils furent particulièrement chargés de l'exécution des ordonnances royales. Dans les pays d'états, la résidence permanente de ces fonctionnaires rencontra la plus vive opposition. De fait, il est vrai de dire que jusqu'aux derniers jours de l'ancienne monarchie, les intendants, délaissés ou combattus, demeurèrent en but à l'animadversion, particulièrement de la noblesse de la province où ils exerçaient leur charge.

67. A partir de Henri IV, différentes acquisitions ou conquêtes étaient venues augmenter le domaine royal. Le Béarn, le Roussillon, la Lorraine, l'Alsace, la Flandre et le Hainaut en partie avaient été réunis à la France. L'organisation administrative du temps, telle que nous l'avons exposée jusqu'ici, fut étendue à ces nouvelles provinces.

68. Aucun changement notable dans l'organisation administrative du pays ne se produisit législativement jusque vers la fin du dix-septième siècle, à l'exception d'une division des conseils du roi en quatre sections établie par un édit du 3 janv. 1673, et dont nous parlerons plus loin. Mais un des faits administratifs les plus notables de notre ancienne histoire s'accomplit insensiblement. Les intendants accaparèrent peu à peu dans les provinces l'autorité administrative tout entière, en rattachant, à tort ou à raison, toute question d'administration à quelque question de finance. Comme ils représentaient le pouvoir central, naturellement celui-ci les chargeait de l'exécution des mesures administratives qu'il avait arrêtées. Ils devinrent, de fait, de véritables gouverneurs de province. Leurs attributions comprenaient à peu près tous les services publics, les finances de l'Etat et des communautés, les travaux publics, l'agriculture, le commerce, l'industrie, l'instruction publique, les cultes, la police, les octrois des villes, etc. Mais si leurs attributions étaient étendues, l'administration centrale ne les laissa pas exercer sans contrôle le pouvoir qu'ils s'étaient arrogé. Ils durent rendre un compte exact et fréquent de tous leurs actes d'administration. L'usurpation d'abord tolérée, puis favorisée des intendants, fut une des causes qui aidèrent le plus puissamment à consommer la centralisation administrative. Dans les provinces, la résistance des forces locales aux empiétements des intendants fut quelquefois très-opiniâtre et souvent difficile à surmonter; les Etats, les parlements, les fonctionnaires provinciaux luttèrent pour garder leur autorité ou leurs prérogatives intactes; mais ils se lassèrent à la fin, et l'administration générale en acquit une régularité plus grande.

69. C'est encore vers la même époque que se généralisa et se régularisa l'usage des Grands-Jours. Les Grands-Jours n'étaient autre chose que des assises tenues par des membres d'un parlement dans quelque ville de son ressort, à l'effet d'y recevoir les plaintes et d'y redresser les abus qui pouvaient s'être introduits. L'usage en paraît fort ancien; leur tenue eut toujours lieu à des époques irrégulières; mais ils persistèrent jusqu'aux derniers temps de la monarchie. Pendant longtemps ce ne furent que des assises judiciaires; insensiblement les Grands-Jours remplacèrent l'inspection des commissaires royaux. L'ordonnance du 31 août 1665, sur les Grands-Jours de Clermont, leur donne pouvoir de connaître « de tous abus, fautes, malversations ou négligences commises par les officiers royaux dans l'exercice de leurs fonctions. »

70. Les hautes dignités de l'ancienne monarchie changeaient souvent de nom, sans que les attributions qui y étaient attachées changeassent sensiblement. Sous le nom de conseiller intendant, puis de *contrôleur général,* Colbert, sous Louis XIV, dirigea l'administration supérieure des finances. L'office de contrôleur général différait de celui de surintendant en ce point important à noter, comme caractère de l'autorité royale d'alors, que le surintendant ordonnait lui-même les dépenses, tandis que le contrôleur général ne faisait que contre-signer les ordonnances signées du roi. Au reste, le *conseil supérieur* décidait des affaires les plus importantes. Colbert institua, au-dessous de ce conseil, de grandes et de petites *directions,* investies d'attributions distinctes et composant avec ce conseil l'administration centrale des finances. L'impôt fut affermé aux enchères. En même temps Colbert portait ses regards sur le commerce intérieur et extérieur, qui lui fut redevable de l'essor extraordinaire qu'il prit sous son administration ferme et sage. En 1601 Henri IV avait institué une *chambre de commerce,* composée de membres du parlement et de la cour des aides; mais cette création trop informe était demeurée à peu près sans résultat. Bientôt même elle cessa de se réunir. En 1664, Colbert la reconstitua et en choisit les membres sur les listes de présentation dressées par les notables commerçants des principales villes du royaume. Trois conseils provinciaux, formés sur le même modèle, furent institués dans trois circonscriptions. La chambre du commerce n'avait que des fonctions consultatives; mais, comme elle recevait les projets, les avis et les plaintes, de fait elle préparait les mesures qui intéressaient le commerce.

71. Tous les services publics durent presque autant au génie de Colbert que les services des finances et du commerce. Colbert donna une organisation nouvelle à la police. La direction générale en fut donnée à un *lieutenant général,* véritable ministre de la police, avec des agents et des tribunaux subordonnés. Colbert forma en même temps un corps d'inspecteurs et d'ingénieurs pour le service des ponts et chaussées. Enfin il imprima un mouvement salutaire à l'instruction publique en créant de nouvelles académies et de nombreux établissements scientifiques.

72. L'organisation administrative subit fort peu de changements après Colbert, au moins de changements importants et durables. Cependant, après la mort de Louis XIV, on substitua aux ministres institués en 1626 par Louis XIII, un *conseil de régence* composé de soixante-dix membres, pour l'administration et la politique générales. Ce conseil de régence fut divisé, pour l'administration des affaires spéciales, en sept conseils composés chacun de dix membres : conseil de conscience, conseil des affaires de l'intérieur, conseil des affaires étrangères, conseil de guerre, conseil de marine, conseil des finances et conseil du commerce. Mais cette organisation des grands services publics ne dura pas, et bien avant la fin de la régence, en 1718, le régent rétablit le système des ministères.

73. Les dernières années de ce que l'on appelle l'ancien régime furent plus remarquables par le changement dans l'esprit qui anime et dirige l'administration française que dans l'organisation administrative même. Cependant nous trouvons à noter des mesures importantes. En 1738, le règlement du conseil, médité par le chancelier d'Aguesseau, et resté en vigueur, dans beaucoup de ses parties, jusqu'à ce jour, organisa les conseils du roi et régla la procédure à suivre devant ces conseils (V. v° Cassation, n° 7).

74. Le gouvernement intérieur des villes présentait en France le spectacle le plus divers. Lors de l'affranchissement des communes au moyen âge, chaque ville avait stipulé ses franchises selon les besoins qui se manifestaient alors; il en était résulté qu'il y avait autant de constitutions différentes que de villes. En 1764, le gouvernement songea à rendre uniforme l'administration des villes en faisant une loi générale sur leur administration. Il fut procédé à une enquête; mais cette enquête ne paraît pas avoir eu de suites sérieuses. Dans le même temps, Turgot fit rendre les fameux édits qui abolissaient les corvées, les maîtrises et les jurandes, que nous avons vu organiser sous saint Louis. Mais les préjugés des communautés des arts et métiers et l'esprit étroit du parlement, qui n'enregistra ces édits qu'en *lits de justice,* firent bientôt rétracter ces mesures de Turgot, que l'alliance des privilégiés, fortifiée par les préventions populaires, força à la retraite.

75. La réforme la plus radicale dans l'organisation administrative fut la création des *assemblées provinciales* en 1787, création due à l'initiative du ministère de Calonne. Dans les pays d'élection, qui composaient les trois quarts de la France, l'administration de chaque généralité était tout entière dans les mains de l'intendant, agissant sans conseil et sans autre contrôle que le contrôle lointain et incertain du pouvoir central. En 1787, on plaça à côté de chaque intendant une assemblée provinciale qui, dans bien des cas, reçut le droit d'administrer elle-même. Les assemblées provinciales, composées des notables de la province, eurent le droit d'asseoir les tailles et d'en surveiller la perception sous l'autorité du pouvoir central; de faire exécuter dans leur province les travaux publics qu'ils jugeraient utiles, et, à cette cause, de diriger par leurs ordres tous les agents des ponts et chaussées sans exception; d'exercer la tutelle administrative des communes de la province, etc. Comme les intendants continuaient cependant à subsister dans toutes les généralités, ce partage d'attributions suscita, pendant le peu de temps qu'il dura, les plus déplorables conflits.

76. *Résumé.* — Ainsi se forma et se développa jusqu'à la révolution l'administration française. — Après avoir vu naître l'organisation administrative sous l'ancienne monarchie française et avoir montré la formation et le développement des principales fonctions et des principaux corps administratifs, il nous est indispensable, pour nous résumer, de présenter un tableau rapide de l'administration française à l'époque où éclata la révolution. Nous distinguerons à cet effet l'administration centrale et l'administration provinciale.

77. Au sommet de l'administration centrale se trouvait le *roi*, investi d'une puissance à peu près absolue; nous ne disons pas absolue sans réserves, parce que, à défaut d'une constitution écrite, la coutume avait consacré certains droits de la nation que le monarque ne pouvait enfreindre. Il y avait les *lois du roi*, révocables à la volonté du prince, et les *lois du royaume*, auxquelles il ne pouvait toucher seul. Dans le système de l'ancienne monarchie, il était rationnel de placer l'autorité royale parmi les pouvoirs administratifs, par la raison que les ministres n'étaient que les agents de l'autorité souveraine, responsables seulement vis-à-vis du prince et dans le seul cas où ils auraient dépassé ses ordres. Le roi donc administrait par lui-même, à la différence des souverains constitutionnels de nos jours, qui, selon une maxime bien connue, règnent et ne gouvernent pas.

78. Les premiers agents du pouvoir administratif du roi étaient les *ministres*. Il y en avait huit quand éclata la révolution : le ministre principal d'Etat, les secrétaires d'Etat de la maison du roi, des affaires étrangères, de la guerre, de la marine, le contrôleur général des finances, auxquels il faut adjoindre le chancelier et le garde des sceaux, dont les offices étaient alors distincts. Les ministres, répétons-le, n'avaient d'autres obligations que de se conformer aux ordres du roi; mais cela même n'était souvent qu'une fiction et n'empêchait pas que la politique d'un ministère ne restât marquée du caractère que lui imprimait l'habileté ou le génie de l'homme qui le dirigeait, s'il s'appelait Richelieu ou Mazarin.

79. Le premier corps consultatif était le *conseil d'Etat*. Le conseil d'Etat était avant tout investi d'attributions politiques et administratives; mais il avait aussi des attributions judiciaires. En déléguant aux parlements une partie de leur pouvoir judiciaire, les rois de France avaient retenu ce qu'ils n'avaient pas délégué. De là une distinction importante et qui n'a pas tout à fait disparu de nos jours entre la justice déléguée aux tribunaux et la justice retenue. L'édit du 3 janv. 1673 avait divisé le conseil d'Etat en cinq conseils particuliers : 1° le *conseil d'Etat* proprement dit, conseil politique, chargé des affaires générales, et où se discutaient la paix, la guerre, les traités, les alliances, l'emploi des revenus publics et, en un mot, toutes les affaires de gouvernement; 2° le *conseil des dépêches*, auquel revenaient les affaires intérieures, chargé de contrôler l'administration des intendants dans les provinces et investi pour cela d'une certaine juridiction en appel; 3° le *conseil des finances*, chargé de l'administration du domaine royal et du règlement des différends des traitants entre eux ou avec le fisc; 4° le *comité intime de la guerre* et 5° le *conseil des parties*, auquel était réservée la justice retenue par la couronne. Le conseil des parties connaissait particulièrement des règlements de juges, des évocations et des demandes en cassation des arrêts des cours souveraines. Cette division du conseil du roi dura jusqu'à la révolution. On distinguait parmi les arrêts du conseil ceux qui émanaient de telle ou telle section décidant en présence du roi et ceux qui étaient rendus en l'absence du roi. Les premiers portaient la mention : *Fait au conseil du roi, Sa Majesté y étant*, et les seconds : *Fait au conseil d'Etat du roi.* Le ministre que la matière concernait expédiait lui-même les arrêts pris en présence du roi, et le greffier du conseil expédiait les autres. — Le conseil d'Etat se composait du chancelier et du garde des sceaux, dont les offices étaient quelquefois réunis et quelquefois séparés, du contrôleur général et de trente-trois conseillers.

80. Pour l'administration provinciale, on divisait la France en quarante provinces ou gouvernements, trente-deux grands et huit petits, ayant chacun à sa tête un gouverneur, lieutenant général du roi, investi d'une autorité plutôt politique et militaire qu'administrative. Parmi ces provinces, on distinguait les *pays d'états* et les *pays d'élection*. Les premiers, plus récemment réunis à la France, avaient conservé, en vertu des traités, le privilége de ne contribuer aux charges publiques que dans la mesure fixée par les états de la province. Ces assemblées accordaient chaque année une somme que le roi faisait demander par ses commissaires. Dans les pays d'élection, au contraire, le roi exerçait une autorité plus absolue et levait lui-même, directement, l'impôt. Les pays d'états, c'est-à-dire la Bretagne, le Languedoc, la Provence, le Béarn, la Bourgogne, etc., se divisaient en treize généralités, et les pays d'élection en comprenaient dix-neuf, ce qui portait à trente-deux le nombre des grandes divisions administratives de la France. Chaque généralité était administrée par un intendant chargé d'ordonner l'entretien des routes et des voies de navigation, de surveiller les hôpitaux et les prisons et la répartition de la taille, d'inspecter tous les services publics et de tenir la main à l'exécution des ordonnances royales. Les attributions des intendants avaient la plus grande analogie avec celles des préfets de nos jours. Nous venons de voir (n° 75) que deux ans avant la révolution, les attributions des intendants furent partagées avec les assemblées provinciales.

81. L'action administrative des intendants qui avaient le caractère de délégués du pouvoir central était facilitée par une classe de fonctionnaires appelés *subdélégués*. Les subdélégués étaient nommés par les intendants et révocables à volonté; ils en transmettaient les ordres aux maires et échevins des villes et aux syndics des communautés. Leur caractère était assez semblable à celui des sous-préfets de nos jours; comme ceux-ci, aux termes d'une ordonnance du 15 avr. 1704, « ils avaient le droit de référer et non celui de décider. »

82. Nous rappelons seulement pour mémoire, attendu qu'elles satisfaisaient à des services spéciaux et non à l'administration générale les institutions suivantes investies d'attributions soit administratives, soit contentieuses, et le plus souvent administratives et contentieuses à la fois : 1° les chambres des comptes à Paris, Montpellier, Rouen, Dijon, Aix, Grenoble, Nantes, Metz, Nancy et Bar-le-Duc; 2° la cour des monnaies, unique pour la France; 3° la chambre du trésor et les bureaux de finances, composés des trésoriers et chargés de l'administration du domaine et de la juridiction de la voirie; 4° la cour des aides, dont nous avons fait connaître les attributions; 5° les greniers à sel, établis dans les pays de gabelle; 6° la table de marbre et les maîtrises des eaux et forêts pour toutes les affaires se rapportant à l'administration forestière; 7° les prévôts de l'hôtel chargés de la police des résidences royales, et de connaître de tous les crimes et délits commis dans les lieux habités par le roi, et même à dix lieues à la ronde, s'ils avaient été commis par des personnes ou sur des personnes attachées au service du roi. — Nous renvoyons ailleurs pour les détails sur l'administration communale, qui devraient compléter ce tableau de l'organisation administrative de l'ancienne France (V. Commune).

83. *Organisation administrative intermédiaire.* — La révolution éclata. Le premier changement qui s'ensuivit atteignit le caractère de l'autorité royale. Le roi demeura inviolable et constitutionnellement irresponsable; mais l'esprit des décrets de l'assemblée constituante et de la constitution de 1791 était de rabaisser le caractère de son autorité à celui de premier fonctionnaire public. Quant aux ministres, ils devinrent personnellement responsables de leurs actes. D'après le décret des 27 avril-25 mai 1791, le prince choisissait ses ministres; mais l'assemblée fixait les attributions de chacun d'eux. Au reste, c'est à peine si ce système reçut une application. La monarchie ayant sombré au 10 août 1792, l'organisation de l'administration centrale fut refaite sur une base nouvelle et mieux accommodée, pensait-on, au régime républicain. On substitua à l'administration individuelle des ministres le système des commissions. Un décret de la convention du 11 avr. 1793 avait créé le comité de salut public. Aux termes de ce décret, le comité de salut public, conçu quelque peu à l'imitation du conseil des Dix dans l'Etat de Venise, délibérait en secret; il surveillait et accélérait l'action de l'administration centrale, à la charge d'en référer à la convention; il était autorisé à ordonner, en cas d'urgence, les mesures de défense générale à l'extérieur et à l'intérieur, et à les faire exécuter par le pouvoir administratif. Sous cette direction supérieure, douze commissions étaient chargées de l'administration générale. A l'exception de la commission des relations extérieures, qui était représentée par une seule personne, de la commission de la guerre, qui n'avait qu'un membre et un adjoint, et de la commission des finances composée de cinq membres et d'un adjoint, toutes les commissions étaient composées de deux membres et un adjoint.

84. La constitution du 5 fruct. an 3 apporta dans l'organisation du pouvoir central un changement complet. Elle établissait un directoire exécutif composé de cinq membres, et revenait au système des ministères. Le directoire nommait les ministres; mais le pouvoir législatif, composé, comme on sait, de deux conseils, le conseil des Anciens et le conseil des Cinq-Cents fixait le nombre des ministres et déterminait leurs attributions, comme sous la loi de 1791 (V. Droit constit., n° 52 et p. 303).—La constitution de l'an 8 maintint ce système; seulement le premier consul, à qui appartenait le droit de nommer les ministres, devait les choisir sur une liste de candidats formée par les colléges électoraux. Cette constitution déclarait les ministres responsables de tout acte du gouvernement signé par eux et déclaré inconstitutionnel par le sénat, de l'inexécution des lois et des règlements d'administration publique et des ordres particuliers qu'ils auraient donnés, si ces ordres étaient contraires à la constitution, aux lois et aux règlements (art. 72, V. Droit constit., n° 53 et p. 312).

85. Un sénatus-consulte du 28 flor. an 12 établit l'empire. Depuis la révolution du 18 brumaire, le pouvoir avait toujours été se concentrant davantage dans les mêmes mains. Le sénatus-consulte du 28 flor. an 12 fit cesser la responsabilité ministérielle, qui n'avait plus de raison d'être, même en paroles, quand les ministres se trouvaient placés en face d'un maître souverain. Les ministres ne durent compte de leurs actes ministériels qu'à l'empereur (V. Droit constit., n° 56 et p. 319). Successivement leur nombre s'accrut jusqu'à douze par le dédoublement de certains ministères. Il y eut le ministère de la justice, de l'intérieur, des relations extérieures, de la guerre, de la marine, du trésor public, des contributions et revenus publics, du matériel de la guerre, des cultes, de la police générale, de la secrétairerie d'Etat, et enfin des manufactures et du commerce. Le ministre de la secrétairerie d'Etat avait dans ses attributions toutes les affaires qui ne rentraient pas dans la spécialité de quelque autre ministre. C'était lui qui contre-signait les décrets impériaux et leur donnait l'authenticité. Les autres ministres ne contre-signaient pas les actes qu'ils avaient proposés au chef du pouvoir exécutif.

86. Sous la restauration, le nombre des ministres fut réduit à sept. On ne compta plus que les ministres de la justice, de l'intérieur, des affaires étrangères, de la guerre, de la marine, des finances et de la maison du roi. Plus tard, on ajouta à ces ministères ceux des affaires ecclésiastiques, de l'instruction publique et celui des manufactures et du commerce. En 1829 les attributions du ministère de l'agriculture et du commerce furent réunies à celles du ministère de l'intérieur, et le ministre de la maison du roi ne fut plus qu'un intendant. — Nous ne parlerons pas des ministres d'Etat formant le conseil privé du roi institué par une ordonnance du 19 sept. 1815, par la raison que ces ministres n'avaient aucune attribution administrative.

87. Le gouvernement de juillet ne modifia d'abord la composition du conseil des ministres, qu'en réunissant au ministère de la justice celui des cultes. Mais en 1831, le ministère du commerce, réuni vers la fin de la restauration à celui de l'intérieur, fut rétabli, et en 1839, une ordonnance royale créa le ministère des travaux publics. Jusqu'à la fin de ce régime le conseil des ministres se composait donc des ministres de la justice et des cultes, de l'intérieur, des affaires étrangères, de la guerre, de la marine, des finances, de l'instruction publique, du commerce et des travaux publics. Nous disons le conseil des ministres, parce qu'en effet l'art. 12 des chartes de 1814 et de 1830 ayant déclaré les ministres responsables constitutionnellement, la réunion des ministres, ou, comme on disait alors, le cabinet, formait un corps politiquement homogène, sous la direction d'un des ministres désigné par la dénomination de président du conseil. Cette organisation du pouvoir central administratif réalisait la séparation du gouvernement et de l'administration, un des principes de la monarchie constitutionnelle jusqu'à la révolution de 1848. — Une ordonnance du 25 déc. 1842 a bien rétabli un conseil privé du roi; mais outre que les *ministres d'Etat* qui devaient le composer n'auraient pas eu d'attributions administratives, l'ordonnance du 25 déc. 1842 ne reçut jamais d'exécution.

88. Les ministres restèrent sous la République de 1848 ce qu'ils étaient sous le gouvernement de juillet; leur nombre et leurs attributions ne furent pas changés. Seulement le garde des sceaux des premiers mois de la République n'appartenant pas à la croyance catholique, on dut par convenance faire passer l'administration des cultes du ministère de la justice à celui de l'instruction publique. De plus le changement dans le régime politique fit supprimer la présidence du conseil : les ministres cessèrent de former un cabinet et n'eurent plus que des attributions administratives qu'ils exerçaient individuellement. La constitution du 4 nov. 1848 laissa au président de la République la nomination des ministres; mais l'assemblée législative eut le département des services publics entre les différents ministres. La même constitution établit la responsabilité cumulative du président de la République et des ministres.

89. Telles sont les vicissitudes que subit la constitution du pouvoir exécutif dans la période comprise entre la chute de l'ancienne monarchie et le second empire. Celles du conseil d'Etat, que le nouvel ordre de choses emprunta à l'ancien, ne furent pas moins nombreuses. Le conseil d'Etat de l'ancienne monarchie, maintenu dans les premiers temps de la révolution, modifié par une ordonnance du 9 août 1789, qui avait réuni au conseil d'État proprement dit le conseil des finances et le conseil des dépêches et créé un comité contentieux pour toutes les affaires contentieuses administratives, dont connaissaient alors les différents conseils, chacun en ce qui le concernait, le conseil d'Etat, disons-nous, avait été aboli par la loi du 25 mai 1791. Ses attributions étaient passées au conseil des ministres, auquel une loi du 21 fruct. an 3 attribua le jugement des conflits (V. Conflit n° 3) La constitution de l'an 8 rétablit le principe du conseil d'Etat (art. 52). Bientôt un arrêté consulaire du 5 nivôse an 8 (V. Cons. d'Etat, p. 179), et un sénatus-consulte, du 16 therm. an 10 (V. Droit constit., p. 316), fixèrent le nombre de ses membres, le divisèrent en sections et en déterminèrent les attributions. Un arrêté du 19 germ. an 11 (V. Cons. d'État, p. 179) institua les auditeurs au conseil d'Etat, en vue de créer une pépinière pour les hautes fonctions administratives.

90. Sous le régime impérial, le conseil d'Etat devint le premier corps politique, le véritable auxiliaire du pouvoir. L'empereur le présidait souvent en personne. En son absence, le conseil d'Etat était présidé par l'archichancelier de l'empire, le premier de ces grands dignitaires, qui, sans attributions administratives, avaient été institués comme conseillers nominaux de prince et pour relever par de hautes situations la splendeur du trône impérial.

91. Une ordonnance royale du 29 juin 1814 (V. Cons. d'État, p. 184) supprima dans le conseil d'Etat la classe des auditeurs. Une seconde ordonnance du 23 août 1815 (V. *eod.*, p. 185) la rétablit et maintint le conseil d'Etat tel à peu près qu'il était sous l'empire; elle établit la distinction entre le service ordinaire et le service extraordinaire. Le nombre des conseillers en service ordinaire fut fixé au maximum à trente, et celui des maîtres des requêtes à quarante. Le conseil d'Etat fut chargé de préparer la rédaction des projets de loi et des ordonnances. Comme corps administratif, il connaissait, sur le renvoi des ministres, des affaires sur lesquelles le ministre avait à s'éclairer, «notamment, dit l'art. 12 de l'ordonnance du 23 août 1815 de celles qui, par leur nature, présenteraient une opposition de droits, d'intérêts ou de prétentions diverses, telles que les concessions de mines, les établissements de moulins, usines, desséchements, canaux, etc. » Le conseil d'Etat eut aussi des attributions contentieuses. Un comité distinct fut chargé d'examiner les pourvois et de soumettre à l'assemblée générale un avis sur lequel l'assemblée générale préparait les projets d'ordonnance que devait signer le roi. Mais il ne faut pas oublier que les attributions du conseil d'Etat n'étaient jamais que consultatives. Qu'il s'agît de matières politiques, administratives ou contentieuses, le conseil d'Etat ne faisait jamais qu'émettre des avis et préparer des projets.

92. L'ordonnance du 23 août 1815 disposait que chaque année le garde des sceaux dresserait un tableau des membres du conseil d'Etat auxquels le roi conserverait le titre de conseillers d'Etat ou de maîtres des requêtes. Dans ce système, les membres du conseil d'Etat se trouvaient de fait à la disposition du garde des sceaux, qui pouvait leur faire perdre leur situation par voie d'omission sur le tableau dressé annuellement. Une ordonnance du 26 août 1824 (V. Cons. d'Etat, p. 187) rendit aux membres du conseil d'Etat une situation plus indépendante, en disposant (art. 6) que tous les membres du conseil d'Etat, y compris les auditeurs, ne pourraient être révoqués que par une ordonnance royale disposant individuellement.

93. L'ordonnance du 26 août 1824 resta la charte du conseil d'Etat sous le gouvernement de juillet, jusqu'à l'ordonnance du 18 sept. 1839 (V. Cons. d'Etat, p. 191), qui néanmoins maintint l'ordonnance de 1824 dans ses principales dispositions. On continua à distinguer le service ordinaire et le service extraordinaire; mais parmi les conseillers en service extraordinaire, l'art. 9 établit deux classes, dans l'une, les conseillers d'Etat qui pouvaient être autorisés à prendre part aux délibérations du conseil, dans l'autre ceux dont le titre était purement honorifique. Il y eut trente conseillers d'Etat en service ordinaire, trente maîtres des requêtes et quatre-vingts auditeurs divisés en deux classes de quarante chacune. Le conseil d'Etat n'avait pas alors de président spécial. Le garde des sceaux était président de droit, mais en fait le vice-président présidait toutes les assemblées générales. L'art. 7 de l'ordonnance royale du 18 sept. 1839 disposait que les conseillers d'Etat et les maîtres des requêtes ne pouvaient être destitués que par une ordonnance royale rendue sur la proposition du garde des sceaux et sur l'avis du conseil des ministres. Le conseil d'Etat se réunissait en assemblée générale, ou par comités; ces comités dont la désignation indique les attributions, étaient au nombre de cinq : le comité de législation, le comité des finances, le comité de la guerre et de la marine, le comité du commerce et des travaux publics et celui du contentieux. Les maîtres des requêtes avaient voix délibérative dans les comités pour toutes les affaires, et voix consultative seulement à l'assemblée générale, à l'exception des affaires où ils étaient rapporteurs.

94. L'organisation du conseil d'Etat et ses attributions étaient réglées, comme on le voit, par des ordonnances. Cet état de choses n'avait rien d'irrationnel; le conseil d'Etat n'étant, dans le système constitutionnel de la monarchie représentative, qu'un corps consultatif et ne pouvant jamais qu'émettre des avis auxquels l'administration supérieure était libre de ne pas se conformer, il paraissait convenable que le roi en réglât l'organisation de la même manière qu'il réglait les attributions de ses ministres. Cependant de fréquentes réclamations s'étaient élevées à cet égard. A la tribune des chambres et dans la presse, on avait souvent demandé que le conseil d'Etat fût régi par des lois. Nous ne dirons pas avec un écrivain distingué que l'usage ayant fait des avis du conseil d'Etat de véritables décisions auxquelles l'administration se conformait toujours et les ministres mettant souvent à la tribune leur responsabilité à couvert sous l'autorité des avis du conseil d'Etat, il était bon qu'ils renonçassent à la rigueur du droit pour entrer franchement dans la voie de la légalité (M. Batbie, Droit public et adm., t. 4, p. 89). Pour nous la nécessité d'une loi organique se tirait de ce que de nombreuses dispositions de loi ayant rendu l'avis du conseil d'Etat obligatoire pour le règlement de matières administratives, il n'était pas logique de laisser au pouvoir exécutif la faculté de réduire éventuellement cette garantie légale en modifiant, selon ses vues propres, l'organisation et les attributions du conseil d'Etat. Quoi qu'il en soit, une loi du 19 juill. 1845 (D. P. 45. 3. 177) donna une consécration législative à l'organisation du conseil d'Etat. Cette loi réduisit le nombre des auditeurs de quatre-vingts à quarante-huit; elle fixa le nombre des conseillers d'Etat en service extraordinaire à trente, et le nombre des maîtres des requêtes au même service à trente également. Les attributions du conseil d'Etat consistèrent, comme par le passé, à émettre des avis; mais il était « nécessairement appelé à donner son avis sur toutes les ordonnances portant règlement d'administration publique, ou qui devaient être rendues dans la forme de ces règlements » (art. 12).

95. Sous le régime de la constitution de 1848, l'organisation du conseil d'Etat subit de graves modifications. La loi du 3 mars 1849 (D. P. 49. 4. 73) remit à l'assemblée nationale la nomination des conseillers d'Etat; l'élection avait lieu au scrutin de liste. Le président de la république eut la nomination des maîtres des requêtes; les auditeurs furent choisis au concours et réduits au nombre de vingt et un. Le service extraordinaire fut supprimé. Le conseil d'Etat fut divisé en trois sections : 1° section de législation, 2° section d'administration divisée elle-même en trois comités : comité de l'intérieur, de l'instruction publique et des cultes, comité des finances, de la guerre et de la marine, comité des travaux publics, de l'agriculture, du commerce et des affaires étrangères, et enfin 3° section du contentieux. La constitution du 4 nov. 1848 avait posé les bases de la nouvelle organisation et des nouvelles attributions du conseil d'Etat, qui furent développées par la loi précitée du 3 mars 1849 et par les règlements intérieurs des 26 mai 1849 et 13 juin 1850, qui organisèrent les différents services.

96. L'institution du conseil d'Etat acquit, dans le système de la constitution de 1848, une importance qu'elle n'avait jamais eue, surtout au point de vue de la législation. Toutes les lois émanant de l'initiative du président de la république durent être soumises à l'examen du conseil d'Etat avant d'être présentées à l'assemblée nationale, à l'exception des lois de finances et de celles que l'assemblée aurait déclarées urgentes par un vote. Pour les lois émanant de l'initiative de l'assemblée, l'examen du conseil d'Etat n'était pas un préliminaire obligé; mais l'examen des projets de loi pouvait être ordonné par l'assemblée. Comme on le voit, dans ce système, le conseil d'Etat autant par ses attributions que par la manière dont il se recrutait cessait d'être l'auxiliaire du chef du gouvernement pour devenir l'auxiliaire du pouvoir législatif.

97. Au point de vue de l'administration, le conseil d'Etat acquit le pouvoir de prendre des décisions qui lui fussent propres. C'est ainsi que la dissolution des conseils généraux et des conseils municipaux ne pouvait être prononcée par le chef du pouvoir exécutif que conformément à un avis du conseil d'Etat. C'est ainsi encore que les décisions du comité du contentieux, au lieu d'être de simples avis, toujours suivis, en réalité, par le chef du pouvoir exécutif, mais, en droit, nullement obligatoires, devinrent de véritables jugements ayant force d'exécution par eux-mêmes (V. l'explication de la loi du 3 mars 1849, v° Conseil d'Etat). Le jugement des conflits lui fut enlevé et fut confié à un tribunal spécial, appelé *tribunal des conflits*, composé de membres du conseil d'Etat et de la cour de cassation (const. de 1848, art. 89; L. 3 mars 1849 et 4 fév. 1850. V. Conflit, n°s 13 et suiv.).

98. *Organisation départementale.* — Telles sont les vicissitudes par lesquelles passa l'administration centrale en France, depuis la chute de l'ancienne monarchie jusqu'à l'établissement du second empire, ou plutôt jusqu'au 2 déc. 1851. L'organisation administrative dans ce que nous appellerons, selon le langage commun, la province, ne fut pas moins profondément modifiée; mais elle ne suivit pas autant les fluctuations du régime politique. A l'ancienne division de la France en gouvernements ou provinces, l'assemblée constituante, adoptant une idée féconde de Sieyès, substitua la division en départements, pour détruire par ce fractionnement l'esprit provincial. L'administration départementale fut confiée à des corps délibérants. La loi du 22 déc. 1789 plaça à la tête de chaque département un *conseil du département*, composé de trente-six membres nommés par les électeurs primaires et choisis parmi les citoyens payant une contribution foncière égale à la valeur de dix journées de travail, et un *directoire* composé de huit membres pris dans le sein du conseil et nommés par lui au scrutin. Le conseil du département tenait chaque année une session, à l'effet de *fixer les règles de chaque partie de l'administration, d'ordonner les travaux et les dépenses générales du département et de recevoir le compte de la gestion du directoire*. Le directoire était toujours en activité pour l'expédition des affaires, et rendait tous les ans au conseil du département un compte de sa gestion. Le conseil du département élisait chaque année un président et un secrétaire. Outre les trente-six membres qui le composaient, un procureur général syndic, nommé également par les électeurs primaires, assistait aux séances du conseil général sans voix délibérative; mais aucun rapport ne pouvait y être fait sans lui avoir été communiqué, et aucune délibération ne pouvait être prise sur ces rapports, sans qu'il eût été entendu.

99. Les conseils de département furent supprimés par la loi du 14 frim. an 2; mais les directoires continuèrent de subsister. La loi du 28 germ. an 3 rétablit le système précédent; mais la constitution du 5 fruct. an 3 adopta presque aussitôt de nouvelles modifications à l'administration départementale. Cette administration fut confiée à cinq membres élus, chargés de délibérer et d'agir, renouvelés par l'élection chaque année par cinquième, mais destituables par le gouvernement, qui, au cas de destitution, pouvait les remplacer par une commission. Auprès de l'administration départementale, la constitution de l'an 3 institua un commissaire choisi parmi les citoyens domiciliés dans le département et dont l'office consistait à requérir l'exécution des lois. Ces administrations subsistèrent jusqu'à la loi du 28 pluv. an 8, qui établit le régime en vigueur aujourd'hui, en composant l'administration départementale d'un préfet, d'un conseil de préfecture et d'un conseil général du département.

100. La loi du 22 déc. 1789, en organisant l'administration départementale, avait subdivisé les départements en districts et donné à chaque district une organisation modelée sur celle du département. L'administration du district se composait d'un conseil composé de douze membres élus pour quatre années, et d'un directoire composé de quatre membres pris dans le sein du conseil, plus un procureur-syndic sorti également de l'élection et chargé de requérir l'application de la loi.

101. Les districts furent supprimés par la constitution de l'an 3; mais cette constitution créa une circonscription nouvelle, celle du canton. Chaque commune dont la population était supérieure à 5,000 habit. eut un agent municipal et un adjoint, et la réunion des agents municipaux de toutes les communes d'un canton formait la municipalité du canton. Ces municipalités furent chargées, par la loi du 29 frim. an 4, de la répartition proportionnelle de l'impôt entre les communes du canton. Elles étaient subordonnées à l'administration départementale, qui pouvait annuler leurs délibérations et même suspendre les municipalités. Il était facultatif pour le gouvernement d'établir auprès de ces municipalités un commissaire représentant de l'autorité centrale. La loi du 28 pluv. an 8 rétablit la circonscription administrative de l'arrondissement et en organisa l'administration sur des bases qui, à part quelques modifications secondaires que nous ferons connaître, subsistent encore aujourd'hui.

102. *Organisation communale.* — Après cette revue de l'organisation administrative centrale et de l'organisation administrative départementale, il nous faudrait faire ici l'historique de l'administration communale, afin de présenter un tableau complet. Mais nous devons, sur ce point très-intéressant, renvoyer à l'étude dont l'organisation communale a été l'objet ailleurs (v° Commune).

TABLEAU DE LA LÉGISLATION RELATIVE A L'ORGANISATION ADMINISTRATIVE.

9 déc. 1789. — Décret provisoire contenant les bases principales de l'organisation des départements.

22 déc. 1789-janv. 1790. — Décret relatif à la constitution des assemblées primaires et des assemblées administratives.

Art. 1. Il sera fait une nouvelle division du royaume en *départements*, tant pour la représentation que pour l'administration. Ces départements seront au nombre de soixante-quinze à quatre-vingt-cinq.

2. Chaque département sera divisé en *districts*, dont le nombre, qui ne pourra être ni au-dessous de trois, ni au-dessus de neuf, sera réglé par l'assemblée nationale, suivant le besoin et la convenance du département, après avoir entendu les députés des provinces.

3. Chaque district sera partagé en divisions appelées *cantons*, d'environ 40 lieues carrées (lieues communes de France).

4. La nomination des représentants à l'assemblée nationale sera faite par départements.

5. Il sera établi, au chef-lieu de chaque département, une assemblée administrative supérieure, sous le titre d'*administration de département*.

6. Il sera également établi, au chef-lieu de chaque district, une assemblée administrative inférieure, sous le titre d'*administration de district*.

7. Il y aura une municipalité en chaque ville, bourg, paroisse ou communauté de campagne.

8. Les représentants nommés à l'*assemblée nationale* par les départements ne pourront être regardés comme les représentants d'un département particulier, mais comme les représentants de la totalité des départements, c'est-à-dire de la nation entière.

9. Les membres nommés à l'*administration de département* ne pourront être regardés que comme les représentants du département entier, et non d'aucun district en particulier.

10. Les membres nommés à l'*administration de district* ne pourront être regardés que comme les représentants de la totalité du district, et non d'aucun canton en particulier.

11. Ainsi, les membres des administrations de district et de département, et les représentants à l'assemblée nationale, ne pourront jamais être révoqués, et leur destitution ne pourra être que la suite d'une forfaiture jugée.

12. Les assemblées primaires, dont il va être parlé, celles des électeurs des administrations de département, des administrations de district et des municipalités, seront juges de la validité des titres de ceux qui prétendront y être admis.

SECT. 1. — *De la formation des assemblées pour l'élection des représentants à l'assemblée nationale.* (Sans intérêt.)

SECT. 2. — *De la formation et de l'organisation des assemblées administratives.*

Art. 1. Il n'y aura qu'un seul degré d'élection intermédiaire entre les assemblées primaires et les assemblées administratives.

2. Après avoir nommé les représentants à l'assemblée nationale, les mêmes électeurs éliront en chaque département les membres qui, au nombre de trente-six, composeront l'*administration de département*.

3. Les électeurs de chaque district se réuniront ensuite au chef-lieu de leur district, et y nommeront les membres qui, au nombre de douze, composeront l'*administration de district*.

4. Les membres de l'administration de département seront choisis parmi les citoyens éligibles de tous les districts du département, de manière cependant qu'il y ait toujours dans cette administration deux membres au moins de chaque district.

5. Les membres de l'administration de district seront choisis parmi les citoyens éligibles de tous les cantons du district.

6. Pour être éligible aux administrations de département et de district, il faudra réunir aux conditions requises pour être citoyen actif, celle de payer une contribution directe plus forte, et qui se monte au moins à la valeur locale de dix journées de travail.

7. Ceux qui seront employés à la levée des impositions indirectes, tant qu'elles subsisteront, ne pourront être en même temps membres des administrations de département et de district.

8. Les membres des corps municipaux ne pourront être en même temps membres des administrations de département et de district.

9. Les membres des administrations de district ne pourront être en même temps membres des administrations de département.

10. Les citoyens qui rempliront les places de judicature et qui auront les conditions d'éligibilité prescrites, pourront être membres des administrations de département et de district, mais ne pourront être nommés aux directoires dont il sera parlé ci-après.

11. Les membres des administrations de département et de district seront choisis par les électeurs, en trois scrutins de liste double. A chaque scrutin, ceux qui auront la pluralité absolue seront élus définitivement, et le nombre de ceux qui resteront à nommer au troisième scrutin sera rempli à la pluralité relative.

12. Chaque administration, soit de département, soit de district, sera permanente, et les membres en seront renouvelés par moitié tous les deux ans; la première fois au sort, après les deux premières années d'exercice, et ensuite à tour d'ancienneté.

13. Les membres des administrations seront ainsi en fonctions pendant quatre ans, à l'exception de ceux qui sortiront par le premier renouvellement au sort, après les deux premières années.

14. En chaque administration de département, il y aura un procureur général syndic, et en chaque administration de district un procureur syndic. Ils seront nommés au scrutin individuel et à la pluralité absolue des suffrages, en même temps que les membres de chaque administration, et par les mêmes électeurs.

15. Le procureur général syndic de département et les procureurs syndics de district seront quatre ans en place, et pourront être continués par une nouvelle élection pour quatre autres années : mais ensuite ils ne pourront être réélus qu'après un intervalle de quatre années.

16. Les membres des administrations de département et de district, en nommant ceux des directoires, comme il sera dit ci-après, choisiront et désigneront celui des membres des directoires qui devra remplacer momentanément le procureur général syndic ou le procureur syndic, en cas d'absence, de maladie ou autre empêchement.

17. Les procureurs généraux syndics et les procureurs-syndics auront séance aux assemblées générales des administrations, sans voix délibérative; mais il ne pourra y être fait aucuns rapports sans qu'ils en aient eu communication, ni être pris aucune délibération sur ces rapports sans qu'ils aient été entendus.

18. Ils auront de même séance aux directoires avec voix consultative, et seront au surplus chargés de la suite de toutes les affaires.

19. Les administrations, soit de département, soit de district, nommeront leur président et leur secrétaire au scrutin individuel et à la pluralité absolue des suffrages. Le secrétaire pourra être changé lorsque l'administration le trouvera convenable.

20. Chaque administration de département sera divisée en deux sections, l'une sous le titre de *Conseil de département*, l'autre, sous celui de *Directoire de département*.

21. Le conseil de département tiendra annuellement une session, pour fixer les règles de chaque partie de l'administration, ordonner les travaux et les dépenses générales du département, et recevoir le compte de la gestion du directoire. La première session pourra être de six semaines, et celle des années suivantes d'un mois au plus.

22. Le directoire de département sera toujours en activité pour l'expédition des affaires, et rendra tous les ans au conseil de département le compte de sa gestion, qui sera publié par la voie de l'impression.

23. Les membres de chaque administration de département éliront, à la fin de leur première session, huit d'entre eux pour composer le directoire; ils les renouvelleront tous les deux ans par moitié. Le président de l'administration de département pourra assister et aura droit de présider à toutes les séances du directoire, qui pourra néanmoins se choisir un vice-président.

24. A l'ouverture de chaque session annuelle, le conseil de département commencera par entendre, recevoir et arrêter le compte de la gestion du directoire; ensuite, les membres du directoire prendront séance, et auront voix délibérative avec ceux du conseil.

25. Chaque administration de district sera divisée de même en deux sections, l'une sous le titre de *Conseil de district*, l'autre sous celui de *Directoire de district*, et ce directoire sera composé de quatre membres.

26. Le président de l'administration de district pourra de même assister et aura droit de présider au directoire de district. Ce directoire pourra également se choisir un vice-président.

27. Tout ce qui est prescrit par les art. 22, 23 et 24 ci-dessus, pour les fonctions, la forme d'élection et de renouvellement, le droit de séance et de voix délibérative des membres du directoire de département, aura lieu de même pour ceux des directoires de district.

28. Les administrations et les directoires de district seront entièrement subordonnés aux administrations et directoires de département.

29. Les conseils de district ne pourront tenir leur session annuelle que pendant quinze jours au plus, et l'ouverture de cette session précédera d'un mois celle du conseil de département.

30. Les conseils de district ne pourront s'occuper que de préparer les demandes à faire et les matières à soumettre à l'administration de département pour l'intérêt du district, de disposer les moyens d'exécution, et de recevoir les comptes de la gestion de leur directoire.

31. Les directoires de district seront chargés de l'exécution dans le ressort de leur district, sous la direction et l'autorité de l'administration de département et de son directoire, et ils ne pourront faire exécuter aucuns arrêtés du conseil de district, en matière d'administration générale, s'ils n'ont été approuvés par l'administration de département.

Sect. 3. — *Des fonctions des assemblées administratives.*

Art. 1. Les administrations de département sont chargées, sous l'inspection du corps législatif et en vertu de ses décrets : 1° de répartir toutes les contributions directes imposées à chaque département. Cette répartition sera faite par les administrations de département entre les districts de leur ressort, et par les administrations de district entre les municipalités; 2° d'ordonner et de faire faire, suivant les formes qui seront établies, les rôles d'assiette et de cotisation entre les contribuables de chaque municipalité; 3° de régler et de surveiller tout ce qui concerne, tant la perception et le versement du produit de ces contributions, que le service et les fonctions des agents qui en seront chargés; 4° d'ordonner et de faire exécuter le payement des dépenses qui seront assignées en chaque département sur le produit des mêmes contributions.

2. Les administrations de département seront encore chargées, sous l'autorité et l'inspection du roi, comme chef suprême de la nation et de l'administration générale du royaume, de toutes les parties de cette administration, notamment de celles qui sont relatives : 1° au soulagement des pauvres et à la police des mendiants et vagabonds; 2° à l'inspection et à l'amélioration du régime des hôpitaux, hôtels-Dieu, établissements et ateliers de charité, prisons, maisons d'arrêt et de correction; 3° à la surveillance de l'éducation publique et de l'enseignement politique et moral; 4° à la manutention et à l'emploi des fonds destinés, en chaque département, à l'encouragement de l'agriculture, de l'industrie, et de toute espèce de bienfaisance publique; 5° à la conservation des propriétés publiques; 6° à celle des forêts, rivières, chemins et autres choses communes; 7° à la direction et confection des travaux pour la confection des routes, canaux et autres ouvrages publics autorisés dans le département; 8° à l'entretien, réparation et reconstruction des églises, presbytères et autres objets nécessaires au service du culte religieux; 9° au maintien de la salubrité, de la sûreté et de la tranquillité publiques; 10° enfin, au service et à l'emploi des milices ou gardes nationales, ainsi qu'il sera réglé par des décrets particuliers.

3. Les administrations de district ne participeront à toutes ces fonctions, dans le ressort de chaque district, que sous l'autorité interposée des administrations de département.

4. Les administrations de département et de district seront toujours tenues de se conformer, dans l'exercice de toutes ces fonctions, aux règles établies par la constitution, et aux décrets de la législature sanctionnés par le roi.

5. Les délibérations des assemblées administratives de département, sur tous les objets qui intéresseront le régime de l'administration générale du royaume, ou sur des entreprises nouvelles et des travaux extraordinaires, ne pourront être exécutées qu'après avoir reçu l'approbation du roi. Quant à l'expédition des affaires particulières et de tout ce qui s'exécute en vertu de délibérations déjà approuvées, l'autorisation spéciale du roi ne sera pas nécessaire.

6. Les administrations de département et de district ne pourront établir aucun impôt, pour quelque cause et sous quelque dénomination que ce soit, en répartir aucun au delà des sommes et du temps fixés par le corps législatif, ni faire aucun emprunt, sans y être autorisées par lui, sauf à pourvoir à l'établissement des moyens propres à leur procurer les fonds nécessaires au payement des dettes et des dépenses locales, et aux besoins imprévus et urgents.

7. Elles ne pourront être troublées dans l'exercice de leurs fonctions administratives par aucun acte du pouvoir judiciaire.

8. Du jour où les administrations de département et de district seront formées, les États provinciaux, les assemblées provinciales et les assemblées inférieures qui existent actuellement, demeureront supprimées et cesseront entièrement leurs fonctions.

9. Il n'y aura aucun intermédiaire entre les administrations de département et le pouvoir exécutif suprême. Les commissaires départis, intendants et leurs subdélégués, cesseront toutes fonctions aussitôt que les administrations de département seront entrées en activité.

10. Dans les provinces qui ont eu jusqu'à présent une administration commune, et qui sont divisées en plusieurs départements, chaque administration de département nommera deux commissaires qui se réuniront pour faire ensemble la liquidation des dettes contractées sous le régime précédent, pour établir la répartition de ces dettes entre les différentes parties de la province, et pour mettre à fin les anciennes affaires. Le compte en sera rendu à une assemblée formée de quatre autres commissaires nommés par chaque administration de département.

Instruction sur la formation des assemblées représentatives et des corps administratifs (8 janv. 1790.)

Le décret de l'assemblée nationale, du 22 déc. 1789, sur la formation des assemblées représentatives et des corps administratifs, est divisé en quatre parties.

Les douze premiers articles contiennent les dispositions fondamentales de la nouvelle organisation du royaume en départements, en districts et en cantons, et quelques règles communes à la double représentation élevée sur cette nouvelle organisation, savoir : la représentation nationale dans le corps législatif, et la représentation des citoyens de chaque département dans les corps administratifs.

La première section du décret établit les principes et les formes des élections. Les assemblées d'élection sont de deux espèces : les premières, appelées primaires, sont celles dans lesquelles tous les citoyens actifs se réuniront pour nommer des électeurs; les secondes sont celles des électeurs qui auront été nommés par les assemblées primaires.

Les vingt et un premiers articles de cette section traitent des assemblées primaires, qui sont les mêmes, c'est-à-dire, qui sont formées de la même manière, et qui servent également pour parvenir à la nomination, soit des représentants dans le corps législatif, soit des administrateurs de département et de district.

Les quatorze articles suivants de la même section ne concernent que les assemblées des électeurs, lorsqu'il s'agit de nommer les représentants au corps législatif, et prescrivent les formes à suivre pour l'élection de ces représentants.

La seconde section du décret traite de la formation et de l'organisation des corps administratifs dans les départements et dans les districts.

Les onze premiers articles de cette section sont relatifs aux assemblées des électeurs, lorsqu'il s'agit de nommer les membres de ces corps administratifs.

Les vingt derniers articles expliquent de quelle manière les corps administratifs doivent être composés, organisés et renouvelés.

Enfin, la troisième section du décret traite de la nature des pouvoirs et de l'étendue des fonctions des corps administratifs.

§ 1. — *Observations sur les premiers articles du décret.*

Tous les Français sont frères et ne composent qu'une famille; ils vont concourir de toutes les parties du royaume à la formation de leurs lois; les règles et les effets de leur gouvernement vont être les mêmes dans tous les lieux. La nouvelle division du territoire commun détruit toute disproportion sensible dans la représentation, et toute inégalité d'avantages et de désavantages politiques. Cette division était désirable sous plusieurs rapports civils et moraux, mais surtout elle est nécessaire pour fonder solidement la constitution et pour en garantir la stabilité. Que de motifs pour tous les bons citoyens d'en accélérer l'exécution!

Les élections à faire pour composer la prochaine législature qui remplacera l'assemblée nationale actuelle, et celles qui sont nécessaires, en ce moment même, pour la formation des corps administratifs, qui feront disparaître les derniers vestiges du régime ancien, dépendent absolument de la prompte organisation des départements en districts, et des districts en cantons.

L'assemblée nationale a fait, à cet égard, tout ce qui est nécessaire pour faciliter les opérations locales, et pour en hâter le succès. Elle a fixé les chefs-lieux des départements et des districts, avec cette modification, que l'assemblée des électeurs qui nommeront les représentants au corps législatif, sera tenue alternativement dans les chefs-lieux de tous les districts : elle a même laissé la faculté d'alterner ainsi entre certaines villes du même département, pour la session du corps administratif, si les citoyens du département le trouvent convenable. L'assemblée nationale a encore tracé les limites de chaque département et de chaque district, telles qu'elles ont paru convenables au premier aperçu. Si les détails de l'exécution font découvrir le besoin ou la convenance de quelques changements à cette démarcation, il est difficile que les motifs en soient assez pressants pour que les divisions indiquées par l'assemblée nationale ne puissent pas être suivies, au moins momentanément, pour la première tenue des assemblées qui vont être convoquées, et dont rien ne pourrait autoriser un plus long retardement. Cette exécution préalable ne nuira point aux représentations de ceux qui se croiront fondés à en faire. Les corps administratifs, une fois formés et établis en chaque département et en chaque district, deviendront les juges naturels de ces convenances locales. Ils feront, de concert entre eux, toutes les rectifications dont leurs limites respectives se trouveront susceptibles pour concilier l'intérêt des particuliers avec le bien général; et s'il arrivait qu'ils ne pussent pas s'accorder sur quelques-unes, l'assemblée nationale les réglera sur les mémoires qu'ils lui feront parvenir. Il serait bien désirable que la division des cantons pût se faire incessamment en chaque district; mais elle n'est pas essentiellement nécessaire à la formation des prochaines assemblées. Dans les départements où cette division n'aura pu être fixée par l'assemblée nationale, après avoir entendu les députés du pays, elle sera provisoirement suivie pour les premières élections seulement. Dans les départements où elle n'aura pas pu être faite par l'assemblée nationale, il suffira de former des réunions de paroisses voisines, en composant chaque agrégation d'un plus ou moins grand nombre de paroisses, suivant les forces de leur population, de manière que chaque agrégation fournisse un nombre de citoyens actifs suffisant pour former une assemblée primaire, et approchant le plus près qu'il sera possible du nombre de six cents. L'assemblée nationale invite les membres des municipalités de chaque paroisse à seconder de tout leur zèle cette réunion des communautés contiguës, que le voisinage, l'état de la population et les autres convenances locales, appelleront à s'agréger pour composer ensemble une assemblée primaire.

Le § 2 de l'instruction contient des éclaircissements sur les vingt et un premiers articles de la sect. 1 du décret concernant les assemblées primaires.

Le § 3 donne le développement des quatorze derniers articles de la sect. 1 du décret concernant les assemblées des électeurs nommant au corps législatif.

Le § 4 contient des observations sur les onze premiers articles de la sect. 2 du décret concernant les assemblées des électeurs nommant aux corps administratifs.

§ 5. — *Eclaircissements sur les vingt derniers articles de la sect. 2 du décret concernant l'organisation des corps administratifs.*

Les administrations de département et de district sont permanentes, suivant l'art. 12, non dans le sens que leurs sessions puissent être continues et sans intervalle, mais parce que les membres qui composeront les corps administratifs, conserveront leur caractère pendant tout le temps pour lequel ils seront élus; que ces corps périodiquement renouvelés ne cesseront pas un instant d'exister, et que l'administration de département sera faite chaque jour sous leur influence et par l'autorité qui leur sera confiée. Les membres des administrations de département et de district seront élus pour quatre ans, et resteront en fonctions pendant ce temps. Ils seront renouvelés tous les deux ans par moitié, c'est-à-dire que tous les deux ans il sortira dix-huit membres de l'administration de département et six de celle de district, qui seront remplacés par un égal nombre de membres nouvellement élus. Il sera procédé à ces remplacements dans les mêmes formes qui sont établies pour la nomination des premiers membres de ces administrations. Le sort déterminera la première fois, après les deux premières années d'exercice, quels membres devront sortir; les autres cesseront ensuite leurs fonctions tous les deux ans, par moitié, à tour d'ancienneté. A ce moyen, les membres qui se trouveront, en 1792, dans la première moitié dont le sort décidera la sortie, n'auront eu que deux ans d'exercice. En procédant à ces renouvellements pour l'administration de département, les électeurs seront attentifs à maintenir toujours dans cette administration deux membres au moins de chaque district; et par conséquent, lorsqu'un district n'aura fourni que deux membres à l'administration, ces membres sortant d'exercice ne pourront être remplacés que par de nouveaux membres élus parmi les citoyens du même district.

Le procureur général syndic du département et les procureurs-syndics des districts seront également élus pour quatre ans, après lesquels ils pourront être continués, par une nouvelle élection, pour quatre autres années; mais ensuite ils ne pourront plus être réélus, si ce n'est après un intervalle de quatre ans.

Lorsque les membres qui vont être nommés pour composer les administrations, soit de département, soit de district, seront réunis pour tenir leur prochaine session, ils procéderont, dès la première séance, à la nomination d'un d'entre eux pour président. Jusque-là le doyen d'âge présidera; les trois plus anciens, après lui, feront les fonctions de scrutateurs, et un des membres remplira provisoirement celles de secrétaire. La nomination du président sera faite au *scrutin individuel et à la pluralité absolue des suffrages*. L'élection du président sera suivie immédiatement de celle d'un secrétaire, qui sera nommé de même par les membres de chaque administration, mais pris hors de leur sein. Il sera élu aussi *au scrutin individuel et à la pluralité absolue des suffrages;* mais il pourra être changé, lorsque les membres de l'administration l'auront jugé convenable, à la majorité des voix.

L'administration de département sera divisée en deux sections : la première portera le titre de *conseil de département*, et l'autre, celui de *directoire de département*. Le directoire sera composé de huit des membres de l'administration; les vingt-huit autres formeront le conseil. Pour opérer cette division, les trente-six membres de chaque administration de département éliront, à la fin de leur première session, *au scrutin individuel et à la pluralité absolue des suffrages*, les huit d'entre eux qui composeront le directoire. Les membres du directoire seront en fonctions pendant quatre ans, et seront renouvelés tous les deux ans par moitié, la première fois au sort, après les deux premières années d'exercice, ensuite à tour d'ancienneté. Il arrivera ainsi que la moitié des membres qui seront élus la première fois au directoire, n'y pourra rester que deux ans. Il faut observer, par rapport aux directoires, que si les citoyens qui rempliront des places de judicature, et qui réuniront les conditions d'éligibilité prescrites, ne sont pas exclus des administrations de département et de district, suivant l'art. 10 de la onzième section du décret, ils ne peuvent pas cependant être nommés membres des directoires, aux termes du même article, à cause de l'incompatibilité qui résulte de l'assiduité des fonctions que les directoires, d'une part, et les places de judicature, de l'autre, imposent également. Les directoires doivent être en tout temps, et surtout en ce premier moment, composés de citoyens sages, intelligents, laborieux, attachés à la constitution, et qui n'aient aucun autre service ou emploi qui puisse les distraire des fonctions du directoire.

C'est au conseil de département qu'il appartiendra de fixer les règles de chaque partie importante de l'administration du département, et d'ordonner les travaux et les dépenses générales. Il tiendra pour cet effet une session annuelle pendant un mois au plus, excepté la première qui pourra être de six semaines. Le directoire, au contraire, sera toujours en activité et s'occupera sans discontinuation, pendant l'intervalle des sessions annuelles, de l'exécution des arrêtés pris par le conseil et de l'expédition des affaires particulières. Le président de l'administration de département, quoiqu'il ne soit pas compris dans les huit membres dont le directoire sera composé, aura le droit d'assister et de présider à toutes les séances du directoire, qui pourra néanmoins se choisir un vice-président. Tous les ans, le directoire rendra au conseil de département le compte de sa gestion, et ce compte sera publié par la voie de l'impression. C'est à l'ouverture de chacune des sessions annuelles que le conseil de département recevra et arrêtera le compte de la gestion du directoire; il sera même tenu de commencer par là le travail de chaque session. Les membres du directoire se réuniront ensuite à ceux du conseil, prendront séance et auront voix délibérative avec eux, de manière qu'à partir du compte rendu, la distinction du conseil et du directoire demeurera suspendue pendant la durée de la session, et tous les membres de l'administration siégeront ensemble en assemblée générale.

Pendant la session du conseil, les membres éliront, toutes les semaines, *au scrutin individuel et à la majorité absolue*, celui d'entre eux qui aura la voix prépondérante, dans le cas où les suffrages seraient partagés. La même élection sera faite tous les mois pour le directoire, par les membres qui le composeront. Tout ce qui vient d'être dit pour les administrations de département aura lieu de la même manière pour les administrations de district.

Celles-ci seront divisées aussi en deux sections, l'une sous le titre de *conseil de district*, l'autre sous celui de *directoire de district*. Le directoire de district sera composé de quatre membres. Les douze membres de l'administration de district éliront, à la fin de leur première session, *au scrutin individuel et à la pluralité absolue des suffrages*, les quatre d'entre eux qui composeront le directoire. Ceux-ci seront renouvelés tous les deux ans par moitié. — Le conseil de district ne tiendra qu'une session tous les ans, pendant quinze jours au plus; et comme la principale utilité des administrations de district est d'éclairer celles de département sur les besoins de chaque district, l'ouverture de cette session annuelle des conseils de district précédera d'un mois celle du conseil de leur département. Les directoires de district seront toujours en activité comme ceux de département, soit pour l'exécution des arrêtés de l'administration de district, approuvés par celle de département, soit pour l'exécution des arrêtés de l'administration de département et des ordres qu'ils recevront de cette administration et de son directoire. — Enfin, les directoires de district rendront tous les ans le compte de leur gestion aux conseils de district, à l'ouverture de la session annuelle, et auront ensuite séance et voix délibérative en assemblée générale avec les membres des conseils.

Un des points essentiels de la constitution, en cette partie, est l'entière et absolue subordination des administrations et des directoires de district aux administrations et aux directoires de département, établie par l'art. 28 de la sect. 2 du décret. Sans l'observation exacte et rigoureuse de cette subordination, l'administration cesserait d'être régulière et uniforme dans chaque département. Les efforts des différentes parties pourraient bientôt ne plus concourir au plus grand bien du tout; les districts, au lieu d'être des sections d'une administration commune, deviendraient des administrations en chef, indépendantes et rivales, et l'autorité administrative dans le département n'appartiendrait plus au corps supérieur à qui la constitution l'a conférée pour tout le département.

Le principe constitutionnel sur la distribution des pouvoirs administratifs est que l'autorité descende du roi aux administrations de département, de celles-ci aux administrations de district, et de ces dernières aux municipalités à qui certaines fonctions relatives à l'administration générale pourront être déléguées. Les conseils de district ne pourront ainsi rien décider ni faire rien exécuter en vertu de leurs seuls arrêtés, dans tout ce qui intéressera le régime de l'administration générale. Ils pourront seulement, suivant la disposition de l'art. 30, s'occuper de préparer les demandes qui seront à faire à l'administration de département, et les matières qu'ils trouveront utile de lui soumettre pour les intérêts de district. Ils prépareront encore et indiqueront à leurs directoires les moyens d'exécution, et recevront ses comptes.

Les directoires de district, chargés, dans leurs ressorts respectifs, de l'exécution des arrêtés de l'administration de département, n'y pourront faire exécuter ceux que les conseils de district se seraient permis de prendre en matière d'administration générale, qu'après que ces arrêtés des conseils de district auront été approuvés par l'administration de département. Les procureurs généraux syndics de département et les procureurs-syndics de district auront droit d'assister à toutes les séances, tant du conseil que du directoire de l'administration dont ils feront partie; ils y auront séance en un bureau placé au milieu de la salle, et en avant de celui du président.

Ils n'auront point voix délibérative, mais il ne pourra être fait à ces séances aucun rapport sans qu'ils en aient eu communication, ni être pris aucun arrêté sans qu'ils aient été entendus, soit verbalement, soit par écrit. Ils veilleront et agiront pour les intérêts du département ou du district; ils seront chargés de la suite de toutes les affaires; mais ils ne pourront intervenir dans aucune instance litigieuse qu'en vertu d'une délibération du corps administratif. Ils n'agiront d'ailleurs sur aucun objet relatif aux intérêts et à l'administration du département ou du district que de concert avec le directoire.

Il sera pourvu à l'interruption du service des procureurs généraux syndics et des procureurs-syndics, qui pourrait arriver pour cause de maladie, d'absence légitime ou de tout autre empêchement, par la précaution que les membres des administrations de département et de district seront tenus de prendre, après avoir nommé les membres qui composeront les directoires, d'élire de suite, et de désigner un de ces membres pour remplacer momentanément, dans le cas ci-dessus, le procureur général syndic ou le procureur-syndic.

§ 6. — *Explication sur la sect. 3 du décret concernant les fonctions des corps administratifs.*

Le principe général dont les corps administratifs doivent se pénétrer, est que si, d'une part, ils sont subordonnés au roi, comme chef suprême de la nation et de l'administration du royaume, de l'autre ils doivent rester religieusement attachés à la constitution et aux lois de l'Etat, de manière à ne s'écarter jamais, dans l'exercice de leurs fonctions, des règles constitutionnelles ni des décrets des législatures, lorsqu'ils auront été sanctionnés par le roi. L'art. 1 de la sect. 3 du décret établit et définit les pouvoirs qui sont confiés aux corps administratifs pour la répartition des contributions directes, la perception et le versement du produit de ces contributions, la surveillance du service et des fonctions des préposés à la perception et au versement. Le même article établit les corps administratifs ordonnateurs des payements pour les dépenses qui seront assignées en chaque département sur le produit des contributions directes. L'art. 2 détermine la nature et l'étendue des pouvoirs conférés aux corps administratifs dans toutes les autres parties de l'administration générale, et il en expose les objets principaux. Il n'appartient pas à la constitution d'expliquer en détail les règles particulières par lesquelles l'ordre du service et les fonctions pratiques doivent être dirigés dans chaque branche de l'administration. Les usages et les formes réglementaires ont varié pour chaque partie du service, et pourront encore être changés et perfectionnés. Ces accessoires étant hors de la constitution, pourront faire la matière de décrets séparés ou d'instructions particulières, à mesure que l'assemblée nationale avancera dans son travail; et ce qu'elle n'aura pu régler restera utilement soumis aux conseils de l'expérience, aux découvertes de l'esprit public et à la vigilance du roi et des législatures. Ce qui suffit en ce moment est que les différents pouvoirs soient constitués, séparés, caractérisés, et que l'origine et la nature de ceux qui sont conférés aux corps administratifs ne puissent être ni méconnues ni obscurcies. Il est nécessaire d'observer à cet égard que l'énumération des différentes fonctions des corps administratifs qui se trouvent dans l'art. 2 de la sect. 3, n'est pas exclusive ni limitative, de manière qu'il fût inconstitutionnel de confier par la suite à ces corps quelque autre objet d'administration non exprimé dans l'article. Cette énumération n'est que désignative des fonctions principales qui entrent plus spécialement dans l'institution des administrations de département et de district. L'Etat est un; les départements ne sont que des sections du même tout :

une administration uniforme doit donc les embrasser tous dans un régime commun. Si les corps administratifs, indépendants, et en quelque sorte souverains dans l'exercice de leurs fonctions, avaient le droit de varier à leur gré les principes et les formes de l'administration, la contrariété de leurs mouvements partiels, détruisant bientôt la régularité du mouvement général, produirait la plus fâcheuse anarchie. La disposition de l'art. 5 a prévenu ce désordre en statuant que les arrêtés qui seront pris par les administrations de département sur tous les objets qui intéresseront le régime de l'administration générale du royaume, ou même sur des entreprises nouvelles et des travaux extraordinaires, ne pourront être exécutés qu'après avoir reçu l'approbation du roi.

Le même motif n'existe plus lorsqu'il ne s'agit que de l'expédition des affaires particulières, ou des détails de l'exécution à donner aux arrêtés déjà approuvés par le roi; et par cette raison, le même art. 5 décide que, pour tous les objets de cette seconde classe, l'approbation royale n'est pas nécessaire aux actes des corps administratifs. Le fondement essentiel de cette importante partie de la constitution, est que le pouvoir administratif soit toujours maintenu très-distinct et de la puissance législative à laquelle il est soumis, et du pouvoir judiciaire dont il est indépendant. La constitution serait violée, si les administrations de département pouvaient ou se soustraire à l'autorité législative, ou usurper aucune partie de ses fonctions, ou enfreindre ses décrets, et résister aux ordres du roi qui leur en recommanderaient l'exécution; toute entreprise de cette nature serait de leur part une forfaiture.

Le droit d'accorder l'impôt et d'en fixer tant la quotité que la durée appartenant exclusivement au corps législatif, les administrations de département et de district n'en peuvent établir aucun, pour quelque cause ni sous quelque dénomination que ce soit. Elles n'en peuvent répartir aucun au delà des sommes et du temps que le corps législatif aura fixés; elles ne peuvent de même faire aucun emprunt sans son autorisation. Il sera incessamment pourvu à l'établissement des moyens propres à leur procurer les fonds nécessaires au payement des dettes et des dépenses locales, et aux besoins urgents et imprévus de leur département. La constitution ne serait pas moins violée, si le pouvoir judiciaire pouvait se mêler des choses d'administration, et troubler, de quelque manière que ce fût, les corps administratifs dans l'exercice de leurs fonctions. La maxime qui doit prévenir cette autre espèce de désordre politique est consacrée par l'art. 8. Tout acte des tribunaux et des cours de justice tendant à contrarier ou à suspendre le mouvement de l'administration étant inconstitutionnel, demeurera sans effet, et ne devra pas arrêter les corps administratifs dans l'exécution de leurs opérations.

Les administrations de département et de district qui vont être établies, succédant aux états provinciaux, aux assemblées provinciales et aux intendants et commissaires départis dans les généralités, dont les fonctions cesseront aux termes des art. 8 et 9, prendront immédiatement la suite des affaires. Il sera pourvu à ce que tous les papiers et renseignements nécessaires leur soient remis, et à ce que le compte de la situation de leurs départements respectifs leur soit rendu. Elles recevront, à l'ouverture ou pendant le cours de leur première session, la notice des objets dont il paraîtra nécessaire qu'elles s'occupent provisoirement et sans délai.

Il était juste de prévenir l'embarras qu'auraient éprouvé les provinces qui ont eu jusqu'à présent une seule administration, et qui se trouvent divisées maintenant en plusieurs départements, pour terminer les affaires communes procédant de l'unité de leur administration précédente. Ce cas a été prévu et décidé par le dernier article de la sect. 3 du décret. Chacune des nouvelles administrations de département établies dans la même province, nommera parmi ses membres, autres que ceux du directoire, deux commissaires. Les commissaires de tous les départements de la province se réuniront et tiendront leurs séances dans la ville où était le siége de la précédente administration. Ce commissariat, composé de représentants de toutes les parties de la province, s'occupera de liquider les dettes contractées sous l'ancien régime, d'en établir la répartition entre les divers départements, et de mettre à fin les anciennes affaires. Il cessera aussitôt que la liquidation et le partage auront été faits, et rendra compte de sa gestion lorsqu'elle sera finie, ou même pendant sa durée, s'il en est requis, à une nouvelle assemblée, composée de quatre autres commissaires nommés par chaque administration de département.

L'organisation du royaume la plus propre à remplir les deux plus grands objets de la constitution, la jouissance, dès la prochaine législature, de la meilleure combinaison de représentation proportionnelle qui ait encore été connue, et l'établissement, dès le moment actuel, des corps administratifs les plus dignes de la confiance publique, sont les nouveaux fruits que la nation va recueillir des travaux de ses représentants. Elle continuera d'y reconnaître leur respect soutenu pour tous les principes qui assurent la liberté nationale et l'égalité politique des individus. L'attention de tous les citoyens doit se porter en cet instant sur la formation très-prochaine des administrations de département et de district. L'importance de leur bonne composition doit rallier, pour obtenir les meilleurs choix, les efforts du patriotisme qui veille pour la chose publique, et ceux de l'intérêt particulier qui se confond sur ce point avec l'intérêt général. Le régime électif est sans doute la source du bonheur et de la plus haute prospérité pour le peuple qui sait en faire un bon usage; mais il tromperait les espérances de celui qui ne porterait pas dans son exécution cet esprit public qui en est l'âme, et qui commande dans les élections le sacrifice des prétentions personnelles, des liaisons du sang et des affections de l'amitié, au devoir inflexible de ne confier qu'au mérite et à la capacité les fonctions administratives qui influent continuellement sur le sort des particuliers et sur la fortune de l'Etat.

29 et 30 déc. 1789-janv. 1790. — Décret relatif aux fonctions municipales et à la tenue des assemblées primaires.

15 janv. 1790. — Décret qui fixe la nomenclature des quatre-vingt-trois départements du royaume.

26 fév. (15 janv. et 16 fév.)-4 mars 1790. — Décret relatif à la division de la France en quatre-vingt-trois départements.

La France sera divisée en quatre-vingt-trois départements; savoir : Provence, 3. — Dauphiné, 3. — Franche-Comté, 3. — Alsace, 2. — Lorraine, Trois-Evêchés et Barrois, 4. — Champagne, principauté de Sédan, Carignan et Mousson, Philippeville, Marienbourg, Givet et Charlemont, 4. — Les deux Flandres, Hainaut, Cambrésis, Artois, Boulonnais, Calaisis, Ardrésis, 2. — Ile-de-France, Paris, Soissonnais, Beauvoisis, Amiénois, Vexin français, 6. — Normandie et Perche, 5. — Bretagne et partie des Marches communes, 5. — Haut et bas Maine, Anjou, Touraine et Saumurois, 4. — Poitou et partie des Marches communes, 3. — Orléanais, Blaisois et Pays chartrain, 3. — Berri, 2. — Nivernais, 1. — Bourgogne, Auxerrois et Sénonois, Bresse, Bugey et Valromey, Dombes et pays de Gex, 4. — Lyonnais, Forez et Beaujolais, 1. — Bourbonnais, 1. — Marche, Dorat, haut et bas Limousin, 3. — Angoumois, 1. — Aunis et Saintonge, 1. — Périgord, 1. — Bordelais, Bazadois, Agenois, Condomois, Armagnac, Chalosse, pays de Marsan et Landes, 4. — Quercy, 1. — Rouergue, 1. — Basques et Béarn, 1. — Bigorre et Quatre-Vallées, 1. — Couserans et Foix, 1. — Roussillon, 1. — Languedoc, Comminges, Nebouzan et Rivière-Verdun, 7.—Velay, haute et basse Auvergne, 3. — Corse, 1. — Total des départements, 83.

TIT. 1. — *Articles généraux.*

Art. 1. La liberté réservée aux électeurs de plusieurs départements ou districts par différents décrets de l'assemblée nationale sanctionnés par le roi, pour le choix des chefs-lieux et l'emplacement de divers établissements, est celle d'en délibérer et de proposer à l'assemblée nationale, ou aux législatures qui suivront, ce qui paraîtra le plus conforme à l'intérêt général des administrés et des juridiciables.

2. Dans toutes les démarcations fixées entre les départements et les districts, il est entendu que les villes emportent le territoire soumis à l'administration directe de leurs municipalités, et que les communautés de campagne comprennent de même tout le territoire, tous les hameaux, toutes les maisons isolées dont les habitants sont cotisés sur les rôles d'imposition du chef-lieu.

3. Lorsqu'une rivière est indiquée comme limite entre deux départements ou deux districts, il est entendu que les deux départements ou les deux districts ne sont bornés que par le milieu du lit de la rivière, et que les deux directoires doivent concourir à l'administration de la rivière.

4. La division du royaume en départements et en districts n'est décrétée, quant à présent, que pour l'exercice du pouvoir administratif; et les anciennes divisions relatives à la perception des impôts et au pouvoir judiciaire subsisteront jusqu'à ce qu'il en ait été autrement ordonné. Les dispositions relatives aux villes qui ont été désignées comme pouvant être siéges des tribunaux, sont subordonnées à ce qui sera décrété pour l'ordre judiciaire.

TIT. 2. — *Division du royaume.*

(Ce titre contient la nomenclature des quatre-vingt-trois départements, avec l'indication de la ville où se tiendra l'assemblée des électeurs du département et celles qui devront être prises pour chef-lieux de district. La plupart du temps, ces indications ne sont que provisoires, les électeurs étant chargés de délibérer sur la fixation du chef-lieu, le nombre des districts, etc.)

19-20 avr. 1790. — Décret portant que les limites contestées entre les communautés seront réglées par les administrations de district (art. 8). — V. Commune, n° 74.

1er-5 mai 1790. — Décret portant que dans le cas où la rédaction des décrets de la division du royaume en un seul décret général, du 26 fév., présenterait dans le sens ou dans les expressions quelques difficultés, les décrets particuliers rendus pour chaque département seront exécutés, à moins que, par un décret subséquent et particulier, l'assemblée nationale n'en ait expressément modifié ou interprété quelques dispositions.

5 juin 1790. — Décret pour le traitement des ministres et du conseil (V. décret 27 avr. 1791, art. 54).

24-27 juin 1790. — Décret concernant l'intitulé des délibérations des corps administratifs.

Art. 1. Nul corps administratif ne pourra employer, dans l'intitulé et dans le dispositif de ses délibérations, l'expression de *décret*, consacrée aux actes du corps législatif; il doit employer le terme de *délibération*.

2. Il ne pourra également prononcer qu'il met les personnes et les biens de tels ou tels particuliers sous la sauvegarde de la loi et du département, parce que les unes et les autres y sont nécessairement. Il pourra seulement rappeler que les personnes et les propriétés sont sous la garde des lois.

3. S'il est du devoir des corps administratifs et municipaux de veiller au maintien de la tranquillité publique, et de requérir, dans le cas de nécessité, le secours de la force armée, ils ne peuvent faire aucune disposition législative relativement aux gardes nationales.

26 juin-4 juill. 1790. — Décret portant : — Art. 7. En ce qui concerne les commissaires départis, les intendants, leurs subdélégués, leurs fonctions cesseront entièrement, pour toutes les parties d'administration, du moment où les directoires de département et de district seront en activité, soit que lesdites fonctions aient été exprimées ou non dans l'art. 2 de la sect. 3 du décret du 22 décembre précédent, concernant les fonctions des assemblées administratives; de telle sorte que, conformément à l'art. 9, sect. 3 dudit décret, il n'y ait aucun intermédiaire entre les administrations du département et le pouvoir exécutif.

30 juin (28 et)-2 juill. 1790. — Décret pour mettre les nouveaux corps administratifs en activité.

Art. 1. Les membres déjà nommés et ceux qui vont l'être successivement pour composer les administrations de département et de district, tiendront incessamment une première assemblée, dans laquelle ils nommeront leur président, leur secrétaire et les membres du directoire, après avoir prêté le serment civique.

2. Dans les anciennes provinces qui avaient une administration commune, les membres des nouveaux corps administratifs nommeront aussi les commissaires qui seront chargés de la liquidation des affaires générales, aux termes du dernier article du décret du 22 déc. dernier, sur la constitution des assemblées administratives.

3 Ces nominations étant faites, les membres des administrations du département et de district se sépareront pour se réunir tous en *session de conseil*, à la même époque, qui sera, pour cette fois, celle du 15 sept. prochain pour toutes les administrations de district, et celle du 1er oct. pour toutes les administrations de département.

4. Les directoires de département s'occuperont, pendant cet intervalle, de se faire remettre les papiers et renseignements relatifs au département, d'en faire l'examen pour être en état d'en présenter les résultats généraux à la prochaine assemblée du

conseil, et de distribuer à chaque directoire de district ceux qui pourront le concerner.

5. Ils feront former un état ou tableau de toutes les municipalités dont leur département est composé, avec indication tant du montant de la population active que de celui des impositions de chaque municipalité.

6. Ils feront dresser également un tableau des routes de leur département, avec désignation de l'état dans lequel elles se trouvent, et de la situation tant des ouvrages *d'art* que de ceux ci-devant dits *corvée*, qui sont autorisés et mis en confection sur les fonds de 1790; ils feront dresser pareillement un tableau des ports de mer, des rivières navigables et canaux de leur département, avec désignation de l'état dans lequel ils se trouvent, et de la situation des ouvrages d'art, pour les parties dont la dépense est à la charge des administrations.

7. Ils suivront les dispositions faites pour l'emploi, tant de ces fonds que de ceux destinés aux ateliers de charité et autres secours de bienfaisance, aux frais d'administration et autres dépenses qui concernent la généralité du département pour l'année 1790.

8. Ils veilleront, suivant l'instruction qui leur sera envoyée, à ce que tous les rôles, tant des impositions ordinaires que ceux de supplément sur les ci-devant privilégiés, et ceux de la contribution patriotique, soient incessamment achevés, vérifiés et mis en recouvrement.

9. Ils exécuteront les dispositions du décret du 23 mai dernier, sanctionné par le roi, pour constater les inégalités, erreurs ou doubles emplois qui peuvent avoir eu lieu dans le dernier département des impositions ordinaires entre les municipalités.

10. Ils examineront et jugeront les requêtes des contribuables, en *décharge* ou *réduction*, en *remise* ou *modération*.

11. Ils s'occuperont aussi des demandes relatives aux reconstructions et réparations d'églises ou de presbytères, et autres objets de dépenses locales, soit pour faire exécuter les dépenses déjà autorisées, soit pour vérifier, accorder ou refuser celles sur lesquelles il n'a pas encore été prononcé.

12. Ils vérifieront et termineront, conformément aux décrets constitutionnels acceptés par le roi, toutes les demandes relatives à la formation, organisation et réunion des municipalités.

13. Ils se conformeront aux instructions qui leur seront données sur tout ce qui concerne l'administration et la vente des biens nationaux.

14. Et généralement les directoires des départements feront, tant par eux-mêmes que par l'entremise des directoires de district qui leur sont subordonnés, tout ce qui sera nécessaire et pourra leur être prescrit, soit pour la continuation du service de 1790, soit pour l'exécution des décrets déjà rendus et sanctionnés par le roi, et de ceux qui pourront l'être dans le cours de la présente session, et que Sa Majesté aura pareillement sanctionnés.

12-20 août 1790. — Instruction de l'assemblée nationale concernant les fonctions des assemblées administratives.

L'assemblée nationale connaît toute l'importance et l'étendue des devoirs des assemblées administratives; elle sait combien il dépend d'elles de faire respecter et chérir, par un régime sage et paternel, la constitution qui doit assurer à jamais la liberté de tous les citoyens. Placées entre le peuple et le roi, entre le corps législatif et la nation, elles sont le nœud qui doit les lier sans cesse l'un à l'autre; et par elles doit s'établir et se conserver cette unité d'action, sans laquelle il n'y a pas de monarchie. — Le vœu public, auquel les nouveaux administrateurs doivent leur caractère, garantit suffisamment qu'ils sauront justifier les espérances qu'on a conçues de leur patriotisme et de leurs talents; mais les premiers pas dans une carrière difficile sont toujours incertains : il était donc du devoir de l'assemblée nationale de diriger ceux des corps administratifs par une instruction qui retraçât leurs principales fonctions, et qui rappelât spécialement les premiers travaux auxquels ils doivent se livrer. — Pour donner à cette instruction le plus de clarté possible, on la divisera en sept chapitres : — Le premier traitera des objets constitutionnels; — Le second, des finances; — Le troisième, des droits féodaux; — Le quatrième, des domaines et bois; — Le cinquième, de l'aliénation des domaines nationaux; — Le sixième, de l'agriculture et du commerce; — Le septième, de la mendicité, des hôpitaux et des prisons.

CHAP. 1. — OBJETS CONSTITUTIONNELS.

§ 1. — *Observations générales sur les fonctions des assemblées administratives.*

Les assemblées administratives considéreront attentivement ce qu'elles sont dans l'ordre de la constitution, pour ne jamais sortir des bornes de leurs fonctions et pour les remplir toutes avec exactitude. — Elles observeront d'abord qu'elles ne sont chargées que de l'administration; qu'aucune fonction législative ou judiciaire ne leur appartient, et que toute entreprise de leur part sur l'une ou l'autre de ces fonctions introduirait la confusion des pouvoirs, qui porterait l'atteinte la plus funeste aux principes de la constitution. — Des fonctions déléguées aux assemblées administratives, les unes doivent être exercées sous l'inspection du corps législatif; celles-là sont relatives à la détermination des qualités civiques, au maintien des règles des élections, et de celles qui seront établies pour la répartition et le recouvrement de l'impôt; les autres, qui comprennent toutes les parties de l'administration générale du royaume, doivent être exercées sous la direction et l'autorité immédiate du roi, chef de la nation et dépositaire suprême du pouvoir exécutif. Toute résistance à ces deux autorités serait le plus grand des délits politiques, puisqu'elle briserait les liens de l'unité monarchique.

Les administrations de département ne peuvent faire ni décrets, ni ordonnances, ni règlement; elles ne peuvent agir que par les voies, ou de simples délibérations sur les matières générales, ou d'arrêtés sur les affaires particulières, ou de correspondance avec les administrations de district, et par elles avec les municipalités. Leurs délibérations, prises en assemblée générale ou de conseil sur les objets particuliers qui concerneront leur département, mais qui intéresseront le régime de l'administration générale du royaume, ne pourront être exécutées qu'après qu'elles auront reçu son approbation.

Les administrations de district sont entièrement subordonnées à celles de département; elles ne peuvent prendre aucune délibération en matière d'administration générale; et si quelques circonstances extraordinaires les avaient portées à s'écarter de cette règle essentielle, leurs délibérations ne pourraient être mises à exécution, même par leurs directoires, qu'après avoir été présentées à l'administration de département et autorisées par elle.

Les fonctions des administrations de district se bornent à recueillir toutes les connaissances et à former toutes les demandes qui peuvent intéresser le district; à exécuter, sous la direction et l'autorité de l'administration de département, toutes les dispositions arrêtées par celle-ci; à faire toutes les vérifications et donner tous les avis qui leur seront demandés sur les affaires relatives à leur district; enfin, à recevoir les pétitions des municipalités, et à les faire parvenir avec leurs propres observations à l'administration de département.

Les fonctions des conseils de département sont de délibérer sur tout ce qui intéresse l'ensemble du département; de fixer d'une manière générale, tant les règles de l'administration que les moyens d'exécution; enfin, d'ordonner les travaux et la dépense de chaque année, et d'en recevoir les comptes.

Les fonctions des directoires sont d'exécuter tout ce qui a été prescrit par les conseils et d'expédier toutes les affaires particulières.

Après la séparation des assemblées de conseil, les directoires seuls restent en activité; seuls ils représentent l'administration qui les a commis et ont un caractère public à cet effet. La correspondance, soit ministérielle, soit dans l'intérieur du département, ne peut être tenue qu'avec et par eux.

Le président de chaque administration est aussi le président de son directoire, et il y a voix délibérative, comme dans l'assemblée du conseil; il doit toujours être compté en dehors. et ne peut pas être compté dans le nombre des membres fixé pour la composition du directoire.

Ces règles s'appliquent également aux directoires de district. Ceux-ci sont chargés de l'exécution, non-seulement de ce qui leur aura été prescrit par le conseil, mais encore de tout ce qui leur sera ordonné par le directoire de département. Ils doivent attendre les ordres de ce directoire pour agir dans tout ce qui intéresse l'administration générale, et s'y conformer exactement, afin que l'unité des principes, des formes et des méthodes puisse être maintenue. Toutes les fois cependant qu'ils agiront conformément aux principes établis, et dans l'esprit des ordres qu'ils auront reçus, ils n'auront pas besoin, pour chaque acte de détail, ni pour l'expédition de chaque affaire particulière, d'une autorisation spéciale.

Les municipalités, dans les fonctions qui sont propres au pouvoir municipal, sont soumises à l'inspection et à la surveillance des corps administratifs; et elles sont entièrement dépendantes de leur autorité dans les fonctions propres à l'administration générale, qu'elles n'exercent que par délégation.

Telle est l'organisation des corps administratifs, ainsi qu'elle résulte des art. 50 et 51 du décret du 14 déc. dernier (V. Commune, n° 7), des art. 28, 29, 30 et 31 de la sect. 2 et de l'art. 3 de la sect. 3 du décret du 22 déc. (V. ci-dessus). Chacun de ces corps doit être attentif à se tenir au rang que la constitution lui assigne, la liberté ne pouvant être garantie que par la graduation régulière des offices publics.

Les conseils et les directoires doivent rédiger les procès-verbaux de toutes leurs opérations, et les inscrire par ordre de dates, et sans aucun blanc, dans un registre coté et parafé par le président. Les délibérations des conseils seront signées par le président et le secrétaire seulement, et il sera fait mention de ceux qui y auront assisté : mais les séances d'ouverture et de clôture de chaque session des conseils seront signées par tous les administrateurs présents. Quant aux séances et délibérations de directoires, elles seront signées de tous ceux qui y auront assisté.

Les directoires tiendront un autre registre coté et parafé par le président; il sera destiné à la correspondance, et il contiendra dans une colonne l'extrait des lettres et mémoires qui leur auront été adressés; et à côté, dans une autre colonne, les réponses qui y auront été faites.

Les archives des administrations seront placées dans un lieu sûr et déposées avec ordre; il sera fait un inventaire de toutes les pièces qui y seront déposées.

Il serait inutile d'avertir ici, si le doute n'en avait été manifesté, que lorsque les corps administratifs se trouvent ensemble et avec les municipalités aux cérémonies publiques, la préséance appartient à l'administration de département sur celle de district, et à celle-ci sur la municipalité.

§ 2. — *Correspondance.*

Le premier soin des corps administratifs de chaque département doit être d'établir leur correspondance, tant entre eux qu'avec les municipalités de leur territoire; les moyens les plus prompts et les plus économiques doivent être préférés.

Les administrations de département sont le lien de la correspondance entre le roi, chef de l'administration générale, et les administrations de district; celles-ci le sont de même entre les administrations de département et les municipalités. Ainsi, la correspondance du roi ne sera tenue par ses ministres qu'avec les administrations ou les directoires de département, et les dispositions qu'elle contiendra seront transmises par le département aux administrations ou directoires des districts.

La même marche sera observée pour la correspondance du corps législatif : c'est la disposition expresse de l'art. 2 du décret des 25, 26, 29 juin et 9 juill. 1790, sur la vente des domaines nationaux.

Les municipalités ne pourront s'adresser à l'administration ou au directoire du département que par l'intermédiaire de l'administration ou du directoire du district, à moins qu'elles n'aient à se plaindre de l'administration même du district ou de son directoire; et en général il ne pourra rien être prescrit ou fait aucune disposition par l'administration ou le directoire de département, à l'égard d'aucune municipalité, ou d'aucun membre d'une commune, soit d'office, soit sur réquisition, que par la voie de l'administration du district, et après qu'elle aura été préalablement entendue.

Le directoire de département et ceux des districts de son ressort correspondront ensemble : le procureur général syndic correspondra avec les procureurs-syndics, et pourra correspondre aussi avec les directoires des districts. Ceux-ci correspondront avec les officiers municipaux; et les procureurs-syndics pourront correspondre tant avec ces officiers que particulièrement avec les procureurs des communes.

Les lettres que les directoires écriront seront ainsi terminées :

Les administrateurs composant le directoire du département de... ou du district de....

ensuite tous les membres présents signeront.

Les adjudications, les mandats de payement, et généralement tous les actes émanés des directoires, seront signés dans la même forme, c'est-à-dire qu'il sera mis au bas :

Par les administrateurs composant le directoire du département de... ou district de...

ensuite tous les membres présents signeront.

Les corps municipaux emploieront, dans leurs lettres et leurs autres actes, cette formule avant leur signature : *Les officiers municipaux de la commune de....*; et lorsqu'ils écriront ou délibéreront avec les notables en conseil général, ils se serviront de celle-ci : *Les membres composant le conseil général de la commune de...;* ensuite tous ceux qui seront présents signeront.

Les lettres et les pétitions adressées par les municipalités, soit aux administrations de district, soit à celles de département par la voie des districts, et celles des administrations ou directoires de district à l'administration ou directoire de département, doivent être rédigées avec la réserve et le respect dus à la supériorité politique que chacun de ces corps doit reconnaître à celui qui le prime dans l'ordre et la distribution des pouvoirs.

La correspondance des administrations supérieures doit, en conservant le caractère de l'autorité qui leur est graduellement départie, en tempérer l'expression par l'observation de tous les égards qui font aimer le pouvoir établi pour faire le bien commun, et dirigé sans cesse vers cet objet. Le seul cas où le style impératif pourrait être employé par les administrations supérieures, serait celui où l'insubordination des administrations qui leur seront soumises forcerait de rappeler à ces dernières la dépendance où elles sont placées par la constitution.

Il est bien désirable que les directoires de département, au lieu de faire passer à ceux des districts des ordres trop concis, et en quelque sorte absolus, les intéressent, au contraire, à l'exécution de toutes les dispositions qui leur seront confiées, en leur en développant l'esprit et les motifs, et en facilitant leur travail par des instructions claires et méthodiques. Les directoires de district, principalement, doivent prendre ce soin à l'égard des municipalités, qu'ils sont chargés de former à l'esprit public, et dont ils doivent, dans ces premiers temps surtout, soit aider l'inexpérience, soit encourager les efforts.

En ce moment, où tous les yeux sont ouverts sur les premiers mouvements des corps administratifs, ils peuvent produire le plus grand bien, en développant leurs sentiments civiques, leur attachement aux principes de la constitution, et leur désir pour l'entier rétablissement de l'ordre, dans une instruction aux municipalités, qu'ils chargeront celle-ci de faire publier et distribuer dans les villes, et de faire lire à l'issue de la messe paroissiale dans les campagnes.

Cette instruction, dont les directoires de département doivent s'occuper sans délai, retracera aux municipalités leurs devoirs principaux, l'intérêt public et particulier qui les presse de les bien remplir, et l'obligation qu'elles en ont prise par leur serment; elle exposera ensuite avec énergie et simplicité ces grands principes :

Que la liberté, sans un profond respect pour les lois, pour les personnes ou les propriétés, n'est plus que la licence, c'est-à-dire une source intarissable de calamités publiques et individuelles;

Que toute violence particulière, lorsque l'oppression publique a cessé, n'est elle-même qu'une oppression;

Que si c'est le devoir, c'est aussi l'intérêt de chaque particulier de payer fidèlement les contributions publiques, parce que le gouvernement ne peut pas subsister sans contributions, et parce que, sans gouvernement, les particuliers n'ont plus aucune garantie de leur liberté, de leur sûreté, ni de leurs propriétés;

Que les subsistances ne peuvent être entretenues que par la liberté de la circulation intérieure, et que les obstacles mis à cette circulation ne manquent jamais, sinon de les faire disparaître entièrement, du moins d'en occasionner l'extrême rareté et le renchérissement;

Qu'enfin, il n'y a de bonheur pour tous que dans la jouissance d'une constitution libre, et de sûreté pour chacun que dans le calme de la subordination et de la concorde.

Telles sont les vérités que les corps administratifs ne peuvent trop s'empresser de répandre, et dont leurs pressantes exhortations doivent porter la conviction dans tous les esprits.

§ 3. — *Rectification des départements, des districts et des cantons.*

L'assemblée nationale a annoncé, par son instruction sur le décret du 22 décembre dernier, qu'il peut être fait des changements aux limites, soit des départements, soit des districts, si les convenances locales et l'intérêt exigent que quelque partie de territoire soit transportée d'un département ou d'un district à un autre.

Les directoires de département et district peuvent maintenant examiner leurs limites respectives, et se proposer mutuellement les changements qu'ils jugeront nécessaires; ils devront aussi recevoir et examiner les pétitions des municipalités qui demanderont à changer, soit de département, soit de district.

Lorsqu'il s'agira d'une transposition de territoire de district à l'autre, dans le ressort du même département, si les directoires de district intéressés en sont d'accord, ils feront parvenir leur vœu commun au directoire de département qui, après avoir vérifié l'utilité du changement demandé, le proposera au corps législatif.

Si, malgré le refus d'adhésion d'un des directoires de district, l'autre directoire, soit d'office, soit sur la réquisition d'une municipalité, soutient que la limite doit être changée, le directoire de département recevra les mémoires respectifs, vérifiera les faits et les motifs d'utilité, et enverra les mémoires avec un avis au corps législatif, qui prononcera.

Lorsqu'il s'agira d'un changement de limite entre deux départements, si les directoires en sont d'accord, ils feront parvenir leur vœu commun au corps législatif, et s'ils ne sont pas d'accord, ils lui adresseront leurs mémoires. Dans l'un ou l'autre cas, ils enverront, avec leurs mémoires, les avis des directoires des districts intéressés qu'ils auront préalablement entendus; et aucun changement ne pourra être fait aux limites des départements qu'en vertu d'un décret du corps législatif, sanctionné par le roi.

Les administrations de département ne peuvent faire aucun changement dans le nombre et la distribution générale des districts; elles pourront néanmoins proposer les considérations d'utilité publique et d'économie qui, sur cet objet, leur paraîtront dignes de l'attention du corps législatif.

A l'égard des cantons qui forment la subdivision des districts, l'assemblée nationale n'en a adopté la composition actuelle que provisoirement, et seulement pour la tenue des premières assemblées primaires : non-seulement cette composition peut être revue et changée, mais elle doit nécessairement l'être dans plusieurs districts, où l'étendue démesurée de ces cantons les met hors d'état d'être appliqués à plusieurs de leurs destinations.

Non-seulement les cantons doivent servir à la formation des assemblées primaires, rapport sous lequel on pourrait n'avoir égard qu'à leur population, mais ils sont encore destinés à plusieurs autres parties du service public, pour lesquelles il faut avoir égard à leur étendue territoriale. Chaque canton, par exemple, est devenu, dans l'ordre judiciaire, le ressort juridictionnel d'un juge de paix.

Les directoires de district doivent donc s'occuper incessamment de revoir la composition provisoire de leur canton, et de la rectifier non-seulement quant aux limites, mais encore quant à l'étendue et au nombre des cantons.

La mesure la plus convenable à adopter généralement, est que les cantons n'aient pas moins de quatre lieues carrées, et ne s'étendent pas au delà de six.

Lorsque les directoires de district auront préparé le plan de la rectification de leurs cantons, ils le présenteront au directoire de département, avec l'exposition de leurs motifs; le directoire de département prononcera, après avoir entendu le procureur général syndic, et il en rendra compte au corps législatif.

Il peut être à la convenance de plusieurs communes de se réunir en une seule municipalité; il est dans l'esprit de l'assemblée nationale de favoriser ces réunions, et les corps administratifs doivent tendre à les provoquer et à les multiplier par tous les moyens qui sont en leur pouvoir. C'est par elles qu'un plus grand nombre de citoyens se trouvera lié sous un même régime, que l'administration municipale prendra un caractère plus imposant, et qu'on obtiendra deux grands avantages, toujours essentiels à acquérir, la simplicité et l'économie.

§ 4. — *Formation et envoi des états de population et de contribution directe, pour déterminer la représentation de chaque département dans le corps législatif.*

§ 5. — *Vérification de la composition des municipalités.*

§ 6. — *Règles principales pour décider les contestations relatives à l'activité et à l'éligibilité des citoyens.*

§ 7. — *Règles pour prononcer sur la validité des élections.*

Nota. Ces quatre paragraphes se réfèrent à un système électif depuis si longtemps abrogé que nous n'avons pas cru utile d'en reproduire le texte.

§ 8. — *Règles à observer par les corps administratifs dans l'exercice de la surveillance et de l'autorité qui leur est attribuée sur les municipalités.*

Les corps administratifs doivent également protéger les officiers municipaux dans l'exercice de leurs fonctions, et réprimer les abus que ces officiers pourraient être tentés de faire de leur autorité.

1. Les directoires doivent veiller d'abord à ce que les officiers municipaux ne s'arrogent aucune fonction, autre que celles qui sont propres au pouvoir municipal, ou celles dépendant de l'administration générale qui leur sont spécialement déléguées.

Si les corps municipaux entreprenaient sur la puissance législative, en faisant des décrets ou des règlements; s'ils usurpaient les fonctions judiciaires dans les matières civiles ordinaires, ou dans les matières criminelles; s'ils étendaient leurs fonctions administratives, soit en outre-passant les bornes qui leur sont assignées, soit en essayant de se soustraire à la surveillance et à l'autorité des corps administratifs, ceux-ci doivent être attentifs à les réprimer, en annulant leurs actes inconstitutionnels, et en défendant de les mettre à exécution.

2. Les directoires doivent maintenir soigneusement la division des fonctions assignées au corps municipal et au conseil général de la commune.

Lorsque le corps municipal aura négligé de convoquer les notables pour délibérer en conseil général, dans les cas énoncés en l'art. 54 du décret du 14 déc. dernier, non-seulement le directoire de département fera droit sur les représentations que les notables pourront lui faire parvenir par l'entremise du directoire de district, mais il ne pourra autoriser par son approbation l'exécution de la délibération du corps municipal; il sera tenu, au contraire, de l'annuler et d'ordonner la convocation du conseil général, pour être délibéré de nouveau.

Le directoire de département veillera de même à ce que les notables se renferment dans les limites des fonctions qui leur sont confiées, et soient bien convaincus que, tant que le conseil général n'est pas convoqué, ils ne sont que simples citoyens. Il tiendra la main à ce qu'ils ne puissent pas impunément s'introduire par violence ou par autorité dans une délibération à laquelle ils n'auront pas été appelés, et à ce que, dans les cas mêmes où ils prétendront que le conseil général doit être convoqué, leur réclamation ne soit entendue et admise que par la voie de pétition présentée à l'administration supérieure.

3. Un troisième objet de l'attention des directoires est de maintenir, d'une part, l'autorité des corps municipaux et des conseils généraux des communes, contre les communes elles-mêmes et contre les particuliers; et d'autre part, les droits et les intérêts légitimes, soit des communes, soit des particuliers, contre les corps municipaux et les conseils généraux des communes.

Sous le premier rapport, les directoires tiendront la main à ce que les citoyens des communes assemblées pour élire ne restent pas assemblés après les élections finies, et ne transforment pas les assemblées électorales en assemblées délibérantes; à ce qu'aucune section de l'assemblée générale d'une commune ne puisse se dire permanente ou se perpétuer par le fait, et à ce que, dans toute autre occasion, les communes ne puissent s'assembler sans une convocation expresse du conseil général. Si quelque entreprise de ce genre est dénoncée au directoire de département, il ordonnera à l'assemblée inconstitutionnelle de se dissoudre, et annulera tous les actes délibératifs qu'elle aura faits.

Sous le second rapport, les directoires maintiendront les citoyens actifs dans le droit de requérir, par une pétition présentée au conseil général, la convocation de l'assemblée de la commune, aux termes de l'art. 24 du décret du 14 déc. dernier. Si le conseil général a méprisé cette réquisition, lorsqu'elle aura été faite par le sixième des citoyens actifs dans les communes au-dessous de quatre mille âmes, ou par cent cinquante citoyens actifs dans les communes plus nombreuses, le directoire de département, à qui cette infraction aura été déférée par l'intermédiaire du directoire de district, enjoindra au conseil général de faire la convocation; et dans le cas de refus réitéré ou de retardement sans motif, il pourra nommer un commissaire qui convoquera l'assemblée de la commune.

Les directoires veilleront de même à ce que les citoyens ne soient pas troublés dans la faculté de se réunir paisiblement et sans armes, en assemblées particulières, pour rédiger des adresses et pétitions, lorsque ceux qui voudront s'assembler ainsi auront instruit les officiers municipaux du temps, du lieu et du sujet de ces assemblées, et à la charge de ne pouvoir députer que dix citoyens pour présenter ces adresses et pétitions.

Dans aucun cas, les adresses et pétitions faites au nom de plusieurs citoyens réunis ne seront reçues, si elles ne sont pas le résultat d'une assemblée de ces citoyens qui aient délibéré ensemble de les présenter, et si elles ne sont souscrites que de signatures recueillies dans les domiciles, sans assemblée ni délibération antérieures.

Les directoires de département donneront encore la plus grande attention aux plaintes des citoyens qui se prétendront personnellement lésés par quelque acte du corps municipal; et après avoir fait vérifier les faits par les directoires de district, et avoir reçu leur avis, ils redresseront équitablement les griefs qui se trouveront fondés.

Ils se comporteront de même à l'égard des dénonciations qui leur seront faites des délits d'administration imputés aux officiers municipaux. Quand les fautes seront légères, ils se contenteront de rappeler à leur devoir les officiers qui s'en seront écartés, par des instructions, des avertissements, ou même par les réprimandes salutaires, qui ont tout à la fois la dignité de la loi et la force de la raison, quand elles sont motivées impartialement sur la raison et sur la loi. S'il s'agissait de vexations très-grandes, ou d'autres prévarications criminelles, susceptibles d'une peine afflictive ou infamante, les directoires renverraient l'affaire aux tribunaux. Si enfin la circonstance était telle qu'elle exigeât un remède plus actif, tel, par exemple, que la suspension actuelle des fonctions d'un officier dont l'activité ne pourrait être maintenue sans danger, les directoires pourraient, en renvoyant l'affaire aux tribunaux, ordonner provisoirement cette suspension. En général, les directoires doivent s'appliquer, dans ces sortes d'affaires, à les terminer dans leur sein, et à pourvoir administrativement, tant au rétablissement de l'ordre public qu'à la satisfaction des individus lésés, à moins qu'il ne s'agisse de délits assez graves pour mériter d'être poursuivis par la voie criminelle.

4. Les corps administratifs sont chargés de soutenir l'exécution des actes émanés légitimement du pouvoir municipal, et de punir l'irrévérence et le manque de respect envers les officiers municipaux.

S'il s'élevait quelque résistance à l'exécution des délibérations prises ou des ordres donnés par une municipalité, les directoires seraient tenus d'employer, pour la faire cesser, toute la force de l'autorité supérieure dont ils sont revêtus, et même le secours de la force armée, s'il devenait nécessaire.

Dans le cas où il y aurait eu des excès graves commis envers les officiers municipaux, le directoire de département pourrait, après avoir fait vérifier les faits par le directoire de district, et après avoir pris son avis, prononcer contre les coupables la radiation de leurs noms du tableau civique, et les déclarer incapables et privés de tout exercice des droits de citoyen actif, conformément au décret du 2 juin dernier. La réclamation de ceux-ci contre la décision du directoire de département ne pourrait être portée qu'au corps législatif.

Les directoires considéreront, dans l'exercice de cette partie de leurs fonctions, que si, d'une part, l'administration municipale est toute fraternelle, si elle a besoin d'être éclairée dès qu'elle tend à l'arbitraire, et si elle doit être contenue lorsqu'elle devient oppressive; d'autre part, l'insubordination à l'égard des officiers municipaux, et le mépris de l'autorité constitutionnelle qui leur est confiée, sont des délits très-graves qui, s'ils n'étaient pas sévèrement réprimés, pourraient entraîner les suites les plus funestes.

Ils ne perdront pas de vue, cependant, lorsque le maintien de l'ordre public leur imposera l'affligeante nécessité de s'élever contre des officiers municipaux, que, dans une circonstance aussi fâcheuse, la rigueur ne doit être déployée qu'après avoir épuisé tous les ménagements; et qu'autant la prudence doit en diriger l'usage, autant la dignité et les égards doivent en adoucir l'amertume.

Ils réfléchiront aussi que, lorsque, dans des temps de trouble, le peuple se livrant à la licence, oublie momentanément le respect dû aux dépositaires de l'autorité, ces excès sont le plus souvent inspirés ou encouragés par les ennemis du bien public; que ce sont eux qui, abusant de l'ignorance du peuple, le remplissent d'illusions et l'égarent par de fausses idées de liberté, et qu'eux seuls sont les vrais coupables qu'il serait principalement important de découvrir et de dénoncer aux tribunaux, pour obtenir, au prix de quelque châtiment mémorable, le retour absolu de la tranquillité publique.

5. Les directoires doivent enfin veiller à ce que les municipalités remplissent avec exactitude, mais avec discernement, le devoir important qui leur est imposé, de réprimer les attroupements séditieux.

Si quelques municipalités usaient indiscrètement de la loi martiale, les directoires seraient tenus de les avertir que cette loi est un remède extrême que la patrie n'emploie qu'à regret contre ses enfants, même coupables, et qu'il faut, pour en autoriser la publication, que le péril de la tranquillité publique soit très-grave et très-urgent.

Dans le cas contraire, si les officiers municipaux avaient négligé de proclamer la loi martiale lorsque la sûreté publique l'exigeait, et si cette négligence avait eu des suites funestes, ce serait au directoire de département à examiner, d'après l'avis du directoire de district, si la responsabilité est encourue par les officiers municipaux; et ils enverraient aux tribunaux, soit pour prononcer sur l'effet de la responsabilité, soit pour infliger d'autres peines, si la conduite de ces officiers était assez répréhensible pour mériter d'être poursuivie par la voie criminelle.

Les directoires devront montrer une fermeté imposante dans cette partie de leurs fonctions; car ce serait une indulgence bien cruelle que celle qui encouragerait la collusion et la pusillanimité d'officiers municipaux trahissant la confiance dont ils ont été honorés et livrant leur commune à tous les dangers des effervescences séditieuses.

Les directoires de district seront attentifs à poursuivre dans les tribunaux la responsabilité des dommages occasionnés par des attroupements contre les communes qui, requises de dissiper l'attroupement, et ayant pu empêcher le dommage, ne l'auraient pas fait. Si les directoires de district négligeaient de remplir cette obligation, qui leur est prescrite par l'art. 5 du décret du 23 fév. dernier, le directoire de département aurait soin de les rappeler à son exécution.

§ 9. — *Gardes nationales* (sans intérêt).

CHAP. 2. — FINANCES (même observation).

CHAP. 3. — DROITS FÉODAUX.

Parmi les différentes dispositions de l'assemblée nationale sur la féodalité et sur les droits qui en dépendent plus ou moins directement, il en est plusieurs que les assemblées administratives sont chargées d'exécuter ou faire exécuter, et que par cette raison elles doivent avoir constamment sous les yeux.

Art. 1. L'art. 13 du titre 2 du décret du 15 mars dernier supprime sans indemnité les droits de *péage*, de *long* et de *travers*, de *passage*, de *hallage*, de *pontonnage*, de *chamage*, de *grande et petite coutume*, et tous autres de ce genre ou qui en seraient représentatifs, quand même ils seraient émanés d'une autre source que du régime féodal; il décharge en conséquence ceux qui les percevaient des obligations attachées à cette perception, c'est-à-dire de l'entretien des chemins, ponts et autres objets semblables. Il faut donc qu'à l'avenir ces charges soient supportées par les départements, et qu'il y soit pourvu désormais par les assemblées administratives; sauf au corps législatif à déterminer, d'après leurs renseignements, quelles sont dans ce genre les dépenses de construction ou de reconstructions qui, utiles à tout le royaume, doivent être acquittées par le trésor public.

La suppression des droits dont il vient d'être parlé admet quatre exceptions établies par l'art. 15, et qui formeront, pour les assemblées administratives ou leurs directoires, un autre objet de travail et de surveillance.

La première est en faveur des *octrois autorisés* qui se perçoivent sous quelques-unes des dénominations de l'art. 13, soit au profit du trésor public, soit au profit des ci-devant provinces, villes, communautés d'habitants ou hôpitaux.

Cette première exception n'a pas pour but, comme quelques-uns ont paru le penser, la conservation indéfinie de tous les droits énoncés en l'art. 13, lesquels se perçoivent au profit du trésor public ou des ci-devant provinces, villes, communautés d'habitants et hôpitaux. Son seul objet est de soustraire, quant à présent, à la suppression, ceux de ces droits qui sont des octrois proprement dits, c'est-à-dire ceux qui, originairement concédés par le gouvernement à des corps ou à des individus, se lèvent aujourd'hui au profit du trésor public, qui en a repris la possession par quelque cause que ce soit, ou au profit des ci-devant provinces, villes, communautés d'habitants ou hôpitaux.

La seconde exception concerne les droits de *bac* et de *voiture d'eau*, c'est-à-dire le droit de tenir sur certaines rivières des bacs et des voitures d'eau, et de percevoir, pour l'usage qu'en fait le public, des loyers ou rétributions fixées par des tarifs.

La troisième exception comprend ceux des droits énoncés en l'art. 13 qui ont été concédés pour dédommagement de frais, non pas d'entretien, mais de construction de *ponts*, *canaux*, travaux ou ouvrages d'art, construits ou reconstruits sous cette condition.

Et la quatrième embrasse tous les *péages* accordés à titre d'indemnité à des propriétaires légitimes de *moulins*, d'*usines*, de bâtiments ou établissements quelconques, supprimés pour cause d'utilité publique.

Ce sont ces quatre exceptions provisoires qui doivent fixer d'une manière spéciale l'attention des directoires de département. Suivant l'art. 16, ceux-ci doivent vérifier les titres et les tarifs de la création des droits qui se rapportent à l'une des quatre classes; ils doivent, d'après cette opération, former un avis, et l'adresser au corps législatif, qui prononcera ensuite définitivement sur le sort de ces droits.

En conséquence, les possesseurs sont tenus de représenter aux directoires de département leurs titres, dans l'année de la publication du décret du 15 mars; et s'ils ne satisfaisaient pas à cette obligation, la perception des droits demeurerait suspendue.

2. La suppression des droits de *havage*, de *coutume*, de *cohue* et de ceux de *hallage* (qu'il ne faut pas confondre avec les droits de *halage* mentionnés en l'art. 13), est devenue l'occasion d'une attribution particulière pour les assemblées administratives. Ce sont les directoires de département qui, aux termes de l'art. 19, doivent terminer par voie d'arbitrage toutes les difficultés qui pourraient s'élever entre les municipalités et les ci-devant possesseurs des droits dont on vient de parler, à raison des bâtiments, halles, étaux, bancs et autres objets qui ont servi jusqu'à présent au dépôt, à l'étalage ou au débit des marchandises et denrées au sujet desquelles les droits étaient perçus. Les bâtiments, halles, étaux et bancs continuent d'appartenir à leurs propriétaires; mais ceux-ci peuvent obliger les municipalités de les acheter ou de les prendre à loyer; et réciproquement, ils peuvent être contraints par les municipalités à les vendre, à moins qu'ils n'en préfèrent le louage: cette faculté réciproque est le principe qui dirigera les directoires de département dans les difficultés qui leur seront soumises.

Si les municipalités et les propriétaires s'accordent, les unes à ne vouloir pas acheter, les autres à ne vouloir ni louer ni vendre, alors le directoire de département, après avoir consulté celui de district, proposerait au corps législatif son avis sur la rétribution qu'il conviendrait d'établir à titre de loyer, au profit des propriétaires, sur les marchands pour le dépôt, l'étalage et le débit de leurs denrées et marchandises.

Si les municipalités ont acheté ou pris à loyer les bâtiments, halles, bancs et étaux, elles dresseront le projet d'un tarif des rétributions qui devront être perçues à leur profit sur les marchands, et ce tarif ne sera exécutoire que quand, sur la proposition du directoire du département, il aura été approuvé par un décret de l'assemblée nationale, sanctionné par le roi.

A l'égard des salaires des personnes employées, dans les places et marchés publics, au pesage et mesurage des marchandises et denrées, les municipalités les fixeront par un tarif auquel ne seront soumis que ceux qui voudront se servir de ces personnes, et qui ne sera exécutoire qu'autant qu'il aura été approuvé par le directoire de département, d'après l'avis de celui de district.

Enfin, les assemblées administratives et leurs directoires ne doivent jamais perdre de vue cette disposition de l'art. 5 du titre 3 du décret du 15 mars, qui, leur rappelant que tout ce qui dépend du pouvoir judiciaire excède les bornes de leur autorité, leur fait défenses de prohiber la perception d'aucun des droits seigneuriaux dont le payement serait réclamé, sous prétexte qu'ils se trouveraient implicitement ou explicitement supprimés sans indemnité; sauf aux parties intéressées à se pourvoir par les voies de droit, devant les juges qui en doivent connaître. Les assemblées administratives et leurs directoires ne doivent pas se borner à respecter cette défense, elles doivent veiller encore, avec la plus grande attention, à ce que les municipalités n'entreprennent pas de la violer.

3. On va maintenant rappeler quelles sont, dans les décrets des 3 mai et 3 juill. derniers, les dispositions qui intéressent la vigilance des assemblées administratives.

L'art. 8 du décret du 3 mai concerne les droits qui dépendent de fiefs appartenant à des communautés d'habitants, et s'il permet aux municipalités d'en liquider et recevoir le rachat, c'est à une condition néanmoins de n'y procéder que sous l'autorité et de l'avis du directoire de département, et celui-ci est expressément chargé de veiller au remploi du prix.

Il en est de même, suivant l'art. 9 du même décret, pour la liquidation du rachat des droits dépendant de fiefs qui appartiennent à des mainmortes, et qui sont administrés par des municipalités, à quelque titre que ce soit; mais le prix doit en être versé dans la caisse du district, pour être porté dans celle de l'extraordinaire, de la manière qui a été indiquée ci-dessus au chap. 2.

Ce sont les directoires de département qui, sur l'avis de ceux de district, doivent liquider le rachat des droits dépendant des biens ci-devant ecclésiastiques, quels qu'en soient les administrateurs actuels, et le prix du rachat doit être versé successivement dans les caisses dont il vient d'être parlé.

Il est une seule exception pour les biens de l'ordre de Malte : les titulaires sont provisoirement autorisés à faire eux-mêmes la liquidation des droits dus aux commanderies, dignités et grands-prieurés de cet ordre; mais ils doivent faire approuver leur liquidation par les directoires de département. Ceux-ci doivent veiller, de leur côté, à ce que cette liquidation soit faite suivant les règles prescrites par le décret du 3 mai, et à ce que le prix en soit versé dans les mêmes caisses que les objets précédents.

La forme suivant laquelle doivent se faire la liquidation et le rachat des droits dépendant des fiefs domaniaux est déterminée par les art. 4, 5, 6 et 7 du décret du 5 juill.; ce sont les administrateurs des domaines ou leurs préposés qui doivent liquider le rachat :

1° Des droits appartenant aux biens domaniaux dont la régie leur est confiée, soit en totalité, soit pour la perception des droits casuels;

2° Des droits et redevances fixes et annuelles des biens actuellement possédés à titre d'engagement, ou concédés à vie ou à temps;

3° Des droits, tant fixes que casuels, dépendant des domaines possédés à titre d'échange, mais dont les échanges ne sont pas encore consommés;

4° Des sommes dues à la nation par les propriétaires de biens mouvant des biens nationaux, même par les apanagistes ou les échangistes dont les échanges ne sont point encore consommés, à raison des rachats par eux reçus pour les droits dépendant de leurs fiefs.

Mais les directoires des départements dans le ressort desquels sont situés les biens dont dépendent les droits rachetables, doivent vérifier la liquidation des administrateurs des domaines ou de leurs préposés, et ne l'approuver qu'autant qu'elle se trouvera conforme aux taux et au mode prescrits par le décret du 3 mai. Ils doivent veiller d'ailleurs à ce que le prix des rachats soit exactement, et à mesure qu'ils auront été effectués, versé de la caisse de l'administration des domaines dans la caisse de l'extraordinaire. Les mêmes directoires doivent également vérifier et approuver, s'il y a lieu, la liquidation faite par les apanagistes, des droits dépendant des biens possédés à titre d'apanage, et surveiller le versement successif du prix dans les caisses de district et de l'extraordinaire.

Le décret du 3 juillet, en ne rangeant point dans la classe des droits domaniaux ceux qui dépendent des biens possédés à titre d'échanges consommés, n'approuve pas néanmoins indistinctement tous les échanges consommés; il fait au contraire une réserve expresse d'attaquer ceux dont le titre serait reconnu susceptible de révision. Il autorise même dans ce cas les oppositions, au nom de la nation, dans la forme prescrite par les art. 47, 48 et 49 du décret du 3 mai, aux rachats des droits dépendant de ces sortes d'échanges. Les directoires de département doivent veiller sur ce point aux intérêts de la nation, et charger le procureur général syndic de faire faire les oppositions qui seront jugées nécessaires.

4. Les art. 15 et 16 du décret du 3 mai chargent particulièrement les directoires de district d'un travail qui exige de l'exactitude et de l'attention; c'est la formation de deux tableaux, dont l'un contiendra l'appréciation de la valeur commune des redevances en volailles, agneaux, cochons, beurre, fromage, cire et autres denrées, dans les lieux où il n'est pas d'usage de tenir registre du prix des ventes qui s'en font, et dont l'autre comprendra l'évaluation du prix ordinaire des journées d'hommes, de chevaux, de bête de somme, de travail et de voiture. Les directoires de département veilleront à la confection de ces deux tableaux, dont un double leur sera adressé.

5. Le décret du 26 juill. 1790 autorise les communautés d'habitants à racheter les arbres existant sur les places publiques des villes, bourgs et villages; mais il leur défend, à peine de responsabilité, de rien entreprendre que d'après l'autorisation expresse du directoire de département, qui sera donnée d'après l'avis de celui de district, sur une simple requête, et après communication aux parties intéressées, s'il y en a.

Les délibérations sur ce rachat seront prises par le conseil général de la commune, et elles indiqueront le moyen d'en acquitter le prix.

Le même décret du 26 juill. charge les administrations de département de proposer au corps législatif les mesures qu'elles jugeront les plus convenables, d'après les localités et sur l'avis des districts, pour empêcher toute dégradation des arbres dont la conservation intéresse le public, et pour remplacer, s'il y a lieu, par une replantation, ceux qui ont été ou pourront être abattus.

6. Dans les décrets des 21 et 22 avr. dernier, concernant la chasse, les corps administratifs se verront autorisés à déterminer pour l'avenir l'époque à laquelle, dans leurs arrondissements respectifs, la chasse doit être permise aux propriétaires et possesseurs de leurs terres non closes.

C'est le directoire de département qui doit faire chaque année cette détermination, d'après l'avis des directoires de district, lesquels pourront consulter à ce sujet les municipalités, afin de concilier, autant qu'il sera possible, l'intérêt général avec le droit du propriétaire.

Le directoire de département examinera si l'époque de l'ouverture de la chasse doit être la même dans toute l'étendue de son territoire, ou si elle doit varier dans tous ou dans quelques districts. L'arrêté qu'il aura pris sur cette matière sera adressé à toutes les municipalités par l'entremise du district, et publié par les municipalités quinze jours avant celui où la chasse sera libre.

7. Les administrateurs doivent veiller enfin à ce que, conformément à l'art. 2 du décret du 4 août 1789, les municipalités fassent fermer les colombiers au temps où les dégâts des pigeons peuvent être à craindre pour les campagnes. La délibération par laquelle chaque municipalité aura fixé l'époque de cette clôture sera publiée quinze jours avant cette époque, et la publication en sera renouvelée tous les ans. S'il survient quelques réclamations contre les dispositions que pourront faire à ce sujet les municipalités, elles seront portées devant les assemblées administratives, et le directoire de département y pourvoira sur l'avis du directoire de district. En cas de négligence de la part des municipalités, les directoires de district pourront faire eux-mêmes la fixation de l'époque de la clôture des colombiers.

CHAP. 4. — Domaines et bois.

Art. 1. L'assemblée nationale n'a pu s'occuper encore des réformes que peut exiger l'administration des domaines et bois; elle a décrété seulement la vente des biens domaniaux. Ainsi, par rapport à la régie de ces biens et à la perception de leurs revenus, les choses doivent rester, quant à présent, sur l'ancien pied, et les municipalités, ainsi que les administrations, ne peuvent y prendre part.

Il en est de même de la juridiction des eaux et forêts, qui subsiste toujours, et qui n'ayant encore perdu que la seule attribution des délits de chasse, doit continuer de connaître, comme par le passé, de toutes les autres matières que les anciennes lois ont soumises à sa compétence, jusqu'à ce qu'un décret formel de l'assemblée nationale ait prononcé sa suppression.

Nombre de municipalités cependant, égarées par une fausse interprétation des décrets des 11 déc. et 18 mars derniers, se sont permis des entreprises dont la durée et la multiplication auraient les suites les plus funestes. L'assemblée nationale a mis sous la sauvegarde des assemblées administratives et municipales les forêts, les bois et les arbres, et elle leur en a recommandé la conservation. De là plusieurs municipalités ont conclu que l'administration des bois leur était attribuée, et qu'elle était ôtée aux officiers des maîtrises, erreur palpable, et qui trouve sa condamnation dans les décrets mêmes dont on a cherché à l'appuyer, puisqu'ils réservent expressément les dispositions des ordonnances sur le fait des eaux et forêts, puisque les officiers des maîtrises et autres juges compétents sont chargés littéralement de maintenir les règles et d'en punir la violation; puisque, enfin, le devoir des municipalités est restreint à un simple droit de surveillance, et à la charge de dénoncer les contraventions aux tribunaux qui en doivent connaître.

Cette erreur a déjà beaucoup produit de mal. Les gardes des maîtrises ont, dans plusieurs endroits, été expulsés des forêts et exposés à des violences. Les officiers des maîtrises eux-mêmes n'ont pas été plus respectés; ils sont, dans certaines provinces, réduits à l'impuissance de faire leurs fonctions, qui ne doivent cependant pas être interrompues, tant qu'un nouvel ordre de choses n'aura point été établi. Des dégâts considérables ont été commis dans les bois, sous les yeux des municipalités, qui devaient les empêcher et les prévenir, et qui n'ont pas eu la force de s'y opposer. Il n'est même que trop certain que quelques-unes les ont autorisés formellement, tandis que d'autres, renversant l'ordre juridictionnel, érigent dans leur sein un tribunal auquel elles citent et où elles condamnent elles-mêmes les contrevenants.

C'est aux assemblées administratives, et spécialement à leurs directoires, qu'il appartient d'arrêter le cours d'un désordre véritablement effrayant; c'est à elles qu'il est réservé de surveiller la conduite des municipalités, de les contenir dans les bornes précises de leur pouvoir, et particulièrement de les éclairer sur la fausse interprétation des décrets de l'assemblée nationale. Elles-mêmes sont chargées de veiller à la conservation des bois, et ce n'est pas seulement contre les délits des particuliers, c'est aussi contre les erreurs et les entreprises des municipalités, qu'elles doivent défendre cette propriété précieuse.

2. Il est un autre point sur lequel un zèle louable a entraîné les municipalités au delà des bornes de leurs fonctions. Des communautés ecclésiastiques et des bénéficiers se sont permis des coupes de bois qui n'étaient point autorisées; c'était un des délits dont la surveillance était confiée aux officiers municipaux, et que les procureurs des communes étaient chargés de dénoncer aux tribunaux. Des municipalités ont été plus loin : au lieu de se contenter d'une dénonciation, elles ont fait saisir elles-mêmes, et à leur propre requête, soit les bois coupés en contravention, soit les deniers provenant de leur vente; et ces saisies ont donné lieu à des instances, à des jugements, et même à des appels où ces municipalités figurent comme parties.

Il faut que l'ordre légitime soit rétabli à cet égard, et qu'elles cessent d'exercer ou d'essuyer des poursuites pour lesquelles elles sont sans qualités suffisantes, sans néanmoins que le fruit de leur sollicitude soit perdu.

L'étendue de pouvoir qui manque à cet égard aux municipalités se trouve dans la main des assemblées administratives. Chargées, par un décret spécial, de l'administration des biens ci-devant ecclésiastiques, point de doute qu'elles n'aient le droit de diriger en justice, par l'entremise des procureurs-syndics, toutes les actions relatives à la conservation des biens qu'elles doivent administrer.

Ainsi, l'un des premiers soins des directoires de département doit être, d'une part, de veiller à ce que de semblables poursuites ne soient plus faites par les municipalités, et, d'autre part, de se faire rendre compte des saisies et des instances subsistantes; ils pèseront ensuite dans leur sagesse s'il est convenable de prendre le fait et cause des municipalités qui sont actuellement en procès, ou si la prudence et la justice doivent dicter un autre parti.

3. Les changements survenus dans l'administration des biens ci-devant ecclésiastiques ne doivent point empêcher la vente et l'exploitation des coupes ordinaires des bois qui en font partie. Le sursis prononcé par le décret du 18 mars dernier ne concerne que les coupes extraordinaires, et il y aurait de grands inconvénients à donner à ce sursis un effet plus étendu, puisqu'il en résulterait une grande difficulté, et vraisemblablement, dans nombre d'endroits, l'impossibilité de compléter les approvisionnements nécessaires.

Ainsi les directoires des assemblées administratives doivent veiller à ce que les opérations et délivrances qui se faisaient annuellement dans les bois ci-devant ecclésiastiques, aient lieu cette année comme dans les précédentes, et à ce qu'elles se fassent aux époques usitées.

Quant aux adjudications, il est également essentiel qu'elles n'éprouvent aucun retard, et que, pour en assurer le succès, les directoires de département chargent les districts dans le territoire desquels elles devront être faites, de se concerter avec les officiers des maîtrises.

Les formalités ci-devant observées pour les ventes et adjudications des bois continueront d'avoir lieu jusqu'à ce qu'il en ait été autrement ordonné.

L'adjudication se fera par le directoire de district délégué à cet effet par le directoire de département, en présence de deux officiers au moins, du nombre de ceux qui auront fait le martelage et la délivrance, ou eux dûment appelés. Les directoires de département veilleront, au surplus, à ce que les différentes adjudications à faire dans leur territoire soient fixées à des jours différents, et de manière à entretenir la concurrence entre les adjudicataires.

4. Une dernière observation concerne l'exécution du décret du 6 juin 1790 : il autorise les directoires de département à faire verser dans les caisses des districts les sommes provenues des ventes des bois des communautés ecclésiastiques ou laïques, soit que ces sommes aient été portées dans la caisse de l'administration des domaines ou dans celle des anciens receveurs généraux des domaines et bois, soit qu'elles existent entre les mains des héritiers ou représentants de ces receveurs généraux, soit enfin qu'elles aient été déposées par autorité de justice ou autrement entre les mains de toute autre personne publique ou particulière. En cas de refus ou de retardement de la part des dépositaires, le directoire de département pourra,

sur la demande du directoire de district, décerner contre eux une contrainte qui sera mise à exécution par le receveur du district.

Le même décret du 6 juin autorise les directoires de département à déterminer l'emploi des deniers provenant de la vente des bois des communautés laïques, sur la demande des conseils généraux des communes, et de l'avis des districts. Il est inutile d'avertir les directoires que des règles d'utilité et d'économie doivent en diriger l'emploi.

Il faut, au surplus, assurer avant tout l'acquit des charges imposées aux adjudicataires des bois des communautés ecclésiastiques ou laïques, et le payement des ouvrages auxquels le prix des ventes et des adjudications a principalement été destiné.

On finira ce chapitre en invitant les administrations à communiquer leurs vues sur le meilleur plan d'aménagement des forêts nationales, des bois communaux, si négligés partout, et même des bois des particuliers; mais elles n'oublieront pas que la liberté du propriétaire ne doit jamais être gênée qu'autant que le bien général l'exige indispensablement.

CHAP. 5. — ALIÉNATION DES DOMAINES NATIONAUX (sans intérêt).

CHAP. 6. — AGRICULTURE ET COMMERCE.

Les nombreux détails qui réclament les premiers travaux des assemblées administratives ne leur permettront guère de donner sur-le-champ à tous les objets qui tiennent à l'agriculture et au commerce une application proportionnée à leur grande importance. Il est néanmoins de leur devoir de ne rien négliger de ce qui peut être instant, et de se procurer de bonne heure les instructions et renseignements d'après lesquels d'utiles améliorations puissent être proposées et exécutées. Il n'est aucun département qui n'offre en ce genre un vaste carrière à la sollicitude de ses administrateurs; il en est même plusieurs qui attendent une nouvelle création d'un régime vigilant et paternel.

L'assemblée nationale a considéré les dessèchements comme une des opérations les plus urgentes et les plus essentielles à entreprendre. Par eux seront restitués à la culture de vastes terrains qui sollicitent de toute part l'industrie des propriétaires et l'intérêt du gouvernement; par eux sera détruite une des causes qui nuisent à la santé des hommes et à la prospérité des végétaux; par eux, des milliers de bras qui manquent d'ouvrage, et que la misère et l'intrigue peuvent tourner contre la société, seront occupés utilement. Déjà il se médite sur ce point, dans le sein de l'assemblée nationale, une loi importante, dont quelques articles sont même décrétés. C'est aux administrations à seconder ses vues, et à prendre d'avance des mesures assez sages pour que l'exécution de cette loi n'éprouve aucun retard, et ne rencontre aucun obstacle dans leur arrondissement.

Elles doivent aussi rechercher et indiquer les moyens de procurer le libre cours des eaux; d'empêcher que les prairies ne soient submergées par la trop grande élévation des écluses, des moulins, et par les autres ouvrages d'art établis sur les rivières; de diriger enfin, autant qu'il sera possible, toutes les eaux de leur territoire vers un but d'utilité générale, d'après les principes de l'irrigation.

Sans débouchés pour le transport des productions, point de commerce. Un des premiers besoins du commerce, un des principaux objets de la surveillance des administrations, est donc l'entretien et la construction des chemins et des canaux navigables.

L'extrême imperfection du régime actuel des communaux est reconnue et dénoncée depuis longtemps. Les administrations proposeront des lois sur cette espèce de propriétés publiques, sur leur meilleur emploi, et sur la manière la plus équitable de les partager, de les vendre ou de les affermer.

Les avantages et les inconvénients de la vaine pâture et du droit de parcours doivent fixer aussi leur attention : il faut considérer ces deux usages sous tous les rapports par lesquels ils peuvent influer sur la subsistance et la conservation des troupeaux; il faut balancer avec sagacité l'intérêt qu'y attache le petit propriétaire de la campagne, l'abus que le riche fermier en fait trop souvent, et l'obstacle qu'ils apportent à l'indépendance des propriétés.

Il est un genre d'établissements qui mérite une protection spéciale; ce sont ceux dont le but est d'améliorer les laines, en multipliant les moutons de belle race. En général, les troupeaux sont trop peu nombreux pour l'étendue de notre sol, et trop faibles pour fournir aux besoins de nos manufactures. Une heureuse émulation en cette partie contribuerait sensiblement à l'amélioration de notre culture, et elle affranchirait notre commerce de l'énorme tribut qu'il paye à l'étranger pour l'achat des matières premières.

Un travail important sur les poids et mesures a été confié par l'assemblée nationale à l'Académie des sciences de Paris : il s'agit de les réformer peu à peu, de les recréer sur des bases invariables, et d'établir dans les calculs de commerce cette uniformité que la raison appelle en vain depuis des siècles, et qui doit former un lien de plus entre les hommes. Les administrations sont chargées, par le décret du 8 mai 1790, de se faire remettre par chaque municipalité, et d'envoyer au secrétaire de l'Académie des sciences de Paris, un modèle parfaitement exact des différents poids et mesures élémentaires qui sont en usage dans les divers lieux de leur territoire.

Elles proposeront l'établissement ou la suppression des foires et des marchés dans les endroits où elles le jugeront convenable, d'après les nouvelles relations que peut faire naître la division actuelle du royaume.

Elles feront connaître le genre d'industrie qui convient au pays, le degré de perfection où sont parvenues ses fabriques et ses filatures, et celui dont elles sont susceptibles. Elles protégeront de tout leur pouvoir, elles surveilleront sans perquisition les manufactures et les ateliers. L'industrie naît de la liberté : elle veut être encouragée, mais si on l'inquiète, elle disparaît.

Les administrations recueilleront encore des notions exactes sur les mines, les usines et les bouches à feu : elles s'appliqueront à connaître si la position, le travail et les débouchés de ces divers établissements les rendent plus utiles au commerce en général, que nuisibles, soit au canton, par leur grande consommation de bois, soit à l'agriculture, par la dégradation du terrain destiné à leur service.

Elles porteront un regard attentif sur la police des campagnes, sur le glanage, patrimoine du pauvre, sur les caractères d'équité ou d'injustice que peuvent offrir les différentes conventions usitées entre le fermier et le propriétaire, sur les mesures compatibles avec la liberté, qui peuvent tendre à multiplier les petites fermes et à faciliter la division des grandes propriétés, sur le maintien des rapports de subordination et de bienfaisance qui doivent lier sans cesse le maître et le compagnon.

Elles transmettront enfin au corps législatif tous les renseignements qui peuvent servir à lui faire connaître la culture et le commerce de leur territoire, les obstacles qui peuvent en gêner les progrès, et les moyens d'en procurer l'amélioration.

CHAP. 7. — MENDICITÉ, HÔPITAUX, PRISONS.

Parmi les objets importants qui se disputent de toute part l'attention de l'assemblée nationale, il en est un qui devait intéresser spécialement sa sollicitude : c'est l'assistance du malheureux dans les différentes positions où l'infortune peut le plonger.

Il faut que l'indigent soit secouru, non-seulement dans la faiblesse de l'enfance et dans les infirmités de la vieillesse, mais même lorsque, dans l'âge de la force, le défaut de travail l'expose à manquer de subsistance. Il faut aussi que l'accusé dont l'ordre public exige la détention, n'éprouve d'autre peine que la privation de sa liberté; et par conséquent, il faut pourvoir à la salubrité autant qu'à la sûreté des prisons.

Ce n'est pas seulement à la sensibilité de l'homme, c'est à la prévoyance du moraliste, c'est à la sagesse du législateur que ces devoirs se recommandent. Pénétrée de cette vérité, l'assemblée nationale veut adopter un système de secours que la nation, la morale et la politique ne puissent désavouer, et dont les bases soient irrévocablement liées à la constitution. Un comité est spécialement chargé de lui proposer un plan qui puisse réaliser ses vues bienfaisantes; mais ce travail, qui doit être mûri par des combinaisons profondes, doit encore être préparé par la connaissance de quelques faits sur lesquels les administrations peuvent seules fournir des renseignements dignes de confiance.

C'est pour les obtenir au plus tôt, qu'il vient d'être envoyé aux départements un tableau où sont énoncées différentes questions essentielles relatives à la mendicité, et qu'il a été joint une instruction propre à faciliter les réponses. On attend du zèle des directoires de département qu'ils ne négligeront rien pour que ces réponses parviennent promptement à l'assemblée nationale.

Il est plusieurs autres points dont la connaissance devra être procurée successivement au corps législatif, et qu'il est utile d'indiquer à ces administrations, afin qu'elles soient en état d'en préparer dès à présent les renseignements, et qu'elles puissent les transmettre au corps législatif aussitôt qu'elles se les seront procurés.

Les directoires de département s'occuperont donc de former l'état des hôpitaux et Hôtels-Dieu situés dans leur territoire, de la destination de ces hôpitaux et Hôtels-Dieu, du nombre des malheureux qui y sont assistés, et des officiers et employés qui les desservent, de la masse et de la nature de leurs revenus, ainsi que de leur administration.

Les directoires en useront de même pour tous les fonds affectés dans chaque département aux charités, distributions et secours de toute espèce fondés ou non fondés. Ils feront connaître les diverses natures de ces fondations, si elles portent ou non des clauses particulières, et à quelles charges elles sont soumises. Ils instruiront le corps législatif s'il se trouve dans leur ressort des biens appartenant aux maladreries, aux ordres hospitaliers et à des pèlerins; ils en indiqueront la nature et la valeur.

Ils rendront compte de l'état des maisons de mendicité, de celui des prisons, de leur grandeur, de leur solidité, de leur salubrité, et des moyens par lesquels elles pourraient être rendues saines et commodes, si elles ne le sont pas; enfin ils recueilleront soigneusement toutes les notions qui pourront conduire à des améliorations utiles dans le régime de la mendicité, des hôpitaux et des prisons.

Au surplus, l'instruction adressée par ordre du roi aux départements, indique, pour l'état actuel des choses, des vues sages et des règles de conduite auxquelles l'assemblée nationale ne peut qu'applaudir, et dont elle s'empresse de recommander l'observation.

En terminant cette instruction, l'assemblée nationale doit prévenir les assemblées administratives qu'elle n'a point entendu tracer un tableau complet de leurs devoirs. Il est une foule d'autres détails que leur sagacité suppléera facilement, et dont, par conséquent, l'énumération et le développement étaient superflus.

C'est sur le zèle des corps administratifs, c'est sur leurs lumières et leur patriotisme que l'assemblée nationale fonde ses plus grandes espérances. Une vaste carrière s'ouvre devant eux : que leur courage s'anime à la vue des importantes fonctions qui leur sont confiées; que la sagesse guide toutes leurs démarches; qu'une vaine jalousie de pouvoir ne leur fasse jamais méconnaître les deux autorités suprêmes auxquelles elles sont subordonnées; qu'enfin, leur régime bienfaisant prouve au peuple que le règne de la liberté est celui du bonheur; et la constitution, déjà victorieuse des ennemis du bien public, saura triompher aussi des outrages du temps.

16-24 août 1790. — Décret sur l'organisation judiciaire, portant que les fonctions judiciaires sont distinctes et demeureront toujours séparées des fonctions administratives (tit. 2, art. 13).—V. Organisation judiciaire.

7-11 sept. 1790. — Décret relatif à la forme de procéder devant les autorités administratives, en matière de contributions, de travaux publics, etc.

Nota. Ce décret qui se lie à celui du 16 août 1790, et dont il semble même devoir faire partie, sera rapporté v° Organisation judiciaire.

19-27 sept. 1790. — Décret portant que les présidents des administrations de départements sont éligibles aux places de juges.

L'assemblée nationale, sur les pétitions qui lui ont été présentées en interprétation du décret du 2 septembre, déclare que les présidents des administrations de département et de district, n'étant pas membres nécessaires des directoires, sont éligibles aux places de juges, à la charge par eux, s'ils sont élus juges et s'ils acceptent, de ne pouvoir plus exercer dans les corps administratifs les fonctions de président, et de se réduire à celles de simples membres du conseil.

2-5 nov. 1790. — Décret portant : Les directoires de département et de district ne cesseront point d'être en activité pendant les assemblées des conseils de département et de district; ils continueront les fonctions particulières qui leur sont attribuées, les conseils de département et de district ne devant pas s'occuper des affaires d'exécution. Ceux qui composent les directoires ne pourront pas pour cela se dispenser ou être empêchés d'assister à l'assemblée générale dont ils sont membres.

21 déc. 1790-5 janv. 1791. — Décret portant que les administrations de département et de district ne peuvent nommer ni entretenir des agents auprès du roi et du corps législatif

16-19 janv. 1791. — Décret portant que les administrations de département et de district pourront, à chaque nouvelle session, nommer un nouveau président, mais le président alors en fonction pourra être réélu.

15 (3, 4, 5, 6, 14 et)-27 mars 1791. — Décret concernant l'organisation des corps administratifs.

Art. 1. Les actes des directoires ou conseils de district ou de département ne pourront être intitulés ni *décrets*, ni *ordonnances*, ni *règlements*, ni *proclamations* : ils porteront le nom d'*arrêtés*.

2. La minute de chaque arrêté exprimera le nombre des délibérants : ceux qui n'auront pas été d'avis de le prendre, pourront ne pas le signer. L'expédition en sera faite sous la signature du président, ou du secrétaire-greffier, sans la mention de ceux qui auront signé la minute.

3. Les conseils de département ou de district, après avoir procédé à l'élection du directoire, nommeront, les premiers, quatre membres; les seconds, deux membres du conseil, lesquels remplaceront au directoire ceux dont les places deviendront vacantes par mort, démission ou autrement.

4. Les membres des conseils de district ou de département, dont les places devront être vacantes, par mort, démission ou autrement, ne seront remplacés qu'à l'époque des élections ordinaires.

5. Le président d'une administration de district ou de département aura voix délibérative au directoire; il ne présidera point l'assemblée du conseil lors de la reddition des comptes.

6. Les membres des administrations de département ou de district ne pourront être réélus qu'après un intervalle de deux années.

7. Si la place de procureur général syndic ou de procureur-syndic devient vacante par mort ou démission, le directoire de département ou de district nommera dans son sein, ou dans le conseil, un commissaire, qui fera les fonctions de procureur général syndic ou de procureur-syndic jusqu'à l'époque du rassemblement des électeurs.

8. Tout corps administratif ou municipal qui publiera ou fera parvenir à d'autres administrations ou municipalités, des arrêtés ou lettres provoquant la résistance à l'exécution des arrêtés ou des ordres émanés des autorités supérieures, pourra être suspendu de ses fonctions.

9. Aucun directoire ou conseil de district, ni aucune municipalité, ne pourront, sous la même peine, publier, faire afficher, ou persister à faire exécuter un arrêté contraire à celui du département ou du district, ou manquant à la subordination prescrite par la loi à l'égard de l'administration supérieure.

10. Le mandement de *faire exécuter*, qui se trouve à la fin des lois, n'aura, à l'égard des municipalités et des corps administratifs, en ce qui concerne les objets relatifs à l'ordre judiciaire, à la guerre et à la marine, que l'effet d'assurer l'exécution de la loi, lorsqu'ils en seront requis dans les formes prescrites par la constitution; et, dans aucun cas, les corps administratifs et les municipalités ne pourront s'immiscer en rien de ce qui regarde l'exécution des ordres donnés par le pouvoir exécutif, touchant l'administration, la discipline, la disposition et le mouvement de l'armée de terre, de l'armée navale et de toutes leurs dépendances.

11. Les conseils de district seront tenus d'adresser, chaque année, au directoire de département, le procès-verbal de leur session, avant l'ouverture de la session du conseil de département.

12. Indépendamment de la correspondance habituelle avec les directoires de département, les directoires de district seront tenus d'envoyer tous les mois au département un tableau raisonné des progrès de l'exécution des diverses parties confiées à leurs soins.

13. Les actions relatives aux domaines nationaux ou propriétés publiques, ne pourront être intentées, ou soutenues par un directoire de district, qu'avec l'autorisation du directoire de département.

14. Ces actions seront intentées ou soutenues au nom du procureur général syndic du département, et à la diligence du procureur-syndic du district de la situation des biens.

15. Les actions relatives aux domaines nationaux dont le roi a la jouissance, seront intentées ou soutenues par l'intendant de la liste civile, ou par celui que désignera le roi, à la charge de notifier la contestation au directoire de département, lorsqu'elle intéressera la propriété. En ce cas, le procès ne pourra être instruit et jugé qu'en la présence du procureur général syndic, qui sera tenu d'intervenir, à la diligence du procureur-syndic du district.

16. La session annuelle de chaque conseil de département, ordonnée par l'art. 21 de la seconde section du décret du 22 déc. 1789, aura lieu sans aucune convocation. L'époque de cette session ne pourra être ni retardée, ni avancée, à moins que, d'après une nécessité reconnue par la majorité des membres du conseil, et sur une pétition qu'ils auraient adressée au roi, le roi n'en eût accordé la permission. Dans le cas où l'époque du rassemblement serait avancée, les directoires de département le notifieraient aux directoires de district, afin que l'intervalle prescrit entre la tenue des conseils de district et celle des conseils de département soit toujours observé.

17. Les conseils de département ne pourront ni discontinuer leurs séances, ni s'ajourner qu'aux époques fixées par la loi, à moins que la nécessité des circonstances n'ait, sur leur demande, déterminé le roi à autoriser cette discontinuation ou cet ajournement.

18. Néanmoins, dans le cas où la sûreté intérieure d'un département serait troublée au point qu'il fût nécessaire de faire agir la force publique de tout le département, le président du directoire sera tenu de convoquer le conseil, et, à défaut de convocation, le conseil sera tenu de se rassembler, mais toujours en donnant sur-le-champ avis de ce rassemblement extraordinaire à la législature, si elle est réunie, ainsi qu'au pouvoir exécutif. Le conseil ne pourra alors s'occuper que des moyens de rétablir l'ordre, et il se séparera aussitôt que la tranquillité ne sera plus troublée.

19. Les conseils de département seront tenus de faire adresser au roi, chaque année, et dans la quinzaine après la clôture, deux expéditions du procès-verbal de leur session, dont l'une sera déposée aux archives de l'assemblée nationale.

20. Dans le cas où des troubles survenus, soit dans les assemblées de communes par communauté entière ou par sections, soit dans les assemblées primaires, auraient empêché d'en terminer les opérations, ou donneraient lieu d'en prononcer la nullité, le conseil ou le directoire de département pourra, sur l'avis du directoire de district, convoquer une nouvelle assemblée, y envoyer au besoin des commissaires pour maintenir l'ordre; et, à l'égard des assemblées primaires, déterminer le lieu où il paraîtra convenable des convoquer, pourvu que ce soit dans le même canton.

21. Si des troubles s'élevaient, soit dans les assemblées municipales, soit dans le conseil général d'une commune, le conseil ou le directoire de département, sur l'avis du directoire du district, pourra pareillement nommer des commissaires chargés d'y rétablir l'ordre.

22. Si les directoires de département ne peuvent, malgré deux avertissements successifs, constatés par la correspondance, obtenir des municipalités ou directoires de district les renseignements ou informations nécessaires à l'administration, ils sont autorisés à nommer deux commissaires, qui se transporteront, aux frais des officiers municipaux ou des membres des directoires de district, pour recueillir ces renseignements ou informations.

23. Indépendamment de la correspondance habituelle que les directoires de département seront obligés d'entretenir avec le ministre de l'intérieur, ils lui feront parvenir tous les mois un tableau raisonné des affaires du département, et des progrès de l'exécution des diverses parties confiées à leurs soins.

24. Les conseils ou directoires de département seront tenus d'exécuter et faire exécuter sans délai les ordres d'administration émanés du roi, en qualité de chef suprême de l'administration générale, et contre-signés par le ministre de l'intérieur; mais, si ces ordres leur paraissent contraires aux lois, après les avoir exécutés provisoirement, ils en instruiront le corps législatif.

25. Si le procureur-syndic requiert, ou si le directoire d'un district prend des arrêtés contraires, soit aux lois, soit aux arrêtés de l'administration du département, soit aux ordres qui leur auraient été donnés ou transmis par le directoire du département, celui-ci déclarera ces actes nuls; il notifiera son arrêté au directoire de district, et en instruira le pouvoir exécutif.

26. Si le directoire ou le procureur-syndic d'un district mettaient à exécution un arrêté du conseil général d'un district, sur lequel le conseil général de département aurait notifié sa désapprobation, ou même refusé son approbatiin, comme aussi dans tous les cas où ils se permettraient une résistance persévérante à l'exécution soit des lois, soit des arrêtés de l'administration du département, soit des ordres qui leur auraient été donnés ou transmis par le directoire du département, celui-ci pourrait, sans se servir de l'expression de *mander à la barre*, appeler devant lui le procureur-syndic, même un ou plusieurs membres du directoire de district, leur remontrer qu'en intervertissant l'ordre des pouvoirs constitutionnels, ils mettent la chose publique en danger, et prononcer, par un arrêté qui sera imprimé, la défense de mettre à exécution les actes déclarés nuls.

27. Si le directoire du département n'a pas annulé les actes mentionnés en l'art. 25, le roi pourra les annuler par une proclamation, sous la responsabilité de son ministre.

28. Dans le cas où, soit après la déclaration de nullité prononcée par le roi, soit après la défense de mettre à exécution prononcée par le département, ainsi qu'il est dit à l'art. 26, le directoire ou le procureur-syndic d'un district persisterait dans son insubordination, le roi pourrait suspendre individuellement ou collectivement, comme il sera expliqué par la suite, les membres du directoire, ainsi que le procureur-syndic du district.

29. Toutefois, si les circonstances sont urgentes, le directoire ou le conseil du département pourra, sous sa responsabilité, suspendre de leurs fonctions le procureur-syndic qui aurait requis, ou les administrateurs de district qui auraient pris des arrêtés capables de compromettre la sûreté ou la tranquillité publique; mais à la charge d'en instruire aussitôt le pouvoir exécutif, lequel lèvera ou laissera subsister cette suspension.

30. Si la suspension n'a été prononcée que contre deux membres du directoire de district, ils seront remplacés par les deux suppléants. Si le nombre des membres suspendus excède celui de deux, le directoire de département nommera, parmi les membres du conseil de district, des commissaires en nombre suffisant pour compléter le directoire.

31. Pour remplacer un procureur-syndic suspendu de ses fonctions, le directoire de département nommera un commissaire pris parmi les membres de l'administration de district, ou, en cas de refus, parmi ceux du conseil de département.

32. Si un directoire de département met à exécution un arrêté du conseil de département auquel le roi aurait refusé son approbation, ou prend, de toute autre manière, des arrêtés contraires, soit aux règles établies par la constitution des corps administratifs, soit aux lois de l'État, soit aux ordres donnés par le roi en matière d'administration, sous le contre-seing du ministre qui en est responsable, le roi pourra, sous la responsabilité de son ministre, annuler ces actes par une proclamation, et défendre de les mettre à exécution.

33. Si une administration de département prenait, dans des circonstances urgentes, des arrêtés capables de compromettre la sûreté ou la tranquillité publique, comme aussi, dans le cas où, après une déclaration de nullité prononcée par le roi, et les ordres donnés par lui en matière d'administration, soit le conseil du département, soit le directoire, soit le procureur général syndic, persisteraient dans leur insubordination, le roi, sous la responsabilité de son ministre, pourrait suspendre les auteurs du délit individuellement ou collectivement.

34. Si la suspension est prononcée contre tous les membres du directoire, ils seront remplacés provisoirement, d'abord par les suppléants mentionnés en l'art. 3, ensuite par des commissairess que le roi choisira parmi les membres du conseil de département, et, au besoin, parmi les membres de tous les conseils de district du même département. — Le remplacement aura lieu de la même manière, dans le cas où la suspension aura été prononcée contre quelques membres du directoire individuellement.

35. Si un conseil de département se trouve suspendu, soit à l'époque où il doit tenir sa session annuelle, soit avant d'en avoir consommé les opérations, le roi nommera trois commissaires pris dans chaque conseil de district du même département, dont les fonctions seront bornées à la réception des comptes de la gestion du directoire, à la répartition des comptes de l'année et à la distribution des travaux publics de la même année, si ces opérations n'ont pas été faites.

36. La suspension mentionnée en l'art. 33, ainsi qu'en l'art. 28, pourra être prononcée, soit contre le corps entier du conseil ou du directoire, à raison des arrêtés qu'il aura pris, quel que soit le nombre des membres qui auront concouru à les former, soit contre un ou plusieurs membres, pour les actes qui leur seront personnels, hors la délibération.

37. Dans tous les cas où une suspension sera prononcée, soit par le directoire du département, soit par le pouvoir exécutif, le roi en instruira sur-le-champ la législature, si elle est assemblée, et dès les premiers jours de sa session, si elle est en vacances.

38. Sur cette notification, le corps législatif, après avoir examiné la conduite du ministre en cette occasion, pourra ou lever la suspension, ou dissoudre le corps administratif, ou renvoyer quelques-uns de ses membres aux tribunaux criminels de département, ou enfin, en déclarant qu'il y a lieu à accusation, les faire poursuivre devant la haute cour nationale.

Nota. Le décret est suivi de dix articles relatifs à la manière de terminer les contestations qui peuvent s'élever à la suite des assemblées de communes, des assemblées primaires et des assemblées électorales.

7-8 avr. 1791. — Décret qui exclut du ministère les membres de l'assemblée nationale, ceux du tribunal de cassation, ceux qui serviront dans le haut jury, et ceux qui seront seulement inscrits sur la liste du haut jury, etc.

12-17 avr. 1791. — Décret portant que, jusqu'aux prochaines assemblées des conseils de département et de district, les places qui sont actuellement ou qui deviendront vacantes par mort, démission ou autrement, dans leurs directoires respectifs, seront remplies par ceux des membres desdits conseils qui seront nommés à cet effet par les membres restants desdits directoires.

27 avr.-25 mai 1791. — Décret relatif à l'organisation du ministère.

Art. 1. Au roi seul appartiennent le choix et la révocation des ministres.

2. Il appartient au pouvoir législatif de statuer sur le nombre, la division et la démarcation des départements du ministère.

3. Nul ne pourra exercer les fonctions de ministre, s'il ne réunit les conditions nécessaires à la qualité de citoyen actif.

4. Les ministres exerceront, sous les ordres du roi, les fonctions déterminées ci-après, et seront au nombre de six, savoir : le ministre de la justice, le ministre de l'intérieur, le ministre des contributions et des revenus publics, le ministre de la guerre, celui de la marine et celui des affaires étrangères.

Fonctions des ministres.

5. Les fonctions du ministre de la justice seront : 1° de garder le sceau de l'Etat et de sceller les lois, les traités, les lettres patentes de provisions d'offices, les commissions, patentes et diplômes du gouvernement ; — 2° D'exécuter les lois relatives à la sanction des décrets du corps législatif, à la promulgation et à l'expédition des lois ; — 3° D'entretenir une correspondance habituelle avec les tribunaux et les commissaires du roi ; — 4° De donner aux juges des tribunaux de district et des tribunaux criminels, ainsi qu'aux juges de paix et de commerce, tous les avertissements nécessaires, de les rappeler à la règle et de veiller à ce que la justice soit bien administrée ; — 5° De soumettre au corps législatif les questions qui lui seront proposées relativement à l'ordre judiciaire, et qui exigeront une interprétation de la loi ; — 6° De transmettre au commissaire du roi près le tribunal de cassation les pièces et mémoires concernant les affaires qui lui auront été déférées, et qui seront de nature à être portées à ce tribunal ; d'accompagner ces pièces et mémoires des éclaircissements et observations dont il les croira susceptibles ; — 7° De rendre compte à la législature, au commencement de chaque session, de l'état de l'administration de la justice et des abus qui auraient pu s'y introduire.

6. Il y aura près du ministre de la justice trois gardes et un officier, qui veilleront sur le sceau de l'Etat. Les secrétaires du roi du grand collége sont supprimés ; sont pareillement supprimés les officiers en chancellerie, à l'exception de deux huissiers, lesquels serviront près la personne du ministre à l'audience du sceau, et pourront exercer auprès du tribunal de cassation.

7. Le ministre de l'intérieur sera chargé : 1° de faire parvenir toutes les lois aux corps administratifs ; — 2° De maintenir le régime constitutionnel et les lois touchant les assemblées des communes par communautés entières ou par sections, les assemblées primaires et les assemblées électorales, les corps administratifs, les municipalités, la constitution civile du clergé, et provisoirement l'instruction et l'éducation publiques ; sans que de la présente disposition on puisse jamais induire que les questions sur la régularité des assemblées et la validité des élections, ou sur l'activité et l'éligibilité des citoyens, puissent être soumises au jugement du pouvoir exécutif ; — 3° Il aura la surveillance et l'exécution des lois relatives à la sûreté et à la tranquillité de l'intérieur de l'Etat ; — 4° Le maintien et l'exécution des lois touchant les mines, minières et carrières, les ponts et chaussées et autres travaux publics, la conservation de la navigation et du flottage sur les rivières, et du halage sur les bords ; — 5° La direction des objets relatifs aux bâtiments et édifices publics, aux hôpitaux, établissements et ateliers de charité, et à la répression de la mendicité et du vagabondage ; — 6° La surveillance et l'exécution des lois relativement à l'agriculture, au commerce de terre et de mer, aux produits des pêches sur les côtes, et des grandes pêches maritimes, à l'industrie, aux arts et inventions, fabriques et manufactures, ainsi qu'aux primes et encouragements qui pourraient avoir lieu sur ces divers objets ; — 7° Il sera tenu de correspondre avec les corps administratifs, de les rappeler à leurs devoirs, de les éclairer sur les moyens de faire exécuter les lois, à la charge de s'adresser au corps législatif, dans tous les cas où elles auront besoin d'interprétation ; — 8° De rendre compte tous les ans, au corps législatif, de l'état de l'administration générale et des abus qui auraient pu s'y introduire.

8. Il soumettra à l'examen et à l'approbation du roi les procès-verbaux des conseils des départements, conformément à l'art. 5 de la section troisième du décret sur les assemblées administratives.

9. Le ministre des contributions et revenus publics sera chargé : 1° du maintien et de l'exécution des lois touchant l'assiette des contributions directes, et leur répartition ; touchant le recouvrement dans le rapport des contribuables avec les percepteurs, et dans le rapport de ces derniers avec les receveurs de district ; touchant nomination et le cautionnement des percepteurs et du receveur de chaque district ; — 2° De la surveillance, tant de la répartition que du recouvrement, et de l'application des sommes dont la levée aura été autorisée par la législature, pour les dépenses qui sont ou seront à la charge des départements ; — 3° Du maintien et de l'exécution des lois touchant la perception des contributions indirectes et l'inspection des percepteurs de ces contributions ; — 4° De l'exécution des lois et de l'inspection, relativement aux monnaies, et à tous les établissements, baux, régies ou entreprises qui rendront une somme quelconque au trésor publ — 5° Du maintien et de l'exécution des lois touchant la conservation et administration économique des forêts nationales, domaines nationaux et autres propriétés publiques, produisant ou pouvant produire une somme quelconque au trésor public ; — 6° Sur la réquisition des commissaires de la trésorerie, il donnera aux corps administratifs les ordres nécessaires pour assurer l'exactitude du service des receveurs ; — 7° Il rendra compte au corps législatif, au commencement de chaque année et toutes les fois qu'il sera nécessaire, des obstacles qu'aura pu éprouver la perception des contributions et des revenus publics.

10. Le ministre de la guerre aura : 1° la surveillance et la direction des troupes de ligne et de troupes auxiliaires qui doivent remplacer les milices ; — 2° De l'artillerie, du génie, des fortifications, des places de guerre et des officiers qui y commanderont, ainsi que de tous les officiers qui commanderont les troupes de ligne et les troupes auxiliaires ; — 3° Il aura également la surveillance et la direction du mouvement et de l'emploi des troupes de ligne contre les ennemis de l'Etat, pour la sûreté du royaume ainsi que pour la tranquillité intérieure, mais en se conformant strictement, dans ce dernier cas, aux règles posées par la constitution ; — 4° Il aura, en outre, la surveillance et la direction de la gendarmerie nationale, mais seulement pour les commissions d'avancement, la tenue et la police militaire ; — 5° Il sera chargé du travail sur les grades et avancements militaires, et sur les récompenses dues, suivant les lois, à l'armée, ainsi qu'aux employés de son département ; — 6° Il donnera les ordonnances pour la distribution des fonds de son département, et il en sera responsable ; — 7° Il présentera, chaque année, à la législature, l'état détaillé des forces de terre et des fonds employés dans les diverses parties de son département ; il indiquera les économies et les améliorations dont telle ou telle partie sera susceptible.

11. Le ministre de la marine et des colonies aura : 1° l'administration des ports, arsenaux, approvisionnements et magasins de la marine, et dépôts des condamnés aux travaux publics, employés dans les ports du royaume ; — 2° La direction des armements, constructions, réparations et entretien des vaisseaux, navires et bâtiments de mer ; — 3° La direction des forces navales et des opérations militaires de la marine ; — 4° La correspondance avec les consuls et agents du commerce de la nation française au dehors ; — 5° La surveillance de la police qui doit avoir lieu dans le cours des grandes pêches maritimes, à l'égard des navires et équipages qui y seront employés, ainsi que l'exécution des lois sur cet objet ; — 6° Il sera chargé de l'exécution des lois sur les classes, les grades, l'avancement, la police et autres objets concernant la marine et les colonies : — Les directoires de département correspondront avec lui en ce qui concerne les classes et la police des gens de mer ; — 7° Il aura la surveillance et direction des établissements et comptoirs français en Asie et en Afrique ; — 8° Il y aura, en outre, conformément à ce qui sera statué sur le régime des colonies, et sauf la surveillance et l'inspection des tribunaux des colonies, qui pourront être attribuées au ministre de la justice, l'exécution des lois touchant le régime et l'administration de toutes les colonies dans les îles et sur le continent d'Amérique, à la côte d'Afrique et au delà du cap de Bonne-Espérance, et nommément à l'égard des approvisionnements des contributions, des concessions de terrains, et de la force publique intérieure des colonies et établissements français : — 9° Il surveillera et secondera les progrès de l'agriculture et du commerce des colonies ; — 10° Il rendra compte, chaque année, au corps législatif, de la situation des colonies, de l'état de leur administration, ainsi que de la conduite des administrateurs en particulier, et de l'accroissement et du décroissement de leur culture et de leur commerce ; — 11° Il donnera les ordonnances pour la distribution des fonds assignés à son département, et il en sera responsable ; — 12° Il sera chargé du travail sur les récompenses dues, suivant les lois, à l'armée navale et aux employés de son département ; — 13° Chaque année, il présentera à la législature un état détaillé de la force navale et des fonds employés dans chaque partie de son département, et il indiquera les économies et améliorations dont telle partie se trouvera susceptible.

12. Le ministre des affaires étrangères aura : 1° la correspondance avec les ministres, résidents ou agents que le roi enverra ou entretiendra auprès des puissances étrangères ; — 2° Il suivra et réclamera l'exécution des traités ; — 3° Il surveillera et défendra au dehors les intérêts politiques et commerciaux de la nation française ; — 4° Il sera tenu de donner au corps législatif les instructions relatives aux affaires extérieures, dans les cas et aux époques déterminés par la constitution, et notamment par le décret sur la paix et la guerre ; — 5° Conformément au décret du 5 juin 1790, il rendra, chaque année, à la législature, un compte détaillé et appuyé des pièces justificatives, de l'emploi des fonds destinés aux dépenses publiques de son département.

13. Tous les ministres seront membres du conseil du roi, et il n'y aura point de premier ministre.

14. Les ministres feront arrêter au conseil les proclamations relatives à leur département respectif, savoir : celles qui, sous la forme d'instructions, prescriront les détails nécessaires, soit à l'exécution de la loi, soit à la bonté et à l'activité du service ; — Celles qui ordonneront ou rappelleront l'observation des lois, en cas d'oubli ou de négligence ; — Celles qui, aux termes du décret du 6 mars dernier, annuleront les actes irréguliers ou suspendront les membres des corps administratifs.

Conseil d'Etat.

15. Il y aura un conseil d'Etat, composé du roi et des ministres.

16. Il sera traité, dans ce conseil, de l'exercice de la puissance royale, donnant son consentement, ou exprimant le refus suspensif sur les décrets du corps législatif, sans qu'à cet égard le contre-seing de l'acte entraîne aucune responsabilité. — Seront pareillement discutés dans ce conseil : 1° les invitations au corps législatif de prendre en considération les objets qui pourront contribuer à l'activité du gouvernement et à la bonté de l'administration ; — 2° Les plans généraux des négociations politiques ; — 3° Les dispositions générales des campagnes de guerre.

17. Seront aussi au nombre des fonctions du conseil d'Etat, 1° l'examen des difficultés et la discussion des affaires dont la connaissance appartient au pouvoir exécutif, tant à l'égard des objets dont les corps administratifs et municipaux sont chargés sous l'autorité du roi, que sur toutes les autres parties de l'administration générale ; — 2° La discussion des motifs qui peuvent nécessiter l'annulation des actes irréguliers des corps administratifs, et la suspension de leurs membres, conformément à la loi ; — 3° La discussion des proclamations royales ; — 4° La discussion des questions de compétence entre les départements du ministère, et de

toutes les autres qui auront pour objet les forces ou secours réclamés d'une section du ministère à l'autre.

18. Si, après la délibération du conseil et l'ordre du roi, un ministre voit du danger à concourir, par les moyens de son département, à l'exécution des mesures arrêtées par le roi à l'égard d'un autre département, après avoir fait constater son opinion dans les registres, il pourra procéder à l'exécution sans en demeurer responsable, et alors la responsabilité passera sur la tête du ministre requérant.

19. Un secrétaire nommé par le roi dressera le procès-verbal des séances, et tiendra registre des délibérations.

20. Le recours contre les jugements rendus en dernier ressort aux termes de l'art. 2 du décret du 7 sept. 1790, par les tribunaux de district en matière de contributions indirectes, devant être porté au tribunal de cassation, ne pourra, en aucun cas, être porté au conseil d'État.

21. Les actes de la correspondance du roi avec le corps législatif seront contre-signés par un ministre.

22. Chaque ministre contre-signera la partie de ces actes relative à son département.

23. Quant aux objets qui concernent personnellement le roi et sa famille, le contre-seing sera apposé par le ministre de la justice.

Responsabilité.

24. Aucun ordre du roi, aucune délibération du conseil, ne pourront être exécutés, s'ils ne sont contre-signés par le ministre chargé de la division à laquelle appartiendra la nature de l'affaire. — Dans le cas de mort ou de démission de l'un des ministres, celui qui sera chargé des affaires par *interim*, répondra de ses signatures et de ses ordres.

25. En aucun cas, l'ordre du roi, verbal ou par écrit, non plus que les délibérations du conseil, ne pourront soustraire un ministre à la responsabilité.

26. Au commencement de l'année, chaque ministre sera tenu de dresser un état de distribution par mois des fonds destinés à son département, et de communiquer cet état au comité de trésorerie, qui le présentera au corps législatif, avec ses observations. Cet état sera arrêté par le corps législatif, et il ne pourra plus y être fait de changement qu'en vertu d'un décret.

27. Les ministres seront tenus de rendre compte, en ce qui concerne l'administration, tant de leur conduite que de l'état des dépenses et affaires, toutes les fois qu'ils en seront requis par le corps législatif.

28. Le corps législatif pourra présenter au roi telles observations qu'il jugera convenables sur la conduite des ministres, et même lui déclarer qu'ils ont perdu la confiance de la nation.

29. Les ministres seront responsables : 1° de tous délits par eux commis contre la sûreté nationale et la constitution du royaume; — 2° De tout attentat à la liberté et à la propriété individuelle; — 3° De tout emploi de fonds publics sans un décret du corps législatif, et de toutes dissipations de deniers publics qu'ils auraient faites ou favorisées.

30. Les délits des ministres, les réparations et les peines qui pourront être prononcées contre les ministres coupables, seront déterminés dans le code pénal.

31. Aucun ministre en place ou hors de place, ne pourra, pour faits de son administration, être traduit en justice, en matière criminelle, qu'après un décret du corps législatif, prononçant qu'il y a lieu à accusation. — Tout ministre contre lequel il sera intervenu un décret du corps législatif, déclarant qu'il y a lieu à accusation, pourra être poursuivi en dommages et intérêts par les citoyens qui éprouveront une lésion résultant des faits qui auront donné lieu au décret du corps législatif.

32. L'action en matière criminelle, ainsi que l'action accessoire en dommages-intérêts, pour faits d'administration d'un ministre hors de place, sera prescrite au bout de trois ans, à l'égard du ministre de la marine et des colonies, et au bou de deux ans, à l'égard des autres, le tout à compter du jour où l'on supposera que le délit aura été commis; néanmoins l'action pour ordre arbitraire contre la liberté individuelle, ne sera pas sujette à prescription.

33. Le décret du corps législatif prononçant qu'il y a lieu à accusation contre un ministre, suspendra celui-ci de ses fonctions.

Traitement.

34. Le traitement des ministres sera, savoir : pour celui des affaires étrangères, 150,000 liv. par année; et pour chacun des autres, 100,000 liv., payées par le trésor public. Les intérêts du montant du brevet de retenue seront déduits de cette somme, s'ils se sont trouvés compris dans le traitement qui leur a été payé pour l'année 1790.

Articles additionnels.

35. Les maîtres des requêtes et les conseillers d'État sont supprimés.

36. Nul ne pourra entrer ou rester en exercice d'aucun emploi dans les bureaux du ministère, ou dans ceux des régies ou administrations des revenus publics, ni en général d'aucun emploi à la nomination du pouvoir exécutif, sans prêter le serment civique, ou sans justifier qu'il l'a prêté.

14-28 juin 1791. — Décret relatif aux limites des départements et des districts. — V. Commune, n° 77, p. 189, note 1.

3-14 sept. 1791. — Constitution qui déclare que le royaume est un et indivisible; que son territoire est distribué en 83 départements, chaque département en districts, chaque district en cantons (tit. 2, art. 1) et qui détermine le caractère des administrateurs et leur défend de s'immiscer dans l'exercice du pouvoir législatif, de rien entreprendre sur l'ordre judiciaire, etc. (tit. 3, chap. 4, sect. 2, art. 2 et 3), et qui, réciproquement, défend aux tribunaux d'entreprendre sur les fonctions administratives (même titre, chap. 5, art. 3.) — V. Droit constitut., p. 288, etc.

29 sept.-2 oct. 1791. — Décret relatif à l'organisation des bureaux des départements de la justice, de l'intérieur, des contributions publiques et de la marine.

10-14 mars 1792. — Décret relatif à la manière de compléter les administrations de département dont le nombre se trouve réduit par suite de mort, démission ou autrement.

24 juin-1er juill. 1792. — Décret par lequel l'assemblée législative, considérant que l'arbitraire des agents supérieurs du pouvoir exécutif pourrait désorganiser à chaque instant toutes les administrations secondaires, décrète la suspension provisoire de toute destitution des administrateurs généraux, jusqu'à ce qu'elle ait fixé le mode d'après lequel cette destitution pourra avoir lieu.

1er juill. 1792. — Décret portant que les séances des corps administratifs seront publiques.

23-23 juill. 1792. — Décret concernant la responsabilité solidaire des ministres.

L'assemblée nationale, considérant que le plus sacré de ses devoirs est de déployer tous les moyens que la constitution met à sa disposition pour prévenir et faire promptement cesser le danger de la patrie; considérant que rien ne peut contribuer plus efficacement à remplir cet objet important que de donner à la responsabilité des ministres toute la latitude que le salut de l'État exige dans de telles circonstances; — Décrète que, quand le corps législatif a proclamé dans les formes prescrites par le décret du 5 de ce mois que la patrie est en danger, indépendamment des cas où la responsabilité peut être exercée contre les agents du pouvoir exécutif, tous les ministres sont solidairement responsables, soit des actes délibérés au conseil, relatifs à la sûreté intérieure et extérieure de l'État, qui auraient occasionné le danger, soit de la négligence des mesures qui auraient dû y être prises pour le prévenir ou en arrêter les progrès; — Laquelle responsabilité solidaire aura lieu également contre tous les ministres après la proclamation du danger, et tant qu'elle ne sera pas révoquée.

22-25 sept. 1792. — Décret relatif au renouvellement des corps administratifs, municipaux et judiciaires.

25 sept. 1792. — Décret portant que les ministres ne pourront être pris dans le sein de la convention.

19-20 oct. 1792. — Décret qui règle le mode d'exécution de celui relatif au renouvellement des corps administratifs et judiciaires.

6-7 fév. 1793. — Décret relatif à l'organisation du ministère de la guerre.

8-13 avr. 1793. — Décret par lequel la convention nationale, sur la question de savoir comment seront remplacés les membres du directoire dans les corps administratifs, lorsque les suppléants seront épuisés, décrète que le premier membre du conseil remplacera celui qui viendra à quitter le directoire.

11-14 juin 1793. — Décret portant que les directoires de département dans l'arrondissement desquels les directoires de district se trouvent dépourvus d'administrateurs, sont autorisés à remplacer provisoirement les absents ou les démissionnaires, par des commissions dont ils nommeront les membres.

14-18 juin 1793. — Décret portant qu'aucun citoyen ne pourra remplir en même temps les fonctions de juge et d'administrateur de département, actuellement en permanence. Ceux nommés à ces places seront tenus d'opter sur-le-champ.

18-18 juin 1793. — Décret qui ordonne l'exécution des décrets qui font défense aux membres des corps administratifs de quitter leur poste.

24 juin 1793. — Constitution dont les art. 78 et 82 sont relatifs à l'administration départementale et au caractère des administrateurs. — V. Droit constitut., p. 297.

26 juill. 1793. — Décret additionnel à celui relatif à l'organisation du ministère de la guerre.

27-28 juill. 1793. — Décret additionnel à l'organisation du ministère de la guerre et de la marine.

16-16 août 1793. — Décret qui casse un arrêté pris par les administrateurs du département des Hautes-Pyrénées, et porte la peine de dix ans de fers contre les administrateurs qui suspendraient l'exécution des arrêtés des représentants du peuple.

28-29 août 1793. — Décret qui fait défenses, sous peine de forfaiture, aux corps administratifs, de prendre aucun arrêté sur des matières de législation ou autres qui ne leur sont pas attribuées par la constitution.

21 sept. 1793. — Décret qui distrait du ministère de l'intérieur les archives et balance du commerce, les primes et encouragements, le commerce d'outre-mer, le remboursement des droits pour l'exportation des marchandises de l'Inde, et tout ce qui est commerce extérieur par mer et par terre; du ministère de la marine; la délivrance des congés, les rapports et déclarations pour manifestes, jaugeage, propriété, entrée et sortie des navires, et les attribue aux douanes.

11-16 frim. an 2 (4-6 déc. 1793). — Décret sur le mode de gouvernement révolutionnaire qui remplace les procureurs-syndics de district par des agents nationaux (sect. 2, art. 14 et suiv.), supprime, en ce qui concerne les lois révolutionnaires et militaires et les mesures de gouvernement de salut public et de sûreté générale, la hiérarchie qui plaçait les districts sous la dépendance des départements (sect. 3, art. 5), et supprime également les conseils généraux, les présidents et les procureurs généraux syndics des départements (sect. 3, art. 6.) — V. Droit constit., p. 300.

26-27 frim. an 2 (16-17 déc. 1793). — Décret contenant une nouvelle organisation des bureaux du département des affaires étrangères et des douanes.

28 niv. an 2 (17 janv. 1794). — Décret relatif au service des bureaux des affaires étrangères et des douanes.

12-13 germ. an 2 (1er-2 avr. 1794). — Décret qui supprime le conseil exécutif provisoire, et remplace le ministère par douze commissions.

Art. 1. Le conseil exécutif provisoire est supprimé, ainsi que les six ministres qui le composent. — Toutes leurs fonctions cesseront au 1er floréal prochain.

2. Le ministère sera suppléé par douze commissions, dont l'énumération suit : — 1° commission des administrations civiles, police et tribunaux; 2° commission de l'instruction publique; 3° commission de l'agriculture et des arts; 4° commission du commerce et des approvisionnements; 5° commission des travaux publics; 6° commission des secours publics; 7° commission des transports, postes et messageries; 8° commission des finances; 9° commission de l'organisation et du mouvement de l'armée de terre; 10° commission de la marine et des colonies; 11° commission des armes, poudres et exploitation des mines; 12° commission des relations extérieures.

3. Chacune de ces commissions, à l'exception de celles dont il sera parlé dans l'article suivant, sera composée de deux membres et d'un adjoint : cet adjoint fera les fonctions de secrétaire et de garde des archives de la commission.

4. La commission des administrations civiles, police et tribunaux, et celle de l'instruction publique, seront composées chacune d'un commissaire et deux adjoints. — La commission des relations extérieures ne sera que d'un seul commissaire sans adjoint. — Celle de la guerre et celle de la marine ne seront également chacune que d'un seul commissaire et d'un adjoint. — Celle des finances sera de cinq commissaires et un adjoint. — La trésorerie nationale, le bureau de comptabilité et celui de la liquidation générale seront indépendants des susdites commissions, et correspondront directement avec la convention nationale et le comité de salut public.

5. La commission des administrations civiles, police et tribunaux comprendra celle qui est aujourd'hui désignée sous le nom de *commission de l'envoi des lois*. — Elle sera chargée du sceau de la République, et des archives du sceau; — De l'impression des lois, de leur publication et de leur envoi à toutes les autorités civiles et militaires; — Du maintien général de la police, de la surveillance des tribunaux et de celle des corps administratifs et municipaux.

6. La commission de l'instruction publique sera chargée de la conservation des monuments nationaux, des bibliothèques publiques, musées, cabinets d'histoire naturelle, et collections précieuses; — De la surveillance des écoles et du mode d'enseignement; — De tout ce qui concerne les inventions et recherches scientifiques; — De la fixation des poids et mesures; — Des spectacles et fêtes nationales; — De la formation des tableaux de population et d'économie politique.

7. La commission d'agriculture, arts et manufactures sera chargée de tout ce qui concerne l'économie rurale, les dessèchements et défrichements, l'éducation des animaux domestiques, les écoles vétérinaires, les arts mécaniques, les usines, les filatures, et tout ce qui tient à l'industrie manufacturière.

8. La commission du commerce et des approvisionnements sera chargée de la circulation intérieure des subsistances et denrées de toute espèce, des importations et exportations; — De la formation des greniers d'abondance et magasins de tout genre; — De la subsistance des armées, et de leurs fournitures en effets d'habillement, d'équipement, casernement et campement. — Elle exercera seule le droit de préemption, sous la surveillance du comité de salut public.

9. La commission des travaux publics sera chargée de la construction des ponts et chaussées, du système général des routes et canaux de la République; — Du travail des ports et défense des côtes; — Des fortifications et travaux défensifs de la frontière; — Des monuments et édifices nationaux, civils et militaires.

10. La commission des secours publics sera chargée de tout ce qui concerne l'administration des hôpitaux civils et militaires, les secours à domicile, l'extinction de la mendicité, les invalides, les sourds et muets, les enfants abandonnés, la salubrité des maisons d'arrêt.

11. La commission des transports, postes et messageries sera chargée de tout ce qui concerne le roulage, la poste aux chevaux, la poste aux lettres, les remontes, les charrois, convois et relais militaires de tout genre.

12. La commission des finances sera chargée de tout ce qui concerne l'administration des domaines et revenus nationaux, les contributions directes, les bois et forêts, les aliénations des domaines, les assignats et monnaies.

13. La commission de l'organisation et du mouvement des armées de terre sera chargée : — De la levée des troupes et de leur organisation; — De l'exercice et de la discipline des gens de guerre; — Des mouvements et opérations militaires.

14. La commission de la marine et des colonies aura la levée des gens de mer, les classes et l'organisation des armées navales; — La défense des colonies; — La direction des forces et expéditions maritimes.

15. La commission des armes et poudres est chargée de tout ce qui concerne les manufactures d'armes à feu et armes blanches, les fonderies, bouches à feu et machines de guerre quelconques; — Des poudres, salpêtres et munitions de guerre; — Des magasins et arsenaux, tant pour la guerre que pour la marine.

16. Enfin la commission des relations extérieures sera chargée des affaires étrangères et des douanes.

17. Ces douze commissions correspondront avec le comité de salut public, auquel elles sont subordonnées; elles lui rendront compte de la série et des motifs de leurs opérations respectives. — Le comité annulera ou modifiera celles de ces opérations qu'il trouvera contraires aux lois ou à l'intérêt public. Il hâtera près d'elles l'expédition des affaires, fixera leurs attributions respectives, et les lignes de démarcation entre elles.

18. Chacune des commissions remettra, jour par jour, au comité de salut public : 1° L'état de situation sommaire de son département; — 2° La dénonciation des abus et difficultés d'exécution qui se seront rencontrés; — 3° Ses vues sur les réformes, le perfectionnement et la célérité des mesures d'ordre public. — Les membres de chacune des commissions particulières sont solidairement responsables pour leurs actes illégaux et pour leur négligence, conformément au décret du 14 frimaire relatif au gouvernement révolutionnaire.

19. Tous les emplois ou commissions, tant civils que militaires, seront donnés au nom de la convention, et délivrés sous l'approbation du comité de salut public.

20. Les membres des commissions et leurs adjoints seront nommés par la convention nationale, sur la présentation du comité de salut public. — Ces commissions organiseront sans délai leurs bureaux, sous l'approbation du comité de salut public. Les nominations des employés lui seront également soumises, et devront être confirmées par lui.

21. Le traitement de chacun des commissaires sera de 12,000 liv.; celui des adjoints sera de 8,000 liv.; celui des employés dans les bureaux sera arrêté par le comité de salut public, et ne pourra excéder 6,000 liv.

16-22 germ. an 2 (5-11 avr. 1794). — Décrets qui fixent le traitement des agents nationaux établis près les administrations de district, et déterminent le mode de leur remplacement.

24 vend. an 3 (15 oct. 1794). — Décret sur l'incompatibilité des fonctions administratives et judiciaires. — V. Fonctionn. publ., n° 58.

17 frim. an 3 (7 déc. 1794). — Décret portant que les parents et alliés, jusqu'au degré de cousin germain inclusivement, ne peuvent être en même temps, l'un receveur de district, et l'autre administrateur du directoire, ou agent national du même district.

1er vent. an 3 (19 fév. 1795). — Décret qui supprime la permanence des conseils généraux des districts, réduit à cinq le nombre des administrateurs de département; supprime les comités révolutionnaires dans les communes au-dessous de cinquante mille âmes, etc.

28 germ. an 3 (17 avr. 1795). — Décret qui, rapportant celui du 14 frim. an 2, en ce qui concerne les administrations de département et de district, déclare que les administrations de départements et de districts reprendront les fonctions qui leur étaient attribuées par les lois antérieures au 31 mai 1793, et décide que les directoires de département seront composés de huit membres, et que la place de procureur général syndic est rétablie.

5 fruct. an 3 (22 août 1795). — Constitution portant une nouvelle organisation de l'administration départementale (art. 174 et suiv.), et qui rappelle de nouveau ce principe que les administrateurs ne peuvent s'immiscer dans les objets dépendant de l'ordre judiciaire (art. 189), et, réciproquement, que les juges ne peuvent faire aucun règlement ni citer devant eux les administrateurs pour raison de leurs fonctions (art. 203.) — V. Droit constit., p. 503.

16 fruct. an 3 (2 sept. 1795). — Décret qui défend aux tribunaux de connaître des actes d'administration, et annule toutes procédures et jugements intervenus à cet égard. — V. Compétence admin., n° 4, note.

21 fruct. an 3 (7 sept. 1795). — Décret relatif aux fonctions des corps administratifs et municipaux, en exécution du tit. 7 de l'acte constitutionnel.

Des fonctions des agents municipaux et de leurs adjoints, dans les communes au-dessous de cinq mille habitants.

Art. 1. Les agents municipaux des communes au-dessous de cinq mille habitants, outre les actes auxquels ils concourent dans la municipalité du canton, exerceront les fonctions de police dans leurs communes respectives. — Ils y constateront, par des procès-verbaux, les contraventions aux lois de police, et y feront exécuter les arrêtés pris par l'administration municipale.

2. En cas de maladie, d'absence ou de tout autre empêchement momentané de l'agent municipal, son adjoint le remplacera provisoirement, soit à la municipalité du canton, soit dans le lieu de sa résidence.

3. L'adjoint pourra même, sur l'invitation de l'agent municipal, concourir avec lui dans tous les actes de police qui intéresseront particulièrement leur commune.

Du président de l'administration municipale de canton.

4. Le citoyen qui sera élu président d'une administration municipale de canton, en remplira les fonctions pendant deux ans. — Il se rendra, au moins deux fois par décade, au chef-lieu du canton, s'il n'y est pas résidant, et convoquera les assemblées extraordinaires toutes les fois qu'il y aura lieu.

5. En cas d'extrême urgence, et en l'absence du président, l'agent municipal nommé par la commune chef-lieu de canton pourra faire cette convocation. — Cet agent ouvrira les paquets adressés à l'administration, en l'absence du président. — Il surveillera les bureaux.

Des administrations municipales de canton.

6. Les municipalités de canton tiendront des assemblées périodiques, qui seront fixées par l'administration de département. — Il ne pourra y en avoir moins de trois par mois.

7. La présence sera d'obligation aux jours indiqués : l'administration pourra s'assembler extraordinairement, lorsqu'elle le jugera convenable.

Des municipalités des communes au-dessus de cinq mille habitants.

8. Les municipalités autres que celles provenant de la réunion des agents de plusieurs communes, tiendront des séances au moins de cinq jours l'un dans les communes dont la population excède vingt mille habitants, et de dix jours l'un dans les autres communes. — Ces jours seront déterminés par l'administration de département.

9. Ces municipalités choisiront annuellement leur président dans leur sein. — En cas d'absence, maladie ou autre empêchement momentané de sa part, il sera provisoirement remplacé dans la présidence par l'officier municipal que l'administration nommera.

Du bureau central des approvisionnements dans les communes divisées en plusieurs municipalités.

10. Les membres du bureau central établi par l'art. 184 de l'acte constitutionnel, arrêteront seuls les mesures de leur attribution. — Néanmoins, ils pourront appeler près d'eux un ou plusieurs membres de chaque municipalité, pour se concerter sur les besoins et sur les ressources.

11. Quand les commissaires du bureau central auront arrêté des mesures d'un intérêt jugé indivisible, quant à la partie ordonnative, et dont l'exécution pourra se diviser, ils pourront en faire la délégation totale ou partielle à chaque municipalité pour ce qui la concernera.

12. Ces commissaires seront sous la surveillance et l'autorité immédiate du département.

Des administrations de département.

13. Le président de l'administration de département sera par elle annuellement nommé parmi ses membres.—En cas de maladie ou autre empêchement momentané, le président sera suppléé, en cette qualité, par un de ses collègues au choix de l'administration.

Des commissaires du directoire exécutif près les administrations municipales et départementales.

14. Les commissaires du directoire exécutif près les administrations, tant municipales que départementales, résideront dans le lieu où l'administration tiendra ses séances.

15. Le commissaire du directoire exécutif assistera à toutes les délibérations, et il n'en sera pris aucune qu'après qu'il aura été ouï.—En cas de maladie ou d'autre empêchement momentané, l'administration nommera un de ses membres pour le suppléer provisoirement.—Le commissaire du directoire exécutif, ou celui qui en remplira les fonctions, n'aura, en aucun cas, voix délibérative.

Règles communes à toutes les administrations.

16. Nulle délibération ne sera prise qu'à la pluralité des suffrages des membres présents et ne sera valable que lorsque la moitié plus un des membres de l'administration y aura concouru.

17. Le choix des employés des diverses administrations leur appartient respectivement. — Elles nomment un secrétaire en chef, qui a la garde des papiers et la signature des expéditions. — Ce secrétaire est tenu à résidence.

Des attributions respectives.

18. Les administrations de département conserveront les attributions qui leur sont faites par les lois aujourd'hui en vigueur, quels que soient les objets qu'elles embrassent.

19. Les administrations municipales, soit de canton ou autres, connaîtront, dans leur ressort, 1° des objets précédemment attribués aux municipalités; 2° de ceux qui appartiennent à l'administration générale, et que la loi déléguait aux districts.

20. Ces objets seront classés et distingués dans chaque administration municipale. — Néanmoins, à l'égard des délibérations prises sur les uns ou les autres, nulle réclamation ne pourra être portée que devant l'administration supérieure du département.

21. Les administrations municipales connaîtront aussi, comme remplaçant les districts, des objets d'administration qui avaient été délégués aux ci-devant agents nationaux des districts, pour ce qui pourrait en rester à suivre, chacune dans leur ressort, et sans que le commissaire du directoire exécutif puisse s'y entremettre, sinon pour requérir et surveiller.

Des traitements.

22. Les administrateurs de département recevront un traitement qui sera de 1,500 myriagrammes de froment (environ 300 quintaux), s'ils résident dans une commune au-dessus de cinquante mille habitants; — Et de 1,000 myriagrammes dans toutes les autres.

23. Le traitement du commissaire du directoire exécutif près les départements, sera d'un tiers en sus de celui des administrateurs.

24. Le traitement des commissaires au bureau central dont il est parlé aux art. 10 et suivants, sera de 1,500 myriagrammes de froment.

25. Le traitement du commissaire du directoire exécutif près les administrations municipales, sera, savoir : — De 1,000 myriagrammes de froment dans les communes au-dessus de cinquante mille habitants; — De 750 dans les communes de dix à cinquante mille habitants; — De 500 dans les communes de cinq à dix mille habitants; — Et de 400 dans toutes les autres.

26. Jusqu'à ce que la situation du Trésor national permette de salarier les autres fonctions administratives, elles seront considérées comme une dette civique, et resteront gratuitement exercées.

Dispositions générales.

27. En cas de conflit d'attributions entre les autorités judiciaires et administratives, il sera sursis jusqu'à décision du ministre, confirmée par le directoire exécutif, qui en référera, s'il est besoin au corps-législatif.—Le directoire exécutif est tenu, en ce cas, de prononcer dans le mois.

28. Les corps administratifs pourront s'adresser directement au corps-législatif pour l'obtention d'une loi. —En matière d'exécution, ils suivront l'ordre prescrit par la constitution.

Dispositions transitoires et circonstancielles.

29. Les administrations actuelles de département présenteront, dans la quinzaine les moyens de distribuer, suivant la constitution, les communes qui, bien qu'inférieures à cinq mille habitants, forment néanmoins un canton isolé.—Leurs arrêtés, à cet égard, seront provisoirement exécutés.

30. Les mêmes administrations dans le ressort desquelles il se trouve des communes excédant cent mille habitants, présenteront, dans le même délai de quinzaine, le plan de division de ces communes en municipalités d'arrondissement.

31. Dans le délai de quinzaine, à dater de la publication de la présente loi, les districts feront la division des papiers de leur administration.—Ceux qui concerneront l'administration générale, seront adressés au département; — Et ceux qui se trouveront particulièrement relatifs à une commune ou à un canton, seront réservés pour être adressés ou remis à l'administration municipale qu'ils pourront concerner. — Les préposés au triage des titres, établis par la loi du 17 messidor an 2, sont chargés de concourir, pour ce qui les concerne, à l'exécution du présent article.

32. Dans le mois suivant, les administrations supprimées tiendront leurs comptes prêts à être présentés aux nouvelles administrations de département.

33. Le sort décidera de la sortie partielle des administrateurs municipaux et de département qui seront nommés lors des prochaines élections. — Dans les renouvellements ultérieurs, la sortie s'opérera par tour d'ancienneté.

24 fruct. an 3 (10 sept. 1795). — Décret qui défend à tous juges et tribunaux de connaître d'aucune plainte ou instance relative aux rapports faits par les agents de la République aux comités de la convention nationale.

La convention nationale, après avoir entendu le rapport de son comité de salut public; considérant que les rapports des agents de la république à ses comités ne sont que des pièces de confiance qui ne doivent, dans aucun cas, être connues des parties intéressées, et qu'il est essentiel de maintenir lesdits agents dans la plus entière liberté sur la rédaction desdits rapports; — Fait défenses à tous juges et tribunaux, et notamment au juge de paix de la section de l'Ouest, département de la Seine, de connaître d'aucune plainte ou instance relative auxdits rapports; ordonne qu'expédition dudit décret sera remise dans le jour audit citoyen juge de paix de la section de l'Ouest.

10 vend. an 4 (2 oct. 1795). — Décret sur l'organisation du ministère.

Art. 1. Il y a six ministres, savoir : un ministre de la justice, un ministre de l'intérieur, un ministre des finances, un ministre de la guerre, un ministre de la marine et un ministre des relations extérieures.

2. Les ministres ont, sous les ordres du directoire exécutif, les attributions déterminées ci-après.

Attributions du ministre de la justice.

3. L'impression et l'envoi des lois et des arrêtés, proclamations et instructions du directoire exécutif aux autorités administratives et judiciaires. — Il correspond habituellement avec les tribunaux et avec les commissaires du directoire près les tribunaux; — Il donne aux juges tous les avertissements nécessaires, et veille à ce que la justice soit bien administrée, sans pouvoir connaître du fond des affaires. — Il soumet les questions qui lui sont proposées relativement à l'ordre judiciaire, et qui exigent une interprétation de la loi, au directoire exécutif, qui les transmet au conseil des Cinq-Cents.

Attributions du ministre de l'intérieur.

4. La correspondance avec les autorités administratives et avec les commissaires du directoire exécutif auprès desdites autorités; — Le maintien du régime constitutionnel et des lois touchant les assemblées communales, primaires et électorales; — L'exécution des lois relatives à la police générale, à la sûreté et à la tranquillité intérieure de la république; — La garde nationale sédentaire; — Le service de la gendarmerie; — Les prisons, maisons d'arrêt, de justice et de réclusion; — Les hôpitaux civils, les établissements et ateliers de charité, la répression de la mendicité et du vagabondage, les secours civils, les établissements destinés aux sourds-muets et aux aveugles; — La confection et l'entretien des routes, ponts, canaux et autres travaux publics; — Les mines, minières et carrières; — La navigation intérieure, le flottage, le halage; — L'agriculture, les dessèchements et défrichements; — Le commerce; — L'industrie, les arts et inventions, les fabriques, les manufactures, les aciéries; — Les primes et encouragements sur ces divers objets; — La surveillance, la conservation et la distribution du produit des contributions en nature; — L'instruction publique, les musées et autres collections nationales, les écoles, les fêtes nationales; — Les poids et mesures; — La formation des tableaux de population et d'économie politique, des produits territoriaux, des produits des pêches sur les côtes, des grandes pêches maritimes, et de la balance du commerce.

Attributions du ministre des finances.

5. L'exécution des lois sur l'assiette, la répartition et le recouvrement des contributions directes, sur la perception des contributions indirectes, et sur la nomination des receveurs; — Sur la fabrication des monnaies, le départ du métal de cloche, sur les assignats; — L'administration des domaines nationaux et des forêts nationales; — Les postes aux lettres, les postes aux chevaux, les messageries, les douanes, les poudres et salpêtres, et tous les établissements, baux, régies et entreprises qui rendent une somme quelconque au trésor public.

Attributions du ministre de la guerre.

6. La levée, la surveillance, la discipline et le mouvement des armées de terre; — L'artillerie, le génie, les fortifications, les places de guerre; — La gendarmerie nationale, pour l'avancement, la comptabilité, la tenue et la police militaire; — Le travail sur les grades, avancements, récompenses et secours militaires; — Les fournitures, vivres et approvisionnements pour les armées de terre; — Les hôpitaux militaires, les invalides.

Attributions du ministre de la marine et des colonies.

7. La levée, la surveillance, la discipline et le mouvement des armées navales; — Les inscriptions maritimes, le travail sur les grades, les avancements, les récompenses et les secours; — L'administration des ports, les arsenaux, les approvisionnements, les magasins destinés au service de la marine; — Les travaux des ports de commerce; — La construction, la réparation, l'entretien et l'armement des vaisseaux, navires et bâtiments de mer; — Les hôpitaux de la marine; — Les grandes pêches maritimes, la police à l'égard des navires et des équipages qui y seront employés; — La correspondance avec les consuls, sur tout ce qui est relatif à l'administration de la marine; — L'exécution des lois sur le régime et l'administration de toutes les colonies dans les îles et sur le continent d'Amérique, à la côte d'Afrique, et au delà du cap de Bonne-Espérance; — Les approvisionnements, les contributions, la concession des terrains; — La force publique intérieure des colonies et établissements français; — Les progrès de l'agriculture et du commerce; — La surveillance et la direction des établissements et comptoirs français en Asie et en Afrique.

Attributions du ministre des relations extérieures.

8. La correspondance avec les ambassadeurs, les ministres, résidents ou agents que le directoire envoie ou entretient auprès des puissances étrangères; — Le maintien et l'exécution des traités; — Les consulats.

9. Les commissaires du pouvoir exécutif près les tribunaux et près les administrations correspondent avec les ministres.

10. Les ministres sont responsables, — 1° De tous délits par eux commis contre la sûreté générale et la constitution; — 2° De tout attentat à la liberté et à la propriété individuelle; — 3° De tout emploi de fonds publics sans un décret du corps législatif et une décision du directoire exécutif, et de toutes dissipations de deniers publics qu'ils auraient faites ou favorisées.

11. Les délits des ministres, les réparations et les peines qui pourront être prononcées contre les ministres coupables, sont déterminés dans le code pénal.

12. Aucun ministre en fonctions ou hors de fonctions ne peut, pour fait de son administration, être traduit en justice, en matière criminelle, que sur la dénonciation du directoire exécutif.

13. Tout ministre contre lequel il est intervenu un acte d'accusation sur une dénonciation du directoire exécutif, peut être poursuivi en dommages et intérêts par les citoyens qui ont éprouvé une lésion résultant des faits qui ont donné lieu à l'acte d'accusation.

14. Les poursuites sont faites devant le tribunal criminel du département où siégeait le pouvoir exécutif lors du délit.

15. L'action en matière criminelle, ainsi que l'action accessoire en dommages-intérêts, pour faits d'administration d'un ministre hors de fonctions, est prescrite après trois ans à l'égard du ministre de la marine et des colonies, et après deux ans à l'égard des autres; le tout à compter du jour où l'on suppose que le délit a été commis.

16. Le traitement des ministres, par année, par chacun d'eux, est fixé à la moitié de celui des membres du directoire exécutif; — Et celui du ministre des relations extérieures, aux trois quarts.

17. Les ministres sont logés et meublés aux frais de la république.

19 vend. an 4 (11 oct. 1795). — Décret sur la division du territoire de la France, le placement et l'organisation des autorités administratives et judiciaires.

TIT. I. — *Division du territoire de la France, par rapport à l'exercice des droits politiques, à l'administration, à la police et à la justice; et placement des autorités.*

Art. 1. Les administrations départementales distribueront en assemblées primaires, conformément à l'art. 19 de la constitution, et aux art. 2, 3 et 4, titre I de la loi du 25 fruct. dernier, les citoyens ayant droit de voter. — Cette répartition se fera d'après les bases de la population habituelle et moyenne depuis les trois dernières années, et sera renouvelée tous les trois ans avant le 1er vent. — Les administrations départementales achèveront la première répartition avant le 1er niv. prochain. — Elles donneront un nom à chaque assemblée primaire, qui ne pourra le changer, et lui désigneront un local pour tenir ses séances. — Une expédition de chaque procès-verbal de division sera envoyé aux archives nationales.

2. Le territoire de la ci-devant commune de Paris, circonscrit dans les limites désignées par les lois des 21 mai-27 juin et 19-23 oct. 1790, formera un canton.

3. Conformément à l'art. 183 de la constitution, il y aura dans le canton de Paris douze municipalités. — Les cantons de Bordeaux, de Lyon et de Marseille, auront chacun trois municipalités. — Chacun des cantons de Bordeaux, Lyon, Marseille et Paris, aura un bureau central.

4. Les douze municipalités du canton de Paris seront distinguées par ordre numérique, et formées ainsi qu'il suit; elles comprendront les ci-devant sections ci-après désignées, savoir: — La première, celle des Tuileries, des Champs-Élysées, de la place Vendôme et du Roule; — La seconde, celles de Lepelletier, du Mont-Blanc, de la Butte-des-Moulins et du Faubourg-Montmartre; — La troisième, celles du Contrat-Social, de Brutus, du Mail et Poissonnière; — La quatrième, celles des Gardes-Françaises, des Marchés, du Muséum et de la Halle-au-Blé; — La cinquième, celles de Bonne-Nouvelle, de Bon-Conseil, du Faubourg-du-Nord et de Bondi; — La sixième, celles des Lombards, des Gravilliers, du Temple et des Amis-de-la-Patrie; — La septième, celles de la Réunion, de l'Homme-Armé, des Droits-de-l'homme et des Arcis; — La huitième, celle des Quinze-Vingts, de l'Indivisibilité, de Popincourt et de Montreuil; — La neuvième, celles de la Fraternité, de la Fidélité, de l'Arsenal et de la Cité; — La dixième, celles de l'Unité, de la Fontaine-Grenelle, de l'Ouest et des Invalides; — La onzième, celles des Thermes, de Mutius-Scévola, du Théâtre-Français et du Pont-Neuf; — La douzième, celles du Jardin-des-Plantes, de l'Observatoire, du Finistère et du Panthéon. — Les ci-devant sections de Bordeaux, de Lyon et de Marseille, seront distribuées par l'administration départementale, et sans aucun changement dans leur circonscription, en trois municipalités, appelées première, seconde et troisième.

5. Les administrations départementales seront placées dans les lieux indiqués par le tableau joint à la présente loi.

6. Les arrondissements désignés jusqu'à présent par la loi, pour l'exercice de la justice de paix, sont maintenus dans toute l'étendue de la France.

7. Les tribunaux de commerce de terre et de mer, actuellement existants, sont conservés avec l'étendue territoriale de juridiction qui leur a été assignée par les lois précédentes. — Pour le département de la Drôme, il y aura un tribunal de commerce, qui est fixé à Romans. — Le tribunal civil fera les fonctions de tribunal de commerce pour tout le territoire de chaque département non assigné à un tribunal de commerce, conformément aux art. 13 et 14 du titre XII de la loi du 16-24 août 1790.

8. Il y aura en France le nombre de tribunaux correctionnels et de jurys d'accusation déterminé par le tableau joint à la présente loi. Leur placement et l'étendue territoriale de leur juridiction seront réglés ainsi qu'il est expliqué dans ce même tableau. — L'organisation des deuxième et troisième tribunaux correctionnels du département du Mont-Terrible est suspendue jusqu'à nouvelle circonscription de ce département. — Le tribunal civil et le tribunal criminel de chaque département seront placés dans les lieux indiqués par le tableau joint à la présente loi.

TIT. II. — *Organisation administrative et de police.*

9. La police et les subsistances sont déclarées objets indivisibles d'administration, dans les cantons de Bordeaux, Paris, Lyon et Marseille: en conséquence, ils seront administrés par le bureau central de chacun de ces cantons, conformément à l'art. 184 de la constitution, en la manière prescrite par les art. 10, 11 et 12 de la loi du 21 fruct. de l'an 3.

10. Il y aura des commissaires de police dans les communes au-dessus de cinq mille habitants; les communes au-dessous de dix mille habitants n'auront qu'un commissaire de police; dans les communes au-dessus de dix mille habitants, il en sera établi un par section. — Les commissaires de police pourront exercer leurs fonctions dans toute l'étendue de la commune ou de la municipalité d'arrondissement à laquelle ils seront attachés. — Les comités civils et les officiers de paix sont supprimés. — Il n'est rien innové en ce qui concerne les gardes forestiers et gardes champêtres.

11. Dans les cantons de Bordeaux, Lyon, Marseille et Paris, les commissaires de police seront nommés et révocables par le bureau central: il les nommera sur une liste triple des places à remplir, présentée par la municipalité d'arrondissement où ils devront exercer leurs fonctions. — Dans les autres municipalités au-dessus de cinq mille habitants, la nomination et la révocation des commissaires de police appartiendront à l'administration municipale.

12. Dans les communes au-dessous de cinq mille habitants, l'agent municipal, ou son adjoint, remplira les fonctions d'officier de l'état civil. Dans les autres communes, chaque municipalité nommera l'un de ses membres pour exercer lesdites fonctions.

13. Les secrétaires en chef des administrations départementales, municipales et de bureau central, seront nommés et destituables par les membres desdites administrations. — Le nombre des employés sera fixé par lesdites administrations, de l'agrément des autorités supérieures. Le secrétaire en chef nommera et pourra révoquer les employés.

TIT. III. — *Organisation judiciaire.*

14. Il n'est rien innové aux lois précédentes sur le nombre des assesseurs des juges de paix, sur leur placement et le mode de leur nomination.

15. Les tribunaux de commerce de terre et de mer seront organisés conformément aux art. 7 et 8, titre XII de la loi du 24 août 1790. — Les juges qui doivent les composer, seront nommés suivant le mode prescrit par ladite loi. — A Bordeaux, Lyon, Marseille et Paris, les juges du tribunal de commerce seront nommés selon le mode prescrit pour Paris par la loi du 4 fév. 1791, en tout ce qui n'est point contraire à la constitution. — Les fonctions que la loi attribue à la municipalité et au procureur de la commune, seront remplies par le département et le commissaire du directoire exécutif près du département.

16. A Paris, le tribunal correctionnel sera divisé en deux sections. A cet effet, il y aura un vice-président, un commissaire du pouvoir exécutif, et un substitut de ce commissaire. — Le service du tribunal correctionnel sera fait par les juges de paix alternativement, pendant une décade. Le président et le vice-président les appelleront tour à tour, sans pouvoir intervertir l'ordre du tableau, à moins que les juges de paix en tour ne soient légitimement empêchés.

17. Le tribunal de jury d'accusation établi à Paris sera composé du président et du vice-président du tribunal correctionnel, de six directeurs de jury pris dans le tribunal civil, et d'un commissaire du directoire exécutif.

18. Les administrations départementales formeront, à l'avenir, les listes des jurés d'accusation et des jurés de jugement, en la manière que les formaient précédemment les ci-devant procureurs-généraux de département, suivant la loi du 29 sept. 1791.

19. Les tribunaux civils seront composés de vingt juges. Néanmoins, dans les départements où il y aura plus de trois tribunaux correctionnels, il sera ajouté au nombre de vingt, un juge pour chacun desdits tribunaux au-dessus du nombre de trois. Le tribunal civil du département de la Seine sera composé de quarante-huit juges.

20. Chaque tribunal civil se partagera en autant de sections qu'il jugera convenable, en se conformant à l'art. 220 de la constitution. — Tous les quatre mois, et à tour de rôle, deux juges d'une section en sortiront pour passer dans une autre, et réciproquement pour toutes les sections.

21. Les juges du tribunal civil feront le service aux tribunaux criminels, au jury d'accusation, et celui de président ou de vice-président du tribunal correctionnel, par tour, suivant l'ordre du tableau.

22. En cas d'empêchement légitime des juges du tribunal criminel, ou des présidents des tribunaux correctionnels, ils seront remplacés par celui des juges du tribunal civil qui les suit immédiatement dans l'ordre du tableau.

23. En cas d'empêchement des commissaires du Directoire exécutif auprès des tribunaux, ils seront suppléés par l'un des juges, nommé par le président de la section où le commissaire devait faire le service.

24. Le greffier de chaque tribunal de paix, de commerce, et correctionnel, et de chaque tribunal civil, sera nommé et révocable par le tribunal pour lequel il aura été institué. — A Paris, les président et vice-président du tribunal correctionnel, les juges de paix et les directeurs de jury d'accusation, concourront à la nomination et à la révocation du greffier du tribunal correctionnel.

25. Les greffiers des tribunaux correctionnels tiendront respectivement les greffes des jurys d'accusation de leurs arrondissements.

26. Tout greffier d'un autre tribunal que de celui de paix, présentera aux juges, pour le faire instituer, un commis-greffier: dans les tribunaux divisés en plusieurs sections, il en présentera un pour chacune desdites sections.

27. Il y aura, auprès de chaque tribunal non divisé en sections, et de chaque section de tribunal, deux huissiers nommés et révocables par le tribunal, ils feront concurremment tous exploits de justice dans tout le département, hormis pour les justices de paix et bureaux de conciliation: ceux des huissiers des tribunaux actuels qui ne seront pas du nombre des précédents, continueront provisoirement d'instrumenter en concurrence avec eux dans les départements, et seront révocables comme eux. Il n'y aura qu'un seul huissier pour chaque justice de paix, lequel ne pourra instrumenter que dans le ressort de sa justice.

28. Les appels des jugements qui seront rendus par les tribunaux civils seront portés, conformément à l'art. 219 de la constitution, aux tribunaux les plus voisins, ainsi qu'ils sont indiqués par le tableau joint à la présente loi. — Le choix du tribunal d'appel se fera comme ci-devant, et dans les formes jusqu'à présent observées.

29. Il sera établi, en chaque greffe de tribunal correctionnel, un bureau de renseignements, où il sera tenu, soit par le greffier, soit, au besoin, par un ou plusieurs commis sous la surveillance et la direction du greffier, registre, par ordre alphabétique, de tous les individus qui seront appelés au tribunal correctionnel ou au jury d'accusation, avec une notice sommaire de leur affaire, et des suites qu'elle a eues. — A Bordeaux, à Lyon, à Marseille et à Paris, le greffier enverra, chaque décade, un extrait de ce registre au bureau central, où il sera tenu un registre pareil: il l'enverra, dans les communes de cinquante mille âmes et au-dessus, aux administrations municipales, où il sera tenu un pareil registre.

30. Le recensement des votes des assemblées primaires et communales de chaque canton, pour l'élection des officiers municipaux, agents et adjoints municipaux, juges de paix et assesseurs, se fera au chef-lieu du canton, en présence des comissaires de chaque assemblée, par les officiers municipaux, qui en dresseront ocès-verbal. — A Marseille, ce recensement sera fait au bureau central; à Bordeaux, à Lyon et à Paris, au département.

Tit. 4. — *Dispositions circonstancielles et transitoires.*

31. Les affaires actuellement pendantes dans les tribunaux de district, seront rtées en l'état où elles se trouvent, par simple exploit de la partie la plus diligente, au tribunal civil du département.

32. Tout jugement de première instance, rendu ou à rendre par un tribunal ac-el de district, sera, quant à l'appellation qui en serait interjetée, considéré comme s'il était rendu par le nouveau tribunal civil du département; et le choix es tribunaux d'appel sera réglé en conséquence.

33. Le greffier du tribunal civil de chaque département se fera remettre, dans e mois de sa nomination, les registres et pièces des tribunaux de district qui se rouvent supprimés par la constitution.

34. Les registres et pièces des tribunaux correctionnels et jurys d'accusation upprimés par la constitution, seront portés, à la diligence du greffier sortant de onctions, aux greffes des tribunaux correctionnels et des jurys d'accusation qui vont es remplacer : cette remise sera faite dans la décade de l'installation des nouveaux ribunaux.

35. Jusqu'à ce que le directoire exécutif ait pu nommer ses commissaires auprès des nouvelles administrations départementales, municipales, et auprès des nouveaux tribunaux, les fonctions de commissaires du directoire exécutif seront exercées par les citoyens que commettront les nouvelles administrations départementales.

36. Les administrations actuelles de département dresseront le tableau des officiers municipaux, des agents municipaux et de leurs adjoints, à nommer par chaque canton de leur territoire, suivant les art. 179 et 180 de la constitution, et l'adresseront à la municipalité du chef-lieu, avant le jour qui va être indiqué par les articles suivants pour la convocation des assemblées primaires. — Les mêmes administrations dresseront et enverront aux assemblées électorales le tableau des juges qu'elles devront élire d'après la constitution et la présente loi : ce tableau comprendra l'indication d'un haut juré et des cinq juges suppléants à élire, dont trois doivent être pris dans la commune où siège le tribunal civil, suivant l'art. 212 de la constitution.

37. Les assemblées primaires seront convoquées par les administrations de département, pour le 10 brum. prochain, à l'effet de nommer les juges de paix et leurs assesseurs ; elles le seront au même jour pour nommer les présidents des administrations municipales, et les officiers municipaux des communes de cinq mille habitants et au-dessus, ou qui seraient uniques dans le canton quoique au-dessous de cinq mille âmes. — Dans les cantons composés de communes dont une ou plusieurs au-dessous de cinq mille habitants, les assemblées communales seront convoquées pour le 15 brum. prochain, par la municipalité du chef-lieu de canton, pour élire les agents municipaux et leurs adjoints, conformément à l'art. 28 de la constitution.

38. Dans trois mois (1), à compter du jour de la nomination du directoire exécutif, seront nommés les membres du bureau central, pour les cantons de Bordeaux, de Lyon, de Marseille et de Paris. — Immédiatement après cette nomination connue dans le canton, chaque bureau central entrera en fonctions. — Aussitôt après que le bureau central sera en fonctions, le département convoquera les assemblées primaires du canton, pour l'élection de ses municipalités d'arrondissement.

39. Les nouvelles administrations départementales et municipales, et les tribunaux seront installés par la lecture du procès-verbal de leur nomination, faite publiquement par les administrateurs, ou officiers municipaux, ou juges, auxquels ils succéderont. Il en sera dressé procès-verbal.

40. Les membres des nouvelles administrations départementales ou municipales, ceux des nouveaux tribunaux, se rendront à leur poste immédiatement après les élections : ils seront aussitôt installés.

41. Il sera pourvu, par une loi spéciale, à l'organisation administrative et judiciaire des départements dernièrement réunis, et des colonies de la république.

Suivent 1° le tableau de l'emplacement des chefs-lieux de département; — 2° Le tableau des tribunaux civils et criminels des départements de la République, ainsi que des lieux de leur emplacement et des trois tribunaux d'appel affectés à chacun d'eux ; — 3° Le tableau de l'emplacement des tribunaux correctionnels. — *Nota.* Ces tableaux ont été approuvés par décret du 21 vend.

12 brum. an 4 (3 nov. 1795). — Arrêté d'ordre du jour du conseil des Cinq-Cents, relatif à l'incompatibilité des fonctions de ministre et de législateur.

19 brum. an 4 (10 nov. 1795). — Loi qui comprend le notariat dans les attributions du ministère de la justice.

25 frim. an 4 (16 déc. 1795). — Loi qui autorise le directoire exécutif à nommer provisoirement les membres des administrations municipales non formées.

12 niv. an 4 (2 janv. 1796). — Loi portant création d'un septième ministère, sous le nom de police générale de la république, ayant pour attributions l'exécution des lois relatives à la police générale, à la sûreté et à la tranquillité intérieure de la république; — La garde nationale sédentaire, la légion de police et le service de la gendarmerie, pour tout ce qui est relatif au maintien de l'ordre public; — La police des prisons, maisons d'arrêt, de justice et de reclusion; — La répression de la mendicité et du vagabondage.

19 pluv. an 4 (8 fév. 1796). — Arrêté du directoire exécutif, portant que les commissaires près les administrations et les tribunaux ne peuvent s'absenter de leur poste sans autorisation.

4 vent. an 4 (23 fév. 1796). — Loi portant suppression, à compter du 1er germ. prochain, de toutes les agences et commissions administratives, sous telle dénomination que ce soit.

28 mess. an 4 (16 juill. 1796). — Loi qui divise les dépenses publiques, dont l'art. 2 détermine les dépenses départementales. —V. Trésor public, p. 1110.

21 fruct. an 4 (7 sept. 1796). — Arrêté qui établit un nouveau mode dans la correspondance des autorités constituées.

30 germ. an 5 (19 avr. 1797). — Loi concernant le mode de remplacement des fonctionnaires publics qui deviennent membres du corps législatif.

17 mess. an 5 (5 juill. 1797). — Arrêté du directoire exécutif, qui ordonne l'exécution provisoire des décisions des ministres sur les actes des administrations centrales.

Le directoire exécutif, vu l'arrêté du département du Pas-de-Calais, du 29 prairial dernier, portant que celui du 23 ventôse précédent, concernant le citoyen Garcin, agent municipal de la commune de Brebières, canton de Vitry, continuera d'être exécuté, malgré la décision du ministre de l'intérieur, et jusqu'à ce que celle du directoire soit intervenue; considérant que cette administration s'est écartée des art. 193 et 194 de la Constitution, qui portent que les administrations centrales sont subordonnées aux ministres, et que ceux-ci peuvent annuler leurs actes; considérant que si, sous prétexte que les suspensions des administrations ou les annulations de leurs actes par les ministres ne deviennent point définitives sans la confirmation formelle du directoire exécutif, les administrations centrales se permettent d'ordonner que jusqu'à ce que cette confirmation ait été obtenue, leurs actes continueront d'être exécutés, il n'y a plus de subordination d'elles aux ministres, et que le droit qui leur est attribué par la Constitution, d'annuler les actes de ces administrations, devient entièrement illusoire; qu'il résulte des deux articles cités, que les arrêtés ou décisions des ministres qui confirment, limitent, modifient ou annulent les actes des administrations centrales, doivent recevoir provisoirement leur exécution, sauf la confirmation formelle du directoire, lorsqu'il y aura réclamation, arrête ce qui suit :

1° L'arrêté de l'administration du département du Pas-de-Calais, du 29 prairial dernier, est annulé;

2° Les arrêtés ou décisions des ministres qui, dans leur partie, confirment, limitent, modifient ou annulent les actes des administrations centrales, recevront provisoirement leur exécution, sauf la confirmation formelle du directoire exécutif, pour le définitif, en cas de réclamation.

30 mess. an 5 (18 juill. 1797). — Loi portant : Le directoire exécutif n'a le droit de nommer des administrateurs provisoires, soit de département, soit de canton, que dans le cas où une administration a perdu tous les membres qui la composaient.

15 frim. an 6 (5 déc. 1797). — Loi qui établit un mode pour l'imposition et le payement des dépenses administratives et judiciaires. —V. Trésor public, p. 1111.

9 niv. an 6 (29 déc. 1797). — Arrêté du directoire exécutif, contenant des mesures relatives au secret des dépêches adressées aux ministres.

Art. 1. Les ministres réitéreront, dans leurs bureaux, les défenses qu'ils ont été précédemment chargés de faire, d'y laisser entrer, en quelque temps et sous quelque prétexte que ce soit, aucun autre individu que les employés destinés à y travailler, sauf à indiquer au public des jours et des heures fixes où il sera admis, soit au secrétariat général, soit en tout autre bureau qui sera désigné pour donner des renseignements sur l'état des affaires.

2. Les ministres rendront leurs chefs de division et de bureau responsables de toute contravention aux défenses ci-dessus, et seront tenus de révoquer ceux qui se trouveront, à cet égard, coupables de la plus légère négligence.

3. Les ministres prendront en outre les mesures nécessaires pour que les dépêches qui leur seront adressées avec cette inscription, *pour le ministre seul*, ne puissent être ouvertes que par eux-mêmes; et ils retiendront par devers eux, sans pouvoir les déposer dans leurs bureaux, celles qui, par leur contenu, leur paraîtront de nature à en exposer les auteurs à la vengeance des ennemis de la chose publique, dans le cas où ces dépêches seraient connues de ceux-ci.

4. Tout employé qui, sans la permission par écrit du ministre auquel il est subordonné, aura communiqué, soit directement, soit indirectement, le contenu d'une dépêche quelconque à tout autre qu'à son chef ou au ministre lui-même, sera révoqué sur-le-champ, sans préjudice des poursuites à exercer contre lui devant les tribunaux, dans le cas où son indiscrétion aurait eu des suites graves.

14 therm. an 6 (1er août 1798). — Loi portant que les cousins germains peuvent être simultanément membres d'une même administration.

11 frim. an 7 (1er déc. 1798). — Loi qui détermine le mode administratif des recettes et dépenses départementales, municipales et communales (extrait).

§ 5. — *Recettes et dépenses départementales.*

13. Les dépenses départementales sont celles : — 1° Des tribunaux civils, criminels, correctionnels et de commerce; — 2° Des administrations centrales ; — 3° Des écoles centrales et des bibliothèques, muséums, cabinets de physique et d'histoire naturelle, et jardins de botanique en dépendant; — 4° De l'entretien et réparation des édifices publics servant à ces établissements, et des prisons ; — 5° Des taxations et remises du receveur et de ses préposés; — 6° Enfin, des autres dépenses autorisées par les lois, et nécessaires à l'administration du département.

14. Chaque administration départementale pourra ajouter à l'état de ses dépenses une somme destinée à pourvoir aux dépenses imprévues. — Cette somme ne pourra excéder le dixième du montant des dépenses ordinaires, telles qu'elles sont désignées en l'article précédent. — L'emploi n'en pourra être fait qu'avec l'autorisation spéciale du ministre de l'intérieur, pour chaque dépense non portée en l'état, ou, en cas d'urgence, qu'en en référant immédiatement au même ministre.

15. Les recettes départementales se composent des centimes additionnels aux contributions foncière et personnelle, qu'il sera jugé nécessaire d'établir pour pourvoir à l'acquit des dépenses départementales. — Ces centimes additionnels ne pourront, dans aucun cas, excéder le *maximum* qui sera déterminé, chaque année, après la fixation du principal de l'une et l'autre contribution. — Si ce maximum ne suffisait

(1) Dans un mois, rectification apportée à cet article par le décret du 4 brum. an 4 (26 oct. 1795).

pas pour couvrir la totalité des dépenses départementales, il y sera pourvu d'abord sur le fonds de supplément, et ensuite sur le fonds commun des départements, dont il va être parlé.

16. Chaque département imposera, en sus des centimes additionnels destinés à couvrir ses dépenses ordinaires, et par deux articles séparés : — D'abord, un nombre déterminé de centimes pour franc de l'une et de l'autre contribution foncière et personnelle, destinés à pourvoir dans chaque département en particulier, sous le nom de *fonds de supplément*, au déficit des recettes municipales et départementales ; — Et ensuite un nombre pareillement déterminé de centimes additionnels, destinés, sous le nom de *fonds communs des départements* : — 1° A accorder un supplément de fonds aux départements auxquels le *maximum* fixé en vertu de l'art. 15 ci-dessus, et le fonds de supplément dont il vient d'être parlé, ne suffiraient pas pour couvrir la totalité de leurs dépenses ; — 2° Au payement des frais de l'agence des contributions directes ; — 3° A faire face aux cotes irrécouvrables pour cause d'insolvabilité ou de non-jouissance, et aux remises ou modérations accordées pour pertes de revenus ; — 4° Aux secours effectifs à accorder pour cause de grêle, gelée, incendies, inondations et autres événements imprévus.

17. Le produit des centimes additionnels formant le fonds de supplément et le fonds commun des départements, mentionnés dans le précédent article, sera employé dans l'ordre et de la manière qui seront réglés ci-après.

8 pluv. an 8 (28 janv. 1800). — Arrêté pour la formation d'un conseil d'examen des projets relatifs aux travaux maritimes. — V. Travaux publ., p. 841.

28 pluv. an 8 (17 fév. 1800). — Loi concernant la division du territoire français et l'administration (1).

TIT. 1. — DIVISION DU TERRITOIRE.

Art. 1. Le territoire européen de la république sera divisé en départements et en arrondissements communaux, conformément au tableau annexé à la présente loi.

TIT. 2. — ADMINISTRATION.

§ 1. — *Administration de département.*

2. Il y aura, dans chaque département, un préfet, un conseil de préfecture, et un conseil général de département, lesquels rempliront les fonctions exercées maintenant par les administrations et commissaires de département.

Le conseil de préfecture sera composé de cinq membres, et le conseil général le sera de vingt-quatre, dans les départements ci-après :

Aisne, Calvados, Charente-Inférieure, Côtes-du-Nord, Dordogne, Escaut, Eure, Finistère, Haute-Garonne, Gironde, Isère, Ille-et-Vilaine, Jemmape, Loire-Inférieure, Lys, Maine-et-Loire, Manche, Mont-Blanc, Morbihan, Nord, Orne, Pas-de-Calais, Puy-de-Dôme, Bas-Rhin, Saône-et-Loire, Seine, Seine-Inférieure, Seine-et-Oise, Somme.

Le conseil de préfecture sera composé de quatre membres, et le conseil général le sera de vingt, dans les départements ci-après nommés :

Ain, Aveyron, Bouches-du-Rhône, Charente, Côte-d'Or, Dyle, Gard, Loire, Lot, Lot-et-Garonne, Mayenne, Meurthe, Moselle, Oise, Ourte, Basses-Pyrénées, Rhône, Sarthe, Yonne.

Le conseil de préfecture sera composé de trois membres, et le conseil général le sera de seize, dans les départements ci-après nommés :

Allier, Basses-Alpes, Hautes-Alpes, Alpes-Maritimes, Ardèche, Ardennes, Ariège, Aube, Aude, Cantal, Cher, Corrèze, Creuse, Doubs, Drôme, Eure-et-Loir, Forêts, Gers, Golo, Hérault, Indre, Indre-et-Loire, Jura, Landes, Liamone, Loir-et-Cher, Haute-Loire, Loiret, Lozère, Leman, Marne, Haute-Marne, Meuse, Meuse-Inférieure, Deux-Nèthes, Nièvre, Hautes-Pyrénées, Pyrénées-Orientales, Haut-Rhin, Sambre-et-Meuse, Haute-Saône, Seine-et-Marne, Deux-Sèvres, Tarn, Var, Vaucluse, Vendée, Vienne, Haute-Vienne, Vosges.

3. Le préfet sera chargé seul de l'administration.

4. Le conseil de préfecture prononcera, — Sur les demandes de particuliers, tendant à obtenir la décharge ou la réduction de leur cote de contributions directes ; — Sur les difficultés qui pourraient s'élever entre les entrepreneurs de travaux publics et l'administration, concernant le sens ou l'exécution des clauses de leurs marchés ; — Sur les réclamations des particuliers qui se plaindront de torts et dommages procédant du fait personnel des entrepreneurs et non du fait de l'administration ; — Sur les demandes et contestations concernant les indemnités dues aux particuliers, à raison des terrains pris ou fouillés pour la confection des chemins, canaux et autres ouvrages publics ; — Sur les difficultés qui pourront s'élever en matière de grande voirie ; — Sur les demandes qui seront présentées par les communautés des villes, bourgs et villages, pour être autorisées à plaider ; — Enfin, sur le contentieux des domaines nationaux.

Lorsque le préfet assistera au conseil de préfecture, il présidera : en cas de partage, il aura voix prépondérante.

6. Le conseil général de département s'assemblera chaque année : l'époque de sa réunion sera déterminée par le gouvernement ; la durée de sa session ne pourra excéder quinze jours. — Il nommera un de ses membres pour président, un autre pour secrétaire. — Il fera la répartition des contributions directes entre les arrondissements communaux du département. — Il statuera sur les demandes en réductions faites par les conseils d'arrondissement, les villes, bourgs et villages. — Il déterminera dans les limites fixées par la loi, le nombre de centimes additionnels dont l'imposition sera demandée pour les dépenses du département. — Il entendra le compte annuel que le préfet rendra de l'emploi des centimes additionnels qui auront été destinés à ces dépenses. — Il exprimera son opinion sur l'état et les besoins du département, et l'adressera au ministre de l'intérieur.

7. Un secrétaire général de préfecture aura la garde des papiers, et signera les expéditions.

§ 2. — *Administration communale.*

8. Dans chaque arrondissement communal, il y aura un sous-préfet, et un conseil d'arrondissement composé de onze membres.

9. Le sous-préfet remplira les fonctions exercées maintenant par les administrations municipales et les commissaires de canton, à la réserve de celles qui sont attribuées ci-après au conseil d'arrondissement et aux municipalités.

10. Le conseil d'arrondissement s'assemblera chaque année : l'époque de sa réunion sera déterminée par le gouvernement ; la durée de la session ne pourra excéder quinze jours. — Il nommera un de ses membres pour président, et un autre pour secrétaire. — Il fera la répartition des contributions directes entre les villes, bourgs et villages de l'arrondissement. — Il donnera son avis motivé sur les demandes en décharge qui seront formées par les villes, bourgs et villages. — Il entendra le compte annuel que le sous-préfet rendra de l'emploi des centimes additionnels destinés aux dépenses de l'arrondissement. — Il exprimera une opinion sur l'état et les besoins de l'arrondissement, et l'adressera au préfet.

11. Dans les arrondissements communaux où sera situé le chef-lieu du département, il n'y aura point de sous-préfet.

§ 3. — *Municipalités.*

12. Dans les villes, bourgs et autres lieux pour lesquels il y a maintenant un agent municipal et un adjoint, et dont la population n'excédera pas deux mille cinq cents habitants, il y aura un maire et un adjoint ; dans les villes ou bourgs de deux mille cinq cents à cinq mille habitants, un maire et deux adjoints ; dans les villes de cinq mille habitants à dix mille, un maire, deux adjoints et un commissaire de police ; dans les villes dont la population excédera dix mille habitants, outre le maire, deux adjoints et un commissaire de police, il y aura un adjoint par vingt mille habitants d'excédant, et un commissaire par dix mille d'excédant.

13. Les maires et adjoints rempliront les fonctions administratives exercées maintenant par l'agent municipal et l'adjoint : relativement à la police et à l'état civil, ils rempliront les fonctions exercées maintenant par les administrations municipales de canton, les agents municipaux et adjoints.

14. Dans les villes de cent mille habitants et au-dessus, il y aura un maire et un adjoint, à la place de chaque administration municipale ; il y aura de plus un commissaire général de police, auquel les commissaires de police seront subordonnés, et qui sera subordonné au préfet : néanmoins il exécutera les ordres qu'il recevra immédiatement du ministre chargé de la police.

15. Il y aura un conseil municipal dans chaque ville, bourg ou autre lieu pour lequel il existe un agent municipal et un adjoint. — Le nombre de ses membres sera de dix dans les lieux dont la population n'excède pas deux mille cinq cents habitants ; de vingt, dans ceux où elle n'excède pas cinq mille ; de trente, dans ceux où la population est plus nombreuse. — Ce conseil s'assemblera chaque année le 15 pluv., et pourra rester assemblé quinze jours. — Il pourra être convoqué extraordinairement par ordre du préfet. — Il entendra et pourra débattre le compte des recettes et dépenses municipales, qui sera rendu par le maire au sous-préfet, lequel l'arrêtera définitivement. — Il réglera le partage des affouages, pâtures, récoltes et fruits communs. — Il réglera la répartition des travaux nécessaires à l'entretien et aux réparations des propriétés qui sont à la charge des habitants. — Il délibérera sur les besoins particuliers et locaux de la municipalité, sur les emprunts, sur les octrois ou contributions en centimes additionnels qui pourront être nécessaires, pour subvenir à ces besoins, sur les procès qu'il conviendra d'intenter ou de soutenir pour l'exercice et la conservation des droits communs.

16. A Paris, dans chacun des arrondissements municipaux, un maire et deux adjoints seront chargés de la partie administrative et des fonctions relatives à l'état civil. — Un préfet de police sera chargé de ce qui concerne la police, et aura sous ses ordres des commissaires distribués dans les douze municipalités.

17. A Paris, le conseil de département remplira les fonctions de conseil municipal.

§ 4. — *Des nominations.*

18. Le premier consul nommera les préfets, les conseillers de préfecture, les membres des conseils généraux de département, le secrétaire général de préfecture, les sous-préfets, les membres des conseils d'arrondissement, les maires et adjoints des villes de plus de cinq mille habitants, les commissaires généraux de police et préfets de police dans les villes où il en sera établi.

19. Les membres des conseils généraux de département, et ceux des conseils d'arrondissements communaux, seront nommés pour trois ans : ils pourront être continués.

20. Les préfets nommeront et pourront suspendre de leurs fonctions les membres des conseils municipaux ; ils nommeront et pourront suspendre les maires et adjoints dans les villes dont la population est au-dessous de cinq mille habitants. Les membres des conseils municipaux seront nommés pour trois ans : ils pourront être continués.

§ 5. — *Des traitements.*

21. Dans les villes dont la population n'excède pas quinze mille habitants, le traitement du préfet sera de 8,000 fr. ; — Dans celles de quinze à trente mille habitants, il sera de 12,000 fr. ; — Dans celles de trente à quarante-cinq mille habitants, il sera de 16,000 fr. ; — Dans celles de quarante-cinq mille habitants à cent mille, il sera de 20,000 fr. ; — Dans celles de cent mille habitants et au-dessus, de 24,000 fr. ; — A Paris, il sera de 30,000 fr.

22. Le traitement des conseillers de préfecture sera, dans chaque département, le dixième de celui du préfet ; il sera de 1,200 fr. dans les départements où le traitement du préfet sera de 8,000 fr.

23. Le traitement des sous-préfets, dans les villes dont la population excédera vingt mille habitants, sera de 4,000 fr., et de 3,000 fr. dans les autres.

24. Le gouvernement fixera, pour chaque département, la somme des frais de bureau qui sera employée pour l'administration.

Nota. Suit le tableau des départements et des arrondissements communaux de la France.

Exposé des motifs présenté par M. Rœderer, au corps législatif, sur le projet de loi relatif à la division du territoire de la République et à l'organisation des administrations locales (séance du 18 pluv. an 8).

§ 1. — *Division territoriale.*

L'expérience sollicitait une nouvelle division du territoire de la République.

Les cantons étaient trop multipliés, les administrateurs trop nombreux, pour que l'administration ne fût pas excessivement coûteuse.

Les cantons étaient d'une étendue trop bornée pour fournir généralement des administrateurs instruits, et néanmoins d'une étendue trop grande pour que l'administration municipale pût être présente à cette multitude d'actes qui, dans la société, exigent à chaque instant son intervention.

Ainsi, la division établie avait le triple inconvénient de mettre en fonctions

(1) V. l'exposé des motifs à la suite de la loi.

beaucoup d'administrateurs incapables, d'éloigner des administrés le service le plus nécessaire de l'administration, et de la rendre aussi dispendieuse que mauvaise.

La réforme que l'expérience demandait, la constitution l'a exigée.

Elle a supposé la formation d'arrondissements communaux d'une étendue suffisante pour fournir aux tribunaux des juges éclairés; aux administrations, des propriétaires intéressés à l'ordre et à l'équité; aux listes de notabilités communales, des hommes connus et estimés à quelque distance de leur maison, dont le nom fût entouré d'un peu de réputation, et formât une présomption de mérite.

Le gouvernement a donc dû travailler à une nouvelle division.

Le projet présenté conserve les anciennes limites de département, mais il réunit les six à sept mille cantons de la République en trois cent quatre-vingt-dix-huit arrondissements communaux.

Cette division est tracée en grande partie sur celle que l'expérience a fait établir pour la police correctionnelle, et qui pourra servir aussi à la justice de première instance; elle est fort rapprochée de la division des recettes des contributions directes. Ainsi, l'intérêt de la finance et celui de la justice la recommandaient au gouvernement pour l'administration.

Elle est d'ailleurs conforme aux principes qui ont déterminé la plupart des divisions qui ont été faites par l'assemblée constituante, dont la première intention avait été de partager les départements en quatre districts seulement, et qui n'en a partagé un certain nombre en sept, en huit et en neuf que quand elle y a été forcée par les obsessions des députés ordinaires et extraordinaires qui affluèrent alors à Paris de toutes les parties de la France. La division proposée rétablit entre les subdivisions des départements l'égalité que l'on avait voulu y mettre dans le principe, et elle assure une grande économie dans les frais d'administration.

§ 2. — *Système administratif.*

Le système administratif que présente le projet de loi est fort simple; il repose sur des principes dès longtemps familiers aux bons esprits. — Dans *l'administration locale*, qu'il faut distinguer de l'administration générale, comme on distingue les administrateurs des ministres, on reconnaît trois services distincts : — 1° L'administration proprement dite; — 2° Les jugements qui se rendent d'office en matière de contributions, et qui consistent dans les différentes répartitions qui ont lieu entre les masses et les individus; — 3° Le jugement du contentieux dans toutes les parties de l'administration. — Le projet de loi sépare ces trois fonctions. — Il remet la première à un seul magistrat dans chaque degré du pouvoir administratif; savoir : au préfet, au sous-préfet et au maire. — Il remet la seconde à des conseils de départements, à des conseils d'arrondissements communaux et aux répartiteurs municipaux dont l'existence est conservée. — Il remet la troisième à un conseil de préfecture. — Ces dispositions sont fondées sur deux principes : — Qu'administrer doit être le fait d'un seul homme, et juger le fait de plusieurs. — Quelques développements confirmeront le respect que l'expérience leur a dès longtemps acquis.

L'administration proprement dite consiste en trois choses : — 1° *L'agence de transmission des lois* aux administrés, et des plaintes des administrés au gouvernement; en d'autres mots, l'agence des communications réciproques entre la volonté publique et les intérêts particuliers; — 2° *L'action* directe sur les choses et sur les personnes privées dans toutes les parties mises sous l'autorité immédiate des administrateurs; — 3° Enfin la *procuration d'action* dans les parties d'administration remises à des subordonnés.

Procurer l'action est la principale fonction de l'administrateur du département; ainsi que les ministres, il a moins à faire par lui-même qu'à mettre le sous-administrateur dans l'obligation de faire, et celui-ci encore est moins obligé à l'action qu'à assurer celle des municipalités, qui, à leur tour, ont elles-mêmes presque autant à ordonner qu'à faire. — *La procuration d'action* est donc une partie importante des devoirs et de l'art de l'administration à tous les degrés de l'échelle administrative.

Voici une analyse abrégée des fonctions très-diverses qui sont comprises dans ce seul mot; fonctions qui jusqu'ici n'ont été malheureusement distinguées que par ces deux autres mots très-vagues : *ordonner* et *surveiller*. — La première est d'expliquer aux magistrats inférieurs le sens des lois, règlements ou ordres qu'il s'agit de faire exécuter. Cette fonction est l'*instruction*. — La seconde est de donner des ordres spéciaux que les circonstances de temps et de lieux peuvent exiger pour leur exécution. Cette fonction peut se nommer *direction*. — La troisième est de presser, de déterminer cette exécution : c'est l'*impulsion*. — La quatrième est d'en vérifier l'exécution : c'est l'*inspection*. — La cinquième, c'est de se faire rendre compte de cette exécution, de recevoir les réclamations des personnes intéressées, ou les observations des préposés; cette fonction est la *surveillance*. — La sixième est d'autoriser ou rejeter les propositions d'intérêt public auxquelles peut s'étendre le pouvoir de l'administration : c'est l'*estimation*, l'*appréciation*. — La septième est d'approuver et valider, ou de laisser sans valeur les actes qui ont besoin de vérification : c'est le *contrôle*. — La huitième est de rappeler à leurs devoirs les autorités inférieures ou les agents immédiats qui les méconnaissent ou les oublient : c'est la *censure*. — La neuvième est d'annuler les actes contraires aux lois ou aux ordres supérieurs : c'est la *réformation*. — La dixième est de faire réparer les omissions ou les injustices : c'est le *redressement*. — La onzième, enfin, est de suspendre les fonctionnaires incapables, de destituer ou faire destituer les négligents, de poursuivre en justice les prévaricateurs : c'est la *correction*, la *punition*.

Ainsi, instruction, impulsion, direction, inspection, surveillance, sanction des propositions utiles, contrôle des actes suspects, censure, réformation, redressement, punition, voilà les fonctions que suppose cette partie de l'administration que l'on peut appeler *procuration d'action*. — Les avoir séparées par l'analyse, c'est avoir suffisamment montré à quel point il est nécessaire qu'une même volonté les exerce si l'on veut qu'elles aient de l'accord, et, par leur accord, une force suffisante à leur objet. De là donc la nécessité des préfectures et sous-préfectures que le gouvernement propose d'instituer.

Remettre le *contentieux de l'administration* à un *conseil de préfecture* a paru nécessaire : — Pour ménager au préfet le temps que demande l'administration; — Pour garantir les parties intéressées de jugements rendus sur des rapports et des avis de bureaux; — Pour donner à la propriété des juges accoutumés au ministère de la justice, à ses règles, à ses formes; — Pour donner tout à la fois à l'intérêt particulier et à l'intérêt public la sûreté qu'on ne peut attendre d'un jugement porté par un seul homme; car tel administrateur qui balance avec impartialité des intérêts collectifs peut se trouver prévenu et passionné quand il s'agit de l'intérêt d'un particulier, et être sollicité par ses affections ou ses haines personnelles à trahir l'intérêt public, ou à blesser des droits individuels.

Sous le régime qui a précédé la révolution, une grande partie du contentieux de l'administration était portée devant des tribunaux qui s'étaient fait un esprit contraire à l'intérêt du trésor public.

Leur partialité détermina l'assemblée constituante à réunir le contentieux de l'administration avec l'administration elle-même; et comme elle réunit les fonctions administratives à des directoires nombreux, elle crut pouvoir faire de ces corporations des espèces de tribunaux. En effet, la justice pouvait trouver quelque sûreté dans ce système; c'est avec l'administration qu'il était incompatible, parce que les ordres du gouvernement et les lois elles-mêmes rencontraient la délibération là où elles ne devaient trouver qu'empressement à l'action et obéissance. — Le gouvernement croit avoir pris un juste milieu entre l'ancien système qui séparait la partie administrative et l'administration comme inconciliables, et le nouveau qui les cumulait dans les mêmes mains, comme si elles eussent été une seule et même chose.

L'objet des *conseils généraux de départements et d'arrondissements communaux* est essentiellement d'assurer l'impartialité de la répartition entre les arrondissements, villes, bourgs et villages du département, et de concilier la confiance publique à ces opérations d'où dépend l'équité de l'assiette sur les particuliers. — C'est accessoirement à ce service que le gouvernement propose de leur attribuer l'audition du compte des deniers levés pour les besoins particuliers du département et de l'arrondissement; convaincu que rien, après la modération de l'impôt, ne satisfait autant les citoyens que la certitude du bon emploi des deniers qui en proviennent.

Le gouvernement a cru nécessaire de donner aux conseils de départements et d'arrondissements la faculté d'exprimer une opinion sur l'état et les besoins des habitants. Il importe à un gouvernement ami de la liberté et de la justice de connaître le vœu public, et surtout de le puiser à sa véritable source; car l'ignorance est, à cet égard, moins funeste que les méprises. Où peut être cette source, si ce n'est dans les réunions de propriétaires choisis sur toute la surface du territoire, entre les notables dont les listes auront été formées par le concours de tous les citoyens? C'est là sans doute qu'est l'opinion publique, et non dans les pétitions dont on ne connaît ni les auteurs, ni les provocateurs, ni les véritables motifs.

Dans les conseils de préfecture et dans les conseils généraux, le nombre des membres varie suivant les départements : c'est leur population qui a déterminé les différences. Il paraît convenable que le nombre des juges du contentieux de l'administration et celui des arbitres de la répartition, qui sont en même temps organes de l'opinion, soient proportionnés aux affaires, aux charges et aux intérêts du pays. Or, il n'est pas de mesure plus approximative à cet égard que le nombre des habitants. — Dans les arrondissements communaux, il n'y a point de conseil de sous-préfecture, parce que les sous-préfets n'ont que voix consultative en matière contentieuse.

L'art. 2 porte qu'il n'y aura point de sous-préfet dans les arrondissements où sera situé le chef-lieu du département. Les raisons de cet article sont : — 1° Que partout où réside le préfet, c'est à lui qu'il est naturel de s'adresser, et que par cette raison le sous-préfet y est moins considéré qu'il ne devrait être; — 2° Qu'il n'est pas plus difficile au préfet qu'au sous-préfet de se procurer, de toutes les parties de l'arrondissement où il réside, toutes les instructions dont il a besoin, et d'y porter son action; — 3° Que les départements étant d'une étendue très-bornée, il est très-facile aux préfets d'exercer une administration particulière d'arrondissement, en même temps qu'ils exerceront leur surveillance sur les arrondissements voisins; — 4° Que ce sera une économie considérable d'épargner le traitement de quatre-vingt-dix-huit sous-préfets et les dépenses accessoires.

Le projet de loi n'assigne aux maires et adjoints, en matière d'administration, que les mêmes fonctions qui étaient subdéléguées aux agents municipaux, et qui, par leur nature, exigent la présence permanente d'un fonctionnaire public dans chaque ville, bourg ou village. Telle est la répartition sur les contribuables. — Mais le projet étend leurs fonctions en matière de police. La police municipale et ses accessoires appartenaient ci-devant aux municipalités de canton. L'agent et l'adjoint de la commune n'étaient chargés que de veiller sur les contraventions et d'en dresser les procès-verbaux. La constitution, en imposant la réunion de plusieurs cantons en un arrondissement communal, en éloignant par là l'autorité centrale d'une grande partie des administrés, a ajouté à la nécessité de rendre aux communautés une autorité locale capable de faire observer dans leur territoire la police municipale et la portion de la police rurale qui en est un accessoire.

Un conseil municipal a paru nécessaire pour faire connaître les intérêts des habitants, assurer leurs droits et régler les affaires domestiques de la communauté. Il paraît que les plus petites villes seront bientôt forcées de recourir à des octrois pour subvenir à leurs dépenses. Or, comme les contributions nationales sont votées en France par les représentants du peuple, il semble en résulter que les contributions locales doivent l'être aussi par une sorte de représentation de famille. Ce principe a été reconnu et observé même sous la monarchie.

Les traitements des préfets, conseillers de préfecture et sous-préfets, sont réglés sur la population des villes que ces magistrats doivent habiter, parce que ce n'est pas seulement le travail de l'administrateur que l'État doit payer, c'est en outre la représentation que sa place exige. Il est nécessaire qu'un préfet proportionne partout sa dépense à celle des propriétaires aisés du lieu qu'il habite et à celle des autres officiers civils ou militaires avec lesquels il doit avoir affaire; il est nécessaire que son extérieur annonce ou l'égalité ou la prépondérance de son autorité; il est nécessaire qu'il puisse entretenir avec les personnes considérables que réunit la même cité ces relations de société qui importent plus qu'on n'a voulu le croire depuis dix ans à l'harmonie des pouvoirs collatéraux et à l'accord des administrateurs avec les administrés. — Tels sont les motifs des principales dispositions de la loi, les autres s'expliquent d'elles-mêmes.

17 vent. an 8 (8 mars 1800). — Arrêté relatif à l'établissement des préfectures (cet arrêté est purement transitoire).

17 vent. an 8 (8 mars 1800). — Arrêté relatif à l'installation, aux fonctions, au costume des préfets, et au traitement des secrétaires de préfecture, du préfet de police de Paris, des commissaires généraux de police.

Art. 1. Les préfectures et sous-préfectures seront établies dans les lieux déterminés par le tableau annexé au présent règlement.

2. Les préfets, avant d'entrer en fonctions, prêteront serment entre les mains du premier consul, ou en celles du commissaire qui sera délégué à cet effet. Les conseillers et secrétaires de préfecture, les sous-préfets, prêteront le leur entre les mains des préfets. Les membres des conseils généraux de département prêteront le

leur à l'ouverture de leur première séance, et en adresseront le procès-verbal au préfet.

3. Les maisons et dépendances employées maintenant aux audiences, séances et travail des commissaires du gouvernement et des administrations centrales, sont à la disposition des préfets, avec le mobilier qu'elles renferment. Ces maisons serviront à la demeure des préfets, à l'établissement du conseil de préfecture, du secrétariat général, des bureaux de la préfecture, et à la tenue du conseil général de département.

4. Les lieux où seront établis les bureaux de sous-préfecture, seront déterminés par les préfets.

5. Le préfet fera, chaque année, une tournée dans son département: il en préviendra les ministres avec lesquels il aura à correspondre: il rendra compte à chacun, en ce qui le concerne, des résultats de ses tournées.

6. En cas d'absence, le secrétaire général de préfecture correspondra avec le préfet, et le représentera dans les cas urgents.

7. Les préfets pourvoiront au remplacement provisoire des sous-préfets, en cas d'absence ou de maladie.

8. Le préfet ne pourra s'absenter de son département sans la permission du premier consul; il s'adressera au ministre de l'intérieur pour l'obtenir.

9. Le traitement des secrétaires de préfecture sera du tiers de celui des préfets; néanmoins, il ne pourra être moindre que 3.000 fr., ni plus fort que 6,000 fr.

10. Le traitement des commissaires généraux de police sera des quatre cinquièmes de celui des préfets. Le local occupé par le bureau central, et le mobilier en dépendant, sont à la disposition des commissaires généraux de police, tant pour l'établissement de leurs bureaux et l'exercice de leurs fonctions, que pour leur habitation.

11. Le traitement des commissaires de police sera déterminé par un règlement particulier, sur l'avis des préfets.

12 Le traitement du préfet de police de Paris sera de 30,000 fr.

13. Le préfet de police de Paris, et les commissaires généraux de police, seront vêtus dans l'exercice de leurs fonctions, comme il suit: habit bleu; veste, culotte ou pantalon rouges; collet, poches et parements de l'habit brodés en argent, suivant les dessins déterminés pour les habits du gouvernement; écharpe blanche, franges d'argent, chapeau français bordé en argent; une arme.

14. Les préfets seront vêtus comme il suit: habit bleu; veste, culotte ou pantalon blancs; collet, poches et parements de l'habit brodés en argent, suivant les dessins déterminés pour les habits du gouvernement; écharpe rouge, franges d'argent; chapeau français bordé en argent, une arme.

Nota. — Cet arrêté est suivi d'un tableau indiquant pour chaque département le chef-lieu de préfecture, le numéro des arrondissements communaux, les chefs-lieux de sous-préfecture et le nombre de sous-préfectures par département.

26 vent. an 8 (17 mars 1800). — Arrêté contenant règlement sur les dépenses des préfectures et sous-préfectures (extrait).

9. Les dépenses générales de préfecture et de sous-préfecture seront réglées, chaque année, par les consuls de la République, sur le rapport du ministre de l'intérieur. — A cet effet, chaque préfet adressera au ministre de l'intérieur, avant la fin du mois de messidor, l'état des dépenses projetées pour l'année suivante. — Le conseil général du département adressera séparément un projet des mêmes dépenses.

10. Toutes les dépenses administratives de préfecture et de sous-préfecture seront ordonnancées par le préfet, conformément à l'état arrêté par les consuls, et acquittées par le receveur général de département, sur les 10 cent. additionnels aux contributions directes, établis par la loi du 25 vent. an 8.

6 germ. an 8 (27 mars 1800). — Loi qui règle les attributions du préfet, relativement à la formation de la liste des jurés (loi abrogée).

19 flor. an 8 (9 mai 1800). — Arrêté relatif à la réunion des conseils d'arrondissement et des conseils généraux de département.

Art. 1. Les conseils d'arrondissement s'assembleront le 15 prairial prochain, pour exprimer leur opinion sur l'état et les besoins de l'arrondissement; donner leur avis motivé sur les demandes en décharge qui seront formées par les villes, bourgs et villages; recevoir du sous-préfet et du préfet dans son arrondissement, quand il y aura lieu, le compte de l'emploi des centimes additionnels destinés aux dépenses de l'arrondissement. Après avoir terminé ce travail, ils s'ajourneront à cinq jours après la session du conseil général du département, pour faire la répartition des contributions directes entre les villes, bourgs et villages. La durée des deux assemblées ne pourra pas excéder quinze jours, conformément à la loi; la première ne pourra pas durer plus de dix jours, et la seconde plus de cinq.

2. Les conseils généraux de département s'assembleront le 1er messidor.

Les actes de ces assemblées ne seront pas imprimés, les préfets en feront passer, sans délai, une copie au ministre de l'intérieur.

4. Les sous-préfets procéderont sans délai à la nomination des répartiteurs en chaque ville, bourg ou village, au nombre déterminé par les lois; et les répartiteurs termineront leur travail dans les dix jours qui suivront la réception du mandement.

5. Les préfets et sous-préfets seront tenus de préparer à l'avance les documents et instructions sur les objets sur lesquels les conseils généraux de département et ceux des arrondissements doivent délibérer. — Ils leur feront la remise de ces pièces le premier jour de leur session.

17 frim. an 9 (8 déc. 1800). — Arrêté qui charge les préfets surveiller la perception et l'emploi des deniers publics. — V. Trésor public, p. 1116.

17 niv. an 9 (7 janv. 1801). — Arrêté relatif à la manière dont les préfets doivent être représentés en cas d'absence.

Art. 1. Le préfet, en cas d'absence de son département, se fera représenter par un membre du conseil de préfecture, à son choix; en cas d'absence du chef-lieu de préfecture, mais non du département, il pourra se faire représenter par un membre du conseil de préfecture ou par le secrétaire général à son choix.

2. Il est dérogé, quant à ce, à l'art. 8 (1) de l'arrêté des consuls, du 17 vent. an 8.

(1) Lisez : art. 6 (rectification faite par arrêté du 13 germ. an 9).

4 vent. an 9 (23 fév. 1801). — Arrêté portant: Les conseils d'arrondissement s'assembleront le 1er germ. de chaque année, et les conseils généraux de département le 15 du même mois, pour procéder aux opérations ordonnées par l'arrêté du 19 flor. an 8.

16 vent. an 9 (7 mars 1801). — Arrêté et instruction pour la convocation des conseils généraux de département.

2 therm. an 9 (21 juill. 1801). — Arrêté contenant organisation des bureaux du ministère de la guerre.

19 fruct. an 9 (6 sept 1801). — Arrêté relatif aux délibérations des conseils de préfecture.

Art. 1. Les conseils de préfecture ne pourront prendre aucune délibération, si les membres ne sont au moins au nombre de trois. Le préfet, lorsqu'il assistera à la séance, comptera pour compléter les membres nécessaires pour délibérer.

2. En cas de partage ou d'insuffisance du nombre des membres du conseil, ils seront remplacés de la manière suivante :

3. Les membres restant au conseil de préfecture désigneront, à la pluralité des voix, un des membres du conseil général de département, qui siégera avec ceux du conseil de préfecture, soit qu'il faille compléter le nombre nécessaire pour délibérer, ou vider un partage. Le choix ne pourra jamais tomber sur les membres des tribunaux qui font partie des conseils généraux de département.

4. En cas de partage sur le choix du suppléant, la voix du préfet, s'il assiste à la séance, ou du plus ancien d'âge des conseillers, si le préfet n'est pas à la séance du conseil, aura la prépondérance.

5. Si le préfet est absent du chef-lieu ou du département, celui qui le remplacera aura, dans tous les cas, la voix prépondérante comme le préfet lui-même.

9. Le service des suppléants au conseil de préfecture sera gratuit, en cas de récusation, maladie ou partage; en cas d'absence, le suppléant aura droit, proportionnellement au temps de son service, à la moitié du traitement de celui qu'il remplacera.

5 vend. an 10 (27 sept. 1801). — Arrêté portant création d'un ministre du trésor public. — V. Trésor public, p. 1117.

27 pluv. an 10 (16 fév. 1802). — Arrêté relatif au remplacement provisoire des préfets en cas de mort.

Dans le cas de mort d'un préfet dans le département où il exercera ses fonctions, il sera remplacé provisoirement, et pendant l'intérim, par le plus ancien des membres du conseil de préfecture; celui-ci exercera dans toute son étendue, pendant l'intérim, les fonctions attribuées au préfet.

17 vent. an 10 (8 mars 1802). — Arrêté relatif aux attributions du ministre de la guerre, à la création d'un directeur de l'administration de ce département, et à la suppression de la signature griffée.

17 vent. an 10 (8 mars 1802). — Arrêté relatif à la suppression de la signature griffée au ministère de l'intérieur et aux attributions données à deux conseillers d'Etat chargés de diriger plusieurs parties de ce département.

17 vent. an 10 (8 mars 1802). — Arrêté qui supprime l'usage de la signature griffée dans le ministère de la justice et au bas du Bulletin des lois.

6 mess. an 10 (25 juin 1802). — Arrêté relatif à la tenue des séances du conseil de préfecture du département de la Seine, pour les affaires contentieuses d'administration et de police.

Art. 1. Le conseil de préfecture du département de la Seine, présidé par le préfet du département, connaîtra, dans des séances qui auront lieu les lundis, mercredis et samedis, des affaires contentieuses administratives qui sont dans les attributions du préfet du département.

2. Le même conseil, présidé par le préfet de police, connaîtra, dans une séance qui aura lieu le vendredi de chaque semaine, de toutes les affaires contentieuses administratives qui sont dans les attributions du préfet de police, d'après les règlements des consuls, du 12 messidor et autres postérieurs, et les dispositions de la loi du 29 flor. an 10.

3. Les séances tenues d'après l'art. 2 auront lieu dans une des salles de la préfecture de police : le secrétaire général de la préfecture de police y remplira les fonctions qu'a remplies jusque aujourd'hui le secrétaire général de la préfecture du département.

16 therm. an 10 (4 août 1802). — Sénatus-consulte organique qui règle le mode de nomination des membres des conseils d'arrondissement et de département (art. 28 et suiv.). — V. Droit constit., p. 316.

28 fruct. an 10 (15 sept. 1802). — Arrêté portant suppression du ministère de la police générale et en réunissant les attributions à celles du grand juge, ministre de la justice.

19 germ. an 11 (9 avr. 1803). — Arrêté portant création d'auditeurs près des ministres et des sections du conseil d'Etat. — V. Conseil d'Etat, p. 179.

28 vent. an 12 (19 mars 1804). — Arrêté qui attribue au ministre des finances l'exécution des lois relatives aux douanes, à la taxe d'entretien des routes, aux droits de navigation et aux octrois municipaux. — V. Trésor public, p. 1121.

21 mess. an 12 (10 juill. 1804). — Décret qui rétablit le ministère de la police générale avec les mêmes attributions qu'il avait avant d'être réuni au ministère de la justice.

2 vent. an 13 (21 fév. 1805). — Loi relative aux finances de l'an 13 dont l'art. 34 porte qu'il sera réparti : — 1° Sur le principal des deux contributions, le nombre de centimes nécessaire à l'acquit des dépenses variables, énoncées au tableau n° 6, après que le conseil général du département en aura réglé le montant, sans pouvoir excéder le *maximum* porté au même tableau ; — 2° Sur le principal de la contribution foncière seulement, un centime et demi, qui formera un fonds commun, pour subvenir aux frais de l'arpentage et de l'expertise dans les divers départements. — Les conseils généraux de département pourront, en outre, proposer d'imposer jusqu'à concurrence de 4 cent. et plus, soit pour réparations, entretien de bâtiments, et supplément de frais de culte, soit pour constructions de canaux, chemins ou établissements publics. Sa Majesté, en son conseil d'Etat, autorisera, s'il y a lieu, ladite imposition.

Nota. Les dépenses variables énoncées au tableau 6, concernent les préfectures et sous-préfectures, l'instruction publique, les enfants trouvés, les prisons, les loyers des prétoires des tribunaux et réparations extraordinaires, les menues dépenses des tribunaux et les dépenses imprévues.

18 prair. an 13 (7 juin 1805). — Décret sur le mode de remplacement provisoire des secrétaires généraux de préfecture.

Art. 1. L'art. 7 de l'arrêté du 17 vent. an 8 est appliqué aux secrétaires généraux de préfecture ; en conséquence, les préfets pourvoiront à leur remplacement provisoire, en cas d'absence ou de maladie.

13 fruct. an 13 (31 août 1805). — Décret qui règle la compétence des ministres de l'intérieur, de la guerre et de la marine, relativement aux travaux à faire aux grandes routes, aux ponts, aux canaux de navigation, aux rades, etc. — V. Travaux publ., p. 845.

18 août 1807. — Avis du conseil d'Etat sur les expéditions d'actes émanés des autorités administratives. — V. Archives, n° 70.

16 juin 1808. — Décret concernant la manière dont peuvent être suppléés les membres des conseils de préfecture en cas d'empêchement de la totalité.

Art. 1. Les membres des conseils de préfecture qui, tous à la fois, seraient forcément empêchés d'exercer leurs fonctions seront suppléés par un égal nombre de membres du conseil général, autres que ceux qui seraient en même temps juges dans nos tribunaux.

2. Seront désignés par notre ministre de l'intérieur les membres du conseil général, sur la présentation du préfet.

5 août 1809. — Avis du conseil d'Etat portant que les fonctions d'avoué sont incompatibles avec celles de conseiller de préfecture.

Le conseil d'Etat, qui, d'après le renvoi ordonné par Sa Majesté, a entendu le rapport de la section de législation sur celui du ministre de l'intérieur, ayant pour objet de faire décider si les fonctions d'avoué près les tribunaux sont incompatibles avec celles de conseiller de préfecture, — Est d'avis que ces deux fonctions sont incompatibles.

7 oct. 1809. — Décret concernant les dépenses variables des départements pour 1809 (extrait).

TIT. 3. — *Dispositions diverses communes à tous les départements.*

4. Aucune dépense, de quelque genre qu'elle soit, ne pourra être autorisée sur les sommes restant disponibles, provenant des centimes facultatifs ; lesquelles sommes seront mises en réserve, pour n'être employées, avec notre autorisation, qu'aux objets qu'auront votés les conseils généraux.

5. Les frais du bureau des domaines, alloués en sus de l'abonnement des préfets dans plusieurs départements, pourront continuer d'être alloués tant qu'ils seront nécessaires ; — A l'effet de quoi, nos ministres de l'intérieur et des finances nous feront connaître l'état du travail des décomptes d'acquéreurs de biens nationaux et des biens à vendre dans chaque département, et nous proposeront ce qu'ils croiront convenable pour la fixation et la durée de la dépense du bureau des domaines.

6. Il nous sera fait un rapport, lors de la présentation du budget des départements de 1810, sur la fixation des dépenses des dépôts de mendicité. — Les conseils généraux émettront leur opinion sur le contingent de chaque département. — Il sera statué, pour chaque dépôt de mendicité, en notre conseil d'Etat : 1° sur les dépenses de constructions, réparations, etc., conformément au décret sur les hospices ; 2° sur le contingent de chaque département ; 3° sur celui de chaque commune.

7. Il en sera de même pour les maisons centrales de détention.

8. Les inspecteurs des poids et mesures ne pourront, en 1811, être payés sur les fonds des départements. — En cas d'insuffisance du prélèvement qui a lieu sur le produit du droit de pesage et mesurage, il y sera pourvu sur un rapport de notre ministre de l'intérieur.

9. A cet effet, il sera fait un fonds commun du produit de ce prélèvement, et le compte total de son emploi sera mis sous nos yeux.

10. Les dispositions de la loi du 11 frim. an 7, portant classification des dépenses publiques, seront exécutées : en conséquence, les dépenses de premier établissement ou de grosses réparations des prisons, palais de justice ou prétoires des tribunaux, ne seront pas à la charge des départements, s'il n'y a un vote exprès du conseil général. — Ils pourront réclamer les sommes avancées à cet effet sur les centimes additionnels variables ou facultatifs, et ils en seront remboursés par le trésor.

11. Il nous sera fait un rapport sur l'application du produit des expéditions délivrées au secrétariat général de la préfecture, conformément à la loi du 7 mess. an 2, et à l'avis de notre conseil, de nous approuvé le 4 août 1807. — Jusqu'à ce qu'il y ait été statué en notre conseil, le produit restera déposé, pour en être disposé ainsi qu'il appartiendra et qu'il sera par nous réglé.

12. Dans les préfectures où il existe des ameublements, soit de bureaux, soit d'appartements, appartenant à la préfecture, il en sera fait un inventaire, et, si l'inventaire existe, un récolement au 1er janv. prochain. — En cas de décès ou mutation, les inventaires seront reconnus par les successeurs des préfets décédés ou remplacés, qui s'en chargeront, ou pourvoiront au remplacement des objets qui ne se retrouveraient pas, à moins qu'ils n'aient péri par l'usage.

26 déc. 1809. — Décret concernant l'organisation et le service des auditeurs près le conseil d'État, d'après lequel des auditeurs en service ordinaire sont attachés aux ministres, aux préfets de la Seine et de police, et aux diverses administrations (art. 6 et suiv.), et des auditeurs en service extraordinaire sont attachés aux préfets de chaque département, l'un d'eux ayant le titre et faisant les fonctions de sous-préfet de l'arrondissement du chef-lieu (art. 15 et suiv.). — V. Conseil d'Etat, p. 182.

21 janv. 1810. — Décret contenant règlement sur les fonctions des auditeurs attachés au ministère de la police générale et à la préfecture de police de Paris.

11 juin 1810. — Décret sur la fixation des dépenses départementales pour 1810, qui détermine le traitement des préfets, les abonnements pour frais d'administration des préfectures (lesquels sont divisés en six classes), les abonnements pour frais d'administration des sous-préfectures, etc., et se termine par les dispositions générales suivantes (tit. 10).

24. Les dépenses départementales seront toujours divisées en dépenses ordinaires et dépenses extraordinaires. — Les dépenses extraordinaires ne seront jamais comprises parmi les dépenses ordinaires, ni assignées sur les centimes variables.

25. Ce qui restera desdits centimes après les dépenses ordinaires sera, comme pour l'exercice 1810, affecté aux dépenses diverses et imprévues ; et ce qui n'y aura pas été employé demeurera pour être consacré, d'après le vote des conseils généraux de département de l'année suivante, aux dépenses et travaux extraordinaires utiles au département, après toutefois que l'arriéré aura été acquitté.

25 mars 1811. — Décret concernant le mobilier des préfectures (ce décret, modifié d'abord par l'ordonnance du 17 déc. 1818, a été abrogé par l'ord. du 7 août 1841).

29 mars 1811-21 mars 1831. — Décret contenant création d'un conseil de constructions navales. — V. Travaux publics, p. 846.

9 avr. 1811. — Décret portant concession gratuite aux départements, arrondissements et communes, de la pleine propriété des édifices et bâtiments nationaux actuellement occupés pour le service de l'administration, des cours et tribunaux, et de l'instruction publique. — V. Domaine de l'État, p. 95.

22 juin 1811. — Décret portant création d'un ministère des manufactures et du commerce.

Il est créé un ministère des manufactures. — Il aura dans son département les manufactures, les fabriques, le commerce, les subsistances, les douanes, le conseil des prises. — Il correspondra avec nos consuls chez les puissances étrangères, pour les affaires du commerce.

16 déc. 1811.—Décret contenant règlement sur la construction, la réparation et l'entretien des routes.—V. Voirie par terre, p. 192.

19 janv. 1812. — Décret qui fixe les attributions du ministère des manufactures et du commerce. — *Nota.* Ce ministère a été supprimé le 5 avr. 1814.

21 sept. 1812. — Décret qui, à raison de la création du ministère des manufactures et du commerce, règle de nouveau les attributions du ministère de l'intérieur.

5 avr. 1814. — Arrêté qui réunit les attributions du ministère des manufactures et du commerce au ministère de l'intérieur.

8-13 avr. 1814. — Arrêté du gouvernement provisoire concernant la police générale de la France, et la police particulière de la ville de Paris.

Art. 1. La police générale est une ; tous les arrondissements sont réunis au ministère de la police générale.

2. Il y a un préfet de police pour la ville de Paris.

3. Les attributions sont les mêmes que sous le dernier gouvernement.

9-13 avr. 1814. — Arrêté relatif aux attributions des commissaires nommés provisoirement aux ministères, et aux fonctionnaires qui ont suivi l'ancien gouvernement.

Art. 1. Les commissaires nommés provisoirement par le gouvernement provisoire aux départements de la guerre, des finances et de l'intérieur et des cultes, pourvoiront par eux-mêmes aux directions générales qui dépendent de leurs départements respectifs et qui se trouvent vacantes pour fait d'absence.

2. Les ministres, membres du conseil d'État, administrateurs et autres fonctionnaires qui ont suivi l'ancien gouvernement, ne pourront reprendre leur service que d'après un acte spécial du gouvernement provisoire.

10-13 avr. 1814. — Arrêté relatif à l'exercice des fonctions de directeurs et commissaires généraux de police.

Le gouvernement provisoire réunit aux préfectures et sous-préfectures les fonctions des directeurs généraux, directeurs particuliers, commissaires généraux et spéciaux de police.

23 avr. 1814. — Arrêté qui crée une commission d'officiers généraux spécialement chargée de discuter les projets, propositions et affaires dont le ministre de la guerre lui fera le renvoi.

16-21 mai 1814. — Décret qui réunit, sous le titre de *direction générale de la police du royaume*, le ministère de la police générale et la préfecture de police de Paris.

Art. 1. Le ministère de la police générale et la préfecture de police de Paris sont réunis sous le titre de *direction générale de la police du royaume.*

2. En conséquence, le directeur général aura les pouvoirs et exercera les fonc-

tions ci-devant attribuées au ministre de la police et au préfet de police de la ville de Paris.

3. Jusqu'à ce qu'il en soit autrement ordonné, les préfets et sous-préfets exerceront les fonctions de directeurs de police, et seront, à cet égard seulement, sous les ordres du directeur général de la police du royaume.

4. Le directeur général de la police aura, près de nos personnes et dans nos palais, les honneurs attribués aux ministres, et prendra rang immédiatement après eux

16 mai 1814. — Ordonnance qui nomme un directeur général de l'administration de l'agriculture, du commerce, des arts et des manufactures.

29 mai 1814. — Décision royale qui ordonne la formation près du secrétaire d'Etat de la marine, de cinq commissions composées d'officiers généraux et d'administration supérieure de ce département.

8 juin 1814. — Décision du roi relative à l'organisation des bureaux du ministère de la marine et des colonies.

29 juin-6 juill. 1814. — Ordonnance concernant l'organisation du conseil du roi qui divise ce conseil en conseil d'en haut ou des ministres, et conseil privé ou des parties qui prend le nom de conseil d'Etat, et qui en détermine la composition et les attributions. —V. Conseil d'Etat, p. 184.

23-25 sept. 1814. — Loi sur les finances (extrait).

Art. 9. La répartition et la sous-répartition de la contribution foncière et de la contribution personnelle et mobilière seront faites par les conseils généraux et par les conseils d'arrondissement.

10. La répartition et la sous-répartition de la contribution des portes et fenêtres seront, comme précédemment, faites par les préfets et sous-préfets.

11 janv. 1815. — Ordonnance portant nomination du directeur général de l'administration des communes, des hospices et des octrois.

28 janv.-15 fév. 1815. — Ordonnance qui nomme un intendant général des arts et des monuments publics et détermine les attributions de cet intendant.

21-24 mars 1815. — Décret qui supprime l'intendance des arts et des monuments publics.

24-25 mars 1815. — Décret qui réunit la librairie et l'imprimerie au ministère de la police générale.

24-26 mars 1815. — Décret qui supprime la direction générale de la librairie et de l'imprimerie, et les censeurs.

24-28 mars 1815.—Décret portant que les règles établies dans l'ordre judiciaire et dans l'ordre administratif avant le 1er avr. 1814, continueront à être observées comme elles l'étaient auparavant, et que chacun des ministres fera, dans ses attributions respectives, l'application du principe contenu dans l'art. 1, sauf à prendre les ordres de l'empereur pour les cas extraordinaires.

21 juill.-8 août 1815. — Ordonnance portant organisation des bureaux du ministère de la marine et des colonies, et révocation de l'ordonnance du 8 juin 1814.

19 sept.-28 oct. 1815. — Ordonnance relative à la formation d'un conseil privé et aux membres de ce conseil.

14-24 déc. 1815. — Ordonnance qui supprime la direction générale de l'agriculture, du commerce, des arts et manufactures, la direction générale des communes, des hospices et des octrois municipaux, et l'intendance des arts et monuments publics, et en réunit les attributions au ministère de l'intérieur.

20-28 déc. 1815. — Ordonnance portant suppression des sous-préfectures des chefs lieux de département.

Art. 1. Les sous-préfectures des chefs-lieux de département sont supprimées, et, dans le mois qui suivra la publication de la présente ordonnance, l'administration en sera réunie à celles des préfectures. — Cette réunion ne pourra donner lieu à aucune augmentation des frais de bureau des préfets.

8-16 fév. 1816. — Ordonnance contenant des dispositions relatives au contre-seing des ministres secrétaires d'Etat dont les ordonnances, règlements et actes qui émanent de l'autorité royale doivent être revêtus.

Art. 1. En l'absence ou dans le cas d'empêchement de l'un de nos ministres secrétaires d'Etat, ainsi que dans le cas où nous n'aurions pas nommé à l'un des départements du ministère, les actes de l'administration de ces départements ne pourront être contre-signés que par celui de nos autres ministres secrétaires d'Etat que nous nommerons à cet effet.

2. Les actes qui doivent être contre-signés par notre ministre secrétaire d'Etat au département de notre maison le seront, jusqu'à ce qu'il nous plaise d'en ordonner autrement, par le duc de Richelieu, président de notre conseil des ministres.

3. Ledit président de notre conseil, ministre secrétaire d'Etat au département des affaires étrangères, et notre garde des sceaux, ministre secrétaire d'Etat au département de la justice, sont chargés de l'exécution de la présente ordonnance.

9-13 mai 1816. — Ordonnance portant que des sous-secrétaires d'Etat seront attachés aux ministres secrétaires d'Etat lorsque ceux-ci le jugeront nécessaire au bien du service.

Art. 1. Des sous-secrétaires d'Etat, nommés par nous, seront attachés à nos ministres secrétaires d'Etat, lorsque ceux-ci le jugeront nécessaire au bien de notre service.

2. Les sous-secrétaires d'Etat seront chargés de toutes les parties de l'administration et de la correspondance générale qui leur seront déléguées par nos ministres secrétaires d'Etat dans leurs départements respectifs.

9-14 avr. 1817. — Ordonnance du roi qui supprime les secrétaires généraux de préfecture.

19 avr.-8 mai 1817. — Ordonnance portant règlement pour le conseil d'Etat, dont le tit. 1, art. 1 à 4, est relatif aux conseils de cabinet. — V. Conseil d'Etat, p. 186.

6-15 nov. 1817. — Ordonnance portant que le nombre des conseillers de préfecture sera successivement réduit à trois dans chacun des départements.

17 déc. 1818. — Ordonnance relative au mobilier des préfectures (abrogée par l'ord. du 7 août 1841).

21 fév. 1820. — Ordonnance qui crée une direction générale de l'administration départementale et de la police.

26 fév. 1820. — Ordonnance qui nomme le secrétaire général du ministère de l'intérieur chargé de l'administration des hospices.

1er août-22 sept. 1820. — Ordonnance qui rapporte l'ordonnance du 9 avr. 1817, par laquelle les secrétaires généraux de préfecture ont été supprimés, et celle du 6 nov. suivant, qui réduit le nombre des membres des conseils de préfecture (art. 1). — Les secrétaires généraux pourront, avec l'autorisation du ministre de l'intérieur, et sous la direction des préfets, être chargés de l'administration de l'arrondissement du chef-lieu (art. 2).

1er nov.-21 déc. 1820. — Ordonnance portant organisation de la la maison civile de Sa Majesté.

29 mars-7 avr. 1821. — Ordonnance du roi relative au remplacement des préfets pendant leur absence momentanée de leur département, et à la délégation de leurs fonctions.

Art. 1. Les préfets autorisés à s'absenter de leur département délèguent leurs fonctions, sous l'approbation de notre ministre de l'intérieur, à un conseiller de préfecture ou au secrétaire général de la préfecture, à leur choix. —La délégation n'a pas besoin d'être approuvée par notre ministre de l'intérieur, lorsque le préfet ne sort pas du département.

2. En cas d'absence ou d'empêchement du préfet, sans qu'il ait délégué l'administration, ou en cas de vacance de la préfecture, le premier dans l'ordre du tableau prend de droit l'administration du département ; toutefois, si, avant la vacance de la préfecture, l'administration a été déléguée, celui à qui elle aura été déléguée continuera d'exercer, jusqu'à ce qu'il en soit autrement ordonné par notre ministre de l'intérieur.

3. En cas d'absence ou d'empêchement d'un sous-préfet, le préfet pourvoit à son remplacement en désignant un fonctionnaire de l'ordre administratif, pris dans l'arrondissement, ou à défaut, un conseiller de préfecture.

4. Le secrétaire général, absent, empêché ou chargé par délégation des fonctions de préfet, est remplacé dans ses fonctions de secrétaire général par le conseiller de préfecture le dernier dans l'ordre du tableau.

5. En cas de partage ou d'insuffisance du nombre des membres du conseil de préfecture, ainsi que dans le cas où les membres de ce conseil seraient tous à la fois empêchés d'exercer leurs fonctions, il sera pourvu à leur remplacement, conformément aux dispositions de l'arrêté du 19 fruct. an 9 et du décret du 16 juin 1808.

9-18 janv. 1822. — Ordonnance qui supprime la direction générale de l'administration départementale et de la police, et contient des dispositions à cet égard.

15-24 mai 1822. — Ordonnance portant fixation, conformément aux tableaux annexés, des traitements des préfets et des frais d'administration des préfectures.

Art. 1. Les traitements des préfets et les frais d'administration des préfectures sont fixés, à dater du 1er juin prochain, conformément aux tableaux ci-annexés aux nos 1 et 2.

2. Les deux tiers de la somme allouée à chaque préfecture pour les dépenses d'administration demeurent destinés, sous la dénomination spéciale de *frais des bureaux*, à payer les employés et gens de service dont ils se composent ; l'autre tiers, sous la dénomination de *dépenses matérielles*, reste affecté aux frais de tournée, aux impressions, aux fournitures diverses et autres objets classés dans l'abonnement des préfets. — L'allocation affectée aux dépenses matérielles ne sera, pour le préfet de la Seine, que d'un cinquième au lieu du tiers.

3. A l'avenir, les préfets, sous-préfets et secrétaires généraux en congé n'auront droit qu'à la moitié de leur traitement, à moins que ces congés n'aient été accordés pour des raisons de service, ou pour toute autre cause qui autorise la réduction ou l'abandon de la retenue.

4. Il sera formé un fonds commun des sommes restées libres en vertu de l'article précédent. Ce fonds servira à donner des indemnités, soit auxdits fonctionnaires pour travaux ou dépenses extraordinaires, soit à ceux qui les auront remplacés pendant les congés ou qui auront rempli des *intérim* en cas de vacance.

5. Les traitements et les frais d'administration des sous-préfets, ainsi que les traitements des secrétaires généraux et des conseillers de préfecture, resteront tels qu'ils sont actuellement fixés. — Les frais d'administration des sous-préfectures se diviseront, comme ceux des préfets, en frais d'employés des bureaux et en dépenses matérielles, avec cette différence que la division se fera par moitié, suivant les tableaux nos 1 et 2, relatifs aux traitements des préfets et aux frais d'administration des préfectures.

Nota. Suivent les tableaux nos 1 et 2 relatifs aux traitements des préfets et aux frais d'administration des préfectures.

22 mai-15 juin 1822. — Ordonnance relative à l'adjudication des réparations, constructions et reconstructions à la charge des départements.

Louis, etc. ; — Sur le rapport de notre ministre de l'intérieur ; — Vu nos ordonnances des 8 août et 31 oct. 1821 (V. Commune, n° 145 ; Hospices, n° 201), d'après lesquelles les préfets peuvent désormais autoriser les réparations, constructions et reconstructions à la charge des hospices et des communes, toutes les fois que la dépense ne doit pas excéder 20,000 fr.; — Nous avons ordonné et ordonnons ce qui suit :

Art. 1. Pourront désormais être adjugées et exécutées, sur la simple approbation des préfets, les réparations, constructions et reconstructions à la charge des départements, lorsque la dépense des travaux à entreprendre ne s'élèvera pas au-dessus de 20,000 fr., et qu'elle pourra être faite en totalité sur le produit des centimes affectés aux dépenses variables ou facultatives.

2. Il n'est rien changé aux autres règles concernant les travaux et les dépenses des départements, lesquelles règles continueront à recevoir leur exécution pleine et entière.

26 mars-2 avr. 1823. — Ordonnance portant qu'il y aura un secrétaire général du ministère de la guerre.

29 oct.-26 déc. 1823. — Ordonnance qui ajoute aux attributions du directeur de l'administration générale des haras et de l'agriculture, le commerce, les arts et manufactures et les subsistances.

6-23 janv. 1824. — Ordonnance portant institution d'un conseil supérieur du commerce et des colonies.

Art. 1. Il sera formé un conseil supérieur de commerce et des colonies, chargé d'aviser à l'amélioration successive des lois et tarifs qui régissent les rapports du commerce français avec l'étranger et avec les colonies françaises, et à l'examen duquel seront soumis tous les projets de lois et d'ordonnances en cette matière, destinés à être présentés à notre approbation.

2. Le conseil supérieur de commerce et des colonies sera composé, sous la présidence de notre président du conseil des ministres, de tous nos ministres secrétaires d'Etat, de deux ministres d'Etat, du directeur général des douanes, du directeur de l'agriculture, du commerce et des arts au ministère de l'intérieur, du directeur des affaires politiques au ministère des affaires étrangères, du directeur des colonies au ministère de la marine, d'un conseiller d'Etat, secrétaire du bureau dont il sera ci-après parlé, et de cinq autres membres désignés par nous.

3. Il sera formé, près de notre président du conseil des ministres, un bureau de commerce et des colonies, chargé de recueillir les faits et documents propres à éclairer les délibérations du conseil supérieur et nos propres déterminations, en tout ce qui touche à l'action de notre gouvernement sur le commerce, dans ses rapports avec l'étranger et avec nos colonies.

4. Ce bureau sera composé : — Du directeur général des douanes, vice-président; — Du directeur de l'agriculture, du commerce et des arts au ministère de l'intérieur; — Du directeur des affaires politiques au ministère des affaires étrangères; — Du directeur des colonies au ministère de la marine; — D'un conseiller d'Etat, secrétaire du bureau, lequel remplira aussi les fonctions de secrétaire du conseil supérieur; — Et de deux maîtres des requêtes, sous-secrétaires du bureau.

5. Notre président du conseil des ministres prendra les mesures nécessaires pour que les départements des finances, de l'intérieur, des affaires étrangères et de la marine, fassent exactement parvenir audit bureau tout ce qui, dans les faits constatés par l'administration des douanes, dans la correspondance et dans les actes des chambres et conseils de commerce et de manufacture, des consuls français à l'étranger, de nos gouverneurs et administrateurs dans les colonies, et des commandants de nos stations dans toutes les mers, sera de nature à le mettre en état d'apprécier la marche et les besoins de notre commerce et de notre navigation.

6. Le bureau recevra, par les soins de nos ministres, communication des demandes générales concernant le commerce qui parviendront à leurs départements respectifs, et toutes informations que le bureau jugera devoir être demandées aux chambres et conseils de commerce, aux compagnies, aux négociants et manufacturiers, à nos agents de toutes les classes soit à l'intérieur, soit à l'étranger. — Il pourra proposer aux ministres compétents d'ordonner des enquêtes tendant à éclaircir les points de commerce plus particulièrement susceptibles de controverse; ces enquêtes auront lieu par les soins desdits ministres, qui pourront, quand ils le jugeront à propos, en confier la direction au bureau lui-même.

7. A l'aide de ces documents et de tous autres qu'il pourra réunir, le bureau proposera au conseil supérieur, pour nous en être référé, s'il y a lieu, toutes les mesures qu'il croira avantageuses au commerce général de notre royaume. — Tous projets de lois et d'ordonnances en matière de commerce, des douanes et des colonies, que nos ministres des divers départements croiraient utile de soumettre à notre approbation, seront d'abord communiqués au bureau de commerce et des colonies, pour être ensuite examinés et discutés en conseil supérieur.

20 mars-19 avr. 1824. — Ordonnance qui modifie celle du 6 janv. 1824, en ce qui concerne l'organisation du bureau de commerce et des colonies.

Art. 1. Les art. 2 et 4 de notre susdite ordonnance du 6 janv. 1824 sont modifiés de la manière suivante : — Le bureau du commerce et des colonies sera composé : — D'un membre de notre conseil privé ou de notre conseil d'Etat, président, lequel fera aussi partie du conseil supérieur; — Du directeur général des douanes; — Du directeur de l'agriculture et du commerce au ministère de l'intérieur; — Du directeur des affaires politiques au ministère des affaires étrangères; — Du directeur des colonies au ministère de la marine; — D'un conseiller d'État ou maître des requêtes, secrétaire général du bureau et du conseil supérieur.

26 août-20 sept. 1824. — Ordonnance qui nomme, dans le département de l'intérieur, les directeurs des administrations générales y désignées.

1er sept.-14 oct. 1824. — Ordonnance qui nomme deux directeurs au département des affaires ecclésiastiques et de l'instruction publique.

4 nov. 1824-1er mars 1825. — Ordonnance qui réunit au ministère des finances le travail des administrations financières concernant le matériel, les pensions, etc. — V. Trésor public, p. 1140.

4-8 janv. 1828. — Ordonnance qui distrait des attributions du ministère de l'intérieur celles qui sont relatives au commerce et aux manufactures pour les réunir aux attributions du bureau de commerce et des colonies. — A l'avenir, l'instruction publique ne fera plus partie du ministère des affaires ecclésiastiques.

6-12 janv. 1828. — Ordonnance qui supprime la direction de la police générale établie au département de l'intérieur.

20 janv.-9 fév. 1828. — Ordonnance portant que le ministre secrétaire d'Etat, président du conseil supérieur de commerce et des colonies, prendra le titre de *ministre secrétaire d'Etat au département du commerce et des manufactures*, et détermine les attributions de ce nouveau département. — *Nota.* Ce ministère a été supprimé par l'ordonnance du 8 août 1829.

10-15 fév. 1828. — Ordonnance portant que l'instruction publique sera dirigée par un ministre secrétaire d'Etat qui exercera les fonctions de grand maître de l'Université de France.

16 nov.-1er déc. 1828. — Ordonnance qui supprime la place de directeur des affaires ecclésiastiques, et nomme le secrétaire général du ministère des affaires ecclésiastiques.

8-14 août 1829. — Ordonnance portant suppression du ministère du commerce et des manufactures.

8-14 août 1829. — Ordonnance qui réunit les attributions du ministère du commerce et des manufactures, supprimé par ordonnance de ce jour à celles du département de l'intérieur, en ce qui concerne la commerce intérieur et les manufactures, et qui rétablit les attributions du conseil supérieur et du bureau de commerce et des colonies telles qu'elles existaient antérieurement aux ordonnances des 4 et 20 janv. 1828.

26 août 1829. — Ordonnance portant que la direction des sciences, lettres, beaux-arts, librairie, journaux et théâtres, au ministère de l'intérieur, est réunie à la division du cabinet du ministre.

23 sept.-6 oct. 1829. — Ordonnance relative à la réduction des traitements des préfets et à la fixation des abonnements destinés à pourvoir aux frais d'administration des préfectures.

16 déc. 1829-1er janv. 1830. — Ordonnance qui distrait de la direction du personnel, au ministère de l'intérieur, la diretion des sciences, lettres, beaux-arts, librairie, journaux et théâtres.

19-25 mai 1830. — Ordonnance portant création d'un ministère des travaux publics.

Art. 1. Seront séparées du département de l'intérieur, pour former un ministère particulier sous le titre de *ministère des travaux publics*, les branches d'administration qui composent la direction générale des ponts et chaussées et des mines ainsi que celles qui concernent les rivières et cours d'eau non navigables, les dessèchements, les bâtiments civils, les travaux d'embellissement des villes, et tous autres travaux relatifs aux diverses parties de la voie publique.

11-21 août 1830. — Ordonnance qui, fixant la composition du conseil des ministres, y comprend trois ministres sans portefeuille.

14-24 août 1830. — Charte dont l'art. 46 porte que les ministres ont leur entrée dans la chambre des pairs et la chambre des députés, et l'art. 47 est relatif à leur mise en accusation. — V. Droit constit., p. 335.

28 août-10 sept. 1830. — Ordonnance portant suppression des ministres d'État.

7 déc. 1830-6 janv. 1831. — Ordonnance portant réorganisation du ministère de la guerre.

28 déc. 1830-28 janv. 1831. — Ordonnance sur les traitements des préfets et des secrétaires généraux, et sur les frais d'administration des préfectures.

25 janv.-15 mars 1831. — Ordonnance qui place dans les attributions du ministre de l'intérieur les théâtres royaux et l'école royale de chant et de déclamation.

27 janv.-21 fév. 1831. — Ordonnance qui crée une commission chargée des travaux confiés au bureau du commerce et des colonies.

16 fév.-15 mars 1831. — Ordonnance qui augmente le nombre des membres de la commission chargée des travaux précédemment confiés au bureau de commerce et des colonies.

19 fév.-21 mars 1831. — Ordonnance sur la création d'un conseil des travaux de la marine. — V. Travaux publics, p. 850.

17 mars-1er avril 1831. — Ordonnance qui détermine les attributions du ministère de l'intérieur et de celui du commerce et des travaux publics.

21-23 mars 1831.—Loi qui règle le mode d'élection des membres des conseils municipaux. — V. Commune, n° 151, p. 231.

1er-8 mai 1832. — Ordonnance portant suppression des secrétaires généraux de préfecture dans quatre-vingts départements. Un des conseillers de préfecture, désigné par le ministre de l'intérieur, sera chargé, dans chacun de ces départements, des fonctions de secrétaire général de la préfecture.

11-12 oct. 1832. — Ordonnance relative aux attributions des ministères du commerce et des travaux publics, de l'intérieur et de l'instruction publique.

31 janv.-9 fév. 1833. — Loi portant règlement définitif du budget de l'exercice 1829 (extrait).

Art. 11. Aucune somme ne pourra être allouée aux ministres, à titre de frais de premier établissement, que par exception, et en vertu d'une ordonnance nominative et motivée, rendue conformément aux dispositions de la loi du 25 mars 1817.

22-25 juin 1833. — Loi sur l'organisation des conseils généraux de département et des conseils d'arrondissement.

TIT. 1. — *Formation des conseils généraux.*

Art. 1. Il y a dans chaque département un conseil général.

2. Le conseil général est composé d'autant de membres qu'il y a de cantons dans le département, sans pouvoir toutefois excéder le nombre trente.

3. Un membre du conseil général est élu, dans chaque canton, par une assemblée électorale composée des électeurs et des citoyens portés sur la liste du jury : si leur nombre est au-dessous de cinquante, le complément sera formé par l'appel des citoyens les plus imposés. — Dans les départements qui ont plus de trente cantons des réunions de canton seront opérées conformément au tableau ci-annexé, de telle sorte que le département soit divisé en trente circonscriptions électorales. — Les électeurs, les citoyens inscrits sur la liste du jury, et les plus imposés portés sur la liste complémentaire dans chacun des cantons réunis, formeront une seule assemblée électorale.

4. Nul ne sera éligible au conseil général de département, s'il ne jouit des droits civils et politiques ; si, au jour de son élection, il n'est âgé de vingt-cinq ans, et s'il ne paye, depuis un an au moins, deux cents francs de contributions directes dans le département. — Toutefois, si, dans un arrondissement de sous-préfecture, le nombre des éligibles n'est pas sextuple du nombre des conseillers de département qui doivent être élus par les cantons ou circonscriptions électorales de cet arrondissement, le complément sera formé par les plus imposés.

5. Ne pourront être nommés membres des conseils généraux : 1° les préfets, sous-préfets, secrétaires généraux et conseillers de préfecture ; — 2° Les agents et comptables employés à la recette, à la perception ou au recouvrement des contributions, et au payement des dépenses publiques de toute nature ; — 3° Les ingénieurs des ponts et chaussées et les architectes actuellement employés par l'administration dans le département ; — 4° Les agents forestiers en fonctions dans le département et les employés des bureaux des préfectures et sous-préfectures.

6. Nul ne peut être membre de plusieurs conseils généraux.

7. Lorsqu'un membre du conseil général aura manqué à deux sessions consécutives, sans excuses légitimes ou empêchement admis par le conseil, il sera considéré comme démissionnaire, et il sera procédé à une nouvelle élection, conformément à l'art. 11.

8. Les membres des conseils généraux sont nommés pour *neuf* ans ; ils sont renouvelés par *tiers* tous les *trois* ans, et sont indéfiniment rééligibles. — A la session qui suivra la première élection des conseils généraux, le conseil général divisera les cantons ou circonscriptions électorales du département en trois séries, en répartissant, autant qu'il sera possible, dans une proportion égale, les cantons ou circonscriptions électorales de chaque arrondissement dans chacune des séries. Il sera procédé à un tirage au sort pour régler l'ordre de renouvellement entre les séries. Ce tirage se fera par le préfet en conseil de préfecture et en séance publique.

9. La dissolution d'un conseil général peut être prononcée par le roi ; en ce cas, il est procédé à une nouvelle élection avant la session annuelle, et, au plus tard, dans le délai de trois mois à dater du jour de la dissolution.

10. Le conseiller de département élu dans plusieurs cantons ou circonscriptions électorales sera tenu de déclarer son option au préfet dans le mois qui suivra les élections entre lesquelles il doit opter. A défaut d'option dans ce délai, le préfet, en conseil de préfecture et en séance publique, décidera, par la voie du sort, à quel canton ou circonscription électorale le conseiller appartiendra. — Il sera procédé de la même manière lorsqu'un citoyen aura été élu à la fois membre du conseil général et membre d'un ou plusieurs conseils d'arrondissement.

11. En cas de vacance par option, décès, démission, perte des droits civils ou politiques, l'assemblée électorale qui doit pourvoir à la vacance sera réunie dans le délai de deux mois.

TIT. 2. — *Règles de la session des conseils généraux.*

12. Un conseil général ne peut se réunir s'il n'a été convoqué par le préfet en vertu d'une ordonnance du roi, qui détermine l'époque et la durée de la session. — Au jour indiqué pour la réunion du conseil général, le préfet donnera lecture de l'ordonnance de convocation, recevra le serment des conseillers nouvellement élus, et déclarera au nom du roi que la session est ouverte. — Les membres nouvellement élus, qui n'ont pas assisté à l'ouverture de la session, ne prennent séance qu'après avoir prêté serment entre les mains du président du conseil général. — Le conseil, formé sous la présidence du doyen d'âge, le plus jeune faisant les fonctions de secrétaire, nommera, au scrutin et à la majorité absolue des voix, son président et son secrétaire. — Le préfet a entrée au conseil général ; il est entendu quand il le demande, et assiste aux délibérations, excepté lorsqu'il s'agit de l'apurement de ses comptes.

13. Les séances du conseil général ne sont pas publiques ; il ne peut délibérer que si la moitié plus un des conseillers sont présents ; les votes sont recueillis au scrutin secret toutes les fois que *quatre* des conseillers présents le réclament.

14. Tout acte ou toute délibération d'un conseil général, relatifs à des objets qui ne sont pas légalement compris dans ses attributions, sont nuls et de nul effet. La nullité sera prononcée par une ordonnance du roi.

15. Toute délibération, prise hors de la réunion légale du conseil général, est nulle de droit. — Le préfet, par un arrêté pris en conseil de préfecture, déclare la réunion illégale, prononce la nullité des actes, prend toutes les mesures nécessaires pour que l'assemblée se sépare immédiatement, et transmet son arrêté au procureur général du ressort pour l'exécution des lois et l'application, s'il y a lieu, des peines déterminées par l'art. 258 du code pénal. En cas de condamnation, les membres condamnés sont exclus du conseil et inéligibles aux conseils de département et d'arrondissement, pendant les trois années qui suivront la condamnation.

16. Il est interdit à tout conseil général de se mettre en correspondance avec un ou plusieurs conseils d'arrondissement ou de département. — En cas d'infraction à cette disposition, le conseil général sera suspendu par le préfet, en attendant que le roi ait statué.

17. Il est interdit à tout conseil général de faire ou de publier aucune proclamation ou adresse. — En cas d'infraction à cette disposition, le préfet déclarera par arrêté que la session du conseil général est suspendue : il sera statué définitivement par ordonnance royale.

18. Dans les cas prévus par les deux articles précédents, le préfet transmettra son arrêté au procureur général du ressort, pour l'exécution des lois et l'application, s'il y a lieu, des peines déterminées par l'art. 123 du code pénal.

19. Tout éditeur, imprimeur, journaliste ou autre, qui rendra publics les actes interdits au conseil général par les art. 15, 16 et 17, sera passible des peines portées par l'article 123 du code pénal.

TIT. 3. — *Des conseils d'arrondissement.*

20. Il y aura dans chaque arrondissement de sous-préfecture un conseil d'arrondissement, composé d'autant de membres que l'arrondissement a de cantons, sans que le nombre des conseillers puisse être au-dessous de neuf.

21. Si le nombre des cantons d'un arrondissement est inférieur à neuf, une ordonnance royale répartira entre les cantons les plus peuplés le nombre de conseillers d'arrondissement à élire pour complément.

22. Les conseillers d'arrondissement sont élus dans chaque canton par l'assemblée électorale, composée conformément au premier paragraphe de l'art. 3. — Dans les départements où, conformément au deuxième paragraphe du même art. 3, des cantons ont été réunis, les membres de cette assemblée électorale sont convoqués séparément dans leurs cantons respectifs pour élire les conseillers d'arrondissement.

23. Les membres des conseils d'arrondissement peuvent être choisis parmi tous les citoyens âgés de vingt-cinq ans accomplis, jouissant des droits civils et politiques, payant dans le département, depuis un an au moins, cent cinquante francs de contributions directes, dont le tiers dans l'arrondissement, et qui ont leur domicile réel ou politique dans le département. Si le nombre des éligibles n'est pas sextuple du nombre des membres du conseil d'arrondissement, le complément sera formé par les plus imposés. Les incompatibilités prononcées par l'art. 5 sont applicables aux conseillers d'arrondissement.

24. Nul ne peut être membre de plusieurs conseils d'arrondissement, ni d'un conseil d'arrondissement et d'un conseil général.

25. Les membres des conseils d'arrondissement sont élus pour six ans. Ils sont renouvelés par moitié tous les trois ans. A la session qui suivra la première élection, le conseil général divisera en deux séries les cantons de chaque arrondissement. Il sera procédé à un tirage au sort pour régler l'ordre de renouvellement entre les deux séries. Ce tirage se fera par le préfet en conseil de préfecture et en séance publique.

26. Les art. 7, 9, 10, 11 de la présente loi sont applicables aux conseils d'arrondissement.

TIT. 4. — *Règles pour la session des conseils d'arrondissement.*

27. Les conseils d'arrondissement ne pourront se réunir s'ils n'ont été convoqués par le préfet, en vertu d'une ordonnance du roi, qui détermine l'époque et la durée de la session. — Au jour indiqué pour la réunion d'un conseil d'arrondissement, le sous-préfet donne lecture de l'ordonnance du roi, reçoit le serment des conseillers nouvellement élus, et déclare, au nom du roi, que la session est ouverte. — Les membres nouvellement élus, qui n'ont point assisté à l'ouverture de la session, ne prennent séance qu'après avoir prêté serment entre les mains du président du conseil d'arrondissement. — Le conseil, formé sous la présidence du doyen d'âge, le plus jeune faisant les fonctions de secrétaire, nommera, au scrutin et à la majorité absolue des voix, son président et son secrétaire. — Le sous-préfet a entrée dans le conseil d'arrondissement ; il est entendu quand il le demande, et assiste aux délibérations.

28. Les articles 13, 14, 15, 16, 17, 18 et 19 sont applicables à la session des conseils d'arrondissement.

TIT. 5. — *Des listes d'électeurs.*

29. Si un électeur qui, aux termes de l'art. 10 de la loi du 19 avril 1831, a choisi son domicile politique hors de son domicile réel, veut néanmoins coopérer à l'élection des conseillers de département ou d'arrondissement, dans le canton de son domicile réel, il sera tenu d'en faire, trois mois d'avance, une déclaration expresse aux greffes des justices de paix du canton de son domicile politique et de son domicile réel.

30. Les citoyens qui n'ont pas été portés sur la liste départementale du jury, à cause de l'incompatibilité résultant de l'art. 383 du Code d'instruction criminelle, seront d'office, ou sur leur réclamation, inscrits comme ayant droit de coopérer à l'élection des conseillers de département ou d'arrondissement dans le canton de leur domicile réel.

31. La liste supplémentaire, qui comprendra les citoyens désignés aux deux articles précédents, sera dressée par canton dans les mêmes formes, dans les mêmes délais, et de la même manière que les listes électorales prescrites par la loi du 19 avril 1831.

32. S'il y a moins de cinquante citoyens inscrits sur lesdites listes, le préfet dressera une troisième liste, comprenant les citoyens ayant domicile réel dans le canton, qui devront compléter le nombre de cinquante, conformément à l'art. 3 de la présente loi. Cette liste sera affichée dans toutes les communes du canton. — Toutes les fois que le nombre des citoyens portés sur la liste électorale d'un canton et sur la liste supplémentaire mentionnée à l'art. 31, ne s'élèvera pas au delà de cinquante, le préfet fera publier dans les communes du canton une liste dressée dans la même forme et contenant les noms des dix citoyens susceptibles d'être appelés à compléter le nombre de cinquante par suite des changements qui surviendraient ultérieurement dans les listes électorales ou du jury.

33. Tout citoyen payant dans un canton une somme de contributions qui le placerait sur la susdite liste des plus imposés, pourra se faire inscrire, bien qu'il n'y ait point son domicile réel, en faisant la déclaration prescrite par l'art. 29.

TIT. 6. — *De la tenue des assemblées électorales.*

34. Les assemblées électorales sont convoquées par le préfet au chef-lieu de canton, et, lorsque l'assemblée comprend plus d'un canton, au chef-lieu d'un des cantons réunis. — Toutefois, le préfet pourra désigner, pour la tenue de l'assemblée, le chef-lieu d'une commune plus centrale ou de communications plus faciles.

35. Il n'y aura qu'une seule assemblée lorsque le nombre des citoyens appelés à voter ne sera pas supérieur à trois cents. Au delà de ce nombre, le préfet prendra un arrêté pour diviser l'assemblée en sections ; aucune section ne pourra comprendre moins de cent ni plus de trois cents.

36. Si l'assemblée n'est pas fractionnée en sections, la présidence appartient au maire du chef-lieu de canton. — Dans le cas contraire, le maire préside la première section. Les adjoints, et, à défaut des adjoints, les membres du conseil municipal de cette commune, selon l'ordre du tableau, président les autres sections. — Le droit de suffrage est exercé par le président de l'assemblée et par les présidents de sections, même lorsqu'ils ne sont pas inscrits sur les listes.

37. Le président a seul la police de l'assemblée ou de la section où il siége; les assemblées ne peuvent s'occuper d'aucun autre objet que des élections qui leur sont attribuées. Toutes discussions, toutes délibérations leur sont interdites.

38. Nul électeur ne peut se présenter armé dans l'assemblée.

39. Le président appelle au bureau, pour remplir les fonctions de scrutateurs, les deux plus âgés et les deux plus jeunes des électeurs présents à la séance sachant lire et écrire. Le bureau ainsi constitué désigne le secrétaire.

40. Nul ne pourra être admis à voter s'il n'est inscrit, soit sur la liste des électeurs et du jury, soit sur la liste supplémentaire mentionnée à l'art. 31, soit enfin sur la liste des plus imposés mentionnée à l'art. 32. — Ces listes seront affichées dans la salle et déposées sur le bureau du président; toutefois, le bureau sera tenu d'admettre à voter ceux qui se présenteraient munis d'un arrêt de cour royale déclarant qu'ils font partie d'une des listes susdites, et ceux qui sont en instance, soit devant le tribunal, soit devant le conseil de préfecture, au sujet d'une décision qui aurait ordonné que leurs noms seraient rayés de la liste. — Cette admission n'entraînera aucun retranchement sur la liste complémentaire des plus imposés.

41. Avant de voter pour la première fois, chaque membre de l'assemblée prête le serment prescrit par la loi du 31 août 1830.

42. Chaque électeur, après avoir été appelé, reçoit du président un bulletin ouvert, où il écrit ou fait écrire secrètement son vote, par un électeur de son choix, sur une table disposée à cet effet, et séparée du bureau; puis il remet son bulletin écrit et fermé au président, qui le dépose dans la boîte destinée à cet usage.

43. La table placée devant le président et les scrutateurs sera disposée de telle sorte que les électeurs puissent circuler à l'entour pendant le dépouillement du scrutin.

44. Les votants sont successivement inscrits sur une liste qui est ensuite annexée au procès-verbal des opérations, après avoir été certifiée et signée par les membres du bureau.

45. La présence du tiers plus un des électeurs inscrits sur les listes, et la majorité absolue des votes exprimés sont nécessaires, au premier tour de scrutin, pour qu'il y ait élection. — Au deuxième tour de scrutin, la majorité relative suffit, quel que soit le nombre des électeurs présents. — En cas d'égalité du nombre de suffrages, l'élection est acquise au plus âgé.

46. Lorsque la boîte du scrutin aura été ouverte et le nombre des bulletins vérifié, un des scrutateurs prendra successivement chaque bulletin, le dépliera, le remettra au président, qui en fera la lecture à haute voix et le passera à un autre scrutateur. — Immédiatement après le dépouillement, les bulletins seront brûlés en présence de l'assemblée. — Dans les assemblées divisées en plusieurs sections, le dépouillement du scrutin se fait dans chaque section; le résultat en est arrêté et signé par les membres du bureau; il est immédiatement porté par le président de chaque section au bureau de la première section, qui fait, en présence des présidents de toutes les sections, le recensement général des votes.

47. Les deux tours de scrutin prévus par l'art. 45 ci-dessus peuvent avoir lieu le même jour; mais chaque scrutin doit rester ouvert pendant trois heures au moins. — Trois membres au moins du bureau, y compris le secrétaire, doivent toujours être présents.

48. Le bureau statue provisoirement sur les difficultés qui s'élèvent au sujet des opérations de l'assemblée.

49. En aucun cas, les opérations de l'assemblée électorale ne pourront durer plus de deux jours.

50. Les procès-verbaux des opérations des assemblées remis par les présidents sont, par l'intermédiaire du sous-préfet, transmis au préfet, qui, s'il croit que les conditions et formalités légalement prescrites n'ont pas été observées, doit, dans le délai de quinze jours, à dater de la réception du procès-verbal, déférer le jugement de la nullité au conseil de préfecture, lequel prononcera dans le mois.

51. Tout membre de l'assemblée électorale a le droit d'arguer les opérations de nullité. Si sa réclamation n'a pas été consignée au procès-verbal, elle est déposée dans le délai de cinq jours, à partir du jour de l'élection, au secrétariat de la sous-préfecture, et jugée, sauf recours, par le conseil de préfecture, dans le délai d'un mois, à compter de sa réception à la préfecture.

52. Si la réclamation est fondée sur l'incapacité légale d'un ou de plusieurs membres élus, la question est portée devant le tribunal de l'arrondissement, qui statue, sauf l'appel. L'acte d'appel devra, sous peine de nullité, être notifié dans les dix jours à la partie, quelle que soit la distance des lieux. La cause sera jugée sommairement et conformément au § 4 de l'art. 33 de la loi du 19 avr. 1831.

53. Le recours au conseil d'État sera exercé par la voie contentieuse, jugé publiquement et sans frais.

54. Le recours devant le conseil d'État sera suspensif lorsqu'il sera exercé par le conseiller élu. — L'appel des jugements des tribunaux ne sera pas suspensif lorsqu'il sera interjeté par le préfet.

TIT. 7. — *Dispositions transitoires.*

55. L'élection des conseils généraux et des conseils d'arrondissement sera faite dans le délai de six mois, à dater de la promulgation de la présente loi.

56. Le tableau des réunions de cantons prescrites par l'art. 3 de la présente loi dans les départements qui ont plus de trente cantons, sera communiqué aux conseils généraux et aux conseils d'arrondissement institués en vertu de la présente loi, dans leur plus prochaine session. — Les observations que pourraient faire ces conseils sur les réunions de cantons seront imprimées et distribuées aux chambres.

57. La présente loi n'est pas applicable au département de la Seine : il sera statué à son égard par une loi spéciale.

Nota. — Suit le tableau des circonscriptions des assemblées électorales chargées d'élire les membres des conseils généraux dans les départements qui renferment plus de trente cantons.

20 août-12 sept. 1833. — Ordonnance qui fixe, dans les arrondissements de sous-préfecture où il y a moins de neuf cantons, le nombre de conseillers d'arrondissement que chaque canton doit élire.

4-9 avr. 1834. — Ordonnance portant nomination à cinq ministères (extrait).

Art. 2. Une ordonnance spéciale déterminera la séparation des attributions du ministère de l'intérieur et du ministère du commerce.

6-10 avr. 1834. — Ordonnance qui détermine les attributions du ministère de l'intérieur et du ministère du commerce.

20-23 avr. 1834. — Loi sur l'organisation du conseil général et des conseils d'arrondissement de la Seine et l'organisation municipale de la ville de Paris. — V. Ville de Paris, p. 146.

19-22 sept. 1836. — Ordonnance relative aux attributions du ministère du commerce.

Les attributions du ministre secrétaire d'État du commerce demeurent telles qu'elles ont été déterminées par notre ordonnance du 6 avr. 1834; néanmoins, les lois de douanes seront présentées par notre ministre des finances.

19-22 sept. 1836. — Ordonnance portant division des bureaux du ministère de la guerre en deux directions générales qui prendront le titre, l'une, de *direction générale du personnel et des opérations militaires;* l'autre, de *direction générale de l'administration et de la comptabilité de la guerre.*

17-31 mai 1837. — Ordonnance qui nomme un directeur de l'administration départementale et communale au ministère de l'intérieur, dont les attributions, sous l'autorité du ministre, comprennent l'administration départementale, l'administration et la comptabilité des communes, le contentieux des communes, des hospices et des établissements charitables.

31 juill.-17 août 1837. — Ordonnance portant nouvelle fixation du nombre de conseillers d'arrondissement à élire par les cantons y désignés.

25 nov.-12 déc. 1837. — Ordonnance relative à l'organisation de l'administration centrale du ministère de la guerre.

28 oct. 1837-1er janv. 1838. — Ordonnance qui érige en direction la division du personnel et d'administration au ministère de l'instruction publique, et fixe le traitement du directeur.

31 oct. 1837-1er janv. 1838. — Décision du roi relative à l'organisation des bureaux du ministère de l'instruction publique.

10-12 mai 1838. — Loi sur les attributions des conseils généraux et des conseils d'arrondissement.

TIT. 1. — *Des attributions des conseils généraux.*

Art. 1. Le conseil général du département répartit, chaque année, les contributions directes entre les arrondissements, conformément aux règles établies par les lois. Avant d'effectuer cette répartition, il statue sur les demandes délibérées par les conseils d'arrondissement en réduction du contingent assigné à l'arrondissement.

2. Le conseil général prononce définitivement sur les demandes en réduction du contingent formées par les communes, et préalablement soumises au conseil d'arrondissement.

3. Le conseil général vote les centimes additionnels dont la perception est autorisée par les lois.

4. Le conseil général délibère : 1° Sur les contributions extraordinaires à établir et les emprunts à contracter dans l'intérêt du département. — 2° Sur les acquisitions, aliénations et échanges des propriétés départementales. — 3° Sur le changement de destination ou d'affectation des édifices départementaux. — 4° Sur le mode de gestion des propriétés départementales. — 5° Sur les actions à intenter ou à soutenir au nom du département, sauf les cas d'urgence prévus par l'art. 36 ci-après. — 6° Sur les transactions qui concernent les droits du département. — 7° Sur l'acceptation des dons et legs faits au département. — 8° Sur le classement et la direction des routes départementales. — 9° Sur les projets, plans et devis de tous les autres travaux exécutés sur les fonds du département. — 10° Sur les offres faites par des communes, par des associations ou des particuliers, pour concourir à la dépense des routes départementales ou d'autres travaux à la charge du département. — 11° Sur la concession, à des associations, à des compagnies ou à des particuliers, de travaux d'intérêt départemental. — 12° Sur la part contributive à imposer au département dans la dépense des travaux exécutés par l'État et qui intéressent le département. — 13° Sur la part contributive du département aux dépenses des travaux qui intéressent à la fois le département et les communes. — 14° Sur l'établissement et l'organisation des caisses de retraite ou autre mode de rémunération en faveur des employés des préfectures et des sous-préfectures. — 15° Sur la part de la dépense des aliénés et des enfants trouvés et abandonnés qui sera mise à la charge des communes, et sur les bases de la répartition à faire entre elles. — 16° Sur tous les autres objets sur lesquels il est appelé à délibérer par les lois et règlements.

5. Les délibérations du conseil général sont soumises à l'approbation du roi, du ministre compétent ou du préfet, selon les cas déterminés par les lois ou par les règlements d'administration publique.

6. Le conseil général donne son avis : 1° Sur les changements proposés à la circonscription du territoire du département, des arrondissements, des cantons et des communes, et à la désignation des chefs-lieux. — 2° Sur les difficultés élevées relativement à la répartition de la dépense des travaux qui intéressent plusieurs communes. — 3° Sur l'établissement, la suppression ou le changement des foires et marchés. — 4° Et généralement sur tous les objets sur lesquels il est appelé à donner son avis en vertu des lois et règlements, ou sur lesquels il est consulté par l'administration.

7. Le conseil général peut adresser directement au ministre chargé de l'administration départementale, par l'intermédiaire de son président, les réclamations qu'il aurait à présenter dans l'intérêt spécial du département, ainsi que son opinion sur l'état et les besoins des différents services publics, en ce qui touche le département.

8. Le conseil général vérifie l'état des archives et celui du mobilier appartenant au département.

9. Les dépenses à inscrire au budget du département sont : 1° Les dépenses ordinaires pour lesquelles il est créé des ressources annuelles au budget de l'État. — 2° Les dépenses facultatives d'utilité départementale. — 3° Les dépenses extraordinaires autorisées par des lois spéciales. — 4° Les dépenses mises à la charge des départements ou autorisées par des lois spéciales.

10. Les recettes du département se composent : 1° Du produit des centimes additionnels aux contributions directes affectés par la loi de finances aux dépenses ordinaires des départements, et de la part allouée au département dans le fonds commun établi par la même loi.—2° Du produit des centimes additionnels facultatifs votés annuellement par le conseil général, dans les limites déterminées par la loi de finances. — 3° Du produit des centimes additionnels extraordinaires imposés en vertu de lois spéciales. — 4° Du produit des centimes additionnels affectés par les lois générales à diverses branches du service public. — 5° Du revenu et du produit des propriétés du département non affectés à un service départemental. — 6° Du revenu et du produit des autres propriétés du département, tant mobilières qu'immobilières. — 7° Du produit des expéditions d'anciennes pièces ou d'actes de la préfecture déposés aux archives. — 8° Du produit des droits de péage autorisés par le gouvernement au profit du département, ainsi que des autres droits et perceptions concédés au département par les lois.

11. Le budget du département est présenté par le préfet, délibéré par le conseil général, et réglé définitivement par ordonnance royale. — Il est divisé en sections.

12. La première section comprend les dépenses ordinaires suivantes : 1° Les grosses réparations et l'entretien des édifices et bâtiments départementaux. — 2° Les contributions dues par les propriétés du département. — 3° Le loyer, s'il y a lieu, des hôtels de préfecture et de sous-préfecture. — 4° L'ameublement et l'entretien du mobilier de l'hôtel de préfecture, et des bureaux de sous-préfecture. — 5° Le casernement ordinaire de la gendarmerie. — 6° Les dépenses ordinaires des prisons départementales. — 7° Les frais de translation des détenus, des vagabonds, et des forçats libérés. — 8° Les loyer, mobilier et menues dépenses des cours et tribunaux, et les menues dépenses des justices de paix. — 9° Le chauffage et l'éclairage des corps de garde des établissements départementaux. — 10° Les travaux d'entretien des routes départementales et des ouvrages d'art qui en font partie. — 11° Les dépenses des enfants trouvés et abandonnés, ainsi que celles des aliénés, pour la part afférente au département, conformément aux lois. — 12° Les frais de route accordés aux voyageurs indigents.— 13° Les frais d'impression et de publication des listes électorales et du jury. — 14° Les frais de tenue des colléges et des assemblées convoqués pour nommer les membres de la chambre des députés, des conseils généraux et des conseils d'arrondissement. — 15° Les frais d'impression des budgets et des comptes des recettes et dépenses du département. — 16° La portion à la charge des départements dans les frais des tables décennales de l'état civil. — 17° Les frais relatifs aux mesures qui ont pour objet d'arrêter le cours des épidémies et des épizooties. — 18° Les primes fixées par les règlements d'administration publique pour la destruction des animaux nuisibles. — 19° Les dépenses de garde et conservation des archives du département.

13. Il est pourvu à ces dépenses au moyen : 1° Des centimes affectés à cet emploi par la loi de finances. — 2° De la part allouée au département dans le fonds commun. — 3° Des produits éventuels énoncés aux n°s 6, 7 et 8 de l'article 10.

14. Les dépenses ordinaires qui doivent être portées dans la première section, aux termes de l'art. 12, peuvent y être inscrites, ou être augmentées d'office, jusqu'à concurrence du montant des recettes destinées à y pourvoir, par l'ordonnance royale qui règle le budget.

15. Aucune dépense facultative ne peut être inscrite dans la première section du budget.

16. La seconde section comprend les dépenses facultatives d'utilité départementale. — Le conseil général peut aussi y porter les autres dépenses énoncées en l'article 12.

17. Il est pourvu aux dépenses portées dans la seconde section du budget, au moyen des centimes additionnels facultatifs et des produits énoncés au n° 5 de l'art. 10. — Toutefois, après épuisement du maximum des centimes facultatifs, employés à des dépenses autres que les dépenses spéciales, et des ressources énoncées au paragraphe précédent, une portion du fonds commun dont la quotité sera déterminée chaque année par la loi de finances pourra être distribuée aux départements, à titre de secours, pour complément de la dépense des travaux de construction des édifices départementaux d'intérêt général et des ouvrages d'art dépendant des routes départementales. La répartition du fonds commun sera réglée annuellement par ordonnance royale insérée au bulletin des lois.

18. Aucune dépense ne peut être inscrite d'office dans cette seconde section, et les allocations qui y sont portées par le conseil général ne peuvent être ni changées ni modifiées par l'ordonnance royale qui règle le budget.

19. Des sections particulières comprennent les dépenses imputées sur des centimes spéciaux ou extraordinaires. Aucune dépense ne peut y être imputée que sur les centimes destinés par la loi à y pourvoir.

20. Les dettes départementales contractées pour les dépenses ordinaires seront portées à la première section du budget, et soumises à toutes les règles applicables à ces dépenses. Les dettes contractées pour pourvoir à d'autres dépenses seront inscrites par le conseil général dans la seconde section ; et dans le cas où il aurait omis ou refusé de faire cette inscription, il y sera pourvu au moyen d'une contribution extraordinaire établie par une loi spéciale.

21. Les fonds qui n'auront pu recevoir leur emploi dans le cours de l'exercice seront reportés, après clôture, sur l'exercice en cours d'exécution, avec l'affectation qu'ils avaient au budget voté par le conseil général, et les fonds restés libres seront cumulés avec les ressources du budget nouveau, suivant la nature de leur origine.

22. Le comptable chargé du recouvrement des ressources éventuelles est tenu de faire, sous sa responsabilité, toutes les diligences nécessaires pour la rentrée de ces produits. Les rôles et états de produits sont rendus exécutoires par le préfet, et par lui remis au comptable. Les oppositions, lorsque la matière est de la compétence des tribunaux ordinaires, sont jugées comme affaires sommaires.

23. Le comptable chargé du service des dépenses départementales ne peut payer que sur des mandats délivrés par le préfet dans la limite des crédits ouverts par les budgets du département.

24. Le conseil général entend et débat les comptes d'administration qui lui sont présentés par le préfet : 1° Des recettes et dépenses, conformément aux budgets du département. — 2° Du fonds de non-valeurs. — 3° Du produit des centimes additionnels spécialement affectés, par les lois générales, à diverses branches du service public. Les observations du conseil général sur les comptes présentés à son examen sont adressées directement, par son président, au ministre chargé de l'administration départementale. Ces comptes, provisoirement arrêtés par le conseil général, sont définitivement réglés par ordonnances royales.

25. Les budgets et les comptes du département définitivement réglés sont rendus publics par la voie de l'impression.

26. Le conseil général peut ordonner la publication de tout ou partie de ses délibérations ou procès-verbaux. Les procès-verbaux, rédigés par le secrétaire et arrêtés au commencement de chaque séance, contiendront l'analyse de la discussion : les noms des membres qui ont pris part à cette discussion n'y seront pas insérés.

27. Si le conseil général ne se réunissait pas, ou s'il se séparait sans avoir arrêté la répartition des contributions directes, les mandements des contingents assignés à chaque arrondissement seraient délivrés par le préfet, d'après les bases de la répartition précédente, sauf les modifications à porter dans le contingent en exécution des lois.

28. Si le conseil ne se réunissait pas, ou s'il se séparait sans avoir arrêté le budget des dépenses ordinaires du département, le préfet, en conseil de préfecture, établirait d'office ce budget, qui serait réglé par une ordonnance royale.

29. Les délibérations du conseil général relatives à des acquisitions, aliénations et échanges de propriétés départementales, ainsi qu'aux changements de destination des édifices et bâtiments départementaux, doivent être approuvées par une ordonnance royale, le conseil d'État entendu. — Toutefois, l'autorisation du préfet, en conseil de préfecture, est suffisante pour les acquisitions, aliénations et échanges, lorsqu'il ne s'agit que d'une valeur n'excédant pas 20,000 fr.

30. Les délibérations du conseil général, relatives au mode de gestion des propriétés départementales, sont soumises à l'approbation du ministre compétent. — En cas d'urgence, le préfet pourvoit provisoirement à la gestion.

31. L'acceptation ou le refus des legs et donations faits au département ne peuvent être autorisés que par une ordonnance royale, le conseil d'État entendu. — Le préfet peut toujours, à titre conservatoire, accepter les legs et dons faits au département : l'ordonnance d'autorisation qui intervient ensuite a effet du jour de cette acceptation.

32. Lorsque les dépenses de constructions, de reconstructions ou réparations des édifices départementaux sont évaluées à plus de 50,000 fr., les projets et les devis doivent être préalablement soumis au ministre chargé de l'administration des communes.

33. Les contributions extraordinaires que le conseil général voterait pour subvenir aux dépenses du département ne peuvent être autorisées que par une loi.

34. Dans le cas où le conseil général voterait un emprunt pour subvenir à des dépenses du département, cet emprunt ne peut être contracté qu'en vertu d'une loi.

35. En cas de désaccord sur la répartition de la dépense de travaux intéressant à la fois le département et les communes, il est statué par ordonnance du roi, les conseils municipaux, les conseils d'arrondissement et le conseil général entendus.

36. Les actions du département sont exercées par le préfet, en vertu des délibérations du conseil général et avec l'autorisation du roi en son conseil d'État. — Le département ne peut se pourvoir devant un autre degré de juridiction qu'en vertu d'une nouvelle autorisation. — Le préfet peut, en vertu des délibérations du conseil général, et sans autre autorisation, défendre à toute action. — En cas d'urgence, le préfet peut intenter toute action ou y défendre, sans délibération du conseil général, ni autorisation préalable. — Il fait tous actes conservatoires ou interruptifs de la déchéance. — En cas de litige entre l'État et le département, l'action est intentée ou soutenue au nom du département par le membre du conseil de préfecture le plus ancien en fonctions.

37. Aucune action judiciaire, autre que les actions possessoires, ne peut, à peine de nullité, être intentée contre un département qu'autant que le demandeur a préalablement adressé au préfet un mémoire exposant l'objet et les motifs de sa réclamation. — Il lui en est donné récépissé. — L'action ne peut être portée devant les tribunaux que deux mois après la date du récépissé, sans préjudice des actes conservatoires. — Durant cet intervalle, le cours de toute prescription demeurera suspendu.

38. Les transactions délibérées par le conseil général ne peuvent être autorisées que par ordonnance du roi, le conseil d'État entendu.

TIT. 2. — *Des attributions des conseils d'arrondissement.*

39. La session ordinaire du conseil d'arrondissement se divise en deux parties : la première précède et la seconde suit la session du conseil général.

40. Dans la première partie de sa session, le conseil d'arrondissement délibère sur les réclamations auxquelles donnerait lieu la fixation du contingent de l'arrondissement dans les contributions directes. — Il délibère également sur les demandes en réduction de contributions formées par les communes.

41. Le conseil d'arrondissement donne son avis : 1° Sur les changements proposés à la circonscription du territoire de l'arrondissement, des cantons et des communes, et à la désignation de leurs chefs-lieux ; — 2° Sur le classement et la direction des chemins vicinaux de grande communication ; — 3° Sur l'établissement et la suppression, ou le changement des foires et des marchés ; — 4° Sur les réclamations élevées au sujet de la part contributive des communes respectives dans les travaux intéressant à la fois plusieurs communes, ou les communes et le département ; — 5° Et généralement sur tous les objets sur lesquels il est appelé à donner son avis en vertu des lois et règlements, ou sur lesquels il serait consulté par l'administration.

42. Le conseil d'arrondissement peut donner son avis : 1° sur les travaux de routes, de navigation et autres objets d'utilité publique qui intéressent l'arrondissement ; — 2° Sur le classement et la direction des routes départementales qui intéressent l'arrondissement ; — 3° Sur les acquisitions, aliénations, échanges, constructions et reconstructions des édifices et bâtiments destinés à la sous-préfecture, au tribunal de première instance, à la maison d'arrêt ou à d'autres services publics spéciaux à l'arrondissement, ainsi que sur les changements de destination de ces édifices ; — 4° Et généralement sur tous les objets sur lesquels le conseil général est appelé à délibérer, en tant qu'ils intéressent l'arrondissement.

43. Le préfet communique au conseil d'arrondissement le compte de l'emploi des fonds de non-valeurs, en ce qui concerne l'arrondissement.

44. Le conseil d'arrondissement peut adresser directement au préfet, par l'inter-

médiaire de son président, son opinion sur l'état et les besoins des différents services publics, en ce qui touche l'arrondissement.

45. Dans la seconde partie de sa session, le conseil d'arrondissement répartit entre les communes les contributions directes.

46. Le conseil d'arrondissement est tenu de se conformer, dans la répartition de l'impôt, aux décisions rendues par le conseil général sur les réclamations des communes. — Faute par le conseil d'arrondissement de s'y être conformé, le préfet, en conseil de préfecture, établit la répartition d'après lesdites décisions. — En ce cas, la somme dont la contribution de la commune déchargée se trouve réduite est répartie, au centime le franc, sur toutes les autres communes de l'arrondissement.

47. Si le conseil d'arrondissement ne se réunissait pas, ou s'il se séparait sans avoir arrêté la répartition des contributions directes, les mandements des contingents assignés à chaque commune seraient délivrés par le préfet, d'après les bases de la répartition précédente, sauf les modifications à apporter dans le contingent en exécution des lois.

23 mai-10 juin 1839. — Ordonnance qui détermine les attributions du ministère des travaux publics et du ministère du commerce et de l'agriculture.

25 oct.-11 nov. 1839. — Ordonnance portant fixation des frais d'administration des préfectures.

7-13 août 1841. — Ordonnance du roi relative au mobilier des hôtels de préfecture.

Art. 1. L'ameublement et l'entretien du mobilier des hôtels de préfecture, placés par le nº 4 de l'art. 12 de la loi du 10 mai 1838 parmi les dépenses ordinaires des départements, comprendront à l'avenir, 1º le mobilier des appartements de réception; le mobilier des salles du conseil de préfecture, du conseil général et des commissions; du cabinet du préfet et des bureaux de la préfecture; celui d'au moins six chambres de maître avec leurs accessoires, et huit chambres de domestiques; 2º les objets mobiliers nécessaires au service des cuisines et au service des écuries et remises, et les ustensiles de jardinage.

2. Dans leur prochaine session, les conseils généraux de département délibéreront sur la somme à laquelle devra s'élever à l'avenir, pour chaque hôtel de préfecture, le taux du mobilier constitué conformément à l'article précédent. Ce taux sera définitivement fixé par une ordonnance royale.

3. Il sera dressé, par les soins du préfet, un inventaire des meubles actuellement existant dans l'hôtel de la préfecture, avec indication du prix d'achat de chacun d'eux. Cet inventaire sera récolé par un préposé de l'administration des domaines, conformément à l'art. 3 de l'ordonnance du 3 fév. 1830, et le récolement sera vérifié par une commission du conseil général. Ledit inventaire sera déposé aux archives de la préfecture. Deux copies seront remises, l'une au préfet, l'autre au directeur des domaines; une troisième sera transmise à notre ministre de l'intérieur.

4. Les meubles qui seront achetés, s'il y a lieu, pour compléter l'ameublement de la préfecture, seront portés sur l'inventaire avec leur prix d'achat.

5. Le récolement de fin d'année, ceux qui seront faits pendant chaque session ordinaire du conseil général et à chaque mutation de préfet, seront opérés par un agent de l'administration des domaines, et vérifiés par deux membres du conseil général.

6. L'allocation votée chaque année, par le conseil général, pour l'entretien du mobilier, sera du vingtième du taux fixé conformément à l'art. 2 ci-dessus. Elle devra être employée exclusivement au maintien du mobilier en bon état de conservation. Il sera rendu compte chaque année, au conseil général, de l'emploi de cette allocation.

7. Indépendamment du fonds annuel d'entretien mentionné à l'article précédent, il pourra être ouvert des crédits pour réparations extraordinaires du mobilier.

8. Les meubles entretenus ou réparés conformément aux art. 6 et 7 conserveront sur l'inventaire leur valeur primitive d'achat.

9. Les meubles qui seraient réformés seront remplacés par des meubles nouveaux, sans que, dans aucun cas, le taux du mobilier fixé conformément à l'art. 2 ci-dessus puisse être dépassé. Les meubles réformés seront vendus au profit du département. Le produit des ventes figurera dans le budget départemental, au chapitre *des revenus et produits des propriétés tant mobilières qu'immobilières*.

10. Les préfets seront tenus de représenter les divers objets inventoriés, mais ne sont pas responsables des détériorations et diminutions de valeurs qu'ils pourraient avoir subies.

11. Le décret du 25 mars 1811 et l'ordonnance du 17 déc. 1818 sont rapportés.

23-25 déc. 1842. — Ordonnance portant création de ministres d'Etat.

Art. 1. Ceux qui auront rendu à l'Etat, dans les hautes fonctions publiques, civiles ou militaires, des services éminents, pourront recevoir de nous le titre et le rang de ministre d'Etat.

2. Nul ne peut être nommé ministre d'Etat, s'il n'est ou n'a été : ministre secrétaire d'Etat, — chancelier de France, — président de la chambre des pairs, — président de la chambre des députés, — maréchal de France, — amiral, — ambassadeur, — grand chancelier de la Légion d'honneur, — premier président de la cour de cassation, — procureur général près la cour de cassation, — premier président de la cour des comptes, — procureur général près la cour des comptes, — vice-président du conseil d'Etat, — gouverneur des Invalides, — gouverneur général ou commandant en chef d'une armée, — commandant supérieur des gardes nationales de la Seine, — premier président de la cour royale de Paris, — procureur général près la cour royale de Paris.

3. Lorsque nous jugerons convenable de réunir auprès de notre personne un conseil privé, il sera formé : 1º des princes de notre famille ayant atteint l'âge de la majorité; — 2º Des ministres secrétaires d'Etat en exercice; — 3º De ceux des ministres d'Etat que nous y aurons appelés par une convocation spéciale.

24 juill.-2 août 1843. — Loi portant fixation du budget des dépenses de l'exercice 1844 (extrait).

Art. 7. Avant le 1er janvier 1845, l'organisation centrale de chaque ministère sera réglée par une ordonnance royale insérée au Bulletin des lois : aucune modification ne pourra être apportée que dans la même forme et avec la même publicité.

17 janv.-2 fév. 1844. — Ordonnance portant organisation de l'administration centrale du ministère de la guerre.

13 août-24 sept. 1844. — Ordonnance portant organisation de l'administration centrale du ministère des affaires étrangères.

14-19 déc. 1844. — Ordonnance portant organisation de l'administration centrale du ministère des travaux publics (D. P. 45. 3. 20).

15-26 déc. 1844. — Ordonnance portant organisation de l'administration centrale du ministre de l'intérieur (D. P. 45. 3. 32).

16-20 déc. 1844. — Ordonnance portant organisation de l'administration centrale du ministère de l'agriculture et du commerce (D. P. 45. 3. 27).

16-26 déc. 1844. — Ordonnance portant organisation de l'administration centrale du ministère de l'instruction publique (D. P. 45. 3. 37).

17-26 déc. 1844. — Ordonnance portant organisation de l'administration centrale du ministère des finances (D. P. 45. 3. 38).

24-31 déc. 1844. — Ordonnance portant organisation de l'administration centrale du ministère de la justice (D. P. 45. 3. 47).

24-31 déc. 1844. — Ordonnance portant organisation de l'administration centrale du département des cultes (D. P. 45. 3. 47).

27-31 déc. 1844. — Ordonnance portant organisation de l'administration centrale de la marine (D. P. 45. 3. 48).

2-19 mai 1845. — Ordonnance qui modifie l'art. 6 de l'ordonnance du 24 déc. 1844, portant organisation de l'administration centrale du ministère de la justice (D. P. 45. 3. 122).

16-25 juill. 1845. — Ordonnance qui réunit le dépôt général de la guerre à l'administration centrale du ministère de la guerre (D. P. 45. 3. 144).

31 mai-18 juin 1846. — Ordonnance relative à la direction de l'agriculture et des haras (D. P. 46. 3. 87).

22 juill.-1er août 1846. — Ordonnance qui modifie celle du 27 déc. 1844, portant organisation de l'administration centrale du ministère de la marine et des colonies (D. P. 46. 3. 134).

30 déc. 1846-9 janv. 1847. — Ordonnance qui modifie l'art. 3 de l'ordonnance du 24 déc. 1844, portant organisation de l'administration céntrale du ministère de la justice (D. P. 47. 3. 39).

30 déc. 1846-13 janv. 1847. — Ordonnance qui modifie l'art. 4 de l'ordonnance du 24 déc. 1844, portant organisation de l'administration centrale du département des cultes (D. P. 47. 3. 40).

19 oct.-5 nov. 1847. — Ordonnance relative à la direction de l'agriculture et des haras (D. P. 47. 3. 195).

8-10 mars 1848. — Arrêté qui crée une école préparatoire d'administration (D. P. 48. 4. 44). — Pour tout ce qui concerne cette école, V. vº Organisat. de l'instruct. publ.

20-22 mars 1848. — Arrêté concernant les attributions de la préfecture de police. — *Nota.* Les lois et règlements relatifs à la préfecture de police de Paris sont rapportés vº Ville de Paris.

29-31 mars 1848. — Arrêté relatif aux dépenses municipales de la préfecture de police (D. P. 48. 4. 61).

20-27 mai 1848. — Arrêté qui réunit de nouveau l'administration des cultes au ministère de l'instruction publique (D. P. 48. 4. 95).

3-11 juill. 1848. — Décret de l'assemblée nationale relatif au renouvellement des conseils municipaux et des conseils d'arrondissement et de département (D. P. 48. 4. 119).

5 juill.-12 août 1848. — Arrêté sur l'organisation de l'administration centrale de la guerre (D. P. 48. 4. 147).

3-11 août 1848. — Arrêté qui fixe dans les arrondissements de sous-préfecture où il y a moins de neuf cantons, le nombre de conseillers d'arrondissement que chaque canton doit élire (D. P. 48. 4. 137).

4-10 nov. 1848. — Constitution portant que le président de la république nomme et révoque les ministres (art. 64), et que le nombre des ministres et leurs attributions sont fixés par le pouvoir législatif (art. 66), et dont le chap. 7 (art. 76 à 80) est relatif à l'administration intérieure (D. P. 48. 4. 193).

30 déc. 1848-17 janv. 1849. — Arrêté qui rétablit l'emploi de secrétaire général du ministère de la guerre (D. D. 49. 4. 37).

10-23 janv. 1849. — Arrêté qui rétablit le bureau de la remonte générale au ministère de la guerre (D. P. 49. 4. 38).

20-24 nov. 1849. — Décret qui détermine les attributions du sous-secrétaire d'Etat des finances (D. P. 49. 4. 159).

28 nov.-6 déc. 1849. — Décret qui modifie l'arrêté du 5 juill. 1848 relatif à l'organisation de l'administration centrale du ministère de la guerre.

15-21 déc. 1849. — Décret concernant le bureau des états-majors et des opérations militaires et du mouvement des troupes au ministère de la guerre (D. P. 50. 4. 2).

8-15 janv. 1850. — Décret concernant le service de l'administration au ministère de la guerre (D. P. 50. 4. 7).

13-25 juin 1850. — Décret relatif à l'administration centrale du département de la guerre (D. P. 50. 4. 143).

1er sept. 14 nov. 1850. — Décret relatif à l'administration centrale du ministère de l'agriculture et du commerce (D. P. 50. 4. 202).

28 avr.-12 mai 1851. — Décret qui détermine les attributions du sous-secrétaire d'Etat des finances (D. P. 51. 4. 66).

14-28 juin 1851. — Loi qui ajourne les élections des conseils généraux, des conseils d'arrondissement et des conseils municipaux, jusqu'après la promulgation des lois organiques qui les concernent (D. P. 51. 4. 90).

19-24 juin 1851. — Loi relative à l'agglomération lyonnaise (D. P. 51. 4. 90).

15 déc. 1851-27 janv. 1852. — Décret sur l'organisation de l'administration centrale du ministère de l'intérieur (D. P. 52. 4. 40).

23 déc. 1851-10 janv. 1852. — Décret portant que les emprunts et impositions votés par les départements ou par les villes, et qui devaient être sanctionnés par le pouvoir législatif, pourront être autorisés en vertu de décrets spéciaux (D. P. 52. 4. 24).

30 déc. 1851-10 janv. 1852. — Décret relatif à l'administration centrale du ministère des finances et aux administrations financières (D. P. 52. 4. 25).

7-15 janv. 1852. — Décret sur l'organisation de l'administration centrale du département de la guerre (D. P. 52. 4. 29).

14-22 janv. 1852. — Constitution portant que les ministres ne peuvent être membre du corps législatif (art. 44) et qui détermine le nombre, le mode de nomination des membres du conseil d'Etat, etc. (art. 47 et suiv.) (D. P. 52. 4. 53).

22-27 janv. 1852. — Décret qui institue un ministre d'Etat (D. P. 52. 4. 57).

22-27 janv. 1852. — Décret qui crée un ministre de la police générale (D. P. 52. 4. 57).

25 janv.-18 fév. 1852. — Décret organique sur le conseil d'Etat (D. P. 52. 4. 45).

25 janv.-18 fév. 1852. — Décret portant nomination du vice-président du conseil d'Etat, des conseillers d'Etat, des maîtres des requêtes et des auditeurs (D. P. 52. 4. 46).

30 janv.-18 fév. 1852. — Décret portant règlement intérieur pour le conseil d'Etat (D. P. 52. 4. 48).

30 janv.-12 fév. 1852. — Décret qui règle l'organisation du ministère de la police générale (D. P. 52. 4. 43).

3-18 fév. 1852. — Décret relatif à la désignation de membres du conseil d'Etat, soit pour faire partie d'un comité ou d'une commission, soit pour prendre part, à un titre quelconque, à l'exécution d'une loi (D. P. 52. 4. 49).

11-28 fév. 1852. — Décret qui réunit le service des bâtiments civils au ministère de l'intérieur (D. P. 52. 4. 49).

14-21 fév. 1852. — Décret qui règle l'organisation intérieure du ministère d'Etat (D. P. 52. 4. 56).

15-21 fév. 1852. — Décret qui ouvre un crédit pour frais de personnel de l'administration centrale du ministère d'Etat, et fixe les traitements du ministre d'Etat, du secrétaire général et des directeurs (D. P. 52. 4. 56).

3-22 mars 1852. — Décret sur l'organisation de l'administration centrale du département de la marine et des colonies (D. P. 52. 4. 83).

25-30 mars 1852. — Décret sur la décentralisation administrative (D. P. 52. 4. 90. — Erratum, *eod.* p. 255).

28 mars-6 avr. 1852. — Décret qui classe parmi les dépenses départementales ordinaires l'ameublement et l'entretien du mobilier des hôtels de sous-préfecture (D. P. 52. 4. 102).

28 mars-9 avr. 1852. — Décret portant fixation du nombre des conseillers de préfecture (D. P. 52. 4. 110).

7-28 mai-1852. — Décret sur l'organisation de l'administration centrale du ministère de l'instruction publique et des cultes (D. P. 52. 4. 158).

7-8 juill. 1852. — Loi sur le renouvellement des conseils généraux, des conseils municipaux, et sur la nomination des maires et adjoints (D. P. 52. 4. 180).

9 juill.-12 août 1852. — Décret portant rectification de l'arrêté du chef du pouvoir exécutif en date du 5 août 1848, qui fixe dans les arrondissements de sous-préfecture où il y a moins de neuf cantons le nombre de conseillers d'arrondissement à élire par chaque canton (D. P. 52. 4. 188).

11-27 sept. 1852. — Décret qui modifie l'organisation du ministère d'Etat (D. P. 52. 4. 201).

30 déc. 1852-7 janv. 1853. — Décret portant que M. Baroche, vice-président du conseil d'Etat, prendra le titre de président du conseil d'Etat (D. P. 52. 4. 251).

3 janv.-17 fév. 1853. — Décret sur l'organisation de l'administration centrale du ministère des affaires étrangères (D. P. 53. 4. 12).

2-26 fév. 1853. — Décret relatif à l'inspection des préfectures (D. P. 53. 4. 15).

14-26 fév. 1853. — Décret qui place dans les attributions du ministre d'Etat les services des beaux-arts et des archives impériales (D. P. 53. 4. 15).

10-15 juin 1853. — Loi relative à la conversion des dettes actuelles des départements et des communes (D. P. 53. 4. 118).

21-30 juin 1853. — Décret qui supprime le ministère de la police générale (D. P. 53. 4. 143).

21 juin-30 juill. 1853. — Décret qui établit, au ministère de l'intérieur, une direction de la sûreté générale (D. P. 53. 4. 155).

23 juin-30 juill. 1853. — Décret qui supprime au ministère de l'intérieur le secrétariat général et la direction du personnel, et répartit leurs attributions entre le cabinet et la direction générale de l'administration intérieure (D. P. 53. 4. 155).

23 juin-2 juill. 1853. — Décret qui rétablit le ministère de l'agriculture et du commerce avec adjonction du ministère des travaux publics (D. P. 53. 4. 144).

2 juill.-26 août 1853. — Décret portant rétablissement de secrétaires généraux de préfecture (D. P. 53. 4. 169).

25 nov.-3 déc. 1853. — Décret concernant les maîtres des requêtes et les auditeurs au conseil d'Etat (D. P. 54. 4. 10).

14-23 déc. 1853. — Décret qui modifie l'ordonnance du 17 déc. 1844, portant organisation de l'administration centrale du ministère des finances (D. P. 54. 4. 16).

16 janv.-17 fév. 1854. — Décret portant qu'un auditeur au conseil d'Etat pourra être attaché à chacune des préfectures des départements y désignés (D. P. 54. 4. 30).

15 mars-11 avril 1854. — Décret portant que les membres des conseils de préfecture, admis à la retraite pour ancienneté de service ou pour cause d'infirmités, pourront recevoir le titre de conseiller de préfecture honoraire (D. P. 54. 4. 67).

27 mars-11 avril 1854. — Décret portant que les préfets et sous-préfets qui, au moment où ils cesseront d'être en activité, ne réuniront pas les conditions voulues pour obtenir une pension de retraite, pourront recevoir un traitement de non-activité (D. P. 52. 4. 67).

13-28 mai 1854. — Décret qui supprime la direction générale de l'administration intérieure (D. P. 54. 4. 85).

27 mai-3 juin 1854. — Décret relatif aux mandats exécutoires délivrés par les préfets pour frais et honoraires auxquels donnent lieu les travaux d'intérêt public exécutés à la charge des particuliers (D. P. 54. 4. 96).

23-30 juin 1854. — Décret qui place dans les attributions du ministre d'Etat les services des bâtiments civils, des théâtres de Paris non subventionnés, des théâtres des départements et de la censure dramatique (D. P. 54. 4. 126).

18 juill.-22 août 1854. — Décret portant organisation de l'administration centrale de l'instruction publique (D. P. 54. 4. 137).

29 déc. 1854-16 janv. 1855. — Décret concernant les secrétaires généraux de préfecture (D. P. 55. 4. 10).

5-9 mai 1855. — Loi sur l'organisation municipale (D. P. 55. 4. 56).

25 juill.-22 août 1855. — Décret relatif à l'avancement des préfets, sous-préfets et conseillers de préfecture (D. P. 55. 4. 82).

12 sept.-21 nov. 1856. — Décret portant que la division du secrétariat général au ministère de l'instruction publique et des cultes est et demeure constituée; que ses attributions seront déterminées par un arrêté ministériel (D. P. 56. 4. 149).

24 mai-10 juill. 1857. — Décret qui place l'administration du Journal des savants dans les attributions du ministre de l'instruction publique et des cultes (D. P. 57. 4. 104).

1er-26 mai 1858. — Décision relative au remplacement d'office des préfets, sous-préfets, secrétaires généraux et conseillers de préfecture qui auront atteint les limites d'âge y indiquées (D. P. 58. 4. 55).

1er-29 mai 1858. — Décret qui rétablit les fonctions de secrétaire général dans les départements du Doubs, du Gard, du Loiret et de la Haute-Vienne (D. P. 58. 4. 58).

24 juin-1er juill. 1858. — Décret qui crée un ministère de l'Algérie et des colonies, et charge de ce ministère S. A. I. le prince Napoléon (D. P. 58. 4. 110).

29 juill.-4 août 1858. — Rapport approuvé par l'empereur sur le partage d'attributions nécessité par la création du ministère de l'Algérie et des colonies (D. P. 58. 4. 147).

2-11 août 1858. — Décret qui place le service de l'instruction publique et des cultes en Algérie dans les attributions du ministère des colonies et de l'Algérie (D. P. 58. 4. 150).

6-24 nov. 1858. — Décret qui porte de quinze à dix-huit le nombre des conseillers d'Etat en service ordinaire hors sections (D. P. 58. 4. 166).

22 déc. 1858-1er janv. 1859. — Décret qui supprime la direction des affaires civiles de l'Algérie et la direction des colonies. (D. P. 59. 4. 1).

28 juin-12 juill. 1860. — Décret qui prescrit la publication l'exécution, dans les départements de la Savoie et de la Haute-Sa-nie, des lois sur l'organisation et les attributions des conseils généraux des conseils d'arrondissement, et sur l'organisation et les attributions unicipales (D. P. 60. 4. 85).

2-19 juill. 1860. — Décret qui déclare applicable au départe-ent des Alpes-Maritimes (arrondissements de Nice et de Puget-Té-ers) le décret du 28 juin 1860 qui précède (D. P. 60. 4. 89).

6-12 juill. 1860. — Loi qui autorise la Société du crédit fon-er de France à prêter aux départements, aux communes et aux asso-ations syndicales, les sommes qu'ils auraient la faculté d'emprunter). P. 60. 4. 81).

26 sept.-11 oct. 1860. — Décret qui rend applicables aux dé-artements de la Savoie, de la Haute-Savoie et des Alpes-Maritimes, es lois sur les attributions des conseils de préfecture, et généralement outes les dispositions législatives concernant la juridiction administra-ve (D. P. 60. 4. 152).

1er oct.-1er nov. 1860. — Décret qui divise en deux classes les uatre-vingts auditeurs au conseil d'Etat (D. P. 60. 4. 155).

24 oct.-8 nov. 1860. — Décret qui établit la division du dé-artement des Alpes-Maritimes en arrondissements, cantons et commu-es (D. P. 60. 4. 156).

24 nov.-11 déc. 1860.—Décret portant suppression du ministère e la maison de l'empereur et du ministère de l'Algérie et des colonies, nodification des attributions de quatre ministères, etc. (D. P. 61. 4. 7).

24 nov.-11 déc. 1860. — Décret portant création de ministres ans portefeuille (D. P. 61. 4. 7).

24 nov.-11 déc. 1860. — Décret qui confie au ministère d'E-at l'administration supérieure de l'Opéra (D. P. 61. 4. 7).

26 nov.-11 déc. 1860. — Décret portant que les services du ninistère de l'Algérie continueront à fonctionner jusqu'à l'établisse-nent régulier du gouvernement général de l'Algérie (D. P. 61. 4. 7).

4-13 déc. 1860. — Décret portant que M. le maréchal Vaillant prendra le titre de ministre de la maison de l'empereur (D. P. 61. 4. 8).

5-17 déc. 1860. — Décret portant que les services y désignés sont distraits du ministère de l'instruction publique, pour être placés dans les attributions du ministère d'Etat (D. P. 61. 4. 9)

13-29 avr. 1861. — Décret qui modifie celui du 25 mars 1852, sur la décentralisation administrative (D. P. 61. 4. 49).

25 déc. 1861-14 janv. 1862. — Décret qui fixe le traite-ment des conseillers de préfecture (D. P. 62. 4. 11).

26-27 fév. 1862. — Loi relative aux emprunts à faire à la société du crédit foncier par les départements, les communes, les hos-pices et autres établissements (D. P. 62. 4. 26).

29 avr.-16 mai 1862. — Décret qui place, 1° dans les attribu-tions du ministre de l'agriculture, du commerce et des travaux publics, la surveillance, la police et l'exploitation de la pêche fluviale; 2° dans les attributions du ministre des finances, les travaux de fixation, d'en-tretien, de conservation et d'exploitation des dunes sur le littoral mari-time (D. P. 62. 4. 41).

31 mai-11 août 1862. — Décret sur la comptabilité publique dont les art. 427 à 454 sont relatifs au jugement des comptes des rece-veurs des communes, etc., par les conseils de préfecture (D. P. 62. 4. 83).

2-12 juill. 1862. — Décret qui rattache aux attributions du ministre des finances les agents de change institués près des bourses départementales pourvues d'un parquet pour la négociation des effets publics (D. P. 62. 4. 80).

21 juill.-25 sept. 1862. — Décret qui supprime le titre de directeur général de l'administration des cultes (D. P. 62. 4. 115).

10-20 nov. 1862. — Décret qui fixe le nombre de conseillers d'arrondissement que chaque canton doit élire dans les arrondissements de sous-préfecture où il y a moins de neuf cantons (D. P. 62. 4. 125).

30 déc. 1862-12 janv. 1863. — Décret portant qu'à l'avenir les audiences des conseils de préfecture statuant sur les affaires conten-tieuses seront publiques (D. P. 63. 4. 5).

10 janv.-11 mars 1863. — Décret sur l'organisation de l'administration centrale du ministère de l'instruction publique et des cultes (D. P. 63. 4. 10).

28 fév.-23 mars 1863. — Décret portant que le titre de préfet honoraire pourra être conféré aux préfets placés hors des cadres d'acti-vité ou admis à la retraite, et que les mêmes dispositions sont appli-cables aux sous-préfets et aux secrétaires généraux de préfecture (D. P. 63. 4. 11).

17 mars-17 avr. 1863. — Décret relatif au conseil de pré-fecture du département de la Seine (D. P. 63. 4. 18).

23 juin-2 juill. 1863. — Décret qui modifie les attributions de cinq ministères (D. P. 63. 4. 125).

17 juill.-23 sept. 1863. — Décret qui réorganise l'adminis-tration centrale du ministère d'Etat (D. P. 63. 4. 146).

16-31 août 1863. — Décret qui fixe les traitements du per-sonnel de l'administration centrale du ministère de la maison de l'em-pereur et des beaux-arts, en ce qui concerne les services distraits du ministère d'Etat (D. P. 63. 4. 145).

7-23 sept. 1863. — Décret qui réserve aux auditeurs au conseil d'Etat un certain nombre de places dans l'administration et dans la magistrature, et fixe la durée de leur stage au conseil (D. P. 63. 4. 146).

18-28 oct. 1863. — Décret qui fixe à trois le nombre des vice-présidents du conseil d'Etat (D. P. 63. 4. 155).

24 fév.-18 mars 1864. — Décret portant que les travaux concernant les routes départementales pourront être exécutés, en cer-tains cas, sur la seule approbation donnée par les préfets aux projets des ingénieurs et aux adjudications (D. P. 64. 4. 26).

1er-30 août 1864. — Décret portant que les préfets pourront, sur la demande des directeurs des caisses d'épargne, autoriser la con-version en rentes sur l'Etat du cautionnement des caissiers de ces éta-blissements versé en numéraire à la caisse des dépôts et consignations (D. P. 64. 4. 108).

1er 30 août 1864. — Décret impérial qui autorise les préfets à statuer sur les propositions d'établir des abattoirs (D. P. 64. 4. 108).

9-30 août 1864. — Décret qui pour les cas où, sur des de-mandes d'autorisation de sociétés anonymes, il y a lieu de procéder à l'expertise des apports sociaux, attribue aux préfets le droit de nommer les experts (D. P. 64. 4. 108).

13-30 août 1864. — Décret qui autorise les préfets à statuer sur l'établissement, la suppression ou le changement des foires et des marchés aux bestiaux (D. P. 64. 4. 108).

7-14 sept. 1864. — Décret qui modifie celui du 30 janvier 1852, portant règlement intérieur du conseil d'Etat (D. P. 64. 4. 110).

5-19 oct. 1864. — Décret qui modifie les attributions de deux sections du conseil d'Etat (D. P. 64. 4. 117).

2-11 nov. 1864. — Décret relatif à la procédure devant le conseil d'Etat en matière contentieuse et aux règles à suivre par les ministres dans les affaires contentieuses (D. P. 64. 4. 120).

17 juin-30 oct. 1865. — Décret qui supprime la direction des poudres et salpêtres, et partage entre le ministère des finances et le mi-nistère de la guerre les opérations dont elle était chargée (D. P. 65. 4. 141).

21-26 juin 1865. — Loi relative aux conseils de préfecture (D. P. 65. 4. 65).

12-18 juill. 1865. — Décret concernant le mode de procéder devant les conseils de préfecture (D. P. 65. 4. 69.)

25 oct.-17 nov. 1865. — Décret qui rétablit les fonctions de secrétaire général dans soixante et une préfectures (D. P. 65. 4. 144).

4-18 nov. 1865. — Décret portant : le nombre des conseillers d'Etat en service ordinaire hors sections est fixé à vingt. Il ne pourra, à l'avenir, en aucun cas, dépasser ce nombre.

9-17 nov. 1865. — Décret qui ajoute la fabrication des poudres de chasse, de mine et de commerce, ainsi que le raffinage des salpêtres, aux attributions de la direction générale des tabacs, pour former une administration unique sous le nom de direction générale des manufac-tures de l'Etat.

CHAP. 2. — DES PRINCIPES GÉNÉRAUX DE L'ORGANISATION ADMINISTRATIVE.

103. L'organisation administrative est multiple. Chaque service public, requérant un ensemble de moyens à lui propres, requiert aussi un personnel différent, organisé et subordonné hiérarchiquement. C'est ainsi qu'il y a une organisation admi-nistrative ecclésiastique, militaire, financière, etc., ayant cha-cune ses divisions territoriales différentes et ses fonctionnaires spéciaux. Notre étude ne saurait embrasser l'organisation admi-nistrative ainsi comprise de la France. Mais à côté des services spéciaux, ou plutôt au-dessus, il y a l'administration générale, c'est-à-dire l'ensemble des autorités chargées de procurer l'exé-cution des lois d'administration, quelles qu'elles soient, laissant aux fonctionnaires des services spéciaux l'exécution des opéra-tions spéciales, chacun en ce qui le concerne. C'est de cette organisation de l'administration générale que nous avons à nous occuper. Nous diviserons notre étude en trois parties : l'organi-sation administrative du pouvoir central, l'organisation admi-nistrative départementale et l'organisation administrative com-munale. Mais avant d'exposer l'organisation administrative sous cette triple division, nous présenterons sommairement quelques réflexions préliminaires, qui marqueront particulièrement le ca-ractère de notre administration.

104. Si l'on cherche le caractère dominant de l'adminis-tration en France, ou plutôt le principe de la constitution de l'administration, on sera tout d'abord frappé du caractère d'unité dont se trouvent marquées toutes les institutions administratives. La France est *une* : ainsi l'ont faite le caractère national, les événements, l'histoire depuis plus de trois siècles, c'est-à-dire depuis la guerre suivie que les rois de France ont entreprise contre les feudataires. A la réalisation de cette tendance, tout a concouru, les événements et les hommes. Toute entreprise tentée contre l'unité territoriale ou seulement politique du pays a succombé après des vicissitudes plus ou moins prolongées. C'est ainsi que les destinées de l'aristocratie française, dans sa durée éphémère, furent si différentes de celles de l'aristocratie des nations voisines, où les aristocraties ont pu durer précisément parce que ces nations n'avaient pas la forte unité de la France. C'est ainsi encore que la tentative de réforme religieuse n'a été en France qu'un accident. La révolution consomma l'unification de la France; mais elle réalisa dans l'administration cette unité, redoutable peut-être par son excès, la centralisation. L'administration obéissant à un mouvement d'impulsion unique, il en résulte que tous les coups portés au centre réagissent instantanément sur le pays tout entier, et de là la fréquence et la facilité de nos révolutions politiques. D'un autre côté, le pays, déshabitué du soin de penser, d'agir, de s'administrer lui-même, accoutumé à tout attendre de l'initiative du pouvoir central, ressent visiblement les atteintes d'un état de marasme qui, en se prolongeant, menacerait sa vitalité. Dans cet état des choses n'y a-t-il pas matière à de sérieuses réflexions?

105. Les inquiétudes soulevées par l'excès de centralisation sont devenues, on peut le dire, une préoccupation générale. En 1852, le gouvernement crut tenter un essai de décentralisation en étendant le cercle des matières sur lesquelles les préfets peuvent statuer seuls; mais les préfets relevant eux-mêmes de l'administration centrale, il est évident que le décret qui étendait leurs attributions, et dont nous donnerons le commentaire en son lieu, n'avait de décentralisateur que le nom. A l'heure où nous écrivons, le corps législatif est saisi d'un projet de loi qui a pour objet l'extension des attributions des conseils généraux et des conseils municipaux. Sans rien préjuger sur le mérite de ces projets de loi, on peut dire au moins qu'ils répondraient à l'idée qui les a produits. La décentralisation administrative peut-elle s'opérer législativement? Les mœurs actuelles n'y seraient-elles pas un obstacle insurmontable? Peut-on décentraliser sans porter atteinte à l'unité politique? La question de la décentralisation ne dépend-elle pas d'une question plus haute, où se trouvent engagés le caractère national et l'histoire même du pays? Ce sont toutes questions dont le développement nous entraînerait trop loin; il nous suffira de les avoir posées.

106. Le pouvoir administratif confine au pouvoir politique, au pouvoir législatif et au pouvoir judiciaire; mais il ne se confond avec aucun d'eux, et il est remarquable qu'au milieu de toutes les révolutions que nous avons traversées, sous les régimes les plus divers, sous l'empire des constitutions les plus opposées, l'indépendance de l'administration et les limites de son action n'ont pas subi de changements sensibles. L'action administrative a été plus ou moins énergique; l'administration n'est jamais sortie de sa sphère. Ce n'est pas là toutefois un phénomène politique dont il y ait lieu de s'étonner. L'administration appartenant au pouvoir central, elle a pu, selon les temps, les nécessités et le courant des idées, recevoir une impulsion plus ou moins marquée; mais en même temps elle a dû être contenue dans ses limites, parce qu'elle n'eût pu en sortir qu'au préjudice des prérogatives du chef de l'Etat. Le pouvoir rival et toujours menaçant du pouvoir souverain, quel que soit le régime en vigueur, c'est le pouvoir des assemblées législatives; ce n'est pas celui des ministres et des préfets.

107. Nous disons que le pouvoir administratif se distingue d'abord du pouvoir politique. A proprement parler, il est un démembrement du pouvoir exécutif qui les comprend tous deux. La politique proprement dite, c'est la conduite ou direction supérieure des intérêts du pays; l'administration ne fait qu'exécuter les actes que requiert cette direction morale. Que, sous le régime parlementaire, la direction morale des affaires du pays passe en partie dans les assemblées; qu'elle y passe à peu près en totalité sous un régime républicain, cela est à peu près sans importance au regard de l'administration. Toujours est-il que, sous tous les régimes, on verra un pouvoir supérieur investi de droit ou de fait de la direction politique, tant pour les affaires intérieures que pour les affaires extérieures, et que, passant de l'intérieur de la direction générale à l'action, le pouvoir politique, pour réduire sa pensée en actes, disposera d'un ensemble de personnes et de moyens, qui ne seront autre chose que l'administration.

108. Le pouvoir administratif ne se confond pas davantage avec le pouvoir législatif. — Le pouvoir législatif déclare le droit; l'administration exécute la loi, la met en action dans tous les cas où elle a statué sur un intérêt public, sur un intérêt de l'Etat. Mais cette distinction qui, en théorie, n'a besoin que d'être énoncée pour être comprise, ne laisse pas de présenter dans l'application quelque difficulté. La loi ne peut prévoir et résoudre à l'avance toutes les difficultés de détail que son exécution peut faire naître. Il y a plus : ces détails d'exécution diffèrent selon les mœurs, les besoins, l'industrie de la partie du pays à laquelle le principe de la loi devra s'appliquer. Pour procurer l'action complète mais commode de la loi, il est indispensable qu'un pouvoir autre que le pouvoir législatif décrète les mesures de détail que la loi n'a pu prescrire. Or ce pouvoir ne peut être que l'administration elle-même, et de là son droit de réglementation. Le pouvoir législatif, donc, légifère, et l'administration, aux différents degrés de l'échelle, depuis le chef de l'Etat jusqu'au maire de village, réglemente. D'après quel principe certain peut-on distinguer le domaine de la loi du domaine réglementaire? C'est ce qu'il est peut-être impossible d'exprimer. Le plus souvent les lois d'administration indiquent les points auxquels il sera pourvu par des règlements d'administration. Sur ceux qu'elle n'a pas prévus, son silence doit être suppléé. Nous aurons souvent à expliquer dans le cours de notre travail en quoi consiste, dans telle ou telle matière spéciale, le droit de réglementation de l'administration. Nous n'essayerons pas de poser une règle générale qui, dans tel cas donné, se trouverait toujours fausse. Nous nous contenterons de rappeler que, en thèse générale, l'administration ne peut jamais, sous prétexte de réglementation, poser un principe nouveau.

109. Les difficultés que peuvent faire naître les rapports de l'administration et du pouvoir judiciaire sont d'une autre nature. La séparation de ces deux pouvoirs est, depuis l'assemblée constituante, un des principes fondamentaux de notre droit public. Les empiétements de l'administration sur le domaine judiciaire sont faciles à reconnaître; mais il n'en est pas toujours de même des empiétements du pouvoir judiciaire sur le pouvoir administratif. En France, c'est un principe absolu que l'administration est seule et toujours juge dans sa propre cause. La séparation des matières judiciaires et du contentieux administratif fait naître souvent les questions les plus délicates. Nous ne nous appliquerons pas à poser des principes; ils résultent de l'étude à laquelle a donné lieu la matière des conflits (V. Conflit).

110. Notre dernière réflexion préliminaire a trait au système général de notre organisation administrative. Jusqu'aux lois administratives qui nous régissent actuellement, on n'avait jamais distingué entre la délibération et l'action. Les lois de la période révolutionnaire même ne faisaient pas, au moins systématiquement, cette distinction. Les corps délibérants, comme nous l'avons exposé, étaient également des corps agissants. Le système de notre organisation administrative actuelle repose sur un principe différent, observé à tous les degrés de l'échelle administrative, quoiqu'il ne soit expressément écrit nulle part. La constitution de l'administration française rappelle beaucoup, à ce point de vue, la constitution de l'administration romaine sous les empereurs. Le fonctionnaire est toujours une personne unique ayant à côté de lui un conseil composé de membres élus, ou nommés par l'administration centrale ou le chef de l'Etat. C'est ainsi que nous trouvons à côté de l'administration centrale le conseil d'Etat, à côté des préfets les conseils de préfecture et les conseils généraux, à côté des maires les conseils municipaux. Nous allons exposer l'organisation administrative à ces trois degrés et sous le double aspect que présente l'administration française à chacun de ces degrés. Nous traiterons donc successivement de l'organisation du pouvoir central, de l'organisation départementale et de l'organisation communale.

CHAP. 3. — DE L'ORGANISATION DU POUVOIR CENTRAL.

SECT. 1. — *Du chef de l'État.*

111. La constitution du 14 janv. 1852, qui n'avait pour objet apparent et avoué que de consolider le pouvoir du président de la république fondée en 1848, mais qui devait, dans un avenir peu éloigné, devenir une constitution impériale, remet au chef de l'Etat, aujourd'hui empereur, la pleine administration, différente en cela des constitutions monarchiques précédentes, où le chef de l'Etat devait se borner à régner et laisser l'administration à ses ministres. L'art. 3 de cette constitution porte : « L'empereur gouverne au moyen des ministres, du conseil d'Etat, du sénat et du corps législatif. » L'empereur n'administre pas par lui-même, il agit par des délégués, ses ministres. A première vue il semblerait que son pouvoir ne diffère pas du pouvoir monarchique constitutionnel. Il y a cependant une différence radicale, provenant de ce que dans les chartes constitutionnelles le roi était irresponsable de droit et les ministres responsables même des actes revêtus de la signature du roi, tandis que sous le régime actuel les ministres ne sont pas responsables au regard de la nation, même des actes qu'ils ont signés ou ordonnés (art. 13). — V. MM. Laferrière, C. de dr. adm., t. 1, p. 128; Batbie, t. 3, p. 466. — V. aussi sur la responsabilité des ministres, v° Responsabil., n°s 269 et suiv.

112. C'est une conséquence du pouvoir administratif que s'est réservé l'empereur dans la constitution de 1852, que l'empereur puisse faire les règlements généraux pour l'application de la loi. Il se l'est expressément donné dans l'art. 6 de cette constitution. Les règlements pour l'exécution des lois sont désignés sous le nom de décrets par la constitution. Dans certaines matières les actes impériaux portent le nom de *lettres patentes*. La loi de finances du 28 avr. 1816 avait consacré cette dénomination quand il s'agissait de collation ou renouvellement de titres de noblesse, de naturalisation, de déclaration de naturalité, d'autorisation de se faire naturaliser ou de prendre du service à l'étranger, de dispenses d'âge ou de parenté pour le mariage et d'octroi ou renouvellement d'armoiries. La loi de finances du 20 juill. 1837 employait également cette dénomination pour les actes portant réintégration de la qualité de Français et autorisant un changement ou une addition de nom. Aujourd'hui la dénomination de lettres patentes paraît réservée aux actes qui intéressent la famille impériale. C'est ainsi que cette dénomination a été donnée à l'acte qui confère éventuellement à l'impératrice le titre de régente (1er fév. 1858); à celui qui accordait au prince Jérôme le droit d'assister aux conseils impériaux (même date); à celui qui investissait l'impératrice de la régence pendant l'absence de l'empereur pour la guerre d'Italie (3 mai 1859). Les lettres patentes diffèrent des décrets proprement dits en ce qu'elles ne sont contre-signées d'aucun ministre.

113. Une des attributions administratives de l'empereur les plus importantes consiste dans l'exercice de la justice retenue, c'est-à-dire dans le jugement souverain de toutes les réclamations administratives contentieuses. En matière contentieuse, le pourvoi est formé devant le conseil d'Etat; mais le conseil d'Etat ne fait que préparer le décret, et émet un simple avis. De fait cet avis est toujours revêtu de l'approbation impériale; cependant l'empereur aurait constitutionnellement le droit de prendre une décision différente. Seulement, dans ce cas, le décret impérial devrait être inséré au Moniteur et au Bulletin des lois (décr. 25 janv. 1852, art. 24). — V. Compétence, n°s 8, 12 et suiv.

114. L'autorité administrative du chef de l'Etat a été étendue depuis l'établissement de l'empire. La loi d'expropriation du 3 mai 1841, dans son art. 3, voulait que tous les grands travaux publics ne pussent être exécutés qu'en vertu d'une loi. L'art. 4 disposait que par exception une simple ordonnance royale suffirait pour autoriser l'exécution des routes départementales, celle des canaux et chemins de fer d'embranchement de moins de vingt mille mètres de longueur, et des ponts et autres ouvrages de moindre importance. En réalité l'exécution des grands travaux ne sont pas moins des faits d'administration; les lois de 1833 et 1841 avaient exigé une autorisation législative par une dérogation aux principes et à raison de l'importance de la mesure. L'art. 4 du sénatus-consulte du 25 déc. 1852 dispose que les grands travaux publics sont autorisés ou ordonnés par des décrets impériaux. Ces décrets doivent être rendus dans la forme des règlements d'administration publique, c'est-à-dire après délibération du conseil d'Etat. Mais les charges financières qui peuvent résulter de l'exécution des travaux publics décrétés ne restent pas moins dans le domaine du pouvoir législatif. L'art. 4 du sénatus-consulte de 1852 s'en explique formellement (V. Travaux publ. n° 332; Voirie par terre, n° 64 et s., 1486 et suiv.).

115. Comme investi de la plénitude du pouvoir exécutif, l'empereur nomme les fonctionnaires publics, à l'exception de quelques fonctionnaires d'un ordre inférieur, comme les maires des communes rurales, les commissaires de police, etc., que les préfets nomment par délégation. Il nomme même les employés et agents d'exécution les plus importants. Quant aux employés et agents d'exécution attachés à un service spécial, ils sont nommés par l'autorité qu'ils desservent.

116. Parmi les décrets par lesquels l'empereur exerce son pouvoir administratif, il faut distinguer les décrets réglementaires et les décrets spéciaux, et parmi les premiers ceux qui sont seulement revêtus du contre-seing du ministre que la matière concerne, et ceux qui sont rendus après que le conseil d'Etat a été préalablement entendu. Les diverses constitutions qui ont régi la France exigeaient que les mesures d'administration ordonnées par le chef de l'Etat fussent contre-signées par un ministre (v° Droit constit., p. 291 et suiv.). L'art. 67 de la constitution de 1848 en contenait même la disposition expresse. La constitution de 1852 n'a pas reproduit cette disposition; mais le principe nous paraît aussi certain que l'usage est général. On doit l'induire du décret du 22 janv. 1852 portant création du ministère d'Etat. Ce décret indique, en effet, les actes pour lesquels le contre-seing du ministère d'Etat est nécessaire; il en résulte que les actes qui ne sont pas contre-signés par le ministre d'Etat doivent l'être par le ministre que la matière concerne. Nous avons dit plus haut que les lettres patentes n'avaient pas besoin d'être contre-signées par un ministre; la constitution de 1848 (art. 67) exceptait également de cette formalité les décrets contenant nomination ou révocation des ministres. Le décret du 22 janv. 1852 exige expressément pour ces actes le contre-seing du ministre d'Etat.

117. Les décrets qui ne peuvent être rendus qu'après que le conseil d'Etat a été préalablement entendu sont ceux que les lois n'autorisent le chef de l'Etat à rendre qu'en ajoutant qu'il sera statué par un décret rendu en la forme des règlements d'administration publique. Les affaires qu'ils règlent doivent avoir été délibérées dans l'assemblée générale du conseil d'Etat (Décr. 30 janv. 1852, art. 13). Ils n'ont pour objet que les mesures d'exécution des lois spéciales. Indépendamment des décrets rendus en la forme des règlements d'administration publique, il en est d'autres dont le projet doit avoir été également porté à l'assemblée générale du conseil d'Etat; l'art. 13 du décret du 30 janv. 1852 les énumère. Enfin il en est d'autres qui doivent avoir été soumis à la section du conseil d'Etat que la matière concerne. Les lois spéciales les indiquent (V. Compét. n°s 10 et suiv.; Compét. admin. n°s 309 et suiv.; Règlem. admin., n°s 24 et suiv.). — Les décrets qui doivent être rendus dans la forme des règlements d'administration publique ou après que le conseil d'Etat aura été entendu, et qui ne le seraient que sous le contre-seing d'un ministre seraient des actes inconstitutionnels. Partant ils pourraient être déférés au sénat, en vertu de l'art. 29 de la constitution du 14 janv. 1852 et des art. 21 et suiv. du sénatus-consulte du 31 déc. 1852, et les tribunaux devraient refuser d'en ordonner l'exécution. Les décrets rendus sur l'avis obligé du conseil d'Etat doivent mentionner que le conseil d'Etat en assemblée générale ou la section a été entendu. — Au reste, en dehors des cas où l'avis du conseil d'Etat est obligatoire, l'empereur ne peut pas moins consulter le conseil d'Etat en toutes matières, et le conseil d'Etat ne pourrait se dispenser de donner son avis dans ces cas facultatifs.

118. Il serait difficile d'énumérer les matières sur lesquelles le chef de l'Etat exerce son pouvoir réglementaire, soit qu'il le tienne de la constitution, soit que ce pouvoir lui ait été attribué par quelque loi spéciale. Nous rappellerons seulement 1° la loi du 20 avr. 1810, qui autorise le chef de l'Etat à pourvoir par règlement d'administration publique à l'ordre du service dans les cours impériales, à la création et à la suppression des chambres dans ces cours, à la formation des sections temporaires dans les tribunaux de première instance et au roulement des juges; — 2° La loi du 18 mars 1806, qui autorise le chef de l'Etat à étendre à toute la France l'institution des prud'hommes; — 3° L'art. 1042 c. pr. civ. qui lui donne pouvoir de régler la taxe des frais judiciaires et la police des tribunaux; — 4° La loi du 14 flor. an 11, qui lui commet le soin de pourvoir par des règlements d'administration publique au curage des rivières non navigables ni flottables et à l'entretien des ouvrages d'art qu'elles nécessitent; — 5° La loi du 24 avr. 1806, d'où il tient le pouvoir de prendre les mesures nécessaires pour assurer le recouvrement des contributions indirectes; — 6° La loi du 15 juill. 1845 qui autorise le chef de l'Etat à faire des règlements d'administration publique pour déterminer toutes les mesures relatives à la police et à la conservation des chemins de fer; — 7° L'art. 615 c. com., disposant qu'un règlement d'administration publique déterminera le nombre des tribunaux de commerce et les villes qui seront susceptibles d'en recevoir; d'où le droit actuel pour le chef de l'Etat de créer de nouveaux tribunaux de commerce et de supprimer des tribunaux anciennement établis; — 8° L'art. 147 de la loi du 28 avr. 1816, qui permet au gouvernement d'établir des taxes d'octroi sur les objets destinés à la consommation locale; — 9° Les lois de finance de chaque année qui autorisent l'établissement de péages pour les dépenses que peuvent entraîner les ponts, écluses et ouvrages relatifs à la navigation; — 10° Les lois de douanes, qui permettent au chef de l'Etat d'apporter provisoirement et en cas d'urgence, certaines modifications au régime douanier à la charge de présenter ces modifications sous forme de projet de loi aux assemblées législatives, soit avant la fin de leur session si elles sont réunies, soit à la plus prochaine session (L. 17 déc. 1814, art. 34, et 5 juill. 1836, art. 4, 5 et 6).

119. On s'est demandé si le pouvoir de faire des règlements que le chef de l'Etat tient tant de la constitution que des lois spéciales qui lui délèguent cette partie des attributions du pouvoir législatif, comporte le droit d'édicter des peines comme sanction des mesures qu'il prescrit. Il convient de rappeler que l'art. 471, § 15 c. pén., punit d'une amende d'un fr. à cinq fr. les contraventions aux règlements légalement faits par l'autorité administrative. Cette pénalité est évidemment la seule qui soit jamais applicable; il est reconnu que le pouvoir exécutif ne peut édicter des peines. Un règlement qui établirait une pénalité autre que celle de la loi ne serait donc pas sur ce chef obligatoire pour les tribunaux (V. Lois, n° 67; Peine, n° 92; V. aussi v° Commune, n° 709). Mais il est reconnu aussi que les décrets impériaux qui, au temps du premier empire, avaient édicté des peines et dont l'inconstitutionnalité n'avait pas été prononcée par le sénat ont acquis l'autorité de la loi, en vertu de l'art. 68 de la Charte de 1814 (V. Loi n° 554). — Il a été jugé néanmoins que quand une loi spéciale a voulu que les règlements qu'elle chargeait le pouvoir exécutif de faire fussent le complément de la loi même, le chef de l'Etat pouvait en assurer l'exécution par une sanction pénale (Civ. cass. 12 août 1835, aff. Chauffat, V. Douanes, n° 74).

120. Les dispositions individuelles contenues dans un décret ne sont obligatoires pour les personnes qu'elles concernent que quand le décret leur a été notifié d'une façon quelconque par un fonctionnaire de l'ordre administratif. — Quant aux décrets réglementaires, qui sont, comme on l'a dit, des lois secondaires, (M. Trolley, t. 1, p. 164) ils ne sont obligatoires, comme les lois elles-mêmes, qu'après leur insertion au *Bull. des lois*, sauf les cas d'urgence. Dans ces cas, les préfets des départements prennent des arrêtés à l'effet d'ordonner que le décret sera imprimé et affiché partout où besoin sera. Le décret est alors obligatoire à partir de cette publication (V. *infrà*, n° 231, et v° Loi, n° 156).

121. Les décrets impériaux, quand ils ont été rendus constitutionnellement, sont obligatoires comme les lois mêmes. Ils ne sont susceptibles d'aucun recours; ils peuvent seulement être rapportés par le chef de l'Etat. Quant aux décrets inconstitutionnels, ils peuvent être annulés par le sénat; l'art. 29 de la constitution du 14 janv. 1852 dispose en effet : « Le sénat maintient ou annule tous les actes qui lui sont déférés comme inconstitutionnels par le gouvernement, ou dénoncés pour la même cause par les pétitions des citoyens. » Mais la garantie donnée aux citoyens par la constitution de 1852 n'est pas la seule qu'ils puissent exercer. L'art. 471 § 15 c. pén. ne reconnaît d'autorité qu'aux règlements administratifs légalement faits. La jurisprudence a toujours reconnu aux tribunaux le droit d'examiner si les règlements administratifs dont on leur demandait de faire l'application étaient ou n'étaient pas légaux (V. Compétence, n° 15; Expropr. publ., n° 91; Lois, n°s 59, 66, 87, 475; Octroi, n° 51). Quand un tribunal refuse d'ordonner l'exécution d'un acte administratif comme illégal il n'en prononce pas l'annulation; ce droit n'appartient qu'au sénat; il déclare seulement qu'il n'est pas obligatoire pour le particulier qui en conteste l'autorité (M. Dufour, t. 1, n° 70).

122. Les décrets impériaux peuvent toujours être rapportés dans la forme même où ils ont été rendus. Ce pouvoir appartient au chef de l'Etat, même quand un décret ne fait que réglementer l'application d'une loi (V. Défense, n°s 206 et suiv.; Loi, n° 76; M. Dufour, t. 1, n° 45).

123. Parmi les décrets spéciaux, il faut distinguer, comme parmi les décrets réglementaires, ceux qui émanent du chef de l'État seul et ceux qui ne sont rendus que sur l'avis d'une des sections du conseil d'Etat. Les premiers sont ceux portant nomination ou révocation des fonctionnaires publics dont nous avons déjà parlé; ceux qui nomment les titulaires d'offices ministériels ou qui prononcent une destitution, ceux qui accordent une dispense de mariage, une autorisation à un étranger de résider en France, etc. Aucun recours hiérarchique n'existe contre ces actes qui ne relèvent que du pouvoir discrétionnaire du chef de l'Etat. Quant aux décrets qui ne peuvent être rendus qu'avec l'assistance du conseil d'Etat, ce sont ceux qui statuent sur des objets que des lois spéciales ont jugé dignes d'un examen plus approfondi.

124. Parmi les décrets rendus en conseil d'Etat, les uns sont délibérés dans les sections, les autres en assemblée générale. L'art. 4 de la loi du 19 juill. 1845 portait qu'une ordonnance délibérée en conseil d'Etat déterminerait les projets d'ordonnance qui ne seraient soumis qu'à l'examen des comités, et qui pourraient ne pas être portés à l'assemblée générale du conseil d'État. Une ordonnance du 1er janv. 1847 a satisfait à cette prescription de la loi du 19 juill. 1845; mais les deux décrets de décentralisation des 25 mars 1852 et 13 avr. 1861, en attribuant la connaissance de certaines matières d'intérêt local aux préfets, a réduit le nombre des actes qui doivent être soumis aux comités avant de recevoir la sanction du chef de l'Etat. De plus, le décret du 30 janv. 1852, sur l'organisation du conseil d'Etat, a indiqué les actes dont l'objet doit être préalablement soumis à l'assemblée générale du conseil d'Etat. Aujourd'hui les projets de décret qui doivent être soumis aux comités sont ceux qui ne sont pas compris dans la nomenclature de l'art. 13 du décret du 30 janv. 1852; nous en parlerons en traitant de l'organisation du conseil d'Etat (*infrà*, n° 177).

125. Le décret du 30 janv. 1852 ayant modifié virtuellement l'ordonnance du 1er janv. 1847, il en résulte qu'il faut considérer comme devant être soumis aux comités les seuls actes qui ne sont pas soumis à l'assemblée générale du conseil d'Etat, et que, en sens inverse, les actes que l'ordonnance du 1er janv. 1847 réservait à l'assemblée générale ne sont plus soumis qu'aux comités, s'ils ne sont pas compris dans le décret du 30 janv. 1852. C'est ainsi que les projets de décrets sur les demandes en changement de nom qui, d'après l'ordonnance de 1847, étaient réservés à l'assemblée générale, ne sont plus soumis qu'au comité ou section de la justice, par cela seul que le décret de 1852 ne les comprend pas dans son énumération; c'est ainsi également que les décrets ordonnant l'établissement de ponts doivent être tous soumis à l'assemblée générale, sans distinguer, comme le faisait l'ordonnance de 1847, entre les ponts sans péage et les ponts avec péage.

126. Au point de vue du recours dont ils peuvent être l'objet, il faut distinguer, parmi les décrets spéciaux, entre ceux qui sont des actes de pure administration et ne lèsent aucun droit, et ceux qui lèsent quelque droit que les particuliers tiennent de la loi. Les premiers ne donnent lieu qu'à un recours par la *voie gracieuse*, c'est-à-dire à un recours devant le souverain, qui peut, selon qu'il le juge convenable ou rapporter la mesure qu'il a prise ou la laisser subsister. Aucun délai n'est fixé dans lequel ce recours est exercé. — Les seconds donnent lieu à un recours; mais ce recours s'exerce différemment selon que le décret émane du souverain seul ou a été rendu sur l'avis du conseil d'Etat. Dans le premier cas, le recours doit être porté devant la section du contentieux du conseil d'Etat dans le délai légal. Dans le second cas, le décret de 1806 a institué une voie de recours spéciale. — V. Compét. admin., nos 8, 27 et suiv.; 333 et suiv.; Conseil d'Etat, nos 70 et suiv.; Règlement admin., nos 43 et suiv.

127. Que faut-il entendre par droit lésé, et quel est le caractère des décrets spéciaux qui peuvent être l'objet d'un recours par la voie contentieuse? A cet égard, il serait difficile de poser des règles fixes. Le rapporteur de la loi sur le conseil d'Etat, M. Dumon, disait à la chambre des députés le 6 juill. 1843, en parlant de la distinction à faire entre les actes de pure administration et ceux qui portent atteinte à un droit : « Quoique fondée sur la nature des choses, cette distinction ne peut être exprimée par une simple définition légale; une longue jurisprudence attentive à chaque espèce a suffi à peine pour l'établir. Si nous voulions en indiquer le principe, nous dirions que le pouvoir administratif prononce sur des intérêts, et la juridiction contentieuse sur des droits; que l'un consulte la raison et l'équité et a pour objet l'intérêt général, que l'autre consulte le droit acquis à chacun et a pour objet la justice. » L'étude de la jurisprudence administrative peut seule faire bien saisir cette distinction. — V. Compét. admin. et Cons. d'Et., *loc. cit.*

128. Il arrive quelquefois qu'un décret est à la fois réglementaire et spécial. Dans ce cas, les dispositions réglementaires sont régies, quant au recours, par ce que nous avons dit des décrets réglementaires, et les dispositions spéciales sont régies par les principes que nous avons exposés sur le recours contre les décrets spéciaux.

129. L'art. 40 du décret du 22 juill. 1806 a établi une voie de recours particulière contre les décrets impériaux rendus en matière non contentieuse sur l'avis du conseil d'Etat. Il est ainsi conçu : « Lorsqu'une partie se croira lésée dans ses droits ou dans sa propriété par l'effet d'une décision de notre conseil d'Etat rendue en matière non contentieuse, elle pourra nous présenter une requête, pour, sur le rapport qui nous en sera fait, être l'affaire renvoyée, s'il y a lieu, soit à une section du conseil d'Etat, soit à une commission. » — Il est à remarquer que cette voie de recours n'est ouverte qu'à ceux qui peuvent se plaindre d'un droit lésé, non à ceux dont un décret impérial blesserait tel ou tel intérêt plus ou moins respectable. Les requêtes présentées dans ce cas peuvent l'être par la partie elle-même; il n'est pas besoin du ministère d'un avocat au conseil, et la réclamation n'est soumise à aucun délai (cons. d'Et., 10 sept. 1817, aff. Corbineau *C.* ville de Rouen). — La résolution arrêtée par le conseil d'Etat ou par la commission à laquelle l'affaire a été renvoyée, n'a d'effet que par l'approbation qu'y donne le chef de l'Etat. De fait, dans les rares occasions où des particuliers ont usé du recours ouvert par l'art. 40 du règlement de 1806, c'est devant le comité de législation du conseil d'Etat que l'affaire a été renvoyée.

SECT. 2. — *Des ministres.*

130. Les ministres sont les agents immédiats et directs du chef de l'Etat pour l'administration. Les changements constitutionnels qui suivirent l'acte du 2 déc. 1851 eurent pour résultat de donner au chef de l'Etat, avec le choix des ministres, la division des ministères et la faculté d'en augmenter et d'en diminuer le nombre. C'est un droit dont il a été fait usage fréquemment depuis ce temps. L'empereur a successivement réuni le ministère du commerce et de l'agriculture à celui de l'intérieur d'abord, et ensuite à celui des travaux publics; il a créé le ministère d'Etat et de la maison de l'empereur, et un ministère de la police générale, supprimé le 21 juin 1853; il a détaché les affaires de l'Algérie du ministère de la guerre, puis rattaché l'Algérie à ce ministère; il a détaché les cultes du ministère de l'instruction publique pour les rattacher au ministère de la justice, et enfin formé deux ministères distincts du ministère d'Etat et du ministère de la maison de l'empereur. Aujourd'hui, les ministres secrétaires d'Etat, investis d'un ensemble d'attributions, désignés par le nom de *département*, sont au nombre de dix : le ministre d'Etat, le ministre de la justice et des cultes, le ministre des affaires étrangères, le ministre de l'intérieur, le ministre des finances, le ministre de la guerre, le ministre de la marine et des colonies, le ministre de l'instruction publique, le ministre de l'agriculture, du commerce et des travaux publics, et le ministre de la maison de l'empereur et des beaux-arts. Ils sont nommés et révoqués par l'empereur, conformément à toutes les constitutions qui se sont succédé. Nous les indiquons dans l'ordre adopté par le Moniteur du 24 déc. 1862, sans que cet ordre indique des préséances; car le Moniteur accompagne cette liste de la note suivante : — « Toutefois, les ministres, avec ou sans portefeuille, prennent rang entre eux, d'après l'ancienneté déterminée par la durée de leurs services en qualité de membres du conseil des ministres, à l'exception du ministre d'Etat qui conserve la préséance. »

131. A côté des ministres secrétaires d'Etat, agents ou auxiliaires du chef de l'Etat, et placés à la tête des grands services publics pour leur imprimer le mouvement, un décret du 24 nov. 1860, avait institué des ministres sans portefeuille, au nombre de trois, à l'effet « de défendre, dit l'art. 5 devant les chambres, de concert avec le président et les membres du conseil d'Etat, les projets de lois du gouvernement. » Les ministres sans portefeuille ayant été supprimés par le décret du 23 juin 1863, qui a substitué une nouvelle combinaison pour la participation du gouvernement aux débats législatifs, nous n'avons pas à nous y arrêter.

132. Les ministres contre-signent les actes du chef de l'Etat. L'art. 24 de la loi de 1791 sur l'organisation des ministères, la constitution de la même année, l'art. 55 de la constitution de l'an 8 et l'art. 38 de l'acte additionnel du 22 avr. 1815 exigeaient formellement que les actes du pouvoir exécutif fussent contre-signés par un ministre. Les chartes de 1814 et de 1830 ne parlaient pas de la formalité du contre-seing; mais le principe de l'irresponsabilité royale et de la responsabilité ministérielle le rendait virtuellement nécessaire. Aussi l'usage avait-il acquis l'autorité d'un principe, à ce point que quand un ministère était renouvelé tout entier, un ministre, ordinairement le garde des sceaux, demeurait en exercice pendant le temps nécessaire pour contre-signer la nomination des nouveaux ministres et couvrir ainsi la responsabilité royale. Les constitutions de 1848 et de 1852 n'ont pas exigé le contre-seing des ministres sur les actes du pouvoir exécutif; et de fait il ne saurait être constitutionnellement obligatoire, le chef du pouvoir exécutif étant responsable et la responsabilité ministérielle ayant cessé. Mais l'usage n'en a pas moins persisté. Chaque ministre contre-signe les actes de son ministère, et le ministre d'Etat contre-signe l'acte de nomination des autres ministres.

133. Les ministres ont le droit de participer aux délibérations du conseil d'Etat (décret organique du cons. d'Etat du 25 janv. 1852, art. 5); mais ils n'ont pas entrée au corps législatif (const. du 14 janv. 1852, art. 44), à l'exception du ministre d'Etat, à qui le décret du 23 juin 1863 a enlevé ses attributions actives pour ne lui guère laisser que le rôle de défenseur officiel de la politique impériale dans les discussions qui ont lieu devant le sénat et le corps législatif. Les ministres peuvent être membres du sénat; mais alors ils sont simples sénateurs, et il ne leur appartient pas d'y parler comme ministres.

134. Nous avons indiqué plus haut (no 111) en quoi le caractère politique des ministres du régime actuel diffère de celui des ministres de la monarchie constitutionnelle. Les ministres du régime impérial sont les auxiliaires du chef de l'Etat, et n'exercent pas une action collective sur la politique générale du pays. Il y a encore un conseil des ministres, que l'empereur préside; mais il n'y a plus de président du conseil des ministres, et, à proprement parler, il n'y a plus de cabinet (V. no 87). Tel est le sens de l'art. 13 de la constitution qui dit, en parlant des ministres, « qu'il n'y a point de solidarité entre eux. » — En Angleterre, au contraire, les ministres sont des hommes politiques, chargés beaucoup moins de la direction des services spéciaux que de la direction générale de l'administration publique. Les principaux services publics sont placés sous la direction de comités ou bureaux (*boards*) chargés chacun d'une partie de l'administration centrale. C'est ainsi que le bureau du commerce (*board of trade*) a dans son département les douanes, les banques, la législation des colonies, la marine marchande, etc.; que la commission des affaires de l'Inde, celle des bois et revenus territoriaux, le bureau de salubrité, etc., pourvoient à l'administration, chacun en ce qui le concerne. Le ministre préside le comité qui administre son département; il siége même quelquefois dans des comités étrangers; mais son action personnelle est très-limitée. Le conseil des ministres (*cabinet council*) se compose : 1° du premier lord de la trésorerie, véritable chef du cabinet, investi de très-peu d'attributions spéciales, mais chargé de la surveillance de tous les services, y compris celui des finances, dont il n'a pas l'administration particulière, comme son titre pourrait le faire supposer, à tort; 2° du lord chancelier, président de la chambre des lords; 3° du chancelier de l'échiquier, véritable ministre des finances; 4° du président du conseil privé, et 5° du ministre de l'intérieur. Le cabinet peut s'adjoindre, au moment de sa formation, quelques-uns des hauts fonctionnaires, véritables ministres, comme le premier lord de l'amirauté, le ministre de la guerre, le président de la commission des affaires de l'Inde, etc.; mais cette adjonction n'est que facultative, et la liste des fonctionnaires admis au *cabinet council*, change à chaque nouveau ministère. Comme on voit, la constitution d'un ministère anglais n'a rien de commun avec ce que nous voyons ou avons vu en France. Pour être exact, il faut même s'abstenir d'employer le mot de *ministres* quand on parle des hommes qui dirigent la politique et l'administration anglaises, ou se tenir en garde contre toute assimilation avec l'idée que cette dénomination éveille en France.

135. Nous avons déjà dit (n° 111) que dans les principes du droit public inauguré par la constitution de 1852, les ministres n'étaient responsables que vis-à-vis du chef de l'Etat. Cela est vrai de la responsabilité ministérielle comme elle est entendue dans les pays de monarchie représentative, et comme elle était entendue en France de 1814 à 1848. La responsabilité politique des ministres n'existe plus, mais les ministres demeurent responsables de leurs malversations. Ils peuvent alors être mis en accusation par le sénat (const. de 1852, art. 13) et sur la mise en accusation du sénat, un décret impérial les traduit directement devant la chambre de jugement de la haute cour de justice.

136. Les attributions des différents ministres sont indiquées par la désignation même de leurs départements et par la division de leurs bureaux dont nous parlerons. Le ministre de la justice a dans ses attributions la garde des sceaux de l'Etat, qu'il lui appartient d'apposer sur les actes législatifs, d'où la désignation de *garde des sceaux* empruntée à l'ancienne monarchie. Le ministère d'Etat est une création du second empire. Le décret du 22 janv. 1852, qui l'a institué, lui avait donné pour objet de présider aux rapports des grands pouvoirs de l'Etat. Les attributions de ce ministère ont été plusieurs fois modifiées. Un décret du 14 fév. 1853 avait rattaché au ministère d'Etat le service des beaux-arts et celui des archives impériales placés auparavant dans les attributions du ministère de l'intérieur. Un autre décret du 23 juin 1854 y avait ajouté les services des bâtiments civils, des théâtres et de la censure dramatique. Un troisième décret du 24 nov. 1860 y avait placé le service des haras dépendant auparavant du ministère de l'agriculture et du commerce, et les services purement scientifiques et littéraires du ministère de l'instruction publique. Enfin, aux termes d'un décret du 25 déc. 1852 le ministre d'Etat remplissait les fonctions d'officier de l'état civil de la famille impériale. Mais le décret du 17 juill. 1863 a enlevé au ministre d'Etat ses attributions administratives et l'a investi des fonctions que le décret du 24 nov. 1860 avait attribuées aux ministres sans portefeuille. Comme ministre, le ministre d'Etat continue de présider aux rapports des grands corps de l'Etat, soit entre eux, soit avec le souverain. Il contre-signe la nomination des ministres, des membres du sénat, des présidents, vice-présidents et questeurs du corps législatif; les décrets portant convocation, prorogation, clôture et dissolution du corps législatif et du sénat; ceux concernant les matières qui ne sont attribuées à aucun département ministériel. Il a la rédaction et la conservation des procès-verbaux des conseils des ministres et des prestations de serment entre les mains de l'empereur. Enfin, il a dans ses attributions l'administration du conseil d'Etat.

Un décret du 14 déc. 1852 avait aussi placé dans les attributions du ministre d'Etat l'administration de la liste civile et de la dotation de la couronne. Le ministre d'Etat avait alors le titre de ministre d'Etat et de la maison de l'empereur. Mais le décret du 24 nov. 1860 a distrait le service de la maison de l'empereur du ministère d'Etat pour en investir le grand maréchal du palais. Un second décret du 4 déc. de la même année a créé un ministère spécial de la maison de l'empereur, auquel le décret du 23 juin 1863 a rattaché le service des beaux-arts. Au reste, c'est toujours le grand maréchal du palais qui en est le titulaire.

137. Il est attaché à chaque ministère un personnel d'auxiliaires ou employés d'un ordre quelquefois fort élevé, chargés de pourvoir, sous la direction du ministre, à l'expédition des affaires et aux exigences des divers services publics. La nomination de ces fonctionnaires appartient au ministre, à l'exception de quelques uns, comme les secrétaires généraux et les directeurs généraux, dont, à raison de l'importance de leurs fonctions, la nomination est réservée à l'empereur. Sous le gouvernement de la Restauration, une ordonnance du 9 mai 1816 avait institué des sous-secrétaires d'Etat, fonctionnaires adjoints aux ministres et recevant directement du chef de l'Etat la délégation d'une partie des attributions ministérielles. Mais cette institution n'a pas survécu au gouvernement qui l'avait créée. Aujourd'hui le personnel et l'organisation des bureaux sont à peu près les mêmes dans tous les ministères. Chaque ministre a un chef de cabinet dont les fonctions consistent à travailler avec le ministre et à examiner les affaires qu'il s'est réservées. Le plus souvent le ministère a aussi un secrétaire général chargé de la direction supérieure de tous les services publics qui composent le département ministériel, et qui aide le ministre ou le supplée au besoin. Les ministères de la justice, des finances, de l'instruction publique, des travaux publics, de l'intérieur et le ministère d'Etat ont un secrétaire général, en outre du chef du cabinet du ministère. Les ministres de la guerre et des affaires étrangères, au contraire, n'ont qu'un chef de cabinet. Au reste, les détails des attributions de ces fonctionnaires n'ont qu'une importance secondaire, et dans la plupart des ministères le titre diffère plus que la fonction.

138. Pour l'expédition plus facile des affaires et pour le plus grand ordre, chaque ministère est divisé par bureaux sous le nom de *divisions* ou de *directions générales*, selon les ministères. Le ministère d'Etat est tout entier dans la direction du cabinet et du service législatif. — Au ministère de l'intérieur il y a quatre directions : des prisons et établissements pénitentiaires; de la presse; de la sûreté publique; des lignes télégraphiques, plus quatre grandes divisions : de l'administration générale et départementale, de l'administration communale et hospitalière; de la comptabilité; de l'imprimerie et de la librairie. — Au ministère de la justice il y a trois directions : direction des affaires civiles et des sceaux, direction des affaires criminelles et des grâces et direction des cultes. — Le ministère des affaires étrangères est divisé en quatre directions : direction politique, direction du commerce et des consulats, direction des archives et direction de la comptabilité. — Le ministère des finances compte douze directions : les postes, les douanes et contributions indirectes, les contributions directes, les tabacs (maintenant manufactures de l'Etat d'après le décret du 9 nov. 1865, V. p. 615), les forêts, l'enregistrement, la dette inscrite, le personnel, le contentieux des finances, la comptabilité générale, les caisses centrales et le mouvement des fonds (V. Trésor publ., nos 706 s.).—Le ministère de la guerre en compte six : la cavalerie, l'artillerie, le génie, le dépôt de la guerre, l'administration et la comptabilité (V. Organisat. milit., Trav. publ. nos 175 et suiv.). — Le ministère de la marine est divisé en six directions qui sont les suivantes : mouvement de la flotte et opérations maritimes, personnel, matériel, artillerie, colonies et comptabilité générale. — Les grands bureaux du ministère de l'instruction publique sont des divisions; il y en a quatre :

division de l'administration académique et de l'enseignement supérieur, division de l'enseignement secondaire, division de l'enseignement primaire, division de la comptabilité. — Le ministère des travaux publics comprend des divisions et des directions : division des mines; direction des ponts et chaussées et chemins de fer; direction du commerce intérieur; direction du commerce extérieur (V. Trav. publ., nos 253 et suiv.). — Le ministère de la maison de l'empereur et des beaux-arts est divisé en services et en directions qui comprennent les beaux-arts, les haras, la Légion d'honneur, les archives de l'empire, les écoles d'art, les théâtres et conservatoires, les monuments historiques et les bâtiments civils. Les autres institutions scientifiques et littéraires, comme l'Institut et l'Académie de médecine, relèvent du ministère de l'instruction publique.

Les directions et divisions se subdivisent en bureaux dont les chefs ont sous leurs ordres des rédacteurs, commis et expéditionnaires. Il serait inutile de descendre dans les détails de l'organisation des bureaux ministériels, organisation qui ne tient pas à notre droit public, et que les besoins du service ou des circonstances nouvelles font, du reste, modifier assez fréquemment.

139. Tels sont les auxiliaires à proprement parler des ministres. Mais indépendamment des hauts fonctionnaires, secrétaires généraux, chefs de division, etc., auprès de qui le ministre s'éclaire, il y a auprès de chaque ministère des conseils administratifs, des comités consultatifs, qui ont pour mission d'examiner les mesures importantes en projet et de préparer la rédaction des actes ministériels qui les réalisent. Il est parlé de ces conseils et comités dans les divers traités du Répertoire où l'on s'occupe des services spéciaux (V. notamment vis Industrie et comm., p. 672 et s.; Organ. de l'Algérie, Organ. des colonies; Organ. de l'instruct. publ.; Organ. marit., Organ. militaire; Salubrité publ., nos 11, 43, 46 et s., 125 et s.; Travaux publ., no 259 et s.; Trésor publ., nos 725, 730, etc.).

140. Les ministres sont chacun dans leur département les délégués immédiats, les agents principaux de l'autorité du chef de l'Etat. Pour l'exécution des lois et décrets chaque ministre, pour les matières qui le concernent, prend des décisions et donne des ordres. Il communique, de plus, sa pensée aux fonctionnaires qui lui sont subordonnées par des circulaires et des instructions. Les circulaires ministérielles, ayant par leur nature un caractère de généralité, reçoivent la publicité du Moniteur. Les instructions, au contraire, ayant pour objet des cas particuliers, sont spéciales pour le fonctionnaire auquel elles s'adressent. — V. M. Vivien, études admin., t. 1, p. 323.

141. Les décisions ministérielles ont également le caractère de spécialité; mais elles diffèrent des instructions en ce qu'elles supposent une réclamation sur laquelle le ministre statue, tandis que les instructions sont des actes spontanés, et que le ministre était libre de ne pas les prendre. Les décisions ministérielles sont de deux sortes : les unes sont des actes de pure administration; les autres sont rendues en matière contentieuse et ont le caractère de jugements. La distinction est importante en ce que les actes d'administration d'un ministre peuvent n'être pas définitifs et ne donnent pas lieu à un recours au conseil d'Etat, tandis que les décisions en matière contentieuse peuvent être déférées au conseil d'Etat. Les décisions en matière contentieuse, comme les jugements ou arrêts, ont l'autorité de la chose jugée, et confèrent une hypothèque judiciaire sur les immeubles de la partie qui a succombé (V. Compét. admin., nos 489 et suiv.; Jugement, no 904; Privil. et hyp., nos 1108, 2810; Trésor publ., no 985). — Il a été jugé que l'arrêté du ministre des finances, répondant à une pétition qui lui a été adressée par un individu poursuivi comme débiteur de l'Etat, après l'introduction par ce débiteur d'une instance tendant à la nullité des poursuites, ne peut, quels qu'en soient les termes, être considéré comme un acte de juridiction, mais constitue un simple acte d'administration intérieure relatif à une tentative de conciliation faite auprès de lui, comme représentant des droits de l'Etat, lequel acte ne peut faire obstacle au jugement de l'instance introduite devant les tribunaux; et qu'il en est de même de l'arrêté du préfet pris en exécution de la décision ministérielle (Civ. rej. 10 janv. 1842) (1).

142. On s'est demandé si les ministres ont le droit de faire des règlements. L'empereur rend des décrets; les préfets et les maires prennent des arrêtés. Mais on a contesté que les ministres puissent faire des règlements analogues. Les ministres, dit-on, n'ont aucune délégation à cet effet. Le pouvoir réglementaire appartenant à l'empereur, un pareil pouvoir délégué aux ministres ne pourrait que donner lieu à des anticipations, sinon à des conflits. D'ailleurs la loi est muette sur ce point, et son silence tranche la question dans ce sens (MM. Batbie, Droit public et administr., t. 4, no 52; Dufour, t. 1, no 149). — Nous admettrons, si l'on veut, en principe, que les ministres ne tiennent pas de leur seule qualité de ministres le pouvoir de faire des règlements; mais c'est aller, à nos yeux, beaucoup trop loin que de dire sans réserves, comme les auteurs précités, que les ministres n'ont pas le pouvoir réglementaire. Ils l'ont quand une loi le leur a délégué, et l'on pourrait citer plusieurs exemples de délégation législative. La loi du 22 juin 1854 a autorisé le ministre de l'intérieur à réduire par un arrêté la taxe de transit en France des dépêches télégraphiques de l'étranger. La loi du 23 juin 1856, art. 10, autorise le ministre des finances à déterminer par des arrêtés le mode de confection, le poids et les dimensions des paquets confiés au service des postes. Sous tous les régimes, de nombreuses ordonnances ou décrets ont délégué aux ministres le pouvoir de faire des règlements. Ce qui est vrai, c'est que les ministres n'ont le pouvoir réglementaire que par délégation; mais les préfets et les maires ne l'ont pas autrement (M. Macarel, t. 1, p. 151).

143. Les décisions ministérielles qui sont des actes de pure administration, ayant pour objet de tracer aux agents sous les ordres du ministre qui les a rendus la manière dont ils devront procéder, ne peuvent faire en elles-mêmes aucun grief aux particuliers. Il résulte de là que ces particuliers ne peuvent les attaquer en aucune façon. Seulement, si, lors de l'exécution des actes que ces décisions prescrivent, quelques droits se trouvent lésés, ces actes peuvent être l'objet d'un recours devant les autorités compétentes et dans les formes de la loi. Ainsi, quand le ministre des finances prend une décision à l'effet d'arrêter qu'à l'avenir les receveurs des finances percevront dans tels cas tels droits, cette décision n'est susceptible d'aucun recours. Mais la

(1) (Préfet du Doubs C. Boigeol.) — La cour (apr. délib. en ch. du cons.); — Sur le premier moyen : — Attendu que Boigeol, avant de s'adresser, par voie de pétition, au ministre des finances, avait, par exploit du 21 sept. 1822, assigné, devant le tribunal de Montbéliard, l'administration des domaines, et conclu, au principal, à la suppression, comme féodale, de la rente contre lui réclamée, et pour le payement des arrérages de laquelle l'administration avait décerné contre lui des contraintes et pratiqué des saisies-arrêts : ce qui constituait un litige de la compétence de l'autorité judiciaire; — Attendu que ni la demande en sursis, contenue en la même assignation, jusqu'à ce que le ministre eût statué sur la réclamation que Boigeol annonçait devoir lui adresser, ni la pétition présentée à ce ministre, n'équivalent à une renonciation à l'instance déjà existante et régulièrement portée devant l'autorité compétente; — Attendu que l'arrêté pris par le ministre des finances sur cette pétition a été, non un acte de juridiction, mais un simple acte d'administration intervenu, par voie gracieuse, à la suite de la demande adressée, comme tentative de conciliation, au ministre chargé de cette administration, et que l'action judiciaire a été reprise par le domaine lui-même, postérieurement à cet arrêté; — Attendu que les actes du préfet du Doubs relatifs à l'expertise ordonnée par le ministre, n'ont pu être d'une autre nature que la décision ministérielle qui leur servait de base : d'où il suit qu'en rejetant l'exception tirée de l'autorité de la chose jugée et des lois sur la séparation des pouvoirs judiciaire et administratif, l'arrêt attaqué n'a violé aucune loi;

Sur le deuxième moyen : — Attendu que l'arrêté du ministre des finances autorisait, sur la rente réclamée par le domaine, une réduction à déterminer par experts et proportionnée au préjudice éprouvé par Boigeol; — Attendu que cette mesure préparatoire se référait à la voie de conciliation déjà entreprise; qu'elle tendait à faire ultérieurement apprécier l'intérêt que le procès entamé pourrait conserver en définitive, et si l'une ou l'autre des parties jugeait utile de donner suite devant les tribunaux au litige dont ils étaient saisis; — Attendu que la nomination volontaire d'un expert par Boigeol, et son assistance à l'expertise, étaient parfaitement conciliables avec le maintien du caractère purement préparatoire de cette mesure; d'où il suit qu'en jugeant, en fait, d'après les circonstances de la cause, que Boigeol n'avait point acquiescé à ce que la décision ministérielle devînt la règle définitive du procès, l'arrêt attaqué n'a violé ni l'art. 2052 c. civ., ni les principes sur l'acquiescement; — Rejette ces deux moyens.

Du 10 janv. 1842.-C. C., ch. civ.-MM. Portalis, 1er pr.-Renouard, r.

perception du droit pourra donner lieu, de la part des particuliers qui croiront la loi mal appliquée et à qui l'on en aurait fait une telle application, à une réclamation judiciaire (V. Compét. admin., nos 489 et suiv.; V. aussi v° Voirie par terre, nos 406 et suiv.).—Mais si les décisions ministérielles de pure administration contenaient un excès de pouvoir, elles pourraient être déférées au conseil d'Etat, le conseil d'Etat étant en principe le gardien de l'ordre des juridictions (V. Cons. d'Et., nos 138 s.).—Il a été jugé que les préfets ne sont pas recevables à revendiquer par la voie contentieuse, contre les ministres desquels ils relèvent, les attributions qu'ils croient leur appartenir et avoir été mal à propos méconnues par ces mêmes ministres; qu'ainsi le préfet de la Seine n'est pas recevable à attaquer en cette forme, pour cause d'excès de pouvoirs, une décision par laquelle le ministre des travaux publics aurait indûment renvoyé au préfet d'un autre département l'instruction d'une demande en règlement d'usine sur la rivière de l'Ourcq (cons. d'Et. 6 janv. 1865, aff. préfet de la Seine, D. P. 65. 3. 69).

144. Les ministres font au nom de l'Etat, chacun pour son département, les actes de gestion et d'administration patrimoniale que la nécessité requiert. A part les actes de gestion réservés aux préfets dans leurs départements, les ministres vendent, louent, intentent des actions judiciaires ou y défendent. C'est ainsi qu'ils passent des marchés de fournitures pour les différents services qui relèvent de leur autorité; que le ministre des finances soumissionne des emprunts, afferme des péages et vend des coupes de bois; que le ministre des travaux publics reçoit des soumissions de travaux publics, etc. Dans ces différents cas ils agissent comme le feraient des particuliers.

145. Les ministres approuvent ou réforment les actes des agents inférieurs placés sous leurs ordres. Par cette attribution, ils dominent l'action de ces agents et notamment des préfets. Pour l'exercice de ce contrôle ministériel, les particuliers menacés par un acte réglementaire d'un agent de l'administration peuvent en appeler au ministre (V. *infrà*, nos 355, 361). Mais il faut remarquer que ce droit pour les ministres de réformer des actes d'administration ne leur appartient qu'à l'égard des actes des autorités administratives qui sont sous leur dépendance. Ainsi le ministre de l'intérieur ne pourrait réformer un arrêté d'un conseil de préfecture ni la décision d'un jury de révision de la garde nationale. C'est au conseil d'Etat qu'il appartient de connaître des actes de cette nature.

146. Nous verrons (*infrà*, n° 697) que des délibérations des conseils généraux et des conseils municipaux ne peuvent être exécutées dans certains cas qu'après avoir été approuvées par le ministre de l'intérieur. Les délibérations approuvées reçoivent leur exécution; mais il ne résulte pas du droit de contrôle réservé au ministre que les délibérations qu'il ne croit pas devoir approuver pourraient être réformées par lui. Nous nous expliquerons sur ce point en traitant des conseils généraux.

147. Dans les cas où les particuliers usent du droit qu'ils ont de déférer au ministre l'acte d'un agent administratif, aucun délai n'est fixé ni aucune forme de procédure n'est exigée pour l'exercice de leur recours. Il en est ainsi même quand il s'agit d'un acte de contentieux administratif.

148. Les ministres, comme chefs de l'administration, liquident, chacun dans son département, les dettes de l'Etat. Cette attribution résulte pour eux des lois des 8 août 1790, 24 sept. 1814 et 28 avr. 1816. L'ordonnance du 31 mai 1838 en a formulé le principe. C'est une règle établie par la jurisprudence du conseil d'Etat que toutes les fois qu'une loi n'a pas réservé expressément la connaissance d'une action à intenter contre l'Etat aux tribunaux civils ou administratifs, cette action doit être portée devant le ministre dans les attributions duquel se trouve le service pour lequel la dette est née. Quand la dette ne se rattache à aucun service spécial, l'action est portée devant le ministre des finances (M. Dufour, t. 1, nos 163 et 167; V. Trésor publ., nos 549 et suiv.). — Même dans le cas où une loi a réservé expressément la connaissance d'une action contre l'Etat aux tribunaux civils ou administratifs, c'est le ministre que la matière concerne qui doit en faire la liquidation. Le tribunal constitué juge par la loi ne prononce alors que sur le titre de la créance; mais cette décision ne fait pas obstacle à ce que le ministre chargé de la liquidation ne fasse l'application des lois spéciales de déchéance sur l'arriéré des dettes de l'Etat, s'il y a lieu. — V. Trésor pub., nos 557 et suiv.

149. C'est aux ministres qu'il appartient de connaître de toutes les contestations relatives aux marchés de fournitures faites à leurs ministères. Cette règle ne souffrirait d'autres exceptions que celles qui seraient expressément écrites dans les lois spéciales. La compétence des ministres résulte virtuellement du décret du 11 juin 1806 sur l'organisation du conseil d'Etat. Jusqu'alors la connaissance des contestations nées de marchés de fournitures appartenait aux tribunaux civils. Mais il ne paraît pas que les fournisseurs et l'Etat eussent à se louer de cette juridiction. Les tribunaux civils, étrangers aux choses de l'administration, prononçaient trop souvent sans avoir des lumières spéciales suffisantes (M. Serrigny, t. 2, nos 977 et 978). Le décret du 11 juin 1806 (art. 14) attribua au conseil d'Etat la connaissance « de toutes contestations ou demandes relatives soit aux marchés passés avec les ministres, avec l'intendant de la maison impériale, ou en leur nom, soit aux marchés ou fournitures faites pour le service de leurs départements respectifs pour le service personnel de l'empereur ou celui de sa maison. » — Cette disposition du décret transportait la juridiction en matière de marchés de fournitures, de l'ordre civil à l'ordre administratif; mais il restait à savoir quel serait désormais le juge du premier degré. L'art. 4 de la loi du 28 pluv. an 8 n'attribuant une compétence aux conseils de préfecture que pour les contestations élevées entre « les entrepreneurs de travaux publics et l'administration, » la jurisprudence proclama dans de nombreuses décisions que le juge du premier degré était le ministre que la fourniture concernait. Il est vrai qu'un arrêté du 19 therm. an 9 semble constituer le préfet juge du premier degré dans les questions que font naître les marchés de fournitures; mais, en réalité, le préfet ne prend alors qu'une mesure provisoire, non exécutoire par elle-même, et n'ayant pas, comme le dit, avec raison, M. Serrigny (*loc. cit.*), l'autorité de la chose jugée.—V. Marché de fournit., nos 130 et suiv.

150. Les ministres liquident les pensions des fonctionnaires et agents de leur département. Tout fonctionnaire ou agent qui a droit à une pension, doit en adresser la demande au ministre dans le département duquel se trouve le service où il était attaché au moment de la cessation de ses fonctions (décr. 27 fév. 1811, art. 6). Si cette demande est accueillie, le ministre propose au chef de l'Etat un décret qui la règle (L. 25 mars 1817, art. 26, et ord. 2 août 1820, art. 20). Si elle ne doit pas être accueillie, le ministre exprime son refus par une décision ministérielle. Cette décision est contentieuse de sa nature, et par conséquent peut être l'objet d'un recours devant le conseil d'Etat. — V. Pension, nos 93 et suiv., 192 et suiv.

151. Les décisions au contentieux sont une partie notable des attributions ministérielles. La loi du 27 avr.-25 mai 1791 et la constitution de l'an 3 reconnaissaient implicitement aux ministres le pouvoir de connaître des réclamations que soulevaient leurs actes. La loi du 28 pluv. an 8, qui a organisé les conseils de préfecture, a défini dans son art. 4 les matières qui relèvent de la juridiction de ces conseils. Comme cet art. 4 de la loi du 28 pluv. an 8 est loin de comprendre toutes les matières administratives qui peuvent donner lieu à des réclamations contentieuses, on en a conclu que sur toutes celles où il ne s'est pas expliqué, les ministres sont juges de droit, à moins que les lois spéciales n'en aient attribué la connaissance à quelque autre autorité (V. Cons. d'Et. 17 mai 1851, aff. Doumas, *infrà*, n° 268). — Un projet de loi sur l'organisation des conseils de préfecture qui devait être soumis au pouvoir législatif en 1851, portait (art. 12) : « Les conseils de préfecture prononcent sur toutes les matières du contentieux administratif dont la connaissance n'est pas déférée par les lois à une autre autorité administrative. » Ce projet de loi n'ayant pas abouti et la récente loi du 21 juin 1865 n'ayant rien statué sur la juridiction générale du conseil de préfecture, peut-être y a-t-il là de nouvelles raisons pour reconnaître, avec des écrivains compétents, et contrairement à l'opinion que nous avons cru pouvoir émettre v° Compét. admin., n° 354; qu'en principe, le juge ordinaire, pour le contentieux administratif, c'est le ministre (MM. Cabantous, n° 364; Dufour, t. 1, n° 171).

152. Les réclamations adressées aux ministres en matière contentieuse ne sont soumises à aucune forme. La raison en est, comme le dit M. Serrigny (t. 2, n° 985), que les ministres ne sont jamais que des administrateurs qui, dans le cours de leurs opérations, sont exposés à prendre des décisions qui blessent des droits privés. On s'est accoutumé, dit le même auteur, à voir dans ces actes des apparences de jugements. L'analogie, dans la voie du recours, ne doit pas s'étendre à la procédure dans la forme de l'instruction. Aller au delà, ce serait entraver et rendre impossible l'administration. Les ministres doivent conserver la liberté de leurs mouvements, sous la seule garantie de leur responsabilité et du recours au conseil d'Etat. » — Le plus ordinairement la réclamation est introduite par le dépôt d'un mémoire avec les pièces à l'appui. Ce mémoire est enregistré au ministère. — L'art. 5 du décret des 2-11 nov. 1864 est ainsi conçu : « Les ministres font délivrer aux parties intéressées qui le demandent un récépissé constatant la date de la réception et de l'enregistrement au ministère de leur réclamation. — Dans les départements, la réclamation est déposée à la préfecture, et le préfet la transmet au ministre. »

153. De même que la réclamation et l'instruction ne sont soumises à aucunes formes légales, aucune forme aussi n'est exigée pour que la décision soit valablement rendue. L'art. 6 du décret du 2 nov. 1864 exige seulement que cette décision soit spéciale. Le ministre consulte ordinairement les agents de son administration, et souvent aussi le comité administratif du conseil d'Etat, dont la matière relève. Avant le décret du 2 nov. 1864, sa décision résultait quelquefois d'un simple *approuvé* apposé sur le rapport du fonctionnaire ou agent qui avait été chargé de l'examen de la réclamation. Quand la réclamation avait une certaine importance et qu'un comité du conseil d'Etat avait été consulté, la décision revêtait une forme en apparence plus régulière; elle visait alors le texte de loi appliqué, les pièces qui avaient été produites, et contenait des considérants et un dispositif. Depuis le décret du 2 nov. 1864, un simple *approuvé* sur un rapport ne paraîtrait pas suffire pour la régularité d'une décision ministérielle.

154. Les décisions ministérielles sont exécutoires comme les jugements, mais elles ne contiennent ni visa ni mandements d'exécution, attendu qu'émanant de l'ordre administratif elles sont exécutoires en quelque sorte virtuellement (avis du cons. d'Etat des 16-25 therm. an 12, V. Privil. et hyp., p. 46, et 24 mars 1812, V. Commune, n° 135-1°). Nous avons déjà dit (n° 141) qu'elles sont assimilées aux jugements quant à l'autorité de la chose qu'elles ont jugée et à l'hypothèque judiciaire. Aucune forme spéciale n'était exigée pour leur notification. L'art. 6 du décret du 2 nov 1864 a comblé une lacune en disposant que ces décisions sont notifiées administrativement aux parties intéressées. — Les décisions ministérielles qui prononcent une condamnation de payer une somme d'argent sont transmises au ministre des finances, chargé par ses fonctions de recouvrer toutes les créances de l'Etat. Le ministre des finances décerne alors contre la partie condamnée une contrainte que l'agent judiciaire du trésor est chargé d'exécuter (V. Trésor pub., n°s 772 s.).

155. Le ministre peut rapporter les décisions qu'il a prises soit en matière administrative, soit même en matière contentieuse, pourvu cependant qu'en les rapportant il ne porte pas atteinte à un droit acquis. Il porterait atteinte à un droit acquis s'il rapportait en matière contentieuse une décision qui aurait reconnu comme fondée la réclamation d'un particulier. Ce particulier pourrait alors se prévaloir de l'autorité de la chose jugée.

156. Les décisions ministérielles en matière contentieuse sont susceptibles d'opposition de la part de la partie qui aurait encouru une condamnation sans avoir produit de défense. — Il a été décidé à cet égard que le ministre saisi par une partie, conformément au décret du 25 mars 1852, sur la décentralisation, du recours contre un arrêté préfectoral rendu en vertu de ce décret, n'est point tenu, avant de statuer, de mettre les autres parties intéressées au maintien de cet arrêté en demeure de produire leurs moyens de défense, mais que ces parties conservent la faculté de présenter leurs réclamations au ministre, à l'effet d'obtenir une nouvelle décision (Cons. d'Et. 4 avr. 1856, aff. Fournet, D. P. 56. 3. 61). — Elles sont aussi susceptibles du recours par la voie de la tierce opposition de la part des tiers qui n'ayant pas été parties dans la réclamation auraient à se plaindre d'un dommage éventuel que la décision des ministres pourrait leur causer. L'opposition et la tierce opposition se forment par de simples mémoires. Conformément au droit commun, elles sont recevables jusqu'à l'exécution de la décision.

157. Les ministres statuent quelquefois au contentieux comme juges de second degré; ils doivent alors statuer dans le délai de quatre mois. L'art. 7 du décr. du 2 nov. 1864 dispose : « Lorsque les ministres statuent sur des recours contre les décisions d'autorités qui leur sont subordonnées, leur décision doit intervenir dans le délai de quatre mois à dater de la réception de la réclamation au ministère. Si des pièces sont produites ultérieurement par le réclamant, le délai ne court qu'à dater de la réception de ces pièces. Après l'expiration de ce délai, s'il n'est intervenu aucune décision, les parties peuvent considérer leur réclamation comme rejetée et se pourvoir en conseil d'Etat. »

158. Les décisions ministérielles définitives en matière contentieuse peuvent être déférées au conseil d'Etat par la voie de l'appel, dans les trois mois du jour où la partie en a eu connaissance. Il en est ainsi soit que le ministre ait prononcé comme juge de premier degré, soit qu'il ait prononcé, comme juge de second degré, sur le recours dirigé contre un arrêté préfectoral rendu en matière contentieuse (V. Cons. d'Et., n° 107). — Mais il faut que la matière soit contentieuse. — Il a été jugé qu'une lettre par laquelle le ministre des finances déclare au ministre de l'intérieur et au préfet représentant le département, que des bâtiments, précédemment affectés au service de la cour impériale, appartiennent à l'Etat, et qu'en conséquence il en ordonne la prise de possession par l'administration des domaines, ne constitue pas une décision contentieuse proprement dite, qui doive être attaquée par le département dans les trois mois de la notification au préfet (cons. d'Et. 3 juin 1858, M. Gaslonde, rap., aff. dép. des Basses-Pyrénées *C.* dom.).

159. On s'est demandé si les décisions ministérielles rendues au contentieux peuvent être déférées au conseil d'Etat quand elles peuvent être attaqués par la voie de l'opposition et de la tierce opposition. Il faudrait répondre négativement, si l'on s'en tenait à la rigueur des principes, par application des règles du droit commun (M. Dufour, t. 1, n° 186). Mais, dans le doute qui s'élèvera assez fréquemment de savoir si telle décision doit être considérée comme étant ou n'étant pas rendue par défaut, les parties agiront prudemment en usant du recours devant le conseil d'Etat afin de ne pas encourir de déchéance (V. Cons. d'Et., n° 125). — Quoi qu'il en soit, le recours n'est jamais recevable quand une opposition a été formée et est encore pendante (cons. d'Et. 22 août 1830, M. Bouchené-Lefer, rap., aff. Giblain).

160. Le recours est recevable pour incompétence, excès de pouvoir, violation de la loi et pour mal jugé au fond. — Comme aucun taux n'est fixé pour l'exercice du recours devant le conseil d'Etat, quelle que soit la décision qu'on lui défère, il en résulte que toute décision ministérielle peut être attaquée quelque peu important que soit le litige que le ministre a jugé (M. Serrigny, t. 2, n° 997; V. Cons. d'Et. n° 107). — Mais le recours au conseil d'Etat n'étant recevable que contre les décisions définitives, il s'ensuit qu'une partie ne pourrait déférer au conseil d'Etat une décision ministérielle qui ne serait qu'une mesure d'instruction, et qui, intervenue en matière civile, ne pourrait être considérée que comme un jugement préparatoire (cons. d'Et. 23 mai 1834, V. Dom. de l'Etat, n° 161). — V. Cons. d'Etat, n° 197.

161. La juridiction ministérielle est d'ordre public comme toute autre juridiction. L'Etat et les particuliers ne peuvent pas plus y déroger qu'ils ne pourraient déroger à tout autre ordre de juridiction. — C'est ainsi qu'il a été jugé que l'Etat devant être assimilé à un mineur, les contestations nées d'un marché de fournitures ne peuvent être enlevées par une clause compromissoire à la juridiction ministérielle et remises à des arbitres (cons. d'Et. 17 nov. 1824 ; 17 août 1825, V. Marché de fournit., n° 132).

Sect. 3. — *Du conseil d'État.*

162. La composition, les attributions du conseil d'Etat ont déjà été dans notre Répertoire l'objet d'un travail assez étendu (V. Conseil d'Etat). Mais ce travail, composé et publié sous l'empire de la loi du 3 mars 1849, n'est plus en rapport avec les règles d'organisation auxquelles ce grand corps de l'Etat a été soumis depuis le rétablissement du régime impérial. C'est donc une nécessité pour nous de revenir sur ce sujet et d'exposer les dispositions organiques et réglementaires qui ont remplacé la loi du 3 mars 1849 aujourd'hui abrogée.

Art. 1. — *De l'organisation du conseil d'Etat.*

163. Aux termes de l'art. 3 de la constitution du 14 janv. 1852, le conseil d'Etat est le second pouvoir au moyen desquels l'empereur gouverne. Cette constitution a posé dans ses art. 47 à 53 les bases de l'organisation du conseil d'Etat, que le décret organique du 25 janv. 1852, le décret portant règlement intérieur du conseil d'Etat du 30 janv. 1852, le sénatus-consulte du 25 déc. 1852 et le décret du 25 nov. 1853 ont développées. L'art. 47 de la constitution fixe à quarante le nombre des conseillers d'Etat en service ordinaire. L'art. 48 dispose qu'ils sont nommés par l'empereur et révocables par lui. L'art. 49 déclare que le conseil d'Etat est présidé par l'empereur et en son absence par un vice-président qu'il désigne.

164. Aux termes du décret du 25 janv. 1852, le conseil d'Etat se composait d'un vice-président, de quarante à cinquante conseillers d'Etat en service ordinaire, de conseillers d'Etat en service hors section dont le nombre ne pouvait excéder celui de quinze, fixé depuis à vingt par le décret du 4 nov. 1863 ; de conseillers d'Etat en service extraordinaire dont le nombre ne peut s'élever au delà de vingt ; de quarante maîtres des requêtes divisés en deux classes de vingt chacune ; de quarante auditeurs divisés en deux classes de vingt chacune, mais portés de quarante à quatre-vingts par le décret du 25 nov. 1853 ; plus un secrétaire général ayant titre et rang de maître des requêtes. Cependant les décrets qui ont nommé des secrétaires généraux leur ont attribué personnellement le titre et le rang de conseiller d'Etat.

165. Le sénatus-consulte du 25 déc. 1852 a apporté quelque modification au décret du 25 janvier précédent. L'empereur n'est plus président de droit, comme l'était le président de la République. Depuis ce sénatus-consulte, le conseil d'Etat a son président, et ce n'est plus pour l'empereur qu'une faculté de le présider lui-même, s'il le juge convenable. Les ministres ont rang, séance et voix délibérative au conseil d'Etat (décr. 25 janv. 1852, art. 3). Le président du conseil d'Etat a titre et rang de ministre. Chacune des six sections entre lesquelles le conseil d'Etat se divise, comme nous le verrons, a un président.

Un décret du 18 oct. 1863 a créé, indépendamment des présidents de section, trois vice-présidents du conseil d'Etat. Les vice-présidents de conseil d'Etat, en l'absence du ministre président du conseil d'Etat et sur sa désignation, président les assemblées générales et les assemblées de sections réunies. On peut bien penser que ce n'est pas en réalité pour ces fonctions à exercer si rarement et si éventuellement que les vice-présidents du conseil d'Etat ont été créés. Leurs véritables fonctions consistent à partager devant le sénat et le corps législatif la défense de la politique impériale, avec le ministre d'Etat (*ibid.*, art. 2).

166. Le service ordinaire hors section et le service extraordinaire ne se confondent pas. Le service ordinaire hors section se compose de conseillers choisis parmi les secrétaires généraux, les directeurs et autres principaux fonctionnaires attachés aux différents ministères ou même à l'ordre judiciaire. Ils ne reçoivent aucun traitement ou indemnité (décr. 25 janv. 1852, art. 7). — Les fonctions des conseillers d'Etat en service ordinaire hors section consistent à prendre part aux délibérations de l'assemblée générale du conseil. Par ce moyen le conseil d'Etat, comme corps politique, se trouve en rapport avec les principaux services publics, et les nécessités auxquelles ces services sont soumis, les changements qu'ils requièrent, les besoins que les circonstances font naître, viennent retentir dans son sein. — Les conseillers d'Etat en service extraordinaire, au contraire, ne participent pas aux délibérations ordinaires de l'assemblée générale ni des sections. Ils ne peuvent être appelés à ces délibérations qu'en vertu d'un décret particulier, et seulement pour l'affaire à raison de laquelle ils sont convoqués (décr. 25 janv. 1852, art. 9). — Le titre de conseiller d'Etat en service extraordinaire est conféré par l'empereur aux conseillers d'Etat en service ordinaire ou hors section qui cessent de remplir ces fonctions (décr. 25 janv. 1852, art. 8).

167. Les maîtres des requêtes de première et de seconde classe exercent en réalité les mêmes fonctions ; ils ne diffèrent que par le traitement. Il en est de même des auditeurs de première et de seconde classe : les premiers reçoivent un traitement, les seconds n'en ont aucun (V. n° 170). — Le décret du 25 nov. 1853 a créé les titres de maîtres des requêtes et d'auditeurs en service extraordinaire. Les maîtres des requêtes en service extraordinaire sont choisis parmi les maîtres des requêtes qui cessent d'appartenir au service ordinaire ; les auditeurs en service extraordinaire sont nommés parmi les fonctionnaires obligés par leurs fonctions à résider hors de Paris. Néanmoins les auditeurs qui viennent à être nommés secrétaires généraux de préfecture, sous-préfets, attachés de légation permanente, peuvent être autorisés par l'empereur à conserver le titre d'auditeurs en service extraordinaire (décr. 25 nov. 1853, art. 6).

168. Les fonctions de conseiller d'Etat en service ordinaire et celles de maître des requêtes sont incompatibles avec la dignité de sénateur, le caractère de député au corps législatif et avec toute fonction publique salariée. Néanmoins les officiers généraux de terre et de mer peuvent être conseillers d'Etat en service ordinaire. Dans ce cas, ils sont pendant toute la durée de leurs fonctions considérés comme étant en mission hors cadre, et ils conservent leurs droits à l'ancienneté (décr. 25 janv. 1852, art. 6).

169. Le conseil d'Etat a été divisé en six sections par le décret du 25 janv. 1852 : section de législation, justice et affaires étrangères ; section du contentieux ; section de l'intérieur, de l'instruction publique et des cultes ; section des travaux publics, de l'agriculture et du commerce ; section de la guerre et de la marine ; section des finances (décr. 25 janv. 1852, art. 10). —Le décret organique du 25 janv. 1852 avait réservé au pouvoir exécutif, c'est-à-dire à l'empereur, le droit de modifier cette division par un nouveau décret. Il en a usé par le décret des 5-19 oct. 1864, ainsi conçu : — « Art. 1. La section des finances sera chargée, à l'avenir, de l'examen des affaires afférentes aux directions de l'agriculture, du commerce intérieur et du commerce extérieur au ministère de l'agriculture, du commerce et des travaux publics, et de la rédaction des projets de loi qui se rapportent aux matières rentrant dans les attributions desdites directions. Elle prendra le nom de *section des finances, de l'agriculture et du commerce.* — Art. 2. La section des travaux publics sera chargée, à l'avenir, de l'examen des affaires afférentes aux services placés par l'art. 3 du décret du 23 juin 1863 dans les attributions du ministère de la maison de l'empereur et des beaux-arts, et de la rédaction des projets de lois qui se rapportent auxdits services. Elle prendra le nom de *section des travaux publics et des beaux-arts.* » — Le nombre des sections est resté le même, mais les attributions de la section des finances et de celle des travaux publics ont été modifiées. — Chaque section est présidée par un conseiller d'Etat en service ordinaire nommé par l'empereur président de section (décr. 25 janv. 1852, art. 11).

170. Le président du conseil d'Etat a le titre d'excellence ; il est logé aux frais de l'Etat et reçoit un traitement de 100,000 fr. (décr. 28 janv., 24 oct. et 30 déc. 1852), et 30,000 fr. pour frais de représentation (décr. 16 juin 1854, D. P. 54. 4. 130). Les traitements des autres membres du conseil d'Etat sont : pour les vice-présidents, 60,000 fr. ; pour les présidents de section, 35,000 fr. ; pour les conseillers d'Etat, 25,000 fr. ; pour les maîtres de requêtes de première classe, 10,000 fr. ; pour les maîtres de requêtes de deuxième classe, 6,000 fr. ; pour les auditeurs de première classe, 2,000 fr. ; pour le secrétaire général du conseil d'Etat, 25,000 fr. Les auditeurs de seconde classe n'ont aucun traitement (décr. 25 janv. 1852, art. 25).

171. La constitution du 14 janv. 1852 (art. 3) se bornait à poser le principe que le conseil d'Etat est le second pouvoir au moyen duquel l'empereur gouverne. Les art. 50 et 51 portaient que « le conseil d'Etat est chargé, sous la direction de l'empereur, de rédiger les projets de lois et les règlements d'administration publique et de résoudre les difficultés qui s'élèvent en matière d'administration ; qu'il soutient au nom du gouvernement la discussion des projets de lois devant le sénat et le corps législatif. »—Le décret organique du 25 janv. 1852 a défini les attributions du conseil d'Etat. L'art. 1 de ce décret est ainsi conçu : « Le conseil d'Etat, ..., rédige les projets de loi et en soutient la discussion devant le corps législatif. — Il propose les décrets qui statuent : 1° sur les affaires administratives dont l'examen lui est déféré par des dispositions législatives ou réglementaires; 2° sur le contentieux administratif; 3° sur les conflits d'attributions entre l'autorité administrative et l'autorité judiciaire. Il est nécessairement appelé à donner son avis sur tous les décrets portant règlement d'administration publique ou qui doivent être rendus dans la forme de ces règlements. — Il connaît des affaires de haute police administrative à l'égard des fonctionnaires dont les actes sont déférés à sa connaissance par l'empereur. — Enfin, il donne son avis sur toutes les questions qui lui sont soumises par l'empereur ou par les ministres. » — Nous n'avons pas à parler ici des attributions du conseil d'Etat en matière politique, mais seulement de ses attributions administratives.

ART. 2. — *De l'assemblée générale.*

172. Les délibérations du conseil d'Etat ont lieu en assemblée générale ou en assemblées de sections. L'assemblée générale se compose de toutes les sections réunies; elle est ordinairement présidée par le président du conseil d'Etat; elle pourrait l'être aussi, d'après l'art. 11, décr. 30 janv. 1852, par un président de section désigné à cet effet. Aujourd'hui l'assemblée générale est présidée par un des vice-présidents institués par le décret du 18 oct. 1863 sur la désignation du ministre président du conseil d'Etat et en son absence. Il arrive quelquefois, mais très-rarement, qu'elle est présidée par l'empereur; dans ce cas, elle a lieu au palais des Tuileries. Les conseillers d'Etat, les maîtres des requêtes et les auditeurs de première classe assistent aux assemblées générales. Quand l'assemblée générale est présidée par l'empereur, les auditeurs de première classe peuvent y assister, mais seulement en vertu d'une autorisation expresse (décr. 25 janv. 1852, art. 12). A l'assemblée générale, tout membre du conseil d'Etat doit être revêtu de son costume; les conseillers d'Etat portent le petit uniforme (décr. 30 janv. 1852, art. 10).

173. Les délibérations sont prises, en assemblée générale, à la majorité des voix (décr. 25 janv. 1852, art. 12). Elles ne peuvent avoir lieu qu'autant que vingt membres ayant voix délibérative, non compris les ministres, sont présents. En cas de partage, la voix du président est prépondérante (*Ibid.*, art. 13). Les délibérations ont lieu sur un rapport fait par un conseiller d'Etat, s'il s'agit d'un projet de loi ou d'une affaire importante, et sur le rapport d'un maître des requêtes s'il s'agit d'une affaire de moindre importance (*Ibid.*, art. 12).—Les règlements ne déterminent pas les caractères auxquels on peut reconnaître les affaires importantes; il résulte que l'importance plus grande ou moindre des affaires est laissée à l'appréciation des présidents chargés de les distribuer.

174. Le président dirige les débats et pose les questions à résoudre. Aucun membre ne peut prendre la parole sans l'avoir obtenue. Le vote a lieu par assis et levé. En cas de doute, il a lieu sur l'appel nominal (décr. 30 janv. 1852, art. 11). Tous les conseillers d'Etat ont naturellement voix délibérative. Quant aux maîtres des requêtes, ils ont voix consultative dans toutes les affaires et voix délibérative seulement dans celles où ils sont rapporteurs (décr. 25 janv. 1852, art. 12).

175. Nous venons de dire que les rapports étaient faits à l'assemblée générale par des conseillers d'Etat et des maîtres des requêtes, et que les auditeurs de première classe pouvaient y assister, excepté le cas où l'assemblée est présidée par l'empereur, auquel cas ils ne peuvent assister à l'assemblée qu'en vertu d'une autorisation expresse. Il résulte implicitement de cette manière de procéder que l'assistance des auditeurs de première classe à l'assemblée générale est purement passive, et qu'ils ne peuvent y prendre la parole. Du silence de la loi à leur égard, il faut également induire qu'à la différence des maîtres des requêtes, qui ont voix consultative dans toutes les affaires et voix délibérative dans les affaires où ils sont rapporteurs, les auditeurs de première classe n'ont ni voix délibérative ni voix consultative dans aucune affaire à l'assemblée générale.

176. Il est dressé procès-verbal de toute séance du conseil d'Etat en assemblée générale. Le procès-verbal contient les noms des conseillers d'Etat présents. Les conseillers d'Etat et les maîtres des requêtes qui sont empêchés de se rendre à la séance doivent en prévenir d'avance le président du conseil d'Etat. En cas d'urgence, les rapporteurs empêchés doivent, de l'agrément du président de la section, remettre l'affaire dont ils sont chargés à l'un de leurs collègues (décr. 30 janv. 1852, art. 12). — Si l'assemblée a eu pour objet la préparation d'un décret, le décret qui s'ensuit doit porter la mention : *Le conseil d'Etat entendu.*

177. Ni le décret organique du 25 janvier, ni celui du 30 janv. 1852 ne déterminent le caractère des affaires qui doivent être portées à l'assemblée générale du conseil d'Etat. Mais l'art. 13 de ce dernier décret les énumère. Il est ainsi conçu : — « Sont portés à l'assemblée générale du conseil d'Etat,—Les projets de loi et les projets de règlement d'administration publique; — Les projets de décrets qui ont pour objet : 1° l'enregistrement des bulles et autres actes du Saint-Siége; — 2° Les recours pour abus; — 3° Les autorisations de congrégations religieuses et la vérification de leurs statuts; — 4° Les prises maritimes; — 5° Les concessions de portions du domaine de l'Etat et les concessions de mines, soit en France, soit en Algérie; — 6° L'autorisation ou la création d'établissements d'utilité publique fondés par les départements, les communes ou les particuliers; — 7° L'établissement des routes départementales, des canaux et chemins de fer d'embranchements qui peuvent être autorisés par décret du pouvoir exécutif; — 8° La concession de dessèchement; — 9° La création de tribunaux de commerce et de conseils de prud'hommes; la création ou la prorogation des chambres temporaires dans les cours ou tribunaux; — 10° L'autorisation des poursuites intentées contre les agents du gouvernement; — 11° Les naturalisations, révocations et modifications des autorisations accordées à des étrangers d'établir leur domicile en France; — 12° L'autorisation aux établissements d'utilité publique, aux établissements ecclésiastiques, aux congrégations religieuses, aux communes et départements, d'accepter des dons et legs dont la valeur excéderait 50,000 fr.; — 13° Les autorisations de sociétés anonymes, tontines, comptoirs d'escompte et autres établissements de même nature; — 14° L'établissement de ponts avec ou sans péage; — 15° Le classement des établissements dangereux, incommodes ou insalubres; la suppression de ces établissements dans les cas prévus par le décret du 15 oct. 1810; — 16° Les tarifs des droits d'inhumation dans les communes de plus de 50,000 âmes; — 17° Les établissements ou suppression de tarifs d'octroi et les modifications à ces tarifs; — 18° L'établissement de droits de voirie dans les communes de plus de 25,000 âmes; — 19° Les caisses des retraites des administrations publiques départementales ou communales; — 20° Les diverses affaires qui, n'étant pas désignées dans le présent article, sont, après examen par une section, renvoyées à l'assemblée générale par ordre de l'empereur, — 21° Enfin les affaires qu'à raison de leur importance, les présidents de section, d'office ou sur la demande de la section, croient devoir renvoyer à l'examen de ladite assemblée ainsi que celles sur lesquelles le gouvernement demande qu'elle soit appelée à délibérer. »

Mais un décret récent des 7-14 sept. 1864 a modifié les §§ 7, 11, 13 et 14 de cet article. Ce décret est ainsi conçu : « Ne sont plus portés à l'assemblée générale du conseil d'Etat, sauf les exceptions contenues dans les §§ 20 et 21 de l'art. 13 de notre décret du 30 janv. 1852, et sont délibérés par les diverses sections administratives auxquelles l'examen préparatoire en était attribué, les projets de décrets dont l'objet est ci-après indiqué : — 1° Les naturalisations accordées aux étrangers qui remplissent les conditions exigées par l'art. 1 de la loi des 3-11 déc. 1849 et les révocations et modifications des autorisations accordées à des étrangers d'établir leur domicile en France; — 2° Les autorisations de prises d'eau sur les canaux et rivières du domaine public qui ne rentrent pas dans les attributions des pré lets; — 3° L'établissement des bureaux publics pour le conditionnement des soies, laines et autres matières textiles; — 4° L'établissement des ponts communaux avec péage. » — On remarquera que les projets de décrets sur les quatre matières indiquées ici peuvent toujours être renvoyées exceptionnellement à l'assemblée générale, sur la demande du gouvernement ou par les présidents de la section à laquelle ils sont attribués, soit d'office, soit sur la demande de la section.

178. Le secrétaire général du conseil d'Etat doit dresser pour chaque séance de l'assemblée générale un rôle des affaires qui doivent y être portées. Ce rôle se divise en deux parties; les affaires sont toutes du *grand ordre* ou du *petit ordre*. Les affaires du grand ordre sont les projets de loi et les règlements d'administration publique; les affaires désignées sous les treize premiers numéros de l'art. 13 qui vient d'être transcrit; celles qui, après examen fait par une section, sont renvoyées à l'assemblée générale par ordre de l'empereur; celles comprises au n° 21 de l'art. 13, lorsque le président de la section ou le gouvernement demande qu'elles soient inscrites au rôle du grand ordre. — Les affaires du petit ordre sont toutes les autres affaires portées à l'assemblée générale.—Le rôle du grand ordre doit être imprimé et adressé aux conseillers d'Etat, aux maîtres des requêtes et aux auditeurs deux jours au moins avant la séance. Les affaires du petit ordre ne sont pas portées sur le rôle imprimé et distribué à l'avance; mais une affaire qui mériterait l'attention spéciale du conseil, quoique étant du petit ordre, pourrait être portée sur le rôle du grand ordre sur la demande du président de la section dont elle relève (décr. 30 janv. 1852, art. 15 et 16).

179. Sauf les cas d'urgence, l'impression et la distribution du rôle du grand ordre doivent être accompagnées de l'impression et de la distribution des documents nécessaires aux membres du conseil d'Etat pour l'examen des affaires qui y sont portées. Spécialement, les projets de loi et les règlements d'administration publique rédigés par les sections, ainsi que les amendements et avis proposés par les sections, doivent être imprimés et distribués avec le rôle du grand ordre, s'ils n'ont pu l'être auparavant; mais les autres documents ne sont imprimés que quand les sections le jugent nécessaire. Quand ils ne le sont pas, ils sont déposés au secrétariat général et tenus à la disposition des membres du conseil au plus tard le jour de la distribution du rôle imprimé (décr. 30 janv. 1852, art. 15).

180. L'art. 1 du décret du 25 janv. 1852 dispose que le conseil d'Etat « connaît des affaires de haute police administrative à l'égard des fonctionnaires dont les actes sont déférés à sa connaissance par l'empereur » et l'art. 16 ajoute : « seront observées à l'égard des fonctionnaires publics dont la conduite sera déférée au conseil d'Etat les dispositions du décret du 11 juin 1806. » Le titre 5 du décret du 11 juin 1806 a déterminé la forme de procéder en matière de haute police administrative. Nous renvoyons à cet égard au texte de ce décret dont les dispositions ne paraissent pas de nature à soulever des difficultés (V. Cons. d'Et., p. 80).

Art. 3. — *Des sections.*

181. Nous avons fait connaître la distribution du conseil d'Etat en six sections, cinq sections administratives et une section du contentieux. Chacune des cinq sections administratives se trouve être le conseil d'un ou de plusieurs ministères. Sur la demande du ministre que la matière concerne, les sections administratives émettent des avis, qui ont pour les agents de l'administration le caractère d'instructions. Mais, pour les ministres, le recours au conseil d'Etat pour en obtenir un avis, n'est jamais que facultatif.

182. L'art. 13 du décret du 30 janv. 1852 ayant donné la nomenclature des affaires qui doivent être portées à l'assemblée générale, toutes les autres affaires doivent être portées à la section administrative dans le ressort de laquelle elles rentrent (V. *suprà*, n° 177). Les art. 7, 8 et 9 du décret du 30 janv. 1852 déterminent ainsi les attributions des sections administratives : — « Art. 7. Les diverses sections administratives sont chargées de l'examen des affaires afférentes aux divers départements ministériels auxquelles elles correspondent. Elles sont également chargées, sur le renvoi de l'empereur, de rédiger les projets de loi qui se rapportent aux matières rentrant dans les attributions de ce département. Le vice-président du conseil d'Etat peut toujours réunir la section de législation à telle autre section spécialement chargée de la préparation d'une loi ou d'un règlement d'administration publique. — Art. 8. En outre des affaires qui lui sont déférées, la section de législation de justice et des affaires étrangères est chargée de l'examen des affaires relatives : 1° à l'autorisation des poursuites intentées contre les agents du gouvernement; et 2° aux prises maritimes. — Art. 9. Toutes les liquidations de pensions sont revisées par la section des finances. Cette section fait à l'assemblée générale le rapport des projets de règlements relatifs aux caisses de retraite des administrations publiques. » — Nous devons rappeler que l'empereur est toujours maître de renvoyer à l'assemblée générale l'examen des affaires qui par leur nature sont portées aux sections, mais qui par leur importance paraissent mériter un examen particulier. Les ministres et les présidents de sections ont le même droit (décr. 30 janv. 1852, art. 13, n°s 20 et 21).

183. Il est tenu dans chaque section deux rôles, l'un pour les affaires ordinaires, l'autre pour les affaires urgentes. Les affaires, selon le classement qui en est fait, sont inscrites sur chacun des deux rôles par ordre de date. A la différence de ce qui a lieu devant certaines juridictions, notamment à la cour de cassation, les affaires portées devant les sections ne sont pas classées par la loi elle-même en affaires ordinaires et en affaires urgentes. C'est le président de la section qui désigne les affaires qui soit par leur nature, soit à raison de circonstances particulières doivent être inscrites comme urgentes (décr. 30 janv. 1852, art. 1). Le président de section est ainsi maître du rôle.

184. C'est également le président de la section qui désigne le rapporteur pour chaque affaire; mais le président du conseil d'Etat ayant le droit de présider chaque section, peut à plus forte raison faire lui-même cette désignation dans chaque section (décr. 30 janv. 1852, art. 1). Les affaires distribuées sont inscrites à leur date, avec l'indication de leur nature, sur un registre particulier qui reste à la disposition du président de la section pendant la séance (*Ibid.* art. 2).

185. Le décret du 30 janv. 1852 exige la célérité dans l'instruction de toutes les affaires. Son art. 3 est ainsi conçu : — « Les rapporteurs doivent présenter leurs rapports dans le délai le plus bref et dans l'ordre déterminé par le président de la section. Les affaires portées au rôle comme urgentes sont toujours à l'ordre du jour; et, si l'instruction est terminée, le rapport doit être prêt au plus tard à la deuxième séance qui suit l'envoi des pièces. — Lorsqu'une affaire exige un supplément d'instruction, le rapporteur doit en entretenir la section au commencement de la première séance qui suit la remise du dossier entre ses mains; après la décision de la section; il prépare la correspondance et remet son travail au secrétaire de la section chargé de faire expédier. — La correspondance avec les ministres est signée par le président de section; en matière contentieuse, ainsi que pour les conflits, les actes d'instruction et les soit communiqué aux parties sont signés par le président de la section du contentieux. »

186. Le même décret du 30 janv. 1852 a pourvu comme suit au service de chacune des sections : — « Art. 4. Le secrétaire de chaque section tient note sur un registre spécial des affaires délibérées à chaque séance et de la décision prise par la section. Il y fait mention de tous les membres présents. Le secrétaire de la section du contentieux remplit également les fonctions de secrétaire à la séance publique du conseil d'Etat délibérant au contentieux, conformément à l'art. 19 du décret du 25 janvier; — Art. 5. Dans le cas de réunion de plusieurs sections, les lettres de convocation contiennent la notice des affaires qui doivent y être traitées. Le vice-président du conseil d'Etat préside les diverses réunions de sections. En son absence, la réunion est présidée par le président de la section qu'il désigne. — Art. 6. Aucune section ne peut délibérer si trois conseillers d'Etat au moins ne sont présents. En l'absence du président de la section, la présidence appartient au plus ancien ou, à défaut d'ancienneté, au plus âgé des conseillers d'Etat présents. »

187. La procédure devant le conseil d'Etat en matière contentieuse a été réglée par deux décrets des 11 juin et 22 juill. 1806 complétés par une ordonnance royale du 18 janv. 1826. Le décret du 2 nov. 1864 a apporté à la procédure dont les règles ont été exposées précédemment (V. Cons. d'Et., nos 287 et s.) quelques modifications. L'art. 1 de ce décret est ainsi conçu :— « Seront jugés sans autres frais que les droits de timbre et d'enregistrement : — Les recours portés devant le conseil d'Etat, en vertu de la loi des 7-14 oct. 1790, contre les actes des autorités administratives, pour incompétence ou excès de pouvoirs; — Les recours contre les décisions portant refus de liquidation ou contre les liquidations de pension. — Le pourvoi peut être formé sans l'intervention d'un avocat au conseil d'Etat, en se conformant, d'ailleurs, aux prescriptions de l'art. 1 du décret du 22 juill. 1806. » — Cet article du décret du 2 nov. 1864 a aussi étendu aux deux objets qu'il indique les dispenses de droits de greffe et du ministère d'un avocat au conseil d'Etat qui avaient déjà été exceptionnellement établies pour les pourvois dans des matières spéciales, notamment en matière de contributions directes et de police de roulage. Mais on remarquera que les pourvois dont il est ici question ne sont pas dispensés, comme ceux en matière de contributions directes, des droits de timbre et d'enregistrement.

188. L'art. 2 du même décret est ainsi conçu : « Les art. 130 et 131 c. pr. civ. sont applicables dans les contestations où l'administration agit comme représentant le domaine de l'Etat et dans celles qui sont relatives soit aux marchés de fournitures, soit à l'exécution des travaux publics, aux cas prévus par l'art. 4 de la loi du 28 pluv. an 8. »—Cet article a trait aux dépens faits devant le conseil d'Etat. Jusqu'à la loi du 3 mars 1849, art. 42, la jurisprudence du conseil avait établi que l'Etat plaidant sans frais devant le conseil d'Etat, il n'y avait pas lieu de condamner l'administration aux dépens envers la partie adverse quand l'administration avait succombé soit en demandant, soit en défendant. La loi précitée avait assimilé l'administration aux particuliers quant à la question des dépens; mais le décret de 1852, qui abrogeait expressément la loi de 1849, n'ayant pas reproduit la disposition de cette loi relative aux dépens, le conseil d'Etat en avait conclu que cette disposition ne pouvait plus être appliquée. Il avait décidé, en conséquence, par de nombreuses décisions, que, sous l'empire du décret de 1852, il n'y avait pas lieu de condamner l'Etat aux dépens lorsqu'il succombait dans une instance contentieuse portée devant le conseil d'Etat (V. notamment cons. d'Et. 27 fév. 1852, M. Gomel, rap., aff. Niocel, le premier des arrêts du conseil d'Etat qui l'a décidé ainsi, et les remarquables conclusions données dans cette affaire par le commissaire du gouvernement, M. Reverchon, Rec. de Lebon, 1852, p. 12 et s.).—Le décret précité de 1864 revient au principe adopté par la loi de 1849, avec moins de généralité cependant; il importe de remarquer en effet que, d'après le nouveau décret, l'Etat, quand il succombe, ne peut être condamné aux dépens que s'il s'agit au pourvoi d'un intérêt domanial, d'un marché ou de l'exécution de travaux publics. Dans tout autre cas, l'Etat, défendant un intérêt public, n'encourrait pas, en succombant, une condamnation aux dépens.

189. Jusqu'ici les oppositions aux décisions du conseil d'Etat rendues par défaut, les recours par la voie de la requête civile et le recours extraordinaire autorisé par le décret du 30 janv. 1852, art. 20, n'étaient soumis à aucun délai particulier. La partie qui avait obtenu une ordonnance de *soit communiqué* avait trois mois pour la faire notifier. Le décret du 2 nov. 1864 a fixé pour tous ces actes un délai uniforme de deux mois. Les art. 3 et 4 sont ainsi conçus : — « Art. 3. Les ordonnances de soit communiqué rendues sur des pourvois au conseil d'Etat doivent être notifiées dans le délai de deux mois, sous peine de déchéance; — Art. 4. Doivent être formés dans le même délai : — L'opposition aux décisions rendues par défaut, autorisée par l'art. 29 du décr. du 22 juill. 1806; — Les recours autorisés par l'art. 32 du même décret et par l'art. 20 du décret du 30 janv. 1852. » — L'art. 8, conçu dans le même esprit d'accélérer l'instruction des affaires contentieuses, dispose : — « Lorsque les ministres sont appelés à produire des défenses ou à présenter des observations sur des pourvois introduits devant le conseil d'Etat, la section du contentieux fixe, eu égard aux circonstances de l'affaire, les délais dans lesquels les réponses et observations doivent être produites. »

190. Parmi les changements qu'a subis le conseil d'Etat dans son organisation et ses attributions depuis sa réorganisation sous le consulat, les plus importants ont toujours porté sur le jugement des affaires contentieuses. L'ordonnance du 12 sept. 1839 et la loi du 19 juill. 1845 soumettaient ces affaires à un double examen. Chaque question était débattue à huis clos par la section du contentieux, puis portée en séance publique devant l'assemblée générale du conseil d'Etat. Sous le régime de la loi du 3 mars 1849, les affaires étaient portées seulement devant la section du contentieux et débattues en séance publique. Les décrets des 25 et 30 janv. 1852 les ont de nouveau soumises à un double examen. Mais le débat public qui précède le second examen, au lieu d'avoir lieu en assemblée générale, a lieu devant le même comité du contentieux, augmenté de dix conseillers pris dans les autres sections. Les dispositions du décret du 25 janv. 1852 sur le jugement des affaires contentieuses sont ainsi conçues : — « Art. 17. La section du contentieux est chargée de diriger l'instruction écrite et de préparer le rapport de toutes les affaires contentieuses ainsi que des conflits d'attributions entre l'autorité administrative et l'autorité judiciaire.— Elle est composée de six conseillers d'Etat, y compris le président, et du nombre de maîtres des requêtes et d'auditeurs déterminé par le règlement. — Elle ne peut délibérer si quatre au moins de ses membres ayant voix délibérative ne sont présents. — Les maîtres des requêtes ont voix consultative dans toutes les affaires, et voix délibérative dans celles dont ils sont rapporteurs. — Les auditeurs ont voix consultative dans les affaires dont ils font le rapport. — Art. 18. Trois maîtres des requêtes sont désignés par l'empereur pour remplir au contentieux administratif les fonctions de commissaires du gouvernement. — Ils assistent aux délibérations de la section du contentieux. — Art. 19. Le rapport des affaires est fait, au nom de la section, en séance publique de l'assemblée du conseil d'Etat délibérant au contentieux. — Cette assemblée se compose : 1° des membres de la section; 2° de dix conseillers d'Etat désignés par l'empereur et pris en nombre égal dans chacune des autres sections. — Ils sont tous les deux ans renouvelés par moitié. — Cette assemblée est présidée par le président de la section du contentieux. — Art. 20. Après le rapport, les avocats des parties sont admis à présenter des observations orales. — Le commissaire du gouvernement donne ses conclusions dans chaque affaire. — Art. 21. Les affaires pour lesquelles il n'y a pas eu constitution d'avocat ne sont portées en séance publique que si ce renvoi est demandé par l'un des conseillers d'Etat de la section ou par le commissaire du gouvernement, auquel elles sont préalablement communiquées et qui donne ses conclusions. — Art. 22. Les membres du conseil d'Etat ne peuvent participer aux délibérations relatives aux recours dirigés contre la décision d'un ministre, lorsque cette décision a été préparée par une délibération de la section à laquelle ils ont pris part. — Art. 23. Le conseil d'Etat ne peut délibérer au contentieux si onze membres au moins ayant voix délibérative ne sont présents. En cas de partage, la voix du président est prépondérante. — Art. 24. La délibération n'est pas publique. Le projet de décret est transcrit sur le procès-verbal des délibérations qui fait mention des noms des membres présents ayant délibéré. — L'expédition du projet est signée par le président de la section du contentieux et remise par le vice-président du conseil d'Etat à l'empereur. — Le décret qui intervient est contre-signé par le garde des sceaux, ministre de la justice. — Si ce décret n'est pas conforme au projet proposé par le conseil d'Etat, il est inséré au Moniteur et au Bulletin des lois. — Dans tous les cas, le décret est lu en séance publique. »

191. Ces dispositions du décret organique du conseil d'Etat ont été complétées par les dispositions suivantes du décret du 30 janv. 1852. — « Art. 17. Le rôle de chaque séance publique du conseil d'Etat est proposé par le commissaire du gouvernement, chargé de porter la parole dans la séance; il est arrêté par le président.—Ce rôle imprimé et contenant sur chaque affaire une notice sommaire, rédigée par le rapporteur, est distribué quatre jours au moins avant la séance à tous les conseillers d'Etat de service au conseil délibérant au contentieux, ainsi qu'aux maîtres des requêtes et auditeurs de la section du contentieux. — Il est également remis aux avocats dont les affaires doivent être appelées. — Art. 18. Les membres du conseil d'Etat doivent se rendre à la séance publique à l'heure indiquée par le rôle et en costume. Le secrétaire tient note des conseillers d'Etat présents et dont les noms doivent être inscrits au bas du décret à la délibération duquel ils ont pris part. — Art. 19. Tous les rapports au contentieux sont faits par écrit. — Les questions posées par les rapports sont communiquées sans déplacement aux avocats des parties quatre jours avant la séance. — Sont applicables à la tenue des séances publiques du conseil d'Etat les dispositions des art. 88 et suiv. c. pr. civ. — Art. 20. Le procès-verbal des séances mentionne l'accomplissement des dispositions des art. 17, 18, 19, 20, 21, 22, 23 et 24 du décret organique du 25 janvier. — Dans le cas où ces dispositions n'ont pas été observées, le décret qui intervient peut être l'objet d'un recours en révision, lequel est introduit dans les formes de l'art. 33 du règlement du 22 juill. 1806.—Art. 21. Les décrets rendus après délibération du conseil d'Etat délibérant au contentieux portent : — *Le conseil d'Etat au contentieux entendu...* — Les décrets rendus après délibération de la section du contentieux conformément aux dispositions de l'art. 21, mentionnent que la section a été entendue. — Au commencement de chaque séance, le secrétaire lit les décrets délibérés dans les séances précédentes et approuvés par l'empereur. — Ils sont déposés au secrétariat général, où les avocats et les parties sont admis à en prendre communication sans déplacement. »

192. Jusqu'en 1848, le jugement des conflits, qui n'est en réalité qu'un règlement de juges entre l'administration et les tribunaux ordinaires, appartenait au conseil d'Etat. L'art. 89 de la constitution de 1848 institua un tribunal spécial des conflits, composé de conseillers d'Etat et de membres de la cour de cassation, et le règlement du 26 oct. 1849 (art. 17 et 24) en régla la procédure (V. Conflit, nos 13, 193 et suiv., 234 et suiv.). — L'art. 1 du décret organique du 25 janv. 1852 a virtuellement aboli le tribunal des conflits, en chargeant le conseil d'Etat « de proposer les décrets qui statuent... sur les conflits d'attribution qui s'élèvent entre l'autorité administrative et l'autorité judiciaire. » Aux termes de l'art. 17 du même décret, la section du contentieux est chargée de diriger l'instruction écrite et de préparer le rapport de ces conflits. C'est donc aujourd'hui à l'empereur en conseil d'Etat qu'appartient le jugement des conflits. Nous devons renvoyer pour la procédure à ce qui a été expliqué vo Conflit, et aux règles établies par les décrets de 1852.

193. Toute personne ayant qualité, c'est-à-dire justifiant d'un intérêt sérieux, peut demander une expédition des actes, décrets et avis du conseil d'Etat. C'est alors au secrétaire général seul qu'il appartient de signer et certifier l'expédition de ces actes (décr. 30 janv. 1852, art. 23).

194. Le président nomme et révoque tous les employés du conseil d'Etat. Ceux qui font partie du secrétariat sont nommés par lui sur la proposition du secrétaire général (décr. 30 janv. 1852, art. 22). La bibliothèque du conseil d'Etat est placée sous sa direction (*ibid.*, art. 24).

CHAP. 4. — De l'organisation départementale.

Sect. 1. — *De la circonscription du département, de l'arrondissement et du canton.*

195. L'art. 1 de la loi du 22 déc. 1789 est ainsi conçu : « Il sera fait une nouvelle division du royaume en départements, tant pour la représentation que pour l'administration. « Le rapport de Thouret à l'assemblée constituante (22 sept. 1789) exposait que le territoire de la France comprenait alors 26,000 lieues carrées, et comme on avait décidé que le nombre des départements serait de quatre-vingt-quatre, chaque département, pour avoir une étendue à peu près égale, devait être d'environ 320 lieues carrées. Le décret du 26 fév.-4 mars 1790 fixa à quatre-vingt-trois le nombre des départements, et en donna le tableau avec l'indication de la ville chef-lieu. Dans la fixation des limites de chaque département, l'assemblée constituante se détermina par des considérations tirées de l'étendue du territoire, de l'importance de la population et de la quotité proportionnelle des contributions directes. On prit aussi en considération la configuration du territoire dans les différentes localités. Cette division n'a pas changé, quoique la circonscription de plusieurs départements ait été successivement modifiée. Seulement les conquêtes du premier empire avaient eu pour résultat d'augmenter considérablement le nombre des départements; il était de quatre-vingt-dix-huit dans le tableau annexé à la loi du 28 pluv. an 8, et de cent huit dans le tableau publié par l'arrêté consulaire du 25 therm. an 11 (V. Lois, no 161). Par l'effet des traités de 1815 il se trouva réduit à quatre-vingt-six. L'annexion de la Savoie et de l'arrondissement de Nice à la France, en 1860, ratifiée par les décret et sénatus-consulte des 11 et 12 juin de la même année, porte aujourd'hui à quatre-vingt-neuf le nombre des départements de la France continentale. — Le nombre des départements ne peut être modifié, comme nous l'exposerons (no 198), qu'en vertu d'une loi ou d'un sénatus-consulte (V., par exemple, sénat.-cons. 19 avril 1811; L. 19 juill. 1811; sénat.-cons. 12 juin 1860).

196. Il peut n'être pas sans intérêt de rapprocher notre division administrative départementale des divisions administratives des pays voisins. La Belgique est divisée en neuf provinces : les provinces d'Anvers, de Flandre occidentale, de Flandre orientale, de Brabant, de Hainaut, de Liége, de Limbourg, de Luxembourg et de Namur. Les provinces sont divisées en arrondissements. A la différence de ce qui existe en France, les arrondissements administratifs diffèrent quelquefois, surtout dans le Luxembourg, des arrondissements judiciaires.

197. En Angleterre, la division administrative remonte à des époques reculées, et comme elle ne s'est pas faite législativement et en exécution d'un système préconçu, il en résulte qu'elle est très-loin de présenter la même régularité que la division administrative de la France. L'Angleterre est divisée en quarante comtés dont l'étendue et la population diffèrent considérablement. Certaines portions de territoire placées dans un comté appartiennent à un comté différent. Il est des villes (au nombre de dix-neuf), comme Londres, Cantorbéry, Bristol, York, etc., qui, par des priviléges datant de diverses époques de l'histoire d'Angleterre, ne sont incorporées dans aucun comté, et sont elles-mêmes des comtés distincts avec leurs magistrats spéciaux. Les subdivisions du comté sont la centaine (*Hundred*), la dizaine (*Tything*). Elles varient dans les différents comtés, et changent de nom selon que les portions divisées sont plus ou moins nombreuses.

198. L'organisation administrative et judiciaire des comtés et de leurs subdivisions présente la même irrégularité. Chez nous, au contraire, tout est fixe et régulier, ayant été établi législativement. La circonscription de chaque département, telle qu'elle a été établie par le décret du 9 janv. 1790, ne peut être changée que par une loi. Ce principe posé dans les décrets des 26 fév. 1790 et 14 juin 1791 a été successivement consacré par la constitution de l'an 3, art. 4 et 5, et par celle du 4 nov. 1848, art. 76.—Il a été jugé que les délimitations administratives opérées en vertu de la loi du 26 fév.-4 mars 1790 ont été faites d'une manière invariable et ne peuvent être modifiées que par une loi; qu'ainsi, l'art. 3 de cette loi qui dispose que « lorsqu'une rivière est indiquée comme une limite entre deux départements ou deux districts, il est entendu que les deux départements ou les deux districts ne sont bornés que par le milieu du lit de la rivière, et que les deux directoires doivent concourir à l'administration de la rivière, » s'est référé à l'état de choses existant au moment de sa promulgation; qu'en conséquence, la commune qui prétend qu'en vertu de la délimitation fixée par la loi de 1790, certaines parcelles de terrains sont situées sur le territoire du département dont elle fait partie, à l'effet, notamment, d'en conclure que l'action en revendication de ces parcelles doit être portée devant un tribunal de ce département, et non devant un tribunal du département limitrophe, doit rapporter la preuve de son allégation en produisant un procès-verbal de l'autorité administrative portant fixation de la ligne divisoire tracée en vertu de cette loi; qu'il ne suffit pas, par exemple, que des experts constatent la direction de la ligne divisoire du fleuve à l'époque de l'instance; que l'offre d'une telle expertise est, dès lors, non recevable, comme ne pouvant conduire à aucun résultat; que les parcelles de terrain litigieuses doivent, en l'absence de toute preuve contraire, être considérées comme dépendant du département dans le territoire duquel les place la matrice cadastrale; et que, il n'y a pas davantage lieu de surseoir, jusqu'à ce qu'il ait été procédé à la délimitation des deux départements par l'autorité administrative, cette délimitation ne pouvant suppléer à celle qui eût dû être faite en vertu de la loi de 1790 (Req. 2 août 1858, aff. com. de Cadenet, D. P. 58. 1. 401). — Il est arrivé quelquefois que la circonscription d'un département a été modifiée (V. L. des 30 mars, 28 sept. et 6 déc. 1831, 28 mars 1832, 19 avr., 25 mai et 19 juin 1835, etc.) — Aux termes des art. 6 § 1 et 41 de la loi départementale du 10 mai 1838, les conseils généraux et les conseils d'arrondissements sont appelés à donner leur avis sur les modifications projetées de cette sorte.

199. La division des départements a été prise par l'assemblée constituante dans l'ancienne division de la France en provinces. Peut-être, au lieu de dire, avec la loi du 22 déc. 1789, que la France est divisée en départements, serait-il plus exact de dire avec la loi du 26 fév. 1790, que ce sont les anciennes provinces de la France qui ont subi cette division, pourvu, toutefois, que l'on ne considère plus ces anciennes provinces que comme un souvenir historique. — Il a été jugé, en effet, que l'art. 3 de la loi du 26 fév.-4 mars 1790, sur la division des anciennes provinces de la France en départements, qui porte que, lorsqu'une rivière est indiquée comme limite entre deux départements ou deux districts, il est entendu que les deux départements ou les deux districts ne sont bornés que par le milieu du lit de la rivière, n'a pas eu pour effet de changer *ipso facto* la délimitation du territoire des anciennes provinces séparées par un fleuve; que spécialement, depuis cette loi, le département du Gard doit être réputé comprendre les deux rives du Rhône, qui le sépare du département des Bouches-du-Rhône, parce que la province du Languedoc, à laquelle il correspond dans la partie joignant le fleuve, embrassait ces deux rives sur lesquelles n'avait aucun droit la Provence, de laquelle dépend le département des Bouches-du-Rhône, et cela tant qu'un acte législatif n'a pas déclaré que le Rhône formerait la limite des deux départements, et alors surtout que des décrets et actes administratifs ont confirmé l'ancien état des choses (Req. 11 fév. 1840, aff. com. d'Aramon, V. Comp. civ. des trib. d'arr., n° 23).

200. Chaque département a une ville chef-lieu (décr. 26 févr. 1790). On s'est demandé si ce chef-lieu peut être changé par un acte de l'administration supérieure ou s'il ne faut pas nécessairement une loi. Les chefs-lieux de préfecture ayant été établis par une loi, il ne paraît pas douteux au premier abord qu'une loi seule puisse les déplacer. Cependant, sous le premier et le second empire, les déplacements de cette nature se sont effectués en vertu de simples décrets du chef de l'Etat. Récemment encore, la ville de Saint-Etienne a été substituée à la ville de Montbrison comme chef-lieu du département de la Loire, par un décret impérial du 25 juill. 1855. De nombreux décrets ont pu, à plus forte raison, cette interprétation étant admise, déplacer des chefs-lieux d'arrondissement et de canton (V. décr. 10 et 16 nov. 1857, 23 et 24 juin 1860, etc.). Mais à quelque opinion que l'on se range, il est incontestable que le conseil général et le conseil d'arrondissement doivent avoir donné préalablement leur avis, comme pour le cas de changement de circonscription du département (L. 10 mai 1838, art. 6 et 41).

201. Chaque département est subdivisé en arrondissements dont la circonscription ne peut être également modifiée que par une loi (V. les lois citées *suprà* n° 198). Le nombre des arrondissements s'élève aujourd'hui à 373. Chaque arrondissement est divisé en cantons au nombre total de 2,904 et les cantons en communes, qui sont au nombre de 37,965.

202. Le département est une personne morale; il a une administration particulière, en ce sens que le préfet préposé à l'administration départementale, peut prendre, dans les limites des pouvoirs qu'il tient de la loi, des arrêtés exécutoires dans la circonscription du département. Le département est propriétaire; il a des immeubles et des meubles à lui, et un budget particulier. Il peut acquérir et aliéner (V. Travaux publ., n°s 671 et suiv.). — L'arrondissement n'est pas une personne morale, puisqu'il ne peut ni posséder ni acquérir; mais peut-être faut-il reconnaître, contrairement à l'opinion de M. Dufour (t. 1, n° 510), que c'est au moins une unité administrative, le sous-préfet pouvant, dans les cas d'urgence, pourvoir à l'exécution des lois administratives (M. Batbie, t. 4, n° 2).

203. Comme personne morale capable de posséder, le département, disons-nous, peut acquérir et aliéner. Les actes d'acquisition, d'aliénation et les actes d'administration, marchés de fourniture, baux, assurances, adjudications de travaux départementaux, etc., sont passés par le préfet, qui est le représentant actif du département. Mais parmi ces actes, les uns peuvent être accomplis par le préfet seul; d'autres ne peuvent être passés par le préfet que sur la délibération du conseil général; d'autres enfin doivent être approuvés par l'administration supérieure. Nous ne pouvons les passer en revue ici et expliquer la participation des différentes autorités qui doivent y concourir. Ces explications trouveront naturellement leur place à mesure que nous aurons à traiter des attributions du préfet et des conseils généraux (*infrà*, n°s 218 et s.).

204. Nous en dirons autant des actions judiciaires où se trouve engagé le département. Le préfet représente le département soit en demandant, soit en défendant, mais il n'exerce ce droit que sous certaines conditions. Les règles relatives à l'exercice des actions judiciaires des départements ont été établies par les art. 36 et 37 de la loi du 10 mai 1838, mais modifiées par le décret du 25 mars 1852. Voici celles qui sont restées en vigueur : 1° Le préfet accomplit seul tous les actes conservatoires ou interruptifs des prescriptions ou des déchéances; — 2° Il intente seul toute action judiciaire ou y défend sans délibération du conseil général, en cas d'urgence; — 3° Il intente toute action judiciaire ou administrative non urgente et y défend, mais en vertu d'une délibération du conseil général; — 4° Dans le cas de procès entre le département et l'Etat, le préfet étant le représentant légal de l'Etat, le département est représenté par un conseiller de préfecture; — 5° A l'exception des actions possessoires, toute action intentée contre un département doit être, à peine de nullité, précédée du dépôt d'un mémoire adressé au préfet dans lequel le demandeur expose l'objet et les motifs de sa demande. Il lui en est donné récépissé, et l'action ne peut être portée devant les tribunaux que deux mois après la date du récépissé. Pendant ce délai le cours de la prescription est suspendu (V. *infrà*, n° 240).

205. Parmi les choses que possèdent les départements, il faut distinguer, comme pour les communes, les biens patrimoniaux, de fait peu nombreux et d'une valeur peu considérable, que les départements possèdent comme les posséderaient de simples particuliers, et les immeubles affectés à un usage public départemental. Les premiers sont prescriptibles et aliénables dans les formes de la loi; les seconds, au contraire, sont imprescriptibles tant qu'ils conservent leur destination, et ils ne peuvent être aliénés que quand ils ont cessé légalement d'être affectés à un usage public (V. Prescript. civile, n°s 170 et s., 213). Les lois des 28 mess. an 4, 15 frim. an 6, 11 frim. an 7 et 2 vent. an 13, ayant mis à la charge des départements les dépenses des administrations centrales, des corps judiciaires, de la police intérieure et locale et de l'instruction publique, obligèrent les départements à acquérir des immeubles et des meubles, afin de pourvoir à ces divers services. Leur droit de propriété fut d'abord reconnu par un décret inédit du 25 mars 1811 et aussitôt après par un second décret du 9 avr. suivant, qui leur concéda la propriété des édifices nationaux occupés pour le service des cours et tribunaux et de l'instruction publique. Depuis ces deux décrets, les immeubles publics départementaux s'accrurent par l'effet du décret du 16 déc. 1811 et des lois de finances qui, à partir de 1817, autorisèrent le vote de centimes facultatifs pour les dépenses d'utilité départementale. Cependant le conseil d'Etat « considérant qu'il résulte de l'état actuel de la législation que les bâtiments des cours impériales ne font pas partie des édifices départementaux dont les dépenses devraient être supportées par les budgets des départements, mais sont, au contraire, classés parmi les édifices dont les dépenses sont d'intérêt général et à la charge de l'Etat; que, dès lors, le décret de concession de 1811 n'a point reçu d'exécution quant aux bâtiments des cours impériales qui faisaient, à cette époque, partie du domaine public, puisque les charges qu'il imposait à la concession n'ont point été supportées par les départements, et que l'Etat n'a pas cessé de considérer les constructions et grosses réparations des bâtiments occupés par elles comme des dépenses publiques et d'intérêt général,» a émis l'avis que les bâtiments des cours impériales font partie des propriétés de l'Etat (avis cons. d'Et. 5 déc. 1858).

206. Depuis l'avis du 5 déc. 1858, la jurisprudence du conseil d'Etat distingue le cas où les édifices en question étaient occupés pour le service des cours et tribunaux et de l'instruction publique au moment du décret de 1811, et celui où ils ne l'étaient pas.—Il a été décidé : 1° qu'il y a lieu de rejeter les prétentions du département, si, lors de la publication du décret du 9 avr. 1811, l'immeuble n'était pas occupé pour le service soit de l'administration départementale, soit des cours et tribunaux, soit de l'instruction publique, et que la remise que le domaine aurait faite de l'immeuble au département par fausse application du décret de 1811 n'a pu transférer à celui-ci des droits qui ne résultaient pas en sa faveur des dispositions de ce décret (cons. d'Et. 27 mai 1846) (1); — 2° Que la concession faite aux départements et aux communes, par le décret du 9 avr. 1811, des édifices appartenant à l'Etat et affectés au service des cours d'appel, ne porte que sur les édifices dont la construction et l'entretien étaient à la charge desdits départements et communes; que dès lors le décret est inapplicable aux édifices occupés par les cours d'appel, édifices dont les dépenses de construction et de grosses réparations n'ont jamais été mises à la charge du département (cons. d'Et. 20 juin 1844) (2), ...et que l'acte de délivrance et de mise en possession, consenti par l'administration des domaines en exécution du décret de 1811, n'a pu prévaloir contre les dispositions de ce décret (cons. d'Et. 3 juin 1858, M. Gaslonde, rap., aff. dép. des Basses-Pyrénées); — 3° Qu'au chef de l'Etat seul, en son conseil d'Etat, appartient le droit d'annuler la remise d'un bâtiment de l'Etat faite à un département et autorisée par décision du ministre des finances; le conseil de préfecture est incompétent pour statuer en pareille matière (cons. d'Et. 5 mars 1841, M. Boulay, rap., aff. min. de la guerre C. départ. de la Moselle).

207. Il a été décidé encore : 1° que le décret du 9 avr. 1811 ne doit pas être appliqué à un bâtiment qui, bien qu'occupé au moment de sa promulgation par une cour d'assises, avait été affecté par un décret précédent à un service non départemental, et par exemple, avait été concédé à l'évêque pour y établir son séminaire, ledit décret pourvoyant à l'établissement de la cour d'assises dans un autre bâtiment national (cons. d'Et. 25 août 1841) (3); — 2° Qu'un département ne peut demander la remise d'une caserne de gendarmerie qui n'avait reçu cette affectation, en exécution d'une décision du ministre de la guerre, du 9 therm. an 13, que d'une manière provisoire et avec déclaration qu'elle devait rester au service militaire; peu importe que cette caserne ait été mise à la disposition du ministre de l'intérieur, par un décret du 15 janvier 1809, pour l'établissement du dépôt de mendicité du département, si ce décret n'a reçu aucune exécution (cons. d'Et. 5 mars 1841, M. Boulay, rap., aff. min. de la guerre C. dép. de la Moselle). — V. au surplus sur les concessions faites aux départements par le décret du 9 avr. 1811, v° Domaine de l'Etat, n° 146 et suiv.

---

(1) (Dép. de la Vienne C. min. de la guerre.) — Louis-Philippe, etc.; — Vu l'état général des maisons et bâtiments nationaux dont la remise a été faite dans le département de la Vienne, en exécution du décret du 9 avril 1811; — Vu ledit décret et celui du 7 juill 1809, l'ordonnance royale du 29 avril 1821; — Considérant que, par décret du 7 juillet 1809, la maison dite des Pénitents, à Poitiers, avait été mise à la disposition de l'évêque de cette ville pour l'établissement de son séminaire; qu'il résulte de l'instructiion qne si, lorsqu'est intervenu le décret du 9 avr. 1811, le séminaire diocésain n'avait pas encore été transféré dans ladite maison, cette maison n'était point non plus alors occupée pour le service de l'administration départementale, des cours et tribunaux, ni de l'instruction publique; qu'ainsi ledit immeuble n'était pas compris parmi ceux que le décret du 9 avril 1811 concédait au département; que la remise qui a été faite au département de la Vienne, le 1er juill. 1811, par fausse application dudit décret, n'a pu transférer au département des droits qui ne résultaient pas en sa faveur des dispositions de ce même décret; — Art. 1. La requête du département de le Vienne est rejetée.

Du 27 mai 1846.-Ord. cons. d'Ét.-M. Bouchené-Lefer, rap.

(2) (Domaine C. dép. de la Moselle.) — Louis-Philippe, etc.; — Vu le décret du 9 avril 1811, le procès-verbal de remise au département de la Moselle, en date du 22 oct. 1811; vu la loi du 11 frim. an 7; — Vu les lois des 25 mars 1817, 10 mai et 14 juill. 1838; — Sur les conclusions du département de la Moselle tendant au renvoi du litige devant le conseil de préfecture : — Considérant qu'il n'appartient qu'à nous, en notre conseil d'Etat, d'apprécier l'étendue et de déterminer les effets des dispositions contenues dans le décret du 9 avril 1811;

Au fond : — En ce qui touche la portion de bâtiments affectée au service de la cour royale de Metz : — Considérant que, si le décret du 9 avril 1811 a fait concession aux départements et aux communes des édifices appartenant à l'Etat et affectés au service de l'administration, des cours et tribunaux, et de l'instruction publique, cette concession ne porte que sur les édifices dont l'établissement et l'entretien étaient à la charge spéciale desdits départements et communes; — Que les dépenses de construction et de grosses réparations des locaux destinés aux cours d'appel ne sont pas comprises dans l'énumération des dépenses départementales contenue dans l'art. 13 de la loi du 11 frim. an 7, et n'ont jamais été mises à la charge spéciale du département dans lequel ils sont situés; que, depuis la loi du 25 mars 1817, ces dépenses ont été classées parmi les dépenses communes à tous les départements et imputées sur la portion des centimes centralisés au trésor, et qui ont été reconnus faire partie des recettes de l'Etat : — Que, dès lors, la propriété de la portion de bâtiments qui était affectée au service de la cour d'appel de Metz et dont l'entretien n'a pas cessé d'être à la charge de l'Etat, n'a pas été transférée au département de la Moselle par le décret susvisé, et que l'acte de délivrance et de mise en possession consenti par l'administration des domaines, en exécution du décret du 9 avril 1811 n'a pu prévaloir contre les dispositions de ce décret;

En ce qui touche la portion de bâtiments affectée aux logements de divers magistrats : — Considérant qu'il résulte de l'instruction qu'une partie de ces logements a été pratiquée soit dans les anciens locaux affectés au service de la cour d'assises et du tribunal, soit dans les greniers mêmes de l'édifice dont ils font partie intégrante et indivisible.

Art. 1. Le département de la Moselle est reconnu propriétaire, en vertu du décret du 9 avril 1811, de la totalité de l'ancien palais du gouvernement à Metz, à l'exception des portions de cet édifice qui étaient affectées, en 1811, au service de la cour d'appel, et des portions actuellement au service des télégraphes et du département de la guerre. — Art. 2. Les conclusions du département de la Moselle sont rejetées.

Du 20 juin 1844.-Ord. cons. d'Et.-M. Marchand, rap.

(3) (Min. des fin. C. dép. de la Manche.) — « Louis-Philippe, etc.; — Vu le décret du 17 juill. 1808 et le décret du 9 avril 1811; — Sur la recevabilité du pourvoi : — Considérant que le département de la Manche s'est refusé à exécuter la décision de notre ministre des finances, du 24 oct. 1839, portant que la réintégration aux mains du domaine des bâtiments de la basse-cour de l'évêché serait poursuivie par toutes voies de droit : — Que le département prétend retenir l'immeuble dont il s'agit en vertu du décret impérial du 9 avril 1811, qui aurait disposé de cette propriété nationale en sa faveur; — Que notre ministre des finances, au contraire, prétend que le décret de 1811 n'est pas applicable et n'a pu disposer de cette propriété, parce que antérieurement le décret de 1808 avait affecté les bâtiments en litige au service des cultes; — Considérant qu'il n'appartient qu'à nous en notre conseil d'état d'apprécier l'étendue et de déterminer les effets des dispositions contenues dans ces deux décrets;

» Au fond : — Considérant que par l'art. 1 du décret de 1808 les bâtiments en litige ont été accordés à l'évêque de Coutances pour y placer son séminaire; que par l'art. 2 du même décret, les bâtiments composant l'ancien couvent des religieuses bénédictines ont été affectés au service de la cour de justice criminelle; — Considérant que par l'art. 2 du même décret il avait été ordonné que la cour de justice criminelle serait transférée dans l'ancien couvent des bénédictines, et que, d'après l'art. 3, les frais de cette translation devaient être supportés par le département de la Manche, et étaient payables en trois années; — Considérant que, si, par le fait du département, ces dispositions n'ont pas été exécutées dans le délai prescrit, si le séjour de la cour de justice dans le bâtiment de la basse-cour de l'évêché s'est prolongé avec la tolérance de l'Etat, il ne peut résulter de cette circonstance qu'à l'époque du 9 avril 1811 cet édifice fût légalement occupé pour le service des cours et tribunaux du département de la Manche; — D'où il suit que le décret du 9 avril 1811 n'était pas applicable au bâtiment de la basse-cour, et n'a pu en transférer la propriété au département :

208. Il est arrivé quelquefois que l'obligation de fournir des locaux pour le service judiciaire a été imposée exceptionnellement à des villes. Dans ce cas le département n'est pas moins tenu de pourvoir à l'avenir aux besoins de la justice, soit en fournissant de nouveaux locaux, si les anciens sont insuffisants ou hors d'usage, soit en acquittant les dépenses d'installation.— Il a été décidé, par interprétation d'un décret impérial qui avait concédé à une ville la propriété de bâtiments dont une partie était déjà, au moment de la concession, occupée par les tribunaux, à la charge d'y placer les tribunaux et de faire à ces bâtiments toutes les constructions et réparations nécessaires, que ce décret avait eu pour objet d'imposer à la ville l'obligation de laisser aux tribunaux la jouissance de tous les locaux dont ils étaient en possession à l'époque de la concession et de faire dans ces locaux toutes les constructions et réparations de toute espèce que le service des tribunaux pouvait exiger à la même époque, mais que ce décret n'avait eu pour but ni pour effet d'obliger, en outre, la ville, soit à fournir dans les bâtiments à elle concédés les locaux qui pourraient dans la suite être reconnus nécessaires pour le service des tribunaux, soit à faire les travaux d'appropriation que pourraient exiger les extensions ou les améliorations que ce service recevrait dans l'avenir (cons. d'Et. 28 nov. 1861) (1).

209. Indépendamment des biens immeubles dont il vient d'être parlé, les départements possèdent un mobilier assez considérable affecté soit à l'usage de certains fonctionnaires, soit à celui de certaines administrations, des archives, des bibliothèques et des collections d'art et de science. — Parmi ces objets mobiliers on compte particulièrement les mobiliers des hôtels de préfecture dont l'art. 12 de la loi du 10 mai 1838 met l'achat et l'entretien à la charge du département (V. à cet égard l'ordonnance des 7-13 août 1841, *suprà*, p. 613). — Quant au mobilier des sous-préfectures, la loi du 10 mai le laissait à la charge des sous-préfets, excepté en ce qui touchait les bureaux. Un décret du 28 mars 1852 en a mis les dépenses à la charge des départements. Le même décret annonçait un règlement d'administration publique déterminant les limites et les formes dans lesquelles il serait pourvu à l'acquisition, à la conservation et au remplacement de ce mobilier. — V. *infra*, nos 735 et suiv.

210. L'art. 10 de la loi du 10 mai 1838 comprend parmi les recettes des départements, « le produit des droits de péage autorisés par l'Etat, au profit du département, ainsi que les autres droits et perceptions concédées au département par les lois. » — Cette rédaction pourrait faire supposer que les droits incorporels appartenant aux départements sont très-nombreux : on n'en connait que trois espèces, savoir : 1° les droits de péage concédés sur des ponts; 2° des droits de péage pour la correction des rampes sur les routes départementales; 3° des rentes.

211. Les propriétés départementales non affectées à un service public peuvent être échangées et aliénées. Mais, aux termes de l'art. 29 de la loi du 10 mai 1838, les acquisitions, aliénations et échanges de propriétés départementales, devaient être approuvées par un décret rendu en conseil d'Etat, lorsque la valeur de la propriété dépasse 20,000 fr. Quand la propriété n'a pas une valeur supérieure, le préfet pouvait procéder à l'acquisition, échange ou aliénation avec l'autorisation du conseil de préfecture. Le décret du 25 mars 1852 (tabl. A-1°) a affranchi ces actes de l'approbation par décret, quelle que soit l'importance des propriétés. Quant aux actes portant sur des propriétés affectées à un service public, ils doivent, comme par le passé, être soumis à l'autorité centrale. Les préfets doivent rendre compte au ministre de l'intérieur des actes par acquisition, aliénation ou échange, lorsqu'il s'agit d'une valeur excédant 20,000 fr.; le ministre ne s'occupe des actes portant sur une valeur moindre qu'autant qu'ils donneraient lieu à quelque réclamation (circ. du min. de l'intérieur du 5 mai 1852). — V. *infrà*, nos 275 et suiv.

212. Nous avons dit plus haut (n° 202) que l'arrondissement n'était pas propriétaire et ne pouvait acquérir. Avant la loi du 10 mai 1838 sur l'organisation départementale, le doute était possible. En effet, le décret du 9 avr. 1811 avait concédé aux arrondissements la propriété de certains édifices et bâtiments affectés à certains services publics. D'un autre côté, les art. 28 et 29 de la loi du 16 sept. 1807 supposaient que les arrondissements pouvaient avoir des ressources à eux, puisqu'ils les obligeaient à contribuer aux dépenses de certains travaux publics et les autorisaient pour cela à s'imposer des centimes additionnels.— Sous l'empire de ces lois, il a été jugé que les arrondissements, avec l'autorisation du conseil général, ont qualité pour poursuivre, en leur nom personnel, l'exécution du décret du 9 avr. 1811, qui leur a accordé certains immeubles, et peuvent, à cet effet, être représentés par les sous-préfets (cons. d'Et. 10 juill. 1835, M. Vivien, rap., aff. arrond. de Guingamp). — Mais les lois des 10 mai 1838 et 11 juin 1842 n'imposent plus aux arrondissements l'obligation de contribuer aux dépenses des travaux publics, et, dans la discussion de la loi de 1838 devant les chambres, tout doute a été levé à cet égard.

213. L'arrondissement n'étant pas une personne morale, il en résulte que, aucune donation, ou legs, ne peut être faite directement à un arrondissement. Le seul moyen d'avantager un arrondissement serait de donner au département à la charge d'affecter à l'arrondissement les avantages de la donation ou du legs (M. Batbie, t. 4, n° 245).

214. La subdivision des arrondissements en cantons a été créée par la loi du 22 déc. 1789, dont l'art. 3 porte : « Chaque district sera partagé en divisions appelées cantons d'environ 4 lieues carrées. » Cette division est confirmée par la constitution du 3 sept. 1791, tit. 2, art. 1. Il est remarquable

---

» Art 1. Il est déclaré que les dispositions du décret du 9 avril 1811 n'ont pu s'appliquer aux bâtiments dits de la basse-cour de l'évêché de Coutances. »

Du 25 août 1841.-Ord. cons. d'Et.-M. Louyer-Villermay, rap.

(1) (Ville de Moulins.) — NAPOLÉON, etc.; — Considérant que les tribunaux de Moulins occupaient dès l'an 12 une partie des bâtiments de l'ancien collége des jésuites, et qu'en concédant la propriété de ces bâtiments à la ville de Moulins, à la charge d'y placer les tribunaux et de faire auxdits bâtiments toutes les constructions et réparations nécessaires, le décret du 30 juin 1807 a eu pour objet d'imposer à la ville l'obligation de laisser aux tribunaux la jouissance de tous les locaux dont ils étaient en possession à l'époque de la concession, et de faire dans ces locaux les constructions et réparations de toute espèce que le service des tribunaux pouvait exiger à la même époque; mais que le décret précité n'a eu pour but ni pour effet d'obliger en outre la ville de Moulins soit à fournir dans les bâtiments à elle concédés les locaux qui pourraient dans la suite être reconnus nécessaires pour le service des tribunaux, soit à faire les travaux d'appropriation que pourraient exiger les extensions ou les améliorations que ce service aurait reçues depuis le 20 juin 1807; — Considérant que la ville de Moulins a abandonné aux tribunaux tous les locaux qu'ils occupaient au 20 juin 1807, et qu'il résulte de l'instruction qu'elle a fait dans ces locaux les constructions et réparations de toute espèce qui étaient nécessaires à cette époque pour y établir les services judiciaires; que, dès lors, ladite ville ne peut être tenue aujourd'hui de fournir de nouveaux locaux pour le service des tribunaux, ni de faire aux bâtiments affectés à ce service d'autres réparations que celles qui sont une charge de la propriété, conformément à notre précédent décret rendu au contentieux le 23 juill. 1857;

Considérant que, par son arrêté attaqué, le préfet du département de l'Allier ne s'est pas borné à ordonner l'exécution de divers travaux de réparation et d'appropriation dans les bâtiments occupés par les tribunaux de Moulins, et à décider que la ville de Moulins serait tenue de faire à ses frais ceux desdits travaux qui peuvent être une charge de la propriété; qu'il a réclamé au nom du département, pour le service des tribunaux, plusieurs locaux qui n'étaient pas occupés par les tribunaux au 20 juin 1807, et dont la ville avait conservé la jouissance jusqu'à ce jour, et qu'en outre il a mis à la charge de ladite ville différents travaux d'appropriation que les services judiciaires exigent dans leur état actuel; que, par ces dernières dispositions, le préfet a contrevenu au décret du 20 juin 1807 et à notre décret précité rendu au contentieux le 23 juillet 1857, et qu'ainsi il a excédé la limite de ses pouvoirs;

Art. 1. L'arrêté du préfet de l'Allier, du 20 janv. 1859, et la décision de notre ministre de l'intérieur portant approbation dudit arrêté, sont annulés, pour excès de pouvoirs, en tant qu'ils imposent à la ville de Moulins l'obligation d'abandonner aux tribunaux de Moulins d'autres locaux que ceux qu'ils occupaient au 20 juin 1807, dans les bâtiments à elle concédés, et de faire à ses frais et à la décharge du département de l'Allier, dans les locaux affectés au service des tribunaux, d'autres réparations que celles qui sont une charge de la propriété.

Du 28 nov. 1861.-Décr. cons. d'Et.-M. Gaslonde, rap.

que les lois d'organisation administrative qui ont suivi, y compris la loi du 28 pluv. an 8, ont passé sous silence cette division des arrondissements. Mais l'art. 76 de la constitution du 4 nov. 1848, en maintenant la division en cantons, supposait, ce qui était vrai, que cette division n'avait jamais cessé d'exister. L'art. 77 avait même établi qu'il y aurait dans chaque canton un conseil cantonal (V. la discussion à l'assemblée nationale, D. P. 48. 4. 244, note 102). En exécution de cette disposition, une loi allait être soumise à la discussion de l'assemblée législative, à l'effet, disait le rapporteur (M. Odilon Barrot) de remédier au morcellement trop grand des communes rurales, sans néanmoins toucher à leur individualité, et de créer un intermédiaire entre le département et les communes. Mais les événements du 2 déc. 1851 arrêtèrent ce projet, et la constitution du 14 janv. 1852 est muette à l'égard des cantons et des conseils cantonaux. De l'état de la législation, il résulte donc que le canton n'est ni un être moral, ni une unité administrative, puisqu'il n'a pas d'administration qui lui soit propre. Ce n'est plus à ce point de vue qu'une division judiciaire déterminant la juridiction territoriale des juges de paix.

215. Cependant, si le canton n'est pas même une unité administrative, plusieurs lois ont eu égard à la circonscription cantonale pour l'exécution de leurs prescriptions C'est ainsi, pour ne parler que des lois encore en vigueur : 1° que le canton est l'élément de la représentation du département au conseil général et de l'arrondissement au conseil d'arrondissement, le nombre des membres des conseils généraux et d'arrondissement étant déterminé par celui des cantons (L. 22 juin 1833 et 7 juill. 1852); — 2° Qu'il est un centre administratif pour les fonctions que les juges de paix accomplissent comme délégués de l'autorité administrative ; — 3° Que c'est sur la circonscription cantonale que se répartit le contingent annuel pour le recrutement militaire, et que c'est au chef-lieu de canton qu'a lieu le tirage au sort des jeunes soldats et que s'assemble le conseil de révision (L. 21 mars 1832, art. 5 et suiv.);—4° Que c'est au chef-lieu de canton qu'a lieu la perception des impôts directs; — 5° Que le canton est le siége et détermine la juridiction des commissaires de police ; — 6° Que c'est au chef-lieu de canton que sont situés les bureaux d'enregistrement des actes publics, etc.

216. Nous ne parlerons pas de la circonscription communale, ce sujet ayant été traité ailleurs (v° Commune).

217. Il existe d'autres divisions du territoire, mais qui ne forment pas des circonscriptions administratives dans le sens propre du mot. Ainsi la France se divise : 1° en 28 cours impériales y compris celle de Chambéry, depuis l'annexion de la Savoie en 1860 (V. Organisat. judic.); — 2° En 7 commandements supérieurs et en 22 divisions militaires (V. Organisat. milit.); — 3° En 18 académies, y compris celle de l'Algérie (V. Organisat. de l'instr. publ.); — 4° En 18 inspections des ponts et chaussées (V. Travaux publics, n°s 281 et suiv.); — 5° En 18 arrondissements minéralogiques ; — 6° En 35 arrondissements forestiers ; — 7° En 5 arrondissements maritimes (V. Organis. marit.); — 8° En 17 archevêchés et en 70 évêchés (V. Culte, n° 429. — Ces chiffres ont été puisés dans l'Annuaire de l'administration publié par M. Maurice Block en 1865.

SECT. 2. — *Du préfet.*

Art. 1. — *Du caractère et des attributions du préfet.*

218. L'art. 2 de la loi du 28 pluv. an 8 a institué dans chaque département un préfet, représentant politique et administratif du pouvoir central, dans les limites de sa circonscription. Le préfet est nommé par un décret impérial (L. 28 pluv. an 8, art. 18). Aucune condition d'aptitude ou de noviciat ne limite à cet égard le choix du chef de l'Etat. Cependant il faut admettre que les préfets sont soumis aux conditions générales requises pour toutes les fonctions publiques, c'est-à-dire d'être Français et de jouir des droits civils et politiques. Nous ajouterons qu'ils doivent avoir vingt-cinq ans accomplis, la constitution du 5 fruct. an 3 exigeant cette majorité pour tous les membres de l'administration départementale (*Contrà*, M. Cabantous, p. 104 et 275). Sous le régime de la constitution de 1848, la nomination avait lieu par le président de la république et nécessairement en conseil des ministres (art. 64). Sous le régime de celle de 1852, le conseil des ministres délibère quelquefois sur la nomination ou la révocation des préfets; mais cette délibération n'est pas obligatoire Les préfets prêtent le serment politique, comme tous les fonctionnaires avant d'entrer en fonctions (arrêté 17 vent. an 8. V Serment, n° 74).

219. En Angleterre, le premier fonctionnaire du comté, dont la division correspond, sous les réserves que nous avons indiquées, à celles du département en France, le premier fonctionnaire du comté, disons-nous, est le *shériff*. Les shériffs sont nommés chaque année en séance du conseil privé. Leurs fonctions sont à la fois judiciaires et administratives. Ils président la cour du comté et tiennent des assises criminelles deux fois par an. Ils perçoivent les revenus, à l'exception de ceux qui doivent être recouvrés par des agents spéciaux. Ils délivrent les ordres d'arrestation des perturbateurs de la paix publique et des malfaiteurs, et sont chargés de faire exécuter les décisions des cours souveraines. A côté du shériff, il y a dans chaque comté un corps de juges de paix (*justices of the peace*) également investis de fonctions administratives et judiciaires. Les juges de paix sont nommés à vie et leurs fonctions sont gratuites. Elles consistent à maintenir la paix publique et particulièrement, dans l'ordre administratif, à voter dans leurs sessions, qu'ils tiennent au nombre de trois juges au moins, les taxes locales, et à contrôler les dépenses.

220. Le décret du 27 mars 1852 a établi trois classes de préfets. Mais cette distinction n'a trait qu'à l'importance du traitement, tellement qu'un préfet peut avancer sur place, c'est-à-dire passer d'une classe dans une autre classe sans changer de résidence. Le gouvernement peut augmenter de 5,000 fr. le traitement d'un préfet de deuxième ou de troisième classe, après cinq ans de résidence dans le même département et de cinq autres mille francs après cinq nouvelles années d'exercice. La différence de traitement d'une classe à la classe immédiatement supérieure étant de 10,000 fr., il en résulte qu'après dix ans un préfet peut passer d'une classe dans une autre. Le traitement des préfets de première classe est de 40,000 fr.; celui des préfets de deuxième classe, de 30,000 fr., et celui des préfets de troisième classe de 20,000 fr.

221. En outre de leur traitement, les préfets reçoivent, sous la dénomination d'abonnement, une certaine somme fixée en raison de l'importance de chaque préfecture et destinée à faire face à tous les frais d'administration. — Les sept dixièmes de cette somme devaient être consacrés au traitement des employés de la préfecture. Le surplus était destiné aux dépenses purement matérielles et restait à la disposition des préfets (V. ord. 28 déc. 1830, 11 juill. 1833).—Mais le décret du 27 mars 1852 (art. 7) a réduit aux quatre cinquièmes la somme des frais d'administration qui doit être affectée sur l'abonnement au traitement des employés de la préfecture, le surplus restant aux préfets pour les frais matériels.

222. Les préfets payent la contribution mobilière et celle des portes et fenêtres de l'hôtel qu'ils habitent; mais ils n'y sont tenus qu'en proportion de la durée de leur exercice dans le département (circ. 17 sept. 1832).

223. La répartition des différentes préfectures dans les trois classes dont nous venons de parler, est faite dans un tableau annexé au décret du 27 mars 1852. Dans ce tableau ne se trouve pas comprise la préfecture de la Seine. Le préfet de la Seine a des attributions spéciales qu'il partage avec le préfet de police (V. Ville de Paris). Le préfet du Rhône a également des attributions spéciales. La loi du 19 juin 1851 et le décret du 24 mars 1852 ont investi le préfet du Rhône, dans la ville de Lyon et dans les communes voisines de Caluire, Oullins et Sainte-Foy du département du Rhône, Villeurbane, Vaux, Bron et Venissieux antérieurement du département de l'Isère et réunies au département du Rhône par le décret du 24 mars, Rillieux et Miribel, du département de l'Ain, des fonctions de préfet de police, telles qu'elles sont déterminées par l'arrêté des consuls du 12 mess. an 8. Ces fonctions se trouvent indiquées v° Ville de Paris.

224. L'art. 14 de la loi du 5 mai 1855 dispose que, dans la ville de Lyon, le conseil municipal est nommé par l'empereur tous les cinq ans. L'art. 3 du décret du 23 mars 1852 commet au préfet du Rhône l'administration de la commune de Lyon ; il assiste aux séances de la commission municipale qui ne peut s'assembler que sur la convocation du préfet et délibérer que sur les questions que lui soumet le préfet et lorsque la majorité de ses membres assiste à la séance. A part les attributions de police et d'administration que nous rappelons ici, les attributions du préfet du Rhône sont les mêmes que celles des autres préfets, que nous examinerons en détail.

225. Les préfets sont nommés sur la présentation du ministre de l'intérieur. Cependant, comme ils représentent le chef de l'Etat, chacun dans son département, et qu'ils appartiennent à l'administration générale, ils se trouvent placés sous l'autorité de tous les ministres et correspondent avec chacun d'eux pour les matières qui relèvent de leur ministère. L'art. 5 de l'arrêté du 17 vent. an 8, après avoir imposé au préfet l'obligation de faire une tournée annuelle dans son département, ajoute : « Il préviendra les ministres avec lesquels il aura à correspondre. Il rendra compte à chacun, en ce qui le concerne, du résultat de ses tournées. »

226. Les préfets doivent résider dans leur département. Ils ne peuvent s'absenter sans congé ; c'est au ministre de l'intérieur qu'ils s'adressent pour l'obtenir (arr. 17 vent. an 8). En leur absence ils sont remplacés par le secrétaire général dont nous parlerons plus loin ou par un membre du conseil de préfecture (ord. 29 mars 1821, art. 1 et 2).

227. Les attributions des préfets sont très-nombreuses et très-diverses. Il serait impossible de les énumérer toutes ; il est même assez difficile de les classer sous des chefs principaux. Les préfets sont d'abord les délégués du pouvoir administratif central et représentants, à ce titre, des intérêts de l'Etat dans leurs départements. Comme délégués et agents du pouvoir central, il leur appartient de faire exécuter, dans les circonscriptions de leur département, les lois d'administration, les décrets impériaux, règlements et décisions ministérielles. L'art. 4, sect. 3 de la loi du 22 déc. 1789, porte, en effet : « Les administrations de département seront toujours tenues de se conformer, dans l'exercice de leurs fonctions, aux règles établies par la constitution et aux décrets législatifs sanctionnés par le roi. » Et l'instruction qui accompagne cette loi ajoute : « Le principe constitutionnel sur la distribution des pouvoirs administratifs est que l'autorité descend du roi aux administrations de département, de celles-ci aux administrations de district, et de ces dernières aux municipalités, à qui certaines fonctions relatives à l'administration générale pourront être déléguées » (V. aussi l'arrêté du 17 vent. an 8, art. 5, et la circ. min. du 25 janv. 1854). —M. Serrigny (t. 2, n° 1004) a donc pu dire avec raison : « Le préfet participe à l'*imperium merum* et fait des actes de commandement dans le département confié à son autorité. C'est en cela que consiste la nature de ses fonctions. »—Le préfet adresse des ordres et donne des instructions aux fonctionnaires d'un ordre inférieur. Il surveille même, comme agent de l'administration générale les services spéciaux, auxquels il n'est pas préposé. Son devoir est d'informer le gouvernement des abus qu'il constate, de ceux mêmes dont il est simplement informé (M. Vivien, Etudes admin., p. 71).

228. Les préfets peuvent toujours ordonner la publication par réimpression ou affiche, à son de trompe ou de tambour, des lois anciennes ou récentes qu'ils sont chargés de faire exécuter. Mais ils ne peuvent prendre aucun arrêté qui, sous prétexe de les interpréter, aurait pour effet d'en étendre ou d'en limiter la portée. — « Si les administrateurs (dit l'instruction qui accompagne le décret du 22 déc. 1789), indépendants en quelque sorte, souverains dans leurs fonctions, avaient le droit de varier à leur gré les principes et les formes de l'administration, la contrariété de leurs mouvements partiels détruisant bientôt la régularité du mouvement général, produirait la plus fâcheuse anarchie. »

229. Quant aux décrets qui contiennent des décisions particulières ou locales et qui n'ont pas été insérés au Bulletin des lois ou qui n'y sont indiqués que par leur titre, les préfets peuvent, conformément à l'avis du conseil d'Etat du 25 (ou 12) prair. an 13, en donner connaissance aux personnes qu'ils concernent, par publication, affiche, notification, signification ou par envois. — V. Lois, n° 164.

230. Les préfets doivent se conformer aux décisions ministérielles qui, sans les concerner particulièrement, leur sont communiquées par l'administration centrale, comme établissant des règles générales. — Mais ils sont libres de faire tel usage qu'ils jugeront à propos des simples renseignements qui leur sont indiqués comme ressortant, soit des actes de l'administration centrale, soit de ceux de leurs collègues (circ. min. 25 janv. 1854, D. P. 54. 3. 14).

231. Aux termes de l'art. 1 c. nap., les lois promulguées sont réputées publiées et exécutoires après qu'un certain temps, qui varie comme les distances, s'est écoulé. Mais dans certaines circonstances urgentes, le gouvernement peut abréger le délai légal de la publication. Dans ces cas, aux termes des ordonnances des 27 nov. 1816 (art. 4) et 18 janv. 1817, le préfet fait enregistrer sur un registre spécial la loi ou le décret pour lequel l'urgence est requise, et il prend un arrêté qui en ordonne l'impression et l'affichage partout où cette publicité est jugée nécessaire. La loi ou le décret est alors exécutoire à partir de cette publication. — V. Lois, n° 156.

232. Le préfet est le principal agent du pouvoir central pour le recrutement de l'armée. Aux termes de la loi du 21 mars 1832, c'est lui qui veille à l'établissement des tableaux de la population, qui fait exécuter les opérations du conseil du recensement, le tirage au sort, et qui préside le conseil de révision (art. 10, 11, 12, 13, 26 et 44).

233. Les préfets ne sont pas seulement, dans leurs départements, les représentants du pouvoir central, chargés de procurer l'action administrative; ils sont encore les intermédiaires, nous dirions presque obligés de leurs administrés, dans les rapports de ceux-ci avec le pouvoir central. Une circulaire du ministre de l'intérieur, du 5 germ. an 8, qualifie d'abus l'usage où étaient les administrations départementales, quand un particulier avait quelque intérêt à débattre devant l'autorité supérieure, d'y renvoyer le pétitionnaire. Pour faire cesser cet abus, qui tendait à détruire la confiance des citoyens envers leurs magistrats, la circulaire précitée décide « que toutes les demandes des particuliers, des communes, des fonctionnaires subalternes, des commissions d'hospices, des employés aux prisons ne doivent parvenir au ministre que par le canal du préfet et après avoir passé à son examen; que toute lettre qui arrivera directement sera renvoyée sans réponse, à moins qu'elle ne contienne des plaintes contre le préfet, pour déni de justice administrative. » — Quelque impératifs que soient les termes de cette circulaire, il est difficile d'admettre que le sort d'une pétition dépende de leur observation. Dans l'usage, les recours dirigés contre les arrêtés des préfets sont adressés directement au ministre. Quant aux autres pétitions, celles qui ne passent pas par les mains du préfet sont renvoyées aux préfets, ce qui occasionne un retard dans l'instruction et la décision de l'affaire.

234. Comme intermédiaire entre le pouvoir central et les administrés, les préfets sont chargés de veiller à l'instruction des affaires contentieuses. Ils sont chargés des communications de diverses classes d'agents de l'administration avec les ministres. Une circulaire ministérielle du 27 juill. 1854 leur trace à cet égard leurs devoirs, qui sont les mêmes pour les divers services. Le principal est la célérité : « La justice ne doit pas se faire attendre, dit la circulaire, elle doit être active et prompte. Tout retard dans la décision d'une affaire est une espèce de déni de justice dont l'administration doit de toutes ses forces éloigner la responsabilité. Vous voudrez bien, dès qu'une instruction sera complète, presser le conseil de préfecture de prendre sa décision. Lorsque ce conseil aura prononcé, il importe que sa décision devienne promptement définitive, soit par l'adhésion réciproque des parties, soit en faisant courir le délai de l'appel, à l'expiration duquel le débat se trouve irrévocablement clos. En ce qui touche les requêtes contentieuses portées devant le conseil d'Etat, et sur lesquelles l'administration est consultée, nous devons nous efforcer également d'éviter tout retard. Veuillez, dans ce but, lorsque je vous donnerai communication d'une requête contentieuse, la transmettre immédiatement à M. l'ingénieur en chef, qui, dans un délai d'un mois au plus à compter de cette transmission, devra vous la renvoyer avec son rapport. Vous voudrez bien, dans la quinzaine qui suivra ce renvoi, m'adresser le dossier avec votre avis. Ces délais paraîtront suffisants, si l'on considère que déjà MM. les ingénieurs auront eu à discuter une première fois l'objet du pourvoi dans l'instruction qui aura précédé la décision du conseil de préfecture. »

235. Comme représentant du domaine de l'Etat, le préfet intente et dirige les actions qui doivent être suivies, au nom de l'Etat, dans son département, et c'est contre lui que doivent être intentées les actions contre l'Etat (V. Action, nos 265 et suiv.; Dom. de l'Etat, nos 300 et suiv.; Exploit, nos 408 et suiv.; Forêts, nos 146, 1315, 1890). — Mais le préfet représentant de la même façon le département à l'administration duquel il est préposé, cette double qualité de représentant judiciaire de l'Etat et du département avait fait naître une difficulté : quelle est la position que le préfet doit prendre quand, dans une contestation judiciaire, les intérêts de l'Etat et ceux du département sont contraires? Lors de la discussion de la loi d'organisation des conseils généraux, du 10 mai 1838, la question a été posée devant les chambres. Comme il est incontestable que le préfet représente avant tout l'Etat, on proposait que le département fût alors représenté par un membre du conseil général; mais le rapporteur de la loi objecta que les conseils généraux n'avaient pas de session permanente, et que, dans l'intervalle d'une session à une autre session, les membres du conseil général étaient sans caractère. Cette raison n'était peut-être pas très-fondée, car si les conseils généraux n'ont d'existence légale que pendant la durée de leurs sessions, le caractère de membre du conseil général n'est pas moins permanent. Cela est si vrai que les membres des conseils généraux, ainsi que nous le verrons, sont investis. par des lois spéciales, de certaines attributions personnelles qu'ils exercent dans l'intervalle des sections. Quoi qu'il en soit, l'art. 36 de la loi du 10 mai 1838 est explicite. Dans le cas donc où un conflit d'intérêt s'élève entre les départements et l'Etat, le département est représenté par le membre le plus ancien du conseil de préfecture (V. aussi circ. min. du 5 mai 1852 et vo Dom. de l'Etat, no 316).

236. Le préfet représente l'Etat, quelle que soit la nature de l'action qu'il s'agit d'intenter ou celle à laquelle il s'agit de défendre, soit qu'il s'agisse d'une action mobilière ou d'une action immobilière. A cet égard, il y a un principe important à saisir. La direction des domaines, placée dans les attributions du ministre des finances, est préposée à la perception de tous les droits dus à l'Etat et de tous les revenus nationaux. Elle décerne des contraintes contre les débiteurs de l'Etat, et, en cas d'opposition, elle a qualité pour agir judiciairement. Mais elle n'a qualité pour agir ainsi que s'il s'agit d'une question de recouvrement (V. Dom. de l'Etat, nos 303 et suiv.). S'il y a contestation sur le fond de la créance, ce n'est plus la direction des domaines, mais le préfet seul qui a qualité pour représenter l'Etat (Civ. rej. 30 juin 1828, aff. Bergeron, vo Enregistr., no 5744; Req. 6 août 1828, aff. Marchand, *eod.*). Cette règle s'applique dans tous les cas et devant toutes les juridictions civiles ou administratives (V. Dom. de l'Etat, nos 318 et suiv.). Néanmoins, devant le conseil d'Etat, ce n'est plus le préfet, mais le ministre des finances qui représente l'Etat (V. Conseil d'Etat, no 342; Trésor public, no 802).

237. Les actions judiciaires à intenter, au nom de l'Etat, par le préfet, ou qui doivent être intentées contre le préfet au nom de l'Etat, sont soumises à des formalités préliminaires dont les règles ont été exposées vo Dom. de l'Etat, nos 329 et suiv. Devant les tribunaux, l'Etat est soumis à toutes les règles de la procédure ordinaire. Seulement le préfet est dispensé de se faire représenter par un avoué; il peut faire exposer ses moyens de défense ou d'action par le procureur impérial ou le procureur général (V. *eod.*, nos 365 et suiv.).

238. Le préfet représente l'Etat non-seulement dans les actions à intenter en justice et celles où il y a lieu de défendre, mais encore dans tous les actes de simple administration patrimoniale. Il stipule dans ces actes et les signe. Il représente l'Etat dans les adjudications de coupes de bois et dans les baux. Mais il agit alors sous l'autorité du ministre des finances. Les décrets des 25 mars 1852 et 13 avr. 1861 ont énuméré (tableau C) les actes que le préfet peut faire seul comme représentant de l'Etat.

239. Le préfet représente le département dans tous les actes qui intéressent le département et dans les instances judiciaires où le département peut se trouver engagé, à l'exception, comme nous venons de le dire, du cas où les intérêts du département seraient en opposition avec ceux de l'Etat. Avant le décret du 25 mars 1852 que nous analyserons plus loin, l'action était exercée par lui en vertu d'une délibération du conseil général et avec l'autorisation de l'empereur en conseil d'Etat (L. 10 mai 1838, art. 36). Une seconde autorisation était nécessaire au préfet pour se pourvoir au nom du département devant un second degré de juridiction (*ibid.*). Depuis le décret du 25 mars 1852, le préfet peut ester en justice, comme demandeur, en vertu de la seule délibération du conseil général.

240. Quand le département est actionné, le préfet peut y défendre en vertu d'une délibération du conseil général et sans autre autorisation (L. 10 mai 1838, art. 36), ce qui, avant le décret du 25 mars 1852, devait s'entendre de l'autorisation du conseil d'Etat, nécessaire quand le préfet était demandeur au nom du département, mais qui n'était pas nécessaire quand il était défendeur. Le décret du 25 mars 1852 n'a pas eu à innover sur ce point. — Mais aucune action judiciaire, autre que les actions possessoires, ne peut, à peine de nullité, être intentée contre un département qu'autant que le demandeur a préalablement adressé au préfet un mémoire exposant l'objet et les motifs de la réclamation. Il en est donné récépissé à la partie, qui ne peut porter son action devant les tribunaux que deux mois après la date du récépissé, sans préjudice des actes conservatoires. Durant cet intervalle, le cours de toute prescription est suspendu (L. 10 mai 1838, art. 37). — Il a été jugé que, quand le mémoire contenant exposition de l'objet et des motifs de la réclamation a été remis au préfet, conformément à l'art. 37 de la loi du 10 mai 1838, par la partie qui se propose d'actionner le département, ce magistrat doit, dans les deux mois impartis par la loi, faire les diligences nécessaires pour réunir le conseil général et obtenir l'autorisation de défendre à l'action; que, après l'expiration de ces deux mois, sans autorisation rapportée, les tribunaux ont droit de rendre jugement; — ...Sauf au préfet à demander un sursis en justifiant des causes qui, nonobstant des diligences, l'ont empêché d'obtenir l'autorisation de défendre (Aix, 30 mai 1844) (1). — V., du reste, sur la

(1) *Espèce :* — (Comp. la Sécurité C. préf, du Var.) — En 1840, Nivière avait loué au préfet du Var, représentant le département, un bâtiment situé à Hyères, pour caserne de gendarmerie. Ce bâtiment fut assuré contre l'incendie le 14 novembre 1840, par la compagnie la Sécurité de Paris. — La police d'assurance contient la disposition suivante : « Art. 16. La compagnie se réserve, en cas d'incendie, ou dans le cas prévu par le § 4 de l'art. 1, ses droits et ceux de l'assuré contre tous garants généralement quelconques à quelque titre que ce soit, et notamment contre les locataires (sauf le cas prévu par le § 5 de l'art. 1), voisins, auteurs de l'incendie, associations d'assurances mutuelles, assurance à prime ou autrement; à cet effet l'assuré, en ce qui le concerne, la subroge sans garantie, par le seul fait de la présente police, et sans qu'il soit besoin d'aucune autre cession, transport, titre ou mandat, à tous ses droits, recours ou actions. — L'assuré est tenu, quand la compagnie l'exige, de réitérer ce transport par acte séparé ou notarié, comme aussi de réitérer la subrogation dans la quittance du dommage. » — Le 27 juill. 1842, un incendie se déclara en plein jour dans le grenier à foin, sans qu'on pût en en connaître la cause; le dommage causé fut évalué à 2,205 fr. 59 c. — La compagne signifie au préfet du Var ce rapport d'évaluation, avec sommation de déclarer s'il l'acceptait : le préfet n'a rien répondu. — La compagnie subrogée par nouvel acte aux droits du propriétaire qu'elle paye, remet, le 18 sept., à la préfecture le mémoire préalable, exposant l'objet et les motifs de sa réclamation, exigé par l'art. 37 de la loi du 10 mai 1838, et six mois après, le 17 mars 1843, elle actionne le préfet représentant le département devant le tribunal de Toulon en remboursement de ce qu'elle a payé à Nivière.

Devant le tribunal, le préfet n'excipe d'aucun défaut d'autorisation et ne demande aucun sursis pour se faire autoriser; il se borne à conclure au rejet de la demande, par le motif que la subrogation n'est pas dans les termes de l'art. 1250 c. civ., et que les droits résultants pour le propriétaire de l'art. 1733 c. civ., sont personnels et incessibles.

disposition analogue de la loi du 18 juill. 1837 concernant les communes, v° Commune, n°s 1541 et suiv. — Il y a toutefois, quant aux formalités préliminaires exigées pour toute action à intenter contre une commune et celles exigées pour toute action judiciaire à intenter contre un département, une différence importante à noter dans les effets. Quand il s'agit d'une commune, la présentation d'un mémoire au préfet interrompt la prescription (V. Commune, n°s 1392, 1512). Au contraire, quand il s'agit d'un département, aux termes de la loi du 10 mai 1838, la prescription est seulement suspendue. Il suit que, dans ce dernier cas, après le délai de deux mois, la prescription continue de courir, tandis que, dans le premier, elle recommence à courir pour tout le temps légal de la prescription.

241. En cas d'urgence, le préfet peut intenter toute action et y défendre sans délibération du conseil général. Il fait tous les actes conservatoires ou interruptifs de la déchéance (L. 10 mai 1838, art. 36). — V. aussi v° Commune, n°s 1608 et suiv.

242. Quoique la loi du 10 mai 1838 parle d'*action à intenter* en exigeant une délibération du conseil général, il n'est pas douteux cependant qu'un ajournement serait valablement donné par le préfet au nom du département avant que cette formalité eût été accomplie. Il suffit que la délibération du conseil général soit produite avant que la décision ne soit rendue.

243. Le préfet représente surtout le département dans tous les actes, contrats de vente ou d'acquisition, baux, etc., que peut nécessiter l'administration patrimoniale des biens du départe-

---

Le 24 août 1843, jugement qui condamne le préfet à payer à la compagnie subrogée aux droits du sieur Nivière, la somme de 2,205 fr. 59 c.: — «... Attendu que le droit éventuel du propriétaire, contre le locataire, en cas d'incendie, résultant de l'art. 1733, peut être l'objet d'une cession valable, car une pareille cession n'a rien de contraire à l'ordre public et aux bonnes mœurs; et le tiers cessionnaire peut donc, comme ayant droit du propriétaire, exercer contre le locataire l'action résultant de l'art. 1733, sans que celui-ci puisse lui opposer d'autres exceptions que celles qui pourraient être opposées au propriétaire lui-même; — Attendu que la sécurité et l'ordre public sont intéressés à ce que de pareils cessions soient valables, car, s'il en était autrement, les locataires des maisons assurées se livreraient à une insouciance d'autant plus grande, qu'ils seraient certains de n'encourir aucune responsabilité; — Attendu que la position des locataires n'est nullement aggravée par de pareilles cessions, puisque la responsabilité reste la même, que ce soit le propriétaire ou une compagnie qui en recueille le bénéfice; — Attendu que les cessions de cette nature ne sauraient être soumises aux formes de l'art. 1250, c. civ., exclusivement applicables aux subrogations conventionnelles à des droits actuellement acquis; »

Appel par le préfet, avant d'avoir pu obtenir d'autorisation. Ce magistrat excipe de ce défaut d'autorisation pour demander la nullité du jugement, aux termes des art. 4 et 36 de la loi du 10 mai 1838 et conclut à un sursis pour se faire autoriser. — Arrêt.

La cour; — Considérant que l'incendie qui donne lieu à la demande de la compagnie d'assurance, a éclaté le 27 juill. 1842; — Que le 31 du même mois, deux experts, nommés par la compagnie et par l'assuré, ont dressé un rapport dans lequel le dommage est évalué 2,205 fr. 59 c.; — Que, par exploit du 22 août suivant, ce rapport auquel était annexé le tableau détaillé des évaluations, certifié par les mêmes experts, fut notifié au préfet du Var, avec sommation de déclarer s'il acceptait ou non les évaluations données tant à la maison qu'au dommage occasionné par l'incendie, et, en cas de non-acceptation, de désigner un expert qui, conjointement avec celui de la compagnie, ferait deux nouveaux rapports desdites évaluations; — Que, le préfet n'ayant pas répondu à cette sommation, la compagnie lui adressa le mémoire préalable, prescrit par l'art. 37 de la loi du 10 mai 1838, mémoire daté du 18 sept. 1843, et qui, suivant le récépissé de la préfecture, aurait été déposé dans les derniers jours de ce mois; — Qu'il est établi, par acte authentique, que, le 16 nov. 1842 la compagnie d'assurance a payé au propriétaire de la maison incendiée la somme de 2205 fr. 59 c., montant du dommage évalué par le rapport du 31 juill. précédent; — Que l'action, dirigée contre le département du Var a été portée, devant le tribunal de Toulon, par exploit du 17 mars 1843, et par conséquent lorsqu'il s'était écoulé près de six mois depuis que la compagnie demanderesse avait adressé son mémoire au préfet; — Que c'est le 24 août 1843, c'est-à-dire plus de cinq mois après l'assignation, que le tribunal a rendu son jugement par lequel la demande de la compagnie a été admise; — Que, devant les premiers juges, on a plaidé sur le fond, dans l'intérêt du département, sans alléguer que le préfet ne fût point autorisé à défendre, et sans demander aucun sursis; que l'exactitude de ces faits est établie tant par les qualités que par les motifs du jugement qui constatent que le tribunal n'a statué que sur une seule question, celle de savoir si le propriétaire de la maison assurée avait pu valablement céder à la compagnie d'assurance les droits qui, aux termes de l'art. 1733 c. civ., compétent au propriétaire d'une maison incendiée contre son locataire; Que c'est dans cet état de choses que le préfet du Var, cinq mois après la date du jugement, en a émis appel, et que, devant la cour, sans défendre au fond, il conclut à ce que le jugement du 24 août 1843 soit déclaré nul pour avoir été rendu contre lui sans autorisation préalable, et, subsidiairement, à ce qu'il soit sursis au jugement de la cause jusqu'après la prochaine session du conseil général, à l'effet que lui, préfet du Var, puisse se faire autoriser sur l'appel;

Sur la demande en nullité du jugement du 24 août 1843: — Considérant que tout demandeur qui veut intenter, contre un département, une action judiciaire, autre qu'une action possessoire, est tenu, conformément à l'art. 37 de la loi du 10 mai 1838, d'adresser préalablement au préfet un mémoire exposant l'objet et les motifs de sa réclamation, et que l'action ne peut être portée devant les tribunaux que deux mois après le dépôt de ce mémoire, constaté par un récépissé; — Considérant que si l'action du demandeur qui n'a point accompli cette obligation que la loi lui impose est frappée de nullité, ce n'est pas que le législateur ait ou l'intention de créer, en faveur des départements, une sorte de privilége au moyen duquel on pourrait arbitrairement retarder les décisions judiciaires à rendre sur les réclamations dirigées contre eux, mais uniquement afin qu'il ne pût être opposé, en leur nom, une résistance téméraire à des demandes légitimes; que c'est pour arriver à ce but que le § 3 de l'art. 36 de la loi précitée ne permet pas de défendre à l'action intentée contre un département, sans une autorisation donnée par le conseil général, et comme cette autorisation ne doit être accordée qu'en connaissance de cause, le législateur a prescrit, à peine de nullité, le dépôt préalable d'un mémoire où sont exposés l'objet et les motifs de la réclamation du demandeur, et n'a permis à celui-ci de porter son action devant les tribunaux que deux mois après le dépôt de son mémoire; — Qu'il suit de là que la compagnie d'assurance, demanderesse, ayant déposé son mémoire dans les derniers jours de sept. 1842, et assigné le département le 17 mars 1843, cinq mois environ après le dépôt, l'action qu'elle a portée en justice a été régulièrement introduite, et que le tribunal s'est trouvé régulièrement saisi; que la compagnie d'assurance a donc eu incontestablement le droit de demander et le tribunal celui de rendre jugement le 24 aoft 1843, sur la contestation pendante devant lui depuis plus de cinq mois; — Que ce jugement ne peut être déclaré nul sous le prétexte qu'au moment où il a été rendu, le préfet n'avait pas obtenu, conformément à l'art. 36, une délibération du conseil général qui l'autorisât à défendre à l'action; qu'en effet, le délai de deux mois durant lequel il n'est pas permis au demandeur de porter son action en justice, est prescrit pour donner au préfet le temps de se livrer à l'examen de la demande et de faire les diligences nécessaires pour obtenir l'autorisation du conseil général; que s'il ne peut représenter cette autorisation au jour où le tribunal, régulièrement, saisi, est requis de rendre jugement, un sursis peut être accordé lorsqu'il est justifié que le préfet n'a pas eu un délai suffisant pour faire les diligences nécessaires; mais si, à défaut de cette justification, le tribunal statue sur le fond, son jugement n'est point nul, parce que la loi ne lui impose, nulle part, l'obligation d'attendre, pour statuer définitivement, qu'il plaise au préfet de justifier d'une délibération du conseil général qui l'autorise à défendre à l'action; seulement comme le jugement se trouve rendu contre une partie qui n'a pas été défendue, on doit l'assimiler à toute autre décision judiciaire rendue contre un défendeur qui, régulièrement appelé devant un tribunal, se laisse condamner sans avoir proposé ses moyens de défense; — Que la demande en nullité du jugement du 24 août 1843 doit donc être rejetée;

Sur la demande en sursis: — Considérant que la signification de l'exploit du 22 août 1842, a porté à la connaissance du préfet du Var l'objet et les motifs de la réclamation de la compagnie d'assurance; qu'il a donc pu demander l'autorisation du conseil général dans le cours de la session ordinaire de 1842; qu'il l'a pu également dans le cours de la session de 1843; que d'ailleurs il lui était loisible de convoquer extraordinairement à cet effet le conseil général; qu'en outre, il s'est écoulé plus de quatorze mois depuis que l'autorité judiciaire est régulièrement saisie; qu'en cet état de choses, les magistrats ne sauraient, sans se rendre coupables de déni de justice, refuser de statuer dès à présent sur une demande qui leur paraît justifiée, et qu'il n'y a pas lieu de s'arrêter à la demande en sursis, puisque, si le préfet du Var n'est pas muni de l'autorisation du conseil général, c'est évidemment parce qu'il n'a pas voulu la demander, durant les vingt et un mois qui se sont écoulés depuis que, pour la première fois, il lui a été donné connaissance de l'objet et des motifs de la réclamation de la compagnie d'assurance;

Sur le fond: — Adoptant les motifs des premiers juges; — Par ces motifs, confirme.

Du 30 mai 1844.-C. d'Aix, 1re ch.-MM. Lerouge, pr.-Desolliers, 1er av. gén., c. conf.-Mollet et Perrin, av.

ment. Nous aurions à cet égard à entrer dans d'assez nombreux détails; mais les deux décrets de décentralisation des 25 mars 1852 et 13 avr. 1861 ayant étendu sur cette matière les pouvoirs des préfets, nous renvoyons à parler ultérieurement du pouvoir du préfet comme gérant des biens patrimoniaux du département, afin de ne pas scinder l'explication des décrets de décentralisation.

244 Le préfet a la tutelle administrative des communes et des établissements publics de son département. Les règles en ont été exposées ailleurs (vº Commune, nºs 210 et suiv., 1356 et suiv., 1504 et suiv.). Mais ces règles ayant subi quelques modifications, nous y reviendrons dans le cours du présent travail.

245. Les préfets ont certaines attributions de police générale. La loi du 5 mai 1855 les a investis, dans les grands centres de population, des attributions du préfet de police de Paris. A cet égard, le rapporteur de la loi s'exprimait ainsi au corps législatif : « La police n'est pas assurée d'une manière suffisante dans les grandes villes où affluent les étrangers, les hommes dangereux. La sûreté générale de l'Etat a besoin d'une vigilance, d'un esprit de suite, d'une unité de vue, de moyens d'action, d'un ensemble de mesures pour lesquels les maires de ces villes populeuses n'offrent pas les mêmes garanties que l'autorité de l'Etat. L'exposé des motifs rend un hommage, auquel la commission s'associe pleinement, à ces magistrats qui, sans autre intérêt que celui du bien public, se dévouent à la gestion des intérêts locaux. Mais, plus nos grandes villes s'embellissent, plus on est jaloux du bien-être général en tout genre, plus le fardeau des municipalités devient pesant, plus tous ces soins donnés à des intérêts pressants ôtent de temps à la surveillance que réclame l'Etat. » En conséquence, l'art. 50 de cette loi est ainsi conçu : « Dans les communes chefs-lieux de département, dont la population excède quarante mille âmes, le préfet remplit les fonctions de préfet de police, telles qu'elles sont réglées par les dispositions actuellement en vigueur de l'arrêté des consuls, du 12 mess. an 8. » — En exécution de cet article, divers décrets des 26 sept. 1855, 8 mars 1856, 29 août 1857, 24 avr. e. 15 sept. 1862, ont organisé dans vingt-deux villes chefs-lieux de département le service de la police entre les mains des préfets. Ce sont les recensements quinquennaux contenant les tableaux authentiques de la population pour chaque commune qui servent de règle, suivant les variations qu'ils accusent, pour augmenter ou diminuer le nombre des chefs-lieux dans lesquels le pouvoir municipal devra ainsi céder aux préfets leurs attributions de police générale. Il est à remarquer que dans le chiffre de quarante mille habitants au moins dont s'occupe la loi de 1855, on doit comprendre, d'après les termes exprès du rapport au corps législatif, la population flottante.

246. Il a été jugé : 1º qu'un arrêté préfectoral qui, dans une ville chef-lieu de département dont la population excède quarante mille âmes, ordonne la fermeture des portes cochères et allées des maisons pendant certaines heures est légal et obligatoire, comme ayant pour objet une mesure de sûreté publique rentrant dans les attributions des préfets, aux termes de l'art. 50, § 1, de la loi du 5 mai 1855 : peu importe que cette mesure puisse être également prise par le maire, conformément au § 2 du même article (Crim. cass. 13 déc. 1856, aff. Bonefoy, D. P. 57. 1. 76); — 2º Que les mesures relatives au chargement et au déchargement des marchandises et tendant à prévenir les collisions et les rixes que ces opérations pourraient susciter entre les portefaix commissionnés et les autres ouvriers, intéressant avant tout la sûreté publique, c'est au préfet qu'il appartient de les édicter dans les villes dont la population excède quarante mille âmes, conformément aux prescriptions de l'art. 50, § 1, de la loi du 5 mai 1855 (Crim. rej. 2 août 1862, aff. Vaudin, D. P. 63. 5. 320); — 3º Que, dans ces villes, le préfet étant investi des mêmes fonctions que le préfet de police, a seul qualité pour annuler, modifier ou maintenir les règlements municipaux qui concernent des objets de police compris dans lesdites fonctions, et notamment les règlements relatifs aux logeurs en garni (Crim. cass. 26 juin 1863, aff. Clausse, D. P. 63. 1. 386).

247. Quant aux frais occasionnés par cette nouvelle organisation de la police générale au chef-lieu du département, les derniers paragraphes de l'art. 50 y pourvoient dans les termes suivants : « Les conseils municipaux desdites communes sont appelés, chaque année, à voter, sur la proposition du préfet, les allocations qui doivent être affectées à chacun des services dont les maires cessent d'être chargés. Ces dépenses sont obligatoires. — Si un conseil n'allouait pas les fonds exigés pour ces dépenses, ou n'allouait qu'une somme insuffisante, l'allocation nécessaire serait inscrite au budget par décret impérial, le conseil d'Etat entendu. »

248. Indépendamment des attributions de police générale que la loi du 5 mai 1855 a données aux préfets dans les grands centres, les préfets peuvent faire des règlements de police auxquels les maires des communes seront obligés de se conformer. Mais ces règlements de police ne sont légaux qu'autant que ce sont des règlements départementaux, imposés à toutes les communes du département. On comprend que si les préfets pouvaient faire des règlements de police municipale applicables seulement à telle ou telle commune, la police municipale pourrait, de fait, passer entre les mains des préfets, contrairement au vœu de la loi du 18 juill. 1837 (V. Commune, nºs 633 et suiv.; Règlem. administ., nºs 63 et suiv.; V. aussi Crim. rej. 23 sept. 1853, aff. Binet, D. P. 54. 5. 576; 27 janv. 1854, aff. Brun, D. P. 54. 1. 134; Crim. cass. 19 janv. 1856, aff. Normand, D. P. 56. 1. 140). — Les règlements départementaux de police municipale emportent abrogation des règlements locaux sur les mêmes objets, même quand cette abrogation ne serait pas prononcée formellement (Crim. cass. 17 mai 1861, aff. Boileau, D. P. 61. 5 412, nº 10). — La jurisprudence a cependant admis deux exceptions à ces règles. Ainsi, 1º le préfet peut, dans son arrêté de police départementale, maintenir formellement les règlements de police locale dans quelques communes qu'il indique (Crim. cass. 7 mars 1857, aff. Lamarre, D. P. 57. 1. 181; 13 avr. 1861, aff. Besnier, D. P. 61. 5. 413, nº 11); — 2º Les règlements de police locale qui ne sont pas incompatibles avec les règlements de police départementale doivent être maintenus, à moins qu'il ne soit dit dans l'arrêté de police générale que cet arrêté est substitué complétement aux arrêtés de police municipale (Crim. cass. 16 juin 1854, aff. Bouard, D. P. 54. 5. 639).

249. D'un autre côté, les préfets n'ont le droit de faire des règlements de police, même pour tout le département, qu'autant qu'il s'agit de mesures de sûreté générale ou de sécurité publique ; c'est ce que décide la cour de cassation par induction de l'art. 9 de la loi du 18 juill. 1837. — Ainsi, elle considère comme ayant pour objet des mesures de sûreté générale rentrant dans les attributions de police des préfets et, par conséquent, obligatoires : 1º l'arrêté préfectoral qui ordonne que, dans les magasins ou établissements quelconques, les chiens soient constamment pourvus de muselière (Crim. cass. 15 nov. 1856, aff. Piron, D. P. 56. 5. 388); — 2º Celui qui défend de faire dans les cours des maisons de toutes les communes du département aucun dépôt de fumier ou de tous autres objets de nature à répandre des odeurs (Crim. cass. 19 janv. 1856, aff. Normand, D. P. 56. 1. 140); — 3º Celui qui règle la police des cabarets, cafés et débits de boissons (Crim. cass. 26 janv. 1856, aff. Lefèvre, D. P. 56. 5. 347; 7 mars 1857, aff. Lamarre, D. P. 57. 1. 181; 17 mai 1861, aff. Boileau, D. P. 61. 5. 412). — V. aussi nº 246-1º. — Au contraire, elle déclare non obligatoires les règlements préfectoraux relatifs soit à la police des engrais (Crim. rej. 18 août 1862, aff. Lozach, D. P. 63. 1. 56; Crim. cass. 6 nov. 1863, M. Bresson, rap., aff. Quyet), ...soit à la réglementation du balayage de la voie publique (Crim. rej. 28 juin 1861, aff. Barras, D. P. 61. 5. 36), ...soit au mode de transport des animaux à la boucherie, prescrit en vue d'éviter les mauvais traitements (Crim. rej. 28 août 1858, aff. Leray, D. P. 58. 1. 475; 23 nov. 1860, aff. Guibourg, D. P. 61. 1. 296; même jour, aff. Troché, *eod.*), ces mesures n'intéressant pas la sûreté générale. — M. Batbie, t. 4, nº 133, conteste cette distinction.

250. Le préfet ne peut déléguer aux maires, par des circulaires, même rendues publiques, le pouvoir d'accorder des permissions dérogeant aux prescriptions de ses arrêtés; par suite, les permissions ainsi délivrées n'enlèvent pas aux faits commis contrairement à ces arrêtés le caractère de contraventions (Crim. cass. 25 fév. 1859, aff. Montenot, D. P. 59. 1

190). — V. cependant Crim. rej. 4 janv. 1862, aff. Haty, D. P. 62. 1. 345.

251. Les attributions les plus nombreuses et les plus considérables des préfets sont celles que la loi du 28 pluv. an 8 et les lois spéciales leur ont conférées pour l'administration de leurs départements. L'art. 3 de la loi du 28 pluv. an. 8 porte : « Le préfet sera seul chargé de l'administration. » — Il résulte de la généralité des termes de cet article que les préfets ont le pouvoir réglémentaire le plus étendu, à la charge toutefois de se conformer aux lois, aux règlements d'administration publique et aux décrets du chef de l'Etat. On peut donc dire qu'en principe les préfets restent dans les limites de la loi et de leur droit, soit qu'on leur reconnaisse le droit d'agir *jure proprio*, soit qu'on ne considère leur pouvoir que comme une délégation générale, toutes les fois que la matière sur laquelle ils statuent n'a pas été réservée par la loi ou un règlement d'administration publique, soit à un ministre, soit au chef de l'Etat (MM. Batbie, t. 4, n° 135; Trolley, t. 1, n° 234). — Par application de ce principe unanimement reconnu (V. aussi M. Dufour, t. 1, n° 220), le préfet a qualité pour ordonner toutes les mesures propres à prévenir quelque désastre public ou en arrêter les suites, principalement dans les cas d'incendie ou de débordement de rivières, comme aussi pour prendre des arrêtés à l'effet de faciliter la circulation dans les villes et à en maintenir la salubrité.

252. Le préfet a le droit de requérir et de faire agir la force publique pour assurer l'ordre et la sécurité dans son département. Le décret du 26 juill. 1791 (V. Attroupement, n° 5) autorisait le procureur général, syndic du département, à requérir la gendarmerie, la troupe de ligne et la garde nationale pour dissiper les attroupements séditieux et repousser les attaques violentes des malfaiteurs. La loi du 22 mars 1831, qui a placé la garde nationale sous les ordres des préfets, leur a virtuellement transmis le pouvoir de l'ancienne administration départementale. D'ailleurs il n'est pas douteux que les préfets tiennent un tel pouvoir tant du caractère de leurs fonctions que de la loi du 26 juill. 1791, les attributions des procureurs généraux syndics ayant passé en leurs mains.

253. Les préfets ordonnent d'office le placement dans un établissement d'aliénés, de toute personne interdite ou non interdite, dont l'état moral compromet l'ordre public et la sûreté des personnes (L. 30 juin 1838, art. 18 et 19). En cas de danger imminent, les maires des communes prennent des mesures provisoires, mais ils doivent en rendre compte dans les vingt-quatre heures au préfet, qui statue sans délai (*ibid.*). Dans le premier mois de chaque semestre, les directeurs d'établissements d'aliénés doivent adresser au préfet un rapport rédigé par le médecin de l'établissement sur l'état de chaque personne qui y est retenue; et le préfet prononçant individuellement sur la situation de chaque personne, ordonne sa maintenue dans l'établissement ou sa sortie (art. 21). A l'égard de ceux qui ont été placés volontairement, si leur état mental peut compromettre l'ordre public, le préfet peut décerner un ordre spécial pour qu'ils ne sortent pas sans son autorisation (*ibid.*). — V. Aliénés, n°s 121, 135 et suiv., 180 et suiv.

254. Aux termes d'un décret du 8 juin 1806 (art. 7) et de la loi du 9 sept. 1835 (art. 21) aucun théâtre ne pouvait être établi dans un département sans l'autorisation du préfet (V. Théâtre, n°s 27 et suiv.). Ces dispositions de loi se trouvent abrogées par le décret du 6 janv. 1864 (D. P. 64. 4. 17), qui n'exige plus qu'une simple déclaration à la préfecture. Mais aucune pièce ne peut être représentée sur un théâtre de province qu'autant que la représentation en a été autorisée par le préfet du département (décr. 30 juin 1852; 6 janv. 1864, art. 3; V. Théâtre, n°s 73 et suiv.).

255. Les préfets prescrivent toutes les mesures qu'ils jugent utiles pour le maintien de la salubrité publique (décr. 22 déc. 1789, sect. 3, art. 2). Ils nomment les membres des commissions sanitaires et font exécuter les règlements des intendances. Ils prennent eux-mêmes les arrêtés nécessaires dans les localités situées hors du ressort des intendances sanitaires. — V. Salubrité publ., n°s 123 et suiv., 163 et suiv.

256. Le préfet est chargé de la police extérieure des cultes. L'évêque se concerte avec le préfet pour régler la sonnerie des cloches et procurer un édifice convenable aux paroisses dans les quelles il n'existe pas d'édifices consacrés au culte (L. 18 germ. an 10, art. 48 et 77). Il se concerte également avec le préfet pour l'exécution des décrets ou ordres administratifs dont l'objet est de prescrire des prières publiques (*ibid.*, art. 49). En cas d'abus, le recours est exercé d'office au conseil d'Etat par le préfet (*ibid.*, art. 8; V. Culte, n°s 168 et suiv., 282, 436, 478). Les assemblées des églises protestantes réformées, les consistoires généraux, etc., ne peuvent s'assembler qu'avec l'autorisation du gouvernement et en présence du préfet et du sous-préfet (L. 18 germ. an 10, art. 31, 38 et 42, V. *eod.*, n°s 711, 716 et suiv., et p. 688).

257. Le décret du 22 déc. 1789 (sect. 3, art. 1) chargeait les administrations de département : 1° de répartir toutes les contributions directes imposées à chaque département entre les districts de leur ressort; 2° d'ordonner et de faire faire les rôles d'assiette et de cotisation entre les contribuables de chaque municipalité; 3° de régler et de surveiller tout ce qui concerne la perception et le versement du produit des contributions et le service et les fonctions des agents qui en sont chargés; 4° d'ordonner et de faire exécuter le payement des dépenses qui sont assignées à chaque département sur le produit des mêmes contributions. Entre ces attributions les trois dernières ont passé aux préfets; la première se trouve transférée aux conseils généraux (L. 10 mai 1838, art. 1; V. Impôts dir., n° 137). — Les préfets font dresser et rendent exécutoires les rôles des contributions directes et des recettes municipales (L. 3 frim. an 7, art. 28, et 10 mai 1838, art. 22), sauf l'exception portée dans l'art. 63 de la loi du 18 juill. 1837 (V. Impôts dir., n°s 417, 616). Ils prononcent souverainement sur les demandes en remise ou modération d'impôt (V. Impôts dir., n°s 617 et suiv.). — Ils ont aussi, en ce qui concerne le cadastre, différentes attributions qui ont été indiquées *loc. cit.*, n°s 83 et s., 92 et s.

258. Le préfet délivre les mandats pour le payement des dépenses départementales, telles qu'elles sont fixées par les crédits ouverts aux budgets des départements (L. 10 mai 1838, art. 23).

259. Le préfet fixe chaque année à l'avance le nombre maximum des enfants indigents qui pourront être admis gratuitement dans les écoles primaires publiques. Aux termes de l'art. 13 du décret du 31 déc. 1863, cette fixation a lieu du 15 au 20 octobre. Le préfet arrête ensuite en décembre les listes nominatives sur la proposition des conseils municipaux. — Le décret du 13 mai 1855 a conféré aux préfets, des attributions analogues de surveillance sur les salles d'asile; les art. 14, 23, 27 et 33, déterminent ces droits et attributions. — V. Organis. de l'instr. pub.; Secours pub., n° 89.

260. La police de la grande voirie appartient aux préfets. En conséquence, ce sont eux qui délivrent toutes les permissions de voirie et les alignements en matière de grande voirie. Ils surveillent la réparation des grands chemins (v° Voirie par terre, n°s 254 et suiv., 2078 et s.). — Ils ont aussi, dans leurs attributions, la voirie vicinale. Ils classent les chemins vicinaux, en fixent la largeur, répartissent entre les communes les dépenses que nécessitent les chemins qui les desservent (V. *eod.*, n°s 347 et suiv., 368 et suiv., 492 et suiv., 1064 et suiv., 1203 et s., etc.). — Ils font les règlements nécessaires pour assurer l'exécution de la loi sur les chemins vicinaux; mais ces règlements doivent être revêtus de l'approbation du ministre de l'intérieur (L. 21 mai 1836, art. 21, V. *eod.*, n° 341). — Ce sont les préfets également qui veillent à la police du roulage et des messageries publiques; ils règlent par des arrêtés spéciaux les parties de route où les chevaux de renfort sont autorisés, l'emploi d'attelages exceptionnels, l'établissement de barrières de dégel, le nombre des voitures en convoi, lorsque la dimension des objets transportés donne au convoi une longueur nuisible à la liberté ou à la sûreté de la circulation, l'éclairage des voitures d'agriculture, etc. (décr. 10 août 1852, art. 4, 5, 7, 15, 18; 24 fév. 1858 et 29 mars 1863, V. Voitures publiques, n°s 38, 42, 44, 69, 120 et suiv., 150 et suiv., 199). — Ils surveillent l'exécution des défenses faites aux entrepreneurs de voitures libres de transporter des lettres, journaux, etc. (arr. 27 prair. an 9, art. 4, V. Postes, p. 10). — Ils donnent les autorisations nécessaires pour l'abatage et le remplacement des arbres en état de dépérissement le long des routes impériales et départementales (ord. 8 août 1821, art. 4; 29 mai 1830, V. Voirie par terre, nos 176 et suiv.). L'ord. du 15 nov. 1846, leur confère de nombreuses attributions relativement à la police, à la sûreté et à l'exploitation des chemins de fer (V. Voirie par chemin de fer, nos 197, 217, 231, 265 et suiv., 606 et suiv., 620 et suiv.).

261. C'est aussi aux préfets qu'appartient la police de la chasse. Chaque année un arrêté préfectoral fixe l'époque de l'ouverture et de la clôture de la chasse dans le département. Cet arrêté doit être publié au moins dix jours à l'avance (L. 3 mai 1844, art. 3). Les préfets délivrent les permis de chasse sur l'avis du maire et du sous-préfet (*ibid.*, art. 5). Ils fixent, sur l'avis des conseils généraux, l'époque de la chasse des oiseaux de passage autres que la caille, et les modes et procédés de cette chasse; le temps pendant lequel il est permis de chasser le gibier d'eau dans les marais, sur les étangs, fleuves et rivières et les espèces d'animaux nuisibles qui peuvent être détruits en tous temps (*ibid.*, art. 9). Ils prennent également des arrêtés sur les autres objets de la police de la chasse, notamment pour interdire la chasse pendant les temps de neige (*ibid.*). Quoique la loi du 3 mai 1844 (art. 9) dispose que les arrêtés préfectoraux relatifs à la chasse de certains gibiers sont pris sur l'avis des conseils généraux, une circulaire du 20 mai 1844 explique néanmoins que cet avis n'est pas obligatoire pour le préfet. Les attributions données aux préfets par cette loi rentrent, en effet, dans les attributions de leur charge, et il n'y a pas sur ce point de restriction positivement écrite dans la loi. — V. Chasse, nos 65 et suiv., 112 et suiv., 176 et suiv., 185.

262. Les arrêtés préfectoraux pris sur les objets de l'art. 9 de la loi du 3 mai 1844 sont exécutoires de plein droit sans autre approbation. Mais la même circulaire du 20 mai 1844 rappelle que « tous les actes de l'administration préfectorale ne s'exercent que sous l'autorité et le contrôle des ministres responsables, qui, en principe, est toujours réservé, sans qu'il soit nécessaire de l'exprimer dans chaque loi spéciale; que les préfets doivent donc adresser exactement une ampliation de tous les arrêtés pris dans les différents cas prévus par l'art. 9, afin que le ministre de l'intérieur puisse examiner si ces actes sont conformes à l'ensemble de la législation, et adresser, au besoin, telles observations qu'il appartiendrait. » — V. Chasse, p. 112.

263. Les préfets sont chargés de faire exécuter les lois sur les élections. A cet égard leurs attributions diffèrent selon qu'il s'agit de l'élection des membres du corps législatif, des membres des conseils généraux ou d'arrondissement et des membres des conseils municipaux. Les listes sont dressées par les maires, qui les transmettent au préfet. Le préfet requiert l'inscription des personnes omises ou la radiation de celles qui ont été indûment inscrites (décr. 2 fév. 1852, art. 19). Ces formalités s'appliquent chaque année aux tableaux rectificatifs. Si les formalités légales ou les délais n'ont pas été observés, les listes ou tableaux rectificatifs sont déférés par le préfet au conseil de préfecture, sans préjudice du droit réservé aux particuliers de former des demandes d'inscription ou de radiation (*ibid.*, art. 4 et 5). A l'égard de l'élection des membres des conseils généraux ou d'arrondissement, le préfet peut diviser les communes en sections électorales, quelle que soit leur population, et à l'égard de l'élection des membres des conseils municipaux, il fixe le nombre des conseillers qui pourront être nommés par chacune des sections (décr. 7 juill. 1852, art. 3). — Les mêmes règles sont également suivies pour l'élection des prud'hommes. — V. Droit polit., n° 433; Prud'homme, nos 32 et suiv., 40 et suiv., 3 *infrà*, nos 516 et s.).

264. Les préfets ont diverses attributions relatives à l'organisation et au service de la garde nationale. Ils nomment, avec les sous-préfets, les membres des conseils de recensement (décr. 22 janv. 1850, art. 9). Ils nomment également, avec les sous-préfets les membres des conseils d'administration, de légion ou de bataillon (décr. 3 oct. 1851, art. 2). Ils interjettent appel devant le juge de paix des décisions du conseil de recensement (décr. 3 oct. 1851, art. 8), etc., etc.

265. Dans les villes où sont établis des tribunaux de commerce, le préfet dresse la liste des notables commerçants appelés à élire les membres des tribunaux de commerce. Il les choisit sur tous les commerçants de l'arrondissement. — La liste qu'il arrête est approuvée par le ministre de l'intérieur (c. com., art. 619). — V. Organisat. judic.

266. Quoique le caractère du préfet soit celui d'un administrateur, il exerce cependant, dans certaines matières exceptionnelles, une sorte de juridiction. Ainsi le préfet prononce seul: 1° sur les réclamations portées contre les arrêtés pris par le sous-préfet pour assurer provisoirement la cessation du dommage en matière de contravention de grande voirie (L. 29 flor. an 10, V. Voirie par terre, nos 314 et suiv.); — 2° Sur les proportions dans lesquelles, en cas de concurrence entre plusieurs maîtres de forges pour l'exploitation de minerai de fer d'alluvion dans un même fond, chacun d'eux pourra exploiter (L. 21 avr. 1810, art. 64, V. Mines, nos 640 et suiv.); — 3° Sur les difficultés relatives au chiffre ou à l'exigibilité de la dette en matière de vente de domaines nationaux, après qu'il a visé et rendu exécutoire l'état des sommes dues, dressé par l'administration des domaines (L. 11 frim. an 8, art. 11, V. Vente administr., nos 93 et suiv., 273 et suiv.). — D'après le décret du 3 juill. 1806, art. 5, c'était aussi au préfet qu'il appartenait de statuer sur les réclamations relatives au droit d'assister aux assemblées formées pour l'élection des conseils de prud'hommes. Mais aujourd'hui on suit la règle admise en matière d'élections communales; c'est devant le conseil de préfecture ou devant les tribunaux civils, selon les cas, que les réclamations sont portées (V. Prud'hommes, n° 34). — Le décret du 4 juin 1806 donnait encore au préfet le droit de prononcer définitivement sur les difficultés entre les concurrents pour les courses de chevaux, les maires pouvant rendre des décisions provisoires (V. Courses de chevaux, n° 4).

267. Avant la loi du 21 juin 1865 sur les conseils de préfecture, le préfet prononçait en conseil de préfecture: 1° sur les décisions prises par les maires entre les employés de la régie et les débitants à l'égard de l'exactitude de la déclaration des prix de vente (L. 28 avr. 1816, art. 49, V. Impôt ind., n° 162); — 2° Sur les contestations touchant l'administration ou la perception des octrois entre les communes et les régisseurs, ou touchant le sens des clauses des baux entre les communes et les fermiers d'octroi (décr. 17 mai 1809, art. 136, V. Octroi, nos 317 et suiv.), disposition qui avait été étendue aux droits de place dans les halles et marchés assimilés par la législation aux droits d'octroi (V. Octroi, n° 317, *in fine*); — 3° Sur les contestations entre la régie et les débitants pour l'abonnement destiné à remplacer l'exercice (L. 28 avr. 1816, art. 70, 78 et 79), ou entre la régie et la commune relativement à l'abonnement destiné à remplacer l'inventaire sur les vins nouveaux ou le payement immédiat et par douzième du droit sur la vendange (L. 21 avr. 1832, art. 40, V. Impôts ind., nos 143, 269 et suiv.). — L'art. 11 de la loi du 21 juin 1865 a attribué la connaissance de ces contestations aux conseils de préfecture.

268. Indépendamment des attributions en matière contentieuse que nous venons d'énumérer, les préfets connaissent de toutes les réclamations qui peuvent être portées contre les actes de l'administration municipale. Il résulte de là virtuellement qu'ils sont compétents comme juges d'appel dans toutes les matières administratives où des lois spéciales ont attribué une juridiction aux maires. — Il a été jugé, conformément à cette règle, que, dans le silence des lois et règlements de la matière, c'est au préfet, sauf recours devant le ministre de l'intérieur, qu'il appartient, en cas de contestation, de décider si le procès-verbal d'adjudication du bail à ferme des droits de pesage, mesurage et jaugeage dans une commune, signé par le maire, est revêtu des formes et remplit les conditions prescrites pour sa régularité, comme aussi de statuer sur la question de savoir si les irrégularités dont serait entaché ledit procès-verbal sont de nature à en entraîner la nullité (cons. d'Et. 17 mai 1851) (1). — Cette dé-

(1) (Doumas c. com. de Saumanes.) — AU NOM DU PEUPLE FRANÇAIS; — Le conseil d'État, section du contentieux; — Vu la loi des

cision est une application du principe constamment appliqué par le conseil d'Etat (V. *suprà*, n° 151), que les conseils de préfecture ne peuvent connaître du contentieux administratif que dans le cas où leur compétence à cet égard a été formellement établie par les lois ou règlements.

269. Tout acte de juridiction exercé par le préfet en dehors de ceux que la loi lui attribue, constitue un excès de pouvoir et peut être déféré au conseil d'Etat par la voie contentieuse (V. n° 358). — Jugé qu'il n'appartient qu'à l'autorité judiciaire de statuer sur les difficultés qui s'élèvent entre les parties intéressées relativement au sens et à l'exécution d'une donation ou d'un legs; qu'est dès lors entaché d'excès de pouvoir l'arrêté par lequel un préfet, saisi de la réclamation du conseil municipal d'une commune contre l'extension donnée à une école primaire par les sœurs chargées de cette école, rejette ladite réclamation, en se fondant sur ce qu'elle est contraire aux droits conférés aux sœurs par la donation et le testament en vertu desquels l'école dont il s'agit est établie (cons. d'Et. 24 déc. 1863, aff. com. de Saint-Sigismond, D. P. 64. 3. 19).

270. Le préfet est le surveillant et le gardien des attributions administratives. En cette qualité, lorsque l'autorité judiciaire est saisie d'une contestation qui rentre par sa nature dans le contentieux administratif, c'est lui qui est chargé d'élever le conflit. Le conflit est élevé par un arrêté préfectoral communiqué au parquet du tribunal indûment saisi. L'arrêté de conflit est un acte de pure administration qui n'a pour objet que de revendiquer pour les tribunaux administratifs la connaissance d'une affaire administrative; il ne décide rien. Quand le conflit est élevé, le préfet porte la question de compétence devant le conseil d'Etat, qui prononce comme régulateur suprême et maintient la connaissance du litige à l'autorité judiciaire ou l'attribue à l'administration (V. Conflit, nos 23 et suiv., 129 et suiv.). Il importe de remarquer que le droit d'élever le conflit est personnel aux préfets et ne pourrait être exercé par le chef de l'Etat ni par aucun ministre (V. Conflit, n° 27). C'est une dérogation à ce principe que le supérieur administratif peut toujours faire ce que l'inférieur omet ou néglige de faire.

271. Les attributions générales que les préfets tiennent de la loi du 28 pluv. an 8 et des lois spéciales ont été très-étendues par l'effet du décret du 25 mars 1852, improprement appelé décret de décentralisation, et par le décret du 13 avr. 1861 sur le même objet. Nous avons la centralisation politique qui se confond avec l'unité politique et contre laquelle personne ne réclame, parce qu'il est sensible à tous qu'elle est le grand élément de notre force extérieure. Mais nous avons aussi la centralisation administrative, dont les abus depuis un demi-siècle ont frappé les yeux de tout le monde. Dans ses dernières conséquences elle a produit la bureaucratie, sur quoi la satire a fréquemment exercé ses traits. Le décret du 25 mars 1852 complété par le décret du 13 avr. 1861 a eu la pensée d'ébaucher la décentralisation en transportant certaines attributions des ministres aux préfets. Nous verrons volontiers dans ce changement une simplification des rouages administratifs; mais nous ne saurions y reconnaître la décentralisation administrative. Les préfets étant les représentants du pouvoir central, c'est encore le pouvoir central qui administre quand un préfet prend un arrêté. La décentralisation administrative ne commencera que quand une extension de l'administration aura été donnée non plus à des délégués du pouvoir central, mais à des pouvoirs locaux et indépendants. Un projet de loi sur l'organisation des conseils généraux et des conseils municipaux, soumis à l'heure où nous écrivons au corps législatif, tente d'ébaucher cette œuvre. Quoi qu'il en soit nous devons traiter sommairement des attributions plus étendues données par les décrets des 25 mars 1852 et 13 avr. 1861 aux préfets.

272. Les matières sur lesquelles les préfets peuvent statuer, par une extension de l'autorité qu'ils avaient originairement, peuvent être rangées sous cinq chefs.—Sous le premier chef se placent les affaires départementales et communales qui n'affectent pas directement l'intérêt général de l'Etat. L'art. 1 du décret du 25 mars 1852 dispose que les affaires qui affectent directement l'intérêt général de l'Etat, comme l'approbation des budgets départementaux, les impositions extraordinaires et les délimitations territoriales continueront d'être soumises à la décision du ministre de l'intérieur; mais que les autres affaires qui jusqu'à ce jour exigeaient la décision du chef de l'Etat ou du ministre de l'intérieur et dont un tableau (le tableau A) annexé au décret donne la nomenclature, seront soumises à la décision des préfets. Mais on remarquera que ce tableau se termine par une seconde nomenclature contraire, indiquant des affaires qui, bien que n'affectant pas l'intérêt général de l'Etat, restent soumises à la décision de l'autorité supérieure pour diverses causes, comme elles l'étaient avant le décret de 1852. Le décret du 13 avr. 1861 qui a élargi le cercle des attributions que le décret de 1852 avait donné aux préfets contient également une double nomenclature dans son tableau A. La nomenclature des affaires dont la connaissance est donnée aux préfets dans ce tableau A n'est pas limitative. Le n° 67 de ce tableau après avoir énuméré les objets qui rentrent à l'avenir dans les attributions des préfets, porte, en effet, qu'ils statueront « sur tous les autres objets d'administration départementale, communale ou d'assistance publique, sauf les exceptions ci-après. » Il suit de là indubitablement que l'énumération limitative est dans la seconde partie du tableau et qu'en principe toutes les affaires sont à la décision des préfets, si elles ne sont pas exceptées (V. M. Laferrière, t. 2, p. 373). Cette conséquence est d'autant moins contestable, que d'après le principe développé plus haut (n° 251) le préfet étant aux termes de la loi du 28 pluv. an 8 seul chargé de l'administration dans son département, a en principe le droit de faire tout ce qui n'est pas attribué à une autre autorité ou réservé au pouvoir central.

273. Nous allons passer rapidement en revue, en suivant l'énumération donnée dans le tableau A du décret du 13 avr. 1861, qui remplace le tableau portant la même lettre annexé au décret de 1852, les affaires départementales et communales qui, jusqu'aux décrets précités, exigeaient la décision du ministre de l'intérieur et sur lesquelles les préfets peuvent statuer aujourd'hui. Ce sont les affaires suivantes : 1° « Acquisitions, aliénations et échanges de propriétés départementales non affectées à un service public. » — L'art. 29 de la loi du 10 mai 1838 disposait que ces différents actes à titre onéreux, décidés par une délibération du conseil général, devaient être approuvés par un

---

15-28 mars 1790, tit. 2, art. 21; les arrêtés du gouvernement des 27 brum. an 7, 7 brum. an 9 et 2 niv. an 12; la loi du 29 flor. an 10, relative à l'établissement de bureaux de pesage, mesurage et jaugeage, et la loi du 18 juill. 1837; — Considérant qu'il résulte de l'instruction que le sieur Doumas demandait devant le préfet la nullité du procès-verbal d'adjudication du 20 mars 1842, en se fondant : 1° Sur ce que ledit procès-verbal constaterait faussement la présence de deux membres du conseil municipal et du receveur municipal, ainsi que les offres et enchères dont il énonce la réception ; 2° sur ce qu'il ne porterait pas la signature des deux membres du conseil municipal qui auraient assisté le maire, ni celle du sieur Doumas lui-même et de la caution que ce dernier aurait présentée; 3° sur ce qu'il n'aurait pas été rédigé séance tenante;

Considérant, en ce qui touche le premier moyen, que l'arrêté attaqué n'a rien jugé ni préjugé quant à l'inscription de faux qui a été ou qui pourrait être formée par le sieur Doumas contre le procès-verbal d'adjudication, et à l'égard de laquelle ledit arrêté a même formellement réservé tous les droits du requérant, en le renvoyant à se pourvoir, s'il le jugeait convenable, devant l'autorité compétente;

Considérant, en ce qui touche les deuxième et troisième moyens, qu'aux termes de l'art. 20 de la loi du 18 juill. 1837, il appartenait au préfet d'approuver l'adjudication du bail à ferme des droits de pesage, mesurage et jaugeage publics dans la commune de Saumanes; qu'aucune disposition légale n'attribuait au conseil de préfecture le droit de décider si le procès-verbal constatant ladite adjudication était revêtu des formes et remplissait les conditions prescrites pour sa régularité; que, dès lors, c'était au préfet, sauf recours devant le ministre de l'intérieur, s'il y avait lieu, à statuer sur la question de savoir si les irrégularités ci-dessus spécifiées étaient établies ou étaient de nature à entraîner la nullité dudit procès-verbal; que le préfet s'est borné à prononcer sur cette question, et qu'ainsi en déclarant, par suite, que l'acte dont il s'agit était exécutoire et devait recevoir son exécution dans les formes tracées par la loi, il n'a ni dépassé les limites de sa compétence ni excédé ses pouvoirs;

Art. 1. Les requêtes du sieur Doumas sont rejetées.

Du 17 mai 1851.-Cons. d'Etat.-M. Reverchon, rap.

décret rendu en conseil d'Etat quand la valeur de la propriété à acquérir, aliéner ou échanger dépassait 20,000 fr. Au-dessous de cette valeur l'autorisation du préfet en conseil de préfecture suffisait. Une circulaire ministérielle du 5 mai 1852 (D. P. 52. 3. 36) explique aux préfets que, quelle que soit la valeur de la propriété, l'approbation par décret n'est plus nécessaire, mais qu'ils doivent toujours procéder en conseil de préfecture, l'art. 29 de la loi du 10 mai 1838 n'étant pas modifié en ce point. L'interprétation donnée ici par l'administration est d'autant plus remarquable que le décret est muet à cet égard, tandis que, sur d'autres objets, il s'en explique formellement (V. art. 3). M. Dufour, t. 1, n° 327, conclut de ce silence du décret que l'assistance du conseil de préfecture n'est plus nécessaire, et que si un des actes ci-dessus indiqués avait été approuvé par le préfet sans cette assistance, l'annulation qu'en prononcerait le ministre pourrait être attaquée avec succès devant le conseil d'Etat. — Mais cette opinion ne nous paraît pas devoir être admise. — Le décret du 25 mars 1852 a pour unique objet de transmettre au préfet, dans une certaine limite, les pouvoirs tutélaires qui, jusque-là, avaient appartenu à l'autorité supérieure; il n'avait donc pas besoin de rappeler les formalités exigées par les règlements antérieurs pour les actes de même nature que ceux qu'il énumère, et qui deviennent obligatoires pour ceux-ci, par cela seul qu'il n'en parlait pas : il n'y a de changé que l'autorité chargée de donner l'approbation légale. S'il a plus expressément exigé dans l'art. 3 l'intervention du conseil de préfecture pour certains actes déterminés, il n'en résulte nullement qu'il ait voulu établir par là une règle exclusive. D'ailleurs, les formalités dont il est ici question sont d'autant plus nécessaires aujourd'hui que l'autorité chargée de statuer se trouve plus rapprochée des administrés, et par conséquent, plus accessible aux influences locales : on ne comprendrait pas que le décret eût voulu les supprimer (V. Hospice, n° 448). — Mais V. n° 725, art. 1-1°.

274. Il importe de remarquer que le préfet ne fait ici qu'approuver une délibération du conseil général et que le décret de 1852 ne fait que remplacer l'approbation du chef de l'Etat par celle du préfet. Les préfets ne tiennent donc pas du décret le pouvoir de disposer des biens des départements. Il importe de remarquer également que la disposition des décrets ne s'applique qu'aux acquisitions à l'amiable et qu'à l'égard des acquisitions à faire pour cause d'utilité publique et par expropriation forcée, il n'est en rien dérogé à la loi spéciale du 3 mai 1841 (circ. 5 mai 1852, D. P. 52. 3. 36). Les décrets ne tracent aux préfets aucun devoir spécial dans l'exercice de leur nouvelle attribution. Mais la circulaire du 5 mai 1852 explique que le droit des préfets ne doit pas aller jusqu'à autoriser des acquisitions qui nécessiteraient la création ultérieure de ressources départementales extraordinaires. Les préfets ne doivent donc approuver que les acquisitions dont le conseil général aurait assuré le payement en votant une allocation à la deuxième section du budget ou tout au moins en prenant par une délibération spéciale l'engagement formel d'y pourvoir intégralement sur les fonds de cette section (même circul.).

275. En parlant des propriétés départementales non affectées à un service public, les décrets n'entendent parler que des services de l'Etat. Les immeubles départementaux affectés à un service général de l'Etat comme ceux consacrés aux services judiciaires ou aux prisons départementales, ne peuvent être aliénés, échangés, etc., qu'avec l'approbation de l'autorité centrale, comme par le passé. Mais l'approbation du préfet suffirait pour l'aliénation d'un terrain affecté à une pépinière départementale ou d'un bâtiment loué au profit du departement (même circul.).

276. « 2° Affectation d'une propriété départementale à un service d'utilité départementale, lorsque cette propriété n'est déjà affectée à aucun service. » — C'est une seconde dérogation à l'art. 29 de la loi du 10 mai 1838. Le service dont il est parlé ici est le service public dont il est question dans le n° 1 du tableau. — V. n° 725, art. 1-4°.

277. « 3° Mode de gestion des propriétés départementales. » L'art. 30 de la loi du 10 mai 1838 appelle les conseils généraux à délibérer sur le mode de gestion des propriétés départementales, mais il soumettait leurs délibérations à l'approbation du ministre compétent. Les décrets de décentralisation appellent les préfets à statuer aux lieu et place du ministre, sur les délibérations des conseils généraux sur cet objet. — V. n° 725, art. 1-2°.

278. « 4° Baux de biens donnés ou pris à ferme ou à loyer par le département. » — La loi du 10 mai 1838 n'a pas compris les baux parmi les actes sur lesquels les conseils généraux sont appelés à délibérer. La délibération sur cet objet n'est donc que facultative. Les actes réglementaires auxquels les décrets de décentralisation dérogent sur ce point sont l'ordonnance du 22 oct. 1825 et le règlement de comptabilité du ministère de l'intérieur, du 30 nov. 1840, qui soumettaient à l'approbation de l'autorité supérieure les baux passés pour plus de six années consécutives ou dont le prix total excédait 20,000 fr. La circulaire du 5 mai 1852 engage les préfets à provoquer l'examen des conseils généraux sur les baux qui engageraient pour un long terme l'avenir et les ressources du département, et leur recommande de transmettre au ministre de l'intérieur copie des baux passés pour plus de douze années consécutives, ou dont le prix total excéderait 20,000 fr.

279. La loi n'ayant soumis les baux faits par les départements à aucune forme déterminée, il est loisible aux préfets de les faire dans la forme qu'ils jugent convenable. Néanmoins on reconnaît généralement que la forme la plus régulière est celle qui est exigée pour les baux des biens des communes et des établissements publics, par les lois des 28 oct.-5 nov. 1790, art. 13, 5 fév. 1791 et décr. du 12 août 1807 (V. Dom. nat., p. 290; Louage admin., nos 25, 26; V. aussi v° Commune, n° 2522). Le préfet fera donc dresser un cahier des charges du bail; il donnera à cet acte la publicité de l'affichage, ensuite de quoi il sera procédé à l'adjudication aux enchères par devant notaire. — V. n° 725, art. 1-3°.

280. « 5° Autorisation d'ester en justice. » — La jurisprudence administrative avait reconnu qu'aucune autorisation n'était nécessaire au département pour recourir à la juridiction du conseil de préfecture ou du conseil d'Etat, quoique la loi du 10 mai 1838 eût exigé une autorisation de l'administration supérieure pour que le préfet représentant le département pût ester en justice (V. *suprà*, n° 239). On conçoit, en effet, qu'une autorisation administrative devait être inutile pour les recours à porter devant la justice administrative. Le décret du 25 mars 1852 n'a fait qu'étendre à toutes les actions judiciaires le bénéfice de la jurisprudence administrative. Mais il ne paraît pas douteux que le ministre de l'intérieur ne puisse réformer la détermination du préfet d'agir ou de ne pas agir en justice pour le département. Ce droit de contrôle du ministre résulte des principes généraux et de la circulaire du 5 mai 1852, qui exige la communication de toutes les déterminations que les préfets prennent à cet égard. — V. n° 725, art. 1-12°.

281. Il y a lieu de se demander si l'innovation du décret du 25 mars 1852 est applicable aux actions à intenter par les communes. L'affirmative ne saurait être admise. Les autorisations de plaider sont données aux communes par les conseils de préfecture. Or le décret du 25 mars 1852 n'autorise les préfets à statuer que sur les actes qui exigeaient la décision du chef de l'Etat ou du ministre.

282. « 6° Transactions qui concernent les droits des départements. » — L'art. 38 de la loi du 10 mai 1838 disposait que les transactions délibérées par le conseil général ne pouvaient être autorisées que par ordonnance du roi rendue en conseil d'Etat. Le décret modifie sur ce dernier point la loi de 1838. Mais la circulaire du 5 mai 1852 explique que l'arrêté du 21 frim. an 12 (V. Commune, n° 120-6°), qui exigeait pour les transactions l'avis du conseil de préfecture et une consultation de trois jurisconsultes, demeure encore en vigueur. — M. Dufour, t. 1, n° 338, conteste cette interprétation en ce qui concerne l'avis du conseil de préfecture. Les décrets de décentralisation (art. 1) sont muets sur ce point, dit-il, et l'art. 3 du décret du 25 mars 1852 ne comprend pas les transactions parmi les actes où l'avis du conseil de préfecture est exigé. L'annulation d'une transaction par le ministre, pour l'omission de cette formalité, constituerait, suivant lui, un excès de pouvoir susceptible d'être déféré au conseil d'Etat par la voie contentieuse.—Mais cette opinion ne nous paraît pas admissible (V. n° 273).—V. n° 725, art. 1-13°.

283. « 7° Acceptation ou refus des dons faits aux départements sans charge ni affectation immobilière, et des legs qui présentent le même caractère ou qui ne donnent pas lieu à réclamation. »—Les préfets ne peuvent accepter directement que les dons et legs qui ne présentent aucun caractère litigieux. Les décrets ont réservé à l'administration supérieure l'acceptation de toutes les libéralités avec condition onéreuse, ou qui soulèvent des réclamations, par exemple, de la part des héritiers qui voudraient faire réduire les libéralités d'un testateur. Les préfets doivent informer le ministre de toute acceptation prononcée au nom du département. Pour les dons et legs faits spécialement aux prisonniers, ils ne peuvent être distribués, conformément à la jurisprudence du conseil d'Etat, qu'aux détenus sortant de prison (circ. 5 mai 1852). —V. n° 725, art. 1-5°.

284. « 8° Contrats à passer pour l'assurance des bâtiments départementaux. »—Une circulaire du 21 mars 1841 instruisait les préfets que les crédits délibérés par les conseils généraux, à l'effet de pourvoir aux dépenses d'assurance des bâtiments départementaux, seraient maintenus à l'avenir, contrairement à une circulaire du 23 nov. 1831, annonçant que ces dépenses d'assurances ne seraient pas maintenues au budget des départements. Ces crédits, disait la circulaire, ne pouvaient être inscrits que dans la deuxième section du budget, dépenses facultatives. Cette circulaire du 21 mars 1841 est désormais sans objet. Mais la circulaire du 5 mai 1852 dispense les préfets de soumettre ces dépenses à la délibération des conseils généraux, par le motif que la loi du 10 mai 1838 ne l'exige pas. Il est vrai que la loi de 1838 ne contient sur ce point aucune disposition spéciale; mais le droit de délibération des conseils généraux résulte implicitement du droit qu'ils ont de délibérer sur tout ce qui tient à la gestion des propriétés départementales (art. 4 et 48) et qui interdit à l'administration d'inscrire d'office au budget aucune dépense facultative relative à cet objet. —V. n° 725, art. 1-11°.

285. « 9° Projets, plans et devis de travaux exécutés sur les fonds du département, et qui n'engageraient pas la question de système ou de régime intérieur, en ce qui concerne les maisons départementales, d'arrêt, de justice ou de correction, ou les asiles d'aliénés. »—C'est une dérogation à l'art. 32 de la loi du 10 mai 1838, qui soumettait à l'approbation de l'autorité supérieure les projets dont la dépense était supérieure à 50,000 fr. Mais les préfets cesseraient d'être compétents pour statuer seuls : 1° si les travaux projetés engageaient la question du régime pénitentiaire; 2° s'ils touchaient au régime intérieur ou au traitement des malades dans les asiles d'aliénés. Les questions du régime pénitentiaire et le mode de traitement des aliénés sont d'un intérêt non pas départemental, mais public. La circulaire du 5 mai 1852 fait une troisième réserve à l'égard des édifices affectés collectivement au service judiciaire des tribunaux, ces édifices ayant un caractère mixte et devant être construits et entretenus par le département et par l'Etat. La même circulaire rappelle aux préfets qu'ils ne doivent autoriser que les projets à la dépense desquels le conseil général aura pourvu par l'allocation à la deuxième section des crédits nécessaires, ou par l'engagement formel de les allouer ultérieurement. Elle réserve au gouvernement le droit d'examiner les projets qui conduiraient à la nécessité de créer des ressources extraordinaires. — V. n° 725, art. 1-7°.

286. « 10° Adjudication des travaux dans les mêmes limites. » — Une ordonnance du 4 déc. 1836 (V. Marché de fournit., n° 6-7°) règle les formes à suivre dans les marchés passés au compte de l'Etat. Elle est applicable par analogie aux marchés pour les travaux à la charge des départements. Ces travaux font l'objet d'adjudications avec concurrence et publicité, sauf les exceptions prévues par l'ordonnance et les cas extraordinaires où les préfets croiraient devoir solliciter de l'administration centrale l'autorisation de déroger à cette règle. Les préfets ont désormais le droit de rendre ces adjudications définitives par leur seule approbation, pourvu toutefois que les travaux à exécuter n'engagent pas une question de régime pénitentiaire, le mode de traitement des aliénés ou le service des tribunaux.

287. On peut se demander si, dans les cas d'exception à l'ordonnance du 4 déc. 1836, c'est-à-dire quand les marchés seront passés de gré à gré, les préfets pourront agir sans que leurs actes soient soumis à l'approbation ministérielle. L'art. 12 de cette ordonnance réservait dans ce cas l'approbation du ministre, à moins qu'il n'y eût quelque nécessité de force majeure, ou une autorisation spéciale ou dérivant des règlements. Ces circonstances devaient être alors relatées dans les marchés ou dans les décisions approbatives. Les décrets ne parlant que des adjudications, il faut en conclure que les marchés de gré à gré doivent être revêtus de l'approbation ministérielle, sauf les exceptions qui viennent d'être rappelées.

288. « 11° Adjudication des emprunts départementaux dans les limites fixées par les lois d'autorisation. »—L'art. 34 de la loi du 10 mai 1838 appelle les conseils généraux à délibérer sur les projets d'emprunts. Les projets d'emprunts sont ensuite soumis au pouvoir législatif, qui seul peut donner l'autorisation. Lorsque la loi qui autorise l'emprunt est rendue, il y est procédé ordinairement par adjudication, quelquefois de gré à gré. Il est recommandé au préfet de ne point adjuger d'emprunt à un taux supérieur à 4 1/2 p. 100. Les préfets conservent le droit de traiter directement avec la caisse des dépôts et consignations. S'ils traitent exceptionnellement de gré à gré avec des particuliers, le contrat doit être approuvé par le ministre (Circ. 5 mai 1852). Le ministre doit être toujours averti immédiatement des adjudications prononcées. La circulaire du 5 mai 1852 veut que l'approbation des emprunts soit donnée par le préfet en conseil de préfecture; mais, dans le silence des décrets, l'approbation donnée par le préfet seule paraît suffire pour rendre l'acte définitif. — V. n° 725, art. 2.

289. « 12° Acceptation des offres faites par des communes, des associations ou des particuliers pour concourir à la dépense de travaux à la charge des départements. »—Parmi les offres dont il est ici question, il faut entendre seulement les subventions volontaires en nature ou en argent. Le préfet peut les accepter seul, toutefois après une délibération du conseil général (V. Voirie par terre, n°s 79 et suiv., *infrà*, n° 719). Elles recevront plus tard l'approbation implicite de l'autorité supérieure, en même temps que sera approuvé par décret impérial le budget départemental, à la deuxième section duquel ces subventions doivent être rattachées en recettes (*infrà*, n° 762). Mais si les offres n'étaient que des avances de fonds, comme leur réalisation constituerait un emprunt, le préfet ne pourrait les approuver (V. Voirie par terre, n° 1258). Les subventions offertes aux départements sont ordinairement accompagnées de conditions; les préfets ne cessent pas pour cela d'avoir pouvoir de les accepter; mais cela explique la nécessité d'une délibération préalable du conseil général, et si le conseil général refusait alors l'acceptation, le préfet ne pourrait les approuver valablement.—V. n° 725, art. 1-8°.

290. « 13° Concession à des associations, à des compagnies ou à des particuliers, de travaux d'intérêt départemental. » — Cette disposition du décret doit être rapprochée de l'art. 4, § 11, de la loi du 10 mai 1838. La concession prévue ici peut être faite moyennant un prix fixe ou moyennant l'établissement de taxe à percevoir pour un certain temps par les concessionnaires.

291. « 14° Acquisition de meubles pour la préfecture ; réparations à faire au mobilier. » — Cette disposition doit être rapprochée de l'ordon. du 7 août 1841 et des circulaires des 9 août et 30 déc. de la même année, qui fixent le maximum de la valeur et la composition du mobilier préfectoral, la forme de l'inventaire qui doit en être fait, etc. Le mobilier des préfectures est placé par l'ordonnance de 1841 sous la surveillance des conseils généraux. — V. n°s 735, 736.

292. « 15° Achat sur les fonds départementaux d'ouvrages administratifs destinés aux bibliothèques des préfectures et sous-préfectures. »

293. « 16° Distribution d'indemnités ordinaires et extraordinaires allouées sur le budget départemental aux ingénieurs des ponts et chaussées. » — Les ingénieurs des ponts et chaussées sont chargés du service de toutes les routes tant impériales que départementales (décr. 7 fruct. an 12, V. Trav. publ., p. 482; 16 déc. 1811, V. Voirie par terre, p. 192; circ. min. 25 mars

1817). Cependant, quelques réclamations s'élevèrent a cet égard et les préfets s'en firent l'organe auprès de l'administration supérieure. Comme les frais de bureaux et les frais de tournées pour le service des routes départementales grevaient les ingénieurs au delà des prévisions des règlements qui avaient fixé leurs émoluments, la circulaire du 25 mars 1817 autorisa les départements à leur accorder une indemnité supplémentaire. La loi du 10 mai 1838 confirma implicitement cette circulaire. Mais l'allocation de ces indemnités portée au budget des départements ne constitue pas pour cela un droit pour les ingénieurs (Circ. 5 mai 1852).

294. « 17° Emploi du fonds de réserve inscrit à la 2e section des budgets départementaux pour dépenses imprévues. » Ce fonds de réserve est applicable aux dépenses urgentes qui n'ont été l'objet d'aucun vote du conseil général, et qui se produisent en cours d'exercice.

295. « 18° Règlement de la part des dépenses des aliénés, enfants trouvés et abandonnés et orphelins pauvres à mettre à la charge des communes, et bases de la répartition à faire entre elles ; — 19° Traités entre les départements et les établissements publics ou privés d'aliénés;—20° Règlement des budgets des asiles publics. »—L'art. 28 de la loi du 30 juin 1838 met les aliénés indigents à la charge des départements ; — « 21° Règlement des frais de transport, du séjour provisoire et du prix de pension des aliénés ; — 22° Dispenses de concours à l'entretien des aliénés réclamés par les familles ; — 23° Mode et conditions d'admission des enfants trouvés dans les hospices, tarif des mois de nourrice et de pension ; indemnités aux nourrices et gardiens, prix des layettes et vêtures. » — Ces différentes dispositions doivent être rapprochées des lois spéciales sur les objets qu'elles mentionnent (vis Aliénés, Hospice, Secours publics). — Nous aurons d'ailleurs l'occasion d'y revenir sommairement en traitant des conseils généraux.

296. « 24° Marchés de fournitures pour les asiles d'aliénés et tous les établissements départementaux. »—L'ordonnance du 4 déc. 1836, l'instruction ministérielle du 30 oct. 1844 et l'ordonnance du 14 nov. 1837 (V. Marché de fourn., nos 6-7°, 7) ont déterminé la forme de ces marchés de fournitures, qui doivent avoir lieu, en règle générale, avec publicité et concurrence. Ils ont lieu aussi quelquefois de gré à gré.—La question s'était quelquefois présentée de savoir qui doit procéder à l'adjudication, du préfet ou du directeur de l'asile. La circulaire du 5 mai 1852 fait remarquer que le décret du 25 mars la résout implicitement : les préfets se trouvant substitués pour ces marchés à l'administration supérieure, qui ne faisait jamais que donner ou refuser son approbation, c'est au directeur à procéder aux adjudications et à passer les marchés de toutes sortes, et c'est au préfet à les approuver. — Le décret du 25 mars 1852 disait : « marchés de fournitures pour les *prisons départementales...* » — Ces derniers mots ont été supprimés dans le décret de 1861.

297. « 25° Transfèrement des détenus d'une maison départementale d'arrêt, de justice ou de correction dans une autre maison du même département ; — 26° Approbation dans les maisons d'arrêt, de justice et de correction, des dépenses suivantes : rations et fournitures supplémentaires, registres, imprimés, fournitures de bureau, secours de route aux libérés, frais de traitement dans les hospices et asiles, frais de chaussure aux détenus voyageant à pied, ferrement et déferrement des forçats (addition au décret de 1852) ; — 27° Approbation, dans les maisons centrales, des dépenses suivantes : indemnités à raison du prix des grains, rations supplémentaires, fournitures d'écoles, indemnités aux moniteurs, allocation de frais de transport en voiture aux infirmes libérés et sans ressource, travaux de réparation aux bâtiments et logements jusqu'à 500 fr. (addition au décret de 1852) ; — 28° Congés, n'excédant pas quinze jours, aux employés des maisons centrales, d'arrêt, de justice et de correction (addition au décret de 1852) ;—29° Création d'asiles départementaux pour l'indigence, la vieillesse, et règlements intérieurs de ces établissements (§ 26 du décret de 1852) ;—30° Règlements intérieurs des dépôts de mendicité (*id.*, § 27) ; — 31° Règlements, budgets et comptes des sociétés de charité maternelle (*id.*, § 28) ; — 32° Acceptation ou refus des dons et legs faits à ces sociétés quand ils ne donnent pas lieu à réclamations (*id.*, § 29) ; — 33° Examen et rectification des statuts présentés par les sociétés de secours mutuels qui demandent l'approbation (addition au décret de 1852) ; — 34° Autorisation des versements votés par les sociétés pour la création ou l'accroissement de leur fonds de retraite (addition au décret de 1852) ; — 35° Rapatriement des aliénés étrangers soignés en France et *vice versâ* (décret de 1852, § 30). » — Pour ce dernier objet, les préfets ne doivent pas correspondre directement avec les fonctionnaires des gouvernements étrangers, mais avec le ministre des affaires étrangères de France (circ. 5 mai 1852).

298. « 36° Dépenses faites pour les militaires et les marins aliénés, et provisoirement pour les forçats libérés (décret de 1852, § 31) ; — 37° Autorisation d'ouvrir des asiles privés d'aliénés (*id.* § 32) ; — 38° Rapatriement d'enfants abandonnés à l'étranger ou enfants d'origine étrangère abandonnés en France (*id.*, § 33) ; — 39° Autorisation de transport de corps d'un département dans un autre département et à l'étranger (addition au décret de 1852) ;—40° Congés aux commissaires de police n'excédant pas quinze jours » (*id.*).

299. « 41° Tarif des droits de location de places dans les halles et marchés et des droits de pesage, jaugeage et mesurage » (décret de 1852, § 34). — Ici commence, dans le décret du 25 mars 1852, les actes d'administration communale des préfets. La circulaire du 5 mai 1852 (D. P. 52. 3. 29) ajoute à cette énumération du no 34 les taxes d'abatage dans les abattoirs (V. *infrà*, no 331), les droits de resserre ou de magasinage des objets non vendus les jours de marché, ceux d'étable ou d'écurie pour les animaux amenés aux tueries, ceux de fonte des suifs, d'échaudoirs, de stationnement sur les ports, les rivières, etc., comme étant compris implicitement dans la disposition générale du § 35. La circulaire observe que les droits de place ne doivent porter que sur la superficie occupée par les marchandises exposées en vente, non sur la nature et la valeur des marchandises, ce qui rapprocherait à tort la taxe de places des taxes d'octroi. — V. Commune, nos 485 et suiv. ; Halles et marchés, nos 59 et suiv. ; Poids et mesures, nos 181 et suiv.

300. « 42° Budgets et comptes des communes, lorsque ces budgets ne donnent pas lieu à des impositions extraordinaires » (décr. de 1852, § 35). »—La circulaire du 5 mai 1852 applique ce paragraphe aux budgets et comptes des établissements de bienfaisance. Elle observe que la restriction qu'il contient ne s'applique qu'aux budgets donnant lieu à des impositions extraordinaires proprement dites, non à ceux où les communes recourent à des centimes additionnels pour les dépenses extraordinaires ou qui contiendraient des impositions spéciales pour des dépenses de l'instruction primaire ou des chemins vicinaux. —Le droit de régler les budgets communaux comprend pour les préfets celui de statuer sur les ouvertures de crédits supplémentaires, les reports, les non-valeurs, et, en un mot, sur toutes les opérations qui exigent l'intervention de l'autorité. Les préfets doivent adresser au ministre une copie certifiée de tous les budgets et comptes qu'ils approuvent quand la commune ou l'établissement de bienfaisance a 100,000 fr. de revenus, ainsi que les décisions autorisant les crédits extraordinaires et supplémentaires (circ. 5 mai 1852). — V. Commune, nos 559 et suiv.

301. Après le paragraphe qui précède : « Budgets, et comptes des communes... », et qui dans le décret de 1852 portait le nombre 35, ce décret ajoutait : — « 36° Impositions extraordinaires pour dépenses facultatives. » — Mais ce paragraphe est sans objet depuis le décret du 13 avr. 1861, qui a réservé cette matière au pouvoir central (tableau A, lettre *s*) ; aussi est-il supprimé dans le tableau rectifié. Il ne s'appliquait qu'aux communes qui n'ont pas 100,000 fr. de revenus. Quant à celles dont le revenu est supérieur, comme d'un côté l'art. 40 de la loi du 18 juill. 1837 ne leur permet de s'imposer extraordinairement qu'en vertu d'une loi spéciale (V. Commune, no 543) et que d'un autre côté le décret du 25 mars n'a jamais eu pour objet de substituer les décisions des préfets à celles du pouvoir législatif, il résultait que le § 36 ne leur était point applicable. Si l'imposition demandée par la commune devait durer plus de cinq ans, ou bien si, réunie aux impositions extraordinaires pesant déjà sur la commune, elle dépassait une quotité annuelle de 20 cent., le préfet devait en référer au ministre (circ. 5 mai 1852). Les éfets tenaient implicitement du § 36 le droit d'imposer les mmunes d'office pour les dépenses obligatoires auxquelles les refusaient de pourvoir, dans les termes de l'art. 39 de la loi 1 18 juill. 1837 (même circul.; V. Commune, n° 370); mais décret du 13 avr. 1861 (*loc. cit.*) a réservé cette matière à administration centrale (V. *infrà* n° 312).

302. 43° « Approbation des conditions des souscriptions à ıvrir et des traités de gré à gré, à passer pour la réalisation es emprunts des villes qui n'ont pas 100,000 fr. de recettes dinaires. » — Ce paragraphe remplace le § 37 du tableau A du écret de 1852 qui portait : « Emprunts, pourvu que le terme du emboursement n'excède pas dix années lorsqu'il doit être remoursé au moyen des ressources ordinaires, ou lorsque la création es ressources extraordinaires se trouve dans la compétence des réfets. » — Ce paragraphe a été également abrogé par le décret u 13 avr. 1861 (tableau A lettre *t*). Il ne s'appliquait qu'aux comıunes et aux établissements de bienfaisance dont les revenus e dépassent pas 100,000 fr., par les raisons qui viennent d'être ites à propos des impositions extraordinaires. Les préfets ne ouvaient autoriser d'emprunt qu'autant que les moyens de emboursement étaient parfaitement assurés. — V. Commune, os 2501 et suiv., et *infrà*, n° 312.

303. « 44° Pensions de retraite aux employés des agents es communes et des établissements charitables » (décr. de 1852, 38). — Le pouvoir des préfets ici ne s'étend pas au delà de la iquidation des pensions. Les caisses de retraite départemenales sont soumises, quant à leur création et aux règlements qui es régissent, à l'homologation de l'autorité centrale dans la ontre-partie du tableau A des décrets de 1852 et 1861 (lettre *n*). Le décret ne fait pas une pareille réserve à l'égard des caisses le retraite des employés communaux et hospitaliers, mais par nalogie la création et les règlements de ces caisses doivent être oumis à l'approbation du gouvernement (circ. 5 mai 1852). La pension de retraite des employés des établissements hospitaliers doit être liquidée conformément au décret du 7 fév. 1809 rendu applicable à ces établissements par l'ord. du 6 sept. 1820 (*ibid.*).

304. « 45° Pensions de retraite aux sapeurs-pompiers communaux (addition au décret de 1852); — 46° Répartition du fonds communs des amendes de police correctionnelle (décr. de 1852, § 39); — 47° Mode de jouissance en nature de biens communaux quelle que soit la nature de l'acte primitif qui ait approuvé le mode actuel » (décr. de 1852, § 40). — Il faut distinguer parmi ces modes de jouissance ceux qui sont antérieurs à la loi du 10 juin 1793 et ceux qui sont postérieurs. Avant la loi du 18 juill. 1837 les premiers ne pouvaient être changés que par un décret impérial, les seconds pouvaient l'être sur le vœu du conseil municipal par un arrêté préfectoral pris en conseil de préfecture. Depuis la loi du 18 juill. 1837, cette distinction n'avait plus d'objet que pour les bois communaux soumis au régime forestier (V. Commune, nos 2333 et suiv.). — Le décret du 25 mars 1852 a fait disparaître toute distinction, et autorise les préfets à approuver les délibérations des conseils municipaux, quelle que soit la nature ou l'origine des biens dont les conseils municipaux déterminent le mode de jouissance (circ. 5 mai 1852).

305. « 48° Aliénations, acquisitions, échanges, partages de biens de toute nature quelle qu'en soit la valeur » (décr. de 1852, § 41).—Les formalités de ces actes ont été exposées au mot Commune, tit. 6, chap. 3 et tit. 7. — « 49° Dons et legs de toutes sortes de biens, lorsqu'il n'y a pas réclamation des familles » (décr. de 1852, § 42; V. Commune, nos 2409 et s.).—Il importe de remarquer que l'administration des établissements religieux, comme les fabriques d'église, n'a pas été décentralisée. Il peut arriver que, dans une donation ou un legs, il y ait connexité, par exemple qu'un legs soit fait à une fabrique, à charge d'en affecter une partie au soulagement des pauvres. Dans un tel cas le préfet est compétent pour autoriser soit le maire, soit le bureau de bienfaisance à accepter la libéralité dont les pauvres profiteront; mais le ministre des cultes est seul compétent pour autoriser l'acceptation de la fabrique. Avant de statuer sur la matière qui le concerne, le préfet doit adresser directement le dossier au ministre des cultes en lui faisant connaître la décision qu'il se propose de prendre, et il ne statue que quand la décision du ministre des cultes lui a été notifiée. Tel est le commentaire officiel du décret contenu dans la circulaire du 5 mai 1852. Cependant il paraît résulter du rapport à l'empereur qui a précédé le décret du 13 avr. 1861 (V. *infrà*, n° 310) que toutes les affaires connexes en matière de dons et legs sont réservées au pouvoir central.

306. « 50° Transactions sur toutes sortes de biens, quelle qu'en soit la valeur » (décr. de 1852, § 43), conformément à l'arrêté du 21 frim. an 12 (V. *suprà*, n° 282, et v° Commune, nos 2470 et suiv.). — « 51° Baux à donner ou à prendre quelle qu'en soit la durée » (*id.*, § 44). La loi du 7 août 1851 (D. P. 51. 4. 154) sur les hospices et hôpitaux autorise les commissions administratives à régler par leurs délibérations les conditions des baux, lorsque leur durée n'excède pas dix-huit ans pour les biens ruraux, et neuf ans pour les autres. Le décret du 25 mars 1852 n'a pas dérogé à la loi du 7 août 1851. Les préfets ne seraient compétents que pour régler les baux appartenant à d'autres établissements de bienfaisance que les hospices et hôpitaux (V. Louage admin., nos 25 et suiv.).

307. « 52° Distraction des parties superflues de presbytères communaux, lorsqu'il n'y a pas opposition de l'autorité diocésaine » (décr. de 1852, § 45); — « 53° Tarif des pompes funèbres » (*id.*, § 46); — « 54° Tarif des concessions dans les cimetières » (*id.*, § 47); — « 55° Approbation des marchés passés de gré à gré » (*id.*, § 48). — La loi du 7 août 1851 commet le règlement de ces marchés aux commissions administratives, pour les hospices et hôpitaux, dans de certaines limites. Le § 48 ne serait donc pas applicable aux marchés de gré à gré des hospices et hôpitaux, mais seulement à ceux des autres établissements de bienfaisance.

308. « 56° Approbation des plans et devis de travaux quel qu'en soit le montant (décr. de 1852, § 49; V. Commune, nos 2520 et suiv.); — 57° Plans d'alignement des villes » (décr. de 1852, § 50). — Pour la forme en laquelle ces plans doivent être préparés, V. v° Voirie par terre nos 1972 et s.); — « 58° Assurances contre l'incendie (*id.*, § 52); — 59° Tarif des droits de voirie dans les villes » (décr. de 1852, § 53; V. Voirie par terre, nos 2134 et s.); — « 60° Établissement des trottoirs dans les villes » (*id.*, § 54; V. *eod.*, nos 1649 et suiv.), auquel il faut ajouter comme rentrant dans les attributions des préfets l'établissement des frais de pavage et leur conversion en taxe fixe (circ. 5 mai 1852; V. v° Voirie par terre, n° 1638).

309. « 61° Fixation de la durée des enquêtes qui doivent avoir lieu, en vertu de l'ord. du 18 fév. 1834 (V. Travaux publ., p. 851), pour les travaux de construction des chemins vicinaux d'intérêt commun et de grande communication, ou de ponts à péage situés sur ces voies publiques, quand ils n'intéressent que les communes du même département (addition au décret de 1862); —62° Règlement des indemnités pour dommages résultant d'extraction de matériaux destinés à la construction des chemins vicinaux de grande communication (*id.*); — 63° Règlement des frais d'expertise mis à la charge de l'administration, notamment en matière de subventions spéciales pour dégradations extraordinaires causées aux chemins vicinaux de grande communication; — 64° Secours aux agents des chemins vicinaux de grande communication (*id.*); — 65° Gratifications aux mêmes agents (*id.*); — 66° Affectation du fonds départemental à des achats d'instruments ou à des dépenses d'impressions spéciales pour les chemins vicinaux de grande communication (*id.*). »

310. Les différences que l'on peut remarquer entre le tableau A annexé au décret du 25 mars 1852 et le même tableau annexé au décret du 13 avr. 1861 nécessite une explication. De fait, le décret du 25 mars 1852 était resté à peu près inobservé. Sous le prétexte de consulter les ministres, les préfets ne prenaient de décisions que sur leur ordre. Quand il s'agit de remettre le décret de 1852 en vigueur, les préfets furent invités à faire connaître leurs vues. Plusieurs préfets avaient réclamé trois choses : 1° la faculté d'autoriser les impositions extraordinaires pour dépenses facultatives pendant cinq années jusqu'à concurrence de 20 cent. additionnels; 2° la décision des affaires connexes en matière de dons et legs faits aux communes et aux établissements charitables et aux établissements religieux; 3° l'approbation des marchés de gré à gré jusqu'à concurrence de 20,000 fr. au lieu de 3,000 fr.—Ces propositions ont été rejetées, et, sur le vœu formel du conseil d'État, elles ne sont pas passées dans le décret du 13 avr. 1861. Le rapport du ministre de l'intérieur à l'empereur, qui accompagnait le projet de décret, explique comment l'administration centrale devait se réserver de connaître de ces affaires. La première, relative à la faculté d'autoriser des impositions extraordinaires, présentait le danger d'abord de permettre aux préfets de toucher peut-être trop facilement aux impôts et d'affecter ainsi la richesse générale et l'intérêt du trésor, et ensuite d'exposer les préfets à subir des influences locales, auxquelles il était à craindre qu'ils ne pussent pas toujours résister (V. *suprà*, n° 301). La seconde concernant les affaires connexes en matière de dons et legs n'a point été admise, parce qu'il a paru nécessaire de réserver au gouvernement la connaissance des affaires où se trouvent mêlées de délicates questions de politique et de religion (V. *suprà*, n° 303). Enfin le rapport à l'empereur motive le rejet de la troisième proposition par cette raison qu'en principe toutes les affaires doivent se traiter au grand jour et les entreprises de travaux ou de fournitures être mises en adjudication avec concurrence et publicité, et qu'ainsi, les marchés de gré à gré n'étant admis qu'exceptionnellement, il importe de réserver pour les plus considérables le contrôle du gouvernement.—V. le texte du rapport, D. P. 61. 4. 49.—La remise en vigueur du décret de 1852 par le décret de 1861 fut l'occasion des changements que nous avons notés.

311. Le tableau A, annexé au décret du 13 avr. 1861, reproduisant le § 55 du décret de 1852, sauf les modifications déjà signalées, contient dans son § 67 la nomenclature des objets dont la connaissance est réservée à l'administration centrale. Ce § 67 est ainsi conçu : « Enfin (le préfet statue sur) tous les autres objets d'administration départementale, communale et d'assistance publique, sauf les exceptions ci-après : *a*. Changements proposés à la circonscription du territoire du département, des arrondissements, des cantons et des communes, et à la désignation des chefs-lieux ; — *b*. Contributions extraordinaires à établir et emprunts à contracter dans l'intérêt du département, — *c*. Répartition du fonds commun affecté aux dépenses ordinaires des départements ; — *d*. Règlements des budgets départementaux ; approbation des virements de crédits d'un sous-chapitre à un autre sous-chapitre de la première section du budget, quand il s'agit d'une dépense nouvelle à introduire, et des virements de la seconde et de la troisième section; — *e*. Règlement du report des fonds libres départementaux d'un exercice sur un exercice ultérieur, et règlement des comptes départementaux ; — *f*. Changement de destination des édifices départementaux affectés à un service public; — *g*. Fixation du taux maximum du mobilier des hôtels de préfecture; — *h*. Acceptation ou refus des dons et legs faits aux départements qui donnent lieu à réclamation ; — *i*. Classement, direction et déclassement des routes départementales; — *j*. Approbation des règlements d'administration et de discipline des maisons départementales d'arrêt, de justice et de correction ; — *k*. Approbation des projets, plans et devis des travaux à exécuter aux maisons départementales d'arrêt, de justice et de correction, ou aux asiles publics d'aliénés, quand des travaux engagent la question de système ou de régime intérieur, quelle que soit d'ailleurs la quotité de la dépense ; — *l*. Fixation de la part contributive du département aux travaux exécutés par l'Etat et qui intéressent le département; — *m*. Fixation de la part contributive du département aux dépenses et aux travaux qui intéressent à la fois le département et les communes ; — *n*. Organisation des caisses de retraite ou de tout autre mode de rémunération ou de secours, en faveur des employés de préfecture ou sous-préfecture et des autres services départementaux ; — *o*. Règlement du domicile de secours pour les aliénés et les enfants trouvés, lorsque la question s'élève entre deux ou plusieurs départements ; — *p*. Suppression des tours actuellement existants; ouverture de tours nouveaux ; — *q*. Approbation des taxes d'octroi ; — *r*. Frais de casernement à la charge des villes, leur abonnement ; — *s*. Impositions extraordinaires pour dépenses facultatives, et impositions à établir d'office pour dépenses obligatoires; — *t*. Emprunts des communes ; — *u*. Expropriation pour cause d'utilité publique, sans préjudice des concessions déjà faites en faveur de l'autorité préfectorale par la loi du 21 mai 1836, relative aux chemins vicinaux ; — *v*. Legs, lorsqu'il y a réclamation de la famille; — *x*. Ponts communaux à péage ; — *y*. Création d'établissement de bienfaisance (hôpitaux, hospices, bureaux de bienfaisance monts-de-piété).

312. On remarquera dans cette partie du tableau A la disposition *s* qui réserve au pouvoir central l'autorisation des impositions extraordinaires pour dépenses facultatives, et celle des impositions à établir d'office pour dépenses obligatoires, et la disposition *t*, qui réserve au gouvernement la connaissance des emprunts des communes. Ces deux matières appartenaient sous certaines réserves aux préfets d'après le décret du 25 mars 1852. Le rapport à l'empereur qui a précédé le décret du 13 avr. 1861 explique ainsi la portée du décret à l'égard de l'administration communale : « Les affaires des grandes villes, signalées par leur importance même à l'attention de l'administration, éprouvent rarement des retards ; mais les affaires des petites villes et des communes rurales restaient souvent en souffrance. Il importait de faire cesser à leur égard la complication des formalités. Dans le système du décret actuel, les préfets, s'il s'agit de travaux communaux, approuvent les plans et devis et distribuent même les secours de l'Etat. Si les ressources suffisent pour payer la dépense, l'affaire est terminée à la préfecture. Mais s'il est nécessaire de recourir à l'emprunt, elle subira l'examen du conseil d'Etat, comme par le passé; seulement les affaires qui intéressent le culte, comme l'érection d'un presbytère ou d'une église, cessent d'être soumises au ministre des cultes. En un mot, à la différence de ce qui avait lieu sous le régime du décret de 1852, toute question d'emprunt doit être soumise au conseil d'Etat; toute question d'administration, ne nécessitant pas un emprunt, est décidée par le préfet. » — V. n° 725, art. 2.

313. Sous le second chef des nouvelles attributions que les décrets de décentralisation confèrent aux préfets se rangent les objets concernant les subsistances, l'agriculture et la police industrielle et commerciale. L'art. 2 du décret du 25 mars 1852 est, en effet, ainsi conçu : « Ils (les préfets) statueront également sans l'autorisation du ministre de l'intérieur (aujourd'hui le ministre de l'agriculture, du commerce et des travaux publics), sur les divers objets concernant les subsistances, les encouragements à l'agriculture, l'enseignement agricole et vétérinaire, les affaires commerciales et la police sanitaire et industrielle dont la nomenclature est fixée par le tableau B ci-annexé. » — Ce tableau B a été modifié comme le tableau A par le décret du 13 avr. 1861; c'est donc à ce dernier qu'il faut se reporter. Les affaires qu'il soumet à l'autorité des préfets sont les suivantes : 1° Autorisation d'ouvrir des marchés, sauf pour les bestiaux ; — 2° Réglementation complète de la boucherie, boulangerie et vente de comestibles sur les foires et marchés ; — 3° Primes pour la destruction des animaux nuisibles ; — 4° Règlement des frais de traitement des épizooties ; — 5° Approbation des tableaux de marchandises à vendre aux enchères par le ministère des courtiers ; — 6° Examen et approbation des règlements de police commerciale pour les foires, marchés, ports et autres lieux publics ; — 7° Autorisation des établissements insalubres de première classe, dans les formes déterminées pour cette nature d'établissements, et avec les recours existant aujourd'hui pour les établissements de deuxième classe ; — 8° Autorisation de fabriques et ateliers dans le rayon des douanes, sur l'avis conforme du directeur des douanes ; — 9° Règlement des frais des visites annuelles des pharmacies payables sur les fonds départementaux ; — 10° Autorisation de fabriques d'eaux minérales artificielles ; — 11° Autorisation de dépôt d'eau minérale naturelle ou artificielle. — Cette nomenclature n'exige pas de commentaire. Les matières qu'elle comprend ont été d'ailleurs expliquées v^is Commune, Boucher, Boulanger, Halles et marchés, Salubrité publique, Médecine, Eaux minérales et thermales, etc.

314. L'art. 3 est ainsi conçu : « Les préfets statueront en conseil de préfecture, sans l'autorisation du ministre des finances, mais sur l'avis ou la proposition des chefs de service en matière de contributions indirectes, en matières domaniales et forestières, sur les objets déterminés par le tableau C annexé. » —C'est encore le second décret du 13 avr. 1861 qu'il faut consulter pour ce tableau. On remarquera, sur l'exercice de l'autorité du préfet dans les matières énumérées dans ce tableau, deux choses : 1° que l'avis du conseil de préfecture, qui est toujours facultatif, est ici obligatoire, quoique le préfet ne soit pas tenu rigoureusement de s'y conformer; 2° que si ces affaires peuvent être décidées par le préfet sans l'intervention du ministre des finances elles ne peuvent l'être cependant sans l'avis des chefs de service dans le département.

315. Nous allons passer en revue les principales affaires du tableau C : « 1° Transaction sur les contraventions en matière de poudre à feu, lorsque la valeur des amendes et confiscations ne s'élève pas au delà de 1,000 fr. » — Un décret du 24 août 1812 a réglé la fabrication et la vente des poudres dites étrangères, c'est-à-dire celles qui ne sont pas fabriquées par le gouvernement, et un décret du 16 mars 1813 a appliqué la surveillance du gouvernement aux salpêtres (V. Poudres et salpêtres, p. 51). Cette surveillance appartient à l'administration des contributions indirectes. Le décret du 16 mars 1813 (art. 6) a autorisé cette administration à transiger sur les conséquences des contraventions en cette matière, sous l'approbation du gouvernement (V. *eod.* n° 45). En vertu du décret du 25 mars 1852, les transactions continuent à être consenties par les directeurs des contributions indirectes; mais si les amendes et confiscations ne s'élèvent pas au-dessus de 1,000 fr., la transaction est approuvée par le préfet en conseil de préfecture; tandis que si elle s'élève de 1,000 à 3,000 fr., elle doit l'être par le directeur général sur l'avis conforme du conseil d'administration, et que s'il y a dissentiment entre le directeur général et son conseil, ou si la transaction porte sur une somme supérieure à 3,000 fr., elle doit l'être par le ministre des finances (Ord. 3 janv. 1821).

316. Toutefois, le préfet ne tient pas du décret du 25 mars 1852 le pouvoir d'approuver une transaction motivée sur une condamnation qui se rattacherait à un fait politique, ni de faire remise d'une peine corporelle prononcée en police correctionnelle, si la transaction n'intervenait qu'après un jugement ou un arrêt (circ. min. just., 1er janv. 1854).

317. « 2° Location amiable, après estimation contradictoire de la valeur locative, des biens de l'Etat lorsque le prix annuel n'excède pas 500 fr. » — L'administration des domaines est en général chargée de l'administration des biens de l'Etat. Les baux se font par adjudication avec publicité et concurrence (V. Louage administratif, nos 2 et suiv.). Une circulaire du ministre des finances du 9 flor. an 6 a permis à l'administration des domaines d'affermer, d'après les circonstances, les biens de l'Etat à l'amiable, après une estimation contradictoire faite par experts ; mais ce mode de location ne pouvait être employé que d'après un ordre du gouvernement ou du ministre des finances. Depuis le décret du 25 mars 1852, le préfet peut, sur l'avis du chef du service domanial dans le département, autoriser toute location amiable qui n'excède pas 500 fr. par an. Ce mode de location s'appliquera particulièrement aux dépendances des immeubles affectés à quelque service public et momentanément inoccupé. — L'acte de bail est passé par le préfet. Mais il importe de remarquer que, conformément aux règlements spéciaux, dont l'autorité est maintenue en ce point par le décret du 25 mars 1852, l'estimation de la valeur locative doit être acceptée à l'avance par le soumissionnaire. Si l'acceptation a eu lieu, le préfet désigne par un arrêté un premier expert et le soumissionnaire un second, et le bail est passé au prix fixé par les deux experts, et en cas de désaccord, par un tiers experts. Après l'expertise, il ne serait plus loisible au soumissionnaire de retirer son offre.

318. « 3° Concessions de servitudes à titre de tolérance temporaire et révocables à volonté; — 4° Concessions autorisées par les lois des 20 mai 1836 et 10 juin 1847 (V. Forêts, nos 126, 133, et D. P. 47. 3. 101) des biens usurpés, lorsque le prix n'excède pas 2,000 fr. » — La loi du 20 mai 1836 (art. 1) avait autorisé le gouvernement à concéder aux détenteurs les terrains dont l'Etat n'est pas en possession et qu'il serait fondé à revendiquer comme ayant été usurpés sur les rives des forêts domaniales antérieurement à la promulgation de cette loi. Les enclaves étaient exceptées de cette disposition. L'art. 2 de la même loi ne permettait au gouvernement d'exercer cette faculté que pendant dix ans, et l'étendait aux usurpations commises sur la partie du domaine de l'Etat, étrangère au sol forestier pour tous les terrains qui n'excéderaient pas cinq hectares. La loi du 10 juin 1847 a prorogé cette faculté pour dix nouvelles années. Le décret de 25 mars 1852 permettait au préfet de consentir cette concession quand le prix n'excède pas 2,000 fr. Mais d'après la loi du 10 juin 1847, cette faculté a dû cesser en juin 1857, époque à laquelle a expiré de plein droit, faute de renouvellement, le délai fixé par cette loi. Toutes les affaires commencées avant l'expiration du délai ont été continuées par l'administration des domaines sur les anciens errements; mais aucune affaire nouvelle n'a été entreprise. Aujourd'hui l'administration n'exerce plus les droits de l'Etat, en ce qui concerne les biens usurpés sur le domaine, que par voie d'action, ce qui, à vrai dire, doit se présenter de plus en plus rarement, la plus longue prescription ayant couvert pour la plupart du temps l'acte primitif d'usurpation. Quoi qu'il en soit, la disposition précitée du décret du 13 avr. 1861, reproduite par inadvertance sans doute du décret de 1852, n'a pu par ce fait s'appliquer qu'aux quelques affaires, dont nous venons de parler, qui avaient pris naissance avant l'expiration du délai de la loi de 1847.

319. « 5° Cessions de terrains domaniaux, compris dans le tracé des routes nationales, départementales et des chemins vicinaux ; — 6° Echanges de terrains provenant de déclassement de routes, dans le cas prévu par l'art. 4 de la loi du 20 mai 1836. » — L'art. 4 de la loi du 20 mai 1836, par exception au principe qu'aucun bien domanial ne peut être aliéné ou échangé qu'en vertu d'une loi, autorisait le ministre des finances à approuver des échanges quand il s'agit de terrains abandonnés par des routes (V. Voirie par terre, n° 98). Par le décret du 25 mars 1852, ce pouvoir est passé du ministre des finances aux préfets. C'est par une dérogation analogue à l'art. 13, § 3 de la loi du 3 mai 1841 (V. Expropr. publ., nos 210 et suiv.), que le § 5 du tableau substitue les préfets au ministre des finances dans le droit de céder pour une route ou un chemin vicinal des portions de terrains domaniaux. Quoique les § 5 et 6 ne parlent que de routes et de chemins, il ne paraît pas douteux que le décret du 25 mars 1852 ne soit applicable aux cas où il s'agit de canaux ou de rivières. Mais les préfets, qui peuvent, dans les prévisions du § 6, consentir des échanges, ne pourraient consentir des aliénations, les décrets de 1852 et de 1861 étant muets sur ce point.

320. « 7° Liquidation de dépenses, lorsque les sommes liquidées ne dépassent pas 2,000 fr. » La législation jusqu'alors existante chargeait les ministres de la liquidation des dépenses. Les préfets liquident maintenant celles qui ne dépassent pas 2,000 fr. Mais l'art. 3 du décret de 1852, auquel se réfère le tableau C, ne donnant pouvoir aux préfets de statuer qu'en matière de contributions indirectes ou en matière domaniale ou forestière, il faut en conclure que les préfets ne liquident que les dépenses se rapportant à l'un de ses objets (M. Dufour, t. 1, n° 264). Leurs décisions sur ce point ont alors le caractère de décisions de contentieux administratif (*ibid.*).

321. « 8° Demandes en autorisation concernant les établissements et constructions mentionnées dans les art. 151, 152, 153, 154 et 155 c. for. ; — 9° Vente sur les lieux de produits façonnés provenant des bois des communes et des établissements publics, quelle que soit la valeur de ces produits ; — 10° Travaux à exécuter dans les forêts communales ou d'établissements publics, pour la recherche ou la conduite des eaux, la construction des récipients et autres ouvrages analogues lorsque les travaux auront un but d'utilité communale. » — Ce dernier paragraphe se réfère à l'art. 136 de l'ordonnance réglementaire pour l'exécution du code forestier. Mais les travaux qu'il permet aux préfets d'autoriser ne doivent pas être un prétexte pour les communes de faire des coupes extraordinaires de bois défendues par les art. 16 et 90 c. for.

322. Les §§ 11 et 12 ont été ajoutés au tableau par le décret du 13 avr. 1861 ; ils n'exigent aucun commentaire. Ils portent : « 11° Approbation des adjudications pour la mise en ferme des bacs (V. Voirie par eau, nos 334 et suiv.; — 12° Règlement dans le cas où il n'est pas dérogé au tarif municipal, des remises allouées aux percepteurs-receveurs des associations de desséchement. »

323. L'art. 4 du décret du 13 avr. 1861 ajoute : « Les préfets statueront aussi, sans l'intervention du ministre de l'instruction publique et des cultes, sur les objets suivants : 1° Répartition de la moitié des fonds de secours alloués au budget pour les écoles des presbytères et les salles d'asile;—2° Autorisations données aux établissements religieux de placer en rentes sur l'Etat les sommes sans emploi provenant de remboursements de capitaux. »—Cette disposition ne figure dans aucun des tableaux.

324. La dernière classe d'affaires sur laquelle les préfets ont pouvoir de statuer d'après les décrets de 1852 et 1861, est celle que présente le tableau D, annexé à ce dernier décret. Nous le transcrivons ici : « 1° autorisation, sur les cours d'eau navigables ou flottables, des prises d'eau faites au moyen de machines, et qui, eu égard au volume du cours d'eau, n'auraient pas pour effet d'en altérer sensiblement le régime; — 2° Autorisation des établissements temporaires sur lesdits cours d'eau, alors même qu'ils auraient pour effet de modifier le régime ou le niveau des eaux; fixation de la durée de la permission; — 3° Autorisation sur le cours d'eau non navigables ni flottables de tout établissement nouveau, tel que moulin, usine, barrage, prise d'eau d'irrigation, patouillet, bocard, lavoir à mines; — 4° Régularisation de l'existence desdits établissements lorsqu'ils ne sont pas encore pourvus d'autorisation régulière, ou modifications des règlements déjà existants; — 5° Etablissement de prises d'eau pour fontaines publiques, dans les cours d'eau non navigables ni flottables, sous la réserve des droits des tiers; — 6° Dispositions pour assurer le curage et le bon entretien des cours d'eau non navigables ni flottables de la manière prescrite par les anciens règlements ou d'après les usages locaux; réunion, s'il y a lieu, des propriétaires intéressés en associations syndicales; — 7° Répartition, entre l'industrie et l'agriculture, des eaux des cours d'eau non navigables ni flottables, de la manière prescrite par les anciens règlements ou usages locaux;—8° Constitution, en associations syndicales, des propriétaires intéressés à l'exécution et à l'entretien des travaux d'endiguement contre la mer, les fleuves, rivières et torrents navigables ou non navigables, de canaux d'arrosage ou de canaux de desséchement, lorsque ces propriétaires sont d'accord pour l'exécution desdits travaux et la répartition des dépenses; — 9° Autorisation et établissement des débarcadères sur les bords des fleuves et rivières pour le service de la navigation; fixation des tarifs et des conditions d'exploitation de ces débarcadères; — 10° Approbation de la liquidation des plus-values ou des moins-values en fin de bail du matériel des bacs affermés au profit de l'Etat; — 11° Autorisation et établissement de bateaux particuliers; — 12° Fixation de la durée des enquêtes à ouvrir, dans les formes déterminées par l'ordonnance du 18 fév. 1834, lorsque ces enquêtes auront été autorisées en principe par le ministre, et sauf le cas où les enquêtes doivent être ouvertes dans plusieurs départements sur un même projet; — 13° Approbation des adjudications autorisées par le ministre, pour les travaux imputables sur les fonds du trésor ou des départements, dans tous les cas où les soumissions ne renferment aucune clause extra-conditionnelle, et où il n'aurait été présenté aucune réclamation ou protestation; — 14° Approbation des prix supplémentaires pour des parties d'ouvrages non prévues aux devis, dans le cas où il ne doit résulter de l'exécution de ces ouvrages aucune augmentation dans la dépense; — 15° Approbation, dans la limite des crédits ouverts, des dépenses dont la nomenclature suit : — *a*. Acquisition de terrains, d'immeubles, etc., dont le prix ne dépasse pas 25,000 fr.; — *b*. Indemnités mobilières; — *c*. Indemnités pour dommages; — *d*. Frais accessoires aux acquisitions d'immeubles, aux indemnités mobilières et aux dommages ci-dessus désignés; — *e*. Loyers de magasins, terrains, etc.; — *f*. Secours aux ouvriers réformés, blessés, etc., dans les limites déterminées par les instructions; — 16° Approbation de la répartition rectifiée des fonds d'entretien et des décomptes définitifs des entreprises, quand il n'y a pas d'augmentation sur les dépenses autorisées; — 17° Autorisation de la mainlevée des hypothèques prises sur les biens des adjudicataires ou de leurs cautions, et du remboursement des cautionnements après la réception définitive des travaux; autorisation de la remise à l'administration des domaines des terrains devenus inutiles au service.

325. L'art. 2 du décret du 13 avr. 1861 a ajouté aux tableaux B et D du décret du 25 mars 1852 huit paragraphes nouveaux. Les §§ 1, 2, 3, 4 et 5 de cet article correspondent aux §§ 5, 7, 12, 13 et 14 du tableau D; les trois derniers ont été ajoutés au tableau B que nous avons reproduit plus haut. L'art. 2 du décret de 1861 dispose que les préfets ne peuvent statuer en ce qui concerne les nos 1 à 5 (correspondant dans le tableau D aux §§ 5, 7, 12, 13 et 14) que sur l'avis ou la proposition des ingénieurs en chef. Comme l'art. 4 du décret du 25 mars 1852 contenait une pareille disposition pour tous les paragraphes de son tableau D, il en résulte que toutes les affaires énumérées dans le tableau D annexé au décret du 13 avril 1861, ne peuvent être décidées que sur l'avis ou la proposition des ingénieurs en chef.

326. Les affaires énumérées au tableau D sont de deux sortes, les unes (nos 1 à 12) ayant trait au régime des eaux, les autres (nos 13 à 17) relatives aux travaux publics. Pour la pleine intelligence de la première partie de ce tableau, il est nécessaire de se reporter à ce qui a été exposé sur le régime des eaux (vo Eaux). De l'ensemble de la première partie du tableau D il résulte que les préfets ont le pouvoir de statuer directement sur toutes les affaires concernant le régime des cours d'eau non navigables ni flottables. La législation, depuis la loi en forme d'instruction des 12-20 août 1790, avait chargé les administrations de département, remplacées depuis l'an 8 par les préfets, de rechercher et d'indiquer les moyens de procurer le libre cours des eaux (instr. 12-20 août 1790, ch. 6, *suprà*, p. 592). L'art. 16, tit. 2, de la loi des 28 sept.-6 oct. 1791 (V. Droit rural, p. 205) chargeait le directoire du département de fixer, sur l'avis du directoire de district, la hauteur où les eaux doivent être tenues pour qu'elles ne nuisent à personne. L'arrêté du 19 vent. an 6 (V. Eaux, p. 322) enjoignait aux administrations centrales et municipales et aux commissaires du directoire exécutif établis près d'elles de veiller à ce qu'il ne fût établi, sur les rivières navigables et flottables, aucun pont, écluse, usine, etc., sans la permission de l'administration centrale, qui ne pouvait l'accorder que de l'autorisation expresse du directoire exécutif. Enfin, il était de principe que les préfets tenaient de leurs attributions générales le droit de maintenir la liberté de la navigation. Dans cet état de la législation il semblait que l'administration centrale pouvait seule donner les autorisations relatives aux établissements situés sur les rivières navigables et flottables, mais que les préfets étaient compétents pour donner les autorisations relatives aux établissements situés sur les cours d'eau non navigables ni flottables. Cependant la jurisprudence du conseil d'Etat posa en principe que les établissements, même situés sur les cours d'eau non navigables, ne pouvaient être autorisés ou maintenus que par le chef de l'Etat; que les préfets étaient compétents pour prescrire les mesures réclamées par l'intérêt public relativement à ces cours d'eau, mais que les mesures qu'ils prescrivaient étaient essentiellement provisoires (V. Eaux, nos 456 et suiv.). C'est cette jurisprudence du conseil d'Etat que le décret du 25 mars 1852 a en quelque sorte abrogée en rendant les préfets compétents pour connaître de ce qui est relatif aux cours d'eau non navigables ni flottables, et en ne réservant à l'administration centrale que ce qui est relatif aux rivières navigables ou flottables quand les mesures à prendre sont définitives.

327. Le premier paragraphe du tableau D, qui permet aux préfets d'autoriser, sur les cours d'eau navigables ou flottables, des prises d'eau faites au moyen de machines, ne comprend que celles qui ont pour objet des usages industriels ou domestiques. Une circulaire du ministre des travaux publics, du 27 juill. 1852, explique que ces autorisations ne doivent pas porter atteinte à des droits anciens consacrés par des autorisations régulières. L'autorisation devra même stipuler, dans certaines circonstances, que la prise d'eau sera fermée sur l'ordre du préfet toutes les fois que cette mesure sera reconnue nécessaire dans un intérêt public et dans celui d'anciens concessionnaires. La redevance que la loi du 16 juill. 1840, art. 8, a établie au profit du trésor en cas de concession d'eau sur une rivière navigable et flottable (Voy. L. 28 juin 1861, état D, § 1, vo Trésor pub., p. 1182), est fixée, dans le cas de ce paragraphe, par le préfet, sur l'avis des ingénieurs et du directeur des domaines.

328. Le § 2, qui donne aux préfets le droit d'autoriser les établissements temporaires sur les cours d'eau navigables et flottables, a pour objet certains travaux, comme l'établissement de scieries destinées à l'exploitation d'une coupe de bois, ou les ouvrages provisoires qui peuvent être nécessaires pendant la saison d'étiage pour assurer l'alimentation d'une prise d'eau régulièrement autorisée (circ. 27 juill. 1852). Les autorisations dont il est ici question ne doivent être données qu'autant qu'il n'en résulte aucun inconvénient pour la navigation. L'arrêté devra toujours fixer la durée de la permission qui est donnée sans qu'il y ait lieu à aucune redevance. Toutes les affaires autres que celles des deux premiers paragraphes du tableau D sont réservées à l'administration centrale.

329. Le pouvoir que les préfets tiennent des §§ 3 et 4 du tableau, à l'effet d'autoriser sur les cours d'eau non navigables ni flottables un établissement nouveau, moulin, barrage, prise d'eau d'irrigation, etc., ou de régulariser l'existence de ces établissements non pourvus d'une existence régulière, comprend un pouvoir en réalité plus étendu. Les préfets peuvent, en effet, sur la demande des parties, reviser les règlements existants, alors même qu'ils émaneraient de l'autorité centrale. Dans tous les cas, soit qu'il s'agisse d'établissements temporaires sur les rivières navigables et flottables, soit qu'il s'agisse d'établissements permanents sur les cours d'eau non navigables, les préfets doivent prendre l'avis du conservateur des eaux et forêts ou du directeur des douanes, si l'établissement est situé dans la zone frontière. S'il s'agit d'une usine alimentée par un étang, ils doivent consulter les conseils municipaux de la localité et le conseil d'hygiène de l'arrondissement, à raison des exhalaisons méphytiques qui peuvent se dégager. Enfin, s'il s'agit d'établissements compris dans la zone des servitudes militaires autour des places de guerre, ils doivent adresser le dossier au ministre des travaux publics qui saisit la commission mixte des travaux publics, sur l'avis de laquelle le préfet statue (circ. 27 juill. 1852).

330. Trois décrets impériaux, du 30 août 1864, ont ajouté aux attributions des préfets depuis les décrets de décentralisation. Le premier de ces décrets statue que « les préfets peuvent, sur la demande des directeurs des caisses d'épargne, autoriser la conversion en rentes sur l'Etat du cautionnement des caissiers de ces établissements versé en numéraire à la caisse des dépôts et consignations. Cette conversion aura lieu en 3 p. 100, au taux de 75 fr., conformément à l'ordonnance du 19 juin 1825 susvisée. »

331. Le second décret est relatif à l'établissement des abattoirs dans les villes. Il est ainsi conçu : « Art. 1. Les préfets statueront sur les propositions d'établir des abattoirs.— Art. 2. Les taxes d'abatage seront calculées de manière à ne pas dépasser les sommes nécessaires pour couvrir les frais annuels d'entretien et de gestion des abattoirs, et pour tenir compte à la commune de l'intérêt du capital dépensé pour leur construction et de la somme qui serait affectée à l'amortissement de ce capital.— Art. 3. Ces taxes ne pourront dépasser le maximum de 0 fr. 01 c. 5 millièmes par kilogramme de viande de toute espèce.— Art. 4. Toutefois, lorsque les communes seront forcées de recourir à un emprunt ou à une concession temporaire pour couvrir les frais de construction des abattoirs, les taxes pourront être portées à 0 fr. 02 c. par kilogramme de viande nette, si ce taux est nécessaire pour pourvoir à l'amortissement de l'emprunt ou indemniser le concessionnaire de ses dépenses.— Art. 5. Lorsque l'amortissement indiqué dans les art. 2 et 4 sera effectué, les taxes seront ramenées au taux nécessaire pour couvrir seulement les frais d'entretien et de gestion. — Art. 6. Si des circonstances exceptionnelles nécessitaient des taxes supérieures à celles qui ont été indiquées, elles ne pourront être autorisées que par décret impérial rendu en conseil d'Etat. »

332. Le troisième décret a pour objet l'établissement, la suppression ou le changement des foires et marchés aux bestiaux. Il dispose : — « Art. 1. Les préfets statuent par des arrêtés spéciaux, après les enquêtes et avis prescrits par les lois et règlements sur l'établissement, la suppression ou le changement des foires et des marchés aux bestiaux. — Lorsque les enquêtes s'étendent sur le territoire d'un département voisin, le préfet de ce département est consulté. — Si ce dernier ne fait pas d'opposition, la décision est prise par le préfet du département dans lequel se trouve la commune en instance pour obtenir la foire ou le marché aux bestiaux. — Si les deux préfets sont d'avis différents, il est statué définitivement par le ministre de l'agriculture, du commerce et des travaux publics. »

333. Le droit de nomination aux emplois, désormais attribué aux préfets, est réglé par l'art. 5 du décret du 25 mars 1852, qui dispose : — « Ils nommeront directement, sans l'intervention du gouvernement et sur la présentation des divers chefs de service, aux fonctions et emplois suivants : — 1° Les directeurs des maisons d'arrêt et des prisons départementales (d'après le décret des 12-20 sept. 1856, art. 3, cette nomination appartient au ministre de l'intérieur); — 2° Les gardiens desdites maisons et prisons; — 3° Les membres des commissions de surveillance de ces établissements; — 4° Les médecins et comptables des asiles publics d'aliénés; — 5° Les médecins des eaux thermales dans les établissements privés ou communaux; — 6° Les directeurs et agents des dépôts de mendicité; — 7° Les architectes départementaux; — 8° Les archivistes départementaux; — 9° Les administrateurs, directeurs et receveurs des établissements de bienfaisance;—10° Les vérificateurs des poids et mesures; — 11° Les directeurs et professeurs des écoles de dessin et les conservateurs des musées des villes; — 12° Les percepteurs surnuméraires; — 13° Les receveurs municipaux des villes dont le revenu ne dépasse pas 300,000 fr.; — 14° Les débitants de poudres à feu; — 15° Les titulaires des débits de tabac simples dont le produit ne dépasse pas 1,000 fr.;—16° Les préposés en chef des octrois des villes; — 17° Les lieutenants de louveterie; — 18° Les directeurs des bureaux de poste aux lettres dont le produit n'excède pas 1,000 fr.; — 19° Les distributeurs et facteurs des postes; — 20° Les gardes forestiers des départements, des communes et des établissements publics; — 21° Les gardes champêtres; — 22° Les commissaires de police des villes de 6,000 âmes et au-dessous; — 23° Les membres des jurys médicaux; — 24° Les piqueurs des ponts et chaussées et cantonniers du service des routes; — 25° Les gardes de navigation, cantonniers, éclusiers, barragistes et pontonniers; — 26° Les gardiens de phares, les canotiers du service des ports maritimes de commerce, baliseurs et surveillants de quais. »

334. Le décret du 13 avr. 1861, art. 5, étend le droit de nomination aux emplois suivants : — « Ils nommeront directement, sans l'intervention du gouvernement et sur la présentation des divers chefs de service, par addition à l'art. 5 du décret du 25 mars 1852, aux fonctions et emplois suivants : — 1° Les membres des commissions de surveillance des maisons d'arrêt, de justice et de correction; — 2° Les employés de ces établissements, aumôniers, médecins, gardiens-chefs et gardiens; — 3° Les archivistes départementaux, dans les conditions déterminées par l'art. 1 du décret du 4 fév. 1850; — 4° Les surnuméraires de l'administration des lignes télégraphiques, dans les conditions déterminées par les règlements; — 5° Les commissaires de police des villes de 6,000 âmes et au-dessous; — 6° Le tiers des percepteurs de la dernière classe; — 7° Les surnuméraires contrôleurs des contributions directes, dans les conditions déterminées par les règlements; — 8° Les surnuméraires des contributions indirectes, dans les conditions déterminées par les règlements; — 9° Les directeurs des bureaux publics pour le conditionnement des soies et laines; — 10° Les médecins des épidémies;— 11° Les membres des commissions chargées de la surveillance du travail des enfants dans les manufactures;—12° Les titulaires des débits de tabac dont le produit ne dépasse pas 1,000 fr.; — 13° Les gardiens des salines; — 14° Les canotiers de la navigation; — 15° Les ouvriers employés dans les manufactures de tabac. »

335. Les préfets n'ont pas, du reste, pour ces nominations le pouvoir de s'élever au-dessus de la loi. La circulaire du ministre de l'intérieur, du 5 mai 1852, rappelle que le décret du 25 mars 1852 n'a dérogé en rien aux dispositions de loi ou aux instructions relatives au traitement, aux attributions, au costume, aux conditions d'âge, d'aptitude et de moralité des directeurs, gardiens et membres des commissions de surveillance, des maisons d'arrêt et des prisons départementales. Les médecins des asiles publics d'aliénés doivent être choisis parmi les docteurs en médecine connus pour avoir fait une étude particulière des maladies mentales. Le ministre se réserve, au cas de vacance, de demander aux inspecteurs généraux du service des aliénés de dresser une liste de candidats parmi lesquels il sera loisible aux préfets de choisir les titulaires. Le traitement doit être en rapport avec les ressources du département et la situation que doivent avoir les médecins chargés de ce service.

336. La même circulaire du 5 mai 1852 recommande aux préfets, pour l'emploi d'architectes du département, de choisir de préférence d'anciens élèves de l'école des Beaux-arts, et dans tous les cas des hommes ayant déjà donné des gages de talent et de probité. Quand les nécessités auxquelles il faut pourvoir dépassent les forces d'un agent unique, les préfets peuvent créer des architectes d'arrondissement; mais ces créations ne doivent jamais être déterminées par des convenances personnelles (*ibid.*).

337. Les archivistes peuvent être nommés directement sans l'approbation du ministre; mais il est recommandé aux préfets de choisir de préférence pour cette fonction d'anciens élèves de l'école des chartes, et à défaut, des candidats qui auront reçu un certificat d'aptitude délivré par la commission centrale des archives, qui siége au ministère de l'intérieur (*ibid.*).

338. Les préfets doivent transmettre au ministère de l'intérieur une ampliation des arrêtés pris pour nommer les directeurs des maisons d'arrêt et des prisons départementales, les médecins des asiles publics d'aliénés, les directeurs des dépôts de mendicité, les architectes et les archivistes départementaux. Lorsque des raisons graves forcent les préfets à prononcer la révocation de l'un de ces fonctionnaires, ils doivent en instruire immédiatement le ministre et adresser à l'appui de leur décision des explications justificatives. Ils doivent également rendre compte au ministre de l'admission à la retraite de ces fonctionnaires (*ibid.*). La circulaire rappelle que le décr. du 25 mars a laissé à l'administration supérieure la réglementation des caisses de retraite établies en faveur des employés des services départementaux. Les pensions de ces employés continuent d'être liquidées conformément aux règlements spéciaux.

339. Le droit des préfets de nommer directement certains fonctionnaires départementaux s'exerce sur la présentation des divers chefs de service. S'il y avait dissentiment et que la nomination se trouvât entravée, il devrait en être référé au ministre, qui alors pourvoirait lui-même à la vacance.

340. Au reste, même dans le cercle de leurs nouvelles attributions, les préfets ne sont pas dispensés du contrôle de l'administration supérieure. L'art. 6 du décret du 25 mars 1852 leur enjoint de rendre compte de leurs actes aux ministres compétents, et cette recommandation fréquemment répétée dans la circulaire du 5 mai 1852 avait abouti, comme nous l'avons dit, à faire du décret de 1852 à peu près une lettre morte. Il ne faut pas oublier que cette recommandation de rendre compte ne doit pas aller jusqu'à annihiler le pouvoir que les préfets tiennent des décrets de 1852 et 1861.

341. L'art. 7 dispose que les mesures de décentralisation ne sont pas applicables au département de la Seine en ce qui concerne l'administration départementale proprement dite et celle de la ville et des établissements de bienfaisance de Paris. Mais un décret postérieur du 9 janv. 1861 (D. P. 61. 4. 20) a rendu communes au département de la Seine les dispositions de ce décret en ce qui concerne l'administration départementale proprement dite et celle de la ville et des établissements de bienfaisance de Paris. L'art. 2 du décret du 9 janv. 1861 dispose que les budgets de la ville de Paris continueront à être soumis à l'approbation de l'empereur sur la proposition du ministre de l'intérieur. Ce décret du 9 janv. 1861 a été attaqué devant le sénat dans la session de 1861 par voie de pétition comme inconstitutionnel. Le rapporteur de la commission a reconnu que ce décret pourrait en effet, dans la mesure de son application, porter atteinte à certaines lois ou les respecter toutes. Des conférences ont eu lieu à ce sujet entre la commission du sénat et les ministres sans portefeuille d'alors; et il résulte de la déclaration du gouvernement au corps législatif dans la séance du 19 mars 1861, que le décret du 9 janv. n'a pu modifier que les dispositions du décret du 25 mars 1852 qui sont du ressort de l'ordonnance, et que, quant aux dispositions de ce dernier décret qui sont législatives, elles ne pouvaient être modifiées que par une loi. De fait le gouvernement a reconnu ainsi que les réclamations contre ce que le décret de 1861 pouvait contenir d'inconstitutionnel étaient fondées. — Le projet de loi en ce moment soumis aux délibérations du corps législatif sur les conseils généraux et municipaux a pour objet de remédier à cette situation; il déclare expressément que le décret du 25 mars 1852 sera applicable au département de la Seine.

342. Des instructions et circulaires ministérielles ont développé, comme nous l'avons dit, le sens et la portée que l'administration supérieure reconnaît aux deux décrets que nous venons d'analyser. Nous citerons la circulaire d'envoi du 10 avr. 1852 (D. P. 52. 3. 29), les deux instructions détaillées du 5 mai de la même année, que nous avons analysées en partie (D. P. 52. 3. 29 et 36) et le rapport à l'empereur, qui a précédé le décret du 13 avr. 1861 (D. P. 61. 4. 49 et suiv.).

343. C'est un effet des deux décrets de décentralisation que de nombreux états, relevés, rapports, etc., qui devaient être adressés périodiquement au ministre de l'intérieur pour mettre l'administration supérieure en état de prendre des décisions sur les matières dont elle devait connaître sont désormais sans utilité. Une circulaire du ministre de l'intérieur, du 14 avr. 1861, supprime l'envoi au ministre de l'intérieur des pièces suivantes : — 1° Etat de séjour et de placement des aliénés; — 2° Etats du mouvement et des dépenses des enfants assistés; — 3° Etats de situation des monts-de-piété; — 4° Etats mensuels des dépenses dans les prisons départementales; — 5° Etats numériques de la population des détenus dans les prisons départementales; — 6° Etats nominatifs mensuels des forçats; — 7° Etats mensuels des frais d'entretien des jeunes détenus dans les colonies pénitentiaires; — 8° Relevés mensuels des crimes, délits, événements, suicides, etc., qui ont lieu dans les départements; — 9° Avis de changements de résidence des condamnés libérés en surveillance, lorsqu'ils ne quittent pas le département où ils sont placés; — 10° Etats des incendies survenus dans les départements; — 11° Inventaires des archives modernes (1790 à 1860) des communes et des hospices; — 12° Rapports périodiques sur les archives communales; — 13° Rapports périodiques sur les archives des hospices; — 14° Etats de nominations et de changements des gardes champêtres et forestiers; — 15° Etats des ventes de poudre de mine; — 16° Etats de gratifications pour belles actions; — 17° Etats mensuels des mutations survenues dans les départements parmi les réfugiés non subventionnés, espagnols et autres; — 18° Etats mensuels du mouvement des étrangers; — 19° Etats numériques des animaux malfaisants ou nuisibles détruits dans les départements.—Est restreint, dans les délais ci-après, l'envoi des pièces suivantes : — 1° Etats trimestriels de placement des jeunes détenus et de leur remise à leur famille, au lieu de dépêches particulières à chacun d'eux; — 2° Etats trimestriels comprenant les décisions et les indications statistiques sur les débits de boissons, au lieu des états de quinzaine; — 3° Etats annuels et non trimestriels, de statistique des individus assujettis à la surveillance légale; — 4° Etats annuels, et non trimestriels, des individus en surveillance décédés; — 5° Etats annuels, et non par trimestre, des passe-ports à l'étranger délivrés dans les départements; — 6° Etats annuels, et non trimestriels, des nominations aux débits de tabac; — 7° Notice individuelle sur les commissaires de police, seulement une fois par an; — 8° Etats nominatifs des passe-ports d'indigents avec secours de route, seulement tous les six mois; — 9° Etats statistiques, seulement par semestre, sur l'émigration.

Art. 2. — *Des actes des préfets.*

344. Les actes administratifs par lesquels les préfets accomplissent leurs fonctions, sans parler de ceux où ils figurent comme parties, sont de différentes sortes, selon la nature de la fonction qu'ils accomplissent. On distingue à cet égard les lettres missives et les arrêtés. La forme des lettres missives est celle par laquelle les préfets transmettent les lois, décrets, règlements, instructions et décisions de l'autorité supérieure. C'est également celle par laquelle ils donnent des instructions à leurs subordonnés (M. Macarel, t. 1, p. 198). Par les lettres missives, les préfets ne prennent aucune détermination statutaire. Dès qu'ils ont à statuer, à accomplir un acte d'administration proprement dit, les préfets n'usent pas de la forme de lettres missives; ils prennent un arrêté.

345. Nous ne rangeons pas parmi les actes préfectoraux ceux où, disons-nous, le préfet figure comme partie. C'est qu'en effet ces actes n'émanent pas de son autorité. S'il passe un contrat de vente, un marché, un bail, etc., en la forme authentique ou privée, il n'y figure, au nom de l'Etat ou de son département, que comme un simple particulier. Il en est de même s'il présente un mémoire dans une instance judiciaire, etc.

346. Pour l'exercice de leur pouvoir réglementaire, les préfets prennent des arrêtés. C'est de la loi du 27 mars 1791 que les actes préfectoraux tiennent cette dénomination. Cette loi la donnait aux actes des directoires ou conseils de district ou de département, à l'autorité desquels les préfets ont succédé. C'est également par des arrêtés que les préfets accomplissent leurs actes administratifs qui s'adressent à des personnes déterminées, comme l'autorisation d'ouvrir une tranchée sur une route impériale, de bâtir à l'alignement, etc. Dans tous leurs arrêtés, les préfets énoncent la fonction dont ils sont revêtus et en laquelle ils agissent. Ils visent ensuite les pièces qui ont été produites et les lois et règlements dont il y a à faire l'application au cas qui leur est soumis. Ils statuent ensuite sur l'objet de la mesure par une ou plusieurs dispositions divisées, s'il y a lieu, en articles (M. Macarel, t. 1, p. 198).

347. Tous les actes originaux, toutes les lettres d'un préfet doivent être signés de sa main : l'usage d'une griffe lui est interdit (circ. 17 therm. an 13). — Ces actes ne doivent pas non plus, outre la signature du préfet, être contre-signés par un chef de bureau ou par le secrétaire général de la préfecture. « Cette forme, dit la circulaire précitée du 17 therm. an 13, est contraire au principe général de l'administration qui veut que le préfet seul administre, et que par conséquent il soit seul responsable de ses actes et de sa correspondance. » — Le secrétaire général est chargé seulement de signer les expéditions qu'il délivre.

348. Les arrêtés préfectoraux sont de deux sortes : les uns sont pris par le préfet seul, les autres sont pris en conseil de préfecture. Les lois spéciales ainsi que les tableaux annexés aux deux décrets de décentralisation des 25 mars 1852 et 13 avril 1861, qui énumèrent la plupart des objets sur lesquels les préfets peuvent prendre des arrêtés réglementaires, indiquent les objets sur lesquels les préfets peuvent prononcer seuls et ceux pour lesquels ils doivent avoir pris l'avis du conseil de préfecture. On peut dire qu'en général les préfets peuvent prononcer seuls quand ils agissent comme représentants directs des intérêts de l'Etat, et qu'ils statuent en conseil de préfecture quand leurs arrêtés concernent les intérêts collectifs du département, des communes ou des établissements publics. Il importe de remarquer que dans les cas où le préfet ne peut statuer qu'en conseil de préfecture, le conseil de préfecture n'émet qu'un avis qui n'est pas obligatoire, et que le préfet peut, selon qu'il le juge convenable, s'y conformer ou s'en écarter; autrement l'administration serait dans le conseil de préfecture et non dans les mains du préfet. — Il a été jugé à cet égard : 1° que lorsqu'une loi ou un règlement porte que « *le préfet statuera en conseil de préfecture,* » ce n'est pas au conseil de préfecture à statuer par voie de jugement, le préfet seul prononce, après avoir pris l'avis du conseil de préfecture : « Considérant, dit l'arrêt, qu'aux termes de l'ordonnance ci-dessus visée (ord. 17 juill. 1816, art. 32), ce n'était pas au conseil de préfecture à statuer, par voie de jugement, ainsi qu'il l'a fait, et qu'il n'appartenait qu'au préfet de rendre la décision en conseil de préfecture, après avoir pris l'avis des membres dudit conseil » (cons. d'Et. 1er déc. 1824, M. Cormenin, rap., aff. Masssard); — 2° Qu'un arrêté rendu avec cette formule : *Le préfet, en conseil de préfecture, arrête,* etc. ne peut être considéré comme l'œuvre du conseil de préfecture (cons. d'Et. 5 mai 1831, M. Janet, rap., aff. Daugy).—V. n° 405.

349. Sur la forme des arrêtés préfectoraux, pris en conseil de préfecture, nous ne pouvons mieux faire que de rapporter une circulaire du ministre de l'intérieur du 29 sept. 1835. Cette circulaire précise d'ailleurs très-exactement le caractère de ces arrêtés : « Dans tous les cas où les préfets doivent prononcer en conseil de préfecture, il est bien évident qu'il faut que leurs arrêtés constatent qu'ils ont rempli à cet égard le vœu de la loi; il faut qu'ils constatent que les membres du conseil assistaient en nombre suffisant. Ces arrêtés doivent donc être libellés ainsi : « Le préfet du département de..., *séant en conseil de préfecture,* où étaient MM... » Il est également important que, dans l'arrêté, on vise la loi ou l'ordonnance en vertu de laquelle le préfet statue en conseil de préfecture. Enfin, l'arrêté ne doit contenir aucune mention de la discussion à laquelle a pu donner lieu l'affaire, ni rien qui puisse indiquer que *les voix ont été comptées.* Le fait que le conseil a été consulté devra donc être constaté par cette seule phrase qui précédera immédiatement le dispositif, *l'avis du conseil de préfecture entendu.* — Cette même circulaire ajoute : « Quant à la signature des arrêtés des préfets, il ne faut pas perdre de vue que ces actes ne sont que des arrêtés préfectoraux et pris en matière administrative, sous la seule responsabilité de ces magistrats, et réformables par le ministre de l'intérieur comme tous les autres actes des préfets. Ils doivent donc être signés par le préfet seul; car la signature des membres du conseil de préfecture n'y ajoute aucune force; elle ne pourrait que constater leur présence; mais cette présence se trouvera suffisamment constatée par l'intitulé : « Le préfet, séant en conseil de préfecture, où étaient présents MM...», et encore par cette mention : « L'avis du conseil de préfecture entendu. » Si les membres du conseil de préfecture signaient l'arrêté, il serait à craindre qu'on ne fût porté à croire que cet acte a été soumis, non à leur simple avis, mais à leur sanction. Il pourrait, d'ailleurs, arriver que, si l'arrêté était contraire à l'opinion d'un ou plusieurs d'entre eux, ils s'abstinssent alors de le signer, ce qui aurait pour effet de faire connaître leur avis, tandis que rien ne doit constater la nature de cet avis. Je n'ai sans doute pas besoin de vous dire que les arrêtés que vous prenez en conseil de préfecture doivent être inscrits, non pas sur les registres des arrêtés du conseil de préfecture, mais au registre des arrêtés du préfet. »

350. Les préfets ne peuvent prendre d'arrêtés que dans les limites de leur compétence territoriale; en d'autres termes, les arrêtés préfectoraux ne sont pas exécutoires au delà du département. — Il a été jugé dans une espèce où un arrêté préfectoral avait réglementé la police des eaux et où l'exécution de cet arrêté, dans un département situé en aval, avait occasionné un reflux dans le département situé en amont, où l'arrêté avait été pris, que les contrevenants étaient présumés ne pas les connaître et n'avaient pu encourir aucune condamnation (Crim. cass. 26 fév. 1858, aff. Danel, D. P. 58. 5. 310). — Le même principe a été appliqué aux arrêtés municipaux (Crim. cass. 1er juin 1855, aff. Coquelle, D. P. 55. 1. 300; 26 fév. 1856, aff. de Suffren, D. P. 58. 5. 311, n° 4).

351. Les arrêtés préfectoraux, pour être obligatoires, doivent avoir été publiés. Ils sont d'abord insérés dans le Bulletin des actes de la préfecture; mais cette insertion au Bulletin ne constitue pas, à proprement parler, la publication, surtout à l'égard des administrés qui peuvent ne pas le connaître. La jurisprudence n'admet pas que l'insertion des arrêtés du préfet au Bulletin équivale à la publication (Crim. cass. 12 avr. 1861, aff. Vidon-Gris, D. P. 61. 5. 411.—Conf. crim. cass. 5 juill. 1845, aff. Lerain, D. P. 45. 1. 377; Crim. rej. 28 nov. 1845, aff. Gabry, D. P. 46. 4. 62; Circ. min. int. 19 déc. 1846, D. P. 47. 3. 23, et les arrêtés cités v° Règlem. admin., n° 89).—La publication effective ne peut résulter, conformément à l'avis du conseil d'Etat du 25 prair. an 13 (V. Lois, n° 164), qui exige que les décrets non insérés au Bulletin des lois soient publiés à son de trompe ou au bruit du tambour, ou par affiches, que de l'un de ces deux modes de publication. C'est le seul que reconnaisse la jurisprudence (Crim. cass. 24 juill. 1852, aff. Catusse, D. P. 52. 5. 469).—Il a été jugé spécialement : 1° que la publicité donnée à un arrêté préfectoral réglementant l'entrée, la circulation et le stationnement des voitures dans les gares des stations d'un chemin de fer, est suffisante, lorsque l'arrêté a été affiché dans les cours, gares et salles d'attente des stations de ce chemin de fer; qu'il n'est pas nécessaire qu'il ait été, en outre, porté directement à la connaissance des entrepreneurs de voitures publiques qu'il intéresse (Crim. rej. 6 déc. 1862, aff. Lesbat. D. P. 63. 1. 590); — 2° Mais que lorsque, indépendamment de l'affiche dans les communes, le préfet a ordonné que le règlement par lui pris dans le département (sur la police des débits de boissons), serait affiché dans chaque établissement soumis à ses dispositions, cette précaution surabondante est alors considérée comme une condition substantielle à l'accomplissement de laquelle serait subordonnée la force exécutoire du règlement (Crim. cass. 26 mars 1863, aff. Bertholet, D. P. 63. 1. 128). — V. du reste vº Règlement administ., nºs 86 et suiv.

352. On s'est demandé, lorsque le fait de la publication est contesté, à qui incombe la preuve de son allégation, du contrevenant qui soutient que la publication n'a pas eu lieu, ou de l'administration, qui prétend que toute publicité a été donnée à l'acte du préfet. La jurisprudence fait une distinction. Si un article de l'arrêté ordonne qu'il sera publié, la publication est présumée avoir eu lieu, et c'est alors au contrevenant à prouver que cette prescription de l'arrêté n'a pas été observée. Si, au contraire, l'arrêté est muet sur la publication qui doit en être faite, c'est au ministère public, qui représente l'administration, à prouver qu'elle a eu lieu (Crim. cass. 24 juill. 1852, aff. Catusse, D. P. 52. 5. 469; Crim. rej. 26 juin 1857, aff. Fréalle, D. P. 57. 1. 375; 12 avr. 1861, aff. Vidon-Gris, D. P. 61. 5. 411, V. toutefois Crim. cass. 5 mars 1856, aff. Trey, vº Commune, nº 646, et nos observations, *eod.*). — Des auteurs critiquent cette jurisprudence. Ils n'admettent pas que la prescription de la publication ajoutée à l'arrêté puisse constituer une présomption légale, mais seulement une présomption de fait que les tribunaux, selon les cas, peuvent admettre ou rejeter (M. Batbie, t. 4, nº 159). Il faut remarquer qu'en fait la difficulté ne roulera guère que sur l'autorité de la présomption résultant de la prescription de publication ajoutée à l'arrêté; car cette publication est toujours ordonnée par un article formel des arrêtés préfectoraux.

353. On s'est demandé souvent à partir de quel moment les arrêtés réglementaires des préfets deviennent obligatoires, ou plutôt s'ils sont obligatoires par eux-mêmes et s'ils ne doivent pas être approuvés par le ministre que la matière concerne. La négative ne paraît pas douteuse. —Ainsi, il a été jugé que les arrêtés pris par les préfets, soit en vertu des pouvoirs qu'ils tiennent directement des lois pour garantir la sûreté publique, soit en vertu de dispositions spéciales pour assurer la police de certains établissements, sont obligatoires par eux-mêmes et sans avoir besoin de l'approbation de l'autorité supérieure (Crim. cass., 7 mars 1857, aff. Lamarre, D. P. 57. 1. 181).—Nulle part l'approbation, soit d'un ministre, soit du chef de l'Etat, n'est imposée comme règle générale pour la validité des arrêtés préfectoraux, et l'on ne peut en induire la nécessité du droit qu'a le ministre compétent d'en prononcer l'annulation.

354. En matière administrative pure, les préfets peuvent rapporter leurs propres arrêtés ou ceux de leurs prédécesseurs (V. Règlem. admin., nº 75; Voirie par terre, nº 403). Toutefois cette faculté leur est interdite lorsque les arrêtés ont constitué des droits acquis, ou qu'ils ont servi de base à des jugements de tribunaux ou arrêtés de conseils de préfecture ou décisions ministérielles passées en force de chose irrévocablement jugée (V. Règlement admin., nºs 76 et suiv.; M. Cormenin, Droit admin., t. 1, p. 169). — Il a été décidé en ce sens que lorsque des arrêtés rendus par l'autorité administrative ont servi de base à des jugements et arrêts passés en force de chose jugée, ils ne peuvent être rétractés par d'autres arrêtés (cons. d'Etat, 9 janv. 1809, aff. Brunot-Personne *C.* Rollin et Vallart; 11 janv. 1813, aff. Deselves *C.* Leduc).

355. Les arrêtés des préfets peuvent toujours être déférés au ministre que la matière concerne. Aucun délai n'est fixé pour l'exercice ni aucune forme particulière n'est exigée (V. Compét. admin., nºs 42 et suiv.; Cons. d'Etat, nºs 74 et suiv.; Règlement admin., nºs 92 et suiv., et *infrà*, nº 361).

356. Dans certains cas, des lois spéciales ont autorisé le recours direct devant le conseil d'Etat contre des arrêtés pris en matière d'administration. C'est ainsi que l'on peut déférer au conseil d'Etat : 1º Les arrêtés préfectoraux statuant sur les demandes d'autorisations des établissements dangereux ou insalubres de deuxième classe (Décr. 15 oct. 1810, art. 7, V. Manufactures et ateliers dangereux, nºs 62 et suiv., 100 et suiv.); — 2º Ceux ordonnant la suspension des travaux dans les mines dans le cas prévu par la loi du 27 avr. 1838, art. 7 : dans ce cas néanmoins l'arrêté du préfet ne peut être déféré au conseil d'Etat qu'après avoir été déféré au ministre, de telle sorte que c'est plutôt l'arrêté du ministre qui est alors déféré au conseil d'Etat (V. Mines, nºs 82 et suiv.); — 3º Ceux frappant d'interdiction toute exploitation de sel marin ou d'établissement où se produit le sel marin, si l'entreprise a lieu avant l'accomplissement des formalités prescrites (L. 7 juin 1840, art. 7 et 11, V. Sel, p. 864 et nº 94); — 4º Ceux qui frappent d'interdiction les moulins situés à l'extrême frontière, lorsqu'il est reconnu qu'ils servent à la contrebande des grains et farines (L. 30 avr. 1806, art. 76, V. Douanes, p. 572, et nºs 165 et suiv.). — On ne peut disconvenir que ce recours direct devant le conseil d'Etat contre des actes d'administration pure ne soit, dans le système de notre organisation administrative, une véritable anomalie. Pour n'avoir pas à l'avouer, quelques écrivains considèrent les actes que nous venons d'indiquer comme des actes de juridiction (M. Cabantous, nº 604). Nous ne pouvons souscrire à cette doctrine. Le caractère d'un acte se détermine par celui de la matière sur laquelle il statue. Or ici, ce sont bien des actes d'administration. Si le recours au conseil d'Etat dans les cas qu'on vient de citer peut se justifier, c'est par cette considération que les mesures prises par les préfets, en vertu des dispositions précitées, touchent à des intérêts particuliers et peuvent porter de graves atteintes à la propriété privée.

357. Les arrêtés des préfets peuvent être déférés au conseil d'Etat lorsqu'ils statuent en matière contentieuse. A la différence des arrêtés statuant sur des objets de pure administration, pour lesquels le recours au ministre peut toujours être exercé quel que soit le temps écoulé, les arrêtés préfectoraux pris en matière contentieuse ne peuvent être déférés au conseil d'Etat que dans le délai de trois mois fixé par les règlements (V. Cons. d'Et., nºs 124 et suiv., 175 et suiv.). Il en est de même de ceux pris en matière de pure administration pour lesquels des lois spéciales ont établi un recours direct devant le conseil d'Etat.

358. Les arrêtés préfectoraux peuvent toujours être attaqués directement devant le conseil d'Etat pour cause d'excès de pouvoir ou d'incompétence, le conseil d'Etat étant le pouvoir régulateur de toutes les juridictions (V. notamment vis Règlem. admin., nºs 19 et suiv.; Voirie par terre, nº 409, et les renvois y indiqués). — Mais, en aucun cas et sous quelque prétexte que ce soit, un arrêté préfectoral ne peut être attaqué devant le conseil de préfecture. — Il a été jugé que les décisions rendues par les préfets ne peuvent être attaquées que devant l'autorité supérieure, et les conseils de préfecture n'ont aucun droit de connaître de ces décisions soit pour les confirmer, soit pour les réformer (cons. d'Et. 30 août 1814, aff. Barreau *C.* dom.).

359. Il peut arriver qu'un arrêté préfectoral présente quelque ambiguïté dans son dispositif. Si la partie intéressée en demande l'interprétation, c'est au préfet lui-même qu'elle doit s'adresser, conformément au principe général que l'interprétation d'un acte est donnée par le pouvoir dont cet acte émane. La demande en interprétation portée devant toute autre autorité serait non recevable. — Il a été décidé spécialement que l'interprétation des arrêtés préfectoraux portant alignement en matière de grande voirie ne peut être donnée que par les préfets (cons. d'Et., 22 fév. 1844, M. Bouchené-Lefer, rap., aff. Delarue). — V. Compét. admin., nºs 226 et s.; V. aussi vis Règl. admin., nºs 9 et s.; Voirie par terre, nºs 350, 415, 1154.

360. Les arrêtés des préfets ne sont obligatoires qu'autant qu'ils ont été pris dans les limites des attributions préfectorales. Les tribunaux sont juges de la légalité des arrêts. Ils ne peuvent en conséquence prononcer la peine édictée par l'art. 471 c. pén. contre ceux qui contreviennent aux arrêtés réglementaires des préfets, quand le préfet a excédé ses pouvoirs en les prenant

(Crim. cass. 2 mai 1845, aff. Bumann, D. P. 45. 1. 301). — V. Règl. admin., nos 20 et suiv.

361. Les arrêtés préfectoraux réglementaires, même rendus dans les limites des attributions des préfets, peuvent être annulés par le ministre que la matière concerne, soit d'office, soit sur le recours des particuliers qui auraient à en souffrir. Pareil recours est réservé aux particuliers contre les arrêtés individuels, si un arrêté s'adresse à telle personne déterminée. L'art. 6 du décret du 25 mars 1852 que nous avons rapporté plus haut reconnaît expressément ce droit au ministre, et il était incontesté avant ce décret. — Jugé qu'il appartient au ministre de l'intérieur, en vertu des principes de la hiérarchie administrative, de réformer les arrêtés pris par les préfets sur des matières qui ressortissent à son ministère, lorsque aucune disposition législative ne lui a interdit d'en connaître, et tant que ces arrêtés n'ont pas été exécutés; spécialement, que les arrêtés par lesquels les préfets usent du droit que leur donne l'art. 46 de la loi du 18 juill. 1837, de rendre exécutoires les délibérations des conseils municipaux ayant pour objet des acquisitions d'immeubles d'une valeur n'excédant pas 3,000 fr., peuvent, jusqu'à la réalisation de l'acquisition, être déférés au ministre de l'intérieur par les parties intéressées. Il en est ainsi même des arrêtés préfectoraux autorisant des acquisitions d'une importance supérieure à 3,000 fr. (cons. d'Et. 9 août 1855, aff. comm. de Neuvilley, D. P. 56. 3. 29).—C'est particulièrement contre les refus d'autorisations, de permissions de voirie, de police, etc., et contre les arrêtés pris en matière contentieuse, que ce recours est réservé aux particuliers par les lois spéciales.

362. Les arrêtés préfectoraux étant exécutoires du moment où ils ont été légalement publiés, le simple recours d'un particulier formé devant le ministre contre un de ces arrêtés ne saurait avoir pour effet d'en suspendre l'exécution (Crim. rej. 8 janv. 1858, aff. Garest, D. P. 58. 1. 138; Conf. Crim. rej. 7 déc. 1861, aff. Conso, D. P. 62. 5. 275, no 8). — En tout cas, l'effet suspensif de ce recours, si l'on devait l'admettre, cesserait, à partir du moment où le ministre a écrit au préfet pour lui prescrire les modifications à faire à l'arrêté, la lettre du ministre ayant, en pareil cas, le caractère d'une véritable décision (même arrêt).

ART. 3. — *Des fonctionnaires et employés de préfecture.*

363. Le principal fonctionnaire de la préfecture est le *secrétaire général.* L'art. 8 de la loi du 28 pluv. an 8 avait établi dans chaque préfecture un secrétaire général dont l'office consistait « à garder les papiers et à signer les expéditions. » La loi du 17 vent. an 8 avait étendu les attributions des secrétaires généraux : l'art. 6 porte « qu'en cas d'absence du préfet, il correspondra avec celui-ci et le représentera dans les cas urgents. » Et le décret du 24 mess. an 12, tit. 1, art. 8, disposait que le secrétaire général accompagnait le préfet dans toutes les cérémonies publiques (V. Préséance, p. 369). Mais le sort des secrétaires généraux a subi depuis ces lois bien des vicissitudes. Une ordonnance du 9 avr. 1817, par suite d'un besoin d'économie à introduire dans les finances de l'Etat, avait cru devoir supprimer les fonctions de secrétaire général. Cette mesure fut rapportée par l'ordonnance du 1er août 1820, qui rétablit les secrétaires généraux et déclara, en outre, que ces fonctionnaires pourraient, avec l'autorisation du ministre de l'intérieur et sous la direction des préfets, être chargés de l'administration de l'arrondissement chef-lieu. L'ord. du 1er mai 1832 (art. 15) supprima de nouveau cette fonction, sauf dans les six départements des Bouches-du-Rhône, de la Gironde, du Nord, du Rhône, de la Seine, de la Seine-Inférieure, et, aux termes de l'art. 2 de la même ordonnance, les fonctions des secrétaires généraux furent confiées, dans les autres départements, à l'un des membres du conseil de préfecture, désigné par le ministre. En 1840, le gouvernement avait proposé de les rétablir. Mais la commission du projet de loi d'alors, se fondant sur ce que l'utilité des secrétaires généraux n'était pas démontrée, vu le peu d'importance des attributions que la loi leur confère, repoussa la proposition. La loi du 19 juin 1851 établit pour le département du Rhône deux secrétaires généraux, l'un pour l'administration, l'autre pour la police. Un décret des 2 juill.-26 août 1853 (D. P. 53. 4. 169) ajouta aux départements où l'institution avait été conservée, ceux de la Haute-Garonne, de la Loire-Inférieure, du Rhin, de Seine-Oise. Le même décret donna le droit aux secrétaires généraux de remplir les fonctions de sous-préfet dans l'arrondissement chef-lieu. Par le décret des 29 déc. 1854-16 janv. 1855 (D. P. 55. 4. 10), les départements du Calvados, de l'Hérault, d'Ille-et-Vilaine, de l'Isère, de Maine-et-Loire, du Pas-de-Calais, des Basses-Pyrénées, et de la Somme, furent désignés comme devant avoir également des secrétaires généraux. En vertu de ce même décret, les secrétaires généraux des préfets de première classe cessèrent de remplir les fonctions de sous-préfet dans les arrondissements chefs-lieux. Mais ils purent être chargés, par délégation et sous la direction des préfets, de l'administration départementale (art. 3). Les arrêtés de délégation durent être soumis à l'approbation du ministre de l'intérieur. Le traitement des secrétaires généraux fut fixé à 8,000 fr. dans les préfectures de première classe et à 6,000 fr. dans celles de deuxième classe (art. 4). Enfin un décret du 1er mai 1858 rétablit également les fonctions de secrétaire général dans les préfectures du Doubs, du Gard, du Loiret et de la Haute-Vienne. L'art. 5 de la loi du 21 juin 1865 sur les conseils de préfecture a généralisé ces dernières mesures et décidé qu'il y aurait dans chaque département un secrétaire général titulaire. Un décret du 25 oct. 1865 (D. P. 65. 4. 144) a rétabli des secrétaires généraux dans les départements qui n'en étaient plus pourvus. L'art. 2 de ce décret a fixé à 4,000 fr. le traitement des secrétaires généraux dans les préfectures de troisième classe.

364. Le décret du 30 déc. 1862, art. 3, et récemment la loi du 21 juin 1865 qui ont établi le débat oral devant le conseil de préfecture et la publicité des séances, ont ajouté aux fonctions des secrétaires généraux, telles qu'elles résultent des lois et décrets que nous venons de rappeler, la fonction du ministère public devant les conseils de préfecture.

365. Pour l'exercice de ses attributions, le préfet a des bureaux, des employés. Les employés de préfecture sont nommés par le préfet. C'est également le préfet qui les paye en prélevant leurs traitements sur le fonds d'abonnement qu'il reçoit chaque année (*suprà*, no 221). Nous avons vu que sur le fond d'abonnement annuel, les quatre cinquièmes sont affectés au traitement des employés des bureaux (décr. 27 mars 1852, art. 7) et le dernier cinquième aux dépenses du matériel. Le préfet bénéficie des économies qu'il peut faire sur le cinquième affecté au matériel; mais il ne peut réaliser aucune économie sur les quatre cinquièmes destinés à ses employés. Cette partie du fonds d'abonnement doit être répartie entre eux intégralement. Du reste, cette obligation du préfet de répartir à ses employés toute la partie des fonds d'abonnement qui leur est affectée ne lie pas le préfet pour la composition de ses bureaux. Il augmente ou diminue le nombre de ses employés, fixe le traitement de chacun, en élève ou en abaisse le chiffre, il n'est tenu qu'à employer la totalité des fonds qui leur sont destinés.

SECT. 3. — *Des sous-préfets.*

366. Les affaires de chaque arrondissement, ou plutôt du département dans chaque arrondissement, sont dirigées par un sous-préfet. L'art. 8 de la loi du 28 pluv. an 8 dispose qu'il y aura dans chaque arrondissement communal un sous-préfet et un conseil d'arrondissement. Comme les préfets, les sous-préfets sont nommés par l'empereur sur la présentation du ministre de l'intérieur, sans aucune condition particulière d'âge ou d'aptitude. En cas d'empêchement, le préfet pourvoit au remplacement du sous-préfet empêché, soit en choisissant un fonctionnaire administratif de l'arrondissement, ordinairement un membre du conseil d'arrondissement, soit en envoyant au chef-lieu d'arrondissement un conseiller de préfecture (Ord. 29 mars 1821).—Les sous-préfets prêtent serment entre les mains du préfet (arr. 17 vent. an 8, art. 2; V. Serment, no 74).

367. L'arrondissement du chef-lieu ne devait pas avoir de sous-préfet d'après la loi de l'an 8. C'est ce que déclare en termes exprès l'art. 11, rectifiant ainsi l'expression absolue de l'art. 8 précité qui portait que chaque arrondissement aurait un sous-préfet, le préfet étant tenu, dans le chef-lieu, de remplir les deux fonctions. Mais, sur ce point, la législation a varié : — Le décret du 26 déc. 1809, art. 15, abrogeant la disposition de l'art. 11 de la loi de l'an 8, porte : « Il sera placé près du préfet de chaque département un auditeur qui aura le titre et qui fera les fonctions de sous-préfet de l'arrondissement du chef-lieu. Nous nous réservons de statuer plus tard sur la portion des frais d'abonnement qui devra être affectée aux besoins des bureaux de la sous-préfecture. »

368. L'ord. du 20 déc. 1815 « désirant porter la plus sévère économie dans toutes les branches du service public et opérer toutes les suppressions que l'expérience avait démontrées possibles, » supprima les sous-préfets dans les chefs-lieux des départements, en réunissant les attributions des sous-préfets à celles du préfet, sans que cette réunion, ajoute l'ordonnance, puisse donner lieu à aucune augmentation des frais de bureaux des préfets. L'ordonnance du 1er août 1820 modifia cet état de choses : abrogeant les ordonnances des 9 avr. et 6 nov. 1817, qui avaient supprimé les secrétaires généraux de préfecture, elle déclare (art. 2), que ces fonctionnaires « pourront, avec l'autorisation du ministre et sous la direction du préfet, être chargés de l'administration de l'arrondissement du chef-lieu. » — L'ordonnance du 1er mai 1832 (art. 13), ayant supprimé les fonctions de secrétaires généraux, sauf dans six départements dénommés, la disposition ci-dessus devint sans objet et sans application. — Le décret du 2 juill. 1853 portant rétablissement des fonctions des secrétaires généraux dans un certain nombre de départements (V. n° 363), déclara (art. 2), que ces agents, indépendamment de leurs fonctions habituelles, rempliraient celles de sous-préfet dans l'arrondissement chef-lieu. — Mais cette disposition se trouva abrogée, à son tour, par le décret du 29 déc. 1854, qui, tout en rétablissant les fonctions des secrétaires généraux dans un certain nombre de départements nouveaux, porte (art. 1) que désormais ces agents cesseront de remplir les fonctions de sous-préfet dans l'arrondissement chef-lieu, et que l'administration de cet arrondissement se réunira à celle du département, sans donner lieu à aucune augmentation de frais de bureaux du préfet. On est ainsi revenu, après ces diverses alternatives, à la règle primitive de la loi du 28 pluv. an 8 et de l'ordonnance du 20 décembre 1815, qui réunissent dans les mains du préfet l'administration de l'arrondissement du chef-lieu.

369. Les sous-préfectures sont divisées en trois classes comme les préfectures ; mais cette division n'a trait qu'à l'importance du traitement des sous-préfets. Du reste le même système d'avancement sur place que nous avons vu appliqué aux préfets est appliqué aux sous-préfets par le décret du 27 mars 1852. Après cinq ans d'exercice dans le même arrondissement, un sous-préfet peut obtenir le traitement de la classe immédiatement supérieure. Le traitement dans les sous-préfectures de première classe est de 8,000 fr. ; il est de 6,000 pour la deuxième et de 4,500 pour la troisième.

370. Une allocation particulière est accordée aux sous-préfets, comme aux préfets, indépendamment de leur traitement, pour frais d'administration. L'ordonnance du 15 mai 1822 se référant au décret du 11 juin 1810, porte, à cet égard, art. 5, § 2 : « Les frais d'administration des sous-préfets se diviseront, comme ceux des préfets, en frais des employés des bureaux et en dépenses matérielles, avec cette différence, que la division se fera par moitié. Cette allocation varie selon la classe des sous-préfectures. »

371. Avant le décret du 28 mars 1852, les sous-préfets devaient meubler l'hôtel de la sous-préfecture. Le décret de 1852 les a exonérés de cette charge et a mis le mobilier des sous-préfectures à la charge du budget des départements. Une circulaire du ministre de l'intérieur du même jour explique que les crédits accordés par le conseil général pour l'entretien du mobilier ne s'appliquent qu'aux petites fournitures, marbres, tapis de table, etc., mais que quand il y a lieu d'acheter des meubles nouveaux, il doit être voté un crédit supplémentaire et spécial.

372. Les sous-préfets payent comme les préfets la contribution mobilière et celle des portes et fenêtres des hôtels affectés à leur logement. Si un déplacement a lieu dans le courant de l'année la contribution est payée en proportion de la durée de leur exercice dans l'arrondissement (circ. 17 sept. 1852).

373. Le caractère spécial du sous-préfet est celui d'un agent de transmission et d'information entre le préfet d'une part et les maires de l'arrondissement et les administrés d'une autre part. Mais, dans ses rapports avec les maires et les administrés, il est chargé d'expliquer les ordres et les instructions du préfet, et dans ses rapports avec le préfet, il a mission d'éclairer l'administration préfectorale sur les besoins des communes.— Comme agent de transmission le sous-préfet est chargé d'adresser au préfet : 1° les procès-verbaux des élections municipales ; 2° les pétitions des citoyens qui se prétendent surtaxés (arrêté du 24 flor. an 8) ; 3° les demandes des communes ayant pour objet la suppression de leur octroi (L. 8 oct. et ord. 9 déc. 1814); 4° une ampliation des arrêtés des maires (L. 18 juill. 1837, art. 11); 5° les procès-verbaux des contraventions en matière de grande voirie (L. 29 flor. an 10, art. 3, V. Voirie par terre, n° 314), et ceux des contraventions aux règlements sur la police du roulage (L. 30 mai 1851, art. 22, 23). — Comme agent d'information, il est chargé d'instruire ou donner son avis : 1° sur la liste des patentables (arr. 15 fruct. an 8) ; 2° sur la position alléguée par un contribuable qui demande un dégrèvement d'impôt (arr. 24 flor. an 8).

374. Le sous-préfet a aussi une mission de surveillance : 1° sur l'administration et la perception des octrois municipaux (loi 28 avr. 1816, art. 147) ; — 2° Sur le bon état des routes de son arrondissement, avec le droit de prescrire aux ingénieurs de se rendre sur les parties de route avec l'assistance des maires et cantonniers (décr. 16 déc. 1811, art. 57, 60 et suiv.). — 3° Les adjudications de coupes de bois ordinaires et extraordinaires de son arrondissement ont lieu devant lui (ord. 1er août 1827, art. 86).

375. Quoique la qualité du sous-préfet soit avant tout celle d'intermédiaire, il a cependant quelques attributions qui lui sont propres. Ainsi : 1° il nomme les membres des conseils de recensement et des jurys de révision de la garde nationale (décr. 11 janv. 1852, art. 9 et 10), approuve le règlement des maires pour le service de la garde nationale (*ibid.*, art. 19 et 20), et met en mouvement, dans certains cas, les détachements de la garde nationale dans l'arrondissement (décr. 13 juin 1851, art. 107 et 108) ; — 2° Il est chargé, dans son arrondissement et sous la direction du préfet, de faire exécuter les lois, actes et règlements (L. 22 déc. 1789, sect. 2, art. 31 ; Instr. 12 août 1790, chap. 1, § 1) ; de faire toutes les vérifications et donner tous les avis qui lui sont demandés sur les affaires relatives à l'arrondissement (*ibid.*) ; — 3° Il nomme, sous l'approbation du préfet, les porteurs de contraintes pour le recouvrement des contributions (arr. 16 therm. an 8, art. 20), et vise et rend exécutoires ces contraintes (même arrêté, art. 30) ;— 4° Il préside la commission chargée d'examiner les observations des propriétaires soumis à l'expropriation forcée (L. 3 mai 1841, art. 8) ; — 5° Il approuve, concurremment avec le préfet, les crédits ouverts par les conseils municipaux pour dépenses imprévues (loi 18 juill. 1837, art. 37) ; — 6° Il vise, pour les rendre exécutoires, les états dressés par les maires pour le recouvrement des dettes municipales (même loi, art. 63) ; — 7° Il fait détruire les tabacs plantés en contravention (loi 28 avr. 1816, art. 181) ; — 8° Il procède, avec l'assistance des maires, à l'examen des tableaux de recensement, préside au tirage au sort pour le recrutement de l'armée (L. 21 mars 1832, art. 10 et 11), et statue, après avoir pris l'avis des maires, sur les observations présentées par les jeunes gens ou en leur nom lors de la lecture du tableau de recensement au jour du tirage (*ibid.*) ; — 9° Il autorise l'établissement des manufactures et ateliers insalubres de troisième classe (V. Manufactures et ateliers dangereux, nos 120 et suiv.) ; — 10° Il fixe, à la fin de chaque année, sur la délégation du préfet, le nombre maximum des enfants à admettre gratuitement dans les écoles primaires (L. 15 mars 1850, art. 24) ; — 11° Il désigne les répartiteurs des contributions directes (arrêté 20 frim. an 4, art. 3) ; — 12° Il est chargé de faire faire, suivant l'exigence des cas, la vérification des caisses des communes et des établissements de bienfaisance de son arrondissement (décr.

27 fév. 1811); — 13° Il passe l'adjudication, sur la délégation du préfet, des travaux dont la dépense n'excède pas 15,000 fr.; il doit être alors assisté du maire, de deux membres du conseil d'arrondissement et de l'ingénieur ordinaire (ord. 10 mai 1829, art. 19); — 14° Il prononce l'adjudication des travaux de route (décr. 16 déc. 1811, art. 44); — 15° Il autorise l'exploitation des tourbières, sur la déclaration que les propriétaires déposent à cet effet entre ses mains (L. 21 avr. 1810, art. 84); — 16° En matière de contravention de grande voirie, il ordonne, par provision et sauf recours au préfet, ce que de droit, pour faire cesser le dommage (L. 29 flor. an 10, art. 3, V. Voirie par terre, n° 314).

376. Le décret de décentralisation administrative du 13 avr. 1861, qui a eu pour objet d'élargir la sphère d'action des préfets, telle qu'elle avait été d'abord fixée par celui du 25 mars 1852, a augmenté également les attributions des sous-préfets. L'art. 6 de ce décret est ainsi conçu : — « Les sous-préfets statueront désormais, soit directement, soit par délégation des préfets, sur les affaires qui, jusqu'à ce jour, exigeaient la décision préfectorale, et dont la nomenclature suit : — 1° Légalisation, sans les faire certifier par les préfets, des signatures données dans les cas suivants : 1° actes de l'état civil, chaque fois que la légalisation du sous-préfet est requise; 2° certificats d'indigence; 3° certificats de bonne vie et mœurs; 4° certificats de vie; 5° libération du service militaire; 6° pièces destinées à constater l'état de soutien de famille; — 2° Délivrance des passe-ports; — 3° Délivrance des permis de chasse; — 4° Autorisation de mise en circulation des voitures publiques; — 5° Autorisation des loteries de bienfaisance jusqu'à concurrence de 2,000 fr.; — 6° Autorisation de changement de résidence dans l'arrondissement des condamnés libérés; — 7° Autorisation de débits de boissons temporaires; — 8° Approbation des polices d'assurance contre l'incendie des édifices communaux; — 9° Homologation des tarifs des concessions dans les cimetières, quand ils sont établis d'après les conditions fixées par arrêté préfectoral; — 10° Homologation des tarifs des droits de place dans les halles, foires et marchés, lorsqu'ils sont établis d'après les conditions fixées par arrêté préfectoral; — 11° Homologation des tarifs des droits de pesage, jaugeage et mesurage, lorsqu'ils sont établis d'après les conditions fixées par arrêté préfectoral; — 12° Autorisation des battues pour la destruction des animaux nuisibles dans les bois des communes et des établissements de bienfaisance; — 13° Approbation des travaux ordinaires et de simple entretien des bâtiments communaux dont la dépense n'excède pas 1,000 fr., et dans la limite des crédits ouverts au budget; — 14° Budgets et comptes des bureaux de bienfaisance; — 15° Condition des baux et fermes des biens des bureaux de bienfaisance, lorsque la durée n'excède pas dix-huit ans; — 16° Placement des fonds des bureaux de bienfaisance; — 17° Acquisitions, ventes et échanges d'objets mobiliers des bureaux de bienfaisance; — 18° Règlement du service intérieur dans ces établissements; — 19° Acceptation par les bureaux de bienfaisance des dons et legs d'objets mobiliers ou de sommes d'argent, lorsque leur valeur n'excède pas 3,000 fr. et qu'il n'y a pas réclamation des héritiers. — Les sous-préfets nommeront les simples préposés d'octroi. » — Mais il a été jugé relativement à l'application du § 1 de cet article, que le certificat d'indigence délivré par le maire pour suppléer à la consignation d'amende, dans le cas prévu par l'art. 419 c. inst. crim. et légalisé par le sous-préfet conformément au décret du 13 avr. 1861 est irrégulier s'il n'est pas approuvé par le préfet; que le décret de 1861 en transférant aux sous-préfets la mission de légaliser dorénavant la signature des maires, n'a point prétendu déroger aux prescriptions de l'art. 419 c. inst. crim. (Crim. rej. 2 août 1861, aff. Montagne, D. P. 61. 5. 53).

377. Toutefois ces actes des sous-préfets ne s'accomplissent que sous la surveillance et le contrôle du préfet. Le § 2 de l'art. 7 du décret de 1861, porte : « Les sous-préfets rendront compte de leurs actes aux préfets, qui pourront les annuler ou les réformer, soit pour violation des lois et règlements, soit sur la réclamation des parties intéressées, sauf recours devant l'autorité compétente. »

378. En cas d'interruption des communications avec le chef-lieu de département, par suite d'un fait d'insurrection ou de guerre, le sous-préfet peut, il doit même exercer l'autorité préfectorale et prendre sous sa responsabilité toutes les mesures que le salut ou l'intérêt public peut exiger (M. Batbie, t. 4, n° 250).

379. L'obligation d'une tournée annuelle dans son département, imposée au préfet, par l'art. 5 de l'arrêté du 17 vent. an 8, existe-t-elle également pour le sous-préfet dans les communes de son arrondissement? Une circulaire ministérielle, du 5 fév. 1862 (D. P. 62. 3. 22), le suppose, puisqu'elle déclare vouloir « remettre en vigueur une mesure dont le principe est excellent... » Mais la circulaire n'indique pas le texte que l'administration entendait remettre en vigueur. — Quoi qu'il en soit, la visite de toutes les communes de l'arrondissement ne pouvant pas s'effectuer dans le laps d'une année, la même circulaire accorde deux ans aux sous-préfets afin de pouvoir s'acquitter de cette mission. Elle impose aux sous-préfets l'obligation de se rendre deux fois par an dans chaque canton et d'y réunir, sous leur présidence, les maires de la circonscription. — Il résulte d'un communiqué adressé à des journaux au sujet de commentaires sur ce même document, que les sous-préfets devront entrer en rapport non-seulement avec les maires, mais aussi avec les conseils municipaux. M. Chauveau, interprétant la circulaire dans le même esprit, ajoute avec raison : « Les habitants eux-mêmes, sans déplacements souvent difficiles et quelquefois coûteux, pourront demander à M. le sous-préfet de les entendre, ou pourront lui remettre leurs vœux écrits, leurs vues sur les améliorations à introduire dans la gestion des affaires communales. C'est là, on doit le reconnaître, la véritable décentralisation administrative, mettant en rapport immédiat les populations avec leur administrateur » (Journ. de droit admin., année 1862, p. 57).

380. Le sous-préfet prend des arrêtés dans tous les cas où il fait un acte d'autorité qui lui est propre. Ces arrêtés, ainsi que le rappelle la disposition précitée du décret de 1861, peuvent être annulés par le préfet, sauf recours devant le ministre. L'interdiction faite aux préfets (Instr. 12 août 1790, chap. 1, § 1), de faire ni décret, ni ordonnance, ni règlement, s'applique, à plus forte raison, aux sous-préfets.

381. Mais le sous-préfet n'a pas, comme le préfet, le pouvoir d'accomplir directement, sur le refus d'un maire, un acte d'administration rentrant dans les attributions de ce fonctionnaire, et l'usurpation qu'il aurait faite de ce pouvoir ne serait pas régularisée par une simple approbation ultérieure du préfet (Crim. rej. 27 janv. 1854, aff. Brun, D. P. 54. 1. 134). — V. Commune, n°s 633 et suiv.

SECT. 4. — *Du conseil de préfecture.*

ART. 1. — *De la constitution des conseils de préfecture.*

382. Les conseils de préfecture sont, à proprement parler, comme le mot l'indique, les conseils des préfets, de même que le conseil d'Etat avec ses différentes sections est le conseil de l'administration supérieure, des ministres. Cependant on ne peut disconvenir que jusqu'à ce jour, les conseils de préfecture n'ont répondu, quant à leur composition et à l'autorité qui devrait s'attacher à leurs avis, que d'une manière fort imparfaite à l'esprit de l'institution. Composés trop souvent d'hommes jeunes et dénués de l'expérience qu'une longue pratique administrative peut seule faire acquérir, les conseils de préfecture ont manqué trop souvent aussi d'autorité. Il en est résulté que les fonctions de conseiller de préfecture ont été considérées comme un noviciat administratif. La loi des 21-26 juin 1865 a eu pour objet en partie d'augmenter l'autorité morale des conseils de préfecture, en ajoutant de nouvelles garanties d'une bonne composition du personnel aux garanties anciennes, et en déterminant des conditions qu'il faudra désormais remplir pour y être admis.

383. L'institution des conseils de préfecture remonte à la loi du 28 pluv. an 8; mais le principe de l'institution se trouve dans des lois émanées de l'assemblée constituante. Sous l'ancienne monarchie, la séparation des pouvoirs était de fait à peu près inconnue. L'assemblée constituante fit de la séparation des pouvoirs administratif et judiciaire, le principe fondamental de l'organisation qu'elle avait à fonder; mais comme l'administration devait avoir inévitablement des intérêts en conflit avec des intérêts particuliers, les auteurs de la loi des 16-24 août 1790, sur l'organisation judiciaire, proposèrent d'établir dans chaque département un tribunal administratif pour juger les affaires administratives. Cette pensée n'eut pas de suites, sur l'observation qui fût faite alors que c'était multiplier les tribunaux sans nécessité, et qu'il était plus naturel d'investir des fonctions de juges administratifs les directoires de département et de district. Le décret des 7-11 sept. 1790, en effet, investit les directoires de la connaissance des affaires contentieuses administratives. Sous la Convention, les comités de l'assemblée s'emparèrent du contentieux administratif. Mais la constitution de l'an 3 décentralisa ce pouvoir exorbitant, et créa à proprement parler la justice administrative locale. Cette constitution établit, dans chaque département, une administration centrale composée de cinq membres, chargés tout à la fois, pour les matières administratives, de l'action, de la délibération et du jugement du contentieux, sous la surveillance d'un commissaire du directoire exécutif, placé auprès de chaque administration centrale de département et chargé de requérir l'exécution des lois. — Comme il arrivait assez fréquemment que l'autorité judiciaire s'immisçait dans le contentieux administratif par l'effet de la confusion des lois civiles et administratives, dont le caractère était souvent mal précisé, la convention rendit le 16 fruct. an 3 un décret qui fit « défense aux tribunaux de connaître des actes d'administration de quelque espèce qu'ils soient aux peines de droit, sauf aux réclamants à se pourvoir devant le comité des finances pour leur être fait droit, s'il y a lieu, en exécution des lois et notamment de celle du 13 frim. précédent » (V. Compét. admin., n° 4, note). Ce décret fonda définitivement la séparation du contentieux administratif et des matières judiciaires. — Pour assurer l'observation de ce principe, l'art. 27 de la loi du 21 fruct. an 3 disposa « qu'en cas de conflit d'attributions entre les autorités administratives et judiciaires, il sera sursis jusqu'à la décision du ministre de la justice, confirmée par le directoire exécutif, qui en référerait, s'il était besoin, au corps législatif » (V. Conflit, nos 3 et suiv.).

384. Cet état des choses ne tarda pas à soulever de vives réclamations. Les administrations centrales dans les départements administraient et jugeaient tout à la fois. De même les ministres avaient le droit de prononcer sur toutes les réclamations soulevées par leurs actes. Il résultait de là que soit qu'une réclamation dût être portée devant une administration centrale, soit qu'elle dût être portée devant un ministre, le particulier avait toujours pour juge une autorité investie effectivement de l'action et du jugement. Des abus évidents eurent lieu. Il y a assurément des cas où le contentieux, tout en restant dans les mains de l'administration, ne doit pas être placé dans celles du fonctionnaire dont l'acte soulève des réclamations. Pour prévenir le retour de ces abus, la constitution de l'an 8 chargea le conseil d'Etat « de résoudre les difficultés qui s'élèvent en matière administrative » et la loi du 28 pluv. an 8 institua les conseils de préfecture, dont un des principaux caractères est de constituer de véritables tribunaux chargés de juger dans les matières du domaine administratif. Mais les conseils de préfecture ne sont pas seulement des tribunaux administratifs; ils sont aussi, comme nous l'avons dit en commençant, les conseils des préfets, et concourent à ce titre à des actes d'administration quand ces actes requièrent une délibération. Enfin ils ont à l'égard de certains corps et notamment des communes une mission de tutelle. C'est à ce triple point de vue que nous exposerons leur compétence et l'étendue de leurs pouvoirs.

385. La composition des conseils de préfecture avait toujours laissé désirer des règles plus fixes et plus explicites que celles qui les régissaient jusqu'à ces derniers temps. Quant à la procédure à suivre devant les conseils de préfecture considérés comme tribunaux administratifs, en l'absence de textes législatifs, on avait été réduit pour ainsi parler à la créer.—La pensée des législateurs de l'an 8, en instituant les conseils de préfecture, n'était pas, cependant, qu'il en fût ainsi. Voici, en effet, en quel sens M. Rœderer, conseiller d'Etat, s'exprimait en présentant la loi : — « Remettre le contentieux de l'administration à un conseil de préfecture a paru nécessaire pour garantir aux personnes intéressées qu'elles ne seront pas jugées sur des rapports et des avis de bureaux, pour donner à la propriété des juges accoutumés au ministère de la justice, *à ses règles et à ses formes*. » — On voit, d'après ces paroles, que c'est par suite d'une lacune dans les lois postérieures, que les conseils de préfecture sont restés privés de formes régulières de procédure.—L'opinion publique et le gouvernement se sont préoccupés, à différentes époques, des graves inconvénients de cette situation.—En 1831, une commission avait été chargée de préparer un projet de loi pour remplir cette lacune. S'il n'eût pas de suite, c'est parce qu'il fut reconnu qu'il était nécessaire de l'ajourner jusqu'après la publication de la loi organique du conseil d'Etat, qui était alors à l'étude, et qui ne fut rendue qu'en 1845.

386. En 1846, un nouveau projet de loi sur le même sujet avait été élaboré et allait être soumis à la législature lorsque la révolution de 1848 éclata. — En 1851, la pensée fut reprise. Et le projet, qui avait donné lieu à un rapport de M. Boulatignier devant le conseil d'Etat, document important plein de considérations utiles et dont nous aurons l'occasion d'invoquer l'autorité, comprenait non-seulement ce qui est relatif à la procédure, mais aussi à l'organisation des conseils de préfecture. On ne connaît pas les motifs qui ont fait ajourner ce dernier projet de loi. Quoi qu'il en soit, un décret du 30 déc. 1862 pourvut à certaines nécessités depuis longtemps reconnues, en établissant la publicité des séances en matière contentieuse, en permettant un débat oral des parties, et en chargeant le secrétaire général des fonctions de ministère public. La loi des 21-26 juin 1865 a consacré législativement les dispositions du décret du 30 déc. 1862. Elle a pourvu surtout à la composition des conseils de préfecture. Un décret du 12 juill. suivant a établi quelques règles de procédure. Nous exposerons et commenterons ces deux documents.

387. La loi organique du 28 pluv. an 8 avait partagé les conseils de préfecture en trois catégories, selon l'importance des départements : dans la première, il y avait cinq membres; dans la deuxième, quatre, et dans la troisième trois, avec désignation nominative des départements formant chacune de ces trois catégories (art. 2). — L'ordonnance des 6-15 nov. 1817, «désirant porter dans toutes les parties de l'administration l'économie la plus sévère », avait déclaré que, dans tous les départements, le nombre des conseillers de préfecture serait uniformément réduit à trois, et il ne devait pas être pourvu, au delà de ce chiffre, au remplacement des membres décédés, destitués ou démissionnaires. Cette disposition n'eut qu'une application d'une durée assez courte, et l'ordonnance des 1er août-22 sept. 1820, rapportant purement et simplement celle qui précède, replaça les choses dans leur état primitif. — Le décret des 28 mars-9 avr. 1852 (V. D. P. 52. 4. 110) apporta une nouvelle modification : dans un certain nombre de départements désignés (Calvados, Charente-Inférieure, Côtes-du-Nord, Dordogne, Finistère, Haute-Garonne, Gironde, Ille-et-Vilaine, Isère, Loire-Inférieure, Maine-et-Loire, Manche, Moselle, Nord, Orne, Pas-de-Calais, Puy-de-Dôme, Bas-Rhin, Saône-et-Loire, Seine-Inférieure, Seine-et-Oise, Somme), le nombre des conseillers de préfecture fut porté à quatre. Dans tous les autres départements, à l'exception de la Seine, ce nombre fut réduit à trois, réduction qui, aux termes de l'art. 3 du même décret ne pouvait s'opérer qu'à mesure des extinctions. Depuis, le nombre des départements ayant quatre conseillers avait été porté de vingt-deux à trente par des décrets spéciaux, confirmés implicitement par les lois de finances qui avaient ouvert les crédits nécessaires pour payer les traitements de ces nouveaux conseillers. Le décret du 28 mars 1852 et ceux qui l'ont suivi ont été abrogés par la loi des 21-26 juin 1865 dont l'art. 1 est ainsi conçu :—« Art. 1. Le conseil de préfecture est composé de huit membres y compris le président dans le département de la Seine, de quatre membres dans les départements suivants : — Aisne, Bouches-du-Rhône, Calvados, Charente-Inférieure, Côtes-du-Nord, Dordogne, Eure, Finistère, Gard, Haute-Garonne, Gironde, Hérault, Ille-et-Vilaine, Isère, Loire, Loire-Inférieure, Maine-et-Loire, Manche, Meurthe, Morbihan, Moselle, Nord, Orne, Pas-de-Calais, Puy-de-Dôme, Bas-Rhin, Rhône, Saône-et-Loire, Seine-Inférieure, Seine-et-Oise, Somme, et de trois membres dans les autres départements. »

388. La nomination des conseillers de préfecture appartient au chef de l'Etat, d'après la disposition formelle de l'art. 18 de la loi du 28 pluv. an 8, confirmée sur ce point par la règle générale de toutes les constitutions et chartes postérieures, qui confient à ce même pouvoir la nomination aux emplois publics non électifs. — Les fonctions de conseiller de préfecture sont à vie, mais révocables. On a quelquefois regretté qu'à l'exemple des magistrats de l'ordre judiciaire, on n'ait pas accordé la garantie de l'inamovibilité aux conseillers de préfecture (V. M. Macarel, trib. admin., p. 49). Mais on ne remarquait pas, comme le dit avec raison M. Serrigny, t. 1, n° 372, que c'est précisément à cause du caractère inamovible des juges ordinaires, qu'on n'a pas cru pouvoir leur attribuer la connaissance du contentieux administratif.

389. La loi du 28 pluv. an 8 n'exigeait aucune condition d'aptitude pour pouvoir remplir les fonctions de conseiller de préfecture. Elle était muette également sur l'âge requis pour être nommé à cette fonction. Mais, sur ce dernier point, dans le silence de la loi, on suivait la règle générale de l'art. 175 de la constitution du 5 fruct. an 3, d'après laquelle «tout membre d'une administration départementale ou municipale doit être âgé de vingt-cinq ans au moins,» règle implicitement confirmée par l'art. 2 de la loi du 28 pluv. an 8, qui déclare que les conseils de préfecture sont appelés à remplir une partie des fonctions précédemment exercées par les administrations de département. La récente loi des 21-26 juin 1865 a comblé ces deux lacunes. Elle dispose : « Art. 2. Nul ne peut être nommé conseiller de préfecture s'il n'est âgé de vingt-cinq ans accomplis, s'il n'est, en outre, licencié en droit, ou s'il n'a rempli pendant dix ans au moins, des fonctions rétribuées dans l'ordre administratif ou judiciaire, ou bien s'il n'a été, pendant le même espace de temps, membre d'un conseil général ou maire. »

390. La disposition de l'art. 2 ne paraît pas devoir soulever de difficultés sérieuses dans l'application. Originairement, le projet du gouvernement exigeait que le candidat non licencié en droit eût rempli seulement pendant cinq ans des fonctions rétribuées administratives ou judiciaires. La commission du corps législatif a porté ce délai de cinq ans à dix ans. A cet égard le rapporteur (M. Roulleaux-Dugage) s'exprimait ainsi : — « Votre commission y a donné (à la proposition de la commission du corps législatif) son plein assentiment, en élevant toutefois de cinq à dix ans le délai pendant lequel tout candidat qui ne sera pas licencié en droit devra avoir exercé des fonctions rétribuées administratives ou judiciaires. — Elle a voulu ainsi ajouter aux garanties d'expérience et de maturité et empêcher surtout que les jeunes gens non licenciés ne cherchassent à suppléer par cinq années de fonctions plus ou moins rétribuées, au diplôme qu'ils n'auraient pas obtenu.— L'importance des fonctions et le chiffre des traitements n'étant pas déterminés, nous avons pensé qu'il y avait là un motif de plus d'exiger une durée assez longue pour donner la certitude que la carrière du candidat servant de garantie à son aptitude aurait été sérieusement parcourue. »

391. Quelques difficultés se sont élevées dans le sein de la commission et au corps législatif, lors de la discussion, sur ce qu'il fallait entendre par *fonctions rétribuées dans l'ordre administratif*. Fallait-il n'admettre comme candidats que les fonctionnaires proprement dits? A cet égard le rapport de la commission s'exprime ainsi :— « il a été nettement expliqué, par MM. les commissaires du gouvernement, que le mot *fonctions rétribuées* s'appliquait parfaitement aux fonctions des employés des préfectures et sous-préfectures, encore bien qu'ils ne fussent pas généralement considérés comme appartenant à la catégorie des fonctionnaires.— Dans la pensée de la commission, il faudrait même compter parmi les meilleurs candidats aux conseils de préfecture les chefs des bureaux des préfectures sur le point de prendre leur retraite, chez qui la longue expérience et la pratique des affaires est une excellente initiation à la saine appréciation des difficultés contentieuses. Ces employés si recommandables trouveraient, dans la perspective de terminer leur carrière par les honorables fonctions de conseiller de préfecture, un encouragement d'autant plus précieux que, par la nature de leurs fonctions et à raison de la responsabilité imposée aux préfets, ils sont nécessairement privés des garanties légales que d'autres trouvent dans l'inamovibilité ou dans les règles d'un avancement hiérarchique. »

392. On a demandé également dans le cours de la discussion, si par fonctionnaires dans l'ordre administratif, la loi comprend tous ceux qui auront rempli des fonctions administratives, tels que les employés supérieurs de recettes générales, en raison, par exemple, de ce que les conseils de préfecture sont appelés tous les ans à reviser les comptes des communes qui sont au-dessous de 30,000 fr. — Le rapporteur a répondu négativement au nom de la commission. Nous croyons pouvoir inférer de cette réponse que les fonctionnaires de l'ordre administratif admissibles comme candidats aux fonctions de conseiller de préfecture ne sont pas les fonctionnaires attachés à tel ou tel service spécial, mais seulement les fonctionnaires attachés à l'administration générale, à moins qu'ils ne soient admissibles à quelque autre titre, par exemple, comme licenciés en droit, ainsi que l'a dit avec raison un commissaire du gouvernement.

393. Un membre du corps législatif a proposé dans les discussions de l'art. 2, un amendement par lequel aucun candidat n'ayant pour titre qu'un diplôme de licencié en droit ne pouvait être nommé conseiller de préfecture s'il n'avait fait son stage et n'était inscrit au tableau des avocats. Le stage comme avocat paraissait une garantie que le candidat avait fait des études pratiques, et l'on s'autorisait de ce qui a lieu pour les nominations dans la magistrature judiciaire. Mais cet amendement n'a point été admis, parce que d'une part la chambre a considéré que le stage accompli n'apportait aucune garantie nouvelle réelle, et que, d'une autre part, l'art. 2 corrigé en ce sens, aurait écarté des fonctions de conseiller de préfecture d'anciens officiers ministériels, notaires, avoués, licenciés en droit parfaitement aptes à remplir ces fonctions, et qui n'ont fait aucun stage comme avocat.

394. La loi du 28 pluv. an 8 n'avait prévu aucune incompatibilité pour les fonctions de conseiller de préfecture. Mais il en était qui résultaient soit de lois spéciales, soit de la nature de ces fonctions. Ainsi les fonctions de conseiller de préfecture étaient incompatibles avec celles de greffier (L. 24 vend. an 3, art. 1), de membre d'un conseil général (L. 22 juin 1833, art. 5), de membre d'un conseil d'arrondissement (décr. 3 juill. 1848) et de conseiller municipal (L. 21 mars 1831, art. 18). Elles l'étaient aussi avec la profession d'avoué (avis cons. d'Et. 5 août 1809), et nous ajouterons de notaire. Mais on admettait généralement que les conseillers de préfecture pouvaient exercer la profession d'avocat. L'art. 3 de la récente loi a statué sur les questions des incompatibilités ; il est ainsi conçu : « Les fonctions de conseiller de préfecture sont incompatibles avec un autre emploi public et avec l'exercice d'une profession. » Cet article a ainsi rendu incompatibles les fonctions de conseiller de préfecture et la profession d'avocat.

395. La disposition de l'art. 3 soulevait naturellement la question de savoir si elle aurait un effet rétroactif et si quelques conseillers qui ont continué d'exercer la profession d'avocat seraient obligés d'opter entre leurs fonctions et leur profession. Le rapport de la commission au corps législatif a répondu ainsi au doute que l'art. 3 pouvait faire naître : « En principe, les lois ne disposent que pour l'avenir, et l'intention du gouvernement ne paraît pas avoir été de porter atteinte aux positions acquises. D'ailleurs, le nombre des conseillers attachés au barreau est assez minime; il ne s'élève qu'à neuf, parmi lesquels il y en a même qui ne plaident que rarement. Le gouvernement peut donc sans danger user de tolérance pour ces neuf fonctionnaires ; mais comme, au surplus, ils sont amovibles, il pourrait les obliger à opter, s'il se révélait quelque inconvénient à maintenir cette double situation. — A part cette exception en faveur des droits acquis, la commission n'hésite pas à dire que l'incompatibilité est trop bien justifiée pour ne pas devoir être à l'avenir appliquée rigoureusement. »

396. Un membre du corps législatif, M. Ed. Dalloz, a demandé si le principe d'incompatibilité de l'art. 3 était tellement absolu qu'il dût s'appliquer, par exemple, aux fonctions de professeur d'une école de droit ou autre. Le rapporteur a répondu que la loi n'admettait pas d'exception. « La commission, a-t-il dit, a pensé que le conseiller de préfecture devait tout son temps à ses fonctions de conseiller de préfecture : c'est pourquoi elle a exclu toute profession. » — Un autre membre, M. Caffarelli, ayant émis un doute sur le cumul des fonctions de conseiller de préfecture et celles d'archiviste de la préfecture, M. Boulatignier, commissaire du gouvernement, a répondu : « La disposition est formelle ; elle n'admet aucune exception. Si le gouvernement avait voulu admettre des exceptions, il l'aurait déclaré d'une manière précise. Je puis dire que le conseil d'Etat a regretté tout particulièrement que l'exception dont a parlé l'honorable M. Dalloz n'ait pas pu être introduite dans le projet de loi ; mais il a dû faire le sacrifice de son opinion à l'inflexibilité du texte de l'art. 3. »

397. Le conseil de préfecture est présidé de droit par le préfet, qui y a voix prépondérante (L. 28 pluv. an 8, art. 5). En cas d'absence du préfet, le conseil de préfecture, jusqu'à la récente loi de 1865, était présidé par le conseiller le plus ancien de nomination, qui y avait comme le préfet lui-même voix prépondérante. L'art. 4 de cette loi a modifié cet ordre de choses. Il est ainsi conçu : « Chaque année, un décret de l'Empereur désigne, pour chaque département, celui de la Seine excepté, un conseiller de préfecture, qui devra présider le conseil en cas d'absence ou d'empêchement du préfet. » — Il avait été proposé au corps législatif un amendement d'après lequel la présidence des conseils de préfecture serait enlevée aux préfets en matière contentieuse. Mais cet amendement, le plus important et le plus grave de tous ceux qui ont été présentés contre le projet du gouvernement, a été rejeté, parce qu'il a paru peu rationnel d'écarter du conseil de préfecture, comme l'a dit le ministre d'Etat, M. Rouher, une expérience, une lumière et une responsabilité qui lui est essentielle. Les recours au conseil de préfecture portant souvent sur des actes préfectoraux, il a paru aussi que le préfet ne pouvait y rester étranger sans qu'on exposât l'administration à passer tout entière dans les conseils de préfecture. D'ailleurs c'est se faire une fausse idée des nécessités de l'administration que de croire qu'elle peut rester étrangère aux jugements des réclamations que son action peut susciter. Un des principes fondamentaux de l'administration en France, ainsi que le rappelle le rapport au corps législatif, c'est que l'administration doit rester juge de son contentieux. La justice administrative doit donner des garanties; mais l'administration doit y avoir une part. — Il a été jugé que le préfet est apte à siéger dans le conseil de préfecture, et à le présider, même dans les affaires contentieuses qui intéressent le département (cons. d'Et. 3 fév. 1859, aff. Batisse, D. P. 60. 3. 1). — V. aussi *infrà*, n° 635.

L'art. 4 de la loi nouvelle excepte expressément de sa disposition le conseil de préfecture de la Seine. En effet, un décret du 17 mars 1863 (D. P. 63. 4. 18) a institué un président spécial pour le conseil de préfecture de ce département, et a affecté à ses fonctions un traitement de 25,000 fr. Pour excepter le département de la Seine du régime ordinaire, le décret du 17 mars s'est fondé sur ce que les nombreuses occupations du préfet ne lui permettaient jamais de présider le conseil de préfecture.

398. Nous avons déjà parlé de l'institution des secrétaires généraux (nos 363 et suiv.). L'art. 5 de la loi des 21-26 juin 1865 est ainsi conçu : « Il y a, dans chaque préfecture, un secrétaire général titulaire. Il remplit les fonctions de commissaire du gouvernement ; il donne ses conclusions dans les affaires contentieuses. Les auditeurs au conseil d'Etat attachés à une préfecture peuvent y être chargés des fonctions du ministère public. » — En ce qui concerne l'établissement des secrétaires généraux, cet art. 5 n'a fait que revenir au système de la loi du 28 pluv. an 8 et généraliser un état de choses qui n'existait plus qu'exceptionnellement. Dans soixante-un départements, les fonctions de secrétaire général étaient remplies par un conseiller de préfecture. Il a paru nécessaire de rétablir dans chaque département un secrétaire général titulaire, pour que le conseil de préfecture fût toujours au complet, et que l'administration ne se trouvât pas gênée, particulièrement quand les opérations du recrutement de l'armée nécessitent l'absence d'un membre du conseil de préfecture (V. décr. 25 oct. 1865, D. P. 56. 4. 144).

399. Le secrétaire général est investi des fonctions de ministère public auprès du conseil de préfecture siégeant comme tribunal administratif. Un décret du 30 déc. 1862 avait déjà institué un ministère public auprès des conseils de préfecture. Dans les départements où il y avait un secrétaire général, le secrétaire général en exerçait les fonctions; dans les autres départements, on détachait pour ces fonctions un conseiller de préfecture ou un auditeur au conseil d'Etat. Dès que l'institution des secrétaires généraux était étendue à tous les départements, il allait de soi que le secrétaire général fût le ministère public, afin que le conseil de préfecture fût toujours au complet. Néanmoins les fonctions de ministère public peuvent être remplies par les auditeurs au conseil d'Etat attachés à la préfecture.

400. Quelle que soit la décision qu'il ait à prendre, soit comme corps consultatif, soit comme tribunal administratif, le conseil de préfecture n'est valablement constitué que par la présence de trois membres au moins, en comprenant parmi ces trois membres le préfet, s'il lui arrive de présider le conseil (arr. 19 fruct. an 9, art. 1). Si par une raison quelconque, il est impossible de réunir trois membres du conseil de préfecture y compris le préfet, le conseil de préfecture se complète par l'adjonction de membres du conseil général. Ainsi disposent l'arrêté du 19 fruct. an 9 et le décret du 16 juin 1808. Mais à cet égard il y a des distinctions à faire. S'il n'y a que deux conseillers de préfecture libres, ces deux conseillers désignent les membres suppléants, et pour cette désignation la voix du préfet, s'il est un des membres présents ou celle du plus ancien de ceux-ci est prépondérante (arrêté 19 fruct. an 9, art. 4). S'il n'y a qu'un membre présent, les suppléants sont désignés par le ministre de l'intérieur sur la proposition du préfet (décr. 16 juin 1808, art. 2). Dans aucun cas, les membres des tribunaux qui font partie des conseils généraux ne peuvent être appelés à compléter un conseil de préfecture (arr. 19 fruct. an 9, art. 3 ; décr. 16 juin 1808, art. 1). L'art. 6 de la nouvelle loi a confirmé sur tous ces points l'arrêté du 19 fruct. an 9, et le décret du 16 juin 1808. — Il a été jugé d'une part qu'un avoué peut exercer les fonctions de conseiller de préfecture suppléant : « Considérant, dit le conseil d'Etat, que l'incompatibilité établie par l'arrêté du 19 fruct. an 9 entre les fonctions de conseiller de préfecture suppléant et celle de membre d'un tribunal ne s'étend pas aux avoués, fonctionnaires attachés aux tribunaux mais qui n'en font pas partie » (cons. d'Et. 24 août 1849, aff. Porral, D. P. 50. 3. 5); — Et d'autre part que le membre du conseil général qui, après expiration de son mandat, a été réélu, mais n'a pu, depuis sa réélection, prêter le serment prescrit par l'art. 12 de la loi du 22 juin 1833, n'est pas apte à prendre part à une décision du conseil de préfecture en remplacement d'un conseiller empêché (cons. d'Et. 13 juin 1862, élect. de Clarac, D. P. 63. 3. 13).

401. L'art. 7 de la loi du 21 juin 1865 est ainsi conçu : — « Il y a, auprès de chaque conseil, un secrétaire-greffier, nommé par le préfet et choisi parmi les employés de la préfecture. » Cette disposition se trouvait textuellement dans le décret du 30 déc. 1862.

402. Les conseillers de préfecture admis à la retraite pour ancienneté ou pour cause d'infirmités et qui ont reçu le titre de conseillers honoraires peuvent prendre part aux délibérations du conseil avec voix consultative seulement, lorsqu'ils y auront été appelés par une convocation spéciale du préfet. Telle est la disposition du décret du 15 mars 1854. La loi des 21-26 juin ne statue rien sur les conseillers de préfecture honoraires; mais il n'est pas douteux que le décret du 15 mars 1854 ne conserve encore son autorité, par cela seul que la nouvelle loi ne contient aucune disposition contraire.

403. Les juges administratifs sont-ils récusables dans les mêmes cas et pour les mêmes causes que les juges du droit commun? La question ne peut se présenter qu'à l'égard des décisions que le conseil de préfecture est appelé à rendre en matière contentieuse. Aux mots Conseil d'Etat, n° 350, Récusation, n° 22, nous nous sommes prononcés pour l'affirmative. Mais la question est controversée. V. dans le sens de notre opinion, D. P. 60. 3. 1, à la note 2, la doctrine du commissaire du gouvernement dans l'affaire Batisse, du 3 fév. 1859. — Il a été jugé à l'égard d'un membre du conseil général appelé comme suppléant que lorsqu'un membre du conseil général, appelé à siéger comme suppléant au conseil de préfecture, est en même temps membre du conseil municipal de la ville contre laquelle est formée la demande en indemnité sur laquelle le conseil de préfecture est appelé à statuer, cette circonstance ne vicie pas l'arrêté intervenu, si le membre dont il s'agit n'a point pris part aux délibérations antérieures du conseil municipal sur la demande; — Mais il en est autrement lorsqu'il a pris part, par exemple, à la délibération autorisant la commune à défendre à l'action intentée contre elle; et l'arrêté du conseil de préfecture doit alors être annulé, encore bien qu'aucune récusation n'eût été proposée devant ce conseil, et que, devant le conseil d'État, le moyen de nullité soit présenté, non par l'adversaire de la ville, mais par la ville elle-même (cons. d'Ét. 11 août 1864, aff. ville de Montpellier, D. P. 65. 3. 54).

ART. 2. — *Des conseils de préfecture comme corps consultatifs.*

404. Quoiqu'il paraisse rationnel de placer les fonctions consultatives des conseils de préfecture au premier rang de leurs attributions, il est cependant juste de reconnaître qu'originairement ces fonctions étaient les moins considérables. Le législateur de l'an 8 n'a été amené à créer les conseils de préfecture, comme nous l'avons vu, que par la nécessité d'établir dans chaque département un tribunal administratif offrant à l'administration des garanties que ne pouvaient donner les tribunaux ordinaires, et aux administrés des facilités plus grandes que n'en pouvait donner la juridiction ordinaire des ministres. Des lois spéciales, intervenues depuis l'établissement du régime représentatif, ont ajouté aux attributions des conseils de préfecture comme corps consultatifs, et, dans l'état présent de la législation, ils sont pour la délibération l'auxiliaire ordinaire des préfets.

405. Le préfet peut toujours consulter le conseil de préfecture dans les actes d'administration qu'il a à accomplir; mais il en est dans lesquels les lois spéciales lui font une obligation d'en obtenir l'avis. Le préfet alors statue en conseil de préfecture. Quand le conseil de préfecture a dû être consulté par le préfet, l'arrêté qui intervient ne cesse pas pour cela d'être un arrêté préfectoral. Le préfet même n'est pas tenu, dans ses arrêtés, de se ranger à l'avis émis par le conseil de préfecture (V. *suprà*, nos 347 et suiv.). — Il a été jugé: 1° que les avis donnés par les conseils de préfecture, sur la demande du préfet, ne peuvent être attaqués par la voie contentieuse (cons. d'Ét. 4 août 1824, M. Cormenin, rap., aff. Levasseur; — 2° Qu'il en est autrement, toutefois, s'il s'agit d'une matière sur laquelle le conseil de préfecture doit statuer comme juge, par exemple, sur une demande en nullité d'opérations électorales (art. 50 L. 22 juin 1833); que, dans ce cas l'arrêté doit être considéré comme l'œuvre du conseil de préfecture, encore bien qu'il porte en tête: « le préfet en conseil de préfecture », s'il est signé de tous les membres du conseil (cons. d'Ét. 7 mars 1834, aff. Darblay).

406. Les lois spéciales qui ont rendu obligatoire l'avis du conseil de préfecture, ne se sont astreintes en cela à aucune règle absolue, systématique. Cependant on peut remarquer qu'en général, l'avis du conseil de préfecture a été exigé dans les matières les plus importantes intéressant le département et les communes, tandis qu'il ne l'est pas quand le préfet a à prendre un arrêté comme représentant du pouvoir central (V. *suprà*, n° 347). Les préfets statuent en conseil de préfecture dans les cas suivants: 1° Approbation du tarif des évaluations cadastrales (L. 15 sept. 1807, art. 26, 33); — 2° Règlement de la subvention spéciale des propriétaires ou entrepreneurs pour la dégradation extraordinaire des chemins vicinaux, quand l'abonnement est demandé (L. 21 mai 1836, art. 14); — 3° Admission ou rejet de la demande formée par les propriétaires riverains d'une route nationale déclassée, à l'effet d'obtenir qu'il soit réservé un chemin d'exploitation, quand le sol est délaissé à l'administration des domaines pour être aliéné (L. 24 mai 1842, art. 2); — 4° Détermination des propriétés qui doivent être cédées et indication de l'époque où il y aura lieu d'en prendre possession quand l'expropriation pour cause d'utilité publique est demandée par une commune et dans un intérêt communal, ou quand il s'agit de travaux d'ouverture ou de redressement des chemins vicinaux (L. 3 mai 1841, art. 12); — 5° Approbation de l'aliénation de biens appartenant à des communes ou à des établissements publics, quand ces biens sont compris dans les propriétés dont la cession est jugée nécessaire par l'administration pour l'exécution de travaux publics (*ibid.*, art. 13); — 6° Acceptation des offres d'indemnité pour expropriation de biens appartenant aux départements, aux communes ou aux établissements publics (L. 3 mai 1841, art. 26); — 7° Réception des soumissions et dressement de la liste des concurrents, quand il s'agit d'adjudication pour des travaux des ponts et chaussées (ord. 10 mai 1829, art. 11 et 12); — 8° Tirage au sort pour régler l'ordre entre les séries qui doivent servir à renouveler par tiers les membres des conseils généraux (L. 22 juin 1833, art. 8); — 9° Tirage au sort pour décider à quel canton appartient le conseiller élu par plusieurs cantons, soit au conseil général, soit au conseil d'arrondissement, si le conseiller élu n'a pas opté dans le délai de la loi (*ibid.*, art. 10): dans ces deux cas, le tirage au sort a lieu en conseil de préfecture publiquement; — 10° Déclaration d'illégalité de la réunion, quand un conseil de département ou d'arrondissement a pris une délibération en dehors de la réunion légale de ce conseil, et annulation des actes accomplis dans cette réunion (L. 22 juin 1833, art. 15 et 28); — 11° Établissement d'office du budget départemental, si le conseil général ne se réunit pas ou s'il se sépare sans avoir arrêté le budget des dépenses ordinaires du département: le budget est ensuite réglé par un décret impérial (L. 10 mai 1838, art. 28); — 12° Autorisation des délibérations du conseil général, relatives à des acquisitions, aliénations et échanges de propriétés départementales (*ibid.*, art. 29); — 13° Répartition de l'impôt conformément aux décisions prises par le conseil général sur les réclamations des communes, quand le conseil d'arrondissement ne s'est pas conformé à ces décisions dans son travail de la répartition de l'impôt (*ibid.*, art. 46); — 14° Déclaration de nullité des délibérations prises par les conseils municipaux sur des objets étrangers à leurs attributions (L. 21 mars 1831, art. 28; 5 mai 1855, art. 23); — 15° Annulation des délibérations prises par un conseil municipal hors de sa réunion légale (L. 21 mars 1831, art. 29; 5 mai 1855, art. 24); — 16° Approbation de délibérations des conseils municipaux, ayant pour objet des acquisitions, ventes, échanges d'immeubles ou partage de biens indivis (L. 18 juill. 1837, art. 46); — 17° Homologation des transactions consenties par les conseils municipaux, concernant des objets mobiliers ou immobiliers, s'il ne s'agit pas d'objets supérieurs à une valeur de 3,000 fr. (arr. 21 frim. an 12, et L. 18 juill. 1837, art. 59); — 18° Inscriptions aux budgets des communes des fonds nécessaires pour une dépense obligatoire, si le conseil municipal a refusé de les voter ou n'a alloué qu'une somme insuffisante (L. 18 juill. 1837, art. 39). Avant les décrets de décentralisation, les actes des préfets indiqués dans les nos 12, 16 et 18, devaient être accomplis en conseil de préfecture quand l'intérêt était au-dessous d'un taux que les lois des 18 juill. 1837 et 10 mai 1838 indiquaient. Au-dessus de ce taux, ils étaient réservés au chef de l'État. Les décrets de décentralisation ayant attribué ces derniers aux préfets seuls, il paraît résulter virtuellement de ces décrets que quelle que soit l'importance de l'acte, le préfet doit toujours statuer en conseil de préfecture. Il serait contradictoire que les actes de moindre importance exigeassent l'avis du conseil de préfecture et que les actes les plus importants fussent accomplis par le préfet seul; — 19° Ordonnancement sur le refus du maire de la commune, d'une dépense régulièrement autorisée et liquidée (L. 18 juill. 1837, art. 61); — 20° Homologation, pour les rendre exécutoires, des délibérations des conseils municipaux ayant pour objet d'autoriser les maires à donner mainlevée des hypothèques inscrites au profit des communes (ord. 15 juill. 1840); — 21° Suspension s'il y a lieu, pendant deux mois, sur l'avis du maire et du sous-préfet, des officiers de la garde nationale, l'officier préalablement entendu dans ses observations (L. 22 mars 1831, art. 61); — 22° Acquisition en cas de création de bataillons cantonaux de garde-nationale, de la portion afférente à chaque commune du canton pour les dépenses obligatoires du bataillon, autres que celles des compagnies (décr. 11 janv. 1852, art. 16); — 23° Répartition par cantons pour la composition de la liste annuelle du jury, des jurés inscrits sur la liste générale (décr. 7 août 1848, art. 10; L. 4 juin 1853, art. 7); — 24° Répartition entre les cantons du contingent assigné à chaque département pour le recrutement annuel de l'armée (L. 21 mars 1832, art. 4); — 25° Répartition des traitements alloués aux commissaires de police cantonaux entre les diverses communes de chaque canton (décr. 28 mars 1852, art. 7; L. 10 juin 1853, art. 3);— 26° Règlement par approximation du nombre d'hectares de terres qu'il est permis de planter en tabacs, pour produire la quantité demandée par le ministre des finances, dans les départements où la culture du tabac est autorisée (L. 28 avr. 1816, art. 186); — 27° Option pour les fournitures du tabac aux manufactures nationales, entre la voie de l'adjudication, celle de soumission, celle de traité avec les planteurs, ou tout autre mode (même loi, art. 187); — 28° Détermination du mode de déclaration à prescrire aux planteurs de tabac pour l'exportation (même loi, art. 203); — 29° Division des communes en sections électorales pour les élections municipales (L. 5 mai 1855, art. 7). — A ces divers cas où le préfet ne peut statuer ou procéder qu'en conseil de préfecture, il faut ajouter ceux énumérés dans le tableau C des décrets de décentralisation. Nous les avons énumérés en commentant ces décrets (V. *suprà*, nos 314 et s.).

407. Les conseils de préfecture donnent exceptionnellement leur avis sur des mesures qui doivent être arrêtées non par le préfet, mais par le pouvoir central. C'est ainsi qu'ils expriment leur avis : 1° sur le nouveau mode de jouissance de biens communaux, quand l'ancien mode de jouissance a été changé en vertu de la loi du 10 juin 1793 (décr. 9 brum. an 13 et av. cons. d'Et. 7 mai 1808), quoiqu'il n'appartienne qu'au chef de l'Etat, le conseil d'Etat entendu, de statuer sur ce point; — 2° Sur les demandes en autorisation d'établir des ateliers insalubres de première classe, quand il s'est produit des oppositions (décr. 15 oct. 1810, art. 4).

408. Nous nous sommes expliqué précédemment (n° 348) sur la forme et le caractère des arrêtés préfectoraux pris en conseil de préfecture; les conseils de préfecture n'émettant dans ce cas qu'un simple avis, l'arrêté n'est pas susceptible d'un recours devant le conseil d'Etat, mais seulement d'un recours devant le ministre que la matière concerne, conformément à la doctrine que nous avons exposée. — V. nos 353 et suiv.

Art. 3. — *Des conseils de préfecture comme tribunaux administratifs.*

409. Les attributions les plus considérables des conseils de préfecture sont celles que la loi du 28 pluv. an 8 leur a données comme tribunaux administratifs. Les conseils de préfecture exercent une juridiction déléguée, mais une juridiction qui leur est propre, comme celle des tribunaux ordinaires. Ils ne se bornent pas, comme le conseil d'Etat, à émettre de simples avis. Leurs arrêtés en matière contentieuse sont exécutoires par eux-mêmes. — Il a été jugé qu'un conseil de préfecture régulièrement saisi d'une affaire contentieuse, de sa compétence, ne doit pas se borner à donner un avis; s'il le fait, son arrêté doit être annulé en la forme, et le demandeur renvoyé devant lui : — « Considérant que le conseil de préfecture était régulièrement saisi de la connaissance de la cause; que, dès lors, il aurait dû prendre un arrêté portant décision, et ne pas se borner à donner un avis » (ord. cons. d'Et. 11 août 1824, M. Tarbé, rap., aff. Laget). — Quoique la juridiction des conseils de préfecture embrasse une partie des matières administratives, il ne serait cependant pas exact de considérer les conseils de préfecture comme les juges ordinaires du contentieux. Le juge ordinaire du contentieux, ainsi que nous l'avons dit précédemment, est le ministre que la matière concerne (V. nos 151 et s.). La jurisprudence du conseil d'Etat à cet égard est certaine. Cela résulte d'ailleurs virtuellement de l'art. 4 de la loi du 28 pluv. an 8 qui, en établissant la juridiction des conseils de préfecture procède par voie d'énumération des matières qu'elle leur soumet.

410. Les conseils de préfecture n'ayant aucun pouvoir administratif qui leur soit propre, ne peuvent rendre des décisions qui auraient un caractère réglementaire. A cet égard, leur juridiction est comme celle des tribunaux ordinaires. — Il a été jugé 1° que le conseil de préfecture excède ses pouvoirs si, à la demande d'une partie et sans la contradiction d'aucune autre, il statue sur une matière non contentieuse; car alors il fait un règlement (cons. d'Et. 26 fév. 1823, M. Tarbé, rap., aff. minist. de la guerre); — 2° Qu'aucun juge ne pouvant prononcer par voie de disposition générale et réglementaire, le conseil de préfecture excède ses pouvoirs en statuant de cette manière sur les demandes en interprétation du règlement de l'octroi, qui lui sont présentées par le maire et les bouchers d'une ville (cons. d'Et. 31 janv. 1827, aff. Ovrillard, V. Octroi, n° 335-4°). — V. Compét. admin., nos 71 et suiv.; Jugement, n° 159.

411. Nous n'avons pas à énumérer ici les objets qui sont de la compétence des conseils de préfecture en matière contentieuse. Cette matière a été traitée précédemment d'une façon générale, v° Compétence administrative, nos 347 et suiv., et occasionnellement en expliquant les lois spéciales qui ont ajouté en cela à la loi du 28 pluv. an 8. Mais nous devons exposer les règles de procédure qui sont suivies devant le conseil de préfecture.

412. La loi des 21-26 juin dispose ainsi par son art. 14 : « Un règlement d'administration publique déterminera provisoirement : 1° Les délais et les formes dans lesquels les arrêtés contradictoires ou non contradictoires des conseils de préfecture peuvent être attaqués; — 2° Les règles de la procédure à suivre devant le conseil de préfecture, notamment pour les enquêtes, les expertises et les visites de lieux ; — 3° Ce qui concerne les dépens. Il sera statué par une loi dans un délai de cinq ans. » — En attendant la loi promise, un décret des 12-18 juill. 1865, délibéré par le conseil d'Etat dans le courant de l'année 1864, mais qui attendait pour paraître le vote et la promulgation de la récente loi, a pourvu à certaines nécessités prévues dans le § 2 de l'art. 14. Le rapport qui précède le décret du 12 juill. 1865 (D. P. 65. 4. 69) en explique ainsi la portée : « Ces règles (celles dont il est parlé dans les trois paragraphes de l'art. 14), n'ont pas toutes le même caractère et la même importance. Les unes sont en quelque sorte des mesures d'ordre, à savoir, tout ce qui concerne l'introduction des affaires devant le conseil de préfecture, la formation des dossiers, les communications aux administrations et aux parties intéressées, l'organisation de la séance publique, la rédaction, l'expédition et la conservation des décisions prises par le conseil. Les autres mesures ont une portée plus considérable et une plus grande influence sur les droits des parties. Il s'agit des moyens à employer par le conseil de préfecture pour s'éclairer sur les faits contestés devant lui : enquêtes, expertises, visites de lieux; des conditions dans lesquelles doivent être rendues les diverses espèces de décisions, des formes et des délais dans lesquels elles peuvent être attaquées; enfin des dépens. Pour cette seconde catégorie de règles, la loi du 21 juin 1865 dispose, dans son art. 14, qu'elles seront établies provisoirement par un règlement d'administration publique, et qu'il sera statué par une loi dans le délai de cinq ans. Le conseil d'Etat va être prochainement appelé à préparer ce règlement, qui exige des études approfondies. Quant aux mesures plus simples que j'ai indiquées en premier lieu et qu'il appartient à l'empereur de prescrire, en vertu des pouvoirs qu'il tient de l'art. 6 de la Constitution, elles sont l'objet du projet de décret que j'ai l'honneur de soumettre à l'approbation de Votre Majesté. » — Ainsi, dans le délai de cinq années, il aura été pourvu aux nécessités de l'art. 14 de la loi du 21 juin 1865 : 1° Par le décret du 12 juill. 1865; — 2° Par le règlement d'administration publique promis par le rapport; — 3° Par la loi que le pouvoir législatif a pris l'engagement de faire dans les cinq ans.

413. Jusqu'au décret du 30 déc. 1862, la procédure devant le conseil de préfecture n'était réglée par aucun acte législatif ou administratif. Ce décret, complété par des arrêtés préfectoraux, pris à titre provisoire sur l'invitation qui avait été adressée aux préfets dans la circulaire du ministre de l'intérieur du 17 janv. 1863, avait fait cesser jusqu'à un certain point l'incertitude qui avait maintes fois soulevé des plaintes. Le décret du 12 juill. 1865 est destiné à remplacer les arrêtés préfectoraux pris à la suite du décret du 30 déc. 1862. — Son art. 1 est ainsi conçu : « Les requêtes et mémoires introductifs d'instance, et en général toutes les pièces concernant les affaires sur lesquelles le conseil de préfecture est appelé à statuer par la voie contentieuse, doivent être déposés au greffe du conseil. — Ces pièces sont inscrites, à leur arrivée, sur le registre d'ordre, qui doit être tenu par le secrétaire-greffier; elles sont, en outre, marquées d'un timbre qui indique la date de l'arrivée. » — Cet art. 1 du décret a consacré l'usage que dans le silence de la loi la nécessité avait établi. L'instance, en effet, s'introduisait par mémoires. Nous ajouterons que, aux termes de l'art. 12 de la loi du 13 brum. an 7, tous les mémoires et requêtes sont soumis au droit de timbre (V. Enregistrement, nos 6092 et s.).

414. Les conseils de préfecture ne peuvent prononcer que s'ils ont été régulièrement saisis. Il a été jugé : 1° Que lorsque sur une assignation donnée par un contribuable au percepteur en référé devant le président du tribunal, un conseil de préfecture déboute ce contribuable de l'opposition par lui formée aux poursuites dirigées contre lui, ce conseil prononce sur une réclamation dont il n'était pas régulièrement saisi et commet dès lors un excès de pouvoir (cons. d'Et. 26 août 1846 (1); même jour, aff. Monner et aff. Pommereau); — 2° Que le conseil de préfecture saisi seulement d'une demande en autorisation de plaider excède ses pouvoirs en se livrant à l'interprétation non demandée d'actes qui ont préparé et consommé une vente nationale (cons. d'Et. 11 juill. 1845) (2); — 3° Que le conseil de préfecture excède ses pouvoirs en statuant sur une question renvoyée devant le préfet par arrêt du conseil d'Etat rendu sur conflit (cons. d'Et. 12 avr. 1832, M. Macarel, rap., aff. ville de Nantes *C.* Juchault-Desjamoinères); — 4° Qu'il y a lieu d'annuler l'arrêté que le préfet a pris par erreur en conseil de préfecture, sur une demande qui en réalité n'avait pas été formée (cons. d'Et. 26 déc. 1834, M. Germain, rap., aff. Achard). — V. Jugement, nos 909 et suiv.

415. Les art. 2, 3 et 4 du décret du 14 juill. sont ainsi conçus : — « Art. 2. Immédiatement après l'enregistrement des requêtes et mémoires introductifs d'instance, le préfet ou le conseiller qui le remplace, désigne un rapporteur auquel le dossier de l'affaire est transmis dans les vingt-quatre heures. — Art. 3. Le rapporteur est chargé, sous l'autorité du conseil de préfecture, de diriger l'instruction de l'affaire; il propose les mesures et les actes d'instruction. — Avant tout, il doit vérifier si les pièces dont la production est nécessaire pour le jugement de l'affaire sont jointes au dossier. — Art. 4. Sur la proposition du rapporteur, le conseil de préfecture règle les communications à faire aux parties intéressées, soit des requêtes et mémoires introductifs d'instance, soit des réponses à ces requêtes et mémoires. — Il fixe, eu égard aux circonstances de l'affaire, le délai qui est accordé aux parties pour prendre communication des pièces et fournir leurs défenses ou réponses. » — Ces dispositions innovent sur un ancien usage qui avait duré jusqu'au décret du 30 déc. 1862. Avant l'institution des secrétaires-greffiers, les requêtes et mémoires introductifs d'instance étaient déposés au secrétariat général, et il était procédé à l'instruction dans les bureaux de la préfecture. Une circulaire du ministre de l'intérieur, du 21 juill. 1865 (D. P. 65. 4. 69, note), fait remarquer que c'est désormais aux conseils de préfecture qu'appartient l'instruction. — « Il a été longtemps d'usage, dit le ministre, que l'instruction des affaires contentieuses sur lesquelles les conseils de préfecture avaient à statuer fût dirigée presque en entier par le préfet, sur la proposition de ses bureaux. Ce mode de procéder, qui s'expliquait par l'absence d'un greffe auprès de ces conseils, a dû cesser avec l'institution du secrétaire-greffier, chargé par le décret du 30 déc. 1862 de recevoir toutes les affaires soumises au conseil de préfecture. La réforme, déjà inaugurée sur ce point par plusieurs préfets, a reçu du décret du 12 juillet dernier une consécration définitive. Désormais, les demandes des parties doivent être déposées au greffe, et c'est au conseil de préfecture à ordonner les divers actes de procédure dont ce dépôt est le point de départ. Les bureaux n'ont plus à intervenir dans l'instruction des affaires; ils n'en connaîtront que sur le renvoi qui peut leur en être fait par le conseil de préfecture, soit pour fournir des renseignements, soit pour produire des défenses. »

416. Lorsque la demande formée devant le conseil de préfecture était dirigée contre une administration, le dépôt d'une requête était la seule formalité qu'il y eût à remplir. Quand, au contraire, elle était dirigée contre un particulier ou une commune, le demandeur devait dénoncer sa réclamation à la partie adverse par acte d'huissier (cons. d'Et. 11 juill. 1843, M. de Jouvencel, rap., aff. Pruvost), faute de quoi l'arrêté à intervenir n'eût été qu'un arrêté par défaut.—L'art. 3 ci-dessus et l'art. 4 ont emprunté leurs dispositions au règlement du conseil d'Etat. Le rapporteur propose les actes d'instruction et le conseil de préfecture les ordonne. — « C'est au rapporteur désigné par le préfet ou par le conseiller qui le remplace, dit la circulaire du 21 juillet, que les pièces, aussitôt enregistrées, doivent être adressées. Le rapporteur propose au conseil de préfecture les communications qu'il juge devoir être faites et les mesures d'instruction qui lui paraissent nécessaires. Les décisions que rend à cet égard le conseil de préfecture n'ont pas le caractère de décisions juridiques : elles sont prises en chambre de conseil, en dehors des parties, sans publicité et sans débat contradictoire. Elles n'ont donc pas besoin d'être libellées comme des arrêtés et conservées en minute. — Le rapporteur se bornera, après avoir pris les ordres du conseil, à inscrire sur la feuille devant contenir le dossier de l'affaire, la série des formalités à remplir, dans ces termes, par exemple : « *Donner à M... un délai de... pour la production de telles et telles pièces.* » — « *Communiquer ensuite à N... en l'invitant à présenter ses défenses dans un délai de...*, etc. » Ces simples mentions, signées du rapporteur, serviront de base aux notifications que le secrétaire-greffier doit adresser au parties. »—Nous ferons remarquer qu'à la différence de ce qui a lieu devant le conseil d'Etat, c'est au conseil de préfecture tout entier, et pas seulement au président, qu'il appartient d'ordonner les actes d'instruction jugés nécessaires.

417. L'art. 5 du décret du 12 juillet règle la forme en laquelle les parties sont informées des actes d'instruction que le conseil de préfecture a ordonnés. Il est ainsi conçu : — « Les décisions prises par le conseil pour l'instruction des affaires dans les cas prévus par l'article précédent sont notifiées aux parties dans la forme administrative. — Il est donné récépissé de cette notification. — A défaut de récépissé, il est dressé procès-verbal de la notification par l'agent qui l'a faite. — Le récépissé ou le procès-verbal est transmis immédiatement au greffe du conseil de préfecture. »

418. L'art. 8 de la loi du 21 juin dispose, conformément à l'art. 3 du décret du 30 déc. 1862, que « les séances du conseil de préfecture statuant en matière contentieuse sont publiques. » — Il a été jugé que l'arrêté de conseil de préfecture en matière contentieuse qui, depuis la promulgation du décret du 30 déc. 1862, a été rendu en audience non publique et sans que le commissaire du gouvernement ait été entendu est nul; mais que si l'affaire est en état, le conseil d'Etat peut alors l'évoquer (cons. d'Et. 5 mai 1864, aff. Groumetty, D. P. 64. 3. 98; V. aussi cons. d'Et. 16 déc. 1864, aff. élect. de Garindein, *infrà*, n° 871). — V. nos 432, 435.

---

(1) (Sellier.) — Louis-Philippe, etc.; — Vu la loi du 21 avril 1832; — Considérant que c'est sur une assignation donnée par la dame Sellier au receveur percepteur du cinquième arrondissement de Paris, pour comparaître par-devant le président du tribunal de première instance de la Seine statuant en référé que le conseil de préfecture a débouté ladite dame Sellier de son opposition aux poursuites exercées contre elle à la diligence dudit receveur percepteur; que, dès lors, le conseil de préfecture a prononcé sur une réclamation dont il n'avait pas été régulièrement saisi, et qu'il a ainsi commis un excès de pouvoir :

Art. 1. L'arrêté du conseil de préfecture de la Seine, en date du 24 janv. 1844, est annulé pour excès de pouvoirs.

Du 26 août 1846.-Ord. cons. d'Et.-M. Aubernon, rap.

(2) (Com. de Vielmur *C.* Bernadon.) — Louis-Philippe, etc.; — Considérant que le conseil de préfecture du département du Tarn n'était saisi, par la délibération en date du 8 mai 1842 du conseil municipal de la commune de Vielmur, que d'une demande en autorisation de plaider contre les sieur et dame de Bernadon, et qu'aucun renvoi tendant à faire interpréter les actes qui ont préparé et consommé la vente consentie au profit du sieur Roger par l'adjudication du 17 janv. 1795 ne lui avait été fait par l'autorité judiciaire; que, dès lors, en ne se bornant pas à statuer sur la demande dont il était saisi par la commune de Vielmur, le conseil de préfecture du département du Tarn a excédé ses pouvoirs :

Art. 1. Les arrêtés du conseil de préfecture du département du Tarn en date des 5 déc. 1842 et 20 janv. 1843 sont annulés.

Du 11 juill. 1845.-Ord. cons. d'Et.-M. de Chasseloup-Laubat, rap.

419. L'art. 6 du décret du 12 juill. 1865 veut que « lorsque les parties sont appelées à fournir des défenses sur les requêtes ou mémoires introductifs d'instance, comme il est dit en l'art. 4 ci-dessus, ou à fournir des observations en vertu de l'art. 29 de la loi du 21 avril 1832, elles doivent être invitées en même temps à faire connaître si elles entendent user du droit de présenter des observations orales à la séance publique où l'affaire sera portée pour être jugée. » — Ni le rapport à l'empereur, ni la circulaire ministérielle du 21 juillet n'expliquent le sens de cet art. 6, et ils ne font pas connaître quelle est, dans la pensée de l'administration, la sanction de sa disposition au cas où les parties ne répondraient pas à l'invitation qui leur est adressée. Sans doute on a voulu que le secrétaire général, investi par l'art. 5 de la loi du 21 juin des fonctions du ministère public, fût averti pour se préparer à prendre la parole. Mais si les parties n'obtempéraient pas à l'invitation que le décret du 12 juillet veut qu'il leur soit faite, seraient-elles déchues du droit de discuter publiquement leurs intérêts? Cela semble difficile à admettre en présence de la récente loi, qui leur reconnait ce droit, et qui n'en soumet l'exercice à aucune déchéance. L'art. 6 du décret du 12 juillet ne paraît avoir aucune sanction effective. D'ailleurs, pour éviter toute déchéance, les parties peuvent répondre à tout hasard affirmativement à l'invitation qui leur sera faite par le secrétaire-greffier.—V. nº 430.

420. L'art. 7 du décret du 12 juill. dispose que « la communication aux parties se fait au greffe sans déplacement des pièces. » La circulaire du 21 juill. explique ainsi cette disposition : « Aux termes de l'art. 7, la communication aux parties se fait au greffe, sans déplacement de pièces. Les choses devront, en effet, se passer ainsi dans le plus grand nombre des cas. Il peut arriver toutefois, dans certaines affaires, que l'étendue des pièces rende difficile une communication sur place. Dans ce cas, et si les parties sont représentées par des officiers publics, le déplacement des pièces pourra exceptionnellement, et à la condition de ne pas excéder un très-court délai, être autorisé par le président. »

421. Le décret du 12 juill. n'a pu rien statuer, comme cela a été dit plus haut (nº 412), sur les enquêtes, visites de lieux, etc. En attendant que le règlement d'administration publique promis soit rendu, il pourra arriver quelquefois qu'un conseil de préfecture ait besoin de recourir à quelqu'une de ces mesures d'instruction. Il y aura lieu, dans ces cas, à recourir à ce que la loi a décidé dans certaines matières spéciales, et aux règles ordinaires de la procédure civile. L'*expertise* est obligatoire, notamment pour l'évaluation des indemnités qui peuvent être dues à raison de fouilles et occupations de terrain pour le dessèchement des marais ou les travaux de grande voirie ou de chemins vicinaux, conformément à la loi du 16 sept. 1807 et à celle du 21 mai 1836. Soit que l'expertise ait été prescrite par la loi, s'il n'a pas été établi de règles spéciales, soit qu'elle ait été jugée utile par le conseil de préfecture comme plus ample moyen d'information, elle a lieu d'après les règles du droit commun. Ainsi, par application de l'art. 305 c. pr. civ., le choix des experts appartient aux parties, ou tout au moins doivent-elles être mises en demeure de procéder à ce choix.—Il a été décidé, par le conseil d'Etat, que le conseil de préfecture, dans tous les cas où il ordonne une expertise et où les parties n'ont pas été mises en demeure de nommer les experts, ne peut, à peine de nullité de l'arrêté et des opérations de l'expertise qui ont suivi, nommer les experts d'office (cons. d'Et. 31 août 1849, M. Lucas, rap., aff. com. de Vicq; 26 mars 1850, M. Gomel, rap., aff. Duvoir et comp.).

422. Lorsque les parties ne sont pas tombées d'accord pour la nomination d'un seul expert, les experts doivent-ils être nécessairement au nombre de trois, comme le veut l'art. 305 c. pr. civ.? Il ne paraît pas que cette disposition soit absolument obligatoire en matière administrative. Si les parties n'étaient pas tombées d'accord pour le choix des experts et qu'il y eût lieu de procéder d'office à cette nomination, nous pensons que le conseil de préfecture pourrait n'en nommer qu'un, puisque les parties elles-mêmes pourraient tomber d'accord de la nomination et qu'il ne s'agit que de suppléer à leur choix. — Mais cela ne peut s'entendre que des cas où les lois spéciales n'ont pas fixé le nombre des experts.

423. Tout expert nommé par un conseil de préfecture doit prêter serment dans les termes de l'art. 307 c. pr. civ. entre les mains du maire ou du juge de paix avant de procéder à sa mission. Cette formalité est exigée à peine de nullité (cons. d'Et. 31 août 1849, M. Lucas, rap., aff. com. de Vicq *C.* Beldon; 26 mars 1850, M. Gomel, rap., aff. Duvoir et comp. *C.* ville de Mirecourt; 1er juin 1850, M. Lucas, rap., aff. Roccaserra; V. aussi Vis Expertise, nº 376; Travaux publ., nos 894 et suiv.; Voirie par terre, nos 473, 604, 994 et suiv.), et peut être proposée, comme toutes les nullités tirées de l'irrégularité de l'expertise, en tout état de cause (mêmes arrêts).

424. Les experts sont-ils récusables par les motifs indiqués dans l'art. 283 c. pr. civ.? A cet égard il y a des distinctions à faire. S'il s'agit d'experts nommés par le conseil de préfecture, il ne paraît pas douteux que le droit de récusation n'existe, comme en matière civile (cons. d'Et. 15 juin 1819, aff. Lassis *C.* Sénat, V. Expertise, nº 375). — La partie qui voudrait exercer le droit de récusation présenterait, dans une requête au conseil de préfecture, les faits de nature à motiver la récusation, avec offre d'en faire la preuve par écrit ou par témoins.—S'il s'agit, au contraire, d'un expert nommé par une partie, le droit de récusation ne pourrait être exercé qu'autant que les faits qui les motivent se seraient produits depuis la nomination (V. Expert., *eod.*).

425. L'arrêté qui ordonne une expertise est un acte purement préparatoire qui ne lie pas le conseil de préfecture (V. Jugement, nº 907).—Il en résulte qu'il ne peut être déféré au conseil d'Etat avant que le conseil de préfecture ait rendu une décision définitive (cons. d'Et. 19 juill. 1823, M. Caffarelli, rap., aff. min. des trav. publ. *C.* Charageat). — Mais le conseil de préfecture ne pourrait rien rétracter, par un arrêté postérieur, des décisions qu'il contient. En ce sens, cet arrêté préparatoire est acquis aux parties.— Si l'arrêté qui ordonne une expertise ne lie pas le conseil, à plus forte raison les conclusions de l'expertise ne sont-elles pas pour lui obligatoires. Le conseil de préfecture peut rendre une décision contraire (cons. d'Et. 4 juill. 1845, M. Portal, rap., aff. Decaix *C.* ville de Paris).

426. Il peut y avoir lieu, dans le cours d'une instance administrative, à une *descente de lieux*. Quand une inspection de lieux est nécessaire, le conseil de préfecture peut commettre à cet effet un de ses membres. Il peut aussi déléguer cette mission à un homme de l'art, ingénieur ou géomètre. La vérification des lieux diffère de l'expertise en ce que l'expert émet une opinion personnelle sur le résultat de son examen, tandis que l'ingénieur, architecte, etc., commis pour inspecter des lieux, se borne à relater ce qu'il a vu. Il est presque toujours nécessaire à ce dernier d'appeler les parties à fournir des explications. Au reste un procès-verbal de visite de lieux ne lie pas plus le juge qu'un procès-verbal d'expertise.

427. Lorsqu'il y a nécessité de procéder à une *enquête*, l'usage a prévalu que l'enquête ait lieu dans les formes édictées par le code de procédure pour les enquêtes qui ont lieu devant les juges de paix. Un arrêté du conseil de préfecture ordonne l'enquête, énonce les faits à prouver et désigne un conseiller pour procéder à cet acte d'instruction. Au reste aucune forme précise n'est exigée à peine de nullité.

428. L'art. 8 du décret du 12 juill. a déterminé la procédure à suivre quand il s'agit de la poursuite d'une contravention en matière administrative. Cet article est ainsi conçu : — « Lorsqu'il s'agit de contraventions, il est procédé comme il suit, à moins qu'il n'ait été établi d'autres règles par la loi. — Dans les cinq jours qui suivent la rédaction d'un procès-verbal de contravention et son affirmation, quand elle est exigée, le sous-préfet fait faire au contrevenant notification de la copie du procès-verbal ainsi que de l'affirmation, avec citation devant le conseil de préfecture.—La notification et la citation sont faites dans la forme administrative.—La citation doit indiquer au contrevenant qu'il est tenu de fournir ses défenses écrites dans le délai de quinzaine, à partir de la notification qui lui est faite, et l'inviter à faire connaître s'il entend user du droit de présenter des observations orales.—Il est dressé acte de la notification et de la citation. Cet acte doit être envoyé immédiatement au sous-préfet; il est adressé par lui, sans délai, au préfet, pour être transmis au conseil de préfecture et y être enregistré comme il est dit en l'art. 1.—Lorsque le rapporteur a été désigné, s'il reconnaît que les formalités prescrites dans les troisième et quatrième alinéa du présent article n'ont pas été remplies, il en réfère au conseil pour assurer l'accomplissement de ces formalités. » — V. nº 431.

429. Les art. 9 et 10 du même décret disposent : « Art. 9. Lorsque l'affaire est en état de recevoir une décision, le rapporteur prépare le rapport et le projet de décision. — Art. 10. Le dossier, avec le rapport et le projet de décision, est remis au secrétaire-greffier qui le transmet immédiatement au commissaire du gouvernement. » — La circulaire aux préfets du 21 juill. commente ainsi ces dispositions : « J'appelle toute votre attention, monsieur le préfet, sur la disposition des art. 9 et 10, aux termes desquels le rapporteur doit, une fois l'affaire en état, préparer son rapport et un projet de décision, et les transmettre au commissaire du gouvernement. Dans les affaires de contributions et de contraventions, qui forment la très-grande majorité des instances soumises au conseil de préfecture, la feuille d'instruction pourra, le plus souvent servir de rapport, et le rapporteur n'aura à préparer que le projet de décision, tâche qu'il pourra abréger encore, en groupant toutes les affaires semblables, pour en faire l'objet d'un rapport collectif. Mais, dans toutes les autres natures d'affaires, vous devrez tenir à ce qu'un rapport écrit soit rédigé » (D. P. 65. 4. 69, note).

430. Les art. 11 et 12 du décret du 12 juillet qui n'exigent aucun commentaire sont ainsi conçus : « Art. 11. Le rôle de chaque séance publique est arrêté par le préfet ou par le conseiller qui le remplace sur la proposition du commissaire du gouvernement.—Art. 12. Toute partie qui a fait connaître l'intention de présenter des observations orales doit être avertie, par lettre non affranchie, à son domicile ou à celui de son mandataire ou défenseur lorsqu'elle en a désigné un, du jour où l'affaire sera appelée en séance publique. Cet avertissement sera donné quatre jours au moins avant la séance. »—Ce dernier article figurait déjà dans le décret du 30 déc. 1862, par application duquel il a été décidé qu'il y a lieu d'annuler, pour violation du décret du 30 déc. 1862, l'arrêté par lequel un conseil de préfecture a statué sur une réclamation, sans avoir entendu ou appelé l'auteur de cette réclamation, qui avait fait connaître l'intention de présenter des observations orales devant ledit conseil (cons. d'Et. 27 janv. 1865, aff. Desmet, D. P. 65. 3. 69).

431. Telles sont les règles de l'instruction ordinaire des affaires devant le conseil de préfecture, soit qu'elles aient été introduites par l'administration, soit qu'elles l'aient été par des particuliers. Mais la récente loi et le décret qui l'a suivie n'ont pas dérogé aux lois spéciales qui, dans des cas déterminés, ont établi des règles particulières : « Une observation qu'il importe de ne pas perdre de vue dans l'application de ce décret, dit la circulaire ministérielle du 21 juill., c'est qu'il ne modifie en rien la procédure établie par des lois spéciales, dans certaines matières, notamment les contributions et les contraventions. Les règles nouvelles doivent se concilier avec les anciennes, comme l'indiquent les art. 6 et 8. C'est ainsi que, lorsque les parties sont appelées à fournir des observations, en vertu de l'art. 29 de la loi du 21 avr. 1832, par suite de l'avis du directeur des contributions directes, contraire à leur réclamation, elles doivent être en même temps invitées à faire connaître si elles entendent user du droit de présenter des observations orales à la séance publique. Vous devrez vous concerter, pour l'exécution de cette nouvelle règle, avec le directeur des contributions directes de votre département. »

432. Nous avons déjà dit que l'art. 8 de la loi du 21 juin confirmant l'art. 3 du décret du 30 déc. 1862 dispose que les séances du conseil de préfecture statuant en matière contentieuse sont publiques. L'art. 9 règle comme suit le travail de l'audience :—« Art. 9. Après le rapport, qui est fait sur chaque affaire par un des conseillers, les parties peuvent présenter leurs observations, soit en personne, soit par mandataire. — La décision motivée est prononcée en audience, après délibéré hors la présence des parties. » — Mais il ne faudrait pas inférer des dispositions de loi qui établissent le débat oral devant les conseils de préfecture que ce débat a le caractère de ceux qui ont lieu devant les tribunaux civils. — Les observations, ainsi que cela a lieu devant la cour de cassation et le conseil d'Etat, ne sont que de simples éclaircissements. — « C'est le caractère essentiel de la procédure contentieuse, dit la circulaire ministérielle du 21 juill., que l'instruction y soit écrite; les observations orales n'y tiennent qu'une place accessoire et doivent toujours se restreindre aux points qui ont été développés dans les mémoires. — Du moment, en effet, où les parties ne sont pas astreintes à se présenter à la barre, et que souvent l'une des deux y vient seule, il n'est pas bon qu'il s'y produise des moyens nouveaux qui ne pourraient pas être contredits par l'adversaire. » — Une circulaire du ministre des travaux publics décide que pour toutes les affaires contentieuses qui dépendent du ministère des travaux publics et que les lois et règlements défèrent aux jugements des conseils de préfecture, les explications de fait et de droit à présenter pour la défense des intérêts de l'Etat seront fournies, à l'audience publique, par l'ingénieur en chef des ponts et chaussées et, en cas d'empêchement de celui-ci, par un des ingénieurs sous ses ordres, mais que le préfet pourra, toutefois, recourir exceptionnellement au ministère d'un avocat, lorsque, d'accord avec l'ingénieur en chef, il en reconnaîtra la nécessité (circ. 10 déc. 1864, D. P. 65. 3. 57).

433. L'art. 10 de la loi du 21 juin dispose, par exception à la règle générale, que « les comptes des receveurs des communes et des établissements de bienfaisance ne sont pas jugés en séance publique. » Cela s'explique par cette considération que ces affaires ne sont pas susceptibles, par leur nature, d'un débat public.

434. L'art. 11 de la loi du 21 juin a étendu la compétence du conseil de préfecture et supprimé celle des préfets statuant en conseil de préfecture sur des matières contentieuses. — « A l'avenir, dit cet article, seront portées devant le conseil de préfecture toutes les affaires contentieuses dont le jugement est attribué au préfet en conseil de préfecture, sauf recours au conseil d'Etat. » — Cette disposition s'applique particulièrement : 1° aux contestations sur l'administration et la perception des octrois en régie intéressée entre les communes et les régisseurs; 2° aux décisions à prendre définitivement sur les contestations entre les employés des contributions indirectes et les débitants de boissons spiritueuses, relativement à l'exactitude de la déclaration du prix de vente; 3° aux contestations entre la régie et les débitants pour l'abonnement destiné à remplacer l'exercice (V. *suprà*, nos 347 et suiv.).

435. Les art. 13 et 14 du décret du 12 juill. règlent ainsi la rédaction des arrêtés et la conservation des minutes : — « Art. 13. Les arrêtés pris par les conseils de préfecture dans les affaires contentieuses mentionnent qu'il a été statué en séance publique. — Ils contiennent les noms et conclusions des parties, le vu des pièces principales et les dispositions législatives dont ils font l'application. — Mention y est faite que le commissaire du gouvernement a été entendu.— Ils sont motivés.— Les noms des membres qui ont concouru à la décision y sont mentionnés. — La minute est signée par le président, le rapporteur et le secrétaire-greffier.—Art. 14. La minute des décisions des conseils de préfecture est conservée au greffe, pour chaque affaire, avec la correspondance et les pièces relatives à l'instruction. Les pièces qui appartiennent aux parties leur sont remises sur récépissé, à moins que le conseil de préfecture n'ait ordonné que quelques-unes de ces pièces resteraient annexées à sa décision. » — On remarquera que la signature du président sur la minute est seule nécessaire, tandis que antérieurement la minute devait être revêtue au moins de la signature de trois membres du conseil de préfecture, selon la jurisprudence du conseil d'Etat (V. Jugement, nº 920).— Sur la rédaction des arrêtés du conseil de préfecture, V. aussi vº Jugem., nos 917 et suiv. — Sur l'obligation de motiver les arrêtés, V. *eod.*, nos 921 et suiv. — Il a été jugé : 1° que les arrêtés des conseils de préfecture en matière contentieuse doivent être motivés à peine de nullité (cons. d'Et. 10 janv. 1865, aff. Pisch, D. P. 65. 3. 65); — 2° Que l'omission de la mention des conclusions du commissaire du gouvernement devant le conseil de préfecture, entraîne également la nullité de l'arrêté intervenu (même arrêt, Conf. cons. d'Et. 12 janv. 1865, aff. Carré, *loc. cit.*); — 3° Et que l'omission de la mention de la publicité de l'audience est aussi une cause de nullité (même arrêt du 12 janv. 1865),... à moins qu'en fait il ne paraisse certain, malgré cette omission, que l'audience a été réellement publique (cons. d'Et. 19 mai 1865, aff. Longthuit, *loc. cit.*). — V. sur ces différents points nos observations, *eod.*, notes 2 et 3.

436. Les art. 15, 16 et 17 du même décret ont pourvu à certaines nécessités d'ordre intérieur du secrétariat du conseil de préfecture. Ils n'exigent aucun commentaire et sont ainsi conçus : — « Art. 15. L'expédition des décisions est délivrée aux parties intéressées par le secrétaire général. — Le préfet fait transmettre aux administrations publiques expédition des décisions dont l'exécution rentre dans leurs attributions.—Art. 16. Les décisions des conseils de préfecture doivent être transcrites, par ordre de date, sur un registre dont la tenue et la garde sont confiées au secrétaire-greffier. Tous les trois mois, le président du conseil s'assure que ce registre est à jour. — Art. 17. Lorsque la section du contentieux du conseil d'Etat pense qu'il est nécessaire, pour l'instruction d'une affaire dont l'examen lui est soumis, de se faire représenter des pièces qui sont déposées au greffe d'un conseil de préfecture, le président de la section fait la demande de ces pièces au préfet. — Le secrétaire de la section adresse au secrétaire-greffier un récépissé des pièces communiquées : il sera fait renvoi du récépissé, lorsque les pièces auront été rétablies au greffe du conseil de préfecture. »

437. Les arrêtés des conseils de préfecture ne sont pas terminés par la formule exécutoire dont sont revêtus les jugements ordinaires et les arrêts. La justice rendue par les conseils de préfecture étant une justice déléguée, aussi bien que celle des tribunaux ordinaires, l'absence de la formule exécutoire ne peut s'expliquer que difficilement. Mais un avis du conseil d'Etat du 5 fév. 1826 a émis l'opinion qu'il y aurait des inconvénients à donner la même forme extérieure aux décisions du conseil de préfecture et des tribunaux ordinaires. — V. Jugement, n° 940.

438. Les mesures d'ordre et de décence observées dans les tribunaux civils sont applicables aux séances des conseils de préfecture. L'art. 13 de la loi du 21 juin dispose : « Sont applicables aux conseils de préfecture les dispositions de l'art. 85 et des art. 88 et suiv. du titre 5 c. pr. civ., et celles de l'art. 1036 du même code. » — Ainsi les parties, comme on l'a vu du reste plus haut, peuvent défendre leurs intérêts elles-mêmes ; mais les conseils de préfecture peuvent leur interdire ce droit s'ils n'en usent pas avec décence ou s'ils n'apportent pas la clarté nécessaire pour l'instruction des juges (c. pr. civ. art. 85). L'auditoire doit se tenir découvert, dans le respect et dans le silence, et le président peut ordonner tout ce qui est nécessaire pour le maintien de l'ordre (art. 88). Les conseils de préfecture peuvent selon les circonstances prononcer des injonctions, supprimer des écrits, les déclarer calomnieux et ordonner l'impression et l'affiche de leurs arrêtés (art. 1036). — Par application de l'art. 18 du décret du 30 janv. 1852 (D. P. 52. 4. 48) les conseillers de préfecture doivent siéger en costume.

439. Les affaires administratives portées devant les conseils de préfecture doivent être expédiées avec toute la célérité compatible avec une bonne administration de la justice. Une circulaire du ministre des travaux publics et de l'agriculture du 27 juill. 1854 recommande aux préfets de presser l'instruction et le jugement des affaires où l'Etat est intéressé. La décision rendue, le préfet doit apporter la même célérité dans l'accomplissement des actes qui suivent. A cet égard, la circulaire s'exprime ainsi : — « Tout arrêté du conseil de préfecture, rendu sur des matières contentieuses ressortissant au service des travaux publics, devra, dans la huitaine, être notifié à la partie. Si le dispositif s'écarte des conclusions présentées par les ingénieurs, il sera communiqué, dans le même délai, à l'ingénieur en chef, lequel devra, dans les dix jours, renvoyer le dossier à la préfecture, en donnant un avis motivé sur la question de savoir s'il y a lieu de former un pourvoi. Après avoir pris connaissance de l'affaire, mais au plus tard dans les dix jours qui suivront ce renvoi, vous voudrez bien, Monsieur le préfet, me transmettre les pièces avec vos observations. En m'adressant ces pièces, vous aurez soin d'indiquer la date de la notification faite par vous à la partie, et, s'il y a lieu, la date de la signification que la partie elle-même aurait pu vous faire, afin que l'administration connaisse d'une manière précise le point de départ du délai de l'appel. Il importe essentiellement, vous le comprendrez, Monsieur le préfet, que les termes indiqués ci-dessus ne soient pas dépassés, pour qu'il reste à l'administration supérieure le temps de préparer au besoin le pourvoi devant le conseil d'Etat. »

440. Les arrêtés des conseils de préfecture ont différents caractères, comme les jugements des tribunaux. La jurisprudence reconnaît des arrêtés préparatoires, interlocutoires et définitifs, et le caractère de ces arrêtés produit les mêmes effets que pour les jugements des tribunaux ordinaires (V. Jugement, nos 905 et suiv.). — Ainsi les arrêtés simplement préparatoires ne sont susceptibles d'être déférés au conseil d'Etat qu'en même temps que les arrêtés définitifs qui les ont suivis (cons. d'Et. 19 juill. 1823, M. Caffarelli, rap., aff. Min. des trav. pub. *C.* Charageat). — Les arrêtés interlocutoires, au contraire, peuvent être déférés au conseil d'Etat avant l'arrêté définitif. Toutefois, il importe de remarquer qu'un arrêté interlocutoire peut être valablement déféré au conseil d'Etat en même temps que l'arrêté définitif, encore qu'il se fût écoulé plus de trois mois depuis la signification (cons. d'Et. 23 juin 1819, M. Tarbé, rap., aff. Picot *C.* Rouffier et autres).

441. Les arrêtés des conseils de préfecture sont aussi, comme les jugements des tribunaux ordinaires, contradictoires ou par défaut. L'arrêté est contradictoire lorsque les mémoires et pièces ont été produits par la partie ou son mandataire, et, s'il s'agit d'un établissement public, par l'administrateur chargé de la défense des intérêts de cet établissement. Ainsi le maire d'une commune ou, à défaut, un adjoint ou un membre du conseil municipal peuvent seuls représenter la commune devant le conseil de préfecture.—A l'égard d'un particulier un arrêté du conseil de préfecture serait par défaut, si les mémoires et pièces avaient été produits par un gérant d'affaire agissant sans mandat et désavoué (cons. d'Et. 8 fév. 1833) (1).—Cependant la jurisprudence a reconnu le caractère d'arrêtés contradictoires à des arrêtés rendus sur des mémoires et observations adressées non au conseil de préfecture, mais au préfet, par la partie, à l'effet d'établir ses droits : « Considérant, dit le conseil d'Etat, que l'arrêté du conseil de préfecture du 6 mai 1835 vise plusieurs mémoires, dans lesquels le sieur Ducaurroy a cherché à établir le mérite de ses prétentions, et notamment ses observations des 22 et 23 avr. 1835, et que dès lors, c'est avec raison que ledit conseil de préfecture a rejeté l'opposition qu'il avait formée contre ledit arrêté » (cons. d'Et. 14 juin 1837, M. Montaud, rap., aff. Ducaurroy *C.* com. de Migny; Conf. cons. d'Et. 26 fév. 1840, M. Janet, rap., aff. de Marcieu *C.* Min. des trav. publ.)...., ou sur de simples lettres contenant les moyens de défense de la partie, adressées par elle au maire et transmises par celui-ci au conseil de prefecture (cons. d'Et., 23 déc. 1844, M. Gomel, rap., aff. Dietsch). — Il a même été jugé que le concours de la partie à la nomination d'experts donnait à l'arrêté rendu sur l'expertise le caractère d'arrêté contradictoire : « Considérant, dit le conseil d'Etat, qu'il est établi par l'arrêté du 31 août 1818, qu'il a été nommé contradictoirement des experts par le maire et le sieur Coulon, que le fait n'est pas dénié par le réclamant : que dès lors l'instance a été jugée contradictoirement avec lui » (cons. d'Et., 29 mai 1822, M. Brière, rap., aff. Coulon *C.* Fabr. de la Brugnière, conf. 4 juill. 1830, M. Legrand, rap., aff. Deroy; 6 fév. 1831, M. Legrand, rap., aff. Brun ; V. aussi dans le même

(1) (Veuve Lebœuf de Brasseuse.) — LOUIS-PHILIPPE, etc. — Considérant que les arrêtés ne visent aucune défense de la requérante; que celui du 20 octobre 1828 seul vise un mémoire du sieur Achardy, qu'il qualifie de procureur fondé de la veuve de Brasseuse; mais que dans sa requête du 18 déc. 1830, ladite dame dénie formellement avoir donné au sieur Achardy aucun pouvoir pour la représenter devant le conseil de préfecture, et qu'il résulte des recherches effectuées à la préfecture du département du Gard qu'aucun pouvoir n'a été produit ; d'où il suit que les arrêtés dont il s'agit n'ont point été contradictoires avec la requérante, et que, dès lors, elle n'est pas recevable à les attaquer directement devant nous en notre conseil d'Etat ; — Art. 1. La requête de la dame veuve Lebœuf de Brasseuse est rejetée, sauf à elle à se pourvoir contre lesdits arrêtés comme elle avisera, etc.

Du 8 fév. 1833. Ord. cons. d'Et.-M. Jouvencel, rap.

sens les arrêts cités vis Jugement, nos 498 et suiv.; Voirie par terre, n° 1020).

442. Mais il a été jugé : 1° que la comparution d'une partie à une expertise et même l'insertion de ses observations dans le procès-verbal des experts ne suffisent pas seules pour donner à l'arrêté le caractère d'arrêté rendu contradictoirement (cons. d'Et. 27 nov. 1838 (1).—V. ce qui est dit sur ce point v° Voirie par terre, *loc. cit.*);— 2° Que l'on doit réputer rendu par défaut et par conséquent susceptible d'opposition l'arrêté qui statue sur des difficultés entre l'administration et un entrepreneur de travaux publics, sans que ce dernier ait produit devant le conseil de préfecture aucune réclamation ou observation; et qu'on ne saurait opposer, pour faire réputer l'arrêté contradictoire, la circonstance que, lors de la signification du décompte définitif, l'entrepreneur aurait soumis à l'ingénieur des réclamations tendant à la conservation de ses droits et à obtenir une vérification nouvelle (cons. d'Et. 16 juill. 1846) (2). — V. aussi vis Jugement, nos 503 et suiv.; Voirie par terre, n° 1019.

443. Les arrêtés par défaut sont susceptibles d'opposition comme les jugements ordinaires. Cette opposition peut être formée devant le conseil de préfecture jusqu'à l'exécution (V. les autorités citées, v° Jugement, n° 527). Par exception, en certaines matières, comme en matière de contravention à la police du roulage, l'opposition n'est recevable que dans le délai de quarante jours à compter de la date de la notification (L. 30 mai 1851, art. 24, V. Voitures publ., n° 233).

444. On s'est demandé si un arrêté par défaut pouvait être déféré au conseil d'Etat quand il était encore susceptible d'opposition. La négative n'est pas douteuse. Le conseil d'Etat a constamment décidé que tant que la voie de l'opposition était ouverte, aucun recours ne pouvait être porté devant sa juridiction. « Considérant, dit le conseil d'Etat, que l'arrêté du 2 août 1827 ne vise aucune défense du sieur Rodier; que dès lors cet arrêté a été rendu par défaut contre lui, et que c'est devant le conseil de préfecture, par la voie de l'opposition, que ledit sieur Rodier devait en demander la réformation » (cons. d'Et. 23 fév. 1841, M. de Jouvencel, rap., aff. Rodier *C.* Hamot; conf. cons. d'Et. 8 fév. 1833, aff. Lebœuf, V. n° 441; 10 mars 1848, M. Paravey, rap., aff. com. de Neuville-sur-Touque *C.* de Triqueville; 26 mars 1850, M. Lucas, rap. aff., de la Jonquière; 2 avr. 1852, M. Blanche, rap., aff. synd. de la digue de Chavanay).—Il paraît même résulter de ces décisions, que si l'exécution d'un arrêté par défaut avait fermé la voie de l'opposition, le recours au conseil d'Etat ne serait pas davantage recevable; l'exécution alors devrait être considérée comme équivalant à un acquiescement de la partie (M. Dufour, t. 2, n° 82. — V. Jugement, n° 519). — D'un autre côté, le recours devant le conseil d'Etat formé à tort contre un arrêté rendu par défaut ne doit pas empêcher le conseil de préfecture de statuer sur l'opposition qui en même temps a été portée devant lui. — Il a été décidé ainsi que c'est à tort que le conseil de préfecture refuse de statuer sur l'opposition formée contre un arrêté précédent rendu par défaut, en se fondant sur ce que la partie opposante avait formé en même temps devant le conseil d'Etat un pourvoi contre cet arrêté (cons. d'Et. 26 mars 1850) (3).

445. L'opposition formée à un arrêté par défaut a-t-elle pour effet d'en suspendre l'exécution? Le recours au conseil d'Etat n'a pas, comme on sait, d'effet suspensif, et, d'un autre côté, l'opposition aux décisions par défaut du conseil d'Etat n'est pas non plus suspensive, à moins qu'il n'en soit autrement ordonné (V. Cons. d'Et., nos 265 et suiv.). Nous en avons conclu qu'il en devait être de même de l'opposition aux arrêtés par défaut du conseil de préfecture. Il serait contradictoire, à notre avis, que l'un des recours dont les arrêtés du conseil de préfecture sont susceptibles pût produire un effet suspensif, tandis que l'autre ne le produirait pas (V. Jugement, n° 530). — M. Chauveau, Instruction admin., p. 223, se prononce en sens contraire. M. Dufour, qui paraît hésiter entre les deux opinions (t. 2, n° 84), penche cependant vers celle de M. Chauveau, par le motif qu'aucun texte exprès n'a enlevé à l'opposition formée l'effet de suspendre l'exécution des arrêtés par défaut. — Il nous semble qu'en l'absence de tout texte, il faudrait plutôt conclure que l'opposition n'est pas suspensive.

446. L'opposition se forme d'après les règles prescrites par l'art. 161 c. pr. civ. La partie opposante dépose une requête au conseil de préfecture, et cette requête contient ordinairement l'exposé des moyens sur lesquels l'opposition est fondée. Mais cette formalité n'est pas prescrite à peine de nullité.—Il a été jugé que l'art. 161 c. pr. civ., aux termes duquel la requête en opposition doit contenir les moyens à l'appui, n'est pas applicable devant les conseils de préfecture; que dès lors est recevable l'opposition dans laquelle la partie se borne à se réserver de produire ultérieurement ses moyens, et le conseil de préfecture déclarerait à tort la non-recevabilité de cette opposition pour défaut d'énonciation des motifs, s'il n'a pas préalablement mis l'opposant en demeure de produire ses moyens de défense (cons. d'Et., 31 août 1863, aff. Cosson, D. P. 64. 3. 100).

447. Les arrêtés des conseils de préfecture rendus contradictoirement ne peuvent, sous aucun prétexte, être rétractées par le conseil de préfecture (cons. d'Et. 21 juin 1813, aff. Urban, décr. inséré au Bulletin des lois). Ils ne peuvent être déférés qu'au conseil d'Etat, ou plutôt à l'Empereur statuant en conseil d'Etat. Le délai du recours est de trois mois (V. Cons. d'Et., nos 175 et s.); il reste tel jusqu'à ce que le règlement d'administration publique annoncé par la loi des 21-26 juin 1865 (art. 14) ait fixé provisoirement un autre délai, en attendant la loi qui dans le délai de cinq ans devra statuer définitivement. On s'est demandé si ce délai peut être prorogé par les parties. L'affirmative nous semble devoir être adoptée; aucune nécessité d'ordre public ne peut faire réprouver un tel pacte. Mais nous croyons aussi que le conseil d'Etat saisi d'un recours ainsi prorogé pourrait se

---

(1) (Hér. Bullourde.) — Louis-Philippe, etc. — Vu la loi du 16 sept. 1807 et le décret du 18 août 1810 ; vu la loi du 28 pluv. an 8 ; vu le règlement du 22 juill. 1806 ; — Considérant que l'arrêté du 15 nov. 1834 ne fait mention d'aucune défense produite par les héritiers Bullourde devant le conseil de préfecture, et que, dans l'espèce, la comparution de deux d'entre eux à l'expertise et les dires insérés à leur requête au procès-verbal des experts ne sont pas de nature à suppléer à cette défense ; — Que dès lors c'est à tort que le conseil de préfecture, par son arrêté du 17 sept. 1835 a rejeté comme non recevable l'opposition formée par les requérants contre l'arrêté du 15 nov. 1834 et refusé de statuer au fond : — Art. 1. L'arrêté du conseil de préfecture des Côtes-du-Nord, du 17 sept. 1835, est annulé ; — Art. 2. Les parties sont renvoyées devant ledit conseil, etc.

Du 27 nov. 1838.-Ord. cons. d'Et.-M. Fumeron d'Ardeuil, rap.

(2) (Morizot *C.* Min. des trav. publ.). — Louis-Philippe, etc. ; — Vu les clauses et conditions générales de l'entreprise ; — Considérant qu'il résulte de l'instruction que les observations du sieur Morizot adressées à l'ingénieur chargé des travaux les 3 et 10 juin 1842, et par lesquelles il soumettait les réclamations qu'il pensait pouvoir élever contre le décompte définitif qui lui avait été signifié, tendaient à la conservation de ses droits, et à ce qu'il fût fait des vérifications nouvelles par l'administration des ponts et chaussées ; que, lorsque le conseil de préfecture a été ultérieurement saisi par le préfet des difficultés qui s'étaient élevées entre l'administration et l'entrepreneur, aucune réclamation ou observation n'a été présentée par ledit entrepreneur devant ledit conseil avant l'arrêté du 11 août 1842 ; que, dès lors, l'arrêté pris le 11 août 1842 ayant été rendu par défaut, c'est à tort que le conseil de préfecture a, par son arrêté en date du 24 juin 1843, refusé d'admettre l'opposition du sieur Morizot, et de statuer sur ladite opposition. — Art. 1. Les arrêtés du conseil de préfecture de Lot-et-Garonne en date des 11 août 1842 et 24 juin 1843 sont annulés. — Art. 2. Le sieur Morizot est renvoyé devant le même conseil de préfecture pour être statué sur les réclamations présentées par ledit entrepreneur.

Du 16 juillet 1846.-Ord. cons. d'Et.-M. Portal, rapp.

(3) (Com. de Neuville-sur-Touques *C.* de Triqueville.) — Au nom du peuple français. ; — Le conseil d'Etat, section du contentieux ; — Vu l'arrêté rendu au contentieux, le 10 mars 1848 ; — Considérant que, par l'arrêté susvisé du 10 mars 1848, il a été souverainement décidé que l'arrêté du conseil de préfecture de l'Orne, du 7 juillet 1843, constituait une décision par défaut contre laquelle la voie de l'opposition était ouverte à la commune ; que c'est à tort que, par l'arrêté du 17 déc. 1847, le conseil de préfecture de l'Orne a refusé de statuer sur l'opposition formée par la commune de Neuville-sur-Toucque contre l'arrêté du 7 juill. 1843 ; — Art. 1. L'arrêté du conseil de préfecture de l'Orne, en date du 17 déc. 1847, est annulé.

Du 26 mars 1850.-Arrêt cons. d'Et.-M. Marchand, rap.

refuser à prononcer une décision, et déclarer d'office le pourvoi non-recevable, les particuliers ne pouvant à leur gré disposer de sa juridiction.— V. Cons. d'Et., nos 183 et suiv.

448. Les arrêtés du conseil de préfecture peuvent être attaqués par la voie de la *tierce opposition*, par les tiers qui n'y auraient pas été parties et que l'exécution de ces arrêtés blesserait dans quelques-uns de leurs intérêts. La tierce opposition est recevable jusqu'à l'exécution (V. Tierce opposition, nos 264, 296). Mais les arrêtés du conseil de préfecture ne sont pas susceptibles de recours par la voie de la *requête civile*. Il est de la nature de la requête civile de ne pouvoir être présentée que contre les décisions qui ne peuvent être attaquées par aucune autre voie. Or aucune loi n'interdit le recours au conseil d'Etat dans les cas qui donneraient ouverture à la requête civile en matière civile, et les décisions du conseil de préfecture pouvant toujours être déférées au conseil d'Etat, quelque peu important que soit l'objet litigieux, la requête civile est sans objet devant le conseil de préfecture. — V. Requête civile, no 257.

449. Nous avons dit qu'après le décret du 30 déc. 1862, les préfets avaient été invités, par une circulaire du 17 janv. 1863, à prendre des arrêtés qui prescrivissent les mesures nécessaires pour l'exécution du décret. Le règlement du conseil de préfecture de la Seine a une importance particulière, à raison de l'organisation intérieure spéciale qu'il donne au conseil de préfecture et de l'approbation qu'y a donnée le ministre de l'intérieur. Nous renvoyons à ce document, en date du 20 avril 1863, qu'il serait inutile de reproduire ici et qui n'exige aucun commentaire. D'ailleurs nous en avons donné le texte dans notre Rec. périod., 63. 3. 21. Nous nous contentons de rappeler les dispositions suivantes qui méritent une attention plus particulière :—Art. 3. Le secrétaire général sera assisté dans les fonctions de commissaire du gouvernement, que lui a conférées l'art. 3 du décret du 30 déc. 1862, par tous les auditeurs au conseil d'Etat, qui sont attachés à la préfecture. — En cas d'absence ou d'empêchement, il sera remplacé, dans la direction du parquet du conseil de préfecture, par un des auditeurs que le préfet désignera. — Les auditeurs auront place au siége du ministère public dans les séances générales. Ils y porteront la parole sur les affaires dont l'examen leur aura été confié par le secrétaire général ou son remplaçant. — Deux d'entre eux seront spécialement chargés, sous son autorité, du service de chaque section. — Art. 4. Le rôle des séances générales sera dressé par le commissaire du gouvernement ou son remplaçant, et soumis au préfet ou, à son défaut, au président du conseil de préfecture. — Ce rôle comprendra : 1° les affaires d'ordre intérieur; 2° les affaires réservées à l'examen du conseil entier; 3° celles au sujet desquelles il y aura eu partage dans l'une des sections; 4° celles sur lesquelles les sections auront demandé, après examen, qu'il fût statué en séance générale. — Lorsqu'il s'agira d'affaires contentieuses, les séances générales seront publiques. — Art. 5. La première section du conseil de préfecture sera principalement chargée : 1° des affaires purement administratives, telles que les autorisations de plaider, les mainlevées d'inscriptions hypothécaires prises au profit de l'Etat, les décisions du préfet en conseil de préfecture, les avis demandés par le préfet; 2° du règlement des comptes des receveurs municipaux et des receveurs des établissements publics. — Toutefois, des affaires contentieuses pourront lui être distribuées par le président, quand les besoins du service l'exigeront. Elle jugera ces affaires en séance publique. Dans tous les autres cas, elle siégera en chambre du conseil. — Les auditeurs au conseil d'Etat attachés à cette section pourront être chargés, concurremment avec les conseillers, de rapporter les affaires administratives ou un règlement de comptes. — Art. 6. La deuxième section sera principalement chargée des affaires contentieuses. — Toutefois, des affaires administratives ou en règlement de comptes pourront lui être distribuées par le président, quand les besoins du service l'exigeront. Pour l'examen de ces affaires, elle siégera en chambre du conseil. — Dans tous les autres cas, ses audiences seront publiques. — Art. 7. Chaque année, le préfet désignera, en séance générale, les conseillers appelés à composer les sections, et ceux qui en auront la présidence. — Il répartira les auditeurs entre les sections. — Il fixera les jours et heures des séances générales et des séances des sections. L'indication des audiences publiques sera affichée à l'entrée de la salle où se tiendront ces audiences. — Art. 14. Le recours au conseil de préfecture contre la décision qui peut donner ouverture à une instance en contentieux ne sera pas recevable lorsque la partie aura laissé expirer les délais déterminés par la loi ou la jurisprudence. — Ces délais courront à partir du jour où la décision aura été notifiée à la partie intéressée, soit par une lettre officielle, soit par un acte administratif, soit par le ministère d'un huissier. — Art. 15. Toute personne qui voudra introduire une instance devant le conseil de préfecture pourra le faire, soit en déposant au greffe du conseil, soit en adressant au préfet ou au président, par lettre chargée, une requête en double exemplaire, dont un sur papier timbré, contenant : 1° ses nom, profession et demeure; 2° l'élection d'un domicile à Paris; 3° l'exposé sommaire des faits et des moyens; 4° ses conclusions. — Elle y joindra les pièces dont elle entend se servir, accompagnées d'un bordereau. — Elle déclarera, en même temps, si elle désire présenter des observations à l'audience, soit en personne, soit par un mandataire, en vertu de la faculté que lui confère, à cet égard, l'art. 2 du décret du 30 déc. 1862.— S'il s'agit d'une commune ou d'un établissement public, la délibération qui aura autorisé l'instance sera jointe aux pièces. — Art. 16. Les demandes en décharge ou en réduction des contributions directes, lorsqu'elles ont pour objet une cote moindre de 30 fr., et les réclamations en matière électorale seront affranchies, conformément à la loi, de la condition du timbre. — Art. 17. Les avocats à la cour de cassation et au conseil d'Etat, et les avoués près la cour impériale de Paris ou près le tribunal de la Seine, seront dispensés de toute justification de mandat, et seront considérés comme régulièrement constitués par leur signature apposée au bas de la requête. Dans ce cas, l'élection de domicile aura lieu de plein droit en leur étude. — La constitution de tout autre mandataire devra être faite par une procuration notariée ou par une procuration sous seing privé, dûment légalisée et enregistrée, qui accompagnera la requête. — Art. 39. L'instruction écrite formant la base de la procédure devant le conseil de préfecture, toutes les fois que les parties ou leurs mandataires auront, dans leurs observations orales, modifié les conclusions des mémoires produits, elles seront tenues de consigner ces modifications dans de nouvelles conclusions écrites et signées. — Le conseil décidera s'il sera passé outre à la continuation de l'affaire ou si elle sera renvoyée pour un complément d'instruction.—Art. 40. Les parties qui n'auront pas produit de défense écrite seront considérées comme faisant défaut, alors même qu'elles se présenteraient à l'audience, en personne ou par mandataire, et le conseil prononcera sur les pièces du dossier. — Si elles justifient, devant le conseil, d'une cause légitime qui les ait empêchées de produire leur défense écrite, elles pourront obtenir le renvoi de l'affaire pour effectuer leur production.

Art. 4. — *Des conseils de préfecture comme tuteurs des communes et établissements publics du département.*

450. Les fonctions de tutelle que les conseils de préfecture ont à exercer consistent particulièrement dans l'autorisation de plaider qu'ils accordent ou refusent aux *communes* et aux *établissements publics*. L'art. 4, § 7 de la loi du 28 pluv. an 8, est ainsi conçu : « Le conseil de préfecture prononcera. . sur les demandes qui seront présentées par les communautés des villes, bourgs et villages, pour être autorisés à plaider, » et l'art. 49 de la loi du 18 juill. 1837 dispose : « Nulle commune ou section de commune ne peut introduire une action en justice sans être autorisée par le conseil de préfecture. »—Il résulte de ces dispositions que, quelle que soit la nature de l'action que la commune a à intenter ou à laquelle elle doit défendre devant la justice civile, commerciale ou même criminelle, en principe, cette action ne peut être suivie qu'au préalable l'autorisation ait été donnée par le conseil de préfecture (MM. Dufour, t. 2, no 102; Serrigny, t. 1, no 398; Reverchon, Autoris. de plaider, no 24).— V. Commune, tit. 5, nos 1304 et suiv.

451. Par exception, l'art. 55 de la loi du 18 juill. 1837 dispose : « Le maire peut toutefois sans autorisation préalable intenter toute action possessoire ou y défendre et faire tous autres actes conservatoires ou interruptifs des déchéances. » La raison de cette exception s'explique d'elle-même. La solution d'une question de possession requiert presque toujours de la célérité, et bien qu'elle puisse engager la question de propriété, il est vrai de dire qu'elle ne la préjuge pas (V. Commune, n°s 1608 et s.).

452. L'autorisation du conseil de préfecture n'est pas non plus nécessaire, quand la contestation doit être portée devant un juge administratif. Le juge administratif sera presque toujours le conseil de préfecture. Or, il serait superflu que le conseil de préfecture donnât ou refusât à une commune l'autorisation de plaider devant lui-même. Quand la contestation doit être portée devant un ministre, le procès ne pouvant pas entraîner de dépens considérables, la demande d'autorisation de plaider serait une formalité sans objet. Enfin quand la contestation doit être portée devant le conseil d'Etat, comme il appartient au conseil d'Etat de prononcer en dernier ressort sur l'autorisation même de plaider, la nécessité d'une autorisation de plaider serait encore plus inexplicable qu'elle ne l'eût été devant la première juridiction. — V. Commune, n°s 1616 et s.

453. L'art. 49 de la loi du 18 juill. 1837 ajoute : « Après tout jugement intervenu, la commune ne peut se pourvoir devant un autre degré de juridiction qu'en vertu d'une nouvelle autorisation du conseil de préfecture. » Cette disposition de la loi de 1837 ne soulève aucune difficulté au cas où une contestation vidée en première instance est portée en appel (V. du reste v° Commune, n°s 1532 et suiv., 1537 et suiv., 1660 et suiv.). Mais l'autorisation de plaider est-elle nécessaire à une commune pour se pourvoir en cassation ou défendre à un pourvoi admis? Est-elle nécessaire pour se pourvoir contre un jugement ou arrêt par la voie de la requête civile? Ces questions ont été déjà discutées et elles ont été résolues affirmativement (v° Commune, n°s 1538 et suiv.).

454. La nécessité d'une autorisation du conseil de préfecture pour qu'un *hospice* ou *hôpital* puisse valablement intenter une action judiciaire ou y défendre, ne résulte d'aucun texte de loi exprès. Mais un arrêté des consuls du 7 mess. an 9 ayant exigé cette autorisation pour l'aliénation des domaines nationaux et des rentes affectés aux hospices, l'administration a puisé dans cet arrêté ce principe général, que l'autorisation du conseil de préfecture est nécessaire aux hôpitaux et hospices pour l'exercice de toute action judiciaire. Une instruction du ministre de l'intérieur du 8 fév. 1823 exige que toutes les fois que la commission administrative d'un hospice ou hôpital a une action judiciaire à intenter ou à soutenir, l'affaire soit soumise à l'examen d'un comité consultatif de trois jurisconsultes choisis par le préfet dans l'arrondissement, puis communiquée au conseil de charité, conformément à l'art. 8 de l'ord. du 31 oct. 1821, après quoi les pièces sont transmises au conseil de préfecture, qui accorde ou refuse l'autorisation, sauf recours au conseil d'Etat. L'art. 21, § 5, de la loi du 18 juill. 1837 a ajouté à ces formalités la nécessité d'un avis du conseil municipal qui doit toujours être appelé à délibérer sur les actions judiciaires des hospices ou hôpitaux. La disposition de la loi de 1837, comme le fait remarquer M. Dufour (t. 2, n° 113), implique la nécessité de l'autorisation du conseil de préfecture. Au surplus la jurisprudence du conseil d'Etat ne peut laisser aucun doute sur ce point. — V. aussi v° Hospice, n° 408.

455. L'autorisation de plaider des conseils de préfecture est également nécessaire aux *fabriques* des églises. La nécessité de cette autorisation résulte ici de l'art. 17 du décret du 30 déc. 1809, qui l'exige expressément. Comme pour les hospices et hôpitaux, le conseil municipal doit toujours avoir été préalablement appelé à donner son avis (L. 18 juill. 1837, art. 21, § 5). Le conseil de préfecture pourrait donc surseoir à statuer sur la demande en autorisation de plaider jusqu'à ce que cette formalité eût été accomplie.— V. Culte, n°s 617 et suiv.

456. Les *bureaux de bienfaisance* étant reconnus comme des personnes morales, capables de posséder, de recevoir, et par conséquent de plaider ne peuvent également agir en justice qu'avec l'autorisation du conseil de préfecture. C'est ce que reconnaît du reste l'instruction ministérielle du 8 fév. 1823 que nous venons de rappeler (n° 454), et ce qu'implique l'art. 21, § 5, de la loi du 18 juill. 1837, qui exige une délibération du conseil municipal, et par conséquent l'autorisation du conseil de préfecture, toutes les fois que pour un *établissement de charité ou de bienfaisance* il s'agit de plaider. — V. Secours publics, n°s 403 et suiv.

457. La même autorisation est-elle nécessaire aux *congrégations religieuses* légalement reconnues? Un avis du conseil d'Etat du 21 mai 1841 a résolu la question affirmativement, en se fondant sur les dispositions des décrets des 18 fév. 1809 et 26 déc. 1810, qui assimilent ces établissements aux établissements de bienfaisance pour l'administration de leurs revenus, et sur celles des lois des 2 janv. 1817 et 24 mai 1825 qui déclarent leurs biens immeubles et leurs rentes inaliénables, à moins d'autorisation du chef de l'Etat. Mais nous ne croyons pas qu'il soit nécessaire pour les congrégations religieuses d'obtenir, comme les établissements de charité et de bienfaisance, l'avis d'un comité consultatif de jurisconsultes et du conseil de charité ni celui du conseil municipal.

458. L'autorisation est nécessaire encore aux *consistoires protestants*. C'est ce qui résulte d'une ordonnance du 23 mai 1834 (1). Aux termes de cette ordonnance, les consistoires de la communion, dite du culte réformé, adressent leurs demandes directement au conseil de préfecture, et ceux de la confession d'Augsbourg l'adressent par l'intermédiaire du directoire du consistoire général, qui doit y joindre son avis (V. Culte, n° 722).

459. Les *chapitres* des églises cathédrales et des églises simplement collégiales, comme personnes morales capables de posséder, d'acquérir et de plaider, ne peuvent ester en justice sans une autorisation du conseil de préfecture. C'est ce qui résulte expressément de l'art. 51, § 2 du décret du 6 nov. 1813, qui autorise le trésorier de ces établissements à plaider « quand il y aura été dûment autorisé, » et de l'art. 53 du même décret qui dispose que « le trésorier ne pourra plaider en demandant ni en défendant, ni consentir un désistement sans qu'il y ait eu délibération des chapitres et autorisation du conseil de préfecture. » — V. Culte, n° 507.

460. Les *menses épiscopales*, les *séminaires* et les *cures*, pour les droits fonciers de la cure, ne peuvent non plus plaider sans la même autorisation (décr. 6 nov. 1813, art. 14, 29 et 70). Les dispositions du décret du 6 nov. 1813 sont expresses. Pour ce qui intéresse les menses épiscopales, le conseil de préfecture est saisi par l'évêque, qui doit avoir pris préalablement l'avis du bureau d'administration (décr. 6 nov. 1813, art. 70). Pour les séminaires, le décret ne s'en explique pas. Mais comme c'est l'évêque qui représente son séminaire dans les actes civils (ord. 2 avr. 1817, art. 3), il ne paraît pas douteux que ce doive être l'évêque qui demande l'autorisation et qui représente le séminaire en justice (M. Serrigny, t. 1, n° 460). Quant aux cures,

(1) 23 mai-23 juin 1834. — Ordonnance portant que les consistoires des églises protestantes des deux communions devront se pourvoir d'une autorisation du conseil de préfecture, pour entreprendre ou défendre un procès en justice.

LOUIS-PHILIPPE, etc. ; — Sur le rapport de notre ministre de la justice et des cultes ; — Vu les observations du directoire du consistoire général de la confession d'Augsbourg, sur un arrêt de la cour royale de Colmar, en date du 12 déc. 1833, confirmatif d'un jugement du tribunal de première instance de Saverne, qui déclare ne pouvoir admettre le consistoire de Wasselonne à ester en justice, à moins qu'il ne rapporte une autorisation du conseil de préfecture (V. Cultes, n° 722); vu la loi des 17-24 août 1790; vu l'art. 1032 c. pr. civ.; vu les art. 910 et 2045 c. civ. ; vu la loi du 28 pluv. an 8; vu la loi du 18 germin. an 10; vu l'arrêté du 21 frim. an 12; vu le décret du 30 déc. 1809; vu enfin la loi du 2 janvier 1817, et les ordonnances des 2 avr. même année et 14 janv. 1831; le comité de l'intérieur de notre conseil d'Etat entendu, etc.

Art. 1. Les consistoires des églises protestantes des deux communions devront se pourvoir d'une autorisation du conseil de préfecture, pour entreprendre ou défendre un procès en justice. — Les consistoires du culte réformé adresseront directement leurs délibérations à ce sujet au conseil de préfecture ; celles des consistoires de la confession d'Augsbourg ne pourront lui être transmises que par l'intermédiaire du directoire du consistoire général, qui devra y joindre son avis.

ce sont les titulaires qui les représentent s'il s'agit de droits fonciers, et qui agissent à leurs risques et périls et sans autorisation s'il s'agit de simples revenus (décr. 6 nov. 1813, art. 14). —V. Culte, nos 497, 501, 504, 509.

461. On a vu, n° 455, que d'après l'art. 49 de la loi du 18 juill. 1837 sur l'organisation municipale, les communes ne peuvent se pourvoir devant un autre degré de juridiction qu'en vertu d'une nouvelle autorisation du conseil de préfecture. Il y a lieu de se demander si le principe de cet article s'applique aux hospices, bureaux de bienfaisance, fabriques, consistoires, etc., dont nous venons de parler. Si l'on se décidait pour l'affirmative, comme nous le proposons, évidemment ce ne pourrait être par application de cet art. 49, qui n'est, quant à son texte, applicable qu'aux communes. Nous croyons que les établissements dont il vient d'être parlé ont besoin d'une nouvelle autorisation pour ester en jugement devant un nouveau degré de juridiction, parce qu'une nouvelle instance est véritablement un nouveau procès, et que dès que la loi investit les conseils de préfecture d'une fonction de tutelle à l'égard de ces établissements, logiquement cette tutelle doit s'exercer aussi longtemps qu'elle peut être utile. Or, on ne saurait disconvenir que le succès ou l'insuccès d'une première tentative peut avoir éclairé le conseil de préfecture, qui peut avoir ainsi de nouvelles raisons soit d'autoriser l'établissement à plaider, soit de lui refuser l'autorisation.—V. Culte, nos 620 et suiv.; Hospice, nos 432 et suiv.—V. en sens contraire Civ. rej. 27 déc. 1864, aff. Pionnier, D. P. 65. 1. 213.

462. L'art. 55 de la même loi de 1837 dispose que « le maire d'une commune peut, sans autorisation préalable, intenter toute action possessoire ou y défendre et faire tous autres actes conservatoires et interruptifs des déchéances. » Aucune disposition de loi expresse n'accorde un pareil droit aux représentants des établissements publics qui ne peuvent plaider qu'avec l'autorisation du conseil de préfecture. Nous n'hésitons cependant pas à penser qu'un tel droit appartient aux représentants de ces établissements. Il résulte de la nécessité même de leur situation. Intenter une action possessoire, y défendre, interrompre des prescriptions ou des déchéances sont des actes qui requièrent toujours célérité (V. Hospice, n° 434 et suiv.; V. cependant, v° Culte, n° 618).

463. La forme des arrêtés des conseils de préfecture statuant sur une demande en autorisation de plaider diffère selon que l'autorisation est accordée ou refusée. Toute décision du conseil de préfecture portant refus d'autorisation devra être motivée, dit l'art. 53 de la loi du 18 juill. 1837. Toute décision, au contraire, contenant autorisation de plaider ne doit pas être motivée; elle doit se borner à viser les pièces produites. Cette différence de forme s'explique facilement. Le refus d'autorisation doit mettre le conseil d'Etat devant qui la demande peut être portée de nouveau en mesure d'apprécier les motifs par lesquels s'est décidé le conseil de préfecture. Une décision portant autorisation qui serait motivée préjugerait la solution du procès, et constituerait jusqu'à un certain point un empiétement de l'autorité administrative sur la justice ordinaire, en infirmant l'autorité morale de ces décisions au cas où elles seraient contraires (V. Commune, n° 1707).

464. Les autorisations ou refus de plaider sont sans effet à l'égard des tiers, qui ne peuvent attaquer les décisions qui les contiennent ni par la voie de la tierce opposition, ni par la voie de l'appel devant le conseil d'Etat. Une autorisation de plaider peut avoir des conséquences qui réfléchissent contre des tiers; mais ces conséquences n'étant pas une suite directe de l'autorisation ne sauraient les autoriser à se pourvoir d'une façon quelconque. Le conseil d'Etat a toujours rejeté les pourvois formés dans de telles circonstances (V. Commune, n° 1566).

465. Tout ce que nous avons dit de la composition du conseil de préfecture et de la forme de ses arrêtés, à l'exception de la distinction qui vient d'être rappelée sur l'obligation de les motiver ou de ne les pas motiver, est applicable à la composition du conseil de préfecture et aux arrêtés en matière d'autorisation de plaider. Comme ces arrêtés ne sont pas rendus en matière contentieuse, il va de soi qu'ils ne sont pas rendus en audience publique.

466. Les arrêtés portant autorisation ou refus de plaider sont-ils définitifs pour le conseil de préfecture qui les a rendus? En d'autres termes, un conseil de préfecture peut-il par un nouvel arrêté, intervenu sur une nouvelle demande, accorder une autorisation de plaider qu'il aurait précédemment refusée? L'affirmative a été plusieurs fois reconnue par le conseil d'Etat (V. Commune, nos 1692 et suiv.). Il n'est pas douteux non plus qu'une autorisation de plaider en première instance peut être refusée en appel (V. Commune, n° 1562). En effet, une première discussion devant les juges du premier degré peut avoir éclairé le conseil de préfecture et le déterminer à ne point autoriser la commune ou l'établissement public à poursuivre ses prétentions. D'ailleurs si la loi de 1837 exige une autorisation nouvelle pour chaque degré de juridiction, c'est qu'elle estime qu'un nouvel examen est nécessaire, et cela implique le droit de refuser l'autorisation demandée (V. Commune, nos 1532 et suiv., 1557 et suiv., 1600 et suiv.).

467. Le conseil de préfecture saisi d'une demande en autorisation de plaider doit statuer dans le délai de deux mois (L. 18 juill. 1837, art. 52).—S'il a refusé l'autorisation, la commune ou l'établissement public peut se pourvoir devant le conseil d'Etat dans le délai de trois mois à partir de la notification qui leur a été faite de l'arrêté portant refus d'autorisation (décr. 22 juill. 1806, art. 11; L. 18 juill. 1837, art. 50 et 53). Et le conseil d'Etat doit statuer sur le pourvoi dans le délai de deux mois (L. 18 juill. 1837, art. 53).— V. Commune, nos 1649 et suiv., 1660 et suiv., 1670 et suiv.

Art. 5. — *Des fonctions individuelles des membres des conseils de préfecture.*

468. En dehors de leurs fonctions ordinaires, les conseillers de préfecture sont investis de certaines attributions personnelles en vertu de lois particulières. Ainsi d'après les arrêtés des 17 niv. an 9, 27 pluv. an 10, le plus ancien des conseillers peut, par délégation, être appelé à remplacer le préfet absent; il partage ce droit avec le secrétaire général (V. n° 363). Les conseillers de préfecture peuvent aussi être délégués pour remplacer le secrétaire général titulaire, ou même le sous-intendant militaire. Ils ont en outre à faire l'intérim des sous-préfectures, à présider, comme délégués, les jurys de concours, les adjudications domaniales ou de travaux publics, le récolement du mobilier de l'archevêché, etc. (V. rapport de M. Roulleaux Dugage, D. P. 65, 4. 64, n° 8). En matière de recrutement de l'armée, la tournée du tirage dans l'arrondissement chef-lieu est confiée à l'un d'eux, et le conseil de révision doit appeler dans son sein un conseiller de préfecture (V. Organis. milit.). Enfin, lorsque l'Etat est en contestation avec le département, c'est un conseiller de préfecture qui représente le département, et non pas le préfet, celui-ci ne pouvant représenter à la fois l'Etat et le département (V. n° 235).

Sect. 5. — *Du conseil général.*

469. Le conseil général est, à proprement parler, le corps délibérant du département. Aussi est-il appelé à connaître de toutes les affaires qui intéressent le département comme être moral. A la différence du conseil de préfecture, qui a spécialement pour mission d'assister le préfet dans son action soit politique, soit administrative, le conseil général a pour principale mission de délibérer sur toutes les mesures qui affectent l'intérêt patrimonial du département, comme le conseil municipal délibère sur tout ce qui a pour objet les intérêts patrimoniaux de la commune. Ce n'est qu'exceptionnellement que les conseils généraux ont été appelés quelquefois par des lois spéciales à connaître des questions d'administration générale, de même que c'est par exception aussi que les conseils de préfecture ont été quelquefois appelés à s'occuper des affaires spéciales des départements.

Art. 1. — *De la composition du conseil général.*

470. Le conseil général est un corps électif; il se compose d'autant de membres qu'il y a de cantons dans le département.

La loi du 22 juin 1833 avait limité à trente au plus le nombre des membres du conseil général de chaque département; mais un décret du 3 juill. 1848, art. 1, § 3, a décidé que dans tout département le nombre des membres du conseil général serait égal à celui des cantons.

471. L'art. 4 de la loi du 22 juin 1833 sur l'organisation des conseils généraux disposait : « Nul ne sera éligible au conseil général de département, s'il ne jouit des droits civils et politiques, si au jour de son élection il n'est âgé de vingt-cinq ans et s'il ne paye depuis un an au moins 200 fr. de contributions directes dans le département. » Cette disposition de loi a été abrogée par la loi du 11 juill. 1848. L'art. 14 de cette loi déclare éligibles aux conseils généraux les électeurs âgés de vingt-cinq ans au moins, domiciliés dans le département, et les citoyens ayant atteint le même âge, qui, sans y être domiciliés, y payent une contribution directe. Le même art. 14 ajoute : « Néanmoins, le nombre de ces derniers ne pourra dépasser le quart desdits conseils. » La loi a voulu ainsi que les conseils généraux ne se trouvassent pas composés dans une proportion trop grande de conseillers que leur extranéité aurait faits trop étrangers aux besoins particuliers du département.—Du reste, la seule condition de leur éligibilité, c'est qu'ils payent dans le département une contribution directe; il n'est pas nécessaire, ainsi que l'a décidé le conseil d'Etat, qu'ils soient en outre inscrits sur les listes des électeurs (Cons. d'Et. 16 août 1862, M. Savoye, rap., Elect. de Pont-Saint-Esprit).— Mais le conseil d'Etat ne veut parler sans doute que de la liste du département où ils se font nommer; car on ne peut admettre que s'ils n'étaient inscrits sur aucune liste, pas même sur celle du département où ils sont domiciliés, ils puissent avoir la qualité d'éligibles.

472. La loi déclare éligibles les électeurs âgés de vingt-cinq ans *au moins*; de là il suit que l'électeur qui a commencé mais non encore accompli sa vingt-cinquième année ne peut être nommé membre des conseils de département ou d'arrondissement (Cons. d'Et. 31 janv. 1856, M. Pascalis, rap., Elect. d'Evisa).

473. Pour être éligible à un conseil général, le candidat doit, de plus, ne pas se trouver dans un des cas d'incompatibilité prévus par l'art. 5 de la loi du 22 juin 1833. Aux termes de cet article ne peuvent être élus membres d'un conseil général, « 1° les préfets, sous-préfets, secrétaires généraux et conseillers de préfecture; 2° les agents et comptables employés à la recette, à la perception ou au recouvrement des contributions et au payement des dépenses publiques de toute nature; 3° les ingénieurs des ponts et chaussées et les architectes actuellement employés par l'administration dans le département; 4° les agents forestiers en fonctions dans le département et les employés des bureaux des préfectures et sous-préfectures. »

474. Les incompatibilités établies par cet article sont absolues ou relatives. L'incompatibilité absolue existe pour les préfets, sous-préfets, secrétaires généraux et conseillers de préfecture, agents et comptables employés au recouvrement des contributions et au payement des dépenses publiques. Cette incompatibilité s'explique de soi. Le préfet ne peut être membre du corps administratif auquel précisément il a à rendre compte de son administration et sous le contrôle duquel il est placé pour tout ce qui intéresse le département, et à l'égard des autres conseils généraux, il ne peut en faire partie à raison de la nature de ses fonctions, qui l'attachent d'une manière permanente à son département. Les sous-préfets, secrétaires généraux et conseillers de préfecture, d'une part, sont attachés à l'administration et placés sous la dépendance des préfets; ils ne peuvent, par cette raison, faire partie d'un conseil qui contrôle ses actes. D'un autre côté, par la nature de leurs fonctions, ils doivent rester dans leur département à demeure. D'ailleurs il n'eût pas été bon que des membres de l'administration, imbus des traditions administratives, entrassent dans des conseils qui ont à lutter contre ces traditions en ce qu'elles ont d'excessif.—Quant aux comptables et payeurs publics, c'est cette même raison qui doit les faire écarter, outre que leurs fonctions, par leur nature, les absorbe exclusivement. — Il a été décidé en ce sens que l'incompatibilité établie par l'art. 5 de la loi de 1833, à l'égard des agents comptables, est applicable même au cas où ces agents sont élus dans un département autre que celui où ils exercent leurs fonctions (sol. implic. cons. d'Et. 19 juill. 1843, M. Lavenay, rap., aff. Rattimenton, Conf. trib. de Bourges, 5 janv. 1834, aff. Fleury, V. n° 475-7°).

475. Il importe de remarquer que les termes de l'article qui a établi l'incompatibilité de ces comptables et payeurs sont absolus, et qu'il n'y a pas à distinguer, par exemple, entre les fonctionnaires qui opèrent la perception des contributions et les employés qui préparent cette perception. L'art. 5 exclut virtuellement les contrôleurs et directeurs des contributions aussi bien que les percepteurs et receveurs. Il faut encore reconnaître qu'il exclut au même titre les conservateurs des hypothèques, les directeurs des postes; en un mot, tous les fonctionnaires et employés entre les mains desquels passent les deniers de l'Etat (M. Batbie, t. 4, n° 167). — Il a été décidé en ce sens : qu'il y a incompatibilité entre les fonctions de membre du conseil général et celles 1° de directeur des postes (cons. d'Et. 15 août 1850, M. Daverne, rap., aff. Calmès *C.* Gisclard); — 2° De receveur de l'enregistrement et des domaines (cons. d'Et. 6 juin 1834, M. de Luçay, rap., aff. Chardoillet); — 3° De directeur de la même administration (cons. d'Et. 5 juin 1846, M. Aubernon, rap., aff. Garnier); — 4° De conservateur des hypothèques ou receveur des domaines (cons. d'Et. 7 août 1843, M. Davenay, rap., Elect. de Ribiers;—5° De receveur entreposeur des tabacs, au moins dans les départements où l'entrepôt des tabacs est réuni à la recette des contributions indirectes (cons. d'Et. 19 juill. 1843, M. Lavenay, rap., aff. Rattimenton); — 6° De contrôleur des contributions directes (Civ. rej. 30 juin 1841 (1); cons. d'Et. 6 mars 1846, M. Lavenay, rap., aff. Behaghel). — Sur ce dernier point, le conseil d'Etat s'était prononcé d'abord en sens contraire (cons. d'Et. 13 août 1840, M. d'Ormesson, rap., aff. Lasale et aff. Behaghel); mais il a rétracté sa jurisprudence; — 7° D'inspecteur des contributions directes (trib. de Bourges, 5 janv. 1834) (2).— *Contrà*, Paris, 8 août 1840, M. Séguier, 1er pr., aff. Desforges *C.* Reboul).

476. Au contraire, il n'y a pas incompatibilité entre les fonctions de membre du conseil général et celles : 1° de directeur général des tabacs (cons. d'Et. 13 janv. 1865, élect. de Faulquemont, D. P. 65. 3. 56); — 2° De directeur général de l'administration de l'enregistrement et des domaines (cons.

---

(1) (Rance *C.* Arnault et autres.) — LA COUR; — Attendu que la loi du 22 juin 1833 prescrit, dans son art. 5, § 2, que les agents et comptables employés à la recette, à la perception ou au recouvrement des contributions, ne pourront être nommés membres des conseils généraux; — Que, pour déterminer quels sont les employés que cette disposition a eu en vue d'exclure, il faut recourir aux lois qui ont réglé le mode de perception et de recouvrement des impôts; — Que celle du 3 frim. an 8, qui supprime les agences créées par la loi du 22 brum. an 6, et qui leur substitue une direction des recouvrements des contributions directes, compose cette administration nouvelle d'un directeur, d'un inspecteur et d'un nombre de contrôleurs proportionné à l'étendue du département; — Que les arrêtés subséquents du 24 flor. an 8, relatifs aux réclamations en matière de contributions, du 16 therm. même année, contenant règlement sur le recouvrement des contributions directes, et les lois des 26 mars 1831 et 21 avril 1832 font coopérer activement les directeurs et les contrôleurs aux travaux préparatoires et nécessaires à la répartition, à l'expédition des rôles et à la vérification des réclamations faites par les contribuables et les communes; — Que cette coopération justifie pleinement la qualification d'agents du recouvrement des contributions directes qui leur est donnée par ces lois et arrêtés; — Que, dès lors, ces fonctionnaires se trouvent naturellement compris dans l'exclusion portée par la loi du 22 juin 1833; — D'où il suit que la cour royale d'Orléans, qui, par l'arrêt attaqué (du 20 mars 1840), a jugé que l'incapacité du sieur Rance, contrôleur des contributions directes, était absolue, qu'elle n'avait pu être couverte par une démission postérieure, et qui a déclaré nulle son élection aux fonctions de membre du conseil général de Loir-et-Cher, loin d'avoir violé la loi du 22 juin 1833, en a fait la plus juste application; — Par ces motifs, rejette.

Du 30 juin 1841.-C. C., ch. civ.-MM. Portalis, 1er pr.-Bérenger, rap.-Hébert, av. gén., c. conf.-Gallisset, av.

(2) (Fleury *C.* Marcandier.) — LE TRIBUNAL; — En ce qui concerne l'incompétence : — Attendu qu'il résulte expressément de la corrélation des art. 50, 51 et 52 de la loi du 22 juin 1833 que le législateur a pris soin lui-même de distinguer la juridiction compétente suivant la nature des contestations qui peuvent s'élever contre les élections; — Que tout

d'Et. 22 avr. 1863, élect. de Romilly, D. P. 63. 3. 56); — 3° De receveur des hospices et des bureaux de bienfaisance, attendu que ces comptables ne sont pas employés à la recette, à la perception ou au recouvrement des contributions, ni au payement des dépenses publiques (cons. d'Et. 31 juill. 1843, M. d'Ormesson, rap., aff. Elect. de Bourbourg). — Jugé, au contraire, qu'il y a incompatibilité entre les fonctions de receveur des hospices et celles de conseiller de département : « Attendu que l'art. 5 de l'arrêté du gouvernement du 19 vend. an 12, dispose que les receveurs des hospices seront soumis aux dispositions des lois relatives aux comptables de deniers publics et à leur responsabilité; que les dépenses faites par les hospices doivent être considérées comme dépenses publiques, et que dès lors, le trésorier receveur qui est chargé de les payer, se trouve frappé de l'incapacité établi par l'art. 5 de la loi du 22 juin 1833 » (Bordeaux, 1re ch., 7 janv. 1834, M. Roullet, 1er pr., aff. Roux C. préf. de Bordeaux). — Mais cette dernière solution ne saurait être admise, les incapacités sont de droit étroit et ne s'étendent pas par analogie.

477. Du reste, l'incompatibilité établie par la loi de 1833 contre les agents comptables, cesse après la cessation des fonctions qui l'ont fait naître. — Ainsi il a été jugé : 1° qu'en admettant qu'il y ait incompatibilité entre les fonctions de membre du conseil général et celles de contrôleur des contributions, cette incompatibilité cesse avec la mise en disponibilité de ce fonctionnaire (cons. d'Et. 16 août 1843) (1); — 2° Que la disposition de l'art. 5, loi du 22 juin 1833, relative aux agents comptables de l'administration des contributions directes, n'est pas applicable à un percepteur qui a reçu la notification de sa révocation antérieurement à l'ouverture des opérations électorales, encore bien que le percepteur n'aurait fait remise de son service qu'après ces opérations, s'il est devenu entièrement étranger au recouvrement des contributions, avant son installation comme conseiller général (cons. d'Et. 24 août 1849) (2).

478. Sont frappés d'une incompatibilité seulement relative les ingénieurs des ponts et chaussées, les architectes de départements et les agents forestiers. Ces ingénieurs, architectes et agents ne sont inéligibles que dans le département où ils exercent leurs fonctions. Ils peuvent être élus dans d'autres départements. La loi n'a pas voulu qu'ils pussent faire partie d'un conseil appelé à contrôler leurs fonctions.

479. On s'est demandé si la qualité de membre d'un conseil général est incompatible avec celle d'employé de bureau dans une préfecture ou sous-préfecture dans un autre département. Il est à remarquer que quand la loi n'a entendu établir qu'une incompatibilité relative comme pour les ingénieurs des ponts et chaussées, architectes et agents forestiers, elle s'en est expliquée (art. 5, §§ 3 et 4). Le § 4 est ainsi conçu : « Ne pourront être nommés... 4° les agents forestiers, en fonctions dans le département, et les employés des bureaux des préfectures et sous-préfectures. » Si la loi avait entendu mettre les employés de bureaux de préfectures et sous-préfectures sur la même ligne que les agents forestiers et n'établir pour eux qu'une incompatibilité relative, les mots : *en fonctions dans les départements*, eussent terminé le paragraphe. L'incompatibilité paraît ici absolue. — Décidé cependant que l'incompatibilité prononcée contre les employés des préfectures et sous-préfectures ne s'applique qu'au département où ils exercent leurs fonctions (cons. d'Et. 28 nov. 1834, M. Brière, rap., aff. Fleury). — Du reste, cette incompatibilité ne devrait pas être étendue aux secrétaires de mairie (cons. d'Et. 31 juill. 1843, M. d'Ormesson, rap., aff. élect. de Bourbourg).

480. La démission donnée après l'élection par le candidat qui exerce des fonctions incompatibles avec celles de membre d'un conseil général ou d'arrondissement, valide-t-elle cette élection? — Il a été décidé, dans le sens de la négative, que le candidat qui, au moment de son élection aux fonctions de membre du conseil d'arrondissement, était receveur buraliste dans une commune du canton qui l'a nommé, et qui se trouvait par conséquent inéligible, ne peut recueillir le bénéfice de cette élection en donnant sa démission le surlendemain, par exemple, du jour de l'élection (cons. d'Et. 26 janv. 1863, M. de Baulny, rap., Elect. de Lambeye). — L'arrêt ne donne pas de développement à cette solution (V. dans le même sens Civ. rej. 30 juin 1841, aff. Rance, n° 475-6°). — Cependant, en matière d'élections municipales, le conseil d'Etat a admis une solution différente à l'égard des agents salariés de la commune (V. *infrà*, n° 843).

481. L'art. 8 de la loi du 22 juin 1833 dispose que les membres des conseils généraux sont nommés pour neuf ans ; qu'ils sont renouvelés par tiers tous les trois ans et sont indéfiniment rééligibles. En 1852, les conseils généraux ont été renouvelés intégralement. Un tirage au sort a fait connaître le

---

ce qui tient au mode et à la forme de l'élection est, par les art. 50 et 51, attribué à la juridiction de l'administration ; — Mais que tout ce qui a rapport à la capacité de l'éligibilité, c'est-à-dire aux conditions indispensables pour l'éligibilité, est, d'après les termes formels de l'art. 52, du ressort exclusif des tribunaux ; — Que, dès lors, dans l'espèce, où il s'agit de décider si les fonctions dont est revêtu le sieur Marcandier le rendent inapte à être élu au conseil d'arrondissement de Bourges, le tribunal est investi par la loi du droit de statuer ;

Au fond : — Considérant qu'aux termes de l'art. 25 de la loi du 22 juin 1833, les incompatibilités prononcées par l'art. 50 de la loi sont applicables aux conseils d'arrondissement ; — Considérant qu'un inspecteur des contributions, s'il ne peut être considéré comme comptable, est bien évidemment compris dans l'exclusion générale portée par le § 2 de l'art. 5 de la loi, qui déclare que ne peuvent être élus membres des conseils généraux les agents employés à la recette, à la perception ou au recouvrement des contributions; que les fonctions d'inspecteur ont incontestablement pour but, ainsi qu'il résulte de l'art. 3 de la loi du 3 frim. an 8, de coopérer au recouvrement des contributions, et qu'il est à remarquer que la loi, par les mots *agents* et *comptables*, a clairement fait entendre qu'elle frappait d'incapacité non-seulement les fonctionnaires comptables, mais encore tous les agents quelconques de l'administration des contributions, puisqu'il n'en existe aucun dont l'office ne se rapporte à la recette, à la perception ou au recouvrement ;

Considérant que l'exclusion portée par le § 2 de l'art. 5 de la loi précitée est générale et absolue, et qu'elle doit frapper le sieur Marcandier, encore bien qu'il n'exerce pas ses fonctions dans le département du Cher ; qu'il suffit, pour s'en convaincre, de rapprocher les deux premiers paragraphes de l'art. 5 de la loi avec les deux derniers paragraphes du même article ; que, dans les deux premiers paragraphes, aucune restriction n'est apportée à l'exclusion, tandis que, dans les seconds, la loi a eu soin de restreindre l'incapacité aux fonctionnaires employés dans le département ; qu'il en ressort invinciblement que le législateur a voulu faire une distinction entre les deux espèces, et qu'il l'a nettement exprimée par la différence de la rédaction ; — Qu'on doit donc reconnaître qu'un agent de la direction des contributions, quel que soit le lieu où il exerce ses fonctions, ne peut être nommé membre d'un conseil d'arrondissement ; — Déclare nulle l'élection, etc.

Du 5 janv. 1834.-Trib. de Bourges.

(1) (Élect. de Chinon.) — LOUIS-PHILIPPE, etc. ; — Vu la requête à nous présentée par les sieurs Foucqueteau, Roy, Loiseleur et autres électeurs du canton de Chinon, tendant à ce qu'il nous plaise annuler un arrêté du conseil de préfecture du département d'Indre-et-Loire du 19 déc. 1842, qui a validé l'élection du sieur Tournyer aux fonctions de membre du conseil général ; — Vu la lettre de notre ministre des finances du 25 juill. 1843 ; — Vu la loi du 22 juin 1833 ; — Sans examiner s'il y a incompatibilité entre les fonctions de membre du conseil général et celles de contrôleur des contributions : — Considérant qu'il résulte de l'instruction et notamment de la lettre de notre ministre des finances du 25 juill. 1843, que le sieur Tournyer a cessé d'exercer les fonctions de contrôleur des contributions et d'en toucher le traitement à partir du 1er juin 1841 ; — Que dès lors c'est avec raison que le conseil de préfecture a maintenu sa nomination aux fonctions de membre du conseil général : — Art. 1. La requête.... est rejetée.

Du 16 août 1843.-Ord. cons. d'Et.-M. Hély-d'Oissel, rap.

(2) (Lépine) — AU NOM DU PEUPLE FRANCAIS ; — Le conseil d'Etat, section du contentieux ; — Vu la loi du 22 juin 1833 et le décret du 3 juill. 1848 ; — Vu l'arrêté du président du conseil, chef du pouvoir exécutif, du 14 sept. 1848 portant convocation des conseils généraux de département pour le 5 oct. suivant ; — En ce qui touche la question d'incompatibilité ; — Considérant que la révocation du sieur Lépine comme percepteur receveur municipal lui ayant été notifiée dès le 14 août 1848, le principe posé dans l'art. 5 de la loi du 22 juin 1833 avait cessé de lui être applicable au moment de l'ouverture des opérations électorales fixée au 27 du même mois ; que les dispositions dudit art. 5 pouvaient d'autant moins être invoquées dans l'espèce, qu'antérieurement au 14 sept., date de la convocation du conseil général, le sieur Lépine était devenu entièrement étranger au recouvrement des contributions ; — Art. 1. L'arrêté du conseil de préfecture de la Creuse, du 27 sept. 1848, est annulé, etc.

Du 24 août 1849.-Cons. d'Et.-M. Baumes, rap.

tiers des membres dont le mandat expirait exceptionnellement au bout de trois ans, et le tiers dont le mandat devait expirer après six ans. En effet, le § 2 de l'art. 8 est ainsi conçu : « A la session qui suivra la première élection des conseils généraux, le conseil général divisera les cantons ou circonscriptions électorales du département en trois séries, en répartissant, autant qu'il sera possible, dans une proportion égale, les cantons ou circonscriptions électorales dans chacune des séries. Il sera procédé au tirage au sort pour régler l'ordre de renouvellement entre les séries. Ce tirage se fera par le préfet en conseil de préfecture et en séance publique. » Depuis les deux premiers renouvellements triennaux, tous les membres des conseils généraux restent en fonctions neuf ans, et les conseils généraux se renouvellent pour un tiers tous les trois ans.

482. Nous n'avons parlé jusqu'ici que d'élections générales. Divers événements peuvent donner lieu à des élections partielles. Ainsi un membre du conseil général peut avoir été élu dans plusieurs cantons du même département; il peut avoir été élu à la fois membre du conseil général et membre du conseil d'arrondissement; enfin il peut avoir été élu en l'une ou l'autre de ces qualités dans deux ou plusieurs départements. Dans ces trois cas, il y a lieu à option. La loi du 22 juin 1833 dispose : « Art. 6. Nul ne peut être membre de plusieurs conseils généraux. — Art. 10. Le conseiller de département élu dans plusieurs cantons, est tenu de déclarer son option au préfet dans le mois qui suit les élections entre lesquelles il doit opter. A défaut d'option dans ce délai, le préfet, en conseil de préfecture et en séance publique, décide par la voie du sort à quel canton le conseiller appartiendra. — Il est procédé de la même manière lorsqu'un citoyen a été élu à la fois membre du conseil général et membre d'un ou plusieurs conseils d'arrondissement. »

483. La vacance peut encore avoir lieu, outre le cas d'option, par suite de décès, démission, perte des droits civils et politiques. La démission peut être expresse ou tacite. — La démission expresse doit être donnée par écrit et adressée au préfet (V. cependant n° 872). — La démission tacite peut résulter du refus de prêter le serment politique (décr. 8 mars 1852, art. 1; sén.-cons. 25 déc. 1852, art. 16), ou de l'absence à deux sessions consécutives sans causes légitimes ou empêchements admis par le conseil (L. 22 juin 1833, art. 7). Pour tous ces cas de vacance, l'art. 11 de la loi du 22 juin 1833 dispose : « En cas de vacance par option, décès, démission, perte des droits civils ou politiques, l'assemblée électorale qui doit pourvoir à la vacance doit être réunie dans le délai de deux mois. » — On s'est demandé si les absences aux sessions extraordinaires doivent compter comme les absences aux sessions ordinaires. Nous ne voyons nulle raison de distinguer, d'autant moins que les sessions extraordinaires ont souvent une importance supérieure (M. Cabantous, n° 248). — Le délai de deux mois, fixé par l'art. 11 de la loi de 1833, commence à courir, en cas de décès, d'option ou de démission, à partir du jour où ces causes de vacances ont été officiellement connues du préfet; en cas d'option, du jour du tirage au sort; en cas de perte des droits civils ou politiques, du jour où les jugements et arrêts qui les prononcent sont devenus définitifs et ont été connus du préfet (M. Dumesnil, p. 74). — Du reste, il faut reconnaître que l'art. 11 de la loi de 1833, en ce qui concerne le délai fixé, n'a aucune sanction. — Il a été jugé, en effet, que le délai de deux mois dans l'intervalle duquel l'administration doit pourvoir aux vacances survenues parmi les membres du conseil d'arrondissement, n'emporte pas nullité des élections qui ont eu lieu après ce délai (cons. d'Et. 13 août 1840, M. Richaud, rap., aff. Jalabert). — Le membre dont les excuses n'ont pas été admises et qui par suite a été déclaré démissionnaire, peut être réélu, la loi ne prononçant pour ce cas aucune exclusion (M. Dumesnil, p. 62).

ART. 2. — *De l'élection des membres des conseils généraux.*

484. Les membres du conseil général sont élus par les électeurs appelés à nommer les députés au corps législatif, c'est-à-dire par tous les citoyens français domiciliés dans la commune depuis six mois, âgés de vingt et un ans, inscrits sur les listes électorales et jouissant de leurs droits civils et politiques (L. 7 juill. 1852, art. 3). C'est sur les mêmes listes électorales que se font les élections législatives et celles des conseils généraux, des conseils d'arrondissement et des conseils municipaux. La matière des élections départementales a certains principes communs avec les élections municipales, quoique celles-ci soient spécialement régies par la loi du 5 mai 1855. Lorsqu'il nous arrivera de citer des décisions rendues en matière d'élections municipales, c'est que ces décisions auront, dans notre pensée, une autorité égale pour les deux sortes d'élections.

§ 1. — *Des listes électorales et de leur formation.*

485. La capacité électorale a subi depuis l'établissement de la monarchie représentative jusqu'à ce jour bien des vicissitudes (V. Droit polit., ch. 1, et ch. 2, nos 56 et s.). La loi qui détermine la composition de la liste électorale pour l'élection des conseils généraux et des conseils municipaux est aujourd'hui le décret du 2 fév. 1852. Les listes électorales servant aux élections du corps législatif sont en effet les mêmes qui servent aux élections des conseils généraux et des conseils municipaux. — Lors de la discussion de la loi du 5 mai 1855 sur l'organisation municipale, la question s'est élevée de savoir si le principe du suffrage universel devait s'appliquer aux élections communales. L'exposé des motifs de la loi formulait ainsi les doutes que cette question pouvait faire naître. — « Pour l'élection du chef de l'Etat et celle du corps législatif, l'emploi du suffrage universel se justifie par l'importance même de ces élections, ainsi que par l'immense ascendant moral et l'incontestable légitimité qui en résultent pour les grands pouvoirs de l'Etat. — Tous les Français étant, d'ailleurs, à ce seul titre, indépendamment de toute condition de fortune et de domicile, soumis aux lois générales qui émanent de ces grands pouvoirs, il semble rationnel que tous soient aussi appelés à concourir à leur élection. — Rien de pareil pour l'élection des membres des conseils de département, d'arrondissement et de commune. Comme ces conseils n'ont aucune autorité à exercer sur les citoyens en tant que *personnes*, mais seulement en tant que *contribuables* et *domiciliés*, il semblerait plus conforme aux principes reçus en matière de représentation de ne conférer le droit électoral qu'à ceux qui sont véritablement parties intéressées dans les affaires départementales et communales, c'est-à-dire à ceux qui, chefs de famille, propriétaires ou domiciliés, doivent supporter la charge que les conseils généraux et municipaux ont pour mission de voter... Quand il ne s'agit plus que d'intérêts de localité, il y a lieu de craindre que les intrigues des partis, les influences des personnes, ne viennent trop souvent jeter, dans les conseils, des hommes d'une capacité insuffisante ou d'une moralité suspecte; et n'est-ce pas là précisément ce qui est arrivé après 1848, comme le prouvent les nombreuses dissolutions que le gouvernement dut prononcer sur l'avis conforme du conseil d'Etat? » — Mais l'application du principe du suffrage universel, confirmée par une expérience de plusieurs années, a dû l'emporter. Il n'a pas paru possible ni rationnel d'introduire dans notre droit public deux principes contraires, par cela seul qu'ils sont différents. Une autre raison devait déterminer le législateur. — L'assimilation de l'électorat communal à l'électorat politique, poursuit l'exposé des motifs, présente l'avantage de maintenir l'unité de liste; et cet avantage, quoique secondaire, ne paraîtra sans doute pas à dédaigner aux hommes pratiques qui voudront se rappeler le travail, les complications et les frais qu'entraînaient autrefois la rédaction, la publication et le contrôle des listes multiples que les législations de 1831 et de 1833 avaient établies pour les divers genres d'élection. » — Le décret du 2 fév. 1852 reste donc, comme nous l'avons déjà dit avec un arrêt de la cour de cassation, la loi du suffrage universel. »

486. L'art. 12 du décret du 2 fév. 1852 dispose : « Sont électeurs sans condition de cens tous les Français âgés de vingt et un ans accomplis jouissant de leurs droits civils et politiques. » Et l'art. 13 ajoute : « La liste électorale est dressée pour chaque commune par le maire. Elle comprend par ordre alphabétique : 1° tous les électeurs habitant dans la commune depuis six mois au moins; 2° ceux qui n'ayant pas atteint, lors de la formation de la liste, les conditions d'âge et d'habitation, doivent les acquérir avant la clôture définitive. » — Ainsi la qualité de Français, l'âge de vingt et un ans accomplis avant la clôture définitive des listes, et une *résidence* de six mois dans la commune (la loi ne dit pas *domicile*), telles sont les conditions de la capacité électorale. L'art. 8 c. nap. disposant que tout Français jouit des droits civils et le décret de 1852 attribuant à la qualité de Français la jouissance des droits politiques, nous ne mettrons pas la jouissance des droits civils et politiques parmi les conditions de capacité électorale. La jouissance des droits politiques n'est pas une attribution de la loi. Il suffit d'être Français pour l'avoir; mais elle peut être perdue indépendamment de la qualité de Français; c'est ainsi que l'art. 15 du décret de 1852 exclut des listes électorales les individus privés de la jouissance de leurs droits civils et politiques par suite d'une condamnation judiciaire, quoiqu'ils ne cessent pas alors d'être Français. — En ce qui concerne la jouissance et la perte des droits politiques, V. Droit polit, nos 23 et suiv.; 29 et suiv., 98 et suiv.

487. Il a été jugé, en ce qui touche à l'âge et à la qualité de Français requise pour être électeur : 1° que la mention, dans un passe-port, de l'âge de celui qui en est porteur, est suffisamment justificative de l'âge indiqué, alors même que le passeport produit n'énoncerait pas la date même de la naissance (Req. cass. 16 mars 1863, aff. Brives, D. P. 64. 5 115, n° 1); — 2° Que tout individu né en France est présumé Français jusqu'à preuve contraire, et que, par suite, l'inscription sur les listes électorales ne peut être refusée au citoyen qui prouve régulièrement le fait de sa naissance en France, sous prétexte que sa nationalité ne serait pas justifiée (Req. cass. 16 mars 1863, aff. Aybram; 30 mars 1863 aff. David; 23 mars 1863, aff. Viellard; 16 mars 1863, aff. Fetizon, 1re, 2e, 6e et 9e espèce; D. P. 63. 1. 136); — 3° Qu'il n'importe que l'acte produit et constatant le fait de la naissance en France ne désigne pas le lieu de cette naissance (même arrêt, aff. Fetizon, 9e espèce); — 4° Que la nationalité ou l'âge, en matière électorale, sont régulièrement établis au moyen soit d'un livret délivré conformément à la loi (Req. cass. 16 mars 1863, aff. Aybram, D. P. 63. 1. 136; 30 mars 1863, aff. David, D. P. 63. 1. 137; 18 mars 1863, aff. Lenormand, *eod.*; 30 mars 1863, aff. Goumy, *eod.*; 13 juin 1864, aff. Labre, D. P. 64. 1. 239),.... sauf au contestant à en contredire les énonciations (même arrêt du 13 juin 1864), ...encore que ce livret ait été délivré sur la simple production d'un passe-port, le passe-port pouvant lui-même être invoqué comme preuve de la nationalité, tant qu'il n'a pas été contredit (même arrêt du 13 juin 1864),... soit d'un acte de mariage (Req. cass. 30 mars 1863, aff. Vibert, D. P. 63. 1. 137), ...soit d'un contrat de mariage (Req. cass. 23 mars 1863, aff. Viellard, D. P. 63. 1. 137); ...soit d'une inscription sur une précédente liste (Req. cass. 24 mars 1863, aff. Blanchet, D. P. 63. 1. 137); ...soit d'un certificat de libération du service militaire, même applicable à un fils du réclamant, la nationalité du fils impliquant celle du père (Req. cass. 24 mars 1863, aff. Blanchet, D. P. 63. 1. 137). — D'après une circulaire ministérielle, les maires doivent rayer de la liste électorale ou refuser d'y inscrire les Français majeurs qui ont pris sans autorisation du service dans l'armée d'un souverain étranger, toutes les fois que le fait est tenu par eux pour certain (circ. min. int. 1er mai 1862, D. P. 62. 3. 77).

488. Il a été jugé, en ce qui touche la condition d'une résidence de six mois dans la commune : 1° Que l'inscription sur la liste électorale d'une commune n'est pas subordonnée à la condition que le réclamant ait son domicile dans la commune, une simple habitation ou résidence de six mois dans la commune est suffisante (Req. cass. 13 mars 1863, aff. Bappe, D. P. 63. 1. 237; 3 avr. 1863, aff. Conseil, D. P. 63. 1. 237; 16 mai 1863, aff. Colonna d'Istria, D. P. 63. 1. 237); — 2° Qu'ainsi, l'inscription d'un citoyen dans la commune où il a une résidence de six mois au moins lors de la clôture définitive de la liste électorale ne peut être refusée, sous prétexte que ce citoyen n'a pris *domicile* dans la même commune que moins de six mois avant cette clôture (même arrêt du 13 mars 1863),... ou par le motif qu'il n'a pas manifesté sa volonté d'y transporter son domicile, par la double déclaration prescrite par l'art. 104 c. nap. (arrêt précité du 3 avr. 1863),..... ou parce qu'il n'aurait pas renoncé à son domicile d'origine établi dans un autre lieu (arrêt précité du 16 mai 1863); — 3° Et qu'il n'importe que ce citoyen se soit fait délivrer, quelque temps avant sa demande d'inscription, un permis de chasse par l'intermédiaire du maire d'une autre commune, ce fait étant, en pareille matière, complétement indifférent (même arrêt du 3 avr. 1863); — 4° Que la même inscription n'est pas non plus subordonnée au payement de la contribution mobilière dans la commune (même arrêt du 3 avr. 1863); — 5° Qu'un citoyen peut se faire inscrire sur la liste électorale de la commune où il a une résidence de la durée exigée par l'art. 13 du décret du 2 fév. 1852, quoique, par sa naissance, la situation de ses biens et l'exercice antérieur de ses droits électoraux, il ait toujours été considéré comme appartenant à une autre commune (Req. cass. 24 mai 1863, aff. Morati, D. P. 63. 1. 237; 3 avr. 1863, aff. Azémard, *eod.*); — 6° Que le domicile non accompagné de résidence de fait continuée pendant six mois au moins, ne peut servir de base à aucune inscription sur la liste électorale de la commune où il est établi; qu'ainsi le citoyen qui réside moins de six mois chaque année dans la commune où il a son domicile, n'a pas le droit de se faire inscrire sur la liste électorale de cette commune (Req. cass. 28 mars 1863, aff. Casabianca, D. P. 63. 1. 236); — 7° Que les divers arrondissements de la ville de Paris ne forment, au point de vue du domicile électoral, qu'une seule et même commune, et, par suite, que l'électeur qui justifie d'un domicile de six mois à Paris, a le droit de se faire inscrire sur la liste de l'arrondissement du domicile qu'il a à l'époque de sa demande, encore qu'il ne justifiât pas d'une résidence de six mois dans cet arrondissement (Req. cass. 23 mars 1863, aff. Villette, D. P. 63. 1. 139; 24 mars 1863, aff. Blanchet, *eod.*); — 8° Et réciproquement, qu'ils ne peuvent se faire inscrire sur la liste de l'arrondissement qu'ils habitaient précédemment et où ils avaient plus de six mois de résidence; qu'en conséquence, ils ont pu être valablement rayés de cette dernière liste, sauf à eux à réclamer en temps utile leur inscription sur la liste de l'arrondissement de leur résidence actuelle, inscription que le juge de paix de leur ancienne résidence, en maintenant leur radiation, n'a pas le pouvoir d'ordonner (Req. rej. 23 mars 1863, aff. Dréo, D. P. 63. 1. 140).

489. Quant à la preuve de la résidence de six mois, il a été décidé : 1° Que l'inscription d'un citoyen sur les listes électorales d'une commune, si elle fait légalement présumer, jusqu'à preuve contraire, que ce citoyen réunit encore, lors de la révision de ces listes, les conditions légales d'âge et de nationalité, ne suffit pas pour faire preuve du maintien de son domicile électoral dans la même commune (Req. rej. 30 mars 1863, aff. Michel, D. P. 63. 1. 138); ...mais que, si ce fait de la résidence actuelle dans la même commune du citoyen antérieurement inscrit n'est pas dénié, son inscription ne peut être radiée sous prétexte qu'elle était le résultat d'une erreur (Req. cass. 24 mars 1863, aff. Blanchet, D. P. 63. 1. 138); ...et que, lorsque le fait de la résidence actuelle, dans une commune, d'un citoyen inscrit sur les listes électorales de cette commune, est établi lors de la révision de ces listes, son inscription ne peut être rayée, sous prétexte que ce citoyen ne justifierait pas de la résidence de six mois exigée par la loi (Req. cass. 14 mars 1864, aff. Girod, D. P. 64. 5. 117, n° 11); — 2° Que la force probante attachée aux pièces ou certificats produits comme preuve du domicile électoral, est abandonnée au pouvoir souverain d'appréciation du juge de paix, quand ces pièces ou certificats ne constituent pas des preuves légales de ce domicile (Req. rej. 24 mars 1863, aff. Chauffour, D. P. 63. 1. 138; 25 mars 1863, aff. Clavel, *eod.*; 10 mars 1863, aff. Arnal, *eod.*; même jour, aff. Regnault, D. P. 63. 1. 139; 30 mars 1863, aff. Capelle, *eod.*; 16 mars 1863, aff. Vazeilles, *eod.*; Req. cass. 10 mars 1863, aff. Renon, *eod.*); — 3° Qu'il en est ainsi, spécialement, lorsqu'il s'agit de quittances de loyers (Req. rej. 24 mars 1863, aff. Chauffour, D. P. 63. 1. 138; 23 mars 1863, aff. Clavel, *eod.*). ...d'un certificat du propriétaire de la maison occupée par des locataires dont le réclamant est employé (Req. rej. 10 mars 1863, aff. Arnal, D. P. 1. 63. 138)... du certificat d'un parent du réclamant, constatant l'existence entre eux d'une habitation commune (Req.

rej. 10 mars 1863, aff. Regnault, D. P. 63. 1. 159)..... de certificats dont la signature n'est pas légalisée (Req. rej. 30 mars 1863, aff. Capelle, D. P. 63. 1. 139; 16 mars 1863, aff. Vazeilles, *eod.*); — 4° Que l'habitation semestrielle nécessaire à l'inscription sur les listes électorales d'une commune peut être prouvée par témoins (Req. cass. 25 avr. 1864, aff. Magnan, D. P. 64. 1. 239)...... ou par des certificats soumis en fait à l'appréciation du juge de paix, mais que ce magistrat n'a pas le pouvoir de repousser comme légalement dépourvus de toute force probante (Req. cass. 14 mars 1864, aff. Liseux, D. P. 64. 1. 239); — 5° Que le certificat émané, par procuration d'un principal locataire, du gérant de la maison habitée par le réclamant, avec légalisation de la signature de ce gérant, fait preuve légale du domicile électoral et ne peut être repoussé par le juge de paix sous prétexte que la qualité prise par son auteur ne serait pas justifiée, si, d'ailleurs, la sincérité de ce certificat n'est pas contestée (Req. cass. 10 mars 1863, aff. Renon, D. P. 63. 1. 139); — 6° Mais que le domicile électoral ne peut être établi par un certificat du concierge produit pour la première fois devant la cour de cassation (Req. rej. 30 mars 1863, aff. Michel, D. P. 63. 1. 138).

490. Il avait été jugé, sous le régime de la loi de 1849, que la distinction entre le domicile réel et le domicile politique, n'a pas été maintenue par cette loi; qu'en conséquence, le domicile réel est le seul qui détermine le lieu où chaque citoyen doit exercer le droit électoral (Req. 14 mai 1849, aff. Etienne, D. P. 49. 1. 131).—Si l'on veut bien prendre ces mots de l'arrêt, *domicile réel*, comme synonymes de résidence de fait, les deux propositions qu'il consacre devront être suivies sous le décret de 1852, comme sous la loi de 1849.

491. Les militaires en activité de service et les hommes portés sur les rôles de l'inscription maritime sont inscrits sur les listes des communes où ils étaient domiciliés avant leur départ. Ils ne peuvent prendre part au vote que lorsqu'ils sont présents dans la commune où ils sont inscrits (décr. 2 fév. 1852, art. 14). — Il a été jugé 1° que la règle d'après laquelle les militaires en activité de service doivent être inscrits sur la liste électorale de la commune où ils étaient inscrits avant leur départ, s'applique aux militaires, même à résidence fixe, et, par exemple, aux officiers comptables et sous-officiers d'administration des hôpitaux militaires (Req. cass. 24 mai 1865, aff. Morati, D. P. 65. 1. 237); — ... ou aux officiers et sous-officiers composant le dépôt de recrutement et résidant au chef-lieu du département (Req. cass. 3 avr. 1865, aff. Azémard, D. P. 65. 1. 237).— Quant aux gendarmes, V. le numéro suivant.

492. Le décret de 1852 ne s'explique pas sur le droit de voter et le domicile des fonctionnaires publics et des ministres du culte.— Il a été jugé 1° que les fonctionnaires publics exercent leur droit électoral dans la circonscription où ils habitent, avec dispense de la durée semestrielle de l'habitation, et non au lieu où ils exercent leurs fonctions; qu'ainsi, un brigadier de sergents de ville doit être inscrit sur les listes électorales de la circonscription où il a son habitation, et non de celle où il occupe un poste avec d'autres sergents de ville placés sous ses ordres et relevés chaque jour (Req. cass. 12 avr. 1864, aff. Duval, D. P. 64. 1. 240);—2° Que les gendarmes, pour l'exercice de leur droit électoral, doivent être considérés comme fonctionnaires publics et non comme militaires, et doivent, par suite, conformément à l'art. 5 de la loi du 31 mai 1850, toujours en vigueur, être portés sur la liste électorale du lieu où ils résident sans être soumis à la justification d'une résidence de six mois (Req. rej. 6 mai 1862, aff. gendarmes de Marseille, D. P. 64. 5. 118, n° 15); — 3° Mais que les gendarmes vétérans doivent, comme militaires en activité de service, être inscrits sur les listes électorales de la commune où ils étaient domiciliés avant leur départ, et non sur celles de la commune où ils sont en résidence sédentaire, à la différence des gendarmes ordinaires (Req. cass. 23 mars 1863, aff. Joly, D. P. 63. 1. 136); — 4° Que les fonctionnaires et les ministres du culte peuvent être inscrits sur la liste électorale de la commune où ils exercent leur ministère, quelle que soit la durée de leur domicile : le décret du 2 fév. 1852 a laissé subsister en leur faveur, quoiqu'il ne l'ait point expressément reproduite, la disposition de l'art. 5 de la loi du 31 mai 1850 (Req. cass. 11 mai 1858, aff. Simoni, D. P. 58. 1. 205);— 5° Que les élèves d'un séminaire peuvent être portés sur la liste électorale de la commune où ce séminaire est situé, quand ils ont les conditions d'âge et d'habitation exigés par l'art. 13 du décret du 2 fév. 1852 (just. de paix d'Anse, 18 fév. 1860, aff. Blanc, D. P. 60. 1. 256; Req. cass. 7 mars 1864, aff. Georjon, D. P. 64. 1. 238);— 6° Et que la condition d'habitation est réputée remplie même par les élèves qui, après avoir quitté le séminaire pendant les vacances, y sont rentrés depuis moins de six mois lors de la clôture définitive de la liste électorale, leur habitation antérieure devant leur être comptée, s'il n'est point établi qu'ils étaient sortis du séminaire sans esprit de retour (mêmes arrêts).

493. C'est au maire que le décret de 1852, art. 13, commet le soin de dresser la liste électorale (V. Droit polit., n° 426). —Mais il a été jugé que les listes électorales sont régulièrement formées et publiées en l'absence du maire, par le conseiller municipal, que le maire a autorisé à recevoir les dépêches et instructions relatives à l'élection (cons. d'Et. 24 août 1849, aff. Rouvière, D. P. 50. 3. 4). — Le maire peut procéder seul à la dresse de la liste. — Jugé sous le régime de la loi électorale du 3 juill. 1848, dont l'art. 6 disait que la liste électorale serait revisée par le maire en conseil municipal, que le fait par le maire d'avoir revisé et clos la liste électorale, assisté seulement de ses adjoints et non en conseil municipal, n'est pas une cause de nullité de l'élection, lorsque ce mode de procéder n'a point eu pour but ni pour effet d'influer sur le résultat de cette élection, et que d'ailleurs les électeurs ont été régulièrement avertis du dépôt de la liste électorale à la mairie (cons. d'Et. 31 août 1849, aff. Mazet, D. P. 50. 3. 4).

494. L'art. 15 du décret de 1852 détermine les différentes catégories de Français qui ne peuvent pas être portés sur les listes électorales. — Ce sont : 1° les individus privés de leurs droits civils et politiques par suite de condamnation soit à des peines afflictives ou infamantes, soit à des peines infamantes seulement; — 2° Ceux auxquels les tribunaux jugeant correctionnellement, ont interdit le droit de vote et d'élection, par application des lois qui autorisent cette interdiction; — 3° Les condamnés pour crime à l'emprisonnement par application de l'art. 463 c. pén.; — 4° Ceux qui ont été condamnés à trois mois de prison par application des art. 318 et 423 c. pén.; — 5° Les condamnés pour vol, escroquerie, abus de confiance, soustraction commise par les dépositaires de deniers publics, ou attentats aux mœurs, prévus par les art. 330 et 334 c. pén., quelle que soit la durée de l'emprisonnement auquel ils ont été condamnés; — 6° Les individus qui par application de l'art. 8 de la loi du 17 mai 1819 et de l'art. 3 du décret du 11 août 1848, auront été condamnés pour outrage à la morale publique ou aux bonnes mœurs, et pour attaque contre le principe de la propriété et les droits de la famille; — 7° Les individus condamnés à plus de trois mois d'emprisonnement en vertu des art. 31, 33, 34, 35, 36, 38, 39, 40, 41, 42, 45 et 46 de la présente loi;— 8° Les notaires, greffiers et officiers ministériels destitués en vertu de jugements ou décisions judiciaires (V. Office, n° 402); — 9° Les condamnés pour vagabondage ou mendicité; — 10° Ceux qui auront été condamnés à trois mois de prison au moins, par application des art. 439, 443, 444, 445, 446, 447 et 452 c. pén.; — 11° Ceux qui auront été déclarés coupables des délits prévus par les art. 410 et 411 c. pén. et par la loi du 21 mai 1836 portant prohibition des loteries;— 12° Les militaires condamnés au boulet ou aux travaux publics; — 13° Les individus condamnés à l'emprisonnement par application des art. 38, 41, 43 et 45 de la loi du 21 mars 1832 sur le recrutement de l'armée; — 14° Les individus condamnés à l'emprisonnement par application de l'art. 1 de la loi du 27 mars 1851; — 15° Ceux qui ont été condamnés pour délit d'usure; — 16° Les interdits; — 17° Les faillis non réhabilités dont la faillite a été déclarée soit par les tribunaux français, soit par jugements rendus à l'étranger, mais exécutoires en France (V. Droit polit., n°s 29 et suiv., 114 et suiv.). — Il a été jugé 1° que l'art. 15, n° 3 du décret du 2 fév. 1852, qui frappe d'incapacité électorale les individus condamnés pour crime à l'emprisonnement par application de l'art. 463 c. pén., ne s'applique pas au citoyen qui a été condamné pour crime à l'emprisonnement par l'effet de l'admission d'une excuse légale (Req. cass. 30 mars 1863, aff. Subrini, D. P. 63. 1. 135); — ..... ni au citoyen condamné à une peine correctionnelle pour délit d'homicide involontaire, sous prétexte qu'il serait de notoriété publique que ce citoyen a été, en réalité, condamné pour crime de meurtre (Req. cass. 30 mars 1863, aff. Benedetti, D. P. 63. 1. 135); — 2° Que les citoyens condamnés pour attentat aux mœurs prévu par les art. 330 et 334 c. pén., ne sont frappés d'incapacité électorale qu'en cas de condamnation à la peine de l'emprisonnement, et non en cas de condamnation à l'amende (Req. rej. 18 mars 1863, aff. Gibert, D. P. 63. 1. 135); — 3° Que la preuve d'une condamnation correctionnelle entraînant l'incapacité électorale ne peut résulter de simples renseignements administratifs, lorsque l'électeur nie que cette condamnation lui soit applicable (Req. cass. 29 mars 1864, aff. Soustre, D. P. 64. 1. 240); —....ou lorsqu'il en reconnaît l'existence, mais en ajoutant que, sur appel, elle a été infirmée, l'aveu judiciaire étant indivisible en matière électorale, comme en toute autre matière (Req. cass. 22 mars 1864, aff. Bernard, D. P. 64. 1. 240); — 4° Que l'incapacité résultant d'une condamnation pénale, et notamment d'une condamnation pour abus de confiance, est attachée au seul fait de la condamnation, et que, par suite, elle se trouve encourue, quoique la peine ait été prescrite, et quel que soit le temps écoulé depuis la condamnation (Req. rej. 30 mars 1863, aff. Bousseau, D. P. 63. 1. 135); — 5° Que l'art. 15 du décret du 2 fév. 1852, qui déclare les interdits incapables de l'exercice des droits électoraux, ne s'applique qu'aux individus dont l'interdiction a été judiciairement prononcée; qu'il ne doit pas être étendu à ceux dont la démence ne serait établie que par une prétendue notoriété, surtout s'il n'est pas justifié qu'ils aient même jamais été enfermés dans une maison d'aliénés (Req. cass. 21 mars 1864, aff. Versini, D. P. 64. 1. 239); — 6° Que les décisions rendues par les commissions mixtes instituées en 1851 et 1852, pour le jugement des individus compromis dans les événements politiques de cette époque, sont assimilées, quant à leurs effets sur l'état civil et politique des condamnés, à des jugements ordinaires; qu'en conséquence, l'individu condamné à la transportation par une commission mixte, doit être considéré comme privé de ses droits civils et politiques, et, par suite, de l'exercice du droit électoral..... Et il en est ainsi, alors même que cette condamnation, provisoirement suspendue par diverses mesures d'internement, n'aurait reçu aucun commencement d'exécution (Req. rej. 14 avr. 1857, aff. Bellanger, D. P. 58. 1. 205); — 7° Jugé sous la loi de 1831, et il en serait de même aujourd'hui, que l'insolvabilité qui, d'après la loi du 22 déc. 1789, était une cause d'exclusion des assemblées primaires, n'est pas une cause de radiation des listes des électeurs communaux, dans le système de la loi du 21 mars 1831 (Req. 16 janv. 1844, aff. maire d'Auriébat, V. n° 989).

495. L'incapacité électorale peut résulter de certaines condamnations comme peine temporaire. L'art. 16 du décret de 1852 dispose que « les condamnés à plus d'un mois d'emprisonnement pour rébellion, outrages et violences envers les dépositaires de l'autorité ou de la force publique, pour outrages publics envers un juré à raison de ses fonctions ou envers un témoin à raison de sa déposition, pour délits prévus par la loi sur les attroupements et la loi sur les clubs et pour infraction à la loi sur le colportage, ne pourront être inscrits sur la liste électorale pendant cinq ans à dater de l'expiration de leur peine. »

496. Les listes électorales sont permanentes (décr. 2 fév. 1852, art. 18; V. Droit polit., n°s 423 et s.). Elles sont l'objet d'une révision annuelle (même art. V. *eod.* n°s 424 et s.). Un second décret du même jour 2 fév. 1852 a déterminé les règles et les formes de cette révision annuelle (art. 1 et suiv., D. P. 52. 4. 51). — La circonstance que la liste des électeurs d'une commune n'a été ni revisée ni arrêtée dans les formes et dans les délais voulus par la loi, alors qu'elle a eu pour effet d'écarter du vote un nombre d'électeurs suffisant pour pouvoir modifier la majorité acquise au candidat élu, est une cause de nullité de l'élection (cons. d'Et. 13 avr. 1850, M. Tripier, rap., aff. Gasse et cons.). — Le maire doit porter d'office sur la liste tous les citoyens qu'il reconnaît avoir acquis les qualités exigées par la loi, ainsi que ceux qui doivent acquérir les conditions d'âge et d'habitation avant le 1er avril (décr. réglem. 2 fév. 1852, art. 1). — Toutefois, ainsi que cela a été jugé, le défaut d'inscription d'un grand nombre de citoyens sur les listes électorales ne peut être invoqué comme une cause de nullité d'une élection, alors qu'il n'est pas justifié que des réclamations tendant à faire inscrire ces citoyens aient été présentées (cons. d'Et. 25 août 1849, M. Marchand, rap. aff. Martimor). — Il a été jugé pareillement qu'il n'y a pas lieu d'admettre le grief tiré de ce que le candidat élu, pendant qu'il était maire de la ville, aurait rayé des listes électorales ou omis d'y inscrire un grand nombre de marins et d'ouvriers: — « Considérant, dit le conseil d'Etat, qu'une réclamation collective au nom des marins qui auraient été rayés de la liste électorale à l'époque de sa révision, a été soumise à la commission municipale qui l'a rejetée; qu'il n'a pas été appelé de cette décision par les parties intéressées, et que, d'ailleurs, il n'est nullement justifié que l'admission ou la radiation des réclamants ait été le résultat d'une manœuvre opérée dans le but de préparer le succès du candidat élu » (cons. d'Et. 16 août 1852, M. Faré, rap., élect. de Boulogne-sur-mer).

497. L'art. 19 du décret organique du 2 fév. 1852 dispose: — « Lors de la révision annuelle, et dans les délais qui seront réglés par les décrets du pouvoir exécutif, tout citoyen omis sur la liste pourra présenter sa réclamation à la mairie. — Tout électeur inscrit sur l'une des listes de la circonscription électorale pourra réclamer la radiation ou l'inscription d'un individu omis ou indûment inscrit. — Le même droit appartient aux préfets et aux sous-préfets. — Il sera ouvert dans chaque mairie, un registre sur lequel les réclamations seront inscrites par ordre de date. Le maire devra donner récépissé de chaque réclamation. — L'électeur dont l'inscription aura été contestée en sera averti sans frais, par le maire, et pourra présenter ses observations » (V. Droit polit., n°s 432 et suiv.). — Cet article ayant posé en principe qu'il suffit d'être électeur inscrit pour pouvoir élever des réclamations relativement à la composition de la liste électorale, il a été décidé que le droit de demander l'inscription ou la radiation des individus omis ou indûment inscrits sur la liste électorale d'une commune appartient à tout électeur inscrit sur l'une des listes de la circonscription électorale dont fait partie cette commune, sans qu'il soit besoin que le réclamant figure sur la liste même à laquelle s'applique sa réclamation (Req. cass. 13 mars 1865, aff. Charles-Jean, D. P. 65. 1. 239). — Et quant à la preuve de la date de la réclamation, il a été jugé que la demande d'inscription, formée par un tiers électeur dans l'intérêt d'autres citoyens, est suffisamment établi, en l'absence du retrait du récépissé de cette demande, par la mention qui en a été faite sur le registre des réclamations, tenu à la mairie en conformité de l'art. 19 du décret du 2 fév. 1852; qu'en conséquence, la décision de la commission municipale, qui a accueilli une telle demande, ne peut être annulée comme ayant ordonné d'office une inscription sur la liste électorale (Req. cass. 6 mars 1865, aff. David, D. P. 65. 1. 239).

498. Il a été jugé : 1° qu'un électeur ne peut user du droit que lui confère l'art. 19 du décret du 2 fév. 1852, de réclamer l'inscription ou la radiation d'un ou plusieurs individus omis ou indûment inscrits, qu'à la condition de désigner nominativement les individus dont il demande soit l'inscription, soit la radiation (Req. rej. 16 mars 1863, aff. Portalès, D. P. 63. 1. 140; 23 mars 1863, aff. Dréo, *eod.*; 18 mars 1863, aff. Durand, D. P. 63. 1. 141; même jour, même partie, *eod.*); — 2° Qu'ainsi, est non recevable la demande en réintégration sur la liste électorale d'individus désignés sous une dénomination collective, et, par exemple, de tous les électeurs rayés avec la mention *déménagés* (Req. rej. 16 mars 1863, aff. Portalès, D. P. 63. 1. 140; 23 mars 1863, aff. Dréo, *eod.*; 18 mars 1863, aff. Durand, D. P. 63. 1. 141)..... ou de tous les militaires non inscrits, ayant satisfait à la loi du recrutement dans l'arrondissement, et non encore renvoyés dans leurs foyers (Req. rej. 18 mars 1863, aff. Durand, D. P. 63. 1. 141); — 3° Que le tiers qui, en cas de radiations opérées par le maire dans l'exercice de son pouvoir de révision de la liste électorale, réclame la réintégration sur la liste de citoyens qu'il prétend avoir été indûment omis ou rayés, est tenu, comme devraient le faire ces citoyens eux-mêmes, de produire la preuve que les électeurs dont il s'agit de faire rétablir l'inscription ont conservé leur capacité électorale; — Qu'ainsi, le tiers qui réclame l'inscription d'électeurs rayés comme déménagés, doit établir que ces électeurs ont conservé leur domicile électoral dans l'arrondissement où ils ont été rayés (Req. rej. 16 mars 1863, aff. Portalès, D. P. 63. 1. 140).

499. Le délai pour former les réclamations contre la composition de la liste est, d'après l'art. 5 du deuxième décret du 2 fév. 1852, de dix jours à compter de la publication de la liste (V. Droit polit., n° 457). — Jugé par application de cet article, que la règle suivant laquelle les délais impartis pour l'exercice des actions judiciaires se comptent par jours et non par heures (V. Délai, nos 11, 25 *in fine*, 41), est applicable en matière électorale; que, par suite, le jour de la publication des listes électorales n'est pas compris dans les dix jours accordés à tout électeur pour former des demandes en inscription ou en radiation (Req. cass. 11 mai 1858, aff. Simoni, D. P. 58. 1. 205; 31 mars 1865, aff. Cance, D. P. 65. 1. 240).

500. Les art. 20 à 22 sont ainsi conçus : — « Art. 20. Les réclamations seront jugées par une commission composée, à Paris, du maire et de deux adjoints; partout ailleurs, du maire et de deux membres du conseil municipal désignés par le conseil. — Art. 21. Notification de la décision sera, dans les trois jours, faite aux parties intéressées par le ministère d'un agent assermenté.—Elles pourront interjeter appel dans les cinq jours de la notification. — Art. 22. L'appel sera porté devant le juge de paix du canton; il sera formé par simple déclaration au greffe; le juge de paix statuera dans les dix jours, sans frais ni forme de procédure, et sur simple avertissement, donné trois jours à l'avance à toutes les parties intéressées. Toutefois, si la demande portée devant lui implique la solution préjudicielle d'une question d'état, il renverra préalablement les parties à se pourvoir devant les juges compétents, et fixera un bref délai dans lequel la partie qui aura élevé la question préjudicielle devra justifier de ses diligences. — Il sera procédé, en ce cas, conformément aux art. 855, 856 et 858 c. pr. »

501. Tout électeur ayant le droit d'élever des réclamations sur la composition de la liste électorale, peut relever appel de la décision rendue par la commission municipale, lors même qu'il n'y a pas été partie. — Il a été jugé que les décisions judiciaires qui ordonnent des inscriptions ou des radiations sur les listes électorales, peuvent être attaquées, par la voie de l'appel, par tous électeurs de la circonscription, même n'ayant pas figuré à ces décisions (sol. impl. Req. 11 mai 1858, aff. Maestracci, D. P. 58. 1. 277). — Et dans ce cas, le délai de l'appel est de dix jours à dater de la décision (Req. 11 mai 1858, aff. Maestracci, D. P. 58. 1. 277). — V. Droit polit., nos 521 et suiv. — Mais l'électeur appelant ne doit pas avoir été déjà appelé à prononcer sur la contestation. — Il a été jugé que la décision d'une commission municipale qui statue sur une demande d'inscription sur la liste électorale, ne peut être frappée d'appel par un citoyen qui a fait partie de cette commission (Req. 23 avr. 1860, aff. Coppin, D. P. 60. 1. 168). —V. Droit polit., n° 522.

502. Le juge de paix doit statuer dans les dix jours, sans frais ni forme de procédure, et sur simple avertissement, donné trois jours à l'avance à toutes les parties intéressées (décr. 2 fév. 1852, art. 22). — Mais il a été jugé que cet avertissement n'est exigé qu'à l'égard de ceux dont l'inscription est demandée (Req. rej. 23 mars 1863, aff. Leydet, D.P. 63. 1. 141).

503. Le juge de paix ne peut être saisi que par voie d'appel d'une décision rendue par la commission municipale : on ne pourrait porter une réclamation directement devant lui (V. n° 515-2°). —Cependant il a été jugé qu'une élection ne saurait être annulée, par cela que le juge de paix statuant directement, c'est-à-dire sans avoir été saisi par appel d'une décision de la commission municipale, aurait ordonné un certain nombre d'inscriptions sur la liste, si les citoyens au profit desquels ont été rendues les décisions du juge de paix, n'ont pas été admis à voter (cons. d'Et. 18 mars 1857, M. Aucoc, rap., élect. de la côte Saint-André).

504. Il ne peut non plus statuer que sur les questions qui ont été soumises à la commission municipale. — Ainsi, il a été jugé que la décision par laquelle un juge de paix ordonne des additions de noms sur la liste électorale, sans que la commission municipale ait été appelée à statuer sur ces inscriptions, et en dehors des délais établis pour les réclamations en matière électorale et pour le jugement de ces réclamations, tant en première instance qu'en appel, est entachée d'excès de pouvoir et frappée de nullité (Req. cass. 10 août 1864, aff. Arrazat, D. P. 64. 5. 119, n° 19). — Mais le juge de paix peut prendre une décision définitive sur le fond, bien que la commission qui a statué en premier ressort ne se soit occupée que d'une fin de non-recevoir.— Jugé ainsi que le juge de paix, saisi de l'appel d'une décision de la commission municipale, qui a rejeté par voie de fin de non-recevoir la demande formée devant elle, peut statuer sur le fond, quoique les premiers juges ne s'en soient point occupés, la déclaration de non-recevabilité qu'ils ont prononcée suffisant pour épuiser leur juridiction (Req. cass. 6 avr. 1858, aff. Toche, D. P. 58. 1. 131).

505. En aucun cas, le juge de paix ne peut préjuger une question d'état et passer outre (décr. 2 fév. 1852, art. 22, V. Droit polit., n° 531).—Décidé que le juge de paix appelé à statuer sur une demande soulevant une question d'état (une question de nationalité), est tenu de surseoir jusqu'à la solution de cette question préjudicielle par les tribunaux compétents, comme l'exige l'art. 22, alors même que le défendeur ferait défaut : on dirait à tort que le défendeur, en ne comparaissant pas, s'est reconnu implicitement l'état qui sert de base à la demande formée contre lui (Req. cass. 6 avr. 1858, aff. Toche, D. P. 58. 1. 131). — Mais pour qu'il y ait à proprement parler une question d'état, il faut qu'il y ait quelque doute sérieux. — Jugé : 1° que le juge de paix devant lequel la nationalité d'un citoyen inscrit sur la liste électorale est contestée, à l'effet de faire prononcer sa radiation, n'est pas tenu de surseoir à statuer sur la demande en radiation jusqu'à la solution de cette question préjudicielle par les juges compétents, lorsque la contestation n'est appuyée sur aucun document et se trouve démentie par toutes les pièces produites (Req. rej. 31 mars 1863, aff. Paumier, D. P. 63. 1. 136); — 2° Qu'une question d'état ou de nationalité, soulevée en matière électorale devant le juge de paix, n'a pas le caractère d'une question préjudicielle, lorsque l'évidence du droit ou du fait rend possible la solution immédiate de cette question; qu'ainsi le juge doit statuer sur le fond, sans renvoi préalable de la question d'état ou de nationalité aux juges compétents, lorsque l'exception est repoussée par les documents et les textes mêmes qui sont placés sous ses yeux (Req. cass. 4 avr. 1865, aff. Riaudel et autres, D. P. 65. 1. 239).

506. Les sentences rendues par les juges de paix, en matière électorale, doivent, comme tous les autres jugements, être motivées à peine de nullité; ainsi, la sentence d'un juge de paix qui confirme une décision de la commission municipale, sans en adopter les motifs et sans en énoncer de nouveaux, est nulle (Req. cass. 26 juin 1861, aff. élect. de Pont-l'Evêque, D. P. 61. 1. 416; 23 mars 1863, aff. Perron, D. P. 63. 1. 141).— Elles doivent aussi, sous la même peine de nullité, être prononcées en audience publique et avec l'assistance du greffier (Req. cass. 26 juin 1861, aff. élect. de Pont-l'Evêque, D. P. 61. 1. 416; 26 juin 1861, aff. élect. de Savigny, D. P. 62. 1. 133; 21 mars 1865, aff. Greco, D. P. 65. 1. 240).

507. Les jugements par défaut rendus par les juges de paix, en matière électorale, sont susceptibles d'opposition (Req. cass. 11 mai 1863, aff. Breteau, D. P. 64. 1. 239). — Mais la demande d'un délai pour une production de pièces, lie la cause avec la partie qui a demandé ce délai, et, par suite, la décision intervenue lors de l'expiration du délai accordé est contradictoire, et, par suite, non susceptible d'opposition, alors même que cette partie ne se serait pas présentée devant le juge de paix (Req. rej. 30 mars 1863, aff. Capette, D. P. 63. 1. 139).

508. Le pourvoi en cassation contre la décision du juge de paix est autorisé par l'art. 23 du décret de 1852, qui règle ainsi la forme et le délai du pourvoi : — « La décision du juge de paix est en dernier ressort, porte cet article, mais elle peut être déférée à la cour de cassation. — Le pourvoi n'est recevable que s'il est formé dans les dix jours de la notification de la décision.

— Il n'est pas suspensif. — Il est formé par simple requête, dénoncée aux défendeurs dans les dix jours qui suivent; il est dispensé de l'intermédiaire d'un avocat à la cour, et jugé d'urgence, sans frais ni consignation d'amende. — Les pièces et mémoires fournis par les parties sont transmis, sans frais, par le greffier de la justice de paix au greffier de la cour de cassation. — La chambre des requêtes de la cour de cassation statue définitivement sur le pourvoi. » — Il a été jugé, par application de cet article, 1° que l'exploit de notification d'une décision du juge de paix, en matière électorale, est nul lorsqu'il ne fait pas mention de la personne à laquelle la copie a été remise; que par suite, une semblable notification, si la décision a été rendue par défaut, ne fait pas courir le délai de l'opposition, et cette décision demeurant toujours susceptible d'opposition, ne peut être frappée d'un pourvoi en cassation (Req. rej. 13 mai 1863, aff. Goyon, D. P. 64. 5. 117, n° 9); — 2° Que le délai de dix jours dans lequel doit être formé le pourvoi en cassation contre les décisions des juges de paix, en matière électorale, court à partir du lendemain de la notification du jugement attaqué, et expire à la fin du dixième jour à compter de celui qui lui sert ainsi de point de départ; que par suite, le pourvoi formé le lendemain seulement de ce dixième jour est tardif (Req. rej. 11 mars 1863, aff. Bernier, D. P. 64. 1. 240); — 3° Qu'en matière électorale, la dénonciation du pourvoi en cassation aux défendeurs doit, à peine de nullité, contenir la copie de la requête en pourvoi: un simple avis du pourvoi ne suffit pas, à supposer même que cet avis ait été remis aux défendeurs par un agent assermenté (Req. 23 avr. 1860, aff. Blanc, D. P. 60. 1. 256; *Contrà*, Req. 7 mars 1864, aff. Georjon, D. P. 64. 1. 238).

509. Les électeurs qui ont été parties dans l'instance portée devant le juge de paix ont seuls qualité, au moins suivant la jurisprudence de la cour de cassation, moins favorable que lorsqu'il s'agit de l'appel (V. n° 501), pour se pourvoir en cassation. — Ainsi, il a été jugé 1° que la règle générale suivant laquelle nul ne peut se pourvoir en cassation contre une décision dans laquelle il n'a point été partie, est applicable en matière électorale (Req. rej. 23 mars 1863, aff. Leydet, D. P. 63. 1. 141; même jour, aff. Boussard, *eod.*); — 2° Que, toutefois, des électeurs peuvent déférer à la cour de cassation, même des décisions électorales où ils n'ont pas été parties, si elles ont été rendues en dehors de toutes les formes destinées à mettre les tiers en demeure d'intervenir, soit devant la commission municipale, soit devant le juge de paix, et lorsqu'il s'agit, par exemple, de décisions par lesquelles un juge de paix a, sur simples requêtes, sans publicité et sans décision préalable de la commission municipale, ordonné des additions de noms sur la liste électorale après sa clôture (Req. cass. 10 août 1864, aff. Arrazat, D. P. 64. 5. 115, n° 5).

510. Le maire ne peut intervenir, soit en appel devant le juge de paix, soit en cassation, pour défendre contre les parties les décisions rendues, en matière d'inscription sur les listes électorales, par la commission municipale dont il est le président. — Cette proposition ressort de la circulaire du procureur général à la cour de cassation, du 23 mars 1863, D. P. 63. 3. 47.

511. Les pièces non produites devant le juge de paix, en matière d'inscription électorale, ne peuvent être invoquées devant la cour de cassation (Req. rej. 10 mars 1863, aff. Cuvelier, D. P. 63. 1. 136). — Mais il a été jugé que la preuve qu'une pièce, dont la production devant le juge de paix ne s'induit d'aucune des énonciations du jugement, a cependant été soumise à ce magistrat, peut résulter de la circonstance que cette pièce n'avait été demandée que pour être produite dans l'instance électorale (Req. cass. 30 mars 1863, aff. Goumy, D. P. 63. 1. 137; 11 mars 1863, aff. Lecomte, *eod.*).

512. « Le 31 mars de chaque année, le maire opère toutes les rectifications régulièrement ordonnées, transmet au préfet le tableau de ces rectifications et arrête définitivement la liste électorale de la commune. — La minute de la liste électorale reste déposée au secrétariat de la commune; le tableau rectificatif transmis au préfet reste déposé avec la copie de la liste électorale au secrétariat général du département. — Communication en doit toujours être donnée aux citoyens qui la demandent » (décr. régl. 2 fév. 1852, art. 7). — Il a été jugé que le droit que cet article reconnaît à tout citoyen de prendre, à toute époque, communication tant de la liste électorale déposée au secrétariat de la commune que de celle déposée au secrétariat général du département, entraîne nécessairement pour lui le droit de prendre copie de ces listes électorales, sauf au préfet ou au maire à prendre les mesures nécessaires pour que cette communication n'entrave pas les services publics et l'exercice du droit des autres citoyens (cons. d'Ét. 19 juin 1863, aff. de Sonnier, D. P. 63. 3. 40). — Toutefois, il avait été décidé précédemment qu'il n'y a pas lieu d'annuler une élection par cela seul que dans une commune le maire aurait refusé de permettre aux électeurs de prendre copie de la liste électorale : « Considérant, dit le conseil d'État, que les requérants reconnaissent que la minute de la liste électorale est restée déposée au secrétariat de la mairie de la commune, conformément à l'art. 7 du décret réglementaire du 2 fév. 1852, et que les électeurs ont pu en prendre connaissance; qu'ainsi la prescription légale a été remplie » (cons. d'Ét. 16 août 1859, M. David, rap., aff. élect. de Céret). — Cette décision, d'après les motifs sur lesquels elle est fondée, aurait pu être prise comme une négation du droit de copie; en admettant qu'il en soit ainsi, la décision précédente, postérieure en date, lui enlève toute autorité. — Mais il a été décidé que, quoique tout citoyen ait le droit de prendre communication et copie de la liste électorale et du tableau rectificatif dressés en vertu des art. 2 et 7 du décret réglementaire du 2 fév. 1852, il n'en est pas de même de la copie de la liste sur laquelle sont indiqués, au moyen d'émargements, les électeurs qui ont pris part aux opérations; le préfet peut, dès lors, refuser à tout électeur ou candidat la communication de cette copie (cons. d'Ét. 28 janv. 1864, aff. Anglade, D. P. 64. 3. 85).

513. Les listes électorales doivent-elles être publiées par voie d'affiches? — La négative a été décidée par le conseil d'État : « Considérant, dit-il, que l'art. 7 du décret réglementaire du 2 fév. 1852 exige seulement que la minute des listes électorales reste déposée au secrétariat de la mairie pour être communiquée à tout requérant » (cons. d'Ét. 1er juin 1853, M. Pascalis, rap., aff. Luciani *C.* Versini; 18 mai 1861, M. Chauchat, rap., élect. de Beauquay). — Une élection avait été attaquée par ce motif que de nombreuses modifications avaient été faites à la liste électorale d'une commune et n'avaient pas été portées à la connaissance des électeurs par la publication de la liste. — Mais la réclamation a été rejetée : « Considérant, a dit le conseil d'État, qu'en admettant que ladite liste n'ait pas été publiée, il n'est pas allégué que les modifications, d'ailleurs peu nombreuses, dont elle a été l'objet, n'aient pas été faites à bon droit et qu'il n'est pas justifié que le défaut de publication de la liste ait constitué une manœuvre qui soit de nature à vicier les élections » (cons. d'Ét. 2 sept. 1862, M. Aucoc, rap., élect. de Pampelonne). — Une élection a été au contraire annulée dans les circonstances suivantes : D'une part, dans une commune la liste électorale n'avait pas été arrêtée au 31 mars de chaque année; elle n'avait pas été publiée à l'époque fixée par la loi; un simple visa du sous-préfet avait été apposé sur cette liste dans le mois de juin, visa qui ne pouvait suffire pour en garantir l'authenticité; d'autre part de nombreuses additions et radiations avaient été opérées irrégulièrement sur les listes électorales de diverses communes du canton et il n'avait pas été procédé à la révision des listes électorales dans ces communes, conformément aux règles et formalités prescrites par les art. 1, 2 et 3 du décret réglementaire du 2 fév. 1852, d'où résultait l'impossibilité de constater la régularité des modifications opérées sur ces listes (cons. d'Ét. 1er mai 1862, M. Walckenaër, rap., élect. de Saint-Paul).

514. L'art. 24 du décret de 1852 dispose : « Tous les actes judiciaires sont, en matière électorale, dispensés du timbre et enregistrés gratis. — Les extraits des actes de naissance nécessaires pour établir l'âge des électeurs sont délivrés gratuitement, sur papier libre, à tout réclamant. Ils portent en tête de leur texte l'énonciation de leur destination spéciale et ne peuvent servir à aucune autre » (V. *infrà*, nos 630, 1030). L'art. 25 ajoute que les élections sont faites sur la liste révisée pendant toute l'année qui suit la clôture de la liste.

515. La liste électorale, close comme il a été dit ci-dessus, reste jusqu'au 31 mars de l'année suivante, telle qu'elle a été arrêtée, sauf néanmoins les changements qui y auraient été ordonnés par décision du juge de paix, et sauf aussi la radiation des noms des électeurs décédés ou privés des droits civils et politiques par jugement ayant force de chose jugée (décr. régl. 2 fév. 1852, art. 8).— Il a été jugé : 1° que la circonstance que les listes électorales auraient été irrégulièrement dressées n'emporte pas nullité de l'élection, si les listes étaient devenues définitives, à défaut de réclamation formée en temps utile (cons. d'Et. 23 août 1843, M. Gaultier d'Uzerche, rap., élect. de Vauvillers);—2° Que l'art. 8 du décret réglementaire du 2 fév. 1852 n'autorise que les changements ordonnés par le juge de paix comme juge d'appel des décisions de la commission municipale, et non ceux qui lui seraient demandés directement, à la diligence, par exemple, du maire réclamant le maintien sur la liste de certains électeurs qui y ont été inscrits d'office après le 31 mars (Req. cass. 26 juin 1861, aff. élect. de Savigny, D. P. 62. 1. 135); — 3° Que cet article ne confère pas à ce magistrat le pouvoir d'ordonner des inscriptions et des radiations sur les réclamations directes des citoyens, mais ne se réfère qu'aux changements à opérer en vertu des jugements par lui rendus, comme juge d'appel des décisions de la commission municipale (Req. cass. 26 juin 1861, élect. mun. de Pont-Lévêque, D. P. 61. 1. 416); — 4° Que les irrégularités reprochées à la confection de la liste électorale et consistant en ce que cette liste n'aurait pas été régulièrement dressée, qu'elle n'aurait pas été publiée et qu'il n'aurait pas été fait de tableau d'additions et de retranchements, ne vicie pas l'élection, si la liste qui a servi aux opérations électorales, dressée conformément à la loi et close le 31 mars, a été déposée au secrétariat de la mairie pour être communiquée à tout requérant, conformément à l'art. 2 du décret réglementaire du 2 fév. 1852, en outre, s'il n'est pas justifié que la communication de cette liste ait été refusée à aucun citoyen, les irrégularités alléguées ne pouvant, dans ces circonstances, être considérées comme une manœuvre de nature à porter atteinte à la sincérité des élection (cons. d'Et. 30 mars 1861, M. Paixhans, rap., élect. de Nogaro); — 5° Qu'il n'est pas nécessaire que les radiations opérées sur les listes électorales soient notifiées aux parties intéressées (cons. d'Et. 9 juin 1849, aff. élect. de Pomerols, D. P. 49. 3. 72; 5 janv. 1850, aff. Bailly, D. P. 50. 3. 19).

§ 2. *Convocation des assemblées électorales. — Formation des bureaux.*

516. D'après la loi de 1833, les assemblées électorales étaient convoquées au chef-lieu du canton, ou au chef-lieu d'une commune plus centrale ou de communication plus facile désignée par le préfet (art. 34); il ne devait y avoir qu'une seule assemblée par canton, à moins que le nombre des électeurs fût supérieur à trois cents. Au delà de ce nombre, le préfet prenait un arrêté pour diviser l'assemblée en sections, de manière qu'aucune section ne comprît moins de cent, ni plus de trois cents membres (art. 35). — Cette règle, qu'il ne devait y avoir qu'une seule assemblée par canton, remonte aux premières tentatives de l'organisation du système électif en France; elle était consacrée par l'art. 1 de la sect. 1 du décret du 22 déc. 1789, et elle était justifiée par l'instruction qui accompagne ce décret, de la manière suivante : « La principale raison qui a déterminé l'assemblée nationale à préférer les assemblées primaires par cantons aux simples assemblées par paroisse ou par communauté, est que les premières étant plus nombreuses, déconcertent mieux les intrigues, détruisent l'esprit de corporation, affaiblissent l'influence du crédit local, et par là assurent davantage la liberté des élections. Les citoyens des campagnes ne regretteront pas la peine légère d'un très-petit déplacement, en considérant qu'ils acquièrent à ce prix une plus grande indépendance dans l'exercice de leur droit de voter. » — Le décret du 3 juill. 1848, art. 12, et la loi du 15 mars 1849, art. 25, avaient maintenu la règle du vote au chef-lieu de canton : on craignait alors, comme en 1789, que la multiplication des assemblées électorales n'eût pour effet de donner une part trop grande aux influences locales. Le législateur de 1852 n'a pas été arrêté par cette crainte. Dans le but d'éviter les déplacements et les pertes de temps qu'occasionnait aux électeurs le vote au chef-lieu de canton, il a changé la règle jusqu'alors adoptée. « Les électeurs, dit l'art. 3 du décret organique du 2 fév. 1852, se réunissent au chef-lieu de leur commune. Chaque commune peut néanmoins être divisée, par arrêté du préfet, en autant de sections que le rend nécessaire le nombre des électeurs inscrits : l'arrêté pourra fixer le siége de ces sections hors du chef-lieu de la commune. » —L'art. 3 de la loi du 7 juill. 1852 applique cette règle aux élections des membres des conseils généraux et d'arrondissement.

517. Il a été jugé 1° sous la loi de 1849, que la formation des sections électorales rentre dans les attributions exclusives de l'administration... alors, d'ailleurs, qu'il n'est pas justifié que l'exercice du droit des électeurs en ait été entravé (cons. d'Et. 24 août 1849, aff. Rouvière *C.* Aulier, D. P. 50. 3. 4);— 2° Que c'est au préfet qu'il appartient de procéder souverainement à la répartition des communes du canton pour la formation des sections électorales (cons. d'Et. 24 août 1849, aff. Rouvière *C.* Ferraud, D. P. 50. 3. 3); — 3° Sous la loi du 7 juill. 1852, que les préfets seuls peuvent par des arrêtés diviser les communes en sections électorales; qu'en conséquence, lorsque les électeurs d'une commune ont voté dans deux sections distinctes, sans qu'aucun arrêté du préfet ait ordonné cette division, les opérations électorales de cette commune doivent être annulées et en outre celles des autres communes du canton déclarées non avenues (cons. d'Et. 16 août 1862, M. Savoye, rap., aff. Labroquère);—4° Que toutefois, lorsqu'en supposant que tous les électeurs inscrits dans la commune dont il s'agit ont pris part au vote, et en ne tenant pas compte au candidat élu des suffrages par lui obtenus dans cette commune, il conserve encore un nombre de voix supérieur à la majorité absolue, son élection peut être validée (cons. d'Et. 16 août 1862, M. Savoye, rap., aff. Sauvejunte). — V. n°s 878 et suiv.

518. Le droit de diviser les communes en sections électorales ne pourrait pas même être délégué par le préfet au sous-préfet. Ainsi les élections faites dans une commune divisée en sections par un arrêté du sous-préfet rendu postérieurement à la convocation des électeurs par le préfet, sont irrégulières et nulles, et cette irrégularité rend non avenues les opérations électorales accomplies dans les autres communes du canton (cons. d'Et. 4 août 1862) (1).—Ce droit n'appartiendrait pas davantage au préfet maritime. Il y a lieu dès lors d'annuler les opérations électorales auxquelles ont pris part les ouvriers d'un port, que le préfet maritime a divisés en sections, d'après les différents services auxquels ils appartenaient (cons. d'Et. 19 juin 1862) (2).

---

(1) (Elect. de Vabre.) — Napoléon, etc.; — Vu la loi du 22 juin 1833, le décret du 3 juill. 1848, les décrets du 2 fév. 1852 et la loi du 7 juill. 1852, notamment l'art. 3; — Considérant que la commune de Sénégats-et-Trévise, dont les électeurs avaient été convoqués pour le 16 juin 1861, à l'effet de concourir, avec les cinq autres communes du canton de Vabre, à la nomination d'un membre du conseil général, a été, postérieurement à cette convocation, et par un arrêté pris le 11 juin 1861, par le sous-préfet de l'arrondissement de Castres, divisée en deux sections électorales qui devaient se réunir l'une dans la salle de la mairie de ladite commune et l'autre dans la maison d'école de N.-D. de Tournadous; — Considérant qu'aux termes du § 1 de l'art. 3 de la loi du 7 juill. 1852, l'élection des membres des conseils généraux doit avoir lieu par commune; qu'aux termes du paragraphe suivant, les préfets peuvent, par un arrêté, diviser les communes en sections électorales; mais que ce droit ne peut être délégué par eux aux sous-préfets; qu'ainsi le sous-préfet de l'arrondissement de Castres était sans droit pour prendre l'arrêté ci-dessus mentionné, et que, par suite, les opérations électorales de la commune de Sénégats-et-Trévise sont irrégulières, et doivent être annulées; — Considérant que, dans ces circonstances, les opérations électorales qui ont eu lieu le 16 juin 1861, dans les cinq autres communes du canton de Vabre, pour la nomination d'un membre du conseil général, doivent être considérées comme non avenues; — Art. 1. L'arrêté ci-dessus visé du cons. de préf. du Tarn, du 20 juill. 1861, est annulé. — Art. 2. Les opérations électorales... sont annulées.

Du 4 août 1862.-Décr. cons. d'Et.-M. Chauchat, rap.

(2) (Elect. de Toulon.) — Napoléon, etc.; — Vu la loi du 22 juin 1833; le décret du 3 juill. 1848 et la loi du 7 juill. 1852; — Considérant qu'aux termes de l'art. 3 de la loi du 7 juill. 1852, l'élection des

519. L'arrêté de convocation désigne la commune où doit avoir lieu chaque assemblée; il est convenable qu'il indique aussi le lieu et l'heure de la réunion (instruct. min. 15 sept. 1833). — Le préfet a plein pouvoir pour désigner comme il le juge convenable le lieu où doivent s'accomplir les opérations électorales. — Jugé, sous la loi de 1833 : 1° que l'arrêté préfectoral qui désigne le lieu de la réunion dans une commune autre que le chef-lieu de canton est un acte administratif non susceptible d'être déféré au conseil d'Etat par voie contentieuse (cons. d'Et. 30 déc. 1843, M. Baudon, rap., Elect. des Tiranges; conf. M. Dumesnil, de l'organ. et des attrib. des conseils généraux, p. 111); — 2° Que l'on ne peut demander la nullité d'opérations électorales par le motif que l'assemblée aurait été convoquée non pas au chef-lieu du canton, mais dans un hameau et dans une salle dépendant de la maison du maire, si ce local sert aux séances du conseil municipal à défaut de maison commune, et surtout s'il est payé une indemnité pour cette affectation (cons. d'Et. 14 août 1837, M. Dumartroy, rap., Elect. de Roquefort-de-Sault);—3° Sous l'empire du décret de 1852, que la convocation par le maire de l'assemblée électorale dans un local qui ne fait pas partie du chef-lieu, mais que depuis un grand nombre d'années la commune a loué pour lui tenir lieu de mairie, où se réunit le conseil municipal et où les élections précédentes ont été constamment faites, ne constitue pas une violation de l'art. 3 de ce décret (cons. d'Et. 10 mars 1863, M. de Bammeville, rap., Elect. de Conques). — V. nos 883 et suiv.

520. Le maire du chef-lieu de canton ne pourrait changer le local désigné par le préfet, à moins qu'il n'y eût pour cela des causes graves, et, en quelque sorte, de force majeure, et que le maire n'eût pas le temps d'en avertir le préfet; il faut d'ailleurs que le changement soit connu à l'avance des électeurs et ne nuise en rien à la liberté des votes. Ce changement pourrait être une cause de nullité; à plus forte raison, doit-il en être ainsi, lorsque cette infraction a été compliquée d'autres irrégularités.— Jugé par exemple que l'élection d'un membre d'un conseil général n'est pas valable si la réunion a eu lieu à une heure avancée de la nuit, en l'absence de plusieurs membres, dans un local autre que celui désigné par le préfet, et après que le président de l'assemblée électorale a été forcé de lever une première séance à cause du tumulte et de l'irritation des électeurs, bien que cette convocation ait été adressée verbalement par le président aux électeurs, si elle n'a pas reçu d'autre publicité (cons. d'Et. 1er août 1837, M. Du Martroy, rap., Elect. de Bonifaccio). — V. no 883.

521. Par la même raison, ni le bureau d'une assemblée électorale ni le maire n'ont le droit de changer le jour indiqué pour une élection par le préfet (Conf. Dumesnil, *loc. cit.* p. 109, 110). — Il a été décidé en ce sens qu'une élection n'est pas valable lorsque les opérations qui ont eu lieu dans les communes du canton, au jour fixé par le préfet, n'ont pas donné de résultat, et que la majorité n'a été acquise au candidat ultérieurement proclamé que par suite des opérations qui ont eu lieu, huit jours après, dans une commune où le maire avait cru, le premier jour, devoir renvoyer lesdites opérations à huitaine (cons. d'Etat 20 juill. 1853) (1).

522. L'arrêté de convocation rendu par le préfet doit être publié et affiché dans toutes les communes participant à l'élection. Cette publication est essentiellement obligatoire. — En conséquence, il y a lieu d'annuler les opérations électorales, lorsqu'il est établi que l'arrêté de convocation n'a été ni affiché ni publié dans les formes régulières, que les billets d'avertissement qui devaient suppléer à ce défaut de publicité n'ont été distribués que tardivement, enfin que les opérations ont été fixées à une heure qui a pu rendre impossible à quelques électeurs toute participation auxdites opérations (cons. d'Etat 23 fév. 1841, M. Saglio, rap., élect. d'Uglas). — V. nos 886, 887.

523. Une difficulté très-grave s'est élevée sur la question de savoir quel temps devait s'écouler entre l'arrêté préfectoral qui convoque les électeurs pour la nomination d'un membre du conseil général et la réunion où l'élection a lieu. L'art. 2 de la loi du 7 juill. 1852 porte : « Jusqu'à la loi définitive qui doit régler l'organisation départementale et municipale, les élections auront lieu conformément aux lois existantes, sauf les modifications portées en la présente loi »; et l'art. 3 de la même loi ajoute : « L'élection des membres des conseils généraux, des conseils d'arrondissement et des conseils municipaux aura lieu par commune sur les listes dressées pour l'élection des députés au corps législatif, conformément aux dispositions des décrets du 2 fév. 1852. » — Or l'art. 4 du décret organique des 2-21 fév. 1852 dispose que l'intervalle entre la convocation et l'ouverture des colléges électoraux est de vingt jours au moins. Il semblerait résulter de là que l'intervalle entre l'arrêté préfectoral de convocation et l'ouverture du collége électoral pour l'élection d'un membre du conseil général doit être également de vingt jours. Sous le régime de la loi du 22 juin 1833, il ne paraissait pas douteux que les règles applicables aux élections législatives dussent être également appliquées aux élections départementales et municipales. Une circulaire ministérielle du 16 sept. 1833 le déclarait expressément, et sous le régime des décrets du 7 juill. 1852 le conseil d'Etat a souvent appliqué aux élections départementales, sur d'autres questions que la question actuelle, des dispositions des deux décrets relatifs aux élections législatives. Cependant, en 1860 l'administration supérieure crut devoir resserrer dans de plus étroites limites le mouvement électoral. Le ministre de l'intérieur d'alors (M. Billault) adressa, le 7 août 1860, aux préfets un décret de convocation par lequel les élections municipales étaient fixées aux 18 et 19 août, et les invita à convoquer les électeurs à cet effet. Par suite, non-seulement le délai entre la promulgation du décret et le jour de l'élection n'a pu être de vingt jours, mais le délai entre l'arrêté préfectoral de convocation et l'élection n'a pu être que de huit ou neuf jours au plus; souvent

---

membres des conseils d'arrondissement a lieu par commune; qu'il n'appartient qu'aux préfets de diviser en sections les communes de leur département; que d'après l'art. 15 du décret du 3 juill. 1848, le bureau de chaque assemblée ou section doit être présidé par le maire de la commune, ou, à défaut, par les adjoints ou conseillers municipaux selon l'ordre du tableau; — Considérant qu'un arrêté du préfet maritime du 5e arrondissement, en date du 8 juin 1861, a convoqué dans l'arsenal les maîtres, contre-maîtres et ouvriers des différents services du port de Toulon, domiciliés dans le canton ouest de Toulon et portés sur les listes électorales, pour les 15 et 16 juin, à l'effet de procéder à l'élection d'un membre du conseil d'arrondissement; que ces électeurs ont été divisés en plusieurs assemblées d'après les différents services auxquels ils appartenaient, et que, dans chacune de ces assemblées, la présidence du bureau a été déférée, en vertu du même arrêté du préfet maritime, à un ingénieur de la marine, à un capitaine de frégate et à un commissaire adjoint de la marine; qu'ainsi il a été procédé aux opérations électorales contrairement aux dispositions des lois précitées, qui n'accordent qu'aux préfets des départements le droit de diviser les communes en sections, et qui défèrent aux maires, aux adjoints et aux conseillers municipaux la présidence des bureaux des assemblées électorales : — Art. 1. L'arrêté du conseil de préfecture du département du Var, du 17 juill. 1861, est annulé. — Art. 2. Sont également annulées les opérations électorales, etc.

Du 19 juin 1862.-Décr. cons. d'Et.-M. Savoye, rap.

(1) *Espèce:* —(Elect. du canton d'Omessa.) — NAPOLEON, etc.; — Vu la loi du 22 juin 1833, le décret du 3 juill. 1848, les décrets du 2 fév. 1852 et la loi du 7 juill. suiv.; — Considérant que, par arrêté du préfet de la Corse, en date du 17 juill. 1852, les assemblées des électeurs des communes du canton d'Omessa avaient été convoquées pour le 1er août suivant, à l'effet d'élire un membre du conseil général et un membre du conseil d'arrondissement; que les opérations auxquelles il a été procédé ledit jour, 1er août, dans les communes de Castirla, d'Omessa, de Piepigriggio, de Soveria, de Popolasia et de Castiglione, n'ont donné aucun résultat pour l'élection au conseil d'arrondissement, et que la majorité n'a été acquise au sieur Lucain qu'à la suite des opérations qui ont eu lieu dans la commune de Prato le 8, jour auquel le maire de ladite commune avait ajourné la réunion électorale qui, aux termes de l'arrêté préfectoral précité, aurait dû avoir lieu le 1er; — Considérant qu'il ne pouvait appartenir au maire de Prato de changer le jour de la convocation des électeurs de la commune, contrairement aux prescriptions de l'arrêté du préfet; que, dans ces circonstances, c'est à tort que le conseil de préfecture a déclaré valable l'élection du sieur Luciani au conseil d'arrondissement; — ... Art. 2. L'arrêté ci-dessus visé du conseil de préfecture de la Corse, en date du 20 août 1852, est annulé, etc.

Du 20 juill. 1853.-Décr. cons. d'Et.-M. Richaud, rap.

même il n'a pu être et n'a été que de deux ou trois jours. — En même temps, les élections partielles auxquelles donnaient lieu les vacances survenues dans les conseils généraux ou d'arrondissement, étaient souvent accomplies avec la même précipitation. Ainsi, par exemple, un arrêté du préfet de la Gironde, du 11 juin 1860, convoquant pour le 24 les électeurs du canton de Branne, à l'effet de procéder à l'élection d'un membre du conseil général, n'a été publié dans les diverses communes de ce canton que le 18 juin.—C'est en présence d'un tel état de choses, qu'a été soulevée la question qui nous occupe, sur l'applicabilité, aux élections de département, d'arrondissement et aux élections communales, de la disposition de l'art. 4 du décret organique du 2 fév. 1852 relatif aux élections législatives. Nous ne pensons pas que l'administration puisse, selon qu'elle le juge convenable, étendre ou abréger le délai de convocation. L'art. 4 du décret organique du 2 fév. 1852 nous paraît poser une règle qu'il ne devrait pas lui être loisible d'éluder. Cependant la jurisprudence du conseil d'Etat paraît se décider en sens contraire. — Il a été jugé : 1° qu'aucune disposition de loi n'a déclaré applicable, soit aux élections des conseils généraux ou d'arrondissement, soit aux élections des conseils municipaux, la règle établie par l'art. 4 du décret organique du 2 fév. 1852, qui porte que, pour l'élection des députés au corps législatif, l'intervalle entre le décret de convocation des colléges électoraux et l'ouverture de ces colléges doit être de vingt jours au moins; — Qu'en conséquence il n'y a pas lieu d'annuler une élection, soit départementale, soit municipale, lors de laquelle un délai moindre s'est écoulé entre la publication de l'arrêté préfectoral de convocation et la réunion des électeurs (cons. d'Etat 16 août 1860, aff. élect. de Céret, D. P. 62. 3. 17; 6 juin 1861, élect. de Ganges, *eod*; 9 fév. 1861, M. David, rap., élect. de Valenciennes; 2 mai 1861, M. de Belbeuf, rap., élect. de Brames; 31 août 1863, M. Roussigné, rap., élect. de Castelnau); — 2° Que la circonstance que l'arrêté préfectoral fixant le jour de l'élection ne serait parvenu dans l'une des communes que l'avant-veille de l'élection, d'où l'on induirait que cette publication tardive n'avait pas laissé le temps nécessaire pour faire connaître les candidatures, pour rectifier les listes électorales conformément à l'art. 8 du décret réglementaire du 2 fév. 1852, et pour faire afficher la liste des rectifications, ne saurait être une cause de nullité de l'élection, attendu, disait le conseil d'Etat dans l'espèce, « qu'il ne résulte pas de l'instruction que les électeurs n'aient pas été avertis en temps utile du jour de l'élection ou que les candidatures n'aient pas été connues; que le requérant n'indique pas les rectifications à la liste électorale que le défaut de temps n'aurait pas permis de faire » (cons. d'Et. 18 mars 1857, M. Aucoc rap., élect. de la Côte-Saint-André); — 3° Mais qu'il doit en être autrement s'il est justifié en fait que le délai fixé n'a pas été suffisant pour le libre et complet exercice du droit électoral (cons. d'Et. 6 juin 1861, aff. élect. de Ganges, D. P. 62. 3. 18). — V. n° 888.

524. Il se rencontre assez souvent des années où il y a lieu d'élire tout à la fois des membres ou tous les membres du conseil général, et des membres ou tous les membres du conseil d'arrondissement. — Une instruction ministérielle avait tracé, sous la loi du 22 juin 1833, la marche à suivre dans cette circonstance particulière. Suivant cette circulaire, il devait y avoir deux sessions distinctes et séparées : la première pour l'élection du conseiller ou des conseillers de département, la seconde pour l'élection du conseiller ou des conseillers d'arrondissement. Ces sessions pouvaient se tenir immédiatement l'une à la suite de l'autre ou séparées par quelques jours d'intervalle. On pouvait encore, si les circonstances s'y prêtaient, convoquer les électeurs du canton pour une seule session ne pouvant durer plus de deux jours (L. 22 juin 1833, art. 47), et dans laquelle les électeurs devaient successivement procéder aux deux élections. Si le second jour les élections n'étaient pas terminées, le préfet convoquait de nouveau l'assemblée pour les élections qui restaient à faire. Ces divers moyens, disait en terminant l'instruction ministérielle, peuvent être employés selon les circonstances et les localités. — Ce mode de procéder, suffisant pour le régime électoral restreint, n'était plus compatible avec le suffrage universel, alors surtout que l'on maintenait l'élection au chef-lieu du canton; il eût exigé des déplacements beaucoup trop onéreux pour les électeurs. Il paraît qu'on se décida alors pour la simultanéité des opérations. Ce système a été déclaré légal par le conseil d'Etat antérieurement au décret de 1852, à la condition, toutefois, qu'il ne fût pas la cause d'une confusion et d'une irrégularité dans les votes.—Il a été décidé, en effet, que le grief tiré de ce que, contrairement à l'arrêté de convocation des électeurs, l'élection d'un membre du conseil général et de deux conseillers d'arrondissement ont eu lieu simultanément, doit être rejeté, si cette simultanéité d'opérations n'a pas causé de confusion dans les votes (cons. d'Et. 31 août 1849, M. François, rap., aff. Gondois). — Mais l'élection a été annulée, au contraire, dans un cas où la simultanéité des opérations avait amené des erreurs et des irrégularités graves (cons. d'Et. 31 août 1849, M. Maigne, rap., aff. Delpech), et, par exemple, parce qu'elle avait donné lieu à un mélange de bulletins et à une confusion de votes qui n'avaient pas permis de constater la majorité réellement obtenue par le candidat élu (cons. d'Et. 31 août 1849, M. Gomel, rap., aff. Neyron, etc., *C.* Heurtier).

Ce système a été maintenu sous les lois électorales de 1852; seulement il a été régularisé par une instruction ministérielle du 8 juill. 1852. La double élection des membres des conseils généraux et des conseils d'arrondissement, dit cette circulaire, peut être faite simultanément au moyen de deux boîtes portant extérieurement ces mots *conseil général,* — *conseil d'arrondissement,* et de la délivrance aux électeurs de bulletins portant les mêmes indications. — Ce nouveau mode de procéder a donné lieu à des réclamations qui n'ont pas été admises. — Il a été décidé, en effet, que lorsqu'il est procédé en même temps à l'élection des membres des conseils généraux et des conseils d'arrondissement, au moyen de deux boîtes séparées portant cette inscription *conseil général, conseil d'arrondissement,* ces mêmes mentions portées en caractères imprimés sur les bulletins de vote, conformément à la circulaire ministérielle du 8 juill. 1852, afin d'éviter la confusion, ne saurait entraîner la nullité de l'élection, alors d'ailleurs que le mode d'exécution de cette mesure d'ordre n'a pas été de nature à porter atteinte au secret et à la liberté des votes (cons. d'Et., 23 mars 1853, M. Gaslonde, rap., aff. d'Assenoy).

525. Dans la circulaire précitée, le ministre s'était borné à dire que les bulletins délivrés avec les cartes électorales porteraient cette suscription *conseil général, conseil d'arrondissement.* Quelques préfets, croyant faciliter le placement des bulletins dans les urnes qui leur étaient respectivement destinées, avaient pensé que la mention pouvait être mise au dos du bulletin. Mais c'était une erreur; la loi, comme on va le voir, veut que les bulletins soient blancs et sans signes extérieurs (décr. 2 fév. 1852, art. 21, V. n° 566). Aussi le ministre de l'intérieur, dans une nouvelle circulaire du mois de juin 1864, a-t-il prescrit aux préfets de donner les instructions nécessaires pour qu'aucune mention ne soit dorénavant portée au dos des bulletins.

526. En exigeant que les bulletins de vote portassent la suscription *conseil général, conseil d'arrondissement,* on avait pensé que cette indication fournirait le moyen de réparer l'erreur qui pouvait être commise, si l'électeur mettait dans la boîte du conseil d'arrondissement le bulletin du conseil général, et réciproquement. On supposait que les bulletins pourraient être après coup restitués à la boîte qui devait les contenir (circ. min. 8 juill. 1852).—Mais ce reversement d'une urne dans l'autre, des bulletins déposés dans celle qui n'était pas destinée à les recevoir a été considéré par le conseil d'Etat comme pouvant avoir pour effet de favoriser les fraudes, en comptant au même candidat deux votes émanés du même électeur.—En conséquence, il a été décidé que lorsque, dans une commune, il est procédé à l'élection simultanée d'un membre du conseil général et d'un membre du conseil d'arrondissement, on ne doit pas tenir compte au candidat pour le conseil général des bulletins portant son nom, mais trouvés dans l'urne destinée à recevoir les votes pour le conseil d'arrondissement (cons. d'Et. 5 juin 1862 (1); 19

(1) (Elect. de Lyon.) — NAPOLÉON, etc.; — Vu la loi du 22 juin 1833, le décret réglementaire du 2 fév. 1852 et la loi du 7 juill. de la

juin 1862, M. Savoye, rap., élect. de Mer; 2 sept. 1862, M. Aucoc, rap., élect. de Pampelonne; 8 janv. 1863, M. de Raynal, rap., élect. de Saint-Didier-la-Séauve; 19 juin 1863, M. Perret, rap., élect. du Châtelet-en-Berry). — Et si, déduction faite de ces suffrages, le candidat n'a plus la majorité exigée par la loi, l'élection doit être annulée (mêmes arrêts des 5 juin 1862, 8 janv. 1863, 19 juin 1863). — Dans le cas contraire, et malgré l'irrégularité, l'élection est maintenue (même arrêt du 19 juin 1862).

527. Mais on s'est demandé si, en déduisant du nombre des suffrages attribués par le bureau au candidat pour le conseil général les bulletins qui ont été trouvés dans l'urne destinée à l'élection pour le conseil d'arrondissement, on ne doit pas en même temps déduire ce même nombre du nombre des votants. — Dans l'espèce de l'arrêt du 19 juin 1863 précitée, cette déduction n'a pas été faite, bien qu'elle eût été demandée. Et en effet elle ne devait pas l'être : ceux qui avaient déposé irrégulièrement ces bulletins dans l'urne du conseil d'arrondissement n'avaient pas été compris parmi les votants pour le conseil général; il n'y avait donc pas lieu de faire la déduction demandée. — Par la même raison, lorsque dans l'urne destinée aux bulletins du conseil général, on a trouvé un certain nombre de bulletins portant l'indication du conseil d'arrondissement, ces bulletins doivent être comptés comme suffrages exprimés et servir à former le calcul de la majorité absolue pour l'élection au conseil général : — « Considérant, dit le conseil d'Etat, que, d'après le procès-verbal de recensement général, le nombre des suffrages exprimés s'élevait à 2,101; mais qu'il n'a pas été tenu compte de trente-deux bulletins qui portaient l'indication du conseil d'arrondissement et qui auraient été déposés dans les urnes destinées à l'élection au conseil général dans les communes d'Excideuil, de Clermont, de Génis, de Saint-Martial, de Saint-Médard et de Saint-Raphaël; que ces trente-deux bulletins devaient être comptés comme suffrages exprimés, et que c'est avec raison que le conseil de préfecture les a ajoutés aux 2,101 suffrages que le dépouillement des votes avait donnés pour l'élection au conseil général » (cons. d'Et. 18 mars 1863, M. Cotlin, rap., élect. d'Excideuil).

528. Il est arrivé aussi que les bulletins pour le conseil général et pour le conseil d'arrondissement ont été mis confusément dans la même urne. — Le conseil d'Etat a décidé que cette irrégularité ne viciait pas l'élection, alors qu'elle était la conséquence de l'impossibilité où se trouvaient beaucoup d'électeurs d'indiquer à laquelle des deux élections s'appliquait chacun des bulletins dont ils étaient porteurs, et si d'ailleurs, en retranchant du nombre des suffrages obtenus par les candidats élus la totalité de ceux qui leur ont été donnés dans cette commune, ils conservent encore une majorité plus que suffisante pour assurer leur élection (cons. d'Et. 4 juin 1862, M. Roussigné, rap., élect. de la Côte-Saint-André).

529. D'après la loi du 16 juill. 1850, art. 10, pendant les vingt jours qui précèdent les élections, les circulaires et professions de foi signées des candidats peuvent, après dépôt au parquet du procureur impérial, être affichées et distribuées sans autorisation de l'autorité municipale (V. Presse-outrage, nos 443 et suiv.). — Cette disposition devant, d'après la cour de cassation, s'appliquer aux élections communales comme aux élections législatives (Ch. réun., cass. 30 janv. 1857, aff. Thomas, D. P. 57. 1. 10), doit nécessairement être étendue dès lors aux élections départementales (V. toutefois vo Presse-outrage, no 444). — La disposition précitée de la loi du 16 juill. 1850 dit que, dans le cas prévu, les circulaires et professions de foi pourront être affichées et distribuées sans autorisation de l'autorité municipale. Mais il est à remarquer que la loi du 10 déc. 1830, art. 2, porte que nul ne peut exercer temporairement la profession d'afficheur, sans être tenu d'en faire préalablement la déclaration devant l'autorité municipale. — D'où la question de savoir si la loi de 1850, en dispensant de l'autorisation l'affichage des circulaires électorales, a dispensé en même temps les afficheurs de la déclaration préalable exigée par la loi de 1830. — Cette question a été décidée affirmativement (Amiens, 2 juill. 1863, aff. Léveillé, D. P. 64. 2. 21). — Dans l'espèce, le tribunal correctionnel de Beauvais, saisi de la question en première instance, s'était prononcé en sens contraire (V. *eod.*). — Les circulaires électorales sont exemptes de timbre en matière d'élections départementales, comme en matière d'élections législatives (décis. min. fin. 29 janv. 1859, D. P. 60. 3. 8).

530. Il n'est pas nécessaire que l'ouverture des opérations soit annoncée par la cloche communale et que les électeurs soient prévenus du moment de la formation du bureau; il suffit que l'arrêté de convocation soit régulièrement publié et affiché dans toutes les communes des cantons qui doivent concourir à l'élection, et qu'ainsi les électeurs aient été avertis, conformément à la loi, des jour, lieu et heures de l'assemblée électorale (cons. d'Et. 16 août 1843, M. Gomel, rap., élect. de Guiscard).

531. Avant de procéder à l'élection, il y a lieu à l'installation du bureau. Sous le régime de la loi du 22 juin 1833, le bureau se composait d'un président, de scrutateurs et d'un secrétaire. La présidence appartenait au maire du chef-lieu de canton, lorsque l'assemblée n'était pas fractionnée en sections. Dans le cas contraire, le maire présidait la première section, et les adjoints les autres sections. — Si l'assemblée renfermait plusieurs sections, ou s'il y avait plusieurs assemblées de canton convoquées à la fois dans la même ville, le maire devait réunir, la veille de l'ouverture de la session, ses adjoints, et, s'il était besoin, les premiers conseillers municipaux; ces fonctionnaires devaient se distribuer les présidences suivant l'ordre indiqué par la loi. — Quant aux scrutateurs, ou plutôt assesseurs, l'art. 39 de la même loi en avait porté le nombre à quatre : c'étaient les deux plus âgés et les deux plus jeunes des électeurs présents à la séance. — Le décret des 3-11 juill. 1848, art. 15, avait élevé à six le nombre des scrutateurs et ordonnait de les choisir parmi les plus âgés des maires, adjoints et conseillers municipaux des communes du canton ou de la circonscription sectionnaire, appelés au défaut les uns des autres. Mais la loi du 7 juill. 1852 a modifié ces dispositions, en déclarant, par ses art. 2 et 3, applicables aux élections dont il s'agit, les règles tracées par le décret du 2 fév. 1852 pour les élections au corps législatif. La composition du bureau est établie de la manière suivante, par les art. 12, 13 et 14 de ce décret, ainsi conçus : — « Art. 12. Le bureau de chaque collège ou section est composé d'un président, de quatre assesseurs et d'un secrétaire choisi par eux parmi les électeurs. — Dans les délibérations du bureau, le secrétaire n'a que voix consultative. — Art. 13. Les collèges et sections sont présidés par les maires, adjoints et conseillers municipaux de la commune; à leur défaut, les présidents sont désignés par le maire, parmi les électeurs sachant lire et écrire. — A Paris, les sections sont présidées, dans chaque arrondissement, par le maire, les adjoints ou les électeurs désignés par eux. — Art. 14. Les assesseurs sont pris, suivant l'ordre du tableau, parmi les conseillers municipaux sachant lire et écrire; à leur défaut, les assesseurs sont les deux plus âgés et les deux plus jeunes électeurs présents sachant lire et écrire... » (V. Droit polit., nos 614 et s.).— Il a été décidé que ces expressions de la loi « les deux plus âgés et les deux plus jeunes électeurs présents » doivent s'entendre des électeurs présents à l'ouverture de la séance (cons.

même année; — Considérant que lorsqu'il est procédé simultanément dans un canton à l'élection d'un membre du conseil général et d'un membre du conseil d'arrondissement, l'attribution, au candidat pour le conseil général, des bulletins portant son nom qui sont trouvés dans l'urne destinée à recevoir les votes pour le conseil d'arrondissement, peut avoir pour effet de favoriser des fraudes en comptant au même candidat deux votes émanés du même électeur; — Considérant qu'il résulte de l'instruction et qu'il n'est pas contesté que, sur les 2,680 suffrages constatés au profit du sieur Cabras par le procès-verbal du recensement général des votes, 111 ont été trouvés dans les urnes destinées à recevoir des votes pour l'élection au conseil d'arrondissement, savoir : 34 dans celle de la première section, 32 dans celle de la deuxième, et 45 dans celle de la troisième; que, déduction faite de ces 111 suffrages, il n'en reste au sieur Cabras que 2,569, nombre inférieur au quart des électeurs inscrits; — Considérant que, aux termes de l'art. 4 de la loi du 7 juill. 1852, nul n'est élu membre du conseil général au premier tour de scrutin s'il n'a réuni un nombre de suffrages égal au quart des électeurs inscrits; que, dès lors, c'est à tort que l'élection du sieur Cabras a été déclarée valable; — Art. 1. L'arrêté du conseil de préfecture... est annulé.

Du 5 juin 1862.-Décr. cons. d'Et.-M. David, rap.

d'Et. 30 déc. 1843, M. Louyer-Villermay, rap., élect. de Corte et de Calacuccia). — V. n° 889.

532. L'inobservation des dispositions du décret du 2 fév. 1852, relativement à la composition du bureau, n'a pas pour effet d'invalider de plein droit les opérations électorales. Il faut pour cela que les irrégularités aient eu lieu malgré les réclamations d'électeurs, ou soient assez graves pour porter atteinte à la liberté des votes.—C'est ainsi que, d'une part, il a été jugé : 1° que lorsque le bureau a été constitué et installé avant l'heure fixée par l'arrêté de convocation, en l'absence ou malgré les réclamations de plusieurs des fonctionnaires appelés à y siéger comme scrutateurs, l'élection doit être annulée (cons. d'Et. 24 août 1849, M. Maigne, rap., aff. Pitti-Ferrandi); — 2° Que lorsque, malgré les réclamations faites par plusieurs conseillers municipaux, les quatre assesseurs près le bureau du collége électoral d'une section, ont été choisis par le maire de la commune, président, contrairement aux prescriptions de l'art. 14 du décret réglementaire du 2 fév. 1852, les voix obtenues par les candidats élus dans cette section doivent être retranchées (cons. d'Et. 28 déc. 1858, M. Perret, rap., aff. élect. de Grandchamp); — 3° Que lorsque le maire, qui avait choisi d'avance les assesseurs devant faire partie du bureau, soit dans le conseil municipal, sans avoir égard au rang qu'ils occupaient sur le tableau, soit en les prenant hors du conseil municipal, a maintenu cette désignation malgré les réclamations élevées par les conseillers municipaux qui avaient le droit de faire partie du bureau et qui étaient présents à l'ouverture de la séance, les opérations électorales de la commune doivent être annulées (cons. d'Et. 11 août 1859, M. Perret, rap., élect. de Montcuq; 16 août 1862, M. Chauchat, rap., élect. de Murviel; 24 mars 1865, M. de Dammeville, rap., élect. de Moulins);... et celles du canton doivent être considérées comme non avenues (mêmes arrêts des 16 août 1862 et 24 mars 1865); — 4° Que l'on doit considérer comme une cause d'annulation de l'élection ces circonstances que le bureau ayant été composé avant l'ouverture de la séance, l'un des membres du conseil municipal, inscrit sur ce tableau à un rang préférable à ceux qui avaient été choisis, en a été exclu, bien que présent dans la salle et malgré ses réclamations; que le président a refusé d'insérer sa réclamation au procès-verbal, et que sur son insistance, il avait été expulsé de la salle, ainsi que d'autres électeurs réclamant le droit de surveiller les opérations électorales (cons. d'Et. 26 nov. 1863, M. Chauchat, rap., élect. du Croisic); — 5° Que lorsqu'un membre du conseil municipal qui, par son rang d'inscription, avait droit de faire partie du bureau électoral de la commune, en a été exclu, bien qu'il fût present dans la salle à l'ouverture de la séance, que sur la réclamation contre l'exclusion dont il venait d'être l'objet, il a été expulsé de la salle et arrêté par la gendarmerie, et enfin que, sous l'impression de ces faits, plusieurs électeurs n'ont pas déposé leur vote, l'élection, n'ayant pas été libre, doit être annulée (cons. d'Et. 28 janv. 1865, M. Roussigné, rap., élect. de Plan.....).—V. n° 896.

533. D'autre part, il a été décidé : 1° que si l'irrégularité de la composition du bureau (laquelle d'ailleurs n'avait eu lieu que dans une seule des sections d'une commune), n'a eu ni pour but ni pour effet de porter atteinte à la liberté et à la sincérité du vote, elle ne saurait entraîner la nullité des opérations électorales (cons. d'Et. 11 août 1859, M. de Renepont, rap., élect. de Mazamet; 16 août 1860, M. Perret, rap., aff. Lagineste; 31 juill. 1862, M. Walckenaër, rap., élect. du Mas-d'Azil); — 2° Que le grief tiré de ce que les membres du conseil municipal désignés pour faire partie du bureau n'auraient pas été pris dans l'ordre du tableau, conformément à l'art. 14 du décret du 2 fév. 1852, doit être rejeté, lorsqu'il est établi « que ces conseillers municipaux n'ont été désignés que sur le refus ou en l'absence des membres inscrits avant eux dans l'ordre du tableau, et qu'aucune réclamation n'a été présentée contre le choix qui avait été fait, ni par les membres du conseil municipal que leur ordre d'inscription appelait à siéger au bureau, ni par aucun électeur présent » (cons. d'Et. 16 août 1862, M. Flandin, rap., élect. de Montréal.— Conf. 28 mars 1862, M. David, rap., élect. de Paulhaguet);— 3° Qu'à plus forte raison on doit rejeter le grief tiré de ce que, dans plusieurs communes, les membres du bureau avaient été désignés à l'avance, si dans ces communes les fonctions d'assesseurs ont été remplies par des conseillers municipaux pris dans l'ordre du tableau : « Considérant, dit le conseil d'Etat, que ces conseillers municipaux, appelés par la loi à faire partie du bureau, ont pu régulièrement être convoqués à l'avance, pour assurer la composition du bureau » (cons. d'Et. 13 juin 1862, M. Savoye, rap., élect. d'Ahun). — V. n° 897.

534. C'est au maire ou, à son défaut, aux adjoints et aux conseillers municipaux, suivant l'ordre du tableau, qu'il appartient de présider les sections électorales; en conséquence, il y a lieu d'annuler les opérations électorales auxquelles ont pris part les ouvriers d'un port, divisés par le préfet maritime en sections, dont la présidence avait été déférée, par ce même préfet, à un fonctionnaire de la marine (cons. d'Et. 19 juin 1862, élect. de Toulon, V. n° 518).

535. Il avait été jugé antérieurement au décret du 2 fév. 1852 : 1° que le maire remplacé a qualité pour présider l'assemblée électorale, jusqu'à l'installation du maire nouvellement élu (cons. d'Et. 24 août 1849, aff. Rouvière, D. P. 50. 3. 3; V. Commune, n° 216); — 2° Que l'adjoint a qualité pour présider l'assemblée électorale, en vertu de la délégation de la présidence à lui faite par le maire, encore bien que la maladie alléguée comme empêchement, par ce dernier, ne l'ait point empêché de venir déposer son vote (cons. d'Et. 25 juill. 1834, M. Germain, rap., aff. Martin); — 3° Que l'irrégularité résultant de ce que le deuxième adjoint a été appelé, au lieu du premier, à exercer la présidence de l'assemblée, ne peut vicier les opérations électorales, lorsqu'elle a été le résultat d'une erreur commise de bonne foi (cons. d'Et. 16 août 1843, M. d'Ormesson, rap., élect. de Decize);—4° Que la désignation faite par le sous-préfet du second conseiller municipal pour présider l'assemblée électorale, par suite de la suspension du maire, du refus de l'adjoint et de l'éloignement du premier conseiller municipal ne vicie pas l'élection; que d'ailleurs l'empêchement des fonctionnaires dont il s'agit ne fût-il pas complétement justifié, il y aurait lieu néanmoins de rejeter le grief qu'on en tirerait comme insuffisant par lui-même, si l'on n'allègue aucune fraude ou irrégularité dans les opérations électorales (cons. d'Et. 28 nov. 1845, M. de Lavenay, rap., élect. de Saint-Florent-le-Viel); — 5° Depuis le décret de 1852, que bien que le maire eût pris un arrêté à l'effet de renvoyer l'élection à un autre jour (lequel serait ultérieurement fixé par le préfet), il ne résultait pas nullité de ce que les opérations électorales auraient continué sous la présidence de l'adjoint, attendu que l'adjoint n'avait pris la présidence qu'après que le maire s'était démis de sa fonction, et qu'en admettant que le maire eût le droit de prendre un arrêté ayant pour objet d'ajourner les élections, cet arrêté n'avait été rendu qu'à une heure de la journée où les opérations électorales étaient déjà fort avancées et continuaient avec ordre et régularité (cons. d'Et. 21 juin 1859, M. de Belbeuf, rap., élect. d'Evisa). — V. aussi *infrà*, n°s 890 et suiv.; mais V. n° 616-2°.

536. Suivant un arrêt du conseil d'Etat, lorsqu'un maire et son adjoint ont donné leur démission, la présidence de l'assemblée des électeurs du canton appartient au conseiller municipal le premier inscrit au tableau après les membres qui ont refusé cette présidence (cons. d'Et. 19 août 1837, M. Robillard, rap., élect. de Mézin). — Mais ceci n'a lieu qu'autant que le préfet n'a pas désigné un membre du conseil municipal pour remplir les fonctions de maire. L'art. 5, § 2, de la loi du 21 mars 1831, qui charge le premier conseiller municipal dans l'ordre du tableau de remplir provisoirement les fonctions de maire, n'a pour objet que de pourvoir à une absence ou un empêchement momentané du maire et des adjoints; il n'enlève pas à l'administration supérieure, en cas de vacance, le droit de désigner des administrateurs provisoires sans s'astreindre à l'ordre du tableau (V. Commune, n° 218).—En conséquence, il a été jugé que lorsqu'un arrêté préfectoral a désigné, par suite de la démission des adjoints, un conseiller municipal pour remplir les fonctions d'adjoint provisoire, ce conseiller municipal est apte à présider l'une des sections de l'assemblée électorale (cons. d'Et. 7 août 1843, élect. de Valenciennes, V. Commune, *loc. cit.*).— V. n° 892.

537. Il a été jugé aussi, sous les lois qui exigeaient que l'assemblée électorale eût lieu au chef lieu de canton, que les scrutateurs pouvaient être choisis exclusivement dans la commune où se tenait l'assemblée électorale, quand aucun des fonctionnaires des autres communes qui auraient pu être appelés au bureau, ne se trouvait présent lors de sa formation (cons. d'Et. 24 août 1849, élec. d'Acheux, D. P. 50. 3. 10).

538. Lorsque le bureau a été régulièrement composé, la circonstance qu'un individu n'étant pas électeur dans la commune a été admis à prendre part à quelques-unes des opérations du bureau, n'est pas nécessairement une cause de nullité des opérations, s'il n'est pas établi que sa présence ait eu pour but ou pour effet de porter atteinte à la liberté ou à la sincérité de l'élection (cons. d'Et. 10 mai 1860, M. de Renepont, rap., aff. Vidal). — Décidé pareillement que la circonstance que, dans une commune, un électeur a momentanément siégé au bureau à la place du président et a reçu plusieurs bulletins de vote ne vicie pas l'élection, lorsque cette irrégularité n'a eu aucune influence sur le résultat (cons. d'Et. 13 juin 1862, M. Chauchat, rap., élect. des Cabannes). — V. n° 899.

539. Les scrutateurs ou assesseurs doivent savoir lire et écrire; l'art. 39, abrogé, de la loi du 22 juin 1833, l'exigeait en termes formels; la loi du 7 juill. 1852 consacre la même règle en renvoyant aux lois existantes et notamment aux dispositions relatives aux élections législatives, qui reproduisent la même obligation. C'est d'ailleurs une nécessité que la nature des fonctions de scrutateur requiert d'une manière impérieuse. — Toutefois, il a été jugé qu'il n'y a pas lieu d'annuler des élections départementales par cela seul que l'un des scrutateurs ne savait ni lire ni écrire, lorsqu'il ne s'est élevé aucune réclamation dans l'assemblée contre l'admission de ce scrutateur, et lorsque d'ailleurs il n'y a aucun motif de suspicion contre la sincérité du dépouillement des votes (cons. d'Et. 18 juin 1834, M. Boucbené-Lefer, rap., aff. Rogelin C. Voisinet; V. Droit polit., n° 628). — En tout cas, le grief tiré de ce qu'un électeur ne sachant ni lire ni écrire a fait partie du bureau ne peut être admis si le procès-verbal porte sa signature (cons. d'Et. 10 mai 1860, M. de Renepont, rap., aff. Vidal). — V. n° 895.

540. Aux termes de l'art. 13 du décret réglementaire du 2 fév. 1852, trois membres du bureau au moins doivent être présents pendant tout le cours des opérations du collége. — Toutefois, la circonstance que le nombre de scrutateurs aurait été, soit pendant la durée, soit au moment des opérations électorales, inférieur au nombre fixé par la loi, n'entraîne pas nécessairement la nullité de ces opérations.—Il a été jugé : 1° que l'insuffisance du nombre des scrutateurs n'entraîne pas la nullité de l'élection quand elle a eu pour cause l'absence ou le refus des fonctionnaires appelés à siéger au bureau par le décret du 3 juill. 1848, et que, d'ailleurs, elle n'a été, durant la séance, l'objet d'aucune réclamation (cons. d'Et. 31 août 1849, aff. Mazet, D. P. 50. 3. 4); — 2° Que la circonstance qu'il s'est trouvé momentanément au bureau un nombre insuffisant de membres n'est pas une cause de nullité, alors qu'il n'est pas établi que des bulletins aient été déposés et des fraudes commises dans cet intervalle de temps (cons. d'Et. 18 déc. 1840, M. d'Ormesson, rap., aff. Philippot; 25 fév. 1841, M. d'Ormesson, rap., élect. de Larcher; 20 juill. 1853, M. Aubernon, rap., élect. du canton de Mazamet), ...ou qu'il ne résulte pas de l'instruction que cette irrégularité ait été de nature à exercer une influence sur le résultat de l'élection (cons. d'Et. 9 mai 1834, M. Montaud, rap., aff. Quetry; 29 juill. 1846, M. de Lavenay, rap., aff. Bétis; V. dans le même sens v° Droit polit., n° 635).—V. n°s 903, 904.

541. A l'égard du secrétaire, le décret de 1848 déclare, à l'exemple de la loi de 1833 (même art. 39), qu'il sera choisi par le bureau constitué après l'installation du président et des scrutateurs. — Mais ce secrétaire n'a pas voix délibérative dans les décisions du bureau. Une décision du conseil d'Etat, motivée sur ce que, d'après le texte du dernier paragraphe de l'art. 44 de la loi du 21 mars 1831, dont la rédaction est la même que celle de l'art. 32 de la loi du 22 juin 1833, le bureau est constitué quand il nomme le secrétaire, avait jugé que le secrétaire est adjoint au bureau, mais n'en fait pas partie intégrante et ne peut concourir aux délibérations (cons. d'Et. 24 août 1832, M. Chalret, rap., aff. Bordenave). — L'art. 12, § 2, du décret du 2 fév. 1852, dispose expressément que le secrétaire n'a qu: voix consultative (V. n° 901). — Le secrétaire doit assister à toutes les opérations électorales. Mais il est présumé y avoir assisté, à moins que le contraire ne soit régulièrement prouvé. — Jugé que l'absence momentanée du secrétaire ne peut être proposée comme moyen de nullité de l'élection, alors qu'elle n'est pas constatée par le procès-verbal (cons. d'Et. 28 nov. 1834, M. Hochet, rap., aff. Piette). — V. n°s 901, 903.

542. La parenté ou l'alliance n'élève pas une cause d'incompatibilité entre les membres du bureau, d'autant moins que, pour les conseillers généraux, ce genre d'incompatibilité n'a pas été admis par la loi. Le conseil d'Etat l'a décidé expressément (cons. d'Et. 28 nov. 1834, M. Brian, rap., aff. Laborde); dès lors, le père, le fils et le beau-fils peuvent valablement remplir ensemble les fonctions de scrutateurs (cons. d'Et. 16 août 1843, M. Gomel, rap., aff. élect. de Guiscard).—Il a été jugé aussi qu'aucune disposition de loi n'interdit aux parents ou alliés des candidats de faire partie du bureau (cons. d'Et. 2 août 1851, M. Lucas, rap., aff. Gabrielli); — Que dès lors il n'y a pas nullité en ce que l'un des scrutateurs allié du candidat (son beau-frère), aurait participé à une délibération intéressant celui-ci (cons. d'Et. 28 nov. 1834, M. P. Hochet, rap., aff. Piette C. Renard Truc). — Bien plus, il a été décidé que le candidat lui-même peut faire partie du bureau, aucune loi ou règlement n'ayant établi de prohibition à cet égard (cons. d'Et. 31 janv. 1861, M. David, rap., aff. Lesage). —V. n° 902.

543. Nous avons vu (*suprà*, n°s 524 et s.) que des élections au conseil général et au conseil d'arrondissement peuvent avoir lieu successivement dans une même réunion électorale.— Pour ce cas, il a été jugé que si l'élection d'un membre du conseil général de département et celle d'un membre du conseil d'arrondissement doivent avoir lieu le même jour et à la suite l'une de l'autre, il n'est pas nécessaire de former un nouveau bureau pour la seconde élection (cons. d'Et. 28 nov. 1834, M. Brian, rap., aff. Laborde), ...même si ces deux opérations doivent se succéder après une suspension d'une heure (cons. d'Et. 10 août 1837, M. Robillard, rap., aff. élect. de Pontarlier); que, toutefois, lorsqu'il a été procédé, le même jour et sans interruption, mais par deux procès-verbaux séparés, à l'élection d'un membre du conseil général et d'un conseiller d'arrondissement, le bureau a pu, sans irrégularité, être renouvelé à la seconde élection, l'assemblée ayant fait deux opérations distinctes (cons. d'Et. 18 déc. 1840, M. d'Ormesson, rap., aff. Philippe).

544. L'art. 40 de la loi de 1833 exigeait qu'un exemplaire de la liste des électeurs fût affiché dans chaque section et un autre déposé dans le bureau électoral. Le décret des 3-11 juill. 1848 ne reproduisait pas cette obligation de l'affiche, et la loi des 7-8 juill. 1852 relative au renouvellement des conseils généraux garde le même silence. Il ne paraît cependant pas douteux que, sinon l'affiche, au moins la formalité du dépôt de la liste sur le bureau, doive être observée. Il y a lieu d'appliquer ici la disposition de la loi électorale pour le corps législatif (décr. règlem. des 2-21 fév. 1852), à laquelle les lois déclarent se référer. Or l'art. 17 de ce décret dispose que pendant toute la durée des opérations électorales une copie officielle de la liste des électeurs reste déposée sur la table autour de laquelle siége le bureau.—Du reste, déjà sous la loi de 1833, on jugeait : 1° que le défaut d'affiche d'une seconde liste dans la salle d'un collége électoral ne vicie pas l'élection, si une liste contenant le nom de tous les électeurs a été remise au président et déposée sur le bureau, et si cette omission n'a donné lieu à aucune réclamation pendant toute la durée des opérations (cons. d'Et. 19 août 1837, M. Quénault, rap., aff. élec. de Bapaume ; 16 août 1843, M. d'Ormesson, rap., aff. élect. de Saint-Bonnet; 24 juill. 1845, M. Gomel, rap., aff. élect. de Mauron); — 2° Que le défaut de mention que les listes ont été affichées dans la salle et déposées sur le bureau du président n'est point une cause de nullité (cons. d'Et. 14 août 1837, M. d'Ormesson, rap., aff. élect. de Monistrol); — 3° Et réciproquement, que les élections ne peuvent être annulées parce que la liste des électeurs n'aurait pas été déposée sur le bureau, alors qu'il est constant que, cette liste ayant été affichée dans la salle, tous les électeurs ont pu en prendre connaissance (cons. d'Et. 29 juill. 1846, M. Gomel, rap., aff. Cochi-Mancon; 8 sept. 1846, M. de Lavenay, rap., aff. Pochon). — V. n° 912.

545. D'après l'art. 44 de la loi du 22 juin 1833, il devait être dressé de plus une autre liste pour l'inscription des votants : « Les votants, dit cet article, sont successivement inscrits sur une liste qui est ensuite annexée au procès-verbal des opérations, après avoir été certifiée et signée par les membres du bureau. » — A cet égard, il a été jugé : 1° que lorsqu'il a été procédé au scrutin, sans qu'il soit tenu de liste des votants, le bureau peut, sur la demande de plusieurs électeurs, et du consentement unanime de l'assemblée, ordonner que les bulletins déposés dans l'urne soient brûlés sans être dépouillés, et qu'il soit procédé à un nouveau scrutin..... En telles circonstances, l'omission au procès verbal de la mention de la décision du bureau n'entraîne point la nullité des opérations, surtout s'il y a été procédé sans réclamation et de bonne foi (cons. d'Et. 18 mai 1837, M. de Cafarelli, rap., aff. élect. de Ligné); —2° Qu'il n'est pas nécessaire, à peine de nullité de l'élection, que les membres du bureau certifient et signent la liste d'inscription des votants, si son exactitude n'est pas contestée (cons. d'Et. 14 août 1837, M. d'Ormesson, rap., aff. élect. de Monistrol),.. ou si cette omission n'a été l'objet d'aucune réclamation, encore bien que la liste des votants présentât des émargements, pourvu qu'ils se trouvent suffisamment justifiés par les circonstances (cons. d'Et. 11 juill. 1834, M. Brian, rap., aff. Albat-Lasource); — 3° Qu'il n'est pas exigé, à peine de nullité, que le procès-verbal contienne le nombre des votants qui ont pris part à l'élection, et celui des votes exprimés, si la liste des votants a été annexée au procès-verbal (cons. d'Et. 10 août 1837, M. Robillard, rap., aff. élect. de Pontarlier); — 4° Que toutefois, la constatation des votes sur la liste du scrutin au moment de la remise des bulletins à chaque électeur par le président, et non au moment du dépôt desdits bulletins, doit entraîner la nullité de l'élection, lorsque cette irrégularité, dans l'espèce et les circonstances de cette élection, a été de nature à en vicier la sincérité (cons. d'Et. 23 août 1843, M. Gauthier d'Uzerches, rap., aff. élect. de Giromagny).

546. Aujourd'hui, il n'est plus exigé qu'il y ait une liste particulière des votants. Aux termes de l'art. 23 du décret du 2 fév. 1852, le vote est constaté par la signature ou le parafe de l'un des membres du bureau, apposé sur la liste en marge du nom du votant.— Aussi le conseil d'Etat a-t-il rejeté le grief tiré de ce que, dans une commune, les membres du bureau n'avaient pas inscrit sur une liste spéciale le nom des électeurs qui se présentaient pour voter (cons. d'Et. 16 août 1862, M. Flandin, rap., aff. élect. de Montréal).

547. La police de l'assemblée, suivant la règle générale de toutes les réunions et aux termes de l'art. 37 de la loi de 1833 et de l'art. 11 du décr. régl. du 2 fév. 1852, appartient au président (V. Droit polit., n°s 610 et suiv.).—Le même art. 37 et l'art. 38 indiquent deux prescriptions que le président est tenu, en cette qualité, de faire respecter; ils sont ainsi conçus : « Art. 37. Le président a seul la police de l'assemblée ou de la section où il siége, les assemblées ne peuvent s'occuper d'aucun autre objet que des élections qui leur sont attribuées. Toutes discussions, toutes délibérations leur sont interdites.—Art. 38. Nul électeur ne peut se présenter armé dans l'assemblée » (V. aussi décr. régl. 2 fév. 1852, art. 20).— L'art. 37, qui interdit à l'assemblée électorale toute discussion, doit être cependant entendu avec discernement. — Il a été jugé : 1° que le fait que pendant l'ouverture du scrutin un candidat, prenant la parole, a déclaré se désister de sa candidature et prié ses amis de reporter leurs suffrages sur un autre candidat qu'il a désigné, et qu'alors un troisième candidat, prenant la parole à son tour, a commencé un discours sur les fonctions et les devoirs des membres des conseils généraux, n'est point une cause suffisante pour annuler le scrutin commencé (cons. d'Et. 7 août 1843, M. d'Ormesson, rap., aff. élect. de Mormant); — 2° Qu'il n'y a pas lieu d'annuler des opérations électorales par le motif que des discours auraient été tenus à haute voix dans la salle de l'élection, lorsqu'il est constant que ces discours n'ont pas été tenus pendant la durée de ces scrutins, et que d'ailleurs il n'en est résulté aucune atteinte à la sincérité de l'élection (cons. d'Et. 8 sept. 1846, M. de Lavenay, rap., aff. Lauvergeat et autres C. marquis de Vibraye). — V. n° 906.

548. Le grief tiré de ce qu'un électeur se serait emparé de la police de la salle et qu'il aurait prescrit de ne laisser entrer que les électeurs porteurs de leurs lettres de convocation, ne saurait être admis, lorsque ce fait est démenti par les éléments de l'instruction, et que, d'ailleurs, il n'est pas allégué qu'aucun électeur ait été privé de l'exercice de son droit (cons. d'Et. 30 déc. 1843, M. du Berthier, rap., aff. élect. de Cambremer).

549. Du droit de police du président dérive celui de placer la force armée, s'il en est besoin, autour de l'assemblée et de faire les réquisitions nécessaires aux autorités civiles et aux commandants militaires (L. 19 avr. 1831, art. 45, § 1; inst. min. 15 sept. 1833; Conf. art. 11 du décret réglem. des 2-21 fév. 1852 sur les élections législatives, rendu applicable aux élections départementales). — La présence de la force armée dans la salle même de l'assemblée n'est pas en soi-même un moyen de nullité. — Jugé dans ce sens : 1° que la présence d'un poste armé dans une salle contiguë à celle de l'élection n'est pas un motif suffisant pour faire annuler l'élection, lorsqu'il résulte de l'instruction que le voisinage de cette force armée n'a porté aucune atteinte à l'indépendance des votes (cons. d'Et. 11 juin 1834, M. Germain, rap., aff. Genay); — 2° Que la présence de gardes nationaux dans la salle des élections n'est point une cause de nullité des opérations lorsqu'il est établi qu'ils n'y sont entrés que sur les réquisitions du président et pour les besoins du service (cons. d'Et. 16 août 1843, M. Hély d'Oissel, rap., aff. élect. de Soulaines); — 3° Que la présence de gendarmes à une assemblée électorale n'en vicie pas les opérations, si elle n'a eu aucune influence sur la liberté des suffrages (cons. d'Et. 18 mai 1837, M. Boivin, rap., aff. élect. de Beaumont; 31 juill. 1843, M. Portal, rap., aff. élect. de Varilhes; 19 juin 1856, M. L'Hôpital, rap., aff. élect. de Trie); — 4° Que la présence de l'appariteur de la mairie, en armes, dans la salle des élections, alors que les besoins du service l'exigeaient, ne peut servir de moyen de nullité contre les opérations, si d'ailleurs elle n'a excité aucune réclamation (cons. d'Et. 23 juill. 1838, M. Richaud, rap., aff. élect. de Sauveterre et Targon); — 5° Qu'il en est de même de la présence, à la porte de la salle, d'un agent de police appelé par le président de l'assemblée pour maintenir l'ordre, si elle n'a pas eu pour effet de porter atteinte à la liberté des suffrages (cons. d'Et. 20 juill. 1853, M. L'Hôpital, rap., aff. élect. de Lunel), ...et de la présence du lieutenant de gendarmerie dans la salle du scrutin, lorsqu'elle est motivée par un service d'ordre (cons. d'Et. 21 juin 1859, M. de Belbeuf, rap., aff. élect. d'Evisa). — V. n° 908.

550. La présence dans la salle d'individus qui ne sont pas électeurs peut, suivant les circonstances, être cause de l'annulation des opérations électorales.—Jugé : 1° que la présence de plusieurs individus non électeurs suffit pour faire annuler les opérations électorales, si elle a pu gêner la liberté de l'élection (cons. d'Et. 1er août 1837, M. Richaud, rap., aff. élect. de Sauveterre; 20 août 1840, M. d'Ormesson, rap., aff. élect. d'Ecouchée; 6 sept. 1843, M. Lavenay, rap. aff. élect. de Vézélise; 24 mai 1859, M. David, rap., élect. de Céret); —2° Qu'au contraire, la présence momentanée, dans une assemblée électorale, de deux ou plusieurs individus non électeurs ne peut en faire annuler les opérations, si elle n'a pu porter atteinte à l'indépendance et à la liberté des votes (cons. d'Etat 14 août 1837, M. d'Ormesson, rap., aff. élect de Cadenet; 19 août 1837, M. du Martroy, rap., aff. élect. de Bapaume; 23 fév. 1841, M. d'Ormesson, rap., aff. élect. de Larcher; 16 août 1843, M. Gomel, rap., aff. élect. Guiscard; 29 juill. 1846, M. de Lavenay, rap., aff. Bétis), ...l'un de ces deux individus eût-il pris part aux délibérations (cons. d'Et. 31 juill. 1843, M. Portal, rap., aff. élect. de Varilhes); —3° Que la présence de deux individus non électeurs dans la salle ne peut être une cause de nullité de l'élection, si l'un d'eux n'y est entré que sur l'ordre du président pour le service de la salle et si l'autre s'est retiré aussitôt après l'observation qui lui a été faite, alors d'ailleurs qu'il n'est point allégué que la présence de ces deux individus ait exercé une influence quelconque sur le résultat de l'élection (cons. d'Et. 6 sept. 1843, M. Louyer-Villermay, rap., aff. élect. de Saint-Avold. —Conf. cons. d'Etat. 16 août 1843, M. Hély d'Oissel, rap., aff. élect. de Soulaines);—4° Que le fait qu'un individu non électeur se serait tenu dans la salle du bureau, pour surveiller et vérifier les votes des électeurs, n'est pas un motif suffisant pour l'annulation des opérations électorales : — « Considérant, dit le conseil d'Etat, que si le bureau a eu le tort de tolérer dans la salle des opérations électorales la présence du sieur Lesage-Fontaine, qui n'aurait pas été électeur dans la section, il n'est pas allégué que ledit sieur Lesage-Fontaine ait cherché à exercer une influence sur les électeurs » (cons. d'Et. 16 août 1862, M. Faré, rap., aff. élect. de Boulogne). — V. n° 907.

551. Il ne résulte aucune nullité de ce que, dans plusieurs sections électorales, les présidents, après avoir procédé à l'appel et au réappel des électeurs, ont cru devoir ne les admettre qu'un à un dans la salle du scrutin, et leur interdire d'y stationner après avoir voté, si cette mesure a été prise à raison de l'agitation des esprits, et si, dans toutes les sections électorales du canton, l'accès de la salle de l'assemblée électorale a été libre pour tous les électeurs au moment du dépouillement du scrutin : — « Considérant, dit le conseil d'Etat, que, dans ces circonstances, la mesure dont se plaignent les requérants n'a pas présenté le caractère d'une manœuvre qui aurait pour but et pour objet de porter atteinte à la liberté et à la sincérité des élections » (cons. d'Et. 15 mai 1862, M. David, rap., élect. de Molières). — V. nos 940-2°, 963-4°, 964-2°.

§ 3. — *Du vote et du scrutin.*

552. Tout électeur inscrit sur la liste déposée sur la table autour de laquelle siége le bureau a le droit de prendre part au vote. Telle est la disposition de l'art. 18, § 1, du décr. réglem. du 2 fév. 1852. « Néanmoins, ajoute le § 2 de ce même article, ce droit est suspendu pour les détenus, pour les accusés contumaces, et pour les personnes non interdites, mais retenues en vertu de la loi du 30 juin 1838 dans un établissement public d'aliénés. » — Ces exceptions au principe posé par le § 1 de l'art. 18, sont les seules qui puissent être admises. Du moment qu'un citoyen est inscrit sur la liste, et qu'aucune réclamation n'a été élevée contre cette inscription dans les délais fixés par la loi, le bureau est obligé d'admettre son vote, lors même qu'on alléguerait l'incapacité politique de cet électeur; autrement, le bureau se rendrait juge de la capacité électorale, ce qui serait un empiétement sur les attributions de l'autorité judiciaire. La jurisprudence est constante sur ce point. — Ainsi, il a été jugé : 1° qu'un électeur inscrit sur les listes électorales doit être admis à voter, encore bien qu'il aurait transféré son domicile dans un autre canton (cons. d'Et. 25 fév. 1841, M. d'Ormesson, rap., élect. de Lubersac); — 2° Que le vote d'un électeur ne peut être annulé, sous le prétexte de l'affaiblissement de ses facultés intellectuelles, si cet électeur était porté sur les listes électorales, et s'il n'est produit aucun jugement qui l'ait placé dans l'impossibilité légale d'exercer ses droits électoreaux (cons. d'Et. 25 fév. 1841, M. d'Ormesson, rap., élect. de Lubersac) ; — 3° Que le fait qu'un électeur admis à voter aurait été indûment inscrit sur la liste électorale ne peut être une cause de nullité de l'élection, alors que, bien que la liste eût été publiée et affichée régulièrement, cette inscription n'avait pas été attaquée dans le délai légal (cons. d'Et. 11 juill. 1844, M. Gauthier d'Uzerches, rap., élect. de Saumur ; 29 juill. 1846, M. Lepelletier d'Aulnay, rap., aff. Tessier et autres *C.* Langes),... cet individu fût-il même privé de l'exercice de ses droits politiques (cons. d'Et. 23 juill. 1846, M. Roux, rap., aff. Percebois, etc. *C.* Boullenois); — 4° Qu'un individu, inscrit sur la liste électorale doit être admis à voter, lors même qu'il serait mineur ou n'habiterait pas la commune (cons. d'Et. 28 mars 1862, M. David, rap., élect. de Paulhaguet); — 5° Qu'on ne peut attaquer une élection sous prétexte que des gendarmes non domiciliés dans la commune ont été admis au vote, alors que ces militaires étaient portés sur la liste électorale, et qu'il n'a été formé aucune réclamation contre leur inscription (cons. d'Et. 19 juin 1862, M. de Raynal, rap., élect. de Saint-Saulge). — Du reste, la cour de cassation admet les gendarmes, en qualité de fonctionnaires publics, à voter au siége de leur brigade, sans condition de domicile (Req. rej. 6 mai 1862, aff. Gendarmes de Marseille, D. P. 64. 5. 118, n° 15);— 6° Qu'à plus forte raison, la circonstance que des individus incapables auraient été inscrits sur les listes électorales ne peut être une cause de nullité de l'élection, lorsque le candidat élu a obtenu sur son concurrent un nombre de suffrages plus considérable que le nombre des individus indûment inscrits (cons. d'Et. 1er juin 1853, M. de Sandrans, rap., aff. Casanova *C.* Rocca-Serra; 25 juin 1857, M. L'Hôpital, rap., élect. de Beauvoir; 12 août 1859, M. de Renepont, rap., élect. de Muro). — V. n° 913.

553. Et d'un autre côté, il n'y a pas lieu non plus d'annuler une élection par le motif qu'un électeur n'aurait pas été admis à voter, lorsqu'il résulte de l'instruction que son vote, quel qu'il fût, n'aurait pas changé le résultat de l'élection (cons. d'Et. 23 août 1843, M. Gomel, rap., élect. de Château-Giron). — V. n° 913.

554. L'art. 40 de la loi de 1833 disposait que nul ne peut être admis à voter s'il n'est porté sur la liste des électeurs. Cette liste a dû être refaite sur les bases du suffrage universel après les événements du mois de février 1848. Mais le principe a survécu à l'ancien droit électoral, et l'inscription sur la liste des électeurs, condition essentielle de l'exercice du vote, a été maintenue par l'art. 19 du décret du 2 fév. 1852, relatif aux élections législatives. La loi du 7 juill. 1852 ayant rendu les dispositions de ce décret communes aux élections départementales, on ne peut considérer comme ayant droit de voter que les électeurs inscrits sur la liste électorale (V. Droit politique, nos 645 et suiv.). — Tout vote émis par un individu non inscrit sur la liste électorale doit donc être déclaré nul et déduit du nombre des suffrages exprimés. Cependant, conformément à un principe de jurisprudence constamment admis par le conseil d'Etat et dont on a déjà vu de très-fréquentes applications, si, déduction faite de ces suffrages irréguliers, le candidat élu conserve encore la majorité exigée par la loi, l'élection doit être maintenue. — Il a été décidé en ce sens : 1° d'une part, que l'admission au vote d'individus non portés sur la liste électorale entraîne la nullité de l'élection, si, défalcation faite des bulletins irréguliers, le candidat élu n'a plus la majorité (cons. d'Et. 7 août 1843, M. du Berthier, rap., élect. de Saint-Jean-du-Mont; 9 avr. 1849, M. Passy, rap., aff. Montcassin et autres *C.* Fabas; 14 avr. 1849, M. Perrot de Chezelles, rap., aff. Marvéjouls; 3 août 1849, M. Lucas, rap., aff. Richoufftz); — 2° D'autre part, que dans le cas où il est reconnu que l'un des électeurs était sans droit pour voter, on doit néanmoins maintenir l'élection, si le retranchement d'un vote laisse encore la majorité des suffrages au candidat élu (Cons. d'Et. 11 juill. 1834, M. Brian, rap., aff. Alba-Lasource; 19 juill. 1837, M. du Martroy, rap., élect. de Mojac; 19 août 1837, M. du Martroy, rap., aff. élect. de Bapaume ; 30 août 1843, M. d'Ormesson, rap., élect. de Calvi et de Calenzona; 8 sept. 1846, M. de Lavenay, rap., aff. Pochon; 20 juill. 1853, M. L'Hôpital, rap., aff. élect. de Lunel; 24 avr. 1856, M. Gomel, rap., aff. élect. de Château-Chinon) ; — 3° Que le vote d'un individu qui, à raison de son âge, n'était pas encore inscrit sur la liste électorale, doit être retranché du nombre des votes attribués au candidat élu et du nombre des suffrages exprimés sur lequel est fait le calcul de la majorité absolue, sauf à maintenir l'élection, si cette déduction n'enlève pas la majorité au candidat élu (cons. d'Et. 12 août 1859, M. Renepont, rap., élect. de Muro); — 4° Que l'irrégularité résultant de ce qu'on aurait laissé voter un individu qui n'était pas inscrit sur la liste électorale, et que, pour faire compensation, on aurait supprimé le vote de l'électeur qui s'était présenté immédiatement après, toute regrettable qu'elle soit, n'implique aucune fraude, et n'ayant pu avoir aucune influence sur le résultat des opérations électorales, ne saurait vicier l'élection (cons. d'Et. 31 août 1863, M. Chauchat, rap., élect. de Murviel).

555. L'inscription irrégulière sur la liste équivaut au défaut d'inscription. Ainsi, par exemple, ceux qui ont été inscrits après la clôture des listes ne peuvent être admis à voter, et leur suffrage, s'il a été reçu, doit être annulé, sauf, comme on vient de le dire, le maintien de l'élection, si cette annulation ne déplace pas la majorité. — Décidé : 1° que l'élection qui a eu lieu dans plusieurs communes sur des listes où un grand ombre d'individus avaient été irrégulièrement inscrits après époque de leur clôture et pour laquelle il avait été employé des manœuvres de nature à porter atteinte à la liberté des votes et la sincérité des opérations (dans plusieurs communes, les électeurs avaient reçu dans les cabarets à boire et à manger aux frais des candidats), est nulle (cons. d'Et. 28 juill. 1853, M. de Belbeuf, rap., élect. de Vorey); — 2° Que l'irrégularité provenant de ce que, dans plusieurs communes, des électeurs avaient été inscrits sur les listes postérieurement à la clôture et avaient pris part au vote, ne peut être considérée comme une manœuvre destinée à altérer la sincérité de l'élection en faveur du candidat élu, alors qu'elle n'avait eu, d'ailleurs, aucune influence sur le résultat de l'élection (cons. d'Et. 18 juin. 1859, M. Perret, rap., aff. Puzin);—3° Qu'il y a lieu alors de retrancher le nombre de votes ainsi indûment reçu, d'une part, du nombre de votes servant de base au calcul de la majorité absolue, d'autre part, du nombre de votes attribué au candidat proclamé (cons d'Et. 7 juin 1859, M. Perret, rap., aff. Guiet; 12 août 1859, M. de Renepont, rap., élect. de Muro);.... et que si, par suite de cette opération, le candidat proclamé n'a plus la majorité sur son concurrent, l'élection doit être annulée : on dirait en vain que l'irrégularité a eu lieu sans fraude (cons. d'Et. 14 juin 1862, M. de Renepont, rap., élect. de Haël-Carhaix); — Dans le cas contraire, l'élection doit être maintenue (arrêt précité du 12 août 1859); — 4° Que le fait que, dans une des communes du canton, les électeurs avaient voté d'après la liste de l'année précédente n'est pas une cause de nullité, alors que le sous-préfet avait autorisé par écrit le maire à faire usage de cette liste, à défaut de celle de l'année courante, qui n'était plus à sa disposition, que les opérations électorales n'avaient donné lieu à aucune observation, et qu'enfin, en retranchant les voix des électeurs de cette commune, le candidat élu réunissait encore la majorité absolue des suffrages (cons. d'Et. 27 mars 1856, M. de Lavenay, rap., élect. de Saint-Julien de Vouvantes).

556. Ce principe a cependant souffert de tous temps une exception. L'art. 40 de la loi de 1833 disposait : « Toutefois, le bureau est tenu d'admettre à voter ceux qui se présentent munis d'un arrêt de la cour royale, déclarant qu'ils font partie d'une des listes susdites, et ceux qui sont en instance, soit devant le tribunal, soit devant le conseil de préfecture, au sujet d'une décision qui aurait ordonné que leurs noms seraient rayés de la liste. » — Le décret organique des élections législatives du 2 fév. 1852, déclaré applicable aux élections départementales, a reproduit cette disposition en termes différents. L'art. 19 porte : « Toutefois, seront admis au vote, quoique non inscrits, les citoyens porteurs d'une décision du juge de paix ordonnant leur inscription, ou d'un arrêt de la cour de cassation annulant un jugement qui aurait prononcé leur radiation » (V. Droit polit., n° 638.) — Il a été jugé : 1° qu'il y a lieu d'admettre à voter un individu non inscrit sur la liste électorale, mais qui se présente, pendant la séance, porteur d'un arrêt de cour d'appel qui ordonne son inscription sur la liste complémentaire (cons. d'Et. 24 juin 1846, M. Calmon, rap., aff. Benoist, etc. *C.* Martin); — 2° Que le citoyen qui a interjeté appel de la décision du conseil de préfecture qui maintient sa radiation antérieurement prononcée par le préfet, doit être admis à voter; mais que l'élection à laquelle ce citoyen a été privé de prendre part n'est point nulle, s'il résulte du dépouillement du scrutin que son vote aurait été sans influence sur cette élection (cons. d'Et. 27 mai 1847, aff. Leguével, D. P. 47. 3. 130);—3° Que l'individu non porté sur la liste électorale, qui demande à être admis à voter, en vertu de l'art. 40 de la loi du 22 juin 1833, comme étant en instance devant la cour d'appel au sujet d'une décision qui aurait ordonné sa radiation de la liste, doit, pour être admis à voter, non-seulement justifier du recours qu'il aurait formé contre ladite décision, mais encore établir que l'instance était encore pendante au jour de l'élection (cons. d'Et. 8 juin 1847, M. Lavenay, rap., aff. Maureau et autres *C.* Pons).—V. n° 918.

557. Il est délivré à chaque électeur une carte de vote. Sous l'ancienne législation, qui n'admettait qu'un nombre d'électeurs très-restreint, les cartes étaient, en général, adressées à domicile, sans du reste que l'omission de cet envoi pût devenir une cause de nullité de l'élection (cons. d'Et. 7 août 1843, M. de Lavenay, rap., élect. de Salers), l'électeur ayant toujours la faculté de réclamer la carte qui ne lui a pas été adressée; mais avec le suffrage universel, cette mesure eût été impraticable. — Aujourd'hui les cartes sont préparées à la mairie, où elles sont tenues à la disposition des électeurs. — Et il a été décidé que les maires ne sont pas tenus de faire distribuer à domicile les cartes d'électeurs : — « Considérant, porte l'arrêt, qu'il résulte de l'instruction que le jour de l'élection avait été annoncé par des affiches et publications conformes à la loi; qu'aucune disposition ne prescrit de faire porter à domicile les cartes électorales, et que si une distribution a été faite à quelques électeurs, cette circonstance ne constitue pas, dans l'espèce, une manœuvre de nature à vicier l'élection » (cons. d'Et. 3 août 1850, M. Daverne, rap., aff. Simon, etc. *C.* Zincourt).

558. Du reste, la représentation de la carte de l'électeur n'est pas une condition nécessaire de l'exercice du droit de voter. — Il a été jugé : 1° que le fait que des individus auraient été admis à voter sans être porteurs de leur carte n'est pas une cause de nullité; il suffit qu'il n'ait pu s'élever aucune doute sur leur qualité d'électeur et leur identité (cons. d'Et. 10 mai 1851, M. Reverchon, rap., aff. de la Tullaye *C.* Morin); — 2° Que l'admission au scrutin ne peut être refusée à des électeurs inscrits par cela seul qu'ils ne sont point porteurs d'une carte, alors qu'ils offrent de justifier de leur identité (cons. d'Et. 13 fév. 1856, élect. de Montauban, D. P. 56. 3. 45); — 3° Que, lorsque la majorité du bureau, après avoir reconnu l'identité d'un électeur non muni de sa carte, a décidé qu'il y avait lieu de l'admettre à voter, le président de bureau ne peut persister à refuser de le laisser prendre part au scrutin (cons. d'Et. 21 juin 1859, M. de Belbeuf, rap., élect. du canton d'Evisa). — V. n° 919.

559. Dans une autre espèce, on avait élevé, contre la régularité de l'élection, un grief tiré de ce que, le deuxième jour du scrutin, le bureau avait refusé d'admettre au scrutin les électeurs qui n'étaient pas porteurs de leur carte; ce grief a été rejeté, mais à raison des circonstances particulières de l'espèce : — « Considérant, a dit le conseil d'Etat, que si, pendant une partie de la journée du 16, le bureau de l'assemblée électorale de la commune d'Issoudun, à la suite d'une décision qu'il avait prise publiquement la veille, n'a admis à voter que les électeurs porteurs des cartes qui leur avaient été distribuées, il résulte de l'instruction que cette mesure n'avait été prise et n'a été appliquée par le bureau que dans le but de constater plus facilement l'identité des votants et de prévenir le désordre et l'encombrement qui seraient résultés du concours d'un grand nombre d'électeurs; qu'il résulte également de l'instruction que deux électeurs qui s'étaient présentés sans être porteurs de leurs cartes ont été, sur leur réclamation, admis à voter, et qu'il n'est point justifié que, par suite de la mesure prise par le bureau, aucun électeur ait été privé de l'exercice de ses droits électoraux » (cons. d'Et. 14 juin 1862, M. Walckenaër, rap., élect. d'Issoudun).

560. Il n'est pas exigé par la loi que les cartes distribuées aux électeurs indiquent l'heure fixée par l'arrêté de convocation; une pareille omission n'est donc pas de nature à vicier l'élection (cons. d'Et. 23 fév. 1841, M. d'Ormesson, rap., élect. de Lubersac).

561. Nul électeur ne peut être admis à voter qu'en présentant lui-même son bulletin; on ne peut voter pour un électeur absent. Un tel vote est nul; cependant si, en retranchant du nombre des suffrages attribués au candidat élu, les bulletins remis au nom d'électeurs absents, ce candidat conserve encore la majorité, l'élection ne doit pas être annulée (cons. d'Et. 26 fév. 1863, M. Savoye, rap., élect. de Tonnay-Boutonne).—V. n° 957.

562. Un électeur ne peut voter deux fois; en conséquence. le bureau peut valablement refuser d'admettre à un second vote un électeur qui prétend avoir, la première fois, remis au président par erreur sa carte d'électeur au lieu de son bulletin de vote. Une telle mesure ne viole aucune disposition de loi et ne méconnaît pas le droit de l'électeur (cons. d'Et. 9 mars 1859, M. Bordat, rap., élect. de Soccia).

563. Aux termes de l'art. 21 du décret réglem. du 2 fév. 1852, « les électeurs apportent leur bulletin préparé en dehors de l'assemblée; le papier du bulletin doit être blanc et sans signes extérieurs. » Cette disposition du décret de 1852 a innové sur celle de l'art. 42 de la loi de 1833 qui exigeait que l'électeur écrivît ou fit écrire son vote par un électeur de son choix dans l'assemblée sur une table disposée à cet effet et séparée du bureau (V. Droit polit., nos 670 et s., 686, et *infrà*, nos 927 et s.).—Dès que la loi eut permis que les bulletins fussent préparés à l'avance, l'usage s'est immédiatement répandu de les faire imprimer ; chaque candidat fait distribuer les bulletins portant son nom aux électeurs, soit à domicile, soit sur la voie publique. — Mais cette distribution a donné lieu à de grandes difficultés.—L'administration, qui pendant longtemps avait laissé distribuer les bulletins de vote librement et sans aucun entrave, s'armant tout à coup de la loi du 27 juill. 1849, art. 6, qui soumet à l'autorisation du préfet la distribution de tout *écrit* ou brochure, a soutenu que les bulletins d'élections devaient être considérés comme un écrit, et par suite soumis à l'autorisation préalable exigée par la loi de 1849. — Cette interprétation a soulevé parmi les tribunaux et les cours impériales la résistance la plus vive. Et cependant, malgré les graves objections qui s'élèvent contre elle (V. Presse-outrage, n° 429 et nos observations, D. P. 54. 1. 207, 57. 1. 10), elle a été formellement consacrée par la chambre criminelle et les chambres réunies de la cour de cassation.—Ainsi, il a été décidé 1° que l'expression générique *écrits*, employée dans l'art. 6 de la loi du 27 juill. 1849, ne s'applique pas seulement aux productions plus ou moins importantes de l'esprit, mais embrasse toute manifestation de la pensée, réalisée et fixée par l'écriture ou l'impression ; et spécialement, qu'un bulletin ne contenant que les noms des candidats à une élection, constitue un écrit dans le sens de l'article précité, et que par suite la distribution n'en peut être faite qu'en vertu de l'autorisation du préfet ; qu'il n'a été dérogé aux dispositions absolues de l'art. 6 de la loi du 27 juill. 1849, ni par l'art. 10 de la loi du 16 juill. 1850, ni par aucune disposition des autres lois qui régissent les élections et consacrent le suffrage universel (Crim. cass. 20 mai 1854, aff. Esménard, D. P. 54. 1. 209 ; 27 sept. 1855, aff. Brun, D. P. 55. 1. 383 ; 16 nov. 1855, aff. Delayen, D. P. 56. 1. 31 ; Ch. réun. cass. 26 mars 1856 ; aff. Brun, D. P. 56. 1. 137 ; Crim. rej. 28 mars 1856, aff. Delayen, D. P. 56. 5. 353 ; Crim. cass. 3 avr. 1856, aff. Thomas, D. P. 56. 5. 354 ; Ch. réun. cass. 30 janv. 1857, même aff. D. P. 57. 1. 10, Crim. cass. 11 juill. 1862, aff. Michel, D. P. 63. 1. 156) ;— 2° Que l'on doit considérer comme constituant une distribution le fait, par un prévenu, d'avoir remis un tel bulletin à une personne qui le lui demandait et un second à une autre personne qui ne le lui demandait pas, alors surtout qu'averti de l'irrégularité de son action, il a détruit en outre deux autres bulletins qu'il se proposait de porter à deux électeurs (Crim. cass. 16 nov. 1855, aff. Delayen, D. P. 56. 1. 31) ;— 3° Que la remise de bulletins électoraux faite par un électeur candidat à d'autres électeurs, constitue une distribution dans le sens de la loi du 27 juill. 1849 (Ch. réun. cass. 26 mars 1856, aff. Brun, D. P. 56 1. 137).

564. Toutefois, la cour de cassation a apporté une restriction assez importante à sa doctrine. — Ainsi, elle a décidé que les bulletins électoraux contenant avec les noms des candidats l'indication de l'élection à laquelle ils sont destinés rentrent dans la catégorie des circulaires et professions de foi dont parle l'art. 10 de la loi du 16 juill. 1850, et, par suite, jouissent des franchises consacrées par cet article, s'ils réunissent les conditions auxquelles ces franchises sont subordonnées ; qu'il suffit, par exemple, qu'un exemplaire d'un tel bulletin, ou de la circulaire ou profession de foi des candidats dont ce bulletin contient les noms, ait été déposé au parquet du procureur impérial, revêtu de la signature de tous ces candidats, pour que les autres exemplaires puissent être distribués sans signature et sans autorisation du préfet pendant les vingt jours qui précèdent les élections (Ch. réun. cass. 30 janv. 1857, aff. Thomas, D. P. 57. 1. 10 ; Crim. cass. 11 juill. 1862, aff. Michel, D. P. 63. 1. 156). —Et il a été décidé par le ministre de la justice que le bulletin signé par le candidat, dont le dépôt au parquet comme manifestation de candidature a pour effet d'affranchir de la nécessité de l'autorisation la distribution des bulletins portant le même nom pendant les vingt jours qui précèdent le scrutin, peut être indifféremment écrit à la main ou imprimé (décis. min. just. 18 mai 1863, E. Ollivier, D. P. 63. 3. 42).

565. Dans bien des communes, la distribution des bulletins portant le nom du candidat agréé par l'administration, s'opère par les mains des agents de la municipalité, et par exemple des gardes champêtres. On a attaqué ce mode de distribution comme portant atteinte à la liberté et à la sincérité du vote. Mais les réclamations de cette nature ont été constamment rejetées par le conseil d'Etat.— Il a été décidé que ce fait que des bulletins de vote portant des noms de candidats ont été distribués aux électeurs en même temps et par les mêmes agents que les cartes de convocation, n'est pas de nature à porter atteinte à la liberté de l'élection (cons. d'Et. 13 fév. 1862, M. de Guigné, rap., élect. de Chatellerault ; 4 juin 1862, M. Roussigné, rap., élect. de la Côte-Saint-André).— Des élections ont aussi été attaquées par ce motif que, dans plusieurs communes, des bulletins de vote portant les noms des candidats de l'administration avaient été seuls déposés sur les tables des bureaux pendant les opérations électorales.— Mais il a été décidé qu'il ne saurait résulter de cette circonstance la nullité de l'élection, si elle n'a donné lieu à aucune observation pendant le cours des opérations électorales, et s'il ne résulte pas de l'instruction qu'elle ait pu exercer une influence sur la liberté des votes, et sur le résultat des élections (cons. d'Et. 6 janv. 1859, élect. du Blanc, D. P. 59. 3. 18 ; 16 août 1860, M. Perret, rap., aff. Lagineste ; 20 fév. 1862, M. Walckenaër, rap., élect. de Vic-sur-Aisne).— V. n° 963-3°, 5°, 7°.

566. Le papier des bulletins, dit l'art. 21 précité, doit être blanc et sans signes extérieurs. — C'est là la condition essentielle de la sincérité des votes. L'art. 30 du même décret ajoute que les bulletins dans lesquels les votants se sont fait connaître n'entrent pas en compte dans le résultat du dépouillement (V. n° 591).—Il a été décidé à cet égard : 1° que les désignations ajoutées sur les bulletins au nom de chacun des candidats, si elles ont eu pour effet de porter atteinte au secret des votes, entraînent la nullité de l'élection (cons. d'Et. 2 juill. 1847, M. Lucas, rap., aff. d'Havrincourt et autres *C.* Dubuisson) ; — 2° Que l'emploi de bulletins de couleurs différentes entraîne l'annulation de l'élection, lorsqu'il porte atteinte au secret des votes et par suite à la sincérité de l'élection (cons. d'Et. 9 juin 1849, M. Lucas, rap., aff. Rat) ; — 3° Que les bulletins qui portent un signe de reconnaissance doivent être annulés, conformément à l'art. 30 du décret du 2 fév. 1852 (cons. d'Et. 2 sept. 1862, M. Aucoc, rap., élect. de Pompelonne) ; — 4° Que lorsqu'un grand nombre de bulletins imprimés sur papier nuancé en bleu ont été distribués aux électeurs et trouvés dans l'urne, et que cette nuance est assez sensible pour permettre de reconnaître les suffrages émis, l'élection doit être annulée (cons. d'Et. 7 juill. 1853, M. Bauchart, rap., élect. de Clermont) ;—5° Que cependant l'apposition de marques extérieures sur les bulletins, alors qu'elle n'a pas constitué une manœuvre et qu'elle n'a pas eu pour effet de porter atteinte à la liberté et au secret des votes, n'est pas une cause de nullité de l'élection (cons. d'Et. 29 juin 1853, M. de Belbeuf, rap., élect. d'Isly-l'Evêque).—Les recueils ne font pas connaître quelles étaient ces marques extérieures ; comme il s'agissait, dans l'espèce, d'une élection simultanée au conseil général et au conseil d'arrondissement, nous supposons que ces marques sont celles dont nous avons parlé plus haut et qui servaient à faire distinguer l'élection à laquelle le bulletin devait s'appliquer. — V. nos 930 et suiv.

567. De ce qu'un candidat autorisé à se présenter comme agréé par l'administration aurait pris sur ses bulletins le titre de candidat du gouvernement, il ne résulte pas une cause de nullité de l'élection (cons. d'Et. 4 juin 1862, M. Walkenaer, rap., élect. de Saint-Omer).

568. L'art. 22 du décr. réglem. du 2 fév. 1852, porte : — « A l'appel de son nom, l'électeur remet au président son bulletin fermé. Le président le dépose dans la boîte du scrutin, laquelle doit, avant le commencement du vote, avoir été fermée à deux serrures, dont les clefs restent, l'une entre les mains du président, l'autre entre celles du scrutateur le plus âgé » (V. Droit polit., nos 677 et suiv.).— Il résulte de ces dispositions que le secret du vote est une condition nécessaire de sa validité.— Il a été jugé en conséquence que les électeurs n'ont pas la faculté de renoncer au secret de leur suffrage et de voter à bulletin ouvert; tout bulletin non fermé doit être refusé par le président (cons. d'Et. 6 janv. 1859, élect. du Blanc, D. P. 59. 3. 18). — V. nº 931-1º.

569. La publicité du vote n'aurait cependant pas pour conséquence de vicier l'élection si elle n'avait eu lieu qu'accidentellement. La jurisprudence du conseil d'Etat applique, dans ce cas, cette règle dont nous avons déjà parlé, et qui consiste en ceci que toute irrégularité qui n'est pas de nature à altérer la sincérité de l'élection ne saurait être une cause de nullité, si, en écartant les votes irréguliers, la majorité reste encore acquise au candidat. La violation du secret du vote vicie le vote, mais ne vicie pas nécessairement l'élection. — Il a été jugé en conséquence : 1º que l'irrégularité résultant de ce que, dans une section, des électeurs favorables à l'un des candidats ont voté à bulletin ouvert, n'entraîne pas la nullité de l'élection de ce candidat, si, déduction faite des votes obtenus par lui dans ladite section, il conserve encore la majorité exigée (cons. d'Et. 6 janv. 1859, élect. du Blanc, D. P. 59. 3. 18); — 2º Que l'élection n'est pas nulle pour violation du secret du scrutin, par la circonstance qu'un électeur chargé d'inscrire le nom qui lui était dicté, aurait divulgué ce nom avant la fin de la séance, sur le soupçon d'infidélité dirigé contre lui, alors surtout que l'électeur dont le vote a été ainsi rendu public n'a élevé aucune réclamation, et que d'ailleurs les opérations électorales ont été régulières (cons. d'Et. 8 juill. 1840, M. Hallez, rap., aff. Lartigue); — 3º Que le dépôt, sur la table du bureau, et la présentation aux électeurs à mesure qu'ils se présentaient pour voter, des bulletins portant le nom du candidat élu, ne peut entraîner la nullité de l'élection, alors qu'il est reconnu, par l'instruction, que, dans les circonstances où ces faits ont eu lieu, ils n'ont porté aucune atteinte à la liberté et à la sincérité des votes (cons. d'Et. 24 avr. 1856, M. Gomel, rap., élect. de Château-Chinon); — 4º Que la circonstance que quelques électeurs auraient voté avec des bulletins déposés sur les tables placées dans les salles où avaient lieu les opérations électorales, ne vicie pas l'élection, si rien n'indique que le vote de ces électeurs n'ait pas été librement exprimé, et s'il n'est pas établi que cette irrégularité ait eu pour effet de faire connaître leur vote ou d'influencer le vote des autres électeurs (cons. d'Et. 13 juin 1862, M. Savoye, rap., élect. d'Ahun).

570. Jugé pareillement : 1º que le fait par le président du collège électoral d'avoir ouvert les bulletins de vote de quelques électeurs n'est pas une cause de nullité si, les élections pour le conseil général et le conseil d'arrondissement ayant lieu simultanément, il n'a ouvert ces bulletins que pour indiquer à ces électeurs, ne sachant pas lire, et sur leur demande, dans quelle urne ils devaient les déposer, ces faits isolés n'ayant pu avoir ni pour but d'opérer une pression sur les élections, ni pour effet d'influencer ou de faire connaître le vote des autres électeurs (cons. d'Et. 22 sept. 1859, M. Perret, rap., aff. élect. de Lambesc; 24 juill. 1862, M. Savoye, rap., élect. de Douzenac); — 2º Que le fait, par les membres du bureau, d'avoir déplié par le coin des bulletins afin de reconnaître celle des deux élections à laquelle ils devaient être appliqués, n'a pas porté atteinte au secret des votes ou à la liberté des suffrages (cons. d'Et. 7 juill. 1853, M. L'Hôpital, rap., aff. élect. de Châteauneuf; V. aussi vº Droit polit., nº 684); — 3º Que le moyen fondé sur ce que dans une commune un des membres du bureau aurait ouvert les bulletins de deux électeurs, n'est pas recevable si, d'une part, l'irrégularité n'est pas justifiée, et si, d'autre part, d'après les chiffres du recensement général des votes, elle n'aurait pu modifier le résultat de l'élection (cons. d'Et. 20 fév. 1862, M. Walckenaer, rap., élect. de Vic-sur-Aisne); — 4º Que le fait que le président s'est borné à déplier quelques bulletins roulés en forme de boule, afin de faciliter leur introduction dans l'urne, alors qu'il n'est pas établi qu'il ait cherché à connaître les noms inscrits sur ces bulletins, ne peut être considéré comme une violation du secret des votes (cons. d'Et. 10 mars 1865, M. de Bammeville, rap., élect. de Conques). — V. nº 931-2º et 3º.

571. La loi, comme on vient de le voir, exige que la boîte dans laquelle sont déposés les bulletins de votes soit fermée à deux serrures dont les clefs restent, l'une entre les mains du président, et l'autre en celles du scrutateur le plus âgé. Cette prescription qui se justifie d'elle-même, comme condition de la sincérité de l'élection, reste trop souvent inobservée. Il serait à désirer que l'administration tînt fermement la main à ce que chaque commune se munît d'une boîte construite comme le veut la loi, et que l'on ne vît plus se renouveler des irrégularités qu'il serait si facile de prévenir. Le conseil d'Etat use à cet égard d'une indulgence qui nous paraît regrettable. — Il a décidé : 1º que de ce que la boîte du scrutin n'aurait pas été fermée conformément aux prescriptions de la loi, il ne résulte pas un motif suffisant pour annuler l'élection (cons. d'Et. 5 juin 1862, M. Chauchat, rap., aff. élect. de Florensac); — 2º Qu'il n'y pas lieu d'admettre le grief fondé sur ce que, dans une commune, les suffrages n'auraient pas été recueillis dans une boîte fermant à deux clefs, si cette irrégularité n'a été l'objet d'aucune réclamation pendant les opérations électorales, et qu'aucune allégation de fraude n'est élevée contre lesdites opérations (cons. d'Et. 16 août 1860, M. Perret, rap., aff. Lagineste; 16 août 1862, M. Faré, rap., aff. élect. de Boulogne-sur-Mer); — 3º Que la circonstance que la boîte du scrutin n'était pas pourvue de serrure ne vicie pas l'élection, si cette boîte était fermée, si pendant tout le cours des opérations électorales qui n'ont duré qu'un seul jour, elle est restée sous la surveillance des électeurs et des membres du bureau, que le dépouillement a eu lieu séance tenante, que d'ailleurs aucune fraude n'est alléguée (cons. d'Et. 13 juin 1862, M. Savoye, rap., aff. élect. d'Ahun; 28 mars 1862, M. David, rap., aff. élect. de Paulhaguet); — 4º Que la circonstance que dans une commune la boîte du scrutin est restée ouverte n'est pas une cause de nullité de l'élection, si cette irrégularité ne s'est produite que parce que la forme de la boîte ne permettait d'y introduire les bulletins qu'en la laissant ouverte; si cette boîte est restée constamment sous les yeux des électeurs et des membres du bureau, et si enfin, aucune fraude n'est alléguée (cons. d'Et. 4 juin 1862, M. de Guigné, rap., aff. élect de Ledignan). — Dans une de ces espèces, c'était le tiroir entr'ouvert de la table du bureau qui avait servi d'urne électorale (16 août 1860); dans une autre, la boîte consistait en un boisseau recouvert d'un papier retenu par une ficelle (28 mars 1862; V. aussi nº 932). — L'administration s'est préoccupée de ces irrégularités. Une circulaire ministérielle a décidé que dans les communes qui n'en sont pas encore pourvues, le maire doit être invité par le préfet à proposer au conseil municipal l'achat d'une boîte de scrutin satisfaisant aux prescriptions de l'art. 22 du décret réglementaire du 2 fév. 1852, et devant servir pour les élections des conseillers municipaux, des membres des conseils d'arrondissement et des conseils généraux et des députés (circ. min. int. 14 mai 1865, D. P. 65. 3. 47).

572. Une élection a été attaquée par ce motif que, dans une commune, l'urne électorale était divisée en deux compartiments et que le président du bureau avait introduit les bulletins de l'un des candidats dans un compartiment et ceux de l'autre candidat dans le second compartiment; mais ce grief a été rejeté par le motif qu'il résultait de l'instruction que les bulletins étaient présentés fermés au président, qui les introduisait indistinctement dans l'une ou l'autre ouverture de l'urne électorale, et qu'ainsi il n'avait été porté aucune atteinte au secret des votes (cons. d'Et. 5 juin 1862, M. Walckenaër, rap., aff. élect. d'Audenge). — Il a été jugé pareillement que ces faits que, dans une commune, la boîte du scrutin aurait été divisée en deux compartiments, dont un était destiné par le maire à contenir les bulletins de ceux des électeurs dont il voulait surveiller le vote ; que dans une autre commune, le maire aurait menacé les électeurs qui ne voteraient pas pour le candidat indiqué par lui de les signaler à l'autorité; que dans une troisième commune, la boîte du scrutin aurait été transportée au domicile de deux électeurs malades, n'emportent pas nullité de l'élection, si ces faits sont isolés et particuliers à trois communes et qu'alors même qu'on retrancherait du nombre des suffrages obtenus par le candidat élu ceux qui sont irréguliers, une majorité relative considérable serait encore acquise au candidat élu (cons. d'Et. 19 juin 1856, M. L'Hôpital, rap., aff. élect. de Trie).

573. Le serment « de fidélité au chef de l'Etat, à la charte constitutionnelle et aux lois du royaume » était imposé à chaque électeur avant de voter, en vertu de l'art. 41 de la loi du 22 juin 1833. Cette disposition a été expressément abrogée par le décret du 3 juill. 1848, art. 4. Et la loi du 7 juill. 1852, relative au renouvellement des conseils généraux et d'arrondissement, ne reproduit pas l'obligation du serment pour les électeurs. Elle se borne, jusqu'à la loi définitive qui doit régler l'organisation départementale, à renvoyer aux lois existantes.—V. Droit politique, nos 660 et suiv.

574. « Le scrutin doit rester ouvert pendant deux jours : le premier jour, depuis huit heures du matin jusqu'à six heures du soir, et le second jour, depuis huit heures du matin jusqu'à quatre heures du soir » (décr. régl. 2 fév. 1852, art. 25, V. Droit polit., nos 711 et suiv.). — Cette durée du scrutin est une condition essentielle de la validité de l'élection. — Il a été décidé que la réduction de la durée du scrutin à un seul jour, ordonnée par le préfet, vicie cette élection d'une manière radicale, encore qu'aucune protestation ne soit produite de la part des électeurs (décis. du corps légis. 18 fév. 1861, Pissard, D. P. 61. 3. 15). — Il semble que cette décision, intervenue à propos d'une élection législative, doive avoir toute son autorité à l'égard des élections départementales, la loi du 7 juill. 1852 ayant déclaré le décret du 2 fév. 1852 applicable à ces élections. —V. toutefois le numéro qui suit.

575. L'art. 25 du décret réglementaire du 2 fév. 1852 fixe l'heure à laquelle le scrutin doit être ouvert et celle où il doit être fermé. Cette disposition, édictée pour les élections législatives, nous paraît, comme celle qui précède, applicable aux élections départementales. —Cependant le conseil d'Etat s'est prononcé en sens contraire ; il a décidé que l'art. 25 du décret de 1852 n'est pas applicable aux élections des conseils généraux, et que les lois spéciales au renouvellement de ces conseils n'ayant pas fixé l'heure à laquelle le scrutin doit être fermé, le préfet peut, sans excéder ses pouvoirs, fixer pour la fermeture du scrutin une heure moins avancée que celle qui est déterminée par le décret de 1852 (cons. d'Et. 4 juin 1862) (1),... de même qu'il pourrait avancer l'heure de l'ouverture (V. no 575-2o).

576. Décidé, d'un autre côté : 1o que la circonstance que dans plusieurs sections le scrutin a été ouvert avant l'heure fixée par l'arrêté de convocation ne vicie pas l'élection lorsque cela n'a eu lieu que pour faciliter le vote des électeurs, que cette irrégularité n'a présenté aucun caractère de fraude et n'a point été de nature à exercer d'influence sur l'élection (cons. d'Et. 15 mai 1862, M. David, rap., aff. élect. de Molières);—2o Qu'il n'y a pas lieu d'admettre le grief tiré de ce que, dans une commune, l'ouverture du scrutin aurait été avancée d'une heure, lorsque cette mesure a été prise en vertu d'un arrêté spécial du préfet, et qu'en admettant que cet arrêté n'ait pas été porté à la connaissance des électeurs, il n'est pas établi que le bureau ait été formé irrégulièrement, ni qu'il ait été porté atteinte à la liberté et à la sincérité des opérations (cons. d'Et. 2 sept. 1862, M. Aucoc, rap., aff. élect. de Pampelonne) ; — 3o Que le fait que le scrutin aurait été ouvert à huit heures et demie ou neuf heures, au lieu d'être ouvert à huit heures conformément à l'arrêté de convocation, ne peut être considéré comme une irrégularité de nature à entraîner l'annulation de l'élection, s'il n'est pas allégué que les opérations électorales n'aient pas eu la durée fixée par la loi, et que ce retard ait empêché un seul électeur de prendre part au vote (cons. d'Et. 16 août 1862, M. Faré, rap., aff. élect. de Boulogne-sur-Mer); — 4o Et même que l'irrégularité tirée de ce que, dans une commune, le maire, qui n'avait pas présidé le premier jour, avait ouvert la séance du second jour avant l'heure indiquée la veille, et avait, sur-le-champ, rompu les scellés et reçu les votes, en l'absence tant de l'adjoint qui avait présidé la veille que d'un autre membre du bureau, alors qu'elle ne présente aucun caractère de fraude ou de manœuvre coupable, ne peut, s'étant commise dans une seule commune, entraîner la nullité d'élections auxquelles il avait été régulièrement procédé par l'ensemble du canton, et qui avaient eu lieu d'ailleurs à une très-grande majorité (cons. d'Et. 7 juill. 1853, M. l'Hôpital, rap., aff. élect. de Châteauneuf).—V. no 924.

577. En ce qui concerne la fermeture du scrutin à d'autres heures que celles fixées par la loi, il a été décidé : 1o que la fermeture du scrutin cinquante minutes avant l'heure fixée par l'arrêté de convocation des électeurs emporte nullité des opérations (cons. d'Et. 2 avr. 1849, M. Louyer-Villermay, rap., aff. Chavance) ; — 2o Que la prolongation du scrutin au delà de six heures du soir n'est pas par elle-même un motif de nullité de l'élection (cons. d'Et. 9 avr. 1849, M. Gomel, rap., aff. Charles de Lesseps; 28 mars 1862, M. David, rap., aff. élect. de Paulhaguet);—Mais qu'elle devient une cause de nullité lorsqu'il est établi qu'elle n'a eu lieu que dans l'intérêt du candidat élu et qu'elle a eu pour effet d'influer sur le résultat de l'élection (cons. d'Et. 31 août 1849, M. Gomel, rap., aff. Vuillermet); — 3o Que le grief tiré de ce que le scrutin aurait été fermé, bien que plusieurs électeurs se présentassent pour voter est inadmissible, si les requérants n'allèguent pas que le scrutin ait été fermé avant l'heure fixée par l'arrêté du préfet (cons. d'Et. 16 avr. 1863, M. de Guigné, rap., aff. élect. de Broons).—V. no 924.

578. Le procès-verbal doit mentionner l'heure de l'ouverture et de la fermeture du scrutin; toutefois, cette mention n'est pas prescrite à peine de nullité. — Il a été jugé, sous le régime de la loi de 1833 : 1o que l'omission au procès-verbal de l'heure de l'ouverture du scrutin n'est pas une cause de nullité de l'opération, s'il est constant que le scrutin est resté ouvert au delà du temps exigé par la loi (cons. d'Et. 6 août 1840, M. Richaud, rap., aff. Levessel; 30 déc. 1843, M. du Berthier, rap., aff. élect. de Cambremer) ; — 2o Que l'élection n'est pas nulle, par cela seul que le procès-verbal qui l'a constatée aurait mentionné indistinctement l'ouverture des opérations électorales et celle du scrutin, et que, dans ce cas, le temps nécessaire pour l'accomplissement des formalités préliminaires aurait absorbé le temps pendant lequel le scrutin doit rester ouvert, si aucune réclamation ne s'est élevée à cet égard dans l'assemblée (cons. d'Et. 1er août 1837, M. du Martroy, rap., aff. élect. de Lens); — 3o Mais que l'élection doit être annulée, lorsque le procès-verbal ne constate pas que le scrutin ait été ouvert pendant le laps de temps prescrit par la loi, et qu'il n'est pas suppléé au silence du procès-verbal par les documents de l'instruction (cons. d'Et. 23 fév. 1841, M. Saglio, rap., élect. d'Uglas).

579. La session électorale devant durer deux jours, il était nécessaire de pourvoir, pendant la nuit du premier au second jour, à la sûreté des boîtes du scrutin. L'art. 26 du décret réglementaire des élections législatives, applicable aux élections départementales, porte : « Art. 26. Les boîtes du scrutin sont scellées et déposées pendant la nuit au secrétariat ou dans la salle de la mairie. Les scellés sont également apposés sur les ouvertures de la salle où les boîtes ont été déposées » (V. Droit polit. nos 688 et s.). — La loi ne dit pas si par ouvertures il faut entendre même les fenêtres. — Il a été jugé que lorsque les scellés n'ont pas été apposés sur les fenêtres de la salle dans laquelle les urnes électorales ont été déposées pendant la nuit, cette irrégularité ne vicie pas l'élection, s'il résulte de l'instruction qu'elle n'a pas porté atteinte au secret des votes et à la sincérité des élections (cons. d'Et. 22 sept. 1859, M. Perret, rap., aff. élect. de Lambesc). — La loi électorale du 15 mars 1849 exigeait, outre l'apposition des scellés, l'établissement d'un poste armé pour la garde des scellés. Dans le silence de la loi nouvelle sur ce point, l'établissement d'un poste armé ne peut être considéré comme une condition de la validité du scrutin.—V. nos 936 suiv.

(1) (Elect. d'Ollioules.) — Napoléon, etc.; — Vu la loi du 22 juin 1833 et le décret du 3 juill. 1848; — Vu le décr. réglementaire du 2 fév. 1852, notamment l'art. 25;— Vu la loi du 7 juill. 1852, notamment les art. 2 et 3; — Considérant qu'aux termes des §§ 4 et 5 de l'art. 3 de la loi du 7 juill. 1852, sur le renouvellement des conseils généraux, le scrutin doit durer deux jours dans les communes qui comptent 2,500 âmes et plus, et être ouvert le samedi et clos le dimanche; qu'il ne doit durer qu'un seul jour dans les communes d'une population moindre et être ouvert et clos le dimanche; mais que cette loi ni les lois antérieures sur les élections des membres des conseils généraux, auxquels elle se réfère, n'ont fixé l'heure à laquelle le scrutin doit être fermé; que l'art. 25 du décret réglementaire du 2 fév. 1852, sur l'élection des députés au corps législatif, n'est pas applicable à l'élection des membres des conseils généraux; que, dès lors, dans le silence de la loi, il appartenait au préfet du département du Var de prescrire que, le dimanche 16 juin 1861, le scrutin serait fermé à quatre heures du soir dans toutes les communes du département :—Art. 1. La requête... est rejetée.

Du 4 juin 1862.-Décr. cons. d'Et.-M. Chauchat, rap.

580. C'est au maire qu'il appartient, en sa qualité de président de l'assemblée électorale, de sceller la boîte du scrutin et d'en conserver les clefs, et, en sa qualité de maire, de requérir la force publique pour la garde de cette boîte. Toutefois, le maire peut donner son consentement à l'intervention du sous-préfet et du juge de paix dans ces mesures, consentement motivé sur ce qu'il se trouve candidat, lorsque, d'ailleurs, cette intervention n'a pas porté atteinte à la liberté de l'élection (cons. d'Et. 18 mars 1857, M. Aucoc, rap., aff. élect. de la Côte-Saint-André).

§ 4. — *Dépouillement du scrutin; procès-verbal.*

581. L'art. 27 du décret réglementaire du 2 fév. 1852 est ainsi conçu : — « Après la clôture du scrutin, il est procédé au dépouillement de la manière suivante : — La boîte du scrutin est ouverte et le nombre des bulletins vérifié. — Si ce nombre est plus grand ou moindre que celui des votants, il en est fait mention au procès-verbal. — Le bureau désigne parmi les électeurs présents un certain nombre de scrutateurs sachant lire et écrire, lesquels se divisent par tables de quatre au moins. — Le président répartit entre les diverses tables les bulletins à vérifier. — A chaque table, l'un des scrutateurs lit chaque bulletin à haute voix et le passe à un autre scrutateur ; les noms portés sur les bulletins sont relevés sur des listes préparées à cet effet. » — L'art. 28 dispose que le président et les membres du bureau surveillent l'opération du dépouillement. — Il a été jugé que le bureau de l'assemblée siégeant au chef-lieu de canton peut procéder au recensement des votes des communes du canton sans le concours d'assesseurs appartenant au bureau des autres assemblées (cons. d'Et. 28 mars 1862, M. Savoye, rap., élect. de Monclar.) — V. Droit polit., nos 714 et s. et *infrà*, nos 939 et s.

582. Sous la loi du 22 juin 1833 (art. 46), le dépouillement se faisait de la manière suivante : l'un des scrutateurs prenait successivement chaque bulletin, le dépliait, le remettait au président qui en faisait la lecture à haute voix et le passait à un autre scrutateur. — Il a été jugé, sous l'empire de cette disposition : 1° que l'irrégularité résultant de ce que le président, au lieu de recevoir les bulletins de l'un des scrutateurs, les a lui-même pris dans l'urne, n'est pas de nature à vicier les opérations lorsqu'il est également établi qu'après les avoir lus il les a remis ouverts aux scrutateurs et que d'ailleurs aucune réclamation ne s'est élevée dans le cours du dépouillement. (cons. d'Et. 16 août 1843, M. Hély-d'Oissel, rap., élect. de Neuillé); — 2° Que le fait que le président aurait ouvert lui-même quelques bulletins que lui aurait remis à demi dépliés un des scrutateurs n'est pas de nature à entraîner la nullité des opérations lorsqu'il résulte de l'instruction que les bulletins ont été ensuite déposés sous les yeux des autres scrutateurs, qui ont pu les vérifier (cons. d'Et. 30 déc. 1843, M. Gomel, rap., élect. de Fousseret); — 3° Que le grief résultant de ce que le président, après avoir proclamé les noms inscrits sur les bulletins, au lieu de passer ces bulletins au scrutateur placé à sa droite, les aurait déposés sur la table devant lui, n'est pas de nature à entraîner la nullité des opérations électorales (cons. d'Et. 30 déc. 1843, M. Frémy, rap. élect. de Ciers-Lalande); — 4° Mais que le refus fait par le président de communiquer les bulletins à un scrutateur qui les lui avait formellement demandés, peut, suivant les circonstances, entraîner l'annulation de l'élection (cons. d'Et. 6 sept. 1843, M. de Lavenay, rap., élect. de Vézelise). — V. n° 944.

583. Dans les colléges ou sections où il se sera présenté moins de 300 votants, ajoute l'art. 28 précité du décret de 1852, le bureau pourra procéder lui-même et sans l'intervention de scrutateurs supplémentaires au dépouillement du scrutin. — Jugé que l'irrégularité résultant de ce que, dans une commune, il a été procédé au dépouillement du scrutin par les membres du bureau, bien que cette commune comptât plus de trois cents votants, ne vicie pas les opérations, lorsqu'il n'est pas allégué que cette irrégularité ait favorisé aucune manœuvre de nature à altérer la sincérité du scrutin (cons. d'Et. 22 sept. 1859, M. Perret, rap., élect. de Lambesc; 16 août 1862, M. Flandin, rap., élect. de Montréal). — V. n° 943.

584. L'art. 29 du décret du 2 fév. 1852 dispose que « les tables sur lesquelles s'opère le dépouillement des scrutins sont disposées de telle sorte que les électeurs puissent circuler à l'entour. » Cette disposition est la reproduction à peu près textuelle de l'art. 45 de la loi du 22 juin 1833 (V. Droit pol. nos 731 et suiv.). — Il n'est pas nécessaire que cet arrangement matériel intérieur soit constaté par le procès-verbal. — Il a été jugé que la mention que les électeurs ont circulé librement autour de la table, pendant le dépouillement du scrutin, n'est pas prescrite à peine de nullité (cons. d'Et. 14 août 1837, M. d'Ormesson, rap., élect. de Monistrol). — Mais l'exécution de la disposition de l'art. 29 n'est pas moins essentielle pour la validité des opérations électorales. — Cependant il a été décidé que le grief tiré de ce que la table placée devant le président et les scrutateurs aurait été disposée de telle sorte que les électeurs n'auraient pu circuler à l'entour pendant le dépouillement du scrutin doit être rejeté lorsque aucune réclamation n'a été élevée dans l'assemblée contre la disposition de cette table (cons. d'Et. 16 août 1843, M. Gomel, rap., élect. de Guiscard). — V. n° 940.

585. La loi ne dit pas que le dépouillement du scrutin doive avoir lieu publiquement; mais il n'est pas douteux que cette publicité ne soit requise. — Il a été jugé, sous le régime de la loi de 1833, que la violation des conditions de publicité exigées par la loi rend nulles les opérations électorales, qu'ainsi l'élection est nulle si le président de l'assemblée a fait évacuer la salle au moment du dépouillement du scrutin, bien que ce fait ne soit pas mentionné dans le procès-verbal, si d'ailleurs le procès-verbal ne dément pas ce fait (cons. d'Et. 6 janv. 1837, M. Caffarelli, rap., élect. de Châteauneuf). — V. n° 940.

586. L'art. 4 de la loi du 7 juill. 1852 est ainsi conçu : « Nul n'est élu membre desdits conseils au premier tour de scrutin s'il n'a réuni : 1° la majorité absolue des suffrages exprimés ; — 2° Un nombre de suffrages égal au quart de celui des électeurs inscrits. — Au second tour de scrutin, l'élection a lieu à la majorité relative, quel que soit le nombre des votants. Si plusieurs candidats obtiennent le même nombre de suffrages, l'élection est acquise au plus âgé. » — L'art. 45 de la loi de 1833 exigeait, comme la loi du 7 juill. 1852, la majorité absolue des suffrages exprimés au premier tour de scrutin et la majorité relative au second tour. Aux termes du décret du 3 juill. 1848 (art. 16), l'élection avait toujours lieu au premier tour de scrutin par la raison qu'il suffisait au candidat d'avoir obtenu à ce premier tour la majorité relative. La majorité absolue se trouvait supprimée. La loi du 7 juill. 1852 s'est rapprochée du système de la loi de 1833 (V. Droit polit., nos 745 et suiv.). — Lorsque la loi parle de majorité absolue, elle n'entend pas que le candidat ait obtenu la moitié des suffrages exprimés, plus un; il suffit qu'il en ait obtenu plus de la moitié (cons. d'Et. 7 août 1843, M. d'Ormesson, rap., élect. d'Anglure). — V. n° 955.

587. On remarquera, dans l'art. 4 de la loi du 7 juill. 1852, que le nombre des suffrages obtenus par le candidat doit être, au premier tour de scrutin, au moins du quart de celui des électeurs inscrits. Mais sous le régime de la loi du 7 juill. 1852, comme sous celui de la loi de 1833, l'expression *électeurs inscrits* ne doit pas être prise dans un sens trop restreint; elle comprend évidemment les électeurs qui seraient admis à voter suivant le deuxième paragraphe de l'art. 19 du décret du 2 fév. 1852, c'est-à-dire les citoyens porteurs d'une décision du juge de paix ordonnant leur inscription, ou d'un arrêt de la cour de cassation annulant un jugement qui aurait prononcé une radiation (V. n° 556). En effet, s'ils ne sont pas matériellement inscrits sur les listes déposées sur le bureau et affichées dans la salle, ils doivent y être *ajoutés* ou *rétablis*. — L'instruction ministérielle du 15 sept. 1833 interprétait ainsi l'art. 40 de la loi de 1833, et les raisons sur lesquelles elle s'appuyait ont conservé toute leur force sous le régime de la loi de 1852.

588. Nul candidat ne pouvant être élu qu'autant qu'il a obtenu un nombre de suffrages égal au quart de celui des électeurs inscrits, il suit qu'il n'y a pas lieu de prendre en considération la participation au vote d'électeurs non inscrits, et dont les bulletins ont été annulés. — Il a été jugé : 1° que lorsque des élections, qui ont eu lieu sur des listes où un très-grand nombre de radiations et d'inscriptions avaient été opérées contrairement à l'art. 3 de la loi du 7 juill. 1852, n'ont donné au candidat élu qu'une majorité très-faible sur son concurrent, elles doivent être annulées (cons. d'Et. 1er juin 1853, M. Gomel, rap., aff. Grimaldi; même jour, M. de Sandrans, rap., aff. Bertola; même jour, M. Gomel, rap., aff. Pompéi),... et alors, en outre, que l'on n'avait trouvé dans l'urne des assemblées de trois communes trente-six bulletins en sus du nombre des votants (cons. d'Et. 1er juin 1853, M. Gomel, rap., aff. Peretti); — 2° Qu'on ne doit pas, dans le calcul de la majorité absolue, considérer comme suffrages exprimés, des bulletins déposés par des électeurs non inscrits, ni des bulletins déposés pour des électeurs absents (cons. d'Et. 18 mars 1865, M. Cottin, rap., élect. d'Excideuil).

589. Les bulletins qui se trouvent en sus du nombre des votants sont annulés, et l'on retranche au candidat élu un nombre de voix égal à cet excédant de suffrages; si, déduction faite de cet excédant, le résultat de l'élection n'est pas modifié, c'est-à-dire si le nombre de suffrages accordés au candidat proclamé dépasse encore la majorité, l'élection est maintenue (cons. d'Et. 25 fév. 1841, M. d'Ormesson, rap., élect. de Larcher; 25 juin 1857, M. L'Hôpital, rap., élect. de Beauvoir; 18 juin 1859, M. Perret, rap., aff. Puzin; 2 sept. 1862, M. Aucoc, rap., élect. de Pampelonne; 16 avr. 1863, M. de Guigné, rap., élect. de Broons; 31 août 1863, M. Roussigné, rap., élect de Castelnau). — Si, au contraire, après cette déduction faite, le candidat élu ne se trouve plus avoir la majorité absolue, l'élection est annulée (cons. d'Et. 1er juin 1853, M. Gomel, rap., aff. Lucchetti; 16 juin 1853, M. Leviez, rap., aff. Coquard et autres *C.* Faulquier; 15 juill. 1853, M. l'Hôpital, rap., élect. de Guines; 7 avr. 1859, M. Lechanteur, rap., élect. de Valderin). — V. n° 943.

590. Il a été décidé ainsi que lorsque les opérations électorales ont donné lieu dans une commune à des irrégularités regrettables; qu'il s'est trouvé dans l'urne un nombre de bulletins supérieur au nombre des votants; que la liste d'émargement n'a pas été régulièrement dressée; qu'on y a inscrit, comme votants, un certain nombre d'électeurs n'ayant pas pris part au vote; que, dans ces circonstances, bien que le candidat proclamé ait obtenu une majorité considérable, comme il est impossible de distinguer parmi les suffrages attribués à ce candidat ceux qui lui ont été assignés régulièrement et ceux qui auraient été frauduleusement déposés, il ne doit pas être tenu compte des votes émis dans cette commune, ce qui, enlevant au candidat élu la majorité absolue, entraîne l'annulation de l'élection (cons. d'Et. 6 août 1864, M. de Renepont, rap., élect. de Saint-Didier-la-Séauve).

591. L'art. 30 du décr. du 2 fév. 1852, porte : « Les bulletins blancs, ceux qui ne contiennent pas une désignation suffisante, ou dans lesquels les votants se font connaître, n'entrent pas en compte dans le résultat du dépouillement; mais ils sont annexés au procès-verbal » (V. Droit polit., nos 753 et s. et *infrà*, nos 949 et s.). — Jugé, sous la loi de 1833 qui ne contenait, à la vérité, aucune disposition à cet égard : 1° que, lorsqu'au dépouillement du scrutin, il se trouve dans l'urne un bulletin blanc, ce bulletin doit être déduit du nombre des suffrages exprimés qui servent à fixer le chiffre de la majorité, le chiffre de la majorité absolue devant être fixé, non d'après le nombre des votants, mais d'après celui des suffrages exprimés (cons. d'Et. 25 fév. 1841, M. d'Ormesson, rap., élect. de Lubersac, V. *suprà*, nos 586 et s.); — 2° Que le bulletin qui n'exprime aucun vote ne doit pas être compté (cons d'Et. 19 mai 1835, M. Germain, rap., aff. Rigal *C.* Vialas); — 3° Que le bulletin sur lequel ont été tracés des caractères dont l'arrangement ne forme pas de nom doit être retranché du nombre des suffrages exprimés et considéré comme non avenu; dès lors on ne doit pas le compter pour déterminer le chiffre de la majorité absolue (cons. d'Et. 7 août 1843, M. d'Ormesson, rap., élect. de Blerné); — 4° que le bulletin portant *ni l'un ni l'autre* ne vaut pas comme vote exprimé, et par suite ne doit pas être pris en considération pour déterminer le nombre des suffrages nécessaires pour obtenir la majorité (cons. d'Et. 19 mai 1835, M. Germain, rap., aff. Rigal *C.* Vialas; 22 juin 1843, M. Bourdon, rap., aff. Grué); — 5° Que cependant un bulletin illisible doit être considéré comme suffrage exprimé, et doit, dès lors, servir à déterminer le nombre des votants et le chiffre de la majorité (cons. d'Et. 30 mai 1834, M. Caffarelli, rap., aff. Lagarde *C.* Lacaze). — Mais cette dernière décision ne serait plus suivie aujourd'hui.

592. A l'égard des bulletins contenant des désignations insuffisantes, il a été décidé : 1° qu'un candidat qui a plusieurs homonymes parmi les électeurs ne peut réclamer pour son compte des bulletins qui ne portent que son nom seul, sans autre désignation, et que l'on doit annuler la décision qui les lui a attribués (cons. d'Et. 11 juin 1834, M. Germain, rap., aff. Despréau); — 2° Que l'on ne peut attribuer à un candidat un bulletin qui ne porte ni son nom ni son prénom, mais seulement un sobriquet donné à son père, lorsque d'ailleurs cet électeur a un frère électeur et éligible (cons. d'Et. 28 nov. 1834, M. Germain, rap., aff. Jérardet *C.* Marcoul-Lagorie); — 3° Que des bulletins portant seulement le nom patronymique d'un candidat doivent être écartés par le bureau, s'ils ne désignent pas suffisamment ce candidat pour lui être exclusivement applicables (cons. d'Et. 11 mai 1838, M. d'Ormesson, rap., élect. du Mas-d'Agenais), ...si, par exemple, il existe dans la commune plusieurs éligibles du même nom, et si un certain nombre des bulletins désignaient une autre personne de ce nom (cons. d'Et. 22 juill. 1835, M. Germain, rap., élect. de Pavilly).

593. Mais, comme le disait un conseil de préfecture dans une espèce qui lui était soumise (cons. d'Et. 23 août 1843, élect. de Grandbourg), les questions d'attribution de nom sont toutes de bonne foi. Aussi, quelle que soit l'irrégularité commise dans la désignation du candidat, du moment que les circonstances sont telles qu'aucun doute ne peut s'élever sur l'individu auquel cette désignation doit s'appliquer, les bulletins qui contiennent cette irrégularité doivent lui être attribués. — La jurisprudence du conseil d'Etat est constante sur ce point. — Ainsi il a été jugé : 1° que, lorsqu'un bulletin porte un certain nom avec des qualifications illisibles, et qu'il n'y a qu'une seule personne de ce nom qui soit éligible, le bulletin doit lui attribué (cons. d'Et. 19 mai 1835, M. Germain, rap., aff. Rigal); — 2° Que lorsque des bulletins paraissent douteux à raison des qualifications qu'ils contiennent, mais que, cependant, il résulte des circonstances qu'ils ne peuvent s'appliquer qu'à l'un des candidats, ces bulletins doivent lui être attribués (cons. d'Et. 19 mai 1835, M. Montaud, rap., aff. Delaford); — 3° Qu'un bulletin portant un nom tronqué a pu être valablement appliqué à un candidat au nom duquel il se rapportait, si, malgré l'altération, il est probable que le candidat seul avait pu être désigné par ce nom (cons. d'Et. 23 juill. 1840, M. d'Ormesson, rap., aff. Poitevin); — 4° Que l'élection d'un membre de conseil général ne peut être annulée sur le motif que des bulletins qui lui ont été attribués pouvaient appartenir à un autre éligible du même nom, s'il avait rendu sa candidature de notoriété publique en la faisant précéder d'une circulaire portant son nom, tandis que l'éligible du même nom était un vieillard infirme et presque illettré (cons. d'Et. 16 mai 1837, M. Macarel, rap., aff. Rihouet); — 5° Qu'il n'y a pas nullité en ce qu'un bulletin qui ne portait que le nom patronymique d'un candidat sans autre désignation lui avait été attribué, bien qu'il pût appartenir à son frère du même nom, s'il était le seul candidat de ce nom et si aucune réclamation ne s'est élevée dans l'assemblée (cons. d'Et. 19 août 1837, M. Robillard, rap., élect. de Mezin); — 6° Que lorsqu'il y a, dans une assemblée électorale, deux électeurs du même nom (deux frères), et que l'un d'eux s'est porté seul pour candidat, les bulletins au nom commun, sans désignation spéciale d'aîné ou de cadet, sont valablement appliqués à celui qui est notoirement candidat, et sur qui se sont répartis les suffrages de l'assemblée (cons. d'Et. 23 juill. 1840, M. d'Ormesson, rap., aff. Rolland); — 7° Que, lorsque deux candidats sont frères et portent le même nom, on doit attribuer au plus jeune le bulletin portant, avec son nom, le mot *le cadet* (cons. d'Et. 12 juill. 1836, M. Marchand, rap., élect. d'Embrun); — 8° Que les bulletins qui portent, sans désignation spéciale, un nom commun à plusieurs éligibles, doivent être attribués à celui qui était le seul candidat de ce nom notoirement connu (cons. d'Et. 16 juin 1841, M. Gomel, rap., élect. de Marmande; même jour, M. Saglio, rap., élect. d'Arpajon; 17 août 1841, M. Germain, rap., élect. de Fleury-sur-Andille; 5 août 1841, M. Germain, rap., élect. de Saint-Brieuc; 16 août 1843, M. Hély d'Oissel, rap., élect. de Neuillé; même jour, élect. de Soulaines et élect.

d'Argelès; 27 fév. 1847, M. Lavenay, rap., aff. Collot *C.* Lamarque; 15 juin 1847, M. Lucas, rap., aff. Ginet *C.* Vincendon); —9° Que, bien que le nom écrit sur des bulletins soit commun à deux éligibles, et que l'un de ces deux éligibles ait même obtenu un suffrage le désignant spécialement, ces bulletins doivent être comptés à l'autre, si celui-ci est le seul candidat de son nom, et s'il ne s'élève dans l'assemblée aucune réclamation au sujet de cette attribution (cons. d'Et. 31 juill. 1843, M. d'Ormesson, rap., élect. de Cérisy); — 10° Que l'on doit attribuer à un candidat les bulletins qui ne portent que son nom sans autre désignation spéciale, lorsqu'il résulte des circonstances que ces bulletins ne devaient s'appliquer qu'à lui (cons. d'Et. 23 août 1843, M. Gomel, rap., élect. de Châteaugiron).

594. Il a été jugé encore : 1° que les bulletins sur lesquels le nom d'un candidat se trouve incomplétement indiqué, par exemple, lorsque, au lieu du double nom qu'il porte, on ne lui en a donné qu'un seul, doivent cependant être appliqués à ce candidat, s'il était généralement connu sous le nom mentionné au bulletin et si cette désignation n'est applicable à aucun autre éligible (cons. d'Et. 23 mai 1834, M. Montaud, rap., aff. Cassaignard; 14 nov. 1836, M. Robillard, rap., aff. Pauthier); — 2° Qu'un bulletin portant ces mots : *Messient juges de pay*, doit être attribué au juge de paix du canton, l'un des candidats, bien qu'au nombre des électeurs figurât le juge de paix d'un canton voisin (cons. d'Et. 6 juill. 1843, M. d'Ormesson, rap., élect. de Vassy) ; — 3° Que lorsque des bulletins ne peuvent s'appliquer qu'à la personne à laquelle ils ont été comptés, malgré quelques variations d'orthographe, l'élection doit être maintenue (cons. d'Et. 6 juin 1834, M. de Felcourt, rap., aff. Laget) ; — 4° Que lorsqu'il n'y a plus qu'un membre à élire, s'il arrive qu'un bulletin porte deux noms, celui d'un conseiller déjà élu, et celui d'un des candidats, ce bulletin est valable et compte à ce dernier (cons. d'Et. 9 mai 1834, M. Montaud, rap., aff. Colarey); — 5° Qu'il y avait lieu d'attribuer à un sieur *de la Bruyère*, seul candidat notoire de ce nom, un bulletin portant *Bruyère* seulement (cons d'Et. 24 juin 1846, M. Lavenay, rap., aff. Patissier et autres *C.* de la Bruyère). — V. n° 950 et suiv.

595. La doctrine consacrée par cette jurisprudence doit s'appliquer, à plus forte raison, dans le cas où, abstraction faite des bulletins douteux attribués à un candidat, ce dernier aurait encore obtenu la majorité. — Nous avons vu le principe de cette doctrine appliqué à des cas analogues. — Il a été jugé 1° que lorsqu'on a procédé à un second tour de scrutin qui a donné la majorité relative à l'un des candidats, même en attribuant à son compétiteur deux bulletins déclarés illisibles, l'élection de celui-là doit être maintenue (cons. d'Et. 16 mai 1834, M. Germain, rap., aff. Barré-Bertery); — 2° Que bien qu'un bulletin ait été attribué à un électeur, tandis qu'il pouvait s'appliquer à son frère, aussi électeur dans la même commune, cependant l'élection n'est point nulle, si, abstraction faite de ce bulletin, cet électeur n'en réunit pas moins la majorité des suffrages (cons. d'Et. 12 juill. 1836, M. Marchand, rap., élect. d'Embrun); — 3° Que bien que trois bulletins portant le nom, sans autre désignation, d'un candidat, lui aient été attribués à un second tour de scrutin, quoiqu'il y eût plusieurs électeurs du même nom, cependant l'élection n'est pas nulle si ces trois bulletins complètent le nombre des suffrages qu'il avait déjà obtenus dans le précédent scrutin avec désignation spéciale (cons. d'Et. 14 août 1837, M. d'Ormesson, rap., élect. de Cadenet; V. du reste sur les attributions de bulletin, v° Droit pol., n°s 774 et suiv.).

596. Les bulletins annulés doivent être annexés au procès-verbal, ainsi que le dit l'art. 30 précité du décret de 1852 ; il faut, en effet, que l'autorité appelée à reviser les décisions rendues provisoirement par le bureau, puisse apprécier *de visu* les bulletins qui ont donné lieu aux difficultés. — Toutefois, il a été décidé, sous la loi de 1833, qu'il n'est pas nécessaire que les bulletins déclarés illisibles par le bureau soient annexés au procès-verbal, lorsque aucune réclamation ne s'élève contre cette déclaration d'illisibilité (cons. d'Et. 16 août 1843, M. Lepelletier d'Aulnay, rap., élect. d'Henchiz).— V. n° 971.

597. Ce même art. 30 ne dit pas que les bulletins annexés au procès-verbal seront parafés par les membres du bureau ; cette formalité, il est vrai, est exigée par l'art. 16 du même décret, mais seulement à l'égard des bulletins qui ont donné lieu à des contestations. « Le bureau, dit cet art. 16, prononce provisoirement sur les difficultés qui s'élèvent touchant les opérations du collége ou de la section. Ses décisions sont motivées. Toutes les réclamations et décisions sont inscrites au procès-verbal, les pièces ou bulletins qui s'y rapportent y sont annexés, *après avoir été parafées par le bureau.* » — En tout cas, il a été jugé qu'on ne doit avoir aucun égard au grief tiré de ce qu'un certain nombre de bulletins annexés aux procès-verbaux n'ont pas été parafés par les membres du bureau, lorsque le réclamant n'allègue pas que cet oubli ait donné lieu à des substitutions frauduleuses de bulletin (cons. d'Et. 28 janv. 1865, M. de Belbeuf, rap., élect. de Noroy-le-Bourg).—Sur la compétence du bureau, V. n°s 909 et suiv.

598. Si les bulletins annulés par le bureau n'ont pas été annexés au procès-verbal, et que, d'après les expressions mêmes du procès-verbal, la nullité en soit douteuse, comme l'autorité appelée à statuer sur l'élection est dépourvue de tout moyen de vérification, elle doit, dans le doute, se prononcer en faveur de la validité de ces bulletins, en tant que suffrages exprimés, et les compter pour la fixation du chiffre de la majorité. — Il a été décidé, en conséquence, qu'en admettant, dans le cas où les bulletins annulés par le bureau n'ont pas été annexés au procès-verbal, que le conseil de préfecture ait pu retrancher du nombre des suffrages exprimés les bulletins déclarés blancs par le bureau, il ne lui était pas permis de déduire également de ce nombre les bulletins que le bureau avait déclarés *blancs* ou *nuls* (cons d'Et. 28 mars 1862) (1). — V. n°s 969, 970.

599. Aux termes de l'art. 36 du décret réglementaire du 2 fév. 1852, qui nous paraît devoir être appliqué aux élections départementales comme aux élections législatives, « si aucun des candidats n'a obtenu la majorité des suffrages et le vote en sa faveur du quart au moins des électeurs inscrits, l'élection est continuée au deuxième dimanche qui suit le jour de la proclamation du résultat du scrutin. »—Sous le régime de la loi de 1833, les deux tours de scrutin pouvaient avoir lieu le même jour (art. 45), et, en aucun cas, les opérations électorales ne pouvaient durer plus de deux jours (art. 49). Sous le régime du décret de 1852, le second tour de scrutin ne peut suivre le premier sans intervalle, et quand il a lieu, il doit avoir, quoique la loi ne s'expli-

(1) *Espèce:* — (Elect. de Rugles.) — 22 juin 1861, arrêté par lequel le conseil de préfecture de l'Eure, statuant sur les opérations électorales qui avaient eu lieu, les 16 et 17 juin 1861, dans le canton de Rugles, pour la nomination d'un membre du conseil général, avait jugé que le nombre des suffrages exprimés devait être de 2,673 au lieu de 2,675, chiffre fixé par le bureau de recensement, et la majorité absolue de 1,337 voix, et que le sieur Fouquet, ayant obtenu 1,337 suffrages, devait être proclamé membre du conseil généndral.

Recours au conseil d'Etat par Colas de Courval, qui soutient : 1° que le conseil de préfecture n'aurait pas dû retrancher du nombre des suffrages exprimés huit bulletins qu'il avait considérés comme blancs, bien que, contrairement à l'art. 30 du décret réglementaire du 2 fév. 1852, ces bulletins n'eussent pas été annexés aux procès-verbaux, et qu'en conséquence il n'eût pu en faire la vérification ; — 2° Que le conseil de préfecture aurait dû retrancher du nombre des suffrages exprimés dans la commune de Saint-Antonin-de-Sommaire, et du nombre des suffrages obtenus par chacun des candidats, les trois votes des sieurs Mercier, Lucas et Delphin Patrice, dont le dernier avait été admis à voter au lieu et place de son père, et dont les deux premiers avaient été admis à voter, bien qu'ils n'eussent été inscrits sur la liste électorale de cette commune qu'au moment même des opérations électorales ; que, dès lors, la majorité absolue devait être fixée à 1,340 au lieu de 1,337, et que le nombre des suffrages obtenus par le sieur Fouquet devait être réduit à 1,334 ; qu'en conséquence, ce dernier, n'ayant pas obtenu la majorité absolue, ne pouvait pas être proclamé membre du conseil général.

NAPOLÉON, etc. ; — Vu la loi du 22 juin 1833, notamment l'art. 51 ; — Vu le décret réglementaire du 2 fév. 1852, notamment les art. 7, 16 et 30 ; — Considérant qu'en admettant que, sur les huit bulletins qui n'avaient pas été annexés aux procès-verbaux des opérations électorales, le conseil de préfecture ait pu retrancher du nombre des suffrages exprimés cinq bulletins qui avaient été déclarés blancs par le bureau, le requérant est fondé à soutenir que les trois autres bulletins, mentionnés

que pas sur ce point, la même durée que le premier. — Il a été décidé, à propos d'une élection législative, que, dans le cas où, à défaut par le candidat le plus favorisé d'avoir obtenu la majorité absolue des suffrages et le vote en sa faveur du quart au moins des électeurs inscrits, l'élection est continuée au deuxième dimanche, ce second scrutin doit, comme le premier, rester ouvert pendant deux jours (décis. du corps législ., 18 fév. 1861, Pissard, D. P. 61. 3. 15).

690. Toutefois, le conseil d'Etat n'admet pas que l'art. 36 du décret de 1852 soit applicable aux élections pour le conseil général; il a décidé en conséquence que, lorsque les élections ont eu lieu le 15 et le 16, sans qu'aucun des candidats ait obtenu le nombre de voix nécessaire pour être élu, le second tour de scrutin a pu avoir lieu les 22 et 23, tandis que suivant l'art. 36 du décret, il aurait dû être renvoyé au 30 du mois, date du second dimanche : — «Considérant, se borne-t-il à dire, que la disposition de l'art. 36 du décret réglementaire du 2 fév. 1852, qui porte que si aucun des candidats n'a obtenu la majorité absolue et un nombre de voix égal au quart des électeurs inscrits, l'élection sera continuée au second dimanche qui suit la proclamation du scrutin, est relative à l'élection des députés au corps législatif et n'est point applicable aux élections pour le conseil général » (cons. d'Et. 31 juill. 1862, M. David, rap., élect. de Marseille).— V. nº 959.

691. L'art. 31 du décret du 2 fév. 1852, qui reproduit en cela la partie de la disposition abrogée de l'art. 46 de la loi du 22 juin 1833, veut que les bulletins de vote soient brûlés après le dépouillement du scrutin en présence des électeurs. L'accomplissement de ce fait est mentionné au procès-verbal (V. Droit polit., nºs 733 et suiv.). — Il a été jugé cependant : 1º que quoique le procès-verbal ne mentionne pas que les bulletins ont été brûlés immédiatement après le dépouillement du scrutin, s'il résulte de l'instruction que cette formalité a été remplie, l'élection doit être maintenue (cons. d'Et. 30 mai 1834, M. Germain, rap., aff. Berthault; 18 avr. 1833, M. Caffarelli, rap., aff. Bernardon); — 2º Que l'incinération tardive des bulletins, et l'addition irrégulière au procès-verbal, pour y mentionner cette incinération, ne sont pas une cause de nullité des opérations électorales, lorsque, d'ailleurs, le secret du scrutin n'a pas été violé (cons. d'Et. 27 août 1840, M. Cornudet, rap., aff. élect. d'Aillant-sur-Tholon); — 3º Que lorsqu'il est constant en fait que les bulletins ont été brûlés, l'irrégularité qui a pu exister dans le mode d'incinération ne peut entraîner la nullité des élections, si l'opération s'est faite de bonne foi, et sans qu'il en soit résulté aucune atteinte au secret des votes (cons. d'Et. 26 août 1833, M. Germain, rap., aff. Charlot). — Jugé aussi : 4º que l'élection doit être maintenue, bien que des bulletins contestés aient été brûlés et non conservés, si leur état matériel a été constaté au procès-verbal (cons. d'Et. 23 mai 1834, M. Montaud, rap., aff. Cassaignard); — 5º Que le défaut d'incinération des bulletins n'est pas de nature à vicier les opérations lorsqu'il résulte de l'instruction que cette irrégularité doit être imputée aux réclamants eux-mêmes, qui se sont emparés des bulletins abandonnés par le bureau dans un moment de confusion (cons. d'Et. 16 août 1843, M. d'Ormesson, rap., élect. de Saint-Bonnet).— V. nº 972.

692. Il doit être dressé dans chaque section un procès-verbal des opérations électorales (V. Droit polit., nºs 794 et suiv.). L'art. 30 de la loi du 22 juin 1833 dispose que les procès-verbaux des opérations des assemblées remis par les présidents sont, par l'intermédiaire des sous-préfets, transmis au préfet.— Il a été jugé sous le régime de la loi de 1833 que, lorsque l'assemblée dans laquelle a eu lieu l'élection d'un conseiller de département est la même que celle qui a procédé à celle d'un membre d'arrondissement, un seul procès-verbal suffit pour en constater le résultat, surtout si les deux assemblées se sont succédé immédiatement (cons. d'Et. 23 mai 1834, M. Montaud, rap., aff. Cassaignard);... ou après une simple suspension d'une heure (cons. d'Et. 10 août 1837, M. Robillard, rap., élect. de Pontarlier).

693. La circonstance que le procès-verbal d'une commune n'est parvenu au bureau central qu'après l'heure indiquée pour le recensement, lorsqu'il n'est pas justifié que ce retard ait été le résultat d'une manœuvre ayant pour but d'altérer ledit procès-verbal, n'autorise pas le bureau à écarter les votes de cette commune et à proclamer un candidat qui, en tenant compte de ces votes, n'aurait plus la majorité (cons. d'Et. 9 mars 1859, M. Bordet, rap., élect. de Soccia).

694. Le procès-verbal, quoique la loi ne s'explique pas formellement, doit être signé par les membres devant qui il a été procédé à l'élection. Cependant la jurisprudence du conseil d'Etat n'a pas à cet égard d'exigences absolues. — Il a été jugé qu'il n'est pas nécessaire que le procès-verbal soit signé par tous les membres du bureau ; qu'il suffit qu'il le soit par la majorité de ce bureau ; que, par suite, on doit rejeter le grief tiré de ce qu'il ne portait que la seule signature du président et d'un des scrutateurs (cons. d'Et. 19 déc. 1834, M. Jauffret, rap., aff. Dufour).—Il a même été jugé que la participation à la rédaction du procès-verbal de la part d'un candidat non électeur n'entraîne pas la nullité de l'élection, lorsque ce procès-verbal a été régulièrement signé par tous les membres du bureau (cons. d'Et. 15 juill. 1842, M. d'Ormesson, rap., élection de Vorey). — V. en ce sens, vº Droit polit., nºs 795 et suiv., et *infrà*, nº 966.

695. Pour être régulière, la rédaction du procès-verbal doit avoir lieu séance tenante et le jour même des élections, ou bien le lendemain, si le scrutin a duré deux jours. — Toutefois, il a été jugé : 1º Que le fait que le procès-verbal n'a pas été signé séance tenante n'est pas de nature à vicier les opérations, cette formalité n'étant prescrite par aucune disposition légale (cons. d'Et. 23 fév. 1841, M. d'Ormesson, rap., élect. de Lubersac; 30 déc. 1843, M. Gomel, rap., élect. de Fousseret); — 2º Que si le procès-verbal n'a été signé qu'après la clôture de la séance, au retour des membres du bureau qui s'étaient absentés, cette irrégularité ne rend pas l'élection nulle (cons. d'Et. 12 déc. 1834, M. Germain, rap., aff. Darhaubé); — 3º Que le procès-verbal avait pu n'être rédigé et signé que trois jours après les élections (cons. d'Et. 11 juin 1834, M. Germain, rap., aff. Grégoire et Barbaroux).— V. nº 967-1º.

696. Ordinairement le procès-verbal est lu publiquement. — Mais il a été jugé que l'omission de cette lecture ne peut entraîner de nullité (cons. d'Et. 23 fév. 1841, M. d'Ormesson, rap., élect. de Lubersac; 4 juin 1841, M. Cornudet, rap., élect. de Montbazens);—Et que, à plus forte raison, l'allégation qu'il n'en aurait pas été donné lecture ne peut être admise à la preuve, alors, d'ailleurs, qu'elle n'est pas autrement justifiée (cons. d'Et. 1er fév. 1844, M. Bouchené, rap., élect. de Lannes).—V. nº 967-2º et 3º.

697. Le procès-verbal doit constater l'accomplissement des formalités exigées par la loi pour la validité de l'élection. Mais la jurisprudence admet que les énonciations du procès-verbal peuvent être complétées par d'autres moyens de preuve. — Il a été jugé : 1º qu'il suffit qu'il résulte de l'instruction que ces formalités ont été remplies pour que le défaut de mention au pro

---

dans les procès-verbaux comme blancs ou nuls, ne devaient pas être retranchés de ce nombre; — Considérant qu'il résulte de l'instruction que, dans la commune de Saint-Antonin-de-Sommaire, les sieurs Mercier et Lucas ont été admis à voter, bien qu'ils n'aient été inscrits sur la liste électorale de cette commune qu'au moment même des opérations électorales, et que le sieur Delphin Patrice a été admis à voter au lieu et place de son père ; — Que, si le sieur Collas de Courval n'a pas produit ces faits devant le conseil de préfecture, il soutenait que le sieur Fouquet n'avait pas obtenu la majorité absolue, et que, dès lors, il est recevable à présenter directement devant nous tous les moyens propres à justifier ses conclusions ; — Qu'ainsi, il est fondé à demander que les trois votes indûment admis soient retranchés du nombre des suffrages exprimés et du nombre des suffrages obtenus par chacun des candidats ; — Qu'il résulte de ce qui précède que le nombre des suffrages exprimés doit être maintenu à 2,673 et la majorité absolue à 1,337 ; mais que le nombre des suffrages obtenus par le sieur Fouquet, proclamé membre du conseil général par le conseil de préfecture, doit être réduit à 1,334 ; qu'ainsi, il n'a pas obtenu la majorité absolue, et que, dès lors, il doit être procédé à de nouvelles opérations électorales dans le canton de Rugles pour la nomination d'un membre du conseil général et que l'arrêté du conseil de préfecture du département de l'Eure doit être annulé., etc.

Du 28 mars 1862.-Décr. cons. d'Et.-M. Chauchat, rap

cès-verbal n'entraîne pas nullité (cons. d'Et. 14 août 1837, M. d'Ormesson, rap., aff. élect. de Monistrol; 4 juin 1841, M. Cornudet, rap., aff. Montbazens); — 2° Que, spécialement, il n'y a pas nullité si l'heure de l'ouverture du scrutin n'est pas mentionnée au procès-verbal, alors que rien ne constate que la durée légale n'ait pas été observée (cons. d'Et. 15 juill. 1842, M. d'Ormesson, rap., élect. de Vorey; 30 déc. 1843, M. du Berthier, rap., aff. élect. de Cambremer); — 3° Que l'omission dans le procès-verbal des constatations relatives à la durée du scrutin, au nombre des votants et au nombre des bulletins trouvés dans l'urne, ne saurait entraîner la nullité des opérations électorales, s'il n'est pas allégué que des fraudes ou des irrégularités aient été commises dans cette commune (cons. d'Et. 16 août 1862, M. Savoye, rap., aff. Sauvejunte); — 4° Que le fait qui résulte de l'instruction et n'est pas démenti par le procès-verbal doit être tenu pour constant (cons. d'Et. 11 juin 1834, M. Germain, rap., aff. Gratien de Savoye C. Colson; 7 août 1843, M. Lavenay, rap., aff. élect. de Salers). — V. nos 578, 584, 601.

608. Mais les griefs allégués doivent être justifiés au moins dans l'instruction. — Il a été jugé que tout grief non justifié doit être rejeté (cons. d'Et. 11 juin 1834, M. Germain, rap., aff. Fourcade; 17 juin 1835, M. Germain, rap., aff. élect. d'Aniane; 4 juill. 1838, M. du Martroy, rap., aff. élect. de Lanouaille; 22 juin 1843, M. Baudon, rap., aff. Chaigneau; 7 août 1843, M. Jahan, rap., aff. élect. de Sarralbe; même jour, aff. élect. de Berneville et d'Anglure; 16 août 1843, M. d'Ormesson, rap., aff. élect. de Corcieux); ...surtout si au défaut de justification se joint la circonstance que le grief est contredit par le procès-verbal (cons. d'Et. 25 avr. 1834, M. Germain, rap., aff. Schillings; 23 mai 1834, M. Montaud, rap., aff. Cassaignard; 30 mai 1834, M. Montaud, rap., aff. Labarre; 11 juin 1834, M. Germain, rap., aff. Genay; 4 juill. 1834, M. Montaud, rap., aff. Richard; 2 janv. 1835, M. Germain, rap., aff. Martignac; même jour, aff. Portefaix; 20 fév. 1835, M. Germain, rap., aff. Bosmel; 31 mars 1835, M. Germain, rap., aff. Barbe C. Laffore; 17 juin 1835, M. Germain, rap., aff. élect. d'Aniane; 4 juill. 1838, M. du Martroy, rap., aff. élect. de Lanouaille; 28 juin 1842, M. d'Ormesson, rap., aff. élect. de Bordeaux; 1er juin 1843, M. d'Ormesson, rap., aff. élect. de Bourguibus; 31 juill. 1843, M. d'Ormesson, rap., aff. élect. de Bourbourg; 16 août 1843, M. Gomel, rap., aff. élect. de Guiscard; même jour, aff. élect. d'Henchiz; 6 sept. 1843, M. Louyer, rap., aff. élect. de Saint-Avold; 30 déc. 1843, M. Gomel, rap., aff. élect. de Fousseret; 18 janv. 1844, M. Portal, rap., aff. élect. de Montgiscard; 15 mars 1844, M. du Berthier, rap., aff. élect. d'Aire).

609. Le procès-verbal doit contenir non-seulement la mention de l'accomplissement des formalités électorales, mais encore les demandes et griefs des parties intéressées, si elles en élèvent, ainsi que les décisions du bureau (décr. 2 fév. 1852, art. 16). — Il a été cependant jugé : 1° que des réclamants contre une opération électorale, pouvant renouveler leurs réclamations dans un délai prescrit par la loi, le défaut d'insertion de ces réclamations au procès-verbal n'entraîne pas nécessairement la nullité de l'opération (cons. d'Et. 11 juin 1834, M. Germain, rap., aff. Genay); — 2° Qu'aucune disposition légale n'oblige le président, en prononçant la clôture de la séance, à avertir les électeurs qu'ils peuvent présenter leurs réclamations pour les consigner au procès-verbal (cons. d'Et. 30 déc. 1843, M. Gomel, rap., aff. élect. de Fousseret). — V. n° 965.

610. La loi est muette sur la question de savoir quelle est la foi due au procès-verbal d'une élection. Ce procès-verbal fait-il foi jusqu'à inscription de faux ou seulement jusqu'à preuve contraire? — Cette question a été discutée par le ministre de l'intérieur devant le conseil d'Etat, dans la séance du 23 août 1843 (élect. de Giromagny). — « La question de savoir si les procès-verbaux d'élection, a-t-il dit, peuvent être assimilés aux actes authentiques que l'art. 1319 c. nap. a eus en vue, et si, aux termes de cet article, ils doivent faire foi jusqu'à inscription de faux, n'a point encore été explicitement résolue. Seulement plusieurs ordonnances royales ont décidé que les membres du bureau d'une assemblée électorale qui avaient signé le procès-verbal n'étaient pas admissibles à en contredire les énonciations par des déclarations postérieures (V. ci-après). — Mais je dois faire remarquer que, dans toutes les affaires sur lesquelles ces ordonnances ont statué, les déclarations contraires aux énonciations du procès-verbal n'étaient émanées que d'une partie des membres du bureau; qu'il s'agissait de la prestation du serment ou de la présence de trois membres du bureau; et qu'il n'était pas allégué que l'inobservation de ces formes eût pu donner lieu à des abus ou à des fraudes. — Bien plus, le conseil d'Etat a jugé quelquefois dans un sens contraire (V. ci-après). — Il me paraît résulter de tout ce qui précède que l'assimilation des procès-verbaux d'élection aux actes authentiques mentionnés dans l'art. 1319 c. nap., et des membres du bureau d'une assemblée électorale aux notaires, n'est ni fondée ni admissible; que les dispositions de cet article ne sont pas rigoureusement applicables en matière électorale, matière toute spéciale et réglée par des lois particulières; enfin, que, suivant les circonstances, des élections peuvent être annulées contre la teneur du procès-verbal, sans qu'il y ait eu inscription en faux. » — C'est, en effet, la seule solution qui soit admissible : pour qu'un procès-verbal d'élection fût investi du privilége de faire foi jusqu'à inscription de faux, il faudrait une disposition expresse de la loi, disposition qui n'existe pas. — Il a été jugé, il est vrai, qu'une déclaration postérieure des membres du bureau ne peut prévaloir contre la foi due aux énonciations du procès-verbal (cons. d'Et. 27 nov. 1835, M. Germain, rap., Elect. munic. de Glomel; 5 juin 1838, M. Manzé, rap., Elect. mun. de Paris-Lhôpital (Saône-et-Loire); 25 juill. 1840, M. Janet, rap., aff. d'Annoville; 22 avr. 1842, M. d'Ormesson, rap., élect. munic. de Nage; 7 août 1843, M. du Berthier, rap., élect. de Saint-Jean-du-Mont; 16 août 1843, M. Hély d'Oissel, rap., élect. de Grand-Lemps; 29 juill. 1846, M. Gomel, rap., aff. Murat et Bonneville); mais, comme le fait observer le ministre de l'intérieur, dans ces espèces, les déclarations contraires aux énonciations du procès-verbal émanaient de quelques-uns seulement des membres du bureau, et il n'était pas même allégué que les irrégularités relevées eussent pu donner lieu à des abus ou à des fraudes.

611. Dans d'autres espèces, le conseil d'Etat a encore rejeté des allégations contraires aux énonciations du procès-verbal, mais en disant seulement qu'elles n'étaient pas justifiées (cons. d'Et. 25 mai 1841, M. Saglio, rap., aff. Delattre, élect. mun. de Bezinghem; 13 avr. 1842, M. d'Ormesson, rap., élect. d'Anor). — Il ne suffit pas, en effet, d'alléguer qu'une irrégularité a été commise, encore faut-il en faire la preuve.

612. Au contraire, d'autres décisions citées par le ministre de l'intérieur supposent d'une manière formelle, que les énonciations du procès-verbal ne sauraient prévaloir contre une preuve contraire. — Ainsi, par exemple, le conseil d'Etat a annulé un arrêté du conseil de préfecture du Gers qui avait maintenu les élections attaquées, parce qu'il résultait de l'instruction qu'au second tour de scrutin le bureau ne s'était trouvé composé que de deux membres, à deux reprises différentes, quoique ce fait fût contredit par le procès-verbal, qui constatait l'accomplissement de toutes les formalités voulues (cons. d'Et. 23 juill. 1838, M. Gomel, rap., élect. de Castillon). — Il a annulé de même un arrêté du conseil de préfecture du département de la Côte-d'Or, confirmatif de l'élection, parce qu'il résultait de l'instruction que les faits articulés, quoique contraires aux énonciations du procès-verbal, étaient de nature à les vicier (cons. d'Et. 14 fév. 1842, M. Richaud, rap., élect. de Jallanges). — Il est vrai que, dans l'espèce, le maire était accusé d'avoir commis plusieurs faux matériels, et qu'une plainte avait été portée contre lui devant l'autorité judiciaire. — Mais il n'en résulte pas moins de ces décisions qu'aux yeux du conseil d'Etat pour faire tomber les énonciations du procès-verbal rédigé par les membres du bureau, il n'est pas nécessaire de recourir à l'inscription de faux. — V. aussi *infrà*, nos 973 et suiv.

613. Bien souvent on présente contre la validité d'une élection des moyens tirés, non plus d'irrégularités commises dans les opérations électorales, mais de manœuvres frauduleuses, d'actes d'intimidation, d'abus d'autorité, de distribution d'argent, etc., etc. — Rarement le conseil d'Etat admet ces sortes de réclamations. — Ainsi, il a été jugé, entre autres décisions très-nombreuses, 1° que le fait par un candidat d'avoir répandu dans les diverses communes du canton des copies d'une lettre portant que le préfet aurait exprimé les sympathies de l'administration pour sa candidature, lettre dont la réalité n'est pas contestée, ne peut être considéré comme une manœuvre de nature à porter atteinte à la sincérité des opérations électorales (cons. d'Et. 7 fév. 1856, M. Pascalis, rap., élect. de Salvagnac); — 2° Que le grief fondé sur ce que les électeurs d'une commune auraient été intimidés par un acte de violence exercé contre une personne qui, en exécution des ordres du maire, aurait été obligée par la gendarmerie de quitter la commune pendant les élections ne peut être accueilli, attendu que l'ordre donné par le maire avait été une mesure prise par suite de l'état des esprits, et qu'il ne résultait pas de l'instruction qu'elle eût pour but et pour résultat de porter atteinte à la liberté des élections (cons. d'Et. 8 janv. 1857, M. Bordet, rap., élect. de Calacuccia); — 3° Que les abus d'influence commis à l'occasion d'une élection par des personnes favorables à un candidat ne peuvent vicier le succès obtenu par celui-ci, lorsqu'il n'est pas établi qu'elles aient agi autrement qu'en leur nom personnel, et si d'ailleurs leur influence n'a pas eu pour effet de changer le résultat de l'élection (cons. d'Et. 6 janv. 1859, élect. du Blanc, D. P. 59. 3. 18); — 4° Que le moyen fondé sur ce que des bruits calomnieux, tendant à représenter l'un des candidats maire d'une commune, comme taxant le pain à un prix plus élevé que dans les localités voisines, dans le but de favoriser les boulangers et les cultivateurs, auraient été quelques jours avant l'élection répandus et colportés parmi les ouvriers, et que ces bruits auraient eu pour but et pour effet de donner la majorité au concurrent de ce candidat, ne peut motiver l'annulation de l'élection, attendu que si ces bruits calomnieux avaient circulé lors de l'élection, il ne résultait pas de l'instruction qu'ils eussent été le résultat d'une manœuvre destinée à influencer le suffrage des électeurs (cons. d'Et. 11 mars 1862, M. de Guigné, rap., aff. élect. de Tinchebray); — 5° Qu'il ne résulte aucune nullité de ce que les affiches d'un candidat, imprimées sur papier blanc non timbré, ont été apposées aux places réservées aux affiches officielles, si cette apposition d'affiches a eu lieu par ordre du préfet, pour faire connaître l'appui prêté par l'administration à ce candidat (cons. d'Et. 1er mai 1862, M. de Guigné, rap., élect. d'Eu); — 6° Qu'il ne résulte non plus aucune irrégularité de ce que, dans une ville, la publication faite à son de caisse, par ordre du maire et selon l'usage de la ville, pour faire connaître aux électeurs le jour et le lieu des opérations électorales, a été accompagnée de la désignation du nom d'un candidat que l'administration leur recommandait (même arrêt); — 7° Qu'il n'y a pas lieu d'accueillir soit le grief tiré de ce que les maires de deux communes auraient arraché les circulaires qu'un candidat avait fait afficher dans ces communes, ce fait, quelque blâmable qu'il fût, n'ayant pu changer le résultat de l'élection qui avait donné au candidat élu une majorité considérable (cons. d'Et. 5 juin 1862, M. David, rap., élect. de Jussey); — 8° Sur le grief tiré de ce que les affiches annonçant une candidature du candidat auraient été arrachées par la gendarmerie, les bulletins saisis, et ceux qui les distribuaient menacés et arrêtés : — « Considérant, dit le conseil d'Etat, que les affiches que le sieur Ourgaud avait fait apposer annonçaient qu'il était le candidat du gouvernement, tandis que l'appui du préfet lui avait été formellement refusé; que, dans ces circonstances, l'administration a dû empêcher la publication d'une déclaration inexacte qui pouvait égarer l'opinion des électeurs » (cons. d'Et. 13 juin 1862, M. Chauchat, rap., élect. des Cabannes); — 9° Que si les faits d'intimidation allégués et qui étaient relatifs à une seule commune, ne pouvaient, en admettant qu'ils fussent justifiés, changer le résultat de l'élection, c'est avec raison que le conseil de préfecture, sans ordonner au préalable une enquête, a rejeté la protestation (cons. d'Et. 13 juin 1862, M. David, rap., élect. de Valenciennes). —V. n° 963.

614. On avait tiré un grief contre une élection de ce que, dans un canton, les employés des douanes et de l'octroi avaient été conduits au scrutin par compagnie et sous la surveillance de leurs chefs. Ce grief a été rejeté par le motif « que ce mode de votation était commandé par les nécessités du service des douanes et de l'octroi; que d'ailleurs les requérants n'alléguaient aucun fait duquel il résulterait que les chefs de ces employés auraient tenté de porter atteinte à la liberté de leur vote » (cons. d'Et. 31 juill. 1862, M. David, rap., aff. élect. de Marseille). —V. n° 963-6°.

615. Mais dans d'autres circonstances les élections ont été annulées. — Ainsi décidé : 1° qu'il y a lieu à l'annulation de l'élection lorsqu'il résulte de l'instruction que, dans la lutte à laquelle avaient donné lieu les opérations électorales dans l'un des cantons, des manœuvres regrettables avaient été employées de part et d'autre dans l'intérêt des deux candidatures rivales; que notamment le membre élu du conseil général a fait des distributions de farine, des prêts et des dons d'argent dans le but de s'assurer les suffrages de divers électeurs, et qu'il avait ainsi porté atteinte à la liberté et à la sincérité de l'élection (cons. d'Et. 19 déc. 1861, M. Walckenaër, rap., aff. élect. de Borgo; décis. conf. cons. d'Et. 23 janv. 1862, M. David, rap., aff. élect. de Sermano); — 2° Que la circonstance que lors des opérations électorales, les partisans du candidat élu ont eu recours, pour lui assurer les suffrages, à des actes et à des manœuvres qui avaient pour but et pour effet de porter atteinte à la liberté et à la sincérité de l'élection est une cause de nullité (cons. d'Et. 30 juill. 1863, M. Walckenaër, rap., aff. élect. de Saint-Paul-trois-Châteaux); — 3° Que lorsque des manœuvres coupables de nature à porter atteinte à la sincérité de l'élection ont été exercées tant dans l'intérêt du candidat proclamé que de ses concurrents, notamment par trois maires et deux juges de paix, qui ont abusé de l'influence que leur donnaient sur les électeurs les fonctions publiques dont ils étaient investis, il y a lieu d'annuler l'élection (cons. d'Et. 2 sept. 1863, M. Roussigné, rap., aff. élect. de Ghisoni). —V. n° 964.

616. La circonstance qu'il n'y a pas eu de vote dans une commune, alors qu'elle est le résultat de l'abstention volontaire des électeurs, et que, d'ailleurs, le vote de ces électeurs n'aurait pu modifier le résultat de l'élection, n'est pas une cause de nullité des opérations électorales (cons. d'Et. 20 juill. 1853, M. Aucoc, rap., aff. élect. de Castelnau).—Mais il en serait autrement si l'abstention était forcée. — Ainsi, il a été décidé : 1° que lorsque le scrutin n'a pas été ouvert dans deux communes du canton, et qu'ainsi les électeurs ont été arbitrairement empêchés d'user de leur droit, l'élection doit être annulée (cons. d'Et. 31 déc. 1862, M. de Guigné, rap., aff. élect. de Ghisoni); — 2° Que lorsque, à la suite de faits regrettables survenus le jour de l'élection, le président du bureau a engagé les électeurs à se retirer, en leur déclarant que les élections étaient renvoyées à un autre jour, et que, néanmoins, après le départ d'un grand nombre d'électeurs qui n'ont pas voté, le bureau électoral a continué les opérations, il y a lieu d'annuler l'élection (cons. d'Et. 7 avr. 1859, M. Perret, rap., élect. de Sermano). — Dans l'espèce vingt-huit électeurs seulement avaient voté, sur deux cent deux inscrits (V. n° 335-5°).

617. Toutefois, il a été jugé que, de ce que, dans une commune du canton, les opérations électorales, par suite de la soustraction de la liste, n'ont pu avoir lieu au jour indiqué, il n'en peut résulter la nullité des opérations faites dans les autres communes, si le candidat élu a obtenu la majorité absolue des suffrages exprimés et un nombre supérieur au quart de celui des électeurs inscrits dans toutes les communes du canton (cons. d'Et. 16 avr. 1856, M. Lemarié, rap., élect. de San-Nicolas).

§ 5. — *Des réclamations électorales.*

618. L'art. 48 de la loi du 22 juin 1833 dispose que « le bureau statue provisoirement sur les difficultés qui s'élèvent au sujet des opérations de l'assemblée. » — Mais c'est au conseil de préfecture seul qu'il appartient de statuer définitivement, sauf recours au conseil d'Etat, sur les difficultés qui peuvent être de nature à invalider l'élection. Les art. 50 et 51 de la loi de 1833 sont en effet ainsi conçus :—« Art. 50. Les procès-verbaux des opérations des assemblées, remis par les présidents, sont, par l'intermédiaire du sous-préfet, transmis au préfet, qui, s'il croit que les conditions et formalités légalement prescrites n'ont pas été observées, doit, dans le délai de quinze jours à dater de la réception du procès-verbal, déférer le jugement de la nullité au conseil de préfecture, lequel doit prononcer dans le mois. —

Art. 51. Tout membre de l'assemblée électorale a le droit d'arguer les opérations de nullité. Si sa réclamation n'a pas été consignée au procès-verbal, elle est déposée dans le délai de cinq jours, à partir du jour de l'élection, au secrétariat de la sous-préfecture, et jugée, sauf recours, par le conseil de préfecture dans le délai d'un mois, à compter de sa réception à la préfecture. »— Il a été jugé que c'est aux conseils de préfecture qu'il appartient de statuer sur le moyen de nullité tiré de ce qu'une assemblée électorale n'aurait pas été composée selon le vœu de la loi (cons. d'Et. 5 sept. 1846, M. Roux, rap., aff. Frein, etc. *C.* la Plesse).

619. Le délai pour saisir le conseil de préfecture diffère, aux termes des art. 50 et 51, suivant que la demande est formée par le préfet, ou par les parties intéressées. Pour le préfet, le délai est de quinze jours à partir de la réception du procès-verbal. Pour les parties, il est de cinq jours seulement à partir du jour de l'élection, dans le cas où la réclamation n'aurait pas été consignée au procès-verbal.— La loi (art. 51) ne dit rien du cas où la réclamation a été consignée dans le procès-verbal. Il nous paraîtrait que, dans ce cas, le fait de la consignation d'une réclamation dans le procès-verbal suffit pour saisir le conseil de préfecture. D'après l'art. 50 les procès-verbaux d'élection doivent être transférés au préfet, et l'art. 37 de la loi du 10 mai 1838 dispose que toute demande tendant à saisir le conseil de préfecture doit être adressée au préfet. De la combinaison de ces deux dispositions de loi il paraît résulter virtuellement que le préfet, aussitôt la réception d'un procès-verbal d'élection, doit saisir le conseil de préfecture des réclamations qui y sont consignées. Le récent décret du 12 juill. 1865 dispose à la vérité que les requêtes doivent être déposées au greffe du conseil de préfecture; mais on ne peut en induire une innovation à la règle qui résultait de la loi spéciale de 1855. — V. n°s 990 et suiv.

620. Mais, en aucun cas, le conseil de préfecture, à défaut de réclamation par les électeurs ou par le préfet, ne pourrait se saisir lui-même et annuler d'office l'élection. — Il a été jugé en ce sens que lorsque des griefs n'ont pas été relevés par les protestations, et que de son côté le préfet n'a pas usé du droit qui lui appartenait de provoquer l'annulation des opérations électorales, le conseil de préfecture ne peut se saisir lui-même de ces griefs (cons. d'Et. 27 janv. 1865, M. Roussigné, rap., élect. de Servian). — V. n° 1001.

621. Le délai de cinq jours dans lequel doit être formée devant le conseil de préfecture la réclamation contre les opérations électorales est fixé à peine de déchéance; en conséquence toute réclamation formée après ce délai est non recevable (motif, cass. 12 avr. 1842, aff. Chabal, V. n° 628; cons. d'Et. 30 août 1845, M. d'Ormesson, rap., élect. de Calvi; 21 juill. 1849, M. Lucas, rap., aff. Grandjean). —V. n°s 992 et suiv.

622. Non-seulement la protestation, mais tous les griefs relevés contre une élection doivent être présentés dans le même délai de cinq jours. On ne pourrait donc pas, après l'expiration des délais, formuler devant le conseil de préfecture, de nouveaux moyens d'annulation qui n'auraient pas été compris dans la protestation. — Ainsi il a été jugé que lorsqu'il s'agit de faits nouveaux, entièrement distincts de ceux énoncés dans les protestations régulièrement produites, la réclamation doit être écartée en ce point, comme formée après l'expiration des délais (cons. d'Et. 29 janv. 1865, M. de Belbeuf, rap., élect. de Lauzès; 27 janv. 1865, M. Roussigné, rap., élect. de Servian).—V. n° 992.

623. Toutefois, le conseil d'Etat admet un tempérament à cette doctrine; il ne considère pas comme une protestation nouvelle, soumise à la règle de l'art. 51, celle qui ne serait que le complément ou le développement de la première. — Il a été décidé, par exemple, 1° qu'un mémoire présenté au conseil de préfecture à la suite d'une protestation contre des élections départementales, ne peut être déclaré non recevable comme déposé après le délai de cinq jours dans lequel doivent être formées les réclamation contre de telles élections, s'il a uniquement pour objet de développer ou de spécifier les griefs articulés dans la protestation dont il s'agit, et ne peut, dès lors, être considéré comme constituant lui-même une nouvelle protestation (Cons. d'Et. 13 fév. 1856, élect. de Montauban, D. P. 56. 3. 45; 19 juin 1863, M. Perret, rap., élect. de Châtelet en Berry);—2° Que l'électeur qui a formé une protestation dans le délai de cinq jours fixé par l'art. 51 de la loi du 22 juin 1833, est recevable à présenter, après l'expiration de ce délai, une protestation complémentaire et explicative de la première (cons. d'Et. 31 mars 1859, M. Tarbé, rap., élect. de Calvi); — .... alors même que cette seconde protestation formulerait de nouveaux griefs, si par son objet et ses termes elle ne doit être considérée que comme un mémoire explicatif et complémentaire (cons. d'Et. 16 déc. 1864, M. Roussigné, rap., élect. de Josselin).

624. Le délai de cinq jours fixé par l'art. 51 de la loi de 1833, court à partir seulement du recensement général des votes, ou en d'autres termes, de la proclamation de l'élection (cons. d'Et. 16 août 1862, M. Savoye, rap., aff. Labroquère; même jour, aff. Sauvejunte; 26 nov. 1863, M. Chauchat, rap., élect. du Croisic);....mais sans compter le jour du recensement (cons. d'Et. 14 juin 1862, M. de Renepont, rap., élect. de Noël-Carhaix).— Ce délai n'est pas un délai franc (V. n° 992).

625. Tout électeur inscrit sur les listes électorales du canton est recevable à protester contre les opérations électorales de toutes les communes dont se compose le canton : — «Considérant, porte un arrêt du conseil d'Etat, que, d'après l'art. 51 de la loi du 22 juin 1833, tout membre de l'assemblée électorale convoquée pour l'élection d'un membre du conseil général, a le droit d'arguer de nullité les opérations électorales de cette assemblée; que tous les électeurs des communes composant le canton font partie de l'assemblée électorale qui élit le représentant du canton au conseil général; que, dès lors, les sieurs Fraisse et Mallet avaient le droit, comme électeurs du canton de Florensac, de protester contre les opérations électorales de toutes les communes dont se compose ledit canton; qu'ils avaient encore ce droit comme candidats non élus au conseil général et au conseil d'arrondissement. » (Cons. d'Et. 5 juin 1862, M. Chauchat, rap., élect. de Florensac). — Ce droit de protester contre les opérations électorales appartiendrait également à celui qui, bien que non inscrit sur les listes électorales du canton, s'était porté candidat dans le canton : « Considérant que le sieur Belledent, membre sortant du conseil d'arrondissement et seul concurrent du sieur Paul, avait intérêt à contester la validité des opérations électorales, dont le résultat ne lui avait pas été favorable; que dès lors, il avait qualité pour porter sa protestation devant le conseil de préfecture, et que c'est à tort que ledit conseil l'a déclarée non recevable » (cons. d'Ét. 13 juin 1862, M. Roussigné, rap., élect. de Fay le froid).—Mais il n'en serait pas de même de l'individu qui, n'étant pas candidat, n'était inscrit sur aucune des listes électorales du canton, eût-il même réclamé son inscription sur ces listes : il n'a pas fait partie de l'assemblée électorale, par conséquent il n'a pas qualité pour protester (cons. d'Et. 5 juin 1862, arrêt précité). — V. n° 977.

626. Le conseil de préfecture n'est juge que de l'accomplissement des formalités légales et de la régularité de l'élection. L'art. 52 de la loi de 1833 est ainsi conçu :— « Si la réclamation est fondée sur l'incapacité légale d'un ou de plusieurs membres élus, la question est portée devant le tribunal de l'arrondissement, qui statue sauf l'appel. L'acte d'appel doit, sous peine de nullité, être notifié dans les dix jours à la partie, quelle que soit la distance des lieux. La cause doit être jugée sommairement et conformément au § 4 de l'art. 33 de la loi du 19 avr. 1831. » — Ce paragraphe est ainsi conçu : « La cause sera jugée sommairement, toute affaire cessante et sans qu'il soit besoin du ministère d'avoué. Les actes judiciaires auxquels elle donnera lieu seront enregistrés gratis. L'affaire sera rapportée en audience publique par un des membres de la cour et l'arrêt prononcé après que la partie ou son défenseur et le ministère public auront été entendus. » — Il a été jugé par application de la disposition précitée, que c'est aux tribunaux ordinaires, à l'exclusion des conseils de préfecture qu'il appartient de statuer sur la question préjudicielle de savoir si un membre élu aux fonctions de conseiller d'arrondissement réunit les conditions de capacité voulues par la loi (cons. d'Et. 10 juill. 1835, M. de Luçay, rap., élect. des Basses-Pyrénées; 30 juill. 1846, M. Boucherie-Lefer, rap., aff. Lesage).

627. Mais les questions d'incompatibilité ne rentrent pas dans celles dont l'art. 52 de la loi du 22 juin 1833 attribue la connaissance aux tribunaux de l'ordre judiciaire : ces questions, à la différence des cas d'incapacité, ne peuvent être jugées que par les conseils de préfecture (cons. d'Et. 6 juin 1834, M. de Luçay, rap., aff. Chardoillet; 13 août 1840, M. d'Ormesson, rap., aff. Lasalle; même jour, M. Halez, rap., aff. Solignac; 1er juin 1843, M. Mottet, rap., aff. Dufour, etc. C. Dardenne; 7 août 1843, M. d'Avenay, rap., élect. de Ribiers; 10 sept. 1843, M. Boulatignier, rap., aff. Behaghel; 6 mars 1846, M. Raulin, rap., aff. Taillet C. Garnier). — V. nos 980 et suiv.

628. Dans le cas où la capacité légale du candidat élu est contestée, l'action est-elle soumise au délai de cinq jours, à partir de l'élection, fixé par les art. 50 et 51 de la loi de 1833 (V. nos 618 et suiv.) pour l'exercice de l'action administrative en nullité des opérations des assemblées électorales?—L'affirmative avait été jugée par la cour de Nîmes (arrêt du 19 mai 1840); mais la cour de cassation s'est prononcée pour l'opinion contraire et a cassé son arrêt (Civ. cass. 12 avr. 1842 (1); Conf. Paris, 8 août 1840, aff. Reboul C. Durtoy et autres; Bastia, 16 avr. 1854, M. Colonna, pr., Giordani, rap., aff. Peretti C. Pianelli; Agen, 22 août 1861, aff. Béchade, D. P. 64.2.206).—En tous cas, l'exception de la tardiveté de la demande ne peut être proposée pour la première fois en appel (même arrêt de Bastia).

629. Bien que l'art. 52 ne le dise pas expressément, il n'est pas douteux que le préfet n'ait le droit de porter aussi sa réclamation devant les tribunaux contre l'incapacité d'un conseiller élu. Ce droit résulte nécessairement de la combinaison de cet art. 52 avec les articles qui le précèdent; d'ailleurs il est virtuellement reconnu par le deuxième paragraphe de l'art. 54, qui porte : « L'appel des jugements des tribunaux n'est pas suspensif lorsqu'il est interjeté par le préfet. » — Il a été jugé, par la cour de Rouen d'une part, que lorsque l'élection d'un membre du conseil d'arrondissement a été l'objet d'une protestation sur le procès-verbal pour défaut de capacité du membre élu, le préfet a qualité, à défaut par le contestant de prendre l'initiative, pour assigner les deux parties devant le tribunal afin de faire statuer sur la contestation... Et la partie succombante doit être condamnée aux dépens tant envers l'autre partie qu'envers le préfet (Rouen, 29 juin 1842) (2); — Et par le conseil d'Etat, d'autre part, que le préfet a qualité pour demander à l'autorité compétente la nullité d'une élection, s'il croit que les conditions et formalités prescrites n'ont pas été observées et notamment que le candidat élu ne se trouvait pas dans les conditions d'éligibilité voulues par la loi (cons. d'Et. 7 août 1843, M. d'Avenay, rap., aff. élect. de Ribiers).

630. L'art. 24 du décret du 2 fév. 1852 porte : « Tous les actes judiciaires sont, en matière électorale, dispensés du timbre et enregistrés gratis. » — Il a été jugé par application de cette disposition, qui a été déclarée applicable aux élections départementales, que les protestations contre les élections des membres des conseils généraux et des conseils d'arrondissement sont dispensées du droit et de la formalité du timbre; que dès lors, c'est à tort que le conseil de préfecture a rejeté la réclamation par le motif qu'elle avait été présentée sur papier non timbré (cons. d'Et. 10 janv. 1861, aff. Duclos, D. P. 61. 3. 12). — V. nos 645, 1000.

631. Le conseil de préfecture saisi d'une réclamation contre une élection départementale procède en la forme ordinaire. — Il a été jugé 1° que le conseil de préfecture peut, en matière d'élection départementale, charger un de ses membres de recueillir des renseignements sur les faits allégués, aucune loi ne mettant obstacle à ce mode d'information et ne déterminant aucune forme particulière en laquelle il doive être procédé (cons. d'Et. 24 avr. 1856, M. Gomel, rap., élect. de Château-Chinon). — Il a été également jugé avant que la publicité des séances du conseil de préfecture ne fût établie : — 2° Que les conseils de préfecture peuvent prononcer la nullité de l'élection d'un conseiller d'arrondissement, sans être tenus d'entendre au préalable celui dont la nomination est attaquée (cons. d'Et. 6 août 1840, M. Richaud, rap., aff. Lavessel);—3° Que le conseil de préfecture n'est point obligé d'ordonner une enquête à l'effet de vérifier l'exactitude des griefs articulés contre une élection, lorsqu'il ne juge point ce moyen d'instruction nécessaire (cons. d'Et. 7 août 1843, M. d'Ormesson, rap., élect. d'Anglure).—V. n° 1022.

632. D'ailleurs, une demande d'enquête ne peut être accueillie, lorsqu'elle n'est fondée que sur des allégations vagues, que le réclamant ne précise aucun fait et ne fournit aucune indication qui puisse servir de base à une enquête, et qu'au surplus aucune réclamation n'a été élevée contre les opérations électorales dans le cours de ces opérations, ni mentionnée aux procès-verbaux (cons. d'Et. 9 mars 1859, M. de Renepont, rap., aff. élect. de Mercœur). — Décidé aussi que lorsque les faits articulés ne sont ni précis ni pertinents, il n'y a pas lieu d'ordonner une enquête (cons. d'Et. 2 juin 1864, M. Bammeville, rap., aff. élect. d'Esternay).

633. D'un autre côté, il a été décidé que la disposition de la loi qui veut que les bulletins de vote soient immédiatement brûlés, n'empêche pas le conseil de préfecture d'ordonner une enquête à l'effet de constater qu'un grand nombre de bulletins distribués aux électeurs étaient imprimés sur papier de couleur (cons. d'Et. 7 juill. 1853, M. Bauchart, rap., élect. de Clermont).

634. Une réclamation portée devant le conseil de préfecture ou incidemment devant le tribunal civil peut être abandonnée par celui qui l'a intentée. — Il a été jugé que bien que l'exercice des droits et pouvoirs politiques intéresse l'ordre public, et ne puisse être l'objet d'aucune transaction ou convention particulière, il n'en résulte pas qu'un électeur qui a formé une action en nullité de l'élection d'un membre du conseil général, conformément aux art. 51 et 52 de la loi du 22 juin 1833, ne puisse renoncer à cette action,.... sauf aux autres électeurs à l'intenter, et sauf

(1) (Chabal et autres C. Armand-Coste.) — LA COUR; — Vu les art. 51 et 52 de la loi du 22 juin 1833; — Attendu que ces articles ont statué dans deux cas différents, le premier, celui où les opérations de l'assemblée électorale sont arguées de nullité; le deuxième, celui où il y a réclamation sur la capacité légale de l'élu; — Que, dans le premier cas, comme il s'agit de la violation des formes protectrices de l'élection, et qu'il y a nécessité de ne pas laisser perdre les traces ou périr les preuves de cette violation, l'action a dû être circonscrite dans un bref délai; que c'est pour cela qu'il est prescrit par l'art. 51 que, lorsque la réclamation n'a pas été consignée au procès-verbal, elle doit être déposée dans le délai de cinq jours, à partir de celui de l'élection, au secrétariat de la sous-préfecture et jugée, sauf recours, par le conseil de préfecture, dans le délai d'un mois; — Que, dans le deuxième cas, au contraire, comme l'incapacité légale de l'élu peut être difficile et longue à constater, et que la nature de la réclamation la soumet à la juridiction des tribunaux, la loi n'a fixé aucun délai, ni mis aucun terme à son exercice; — Qu'en un mot, ce qui distingue les deux réclamations, c'est que l'une est administrative et encourt la déchéance quand elle n'est pas faite dans le délai déterminé, et que l'autre est judiciaire, et se trouve soumise aux seules règles prescrites pour cette nature d'actions; — Attendu que l'art. 52 ne fixant aucun délai pour l'exercice de celle-ci, on ne peut suppléer à ses dispositions, en appliquant aux réclamants la déchéance qui résulte de l'art. 51, déchéance qui ne s'applique évidemment qu'aux réclamations administratives relatives aux opérations électorales arguées de nullité; — Attendu que, dans l'espèce, la cour royale de Nîmes (arrêt du 19 mai 1840) a rejeté la réclamation de Chabal et consorts sur la capacité légale de Coste, par le motif qu'elle n'avait pas été formée dans le délai de cinq jours, à partir de celui de l'élection; que ce faisant, elle a essentiellement violé l'art. 52 de la loi du 22 juin 1833, et faussement appliqué l'art. 51 de la même loi; — Par ces motifs; — Casse.

Du 12 avr. 1842.-C. C., ch. civ.-MM. Portalis, 1er pr.-Bérenger, rap.-Hello, av.-gén., c. conf.-Béhard et Clérault, av.

(2) *Espèce :* — (Deglos C. Dumesnil.) — 1er juin 1842, jugement du tribunal civil du Havre, en ces termes : — « Attendu que M. Dumesnil ayant été élu membre du conseil d'arrondissement du Havre pour le canton de Saint-Romain, le 13 mars 1842, procès-verbal fut dressé de cette élection, et qu'à la suite de ce procès-verbal, M. Deglos déclara protester contre cette élection, en soutenant que M. Dumesnil, au lieu de payer dans le département, depuis un an au moins, 150 fr. de contributions directes, dont un tiers dans l'arrondissement, ne payait que 43 fr. 41 c., ainsi que le prouvait la liste affichée dans la salle; — Attendu que, d'après l'art. 52 de la loi du 22 juin 1833, cette question de capacité devait être portée devant le tribunal; que Deglos n'ayant pas pris l'initiative, M. le préfet l'a assigné, ainsi que M. Dumesnil; — Que cette procédure est régulière; que les deux parties se présentent en personne; que la cause doit être jugée sommairement, toute affaire cessante, et sans qu'il soit besoin du ministère d'avoué. » Appel.— Arrêt.

LA COUR; — Adoptant les motifs du jugement; — Confirme.

Du 29 juin 1842.-C. de Rouen, 1re ch.-M. Renard, pr.

même les poursuites d'office auxquelles l'élection peut donner lieu (Civ. cass. 5 août 1844, aff. Artaud, V. Désistement, nº 109).

635. Aux termes de l'art. 5 de la loi du 28 pluv. an 8, confirmé par la récente loi du 21 juin 1865 (V. *suprà*, nº 397), le préfet a le droit de siéger comme président au conseil de préfecture. Ce droit lui appartient en matière d'élection départementale, comme en toute autre matière. — En conséquence, il a été jugé que la circonstance que le préfet aurait prêté son appui au candidat dont l'élection est attaquée, ne met pas obstacle à ce qu'il prenne la présidence du conseil de préfecture lors du jugement de la réclamation; « considérant, dit le conseil d'Etat, que dans l'espèce, le préfet.... ne se trouvait dans aucun des cas de récusation prévus par la loi » (cons. d'Et. 30 mai 1834, M. de Felcourt, rap., aff. La Batute; 19 déc. 1834, M. Villermay, rap., aff. Allard; 4 juin 1862, M. Walckenaër, rap., élect. de Saint-Omer). — Cependant il semble qu'il en devrait être différemment si la réclamation avait été soulevée par le préfet lui-même, en vertu du droit que lui reconnaît l'art. 50 de la loi de 1833; on ne peut pas être à la fois juge et partie.

636. Le conseil de préfecture saisi d'une réclamation électorale doit, aux termes de l'art. 51 de la loi du 22 juin 1833, juger cette réclamation dans le délai d'un mois. — Jugé que l'arrêté du conseil de préfecture qui statue sur une réclamation en matière d'opérations électorales, après le délai d'un mois fixé par l'art. 51 de la loi du 22 juin 1833, est nul comme entaché d'excès de pouvoir (cons. d'Et. 6 juin 1834, M. de Luçay, rap., aff. Mariot; 11 juin 1834, M. Germain, rap., aff. Dauzat; 3 août 1849, aff. Badin, D. P. 49. 3. 87; 11 août 1849, aff. Morin, *cod.*; 25 août 1849, M. Reverchon, rap., aff. Siriez), — ... Lors même que la décision n'aurait été ajournée que parce que le désistement des réclamants était annoncé comme devant avoir lieu (cons. d'Et. 13 avr. 1842, M. Fremy, rap., élect. de Saint-Pierre de Bœuf); ..... ou qu'il aurait été rendu un arrêté interlocutoire avant l'expiration du délai (cons. d'Et. 18 juill. 1844, M. Louyer-Villermay, rap., élect. de Verdun; 11 août 1849, arrêt précité); — Il ne serait pas même permis au conseil de préfecture de statuer après l'expiration du délai sur l'opposition à un arrêté par défaut rendu dans le délai (cons. d'Et. 23 fév. 1837, M. Dode, rap., élect. de Saint-Maurice; 12 avr. 1838, M. Saglio, rap., élect. de Saint-Mihiel; 14 fév. 1845, M. Guilhem, rap., élect. de Gesnes). — Et si le conseil de préfecture a laissé passer le délai d'un mois sans statuer, les réclamants ne peuvent déférer leur réclamation au conseil d'Etat; dans ce cas l'installation des conseillers élus a lieu de plein droit (même décis. du 18 juill. 1844).

Cette jurisprudence soulève cependant de graves objections. Dans une des affaires précitées (11 août 1849), le conseil de préfecture, trouvant sérieux les griefs énoncés dans la protestation, avait chargé le juge de paix de faire une instruction pour en vérifier l'exactitude et la vérité. Mais le procès-verbal dressé par ce magistrat n'étant parvenu à la préfecture qu'après l'expiration du délai fixé par l'art. 51, le conseil de préfecture n'en avait pas moins cru pouvoir rendre une décision; « attendu, disait-il, que l'art. 51 n'a pas attaché la peine de nullité à l'inobservation du délai, et que suivant les règles du droit commun, les nullités ne peuvent être suppléées; que s'il en était autrement, et si le conseil de préfecture ne pouvait plus statuer après le délai d'un mois, les plus graves inconvénients pourraient en résulter; qu'en effet, il dépendrait soit de l'autorité supérieure ou des commissaires nommés, en retardant la remise des pièces, soit du conseil de préfecture, en retardant sa décision, de rendre nuls l'effet des réclamations et la volonté de la loi; que telle n'a pu être l'intention du législateur; qu'il faut donc admettre que le conseil de préfecture peut statuer même après le délai indiqué et tant que l'installation des membres nommés n'a pas été faite » (conf. M. Cormenin, t. 2, p. 125, *in fine*). — On ne saurait méconnaître la force de ces raisons; cependant le conseil d'Etat a maintenu sa jurisprudence. — M. Serrigny, tout en admettant (nº 854) que cette jurisprudence est conforme au texte de la loi, reconnaît cependant (nº 838) qu'elle présente un grave inconvénient. « Il en résulte, dit-il, que les conseils de préfecture ont un moyen bien simple de confirmer tacitement les décisions attaquées, toutes les fois que l'élu sera un candidat appuyé par l'administration; c'est de s'abstenir de prononcer dans le délai. » Malgré l'autorité qui paraîtrait devoir s'attacher à cette jurisprudence, il nous semble difficile de s'y ranger, surtout depuis la loi du 5 mai 1855. Non-seulement, comme le dit M. Serrigny, les conseils de préfecture pourraient confirmer tacitement les décisions attaquées, mais encore ils pourraient priver les électeurs du droit d'exercer le recours devant le conseil d'Etat, que la loi a bien entendu leur réserver. Une telle conséquence rendrait l'art. 51 de la loi de 1833, nous dirions absurde, n'était l'interprétation donnée par le conseil d'Etat dans sa décision du 29 juin 1844. Nous n'admettrions pas cependant, en présence des termes précis de l'art. 51, que le délai d'un mois pût être jamais prorogé, comme le proposait le conseil de préfecture dans l'affaire des élections des Andelys. L'art. 51 ne peut-il pas recevoir une interprétation raisonnable? Oui, assurément, et le législateur a pris soin de la donner dans l'art. 45 de la loi du 5 mai 1855 sur l'organisation municipale. Cet article dispose que si le conseil de préfecture n'a pas prononcé dans le délai d'un mois sur les réclamations auxquelles peuvent donner lieu les élections municipales, la réclamation est considérée comme rejetée, puis il ajoute : « Les réclamants peuvent se pourvoir au conseil d'Etat dans le délai de trois mois. » Ainsi interprété par l'art. 45 de la loi de 1855, l'art. 51 de la loi de 1833 deviendrait raisonnable, et nous ne voyons pas ce que l'on pourrait objecter contre une telle interprétation; nous n'hésitons pas à la proposer. On remarquera, du reste, que toutes les décisions que nous avons citées sont antérieures à la loi de 1855; on remarquera aussi que presque toutes ces décisions se bornent à déclarer que le conseil de préfecture ne peut plus rien statuer après un mois écoulé, ce que nous reconnaissons. La seule décision du 18 juill. 1844 refuse le recours au conseil d'Etat. Notre opinion est donc loin d'avoir contre elle une jurisprudence constante. Pour les développements, nous renvoyons à ce qui sera dit quand nous traiterons des élections municipales (*infrà*, nºs 1002 et suiv.).

637. Le délai d'un mois accordé au conseil de préfecture pour statuer sur les réclamations court seulement du jour de la réception des pièces à la préfecture (cons. d'Et. 12 juill. 1837, M. Fumeron d'Ardeuil, rap., élect. de Dieppe; 28 janv. 1841, M. Richaud, rap., aff. Sapin; 1er mars 1842, M. d'Ormesson, rap., élect. de Gué d'Hassus; 28 fév. 1843, M. d'Ormesson, rap., élect. de Maisnières; 30 août 1847, M. Roux, rap., élect. de Bazordan, et élect. de Saint-Symphorien). — V. nº 1004.

638. Le conseil de préfecture qui annule l'élection du candidat proclamé par le bureau chargé du recensement général des votes, peut en proclamer immédiatement un autre à sa place, si celui-ci a obtenu la majorité exigée par la loi. — On a prétendu cependant que le conseil de préfecture, en faisant une telle proclamation, excédait ses pouvoirs, le droit de proclamer les candidats élus appartenant exclusivement au bureau de recensement. — Mais le conseil d'Etat n'a pas admis cette doctrine; il a décidé « qu'il appartient au conseil de préfecture de déterminer en cas de réclamation, le nombre des suffrages obtenus par les divers candidats et, par suite, de proclamer un candidat autre que celui qui aurait été proclamé par le bureau central chargé de procéder au recensement général des votes » (cons. d'Et. 23 août 1843, M. Gomel, rap., élect. de Château-Giron; 16 août 1862, M. de Guigné, rap., élect. de Piedicorte). — V. nº 1027.

639. Lorsque le conseil de préfecture ayant annulé les opérations électorales d'une commune, aucun des candidats élu ne se trouve avoir obtenu la majorité, cette nullité entraîne celle des opérations des autres communes; c'est à tort que dans de telles circonstances, le conseil de préfecture ordonnerait que l'élection serait recommencée seulement dans la commune dont les opérations ont été annulées (cons. d'Et. 24 août 1849, aff. Lamothe, D. P. 50. 3. 3; 31 août 1849, aff. Delpech, *cod.*).

640. On a vu *suprà*, nº 441, qu'il s'élève parfois des difficultés sur le point de savoir si un arrêté du conseil de préfecture a été rendu, contradictoirement ou par défaut. — Il a été jugé spécialement, en matière électorale, que l'arrêté rendu par un conseil de préfecture sur une protestation dans laquelle les réclamants ont exposé leurs griefs, doit être considéré comme contradictoire à leur égard, et, dès lors, comme non susceptible d'opposition, alors même qu'ils n'ont pas été mis en demeure d'assister à la séance où le conseil a statué sur ladite protestation (cons. d'Et. 4 juin 1862, M. Roussigné, rap., élect. de la côte Saint-André).

641. L'art. 53 de la loi du 22 juin réserve, en matière électorale, le recours devant le conseil d'Etat. Ce recours est exercé par la voie contentieuse et jugé publiquement et sans frais.—Le délai du recours devant le conseil d'Etat est le délai ordinaire de trois mois, à partir de la signification de la décision (V. Cons. d'Et., nos 175 et s.)—La jurisprudence du conseil d'Etat est constante sur ce point (cons. d'Et. 2 mai 1834, M. Germain, rap., aff. Theulier; 6 sept. 1843, M. Lavenay, rap., élect. de Cossé-le-Vivien, etc). —Les pourvois doivent être formés en la forme ordinaire au secrétariat des contentieux du conseil d'Etat dans le délai légal. — Il a été jugé : 1° que le recours introduit au conseil d'Etat contre un arrêté du conseil de préfecture est tardif, s'il est formé plus de trois mois après la notification de cet arrêté, bien que le retard ne provienne que de ce que ce recours aurait été adressé au ministre de l'intérieur, par suite d'une faute de copiste qui avait fait croire que cet arrêté avait été rendu par le préfet et non par le conseil de préfecture (cons. d'Et. 20 juill. 1836, M. du Martroy, rap., élect. de Pinole) ; — 2° Que le pourvoi doit être déclaré non recevable s'il n'a pas été enregistré au conseil d'Etat dans les trois mois de la notification de l'arrêt attaqué, lors même qu'il aurait été déposé à la préfecture dans ce délai (cons. d'Et. 22 août 1853, M. Richaud, rap., aff. Delacou),... ou que la cause de ce retard pourrait être imputée à l'administration qui aurait induit le réclamant en erreur, sur la durée du délai légal (cons. d'Et. 20 juill. 1853, M. Richaud, rap., élect. de Buis); —3° Que l'acte extrajudiciaire, signifié au préfet, par lequel un électeur déclare se pourvoir contre un arrêté du conseil de préfecture rendu en matière d'élections départementales, ne suffit pas pour saisir valablement le conseil d'Etat; qu'en conséquence, si la requête introductive d'instance n'a été déposée au secrétariat général du conseil d'Etat qu'après l'expiration du délai de trois mois, le pourvoi est non recevable (cons. d'Et. 12 fév. 1847, M. Vuitry, rap., aff. Bouvet et autres).— V. n° 1008.

642. Les réclamations électorales ayant le caractère d'une action publique, il avait été jugé que le pourvoi peut être formé par tous les électeurs, même par ceux qui n'ont pas été parties devant le conseil de préfecture (cons. d'Et. 25 juill. 1834) (1). — Cependant une jurisprudence plus récente du conseil d'Etat a établi une distinction importante sur ce point. Quand l'élection a été déclarée valable par le conseil de préfecture, les électeurs qui ont déféré l'élection à ce conseil, sont les seuls qui puissent se pourvoir; l'abstention des autres fait présumer qu'ils admettent l'élection comme régulière et valable (cons. d'Et., 30 août 1847, M. Aubernon, rap., élect. de Bois d'Arcy; 23 nov. 1849, M. Maigne, rap., élect. de Pignan; 16 mars 1850, M. François, rap., élect. de Barbachen; 9 mars 1859, M. Renepont, rap., élect. de Mercœur; 28 mars 1862, M. David, rap., élect. de Paulhaguet; 26 fév. 1863, M. Savoye, rap., élect. de Tonnay-Boutonne). — Si au contraire l'élection a été annulée, tout électeur peut former un pourvoi devant le conseil d'Etat; son droit qu'il a exercé est atteint par une telle décision. Le conseil d'Etat fait alors résulter le droit de se pourvoir du droit de protestation que l'art. 51 de la loi du 22 juin 1833 accorde à tout électeur (sol. impl. 5 janv. 1850, M. Lucas, rap., élect. de Thorame). — A plus forte raison, le droit de se pourvoir contre la décision du conseil de préfecture qui a annulé une élection appartient-il au candidat dont l'élection a été attaquée (cons. d'Et. 30 mai 1834, M. Caffarelli, rap., aff. Lagarde).— V. n° 1009.

643. Quand le recours est formé par l'administration, c'est le ministre de l'intérieur et non le préfet qui représente l'administration. Le préfet serait sans qualité soit pour former le pourvoi, soit pour intervenir dans une instance engagée. La jurisprudence du conseil d'Etat a maintenu ce principe en matière d'élections municipales dont les règles sur ce point sont communes aux élections départementales (V. *infrà*, n° 1012).—A plus forte raison le maire d'une commune est-il sans qualité pour présenter à ce titre, au nom des électeurs de la commune, un pourvoi contre l'arrêté par lequel le conseil de préfecture a rejeté la protestation desdits électeurs contre les opérations électorales (cons. d'Et. 25 août 1849, M. Paravey, rap., aff. Trémolet).

644. La disposition par laquelle un conseil de préfecture, en annulant une élection, émet l'avis qu'il y a lieu de procéder à une convocation nouvelle des électeurs, nonobstant recours au conseil d'Etat, n'est pas susceptible d'être déférée au conseil d'Etat par la voie contentieuse, cette disposition ne constituant pas une décision (cons. d'Et. 21 juill. 1849, M. Daverne, rap., aff. Casabianca, 3 août 1849, M. Lucas, rap., aff. Grimaldi).

645. L'art. 53 de la loi de 1833 disposant que le recours au conseil d'Etat est exercé par la voie contentieuse, jugé publiquement et sans frais, il a été jugé, par suite, que le conseil d'Etat doit rejeter les conclusions d'une partie tendant, en matière d'élections départementales, à ce que son adversaire soit condamné aux dépens (cons. d'Et. 8 sept. 1846, M. Lucas, rap., aff. Rouchou-Mazerat et autres *C.* Tixier de la Chapelle; 2 juill. 1847, M. Lucas, rap., aff. d'Havrincourt et autres *C.* Dubuisson).

646. Il suit également de cette disposition que le recours peut être formé, sans le ministère d'un avocat au conseil d'Etat, par le dépôt d'une requête signée du demandeur. — A cet égard il a été jugé qu'aucune disposition de la loi n'exigeant, à peine de déchéance, que la signature d'un requérant devant le conseil d'état soit légalisée par le maire de sa commune, il suffit qu'elle ait été certifiée par le sous-préfet (cons. d'Et. 6 juin 1831, M. de Felcourt, rap., aff. Laget).

647. En principe, le recours devant le conseil d'Etat n'est pas suspensif, et ce principe est applicable aux recours en matière électorale. Cependant l'art. 54, § 1, de la loi de 1833 dispose que le recours devant le conseil d'Etat est suspensif lorsqu'il est exercé par le conseiller élu. Cette disposition s'applique au cas où une élection aurait été annulée par le conseil de préfecture et où le membre du conseil général élu aurait déféré l'arrêté du conseil de préfecture au conseil d'Etat. Il suffirait alors au conseiller élu

---

(1) *Espèce :* — (Martin et cons.) — Deux communes rivales, Besse et Pignans, présentaient chacune leurs candidats aux élections du canton de Besse, soit pour le conseil général, soit pour celui d'arrondissement. — Le maire de Besse, président-né de l'assemblée, pour donner une voix de plus au candidat de sa commune, feignit de ne pouvoir présider pour cause de maladie, et délégua la présidence, et par conséquent le droit de voter, à son adjoint, qui n'était pas électeur. — Les électeurs de Pignans firent, contre cette manœuvre, une protestation qui n'eut pas de suite, parce que le scrutin fut favorable à leurs candidats. — Les électeurs de Besse devinrent à leur tour, par ce résultat, intéressés à attaquer la validité des opérations, et ils en firent prononcer la nullité sur le motif que la maladie du maire avait été feinte, puisqu'elle ne l'avait pas empêché de venir déposer son vote. — Mais alors les électeurs de Pignans se pourvurent au conseil d'Etat pour faire maintenir ces élections...

Louis-Philippe, etc.;—Vu la loi du 22 juin 1833 ; — Sur le défaut de qualité :—Considérant qu'aux termes de l'art. 51 de la loi du 22 juin 1833, tout membre de l'assemblée électorale a le droit d'arguer les opérations de nullité; qu'à ce droit se rattache nécessairement le droit corrélatif de soutenir la validité de ces opérations ; qu'ainsi, tout électeur peut intervenir devant le conseil de préfecture, saisi d'une demande en nullité, pour y défendre, à la charge de présenter immédiatement ses défenses; qu'aux termes des art. 51 et 53 de la loi ci-dessus citée, les arrêtés des conseils de préfecture en cette matière sont sujets au recours par-devant nous, en notre conseil d'Etat; que la faculté de ce recours n'est pas limitée par la loi aux électeurs qui ont demandé la nullité, ni à ceux des électeurs, qui, soutenant la validité, ont été parties devant le conseil de préfecture; que ces derniers n'ayant point, en raison de la brièveté des délais, le droit de former tierce opposition, le recours direct devant le conseil d'Etat doit être admis; que la loi ne les oblige point à intervenir devant le conseil de préfecture, sur une demande dont ils ont pu ignorer l'existence; que leur refuser le recours au conseil d'Etat, ce serait leur enlever le droit de défense dans tous les cas où ils n'ont pas été mis à même de se présenter devant le conseil de préfecture, et priver les électeurs, qui soutiennent la validité, des moyens de recours qui appartiennent à ceux qui demandent la nullité; — Considérant, en fait, que la réclamation formée contre les élections dont il s'agit n'a point été portée à la connaissance des réclamants, qu'ils n'ont pas été mis en demeure d'intervenir devant le conseil de préfecture, et qu'ils se sont pourvus dans les délais de la loi contre les arrêtés rendus par ledit conseil, et qui ont annulé les opérations dont lesdits réclamants soutiennent la validité;

Art. 1. Les arrêtés du conseil de préfecture du Var, des 30 nov. et 2 déc. 1833, sont annulés.

Du 25 juill. 1834.-Cons. d'Etat. M. Germain, rap.

de justifier de son pourvoi devant le conseil d'Etat pour avoir le droit de prendre part aux délibérations du conseil général. — Il a été jugé, à cet égard, que le recours au conseil d'Etat n'est suspensif que dans le cas de l'annulation de l'élection: qu'en conséquence le recours formé contre l'arrêté interlocutoire par lequel le conseil de préfecture a ordonné une enquête ne met pas obstacle à ce que ce conseil, sans attendre qu'il ait été statué sur ce recours, prononce définitivement sur la validité de l'élection contestée (cons. d'Et. 7 juill. 1853, M. Bauchart, rap., élect. de Clermont). — V. n° 1021.

648. Tous les griefs et moyens de nullité doivent avoir été présentés devant le conseil de préfecture; — Il a été jugé 1° que tout grief non articulé devant le conseil de préfecture ne peut être produit pour la première fois devant le conseil d'Etat (cons. d'Et. 28 nov. 1834, M. Prosper Hochet, rap., aff. Piette; 30 déc. 1843, M. Louyer-Villermay, rap., élect. de Corte et de Calacuccia; 29 juill. 1846, M. Gomel, rap., aff. Cochi-Mancon C. Lasbordes; 20 juill. 1853, M. Aubernon, rap., élect. de Mazamet; 29 janv. 1863, M. de Belbeuf, rap., élect. de Lauzès). — 2° Qu'un conseiller de département est valablement élu, bien qu'il soit allégué que trois bulletins illisibles lui ont été comptés, si cette allégation, contredite par le procès-verbal, est produite pour la première fois devant le conseil d'Etat (Cons. d'Et. 14 août 1837, M. d'Ormesson, rap., élect. de Cadenet); — 3° Qu'un candidat dont le conseil de préfecture a annulé l'élection et à la place duquel ce conseil a proclamé un autre candidat, n'est pas recevable à présenter devant le conseil d'Etat, auquel il défère l'arrêté du conseil de préfecture, des griefs qu'il n'a pas présentés à ce conseil contre l'élection de cet autre candidat (cons. d'Et. 16 août 1862, M. de Guigné, rap., aff. élect. de Piedicorte). — V. n° 1020.

649. Toutefois, l'électeur réclamant est recevable à présenter directement devant le conseil d'Etat tous les moyens propres à justifier les conclusions qu'il avait prises devant le conseil de préfecture relativement à l'absence de majorité absolue; en conséquence, lorsqu'il a soutenu devant ce conseil que le candidat élu n'avait pas obtenu la majorité absolue des suffrages, on ne doit pas considérer comme une demande nouvelle non admissible devant le conseil d'Etat, mais seulement comme un moyen nouveau, le moyen qu'il présente pour la première fois et fondé sur ce que certains votes indûment admis auraient dû être retranchés du nombre des suffrages exprimés et du nombre de ceux qui ont été obtenus par chacun des candidats (cons. d'Et. 28 mars 1862, élect. de Rugles, V. n° 598).

650. On décide aussi que, les règles de compétence étant d'ordre public, l'exception d'incompétence peut être proposée en tout état de cause (cons. d'Et. 30 déc. 1843, M. Louyer-Villermay, rap., élect. de Corte et de Calacuccia).

651. Ce n'est qu'à la cour de cassation et non au conseil d'Etat que peuvent être déférés les jugements rendus par les juges de paix sur l'appel des décisions prises par les commissions municipales concernant les inscriptions ou radiations sur les listes électorales (cons. d'Et. 26 avr. 1851, M. Reverchon, rap., aff. Prost).

652. Indépendamment des réclamations qui peuvent être portées devant le conseil de préfecture et incidemment devant les tribunaux civils, une opération électorale peut donner lieu à des poursuites criminelles pour manœuvres, fraudes, violences, etc., commises durant les élections. — Dans ce cas, il y aurait lieu à l'application de l'art. 3 c. crim., qui ordonne de surseoir à l'action civile jusqu'au jugement définitif de l'action publique. C'est ce qui a été implicitement décidé par un arrêt du conseil d'Etat du 24 mai 1859 (élect. de Céret), qui n'a statué en effet sur la demande en nullité qu'après le jugement du tribunal correctionnel sur les voies de fait et violence qui avaient entâché les opérations électorales.

653. Nous parlerons à propos des élections municipales des dispositions pénales par lesquelles le décret du 2 fév. 1852 a assuré l'observation de ses prescriptions en matière électorale. La loi du 7 juill. 1852 (art. 2 et 3) ayant disposé que jusqu'à la loi définitive qui doit régler l'organisation départementale, les élections ont lieu conformément aux lois existantes et sur les listes dressées pour l'élection des députés au corps législatif, il n'est pas douteux que ces dispositions pénales ne soient applicables aux élections départementales. — Jugé en ce sens que les dispositions du décret du 2 fév. 1852 ont été étendues, en ce qui concerne la répression des délits électoraux, aux élections pour les conseils généraux des départements et les conseils d'arrondissement; qu'à cet égard le décret de 1852 est, d'une manière générale, la loi organique du suffrage universel (Crim. cass. 11 mai 1861, aff. Lelaidier, D. P. 61. 1. 402).

Art. 3. *De la session des conseils généraux.*

654. Les conseils généraux se réunissent en vertu du décret impérial qui fixe l'ouverture de leur session et en détermine la durée (L. 22 juin 1833, art. 12); la convocation des membres est faite par le préfet (*ibid.*). Le même décret de convocation nomme le président, le vice-président et le secrétaire du conseil (L. 7 juill. 1852, art. 5.) — Avant cette loi, sous le régime de la loi du 22 juin 1833, le conseil se formait sous la présidence du doyen d'âge; le plus jeune membre du conseil faisait fonctions de secrétaire; puis le conseil nommait au scrutin et à la majorité absolue des voix son président et son secrétaire (L. 22 juin 1833, art. 12). — L'époque où cette innovation a eu lieu en indique suffisamment le caractère et l'objet. Au reste le cercle dans lequel l'empereur doit faire son choix est limité au conseil général même. Les président, vice-président et secrétaire doivent être choisis dans le sein du conseil (L. 7 juill. 1852, art. 5).

655. Les séances du conseil général ne sont pas publiques (L. 7 juill. 1852, art. 5). L'art. 13 de la loi du 22 juin 1833 avait une pareille disposition. Après la révolution de février, la publicité des séances des conseils généraux était de droit; mais la majorité des membres du conseil pouvait demander le comité secret (décr. 3 juill. 1848, art. 18). Le décret de 1852 est revenu avec raison sur celui de 1848.

656. Au jour indiqué par le décret impérial pour la réunion du conseil général, le préfet donne lecture du décret de convocation (L. 22 juin 1833, art. 12) et de celui qui, depuis la loi du 7 juill. 1852, porte nomination des président, vice-président et secrétaire du conseil. Il reçoit le serment des conseillers nouvellement élus. Quand le conseil est constitué, c'est le président qui reçoit le serment des conseillers qui n'ont pas assisté à l'ouverture de la session (*ibid.*).

657. L'art. 12 de la loi du 22 juin 1833 dispose que l'époque et la durée de la session d'un conseil général sont déterminées par le décret de convocation. Faut-il en induire que le chef de l'Etat pourrait à volonté se dispenser de convoquer le conseil général au moins une fois chaque année, comme cela a toujours lieu? Les nécessités les plus impérieuses de l'administration empêcheraient toujours que les choses se passassent ainsi. Une foule d'actes administratifs ne sont légalement possibles, comme nous le verrons, que sous l'autorité des conseils généraux. La répartition annuelle des contributions directes appartient même à ces conseils. Il est donc vrai de reconnaître que, quoique l'obligation de convoquer au moins une fois chaque année les conseils généraux n'ait jamais été écrite textuellement dans nos lois constitutionnelles, cependant par la force des choses, virtuellement, ce n'est pas moins une obligation constitutionnelle du pouvoir central.

658. Le dernier paragraphe de l'art. 12 de la loi du 22 juin 1833 dispose: « Le préfet a entrée au conseil général; il est entendu quand il le demande et assiste aux délibérations, excepté quand il s'agit de l'apurement de ses comptes. » — Comme représentant de l'autorité centrale, il était indispensable que le préfet, quoique ne faisant pas partie du conseil général, puisqu'il ne prend pas part aux votes, assistât à ses séances pour veiller à ce que le conseil n'excède pas les attributions qu'il tient de la loi. Sa présence est encore nécessaire dans l'intérêt même du département, par les explications qu'il peut donner sur les affaires soumises à la délibération du conseil. Il est entendu quand il le demande, soit pour faire des propositions relativement aux matières sur lesquelles le conseil est apte à délibérer, soit pour défendre, combattre ou expliquer les propositions dont le conseil est saisi. Le préfet n'a pas à quitter le conseil lorsqu'il est procédé à un vote. Il y aurait dans cette obligation du préfet quelque chose qui blesserait profondément sa dignité, d'autant plus que le vote, pouvant se renouveler bien des fois dans une même séance, le préfet serait soumis à des allées et venues incessantes. La loi est muette sur ce point; mais elle a toujours été entendue dans le sens que nous exprimons ici.

659. Nous verrons plus loin qu'au nombre des attributions du conseil général se trouve l'apurement des comptes du préfet. Le préfet n'assiste pas aux séances où il s'agit de l'apurement de ses comptes. Il est à peine besoin de justifier la loi sur ce point. On comprend que, autant par convenance pour son caractère que par respect pour l'indépendance du conseil, le préfet ne peut assister aux séances où sa comptabilité est vérifiée et débattue.

660. Le président du conseil général a seul la police des séances. La loi ne le dit pas expressément; mais il faut l'admettre par analogie avec ce qui se pratique dans toute assemblée délibérante. Le président donne et retire la parole à ceux des membres du conseil général qui prennent part à la discussion.

661. Aucune loi n'a déterminé l'ordre des travaux du conseil général; mais une instruction ministérielle du 16 vent. an 10 a donné quelques règles que l'on n'a pas cessé de suivre. Le conseil se répartit en plusieurs commissions, selon la nature des affaires sur lesquelles il a à délibérer. Chaque commission nomme un rapporteur, qui prépare un rapport pour l'assemblée générale. Des procès-verbaux distincts sont dressés pour les matières d'administration et pour les vœux et réclamations que l'art. 7 de la loi du 10 mai 1838 autorise les conseils généraux à émettre. Les procès-verbaux de la première sorte sont remis au préfet; ceux de la seconde peuvent être adressés directement par le président au ministre de l'intérieur (même art. 7).

662. Un conseil général ne peut délibérer que si la moitié plus un des conseillers sont présents. Les délibérations sont prises à la majorité des voix. Les votes sont recueillis au scrutin secret toutes les fois que quatre des conseillers présents le réclament (L. 22 juin 1833, art. 13). Dans le cas de partage, il paraît rationnel que la voix du président soit prépondérante par analogie avec ce qui a lieu dans les délibérations des conseils municipaux (L. 18 juill. 1837, art. 27).

663. Les procès-verbaux sont rédigés par le conseiller secrétaire du conseil et arrêtés au commencement de chaque séance qui suit; ils contiennent l'analyse de la discussion. Les noms des membres qui ont pris part à cette discussion n'y peuvent être insérés (L. 10 mai 1838, art. 26). Mais il doit énoncer les noms des membres présents à la séance; autrement, il y aurait incertitude sur l'observation de l'art. 13 de la loi du 22 juin 1833, suivant lequel les délibérations ne peuvent être prises qu'en présence de la moitié plus un des membres du conseil.

664. Les procès-verbaux sont remis, après la clôture de la session, au préfet, qui les fait déposer aux archives de la préfecture. Le conseil peut en ordonner la publication en tout ou en partie (L. 10 mai 1838, art. 26). Dans ce cas, comme il est de principe que l'autorité du conseil ou de ses membres cesse en même temps que finit la session, c'est au préfet ou à son secrétaire qu'il appartient d'en surveiller l'impression (circ. min. 12 août 1840).

665. Les sessions des conseils généraux sont de deux sortes : il y a les sessions ordinaires, où le conseil délibère sur toutes les affaires qui sont placées par la loi dans le cercle de ses attributions ordinaires, et les sessions extraordinaires, dans lesquelles le conseil ne peut délibérer que sur l'affaire pour laquelle il a été spécialement convoqué. — L'art. 14 de la loi du 22 juin 1833 dispose que tous actes qui ne sont pas légalement compris dans ses attributions sont nuls et de nul effet, et que la nullité en est prononcée par décret impérial. Le conseil général a alors excédé ses pouvoirs en délibérant sur des objets dont la loi ne l'a pas appelé à connaître. La nullité de sa délibération ne peut être prononcée que par un décret impérial et non par un arrêté préfectoral, parce qu'il y a dans l'appréciation de la légalité de ces délibérations et des limites des attributions des conseils généraux, des délicatesses dont le pouvoir central, par sa situation impartiale et par les lumières qui l'entourent, peut seul être juge.

666. L'art. 15 de la loi du 22 juin 1833 dispose que toute délibération prise hors de la réunion légale du conseil général est nulle de droit, c'est-à-dire que la nullité existe sans qu'il soit nécessaire d'apprécier la valeur de l'acte en lui-même. La réunion du conseil général, si elle avait lieu spontanément et sans qu'un décret impérial l'eût ordonnée, constituerait un excès de pouvoir, différent de celui prévu par l'art. 14. L'excès de pouvoir, résultant alors du seul fait de la réunion, n'existerait pas moins, encore bien que le conseil se bornât à délibérer sur des affaires placées par la loi dans le cercle de ses attributions. Le préfet alors n'aurait pas à attendre les ordres du pouvoir central. Par un arrêté pris en conseil de préfecture, il déclarerait la réunion illégale, prendrait toutes les mesures nécessaires pour que l'assemblée se séparât immédiatement, et transmettrait son arrêté au procureur général du ressort pour l'application, *s'il y a lieu*, de l'art. 258 c. pén., qui prononce une peine de deux à cinq ans contre ceux qui se sont immiscés dans les fonctions publiques (L. 22 juin 1833, art. 15). — On remarquera que l'excès de pouvoir résultant du fait d'une réunion illégale est plus promptement et plus sévèrement réprimé que celui qui résulte de l'immixtion du conseil général dans les affaires qui ne lui sont pas légalement attribuées, lorsqu'il est légalement réuni. C'est qu'une réunion spontanée illégale d'un conseil général présente un danger plus grand et plus menaçant qu'un simple empiétement d'attributions, qui peut n'avoir d'autre cause que l'ignorance.

667. On s'est demandé si la prolongation de la session d'un conseil général au delà du terme fixé par le décret de convocation, devait être assimilée à une réunion illégale. L'affirmative ne paraît pas douteuse. Le fait de la prolongation de la session constituerait une révolte contre la loi, et le préfet devrait prendre les mesures exigées par l'art. 15 précité.

668. L'art. 15 de la loi des 22-25 juin 1833 applique, comme nous venons de le dire, aux membres des conseils généraux qui ont pris part à une délibération tenue hors de la réunion légale, l'art. 258 c. pén., qui punit de deux à cinq ans d'emprisonnement ceux qui se sont immiscés dans des fonctions publiques. Mais ces mots de l'art. 15 : « Le préfet transmet son arrêté au procureur général du ressort pour l'application, *s'il y a lieu*, des peines déterminées par l'art. 258 c. pén., » ont donné lieu à quelque difficulté. Ces mots *s'il y a lieu* ont-ils un sens particulier? L'art. 15 a-t-il entendu laisser les tribunaux maîtres d'appliquer ou de ne point appliquer la loi? Un député, M. Salverte, avait demandé la suppression des mots *s'il y a lieu*, afin de préciser le cas où la peine pourrait être appliquée. — Le rapporteur répondit : « Il est de la sagesse d'avoir une disposition non absolue, mais seulement facultative. Le texte porte *s'il y a lieu*, c'est-à-dire si l'examen des faits de la cause rend l'article applicable. » — Mais si cette explication des mots *s'il y a lieu* devait être suivie, il en résulterait qu'un tribunal correctionnel pourrait infirmer en partie l'autorité de l'arrêté préfectoral qui a déclaré la réunion illégale; et cependant cet arrêté n'aura jamais prononcé que sur un fait matériel sur lequel les appréciations ne peuvent varier. Il paraît résulter de la discussion que la loi a entendu laisser aux tribunaux une large appréciation de l'intention des membres d'un conseil général qui auraient délibéré illégalement, mais que la loi pénale doit recevoir son application si les membres du conseil général accusés n'ont pu se dissimuler l'illégalité de leurs délibérations. Quoi qu'il en soit, la rédaction de l'art. 15 n'en reste pas moins mauvaise. La réserve que les mots *s'il y a lieu* ont eu pour objet d'y introduire se trouve écrite implicitement dans toutes les dispositions de loi qui prononcent une peine; et s'ils ont eu pour objet d'inviter les juges à n'appliquer que prudemment l'art. 258 c. pén. au cas dont il s'agit, ils étaient encore inutiles; cette prudence leur est imposée ici par les mœurs.

669. Une autre difficulté s'est élevée dans la discussion de la loi, à l'occasion de l'applicabilité de l'art. 258 c. pén., au fait de réunion illégale d'un conseil général. Plusieurs membres s'étant récriés sur la sévérité de la peine portée par cet article, la commission, pour prévenir toute difficulté, proposa d'ajouter après la désignation de l'art. 258 les mots : « *modifié, le cas échéant, par l'art.* 463 *du même code*, qui permet d'abaisser la peine d'un ou de plusieurs degrés, s'il existe des circonstances atténuantes. » Mais le président fit remarquer que par cela seul qu'on renvoyait à l'art. 258, la disposition de l'art. 463 devait cessairement recevoir son application, cette disposition étant nérale et applicable à toutes les lois sans qu'il fût besoin de nsérer dans aucune, et, à plus forte raison, dans le cas partilier, où il ne s'agit pas de l'application d'une peine nouvelle, ais d'une peine édictée par le code lui-même. L'amendement t retiré devant cette explication judicieuse.

670. On s'était demandé aussi quels étaient les tribunaux mpétents pour juger le fait prévu par l'art. 15 et prononcer pplication de l'art. 258 c. pén.? Lors de la discussion de la i de 1833, on soutenait assez généralement que le fait de réuon illégale d'un conseil général devait constituer un délit poique dans le sens des lois des 8 oct. et 10 déc. 1830, et que s membres du conseil général étaient justiciables, par consétent, des cours d'assises. MM. Dumesnil et Thibaut-Lefebvre, 96, professent également cette opinion. Aujourd'hui, la difulté est tranchée par le décret des 25-28 fév. 1852, qui déare que les délits dont la connaissance était antérieurement tribuée aux cours d'assises seront jugés par les tribunaux corctionnels (V. D. P. 52. 4. 61).

671. L'art. 13 de la loi des 22-25 juin dispose que, « en s de condamnation, les membres condamnés sont exclus du onseil et inéligibles aux conseils de département et d'arrondissement, pendant les trois années qui suivront la condamnation. » - Dans la rédaction primitive, la condamnation par les tribuux n'emportait pas nécessairement l'exclusion du conseil et inéligibilité. Pour que ces deux conséquences fussent produites, fallait que le roi eût prononcé la dissolution du conseil ener. Puis on avait eu la pensée de laisser aux tribunaux la faulté de prononcer ou de ne pas prononcer, selon les cas, l'exusion et l'inéligibilité; ces deux systèmes ont été écartés. Le xte de la loi, dans le système qui a prévalu, est formel, et sans ême qu'il soit besoin d'une disposition dans le jugement de ondamnation, l'exclusion et l'inéligibilité sont de droit au cas e condamnation.

672. Les art. 16 et 17 pourvoient à ce que les conseils généraux, qui n'ont dans leurs attributions que les intérêts de eur département, ne puissent jamais s'arroger une puissance olitique et empiéter ainsi sur les droits du pouvoir central. Ils ont ainsi conçus : — « Art. 16. Il est interdit à tout conseil énéral de se mettre en correspondance avec un ou plusieurs onseils d'arrondissement ou de département. — En cas d'inaction à cette disposition, le conseil général est suspendu par e préfet, en attendant que le chef de l'Etat ait statué. — rt. 17. Il est interdit à tout conseil général de faire ou de ublier aucune proclamation ou adresse. En cas d'infraction à ette disposition, le préfet déclarera, par arrêté, que la session u conseil général est suspendue. Il sera statué définitivement ar décret impérial. » — La sanction des défenses portées dans es art. 16 et 17 est, comme on le voit, la même, malgré une égère différence de rédaction. Dans les deux cas, le préfet prend mmédiatement un arrêté à l'effet de suspendre le conseil généal. Puis il en réfère au pouvoir central, qui statue définitivenent, c'est-à-dire qui prononce la dissolution du conseil généal ou réforme l'arrêté du préfet, si les faits qui l'ont motivé ne ont pas avérés.

673. L'art. 16, dans son texte, n'interdit aux conseils généraux de se mettre en communication qu'avec des conseils d'arrondissement ou de département. Nous n'hésitons cependant pas à penser que cette défense est plus générale qu'elle ne le paraît, et que la pensée de la loi a été de défendre aux conseils généraux de se mettre en rapport avec quelque corps constitué que ce soit, par exemple avec un conseil municipal ou une chambre de commerce.

674. La constitution du 5 fruct. an 3, art. 199, permettait aux administrations de départements « de correspondre entre elles, mais seulement sur les affaires qui leur étaient attribuées par la loi et non sur les intérêts généraux de la République. » L'art. 16 de la loi de 1833 a-t-il édicté une défense générale, absolue? Oui, en ce sens qu'un conseil général ne peut correspondre directement avec aucun autre conseil. Mais nous pensons avec M. Dumesnil (Cons. généraux, p. 90), que l'art. 16 de la loi des 22-25 juin 1833 n'empêcherait pas que les autorités départementales s'adressassent des communications officieuses relatives à des intérêts départementaux, pourvu que les préfets fussent les intermédiaires pour ces communications. La loi n'a pu vouloir défendre qu'une chose, à savoir que les attributions du pouvoir central ne fussent jamais déplacées même partiellement.

675. L'art. 17 interdit aux conseils généraux la publication de toute proclamation ou adresse. Cette défense ne comporte aucune exception. — Dans le projet de l'art. 17 ci-dessus, après le mot *adresse*, on lisait les mots *aux citoyens;* mais on supprima cette restriction, afin que toute proclamation ou adresse, même au chef de l'Etat, fût prohibée. « Des adresses au chef de l'Etat, dit le rapporteur à la chambre des pairs, exprimant soit une adhésion à telle ou telle mesure du gouvernement, soit des sentiments relatifs à tel ou tel événement, occuperaient les conseils administratifs de ce qui n'est point dans leurs attributions. Ils pourraient ainsi devenir ou les auxiliaires d'un parti, ou les adulateurs dociles d'un système ministériel qu'ils ne sont appelés à contester ou à appuyer qu'en ce qui touche les intérêts locaux; leurs délibérations consignées au procès-verbal suffisent pour témoigner de leur opinion sur les points où la législation et l'administration générale portent avantage ou préjudice à l'administration des affaires du département. »

676. Tout conseil général qui contrevient aux défenses portées par les art. 16 et 17, avons-nous dit, est suspendu par le préfet en attendant que le chef de l'Etat statue. Ces deux cas sont les seuls, pour le dire en passant, où le préfet puisse suspendre le conseil général. La loi du 5 mai 1855 lui confère, à cet égard, un pouvoir discrétionnaire vis-à-vis des conseils municipaux. Mais, par cela seul qu'elle est muette à l'égard des conseils généraux, la loi de 1833 est la seule à laquelle on doive se référer. Mais indépendamment de la suspension que le préfet prononce dans ces deux cas, la contravention aux défenses des art. 16 et 17 peut donner lieu, aux termes de l'art. 18, à l'application de l'art. 123 c. pén. Sur les poursuites du ministère public, à qui le préfet a dû transmettre son arrêté, les contrevenants peuvent être condamnés à la peine de deux à six mois d'emprisonnement.

677. L'art. 19 de la loi des 22-25 juin 1833 rend passible des peines portées par l'art. 123 c. pén., tout éditeur, imprimeur, journaliste ou autre, qui rend publics les actes interdits au conseil général par les art. 15, 16 et 17. Mais cette défense ne s'applique qu'à la publication des actes illégaux des conseils, et non à la publication des séances et résolutions régulières; l'arrêté du 19 flor. an 8 défend bien l'impression des procès-verbaux des conseils généraux, mais cet arrêté ne prononce et ne pouvait prononcer aucune peine. D'ailleurs, l'art. 26 de la loi du 10 mai 1838 a levé tous les doutes. Il permet aux conseils généraux d'ordonner la publication totale ou partielle de leurs procès-verbaux. L'art. 19 ne s'applique donc bien qu'aux actes illégaux des conseils généraux.

678. Indépendamment du pouvoir qu'a l'administration supérieure de réprimer les empiétements et excès de pouvoir des conseils généraux, le chef de l'Etat tient encore de l'art. 6 de la loi du 7 juill. 1852 le droit de les dissoudre quand il le veut, sans avoir à publier les motifs de la dissolution. Mais il doit être procédé à une nouvelle élection avant la session annuelle et, au plus tard, dans les trois mois de la dissolution.

Art. 4. — *Des attributions des conseils généraux.*

679. Les attributions des conseils généraux se trouvent détaillées dans la loi du 10 mai 1838; c'est dans cette loi qu'est, à proprement parler, le siége de la matière. Il serait assez difficile de ramener les attributions si diverses des conseils généraux à un principe unique; mais on peut les classer sous différents chefs. La loi du 22 déc. 1789 (sect. 3) avait donné aux administrations de département un véritable pouvoir gouvernemental. La loi du 28 pluv. an 8 (art. 6) avait réduit considérablement le cercle des attributions de ces conseils. La loi du 10 mai 1838, qui l'a remplacée, énumère ces attributions qui peuvent se partager en trois catégories : la première comprenant les délibérations que les conseils généraux prennent comme délégués du pouvoir législatif ou du pouvoir exécutif; la seconde comprenant celles qui leur appartiennent comme représentants légaux des intérêts de leurs départements; la troisième enfin comprenant les délibérations où ils agissent comme organes des besoins de leurs départements. A cette classification en correspond une autre fort importante en pratique. Les délibérations de la première classe sont exécutoires par elles-mêmes, et sans qu'il soit besoin de l'approbation de l'empereur ou du préfet du département. Celles de la seconde ne sont exécutoires qu'en vertu de l'approbation de l'administration supérieure ou du préfet. Celles de la troisième sont purement consultatives.

§ 1. — *Des attributions des conseils généraux comme délégués du pouvoir législatif ou exécutif.*

680. La plus importante des attributions des conseils généraux est celle qu'ils tiennent de la loi à l'effet de *répartir* entre les arrondissements du département le contingent départemental des contributions directes de répartition. L'art. 1 de la loi du 10 mai 1838 qui la leur a dévolue est ainsi conçu : « Le conseil général du département répartit, chaque année, les contributions directes entre les arrondissements, conformément aux règles établies par les lois. —Avant d'effectuer cette répartition, il statue, sur les demandes délibérées par les conseils d'arrondissement, en réduction du contingent assigné à l'arrondissement. » — Mais pour expliquer cet article, il importe de rappeler quelques principes de la matière des impôts.

681. On sait que l'impôt est un prélèvement opéré sur les fortunes privées pour l'acquittement des charges publiques. Dans les rapports de l'administration avec les particuliers, l'impôt s'appelle contribution, parce que chacun le supporte dans une certaine proportion. Les contributions sont directes ou indirectes : directes, lorsque la demande s'adresse au contribuable, au possesseur actuel de richesses acquises, et donne lieu à une perception au moyen d'un rôle nominatif; indirectes lorsqu'elles atteignent la richesse acquise dans les actes de production ou de consommation, et sont perçues conformément à un tarif, sans égard aux personnes. Les contributions directes se divisent elles-mêmes, quant au mode de perception, en impôts de répartition et en impôts de quotité. L'impôt de répartition est ainsi nommé de ce qu'avant d'être exigé des contribuables, il donne lieu à des répartitions de plusieurs degrés. — Chaque année le budget de l'Etat contient le vote de l'impôt de répartition, indique la somme totale qu'il devra produire, et fait la répartition entre les différents départements. L'impôt de quotité, au contraire, est perçu immédiatement par l'Etat sur les contribuables; l'Etat profite des plus-values et supporte les non-valeurs. Les impôts de répartition sont l'impôt foncier, l'impôt personnel et mobilier et l'impôt des portes et fenêtres. Parmi les contributions directes, l'impôt des patentes est le seul impôt de quotité.

682. Ces notions rendent maintenant facile l'intelligence de l'art. 1 de la loi du 10 mai 1838. La répartition des trois premiers impôts directs que nous venons de rappeler est faite chaque année, avons-nous dit, entre les départements, par le pouvoir législatif, dans le budget même de l'Etat. Aux termes de l'art. 1 de la loi de 1838, une seconde répartition est faite par les conseils généraux. Chaque conseil général répartit entre les différents arrondissements du département la part afférente au département d'après le budget de l'Etat. L'art. 1 parle de la répartition des *contributions directes*; mais il n'y a pas à s'y tromper, ce travail de répartition ne peut s'appliquer qu'à celles des contributions directes qui sont des impôts de répartition.

683. L'art. 1 de la loi de 1838 dispose que la répartition attribuée aux conseils généraux se fait conformément aux lois. A cet effet, le préfet produit devant le conseil général trois tableaux : le tableau de la contribution foncière, celui de la contribution des portes et fenêtres, et celui de la contribution personnelle et mobilière. Chacune de ces contributions directes donne lieu à une répartition spéciale. Au reste ce travail de répartition a été expliqué précédemment (V. Impôts directs, n°s 151 et suiv., 171 et suiv., 255 et suiv., 338 et suiv.).

684. Le § 2 de l'art. 1 de la loi de 1838 porte qu'avant de procéder à son travail de répartition, le conseil général statue sur les demandes délibérées par les conseils d'arrondissement réduction du contingent assigné à l'arrondissement. Pour co prendre cette disposition, il faut savoir que la répartition du co seil général est suivie d'une nouvelle répartition qui est fa entre les diverses communes par les conseils d'arrondisseme dont nous parlerons. Or, pour procéder à son travail de répa tition dans les arrondissements, le conseil général s'aide d bases d'évaluation qui ont servi à la répartition des années a térieures; mais les circonstances ont pu faire changer ces bas d'évaluation comparative, et modifier la situation respective d arrondissements quant à l'impôt. — On comprend que pour q la répartition soit équitablement faite, le conseil général do tenir compte de ces circonstances nouvelles. Elles lui sont s gnalées dans les délibérations des conseils d'arrondissemen Pour cette raison, la loi impose aux conseils généraux l'obliga tion de statuer sur les demandes en réduction délibérées par le conseils d'arrondissement, préalablement à toute répartitio puisque la répartition dépendra, au moins sur ce point, de décisions qu'il aura prises.

685. Aux termes de l'art. 2 de la loi de 1838, « le co seil général prononce définitivement sur les demandes en rédu tion du contingent formées par les communes, et préalableme soumises au conseil d'arrondissement. » — Le conseil général dans l'exercice de l'attribution qu'il tient de cet article, rend un véritable décision et statue uniquement comme juge; sa décisio alors est étrangère au travail de répartition dont nous venons d parler, et n'est point appelée à le modifier. Aussi la loi ne dit-ell pas qu'elle doit être rendue préalablement à la répartition qu fait le conseil général. La répartition entre les communes es faite, en effet, comme nous le verrons, par le conseil d'arrondis sement. Quelque soit le résultat de la décision qu'aura rendue l conseil général, les données d'après lesquelles un conseil d'arrondissement devra répartir entre les diverses communes qu composent l'arrondissement la somme intégrale qui est mise à sa charge par le conseil général, pourront se trouver modifiées mais celles d'après lesquelles se trouve déterminée la part de chaque arrondissement dans la somme intégrale mise à la charge du département ne le seront pas. On remarquera que cette décision du conseil général ne peut intervenir que sur l'avis d'une délibération du conseil d'arrondissement, mais que cette délibération du conseil d'arrondissement n'a d'autre valeur que celle d'un acte d'instruction.

686. On s'est demandé si les décisions rendues par le conseil général, soit sur les demandes en réduction formées par les conseils d'arrondissement, soit sur les demandes formées par les communes, est susceptible de quelque recours. Il résulte de la discussion de la loi de 1838 devant les chambres que ces décisions sont souveraines et sans recours légal. On avait proposé à la chambre des pairs de porter le recours devant les chambres, lesquelles ne statueraient que sur la proposition du gouvernement. — Mais il avait été répondu qu'il ne fallait pas multiplier les recours au pouvoir législatif; que, d'ailleurs, la solution arriverait toujours tardivement. — Un membre de cette chambre, M. le comte de Tascher, avait proposé l'amendement suivant : « La décision du conseil général est définitive, sauf le recours au roi, qui prononce par une ordonnance royale, le conseil d'Etat entendu. » L'amendement a été rejeté, comme attribuant au pouvoir royal seul la connaissance de difficultés dont la solution appartient essentiellement à l'autorité législative. La proposition d'admettre un recours à des arbitres a également été repoussée. — Enfin, dans son rapport à la chambre des députés, M. Vivien a reconnu que ce pouvoir suprême des conseils généraux pourrait avoir des inconvénients; « mais, a-t-il ajouté, ces inconvénients ont leurs limites dans l'obligation de se soumettre aux règles établies par les lois, dans le droit qui appartiendrait au gouvernement de refuser l'exécution des actes par lesquels le conseil général serait sorti de ses attributions et aurait excédé ses pouvoirs; si ce système a quelques inconvénients, l'admission d'un recours quelconque en amènerait de bien plus graves. » — Il est manifeste, par ces précédents, que le pouvoir d'appréciation attribué aux conseils généraux par les art. 1 et 2 de la loi de 1838 est sans limites. Quant à savoir si un conseil général peut se mettre au-dessus de la loi dans l'exercice des attributions qu'il tient de ces deux articles, c'est une autre question. L'art. 14 de la loi du 22 juin 1833, qui confère au gouvernement le droit d'annuler les décisions des conseils généraux quand elles sont entachées d'un excès de pouvoir, devrait recevoir alors son application. Si donc un conseil général violait la loi dans une décision rendue sur une demande en réduction formulée par un conseil d'arrondissement ou par une commune, sa décision serait annulée par un décret impérial. Mais si, au contraire, il n'avait fait que mal apprécier des faits, si, pour nous servir d'une façon de parler usitée en droit civil, sa décision ne contenait qu'un mal jugé, quelque regrettable qu'elle fût, elle échapperait à tout contrôle. Telle nous paraît être la théorie de la loi. Notre opinion est celle de la généralité des auteurs qui ont écrit sur la matière (MM. Foucart, t. 2, n° 1384; Boulatignier et Macarel, t. 2, p. 552; Laferrière, p. 524; Thibaut Lefèvre, p. 268 et suiv.; Cabantous, n° 262).

687. Un écrivain, M. Trolley (t. 3, nos 1446 et suiv.) est même allé plus loin. M. Trolley reconnaît bien que les appréciations du conseil général sur les demandes en réduction formées par un conseil d'arrondissement ou des communes sont souveraines; mais si le conseil général méconnaissait la loi dans la décision qu'il aurait rendue, par exemple s'il lui arrivait de fixer la contribution des divers arrondissements de manière à ne pas arriver à la somme mise à la charge du département par la loi de finances; de prendre pour base de la répartition, non pas le revenu, mais la valeur vénale, contrairement à la loi du 3 frim. an 7; de fixer le prix moyen de la journée de travail au-dessous de 50 c. et au-dessus de 1 fr. 50 c., en violation des lois des 23 juill. 1820, art. 28; 21 avr. 1832, art. 10, etc., etc., dans tous ces cas M. Trolley reconnaîtrait le droit au chef de l'Etat de prononcer l'annulation de la décision du conseil général pour excès de pouvoir, et aux communes celui de les déférer au conseil d'Etat.—Le droit du pouvoir exécutif, que nous n'avons pas hésité à reconnaître, après M. Vivien, lui paraît certain comme à nous : « Cette conséquence, dit-il en parlant de l'opinion émise dans la partie du rapport que nous avons citée, qui sort logiquement, nécessairement du texte, a été acceptée par l'habile rapporteur de la loi. S'il était éminemment raisonnable de laisser aux conseils le droit d'apprécier souverainement les faits et d'arbitrer sans recours tout ce qui est affaire de discrétion et d'expertise, il eût été absurde de leur conférer le pouvoir exorbitant de violer la loi et de s'affranchir de toutes les règles. — L'art. 27 de la loi du 10 mai 1838 vient encore confirmer cette thèse, en accordant aux préfets, dans le cas de refus ou d'omission de la part du conseil général, de délivrer lui-même les mandements de contingent d'après les bases de la répartition précédente... Les lois prescrivent donc des règles obligatoires, même pour les conseils généraux. Si le conseil général n'était pas tenu de modifier les bases de la répartition, le préfet n'aurait pas le droit de le faire d'office. — En principe, le conseil général ne commettrait pas impunément d'excès de pouvoirs; s'il franchissait le cercle de ses attributions légales, une ordonnance annulerait sa délibération. » — Mais, comme l'art. 1 de la loi de 1838 impose aux conseils généraux l'obligation de se conformer aux lois dans leur travail de répartition, M. Trolley en conclut que, d'après les principes généraux, les parties lésées par une décision prise en violation de la loi pourront se pourvoir par la voie contentieuse.— Nous ne saurions souscrire à une telle doctrine; elle est en opposition directe avec la pensée du législateur de 1838 qui, comme on l'a vu ci-dessus, a refusé nettement d'admettre aucune espèce de recours dans le cas dont il s'agit. L'art. 14 de la loi de 1833 ne pourvoit-il pas suffisamment à toutes les éventualités? Le conseil d'Etat peut-il bien être saisi surabondamment de questions de cette nature? Nous aimons mieux dire, avec le rapporteur de la loi, que si l'on peut voir quelque inconvénient dans cette attribution souveraine des conseils généraux, il y en aurait de bien autrement graves à ouvrir la voie aux demandes en annulation qui ne manqueraient pas de se produire en foule chaque année.

Aussi, avant comme depuis la loi de 1838, la jurisprudence s'est-elle prononcée dans le sens de cette dernière opinion. — C'est ainsi qu'il a été jugé : 1° que la répartition de la contribution foncière opérée par le conseil général entre les arrondissements d'un département, et par le conseil d'arrondissement entre les communes d'un arrondissement, est une opération administrative qui ne peut faire l'objet d'un recours au conseil d'Etat par la voie contentieuse (cons d'Et. 14 juin 1837, M. du Martroy, rap., aff. Witz-Witz, Kœchlin et autres); — 2° Que les délibérations du conseil général relativement à la répartition des contributions directes n'étant susceptibles d'aucun recours, il n'y a pas lieu de réformer l'arrêté du conseil de préfecture qui n'a fait qu'exécuter ces délibérations (cons. d'Et. 31 déc. 1838) (1).

688. La loi de 1838 devait pourvoir à ce que, faute par le conseil général d'opérer la répartition entre les différents ar-

(1) *Espèce* : — (Salines de l'Est.) — La saline de Vic, qui avait été cédée à l'Etat en 1817 par les héritiers Hœner, fut cependant imposée en 1837, au nom de ces héritiers, à la contribution foncière. — Sur leur réclamation, ils furent déchargés de l'impôt par un arrêté du conseil de préfecture, qui décida en outre que la cote serait acquittée par la compagnie des salines de Dieuze. — Cet arrêté fut déféré au conseil d'Etat par la compagnie des salines de l'Est, qui en demanda la réformation par les motifs qu'elle n'était ni locataire ni propriétaire de la saline de Vic, et que l'exploitation de cette saline avait cessé depuis 1831. — Puis, répondant à une objection qui pouvait leur être faite que le conseil général de la Meurthe avait lui-même assigné le contingent spécial que la saline devait prendre dans le contingent général assigné au département, et que, ainsi, le conseil de préfecture n'était pas compétent pour le réduire ou en affranchir les établissements qui n'étaient plus exploités, puisque la concentration de la fabrication dans la saline de Dieuze représentait, pour la compagnie, tous les produits et tous les bénéfices résultant du bail, les réclamants disaient qu'une telle opération était interdite par la loi au conseil général, qui ne devait procéder que par masse et lorsque la réduction s'appliquait au contingent général d'un arrondissement, d'une ville, d'un bourg, d'un village; que leur réclamation ne pouvait être considérée que comme celle d'un contribuable ordinaire qui demande à être dégrevé de l'impôt assigné à une saline qui n'existe plus, et dont les produits ne donnent plus aucun revenu; que le conseil de préfecture devait se borner à vérifier si la matière imposable était ou non susceptible d'être cotée à la contribution foncière, sans s'occuper si la fabrication de Dieuze ou de telle autre saline avait été accrue.

Le ministre des finances répondit : 1° que la cotisation à l'impôt foncier des salines du département de la Meurthe remontait à la délibération de l'administration centrale de ce même département, du 27 vent an 7, qui par application de la loi du 3 frim. de la même année, avait fixé à 104,000 fr. le principal de la contribution foncière que devaient supporter les salines de la Meurthe;—2° Que ce contingent spécial, qui avait été supporté sans réclamations par l'ancienne compagnie, et qui était naturellement passé au compte des nouveaux fermiers, puisqu'ils étaient chargés, comme leurs prédécesseurs, du payement de tous les impôts, ne pouvait pas être réduit ou supprimé, sous prétexte des changements apportés par la compagnie dans son mode d'exploitation;—3° Que si, pour favoriser une meilleure administration et diminuer les frais de fabrication et de surveillance, la nouvelle compagnie avait été autorisée à reduire ou à supprimer les salines qu'elle jugerait convenable de ne plus exploiter, ces changement, ne favorisant que la concentration de la fabrication, n'avaient pour résultat que d'accroître le revenu des salines en diminuant les dépenses; que le conseil général de la Meurthe avait maintenu le contingent particulier des salines dans la répartition entre les arrondissements, et que les compagnies des salines ayant reproduit les mêmes réclamations, lors de la suppression de chacune des salines de Château-Salins, de Moyenvic et d'Harancourt, elles avaient toutes été écartées par les mêmes considérations générales que la fabrication était restée la même, et que le revenu des salines n'avait éprouvé aucune altération par la concentration, à Dieuze, de toute l'exploitation des salines.

LOUIS-PHILIPPE, etc.; — Vu les lois du 3 frim. an 7 et du 28 pluv. an 8 et le décret du 15 oct. 1810; — Considérant que l'administration centrale du département de la Meurthe, et, depuis, le conseil général dudit département, ont assigné aux salines situées dans les divers arrondissements un contingent spécial, imputé sur le contingent départemental, et qui a été réparti sur chaque saline de la Meurthe, par le conseil d'arrondissement; — Qu'en substituant aux héritiers Hœner la compagnie des salines, le conseil de préfecture du département de la Meurthe n'a fait qu'exécuter les délibérations du conseil général, qui ne peuvent être l'objet d'aucun recours; — Art. 1. La requête... est rejetée.

Du 31 déc. 1838.-Ord. cons. d'Etat.-M. Janet, rap.

rondissements, le recouvrement de l'impôt direct ne devînt pas impossible. Pour cela l'art. 27 dispose que si le conseil général ne se réunissait pas, ou s'il se séparait sans avoir arrêté la répartition des contributions directes, les mandements des contingents assignés à chaque arrondissement seraient délivrés par le préfet, d'après les bases de la répartition précédente, sauf les modifications à porter dans le contingent en exécution des lois. Les mandements sont les actes par lesquels le préfet rend exécutoires le travail de répartition du conseil général. Quand un conseil général a fixé le contingent d'un arrondissement dans chacune des trois contributions directes dont il est chargé de faire la répartition, le préfet délivre autant de mandements qu'il y a de contributions réparties, c'est-à-dire trois mandements qu'il adresse au sous-préfet, afin que, sur le vu de ces mandements, le conseil d'arrondissement procède à la répartition entre les communes. Dans le cas prévu par l'art. 27, les mandements, qui sont ordinairement délivrés sur le vu et en exécution de la répartition du conseil général, seraient délivrés conformément à la répartition de l'année précédente, sauf les modifications que le conseil général aurait pu apporter lui-même à cette précédente répartition.

689. Comme délégués du pouvoir législatif ou exécutif, les conseils généraux ont encore reçu d'importantes attributions en matière de voirie vicinale. Aux termes de l'art. 7 de la loi du 21 mai 1836, c'est à eux qu'il appartient, sur l'avis des conseils municipaux, des conseils d'arrondissement et sur la proposition du préfet, d'élever au rang de chemins de grande communication les chemins vicinaux ordinaires, de déterminer la direction des chemins de grande communication et de désigner les communes qui doivent contribuer à la construction et à l'entretien de ces chemins (V. Voirie par terre, n°s 1201 et s.). — Les délibérations des conseils généraux en cette matière ne sont pas soumises à l'approbation de l'autorité supérieure; elles sont exécutoires par elles-mêmes (V. *eod.*, n°s 1223 et s.). — Aussi, sur ce point, comme en ce qui concerne la répartition des contributions directes, s'est élevée la question de savoir si les délibérations des conseils généraux entachées d'incompétence ou d'excès de pouvoirs sont susceptibles d'un recours, et en cas d'affirmative, devant quelle autorité ce recours doit être porté. La question a été examinée v° Voirie par terre, n° 1226.

§ 2. — *Des attributions des conseils généraux comme représentant des intérêts légaux du département.*

690. Comme représentant des intérêts légaux du département, le conseil général a des attributions de deux sortes : ou bien il exerce un pouvoir absolu, souverain, ou bien il n'exerce qu'un pouvoir subordonné. Dans le premier cas il vote, dans le second cas il ne fait que délibérer, et l'effet de sa délibération est soumis à l'approbation de l'autorité supérieure ou du préfet.

691. La première des attributions dans lesquelles le conseil général exerce un pouvoir souverain dans l'intérêt du département est le vote des centimes additionnels. Pour comprendre l'exercice de cette attribution des conseils généraux, quelques explications sont nécessaires. Les centimes additionnels sont les sommes successivement ajoutées au principal de la contribution directe et dans la proportion de cette contribution; ils sont, par conséquent, de tant de centimes par franc. Selon le caractère des besoins auxquels le vote des centimes additionnels a pour objet de satisfaire, ils sont généraux, départementaux ou communaux. Les centimes additionnels généraux ont pour objet de satisfaire aux besoins extraordinaires de l'Etat, comme le mot l'indique; ils sont votés chaque année dans le budget de l'Etat quand les circonstances le requièrent. Les attributions du conseil général n'ont trait qu'au vote des centimes additionnels départementaux. Or, ces centimes additionnels sont eux-mêmes de plusieurs sortes : on les divise en *ordinaires* ou *fixes*, *facultatifs*, *spéciaux* et *extraordinaires*. Les centimes additionnels ordinaires sont imposés dans l'intérêt du département chaque année par la loi des finances. Ils sont affectés, en partie aux dépenses fixes, en partie aux dépenses variables, et enfin à la formation d'un fonds commun, destiné à subvenir aux dépenses variables que certains départements ne peuvent couvrir ni avec la part des centimes additionnels qui y est consacrée, ni avec les centimes additionnels facultatifs dont il va être parlé (L. 25 mars 1817, art. 52, et L. 10 mai 1838, art. 17; V. Impôts directs, n°s 341 et suiv.). — Le vote des conseils généraux n'a donc pas même pour objet tous les centimes additionnels départementaux; il n'a lieu que pour les centimes additionnels départementaux ou facultatifs ou spéciaux, ou extraordinaires.— On avait proposé d'insérer dans la loi de 1838 une disposition déclarant que le vote des conseils généraux n'était pas applicable aux centimes additionnels communaux. Le rapporteur a répondu que cette disposition était inutile, parce qu'il est évident que quand on donne aux conseils généraux le droit de voter des centimes additionnels dont la perception est autorisée par les lois, cela ne peut s'appliquer qu'à ceux dont la perception est autorisée pour les départements, et non pas à ceux dont la perception est autorisée pour les communes. Sur cette observation, l'auteur de l'amendement le retira.

692. Nous pouvons aborder maintenant l'examen des textes. L'art. 3 de la loi du 10 mai 1838 est ainsi conçu : — « Le conseil général vote les centimes additionnels dont la perception est autorisée par les lois. » — Le projet contenait une disposition plus détaillée sur les centimes additionnels; mais il n'a pas paru nécessaire d'entrer à cette occasion dans des détails de comptabilité départementale ni de rappeler la distinction en centimes facultatifs, spéciaux et extraordinaires. « C'est au conseil général, a dit M. le rapporteur Vivien, pour justifier la rédaction actuelle, qu'il appartient de voter ces divers centimes : ce vote est absolu, et le gouvernement ne peut y suppléer que dans des cas tout à fait spéciaux et en vertu de lois formelles, comme, par exemple, la loi sur l'instruction primaire, qui autorise à imposer d'office les centimes destinés à pourvoir à cette dépense. En règle générale, le vote du conseil général est nécessaire. Il nous a paru suffisant d'insérer ce principe dans la loi, sans entrer dans les détails que contenait le projet du gouvernement. »

693. L'art. 3 n'autorise les conseils généraux à voter que les centimes additionnels dont la perception est autorisée par les lois. Cette restriction s'applique d'abord aux centimes additionnels facultatifs. Les centimes additionnels facultatifs sont votés par les conseils généraux dans les limites fixées par la loi annuelle de finances; ils sont destinés à faire face aux dépenses variables des départements. Ils peuvent même servir à pourvoir à des dépenses ordinaires, si le conseil général le décide ainsi. Comme l'entraînement des assemblées délibérantes est toujours à craindre, la loi de finances détermine annuellement le maximum des centimes que le conseil général a le droit de voter. Et aux termes de l'art. 22 de la loi du 17 août 1822, rappelé tous les ans par la loi de finances, ces centimes sont votés en addition au principal de deux impôts seulement : l'impôt foncier et l'impôt personnel et mobilier. Mais ils doivent peser dans la même proportion sur les deux impôts. Les conseils généraux n'auraient pas le droit, en se renfermant dans les limites du maximum, de ne faire porter les centimes additionnels que sur l'un des deux. Le principe de l'égalité civile et de la répartition des impôts dans la proportion de fortune de chaque citoyen, inscrit dans les différentes constitutions, ne le permettrait pas. —Depuis la loi du 7 août 1850, le maximum des centimes facultatifs est de 7 cent. 6/10 pour tous les départements autres que celui de la Corse.

694. Les centimes additionnels spéciaux sont également votés par les conseils généraux, dans les limites fixées par certaines lois pour subvenir à des services qu'elles organisent : c'est ainsi que les lois du 2 août 1829, sur le budget des recettes, des 21 juin 1833 et 15 mars 1850 sur l'instruction primaire, et du 21 mai 1836 sur les chemins vicinaux, ont autorisé le vote des centimes additionnels spéciaux dont le maximum varie selon les objets. Les centimes spéciaux autorisés par la loi ont pour objet de pourvoir aux dépenses du cadastre, à celles des chemins vicinaux de grande communication et, dans des cas extraordinaires, aux dépenses des autres chemins vicinaux, enfin aux dépenses de l'instruction primaire. Le maximum pour la dépense du cadastre et celle de la voirie est actuellement de 5 cent. pour chacune; celui des centimes affectés aux dépenses de l'instruction primaire est de 2 cent. d'après l'art. 40 de la loi du 15 mars 1850. Aux termes de l'art. 4 de la loi du 2 août 1829, les centimes additionnels pour le cadastre ne portent que sur la contribution foncière. Mais aux termes des autres lois précitées, les centimes additionnels pour les dépenses de voirie vicinale et d'instruction primaire portent sur les quatre contributions directes.

695. En principe, les centimes spéciaux sont des centimes facultatifs avec une affectation spéciale. Ceux qui peuvent être affectés aux dépenses du cadastre ou de la voirie vicinale ont ce caractère. Mais il faut faire une réserve pour les centimes spéciaux destinés à pourvoir aux dépenses de l'instruction primaire. L'art. 40 de la loi du 15 mars 1850 a conféré au pouvoir exécutif le droit d'imposer d'office par un décret impérial les centimes spéciaux afférents au service de l'instruction publique dans le cas où les ressources ordinaires du département votées par le conseil général n'y pourraient suffire.

696. Les centimes additionnels extraordinaires sont votés par les conseils généraux dans les limites fixées par certaines lois pour des besoins également spéciaux. Ils sont une véritable contribution extraordinaire. Aux termes de l'art. 33 de la loi du 10 mai 1838, cette contribution extraordinaire ne peut être autorisée que par une loi. Les centimes extraordinaires peuvent porter sur les quatre contributions directes. Lorsqu'il y a lieu de les voter, l'initiative appartient au conseil général, et le pouvoir législatif n'intervient qu'après. A ce point de vue, il faudrait faire rentrer le vote des centimes extraordinaires dans la catégorie des actes que le conseil général ne peut accomplir que sous le contrôle du pouvoir législatif.

697. Après les actes que le conseil général accomplit en vertu d'un pouvoir absolu, viennent ceux qu'il accomplit sous le contrôle de l'administration supérieure ou du préfet.—L'art. 4 de la loi du 10 mai 1838 établit seize catégories d'objets différents sur lesquels le conseil général est appelé à délibérer. Il faut ajouter à ces actes le budget du département (art. 11 même loi).—La délibération, à la différence du vote, n'est qu'un acte imparfait, un projet qu'une autre autorité est appelée à compléter et à rendre définitif. Que cette approbation soit refusée, ou seulement ne soit pas exprimée, et la délibération est comme non avenue. Mais la délibération sur les objets et dans les cas prévus par la loi, est un préalable indispensable. Elle lie l'administration supérieure si elle est négative. Elle diffère en cela du simple avis, dont il est question dans l'art. 6, et qui n'empêche pas l'administration de passer outre son contenu.

698. Aux termes de l'art. 4 de la loi de 1838, le conseil général délibère « 1° sur les contributions extraordinaires à établir et les emprunts à contracter dans l'intérêt du département. » —Mais cette délibération ne produit d'effet que si une loi postérieure a autorisé la contribution extraordinaire ou l'emprunt.— Les art. 33 et 34 sont ainsi conçus : « Art. 33. Les contributions extraordinaires que le conseil général voterait pour subvenir aux dépenses du département ne peuvent être autorisées que par une loi. — Art. 34. Dans le cas où le conseil général voterait un emprunt pour subvenir à des dépenses du département, cet emprunt ne peut être contracté qu'en vertu d'une loi. » — Un décret des 23 déc. 1851-10 janv. 1852 avait attribué au chef de l'Etat le droit d'autoriser désormais les emprunts et impositions votés par les conseils généraux de départements. Mais ce décret, qui, d'ailleurs, ne donnait au gouvernement à cet égard qu'une simple faculté, est tombé en désuétude. En réalité c'est par des lois spéciales qu'ont toujours été autorisés les impôts et emprunts votés par les départements, depuis la promulgation de ce décret.—V. *infrà*, n° 725, art. 2.

699. On s'est demandé si, la loi qui autorise une contribution extraordinaire une fois rendue, il est nécessaire que, par une nouvelle délibération, le conseil général vote les centimes additionnels, ou s'il peut être procédé sans nouvelle délibération au recouvrement de l'impôt. La question, comme le fait remarquer M. Trolley, n° 1468, n'est pas une question de principe, mais une question de fait. Le conseil général a-t-il voté un certain nombre de centimes extraordinaires sur tel exercice, si la loi autorise l'impôt, tout est fini, et le préfet n'a plus qu'à faire dresser les rôles. Si le conseil général a seulement demandé l'autorisation de s'imposer extraordinairement, l'impôt n'étant pas voté, mais seulement projeté, il faut une seconde délibération. Et c'est ainsi que les choses se passent presque toujours dans l'usage.

700. La délibération prise par le conseil général est communiquée par le préfet au ministre de l'intérieur pour être convertie en projet de loi et présentée au corps législatif. Mais selon une circulaire ministérielle du 16 juill. 1840, les votes des conseils généraux portant création de ressources extraordinaires ne peuvent être admis que pour des causes d'urgence, et non simplement d'utilité. — Ils doivent être appuyés de la preuve que ni actuellement, ni dans un petit nombre d'années, les dépenses projetées ne pourraient avoir lieu avec les ressources ordinaires. Pour ces raisons, la circulaire décide que la délibération du conseil général devra être accompagnée : 1° des plans et devis, s'il s'agit de constructions ; — 2° S'il s'agit de routes, d'un rapport de l'ingénieur en chef du département, indiquant la dépense à faire, l'élévation probable des salaires, le prix moyen de l'entretien, celui des grosses réparations et des constructions neuves. Le préfet doit joindre son rapport à ces divers documents.

701. Enfin la circulaire engage les conseils généraux à éviter de faire porter la contribution extraordinaire à imposer au département, sur l'année dans le cours de laquelle la loi est rendue, par la raison que la marche contraire entraînerait la nécessité de dresser un rôle supplémentaire, et par suite des frais qui retomberaient à la charge du département.

702. Le conseil général délibère : « 2° sur les acquisitions, aliénations et échanges des propriétés départementales ; — 3° Sur le changement de destination ou d'affectation des édifices départementaux » (L. 10 mai 1838, art. 4).) — Le département, comme nous l'avons dit, est un être moral. Il possède, acquiert, aliène ; il a en un mot une existence civile. La loi appelle donc le conseil général à délibérer sur les divers actes et contrats de la vie civile du département. Mais l'approbation de l'autorité administrative est nécessaire pour valider la délibération. L'art. 29 de la loi de 1838 était ainsi conçu : « Les délibérations du conseil général relatives à des acquisitions, aliénations et échanges de propriétés départementales, ainsi qu'aux changements de destination des édifices et bâtiments départementaux, doivent être approuvées par une ordonnance royale, le conseil d'Etat entendu. — Toutefois, l'autorisation du préfet en conseil de préfecture est suffisante pour les acquisitions, aliénations et échanges, lorsqu'il ne s'agit que d'une valeur n'excédant pas 20,000 fr. » — Cette disposition, en ce qui touche le mode d'autorisation, a été modifiée par le décret de décentralisation des 25-30 mars 1852. Dans le tableau A, n° 41, le décret de 1852 donne aux préfets le droit d'autoriser seuls toutes les aliénations, acquisitions et échanges, quelle qu'en soit la valeur (V. n° 273). Il n'y a donc plus lieu, aujourd'hui, de se préoccuper de la manière dont il fallait procéder sous la loi de 1838, pour vérifier si la valeur des immeubles excédait ou non 20,000 fr. — V. aussi *infrà*, n° 725.

703. Le conseil général délibère « 4° sur le mode de gestion des propriétés départementales » (L. 10 mai 1838, art. 4). — Les départements pouvant, dans certaines circonstances exceptionnelles, posséder des propriétés non affectées à un service public, il était nécessaire de pourvoir à la gestion de ces biens. Dans la discussion de la loi, on avait proposé que les conseils généraux fussent investis du pouvoir de régler définitivement le mode de gestion des propriétés départementales, de même que les conseils municipaux pour les propriétés des communes. Comment, disait-on, refuser aux conseils généraux, qui par leur composition offrent la plus grande somme de garanties possible, ce qui est accordé aux conseils municipaux?—Cette critique reposait sur une fausse idée du caractère de la propriété départementale. Le ministre de l'intérieur a répondu avec raison : — « Quant à la question de propriété, je prie la chambre d'y faire la plus grande attention. Il ne s'agit nullement ici d'une propriété du genre de celles qu'on appelle communales. Les propriétés communales sont, de leur nature, permanentes, tandis que la propriété départementale n'est absolument qu'un accident. » Selon le ministre, celle-ci se rapporte au domaine public, et ainsi diffère essentiellement de la propriété communale quant à son origine. « Je ne comprends pas, ajoutait le ministre, comment on viendrait donner au département un droit égal à celui que possède la commune; je dis plus, ce n'est pas même un droit égal à celui que vous avez reconnu aux communes, c'est un droit supérieur qu'on vous demande d'attribuer aux conseils généraux. » Ces observations ayant prévalu, les amendements proposés furent rejetés. — Le conseil général ne gère donc pas les propriétés départementales; il délibère sur le mode de gestion. Quant à l'approbation que doit recevoir sa délibération, l'art. 30 de la loi de 1838 la réservait au ministre compétent; le préfet la donnait dans les cas d'urgence seulement. Mais le décret du 25 mars 1852, que nous avons déjà expliqué, a transporté d'une façon absolue au préfet le droit de la donner dans tous les cas. — V. n° 277, et *infrà*, n° 725.

704. Dans le projet originaire de la loi de 1838, le § 4 de l'art. 4 portait que le conseil général délibérait sur « le mode de jouissance des produits. » Un amendement avait été proposé pour ajouter à ces mots : gestion des propriétés départementales, qui, dans le projet de la commission, avaient remplacés les précédents, ceux-ci : productives de revenus. La rédaction que nous avons rapportée textuellement a prévalu. Faut-il en conclure que les conseils généraux sont appelés également à délibérer sur la gestion des propriétés départementales affectées à un service public et qui ne produiraient aucun revenu? MM. Thibault-Lefebvre et Herman (n° 340) enseignent la négative. Mais nous croyons, contrairement à leur opinion, que le mode de gestion de toute propriété départementale relève de l'autorité du conseil général.

705. La loi garde le silence sur les baux des immeubles appartenant aux départements et qui ne sont pas affectés à un service public. Il a été suppléé à ce silence par le décret du 25 mars 1852, sur la décentralisation, tableau A, n° 44, qui autorise les préfets à passer ces baux, quelle qu'en soit la durée. Nous ne pouvons que nous en référer à ce qui a été dit précédemment à cet égard (V. *suprà*, n° 278 ; V. aussi *infrà*, n° 725, art. 1-3°).

706. Du droit de délibérer sur le mode de gestion des propriétés départementales, découle pour le conseil général celui de s'occuper des actes de préservation et de conservation. Les conseils généraux peuvent donc demander à assurer les bâtiments départementaux; mais la police d'assurance ne peut être signée par le préfet qu'après avoir été soumise à l'approbation du ministre de l'intérieur (circ. min. int. 21 mars 1841). Depuis les décrets de décentralisation le préfet n'a plus à en référer au ministre. — V. *suprà*, n° 284.

707. Le § 5 de l'art. 4 de la loi de 1838 appelle les conseils généraux à délibérer « sur les actions à intenter ou à soutenir au nom du département, sauf les cas d'urgence prévus par l'art. 36 ci-après. »—La délibération des conseils généraux touchant les actions judiciaires des départements a le caractère d'une véritable autorisation. Elle est toujours nécessaire, excepté dans les cas d'urgence. Nous devons renvoyer, pour l'exercice des actions judiciaires du département, à ce que nous avons dit précédemment (V. *suprà*, n° 280, et *infrà*, n° 725, art. 1-12°).

708. Le conseil général délibère « 6° sur les transactions qui concernent les droits du département » (L. 10 mai 1838, art. 4). — L'art. 38 ajoute : « Les transactions délibérées par le conseil général ne peuvent être autorisées que par une ordonnance du chef de l'Etat, le conseil d'Etat entendu. » — Cette condition n'existe plus aujourd'hui ; aux termes du décret de décentralisation, du 25 mars 1852, tabl. A, n° 6, c'est le préfet qui a pouvoir désormais pour autoriser seul ces transactions.—V. *suprà*, n° 282, et *infrà*, n° 725, art. 1-13°.

709. Mais faut-il que l'acte soit, aux termes de l'arrêté du 21 frim. an 12, précédé de la consultation de trois jurisconsultes? Cette question s'est déjà élevée relativement aux transactions consenties par les communes (V. Commune, n° 2475). Pour les transactions qui intéressent le département, dans le silence de la loi de 1838, la négative est hors de doute, l'arrêté de l'an 12 ne s'occupant que des communes (Conf. M. Trolley, n° 1488). C'est donc à tort que M. Dumesnil, p. 365, enseigne que cette consultation est de rigueur, en invoquant, d'une manière inexacte, de prétendues explications données lors de la discussion de la loi sur ce point, explications qui n'ont pas eu lieu. Il est inutile de rappeler que les transactions des départements ne peuvent avoir lieu que suivant les règles générales tracées par le code civil. — V. Transaction, et *suprà*, n° 282.

710. Le § 7 de l'art. 4 de la loi de 1838 soumet à la délibération du conseil général « l'acceptation des dons et legs faits au département. » L'art. 31 exige, outre la délibération du conseil général, une autorisation, du chef du gouvernement donnée en conseil d'Etat. Aujourd'hui depuis le décret des 25-30 mars 1852, tabl. A, n° 7, c'est au préfet qu'appartient exclusivement le droit d'autoriser l'acceptation des dons faits au département, sans charge ni affectation immobilière, et des legs qui présentent ce même caractère ou qui ne donnent pas lieu à réclamation des familles.—V. *suprà*, n° 283, et *infrà*, n° 725, art. 1-5°.

711. On s'est demandé, dans le cas où le conseil général ayant déclaré accepter un legs, le préfet n'accordait pas l'autorisation, si le legs devait alors produire son effet. Le département, après le refus d'autorisation du préfet, se trouverait-il dans la même position qu'un particulier légataire qui n'accepte ni ne répudie le legs à lui fait? Doit-il être assigné pour prendre qualité dans un certain délai à peine d'être considéré comme renonçant. — Il nous semble que, dans ce cas, on ne peut que demander au ministre la réformation de l'arrêté préfectoral, conformément à l'art. 6 du décret du 25 mars 1852, et que si le ministre rejette la réclamation, le legs est caduc.

712. Que faut-il décider dans le cas inverse, c'est-à-dire dans celui où le conseil général ayant déclaré refuser un legs ou une donation, le préfet serait d'avis de l'acceptation? MM. Dumesnil, n° 350, et Herman, n° 326, 329, pensent que l'autorité pourrait passer outre à la décision du conseil général. Nous ne pouvons souscrire à cette opinion. L'art. 31 de la loi de 1838, en exigeant l'autorisation du pouvoir supérieur pour le refus, comme pour l'acceptation des legs et dons, ne préjuge aucunement la question dans ce sens. Les décrets de décentralisation en tranférant le pouvoir du chef de l'Etat au préfet en cette matière, ont laissé la question entière. Nous avons dit plus haut (n° 697) que dans tous les cas où le conseil général est appelé à délibérer par l'art. 4 de la loi de 1838, sa délibération est un préliminaire indispensable qui n'autorise pas l'administration active à passer outre. Il faut décider, conformément à ce principe, que le refus d'acceptation du conseil général aurait pour résultat de laisser la donation ou le legs sans effet. — V. cependant Disposit. entre-vifs et testam., n° 431-2°.

713. La loi du 2 avr. 1817, art. 4 (V. Culte, p. 712), veut que les ordonnances et arrêtés d'autorisation déterminent, pour le plus grand bien des établissements, l'emploi des sommes données à des communes ou à des établissements publics, et décident de la conservation ou de la vente des effets mobiliers, lorsque le testateur ou le donateur ont omis d'y pourvoir (V. Disp. entre-vifs et test., n° 426). Quoique la loi de 1838 n'ait pas étendu aux départements cette disposition faite pour les communes, les établissements religieux, de bienfaisance et d'instruction publique, nous n'hésitons pas à penser avec M. Trolley (*loc. cit.*) que l'autorité compétente, aujourd'hui le préfet, peut mettre à l'autorisation qu'il accorde toutes les conditions et restrictions qu'il juge convenables. Nous ne doutons pas davantage que le conseil général ne puisse indiquer ces conditions dans sa délibération.

714. Le conseil général délibère « 8° sur le classement et la direction des routes départementales » (L. 10 mai 1838, art. 4). — Cette attribution du conseil général exigerait des explications qui ont été données ailleurs (V. Voirie par terre, n°s 36 et s.) — Nous nous contenterons, pour l'intelligence du paragraphe, de rappeler succinctement les principes de la matière. L'établissement de routes départementales peut être provoquée par l'administration, par le conseil général, les arrondissements, les communes et même les simples particuliers, en ce sens que le conseil général peut délibérer spontanément sur ce sujet, et les autorités ou particuliers solliciter son initiative (décr. 16 déc. 1811, art. 18). Le premier acte est une enquête dont l'ordonn. du 18 fév. 1834 détermine les formes. Si le conseil général vote le rejet du classement de la route, le projet n'a pas de suite, et ne peut être repris pour être soumis à la délibération du conseil général qu'après une nouvelle enquête. Si, au contraire, le conseil général approuve le classement, il fixe la direction du chemin et indique les localités que la route départementale devra desservir (décr. 16 déc. 1811, art. 18). La délibération du conseil général doit être approuvée par l'autorité supérieure. L'approbation est donnée par un décret impérial rendu en conseil d'Etat (décr. 30 janv. 1852, art. 13).

715. Le classement et la direction des routes départementales relève donc du conseil général. Mais là s'arrête l'attribution du conseil. Le tracé de la route est fait par l'administration, et le conseil général n'a rien à y voir, si la direction qu'il a indiquée est suivie (V. Voirie par terre, n° 43).

716. Il peut arriver que l'établissement d'une route départemental intéresse plusieurs départements. Les conseils généraux des départements intéressés délibèrent alors sur la part contributoire des divers départements, d'après les documents qu'ont dû leur présenter les préfets. Si le conseil général d'un département refusait à tort de voter le classement d'une route utile en même temps à des départements voisins, l'exécution de la route pourrait être ordonnée par une loi rendue après enquête (L. 25 juin 1841, V. Voirie par terre, n° 68).

717. Doivent être soumis à la délibération du conseil général « 9° les projets, plans et devis de tous les autres travaux exécutés sur les fonds du département » (L. 10 mai 1838, art. 4). — La délibération du conseil général sur ces objets est obligatoire, comme sur tous ceux compris dans l'art. 4. Si cependant il y avait urgence, l'administration pourrait passer outre, sauf à rendre compte au conseil général. Ajoutons, avec M. Herman, p. 349, que le refus du conseil général d'approuver les dépenses dont il s'agit ne serait pas toujours un obstacle à ce que les travaux s'exécutassent. Ces dépenses, en tant qu'obligatoires, pourraient être inscrites d'office au budget, aux termes de l'art. 14 de la loi de 1838. — V. n° 725, art. 1-7°.

718. L'art. 32 de la loi de 1838 exigeait, lorsque les dépenses de réparations des édifices départementaux s'élevaient à plus de 50,000 fr., que les plans et devis en fussent préalablement soumis au ministre. Cette disposition a été modifiée par le décret de décentralisation des 25-30 mars 1852 (tabl. A, n°s 9 et 55, lett. *k*), qui accorde aux préfets le droit d'autoriser désormais ces travaux, quelle que puisse être la dépense, « à moins qu'ils n'engagent la question de système ou de régime intérieur, en ce qui concerne les prisons départementales ou les asiles d'aliénés. » — V. n° 285.

719. Le conseil général délibère « 10° sur les offres faites par des communes, par des associations ou des particuliers, pour concourir à la dépense des routes départementales ou d'autres travaux à la charge du département » (L. 10 mai 1838, art. 4). —Il s'agit ici d'offres purement volontaires. Ces offres faites au département peuvent consister soit en un terrain ou immeuble, soit en une somme d'argent. — La loi de 1838 ne s'expliquait pas sur le point de savoir quelle autorité était compétente pour homologuer la délibération du conseil général. Mais il n'était pas douteux, avant le décret des 29-30 mars 1852, que l'autorisation ne dût émaner du chef du pouvoir exécutif, par argument de l'art. 31. Depuis le décret de 1852 ce droit appartient expressément au préfet. — V. *suprà*, n° 289, et *infrà*, n° 725, art. 1-8°.

720. Est soumis à la délibération du conseil général : « 11° la concession à des associations, à des compagnies ou à des particuliers de travaux d'intérêt départemental » (L. 10 mai 1838, art. 4).—S'il s'agit de la construction d'un pont, par exemple, la concession doit se faire, d'après les lois de la matière, à un entrepreneur qui perçoit, pendant un certain temps, des péages réglés par des tarifs, pour rentrer dans ses dépenses. Dans ce cas, comme la mesure ne grève pas le budget du département, le conseil général ne devrait pas, ce semble, être appelé à délibérer. Mais, selon la remarque de M. Trolley (n° 1495), il peut y avoir un intérêt supérieur à celui de l'argent qui se trouve engagé dans ce cas, l'intérêt de l'industrie et du commerce de la contrée. Par suite, le conseil général doit examiner si l'on ne doit pas préférer à une économie qui serait mal entendue, la liberté des communications, et faire exécuter les travaux aux frais du département. Au surplus, ici, comme pour le cas précédent, c'est le préfet qui homologue aujourd'hui la délibération du conseil général (V. *suprà*, n° 290).

721. Le conseil général délibère : « 12° sur la part contributive à imposer au département dans la dépense des travaux exécutés par l'Etat et qui intéressent le département; — 13° sur la part contributive du département aux dépenses des travaux qui intéressent à la fois le département et les communes » (L. 10 mai 1838, art. 4).—L'art. 33 ajoutait : « En cas de désaccord sur la répartition de la dépense de travaux intéressant à la fois le département et les communes, il est statué par ordonnance du roi, les conseils municipaux, les conseils d'arrondissement et le conseil général entendus. » — Cette disposition a été modifiée par les décrets des 25-30 mars 1852. D'après le tableau A, n° 10, qui accompagne ce décret, c'est le préfet qui autorise l'adjudication de ces travaux (V. n° 286).

722. Le § 14 de l'art. 4 de la loi de 1838 appelait le conseil général à délibérer « sur l'établissement et l'organisation des caisses de retraite ou autre mode de rémunération en faveur des employés des préfectures et des sous-préfectures. » — Ces employés ne sont pas salariés par l'Etat; ils reçoivent du préfet un traitement qui doit être acquitté sur la somme allouée à la préfecture à titre d'abonnement. Ils ne se trouvaient ainsi, pour avoir droit à une pension de retraite, dans aucune des conditions exigées par les lois de la matière. Cela explique comment la loi de 1838 appelait les conseils généraux à délibérer sur l'organisation des caisses de retraite pour assurer contre les besoins de l'âge ou la maladie toute une classe d'employés laborieux et peu rétribués. Mais la loi du 9 juin 1853, sur les pensions civiles, ayant pris ces employés sous sa protection, et par suite d'une faveur exceptionnelle, les ayant admis à la pension, la disposition du § 14 de l'art. 4 de la loi de 1838 n'est plus susceptible de recevoir son application. — V. Pensions, n°s 26, 49.

723. Le conseil général délibère : « 15° sur la part de la dépense des aliénés et des enfants trouvés et abandonnées qui sera mise à la charge des communes, et sur les bases de la répartition à faire entre elles » (L. 10 mai 1838, art. 4.) — Nous avons parlé précédemment (V. *suprà*, n° 293) des dépenses auxquelles donnaient lieu les établissements d'aliénés et d'enfants trouvés et abandonnés; nous y reviendrons plus loin (*infrà*, n° 747). Ces dépenses sont supportées, partie par le département aux termes de l'art. 12 § 11 de la loi du 10 mai 1838 et de l'art. 28 de la loi du 30 juin même année, et partie par les communes. C'est sur la part afférente aux communes que le conseil général doit délibérer, ainsi que sur la répartition entre les communes de l'intégralité de la part mise à leur charge. Depuis le décret du 25 mars 1852, cette délibération, qui devait être auparavant approuvée par le chef de l'Etat, n'a plus besoin que de l'approbation du préfet (V. *suprà*, n° 295).

724. Tels sont nommément les objets sur lesquels le conseil général doit être appelé à délibérer; mais ce ne sont pas les seuls qui puissent être soumis à son examen. L'art. 4 de la loi de 1838 ajoute que le conseil général délibère : « 16° sur tous les autres objets sur lesquels il est appelé à délibérer par les lois et règlements. »—L'art. 4, dont les divers paragraphes viennent d'être passés en revue n'est donc pas limitatif. C'est en ce sens que s'expliquait le rapporteur de la loi, lorsqu'il disait. « Je dois d'abord faire une observation générale sur l'article : c'est que la nomenclature qu'il comprend n'a rien de limitatif. Il y a un certain nombre d'objets qui ne sont pas compris dans cet article, sur lesquels les conseils généraux sont naturellement et nécessairement appelés à délibérer. Par conséquent, de ce qu'une nature de délibération n'y serait pas comprise, il ne faut pas conclure que le conseil général n'aurait pas droit de s'en occuper... Il suffirait que telle loi spéciale appelât son concours.»

725. Nous avons vu que toute délibération des conseils généraux prise sur l'un des objets énumérés dans l'art. 4 de la loi de 1838 doit être approuvée par le chef de l'Etat, le ministre compétent ou le préfet. Telle est la disposition expresse de l'art. 5. Les conseils généraux n'ont ainsi qu'un pouvoir subordonné, et la tutelle du gouvernement s'étend à peu près à tous les actes de l'administration. Un projet de loi envoyé au corps législatif au terme de la session qui vient de finir (celle de

1865) a pour objet de donner au département une certaine autonomie et de rendre l'action des conseils généraux plus indépendante du pouvoir central. Les conseils généraux statueraient définitivement sur les objets que le projet de loi indique. Ce serait là de la véritable décentralisation, et les décrets de 1852 et de 1861, dits à tort de décentralisation, se trouveraient assez notablement modifiés. Voici au surplus le texte du projet de loi sur l'extension des attributions des conseils généraux :

« Art. 1. Les conseils généraux statuent définitivement sur les affaires ci-après désignées, savoir : — 1° Acquisitions, aliénation et échange de propriétés départementales immobilières ou de rentes sur l'État, quand ces propriétés ou ces rentes ne sont pas affectés à un service public ; — 2° Mode de gestion des propriétés départementales ; — 3° Baux de biens donnés ou pris à ferme ou à loyer, quelle qu'en soit la durée ; — 4° Changement de destination d'une propriété départementale, lorsque cette propriété n'est affectée à aucun service public ; — 5° Acceptation ou refus de dons et legs faits au département sans charges, ni affectation immobilière, quand ces dons et legs ne donnent pas lieu à réclamation ; — 6° Déclassement des routes départementales sur la proposition du préfet, lorsque le tracé desdites routes ne se prolonge pas sur le territoire d'un ou de plusieurs départements voisins ; — 7° Projets, plans et devis pour la construction, les grosses réparations ou l'entretien des routes départementales, et pour les autres travaux à exécuter sur les fonds départementaux, le tout sur la proposition du préfet ; — 8° Offres faites par des communes, par des associations ou des particuliers pour concourir à la dépense des routes départementales ou d'autres travaux à la charge des départements ; — 9° Désignation des chemins vicinaux d'intérêt commun et des communes qui doivent concourir à leur construction et à leur entretien, sur l'avis des conseils municipaux et des conseils d'arrondissement et sur la proposition du préfet ; — 10° Emploi, sur la proposition du préfet, de fonds libres provenant d'emprunts ou de centimes extraordinaires recouvrés ou à recouvrer dans le cours de l'exercice ; — 11° Assurances des bâtiments départementaux ; — 12° Actions à intenter ou à soutenir au nom du département, sauf les cas d'urgence, dans lesquels le préfet pourra agir conformément à l'art. 36 de la loi du 10 mai 1838 ; — 13° Transactions concernant les droits des départements.

« Art. 2. Les conseils généraux peuvent voter, sur la proposition du préfet, et dans la limite d'un maximum qui sera annuellement fixé par la loi de finances, des centimes extraordinaires affectés à des dépenses extraordinaires d'utilité départementale ; — Ils peuvent voter également les emprunts départementaux remboursables dans un délai qui ne pourra excéder douze années, sur ces centimes extraordinaire ou sur les ressources ordinaires.

Art. 3. Les délibérations par lesquelles les conseils généraux statuent définitivement sont exécutoires si, dans un délai de deux mois, à partir de la clôture de la session, elles n'ont pas été annulées pour excès de pouvoir ou pour violation d'une disposition de la loi ou d'un règlement d'administration publique. — Cette annulation ne peut être prononcée que par un décret rendu dans la forme des règlements d'administration publique. »

726. A la nomenclature des objets énumérés dans l'art. 4 de la loi de 1838 que nous avons examiné, et sur lesquels le conseil général est appelé à délibérer, il faut ajouter le budget départemental, lequel, aux termes de l'art. 11 de la loi de 1838, est présenté par le préfet, délibéré par le conseil général, et réglé définitivement par décret impérial.

727. Sous le régime de la législation antérieure à la loi de 1838, les recettes et les dépenses départementales étaient établies dans deux budgets distincts et séparés. Dans le projet du gouvernement de la loi de 1838, ce système de comptabilité avait été conservé, comme il a continué d'exister pour l'Etat jusqu'en 1837, et pour les communes. C'est la commission de la chambre des députés pour l'examen du projet de loi qui a proposé de réunir dans un seul budget, qui serait divisé en sections, les recettes et les dépenses départementales. Le rapporteur de la loi de 1838 expliquait ainsi cette innovation : « Il nous paraît préférable de réunir toutes les recettes et dépenses dans un seul budget : il se composera de sections distinctes soumises à des règles propres à chacune. Mais les formes administratives seront simplifiées par cette réunion. — Quant au fond même de ce budget, plusieurs systèmes se présentaient. On aurait pu confondre ensemble toutes les recettes, quelle que fût leur origine, puis réunir également toutes les dépenses, en donnant au gouvernement le droit d'exiger que celles qui doivent nécessairement être faites fussent inscrites au budget par le conseil général. C'est le mode établi par la loi du 18 juill. 1837, pour les budgets communaux.—Mais deux obstacles s'opposaient à l'adoption de ce système. D'abord, il tendait à embarrasser l'administration dans la répartition du fonds commun. Ce fonds, comme la chambre le sait, se compose d'un certain nombre de centimes centralisés au trésor, et dont le ministre dispose au profit de ceux des départements qui ne peuvent, avec leurs centimes votés par la loi de finances, suffire au payement des dépenses qualifiées en ce moment de dépenses variables. Pour la distribution du fonds commun, il faut établir une division entre les centimes, ainsi qu'entre les dépenses. Si les centimes facultatifs venaient se confondre avec ceux qui sont votés par la loi de finances, l'allocation de la part à faire à chaque département sur le fonds commun exigerait des calculs très-compliqués, et ne pourrait s'effectuer qu'à l'aide d'opérations très-minutieuses. »—Le budget de chaque département est donc divisé en six sections, correspondant à six chapitres du budget général de l'Etat : 1° la section des dépenses ordinaires ; 2° la section des dépenses facultatives ; 3° celle des dépenses extraordinaires ; 4° la section des dépenses qui ont pour objet le concours du département dans l'établissement des chemins vicinaux ; 5° la section où s'inscrivent les dépenses de l'instruction primaire auxquelles les départements sont également appelés à concourir ; 6° enfin la section des dépenses du cadastre (L. 10 mai 1838, art. 11 et suiv.). Chaque section comprend les dépenses et les recettes destinées à pourvoir à ces dépenses.

728. Chacune des sections est divisée en sous-chapitres et articles. La dénomination de sous-chapitres, appliquée aux divisions des sections du budget départemental, a été motivée par la nécessité d'éviter une confusion qui, sans cela, aurait pu s'introduire dans les indications de la comptabilité. En effet, les dépenses et les ressources départementales sont dans la loi de finances inscrites au budget spécial du ministère de l'intérieur, et ce budget est divisé en chapitres. Chacune des sections du budget départemental formant un des chapitres du budget du ministère de l'intérieur, il a paru nécessaire que les divisions de chaque section du budget départemental portassent la dénomination de sous-chapitres. — Chaque année, à l'approche de la session des conseils généraux, le ministre de l'intérieur adresse aux préfets les instructions qu'il croit leur être nécessaires pour les guider dans la rédaction du budget de l'année suivante (M. Herman, t. 1, p. 323).

729. Les règles générales d'après lesquelles les budgets départementaux sont dressés étant ainsi établies, nous devons entrer dans les détails des dépenses et des recettes qui les composent. L'art. 9 de la loi de 1838 est ainsi conçu : « Les dépenses à inscrire au budget du département sont : — 1° Les dépenses ordinaires pour lesquelles il est créé des ressources annuelles au budget de l'Etat ; — 2° Les dépenses facultatives d'utilité départementale ; — 3° Les dépenses extraordinaires autorisées par des lois spéciales ; — 4° Les dépenses mises à la charge des départements ou autorisées par des lois spéciales. » —Les dépenses ordinaires sont portées dans la première section.

L'art. 12, qui en contient l'énumération, les porte à dix-neuf. Avant de passer la revue de ces dix-neuf catégories de dépenses, il faut remarquer le mot *ordinaires*, par lequel la loi qualifie ces dépenses. On avait proposé de leur donner la dénomination de *dépenses obligatoires*. Mais, sur l'observation faite que, bien que ces dépenses fussent nécessaires, indispensables, le département ne pourrait cependant être tenu d'y pourvoir que jusqu'à concurrence des ressources mises annuellement à sa disposition, on substitua la première dénomination à la seconde, comme exprimant une idée plus exacte, sans qu'il y eût à craindre que le département s'en affranchît. En effet, aux termes de l'art. 14, « ces dépenses peuvent être inscrites ou même être augmentées d'office jusqu'à concurrence du montant des recettes par le décret qui, conformément à l'art. 11, règle définitivement le budget. »

730. Les dépenses ordinaires sont : « 1° Les grosses réparations et l'entretien des édifices et bâtiments départementaux » (L. 10 mai 1838, art. 12). — Il est hors de doute que, pour déterminer le sens à donner à ces mots *grosses réparations*, il faut se référer aux règles du droit commun, à l'art. 606 c. nap. (V. Louage, nos 341 et suiv., 616 et suiv.; Usufruit, nos 503 et suiv.). — Il ne faudrait donc pas confondre avec ces grosses réparations et les réparations d'entretien, les dépenses de construction et de reconstruction, lesquelles ne pourraient être portées à cette première section du budget. Les dépenses de cette dernière sorte sont des dépenses facultatives qui appartiennent à la seconde section, et auxquelles il est pourvu par des centimes additionnelles (Conf. M. Herman, t. 1, p. 347).

731. La disposition que nous venons de rappeler classe parmi les dépenses ordinaires les grosses réparations et l'entretien des édifices et bâtiments départementaux sans faire aucune distinction. Malgré la généralité des mots qu'elle emploie, il ne paraît pas moins certain qu'il faut entendre seulement les édifices affectés à des services publics obligatoires, comme le casernement de la gendarmerie, le service des cours et tribunaux, des prisons, des asiles d'aliénés, etc., dont les dépenses d'entretien et de réparations doivent être portées à la première section. Les mêmes dépenses pour les autres édifices affectés aux dépôts de mendicité, aux hospices départementaux, maisons de secours, etc., doivent être inscrites à la seconde section, comme purement facultatives (circ. du 30 juin 1841. — Conf. M. Herman, t. 1, p. 348).

732. Le budget départemental doit comprendre dans la première section : « 2° Les contributions dues par les propriétés du département » (L. 10 mai 1838, art. 12). — Cette disposition ne peut s'appliquer qu'aux propriétés que les départements possèdent à un titre privé, et qui ne sont pas affectées à un service public. Ces dernières sont, en effet, exemptes de l'impôt (V. le décret du 11 août 1808, v° Impôts directs, n° 51).

733. L'art. 12 classe parmi les dépenses ordinaires : 3° « le loyer, s'il y a lieu, des hôtels de préfecture et de sous-préfecture. » — Les mots *s'il y a lieu* pourraient faire naître quelque doute quant à leur sens : « On pourrait en inférer, disait M. Mounier dans son rapport à la chambre des pairs, que le conseil général est autorisé à examiner s'il y a lieu de procurer un logement aux préfets et aux sous-préfets, et, par conséquent, de s'y refuser s'il trouvait qu'il n'y a pas lieu de le faire; mais tel n'est pas le sens légal de la disposition..... Il est bien entendu que les bâtiments nécessaires au service des préfectures et des sous-préfectures doivent être fournis par les départements, et que, par conséquent, il y lieu d'insérer au budget le prix du loyer de ces bâtiments, toutes les fois qu'ils ne sont pas au nombre des propriétés départementales. »

734. La loi de 1838, en mettant à la charge des départements le loyer des hôtels de sous-préfecture, a introduit une innovation. Jusqu'alors, les sous-préfets étaient tenus de se loger à leurs frais et de pourvoir également à l'établissement de leurs bureaux. Il en résultait qu'à l'installation de chaque nouveau sous-préfet, les archives étaient exposées à être transportées d'une maison dans une autre. Il a paru utile d'établir une parité de situation entre les sous-préfets et les préfets, et d'affecter au logement du sous-préfet un hôtel spécial et fixe. Le mot *hôtel*, à propos des sous-préfectures, avait soulevé des difficultés dans la discussion à la chambre des députés. « Mettez que les sous-préfets auront une indemnité de logement, si vous voulez, disait-on, mais ne parlons pas de créer des hôtels. » — « Il ne s'agit pas de construire des hôtels comme on paraît le craindre, a répondu le rapporteur, M. Vivien, aussi je ne prends la parole que pour repousser cette proposition d'accorder aux sous-préfets une indemnité de logement; nous ne voulons pas cela; nous ne voulons pas qu'ils puissent avoir un logement à leur guise; nous entendons qu'il y ait un logement pour le sous-préfet, quel qu'il soit; car, si l'on ne décide pas qu'il aura un logement, voici ce qui peut arriver : dans certains arrondissements, le sous-préfet peut avoir un logement loué par lui; s'il quitte ses fonctions, il garde son logement ou résilie son bail. Le nouveau sous-préfet envoyé pour le remplacer n'aura aucun endroit où il puisse exercer ses fonctions. Nous entendons donc qu'il y ait un logement déterminé, public, officiel, indépendant de toute mutation qui pourrait se faire dans le personnel des sous-préfets. En conséquence, on ne remplirait pas le but de la commission en accordant une indemnité de logement; c'est le logement même qu'il faut donner. »

735. Sont classés parmi les dépenses ordinaires : « 4° l'ameublement et l'entretien du mobilier de l'hôtel de préfecture et des bureaux de sous-préfecture » (L. 10 mai 1838, art. 12). — L'obligation, pour les départements, de fournir au préfet un hôtel pourvu des meubles nécessaires tant à l'habitation personnelle de ce fonctionnaire qu'au service des bureaux, a été successivement réglée par l'arrêté des 17 vent. an 8, le décret du 25 mars 1811, l'ordonnance du 17 déc. 1818 et celle du 7 août 1841 (V. p. 613). En outre plusieurs circulaires ministérielles ont expliqué le mode d'exécution de ces règlements (1er sept. 1825, 16 août 1838; 13 août 1840; 9 août 1841, 30 déc. 1841). La somptuosité de l'ameublement des hôtels de préfecture a changé avec les temps et les circonstances. L'entretien du mobilier a donné lieu également à des règles différentes. L'ordonnance du 7 août 1841 régit aujourd'hui ce qui a trait à l'ameublement des préfectures.

736. La disposition du § 4 que nous examinons ne parle que de l'ameublement des bureaux des sous-préfets. Ces fonctionnaires étaient en effet tenus de pourvoir eux-mêmes et à leurs frais à l'ameublement de leur habitation personnelle. Mais cet état de choses, onéreux pour des agents modestement rétribués, a été modifié par le décret du 28 mars 1852 dont l'art. 1 dispose « que la dépense d'ameublement et d'entretien du mobilier des hôtels de sous-préfecture est classée parmi les dépenses ordinaires que comprend la première section des budgets départementaux. » — V. aussi le règlement d'administration publique du 8 août 1852, rendu en exécution du précédent.

737. Est classé parmi les dépenses ordinaires : « 5° le casernement ordinaire de la gendarmerie. » (L. 10 mai 1838, art. 12). —Jusqu'en 1810 les départements pourvoyaient au casernement de la gendarmerie ou donnaient une indemnité. Depuis cette époque, le casernement a dû être fourni partout en nature, et la faculté de le remplacer par une indemnité a été supprimée (V. l'ord. du 10 sept. 1815 et les circulaires ministérielles des 11 sept. 1817; 2 mars 1818).

738. Sous l'empire d'un arrêté de l'an 13, l'indemnité de literie, accordée à titre d'encouragement aux soldats qui passent de la troupe de ligne dans la gendarmerie, était due par les départements (circ. du direct. génér. de l'admin. comm. du 20 oct. 1819). — Lors de la discussion de la loi de 1838 à la chambre des députés, il avait été prétendu que l'on ne devait pas comprendre cette indemnité dans les frais de casernement. Le ministre de l'intérieur a insisté pour que cette dépense continuât à faire partie des dépenses départementales, et le silence de la chambre montre l'intention qu'elle avait de conserver l'usage existant. — L'indemnité de literie consiste dans une somme fixe de 30 fr. par an allouée pendant deux ans aux sous-officiers et gendarmes, à compter du jour de leur admission au corps (Règlem. général 21 nov. 1823, art. 101, et inst. min. de la guerre, 14 août 1828).

739. Les officiers et particulièrement les officiers trésoriers doivent-ils être logés aux frais du département? Le § 5 de l'art. 12 ne parle que du casernement ordinaire de la gendarmerie. L'intérêt du service rendrait désirable que les officiers fussent logés dans les casernes, où leur présence ne pourrait que maintenir la discipline et imprimer plus d'activité au service. L'administration militaire, pensant que la loi disposait d'une manière générale, a souvent élevé la prétention de faire supporter aux départements le logement particulier des officiers. Mais un avis du conseil d'État, du 25 fév. 1841, a écarté cette prétention.

740. Il ne paraît pas douteux que le casernement de la gendarmerie maritime, et celui de la gendarmerie extraordinaire qui pourraient être établies dans un département seraient à la charge du département, la loi ne distinguant pas (MM. Herman, p. 373; Thibaut-Lefèvre, *loc. cit.*).

741. La loi du 10 mai 1838, art. 12, classait dans la première section du budget départemental «des dépenses ordinaires des prisons départementales. » — Mais cette disposition a été abrogée par la loi de finances du 5 mai 1855. Les lieux de détention de chaque département sont les maisons d'arrêt, les maisons de justice, les maisons de correction (art. 603 et suiv., c. inst. crim. ; V. Prison, nos 39 et s.). Il existe également, sous le nom de dépôt de sûreté, un certain nombre de lieux de détention provisoire destinés à recevoir les détenus transférés par la gendarmerie, et qui sont assimilés, quant à la dépense, aux prisons départementales.—Aujourd'hui, les dépenses ordinaires des prisons départementales sont à la charge du trésor public, aux termes de l'art. 13 de la loi des finances du 5 mai 1855.— Ce changement, d'après l'exposé des motifs, a pour objet, « en dégrevant les budgets départementaux d'une dépense de plus de sept millions par année, d'atténuer dans une grande proportion le chiffre des prélèvements qu'on est obligé d'opérer au profit de la première section de ces budgets sur la seconde, et, en outre, aura pour effet d'établir dans les prisons départementales l'uniformité de régime, seul moyen d'assurer l'uniformité dans l'exécution de la peine. »

742. Sont rangés parmi les dépenses ordinaires, par l'art. 12 de la loi de 1838 : « 7° les frais de translation des détenus, des vagabonds et des forçats libérés;... 12° les frais de route accordés aux voyageurs indigents. » —La commission de la chambre des députés avait demandé la suppression de ces deux paragraphes, en se fondant sur ce que ces frais, appartenant spécialement à la police générale, devaient être inscrits au budget du ministre de l'intérieur. Le maintien des deux paragraphes a été demandé et obtenu par le ministre de l'intérieur, qui en a ainsi expliqué l'étendue : « Le § 7 est relatif aux frais de translation des détenus; or, je pense que ce mot de *détenus* doit être entendu en ce sens qu'il s'agit seulement des condamnés qui seraient transportés dans les prisons départementales; car, pour ce qui est des prévenus ou accusés, il est pourvu aux frais de leur translation par les frais de justice criminelle; et quant aux condamnés conduits au bagne, il existe un service particulier. » — Aujourd'hui la détention dans les bagnes étant remplacée en partie par la transportation aux colonies, la question des frais de translation des forçats libérés ne peut plus se présenter aussi fréquemment. Elle ne peut grever les départements que pour la translation dans les bagnes qui n'ont pas été évacués. — Pour le maintien du paragraphe relatif aux vagabonds et voyageurs indigents, le ministre a dit que si on les supprimait, cela aurait pour résultat d'entretenir à Paris un nombre toujours plus grand de vagabonds et d'indigents, à qui il fallait faciliter au contraire le retour dans leur pays.

743. Sont compris dans la première section du budget; « 8° les loyers, mobilier et menues dépenses des cours et tribunaux, et les menues dépenses des justices de paix » (L. 10 mai 1838, art. 12).— Mais par *cours* il ne faut entendre ici que les cours d'assises. Toutes les dépenses relatives aux cours impériales, dont le ressort sur le continent comprend toujours plusieurs départements, sont à la charge du budget de l'Etat.

744. La loi ne parle nommément que des loyers. — Mais les réparations locatives des édifices où siégent les tribunaux ne sont pas moins une charge départementale. Elles font partie des menues dépenses dont parle le § 8 (M. Herman, p. 386). Quant aux autres menues dépenses elles sont réglées sous forme d'abonnement.

745. Sont considérées comme dépenses ordinaires; « 9° le chauffage et l'éclairage des corps de garde des établissements départementaux » (L. 10 mai 1838, art. 12).—Il est d'usage qu'il soit établi un corps de garde près l'hôtel de la préfecture, et quelque fois aussi un autre près les prisons. Comme l'établissement de ces postes n'est pas motivé par un intérêt militaire proprement dit, la dépense a dû être mise à la charge du budget départemental. Bien que le paragraphe ne mentionne que le chauffage et l'éclairage, les frais des guérites placées à la porte des hôtels de préfecture ou à celles des prisons paraissent devoir être supportés également par le budget départemental (Conf. M. Herman, p. 388).

746. Sont à la charge du budget départemental; « 10° les travaux d'entretien des routes départementales et des ouvrages d'art qui en font partie » (L. 10 mai 1838, art. 12).—V. Voirie par terre, nos 78 et suiv.

747. Sont comprises dans la première section du budget départemental: « 11° Les dépenses des enfants trouvés ou abandonnés, ainsi que celles des aliénés, pour la part afférente au département, conformément aux lois » (L. 10 mai 1838, art. 12).—Nous avons déjà vu dans quels termes l'art. 4, § 13 de la loi du 10 mai 1838, appelle les conseils généraux à délibérer sur les dépenses des aliénés et des enfants trouvés (V. *suprà*, n° 723). La loi du 30 juin 1838 a pourvu à la situation des aliénés et aux nécessités que commande leur état, tant au point de vue de l'humanité qu'à celui de l'intérêt public. L'art. 1 dispose que chaque département est tenu d'avoir un établissement public spécialement destiné à recevoir et soigner les aliénés, ou de traiter à cet effet avec un établissement public ou privé, soit du département, soit d'un autre département (V. Aliénés, nos 42 et suiv.). Les art. 26 à 28 règlent les dépenses auxquels le service des aliénés peut donner lieu (V. *eod.*, nos 194 et suiv.). A défaut par les aliénés de pourvoir aux dépenses des soins qui leur sont donnés soit par leurs propres ressources, soit par l'assistance volontaire ou obligée de leur famille, dans les termes de l'art. 205 et suiv. c. nap., l'art. 28 de la loi du 30 juin 1838 dispose, « qu'il y sera pourvu sur les centimes affectés par la loi de finances aux dépenses ordinaires du département auquel les aliénés appartiennent, sans préjudice du concours de la commune du domicile des aliénés, d'après les bases proposées par le conseil général sur l'avis du préfet, et approuvées par le gouvernement » (V. *eod.*, nos 217 et suiv.). Ainsi des dispositions des art. 4, § 13, 12, § 11 de la loi des 10 mai 1838 et 28 de la loi du 30 juin de la même année, il résulte 1° que le conseil général propose les bases d'après lesquelles doivent être fixées la part afférente du département dans la dépense des aliénés et celle afférente aux communes, sur l'avis du préfet ;—2° Qu'il détermine les bases d'après lesquelles les dépenses afférentes aux communes doivent être réparties entre elles; — 3° Que l'administration procède à la répartition, d'après les bases arrêtées par le conseil général (V. *suprà*, nos 293 et 723).

748. Les art. 4, § 13, et 12, § 11, contiennent des dispositions communes aux dépenses des aliénés, et aux dépenses des enfants trouvés. En ce qui concerne ces dernières dépenses, il nous suffira de renvoyer v° Secours publics, nos 183 et suiv., où cette matière a été l'objet d'un examen détaillé.

749. La loi de 1838, art. 12, rangeait parmi les dépenses ordinaires: « 13° les frais d'impression et de publication des listes électorales et du jury. » Mais cette disposition a été modifiée par la loi des 7-14 août 1850, qui a réduit les dépenses à la charge des départements, à celles relatives aux frais d'impression des cadres des listes électorales et des cartes des électeurs (V. D. P. 50. 4. 184).

750. L'art. 12 rangeait encore parmi les dépenses ordinaires: « 14° les frais de tenue des colléges et des assemblées convoqués pour nommer les membres de la chambre des députés, des conseils généraux et des conseils d'arrondissement. » — L'avénement du suffrage universel, avec le nouveau mode de votation qu'il a introduit, devait entraîner la modification de la disposition ci-dessus. En effet, la loi prémentionnée des 7-14 août 1850 a exonéré le budget départemental des dépenses ci-dessus pour les transporter à la charge des communes dans lesquelles se font les élections (Voy. D. P. 50. 4. 184).

751. Sont compris dans la première section du budget départemental « 15° les frais d'impression des budgets et des comptes des recettes et dépenses du département » (L. 10 mai 1838, art. 12). — La publicité en matière de comptabilité publique est un des principes fondamentaux de notre administration. Il n'y avait pas de raison pour que ce principe ne fût pas étendu au budget départemental. Dès lors, le département devait faire les frais de cette publicité.

752. Est comprise comme dépense ordinaire « 16° la portion à la charge des départements dans les frais des tables décennales de l'état civil » (L. 10 mai 1838, art. 12). — Aux termes du décret du 20 juill. 1807, toujours en vigueur, il est prescrit, pour rendre plus faciles les recherches dans les registres de l'état civil, que les tables alphabétiques annuelles soient refondues tous les dix ans pour n'en former qu'une seule. Cette table décennale est rédigée en triple expédition : l'une pour le greffe, qui ne donne lieu qu'au remboursement du prix du papier timbré; la seconde, remise aux communes intéressées qui doivent en payer les frais au greffier; la troisième, envoyée à la préfecture et payée à raison de 1 cent. par nom inscrit, non compris le papier timbré (circ. du 25 nov. 1836. — V. au surplus Actes de l'état civil, nos 69 et suiv.). — C'est cette portion de dépense qui est mise par notre paragraphe à la charge du département.

753. Sont rangées parmi les dépenses ordinaires « 17° les frais relatifs aux mesures qui ont pour objet d'arrêter le cours des épidémies et des épizooties » (L. 10 mai 1838, art. 12). — L'obligation de prendre les mesures et précautions nécessaires soit contre l'invasion, soit contre la propagation de ces fléaux, se trouvent indiquées dans d'anciens arrêts du conseil, reproduits dans l'arrêté du 27 mess. an 5 (V. Salubrité publ., nos 17 et s., 165 et s.). L'autorité de ces arrêts du conseil est invoquée présentement par l'administration, pour les mesures à prendre contre le typhus qui sévit sur l'espèce bovine. On avait prétendu, dans la discussion de la loi, que le sens du mot *épidémies*, employé par notre article, n'était pas suffisamment clair; on avait demandé aussi que le paragraphe fût étendu aux dépenses qui ont pour but de prévenir d'autres calamités publiques, notamment les inondations. Le rapporteur a répondu que, dans la législation comme dans la science, on s'entendait sur le mot épidémie, même lorsqu'il y a contestation sur la contagion, comme lorsqu'il s'agit de choléra ou de peste; que, quant aux inondations, il y avait une législation spéciale.

754. Depuis longtemps, un certain nombre de médecins, sous le titre de médecins des épidémies, avaient été commissionnés par l'autorité pour combattre les fléaux et éclairer l'administration sur les moyens de les prévenir. Une circulaire ministérielle du 30 nov. 1813, en prescrivant de généraliser cette institution, régla les indemnités à allouer à ces médecins. Plus tard, les préfets furent autorisés, par une autre circulaire du 28 juin 1816, à faire acquitter ces frais. Des commissions pareilles ont été données aux vétérinaires pour les épizooties (V. les circul. des 13 fév. 1808, 1er janv. 1813). — Il n'est pas douteux que les frais de toutes ces commissions ne soient une charge départementale dans l'esprit du § 17 de notre article.

755. Sont compris dans la première section du budget « 18° les primes fixées par les règlements d'administration publique pour la destruction des animaux nuisibles » (loi 10 mai 1838, art. 12). — En inscrivant ces dépenses parmi celles de la première section, la loi de 1838 n'a fait que maintenir d'anciens usages légaux. La loi du 11 vent. an 3 avait fixé les primes à allouer pour la destruction d'une louve pleine ou non pleine, d'un loup, puis d'un louveteau; la loi du 10 mess. an 5 abaissa le chiffre de ces primes, qui a été de nouveau réduit, par la circulaire ministérielle du 15 sept. 1807, comme il suit : 18 fr. pour une louve pleine; 15 fr. pour une louve non pleine; 12 fr. pour un loup; 3 fr. pour un louveteau. — Jusqu'ici l'administration s'est bornée à désigner les loups comme la seule classe d'animaux nuisibles dont la destruction donne droit à la prime.

756. Les dernières dépenses ordinaires sont « 19° les dépenses de garde et conservation des archives du département » (L. 10 mai 1838, art. 12). — Il a été parlé de ces dépenses ailleurs. — V. Archives, nos 34 et suiv.

757. L'art. 12 de la loi de 1838 ne range pas parmi les dépenses ordinaires les dépenses de l'instruction primaire pour la part qui peut incomber au département. Nous verrons que l'art. 16 de la même loi ne les classe pas davantage parmi les dépenses facultatives. Dans quelle section du budget doivent-elles figurer? L'art. 40 de la loi du 15 mars 1850 dispose que « lorsque des communes, soit par elles-mêmes, soit en se réunissant à d'autres communes, n'auront pu subvenir, de la manière que la loi indique, aux dépenses de l'école communale (que l'art. 36 impose à chaque commune d'entretenir), il y sera pourvu sur les ressources ordinaires du département, ou, en cas d'insuffisance, au moyen d'une imposition spéciale votée par le conseil général ou, à défaut du vote de ce conseil, établie par un décret. » — Il résulte donc clairement des termes de cet article que, quand un département se trouve appelé à pourvoir à des dépenses de l'instruction primaire, c'est dans la première section du budget départemental que ces dépenses doivent figurer. Il en était ainsi sous le régime de la loi du 28 juin 1833 (art. 13, 18 et 25). — Il a été jugé sous le régime de cette loi que les dépenses relatives à l'instruction primaire, et mises à la charge des départements, telles que les frais de la caisse d'épargne et de prévoyance des instituteurs primaires (remplacée, depuis la loi du 15 mars 1850, par une caisse de retraite), et les dépenses des comités d'arrondissement et des commissions d'instruction, constituent des dépenses obligatoires et non pas seulement facultatives; que, par suite, c'est dans la première section du budget départemental et non dans la seconde qu'elles doivent être inscrites; et que, dans le cas où elles ont été inscrites dans la seconde section, c'est au chef de l'Etat et non aux ministres qu'il appartient de rectifier cette classification (cons. d'Ét. 20 août 1847, aff. dép. de Seine-et-Oise, D. P. 48. 3. 50).

758. Aux dépenses ordinaires qui viennent d'être expliquées, le § 1 de l'art. 20 de la loi de 1838 ajoute « les dettes départementales contractées pour les dépenses ordinaires. » Le même paragraphe ajoute que ces dettes départementales sont soumises à toutes les règles applicables aux dépenses ordinaires. Il suit de là qu'elles peuvent être inscrites d'office au budget, dans le cas où le conseil général aurait omis ou refusé de les y porter.

759. Dans le projet de loi, un article additionnel exigeait que les dettes fussent liquides et exigibles pour pouvoir être inscrites à la première section (V. aussi circ. min. 10 août 1839). La condition que la dette soit liquide est nécessaire sans aucun doute, puisque autrement la dette ne pourrait figurer dans aucune section du budget; mais en est-il de même pour l'exigibilité? Il faut distinguer, ce semble : si, quoique non exigible actuellement, la dette vient à échéance avant l'ouverture de la prochaine session du conseil général, l'inscription au budget paraît obligatoire. Dans le cas contraire, cette inscription est quant à présent sans objet. — Jugé : 1° que lorsqu'une adjudication de travaux a été prononcée par le préfet en conseil de préfecture, que les travaux ont été qualifiés de départementaux par les affiches et par le cahier des charges, et qu'aucune clause n'indique que les entrepreneurs doivent être payés sur des fonds recueillis par souscription et ne travailler qu'au fur et à mesure des souscriptions recueillies ou des crédits votés; que d'ailleurs, après l'insuffisance de fonds constatée, le conseil général a déclaré persister à achever l'œuvre commencée, le département ne peut se refuser à payer aux entrepreneurs le solde qui leur est dû (cons. d'Ét. 23 avr. 1836, M. de Jouvencel, rap., aff. Robert et Dumy); — 2° Qu'un conseil général qui a reconnu la créance d'un fournisseur en plaçant son payement au rang des dettes départementales, ne peut, par une délibération nouvelle, rejeter cette créance, sous prétexte de déchéance au moment où elle lui a été présentée, surtout s'il a déjà alloué le payement d'un à-compte (cons. d'Ét. 3 mai 1837, M. Janet, rap., aff. hérit. Chapeau-Rouge C. départ. de la Marne).

760. La déchéance prononcée par la loi du 29 janv. 1831, art. 9, à l'égard des dettes sur l'état remontant à plus de cinq années est-elle applicable aux dettes départementales? — V. Trésor public, nos 506 et 507.

761. Il fallait une sanction à l'obligation, pour les conseils généraux, de composer le budget départemental de l'ensemble des dépenses qui viennent d'être expliquées. Cette sanction se trouve écrite dans l'art. 28 de la loi ainsi conçu : «Si le conseil général ne se réunissait pas, ou s'il se séparait sans avoir arrêté le budget des dépenses ordinaires, le préfet, en conseil de préfecture, établirait d'office le budget qui serait réglé par ordonnance du chef de l'Etat. » — L'autorité, selon la remarque de M. Herman, p. 346, n'a pas encore été appelée à faire l'application de cet article, et il est probable que l'éventualité qu'il prévoit ne se présentera jamais. Mais comme après tout elle était possible, il y avait sagesse à la prévoir et à y pourvoir (V. circ. min., 13 janv. 1855, D. P. 55. 3. 29).

762. La seconde section du budget départemental comprend les dépenses facultatives d'utilité départementale. — Le conseil général peut aussi y porter les autres dépenses énoncées en l'art. 12 (L. 10 mai 1838, art. 16). — Le système de la loi de 1838 sur les dépenses facultatives peut se réduire à trois points principaux. D'abord, à la différence de ce qui a lieu pour les dépenses ordinaires obligatoires, la loi ne donne aucune énumération des dépenses facultatives ; l'énumération n'eût jamais pu être en effet complète et aurait pu devenir une incitation dangereuse pour les conseils généraux. Les dépenses facultatives sont déterminées par les besoins et les ressources du département. — En second lieu, le droit accordé au conseil général de porter dans cette seconde section les dépenses de la première n'est pas réciproque. En effet l'art. 15 de la loi défend en termes exprès de porter aucune dépense facultative dans la première section du budget. — Enfin, le gouvernement n'a pas le droit d'inscrire d'office les dépenses facultatives au budget départemental, comme il y peut inscrire les dépenses ordinaires (art. 18 et 20, § 2).

763. Bien que la loi n'ait pas cru devoir donner de nomenclature pour les dépenses facultatives, le ministre de l'intérieur dans les modèles qu'il adresse chaque année aux préfets pour faciliter les opérations des conseils généraux, a jugé utile, de faire imprimer à la deuxième section une indication de celles de ces dépenses auxquelles les conseils généraux consacrent le plus généralement des allocations sur le produit des centimes facultatifs. Ces dépenses y sont groupées d'après leur analogie entre elles, et divisées en huit sous-chapitres; nous nous bornerons à donner les titres de ces sous-chapitres. Ce sont les suivants : travaux neufs des édifices départementaux; travaux de construction des routes départementales et des ouvrages d'art qui en dépendent; subventions aux communes; encouragements et secours; cultes; secours pour remédier à la mendicité; dépenses diverses; dettes départementales pour les dépenses extraordinaires. L'examen de ces divers articles serait ici superflu : ils forment une sorte de *memento*; mais le conseil général ne statue jamais que selon les besoins du département et dans la mesure de ces besoins.

764. La troisième classe des dépenses départementales comprend les dépenses extraordinaires. — Avant la loi de 1838 le montant des ressources extraordinaires était inscrit au budget des centimes facultatifs cumulativement avec le produit de ces centimes. Il en résultait, selon la remarque de M. Herman, p. 534, que le produit des ressources extraordinaires pouvait quelquefois n'être pas intégralement appliqué aux dépenses en vue desquelles leur création avait été autorisée. Et c'était là, il faut le reconnaître, un abus véritable. — Pour mettre un terme à cet état de choses, l'art. 19 de la loi de 1838 dispose : « Des sections particulières comprennent les dépenses imputées sur des centimes spéciaux ou extraordinaires. Aucune dépenses ne peut y être imputée que sur les centimes destinés par la loi à y pourvoir. » — Soit qu'il s'agisse d'une contribution extraordinaire pour subvenir à une dépense extraordinaire, soit qu'il s'agisse d'un emprunt à contracter pour le même objet, l'autorisation législative est nécessaire. Les art. 33 et 34 disposent, en effet : « Art. 33. Les contributions extraordinaires que le conseil général voterait pour subvenir aux dépenses du département ne peuvent être autorisées que par une loi. — Art. 34. Dans le cas où le conseil général voterait un emprunt pour subvenir à des dépenses du département, cet emprunt ne peut être contracté qu'en vertu d'une loi. » — V. n° 725, art. 2.

765. Les dépenses spéciales sont portées dans la quatrième section du budget. Cette section contient trois sous-chapitres faisant suite aux vingt-cinq sous-chapitres des trois premières sections, sous les n°s 26, 27 et 28.

766. Les dépenses du cadastre sont portées dans une section particulière. La loi du 31 juill. 1821, en localisant les travaux du cadastre, en a mis les dépenses à la charge des départements. Mais il peut arriver que les nécessités du cadastre donnent lieu à des travaux de révision et de renouvellement. La loi de finances du 7 août 1850 (D. P. 50. 4. 184) a prévu cette éventualité et a appelé les départements à concourir à cette dépense (art. 7). — V. *suprà*, n° 694.

767. Telles sont les différentes classes de dépenses auxquelles les conseils généraux doivent ou peuvent pourvoir dans le budget départemental. Nous avons à parler maintenant des recettes ou ressources départementales. La loi du 10 mai 1838 affecte différemment l'ensemble des recettes départementales selon qu'il s'agit de pourvoir aux dépenses ordinaires, aux dépenses facultatives ou aux dépenses extraordinaires ou spéciales. Nous allons donc trouver dans le budget des recettes une classification analogue à celle du budget des dépenses. L'art. 10 de la loi de 1838, énumérant les recettes départementales dispose : — « Les recettes du département se composent : — 1° Du produit des centimes additionnels aux contributions directes affectés par la loi de finances aux dépenses ordinaires des départements, et de la part allouée au département dans le fonds commun établi par la même loi; — 2° Du produit des centimes additionnels facultatifs votés annuellement par le conseil général, dans les limites déterminées par la loi de finances; — 3° Du produit des centimes additionnels extraordinaires imposés en vertu de lois spéciales; — 4° Du produit des centimes additionnels affectés par les lois générales à diverses branches du service public; — 5° Du revenu et du produit des propriétés du département non affectées à un service départemental; — 6° Du revenu et du produit des autres propriétés du département, tant mobilières qu'immobilières; — 7° Du produit des expéditions d'anciennes pièces ou d'actes de la préfecture déposés aux archives; — 8° Du produit des droits de péage autorisés par le gouvernement au profit du département, ainsi que des autres droits et perceptions concédés au département par les lois. » — Il faut voir maintenant quelles sont les différentes affectations de l'ensemble de ces recettes.

768. L'art. 13 statue ainsi sur le moyen de pourvoir aux dépenses ordinaires. « Il est pourvu à ces dépenses (celles énumérées dans l'art. 12), au moyen; — 1° Des centimes affectés à cet emploi par la loi de finances; — 2° De la part allouée au département dans le fonds commun; — 3° Des produits éventuels énoncés aux n°s 6, 7 et 8 de l'art. 10. » — Ces recettes sont spécialement affectées aux dépenses ordinaires; elles ne pourraient recevoir une autre destination, être affectées par exemple aux dépenses facultatives. Nous avons déjà vu (n° 762) que l'art. 15 de la loi de 1838 défend de porter une dépense facultative dans la première section du budget, consacrée aux dépenses ordinaires : il faut en induire que les recettes énumérées dans l'art. 13 ne peuvent être affectées qu'aux dépenses de la première section du budget.

769. Nous n'avons rien à dire ici des centimes affectés aux dépenses nécessaires par la loi de finances; nous nous en sommes occupé plus haut (*suprà*, n°s 692 et s.). Mais nous voyons dans l'art. 13, qu'outre les centimes additionnels il est pourvu aux dépenses nécessaires au moyen de la part allouée au département dans le *fonds commun*. Ce fonds commun nécessite quelques explications. La création du fonds commun remonte à la loi du 11 frim. an 7. Un certain nombre de départements se trouvant dans une situation financière peu prospère, l'art. 16 de la loi du 11 frim. an 7 imposa à tous les départements un certain nombre de centimes additionnels à la contribution foncière et à la contribution personnelle et mobilière, destinés sous le nom de fonds commun, à être répartie entre tous les départements dans la proportion de leurs besoins, de façon cependant que cette répartition fût un secours pour ceux des départements dont les dépenses ordinaires ne pouvaient être couvertes par le produit de leurs centimes ordinaires. Nous n'avons pas à faire l'historique du fonds commun. Nous nous contenterons de dire que dans l'état actuel de la législation, depuis la loi de finances du 29 juill. 1850 (D. P. 50. 4. 180), le fonds commun ne peut être affecté qu'aux dépenses ordinaires des départements et ne se compose que de 7 cent. prélevés sur la contribution foncière et sur la contribution personnelle et mobilière (art. 10). Chaque année la répartition du fonds commun est faite par décret impérial inséré au *Bulletin des lois* (L. 10 mai 1838, art. 17). — Aujourd'hui il est question de supprimer le fonds commun (V. n°s 773 et suiv.).

770. Les produits éventuels indiqués dans les trois derniers numéros de l'art. 10 de la loi de 1838 complètent les recettes affectées aux dépenses ordinaires. Comme ils peuvent être évalués à l'avance avec quelque certitude, la balance du budget départemental ne présente pas de difficultés.

771. L'art. 17 de la loi de 1838 statue ainsi à l'égard des dépenses facultatives : « Il est pourvu aux dépenses portées dans la seconde section du budget, au moyen des centimes additionnels facultatifs et des produits énoncées au n° 5 de l'art. 10. — Toutefois, après épuisement du maximum des centimes facultatifs, employés à des dépenses autres que les dépenses spéciales, et des ressources énoncées au paragraphe précédent, une portion du fonds commun, dont la quotité sera déterminée chaque année par la loi de finances, pourra être distribuée aux départements, à titre de secours, pour complément de la dépense des travaux de construction des édifices départementaux d'intérêt général et des ouvrages d'art dépendant des routes départementales. — La répartition du fonds commun sera réglée annuellement par ordonnance royale insérée au *Bulletin des lois.* » — Le second paragraphe de cet art. 17 est sans objet depuis la loi de finances du 29 juill. 1850. La loi de finances du 14 juill. 1838 avait fait deux parts du fonds commun : l'une affectée au complément des dépenses ordinaires des départements, l'autre affectée au complément de leurs dépenses facultatives. L'art. 10 de la loi de finances du 29 juill. 1850 a supprimé cette seconde partie du fonds commun, et exonéré les départements des centimes additionnels qui le formaient. Ainsi que nous l'avons déjà dit (n° 769) la part des départements dans le fonds commun n'est plus destinée qu'à pourvoir au complément des dépenses ordinaires.

772. Aux termes de l'art. 11 de la loi de 1838, les budgets départementaux sont réglés définitivement par des décrets impériaux, comme nous l'avons dit (V. *suprà*, n° 726). Mais on s'est demandé si l'approbation doit toujours être donnée intégralement et porter sur tous les points compris dans les délibérations du conseil général, ou si l'autorité supérieure peut donner son approbation à quelques-unes des parties de la délibération et la refuser à d'autres? Le silence de la loi à cet égard doit être considéré comme consacrant le droit d'approbation partielle, droit qui avait été exercé avant la loi de 1838 et qui, selon la remarque de M. Herman, n° 254, ne pourrait être refusé à l'autorité sans qu'il en résultât souvent les plus grands inconvénients pour l'administration des affaires. Si telle n'eût pas été la pensée du législateur, il n'eût pas manqué de s'en expliquer, comme il l'a fait dans l'art. 18, où, à l'occasion de la section du budget consacré aux dépenses facultatives, il est dit que les allocations qui y sont portées ne peuvent être ni changées ni modifiées.

773. Malgré l'ordre rigoureux que la loi de 1838 a eu la pensée d'introduire dans les budgets départementaux, qui sont, comme nous l'avons dit, un appendice du budget du ministère de l'intérieur, l'insuffisance des ressources départementales est plusieurs fois apparue. L'administration supérieure en a été souvent frappée lors du travail auquel elle se livre pour la répartition du fonds commun. Dans une circulaire du ministre de l'intérieur aux préfets, du 6 août 1863, le ministre recherche les moyens de rétablir l'équilibre des charges et des ressources des budgets départementaux et provoque sur ce point l'examen des conseils généraux. — « Voici, dit la circulaire, la situation que révèle l'examen des budgets préparés pour l'année 1864 : la première section du budget (dépenses ordinaires) présentera un déficit de plus de 7 millions, qui devra être couvert au moyen des ressources propres à la deuxième section (dépenses facultatives). De plus, un certain nombre de départements ont été amenés par la force des choses à demander aux ressources extraordinaires de la troisième section le moyen de faire face à des dépenses ordinaires de leur nature. L'irrégularité de cet expédient accepté, à regret, par l'administration et le corps législatif, ne me permet pas d'indiquer avec précision le chiffre de ces prélèvements, qui contribuent sensiblement à élever la moyenne des centimes extraordinaires. » — Le ministre recherche ensuite par quels moyens on pourrait remédier à cet état de choses regrettable. — « Le premier moyen qui s'offre à la pensée consiste dans l'augmentation des ressources de la première et de la deuxième section. Il suffirait pour obtenir ce résultat de faire supporter par les quatre contributions les centimes qui aujourd'hui ne portent que sur la contribution foncière et la contribution personnelle et mobilière. Mais les 25 centimes qui sont affectés aux deux premières sections donneraient alors 72,800,000 fr. Ils ne donnent aujourd'hui que 51,800,000 fr. La différence de 21 millions de francs dépasserait considérablement la mesure des besoins actuellement constatés. Il y aurait donc lieu de réduire le nombre des centimes. Le résultat définitif de cette double modification serait un dégrèvement pour la propriété foncière et une aggravation de charges pour les patentables. » — Le ministre paraît disposé à reconnaître que le privilège des patentables de ne pas contribuer aux charges départementales semble difficile à justifier; puis il continue : — « Le second moyen de rétablir l'équilibre des budgets départementaux consiste dans la diminution des dépenses actuelles, par la mise à la charge du budget général de certains services placés aujourd'hui à la charge des départements. Ces services pourraient être : 1° les frais de parquet et les dépenses de mobilier des cours d'assises et des tribunaux; 2° les enfants assistés; 3° les aliénés. La dépense du premier de ces services n'est que de 1,520,000 fr. : il ne saurait donc fournir seul une solution; mais il pourrait utilement servir d'appoint dans une combinaison plus étendue. Les enfants assistés imposent aux départements une charge nette de 6,939,100 fr., et les aliénés une charge nette de 6,984,250 fr. » — Le ministre fait connaître néanmoins que dans sa pensée les départements ne doivent pas être complétement désintéressés de leurs devoirs de charité envers les enfants assistés et les aliénés. — « Un autre moyen de rétablir l'équilibre dans les finances départementales, poursuit-il, consisterait dans la suppression du fonds commun, et son remplacement par un fonds de secours destiné à venir en aide aux départements pauvres. Chaque département reprendrait la disposition des 7 centimes qui forment aujourd'hui la dotation du fonds dont la distribution m'est confiée ; les départements riches cesseraient de se plaindre de l'emploi de leurs ressources au profit de départements avec lesquels ils n'ont pas de relations d'intérêts, et les départements pauvres trouveraient dans la libéralité de l'Etat une compensation à l'insuffisance de leurs ressources. » — Mais cette combinaison pouvant avoir le résultat de grever le budget de l'Etat de 3 millions sans compensation probable, la circulaire du ministre en indique une quatrième dans les termes suivants : — « Le budget normal d'un département comprend trois sections répondant à trois ordres de dépenses que leur nom seul caractérise suffisamment : 1re section, dépenses ordinaires; 2e section, dépenses facultatives ; 3e section, dépenses extraordinaires. Des lois spéciales y ont ajouté une 4e section pour les dépenses des chemins vicinaux, avec une affectation de 5 centimes, et une 5e section pour les dépenses de l'instruction primaire avec une affectation de 2 centimes. En reportant ces 7 centimes sur les deux premières sections on conserverait la dotation de deux services intéressants ; mais, en même temps, les conseils généraux seraient plus maîtres de répartir les ressources suivant les besoins, et l'on ne verrait pas des départements trop riches en centimes spéciaux les laisser tomber nécessairement en non-valeur, tandis que l'insuffisance de leurs ressources ordinaires les oblige à demander une large part du fonds commun. L'adoption de cette mesure donnerait en même temps aux budgets départementaux un caractère de simplicité qui en rendrait l'étude plus facile et répondrait aussi aux intentions manifestées par l'Empereur. » — Tout en reconnaissant la gravité d'un état de choses qui ne pourrait se prolonger sans danger, nous nous garderons d'émettre une opinion sur chacune des combinaisons indiquées dans la circulaire. Mais la dernière nous paraîtrait devoir être préférée, comme étant la moins radicale.

774. Toutefois, ce n'est pas celle qui a prévalu dans la pensée des conseils généraux. Sur quatre-vingt-neuf conseils généraux consultés, soixante-dix-sept l'ont repoussée. La plus grande partie des conseils généraux s'est également prononcée contre le transfert au budget de l'Etat, de certains services départementaux, comme amoindrissant les attributions de ces conseils, et comme contraire au système de la décentralisation qui tend à prévaloir dans l'ordre législatif. L'extension des centimes ordinaires aux quatre contributions directes n'a pas eu plus de succès. Le dissentiment a été également très-grand sur la suppression du fonds commun. Cinquante départements qui donnent au fonds commun plus qu'ils ne reçoivent l'ont approuvée ; les trente-neuf autres l'ont combattue. — Le projet de loi présenté à la dernière session au corps législatif, conforme à l'opinion exprimée par la majorité des conseils généraux, maintient les sections spéciales des chemins vicinaux et de l'instruction primaire, supprime le fonds commun, crée un fonds de secours et repousse tout transport de services départementaux au budget de l'Etat.

775. La nécessité de rétablir l'équilibre des budgets départementaux, de faire cesser certaines perturbations dans les finances des départements, a inspiré au gouvernement d'apporter d'autres changements dans le système financier que nous avons expliqué. Dans le nouveau projet de loi, la division des recettes et des dépenses en deux sections est supprimée. — « La division des dépenses, comme celle des recettes, en deux sections, dit l'exposé des motifs, présentait cet inconvénient que, dans les différentes combinaisons financières étudiées pour ramener l'équilibre dans les budgets de départements qui offrent une si grande variété de besoins et de ressources, les recettes insuffisantes dans la première section laissaient quelquefois un excédant dans la deuxième, et réciproquement. La fusion des deux sections permet d'établir une compensation entre les insuffisances et les excédants ; c'est, en outre, une simplification du budget. » — Mais certaines dépenses d'intérêt général ne restent pas moins obligatoires. Enfin, les centimes ordinaires et facultatifs, au lieu de ne porter, comme nous l'avons vu, que sur la contribution foncière et sur la contribution personnelle et mobilière, devra porter aussi sur les contributions des patentes et des portes et fenêtres, c'est-à-dire sur les quatre contributions directes. Voici, au surplus, le texte des dispositions de loi qui doivent remplacer, dans le projet du gouvernement, le système des finances départementales actuellement en vigueur :

« Art. 6. Les dépenses départementales, comprises, aux termes de la loi du 10 mai 1838, dans la première et la deuxième section des budgets des départements, sont réunies dans une même section qui formera la première section du budget départemental. — Il est pourvu aux dépenses de cette section au moyen : — 1° Du produit de *centimes additionnels départementaux*, portant sur les quatre contributions directes, votés annuellement par le conseil général dans les limites déterminées par la loi de finances ; — 2° Des produits éventuels aux nos 3, 6, 7 et 8 de l'art. 10 du 10 mai 1838. » — Le projet ajoutait : « 3° Du produit de l'impôt sur les chevaux et les voitures. » Mais ce dernier impôt est aujourd'hui supprimé.

« Art. 7. Aucune dépense autre que celles énoncées à l'article suivant ne peut être inscrite d'office dans la première section du budget départemental, et les allocations qui y sont portées par le conseil général ne peuvent être ni changées, ni modifiées par le décret impérial qui règle le budget.

Art. 8. Si un conseil général omet de porter au budget l'une des dépenses ayant pour objet : — 1° Le loyer, l'entretien des hôtels de préfectures et de sous-préfectures, l'ameublement et l'entretien du mobilier de ces hôtels ; — 2° Le casernement de la gendarmerie ; — 3° Les loyer, mobilier et menues dépenses des cours et tribunaux, et les menues dépenses des justices de paix ; — 4° Les dépenses des enfants assistés, ainsi que celles des aliénés, pour la part afférente au département, conformément aux lois ; — 5° Les dettes départementales ; — Ou s'il n'alloue qu'une somme insuffisante, il y est pourvu au moyen d'une contribution spéciale établie par un décret impérial dans les limites du maximum qui est fixé annuellement par la loi de finances, et par une loi, si la contribution doit excéder ce maximum. — Le décret est rendu dans la forme des règlements d'administration publique. Il est inséré au Bulletin des lois.

Art. 9. Les départements dont la situation financière l'exige peuvent recevoir une allocation sur un fonds de secours inscrit au budget du ministère de l'intérieur et dont la répartition est réglée par un décret impérial rendu en conseil d'Etat.

Art. 10. Les fonds qui n'auront pu recevoir leur emploi dans le cours de l'exercice seront reportés, après clôture, sur l'exercice en cours d'exécution, avec l'affectation qu'ils avaient au budget voté par le conseil général. — Les fonds libres seront cumulés, suivant la nature de leur origine, avec les ressources de l'exercice en cours d'exécution, pour recevoir l'affectation nouvelle qui pourra leur être donnée par le conseil général, sur la proposition du préfet. »

776. L'opération des recettes et le payement des dépenses que nous venons d'expliquer constituent un maniement de fonds et donnent lieu à toute une comptabilité dont la loi de 1838 s'occupe dans les art. 21 à 25 compris, et qui ne demande pas d'explication (Voyez en le texte *suprà*, p. 612). — Le règlement général du 31 mai 1838, sur la comptabilité publique, avait consacré un chapitre spécial, art. 397 à 428, à la comptabilité des départements. Le nouveau règlement du 31 mai 1862 reprend le même point de la matière dans ses art. 468 à 483, lesquels comprennent toutes les modifications survenues depuis 1838. — Cette partie de notre sujet est trop réglementaire pour qui nous entrions ici dans les détails. Il suffit, pour saisir les diverses prescriptions de comptabilité départementale, de se référer aux textes (V. Trésor public, n° 813). — Nous ne ferons qu'une observation sur l'art. 24. Les comptes, provisoirement arrêtés par le conseil général, devaient être réglés par ordonnances royales ; depuis le décret de 1852, dit de décentralisation, ils sont réglés par des arrêtés préfectoraux. — V. au surplus la circulaire très-explicite du ministre de l'intérieur, en date du 15 janv. 1853, D. P. 53. 3. 29.

777. Il faut ajouter aux attributions que nous avons expliquées celle que le projet de loi actuellement soumis au corps législatif conférerait aux conseils généraux relativement aux finances des communes. Les art. 4 et 5 de la loi d'administration communale projetée sont ainsi conçus :

« Art. 4. Le conseil général fixe, chaque année, le maximum du nombre des centimes extraordinaires que les conseils municipaux sont autorisés à voter, pour en affecter le produit à des dépenses extraordinaires d'utilité communale. Si le conseil général se sépare sans l'avoir fixé, le maximum arrêté pour l'année précédente est maintenu jusqu'à la session suivante. — Le maximum ne peut dépasser 20 cent.

» Art. 5. Chaque année, le préfet présente au conseil général le relevé de tous les emprunts communaux et de toutes les contributions extraordinaires communales qui ont été votés depuis sa session précédente, en vertu des art. 12, 13, 14 et 16 de la présente loi, avec indication du chiffre total des centimes extraordinaires et des dettes dont chaque commune est grevée. »

§ 3. — *Des attributions des conseils généraux comme organes des besoins des départements.*

778. Les attributions des conseils généraux comme organes des besoins des départements sont des attributions purement consultatives. Il est des cas déterminés par la loi où l'administration doit prendre l'avis du conseil général sur les mesures qui peuvent intéresser le département. Dans tous les cas possibles, elle le peut, si elle a à attendre de la délibération des conseils généraux quelque lumière. Il faut donc distinguer dans les délibérations que prennent les conseils généraux comme corps consultatifs les avis obligés et les avis facultatifs. Les avis des conseils généraux, à la différence des délibérations, outre lesquelles l'administration ne peut passer, ne lient pas l'administration, en ce sens qu'elle n'est pas forcée de les suivre. Mais il y a entre les avis obligés et les avis facultatifs cette différence que les avis obligés doivent avoir été demandés au conseil général, tellement qu'il y aurait excès de pouvoir dans l'acte administratif qui serait accompli sans que l'avis des conseils généraux eût été préalablement donné, tandis que les autres avis sont demandés et donnés volontairement. Enfin, outre les avis, les conseils généraux peuvent émettre des vœux et des réclamations dans l'intérêt chacun de leur département.

779. L'art. 6 de la loi du 10 mai 1838 indique les objets sur lesquels le conseil général est appelé nécessairement à émettre un avis. Cet article est ainsi conçu : « Le conseil général donne son avis, 1° sur les changements proposés à la circonscription du territoire du département, des arrondissements, des cantons et des communes, et à la désignation des chefs-lieux; — 2° Sur les difficultés élevées relativement à la répartition de la dépense des travaux qui intéressent plusieurs communes; — 3° Sur l'établissement, la suppression ou le changement des foires et marchés (V. n° 1031, art. 21); — 4° Et généralement sur tous les objets sur lesquels il est appelé à donner son avis en vertu des lois et règlements, ou sur lesquels il est consulté par l'administration. » — On remarquera, sur le § 2, que ce n'est qu'en cas de difficulté, c'est-à-dire de désaccord élevé entre plusieurs communes que le préfet doit consulter le conseil général sur la répartition de la dépense des travaux qui les intéressent. S'il n'y avait pas désaccord, le préfet se bornerait à homologuer les délibérations des conseils municipaux (L. 18 juill. 1837, art. 72 et 73).

780. Nous ne détaillerons pas les cas où l'avis préalable du conseil général est exigé par des lois spéciales ou des règlements spéciaux avant que l'administration puisse procéder aux mesures que ces lois spéciales l'autorisent à prendre. Cet avis préalable est particulièrement nécessaire en matière de chasse, d'irrigations, d'extinction de la mendicité, de création de tribunaux de commerce, d'établissement de conseils de prud'hommes, de brigades de gendarmerie, d'écoles d'arts et métiers, etc., etc. Mais nous ferons remarquer que l'art. 6 de la loi de 1838 semble mettre au même rang les avis que le conseil général doit nécessairement émettre d'après les lois spéciales, et ceux qu'il peut être facultativement appelé à donner sur la demande de l'administration. La distinction que nous avons établie entre les délibérations obligatoires et les délibérations facultatives, d'où ne résulte qu'un simple avis (n° 778), n'en est cependant pas moins incontestable. Elle a toujours été faite dans la discussion de la loi à propos de ce même paragraphe. Dans le projet du gouvernement, la dernière phrase disait : ET *sur lesquels il est consulté par l'administration* au lieu de : OU *sur lesquels, etc.* La rédaction primitive a subi ce léger changement pour rendre plus certaine la distinction que nous avons faite. A la chambre des pairs, M. Mounier, rapporteur, combattant le système que le projet pouvait faire supposer disait : « Si on adoptait ce système, il arriverait que, dans un très-grand nombre de cas, l'administration supérieure serait privée des lumières qu'elle tire des avis des conseils généraux; car les lois et les règlements ont bien déterminé certains cas où elle est obligée de provoquer ces avis; mais tous les jours il se présente des circonstances nouvelles qui n'ont pu être prévues par les lois ou règlements, où l'administration est heureuse de s'éclairer de ces avis. » —La substitution du mot *ou* au mot *et* a eu lieu, comme on le voit, pour qu'il fût bien compris que l'administration peut demander l'avis du conseil général même dans les cas où cet avis n'est pas déclaré obligatoire par une loi spéciale. Mais, dans ce cas, répétons-le, le conseil général n'émettrait qu'un simple avis, et il pourrait refuser de délibérer.

781. Dans tous les cas où l'avis préalable du conseil général est exigé, l'administration qui négligerait de le prendre commettrait, avons-nous dit, un excès de pouvoirs. Quelle est la sanction de ce devoir de l'administration? Il ne paraît pas douteux que toute partie intéressée, pourrait demander l'annulation de l'acte illégal et le déférer au conseil d'Etat par la voie contentieuse (MM. Cabantous, n° 271; Batbie, t. 4, n° 188). Nous ajouterons que toute personne qui aurait intérêt pourrait encore, sans agir directement, se prévaloir de l'illégalité de l'acte administratif pour se soustraire devant la justice civile ou administrative aux obligations que l'on en voudrait faire découler.

782. Après les avis que le conseil général doit ou peut émettre selon les cas, viennent les réclamations qu'il peut présenter. L'art. 7 de la loi du 10 mai 1838 porte : « Le conseil général peut adresser directement au ministre chargé de l'administration départementale, par l'intermédiaire de son président, les réclamations qu'il aurait à présenter dans l'intérêt spécial du département, ainsi que son opinion sur l'état et les besoins des différents services publics, en ce qui touche le département. » — Après avoir assuré, par le vote du budget, tous les services du département; après avoir prononcé, dans des délibérations spéciales, sur les différentes affaires qui lui ont été soumises, le conseil général peut encore entrer en communication avec le gouvernement. Ce droit des conseils généraux ne date pas de la loi de 1838. La loi du 28 pluv. an 8 l'avait déjà consacré. L'exposé des motifs de la loi de 1838 signalait de la manière suivante les raisons qui avaient engagé le gouvernement à garantir l'exercice de ce droit : « Il importe à un gouvernement ami de la liberté et de la justice de connaître le vœu public, et surtout de le puiser à sa véritable source; car l'ignorance est à cet égard moins funeste que les méprises. Où peut être cette source si ce n'est dans des réunions de propriétaires choisis sur toute la surface du territoire?... C'est là sans doute qu'est l'opinion publique et non dans des pétitions dont on ne connaît ni les auteurs, ni les provocateurs, ni les véritables motifs. » — Dans un rapport au roi sur la session des conseils généraux, en 1840, le ministre disait : « De tout temps les conseils de département ont eu mission d'exposer les besoins du pays sur les modifications incessantes et les réformes étendues que peuvent réclamer une foule de points de législation et d'administration. Nombre de questions, par leur nature ardue, par les considérations diverses qui les compliquent, par la difficulté de concilier des intérêts contradictoires, semblent destinées à se reproduire longtemps encore dans les préoccupations des conseils généraux. La législation sur les cours d'eau, la police rurale, la suppression de l'impôt du sel, la fixation des droits de douanes, la répartition de l'impôt foncier sont de ce nombre. » — Le droit est donc incontestable. Les réclamations que le conseil général peut présenter, les vœux qu'il peut émettre diffèrent des avis dont nous avons parlé en ce que les avis sont provoqués par l'administration, tandis que les réclamations et les vœux sont émis spontanément.

783. On remarquera que le conseil général peut s'adresser alors directement au gouvernement par l'intermédiaire de son président. Cette forme de procéder est pour les conseils généraux une garantie d'indépendance. Les réclamations pouvant porter contre l'administration départementale, le préfet ne pouvait être l'intermédiaire obligé du conseil général. Mais le mode de transmission n'est indiqué ici que comme une faculté; le conseil peut adresser ses cahiers au ministre par l'organe du préfet; c'est même la voie la plus commode et celle qui est communément suivie.

784. D'après les termes employés dans l'art. 7 précité, ce droit de réclamation ne peut toutefois s'étendre au delà des besoins et des intérêts du département (M. Trolley, n° 1541). — Dans une instruction du ministre de l'intérieur, du 16 vent. an 9, il était dit : « Les mémoires des conseils généraux doivent présenter à l'administration, non-seulement les maux à réparer ou le bien à faire dans chaque département, mais des vues étendues, des idées d'utilité publique, des éléments d'amélioration et de prospérité générale. » La même instruction, afin de faciliter l'usage des documents à transmettre par les conseils généraux en exécution de ce droit de réclamation, avait invité ces assemblées à diviser leur travail en titres distincts : agriculture et commerce; secours publics et prisons; ponts et chaussées et navigation; enseignement public; population; administration. Depuis la loi de 1838, cette instruction ministérielle est évidemment sans objet.

785. La loi de 1838 n'a rien statué pour le cas où un conseil général émettrait des vœux étrangers aux besoins et aux intérêts spéciaux du département. Mais la sanction de l'art. 7 se trouve dans la disposition générale de l'art. 14 de la loi du 22 juin 1833 qui porte : « Tout acte ou toute délibération d'un conseil général, relatifs à des objets qui ne sont pas légalement compris dans ses attributions, sont nuls et de nul effet.— La nullité sera prononcée par une ordonnance du chef de l'Etat. » — Par application de cette règle générale, le pouvoir exécutif a annulé 1° une délibération qui blâmait le vote de la majorité des chambres, au sujet des lois du 9 sept. 1835, relatives à la presse et au jury (ord. roy. 3-13 oct. 1835); — 2° Une déclaration d'un conseil général portant « qu'il n'y a plus d'accord possible entre lui et le préfet, et que la direction des intérêts du département doit être confiée à d'autres mains » (ord. roy. 18 oct.-1er nov. 1838); — 3° Une déclaration portant « qu'il ne peut y avoir aucun rapport ni officieux ni officiel entre le conseil général et l'ingénieur en chef des ponts et chaussées, » et émettant le vœu qu'il soit procédé à son remplacement (ord. roy. 5-17 nov. 1840); — 4° Une délibération par laquelle un conseil général ne se trouvant pas assez éclairé sur une affaire administrative, sur laquelle il avait un avis à émettre, nommait une commission chargée de se rendre sur les lieux, d'entendre les parties et d'en faire rapport à la session suivante, et celle par laquelle ce même conseil général déclarait qu'il regardait la délégation d'une commission permanente comme l'exercice d'un droit propre aux conseils généraux (ord. roy. 11-24 déc. 1842) (1). — Dans les délibérations annulées par les ordonn., des 18 oct. 1838 et 5 nov. 1840, il s'agissait bien de l'intérêt spécial du département et des besoins d'un service public du département; mais l'excès de pouvoir était dans la demande du remplacement du fonctionnaire. Une pareille injonction portait une atteinte évidente aux droits du pouvoir exécutif, à qui seul appartient la révocation comme la nomination de tous les agents publics. Il ne paraît pas douteux qu'une réclamation qui se bornerait à signaler à l'autorité supérieure la conduite des fonctionnaires publics et le préjudice qu'elle occasionne aux services et aux intérêts du département, sans provoquer du reste l'action du pouvoir exécutif, ne fût parfaitement légale (M. Thibault-Lefebvre, p. 395). — Du reste, par le libre usage de ses attributions, un conseil général aura toujours le moyen d'obtenir indirectement le remplacement d'un fonctionnaire avec lequel il sera en désaccord. Il lui suffira pour cela de refuser toute allocation pour les dépenses facultatives et travaux du service de ce fonctionnaire. Comme les ressources ordinaires ne pourront suffire longtemps à la gestion des intérêts départementaux, l'administration devra céder, à moins que sur la dissolution prononcée, les électeurs ne nomment un conseil général animé d'un autre esprit que le précédent.

786. Les vœux et réclamations des conseils des départements ont toujours été considérés comme une partie tellement importante de leurs attributions qu'on a jugé nécessaire de lui donner une certaine publicité, même aux époques où la publicité n'était guère en faveur. C'est ainsi que l'arrêté du 2 vend. an 11 prescrivait que deux mois après la session des conseils généraux le ministre de l'intérieur présentât le résumé des vœux de ces conseils et ordonnait que cette analyse serait annuellement imprimée. Depuis cette époque, la publication des cahiers des conseils généraux dans le Moniteur s'est toujours continuée jusqu'en 1851. Elle a cessé alors; mais l'usage a été remis en vigueur en 1856. Cette publication constitue aujourd'hui un ensemble de documents que consultent avec fruit tous les hommes qui s'occupent d'administration (M. Herman, t. 1, p. 208).

787. Aux attributions que nous avons expliquées, il faut en ajouter une dernière que le conseil général exerce comme surveillant des intérêts du département. Il vérifie l'état des archives et celui du mobilier appartenant au département (L. 10 mai 1838, art. 8). Ce mobilier est particulièrement celui des hôtels de la préfecture et des sous-préfectures. Nous nous en sommes occupé précédemment (V. *suprà*, n° 735).

§ 4. — *Des attributions personnelles des membres des conseils généraux.*

788. La qualité de membre d'un conseil général confère à celui qui en est revêtu quelques attributions personnelles, en outre de celles auxquelles il participe dans les délibérations du conseil. Sans prétendre donner une énumération complète, nous indiquerons les suivantes : — 1° Un membre du conseil général peut être appelé par le préfet à remplacer temporairement, comme administrateur, le sous-préfet de l'arrondissement auquel il appartient (ord. roy. 29 mars 1821, art. 3); — 2° Les membres du conseil général peuvent être appelés, sur la désignation du préfet, à faire partie du conseil de révision pour le recrutement de l'armée (L. 21 mars 1832, art. 15); — 3° Ils peuvent faire partie de la commission d'enquête qui doit être formée avant de procéder à une expropriation pour cause d'utilité publique, en vertu de l'art. 8 de la loi du 3 mai 1841; — 4° Ils peuvent être désignés par le ministre de l'instruction publique pour siéger au conseil départemental d'instruction publique (L. 15 mars 1850 et 14 juin 1854); — 5° Ils peuvent siéger dans les conseils de préfecture comme suppléants, sur la désignation soit du conseil de préfecture, soit du ministre de l'intérieur, selon les distinctions que nous avons expliquées précédemment (V. *suprà*, n° 400); — 6° Ils peuvent être nommés par le préfet membres de la commission qui est chargée, dans chaque arrondissement, de l'examen des comptes des établissements charitables (décr. 7 flor. an 13).

SECT. 6. — *Des conseils d'arrondissement.*

789. Comme le conseil général, qui est placé auprès du préfet pour l'éclairer de ses avis et délibérer sur les principaux actes d'administration, le conseil d'arrondissement est placé auprès du sous-préfet pour y exercer des fonctions consultatives et contrôler son administration. L'établissement du conseil d'arrondissement remonte à la loi du 28 pluv. an 8. Il était alors composé de onze membres dans tous les arrondissements. Les membres des conseils d'arrondissement étaient nommés par le chef de l'État pour trois ans, mais pouvaient être continués indéfiniment dans leurs fonctions. Ils étaient choisis sur la liste de notabilité communale. Les conseils d'arrondissement avaient chaque année une session de quinze jours. Ils nommaient leur président et leur secrétaire.

790. Le sénatus-consulte du 16 therm. an 10 modifia quelque peu le mode de nomination des membres des conseils d'arrondissement. Désormais ils furent choisis par le chef de l'État pour chaque place vacante, sur deux citoyens domiciliés dans l'arrondissement, présentés par les collèges électoraux d'arrondissement. D'après le même sénatus-consulte, les collèges d'arrondissement devaient se renouveler par tiers tous les cinq ans. Le décret du 13 mai 1806, qui demeura en vigueur jusqu'à la loi du 22 juin 1833, supprima en réalité la candidature élective. Les membres des conseils d'arrondissement furent nommés directement par l'empereur, et, sous la restauration, par le roi.

791. En 1828, lors de la présentation à la chambre des députés d'un projet de loi sur l'organisation départementale et municipale, l'existence des conseils d'arrondissement fut mise en question. La chambre des députés ayant proposé de les remplacer par des assemblées cantonales, le projet de loi fut retiré. — En 1832 et 1833, la même discussion s'est renouvelée à la chambre des députés. Pour combattre l'existence des conseils d'arrondissement, on soutenait que ces corps n'avaient que des

---

(1) **11-24 décembre 1842.** — Ordonnance du roi qui annule deux délibérations du conseil général du département de la Corse.

LOUIS-PHILIPPE, etc.; — Sur le rapport de notre ministre secrétaire d'État au département de l'intérieur : — Vu la délibération prise par le conseil général du département de la Corse, dans sa séance du 7 octobre 1840, et par laquelle, ne se trouvant pas suffisamment éclairé sur une affaire administrative sur laquelle il avait un avis à émettre, il nomme une commission de trois membres qu'il charge de se rendre sur les lieux, d'entendre les parties et d'en faire rapport à la session suivante; — les observations que notre ministre secrétaire d'État au département de l'intérieur a chargé le préfet du département de la Corse de mettre sous les yeux du conseil général du département; — la délibération prise par le conseil général du département dans sa séance du 22 sept. 1842, et par laquelle le conseil déclare qu'il regarde la délégation d'une commission permanente comme l'exercice d'un droit propre aux conseils généraux; — l'art. 14 de la loi du 22 juin 1833; — Vu la loi du 10 mai 1838, sur les attributions des conseils généraux;

Considérant que s'il appartient aux conseils généraux de nommer des commissions prises dans leur sein, qui, pendant le temps de leur session, feront toutes les vérifications propres à éclairer leurs votes; que s'ils peuvent émettre des vœux sur les moyens d'instruction auxquels l'administration peut recourir dans les affaires soumises à leurs délibérations, ils ne sont pas autorisés à déléguer, soit un ou plusieurs de leurs membres, soit d'autres personnes, pour remplir, hors du temps de la session, des fonctions que la loi ou les règlements ne leur ont pas confiées; notre conseil d'État entendu, etc.

Art. 1. Les délibérations ci-dessus visées du conseil général du département de la Corse sont et demeurent annulées dans celles de leurs dispositions ayant pour objet de nommer une commission, qui doit, hors du temps de la session du conseil général, se transporter sur les lieux, entendre les parties et faire un rapport dans la prochaine session.

attributions sans importance; que ces attributions seraient mieux placées dans des conseils de canton; que l'on pouvait distinguer des intérêts de département, de commune et de canton; mais qu'il n'y avait point, à proprement parler, d'intérêts d'arrondissement. — Pour le maintien des conseils d'arrondissement, on faisait valoir l'autorité de l'assemblée constituante et une expérience de trente années. On soutenait que partout où se trouve un agent actif de l'administration, on doit placer un corps délibérant : auprès du préfet, le conseil général; auprès du maire, le conseil municipal; auprès du sous-préfet, le conseil d'arrondissement; que, sauf quelques exceptions, les différents cantons d'un même arrondissement ont des intérêts et des besoins semblables, tandis qu'au contraire les arrondissements d'un même département ont des besoins et des intérêts distincts auxquels il faut donner des organes et des représentants. — Après une longue et vive discussion, la chambre se décida en faveur du maintien des conseils d'arrondissement. Voyons maintenant l'organisation qu'ils ont reçue.

792. La loi des 22-25 juin 1833, toujours en vigueur, puisque la nouvelle organisation départementale annoncée par la loi du 7 juill. 1852, art. 2, n'a pas encore été votée, dispose : — « Art. 20. Il y a dans chaque arrondissement de sous-préfecture un conseil d'arrondissement, composé d'autant de membres que l'arrondissement a de cantons, sans que le nombre des conseillers puisse être au-dessous de neuf. — Art. 21. Si le nombre des cantons d'un arrondissement est inférieur à neuf, une ordonnance royale répartit entre les cantons les plus peuplés le nombre de conseillers d'arrondissement à élire pour complément. » — Le nombre moyen des cantons de chaque sous-préfecture étant de huit, il y a dans presque tous les arrondissements un ou plusieurs cantons qui élisent deux membres. Mais trois cent sept arrondissements comptent dix cantons et au-dessous. Les arrondissements qui ont plus de douze cantons sont au nombre de vingt seulement. Enfin trente-trois arrondissements ont de dix à douze cantons.

793. Les conseils d'arrondissement, de même que les conseils généraux, sont, depuis 1848, les élus du suffrage universel. Le décret des 3-11 juill. 1848 et la loi des 7-8 juill. 1852 ont abrogé les dispositions de celle de 1833, qui exigeaient un cens électoral. La même loi des 7-8 juill. 1852 a rendu applicables aux élections des conseils d'arrondissement, comme à celles des conseils généraux, les dispositions des décrets des 2-21 fév. 1852, relatifs aux élections au corps législatif. Les mêmes règles sont donc applicables aux élections de ces divers corps, tant pour les conditions de capacité électorale et d'éligibilité que pour celles que font naître les questions de domicile, d'incompatibilité et de compétence, et pour la confection des listes, la tenue des assemblées électorales, les fonctions et attributions du bureau, les voies de recours, etc. Nous noterons seulement que les candidats au conseil d'arrondissement doivent être domiciliés dans l'arrondissement pour être éligibles, ou y payer une contribution directe, et que le nombre des candidats non domiciliés n'est pas limité au quart des membres comme pour le conseil général. Un conseil d'arrondissement pourrait donc n'être composé que de membres étrangers à l'arrondissement, pourvu qu'ils y payassent une contribution directe.

794. L'art. 25 de la loi de 1833 dispose sur la durée des fonctions des membres du conseil d'arrondissement : — « Les membres des conseils d'arrondissement sont élus pour six ans. Ils sont renouvelés par moitié tous les trois ans. A la session qui suit la première élection, le conseil général divise en deux séries les cantons de chaque arrondissement. Il est procédé à un tirage au sort pour régler l'ordre de renouvellement entre les deux séries. Ce tirage se fait par le préfet en conseil de préfecture et en séance publique. »

795. L'art. 26 déclare applicables aux conseils d'arrondissement les dispositions des art. 7, 9, 10 et 11, relatifs aux conseils généraux de département. Ces articles statuent sur l'éventualité d'une réélection, par suite de l'absence d'un membre à deux sessions consécutives; sur le droit de dissolution accordé au gouvernement; sur l'obligation, pour un conseiller élu dans deux arrondissements de faire son option; et enfin sur le délai dans lequel l'assemblée électorale doit être réunie en cas de vacance par option ou démission. Sur ces divers points nous devons renvoyer à ce qui a été dit précédemment (V. n°s 482 et suiv.).

796. L'art. 27 de la loi des 22-25 juin 1833 règle ainsi la session des conseils d'arrondissement : « Les conseils d'arrondissement ne pourront se réunir s'ils n'ont été convoqués par le préfet, en vertu d'une ordonnance du roi, qui détermine l'époque et la durée de la session. — Au jour indiqué pour la réunion d'un conseil d'arrondissement, le sous-préfet donne lecture de l'ordonnance du roi, reçoit le serment des conseillers nouvellement élus, et déclare, au nom du roi, que la session est ouverte. — Les membres nouvellement élus, qui n'ont point assisté à l'ouverture de la session, ne prennent séance qu'après avoir prêté serment entre les mains du président du conseil d'arrondissement. — Le conseil, formé sous la présidence du doyen d'âge, le plus jeune faisant les fonctions de secrétaire, nommera au scrutin et à la majorité absolue des voix son président et son secrétaire. — Le sous-préfet a entrée dans le conseil d'arrondissement; il est entendu quand il le demande, et assiste aux délibérations. » — L'art. 28 ajoute : « Les art. 13, 14, 15, 16, 17, 18 et 19 sont applicables à la session des conseils d'arrondissement. » —Nous renvoyons sur ce point à ce qui a été dit à propos des conseils généraux (n°s 634 et suiv.).

797. Comme les conseils généraux, les conseils d'arrondissement ont été investis de trois sortes d'attributions. Ils agissent : 1° comme représentants des pouvoirs législatif et exécutif dans l'étendue de leur circonscription administrative; 2° comme représentants légaux des intérêts de leur arrondissement; 3° comme organes des besoins de ce même arrondissement.—La session ordinaire des conseils d'arrondissement se divise en deux parties : la première précède et la seconde suit la session du conseil général (L. 10 mai 1838, art. 39). Comme représentant des pouvoirs législatif et exécutif, le conseil d'arrondissement délibère, dans la première partie de sa session, sur les réclamations auxquelles donnerait lieu la fixation du contingent de l'arrondissement dans les contributions directes (*ibid.*, art. 40). Il délibère également sur les demandes en réduction de contributions, formées par les communes (*ibid.*). Ces délibérations sont soumises au conseil général, qui fait droit, s'il y a lieu, aux réclamations qu'elles contiennent (V. *suprà*, n°s 685 et suiv.).

798. On s'est demandé si l'administration est tenue de communiquer aux conseils d'arrondissement les délibérations du conseil général qui statuent sur les demandes faites par les premiers? L'affirmative ne paraît pas douteuse (M. Dumesnil, n° 809). Les conseils d'arrondissement ont besoin de connaître le résultat de ces délibérations, soit pour ne pas les renouveler inutilement, soit pour se conformer à la décision du conseil général. Dans l'usage, cette communication a toujours lieu.

799. Aux termes de l'art. 41 de la loi de 1838, « le conseil d'arrondissement donne son avis : 1° sur les changements proposés à la circonscription du territoire de l'arrondissement, des cantons et des communes, et à la désignation de leurs chefs-lieux; — 2° Sur le classement et la direction des chemins vicinaux de grande communication; — 3° Sur l'établissement et la suppression, ou le changement des foires et des marchés (V. n° 1051, art. 21); — 4° Sur les réclamations élevées au sujet de la part contributive des communes respectives dans les travaux intéressant à la fois plusieurs communes, ou les communes et le département; — 5° Et généralement sur tous les objets sur lesquels il est appelé à donner son avis, en vertu des lois et règlements, ou sur lesquels il serait consulté par l'administration. » — Ces avis sont émis par le conseil d'arrondissement dans la première partie de sa session. Ils sont obligés, c'est-à-dire que l'administration, qui n'est pas tenue de les suivre et qui peut passer outre, ne pourrait cependant se dispenser de les provoquer sans que l'acte administratif qui interviendrait fût entaché d'excès de pouvoir et, par suite, susceptible d'être attaqué par la voie contentieuse par toute partie intéressée, ou méconnu (V. *suprà*, n°s 778 et suiv.). — Toutefois il faudrait faire une distinction parmi les avis dont il est parlé dans le § 5, entre ceux où le conseil d'arrondissement est appelé à donner son avis en vertu des lois et règlements, et ceux qui sont provoqués d'une manière facultative par l'administration. Le § 5 mêle ces deux sortes d'avis. Nous avons déjà remarqué pareille confusion dans l'art. 6 de la loi de 1838, et nous l'avons expliquée (n° 780).

800. L'art. 42 de la loi de 1838 admet le conseil d'arrondissement à donner son avis spontanément, sans être consulté et en vertu de sa propre initiative : 1° sur les travaux de routes, de navigation et autres objets d'utilité publique qui intéressent l'arrondissement; — 2° Sur le classement et la direction des routes départementales, qui intéressent l'arrondissement; — 3° Sur les acquisitions, aliénations, échanges, constructions et reconstructions des édifices et bâtiments destinés à la sous-préfecture, au tribunal de première instance, à la maison d'arrêt ou à d'autres services publics spéciaux à l'arrondissement, ainsi que sur les changements de destination de ces édifices; — 4° Et généralement sur tous les objets sur lesquels le conseil général est appelé à délibérer, en tant qu'ils intéressent l'arrondissement. Cette nomenclature n'est pas limitative.

801. On remarquera que, quoique les travaux publics dont il est parlé dans les art. 41 et 42 intéressent l'arrondissement et peuvent l'intéresser seul, cependant le vote du conseil d'arrondissement ne suffirait pas pour que les chambres autorisassent une imposition extraordinaire; il faut toujours que le conseil général soit consulté et émette un avis favorable à l'établissement de l'imposition. Cela a été bien reconnu à la chambre des pairs. — On s'est fondé pour décider ainsi sur ce que l'arrondissement n'est qu'une division administrative; qu'il n'est point propriétaire; que les travaux ou les édifices qu'il aurait faits avec ses propres deniers n'en seraient pas moins la propriété du département.

802. L'art. 43 de la loi de 1838 impose au préfet l'obligation de communiquer au conseil d'arrondissement le compte de l'emploi des fonds de non-valeurs en ce qui concerne l'arrondissement. Il est question de ce compte dans l'art. 24. La communication exigée par l'art. 43 a pour objet de mettre le conseil d'arrondissement en état de formuler ses réclamations sur la part qui a été faite à l'arrondissement dans la distribution des remises et des modérations de l'impôt. Au reste, le conseil d'arrondissement n'a pas à débattre ce compte. C'est un droit qui n'appartient qu'au conseil général.

803. L'art. 44 de la loi de 1838 dispose : « Le conseil d'arrondissement peut adresser directement au préfet, par l'intermédiaire de son président, son opinion sur l'état et les besoins des différents services publics, en ce qui touche l'arrondissement. » — Ce droit du conseil d'arrondissement a son analogue dans celui que l'art. 7 donne au conseil général de s'adresser directement au ministre pour les observations qu'il peut avoir à présenter sur l'état et les besoins des services publics du département. — V. nos 782 et suiv.

804. La seconde partie de la session du conseil d'arrondissement est consacrée à la répartition des contributions directes entre les communes (art. 45). Pour cette opération, le conseil d'arrondissement doit se conformer aux décisions rendues par le conseil général sur les réclamations des communes, faute de quoi le préfet en conseil de préfecture établit la répartition d'après ces décisions. Dans ce cas, la somme dont la contribution de la commune déchargée se trouve réduite est répartie au centime le franc sur toutes les autres communes de l'arrondissement, qui se trouvent ainsi surimposées d'autant.

805. La loi devait prévoir le cas où un conseil d'arrondissement risquerait de compromettre par inertie le recouvrement de l'impôt. L'art. 47 a pourvu à cette éventualité par la disposition suivante : « Si le conseil d'arrondissement ne se réunissait pas ou s'il se séparait sans avoir arrêté la répartition des contributions directes, les mandements des contingents assignés à chaque commune seraient délivrés par le préfet, d'après les bases de la répartition précédente, sauf les modifications à apporter dans le contingent en exécution des lois. » — L'art. 27 contient une disposition analogue pour les conseils généraux. V. n° 688.

806. En dehors de leurs attributions comme conseillers d'arrondissement proprement dits, les membres de ces conseils, considérés individuellement, sont investis de quelques attributions particulières. Nous indiquerons les plus importantes : — 1° Tout membre du conseil d'arrondissement peut être désigné par le préfet pour remplacer temporairement, comme fonctionnaire administratif, le sous-préfet de l'arrondissement auquel il appartient (ord. 29 mars 1821, art. 3); — 2° Aux termes de la loi sur l'instruction primaire, trois membres du conseil d'arrondissement ou habitants notables désignés par ce conseil sont membres du comité d'arrondissement chargé de surveiller et encourager l'instruction primaire; — 3° Suivant l'art. 15 de la loi du 21 mars 1832, un conseiller d'arrondissement est, sur la proposition du préfet, nommé pour faire partie des conseils de révision pour le recrutement de l'armée; — 4° Aux termes de l'art. 8 de la loi du 3 mai 1841, sur l'expropriation pour cause d'utilité publique, le préfet désigne quatre membres du conseil général ou du conseil d'arrondissement pour faire partie de la commission chargée de procéder à l'enquête qui doit précéder la déclaration d'utilité publique; — 5° Les membres du conseil d'arrondissement peuvent être nommés par le préfet membres de la commission instituée dans chaque arrondissement pour l'examen administratif des comptes de deniers des établissements charitables (décr. 7 flor. an 13).

807. Les conseils d'arrondissement peuvent-ils faire imprimer et publier les procès-verbaux de leurs délibérations? Ce droit appartient aux conseils généraux, aux termes de l'art. 26 de la loi de 1838 (V. n° 664). A l'égard des procès-verbaux des conseils d'arrondissement, non-seulement la loi est silencieuse, mais un amendement qui avait pour objet de faire consacrer la même faculté a été rejeté; nous en conclurons que la publication de ces procès-verbaux serait illégale. Nous n'admettrions pas davantage que les membres de ces conseils pussent faire publier à leurs frais les discours qu'ils auraient pu prononcer dans le cours de la session.

CHAP. 5. — DE L'ORGANISATION COMMUNALE.

808. Nous n'avons pas à traiter ici de l'administration communale dans tous ses détails. Cette vaste matière a fait ailleurs l'objet d'un traité complet (V. Commune). Mais différentes lois ayant modifié l'organisation et le régime communaux depuis l'année 1848, où s'est terminé notre travail sur la commune dans le présent répertoire, il est indispensable de faire connaître ces changements, et pour cela de reproduire les grands traits de la matière. Nous retrouverons ici la grande division que nous avons constatée sur toute l'échelle de l'organisation administrative en France, entre l'administration active et l'administration délibérante et consultative. L'administration active communale se compose du maire et de ses adjoints; l'administration délibérante et consultative, c'est le conseil municipal. Les deux autorités réunies forment ce que l'art. 1 de la loi du 5 mai 1855 appelle le corps municipal. — Nous traiterons successivement de la nomination de ces deux sortes d'autorités, telle qu'elle est actuellement réglée par la loi du 5 mai 1855, et des modifications que leurs attributions ont subies depuis la loi du 18 juill. 1837, par l'effet des décrets des 25 mars 1852 et 13 avr. 1861.

SECT. 1. — *Des maires et adjoints.*

809. Dans le système de la loi du 21 mars 1831, la nomination des maires et adjoints appartenait au chef de l'Etat ou au préfet du département selon l'importance de la commune, déterminée par le chiffre de sa population (V. Commune, nos 214 et suiv.). Le décret des 3-11 juill. 1848 avait modifié cette disposition, en accordant aux conseils municipaux, dans les communes de moins de 6,000 habitants et non chefs-lieux d'arrondissement et de département, le droit de nommer eux-mêmes les maires, en les choisissant, comme le prescrivait également la loi de 1831, parmi les membres du conseil municipal. La constitution du 14 janv. 1852 (art. 57) et la loi des 7-8 juillet de la même année revinrent au système de la loi de 1831. — La loi des 5-9 mai 1855, conforme en ce point à la constit. de 1852 et à la loi des 7-8 juillet, a maintenu au pouvoir exécutif, l'empereur ou le préfet, selon la population de la commune, le droit exclusif de nomination des maires et adjoints. — L'art. 2 de cette loi est ainsi conçu : — « Le maire et les adjoints sont nommés par l'empereur, dans les chefs-lieux de département, d'arrondissement et de canton, et dans les communes de 3,000 habitants et au-dessus.—Dans les autres communes, ils sont nommés par le préfet, au nom de l'empereur. — Ils doivent être âgés de vingt-cinq ans accomplis, et inscrits dans la commune, au rôle de l'une des quatre contributions directes.— Les adjoints peuvent être pris, comme le maire, en dehors du conseil municipal. — Le maire et les adjoints sont nommés pour cinq ans.—Ils remplissent leurs fonctions, même après l'expiration de ce terme, jusqu'à l'installation de leurs successeurs.— Ils peuvent être suspendus par arrêté du préfet. — Cet arrêté cessera d'avoir effet s'il n'est confirmé, dans le délai de deux mois, par le ministre de l'intérieur.— Les maires et les adjoints ne peuvent être révoqués que par décret de l'empereur. »

810. La disposition de l'art. 2 donne lieu à plusieurs observations.—D'abord la loi n'exige plus, comme la loi de 1831 (V. Commune, n° 213), que les maires et adjoints aient leur domicile réel dans la commune où ils sont nommés; il suffit qu'ils soient inscrits dans cette commune, au rôle de l'une des quatre contributions directes. Le rapport au corps législatif motivait ainsi cette innovation : « La France a 15,737 communes au-dessous de 500 habitants. Voilà où il faut trouver un maire, un adjoint, un conseil municipal. Or, quelques progrès qu'ait fait l'instruction, dans ces derniers temps, il est certain qu'elle n'a pas encore pénétré, à un degré suffisant, dans ces petits centres de population. Beaucoup de communes offrent donc peu de ressources pour le choix d'un maire. Obliger l'autorité à les prendre toujours parmi les domiciliés, c'est la contraindre à faire un choix moins bon et priver souvent la commune de l'utile appui d'un homme plus éclairé, qui, sans y avoir son domicile réel, s'y rattache par des intérêts communs. »

811. La loi de 1855 permet de plus de choisir les maires et adjoints, contrairement à ce qui avait lieu, sous le régime de la loi de 1831, en dehors des membres du conseil municipal. « L'exception, disait le rapporteur, s'expliquera par la raison d'Etat. Le maire a, en effet, des attributions qui le rattachent à l'administration générale; il est responsable envers la société, pour la part qui lui appartient, dans la conservation de l'ordre public. La qualité de fonctionnaire doit prédominer. De là le droit de nomination retenu par le gouvernement... » — Cette innovation, qui a donné lieu à de vives critiques et dont l'usage a motivé des réclamations particulièrement au corps législatif dans la session de 1865, n'a donc eu pour objet réel que de rendre plus libre et plus indépendante des conseils municipaux, l'action du pouvoir central. Quoi qu'il en soit de ce but de la loi, dans la session de 1865, le gouvernement s'est engagé à choisir à l'avenir les maires et adjoints dans le sein du conseil municipal, autant que cela serait possible.

812. Alors même qu'ils ont été pris en dehors du conseil municipal, comme le permet la disposition précitée, les maires et, à leur défaut les adjoints, n'ont pas moins la présidence du conseil municipal avec voix prépondérante, en cas de partage, conformément à l'art. 19.— Doivent-ils alors être réputés faire partie du conseil municipal? La question a quelque importance, car la solution qu'on y donnera en préjugera d'autres. L'exposé des motifs semble se prononcer pour l'affirmative; on y lit : « Pour le maire et l'adjoint qui le remplace, nulle difficulté : chef de l'administration municipale, investi du droit de proposition dans presque toutes les questions, chargé en outre d'exécuter toutes les délibérations, on ne comprendrait pas que le maire ne fit pas partie du conseil municipal; mais s'il y entre, ce ne peut être que pour y occuper la première place... »—Mais la jurisprudence a décidé au contraire que dans le cas où les maires sont choisis en dehors du conseil municipal, cette nomination n'a pas pour effet de leur conférer la qualité de conseillers municipaux et de les faire compter au nombre des membres du conseil municipal (V. les arrêts cités *infrà*, n° 869). — D'un autre côté la circul. minist. du 24 juin 1855, publiée en exécution de la loi pour le renouvellement intégral des conseils municipaux, disait : « Lorsque le maire ou les adjoints ont été choisis en dehors du conseil municipal, cette circonstance n'influe pas sur le nombre des conseillers municipaux. Dans tous les cas, les chiffres indiqués dans l'art. 6 restent invariables. » Malgré les paroles du rapport, cette question générale paraît donc devoir être résolue négativement.

813. La question ne saurait se présenter comme douteuse à l'égard des adjoints, au cas où le maire préside le conseil municipal, par la raison que l'art. 19 l'a prévue et résolue. Les auteurs du projet de loi de 1855 se sont demandé si, au cas où le maire préside, les adjoints pris en dehors du conseil municipal sont de plein droit membres du conseil, et ils ont résolu la question négativement, en faisant toutefois dans ce cas aux adjoints une position mixte.— « Cette question, dit l'exposé des motifs, vous fut déjà soumise en 1852, et vous la tranchâtes alors, d'accord avec le gouvernement, par une transaction que le projet propose de maintenir. — D'une part, le nombre des adjoints pouvant être assez considérable dans les grandes communes, admettre dans le conseil municipal, avec droit de vote entier, les adjoints pris en dehors de ce conseil, ce serait s'exposer à altérer trop profondément la majorité sortie de l'élection.— D'une autre part, cependant, il ne serait pas possible d'exclure complétement les adjoints du conseil municipal; car, appelés éventuellement à remplacer le maire, il faut qu'ils connaissent toutes les affaires de la commune; qu'ils soient pénétrés de l'esprit des délibérations dont bientôt, peut-être, ils auront à procurer l'exécution. — Pour satisfaire à ce double intérêt, l'art. 8 de la loi du 7 juill. 1852 avait accordé aux adjoints, pris en dehors du conseil municipal, le droit de siéger dans le conseil, mais seulement avec voix consultative, toutes les fois, bien entendu, qu'ils n'y remplaceraient pas le maire. » — L'art. 19 de la loi de 1855 reproduit, en effet, cette disposition.

814. Dans le cas le plus ordinaire, celui où les maires et adjoints sont choisis parmi les membres du conseil municipal, il n'est pas douteux, bien que la loi actuelle ne le dise pas comme la loi de 1831, que les maires et adjoints ne cessent pas de faire partie de ce conseil. Le rapporteur au corps législatif disait: «Autre chose est de dire que le maire dans certains cas et accidentellement, pourrait n'être pas membre élu du conseil municipal; autre chose est de proclamer qu'il ne pourra jamais être élu; autre chose est une faculté, autre chose est une injonction. Dans un cas, le principe électif serait une exception, mais il reste debout; tandis que dans l'autre il est détruit. »

815. La question s'est présentée de savoir si, dans le cas où un maire a été choisi en dehors du conseil municipal, il pouvait faire partie du conseil municipal dans une autre commune? Le conseil d'Etat a déclaré qu'il y aurait alors incompatibilité de fonctions (23 mai 1861, aff. élect. de Neuvicq, D. P. 61. 3. 59). — V. n° 861.

816. La loi de 1855 a modifié encore l'ancienne loi sur la durée des fonctions des maires et adjoints; elle l'a portée à cinq ans par l'art. 2 précité; tandis que celle de 1831 (art. 4) l'avait limitée à trois ans. L'art. 2 de la loi de 1855 ajoute que les maires et adjoints doivent remplir leurs fonctions, même après l'expiration de ce terme, jusqu'à l'installation de leurs successeurs.

817. On remarquera dans l'art. 2 la disposition relative au droit de suspension et de révocation des maires et adjoints. La loi nouvelle maintient sur ce point la disposition de la loi de 1831, avec une modification. Le préfet suspend les maires et adjoints; mais l'arrêté de suspension cessera d'avoir effet après le délai de deux mois, s'il n'est pas prorogé par le ministre de l'intérieur. — V. n° 1050.

818. La disposition de l'art. 3, § 1 de la loi de 1855, est ainsi conçue : « Il y a un adjoint dans les communes de 2,500 habitants et au-dessous; deux dans celles de 2,501 à 10,000 habitants. Dans les communes d'une population supérieure, il pourra être nommé un adjoint de plus par chaque excédant de 20,000 habitants. » — On remarquera que cet article maintient le nombre des adjoints tel qu'il a été déterminé dans la législation antérieure et le mesure sur le chiffre de la population. La loi de 1855 a cependant légèrement innové sur la loi de 1831. Au lieu d'exiger d'une manière absolue, qu'il y ait un adjoint de plus par chaque excédant de 20,000 habitants, la loi nouvelle laisse à cet égard le gouvernement libre de nommer cet adjoint : « Il pourra être nommé, etc. » — Cette disposition a été introduite en raison de la difficulté qu'il y a quelquefois pour le gouvernement, de pourvoir convenablement à la nomination de tous les adjoints qui devraient exister dans les grands centres de population.

819. « Lorsque la mer ou autre obstacle, ajoute le § 2 de l'art. 3 de la loi de 1855, rend difficiles, dangereuses ou momentanément impossibles les communications entre le chef-lieu et une fraction de commune, un adjoint spécial pris parmi les habitants de cette fraction est nommé en sus du nombre ordinaire : cet adjoint spécial remplit les fonctions d'officier de l'état civil, et peut être chargé de l'exécution des lois et règlements de police dans cette partie de la commune. » — Sur cette disposition, reproduite de la loi du 21 mars 1831, art. 2, et qui a son origine dans une loi du 18 flor. an 10, dont les règles de détail doivent toujours être suivies, V. v° Commune, n° 211. — Il est à remarquer que la nouvelle loi de 1855 augmente les attributions de cet agent spécial qui, en outre des fonctions d'officier de l'état civil, peut être chargé de l'exécution des lois et des règlements de police, disposition qui n'existait pas dans les lois précédentes.

820. En cas d'absence ou d'empêchement, le maire est remplacé par l'un des adjoints, et à défaut de ceux-ci, par un conseiller municipal (L. 5 mai 1855, art. 4).— Sur ce point la loi de 1855 a innové sur la loi de 1831. La loi de 1831 (art. 5) se bornait à dire qu'en cas d'absence ou d'empêchement du maire et des adjoints, le maire serait remplacé par le conseiller municipal, le premier dans l'ordre du tableau dressé suivant le nombre des suffrages obtenus » (V. Commune, n°s 346 et suiv.). —La loi de 1855, art. 4, dispose que quand le maire doit être remplacé par un conseiller municipal, il l'est par le conseiller municipal désigné par le préfet, et que c'est seulement à défaut d'une désignation, que les fonctions du maire passeront au conseiller municipal, le premier dans l'ordre du tableau. — Cette innovation, dit l'exposé des motifs, est une conséquence de la règle qui accorde au gouvernement la nomination des maires et adjoints.

821. L'art. 5 de la loi de 1855 énumère les fonctionnaires dont les attributions sont incompatibles avec celles de maire ou d'adjoints et les particuliers qui, à raison de leur situation, ne peuvent en exercer les fonctions. Cet article est ainsi conçu : « Ne peuvent être ni maires ni adjoints : 1° les préfets, sous-préfets, secrétaires généraux et conseillers de préfecture; — 2° Les membres des cours, des tribunaux de première instance et des justices de paix; — 3° Les ministres des cultes; — 4° Les militaires et employés des armées de terre et de mer en activité de service ou en disponibilité; — 5° Les ingénieurs des ponts et chaussées et des mines en activité de service, les conducteurs des ponts et chaussées et les agents voyers;—6° Les agents et employés des administrations financières et des forêts, ainsi que les gardes des établissements publics et des particuliers; — 7° Les commissaires et agents de police; — 8° Les fonctionnaires et employés des colléges communaux et les instituteurs primaires communaux ou libres; — 9° Les comptables et les fermiers des revenus communaux et les agents salariés par la commune. — Néanmoins, les juges suppléants aux tribunaux de première instance et les suppléants de juges de paix peuvent être maires ou adjoints.— Les agents salariés du maire ne peuvent être ses adjoints. — Il y a incompatibilité entre les fonctions de maire et d'adjoint et le service de la garde nationale. » —L'art. 5 de la loi de 1855 est emprunté en partie à la loi de 1831 (V. Commune, n°s 220 et suiv.); mais il donne une énumération plus complète, et il ajoute comme exerçant des fonctions ou une profession incompatibles avec les fonctions de maire ou d'adjoint : 1° les préfets et sous-préfets ; 2° les secrétaires généraux et conseillers de préfecture; 3° les gardes des établissements publics et particuliers; 4° les instituteurs libres; 5° les fermiers des revenus communaux et les agents salariés par la commune. Les raisons qui ont fait établir toutes ces incompatibilités se déduisent d'elles-mêmes : ou les fonctions qu'exercent les personnes dénommées dans l'art. 5 réclament tous leurs soins et tout leur temps; ou bien leur situation particulière pourrait faire suspecter leur impartialité ou leur désintéressement dans l'administration de la commune.

822. Les attributions des maires, telles qu'elles sont exposées avec détail au mot Commune, n°s 319 et suiv., ont été modifiées, dans les communes chefs-lieux de département, dont la population excède quarante mille habitants, par l'art. 50 de la loi de 1855, lequel a transféré au préfet dans ces villes une certaine partie des attributions de police générale des maires (V. *suprà* n°s 243 et s.). Cet article est ainsi conçu : « Dans les communes chefs-lieux de département, dont la population excède quarante mille âmes, le préfet remplit les fonctions de préfet de police, telles qu'elles sont réglées par les dispositions actuellement en vigueur de l'arrêté des consuls du 12 messidor an 8.— Toutefois, les maires desdites communes restent chargés, sous la surveillance du préfet, et sans préjudice des attributions, tant générales que spéciales, qui leur sont conférées par les lois : 1° De tout ce qui concerne l'établissement, l'entretien, la conservation des édifices communaux, cimetières, promenades, places, rues et voies publiques, ne dépendant pas de la grande voirie; l'établissement et la réparation des fontaines, aqueducs, pompes et égouts; — 2° De la police municipale, en tout ce qui a rapport à la sûreté et à la liberté du passage sur la voie publique, à l'éclairage, au balayage, aux arrosements, à la solidité et à la salubrité des constructions privées; — Aux mesures propres à prévenir et à arrêter les accidents et fléaux calamiteux, tels que les incendies, les épidémies, les épizooties, les débordements; — Aux secours à donner aux noyés; — A l'inspection de la salubrité des denrées, boissons, comestibles et autres marchandises mises en vente publique, et de la fidélité de leur débit; — 3° De la fixation des mercuriales; — 4° Des adjudications, marchés et baux.—Les conseils municipaux desdites communes sont appelés, chaque année, à voter, sur la proposition du préfet, les allocations qui doivent être affectées à chacun des services dont les maires cessent d'être chargés. Ces dépenses sont obligatoires. — Si un conseil n'allouait pas les fonds exigés pour ces dépenses, ou n'allouait qu'une somme insuffisante, l'allocation nécessaire serait inscrite au budget par décret impérial, le conseil d'État entendu. »

823. On remarquera que ce sont uniquement les attributions de police générale que cette disposition a enlevées aux maires pour les transférer aux préfets. Les attributions que la seconde partie de l'article donne aux maires désormais débarrassés des soins de la police générale leur appartenaient déjà pour la plus grande partie en vertu des lois antérieures (V. Commune, n°s 833 et suiv.).

824. La loi de 1855, art. 1, a conservé aux fonctions de maire et d'adjoints leur caractère de gratuité, en principe. Mais elle n'est pas aussi absolue, sur ce point, que celle de 1831, qui repoussait même toute espèce d'indemnité ou d'allocation pour frais de représentation (V. Commune, n°s 203 et suiv.). La loi nouvelle non-seulement n'a pas reproduit cette dernière prohibition; mais il résulte de l'exposé des motifs que les conseils municipaux ont le droit de mettre à la disposition des maires et adjoints certaines dépenses de représentation. De telles allocations n'ont pas paru inconciliables avec la gratuité des fonctions de maire et d'adjoint. On avait proposé au corps législatif d'insérer dans la loi une déclaration plus explicite : cette proposition a été écartée : « Si, par cette disposition de la loi de 1831, (celle qui pose en principe la gratuité), dit l'exposé des motifs, on entendait seulement parler d'allocations pouvant tourner au profit personnel du maire, l'addition était inutile; car cela est suffisamment compris dans l'expression *gratuites*. Elle serait mal justifiée si on voulait l'étendre aux sommes que, dans quelques grandes villes, le conseil municipal peut mettre à la disposition du premier magistrat de la cité, pour certaines dépenses de représentation, qu'il ne serait pas équitable de laisser à la charge personnelle de ce fonctionnaire. »—La disposition de la loi de 1855 ne doit donc pas être entendue dans le même sens strict que celle de 1831.

825. Le maire a pour auxiliaires dans l'exercice de ses attributions de police, le commissaire de police. L'institution des commissaires de police a subi depuis le rétablissement de l'empire quelques modifications. La principale résulte du décret du 28 mars 1852, qui prescrit l'établissement d'un commissaire de police dans chaque canton sans égard au chiffre de la population, tandis que, d'après la législation antérieure, il fallait qu'une commune possédât cinq mille habitants au moins pour avoir un commissaire de police. — V. n° 828.

826. D'autres changements au régime de la police municipale ont été essayés, mais sans succès. La création d'un ministère spécial de la police, dans les premiers jours de l'année 1852, avait déterminé l'établissement d'inspecteurs généraux et spéciaux de police (décr. 30 janv. 1852, art. 7 et suiv.). Mais bientôt ces inspecteurs furent supprimés et remplacés par des commissaires de police départementaux (décr. 5 mars 1853), soumis à la surveillance de hauts fonctionnaires de l'Etat, lesquels étaient chargés de visiter, à cet effet, toutes les parties de l'empire (décr. 5 mars 1853, et 8 avr. 1853; D. P. 53. 4. 67. 68).

827. La suppression du ministère de la police par décret du 21 juin 1853, entraîna celle des commissaires de police départementaux (décr. 22 mars 1854, non inséré au bull. des lois). Les trois départements des Bouches-du-Rhône, de la Haute-Garonne et de la Gironde qui avaient été d'abord exceptés de la mesure, rentrèrent bientôt dans le droit commun (décr. des 20 mars, 30 mai et 2 juin 1855). A partir de 1855, nous ne trouvons donc plus que des commissaires de police cantonaux dont une circulaire ministérielle du 3 avr. 1854 s'était appliquée à faire ressortir les avantages. — Mais, quoi qu'il en soit de la valeur de ces divers essais plus ou moins heureux, sous l'impulsion du régime des commissariats cantonaux, établi par le décret du 28 mars 1852, le service de la police s'est trouvé sensiblement fortifié dans les départements. Le ressort des commissaires de police a été étendu; leur action a été relevée et leur autorité morale a grandi d'autant. Plusieurs circulaires ministérielles ont tracé avec précision les devoirs et attributions des commissaires de police, dans leurs rapports avec les administrés (V. notamment les circulaires des 14 nov. 1849, 6 déc. 1853).

828. Le décret du 28 mars 1852, en établissant des commissaires de police cantonaux a pourvu en même temps à leur traitement. Jusqu'alors, l'art. 12 de la loi du 28 pluv. an 8 ne prescrivant l'établissement des commissaires de police que dans les communes de cinq mille habitants au moins, pour toutes les autres communes, la dépense était facultative, et elle l'était à ce point que, même après avoir demandé la création d'un commissariat de police et avoir voté les fonds nécessaires, toute commune de moins de cinq mille habitants pouvait refuser de continuer ce vote, sans que l'administration eût le droit d'inscrire d'office la somme au budget; ainsi l'avait jugé le conseil d'Etat par un arrêt du 13 août 1851 (1). Le décret du 28 mars 1852 a changé cet état de choses, en se fondant, dans son préambule, sur ce que le système de la loi de l'an 8 ne répondait plus suffisamment aux besoins du service public, et que le maintien de l'ordre et de la sécurité exigeait que la surveillance des commissaires de police reçût une plus grande étendue. Le traitement des commissaires de police est devenu obligatoire. Toutes les communes du canton y contribuent proportionnellement, et le préfet en conseil de préfecture fait la répartition de la dépense entre elles. Le préfet accomplit alors un acte d'administration, non de juridiction. — Il a été jugé que la répartition de la dépense du traitement du commissaire de police cantonal faite par le préfet et en conseil de préfecture, entre la commune chef-lieu et les autres communes du canton auxquelles leurs ressources permettent d'y participer, est un acte d'administration non susceptible d'être déféré au conseil d'Etat, et contre lequel il n'y a de recours que devant le ministre (cons. d'Et. 4 juill. 1860, aff. comm. d'Argœuvres, D. P. 60. 3. 50).

829. Depuis 1852, il est intervenu, indépendamment de plusieurs dispositions de détail, un règlement général, des 1er mars-11 avr. 1854, qui semble avoir voulu reprendre et refondre en un seul contexte les nombreuses dispositions antérieures sur l'organisation et les attributions de la gendarmerie (V. D. P. 54. 4. 40). Ce décret de 1854 n'étant guère qu'un travail de codification, ne nécessite pas d'examen spécial, quoiqu'il contienne quelques innovations sur le pouvoir réglementaire du chef de l'Etat. — Il faut rapprocher de ce décret: — 1° Le décret du 10 oct. 1855, relatif à l'admission d'élèves gendarmes dans le corps de la gendarmerie (D. P. 55. 4. 102); — 2° Le décret du 17 juill. 1856, qui dispense désormais de la formalité de l'affirmation les procès-verbaux dressés par les brigadiers et les gendarmes; — 3° La loi du 9 juin 1857 (code de just. milit.) qui, au point de vue de la compétence des conseils de guerre pour juger les gendarmes, en excepte les crimes et délits commis par ceux-ci dans l'exercice de leurs fonctions relatives à la police judiciaire et à la constatation des contraventions en matière administrative (art. 59, 60, 61). Cette exception se justifie par cette considération que la gendarmerie est tout à la fois un corps administratif et un corps militaire (L. du 28 germ. an 6, art. 97; décret précité du 1er mars 1854, art. 576). — V. Organisat. milit.

830. Plusieurs lois et règlements ont ajouté aux fonctions des gardes champêtres ou les ont modifiées sur quelques points secondaires depuis l'année 1850. Nous nous contenterons de les indiquer. Ce sont les suivants: — 1° La loi du 30 mai 1851, sur la police du roulage, qui accorde aux gardes champêtres le droit de constater les contraventions en cette matière (art. 15; V. Voitures publ., n° 214); — 2° Le décret de décentralisation administrative du 25 mars 1852, art. 5, qui accorde désormais aux préfets la nomination des gardes champêtres (V. *suprà*, n° 535); — 3° Le décret du 5 avr. 1852 portant (art. 5) que la prestation de serment des gardes champêtres aura lieu devant les juges de paix de leur canton (V. Serment, n° 78); — 4° Le décret du 1er mars 1854 sur la gendarmerie, qui règle (art. 654 et suiv.) les rapports des gardes champêtres avec la gendarmerie. — Il faut ajouter que deux projets, le projet, depuis longtemps préconisé, de l'embrigadement des gardes champêtres (V. le Moniteur du 21 mars 1857) et le projet de code rural, dont le conseil d'Etat est actuellement saisi et qui pourvoirait à la réalisation de cette mesure, auraient modifié assez sensiblement la constitution de ces modestes auxiliaires, s'ils étaient parvenus à se réaliser.

Sect. 2. — *Du conseil municipal.*

831. Dans chaque commune, à côté du maire se trouve placé le conseil municipal, conseil électif dont les fonctions consistent à aider, éclairer et contrôler l'administration du maire dans l'intérêt de la commune. Le maire et le conseil municipal ont une origine commune, comme le sous-préfet et le conseil d'arrondissement, le préfet et le conseil général. Jusqu'en 1848, la loi du 21 mars 1831 réglait la nomination des conseil municipaux. Mais la révolution de 1848 ayant substitué, dans notre droit public, le principe du suffrage universel au régime censitaire, un décret des 3-11 juill. 1848 a posé de nouvelles règles pour l'électorat et l'éligibilité aux conseils municipaux, et a

(1) (Comm. de Montesquieu-Volvestre.) — Au nom du peuple français; — Le conseil d'Etat, section du contentieux; — Vu la loi du 28 pluv. an 8, art. 12; — Vu celle du 18 juill. 1837, art. 30; — Vu l'arrêté consulaire du 19 niv. an 8, celui du 23 fructid. an 9; — Considérant que l'art. 30 de la loi du 18 juillet 1837 ne range dans les dépenses obligatoires des communes le traitement et les frais de bureau des commissaires de police, que tels qu'ils sont déterminés par les lois; que l'art. 12 de la loi du 28 pluv. an 8 ne prescrit l'établissement de commissariats de police que dans les communes de cinq mille habitants au moins;

Considérant que la commune de Montesquieu-Volvestre a moins de 5,000 habitants; qu'ainsi l'engagement par elle souscrit en 1845, de subvenir, par une allocation de 600 fr., à la dépense que devait occasionner l'établissement par elle sollicité d'un commissariat de police, ne s'appliquait qu'à une dépense facultative, dont l'ordonnance ci-dessus visée, qui a créé ce commissariat de police, n'a pu changer le caractère; que dès lors, ladite commune était en droit de refuser de continuer cette allocation, et qu'en prescrivant l'inscription d'office de cette dépense au budget de Montesquieu-Volvestre pour 1850, le préfet de la Haute-Garonne et le ministre de l'intérieur ont excédé leurs pouvoirs;

Art. 1. La décision du ministre de l'intérieur, en date du 27 mai 1850, ensemble l'arrêté du préfet de la Haute-Garonne, du 28 fév. précédent, sont annulés. L'inscription faite d'office au budget de la commune de Montesquieu-Volvestre, en exécution de l'arrêté précité, sera considéré comme non avenue.

Du 13 août 1851.-Cons. d'Ét.-M. Lucas, rap.

abrogé celles des dispositions de la loi de 1831 qui étaient relatives aux conditions de cens et d'éligibilité. Après la restauration de l'empire, la loi des 7-8 juill. 1852, sur le renouvellement des conseils municipaux, déclara maintenir cet état de choses, en promettant toutefois une loi définitive sur l'organisation municipale. — Cette promesse a été réalisée par la loi du 5 mai 1855. La loi de 1855 abroge expressément par son art. 51 la loi du 21-23 mars 1831, ainsi que celles des dispositions du décret de 1848 et de la loi de 1852 précitées, relatives à l'organisation des corps municipaux. Nous avons à reprendre ici la matière pour y signaler les innovations que cette loi y a introduites.

832. Il importe toutefois de remarquer que l'abrogation de la loi du 7 juill. 1852 étant expressément restreinte aux dispositions relatives à l'organisation municipale, les autres dispositions de cette loi et des lois antérieures auxquelles elle se réfère sont demeurées en vigueur. C'est ainsi que les deux décrets du 2 fév. 1852 qui ont organisé les élections législatives d'après le principe du suffrage universel, sont applicables aux élections communales sur tous les points que la loi municipale de 1855 n'a pas réglés. Telle est au moins la doctrine de la cour de cassation. Cette cour a déclaré que le décret du 2 fév. 1852 sur les élections législatives est la loi organique du suffrage universel (Crim. cass. 11 mai 1861, aff. Lelaidier, D. P. 61. 1. 402). Nous devons dire dès à présent cependant que cette doctrine n'est pas celle du conseil d'Etat. — Mais quoique le législateur de 1855 ait eu la pensée, ainsi qu'il est dit dans l'exposé des motifs, « de présenter un texte unique, complet, se suffisant à lui-même, » la nécessité ne force pas moins, comme nous le verrons, de compléter quelquefois la loi de 1855 par le décret du 2 fév. 1852.

Art. 1.—*De la composition du conseil municipal.*

833. La loi du 5 mai 1855 a réglé le nombre des membres qui composent le conseil municipal de la commune sur le nombre des habitants. Le conseil municipal est composé de dix membres dans les communes de cinq cents habitants et au-dessous, de douze dans celles de cinq cents et un à quinze cents, de seize dans celles de mille cinq cents et un à deux mille cinq cents, de vingt et un dans celles de deux mille cinq cents et un à trois mille cinq cents, de vingt trois dans celles de trois mille cinq cents et un à dix mille, de vingt sept dans celles de dix mille et un à trente mille, de trente membres dans les communes de trente mille et un habitants à quarante mille; de trente-deux, dans celles de quarante mille et un habitants à cinquante mille; de trente-quatre, dans celles de cinquante mille et un habitants à soixante mille; enfin de trente-six, dans celles de soixante mille et un habitants et au-dessus (art. 6). — La loi de 1831 déterminait également le nombre des conseillers municipaux d'après celui des habitants de la commune (V. Commune, n° 205); mais la gradation a été modifiée par la loi de 1855.

834. Aux termes de l'art. 8, les conseillers municipaux doivent être âgés de vingt-cinq ans accomplis. Cet âge doit se compter au jour de l'élection.—Si donc la majorité absolue ou la pluralité était acquise à un électeur ayant moins de vingt-cinq ans, le bureau pourrait déclarer son élection nulle, et faire procéder à une nouvelle nomination lors du second scrutin, ou proclamer le candidat qui viendrait ensuite selon l'ordre des suffrages. — Ainsi l'expliquait sous le régime de la loi de 1831 une circulaire ministérielle du 11 août 1831.—Il a été jugé : 1° que le défaut d'âge requis pour l'éligibilité est une cause de nullité de l'élection du conseiller élu (cons. d'Et. 5 juin 1838, M. Mauzé, rap., élect. de Paris-l'Hôpital);—2° Que le candidat élu dont l'élection est attaquée sur le motif que, d'après son acte de naissance, il n'avait pas, au moment de cette élection, l'âge exigé par la loi, ne peut obtenir un délai pour provoquer la rectification de son acte de naissance, s'il n'a pas déjà demandé cette rectification devant l'autorité compétente (cons. d'Et. 9 juill. 1856, élect. d'Evisa, D. P. 57. 3. 17).

835. La loi du 21 mars 1831 (art. 19), exigeait des éligibles la jouissance des droits civiques. La loi de 1855 garde le silence sur ce point. Dans le silence de la loi, il faut se référer au décret-loi du 2 fév. 1852 sur les élections législatives, qui a été déclaré applicable aux élections municipales par la loi du 7 juill. 1852. Or, ce décret (art. 12 et 26 combinés), exige la jouissance des droits civils et politiques, tant pour les électeurs que pour les éligibles. — Il a été jugé, sous le régime de la loi de 1831, que le membre du conseil municipal déclaré en état de faillite cesse, par le fait seul du jugement, de faire partie du conseil, et que pour procéder à son remplacement il n'est besoin ni de sa démission ni d'une décision spéciale prononçant sa radiation (cons. d'Et. 2 mars 1839, M. Letellier, rap., élect. de Saint-Esprit).

836. Il n'est pas nécessaire d'être domicilié dans la commune pour être membre du conseil municipal. La négative s'induit du silence de la loi. Il en est autrement à l'égard des électeurs, pour qui cette condition est expressément exigée par l'art. 7 de la loi de 1855, et par la loi des élections législatives du 2 fév. 1852.—Un amendement, proposé lors de la discussion de la loi du 5 mai 1855 et ayant pour objet de rendre la condition du domicile des candidats dans la commune obligatoire, n'a pas été accueilli. « La commission, dit le rapporteur, a préféré, comme le gouvernement, laisser au suffrage universel la pleine liberté de son action. Les inconvénients que semblent craindre les auteurs de l'amendement nous paraissent, à nous, plus théoriques que pratiques. Les électeurs d'une commune seront toujours plus portés à voter pour des gens qui habitent la commune, comme eux, que pour des étrangers. Si leurs suffrages s'adressent ailleurs accidentellement, ce sera presque toujours pour introduire dans le conseil quelque propriétaire qui n'aura pas son domicile réel dans la commune, mais qui viendra y résider chaque année, pendant quelque temps. » — Jugé, par suite, qu'aucune disposition de loi ne prescrit que les membres des conseils municipaux soient domiciliés dans la commune (Cons. d'Et. 14 juin 1861, M. Walckenaër, rap., élect. de Saint-Yan). — Encore moins est-il exigé qu'ils aient une propriété dans la commune (cons. d'Et. 30 août 1861, M. de Raynal, rap., élect. de Clermont).

837. La loi n'exige aucune condition d'aptitude personnelle des candidats aux fonctions de conseiller municipal. — Il a été jugé : 1° qu'elle n'établit pas d'incapacité de siéger dans les conseils municipaux, à l'égard des citoyens qui ne sauraient ni lire ni écrire (cons. d'Et. 29 juin 1853, M. de Belbeuf, rap., élect. de Quasquara; 26 mars 1856, M. Plichon, rap., élect. de Mont-Saint-Aignan; 30 août 1861, M. de Raynal, rap. élect. de Clermont);— 2° Que l'individu qui a subi une condamnation à l'amende ainsi qu'à des restitutions et dommages-intérêts envers une commune, pour avoir laissé couper des arbres, sans dresser de procès-verbal, dans une forêt appartenant à celle-ci et dont la garde lui était confiée, n'est pas incapable d'être élu conseiller municipal; on assimilerait à tort cette condamnation à une condamnation pour complicité de vol (cons. d'Et. 2 juill. 1861, élect. de la Bosse, D. P. 62. 3. 36).

838. Les art. 9 et 10 de la loi de 1855 énumèrent les classes de personnes incapables d'être promues aux fonctions de conseiller municipal, et celles pour lesquelles les fonctions qu'elles exercent créent une incompatibilité. — L'art. 9 est ainsi conçu : « Ne peuvent être conseillers municipaux : — 1° Les comptables de deniers communaux et les agents salariés de la commune; — 2° les entrepreneurs de services communaux; — 3° les domestiques attachés à la personne; — 4° les individus dispensés de subvenir aux charges communales, et ceux qui sont secourus par les bureaux de bienfaisance. »

839. On remarquera, sur le § 1 de l'art. 9, que l'incapacité ne frappe que les comptables des deniers de la commune, et que la situation de comptable n'est pas par elle-même une cause d'incapacité absolue. La loi a voulu seulement que le conseil municipal, qui est appelé à contrôler la comptabilité du maire ne renfermât pas dans son sein des comptables placés précisément sous la dépendance de ce fonctionnaire. — Il a été jugé sous la loi de 1831, art. 18, qui déclarait également les comptables communaux incapables de faire partie du conseil municipal : — 1° Qu'un receveur de bureau de bienfaisance ne peut être considéré comme comptable de deniers communaux, et à ce titre incapable d'être nommé conseiller municipal, qu'autant que son bureau reçoit une subvention de la caisse communale (cons. d'Et. 8 janv. 1836, M. Robillard, rap., élect. de Tonnerre; V. toutefois v° Commune, n° 208); — 2° Qu'un percepteur des contributions directes peut être nommé membre du conseil municipal dans la ville où il réside, lorsque les deniers de la commune sont perçus par un receveur municipal : les centimes additionnels qu'il reçoit, et la remise qui lui est allouée à cet égard ne suffisent pas pour le faire considérer comme comptable et agent salarié de la commune (cons. d'Et. 17 sept. 1838, M. Saglio, rap., aff. Barthélemy).

840. La même classe d'incapables comprend les agents salariés de la commune. L'interprétation de ces mots : *agents salariés de la commune*, a fait naître de grandes difficultés. La loi de 1831 contenait une disposition semblable; mais la discussion de cette loi, pas plus que celle de la loi de 1855, n'a jeté de lumière sur le sens que le législateur attachait aux expressions qu'il a employées. — Cependant la cour de cassation a décidé que le texte de la loi sur ce point, loin d'offrir doute ou ambiguïté, présente un sens trop clair et trop naturel pour pouvoir donner lieu à aucune interprétation, et que par cette expression, *agent salarié*, on entend celui qui est chargé d'une fonction ou d'une mission qui lui impose un devoir pour l'accomplissement duquel il reçoit un salaire à titre d'indemnité (Civ. cass. 4 mars 1844, aff. Duchapt, V. n° 981-2°). — Mais, quoi qu'en dise cet arrêt, l'interprétation du texte n'est pas aisée, et la définition qu'il donne n'est pas de nature à résoudre toutes les difficultés qui se présentent. Faut-il comprendre parmi les agents salariés les médecins des pauvres, les professeurs des colléges communaux, les bibliothécaires de la commune, etc.? Il serait difficile, du reste, de déterminer d'une manière très-précise le sens de ces mots : *agents salariés* et de ramener à une doctrine unique les nombreuses décisions qui les ont interprétés. Le conseil d'Etat, comme le dit M. Batbie (t. 4 n° 304), paraît principalement avoir recherché si le conseiller dont la capacité légale est contestée se trouvait dans une situation dépendante de l'administration municipale, de cette dépendance que suppose la qualité d'agent salarié de la commune. — Si la dépendance n'est pas entière, cette circonstance que le conseiller élu touche un salaire plus ou moins considérable n'est pas une cause d'incapacité.

841. Il a été jugé, d'une part, qu'il y a incompatibilité entre les fonctions de conseiller municipal et celles 1° d'agent voyer d'une commune, rétribué sur les fonds communaux (cons. d'Et. 3 sept. 1844, élect. de Negrepelisse, D. P. 45. 3. 73); — 2° D'instituteur primaire d'une commune (cons. d'Et. 16 avr. 1856, élect. de Villard-d'Arène, D. P. 56. 3. 63); — ... alors même que ces fonctions seraient provisoires (cons. d'Et. 5 janv. 1850, élect. de Thorame, D. P. 50. 3. 60); — 3° de professeur de dessin dans une école commerciale, si l'emploi est à la nomination du maire et rémunéré sur les fonds de la commune (cons. d'Et. 18 nov. 1846, élect. de Toulouse, D. P. 47. 3. 3).

842. Il a été jugé, d'autre part, que l'inéligibilité dont sont frappés les agents salariés de la commune ne s'applique : 1° ni à l'inspecteur des eaux thermales d'une commune, lequel est salarié par l'Etat et non par la commune (cons. d'Et. 19 avril 1838, M. Hély-d'Oissel, rap., élect. d'Encausse); — 2° Ni au professeur d'un collége communal, y eût-il même une subvention accordée par la commune à ce collége (cons. d'Et. 8 juin 1847, élect. de Saint-Quentin, D. P. 47. 3. 193); — 3° Ni aux professeurs d'une école préparatoire de médecine et de pharmacie, ces professeurs étant des fonctionnaires de l'université nommés par le ministre de l'instruction publique (cons. d'Et. 8 janv. 1847, M. Bouchené-Lefer, rap., élect. de Limoges; 31 mars 1847, M. Guilhem, rap., élect. de Nantes; 23 mai 1861, élect. de Toulouse, D. P. 62. 3. 65),... bien que ces professeurs reçoivent une subvention de la commune (trib. de Limoges, 21 juill. 1846, aff. Lemoine, D. P. 46. 3. 123); — 4° Ni au professeur d'astronomie d'une faculté des sciences, quand même il serait dans la même ville directeur de l'observatoire (cons. d'Et. 23 mai 1861, élect. de Toulouse, D. P. 62. 3. 65); — 5° Ni aux instituteurs libres (cons. d'Et. 30 août 1861, élect. de Sous-Moulin, D. P. 62. 3. 54); — 6° Ni au médecin en chef d'un hospice, alors que, nommé par la commission administrative de l'hospice, il est rétribué sur le budget de l'établissement (même arrêt du 23 mai 1861); — 7° Ni à l'économe d'un hospice dont le traitement n'est pas payé par la commune (cons. d'Et. 8 mai 1841, M. Gomel, rap., aff. Griotteray); — 8° Ni au médecin vérificateur des décès dans une commune, non-seulement quand ces fonctions sont remplies gratuitement, mais encore lorsque le médecin reçoit des honoraires pour ses visites (cons. d'Et. 9 janv. 1846, élect. de Torcy, D. P. 46. 3. 49); — 9° Ni au médecin cantonal chargé de donner des soins aux indigents, qui reçoit sa commission du préfet et à qui une rétribution annuelle est allouée sur un fonds commun fourni par les communes du canton (cons. d'Et. 23 juill. 1856, élect. de Voulx, D. P. 57. 3. 17); — 10° Ni à l'architecte chargé de la direction des travaux de construction d'un édifice communal, tel que l'église de la commune : les honoraires qu'il reçoit pour cette direction, ne peuvent le faire réputer agent salarié de la commune (cons. d'Et. 29 juin 1847, élect. de Rive-de-Gier, D. P. 47. 3. 177); — 11° Ni à l'individu qui s'est engagé, moyennant un prix, de remonter l'horloge de la commune (cons. d'Et. 22 août 1844, élect. de Saint-Laurent-des-Eaux, D. P. 45. 3. 73); — 12° Ni à l'individu dont la femme est rétribuée sur les fonds communaux, en qualité d'institutrice, lorsque lui personnellement ne reçoit aucun salaire de la commune (cons. d'Et. 18 mai 1837, M. du Martroy, rap., élect. de Dieppe).

843. L'incapacité des comptables communaux et des agents salariés de la commune n'est que temporaire, ou plutôt cette incapacité n'est en réalité qu'une incompatibilité. Elle cesse s'il y a eu, avant l'élection ou l'installation du candidat démission, ou révocation de la fonction qui formait l'incompatibilité. — Jugé dans ce sens : 1° que l'élection d'un citoyen, comme conseiller municipal, est valable, bien qu'il exerçât les fonctions de secrétaire de la mairie, s'il a déclaré y renoncer avant d'être installé en sa nouvelle qualité (cons. d'Et. 11 avr. 1834, M. Montaud, rap., aff. Desbrest; 19 avr. 1838, M. Hély-d'Oissel, rap., élect. d'Encausse); — 2° Ou s'il a donné sa démission verbalement le jour de son élection, et l'a depuis renouvelée par écrit (cons. d'Et. 18 juill. 1838, M. du Martroy, rap., élect. de Castet); — 3° Que, bien que les fonctions de gérant provisoire de la recette municipale d'une ville soient incompatibles avec celles de conseiller municipal, si cependant, par lettres adressées au préfet et au maire, ce gérant, avant l'installation et même avant l'élection, a déclaré se démettre des fonctions qu'il avait provisoirement remplies, cette circonstance ayant fait cesser l'incompatibilité résultant soit de la qualité de comptable, soit de celle de salarié, son élection comme membre du conseil municipal est valable (cons. d'Et. 16 août 1832, M. Montaud, rap., aff. Torte-Ostalet). — Décision conforme à l'égard d'un instituteur primaire qui, avant l'élection, avait, par une lettre adressée à l'inspecteur primaire, déclaré se démettre de ses fonctions (cons. d'Et. 16 avr. 1856, élect. de Villard-d'Arène, D. P. 56. 3. 63); — 4° Que, de même, l'inéligibilité des agents comptables de la commune, cesse en cas de révocation de ces fonctionnaires avant l'ouverture des opérations électorales; et qu'il en est ainsi, encore que le candidat élu n'aurait, de fait, cessé ses fonctions qu'après l'élection, si, d'ailleurs, il ne les exerçait plus à l'époque de son installation (cons. d'Et. 24 août 1849, aff. Lépine, D. P. 50. 3. 10.; 16 avr. 1856, aff. élect. de Villard-d'Arène, D. P. 56. 3. 63); — 5° Que, lorsque le conseil de préfecture, statuant sur l'élection au conseil municipal d'un candidat qui exerçait des fonctions incompatibles avec celle de conseiller municipal, a annulé cette élection sans que le candidat ait été mis préalablement en demeure d'opter, si, dans l'intervalle de la décision du conseil de préfecture à celle du conseil d'Etat, le candidat donne sa démission des fonctions qui s'opposaient à son élection, cette élection doit être validée (cons. d'Et. 15 déc. 1864, M. de Baulny, rap., élect. d'Aulnoye).

844. Décidé toutefois, avant la loi de 1855, que la nullité d'une élection au conseil municipal, pour cause d'incompatibilité de fonctions, doit être prononcée sans qu'il y ait lieu au préalable de mettre le citoyen en demeure d'opter entre ses fonctions et celles de conseiller municipal (cons d'Et. 5 janv. 1850, aff. élect. de Thorame, D. P. 50. 3. 60).

845. La seconde classe d'incapables pour les fonctions de conseiller municipal est celle des entrepreneurs des services communaux. L'exposé des motifs explique ainsi le deuxième paragraphe de l'art. 9 de la loi de 1855 : « L'incapacité prononcée contre les entrepreneurs de services communaux ne concerne que les services qui créent entre les communes et les entrepreneurs des rapports d'intérêts constants et pour ainsi dire journaliers ; tels sont, par exemple, le service du balayage, celui de l'éclairage et autres analogues. Un marché contracté avec la commune pour un travail déterminé, pour la construction d'un chemin ou celle d'un édifice, donnerait lieu seulement à l'application de l'art. 22 du projet. » Cet art. 22 est devenu dans la loi l'art. 21. Il dispose que, dans les affaires où ils ont intérêt, soit en leur nom personnel, soit comme mandataires, les membres du conseil municipal ne peuvent prendre part aux délibérations. — Il a été jugé que l'incapacité édictée par le § 2 de l'art. 9 ne peut être appliquée : 1° à des candidats qui, antérieurement aux élections, ont fait diverses fournitures ou travaux pour le compte de la commune (cons. d'Et. 26 mars 1856, M. Plichon, rap., aff. élect. de Mont-Saint-Aignan); — 2° A un fermier des biens communaux (même arrêt); — 3° Et, par exemple, à l'individu qui a été déclaré fermier de locaux affectés par une commune à usage de boucherie, avec la faculté de les sous-louer en tout ou en partie, ce fermier n'étant qu'un simple locataire d'un immeuble communal (cons. d'Et. 21 juin 1859, M. David, rap., élect. de Clécy); —4° A un adjudicataire de droit de plaçage sur une foire, cet adjudicataire ne devant être considéré que comme un fermier de revenus communaux (même arrêt du 21 juin 1859; Conf. 16 avr. 1856, élect. de Lesparre, D. P. 56. 3. 63).

846. Mais le conseil d'Etat a considéré, au contraire, comme entrepreneur d'un service communal, dans le sens de l'art. 9 de la loi du 5 mai 1855 : 1° l'individu qui s'est rendu adjudicataire pour plusieurs années du service de l'éclairage d'une commune (cons. d'Et. 29 mai 1861, M. Paixhans, rap., élect. d'Arpajon; 6 mai 1863, M. Roussigné, rap., élect. d'Hautmont); — 2° L'individu qui, aux termes d'un procès-verbal d'adjudication, a l'entreprise des travaux neufs et d'entretien à exécuter pendant un délai déterminé sur les chemins vicinaux d'une commune (cons. d'Et. 12 août 1861, M. Vicaire, rap., élect. de Laperche); —3° Le fermier des droits d'octroi d'une commune (cons. d'Et. 13 juin 1862, M. Walckenaër, rap., élect. de Saint-Florent).

847. L'incapacité ne cesse pas, par cela que l'entrepreneur aurait cédé à un tiers l'exécution de son marché vis-à-vis de la commune, s'il continue d'être entrepreneur; dans ce cas, il reste soumis aux exclusions prononcées par la loi de 1855 contre les entrepreneurs communaux (cons. d'Et. 29 mai 1861, M. Paixhans, rap., élect. d'Arpajon).

848. Le § 3 de l'art. 9 exclut des fonctions de conseiller municipal les domestiques attachés à la personne. La loi de 1831 n'avait pas prévu cette sorte d'incompatibilité. On remarquera dans la loi ces mots : *attachés à la personne*. — Jugé : 1° que l'on ne doit pas considérer comme domestique attaché à la personne, dans le sens de l'art. 9 de la loi du 5 mai 1855, et comme étant, par suite, incapable d'être élu membre du conseil municipal, l'individu employé habituellement aux travaux du jardin et aux soins de la basse-cour, dans la maison d'un habitant de la commune, où il n'est ni logé ni nourri (cons. d'Et. 31 janv. 1856, élect. de Wambez, D. P. 56. 3. 72); — 2° Qu'il en est de même à l'égard de l'individu chargé de surveiller le personnel des domestiques et ouvriers, de vendre les denrées provenant d'une exploitation agricole et de faire les achats qui s'y rattachent, et qui en outre est imposé dans la commune à la contribution personnelle (cons. d'Et. 20 juill. 1859, M. de Belbeuf, rap., aff. Lechevallier).

849. L'incapacité du § 4 de l'art. 9 atteint les individus dispensés des charges communales, ou secourus par les bureaux de bienfaisance. Ce sont les indigents, à proprement parler, que cette disposition de l'art. 9 de la loi de 1855 entend exclure du conseil municipal. Il a été jugé que l'individu qui figure sur la liste des indigents de la commune et qui, au commencement de l'année où ont eu lieu les élections, a pris part à une distribution de secours faite aux plus pauvres habitants de la commune, est frappé de l'incapacité établie par l'art. 9 de la loi du 5 mai 1855 (cons. d'Et. 14 juin 1861, élect. de Silley).

850. Mais il a été décidé d'un autre côté : 1° que la circonstance qu'un candidat ne paye aucune contribution dans la commune ne suffit pas pour le faire considérer comme dispensé de subvenir aux charges communales, et par suite comme inéligible (cons. d'Et. 3 mai 1861, M. David, rap., élect. de Devèze); — 2° Que l'incapacité établie par cet art. 9 ne peut être appliquée à un candidat qu'aucune délibération du conseil municipal n'a dispensé de contribuer aux charges communales, qui est inscrit au rôle de la contribution personnelle et que son âge seul dispense de la prestation en nature (cons. d'Et. 26 mars 1856, élect. de Bourg-Charente, D. P. 62. 3. 54).

851. Nous ferons ici une remarque qui s'applique à toutes les incapacités qui viennent d'être énumérées. L'incapacité crée une cause de nullité de l'élection; l'incompatibilité oblige seulement le conseiller élu à opter entre les fonctions qu'il exerçait et celles de conseiller municipal. L'élection n'est annulée que s'il ne déclare pas opter pour ces dernières fonctions (M. Batbie, t. 4, n° 306). L'incapacité s'estime au moment où l'élection a lieu. Si elle venait à cesser après l'élection et avant l'installation du candidat élu, l'élection ne devrait pas moins être annulée. Il en est autrement de l'incompatibilité (M. Cabantous, n° 319).

852. L'art. 10 énumère non plus les incapacités soit absolues, soit relatives ou temporaires, mais les incompatibilités; il est ainsi conçu : — « Les fonctions de conseiller municipal sont incompatibles avec celles : — 1° De préfets, sous-préfets, secrétaires généraux, conseillers de préfecture; —2° De commissaires et d'agents de police; — 3° De militaires ou employés des armées de terre et de mer en activité de service; —4° De ministres des divers cultes en exercice dans la commune. — Nul ne peut être membre de plusieurs conseils municipaux. » — L'incompatibilité diffère de l'incapacité, en ce que l'inaptitude qu'elle crée a pour cause l'exercice d'autres fonctions publiques, et n'est pas inhérente à l'individu, même d'une manière temporaire. A la différence de ce qui a lieu pour les cas d'incapacité, les obstacles naissant d'une cause d'incompatibilité peuvent être levés avant l'installation du candidat élu. Il lui suffira d'avoir donné sa démission des fonctions incompatibles avec celles de conseiller municipal. C'est donc au moment de l'installation que s'estime la cause d'incompatibilité.— V. cependant *suprà*, n° 480.

853. Nous n'avons rien à dire des incompatibilités énumérées dans les trois premiers paragraphes de l'art. 10. Les raisons qui les ont fait établir sont frappantes. La loi a voulu que les membres du conseil municipal n'eussent aucune autorité légale sur le conseil même et ne fussent dans aucune dépendance. — Remarquons seulement un arrêt du conseil d'Etat qui décide qu'un employé du corps des comptables en matière de la marine, distributeur ou magasinier dans un port militaire, est un employé de l'armée de mer en activité de service, dans le sens de l'art. 10, § 3, de la loi du 5 mai 1855 (cons. d'Et. 17 avr. 1861, M. Chauchart, rap., élect. d'Octeville).

854. A l'égard de l'incompatibilité avec les fonctions de ministre d'un culte, il faut remarquer qu'en parlant des ministres des cultes, la loi n'exclut du conseil municipal que ceux qui exercent dans la commune. Ceux qui n'y sont pas en exercice peuvent être élus membres du conseil municipal, si d'ailleurs ils réunissent les qualités exigées par la loi.—Jugé : 1° que le prêtre qui, sans être desservant en titre, officie fréquemment dans une commune et reçoit même une rétribution de l'administration à raison du culte divin qu'il célèbre régulièrement les dimanches dans un des hameaux de la commune, ne peut être élu membre du conseil municipal (cons. d'Et. 14 juin 1847, élect. de Vallouise, D. P. 47. 3. 177);—2° Que le curé suspendu de ses fonctions par son évêque et remplacé provisoirement par un procuré, n'en demeure pas moins curé titulaire de la paroisse, et continue, à ce titre, d'être inéligible aux fonctions de membre du conseil municipal (cons. d'Et. 20 mars 1861, aff. Caix Saint-Agemour, D. P. 61. 3. 28);— 3° Mais que les fonctions de membre du conseil de fabrique et celles de conseiller municipal ne sont pas incompatibles (cons. d'Et. 19 avr. 1838, M. Hély-d'Oissel, rap., élect. d'Encausse).

855. Mais la loi n'entend parler que des cultes légalement reconnus. Un culte est reconnu lorsque l'autorité publique le déclare formellement; lorsque, par ses actes, elle règle son régime intérieur, ou lui attribue certains droits, certaines prérogatives. Un culte pourrait ne pas figurer au budget de l'Etat et n'être pas moins reconnu, si à un titre quelconque la loi s'en occupe. Telle était la condition du culte israélite avant la loi du 8 fév. 1831.

856. Il a été jugé également qu'un juge de paix ne peut être considéré comme inéligible, aux termes des art. 9 et 10 de la loi du 5 mai 1855, soit à raison de ce qu'il exerce dans la commune certaines fonctions de police judiciaire que la loi déclare communes aux commissaires de police et aux juges de paix, soit parce qu'une délibération du conseil municipal lui a alloué une somme annuelle à titre d'indemnité de logement et de frais supplémentaires de bureau (cons. d'Et. 25 avr. 1861, M. de Raynal, rap., élect. de Gournay-en-Bray).

857. La circonstance que des citoyens auraient refusé le serment en qualité de membres de l'ancien conseil ne peut faire obstacle à la validité de leur élection comme membres du nouveau conseil municipal (cons. d'Et. 20 juill. 1853, M. L'Hôpital, rap., aff. élect. d'Arrien). — Quant au serment à prêter par les conseillers municipaux, V. Commune, n° 246; Serment, n°s 49, 74.

858. L'art. 10 de la loi de 1855 déclare, comme le faisait la loi de 1831 (art. 18), que « nul ne peut être membre de plusieurs conseils municipaux. » — Il a été jugé que, lorsqu'un candidat a été successivement élu par deux sections de sa commune, l'option qu'il fait pour la section qui l'a nommé en dernier lieu n'en valide point les opérations (cons. d'Et. 23 janv. 1837, M. Bouchené-Lefer, élect. de Toulouse).

859. Mais il a été jugé : 1° que, dans le cas où un citoyen déjà élu par une section de commune l'est également par une seconde section, il suffit que la nomination faite par la première soit annulée pour que l'incapacité résultant pour celui-ci de sa première nomination ait cessé d'exister, et que, par suite, sa deuxième nomination ait dû être validée (cons. d'Et. 9 mars 1836, M. Montaud, rap., aff. Grenier); — 2° Qu'il suffit qu'un individu, qui, déjà membre d'un conseil municipal, a été appelé aux mêmes fonctions par les habitants d'une autre commune, ait donné sa démission de membre du conseil dont il faisait précédemment partie, avant l'installation de l'autre conseil, pour que l'incompatibilité résultant de l'exercice simultané de la même fonction dans deux conseils municipaux, ait cessé d'exister, et qu'on ait dû, par suite, valider sa nouvelle nomination (cons. d'Et. 4 fév. 1836, aff. Niveau C. Boiron, etc.).

860. Lors de la discussion de la loi de 1831, on avait demandé comment se ferait l'option. Il a été répondu qu'une instruction ministérielle réglerait ce point; que la loi ne pouvait pas tout dire. Une circulaire du 11 août 1831 a posé en effet certaines règles auxquelles elle invite de se conformer. Lorsque le préfet est informé qu'un citoyen appartient à des conseils municipaux de deux ou plusieurs communes de son département, il doit l'inviter à opter; et, à défaut d'option dans le délai d'un mois, par analogie avec ce que l'art. 65 de la loi du 19 avr. 1831 avait prescrit pour le cas où des députés avaient à opter entre deux colléges électoraux, il doit être procédé au tirage au sort, en présence du conseil de préfecture.—Si les communes appartiennent à des départements différents, le préfet doit, en outre, se concerter avec son collègue ou avec ses collègues. Dans ce cas, le tirage au sort, à défaut d'option, devrait se faire dans le département où la double élection a été découverte.

861. Les fonctions de conseiller municipal d'une commune sont-elles incompatibles avec celles de maire d'une autre commune quand le maire a été pris en dehors du conseil municipal? On avait défendu l'affirmative par cette raison que le maire ainsi choisi n'est pas membre du conseil municipal. — Mais il a été jugé qu'un individu ne peut être à la fois maire dans une commune et conseiller municipal dans une autre; que conséquemment, dans le cas où l'élection d'un conseiller municipal d'une commune produit un tel cumul, il doit être fixé à l'élu un délai pour opter entre les deux fonctions (cons. d'Et. 17 avr. 1861, M. de Renepont, rap., élect. de Plaisance; 23 mai 1861, élect. de Neuvicq, D. P. 61. 3. 59). — Il avait été jugé cependant, précédemment, que, quand un adjoint a été choisi en dehors du conseil municipal d'une commune, la disposition de l'art. 10 ne fait pas obstacle à ce qu'il soit élu membre du conseil municipal d'une autre commune (cons. d'Et. 26 mars 1856, aff. élect. de Dampierre, D. P. 56. 3. 52).

862. L'art. 11 de la loi de 1855 a maintenu une cause d'incompatibilité relative résultant de la parenté ou alliance. En cela, il a reproduit littéralement une disposition de la loi de 1831. Sa disposition est ainsi conçue : « Dans les communes de cinq cents âmes et au dessus, les parents au degré de père, de fils, de frère, et les alliés au même degré, ne peuvent être en même temps membres du conseil municipal. » — De ce texte, il résulte virtuellement que, dans les communes de moins de cinq cents âmes, les parents au degré de père et de fils peuvent être en même temps membres du conseil municipal (cons. d'Ét. 29 juin 1853, M. de Belbeuf, rap., aff. élect. de Quasquara).— Pour déterminer les communes dans lesquelles il doit être fait application de l'art. 11, on doit faire usage des tableaux dressés en suite du dernier recensement officiel, sans rechercher le chiffre réel de la population au moment de l'élection (cons. d'Et. 31 janv. 1856, M. Renepont, rap., élect. de Louroux).

863. L'alliance doit s'entendre dans notre matière comme en droit civil. L'allié d'une famille est celui qui est uni par un mariage dont il reste des enfants, avec une personne de cette famille. Mais il n'y a point alliance dans le sens légal, entre des individus qui ont contracté mariage dans la même famille. Ainsi, les maris des deux sœurs ne sont point alliés dans le sens légal. L'alliance n'a lieu qu'avec les parents de la femme et non point avec ses alliés (V. Parenté, n° 15). L'empêchement résultant de la parenté ou de l'alliance a donc lieu entre le père et le fils, les frères, le beau-père et le gendre, le beau-père et le beau-fils (fils de la femme), les beaux-frères qui sont, l'un époux, l'autre frère de la même femme, pourvu qu'il n'y ait pas veuvage sans enfants (circul. du 11 août 1831, reproduite par celle du 25 avr. 1840; Bull. du min. de l'int., 1840, p. 119).— Il a été jugé : 1° Que l'art. 20 de la loi du 21 mars 1831 d'après lequel les parents au degré de père et de fils, ne peuvent être membres d'un même conseil municipal, s'applique à l'aïeul et au petit-fils (cons. d'Et. 11 août 1849, aff. Lefrançois, D. P. 49. 3. 89); — 2° Que l'adoption produit l'alliance entre le conjoint de l'adopté et l'adoptant; que, en conséquence, l'adoptant et le mari de la fille adoptive ne peuvent être en même temps membres du même conseil municipal (civ. cass., 30 nov. 1842, aff. Prieur, V. Adoption, n° 176); — 3° Que, lorsque deux candidats ont épousé les deux sœurs, cette circonstance ne crée pas entre eux l'incompatibilité que l'art. 11 de la loi du 5 mai 1855 établit entre les alliés au degré de frère (cons. d'Et. 16 janv. 1861, M. Savoye, rap., aff. Maillard). — V. aussi v° Commune, n° 209.

864. La circulaire ministérielle, du 11 août 1831, a expliqué comment, dans la pensée de l'administration, le principe de l'incompatibilité pour cause de parenté ou alliance devait être appliqué. — Si, dans un premier tour de scrutin, la majorité absolue était acquise à deux ou plusieurs électeurs qui fussent parents ou alliés entre eux aux degrés prohibés, la nomination de celui ou de ceux qui auraient obtenu le moins de voix devra être considérée comme nulle. — Si, au second tour de scrutin, la pluralité était obtenue par un ou plusieurs électeurs parents ou alliés, soit avec des conseillers déjà nommés, soit avec des candidats ayant réuni plus de voix dans le même tour de scrutin, la nomination des nouveaux candidats qui se trouveraient dans ce cas serait également considérée comme nulle, et le nombre de conseillers à nommer serait complété en prenant les candidats qui suivraient selon l'ordre des suffrages. La jurisprudence, sous le régime de la loi de 1831, s'est prononcée dans le sens de cette interprétation ministérielle. Elle a notamment proscrit le choix par la voie du tirage au sort ou par le bénéfice de l'âge. — Il a été jugé : 1° que, lorsque deux parents ou alliés ont été nommés au même tour de scrutin, il y a lieu de proclamer celui des deux qui a obtenu le plus grand nombre de suffrages (cons. d'Et. 9 mars 1836, M. Saglio, rap., aff. Glandières; 25 août 1849, élect. de Sarreinsberg-Althorn, D. P. 50. 3. 4; 5 janv. 1850, élect. de Perthus, D. P. 50. 3. 60); — 2° Que c'est par l'antériorité d'élection et non par le tirage au sort, ou par le nombre des suffrages obtenus par chacun des deux membres, nommés conseillers municipaux par deux sections différentes, qu'en cas d'incompatibilité pour cause de parenté ou d'alliance entre eux, la préférence doit être déterminée (cons. d'Et. 23 avr. 1832, M. Coulman, rap., aff. Vandelet *C.* Copigniaux; 2 nov. 1832, M. Hochet, rap., élect. de Grenade; 23 nov. 1832, M. Montaud, rap., aff. Boutot *C.* Dumas; 31 juill. 1833, M. Montaud, rap., élect. de Solignac; 27 nov. 1835, M. Germain, rap., aff. Baume; 9 mars 1836, M. Saglio, rap., aff. Glandières; 20 mars 1838, M. Gomel, rap., aff. Tinel; 5 janv. 1850, élect. de Revin, D. P. 50. 3. 60).

865. Mais il a été jugé que lorsqu'il y a incompatibilité entre deux conseillers élus, l'élection du plus âgé doit seule être maintenue si les deux candidats élus au même tour de scrutin ont obtenu le même nombre de suffrages (cons. d'Et. 11 août 1841, M. Lepelletier-d'Aulnay, rap., élect. d'Auriébat).

866. Cette jurisprudence ne s'est pas maintenue sous le régime de la loi nouvelle. — Ainsi, il a été décidé que lorsque deux candidats élus le même jour membres du conseil municipal d'une commune par deux sections électorales différentes ne peuvent, à raison de leur parenté ou de leur alliance, faire en même temps partie de ce conseil, c'est le sort qui doit décider laquelle des deux élections sera maintenue : « Considérant, dit le conseil d'Etat, que les conseillers nommés dans chacune des sections électorales ont un droit égal de faire partie du conseil municipal, quel que soit le nombre des électeurs de chaque section et le nombre de voix obtenu par chacun des conseillers élus; que la voie du sort est le seul moyen de décider lequel des deux conseillers élus doit sortir du conseil municipal » (cons. d'Et. 16 avr. 1856, élect. de Sainte-Marguerite, D. P. 56. 3. 67 ; 25 avr. 1861, élect. de Soublecause, D. P. 61. 3. 41; 14 juin 1861, M. Flandin, rap., élect. des côtes d'Arey; 3 juill. 1861, élect. de Châteauneuf-sur-Loire).

867. Mais il n'en est plus de même si l'élection de deux parents ou alliés a eu lieu dans deux scrutins successifs; dans ce cas, c'est la nomination du premier élu qui prévaut. — Décidé que lorsque, dans deux sections électorales d'une commune, deux parents ou alliés au degré prohibé ont été élus l'un au premier tour de scrutin, l'autre au second tour, l'élection de celui qui a été nommé au premier tour doit être déclarée valable, bien que le second ait obtenu un nombre de voix supérieur; que, dans ce cas, le conseiller municipal élu au second tour de scrutin à la majorité relative seulement et dont l'élection se trouve nulle, ne peut être remplacé par le candidat qui, dans sa section et à ce second tour de scrutin, a obtenu après lui le plus grand nombre de voix; et qu'il doit être pourvu à son remplacement par une nouvelle élection (cons. d'Et. 25 avr. 1861, M. Roussigné, rap., élect. de Saint-Martin de Vers).

868. Cette question de priorité ne se présenterait pas si l'un des deux parents ou alliés venait à renoncer au bénéfice de son élection; la démission donnée par l'un avant l'installation de l'autre assure *ipso facto* la nomination de celui-ci (cons. d'Et. 26 fév. 1832, M. Coulmann, rap., aff. Debas; 11 août 1841, M. Lepelletier d'Aulnay, rap., élect. d'Auriébat; 23 juin 1846, M. Roux, rap., aff. élect. de Magnat).—Il suffirait même que la démission de l'un des deux candidats élus intervînt dans le cours de l'instance en contestation (cons. d'Et. 9 mars 1832, M. Coulmann, rap., aff. Oyon-Regnault).

869. Nous avons examiné précédemment (V. *suprà*, n° 812) la question de savoir si les maires et adjoints choisis en dehors du conseil municipal en font partie. L'intérêt pratique de cette question, théoriquement posée, apparaît surtout à l'occasion de l'interprétation à donner à l'art. 11 de la loi de 1855.—Il a été jugé que le maire choisi par le gouvernement, en dehors du conseil municipal, ne peut, bien que présidant ce conseil, être compté au nombre de ses membres; qu'en conséquence, l'art. 11 de la loi du 5 mai 1855, aux termes duquel, dans les communes de cinq cents âmes et au-dessus, les parents au degré de père, de fils, de frère, et les alliés au même degré, ne peuvent être en même temps membres du conseil municipal, n'est pas applicable au parent ou allié au degré dont il s'agit, d'un maire pris en dehors de ce conseil; et que l'élection, comme conseiller municipal, du parent ou allié de ce maire, demeure valable, encore bien que celui-ci ait été lui-même, depuis, élu membre du conseil municipal (cons. d'Et. 31 janv. 1856, élect. d'Huisson, D. P. 56. 3. 71; 21 fév. 1856, aff. Raoul, D. P. 56. 3. 43; 26 mars 1856, M. de Belbeuf, rap., élect. de Daumazan; même jour, élect. de Montreuil-sur-mer; 20 mars 1861, aff. Leclercq, D. P. 61. 3. 60; 17 avr. 1861, M. de Renepont, rap., élect. de Plaisance; 3 juill. 1861, M. de Guigné, rap., élect. de Semelay).

870. Sous la loi de 1831, les conseils municipaux se renouvelaient par moitié, tous les trois ans, pour qu'il y eût toujours dans le conseil municipal, des membres anciens ayant déjà l'expérience et la tradition des affaires, qu'un renouvellement intégral aurait fait perdre. Mais cette raison, disait l'exposé des motifs de la loi municipale de 1855, est plus vraie en théorie qu'en pratique; et en temps ordinaire, il n'arrivera presque jamais que le renouvellement intégral ne fasse pas rentrer au conseil une partie des membres sortants. L'art. 8 de la loi de 1855 décide donc que les conseils municipaux sont élus pour cinq ans. Ils se renouvellent intégralement, la première élection ayant eu lieu intégralement aux termes de l'art. 49. Néanmoins, dans le projet de loi actuellement soumis au corps législatif et qui a pour objet d'étendre l'autorité des conseils municipaux, on revient à la règle de la loi de 1831. Les conseils municipaux seraient dorénavant nommés pour neuf ans et renouvelables par tiers tous les trois ans (V. n° 1053).

871. Il peut y avoir lieu aussi à un renouvellement partiel du conseil municipal, mais seulement dans le cas où, dans l'intervalle des élections quinquennales, le conseil municipal se trouve réduit aux trois quarts de ses membres (L. 5 mai 1855, art. 8); telle était déjà antérieurement la disposition de la loi du 21 mars 1831, art. 22 (V. Commune, n° 239).—Il a été jugé que l'arrêté préfectoral qui, convoquant les électeurs pour un remplacement, à raison de vacances survenues pendant l'intervalle des élections quinquennales, ne les appelle à nommer qu'un nombre de membres inférieur à celui des places vacantes, viole l'art. 8 de la loi du 5 mai 1855 ; qu'en conséquence les opérations électorales doivent être annulées (cons. d'Et. 16 déc. 1864) (1).

872. Aux termes de l'art. 12 de la loi de 1855, tout conseiller municipal qui pour une cause postérieure à sa nomination se trouve dans un des cas d'incapacité ou d'incompatibilité prévus par les art. 9, 10 et 11 est déclaré démissionnaire par arrêté préfectoral, sauf recours au conseil de préfecture. Les conseillers municipaux peuvent encore être déclarés démissionnaires par le préfet, soit pour refus de serment (V. Commune, n° 246 ;

(1) (Élect. de Garindein.) — M. le commissaire du gouvernement Aucoc a présenté les observations suivantes : « Le préfet n'a convoqué les électeurs que pour nommer quatre membres du conseil municipal. Or, disent les requérants, il y avait six places vacantes, et les combinaisons du scrutin de liste et, par suite, le résultat des opérations électorales auraient pu être toutes différentes s'il avait été procédé à l'élection de six membres du conseil au lieu de quatre. En fait, nous ne croyons pas qu'il y eût six places vacantes; mais il y en avait certainement cinq. Les requérants indiquent qu'un membre du conseil municipal, le sieur Darroquin, devait être réputé démissionnaire parce qu'il n'a pas prêté serment et qu'il n'a jamais assisté aux séances du conseil municipal. Il est vrai qu'aux termes du décret du 8 mars 1852, le refus ou le défaut de serment doit être considéré comme une démission. Cependant la démission ne peut être considérée comme réalisée par le seul fait du défaut de prestation de serment. Il faut qu'il en soit pris acte par une autorité quelconque, soit par le conseil municipal, soit par le préfet. Or, il n'a été pris acte par qui que ce soit de ce défaut de prestation de serment. Quant au fait de n'avoir jamais assisté aux séances du conseil municipal, il mettait le sieur Darroquin dans le cas d'être déclaré démissionnaire par le préfet, en vertu de l'art. 20 de la loi du 5 mai 1855. Mais le préfet n'en a pas été informé, et, par conséquent, il n'a pu prendre de décision. Ainsi la place du sieur Darroquin n'était pas régulièrement vacante.

« Il en est autrement pour le sieur Behety, également nommé membre du conseil municipal. Celui-ci a donné sa démission par une lettre dont il a été donné lecture au conseil municipal, qui a accepté la démission. Or, ici, l'intervention du préfet n'est pas exigée par la loi, et elle ne nous paraît pas nécessaire. Les conseillers municipaux ne sont pas, à proprement parler, des fonctionnaires publics; ils forment une assemblée délibérante, tenant son mandat des électeurs, et, en qualité de mandataires des électeurs, ils ont, ce nous semble, qualité pour accepter la dé-

Serment, n° 49), soit pour avoir manqué à trois convocations consécutives sans motifs reconnus légitimes par le conseil, sauf recours pour ce dernier cas, devant le conseil de préfecture dans les dix jours de la notification (L. 5 mai 1855, art. 20; V. aussi L. 21 mars 1831, art. 26, v° Commune, n°s 285 et suiv.). — Dans ces diverses hypothèses, la démission n'a pas lieu de plein droit; elle doit être déclarée par le préfet : jusque-là, le conseiller municipal reste investi de ses fonctions, et sa place dès lors ne peut être réputée vacante dans le sens de l'art. 8 de la loi de 1855 (V. en ce sens les observations de M. le commissaire du gouvernement Aucoc, dans l'aff. du 16 déc. 1864, élect. du Garcindein, au numéro précédent). — Mais il en est autrement du conseiller municipal qui a donné sa démission par une lettre adressée au conseil municipal, qui l'a acceptée; la place doit être réputée vacante, alors même que le préfet ignorerait le fait de cette démission (V. *eod.*).

873. Aux termes de l'art. 14 de la loi de 1855, les communes des départements de la Seine et de la ville de Lyon ne sont pas soumises au régime communal. Les conseils municipaux de Paris, de Lyon et des communes du département de la Seine sont nommés directement par l'empereur tous les cinq ans et présidés par un de leurs membres également désigné par l'empereur. Il n'est pas dérogé autrement par la loi de 1855 aux lois qui régissent l'organisation municipale dans ces deux dernières villes.

ART. 2. — *Des élections municipales.*

§ 1. — *Réunion et convocation des assemblées électorales.*

874. On a dit plus haut, n° 484, que c'est sur les mêmes listes électorales que se font les élections législatives et celles des conseils généraux, des conseils d'arrondissement et des conseils municipaux. Les règles relatives à la formation de ces listes ont été exposées *suprà*, n°s 485 et suiv. Nous n'y revenons ici que pour mentionner une modification importante apportée au décret réglementaire du 2 fév. 1852 par un décret récent du 13 janv. 1866. Aux termes de l'art. 5 du décret de 1852, le délai pour former les réclamations contre la composition de la liste est de dix jours à compter de la publication de ladite liste (V. *suprà*, n° 499). Ce délai vient d'être porté à vingt jours par le décret du 13 janv. 1866 (Mon. du 14 janv. et D. P. 66, 4e part.).

La réunion des collèges électoraux ou plutôt, comme le dit l'art. 27 de la loi du 5 mai 1855, l'assemblée des électeurs a lieu sur la convocation du préfet aux jours déterminés par l'art. 33, c'est-à-dire le samedi et le dimanche dans les communes de deux mille cinq cents habitants et au-dessus, et le dimanche seulement dans les communes d'une population moindre. — Pour les opérations électorales, le préfet peut diviser les communes en sections. L'art. 7 de la loi des 5-9 mai 1855 dispose : « Le préfet peut, par un arrêté, pris en conseil de préfecture, diviser les communes en sections électorales. — Il peut, par le même arrêté, répartir entre les sections le nombre des conseillers à élire, en tenant compte du nombre des électeurs inscrits. » La division par sections n'est donc que facultative. La loi du 21 mars 1831 distinguait à cet égard : dans les communes d'une population de deux mille cinq cents habitants et au-dessus, c'était la loi (art. 44) qui fixait elle-même et le nombre des sections à former et celui des conseillers à élire par chaque section. Le préfet ne pouvait y procéder que dans les communes d'une population moindre de deux mille cinq cents habitants; il divisait la commune en sections sur la proposition du conseil général du département et le conseil municipal entendu (art. 45). — Après l'avénement du suffrage universel, le décret des 3-11 juill. 1848, en appliquant ce principe aux élections communales, déclara (art. 7) que la division en sections aurait lieu conformément à la loi de 1831 et que les élections se feraient séparément par chaque section.

875. D'après l'art. 7 de la loi de 1855, non-seulement la division n'est plus obligatoire, quelle que soit la population, mais c'est au préfet seul, en conseil de préfecture, qu'il appartient de la faire. C'est le préfet également qui fixe le nombre des conseillers à élire par chaque section. — Il a été jugé : 1° que la composition des sections électorales, ainsi que la fixation de leurs limites territoriales et la répartition des électeurs entre les sections, ne sont pas valablement faites par le maire, en vertu d'une délégation du préfet (cons. d'Ét. 14 mai 1856, aff. Bonnet, D. P. 57. 2. 5); — 2° Que, lorsqu'un arrêté préfectoral a divisé l'assemblée électorale d'une commune en deux sections, devant siéger l'une au chef-lieu de la commune, l'autre dans une localité différente, le maire ne peut, contrairement à cet arrêté, faire procéder aux opérations électorales par une assemblée unique des électeurs votant au chef-lieu de la commune (cons. d'Ét. 30 août 1861, M. Roussigné, rap., élect. de Vergezac); — 3° Que des opérations électorales auxquelles il a été procédé sans tenir compte des prescriptions d'un arrêté préfectoral portant division de la commune en sections et répartition entre les sections des conseillers municipaux à élire, doivent être annulées (cons. d'Ét. 10 janv. 1862, M. de Renepont, rap., élect. de Mieussy).

876. Le mot *sections*, selon la remarque du rapporteur de la loi de 1855, ne s'entend pas de ces divisions, qui ne sont établies que pour la commodité du vote, comme cela se pratique pour les élections législatives. Dans les élections communales, les sections partagent les électeurs en plusieurs fractions, dont chacune ne nomme qu'une portion des membres du conseil municipal. — La nécessité de ce fractionnement n'a jamais été méconnue. Une partie de la population de la commune peut avoir des intérêts contraires à ceux d'une autre partie, ou du moins très-différents. Cela a lieu notamment quand l'une de ces parties est

---

mission d'un de leurs collègues. Il est vrai que, dans un décret récent (10 mars 1864, Darnaud, V. n° 1050), le conseil a décidé qu'une démission donnée collectivement par tous les membres d'un conseil municipal n'avait d'effet que lorsqu'elle était acceptée par l'autorité supérieure. Mais il s'agissait alors d'une démission collective, et quand le conseil municipal tout entier donne sa démission, il ne peut pas en même temps la donner et l'accepter. Pour ce cas, il faut évidemment une règle spéciale. Ici il s'agit d'une démission individuelle. Nous croyons qu'elle avait été régulièrement acceptée par le conseil municipal, et qu'ainsi la place était vacante. Il y avait donc cinq places vacantes, et le préfet n'a convoqué les électeurs que pour élire quatre membres du conseil municipal. Le fait ainsi vérifié, il nous semble que l'annulation de l'élection doit être prononcée. Etant donné le vote au scrutin de liste, il est certain que c'est une chose fort différente pour les électeurs d'avoir à nommer quatre membres d'abord, puis un ou deux membres ensuite, au lieu d'avoir cinq ou six membres à élire à la fois. Le résultat du scrutin a put être sensiblement modifié par la manière dont le préfet a procédé. Peu importe que le préfet eût ignoré qu'il y avait eu une démission donnée et acceptée par le conseil municipal; l'ignorance dans laquelle il a été tenu peut l'excuser aux yeux du ministre, elle ne peut pas rendre régulière les opérations électorales. »

NAPOLÉON; — ...Vu la loi du 5 mai 1855; — Vu le décret du 30 déc. 1862; — Considérant que l'arrêté ci-dessus visé du cons. de préf. des Basses-Pyrénées a été rendu en audience non publique, et sans que le commissaire du gouvernement ait été entendu, contrairement aux prescriptions de notre décret du 30 déc. 1862; que dès lors les sieurs Salles et consorts sont fondés à en demander l'annulation; — Considérant que l'affaire est en état, et qu'il y a lieu de prononcer au fond; — sans qu'il soit besoin de statuer sur les autres griefs : — Sur le grief tiré de ce que le préfet aurait appelé les électeurs à nommer seulement quatre membres du conseil municipal, alors qu'il y avait six places vacantes dans ledit conseil; — Considérant que, aux termes de l'art. 8 de la loi du 5 mai 1855, en cas de vacance dans l'intervalle des élections quinquennales, il est procédé au remplacement quand le conseil municipal se trouve réduit aux trois quarts de ses membres; — Considérant qu'il résulte de l'instruction que, lors de la publication de l'arrêté du préfet qui convoquait les électeurs de la commune de Garindein, pour les opérations électorales auxquelles il devait être procédé pour la nomination des membres du conseil municipal de ladite commune, cinq places au moins étaient vacantes; que, dès lors, les sieurs Salles et consorts sont fondés à soutenir que le préfet, en ne convoquant les électeurs que pour la nomination de quatre membres du conseil municipal, a, par son arrêté en date du 25 janv. 1863, violé les dispositions de l'art. 8 précité, et que, par suite, les opérations électorales qui ont eu lieu le 1er fév. 1863 dans la commune de Garindein doivent être annulées;

Art. 1. Sont annulés, l'arrêté du conseil de préfecture des Basses-Pyrénées, en date du 2 mars 1863, qui a rejeté la réclamation des sieurs Salles et consorts, contre les élections pour le conseil municipal de la commune de Garindein, et les opérations électorales qui ont eu lieu à la date du 1er fév. 1863, pour la nomination de quatre membres dudit conseil.

Du 16 déc. 1864.-Décr. cons. d'Ét.-M. Braun, rap.

urbaine et l'autre rurale, ou quand une section a des biens particuliers. — Il a paru bon que, dans ces cas, chaque section eût ses représentants spéciaux pour qu'une partie des habitants d'une commune ne fût pas sacrifiée aux intérêts des autres parties de la commune dans lesquelles seraient pris tous les membres du conseil municipal. — Il a été jugé que les sections électorales doivent être formées par la réunion de quartiers voisins, et qu'il y a lieu de prononcer l'annulation de l'arrêté préfectoral qui a composé ces sections d'électeurs choisis dans toute l'étendue de la commune (cons. d'Et. 14 mai 1856, aff. Bonnet, D. P. 57. 2. 5).

877. Dans la discussion de la loi de 1831, on avait demandé qu'une disposition expresse de la loi consacrât le droit des sections propriétaires de biens distincts; mais il avait été répondu avec raison que souvent cette disposition serait impraticable, lorsque, par exemple, la section ne serait composée que de quelques maisons, et qu'un très-petit nombre d'électeurs communaux y auraient leur domicile.

878. La division, par le préfet, des communes en sections, est un acte d'administration pure qui ne peut donner lieu à aucun recours par la voie contentieuse. Cette doctrine, incontestable aujourd'hui, a été consacrée sous l'empire de la loi de 1831. On l'étendait même sous cette loi à la fixation du nombre des conseillers à élire par chacune des sections. — Jugé ainsi : 1° que la répartition des conseillers à élire entre les diverses sections d'une commune, dès qu'elle est fixée par l'autorité administrative, ainsi que les élections qui ont eu lieu en exécution de son arrêté, ne peut être attaquée par la voie contentieuse, sous prétexte que la répartition n'a pas été faite selon le vœu de la loi (cons. d'Et. 11 janv. 1838, M. d'Ormesson, rap., élect. de Neufchatel; 28 mai 1838, M. Hély d'Oissel, rap., élect. d'Arbois; 4 juill. 1838, M. Saglio, rap., élect. de Saint-Symphorien); — 2° Qu'on ne peut invoquer comme moyen de nullité contre les élections municipales d'une commune l'inobservation de l'ordre des sections établi par la loi, lorsque cette élection a eu lieu suivant l'ordre de sections réglé par arrêté préfectoral pour une élection précédente, sans qu'aucune réclamation ait été élevée (cons. d'Et. 2 mars 1839, M. Letellier, rap., élect. de Saint-Esprit); — 3° Que, lorsque le préfet a déterminé le nombre des membres que chaque section de commune doit élire, si cette fixation est contestée, le conseil de préfecture doit s'abstenir et respecter l'arrêté du préfet, qui ne peut non plus donner lieu à un pourvoi direct devant le conseil d'Etat (cons. d'Et. 10 juin 1835, M. de Felcourt, rap., élect. de Doullens); — 4° Que l'arrêté du conseil de préfecture qui a prononcé la nullité des élections faites par une section, en exécution de l'arrêté du préfet, par le motif que le nombre des conseillers élus par cette section excède le nombre légal, est nul comme contenant un excès de pouvoir (cons. d'Et. 17 août 1841, élect. de Verneuil). — V. n° 517.

879. Cette jurisprudence n'est exacte aujourd'hui que relativement à la partie de l'arrêté préfectoral qui divise la commune en sections : cette division ne peut donner lieu à un recours par la voie contentieuse (cons. d'Et. 31 janv. 1856, élect. de Lect, D. P. 56. 3. 72). — Mais il en est autrement de l'arrêté préfectoral ou de la partie de l'arrêté par lequel le préfet répartit entre les sections le nombre des conseillers à élire. Cette répartition ne saurait être arbitraire, attendu que l'art. 7 de la loi de 1855 impose aux préfets de tenir compte pour cela du nombre des électeurs inscrits. — Il a été jugé : 1° que la disposition de l'arrêté relative à la répartition des conseillers à élire peut être attaquée au contentieux, mais que cette disposition ne serait entachée d'excès de pouvoirs que dans le cas où le préfet n'aurait pas, en faisant la répartition dont il s'agit, tenu compte du nombre des électeurs inscrits (cons. d'Et. 31 janv. 1856, aff. élect. de Lect, D. P. 56. 3. 72); — 2° Et qu'il y a excès de pouvoir dans l'arrêté qui, en divisant une commune en deux sections électorales dont l'une comprend cent quatre électeurs inscrits et l'autre soixante-quatorze seulement, attribue à chacune de ces sections un nombre égal de six conseillers municipaux à élire (cons. d'Et. 6 août 1861, M. de Raynal, rap., élect. de Tocqueville-Bénarville); ...ou qui, dans une commune divisée en deux sections électorales composées, l'une de trois cent quatre électeurs et l'autre de trois cent soixante-quinze, attribue encore à chacune de ces sections le même nombre de conseillers à élire (cons. d'Et. 2 mai 1861, élect. de Matha, D. P. 62. 3. 51); ...ou qui attribue douze conseillers à élire à une section composée de sept cent quatre-vingt-six électeurs et onze à une section composée de cinq cent cinquante-cinq électeurs (cons. d'Et. 23 mai 1861, élect. de Plouaret, D. P. 61. 3. 52); — 3° Et que, par voie de conséquence, les élections faites en exécution d'un tel arrêté doivent être annulées (mêmes arrêts); — 4° Que, lorsqu'un préfet a divisé une commune en sections électorales et réparti entre elles le nombre des membres du conseil municipal à élire, si l'une des sections s'est abstenue de procéder à l'élection des membres qu'elle avait à nommer, il n'en résulte pas le droit pour le préfet de faire procéder, en une seule assemblée de tous les électeurs de la commune, à la nomination des membres restant à élire dont l'élection appartenait à cette section (cons. d'Et. 6 août 1861, M. de Guigné, rap., élect. de Castéra).

880. La division de la commune en sections électorales et la répartition entre ces sections des conseillers à élire doivent être portées à la connaissance des électeurs dans un temps suffisant pour qu'ils puissent préparer leurs votes en conséquence. — Aussi a-t-il été jugé 1° que lorsque les électeurs, divisés lors des précédentes élections en deux sections, avaient encore été prévenus la veille même de l'élection, par une publication à son de caisse qu'ils auraient à voter le lendemain par sections séparées, il y a nullité des opérations électorales, si, le matin même de l'élection, ils ont été avertis que le vote aurait lieu en une seule assemblée (cons. d'Et. 20 juin 1861, M. de Guigné, rap., élect de Coudray-Montceaux); — 2° Que quand, après avoir convoqué par un premier arrêté les électeurs en une seule assemblée électorale, le préfet a, par un second arrêté, divisé la commune en trois sections et réparti entre elles les membres du conseil municipal à élire, les électeurs, ayant eu connaissance de ce dernier arrêté, bien qu'il n'eût pas été publié par le maire dans la commune et qu'il eût été rapporté par le préfet, mais seulement la veille de l'élection, ont dû croire jusqu'au moment de l'élection qu'ils auraient à voter dans des sections séparées et n'ont pu dès lors préparer leur vote en prévision d'une assemblée électorale unique; que, par suite, dans de telles circonstances, l'élection doit être annulée (cons. d'Et. 30 janv 1862, M. de Guigné, rap., élect. d'Entremont); — 3° Que lorsque, par un arrêté du 8 août, le préfet a divisé une commune en deux sections électorales en déterminant les quartiers et les rues dont chacune de ces sections devait se composer, et que la liste électorale particulière à chaque section, dressée en exécution de cet arrêté, n'a été portée à la connaissance des électeurs que le jour même des opérations électorales, 19 août, les électeurs de chacune des sections ayant été, dans ces circonstances, privés du temps qui leur était nécessaire pour assurer le libre et complet exercice de leurs droits électoraux, l'élection doit être annulée (cons. d'Et. 24 juill. 1861, élect. de Garons).

881. Mais il a été décidé que lorsque les cartes distribuées aux électeurs, deux ou trois jours avant la réunion électorale, indiquaient la section à laquelle chaque électeur appartenait, ainsi que le nombre des membres du conseil municipal devant être élus par cette section; que l'avant-veille de l'élection les bulletins portant le nom des candidats opposés dans chaque section à ceux de l'administration municipale avaient été déposés au parquet du procureur impérial, les électeurs ne pouvaient se plaindre de n'avoir point été avertis en temps utile de la division en sections (cons. d'Et. 29 mai 1861, élect. de Mayenne).

882. L'art. 28 de la loi de 1855 dispose : « Lorsqu'il y aura lieu de remplacer des conseillers municipaux élus par des sections conformément à l'art. 7 de la présente loi, ces remplacements seront faits par les sections auxquelles appartenaient ces conseillers. » — La loi de 1831, dans son art. 46, contenait une disposition identique. — Sur le renouvellement des conseillers municipaux, V. Commune, nos 232 et suiv.

883. Comme nous l'avons déjà dit, aux termes de l'art. 27 de la loi de 1855, l'assemblée des électeurs est convoquée par le préfet aux jours déterminés par l'art. 33. La loi ne dit rien de plus sur la convocation des électeurs. Il faut recourir à la jurisprudence du conseil d'Etat, pour les détails, sur la faculté pour les préfets de modifier ou rapporter les arrêtés de convocation, sur le choix des locaux où auront lieu les élections, etc. — Il a été jugé : 1° que l'arrêté préfectoral qui a ordonné, sur un faux exposé, qu'il sera procédé aux élections générales dans une commune, eût-il reçu son exécution, peut être rapporté après de plus amples informations; mais que le préfet commet un excès de pouvoir en annulant les élections qui ont eu lieu en exécution du premier arrêté, ce droit n'appartenant qu'au conseil de préfecture (cons. d'Et. 23 juill. 1838, M. Richaud, rap., élect. d'Estoncan); — 2° Qu'un préfet peut, par son arrêté portant convocation des assemblées électorales, autoriser les sous-préfets, pour les communes où des circonstances imprévues rendraient les élections impossibles à l'époque fixée, à changer le jour de la convocation des électeurs, en mentionnant dans un arrêté pris à cet effet les motifs de l'exception; que par suite de cette délégation, les sous-préfets sont fondés à renvoyer, pour des motifs d'ordre public, à un jour plus éloigné les élections fixées par le préfet à une époque plus rapprochée (cons. d'Et. 29 juin 1847, élect. du Plan, D. P. 47. 3. 178); — 3° Que l'irrégularité commise par le maire, en ce qu'il aurait arbitrairement changé le jour et le lieu de la réunion électorale, si les électeurs en ont été suffisamment avertis, n'entraine pas la nullité des opérations (cons. d'Et. 19 juin 1838, M. d'Ormesson, rap., élect. de Béhen). — Toutefois, il a été décidé sous la loi nouvelle que lorsque les circonstances obligent le maire à suspendre les opérations électorales, il ne peut de son autorité propre, et sans en référer au préfet, convoquer l'assemblée pour un autre jour (cons. d'Et. 2 juill. 1861, élect. de Rapaggio). — V. n° 521.

884. Jugé encore : 1° qu'en l'absence de disposition de loi qui détermine le local devant servir à la réunion des électeurs, il appartient à l'autorité administrative de le désigner; que, par suite, on ne peut se faire un grief de ce que le local ordinaire des réunions électorales aurait été changé, lorsque ce changement a été prescrit par le maire conformément aux instructions du préfet (cons. d'Et. 12 sept. 1853, M. Leviez, rap., élect. de Ghisoni); — 2° Que lorsque le maire, conformément aux instructions du préfet, a désigné sa maison pour la réunion des électeurs communaux, il n'y a pas lieu d'annuler les opérations, d'ailleurs régulières, par le seul motif qu'elles auraient eu lieu dans la maison du maire, la loi ne désignant pas le local qui doit servir de réunion (cons. d'Et. 19 juin 1838, M. du Martroy, rap., élect. de Sauveterre;— Décis. conf. sous la loi de 1855, cons. d'Et. 30 juill. 1857, M. de Renepont, rap., élect. de Saint-Paul-des-Monts).

885. Il a été jugé cependant que lorsqu'il n'existe pas de mairie dans une commune, il doit être procédé aux opérations électorales dans un local public et bien connu des électeurs; qu'ainsi une élection doit être annulée, lorsque les opérations ont eu lieu dans l'habitation particulière du maire, laquelle était située dans un hameau éloigné du chef-lieu, et qu'il n'était pas justifié que les électeurs eussent été prévenus à l'avance qu'elle servirait de lieu de réunion (cons. d'Et. 11 mars 1862, M. Chauchat, rap., aff. élect. de Puylaurens).

886. La loi de 1855, pas plus que celle du 21 mars 1831, ne prescrit de forme spéciale de convocation. Quant à la publicité, le moyen le plus simple et le mieux en harmonie avec le degré d'instruction des localités est naturellement celui qu'il convient d'adopter : que ce soit par voie d'affiches aux portes des mairies et des églises, par lettre., à son de tambour, ou de toute autre manière usitée dans la localité, peu importe, pourvu que la convocation des électeurs soit faite d'une manière égale pour tous. Mais l'avis de convocation indique nécessairement le jour et l'heure de la réunion.— Il a été jugé sous le régime de la loi de 1831, 1° que la loi n'obligeant pas le maire à convoquer à domicile les électeurs communaux pour leur faire connaître le jour de l'élection, les électeurs forains ne peuvent se plaindre d'avoir ignoré ce jour (cons. d'Et. 16 août 1832, M. Chalret-Durieu, rap., aff. Caillez); — 2° Qu'il n'est pas nécessaire de convoquer les électeurs à domicile; il suffit que le jour et l'heure de la réunion électorale aient été indiqués par affiches et publications (cons. d'Et. 17 juin 1835, M. Montaud, rap., aff. élect. de Maitromand; 16 janv. 1846, M. Lucas, rap., élect. de Quenne; 20 juill. 1853, M. Renepont, rap., élect. de Bizous);— 3° Que les électeurs sont suffisamment avertis de leur convocation par un avis affiché à la porte de la mairie et indiquant le lieu et l'heure de la réunion (cons. d'Et. 5 août 1841, M. d'Ormesson, rap., aff. élect. de Tuffé);— 4° Qu'il n'y a pas lieu d'admettre le grief tiré de ce que l'arrêté fixant l'heure des opérations électorales n'avait pas été affiché, s'il est reconnu que les électeurs de la commune ont été informés de l'heure de l'ouverture du scrutin par un avis verbal donné publiquement par le maire huit jours avant l'élection (cons. d'Et. 24 juill. 1861, M. Walckenaër, rap., élect. de Poujol).—V. *suprà*, n°s 519, 522.

887. Toutefois, il a été jugé 1° que l'avertissement verbal donné par le maire aux électeurs, du jour et de l'heure de la réunion de l'assemblée électorale est irrégulier, et entraîne la nullité de l'opération (cons. d'Et. 3 août 1849, aff. élect. de Beaupuy, D. P. 49. 3. 88); — 2° Que la convocation des électeurs municipaux par voie d'affiches et de publications, est suffisante; que cependant, lorsqu'une partie des électeurs a été convoquée en outre par des lettres d'invitation, cette invitation partielle au moyen de lettres, bien que surabondamment faite, est une cause de nullité de l'opération électorale, lorsqu'elle a pu influer sur les élections (cons. d'Et. 16 juill. 1840, M. d'Ormesson, rap., aff. Chanteloup);—3° Que les formes imposées par la loi comme garantie de la minorité des votes, n'ont pas été observées, lorsque l'arrêté de convocation n'a été publié qu'à la porte de l'église à l'issue de la messe et dans l'un des hameaux de la commune (cons. d'Et. 11 avr. 1861, M. de Raynal, rap., aff. élect. de Mousseaux-lès-Bray).

888. La loi de 1855 ne fixe pas la durée du temps qui doit s'écouler entre l'arrêté de convocation et la réunion électorale. Doit-on, dans le silence de la loi municipale, appliquer, par analogie, la disposition du décret-loi du 2 fév. 1852 sur les élections législatives, qui fixe ce délai à vingt jours? A propos des élections départementales, nous avons cité deux décisions du conseil d'Etat, des 6 août et 6 juin 1861, qui se sont prononcées dans le sens de la négative, et la seconde de ces décisions avait précisément pour objet une élection municipale (V. *suprà*, n° 523). Cette jurisprudence est peut-être contestable appliquée aux élections départementales, par la raison que ces élections doivent se faire conformément soit au décret organique des élections au corps législatif, soit aux lois existantes, jusqu'à ce que l'organisation départementale soit réglée par la loi promise par la loi du 7 juill. 1852. Appliquée aux élections municipales, nous ne la croyons pas mieux fondée. La loi de 1855 ne règle, en effet, que l'organisation du corps municipal proprement dite; et son art. 51, en abrogeant la loi du 7 juill. 1852, ne parle que des dispositions de cette loi relatives à cette organisation. Elle paraît avoir voulu conserver l'autorité des dispositions antérieures sur le mode et les conditions des élections. Dans le silence de la loi de 1855, c'est au décret organique des élections législatives, du 2 fév. 1852, rendu applicable aux autres élections par la loi du 7 juillet de la même année, qu'il faut se référer, en reconnaissant, avec la cour de cassation (Crim. cass., 11 mai 1861, aff. Lelaidier, D. P. 61. 1. 402), que ce décret est désormais la règle générale organique du suffrage universel (*Contrà*, M. Batbie, t. 4, n° 312). — Nous devons dire cependant que la jurisprudence du conseil d'Etat est fixée dans le sens contraire à celui que nous défendons. — Il a été jugé qu'un délai moral entre la convocation et le jour de l'élection est seulement nécessaire, et que tout se réduit ici à une appréciation de fait (cons. d'Et. 23 mai 1861, M. de Guigué, rap., élect. de Metz ; 6 juin 1861, M. Chauchat, rap., élect. de Charly; 16 juill. 1861, M. Rouher, rap., élect. d'Oraison ; 17 juill. 1861, M. de Renepont, rap., élect. du Cateau; 6 août 1861, M. Paixhans, rap., élect. de Bèze ; même jour, M. de Guigué, rap., élect. de Gray; 11 janv. 1862, M. David, rap., élect. de Moissac; 20 fév. 1862, M. de Raynal, rap., élect. de Manthelon ; 26 avr. 1862, M. Gaslonde, rap., élect. de Marseille). — Il a même été décidé qu'un délai de trois jours était suffisant (cons. d'Et. 8 sept. 1861, M. Flandin, rap., élect. de Blagnac). — Mais il a été jugé que lorsque l'arrêté du préfet convoquant les électeurs n'a été publié et affiché dans la commune que le jour même de l'élection, il n'a point été accordé aux électeurs un délai suffisant pour assurer leurs droits électoraux (cons. d'Et. 26 juin 1862, M. Walckenaër, rap., élect. de Saint-Nexant).

§ 2. — *Du bureau électoral, de sa formation et de ses attributions.*

889. L'opération préliminaire des élections est la composition du bureau. Chaque section a le sien. Le bureau est composé d'un président, de quatre scrutateurs et d'un secrétaire. La loi des 5-9 mai 1855 reproduit, sur ce point, les termes de l'art. 44, *in fine* de la loi de 1831. Ses dispositions sont ainsi conçues : — Art. 29. Les sections sont présidées, savoir : la première par le maire, et les autres, successivement, par les adjoints, dans l'ordre de leur nomination, et par les conseillers municipaux, dans l'ordre du tableau. — Art. 31. Les deux plus âgés et les deux plus jeunes des électeurs présents à l'ouverture de la séance, sachant lire et écrire, remplissent les fonctions de scrutateurs. — Le secrétaire est désigné par le président et les scrutateurs. Dans les délibérations du bureau, il n'a que voix consultative. — Trois membres du bureau, au moins, doivent être présents pendant tout le cours des opérations. » — Il a été jugé que les opérations électorales doivent être annulées, lorsque le bureau d'une des sections de la commune n'a été composé que du président et de deux scrutateurs, ce bureau n'ayant pas été constitué conformément aux prescriptions de la loi (cons. d'Ét. 12 août 1861, M. Walckenaër, rap., élect. de Saint-Loup). — V. n° 531.

890. Le maire a de droit la présidence de l'assemblée électorale s'il n'y a qu'un bureau, et la présidence de la première section s'il y a plusieurs sections. — Il a été jugé : 1° Que si, avant que le nouveau conseil municipal ait été installé, on procède à des élections nouvelles pour remplacer ceux des membres qui sont démissionnaires ou décédés depuis leur nomination, les élections peuvent être présidées par l'ancien maire ou adjoint qui remplissait les fonctions de maire au moment de ces élections partielles, encore qu'il n'ait été nommé ni comme maire, ni comme adjoint, ni comme membre du conseil municipal, lors des élections qu'il s'agit de compléter (cons. d'Ét. 21 juin 1833, M. Germain, rap., aff. Champ); — 2° Que lorsque, par suite de la nullité des élections d'une section autre que la première, il est procédé à de nouvelles élections, la présidence de l'assemblée appartient au maire, à l'exclusion de celui des conseillers municipaux qui l'avait présidée lors des élections générales (cons. d'Ét. 14 juill. 1838, M. du Martroy, rap., élect. de Clermont); — 3° Que la section qui, lors de ses premières opérations, depuis annulées, avait voté sous la présidence du second adjoint, parce qu'elle était la troisième en ordre, doit être présidée par le maire, et non par le même adjoint, aux nouvelles élections, lorsque cette section a été appelée à y procéder isolément (cons. d'Ét. 5 août 1841, M. Montaud, rap., élect. de Cournon). — V. n° 535.

891. Cependant l'ordre établi par l'art. 29 de la loi de 1855, pour la présidence des sections, n'est pas tracé à peine de nullité : — Jugé que les trois sections des élections d'une commune peuvent être présidées, la première par le deuxième adjoint, la seconde par le maire, la troisième par le premier adjoint, sans que cette interversion des présidences soit une cause de nullité, si, d'ailleurs, la liberté et la sincérité des élections n'en ont pas souffert (cons. d'Ét. 29 juin 1847, élect. de Dax, D. P. 47. 3. 178).

892. La loi ne prévoit pas le cas d'empêchement ou de refus du maire. Le maire serait alors régulièrement remplacé par l'adjoint, et celui-ci par le conseiller municipal le premier dans l'ordre de sa nomination au tableau. — Jugé : 1° que des élections municipales ne sont pas nulles pour avoir été présidées pendant l'empêchement du maire, par un adjoint nommé à ces fonctions, nonobstant l'incompatibilité résultant de sa qualité de percepteur (cons. d'Ét. 18 décembre 1840, M. d'Ormesson, rap., élect. d'Auray); — 2° Que la circonstance que ce serait l'adjoint qui aurait présidé ne peut être une cause de nullité, alors qu'il avait été régulièrement délégué à cet effet par le maire (cons. d'Ét. 12 sept. 1853, M. Leviez, rap., élect. de Ghisoni); — 3° Que lorsqu'un maire et son adjoint ont donné leur démission, et que l'administration de la commune a été confiée à un conseiller municipal par suite du refus des autres conseillers qui le précédaient dans l'ordre du tableau, ce conseiller a le droit de présider l'assemblée électorale (cons. d'Ét. 17 juin 1836, M. Hochet, rap., élect. de Saint-Bonnet); — 4° Qu'en cas de refus du maire et de l'adjoint, de présider l'assemblée des électeurs communaux, le sous-préfet peut désigner pour la présidence le premier conseiller municipal inscrit au tableau (cons. d'Ét. 2 août 1838, M. du Martroy, rap., aff. Delaplanche); — 5° Qu'une élection est valable, bien que des sections aient été présidées par des conseillers non appelés suivant l'ordre du tableau, s'il est constaté qu'ils n'ont présidé que sur le refus des conseillers les premiers inscrits (cons. d'Ét. 2 mars 1839, M. Letellier, rap., élect. de Saint-Esprit); — 6° Que la circonstance, que l'assemblée d'une section n'a pas été présidée par le conseiller municipal, appelé à remplir ces fonctions dans l'ordre du tableau, si cette irrégularité n'est que la suite d'une erreur, et si d'ailleurs elle n'a pas influé sur le résultat de l'élection, n'est pas une cause de nullité des opérations électorales (cons. d'Ét. 10 juin 1835, M. de Felcourt, rap., élect. de Doullens). — V. n° 536.

893. Lorsque tous les membres du conseil municipal ont été appelés à présider des sections électorales, sauf ceux qui ont justifié d'un empêchement légitime, et que le nombre des sections est supérieur à celui des membres du conseil municipal non empêchés, de simples électeurs peuvent être chargés de la présidence des sections, sans qu'il y ait violation de l'art. 29 de la loi du 5 mai 1855 (cons. d'Ét. 26 avr. 1862, M. Gaslonde, rap., élect. de Marseille). — V. n° 538.

894. Pour remplir les fonctions de scrutateurs, on prend les deux plus âgés et les deux plus jeunes des électeurs présents à l'ouverture de la séance, sachant lire et écrire. — Peu importe le nombre des électeurs présents. — Il a été jugé : 1° qu'aucune disposition n'interdit de désigner les membres du bureau avant que le tiers des électeurs inscrits soit réuni (cons. d'Ét. 9 juill. 1836, M. Pichon, rap., élect. d'Ecos); — 2° Que les opérations d'une assemblée électorale ne sont pas nulles parce que le président aurait ouvert la séance en présence de dix électeurs seulement (cons. d'Ét. 8 fév. 1838, M. de la Chauvinière, rap., élect. de Trie). — Le bureau une fois formé ne peut plus être modifié, lors même qu'il arriverait, dans le cours de la séance, des électeurs plus âgés ou plus jeunes que ceux qui siégent déjà au bureau (Instr. min. du 11 août 1831).

895. Les scrutateurs doivent savoir lire et écrire. — Il a été jugé, à l'occasion d'élections accomplies dans une commune du département du Haut-Rhin, que les opérations électorales ne sont pas viciées par cette circonstance qu'un des membres du bureau ne savait ni lire ni écrire le français, s'il savait lire et écrire l'allemand (cons. d'Ét. 29 mai 1861, M. de Guigné, rap., élect. d'Hartmanswiller). — V. n° 539.

896. La disposition de l'art. 31, qui détermine les personnes qui devront être appelées à remplir les fonctions de scrutateurs, est substantielle. — Aussi a-t-il été jugé : 1° que lorsque le bureau, au lieu d'être composé à l'ouverture de la séance et conformément à l'art. 31 de la loi du 5 mai 1855, a été formé d'électeurs désignés à l'avance par le maire, cette irrégularité entraîne la nullité des opérations électorales (cons. d'Ét. 29 mai 1861, élect. d'Aniane, D. P. 62. 3. 65; 14 juin 1861, M. de Raynal, rap., élect. de Saint-Christophe); — 2° Que lorsque les électeurs ont été convoqués pour une certaine heure et que néanmoins le bureau a été composé et le scrutin ouvert une heure plus tôt, il y a nullité des élections, le bureau n'ayant pas été constitué comme le veut l'art. 31 de la loi du 5 mai 1855 (cons. d'Ét. 31 août 1861, M. de Renepont, rap., élect. de Pineuilh ; 12 mars 1863, M. Flandin, rap., élect. de Mansles); — 3° Que lorsque deux des électeurs les plus âgés et deux des électeurs les plus jeunes ont déclaré d'avance au maire qu'ils entendaient faire partie du bureau, en usant à cet effet du droit ouvert à leur profit par l'art. 31 de la loi du 5 mai 1855, et que néanmoins ils ont été empêchés d'arriver au bureau, parce que le maire n'avait pris aucune mesure pour assurer le libre accès de la salle, il y a lieu de prononcer la nullité des élections (cons. d'Ét. 12 déc. 1861, élect. d'Istres, D. P. 62. 3. 54); — 4° Qu'il en est de même dans le cas où, malgré les réclamations à lui adressées à ce sujet, le maire a choisi pour composer le bureau des électeurs qui n'étaient pas les plus âgés et les plus jeunes des électeurs présents à l'ouverture de la séance, sachant lire et écrire (cons. d'Et. 25 avril 1860, élect. de Montbarrois, D. P. 62. 3. 54 ; 27 mars 1862, M. de Renepont, rap., élect. de Steinsultz). — V. nº 532.

897. Mais il a été décidé 1º que la circonstance que les scrutateurs auraient été désignés d'avance par le maire ne vicie pas l'élection, si, en fait, ces scrutateurs se trouvent les mêmes qui auraient été scrutateurs par l'application des dispositions de la loi (cons. d'Et. 9 juill. 1856, M. Plichon, rap., aff. élect. de Bray-sur-Seine) ; — 2º Qu'un grief ne saurait être tiré de ce que le bureau aurait été composé à l'avance par le maire, lorsqu'il n'est pas allégué que des électeurs sachant lire et écrire, plus jeunes ou plus âgés que ceux appelés à remplir les fonctions de scrutateurs, aient été présents à l'ouverture de la séance (cons. d'Et. 23 mai 1861, aff. élect. de Toulouse, D. P. 62. 3. 63 ; 29 mai 1861, M. Savoye, rap., aff. élect. de Sauveterre). — V. nº 533.

898. Selon la jurisprudence du conseil, l'inobservation d'un détail de la loi dans la composition du bureau n'emporte la nullité des élections qu'autant que cela aurait influé sur le résultat de l'opération. — Jugé : 1º que l'irrégularité résultant de ce que, contrairement à la loi, un électeur a été appelé à faire partie du bureau comme étant le plus âgé des électeurs présents, bien qu'il fût moins âgé qu'un autre électeur présent, ne vicie pas les opérations lorsqu'il n'est pas allégué que la présence au bureau du scrutateur dont il s'agit ait eu pour effet de modifier le résultat de l'élection (cons. d'Et. 30 juill. 1857, M. de Renepont, rap., aff. élect. de Saint-Pol-de-Monts) ;—2º Qu'il en est de même soit au cas où par erreur les deux plus jeunes des électeurs présents n'ont pas été désignés comme scrutateurs (cons. d'Et. 5 août 1841, M. d'Ormesson, rap., aff. élect. de Tuffé), soit au cas où ce bureau, au lieu d'avoir été formé des deux électeurs les plus âgés et des deux électeurs les plus jeunes, l'aurait été par erreur de six conseillers municipaux pris dans l'ordre du tableau (cons. d'Et. 23 août 1849, aff. élect. de Cannes, D. P. 50. 3. 4) ; — 3º Que le fait qu'un individu irrégulièrement inscrit après la clôture de la liste électorale sur la minute de cette liste, déposée à la mairie, a été membre du bureau, ne vicie pas les élections électorales, alors que cet individu figurant sur la liste des électeurs remise au président de l'assemblée, a été appelé au bureau comme l'un des deux plus âgés des électeurs présents à l'ouverture de la séance ; que sa participation aux opérations du bureau n'a donné lieu à aucune réclamation, et qu'elle n'a pu exercer d'influence sur la liberté et la sincérité des élections (cons. d'Et. 11 janv. 1862, M. David, rap., aff. élect. de Moissac).

899. Il a été jugé aussi : 1º que la présence, parmi les membres du bureau, d'un individu dont le nom ne se trouve pas régulièrement inscrit sur la liste électorale, ne peut être invoquée comme moyen de nullité des opérations, alors que l'identité de celui-ci avec un individu inscrit sur la liste sous un autre nom, ne saurait être douteuse, et que, d'ailleurs, sa participation n'a pu influer sur le résultat des élections (cons. d'Et. 18 fév. 1836, M. de Luçay, rap., aff. élect. d'Orgon) ; — 2º Que la participation aux travaux du bureau, d'individus non électeurs, tels que l'instituteur et le secrétaire de la mairie, si elle n'a pas eu d'influence sur le résultat du scrutin, n'est pas une cause de nullité des opérations électorales (cons. d'Et. 20 mars 1838, M. Hély-d'Oissel, rap., aff. élect. de Batz).— V. nº 538.

900. Toutefois, il a été jugé que les élections auxquelles un individu non électeur et encore mineur, a pris part comme scrutateur, en remplacement de son père, sont nulles, alors surtout qu'il a écrit les bulletins de plusieurs électeurs (cons. d'Et. 8 mai 1841, M. Marchand, rap., aff. Gorin et Fragnaud).

901. Le secrétaire est nommé par le bureau, c'est-à-dire par le président et les scrutateurs. Mais, dans les délibérations du bureau, le secrétaire n'a que voix consultative (art. 31).—Il a été jugé : 1º qu'un individu non électeur a pu prendre place au bureau comme secrétaire, en l'absence de tout électeur capable d'en remplir les fonctions, si sa présence n'a pas influé sur les élections (cons. d'Et. 4 juill. 1838, M. Brière, rap., aff. Pommeroux) ; — 2º Que le plus jeune des membres de l'assemblée, appelé au bureau en qualité de scrutateur, peut être choisi pour secrétaire, sauf au bureau à le remplacer comme scrutateur (cons. d'Et. 12 janv. 1850, élect. d'Assions, D. P. 50. 3. 62). — V. nº 541.

902. La loi n'a établi aucune incompatibilité pour cause de parenté ou d'alliance entre les membres du bureau électoral. —En conséquence, il a été décidé : 1º que des parents ou alliés peuvent faire partie du même bureau, dans une assemblée d'électeurs municipaux (cons. d'Et. 23 août 1849, élect. de Cannes, D. P. 50. 3. 4) ; — 2º Et spécialement, que le père et le fils peuvent être appelés à remplir simultanément les fonctions de scrutateurs dans le même bureau (cons. d'Et. 26 mars 1856, M. Aucoc, rap., élect. de Monchaux-Soreng) ;— 3º Qu'aucune nullité ne pourrait résulter de ce qu'un des membres du bureau serait beau-père du maire (cons. d'Et. 22 janv. 1863, M. David, rap., élect. d'Istres),... ou de ce que le bureau serait entièrement composé de parents du maire, alors qu'on s'est exactement conformé à la loi pour le choix des scrutateurs (cons. d'Et. 3 mai 1861, M. de Renepont, rap., élect. de Calacuccia).— V. nº 542.

903. Pour la validité des opérations électorales, la loi de 1855 (art. 31), de même que la loi de 1831, art. 49, exige la présence de trois membres au moins du bureau, qui est composé de six membres. — Il a été jugé : 1º Que le secrétaire fait partie des trois membres du bureau dont la présence est exigée à peine de nullité du scrutin (cons. d'Et. 15 juill. 1835, M. de Felcourt, rap., aff. élect. de Collas ; 22 fév. 1838, M. du Martroy, rap., aff. élect. de Siarroux) ; — 2º Que le président et les scrutateurs peuvent s'absenter alternativement pendant le dépôt des votes, pourvu qu'il y ait constamment trois membres du bureau présents (cons. d'Et. 8 fév. 1838, M. de la Chauvinière, rap., élect. de Trie) ; — 3º Que le président d'une assemblée électorale, qui s'absente momentanément, n'est pas obligé de se faire représenter par le scrutateur le plus âgé ; il suffit qu'il se fasse représenter par l'un des scrutateurs (même arrêt) ; — 4º Que l'absence du président pendant plus de deux heures ne rend pas nulle l'élection, bien que cette absence se soit prolongée pendant une partie du dépouillement du scrutin (cons. d'Et. 9 fév. 1838, M. de la Chauvinière, rap., élect. de Cressy-Omancourt) ;—5º Que l'irrégularité résultant de ce que, pendant quelques instants, le bureau s'est trouvé réduit à deux membres ne vicie pas les opérations, lorsqu'elle n'a pas eu pour conséquence de compromettre la sincérité du vote (cons. d'Et. 18 mai 1861, M. de Guigné, rap., élect. de Lillers ; même jour, M. Flandin, rap., élect. de Bizanos).— V. nº 540.

904. Mais il a été décidé : 1º que la circonstance que le bureau de l'assemblée électorale ne s'est trouvé composé que de deux membres, à deux reprises différentes et pendant un espace de temps assez long, suffit pour faire présumer les élections non sincères et en entraîner la nullité (cons. d'Et. 23 juill. 1838, M. Gomel, rap., élect. de Castillon) ; — 2º Que l'absence des membres du bureau pendant une partie du scrutin, et leur remplacement par des électeurs ou des individus non électeurs qui ont reçu les bulletins apportés à l'urne électorale, constituent une infraction aux prescriptions de l'art. 31 de la loi du 5 mai 1855, de nature à entraîner l'annulation des opérations électorales (cons. d'Et. 2 juill. 1861, élect. de Cuq-Toulza, D. P. 64. 3. 114, nº 2).

905. La composition du bureau et par suite les opérations électorales ne sont pas viciées par la circonstance qu'un électeur, qui a fait partie du bureau, avait été admis dans la salle des élections avant l'heure fixée pour l'ouverture de l'assemblée électorale, lorsqu'il est établi que cette exception avait été motivée par le grand âge de cet électeur qui, dans tous les cas, devait faire partie du bureau (cons. d'Et. 12 août 1861, M. de Bammeville, rap., élect. de Vaisons).

906. L'art. 30 de la loi de 1855 dispose : « Le président a seul la police de l'assemblée. Ces assemblées ne peuvent s'occuper d'autres objets que des élections qui leur sont attribuées. Toute discussion, toute délibération leur sont interdites. » — Il a été jugé que l'élection d'un conseiller municipal, qui a été précédée d'un discours que le président de l'assemblée a laissé prononcer, malgré les nombreuses réclamations des électeurs, est nulle, s'il était surtout de nature à influencer le résultat des opérations (cons. d'Et. 11 janv. 1838, M. Gomel, rap., élect. de Druyes); — Mais que la lecture faite par le président, à l'ouverture de la séance, d'un écrit de quelques électeurs, ne peut faire annuler les opérations électorales, si aucune réclamation n'a été élevée, et si cet écrit n'avait pour but que de détruire les fausses imputations qui pouvaient avoir été répandues dans les campagnes contre les sentiments des habitants du chef-lieu de canton (cons. d'Et. 28 août 1837, M. Gomel, rap., élect. de Loudéac).— V, n° 547.

907. L'entrée de la salle de l'élection n'est permise qu'aux citoyens portés sur la liste électorale; toutefois, la présence dans la salle d'étrangers, c'est-à-dire d'individus non électeurs, ne saurait par elle seule entraîner la nullité des opérations. — Il a été jugé à cet égard que la présence d'étrangers dans l'intérieur de la salle des élections n'est un motif de nullité des opérations qu'autant qu'elle a influé sur le résultat du vote (cons. d'Et. 21 oct. 1835, M. du Martroy, rap., aff. Duffo; 25 janv. 1838, M. Richaud, rap., élect. de Mennecy; 8 mai 1841, M. Richaud, rap., aff. Ragu; 2 avr. 1849, élect. de Martagny, D. P. 49. 3. 49; 1er déc. 1849, élect. de Grignoles, D. P. 50. 3. 18); ...alors d'ailleurs qu'ils se sont retirés sur l'injonction du président (même décis. du 21 oct. 1835), ...et qu'aucune réclamation ne s'est élevée dans l'assemblée (cons. d'Et. 7 juin 1836, M. Hochet, rap., élect. de Diges).— V. n° 550.

908. L'art. 37 dispose que nul électeur ne peut entrer dans l'assemblée s'il est porteur d'armes quelconques. Mais l'appel de la force armée, et même des arrestations opérées par ordre du président, dans le cas où ces mesures n'ont eu pour objet que de garantir la sécurité des opérations électorales, sont des actes légaux et ne peuvent donner lieu à une demande en nullité de l'élection (cons. d'Et. 9 juin 1849, élect. de Pomerols, D. P. 49. 3. 72; 22 août 1853, M. Lemarié, rap., élect. d'Argelliers; 23 juill. 1856, élect. de Berry-Bouy, D. P. 57. 3. 17; 30 juill. 1857, M. de Renepont, rap., aff. élect. de Saint-Pol de Monti). — Jugé spécialement : 1° que, lorsque la présence d'un gendarme dans une salle d'élection n'a pas été constante, et que ses apparitions momentanées n'ont donné lieu à aucune réclamation, l'élection est régulière, et que la présence de gardes soldés est permise, quand elle est justifiée par les besoins du service (cons. d'Et. 24 août 1832, M. de Luçay, rap., aff. Dupuy); — 2° Que, de même, la présence momentanée, dans une assemblée électorale, d'un ou de plusieurs gendarmes et de l'ancien garde champêtre de la commune, ne peuvent servir à en faire annuler les opérations, si leur apparition n'a porté aucune atteinte à la liberté et à l'indépendance des votes (cons. d'Et. 14 août 1837, M. Chauvinière, rap., élect. de Vorey); — 3° Qu'il en faut dire autant de la présence d'un percepteur municipal (cons. d'Et. 25 janv. 1838, M. Saglio, rap., élect. de Crouseilles); — 4° Ou de l'intervention du juge de paix du canton, dans les opérations électorales d'une commune, ordonnée par le préfet sur la demande du maire, pour donner à celui-ci les instructions nécessaires sur l'exécution de la loi, alors d'ailleurs qu'il n'a pris aucune part aux opérations (cons. d'Et. 8 fév. 1833, M. Montaud, rap., élect. de Bagat).—V. n° 549.

909. Aux termes de l'art. 33 de la loi de 1855, « le bureau juge provisoirement les difficultés qui s'élèvent sur les opérations de l'assemblée; ses décisions sont motivées. » — Il a été jugé que les membres du bureau peuvent délibérer sur les questions qui les concernent personnellement, et spécialement sur celle de savoir si des bulletins doivent leur être attribués (cons. d'Et. 22 juill. 1835, M. Germain, rap., élect. de Pavilly).— V. n° 597.

910. La circulaire ministérielle du 11 août 1831 s'était expliquée sur la compétence provisoire du bureau. Le ministre déclarait que, dans sa pensée le bureau doit juger provisoirement aussi les questions concernant les titres et les conditions d'éligibilité des conseillers élus; qu'il ne peut se dispenser de statuer sous prétexte de renvoyer à l'autorité supérieure, dont au surplus les droits restent entiers. C'était là une erreur. Les questions d'incapacité appartiennent exclusivement aux tribunaux ordinaires.—Il a été jugé en ce sens: 1° que le droit accordé au bureau ne s'applique qu'aux opérations confiées aux électeurs et ne peut embrasser les questions relatives aux incapacités, incompatibilités et autres objets étrangers à l'opération elle-même, et pour lesquelles la loi a établi des juridictions spéciales (cons. d'Et. 26 fév. 1832, M. Coulmann, rap., aff. Debaz et cons.; 23 avr. 1832, M. Coulman, rap., aff. Vistorte); — 2° Que le bureau de l'assemblée électorale excède ses pouvoirs s'il décide que tel candidat n'est pas légalement éligible, et qu'en conséquence les suffrages donnés à ce candidat ne seront pas comptés (cons. d'Et. 26 mars 1856, élect. de Bourg-Charente, D. P. 56. 3. 54; 30 août 1861, élect. de Sous-Moulin, *eod.*).— V. aussi *infrà*, n° 913.

911. Toutes les réclamations et décisions, ajoute le § 3 de l'art. 33 précité, sont insérées au procès-verbal; les pièces et bulletins qui s'y rapportent y sont annexés après avoir été paraphés par le bureau. — V. sur ce point *infrà*, nos 969 et s.

§ 3. — *Du vote et du scrutin.*

912. L'art. 35 de la loi des 5-9 mai 1855 exige que la liste soit déposée dans la salle des élections. Cet article porte : « Pendant toute la durée des opérations, une copie de la liste des électeurs, certifiée par le maire, contenant les noms, domicile, qualification de chacun des inscrits, reste déposée sur la table autour de laquelle siége le bureau. » — Aux termes de cet article, la liste doit être certifiée par le maire. Donc, ainsi que cela a été jugé, il n'est pas nécessaire qu'elle soit signée par les membres du bureau (cons. d'Et. 8 fév. 1838, M. de la Chauvinière, rap., élect. d'Absac).— V. n° 544.

913. Tout citoyen inscrit sur les listes électorales a droit de prendre part à l'élection du conseil municipal (art. 36), et tout français habitant la commune depuis six mois, âgé de vingt-un ans accomplis et jouissant de ses droits civils et politiques doit être inscrit sur les listes électorales. Ces listes étant aujourd'hui les mêmes pour les élections départementales et municipales, aussi bien que pour les élections législatives, il n'y a pas lieu d'en parler ici séparément (V. *suprà*, nos 485 et s.).— Les listes électorales une fois arrêtées sont la base de l'élection. —Il a été jugé : 1° que l'électeur dont l'inscription sur les listes est devenue définitive a droit de voter nonobstant toutes oppositions (cons. d'Et. 5 août 1841, M. Montaud, rap., élect. de Cournon);— 2° Que lorsqu'un individu a été frappé d'une condamnation judiciaire qui aurait dû le priver du droit d'être électeur, mais est néanmoins resté inscrit sur la liste électorale, le bureau ne peut refuser de l'admettre à voter (cons. d'Et. 3 mai 1861, M. Walckenaër, rap., élect. d'Elsaut; même jour, M. de Renepont, rap., élect. de Saou; 14 juin 1861, M. de Bammeville, rap., élect. de Marsac); — 3° Qu'il en est de même d'un étranger inscrit à tort sur la liste électorale si son inscription n'a pas été attaquée en temps utile (cons. d'Et. 8 mai 1841, M. Gomel, rap., élect. de Griotteray; 8 sept. 1861, M. Flandin, rap., élect. de Blagnac); — 4° Que le bureau ne peut non plus refuser d'admettre le vote d'un individu qui ne jouit pas de ses facultés mentales, s'il est inscrit sur les listes électorales (cons. d'Et. 7 sept. 1861, M. Flandin, rap., aff. élect. de Reuil). — Il a été cependant jugé qu'un arrêté de conseil de préfecture qui avait prononcé la nullité d'opérations électorales en se fondant notamment sur ce que des électeurs seraient venus voter en état d'ivresse, devait être confirmé (cons. d'Et. 25 avr. 1861, M. Flandin, rap., élect. de Liny-devant-Dun).—V. n° 552.

914. Il a été jugé aussi : 1° que la transcription inexacte sur la liste des votants, du nom d'un électeur porté régulièrement sur la minute de la liste électorale, est une erreur qui ne peut lui être opposée ou l'empêcher d'être admis au vote, si d'ailleurs les autres indications lui sont exclusivement applicables; et que le refus fait par le président sans l'avis du bureau, d'admettre cet électeur au vote, rend nulles les opérations électorales, si ce refus a pu influer sur le résultat de l'élection en changeant le chiffre de la majorité absolue (cons. d'Et. 28 août 1837, M. d'Ormesson, rap., élect. d'Aups); — 2° Qu'un électeur inscrit sur la liste avec le prénom de son fils décédé, doit être admis à voter, s'il est établi que l'inscription s'applique réellement à l'électeur qui se présente pour voter (cons. d'Et. 12 avr. 1838, M. du Martroy, rap., élect. de Boisset-Saint-Priest); — 3° Que le citoyen inscrit sur la liste des électeurs, dressée et arrêtée aux époques prescrites par la loi, doit être admis à voter, bien qu'une expédition de cette liste n'ait pas été envoyée à la préfecture et qu'on ait omis d'en faire mention dans l'arrêté général de clôture en récapitulant le nombre des électeurs (cons. d'Et. 11 mai 1838, M. d'Ormesson, rap., élect. de Montbazon).

915. D'un autre côté, il a été décidé que le refus par le bureau d'admettre un électeur au droit de voter n'est pas une cause de nullité des élections, lorsque le résultat n'eût pu en être changé par son admission (cons. d'Et. 22 août 1838, M. du Martroy, rap., élect. de Saint-Jean de Blaquières).—V. n° 555.

916. Une élection a été annulée partiellement dans les circonstances suivantes : — 40 individus avaient été inscrits par le maire sur la liste électorale, après la clôture officielle de celle-ci, et 20 d'entre eux avaient pris part au vote; en retranchant 40 noms du nombre des électeurs inscrits, et 20 suffrages du nombre des suffrages obtenus par chacun des candidats élus au premier tour de scrutin, les huit derniers cessaient d'avoir un nombre égal au quart des électeurs inscrits; — Il y avait lieu, dès lors, d'annuler l'élection de ces huit candidats, et, par voie de conséquence, les opérations du second tour de scrutin faites le même jour, ainsi que les opérations auxquelles il avait été ultérieurement procédé en exécution d'un arrêté du conseil de préfecture qui n'avait annulé l'élection que de sept seulement des candidats élus au premier tour de scrutin (cons. d'Et. 12 août 1861, M. de Guigné, rap., élect. de la Gaude).

917. A l'inverse, nul ne peut être admis à voter s'il n'est inscrit sur la liste électorale (L. 5 mai 1855, art. 36); toutefois le vote, reçu par erreur, d'un individu non électeur n'emporte pas par lui-même nullité de l'élection; on se borne à déduire ce vote du nombre des votants, puis du nombre des suffrages obtenus par chacun des candidats, et l'on n'annule l'élection que de ceux qui, après cette double opération ont perdu la majorité (V. *infra* n° 936; V. aussi *suprà*, n° 554).

918. Quoique les listes électorales soient le tableau auquel on doit se référer pour déterminer les Français aptes à prendre part aux élections municipales, la loi admet des exceptions. L'art. 36 § 2 dispose : « Toutefois, seront admis à voter, quoique non inscrits, les électeurs porteurs d'une décision du juge de paix ordonnant leur inscription, ou d'un arrêt de la cour de cassation annulant un jugement qui aurait prononcé leur radiation. » — Il a été jugé que le droit des individus inscrits sur la liste électorale en vertu de décisions du juge de paix qui n'ont pas été attaquées en temps utile devant la cour de cassation, ne peut plus être contesté devant la juridiction administrative; qu'ainsi, le conseil de préfecture excède ses pouvoirs en annulant l'élection à laquelle ces individus ont pris part, sous prétexte qu'ils n'auraient pas dû être admis à voter, et qu'après retranchement d'autant de suffrages, la majorité n'est plus acquise aux candidats proclamés (cons. d'Et. 14 juin 1861, élect. de Chauvigny, D. P. 61. 3. 60).— V. n° 565.

919. L'électeur qui se présente au scrutin doit-il être nécessairement muni de sa carte? En matière d'élection au conseil général de département, la présentation de la carte n'a pas été considérée comme absolument obligatoire, on exige seulement la justification de l'identité (V. n° 558).—Il ne paraît pas douteux qu'il en doive être ainsi en matière d'élections municipales (Conf. cons. d'Et. 24 juill. 1861, M. de Renepont, rap., aff. aff. élect. de Moiran; 24 juill. 1861, M. Vicaire, rap., aff. élect. de Tarasteix). — Toutefois il a été jugé sous la loi de 1831, que nul électeur ne pouvant exiger son admission dans l'assemblée électorale, s'il ne justifie de sa qualité, le président a pu exclure de l'assemblée les électeurs qui avaient oublié leurs cartes, encore bien qu'il n'ignorât pas personnellement leur qualité d'électeur (cons. d'Et. 4 fév. 1836, M. Robillard, rap., aff. Mas).

920. Sous le régime de la loi de 1831, aucun électeur ne pouvait déposer son vote qu'après avoir prêté serment de fidélité au roi et d'obéissance aux lois entre les mains du président du bureau. Le décret du 3 juill. 1848 a aboli le serment politique, et la loi de 1855 ne l'ayant pas rétabli pour les élections, il s'ensuit que le serment des électeurs n'est pas exigible.

921. Aux termes de l'art. 32 de la loi de 1855 « les assemblées des électeurs communaux procèdent aux élections qui leur sont attribuées au scrutin de liste, » c'est-à-dire sur un bulletin contenant autant de noms qu'il y a de membres du conseil à élire. Il est donc encore utile que, conformément à la circulaire du 11 août 1831, le président fasse connaître aux électeurs le nombre des conseillers qu'ils doivent élire, nombre, d'ailleurs, qui doit se trouver indiqué dans l'arrêté de convocation.

922. Relativement aux jours d'élection et à la durée du scrutin, la loi de 1855 dispose :— « Art. 33. Dans les communes de 2,500 habitants et au-dessus, le scrutin dure deux jours; il est ouvert le samedi et clos le dimanche. Dans les communes d'une population moindre, le scrutin ne dure qu'un jour; il est ouvert et clos le dimanche. — Art. 39. Le président doit constater, au commencement de l'opération, l'heure à laquelle le scrutin est ouvert. — Le scrutin ne peut être fermé qu'après être resté ouvert pendant trois heures au moins.— Le président constate l'heure à laquelle il déclare le scrutin clos, et, après cette déclaration, aucun vote ne peut être reçu. » — La loi de 1831 n'avait rien précisé sur ce point, son art. 49 se bornait à dire que les deux tours de scrutin pouvaient avoir lieu le même jour; chaque scrutin devant rester ouvert pendant trois heures. — La loi de 1855 est plus complète et plus formelle.

923. Les mesures qu'elle a prescrites pour assurer au scrutin sa durée légale sont substantielles. — La jurisprudence en exige l'observation rigoureuse.—Il a été jugé : 1° que lorsque le scrutin n'a pas eu la durée fixée par la loi, qu'il s'agisse d'un premier tour ou d'un second tour, l'élection est nulle (cons. d'Et. 20 nov. 1856, aff. élect. de Dourgne, D. P. 57. 3. 37; 23 mai 1861, aff. élect. de Forceville, D. P. 61. 3. 60; 14 juin 1861, aff. élect. de Seraincourt, D. P. 61. 3. 60); — 2° Que la disposition de l'art. 33 de la loi du 5 mai 1855, d'après laquelle, dans les communes de 2,500 habitants et au-dessus, le scrutin dure deux jours, doit être appliquée, à peine de nullité de l'élection, lorsqu'il s'agit d'un second tour de scrutin, qui n'a pu avoir lieu le même jour que le premier (cons. d'Et. 24 juill. 1861, M. de Raynal, rap., aff. élect. de Lacaune); — 3° Que lorsque le second tour de scrutin n'a été ouvert qu'à six heures un quart du soir, sans que les électeurs eussent été prévenus par avance que les opérations de ce deuxième tour auraient lieu le jour dont il s'agit, l'élection est annulable (cons. d'Et. 2 juill. 1861, M. de Bammeville, rap., aff. élect. de Cette-Eygun).

924. La loi de 1855 ne dit rien de l'heure où doit s'ouvrir le scrutin. Le décret réglementaire des élections législatives du 2 fév. 1852 dispose, art. 25, que le scrutin s'ouvrira à huit heures du matin, pour le premier comme pour le second jour. Cette disposition n'est évidemment pas applicable aux élections municipales. — La circ. min. du 21 juin 1855 adressée aux préfets s'explique ainsi sur la fixation de l'heure. « Vous pourrez en faire l'objet d'une disposition dans vos arrêtés de convocation, à moins que vous ne jugiez préférable de laisser l'initiative aux maires, mieux placés peut-être pour connaître ce qui convient aux besoins ou aux habitudes des électeurs. — Il importe néanmoins de prescrire que, dans aucun cas, le scrutin ne devra se prolonger au delà de six heures du soir. »—Il a été jugé : 1° que la fixation des opérations électorales à une heure qui a pu rendre impossible à un grand nombre d'électeurs toute participation à ces opérations (quatre heures du matin) est une cause de nullité de l'élection (cons. d'Et. 3 août 1849, aff. élect. de Beaupuy, D. P. 49. 3. 88);— 2° Que l'ouverture du scrutin avant l'heure fixé par l'arrêté de convocation est une cause de nullité des élections (V. n° 896-2°); — 3° Que la fermeture du scrutin avant l'heure fixée par l'arrêté de convocation, entraîne la nullité de l'élection, encore qu'elle soit demeurée sans influence sur le résultat de cette élection (cons. d'Et. 2 avr. 1849, aff. Chavance, D. P. 49. 3. 49);— 4° Que des élections municipales sont nulles dans le cas où, des cartes d'électeurs distribués la veille de ces élections dans une partie de la commune ayant indiqué pour la clôture du scrutin une heure plus reculée que celle fixée par un arrêté préfectoral, la clôture a eu lieu néanmoins à l'heure annoncée par cet arrêté, si, en fait, ces irrégularités ont été de nature à modifier le résultat des opérations (cons. d'Et. 7 août 1856, aff. élect. de Saint-Mards en Othe, D. P. 57. 3. 37);— 5° Qu'il en est de même, bien que la durée légale ait été observée, si le scrutin a été fermé avant l'heure indiquée sur les cartes des électeurs, et alors du moins que l'erreur en laquelle les électeurs ont été induits, a pu modifier le résultat des opérations (cons. d'Et. 14 juin 1861, aff. élect. de Seraincourt, D. P. 61. 3. 60).— V. n° 576.

925. Toutefois, il a été jugé : 1° qu'il n'y a pas lieu d'annuler une élection, par ce motif que le maire aurait ouvert le scrutin avant l'heure indiquée sur les cartes distribuées aux électeurs, si le maire y avait été autorisé par un arrêté préfectoral spécial et si, dans le cours des opérations, aucune réclamation ne s'était élevée contre la composition du bureau (cons. d'Et. 3 mai 1861, M. Walckenaër, rap., aff. élect. d'Etsaut); — 2° Qu'il n'est pas nécessaire que l'heure de la clôture du scrutin soit annoncée à l'avance (cons. d'Et. 16 avr. 1856, aff. élect. de Moulin-le-Carbonnel, D. P. 56. 3. 63).

926. Du reste, le bureau n'est pas tenu de rester en permanence pendant toute la journée; il peut suspendre momentanément la séance après que le scrutin est resté ouvert pendant trois heures, sauf à prendre toutes les précautions pour assurer dans l'intervalle le secret des votes et l'intégrité du scrutin (cons. d'Et. 12 déc. 1851, M. de Bussières, rap., aff. élect. de Vayrac).

927. La loi de 1831 ne contenait aucune disposition sur la forme des bulletins de vote. Son silence avait soulevé des difficultés que la circulaire du 11 août de la même année avait cherché à prévenir. La loi des 5-9 mai 1855 s'explique sur les différentes questions que la forme des bulletins peut faire naître. Son art. 38 est ainsi conçu : « Les électeurs sont appelés successivement à voter par ordre alphabétique.—Ils apportent leurs bulletins préparés en dehors de l'assemblée.—Le papier du bulletin doit être blanc et sans signe extérieur.—A l'appel de son nom, l'électeur remet au président son bulletin fermé.—Le président le dépose dans la boîte du scrutin, laquelle doit, avant le commencement du vote, avoir été fermé à deux serrures dont les clefs restent, l'une entre les mains du président, l'autre entre les mains du scrutateur le plus âgé. Le vote de chaque électeur est constaté sur la liste, en marge de son nom, par la signature ou le parafe de l'un des membres du bureau. L'appel étant terminé, il est procédé au réappel, par ordre alphabétique, des électeurs qui n'ont pas voté. » — V. n° 563.

928. En exigeant que les bulletins soient préparés hors de l'assemblée, la loi a eu en vue d'assurer la sincérité et le secret du vote. — Il a toutefois été jugé : 1° que la disposition de l'art. 38 de la loi du 5 mai 1855, suivant laquelle les bulletins pour les élections municipales doivent être préparés en dehors de l'assemblée électorale, ne contenant pas de sanction, son inexécution ne saurait être une cause de nullité; que dès lors il n'y a pas lieu d'accueillir le grief tiré de ce qu'un certain nombre de bulletins auraient été écrits dans la salle où a eu lieu l'assemblée électorale (cons. d'Et. 28 fév. 1856, aff. élect. de Villeneuve, D. P. 56. 3. 69; 9 juill. 1856, M, Lechanteur, rap., aff. élect. de Guttinières); — 2° Que l'irrégularité résultant de ce que des bulletins ont été distribués dans la salle même de l'élection ne saurait entraîner la nullité de l'élection, si elle n'a pas porté atteinte à la liberté et à la sincérité des votes (cons. d'Et. 20 mars 1861, M. David, rap., aff. élect. de Combiers; 11 avr. 1861, M. de Guigné, rap., aff. élect. de Dabo; 30 août 1861, M. Flandin, rap., aff. élect. de Peyrissas); — 3° Que, l'irrégularité résultant de ce qu'un membre du bureau, sur la demande qui lui en a été faite, a écrit quelques bulletins, ne vicie pas les opérations, lorsqu'il ne résulte pas de l'instruction qu'elle ait eu pour but et pour effet de compromettre la liberté et la sincérité du vote (cons. d'Et. 17 avr. 1861, M. de Guigné, rap., aff. élect. de Folleville; 6 août 1861, M. de Guigné, rap., aff. élect. de Lagraulet); — 4° Que l'irrégularité résultant de ce que le maire aurait remis à des électeurs, qui se présentaient apportant leur bulletin de vote, des bulletins portant le nom des candidats de l'administration et les aurait invités à les déposer eux-mêmes dans la boîte du scrutin, ne vicie pas les opérations, si elle n'a eu pour but ni pour résultat d'altérer la liberté et la sincérité du vote (cons. d'Et. 22 mai 1861, M. de Guigné, rap., aff. élect. d'Amélie-les-Bains).

929. Il a été décidé cependant que l'irrégularité résultant de ce qu'un grand nombre d'électeurs ont préparé ou fait préparer par les membres du bureau leur bulletin de vote dans la salle même de l'élection, étant de nature à porter atteinte à la liberté du vote et à la sincérité de l'élection, entraîne la nullité des opérations électorales (cons. d'Et. 26 juin 1862, M. Walckenaër, rap., aff. élect. de Saint-Nexant).

930. C'est la même raison d'assurer la sincérité et le secret du vote qui a fait exiger que le papier du bulletin soit blanc et sans signes extérieurs. — Il a été jugé : 1° que le fait par le maire d'une commune où ont eu lieu des élections municipales, de faire distribuer aux électeurs des bulletins portant des numéros d'ordre, entraîne la nullité des opérations, comme étant de nature à porter atteinte au secret des votes et à la sincérité des élections (cons. d'Et. 16 avr. 1856, aff. élect. de Veys, D. P. 56. 3. 63; 2 juill. 1861, M. Walckenaër, rap., élect. de Gurmançon); — 2° Que, de même, la marque de tous signes quelconques entraîne la nullité des élections, s'il est positivement établi qu'il y a eu manœuvre ayant pour but de porter atteinte à la liberté du vote et à la sincérité de l'élection (cons. d'Et. 20 juin 1861, élect. de Montcuq, D. P. 61. 3. 53; 18 mai 1861, M. David, rap., élect. de Saint-Laurent-du-Pont), ...ou seulement s'il est possible que cette irrégularité ait produit un tel effet (cons. d'Et. 25 mai 1861, élect. de Loudenvielle, D. P. 61. 3. 54); — 3° Que spécialement dans le cas où les cartes de certains électeurs leur ont été adressées par le maire avec un bulletin y adhérant au moyen d'un pain à cacheter, l'élection est nulle si la trace de cette adhésion a été constatée sur un certain nombre de bulletins mis dans l'urne (cons. d'Et. 2 juill. 1861, élect. de Neuilly-sur-Eure, D. P. 61. 3. 54); — 4° Mais que la distribution par le maire de bulletins de vote manuscrits, ne peut donner lieu à un grief contre l'élection, si ces bulletins ne portaient aucun signe extérieur de reconnaissance (cons. d'Et. 13 juin 1862, élect. de Clarac, D. P. 63. 3. 13).

931. Le bulletin est remis fermé au président; c'est là encore une mesure prescrite dans le même but. — Il a été jugé à cet égard : 1° que lorsque le président du bureau, au lieu de se borner à vérifier si plusieurs bulletins ne sont pas renfermés sous le même pli, ouvre un certain nombre de bulletins en entier, de manière à lire les noms qui y sont inscrits, ce fait constitue une atteinte au secret des votes et doit, par suite, entraîner la nullité des opérations électorales (cons. d'Et. 8 sept. 1861, élect. de Meyssac, D. P. 62. 3. 63); — 2° Mais que l'irrégularité résultant de ce que le secrétaire du bureau a ouvert des bulletins de vote sur la demande de quelques électeurs qui l'ont prié de remplacer par d'autres noms les noms qui étaient inscrits sur leurs bulletins, ne vicie pas les opérations, lorsqu'elle n'a eu pour but et pour effet ni de porter atteinte au secret des votes, ni d'exercer aucune influence sur les électeurs (cons. d'Et. 18 mai 1861, M. Flandin, rap., élect. de Moult); — 3° Que de même les opérations ne peuvent être annulées par le motif que plusieurs électeurs auraient remis leurs bulletins ouverts au président du bureau, lorsque, dans les circonstances où ont eu lieu les élections, cette irrégularité n'a pas eu pour but et pour effet de compromettre la liberté et la sincérité du vote (cons. d'Et. 17 juill. 1861, M. de Guigné, rap., élect. de Montpézat). — V. n°s 568 et suiv.

932. Le § 5 de l'art. 38 de la loi du 5 mai 1855 veut que la boîte du scrutin soit fermée à deux serrures. — Mais l'inexécution de cette disposition n'entraîne pas la nullité de l'opération alors qu'elle n'a pas favorisé des manœuvres de nature à porter atteinte à la sincérité du vote et que d'ailleurs le scrutin a été dépouillé séance tenante (cons. d'Et. 26 mars 1856, M. de Belbeuf, rap., élect. de Couzon.) — Il a été jugé spécialement que l'irrégularité résultant de ce que la boîte n'était pas fermée à deux serrures ne vicie pas l'élection, lorsqu'il résulte de l'instruction qu'en présence des électeurs, la boîte contenant les bulletins a été fermée à clef et scellée, qu'elle a été déposée dans une salle de la mairie, dont les ouvertures ont été également scellées, et lorsqu'il n'est pas allégué que ces précautions aient été insuffisantes pour assurer la sincérité du scrutin (cons. d'Et. 8 sept. 1861, M. Flandin, rap., élect. de Cuers); — Et qu'il en est ainsi soit dans le cas où la boîte ne serait pas même fermée, lorsqu'il n'est pas allégué que cette irrégularité ait eu pour but ou pour effet de porter atteinte au secret ou à la sincérité du vote (cons. d'Et. 25 avril 1861, M. Walckenaër, rap., élect. de Saint-Paul-Lizonne; même jour, M. de Raynal, rap., élect. de Daune; 19 déc. 1861, M. Paixhans, rap,, élect. de Marcellaz); — Soit dans le cas où les votes ont été reçus non pas dans une boîte, mais dans une soupière (cons. d'Et. 7 sept. 1861, M. de Renepont, rap., élect. de Franois).— V. nº 571.

933. L'une des deux clefs doit rester entre les mains du président du bureau, l'autre entre les mains du scrutateur le plus âgé.—Il a été jugé que l'irrégularité résultant de ce que la clef unique fermant la boîte du scrutin est restée constamment au pouvoir du président de l'assemblée, ne vicie point l'élection si le bureau a toujours été au complet et si le scrutin a été dépouillé séance tenante (cons. d'Et. 2 juill. 1861, M. de Raynal, rap., élect. de Villars).

934. Il en est de même de l'inexécution de la disposition finale de l'art. 38, qui exige l'appel et le réappel des électeurs. — Il a été jugé que, de ce qu'à raison du grand nombre des électeurs inscrits, l'appel et le réappel n'ont pas eu lieu, il ne s'ensuit point que l'élection soit nulle, s'il n'est pas établi que cette irrégularité ait pu avoir de l'influence sur le résultat (cons. d'Et. 11 déc. 1856, élect. d'Agen, D. P. 57. 3. 48; 11 avr. 1861, M. de Guigné, rap., aff. élect. de Bellon-sur-Huine; 18 mai 1861, M. de Guigné, rap., élect. de Lillers).

935. Après la clôture du scrutin, aucun vote ne peut être reçu. Des opérations électorales ont été annulées par le motif qu'un certain nombre d'électeurs avaient été admis à voter après la clôture du scrutin prononcée par le président; que, par suite de cette irrégularité, le président et deux autres scrutateurs, avaient refusé de signer le procès-verbal, et que les votes ainsi indûment admis ont pu modifier les résultats du scrutin (cons. d'Et. 11 avr. 1861, MM. Walckenaër, rap., élect. de Gyounet).

936. Le scrutin pouvant durer deux jours pour les communes d'une population de deux mille cinq cents habitants et au-dessus (art. 33), il a fallu pourvoir, pour la nuit qui sépare les deux jours de vote, à la sécurité de l'urne. La loi du 15 mars 1849 sur les élections législatives exigeait, art. 52, «que les boîtes du scrutin fussent scellées et déposées pendant la nuit au secrétariat ou dans la salle de la mairie, et qu'elles fussent gardées par un poste de garde nationale; et que les scellés fussent également apposés sur les ouvertures (portes et fenêtres) de la salle où ces boîtes ont été déposées. » — Le décret-loi du 2 fév. 1852, qui a remplacé la loi précédente, reproduit dans son art. 26 la disposition ci-dessus, à l'exception de ce qui a trait à la garde des boîtes par la force armée (V. vº Droit politique, nºs 692 et suiv., et *suprà*, nº 579). — La loi de 1855 dispose : « Si le dépouillement du scrutin ne peut avoir lieu le jour même, les boîtes contenant les bulletins sont scellées et déposées pendant la nuit au secrétariat ou dans une des salles de la mairie. — Les scellés sont également apposés sur les ouvertures du lieu où les boîtes ont été déposées. Le maire prend les autres mesures nécessaires pour la garde des boîtes du scrutin » (art. 41). — Il a été jugé : 1º que le maire n'est point tenu, dans les élections municipales, de faire garder l'urne du scrutin par la force armée, pendant la nuit qui sépare les deux jours consacrés aux opérations électorales, aucune disposition de la loi du 5 mai 1855 ne prescrivant cette mesure, et alors qu'il résulte de l'instruction que les précautions prises par le maire de cette commune pour la conservation du scrutin ont été suffisantes (cons. d'Et. 31 janv. 1856, élect. de Bergheim, D. P. 56. 3. 173); — 2º Que l'irrégularité résultant de ce que, contrairement à la prescription de l'art. 41 de la loi de 1855, les scellés n'ont été apposés ni sur les portes de l'armoire, ni sur les ouvertures de la salle, où, pendant une nuit, la boîte du scrutin a été déposée, ne vicie pas les opérations, lorsque la boîte a été scellée et fermée à deux serrures et que ces scellés ont été retrouvés intacts le lendemain (cons. d'Et. 5 août 1861, M. Roussigné, rap., élect. de Saint-Pé). — V. *suprà*, nº 579.

937. Mais il a été jugé qu'il y a lieu d'annuler les opérations électorales lorsque les scellés, qui avaient été apposés sur la boîte du scrutin à la fin du premier jour, ont été levés le lendemain par les membres des bureaux avant l'ouverture de l'assemblée et en l'absence des électeurs (cons. d'Et. 21 déc. 1861, élect. de Chatenois, D. P. 62. 3. 33).

938. Sur l'obligation de déposer les boîtes soit au secrétariat, soit dans la salle de la mairie, il a été jugé que lorsqu'une commune ne possède pas de mairie, la boîte du scrutin est régulièrement déposée dans une maison particulière, si cette boîte est scellée par le président, déposée en présence des membres du bureau, et si les ouvertures de la salle qui la contient sont également scellées (cons. d'Et. 3 fév. 1857, M. Bordet, rap., aff. de Chageaux).

§ 4. — *Dépouillement du scrutin.*

939. La loi de 1831 ne contenait aucune disposition concernant le dépouillement du scrutin; on s'en référait par analogie aux dispositions relatives aux élections législatives. La loi du 5 mai 1855 porte : « Art. 40. Après la clôture du scrutin, il est procédé au dépouillement de la manière suivante :—La boîte du scrutin est ouverte et le nombre des bulletins vérifié. — Si ce nombre est plus grand ou moindre que celui des votants, il en est fait mention au procès-verbal. — Le bureau désigne, parmi les électeurs présents, un certain nombre de scrutateurs. —Le président et les membres du bureau surveillent l'opération du dépouillement. Ils peuvent y procéder eux-mêmes, s'il y a moins de trois cents votants. » — Il a été décidé : 1º que lorsque, conformément aux art. 30 et 31 de la loi du 5 mai 1855, le scrutin est resté ouvert au moins pendant trois heures, n'a été fermé qu'à l'heure fixée à l'avance, et que trois membres du bureau ont toujours été présents pendant la durée du vote et au dépouillement, l'absence de deux membres du bureau ne fait pas obstacle à ce qu'il soit procédé à ce dépouillement (cons. d'Et. 14 juin 1861, M. de Renepont, rap., élect. de Pusignan); — 2º Que l'irrégularité résultant de ce qu'un individu a été désigné par le bureau pour prendre part au dépouillement du scrutin, bien qu'il ne fût pas inscrit sur la liste des électeurs, ne vicie pas l'élection, lorsqu'il n'est pas allégué que cette irrégularité ait été une manœuvre ayant pour but ou pour effet d'exercer une influence sur le résultat de l'élection (cons. d'Et. 3 avr. 1861, M. de Renepont, rap., élect. de Bray-sur-Seine);—3º Mais que lorsque, contrairement à l'art. 40 de la loi du 5 mai 1855, plusieurs individus qui n'étaient point électeurs (cinq, dans l'espèce), ont été choisis pour prendre part au dépouillement du scrutin et que des erreurs ont été constatées dans la supputation des suffrages, les opérations électorales doivent être annulées (cons. d'Et. 6 août 1864, M. Renepont, rap., élect. d'Ajaccio).

940. Bien que la loi ne s'en explique pas, l'opération du dépouillement doit avoir lieu publiquement. — Il a été décidé : 1º que l'évacuation de la salle ordonnée par le président de l'assemblée, au moment du dépouillement du scrutin, constitue une violation des conditions de la publicité et entraîne la nullité des opérations électorales (cons. d'Et. 6 janv. 1857, M. de Caffarelli, rap., élect. de Châteauneuf); — 2º Qu'il y a lieu d'annuler les opérations lorsqu'elles ont eu lieu dans une petite salle attenant à la grande salle de la mairie, que les électeurs n'ont été introduits que les uns après les autres dans la salle de l'assemblée électorale pour déposer leur bulletin de vote, et qu'il leur a été interdit d'y stationner; qu'enfin, pendant le dépouillement du scrutin, l'exiguïté du local et la disposition des tables n'ont pas permis de circuler autour du bureau : dans de semblables circonstances, il a été porté atteinte au droit qui appartient aux électeurs de contrôler librement la régularité des opérations du bureau (cons. d'Et. 11 mars 1862, M. Chauchat, rap., élect. de Graissessac; mais V. nºs 551, 963-4º); — 3º Mais qu'il suffit que la table sur laquelle s'opère le dépouillement soit disposée de telle sorte que les électeurs puissent circuler à l'entour et s'assurer de la sincérité de cette opération; il n'est pas nécessaire de communiquer aux électeurs les bulletins dont le dépouillement a lieu par les soins du bureau (cons. d'Et. 20 juill. 1853, M. de Renepont, rap., élect. de Bizous).—V. nos 584, 585.

941. La circonstance que, pendant le dépouillement du scrutin, des électeurs auraient mis la main dans l'urne, n'est pas une cause de nullité de l'élection dans le cas où il ne résulte pas de l'instruction qu'il ait été soustrait de l'urne ou qu'on y ait frauduleusement introduit des bulletins en nombre suffisant pour modifier le résultat du scrutin (cons. d'Et. 20 juill. 1853, M. l'Hôpital, rap., élect. d'Arrien).

942. Le bureau désigne pour effectuer le dépouillement un certain nombre de scrutateurs, parmi les électeurs présents et surveille l'opération. Il peut y procéder lui-même s'il y a moins de trois cents votants (art. 40).—Il a été jugé que l'irrégularité résultant de ce que, contrairement à la prescription de l'art. 40, le bureau seul, sans s'adjoindre de scrutateurs, a procédé au dépouillement du scrutin, bien que le nombre des votants fût supérieur à trois cents, ne vicie pas l'élection, lorsqu'il n'est pas allégué que l'omission de cette mesure ait eu aucune influence sur la régularité du dépouillement (cons. d'Et. 22 mai 1861, M. Paixhans, rap., élect. de Ruffey; 5 août 1861, M. Roussigné, rap., élect. de Saint-Pé). — V. no 583.

943. Le nombre des bulletins doit être rigoureusement égal à celui des votants. S'il arrivait qu'il fût plus grand ou moindre, l'art. 40 exige qu'il en soit fait mention au procès-verbal. Sous le régime de la loi de 1831, la nullité des élections a été prononcée pour une telle irrégularité quand la différence des deux nombres pouvait modifier le résultat du scrutin (cons. d'Et. 10 juin 1835, M. Germain, rap., élect. de Saint-Nazaire; 14 fév. 1838, M. Robillard, rap., élect. de Galez). — Mais il en était autrement si cette différence provenait d'une erreur explicable et était sans influence sur le résultat des élections (cons. d'Et. 24 août 1832, M. Chalret, rap., aff. Bordenave, 10 août 1837, M. Robillard, rap., élect. de Pontarlier; 27 avr. 1838, M. Saglio, rap., élect. de Nize; 18 juill. 1838, M. Du Martroy, rap., élect. de Carennac). — Il a été jugé notamment sous la loi de 1831 : 1° que si, lors du dépouillement du scrutin, il se trouve dans l'urne un nombre de bulletins supérieur à celui des votants, le bureau doit retrancher, du nombre des suffrages obtenus par chaque candidat, un nombre de voix égal à celui des bulletins trouvés en plus, et ne proclamer que ceux des candidats qui, après ce retranchement, conservent encore la majorité (cons. d'Et. 31 juill. 1843, M. Portal, rap., élect. de Castans; 20 juill. 1853, M. de Renepont, rap., élect. de Bisping);—Et 2°, sous le régime de la loi de 1855, qu'il y a lieu dans ce cas, de retrancher à chacun des candidats un nombre de suffrages égal à l'excédant, et de maintenir l'élection des candidats qui après cette opération conservent la majorité (cons. d'Et. 28 mai 1862, M. Roussigné, rap., élect. de Grenade),.... et d'annuler l'élection de ceux qui, par l'effet de ce retranchement, se trouvent ne plus avoir un nombre de voix égal au quart des électeurs inscrits (cons. d'Et. 26 mars 1856, élect. du Château, D. P. 56. 3. 59). —V. no 589.

944. La loi de 1855 ne s'expliquant pas sur la manière dont le dépouillement doit s'effectuer, il y a lieu de recourir au décret des 2-21 fév. 1852 sur les élections législatives, dont l'art. 27 porte : « A chaque table, l'un des scrutateurs lit chaque bulletin à haute voix; les noms portés sur les bulletins sont relevés sur des listes préparées à cet effet. » — Il a été jugé que le président du bureau, lors du dépouillement du scrutin, ne doit pas se borner à lire le premier nom inscrit sur les bulletins; qu'il doit lire tous les noms, et que le bureau ne peut proclamer que les candidats dont les noms ont été ainsi lus devant l'assemblée (cons. d'Et. 17 juill. 1861, élect. de Plaigne, D. P. 62. 3. 18). — V. nos 581 et suiv.

945. Lorsque les scrutateurs n'ont pas été d'accord sur les résultats du dépouillement du scrutin en ce qui concerne le nombre de suffrages attribués aux divers candidats, en présence de cette divergence d'appréciation, les élections doivent être annulées (cons. d'Et. 6 déc. 1862, M. Walckenaër, rap., élect. de Canavaggia). — Il a été jugé aussi : 1° que le bureau qui, après le dépouillement, avait procédé à une vérification partielle des résultats par lui obtenus et avait reconnu des erreurs, aurait dû ne pas se borner à cette vérification partielle, mais recommencer en entier les opérations de dépouillement, à peine de nullité des opérations électorales (cons. d'Et. 22 mai 1861, M. Vicaire, rap., élect. de Razimet);—2° Que le refus du bureau de vérifier les bulletins dépouillés par un scrutateur, nonobstant la réclamation d'un candidat alléguant que son nom a été omis dans la lecture de plusieurs de ces bulletins, entraîne, s'il a été suivi de l'incinération des bulletins, la nullité des opérations électorales, alors que le fait de l'omission alléguée est établi, et qu'il n'est plus possible de constater si le réclamant avait obtenu un nombre de suffrages supérieur ou égal à celui de ses concurrents (cons. d'Et. 3 juill. 1861, aff. élect. de Saint-Mars-d'Egrenne, D. P. 61. 3. 59).

946. Une élection a encore été annulée dans les circonstances suivantes : — Les scrutateurs n'avaient pas été d'accord sur les résultats du dépouillement du scrutin, en ce qui concernait les suffrages attribués à un candidat, et au lieu de procéder à une nouvelle vérification des bulletins, le bureau avait pris une moyenne entre les résultats différents fournis par les scrutateurs, et avait par suite attribué cent soixante-sept suffrages audit candidat élu; le même mode de procéder avait été employé à l'égard d'un candidat non élu auquel il avait été ainsi attribué cent soixante-six suffrages; en outre un bulletin sur lequel ce dernier candidat soutenait que son nom était inscrit, et qui avait été considéré comme illisible, avait été brûlé malgré ses réclamations au lieu d'être annexé au procès-verbal; dans ces circonstances, il était impossible de vérifier lequel des deux candidats avait obtenu le plus grand nombre de suffrages (cons. d'Et. 24 juill. 1861, M. de Renepont, rap., élect. de Cassagnabère).

947. Les scrutateurs supplémentaires que le bureau a autorisé à désigner parmi les électeurs présents pour accélérer le dépouillement des votes, ne sont pas tenus de dresser procès-verbal de leur opération (cons. d'Et. 18 août 1849, élect. de Bernaville, D. P. 49. 3. 88).

948. Le vote devant avoir lieu au scrutin de liste, les bulletins doivent contenir un nombre de noms égal à celui des conseillers municipaux à élire. La loi du 5 mai 1855 statue aussi pour le cas où le nombre des noms inscrits serait plus ou moins considérable : — « Les bulletins sont valables, bien qu'ils portent plus ou moins de noms qu'il n'y a de conseillers à élire. — Les derniers noms inscrits au delà de ce nombre ne sont pas comptés » (art. 42, §§ 1 et 2). — Il a été jugé : 1° que l'erreur commise par les électeurs qui ont inscrit sur leurs bulletins un nombre de noms supérieur à celui des conseillers à élire peut être réparée par le retranchement, en nombre égal à l'excédant, des derniers noms portés sur chaque bulletin (cons. d'Et. 18 mai 1838, M. d'Ormesson, rap., élect. de Saint-Nazaire de Ladarès; 11 août 1841, M. Lepelletier, rap., élect. d'Auriébat);—2° Que la circonstance que le nombre des candidats ayant obtenu la majorité absolue dépasse le nombre des conseillers à élire, n'est pas une cause de nullité de l'élection : on doit proclamer les candidats qui ont obtenu le plus de voix (cons. d'Et. 16 avr. 1856, M. Lemarié, rap., élect. de Chefresne); — 3° Que lorsque sur un bulletin portant imprimés douze noms et douze numéros, le nom d'un candidat a été ajouté à la main en tête de la liste, c'est avec raison que ce candidat a été compté le premier, bien que son nom ne fût précédé ou suivi d'aucun numéro d'ordre; la suppression a dû porter sur le dernier inscrit (cons. d'Et. 17 avr. 1861, M. de Guigné, rap., élect. de Caudrot).

949. La loi de 1855 dispose : « Les bulletins blancs ou illisibles, ceux qui ne contiennent pas une désignation suffisante, ou qui contiennent une désignation ou qualification inconstitutionnelle, ou dans lesquels les votants se font connaître, n'entrent pas en compte dans le résultat du dépouillement, mais ils sont annexés au procès-verbal » (art. 42, § dernier). — Il a été jugé : 1° qu'on peut attribuer à un éligible un bulletin où son nom n'est pas régulièrement écrit, s'il n'y a parmi les électeurs aucune personne ayant le même nom (cons. d'Et., 28 août 1837, M. Quesnault, rap., élect. d'Amiens); — 2° Que l'attribution de bulletins mal orthographiés à des candidats auxquels il n'était pas constant qu'ils appartinssent n'entraîne point la nullité des opérations électorales, alors que cette attribution n'a donné lieu, lors des opérations, à aucune réclamation de la part des électeurs (cons. d'Et. 4 fév. 1836, M. Robillard, rap., aff. Duclos); — 3° Que le bulletin portant le nom d'un candidat, bien qu'irrégulièrement écrit, avec la désignation de sa profession, doit être mis sur son compte, s'il ne peut s'appliquer à aucun autre (cons. d'Et. 27 avr. 1838, M. Saglio, rap., élect. de Mèze); — 4° Que le bulletin sur lequel le nom d'un candidat se trouve inexactement indiqué doit cependant être attribué à ce candidat, s'il n'y a aucun doute sur l'intention (cons. d'Et. 24 juin 1846, M. de Lavenay, rap., aff. Patissier, etc., C. de la Bruyère).

950. Il a été jugé encore : 1° que bien que des bulletins portent sans prénom, profession ni aucune autre désignation, un nom commun à plusieurs électeurs, si un des homonymes est membre sortant du conseil municipal et était le seul candidat de son nom, c'est à lui que les bulletins doivent être attribués (cons. d'Et. 17 juin 1835, M. du Martroy, rap., élect. de Saint-Clar; 28 août 1837, M. du Martroy, rap., élect. d'Amiens; 14 juill. 1838, M. Gomel, rap., élect. de Coulanges); — 2° Qu'on doit compter à un candidat des bulletins qui ne portent que son surnom ou sobriquet, alors que cette désignation ne peut s'appliquer à aucun autre électeur (cons. d'Et. 17 juin 1835, M. du Martroy, rap., élect. de Bourguignons-lès-Conflans; 17 juill. 1861, M. Raynal, rap., élect. d'Assais); — 3° Que lorsqu'il y a plusieurs éligibles du même nom, mais que, dans un second tour de scrutin, un seul se présente comme candidat, c'est avec raison qu'on lui attribue les bulletins qui portent son nom, sans autre désignation, si surtout, au premier tour de scrutin, de semblables bulletins lui ont été comptés sans réclamation (cons. d'Et. 28 août 1837, M. du Martroy, rap., élect. d'Amiens); — 4° Que lorsque plusieurs bulletins portent le nom d'un électeur sans autre désignation, le bureau peut les attribuer au candidat que les circonstances désignent (cons. d'Et. 7 juin 1836, M. Saglio, rap., élect. d'Aspet); — 5° Que le bulletin portant le nom d'un candidat, sans autre désignation, doit lui être attribué, s'il ne peut s'appliquer qu'à lui, bien qu'il y ait d'autres électeurs du même nom : c'est donc à tort que le bureau en prononce l'annulation (cons. d'Et. 14 juill. 1838, M. Gomel, rap., élect. de Coulanges; 6 août 1861, M. Walckenaer, rap., élect. d'Erches); — 6° Que le bulletin portant le nom du candidat, sans l'addition de sa qualité d'aîné, pour le distinguer de son frère cadet présent au collége, a pu néanmoins lui être attribué, s'il est constant que ce bulletin ne pouvait s'appliquer qu'à lui (cons. d'Et. 22 août 1839, M. Richaud, rap., élect. de Bozouls; 18 juill. 1838, M. d'Ormesson, rap., élect. de Vie).

951. On peut dire qu'en général la question de savoir à qui un bulletin doit être attribué est une question de fait échappant à toute règle absolue. C'est ainsi qu'il a été encore jugé : 1° que lorsque, dans une élection municipale, des bulletins de vote portent un nom et des prénoms pouvant s'appliquer à plusieurs éligibles, il suffit que celui de ces derniers à qui ces bulletins ont été attribués, soit le seul candidat notoire de ces noms et prénoms, et qu'aucune réclamation n'ait été élevée contre cette attribution pendant le dépouillement du scrutin, pour que les bulletins dont il s'agit doivent lui être comptés (cons. d'Et. 17 avril 1856, aff. Guéneau, D. P. 56. 3. 67); — 2° Que des bulletins portant le nom d'un candidat sans prénoms ont été attribués avec raison à ce candidat qui était le seul candidat de son nom (cons. d'Et. 14 juin 1861, M. Flandin, rap., élect. de Billanges); — 3° Qu'un bureau électoral peut attribuer au fils portant les mêmes noms et prénoms que son père, les votes électoraux, s'il est le seul candidat notoire (cons. d'Et. 24 juill. 1861, M. de Renepont, rap., élect. de Barizey-au-Plain; 24 juill. 1861, M. Walckenaër, rap., aff. élect. de Jametz). — La jurisprudence est fixée en ce sens que la notoriété d'une candidature détermine l'attribution qui doit être faite des bulletins d'une exactitude incomplète. — V. n° 592 et s.

952. Décidé au contraire : 1° que le candidat qui a un homonyme éligible dans l'assemblée, ne peut pas réclamer pour son compte des bulletins qui ne portent que son nom sans autre désignation (cons. d'Et. 28 mai 1835, M. Bouchené, rap., aff. Collin C. Lannier; 22 juill. 1835, M. Germain, rap., aff. Pavilly); — 2° Que c'est avec raison que le bureau annule comme douteux des bulletins portant un nom commun à deux électeurs, l'oncle et le neveu, bien que celui-ci, adjoint et membre sortant du conseil municipal, se porte seul comme candidat, tandis que son oncle, presque illettré, n'habite point la commune et n'a obtenu aucun suffrage le désignant personnellement, alors que, dans une élection subséquente où le neveu a été élu, l'oncle a réuni des voix (cons. d'Et. 20 juin 1837, M. Boivin, rap., élect. de Neufchâtel); — 3° Qu'on ne peut attribuer à un éligible un bulletin qui porte son nom, mais avec un prénom différent de celui qui lui appartient, et sans autre indication, alors que plusieurs éligibles portent le même nom (cons. d'Et. 28 août 1837, M. Quenault, rap., élect. d'Amiens); — 4° Que le bulletin désignant un candidat par ses fonctions, et portant ces mots : *notre juge de paix*, doit, à raison des circonstances, être considérée comme contenant une désignation insuffisante (cons. d'Et. 22 août 1839, M. Richaud, rap., élect. de Bozouls).

953. Les bulletins blancs ne sont pas comptés, ils sont déduits du nombre des votants (cons. d'Et. 3 avril 1861, M. Paixhans, rap., élect. de Saint-Germain-sur-Ecole).

954. Le résultat du scrutin doit, aux termes du § 1er de l'art. 43 de la loi de 1855, «être proclamé immédiatement après le dépouillement, par le président.» — Jugé, par application de cet article : 1° que l'élection d'un candidat dont la nomination, au lieu d'être proclamée immédiatement après le dépouillement du scrutin, ne l'a été qu'à la suite d'une nouvelle délibération prise par les membres du bureau plusieurs jours après ce dépouillement et après l'incinération des bulletins, doit être annulée (cons. d'Et. 17 avril 1861, élect. de Saint-Nexant, D. P. 61. 3. 41); — 2° Que, dans le cas d'élections municipales, le bureau excède ses pouvoirs lorsque, après le dépouillement du scrutin et la proclamation des candidats ayant obtenu la majorité absolue, il décide, en dehors de l'assemblée, que des bulletins d'abord compris dans le dépouillement doivent être annulés, alors qu'ils modifient par là les résultats proclamés (cons. d'Et. 18 août 1856, élect. de Sijean, D. P. 57. 3. 21).

955. La loi de 1855 exige pour l'élection au premier tour de scrutin une double majorité. Son art. 44 est ainsi conçu : — « Nul n'est élu au premier tour de scrutin, s'il n'a réuni, 1° la majorité absolue des suffrages exprimés; 2° un nombre de suffrages égal au quart de celui des électeurs inscrits. Au deuxième tour de scrutin, l'élection a lieu à la majorité relative, quel que soit le nombre des votants. Les deux tours de scrutin peuvent avoir lieu le même jour. — Dans le cas où le deuxième tour de scrutin ne peut avoir lieu le même jour, l'assemblée est de droit convoquée pour le dimanche suivant. — Si plusieurs candidats obtiennent le même nombre de suffrages, l'élection est acquise au plus âgé. » — Par majorité on entend communément la moitié plus un des suffrages exprimés. Mais il a été jugé avec raison que lorsque le nombre des votants est impair, la majorité absolue se compose de la moitié plus un du nombre pair immédiatement inférieur; qu'ainsi, 100 suffrages sur 199 votants forment la majorité absolue (cons. d'Et. 14 juill. 1849, aff. élect. de Vastres, D. P. 50. 3. 2; conf. circ. 11 août 1831).

956. La loi exige la majorité des suffrages exprimés. Aucun vote irrégulièrement donné n'est considéré comme suffrage exprimé. Ce vote sans doute n'annule pas par lui-même l'élection; mais il est déduit du nombre des votants ainsi que du nombre des suffrages obtenus par les candidats élus.—Tel serait par exemple le vote donné par des individus non inscrits sur la liste électorale. Ainsi, il a été décidé : 1° que l'admission au nombre des votants d'un citoyen non électeur ne rend pas nulle l'élection si son vote n'a pas décidé la majorité (cons. d'Et. 25 janv. 1838, M. Brière, rap., élect. de Salignac);—2° Qu'il suffit qu'en retranchant du nombre des votants, ainsi que des suffrages obtenus par chacun des élus les votes qui ont pu être donnés par des personnes illégalement admises à voter, tous réunissent encore la majorité absolue des voix, pour qu'il y ait lieu de valider ces élections (cons. d'Et. 10 sept. 1835, M. de Luçay, rap., aff. Belanger; 21 oct. 1835, M. du Martroy, rap., aff. Duffo; 19 juill. 1837, M. du Martroy, rap., aff. élect. de Majac; 4 juill. 1838, M. Saglio, rap., aff. Benoit, 16 juin 1841, M. du Martroy, rap., élect. de Vaissac; 23 juin 1841, M. Montaud, rap., aff. Ibos; 5 août 1841, M. Joly, rap., élect. de Wolschwiller; 29 juin 1853, M. Marbeau, rap., élect. de Mascaras; 28 fév. 1856, aff. élect. de Villeneuve, D. P. 56. 3. 60; 3 avr. 1861,

M. de Renepont, rap., élect. de Chaniers; 3 juill. 1861, M. de Guigné, rap., élect. de Saint-Pol); — 3° Que l'élection est nulle au contraire, si, après ce double retranchement, ce candidat n'a plus la moitié plus un des suffrages (cons. d'Et. 22 juin 1836, M. Brian, rap., élect. de la Blachère; même jour, M. Saglio, rap., élect. de Labecède; 17 janv. 1838, M. du Martroy, rap., élect. de Saint-Salvy; 22 août 1839, M. Raulin, rap., élect. de Précy-sous-Thil; 1er août 1849, aff. de Richoufftz, D. P. 49. 3. 87; 1er déc. 1849, élect. de Grignols, D. P. 50. 3. 18); — 4° Que même la circonstance que des électeurs ont été admis par erreur à voter dans une section où ils n'étaient pas inscrits ne vicie pas l'élection, si elle a été sans influence sur le résultat du scrutin (cons. d'Et. 2 janv. 1838, M. Gomel, rap., élect. de Romans).

957. Même décision à l'égard : 1° des bulletins remis par des tiers au nom d'électeurs absents : ces bulletins ne doivent pas être comptés comme suffrages exprimés (cons. d'Et. 28 juill. 1853, Robert, rap., élect. de Bœurs en Othe; 23 mai 1861, M. Flandin, rap., élect. de Caux; même jour, M. de Guigné, rap., élect. de Puy-Guillaume); — 2° Des votes d'individus inscrits à tort sur la liste électorale, et frappés d'incapacité par suite de condamnations judiciaires (cons. d'Ét. 9 juill. 1856, M. de Renepont, rap., élect. des Loges-Margueron).

958. Au deuxième tour de scrutin, la majorité relative suffit pour l'élection, sous la loi de 1855 comme sous la loi de 1831. Seulement la loi nouvelle ajoute : « quel que soit le nombre des votants. » — Il a été jugé : 1° que la nomination, au second tour de scrutin, d'un conseiller municipal à la majorité relative des suffrages est valable, bien que des bulletins portant son nom, sans désignation suffisante, aient été trouvés dans la salle, après le dépouillement du scrutin, si le procès-verbal mentionne que tous les bulletins ont été brûlés et qu'aucune réclamation ne s'est élevée dans l'assemblée (cons. d'Et. 22 fév. 1838, M. Brière, rap., élect. de Pougues); — 2° Que lorsque, au second tour de scrutin, un candidat a été proclamé conseiller par le bureau comme ayant obtenu une voix de plus que son concurrent, et qu'il est ultérieurement reconnu qu'un individu non électeur a été indûment admis à voter, le conseil de préfecture ne peut attribuer le vote indûment admis au candidat proclamé, le déduire du nombre des suffrages obtenus par ce candidat, et puis, les voix se trouvant ainsi égalisées, annuler son élection et déclarer son concurrent élu par le bénéfice de l'âge (cons. d'Et. 29 juin 1853, M. de Belbœuf, rap., élect. de Dun-sur-Meuse); — 3° Que lorsqu'une partie seulement des candidats à nommer pour le renouvellement du conseil municipal a obtenu la majorité absolue au premier tour de scrutin et que l'un des candidats ayant obtenu la majorité absolue n'est pas âgé de vingt-cinq ans, le bureau qui refuse de proclamer ce candidat et annule son élection excède ses pouvoirs; qu'en ordonnant qu'il sera procédé au remplacement de ce candidat dans le deuxième tour du scrutin qui va avoir lieu, il modifie les conditions dans lesquelles devait avoir lieu ce deuxième tour de scrutin, et en conséquence les opérations de ce deuxième tour de scrutin doivent être annulées (cons. d'Et. 29 mai 1861, M. de Raynal, rap., élect. de Mirandol).

959. Dans le cas où il y a lieu à un double scrutin, les deux scrutins peuvent avoir lieu le même jour. Si les deux tours de scrutin ne peuvent avoir lieu le même jour, la loi des 5-9 mai 1855 (art. 44), dispose que l'assemblée est, de droit, convoquée pour le dimanche suivant. — Cette dernière disposition de la loi ne peut évidemment s'appliquer qu'aux communes d'une population inférieure à deux mille cinq cents habitants, l'art. 33 disposant que, dans les communes de deux mille cinq cents habitants et au-dessus, le deuxième tour de scrutin est renvoyé de droit au samedi et au dimanche suivants, et le scrutin, dans ces communes, devant durer deux jours (Conf. circ. min. 24 juin 1855).

960. La durée du second tour de scrutin, malgré le silence de la loi, doit être de trois heures au moins comme celle du premier scrutin (art. 39). — Il a été jugé que l'élection de conseillers municipaux est nulle si le procès-verbal constate que le second scrutin n'a été ouvert que depuis quatre heures jusqu'à six heures, bien que ces conseillers soutiennent qu'il a été ouvert jusqu'à sept heures, et que cette mention provient d'une erreur commise par le secrétaire (cons. d'Et. 25 janv. 1838, M. Brière, rap., élect. de Salignac).

961. Dans le cas où, après l'annulation d'une élection faite à un deuxième tour, on procède à une troisième opération, la majorité absolue est-elle nécessaire? — Jugé que cette nouvelle élection doit être considérée comme une opération nouvelle, et non comme la continuation de la première; qu'en conséquence, la nomination ne peut avoir lieu à la majorité relative qu'après un premier tour de scrutin qui n'aurait point donné de majorité absolue (cons. d'Et. 4 mai 1835, M. Germain, rap., élect. de Liancourt; 4 déc. 1835, M. Montaud, rap., élect. de Richemont; 12 août 1861, M. de Raynal, rap., élect. de Concorès).

962. L'art. 44 de la loi de 1855 dispose que si plusieurs candidats obtiennent le même nombre de suffrages, l'élection est acquise au plus âgé. — Il en est ainsi au premier comme au second tour de scrutin. Jugé en ce sens (cons. d'Et. 11 avr. 1861, aff. Paillotte et Clerc, D. P. 61. 3. 41; 20 juin 1861, M. Walckenaër, rap., élect. de Clécy). — La loi municipale de 1831 n'avait pas admis le privilége de l'âge; mais c'est dans ce sens que disposaient la loi du 25 fruct. an 3, tit. 1, art. 12; la loi interprétative du 5 vent. an 5; les décrets des 17 janv. 1806, art. 27 et 28; 13 mai 1806, art. 19; la loi du 5 fév. 1817, art. 16. — Plus tard, les lois des élections législatives ont reproduit la même règle (lois des 19 avril 1831, art. 56, 15 mars 1849, art. 66; décret du 2 fév. 1852, art. 6).

963. Le conseil d'Etat, soit qu'il s'agisse de votes illégaux, comme on l'a vu précédemment (n° 956), soit qu'il s'agisse de faits de pression, d'intimidation ou de manœuvres électorales, n'admet guère de nullités substantielles en matière d'élections municipales. Il s'attache, avant tout, à l'appréciation de l'influence que les griefs articulés ont pu exercer sur le résultat de l'élection (Conf. M. Dufour, t. 5, p. 299, 2e édit.) — Il a été jugé : 1° que l'obstacle mis à ce qu'un électeur exerce son droit d'élection, fût-il illégal, ne vicie pas les opérations électorales, s'il est démontré que son vote n'aurait pas modifié le sort des élections (cons. d'Et. 4 sept. 1841, M. d'Ormesson, rap., élect. de Francs); — 2° Que les menaces faites par un électeur à plusieurs autres électeurs, dans le sein du collége, pour les contraindre à voter contre un des candidats, ne rendent point l'élection nulle, si elles n'ont exercé aucune influence sur l'assemblée (cons. d'Et. 8 fév. 1838, M. de la Chauvinière, rap., élect. d'Absac); — 3° Que le fait que le président du bureau a engagé les électeurs à voter pour le candidat de l'administration ne vicie pas les opérations électorales, lorsqu'en agissant ainsi le président n'a employé aucune manœuvre de nature à porter atteinte à la liberté des électeurs (cons. d'Et. 30 août 1861, M. Flandin, rap., élect. de Peyrissas); — 4° Que le grief tiré de ce que le maire a pris, la veille de l'opération électorale, un arrêté portant injonction aux électeurs de sortir de la salle immédiatement après avoir déposé leur bulletin à l'appel de leur nom et interdisant, après cet appel terminé, aux électeurs qui se présenteraient pour voter, de pénétrer dans la salle autrement qu'un à un et d'y rester après avoir déposé leur bulletin, si cet arrêté avait pour objet de prévenir l'encombrement et les désordres que pouvaient faire appréhender le défaut d'espace et l'attitude de plusieurs électeurs lors d'un précédent tour de scrutin, n'est point une cause de nullité, quand il n'était pas établi que les électeurs eussent été dans l'impossibilité d'exercer une surveillance suffisante sur les opérations (cons. d'Et. 22 mai 1861, M. Paixhans, rap., élect. de Ruffey; V. nos 551, 940-2°, 964-2°); — 5° Qu'il en est de même du grief tiré soit de ce que des bulletins portant la liste des candidats proposés par l'administration avaient été distribués à domicile avec les cartes d'électeurs, et de ce que cette distribution avait été faite par des agents de police (cons. d'Et. 12 août 1861, M. de Renepont, rap., élect. de Saint-Pol), ... soit de ce que des nouvelles mensongères ont été répandues parmi les électeurs et des distributions de bulletins faites au moment du vote (cons. d'Et. 1er juin 1853, M. Aubernon, rap., aff. Coiffet C. Reynaud); — 6° Que cette circonstance que les pensionnaires d'un hospice ont été conduits à l'assemblée électorale par les employés de l'établissement qui leur avaient distribué des bulletins de vote porant des signes de reconnaissance n'emporte pas nullité de l'é-ection, s'il ne résulte pas de l'instruction que ce fait ait onstitué une manœuvre qui aurait eu pour but ou pour effet de orter atteinte à la liberté des électeurs et au secret des votes (cons. 'Et. 25 avr. 1861, M. David, rap., élect. de Valenciennes); — Que quand des bulletins de vote ont été distribués à domicile par garde champêtre avec recommandation aux électeurs de les dé-oser dans l'urne, et que le maire a fait distribuer à domicile des ulletins de vote en recommandant aux suffrages des électeurs s candidats qui y étaient désignés, l'élection n'est pas nulle i cette distribution n'a point été accompagnée d'actes d'inti-nidation ayant eu pour but ou pour effet de porter atteinte à la berté des votes (cons. d'Et. 12 sept. 1864, M. de Renepont, ap., élect. de Dunet). — V. nos 565, 613, 614.

964. Au contraire, il a été décidé : 1° que l'élection doit tre annulée, lorsque le maire, président de l'assemblée élec-orale, a exercé sur les électeurs une influence qui était de nature porter atteinte à la liberté des votes et à la sincérité de l'é-ection (cons. d'Et. 6 juin 1861, M. Chauchat, rap., élect. de 'érols); — 2° Que l'on doit annuler les opérations électorales endant lesquelles le président de l'assemblée électorale a in-erdit aux électeurs de rester dans la salle, alors surtout que ette mesure n'avait été exigée par aucun trouble (cons. d'Et. mai 1861, élect. de Durban, D. P. 61. 3. 41); — 3° Que la résence du sous-préfet de l'arrondissement à la séance de l'as-emblée des électeurs municipaux d'une commune est une cause le nullité des élections, lorsqu'il résulte des circonstances que a liberté et l'indépendance des votes ont pu en souffrir (cons. l'Et. 16 juin 1841, M. du Martroy, rap., élect. de Saon); — 4° Que le fait de l'arrestation de deux électeurs, par ordre du pré-sident, dans la salle même de l'assemblée électorale, peut être, en raison des circonstances où elle a eu lieu, de nature à porter at-teinte à la liberté des élections (cons. d'Et. 13 juin 1862, M. Chau-chat, rap., élect. de Lacaune); — 5° Qu'il y a lieu d'annuler des élections pendant les opérations desquelles plusieurs habitants avaient répandu la fausse nouvelle que la commune avait perdu un procès et allait avoir à supporter des frais considérables, ce bruit répandu et colporté avec insistance ayant eu pour but et pour résultat d'indisposer les électeurs contre l'administration municipale (cons. d'Et. 3 mai 1861, M. de Bammeville, rap., élect. de Courtisols). — V. n° 615.

§ 5. — *Du procès-verbal.*

965. Les art. 43 et 45 exigent qu'il soit dressé un procès-verbal des opérations électorales. Le procès-verbal doit relater non-seulement le résultat du scrutin, mais encore tous les inci-dents qui ont pu se produire dans le cours des opérations. Il doit contenir les dires, réclamations et observations des parties (L. 5 mai 1855, art. 34), pour servir plus tard à justifier soit des demandes en nullité des élections, soit des poursuites criminelles contre les faits coupables qui ont pu se passer dans le sein des réunions. — Cependant il a été jugé : 1° que le refus par le prési-dent d'insérer au procès-verbal les protestations de plusieurs électeurs, n'entraîne pas la nullité des opérations (cons. d'Et. 21 juin 1833, M. Ferri-Pisani, rap., aff. Lamblin); — 2° Que de ce qu'une protestation déposée par quelques électeurs, avant toutes opérations électorales, aurait été simplement annexée au procès-verbal, au lieu d'y avoir été consignée, il n'en saurait résulter une nullité des élections, alors surtout que les électeurs n'ont pas demandé qu'elle fût insérée au procès-verbal (cons. d'Et. 21 juin 1833, M. Germain, rap., aff. Champ); — 3° Que le défaut d'insertion au procès-verbal des décisions provisoires du bureau, n'est pas une cause de nullité des élections, ces déci-sions pouvant toujours être déférées au conseil de préfecture (même arrêt.—Conf. cons. d'Et. 16 déc. 1835, M. du Martroy, rap., élect. de Tiffanges). — V. n° 609.

966. La loi du 21 mars 1831, tout en déclarant la nécessité du procès-verbal (art. 51), ne s'expliquait pas sur sa forme. La loi du 5 mai 1855 dispose : « Art. 43. Le procès-verbal des opérations électorales est dressé par le secrétaire; il est signé par lui et par les autres membres du bureau. Une copie, égale-ment signée du secrétaire et des membres du bureau, en est aus-sitôt envoyée au préfet par l'intermédiaire du sous-préfet.—Les bulletins, autres que ceux qui doivent être annexés au procès-verbal, sont brûlés en présence des électeurs. » — Il a été jugé : 1° que le refus par la majorité des membres du bureau de si-gner le procès-verbal des opérations électorales, n'entraîne pas la nullité de ces opérations (cons. d'Et. 14 juill. 1849, aff. élect. de Vastres, D. P. 50. 3. 2; 5 janv. 1850, aff. Tailly, D. P. 50. 3. 19); — 2° Que la circonstance que le procès-verbal ne men-tionne pas les réclamations des électeurs, et que, pour ce motif, deux membres du bureau ont refusé de le signer, n'est pas de nature à entraîner la nullité des élections quand les réclamants, agissant en vertu des dispositions de l'art. 45 de la loi, ont saisi de leurs griefs le conseil de préfecture (cons. d'Et. 16 juill. 1861, M. de Raynal, rap., élect. de Montségur); —3° Et à plus forte raison, que lorsque le procès-verbal a été signé par le président et par trois scrutateurs, le refus de signer du qua-trième scrutateur ne peut avoir pour effet de fournir un grief contre les opérations électorales (cons. d'Et. 14 juin 1861, M. de Bammeville, rap., élect. de Duffort).

967. Il a été décidé encore sous la loi de 1831 : 1° qu'il ne résulte pas une nullité de ce que le procès-verbal n'aurait pas été signé séance tenante (cons. d'Et. 23 oct. 1835, M. Germain, rap., élect. de Montigny); —2° Que le procès-verbal de la première séance a pu n'être lu qu'après celui de la seconde, sans qu'il y ait nullité (cons. d'Et. 15 mars 1837, M. Montaud, rap., élect. de Clairvaux); — 3° Et sous la loi de 1855, qu'aucune disposi-tion de cette loi ne prescrit la lecture du procès-verbal en pré-sence de l'assemblée (cons. d'Et. 16 juill. 1861, M. de Raynal, rap., élect. de Montségur). — V. n° 604.

968. Le procès-verbal doit être daté : toutefois, il a été jugé que l'omission au procès-verbal d'élections municipales, tant de sa date que de celle de l'arrêté de convocation, n'est pas une cause de nullité des opérations, s'il est constant qu'elles ont été faites au jour légalement fixé; qu'en conséquence, les élections nouvelles faites par suite de l'annulation à tort prononcée des premières, doivent être considérées comme non avenues (cons. d'Et. 6 août 1840, aff. Chamblant).

969. Les pièces et bulletins qui se rapportent aux réclama-tions faites devant le bureau et aux décisions rendues par lui, sont annexés au procès-verbal, après avoir été parafés par le bureau (L. 5 mai 1855, art. 34). Les bulletins illisibles, ceux qui contiennent des désignations insuffisantes ou inconstitution-nelles, doivent être également annexés au procès-verbal (art. 42). — La loi de 1831, supposait bien, art. 51, qu'un procès-verbal devait être dressé par le bureau, mais elle ne s'expliquait pas, comme le fait la loi nouvelle, sur l'obligation, pour le bureau, d'insérer au procès-verbal toutes les réclamations et d'y annexer les pièces et bulletins qui s'y rapportent, avec parafe; mais la jurisprudence avait suppléé la loi.—Il avait été jugé notamment : 1° que le bureau ne jugeant que provisoirement les difficultés qui s'élèvent au sujet des opérations électorales, doit, en sta-tuant sur ces difficultés, conserver les éléments sur lesquels il base sa décision; que l'omission de cette formalité, rendant tout recours impossible, emporte nullité de l'élection; qu'ainsi, lorsque le bureau annule divers bulletins comme ne contenant pas une désignation suffisante, il doit, à peine de nullité de l'é-lection, décrire ces bulletins dans le procès-verbal ou les y an-nexer (cons. d'Et. 7 août 1835, M. Caffarelli, rap., élect. de Ra-bastens); — 2° Que lorsque le bureau statue sur les difficultés qui s'élèvent sur les opérations électorales, comme ses décisions peuvent être attaquées, il doit conserver les éléments qui lui ont servi de base, afin de mettre les électeurs à même de les contes-ter; qu'en conséquence est nulle l'élection d'un candidat qui n'a obtenu la majorité que déduction faite d'un bulletin annulé par le bureau, par ce motif qu'il était sans intention présumée d'exprimer un vote, si ce bulletin n'a été ni décrit ni annexé au procès-verbal (cons. d'Et. 18 juill. 1838, élect. de Fumel).

970. Il a été jugé à plus forte raison, sous la loi de 1855, qui contient une disposition expresse, que l'élection doit être annulée lorsque des protestations ayant été faites relativement à la présence, dans l'urne du scrutin, de bulletins portant des signes de reconnaissance, ces bulletins n'ont pas été an-nexés au procès-verbal des opérations électorales (cons. d'Et.

2 juill. 1861, élect. de Neuilly-sur-Eure, D. P. 61. 3. 54).

971. Toutefois, le défaut d'annexion au procès-verbal des bulletins annulés par le bureau n'est pas, par lui-même, une cause de nullité des opérations électorales (cons. d'Et. 20 juill. 1853, M. de Renepont, rap., aff. élect. de Bisping). — L'élection n'est annulée que si, à défaut de jonction au procès-verbal des bulletins annulés, une appréciation différente peut changer le résultat proclamé (cons. d'Et. 25 mai 1861, aff. élect. de Nersac, D. P. 61. 3. 60).—Décidé spécialement : 1° que l'irrégularité résultant de ce qu'un certain nombre de bulletins de couleur trouvés dans l'urne n'ont pas été annexés au procès-verbal, vicie les opérations, mais seulement à l'égard des candidats pour lesquels, eu égard au nombre de voix obtenues, cette irrégularité a pu modifier le résultat (cons. d'Et. 10 janv. 1862, M. de Renepont, rap., aff. élect. de Varetz); — 2° Que lorsque des bulletins blancs ou annulés comme contenant des expressions injurieuses qui auraient dû, aux termes de l'art. 42 de la loi du 5 mai 1855, être annexés au procès-verbal, ne l'ont pas été, et se trouvaient en nombre suffisant pour enlever la majorité à un candidat, l'élection de ce candidat doit être annulée (cons. d'Et. 20 fév. 1862, M. Flandin, rap., aff. élect. de Mansles; — 3° Que lorsque des bulletins annulés par le bureau comme ne contenant pas une désignation suffisante n'ont pas été annexés au procès-verbal, on doit admettre la réclamation d'un candidat dont l'affirmation est que, parmi ces bulletins, il s'en trouvait qui le désignaient suffisamment et qui étaient en nombre suffisant pour lui assurer la majorité absolue, et par suite l'élection doit être annulée (cons. d'Et. 11 juill. 1864, M. de Renepont, rap., aff. Mazué). — V. n°s 596 et suiv.

972. Quant aux bulletins valables, ils doivent après le dépouillement du scrutin, aux termes de l'art. 43, être brûlés en présence des électeurs.—Il a été jugé : 1° que de ce que les bulletins auraient été brûlés, non en présence de l'assemblée, mais en présence du bureau, après chaque scrutin, il ne résulte pas de nullité, si aucune fraude n'a eu lieu (cons. d'Et. 15 mars 1837, M. Montaud, rap., aff. élect. de Clairvaux);—2° Que le défaut de mention au procès-verbal du fait de l'incinération des bulletins n'entraîne pas la nullité des opérations électorales, si l'instruction établit que cette incinération a eu lieu (cons. d'Et. 21 déc. 1837, M. La Chauvinière, rap., aff. élect. de Bellegarde); — 3° Qu'il ne résulte aucune nullité de ce que les bulletins n'ont pas été, après le dépouillement du scrutin, brûlés en présence de l'assemblée, s'il n'est pas allégué que l'omission de cette mesure ait eu lieu dans le but de porter atteinte au secret des votes (cons. d'Et. 28 mai 1862, aff. élect. de Grenade).

973. La loi ne s'explique pas sur la foi due au procès-verbal. — Il a été jugé : 1° que les opérations électorales doivent être annulées lorsque, le procès-verbal portant que toutes les opérations ont été terminées le jour même de l'élection et ne contenant aucune mention du renvoi au lendemain du dépouillement du scrutin ni de l'accomplissement des formalités prescrites, en pareil cas, par la loi, il est néanmoins prouvé que le dépouillement commencé le jour de l'élection a été terminé seulement le lendemain (cons. d'Et. 9 juill. 1856, M Bordet, rap., aff. élect. de Saint-Laurent-d'Olt); — 2° Que lorsque tous les bulletins de vote ont été brûlés, conformément à la loi, par suite de ce qu'aucune réclamation ne s'est élevée, lors du dépouillement, au sujet de leur attribution aux candidats, il peut être néanmoins prétendu ultérieurement que le bureau aurait à tort attribué à certains candidats des bulletins qui ne les auraient pas désignés d'une manière suffisante (cons. d'Et. 22 août 1853, M. de Belbeuf, rap., aff. élect. de Bayonne).

974. Le procès-verbal n'a donc pas l'autorité d'un acte authentique et ne fait foi que jusqu'à preuve contraire. — Mais il a pu être jugé sans contredire cette règle : 1° qu'on ne peut se prévaloir, contre les énonciations du procès-verbal, d'une déclaration contraire et postérieure du président (cons. d'Et. 27 nov. 1835, M. Germain, rap., aff. élect. de Glomel ; 23 juin 1841, M. Germain, rap. aff. élect. de Sainte-Foy); — 2° Qu'il n'y a pas lieu d'admettre des griefs contredits par les énonciations du procès-verbal qui constate que toutes les formalités substantielles de l'élection ont été observées (cons. d'Et. 19 mai 1835, M. Robillard, rap., aff. Odin ; 9 mars 1836, M. de Luçay, rap., élect. de Castillon; 8 août 1837, M. Gomel, rap., élect. de Loudéac); — 3° Que des membres du bureau ne peuvent alléguer contre la validité des opérations des faits contraires aux énonciations du procès-verbal qu'ils ont eux-mêmes signé, et, par exemple que le scrutin a été, à plusieurs reprises, laissé à la garde d'un seul scrutateur, lorsque le procès-verbal constate que trois membres ont toujours été présents (cons. d'Et. 5 juin 1838, élec. de Paris-l'Hôpital). — V. au surplus *suprà*, n°s 610 et suiv.

§ 6. — *Du recours en matière électorale.*

975. L'art. 54 de la loi de 1855 n'attribue aux bureaux électoraux qu'une juridiction provisoire sur les difficultés que les élections peuvent faire naître. Le jugement définitif de ces difficultés appartient aux tribunaux administratifs. Nous examinerons successivement : 1° quelles personnes peuvent réclamer contre les opérations électorales ; — 2° Devant quelle autorité la réclamation doit être portée ; — 3° Dans quel délai, à quelles conditions et dans quelles formes elle est introduite et jugée ; — 4° Qui peut se pourvoir devant le conseil d'Etat.

976. 1° *Qui peut réclamer contre les opérations électorales.*— La loi du 21 mars 1831, art. 51 et 52, donnait aux préfets et à tout membre de l'assemblée le droit d'arguer de nullité les opérations électorales. La loi du 5 mai 1855 reproduit d'une manière plus explicite cette disposition dans les art. 45 et 46. Tout électeur a droit de réclamer contre les opérations de l'assemblée dont il fait partie (art. 45). Le préfet a un droit pareil dans l'intérêt public (art. 46). Les électeurs ne peuvent réclamer que contre les opérations de l'assemblée dont ils font partie, et le préfet peut seul exercer l'action publique que lui reconnaît l'art. 46. — Il a été jugé : 1° que les membres d'une assemblée électorale ayant seuls qualité pour arguer de nullité ses opérations, l'électeur d'une section de commune ne peut demander la nullité des opérations d'une autre section dans l'intérêt même de sa propre candidature (cons. d'Et. 2 août 1836, M. Dutillet, rap., élect. de la Réole); — 2° Que les électeurs d'une section sont sans qualité pour attaquer les opérations d'une autre section, et par suite pour former tierce opposition à l'ordonnance qui a statué sur un pourvoi relatif à ces opérations (cons. d'Et. 26 juill. 1844, aff. Lignier, D. P. 45. 3. 2); — 3° Qu'un individu qui n'est pas électeur dans une commune, n'est pas recevable à protester contre les opérations électorales pour la nomination des membres du conseil municipal de cette commune (cons. d'Et. 7 déc. 1860, M. Tarbé des Sablons, rap., aff. Roux). — V. n° 625.

977. Mais la renonciation d'un électeur au droit que lui confère l'art. 45 ne peut s'induire de sa participation aux opérations électorales. — Il a été jugé que l'électeur qui a signé sans protestation ni réserve, comme scrutateur, le procès-verbal des opérations électorales, ne peut être considéré comme ayant renoncé au droit les attaquer dans le délai légal (cons. d'Et. 27 avr. 1838, M. du Martroy, rap., élect de Dammartin).

978. 2° *Devant quelle autorité la réclamation peut être portée.*—Aux termes des lois de 1831 et de 1855, le conseil de préfecture est appelé à prononcer sur les réclamations contre les opérations électorales. L'art. 45, § 3, de la loi de 1855 porte qu'il est statué par le conseil de préfecture, sauf recours au conseil d'Etat. — Il a été jugé sous la loi de 1831 : 1° qu'il appartient aux conseils de préfecture d'apprécier si les formes et conditions prescrites ont été observées et de juger si les réclamations ont été formées dans les délais; le préfet et le ministre de l'intérieur excèdent leurs pouvoirs en déclarant qu'il n'y a pas lieu de déférer une réclamation au conseil de préfecture (cons. d'Et. 31 juill. 1833, M. Montaud, rap., élect. de Paulhac); — 2° Que les conseils de préfecture, seuls compétents pour juger les réclamations en matière d'élections, sont de même seuls compétents pour prononcer sur la recevabilité de ces réclamations ; que, par suite, un préfet excède ses pouvoirs, lorsqu'il décide qu'une réclamation contre des opérations électorales a été formée hors du délai fixé par la loi (cons. d'Et. 15 juill. 1841, M. du Martroy, rap., aff. Pons). — V. n° 618.

979. Le conseiller de préfecture qui a pris part, en qualité d'électeur, aux élections d'une commune, peut connaître des réclamations relatives à ces élections (cons. d'Et. 11 mai 1838, M. d'Ormesson, rap., élect. de Montbazin).

980. La loi du 21 mars 1831, après avoir dit, comme aujourd'hui la loi de 1855, que les réclamations en matière électorale sont portées devant le conseil de préfecture, ajoutait : « Si la réclamation est fondée sur l'incapacité légale d'un ou de plusieurs des membres élus, la question sera portée devant le tribunal d'arrondissement » (art. 52). — Les questions d'incapacité étant les seules que la loi déférait aux tribunaux ordinaires, il en résultait que c'était devant le conseil de préfecture exclusivement que devaient être portées les questions d'incompatibilité. — La jurisprudence du conseil d'Etat est constante à cet égard (cons. d'Et. 8 janv. 1836, M. Robillard, rap., élect. de Tonnerre; 9 janv. 1846, élect. de Torcy, D. P. 46. 3. 49; 8 juin 1847, élect. de Saint-Quentin, D. P. 47. 3. 193; 14 juin 1847, élect. de Vallouise, D. P. 47. 3. 178; 8 janv. 1849, M. Bouchené, rap., élect. de Limoges). — V. nos 627 et suiv.

981. Mais une difficulté s'était élevée : l'art. 18 de la loi de 1831 disait : « Les préfets, sous-préfets, etc.,... ne peuvent être membres des conseils municipaux. » De ces mots *ne peuvent être*, la cour de cassation avait conclu que cet article établissait une véritable incapacité dont, conformément à l'art. 52 précité, les tribunaux ordinaires devaient seuls connaître. — Ainsi, elle avait décidé : 1° que l'art. 52, § 2, de la loi du 21 mars 1831, en attribuant aux tribunaux ordinaires le jugement des réclamations fondées sur l'incapacité légale de l'élu, leur défère, par cette disposition, la connaissance non-seulement de l'absence des conditions d'âge, de cens, de domicile et de jouissance des droits civiques et civils, mais encore des empêchements qui, tels que ceux résultant de fonctions salariées de la commune, constituent pour l'élu une véritable cause d'incapacité à remplir les fonctions municipales; que par suite, les tribunaux ordinaires sont exclusivement compétents pour se livrer à l'appréciation de ces causes d'incapacité légale, sans qu'ils puissent en renvoyer l'examen à l'autorité administrative (Civ. rej. 4 mars 1844, M. Portalis, 1er pr., Bérenger, rap., Pascalis, av. gén., c. contr., aff. Jumigny *C.* Duchapt); — 2° Que le mot *agent salarié* par la commune, employé par l'art. 18 de la loi de 1831, présentant un sens trop clair et trop naturel pour pouvoir donner lieu à aucune interprétation, le jugement qui renvoie devant l'autorité administrative pour faire décider si un citoyen chargé d'une mission par l'administration municipale (celle, par exemple, de médecin visiteur des écoles gratuites) pour l'exécution de laquelle il reçoit une indemnité pécuniaire annuelle (200 fr.), est ou non agent salarié de la commune, méconnaît l'étendue de sa compétence et encourt la cassation (Civ. cass. 4 mars 1844, MM. Portalis, 1er pr., Bérenger, rap., Pascalis, av. gén., c. contr., aff. Duchapt *C.* Jumigny). — Décidé, dans le même sens, que la question de savoir si les fonctions d'inspecteur des contributions rendent un individu inapte à être élu conseiller d'arrondissement, est de la compétence des tribunaux, comme incapacité légale (trib. de Bourges, 5 janv. 1834, aff. Fleury, V. no 475-7°). — Conf. MM. Cormenin, t. 2, p. 448; Chevalier, t. 2, p. 14; Foucart, 4e édit., t. 1, no 580.

982. Toutefois, il avait été décidé que, dans le cas où le conseil de préfecture se serait déjà saisi de la connaissance de la réclamation, et y aurait statué, le tribunal doit s'abstenir de connaître de la même réclamation, et surseoir à sa décision jusqu'à ce que l'autorité compétente ait prononcé sur la validité de l'arrêté du conseil de préfecture (trib. de Limoges, 21 juill. 1846, aff. Lemoine, D. P. 46. 3. 123).

983. Le conseil d'Etat n'a jamais admis cette interprétation; il a toujours considéré les exclusions portées par l'art. 18 de la loi de 1831 comme de simples incompatibilités, de la compétence exclusive des conseils de préfecture. — Ainsi, il a décidé que le conseil de préfecture est seul compétent pour statuer sur la question de savoir si l'on doit considérer comme pouvant faire partie du conseil municipal : 1° un receveur de bureau de bienfaisance (cons. d'Et. 8 janv. 1836, M. Robillard, rap., élect. de Tonnerre); — 2° Un médecin chargé de constater les décès dans la commune (cons. d'Et. 9 janv. 1846, élect. de Torcy, D. P. 46. 3. 49); — 3° Un prêtre officiant accidentellement dans la commune (cons. d'Et. 8 juin 1847, élect. de Saint-Quentin, D. P. 47. 3. 193; 14 juin 1847, élect. de Vallouise, D. P. 47. 3. 178); — 4° Ou si un conseiller municipal élu par une section a pu être ensuite valablement élu par une autre section (cons. d'Et. 23 janv. 1837, M. Bouchené, rap., aff. Gasc).

984. La loi du 5 mai 1855 a fait cesser toute controverse en ne déférant aux tribunaux ordinaires que les questions d'état. — L'art. 47 de cette loi porte : « Dans tous les cas où une réclamation, formée en vertu de la présente loi, implique la solution préjudicielle d'une question d'état, le conseil de préfecture renvoie les parties à se pourvoir devant les juges compétents, et fixe un bref délai dans lequel la partie qui aura élevé la question préjudicielle doit justifier de ses diligences. » — C'est un principe bien constant, du reste, que le jugement des contestations sur les questions d'état appartient exclusivement aux tribunaux civils (V. Compét. admin., nos 138 et suiv., 341, Question préjudic., nos 70 et suiv.). — Pour ce qu'il faut entendre par questions d'état, V. vis Actes de l'état civil, no 432; Compét. admin., nos 138 et suiv.; Nom, nos 16 et suiv.; Paternité, nos 262, 340 et suiv.; Question préjud., nos 70 et suiv.

985. Les contestations sur l'âge, la nationalité, la jouissance des droits civils et politiques soulèvent des questions d'état. — L'incompatibilité pour parenté ou alliance touche également à des questions d'état; c'est aux tribunaux civils à les résoudre s'il y a doute : cela a été reconnu par le conseil d'Etat, même sous la loi de 1831. — Il a été jugé, 1° que le conseil de préfecture est incompétent pour apprécier les cas d'incapacité résultant du lien de parenté ou d'alliance existant entre un conseiller élu et d'autres membres du conseil municipal en exercice; qu'en conséquence il doit surseoir à statuer jusqu'à ce que cette question préjudicielle ait été décidée par l'autorité judiciaire (cons. d'Et. 21 oct. 1835, M. Germain, rap., aff. Braun; 2 janv. 1838, M. Gomel, rap., élect. de Romans; 8 juin 1847, élect. de Segrie-Fontaine, D. P. 47. 3. 194; 3 mai 1861, élect. d'Illfurth, D. P. 61. 3. 41); —2° Que lorsque deux citoyens ayant épousé les deux sœurs sont élus conseillers municipaux, le conseil de préfecture doit, avant de statuer sur l'incompatibilité résultant de l'alliance, renvoyer aux tribunaux la question préjudicielle de savoir s'il y a alliance et à quel degré (cons. d'Et. 8 janv. 1836, M. de Luçay, rap., aff. Boutarel *C.* Bideau); — 3° Qu'il n'appartient qu'à l'autorité judiciaire de prononcer sur la question de savoir s'il y a alliance dans le sens de l'art. 20 de la loi du 21 mars 1831, entre le père adoptif et le mari de la fille adoptive; qu'en conséquence, le conseil de préfecture doit surseoir à statuer dans ce cas, jusqu'à ce que le tribunal civil ait prononcé sur cette question d'alliance (cons. d'Et. 8 mai 1841, M. du Martroy, rap., aff. Prieur); — 4° Que la question de savoir si l'alliance au degré de beau-frère, résultant du mariage d'un candidat avec la sœur d'un autre candidat, existe encore lorsque cette sœur est décédée, sans laisser d'enfants, et lorsque le mari a, depuis ce décès, contracté deux nouveaux mariages, est une question préjudicielle d'état devant, aux termes de l'art. 47 de la loi du 5 mai 1855, être renvoyée à l'autorité judiciaire (cons. d'Et. 16 juill. 1861, M. de Bammeville, rap., élect. de Sahune).

986. La cour de cassation avait également jugé, sous la loi de 1831, que les tribunaux ordinaires institués par l'art. 52, § 2, de la loi du 21 mars 1831, juges des causes d'incapacité légale de l'élu, sont compétents pour connaître des empêchements qui, tels que les incompatibilités pour proche parenté, constituent pour l'élu une cause réelle d'incapacité à remplir les fonctions municipales; que, par suite, c'est à tort qu'un tribunal saisi d'une demande en nullité de l'élection d'un conseiller municipal, pour incompatibilité résultant de sa qualité de beau-frère d'un autre membre du même conseil, s'est déclaré incompétent, sous prétexte que cette qualité ne constituait pas une incapacité légale dans le sens de la loi citée (Civ. cass. 10 mars 1845, aff. Thilliot, D. P. 45. 1. 112).

987. Toutefois, il a été jugé que l'application de l'incompatibilité résultant, par exemple, de l'alliance entre deux conseillers élus dans la même commune, est de la compétence du conseil de préfecture, et non de l'autorité judiciaire, si l'alliance et le degré ne sont pas contestés (cons. d'Et. 5 juin 1838, M. de la Chauvinière, rap., élect. de la Mothe).

988. Sont encore de la compétence des tribunaux ordinaires : 1° la contestation élevée sur la capacité d'un conseiller municipal élu, à raison de son état de commerçant failli, et notamment, la question de savoir si l'incapacité résultant de cet état cesse par l'effet d'un concordat (cons. d'Et. 3 mai 1832, M. Coulmann, rap., aff. Chazelle; 1er juin 1850, élect. de Croisy, D. P. 50. 3. 72); — 2° La question de savoir si le citoyen élu membre du conseil municipal a perdu la qualité de Français (cons. d'Et. 25 août 1849, élect. de Castelnau-Camblong, D. P. 50. 3. 9); — 3° La question de savoir si un individu élu membre du conseil municipal se trouve dans l'un des cas d'incapacité prévus par les art. 15 et 27 du décret du 2 fév. 1852 : et il en est ainsi spécialement de la question de savoir si l'élu que l'on prétend être indigne de l'élection à raison d'une condamnation aux travaux publics prononcée autrefois contre lui par un conseil de guerre, est rentré dans la plénitude de ses droits par l'effet de la grâce qui lui a été ensuite accordée (cons. d'Et. 31 janv. 1856, élect. de Lays sur le Doubs, D. P. 56. 3. 72).

989. Les jugements qui ont prononcé sur une question préjudicielle sont susceptibles d'appel et de pourvoi en cassation (V. Cassation, nos 798 et suiv.). — Il a été jugé, à cet égard, que, en matière électorale, deux voies sont ouvertes à l'administration pour se pourvoir, soit une déclaration faite, par le ministère d'un avocat, au greffe de la cour; soit, comme en matière criminelle, une dénonciation faite par l'intermédiaire du procureur général, auquel la déclaration du pourvoi est administrativement transmise, et qui en fait le dépôt au greffe ; que, en conséquence, le pourvoi formé par un maire, en matière électorale, par une voie autre que celle indiquée précédemment, et par exemple adressé directement au greffier en chef de la cour ou aux membres de la cour elle-même, est non recevable, bien qu'il ait été matériellement reçu au greffe dans le délai de trois mois, s'il n'a été régulièrement déposé qu'après l'expiration de ce délai (Req. 16 janv. 1844) (1).

990. 3° *Délai et formes dans lesquels la réclamation est introduite et jugée.* — La loi de 1831, art. 52, fixait à cinq jours, à partir de l'élection, le délai pour réclamer, dans le cas où la réclamation n'aurait pas été consignée au procès-verbal. La loi du 5 mai 1855 dispose (art. 45, § 2) : « Les réclamations doivent être consignées au procès-verbal, sinon elles doivent être, à peine de nullité, déposées au secrétariat de la mairie, dans un délai de cinq jours, à dater du jour de l'élection. » — Il paraît résulter de cette disposition que la réclamation consignée au procès-verbal saisit le conseil de préfecture (V. *suprà*, n° 819). — Il a été jugé que, quand une élection a été continuée à huitaine, le délai de la protestation, qui a pour but tout à la fois de faire prononcer la nullité de cette seconde élection et de faire déclarer qu'un autre candidat a été élu dans la première opération électorale, ne court que de la seconde opération électorale (cons. d'Et. 14 mai 1856, élect. de Cornille).

991. Le délai de cinq jours, dans lequel la réclamation doit être déposée au secrétariat de la mairie, n'est pas un délai franc. C'est, en effet, une règle généralement admise par la jurisprudence que, lorsque la loi se sert de ces locutions, *dans, pendant*, le jour d'où part le délai, *dies à quo*, est le seul qui en soit exclu; le jour de l'échéance, *dies ad quem*, au contraire, doit y être compris (V. Délai, nos 30, 49 et suiv.; Ordre, nos 411, 676, 897). — C'est en ce sens aussi que le conseil d'Etat s'est prononcé. — Ainsi, il a été décidé : 1° Que le jour des opérations électorales ne doit pas être compris dans le délai de cinq jours accordé aux électeurs pour déposer au secrétariat de la mairie leurs protestations qu'ils n'ont pas fait consigner au procès-verbal, en sorte qu'une protestation déposée le 9, contre des élections qui ont eu lieu le 4, est formée en temps utile (cons. d'Et. 23 juill. 1838, M. du Martroy, rap., élect. de Corbigny); — 2° Que pareillement, la protestation faite le 26 contre des élections qui ont eu lieu le 21 est valable comme faite dans les cinq jours prescrits par la loi (cons. d'Et. 25 janv. 1838, M. Saglio, rap., élect. de Mayenneville); — 3° Mais que le délai de cinq jours, dans lequel, aux termes de l'art. 45 de la loi du 5 mai 1855, les réclamations doivent être présentées, n'est pas un délai franc, et que, dès lors, la réclamation formée le 19 contre des élections terminées le 13, n'est pas recevable (cons. d'Et. 27 mai 1857, élect. de Saint-Laurent-d'Olt). —V. n° 624.

992. La disposition de l'art. 45 n'est pas seulement comminatoire, le délai de cinq jours est prescrit à peine de nullité : ce sont les propres termes de la loi.— Il a été jugé, en conséquence, que la réclamation présentée contre une élection communale après le délai prescrit, n'est pas recevable (cons. d'Et. 25 janv. 1833, M. Montaud, rap., élect. de Mesmay; 12 avr. 1838, M. du Martroy, rap., élect. de Mouillac; 28 mai 1856, M. Bordet, rap., élect. de Cognans; 20 mars 1861, aff. Leclerc, D. P. 61. 3. 30; 9 juill. 1861, M. Walckenaër, rap., élect. d'Irais; 8 fév. 1861, M. Tarbé des Sablons, rap., élect. de Gra-

(1) 1re *Espèce* : —(Maire d'Auriébat C. Larcade et autres.)—Deux arrêtés du maire d'Auriébat (Hautes-Pyrénées), du 10 fév. 1843, prononcèrent la radiation, sur la liste des électeurs communaux, de deux électeurs, par le motif qu'ils étaient tombés depuis longtemps dans un état complet d'insolvabilité : le maire se fondait sur la disposition de la loi du 22 déc. 1789, qui porte « que les banqueroutiers, les faillis et les débiteurs insolvables sont exclus des assemblées primaires, » dispositions que le maire considérait comme applicables sous l'empire de la législation électorale qui nous régit. — Ces deux décisions furent réformées sur appel, par deux jugements du tribunal civil de Tarbes, du 22 mars 1843, signifiés le 30 du même mois, et les électeurs maintenus dans leurs droits. —Le maire s'est pourvu, le 20 avr. 1843, contre les deux jugements, et le mode suivi par ce fonctionnaire pour saisir la cour de son double pourvoi, a soulevé une question préjudicielle qui présente quelque intérêt. — Il a adressé directement ses deux pourvois *à la cour de cassation.* Le paquet contenant ces deux pourvois fut reçu par le greffier en chef qui les remit à Me Guény, avocat à la cour, pour qu'il eût à indiquer au maire la marche qu'il avait à suivre pour saisir régulièrement la chambre des requêtes et aviser le meilleur parti à prendre. Me Guény fit connaître au maire, par lettre du 26 avr. 1843, que le greffier en chef n'ayant pu inscrire ses pourvois, parce que tout pourvoi doit être formé par le ministère d'un avocat, les pièces lui avaient été remises, et qu'il voulût bien lui faire connaître quel avocat il voulait charger. — Deux voies étaient ouvertes : le dépôt fait au greffe par le ministère d'un avocat ou par l'intermédiaire de M. le procureur général. Le maire ne suivit ni l'une ni l'autre de ces deux voies. Il présenta une requête au roi, le 5 mai 1843, dans laquelle il suppliait S. M. de vouloir bien ordonner que l'affaire fût jugée administrativement et sans frais. Cette supplique fut renvoyée par ordre du roi au ministre de l'intérieur, qui, par sa lettre du 3 juin 1843, instruisit le maire que la décision qu'il réclamait devait être rendue judiciairement et non administrativement. « Le ministère d'un avocat, ajoutait le ministre, n'est point nécessaire pour le recours en cassation en matière électorale que forment les préfets ou les maires, ils peuvent les introduire en leur nom, par une requête motivée et signée par eux, et adressée à MM. les président et conseillers de la cour de cassation. Cette requête m'est ordinairement transmise, avec l'expédition de l'arrêt ou du jugement attaqué, et les autres pièces, afin que j'en fasse l'envoi à M. le procureur général. Il n'est pas besoin non plus de faire notifier le pourvoi; cette notification ne doit avoir lieu que lorsque la chambre des requêtes l'a admis et a autorisé le demandeur à faire citer le défendeur devant la chambre civile. Je vous engage à suivre cette marche, dans le cas où la cour de cassation ne serait pas déjà saisie. » — Le maire, sans tenir compte de la lettre du ministre, ou l'interprétant mal, crut devoir s'adresser de nouveau à la cour de cassation directement. En effet, il fit parvenir, le 4 juill. 1843, une requête à MM. les président et conseillers, dans laquelle il exposait les moyens de ses pourvois. — Cette requête fut également remise à Me Guény, qui, par lettre du 11 juill. 1843, rappela au maire que ni la cour de cassation ni le greffier en chef de cette cour ne pouvaient correspondre avec les justiciables, et que les pourvois annoncés dans la requête n'avaient pas pu être reçus à la cour dans la forme où ils étaient présentés. Le maire répondit par une requête du 21 juill. 1843 et toujours irrégulièrement adressée *à la cour de cassation.* — Enfin le maire transmit ses pourvois au ministre de l'intérieur, qui les fit parvenir lui-même au procureur général de la cour de cassation, le 1er sept. 1843. Mais alors le délai pour les former était depuis longtemps expiré. — Arrêt.

LA COUR; — Attendu que le pourvoi formé par le demandeur en cassation, contre le jugement du tribunal de Tarbes, du 22 mars 1843, n'a été reçu et inscrit au greffe de la cour que plus de trois mois après la signification dudit jugement au demandeur en cassation, et par conséquent après l'expiration du délai légal; — Par ces motifs, et sans qu'il soit nécessaire de statuer sur les deux moyens proposés, qui ne sont d'ailleurs fondés ni en fait ni en droit, déclare le demandeur en cassation non recevable dans son pourvoi.

Du 16 janv. 1844.-C. C., ch. req.-MM. Zangiacomi, pr.-Félix Faure, rap.-Dupin, pr. gén., c. conf.

2° *Espèce* : — Le second pourvoi du maire d'Auriébat a reçu le même jour une décision identique.

net, etc.).— Il a même été décidé qu'un chef de demande présenté incidemment après le délai de cinq jours n'est pas recevable (cons. d'Et. 3 juill. 1861, M. de Guigné, rap., élect. de Saint-Pol);—Et que, bien qu'une réclamation ait été formée en temps utile contre des opérations électorales, cependant on ne peut, par une nouvelle requête formée après les délais, y ajouter des moyens nouveaux (cons. d'Et. 8 fév. 1838, M. Brière, rap., élect. de Diebolshein).— V. nos 621 et suiv.

993. Jugé encore que lorsque des élections municipales n'ont été l'objet d'aucune protestation dans le délai prescrit par l'art. 45 de la loi du 5 mai 1855, les électeurs ou conseillers élus ne peuvent attaquer l'arrêté préfectoral qui, pris en vue de ces élections, avait divisé la commune en sections, et réparti entre ces sections le nombre des conseillers à élire, comme entaché d'excès de pouvoirs, en ce qu'il n'aurait point tenu compte, dans l'attribution des membres du conseil municipal à élire par section, du nombre des électeurs inscrits (cons. d'Et. 4 juill. 1862, M. Flandin, rap., élect. d'Haget-Aubin). — On, a vu *suprà*, n° 879, que le motif invoqué dans l'espèce contre l'arrêté préfectoral pouvait, s'il était justifié, entraîner l'annulation de l'arrêté préfectoral. Mais ici, d'une part, l'arrêté avait été pris en vue d'élections qui avaient eu lieu, et qui, à défaut de protestation dans le délai, étaient inattaquables; d'une autre part, il ne conservait aucun effet pour les élections qui pouvaient ultérieurement avoir lieu, de sorte que le recours dont il était frappé était absolument sans objet.

994. Bien plus et lors même que le rejet de la réclamation tardive aurait pour résultat de maintenir une illégalité flagrante, cette réclamation n'en devrait pas moins être considérée comme non recevable.— Il a été jugé en effet, dans une espèce remarquable, que lorsque deux parents au degré prohibé ayant été élus le même jour membres du conseil municipal par deux sections différentes, le conseil de préfecture a été saisi d'une réclamation présentée après l'expiration du délai par l'un des deux parents et tendant à ce que l'élection de son parent soit annulée et la sienne propre maintenue par le bénéfice de l'âge, le conseil de préfecture, après avoir déclaré la réclamation non recevable comme tardive, ne peut, sans excéder ses pouvoirs, statuer au fond ; d'où la conséquence que, malgré la parenté au degré prohibé, ni l'une ni l'autre des deux nominations ne peut plus être annulée (cons. d'Et. 22 mai 1861, M. Flandin, rap., élect. Fleders). — « Si le conseil de préfecture n'a pu régulièrement statuer au fond, a dit le ministre de l'intérieur, son arrêté devrait être annulé et l'élection des deux frères Foucault-Desnos deviendrait définitive par le seul fait qu'elle n'a pas été attaquée dans le délai légal. Le conseil municipal de Flers offrirait ainsi l'exemple d'une infraction manifeste à la loi qui interdit la présence de deux frères dans un même conseil municipal, et aucune mesure administrative ne pourrait plus être prise pour faire cesser cette infraction ; car l'art. 12 de la loi municipale restreint l'action du préfet au cas où l'empêchement légal est survenu postérieurement à l'élection. — Ce sont sans doute ces considérations qui ont déterminé le conseil de préfecture à s'occuper du fond de l'affaire bien qu'il eût déclaré la réclamation non recevable. A-t-il, en cette circonstance, excédé la limite de ses pouvoirs? Doit-on, au contraire, tenir sa décision pour régulière, parce qu'en définitive elle tendait à assurer l'exécution des dispositions de l'art. 11 de la loi sur l'organisation municipale? — Je crois devoir m'en rapporter sur ce point à l'appréciation du conseil d'Etat. » —Malgré la difficulté que soulevaient ces observations, le conseil d'Etat a maintenu rigoureusement l'application de la loi. — Du reste, la question s'était déjà présentée sous la loi de 1831, et elle avait été résolue dans le même sens. — Deux frères avaient été élus membres du même conseil municipal ; aucune réclamation n'avait été élevée. Plus tard, et longtemps après l'expiration des délais, le préfet, pour faire cesser l'irrégularité, prit un arrêté par lequel il annula l'une des deux élections. Mais, sur le pourvoi formé par le conseiller dont l'élection avait été annulée, le conseil d'Etat déclara l'arrêté du préfet entaché d'excès de pouvoirs comme ayant statué sur un point de la compétence exclusive du conseil de préfecture, et décida que l'élection des deux frères n'ayant été l'objet d'aucun recours dans le délai fixé par la loi, était devenue définitive et irrévocable (cons. d'Et. 1er juill. 1839, M. du Martroy, rap., élect. de Wallers).

995. Il a été jugé aussi que les dispositions de la loi municipale du 5 mai 1855 doivent être appliquées à l'élection de la commission syndicale dont la formation et l'avis sont exigés avant l'exécution des travaux de mise en valeur de marais ou terres incultes appartenant à une section de commune, ordonnés par le préfet en exécution de la loi du 28 juill. 1860 ; qu'en conséquence, les réclamations contre cette élection doivent, à peine de déchéance, être déposées à la préfecture, ainsi que le prescrit l'art. 45 de cette loi, dans les cinq jours de la clôture des opérations (cons. d'Et. 29 avril 1863, aff. Fondeville, D. P. 63. 3. 38).

996. A l'égard du préfet, le délai du recours est plus long. L'art. 46 de la loi de 1855, conforme à l'art. 51 de celle de 1831, porte : « Le préfet, s'il estime que les conditions et les formes légalement prescrites n'ont pas été remplies, peut également, dans le délai de quinze jours, à dater de la réception du procès-verbal, déférer les opérations électorales au conseil de préfecture. » — V. n° 619.

997. Pour la forme en laquelle les réclamations doivent être présentées, la loi de 1831, art. 52, exigeait seulement qu'elles fussent déposées au secrétariat de la mairie, et le secrétaire devait en donner récépissé. — Mais il avait été jugé sous cette loi que la réclamation était recevable, bien qu'elle eût été déposée directement à la préfecture au lieu de l'être à la mairie (cons. d'Et. 9 mars 1836, M. de Luçay, rap., élect. de Castillon). — L'art. 45 de la loi de 1855 veut aussi que les réclamations soient déposées au secrétariat de la mairie, puis il ajoute : « Elles sont immédiatement adressées au préfet, par l'intermédiaire du sous-préfet ; elles peuvent aussi être directement déposées à la préfecture, ou à la sous-préfecture, dans le même délai de cinq jours. »

998. La preuve du dépôt de la réclamation dans le délai n'est soumise à aucune forme rigoureuse.— Ainsi, il a été jugé que lorsqu'il résulte de l'instruction, et notamment de l'aveu du préfet, qu'une protestation contre des opérations électorales a été déposée à la préfecture le lendemain même des opérations, les électeurs ne peuvent soutenir qu'elle n'a été déposée qu'après le délai de cinq jours fixé par la loi (cons. d'Et. 2 août 1836, M. Montaud, rap., élect. de Tavel).

999. Le mode d'après lequel le préfet peut déférer au conseil de préfecture le jugement des nullités en matière électorale n'ayant pas été déterminé par la loi, il a été jugé qu'il lui suffit, au lieu de faire un acte de réquisition, d'apporter les pièces au conseil, lorsqu'il le préside, ou bien de les remettre ou les renvoyer directement au conseiller qui doit rapporter l'affaire (rés. implic.), et que, par suite, il n'y a pas lieu, par le conseil d'Etat, de statuer sur la demande d'un électeur tendant à obtenir l'apport au greffe du tribunal de l'arrondissement, de l'acte par lequel le préfet a saisi le conseil de préfecture (cons. d'Et. 12 avr. 1838, élect. de Saint-Mihiel).

1000. L'art. 24 du décret du 2 fév. 1852 pour l'élection des députés au corps législatif, dispense des droits de timbre et d'enregistrement les actes judiciaires en matière électorale, et les extraits des actes de naissance nécessaires pour établir l'âge des électeurs. L'art. 7 de la loi de 1855, se référant à ce décret relatif aux listes électorales, il suit que les réclamations contre les opérations électorales municipales doivent être dispensés de tout droit de timbre et d'enregistrement. C'est ce qui a été décidé (cons. d'Et. 25 avr. 1861, élect. de Garindein).—V. n° 630.

1001. Le conseil de préfecture ne peut statuer que sur les réclamations dont il est régulièrement saisi. — Il a été jugé : 1° que lorsque le conseil de préfecture n'a été appelé à connaître des opérations électorales d'une section de commune, ni par une réclamation des électeurs ni par un recours d'office du préfet, il doit s'abstenir (cons. d'Et. 28 mai 1835, M. Germain, rap., élect. de Saint-Dié) ; — 2° Que les conseils de préfecture sont incompétents pour statuer d'office sur des opérations électorales, sur lesquelles ils n'ont été appelés à statuer, ni par les réclamations des électeurs, ni par un renvoi du préfet ; que dès lors un conseil de préfecture qui a été saisi de réclamations contre des élections faites à un premier tour de scrutin ne peut, en annulant ces élections, annuler aussi celles du second tour qui ne lui étaient pas déférées, en se fondant sur la dépendance nécessaire des deux opérations (cons. d'Et. 20 mars 1838, M. Hély d'Oissel, rap., élect. d'Aubeguimont); — 3° Qu'ils excèdent leurs pouvoirs en annulant, sous prétexte que l'assemblée se serait réunie sans convocation, des opérations électorales qui ne leur étaient pas déférées (cons. d'Et. 5 juin 1838, M. Mauzé, rap., élect. de Paris-l'Hôpital; 11 août 1841, M. Richaud, rap., élect. de la Trinité); — 4° Que le conseil de préfecture, appelé à statuer sur l'annulation de l'élection des deux derniers conseillers élus seulement, ne peut prononcer la nullité de toutes les élections (cons. d'Et. 14 mai 1856, M. Tarbé, rap., élect. de Cornille).— V. n° 620.

1002. La loi a fixé un délai dans lequel le conseil de préfecture doit statuer sur les réclamations. La loi de 1831, art. 52, portait : « La réclamation... sera jugée dans le délai d'un mois par le conseil de préfecture... Si le conseil de préfecture a négligé de prononcer dans les délais ci-dessus fixés, l'installation des conseillers élus aura lieu de plein droit. » — Ces dispositions avaient été rigoureusement appliquées par le conseil d'Etat, qui déclarait entachée d'excès de pouvoirs toute décision rendue par le conseil de préfecture après l'expiration du délai (cons. d'Et. 2 nov. 1832, aff. Bouin-Beaupré; 20 juill. 1836, élect. de Lapeyrouse; 12 avr. 1838, élect. de Mouillac; 4 juin 1841, aff. Pingat; 14 fév. 1845, élect. de Gesnes, D. P. 45. 3. 126; 29 juin 1847, élect. de Vienne en Val; 3 août 1849, aff. Badin, D. P. 49. 3. 87; 11 août 1849, aff. Morin, *eod.*; 18 août 1849, élect. des Andelys, *eod.*),... eût-elle statué sur une opposition à un arrêté rendu par défaut dans le délai (cons. d'Et. 23 fév. 1837, élect. de Saint-Maurice; 12 avr. 1838, élect. de Saint-Mihiel; 14 fév. 1845, élect. de Gesnes). — Le conseil d'Etat n'admettait aucune exception à la règle. La demande de nouveaux renseignements non parvenus au conseil de préfecture en temps utile, une enquête ordonnée et non achevée dans le délai n'empêchait pas la déchéance de s'accomplir (cons. d'Et. 18 fév. 1836, élect. d'Uglas; 22 juin 1836, élect. de Labécède; 20 mars 1838, élect. de Saint-Sulpice). — Dans tous les cas, par cela seul que le conseil de préfecture n'avait pas statué dans le mois de la réception des pièces, les élections étaient réputées valables, et l'installation des conseillers dont l'élection était attaquée avait lieu de plein droit. — Nous avons montré *suprà*, n° 636, en nous occupant des élections départementales, les graves inconvénients qui pouvaient résulter de cette jurisprudence. La loi de 1855 y a mis fin en ouvrant aux parties un recours direct devant le conseil d'Etat, lorsque le conseil de préfecture n'a pu statuer dans le délai fixé. — L'art. 45, § 4, de cette loi, dispose : « Si le conseil de préfecture n'a pas prononcé dans le délai d'un mois à compter de la réception des pièces à la préfecture, la réclamation est considérée *comme rejetée*. Les réclamants peuvent se pourvoir au conseil d'Etat dans le délai de trois mois. »

1003. Mais sous la loi de 1855, comme sous celle de 1831, toute décision rendue par le conseil de préfecture après l'expiration du délai, doit être déclarée nulle et sans effet. — Il a été jugé en ce sens : 1° que lorsque le réclamant, autorisé à procéder à une enquête, n'a pas terminé cette opération avant l'expiration du délai, c'est avec raison que le conseil de préfecture rejette la réclamation comme non justifiée (cons. d'Et. 24 juin 1844, M. Baudon, rap., élect. de Bèze-Christos); — 2° Que le conseil de préfecture, étant réputé avoir rejeté la protestation formée devant lui contre une élection, s'il n'a pas statué dans le mois de la réception des pièces, commet un excès de pouvoirs en prononçant après ce délai et en annulant, par exemple, l'élection attaquée; que, par suite, les candidats élus sont fondés à poursuivre l'annulation de cette décision devant le conseil d'Etat, alors surtout que les électeurs n'ont pas, de leur côté, reproduit leur protestation devant ce conseil, ainsi qu'ils en avaient le droit (cons. d'Et. 16 mars 1859, élect. de Castello, D. P. 59. 3. 65); — 3° Que, par suite encore, les élections attaquées doivent être considérées comme régulières, et que les élections nouvelles auxquelles il aurait été procédé à la suite de l'arrêté par lequel le conseil de préfecture aurait tardivement annulé les premières, sont, au contraire, nulles (cons. d'Et. 20 nov. 1856, élect. de Châtillon-la-Palud, D. P. 57. 3. 38); — 4° Que, de même, l'arrêté par lequel le conseil de préfecture, après l'expiration du mois, rejette la protestation doit être annulé, et que le pourvoi formé par le réclamant, en conformité de l'art. 45 de la loi de 1855, est recevable (cons. d'Et. 16 juill. 1861, M. Vicaire, rap., élect. d'Aunay); — 5° Que lorsque le conseil de préfecture, statuant dans le délai d'un mois fixé par l'art. 45 de la loi du 5 mai 1855, a annulé l'élection d'un candidat, l'opposition que ce candidat forme après l'expiration du même délai à l'arrêté qui a annulé son élection n'est pas recevable, la juridiction du conseil de préfecture se trouvant épuisée (cons. d'Et. 24 juill. 1861, élect. d'Aiguefonde).

1004. A partir de quel jour court le délai d'un mois dans lequel le conseil de préfecture doit rendre son jugement? — Le conseil d'Etat a décidé d'abord, sous le régime de la loi de 1831, que le délai devait courir à dater du dépôt de la réclamation au secrétariat de la mairie (cons. d'Et. 26 août 1835, M. de Luçay, rap., élect. d'Athée). — Mais depuis, il a jugé que le délai court à partir, non du dépôt de réclamation à la mairie, mais du jour de l'arrivée des pièces au conseil de préfecture (cons. d'Et. 22 fév. 1835, M. Germain, rap., élect. de Montpeyroux; 1 juill. 1837, M. Fumeron d'Ardeuil, rap., élect. de Dieppe); — Et spécialement que dans le cas où le préfet a déféré au conseil de préfecture le jugement de la nullité d'élections municipales dans la quinzaine de la réception du procès-verbal, l'arrêté du conseil, qui a prononcé dans le mois, à partir de ce délai, ne peut être attaqué sous prétexte qu'il devait statuer dans le mois à partir des élections (cons. d'Et. 5 juin 1838, M. de la Chauvinière, rap., élect. de la Mothe). — L'art. 45 de la loi du 5 mai 1855 fait courir le délai d'un mois à partir de la réception des pièces à la préfecture. — V. aussi n° 637.

1005. Il n'est pas nécessaire d'appeler devant le conseil de préfecture le candidat dont l'élection est attaquée. — Il a été jugé que le dépôt à la mairie, dans le délai de la loi, de la protestation formée contre l'élection d'un conseiller municipal suffit pour le mettre en demeure de se défendre devant le conseil de préfecture, sans qu'il soit nécessaire de l'y appeler (cons. d'Et. 4 déc. 1837, M. Robillard, rap., élect. de Lunéville).

1006. Le conseil de préfecture, une fois qu'il a prononcé, est dessaisi de l'affaire et ne peut rétracter sa sentence (V. Jugement, nos 317, 928 et s.). — Jugé, par suite, qu'il y a excès de pouvoir de la part du conseil de préfecture, lorsqu'il réforme, même sur pièces nouvelles, un arrêté par lui contradictoirement rendu en matière d'élections municipales (cons. d'Et. 24 oct. 1832, M. Montaud, rap., aff. élect. de Saint-Pée).

1007. 4° *Recours au conseil d'Etat*. — Le conseil de préfecture ne prononce qu'en premier ressort. La loi du 5 mai 1855 s'en explique formellement. Son art. 45, après avoir établi la compétence du conseil de préfecture et réservé le recours au conseil d'Etat, ajoute que... « les réclamants peuvent se pourvoir devant ce conseil dans le délai de trois mois. » Cette disposition est confirmée par l'art. 46 qui porte : « Le recours au conseil d'Etat, contre la décision du conseil de préfecture, est ouvert soit au préfet, soit aux parties intéressées, dans le délai et les formes réglées par l'article précédent. »

1008. En premier lieu, le recours au conseil d'Etat n'appartient qu'aux électeurs qui ont fait partie de la réunion électorale. — Ainsi, il a été jugé que les membres de l'assemblée électorale d'une commune ont seuls qualité pour attaquer l'arrêté du conseil de préfecture qui a statué sur les élections de cette commune; que cet arrêté ne peut être attaqué par des citoyens qui n'étaient pas membres de cette assemblée, quand même il s'agirait de l'annulation de leur propre élection (cons. d'Et. 10 janv. 1839, aff. Pernet et cons.).

1009. En second lieu, le recours ne peut être exercé que par ceux qui ont été parties devant le conseil de préfecture. — Jugé : 1° que les arrêtés des conseils de préfecture ne peuvent être déférés au conseil d'Etat par d'autres que par ceux qui ont été parties dans l'instance (cons. d'Et. 11 juill. 1844, élect. de Vieux-d'Izenave, D. P. 45. 3. 71; 1er fév. 1844, aff. élect. de Cannes, *eod.*); — 2° Qu'ainsi, un maire n'est pas admis à se pourvoir, en sa seule qualité, contre l'arrêté du conseil de préfecture qui a maintenu les élections municipales de sa commune (même arrêt du 11 juill. 1844), ...ou même qui les a annulées (cons. d'Et. 18 mars 1841, M. d'Ormesson, rap., aff. maire de Nidorhoff); — 3° Que des électeurs non signataires de la réclamation formée contre une élection, n'ont pas qualité pour déférer au conseil d'Etat l'arrêté du conseil de préfecture qui a rejeté cette réclamation (cons. d'Et. 1er fév. 1844, aff. élect. de Cannes, *loc. cit.*; 17 avr. 1861, M. de Guigné, rap., aff. élect. de Croultes; 2 juill. 1861, M. Savoye, rap., aff. élect. de Montbrun; même jour, M. de Raynal, rap., aff. élect. de Faudoas; 24 juill. 1861, M. de Raynal, rap., aff. élect. de Saint-Maurice).

1010. Toutefois, une restriction à cette doctrine est admise par la jurisprudence. Si le conseil de préfecture, admettant la réclamation, a annulé l'élection, tout électeur, même non partie dans l'instance, est recevable à se pourvoir au conseil d'Etat, le droit qu'il a exercé étant atteint par cette décision qu'il n'a pas pu contredire. C'est ce qui a été décidé soit implicitement, soit explicitement, en matière d'élections départementales (V. n° 642).

1011. Jugé aussi que le recours de l'électeur qui depuis a cessé de l'être, n'en est pas moins recevable (cons. d'Et. 19 août 1832, M. Vivien, rap., aff. Lambert).

1012. Si les préfets ont le droit de provoquer d'office, dans certains cas, l'annulation des élections, ils n'ont pas celui d'intervenir devant le conseil d'Etat pour le maintien d'élections contestées (cons. d'Et. 9 janv. 1839, M. d'Ormesson, rap., aff. élect. de Paris-l'Hopital).—V. n° 645.

1013. L'exécution de l'arrêté du conseil de préfecture est une fin de non-recevoir contre le pourvoi. — Il a été jugé : 1° que lorsqu'il a été procédé sans opposition à de nouvelles élections municipales, en exécution d'un arrêté qui avait annulé les élections précédentes, le recours formé depuis, contre cet arrêté, par les citoyens dont l'élection a été annulée, doit être déclaré non recevable (cons. d'Et. 19 août 1832, M. Vivien, rap., aff. Monteaudon; même jour, M. Vivien, rap., aff. Fressinet; 25 oct. 1833, M. Germain, rap., aff. Baldrant; 16 déc. 1835, M. du Martroy, rap., aff. élect. de Tiffanges; 14 juill. 1838, M. du Martroy, rap., aff. élect. de Clermont); — 2° Que cependant, dans le cas où des élections ont été annulées, et, où par suite, il est procédé à des élections nouvelles, si, au moment de ces nouvelles élections, un pourvoi est formé contre l'arrêté qui a annulé les premières, et que les requérants votent ensuite pour ne pas perdre l'exercice de leur droit d'électeurs, on n'est pas fondé à prétendre, pour faire rejeter leur pourvoi comme irrecevable, que l'arrêté a été exécuté sans protestation ni réserve de leur part (cons. d'Et. 6 mars 1835, élect. de Rueil).

1014. La loi de 1831 ne s'expliquait pas et la loi de 1855 ne s'explique pas davantage sur le point de départ du délai du pourvoi.—Il a été jugé, contrairement à ce qui a lieu en matière ordinaire où le délai ne court qu'à partir de la signification : 1° que la disposition du règlement du 22 juill. 1806 ne s'applique pas en matière d'élections municipales; que le délai du pourvoi court à partir de la connaissance qu'une partie a eue de cet arrêté (cons. d'Et. 16 août 1832, M. Ferri-Pisani, rap., aff. Ducastain; 24 oct. 1832, M. Montaud, rap., élect. de Saint-Pée; 16 nov. 1832, M. Montaud, rap., aff. Lubac; 10 sept. 1835, M. Saglio, rap., aff. Briard-Fanes; 4 nov. 1835, M. de Felcourt, rap., aff. Anglade; 23 fév. 1837, M. Dodé, rap., élect. de Saint-Maurice); — 2° Que la partie a eu connaissance suffisante de cet arrêté, spécialement, par l'installation du conseil municipal, encore bien que cet arrêté n'eût point été notifié (cons. d'Et. 27 fév. 1836, M. Robillard, rap., élect. de Lestelle); — 3° Que l'acte extrajudiciaire par lequel un électeur a formé une opposition à l'arrêté du conseil de préfecture, indique qu'à cette époque il avait connaissance de l'arrêté ; qu'en conséquence le pourvoi formé plus de trois mois après est non recevable (cons. d'Et. 23 fév. 1837, élect. de Saint-Maurice).

1015. Dans des espèces où il y avait eu notification de l'arrêté du conseil de préfecture, il a été décidé : 1° que lorsque la réclamation de plusieurs électeurs, contre le résultat des élections municipales, a pour fondement un intérêt public et non individuel, la signification, à quelques-uns d'entre eux, de l'arrêté qui prononce sur cette réclamation, fait courir les délais du recours contre tous, en sorte qu'ils subissent une déchéance commune, lorsque leur recours n'a pas été formé en temps utile (cons. d'Et. 29 juin 1832, M. Vivien, rap., élect. de Hèches; 15 mars 1833, M. Montaud, rap., élect. d'Encausse; 22 fév. 1838, M. de la Chauvinière, rap., élect. d'Illatz);— 2° Et d'une manière générale, que la notification d'un arrêté du conseil de préfecture qui a statué sur une protestation contre des élections municipales, fait courir le délai du pourvoi contre tous les signataires de la protestation, quoiqu'elle n'ait été faite qu'à l'un d'eux (cons. d'Et. 17 janv. 1833, M. Ferri-Pisani, rap., élect. de Bollènes; 9 juill. 1861, M. de Renepont, rap., élect. de l'Herm; 10 janv. 1862, M. de Bammeville, rap., élect. de Rieux-en-Val).

1016. Le pourvoi doit être déposé au secrétariat du conseil d'Etat dans le délai légal, à peine de déchéance. — Il a été jugé : 1° que bien qu'en matière d'élections municipales, les parties soient admises à se pourvoir sans frais, il ne s'ensuit pas qu'elles soient dispensées de faire enregistrer dans les trois mois le dépôt de leur recours au greffe du conseil d'Etat; peu importe que le dépôt ait eu lieu, dans le délai, à la préfecture du département d'où est émané l'arrêt attaqué (cons. d'Et. 28 nov. 1839, M. d'Ormesson, rap., élect. de Robiac); — 2° Et même, qu'il y a lieu de déclarer non recevable un pourvoi deposé en temps utile à la sous-préfecture, mais qui n'a pas été enregistré au conseil d'Etat dans les trois mois de la connaissance complète que le réclamant a eue de l'arrêt attaqué, bien que la cause de ce retard soit imputable à l'administration : la requête avait été oubliée dans les bureaux de la préfecture (cons. d'Et. 12 déc. 1851, M. Tripier, rap., aff. Doudinot).

1017. Il a été jugé sous la loi de 1831, en matière d'élections municipales, et il en serait encore de même aujourd'hui, que le recours au conseil d'Etat doit être déclaré non recevable lorsqu'à l'époque où il a été formé, le conseil de préfecture n'avait pas statué sur la réclamation (cons. d'Et. 7 déc. 1832, M. Méchin, rap., élect. d'Etobon). —Toutefois la loi du 5 mai 1855 apporte une exception à cette règle. Nous avons vu *suprà*, n° 1002, que toute réclamation sur laquelle le conseil de préfecture n'a pas statué dans le mois est considérée comme rejetée; dans ce cas, et bien que le conseil de préfecture n'ait rendu aucune décision, le recours au conseil d'Etat est ouvert, et le délai du recours commence alors à courir à l'expiration de ce mois; mais avant l'expiration du mois, on rentre sous l'application du principe posé par l'arrêt précité, le recours au conseil d'Etat n'est pas recevable.

1018. La question s'est présentée de savoir si le conseil d'Etat peut, dans le cas d'un pourvoi contre l'arrêté du conseil de préfecture qui a statué après le délai d'un mois établi par l'art. 45 de la loi de 1855, prononcer au fond en l'absence de toute intervention des électeurs. — Cette question a été résolue implicitement dans le sens de l'affirmative (cons. d'Et. 16 mars 1859, élect. de Castello, D. P. 59. 3. 65). — Mais ce mode de procéder ne paraît pas régulier (V. nos observations, *loc. cit.*).

1019. Les lois de la matière ne contenant aucune disposition sur la forme du recours, il y a lieu de s'en référer aux règles générales (V. Cons. d'Et., nos 290 et suiv.). — Le recours est formé par une requête introductive d'instance déposée à la sous-préfecture, à la préfecture ou au conseil d'Etat; cette requête doit contenir les moyens de nullité. — Il a été jugé : 1° que l'acte extrajudiciaire, signifié au préfet et transmis au secrétariat du conseil d'Etat par le ministre de l'intérieur, énonçant qu'un électeur a déféré au conseil d'Etat des arrêtés de conseil de préfecture rendus en matière d'élections municipales, n'est point suffisant pour qu'il soit statué sur le mérite de ces arrêtés, si aucune requête introductive d'instance présentée par l'électeur réclamant n'est parvenue au secrétariat général du conseil d'Etat (cons. d'Et. 31 janv. 1838, M. Bouchené, rap., aff. Boyer *C.* Simonet); —2° Que, de même, il n'y a lieu à statuer sur une réclamation adressée au ministre de l'intérieur en matière électorale, et contenue dans une lettre qui ne constituait pas un recours au contentieux contre l'arrêté antérieurement rendu par le conseil de préfecture sur ladite réclamation (cons. d'Et. 1er juin 1853, M. Marbeau, rap., aff. Bonnefoy); — 3° Que le recours au conseil d'Etat contre un arrêté de conseil de préfecture rendu en matière d'élections municipales, qui ne renferme ni l'exposé sommaire des faits, ni les moyens invoqués, est inadmissible, si surtout il n'a pas été suppléé à son insuffisance par une requête ampliative (cons. d'Et. 14 fév. 1838, M. Bouchené, rap., élect. de Bergerac). Le ministère d'un avocat au conseil d'Etat, n'est pas exigé, et le recours, comme nous l'avons dit de toutes voies de recours en matière électorale, s'introduit sans frais de timbre ni d'enregistrement.

1020. Aucun moyen nouveau ne peut être présenté devant le conseil d'Etat. — Il a été jugé : 1° qu'on ne peut présenter au conseil d'Etat, contre des opérations électorales, des moyens de nullité qui n'ont pas été soumis au conseil de préfecture (cons. d'Et. 25 janv. 1838, M. Richaud, rap., élect. de Mennecy; 8 fév. 1838, M. de la Chauvinière, rap., élect. d'Abzac; 1er juin 1853, M. Marbeau, rap., élect. de Courberie; 10 juill. 1856, M. Aucoc, rap., élect. de Cheylard; 1er sept. 1860, aff. Merlé, D. P. 61. 3. 18); — 2° Qu'une élection est valable, bien que le secrétaire élu ait abandonné ses fonctions à un autre électeur, et n'ait ni signé ni rédigé le procès-verbal, si ce moyen de nullité n'a pas été présenté devant le conseil de préfecture (cons. d'Et. 8 fév. 1838, M. de la Chauvinière, rap., élect. de Cressy); — 3° Que, lorsque les réclamants n'ont présenté devant le conseil de préfecture aucun grief contre la formation du bureau, ils ne sont pas recevables à produire devant le conseil d'Etat un grief tiré de ce que le bureau aurait été formé clandestinement, et de ce que les membres auraient voté avant l'ouverture de la salle (cons. d'Et. 10 janv. 1862, M. Roussigné, rap., élect. de Saint-Hilaire).— V. nos 648 et s.

1021. Le recours au conseil d'Etat n'est pas suspensif (V. Cons. d'Et., n° 267). — En conséquence, il a été jugé que le recours au conseil d'Etat, contre un arrêté qui maintient les élections, ne fait pas obstacle à ce qu'il soit procédé à l'installation des conseillers élus (cons. d'Et. 11 juill. 1844, élect. de Dammartin, D. P. 45. 3. 36).— V. n° 647.

1022. Toutes les mesures d'instruction ordinaire peuvent être ordonnées en matière électorale. — Il a été jugé que, lorsque les faits articulés devant le conseil de préfecture à l'appui d'une réclamation sont assez graves et assez pertinents, eu égard surtout à la faiblesse de la majorité obtenue, pour qu'on doive les considérer comme ayant pu porter atteinte à la liberté et à la sincérité de l'élection, il y a lieu, par le conseil d'Etat, avant de faire droit au fond, d'ordonner qu'il sera procédé à la vérification de ces faits au moyen d'une enquête (cons. d'Et. 23 mai 1861, aff. élect. de Lille, D. P. 61. 3. 61).

1023. Lorsqu'un pourvoi dirigé contre un arrêté du préfet qui, par excès de pouvoirs, a rejeté une réclamation électorale comme tardive, contient en même temps demande à fin d'annulation des élections contre lesquelles cette réclamation était élevée, le conseil d'Etat peut, si l'affaire est en état, en annulant l'arrêté du préfet pour excès de pouvoir, évoquer la demande et statuer par la même ordonnance, au lieu de renvoyer le jugement du fond au conseil de préfecture (cons. d'Et. 15 juill. 1841, M. du Martroy, rap., aff. Pons).

1024. Jugé que l'annulation des opérations électorales du premier tour de scrutin entraîne comme conséquence celle des opérations du deuxième tour (cons. d'Et. 23 mai 1861, élect. de Nersac, D. P. 61. 3. 60).

1025. La voie de la tierce opposition n'est pas admissible contre les arrêtés du conseil de préfecture qui statuent sur la validité des élections communales (cons. d'Et. 29 juin 1832, M. Chairet-Durieu, rap., élect. de Bernière; même jour, M. Montaud, rap., élect. d'Entrecasteaux; 17 janv. 1833, M. Ferri-Pisani, rap., élect. de Marseille; 6 mai 1836, M. du Martroy, rap., aff. Moutte; 23 fév. 1837, M. Dodé, rap., élect. de Saint-Maurice; 18 juill. 1838, élect. de Lisignan, V. Tierce opposition, n° 264). — Mais elle est admise aux conditions ordinaires contre une ordonnance du conseil d'Etat. — Jugé que des citoyens dont l'élection aux fonctions de conseillers municipaux a été annulée par une ordonnance, lors de laquelle ils n'ont pas été appelés, sont recevables à y former tierce opposition (cons. d'Et. 3 mai 1833, M. Montaud, rap., aff. Bouzinac).

1026. La requête civile peut aussi, dans les cas où elle est autorisée par la loi, être admise contre une décision contradictoire du conseil d'Etat. — Mais il a été jugé qu'une requête civile, même en matière électorale, comme toute requête contre une décision contradictoire du conseil d'Etat, rendue en matière contentieuse, doit être présentée dans les formes prescrites par l'art. 32 du règlement du 22 juill. 1806, c'est-à-dire par l'intermédiaire d'un avocat au conseil (cons. d'Et. 14 janv. 1839, M. Germain, rap., élect. de Servières).

1027. L'art. 48 de la loi de 1855 dispose : « Dans le cas où l'annulation de tout ou partie des élections est devenue définitive, l'assemblée des électeurs est convoquée dans un délai qui ne peut excéder trois mois. » — Mais l'annulation d'une élection ne donne pas nécessairement lieu à une nouvelle convocation des électeurs. — Il faut, avec une circulaire ministérielle du 11 août 1831, dont les dispositions nous paraissent encore applicables aujourd'hui, établir plusieurs distinctions : 1° la décision définitive a pour effet de rétablir un candidat qui a obtenu plus de voix qu'un ou plusieurs des candidats proclamés par l'assemblée; par exemple, il peut se faire que l'assemblée électorale, par une fausse application des empêchements établis par les art. 9, 10 et 11 de la loi de 1855, ou par tout autre motif, refuse mal à propos de proclamer un électeur ayant obtenu la majorité absolue au premier tour de scrutin, ou la majorité relative au second; alors le conseil de préfecture, en déclarant qu'il a été régulièrement élu conseiller municipal, prononcerait l'annulation de l'élection du dernier des conseillers proclamés par l'assemblée unique ou par la section, selon l'ordre des suffrages, et il n'y aurait pas lieu à une nouvelle convocation; — 2° La décision a pour effet d'annuler l'élection d'un candidat proclamé. S'il arrivait, dans un cas pareil, ce qui, du reste, ne peut être que fort rare, qu'il y eût plus de candidats ayant obtenu la majorité absolue que de nominations à faire, par exemple, que quinze candidats eussent obtenu cette majorité, alors que douze conseillers seulement étaient à nommer, le conseil de préfecture en annulant l'une des élections, pourrait proclamer, à la place du candidat évincé, le treizième candidat dans l'ordre des suffrages obtenus. Dans ce cas encore, il n'y aurait pas lieu à la convocation des électeurs. — 3° Mais si aucun des candidats, en ordre inférieur aux candidats élus, n'a obtenu la majorité légale, la substitution d'un candidat à un autre n'est plus possible, et il faut recourir à de nouvelles élections; — 4° La circulaire prévoyait encore le cas où les élections ayant été faites à un second tour de scrutin, les élections ont eu lieu seulement à la majorité relative. Ici rien ne semblerait s'opposer à ce que, appliquant la règle précédente, le conseil de préfecture ne substituât au candidat dont l'élection est annulée, celui qui a obtenu le plus de suffrages après tous ceux qui ont été proclamés. C'est celui-là, en effet, qui eût été nommé, si le bureau eût justement appliqué les conditions légales. Mais le ministre repoussait cette solution. « On doit considérer, disait-il, que la substitution d'un candidat de la minorité, faite loin des yeux de l'assemblée, pourrait donner lieu à des soupçons d'arbitraire, et il est préférable d'appeler les électeurs à donner de nouveau leurs suffrages. » — C'est en ce sens également que s'est prononcé le conseil d'Etat (10 janv. 1839, M. de la Chauvinière, rap., aff. Pernet). — V. aussi nos 867, 958.

1028. Lorsque la réclamation a été définitivement rejetée, il est procédé immédiatement à l'installation des conseillers élus. Si l'arrêté annule toutes les opérations d'une assemblée unique ou sectionnaire, l'assemblée dont les élections sont cassées, doit être convoquée dans le délai légal (V. n° 1027). S'il n'y a eu d'annulées que les opérations d'une seule section, ou si l'annulation ne porte que sur un ou quelques-uns des conseillers élus par une même assemblée, et si les conseillers, dont l'élection est valable, forment les trois quarts de la totalité des membres du conseil, le préfet peut faire procéder à l'installation de ceux-ci (circ. 11 août 1831). — Il a été jugé que la demande en nullité du procès-verbal d'installation d'un conseil municipal ne peut être soumise au conseil d'Etat par voie contentieuse (cons. d'Et. 17 sept. 1838, M. Saglio, rap., élect. d'Orange).

§ 7. — *Des peines en matière électorale.*

1029. Indépendamment de la nullité des opérations électorales, qui peut être prononcée par le conseil de préfecture et le conseil d'Etat, pour les causes et dans les formes qui vienent d'être expliquées, il peut y avoir lieu à des poursuites par la voie criminelle si les faits qui se sont produits constituent des crimes et délits. Ces faits sont prévus et punis par les dispositions spéciales qui ont pour objet de protéger la liberté et la sincérité des élections.

1030. Le code pénal de 1810, sous la rubrique : « Crimes et délits relatifs à l'exercice des droits civiques, » contient, dans ses art. 109 à 113, des dispositions répressives : 1° contre ceux qui, par attroupement, voies de fait et menaces, ont empêché les citoyens d'exercer leurs droits civiques, avec aggravation de la peine dans le cas où le crime aurait été commis par suite d'un plan concerté (art. 109, 110); — 2° Contre tout citoyen qui, chargé ou non du dépouillement d'un scrutin, aurait falsifié les billets de l'une ou l'autre des manières prévues par la loi (art. 111, 112);—3° Contre toutes personnes qui auront acheté ou vendu des suffrages (art. 113; V. l'explication de ces articles vº Droit politique, nos 37 et suiv.). — La loi du 15 mars 1849 contenait un titre particulier de dispositions pénales beaucoup plus développé et prévoyant un plus grand nombre de cas délictueux que le code pénal. Le décret du 2 fév. 1852 contient également une suite de dispositions répressives (art. 31 à 52). — La question s'est présentée de savoir si ces dispositions pénales, où le législateur ne paraît avoir eu en vue que les élections législatives, sont applicables aux mêmes faits commis dans les élections des conseils généraux de département, d'arrondissement et de commune. — — Il avait été jugé : 1° que les peines établies par l'art. 112 de la loi du 15 mars 1849 s'appliquent exclusivement aux élections du président de la République et des représentants du peuple et non aux élections départementales ou municipales; qu'ainsi, par exemple, le fait d'avoir retardé par menaces les opérations d'un collége électoral municipal ne constitue pas un délit, à moins qu'il n'ait eu pour résultat d'empêcher le vote d'un ou de plusieurs électeurs, auquel cas il tomberait sous l'application de l'art. 109 c. pén. (Crim. cass. 2 mars 1850, aff. Bel, D. P. 50. 1. 142. — Conf. Crim. cass. 30 août 1849, aff. Gendron, D. P. 49. 1. 240; Crim. régl. de jug. 9 janv. 1851, aff. Ortoli, D. P. 51. 1. 32); — 2° Que, par conséquent, le fait d'avoir, en donnant lecture d'un bulletin de vote dans l'opération du dépouillement de suffrages électoraux, lu un nom autre que celui qui était écrit sur ce bulletin, bien que spécifié par la loi du 15 mars 1849, art. 102, rentre, s'il a eu lieu dans une assemblée d'électeurs municipaux, sous l'application de l'art. 111 c. pén.; mais que la loi de 1849 ayant pour ce fait prononcé une peine plus douce que celle portée par le code pénal, c'est cette peine qui, en vertu de l'art. 6 du décret de 1810, doit être appliquée (Crim. cass. 30 août 1849, aff. Gendron, D. P. 49. 1. 240).

1031. Mais il a été jugé, depuis l'abrogation de la loi de 1849 : 1° que les dispositions du décret du 2 fév. 1852 sur l'élection des députés au corps législatif ont été étendues, en ce qui concerne les incapacités électorales et la répression des délits électoraux, soit aux élections communales (Crim. rej. 8 mars 1861, aff. Chatelain, D. P. 61. 1. 401; Crim. cass. 11 mai 1861, aff. Lelaidier, *eod.*), soit aux élections pour les conseils généraux de département et les conseils d'arrondissement (motifs de l'arrêt du 11 mai 1861. Conf. Crim. rej. 5 nov. 1853, aff. Guadelli, D. P. 53. 5. 187); — 2° Que la loi municipale de 1855 n'ayant prononcé, par son art. 51, l'abrogation de celle du 7 juill. 1852, qu'en ce qui concerne l'organisation des corps municipaux, il en résulte qu'elle a maintenu en vigueur l'art. 2 de cette dernière loi; qu'il suit de là, même en vertu de la loi du 5 mai 1855, que le décret organique de 1852 est, dans les dispositions pénales de son tit. 4, la loi générale du suffrage universel (même arrêt du 11 mai 1861).

1032. L'art. 111 c. pén. punit de la dégradation civique, « tout citoyen qui étant chargé, dans un scrutin, du dépouillement des billets contenant les suffrages des citoyens, sera surpris falsifiant ces billets, ou en soustrayant de la masse, ou en y ajoutant, ou inscrivant sur les billets des votants non lettrés des noms autres que ceux qui lui auraient été déclarés. » — Il a été jugé 1° que le scrutateur d'une élection communale qui a écrit d'autres noms que ceux que lui ont désignés des électeurs illettrés, est passible des peines portées par l'art. 111 c. pén.; et qu'il doit être réputé surpris dans sa fraude, dans le sens des termes de cet article, lorsque les électeurs trompés ont réclamé à l'instant du dépouillement du scrutin, seul moment où ils pouvaient la découvrir (Rennes, ch. d'acc., 6 août 1840, M. Legeard de la Diriays, pr. aff. Leboulicaut); — 2° Que l'art. 111 c. pén. est applicable au fait, par un scrutateur, d'avoir en donnant lecture d'un bulletin de vote dans l'opération du dépouillement, lu un nom autre que celui qui était écrit sur ce bulletin (Crim. cass. 30 août 1849, aff. Gendron, D. P. 49. 1. 240).

1033. Mais aujourd'hui, la peine applicable aux faits précités serait celle de l'art. 35 du décret du 2 fév. 1852 qui gouverne aujourd'hui, ainsi qu'on vient de le dire, les élections municipales et départementales aussi bien que les élections législatives (V. Crim. rej. 5 nov. 1853, aff. Guadelli, D. P. 53. 5. 187).—Cet article est ainsi conçu : « Quiconque étant chargé, dans un scrutin, de recevoir, compter ou dépouiller les bulletins contenant les suffrages des citoyens, aura soustrait, ajouté ou altéré des bulletins, ou lu un autre nom que celui inscrit, sera puni d'un emprisonnement d'un à cinq ans et d'une amende de 500 à 5,000 fr. » — Il a été jugé que la peine prononcée par cet article, ne peut être appliquée au secrétaire d'un bureau électoral qui a voté deux fois; — ... alors surtout qu'au moment de voter pour la seconde fois il a passé la liste électorale à l'un des scrutateurs, ne voulant pas faire lui-même l'émargement de son nom, et que par suite il a cessé en ce moment d'être secrétaire pour agir comme simple citoyen (Nîmes, 20 août 1863, aff. Cellier, D. P. 64. 2. 147).

1034. Tout électeur qui a profité d'une inscription multiple pour voter plus d'une fois, est punissable d'un emprisonnement de six mois à deux ans et d'une amende de 200 à 2000 fr. (décr. 2 fév. 1852, art. 34). — Il a été jugé que cet article n'est pas applicable à l'électeur qui a voté deux fois sur une inscription unique (Nîmes, 20 août 1863, arrêt précité).

1035. Il a été jugé aussi que le fait de la part d'un individu qui n'était pas inscrit sur les listes électorales d'avoir voté en usant de la carte d'un électeur décédé ne tombe sous l'application d'aucune loi pénale (Amiens, 26 juin 1822, M. de Monchy, pr., aff. min. pub. *C.* Guimier). — V. cependant vº Droit polit., nº 48.

1036. D'après l'art. 38 du décret du 2 fév. 1852, « quiconque aura donné, promis ou reçu des deniers, effets ou valeurs quelconques, sous la condition soit de donner soit de procurer un suffrage, soit de s'abstenir de voter, sera puni d'un emprisonnement de trois mois à deux ans et d'une amende de 500 à 5000 fr. — Seront punis des mêmes peines ceux qui, sous les mêmes conditions, auront fait ou accepté l'offre ou la promesse d'emplois publics ou privés. Si le coupable est fonctionnaire public, la peine sera du double.» — Il a été jugé, par application de cet article qui remplace aujourd'hui l'art. 113 c. pén. : 1° que le candidat qui ouvre ou fait ouvrir par ses amis des crédits dans les auberges ou cabarets, où sont invités à aller consommer gratuitement tous les électeurs qui veulent voter pour lui, se rend coupable de corruption en matière électorale (Riom, 21 avril 1862, aff. B...., D. P. 62. 2. 169); — 2° Que se rend également coupable de corruption le candidat qui souscrit un billet pour une dépense d'utilité communale, bien que ce billet soit rédigé sous la forme d'une promesse pure et simple et sans condition, lorsqu'il résulte de l'ensemble des faits que cet engagement était en réalité, de la part du candidat, subordonné à la condition que les habitants de la commune voteraient pour lui, et que, dans le cas contraire, le billet devait lui être restitué (même arrêt).

1037. « Ceux qui, soit par voies de fait, violences ou menaces contre un électeur, dit l'art. 39 du décret de 1852, soit en lui faisant craindre de perdre son emploi ou d'exposer à un dommage sa personne, sa famille ou sa fortune, l'auront déterminé à s'abstenir de voter, ou auront influencé son vote, seront punis d'un emprisonnement d'un mois à un an et d'une amende de 100 à 1,000 fr. La peine sera double si le coupable est fonctionnaire public. » — Cet article remplace l'art. 109 c. pén. — Il a été jugé que l'intimidation exercée sur un électeur ne revêt le caractère de délit qu'autant qu'elle a produit son effet, soit en déterminant l'électeur menacé à s'abstenir de voter, soit en de tournant son vote du candidat auquel l'électeur le destinait; la simple tentative de ce délit, qui est restée sans résultat, n'est passible d'aucune peine (Riom, 21 avr. 1862, aff. B..., D. P. 62. 2. 169).

1038. L'art. 40 du même décret porte : « Ceux qui, à l'aide de fausses nouvelles, bruits calomnieux ou autres manœuvres frauduleuses, auront surpris ou détourné des suffrages, déterminé un ou plusieurs électeurs à s'abstenir de voter, seront punis d'un emprisonnement d'un mois à un an et d'une amende de 100 à 2,000 fr. » — Jugé qu'il est nécessaire, pour constituer le délit prévu par l'art. 40 du décret du 2 fév. 1852, que des manœuvres frauduleuses aient été employées envers un ou plusieurs électeurs avec l'intention de surprendre ou de détourner leurs suffrages, et que ce résultat ait été obtenu; qu'ainsi le fait par un électeur d'avoir enlevé l'une des affiches apposées dans une commune par un candidat à la députation ne tombe pas sous l'application de cet article, alors que cet électeur n'a eu pour but de surprendre ou de détourner aucun vote, et qu'il n'est pas prouvé qu'un détournement de suffrages en ait été la conséquence (Grenoble, 9 juill. 1863, aff. Champion, D. P. 63. 5. 111). — Nous ne croyons pas nécessaire de rappeler ici les autres dispositions pénales du décret de 1852, qui jusqu'à ce jour n'ont donné lieu à aucune difficulté (V. le texte du décret, D. P. 52. 4. 49).

1039. S'il arrivait que la demande en nullité des élections fût portée devant le conseil de préfecture en même temps que seraient intentées des poursuites criminelles ayant pour cause des délits prévus par la loi et commis dans ces mêmes élections, le conseil de préfecture devrait, conformément au principe posé dans l'art. 3 c. inst. crim., surseoir au jugement de la réclamation jusqu'à ce qu'il eût été prononcé sur l'action publique. L'applicabilité de l'art. 3 c. inst. crim. en pareille matière résulte d'une décision du conseil d'Etat du 24 mai 1859 (aff. Céret), qui n'a été rendue intentionnellement qu'après que les poursuites criminelles furent vidées. — Mais il a été jugé que, lorsqu'il résulte des éléments de l'instruction que les formalités prescrites par la loi en matière d'élections municipales ont été remplies, l'élection attaquée doit être maintenue par le conseil de préfecture, qui n'est pas tenu de surseoir jusqu'après le jugement d'une inscription en faux incident civil, formée par les réclamants contre la mention de publication portée sur les listes électorales (cons. d'Et. 20 fév. 1846, élect. de Jonquières).

1040. Il y a lieu de se demander quelle est l'autorité criminelle compétente pour juger les délits électoraux. Sous le régime du code pénal, la poursuite avait lieu devant le tribunal correctionnel ou devant la cour d'assises, selon que le fait incriminé constituait un délit ou un crime, délit ou crime dont le caractère est indiqué par la nature de la peine portée dans chacun des art. 109, 110, 111, 112 et 113 de ce code. — La loi électorale du 15 mars 1849 avait attribué au jury, c'est-à-dire aux cours d'assises, le jugement exclusif des délits comme des crimes électoraux (art. 117). — Et il avait été jugé, par application de cette règle, que les entraves apportées par violences ou voies de fait aux opérations d'une assemblée d'électeurs communaux, constituent un délit politique de la compétence de la cour d'assises (Crim. règl. de juges, 9 janv. 1851, aff. Ortoli, D. P. 51. 1. 32; V. dans le même sens Crim. cass. 15 juin 1848, aff. Jorand, D. P. 48. 1. 103; Crim. règl. de juges, 18 janv. 1849, aff. Javanaud, D. P. 49. 1. 279).

1041. Le décret du 2 fév. 1852 est revenu (art. 48) à la règle de division de la compétence, suivant que le fait incriminé constitue un délit ou un crime : les délits appartiennent au tribunal correctionnel, les crimes à la cour d'assises, avec faculté d'appliquer, s'il y a lieu, l'art. 463 c. pén. sur les circonstances atténuantes.

1042. Si des fraudes électorales donnaient lieu à des poursuites contre un fonctionnaire public, ces poursuites ne pourraient être intentées, conformément à la constitution de l'an 8, qu'après autorisation du conseil d'Etat. — Il a été jugé que la disposition de l'art. 119 de la loi électorale du 15 mars 1849, suivant laquelle la poursuite des délits électoraux imputés à des agents du gouvernement n'est pas soumise à la nécessité d'une autorisation préalable, se trouve, en ce qu'elle n'a pas été reproduite dans le décret organique du 2 fév. 1852 et en ce qu'el est contraire à l'esprit de ce décret, frappée d'une abrogati virtuelle; que par suite, les délits imputés en matière électora au maire d'une commune, ne peuvent, sous l'empire du décr du 2 fév. 1852, être poursuivis qu'après autorisation du cons d'Etat (Crim. cass. 11 avr. 1863, aff. Mireur, D. P. 63. 1. 38 V. aussi Crim. cass. 31 mars 1864, aff. Lefèvre-Pontalis, D. 64. 1. 148; Aix, 17 déc. 1863, aff. Philis, D. P. 64. 2. 64). V. Mise en jugement, nos 54 et suiv.

Art. 3. — *Des sessions des conseils municipaux.*

1043. Nous avons exposé ailleurs (V. Commune, nos 248 et s les règles qui président aux réunions et délibérations des con seils municipaux. Mais nous avons à signaler ici quelques rè gles éparses dans la loi du 5 mai 1855. Elles ont trait à la co vocation des conseils municipaux, à la présidence de ces con seils, à la légalité et à la publicité de leurs délibérations.

1044. La loi de 1831 gardait le silence sur les formes délais de la convocation des conseils municipaux, tant pour le sessions ordinaires que pour les sessions extraordinaires. L loi du 5 mai 1855 dispose par son art. 16 : « La convocatio se fait par écrit et à domicile. — Quand le conseil municip se réunit en session ordinaire, la convocation se fait trois jou au moins avant celui de la réunion. — Quand le conseil mun cipal est convoqué extraordinairement, sa convocation se fa cinq jours au moins avant celui de la réunion. Elle contie l'indication des objets spéciaux et déterminés pour lesquels conseil doit s'assembler... — En cas d'urgence, le sous-préfe peut abréger les délais. » — Les convocations pour un obje spécial peuvent avoir lieu sur la demande du tiers des membre du conseil municipal adressée directement au préfet, lequel n peut la refuser que par un arrêté motivé signifié aux réclamants Sous la loi de 1831, cet arrêté pouvait être déféré au roi (V Commune, n° 252); sous celle de 1855 (art. 15), c'est devan le ministre de l'intérieur que les parties doivent se pourvoir.

1045. La présidence du conseil municipal, aux termes d l'art. 24 de la loi de 1831, appartenait au maire. La loi de 1855 en autorisant l'administration à choisir les maires et adjoint en dehors du conseil municipal (V. n° 811), devait s'explique sur ce point. Son art. 19 porte : « Le maire préside le consei municipal et a voix prépondérante en cas de partage. — Le mêmes droits appartiennent à l'adjoint qui le remplace. Dans tout autre cas, les adjoints pris en dehors du conseil ont seulement droit d'y siéger avec voix consultative. — Les fonctions de secrétaire sont remplies par un des membres du conseil, nommé au scrutin secret et à la majorité des membres présents. Le secrétaire est nommé pour chaque session. » — Nous nous sommes déjà expliqué (n° 812) sur la question de savoir si les maires et adjoints pris en dehors du conseil municipal font partie du conseil.

1046. Les lois de 1831 et de 1855 déclarent nulles de plein droit toutes délibérations portant sur des objets étrangers aux attributions des conseils municipaux, ou prises hors de leur réunion légale (V. Commune, nos 273 et suiv.). L'art. 29 de la loi de 1831 ajoutait, dans ce cas : « Si la dissolution du conseil est prononcée et si, dans le nombre de ses actes, il s'en trouve qui soient punissables d'après les lois pénales en vigueur, ceux des membres du conseil qui y auraient participé sciemment pourront être poursuivis. » — La loi du 5 mai 1855 n'ayant pas reproduit cette sanction pénale, il faut la considérer comme rapportée, puisque l'art. 51 de cette loi déclare abrogée celle de 1831.

1047. L'art. 21 de la loi du 5 mai 1855 frappe d'une incapacité relative, dans certains cas, les membres du conseil municipal. Il est ainsi conçu : « Les membres du conseil municipal ne peuvent prendre part aux délibérations relatives aux affaires dans lesquelles ils ont un intérêt, soit en leur nom personnel, soit comme mandataires. » — La loi de 1831 ne contenait pas de disposition semblable. — V. n° 845.

1048. La publicité des séances des conseils municipaux est interdite (L. de 1855, art. 22, V. Commune, nos 270 et s., où on expose le mode usité pour faire connaître aux citoyens les résolutions prises par le conseil municipal de leur commune). Comme sanction de l'interdiction qu'elle prononce, la loi de 1855, art. 26, a cru devoir ajouter la disposition suivante : « Tout éditeur, imprimeur, journaliste, qui rendra publics les votes interdits au conseil municipal par les art. 24 et 25 de la présente loi, sera passible des peines portées en l'art. 123 c. pén. » (V. Forfaiture, nos 9 et suiv.). — L'art. 22 de la loi nouvelle déclare, pour remplacer cette publicité qui aurait eu beaucoup d'inconvénients, que « tout habitant ou contribuable de la commune a droit de demander communication, sans déplacement, et de prendre copie des délibérations du conseil municipal. »

1049. L'art. 22 de la loi du 5 mai 1855, après avoir déclaré que les séances ne sont pas publiques, ajoute : « Les délibérations sont inscrites, par ordre de date, sur un registre coté et parafé par le sous-préfet; elles sont signées par tous les membres présents... » — La loi du 21 mars 1831 ne contenait aucune disposition sur ce point; mais la lacune avait été remplie par la loi d'administration municipale du 18 juill. 1837, art. 28, qui contenait la même prescription. — V. vo Communes, nos 266, 267 et s.

1050. L'art. 27 de la loi de 1831 accordait au chef de l'État le droit de dissoudre les conseils municipaux, sous l'obligation de faire pourvoir à la réélection dans les trois mois au plus tard (V. Commune, nos 294 et suiv.). La loi des 5-9 mai 1855, art. 13, en maintenant le même droit à l'empereur, accorde en outre aux préfets le pouvoir de suspendre les conseils municipaux pendant deux mois, délai qui peut être prorogé pendant une année par le ministre de l'intérieur (V. le rapport, D. P. 55. 4. 62, nos 28 et suiv.). A l'expiration de ce délai, si la dissolution n'a pas été prononcée par un décret, le conseil municipal reprend ses fonctions. Dans l'un et l'autre cas de suspension ou de dissolution, une commission doit être nommée, aux termes du même art. 13, soit par le préfet, soit par l'empereur, suivant l'importance des communes. L'article ajoute que le nombre des membres de cette commission ne peut être inférieur à la moitié de celui des conseillers municipaux, et qu'en cas de dissolution, cette commission peut être maintenue jusqu'au renouvellement quinquennal (V. Commune, nos 297 et suiv.). — Il résulte de ces dernières expressions *renouvellement quinquennal* que la commission peut demeurer en fonctions pendant cinq ans dans le cas où le décret de dissolution a eu lieu immédiatement après l'installation du conseil. Un pareil délai n'est-il pas excessif et l'art. 43 respecte-t-il suffisamment les prérogatives de la commune? Plusieurs députés et même plusieurs membres de la commission avaient proposé un amendement qui réduisait le délai à deux années. L'amendement n'a pas été accueilli par le conseil d'Etat (Voy. D. P. 55. 4. 62, no 29). — Il a été décidé : 1o que bien que tous les membres d'un conseil municipal aient donné leur démission, le préfet peut prononcer la suspension du conseil tant qu'il n'a pas accepté cette démission (cons. d'Et. 10 mars 1864, aff. Darnaud, D. P. 64. 3. 26; V. no 872); — 2o Que les préfets ne peuvent suspendre les conseils municipaux pour un temps excédant deux mois, qu'autant que l'arrêté prononçant la suspension est rendu en exécution d'une décision du ministre de l'intérieur; mais qu'il n'est pas indispensable que cet arrêté mentionne expressément la décision dont il s'agit, si, en fait, elle est réellement intervenue (même arrêt); — 3o Que le nombre des membres des commissions instituées pour remplacer provisoirement les conseils municipaux suspendus ne doit pas être inférieur à la moitié de celui des membres du conseil, alors même que, par suite de la diminution de la population de la commune, le conseil municipal devrait, en cas de réélection, être réduit à un nombre moindre que le nombre actuel (même arrêt); — 4o Que les membres des commissions dont il s'agit doivent remplir les mêmes conditions de capacité que les membres des conseils municipaux, et que, dès lors, un employé salarié de la commune ne peut en faire partie (même arrêt).

1051. Nous ne pouvons terminer l'examen de la loi de 1855 sans parler du projet de loi qui devait être voté par le corps législatif à la fin de la session de 1865, et qui le sera sans doute dans le courant de la session de 1866. La loi nouvelle aurait particulièrement pour objet d'étendre l'autorité des conseils municipaux. Lors de la discussion de la loi de 1837, le législateur avait songé à augmenter l'indépendance des conseils municipaux; mais une difficulté s'était présentée. « La même loi, disait le rapporteur à la chambre des députés, M. Vivien, peut-elle convenir là où les lumières et les ressources varient dans de si fortes proportions?... Les mêmes droits seront-ils exercés par la famille rurale, qui ne subvient à ses dépenses qu'à l'aide de centimes extraordinaires, et par la vaste population urbaine, qui possède des revenus, des fonds de terre et toutes les ressources que le commerce et l'industrie accumulent dans nos grands centres d'habitations? Une loi uniforme place le législateur dans une rigoureuse alternative : il faut ou qu'il restreigne les droits de tous en raison de l'inaptitude de quelques-uns, ce qui est une injustice, ou qu'il accorde à tous des droits dont quelques-uns sont incapables d'user, ce qui peut compromettre les intérêts généraux; et comme ces derniers doivent toujours prévaloir, une organisation uniforme a pour résultat nécessaire de rendre impossible l'affranchissement de l'administration communale. » —La loi nouvelle a repoussé cette division des communes en plusieurs catégories. Elle maintiendrait tous les conseils municipaux sous le même régime. La plus importante des dispositions du projet de loi réside dans l'art. 11 ainsi conçu :

« Les conseils municipaux règlent par leurs délibérations, sur la proposition du maire, les affaires ci-après désignées, savoir : — 1o Les acquisitions d'immeubles, lorsque la dépense totale ne dépasse pas, dans un même exercice, le dixième des revenus ordinaires de la commune ; — 2o Les conditions des baux à ferme des biens ruraux et des baux à loyers des maisons et bâtiments appartenant à la commune, pourvu que la durée du bail ne dépasse pas trente ans; — 3o Les projets, plans et devis de grosses réparations et d'entretien, en tant que la dépense totale engagée ne dépasse pas, dans un même exercice, le cinquième des revenus ordinaires de la commune, ni, en aucun cas, une somme de 50,000 fr.; — 4o Le tarif des droits de place à percevoir dans les halles, foires et marchés; — 5o Les droits à percevoir pour permis de stationnement et de locations sur les rues, places et autres lieux dépendant du domaine public communal ; — 6o Le tarif des concessions dans les cimetières; — 7o Les assurances des bâtiments communaux: — 8o L'affectation d'une propriété communale à un service communal, lorsque cette propriété n'est encore affectée à aucun service public, sauf les règles prescrites par des lois particulières ; — 9o L'acceptation ou le refus de dons ou legs faits à la commune sans charges, conditions ni affectation immobilière, lorsque ces dons et legs ne donnent pas lieu à réclamation.

Les articles suivants 12 à 20 étendent, dans certaines limites et sous certaines conditions, les attributions des conseils municipaux relativement au budget communal, aux contributions extraordinaires, aux emprunts, aux taxes d'octroi, en outre l'art. 21 dispose que les conseils municipaux délibèrent sur l'établissement des marchés d'approvisionnement dans leur commune, et par suite, cet article abroge, en ce qui concerne lesdits marchés, le § 3 de l'art. 6 et le § 3 de l'art. 41 de la loi du 10 mai 1838. — Les articles suivants se réfèrent aux emprunts contractés par les commissions administratives des hospices, hôpitaux et autres établissements charitables communaux (art. 22), aux changements dans la circonscription territoriale des communes faisant partie d'un même canton (art. 23), à la création des bureaux de bienfaisance (art. 24).

1052. Les budgets des villes et des établissements de bienfaisance ayant des revenus considérables, ne pouvaient rester soumis au droit commun. Les dispositions des art. 23 et 26 du projet y pourvoient et en outre l'art. 27 déclare applicables à l'administration du département de la Seine et de la ville de Paris les dispositions de la présente loi et celles actuellement en vigueur, des lois des 18 juill. 1837, 10 mai 1838 et du décret du 25 mars 1852, sans cependant qu'il soit dérogé aux dispositions spéciales concernant l'organisation de l'administration de l'assistance publique et de celle du mont-de-piété de Paris.

1053. Enfin, la durée des fonctions municipales se trouverait augmentée et portée à neuf ans, et les conseils municipaux seraient renouvelés par tiers tous les trois ans (art. 28, 29 et 30).

Table sommaire des matières.

Table des articles des lois, décrets et des codes commentés ou cités dans le traité de l'Organisation administrative.

Table chronologique des lois, décrets, arrêts, etc.

FIN DE LA PREMIÈRE PARTIE DU TOME TRENTE-QUATRIÈME.

www.ingramcontent.com/pod-product-compliance
Lightning Source LLC
Chambersburg PA
CBHW031532210326
41599CB00015B/1868
* 9 7 8 2 0 1 2 5 5 8 3 2 8 *